H. 8628.

histoire ~~...~~

Cat. de Nyon hist. n° 21765

HISTOIRE DE LA VILLE DE MONTPELLIER,

DEPUIS SON ORIGINE JUSQU'A NOTRE TEMS;

AVEC UN ABREGÉ HISTORIQUE de tout ce qui preceda son Etablissement:

A LAQUELLE ON A AJOUTÉ L'HISTOIRE particuliére des Juridictions Anciénes & Modernes de cette Ville, avec les Statuts qui lui sont propres.

Par Messire *CHARLES D'AIGREFEUILLE*, Prêtre, Docteur en *Theologie*, & Chanoine de *l'Eglise-Catédrale Saint-Pierre de Montpellier*.

A MONTPELLIER,

Chez JEAN MARTEL, Imprimeur du Roi, & de Nosseigneurs des Etats Genéraux de la Province de Languedoc.

M. DCC. XXXVII.
AVEC APPROBATION ET PRIVILEGE DU ROY.

A MESSIRE

MESSIRE ARMAND-FRANÇOIS DE LA CROIX, Marquis de Castries & de Levy, Comte de Charlus, Baron de Montjouvent, Seigneur de Gourdieges, Epcy, St. Geniez, Figaret, St. Brez & autres Places, Gouverneur de la Ville & Citadelle de Montpellier, de la Ville & Port de Sette & Forts en dépendans, Sénéchal de Montpellier, & Lieutenant-de-Roi de la Province de Languedoc.

ONSIEUR,

Je m'estime heureux de pouvoir vous presenter, dans vos premières années, l'Histoire d'une Ville où vos An-

cêtres ont pris Naissance, & où Vous succedés à toutes les grandes Charges qu'ils y ont exercé avec tant de Gloire. Vous y verrés, MONSIEUR, l'Attachement inviolable qu'ils eurent toûjours à la Religion Catolique; leur Zéle pour le Service du Roi, & pour le Bien de la Patrie; la Sagesse qu'ils firent paroître dans toute leur Conduite; la Douceur de leur Gouvernement, & cette Affabilité qui est comme héréditaire dans vôtre Maison. Quoique Vous trouviés tous ces grands Exemples dans l'Illustre Archevêque qui vous tient lieu de Pere, & qui nous est si Cher, je me flate que Vous parcourrés avec un nouveau plaisir dans le cours de cette Histoire, ceux que vos Ancêtres en ont donné en tant d'occasions, qui serviront à vous confirmer par leur Exemple, dans ce grand Principe, si important aux Jeunes-Seigneurs, que rien ne donne plus d'Eclat à la veritable Grandeur, que la Bonté pour les Peuples qui leur sont soûmis : Et l'entiére Confiance que les Habitans de Montpellier ont eu toûjours pour Eux, vous persuadera aisément, qu'en faisant la Felicité des autres, Vous travaillerés pour la Gloire la plus solide que nous puissions vous souhaiter; C'est ce que nous promettent ces heureuses Dispositions de l'Esprit & du Cœur que nous découvrons déja tous les jours en Vous, avec autant d'admiration que de joye. J'ai l'honneur d'être avec un Attachement respectueux,

MONSIEUR,

Vôtre très-humble & très-obéïssant Serviteur,
CHARLES D'AIGREFEUILLE.

PRÉFACE.

L'INCLINATION qui est si naturelle à tous les Hommes pour le Lieu de leur Naissance, me porta dès ma Jeunesse à observer dans le cours de mes Lectures, tout ce qui avoit quelque Raport à l'Histoire de Montpellier ; ce qui m'a donné lieu dans un âge plus avancé, de profiter de mon loisir pour mettre en ordre les Observations que j'avois faites, en y ajoûtant des nouvelles Recherches. J'ai crû qu'à l'exemple d'un grand nombre de Saints Personnages de tous les Ordres du Clergé, je pouvois accorder les Fonctions de mon Etat avec celles de bon Citoyen, puisqu'il n'est pas indiferent de faire connoître les Malheurs qui suivent le mépris de la Religion, comme on pourra l'observer dans l'Affaire des Albigeois, & des Religionnaires de nôtre Tems, dont l'Histoire est inseparable de celle de Montpellier.

Pour donner quelqu'Ordre à tout ce que j'ai à dire sur l'Origine & le Progrez de cette Ville, j'ai crû devoir remonter jusqu'à celle de Maguelonne, qui occasionna par sa Démolition dans le huitiéme Siécle l'Etablissement de Montpellier. Je renferme dans un Discours-Préliminaire tout ce que nous trouvons de plus certain sur l'Anciéne Ville de Maguelonne, qui fleurit du tems des Romains & sous les Rois Visigots ; j'y touche légérement tout ce qui se passa dans le Pays pendant ces huit premiers Siécles ; & étant venu à l'Histoire de Montpellier je parcours année par année tout ce que nous trouvons de plus remarquable sous le Gouvernement des Guillaumes qui furent nos premiers Seigneurs, sous celui des Rois d'Aragon & de Mayorque qui leur succedérent, & enfin sous nos Rois de France qui acquirent cette Ville dans le quatorziéme Siécle.

Il sembleroit que l'Histoire de nos Evêques & des Changemens arrivez à leur Eglise, auroit dû trouver place dans ce premier Volume ; mais, pour éviter la confusion qu'il y auroit eu, en mêlant le Gouvernement Civil avec l'Ecclesiastique, je me suis déterminé par le conseil de Gens habiles, à donner un Volume separé de l'Histoire de l'Eglise de Montpellier, dans lequel on trouvera des Evénemens aussi remarquables que dans le premier. Je rangerai les Matiéres par Livres & par Chapitres pour le soulagement du Lecteur.

J'aurois voulu pouvoir raporter en entier toutes les Preuves de ce que j'avance, mais ayant consideré qu'il faudroit pour les seules Preuves plus de Volumes que pour l'Histoire même, je me suis borné à donner un Précis des Actes que je cite, à peu près comme M. l'Abbé Fleury a fait dans son Histoire Ecclesiastique : mais, aussi comme on n'est pas obligé de m'en croire, j'ai pris la precaution de mettre à la marge le Tome & la Page des Livres imprimez où se trouvent les Actes dont je parle ; tels sont les

Analectes, les *Anecdotes*, le *Spicilege* que les Peres Benedictins ont donné au Public ; les Recherches de M. *Baluze*, & quantité d'autres semblables. J'ai été d'autant plus porté à prendre ce parti qu'il arrive souvent que la justification d'un Fait consiste dans une seule Phrase d'un Acte très-long ; ainsi, je ne raporte souvent que les paroles décisives d'un Auteur, comme il m'arrive en citant *Jornandez* sur les Rois Goths ; *Zurita* sur les Rois d'Aragon, & les Archives de l'Hôtel-de-Ville sur d'autres Faits particuliers.

Pour donner quelque connoissance de ces Archives afin qu'on puisse y avoir recours dans le besoin, je crois devoir marquer ici que le Livre dit *Mémorial des Nobles*, contient les Reconnoissances faites du tems de nos *Guillaumes* ; le *Grand-Talamus*, les Priviléges accordez à la Ville ; le *Livre-Noir* (ainsi appellé à cause de sa Couverture) contient une partie des mêmes Priviléges avec quelques autres qui ne sont pas dans le Grand-Talamus ; le *Petit-Talamus* qu'on peut regarder comme un Livre Historique, raporte les Elections des Consuls & les Evénemens remarquables arrivez dans la Ville sous leur Consulat ; il commence en 1204. & continuë sans interruption jusqu'en 1428. Nos Ancêtres le reprirent en 1502. & parceque le Langage Catalan dans lequel il avoit été écrit, n'étoit plus en usage parmi nous, on fit alors une Traduction du Catalan que nous avons encore avec l'Original ; de là vient que dans mes Citations je me sers des paroles de la Traduction plûtôt que de l'Original qu'on avoit peine à entendre, & je n'employe le Catalan qu'en deux ou trois occasions, pour faire voir le changement arrivé à nôtre Langage Vulgaire.

Ce Livre a été de tout tems si fort recherché qu'on en voit des Extraits dans le Cabinet de plusieurs Particuliers, & que les Copies qui en furent faites par nos Ancêtres ont trouvé place dans la Bibliotheque du Roi, dans celle de Colbert & du Colége de *Loüis le Grand*. L'Indication que le P. *Lelong* a donné de tous ces Manuscrits, me fit naître l'envie de les connoître : je fis prier le R. P. *Vaissette* l'un des Auteurs de l'Histoire Genérale du Languedoc, de me donner quelques Eclaircissemens sur tous ces Manuscrits, il me répondit obligement que ce n'étoient que des Copies de nôtre Petit-Talamus, quoique sous diferens Titres ; car, celui du Roi a pour Titre, *Chronique de la Ville de Montpellier, depuis 1192. jusqu'en 1390.* copié par *Jean Fabry*, Lieutenant-Particulier en la Cour du Présidial de cette Ville en 1566. Celui de Colbert est appellé, *Sommaire des Choses Historiales concernant la Ville de Montpellier jusqu'en 1521.* Enfin, par l'Abregé que les Jesuites de Paris m'ont envoyé de leur Manuscrit, sous le Nom de *Chronique & Statuts de la Ville de Montpellier*, j'ai été convaincu que ce n'étoit autre chose qu'une Copie de nôtre *Petit-Talamus*.

Les autres Actes de nos Archives sont dans des Cassettes particuliéres avec un Inventaire fort exact qui en a été fait.

Comme je n'ai dû écrire que pour le plaisir & pour l'Utilité de mes Concitoyens, je me suis fait une Loi de ne rien dire qui pût être au desavantage d'aucune Famille, & de ne rien oublier aussi de tout ce qui pouvoit leur faire honneur ; mais, je n'ai pas crû devoir entreprendre aucune Généalogie pour les raisons qu'il est aisé de voir.

Le secours que j'ai tiré des Livres ou des Manuscrits de ceux qui m'ont précédé dans mon Travail, m'a paru exiger de moi, que je fisse connoître les bons Citoyens qui ont donné leur soin à éclaircir nôtre Histoire. *Nicolas Boëri* né à Montpellier dans le quinziéme Siécle, & depuis Président au Parlement de Bordeaux, parle de Montpellier dans plusieurs endroits de ses Ouvrages. *Etiéne Ranchin* nous a fait connoître l'état où étoit la Faculté de Droit avant les Troubles de la Religion; & il nous marque dans la Préface de ces Décisions sur le Droit Civil & Canonique, l'Origine de ces mêmes Troubles. Le *Président Philippy* a donné dans sa Préface de son Livre intitulé, *Responsa Juris*, un petit Abregé de l'Histoire de Montpellier; mais, celui de tous ses Ouvrages dont j'ai tiré le plus de profit, est un Manuscrit Original (mentionné dans la Biblioteque du Pere Lelong) qui est au pouvoir de M. l'Evêque de Montpellier, où l'Auteur ne dit rien (comme il s'en explique lui-même) *qu'il n'aye vû ou appris par fidéle Recit*: Cet Ouvrage est une Histoire fort détaillée de tous les Troubles arrivez à Montpellier & dans la Province depuis 1559. jusqu'en 1598. il part d'un Homme fort éclairé sur les Affaires de son tems, & je n'ai pas hesité de l'attribuer à Philippy, après la comparaison d'écriture faite de ce Manuscrit avec le Livre des Docteurs de la Faculté du Droit où Philippy a écrit & signé de sa propre main une vingtaine de lignes qui sont du même caractere que l'écriture du Manuscrit; j'en ai tiré la plû-part des choses que je raporte du Connétable Henry de Montmorenci, auprès duquel Philippy exerçoit la Charge d'Intendant de la Justice.

Le Sieur *David Varanda*, Conseiller au Presidial de cette Ville, & Professeur en Droit, commença de débroüiller sous le Roi Henry le Grand la Suite de nos Guillaumes, qui n'étoit guere connuë de son tems. Jean-Etiéne de *Carlencas* Protestant, a écrit pour son Parti une Rélation des Troubles arrivez à Montpellier sur la fin du seiziéme Siécle, & au commencement du suivant. Barthelemi *Vignes* Catolique (Ayeul de feu M. Vignes Procureur-Général) en laissa une autre, dans laquelle on voit en détail toutes les Pertes que les Catoliques firent en cette Ville: ces deux Manuscrits sont entre mes mains avec un autre d'un Particulier de Mauguio, qui marque année par année ce qui se passa dans le Pays avant & après le Siége de Montpellier.

Depuis ce tems là *Pierre Gariel*, Chanoine de la Catédrale, voulut faire connoître le Lieu de sa naissance par un Livre qui a pour Titre, *Idée de la Ville de Montpellier*; mais, je laisse au Lecteur à porter son jugement sur ce Livre. Celui qui a pour Titre, *Series Præsulum Magalonensium*, sous le nom du même Gariel, est mieux suivi & travaillé avec plus de soin, mais l'Auteur a fait son Capital de l'Histoire des Evêques.

Sur la fin du dernier Siécle, *André Delort*, ancien Officier dans les Troupes du Roi, nous laissa un gros Manuscrit où il raconte année par année tout ce qui est arrivé de plus singulier à Montpellier depuis 1621. jusqu'en 1690. son Ouvrage est curieux & interessant pour beaucoup de Familles, mais je ne sçaurois faire usage de tout ce qu'il en a dit.

Nous devons à *Pierre Serres*, ancien Procureur à la Cour des Aides, dix Tomes des Annales de Montpellier qu'il n'eut pas le loisir de faire plus courts; son Ouvrage m'a été utile par le soin qu'il a pris de marquer exactement l'Époque des Faits arrivez depuis quatre-vingts ans, & par un Recüeil d'Edits, Ordonnances & Declarations pour la Ville de Montpellier.

Tout ce que nous avons de meilleur en ce genre, est entre les mains de M. le Marquis d'Aubaïs qui l'a acquis de feu M. *Jean de Rignac*, Conseiller en la Cour des Comptes, Aides & Finances de Montpellier. Ce Magistrat, Homme de Lettres & fort laborieux, tira des Archives du Palais & de la Ville, tout ce qui pouvoit servir à nôtre Histoire; il a laissé un Manuscrit *in quarto* sur nos Guillaumes, un autre sur les Comtes de Melgüeil & sur les Seigneurs de Lunel; trois autres sur la Cour des Aides & sur la Chambre des Comptes, qui m'ont été communiquez par M. le Marquis d'Aubaïs. Je dois à Mr. d'Aigrefeüille, Conseiller-d'Etat, mon proche Parent & bon Ami, le secours des Livres de sa Biblioteque, & la Découverte de plusieurs Piéces qu'il m'a procuré. M. le President Joubert, dans le tems qu'il étoit Sindic-General de la Province, eut la bonté de me communiquer douze gros Volumes *in folio*, des Actes concernant nos trois Anciénes Sénéchaussées de Toulouse, de Carcassonne & de Nîmes, dans lesquels j'ai trouvé plusieurs Titres pour la Ville de Montpellier.

Avec tous ces secours j'ai conduit mon Histoire jusqu'à la Naissance de Monseigneur le Dauphin en 1729. après quoi pour faire connoître nos Anciénes Juridictions & les Cours de Justice qui sont maintenant un des principaux Ornemens de Montpellier, j'en ai fait des Articles séparez qui n'auroient pû trouver place dans le Corps de mon Ouvrage sans y faire de trop longues Digressions. J'en userai de même pour nôtre Université dans le second Volume qui est reservé pour tout ce qui regarde l'Histoire Ecclesiastique de cette Ville.

On verra dans cette premiére Partie les diferens Noms de *Monspellerius*, *Monspestellarius*, *Monspessulanus*, & *Monspelium* que nos Vieux Actes donnent à Montpellier, sans qu'on en sçache l'Etimologie, non plus que celle de *Mons Puellarum*, que quelques Auteurs lui donnent en faveur du beau Sexe de cette Ville, ou à cause de deux Filles qui en avoient la Seigneurie dans le dixiéme Siécle. Je ne m'arrête point au nom d'*Agatopolis* que *Belleforest* lui donne dans sa Cosmografie, & qu'il supose une des plus Anciénes Villes de la Province: nos Mémoires le démentent sur cet Article, & c'est assez pour la Ville de Montpellier d'être connuë depuis plusieurs Siécles par la Beauté de son Climat, par son Université Célebre, & par les Cours de Justice dont elle a été honorée par nos Rois: Elle est Ville-d'Arrêt, & peut-être la plus considerable du Languedoc pour le Commerce. Le Commandant & l'Intendant de la Province y font leur Résidence ordinaire, & les Etats du Languedoc qui s'y assemblent le plus souvent, y ont érigé la Statuë-Equestre que la Province avoit décerné depuis long-tems au Roi LOUIS-LE-GRAND.

Livre premier, Page 313.

APPROBATION.

APPROBATION.

J'AI lû, par Ordre de Monseigneur le Garde des Sceaux, l'Histoire de la Ville de Montpellier, & je n'y ai rien trouvé qui en doive empêcher l'Impression. Fait à Paris le vingt-huitiéme Mai mil sept cent trente-un.

L'ABBE' DUBOS.

PRIVILEGE DU ROY.

LOUIS par la grace de Dieu, Roi de France & de Navarre : A nos amez & feaux Conseillers, les Gens tenans nos Cours de Parlement, Maîtres des Requêtes Ordinaires de nôtre Hôtel, Grand-Conseil, Prevôt de Paris, Baillifs, Sénéchaux, leurs Lieutenans-Civils, & autres nos Justiciers qu'il appartiendra ; SALUT. Nôtre cher & bien-amé le Sieur CHARLES DE GREFEUILLE, Docteur en Theologie, & Chanoine de l'Eglise-Catédrale Saint-Pierre de Montpellier, nous ayant fait remontrer ; qu'il souhaiteroit faire faire imprimer & donner au Public, un Ouvrage qui a pour Titre, *Histoire de la Ville de Montpellier, depuis son Origine jusqu'à nôtre Tems*, s'il nous plaisoit lui accorder nos Lettres de Privilége sur ce nécessaires ; offrant pour cet effet de le faire imprimer en bon Papier & en beaux Caractéres, suivant la Feüille imprimée & attachée pour Modéle sous le Contre-Scel des Présentes. A CES CAUSES, voulant favorablement traiter ledit Exposant, Nous lui avons permis & permettons par ces Présentes, de faire imprimer ledit Livre ci-dessus specifié, en un ou plusieurs Volumes, conjointement ou séparément, & autant de fois que bon lui semblera, sur Papier & Caractéres conformes à ladite Feüille imprimée, ci-attachée sous nôtredit Contre-Scel, & de le vendre, faire vendre & débiter par tout nôtre Royaume, pendant le tems de six années consecutives, à compter du jour de la date desdites Présentes : Faisons défenses à toutes sortes de Personnes, de quelque qualité & condition qu'elles soient, d'en introduire d'Impression-Etrangére dans aucun Lieu de nôtre Obeïssance ; comme-aussi, à tous Libraires, Imprimeurs & autres, d'imprimer, faire imprimer, vendre, faire vendre, débiter ni contrefaire ledit Livre ci-dessus exposé, en tout ni en partie, ni d'en faire aucuns Extraits, sous quelque prétexte que ce soit, d'Augmentation, Correction, Changement de Titre ou autrement, sans la Permission expresse & par écrit dudit Exposant, ou de ceux qui auront Droit de lui, à peine de Confiscation des Exemplaires contrefaits, de Trois mile livres d'Amende contre chacun des Contrevenans, dont un Tiers à Nous, un Tiers à l'Hôtel-Dieu de Paris, l'autre Tiers audit Exposant, & de tous dépens, dommages & interêts : à la charge que ces Présentes seront enregîtrées tout au long sur le Regître de la Communauté des Imprimeurs & Libraires de Paris, dans trois mois de la date d'icelles ; que l'Impression de ce Livre sera faite dans nôtre Royaume & non ailleurs, & que l'Impetrant se conformera en tout aux Reglemens de la Librairie, & notamment à celui du dix Avril 1725. & qu'avant que de l'exposer en Vente, le Manuscrit ou Imprimé qui aura servi de Copie à l'Impression dudit Livre, sera remis dans le même état où l'Approbation y aura été donnée, és mains de nôtre très cher & féal Chevalier Garde des Sceaux de France le Sieur Chauvelin ; & qu'il en sera ensuite remis deux Exemplaires dans nôtre Bibliotéque publique, un dans celle de nôtre Château du Louvre, & un dans celle de nôtredit très-cher & feal Chevalier Garde des Sceaux de France le Sieur Chauvelin ; le tout à peine de nulité des Présentes, du Contenu desquelles VOUS MANDONS & Enjoignons de faire joüir l'Exposant, ou ses Ayans-Cause, pleinement & paisiblement, sans souffrir qu'il leur soit fait aucun trouble ou empêchement. Voulons que la Copie desdites

Préfentes, qui fera imprimée tout au long au commencement ou à la fin dudit Livre, foit tenuë pour dûëment fignifiée, & qu'aux Copies collationnées par l'un de nos amez & Feaux Confeillers & Sécretaires, foi foit ajoûtée comme à l'Original. Commandons au premier nôtre Huiffier ou Sergent, de faire pour l'Execution d'icelles, tous Actes requis & néceffaires, fans demander autre Permiffion, & nonobftant Clameur de Haro, Chartre-Normande & Lettres à ce contraires : Car tel eft nôtre plaifir. Donné à Fontainebleau le cinquiéme jour du mois de Juillet, l'an de grace mil fept cent trente-un, Et de nôtre Regne le feiziéme. Par e Roi, en fon Confeil ; *Signé*, SAMSON.

Regîtré fur le Regître VIIIe. de la Chambre-Royale & Sindicale de la Librairie & Imprimerie de Paris, N. 197. Fol. 192. conformément au Reglement de 1723. qui fait défenfe, Art. IV. à toutes Perfonnes, de quelque qualité qu'elles foient, autres que les Libraires & Imprimeurs, de vendre, debiter & faire afficher aucuns Livres pour les vendre en leurs noms, foit qu'ils s'en difent les Auteurs ou autrement ; & à la charge de fournir les Exemplaires prefcrits par l'Article CVIII. du même Reglement. A Paris le treiziéme jour du mois de Juillet 1731. P. A. Le Mercier, Sindic.

Ledit Sieur Charles d'Aigrefeüille, Auteur de ladite Hiftoire, a fait Ceffion de fon Privilége audit Sr. Jean Martel, Imprimeur & Marchand-Libraire de ladite Ville de Montpellier, fuivant les Conventions paffées entr'eux le vingt-neuf Février mil fept cent trente-deux.

ERRATA.

Page 6. ligne 17. *St. Pons de Mauchiers*, lisez *St. Pons de Mauchient*. Page 17. ligne 33. *& à eux, tous ses trois filles*, lisez *à eux tous, ses trois filles*. Page 37. ligne 9. *hubuernut*, lisez *habuerunt*. Page 71. ligne 4. *conjecturves*, lisez *conjectures*. Page 78. ligne 9. *Puisiguier*, lisez *Puisserguier*. Page 95. ligne 24. *eut de Nouvelles*, lisez *il eut des Nouvelles certaines*. Page 100. ligne 6. *Donationis*, lisez *Dominationis*. Page 104. ligne 34. *aucune préjudice*, lisez *aucun*. Page 130. lignes 6. & 15. *Valflaunez*, lisez *Valbonay*. Page 130. ligne 17. *sept mile Reales*, lisez *sept cens Reales*. Pag. 137. ligne 27. *Sueilles*, lisez *Sneilles*. Page 137. ligne 54. *Cour y proceder*, lisez *Pour y proceder*. Page 143. ligne 34. *la plu-part des Couvertures*, lisez *la plu-part des Toits*. Page 145. ligne 36. *interesse le Droit du Roi & les nôtres*, lisez *& le nôtre*. Page 154. ligne 40. *le Curiaux*, lisez *les Curiaux*. Page 187. ligne 37. *Droits tels quels puissent être*, lisez *qu'ils puissent être*. Pag. 187. ligne 39. *Callargues*, lisez *Gallargues*. Page 212. ligne 5. *Juvenal des Ursains*, lisez *Juvenal des Ursins*. Page 224. ligne 10. *Farnoüe*, lisez *Fornoüe*. Page 304. ligne 5. *le Baron de Lamousson*, lisez *le Baron de la Mousson*, celui-ci sans dire &c. Page 336. ligne 6. *& ce nouveau Maréchal*, lisez *ce nouveau Maréchal*. Page 337. ligne 22. *Rarbieu*, lisez *Barbieu*. Page 340. ligne 28. *Jean de Fossé*, lisez *Jean de Fossez*. Page 349. ligne 11. *de la valeur ou de la clemence*, lisez *la valeur ou la clemence*. Page 363. ligne 41. *Secrétaire du Roi de la Chambre des Comptes*, lisez *Greffier de la Chambre des Comptes*. Page 466. ligne 33. *Cresident*, lisez *President*. Page 478. ligne 23. *Volence*, lisez *Valence*. Page 479. ligne 25. *contre les Turcs en 1783*. lisez *en 1683*. Page 509. ligne 36. *Cristine Rinci*, lisez *Riari*. Page 519. ligne 38. *& qu'il les remercia*, lisez *& qui les remercia fort gracieusement*. Page 525. ligne 13. *la sonction de nos Charges*, lisez *de vos Charges*.

ADDITIONS.

ADDITION pour la Page 117.

L'AN 1340. & le 10. de Janvier, le Roi Jacques III. signa à Montpellier, la Fondation qu'il avoit fait du Chapitre dit *de la Reale* à Perpignan, composé de douze Prêtres, dont le premier devoit être Doyen, le second Sacristain & le troisième Précenteur, ausquels il assigne diverses Dîmes & autres Revenus de ses Etats de Roussillon & de Cerdagne.

Marca Hisp. Pag. 480.

ADDITION pour la Page 164.

Après ces paroles, *Donné en nôtre Châtel du Louvre lez-Paris le vingt-huitiéme Août 1373*.

Je ne sçai si cette Suspension eut lieu pour l'Execution d'autres Lettres que le même Roi avoit données à Vincennes le 19. Juillet. 1373. par lesquelles il transferoit à Aiguemortes, le Droit de Bourgeoisie que les Rois ses Prédecesseurs avoient accordé aux Habitans de Montpellieret : Les Motifs alleguez dans ses Lettres, sont la nécessité de faire valoir Aiguemortes, qui étoit alors le principal Port de Mer que nos Rois eussent sur la Mediterranée ; mais, je doute fort que le Motif secret ne fût de mortifier davantage le Roi de Navarre.

Il est à observer, que durant le Séjour que la Reine fit à Montpellier, Elle agit comme Procuratrice-Générale du Roi de Navarre son Epoux ; c'est en cette Qualité qu'elle écrivit d'Evreux, le 14. Septembre, au Bailli de Montpellier, *Bernard Ricardy*, pour lui marquer qu'à son dernier *Passage par Montpellier, &c*.

ADDITION pour l'Article du Petit-Sceau, Page 569.

En 1345. *Gilles Morin* est nommé Garde du Petit-Sceau dans des Lettres du Roi Philipe-de-Valois, en Confirmation des Us, Stile & Coûtumes du Petit-Scel de Montpellier ; *Geral d'Andrée* y est nommé son Juge.

En 1393. *Guillaume Gajan*, Juge du Petit-Sceau, eut des Lettres de Lieutenant du Connétable, & puis en 1395. Charles VI. le nomma pour l'Execution de certaines Lettres.

En 1450. *Philipe Chaumeau* prend la qualité de Garde du Petit-Scel de Montpellier, dans un *Vidimus* des Lettres du Roi Charles VII. en faveur des Marchands Aragonnois.

Archives du Domaine.

En 1482. *Berenger de Bozene*, Docteur ès Loix, Conseiller & Maître des Requêtes du Roi nôtre Sire, & pour lui Juge du Petit-Sceau Royal de Montpellier.

Ibidem.

DISCOURS

DISCOURS PRÉLIMINAIRE
SUR L'ANCIÉNE VILLE
DE MAGUELONNE,

Contenant un Abregé de l'Histoire du Païs, jusqu'à l'Etablissement de Montpellier.

LES Eaux de la Méditerranée sur les Côtes du Bas-Languedoc, ont un passage dans le Continent, où elles se répandent depuis Agde jusqu'à Aiguemortes; & forment un Etang d'environ quinze à vingt-lieuës de long, sur trois ou quatre de large. Les Anciens-Auteurs l'ont appellé *l'Etang des Volsques*, du Nom des Peuples qui habitoient ces Côtes. Nous l'appellons aujourd'hui l'Etang de Frontignan, de Maguelonne ou de Perols, selon qu'il s'approche de ces diférens Lieux. *Situation de Maguelonne.*
Strabon, Liv. 9. de sa Geografie.

Dans tout cet Etang il n'y a d'autre Isle habitable que celle de Maguelonne, éloignée de l'endroit où est aujourd'hui Montpellier d'environ une bonne-lieuë. Du côté qu'elle régarde la Mer, on y voit les Vestiges du Port Sarrazin, qui fut la Cause du Progrez, & de la Rüine de l'Isle. Du côté qu'elle régarde la Terre, on y voit une suite de Pillers qui portoient un Pont de Bois pour les Gens à pié, & au bas une Large Chaussée de Maçonerie qui sortoit hors de l'Eau, & qui servoit aux grosses Voitures. Je ne puis mieux comparer la situation de l'ancièné Ville de Maguelonne, qu'à celle de St. Malo dans la Bretagne, qui ne tient à la Terre-ferme que par une longue Chaussée faite à la main.

Ce Pont & cette Chaussée donnoient Communication à Maguelonne avec le Continent, & particuliérement avec Villeneuve qui est une petite Ville située au bord de l'Etang vis-à-vis Maguelonne, & que l'on peut régarder comme une décharge, ou une augmentation de l'Isle; car, Maguelonne n'ayant guere plus que deux mile pas de Circuit, elle ne pouvoit tirer de son propre Fonds les besoins de la Vie, & il faut qu'elle les prît de Villeneuve, qui lui donnoit la facilité du Commerce avec toutes les Terres des Environs: De là vient que dans les Anciens Titres, on lit toûjours *Villeneuve-lez-Maguelonne*, autant pour la distinguer des autres Villes de ce Nom, que pour marquer qu'elle étoit comme une appartenance de Maguelonne.

Son Ancièneté paroît par le témoignage de plusieurs Anciens-Geografes: L'Itineraire d'Antonin (qui selon la plus commune Opinion est du second Siécle) en fait mention. Il nomme parmi les Peuples de la première-Narbonnoise, les Habitans de la Cité de Maguelonne, *Civitas Magalonensium*; & le Livre de la Notice de l'Empire s'en exprime dans les mêmes termes, *In primâ Narbonensi Civitates Narbonensium, Tolosatium, Beterrensium, Agatensium, Nemausensium, Magalonensium*, &c. Tout le monde sçait que parmi les Romains, *Civitas* étoit plus que *Oppidum*; D'où l'on doit inferer que la Ville de Maguelonne devoit être considerable, puisqu'elle avoit le Nom de Cité. J'ajoûte encore qu'un Auteur Arabe nommé *Razez* (que Mariana raporte dans son Histoire d'Espagne) donne le quatriéme rang à Maguelone dans l'Enumeration qu'il fait des Evêchez de la Province Narbonoise. *Narbo, Biterra, Tolosa, Magalona, Nemausus, Carcasso, Luteva, Helena*. Et dans la Recherche des Villes du Languedoc, il est parlé de Maguelonne comme d'une Ville autrefois Celébre par son Evêché, par ses Riches Marchandises, par sa for- *Anciéneté de Maguelonne.*
Pag. 129.
Pag. 151. Col.

te Situation qui la faifoit régarder comme un Boulevart, contre les Entreprifes des Pirates.

Les Celtes anciens Peuples du Païs.

Il ne fera peut-être pas hors de propos de parler à cette occafion des diférens Maîtres que Maguelonne, & les Païs Voifins ont eu fucceffivement. Les Celtes font les plus Anciens-Peuples de cette Partie des Gaules, que l'Hiftoire connoiffe avec quelque certitude, ils y dominoient avant la Fondation de Rome, & il eft à croire que ce fut de nos Côtes que partirent les Celtes qui s'établirent en Aragon, & qui donnérent commencement aux Celtiberiens connus par ces vers de Lucain & de Martial.

Pharfale L. 4.

Profugique à Gente vetufta.
Gallorum Gentes mifcentes nomen Iberi.

Martial. Epigr. L. 4. 55.

Nos Celtis geniti & ex Iberis.

Ces Peuples furent fubjuguez par les Romains, l'an fix cent trente-trois de la Fondation de Rome, & cent vingt-un an avant la Naiffance de Jefus-Chrift: Les Romains furent chaffez à leur tour par les Goths environ l'an 421. ceux-ci par les Sarrazins en 720. & les Sarrazins, par Charles-Martel, qui détruifit fur toutes nos Côtes les Lieux qui pouvoient fervir de Retraite à ces Infidéles.

Il feroit bien dificile de dire quels furent les Commencemens de la Ville de Maguelonne, encore plus de marquer le tems de fa Fondation. M^{rs}. de S^{te}. Marthe (fur la Foi peut-être de Gariël) difent qu'elle prit fon Nom de *Magdus* fon Fondateur, ou bien qu'elle fut appellée Maguelonne, à caufe que d'un côté elle régarde la Grande-Mer de toute fa longueur. Quoiqu'il en foit de cette Origine auffi incertaine que la plus-part des Étimologies, il doit nous fuffire de fçavoir que dès le tems des Romains, elle joüiffoit du Rang & du Nom de Cité; & puifque dans le fecond Siécle, on la voit comprife dans les huit Citez de la Gaule Narbonnoife, la Préfomption eft entiére pour mettre fa Fondation avant le tems des Romains, puifqu'il eft certain qu'il faut bien-plus d'un Siécle à chaque Ville, pour fe former & s'aggrandir au point qu'il eft néceffaire, pour être mife au Rang des plus-confiderables Citez d'une Province auffi étenduë que l'étoit la premiére Narbonnoife.

On verra dans le cours de ce que j'en ai-à-dire, qu'elle fut détruite dans le huitiéme Siécle: Que les Habitans en ayant été difperfez, l'Evêque & fon Chapitre furent obligez de s'en tenir éloignez durant trois cens ans; Qu'y étant revenus au commencement du douziéme Siécle, cette ancienne Ville ne fut remplie que d'Eglifes & d'Hôpitaux, jufqu'à-ce que le mauvais Air & la Solitude obligérent enfin l'Evêque & le Chapitre de venir réjoindre les Anciens-Habitans, qui dès le premier Renverfement de Maguelonne, s'étoient logez à Montpellier.

Ces divers Changemens nous ont fait perdre les Anciens-Mémoires, qui auroient pû nous apprendre & l'Origine & l'Accroiffement de Maguelonne: Les Peuples qui l'abandonnérent n'eurent plus d'Interêt à en conferver les Titres pour les tranfmettre jufqu'à nous. Le feul Clergé nous a conferve la fuite de fes Evêques, encore a-t'il falu recourir fouvent aux Conciles tenus en Efpagne fous les Rois Vizigoths, dans le tems qu'ils furent Maîtres de cette Partie de la Province que nous habitons.

Entrée des Romains dans le Païs.

Nous n'avons aucun détail affuré de ce qui fe paffa à Maguelonne fous l'Empire des Romains: Nous fçavons en général que ces Vainqueurs du Monde, ayant été attirez dans les Gaules par les Habitans de Marfeille leurs Alliez, commencérent par chaffer les *Saliens* qui tenoient la Provence, & caufoient de Grands-Dommages aux Marfeillois. *Fulvius Flaccus* étant Conful, fit cette premiére Expedition l'an 629. de la Fondation de Rome. *Sextus Domitius Calvinus*, qui lui fuccéda dans le Confulat, vint pour affurer les Conquêtes de fon Predeceffeur, il acheva de défaire les Saliens, fe rendit Maître de la Provence, & y bâtit la Ville d'Aix, qu'il appella de fon Nom *Aqua Sextia* à caufe des Bains qu'il y trouva.

Trois années après, *Quintus Fabius Maximus* étant Conful, pouffa plus avant

Sur l'Anciéne Ville de Maguelonne. iij

ses Conquêtes: il passa le Rhône après avoir défait sur le bord de ce Fleuve, *Bituit* Roi des Auvergnats; il entra dans le Païs des Volsques (car c'est le Nom des Peules qui habitoient deça le Rhône) il avança dans leurs Terres, se rendit Maître de Narbonne, & le Senat pour en assurer la Conquête, fit cette Ville Colonie du Peuple-Romain & y fit résider la dixiéme Legion. Tout ce que je viens de dire est prouvé par cet endroit d'Ammien Marcellin, *Gallorum Præcipuæ Regiones Italicis Confines, tentata per Fulvium, quassata per Sextium, & ad ultimum per Fabium domita.* Ce Païs des Gaules, voisin de l'Italie, n'étoit autre que la Provence, & le Languedoc d'aujourd'hui, qui furent les premiéres-Conquêtes des Romains dans les Gaules.

Velleius Paterc.

Tu Gallia prima togati.

Nominis, attollis patrio Proconsule fasces.

Disoit Ausone de la Province Narbonnoise, le reste des Gaules n'ayant été conquis que soixante-deux ans après par Jules Cesar, qui y employa neuf ou dix années.

Le succez des Armes de cet Empereur est étranger à mon sujet: Ainsi, je me borne à toucher seulement ce qui arriva dans le Païs dont je parle.

Peu de tems après la Conquête que Fabius en avoit faite, des Peuples Allemans sous le Nom de *Cimbres, Teutons, Tiguriens* & *Ambrusiens*, vinrent pour en chasser les Romains, sous le prétexte de leur demander des Terres à habiter: Leur Armée étoit si nombreuse que *Florus* & *Oroze*, la font monter jusqu'à cinq cent mile Hommes. Le Senat envoya successivement pour les combattre *Syllanus, Manlius*, & en troisiéme lieu, *Q. Cepio.* Mais, ils combatirent tous avec tant de mauvais succez, que leur Défaite arrivée dans le Languedoc près du Rhône, fut mise au Rang des plus sanglantes que les Romains eussent soufferts.

Leurs Pertes & leurs Victoires.

Métropole.

Marius, qui étoit Consul pour la quatriéme-fois, fut envoyé pour reparer leurs pertes: Il vint se présenter au-deça du Rhône vers son Embouchure, & pour éviter la premiére-fougue de ses Enémis; qu'il sçavoit être aussi vive & impetueuse que celle des Gaulois; il se retrancha dans son Camp, & en faisant tirer un Canal du Rhône dans la Mer, il renferma son Armée dans cette Isle que nous appellons aujourd'hui la *Camargue* près de S*t*. Gilles. C'est ce Canal que Pline appelle *Fossa ex Rhodano, Caij Marij nomine & opere insignis* Et Pomponius Mela parlant du Rhône, dit *Fossa Mariana partem ejus amnis navigabili alveo effundit.*

Catel Mém. pag. 419

Je sçai que M*r*. Bouche dans son Histoire de Provence, s'est fait un nouveau sistéme sur ce Canal de la Riviére du Rhône fait par le Consul Marius, comme tous les Auteurs en conviénent, mais sans commettre les deux Provinces du Languedoc & de la Provence, pour sçavoir si ce Canal étoit en deçà ou en delà du Rhône, je me borne maintenant sur cet Article, à suivre les Ecrivains de l'Histoire du Languedoc, comme S*r*. Bouche a suivi ceux de la Provence.

Il est toûjours constant que Marius soûtint dans son Retranchement, deux Attaques de ses Enémis qui s'y consommérent inutilement: Il sortit de son Camp, & les ayant attaquez avec avantage auprès de la Ville d'Aix, il en fit un Grand-Carnage, & prit leur Roi *Teutobagus*, qui fut mené en Triomphe à Rome.

Depuis ce tems-là, tout devint tranquille dans le Païs: Les Romains y laissérent plusieurs Legions pour contenir & accoûtumer les Peuples: Ils en établirent deux en deçà du Rhône, & trois au delà. La seconde Legion fut placée à *Orange*, la sixiéme à *Arles*, la huitiéme à *Frejus*, la septiéme à *Beziers*, & la dixiéme avoit été déja mise à *Narbonne*, selon le Raport de *Velleius Paterculus*, trois ans après le Consulat & l'Expedition de *Fabius Maximus.*

Ces diférentes Legions ont donné à ces Villes les divers Surnoms que l'on trouve dans les Anciens-Monumens, & dans les Inscriptions qui nous restent du tems des Romains. On y voit *Arausio Secundanorum, Arelate Sextanorum, Forojulium Octavianorum, Blitera Septimanorum, Narbo Decumanorum.* Cette dixiéme Legion se rendit si Célebre du tems de Jules Cesar, qu'elle merita une confiance distinguée

Pomp. Mela li. 2. Chap. 5.

Discours Préliminaire

B. 1. de Bello Gallico. de la part de cet Empereur, qui lui donne dans ses Commentaires un témoignage très-avantageux.

Toutes les Expéditions qu'il fit dans les Gaules se passèrent hors de la Narbonnoise, qui lui fut toûjours fidéle, & dont il tira une bonne Partie des quatre cent mile Séterées qu'il imposa par an sur son Gouvernement des Gaules : Il n'est pas hors de vraisemblance que tout étant tranquile dans cette Province, on y établit cette Route qui nous est marquée dans l'Itineraire d'Antonin, & dont nous aurons occasion de parler plus au long. Je ne serois pas même éloigné d'assurer *Le Château de Lates du tems des Romains.* que le Château de *Lates* qui est au voisinage de Maguelonne, étoit déja bâti de ce tems-là, puisque *Pomponius Mela* en fait une mention expresse, en parlant de l'Etang des Volsques, où la Rivière du Lez va se jetter auprès de Lates. *Ultra* *Mela ibidem.* *Rhodanum* (dit-il) *Stagna Volcarum, Ledum Flumen, Castellum Latara.* Mela vivoit dans le premier Siécle, & puisque ce Château étoit déja bâti de son tems, il pouvoit bien avoir été commencé plusieurs années auparavant.

Pline en fait encore mention en nous décrivant une Pêche toute singuliére qu'on y faisoit, & dont je crois devoir donner le plaisir au Lecteur : » Dans la *Liv. 9. Ch. 8.* » Province de Narbonne, & dans le Territoire de Maguelonne (dit-il) il y a » un Etang appellé de *Lates*, où les Dauphins font Société avec l'Homme pour » la Pêche. La quantité prodigieuse de Poissons dont il est rempli qu'on appelle » *Muges* ou *Mulets*, cherche dans certaine Saison à se jetter dans la Mer, par » une ouverture étroite qui est entre la Mer & l'Etang, ils suivent le courant de » l'Eau à mesure que le Vent la pousse ; mais, ils trouvent un Obstacle dans les » Filets qu'on leur a tendu à l'Embouchure, ce qui les oblige à revenir dans les » Eaux de l'Etang. Alors les Pêcheurs & tout le Peuple des environs pour se don- » ner le Divertissement de la Pêche, se rendent sur le bord de la Mer, & appel- » lent à haute voix les Dauphins en leur criant *Simon*, *Simon*. Le Vent de Bise por- » te leur Cri aux Dauphins qui ont l'oüie très-délicate, ils volent au secours des » Pêcheurs, & se rangent à l'Embouchure au-devant des Filets : Pour lors les » Pêcheurs soulevent leur Filets avec de longues Perches, & les Mulets se pressans » de passer, tombent dans l'Embuscade des Dauphins qui se contentent de les tuër » en se reservant de les manger après la Chasse finie : Ceux qui ont pû éviter le » Dauphin reviénent sur leur pas, & aiment mieux s'embarrasser dans les Filets » que de tomber entre les Dens de leur Enémi. Ils se glissent entre les Nacelles » des Pêcheurs, courant au milieu des Filets & entre les jambes des Nageurs » plûtôt que de s'exposer au Dauphin, & quoique le Muge aime fort à sauter » dans l'Eau, il n'ose sortir des Filets que lorsqu'on les abbat pour les prendre ; » Alors le combat recommence autour du Fort, les Dauphins en tüent autant qu'il » s'en présente, & le lendemain ils viénent manger le reste de leur Proye, & » attendre sur le Rivage le Pain trempé dans du Vin qu'on a Coûtume de leur » jetter.

Fertilité de la Gaule Narbonnoise. Le voisinage de la Gaule Narbonnoise avec l'Italie, & la facilité qu'avoient les Romains d'y aborder du côté de la Mer, les rendit toûjours jaloux de la Conquête d'un si beau Païs : Et je ne sçai si à l'Honneur de ma Patrie, je ne puis pas ajoûter, qu'elle méritoit qu'ils employassent tous leurs soins pour s'y établir & pour s'en conserver la Possession. Outre que les Romains y respiroient un Air plus approchant du leur que dans tout le reste des Gaules, ils y trouvoient aussi *Liv. 4. initio.* tous les Fruits que porte l'Italie, comme l'a remarqué Strabon, *Profert Gallia Narbonensis omnia fructuum genera quæ in Italiâ nascuntur.* On sçait que le seul Blé de la Gaule Narbonnoise, pouvoit nourrir toute la Province & en fournir aux Voi- *Liv. 4. Ch. 6.* sines ; Que la bonté de ses Vins loüiez dans l'Histoire naturelle de Pline, & surtout celle de son Muscat ne cedoit point au Vin de *Phalerne* ; Que les Oliviers qui naissent dans cette seule Partie de toutes les Gaules, leur servoient aux mêmes Usages qu'ils nous servent aujourd'hui, & particuliérement aux Bains dont les Romains faisoient leurs Délices : Nos Montagnes du côté des Pyrenées leur fournissoient des Mines d'Or, comme *Strabon* l'assure au Liv. IV. de sa Geografie, & Melgüeil qui n'est qu'à une lieüe de Maguelonne leur donnoit des Mines d'Argent, comme nous le verrons plus amplement dans la suite. Le Fer qui pour

être

Sur l'Anciéne Ville de Maguelonne.

être moins précieux que ces deux Métaux, n'eſt pas moins utile & néceſſaire aux beſoins de la Vie, ſe tiroit abondamment des Montagnes des Corbiéres, au-deſſus de Narbonne, d'où on le tire encore de nos jours ; Maguelonne & ſon Voiſinage donnoit du Sel en ſi grande-Abondance, que nos Rois ont fait depuis ſubmerger la plus grande Partie des Salines : Enfin la bonté des Laines, l'Abondance du Paſtel & du Vermillon ou Graine d'Ecarlate, qui croît dans nos Garrigues ou Pâturages, leur parut d'une commodité ſi grande, qu'ils faiſoient teindre à Narbonne la Pourpre des Empereurs ; ce fait paroît conſtant par les Inſcriptions anciénes que l'on voit encore à Narbonne, où ceux qui teignoient la Pourpre ſont appellez *Purpurarii*, & dans la Notice de l'Empire, il ſe trouve un Officier de l'Empereur, *Sub Comite Sacrarum Largitionum* qui eſt appellé *Procurator Baphii Narbonenſis*.

Tous ces Avantages & quantité d'autres, comme les beaux Marbres des Pyrenées, & celui des Montagnes de S*t*. Pons ; le Salicort qui ſert à faire le Verre, & qu'on recüeille abondamment dans les Campagnes de Narbonne, le Chamvre & le Safran, qui croiſſent ſur les Rives du Tarn, mettoient cette Province en état de pouvoir ſe paſſer des autres, & firent dire aux Romains (comme Pline l'écrit) que la Gaule Narbonnoiſe étoit une des plus Riches Provinces du Monde. *Liv. 3. Ch. 4.*

Une preuve qu'on peut encore raporter de l'Affection que prirent les Romains *Ses Monumens Anciens.* pour la Narbonnoiſe ; c'eſt qu'il n'eſt aucune Province dans les Gaules où ils ayent laiſſé de plus Beaux-Monumens de leur magnificence, ſoit pour l'Ornement des Villes, ſoit pour le plaiſir des Citoyens, & pour la commodité des Voyageurs : La ſeule Ville de Nîmes nous donne un racourci du Coliſée, du Pantheon, & des Aqueducs de Rome. On voit ſon Amphiteâtre de Figure-Ovale, à qui l'on donne depuis long-tems le Nom des *Arénes*, porté ſur ſoixante-trois Arceaux, & long de quatre cent ſoixante-dix pas : Il n'eſt pas veritablement de la Grandeur ni de l'Elevation du Coliſée ; mais, il eſt beaucoup plus entier ; & l'on admire depuis ſeize cens ans qu'il eſt bâti, la Grandeur & la Beauté de ſes Pierres auſſi-bien que le bon Goût de ſon Architecture.

La Maiſon-Quarrée qui ſert aujourd'hui d'Egliſe dans la Ville de Nîmes, de même que le Pantheon à Rome, n'eſt ni de la même Figure ni de la même Grandeur que la Rotonde, mais la beauté de ſes Colomnes, de ſes Chapiteaux, & autres Ornemens, ſert à nous faire voir à quel point de perfection les Romains portérent les Baux-Arts, & l'Uſage qu'ils en voulurent faire pour l'Embeliſſement de nos Cantons : La Poſterité devra ſa conſervation de ce bel Ouvrage aux ſoins de M*r*. de Baſville, Intendant de cette Province, qui, par les Reparations qu'il y a fait faire, l'a mis en état de réſiſter encore longues-années à l'injure du tems.

Le Pont du Gard, qui attire la curioſité de tous les Voyageurs, l'emporte pour la Grandeur du deſſein, ſur les Aqueducs dont on voit encore des Reſtes à Rome : Il s'agiſſoit de donner de l'Eau à la Ville de Nîmes, & de tranſporter d'une Montagne à l'autre, une Groſſe-Fontaine qu'on vouloit y conduire : pour conſerver à l'Eau ſon Niveau, on éleva depuis les Fonds de la Colline un Bâtiment à la Hauteur des deux Montagnes ; ce Bâtiment eſt un triple Pont l'un ſur l'autre, au Haut duquel eſt le Canal qui conduiſoit l'Eau : Le premier Pont a ſix Arcades de quatre cent trente-huit piés de longueur, & quatre-vingt-trois de Hauteur : Le ſecond a dix Arcades de ſept cent quarante-ſix piés de longueur & vingt & un de Hauteur : Et le troiſiéme qui eſt de Brique a trente-cinq Arches, ſur leſquelles étoit le Canal de la Fontaine.

Je ne parle que de ces trois Ouvrages qui ſubſiſtent encore, & qui offrent à nos yeux une Preuve bien ſenſible que les Romains ſe plûrent dans nôtre Païs, puiſqu'ils prirent tant de ſoin de l'embellir : Je paſſe ſous ſilence le Temple de Diane à Nîmes, celui de Venus à Vendres, & la Tourmagne de Nîmes dont on ne voit que les Débris : Le Chemin dit de la Monoye, *Via Moneta*, qui conduiſoit de Nîmes juſqu'à Subſtantion & à Murviel. L'Amphiteâtre de Beziers, dont on voit encore les Rüines, dans le Jardin du Logis de la Croix-Blanche ; le Pont de *Septimius*, dit aujourd'hui *Pont-ferme*, qui traverſoit l'Etang de Capeſtan pour aller plus sûrement de Narbonne à Beziers. Le Capitole, l'Amphiteâtre, les Bains, & les Ecoles-Municipales qu'ils établirent à Narbonne, dont on ne voit à la verité plus de Vestiges, parceque cette Ville a été plusieurs-fois rüinée, mais dont on a des Témoignages certains dans Ausone, Sidonius, & autres.

Maron Hispan. Liv. 1. Pag. 38.

Ses Limites.

La Garonne depuis sa Source jusqu'à-ce qu'elle reçoit la Riviére du Tarn, terminoit la Gaule Narbonnoise, qui du côté du Midi s'étendoit le long de la Mer, depuis les Alpes jusqu'aux Pyrenées, & renfermoit du Côté du Nord le Dauphiné, le Comtat Venaissin, & le Vivarés. Telle fut son étenduë depuis les premiéres Conquêtes des Romains, jusqu'au-tems d'Auguste qui, divisant toutes les Gaules en quatre Parties ; sçavoir, la *Belgique*, l'*Aquitanique*, la *Lyonoise* & la *Narbonnoise*, laissa néanmoins à celle-ci ses Anciénes-Bornes : Mais, les Empereurs qui lui succedérent voyant que ces Gouvernemens étoient trop étendus les soudivisérent en plusieurs autres Provinces, dont quelques unes rétinrent leur Nom, mais soudivisé. Ainsi, *Lyon* & son Distroit fut appellé Lyonoise premiére, *Roüen* Lyonoise II. *Tours* Lyonoise III. & *Sens* Lyonoise IV.

La Division après le tems d'Auguste.

La Province Narbonnoise fut divisée en trois Parties, dont deux rétinrent son Nom : Narbonne, avec tout ce qui fait aujourd'hui le Languedoc & le Roussillon fut la *Narbonnoise-premiére* ; Aix avec la Provence & le Comtat Venaissin, fut la *Narbonnoise-seconde* ; mais, Viéne qui en fut démembrée conserva son Nom, & fut appellée avec le Dauphiné, & la Partie voisine des Alpes, la *Province Viennoise*. C'est de cette Ancienne-Division qu'a pris origine le Titre de Primat, que les Anciens-Archevêques de France conservent encore : Celui de Narbonne est appellé dans plusieurs Anciénes-Chartes, *Archiepiscopus prima Sedis* ; c'est-à-dire, *Primæ Narbonensis* ; celui de Lyon l'a eu de même, parcequ'il est *in Lugdunensi Primâ*. Par la même Raison Ceux de Bourges & de Treves, ont conservé la qualité de Primat, parceque l'un est *in Aquitanicâ Primâ*, & l'autre *in Belgicâ Primâ*.

Son Gouvernement sous les Romains jusqu'au tems des Vandales & des Gots.

La Gaule Narbonnoise fut gouvernée tantôt par des Préteurs, tantôt par des Proconsuls, & quelquefois par des Recteurs ou Présidens. Gariel dans un Traité separé qu'il nous a donné de ceux qui y gouvernérent pour les Romains, y fait mention de *Marcus Fonteius*, dont Ciceron dans une de ses Oraisons reléve les vertus durant son Gouvernement de la Province Narbonnoise. *Aterius Labeo Prætorius*, qui avoit le Titre de Proconsul de la Province-Narbonnoise, se glorifie dans Pline de sçavoir bien peindre en Petit-Volume ; de *Marcus Popilius Lenas*, Consulaire, que Maguelonne a particuliérement connu, dit Gariel. De l'Empereur Antonin Originaire de Nîmes, qui passa du Gouvernement de cette Province à l'Adoption de l'Empereur Adrien, & ensuite à l'Empire, durant lequel il fit faire dans la Ville de Nîmes, ces Bâtimens Magnifiques dont nous avons déja parlé : Je passe sous silence plusieurs Empereurs du second & du troisiéme Siécle, à qui le Gouvernement de cette Province a servi de dégré pour monter sur le Trône, & je me contente de faire une mention expresse de *Carus* & de *Carinus*, parcequ'ils étoient Natifs de Narbonne, au Raport d'Eutrope & d'Aurelius Victor.

Pag. 3.

III. SIECLE.

On peut voir par ces deux derniers Exemples, que les Habitans de cette Province joüissoient de tous les Drois de Citoyens-Romains, & qu'ils pouvoient aspirer à toutes les Charges de l'Empire : Et à ce sujet, je ne dois pas oublier les Tables d'Airain, conservées encore de nos jours dans l'Hôtel-de-Ville de Lyon, où on lit le Discours que l'Empereur Claude fit en plein Senat pour obtenir aux Naturels de la Province-Narbonnoise, la faculté d'être élûs Senateurs.

Les Romains la gouvernérent paisiblement près de trois cens ans depuis leur Conquête : Mais, sur le milieu du troisiéme Siécle, à compter depuis la Naissance de Jesus-Christ, cette Province commença d'être agitée par des Troubles qui y causérent avec le tems un Changement entier de Domination.

Le Premier-Trouble que l'Histoire nous marque est l'Irruption de *Crocus* Roi des Allemans, qui, sous l'Empire de Valerien & de Galien, poussa ses Conquêtes jusqu'en Languedoc : Cette époque est très-remarquable pour les Eglises de Mende & de Viviers ; A l'une parcequ'il fit souffrir le Martyre à St. Privat Evêque de Mende ; A l'autre parcequ'ayant ruiné la Ville d'*Albs* ou *Albe*, qui étoit le Siége des premiers Evêques du Vivarez, leurs Successeurs furent obligés de le transferer

Sur l'Anciéne Ville de Maguelonne.

à Viviers, où il a resté jusqu'à présent; je fais cette remarque, parceque les Evêques de Viviers, n'ont pas laissé depuis cette Translation d'être appellez quelquefois *Episcopi Albenses*. Gregoire de Tours nous apprend que le Roi *Crocus* fut pris dans la Ville d'Arles, par Marien Gouverneur de Narbonne, & qu'après avoir été foüeté & tourmenté de divers Suplices, il fut mis à mort dans la même Ville.

Sa mort néanmoins ne pacifia pas entiérement les Troubles dans cette Province: Car, les Barbares qui l'avoient suivi étant Maîtres de plusieurs Places, donnérent de l'Exercice à *Aurelien* qui regna dix ans après, & ce ne fut qu'à la premiére année de l'Empire de *Probus*, que les soixante Villes qu'ils occupoient encore (parmi lesquelles étoit Maguelonne) rentrérent toutes sous la Domination des Romains. *Vopiscus* dans la Vie de Probus, raporte la Lettre que cet Empereur écrivit au Senat en ces Termes. » *Quarante mile Hommes ont été tuez; Seize* » *mile faits Prisonniers; Soixante dix Villes considerables ont été reprises, & toutes les* » *Gaules entiérement delivrées de nos Enémis.*

Les Gaules en effet restérent encore tout un Siécle sous la Domination des Romains, quoique durant ce tems, elles fussent agitées de mile diférens Partis qui s'elevérent à l'occasion des Concurrens à l'Empire: Il y en eut un si grand Nombre que l'on compte plus de vingt Empereurs depuis Probus jusqu'aux Enfans de Theodose; c'est-à-dire, durant l'espace de cent dix années. Ces Mouvemens que chacun d'eux causa à son tour, furent comme des secousses réiterées, qui, après avoir ébranlé l'Empire-Romain, le détruisirent enfin dans nos Quartiers.

La chose arriva dès le commencement du cinquiéme Siécle, par l'effroyable Irruption qu'y firent les Vandales l'an 406. Ces Peuples venus du Nord & suscitez par les fameuses Factions de Rufin & de Stilicon, qui, au lieu de conserver l'Empire aux Enfans de Theodose leur Ancien-Maître, ne travaillérent par Jalousie ou par Ambition qu'à le desoler. Ces Peuples (dis-je) après avoir passé le Rhin, parcoururent toutes les Gaules, y rüinérent les Principales Villes, & le petit-nombre de celles qui échapérent à leur fureur, ne purent se garantir de la Faim & des Frayeurs continuelles de la mort. *Narbonensis Provincia præter paucas Urbes Populata sunt cuncta, quas & ipsus foris Gladius, & intus vastat Fames*, Ecrivoit S^t. Hierôme dans le même Siécle où ces choses arrivérent.

De dire présentement si la Ville de Maguelonne fut de ce Petit-nombre? c'est ce que je ne sçaurois assurer, parceque l'Histoire ne s'en est pas conservée jusqu'à nous, mais j'avoüe que je serois plus porté à croire qu'à cause de sa Situation dans les Eaux, elle fut préservée du Ravage; Car, cette seule Raison étoit capable d'arrêter le premier-feu des Vandales, qui, comme un Torrent, avoient couru toutes les Gaules sans s'arrêter aucune part: Peut-être même que ces Barbares ayant été contrains de passer, comme ils firent, par la Catalogne, dans le reste de l'Espagne, voulurent ménager Maguelonne dont les Vaisseaux qui avoient la Mer libre, pouvoient leur porter des Vivres sur les Côtes d'Espagne.

Quoiqu'il en soit ces Barbares furent chassez de la Gaule-Narbonnoise, par de nouveaux Peuples qui changérent pour toûjours le Gouvernement de cette Province & la tirérent entiérement de la Domination des Romains.

Les Nouveaux-Peuples qui se rendirent les Maîtres de la Premiére-Narbonnoise furent les Gots, venus du côté de la Vistule, qui ayant donné bien de l'Exercice aux Romains durant deux Siécles, prirent la Ville de Rome l'an 409. sous la conduite de leur Roi Alaric, dans le tems que les Gaules étoient en Proye aux Vandales.

L'Empereur Honorius pour se délivrer de ces deux Enémis également Redoutables, ne songea qu'à les commettre ensemble pour se défaire des uns par le Moyen des autres: Dans ce dessein, il ceda aux Gots, les Gaules & l'Espagne, & ceux-ci ayant quité les Environs de Rome, se mirent en Chemin pour prendre Possession des nouvelles Terres qui leur avoient été cédées. *Honorius deliberato Consilio Gallias Gothis concessit*, dit Paul d'Aquilée. Alaric leur Roi, mourut durant ce Voyage en 410. Mais, Ataulphe qui lui succeda, au lieu de continuer sa Marche, ramena ses Troupes à Rome, où il fit Prisonniere de Guerre la

Princesse Placidia Sœur de l'Empereur Honorius: Je marque cette circonstance, parceque les suites en furent avantageuses à la premiére-Narbonnoise & à la Religion. Ataulphe étant devenu éperdument Amoureux de cette Princesse, ne voulut point quitter l'Italie qu'il ne fût assuré de l'Epouser, & ayant eu son Consentement, & celui de l'Empereur son Frere, & du Comte Constantius son Rival, il partit avec elle en côtoyant toûjours la Mer pour venir dans les Gaules, *Amore Uxoris suæ Placidia à finibus Romanorum discedit*, dit Geofroy de Viterbe, & étant arrivez dans les Gaules, ils y furent reçûs non comme Enémis; mais, comme Amis du Peuple Romain. A leur approche les Vandales se retirérent en Espagne, dans l'Andaloufie qui a retenu leur Nom, & de là ils pousférent dans l'Affrique, où ils firent tous les Ravages qui sont marquez dans la Vie de S^t. Augustin.

La plus-part des Villes de la premiére-Narbonnoise, & une partie de celles de l'Aquitaine se soûmirent à Ataulphe sans Resistance: Quelques autres firent les difficiles, mais soit par la force des Armes ou par l'adresse & le credit de la Reine, tout se soûmit à lui depuis le Rhône jusqu'à la Garonne.

C'est entre ces deux Riviéres que prit commencement le Royaume des Goths en Occident, & qui a donné le Nom de Languedoc à la premiére-Narbonnoise, prise selon l'étenduë qu'elle avoit alors; depuis la Division qu'en avoient fait les Successeurs de l'Empereur Auguste, comme nous avons dit ci-devant.

Le Royaume des Goths en Occident s'étendit bien-avant dans l'Espagne, & dura plus de trois cens ans sous un Grand-nombre de Rois; qui furent Maîtres de la Castille, de l'Aragon, de la Catalogne, & du Languedoc: Ils furent appellez Visigoths; c'est-à-dire, Goths en Occident, pour les distinguer de ceux de leur Nation; qui sur la fin du cinquiéme Siécle & beaucoup plus-tard que les Visigoths, commencérent en Italie sous la conduite de leur Roi Theodoric, le Royaume des Ostrogoths, ou Goths Orientaux, qui après plusieurs Evenémens remarquables dans l'Histoire, finit en 552. n'ayant duré en tout que cinquante-huit années.

Ataulphe, se plût si fort dans nôtre Province & particuliérement dans nos Cantons, qu'il fit son plus ordinaire Séjour à S^t. Gilles, entre le Rhône & l'Etang de Maguelonne, ce qui fit donner à la Ville de S^t. Gilles, le Nom de Palais des Goths, qu'elle conservoit encore du tems de Godefroy, de Viterbe & d'Othon de Frizingue, qui vivoient dans le douziéme Siécle. *Ataulphus Amore Uxoris suæ Placidia à Finibus Romanorum discedit, ubi hodie Villa Sancti Egidii in loco qui usque hodie Palatium Gothorum dicitur*. Othon se sert presque des mêmes paroles que je ne raporte point.

Le nouveau Roi ne sortit de S^t. Gilles, que pour ses Expéditions de Guerre, & pour faire reconnoître par ses nouveaux Sujets, la Reine son Epouse; il choisit pour cette Cerémonie la Ville de Narbonne, comme la plus considerable de la Province, & l'Auteur qui nous a conservé la Description de la Grande-Fête qu'il y donna, nous marque qu'au milieu d'une Grande-Sale parée, suivant la Coûtume des Romains, la Reine dans ses Habits-Royaux, étoit sur un Trône élevé, ayant auprès de soi le Roi Ataulphe vêtu à la Romaine, qu'en cet état on vint lui apporter un Grand-nombre de Magnifiques-Présens; mais, entr'autres que cinquante Jeunes-Pages, vêtus de Soye & choisis d'entre les plus beaux de la Cour, entrérent avec un Bassin à chaque main, l'un rempli d'Or, & l'autre des Pierres précieuses, qui restoient à Ataulphe du Pillage de Rome, & vinrent les poser aux piés de la Reine; après quoi les Epithalames chantez, on fit des Jeux-Magnifiques au grand-Contentement des Goths & des Romains.

Cette Joye ne dura que quelque peu d'années; car, soit que les Goths prissent jalousie du grand pouvoir de la Reine sur l'Esprit du Roi (comme Oroze l'a écrit) soit à cause des Troubles que le Comte Constantius son Ancien-Rival lui suscita, Ataulphe fut assassiné à Barcelonne l'an 415. & laissa son Sceptre à *Sigeric*, qui peu de mois après perit par le même sort que lui.

Vallia, prit leur Place & d'abord il se servit utilement de la Demande que fit l'Empereur Honorius, qu'on lui rendît sa Sœur Placidia Veuve d'Ataulphe qui restoit encore entre les mains des Visigoths, la Commission en fut donnée au Comte

Sur l'Ancienne Ville de Maguelonne. ix

Comte Constantius, qui avoit Ordre de ramener cette Princesse à quelque prix que ce fût : Il conclut la Paix avec les Visigoths, leur ceda le Languedoc, avec les Provinces d'Espagne voisines des Pyrenées, & ayant rétiré de leurs mains la Reine Placidie, il l'obtint enfin de l'Empereur pour sa Recompense, & ce fut de leur Mariage que vint l'Empereur Valentinien III. Vallia s'étant ainsi assuré de nouveau la Possession des Terres qu'il occupoit déja, mit son Siége à Toulouse, qui fut pendant plus de 80. ans la Capitale du Royaume des Visigoths, & après plusieurs Expeditions en Espagne contre les Vandales, Vallia revint à Toulouse, où il mourut après une longue Maladie en 419.

Theodoric I. Son Successeur, par des motifs que l'Histoire ne marque pas, voulut étendre ses Etats du côté de la Provence, mais la Guerre qu'il fit aux Romains qui en étoient les Maîtres, ne lui fut point heureuse ; car, Aëtius si Celébre dans l'Histoire de ce Siécle lui fit léver le Siége d'Arles qu'il avoit entrepris, & ensuite celui de Narbonne qui tenoit pour les Romains : Il fut même reduit aux dernieres extrémitez dans la Ville de Toulouse, où n'ayant d'autre espoir qu'en la Clemence des Assiégeans, il envoya plusieurs Evêques (parmi lesquels étoit Sᵗ. Orens Evêque d'Auch) demander la Paix à *Littorius* qui commandoit l'Armée Romaine. Celui-ci la refusa constament, & les Visigoths prenant des Forces de leur désespoir, donnérent comme furieux sur les Romains, les mirent en fuite, prirent leur Chef, & l'ayant conduit en Triomphe, & donné en Spectacle aux Femmes & aux Enfans, ils le firent mourir : On voit dans *Salvien* qui vivoit dans ce Siécle, la Description de cette Memorable-Journée dans ses Livres de la Providence de Dieu.

Il sembloit qu'après une perte si honteuse, les Romains ne pouvoient plus vivre d'intelligence avec une Nation qui les avoit si mal traitez, mais un besoin plus pressant les réünit ensemble par un Evenement des plus Célebres de nôtre Histoire : Les Francs venus de la Franconie, qui, sous la conduite de leur Roi Meroüée, avoient passé le Rhin, étoient à peine les Maîtres des premiéres Provinces qui sont au-deçà de ce Grand-Fleuve, lorsqu'ils furent bientôt suivis du fameux Attila, qui, à la Tête des Huns qu'il avoit amené de la Pannonie, ne se proposoit rien moins que d'envahir toutes les Gaules. Il avoit auparavant à combattre les Francs, les Romains & les Visigoths qui occupoient alors les grandes & belles Provinces de cet Etat : Pour les désunir, Attila fit entendre à l'Empereur Valentinien III. qu'il n'en vouloit qu'aux Visigoths, & pour empêcher que Theodoric n'unit ses forces à celles de l'Empereur, il lui écrivit qu'il n'en vouloit qu'aux Romains : Dans l'esperance du succez de cette ruse, il s'avança jusqu'à Metz, qu'il rüina comme il avoit fait de plusieurs Villes sur son Passage. Il avoit même déja réduit Orleans à la derniére extremité, lorsque les Romains & les Visigoths, follicitez par Sᵗ. Aignan Evêque de cette Ville, vinrent en faire léver le Siége. Aëtius conduisoit l'Armée Romaine, & Theodoric celle des Visigoths qui s'étant tous unis avec Meroüée, tombérent sur l'Armée d'Attila, dans la Plaine que nos Historiens appellent *in Campis Catalaünicis*, & y donnérent cette fameuse Bataille qu'un Historien Espagnol appelle la plus grande Bataille du monde : Trois cent mile Combatans y restérent sur la Place, parmi lesquels Theodoric Roi des Visigoths fut du nombre, après un Regne de 22. ans.

Son Fils *Thorismond*, qui l'avoit suivi dans cette Bataille, fut proclamé Roi par ses Soldats : il revint à Toulouse par le Conseil d'Aëtius, pour s'assurer de son Royaume, tandis qu'Attila après sa défaite, alla ravager toute l'Italie : Ce fut en ce Voyage, que le Pape Sᵗ. Leon, obtint de lui qu'il épargnât la Ville de Rome ; mais, ce Prince Inquiet, qui avoit eu la déference pour Sᵗ. Leon, d'abandonner l'Italie, ne put pas rester long-tems dans la Hongrie où il s'étoit retiré, il revint sur les bords de la Loire, d'où il menaça Thorismond d'entrer dans ses Etats : Ce Prince y accourut, & ayant gagné sur lui une seconde Bataille aussi-considerable (dit Jornandez) que l'avoit été la premiére, il le contraignit de retourner vers le Danube : Mais, Thorismond ne joüit pas long-tems de sa Victoire, car étant revenu à Toulouse, il y fut assassiné dans la troisiéme année de son Regne.

Discours Préliminaire

V. Sirmond.

Son Frere *Theodoric* II. lui succeda, dont on voit un Portrait avantageux dans la seconde Epître du premier-Livre de Sidonius Apollinaris: Il eut des Guerres en Espagne contre les Sueves, qui sont étrangeres à mon sujet, & les ayant heureusement terminées, il mourut dans le tems qu'il étoit en Paix avec tous ses Voisins, après avoir regné environ treize ans.

Je suis obligé de marquer la suite de tous ces Rois, pour mieux disposer le Lecteur à tout ce que j'aurai à dire sur Maguelonne: Et je vais donner encore l'Abregé de la Vie de son Successeur Evarix, sous qui il se passa bien de choses interessantes pour nôtre Province.

L'An 466.

Evarix ou *Eorix* se saisit aussitôt du Gouvernement après la mort de Theodoric II. & laissa (dit Jornandez) un soupçon violent de la mort de son Prédecesseur, *Euricus Frater percupidâ festinatione succedens, sævâ suspicione percussus est.* La suite de son Regne se ressentit de l'Entrée qu'il y avoit faite: Il fut entreprenant & heureux, Politique, mais cruel. Voyant que l'Empire d'Occident étoit en Proye aux plus hardis, il resolut lui-même d'envahir les Gaules: Après s'être

Isidor. in Chronico.

rendu Maître de la Provence par la Prise qu'il fit d'Arles & de Marseille, il tourna ses Armes vers les deux Aquitaines; c'est-à-dire, les Provinces de Bourdeaux & de Bourges, qu'il subjugua entierement, de sorte que son Royaume dans les

Sidon. Liv. 3. Epist. primâ.
Ado in Chronico.

Gaules s'étendoit jusqu'à la Loire, comme Sidonius & Adon de Viéne le disent formellement; Les Romains étoient alos reduits aux Provinces qui sont au-delà de ce Fleuve, comme Gregoire de Tours l'exprime par ces Paroles, *In iis autem partibus ad meridionalem plagam habitabant Romani usque ad Ligerim; Ultra Ligerim Gothi dominabantur.*

Les Romains étant donc reduits dans les Gaules aux Provinces de delà la Loire, vecurent dans une si grande Division au sujet de l'Empire que l'on compte * dix Empereurs qui se succederent dans l'espace de 38. années; c'est-à-dire, depuis la mort de Valentinien, arrivée en 455. jusqu'à celle d'Odoacer en 493. Ces Divisions qui furent cause de l'entiere Rüine des Romains dans les Gaules, furent celle de l'Agrandissement des François; car, ces nouveaux Conquerans les chafferent bientôt de leur Ancienne-Possession, & se trouvant voisins des Visigoths, ils eurent avec eux les Guerres que nous verrons dans la suite.

Eorix, se trouvant Maître d'un si grand Etat, s'attacha à le policer, car les Goths avant lui n'avoient point de Loix écrites, & ils se contentoient de vivre selon leurs Usages & Coûtumes: Eorix fut le premier qui leur en donna, & ce sont

Mém. du Languedoc. Pag. 474.

les Loix des Visigoths, que Mr. Pithou a fait imprimer, & dont Mr. Catel dit avoir vû des Exemplaires dans diverses Abbayes du Languedoc. Ces Loix furent continuées par les Successeurs d'Eorix, & leurs Peuples furent obligez de les sui-

Epist. premiere Liv. 2.

vre dans le Jugement des Procès: C'est pourquoi Sidonius Appollinaris se plaint que les Loix de Theodose étoient mises sous les pieds, & celles de Theodoric étroitement gardées, Non (comme le remarque Mr. Catel) qu'Eorix ne fût l'Auteur de ces Loix, mais par une espece de Jeu de mots, que Sidonius a affecté

Mém. Pag. 475.

pour opposer les Loix Theodoriciennes aux Loix Theodosiennes, parceque divers Rois des Goths ont porté le Nom de Theodoric.

L'Etablissement de ces Loix que fit Eorix, pour le bon Gouvernement de ses Peuples, & l'Agrandissement de ses Etats, qu'il poussa jusqu'à la Riviére de Loire, auroient suffi pour rendre son Regne glorieux, si ses Victoires n'avoient pas servi à la Rüine de plusieurs Villes considerables, & à la persecution ouverte qu'il fit aux Catholiques & particulierement à leurs Evêques: Parmi les Villes qu'il rüina, Sidonius marque *Bourdeaux, Perigueux, Rhodez, Limoge, Mende, Euze* (premier Siége des Evêques d'*Auch*) *Bazas, St. Bertrand de Comenges & Auch*; mais,

Petatii Notæ in Epist. Sidonii.
Catel. Mém. Pag. 475.

le plus grand Effort de ses Armes tomba sur Clermont en Auvergne, d'où Sidonius lui-même étoit Evêque; il exila ce Grand Prélat recommandable par sa Naissance, par son Sçavoir & par sa Sainteté à *Livia* entre Narbonne & Carcassonne, que le P. Sirmond, après Mr. de Catel, croyent être *Lezignan* d'aujourd'hui: les autres Evêques de ses Etats furent encore plus cruellement traitez, car il en fit

* *Valentinien, Maxime, Avitus, Majorien, Severe, Anthimius, Olibrius, Glycerius, Nepos, Augustule, Odoacer.*

mourir la plus-part, & ne voulant point qu'on en mît de nouveaux en leur place, il fit démolir leurs Eglises ; de forte que celles qui furent epargnées, fervoient de Retraite aux Troupeaux de la Campagne & devinrent inaccessibles dans les Villes par les Ordres que le Roi donna de faire arracher jufqu'aux Gonds des Portes, & d'en fermer l'Entrée par des ronces & des épines.

V. Siecle
Greg. de Tours Chap. 25. Liv. 2. Hift.

Alaric, quoiqu'Arrien, traita les Catholiques plus favorablement que n'avoit fait le Roi fon pere, car il permit aux Evêques du Languedoc de s'affembler à Agde & d'y tenir un Concile qui fut celebré dans l'Eglife de St. André l'an de nôtre Salut 506. fous le Pontificat du Pape Simmachus ; Cæfaire Archevêque d'Arles y préfidoit fur trente-trois Evêques qui formoient l'Affemblée, & parmi les chofes qui y furent refoluës, il eft à remarquer qu'on y decerna des Prieres pour le Roi Alaric quoiqu'Arrien : *Ut qui*, difent les Peres, *Congregationis nobis permiferat poteftatem, Regnum ejus Dominus feliciter extenderet, juftitiâ gubernaret, virtute protegeret.*

Commencement & fin du Roi Alaric.

Dans le même-tems que le Roi Alaric eût accordé cette faveur aux Catholiques de fes Etats, il continua les foins que fon pere s'etoit donné pour policer fes Peuples ; car, il fit dreffer par le Jurifconfulte *Anien* fon Chancelier, un Recueil de Loix-Romaines auquel on donna le Nom de *Code-Alaric* pour fervir aux Romains de fes Etats, tandis que les Vifigoths étoient tenus de fuivre les Loix prefcrites par *Evarix* : ce Code eut cours durant plufieurs Siécles dans le Languedoc qu'on a toûjours appellé *Pays de Droit-Ecrit*.

Lefaille. Annal. de Touloufe. Pag. 34.

La publication de ce Code fut faite l'an vingt-deux du Regne d'Alaric ; dans le tems que le grand Roi Clovis méditoit la Conquête de toutes les Gaules ; le progrez qu'il avoit déja fait allarma le Roi des Vifigoths, qui n'ignoroit pas (comme dit Gregoire de Tours) que les Naturels du Pays preferoient la Domination des Francs à celle des Goths, *tunc ex Gallis habere Francos Dominos fummo defiderio cupiebant.* Clovis d'un autre côté animé par les Conquêtes qu'il avoit déja faites, & pouffé par les motifs de la Religion-Chrétienne qu'il venoit d'embraffer, vouloit affurer aux Eglifes de deçà la Loire la Liberté que les Goths leur avoient fi fouvent ôtée ; il fit marcher fes Troupes dans la plus-exacte Difcipline vers les Etats d'Alaric, & Alaric pour le prévenir fit avancer fon Armée jufques dans le Poitou où fe donna à Voglay cette fameufe Bataille qui décida de l'Etabliffement des François dans la plus grande partie du Royaume ; Alaric y fut defait & tué dans le Combat, l'an 507. & Clovis victorieux pouffant fes Conquêtes jufqu'à Touloufe, ôta cette Ville aux Vifigoths qui en avoient fait la Capitale de leurs Etats dans les Gaules depuis que Vallia y avoit établi fon Siége.

Entrée des François dans le Languedoc.

Cette Perte auroit entraîné peut-être la rüine entiére des Goths dans les Gaules, fi Clovis eût conduit fon Armée jufqu'à la Mediterranée ; mais, par des raifons que l'Hiftoire ne marque pas bien, il ramena fes Troupes vers la Loire, & les Goths revenus de leur premiére Epouvante, s'attachérent à conferver les Villes qui leur reftoient, & à mettre quelque ordre dans la Famille-Royale que la mort prématurée d'Alaric avoit dérangé.

Comme il ne laiffoit d'autre fils légitime que le jeune *Amalric* encore enfant, ils crûrent pouvoir confier le foin de fes Etats à *Gelffaric* fon frere bâtard dont ils firent choix à Narbonne où ils avoient ramaffé les Débris de leur Armée ; mais, ce nouveau Roi ayant mal répondu à leur choix, & merité la mort violente qu'il reçut après trois ans de Regne, ils furent obligez d'avoir recours à Theodoric Roi d'Italie qui étoit Ayeul, par la Reine fa fille, du jeune Amalric.

Les Lieutenans qu'il envoya dans le Languedoc, travaillérent utilement pour le Roi fon petit fils, & l'un d'eux nommé *Ibba* qui commandoit à Narbonne, profita de la mort du Roi Clovis, arrivée en 511. pour reconquerir une bonne partie de ce que les François avoient enlevé aux Goths. Gregoire de Tours le fait affés entendre par ces paroles, *Gothi verò cùm poft Clodovai mortem multa quæ ille acquifierat pervafiffent* : mais, pour affurer à Amalric la poffeffion de ces Places reconquifes, on traita de fon Mariage avec Clotilde, fœur des Enfans du Grand Clovis, & l'on fit un Partage qui le regloit avec tous fes Voifins.

Chap. 11. Liv. 3. Hift.

Par ce Partage on ceda aux Oftrogoths la Provence & tout ce qui eft au-delà

V. SIECLE.

Procop. Liv. premier de Bello Gothic.

Division des Terres entre les Visigots & les Ostrogots.

du Rhône pour les dédommager de toutes les Dépenses que Theodoric leur Roi avoit faites pour conserver les Etats d'Amalric, & ce jeune Prince eut tout ce qui est au-deçà du Rhône ; c'est-à-dire , les Villes de *Narbonne* , *Maguelonne* , *Carcassonne* , *Beziers* , *Agde* , *Lodéve* & *Elne* , mais non pas Toulouse qui resta toûjours au pouvoir des François depuis que Clovis le Grand en eut fait la Conquête : La chose paroît clairement par la Souscription des Evêques qui assistérent aux Conciles tenus à Tolede ou à Narbonne, depuis que les Rois Goths eurent abjuré l'Arianisme ; car , tous les Evêques des Villes que je viens de nommer s'y trouvent signez , mais jamais celui de Toulouse quoique Suffragant de Narbonne, parceque Toulouse n'étoit plus aux Visigoths , mais bien aux François, qui n'aimoient pas à entretenir une communication entre leurs Peuples & les Etrangers.

Une autre Remarque que fait Mr. de Catel au sujet de ce Partage , c'est que les Terres au-delà du Rhône qui furent cedées aux Ostrogoths alors maîtres de l'Italie , sont appellées encore aujourd'hui par le Peuple *Terres de l'Empire* , comme nous voyons qu'elles l'étoient du tems de St. Loüis dans le Traité de Paix qu'il fit avec Raymond le Jeune Comte de Toulouse ; ce qui fait présumer à Mr. de Catel que ce nom de *Terres de l'Empire* leur fut donné , parcequ'elles revinrent alors sous la Domination des Rois d'Italie qui tenoient la place des Empereurs d'Occident ; ce qu'il croit encore avoir pû servir aux Empereurs qui sont venus depuis , de donner quelquefois en Infeodation les Terres de Provence : cette Remarque peut aussi servir de raison à une Observation assès ordinaire aux Voyageurs qui , en décendant le Rhône en Bateau, entendent souvent les Bateliers crier *Vire vers l'Emperi* , lorsqu'ils veulent prendre Bord du côté du Dauphiné ou de la Provence , au lieu qu'en voulant tourner du côté du Languedoc ils crient *Vire vers lou Royaume* ; le Lecteur sçait assés que la Tradition se perpetuë mieux parmi ces sortes de gens, quoiqu'ils ne soient pas toûjours capables de rendre raison de ce qu'ils disent.

Affaires des Rois Visigots avec les Enfans du Roi Clovis.

Amalric devenu paisible Maître de son Royaume par le moyen de ce Partage, conduisit la Reine Clotilde son Epouse dans les Provinces d'Espagne qui étoient de sa Domination ; il fit son Séjour le plus-ordinaire à Tolede où il passa cinq années avec la Reine , & leur union auroit été parfaite si les diferens sentimens de Religion n'avoient troublé leur bonheur ; le Roi trop passionné pour sa Secte Ariene, voulut persuader la Reine de l'embrasser, mais cette Princesse le pria toûjours de la laisser vivre dans la Religion qu'elle avoit appris de Ste. Clotilde sa Mere ; son refus irrita le Roi & le porta à des extremitez outrées, il fit remplir d'ordures la Chapelle où elle alloit faire ses Prieres, & il la frapa un jour si rudement, qu'elle en eut un Mouchoir tout plein de sang qu'elle crut devoir envoyer au Roi Childebert son Frere pour le toucher de pitié ; Childebert quitta la France & conduisit son Armée jusqu'à Tolede, où Amalric n'etant pas en état de lui resister, il prit la fuite durant laquelle il fut mis à mort par ses propres Sujets.

Gregoire de Tours Aimoin le Moine.

Childebert content pour cette fois d'avoir délivré sa Sœur, la ramena en France, & ce fut dans cette occasion que *Vincentius* Evêque de Maguelonne se trouva (comme on le marque) dans la Ville d'Arles au Passage du Roi.

Quelque tems après Childebert fit une seconde Irruption en Espagne (dont l'Histoire ne marque point la Cause) avec le Roi Clotaire son Frere : & il est certain que ces deux Rois poussérent jusqu'à Sarragoce, mais le succez en est raconté diversement par Isidore & par Aimon le Moine, & il suffit à nôtre Histoire de remarquer que le Royaume des Visigoths ne fut point demembré dans cette Guerre.

* *L'An. 531.*
† *L'An. 548.*
L'An. 549.

Theudis le gouvernoit alors , à qui * *Theudisclus* & † *Agila* succedérent l'un après l'autre ; ils perirent toutefois par une mort violente selon le sort assez ordinaire de la plus part de ces Rois à demi Barbares.

Athanagilde qui leur succeda en 554. fut plus heureux, & rendit son Regne plus remarquable : Les Rois de France Sigibert & Chilperic , lui demandérent deux de ses Filles pour Epouses , & ces Princesses étant venuës en France, y abjurérent l'Arianisme, & furent un heureux presage de la conversion entiére des Visigoths

Sur l'Anciène Ville de Maguelonne.

Sigoths qui arriva dans ce même Siécle.

Liuva qui fut le Succeſſeur d'Athanagilde, ſe plût dans le Languedoc plus que dans ſes autres Etats de l'Eſpagne : Il choiſit la Ville de Narbonne pour ſon Séjour-ordinaire; & laiſſa à ſon Frere Leovigilde, tout ce que les Goths occupoient en Eſpagne; Mais, ce Prince réünit bien-tôt par la mort de *Liuva* toute la Monarchie des Goths, qui avoit déja ſouffert du Partage qui en avoit été fait.

Leovigilde devenu Maître de tous ſes Etats, rendit ſon Regne Mémorable par les Alliances de ſes Enfans, avec des Filles de France; par les Guerres qu'il ſoûtint contre Gontran Roi de Bourgogne, & par le Martyre de S^t. Ermenegilde ſon Fils aîné : Ce jeune Prince qui avoit Epouſé Sidegundis Fille de Sigebert Roi d'Auſtraſie, fut ſollicité par ſa Femme de ſe faire inſtruire de la Religion-Catholique, par S^t. Leandre Evêque de Seville, ce qui ayant heureuſement réüſſi, il abjura l'Arianiſme, & s'étant attiré par là l'indignation du Roi ſon Pere, il fut renfermé dans une Priſon où n'ayant pas voulu communier le jour de Pâques des mains d'un Evêque Arien, que ſon Pere lui avoit envoyé, il y fut cruellement mis à mort.

Cette Action dénaturée attira une longue Guerre dans le Languedoc ; qui y cauſa bien du Mouvement ; car, le Roi Gontran ayant appris la triſte fin d'Ermenegilde, & ſçachant les mauvais-Traitemens que *Sidegundis* ſa Veuve recevoit tous les jours en Eſpagne, reſolut de s'en venger ſur le Roi Leovigilde, & de le chaſſer entiérement de toutes les Gaules : Gregoire de Tours lui fait dire, parlant à ſes Soldats, ces Paroles, qui marquent également ſon envie de conquerir le Languedoc, & ſon indignation contre les Viſigoths qui en étoient les Maîtres. *Prius Septimaniam Provinciam Ditioni noſtræ ſubdite ; indignum eſt ut horrendorum Gothorum terminus uſque ad Gallias ſit extenſus*. Il fit marcher pour ce deſſein deux Armées, l'une du côté du Rhône juſqu'à Nîmes, l'autre par le Haut-Languedoc, qui vint juſqu'à Carcaſſonne où elle entra ſans aucune Reſiſtance : Mais, l'épouvante s'étant miſe parmi les François, ils ſortirent de cette Ville, prirent la fuite, & furent mis à mort ſur le Chemin par les Peuples qu'ils avoient pillez.

D'un autre côté l'Armée qui s'étoit avancée juſqu'à Nîmes, ayant trouvé les autres Villes du Païs bien preparées à ſe défendre, les François furent contrains de ſe borner à ravager la Campagne. *Beziers*, *Agde*, *Subſtantion*, furent expoſées à leur inſulte; mais, Maguelonne le fut moins à cauſe de ſa ſituation dans les Eaux.

Cependant Leovigilde pour ſe venger de cette Irruption ramaſſa des Troupes dans ſes Provinces d'Eſpagne, & les envoya ſous la conduite de ſon ſecond Fils Recarede, pour faire le ravage aux environs de Toulouſe, qui appartenoit aux François : Recarede prit Caſtelnaudary & ayant ravagé la plus grande-Partie du Terroir de Toulouſe, il revint à Nîmes dans le tems qu'on parloit de faire la Paix : Il eſt vrai que Leovigilde la rechercoit, mais Gontran ne voulut jamais y entendre; de ſorte que Recarede quittant la Ville de Nîmes, & ſe tranſportant à Narbonne pour être plus à portée du Haut-Languedoc où étoient les François, il continua de là ſes Courſes contr'eux. Les Actes d'Hoſtilité durérent (quoiqu'avec moins d'éclat) juſqu'à la mort de *Leovigilde*, qui arriva l'an dix-huitiéme de ſon Regne : Mais, ils recommencérent plus vivement après la converſion du Roi Recarede ſon Fils & ſon Succeſſeur, qu'il eſt tems de raconter.

Recarede touché depuis long-tems du Martyre de ſon Frere Ermenegilde, & de la pieté de Sidegundis ſa Veuve, prit tant d'eſtime pour la Religion-Catholique du vivant même de ſon Pere, qu'il voulut s'en faire inſtruire à fonds dès qu'il fut monté ſur le Trône : Après qu'il en eut connu la verité, il reſolut d'abjurer l'Arianiſme, & pour rendre l'action plus Solemnelle, il fit aſſembler les Evêques de tous ſes Etats, l'an quatriéme de ſon Regne, & de nôtre Salut 589. On a donné à cette Aſſemblée le Nom de II. Concile de Tolede, où *Geneſius* Archidiacre de Maguelonne, ſe trouve avoir ſigné pour Boëtius ſon Evêque. Le Roi en préſence de tous les Prélats qui étoient au nombre de ſoixante-douze, demanda d'être reçu dans l'Egliſe-Catholique, & pour faire connoître la ſincerité de ſa Converſion, il envoya dans le Languedoc en avertir tous ſes Sujets en les exhortant de ſuivre ſon Exemple; le petit-nombre d'Ariens qui y étoient encore

VI. SIECLE.
L'*An.* 587.

Converſion de Recarede à la Foi Catholique.

VI. SIECLE.

quittérent leurs erreurs, & l'Evêque *Attalocus* qui les y entrétenoit, (& qu'on croit avoir tenu le Siége de Narbonne) voyant ce changement universel, en mourut de colere.

Ses Guerres avec Gontran Roi de Bourgogne.

Il semble que la conformité de Religion auroit dû procurer la Paix entre les François & les Visigoths, dont les Etats se touchoient : Recarede fut le premier à la rechercher, & il l'obtint aisément de Childebert Roi de France; mais, Gontran Roi de Bourgogne, soit par l'ancienne animosité qu'il avoit contre les Goths, soit par l'envie qu'il conservoit toûjours d'acquerir les Terres qu'ils avoient dans les Gaules, refusa constamment de faire la Paix, & il renouvella contr'eux une Guerre qui lui fut bien funeste par les suites; car, Recarede ayant défendu à ses Sujets tout Commerce avec ceux de Gontran, il courut sur la Province d'Arles, où il prit le Château *d'Orgon*, & étant revenu jusqu'à Carcassonne qui faisoit alors les Limites des Goths & des François, il surprit le Roi Gontran, tandis qu'il étoit à se réjoüir avec ses Favoris au bord d'un Ruisseau, & le Carnage des François fut si grand, que presque pas un n'en échapa; desorte que tous les Historiens conviénent qu'ils ne firent jamais une plus-grande Perte contre les Goths.

601

Après cet heureux succez, Recarede ne songea qu'à policer ses Etats, & à y faire fleurir la Religion : Il ordonna qu'il n'y auroit dorenavant aucune diférence de Condition entre les Romains, les Goths, & les Anciens-Espagnols de son Royaume, ce qui lui a attiré beaucoup de loüanges de tous les Historiens d'Espagne : Aussi mourut-il fort regretté de ses Sujets, l'an 601. & le quinziéme de son Regne. On remarque à son sujet que les Princes les plus dignes de son Trône, ne lui succederent qu'après de longs-intervalles.

Son Fils *Liuva* eut le sort ordinaire du plus grand-nombre de ses Predecesseurs : Il fut tué par *Viteric* dans la deuxiéme année de son Regne, & Viteric par *Gondemar* dans la septiéme de son Usurpation.

610.

Gondemar pour se maintenir dans la sienne, s'obligea de payer un Tribut aux François, ce qui irrita si fort ses Sujets d'Espagne qu'ils vinrent dans le Languedoc, où ils chassérent la Garnison Françoise que Gondemar avoit laissé mettre dans les Châteaux de *Jubinian* & de *Corneillac*. Lui de son côté cherchant à mettre l'Evêque de Toléde dans ses Interêts, le fit reconnoître pour Metropolitain par les Evêques de la Province de Cartagene, qu'il assembla à Toléde l'an 610. Mais, tous ces Expediens ne l'empêcherent point de perir au bout de deux-ans.

Sizebut, qui fut son Successeur, regna huit ans, sans avoir rien fait qui interesse nôtre Histoire.

Son Fils Recarede II. du Nom, n'ayant regné après lui que trois mois, les Visigoths élûrent pour Roi *Suintilla* qui acheva de chasser les Romains de toute l'Espagne, & fut le premier qui la réünit toute sous sa Domination : Ce grand Exploit de Guerre le fit aimer de tous ses Sujets; mais ayant voulu faire reconnoître pour Roi son Fils *Ricimer* encore Enfant, il se rendit odieux aux Grands, & l'un d'eux nommé *Sizenand*, secouru par Dagobert Roi de France, trouva le moyen de faire déposer *Suintilla* après dix ans de Regne, & de se faire reconnoître à sa Place l'an 631.

Conciles de Toléde.

Sizenand, pour mieux lier les Peuples par les motifs de la Religion, fit assembler le IV. Concile de Toléde, composé de tous les Evêques de ses Etats, où parmi les Canons qui y furent faits l'an 633. pour la Discipline de l'Eglise, il y en eut un contre l'Infidelité des Peuples qui violent le Serment fait à leur Prince, & attentent contre leur Autorité ou contre leur Vie : Le Concile défend que Personne n'usurpe le Royaume ou n'excite des Seditions; mais, il ajoûte que quand le Roi sera mort, les Grands de toute la Nation avec les Evêques lui donneront un Successeur.

Liv. 37. Art. 39.

Les frequens changemens que nous avons déja observez dans la suite des Rois Visigoths, avec la disposition de ce dernier Canon du IV. Concile de Toléde, font assez voir que ce Royaume étoit Electif, selon la judicieuse Remarque de Mʳ. Fleury dans son Histoire Ecclesiastique; il y eut soixante-deux Evêques présens, & sept Députez des Evêques absens, parmi lesquels on compte l'Archidiacre Etiéne pour *Genesius* Evêque de Maguelonne : Ils firent tous ces beaux Reglemens

Sur l'Anciéne Ville de Maguelonne.

que l'on voit dans les Actes de ce Concile, qui est un des plus Célebres qui se soit tenu en Espagne.

On y prescrit dans un fort grand-détail la forme de tenir les Conciles, ce qui « ne se trouve point ailleurs que je sache (dit Mr. Fleury) quoiqu'il ne faille « point douter qu'elle ne vint d'une Anciéne-Tradition.

Mais, ce qui peut être remarqué pour l'Histoire de l'Eglise de Maguelonne, c'est que les Peres y ordonnent qu'on observera un même Ordre de Psalmodier, & de prier dans toute l'Espagne & la Gaule ; une même forme pour la Célebration de la Messe, & pour les Offices du soir & du matin : Selon cette Regle, il faudroit que Maguelonne qui étoit de la Partie de la Gaule sujette aux Goths, eût suivi l'Anciéne-Liturgie d'Espagne, qui a été nommée depuis Mosarabique ; & dont St. Isidore de Seville qui fut l'ame de ce Concile, est regardé comme le principal Auteur.

Les Peres y firent d'autres Reglemens au sujet des Juifs-convertis, ou non convertis à la Religion-Chrétienne : Ils défendent sous peine d'Excommunication à toute Personne, soit Clerc ou Laïque de leur donner Protection contre les Interêts de la Foi : La raison qu'on en apporte, c'est qu'il y avoit même des Evêques qui se laissoient corrompre par leur présens, & l'Histoire de Maguelonne nous en fournira bientôt un Exemple funeste.

Cependant, le Roi Sizenand ne jouït pas long-tems du Trône que le IV Concile de Tolede sembloit lui avoir assuré par le Décret dont nous venons de parler ; car, il mourut bientôt après, n'ayant regné que trois ou quatre ans : Son Frere *Cinthilla* profita du pouvoir que les Grands & les Evêques avoient de se choisir un Roi, & aussitôt pour employer les mêmes moyens dont son Frere s'étoit servi pour s'assurer le Trône, il fit assembler le V. Concile de Tolede composé de vingt-deux Evêques avec deux Députez des absens. Ces Peres firent neuf Canons, qui presque tous regardent la sureté & l'affermissement de la Puissance-Royale : On y recommande l'Execution du Concile précedent qui est nommé Grand & Universel, » & on ordonne que son Décret touchant la sureté du « Prince, sera lû dans tous les Conciles d'Espagne : Que la Posterité du Roi « *Cinthilla* sera cherie & honorée, sans que Personne ose attenter à ses Biens : « Qu'aucun autre que les Nobles Goths ne pourront aspirer à la Couronne, & que « Personne durant la Vie du Roi, ne pourra rechercher superstitieusement « qui sera son Successeur, ou le charger de Malediction. Tous ces Décrets que *Cinthilla* ne manqua point de confirmer, sont regardez moins comme des Preuves de l'affection des Evêques pour lui, que de la fragilité de sa Puissance, & de la crainte qu'il avoit lui-même.

Il en donna une autre marque dans la Convocation du VI. Concile de Tolede qu'il fit assembler dix-huit mois après, où pour fortifier son Autorité par la crainte des peines de l'Eglise, il fit ordonner par les quarante-deux Evêques d'Espagne & de Gaule, qui y assistérent avec cinq Députez d'Absens, que quiconque auroit recours aux Enémis, étant sous l'Obéïssance du Roi, seroit Excommunié & enfermé pour faire une longue Penitence.

Toutes ces précautions ne prolongérent point son Regne qui ne dura que quatre ou cinq ans. *Tolga* fut mis à sa Place, & deux ans après *Chipdesvind*, qui, dans la cinquiéme année de son Regne, fit tenir le VII. Concile de Tolede, par le même motif que ses Predecesseurs : Il fit ordonner par vingt-huit Evêques présens, & onze Députez pour les Absens, des peines très-severes contre les Clercs qui prendroient Parti dans les Revoltes : Ce qui prouve que la Puissance des Rois Goths étoit déja mal affermie.

Peu de tems après la tenuë de ce Concile, Chindesvind s'associa au Trône, son Fils *Recesvind* avec qui il vecut six ans dans une grande Paix, & après sa mort Recesvind, qui regna seul durant douze années, fit tenir le VIII. le IX. & le X. Concile de Tolede, l'un en 653. l'autre en 655. & le dernier en 656. la sureté du Prince y eut toûjours beaucoup de part, il s'obligea de proteger la Foi-Catolique contre les Juifs & les Héretiques ; & les Peres avec l'Approbation des Grands du Royaume, firent un Décret par lequel il fut arrêté que tous les

VII. Siecle.

Aquets du Roi passeroient à son Successeur: Mais, que ses Héritiers joüiroient de tout ce qu'il avoit avant que de monter sur le Trône. Il fit encore ordonner qu'on puniroit de Déposition les Evêques & les Clercs, qui auroient violé les Sermens faits pour la sureté du Prince & de l'Etat: Toutes ces dispositions contribuèrent à lui faire passer un Regne assez doux, & nôtre Languedoc joüit durant tout ce tems d'une grande Paix, comme il avoit fait depuis Recarede; mais, il devint bientôt le Théatre de la Guerre par un Evénement qui interesse beaucoup l'Histoire de Maguelonne.

Revolte du Comte Paul, & de Guimilus Evêque de Maguelonne.

Liv. 39.

Tom. prem. Hist. Franç. Pag. 821.

Après la mort du Roi Recesvind arrivée l'an 672. Les Goths élûrent *Vamba* malgré lui, & le firent Sacrer à Tolede avec l'Huile Sainte que l'Archevêque Quirice répandit sur sa Tête: Cette circonstance est remarquée par M^r. Fleury dans son Histoire Ecclesiastique, comme le premier Exemple qu'il aye trouvé de l'Onction des Rois. Ce nouveau Prince, à qui tous les Historiens d'Espagne donnent de grandes Loüanges, mais principalement Julien Archevêque de Tolede, qui a composé un petit Livre de sa Vie (raporté dans Duchesne,) ordonna aux Juifs dans le commencément de son Regne, de sortir de ses Etats où ils causoient du Trouble depuis long-tems, comme on peut voir par les Décrets des divers Conciles tenus en Espagne: Plusieurs de cette Nation qui en furent chassez s'arrêtèrent dans le Languedoc, où ils gagnèrent par leurs Présens *Isderic* Comte de Nîmes, *Guimilus* Evêque de Maguelonne, & un Abbé nommé *Rani* ou *Ramir*. Ces trois Personnes qui prirent les Juifs sous leur Protection, commencérent le Trouble dans la Ville de Nîmes, où ils voulurent entrainer dans leur Revolte *Aregius* qui en étoit Evêque: Mais n'ayant pû y réüssir, ils le firent charger de chaines, le privérent de son Evêché, & l'ayant banni du Païs, ils mirent à sa Place l'Abbé Ramir, qui se fit sacrer par deux Evêques Etrangers sans confirmation du Prince, ni du Metropolitain.

Le Roi Vamba averti de tous ces desordres, envoya des Troupes sous la conduite du Comte Paul Grec de Nation pour les reprimer: Mais, celui-ci s'étant joint aux Revoltez ne songea qu'à se rendre Maître de tout le Païs. Après s'être assuré de Nîmes & de Maguelonne, il surprit Agde & Beziers, & il fut ensuite se présenter devant Narbonne. *Argebalus* qui en étoit Archevêque voulut lui en fermer les Portes, mais le Comte Paul l'ayant prévenu, y mit une forte Garnison, & ayant assemblé le Peuple, il lui fit entendre qu'il ne faloit plus reconnoître Vamba pour leur Roi, mais en choisir un d'entr'eux à sa Place. *Renocinde* Duc de la Province de Tarragone qui étoit de la Conspiration, dit qu'on n'en pouvoit choisir d'autre que le Comte Paul lui-même, ce qui fut suivi & agréé par tout le Peuple: Le Comte ayant donc accepté la Nomination qu'on faisoit de lui, se fit prêter le Serment de fidelité, & ne trouvant point de Couronne pour se faire couronner Roi, il en envoya prendre une que Recarede I. avoit donné à l'Eglise de S^t. Felix de Gironne: Après quoi pour se maintenir dans son Usurpation, il pratiqua le secours des François, & des Espagnols de la Province de Tarragone.

L'Affaire qui devenoit très serieuse pour le Roi Vamba, l'obligea de composer avec les Peuples de la Biscaye à qui il faisoit actuellement la Guerre: Il fit marcher son Armée vers le Languedoc divisée en trois Troupes, dont l'une cotoyant toûjours la Mer, passa à la vûë de Maguelonne, & pour s'attirer la Benediction du Ciel, il fit observer à ses Soldats la plus exacte Discipline.

Le Roi, qui suivoit de près son Armée, se rendit bientôt Maître de Barcelonne & de Girone, qui s'étoient laissées débaucher, & ayant pris avec le reste de ses Troupes le Chemin des Pyrenées, il s'assura de tous les Châteaux qui fermoient le Passage de ces Montagnes, & vint se présenter devant les Murailles de Narbonne: Dès son arrivée le Comte Paul prit la fuite, se contentant de laisser la Garde de cette Place au Duc Renocinde qui y fit avec ses Troupes une longue & belle Resistance; Mais, le Roi n'ayant jamais voulu quitter le Siége, obligea enfin la Ville de se rendre, & pour ne laisser aucune Place suspecte derrière-soi, il conduisit son Armée à Beziers & Agde qu'il prit; ce qui donna (dit l'Historien) bien de l'épouvante à *Guimilus* Evêque de Maguelonne, desorte que

voyant

Sur l'Ancienne Ville de Maguelonne.

voyant les preparatifs que le Roi faifoit déja pour Afliéger la Ville de Maguelonne tant par Terre que par Mer, il prit auffitôt la fuite & fe rendit par des Chemins détournez à Nîmes, où le Comte Paul s'étoit retiré.

Les Revoltez vinrent fe préfenter devant l'Armée du Roi pour lui difputer les approches de Nîmes, mais la Partie n'étant point égale, le Comte jugea plus à propos de rétirer fes Troupes dans la Ville, & d'en foûtenir le Siége; il fe défendit fi bien contre les premiéres-Attaques, qu'il fit fouvent douter du fuccez de cette Guerre; mais, les Affaillans ayant redoublé leurs Efforts; & étant piêts de forcer la Muraille, le Comte commença de perdre courage; & s'enfuit dans le Château des Arénes (qui eft l'Amphitéatre de la Ville.) Cette demarche acheva d'ôter le cœur à ceux qui combatoient pour lui, les Soldats du Roi entrérent dans la Ville, la mirent au Pillage, & dans la confufion & le defordre qui eft inevitable dans ces trifles conjonctures, il fe fit un fi grand Carnage, que la Ville refta pleine de Corps morts tant des Habitans que des Soldats des deux Armées.

Le Comte Paul, qui, du haut de l'Amphitéatre, voyoit une fi grande defolation comprit qu'il ne lui reftoit d'autre reffource qu'en la Clemence du Roi: Il commença par quitter tous les Ornemens-Royaux en préfence de ceux qui l'avoient fuivi dans les *Arénes*, & pour flechir, s'il étoit poffible, le Roi; il employa ce même Archevêque de Narbonne dont nous avons déja parlé: Ce bon Prélat, après avoir offert le St. Sacrifice, fortit de la Ville revêtu des mêmes Habits dans lefquels il avoit célebré, & dès qu'il put être apperçu du Roi, il décendit de fon cheval, courut fe jetter à fes pieds les larmes aux yeux; le conjurant de vouloir épargner la Vie de fes Sujets, quoique coupables: Le Roi lui répondit qu'il étoit las de répandre du fang, & qu'il vouloit conferver la Vie de ceux qui reftoient du carnage; mais, auffi qu'une fi grande faute que celle des Revoltez demandoit un Exemple. L'Archevêque ayant voulu infifter, le Roi n'en parut pas content, & marchant auffitôt vers la Ville il y entra avec le refte de fes Troupes: Le Comte Paul frapé alors plus que jamais de l'hôrreur de fon Crime, & de la crainte du chatiment qu'il méritoit, fut fe cacher dans une des Caves de l'Amphitéatre où deux Officiers de l'Armée de Vamba l'ayant découvert, ils l'en arrachérent de force & le trainant par les cheveux ils l'amenérent devant le Roi.

A peine cet infortuné eût apperçu fon Maître, qu'il quitta fa Ceinture & fe jetta à fes pieds; mais le Roi ayant fait figne qu'on l'ôtat de fa vûë, il ordonna qu'on le mît avec fes complices en bonne & fure Garde, jufqu'à-ce qu'il eût déliberé avec fon Confeil ce qu'il en devroit faire: Il congedia cependant les Gentilshommes François, qui s'étoient trouvez avec le Comte Paul, & il leur permit de fe rétirer, & de retourner dans leur Maifon.

Trois jours après les Coupables furent conduits les Fers aux pieds devant le Roi, pour entendre leur Jugement: La forme qu'on obferva dans cette Procedure, nous a été confervée par Julien de Tolede, & peut être le Lecteur ne fera point fâché que j'en raporte le détail, ne fût ce que pour juger des Mœurs & des maniéres de ce tems-là. Le Roi donc étant affis fur fon Trône au milieu de fon Armée, & environné des principaux Officiers & Seigneurs de fa Cour, demanda moyenant Serment au Comte Paul & à fes Adherans, de lui dire s'ils avoient jamais reçû quelque déplaifir de lui qui eut pû les porter à prendre les Armes contre fon Service: à quoi le Comte ayant répondu que bien-loin que cela fut, il avoit reçû du Roi plus de Biens & de faveur qu'il n'en méritoit, pourquoi donc vous êtes vous revoltez? repliqua le Roi. C'eft le Diable qui nous y a pouffez, dirent tous les Prévenus. Cette Réponfe faite, on leur fit reconnoître leur Seing dans le Serment de fidelité que toute la Nation avoit prêté au Roi Vamba, & la lecture en ayant été faite, on fit lire auffi le Serment que le Comte Paul avoit exigé de ceux qui étoient entrez dans fa Revolte. Le tout ayant été verifié, on lût la difpofition du Concile de Tolede, confentie par toute la Nation contre ceux qui troubleroient le repos de l'Etat & la fureté du Prince: On fit encore la lecture des Loix des Vifigoths fur le même cas, & le Confeil étant venu aux Opinions, decida que puifque le Concile avoit prononcé fi févé-

xvij

VII. SIECLE.

Leur prife & leur Condamnation.

rement envers l'ame de ceux qui troubleroient l'Etat, il étoit hors de doute que la Justice du Roi pouvoit les punir en leur corps par une mort infame : Que si pourtant le Roi vouloit leur faire grace de la Vie, ce devoit être à condition qu'ils seroient enfermez pour toûjours dans une Prison après avoir eu les yeux crevez, & que tous leurs Biens seroient confisquez pour leur propre Punition & pour l'Exemple des autres.

Ce Jugement ainsi rendu, le Roi resta dans son Camp qu'il fit clorre avec soin en attendant de voir si quelcun remüeroit dans le Païs : Mais, les Partisans des Rebelles étoient si effrayez qu'ils disparurent par tout excepté vers Beziers, où le Duc *Lupus* fit quelque ravage ; Le Roi en fit approcher ses Troupes, & au seul bruit de sa marche, *Lupus* qui étoit à *Aspiran*, prit la fuite avec tant de précipitation qu'il abandonna tout son Bagage, & le Roi s'étant rendu à Narbonne y congedia une Partie de ses Troupes, nomma de bons Gouverneurs pour les Places qu'il laissoit en deça les Monts, & renouvella ses Ordonnances contre les Juifs qu'il chassa de tout le Païs : Puis prenant la route d'Espagne, il envoya devant lui sur des Chariots les Rebelles qu'il avoit vaincu & fait juger à Nîmes.

Julien de Tolede, qui nous a donné l'Histoire de ce grand Evénement, nous a conservé le détail de cette triste marche : il raporte que ces miserables étoient sur leurs Charriots, vêtus de méchans Habits tissus de Poil de Chameau, ayant la Tête & la Barbe raze avec les pieds nûs ; & que le Comte Paul qui avoit pris les marques de la Royauté, paroissoit à leur Tête portant une Couronne de Cuir noircie avec de la Poix ; & en cet état, ils firent leur Entrée dans la Ville de Tolede, au milieu des huées d'un nombre infini de Peuple accouru à ce Spectacle.

Depuis ce tems-là, il n'est plus fait mention de *Guimilus* Evêque de Maguelonne, qui avoit eu part à cette Conspiration, & qui, selon le Jugement rendu, auroit dû croupir dans une Prison après avoir eu les yeux crevez : Néanmoins Gariel croit que l'Archevêque de Narbonne lui sauva cette derniére peine, & Verdale nous apprend seulement qu'il fut deposé après seize ou dix-sept ans d'Episcopat, & que *Vincentius* fut mis à sa Place.

Après cette Victoire le Roi Vamba fit orner la Ville de Tolede Capitale de ses Etats, & mit sur les Portes des Statuës de Marbre des Saints avec des Inscriptions pour demander leur Protection, il y fit tenir un Concile de la Province Cartaginoise que l'on compte pour le XI. de Tolede ; dans la quatriéme année de son Regne, & de nôtre Salut l'an 675. Les Peres y firent seize Canons qui régardent presque tous le Corps Episcopal ; car, la Coûtume s'étant déja introduite en Espagne aussi bien que dans la Gaule, d'ordonner des Evêques d'entre les Barbares, plusieurs se ressentoient de leur mauvaise Education, comme on peut très justement l'inferer des Canons de ce Concile : Et parceque les Limites de leurs Diocéses étoient souvent un sujet de division entr'eux, le Roi après un long-travail les fit regler dans toute l'étenduë de ses Etats : C'est-ce Reglement que l'on trouve encore dans la Collection des Conciles d'Espagne, d'où j'ai crû devoir extraire ce qui regarde le Diocése de Maguelonne, & ceux qui lui sont voisins, de la maniére que Duchesne le raporte.

Narbonæ Metropoli subjaceant hæ sedes.

BETERRIS. Hæc teneat de *Staleth* usque *Barcinona*, de *Macai* usque *Ribafar*.

AGATHA. Hæc teneat de *Nusa* usque *Riberam*, de *Gallar* usque *Mi'lam*.

MAGALONA. Hæc teneat de *Nusa* usque *Ribogar*, de *Castello Millia* usque *Angoram*.

NEMAUSO. Hæc teneat de *Buza* usque *Angoram*, de *Castello* usque *Sambiam*.

LUTEBA. Hæc teneat de *Sambia* usque *Rabaval*, de *Anges* usque ad *Montem* rufum.

CARCASSONA. Hæc teneat de Monteruffo usque Angeram, de *Angosa* usque Montana.

ELNA. Hæc teneat de *Angera* usque *Recinolam*, de *Laterosa* usque *Lamusam*.

Sur l'Ancienne Ville de Maguelonne. xix

On trouve ce même Partage dans l'Histoire d'Espagne de *Lucas Tudensis*, avec une alteration peu confiderable de quelques-uns de ces Noms : Mais, ils nous font tous également inconnus, & il feroit bien dificile de regler aujourd'hui fur cet ancien Partage les Limites de nôs Dioceses. **VII. Siecle.**

Cependant le Roi Vamba dans la neuviéme année d'un Regne qui avoit été jufques-là fort heureux pour lui & pour fes Sujets, éprouva ce que peut la malice cachée d'un Enémi ambitieux : *Ervige* parent du feu Roi Chindefvind lui fit donner un Breuvage-empoifonné qui lui ôta la mémoire, & dans cet état l'Archevêque de Tolede (peut être de concert avec fon Enémi) lui donna la Penitence & le revêtit de l'Habit-Monaftique. Vamba étant revenu à foi fe crut obligé à garder cet Habit ; & renonçant au Royaume, il déclara ce même *Ervige* pour fon Succeffeur : Cet artificieux, pour s'affurer du Trône, fit incontinent affembler un Concile à Tolede que l'on compte pour le XII. où les trente-cinq Evêques qui y étoient (par une Entreprife que M'. Fleury regarde comme le premier Exemple que l'on en aye) difpenferent les Sujets du Roi Vamba du Serment de fidelité qu'ils lui avoient fait ; & pour lui ôter toute voye de retour, ils firent un Canon par lequel ils déclaroient que tous ceux qui avoient pris l'Habit-Monaftique dans leur Maladie ne pouvoient le quiter : La précaution étoit bien inutile ; car, le bon Roi ne penfa jamais à quiter fon Monaftére où il mourut Saintement au bout de fept ans. Cependant comme l'Artifice eft toûjours craintif, Ervige pour décrier le Gouvernement de fon Predeceffeur fit abroger diverfes Loix utiles qu'il avoit faites ; & il fouffrit que des Evêques flateurs fiffent des Plaintes-frivoles contre fa Mémoire ; Et parcequ'il lui étoit important d'être affuré de l'Archevêque de Tolede ; il lui fit attribüer par ce Concile le Droit d'ordonner tous les Evêques du Royaume fuivant le choix du Prince : Ainfi on ôta aux Comprovinciaux le Droit d'élire les Evêques, & au Metropolitain de les facrer pour attribüer tout au Roi & à l'Evêque de Tolede : J'obferve cette difpofition du Concile, parcequ'elle pourra fervir à expliquer un intervalle confiderable que nous trouverons dans la fuite de nos Evêques de Maguelonne.

Fin du Roi Vamba.

L'An. 680.

L'An. 681.

Hift. Eccl. Livre 40.

L'An 683. Ervige toûjours craintif fit affembler le XIII. Concile de Tolede, compofé de quarante-huit Evêques & de vingt-fept Députez parmi lefquels *Vincentius*Evêque de Maguelonne fe trouva : ces Peres toûjours attentifs aux Interêts du Roi, confirmérent les Décrets du Concile précedent, remirent tous les Arrerages des Tributs jufqu'à la premiére année du Regne d'Ervige, & défendirent fous peine d'Anatheme de faire aucun mal à fa Pofterité, ni à la Reine *Licubigotone* fon Epoufe : Ils ôterent aux Veuves des Rois le pouvoir de fe remarier, & à toute Perfonne (même fut-il Roi) la Permiffion de les époufer ; ils défendirent de mettre aux Fers ou à la queftion les Officiers du Palais & les Clercs, lorfqu'ils feroient accufez, & ils firent d'autres pareils Reglemens fur le Temporel, où ils ne pouvoient être autorifez » (dit M'. Fleury) que par l'Autorité du Prince & » par le confentement des Seigneurs : Mais, ce qui eft plus furprenant : ils rétablirent dans leurs Droits, Biens, & Dignitez tous ceux qui avoient été condamnez comme complices de la Revolte du Comte Paul, contre le Roi Vamba ; & ce fut le même Julien, qui avoit écrit avec tant d'Eloge la Vie de ce Prince, qui prefida aux deux Conciles de Tolede où l'on prit tant de foin de décrier le Gouvernement de Vamba, & de revoquer les Ordonnances qu'il avoit faites.

Foibleffe des derniers Rois Vifigoths.

A peine les Peres de ce Concile étoient retournez chez eux, qu'on reçut en Efpagne les Actes du fixiéme Concile-General, tenu à Conftantinople avec les Lettres du Pape, qui demandoit aux Evêques d'Efpagne, de recevoir les Définitions de ce Concile ; la chofe auroit merité une Affemblée de tous les Evêques du Royaume ; on fe contenta d'affembler à Tolede ceux de la Province Cartaginoife, mais avec des Députez de tous les Metropolitains qui tinrent l'an 684. un Concile qui eft compté pour le XIV. de Tolede.

On aura pû obferver que j'ai voulu marquer la fuite de ceux qui furent tenus dans cette Ville, alors Capitale des Rois Gots : J'ai crû devoir le faire pour donner mieux à entendre aufquels de tous ces Conciles fe feroient trouvez les Evêques de Maguelonne, outre que les Difpofitions qui y furent faites, interef-

Discours Préliminaire

VII. Siecle.

soient plus particuliérement nôtre Diocése qui étoit de la Domination des Gots.

Le Roi Ervige ne joüit que huit ans du Trône qu'il avoit acquit, & où il s'étoit maintenu avec tant d'Artifice : Il mourut à Tolede après avoir marié sa Fille *Castilione* à *Egica*, Cousin du feu Roi Vamba, qu'il prévoyoit devoir être son Successeur preferablement à ses Enfans. Il le fut en effet sur la fin de 687. & la première année de son Regne est marquée par la tenüe du XV. Concile de Tolede en 688. où les soixante un Eveques qui y assistérent donnérent leurs Explications sur les points contestez au sujet du VI. Concile-General, & decidérent ensuite les doutes que le Roi en Personne leur proposa sur deux diférens Sermens qu'il disoit avoir fait ; l'un de prendre la défense des Enfans du Roi Ervige, & l'autre de rendre Justice à ses Sujets, qu'il disoit avoir été dépoüillez de leurs Biens, mis à la Torture, & opprimez par le même Roi : C'est ainsi que ces derniers Princes Visigoths vécurent sur le Trône dans une crainte continuelle, & qu'ils cherchoient dans les Décisions des Conciles des prétextes pour se défaire ou pour opprimer ceux qui leur faisoient ombrage.

Troubles qu'on leur suscite.

Il eut un sujet de crainte mieux fondé l'an sixième de son Regne, où Sisbert Archevêque de Tolede conspira avec plusieurs autres pour lui faire perdre le Royaume & la Vie. *Egica* fit à ce sujet assembler le XVI. Concile de Tolede où les Peres au nombre de cinquante-neuf Evêques, cinq Abbés & trois Députez, deposérent l'Archevêque Sisbert, & approuvérent plusieurs Translations d'Evêques que le Roi fit faire ; ils renouvellérent les Promesses de proteger la Posterité du Roi après sa mort, les peines contre les Rebelles, & les Maledictions prononcées au quatriéme Concile de Tolede : ils ordonnérent encore que dans toutes les Catédrales, & dans toutes les Parroisses de la Campagne, on diroit tous les jours la Messe pour le Roi & pour ses Enfans, excepté le Vendredi Saint : Et parceque les Evêques de la Province de Narbonne n'avoient pû assister à ce Concile, à cause de la Peste qui ravageoit ce Païs, le Roi ordonna qu'ils s'assembleroient à Narbonne pour en souscrire les Décrets.

Je ne trouve point que ce dernier Article eût été executé ; mais, il est bien certain que toutes ces Dispositions du Concile ou du Roi, ne purent point calmer le Fonds de Revolte qui étoit dans le cœur des Peuples : Un an après la Conspiration de l'Archevêque Sisbert, les Juifs d'Espagne furent convaincus d'avoir traité avec ceux d'Affrique pour conspirer contre les Chrétiens & contre l'Etat. Egica fit aussitôt assembler le XVIIᵉ. Concile de Tolede, où les Juifs furent condamnez à être tous dépoüillez de leurs Biens, reduits en servitude perpetuelle, & distribuez aux Chrétiens selon la volonté du Roi, à la charge que leurs Maîtres ne leur permettroient aucun Exercice de leurs Ceremonies, & leur ôteroient leurs Enfans à l'âge de sept ans pour les faire élever chrétiénement, & les marier à des Chrétiens.

Ce Concile est le dernier de Tolede dont nous ayons quelques Actes, encore n'y-a-t'il point de Souscriptions qui nous fassent connoître le Nom des Evêques qui y assistérent, & depuis ce tems-là jusqu'environ cent cinquante-ans après, on ne trouve plus guere de Monumens de l'Eglise d'Espagne.

701.

Cependant le Roi pour mieux assurer le Trône dans sa Famille, crut devoir y associer *Vitiza* son Fils avec qui il regna quelques années jusques en 701. qui fut l'année de sa mort : Vitiza se voyant seul Maître de la Monarchie, commença par des Actions de Clemence en rapelant les Exilez & en soulageant les Peuples : Il fit même tenir un Concile près de Tolede dont il ne reste ni Actes ni Canons, où les Evêques & les Seigneurs traitérent du Gouvernement du Royaume ; Mais tous ces beaux commencemens furent comme ceux de Neron & de Caligula qui trompérent si fort l'Ancéne-Rome : Vitiza fit bientôt paroître le penchant qu'il avoit à la Debauche, & il s'y abandonna avec tant d'excez qu'il disposa dans moins de neuf-ans sa propre Rüine, & celle de toute la Monarchie.

Leur Dissolution & leur Rüine.

Non content d'avoir plusieurs Femmes tout ensemble & plusieurs Concubines, il voulut en introduire l'Usage dans son Royaume, & comme le vice protegé fait toûjours du Progrez, les Grands, le Peuple, & le Clergé même suivirent son Exemple : Plusieurs néanmoins des plus Anciens, & des plus venerables du Clergé, oserent oférent lui refifter en face, & lui reprochérent fes Crimes, mais le Roi devenu plus furieux, les fit traiter rudement par *Sinderede*, Archevêque de Toledo, qu'il avoit à fa main : ces bons Prêtres fe voyant maltraitez par celui qui auroit dû les proteger, en appellérent au Pape ; & le Roi craignant que leur Autorité ne détournât le Peuple de fon obéïffance, non-feulement il permit, mais il commanda à tous les Clercs de fon Royaume d'avoir des Femmes & des Concubines, même plufieurs s'ils vouloient, & de ne point obéïr aux Conftitutions Romaines qui le défendoient.

Cette Licence produifit une corruption extreme dans le Royaume & y mit tout en mouvement ; Vitiza de fon côté craignant ceux qui pouvoient avoir quelque prétention au Trône, fit crever les yeux à Teofrede, Duc de Cordoüe & fils du feu Roi Chindefvind ; il voulut en faire autant à Pelage petit-fils du même Roi, mais celui-ci s'enfuit dans les Montagnes des Afturies où il fonda un Royaume particulier : Enfin, l'Archevêque de Tolede lui devenant fufpect, il mit à fa place fon propre frere *Oppa*, déja Archevêque de Seville du vivant de l'autre ; & pour fe faire de nouvelles créatures il rapella les Juifs chaffez fi fouvent & par fon pere & par les autres Rois fes Predeceffeurs, & il donna plus de Priviléges à leurs Sinagogues que n'en avoient les Eglifes.

De fi grands Defordres ne pouvoient qu'atirer la jufte punition de Dieu & fur le Prince & fur fes Peuples ; Vitiza l'éprouva le premier en 710. où Roderic, fils de ce Teofrede à qui il avoit fait crever les yeux, fe revolta contre lui, & l'ayant pris le fit aveugler lui-même & fe fit proclamer Roi à fa place ; Roderic pourtant ne joüit pas longtems de fa nouvelle Dignité, car foit mauvaife conduite de fa part, ou jufte Jugement de Dieu qui l'aveugla pour punir toute la Nation des Gots, il perdit la vie deux ans après dans une Bataille qui livra tous fes Etats aux Sarrazins, & qui caufa le renverfement entier du Royaume des Vifigots.

Ce changement qui eft une Epoque confiderable de l'Hiftoire univerfelle, intereffe particuliérement nôtre Hiftoire de Maguelonne ; il eft tems de le raconter en prenant la chofe d'un peu plus haut pour donner une idée claire de ce que nous entendons fous le nom de Sarrazin.

Mahomet, qui s'eft rendu fi célebre par la Secte qu'il établit au commencement du VII. Siécle, étoit né à la Mecque Ville de l'Arabie fur le bord de la Mer-Rouge en 568. il commença de s'ériger en Prophete dans fa Patrie l'an 621. mais en ayant été chaffé cette même année par fes Concitoyens, il fe retira à Medine fur la même Côte chez les Arabes qui le reconnurent pour leur Prophete & pour leur Prince : avec eux il établit fa nouvelle Religion les Armes à la main dans toute l'Arabie, & à quatre cent lieuës de Medine tant au Levant qu'au Midi. Etant mort en 631. fes Succeffeurs, fous le nom de Califes (c'eft-àdire Vicaires ou Lieutenans du Prophete) firent dans près de quatre-vingts ans plus de progrez en Afie, en Afrique & en Europe que les Vandales, les Huns & les Gots n'en avoient fait durant plufieurs Siécles fur l'Empire-Romain.

En 636. ils prirent Jerufalem, en 638. Antioche ; & par cette derniére Prife ils achevérent la Conquête de la Syrie qui avoit été fous la Puiffance des Romains fept cent quarante années depuis que Pompée en eut fait la Conquête. Les Califes établirent alors leur Siége à Damas, & de là ils firent des Courfes tantôt dans l'Afie, tantôt dans l'Affrique avec une rapidité & un progrez furprenant ; j'en marque les principales Epoques enfuite, jufqu'au fait des Conquêtes qu'ils vinrent faire en Efpagne, dans nôtre Languedoc & dans le refte de la France.

En 639. ayant tourné leurs Armes du côté du Levant ils prirent Edeffe & toute la Méfopotamie avec une partie du Royaume des Perfes, après avoir défait en Bataille leur Roi Ifdegerd : l'année d'après étant revenus vers l'Affrique ils prirent les Villes de Memphis & d'Alexandrie, & par ces deux Conquêtes ils fe rendirent maîtres de toute l'Egipte fix cent foixante-fix ans depuis qu'elle eût été fujette aux Romains après la Bataille d'Actium où Augufte défit Antoine & Cleopatre.

L'an 647. ils s'avancérent au-delà de Tripoli dans l'Affrique Proconfulaire, & s'approchérent ainfi du Royaume des Gots qui s'étendoit dans la Mauritanie Tin-

Discours Préliminaire

VIII. SIECLE.

gitane, & les rendoit maîtres par ce moyen du Détroit de Gibraltar. Dès-lors les Mahometans auroient pû tâter ce Royaume, mais comme les Divisions n'y regnoient pas encore, à la faveur desquelles ils firent toûjours leurs progrez, ils occupérent leurs Armes contre la Perse qu'ils achevérent de conquerir, & ils coururent sur des Vaisseaux la Mediterranée où ils attaquérent l'Isle de Chypre ; des Guerres-civiles les ayant occupez entr'eux jusqu'en 662. ils tournérent leurs forces contre la Sicile dont ils réduisirent une partie en captivité, & en amenérent volontairement les Habitans pour s'établir à Damas.

662.

Leurs Courses devinrent alors plus frequentes sur la Mediterranée, & lorsqu'ils ne pouvoient penetrer dans les Terres voisines, ils se contentoient de piller & de faire des Esclaves sur le Rivage ; l'entrée du Languedoc & de l'Espagne furent tentées diverses fois, au raport de *Lucas Tudensis*, & même du tems du Roi Vamba ils vinrent avec une puissante Flote pour y faire des Décentes ; mais, ce Prince, qui sans contredit fut un des plus vaillans que l'Espagne ait eu, se défendit si bien qu'il rompit toutes leurs mesures & les força de se retirer.

Enfin, les grandes Divisions que nous avons vû arrivées parmi les Gots depuis le Roi Vamba, & les mœurs corrompuës qui s'introduisirent parmi eux, sous la protection de leurs mauvais Princes, donnérent entrée dans leur Etat à leurs plus grands Enémis, & attirérent sur la Nation un châtiment des plus mémorables.

Origine des Sarrazins.

Vitiza, dans la défiance que le vice produit ordinairement, maltraita (comme nous avons vû) plusieurs de ses Sujets ; & de peur que les Mécontens ne s'emparassent de quelque Place, il fit démolir les murailles des Villes, excepté celles de Tolede & de Leon. Roderic ou Rodrigue qui lui succeda dans ses vices comme dans son Trône, bannit & chassa deux des Enfans de son Predecesseur, qui se refugiérent en Affrique chez le Comte Julien, Gouverneur pour les Gots de la Mauritanie Tingitane ; celui-ci avoit un sujet de mécontentement particulier à l'occasion de sa fille que le Roi avoit deshonnorée : ainsi, tous les trois ne songeant qu'à satisfaire leur ressentiment, ils se portérent à sacrifier leur Religion & leur Patrie ; dans cette vûë le Comte Julien entretint avec soin les Mécontens du Royaume, & d'autre côté il fit entendre au Roi que pour leur ôter le moyen de prendre les Armes, il faloit envoyer tous les Chevaux d'Espagne, partie du côté de Gibraltar, partie du côté du Renfort, afin que les Frontiéres étant bien pourvûës & l'interieur du Royaume dégarni, personne ne pût y remüer : cet artifice ayant réüssi, les Conspirez se mirent à la tête des Mahometans qu'ils attirérent de leur Voisinage d'Affrique, & s'étant rendus maîtres des chevaux qui étoient sur leur Côte, ils furent presenter la Bataille à leur Roi Roderic ; cet infortuné Prince se trouvant sans armes & sans chevaux, fut réduit, comme l'a remarqué un Historien d'Espagne, de se servir de Mules & de Mulets pour s'opposer à l'Enémi ; cette Bataille lui coûta la vie, & les Infidéles prenant courage de ce premier succez, firent venir d'Affrique un plus grand nombre des leurs.

Lucas Tudensis.

Pudentio de Sandoval.

Mousa ou Moyse Gouverneur du Pays pour le Calife de Damas, se mit lui-même à la tête du Renfort, & joignant ses Troupes à celles qui étoient déja en Espagne, il s'avança jusqu'à Tolede qui lui fut renduë par l'Archevêque *Oppa*, & après en avoir fait mourir les principaux Habitans, il poussa jusqu'à Sarragoce qu'il trouva ouverte, desorte que par cette Prise il soûmit toute l'Espagne depuis le Détroit jusqu'en Aragon.

Les Visigots avoient le cœur si abbatu qu'ils n'osoient se presenter devant l'Enémi qui brûloit tout sur son Passage, faisoit mettre en croix les Habitans les plus puissans, & égorgeoit jusqu'aux enfans pour mieux dépeupler le Pays : Les Villes qui restoient se voyant hors d'état de défense, demandérent la paix & se soûmirent ; mais, cette paix ayant été mal observée, un nombre infini d'Habitans s'enfuirent dans les Montagnes où plusieurs perirent de faim, & les autres ayant été joindre le Comte Pelage qui s'étoit refugié dans les Asturies, ils l'aidérent à conserver cette Province qui fut depuis la ressource des Chrêtiens opprimez, & qui leur donna le moyen par la succession des tems de chasser les Mahometans de l'Espagne, & de la remettre sous la puissance des Princes Chrêtiens qui y regnent maintenant.

Sur l'Anciéne Ville de Maguelonne. xxiij

Cependant les nouveaux Maîtres de ce Royaume ayant assuré leurs Conquêtes par la mort des anciens Habitans, y en appellérent de nouveaux qu'ils firent venir de l'Affrique, & pour être plus à portée du secours qu'ils en attendoient, ils établirent leur Siége à Cordoüé dans l'Andaloufie, d'où ils projettérent la Conquête de nôtre France.

VIII. Siecle

Ils y entrérent en effet par le Languedoc en 719. six ou sept ans après leur entrée en Espagne, & par la Conquête qu'ils firent de cette derniére Province ils achevérent de détruire entiérement le Royaume des Vifigots qui avoit déja duré plus de trois cens ans depuis que le Roi Ataulphe l'avoit commencé.

L'Armée des Infidéles vint nous attaquer par Terre & par Mer, celle de Terre prit Narbonne en 719. sous la conduite de Zama, Lieutenant du Calife Yesid; & leur Flote, après avoir fondé toutes nos Côtes, entra par le Passage où les Eaux de la Mediterranée se jettent dans l'Etang de Maguelonne, & qu'on a appellé depuis le Port Sarrazin : c'est sous ce nom que les Mahometans vainqueurs de l'Espagne, sont connus dans nôtre Histoire ; les Espagnols du Royaume des Asturies, qui eurent longtems à combattre contr'eux, les ont appellez *Maures*, à cause qu'ils étoient venus de cette Partie de l'Affrique dite anciennement Mauritanie. Quelques Auteurs de ce tems-là les ont aussi appellez Vandales, du nom de l'Andaloufie où ils avoient établi leur Siége ; mais, quelque Nom qu'on leur donne, ce sont les Décendans de ces mêmes Arabes qui s'attachérent au faux Prophete Mahomet, & qui s'étant aguerris dans l'Exercice des Armes, firent ces grands Progrez que nous venons de voir.

Ils s'emparent de l'Espagne.

À leur entrée dans la Ville de Maguelonne il est à croire qu'ils firent perir plusieurs Habitans, comme ils avoient fait dans toutes leurs Villes conquises ; mais, il est certain qu'ils ne détruisirent point la Ville à cause du Port, de même qu'ils épargnérent les Murailles de Narbonne où ils se contentérent de mettre Garnison ; il est aussi presque certain que l'Evêque & le Clergé de Maguelonne se dispersérent, suposé que le plus grand nombre n'eût pas peri par le Fer de ces Infidéles.

À peine les Sarrazins furent les Maîtres de Maguelonne & de Narbonne qu'ils projettérent la Conquête du Languedoc ; dès l'an 721. ils assiégérent Toulouse, mais Eudes Duc d'Aquitaine, qui s'est rendu célebre dans l'Histoire de ce tems-là, vint au secours si à propos qu'il les mit tous en fuite après avoir tué *Zama* leur Chef. Le Calife nomma pour le remplacer *Abderame* qui est également connu dans nôtre Histoire & par ses Succez, il inonda d'abord le Languedoc, l'Albigeois & le Roüergue, & vint remettre le Siége devant Toulouse ; mais, le même Eudes, qui avoit défait *Zama* son Prédecesseur, l'ayant atteint auprès de Castel-Sarrazin (selon quelques-uns) le mit en fuite l'an 725. & dissipa toute son Armée, après quoi il reprit *Albi*, *Rodez* & *Castres* dont les Sarrazins s'étoient emparez.

viénent à Maguienne.

Ce mauvais succez suspendit le progrez d'*Abderame*, mais il ne l'arrêta point ; dès l'année 731. il prit la Ville d'Arles, & envoyant de là une partie de son Armée le long du Rône il se rendit par ses Lieutenans Maître d'*Avignon*, de *Viviers* & de *Valence* : le peu de resistance qu'ils trouvoient par tout les invitoit à s'étendre comme un Torrent, ils prirent *Mâcon*, *Lyon*, *Châlon*, *Bezançon*, *Beaune*, *Dijon* & *Auxerre*, mais ayant trouvé de la résistance aux Approches de la Ville de *Sens* ils resolurent d'en faire le Siége ; alors on vit que la veritable pieté n'abbat point le courage, le saint Homme *Ebbon* Archevêque de cette Ville, voyant qu'il s'agissoit de la Religion & du Salut de son Troupeau, l'anima si bien par ses Exhortations qu'ayant formé un Corps de Troupes, il n'hésita point de se mettre à leur tête, & il donna si à propos sur les Infidéles qu'il les obligea de prendre la fuite, desorte que leur progrez de ce côté-là fut entierement arrêté.

Et pénétrent bien avant dans la France.

D'un autre côté *Abderame* en personne porta ses Armes dans l'Aquitaine pour profiter des Divisions qui étoient entre Charles-Martel & Eudes ; il ravagea toutes les Villes de cette Province jusqu'aux Pirenées, prit *Bourdeaux* dont il brûla les Eglises, & passant la Garonne & la Dordogne, il défit en Bataille le même Eudes qui l'avoit battu auparavant. Rien ne lui resista, il prit *Agen*, *Perigueux*, *Xaintes* & enfin *Poitiers* où il brûla l'Eglise de St. Hilaire, & menaçoit de traiter de

Discours Préliminaire

VIII. Siecle.
Défaite des Sarrazins à Poitiers, puis à Narbonne.

même St. Martin de Tours, qui étoit en si grande Vénération parmi les François. Alors l'Interêt public fit oublier à Charles-Martel la Querelle particuliére qu'il avoit avec Eudes Duc d'Aquitaine ; il n'hésita point de marcher à son secours, & leurs Troupes s'étant jointes auprès de Poitiers, ils se trouvérent en presence des Sarrazins dans le mois d'Octobre 732. sept jours se passérent en Escarmouches, après lesquels ils en vinrent à une Bataille générale, où les François plus grands & plus forts que les Arabes, les firent plier en un moment. *Abderame* y fut tué, & la nuit ayant separé les Combattans, les Arabes prirent la fuite ; Charles Martel craignant quelque Embuscade ne voulut pas les poursuivre, & il se contenta d'être Maître de leur Camp, ce qui ayant donné aux Sarrazins plus de loisir dans leur marche, ils en profitérent pour faire un plus grand Ravage par tous les Lieux où ils passérent ; desorte qu'il n'y eut guere de Ville sur leur chemin qui ne s'en ressentît par le Massacre des Chrétiens qu'ils rencontroient, par l'Incendie des Monastéres & des Lieux Saints, & par la mort des Evêques & des Moines qu'ils traitoient sur-tout avec la derniére cruauté.

Peu de tems après Charles reprit sur eux tout le Pays qu'ils avoient desolé dans la France, hors les Villes du Languedoc qui avoisinent l'Espagne, dans lesquelles ces Infidéles vinrent se renfermer, pour attendre une occasion favorable de rentrer en France : ils profitérent de la Guerre que Charles-Martel fut obligé de faire contre les Frizons ; car, ayant passé le Rône en 737. ils prirent Avignon que Charles-Martel vint reprendre sur eux après un long Siége, & pour les chasser entiérement du Languedoc il vint les attaquer dans Narbonne.

Altima qui y commandoit pour les Sarrazins, appella d'Espagne ceux de sa Nation, pour l'aider à conserver cette Place d'autant plus importante pour eux, qu'elle leur servoit de Clef pour entrer dans le Royaume : *Amorrus* qui conduisoit le Secours, vint en toute diligence pour faire lever ce Siége ; mais, Charles ne voulant pas l'attendre au pié des Murailles, marcha à sa rencontre, & l'ayant trouvé à *Sijean* à trois lieuës de Narbonne sur la Riviére de Berre, il lui donna Bataille & le défit entiérement.

C'est de cette seconde Victoire de Charles-Martel contre les Sarrazins dont Eginard parle au commencement de la Vie de Charlemagne son petit-fils pour relever la Gloire de l'Ayeul, *Sarracenos Galliam occupare tentantes duobus magnis Præliis, uno in Aquitania apud Pictavium Civitatem, altero juxta Narbonam apud Birram Fluvium ita devicit, ut in Hispaniam eos redire compelleret.* Les Sarrazins épouvantez se jettérent dans l'Etang de *Villefalse* pour sauver leur vie ; mais, les François (au raport d'Aimon le Moine) les poursuivirent sur des Barques plates, & les tuérent à coups de Javelots avec leurs Chefs qui les avoient suivis : après cette Défaite la Ville de Narbonne ne pouvant plus tenir se rendit à Charles-Martel.

Liv. 4. Ch. 57.

Charles-Martel fait détruire Maguelonne.

Cette Victoire toute avantageuse qu'elle étoit à nôtre Nation, ne laissa pas d'être bien pernicieuse à plusieurs Villes de cette Province ; car, le Vainqueur voyant qu'elles pouvoient servir de Retraite aux Enémis, comme il étoit déja arrivé dans leur première Irruption, resolut de les rüiner entiérement pour ne laisser dans le Pays aucun Asile à ces Infidéles ; il fit donc renverser les Murailles de Beziers, d'Agde, & de Nîmes, & après en avoir fait brûler les Maisons, il ravagea tout le Pays circonvoisin, *Urbes famosissimas*, dit Aimon le Moine, *Nemausum, Biterras, Agatham, funditus muros & mœnia destruens, igne supposito concremavit ; suburbana & Castra illius Regionis vastavit.*

Maguelonne, qui leur étoit une Retraite encore plus sûre par sa situation dans les Eaux, & qui leur donnoient la facilité de s'enfüir par mer lorsqu'ils seroient pressez, eut le sort de ces autres Villes, & fut moins épargnée par Charles-Martel qu'elle ne l'avoit été par les Sarrazins ; il ordonna de la rüiner entiérement, dans le même-tems qu'il donna un pareil Ordre pour la Ville de Nîmes. St. Antonin en fait mention dans sa Chronique en ces termes, *Carolus-Martellus Narbonam obsidet, Magalonam & Nemausum devictis hostibus destruit, & obsides de dictis Civitatibus in Franciam mittit.* Et Verdale dans l'Histoire de son Eglise de Maguelonne, nous a conservé ces Vers trouvez dans les Archives de son Eglise, qui nous marquent le tems & la cause de sa Destruction.

Sur l'Anciéne Ville de Maguelonne.
Hic Locus insignis, fuit Urbs habitata malignis
   Gentibus, unde ruit ? quod sceleratæ fuit.
Carolus hanc fregit postquam sibi Marte subegit,
   Ob Sarracenos quod tueretur eos.
Cum Nemausenas comburi jussit Arenas
   Aptas præsidio perfidiæ populi.

Par où l'on peut voir l'Anciéneté de Maguelonne, la cause de sa Rüine, & le tems où elle arriva : le Poëte l'appelle Lieu insigne, sans dire par où elle s'étoit renduë recommandable, mais on peut bien comprendre que c'étoit par son Commerce & par ses Richesses. Il appelle méchantes Gens les Habitans de Maguelonne, soit qu'il veuille désigner les Sarrazins qui s'en étoient emparez, soit qu'il entende parler des Habitans-Naturels qui les avoient reçû dans leur Ville, & peut-être même attiré dedans, comme quelques uns ont donné lieu de le penser. Elle fut détruite par Charles-Martel après qu'il s'en fut rendu Maître par la force des Armes, & ce fut dans le même-tems qu'il fit rüiner la Ville de Nîmes, & qu'il donna ordre de brûler l'Amphiteatre de cette Ville ; ce qui heureusement ne put être executé quoique tenté, comme nous l'apprenons de l'Histoire de Nîmes, & comme il paroit encore par les marques de feu qui restent sur plusieurs Arceaux des Arenes où l'on voit quantité de pierres calcinées.

On met communément la Démolition de toutes ces Villes en l'année 737. qui fut celle de la premiére Expedition de Charles-Martel dans la *Gothie* (nom qu'on donnoit alors à nôtre Province) il est vrai que ce Prince en fit une autre contre les Sarrazins en 739. mais tous les Exploits de Guerre qu'il fit alors se passérent au-delà du Rône, où il reprit avec le Secours de Luitprand, Roi des Lombards, *Arles, Avignon, Aix, Marseille & Orange*, sur ces Infidéles qu'il obligea d'abandonner entiérement la Provence.

Après cette derniére Expedition Charles-Martel s'en retourna en France où il tomba malade à Verberie sur Oize, & il y mourut l'an 741. après avoir gouverné le Royaume, ou pour mieux dire regné vingt-six ans sous le Titre de Maire du Palais ou de Prince des François.

Nous verrons que sous le Regne de Pepin & de Charlemagne fils & petit-fils de Charles-Martel, il sera encore fait mention de Maguelonne, & qu'elle donna son nom aux Comtes qui gouvernérent dans le Pays sous l'Autorité de nos Rois ; nous verrons aussi que si la Ville fut entiérement détruite, on conserva néanmoins l'anciéne Eglise ; mais, j'en reserve toutes les preuves au tems où la suite de l'Histoire me conduira, & je me borne pour le present aux Ordres rigoureux de Charles-Martel sur Maguelonne pour mettre le Lecteur plus en état de juger des commencemens de Montpellier, puisque la Destruction de l'un occasionna l'Etablissement de l'autre.

Les Habitans de Maguelonne étant donc obligez de sortir de leurs maisons & d'abandonner leur anciéne Demeure, cherchérent l'un d'un côté, l'autre de l'autre de nouvelles Habitations. Il est aisé de comprendre que dans la triste situation où ils se trouvoient, plusieurs allérent chercher loin quelque soulagement à leurs Maux ; & d'autres (soit par raison ou par nécessité) se bornérent à bâtir une demeure dans le Voisinage pour être à portée de cultiver les Terres qu'ils y avoient, dont les Loix du Prince ne les avoient pas dépoüillez.

Il donne commencement à Montpellier.

Plusieurs de ceux-ci s'arrêterent au Lieu où est aujourd'hui Montpellier, soit qu'il y eût déja deux Vilages, comme plusieurs ont crû, soit que ce Lieu (selon le sentiment de quelques-autres) fût rempli d'Arbres propres à servir pour l'habitation de ces nouveaux Refugiez, qui d'ailleurs étoient invitez de s'y arrêter par la bonté de l'air & par le Voisinage de *Substantion*, de *Murviel* & de *Maugnio* dont ils pouvoient tirer du secours.

Ce qui augmenta considerablement cette nouvelle Habitation & plusieurs autres de la Province, fut la fuite des Visigots chassez de l'Espagne par les Sarrazins,

g

qui vinrent demander au Roi Pepin fils de Charles-Martel des Terres à occuper dans ses Etats ; la chose paroît certaine par une Lettre de l'Empereur Charlemagne, adressée à huit de ses Barons (dont l'un étoit Aigulfe, Comte de Maguelonne & pere de St. Benoît d'Aniane) au sujet d'une Plainte qui lui avoit été faite par quarante-un de ces Refugiez qui sont tous nommez dans la Lettre, l'Empereur ordonne qu'ils soient maintenus dans la Possession des Terres dont ils ont reçû l'Investiture depuis trente ans, *Ut quod per triginta annos habuerunt per Aprisionem quiete possideant, & illi & Posteritas eorum.*

La chose souffre encore moins de dificulté par la Constitution de Loüis le Débonnaire, dont l'Original est conservé dans les Archives de la Metropole de Narbonne & qui a pour Titre, *Hoc est præceptum Remissionis seu Concessionis quod fecit Ludovicus Imperator Hispanis qui ad se confugerant.* Par cette Constitution qui est de l'an 815. l'Empereur promet sa Protection non-seulement à ceux qui se sont déja retirez dans la Septimanie, mais encore à tous ceux qui voudront y venir, ne les soûmettant qu'aux seules charges des Habitans-Naturels. Pour rendre cette Constitution plus connuë l'Empereur ordonne qu'il en sera conservé trois Copies en chaque Cité où ces Espagnols refugiez habiteront ; qu'ils en auront un Exemplaire afin d'y avoir recours dans le besoin, & les deux autres resteront entre les mains de l'Evêque & du Comte : son fils Charles-le-Chauve confirma les mêmes Priviléges, comme on peut voir dans les Capitulaires de M^r. Baluze.

Il n'est pas dificile à comprendre avec quelle ardeur ces nouveaux Refugiez, tant de Maguelonne que d'Espagne, travaillérent à leur nouvelle Habitation ; l'indigence qui est laborieuse fit dévorer la premiére peine du Défrichement, & la Terre qui n'est jamais ingrate au Travail obstiné, les recompensa au-delà de leur esperance ; desorte qu'après en avoir tiré leur Nécessaire, ils furent en état de se donner les Commoditez de la vie, & ils formérent une nouvelle Ville dont on sera surpris de voir le grand Accroissement en moins de deux Siécles.

Cependant une autre partie des Exilez de Maguelonne étant bien aise de trouver une Demeure toute prête, choisit sa Retraite à un grand quart de lieuë plus loin, dans une petite Ville fort ancienne, située sur la Riviére du Lez.

Cette Ville est *Substantion* connuë du tems des Romains sous le nom de *Sextatio*, qui reprit alors une partie de son Lustre par le Séjour qu'y firent l'Evêque & le Clergé de Maguelonne avec une grande partie des meilleurs Habitans de l'Isle : ce Changement fut fait (selon Garriel) par un ordre exprès de Charles-Martel, & il est bien probable qu'un Prince Chrétien en obligeant un Evêque de sortir de son Eglise avec tous ses Ministres, détermina lui-même le Lieu où ils pourroient continuer le Service-Divin.

La Ville dont on voit encore les Mazures en montant la Riviére du Lez au-dessus de Castelnau, étoit alors assez grande & assez forte pour le tems ; sa situation est sur un Tertre raboteux qui donna occasion à Teodulfe Evêque d'Orleans de s'en expliquer en ces termes.

Magalona tenet lævam, Sextatio dextram ;

Hæc scabris podiis cingitur illa mari.

Au bas de ses Murailles on voit dans la Riviére les Restes d'un Pont que les Romains y avoient bâti pour la communication du grand Chemin qu'ils établirent dans la Gaule-Narbonnoise, de même que dans les autres Provinces de l'Empire : ces Chemins étoient sous l'inspection des Ediles qui en prenoient bien autant de soin que nous pouvons faire maintenant pour ceux du Languedoc ; ils étoient marquez de mile en mile pas par de grandes pierres élevées en forme de colomne, dont il en reste encore quelques-unes sur le chemin de Nîmes à Montpellier. On comptoit par miles comme nous comptons aujourd'hui par lieuës, & quatre miles de ce tems-là faisoient une lieuë d'aujourd'hui de Languedoc.

Toute cette Route étoit partagée en *Stations* & en *Mansions*, c'est-à-dire, en Dînées & Couchées pour les Voyageurs ; & en Lieux de Séjour & d'Alte pour les Gens de Guerre, à peu près comme nos Etapes & nos Cazernes d'aujourdhui.

Sur l'Ancién Ville de Maguelonne.

Sextatio du tems des Romains fervoit à cet Ufage, & l'on ne peut en douter par la Lifte qui nous refte de toutes les Routes établies dans l'Empire-Romain, comme on le voit dans l'Itineraire d'Antonin, & dans les Tables de Putinger.

Tous les Lieux avec leur diftance l'un de l'autre, y font marquez exactement; & l'on voit encore par la pofition des Lieux qui nous font connus, qu'il faloit quatre mile pas pour faire une lieuë de nôtre Pays; ainfi, d'Arles à Nîmes ils comptoient feize miles qui reviénent à quatre de nos lieuës ; de Nîmes à *Ambrufium* (aujourd'hui le Pont-Ambroix fur le Vidourle à un quart de lieuë de Galargues le Monteux) quinze miles, c'eft-à-dire quatre lieuës moins un quart : du Pont-Ambroix à *Sextatio* la même diftance ; de *Sextatio* à *Forum Domitii* (que je crois être Pouffan *(a)* autres quinze lieuës, de Pouffan à *Cafero* (aujourd'hui St. Thibery) dix-huit miles, c'eft-à-dire, quatre lieuës & demi ; de St. Thibery à Beziers, douze miles, trois lieuës ; de Beziers à Narbonne feize miles, quatre lieuës, comme on les compte encore aujourd'hui ; de Narbonne à Salfe trente miles, & ainfi du refte.

Montfaucon Supplément, pag. 89. Tom. IV.

Par ce détail on peut fe couvaincre que *Sextatio* étoit employé par les Romains pour le Logement de leurs Troupes, pour la commodité des Voyageurs, & pour celle des Courriers qui y changeoient de Chars & de Chevaux : le Chemin qu'ils avoient établi du *Pont-Ambroix* à *Sextatio*, venoit par le Bois-taillis de la Deveze au Crez & de là au-deffus de Baillargues par la Garrigue, où l'on voit encore des Veftiges de ce Chemin, que le Peuple appelle par une vieille Tradition *Lou Camin de la Monede*, peut-être parcequ'on y voyoit autrefois paffer les Deniers publics ; mais, les Sçavans difent qu'il faut dire *Via munita* à caufe de fa Sûreté, parcequ'il étoit plus frequenté, peut-être même fortifié par de petites Tours d'efpace en efpace, comme on en voit des Reftes dans le magnifique Chemin qu'Appius fit conftruire de Rome à Naples, & dans celui de Rome à Viterbe.

Nicolas Bergier Hift. des Chemins Romains, Liv. IV, pag. 718.

Quoiqu'il en foit ; on peut regarder comme certain que *Sextatio* étoit fort peuplé du tems des Romains, puifqu'on y trouve encore malgré toutes les Revolutions qui y font arrivées ; quantité de Medailles de Bronze, d'Or & d'Argent (dont j'en ai vû quelques-unes) & qu'il en a été tiré plufieurs Marbres chargez d'Infcriptions ; au nom de plufieurs Particuliers & de l'Empereur même, qui ont été tranfportées à Montpellier ou dans le Voifinage.

Comme ces fortes de Monumens font toûjours precieux, je crois pouvoir inferer ici quelques-unes de ces Infcriptions raportées par Garriel, aufquelles j'ajoûterai quelque petite Obfervation pour les rendre plus intelligibles.

A l'Entrée de l'Eglife de St. Martin de Crez, on voit fur le côté droit un Marbre plat de quatre palmes de haut fur trois de large, avec cette Infcription de l'Empereur Tibere.

JUL: AUG. F. AUG.
PONT: MAX.
TRIB. POT. XXXII.
REFECIT. ET
RESTITUIT.

La première Ligne qui manque à cette Infcription eft expliquée par une toute femblable qui eft à St. Onais, Chemin de Traverfe pour aller à Lates, où on lit très diftinctement, TI. CÆSAR.

(a) Ma raifon eft que Pouffan eft precifément à la Diftance que l'Itineraire d'Antonin marque de *Forum Domitii* à *Sextatio* & à *Cezero*.

On compte de Montpellier à Pouffan trois lieuës & demi qui font quatorze miles, & avec le mile qui eft de Montpellier au Pont de Subftantion fur le Lez, on acheve les quinze.

On compte encore de Pouffan à St. Thibery quatre lieuës & demi qui font pruuifiuncns les dix & huit miles ; ainfi, fans me fixer ni à Fabregues ni à Frontignan, comme quelques-uns l'ont penfé, au Raport de Mr. Baudrand, je me fixe plus volontiers à Pouffan, d'autant plus que c'eft un Lieu ancien, comme il paroît par cette Infcription gravée fur un Pié-d'Eftal qu'on voit encore dans le Château.

D. M.
L. JULII.
CHRYSIONIS
OMBANIA SOSZU
SA MARIT. OPTIM.
ET SIBI VIVA.

Fabregues n'eft qu'à deux lieuës de Montpellier ; ainfi il ne pouvoit y avoir que neuf miles de Subftantion jufques-là.

Frontignan n'eft point ancien ; il eft à plus de trente miles de Cezero, fon Chemin ne conduit aucune part, & pour aller de là à St. Thibery on eft détourné par l'Etang de Balaruc.

Mais, ce qui est plus digne de Remarque, est une Colomne de treize palmes de haut & épaisse de trois, que j'ai été voir au même St. Martin du Crez au-dessus de Substantion : elle est couchée & sert de Base à une des Buttes de l'Eglise. Sur la face convexe qu'on a laissé en dehors on y lit,

  IMP. CÆSAR
   DIVI F. AUG. P.
   MAX. COSS.
   DESIG. XIII.
    TRIB.

On ne doute point que ce fût une Colomne milliaire, vû sa figure & la grandeur des Lettres qui ont plus de trois pouces de haut : elle fut dressée l'an 751. de la Fondation de Rome, & trois ans avant la Naissance de Jesus-Christ selon nôtre manière de compter, ce qui revient à l'année qui preceda le XIII. Consulat d'Auguste.

Feu M^r. de Rozel, Premier-President en nôtre Cour des Aides, recouvra de Substantion une Inscription Sepulcrale que l'on voit encore dans la Cour de son anciéne Maison, possedée maintenant par les Peres Benedictins d'Aniane ; elle est très-entiére sur un Marbre de deux piés de long, & d'un pié & demi de haut, avec une petite Moulure fort belle. On y lit,

  C. MESSIUS. SULLA.
   BALBI. L.
    FECIT.
  VIVOS. SIBI. ET. SUIS.

Ce qui veut dire *Caïus Messius Silla Balbi Libertus fecit vivus sibi & suis*. Garriel dans ses deux Livres sur Montpellier, l'un Latin, l'autre François, a mis, *Vivo sibi & suis*, mais il faut que ce soit une faute de l'Imprimeur ; car, outre que l'Inscription est telle que je la raporte, après l'avoir bien verifiée, on sçait que *Vivos* veut dire *Vivus* ; comme *Divos Julius Cæsar*, est mis pour *Divus Julius Cæsar* ; de même que le mot *Sulla* pour *Silla*, autrement il y auroit de la ridiculité de mettre *Sibi vivo posuit*, puisqu'on ne s'enterre pas en vie.

L'Inscription que l'on voit encore dans la Sacristie de Castelnau, gravée sur une Table de Marbre de trois piés de large sur deux piés quelques pouces de haut avec une belle Moulure, porte les paroles suivantes qui sont gravées de la maniére que je les donne.

 CN. PLAETORIUS MACRINUS COLONIS
ET INCOLIS EX EA PEQUNIA QUAE EI
  IN STATUAS CONLATA EST

Thesaurus Rei Antiquaria.

Je ne sçai si ce *Cneius Plaetorius* Macrinus ne seroit point de la Famille des deux *Plaetorius* qui sont marquez dans le Catalogue des Magistrats Romains de *Goltzius*, dont l'un étoit Edile Curule & l'autre *Duumvir*; dans ce cas on pourroit dire qu'il fit faire quelque Chemin ou Edifice public de l'Argent peut-être qui lui avoit été decerné pour des Statuës. Je soûmets ma pensée aux plus Habiles que moi sur ces Matiéres.

Je pourrois encore raporter plusieurs autres Inscriptions Sepulcrales tirées des dehors de Substantion, où selon le goût des Romains on élevoit de petits Mausolées aux Personnes considerables, & jamais dans l'Enclos des Murs, selon cette

Loi

Loi des douze Tables *Intra Muros ne sepelito*; mais, de crainte d'ennuyer le Lecteur je le renvoye à Garriel qui en raporte un plus grand nombre & je me borne à celleci dont la fin vaut une Epigramme de Catulle.

D. M.
PETILIÆ ÆMILIANÆ
UXOR. PROB.
ÆLIUS. RESTITUTUS. V.
MŒR. PO.
SIT. T. L.
JUNGAT. CINERES. QUÆ. OLIM. JUNXIT. AMORES!

Elle veut dire *Diis Manibus Petiliæ Æmilianæ Uxoris probatissimæ Ælius Restitutus Vir* ou *Vivus, mœrens posuit*. *Sit Terra levis*, façon de s'exprimer des Romains dont on voit des Exemples dans Horace, *Jungat Cineres* & le reste.

Je ne m'arrête point à tirer Avantage du Caractere, de l'Esprit ou de la Qualité des Personnes dont il est parlé dans ces Inscriptions ; il est aisé de comprendre par le grand nombre d'Anciens Monumens qu'on en a tiré depuis si longtems, que *Sextatio* n'étoit pas habité par de simples Manans ; mais que plusieurs Citoyens-Romains employez dans les Provinces, ou qui y venoient pour leur plaisir, y avoient fait un Séjour considerable.

La chose m'a paru moins douteuse depuis la découverte qu'on y a fait tout recemment d'un Pavé de Mosaïques dont on m'a apporté plusieurs Piéces que j'ai encore. On sçait assez que ces sortes d'Ouvrages n'étoient employez que pour les Temples, les Maisons Publiques, ou pour celles des Personnes distinguées par leur Rang ou par leurs Richesses.

Le Séjour que l'Evêque & le Chapitre de Maguelonne vinrent faire à Substantion, commença de relever cette Ville des Pertes qu'elle avoit faites durant plus de trois cens ans que les Visigots avoient été Maîtres du Pays ; & les Troubles qui survinrent après la mort de Charles-Martel, firent naître dans nos Cantons grand Nombre de petits Seigneurs, qui y vécurent en petits Souverains jusqu'es bien avant dans la Troisiéme Race de nos Rois. Il ne sera peut-être pas inutile pour éclaircir cet endroit de nôtre Histoire qui paroît le plus obscur, de suivre les Voyages que nos Rois firent dans le Languedoc, pour être plus au fait des Changemens qui y arrivérent.

Après les trois Expeditions dont j'ai déja parlé de Charles-Martel contre les Sarrazins, l'une à Poitiers, l'autre près de Narbonne & la derniére dans la Provence ; ces Infidéles, qui étoient Maîtres de l'Espagne, ne renoncérent pas à l'esperance de rentrer dans le Languedoc, ils y revinrent quelquefois à force-ouverte, & souvent ils gagnérent des Traitres qui leur livroient des Places sur la Frontiére. Les Comtes qui y commandoient, changeoient souvent de Maître selon leur interêt ou selon leur inclination, & quelquefois même ils s'arrogeoient les Droits de Souverain.

Nous en avons deux Exemples remarquables dans l'Histoire de ce Siécle, l'un en la personne de *Vaifier*, contre qui Pepin fut si longtems en Guerre dans l'Aquitaine, & l'autre en *Theodoric de Pamiers* qui eut le credit de s'emparer de la plûpart des Villes que les Gots occupoient autrefois dans le Languedoc, jusques-là que le Roi Pepin ayant été obligé de venir en Personne contre lui, ce Comte eut bien la hardiesse de lui presenter la Bataille auprès de Maguelonne.

Expedition du Roi Pepin dans le Pays.

Nous apprenons toutes ces circonstances des diverses Chroniques de nos Eglises, raportées par Duchesne ; celle d'Usez, qui est la même que celle de St. Theodorit, nous apprend qu'en l'année 743. Misémond Goth de Nation remit entre les mains du Roi Pepin, Nîmes, Maguelonne, Agde & Beziers, *Anno Domini 743. Mifemundus Gothus Nemaufum, Magalonam, Agatham, Biterras Pipino Regi Francorum tradidit*; ce qui nous donne grande raison de croire qu'on avoit réparé les Fortifications de toutes ces Places détruites par Charles-Martel.

L'année d'après l'Armée des François ayant été affiéger Narbonne dont les Revoltez s'étoient rendus Maîtres, ce même *Mifemond*, qui combattoit pour le Roi Pepin, fut assasiné aux Portes de la Ville par un de ses Gens nommé *Ermeniard*, qui sans doute avoit été gagné par ses Enémis, *Anno Domini 744. Mifemundus Gothus apud Narbonam occiditur, dum Narbonam obfideret cum Exercitu Francorum, à fuo homine Ermeniardo nomine ante Portam Narbonenfis Civitatis.*

Il n'est point dit si Narbonne fut délivrée du Siége après la mort de *Mifemond*, mais il est bien certain que Theodoric qui pouvoit être l'Auteur de ce Meurtre, comme il l'avoit été des Troubles precedens, vint avec son Armée jusqu'à Maguelonne, & qu'il y presenta la Bataille au Roi Pepin; nous ne sçavons pas précisément le Lieu où elle se donna, mais nous sçavons qu'elle fut funeste à Theodoric, puisque la Chronique de Pamiers, dont Verdale a copié les paroles, nous apprend que Theodoric à qui ils donnent le Titre de Roi, s'étant avancé vers l'Isle de Maguelonne contre le Roi Pepin, y fut défait avec toute son Armée, & y perit malheureusement, *Theodoricus Rex perexit ad Bellum Magalonenfis Infulæ, contra Pipinum Imperatorem, Patrem Magni Caroli Chriftianiffimi ubi victus, in fugam converfus, cum univerfo Exercitu fuo extitit interfectus.*

Autre de l'Empereur Charlemagne.

Le Roi Pepin étant mort en 768. Charles son fils, à qui ses grandes Actions firent donner le nom de Charlemagne, vint faire ses premiéres Armes en Aquitaine contre *Hunal* fils de *Vaifer* qui continuoit les Troubles que son Pere y avoit causé, & comme l'exemple de la Revolte est ordinairement contagieux dans les Frontiéres, les Gouverneurs des Villes du Languedoc y attirérent les Sarrazins ou se laissérent surprendre par eux, desorte que Charles fut obligé d'y venir pour purger le Pays de ces Infidéles.

Un ancien Roman de l'Abbaye de la Grace, cité souvent par nos Auteurs, & qui prend le nom de *Philomele*, compte jusqu'à seize petits Rois Maures, qui s'étoient faits chacun une petite Royauté dans le Languedoc, dans la Catalogne, & dans la Provence; l'Isle de Maguelonne eut le sien comme plusieurs autres Villes, & l'Auteur de ce Roman qui raporte le Nom de tous ces Roytelets, dit que celui de Maguelonne s'appelloit *Tamarin*, & que ceux ayant uni leurs forces pour combattre Charlemagne ils furent tous défaits dans une seule Bataille. Je sçai que la plûpart des Romans sont fabuleux dans les circonstances, mais je ne dois pas ignorer qu'ils prennent toûjours leur fondement dans l'Histoire; & nous voyons par celle de l'Ordre de St. Benoît, qu'en reconnoissance de cette Victoire, Charlemagne fit bâtir sur la Riviére d'Orbieu dans le Diocése de Carcassonne, l'Abbaye de la Grace, qui l'a toûjours reconnu & le reconnoît encore pour son Fondateur. Nous avons aussi une Tradition constante qu'il fit bâtir en même-tems tout auprès de Montpellier l'Eglise de Ste. Croix de Celleneuve, où l'on voyoit autrefois cette Inscription sur une pierre du Chœur.

Gloriofiffimus Dominus Imperator Carolus ut confecraret memoriam Victoriæ quam die Sanctæ Crucis exaltatæ de Sarracenis hîc & in tractu Juviniaco obtinuerat Ecclefiam iftam ædificari curavit. Quam filius ejus Ludovicus divinâ ordinante Providentiâ Imperator Auguftus Monachis Monafterii Anianenfis ab Augufto Patre etiam conftructi donavit prope fontem Agricolæ, ut in iftâ Cellâ abfque ullius infeftatione, quiete vivere, Deoque & Regulæ liberè militare valeant.

Excellentiffimi Augufti
R. J. P. A.

Le Terroir de Juvignac qui est marqué dans cette Inscription pour le Champ de Bataille, étoit un Vilage voisin qui donnoit son nom à toute la Contrée, & la Fontaine d'Agricole dont il y est parlé, avoit pris ce nom d'un Prefet des Gaules sous les Empereurs Honorius & Theodose qui avoit choisi les Environs de cette Fontaine pour son lieu de repos lorsqu'il revenoit de la Chasse: Nous voyons encore une Lettre de ces deux Empereurs, écrite à Agricole avec ce Titre.

Sur l'Ancienne Ville de Maguelonne.

Honorius & Theodosius Augusti, viro illustri Agricola Præfecto Galliarum.

Les Victoires de Charlemagne en Aquitaine & dans le Languedoc, l'ayant engagé à porter ses Armes dans l'Espagne, il reçut à son retour ce grand Echec qui a rendu Roncevaux recommandable dans l'Histoire ; mais, il en fut bientôt consolé par la Naissance de son Fils aîné qu'il fit appeller Loüis Roi d'Aquitaine ; & d'autant que l'âge du jeune Roi ne lui permettoit pas de gouverner son Royaume par lui-même, Charlemagne établit dans les principales Villes des Comtes ou Gouverneurs pour conserver les Etats de son fils, tandis qu'il seroit occupé lui-même en Italie & en Allemagne, comme il le fut durant toute sa vie.

Ceux qui ont écrit son Histoire soit François ou Espagnols, l'ont remplie de plusieurs Fables pour mieux donner dans le Merveilleux, comme si la seule Exposition des grands Evenemens de son Regne, n'auroient pas dû suffire pour relever sa Gloire ; cette même affectation les a rendu moins exacts à nous marquer bien des choses qu'il nous seroit très-important de sçavoir ; par exemple, ils se contentent de nommer les Comtes qu'il établit dans l'Aquitaine, dans laquelle ils comprennent *Toulouse*, *Alby* & le *Velay*, sans parler des autres bonnes Villes du Languedoc où il est pourtant très-constant qu'il y eut des Comtes ou des Vicomtes, comme à *Narbonne*, *Carcassonne*, *Beziers*, *Maguelonne* & *Agde*.

Comtes qu'ils établissent dans le Pays.
Carol. Mem. pag. 565.
Pag. 649.

Il n'est pas de mon sujet de raporter ici ceux que nous trouvons par bons Actes avoir été Comtes ou Vicomtes dans ces diverses Villes du Languedoc sous le Roi Charlemagne ; mais, je ne puis omettre ceux qui le furent à *Maguelonne*, car nous sommes assez heureux, malgré la Desolation de cette Isle, de pouvoir tirer de l'oubli quelques-uns de ceux qui, sous le Nom de Comtes de Maguelonne, gouvernérent dans le Pays.

Le premier Comte de Maguelonne est *Aigulfe*, Pere de St. Benoît d'Aniane, qui, après avoir bien servi le Roi Pepin dans les Guerres qu'il eut en Aquitaine contre *Vaiffer*, continua ses services au Roi Charlemagne, & repoussa souvent les Gascons dans les Irruptions qu'ils firent en Languedoc : nous apprenons ces circonstances d'un Auteur qui fut presque son Contemporain, puisqu'il fut Successeur de son fils dans l'Abbaye d'Aniane ; c'est l'Abbé *Ardo*, qui écrivant la Vie de St. Benoît, dit ces paroles, *Pater ejus Aigulfus nobilissimus Vir, erat Magalonensis Comes, qui Armorum industriâ valens sæpè Vascones à Francorum finibus propulsavit.*

Comtes de Maguelonne sous les Rois de la Seconde Race.

Son fils *Amicus*, qui suivit le Roi Charlemagne dans ses Guerres d'Italie (comme on le voit dans la Vie du même St. Benoît) succeda à son pere dans la Comté de Maguelone ; & nous en avons un Témoignage bien certain par les Actes du Concile de Narbonne tenu en 778. contre Felix d'Urgel, où les Evêques, après avoir terminé la principale affaire qui les avoit assemblez, & voulant mettre d'accord l'Archevêque de Narbonne & l'Evêque de Beziers qui étoient en diferend pour les Bornes de leur Diocése, il est dit que Daniel de Narbonne produisit pour Témoins Justin Evêque d'Agde, Winteringue Evêque de Nîmes & *Amicus* Comte de Maguelonne, *atque Amicum Magalonensem Comitem*, ce qui donna gain de Cause à l'Archevêque de Narbonne.

778.

Le troisiéme Comte de Maguelonne fut nommé *Robert* que nous connoissons par une Constitution de Loüis le Debonnaire en faveur d'*Argemire*, Evêque de Maguelonne, pour lui faire rendre le Lieu de Villeneuve que le Comte Robert occupoit : L'Empereur dit dans cette Constitution qu'il rend *Ecclesiæ Sancti Petri Magalonensis quamdam Villam quæ est in Territorio Magalonensi, cujus vocabulum est Villa nova, siouti eam Robertus Comes in Beneficium habuit.* On sçait assez que Charles-Martel, pour entretenir ses Troupes, donnoit souvent aux Officiers le Bien des Eglises, ce qu'on appelloit encore de ce tems-là comme du tems des Romains, *Beneficium* qui revient à nôtre mot de *Gratification*. L'Usage pouvoit s'en être conservé jusqu'à Loüis le Debonnaire, qui, honorant de sa Protection l'Evêque Argemire, ordonna qu'on fît cette Restitution à son Eglise.

Le quatriéme nommé *Adolfe* nous est connu par une Commission du même Empereur qui lui ordonne d'executer ses Ordres sur une Affaire que le Comte Robert son Predecesseur n'avoit pû terminer dans les Vilages de *Juviniac* & de *Jonquieres*, *in Pago Juviniaco & apud Juncherias.*

Le cinquiéme nommé *Ernest* ne nous est connu que par un vieux Necrologue de l'Eglise de Substantion où il est fait mention de lui.

Enfin, le sixiéme nommé *Everard* paroît avoir porté le nom de Comte de Maguelonne par quelques Fragmens d'Inventaire, faits dans le tems de la separation de Montpellier en deux Bourgs diferens, c'est-à-dire de Montpellier & de Montpellieret, du tems de Ricuin premier qui siégea depuis 812. jusqu'à 817.

Tous ces Seigneurs, quoiqu'ils fissent leur Séjour à Substantion, conservérent le nom de Comte de Maguelonne, & leur Autorité ayant augmenté dans le Pays par la diminution de celle de nos Rois de la Seconde Race, ils agirent bientôt en petits Souverains.

Par cette même raison ils ne purent compatir longtems avec l'Evêque & le Chapitre de Maguelonne, qui étoient retirez comme eux à Substantion; les Démêlez qu'ils eurent souvent ensemble nous donnent lieu de le penser, & soit jalousie, ou esperance d'être mieux, ces anciens Comtes changérent de demeure, & ils choisirent pour leur Residence ordinaire la petite Ville de Melgüeil, qui étant plus près de l'Etang de Maguelonne dans une riche & fertile Plaine, leur fournissoit une plus grande Abondance de Vivres.

La disposition d'Hugues-Capet qui, pour parvenir au Trône, ceda aux Gouverneurs des Places & des Provinces les Terres dont ils avoient le Gouvernement, acheva d'assurer l'Establissement de nos Comtes: leur Place qui, dans son origine n'étoit qu'une Commission, devint Héreditaire, & ils établirent sous le nom de Comtes de Substantion & de Melgüeil une puissante Maison qui se soûtint près de deux cens ans de Pere en Fils jusqu'à ce que n'ayant laissé que des Filles, leur Comté passa dans la Maison des Berengers de Barcelonne, dans celle des Pelets, Seigneurs d'Alais, ensuite aux Comtes de Toulouse, & enfin aux Evêques de Maguelonne qui en jouïssent encore.

J'ai crû devoir donner la Suite de tous ces Comtes, afin que le Lecteur fût plus au fait des choses qui se passérent entre eux & les Seigneurs de Montpellier; je me contenterai d'indiquer seulement les principaux Actes que nous avons d'eux, pour en parler plus au long dans la Vie de nos Guillaumes.

BERNARD I. nous est connu avec *Senegonde* sa femme par l'Inféodation de plusieurs Terres aux Environs de Montpellier qu'ils donnérent à Guy ou Guillaume le premier de nos Seigneurs. L'Acte est de l'an 986. sous le Regne de Lotaire qui fut le penultiéme de nos Rois Carlovingiens.

BERNARD II. laissa sa femme Veuve avant l'an 1048. où l'Evêque Arnaud fut placé sur la Chaire de Maguelonne; car, il est dit de cet Evêque qu'il acheta un Etang de la Comtesse *Sala* & de Raymond son fils, & de Beatrix femme dudit Raymond, *Arnaldus comparavit Stagnum de Sala Comitissa & de Raymundo filio ejus, & de Beatrice uxore ejusdem Raymundi.*

RAYMOND I. est suffisamment prouvé par l'Acte que je viens de mentionner, & il le sera encore plus par plusieurs autres que je raporterai dans la Vie de nos Guillaumes: Il eut de Beatrix sa femme Pierre qui suit, Pons Abbé de Cluny, Adelle Epouse de Pierre du Puy, & Ermensende femme de Guillaume de Montpellier, fils d'Ermengarde.

PIERRE. Dans un Acte fort circonstancié du x. des Kalendes d'Août 1079. sous le Regne du Roi Philipe, sous l'Episcopat de Bertrand Evêque de Maguelonne, & sous le Pontificat de Gregoire Pape, *Cui subjacet,* ajoûte-t-il, *universalis Ecclesia.* Il dit de lui-même, *Ego Petrus Comes qui fui filius Raymundi Comitis, Genitrix verò mea fuit Beatrix.* Sa femme nommée Almodis est signée dans l'Acte de Soûmission qu'il fit de toutes ses Terres au St. Siége. Elle est encore mentionnée dans un Acte de Délaissement qu'ils firent à Dieu, à tous les Saints & à tous les Fidéles Chrétiens pour le Remede de leur Ame, d'un Droit de Leude que le Comte Raymond son pere & *Salla* son Ayeule, avoient établi à Castelnau & sur les Cabarets de Substantion.

RAYMOND-BERNARD, fils de Pierre & d'Adelmonde, eut de grands Démêlez vers l'année 1098. avec Godefroy Evêque de Maguelonne, qui finirent de la maniére que nous dirons en son lieu; son Surnom de Bernard paroît par la Reparation

paration qu'il fait des Dommages caufez lors de l'Election de Raymond Evêque de Maguelonne, à raifon defquels il s'engage de donner aux Chanoines *Optimum Apparatum*, à un certain jour. Il paroît avoir eu deux femmes; la première, nommée Marie dont il eut Bernard qui fuit, & qui prend dans tous les Actes le nom de fils de Marie; la feconde, Guillelme de Montpellier qu'il époufa en 1120. & dont il eut Beatrix qui prend toûjours le nom de Fille de Guillelme & de R. Bernard.

BERNARD III. fils de Marie eut de grands Diferends avec Guillaume de Montpellier; fils d'Ermenfende au fujet de l'affaire de Guadalmar qui fut terminée en 1125. ils firent enfemble le Voyage de la Terre-Sainte dont ils revinrent en 1129. Nous avons des Tranfactions qu'ils pafférent en 1130. & le Teftament que fit Bernard; Comte de Melgüeil en 1132. avant que d'aller finir fes jours (comme il fit) dans l'Ordre de Cluny. Dés la même année Beatrix fa Sœur fiança Berenger Raymond; fils de Douce, Comte de Gevaudan & Marquis de Provence, qui, par Acte de la même année, promet à Guillaume de Montpellier, fils d'Ermenfende; que lorfque Beatrix fille de fa fœur Guillelme aura atteint l'âge de douze ans & qu'il l'aura époufée, il lui fera ratifier un Accord particulier dont ils étoient convenus, *Poftquam habuerit duodecim annos completos & ego accepero eam in uxorem*.

BERENGER RAYMOND. De le Maifon de Barcelonne & fils de Douce de Provence, avoit déja époufé Beatrix en 1135. lorfqu'ils pafférent à Guillaume de Montpellier, fils d'Ermenfende; un Engagement de trois Deniers fur la Monoye de Melgüeil; mais, ils n'avoient pas encore l'un & l'autre vingt-cinq ans accomplis, puifqu'ils ajoûtent dans cet Acte; *Quod cum fuerimus legitimæ ætatis laudabimus & firmabimus totum iftud Placitum*. Beatrix vêcut environ fix ans avec Berenger qui fut tué fur le Port de Melgüeil par des Gens de la Faction des Seigneurs de Baux qui lui difputoient la Comté de Provence, où ils prétendoient les uns & les autres du chef de leurs Meres.

BERNARD PELET, Seigneur d'Alais, étoit déja le fecond Mari de Beatrix en 1140. où ils ratifiérent à Guillaume de Montpellier, fils d'Ermenfende les trois Deniers fur la Monoye de Melgüeil; ce qu'ils renouvellérent encore en 1145. ils transfigérent enfuite au mois de Juillet 1149. avec Guillaume de Montpellier, fils de Sibille; & dans le mois d'Octobre 1161. ils eurent tous enfemble une Conference près de *Soriech* pour l'obfervation d'une Treve reglée entre eux par la Médiation de Raymond de Montferrier. Je ne trouve point depuis ce tems-là combien vêcut Bernard Pelet; qui laiffa de fa femme Beatrix; Bertrand & Ermenfende.

BERTRAND PELET, prend la qualité de Comte de Melgüeil dans un Acte du mois de Juin 1171. par lequel il donne à Guillaume de Montpellier, fils de Sibille, tout ce qu'il avoit à St. Julien de Grabels & à St. Gervais de Juviniac, *Ego Bertrandus Comes Melgorii, filius Beatricis Comitiffa Melgorii & Bernardi Peleti Comitis Melgorii*. Par un autre Acte de la même datte, où il prend toûjours la même qualité ; il donne à perpetuité à Guy fils de Guillaume, jadis Seigneur de Montpellier, qui enfuite fe fit Moine (*poft Monachi*) pour lui & pour fes Succeffeurs tout ce qu'il a à St. Cirice de Caftelnau ; la Ville de Subftantion qu'il defigne jufqu'à la Rivière du Lez, *Sicut veteres muri; & veftigia & figna murorum, determinant ufque ad Flumen Lezi*; les Métairies de Maleftang & d'Aiguelongue avec l'Albergue qui lui étoit dûë par les Habitans de *Salaifon*, changez à St. *Martin du Crez*.

La Comteffe fa mére dégoûtée de lui pour des raifons que l'Hiftoire ne marque pas, traita avec Raymond Comte de Touloufe (dit le fils de Faidite) du Mariage de fon fils Raymond (dit fils de Conftance) avec Ermenfende fa fille. L'Acte qu'ils pafférent enfemble eft du douze Décembre 1172. par lequel elle donne fa fille à Raymond avec la moitié de la Comté de Melgüeil pour les Dépenfes qu'il a déja faites ou qu'il devra faire pour la conferver. Ermenfende donne à fon futur Epoux, *quidquid de bonis vel fucceffionis patris mei Bernardi Peleti quocumque jure pertinet vel pertinere debet*; & fi elle meurt après fa mére elle transporte à Raymond tous ses Droits sur la Comté de Melgüeil ; Raymond de son côté donne à Ermensende tout ce qu'il a dans la Ville & Evêché d'Uzés (excepté le Péage de *Valdagné* & de St. Saturnin) pour en joüir sa vie durant.

Bertrand voulant s'assurer une protection contre le Comte de Toulouse, se rendit Hommager d'Alfonce Roi d'Aragon & de ses Successeurs, Comtes de Barcelonne ; l'Acte est du mois de Décembre 1172. mais nous ne trouvons pas que cette démarche produisît pour lui aucun bon effet ; car, quoiqu'il fût regardé comme l'Héritier légitime de la Comté de Melgüeil, les Comtes de Toulouse en furent les Maîtres, ce qui donna lieu au Pape Clement IV. de faire cette Réponse au Roi St. Loüis qui l'avoit consulté sur la Comté de Melgüeil. *Juste tenuit aliquo tempore Bertrandus Comes ; sed & Comes Tolosanus (juste ut ipse dicebat) injuste (ut plurimi sentiebant) illum diversis temporibus tenuit.*

1176.

RAYMOND, Comte de Toulouse, fils de la Reine Constance, n'eut point d'Enfans d'Ermensende sa première femme, mais il ne laissa pas de joüir toûjours de la Comté de Melgüeil en vertu du Testament qu'elle avoit fait le 3. de Novembre 1176. par lequel elle lui donnoit tous ses Biens, ne laissant à sa mere que deux mile Sols tous les ans ; d'où nous pouvons inferer que Beatrix survécut à sa fille. Raymond s'engagea ensuite dans l'affaire des Albigeois où il éprouva toutes les Revolutions que nous dirons en son lieu : il laissa pour Héritier de ses grandes Terres son fils Raymond qu'il avoit eu de Jeanne sa quatriéme femme, fille de Henry, Roi d'Angleterre & sœur de Richard aussi Roi d'Angleterre.

1222.

RAYMOND, Comte de Toulouse, fils de la Reine Jeanne, succeda au Comte son pere en 1222. il avoit épousé, du vivant de son pere, Sancie d'Aragon sœur du Roi Pierre ; il continua en faveur des Albigeois les mouvemens que son pere s'étoit donnez ; mais, ayant été pris & renfermé dans la Tour du Louvre à Paris, il ne put en sortir qu'en se dépoüillant de tous ses Etats ; sa Comté de Toulouse fut le Partage de Jeanne sa fille aînée, qui porta sa Succession à Alfonse, frere du Roi St. Loüis ; & la Comté de Melgüeil ayant été confisquée sur lui au profit du St. Siége, le Pape Innocent III. l'inféoda aux Evêques de Maguelonne du vivant même de Raymond qui mourut en 1249.

SUITE CHRONOLOGIQUE
DES SEIGNEURS DE MONTPELLIER.

GUY ou *GUILLAUME*, dans le Xe. Siécle acquit Montpellier de l'Evêque Ricuin en 990.

BERNARD GUILLAUME son fils, & mari d'Adelaïs, est mentionné dans la Fondation de l'Abbaye de St. Geniez, en 1019.

GUILLAUME, fils d'*Adelaïs*, mari de *Beliarde*, connu par divers Actes raportez dans cette Histoire.

GUILLAUME, fils de *Beliarde* & mari d'*Ermengarde*, vivoit sous le Roi Henri premier, en 1058.

GUILLAUME, fils d'*Ermengarde* & mari d'*Ermensende*, partit pour la premiére Croisade de la Terre-Sainte, en 1098. & mourut en 1121.

GUILLAUME, fils d'*Ermensende* & mari de *Sibille*, quitta sa Seigneurie pour entrer dans l'Ordre de Cîteaux en 1147.

GUILLAUME, fils de *Sibille* & mari de *Mathilde* de Bourgogne, mourut en 1172.

GUILLAUME, fils de *Mathilde* & mari d'*Eudoxie* de Constantinople, mourut en 1202.

MARIE de MONTPELLIER, fille du dernier Guillaume, épousa en 1204.

PIERRE II. ROI D'ARAGON, mort en 1213.

JACQUES I. dit le *Conquerant*, Roi d'Aragon & de Mayorque, fils de Marie de Montpellier, mourut en 1276.

JACQUES II. Roi de Mayorque, mort en 1311.

SANCHE, Roi de Mayorque, mourut en 1324.

JACQUES III. Roi de Mayorque, vendit en 1349. sa Seigneurie de Montpellier au Roi *Philipe de Valois*, qui l'année d'après, laissa par sa mort cette Seigneurie à son fils.

JEAN, Roi de France, mort en 1364.

CHARLES V. dit le *Sage*, donna la Seigneurie de Montpellier l'an 1365, en Echange des Villes de Mante, Meulan & Longueville, à

CHARLES dit le *Mauvais*, Roi de Navarre, sur qui cette Seigneurie fut reprise diverses fois pour crime de Felonie.

CHARLES VI. Roi de France, dit le *Bien-aimé*, rendit la Seigneurie de Montpellier à

CHARLES le Noble, Roi de Navarre, qui en fit Echange pour d'autres Seigneuries qui appartenoient à la France dans la Navarre.

CHARLES VII. Roi de France, sous le Regne du Roi son pere, agit en Maître à Montpellier, & depuis ce tems, la Seigneurie de cette Ville n'est point sortie de la Domination immediate des Rois de France.

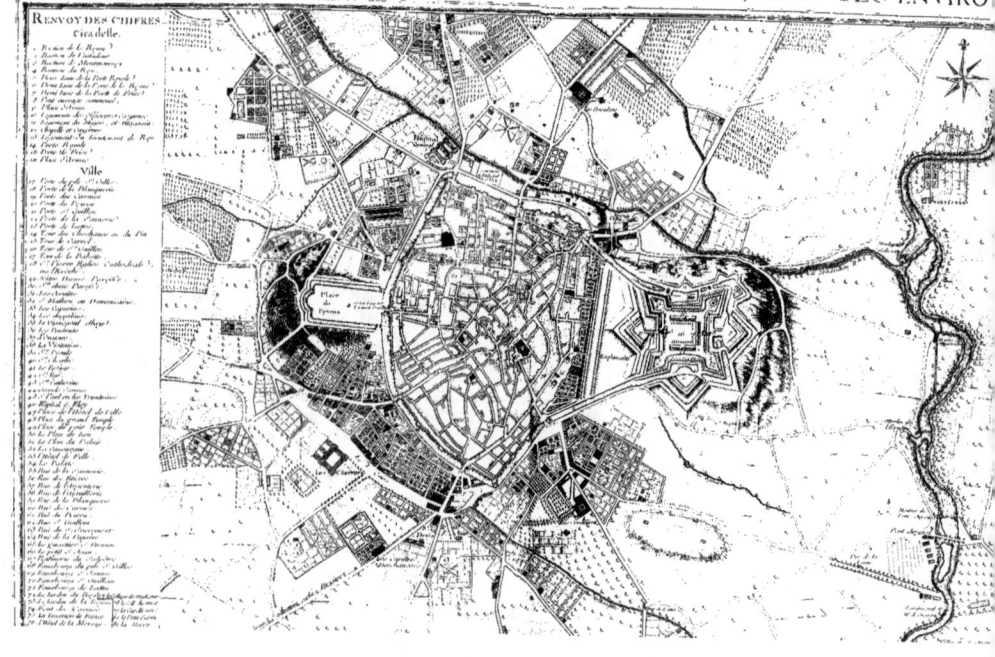

HISTOIRE
DE LA VILLE
DE MONTPELLIER.

✥✥✥✥✥✥✥✥✥✥✥✥✥✥✥✥✥✥✥✥✥✥✥✥✥✥✥✥✥

LIVRE PREMIER.

CHAPITRE PREMIER.

I. Eclaircissemens de quelques doutes sur le Lieu où Montpellier est bâti. II. Sa Seigneurie passe des Comtes de Substantion à l'Evêque de Maguelonne. III. L'Evêque en infeode la plus grande partie à Guillaume Premier. IV. Remarques sur ce premier Seigneur de Montpellier.

VIIIᵉ SIÉCLE

APRÈS la ruïne de Maguelonne, arrivée en 737. les Habitans de I. cette Isle, avec les Visigots chassez de l'Espagne par les Sarrazins, jetterent les premiers Fondemens de Montpellier, qui, dans ce tems-là, étoit une Dépendance de Substantion. Quelques-uns de nos Auteurs (comme François Ranchin) ont crû que sur la Coline où il est situé, il y avoit déja deux Vilages : l'un, du côté du Couchant au Nord, appellé *Montpellier*; & l'autre, du Levant au Midi, appellé *Montpellieret* : & que par la jonction de ces deux Vilages, on en forma une seule Ville, qui retint le nom de celui des deux Vilages qui étoit le plus considerable. Quelques autres (comme Gariel l'a insinué dans presque tout le cours de son Ouvrage) disent que cette Coline étoit couverte de grands Arbres, & que dans un de ses Panchans, appellé aujourd'hui *Valfére*, le Bois, qui y étoit plus épais qu'en aucune autre part, servoit de retraite aux Bêtes fauves, ce qui l'a fait appeller *Vallis-Ferarum*. Ils s'appuyent d'un Passage de Verdale, qui, parlant de la Démolition de Maguelonne, dit qu'elle ne fut pas détruite par Charles Martel, en haine de l'Eglise, mais parceque les Sarrazins venoient s'y refugier, d'où ils ravageoient les Châteaux & les Villes voisines, qui étoient alors en petit nombre,

A

parce, ajoûte-t-il, que Montpellier n'étoit pas encore conſtruit, *Pro eo quod nondum Monſpeſſulanus conſtructus fuerat*. A quoi Ranchin pourroit répliquer, que ſi cela prouve que Montpellier n'étoit pas alors une Ville conſidérable, comme elle le fut depuis, cela n'empêche point qu'il ne pût être dès-lors un Vilage expoſé, comme les autres, aux inſultes des Sarrazins.

II. Quoiqu'il-en-ſoit de ces deux ſentimens, qu'il ne ſeroit pas impoſſible de concilier, en admétant, & les deux Vilages, & le Bois qui les ſéparoit ou qui les environnoit, il eſt certain que les Comtes de Subſtantion en étoient les Maîtres, & que le Domaine en fut transferé à l'Evêque de Maguelonne, environ deux cens ans après la Deſtruction de l'Iſle.

Nous devons l'Hiſtoire de cette Tranſlation à Arnaud de Verdale Evêque de Maguelonne, dont les Ecrits doivent être d'un grand poids, depuis qu'ils ont été reçûs ſans contradiction au Parlement & au Conſeil, & jugez dignes d'être mis dans le Corps des Hiſtoriens de France. Mais, ce qui autoriſe d'une maniére convaincante, ce qu'il nous apprend du droit de l'Evêque ſur Montpellier, eſt la Reconnoiſſance que les Seigneurs lui en firent durant près de quatre cens ans, juſqu'à-ce que les Rois de France, ayant acquis le droit de l'Evêque, ſe firent prêter par les Rois de Mayorque, Seigneurs de Montpellier, le même Hommage qu'ils faiſoient auparavant à l'Evêque de Maguelonne.

III. Je raporte les propres paroles de Verdale, parcequ'elles ſervent de Piéce fondamentale à l'Hiſtoire de Montpellier.

» Il y eut autrefois deux Sœurs (comme une Tradition conſtante, & les Ar-
» chives publics nous l'apprénent) dont l'une poſſédoit Montpellier, & l'autre
» Montpellieret en Franc-Aleu. Elles étoient d'une ancièene Nobleſſe : car il eſt
» prouvé qu'elles eurent pour Frere le Bienheureux Fulcrand, dont la Mere étoit
» de la Maiſon des Comtes de Subſtantion, & qui, après avoir été Archidiacre
» de Maguelonne, remplit avec beaucoup de gloire la Chaire des Evêques de Lo-
» déve. Ces deux Sœurs étant penetrées de la penſée que le monde paſſe avec
» les paſſions qui nous attachent à lui, reſolurent de gagner le Ciel par le moyen
» des Biens paſſagers qu'elles avoient ſur la Terre : Elles prirent donc le par-
» ti de transferer, par une Donation irrevocable, à l'Egliſe de Maguelonne, tout
» le droit qu'elles avoient dans la Poſſeſſion de Montpellier & de Montpellieret,
» avec toutes leurs appartenances ; & en s'acquitant de leur Vœu, elles firent à
» perpetuité un Don de ces deux Places, avec tout leur Diſtrict, à Dieu, aux
» Saints Apôtres Saint Pierre & Saint Paul, & au Vénérable Ricuin Evêque de
» Maguelonne.

Cet Acte répand une grande clarté ſur nôtre Hiſtoire. On y trouve, & la qualité des Perſonnes qui contractérent, & le tems où cette Donation fut faite.

Il eſt plus que croyable qu'elle arriva ſur la fin du dixiéme Siécle, puiſque c'eſt le tems ou vêcurent S^t. Fulcrand & l'Evêque Ricuin, qui ſont énoncez dans l'Acte. S^t. Fulcrand fut ſacré Evêque de Lodéve en 949. & Ricuin monta ſur le Siége de Maguelonne l'année 975. S^t. Fulcrand mourut en 1006. & Ricuin en 999. c'eſt-à-dire, qu'ils furent contemporains dans l'Epiſcopat durant vingt-quatre ans, depuis 975. juſqu'à 999. Quant aux deux Sœurs dont il y eſt parlé, il y a une Tradition conſtante dans l'Abbaye de S^t. Geniés, qu'elles s'y retirérent après la Donation qu'elles avoient faite à Ricuin.

Voila comme la Seigneurie de Montpellier paſſa de la Maiſon de Subſtantion à l'Evêque de Maguelonne. Voici maintenant comme le même Evêque en ceda la plus grande partie à celui qui fit la Tige de nos Seigneurs nommez Guillaumes. Je vais raporter les propres paroles de Verdale.

» Or, il y avoit alors en ce Païs un Gentilhomme qui s'appelloit Guy, &, qui,
» ſelon que la Tradition le porte, étoit mouvant du Comte de Melgüeil, & le
» ſervoit de ſes Armes à raiſon des Terres & des Poſſeſſions qu'il avoit de lui.
» Ce Gentilhomme s'en alla un jour trouver le Vénérable Ricuin Evêque de
» Maguelonne, & le pria inſtamment de lui donner Montpellier en Fief, pour le
» tenir de ſon Egliſe ; ce qu'il obtint après pluſieurs priéres. Guy reçut donc de
» l'Evêque Ricuin, Montpellier en Fief, & lui prêta Foi & Hommage, en s'o-
bli-

» bligeant de lui être deformais fidéle, & aux Chanoines de Maguelonne.
Voila donc par cet Acte, un Seigneur de Montpellier, dans le tems qu'il étoit encore feparé de Montpellieret, qui refta toûjours à l'Evêque. Nous verrons que Guy & fes Décendans agrandirent extrêmement leur Fief, non-feulement du côté de la Valfére & de la Blanquerie, mais encore vers Montpellieret, en rempliffant tout le Vuide qui étoit entre-deux ; de forte que ces deux Vilages fe trouvant contigus, il en refulta une grande Ville, dont les trois-quarts furent aux Seigneurs de Montpellier, & l'autre refta toûjours aux Evêques de Maguelonne, qui furent Maîtres jufqu'au tems de Philippe le Bel, de tout ce que l'on trouve à main-gauche, en allant aujourd'hui par le droit chemin, de la Porte du Pile-Saint-Gely à la Porte de Lates.

Mais, avant que d'entamer ces Matiéres, je crois devoir raporter ce que nos Auteurs remarquent fur ce Guy ou Guillaume, à qui l'Evêque Ricuin donna le Fief de Montpellier : Et d'abord j'ai à avertir le Lecteur, que dans la Traduction de ces paroles de Verdale, *qui ex Terris five Prædiis cum Melgorienfi Comite militabat*, j'ai fuivi le ftile de la Feodale, & non la force du Latin, qui, par ce terme *militabat*, fembleroit donner quelque idée de Guerre. La chofe feroit hors de doute, s'il difoit *contra Melgorienfem Comitem militabat* ; mais, de dire *ex Terris cum Melgorienfi militabat*, c'eft, dans le Latin de ce Siécle, & en terme de Feodale, infinuer une Redevance, un Hommage & un Service de Fief qui l'obligeoit de fervir de fes Armes le Comte de Melgüeil.

Ce fait eft éclairci par un Acte de l'an 986. C'eft une Donation que font Bernard Comte de Melgüeil & Senegonde fa femme, à Guy ou Guillaume, d'un Domaine confiderable dans le Terroir de Montpellier, pour acquerir, difent-ils, fon Service de Guerre & fa Bienveillance. En voici le précis.

Manufcrits d'Aubais.

» Au nom du Seigneur : Moi Bernard Comte, & Senegonde ma femme, pour
» donner à Guillaume quelque chofe de nôtre propre Aleu, dans le Territoire de
» la Cité de Maguelonne, & au Voifinage de Subftantion, en vûë de fon Ser-
» vice & de fa Bienveillance, *pro fuo fervitio vel benevolentia*. Nous vous donnons
» à vous Guillaume, dans le Terroir de Montpellier, *in Terminio Montepeftellario*,
» la Metairie, *Manfum*, qui fut jadis à Amalbert, avec les Acquifitions que Nous
» y avons faites de *Bertho* nôtre ancien Vaffal, qui confiftent en Maifonnages,
» Jardins, Champs, Vignes, Prez, Forêts, Garrigues, Arbres fruitiers ou non
» fruitiers, Eaux, Riviéres qui appartiénent à ce Fonds ; pour le poffeder dès au-
» jourd'hui vous & vos Enfans mâles, comme la Loi Salique l'ordonne, *ficut Lex
» mea Salica commemorat* : Et fi quelqu'un vous inquiéte fur cela, qu'il foit con-
» damné à vous payer le double. Fait le VI. des Calendes de Décembre, l'an trénte-
» deuxiéme du Regne du Roi Lothaire. Signé, *Bernard Comte, & Senegonde fa
» femme* : Témoins, *Gerauld. Nadal. Poncion. Gregoire & Airade.*

Cette Donation, qui revient au 26. Novembre 986. dans la trente-deuxiéme année du Regne de Lothaire, nous explique à quel Titre le premier de nos Guillaumes fut Hommager du Comte de Melgüeil : Et de là nous pouvons comprendre les raifons qu'il eut de rechercher, comme il fit, l'Infeodation de Montpellier, dont il avoit déja les Dehors. Après qu'il l'eut obtenuë de l'Evêque Ricuin, & de la maniére que nous venons de le voir, il y établit une puiffante Maifon, qui, dans l'efpace de deux cens ans, s'unit aux Ducs de Bourgogne, aux Comnenes Empereurs de Conftantinople, & aux Rois d'Aragon, fans parler des Comtes de Melgüeil, de Commenge & de Touloufe.

Pour débroüiller la fuite de fes Succeffeurs, qui a été jufqu'à prefent un des Articles des plus embaraffez de nôtre Hiftoire, je dirai que parmi les Auteurs qui ont travaillé fur ce fujet, M^r. de Varandal, Confeiller au Prefidial, & Docteur-Regent en l'Univerfité de cette Ville, dans la Table Chronologique qu'il fit de nos Guillaumes au commencement du dernier Siécle, dit n'avoir pû découvrir que les quatre derniers ; Et la raifon en eft claire, parcequ'il ne travailla que fur les Actes tranfcrits dans le *grand Talamus*, qui ne montent pas plus haut : Mais, M. de Rignac, Confeiller en la Cour des Aides, à qui nôtre Hiftoire doit fes plus importantes Recherches, ayant pris la peine de déchifrer les Piéces originales

Xᵉ. SIÉCLE. qui font dans les diferentes Armoires de nos Archives, en a tiré quantité d'Actes qui ne furent pas connus à ceux qui l'avoient précedé: il les redigea par ordre en plufieurs Volumes, qui font maintenant au pouvoir de M. le Marquis d'Aubaïs, à qui j'ai obligation de tout ce que j'en ai tiré.

J'y ai donc trouvé dequoi remplir le onziéme Siécle; car, Gui ou Guillaume, qui fit la Souche de tous les autres, n'ayant commencé que fur la fin du dixiéme, il faloit lui trouver des Succeffeurs jufqu'environ 1090. où nous avons des Actes certains de Guillaume Fils d'Ermengarde. J'ai été affés heureux pour trouver dans les Collections de M. de Rignac, le Pere & l'Ayeul de ce Fils d'Ermengarde; & en les liant tous deux avec Gui ou Guillaume Chef de leur Maifon, on peut regarder cet efpace de quatre-vingt-dix ans, fufifamment rempli par la vie de trois Perfonnes.

Liber eftimæ Villæ.
Il ne refte qu'une dificulté, qui nous vient d'un Acte du quatorziéme Siécle, où, en parlant de la Portion que nos Guillaumes avoient dans Montpellier, il eft dit, *Ista pars fuit antiquitùs Guillèlmorum Montifpeffulani, qui fuerunt undecim fuccefsivè*: Car, fi quatre Guillaumes ont rempli tout le douziéme Siécle, avec une partie du précedent & du fuivant, comment imaginer qu'il y en ait eû fept dans l'efpace de quatre-vingt-dix ans? J'avouë que cette dificulté m'a arrêté; d'autant plus que l'Acte qui y a donné fujet, paroît être fort bon: mais, je foupçonne que dans ce nombre de onze, on ait compris les Puînez de cette Maifon, qui eurent dans la Ville une partie du Domaine de Montpellier, fous le nom de Vicariat, comme on pourra le voir dans la fuite.

IV. Je croi cependant ne devoir pas omettre, que pour faire plus d'honneur au premier de nos Guillaumes, Pierre Andoque, Confeiller au Préfidial de Beziers, dans fon Hiftoire du Languedoc, lui donne une Origine des plus illuftres, puifqu'il le fait venir des Décendans de Charlemagne; mais, comme il n'en donne aucune preuve, je me borne à raporter feulement ce qui eft prouvé par Actes: Et c'eft bien affés pour nos Guillaumes, d'avoir poffedé de Pere en Fils, une Seigneurie comme celle de Montpellier, au-delà de deux cens ans, & d'être compris, comme ils le font, parmi les Ayeux maternels de prefque tous les Rois de l'Europe.

Leur maniére de fe diftinguer les uns des autres par le nom de leur Mere, paroîtra toute finguliére, en un tems où l'on diftingue par nombres, les Princes d'un même nom: Mais, comme tous les Siécles ont leur ufage, il n'eft pas furprenant que les Guillaumes de Montpellier ayent fait comme les Comtes de Touloufe, qui prenoient le nom de leur Mere. Ainfi, l'on voit qu'ils fe faifoient appeller, Raymond Fils *de Douce*, Raymond Fils *de Faiditte*, & ainfi des autres.

Il ne refte plus qu'à fixer l'époque de l'Infeodation de Montpellier, que l'Evêque Ricuin fit à nos Guillaumes. Par l'obfervation que j'ai déja faite, elle fe trouve clairement marquée entre 975. & 999. qui eft le tems où St. Fulcrand & Ricuin furent contemporains dans l'Epifcopat, c'eft-à-dire, depuis 975. jufqu'à 999.

Dans cet efpace de vingt-quatre ans, je fai précéder la Donation du Comte Bernard, par laquelle Guillaume devint fon Feudataire, puifqu'il avoit déja cette qualité lorfqu'il fit l'Acquifition de Montpellier. Ainfi, le Comte de Melgüeil & Senegonde fa femme, ayant fait leur Donation en 986. Ricuin ne peut avoir fait la fienne que quelques années après, & l'on peut par confequent fixer l'Infeodation de Montpellier environ 990.

CHA-

CHAPITRE SECOND.

I. Guillaume assiste à la Fondation de l'Abbaye de St. Geniés, avec son Fils. II. Bernard Guillaume. III. Guillaume Fils de Beliarde reçoit plusieurs Hommages. IV. Guillaume Fils d'Ermengarde a de grands démêlez avec Godefroy Evêque de Maguelonne. V. Se marie avec Ermensende de Melgüeil. VI. Se prépare pour la premiere Croisade.

 LA rareté des Actes du dixiéme Siécle, qu'on appelle communément le Siécle I. de l'ignorance, ne laisse aucune connoissance détaillée du premier de nos Guillaumes. On sçait en général, qu'il s'attacha à policer sa nouvelle Seigneurie; & par l'Acte de Fondation de l'Abbaye de S^t. Geniés, on est sûr qu'il vivoit encore en 1019. Son Seing & celui de Guillaume Bernard son fils, précedé de ceux du Comte de Melgüeil, de Gaucelin de Lunel, & suivi de ceux de Dalmas de Castries, de Bernard d'Anduse & de plusieurs autres, se trouvent dans cet Acte, en ces termes: *Signavit Willelmus & alius Willelmus qui vocatur Bernardus.*

 BERNARD GUILLAUME son fils, appellé Fils d'Adelaïs, du nom de sa II. Mere, fut contemporain de l'Evêque Arnaud, & ce fut de son tems que le Chapitre quita Substantion pour revenir à Maguelonne. Nous avons un Acte passé sous Guillaume son petit-fils, dans lequel il est dit que Bernard Guillaume, qui est appellé son Ayeul, *qui fuit Avus istius Guillelmi*, fit une Ordonnance, *fecit hoc placitum*, portant que dorénavant il ne sera fait aucun nouveau Four dans les Terres du Seigneur de Montpellier sans sa permission: *Ab hâc die in anteà non erit factus Furnus in toto Montepessulano, nec in Domo nec in Terrâ in quâ Dominus Montispessulani habet censum vel vendidam, sine consilio Domini Montispessulani.*

 Il est appellé Mari de Beliarde dans une Transaction de l'année 1058. entre Raymond Berenger Comte de Barcelonne, & Raymond Bernard Vicomte de Beziers, où il est dit qu'elle fut passée en présence de *Guillaume de Montpellier Mari de Beliarde.* Nous ne sçavons pas de quelle Maison elle étoit; mais il paroît par un Acte de 1103. que Bernard Guillaume eut deux Enfans mâles de sa Femme Beliarde, l'un Guillaume qui suit, & l'autre Guillaume Aymond, à qui il donna tout un Vignoble, que Guillaume Fils d'Ermengarde confirma à ses Enfans, en ces termes: *Dono vobis Vineas omnes quas Guillelmus Aymonis habuit & tenuit de B. Guillelmo Avo meo.*

 Manuscrits d'Aubais.

 Les Enfans de ce Guillaume Aymond, furent Raymond Guillaume Evêque de Nîmes, qui est marqué (dans S^{te}. Marthe) avoir siégé depuis 1098. jusqu'en 1112. & Bernard Guillaume, qui fit la Souche des Vicaires de Montpellier.

 GUILLAUME Fils de BELIARDE nous est connu par un Acte qui a pour Ti- III. tre, *Sacramentum quod fecit Berengarius Filius Guidenildis, Guillelmo Domino Montispessulani Filio Beliardis.* Le corps de cet Acte est couché en Langage du Païs; & comme il n'est pas long, je croi pouvoir le raporter ici, afin qu'on ait le plaisir de voir comment on parloit alors.

 De aquesta hora adenant no tolra Berengarius lo Fil de Guidinel, lo Castel d'el Pojet que so d'en Golen, à Guillen lo Fil de Beliarde. Ni li devedra ni l'en decebra d'aquella forza que es. Ni adenant sara garnit el, ni hom ni femna ab lou son art, ni ab son ganni, ab son consel. Et si hom es que o sara ni femna, Berengars lo Fil Guidinel ab aquels societat no aura, fos quant pel Castel à recobrar, fos quant Guillen lo Fil Beliard l'en sollicitera: Et si recobrar lo pot, en la sua potestat de Guillen lo tornara, sans deception, & sans ley re dever. Facta est hac Carta regnante Henrico & ejus filio Philippo. Ce qui, rendu mot à mot, veut dire.

 » De cette heure à l'avenir, Berenger Fils de Guidinel, n'ôtera point à Guil-
» laume Fils de Beliarde, le Château du Pojet, qui fut du Golen; il ne le divi-
» sera, ni diminuëra de la force où il est; Et à l'avenir il ne le garnira, ni Hom-

XIe. SIÉCLE.
» me ni Femme, par artifice, par finesse, ni par son conseil: Et si c'est un Homme
» ou une Femme qui entrepréne sur ce Château, Berenger Fils de Guidinel, n'au-
» ra aucune societé avec eux, si ce n'est lorsqu'il s'agira de recouvrer ce Châ-
» teau, & même lorsque Guillaume Fils de Beliarde l'en aura solicité; Et pour
» lors, s'il peut le recouvrer, il le remettra au pouvoir de Guillaume, sans dimi-
» nution & sans lui rien devoir. Cet Ecrit a été fait sous le Regne de Henry &
» de son fils Philippe.

Par cette date, il paroît que l'Acte fut passé en mil cinquante-neuf, où le Roi Henry Premier avoit fait sacrer de son vivant son fils Philippe, selon l'usage assés ordinaire des premiers Rois de la troisiéme Race. D'où l'on peut encore inferer, que Guillaume Fils de Beliarde, succeda environ ce tems à Bernard Guillaume son pere, qui, l'année précédente 1058. avoit assisté, comme nous l'avons vû, à la Transaction entre le Comte de Barcelone & le Vicomte de Beziers. La conjecture est d'autant plus probable, qu'il étoit ordinaire aux Seigneurs d'exi-ger l'Hommage de leurs Vassaux, à leur premiere Entrée dans leur Seigneurie; & que dans un autre Serment qui lui fut prêté cette même année pour le Châ-teau de S^t. *Pons de Mauxchiers*, où il est appellé Guillaume Seigneur de Mont-pellier *Fils de Beliarde*, on met en 1056. son Mariage avec Ermeniarde ou Er-mengarde, Fille de Raymond Ier. Comte de Melguëil, & Sœur du Comte Pierre, dont il eut Guillaume qui suit.

Memorial, fol. 125.

IV. GUILLAUME FILS D'ERMENGARDE nous fournit plus de matiére que ses Pré-decesseurs, parceque sur la fin du onziéme Siécle où il vécut, on commença de sortir de l'ignorance qui avoit regné pendant le dixiéme. Pour la banir du Corps du Clergé, on établit dans la plûpart des Eglises de l'Europe, une Vie commune & reguliére entre les Chanoines, à laquelle ceux de Maguelonne se soumirent dès l'année 1048. Mais, les Séculiers profitant de leur foiblesse, usurpérent la plûpart de leurs Biens; & la chose alla si avant, que le Comte Pierre de Melguëil s'em-para du droit de nommer à l'Evêché de Maguelonne, comme il conste par la Re-nonciation qu'il en fit ensuite. Guillaume de Montpellier, entrainé par son exem-ple, se saisit des Eglises même, où il exerçoit toute sorte d'autorité sur les Prê-tres qui les desservoient.

Godefroy Evêque de Maguelonne, autant célebre par sa fermeté que par la sain-teté de ses mœurs, cita le jeune Guillaume de Montpellier à une Assemblée, où se trouvérent Pierre Archevêque d'Aix, Hugues Evêque de Grenoble, si connu par l'Histoire des Chartreux, Didier Evêque de Cavaillon, Godefroy de Mague-lonne, Pons Prévôt de son Eglise, avec nombre de ses Chanoines, *Alquier* Ar-chidiacre de Lodéve, & plusieurs Laïques, qui tous condamnérent Guillaume à per-dre le Fief qu'il tenoit de l'Evêque de Maguelonne, *Propter malefacta quæ Epis-copo & Clericis fecerat*.

Guillaume voyant qu'il ne pouvoit s'y maintenir qu'en gagnant les bonnes graces de son Evêque, le pria avec instance de lui rendre le Fief, *quod ipse & Antecessores sui tenuerant*. » Et Godefroy, qui songeoit moins à le dépouiller qu'à l'ins-
» truire, se contenta d'exiger de lui une Reconnoissance, où, après l'avoir fait re-
» noncer à toutes les Usurpations qu'il avoit déja faites, il lui donna en entier tout
» le Fief de ses Prédécesseurs, excepté l'Eglise de S^{te}. Marie de Montpellier, celle
» de Montpelliret, & toutes les autres Eglises, sur lesquelles Guillaume ne pour-
» roit plus exiger la Dîme, ni exercer aucune Jurisdiction sur les Clercs.

» Mais, pour adoucir en quelque sorte la Soumission qu'il venoit de faire, Go-
» defroy lui donna tout ce que Pierre Licas possedoit au-delà des Fossez de la
» Ville, *quod est infra vallatos, & foris muros de Montpestier*, avec le tiers des Mai-
» sons déja bâties & à bâtir dans Montpelliret, *tertiam partem novorum ædificiorum*
» *quæ facta sunt vel erunt in Montepesteireto*; sauf toûjours les Eglises & les Cimetié-
» res, avec leurs dépendances. Guillaume paya pour le tout, trois cens Sols Melgo-
» riens, & fit entre les mains de Godefroy, le Serment de fidélité qui est écrit dans
» nos Archives, commençant par ces mots: *Audi tu Gothofrede Episcope*.

Par tout le contenu de cet Acte, que Verdale met en 1090. on peut éclaircir divers Points de nôtre Histoire. 1°. Il paroît que Guillaume Fils d'Ermengarde, de-

devoit avoir fuccedé à fon Pere, quelques années avant le tems où fe paſſa l'Ac- XIe. SIÈCLE.
tion mentionnée dans cet Acte; parcequ'il lui faloit bien un tems pour établir
fon Ufurpation, un autre pour aſſembler les Juges qui reçurent les Plaintes de
l'Evêque de Maguelonne, & pour l'execution de leur Sentence : ainſi, je croirois
volontiers qu'on peut mettre environ 1085. le tems où Guillaume Fils d'Ermengarde fucceda à fon Pere. 2°. Il paroît que l'Egliſe de Nôtre-Dame fubfiſtoit
alors, de même que celle de S^t. Denis, qui fervoit à Montpellicret d'Egliſe Par-
roiſſiale, bâtie alors où eſt aujourd'hui la Citadelle. 3°. Que Montpellier étoit
déja environné de Murailles & de Foſſez, *infra vallatos & foris muros de Montpeſlier.*
4°. Que l'Etenduë de Montpellieret étoit alors plus grande qu'elle n'eſt à préſent;
Et je foupçonne fort que l'Endroit accordé à Guillaume par l'Evêque Godefroy,
ne foit tout ce qu'on trouve à main-droite, en allant du Lieu que nous appellons le Bout-du-monde, juſqu'à la Porte de la Blanquerie, paſſant par la Capelle-
Nove & devant S^{te}. Urſule, parceque tout ce Quartier reſta toûjours à la Parroiſſe
de S^t. Denis, quoique pour le Temporel il appartint aux Guillaumes Seigneurs
de Montpellier.

La Paix que Guillaume venoit de faire avec fon Evêque, fut bientôt fuivie de V.
celle qu'il fit avec Pierre Comte de Melgüeil, qui, après lui avoir fait raiſon fur
diverſes demandes qu'il lui faifoit, lui donna en Mariage fa fille Ermenfende,
l'une des plus faintes & des plus habiles Femmes de ce tems-là: *Infuper dedit Petrus*
Comes ad Guillelmum de Montepeſſulano filiam ſuam ad Uxorem. Ce qu'on peut mettre en
1093. où vivoient Matfred Evêque de Beziers, & Frotard Abbé de S^t. Pons, pris
pour Témoins dans cet Acte.

Le Comte Pierre, qui s'eſt rendu ſi recommendable dans nôtre Hiſtoire, par ſes
Liberalitez envers l'Egliſe de Maguelonne, & envers le S^t. Siége, craignant encore que fon Gendre ne vint à fe broüiller de nouveau avec ſon Evêque, lui
fit ratifier par un ſecond Acte, l'Abandon qu'il avoit déja fait en faveur de Godefroy. Nous avons cet Acte de l'an 1093. dans les Archives de l'Hôtel-de-Ville, *Memorial des*
où Guillaume prend le nom de Fils d'Ermengarde: *Ego Guillelmus filius Ermen-* *Nobles.*
gardæ Dominus Montiſpeſſulani, &c.

Tout étant devenu paiſible dans le Païs par le moyen de ces deux Accords,
Guillaume chercha des occaſions au-dehors à exercer fon courage, & il fut aſſés
heureux pour en trouver une des plus brillantes pour un Seigneur Chrêtien.
Cette occaſion fut la premiere Croiſade qui fut refoluë au Concile de Clermont
en Auvergne en 1096. Et l'année précedente Guillaume eut l'avantage d'être le
premier Seigneur du Royaume qui reçut dans ſes Terres le Souverain Pontife :
Car, Urbain II. étant parti après le Concile de Plaiſance pour venir en France,
& ayant abordé à Maguelonne, Guillaume fut l'y recevoir avec toute la Nobleſ-
fe du Païs, & le conduiſit à Montpellier, où il le traita magnifiquement.

Alors ayant eû occaſion de s'aſſurer du deſſein du Pape pour la Guerre-Sain- VI.
te, qu'on n'avoit fçû encore que par des bruits publics, Guillaume s'y engagea,
avec pluſieurs Seigneurs de ſon Voiſinage, dont les noms nous ont été conſervez
par les Actes de Vente ou d'Engagement qu'ils paſſerent avec le Chapitre de Maguelonne, en partant pour ce Voyage. Les noms de ces Seigneurs font, *Guillau-*
me Raymond, Fils de Raymond Gaucelin, qui fe maria à Antiochc, *Pons & Bernard*
de Montlaur, Guillaume de *Fabregues*, Eleazar de *Montredon*, Pierre Bernard de
Montagnac, Othon de *Cornon*, Guillaume *Bertrand*, Eleazar de *Caſtries*. Tous ces
Seigneurs ayant à leur tête Guillaume de Montpellier, fe joignirent quand il
falut partir, à Raymond Comte de Toulouſe, qui avoit été le premier des Princes Croifez, en envoyant fes Ambaſſadeurs au Pape Urbain, dans le tems qu'il
étoit encore à Clermont.

Comme cette Croiſade eſt la plus glorieuſe de toutes celles que les Princes
Chrêtiens entreprirent durant plus de deux cens ans, pour le recouvrement ou
pour la conſervation de la Terre-Sainte, & que nôtre Guillaume ne quitta jamais
l'Armée, où il eut part à toutes les actions qui s'y paſſerent, je crois que le Lecteur ne deſaprouvera pas que je faſſe une petite Digreſſion à ce ſujet, tant pour
lui faire connoître le caractére du Seigneur qui nous gouvernoit alors, que les

XI.e SIÈCLE. autres Seigneurs de nôtre Province, dont les Écrivains de ce tems-là nous ont conservé le nom & les belles actions.

CHAPITRE TROISIÉME.

I. Départ des Croisez par diferentes Routes. II. Guillaume se trouve au Siége de Nicée. III. Est commandé pour aller reconnoître les Enemis aux approches d'Antioche. IV. Il se distingue au Siége de Marra. V. Assiste au Siége & à la Prise de Jerusalem. VI. Il ramene en France la Femme & le Fils du Comte de Toulouse.

LE Pape Urbain II. ayant pris soin d'animer les Seigneurs François par les Exhortations du fameux Pierre l'Hermite, qui, deux ans auparavant, lui avoit apporté des Lettres du Patriarche de Jerusalem, trouva les Esprits si bien disposez au Concile de Clermont, qu'ayant commencé de parler au milieu de la Place publique pour exhorter les Assistans à la Guerre-Sainte, il fut interrompu par une infinité de Voix, qui s'écriérent : *Dieu le veut, Dieu le veut.*

Raymond Comte de St. Giles & de Toulouse (appellé Fils d'Adelaïs) l'un des plus grands Seigneurs du Royaume, se croisa avec Aymar de Monteil Evèque du Puy ; & à eux s'offrirent, de leur bonne volonté, *sponte se obtulerunt*, Guillaume Evêque d'Orange, *Raimbaud* Comte de la même Ville, Atho de *Beziers*, Girard de *Roussillon*, Guillaume de *Montpellier*, Guillaume Comte de *Forêt*, Raymond *Pelet*, Centon de *Bear*, Guillaume *Amaneu*, qui tous sont appellez par Guillaume de *Tyr*, *Viri Nobiles & apud suos tam nobilitate quam morum elegantiâ clarissimi.* Ils formérent tous ensemble une Armée de près de cent mille Hommes, tirez des Provinces de Bourgogne, d'Auvergne, de Gascogne & du Languedoc ; ce qui les fit appeller Provinciaux, tandis que les Seigneurs d'au-delà de la Loire retinrent le nom de François : *Omnes de Burgundiâ & Alverniâ & Vasconiâ & Gothi, Provinciales vocabantur, cæteri vero Francigenæ.*

Guill. de Tyr, liv. 2. ch. 17.

Raym. d'Agiles, pag. 144.

Parmi ces Seigneurs François, étoient Hugues le Grand, Comte de Vermandois, & Frere de Philippe I.er Roi de France, Robert Duc de Normandie, Robert Comte de Flandres, Godefroy de Boüillon, Fils du Comte de Boulogne, avec ses Freres Baudoüin & Eustache, les Comtes de Chartres & de St. Paul, qui furent suivis d'une foule innombrable de Croisez, dont ils donnérent la conduite à Godefroy de Boüillon.

I. Ce Prince, qui s'est rendu si célébre dans l'Histoire, voulant se débarasser de tout le Peuple qui avoit pris la Croix, le laissa sous la conduite de Pierre l'Hermite, qui osa-bien se charger de ce soin : Il conduisit sa Troupe par l'Allemagne & la Hongrie, jusqu'auprès de Constantinople, d'où, en côtoyant l'Asie, il prétendoit entrer dans la Palestine ; mais, le peu de discipline de ses Gens, & la perfidie des Grecs, les fit presque tous perir par le fer ou par la faim, avant que de pouvoir passer au-delà de Nicée.

Godefroy suivit quelques mois après, avec une Armée de dix mille Chevaux, & de soixante-dix mille Hommes de pié tous aguerris, prenant sa route à travers l'Allemagne, le long du Danube, jusqu'aux confins de la Trace : Mais, l'Empereur de Constantinople, Alexis Comnene, prit un si grand ombrage de leurs desseins, qu'il traversa par toute sorte d'artifice, le progrès de cette Armée ; de sorte que les Princes Croisez ne purent s'assurer de Vivres, qu'en lui promettant que les Conquêtes qu'ils feroient en Asie seroient pour lui, & qu'ils lui feroient hommage des autres Terres qu'ils retiendroient du même Empire.

Cependant, le Comte de Toulouse, avec les Seigneurs que j'ai déja nommez, ayant passé les Alpes, prirent leur chemin par la Lombardie & par le Frioul ; & ayant traversé toute la Dalmatie les Armes à la main, pour se défendre contre

les

les infultes des Efclavons, ils s'avancérent par l'Epire & par la Macedoine vers XIe. SIÉCLE, Conftantinople, ayant eû fouvent occafion dans leur chemin, de combatre les Bulgares & les Grecs, qu'Alexis envoyoit pour les traverfer, & qu'il defavoüoit enfuite.

Une des belles chofes que fit Raymond à Conftantinople, c'eft que l'Empereur l'ayant fort preffé de lui faire Hommage comme les autres Seigneurs avoient fait, il répondit nettement qu'il n'étoit pas venu fi loin pour prendre d'autre Maître que celui pour l'amour duquel il étoit venu : *Abfit ut in hac viâ aliquem Dominum conftituam fuper me, nifi illum tantum-modo cujus amore huc ufque veni.* Et lorfque Godefroy de Boüillon, avec les autres Seigneurs de fon Armée, qui avoient déja paffé le Détroit, vinrent l'en foliciter de nouveau, pour faciliter la jonction de leurs Troupes, Raymond fe contenta de promettre qu'il n'entreprendroit rien contre la vie & l'honneur d'Alexis, à condition qu'il garderoit de fon côté ce qu'il avoit promis.

Ce Serment prêté de la forte, Raymond avec les Seigneurs de fon Armée, II. conduifirent leurs Troupes devant Nicée, dont Godefroy avoit commencé le Siége. *Guill. de Tyr,* On leur donna d'abord toute la Partie Méridionale à garder; & le Secours que *liv. 3. ch. 3.* les Affiégez attendoient s'étant préfenté de ce côté, ils le repouffèrent avec une perte confiderable des Turcs : Et ayant enfuite renverfé par la Sape, une groffe Tour qui étoit de leur Attaque, la Ville fut obligée de fe rendre après fept femaines de Siége.

Les Princes, après cette premiere Conquête, qu'ils jugérent à propos de remettre à Alexis, marchérent tous enfemble vers la Syrie, & défirent en chemin, dans la Valée Gorgoniéne, une Armée formidable de Turcs qui étoient venus *Guill. de Tyr,* les attaquer : ils prirent enfuite toutes les Villes qui fe trouvérent fur leur paffa- *liv. 3. ch. 3.* ge, dans la Licaonie, dans la Cappadoce & dans l'Armenie. Baudoüin, Frere de Godefroy, fe laiffa alors entrainer par tant d'heureux Succès; il pouffa avec une partie des Troupes, jufques dans la Mefopotamie, où il prit la Ville d'Edeffe, & y fonda une Principauté de ce nom, qui lui refta en propre, & où il eut deux ou trois Princes Chrêtiens pour Succeffeurs.

Cependant, l'Armée étant prête d'entrer dans la Syrie, on chargea le Comte de S^t. Giles de faire reconnoître le Païs : il donna ce foin aux Seigneurs que l'Hiftorien raporte en cet ordre. Pierre Vicomte de *Caftillion*, Guillaume de *Montpellier*, *Barral* Vicomte, Pierre de *Roias* & Pierre de *Hautpoul*, avec cinq cens Hommes, qui, après avoir défait divers Partis, vinrent faire leur Raport à l'Armée. *Tudebord, liv.* *Raymundus Comes de S^{to}. Egidio elegit, Petrum de Caftillione Vicecomitem, Guillelmum* *3. pag. 785.* *de Montepifterio, Baralium Vicecomitem, Petrum de Royas, Petrum Raymundum de alto pullo cum quingentis Militibus.*

L'Armée ayant oüy leur Raport, entra dans la Syrie, & s'avança jufqu'à An- III. tioche, où elle trouva des Enemis plus dangereux qu'ils n'en avoient eû par le paffé ; je veux dire l'Abondance, & la trop grande confiance des Soldats, qui, ne voyant point paroître la Garnifon d'Antioche, fe débandérent dans la Campagne, pour y joüir, au milieu de la Débauche, du Butin immenfe qu'ils avoient fait durant leur Marche : mais, ils furent ramenez bien rudement à leur devoir, lorfque la Garnifon, qui s'étoit tenu cachée, vint fondre fur eux au milieu de leur plaifir, & les ayant diffipez, s'empara du Camp, où elle caufa des maux infinis.

On en étoit déja au commencement de l'Hiver fans avoir rien gagné fur la Ville, lorfque les Turcs vinrent avec un Secours de vingt-huit mille Chevaux, *Guill. de Tyr* pour forcer le Quartier du Prince de Tarente. Le Comte de Touloufe, avec les *liv. 5. ch. 3.* Seigneurs qu'il avoit amené de France, coururent à fon fecours : ils n'avoient en tout que fept cens Chevaux, qu'ils diviférent en fix Efcadrons, & qu'ils rangérent en Bataille entre un Etang & la Riviére de l'Oronte, pour n'être pas envelopez. Malgré leur difproportion, ils oférent bien marcher les premiers à l'Enemi, & ils combatirent fi vaillamment, que tout le Secours fut entiérement défait, & que nos Gens revinrent au Camp chargez de Dépoüilles, & avec un grand nombre de Chevaux dont ils manquoient.

Ce fuccès mit les Princes Croifez en état de continuer le Siége ; Ils y em-

B

ployérent toutes les Machines qui étoient en usage en ce tems-là : Mais, la Garnison fit une si forte résistance, que nos Troupes étoient au neuvième mois du Siége, sans avoir pû encore penetrer dans la Ville. Il couroit même un bruit, que le Soudan de Perse envoyoit contre eux une Armée formidable, lorsque Boëmond Prince de Tarente proposa de faire valoir une Intelligence qu'il s'étoit ménagée dans la Ville ; elle lui réussit si bien, qu'étant devenu maître d'une Tour, il introduisit toute l'Armée dans Antioche.

La Tuërie y fut horrible & le Butin immense ; mais la Débauche ne le fut pas moins, comme il arrive au Soldat qui, après avoir beaucoup souffert, se trouve dans l'Abondance. Leur situation néanmoins ne tarda pas long-tems à changer ; car, le Secours dont ils avoient oüy parler étant arrivé, ils se trouvérent assiégez dans la Ville qu'ils venoient de prendre, & réduits, ou à en soûtenir le Siége, ou à forcer l'Armée qui les environnoit, & qui avoit déja pris sur eux le Château d'Antioche.

Dans cette conjonêture si pressante, il arriva ce qu'on a occasion d'admirer dans tout le cours de cette premiere Croisade : Nos Troupes, dans leurs plus grands besoins, trouvérent des ressources infinies, soit que le Ciel pour punir ces Infidéles, leur abatît le cœur dans le Combat, ou que pour recompenser le zéle qui animoit veritablement nos Gens, il augmentât leur force & leur courage.

Les Princes Croisez prirent la resolution de sortir en Bataille pour repousser l'Enemi ; ils laissérent la Garde de la Ville au Comte de S*t*. Giles, qui y étoit détenu par une grande Maladie, & ils partagérent leur Armée en douze Corps, dont le onziéme étoit commandé par Izoard Comte de *Die*, Raymond *Pelet*, Atho de *Beziers*, Girard de *Roussillon*, Guillaume de *Montpellier*, & Guillaume *Amaneu* : *Undecimam verò aciem Izoardus Comes Diensis, Raymundus Piletus, Atho Bitterensis, Girardus de Rossillon, Willelmus de Montepessulano, Guillelmus Amaneu tenuerunt.* La Déroute des Enemis fut entiére, le Château d'Antioche repris, & les Chrétiens enrichis de Dépoüilles.

Guill. de Tyr, liv. 6. ch. 17.

Après cette Victoire, dont les Princes crurent devoir écrire au Pape Urbain, ils pourvurent à la conservation de la Ville, qu'ils donnérent en Principauté à Boëmond ; & ayant déliberé sur leur principale Entreprise, qui étoit celle de Jerusalem, ils resolurent de la remettre au premier de Novembre, tant pour éviter les Chaleurs que pour donner le loisir à l'Armée de se reposer.

Cependant, Raymond, jaloux qu'on eût donné au Prince de Tarente la Principauté d'Antioche, voulut s'en faire une lui-même en Orient. Il s'avança dans ce dessein avec toutes ses Forces vers Jerusalem, & s'étant rendu maître des Villes d'*Albare* & de *Rugie*, il vint assiéger *Marra*, grande Ville & très-forte, à deux ou trois journées d'Antioche vers Appamée : C'est là où *Raymond Pelet*, après avoir mis en déroute une Armée considerable de Turcs, fut surpris lui-même après sa Victoire, par la soif extréme où lui & tous les Siens se trouvérent réduits. Mais, la valeur de *Guillaume de Montpellier* parut avec plus de succès durant le Siége ; car, le Comte de S*t*. Giles ayant fait construire une grande Tour de Bois, portée sur des Roües pour l'approcher plus aisément des Murailles, il est dit que Guillaume de Montpellier se tenoit au plus haut de cette Tour, d'où avec les Siens il lançoit de grosses Pierres que les Enemis ne pouvoient parer de leurs Boucliers : *Milites nostri qui erant sursum in solario superiori videlicet Guillelmus de Montepisterio, & alii plures jactabant immensos lapides super Sarracenos qui stabant super muros Civitatis, & ita percutiebant eos super clipeos ita quod clipeus & Paganus cadebant deorsum in Civitate mortui.*

Tudebord, liv. 4. pag. 803.

IV.

Liv. 5. pag. 315.

Ce moyen réussit si heureusement que la Ville fut emportée d'Assaut. Mais, comme les Passions humaines se mêlent souvent dans les saintes Entreprises, Raymond ayant voulu s'approprier ses nouvelles Conquêtes, donna de la jalousie à son tour au Prince de Tarente ; de sorte qu'ayant eû ensemble de grandes discussions, les Princes Croisez eurent bien de la peine à les raccommoder : Mais, ce que toute leur adresse & leur autorité n'avoit pû faire, le Soldat l'emporta de force ; Car les Troupes de Raymond voyant son obstination, & le retardement qu'il causoit à la Prise de Jerusalem, renversérent de fond en comble les Murailles

&

& les Tours de la Ville de *Marra*, pour lui ôter la tentation de la retenir. Ce XIe. SIÈCLE. coup fit rentrer Raymond en lui-même ; il se reconcilia avec le Prince de Tarente, & les Chefs de l'Armée, qui n'attendoient autre chose, vinrent le joindre à *Capharda*, pour marcher tous ensemble vers Jerusalem.

Ils continüérent leur Marche, occupez, tantôt des Propositions que les Soudans des Villes voisines leur faisoient pour les amuser, tantôt à divers petits Siéges, comme ceux d'*Arcas* ou *Archis*, que Raymond tenta inutilement ; il y perdit Pons de *Balazun* son bon Ami, qui y fut tué d'un coup de Pierre lâché par une Machine. Mais, le Siége de Tortose réussit mieux à Raymond Pelet, qui, ayant fait allumer un grand nombre de Feux autour de la Ville, donna lieu de croire aux Habitans que toute l'Armée étoit là pour les investir ; de sorte qu'ayant pris la fuite durant la nuit, ils laissérent la Place vuide à Pelet & à Raymond *Vicomte de Turéne*, qui étoient les Auteurs de ce Stratagéme.

» Atho de Beziers causa un plaisir bien plus sensible à toute l'Armée, par une
» Avanture avec laquelle Guillaume de Tyr finit son septiéme Livre.
» Ce Noble & Vaillant-Homme (dit-il) ayant pris trente des meilleurs Ca-
» valiers de l'Armée, marcha dès la pointe du jour vers Jerusalem, pour y en-
» lever ce qu'il pourroit des Troupeaux qui paissoient au Voisinage de la Ville :
» Il en trouva heureusement bon nombre, gardez par quelques Bergers, qui prirent
» aussitôt la fuite : mais, tandis qu'il les faisoit marcher vers l'Armée, la Garnison,
» avertie par les Bergers, sortit en très-grand nombre pour lui enlever sa Proye.
» Atho voyant que la Partie étoit si inégale, se retira sur le haut d'une Coline ;
» & dans le tems qu'il se voyoit tout enlever, voici Tancréde avec cent Chevaux,
» qui, revenant de Bethléem, passa sous la Coline pour aller joindre l'Armée : Alors
» Atho lui ayant raconté ce qui venoit de lui arriver, ils joignirent leurs Trou-
» pes, marchent à l'Enemi, en tuent une partie, mettent le reste en fuite, &
» ayant enlevé le Bétail, ils le raménent au Camp, où ils causérent une joye ex-
» traordinaire. Mais, lorsqu'en racontant leur Avanture ils nommérent Jerusalem,
» dont ils se sentoient si près, & pour lequel ils avoient déja tant souffert, ils
» ne purent retenir leurs larmes de joye, & se prosternant à terre, ils adorérent
» Dieu, qui les avoit si heureusement conduits ; puis s'étant avancez un peu plus,
» ils découvrirent la Sainte Cité, dont le plus grand nombre ne voulut approcher
» qu'à piez nuds.

Jerusalem, que nous avons vû prise dans le septiéme Siécle par les Sarrazins, **V.** avoit été reprise sur eux dans le onziéme par les Turcs, Peuples originaires d'entre le Mont-Caucase & le Tanais, qui ayant servi les Califes Sarrazins durant près de quatre cens ans contre les Empereurs Grecs, défirent eux-mêmes les Sarrazins dans trois grandes Batailles, & les dépoüillérent de la Perse, de la Mesopotamie, de la Palestine, & de la Syrie, s'étant faits Mahometans peu de tems auparavant, de Payens qu'ils avoient toûjours été.

Ce fut contre eux que les Croisez avoient eû toûjours à combatre depuis Nicée, où Soliman leur Sultan avoit établi son Siége : Mais, les grandes pertes que les Turcs firent dans cette premiere Croisade les ayant fort affoiblis, le Soudan d'Egipte Prince Sarrazin, reprit Jerusalem sur eux peu de tems avant que les Princes Croisez y arrivassent. Ce Prince, que quelques-uns de nos Ecrivains appellent le Soudan de Babilonne (c'est-à-dire du grand Caire) avoit muni la Place de toutes sortes de Provisions, & d'une Garnison de quarante mille Hommes : L'Armée des Chrétiens, réduite à soixante mille Personnes de l'un & de l'autre Sexe, n'avoit pas plus de vingt mille Fantassins & quinze cent Chevaux en état de servir.

Malgré cette disproportion, les Croisez se resolurent à l'Attaque ; & tandis qu'ils soûtenoient les premieres Sorties des Assiégez, ils apprirent que les Vaisseaux de Génes arrivez à Joppé, leur apportoient des Vivres & du Secours : Le Comte de Touloufe y envoya un Gentilhomme de sa Troupe, nommé Gaudemar *Carpinel*, avec trente Chevaux & cinquante Hommes de pié pour escorter le Convoi : mais, les Princes craignant qu'ils ne fussent pas assés, on y ajoûta Raymond Pelet & Guillaume de *Sabran* avec cinquante Chevaux, qui facilitérent le Passage

12   *Histoire de la Ville de Montpellier*,

XIe. Siécle. des Génois jusqu'à l'Armée. Le grand service que les Génois rendirent alors fut dans la Construction des Machines, dont ils sçavoient manier les grosses Piéces beaucoup mieux que nos Soldats. Godefroy en fit dresser vers la Partie Septentrionale où il combatoit : Raymond en fit autant auprès de la Tour de David, qui étoit son Poste, entre le Midi & le Couchant ; il en donna la Garde à *Guillaume de Montpellier*, qui s'en étoit si bien acquité en d'autres occasions : mais, le premier succès vint du côté de Godefroy de Boüillon, qui, ayant abatu le Pont de sa Machine, se jetta l'Epée à la main sur les Murailles avec les plus Braves de sa Troupe, se rendit maître de la Porte de Damas, qu'il ouvrit à ceux qui n'avoient pû le suivre, & qui s'emparérent aussitôt de tout le Côté Septentrional de la Place.

Cependant, Raymond combatoit encore à son Quartier contre l'Emire ou Gouverneur de la Ville, qui lui faisoit une forte resistance, lorsqu'ayant appris par trois Cavaliers de Godefroy que la Ville étoit prise : Eh quoi ! s'écria-t-il , les François sont dans la Ville, & nous sommes encore ici ? Ces mots animérent tellement ses Troupes, que les uns dressant leurs Echelles, les autres abaissant le Pont de leurs Machines, se jettérent en foule sur les Murailles, d'où les Enemis, qui entendirent les hurlemens de ceux que l'on tuoit derriére eux, se retirérent dans la Forteresse. Alors le Gouverneur se trouvant pris de tous côtez, offrit au Comte de lui remettre la Place, moyenant la vie & la liberté de se retirer : Ce qui lui ayant été accordé, Raymond entra dans la Tour de David avec Guillaume de Montpellier, qui ne le quitoit jamais, & ils y restérent avec leurs Troupes, jusqu'à-ce qu'on eut donné un Roi à Jerusalem.

Les premiers Ordres ayant été reglez pour la conservation de cette belle Conquête, & la Dévotion satisfaite auprès des Saints Lieux, les Princes s'assemblérent pour élire un Roi. Ils en firent d'abord la Proposition au Comte de Toulouse, qui s'en excusa sur sa vieillesse : Ensuite au Duc de Normandie, qui se contenta de faire élire pour Patriarche, Arnaud son Chapélain ; mais il proposa Godefroy de Boüillon, qui eût les acclamations de tout le monde.

Guill. de Tyr.
liv. 9. ch. 3.

Raym. d'Agiles,
pag. 179.

Ce nouveau Roi songea d'abord à se défendre contre le Soudan d'Egipte, qui étoit parti du grand Caire à grandes journées pour secourir la Ville, & qui ayant appris sur son chemin qu'elle étoit prise, s'avança jusqu'à *Ascalon*, à deux journées de Jerusalem vers l'Egipte. Godefroy ne jugeant pas à propos de l'attendre, sortit avec tous les Princes pour le combatre dans son Camp : Le Comte Raymond commandoit l'Aîle droite, qui s'étendoit vers la Mer : le Roi prit la gauche, pour être opposé à la droite des Enemis, où étoient leurs principales Forces ; & le Duc de Normandie, avec le Comte de Flandres, Gaston de Beart & Tancréde, formoient le Corps de Bataille. On en vint aux mains avec un courage extraordinaire de la part des Chrétiens : mais, cette Bataille d'Ascalon fut plûtôt une Tuërie qu'un Combat ; il y perit plus de cent mille de ces Infidéles : Et les Princes, après cette grande Victoire, avec les Seigneurs qui les avoient suivis, croyant avoir accompli leur Vœu, prirent congé du Roi pour s'en retourner à

VI. leur Païs. Le Comte de Toulouse partit pour Constantinople, ayant laissé au Montpelerin, près de Tripoli de Syrie, sa Femme Elvire, & le jeune Alphonse son fils, qui lui étoit né dans ce Voyage, d'où la Mere & le Fils furent conduits en France par Guillaume de Montpellier, comme nous l'apprenons de Guillaume de Malmesbury, dans son Histoire des Rois d'Angleterre. Il est toûjours constant que Raymond voulut finir ses jours dans la Terre-Sainte ; car, après un séjour de deux ans à Constantinople, il revint, chargé de Présens de l'Empereur, au Montpelerin, où il mourut, selon Guillaume de Tyr, en 1105.

CHA-

CHAPITRE QUATRIÉME.

I. *Guillaume à son retour travaille à retirer ses Biens engagez.* II. *Fait fleurir le Commerce.* III. *Donne à l'Eglise de St. Firmin le Corps de St. Cleophas.* IV. *Il marie sa Fille aînée au Fils de Bernard d'Anduze.* V. *Acquiert plusieurs Seigneuries.* VI. *Loi Municipale.* VII. *Vicaires de Montpellier.* VIII. *Guillaume part pour Mayorque.* IX. *Division de ses Biens entre ses Enfans.*

Nous avons un Acte fort étendu du 24. Janvier 1103. c'est-à-dire 1104. I. parceque l'année commençoit à Pâques, par lequel il paroît que Guillaume Fils d'Ermengarde, étoit déja revenu de son Expedition de la Terre-Sainte. Il s'appliqua d'abord à retirer les Terres qu'il avoit engagé, comme firent alors la plûpart des Seigneurs de France qui s'étoient croisez : Il s'y prit un peu trop vivement contre le Clergé ; mais il trouva une resistance, qui eut les suites que je dirai dans la Vie de l'Evêque *Gautier*, Successeur de *Godefroy*.

Il fut plus heureux avec ses Cousins Raymond Guillaume Evêque de Nîmes, & Bernard Guillaume, Frere de cet Evêque, qui lui rendirent les Terres mentionnées dans l'Acte qui a pour Titre : *Resignatio quam fecit Domino Montispessulani Raymundus Guillelmi Episcopus Nemausensis & Bernardus Frater ejus.* Le Seigneur de Montpellier leur avoit engagé, non-seulement une partie de son Domaine, mais encore les Droits Utiles, comme la Leude, les Censives, la Justice ; & les Fours de Montpellier : la chose paroît par l'Etat des Demandes qu'ils lui faisoient. Demandabant lo *Balliage de las Lesdas & de Censu totius Montispessulani.* Le Pouvoir d'établir un Bailli : *Ut Baili essent per ipsos.* L'Autorité entière sur les Veuves qui demeuroient dans le Quartier qu'ils avoient dans Montpellier : *Omnes Viduas quæ stabant in domibus quas ipsi habebant in Montepessulano :* Et tous les Fours qui avoient été faits dans la Ville depuis la mort de Guillaume son Ayeul ; *Omnes Furnos qui fuerunt facti in Montepessulano à morte Guillelmi de Montepessulano qui fuit Avus istius Guillelmi.* Surquoi il fut reglé, que Raymond Guillaume Evêque de Nîmes, & Bernard son frere ; cederoient au Seigneur de Montpellier, les Femmes Veuves ; Que le Vicaire auroit ses Juges dans son Quartier, qu'il payeroit lui-même ; *Vicarius pagabit homines suos* : Mais qu'il n'entreprendroit rien sur le Quartier du Seigneur, comme il avoit fait par le passé ; *Et in antea Vicarius non faciet hoc de parte Domini.* Moyenant quoi, ils lui remettent le Moulin & les Terres qu'ils avoient prises de lui lorsqu'il partit pour Jerusalem : *Guerpierunt illum Molinum & illas Terras quas illi acceptaverant, postquam Guillelmus de Montepessulano ivit in Jerusalem* ; & pour mieux designer ce Voyage, ils ajoûtent : *hâc vice quando Jerusalem capta fuit.*

Je parlerai plus bas, & plus au long, de ces Vicaires de Montpellier, qui paroissent avoir pris commencement à cette Expedition de la Terre-Sainte.

Le Voyage d'Outre-Mer que Guillaume venoit de faire, servit à lui faire mieux II. connoître l'interêt particulier qu'il avoit à faire fleurir le Commerce que les Habitans de Montpellier entretenoient au Port de Lates, d'où ils pouvoient aller sur toutes les Côtes de la Mediterranée. Guillaume, non-content d'avoir des Consuls pour la Police de la Ville, en établit d'autres pour avoir la Direction du Commerce ; ce qu'on appella Consuls-de-Mer, choisis, comme il le dit lui-même, *de Sapientioribus, Legalibus, & Opulentioribus civibus* : Il perfectionna la Forme de tenir les Foires & les Marchez qui étoient déja établis à Montpellier ; & pour fixer aux Habitans une Regle certaine dans le cours de leurs Affaires, il réduisit en meilleur ordre les Loix Municipales de la Ville, où il est dit au commencement, que Montpellier ayant été *in potestate Patrum & Antecessorum Guillelmi Domini Montispessulani,* Dieu l'avoit fait prosperer & croître, parcequ'il avoit aimé la Justice &

XII.ᵉ SIÉCLE. la Miséricorde : Il regla en même-tems les Fonctions & le Pouvoir du Bailli ou *Baille*, qui étoit le premier Juge de la Ville, & duquel nous aurons souvent occasion de parler.

III. Une des choses qui contribüa beaucoup à exciter la Piété des Habitans de Montpellier, fut la Sᵗᵉ. Relique que Guillaume porta à son retour de Jerusalem, de Sᵗ. Cleophas, Disciple de Nôtre-Seigneur, dont il est parlé dans l'Evangile, au sujet de la Mort & de la Resurrection de JESUS-CHRIST; il la déposa dans l'Eglise de Sᵗ. Firmin, où elle fut en si grande Vénération, que les Consuls & les Ouvriers alloient en Procession la prendre le jour de Pâques après Vêpres, & l'ayant portée en grande Pompe dans l'Eglise de Sᵗ. Barthelemy, ils la raportoient le lendemain à Sᵗ. Firmin avec la même Solemnité.

Les Regîtres de l'Hôtel-de-Ville, qui nous apprennent toutes ces Particularitez, nous ont conservé le Formulaire du Cri-public que les Consuls faisoient faire encore trois cens ans après, pour avertir les Habitans de chomer cette Fête le 25. de Septembre: C'est un témoignage de la confiance que nos Peres avoient aux Priéres & à l'Intercession de ce Saint; & l'on peut aussi s'en servir, pour juger de l'altération arrivée à nôtre Langue dans cet espace de tems.

Barons, mande la Cour de nostre Seignour lou Rey de France, & say sabé a toute persone, de quale condition que sié, que attendu que dema es la Feste de San Cleophas, Disciple de Nostre-Seignour JESUS-CHRIST, & que per el Dieu a fach & fay toujours mouls Miracles, & que son Corps es en este Ville, & attendu tamben que la Gleize lou denonce per Coulen, Que toute Personne face Feste Coulente per tout dema, à l'honnour de Dieu & de la Benoite Vierge, & de San Cleophas & de la Cour Celestial de Paradis: Et qui à l'encontre fara, la Cour fara ce que devra sans toute merce.

IV. L'année 1109. est remarquable, par l'Etablissement que fit Guillaume de l'aînée de ses Filles, avec le Fils de son bon Ami Bernard d'Anduze: Ils en signérent les Pactes dans le mois de Novembre, en présence de Jean Evêque de Maguelonne, de Fulcrand Prévôt, & autres. Il y est dit, que Guillaume, Seigneur de Montpellier, donne sa Fille Guillelme à Bernard d'Anduze & à sa Femme Adelaïs, pour la garder durant quatre ans, & la donner ensuite en Mariage à leur Fils Raymond de Roquefeüil: Guillaume promet cent Marcs d'Argent pour la Dot de sa Fille; Et Bernard assure à son Fils toutes ses Seigneuries en faveur de ce Mariage; & pour sureté de la Dot de sa Bellefille, il oblige le Château de Brissac, & donne tout ce qu'il a dans le Terroir de Valleraugue, *in toto terminio de Valle-Eraurgâ.*

Spicileg. tom. 3. pag. 437.

V. Les années suivantes sont toutes marquées par des Acquisitions considerables que fit Guillaume Fils d'Ermengarde.

En 1111. il reçut pour le Château de *Montarnaud*, le Serment de Fidelité de divers Conseigneurs qui y étoient alors; sçavoir, Bernard Peire, Bernard Raymond Fils d'Astorge, & Ademar Fils de Garsende.

Memorial des Nobles, fol. 130.

Nous avons un pareil Serment, qui lui fut prêté cette même année pour le Château de *Cornonsec*, sous le Regne de Loüis le Gros.

Fol. 135.

Quatre Conseigneurs de *Montferrier* lui firent Hommage cette même année. Nous avons en Langue vulgaire, le Serment qu'ils prêtérent séparément, où nous apprenons qu'ils s'appelloient, Bernard Fils de Garsende, Guillaume Fils d'Aldiarde, Pierre Fils de Brunisende, & Pons Fils de Bangars.

Fol. 111.

En 1112. Pierre Mascaluns fit une Donation en Aleu du Château de *Frontignan*, à Guillaume Seigneur de Montpellier Fils d'Ermengarde, en présence de Gautier Evêque de Maguelonne, en consequence de laquelle il lui prêta Serment; & Guillaume donna ce Château en Fief à Pons Mascaluns, Frere de Pierre: Tous ces Actes sont de la même date.

Fol. 139.

Le Château de *Poupian* étoit possedé en ce tems-là par divers Conseigneurs, qui cedérent pour de l'Argent leur Portion au Seigneur de Montpellier. Trois Freres, nommez Ayfroid, Bertrand & Guiraud, donnérent pour deux cent Sols Melgoriens, tout ce qu'ils avoient au Château de Poupian, & aux Parroisses de Sᵗ. Vincent & Sᵗ. Bauzeli. Arnaud de Poupian ceda sa Portion pour trois cent Sols: Raymond Rostang de Poupian en fit de même; & Guillaume fit une Donation de ce Château à Arnaud de Poupian, qui prend le nom de Fils de Be-

Fol. 163. & sequent.

LIVRE PREMIER.

lifende dans le Serment qu'il en prêta le 30. de Septembre 1112.

L'année fuivante 1113. Guillaume acquit le Château de *Montbazen*, pour mille Sols Melgoriens qu'il compta à Bernard Guillaume de Montbazen, de qui il reçut le Serment ; & le même jour, qui étoit le feptiéme d'Août, Guillaume lui donna en Fief ce même Château.

Il paroît par cette manière de donner en Fief ce qu'on avoit acheté, que nos Seigneurs de Montpellier avoient en vûë de fe faire quantité d'Hommagers, en fe confervant la Seigneurie Dominante.

Mais il n'en fut pas de même pour le Château *d'Omelas*, que Guillaume Fils d'Ermengarde acquit en 1118. de divers Particuliers qui poffedoient cette Terre : Car nous avons le Serment que lui prêtérent Bertrand Fils de Beliarde, Hugues Fils de Petronille, Bernard Guiraud & Ademar, où il n'eft pas dit que Guillaume leur ait rendu aucune de leurs Portions pour les tenir de lui en Fief ; au contraire, nous verrons que cette Terre d'Omelas fut l'Appanage de fon fecond Fils, qui laiffa une longue Pofterité.

Les Loix Municipales qui avoient été dreffées pour Montpellier, donnérent occafion à un Acte que nous avons de 1113. duquel nous pouvons tirer quelque éclairciffement pour nôtre Hiftoire : Guillaume y fait mention de fes deux Prédeceffeurs ; & fur le Fonds de l'Affaire dont il s'agiffoit, il s'en explique en ces termes.

» Sçachent tous, que mon Ayeul, mon Pere, & moi Guillaume de Montpel-
» lier, avons eû telle Coûtume dans la Ville de Montpellier, à ce qu'il ne foit
» permis à aucun Bourgeois, pour quelque raifon que ce foit, de donner, vendre
» ni engager fes Biens à aucun Chevalier, ni à aucun Homme-d'Eglife ; & qu'il
» ne lui foit non-plus permis de donner fa Fille pour Femme à un Chevalier,
» avec les Biens qu'il auroit dans Montpellier, ni dans toute la Parroiffe de Saint
» Firmin.
» Or, il eft arrivé que Faidit mon Bourgeois, a donné fa Fille pour Femme à
» Guillaume Aymon, Fils de Bernard Guillaume Vicaire, & qu'il a affigné en
» Héritage à fa Fille dans la Ville de Montpellier, le Four qu'il tenoit en Fief
» de Bernard Guillaume, pour lequel il lui faifoit Hommage & Albergue, & fur
» lequel Bernard avoit fon Droit de Lods & de Vente, fi le Four étoit vendu,
» & le Droit de Confeil, s'il étoit engagé.
» Mais, je n'ai pas voulu confentir à telle chofe, parcequ'elle a été faite con-
« tre la Coûtume de Montpellier, jufqu'à-ce que Bernard Guillaume ait convenu
» avec moi, que fon Fils Guillaume, & Adelais fa future Epoufe, Fille de Faidit,
» me payeroient les mêmes Redevances que Faidit payoit à Bernard Guillaume.

Cette Difpofition nous donneroit lieu de penfer, que les Chevaliers & les Gens-d'Eglife poffedoient Noblement leurs Biens dans Montpellier, puifqu'on défendoit avec tant de foin aux Bourgeois, de leur vendre ou aliéner aucun Fonds.

Mais, ce qui eft dit de Bernard Guillaume Vicaire, me donne occafion de toucher un Article plus important pour nôtre Hiftoire, où il eft fouvent parlé des Vicaires de Montpellier : Je trouve qu'ils joüiffoient des Droits Seigneuriaux dans un Efpace de la Ville, fermé de Murailles, de Tours & de Portes ; qu'il y avoit un Château des Vicaires, *Caftellum Vicariale*, avec l'Eglife de St. Nicolas enfermée dans cette Enceinte. La chofe confte par un Acte fort autentique du mois de Janvier 1103. paffé dans le même tems que celui dont j'ai parlé ci-deffus, par lequel Guillaume Fils d'Ermengarde donne à Bernard Guillaume, *Caftellum quod eft fitum juxta Portam Sancti Nicolai in Montepeffulano, ficut eft clau-fum cum Turribus & Muris cum ingreffu & regreffu* : Il lui donne les Fours de Montpellier qui furent faits *in vitâ Guillelmi Avi mei* ; & de tous les autres qui ont été faits depuis la mort de fon Ayeul, il ne s'en referve qu'un feul, *à morte Guillelmi Avi mei* ; Et il veut que Bernard puiffe difpofer de la Vicairie & du Château, en faveur de celui de fes Enfans qu'il voudra : *Et ego Guillelmus dono ad Feudum ad totos honores Bernardo & Infantibus fuis Vicariam cum Caftello ficut ipfe Bernardus eis dimiferit.*

Ce Bernard ufa de fon Droit en faveur de Guillaume Aymon fon fils aîné,

VI.

VII.

XIIᵉ SIÈCLE. par Acte du 10. de Mars 1118. *Totam Vicariam Montispessulani & totum Castrum quod ego habeo in Montepessulano, & totum quantum ego habeo subter Ecclesiam Sancti Nicolai.*

Cette Eglise de Sᵗ. Nicolas traversoit la Ruë de l'Aiguillerie sur un Arceau qui partoit de la Maison de Mʳ. de Planque : La chose est si fort avérée, que cette Maison est encore chargée d'une Redevance de dix Ecus, en faveur du Titulaire de cette Eglise; mais je n'ai pû découvrir où étoit le Château Vicarial, non-plus que les Murailles & les Tours qui enfermoient tout cet Espace.

Fol. 58.

Guillaume Aymon Fils de Bernard, transigea en 1139. avec Guillaume Fils d'Ermensende, qui lui confirma *totam Vicariam Villæ Montispessulani*, avec le Château qui étoit près de la Porte de Sᵗ. Nicolas, fermé de Tours & de Murailles : *Et Castellum quod est situm juxta Portam Sti. Nicolai, sicut est clausum cum Turribus & Muris.*

Raymond Aymon est marqué pour le Fils aîné de Guillaume Aymon, dans le Testament de Gaucelin de Claret son oncle, fait en 1150. par lequel l'Oncle cede au Neveu sa Portion & ses Droits sur la Vicairie, afin que le Neveu la possede dorénavant toute en entier, & tout l'Espace renfermé avec le Château : *Et locale totum ubi fuit Castrum Vicariale, & totum quantum habebat Pater meus subtus Ecclesiam Sti. Nicolai.*

Liber estimæ Villæ.

Nous avons le Testament de ce Raymond Aymon fait dans le mois de Novembre 1182. où il nomme pour son Héritier son fils Bernard Guillaume : Par où nous voyons une suite de Pere en Fils de quatre Vicaires de Montpellier, qui tinrent en Fief & à tous Honneurs cette Partie de la Ville, qu'ils avoient Droit de transmettre à leurs Enfans, & de la diviser même entre eux comme un Bien Patrimonial. Cette Remarque peut servir à trouver les onze Guillaumes dont il est parlé dans l'Acte mentionné dans le premier Chapitre de cette Histoire : car, en joignant ces quatre Vicaires, qui possedoient en Arriere-Fief une partie de Montpellier, aux sept Guillaumes, qui furent toûjours appellez Seigneurs de cette Ville, on trouvera le nombre de onze. Nous verrons bientôt que ces Vicaires se rendirent si Puissans dans Montpellier, qu'ils eurent le credit d'en chasser le Seigneur.

VIII. Cependant, tandis que Guillaume travailloit à Montpellier pour y maintenir ou perfectionner les Loix qu'il avoit établies, les Princes Crêtiens lui préparoient un Exercice bien different. Le Pape Pascal II. Successeur d'Urbain II. ayant fait le Projet d'une Croisade contre les Maures de l'Isle de Mayorque, qui venoient souvent ravager les Côtes d'Espagne, de France & d'Italie, il fit inviter Guillaume de Montpellier de se joindre à la Flote des Pisans, pour secourir tous ensemble Raymond Berenger, IIIᵉ. de ce Nom, Comte de Barcelonne, qui avoit un interêt plus particulier à chasser ces Infidéles. Guillaume à cette Invitation sentit renaître les mêmes sentimens qui l'avoient porté à la Terre-Sainte : Il s'engagea volontiers à cette Entreprise ; & afin de pourvoir à sa Famille, il fit un Testament, où dès le commencement il nous apprend bien clairement le Motif de son Voyage : *Ego Guillelmus de Montepessulano* (dit-il) *pergens ad expugnandam Majoricam Insulam anno Dominicæ Incarnationis 1114. tale facio Testamentum.* Il donne à Bernard d'Anduze, qu'il appelle son Menescal & son Frere d'Armes, le Château d'Omelas, & les Dehors de Montpellier, qu'il appelle la Baillie : Le Château de Frontignan, à Ceux qui le tiénent de lui en Fief; Et si sa Femme & Enfans venoient à mourir, il rend à Gautier Evêque de Maguelonne, & à ses Successeurs, la Ville de Montpellier : *Quam Villam*, ajoûte-t-il, *habeo ad Feudum per manum ejusdem sedis Episcopi.*

Nous ne trouvons point le nombre des Troupes qu'il amena ; mais nous sçavons que le succès de cette Expedition fut plus heureux au Comte de Barcelonne qu'il ne l'avoit été à son Pere, qui étoit mort dans la même Entreprise : Il fut si bien secondé, qu'il chassa les Maures des Places qu'ils tenoient dans cette Isle : mais, après le retour des Croisez, ces Infidéles trouvérent le moyen d'y rentrer ; & ils n'en furent chassez entiérement & pour toûjours, qu'environ cent quatorze ans après, par Jacques Roi d'Aragon, natif de Montpellier & Seigneur de cette Ville.

Après

Après cette Expédition en l'Isle de Mayorque, Guillaume auroit fait un second XII^eSIÉCLE. Voyage en la Terre-Sainte, si nous en voulions croire à l'Auteur des Mémoires Historiques de la République Séquanoise; car il dit, en parlant de quelques Seigneurs qui firent un Voyage à la Terre-Sainte après la premiere Croisade, qu'Etienne Comte de Boulogne, & Guillaume Comte de Montpellier moururent, & furent enterrez à Famagouste de Chypre, & que leurs noms étoient marquez sur un Marbre que l'on conservoit dans le Palais du Roi : Mais, comme il se trompe sur la qualité de Comte qu'il donne à nôtre Guillaume, il s'est trompé aussi dans ce second Voyage qu'il lui fait faire en Palestine; car, outre le silence de nos Archives sur cet article, nous avons le dernier Testament de Guillaume, fait en 1121. où il ne fait aucune mention de ce second Voyage.

Nous trouvons au contraire qu'en 1120. il maria à Raymond Bernard, Comte *Memorial, fol.* de Melgüeil, sa Fille Guillelme, ci-devant fiancée au Fils de Bernard d'Andufe. 25. Nous trouvons encore que le Pape Gelaze II. étant venu en 1118. aborder à Maguelonne, pour se dérober aux mauvais traitemens qu'il recevoit en Italie de la Faction de l'Empereur Henry IV. Guillaume fut l'y recevoir, & le conduisit à Melgüeil & à Saint Giles, d'où Pons Abbé de Cluny, qui étoit Frere du Comte de Melgüeil, l'amena dans son Abbaye, où le Saint-Pere finit ses jours.

Dans ce dernier Testament dont je viens de parler, Guillaume ordonne qu'on *Memorial, fol.* distribuë, pour l'amour de Dieu, tous les Vases d'Argent qui lui appartiénent. 47.

Il laisse à son Fils aîné, la Ville de Montpellier, avec toutes ses Dépendances; IX. toute la Palu de Lates, avec ses Moulins, & tout ce que d'autres y tenoient pour lui ; tout le Fief qu'il tient en son privé nom, ou d'autres pour lui, du Comte de Melgüeil, qu'il designe en ces termes : *de Amansione versus Orientem.*

A *Guillaume son second Fils* (qui laissa une longue Posterité) il donne le Château d'Omelas dans toute son étenduë, & les Châteaux de Montarnaud, de Poupian, de Saint Pons, de Mazeres, & tout ce qu'il tient du Vicomte de Beziers & du Seigneur de Narbonne, avec le Fief qu'il a de la Moussion vers l'Occident.

A *Bernard son troisiéme Fils*, le Château de Villeneuve, les Condamines, & les Vignes qu'il a *Prope ripam Amansionis* ; tout ce qu'il a dans la Parroisse de Sainte Eulalie, (c'est-à-dire *Mirevaux*;) tout ce qu'il a dans la Parroisse de *Zindrio*, à la Châtelenie de Frontignan, de Montbazen, Cornonsec, Pignan, & tout le Fief qui est de Saint Pierre, & de l'Evêque de Maguelonne.

On dit que ce Bernard Guillaume servit si utilement le Roi d'Aragon, dans les mêmes Guerres où son Frere aîné s'employa, qu'il en obtint le Païs de Cerdagne : J'en parlerai sur la fin du Chapitre suivant.

Guillaume substituë ses trois Enfans mâles l'un à l'autre, & à eux, tous ses trois Filles : il confirme à la premiere les sept mille Sols Melgoriens qu'elle avoit reçû à son Mariage avec le Comte de Melgüeil, & ne donne aux deux autres ; sçavoir, *Ermeniarde & Adelaïs*, que cinq mille Sols Melgoriens à chacune.

Par une Disposition toute singuliére pour ses Postumes, il veut que si c'est un Mâle, il soit Religieux à Aniane, & qu'on lui donne trois mille Sols Melgoriens ; & si c'est une Fille, qu'elle y soit Religieuse, & qu'on lui donne deux mille Sols : ce qui nous donne lieu de préfumer qu'il y avoit alors un Monastére de Filles à Aniane.

Il donne dans ce même Testament une grande marque de la confiance qu'il avoit pour les Habitans de Montpellier; car il défend à ses Filles de prendre un Mari, sans le Consentement de celui de ses Héritiers qui aura la Seigneurie de Montpellier, & sans le Conseil des Nobles-Hommes qui y sont : *Et absque Consilio Nobilium Virorum Montispessulani.*

Je ne sçai si on ne pourroit pas inferer d'un certain Article de son Testament, qu'il y avoit de son tems une Manufacture de Draps à Montpellier ; car, après avoir dit, que si sa Femme vient à se rémarier, son Fils lui donnera dix mille Sols de Melgüeil, il ajoûte, *Et de cæteris pannis de Montepessulano, & de Omelatio, quanta fuerit causa Nubentium eam.*

C

XII.ᵉ SIÉCLE. On ne sçait pas bien certainement le lieu de sa Sépulture, quoique la conjecture soit grande qu'il fut enterré à Maguelonne, parcequ'avant les derniers Troubles de la Religion, on voyoit à côté de l'Autel un Tombeau élevé, dont la Pierre avoit conservé ses Armes, quoique la Figure & l'Epitaphe fussent effacez.

FIN DU LIVRE PREMIER.

HISTOIRE DE LA VILLE DE MONTPELLIER.

LIVRE SECOND.

CHAPITRE PREMIER.

I. *Ermenfende travaille utilement pour fon Fils.* II. *Qui a de grands Diferends avec le Comte de Melgüeil.* III. *Il fait un Voyage à la Terre-Sainte.* IV. *Se marie avec Sibille de Mataplane.* V. *Fait divers Traitez pour la Comté de Melgüeil.* VI. *Il va au fecours du Roi de Caftille.* VII. *Acquiert la Seigneurie de Tortofe.*

XIIe SIÈCLE.
I. 1122.

ERMENSENDE, Veuve du Seigneur de Montpellier, s'apliqua dès la mort de fon Mari, à affermir fes Enfans dans la Poffeffion des Terres qu'ils avoient eû de leur Pere. Elle obtint en 1122. de Pierre, Abbé d'Aniane, pour Guillaume d'Omelas fon second Fils, une Etenduë de Païs defignée en ces termes : *Ego Petrus, Abbas Aniacenfis, cum Confilio Monachorum, dono tibi Guillelmo de Omelatis, Filio Guillelmi de Montepeffulano, & tuis Succefforibus, Bailiam & totum honorem de Carcarez.* Ce Diftrict alloit de Saint Bauzeli à Omelas, & d'Omelas à Gignac & à la Riviere de l'Eraut : *Et eft ifte honor fuprafcriptus de Sancto Baudilio, ufque in terminum de Omelatis, & ufque in Gignincum, & ufque ad Flumen Arauris.* Guillaume d'Omelas, en prenant fous fa Protection & fous fa Baillie (comme il dit) ces Terres infeodées, ajoûte qu'il le fait du Confeil de Madame fa Mere, & de Guillaume de Montpellier fon frere.

Pour rendre plus utile la Seigneurie de Frontignan, que fon Mari avoit acquife, elle obtint l'année fuivante 1123. du même Abbé, tous les Droits que fes Prédéceffeurs les Abbez d'Aniane avoient cedez fur les Pêcheries dudit Lieu, aux Devanciers de fon Mari : *Quidquid Pontius de Frontiniano, qui fuit Frater Petri Mafcaloni, habuit & poffedit ab Abbatibus Amianenfis in Pifcatoriis ftagni.* L'Acceptation en fut faite par Ermenfende, qui la fit ratifier par fon Fils aîné & par Guillaume d'Omelas, pour Bernard Guillaume leur puîné, qui avoit Frontignan dans fon Partage.

1123.

En 1124. elle fit prêter Serment entre les mains de fon Fils, pour le Château de Saint Gervais, par Pierre de Saint Vincent.

1124

Elle fit renouveller le Serment que les Confeigneurs de Montferrier avoient prêté à fon Mari, & ils convinrent qu'ils entretiendroient les Tours & les Murs du Château, chacun selon sa Portion: *Quod unusquisque debet claudere & ædificare partem sibi pertinentem de Turre & Muris istius Castelli.*

Elle fit diverses Acquisitions au *Pouget* & à *Vendemian* pour Guillaume d'Omelas son second Fils; mais elle prit la précaution de faire substituer le tout à son Aîné: Et pour ne laisser à ses Enfans aucun reste des Querelles de feu leur Pere, elle fit donner à Ermengaud de Fabrezan, une Démission de toutes les Plaintes & Démêlez que lui & ses Freres avoient eu contre Guillaume, Seigneur de Montpellier, à l'occasion du nommé Pierre Gerald. L'Acte est signé par Aimery, Vicomte de Narbonne, le 17. Décembre 1124.

1125.

Cette habile Femme paroît s'être mêlée de toutes les Affaires jusqu'en 1125. mais dès-lors son Fils aîné agit par lui-même, quoiqu'il n'eût pas encore l'âge d'être fait Chevalier. La chose conste par un Jugement qui fut rendu cette même année, sur un Fait personnel qui le regardoit, & dont nous ne pouvons mieux juger que par l'Exposé qu'il donna lui-même de ses Griefs.

II. „ Bernard Guadalmar (dit-il) se plaignoit de Guillaume de Montpellier, au „ sujet d'une Chaussée de la Riviere du Lez; surquoi Guillaume se rendit à ladite „ Chaussée, ayant avec lui B. d'Anduze, le Doyen d'Uzés, & quelqu'autres de „ ses Amis, en présence desquels il dit à Guadalmar: Je veux que nous vivions „ ensemble, comme nos Peres ont vêcu entr'eux, & comme vous avés été avec „ le mien; & si je dois faire davantage à vôtre égard, je le ferai dès que j'aurai „ été fait Chevalier.

„ Après cette parole, il fut raporté à Guillaume de Montpllier, que Guadal- „ mar vouloit lui faire la Guerre; ce qui l'obligea de s'aller présenter à la Cour „ du Comte, où il dit la même chose qu'il avoit dit à Guadalmar: à quoi le „ Comte répondit; je vous remercie de ce que vous venés de me dire, & je vous „ donne assurance que personne de mon Château ne vous fera du mal.

„ Guillaume se fiant à cette parole du Comte, ne se donna pas de garde „ de Guadalmar, qui sortit de Melgüeil avec les Soldats du Comte, & vint „ faire insulte aux Habitans de Montpellier, ausquels il tua des mulets & des „ chevaux: Alors les Hommes de Montpellier s'étant mis en Armes, trouvérent „ sur leur chemin le Comte de Melgüeil, qui leur dit qu'il sçavoit fort-bien „ que le procedé étoit injuste, & qu'il leur feroit faire reparation, ce qui les „ obligea de se retirer: mais les mêmes gens qui avoient fait l'insulte, sortirent „ de Melgüeil, & ravagérent les environs de Montpellier, en détruisant les „ Vignes & les Olivettes, & en répandant le Vin qu'ils trouvoient dans les „ Célliers: malgré tous ces dommages, Guillaume offrit satisfaction au Comte & „ à Guadalmar, qui ne voulurent pas l'accepter; mais ils continüérent de me- „ nacer les Habitans de Montpellier qu'ils rencontroient, & de leur dire qu'ils „ leur couperoient la tête.

„ Jusques-là, Guillaume de Montpellier ne voulut point se venger de ses „ Enemis; mais, lorsqu'ils eurent pris de ses gens, & tué leurs chevaux, il „ sortit pour leur rendre la pareille: Alors le Comte de Melgüeil vint en personne „ sur le grand-chemin, à la rencontre de Guillaume, à qui il blessa beaucoup „ de gens. Une autre fois le même Comte vint faire le Ravage dans les Vignes „ & Olivettes de Montpellier, & se mit en embuscade pour prendre, s'il pouvoit, „ Guillaume de Montpellier, ou quelques-uns de ses gens; dequoi Guillaume a „ des Preuves certaines.

Cette Guerre (continüe le Verbal) ayant causé la ruïne du Païs, Gautier Evêque de Maguelonne, s'entremit auprès du Pape Calixte II. qui écrivit au Comte de Melgüeil & à Guillaume de Montpellier, pour remettre leurs intérets à des Arbitres qu'il leur proposa; sçavoir, Pierre Archevêque de Vienne, Hildegaire Archevêque de Taragone, Artaud Evêque de Carpentras, avec Gautier leur Evêque.

1125.

L'Affaire ayant été bien examinée, il fut conclu unanimement.

„ 1°. Que Guillaume remettroit en son premier état la Chaussée qu'il avoit „ détruite; & si Guadalmar aimoit mieux qu'elle fût bâtie à pierre & à chaux, „ il pourroit le faire, à la hauteur seulement du Rivage voisin, & en laissant à cette

chaussée

" chauffée un épanchoir d'une brasse, pour ne pas arrêter le courant de l'eau.
" 2°. Guillaume laissera le long de la Riviere, une brasse de terre inculte pour
" la sureté des Voisins, & il payera trois cens Sols pour le dommage qu'il leur
" a causé.
" 3°. Il reparera si bien la bréche qu'il a fait au canal de la Riviere, que
" le Moulin de Guadalmar ne perde rien des Eaux qu'il avoit auparavant.
Cette Querelle particuliere donna occasion au Comte de Melgüeil, de demander un Réglement entre ses Vassaux & les Habitans de Montpellier, sur divers griefs dont on ne peut mieux juger que par les Articles même du Réglement qui fut fait ; il porte.
" Que Guillaume de Montpellier ne connoîtra point du fait des Vassaux de
" Melgüeil, à moins que leur Action ne se fût passée dans le tems qu'ils sont
" au Marché de Montpellier ; & le Comte, de son côté, fera justice aux Mar-
" chands de Montpellier qui négocient dans ses Terres : mais s'il y manquoit,
" Guillaume ne doit pas en venir aux voyes de fait.
" La Leude du Poisson ne doit pas être exigée avant que d'être arrivé à
" Montpellier.
" La Rognure des Ecus de Melgüeil ne sera plus faite par les gens de Mont-
" pellier ; & pour leur ôter tout prétexte, le Comte de Melgüeil jurera entre
" les mains de l'Evêque de Maguelonne, que dorénavant il fabriquera la mon-
" noye sous cette Loi ; sçavoir, les Deniers d'Argent, & les Médailles, à la Loi
" de cinq Deniers d'Argent fin, moins une Pogeze ; de sorte qu'il y ait vingt-
" quatre Deniers à l'Once & trente Médailles, & en vingt Sols de Deniers, deux
" Sols de Médailles. *Denarios de quinque Denariis argenti fini, & Medallias similiter de quinque Denariis argenti fini pogesia minus, & viginti quatuor Denarios in uncia, & triginta de Medalliis, & in viginti solidis denariorum duos tantum solidos de Medalliis.*
Le susdit Accord reglé par les Arbitres nommez par le Pape Calixte, a été juré à Guillaume par le Comte, & au Comte par Guillaume, sur l'Autel de Saint Martin de Crez.
Et pour le Comte, ont juré Pons *d'Obilion*, Guillaume de *Melgüeil*, Pierre *Seguier*, Hugues *d'Obilion*, &c. Et pour Guillaume de Montpellier, ont juré Gaucelin de *Claret*, Guillaume de *Fabregues*, Brémond de *Lunel viel*, Pons de *Vallauquez*, Guillaume de *Gignac*, Pierre de *Clarensac*, &c. Témoins, Gautier, Evêque de Maguelonne, & ses Chanoines, Gaucelin de Cornon, Berenger de Sauve, Hugues de Boisseras, Pierre de Nant, Fils de Guillaume Pons, Adalguier de Campnou. Le Samedi neuviéme de May 1125. l'an 22. de l'Episcopat de Gautier, Evêque de Maguelonne, & sous le Regne du Roy Loüis le Gros.

Ces Réglemens produisirent un si bon effet entre les deux Seigneurs de Melgüeil & de Montpellier, qu'ils resolurent, peu de tems après, de faire le Voyage de la Terre-Sainte, avec quelques Troupes qu'ils amenérent au secours de Baudoüin du Bourg, troisiéme Roi de Jerusalem.

Ce Prince, qui, de la Principauté d'Edesse, avoit été appellé au Royaume de Jerusalem, après la mort de Baudoüin Premier son cousin, & Frere de Godefroy de Boüillon, avoit remporté de grandes Victoires sur les Turcs, lorsqu'il tomba lui-même dans une de leurs Embuscades ; mais étant heureusement sorti des Fers où ils l'avoient jetté, il eut sa revenche contre les Turcs, contre les Egyptiens, & contre le Soudan de Damas.

Dans ces dernieres conjonctures, Guillaume de Montpellier, avec le Comte de Melgüeil, arrivérent par Mer à la Terre-Sainte : ils aidérent le Roi à repousser les Ascalonites, qui étoient prêts de faire irruption dans ses Etats ; & après avoir satisfait leur Dévotion auprès des Saints-Lieux, ils revinrent en France au commencement de 1129. comme nous l'apprenons du Contrat de Mariage passé cette même année, entre Sibille d'Obilion & Armand d'Omelas, où il est dit, que la célebration fut faite en présence de Guillaume de Montpellier, la même année qu'il revint de Jerusalem : *Eodem anno quo Jerosolimam rediit.*

1125.

1127.

III.

1129.

Spicileg. Tom. 3. pag. 485.

1129. Je ne sçai comment tournérent alors les Affaires Domestiques du Comte Bernard ; mais il paroît qu'elles souffrirent bien du dérangement, puisqu'il fut obligé d'emprunter treize mille Sols Melgoriens du Seigneur de Montpellier : Cet événement est d'autant plus remarquable, qu'il acquit à Guillaume un Droit sur la Monoye de Melgüeil, qui lui fut alors engagée ; car, la somme ne lui ayant jamais été payée, son Droit devint perpétuel, & il le transmit à ses Successeurs : ce qui donna lieu dans la suite à bien de Transactions, entre les Comtes de Melgüeil & les Seigneurs de Montpellier, au sujet de cette Monoye.

1130. En 1130. Bernard voulant quiter le monde pour entrer dans l'Ordre de Cluny, ratifia l'Engagement qu'il avoit fait à Guillaume, & lui donna à perpétuité trois Deniers sur chaque vingt Sols de la Monoye de Melgüeil.

Cependant, Guillaume, qui devoit un jour suivre l'exemple du Comte Bernard, & entrer comme lui dans un Ordre Religieux, s'engagea auparavant dans le Mariage, à la sollicitation de sa Mere Ermensende.

Un de nos Ecrivains a avancé que Guillaume, Fils d'Ermensende, amena de Jerusalem Sibille, Fille du Roi Baudoüin ; peut-être, parcequ'il avoit vû dans l'Histoire de Jerusalem & de Chypre, par Frere Etienne de Luzignan, que Baudoüin donna sa Fille Sibille à un Guillaume : mais, c'est visiblement une méprise de Mr. de Varanda, causée par le nom de Guillaume que portoient le Seigneur de Montpellier, & le Comte de Boulogne, dit Longue-Epée, lequel fut effectivement Gendre de Baudoüin, & par le nom de Sibille, qui convenoit également à l'Epouse de chacun de ces Seigneurs.

IV. Celle que Guillaume prit étoit de la Maison de *Mataplane*, Illustre dans l'Aragon & dans la Catalogne : elle avoit des Aliances & des Affaires à Melgüeil, d'où Ermensende étoit sortie ; ce qui nous donne lieu de croire qu'elle engagea son Fils à ce Mariage : Leur Contrat est du mois d'Août 1129. où il y a une Phrase Latine, que je craindrois d'affoiblir si j'entreprenois de la rendre en François ; car, après s'être engagé de lui donner (outre diverses Terres qu'il lui assigne) mille Sols Melgoriens tous les ans, pour en disposer à sa volonté, il ajoûte, *Præterea tantùm quantùm cum tuo amore invenire potero*. L'habileté de sa Femme & leur bonne intelligence fut si grande, que l'on trouve encore des Actes où il est marqué, qu'il avoit agi par le Conseil de sa Femme, *de Consilio Sibilliæ Uxoris*.

L'année qui suivit son Mariage, c'est-à-dire en 1130. il eut l'honneur, avec l'Evêque *Raymond*, d'accüeillir à Maguelonne le Pape Innocent II. qui venoit en France pour implorer la Protection du Roi Loüis le Gros. Pierre de Leon, Fils d'un des plus riches Citoyens Romains, avoit eû le crédit de se faire élire par un petit nombre de Cardinaux, & de chasser Innocent de Rome. Dans cette triste conjoncture, le Pape vint aborder à Maguelonne, où Guillaume lui donna de si grandes marques de respect & d'attachement, qu'il en reçut trois Brefs que nous avons encore, où Innocent le prend, lui & tous ses Biens (Montpellier & le Château de Lates specifiez) sous la Protection du Saint Siége : *Amorem & servitium quod Beato Petro, & nobis exhibere non cessas frequenter recolimus*, &c. Guillaume avec l'Evêque de Maguelonne, suivirent le Pape à Saint Gilles, au Puy, à Clermont & à Estampes, qui est la Route qu'il tint ; & son Election ayant été examinée dans l'Assemblée d'Estampes, où Saint Bernard soûtint parfaitement-bien sa Cause, toute la France, l'Espagne, l'Angleterre & l'Allemagne, se rangérent sous sa Communion. Guillaume forma dès-lors cette grande liaison qu'il eut avec Saint Bernard, & qui le porta depuis à quiter tous ses Biens, pour prendre l'Habit de Cîteaux.

L'Entrée du Comte Bernard dans l'Ordre de Cluny, avoit mis du trouble dans les Affaires de la Comté de Melgüeil, où il ne restoit qu'une jeune Fille, âgée de huit à neuf ans. Tous les Grands-Seigneurs des environs songérent à elle, & chacun voulut prendre part à ses Affaires, sur diferens Titres : Guillaume ne pouvoit s'en dispenser, en qualité d'Oncle de la jeune Héritiére, puisqu'il étoit Frere de Guillelme sa Mere ; mais les deux Maisons de Toulouse & de Barcelone, qui partageoient alors la Provence, y prirent diferens interêts. Le jeune

Be-

Berenger Raymond de la Maison de Barcelone, songea à se faire une Epouse de la jeune Beatrix Héritiére de Melgüeil ; & Alphonse Fils d'Elvire Comte de Toulouse (le même que nous avons vû ramené de la Palestine par Guillaume Fils d'Ermengarde) prétendit à la Garde Seigneuriale de la Comté : chacun agit pour ses vûës particuliéres, & Guillaume fut obligé de traiter avec chacun d'eux.

1730.

V.

1731.

» Par Acte de 1132. Berenger promet à Guillaume, » que lorsque Beatrix, Fille
» de sa Sœur Guillelme, aura douze ans accomplis, & qu'il l'aura prise en ma-
» riage, *postquam habuerit duodecim annos completos, & ego habuero eam acceptam in*
» *Uxorem*, il lui confirmera le Château de *Montferrand cum toto honore Comitali*,
» jusqu'à-ce qu'on lui ait remboursé les quinze mille Sols qu'il a prêté ; il lui con-
» firme tout ce qu'il tient de la Comté de Melgüeil, *Omnes tenesones, quas tu vel Pa-*
» *ter tuus tenuistis in vita Bernardi Comitis Melgoriensis Filii Maria* : de sorte, ajoûte-t-il,
» que j'aurai Melgüeil, avec le reste de la Comté, qui est renfermée entre le Che-
» min public, qui va depuis le Pont Fescal jusqu'au lieu appellé *Vetula*, & de là
» à la Mer : *Cum reliquo Comitatu Melgoriensi qui est infra Caminum qui ducit à Ponte*
» *Fescal, usque ad locum qui dicitur Vetula versus Mare* ; sauf ce que le Comte
» Bernard vous y a laissé. (Nous verrons dans la suite ces Limites expliquées plus
» clairement.)

» Et si Beatrix (ajoûte-t-il) vient à mourir avant que d'avoir douze ans accom-
» plis, moi Berenger j'épouserai l'Aînée de vos Filles, & à son défaut la Seconde,
» & au défaut de la Seconde la Troisième, & j'aurai la Comté de Melgüeil pour
» sa Dot, depuis le Chemin susdit jusqu'à la Mer, sauf vos Tenemens, & les trois
» Deniers sur la Monoye de Melgüeil.

» Guillaume, de son côté, lui promet sa Fille dans le cas susdit ; & l'observation
» des Clauses stipulées, & de lui être contre tous *Rectus Adjutor*, sauf contre Ber-
» nard d'Anduze. Ainsi jurérent pour Berenger, Othon Senescalle, Pierre de Cas-
» tellet, Raymond Roch, Raoul de Provenchaire, Geoffroy Porcelet, Etienne de
» Nugaret, Gaufrid de Marseille, Bernard Geofroy de Milhau, Guitard de Se-
» veirac, Pierre de Cassus & son Compagnon, *& Socius ejus*, Raymond de Pro-
» venchaires.

Cependant, Alphonse vint dans le Païs avec des Troupes ; ce qui fit craindre de sa part quelque hostilité : Pour y remédier, on fit traiter Alphonse avec Guillaume de Montpellier ; & il fut convenu entr'eux , » que le Comte Alphonse
» tiendroit durant six ans entiers la Comté de Melgüeil, depuis le Pont Fiscal
» sur le Vidourle, par le Grand-Chemin, jusqu'à Castelnau & à Clapiers, & de là
» vers Melgüeil : *Sicut publica via quæ Peregrinorum caminus vocatur, dividitur à Ponte*
» *Fiscali Vituli Fluvii, usque ad Pontem Castelli-novi, usque ad Claperium malæ vetulæ,*
» *subtus versus Melgorium* ; & si pendant ce tems il se fait une Fabrication de Mo-
» noye à Melgüeil, Alphonse la fera au Poïds & Loi qu'elle doit être faite, &
» Guillaume en tirera ses trois Deniers.

» Pendant ces six ans, Guillaume possedera le Château de Montferrand, avec toutes
» ses Appartenances, selon la division du Chemin public ci-dessus exprimé ; mais,
» ni Alphonse, ni Guillaume, ne pourront rien engager ni aliéner desdites
» Terres.

» Passé les six ans, la Fille de R. Bernard Comte, à qui ces Terres appartien-
» nent, prendra un Mari par le Conseil d'Alphonse & de Guillaume ; Alphonse
» rendra ce qu'il tient de la Comté de Melgüeil ci-dessus marqué, & Guillaume
» de même, excepté les Droits de la Comtesse de Melgüeil, Sœur de Guil-
» laume, & sans préjudice de la Disposition qu'elle en pourra faire, si elle est
» alors en vie.

» Au cas Alphonse & Guillaume ne fussent pas d'accord avec le Mari de la
» jeune Beatrix, ils se régleront par la médiation d'Arnaud de Leveze Arche-
» vêque de Narbonne, & d'Hugues Comte de Rhodez ; & si ces deux Mé-
» diateurs venoient à manquer, les Parties choisiront des Prud'hommes, qui régle-
» ront le tout avec celui qui sera alors Archevêque de Narbonne.

» Si la jeune Beatrix vient à mourir, Alphonse aura Melgüeil dans l'étenduë
» ci-dessus marquée, avec la Monoye, sans que Guillaume y ait aucune portion ;

1132. » mais Guillaume aura le Château de Montferrand, qu'il tiendra à Hommage du
» Comte Alphonse.
» Moyennant quoi, Alphonse & Guillaume se promettent paix & amitié. Témoins,
» Raymond de *Baux*, Raymond de *Barjac*, Rostang de *Sabran*, Hugues Comte de
« *Rhodez*, Arnaud *d'Omelas*, Pons *Bremond*, &c.

1133. Par un Acte subséquent, Alphonse Fils d'Elvire, promet à Guillaume Fils d'Ermensende, de défendre ses Terres depuis l'Evêché d'Uzés jusqu'à St. Gilles, & depuis le Rhône jusqu'à l'Eraut, sur tout si quelqu'un attentoit contre le Château de Montferrand, *Contra conditionem quæ de ipso Castello inter me & te facta est*.

1135. Ces differens Traitez pacifiérent toutes choses dans le Païs ; & sans attendre les six ans, Berenger Raymond épousa Béatrix, comme il conste par un Acte passé à Moulines près de Lansargues, entre lui & Guillaume, en 1135. dans lequel Beatrix est appellée *Uxor Berengarii* ; & ils ratifient tous les deux à Guillaume, les trois Deniers sur chaque vingt Sols de la Monoye de Melgüeil, & lui promettent de ne rien attenter contre lui : ce qu'ils s'engagent de ratifier de nouveau lorsqu'ils auront l'âge compétant, *Quod cum fuerimus legitimæ ætatis, laudabimus & firmabimus totum istud placitum*.

En consequence, Guillaume promet à Berenger de ne pas lui ôter *Beatricem Uxorem tuam*, & de les secourir contre tous, excepté contre ses propres Freres & quelques autres : il lui reconnoît le Château de Montferrand, jusqu'à-ce qu'il soit remboursé des sommes pour lesquelles il l'a en Engagement ; il lui promet de ne pas contrefaire la Monoye de Melgüeil, bien entendu qu'on lui tiene la parole des trois Deniers. Témoins, Lauger Evêque d'Avignon, Raymond de *Baux*, Bernard de *Castries*, Fils de Pons de Montlaur, Bertrand de *Sauve*, &c.

VI. Il paroît qu'après tous ces Traitez les choses devinrent paisibles dans le Païs : Berenger vécut avec sa jeune Epouse ; & le Comte de Toulouse avec Guillaume de Montpellier, marchérent au secours d'Alphonse Roi de Castille, qui étoit en Guerre contre Ramire Roi d'Aragon, & Garcias Roi de Navarre, tous deux unis contre lui : le succès lui fut très-heureux, car il reprit Sarragoce, qui étoit alors de ses Etats ; & dans l'Entrée qu'il y fit en 1136. Zurita marque, avec le Comte de Toulouse & autres, Guillaume Seigneur de Montpellier : *Estavan en Sarragoça con el Rey Dom Alonso el Conde de san Gil y Tolosa, y Guillen Senior de Montpeller*.

1136. VII. La valeur avec laquelle il s'étoit conduit en cette occasion, lui en attira une autre de la part de Raymond Berenger Comte de Barcelone, qui, voulant chasser les Maures de la Ville de Tortose, en proposa la Conquête à Guillaume de Montpellier ; il crut l'y engager, en lui faisant une Donation par avance, par un Acte qui a été soigneusement conservé dans nos Archives, & qui a pour Titre : *Scriptura Donationis super Civitate Tortofæ, quam fecit Comes Barchinonensis, Guillelmo Domino Montispessulani, & convenientia quam fecerunt ad invicem*.

Cet Acte porte en substance, que le Comte donne en Fief la Cité de Tortose à Guillaume de Montpellier, avec toutes les Terres & Forteresses qui en dépendent, suivant l'étenduë qu'avoit anciénement l'Evêché de Tortose. Pour cette raison, Guillaume devient l'Homme du Comte, & lui devra Service de Guerre ; comme-aussi, le Comte lui donnera Défense, comme tout Seigneur est tenu envers ses Hommagers : & lorsque la Cité de Tortose sera venuë au pouvoir des Chrètiens, Guillaume & ses Décendans la tiendront du Comte, aux charges de Fidelité & Service de Guerre, contre tous, tant Hommes que Femmes, Payens ou Chrètiens : *Quando verò auxiliante Deo ipsa Civitas Tortosa in potestate Christianorum venerit, habeat eam prædictus Guillelmus & Progenies ejus per ipsum Comitem*. Fait le 29. Décembre, l'an de l'Incarnation 1136.

Cette Investiture eut si bien son effet, que tous les Décendans de Guillaume conservérent la Propriété de cette Ville, jusqu'à-ce que Pierre Roi d'Aragon ayant épousé l'Héritiére de Montpellier, réunit à sa Couronne la Ville de Tortose, avec les autres Seigneuries qu'il avoit eû du chef de sa Femme. Je ne m'arrête

point

point à ce qu'écrit un Auteur Espagnol, qui dit, qu'après la Conquête de Tortose, cette Ville fut partagée entre le Sénéchal de Catalogne, entre les Génois & les Templiers ; & que le Comte voulant recompenser Guillaume son proche Parent, ordonna que les Poids & les Mesures de Montpellier fussent desormais celles de Tortose : mais, sans tirer l'avantage que je pourrois de ce qu'il avoüé, je me contente de l'Acte que je viens de raporter, qui nous donne lieu de croire que nos Anciens eurent sur cette Affaire, une connoissance plus précise que n'en avoit l'Auteur Espagnol.

1136.

CHAPITRE SECOND.

I. Revolte à Montpellier contre Guillaume Fils d'Ermensende. II. Qui est rétabli par le Comte de Barcelone. III. Il fait plusieurs Fondations à Montpellier. IV. Partage ses Biens à ses Enfans. V. Et se retire dans l'Ordre de Citeaux.

LES Affaires qui avoient attiré en Espagne Guillaume de Montpellier, finirent, selon Zurita, en 1137. par le Mariage de Raymond Berenger Comte de Barcelone, avec Petronille Fille de Ramire, dit le Moine, Roi d'Aragon, Par ce Mariage, Berenger unit à ses Etats de Catalogne, le Royaume d'Aragon, qu'il gouverna sous le nom de Prince d'Aragon, sa Femme portant le Titre de Reine.

I. 1137.

Guillaume, après avoir assisté à leur Mariage, revint à Montpellier, où nous trouvons qu'il signa divers Actes de 1138. comme la Donation qui lui fut faite en Aleu le 19. Novembre, par Berenger de Montpeiroux Fils de Garsinde, de tout ce qu'il possedoit à Gignac & à Montpeiroux : pareille Donation de Rixende, Veuve de Pons Falcon, de tout ce qu'elle possedoit à Pignan ; ce que Guillaume rendit à ses Enfans, pour le tenir de lui en Fief.

1138.

En 1139. il acquit des Maisons à Villeneuve ; il reçut le Serment de Bertrand de Saint Gervais, & celui d'Hugues de Gignac, dans lequel sont énoncez les Devoirs des Habitans de Montarnaud envers les Seigneurs de Montpellier.

1139.

Mais, de tous ces Actes, qu'il signa cette même année, le plus remarquable est la Confirmation du Vicariat de Montpellier dont j'ai déja parlé, qu'il donna dans le mois d'Avril à Gaucelin de Claret, à ses Neveux Guillaume & Raymond Aimon, & Pelagos leur frere. Toute cette Famille, qui étoit fort nombreuse & Puissante dans la Ville, voulut prendre parti dans la Dispute qui survint alors entre Berenger Comte de Melgüeil, & les Seigneurs de Baux, pour une partie de la Provence : Les Aimons se déclarérent pour la Faction de Baux, & Guillaume suivit ses anciénes Liaisons avec le Comte de Melgüeil & le Prince d'Aragon son frere. La diversité des Partis causa de l'indisposition dans les Cœurs ; & les Aimons travaillérent si secrétement & avec tant de succès contre Guillaume, qu'il vit tout-à-coup un Soulévement formé contre lui, dans le tems qu'il étoit sans Forces pour réduire les Revoltez : Alors il prit le parti de sortir de la Ville, & de se retirer dans son Château de Lates, où il resta deux ans entiers, selon une de nos vieilles Chroniques. *Giteron les Homs de Montpelier en Guillen de Montpelier de la Villa, y anet sen à Latas, & duret la Bataïlla dos ans.*

Cette Revolte commença en 1141. & Guillaume en instruisit aussitôt ses Alliez, qui reconnurent en cette occasion les Services qu'ils avoient autrefois reçû de lui. Le Pape Innocent II. fut un de ceux qui parurent les plus touchez de sa disgrace ; il lui écrivit diverses Lettres, que nous avons encore, pour le consoler, & pour lui relever le courage : Il ordonna à l'Archevêque de Narbonne & à ses Suffragans, d'interdire à leurs Diocésains tout Commerce avec les Revoltez de Montpellier ; & parceque cet Archevêque (Arnaud de Leveze) retenu par le Comte de Toulouse, se conduisoit molement dans cette Affaire, le Pape lui-

1141.

D

1141.

même, déclara nul le Serment que les Habitans de Montpellier s'étoient fait prêter par les Gens-de-Guerre qu'ils avoient à leur Solde ; & il donna la Commission à l'Archevêque d'Arles, de ménager cette Affaire, dont celui de Narbonne s'étoit mal acquité.

II. Les Soins de ce digne Prélat, nommé *Raymond de Montredon*, réüssirent si bien que les Aimons s'étant retirez de la Ville, les Habitans promirent de se soumettre, & les Consuls protestérent qu'ils ne demandoient autre chose que la conservation de leurs Priviléges. L'Affaire étoit déja conduite à cet heureux point, lorsque les mêmes Artifices qui avoient excité la Revolte, renversérent toutes ces bonnes Dispositions : On reprit les Armes de nouveau ; & tandis que le Pape employoit celles de l'Eglise, en ordonnant une nouvelle Excommunication contre les Revoltez, le Prince d'Aragon s'employa plus éficacement, en venant au secours de son Allié avec de bonnes Troupes ; il fut soûtenu par quatre Galéres de Génes : *Optimamente armate* (dit Foglieta Auteur Italien) *e fornite d'ogni appariechiamento opportuno riposto nella antica Signoria*. Ces Galéres tinrent le Passage de la Mer fermé aux Rebelles ; & le Prince avec ses Troupes & celles que Guillaume put ramasser, investirent la Ville & en formérent le Siége.

Il fut poussé si vivement, que les Assiégez furent réduits à la famine ; ensorte que les Féves, comme dit nôtre vieille Chronique, se vendoient alors un Denier : *Adonc Valien las Favas un Denié*. Et le Prince, pour être plus en état d'insulter la Ville, fit construire une grande Tour, qu'on apella la Tour de Lates, & nôtre vieux Auteur, la Tour de Montpellier : *El Comps de Barcelona basti la Torre de Montpeller*. De là on batit les Murailles avec des Béliers, selon l'usage de ce tems-là, comme il paroît par un Article du Testament de Guillaume, où il charge sa Mere de rendre aux Eglises de *Prunet*, de *Centreiran*, de *Soriech* & de *Montelz*, le Bois de Charpente qu'il y avoit pris pour servir au Siége de Montpellier : *Domina Mater mea emendet illam fustam quam habui de Ecclesiis... cum eram in obsidione Montispessulani*. Le Comte de Barcelone, Prince d'Aragon, se rendit enfin maître de la Ville, & il y rétablit son Allié : *El Comps de Barcelona reddet li la Villa per Assetge*, dit encore nôtre vieille Chronique ; dequoi Zurita & Nostradamus font mention pour Raymond Berenger, en disant que dans cette Expedition il rétablit Guillaume, & secourut son Frere contre les Seigneurs de Baux.

Il n'est pas de mon sujet de m'étendre ici à raconter les suites funestes qu'eut cette Querelle ; mais je ne puis me dispenser de dire, que Berenger Raymond, Mari de la jeune Comtesse de Melgüeil, fut assassiné dans le Port même de Melgüeil, par des Gens qu'on soupçonna toûjours avoir été envoyez par les deux Freres Bertrand & Raymond de Baux, après que le Prince d'Aragon eut retiré ses Troupes du Païs. Un coup si lâche alluma une longue & cruelle Guerre entre les Maisons de Barcelone & de Baux, que je ne dois pas m'engager à décrire ; mais je ne puis omettre, qu'après la mort de Berenger, sa Veuve Beatrix épousa Bernard Pelet, Fils de Bermond, & Petit-Fils de ce Raymond Pelet dont nous avons parlé dans la premiére Croisade.

1142.

Dans ces entrefaites, c'est-à-dire en 1142. Guillaume avoit été obligé, pour satisfaire aux fraix du Siége de Montpellier, d'engager à Aimery de Clairmont, la Seigneurie de Paulian, pour cinq cens Sols Melgoriens de Monoye, & trente Marcs d'Argent fin, le Marc évalué à quarante-six Sols ; mais, il dut être bien refait de ses Dettes lors du Mariage de Bernard Pelet & de Beatrix, puisqu'il fut en état de leur prêter & de traiter avantageusement avec eux.

La chose paroît par un Acte de 1145. passé au même Lieu de Molines, où il avoit transigé dix ans auparavant avec Berenger Raymond : La principale Convention étoit, que pour fin de toutes les Affaires passées, *ad plenarium finem*, Guillaume & ses Successeurs joüiroient, sans aucune contradiction, du Château de Montferrand ; & que pour sureté de l'Argent qu'il venoit de leur prêter, ils lui engageoient la Leude de l'Etang, tant pour le Passage du Bois de Charpente que pour le Transport des Vivres. Témoins pour le Comte, Bernard *de Pignan*, Pierre *Seguier*, Guillaume *de Boucairan*, &c. Et pour Guillaume, *Trincavel*, Raymond *Senescale*, Gaucelin *de Claret*, Berenger, Frere de Pons *de Meson*, &c.

Dans

LIVRE SECOND.

Dans ce même tems, pour reconnoître le Service que les Ebrards (d'une Famille considerable de Montpellier) lui avoient rendu pendant sa disgrace, il leur donna une grande Maison qu'il avoit auprès de St. Firmin : *Meam Salam quæ est ante portam Ecclesiæ Sti. Firmini ab aquilone.* Et il ajoûte, que c'est en dédommagement des pertes qu'ils avoient souffertes pour lui donner des preuves de leur fidelité : *Ob fidelitatem & servitium vestrum, & ob restitutionem vestri honoris quem pro me amisistis.*

III. 1142.

Par ce même motif, il donna aux Génois dans Montpellier, une Maison, où ils firent un Etablissement très-utile à leur Nation & aux Habitans de la Ville : Car, le même Auteur dont j'ai déja raporté les paroles, en parlant des quatre Galéres que les Génois avoient envoyé à son secours, ajoûte que tous les Gens des Environs accouroient au Logement que Guillaume leur avoit donné dans Montpellier, pour profiter des Marchandises que les Génois y apportoient : *Dove concorrono al Mercato tutte le Genti che gli sono d'attorno.*

Foglieta.

Depuis le Rétablissement de Guillaume dans Montpellier, il partagea le peu de tems qui lui restoit, au bon Gouvernement de son Peuple, & à des Exercices de Piété : Il agrandit l'Eglise de Nôtre-Dame des Tables, qui attiroit depuis long-tems la Vénération publique : Il fit ranger vis-à-vis de cette Eglise, les Bancs des Changeurs, *Forum Campsorum*, appellez aujourd'hui *la Loge*, & mise en l'état où nous la voyons par les Liberalitez de Jacques Coëur.

En 1144. il obtint du Pape Celestin II. une Commission adressée à l'Abbé de St. Giles, pour mettre la première Pierre à la Chapelle du Château de Montpellier, qu'il vouloit faire bâtir à l'honneur de Nôtre-Dame, de même qu'il avoit déja fait à son Château de Lates : mais nous verrons dans la Vie de son Successeur, que la chose ne fut executée que de son tems.

1144.

On met parmi ses autres Fondations, l'Eglise de Ste. Croix, dans la Place appellée aujourd'hui *la Canourgue*, où il mit un Morceau de la Vraye-Croix, qu'il avoit apporté de la Terre-Sainte : Cette Eglise subsista jusqu'aux premières Guerres des Huguenots, & a laissé son nom au Sixain, que nous appellons encore de Ste. Croix.

A son retour d'Espagne, il avoit doté de cent Sols de Censive, l'Hôpital de St. Guillem, établi dans le Fauxbourg de ce nom, dans le même lieu où sont aujourd'hui les Religieuses de Ste. Catherine de Siéne : C'est dans l'Acte de cette Dotation où l'on voit qu'il l'avoit fait du Conseil de sa Femme Sibille, *de Consilio Sibiliæ Uxoris.*

Il est fait mention de la même manière, de Sibille sa femme & d'Ermensende sa mere, dans une autre Donation qu'il fit en faveur de la Maladrerie de Castelnau, de même que dans l'Etablissement des Religieux de Cluny, près de Sauret, sur la Riviére du Lez : d'où l'on peut inferer la bonne Union qui regnoit dans sa Famille, & le même esprit de Religion qui les conduisoit tous. Je parlerai plus au long de ce dernier Etablissement, dans l'Article que j'espere donner des anciénes Eglises de Montpellier.

Sur la fin de 1145. Guillaume perdit sa chere Epouse ; & cette perte ayant rapellé plus vivement les Sentimens de Piété qu'il avoit toûjours eû, il prit la resolution de quiter le Monde, & de se retirer dans l'Ordre de Cîteaux, qui étoit alors dans sa première ferveur, & que St. Bernard, encore vivant, animoit par ses saints Exemples, & par cette sage Conduite qui lui attirérent le respect & la confiance de tous les Princes de son tems.

IV. 1145.

Avant de dire le dernier Adieu à ses Enfans & à sa Mere, il fit son Testament sur la fin de 1146. où, par le Partage qu'il fait, on peut connoître le nombre d'Enfans qu'il laissa, & les Biens dont il joüissoit.

1146.

A Guillaume son Fils aîné, il donne la Ville de Montpellier avec toutes ses Appartenances, le Château de Montferrier, avec les Chemins, les Bois, les Pâturages, les Eaux, les Riviéres, les Carriéres de Pierre, les Devois, les Solitudes qui y sont, & tout ce qu'il tient à Fief du Comte de Melgüeil.

A Guillaume son Puiné, la Cité de Tortose : *Quam Civitatem* (dit-il) *dedit mihi Comes Barcinonensis ad Feudum & ad totos Honores* : il lui donne de plus, le Château de Pignan, Châteauneuf & Sauret, la Châtelenie de Montferrand, avec

D 2

1146.   ses Albergues & ses Baillies, celles qu'il avoit au Château de Melgüeil, & tout ce qui lui appartenoit à Substantion, à *St. Martin de Crez*, & dans tout l'Evêché de Substantion, comme il s'en explique, *in toto Episcopatu Substantionensi*.

Raymond Guillaume son troisiéme Fils, avoit été déja donné à l'Ordre de Cluny: Et pour *Bernard Guillaume* le quatriéme, il veut que son Aîné le fasse étudier aux Lettres jusqu'à l'âge de dix-huit ans, pour être promu aux Ordres, s'il veut: mais, si ce n'est pas sa volonté, & qu'il veüille prendre le parti des Armes, il veut que le Seigneur de Montpellier le retiéne auprès de soi, en lui fournissant des Armes & des Chevaux, & en pourvoyant honorablement à sa Suite, à sa Nourriture & à ses Habits; car, ajoûte-t-il, un Héritage vil & de peu de valeur, ne sied pas bien à un Homme Noble: *Vilis Hereditas Hominem Nobilem non decet*.

Quant au cinquiéme, nommé *Guy* ou *Guido*, il lui donne les Châteaux de *Paulian* & du *Poujet*, avec tout ce qui se trouvera lui appartenir dans ces Lieux.

Pour ses Filles *Guillelme*, *Adelais* & *Ermensende*, il veut que son Fils aîné acheve de payer sa Sœur aînée, qui étoit déja mariée à Bernard Atho Vicomte d'Agde, & que les deux autres soient contentes de cent Marcs d'Argent chacune, avec tous leurs Habits & un Lit de *Pallio*, six Gobelets d'Argent d'un Marc chacun, & un Palefroi.

Ses autres Dispositions regardent l'Eglise de S^te. Croix, qu'il dit avoir fait bâtir à son retour de Jerusalem; je dirai sous l'Article de cette Eglise les Dons qu'il lui fit: Il donna aux Pauvres du Pont de Castelnau, le Moulin qui étoit auprés de leur Maison, avec quatre Quarterées de Vigne dans le Terroir de Sauret, dont il laisse la Possession à sa Mere sa vie durant; il la fait Tutrice de ses Enfans, jusqu'à-ce que son Fils aîné ait atteint l'âge de vingt ans: *Donec Guillelmus Filius meus major ad ætatem viginti annorum pervenerit*.

1147. V. Après les avoir pourvûs de la sorte; & leur avoir donné sa Benediction, il partit pour le Monastére de Granselve, Ordre de Cîteaux, Diocése de Toulouse, où il entra sur le commencement de 1147. il y passa le reste de sa vie dans la Pratique continuelle des Vertus de son Etat: Sa Sainteté y fut si distinguée, dans un tems même où ces Religieux étoient regardez comme des Anges Vivans, que tous les Historiens de l'Ordre font une mention très-honorable de Frere Guillaume de Montpellier, jusque là que sa Vie a trouvé place dans celle de S^t. Bernard. La chose mériteroit bien d'être raportée; mais, comme elle pourroit passer ici pour une trop longue digression, je la renvoye à la fin de cet Ouvrage, où, en parlant des Personnes de Montpellier qui ont été distinguées par leur Sainteté, je raporterai au long ce que nous trouvons de lui dans les Auteurs de son tems.

Je crois seulement devoir ici observer, que de cinq Enfans mâles qu'il laissa, trois finirent leurs jours dans l'Etat Religieux. *Guillaume*, son second Fils, dit Tortose, après s'être engagé le Mariage, & avoir perdu Ermensende de Castries son Epouse en 1157. fit un Voyage au S^t. Sépulcre, où il se fit Chevalier du Temple, pour exercer tout ensemble sa Valeur & sa Piété. *Raymond* Guillaume, le troisiéme, qui étoit entré tout jeune dans l'Ordre du Cluny, en fut tiré pour être Evêque de Beziers, dont il occupa le Siége sous le nom de Guillaume II. jusqu'en 1166. & *Guy*, son cinquiéme Fils, après avoir resté assés long-tems dans le Siécle, mourut Religieux de Cîteaux dans l'Abbaye de Valmagne, Diocése d'Agde, à laquelle il donna le Fief de *Valautre*, & un Moulin sur l'Eraut dont elle joüit encore.

CHAPITRE TROISIÉME.

I. *Guillaume Fils de Sibille, va au secours du Roi de Castille.* II. *Revoit son Pere à Montpellier.* III. *Le Seigneur d'Omelas son oncle.* IV. *Guillaume se marie avec Mathilde de Bourgogne.* V. *Prend Parti pour le Roi d'Angleterre contre le Comte de Toulouse.*

I. 1147.

LA Retraite du Seigneur de Montpellier dans l'Ordre de Cîteaux, obligea Ermensende sa mere de reprendre le soin des Affaires, pour continuer à Guillaume Fils de Sibille, les Services qu'elle avoit rendu à son Pere pendant sa Minorité. Cette sage & habile Femme engagea les Habitans de Montpellier à un nouveau Serment de Fidelité en faveur de son Petit-Fils, & elle porta ce jeune Seigneur à faire Hommage des Seigneuries de Montpellier & de Lates, à Raymond Evêque de Maguelonne, pour prévenir tous les troubles qui auroient pû lui venir de ce côté-là.

En même-tems elle entra dans un Mariage que Guillaume d'Omelas son second Fils resolut de faire, de sa Fille Tiburgette avec Ademar de Murviel: Je marque cet Evénement, pour faire connoître la Posterité de Guillaume d'Omelas, & pour disposer ce que j'aurai à dire de ses Décendans. Par le Contrât de Mariage, qui est du mois de Février 1147. à nôtre manière de compter, Ademar donne la moitié de tous ses Biens à sa future Epouse, sauf le Château de Murviel; & Guillaume donne à sa Fille, tout ce qu'il avoit à *Cornonsec*, à *Madieres* & à *Narbonne*, avec mille Sols Melgoriens: Ermensende prit soin que Guillaume Fils de Sibille, fût présent aux Epousailles de sa Cousine-Germaine; & parmi les Témoins, on marque Bernard de *Cazouls*, Gauserand de *Capestang*, Raymond de *Cervian*, & le Seigneur *Trincavel*.

Peu après, l'occasion s'étant présentée d'acquerir toutes les Censives que Berenger Prunet avoit à Centreirargues, la Dame Ermensende en fit l'Acquisition pour son Petit-Fils: Mais, le jeune Seigneur, qui étoit déja dans sa dix-huitiéme année, ayant appris que les Rois Alphonse de Castille, Sanche de Navarre, & le Prince d'Aragon, alloient faire le Siége d'Almeria sur les Côtes de Grenade, fut dans une grande impatience d'apprendre sous eux le Métier des Armes; & pour les aller joindre, il fit équiper une Galére, qu'un Poëte de ce tems-là, raporté par Sandoval, décrit de cette manière.

Dux Pessulanus Guillelmus in Ordine Magnus
Hos sequitur juxta, celsâ fortique carinâ.

Almeria fut emportée le dix-septiéme du mois d'Octobre 1141. Mais, tandis que les Princes Chrétiens travailloient si heureusement sur les Côtes de Grenade, les Maures dans la Catalogne, surprirent la Ville de Tortose, qui interessoit particuliérement Raymond Berenger & Guillaume de Montpellier: Ils ramasserent l'un & l'autre, tout ce qu'ils purent de Troupes; & étant fortifiez du Secours qu'ils reçurent de l'Aragon & des Galéres de Génes, ils furent se présenter en Bataille devant Tortose. Les Génois, & les Lances de Catalogne & d'Aragon, occupoient le Côté de la Mer; Berenger & Guillaume de Montpellier, avec grande partie des Volontaires de l'Armée, gardoient le Côté opposé: *De la otra parte* (dit Liv. 2. Chap. 8. Zurita) *estuvo el principe, y Don Guillem Señor de Mompeller y la major parte de los sivos hombres y Cavalleros.*

Les choses étant en cet état, un Officier Maure, sorti de la Ville, s'avança vers l'Armée des Chrétiens, & leur donna le défi d'un Combat singulier, selon l'usage ordinaire de ce tems-là. Le jeune Seigneur de Montpellier ne consultant que son courage, accepta volontiers le parti; ils en vinrent aux mains, en présence de toute l'Armée, & à la vûë des Assiégez, qui du haut de leurs Murailles

1147.
voulurent être Spectateurs du Combat : Le Maure fit des efforts extraordinaires de valeur, que Guillaume se contenta de parer avec beaucoup d'adresse ; mais, prenant son tems à propos, il lui abbatit la main d'un coup de Sabre, & profitant aussitôt de son avantage, il lui fit voler la tête. Un Poëte Espagnol, qui représente ce Maure sans mains & sans tête aux piez de Guillaume, m'a fourni cette Avanture, dans laquelle, si l'on croit reconnoître le Goût de sa Nation, qui aime le grand & le merveilleux, on peut penser aussi que les Loüanges qui viénent d'une part comme la siéne en faveur d'un Etranger, ne peuvent être soupçonnées de flaterie.

Le succès du Siége ne tarda pas beaucoup à suivre celui du Combat. Le Comte de Barcelone entra Triomphant dans Tortose, où il fit un Butin extraordinaire ; il en distribüa la plus grande partie aux Troupes qui l'avoient secouru : Les Génois en eurent une Emeraude, qu'on disoit n'avoir pas sa pareille dans le Monde ; Et Guillaume, après avoir fait renouveller en faveur de son Frere l'Investiture de cette Ville, reçut lui-même quantité de belles Pierreries, que Berenger lui donna, en lui disant gracieusement, qu'étant à marier, il en seroit mieux venu de sa Maîtresse.

1148. Guillaume resta encore aux Environs de Tortose, tout le tems qu'il fallut pour y mieux établir l'Autorité de sa Maison ; & voyant le Prince d'Aragon, son Bienfaicteur & son bon Ami, tranquile dans ses Etats, il prit congé de lui pour revenir à Montpellier, où il fut reçu avec la joye & les applaudissemens que méritoient les Marques de Valeur qu'il avoit données.

Aussitôt après son retour, il eut occasion, en faisant plaisir au Comte de Melgüeil, de s'assurer les Droits sur le Passage de l'Etang que lui & Beatrix son Epouse avoient engagez à son Pere : Car, après avoir reçu les trois mille Sols Melgoriens qu'il leur paya, ils firent en sa faveur une Renonciation à leurs Droits ; en présence d'Ermensende, & de Guillelme sa Fille, qui étoit la Mere de Beatrix de Melgüeil.

1150. Guillaume reçut dans cette même année 1150. le Serment pour le Château de Pignan : *In Castello de Veirunâ in Ecclesiâ Stæ. Mariæ super altare Sti. Felicis* ; & un autre pour le Château de Montferrier, dans l'Eglise de St. Firmin, sur l'Autel de la Très-Sainte Trinité.

1151. II. Quelques mois après, il eut le plaisir d'embrasser son Pere, qui, pour des Motifs de Religion, fut amené à Montpellier par le Prieur de Granselve son Supérieur. La chose resulte d'un Acte qui fut passé à Maguelonne le quinziéme du mois de Février 1151. par lequel Guillaume fit un Echange avec Jean, Prieur de St. Firmin, de l'Eglise de Ste. Croix que son Pere avoit fondée, contre un Logement auprés de St. Firmin que le Prieur lui bailla. Il est à observer que Guillaume Fils de Sibille, se reserve dans cet Echange, le Jardin, les Vignes, & les Ornemens d'Eglise qui étoient à Ste. Croix, pour servir un jour à la Fondation de l'Eglise & Chapelle de son Château, qu'il dit vouloir faire, avec le secours de Dieu : *Retentis Horto & Vineis, & Ornamentis huic Ecclesiæ deputatis ad opus Capellæ & Ecclesiæ quam Deo auctore Fundaturus sum in Castello meo.* Frere Guillaume de Montpellier est marqué présent à cet Acte, avec le Prieur de Granselve, avec Bernard d'Anduze, & Raymond Gaucelin Seigneur de Lunel : *Sub præsentiâ Guillelmi Montispessulani Monachi, Guillelmi Prioris Grandis-silvæ, Bernardi de Andusiâ junioris, Raymundi Gaucelini de Lunello.*

1152. Ce Raymond Gaucelin de Lunel nous donne lieu d'apprendre un Service essentiel que Guillaume lui avoit rendu ; Car nous avons de lui un Acte public du mois d'Août 1152. par lequel il rend de grandes Actions de graces à Guillaume de sa délivrance & de sa liberté : *Tibi Guillelmo Domino Montispessulani Maximas referens gratiarum Actiones quod ex merâ liberalitate Corpus meum à Captione liberasti.* Et en reconnoissance, il lui remet Lansenegues, & tout ce que le Pere de Gaucelin avoit reçu du Pere de Guillaume dans le tems qu'il étoit en Guerre avec ses Habitans : *Transfero Villam quæ vocatur Lansenegues, quidquid videlicet Pater tuus Guillelmus occasione suæ guerræ, Patri meo in eâ dederat.* D'où nous pouvons conclurre, que Gaucelin le Pere avoit fort aidé Guillaume Fils d'Ermensende, pendant

LIVRE SECOND.

dant le Siége qu'il fut obligé de mettre devant Montpellier ; qu'il en reçut le
Fief de *Lanſcnegues*, ſoit par Engagement, ou par reconnoiſſance des Services
qu'il lui avoit rendus ; & que Gaucelin le Fils étant tombé entre les mains de
ſes Enémis (ſans dire par quelle occaſion) Guillaume Fils de Sibille l'en retira
genereuſement ſans rien exiger de lui : ce que Gaucelin voulant reconnoître à
ſon tour, lui remit volontairement tout ce qu'il tenoit de ſa Maiſon.

1152.

Cette Action de Generoſité fut bientôt ſuivie d'une autre Action de Charité
Chrêtiéne, bien utile au Public : car, la Maladrerie de Caſtelnau, qui, depuis
plus d'un ſiécle, étoit un objet de Pitié pour les Comtes de Melgüeil & pour les
Seigneurs de Montpellier, étant déchûë du bon Ordre qui y avoit été établi,
Guillaume pour l'y remettre, pria (conjointement avec Ermenſende ſon ayeule)
Raymond Evêque de Maguelonne, & Jean Archiprêtre de S^t. Firmin, de faire des
Réglemens pour ces pauvres Infortunez, que je raporterai dans l'Article de cet Hôpital.

1153.

Dans la même année 1153. le Seigneur de Montpellier, qui n'étoit pas encore
marié, profita de l'occaſion de marier ſon Frere Tortoſe, avec une riche Héritiére
du Païs : C'étoit Ermenſende de Caſtries, Fille de Dalmas de Caſtries, dans la Maiſon duquel cette Seigneurie étoit depuis long-tems, avec pluſieurs autres Terres.
Par le Contrat de Mariage, qui eſt du mois de Juillet 1153. Guillaume de Tortoſe donne à Ermenſende la moitié des Biens qu'il avoit à Subſtantion, & les
trois Deniers pour Livre qui lui appartenoient ſur la Monoye de Melgüeil : Ce
Mariage (comme nous le verrons) valut bientôt à Guillaume Fils de Sibille,
toute cette riche Succeſſion.

En 1155. Guillaume d'Omelas étant tombé malade, fit ſon Teſtament le ſeptiéme
du mois de Mars, par lequel il mit ſous la garde & la défenſe de Guillaume de
Montpellier ſon neveu, Raimbaud d'Omelas ſon fils, pour être fait Chevalier
de ſa main ; *Ut de eo Militem faciat* : Ordonnant à ſon Fils d'aimer & de ſervir
Guillaume de Montpellier ſon Couſin-Germain, à qui il veut que tous ſes Biens
ſoient ſubſtituez ; *Ut cum diligat & ſit ad obſequium ejus*.

III. 1155.

Nous apprenons de ſon Teſtament, qu'Ermenſende ſa mere vivoit encore, puiſqu'il lui laiſſe l'Uſufruit de la Terre du Val ; & que ſes Filles étoient Tiburgette,
Epouſe d'Ademar de Murviel, & autre Tiburge, déja veuve de Geoffroy de Mornas : Son Fils Raimbaud eut pour ſon partage les Châteaux d'Omelas, de Montarnaud, de Poupian, du Pojet, de S^t. Pons, de Villeneuve & de Frontignan, que
Guillaume d'Omelas avoit eû de ſon Frere Bernard.

Enfin, Guillaume de Montpellier, qui avoit déja vingt-cinq ans paſſez, ſe maria en 1156. Catel, ſur la bonne-foi de Zurita, lui donne pour Femme Mathilde,
Fille de l'Empereur de Conſtantinople ; mais c'eſt viſiblement une erreur qui leur
a fait confondre les Qualitez des Epouſes du Pere & du Fils : La choſe eſt hors
de doute, par les termes du Contrat de Mariage que nous avons, où Mathilde
eſt appellée Sœur du Duc de Bourgogne. *Ego Guillelmus Montiſpeſſulani Dominus
ducens te Mathildem ſororem Ducis Burgundiæ in uxorem* : Il lui donne les Châteaux
de Montferrier & de Pignan ; les Droits de la Foire ou du Marché qu'on tenoit
alors au Peirou, *Forum ſeu Mercatum Montiſpeſſulani del Peirou* ; les Etuves & les
Juifs de Montpellier, *Balnea & Judæos Montiſpeſſulani*, & divers Fonds-de-Terre,
qui n'intereſſent pas nôtre Hiſtoire : Son Frere Guillaume de Tortoſe ſe rendit garant de toutes ces Promeſſes, & Raymond Etiéne de Cervian ſon Beau
frere, jura, avec la plûpart des Seigneurs du Voiſinage, marquez dans cet ordre.
Eleazar, Fils de Gaucelin de *Claret*, Pons de *Montlaur*, Raymond de *Caſtries*, Guillaume de *Fabregues*, Raymond de *Montferrier*, Bremond de *Sommieres*, Ermengaud de *Melgüeil*, Guillaume de *Centreiraygues*, Guillaume de *Pignan*, P. Gaucelin
de *Montauberon*, Bernard de *Caſtries*, Guillaume d'*Aubeterre*, Raymond de *Soriech*,
Raymond de *Salviniac*, Ermengaud de *Loupian*, Pierre de *Laverune*, Guillaume
de *Montolieu*, Arnaud de *Marojol*.

IV. 1156.

Il eſt marqué que les Fiançailles avoient été faites à Nôtre-Dame du Puy, en
préſence de l'Evêque de cette Ville, de G. Evêque de Châlons, & de Raymond Evêque de Maguelonne : La jeune Princeſſe fut remiſe entre les mains

de Bernard d'*Anduze*, d'Hugues Comte de *Rodez*, de Bernard *Atho* Vicomte, & de Raymond Fils de *Trincavel*, qui l'amenerent à Montpellier, où les Epousailles furent celebrées dans l'Eglise de S*t*. Firmin, le vingt-cinquiéme Février 1156. par Raymond Evêque de Maguelonne.

Ce Mariage fut bientôt suivi de l'Héritage que Guillaume acquit de son Frere Tortose ; car ce jeune Seigneur ayant perdu sa Femme Ermensende de Castries, prit la resolution d'aller faire le Voyage de Jerusalem, & d'entrer dans l'Ordre des Templiers, qui étoit alors dans son plus grand lustre : il ramassa auparavant tout l'Argent qu'il put, en engageant ses Terres à son Frere ; & ensuite il lui fit une Donation entre-vifs du Château de Castries, qu'il avoit eû du chef de sa Femme, & de la Ville de Tortose que son Pere lui avoit donné : *Similiter dono tibi Civitatem Tortosam & quidquid juris & rationis ibi, & in toto ejus Episcopatu habeo*.

C'est ainsi que la Terre de Castries sortit de la Maison de ses premiers Seigneurs, pour entrer dans celle des Guillaumes de Montpellier, d'où elle passa dans celle de Montlaur, qui en joüissoit dans le XIII*e*. Siècle, & enfin dans celle de Lacroix de Castries, qui a beaucoup illustré cette Terre par son Erection en Marquisat & en Baronie des Etats du Languedoc.

Cependant, la France étoit toute en feu depuis le second Mariage de la Reine Eleonor avec Henry Second Roy d'Angleterre : Cette Princesse, que le Roi Loüis le Jeune avoit repudiée, porta à son second Mari, les Etats de Guiéne, qu'elle avoit eû de son Pere Saint Guillaume Duc d'Aquitaine. Henry prit aussitôt possession de la Dot de sa Femme ; & voulant en étendre les Droits, il vint assiéger Toulouse, qu'il prétendoit lui appartenir ; il avoit pris soin de gagner le Prince d'Aragon, qui avoit de trop grandes Liaisons avec Guillaume de Montpellier, pour ne pas l'entrainer dans cette Guerre : ils furent donc avec leurs Troupes & celles de Trincavel Vicomte de Beziers, joindre le Roi d'Angleterre, & Macloüin Roi d'Ecosse, qui faisoient le Siége de Toulouse. Raymond Fils de Faidite, qui en étoit Comte, implora le secours du Roi Loüis le Jeune, dont il avoit épousé la Sœur, dite Constance ; il fit une si belle resistance, que le Roi d'Angleterre fut obligé d'en lever le Siége : mais, voulant rétablir son Armée, il en laissa le Commandement au Prince d'Aragon & à Guillaume de Montpellier, qui la conduisirent dans le Quercy, où après l'avoir remise des fatigues passées, ils entreprirent le Siége de Cahors, qu'ils prirent pour le Roi d'Angleterre sur le Comte de Toulouse.

CHAPITRE QUATRIÉME.

I. *Diferends de Guillaume avec Bernard Pelet Comte de Melgüeil.* II. *Terminez par Frere Guillaume de Montpellier.* III. *Etablissement des Templiers à Montpellier.* IV. *Mort du Comte de Barcelone.* V. *Arrivée du Pape Alexandre* III. *en cette Ville.*

I. LEs Hostilitez entre l'Angleterre & la France étant finies, Guillaume revint à Montpellier, où il fut recherché par plusieurs Communautez, pour être reçûës sous sa Protection & Sauvegarde : Les Habitans de S*t*. Jean de Murviel y recoururent en 1160. & lui payérent (dit l'Acte) cent soixante - dix Sols Melgoriens, en se soumettant de lui porter à Montpellier un Sétier d'Orge tous les jours de Nôtre-Dame d'Août.

Pierre de *Nebian* prit une autre route ; car il dit dans l'Acte : *Cupiens atque desiderans te Guillelmum Dominum Montispessulani vero amore diligere, fideliter servire, & in gratiâ & sub defensione tuâ consistere* : qu'il lui donne le Château de *Nebian*, avec tout ce qu'il possede & pourra posseder depuis le Chemin de Dorbie à Clairmont ;

mont ; mais il reconnoît avoir reçû de lui huit cent cinquante Sols Melgoriens : 1160.
& Guillaume lui remet toutes ces mêmes Terres ; pour les tenir de lui à Foi &
Hommage ; en conséquence dequoi , Pierre de Nebian lui prêta Serment de
fidélité.

Raymond de Montpeiroux avec sa Femme Alemandine , lui firent dans la même année , une Donation de tout ce qu'ils avoient au Château & Terroir de Clairmont : mais il faut qu'ils ne restassent pas long-tems Maîtres de ce Bien ; car , trois ans après (c'est-à-dire en 1163.) Berenger de Vallauquez fit une Donation en Aleu à Guillaume Fils de Sibille, du Château de Clairmont que Guillaume lui remit à Fief.

Cependant , tout se préparoit au Trouble dans le Païs , où Guillaume eut à soûtenir une petite Guerre dont on ne nous marque pas bien les causes ; mais il conste par les suites, que tout le mal tomba sur le Territoire de Pignan , & que Bernard Pelet Comte de Melgüeil y ayant pris parti , Guillaume fut obligé de recourir au secours du Vicomte Trincavel : Alors Jean de Montlaur , qui occupoit depuis peu le Siége de Maguelonne , voulant pacifier ces Troubles , crut devoir s'aider de la présence de Frere Guillaume de Montpellier , qui étoit dans son Monastére de Gransélve : il écrivit à son Supérieur pour l'engager à le ramener dans le Païs ; & l'esprit du Fils ayant été bientôt adouci par la présence du Pere, on fit convenir les Parties de s'assembler à *Soriech* , où , par la médiation de Raymond de Montferrier , il fut reglé entre Bernard Pelet & Beatrix son Epouse d'une part , & Guillaume de Montpellier d'autre , qu'on feroit une Tréve de cinq ans , à commencer du Carême prenant : *Ab hoc Caramantran ad quinque annos :* Mais , parceque Raymond de Pignan avoit le plus souffert dans tout ce Démêlé , on regla que Guillaume lui donneroit deux mille Sols Melgoriens , en dédommagement de ses pertes ; moyenant quoi Raymond de Pignan & ses Freres renoncérent à la Guerre qu'ils avoient commencée.

Frere Guillaume de Montpellier , se trouvant alors dans le Païs , eut à regler II. ses propres Enfans , au sujet des trois Deniers sur la Monoye de Melgüeil , que Guillaume de Tortose , en entrant dans l'Ordre des Templiers , avoit donné à son Frere aîné , préférablement à *Guy* le puîné de tous , qui prétendoit que ce Droit lui étoit substitué. Ce Diferend ayant duré trop long-tems (comme disent nos Annales) *hoc autem cum diutiùs protraheretur altercatio* , Frere Guillaume décida la Question par la Déclaration suivante , qu'il donna en faveur de son Fils aîné : *Ego Guillelmus Montispessulani , Monachus , pro certo habeo & verum esse cognosco , quod prædictos tres Denarios de Monetâ Melgoriensi ita habui & acquisivi de Bernardo Comite Melgorii & Beatrice Uxore suâ, ut illi Filiorum meorum relinquerem , qui Dominus esset Montispessulani.* Guy le cadet de ses Enfans se soumit à sa Décision , & renonça aux Demandes qu'il avoit déja faites : Mais , Frere Guillaume , pour cimenter entr'eux une bonne Union , engagea l'Aîné de donner à son Cadet une certaine quantité de Champs & de Vignes (énoncées dans l'Acte) qui rendirent plus considerable la Terre de *Paulian* , dont le jeune Guy joüissoit en vertu du Testament de son Pere. Fait & passé en présence de leurdit Pere : *In presentiâ dicti Guillelmi Montispessulani , Monachi Grandis-silvæ.*

La délicatesse de conscience qu'on connut en ce bon Religieux, lui attira plusieurs Demandes de la part de ceux à qui il avoit été obligé de faire des Actes d'Hostilité dans le tems du Siége de Montpellier, quoiqu'il se fût déja écoulé près de vingt ans : De là viénent un grand nombre de Quitances que nous avons dans nos Archives , pour les Dettes de Frere Guillaume de Montpellier , qui furent exigées alors ; car , après avoir écouté toutes les Demandes, il porta charitablement son Fils à y satisfaire.

Ainsi , nous voyons qu'en 1161. en commençant l'année par Janvier , Gaudiouse 1161. Femme de Guillaume Rostang & Marie leur fille , se départent en sa faveur & de ses Héritiers , *tibi Guillelmo de Montepessulano Monacho & Hæredibus tuis* , de tout ce qu'elles avoient à demander à raison de la Capture dudit Rostang faite autrefois par son ordre , & elles reconnoissent avoir reçû de lui cent Sols Melgoriens.

Ainsi , Pons de Montdragon & Dragonet son frere , remettent à Guillaume Fils

E

1161.
de Sibille, & à son Pere, *remittimus tibi & Patri tuo*, tout le dommage qu'ils avoient souffert de lui par la Prise de leur Pere : Aimery de Monclaret & Raymond de Montferrier son frere, remettent pour trois cent Sols Melgoriens, à Guillaume Fils de Sibille, toutes les Demandes qu'ils avoient à faire contre son Pere ; Et Bernard d'Armazan fait Quitance de quinze cent Sols Melgoriens qu'il disoit lui être dûs par le même.

1162.
Mais, de tous ces Actes, le plus remarquable est, une Quitance de trois mille Sols Melgoriens dûs encore en 1162. à Ermengarde, Veuve de Guillaume de Narbonne : *Quos Guillelmus Monachus debebat Guillelmo de Narboné*. Sa Veuve en poursuivit le Payement en présence de Guillaume même, & de son Supérieur l'Abbé de Gransselve, *Præsente Guillelmo supradicto, & Abbate Grandis-silvæ*, pardevant l'Archidiacre de Narbonne & le Commandeur de Beziers, pris pour Arbitres dans cette Affaire. La somme ayant été adjugée à Ermengarde, elle en fit Quitance au Fils, qui paya pour son Pere, où elle dit qu'elle est mariée en secondes Nôces avec Raymond Roch : *Ego olim uxor prædicti Guillelmi de Narbona, nunc verò Raymundus Rocha vir meus est*; Ce que j'observe, parceque nous aurons souvent à parler de cette Famille, qui fleurit durant plus de deux siécles à Montpellier : Et dans la Quitance de Bernard d'Armazan dont je viens de parler, on trouve signez pour Témoins, *Guillelmus de Rocha* & *Vizianus de Millanicis Milites*.

III. Un des Actes que je viens de citer porte cette Souscription remarquable pour l'Ordre des Templiers : *Hæc compositio facta est in domo Militiæ Templi in Horto juxta Ecclesiam Sanctæ Mariæ* ; Ce qui me donne occasion de parler de cet Ordre Militaire, qui fut établi à Montpellier peu de tems après leur première Fondation. Guillaume de Tyr en met la première époque en 1119. où neuf Gentilshommes François, dont les principaux étoient Hugues de Payens & Godefroy de St. Omer, furent se présenter à Garimond Patriarche de Jerusalem, entre les mains duquel ils firent Vœu de Chasteté & d'Obéïssance, & d'employer leur vie à tenir les Passages & le Chemin libre aux Pélerins de la Terre-Sainte. Le Roi Baudoüin II. leur donna un Logement dans son Palais auprès du Temple, d'où ils furent appellez Chevaliers du Temple ou Templiers : Ils demeurérent neuf ans en cet état, sans que leur nombre augmentât, & sans aucune distinction d'Habits, jusqu'à-ce qu'en 1128. le Pape Honoré II. leur fit donner au Concile de Troyes, une Régle, avec l'Habit blanc, auquel Eugéne III. ajoûta la Croix rouge. La grande Reputation qu'ils s'acquirent par leur Vertu, par leur Courage, & par les belles Actions qu'ils firent contre les Infidéles, accrut si fort leur Ordre, & le rendit si puissant par les grands Biens qu'on leur fit de toutes parts, qu'ils égalérent la Fortune des plus Grands Princes, jusqu'à-ce que ces mêmes Richesses devinrent la cause de leur malheur, ayant été occasion aux Déreglemens qu'on leur reprocha dans la suite, & qui firent abolir leur Ordre au Concile de Vienne en 1331. environ deux cens ans après qu'ils eurent été approuvez dans celui de Troyes.

Ces Chevaliers eurent à Montpellier une Maison très-considerable hors la Porte de la Saunerie, dans l'Enclos appellé aujourd'hui le Grand St. Jean. Nos Ecrivains particuliers ont crû qu'ils y avoient été établis par Guillaume Fils d'Ermengarde, qui avoit si bien servi dans la première Croisade : Mais, j'aurois peine à croire que ce Guillaume dont nous avons le Testament en 1121. ait introduit à Montpellier un Ordre qui ne reçut sa derniére perfection en France qu'en 1128. & je serois beaucoup plus porté à croire, qu'ils ne furent établis que sous Guillaume Fils d'Ermensende, qui, ayant fait le Voyage de la Terre-Sainte plus de vingt ans après son Pere, eut occasion de connoître les Chevaliers du Temple, dans le tems qu'ils étoient encore dans le Palais du Roi Baudoüin.

Quoiqu'il-en-soit, il conste, selon Gariel, que Gautier Evêque de Maguelonne, dont on ne met la mort qu'en 1129. consacra leur Eglise sous le nom de *Sainte Marie de Lezes*: par où j'explique la Souscription dont j'ai déja parlé, *in Domo Militiæ Templi in Horto juxta Ecclesiam Sanctæ Mariæ*, dans la Maison du Temple, & dans son Jardin, tout proche son Eglise, dédiée à la Sainte Vierge.

IV. La mort prématurée de Raymond Berenger, Comte de Barcelone & Prince d'Aragon, jeta le Seigneur de Montpellier dans de nouveaux soucis. Ce Prince,

LIVRE SECOND.

que la necessité des Affaires de sa Maison avoit attiré dans le Piémont avec le Comte de Provence son neveu, y fut à peine arrivé qu'il y mourut en 1162. Cette Perte priva la Catalogne d'un des plus Illustres Comtes qu'elle eût eû, & Guillaume de Montpellier d'un de ses meilleurs Amis. La Reine Petronille sa veuve, voulant pourvoir à la Tutelle de ses Enfans, convoca dans la Ville d'Huesca une Assemblée générale de tous ses Barons, parmi lesquels Zurita marque Guillaume de Montpellier entre les Seigneurs de Catalogne : *Fueron à estas Cortes del Principado de Cataluña Guillem de Montpeller*, &c. Ce qui fortifie ce que nous avons déja dit de ses Droits sur la Cité de Tortose, qui lui avoient été cedez par son Frere en 1157.

Au retour de ce Voyage, il trouva à Montpellier une grande occasion de faire paroître son attachement au St. Siége, dans une Affaire qui interessa toute la Chrétienté. Alexandre III. ayant été élû Pape trois années auparavant, c'est-à-dire en 1159. l'Empereur Frederic, surnommé Barberousse, lui avoit opposé l'Antipape Victor, qui travailla aussitôt à se faire reconnoître dans le Languedoc & dans les Provinces voisines, en écrivant *ad universam Gothiam Provinciam, Gnasconiam, & utramque Hispaniam*. Nous avons même une Lettre qu'il écrivit de Pavie à Guillaume, & qu'il lui fit rendre par Me. Bandin son Légat, où il le flate sur la gloire qu'il s'étoit acquise, & sur les marques de generosité que sa Famille avoit toûjours données ; *Principaliter autem de tuæ magnitudinis & sanguinis tui generositate in hac parte confidimus* : Mais Guillaume s'étant fait instruire du Droit des deux Concurrens, ne fit aucune réponse à Victor ; & l'Empereur ayant obligé Alexandre de sortir de l'Italie, ce Pape n'eut d'autre recours qu'à la France, & vint aborder à Maguelonne le Mécredi de Pâques 1162. Le Cardinal Baronius, de qui nous tenons l'année & le jour de son arrivée, ajoûte qu'Alexandre y ayant consacré le grand Autel, jugea à propos de venir à Montpellier, incomparablement plus peuplé que Maguelonne ; *Tunc ad populosam Montispessulani Villam ascendere dignum duxit* : d'où Guillaume, qui en étoit Seigneur, vint à sa rencontre, avec ses Barons, ses Bourgeois, & une belle Troupe de Gens en Armes ; il prit les Rênes de son Cheval, & le conduisit jusqu'à Montpellier : *Occurrente sibi Domino Villa cum Baronibus & decorâ Militiâ, Officium Stratoris per milliarium agente*.

Durant le séjour qu'Alexandre y fit, il donna trois Bulles, datées de Montpellier, en faveur de Guillaume & des Habitans de cette Ville, qu'on peut voir encore dans les Archives de nôtre Maison Consulaire.

Par la premiére, du premier de Juillet, adressée à Guillaume, il met sa Personne & ses Biens sous la Protection du St. Siége ; & il se reserve à lui seul, ou à son Legat, *à Latere*, le pouvoir de l'excommunier, & d'interdire la Chapelle qu'il avoit à Montpellier, & celle qu'il avoit aussi à Lates.

Dans la seconde, en date du quinze de Juillet, adressée aux Archevêques de Narbonne & d'Arles avec leurs Sufragans, & aux Evêques de Viviers, de Mende, du Puy & de Rhodez, il prend sous sa Protection, non-seulement la Personne de Guillaume avec ses Biens, mais encore les Marchands de Montpellier.

Par la troisiéme, du huitiéme d'Août, adressée à l'Evêque & aux Chanoines de Maguelonne, le Pape ordonne que les Offrandes faites à l'Autel de St. Sauveur dans l'Eglise de Nôtre-Dame, soient renduës au Prieur de cette Eglise, attendu que le terme de cinq ans accordé par le Pape Adrien son Prédecesseur étoit expiré ; & il veut que Guillaume & les Habitans de Montpellier, à qui on avoit laissé ces Offrandes pour les Reparations de la Bâtisse de l'Eglise de Nôtre-Dame, remettent le Prieur dans son Droit, à moins qu'il ne veüille librement les en laisser joüir.

Le Pape ayant passé quelques mois à Montpellier, comme il resulte de la date de toutes ces Bulles, en partit pour se rendre au Puy, par le Chemin de Nîmes, & de là, par Clairmont, à Paris, où ayant conferé avec le Roi Loüis le Jeune, il choisit la Ville de Sens pour y vaquer au soin de toute l'Eglise : Il y resta jusqu'à-ce qu'il apprit la mort de son Concurrent, arrivée en 1164. car alors, se flatant que l'Italie seroit plus tranquile pour lui qu'elle ne l'avoit été, il prit

1164.

Annales
Baronius.

le dessein d'y retourner; & passant par Paris, Bourges & le Puy, il se rendit à Montpellier, deux ans après qu'il en étoit parti: *Ad Montempessulanum incolumis per Dei gratiam quo venerat remeavit.*

Liv. 2. ch. 16.

A peine y fut-il arrivé que Frederic, son Enemi déclaré, voulut tenter la fidelité de Guillaume, pour avoir Alexandre entre ses mains: *Imperator vero non quiescens* (dit Neubrigensis) *secretis Litteris & promissis amplissimis apud Montipessulani Dominum agere studuit ut proderet hospitem.* Il lui fit parler par le Comte d'Escot son Confident, qui lui fit de sa part toutes sortes d'Offices & de Promesses: Mais cet Homme recommendable, ajoûte le même Auteur, fut d'une fidelité à l'épreuve de tout; *At Vir memorabilis integræ fidei inventus est*: Et il renouvella ses marques de respect dans la Reception qu'il fit au Pape; *Et insignem hospitem decentissime honoravit.*

Ibidem.

Cette voye ayant manqué à l'Empereur, il eut recours à la surprise & à la force: Car, les Cardinaux de la Suite d'Alexandre s'étant embarquez à Maguelonne sur un Navire du Temple, les Galéres de Pise, qui étoient du Parti des Gibelins, croyant que le Pape y fût avec eux, livrérent à ce Vaisseau un rude Combat, pendant lequel Alexandre, qui suivoit de loin sur une Barque de Narbonne, revint aussitôt à Maguelonne, *Mox Remis retortis in Magalona se portum recepit*; & il y resta jusqu'à-ce que la Flote Enemie s'étant retirée, il pût se rembarquer sur les Galéres que Guillaume Roi de Sicile lui envoya.

CHAPITRE CINQUIÉME.

I. Affaires de Melgüeil. II. Affaires d'Omelas. III. Ravages des Génois aux Environs de Montpellier. IV. Témoignage du Rabbi Benjamin, sur l'état de Montpellier en ce tems-là. V. Suite des Affaires de Melgüeil. VI. Testament de Guillaume Fils de Sibille.

1164. I.

Memorial des Nobles.

LA mort de Bernard Pelet Comte de Melgüeil, qui arriva dans le tems dont je viens de parler, laissa une grande division entre Bertrand Pelet son fils & Ermensende sa fille, qui se portérent l'un & l'autre pour Héritiers de la Comté de Melgüeil. Raymond Fils de Faydite Comte de Toulouse, voulant pour son Fils la jeune Ermensende, se rendit à Montpellier; & nonobstant les Liaisons que Guillaume avoit prises autrefois contre lui, ils firent un Accord, en date du mois de Juin 1164. par lequel ils se promirent reciproquement, de ne rien entreprendre sur la vie l'un de l'autre, & de s'avertir mutuellement s'ils avoient connoissance que quelqu'un voulût y attenter. L'Acte fut passé *apud Montempessulanum in solario Guillelmi de Texeriis.*

Ces vûës du Comte de Toulouse ne réussirent pas pour le coup, parceque la Comtesse Beatrix, qui n'avoit des yeux que pour sa Fille, se pressa de l'établir dans son Voisinage avec Pierre Bermond: Ermensende vécut avec ce premier Mari durant près de deux ans, après lesquels se trouvant Veuve, elle fut de nouveau recherchée.

1167.

Alphonse Roi d'Aragon, qui avoit succedé dans ce Royaume à la Reine Petronille sa mere, & à Raymond Berenger son pere dans les Etats de Catalogne, n'oublia pas que la Comté de Melgüeil avoit été dans sa Maison, par le Mariage de son Oncle Berenger Raymond avec la Comtesse Beatrix: Il vint dans le Languedoc en 1167. & pour gagner le Seigneur de Montpellier, qui étoit Grand-Oncle d'Ermensende, il le prit pour garant du Traité qu'il fit cette même année avec Hugues Comte de Rhodez, au sujet de la Succession du Comte Gilbert, Ayeul Maternel du Roi.

1168. II.

Mais, tandis que ces Princes étoient occupez de l'Héritière de Melgüeil, Guillaume eut occasion de réunir à sa Maison la Seigneurie d'Omelas, selon un Acte que nous avons fort important pour la Maison de Montpellier & pour celle d'Od'Orange, il est du mois de Mars 1168. où Raimbaud, qui y prend la qualité de Fils de Guillaume d'Omelas & de Tiburge d'Orange son épouse, engage au Seigneur de Montpellier son Parent, *consanguineo meo*, le Château d'Omelas avec ses Seigneuries, *cum Senioriis suis*, pour le prix de quatre mille Sols Melgoriens ; Mais, il est à observer qu'il veut que l'interêt lui en soit payé à raison de six deniers pour livre tous les mois, jusqu'à-ce qu'il lui ait remis le Château : *Volo & mando ut illa quatuor millia solidorum Melgoriensium lucrentur singulis mensibus sex denarios la libra tamdiù usquequo prædictum Castellum tibi reddam, pro pignore de dictis quatuor mille solidis & pro lucro quod factum habuerunt*. Il y est encore ajoûté, que si la Monoye de Melgüeil venoit à rabaisser, il seroit tenu de payer le Marc d'Argent fin à raison de cinquante Sols : *Quod si Moneta Melgoriensis abbatuta esset teneretur reddere ad rationem marchæ quinquaginta Solidos*.

1168.

Memorial des Nobles.

Nous verrons dans la suite, que Raimbaud fit un Trafic continuel de ses Terres, en les offrant au dernier Encherisseur, & qu'il finit enfin sous le nom de Raimbaud d'Orange qu'il portoit du chef de sa Mere.

Cependant, les Génois donnoient bien de l'exercice à Guillaume de Montpellier, par les irruptions qu'ils vinrent faire sur ses Côtes : On ne nous marque pas les raisons qu'ils en curent ; mais la chose devint si sérieuse, que l'Evêque de Maguelonne & le Seigneur de Montpellier en portérent leurs Plaintes à la Seigneurie de Génes ; & cette démarche ayant été sans effet, ils furent obligez d'écrire au Pape pour faire cesser leurs Pirateries. Nous apprenons en effet par les Lettres qui nous restent d'Alexandre III. au Peuple de Génes, datées de la dixiéme année de son Pontificat, c'est-à-dire en 1169. que les Génois venoient frequemment dans le Port de Maguelonne & de Lates, qu'ils brûloient les Navires des Habitans de Montpellier, & qu'après avoir dépoüillé les Marchands & les Passagers, ils les entrainoient par force en leur Ville de Génes : *Frequens & replicata ex parte dilecti Filii Nobilis Viri Guillelmi de Montepessulano ad nos querela pervenit, quod vos proprietatem in mari quærentes, portum ejus frequenter invaditis, consumitis Naves incendio, & Peregrinos & Mercatores suis rebus per violentiam spoliatis, & Genuam cogitis declinare*. Nous apprenons encore par les Actes du Chapitre & par ceux de l'Hôtel-de-Ville, que nonobstant cet Avertissement du Pape, les Génois ravagérent alors les Maisons de Campagne qui étoient du côté de la Mer ; où ils détruisirent un Moulin sur la Riviére de Lamousson. Ces Pertes, également sensibles aux Habitans & au Seigneur de Montpellier, les portérent à représenter au Comte de Toulouse, tout ce qu'il avoit à craindre lui-même pour sa Comté de St. Giles : Il se joignit à eux contre les Génois, qui, voyant augmenter le nombre de leurs Enemis, écoutérent les Propositions qui leur furent faites par Hildebrand, Consul pour les Pisans à Montpellier.

III. 1169.

Nous avons de ce même tems un Témoignage incontestable, du grand Commerce qu'il y avoit alors à Montpellier : Ce Témoignage est du Celebre Juif Rabbi Benjamin (dit *Tudellensis*) qui vivoit dans le 12ᵉ. Siécle, & qui ayant voyagé dans tout le Monde connu, écrivit en Hebreu l'Histoire de ses Voyages, qui fut portée en Espagne après la Prise de Constantinople, & traduite en Latin par *Arrias Montanus*. On trouve à la 15ᵉ. page de l'Edition d'Anvers par Christofle *Plantin* en 1575. ces Paroles remarquables de l'Auteur.

IV.

« Etant partis de Beziers nous arrivâmes en deux jours au *Mont-Tremblant*, que
« les Habitans du Païs appelloient autrefois *Montpessulan*, & aujourd'hui *Montpel-*
« *lier*. Cette Ville, qui abonde en toute sorte de Marchandises, est éloignée de la
« Mer d'environ deux lieuës ; Elle est frequentée à cause de son Commerce, par
« diverses Nations, comme sont les Iduméens & les Israëlites du *Portugal*, les Lom-
« bards & les Peuples *d'Italie*, ceux de *l'Egipte* & de *la Palestine* : on y trouve
« des Marchands de toute la *Gaule*, de *l'Espagne* & de *l'Angleterre* ; & l'on en-
« tend parler le Langage de toutes les Nations du Monde, qui y abordent avec les
« *Génois* & les *Pisans*.

Ensuite l'Auteur, pour ne pas omettre ceux de sa Nation qu'il trouva à Montpellier, s'explique en ces termes. » Il y a dans cette Ville des Diciples de nos Sages
« qui se sont rendus très-celebres, dont les principaux sont *Ruben* Fils de *Théodore*,

38   HISTOIRE DE LA VILLE DE MONTPELLIER,

1169.
» & *Nathan* Fils de Zacharie; mais le plus confiderable de tous eft *Samuël*, avec *Sa-*
» *lamias*, & *Mardochée*, qui vient de mourir : Plufieurs d'entr'eux font fort riches & cha-
» ritables envers les Pauvres, & ils fecourent volontiers tous ceux qui viénent à eux.

C'eſt ainfi que s'explique ce Celebre Juif pour l'année 1174. qui fut le tems où il paſſa à Montpellier, comme on peut l'inferer de la Route qu'il a marqué dans ſon *Itineraire* : On voit par ſon Témoignage une Confirmation de tout ce qui eſt ſemé dans le Corps de cette Hiſtoire, ſur le grand Commerce de Montpellier, & ſur les Juifs qui habitérent dans cette Ville durant pluſieurs ſiécles. *

1171. V. La Diviſion qui avoit commencé dans la Maiſon de Melgüeil dès la mort de Bernard Pelet, continüoit encore en 1171. Son Fils Bertrand, cherchant peut-être à ſe faire une Protection, ou par d'autres motifs qu'on ne dit pas, ſe défit cette même année de preſque toutes ſes Terres en faveur de la Maiſon de Montpellier. Nous avons deux Actes de lui, dans l'un deſquels il donne à Guillaume Seigneur de Montpellier, la Seigneurie de *Grabelz*, & tout ce qu'il poſſedoit dans cette Paroiſ-ſe, & dans celle de Sᵗ. Gervais de *Juvignac* : Par l'autre Acte, de la même année, il donne à Guy, le dernier des Enfans de Guillaume, qui ſe fit Moine, *tibi Guidonis filio Guillelmi poſt Monachi*, tout ce que R. Bernard ſon ayeul & Beatrix ſa mere, avoient eû dans le Territoire de Caſtelnau, *trado & Succeſſoribus tuis omne quod habuit R. Bernardus avus meus vel mater mea Beatrix in toto Caſtronovo* ; avec tout ce qui peut ou doit appartenir à la Seigneurie de Melgüeil, *cum univerſis quæ ad Dominationem ſeu poteſtatem Melgorii poſſunt vel debent jure pertinere* ; & il ſpecifie la Ville de *Subſtantion*, comme les anciens Murs & les Marques des Murailles la terminent, juſqu'à la Riviére du Lez : *ſicut veteres Muri, & ſigna Murorum determinant uſque ad flumen Ledi.*

Une conduite ſi extraordinaire fit reſoudre Beatrix à chercher pour ſa Fille un ſecond Mari, qui eût aſſez de pouvoir pour rendre inutiles toutes les Diſpoſitions que Bertrand venoit de faire : Elle n'en trouva point de plus propre que le Fils du Comte de Toulouſe, qui uniſſant par ce Mariage la Comté de Melgüeil à celle de Sᵗ. Giles, devenoit très-puiſſant dans le Païs, indépendament de ſes autres Etats. L'Affaire fut dès-lors arrêtée, quoique la Concluſion ne s'en fit qu'en 1172.

1172. Nous en avons le Contrat du douziéme de Décembre, par lequel Beatrix donne à Raymond Comte de Toulouſe, Duc de Narbonne & Marquis de Provence, ſa Fille Ermenſende, avec la Comté de Melgüeil, pour être poſſedée par lui & par ſes Succeſſeurs dans la Comté de Sᵗ. Giles : Elle lui donne en propre, la moitié de cette Comté, pour les Dépenſes qu'il a déja faites ou qu'il devra faire pour la conſerver ; & l'autre moitié à ſa Fille, pour en diſpoſer, ſi elle veut, en faveur du Fils qu'elle avoit eû de Pierre Bermond : *Si tunc Filius ejus quem ex Petro Bermundo ſuſcepit ſuperſtes fuerit.*

Ermenſende, de ſon côté, donne à ſon futur Epoux, tous ſes Droits ſur l'Hérédité de ſon Pere Bernard Pelet ; *Quidquid de bonis vel Succeſſione Patris mei Bernardi Peleti quocumque jure pertinet vel pertinere debet* : Et Raymond Fils de Conſtance, donne à Ermenſende tout ce qu'il a dans la Ville & Evêché d'Uzés, ſauf la moitié du Péage de *Valdagne* & de *St. Saturnin*. Témoins, Bernard de *Sauve*, Bermond de *Vezenobre*, Eleazar d'*Uſés* & autres.

1171. VI. Ces Conventions renverſoient entiérement tout ce que Bertrand Pelet avoit fait en faveur de la Maiſon de Montpellier, où elles alloient engager Guillaume dans de grandes diſcuſſions avec le Comte de Toulouſe ; mais, heureuſement, ou malheureuſement, il vint à tomber malade, & dans cet intervale il fit ſon dernier Teſtament le jour de Sᵗ. Michel, vingt-neuviéme de Septembre, en préſence de Jean de Montlaur Evêque de Maguelonne, de Guillaume Raymond

Ar-

---

* *Inde verò duorum dierum Itinere facto in Trimulum-Montem, qui Peſſulanus olim, ab incolis nunc Montpellier vocatur. Urbem Negotiationi & Mercaturæ opportunam à mari duabus leucis diſſitam à variis Nationibus Commerciorum cauſâ frequentatam. Idumæis & Iſmaëlitis ex Algarbâ, Longobardis ex & Magnæ Romæ regno, atque ex omni Terrâ Egipti & Iſraëlis. Ex omni Gente Galliæ & Hiſpaniæ & Angliæ, atquæ ex omnibus gentium Linguis ibidem in veniuntur operâ Genuenſium & Piſanorum.*

Sapientum quoque Diſcipuli ibidem ſunt hâc ætate percelebres. In primis Ruben, Theodori filius & Nathan Zachariæ filius, & omnium præcipuus Samuel & Salamias & Mardochæus qui jam vitâ defunctus eſt. Nonnulli inter illos præcipui ſunt & liberales in Pauperes qui cunctis ad ſe venientibus ſubſidium ferunt.

Archidiacre de la même Eglise, & de Guillaume Maurin Prieur de S'. Firmin : Nous ne sçavons pas si Guillaume survécut de beaucoup à ce Testament, mais nous ne pouvons ignorer l'état de sa Famille, qu'il nous y donne à connoître.

Il est d'abord à observer, que sa Femme Mathilde étoit déja morte, puisqu'il ordonne que tous les Articles du Testament qu'elle avoit déja fait seroient executez dans leur entier : *Mando quod Testamentum Mathildis quondam Uxoris meæ compleatur in integrum.*

Il veut être enterré auprès de son Pere ; dans l'Abbaye de Granselve, à laquelle il donne mille Sols ; & pour témoigner sa bienveillance à tout l'Ordre de Cîteaux, il veut non-seulement qu'on acheve à ses dépens le Dortoir de l'Abbaye de *Valmagne*, qu'il avoit déja commencé, mais encore que tous les Religieux de Franquevaux & de Valmagne ayent leur Moûture franche dans ses Moulins, & le Droit de faire paître leurs Troupeaux dans ses Prêries de Lates.

Il donne encore à l'Abbaye de Franquevaux, Diocése de Nîmes, cinq cens Sols Melgoriens, autant à celle de Valmagne, autant à la Maladrerie de Castelnau, qu'il appelle *Infirmos de Ponte* ; & mille Sols à l'Eglise de Magueloñne, pour fonder un Anniversaire à perpetuité tous les jours de S'. Côme & S'. Damien.

Nous apprenons par la destination qu'il fit de ses Biens, qu'il laissa quatre Enfans mâles & cinq Filles : mais, au lieu de leur partager ses Terres, comme avoient fait ses Prédecesseurs, il donne generalement tout à son Aîné, à la charge de payer ses Freres & Sœurs en Argent ou en Pensions.

Ainsi, après avoir dit qu'il donne à *Guillaume son Fils aîné*, *universum honorem meum & omnia jura mea*, il veut que son second Fils Guillaume soit entretenu honorablement dans la Maison de son Frere ; & que s'ils ne peuvent s'accorder ensemble, son Aîné lui donne tous les ans vingt Marcs d'Argent, ou mille Sols Melgoriens. *Raymond* son troisiéme Fils, est destiné pour le Monastére de Granselve, avec mille Sols Melgoriens : & Guy le quatriéme, à la Milice du Temple, avec autres mille Sols ; voulant qu'il y soit élevé durant six ans, après lesquels il entend qu'il soit Chevalier du Temple, & privé de sa Substitution si ses Freres vivent : mais, si l'un d'eux venoit à mourir dans ces six ans, celui qui se trouvera Seigneur de Montpellier retirera son Frere des Templiers, & l'entretiendra chez lui, avec une Pension de vingt Marcs d'Argent.

Toutes ces précautions furent bien inutiles, parceque *Guy* se dévoüa entiérement au Service des Pauvres ; & nous le verrons dans la suite Fondateur de l'Ordre des Hospitaliers du S'. Esprit. Raymond, qui suivit la destination de son Pere, entra dans le Monastére de Granselve, d'où il fut tiré en 1188. pour être Evêque de Lodéve, dont il remplit le Siége jusqu'en 1197. Ainsi, de tous ses quatre Enfans mâles, il ne resta dans le Monde que Guillaume Seigneur de Montpellier, dit Fils de Mathilde, & le second, qui prit le surnom de *Burgondion* pour faire honneur à la Mémoire de sa Mere, qui étoit Sœur d'Eudes II. Duc de Bourgogne.

Chronol. Præf. Lodov. pag. 99.

Quant à ses cinq Filles, il dit avoir déja donné *Clemence* au Monastére d'Aniane pour y être Religieuse, avec vingt Marcs d'Argent, dont il veut qu'elle soit contente & le Monastére aussi : mais, nous verrons qu'elle ne crut pas être tenuë à la destination de son Pere, & qu'elle épousa Rostang de *Sabran*.

Sibille étoit déja mariée à Raymond Gaucelin Seigneur de Lunel : & son Pere veut qu'elle soit contente de ce qu'elle a reçû à son Mariage ; sçavoir, cent Marcs d'Argent, deux Tasses pesant cinq Marcs, deux Lits de *Pallio*, ses Habits & ses Palefrois, *Vestimentis & Equitaturis*.

Il promet à ses autres Filles *Guillelme, Adelaïs & Marie*, la même Dot qu'avoit eû leur Sœur Sibille ; Mais il leur déclare, que si elles se laissoient enlever, elles seroient desheritées : Si pourtant (ajoûte-t-il) quelqu'une d'elles étant tombée dans ce cas, venoit à s'en repentir & retournoit à son devoir, qu'elle soit rétablie dans ses Droits, quoique le Fruit de ce Mariage illicite ne doive pas y avoir part. Quant à *Guillelme*, elle fut mariée dans la suite à Raymond de Roquefeüil.

Il ordonne, comme avoient fait ses Prédecesseurs, qu'aucun Juif ne fût jamais Bailli de Montpellier ; *Ne unquam Judæus sit Bajulus Montispessulani* : Et pour que

1171.

la Seigneurie de cette Ville ne fortît point de fa Maifon, & qu'elle ne fût point divifée, comme il paroît l'avoir eû toûjours en vûë, il appelle à fa Succeffion, au défaut de tous fes Enfans, fon Frere Guy, & après eux, les Enfans de fes Sœurs Guillelme & Adelaïs, l'une mariée à Bernard Atho, & l'autre à Raymond Etiéne de Cervian, comme nous l'avons dit ci-devant.

Ayant ainfi difpofé de tous fes Biens, il pourvut à la Tutelle de fes Enfans, qui étoient encore jeunes : Il nomme pour Adminiftrateurs de leurs Biens, Jean de Montlaur Evêque de Maguelonne, avec Guy fon Frere, jufqu'à-ce, ajoûte-t-il, que fon Fils aîné ait atteint l'âge de vingt ans : il les met tous fous la Protection de Raymond Gaucelin fon gendre, & fous celle d'Alphonfe Roi d'Aragon, qu'il appelle fon Seigneur; ce qui peut fortifier tout ce que nous avons déja dit de fes Droits fur la Ville de Tortofe.

FIN DU LIVRE SECOND.

HISTOIRE
DE LA VILLE
DE MONTPELLIER.

LIVRE TROISIÉME.

CHAPITRE PREMIER.

I. Commencemens de Guillaume Fils de Mathilde. II. Mort de son Oncle Guy le Guerroyeur. III. Son Mariage avec Eudoxie de Constantinople. IV. Il acquiert la Succession de son Frere Burgondion. V. Vicariat de Montpellier. VI. Guillaume fait Serment à l'Evêque de Maguelonne.

I. 1172.
IL faut que Guillaume Fils de Sibille n'eût pas beaucoup survêcu à son Testament, puisque nous avons un Serment de fidelité, qui fut prêté à son Fils dans le mois d'Octobre suivant 1172. par Guillaume Pierre Fils de Raymond de Montferrier, en présence de Jean de Montlaur Evêque de Maguelonne, & de Guy Guerregiat ses Tuteurs : *In Castello infra Ecclesiam Sanctæ Mariæ ante conspectum Joannis Magalonensis Episcopi & Guidonis Guerregiati.* *Memor. fol. 114.*

Ce même Guy, Oncle & Tuteur de Guillaume Fils de Mathilde, acquit pour lui en 1173. de la Veuve de G. de Pierrebrune, tout ce qu'elle avoit au Château du Pouget, en la Ville & Terroir de Vindemian, depuis la Riviére de l'Eraut jusqu'à Omelas, & depuis *Pueclacher* à Gignac, pour la somme de deux mille cinq cent Sols Melgoriens, le Marc évalué à quarante-huit Sols: *Pro valentiâ ut nunc valet marchâ quadraginta & octo Solidos.* 1173. *Fol. 161.*

En 1174. Raymond Comte de Toulouse, Fils de Faidite & Pere du Comte de Melgüeil, voulant sans-doute arrêter toutes les prétentions de la Maison de Montpellier sur la Comté de Melgüeil, traita avec les Tuteurs de Guillaume Fils de Mathilde, & lui promit en leur présence, de ne lui faire aucun mal, & de n'avoir aucune société avec ses Enemis. Fait dans le Lieu de Mezouls, sur les Confins des Terres de Melgüeil & de Montpellier : Présens Pons de *Alfatio* Archevêque de Narbonne, Jean de Montlaur Evêque de Maguelonne, Raymond Guillaume Abbé d'Aniane, Oncle du Seigneur de Montpellier; Guy *Gerregiat* son autre Oncle, Bernard d'Andufe, Raymond d'Uzés, Raymond Gaucelin & Guillaume de *Sabran* 1174. *Fol. 34.*

F

1174. ses Beaux-Freres, Bremond de *Sommieres*, Pierre de *Bernis*, Guillaume de Pierre, Pierre d'*Alegre*, & plusieurs autres.

1175. En 1175. Guillaume Fils de Mathilde, reçut le Serment de fidelité, pour le Château
Fol. 133. de Pignan, du même Raymond avec qui nous avons vû que son Pere avoit traité;
1176. & en 1176. il acquit d'une nommée *Etiénette*, un Plan dans Montpellier, qui est desi-
Fol. 72. gné dans l'Acte par ses Confrons, où il permit aux Corroyeurs de dresser leurs Tables.

1177. II. Dans l'année suivante 1177. il perdit son Tuteur & son Oncle Guy, surnommé *Guerregiat* (ou le Guerroyeur) qui voulut finir ses jours dans l'Ordre de Cîteaux, que son Pere avoit embrassé trente ans auparavant. Nous avons le Testament
Spicileg. Tom. qu'il fit à ce sujet, où il dit qu'il se rend & qu'il se donne à Dieu & à Nôtre-
4. pag. 152. Dame de Valmagne, *Reddo & dono meipsum Deo & Beatæ Mariæ Vallis-Magnæ in Ordine Cisterfiensi*: Il partage ses Biens à ses Neveux & aux Moines de Valmagne, ne reservant qu'une legére Portion pour l'Enfant qui pourroit naître d'une nommée Mathive, qu'il appelle sa Femme. Les Moines, dit-il, auront le Moulin de *Paulian*, les Fiefs de *Valautre* & de *Cocon*: Guillaume de Montpellier, Châteauneuf, Substantion & le Crez; Burgondion le Château du *Pouget*, le Bien qu'il a à *Centreirargues*, & la Terre de *Paulian*, excepté le Moulin qu'il a déja donné; Sa Femme Mathive aura la moitié de ce qu'il avoit à *Sauzet*, & le Fils qu'elle pourroit avoir, tout le reste de ce qui lui a appartenu: Ce Testament, fait au Château d'*Armazan* au mois de Février 1177. fut lû publiquement au mois de Mars suivant, dans l'Antichambre du Château de Montpellier, où les Témoins, en grand nombre, ayant été resumez, certifierent la verité de ce Testament, en présence de Jean de Montlaur Evêque de Maguelonne, de Bernard d'Anduse, de Pons Prévôt de Maguelonne, & de plusieurs autres. Après quoi (dit l'Acte) Guillaume de Montpellier & Burgondion son frere, jurerent d'observer inviolablement cette derniére Volonté de leur Oncle.

Je ne sçai s'il faut prendre à la lettre ces mots, *reddo & dono meipsum*, &c. & inferer de là, que Guy prit effectivement l'Habit de Cîteaux pour y vivre & mourir; ce qu'on ne pourroit guere accorder avec le Mariage dont il paroît qu'il étoit lié: Peut-être n'étoit-ce qu'une Dévotion qu'il eut d'être enterré à Valmagne dans l'Habit de Cîteaux, comme plusieurs Grands-Seigneurs firent depuis, & particuliérement *Jacques le Conquerant* son Arriére-Petit-Neveu, Roi de Mayorque & Seigneur de Montpellier.

1178. Je ne sçai non-plus, si Guillaume de Montpellier avoit encore atteint l'âge de vingt ans, qu'il devoit avoir, selon le Testament de son Pere, avant que de gerer ses Affaires; car nous avons un Acte du mois d'Août 1178. où Raymond Guillaume Abbé d'Aniane, qui se dit *Patruus Guillelmi Domini Montispessulani gerens administrationem nepotis mei*, reconnoît à un Particulier de la Ville, qu'il lui a donné un espace de Terre pour servir à une Ruë publique, & il lui accorde pour cela certaine Permission. Il est ajoûté dans le même Acte, que dans le mois de Septembre suivant, Guillaume, Seigneur de Montpellier, confirma la Concession faite par son Oncle : d'où j'infére qu'il devoit précisément être alors entré dans sa vingtiéme année; & la chose est d'autant plus probable, que son Pere ne s'étoit marié qu'en 1156. & que ses deux Sœurs Clemence & Sibille, étoient nées devant lui, puisque la seconde étoit déja mariée en 1172. lors du Testament de leur Pere.

III. Le premier usage que fit Guillaume Fils de Mathilde, du pouvoir que l'âge de vingt ans lui donnoit, fut de se donner une Epouse; mais, avant que de parler de son Mariage, j'avertis déja le Lecteur, qu'on pourroit regarder ce que j'en ai à dire comme une Avanture de Roman, s'il n'étoit certifié par tout ce que nous avons d'anciens Auteurs Espagnols & François : je m'attache à suivre ce que Zurita & Beuter en disent, parcequ'ils ont parlé sur les Mémoires que le Roi Jacques d'Aragon, Petit-Fils de Guillaume de Montpellier, en laissa lui-même.

Ils racontent, qu'Alphonse Roi d'Aragon, dont nous avons déja fait mention, ayant fait traiter de son Mariage avec Eudoxie, Fille d'Emanuel Comnéne Empereur de Constantinople, il eut parole qu'il auroit cette Princesse, & qu'on la feroit partir incessament : Mais, soit que les Troubles qui étoient alors dans l'Empire d'Orient, eussent causé du retardement au départ de la Princesse,

ou que le mauvais tems eût empêché son arrivée, le Roi Alphonse commença à 1178.
se défier de la parole des Grecs, & il écoûta les Propositions qui lui furent faites
pour l'Infante Sanche de Castille. Cette Proposition étant acceptée, & le Mariage 1179.
consommé, la Princesse Eudoxie arriva de Constantinople, suivie d'un Evêque &
de deux Seigneurs de l'Empire, qui lui servoient de Conseil ; La nouvelle qu'ils
apprirent en arrivant, du Mariage du Roi d'Aragon, les obligea de relâcher à
Montpellier, pour y attendre les Ordres de l'Empereur, à qui ils écrivirent le
mauvais succès de leur Voyage: Durant le séjour qu'ils firent à Montpellier,
Guillaume ne negligea rien auprès de la Princesse, soit par galanterie ou par
ambition ; il fit proposer au Conseil de la Princesse, qu'il repareroit (si elle vouloit) le tort que le Roi d'Aragon venoit de lui faire. Les Grecs (au raport de
Beuter) furent choquez de la Proposition, regardant comme un trop grand abaissement, que la Fille de leur Empereur s'établît avec un Homme qui n'étoit ni
Roi ni Fils de Roi ; *Teniendo à gran menga, que la Hija d'el Emperador cazasse
con Hombre que ni fuesse Rey ni Hijo de Rey*: Cependant, comme il leur faloit du
tems pour recevoir la Réponse qu'ils attendoient de Constantinople, Guillaume
eut le loisir de travailler à son Projet ; & les Rois d'Aragon & de Castille en- *Zurita. Liv. 2.*
trérent dans ses vûës, pour se dégager en quelque manière envers la Princesse *Chap. 33.*
& envers l'Empereur son pere : ils s'employérent si éficacement, que les Grecs &
la Princesse furent ébranlez ; & la mort de l'Empereur Emanüel étant arrivée
dans ces entrefaites, ils se déterminérent à faire consentir Eudoxie à recevoir 1180.
Guillaume pour Epoux: Toute la précaution qu'ils prirent fut d'exiger de Guillaume, que le premier Enfant qui naîtroit de leur Mariage, soit Garçon ou Fille,
auroit la Seigneurie de Montpellier ; *Con condicion que lo Hijo o Hija que primiero
naciesse d'esto Matrimonio heredasse à Monpeller*: Le Mariage fut donc accompli ; & 1181.
les commencemens en furent heureux, puisqu'ils eurent une Fille nommée Marie,
dont nous aurons grande occasion de parler.

Cependant, Guillaume travailloit avec succès à ses Affaires domestiques ; IV. 1182.
il recüeillit en 1182. la Succession de son Frere Burgondion, dont nous avons le
Testament du mois de Novembre de cette même année. Nous y apprenons qu'il
avoit épousé Adelaïs de Cognac, dont il avoit une Fille, nommée Burgondioze,
qu'il fait son Héritière, avec substitution à son Frere le Seigneur de Montpellier,
à qui il laisse par préciput, tout ce qu'il a, & qu'il doit avoir dans l'Evêché de
Maguelonne, excepté ce qu'il avoit par engagement à Poussan, qu'il laisse à la *Memor. fol. 46.*
disposition de Jean de Montlaur Evêque de Maguelonne, pour reparer, dit-il, les
mauvaises actions & les violences que j'ai faites; *Pro meis clamoribus & malefactis
restituendis cognitioni Joannis Episcopi Magalonensis plenarie relinquo*: Il laisse à sa
Femme la moitié du Château de *Paulian* ; & nous verrons bientôt comment
Guillaume s'accorda avec elle.

Cette année 1182. fut funeste aux deux Branches de la Maison de Montpel- V.
lier ; Car, Raymond Aimon, Chef de la Branche des Vicaires, fit son Testament
dans le même mois que Burgondion, par lequel il nous fait connoître toute sa
Famille. Après avoir choisi sa Sépulture à Maguelonne, il nomme pour son Héritier son Fils Bernard Guillaume, à qui il donne tout ce qu'il a depuis le Lez
jusqu'à l'Eraut: A sa Fille *Aimoine* (depuis Epouse de Guillaume de Montolieu)
tout ce qu'il a eû de son Frere Pelage : A sa Fille *Adalmudis* (depuis Epouse de
Raymond Pierre de Montpeiroux) tout ce qu'il a dans le Château de Colias, & dans
l'Evêché d'Uzès ; Et à sa troisiéme Fille *Alamande*, trois mille Sols Melgoriens,
payables lors de son Mariage : Il veut, s'il a un Fils postume, qu'il soit Chanoine
de Maguelonne, avec trois mille Sols Melgoriens ; & si c'est une Fille, qu'elle soit
Moinesse, avec pareille somme : Il substituë ses Filles à son Aîné ; donne la joüissance de ses Biens à sa Femme *Guillelme*, & la garde de ses Enfans au Seigneur
de Montpellier, à Jean Evêque de Maguelonne, à Guillaume Maurin Archidiacre,
& à Guy Maître des Templiers. Témoins, P. Bertaud Archidiacre de Maguelonne, Pierre de *Castelnau*, Pierre de *Brozet*, Pierre de *Lunel*, Pierre d'*Aigrefeüille*,
Michel *Morezan*, tous Chanoines de Maguelonne.

Dans l'année suivante 1183. le Seigneur de Montpellier confirma à Bernard 1183.

1183.
Fol. 61.

Guillaume Aimon, le Fief que Pelage son oncle avoit dans le Vicariat, de Montpellier, & certaines Tables sous l'Eglise de S^t. Nicolas : Mais il eut beaucoup plus à faire avec la Veuve de son Frere Burgondion, qui, ayant perdu sa jeune Fille *Burgondioze*, prétendit devoir lui succeder, nonobstant la Substitution faite en faveur des Seigneurs de Montpellier; De plus, elle demandoit les Fraix qu'elle avoit faits pour l'Entretien du Château de Paulian. Surquoi il fut convenu, que Guillaume laisseroit à sa Belle-Sœur, tout ce qu'elle avoit à Poussan; & qu'il lui payeroit deux mille Sols Melgoriens, pour toutes ses Demandes, ausquelles elle renonça en présence de Rostang de *Montbazen*, & autres.

1184. **VI.** Depuis que Guillaume étoit sorti de Tutelle, il n'avoit point rendu l'Hommage que tous ses Prédecesseurs avoient fait aux Evêques de Maguelonne. On choisit le mois d'Avril 1184. pour cette Ceremonie, où Guillaume, s'étant rendu à Maguelonne, fit entre les mains de Jean de Montlaur, sur l'Autel de S^t. Nicolas, le Serment, mêlé de Latin & de Patois, qu'on peut voir dans D. Luc d'Achery, en présence de quarante-huit Chanoines, qui se trouvérent alors à Maguelonne : Peut-être sera-t-on bien-aise d'en sçavoir les noms que l'Acte nous a conservé. Pons Prevôt, Guill. Maurin Archidiacre, Guill. *Raymond* autre Archidiacre, Maître *Richard*, Guillaume de *Pierre*, Pons *Gaucelin*, Pierre de Brozet, Pons de Cocon, Hugues de Ulmis, Raymond *Guinet*, Pierre de *Pignan*, Pierre de Lunel, Pierre de *Châteauneuf*, Pons *Almeras*, Pons *Garnier*, Guill. de *Montarnaud*, Pierre Raymond, R. de S^t. Drezery, Pons de *Cornon*, Jean de Montlaur, Bermond Fulconis, Pons de Cell. Bertrand Sacristain, Olric, Guill. de Fleix, (depuis Evêque) Raymond *d'Arboraz*, Guill. de Lechas, Pierre *d'Aubagne*, Raymond de Vic, Jean de *Roquefeüil*, R. Pierre de *Ganges*, Pierre Blanchet, Bernard Bidosc, Bertrand de *Pierre*, Bernard *Vezian*, Berenger *Balbi*, Guy de *Ventadour*, (depuis Prévôt) Guill. *Rotbert*, Guill. *Admar*, Raymond de *St. Brez*, Durand de *Lodéve*, Aimeric *Guillaume*, *Adalguier*, Bernard *Bermond*, Bertrand de *St. Geniez*, Pierre de *Brozet*, Pons *Comi* Archiprêtre, tous signez.

Spicileg. pag. 543. tom. 3.

On peut observer par ces noms de Gaucelin, Ventadour, Roquefeüil, Bermond, de Pierre & autres, dont les Familles tenoient la plûpart des Seigneuries des environs, qu'on regardoit alors Maguelonne comme un Seminaire pour la jeune Noblesse qui vouloit entrer dans l'Eglise.

1185. L'année 1185. est marquée par un Acte de Confederation pour le Commerce, entre le Seigneur de Montpellier & l'Evêque d'Agde, avec le Vicomte de la même Ville : j'en raporte les propres paroles. » Moi Pierre, par la grace de Dieu, Evêque » d'Agde, & moi Bernard Atho, par la même grace de Dieu, Vicomte d'Agde, pour » nous & nos Successeurs, nous vous recevons à perpetuité, vous Guillaume Sei- » gneur de Montpellier, avec tous vos Héritiers présens & à venir, sous nôtre guide, » protection, défense & sécurité; vous promettant, & à toute la Communauté de » Montpellier, de recevoir tous les Marchands Chrétiens ou Sarrazins qui viendront » chez nous à raison du Commerce : & moi Guillaume, Fils de la Duchesse Ma- » thilde, je vous donne la même assurance. Témoins, Pons, Got, & autres.

1186. Enfin, la mauvaise étoile de Guillaume Fils de Mathilde, le porta à faire éclater en 1186. le dégoût qu'il avoit pris pour sa Femme Eudoxie de Constantinople : On en donne, pour la premiére raison, la passion d'avoir des Enfans mâles, qu'il n'esperoit plus d'avoir de sa Femme; Et pour la seconde, la mauvaise humeur d'Eudoxie, qui, par ennui de se voir dans une Terre Etrangére, ou par trop de retour sur sa Naissance, exerça souvent la patience de son Mari, jusqu'à lui reprocher l'inégalité qui étoit entr'eux, & la violence qu'il lui avoit faite pour la faire consentir à l'épouser.

Ces maniéres, qui auroient pû être adoucies de part & d'autre, ne firent qu'augmenter tous les jours; De sorte que Guillaume s'abandonnant au dégoût qu'il avoit pour Eudoxie, la laissa à Montpellier, & alla dans l'Aragon dissiper ses chagrins auprès du Roi Alphonse : Malheureusement pour lui, il y prit de l'amour pour une Parente de la Reine ; & Alphonse, qui l'avoit servi dans son Mariage avec Eudoxie, non-seulement approuva ses nouvelles inclinations, mais encore il le détermina à épouser cette Parente de sa Femme.

CHA-

CHAPITRE SECOND.

I. Guillaume repudie Eudoxie, & épouse Agnez. II. Se régle avec le Comte de Melgüeil. III. Agnez travaille utilement pour ses Affaires. IV. Recherche la Protection du Pape Celestin. V. Elle marie la Fille d'Eudoxie. V. Divers Actes passez par Guillaume.

Nous avons le Contrat de Mariage que Guillaume passa avec Agnez dans le mois d'Avril 1187. où, après une assés longue Préface sur le Mariage en general, Guillaume dit que dans le desir d'avoir des Enfans, il a choisi Agnez, à qui il donne la dixiéme partie de tous ses Biens meubles ou immeubles, quelque part qu'ils soient : *Amore procreandorum Filiorum elegi mihi Sponsam assumere, nomine Agnetem, & facio ei dotem & donationem decima partis omnium rerum mobilium & immobilium ubicumque habeo & habebo.* Le Roi Alphonse, pour mieux colorer ce Mariage, fit une Donation à Guillaume & à Agnez ; qu'on prit grand soin d'enregîtrer dans nos Archives, où elle est encore : *Dono tibi Guillelmo Montispessulani Domino, & Agneti Uxori tuæ, Consanguineæ meæ.* Je vous donne, dit-il ; les Vignes, Bois, Terres, Eaux, & autres choses qui m'appartiénent dans la Parroisse de S^t. Just & de S^{te}. Rufine, avec l'Albergue qu'Ermengaud de Vernet me doit tous les ans ; mais, à la charge de retour après vôtre mort. Fait au mois d'Avril 1187. Cette reserve de retour, avec cette énumeration de Vignes, Bois, Terres & Eaux, renfermez dans une seule Parroisse, sentent plus une Donation simulée, qu'un Présent réel & de quelque importance.

I. 1187.
Spicileg. Tom. 4. pag. 550.

Memorial des Nobles.

Mais, on ne manquera pas sans-doute d'être surpris, que sans garder d'autre formalité, un Seigneur Catholique osât épouser une seconde Femme du vivant de la premiére ; & que le Roi Alphonse, après avoir manqué de parole à Eudoxie, & après s'être employé à lui faire épouser Guillaume, portât ce même Guillaume à la quiter pour en prendre une autre. A quoi je n'ai d'autre raison à donner, que les grands abus qui regnoient alors sur cette matiére dans les Etats voisins des Albigeois, qui répandoient déja leur Dogmes dans le Languedoc.

Toute la formalité qu'observa Guillaume, fut d'envoyer à Eudoxie qu'il la repudioit ; & cette Princesse, dans sa triste situation, n'eut d'autre recours qu'à l'Evêque de Maguelonne Jean de Montlaur, qu'elle conjura par tout ce que son état avoit de touchant, de ne pas laisser violer les sacrez Neuds du Mariage. Ce Prélat en écrivit à Rome, d'où il reçut ordre, avec l'Archevêque de Narbonne, de mettre en interdit les Terres de Guillaume : mais, le credit du Roi d'Aragon en ayant fait surseoir l'execution, Guillaume prit ce tems pour amener à Montpellier sa prétenduë Epouse, d'où Eudoxie, pour éviter la vuë de sa Rivale, se retira dans le Monastére des Religieuses d'Aniane.

Ils arrivérent dans le Païs en 1187. où nous voyons que le premier de Juillet de cette année, Raymond Atho de Murviel se reconnut Vassal de Guillaume de Montpellier, dans la forme ordinaire de ce tems-là ; c'est-à-dire, qu'il lui donna ses Terres, & que Guillaume les lui rendit & les lui donna à Fief honoraire. Les Terres énoncées dans l'Acte, sont les Châteaux d'*Omelas*, du *Pouget*, de *Montarnaud*, de *Cornonsec* & de *Montbazen* : Il lui soumet de même, tout ce qu'il a à *Poupian*, *Pignan*, *Frontignan*, *Villeneuve*, *St. Pargoire*, *Adillan*, *Plcissan*, *Vindemian*, *St. Amans*, *St. Bauzeli*, *Valmale*, *St. Paul de Montcamel*, *Murviel*, *St. George*, & tout ce qu'il a depuis l'Eraut jusqu'à Lamoussion, & depuis le Pont de S^t. Guillen jusqu'à la Mer. Raymond Atho dit dans cet Acte, qu'il a atteint l'âge de vingt-cinq ans, qu'il étoit Fils d'Ademar de Murviel ; & il paroît que le dérangement de ses Affaires le porta à passer ce Contrat, puisque Guillaume lui remet cinq mille Sols qu'il avoit en engagement ; En consequence, Raymond Atho

1187.   lui fait Hommage. Témoins, Raymond Abbé d'Aniane, P. de Vabres Prévôt de Maguelonne, Guy de Ventadour Prieur de St. Firmin, Guillaume de Fleix, (depuis Evêque) Hugues de Centreirargues, Michel de Morezan, tous Chanoines, avec B. de Roquefeüil.

1188.   II. Le Voisinage de Melgüeil, possedé alors par le Comte de Toulouse, sembloit demander que le Seigneur de Montpellier se, reglât avec lui ; la chose fut faite dans le mois de Mars 1188. par un Acte, qui nous explique bien clairement quelles Terres il tenoit du Comte de Melgüeil. Guillaume, qui se dit d'abord, par la grace de Dieu, Seigneur de Montpellier, Fils de la Duchesse Mathilde, reconnoît à Raymond Comte de Melgüeil, tout ce qu'il a au Château de *Castries*,

Memorial, fol. 36.   *Castelnau*, & *Centreirargues* : De plus, tout ce qu'il avoit à Pignan, dans le tems qu'ils firent ensemble un Accord à Grammont dans le Terroir de Montauberon ; ce qu'il reconnoît tenir de lui *ad Feudum honoratum*, de maniere qu'il ne soit tenu de rendre aucun de ces Lieux aux Comtes de Melgüeil.

Il reconnoît tenir des mêmes Comtes, le Chemin de Maleville jusqu'au Vidourle, & celui de Montpellier jusqu'à l'Eraut : Les trois Deniers pour Livre sur la Monoye de Melgüeil : Le Rivage & le Pâtus du Fleuve du Lez : Son Chaufage & celui des Habitans de Montpellier, sur le Bois de Valène, & sur tous les Arbres, excepté *Romes* & *Elzers* ; Et sauf (ajoûte-t-il) *usatico ipsius Boschi, sicut continetur in cartis quæ à tuis & meis Predecessoribus laudatæ sunt* : Il reconnoît tenir le tout *ad Feudum francum* ; & il lui rend pour toûjours, *Aiguelongue*, *Botonet* & *Malestar* dont il joüissoit.

Raymond, de son côté, lui accorde le tout avec les mêmes qualifications & conditions que dessus : Et en parlant de l'Accord fait à Grammont, il dit : *scilicet illud quod habuit Guido Guerregintus in Castro de Pojeto* ; & dans le Château de Pignan, le Fief que Raymond de Pignan tenoit de Guillaume de Montpellier.

Quant aux Chemins énoncez ci-dessus, il promet de garder & défendre tous les Passans, & de ne prendre d'autre droit de Guide & de Péage, que celui de quatre Deniers établi sur le Chemin de Cornon à Montpellier, sur celui de Montferrand à Ganges, & de Ganges à Montpellier : moyenant quoi, Guillaume promet de ne pas contrefaire la Monoye de Melgüeil. Fait à Montpellier, dans la Maison de la Milice du Temple, le troisiéme jour du mois de Mars entrant. Témoins, *Jean Evêque de Maguelonne*, Raymond de *Sauve*, Rostang de *St. Privat*, Salomon de *Falguieres*, Guillaume de *Thezan*, Pierre de *St. Gregoire* Maître du Temple, Guill. de *Pierre*, & plusieurs autres.

III. Agnez, déja maîtresse de l'esprit de son Mari, se rendit bientôt maîtresse des Affaires, où elle fit paroître beaucoup de genie, avec une grande passion d'établir ses Enfans. Comme le Commerce de Montpellier apportoit à son Mari bien de l'Argent comptant, elle le faisoit valoir avec avantage, & toûjours sur des Hipotéques bien sures : Ainsi, voyant le dérangement des Affaires du Vicomte d'Agde, elle

1189.   lui prêta dix mille Sols Melgoriens, sur lesquels elle retint mille Sols pour le Prêt, & se fit encore donner Marssilian pour sureté : *Laudo vobis desuper pro pignore mille Solidos Melgorienses*, dit bonnement le Vicomte dans l'Acte d'Emprunt, passé avant la Fête de Nôtre-Dame d'Août 1189. Et par un autre, du jour de St. Michel suivant, elle lui prête onze mille Sols, pour lesquels Bernard Atho lui engage le Bourg & la Cité d'Agde : *Obligo tibi Guillelmo & Agneti Uxori tuæ totum illud quod ego habeo vel habuit Pater meus Bernardus Atho in totâ Civitate & Burgo vel in suburbio Agatensi*. Mais, parceque l'Evêque pouvoit s'opposer à cet Engagement, attendu le Don que B. Atho lui en avoit déja fait, Agnez prit la précaution d'y faire intervenir l'Evêque de cette Ville : *Ego Petrus Agatensis Episcopus laudabo totum pignus Civitatis Agatensis quod Bernardus Atho Vicecomes vobis pignori supposuit*.

Nous ne trouvons pourtant pas que cet Engagement de la Cité d'Agde, ait eû aucun effet pour la Maison de Montpellier ; & je serois fort porté à croire, que l'Evêque d'Agde, pour conserver la Donation que Bernard Atho lui en avoit faite deux ans auparavant, dégagea son Donateur, en remboursant le Seigneur de Montpellier & Agnez son épouse : La chose est d'autant plus probable,

1190.   que par Acte du mois de Janvier 1190. Bernard Atho, voulant pourvoir à tous
                                                                                             ses

LIVRE TROISIE'ME. 47

ses Engagemens déja pris, fait Donation à Guillaume de sa Terre de Loupian, 1190.
pour lui & pour les Enfans qu'il a déja & qu'il aura dans la suite de Madame Agnez,
ne se reservant que l'Usufruit de ladite Terre sa vie durant.

Je crois ne devoir pas omettre une œuvre de Charité que nous trouvons avoir
été faite dans cette même année, par Guillaume de Montpellier, aux Religieux
de Grammont, établis depuis peu dans la Paroisse de Montauberon : Il leur donne, pour aider à se loger dans le Lieu où ils sont, tous les Revenus du Four du
Peyrou, qu'il avoit alors dans l'espace où est aujourd'hui l'Eglise des Carmes du
Palais. J'en parlerai plus amplement dans l'Article que je donnerai dans mon
second Tome, concernant les Religieux de Grammont.

Cependant ; la Promotion de Celestin III. qui fut élevé en 1191. au Souve- IV. 1191.
rain Pontificat ; parut à Agnez une occasion favorable à ses diferens desseins. Comme la Maison de Montpellier étoit connuë particuliérement de ce Pape, elle engagea Guillaume à lui écrire ; pour le feliciter de son Exaltation, & pour lui demander
diverses graces. Nous avons la Réponse que Celestin lui fit, datée de la premiere année de son Pontificat, dans laquelle, faisant mention de l'attachement de feu son Pere
pour le St. Siége, & pour lui-même avant que d'être Pape, *Considerantes quantum clara memoriæ Progenitor tuus Stæ. Romanæ Ecclesiæ & nobis ipsis in minore Officio
constitutis devotus extiterit*, il met sa Personne, & celle de son Fils Guillaume, avec
tous leurs Biens, sous la Protection du St. Siége ; selon la demande qu'il en avoit
faite : *Petitionibus tuis gratum impertimur ussensum* ; Et il renouvelle en leur faveur,
le Privilége obtenu par feu son Pere, de ne pouvoir être excommunié que par
le Pape lui-même, ou par son Legat *à latere*, (sauf dans certains cas particuliers
qu'il marque :) il confirme de plus, l'Exemption d'Interdit accordée déja pour ses
deux Chapelles du Château de Montpellier & de celui de Lates. Nous verrons
bientôt l'usage que fit Agnez de cette favorable Réponse.

Il paroît qu'elle avoit déja plus d'un Enfant mâle ; puisque nous trouvons des
Articles de Mariage arrêtez dès-lors, entre ses Enfans & les deux Petites-Filles
d'Ademar de Murviel ; quoique les Parties eussent à peine quatre ou cinq ans :
L'Acte est du mois de Juin 1191. où Ademar, qui avoit survécu à son Fils Raymond Atho, promet ses Petites-Filles Tiburge & Sibille ; aux deux premiers Enfans de Madame Agnez, sous un Dédit de dix mille Sols Melgoriens. Cela nous
fait voir l'ascendant qu'elle avoit pris sur son Mari ; puisqu'elle est nommée dans
tous les Actes, & qu'elle paroît même avoir eû la principale direction des Affaires :
Mais, comme elle ne perdoit jamais de vûë ses interêts, elle se fit retroceder par
Ademar ; l'Engagement de la Seigneurie d'Omelas, qui avoit été fait à son Fils
Raymond Atho par Raimbaud d'Orange.

Nous avons l'Acte du Serment qui fut prêté cette même année à Guillaume Fils *Memorial. fol.*
de Mathilde, par Raymond de Cournon, pour le Château de Cournonsec ; & celui *136.*
qu'Ermengaud de Pignan lui prêta l'année suivante 1192. *in Salâ Castri Domini* 1192.
Guillelmi Montispessulani. *Fol. 133.*

La Réponse favorable que Guillaume avoit reçû du Pape Celestin, fit naître la 1193.
pensée à Agnez, de demander à ce Pape la Confirmation de son Mariage ; elle en
chargea Imbert d'Aiguieres Archevêque d'Arles, qui exposa, comme Guillaume
le lui avoit dit fort naturellement, que n'esperant pas d'avoir des Enfans mâles de
sa premiere Femme Eudoxie, il avoit épousé Agnez, de qui il en avoit. Le Pape,
qui leur avoit été déja si favorable, fit une grande diference des graces qu'il pouvoit
accorder sans préjudice d'autrui, d'avec la Confirmation qu'ils demandoient d'un
Mariage fait contre les Loix de l'Eglise, & au préjudice d'une légitime Epouse :
Après néanmoins leur avoir donné tout le tems qu'ils voulurent, pour instruire
leur Affaire, il donna un Rescrit de l'an 1194. par lequel il déclara nul & illé- 1194.
gitime le Mariage de Guillaume avec Agnez.

Ce coup, qui renversoit tous les desseins de cette Femme pour l'Etablissement V.
de ses Enfans, ne l'abatit point : elle travailla dès-lors à éloigner d'auprès de son
Mari, la seule Fille qu'il avoit eû de sa Femme Eudoxie ; & quoiqu'elle eût à peine
douze ans, elle se hâta de la marier cette même année, avec Barral Vicomte de
de Marseille, & Frere de Gaufrid Evêque de Beziers.

VI.

1194. Dans ces entrefaites, il fut passé plusieurs Actes avec Raymond Fils de Faidite Comte de Touloufe, qui, outre ses qualitez ordinaires de Duc de Narbonne & Marquis de Provence, prend le titre de Comte de Melgüeil, quoique cette Comté appartînt à son Fils depuis plus de vingt ans, par son Mariage avec Ermensende. J'avouë que cette difficulté m'a d'abord arrêté ; mais j'ai trouvé dans Catel, que Raymond Fils de Faidite, vivoit encore, & ne mourut que sur la fin de cette année 1194. son Fils étant âgé de trente-huit ans : voila pour son âge. Quant à la qualité de Comte de Melgüeil, je ne sçai qu'elles Conventions pouvoient s'être passées entre le Pere & le Fils : mais il est toûjours vrai, selon les Actes que je cite, en date du 29. de Mai 1194. que Raymond Fils de Faidite, donne à Guillaume Fils de Mathilde, le Château de Frontignan, avec toutes ses Dépendances, pour le tenir de lui à Fief & sous Service de Guerre.

Comtes. Liv. 2. pag. 220.

Par autre Acte du même jour, le même Raymond donne au Seigneur de Montpellier, les Châteaux d'Omelas & du Pouget, avec plusieurs autres Terres qui en dépendoient, joüies ci-devant par Raymond Atho, à la charge de ne pouvoir les transporter ni aliéner qu'en faveur de ses Enfans, fils ou filles. Ce qui ayant été accepté par Guillaume, il renonça aux Droits de Guide & de Péage qu'il levoit auparavant dans la Comté de Substantion, sauf les Usages anciens établis par bons Titres : *Juro tibi Reverende Domine mi Prædicte Comes quod de coetero in antea Usaticum Pedaticum Guidaticum non capiam nec capere faciam in toto Substantione, exceptis Usaticis antiquis sicut in Chartis continetur de Pedaticis compositis.* Je ne sçai comment toutes les Terres ci-dessus énoncées, relevoient de la Comté de Melgüeil ; car, jusqu'à ce tems, il ne s'en étoit vû aucun Titre : Peut-être qu'Agnez, par la timidité propre de son Sexe sur ces sortes d'Affaires, porta son Mari à rechercher la Protection du Comte de Touloufe, pour conserver ses nouvelles Acquisitions.

Spicileg. Tom. 3. pag. 556.

1195. Les années 1195. & 1196. sont marquées par des Actes particuliers, qui n'interessent que les Affaires domestiques des Seigneurs de Montpellier. Le 18ᵉ. du mois de Février 1195. Bertrand & Bernard de S^t. Drezery, reconnurent à Guillaume, qu'ils tenoient de lui à Fief, tout ce qu'ils avoient au Château du Poujet.

Memoir. fol. 162.

1196. Au mois de Juin 1196. Guillaume reçut le Serment de Rostang d'Arsas, pour le Lieu d'Arsas; & de Pierre de Montferrier, pour Montferrier.

Fol. 109.

Un Acte du mois d'Octobre de cette même année, nous apprend le nom de la Veuve de Raymond Atho de Murviel, dont nous avons souvent parlé : Elle s'appelloit *Fidis*, qui épousa en secondes Nôces, Bertrand de Caderousse ; Et comme Guillaume avoit acquis tout ce que Raymond Atho eut en engagement de Raimbaud d'Orange, il paya sept mille Sols pour la Dot de *Fidis* sa Veuve, qui lui en fît Quitance.

Dans ce même tems, il fit plusieurs Acquisitions de divers Particuliers à S^t. Paul de Montcamel, qui est de la Dépendance du Château d'Omelas : Il acquit aussi de Pierre Bremond de Castelnau, tous ses Droits sur la Forteresse du Val, *Fortiam-Vallis*, qui lui avoit été engagée depuis long-tems par Raimbaud d'Orange ; & ainsi, en ayant réuni toute la Seigneurie à sa Personne, il reçut dans le mois de Novembre le Serment des Habitans de la Forteresse du Val.

Fol. 154.

Fol. 119.

Nos Archives marquent dans cette même année, la Donation qu'il fit à Nôtre-Dame de Cassan, de la Métairie de *Martinzac*, avec tous les Fiefs que cette Eglise pouvoit acquerir, depuis la Riviére de Rovegia jusqu'au Champ de Planmajour, & le Droit de Pâcage dans le Terroir d'Omelas.

Mais, l'Evénément plus remarquable pour la Ville de Montpellier est, l'Entreprise qui fut faite alors d'agrandir la Ville, & de clorre de bonnes Murailles toute cette Augmentation. Nous avons une Acte passé dans le mois d'Octobre, par lequel Guillaume s'engage de relever les Administrateurs de la Ville qui prenoient soin de ce Travail, de toutes les Plaintes que les Particuliers pourroient faire à ce sujet. Les Administrateurs nommez dans cet Acte sont, Pierre de *Conchis*, Raymond *Lambert*, Hugues *Pulverel*, & Pierre de *Montbeliard*.

CHAPITRE

CHAPITRE TROISIÉME.

I. Affaires de Marie de Montpellier. II. Son Mariage avec le Comte de Comenge. III. Guillaume est protegé par le Pape Innocent III. IV. Est loüé de son zéle pour la Foi Catholique. V. Fait plusieurs Acquisitions.

L'Année 1197. donna commencement à toutes les Agitations qui troublérent I. sans relâche la Vie de Marie, Fille de Guillaume de Montpellier & d'Eudoxie 1197 de Constantinople. Cette jeune Princesse ayant perdu le Vicomte de Marseille son époux peu après son Mariage, fut obligée de revenir auprès de sa Marâtre, qui ne se consola de son retour que par l'esperance des cinq cent Marcs d'Argent que le Vicomte avoit laissé à sa jeune Veuve : Agnez en demanda le Payement à l'Evêque de Beziers & à Roscelin, Freres du Défunt ; mais n'en ayant pas eû la satisfaction qu'elle attendoit, elle en fit porter des Plaintes par son Mari, au Pape Celestin, qui ayant connu la justice de sa Demande, & étant bien-aise dans cette occasion de lui faire plaisir, donna un Rescrit, adressé aux Archevêques d'Arles & de Narbonne, par lequel il leur mandoit d'obliger par toutes voyes, l'Evêque de Beziers & Roscelin son frere, de faire raison à Guillaume, & s'il étoit necessaire, de mettre Marseille en interdit.

Le Payement de toute la Somme n'étoit pas encore achevé, qu'Agnez, empressée de se défaire de Marie, lui chercha un second Epoux ; Elle le trouva en la personne de Bernard Comte de Comenge, tel qu'il le faloit pour la rendre malheureuse : Car ce Seigneur, Fils d'une Sœur du Comte de Touloufe, qui s'étoit déja déclaré pour les Albigeois, étoit lui-même dans les Sentimens que ces Héretiques répandoient sur l'Article du Mariage, & il avoit actuellement deux Femmes lorsqu'il accepta la Princesse Marie ; mais, comme il faloit sauver les apparences pour en venir où sa Marâtre vouloit conduire les choses, on chargea les Docteurs en Droit, qui, depuis Placentin, faisoient fleurir la Jurisprudence à Montpellier, de prendre toutes les suretez possibles pour bien lier les Futurs-Epoux, & pour assurer en même-tems la Succession des Biens de Guillaume, aux Enfans qu'il avoit eû d'Agnez. Pour cela on fit faire à la jeune Princesse une Renonciation à tous les Biens de son Pere, où l'on voit clairement que des Gens les mieux versez dans l'Etude des Loix y avoient travaillé : Et parcequ'il étoit notoire que le Comte étoit marié, & qu'il avoit un Enfant de la premiére de ses deux Femmes, on ne dit rien de la seconde ; mais on suposa une Solution de Mariage avec la premiére, que l'on fit enregîtrer avec soin à Montpellier.

Dans la Renonciation, qui est du mois de Décembre 1197. Marie dit, « qu'ayant » déja quinze ans & au-delà, *sciens me esse ætatis quindecim annorum & amplius,* » elle abandonne, sans rien retenir pour soi, pour ses Héritiers, ni pour ses Suc- » cesseurs, à Guillaume son Pere, & au Fils qu'il a eû de Madame Agnez, toute » la Ville de Montpellier & toutes ses Appartenances ; sçavoir, les Châteaux de » Lates, de Montferrier, d'Omelas, du Poujet, de Poupian, de Cornonsec, de » Moutbazen, de Montarnaud, de Paulian, de Mazeres, de Pignan, de Fron- » tignan, Murviel, St. George & Vindemian, avec tout ce qui peut lui appartenir, » tant à la Ville de Montpellier qu'à tous ces Châteaux & Places, se contentant de » deux cent Marcs d'Argent fin, & des Joyaux des Nôces que son Pere lui a donnez.

Mais, pour déroger à la Clause du Mariage de Guillaume avec Eudoxie, qui assuroit la Ville de Montpellier à l'Enfant premier né, soit Garçon ou Fille, & pour établir en quelque façon la Loi Salique dans la Maison des Guillaumes, on ajoûta adroitement, sous prétexte d'une Reservation : *Sciendum tamen est quod si Guillelmus Pater meus sine liberis Masculis decesserit, hereditas illius jure consuetudinario Monspelii ad me pleno jure devolvitur tanquam ad Filiam primogenitam.* » Bien » entendu pourtant, que si mon Pere venoit à mourir sans Enfans mâles, son

1197.
» Hérédité, selon la Coûtume de Montpellier, m'est dévoluë de plein droit, en
» qualité de sa Fille aînée.

Le reste de l'Acte n'est autre chose qu'un Serment sur les Evangiles, que font la Princesse Marie, le Comte de Comenge & Raymond de Toulouse, pour l'observation de tout ce qu'il contient.

Quant à la Dissolution du Mariage du Comte de Comenge avec sa premiére Femme, elle porte, » que tout ce qui se fait avec justice devant être conservé à la » Postérité, on fait sçavoir à tout le Monde, que Bernard Comte de Comenge, » Fils de la Sœur du Comte de Toulouse, ayant fait un Mariage illicite & con- » tre les Saints Canons, avec Guillelmette de Contors, Fille d'Arnaud Guillaume » de Bertha, qui étoit sa Parente au quatriéme degré, & ne voulant point rester » dans son péché, il se seroit présenté à certain jour convenu avec ladite Con- » tors & ses Parens, devant l'Evêque de Comenge, où il auroit prouvé, sans aucune » contradiction, qu'ils étoient Parens au quatriéme degré : Ledit Sieur Reverend » Evêque, après avoir écouté les Preuves & les Témoins, auroit prononcé juste- » ment & Canoniquement sur leur Séparation, qui auroit été confirmée ensuite » par l'Archevêque d'Auch, au mois de Novembre de la même année 1197.

II. Ces deux Actes furent suivis du Contrat de Mariage du Comte de Comenge avec la Princesse Marie, dans lequel Guillaume donne à sa Fille deux cent Marcs d'Argent fin, avec ses Joyaux de Nôces ; & Bernard son futur Epoux, lui donne le Château de Muret, avec toutes ses Appartenances : Il assure sa Succession au premier Enfant mâle qui naîtra de leur Mariage ; & s'ils n'ont qu'une Fille, il lui assure tous ses Biens, excepté la Ville de Comenge : reservant néanmoins *Montdezert*, *Favars* & *Gallisc* pour le Fils qu'il avoit eû de la Contors.

Mais, ce qui prouve bien la défiance où l'on étoit du Comte, c'est l'excès de précaution qu'on prit pour le lier : Car on lui fait promettre, » qu'il ne pren- » dra point une autre Femme avec Marie, mais qu'il la tiendra pour son Epouse ; & » l'on fait jurer le Comte de Toulouse, qu'il sera garant de cette Promesse : & » l'Archevêque d'Auch, avec les Evêques de Toulouse & de Comenge, qui étoient » présens, promettent d'excommunier Bernard, & de mettre ses Terres en interdit, » s'il vient à manquer à sa parole.

» Marie, par reconnoissance, transporte au Comte de Comenge, tout le Droit » qu'elle a sur la Succession de son premier Mari, & particuliérement trois cent » Marcs d'Argent qui ne lui avoient pas encore été payez : Ce qui peut insinuer l'empressement où l'on étoit de se défaire d'elle, & l'avarice de sa Marâtre, qui, sans recompenser la Renonciation que Marie avoit faite en faveur de ses Enfans, la renvoye avec les seuls Droits qu'elle avoit de son premier Mari.

Mais, l'injustice du procédé d'Agnez fut bientôt punie ; car le Comte de Comenge n'ayant point tardé, à son ordinaire, de se dégoûter de sa nouvelle Epouse, & n'ayant pû lui arracher son Consentement à une Séparation, ni la faire ordonner par l'Evêque de Comenge, il traita si indignement cette jeune Princesse, qu'elle aima mieux revenir, avec une seule Suivante, dans la Maison de son Pere, que d'être toûjours exposée aux fureurs de son Mari. Guillaume, pour tâcher de ramener le Comte, employa toutes les voyes de la douceur ; mais n'ayant pû rien gagner par ce moyen, il eut recours aux Plaintes, qu'il crut devoir être d'autant plus efficaces qu'elles étoient très-justes : Mais, il ne s'attira que des reproches sur son Divorce avec Eudoxie ; & le Comte lui dit fort nettement, qu'il ne faisoit rien dont il ne lui eût donné l'exemple.

1198. III. Les esprits étant ainsi aigris de part & d'autre, Agnez, dont le principal objet étoit d'éloigner Marie d'auprès de son Pere, engagea Guillaume de porter ses Plaintes au Pape Innocent III. qui venoit de succeder à Celestin. Ce Pape, qui, sans-contredit, est un des plus dignes qui ayent occupé la Chaire de S^t. Pierre, voulant remedier au mal, après s'en être assuré, écrivit d'Anagni (en date du 29. de Décembre) à l'Archevêque de Narbonne & à l'Evêque de Comenge, d'examiner la chose ; & que s'ils trouvoient que les Plaintes de Guillaume fussent fondées, ils avertissent le Comte de Comenge de traiter sa Femme en veritable Epouse : & qu'en cas de refus, on l'y contraignît par voye d'Excommunication,

sans

sans aucune voye d'Appel ; le Pape se reservant de proceder plus séverement contre lui : *Si verò in suâ contumaciâ duxerit perfistendum nos in eum manus nostras curabimus aggravare.*

1198.

Bernard de Comenge, qui n'avoit pas encore sécoüé le joug de l'Eglise comme il fit dans la suite, reprit alors la Princesse Marie, dont il eut deux Filles, l'une nommée Mathilde, mariée depuis à Sanche de *Barra*, & l'autre Peironne ou Petronille, qui fut l'Epouse de *Centulle* Comte d'Astarac : Mais, la liaison que la Naissance des Enfans fortifie d'ordinaire entre un Mari & une Femme, ne rendit pas plus constant le Comte de Comenge, car il repudia Marie quelques années après, & son Divorce fut approuvé par l'Eglise, comme nous le verrons en son lieu.

Cependant, Agnez, qui concevoit des esperances flateuses de toutes les graces qu'elle avoit obtenu de la Cour de Rome, voulant toûjours la ménager pour son grand dessein, qui étoit la Confirmation de son Mariage, profita de l'occasion des Troubles que les Albigeois causoient dans le Languedoc ; & sous une belle apparence de zéle, elle fit demander par Guillaume à Innocent III. un Legat, pour arrêter toutes les Entreprises de ces nouveaux Heretiques : sa Lettre fut portée par le Prévôt de Marseille, que Guillaume en avoit chargé ; & il n'oublia pas de demander encore, la Confirmation de toutes les Graces que lui & ses Prédecesseurs avoient obtenu du St. Siége.

Le Pape, par deux Rescrits, que nous avons tous les deux du dixiéme de Juillet, & donnez au Palais de Latran la seconde année de son Pontificat, c'est-à-dire 1199. met, par l'un de ces Brefs, la Personne de Guillaume sous la Protection du St. Siége, avec tous les Biens qu'il possede justement, & ceux qu'il pourra acquerir de même ; Et dans l'autre, il lui donne avis qu'il lui a destiné un Legat, comme il lui avoit demandé (*quoniam postulasti*) nommé Frere Renier, de l'Ordre de Cîteaux.

1199.

Ce premier Legat fut suivi du Cardinal de St. Prisque, qui arriva l'année d'après 1200. chargé de très-grands pouvoirs contre les Albigeois ; & lorsqu'il fut sur les Lieux, le Pape lui adressa deux Brefs pour le Seigneur de Montpellier, dans l'un desquels ayant pris sous sa Protection la Personne de Guillaume, & celle de ses Enfans, il défend que qui que ce soit, sans cause manifestement raisonnable, & sans avertissement précedent, ose les excommunier ni mettre leur Terre en interdit ; Et dans l'autre, il permet que si ses Terres venoient à être comprises dans un Interdit general, il puisse faire dire la Messe à huis clos dans sa Chapelle du Château par ses Chapelains, pourveu que lui-même, ni aucun d'eux, ne soient point liez par Interdit ou Excommunication.

Le Pape, dans tous ces Brefs, paroît fort persuadé de la sincerité du zéle de Guillaume : *Movet nos* (dit-il dans le dernier) *tuæ devotionis sinceritas & sollicitudo* (*quâ sicut audivimus*) *ferves in operibus pietatis* ; Et il est vrai qu'il reçut de son tems bien des Eloges sur cet article, puisque nous trouvons dans le Livre qu'*Alanus* fit alors contre les Vaudois, & qu'il dédia à Guillaume, qu'il le regardoit entre les Princes Chrêtiens, comme un des plus distinguez par son zéle : *Cum inter universos mundi principes te videam specialiter indutum armis fidei Christianæ* ; Et plus bas : *Quia te Princeps strenuissime specialem fidei filium & defensorem intucor, tibi hoc opus devoveo.*

IV.

Il garantit en effet la Ville de Montpellier, de l'Entrée des Albigeois, où ces Heretiques n'eurent jamais le pouvoir de s'établir : Et tandis que la plus grande partie des Villes du Languedoc furent en proye aux Erreurs & aux Entreprises de ces Heretiques, celle de Montpellier en fut heureusement préservée, par l'éloignement que Guillaume fit toûjours paroître pour eux, & par la Protection qu'il donna constamment aux Ministres de l'Evangile. Il ne nous appartient pas de décider de la pureté des motifs qui le firent agir dans cette occasion, quoique sa conduite, peu reguliére dans un point aussi essentiel que celui du Mariage, puisse nous donner quelque lieu d'en douter : Mais Dieu, qui se sert quelquefois de nos propres passions pour ses differens desseins, pourroit bien s'être servi en faveur de son Eglise, de l'ardente passion qu'avoient Agnez & Guillaume pour la Confirmation de leur Mariage ; ce qu'ils ne pouvoient esperer que de la Puissance Ecclesiastique.

G 2

Ils prirent alors la resolution de faire une derniére tentative auprès du Pape Innocent III. de qui ils avoient reçû tant de marques de bonté; mais, tandis qu'ils disposoient toutes les choses necessaires pour ce dessein, il se passa à Montpellier quelques Evenémens dignes de remarque pour nôtre Histoire.

V. Guillaume avoit réuni en 1199. toute la Seigneurie de la Ville, en acquerant la Portion que les Vicaires y avoient depuis plus d'un siécle. Les Actes que nous en avons nous apprénent, que Raymond Aimon, le dernier des Vicaires, ne laissa que trois Filles; sçavoir, Aimoine, qui épousa Guillaume de Montolieu; Adelme, qui fut Femme de Bernard de Montpeiroux, & Alamande, dont nous ne trouvons point la suite: L'Aînée de ces trois Sœurs avec son Mari, vendirent leur Portion en 1197. au Seigneur de Montpellier; Et la Seconde, après avoir joüi de la siéne, avec Bernard de Montpeiroux, jusqu'en 1199. ils en firent une Vente à Guillaume, dans laquelle ils disent qu'ils lui abandonnent tout ce qu'ils ont possedé dans Montpellier, à raison de la Vicairie de feu Raymond Aimon: *Acta sunt hæc apud Anianam in Ecclesiâ Beatæ Mariæ.*

Le Projet du Mariage dont j'ai parlé ci-devant, entre les deux Aînez du Seigneur de Montpellier, & les deux Petites-Filles d'Ademar de Murviel, rompit cette même année, par la resolution des deux Sœurs, qui voulurent choisir un Epoux à leur gré. Elles commencérent pour cet effet une Procédure, dont nous avons tous les Actes, où d'abord elles demandent à l'Evêque de Maguelonne, de nommer un Commissaire pour justifier de leur âge: Guy de Ventadour, Prévôt de cette Eglise, fut nommé pour oüir les Témoins, qui, au nombre de dix-sept, certifiérent que Sibille, la seconde des deux Sœurs, avoit passé douze ans, & par consequent Tiburge son aînée. Ce point ayant été établi, elles firent une Déclaration à Guillaume, où elles disent, qu'attendu le degré prohibé où elles étoient avec ses Enfans, il paroissoit plus avantageux de ne point contracter de Mariage, que de s'exposer à le faire rompre après l'avoir contracté: c'est pourquoi, *beneficio minoris ætatis*, elles renoncent à tous les Pactes déja passez, & en déchargent Guillaume; promettant de ratifier le tout à sa volonté. Fait sur les Bords de l'Eraut, auprès de la Ville d'Agde, dans le mois d'Août 1199.

Il est à croire que c'étoit une Affaire toute concertée entre Parties, par l'interêt qu'Agnez trouvoit dans cette même occasion à bien placer son Argent; Car aussitôt les deux Sœurs firent une Vente generale de toutes leurs Terres à Guillaume de Montpellier, pour le prix de soixante-dix-sept mille quatre cent Sols Melgoriens. L'Acte en explique si bien les motifs & les circonstances, que je crois en pouvoir donner ici une Traduction du Latin.

" L'an 1199. au mois d'Août, nous Tiburge & Sibille, Filles de Raymond Atho, " desirant de nous marier, puisque nous avons passé l'âge de douze ans, nous " avons (du Conseil d'Etiéne de Cervian nôtre cousin, & de Raimbaud nôtre on- " cle) choisi pour Epoux, Pons & Flotard, Fils de Pons d'Olargues: Et parcequ'ils " ont voulu recevoir de l'Argent comptant pour nôtre Dot, nous qui n'en avons " pas, vû les Dettes contractées par nôtre Pere Raymond Atho, & *Fidis* nôtre " Mere, pour lesquelles il a falu payer de grandes Usures, nous sommes dans la " necessité de faire de l'Argent avec les Biens que nous avons reçû de nôtre Pere; " c'est pourquoi, nous Tiburge & Sibille (en approuvant tous les Engagemens faits " à raison desdites Dettes) nous vendons à vous Guillaume, Seigneur de Mont- " pellier, Fils de la Duchesse Mathilde, & vous remétons à titre de Vente con- " sommée, tout le Château d'Omelas, avec toutes ses Dépendances, spécialement " les Châteaux de *Montarnaud*, de *Pignan*, de *Cornonsec*, de *Montbazen*, de *Fron-* " *tignan*, de *Miravaux*, & tous les Droits que nôtre Pere Raymond Atho a eû " sur le Château de *Villeneuve*, sur ceux de *Poupian*, du *Poujet*, de *St. Pons*, & " sur les Villes de *St. Pargoire*, de *Vindemian*, de *St. Bauzile*, de *Capreriis*, de " *Cardonet*, de *St.* Antoine *de Pinet*, S.t Paul de *Montcamel*, *Valmale*, *Murviel*, " *St. George*, *Marseillan*, & generalement tous les Biens & tous les Droits que " nous avons, depuis le Larzac jusqu'à la Roche Ermengarde & le Château de " *Paulian*: pour laquelle Vente nous reconnoissons, que vous Guillaume Seigneur " de Montpellier, nous avez compté soixante-dix-sept mille quatre cent Sols

Mel-

« Melgoriens ; vous prométant de ne vous demander point de Plus-valuë, & de
» ratifier le tout, toute-fois & quantes que vous voudrés : Ratifié de même par
» Pons & Flotard d'Olargues avec leur Pere. Présens, Guillaume de *Roquezel* Evêque & Seigneur de Beziers, Raymond Evêque d'Agde, Guy de *Ventadour* Prévôt de Maguelonne, Guillaume d'*Altiniac* Chanoine de Maguelonne, (depuis
Evêque) Guy Maître du Temple, Bernard de *Murviel* Chanoine d'Agde, Guillaume d'Altiniac Chevalier, & quantité d'autres.

1199.

CHAPITRE QUATRIÉME.

I. *Habileté d'Agnez dans les Affaires Temporelles.* II. *Réponse du Pape Inno-*
cent III. sur son Mariage. III. *Guillaume en tombe malade & fait son*
Testament. IV. *Renversement de tous ses Projets.*

L'AFFAIRE dont je viens de parler fut d'autant plus avantageuse pour Agnez, I.
qu'elle acqueroit à ses Enfans toute la Succession de Raymond Atho, qu'elle
avoit eû toûjours en vûë : Et la grande somme qu'il faloit compter ne lui étoit
pas fort à charge, parcequ'elle avoit déja pour trente-sept mille Sols Melgoriens
sur cette Succession, comme il paroît par la Quitance de Pons d'Olargues, qui
reconnoît vingt mille Sols à Guillaume Fils de Mathilde, pour la Dot de sa Femme
Tiburge, pareille somme reservée pour la Dot de Sibille ; & le reste pour les
Dettes de l'Heredité, dont Guillaume s'étoit chargé.

De cette maniére, Agnez réunit tous les Biens qui avoient été démembrez de
la Maison de son Mari ; & pour achever d'en purger toutes les Dettes passives,
elle fit trois differens Payemens, dont nous avons les Quitances, qui nous font
connoître deux des Beaufreres de son Mari, & un de ses Oncles.

La premiére, qui fut dans le mois de Septembre, est de Rostang de *Sabran*,
Mari de Clemence, Sœur de Guillaume Seigneur de Montpellier, de qui il
reconnoît avoir reçû cinq mille Sols pour la Dot de sa Femme, à laquelle il laisse
la disposition entiére de cette somme, au cas que leur Mariage vint à se rompre :
Ita ut soluto Matrimonio nostro tu Uxor mea Clementia de istis quinque mille Solidis
Melgoriensibus possis plenissime voluntatem tuam facere. La nouvelle Doctrine des Albigeois sur le Mariage, faisoit prendre aux Femmes mariées toutes ces précautions.

La seconde, qui est du mois de Novembre, fut faite par Raymond Guillaume
Evêque de Lodéve, Oncle du Seigneur de Montpellier, qui décharge son Neveu
du prix de certain Bien qu'il avoit acquis dans le Diocése de Lodéve, de Gaucelin son Predecesseur dans cet Evêché ; l'Acte dit : *Libero & absolvo Guillelmum*
Dominum Montispessulani nepotem meum, in perpetuum absque ullâ retentione, &c. Il
faut, selon nôtre Acte, que Raymond Guillaume ait vécu une année plus que ne
dit M'. Plantavit de la Pauze, dans sa Cronologie des Evêques de Lodéve, car il
marque sa mort en 1198.

Pag. 100.

La troisiéme Quitance, faite dans le mois d'Octobre 1200. est de Raymond de
Roquefeüil, Neveu du Seigneur de Montpellier, qui reconnoît avec sa Femme
Marquise, avoir reçû cinq mille Sols, qui avoient été promis au premier Enfant
mâle lors du Mariage de Guillelme, Sœur dudit Seigneur. Témoins ; Guillaume
Abbé de *Nant*, Foulques *Roch* & Petot *Roch*.

1200.

Agnez, toûjours infatigable pour amasser du Bien, fit acquerir à son Mari dans
cette même année, les Droits Seigneuriaux du Château de *Tressan*, en comptant
deux mille cinq cent Sols Melgoriens à Raymond de Castries, Fils d'autre Raymond & d'Ermensende, qui en fit hommage à Guillaume Seigneur de Montpellier ; de même que Bertrand de Gigean, pour le Château de Frontignan : *In*
Castello Domini Guillelmi Montispessulani in viridario juxta Ecclesiam.

Dans l'année suivante 1201. on lui fit une Reconnoissance pour Centreirargues ;
junctis manibus & flexis genibus apud Castellum in plano ante turrim : Et en 1202.

1201.
1202.

54   HISTOIRE DE LA VILLE DE MONTPELLIER,

1202.
Fol. 189.

Agnez, qui avoit la grande direction des Affaires, acquit de Gaucelin Abbé d'A-niane, les Pêcheries de Frontignan, pour quatre mille Sols, que l'Abbé avec trente de ses Moines, reconnurent avoir reçus le dix-huitiéme du mois de Juin; Et dans le mois d'Août suivant, elle fit acheter à son Mari, les Censives, Justice & Possessions que la Veuve de Raymond de S^{te}. Croix avoit au Château & Terroir de Frontignan: *Et in hac venditione concedimus vobis domum quæ dicitur* (sala) *& unum locale quod est in Barrio de Frontiniano.*

Fol. 190.

II. Au milieu de tous ces Soins temporels, Agnez & Guillaume reçurent la Réponse du Pape Innocent III. sur la Confirmation de leur Mariage, qu'ils avoient si fort à cœur: La Suplique en avoit été présentée par le même Archevêque d'Arles qui s'étoit interessé pour eux auprès du Pape Celestin; & pour l'obtenir plus aisément, ils se servoient de toutes les inductions qu'on pouvoit tirer du Droit Canon. Vous pouvés Saint Pere, disoient-ils, élever des Bâtards à la Dignité Episcopale, & un simple Evêque peut ordonner une Personne qui n'est pas libre; Donc vous pouvés, *à majori ad minus*, rendre habiles des Enfans bâtards à la Succession de leur Pere: Et pour appuyer ce raisonnement de quelque Préjugé, on osa citer l'Exemple du Roi Philipe Auguste, (*ex eo traxit majorem audaciam postulandi*) qui ayant renvoyé la Reine Ingeburge son épouse, en avoit pris une autre, dont il avoit actuellement un Fils & une Fille; D'où l'Archevêque d'Arles concluoit, que le Pape pouvoit accorder une pareille dispense à Guillaume, qui se trouvoit dans le même cas.

Lib. 2. tit. 17. qui Filii sint legitimi.

Cette Demande attira une Réponse, qui est inserée dans les Décretales, & adressée à Guillaume même, *Nobili viro Guillelmo Domino Montispessulani*, où le Pape, répondant aux raisons exposées par l'Archevêque d'Arles, reconnoît que si les choses Spirituelles sont dans un rang supérieur aux Temporelles, le pouvoir du Pape ne s'étend pas également sur les unes & sur les autres: Et quant à l'Exemple tiré de la Dispense accordée au Roi de France, Innocent ajoûte qu'il y a cette diference, que le Roi avoit été séparé de la Reine par l'autorité de l'Archevêque de Reims, Legat du St. Siége; mais que lui Guillaume (comme tout le Monde dit) ne s'étoit séparé que par sa propre témerité, *tu vero Uxorem tuam à te* (sicut dicitur) *temeritate propriâ separasti*: De plus, le Roi avoit objecté contre son premier Mariage, l'empêchement d'affinité qu'il avoit avec la Reine, & lui n'avoit rien objecté contre sa premiére Epouse. D'où le Pape conclud, qu'il a crû devoir sursoeir à sa Demande, jusqu'à-ce que sa faute soit devenuë moindre, s'il est possible, ou que l'Exercice de son Autorité sur cette matiere paroisse mieux établie, *Donec* (si fieri poterit) *& culpa levior & Jurisdictio liberior ostendatur*: Et il finit, en l'assurant qu'il lui accordera avec plaisir toutes les graces qui ne seront pas contraires à la Loi de Dieu, & à l'Honnêteté publique. Cette Réponse (selon M^r. Baluze) est de la cinquiéme année du Pontificat d'Innocent III. c'est-à-dire de 1202.

III. Je ne sçai comment Guillaume reçut cette Réponse, & si l'on ne peut pas attribuer au déplaisir qu'il en eut, la maladie dont il fut saisi bientôt après, & qui l'obligea de faire son dernier Testament le quatriéme du mois de Novembre 1202. Il paroît par la grande quantité de Legs-pies qu'il fit, qu'il entra dans une grande apprehension des Jugemens de Dieu, comme il est naturel à ceux qui, après avoir long-tems vêcu dans le desordre, se trouvent menacez de mourir.

Les grandes Aumônes qu'il ordonna, nous font connoître les Maisons de Piété qui étoient alors à Montpellier, ou dans le Diocése.

A *Maguelonne*, il donne deux mille Sols, & établit un Anniversaire pour son Ame, & celles de ses Parens, le jour de St. Michel.

Au Monastére de *St. Felix* (aujourd'hui les Religieuses de Gigean) mille Sols, avec pareille charge.

A celui de *St. Geniez*, cinq cent Sols.

A l'Hôpital du *St. Esprit*, mille Sols: A celui de *St. Guillem*, deux cens; Et à chacun des autres Hôpitaux de la Ville, cinquante.

A la Maison de *Grammont*, mille Sols.

Au Monastére de *Grandselve*, cent livres.

A *St. Firmin*, un Calice d'Argent d'un Marc & demi: Autant à Nôtre-Dame des *Tables*; Et à chacune des autres Eglises de Montpellier, cinquante Sols.

Aux Infirmes du Pont de *Castelnau*, cent Sols.

Pour la Redemption des Captifs, cent Marcs d'Argent.

A la Maison de *Valmagne*, il confirme la Donation des Moulins sur l'Eraut, que son Oncle Guy le Guerroyeur avoit faite.

Il fait une ample Disposition en faveur de la *Chapelle du Château*, que je raporterai dans l'Article de cette Eglise.

Il charge son Héritier d'envoyer tous les ans au commencement du Carême, une Saumée de Poisson salé aux *Chartreux* de Bonnefoy, Diocése de Viviers.

Et après avoir ordonné cinq mille Messes pour le salut de son Ame, il choisit (par une seconde Disposition) sa Sepulture dans le Cimetiére des Chanoines de Maguelonne.

Après avoir ainsi reglé tout ce qui regardoit le soulagement de son Ame, il porta ses soins sur la Ville de Montpellier & sur sa Famille.

Il donne pouvoir à tous les Habitans de Montpellier & de Lates, d'acheter & de vendre du Sel sans aucune contradiction de ses Héritiers.

Il met sa Terre & ses Vassaux, *Terram & Homines meos*, sous la protection, garde & défense du Seigneur Raymond son frere Evêque d'Agde, *Domini Raymundi Fratris mei Agathensis Episcopi*; de Guillaume de Fleix Evêque de Maguelonne, & de Guy de Ventadour Prévôt de la même Eglise.

Il défend, comme tous ses Prédecesseurs avoient fait, qu'aucun Juif ne fût jamais Bailli de Montpellier.

Et parceque la Coûtume de cette Ville avoit été jusqu'alors, qu'un Majeur de quatorze ans pouvoit aliéner ses Biens, & changer la Volonté de son Prédecesseur, il veut qu'on suive le Droit Ecrit, & que dorénavant on attende l'âge de vingt-cinq ans; sans néanmoins que cette derniére Disposition puisse avoir un effet retroactif.

Quant à ses Enfans & d'Agnez, il paroît qu'il avoit alors six Garçons & deux Filles; mais que le principal objet du Pere & de la Mere, fut de n'établir que les deux Aînez, en laissant aux quatre autres le parti du Clergé ou du Cloître.

Ainsi, après avoir donné à *Guillaume son Fils aîné*, la Ville de Montpellier, le Château de Lates, *Montferrier, Châteauneuf, Castries, Loupian, Omelas, le Pouget, Poupian, Montarnaud, Vindemian, Tressan, St. Pargoire, St. Pons, Cornonsec, Mireval, Pignan, St. George, Murviel, Mujolan*, & tout ce qu'il a ou doit avoir depuis l'Eraut jusqu'au Vidourle, il donne à *Thomas* son second Fils, appellé *Tortose*, la Terre de Paulian, avec tous les Droits qu'il avoit dans la Cité de Tortose, *& omnia jura quæ habeo in Civitate Tortosa*, & generalement tout ce dont il joüissoit au-delà de l'Eraut, dans les Evêchez de Beziers & de Lodéve, & mille Sols par an, que son Frere aîné commencera de lui payer lorsque lui Thomas aura été fait Chevalier.

Quant aux autres, il ne leur laisse que deux cent Livres Tournois à chacun: voulant que *Raymond* soit Moine de Gransfelve; *Bernard*, Chanoine de Gironne & de Lodéve; *Guy*, Moine de Cluny près de Montpellier; & *Burgondion*, Chanoine du Puy; Néanmoins, il les appelle tous par ordre à sa Succession, au défaut de leurs Freres aînez, supposé, dit-il, qu'ils ne se trouvent pas engagez dans le Soûdiaconat: Et à eux tous, il substitue ses Filles; sçavoir, Marie la premiére; & à Marie, les deux autres qu'il avoit d'Agnez. Mais, pour empêcher que ses grands Biens ne sortissent de sa Maison, il appelle encore ses Neveux, en ces termes: *Si nulla filiarum superstes fuerit vel earum hæredes ad Raymundum Gaucelinum nepotem meum integre revertatur. Item si Raymundus Gaucelinus superstes non fuerit vel ejus hæres, ad nepotem meum Raymundum de Rocafolio revertatur: Et si Raymundus de Rocafolio vel ejus hæres decesserit ad nepotem meum Berengarium Guillelmum revertatur.* Raymond Gaucelin de Lunel, étoit fils de sa sœur Sibille; Raymond de Roquefeüil, de sa sœur Guillelme, & Berenger Guillaume, de sa sœur Clemence.

Il se contenta de confirmer à Marie, les deux cent Marcs d'Argent qu'il lui avoit donné à son Mariage, sauf à elle, à les repeter sur le Comte de Comenge son Mari, ou sur le Comte de Toulouse sa Caution. Pour ses autres Filles

1202.

second Lit ; sçavoir, Agnez & Adelaïs, elles n'eurent que cent Marcs chacune ; avec leurs Joyaux des Nôces.

Dans tout ce Testament, il n'est fait aucune mention d'Eudoxie ; d'où l'on pourroit inferer qu'elle étoit morte : mais, ce qui empêche d'assurer sa mort avant celle de Guillaume, c'est que nous ne voyons pas qu'Agnez se soit jamais servie de cette raison pour faciliter la Confirmation de son Mariage ; ce qui la lui auroit renduë bien facile à obtenir, selon toutes les apparences.

Agnez dans ce Testament eut la Portion qu'elle voulut, son Mari lui ayant assigné les Châteaux de Montferrier & de Castelnau pendant sa vie, avec les Etuves de Montpellier, la Leude du Peirou, & les Droits qu'on levoit sur les Corroyeurs & sur les Juifs : *Balnea Montispessulani*, *Lesdam Petroni*, *& de legatorio*, *& Censum Judæorum*.

IV. Il vient naturellement à l'esprit, après tout ce que nous venons de dire, qu'en l'état où étoient alors les Affaires de Guillaume de Montpellier, il étoit sans-contredit un des plus riches Seigneurs de la Province, & qu'Agnez avoit travaillé bien avantageusement pour lui, en lui faisant acquerir toutes les Terres que nous avons vû ; en liquidant toutes ses Dettes, & en lui laissant une si nombreuse Famille. Mais, par une fatalité souvent attachée au crime, il trouva sa perte & la ruïne de sa Maison, dans les mêmes moyens qu'il avoit pris pour la mieux établir : Son Mariage avec Agnez lui causa la mort à l'âge de quarante-deux ans, par le déplaisir qu'il eut de n'avoir pû en obtenir la Confirmation : les six Enfans mâles qu'il avoit d'elle, ne purent jamais parvenir à sa Succession ; & les soins infatigables d'Agnez pour lui amasser du Bien, n'aboutirent enfin qu'à enrichir la Fille du premier Lit, qu'elle n'avoit cessé de persecuter ; tant il est vrai qu'avec le tems l'injustice a son revers.

Tous ces Evenemens sont d'autant plus interessans pour nôtre Histoire, qu'ils occasionnérent le changement total qui arriva dans la Maison de nos Guillaumes, & qui fit passer toutes leurs Seigneuries dans celle des Berengers de Barcelonne, devenus Rois d'Aragon. Je vais dans le Livre suivant en donner les particularitez.

FIN DU LIVRE TROISIEME.

HISTOIRE
DE LA VILLE
DE MONTPELLIER.
SOUS LE ROY PIERRE D'ARAGON ET LA REINE MARIE.

LIVRE QUATRIÉME.

CHAPITRE PREMIER.

I. *Marie de Montpellier épouse Pierre Second Roi d'Aragon.* II. *Qui confirme les Statuts & les Priviléges de la Ville.* III. *Il va se faire couronner à Rome.* IV. *A son retour il fait la Guerre dans la Provence.* V. *Il engage la Ville de Montpellier.* VI. *Ce qui cause une Sédition.*

PEINE Guillaume Fils de Mathilde, eut rendu les derniers soupirs, que l'artificieuse Agnez ne songea qu'à rendre public le Testament de son Mari en faveur de ses Enfans : Elle en fit faire l'Ouverture par Guillaume de Fleix, Evêque de Maguelonne ; & ce Prélat étant mort peu de jours après, elle fit prêter Serment à son Fils entre les mains de Guillaume d'Altiniac, qui lui succeda dans cet Evêché. Le Serment que nous en avons commence par ces mots : *Audi tu Guillelme Magalonensis Episcope. Ego Guillelmus Dominus Montispessulani Filius Agnetis ab istâ horâ in anteà personam tuam non capiam nec membra tua tibi non tollam, &c.* L'Argent qu'elle répandit à propos dans Montpellier, lui fit beaucoup de Partisans ; & la Princesse Marie, seule Fille légitime du dernier de nos Guillaumes, auroit été opprimée après la mort de son Pere, si les Personnes équitables, qui n'avoient en vûë que son bon droit, ne lui avoient conseillé de chercher une Aliance qu'elle pût opposer aux Intrigues de sa Marâtre.

1202.

1203.

La mort de la première Femme de Pierre Roi d'Aragon, lui fut une occasion favorable de sortir des mains de sa Marâtre. On sollicita Dom Pierre à un nouveau Mariage ; & l'Héritiére de Montpellier lui ayant été proposée, il s'arrêta de l'Avis de son Conseil, à cette Princesse, comme dit Mariana : *Rex suadentibus Proceribus Mariam Monpellerij Principem, Guillelmi Filiam, propter ejus Principatûs opportunitatem, Uxorem duxit.* En effet, par ce Mariage il réunissoit à ses Etats de Catalogne, la Ville de Tortose, & il acqueroit avec Montpellier, un grand nombre de Terres, qui étoient fort à sa bienséance par leur proximité du Roussillon, &

I.

H

des Terres d'Alphonse son frere, Comte & Marquis de Provence. L'Affaire (selon que Beuter nous l'apprend) fut traitée par Ambassadeurs, & arrêtée quelque-tems avant l'execution : mais, pour des motifs que l'Histoire ne nous apprend pas, le Roi voulut auparavant établir l'Aînée des deux Filles d'Agnez, & du même nom que sa Mere, qu'il maria avec Raymond Roger Vicomte de Beziers, à qui il compta pour sa Dot deux mille cent Sols Melgoriens.

Il semble qu'avant que de proceder à la Celebration du Mariage entre le Roi & la Princesse, il auroit falu déclarer nul celui qu'elle avoit auparavant contracté avec le Comte de Comenge, qui vivoit encore : mais, soit qu'on suposât alors que ce Mariage étoit nul de droit ; ou qu'on n'y regardât pas de plus près, il est certain qu'on n'y fit alors aucune attention ; & ce ne fut qu'environ huit ou neuf ans après, que le Roi d'Aragon s'étant dégoûté de la Reine ; il demanda la Rupture de son Mariage avec elle, sur le prétexte que son premier Mari étoit encore en vie. Nous verrons de plus, que dans les Défenses que la Reine donna pour-lors, elle ne fit jamais mention d'aucune Sentence qui eût été donnée sur son premier Mariage, quoique cette Allégation eût été décisive pour elle, si elle avoit pû s'en servir.

1204.

Quoiqu'il en soit, les Articles furent reglez à Montpellier par les Seigneurs que le Roi y avoit envoyé, & le Contrat en fut passé dans la Maison des Templiers, hors les Murs de la Ville, le quinziéme du mois de Juin 1204.

Spicileg. Tom. 3. pag. 565.

Nous y voyons que la Princesse donne au Roi d'Aragon, la Ville de Montpellier, avec toutes ses Appartenances, & une vingtaine de Terres ou Seigneuries aux Environs, qui sont les mêmes que nous avons vû ci-devant dans le Testament de son Pere : Le Roi, de son côté, lui donne pour ses Fiançailles, la Comté de Roussillon, avec toutes ses Dépendances, depuis la Fontaine de Salses jusqu'à Cluze. Il est stipulé, que tout ce qu'ils se donnent reciproquement, sera sans division pour l'Aîné de leurs Enfans mâles : qu'au défaut de Mâles, tout ira aux Filles ; & que si tous leurs Enfans viénent à manquer, les Biens de chacune des Parties retournera à ses plus proches Parens.

Le Roi y promet de plus, qu'il n'aliénera ni ne démembrera aucun des Biens qu'il aura reçu de la Princesse. Mais, ce qui est plus remarquable, c'est qu'il lui jure sur les Saints Evangiles, qu'il ne se séparera jamais d'elle, & qu'il ne prendra point d'autre Femme, tant qu'elle sera en vie. Dequoi se donnérent pour Caution, le Comte Sanchez, Oncle Paternel du Roi ; Alphonse son frere, Comte & Marquis de Provence ; Guillaume & Hugues de Baux, freres ; Roscelin Vicomte & Seigneur de Marseille, Guy de Cavaillon, Pierre Amiens & Pierre d'Albanez. En même-tems, un très-grand nombre d'Habitans de Montpellier servirent de Témoins, dont les noms ne nous sont plus connus.

Ch. 27.

Il parut bientôt (comme le dit Guillaume de Puylarens) que ce Mariage ne fut qu'une Affaire d'interêt de la part du Roi, *Quod autem fecit ambitione dominandi per eam in Montepessulano* : » Car (ajoute Beuter) dès la première vûë, il trouva » que la Princesse n'étoit, ni si bien faite que lui, ni d'un âge proportionné au » sien ; ce qui lui fit rechercher d'autres Femmes, & se jetter dans des Amours » volages, qui ne convenoient point à sa haute Qualité. Nous verrons les suites de son indiference pour la Reine, & de ses Galanteries, qui produisirent des Evenémens bien singuliers ; mais il est tems de raconter quelles furent les premieres démarches dans le Gouvernement de la Ville qu'il venoit d'acquerir.

II. Il bannit d'abord de Montpellier, toutes les Personnes qui lui étoient suspectes ; & pour s'attacher davantage le reste des Habitans qui lui étoient fidèles, il confirma les Priviléges & les Libertez dont ils avoient joüi sous les Ancêtres de la Reine son épouse : & il approuva, par un Acte solemnel du quinziéme du mois d'Août 1204. les Statuts & les Coûtumes qui leur servoient de Loi dans l'Administration de leur Ville ; voulant que les douze Prud'hommes qui la gouvernoient (c'est-à-dire les douze Consuls) eussent pouvoir de faire de nouveaux Statuts, & de murer & fortifier leur Ville.

Ces Statuts, en l'état que nous les avons présentement, sont contenus en cent vingt & un Article, & marquent l'ancien Ordre Judiciaire & Politique qu'on obser-

LIVRE QUATRIE'ME.

fervoit dans Montpellier, avec quantité de beaux Priviléges & Immunitez, qui 1204. avoient attiré plufieurs Habitans dans cette Ville : Mais, comme parmi ces Priviléges, tout Habitant avoit une pleine liberté de s'abfenter & revenir dans Montpellier quand il vouloit, le Roi, en ratifiant leurs Priviléges, en exclut certaines Perfonnes, qu'il defigne en ces termes. ″Dans tout ce que deffus, ″ j'excepte les Perfonnes que j'ai fait banir de Montpellier, & de toute la Terre ″ qui a appartenu à Guillaume Seigneur de Montpellier, jadis Fils de Mathilde ″ Ducheffe; parceque connoiffant leur faute dans le tems auquel la Terre de ″ Montpellier m'eft venuë, j'ai juré, à la requifition du Peuple de ladite Ville, ″ qu'ils ne retourneront jamais à Montpellier, ni en ladite Terre.

Il vient d'abord dans l'efprit, que ces Perfonnes, que le Roi ne homme pas, devoient être l'infortunée Agnez avec fes Partifans les plus déclarez, puifqu'en bonne Politique, le Roi ne pouvoit les laiffer dans Montpellier, fans être expofé tous les jours à des Intrigues continuelles, contre fes interêts, & contre la fureté publique : Auffi peut-on bien obferver dans nos Regîtres, qu'il n'y eft plus fait mention ni d'Agnez ni de fes Enfans; & fi elle fut foupçonnée depuis, d'avoir fomenté les Troubles qui arrivérent à Montpellier; ce fut fans être jamais rentrée dans la Ville, mais feulement par le moyen des Partifans fecrets qu'elle y avoit, & qu'elle faifoit agir, fans fortir de Pezenas, où elle fe retira.

Cependant, le Roi, par des motifs que l'Hiftoire ne marque pas bien, prit la III. refolution d'abord après fon Mariage, d'aller fe faire couronner à Rome par le Pape Innocent III. ce qu'aucun de fes Prédeceffeurs n'avoient encore fait, au raport de Zurita. Comme cet Evénement intereffa beaucoup fes Sujets d'Efpagne, *Liv. 2. ch. 52.* les Hiftoriens de cette Nation ont été fort foigneux d'en marquer les circonftances; & ils nous apprénent, que le Roi étant parti de Montpellier, alla s'embarquer en Provence fur cinq Galéres, qui le portérent à Génes, & de là dans une Ifle, entre Porto & Oftie, où il arriva le huitiéme de Novembre. 1204. Le Pape en étant *Hift. Illuft. pag.* averti, lui envoya deux cent Chevaux de felle ou Bêtes de charge, pour lui, ou 61. pour fa Suite, qui étoit très-nombreufe : car on y marque, Michel de Morefio *Duchefne. Tom.* Archevêque d'Arles, *Guy de Ventadour* Prévôt de Maguelonne, plufieurs Eccle- 4. *pag.* 808. fiaftiques, diftinguez par leur naiffance & leur capacité, avec quantité d'autres Seigneurs. Quelques Cardinaux, par ordre du Pape, furent à fa rencontre, avec le Senateur de Rome & plufieurs Nobles Romains : Il fut logé honorablement à St. Pierre, dans la Maifon des Chanoines; & le treiziéme jour, Fête de St. Martin, *Gefta Innoc.* le Pape, fuivi de tous les Cardinaux, de tous les Officiers de fa Maifon, de plu- n°. 120. fieurs Nobles, & d'une grande Foule de Peuple, fe rendit à l'Eglife de St. Pancrace, où il fit donner au Roi l'Onction facrée par Pierre Evêque de Porto, & le couronna lui-même de fa main, lui donnant tous les Ornemens Royaux ; fçavoir, le Sceptre, la Pomme, la Couronne & la Mitre.

Le Roi revint enfuite avec le Pape à l'Eglife, où il mit fon Sceptre & fa Couronne fur l'Autel, & reçut de la main du Pape l'Epée de Chevalier : Enfuite il mit fur l'Autel une Lettre-Patente, par laquelle il offroit fon Royaume au St. Siége ; & le lui rendoit Tributaire, s'obligeant à lui payer tous les ans deux cent cinquante Marabotins, qui étoit une Monoye d'Or venuë des Arabes ; Après quoi, le Pape fit reconduire le Roi à St. Paul, où il trouva fur le Tybre, des Galéres toutes prêtes pour le porter en Provence.

Il n'eft pas de mon fujet de raporter ici les Plaintes que firent les Seigneurs & le Peuple d'Aragon, de ce qu'il avoit rendu Tributaire fon Royaume, qu'ils difent avoir toûjours été libre : mais je ne puis omettre les Chàngemens qu'il trouva dans la Provence, puifqu'ils furent caufe de tous les defordres qui arrivérent bientôt après à Montpellier.

A peine le Roi eut mis le pied dans les Terres d'Alphonfe fon frere, Comte IV. & Marquis de Provence, qu'il apprit la trifte nouvelle de fa Détention entre les mains du Comte de Forcalquier. Ces deux Seigneurs, pendant le Voyage du Roi, avoient rompu la Trêve qu'ils avoient enfemble, & le fort en ayant été malheureux pour le Comte de Provence, le Roi fon frere fut obligé de faire la Guerre au Comte de Forcalquier. Pour fubvenir aux fraix de cette Guerre,

H 2

60   HISTOIRE DE LA VILLE DE MONTPELLIER,

1204.
le Roi mit à Montpellier un Subside, qui prit le nom de la Ville d'Huescha, d'où les Partisans d'Aragon étoient venus pour l'exiger: Le Peuple, peu accoûtumé sous ses anciens Seigneurs, à cette sorte d'Impôts, l'appella, par une espece de Plaisanterie, en termes du Païs, *la Monedasse*; mais il ne laissa pas de le payer.

1205.
Je ne sçai si dans ces entrefaites la Reine ne fit pas un Voyage dans le Roussillon, que son Mari lui avoit assigné pour sa Dot; Car nous avons une Donation qu'elle lui fit à Collioüre, en date du second Dimanche de Septembre 1205. par laquelle elle lui donne entre-vifs & irrevocablement, *Montpellier*, *Lates*, *Châteauneuf*, *Montferrier*, *Pignan*, *Castries*, *Loupian*, *Frontignan*, *Omelas*, & generalement tous ses Biens présens & avenir: *Et quidquid in aliis locis habeo vel habere potero*; Renonçant par exprès à la Loi qui défend pareils Dons entre Mari & Femme: *Renuntians Legi quæ donationem prohibet inter Virum & Uxorem*. Néanmoins, nous verrons que la Reine ne laissa point dans la suite d'agir dans Montpellier comme Maîtresse.

Spicileg. Tom. 3. pag. 566.

V. Cependant, le Secours déja reçû n'étant pas susisant au Roi pour entretenir ses Troupes, il songea à tirer de plus grandes sommes des Habitans de Montpellier, sous le nom d'Engagement, & il leur engagea réellement le Château de Lates, pour soixante-quinze mille Sols Melgoriens: Cette somme ne lui ayant pas encore susi, il fit un second Engagement, qui fut de la Ville même de Montpellier, pour cent mille Sols. Nous avons l'Acte qui en fut passé, & la Confirmation que les Habitans voulurent en avoir de la Reine: Mais, ce qui peut servir à faire voir comment les Seigneurs en agissoient dans ce tems-là avec leurs Vassaux, c'est que le Roi, pour leur donner une assurance de la liberté entière qu'ils auroient de retirer les Droits qu'il venoit de leur engager, passa un autre Acte solemnel, avec Serment sur les Saints Evangiles, dans lequel il promet à Guillaume d'Altiniac Evêque de Maguelonne, & à Pierre Lobet Sindic de la Communauté de Montpellier, qu'il n'entrera en aucune maniére dans la Ville, jusqu'à-ce que la somme de l'Engagement ait été entièrement payée: *Quod ego eques vel pedes vel alio modo qui excogitari possit non ingrediar Villam Montispessulani, donec annexi pignoris pertinencia fuerit liberata*. Fait & passé à Villeneuve, dans la Maison de l'Evêque, le vingt-septiéme du mois d'Octobre 1206. en présence de l'Archevêque d'Arles, & de Pierre de Montlaur, *qui hæc scripsit*.

1206.

En consequence de cet Engagement, les Habitans fournirent toutes les sommes promises: mais, comme dans les Repartitions qu'il falut faire sur les Particuliers, on ne put éviter bien des abus, le Peuple commença de se plaindre hautement; & ceux qui dans la Ville, soûtenoient secretement le parti d'Agnez, entretinrent ces murmures, en exagerant les Demandes réïterées que le Roi leur avoit faites en si peu de tems, & le mépris qu'il témoignoit pour eux, & pour leur Reine, qu'il abandonnoit (disoient-ils) depuis son Mariage, pour dissiper tous les Biens qu'elle lui avoit porté, en Voyages & en Guerres inutiles. Tous ces Raisonnemens, & autres semblables, qu'on fit goûter aisément à des Esprits déja prévenus, les animérent d'autant plus contre leur nouveau Maître qu'ils se sentoient éloigné: ils prirent les Armes; ils en vinrent à des Hostilitez ouvertes, qui donnérent tout à craindre aux Honnêtes-Gens, & particuliérement à Frere Pierre de Castelnau, Legat du Pape dans le Languedoc.

VI.

Ce Saint-Homme, occupé alors contre les Albigeois, craignit avec raison qu'à la faveur de ces Troubles, l'Hérésie ne se glissât dans Montpellier: il employa toute l'autorité que sa Legation lui donnoit, pour porter les Esprits à un Accommodement; & ayant eû plein pouvoir du Roi, de la Reine, & des Habitans de Montpellier, il fit assembler des Commissaires, pour concilier les diferens interêts, & faire cesser les Troubles. Cette Assemblée fut composée du même Archevêque d'Arles Michel de *Moresio*, qui avoit suivi le Roi dans son Voyage de Rome, de Guillaume de l'*Anguisel* Evêque de Nîmes, *Ermengaud* de Beziers, Pierre *Froteri* de Lodéve, & Guill. d'*Altiniac* de Maguelonne; les Abbez de *St. Guillem*, de *Villemagne* & de *St. Afrodise* y assistérent, avec le Prévôt, l'Archidiacre & le Sacristain de Maguelonne: on y compte encore, le Doyen d'Arles, le Précenteur de Beziers, & plusieurs Avocats, nommez en cet ordre, Pierre Leon, P. de Montlaur, P. Almerad, P. de Clairmont, Guillaume Ricard, Bernard Ferreol,

Grand Talamus. Fol. 5.

Jean

Jean d'Aigrefeüille, Bernard de Lignan, & quelques-autres.

L'Acte qu'ils dresserent à ce sujet, a pour titre: *Compositio inter Regem & Homines Montispessulani*; il est fort long, & il renferme bien des Clauses pour la sureté des Commissaires, dans la charge qu'ils prirent d'être les Garans & Cautions du Traité: je me contente d'en donner le Précis, qui fera voir que les Hostilitez de part & d'autre étoient allées fort loin, & qu'on n'étoit pas bien convaincu à Montpellier, de la bonne-foi du Roi dans son Mariage avec la Reine.

1206.

» 1°. Amnistie pour le passé, & Reconciliation entre les Hommes de Lates &
» de Montpellier.

» 2°. Les Engagemens faits par le Roi, du Château de Lates & de la Ville de
» Montpellier, subsisteront en leur entier.

» 3°. Les Biens des Hommes de Montpellier, qui ont été saisis par ordre du
» Roi, en Catalogne ou dans l'Aragon, sur Mer ou dans les Etangs, leur se-
» ront rendus, s'ils sont encore en nature; & s'ils ont été consommez, on le fera
» par Estimation.

» 4°. Le Roi & la Reine pourront retirer les Gages, lorsque le tems préfix sera
» tombé.

» 5°. Les Personnes prises de part & d'autre, & nommément celles qui ont
» été conduites dans la Terre de Rostang de Sabran (Parent de la Reine) seront
» remises en liberté, avec Restitution de leurs Biens.

» 6°. Les Hommes de Montpellier compteront du Revenu des Gages pardevant
« les Commissaires, à qui le Roi laisse, tant le Château & la Ville de Lates, que le
» Château d'Omelas, avec tous les Châteaux, hors la Ville de Montpellier, qui ap-
» partiénent au Droit des Gages.

» 7°. Lorsque l'Engagement aura fini, les Commissaires rendront fidélement
» tous les Lieux au Roi & à la Reine, si leur Mariage subsiste : & s'ils sont sé-
» parez de Droit ou de Fait, ils les rendront à la seule Reine; & si la Reine
» n'est pas en vie, ils les restitueront à celui ou à ceux que le Droit appellera.

» 8°. Cependant, les Hommes de Montpellier, les Hommes de Lates, & de
» tous les Châteaux engagez, jureront de ne faire aucun Changement sans le con-
» sentement des Commissaires.

9°. Quarante mille Sols seront amendez au Roi & à la Reine, ou à l'un
» d'eux, pour la Reparation des Dommages causez au Château de Montpellier, tant
» à ses Clôtures qu'à ses Fortifications.

» 10°. Nule autre chose ne pourra être exigée des Hommes de Montpellier,
» à l'occasion de la Guerre qui a été faite, & des Violences qu'elle a produites,
» mais l'Amnistie aura lieu pour le bien & le repos de tous.

» 11°. Si par ordre du Roi, on faisoit mourir un Habitant de Montpellier, à
» l'occasion de cette Guerre, ou qu'on lui causât quelque perte ou dommage au-
» delà de cent Marcs d'Argent, & que dans trois mois après la Monition des Com-
» missaires, on ne leur en fît pas raison, les Commissaires auront la liberté de
» restituer aux Hommes de Montpellier, les Lieux qu'ils ont en dépôt.

» 12°. Le Serment des Consuls, que le Roi & la Reine ont accordé pour cinq
» ans aux Hommes & à la Communauté de Montpellier, sera étendu à autres cinq.

» 13°. Les Doutes qui pourront naître sur cet Accord, seront décidez par les
» Commissaires; & le Roi ordonnera à tous les Feudataires du Seigneur de Mont-
» pellier, de jurer aux Commissaires une fidelité entière pour tout le tems de
» l'Engagement.

» Mais, parce (ajoûtent les Commissaires) que le Roi nous a prié de l'absou-
» dre du Serment qu'il a fait contre les Exilez de Montpellier, & que nous n'a-
» vons pas un tel pouvoir, nôtre Conseil nous renvoye au Pape sur ce chef, pour
» faire ce qu'il nous mandera. Fait à Villeneuve, dans le Palais Episcopal, l'an
» de l'Incarnation 1206.

Dans ce dernier Article, on peut entrevoir le ménagement qu'eut le Roi, de ne mettre d'autre obstacle au retour des Exilez, que le Serment qu'il avoit fait ; & d'autre part, la sagesse des Commissaires, qui, connoissant la consequence de cet Article, le renvoyérent à la décision du Pape : On peut même croire qu'il n'en

Grand Talam. Fol. 6.

fut plus parlé, parceque dans les Lettres de Confirmation que le Pape donna à ce Traité, il n'y est absolument fait aucune mention des Exilez.

Il me sufira maintenant de dire, que quoique l'Engagement fait par le Roi subsistât encore long-tems à Montpellier, l'Accord qu'on venoit de faire ne laissa pas d'y remettre la joye & la tranquilité, puisqu'au milieu des Divertissemens, on donna occasion à la Naissance du Roi Jacques, qu'il est tems de raconter.

1206.

CHAPITRE SECOND.

I. Naissance du Roi Jacques. II. Origine du Chevalet de Montpellier. III. Le Roi d'Aragon prend parti pour les Albigeois. IV. Commencement de ces Hérétiques dans le Languedoc. V. Missionnaires envoyez pour les ramener. VI. La Mort de Pierre de Castelnau y allume la Guerre.

1207.

LA Naissance du Roi Jacques, qui est un Evenement des plus célebres pour nôtre Histoire, & pour celle d'Espagne, fut un effet de l'affection du Peuple de Montpellier pour ses Princes, & une Recompense du Ciel pour la Vertu de Marie, à qui tous les Historiens donnent de grands Eloges, pour la Patience & la Pieté qu'elle fit paroître durant tous les mépris que le Roi eut pour elle: il venoit d'en donner une marque toute recente, en écoutant les Propositions qui lui furent faites par les Seigneurs de la Palestine, d'épouser une autre Marie, Niéce d'Amaury Roi de Jerusalem. Les Archevêques de Cezarée, de Tyr & de Nazareth, appuyez du Patriarche de Jerusalem & du Cardinal de St. Martel, poussoient cette Affaire, dans l'esperance du Secours & de la Protection qu'ils attendoient du Roi d'Aragon: mais, le Pape Innocent III. s'y étant toûjours opposé, ce retardement donna lieu aux Consuls de Montpellier, d'imaginer un Stratagême, qui leur réüssit très-heureusement.

Zurita, Liv. 2. ch. 54.

I. Comme le Roi fut obligé de revenir à Montpellier pour la Ratification du Traité dont nous venons de parler, on s'apperçut bientôt qu'il regardoit de bon œil une jeune Veuve, que la Reine, à la priere de ses Parens, avoit pris auprès de soi. Les Consuls, qui comprenoient toutes les suites fâcheuses qu'auroit infailliblement la Rupture du Mariage du Roi avec la Reine, crurent, pour la détourner, devoir se servir de la nouvelle passion que le Roi faisoit paroître: Dans cette vûë, ils persuaderent à la jeune Veuve, aussi sage qu'elle étoit belle, de donner de bonnes esperances au Roi; & ayant gagné son Chambélan par beaucoup de Présens & de Promesses, ils le porterent à dire au Roi, que la jeune Veuve se rendoit enfin à ses desirs; mais qu'elle demandoit en grace, d'être introduite secrétement & sans lumiere dans sa Chambre: Cet air de mistere augmenta la passion du Roi, qui consentit à tout. Mais, l'heure venuë, on introduisit la Reine à la place de la jeune Veuve: & le lendemain bon matin, les douze Consuls, qui avoient passé toute la nuit en Priere dans l'Eglise de Nôtre-Dame des Tables, voulant que le Roi ne pût pas revoquer en doute ce qui venoit de se passer, ils entrérent dans sa Chambre avec des Cierges allumez; & se jettant d'abord à ses genoux, ils lui demanderent pardon de la Tromperie qu'ils venoient de lui faire, & qu'il reconnoîtroit encore mieux (ajoûterent-ils) s'il vouloit bien considerer la Personne qui étoit auprès de lui: Le Roi, ayant reconnu son erreur, rougit, & ne dit mot. Surquoi, la Reine profitant de ce moment, lui expliqua l'intention de ses Sujets; & lui fit entendre, qu'elle esperoit dès-lors lui donner un Successeur: »Car je ne doute point, Seigneur, (lui dit-elle) que Dieu, qui est si » bon, n'exauce tant de Prieres qui ont été faites pour nous donner un Fils, qui » puisse assurer mon Bien à vôtre Maison, & vôtre Maison à toute la Chrétienté. Le Roi, revenu de sa premiére surprise, tourna le tout en Plaisanterie, que nos Auteurs

Gariel. Idée, pag.

feurs raportent assés au long dans un Recit de trente pages.

Ce que j'en raporte ici n'en est que le Précis : mais je ne puis omettre une seconde Avanture arrivée à Mirevaux, où l'on remarque que la Reine se plaisoit beaucoup, à cause du Voisinage de Maguelonne. Un jour qu'elle y étoit allée, peu après ce dont nous venons de parler, le Roi, de son côté, fut se promener à Lates, où le plaisir de la Chasse & la curiosité de voir ses Haras, l'attiroient souvent : Un Gentilhomme de sa Suite (que Zurita appelle Dom *Guillem d'Alcala*, & qui étoit bien avant dans ses bonnes graces) le voyant dans une grande gayeté, " Seigneur, (lui dit-il) parmi les plaisirs de la Chasse, nous pourrions-bien " passer jusqu'à Mirevaux, & voir la Reine nôtre bonne Maîtresse ; Vôtre Majesté " passeroit une seconde nuit avec elle ; nous veillerions le Cierge à la main, si " vous vouliez ; & Dieu ; par sa bonté ; vous donneroit un Fils de Benediction. Le Roi, touché de ses paroles, lui dit en riant ; je le veux bien ; & je prie Dieu qu'il soit ainsi que vous le dites. La Reine avoüa depuis ; qu'elle croyoit que ce fût dans cette nuit que le Ciel lui avoit donné le Roi Jacques, comme ce Prince l'écrivit lui-même dans ses Commentaires, raportez par Beuter.

1207.

Liv. 2. ch. 59.

On ajoûte aussi, que le Roi s'en retournant de Mirevaux, ne voulut pas y laisser la Reine ; mais qu'il la prit en croupe sur son Palefroi ; & qu'il la ramena de la sorte dans Montpellier ; à-peu-près comme nous voyons dans un grand Tableau de l'Hôtel-de-Ville de Toulouse, où Loüis XI. alors Dauphin, est representé faisant son Entrée à Cheval avec la Reine sa Mere en croupe.

Lasaille, Tom. 1. pag. 200. Annales de Toulouse.

A peine sçut-on à Montpellier la venuë du Roi & de la Reine d'Aragon, que tout le Monde courut en foule au-devant, pour être témoins de leur Union si desirée ; & dans l'esperance dont on se flata de leur voir bientôt un Successeur, il n'est pas de marque de Réjoüissance qu'ils ne donnassent autour du Cheval qui les portoit : De sorte que le Peuple ayant voulu en renouveller la Fête l'année d'après à pareil jour, il donna, sans y penser, commencement à une sorte de Danse, appellée *du Chevalet* ; qui s'est perpetuée à Montpellier, & dont j'aurai encore occasion de parler sous le Roi Jacques.

II.

A peine la Grossesse de la Reine eut parû, que les Consuls ; comprenant toute l'importance qu'il y avoit d'en assurer les suites, priérent le Roi de vouloir-bien qu'un nombre des Seigneurs de sa Cour & des Dames de la Ville, restassent auprès de la Reine ; pour la servir, & pour être témoins de ce que Dieu accorderoit à leurs Vœux : Leur Priére ayant été bien reçuë, ils en firent dresser un Acte par deux Notaires ; Et la Reine, pour être plus en repos, se retira dans la Maison des Tournemires ; *in præclara Tornamirensium Domo*, dit Gomesius ; & Dom Juan de Tornamira de Soto, l'appelle *Caza grande y de Muchos apofientos.* *

Ce fut dans ce tems, que la Reine, pour ôter tout ombrage aux Habitans, sur la sureté de l'Engagement déja fait ; leur permit de détruire la Tour du Château de Montpellier ; qui ; par sa hauteur & par sa forte situation ; dominoit toute la Ville. Dans cet Acte ; qui est du sixiéme du mois d'Août 1207. la Reine donne à sa Mere le nom d'Imperatrice ; *Ego Maria filia quondam Guillelmi Domini Montispessulani & Imperatricis Eudoxia* : Elle y renonce pour soi, & pour ses Successeurs dans la Seigneurie de Montpellier, à la faculté de bâtir au même lieu aucune Forteresse ; *Quod numquam aliquo tempore ipsa vel aliquis Dominus Montispessulani possit Turrim vel Fortiam facere vel habere ibi* : Ce lieu étoit contigu à la Chapelle du Palais, (comme nous avons souvent vû en parlant des Guillaumes) & par consequent le lieu le plus élevé de la Ville.

Peu de jours après, la Reine étant allé voir à Melgüeil, Raymond Fils de Constance, Comte de Toulouse ; voulut donner à ses chers Habitans ; une nouvelle sureté contre la défiance qu'ils avoient pris des Troupes que le Roi son époux gardoit encore dans le Païs : Pour cet effet, elle confirma aux douze

---

* Cette Maison est aujourd'hui située dans la petite Place, appellé encore *Plan de Tournemire*, que nous avons vû appartenir au Trésorier Clauzel, & dont le Sieur Cassagnes, qui en avoit été le Maître avant lui, fit changer les Fenêtres du premier Etage, & laissa celles du second dans leur forme Gothique, où l'on voit encore les Armes d'Aragon, celles de Montpellier, & celles de Tournemire, qui sont une Tour : Mais il faut, pour que cette Maison eût tous les agrémens qu'on lui donne, que quelcune des autres Maisons voisines y fût jointe alors, & que les Jardins qui sont sur le derriére fussent du *Palais de la Reine*.

1207.

Consuls, la Possession de Lates & de Castelnau pour reste de l'Engagement ; & afin qu'ils n'eussent rien à craindre pour les Otages qu'ils y avoient, elle promet de ne jamais songer à les en retirer, jusqu'à-ce que le Roi avec toutes ses Troupes, soit sorti du Païs, & passé la Fontaine de Salses: *Donec Dominus Rex cum exercitu suo de Terrâ istâ exierit, & in Terram suam redierit, ita quod transierit Fontem de Salsis.* L'Acte est du douziéme du mois d'Août 1207. passé à Melgueïl, *Coram Domino Raymundo Comite Tolosano & Marchione Provincie.*

Gomesius.
Bzovius.

Enfin, l'heureux terme de la Reine étant venu, on prit la précaution d'appeller les Principaux de la Ville, pour être présens à ses Couches : *Cuncti Civitatis optimates cum Uxoribus adfuerant in præclarâ Tornamirensium Domo ad Fidem partús faciendam ;* Et la nuit du premier au second de Février 1208. jour de la Purification de la Vierge, elle accoucha d'un Prince, dont la Naissance la combla de joye avec tous ses bons Serviteurs. Les Auteurs Espagnols, qui en ont écrit dans un grand détail, nous apprénent que la Reine voulut qu'on apportât dans ce même jour, son Fils à l'Eglise, puisque c'étoit celui où le Sauveur y avoit été présenté : & ils observent, que l'Infant entra dans l'Eglise de Nôtre-Dame, précisément lorsqu'on y commençoit le *Te Deum ;* sans qu'il y eût aucune affectation ; & qu'ayant été porté ensuite dans celle de St. Firmin, on y arriva dans le moment qu'on entonnoit , *Benedictus Dominus Deus Israel quia visitavit , &c.* ce qui fut regardé comme un Présage tout heureux.

1208.

Zurita, Liv. 2.
ch. 59.

Mais, la maniére dont ils racontent que le Nom de Batême lui fut donné , a quelque chose de plus singulier : Car ils disent, que dans le choix du Nom d'un des douze Apôtres qu'on vouloit qu'il portât, il fut déliberé qu'on exposeroit dans l'Eglise Nôtre-Dame , douze Cierges d'une même grosseur, & allumez en même-tems, avec le Nom à chacun d'un des douze Apôtres , & que celui qui brûleroit le dernier, donneroit le Nom au jeune Prince : La chose ainsi arrêtée , le Cierge auquel on avoit attaché le Nom de St. Jacques, brûla plus long-tems que les autres , & ainsi on s'arrêta à ce Nom, qui fut donné au Prince. Ils ajoûtent, que Dom Fernand Abbé de Montaragon, Frere du Roi, fut au desespoir de la Naissance de l'Infant, parcequ'il s'étoit flaté de changer d'Etat, voyant que son Frere étoit sans Postérité : S'il en faut croire Beuter, il fit jetter, par une Ouverture qui donnoit jour dans la Chambre de l'Infant, *por una Trapa que dava lumbra à la Camera* , une grosse Pierre, qui devoit l'écraser, mais qui heureusement n'endommagea que son Berceau.

Il est inutile de dire que tous ces accidens, joints à l'importance dont étoit la conservation du jeune Prince, firent redoubler les soins, tant de la Reine sa Mere, que des Consuls de Montpellier, dont le zéle & la bonne conduite a merité des Espagnols même, un des plus grands Eloges : Car, Montaner ne fait pas dificulté de dire , qu'ils étoient regardez comme les plus sages Personnages qui pussent composer un Conseil de Ville ; *Era cert que per tot lo mon se dia quel plus savi Consel del mon , era aquel de Monpeller* : Ils concoururent en effet avec tant d'affection & de succés aux soins de la Reine, que le jeune Prince grandit en un an (selon Montaner) plus que les autres ne le font en deux ; *Cresca & millora mez en un an que altre non feya de dos anys.*

Cependant, le Roi continuant toûjours dans son indiférence pour la Reine, malgré le Gage précieux qu'elle avoit de lui à Montpellier, passa les années suivantes dans ses Etats d'Espagne, où, pour donner de l'exercice à sa Valeur , il combatit avec le Roi Alphonse de Castille contre les Sarrazins, & se trouva à la fameuse Bataille qui fut donnée le seiziéme du mois de Juillet 1212. *à las Navas de Tolosa* , près de la *Sierra Morena,* où il perit plus de cent mille de ces Infidéles, & où les Chrétiens firent un Butin immense.

Apud Innoc. Lib.
15. Epist. 182.

Cette Victoire, à laquelle le Roi d'Aragon avoit eû beaucoup de part, augmenta l'estime generale qu'on avoit de sa Valeur & de son Courage ; mais, par un effet assés ordinaire des bonheurs de ce Monde , cette grande Reputation l'engagea dans un Parti qui lui coûta bientôt son entiére perte : De sorte que l'on vit en moins d'un an , le même Prince qui venoit de prodiguer son Sang contre les Infidéles, perir les Armes à la main pour le soûtien de l'Héresie.

III.

LIVRE QUATRIÉ'ME.

Il y fut engagé par son Beaufrere le Comte de Toulouse, qui, ayant attiré les 1208.
Armes des Croisez dans le Languedoc, à cause de la Protection ouverte qu'il
donnoit aux Albigeois, se vit, après une longue suite d'Evenémens, dépoüillé de
ses Terres : Et en cet état, il n'eut d'autre ressource que d'aller trouver le Roi
d'Aragon, lorsqu'il revenoit de la Bataille contre les Maures ; & de lui dire, qu'il
lui abandonnoit son Fils Raymond, & sa Femme Eleonor, propre Sœur du Roi,
pour les défendre s'il vouloit, ou les laisser dépoüiller.

Le Roi, touché par les differens motifs de compassion, de gloire ou d'interêt
que cette Proposition lui faisoit naître, entreprit la défense du Comte de Toulouse ; & d'abord, pour arrêter les Armes des Croisez, il commença plusieurs
Négociations avec la Cour de Rome, qui n'ayant pas reüssi comme il se le proposoit, il eut recours aux Armes, & fortifia son Parti du Secours des Comtes
de Foix & de Comenge, avec celui du Vicomte de Bearn, tous trois ses Vassaux, & tous trois Albigeois déclarez, dont le Roi Pierre d'Aragon prit ouvertement la défense.

Cette Resolution causa avec le tems un changement entier dans le Languedoc, puisqu'elle occasionna vingt ans après, la Réunion de cette Province à la
Couronne de France : Mais, comme cette Guerre des Albigeois en fut la première
cause, je crois que le Lecteur attend de moi que je donne ici quelque idée de
ces Héretiques, puisque la plûpart des Evenémens qu'ils causérent dans la Province, interessent particuliérement la Ville de Montpellier.

Les Albigeois commencérent à paroître dans le Languedoc vers la fin du douzié- IV.
me siécle, quelques années après que les Vaudois eurent publié leurs Erreurs dans
le Dauphiné en 1160. On dit qu'un d'eux, nommé *Olivier*, vint les répandre
dans nôtre Province, où le Peuple, qui en fut bientôt infecté, ajoûta plusieurs
autres Erreurs à celles des Vaudois : Car, outre l'indépendance commune aux uns
& aux autres, qui leur faisoit rejetter la Hierarchie Ecclesiastique, & tous les *Valsernay.*
Sacremens, les Albigeois y ajoûtérent les Folies des Manichéens, qui reconnois- *Alanus.*
soient deux differens Principes, l'un du bien, & l'autre du mal ; Ce que les Vaudois ne faisoient pas, comme l'a prouvé Mr. de Meaux dans son onziéme Livre
des Variations.

En 1176. ils furent condamnez (sous le nom de *Bons-Hommes* qu'ils prenoient
alors) dans un Concile que Gilbert Archevêque de Lion fit tenir à Lombez. Deux
ans après, c'est-à-dire en 1178. Pierre Cardinal, accompagné des Archevêques de
Bourges & de Narbonne, s'assemblérent à Alby, où ils condamnérent de nouveau
ces Héretiques, qui depuis ce tems-là furent appelez Albigeois, soit qu'ils fussent
en plus grand nombre dans ce Diocése, soit parceque la Condamnation qui fut
portée contr'eux dans ce Concile d'Alby, les rendît plus connus dans le Monde.

Le troisiéme Concile de Latran, que le Pape Alexandre III. celebra l'année suivante 1179. exhorta les Princes Chrêtiens de conclurre une Ligue-Sainte contr'eux : mais cet Expedient ne fut pas sitôt mis en usage ; & l'on se contenta,
durant tout le reste de ce douziéme siécle, & durant les dix premiéres années
du suivant, de leur envoyer des Missionnaires, pour tâcher de les convaincre &
de les persuader.

Le Pape Innocent III. étant monté sur la Chaire de St. Pierre en 1198. en- V.
voya aussitôt deux Moines de Cîteaux, Raynier & Guy, pour travailler à leur *Epist. Inn. Liv.*
Conversion, avec pouvoir de proceder contr'eux par voye d'Excommunication, & *1. 81. 94. 163.*
de recourir, en cas de besoin, au Bras séculier : Mais nous ne voyons pas que
ces Commissaires, qu'on appella depuis Inquisiteurs, ayent employé ce dernier
moyen, parceque les Seigneurs du Païs soûtenoient fortement les Albigeois, quoiqu'ils ne voulussent pas souvent le faire paroître.

Les principaux qui se déclarérent pour eux, furent Raymond Fils de Constance, Comte de Toulouse, & Raymond Roger V. Comte de Foix, sans parler de
plusieurs Evêques, qui molissoient dans cette Affaire, comme il ne parut que trop.
Le Pape leur opposa Pierre de Castelnau, natif de Montpellier, qu'il avoit déja
employé en des Affaires importantes, avec *Raoul*, Moine, comme lui, de l'Abbaye
de Fontfroide, Ordre de Cîteaux, Diocése de Narbonne, ausquels il donna

I

1208.
Hist. Albig. ch. 1.

toute l'Autorité de ses Legats : Ils allérent à Toulouse, où étoit le fort de l'Héresie, (comme dit Valsernay) & ayant intimidé les Habitans plus susceptibles de crainte que de raison, ils les portérent à abjurer leur Héresie ; ce qu'ils firent par un Acte public au commencement de 1204.

Peu de mois aprés, le Pape joignit à leur Legation, Arnaud Abbé de Cîteaux, & tous ensemble, ils procedérent, selon l'Ordre qu'ils en avoient reçû, contre Berenger Archevêque de Narbonne, & contre les Evêques de Viviers, de Beziers & de Toulouse, dont les uns furent suspendus de leurs Fonctions, & les autres déposez, avec le Prévôt de Toulouse, convaincu de Simonie comme son Evêque.

Toutes ces Operations remedioient à quelques maux, mais elles ne convertissoient aucun Héretique : Ce qui dégoûta si fort les Legats, qu'ils songeoient déja à renoncer à leur Legation, lorsque l'Evêque d'Osma, passant par hazard à Montpellier, les encouragea tous, en leur ouvrant un moyen plus efficace pour convertir ces Héretiques.

Catel. Comtes. Liv. 1.

Ce Saint Evêque, nommé *Diego de Azebes*, aprés avoir travaillé utilement pour Alphonse IX. Roi de Castille son Souverain, venoit de prendre l'Habit Monastique à Cîteaux, lorsque trouvant à Montpellier les trois Legats, il fut touché de leurs Plaintes ; & s'étant fait instruire des Mœurs de ces Héretiques, il apprit qu'ils pervertissoient les Simples par un exterieur de modestie & de frugalité qu'ils joignoient à leurs Prédications. Alors il leur dit, qu'il faloit leur opposer une Vie toute Apostolique ; & qu'il offroit de renvoyer ses Chevaux, son Equipage & ses Domestiques, pour travailler avec eux dans le Païs, en ne vivant que d'Aumônes, & en marchant à pied : Il le fit en effet, & il ne retint auprés de soi qu'un seul Compagnon, qui fut Domingue ou Dominique, alors Chanoine Régulier, Soûprieur de sa Cathédrale, & depuis Fondateur de l'Ordre des Freres Prêcheurs.

Tous ces Missionnaires ayant choisi l'Evêque d'Osma pour Chef de leur Mission, sortirent de Montpellier, en gardant le genre de Vie qu'ils s'étoient proposez : Ils se rendirent au Bourg de Carmain, & ensuite à Beziers & à Carcassonne, où s'étant apperçus qu'on en vouloit à la vie de Pierre de Castelnau, ils lui conseillérent de se séparer d'eux ; ce qu'il fit, avec le Moine Raoul, qui vint mourir à Franquevaux : pour lui, aprés avoir excommunié le Comte de Toulouse, il fut assassiné, dans le tems qu'il entroit dans un Bateau pour passer le Rhône.

VI.

Cette mort, qui arriva dans le mois de Février 1207. fut comme le Signal de la Guerre : Le Pape écrivit une grande Lettre à tous les Seigneurs & Chevaliers des Provinces de Narbonne, d'Arles, d'Embrun, d'Aix & de Viéne, pour les exhorter à secourir de leurs Armes la Religion, qui alloit perir dans le Languedoc. Le Comte de Toulouse, allarmé de cet Orage, renoüa plusieurs Négociations avec la Cour de Rome, de qui il obtint deux nouveaux Legats, qui furent le Docteur Milon, & le Docteur Theodise, Chanoine de Génes, dont on voit plusieurs Lettres dans la Collection des Epîtres d'Innocent III.

Ces nouveaux Legats, qui se conduisoient par le Conseil de l'Abbé de Cîteaux, (l'Evêque d'Osma étant déja mort) furent trouver le Roi Philipe Auguste, & publiérent en France l'Indulgence Pléniére que le Pape accordoit à ceux qui se croiseroient contre les Albigeois : Le nombre en fut très-considerable ; & tandis que leur Armée se formoit, les Legats citérent à Valence le Comte de Toulouse, qui promit à Milon de faire en tout sa volonté ; & livra, pour sureté de sa parole, sept Châteaux, des Domaines qu'il avoit en Provence ; consentant par exprés, que s'il manquoit à ses Promesses, la Comté de Melgüeil seroit confisquée au profit de l'Eglise Romaine.

Tandis que Theodise alla prendre possession, de la part du Pape, des sept Châteaux donnez en Provence pour sureté, Milon fut à St. Giles pour y donner l'Absolution au Comte de Toulouse : ce qui se passa le dix-huitiéme du mois de Juin 1209. de la maniére humiliante que nos Histoires le marquent. Le Comte fut amené nud en chemise devant la Porte de l'Eglise, où il jura sur le Corps de Nôtre-Seigneur, qu'il ne tomberoit plus dans les fautes pour lesquelles il avoit été excommunié, dont il fit une longue énumeration ; & en cas de recidive, il se soumit à la perte des sept Châteaux qu'il avoit donné en gage, & à être excommu-

1209.

munié de nouveau : Après quoi, le Legat lui donna l'Absolution ; & en lui tendant son Etole, il l'introduisit dans l'Eglise, d'où ne pouvant sortir à cause de la Foule, il fut contraint de décendre dans l'Eglise basse, où étoit le Corps du Bienheureux Pierre de Castelnau : ce que nos Historiens remarquent comme une Humiliation (ménagée du Ciel) contre celui qui avoit ordonné sa mort.

1209.
Catel. Comtes.
Liv. 2. pag. 245.

CHAPITRE TROISIÉME.

I. Croisade contre les Albigeois. II. Grand Massacre à Beziers. III. Les Comtes de Toulouse & de Montfort Chefs des deux Partis. IV. Le Roi d'Aragon veut faire rompre son Mariage avec la Reine Marie. V. Traverses qu'elle eut à souffrir. VI. Son Mariage est déclaré bon par le Pape Innocent III. VII. Le Roi se resoud à la Bataille, & y perit. VIII. Mort de la Reine, & son Testament.

CEPENDANT, l'Armée des Croisez s'étoit assemblée à Lyon, de tous les Quartiers de la France, vers la St. Jean de cette année 1209. & le Comte de Toulouse, qui les craignoit extrémement, pria aussitôt les Legats de lui donner la Croix, & à deux de ses Chevaliers qui se croisérent avec lui : il fut au-devant des Croisez jusqu'à Valence, où il leur promit de faire tout ce qu'ils voudroient, offrant son Fils en Otage, outre les Places de sureté qu'il avoit données.

I.

Hist. Albig. ch. 13. & 14.

Les Principaux de l'Armée étoient, (*a*) Pierre Archêveque de Sens, (*b*) Gautier Evêque d'Autun, (*c*) Robert Evêque de Clermont, (*d*) Guillaume Evêque de Nevers, Eudes III. Duc de Bourgogne, le Comte de Nevers, le Comte de St. Paul, Simon Comte de Montfort, & plusieurs autres Seigneurs, qui reçurent avec eux le Comte de Toulouse, & marchant tous ensemble, ils vinrent à Beziers, qui étoit rempli d'Albigeois.

Ch. 15.

Alors il arriva cet Evenement memorable, où sept mille Personnes perirent dans l'Eglise de la Magdelaine de cette Ville : Car, les Habitans ayant méprisé tous les Avis de leur Evêque *Renaud de Montpellier*, Homme vénérable par son âge, sa Vertu & sa Doctrine, qui leur avoit été envoyé par l'Armée des Croisez, ils commencérent eux-mêmes à les provoquer, en faisant une Sortie sur eux, & en leur tirant vigoureusement des Fléches. Les Valets de l'Armée, qui en furent indignez, s'approchérent des Murailles, & sans ordre de la Noblesse (& à son insçû même) ils prirent la Ville d'emblée, y mirent le feu, & firent main-basse sur tous les Habitans, dont le plus grand nombre s'étoit refugié dans l'Eglise de la Magdelaine. Ces deux Circonstances furent remarquées comme des Punitions Divines, tant à cause des Blasphémes que les Albigeois publioient contre Ste. Magdelaine, que du Meurtre de Raymond *Trincavel* Vicomte de Beziers, que ses Habitans avoient tué quarante-deux ans auparavant dans la même Eglise, & brisé les Dents à leur Evêque, qui vouloit les en détourner.

II.

Duchesne, Tom. 5. pag. 764.

Cet Accident funeste fut avantageux à la Ville de Carcassonne, parceque les Croisez, déja maîtres des Fauxbourgs, ne voulurent point ruïner la Ville, qu'ils pouvoient prendre de force ; ils se contentérent de recevoir les Habitans à composition, à la charge de tout abandonner, & de sortir nuds en chemise : ce qui fut executé à la Fête de l'Assomption, quinziéme du mois d'Août 1209. Catel ajoûte, après Mathieu de Paris, que Roger Vicomte de Beziers, le même que nous avons vû avoir épousé Agnez, Fille du dernier de nos Guillaumes, étoit alors dans Carcassonne, qu'il fut Prisonnier de Simon de Montfort, & qu'il mourut de Dissenterie.

Liv. 2. Comtes. pag. 251.

Après cet heureux Evenement, les Croisez crurent devoir disposer de leurs

(*a*) Pierre de Corbeil, Arch. de Sens.
(*b*) Gautier, sans surnom, Ev. d'Autun.
(*c*) Robert d'Auvergne, Ev. de Clermont.
(*d*) Guillaume de St. Lazare, Ev. de Nevers.

1209.
Valsorn. ch. 17.
1210.

Conquêtes, dont ils offrirent la Seigneurie au Duc de Nevers, puis au Duc de Bourgogne, qui la refusérent, & enfin au Comte Simon de Montfort, qui en accepta la Donation, forcé par l'Autorité du Legat Apostolique l'Abbé de Cîteaux: Ce Seigneur, en qui nos Historiens reconnoissent toutes les qualitez necessaires dans le perilleux Emploi dont on le chargeoit, conduisit le peu de Troupes qui lui resta après la Retraite des Croisez, à la Ville de Castres, dont il se rendit le maître; Et l'année d'après 1210. lorsqu'il assiégeoit le Château de Minerbe, au Diocése de Carcassonne, on eut le triste spectacle de voir cent quarante de ces Hérétiques, aimer mieux s'aller jetter d'eux-mêmes dans le feu, plûtôt que d'entendre parler de Conversion.

III. Le Comte de Toulouse, affligé des bons succès qu'avoit Simon de Montfort, courut à Rome, en Allemagne & en France, pour émouvoir en sa faveur le Pape, l'Empereur Othon, & le Roi Philipe, mais par tout il fut regardé avec mépris: Revenu dans le Languedoc, il fit de nouvelles Instances auprès des Legats, pour être admis à la Purgation Canonique. Hugues Evêque de Riez, qui avoit été associé à Theodise dans sa Legation, après la mort de Milon (arrivée à Montpellier sur la fin de 1209.) tint une Assemblée à St. Giles, de plusieurs Archevêques, Evêques & Barons, pour examiner les Preuves que le Comte allegoit à sa décharge. Le tout bien examiné, on vit clairement par les effets, qu'il n'avoit rien executé de ses Promesses; & bien loin de recevoir la Purgation qu'il avoit demandé, il fut excommunié de nouveau avec ses Fauteurs: Après quoi, le Comte se retira, & fit encore plus de mal que jamais.

1211.

Mais, venant à apprendre qu'il se formoit en France une nouvelle Armée de Croisez, pour le secours du Comte de Montfort, il eut recours à un de ses Artifices ordinaires, qui fut de demander une nouvelle Conference: On la tint en effet à Narbonne, où il se rendit avec les Legats, avec Simon de Montfort & le Roi d'Aragon, qui, pour cette première fois, se montra publiquement dans les Affaires de son Beaufrere. Les Legats proposérent pour le Comte de Toulouse, la Restitution de tous ses Domaines, pourveu qu'il chassât les Hérétiques de ses Terres; mais lui, toûjours obstiné, il refusa cette Condition, & se fit excommunier de nouveau par Raymond Evêque d'Uzés, alors Legat avec l'Abbé de Cîtaux & Theodise, comme il paroît par une Lettre du Pape Innocent III. écrite le 15. du mois d'Avril 1211. à l'Archevêque d'Arles, en confirmation de la Sentence de ses Legats.

Hist. Albig. ch. 43.

Liv. 14. Epist. 16.

Cependant, Simon de Montfort, profitant du nouveau Secours des Croisez, assiégea, vers la Mi-Carême 1211. le Château de Thermes, dans le Diocése de Carcassonne, où se trouvérent les Evêques (*a*) de Chartres (*b*) & de Beauvais, avec Guillaume Archidiacre de Paris, excellent Ingenieur, qui en avança beaucoup la Prise: La Ville de Lavaur fut ensuite emportée d'Assaut, avec le Secours que les Evêques (*c*) de Paris, (*d*) de Lizieux (*e*) & de Bayeux lui amenérent; & dans ce même-tems, Simon de Montfort ayant appris que (*f*) Foulques Evêque de Toulouse, en avoit été chassé par le Comte, il alla mettre le Siége devant cette Ville, qu'il fut enfin obligé de lever, tant par le défaut de Vivres que par la Retraite des Croisez, qui, selon leur coûtume ordinaire, se retiroient après avoir servi le tems qu'ils avoient promis, sans y regarder davantage.

Cet Echec fut reparé par la Prise de Cahors, où Simon de Montfort fut reçû avec honneur; & pendant tout l'Hiver suivant, Guillaume Archidiacre de Paris, & Jacques de Vitry, Curé d'Argenteüil, avec Foulques Evêque de Toulouse, chassé de sa Ville, furent lui chercher du Secours en France & en Allemagne, où ils donnérent la Croix à une multitude incroyable de Personnes.

1212.

Ce fut dans ces conjonctures que le Comte alla implorer le secours du Roi d'Aragon, à son retour de la grande Victoire qui avoit été remportée sur les Maures le 16. Juillet 1212. comme nous l'avons dit. J'ai remarqué que la compassion, la gloire ou l'interêt, pouvoient l'avoir engagé à prendre le parti de son Beaufrere: mais, j'ajoûte que le dépit y contribua beaucoup; & c'est un

Point

(*a*) Renaud de Bar, Ev. de Chartres.
(*b*) Philipe de Dreux, Ev. de Beauvais.
(*c*) Pierre de Nemours, Ev. de Paris.
(*d*) Jordan du Hommet, Ev. de Lizieux.
(*e*) Robert de Ablagel, Ev. de Bayeux.
(*f*) Foulques de Marseille, Ev. de Toulouse.

Point confiderable de nôtre Hiftoire, qu'il eft tems de raconter.

Nous avons vû que peu de tems après la Naiffance du Prince Jacques, arrivée à Montpellier le premier du mois de Février 1208. le Roi d'Aragon laiffa dans cette Ville la Reine fon époufe avec le jeune Prince, & fe rendit dans fes Etats d'Efpagne, où il paffa les années fuivantes : il n'y fut pas fi occupé des Affaires étrangéres, qu'il ne donnât encore fes foins à l'Affaire perfonnelle qui l'intereffoit le plus, je veux dire à l'Amour de fon Plaifir, & à la Rupture de fon Mariage avec la Reine, qui, felon lui, y mettoit un grand obftacle ; il refolut dès 1210. d'en reprendre l'Inftance, & il en fit propofer à Rome les Motifs, qui étoient :

1°. Que le Comte de Comenge, premier Mari de la Reine, étoit actuellement en vie.

2°. Que le Roi d'Aragon avoit eû connoiffance d'une proche Parenté de la Reine avant leur Mariage, ce qui y apportoit un Empêchement dirimant.

Zurita, L. 2. ch. 62.

A quoi la Reine repliquoit : qu'il étoit vrai que du vivant de fon Pere elle avoit contracté avec le Comte de Comenge, mais que ç'avoit été par force ; & que d'ailleurs leur Mariage étoit nul de Droit :

1°. Parcequ'ils avoient enfemble les deux Empêchemens de confanguinité & d'affinité.

2°. Que le Comte avoit actuellement deux Femmes lorfqu'il contracta avec elle.

D'abord cette Affaire fut commife fur les Lieux par Innocent III. à l'Abbé de Cîteaux, & aux Evêques d'Uzés & de Riez, Legats du St. Siège : mais, ayant trainé affés long-tems, elle fut portée à Rome, du confentement des Parties, où la Reine voulut aller en perfonne pour y foûtenir fa Caufe.

Cette bonne Princeffe, recommandable dans l'Hiftoire par fa grande Patience, eut le malheur de fe voir perfecutée tout-à-la-fois par fes Freres & par fes Habitans. Pour mieux entendre d'où venoit la perfecution de fes Freres, il eft à obferver que le Roi fon époux, ayant déja refolu de fe déclarer pour le Comte de Toulouse, voulut mettre fes Terres à couvert de la Confifcation, dont on ufoit en France contre ceux qui protegeoient les Albigeois : Pour cet effet, il fit une Donation fimulée à Guillaume Fils d'Agnez, des Seigneuries de Montpellier, *Lates, Paulian, Omelas*; avec toutes leurs Dépendances, excepté tout ce qu'il devoit tenir du Comte de Touloufe, comme Comte de Melgüeil ; *Exceptis illis quæ tenere debes per Comitem Tolofanum*. Cet Acte fut paffé dans la Ville même de Touloufe, le vingt-cinquième du mois de Janvier 1212. comme on peut le voir dans le Spicilége de D. Luc d'Achery ; en conféquence duquel, Guillaume Fils d'Agnez, fe déclara fon Vaffal : Mais, pour tromper le Pape, & pour le prévenir contre la Reine Marie, qui étoit actuellement à Rome, Guillaume lui porta de grandes Plaintes, fur l'injuftice qu'elle lui faifoit, en détenant (difoit-il) la Seigneurie de Montpellier, qui lui appartenoit par droit d'Hérédité ; Cette Plainte fut communiquée, par ordre du Pape, à la Reine Marie, & elle fait le fujet d'une Lettre que Baluze a mis dans fa Collection des Epîtres d'Innocent III. mais il ne paroît pas par les fuites, qu'elle eût eû d'autre effet que de tracaffer la Princeffe.

Liv. 15. Epît. 104.

La feconde Attaque qu'elle eut à foûtenir, fut de la part des Habitans de Montpellier, qui la laiffoient à Rome fans Argent, portez à cela peut-être par les Partifans du Roi fon mari, & des Guillaumes fes freres : cela lui donna lieu d'en faire porter fes Plaintes au Pape, qui les marque dans un grand détail, à l'Abbé de St. Paul de Narbonne, & au Prieur de Fontfroide, dans une Lettre, dont voici le Précis.

Epît. 23. Liv. 4. Collection de Bofquet.

La Reine, après avoir parlé de l'Engagement fait par le Roi fon époux aux Gens de Montpellier, ajoûte » que cet Engagement étant de fes Biens dotaux,
» il ne peut avoir lieu à fon préjudice ; Et quand même il feroit valable, les
« Habitans joüiffent depuis fi long-tems de fes Revenus, qu'ils doivent non-feu-
» lement être déja payez de ce qu'ils ont prêté, mais encore avoir au delà de
» quoi lui reftituer. Elle fe plaint, qu'ils ont détruit le Château de Montpellier, &
» emporté les Pierres ailleurs : Qu'ils ont entrepris d'établir un Notaire, & faire
» les Confuls à Montpellier : Qu'ils ont ôté la Poiffonnerie du lieu où elle étoit
» auparavant : Qu'ils font faire les Cris publics au nom des Confuls, & non à

» celui de la Reine : Quils ont détruit le Château de Lates, & tué plusieurs
» Habitans de ce Lieu : Que tous ces Dommages montent à plusieurs millions de
» Marcs ; Et comme si toutes ces Insultes ne suffisoient pas, ils ont chassé le Roi
» d'Aragon d'un certain Château, comme pour l'irriter davantage contre la Reine ;
» & ce qui seroit encore plus capable d'augmenter entr'eux la discorde, ils ont
» fait jurer le Roi qu'il n'entreroit pas de deux ans dans Montpellier.

1212.

Le Pape, en écrivant aux deux Commissaires, leur mande de contraindre, même par Censures, & nonobstant tout Appel, les Habitans de Montpellier, de payer à la Reine du moins la moitié de ses Revenus. Ce qui sans-doute fut executé envers cette bonne Princesse, pour qui les Habitans de Montpellier avoient donné de si grandes marques de leur attachement : Il faut aussi que les Avocats dont elle s'étoit servi pour dresser sa Suplique, eussent affecté, pour rendre sa Cause meilleure, de rapeller des Faits déja oubliez, ou qui n'étoient qu'une suite nécessaire des Actes passez entre le Roi & eux.

VI.

Mais la grande Affaire de la Reine étoit celle de la Validité de son Mariage, qu'elle soûtint si bien à Rome que le Pape se déclara enfin en sa faveur, malgré tous les ménagemens qu'il voulut-bien garder pour le Roi d'Aragon. La chose paroît par la Sentence qu'il donna le 19. Janvier 1212. qui entroit dans 1213. elle est comprise dans le Recüeil des Epîtres d'Innocent III. qui nous aprend tout le cours de la Procédure, les Demandes, les Repliques des Parties, les Incidens qu'elles firent naître, enfin la Sentence en faveur de la Reine contre toutes les Impugnations du Roi : *De communi fratrum nostrorum consilio te ab impetitione Regis super his quæ in judicium fuere deducta, specialiter duximus absolvendam.* Et dans le Double qu'il en envoya au Roi, il le prie de considérer que dans ce Jugement, il a dû deferer moins à ses desirs qu'à son salut, puisqu'il avoit protesté lui-même qu'il ne cherchoit autre chose que la décharge de sa conscience : Il l'exhorte & le conjure de vivre avec la Reine en bon Epoux ; d'autant plus qu'elle lui a déja donné un jeune Prince, & qu'elle est Femme d'une grande Vertu : *Præsertim cum filium susceperis ex eâ, & sit mulier timens Deum, multâ prædita honestate.*

Epit. 221. du Liv. 15. Collection de Baluse.

1213.

Nous ne voyons pas que le Roi eût fait depuis de nouvelles Instances contre son Mariage ; mais on ne peut douter qu'il ne continuât toûjours dans son éloignement pour la Reine, qui, sur les Avis qu'on lui donna, ne voulut point sortir de Rome : *Ne forte quid detrimenti à Rege acciperet,* dit Gomesius. On crut même, sur le Raport de son Medecin *Theobald,* & de Jean *Castellionate* Medecin du Pape, que le Poison avoit aidé à terminer ses jours.

Inn. Epit. 212. Liv. 15.

Il est toûjours certain que le Roi ne garda plus les ménagemens qu'il avoit eû pour la Cour de Rome : il porta au Pape les mêmes Plaintes que le Comte de Toulouse répandoit par tout ; & pour prévenir la Réponse qu'il sçavoit bien qu'on lui feroit, de la mauvaise-foi de son Beaufrere, il disoit hautement qu'il demandoit pour le Fils ce qu'on ne vouloit pas accorder au Pere. Le Pape, voulant toûjours le ménager, écrivit à ses Legats qu'on contentât le Roi dans tout ce qui seroit possible ; & il manda au Comte de Montfort, de rendre au Roi d'Aragon tous les Devoirs que lui rendoit le Vicomte de Beziers, & de restituer au même Roi & à ses Vassaux, les Terres qu'il prétendoit leur avoir été ôtées.

Epit. 213. & 214.

Comtes. Liv. 2. pag. 255.

Catel nous apprend que Simon de Montfort vint à Montpellier, pour lui faire Hommage de la Ville de Carcassonne, qui relevoit de lui : mais le Roi, qui vouloit conserver un prétexte pour continuer de se plaindre, ne voulut pas le recevoir, & il lui suscita tous les Gentilshommes du Païs ; ensorte que plusieurs Villes & Châteaux de l'Obéïssance de Simon de Montfort, se revoltèrent contre lui.

Les frequentes Négociations qui furent employées dans le Languedoc, & auprès du Pape, dans le cours de cette Guerre, ne tendoient qu'à ralentir l'ardeur des Croisez, par les bruits qu'on faisoit courir, tantôt d'une Tréve, & tantôt de la Reconciliation à l'Eglise, des Seigneurs qui protegeoient les Albigeois ; mais lorsqu'on étoit prêt de conclurre, on éludoit, ou par une défaite, ou par un refus formel. Ainsi, le Roi d'Aragon ayant demandé un Concile à Lavaur, il en appella au Pape, parcequ'on ne lui accorda pas tout ce qu'il vouloit : Ainsi,

ayant

ayant d'abord surpris le Pape, & ses Artifices ayant été découverts, il envoya défier le Comte de Montfort, qui le défia reciproquement, & la Guerre recommença.

1213.

Les conjectures ne pouvoient en être plus favorables pour le Roi d'Aragon, puisque la France étoit alors en Guerre avec l'Angleterre, & que d'ailleurs on prêchoit dans le Royaume une Croisade pour la Terre-Sainte, qui faisoit une grande diversion à celle des Albigeois. Ces contretems avoient arrêté Loüis Fils du Roi de France, qui s'étoit croisé contre les Albigeois, avec grand nombre de Chevaliers à son exemple : Et le Roi d'Aragon, profitant à propos de ces circonstances, fit venir des nouvelles Troupes de ses Etats, renforça la Garnison de Toulouse ; & parceque le Château de Muret, sur la Garonne, incommodoit cette Ville, il alla y mettre le Siége, avec les Comtes de Toulouse, de Comenge & de Foix.

VII.

A cette Nouvelle, Simon de Montfort, qui étoit à Fanjaux, se rendit à Saverdun, accompagné de plusieurs Evêques, qui voulurent encore tenter une Négociation : Ils envoyérent au Roi d'Aragon les Lettres qu'ils avoient du Pape, où il l'exhortoit de ne plus proteger les Heretiques ; ce qu'il promit de parole, mais il suivit toûjours sa pointe : de sorte que le Comte de Montfort, voyant que pour secourir le Château de Muret, il en faudroit venir à une Action generale, il s'y prépara, avec un courage qui tenoit plus de l'Inspiration que de la Prudence humaine ; car il n'avoit qu'un petit Secours de Troupes, que les Evêques d'Orleans & d'Auxerre lui avoient amené fort à propos.

Liv. 16. Epit. 48.

Malgré l'inégalité de ses Forces, il marcha au Combat en Homme resolu d'y perir : Et tandis que les Evêques étoient en Priére dans une Eglise voisine, il chargea les Enemis, & enfonça le premier Rang. Alors le Roi d'Aragon s'étant présenté à la tête du second, il y fut tué aussitôt : ce qui décida du succès de la Bataille ; car les Albigeois ayant pris l'épouvante, se mirent tous en fuite, durant laquelle il perit près de vingt mille Hommes ; qui furent tuez ou noyez dans la Riviére.

Valsernay, Liv. 2. ch. 127.
Castel. Comtes. Liv. 2. pag. 293.

Telle fut la fin de Pierre Roi d'Aragon, Comte de Barcelone & Seigneur de Montpellier ; Titre qu'il prit toûjours dans les Actes publics, depuis son Mariage avec la Reine Marie : Son Courage dans la Guerre & son Habileté dans les Affaires, sembloient lui promettre un plus heureux sort ; mais son amour pour le plaisir, & son ambition, l'entretinrent toute sa vie dans des mouvemens continuels, qui causérent enfin sa perte dans la fleur de son âge. Un Auteur Espagnol, en citant les Mémoires du Roi Jacques son fils, avoüe qu'il se prépara bien mal, pour un Chrétien, à la Bataille où il fut tué ; car il dit : *Dormiera con una muguer la noche antes la Batailla*. Et le Comte de Montfort, en qui tous les Historiens reconnoissent une Piété fort exacte & fort exemplaire, ayant intercepté la Lettre qu'il écrivoit à cette Dame, où il lui marquoit qu'il s'étoit engagé dans cette Guerre pour avoir le plaisir de la voir, ne put s'empêcher de dire, qu'il auguroit bien d'une Bataille où son Adversaire se préparoit par un Double-Adultére.

Guill. de Puy-laurens.

Sa mort arriva le treize du mois de Septembre 1213. jour où la grande Bataille de Muret se donna, peu de mois après la mort de la Reine son épouse, qui étoit décedée à Rome dans le mois d'Avril de la même année. Je marque cette circonstance, parceque Zurita, se fondant sur une Lettre de Recommendation du Pape Honoré III. en faveur du Roi Jacques, suposé dans ses Annales d'Aragon, que la Reine Marie vécut jusqu'au tems de ce Pape, c'est-à-dire en 1217. ou 1218. Mais, outre que l'explication naturelle qu'on doit donner à la Lettre d'Honoré III. ne prouve point ce qu'avance Zurita, comme nous le dirons dans la Vie du Roi Jacques, on trouve la mort de la Reine marquée si précisément dans nos Archives, qu'on ne peut guere douter d'un fait si bien circonstancié dans des Regîtres publics, & par des Gens qui ne pouvoient se dispenser d'y prendre beaucoup d'interêt : en voici les propres termes.

En aquest an 1213. mori à Rome Madona Maria Regina d'Aragon; & pueis à 13. de Settembre, mori à Muret Peire Rey d'Aragon.

Par le dernier Testament que la Reine Marie fit à Rome, en date du 20. Avril

VIII.

1213. & dans la feiziéme année du Pontificat du Pape Innocent III. elle inſtitua pour ſon Héritier univerſel Jacques ſon Fils, avec Subſtitution à ſes Filles Mathilde & Peyronne, qu'elle avoit eû du Comte de Comenge : Elle confirme pour les autres Chefs, le Teſtament qu'elle avoit fait à Montpellier, lorſqu'elle en partit pour aller à Rome : c'eſt-à-dire, qu'au défaut de ſes Filles, elle appelle à ſa Succeſſion Raymond Gaucelin de Lunel ſon Couſin-germain, Fils de ſa Tante Sibille ; & après Gaucelin, ſes autres Couſins Raymond & Arnaud de Roquefeüil, Enfans de Guillelme, autre Tante de la Reine. Dans tout ce Teſtament elle ne fait aucune mention de ſes Freres, qu'elle regarde toûjours comme Bâtards : Mais elle ajoûte au Teſtament déja fait à Montpellier, quantité de Legs-pies, en faveur des principales Egliſes de Rome, & des Domeſtiques qu'elle avoit auprès de ſa Perſonne dans ſa derniére Maladie : *Apud Eccleſiam Sancti Petri* (dit-elle) *michi eligo Sepulturam* ; donnant à cette Egliſe, & à celle de St. Jean de Latran, vingt-cinq Livres chacune : pour les fraix de ſa Sépulture, elle aſſigne trente Livres ; pour Ste. Marie Majour, un Calice de deux Marcs, & autant pour celle de St. Paul.

A St. Sauveur d'Aniane : *Quidquid habeo* (dit-elle) *in Piſcariis Caſtri de Frontiniano & in pertinentiis ſuis. Quas Piſcarias bonæ memoriæ Guillelmus de Montepeſſulano Pater meus ab eodem Monaſterio tenuit & poſſedit.*

Au Monaſtére de St. Felix de Monceau (aujourd'hui les Religieuſes de Gigean) le Château de Mirevaux, avec toutes ſes Appartenances : mais elle en reſerve l'Uſufruit & le Domaine à Clemence ſa Tante pendant ſa vie ; *Reſervato tamen Uſufructu & pleno Dominio ejus, Dominæ Clementiæ amitæ meæ omnibus diebus vitæ ſuæ* : D'où nous apprenons que Clemence, l'une des Sœurs de ſon Pere, & mariée à Roſtang de Sabran, vivoit encore. Nous verrons dans la ſuite de cet Ouvrage, que le Roi Jacques retira le Château de Mirevaux des Religieuſes de Gigean, par un Echange qu'il fit avec elles.

Elle donne à *Riſſende* ſa Cameriere, vingt-cinq Livres, outre ce qu'elle lui avoit donné dans ſon premier Teſtament ; ſçavoir, ſa Chape, ſa Gannache, ſa Tunique, ſon Manteau d'Ecarlate fourré de Pélcterie, avec un autre Manteau & Gannache de Drap vert : A *Guillelme* ſa Servante, la Nourriture dans ſa Maiſon, avec une Gannache de Brunet, & autre d'Ecarlate doubléc de Peau : A Oderic de Boulogne, cinq cent Livres Tournois : Aux Avocats qui l'avoient ſervie dans ſa Cauſe, trente Livres ; Et au reſte de ſes Domeſtiques, qui ſont marquez en grand nombre, tout ce qu'elle leur avoit donné dans ſon premier Teſtament, avec une augmentation de vingt Livres pour les uns, & de trente pour les autres.

Enfin, elle laiſſe au Pape Innocent III. le Pouvoir de changer ſon Teſtament ; & met ſous ſa Protection, & ſous celle de l'Egliſe Romaine, ſon Fils Jacques, & tous ſes Domeſtiques.

FIN DU LIVRE QUATRIE'ME.

HISTOIRE
DE LA VILLE
DE MONTPELLIER,
SOUS LE ROY JACQUES D'ARAGON ET DE MAYORQUE.

LIVRE CINQUIÉME.

CHAPITRE PREMIER.

I. Le Roi Jacques est retiré des mains du Comte de Montfort. II. Exemple remarquable de la fureur des Guerres de Religion. III. Concile de Montpellier en 1214. IV. Premiére Expedition de Loüis VIII. en Languedoc. V. Concile general de Latran. VI. Le Roi Jacques confirme les Priviléges de Montpellier. VII. Amaury de Montfort veut ceder tous ses Droits au Roi de France. VIII. Concile de Montpellier en 1224. IX. Seconde Expedition de Loüis VIII. en Languedoc. X. Sa Mort, & la Réunion du Languedoc à la Couronne.

A MORT précipitée de Pierre Roi d'Aragon, causa bien du trouble I. 1213.
dans ses Etats, où ses Freres Ferdinand & Sanchez formérent
aussitôt differens Partis pour en avoir le Gouvernement; le prétexte étoit d'autant plus spécieux, que le jeune Roi Jacques se trouvoit depuis trois ou quatre ans entre les mains du Comte Simon
de Montfort, d'où il paroissoit bien dificile de le retirer.

Ce Fait est très-constant, & avoüé par tous les Auteurs Espagnols, quoiqu'ils ne nous marquent pas bien précisément par quelle occasion
il étoit tombé entre ses mains. Le seul Guillaume de Puylaurens nous apprend,
que dans les Conferences que Pierre d'Aragon eut avec Simon de Montfort en
1210. le Roi lui donna son Fils en Otage, pour sureté des Conventions reglées
entr'eux: *Pro quibus servandis idem Rex tradidit Jacobum Filium suum parvulum obsi-*   Ch. 16.
dem eidem Comiti Carcassonæ. On dit que Simon en vouloit faire son Gendre, &
que le Roi, toûjours attentif à l'agrandissement de ses Etats, étoit bien-aise d'y
réunir le Languedoc, dont le Comte possedoit la plus grande partie, & qu'il
auroit donné volontiers à sa Fille en faveur de ce Mariage.

Quoiqu'il-en-soit, les Seigneurs d'Aragon & de Catalogne, après avoir ren-   Ch. 22.
K

du les derniers Devoirs à leur Roi défunt, dont les Hospitaliers de S*t*. Jean de Hierusalem avoient retiré le Corps après la Bataille de Muret, n'eurent pas de plus grand empressement que de procurer la Délivrance de son Fils le Prince Jacques. Ils tentérent la voye des Armes (selon Zurita) par des Irruptions qu'ils firent jusqu'à Narbonne, & ils envoyérent des Ambassadeurs à Rome pour interesser le Pape dans leur Demande: Cette seconde voye leur réussit mieux que la premiére; car Innocent III. ayant envoyé au commencement de 1214. le Cardinal de Benevent pour Legat dans le Languedoc, il le chargea de retirer le jeune Roi des mains du Comte, à qui il écrivit de le remettre entre les mains de son Legat. La chose fut ainsi executée; mais avec Promesse solemnelle, qu'on ne songeroit plus à venger la mort du Roi d'Aragon, ni à troubler le Comte Simon de Montfort dans la possession de ses Conquêtes: Par ce moyen, le jeune Roi, qui n'avoir alors que sept ans, fut rendu à ses Sujets, & confié par eux aux soins de Guillaume de Montredon, Maître des Templiers en Espagne, qui le garda durant deux ans dans la Forteresse de Monçon, où il étoit plus en etat de veiller à sa sureté & à son éducation.

On dit qu'avant que de s'y rendre il vint à Montpellier, lieu de sa Naissance, où il ne lui étoit pas indiferent de se faire voir depuis la mort de son Pere & de sa Mere: On croit qu'il y reçût alors le Serment de fidelité des Habitans, comme on l'infére d'une Lettre qu'Innocent III. leur écrivit en 1215. par laquelle il leur recommende de veiller à la conservation des Biens du Roi d'Aragon, à qui (dit la Lettre) *vous avés depuis peu prêté Serment*; Et il leur marque en mêmetems, de s'adresser à Guillaume de Montredon, Maître des Templiers en Espagne, chargé du soin de la Personne & des Affaires du Roi.

II. Dans ces entrefaites, le Comte Simon de Montfort, qui, depuis la Bataille de Muret, avoit reçû de France un grand Secours de Troupes, se rendit maître de plusieurs Places en Agenois & dans le Quercy, tandis que le Comte de Toulouse faisoit tous ses efforts pour le traverser. On raconte que Baudoüin son propre Frere, qui étoit du Parti des Croisez, ayant été pris & conduit à Montauban, le Comte de Toulouse s'y rendit aussitôt, & l'ayant fait tirer de Prison, il commanda qu'on lui mît la corde au cou pour le pendre: Baudoüin son frere l'ayant conjuré de lui donner du moins le tems de se confesser & de recevoir le Viatique, l'un & l'autre lui fut refusé; & aussitôt le Comte de Foix, son Fils, & un Chevalier Aragonois, prêtant leurs mains à ce cruël Ministére, l'enlevérent de terre, & avec la corde qu'ils lui avoient mis au cou, ils le pendirent à un Noyer. Je marque cette circonstance, pour faire voir que dans les Guerres de Religion on se porte à de plus grandes fureurs que dans des Guerres ordinaires.

III. Cependant, le Cardinal Legat, voulant pourvoir aux Besoins spirituels & temporels de la Province, assembla aux Fêtes de Noël 1214. un Concile à Montpellier, où se trouvérent les cinq Archevêques de Narbonne, d'Auch, d'Embrun, d'Arles & d'Aix, avec vingt-huit Evêques, & plusieurs Barons du Païs. Le Comte Simon de Montfort ne manqua point d'y venir; mais il n'osa entrer dans la Ville, à cause de la mort du Roi d'Aragon, que les Habitans lui imputoient; & il prit le parti de se tenir au Château du Terrail, appertenant à l'Evêque de Maguelonne, d'où il se rendoit tous les jours à la Maison des Templiers, hors les Murs de la Ville, pour y conferer avec les Prélats, qui venoient l'y trouver. On fit dans ce Concile de beaux Reglemens pour la Dicipline Ecclesiastique & Monastique, dont je parlerai ailleurs; mais on n'oublia point les interêts communs de la Province, qui avoit besoin d'un Chef pour la conservation des Places conquises par les Croisez: Tous, d'une voix unanime, priérent le Legat de les donner au Comte de Montfort, avec la Ville de Toulouse, qui venoit de se rendre à lui, & dont il avoit reçû des Otages; *Quæ in manu Legati se posuerat, datis obsidibus*. Mais, le Legat s'en étant excusé sur les bornes du Pouvoir de sa Legation, toute l'Assemblée députa Bernard Archevêque d'Embrun, pour aller à Rome suplier le Pape de confirmer le Choix qu'ils avoient fait de Simon de Montfort pour leur Seigneur: *Ut electum virum Simonem confirmaret, & concederet in illius Terræ Dominum & Monarcham.*

Tan-

Tandis qu'on traitoit de cette Affaire, le Comte, invité par le Legat, se rendit avec ses deux Fils, dans l'Eglise Nôtre-Dame des Tables, où se tenoit le Concile; & dans le tems qu'il conferoit avec les Prélats, les Gens de sa Suite se répandirent dans la Ville, où leur présence reveilla les regrets des Habitans sur la mort du Roi d'Aragon. Plusieurs s'attroupérent en Armes à une des Portes de l'Eglise, & d'autres allérent attendre le Comte dans les Ruës par où ils croyoient qu'il devoit passer: Ce qui étant venu à la connoissance des Peres du Concile, ils firent sortir le Comte par un autre Porte, & gagner les Dehors de la Ville, où l'on marque qu'il n'entra jamais plus. Cette Avanture, dont Pierre de Valsernay nous a conservé l'Histoire, bien loin d'être un effet de la méchanceté des Habitans de Montpellier, comme il voudroit le faire entendre, ne peut être regardée que comme une marque de l'affection qu'ils conservoient pour leurs Seigneurs, puisque durant toute la Guerre des Albigeois ils firent paroître un attachement très-constant pour la bonne Cause.

1214.

Hist. Albig. cap. 81.

Cependant, Loüis de France Fils du Roi Philipe Auguste, voulant accomplir le Vœu qu'il avoit fait depuis trois ans, se rendit à Lyon, où étoit le Rendés-vous de ses Troupes, au jour de Pâques 1215. pour marcher de là contre les Albigeois. Le Comte de Montfort lui étant venu au-devant jusqu'à Vienne, & le Legat jusqu'à Valence, ils décendirent tous ensemble à S⁺. Giles, où les Députez du Concile de Montpellier apportérent de Rome la Réponse du Pape, qui donnoit au Comte de Montfort la Garde de toutes les Conquêtes faites par les Croisez, jusqu'à-ce qu'il en fût plus amplement ordonné par un Concile general. Le Prince n'y ayant fait aucune opposition, visita les Villes du Languedoc jusqu'à Carcassonne, où la Disposition du Pape en faveur du Comte de Montfort fut approuvée, dans une Assemblée d'Evêques & des Seigneurs de la Suite du Prince, qui s'étant rendu à Toulouse, en fit abatre les Murailles, & ordonna qu'on en fit autant à celles de Narbonne: Son Expedition dans le Languedoc se borna pour cette fois à ces divers Evenémens; car, y ayant employé les quarante jours de son Vœu, il s'en retourna en France, de même que le Legat à Rome, où le Pape Innocent III. tint dans le mois de Novembre, le IV°. Concile general de Latran.

IV. 1215.

1216.

Parmi les Canons de ce Concile, qui est un des plus celébres, on peut remarquer, au sujet de l'Affaire dont je parle, qu'outre les Punitions Canoniques portées contre les Héretiques de ce tems-là, il est dit »que si les Seigneurs n'en » purgent pas leurs Terres, ils seront excommuniez, leurs Vassaux absous du Ser- » ment de fidelité, & leurs Terres exposées à la Conquête des Catholiques; sauf » le Droit du Seigneur Principal, qui lui-même ne porte aucun obsta- » cle à l'Exécution de ce Decret: Par où l'on paroissoit confirmer tout ce qui avoit été déja fait contre les Comtes de Toulouse, de Comenge & de Foix. En quoi, remarque Mʳ. Fleury: si l'Eglise sembloit entreprendre sur la Puissance Séculiére, il faut se souvenir qu'à ce Concile assistoient les Ambassadeurs de plusieurs Souverains, qui consentoient à ces Decrets au nom de leurs Maîtres.

V.

Hist. Eccl. liv. 77. pag. 388.

Je ne dois pas oublier, que ceux du Roi Jacques s'y trouvérent; & que ce jeune Prince, peu de tems après, ayant été obligé de sortir du Château de Monçon, pour calmer les Troubles que ses Oncles Ferdinand & Sanchez excitoient dans ses Etats, il reveilla si bien par sa présence la tendresse de ses Sujets, que tous concoururent à pacifier les Troubles, & à disposer un Regne tranquile à ce jeune Roi, qui n'étant encore que dans sa dixiéme année, donnoit les plus grandes esperances qu'on pût attendre.

1217.

Il donna des marques de sa bonté l'année suivante 1218. envers la Ville de Montpellier, non-seulement en confirmant ses Privilèges, mais encore en prenant sous sa Protection les douze Consuls & toute la Communauté: Les termes en sont remarquables. *Recipimus in amorem nostrum perfectissimum & tuitionem perpetuam dictos duodecim probos Homines & totam Universitatem Montispessulani*: Et la raison qu'il en donne, c'est qu'il est naturel d'aimer ceux qui nous aiment, & qu'il croit devoir reconnoître les Services qu'il a reçû des Consuls de Montpellier, & les parfaites marques d'amour qu'on y a fait paroître pour sa Personne; *Scientes eos ... nos perfecte in omnibus dilexisse & multa nobis acquisivisse & Dominationem Terrae Mon-*

VI. 1218.

Grand Talam. fol. 3.

Liv. Noir, fol. 42.

1218.
tispessulani ampliasse: Il promet de ratifier le présent Acte, lorsqu'il aura acquis l'âge de puberté, & lorsqu'il sera parvenu à sa vingt-cinquième année.

On met au dixiéme d'Août de cette même année 1218. le premier Etablissement de l'Ordre de la Mercy, dont le Roi Jacques est mis au nombre des Fondateurs, avec Raymond de Pennafort son Confesseur, & Pierre Nolasque, Gentilhomme d'auprès de Carcassonne, qui avoit été connu de lui, tandis qu'il étoit dans cette Ville entre les mains du Comte de Montfort: Ils eurent tous trois en même-tems, une forte Inspiration de pourvoir à la Redemption des Esclaves que les Maures faisoient journellement sur les Chrêtiens; & Pierre Nolasque s'étant offert pour cette Sainte Entreprise, il s'y consacra publiquement entre les mains de l'Evêque de Barcelonne, avec quantité de jeune Noblesse, qui embrassèrent ce nouvel Ordre comme un Ordre Militaire. Raymond de Pennafort leur dressa une Regle; & le jeune Roi Jacques, qui étoit alors dans sa onziéme année, les prit sous sa Protection spéciale, qu'il continua de leur donner le reste de sa vie. Cet Ordre fut enfin confirmé par le Pape Gregoire IX. en 1230. Nous aurons occasion d'en parler souvent dans le cours de cet Ouvrage.

Les faveurs que le Roi Jacques venoit d'accorder à la Ville de Montpellier, avoient été précédées de celles qu'il reçut lui-même du Pape Honoré III. qui avoit succedé immédiatement au Pape Innocent III. mort dès le mois de Juillet 1216. Ce nouveau Pape (de la Maison de Savelli) voulant soutenir dans le Languedoc les Affaires de la Religion, écrivit à son Legat *Bertrand*, qu'il prenoit sous la Protection du St. Siége les interets du Roi d'Aragon, qui lui avoient été fort recommendez par la Reine Marie, dans la Maladie qui l'enleva à Rome; *Agens dudum apud sedem Apostolicam in extremis*: Ce qui a donné lieu à Zurita de mettre la mort de cette Reine sous le Pontificat d'Honoré III. en 1217. mais ces paroles, *Dudum & in extremis*, font assés voir que le Pape parloit d'une Recommendation faite depuis long-tems, & avant qu'il fût parvenu au St. Siége, où la Reine prévoyoit qu'il seroit élevé, comme il le fut en effet dès le lendemain de la mort d'Innocent III. En même-tems, le Pape fit tous ses efforts pour empêcher le Roi d'Aragon d'attaquer les Terres de Simon de Montfort, comme il paroît par les Lettres que nous avons de lui, écrites à son Legat, au Roi lui-même, & à ses Ministres; mais elles n'eurent pas un long effet, car ce brave Seigneur fut tué quelques mois après en assiégeant Toulouse.

Apud Rayn. n. 55. Epist. 692. & 823.

Sa mort, qui arriva le vingt-cinquième du mois de Juin 1218. releva le courage des Albigeois, & du Comte Raymond, qui devint paisible Maître de Toulouse, & où il se maintint jusqu'à sa mort, arrivée en 1222. Son Fils, appellé Raymond le Jeune pour le distinguer du Pere, qui est appellé dans l'Histoire de ce tems Raymond le Vieux, eut des Guerres continuelles avec Amaury, Fils du Comte Simon de Montfort, qui n'ayant pas dans le Païs le même credit qu'avoit eû son Pere, ne fut point en état d'y faire de grandes Entreprises: Il tenta de reprendre Castelnaudarry sur le Comte de Toulouse, qui le lui avoit enlevé; il chercha à le harceler quelquefois dans ses Marches; il fit quelques Ravages aux Environs de Montpellier, pour venger (disoit-on) le mauvais traitement qu'on y avoit fait à son Pere, dans le tems du Concile de 1214. mais toutes ces Tentatives ne lui ayant pas réussi, il s'ennuya d'une Guerre dont il ne pouvoit pas soutenir la dépense; *Affectus tædio & expensis*, dit Puylaurens: Ce qui lui fit naître la pensée de ceder tous les Droits qu'il avoit sur la Comté de Toulouse, au Roi de France, afin qu'il l'unît à son Domaine.

1222. VII.

Il est vrai que la chose ne fut executée que quelques années après; mais il est certain qu'elle avoit été projettée du vivant de Philipe Auguste, comme il paroît par les Lettres qu'Honoré III. écrivit à ce Prince en 1222. & ensuite au Roi Loüis VIII. son Fils, lors de son Avénement à la Couronne en 1223. où le Pape parle du dessein d'Amaury, comme d'une Offre déja faite: Le Roi Loüis VIII. fut assés long-tems à l'accepter, ou à travailler éficacement à la faire executer, parcequ'il fut obligé de faire la Guerre aux Anglois pour le Recouvrement de l'Aquitaine, & parceque Raymond y fit naître des obstacles de la part du Roi d'Angleterre, & de la part de l'Empereur, qui craignoient, l'un pour la Guiéne, & l'autre pour la Provence.

VI. Epist. 395.
Rayn. n. 45.
Epist. 135. Rayn.
n. 41.
Duchesne, Tom. 5. pag. 857. 858.
1223.
Godefr. an. 1224.

Dans

LIVRE CINQUIE'ME. 77

Dans ces entrefaites, Raymond, voulant gagner le Pape, à quelque prix que ce VIII. 1224.
fût, fit toute sorte de Promesses pour sa Reconciliation à l'Eglise ; il obtint un
Ordre à Arnaud Archevêque de Narbonne, de convoquer un Concile pour écouter les Propositions de Paix qu'il avoit à faire avec les Albigeois ses Adhérens:
Ce Concile fut tenu à Montpellier pendant l'Octave de l'Assomption Nôtre-Dame
en 1224. où, en présence des Archevêques de Narbonne & d'Auch, avec les *Appar. Tom. 11.*
Evêques de ces deux Provinces & de celle d'Arles, Raymond de Toulouse, Ro- *Conc. pag. 234*
ger, Bernard Comte de Foix, & Trincavel Vicomte de Beziers, promirent aux
Peres du Concile, la Fidelité qu'ils devoient à l'Eglise, & la Reparation des maux
qu'ils avoient causé; mais à condition toutefois que le Pape feroit renoncer le
Comte de Montfort à ses Prétentions sur leurs Terres. Nous ne voyons pas quel fut
le Résultat de l'Assemblée ; car, dans les Actes de ce Concile, on ne trouve autre
chose que les Protestations des Seigneurs dont je viens de parler, avec les Représentations du Comte Amaury au Concile, pour la Manutention de ses Droits,
où il faisoit sur tout valoir les grandes esperances qu'on avoit de réduire bientôt les Heretiques, puisque le Roi de France l'avoit entreprise.

La chose néanmoins traîna encore toute l'année suivante, durant laquelle Ro- 1225.
main, nouveau Legat du St. Siége, persuada au Roi de France Loüis VIII. de
suspendre la Poursuite de ses Droits contre l'Angleterre, & de marcher contre 1226.
les Albigeois : Il excommunia auparavant le Comte de Toulouse avec ses Complices, dans un Concile National, tenu à Paris le 28. Janvier 1226. Et le Comte
Amaury avec Guy son oncle, ayant fait au Roi une Cession par écrit, de tous
leurs Droits sur la Comté de Toulouse, le Legat en confirma le Droit à perpetuité au Roi Loüis VIII. & à ses Hoirs ; il lui promit, du consentement de
quelques Evêques, cent mille Livres par an, durant cinq années, de la Décime qui
se levoit alors sur le Clergé au nom du Pape, & dont le St. Pere faisoit en ce
tems-là l'Application comme il jugeoit à propos.

Alors le Roi se prépara sérieusement au Voyage du Languedoc : il prit la Croix IX.
de la main du Legat ; il convoqua à Bourges pour le 17e. de Mai, tous ceux qui *Gesta Lud.*
lui devoient Service de Guerre, & il en partit, menant ses Troupes par Lyon, le *Duchesne. Tom.*
long de la Riviére du Rhône : Les Consuls des Villes & Vilages qui apparte- *5. pag. 287.*
noient au Comte de Toulouse, venoient lui rendre les Forteresses, & lui don- *Puyl. chap. 25.*
noient des Otages. Avignon, qui étoit la Ville la plus forte, en fit autant : mais le
Roi ayant voulu faire passer son Armée au milieu de la Ville, les Habitans, qui
étoient excommuniez depuis long-tems, craignirent d'être traitez comme Enemis ;
ils fermérent leurs Portes, & ils se contentérent d'offrir le Passage pour la seule
Personne du Roi avec peu de Suite : Ce refus engagea Loüis VIII. à entreprendre
le Siége de leur Ville ; il y employa près de trois mois, durant lesquels il perdit
plus de deux mille Hommes ; & les Assiégez s'étant enfin rendus à composition,
ils furent châtiez par la perte de leurs Murailles, & de trois cent Maisons, tant
dedans que dehors la Ville, qui furent abatuës par ordre du Roi & du Legat.

Ce fut pendant ce Siége que les Habitans de Montpellier allérent présenter
au Roi, les Lettres de Recommendation qu'ils avoient fait demander au Pape Honoré III. dans lesquelles on voit un Eloge bien singulier, de l'Abondance & de la
Fertilité du Païs. *Tibi ut credimus* (dit le St. Pere) *dubium non existit quod cum
Villa Montispessulani ubertate bonorum omnium taliter sit repleta, quod ei Dominus be-
nedixisse videatur, qui de rore Cœli & de pinguedine Terræ abundantius ei dedit : Dilecti Filii Consules,* &c. Une si haute Recommendation valut à la Ville de Montpellier, des Lettres de Sauvegarde que le Roi leur fit expedier, portant Affranchissement de tous Péages, tant dans les propres Terres du Roi, que dans *Liv. Noir. fol.*
celles de ses Amis, *In totâ Terrâ nostrâ & Amicorum nostrorum, actum in obsidione* *26.*
Avinioni, dans le mois de Juin 1226.

Plusieurs Seigneurs Particuliers de la Province, n'attendirent pas la Prise d'A-
vignon pour aller faire Soumission au Roi de toutes leurs Terres : Pierre de Bermond y fut, pour la Ville d'Anduse ; Rostang de Sabran, pour la Ville de Bagnols;
Guy de Tournon, pour le Château de Tournon ; Guillaume-Bernard de Najac,
pour son Château de Najac ; Gaucelin Seigneur de Lunel, pour sa Ville de

78   *HISTOIRE DE LA VILLE DE MONTPELLIER,*

1226.
Lunel, & pour quantité d'autres Terres énoncées dans l'Acte. Les Villes en Corps suivirent l'exemple des Seigneurs Particuliers: Nîmes y envoya ses Consuls, qui prénent le Titre de Consuls du Château des Arénes & de la Ville de Nîmes: Beziers, dont la Catholicité paroissoit suspecte, donna des Otages; & les Seigneurs de ce Diocése ajoûtérent à leur Serment, de ne donner aucune Retraite dans leurs Terres à Raymond, Fils d'autre Raymond jadis Comte de Toulouse. Les noms de ces Seigneurs, tels que Mr. Catel les a tiré des Archives de Carcassonne, sont, Pons

Comtes. Liv. 2.
pag. 328.
de Tezan, Pierre de Villeneuve, Raymond de Corneillan, & Pierre Vintrou, avec le Viguier de Puysseguier.

Toutes les autres Villes, Châteaux & Forteresses qui se trouvérent sur le Passage du Roi, suivirent cet exemple, jusqu'à quatre lieuës de Toulouse, où le Roi s'arrêta; il y laissa Imbert de Beaujeu pour conserver ses Conquêtes, & il partit en diligence pour retourner à Paris, dans le dessein de revenir au Printems finir cette Guerre: mais une grande Maladie l'ayant retenu à Montpensier en Auvergne, il y mourut le huitiéme de Novembre de cette même année 1226. qui faisoit la trente-neuviéme de son âge, & la quatriéme de son Regne.

X.
1227.
La mort de ce Prince, qui, selon toutes les apparences, devoit relever le courage aux Albigeois, ne leur fut d'aucun avantage, par l'heureuse étoile, & par la sage conduite de la Reine Blanche sa veuve, & Regente du Royaume pendant la Minorité de son Fils le Roi St. Loüis, qui n'avoit alors qu'onze ans & demi: Elle fut si bien servie dans le Languedoc, que le Comte de Toulouse n'y trouva presque point de suport; & l'on y prit même grand soin de le dénoncer Excommunié, avec ses Fauteurs le Comte de Foix & Trincavel de Beziers. La chose

Tom. 11. Conc.
pag. 304.
paroît certaine par le XVIIe. Canon du Concile Provincial de Narbonne, tenu en 1227. par Pierre Amelin, alors Archevèque.

En même-tems, une Armée de Croisez étant venu joindre Imbert de Beaujeu, qui commandoit les Troupes du Roi, ils firent un si grand dégât aux Environs de Toulouse, que les Toulousains, affligez de tant de pertes, écoutérent les Propositions qui leur furent faites par Guerin Abbé de Gransfelve, & l'on convint de s'assembler à Meaux l'année suivante pour conclurre le Traité.

1228.
Cette Action, qui est une des plus mémorables pour nôtre Province, se passa dans le mois d'Août 1228. avant Pâques, auquel tems, selon la maniére de France, devoit commencer l'année 1229. Le Cardinal Romain Legat du Pape, se rendit

Puyl. ch. 39.
à Meaux, avec l'Archevêque de Narbonne & ses Evèques Suffragans: D'un autre côté, Raymond y vint avec nombre de Toulousains; & après plusieurs Déliberations pour regler les Conditions du Traité, on se rendit à Paris, où on lui donna sa derniére perfection en présence du Roi: il est redigé en forme de Lettres-Patentes, que l'on peut voir tout au long dans nos Archives, où le Roi dit en

Grand Talamus,
fol. 106.
substance. » Que Raymond, demandant grace à l'Eglise & au Roi, promet de
» leur être fidéle; de chasser les Héretiques de ses Terres; de restituer aux Eglises
» les Biens qu'il leur détient; de faire payer les Dîmes, même de son Domaine;
» de donner une certaine Somme pour reparer les Dommages des Guerres passées;
» & de payer quatre mille Marcs d'Argent, pour entretenir des Maîtres à Tou-
» louse pendant dix ans; sçavoir, deux Docteurs en Theologie, deux Decretistes,

Hist. Eccl. liv.
79. pag. 664.
» six Maîtres des Arts Liberaux, & deux de Grammaire: ce que Mr. Fleury appelle
» l'Institution de l'Université de Toulouse.

» Aussitôt après son Absolution (continuë l'Acte) Raymond recevra la Croix
» des mains du Legat, pour faire le Voyage d'Outremer, où il restera cinq ans,
» & ce sera sa Penitence. Il remettra Jeanne sa Fille unique, entre les mains du
» Roi, qui la fera épouser à un de ses Freres: Moyennant quoi, le Roi laissera à
» Raymond le Diocése de Toulouse; & après sa mort, toutes ses Terres appar-
» tiendront à celui des Freres du Roi qui aura épousé sa Fille, & aux Enfans
» qui proviendront de leur Mariage: mais s'ils n'en laissoient point, toutes ces
» Terres reviendront au Roi & à ses Successeurs.

1229.
Ch. 39.
En consequence, le Comte Raymond reçut l'Absolution du Legat, le Vendredi Saint, 13e. jour d'Avril. Mais, ce fut un Spectacle bien touchant (dit Guillaume de Puylaurens son Chapelain) de voir ce Prince, qui avoit été si Puissant, être

con-

conduit à l'Autel nuds-pieds, en chemise & en caleçon: *Eratque pietas virum tantum videre, qui tanto tempore tot & tantis nationibus poterat reſtitiſſe, duci in camiſiâ & braccis, & nudis pedibus ad altare.*

Ce Traité, qui le dépoüilla du plus grand nombre de ſes Terres, eſt appellé par un de nos Ecrivains, le Chef-d'œuvre de la Reine Blanche, & il valut enfin le Languedoc au Succeſſeur du Roi St. Loüis, parcequ'Alphonſe ſon frere étant mort, avec la Comteſſe Jeanne ſon épouſe, peu de tems après lui, ſans laiſſer des Enfans, Philipe le Hardi réunit auſſitôt le Languedoc à ſa Couronne; & ainſi, comme on l'a encore remarqué, cette Guerre des Albigeois, qui avoit duré vingt ans, fut terminée en un jour, par un Roi de quatorze ans, gouverné par une Femme.

Fleury, Hiſt. liv. 79. pag. 665.

Nous apprenons par des Lettres-Patentes du Roi St. Loüis, que le Comte Raymond, pour ſureté de ſes Promeſſes, demanda lui-même de reſter dans les Priſons du Louvre, juſqu'à-ce qu'il eût fait remettre dans la Ville de Catcaſſonne ſa Fille Jeanne, entre les mains des Envoyez du Roi: *Raymundus Filius Raymundi quondam Comitis Toloſani remanſit in Priſione noſtrâ Pariſiis apud Luparam, ad petitionem ſuam, & de propriâ ejus voluntate, donec Filiam ſuam apud Carcaſſonam Nuntiis noſtris tradiderit.* Quelque-tems après, il mit des Otages à ſa place; & ayant recouvré ſa Liberté, il paſſa le reſte de ſa vie dans les Mouvemens & dans les Variations que nous verrons dans la ſuite.

CHAPITRE SECOND.

I. Mariage du Roi Jacques. II. Son Expedition à Mayorque. III. Il vient à Montpellier, & fait pluſieurs Conceſſions à cette Ville. IV. Il y revient en 1234. pour le Mariage du Roi St. Loüis. V. Enfans de Guillaume Fils de Mathilde, Oncle du Roi Jacques. VI. Le Roi revient à Montpellier en 1238. & pourquoi. VII. Veritable Origine du Chevalet. VIII. Fin du dernier Raymond Comte de Touloufe.

JE reviens à l'Hiſtoire de Montpellier, que celle des Albigeois avoit interrompu; Et comme ce que j'ai de plus important à dire, roule ſur les Actions de Jacques Roi d'Aragon, Seigneur de cette Ville, il eſt neceſſaire que je repréne les choſes où je les avois quittées.

I.

Ce jeune Prince, après ſa Sortie du Château de Monçon, (comme nous l'avons vû) fut inſtament ſolicité par ſon Conſeil de ſe marier au plûtôt, pour achever d'ôter à ſes Oncles toute eſperance de Succeſſion: Il choiſit Eleonor, Fille du Roi de Caſtille, & Sœur de nôtre Reine Blanche, qu'il épouſa à Tarragone l'an 1221. dans la quatorziéme année de ſon âge. Berenger de Cervera, ſon Lieutenant à Montpellier, partit auſſitôt avec une grande Députation pour ſe trouver à cette Fête: le Chapitre de Maguelonne fit partir ſes Députez; & la Ville nomma Jean *Lucien*, qui en étoit Bailli, Guillaume *Fulcran* & Raymond de *Lates* Conſuls, avec quatre des principaux Habitans, pour feliciter le Roi de ſon Mariage, & pour lui préſenter une très-riche Piéce de Drap d'Or, qu'un Marchand de Montpellier (diſent nos Annales) avoit apporté du Levant.

Zurita, Liv. 3. ch. 73.

C'étoit un Fruit des Soins que le Conſeil du jeune Roi avoit pris, de faire fleurir le Commerce dans ſes Etats, tandis que le Languedoc étoit en feu au ſujet des Albigeois. La Ville de Montpellier y profita conſiderablement, comme nous le voyons par les Traitez de Commerce qu'elle renoüvella pour lors avec les Génois & les Pizans, avec ceux de Nice, d'Antibes, de Toulon, d'Hyeres & de Marſeille: Ce qui fut ſuivi dans la ſuite du tems, des Sauvegardes qu'ils obtinrent des Rois de Chypre & de Jeruſalem, du Prince d'Antioche & du Grand-Maître de Rhodes, de l'Empereur de Conſtantinople, des Rois de Sicile,

Liv. Noir. fol. 26. & ſeq.

d'Arménie & d'Angleterre, dont on conserve encore dans les Archives de l'Hôtel-de-Ville, & à la Bourse, les Priviléges accordez aux Marchands de Montpellier.

Les Secours que le Roi Jacques pouvoit tirer de cette Ville, joints à ceux qu'il trouvoit déja dans ses Ports de Catalogne, le mirent facilement en état d'entreprendre quelque Expedition glorieuse pour sa Personne, & utile à tout son Royaume.

II. L'occasion s'en présenta précisément lorsque le Languedoc eut été pacifié par le Traité du Comte Raymond dont nous venons de parler : Car le Roi de Mayorque alors Mahometan, ayant fait une Prise sur les Habitans de Barcelonne, Sujets du Roi Jacques, & ayant mal répondu aux Demandes qu'il lui en fit faire, le Roi d'Aragon resolut dans son Conseil de lui déclarer la Guerre ; & il en écrivit une Lettre-Circulaire à tous ses Sujets, par laquelle il leur promit de partager avec eux ses Conquêtes, à proportion du Secours qu'ils lui ameneroient ; de leur laisser la liberté de se retirer quand ils voudroient, & de vendre, ou de disposer à leur volonté des Biens qu'ils auroient acquis. Nous trouvons dans l'Histoire de cette Expedition, écrite en Castillan par le Docteur Jean Daméte, que la Proposition fut reçuë avec une joye incroyable, par l'aversion naturelle que les Espagnols avoient contre les Maures, & par les avantages que tous les Sujets du Roi esperoient de tirer de cette Conquête : Ils s'y portérent avec ardeur ; & les principaux Seigneurs, tant Ecclesiastiques que Séculiers, fournirent chacun jusqu'à trente, soixante, ou cent Hommes de Guerre : de sorte qu'avec un grand nombre de Volontaires, qui vinrent s'offrir d'eux-mêmes, l'Armée fut de quinze mille Hommes de pied, & de quinze cens Hommes de cheval.

Je crois ne devoir pas oublier ici le Portrait que les Historiens nous ont laissé de ce Grand Prince, qui étoit à la fleur de son âge lors de cette Expedition. » Il » étoit (dit l'Auteur de l'Histoire de Mayorque) plus haut de quatre doigts que » le commun des Hommes, & bien proportionné dans toutes ses Parties ; son Vi-» sage étoit d'une grande blancheur, & bien coloré, son Nés aquilin, sa bouche gran-» de, mais gracieuse ; les Yeux bleus, les Dents blanches comme Perles, & les Che-» veux blonds comme de l'Or ; il avoit les Epaules larges, la Taille proportionnée, » & la Jambe bien-faite : à quoi il ajoûtoit, une Agilité merveilleuse dans tous les » Exercices de Pied & de Cheval, fort Vaillant, Liberal au possible envers toute » sorte de Gens, & Bon à l'excès.

L'Armée partit du Port de Salou le premier du mois de Septembre 1229. sur des Bâtimens ramassez dans les Côtes de la Catalogne, du Languedoc & de la Provence, parmi lesquels les Auteurs Espagnols font mention d'un grand Vaisseau de Narbonne à trois Ponts, & d'une Galere de Montpellier, sur laquelle le Roi voulut faire le Trajet : *La Galera en que iva el Rey era de Montpeller*. Le Passage fut troublé par une grande Tempête, qui dissipa les Vaisseaux ; mais tous s'étant rejoints à *la Palomere*, ils y firent leur Débarquement, malgré l'opposition des Maures, ausquels il fallut livrer Bataille : Il en coûta la vie au Vicomte de Bearn Dom Guillem de Moncada, & à sept ou huit Seigneurs de sa Maison, qui perirent avec lui dans cette occasion ; mais la fin du Combat ayant été heureuse aux Troupes du Roi, il fut en état d'entreprendre le Siége de la Capitale, qu'il commença.

Ce Siége fut remarquable par les Efforts & par les Stratagémes de Guerre qu'on employa de part & d'autre. Le Roi ayant fait construire des Machines avec le Bois de ses Vaisseaux, pour batre les Murailles de la Ville, fut interrompu par le Maure *Infantilla*, qui lui coupa toutes les Eaux qui se rendoient à son Camp : Le Roi marcha contre lui, le défit, & le tua. Les Assiégez se voyant pressez plus fortement, prirent tous les Esclaves Chrétiens qu'ils avoient, & les exposérent, chargez de chaînes, à l'endroit que le Roi faisoit batre avec plus de force : Alors on vit une autre sorte de Combat entre l'Armée Chrétienne & ces pauvres Esclaves, qui conjuroient les Espagnols de ne pas suspendre leur Attaque, & de les laisser plûtôt perir que de manquer à prendre la Place. Les Habitans de la Campagne, voyant qu'ils ne pouvoient tenir contre l'Armée du Roi,

vinrent

vinrent se rendre à lui ; & parmi les Personnes que le Roi leur donna pour les gouverner, l'Histoire marque avec Eloge, un Homme de Montpellier qui fut associé à Berenger Durfort : *Fueron estos Berenguer Durfort natural de Barcelona y otro Cavallero principal de Montpeller llamado Jaime Sans, persona de singular valor y confiança.* Enfin, toutes choses paroissant favorables pour les Chrétiens, le Roi Maure parla de capituler ; mais ses Propositions ne pouvant être reçûës, on en vint à un Assaut general, qui ayant manqué par la chûte d'une Tour qui boucha la Bréche, on revint à la charge le dernier Décembre 1229. & on emporta la Place. 1229.
Liv. 2. §. 9.

Cette Conquête fut suivie de la Repartition des Terres que le Roi avoit promise ; il nomma pour la faire deux Prud'hommes de chaque Païs qui lui avoient donné secours, parmi lesquels on trouve pour Montpellier, *Pierre Bar* & *Pierre Serre* : On trouve même que la Communauté de Montpellier y fut comprise pour deux grosses Métairies de douze *Jovades* chacune. 1230.
Pag. 293.

Alqueria Muxarrat doze Jovadas, es de los Hombres de Montpeller. *Pag. 287.*
Alqueria Moracefin doze Jovadas, es de los mesmos.

Plusieurs autres Particuliers de cette Ville eurent leur Portion séparée : Car on trouve dans le Catalogue qu'en donne le Docteur Daméte, un *Pierre de Montpellier*, un *Jacques*, un *B. Gaetan de Montpellier*, *Pierre Conches*, *Jacques Sans*, dont nous avons déja parlé, & *Raymond Epicier de Montpellier*, qui eurent chacun, qui quâtre, qui dix, qui douze Jovades. *Pag. 278. & 279.*

Je n'entreprens pas de suivre le Roi dans toutes les Conquêtes qu'il fit après celle de Mayorque, qui lui ont acquis dans l'Histoire le Titre de Conquerant : Je me contenterai de les indiquer, à mesure qu'il faudra parler des Voyages qu'il fit à Montpellier, & des Affaires qu'il y eut.

Le premier Voyage qu'il y fit après l'Expedition de Mayorque, fut en l'année 1231. qui est remarquable dans nos Regîtres, par les Concessions & les Réglemens que le Roi fit pour la Ville de Montpellier. Nous avons une Confirmation de nos Coûtumes & Priviléges, donnée en cette Ville le vingt-huitiéme du mois d'Août : Une autre de l'Exemption déja accordée aux Habitans de Montpellier par le feu Roi son Pere, du Droit de Leude dans tous ses Etats. Un Acte du Don-gratuit de cent mille Sols Melgoriens que nos Habitans lui firent, pour l'aider dans ses Guerres contre les Sarrazins ; Et la Donation que le Roi leur fit, de cent Maisons dans la Ville de Mayorque ; dont il marque les Confrons, & les Ruës où ces Maisons étoient situées. Une Concession à la Communauté, de tenir de lui en Emphitéose, l'Etang qui est depuis Lates jusqu'à la Montagne de Sette, avec le Rivage de la Mer & le Chemin qui est entre-deux : *Stagna & Maria cum corrigiâ quæ est in medio cum Littore Maris prout extenditur à Latis usque ad Montem Setæ.* Une Permission à la même Communauté, d'acquerir toute sorte de Domaines & de Seigneuries dans l'étenduë de ses Etats : La Confirmation des Priviléges déja accordez à nos Notaires; mais avec quelques nouveaux Réglemens. 1°. Que ceux qui exerceront dans Montpellier, seront de la Ville, ou du moins y résidens depuis dix ans. 2°. Qu'ils ne seront point Clercs ; & s'ils le deviennent, ils seront privez de leurs Offices *ipso jure*. Je soupçonnerois fort que les Differends qui s'étoient déja émûs entre Jean de Montlaur Evêque de Maguelonne, & les Officiers du Roi, n'eussent donné lieu à ce nouveau Réglement. Le Lecteur sera plus en état d'en juger par tout ce que j'en dirai dans la Vie de cet Evêque, où je remets d'en parler plus au long. Mais je ne dois pas omettre, que dans le dernier Acte dont je viens de parler, le Roi, en reglant l'Exercice de la Justice dans Montpellier, veut qu'on donne l'espace de cinq mois pour prononcer sur les Appellations ; Et il permet enfin aux Marchands de cette Ville, de trafiquer avec les Sarrazins, pourveu qu'ils ne leur apportent point des Marchandises prohibées : *Licet nos* (ajoûte-t-il) *cum Sarracenis illis guerram habuimus.* III. 1231.
Liv. Noir, fol. 41.
Fol. 40.
Grand Talamus, fol. 34.
Fol. 41.
Fol. 40.
Fol. 34.

Le second Voyage que le Roi Jacques fit à Montpellier, fut en 1234. qui fut l'année du Mariage de St. Loüis avec Marguerite de Provence, proche Parente du Roi Jacques. Un de nos Historiens a avancé, que ce Prince vint en cette Ville pour assister à ce Mariage, qu'il supose avoir été celebré dans l'E- IV.
Gariel, Idée de Montpellier.

L

glise de Nôtre-Dame des Tables: Mais, ayant voulu verifier ce Fait dans l'Histoire du Roi St. Loüis, j'ai trouvé si positivement que son Mariage avoit été celebré à Sens, sur la fin du mois de Mai, par Gautier Archevêque de cette Ville, que je n'ai pas crû pouvoir hazarder, sur la foi de nôtre Auteur, un Evenement qui, tout glorieux qu'il seroit pour Montpellier, ne se trouve point fondé dans l'Histoire.

1231.
Gesta Sancti Ludovici.
Duchesne, Pag. 331.

Nos Archives disent seulement, que le Roi Jacques étant venu à Montpellier dans cette même année, il eut à travailler beaucoup pour appaiser des Troubles qui y avoient été excitez par les nommez *Guerrao* ou *Geraud de la Barce*, proche Parent des anciens Seigneurs de la Ville, avec Pierre *Boniface*, Homme Puissant, & Bernard *Regordan*: On leur fit promettre, par un Serment solemnel, dans l'Eglise de St. Denis, en présence de Michel de Moreze, Archidiacre de Magueleonne & Prieur de St. Denis, faisant pour son Evêque, & Raymond de Conques, Bailli de Montpellier, faisant pour le Roi, qu'ils maintiendroient la Paix dans Montpellier, l'Autorité du Roi, & les Coûtumes de la Ville. Nous verrons dans la suite qu'ils ne tinrent pas bien leurs Promesses.

Liv. Noir, fol. 45.

Au retour de ce Voyage, le Roi continua en Espagne ses Expeditions contre les Maures du Royaume de Valence, dont on n'attend pas que je donne le Détail : mais je ne puis omettre la part qu'eurent dans cette Guerre, les Enfans de Guillaume Fils de Mathilde; dont l'Histoire d'Espagne fait une grande mention, quoique la nôtre n'en parle plus. J'ai dit, en raportant le Testament de leur Pere, qu'ils étoient six Enfans mâles; sçavoir, Guillaume, Thomas, Raymond, Bernard, Guy & Burgondion : On ne trouve veritablement aucune mention des deux derniers, ni de Thomas ; mais Zurita parle si positivement des trois autres, que je ne crois pas devoir omettre ce qu'il nous en apprend.

V.

Annal. Liv. 2. ch. 65.

Après avoir fait une legére mention de Guillaume, l'aîné de tous, il parle fort au long de Bernard, que nous avons vû avoir été destiné par son Pere pour être Chanoine de Lodéve & de Gironne : *Eran los hijos del Senõr de Monpeller* (dit-il) *Guillen de Monpeller y Don Bernardo Guillen*. Le Roi donna à ce dernier, de grands Etablissemens en Espagne, où il lui fit épouser Dona Jusiana, Fille de Pons Hugues, Frere du Comte d'Empurias ; dont la Mere étoit de la Maison d'Entença : *Dio el Rey Don Jayme à Don Bernardo Guillen gran Estado en su Reyno, y le Caso con Dona Jusiana hija de Ponce Ugo, Hermano del Conde d'Ampurias, que por parte de la Madre era del Linaje d'Entença*. Ce Seigneur, qui est toûjours appellé Oncle du Roi, se distingua beaucoup dans ses Armées ; mais son Action la plus éclatante, est la Victoire qu'il remporta sur Zaën Roi de Valence, qui, avec une Armée fort supérieure, vint l'attaquer au Puech Ste. Marie. Zurita en a fait tout un Chapitre de ses Annales, où il dit que le Courage & la Valeur de Bernard Guillen anima tous les Siens à mépriser la mort : *Porque el solo con su animo y coraçon dio vigor y fuerças à los suyos, con que osaron avanturarse à la muerte*. Cette Bataille facilita au Roi Jacques le Siége de Valence, qu'il poursuivit encore avec plus de chaleur, lorsqu'il eut appris la mort de ce même Bernard Guillen, qui arriva peu de tems après : il en témoigna beaucoup de regret ; & après lui avoir fait faire de grandes Funerailles, il fit Chevalier, à l'âge de onze ans, son Fils Don Guillen de Entença, qu'il avoit élevé dans sa Cour, & auquel il donna toutes les Terres qu'avoit eû de lui son Pere Bernard Guillen : *Otro dia armo Cavallero à Don Guillen de Entença hijo de Don Bernardo Guillen que el avie llevado Consigo. Y no tenia onze annos. Y hyssole merced de tota la Tierra que su Padre tenia en honor*. On peut observer de cet endroit de Zurita, que les Décendans de Bernard Guillen prirent le nom d'Entença ; mais qu'ils conservérent aussi celui de Guillaume, comme distinctif pour leur Famille. Nous aurons lieu de parler de ces Seigneurs, qui, sous le nom d'Entença, ont continué une Puissante Maison en Espagne.

1238.

Liv. 3. ch. 27.

Ch. 29.

Le troisiéme Enfant de Guillaume Fils de Mathilde, dont Zurita fait mention, est Raymond, que son Pere avoit destiné pour être Moine dans l'Abbaye de Gransclve : Il suivit en Espagne le Roi Pierre son Beaufrere, dans la Maison duquel il fut élevé sous le nom de Raymond de Montpellier. Zurita croit que c'est le même qu'on appella depuis, sous le Roi Jacques, *Tortosette*, soit que son Frere Thomas, à qui nous avons vû que son Pere avoit donné la Ville de Tor-

Liv. 3. ch. 65.

to-

tofe, lui en eût tranfmis les Droits, foit, comme il eft plus probable, que toutes les Terres des Seigneurs de Montpellier ayant été réunies à la Maifon d'Aragon, on laiflât par honneur porter à Raymond le nom de cette Ville, mais avec un diminutif qui eft affés dans le genie du Païs : *Tuvo otro hijo el Señor de Monpeller, que fe crio en Cafa del Rey Don Pedro, y fe llamava Ramon de Monpeller.* Y creo que es efte el que en la *Hiftoria del Rey Don Jaime fe dife que le llamavan Tortofeta.*

1238.

Le Roi ayant heureufement fini toutes fes Expeditions dans le Royaume de Valence, par la Prife de la Capitale, qu'il réduifit en 1238. refolut de faire un Voyage à Montpellier, tant pour tirer de cette Ville un Secours d'Argent, que pour appaifer les Troubles qui y étoient à l'occafion de ce même Guerrao de la Barce dont j'ai déja parlé, & qui avec fes Adhérens, y menoit les chofes d'une grande hauteur. On raconte même, que le Roi entrant un jour dans la Ville, ayant à fes côtez Don Fernand de Açagra & Don Aflalido de Gudal, Pierre Boniface voulut prendre leur Place; & fe mit brufquement au côté du Roi ; la chofe alloit avoir des fuites, lorfque le Roi arrêta tout par fa prudence : mais ayant fait paroître qu'il en étoit irrité, le Bailli Atbrand profita de cette difpofition, & vint avec grand nombre d'Habitans qui étoient à lui, protefter au Roi de leur fidelité, & lui demander ; avec de grandes inftances, qu'il fit faire le Procès à ceux qui attentoient tous les jours contre fon Service. A ce bruit, Guerrao de la *Barce*, Pierre *Boniface*, Bernard *Rigordan* & Raymond *Besfede*, tous Affociez, craignant pour leurs Perfonnes, prirent le parti de fortir de la Ville ; ce qui donna lieu à les condamner par défaut, & à confifquer leurs Biens. L'Acte que nous en avons, fait voir que leur principal deflein étoit d'obliger le Roi à fuprimer la Juridiction du Bailli, & qu'ils avoient même attiré beaucoup de Gens dans leur Complot, puifque le Roi crut en devoir donner une Amniftie generale, excepté aux principaux Chefs ; mais, pour leur donner quelque fatisfaction, & pour leur ôter tout prétexte de plainte ; il regla que dorénavant le Bailli & fes autres Officiers, ne pourroient exercer que pendant un an , fauf le Concierge des Prifons : *Acta funt hæc ftatuta à Domino Rege in ftari quondam Atbrandi quod liberi ejus inhabitant apud Montempeffulanum fcilicet xvI. Cal. Nov. 1239.*

VI.
Ch. 36.

Zurita, Liv. 3. ch. 36.

1239.

Livre Noir, fol. 43.

Cette Date nous fait voir que le Roi féjourna plufieurs mois à Montpellier ; durant lefquels (comme Zurita le marque) il reçut les Vifites du Comte de Provence, du Comte de Touloufe, & de plufieurs Seigneurs & Barons de France : il nous dit auffi, que fes Vaffaux lui firent une grande Fête à fon Château de Lates ; *Fue recebido con grande regozijo & fiefta de fus Vaffallos en el Caftillo de Lates* : Cette Fête ne fut qu'un renouvellement de celle qu'ils avoient faite autrefois, lorfque la Reine fa Mere revint de Mirevaux avec le Roi fon Epoux. Pour en rapeller le fouvenir, ils avoient rempli de Paille la Peau d'un Cheval, pour représenter celui fur lequel le Roi Pierre avoit porté la Reine Marie en croupe ; & comme fi cette pauvre Bête devoit prendre part à leur joye, ils la faifoient danfer de la manière que nous voyons qu'il le fait encore.

VII.

Liv. 3. ch. 36.

Telle eft la veritable Origine du Chevalet de Montpellier, dont le Mercure d'Octobre 1721. nous à donné une Hiftoire toute femblable à celle que je raporte, hors cette circonftance, qu'il fait prendre au Roi fa Maîtrefle en croupe, au lieu de la Reine fon époufe, qui certainement interefloit bien plus les Habitans de Montpellier. Toute ingenieufe que foit la Narration du Mercure, je dois dire, pour la verité de l'Hiftoire, qu'on s'y trompe, en nommant, au lieu de Pierre Roi d'Aragon, un Fernand Cinquième, qui ne fut jamais Seigneur de Montpellier. 2°. En le faifant Roi de l'Ifle de Mayorque, qui ne fut conquife que par le Prince qui nâquit de cette Avanture. 3°. En mettant le Mariage de la Reine Marie en 1251. qui s'étoit fait en 1204. 4°. En la nommant Fille de Guy Comte de Montpellier, au lieu de Guillaume, qui ne prit jamais (non plus que fes Prédeceffeurs) le Titre de Comte, mais feulement celui de Seigneur, comme firent les Rois d'Aragon qui lui fuccedérent dans cette Seigneurie.

Les Réjoüiffances qui furent faites à Paris pour la Convalécence du Roi Loüis XV. en 1721. donnérent lieu à ce petit Point d'Hiftoire, parcèque le Roi voulut bien agréer qu'on lui donnât le Divertiffement du Chevalet de Montpellier.

84 *Histoire de la Ville de Montpellier,*

1239. L'Auteur nous apprend, qu'il fut exécuté le vingt-unième du mois d'Août, dans la Sale où le Roi a accoûtumé de manger; & il en fait la Description en cette manière.

„ Un Jeune-Homme, monté sur un petit Cheval de Carton, proprement équipé, „ & semblable à ceux qu'on introduit quelquefois dans les Balets, lui fait faire „ le Manége, au son des Hautbois & des Tambours: Un de ses Camarades tourne „ autour de lui, ayant un Tambour de Basque, dans lequel il fait semblant de „ vouloir donner de l'Avoine au Chevalet.

„ L'Adresse consiste en ce que le Chevalet doit paroître éviter l'Avoine ‛ pour ne „ point se détourner de son Exercice, & que l'affectueux Donneur de Civade „ doit le suivre dans toutes ses Caracoles, sans s'embarrasser avec lui ; ce qui se „ fait avec beaucoup d'agilité, & toûjours en Cadence.

„ Vingt-quatre Danseurs, vêtus à la légere, avec des Grelots aux Jambes, & con-„ duits par deux Capitaines, entourent ces deux-ci, & s'entrelacent en plusieurs „ façons, en dansant toûjours les mêmes Rigodons que le Chevalet; c'est ainsi que l'Auteur du Mercure en fait la Description : mais, revenons au Roi Jacques.

Liv. 3. ch. 36.

1240. Après que les Affaires qui l'avoient attiré à Montpellier eurent été terminées, il en partit (comme Zurita nous l'apprend) sur une Galére de quatre-vingt Rames, qui appartenoit à la Communauté de Montpellier, & qu'on appelloit la Couronne : Il aborda heureusement à Collioûre, d'où il se rendit à Gironne, & de là dans ses autres Etats, où il fut occupé durant quelque-tems, à arrêter les Mouvemens que les Maures nouvellement conquis, excitoient dans le Royaume de Valence, & à pacifier les Troubles Domestiques que ses Enfans de differens Lits causoient déja dans sa Famille ; mais il fut bientôt obligé de revenir à Montpellier, pour une Affaire d'Etat qui interessoit également la France & l'Espagne.

VIII. Pour en être mieux au fait, je prie le Lecteur de se ressouvenir, que par le Traité fait à Paris en 1229. le Comte de Toulouse devoit donner sa Fille à un des Freres du Roi St. Loüis. La chose fut exécutée en 1241. par le Mariage d'Alphonse Comte de Poitiers, & de Jeanne Fille de Raymond de Toulouse ; mais le Pere de cette Princesse, venant à se repentir du Traité qu'il avoit fait, cherche à se remarier, pour avoir un Fils qui pût exclurre sa Fille de sa Succession : Il en écrivit au Roi Jacques, qui se rendit à Montpellier cette même année 1241. où il fut conclu entre le Roi, le Comte de Toulouse & le Comte de Provence, qu'on poursuivroit à Rome la Séparation du Comte Raymond avec Sancie d'Aragon son épouse, & qu'il prendroit ensuite Sancie de Provence, troisiéme Fille du Comte Raymond Berenger. Zurita nous a donné dans un grand détail, les Conditions de ce Traité, qui fut fait à Montpellier; & il nomme parmi les Témoins qui y assistérent, Raymond *Gaucelin* Seigneur de Lunel, & un Gentilhomme du Païs, nommé *Albeza,* avec deux autres Seigneurs Espagnols. En consequence, on envoya à Rome soliciter cette Séparation auprès du Pape Gregoire IX. qui étant mort dans ce même-tems, fit changer tout le Projet : de sorte que Sancie épousa Richard, Frere du Roi d'Angleterre & élû Roi des Romains ; & le Comte Raymond, de son côté, traita avec Isabelle de Luzignan, Fille du Comte de la Marche.

1241.

Liv. 3. ch. 39.

1242. Cette seconde vûë n'ayant pû encore réussir, à cause de la Parenté qui étoit entr'eux, le Comte de Toulouse replongea le Languedoc dans le Trouble : Son Bailli à Avignonet, près de St. Papoul, fit tuer en 1242. F. Guillaume Arnaud, natif de Montpellier, de l'Ordre des Freres Prêcheurs, avec dix autres Religieux ou Ecclesiastiques, dans le Château & dans la propre Chambre du Comte ; & lui se joignant avec le Comte de la Marche au Roi d'Angleterre, contre le Roi St. Loüis, il fut obligé, après la Défaite des Anglois à Taillebourg, de se retirer en Italie, où s'étant entremis de la Paix entre le Pape & l'Empereur Frederic, il obtint son Absolution, tandis qu'en Languedoc, Pierre Amelin Archevêque de Narbonne, Durand Evêque d'Alby, & le Senéchal de Carcassonne, firent le dernier Exploit de Guerre contre les Albigeois, par la Prise du Château de Montsegur, au Diocése de Toulouse, où l'on brûla deux cent de ces Hérétiques, qui ne voulurent pas se convertir.

1243.

Puylaur. ch. 46. Depuis ce tems-là, le Comte Raymond fit sa Paix avec le Roi de France à Loris en Gâtinois : Il fit arrêter quelques Hommes, que l'on disoit avoir été présens

sens au Meurtre commis à Avignonet, & les condamna à être pendus : Il courut *1243.* en Espagne pour y tenter un nouveau Mariage ; mais la chose ayant manqué, il *Ch. 41.* revint en France, & fit de grands Préparatifs pour accompagner le Roi St. Loüis dans son Voyage d'Outremer. Cette derniére Entreprise ayant encore été sans effet, il parut se reconcilier avec sa Fille, & avec le Comte de Poitiers son Gendre, puisqu'il vint les voir à Aiguemortes, lorsqu'ils s'y embarquérent en 1249. pour aller joindre le Roi St. Loüis en Afrique : Après quoi, le Comte Raymond s'en retournant à Toulouse par le Roüergue, tomba malade à Milhau, d'où ayant voulu se faire porter à Rhodez, il mourut dans un Vilage tout proche, nommé Priz, dans la cinquantiéme année de sa vie ; & en lui finit cette Puissante Maison de Toulouse, dont l'Extinction (dit Guillaume de Puylaurens) fut regardée comme une Punition Divine, de la Protection ouverte qu'elle avoit donné à l'Hérésie.

CHAPITRE TROISIÉME.

I. Divers Voyages du Roi Jacques à Montpellier. II. Traité de Corbeil qu'il fait avec le Roi St. Loüis. III. Il marie sa Fille avec Philipe le Hardi. IV. Concile de Montpellier en 1258. V. Amnistie pour les Habitans de cette Ville. VI. Mariage de l'Infant d'Aragon à Montpellier. VII. Exploits du Roi Jacques à Grenade & à Murcie. VIII. Son Départ pour la Terre-Sainte. IX. Il revient à Montpellier, & se rend au second Concile general de Lyon. X. Son Testament, & sa Mort.

CEPENDANT, le Roi Jacques n'étoit pas si occupé à soumettre les I. *1244.* Maures, & à pacifier les Troubles que ses Enfans causoient en Espagne, pour qu'il oubliât ses interêts dans le Languedoc. Zurita nous apprend, qu'il y revint en 1244. & qu'il eut une Conference avec le Roi St. Loüis à Nôtre-Dame du Puy en Auvergne : Quoiqu'il ne nous en marque pas le sujet, il est croyable que c'étoit pour prendre des mesures ensemble contre les Agitations du Comte de Toulouse, qui étoient alors plus vives que jamais ; il paroît aussi, qu'il étoit à Montpellier au commencement de l'année suivante, puisque *1245.* nous avons du 1er. de Mai 1245. les nouveaux Ordres qu'il donna pour cette Ville pour l'Élection des Consuls, portant, entr'autres choses, que les Nouveaux prê- *Liv. Noir, fol.* teroient Serment entre les mains des Vieux, si le Seigneur ou son Envoyé ne se *49.* trouvoient pas dans Montpellier : il y a aussi lieu de croire, qu'il y revint sur la *1249.* fin de 1249. peu après la mort du Comte de Toulouse, puisque nous avons une Lettre de Créance, datée de Montpellier, qu'il donna dans ce même-tems à un *Grand Talamus,* Jurisconsulte, nommé Guy Cap-de-Porc, pour regler les Differends qu'il avoit avec *fol. 52.* les Evêques de Maguelonne ; comme aussi, une Reconnoissance qui lui fut faite *1250.* en 1250. signée de lui, avec une Confirmation qu'il donna pour la Prise-de-possession, faite lui présent, de certaines Maisons situées proche l'Eglise de Nôtre- *Fol. 53.* Dame des Tables, qui avoient appartenu à la Communauté de Génes.

Je ne voudrois pas assurer qu'il y fût revenu en 1255. où Mr. de Marca nous *Hisp. app. n,* dit, qu'il nomma des Arbitres pour regler les Contestations qu'il avoit avec la *119.* France, puisque cette Nomination pouvoit être faite dans tous les Lieux de son Royaume, & qu'on ne nous marque pas qu'elle eût été faite à Montpellier ; mais on ne peut pas douter que le Roi n'y revint en 1258. qui est remarquable, par divers Evénemens également interessans pour le Royaume & pour la Ville de Montpellier.

Le premier est le Traité de Corbeil, qui regla les Prétentions reciproques II. *1258.* qu'avoient le Roi de France & le Roi d'Aragon sur diverses Parties de leurs

1258.   Etats: Il y fut conclu, que le Roi Loüis cederoit au Roi Jacques, tous ses Droits sur les Comtez de Barcelonne, d'Urgel, de Roussillon, Bezalu, Cerdagne, Lampourdan, Conflans, Gironne & Ossone, avec toutes les autres Terres qui sont au-delà des Pyrenées; & que le Roi Jacques cederoit, de son côté, au Roi Loüis, ses Droits & ses Prétentions sur plusieurs Terres & Villes de deça les Monts : sçavoir, Carcassonne, Beziers, Agde, Narbonne, Rhodez, Cahors, Alby, Milhau, Toulouse, Lauragais, Nîmes, S^t. Giles, Gevaudan, Païs de Saut, Foix, Fenoüilledes, Leucate & Pierre-Pertuse.

Grand Talam.
fol. 44. verso.

Zurita nous apprend, que le Roi Jacques étoit venu pour cela à Montpellier, d'où il concerta l'entrevûë qu'il eut ensuite à Corbeil avec le Roi S^t. Loüis, le onze du mois de Mai 1258. il en donna une Déclaration autentique, qui fut publiée à Barcelonne le seizième de Juillet suivant, & ensuite à Montpellier, où on la voit encore tout au long dans nos Regîtres, & où je renvoye le Lecteur

III.   pour tout le Détail de cet Accord passé entre les deux Rois. J'ajoûte seulement, qu'ils y arrêtérent aussi le Mariage d'Isabelle Fille du Roi Jacques, avec Philipe Fils aîné du Roi S^t. Loüis, qui, dans les Lettres qu'il en fit expedier,

Spicil. Tom. 3.
pag. 634.

marque que le Roi d'Aragon lui avoit envoyé Arnaud Evêque de Barcelonne, Guillaume Prieur de Nôtre-Dame de Corneillan, & Guillaume de Roquefeüil son Lieutenant à Montpellier, avec lesquels il avoit reglé que l'Infante Isabelle seroit conduite à Montpellier avant la Fête de Nôtre-Dame de Septembre, *Dicta Isabella certo mandato nostro infra instantem Nativitatem Beatæ Mariæ corporaliter tradita erit apud Montempessulanum*, pour y être remise entre les mains de ceux qu'il envoyeroit pour l'y recevoir : Mais, comme le Roi S^t. Loüis fut l'Homme du monde qui se donna le plus de peine pour procurer la Paix entre ses Sujets & les Grands de son Royaume, il profita de cette occasion pour assurer la Comté de Provence

Zur. l. 3. ch. 58.

à Charles son frere, qui, après avoir épousé la derniére des Filles de Raymond Berenger, avoit conquis sur les Provençaux révoltez, les Etats de son Beaupere; car il obtint du Roi d'Aragon, une Renonciation de tous ses Droits sur la Comté de Provence & de Forcalquier, & sur les Villes d'Arles, d'Avignon & de Marseille, qui avoient appartenu à Raymond Berenger, proche Parent du Roi Jacques, & de la même Maison que lui.

IV.   Le second Evenément qui interesse plus particuliérement la Ville de Montpellier, est le Concile Provincial qui y fut tenu le sixième de Septembre 1258.

Tom. 11. Conc.
pag. 778.

par Jacques Archevêque de Narbonne; Successeur immédiat de Guillaume de la Broüe. Nule Affaire politique ne donna lieu à ce Concile, comme il

Spicil. pag. 724.

étoit arrivée dans les deux precedens; & l'on s'y borna à faire, pour les Mœurs des Ecclesiastiques, & pour la Conservation des Biens de l'Eglise, les Réglemens que je raporterai dans mon second Volume.

V.   Le troisiéme Evenément dont j'ai à parler, est une Amnistie accordée sur la fin de cette même année, aux Habitans de Montpellier, dont nous n'aurions aucune connoissance, si on n'avoit conservé dans nos Archives, l'Acte même que le

Seritz, pag.
274.

Roi Jacques en fit expedier, où il dit en substance, (après un assés long & beau Préambule, sur la Justice & la Clemence dont les Rois doivent user envers leurs Peuples) " Que s'étant crû offensé par les Gens de Montpellier, il s'étoit
» abstenu assés long-tems de l'entrée de leur Ville; mais qu'ayant été suplié très-
» humblement par les Habitans, de leur rendre la joye que son absence leur avoit
» ôtée, il avoit bien voulu y revenir : mais qu'avant d'y entrer, il avoit assemblé
» tout le Peuple au-devant de l'Eglise des Freres Prêcheurs, où tous s'étant sou-
» mis à ce qu'il leur plairoit d'ordonner, il leur avoit remis, à la Priére du Roi
» de France, tous les Mécontentemens qu'il en avoit reçû. Cet Acte est du

1259.

Grand Talamus,
fol. 49.
Fol. 51. & 172.
Fol. 49. verso.

10e. du mois de Décembre 1258. & dans le mois de Janvier suivant, qu'on comptoit alors pour être de la même année, il confirma de nouveau les Coûtumes, Libertez, & Loix Municipales de la Ville de Montpellier, où il donna diverses Déclarations, que nous avons encore, sur le Serment qui lui étoit dû par les Consuls, sur l'Election du Bailli, & sur le Droit de Coupe & de Leude.

Memor. fol. 191.

Nous trouvons aussi, qu'il y fit faire une Restitution à Pierre Adelbert, Homme-de-Guerre, de divers Droits qu'il avoit au Terroir du Poujet, qui lui avoient été

été enlevez par Atbrand, Lieutenant de Roi dans le Détroit de Montpellier: Nous avons auſſi, les Reconnoiſſances à Fief qui lui furent faites alors par les Conſeigneurs de Montferrier, & celle d'Arnaud de Vallauquez, pour tout ce qu'il avoit, en diverſes Cenſives, dans la Ville, Lieux, & Terroir de Montpellier, Lates & Omelas.

1259.
Fol. 207.
Fol. 215.

Le Roi ſéjourna à Montpellier juſqu'à la fin du mois de Février ſuivant, d'où nous voyons qu'il écrivit en Eſpagne, ſur les Affaires de ce Païs-là, la Lettre que Zurita raporte dans ſon troiſiéme Livre, datée du 26. Février; il ne paroît point qu'il y ſoit revenu plûtôt qu'en 1262. où il voulut ſe trouver à la Celebration du Mariage de Dom Pierre ſon Fils aîné, avec Conſtance Fille de Mainfroy Roi de Sicile, qui avoit été conduite par Boniface de Aglan, Comte de Montalban & Oncle du Roi Mainfroy: La Ceremonie en fut faite le 13e. du mois de Juin 1262. *ante fores Eccleſiæ Beatæ Mariæ de Tabulis in Villâ Montiſpeſſulani, aſtantibus Prælatis, Comitibus, Baronibus, Militibus, & Diſcretis Viris*, parmi leſquels Zurita fait mention expreſſe de Dom Bernard Guillen de Entença.

1260.
Ch. 57.
VI.
1262.
Ch. 63.

Dans les Pactes que nous avons de ce Mariage, le Roi Jacques & Dom Pedro ſon fils, reconnoiſſent à la Princeſſe vingt-cinq mille Onces d'Or, tant en Bijoux qu'en Eſpeces ſonantes; que le Roi Mainfroy devoit leur compter; & ils lui donnent pour ſa Dot, les Comtez de Rouſſillon, Cerdagne, Conflans & Valeſpir: Mais, parce (ajoûte l'Acte, comme par obſervation) que dans le Partage fait quelque-tems après par le Roi Jacques, le Rouſſillon fut aſſigné à Jacques ſon ſecond Fils, Pierre ſon Frere aſſigna à Conſtance ſon épouſe, le Château & Ville de Paniſcola; avec pluſieurs autres Terres du Royaume de Valence. Ainſi fait & approuvé par l'Infant Jacques, à Barcelonne le 12. Novembre 1264. *Teſtes Guillelmus de Rocafolio de Montepeſſulano*; & pluſieurs autres.

Spicil. Tom. 3.
pag. 844.

Au retour de ce Voyage, le Roi fit à Barcelonne le vingt-uniéme du mois d'Août, le Partage entre ſes Enfans dont l'Acte précedent vient de parler: Il donna à Dom Pedro, les Royaumes d'Aragon & de Valence, avec la Comté de Barcelonne; & à Dom Jacques, les Iſles de Mayorque, avec la Comté de Rouſſillon; & la Seigneurie de Montpellier: L'année d'après, il envoya un pouvoir à Dom Guillen de Roquaful Gouverneur de Montpellier, pour aller traiter du Mariage de Jacques ſon ſecond Fils, avec Beatrix de Savoye; & tandis que ce Seigneur travailloit à ſa Commiſſion, le Roi, dont la Vie étoit deſtinée aux plus grands Evenemens, fut obligé d'aller ſecourir le Roi de Caſtille; contre qui les Maures de Grenade & de Murcie s'étoient revoltez. Pour ſubvenir aux Frais de la Guerre, le Roi Jacques voulut faire revivre un Impôt ſur les Bêtes de Labourage, appellé *el Bovaje*; qu'on lui avoit accordé lors de ſes Expeditions de Valence & de Mayorque: Les Catalans s'y ſoumirent alors volontiers, & ceux de Montpellier s'en exemptérent moyennant cent mille Sols Melgoriens; mais les Aragonois le refuſérent avec tant de hauteur, que le Roi eut bien de la peine à les calmer. La plûpart des Seigneurs de ce Royaume voulurent faire revivre des Prétentions, qu'ils diſoient avoir ſur pluſieurs grandes Seigneuries du Domaine du Roi; & parmi celles que Zurita raporte dans un aſſés grand Détail, il n'oublie pas les Demandes de Dom Bernard Guillen de Entença, pour la Seigneurie de Montpellier, qu'il diſoit lui appartenir par la Succeſſion de ſon Pere, & de ſes Oncles, Freres de la Reine Marie.

1263.
Liv. 3. ch. 64.
VII.
1264.
Ch. 66.

Cet endroit de Zurita nous donne lieu de penſer, que des ſix Enfans mâles que Guillaume Fils de Mathilde avoit eû d'Agnez, les trois premiers étoient déja morts ſans Poſterité, ou qu'ils avoient renoncé à leurs Droits, comme fit celui d'entr'eux, qui s'engagea (comme nous le verrons) dans l'Ordre de la Mercy; car il n'eſt pas naturel que le Fils de Bernard Guillem, qui n'étoit que le quatriéme, eût pû prétendre à la Succeſſion de ſon Ayeul, ſi ſes Oncles, qui étoient les aînez de ſon Pere, euſſent vécu alors, ou qu'ils euſſent eû Poſterité.

Cependant, le Roi ayant fait convenir les Seigneurs d'Aragon, de renvoyer la Diſcuſſion de leurs Demandes après l'Expedition qu'il projettoit, il marcha vers le Royaume de Murcie, dont il ſe rendit le maître après pluſieurs Exploits de Guerre: Dom Guillem de Roquefeüil, revenant de ſon Voyage de Savoye, vint trouver le Roi, dans le tems qu'il faiſoit le Siége de la Capitale; & il lui rendit

1265.
Ch. 71.

compte du Mariage qu'il avoit conclu entre le Prince Jacques son fils & Beatrix de Savoye ; ce qui fit prendre la resolution au Roi de se rendre à Montpellier pour le terminer : il y vint en effet dans l'année 1266. comme Zurita le marque ; mais, pour des Raisons que l'Histoire ne nous dit point, ces Propositions de Mariage furent sans effet, & le Prince Jacques épousa depuis, Esclarmonde Sœur de Roger Bernard Comte de Foix, qui passoit pour la plus belle Princesse de son tems.

Dans ce Voyage que le Roi fit à Montpellier en 1266. il signa un Acte de Revocation (que nous avons) d'un Bail par lui fait auparavant, d'un certain Espace entre la Dougue du Peirou & l'Hôpital S¹. Jacques, avec une Concession de la Maison d'un nommé Guillaume *Prince*, pour agrandir la Ruë de la Lancerie.

L'année 1269. qui est mémorable dans l'Histoire de France, par les Préparatifs du Roi S¹. Loüis pour sa dernière Expedition en Afrique (où il mourut l'année suivante) ne fut guère moins remarquable parmi nous & en Espagne, par une pareille Entreprise que fit le Roi d'Aragon. Gagné par les Promesses, & par les Facilitez que Michel Paleologue Empereur des Grecs, lui donnoit depuis long-tems, il publia le Voyage qu'il avoit resolu de faire à la Terre-Sainte : & ayant nommé pour son Lieutenant-General dans tous ses Etats, Don Pedro son Fils aîné, il partit de Barcelonne au mois de Septembre, avec tout ce qu'il avoit de Troupes, pour aller joindre le reste de son Armée, qui l'attendoit à Mayorque ; mais la Tempête l'ayant surpris en chemin, il en fut si maltraité que toute sa Flote fut dispersée : Quelques-uns de ses Vaisseaux furent emportez jusqu'à Acre ; & le sien ayant été poussé sur les Côtes de France, fut assés heureux pour pouvoir aborder à Aiguemortes, d'où il fut aussitôt rendre graces à Dieu dans l'Eglise de Nôtre-Dame de Vauvert.

A la nouvelle de son arrivée, Berenger de Fredol Evêque de Maguelonne, alla se rendre auprès de sa Personne, avec un des Enfans de Raymond Gaucelin, & bon nombre des Habitans de Montpellier : Le Roi, à leur invitation, vint en cette Ville pour se délasser de ses fatigues ; & ce fut pendant le séjour qu'il y fit, qu'il donna aux Juifs la Permission d'avoir une Boucherie particuliere à Montpellier, comme il conste par l'Acte qui en a resté dans nos Archives.

Il employa les années suivantes 1270. & 1271. à pacifier dans ses Etats d'Espagne, les Troubles que ses Enfans de differens Lits y causèrent durant long-tems, & qui entraînèrent souvent dans leur Parti les Grands du Royaume : Le Roi, après y avoir mis quelque ordre, vint à Montpellier en 1272. où il fit pour cette fois un séjour plus considerable ; car nous avons plusieurs Actes passez en sa présence pendant cette année, & dans le commencement de la suivante.

Il y fit son Testament le vingt-sixiéme du mois d'Août 1272. comme nous l'apprenons de Zurita.

Le même Auteur nous marque, qu'il écrivit de Montpellier le 28ᵉ. d'Octobre suivant, au Roi Philipe le Hardi son Gendre, qui avoit succedé depuis deux ans au Roi S¹. Loüis, pour le prier instamment de rendre la liberté au Comte de Foix qu'il retenoit en Prison : Il ajoûte, que le trentiéme du mois de Janvier suivant, qu'il marque en 1273. le Roi écrivit de Montpellier aux Seigneurs de Catalogne & d'Aragon, au sujet de la Guerre qu'il projettoit contre les Maures du Royaume de Grenade. Nous avons dans nos Archives, une Ordonnance qu'il donna dans ce tems-là, touchant la Monoye, & ses Lettres d'Etablissement pour des Gardes de la Monoye : Nous avons du même mois de Janvier, un Acte de Prélation, signé de lui à Montpellier, d'une Possession située au-devant de la Poissonnerie ; & ensuite, du 8ᵉ. Février suivant, une Déclaration qu'il donna en faveur de la Ville, portant que les Seigneurs de Montpellier n'ont pas Droit de Prélation.

Environ ce tems, le Pape Gregoire X. qui traitoit de la Réunion des Grecs avec l'Eglise Latine, voulut, pour la rendre plus solemnelle, qu'elle fût faite dans un Concile general ; & parmi les Villes sur lesquelles il jetta les yeux pour la Tenuë du Concile, Montpellier eut l'honneur d'être du nombre : il y envoya Frere Guillaume de Thonains, Prieur des FF. Prêcheurs de Marseille, avec des Lettres de Créance auprès de Berenger de *Fredol* Evêque de Maguelonne, afin qu'ils qu'ils agissent de concert, pour sçavoir des Consuls, le nombre des Logemens qu'ils pourroient fournir, & les autres Commoditez necessaires pour une si grande Assemblée. *Utrum de his quæ sunt ad ipsum Concilium, & ad hanc ejus multitudinem necessaria, infra tempus ad ejus Congregationem indictum, abunde & copiose valeant providere ?* La Lettre est du vingt-neuviéme du mois de Septembre, donnée à Parme la deuxiéme année de son Pontificat, qui revenoit à 1270.

Les Consuls répondirent, qu'il y avoit dix-sept cens Maisons dans la Ville ; & qu'outre le Palais Episcopal, (appellé la Sale de l'Evêque) outre les Maisons des Prêtres, & les Couvens des Religieux, ils offroient cent soixante-dix Maisons pour les Prélats, mille Livres Melgoriénes pour le Palais du Pape ; & que dans moins de deux mois, ils auroient préparé deux cens Hôteleries pour les Etrangers : Ce qui n'ayant peut-être pas contenté le Pape, il assigna le Concile à Lyon, où il trouvoit, & plus de Logement, & plus de sûreté pour le Concile, parceque cette Ville appartenoit alors à l'Archevêque.

Tout ce Détail, qui est au long dans nos Archives, peut servir à nous faire connoître l'état où étoit alors nôtre Ville ; & si par l'évenément Lyon lui fut preferé, on peut en tirer une consequence avantageuse pour la bonne estime où étoit alors Montpellier chès les Etrangers.

La Tenuë du Concile ayant donc été resoluë pour la Ville de Lyon, le Roi Jacques, qui avoit reçû en Espagne des Lettres du Pape pour l'inviter à s'y trouver, vint à Montpellier dans le mois d'Avril 1274. & après s'y être reposé pendant huit jours, il partit pour Lyon, d'où le Pape envoya jusqu'à Viéne pour le complimenter ; & à son approche de Lyon, toute la Cour Romaine sortit, & alla le recevoir à une lieuë. Sa premiere entrevuë avec Gregoire X. fut fort gracieuse de part & d'autre : Car, le Pape lui ayant communiqué le dessein qu'il avoit pour le Recouvrement de la Terre-Sainte, le Roi lui offrit d'y aller en personne avec l'Elite de ses Troupes, pourveu qu'il lui accordât une Décime sur les Benefices de ses Etats. Quelques jours après, le Roi voulut être couronné de ses mains, comme le Roi son Pere l'avoit été par Innocent III. & il en fit faire la Demande au Pape, qui, prenant occasion de l'Exemple qu'il citoit, demanda au Roi le Tribut auquel Pierre d'Aragon son Pere s'étoit soumis lors de son Couronnement : La Réponse du Roi fut, ,, qu'après les grands Services qu'il avoit rendu à ,, l'Eglise pour l'Exaltation de la Sainte Foi, il croyoit avoir merité les faveurs ,, du St. Siége, plûtôt que la Demande odieuse qu'on lui faisoit, de se rendre dé- ,, pendant d'autrui pour le Temporel de ses Royaumes, que lui & ses Prédecesseurs ,, avoient acquis sur les Maures au prix de leur sang. Ces Refus mutuels indisposérent les choses entre le Pape & le Roi, qui se contentant d'avoir assisté à la premiere & seconde Session du Concile, tenuë le 2. & le 18. de Mai, partit de Lyon mal satisfait du Pape, & arriva à Montpellier le vingt-neuviéme du même mois.

Je ne sçai si la Réponse du Roi Jacques au Pape Gregoire X. n'a pas donné lieu à un Auteur Anglois, nommé *Fleta*, de dire qu'en l'année 1275. il y eut une Assemblée solemnelle à Montpellier, où tous les Princes Chrétiens convinrent par eux, ou leurs Ambassadeurs, que le Domaine de leur Couronne seroit inaliénable : mais, sans repeter ici ce que Mr. de *l'Auriere* ancien Avocat au Parlement dit à ce sujet, dans sa Préface sur les Ordonnances de nos Rois, je puis ajoûter qu'on ne trouve rien dans nos Archives de cette prétenduë Assemblée ; & il n'y a nule apparence qu'elle eût pû se tenir alors, à cause des grandes Traverses qui survinrent au Roi Jacques, comme nous allons le dire.

Beuter nous apprend, qu'aussitôt après son retour de Lyon, il tomba dangereusement malade à Montpellier ; & que le Secours des Médecins ayant été sans effet, il eut recours à celui de la Vierge, par l'Intercession de laquelle il obtint une prompte Guerison, dans le tems qu'on n'esperoit le moins : Il en voulut marquer publiquement sa Reconnoissance dans un grand Tableau, qu'il ordonna de placer dans l'Eglise de Nôtre-Dame des Tables, où on le voyoit encore dans le tems des premiers Troubles de la Religion.

Dès que la santé lui permit de se faire porter en Espagne, il se hâta de partir

IX.

X.
Hist. Hispa. liv. 2. chap. 54.

1274.

pour calmer les Troubles que Dom Pedro son fils aîné continuoit d'y causer. En passant à Perpignan, il pourvut au Gouvernement de Montpellier, comme nous l'apprenons des Lettres-Patentes qu'il y fit expedier le vingt-unième du mois de Juin 1274. par lesquelles il établit Jacques son second Fils pour son Lieutenant à Montpellier : » Voulant (dit le Roi) qu'il y ait le même pouvoir que si nous » y étions, & que son pouvoir ait toûjours la même force, jusqu'à-ce que nous » l'ayons expressément revoqué. Les Consuls, qui en eurent avis par une Lettre particulière du Roi, apprirent cette Nouvelle avec plaisir, parceque l'Infant étoit fort aimé dans Montpellier, où l'on fit la Publication de ses Lettres avec de grandes Démonstrations de joye : De là vient, que dans nos Archives on trouve depuis ce tems, divers Ordres donnez par l'Infant Jacques au nom du Roi son Pere.

Zurita, liv. 3. ch. 94.

Cependant, les Troubles Domestiques continuoient en Espagne, où les Enfans du Roi se firent une Guerre déclarée : Il en coûta la vie à Fernand Sanchez son Fils naturel, que Dom Pedro son propre Frere fit noyer dans la Rivière de Cinca.

Ch. 100.

Dom Sanche, Archevêque de Tolède, son autre Fils naturel, fut pris en même-tems dans un Combat contre les Maures, & tué de sang-froid par ceux qui se disputoient sa Prise. Enfin, les Maures de son Royaume de Valence, ayant pris les Armes contre lui, tombèrent sur son Armée dans la Plaine de *Luxen*, la défirent entièrement, & tuèrent un grand nombre de Seigneurs, parmi lesquels Zurita marque un des Fils de Dom Guillen de Entença.

Ch. 101.

Ce dernier Echec fut d'autant plus sensible au Roi, qu'il avoit toûjours vaincu les Maures ; & ce déplaisir (joint à ceux qu'il avoit déja) le jettèrent dans un Epuisement qui fit tout craindre pour sa vie : Il connut lui-même le danger où il étoit ; & voulant ne songer qu'à une Mort Chrêtiéne, il se démit de tous ses Royaumes en faveur de ses deux Fils Dom Pedro & Dom Jacques, & se fit revêtir de l'Habit de Cîteaux, pour passer le reste de ses jours dans le Monastère de Poblet, où il vouloit être enterré : il en fit dresser un Acte, du vingt-unième de Juillet, adressé à l'Archevêque de Tarragone, où, après lui avoir donné avis qu'il a renoncé à tous ses Royaumes, & pris l'Habit de Cîteaux, il lui mande de faire rendre dans l'Isle d'Yvica à son Fils Jacques, la même obéïssance qu'on lui devoit à lui-même. La Maladie ne lui laissa que six jours à passer dans le nouveau genre de Vie qu'il venoit d'embrasser ; car il mourut le vingt-septième Juillet de cette même année 1276. qui étoit la soixante-troisième de son Regne, depuis la mort de Pierre II. Roi d'Aragon son Pere, tué en 1213. à la Bataille de Muret.

Spicil. Tom. 3. pag. 696.

1276.

Il fut sans-contredit un des plus Vaillans Princes de son siécle, ayant donné trente-trois Batailles aux Maures avec avantage, & conquis sur eux les Royaumes de Mayorque, de Valence & de Murcie : Il donna des marques signalées de Clemence, au milieu des Agitations continuelles où ces Guerres l'entretinrent ; & il fit paroître sa Piété, dans la Construction de plus de mille Eglises, y compris les Mosquées qu'il fit consacrer. Les beaux Couvens que les Religieux de S[t]. François & de la Mercy avoient à Montpellier, étoient un effet de sa Liberalité.

Mais, comme les Vertus des Grands-Hommes sont souvent mêlées de Foiblesse, il en fit si fort paroître pour les Femmes, que sa Famille en fut presque toûjours dans le trouble, & qu'il s'attira souvent des Reprimandes des Papes à qui on en portoit les Plaintes.

Dès l'an 1229. il fit rompre son Mariage avec Eleonor de Castille, sous prétexte de Parenté ; & ayant épousé quelques années après Yoland de Hongrie, il excita toute la jalousie & la fureur d'une de ses Maîtresses, qui prétendit qu'auparavant il lui avoit promis Mariage. Cette Affaire eut des suites très-fâcheuses pour le Roi ; car, l'Evêque de Gironne en ayant écrit au Pape Innocent IV. le Roi, qui s'étoit confessé à cet Evêque, le fit appeller dans sa Chambre, & lui fit couper la Langue : Ce coup attira l'Excommunication sur le Roi, & l'Interdit sur son Royaume ; il falut même assembler pour sa Reconciliation, un Concile, qui fut tenu à Lerida en 1246. dont on peut voir le Détail dans l'Histoire Ecclesiastique de M[r]. Fleury.

Liv. 83. n. 42.

Après

Après la mort de la Reine Yoland, arrivée en 1251. il reprit cette même Thérèse Giles Vidaure, qui lui avoit attiré tous les Troubles dont je viens de parler : Il vécut avec elle (dit Zurita) comme s'il l'avoit épousée ; mais s'en étant dégoûté dans la suite, il écrivit en 1266. au Pape Clement IV. pour la Solution de ce Mariage prétendu, afin d'avoir la liberté d'épouser publiquement *Berenguele* ; qu'il entretenoit depuis long-tems : sa demande lui attira la Lettre que nous voyons dans la Collection d'Oderic Raynaud, où l'on voit également la foiblesse de ce bon Prince & la fermeté du Pape.

1276.

N. 27.

Mais, ce qui marque encore plus l'ascendant que sa Passion avoit pris sur lui, c'est qu'une année avant sa mort, il continuoit d'entretenir une Dame qu'il avoit ôtée à son Mari. Le Pape Gregoire X. lui en écrivit de Beaucaire le 25. de Juillet, avec toute la force & le ménagement qui étoit convenable : mais, le bon Roi, dans la Réponse qu'il fit au Pape, n'eut pas honte d'objecter la Beauté de cette Femme, & le danger qu'elle courroit en retournant à son Mari.

N. 28.

N. 31.

Il n'est pas difficile à comprendre, que les divers interêts de toutes ces Femmes, qui le gouvernérent tour-à-tour, dûrent causer du Trouble dans sa Famille : aussi fut-il obligé de faire souvent des Partages entre ses Enfans ; & ces mêmes Partages causoient ensuite de plus grands Troubles, parceque celui qui n'en étoit pas content, trouvoit toûjours de l'Apui pour troubler l'Etat. Le Roi ayant perdu en 1260. Dom Alphonse, qu'il avoit eû de sa première Femme Eleonor de Castille, fut en état de faire un nouveau Partage, entre les deux Enfans mâles qui lui restoient d'Yoland de Hongrie, Dom Pedro & Dom Jaymé : Au premier, il donna les Royaumes d'Aragon & de Valence, avec toute la Catalogne ; & au second, les Isles de Mayorque, le Roussillon, & la Seigneurie de Montpellier.

Quant aux Filles qu'il avoit eû de cette Princesse, Zurita nous apprend que Yolande fut mariée à l'Infant de Castille Dom Alphonse : Isabelle, à Philipe le Hardi Roi de France ; & que Sancie sa troisiéme Fille, s'étant retirée dans un Hôpital de S'. Jean de Jerusalem, y vécut en Habit inconnu, à-peu-près, comme nous lisons, de St. Roch, & mourut en Odeur de Sainteté.

Zurita, Liv. 3.
ch. 46. & 63.

Je ne parle point de ses Fils naturels, qui furent en grand nómbre ; & je me contente de remarquer, qu'il fit épouser à Dom Pedro Fernandez, qu'il avoit eû de Berenguele, une Fille de Dom Guillen de Entença, que Zurita appelle Dona Téréza.

Ch. 101.

Ce même Auteur nous apprend, que par le Testament qu'il avoit fait à Montpellier le 26. du mois d'Août 1272. il substitua ses Filles à ses Enfans mâles, & à leur défaut ses Fils naturels, qu'il déclara Légitimes pour cet effet. Zurita ajoûte, que le Roi en mourant recommenda particuliérement à Dom Jacques son second Fils, qui devoit lui succeder dans la Seigneurie de Montpellier, Jacques Roch, qui avoit été son Menin, & qu'il fit ensuite, de Sacristain de Lerida qu'il étoit auparavant, Evêque d'Huesca, & son Chancelier ; Il lui recommenda en même-tems, un des Freres de cet Evêque, à qui la Sacristie de Lerida avoit été transmise lors de sa Promotion : *Que favoriciesse à Dom Jayme Roca Obispo de Huesca su Canceller, aquel le avia criado desde su niñez. Y al Sacristan de Lerida su hermano.*

Ch. 102.

Comme par le Testament du Roi Jacques, la Seigneurie de Montpellier sortit de la Branche Aînée de la Maison d'Aragon, pour entrer dans celle du Puîné, qui eut en même-tems les Isles de Mayorque, nous n'appellerons plus, Rois d'Aragon, les Seigneurs que cette Maison nous donna depuis, mais seulement Rois de Mayorque, du nom de la principale Partie de leurs Etats.

FIN DU LIVRE CINQUIE'ME.

HIS-

HISTOIRE
DE LA VILLE
DE MONTPELLIER,
SOUS LES ROIS DE MAYORQUE JACQUES II. ET SANCHE I.

LIVRE SIXIÉME.

CHAPITRE PREMIER.

I. *Jacques Second accorde plusieurs Priviléges à Montpellier.* II. *Il est forcé de reconnoître ses Etats à son Frere le Roi d'Aragon.* III. *Il se ligue contre lui avec le Roi de France.* IV. *Evenémens de la Guerre qu'ils eurent ensemble.* V. *Traitez pour la Restitution de son Royaume de Mayorque.*

ACQUES Second Roi de Mayorque, ne tarda point, après la I. 1276. mort de son Pere, de se faire reconnoître dans les Etats qui lui avoient été assignez, & particuliérement à Montpellier, où nos Archives conservent plusieurs Actes de Reconnoissances qui lui furent faites en 1276. qui est précisément l'année où le Roi son *Memor. des No-* Pere mourut. Divers Feudataires lui firent Hommage, pour ce qu'ils *bl-s, fol. 203. &* tenoient de lui à Montarnaud; divers autres, pour Montferrier: *204.* Pierre *Fredol*, & Pierre de *Pignan*, pour tout ce qu'ils tenoient de lui, quelque part que ce fût (dit l'Acte;) Pons de *Vallauquez* & autres, pour Pignan; Raymond *Vassadel* Damoiseau, pour Montbazen; Raymond *Gaucelin*, pour le Château d'Omelas; Raymond *Pierre* Damoiseau, pour celui de Poupian; & Bernard *Gaillard* Damoiseau, pour celui de Montferrier.

Il accorda, de son côté, divers Priviléges aux Habitans de Montpellier, comme *Grand Talam.* de ne pouvoir être citez hors de leur Ville; de n'y donner Entrée pour le *fol. 78.* Vin & pour les Raisins, qu'à ce qui en appartenoit aux Habitans; Il cassa quelques Actes, qui leur étoient onéreux, sur les Faits de Justice: Et toutes ces Concessions, que l'on trouve encore dans nos Regîtres, furent signées à St. Yberi, dans cette même année 1276.

Cependant, le Roi Pierre d'Aragon son Frere aîné, poussé par la même Jalousie II. qu'il avoit si souvent fait paroître contre ses Freres du vivant de leur Pere, & par cette grande Ambition, qui lui fit mettre depuis toute la Sicile en feu, se plaignit hautement du préjudice que le Roi son Pere lui avoit fait, en démembrant de ses Etats, le Royaume de Mayorque, la Comté du Roussillon, & la Seigneurie de Montpellier : Il prétendit que la Donation qui en avoit été faite, étant énorme, ne pouvoit se soûtenir ; & profitant des Forces supérieures qu'il avoit à celles de son Frere, il exigea de lui, qu'il se déclarât Feudataire de la Couronne d'Aragon, pour tous les Etats qu'il avoit reçû du Roi leur Pere. Jacques II. qui n'étoit pas en état de lui resister, lui fit la Reconnoissance qu'il demandoit, où on n'oublia point de lui faire faire les Soumissions accoûtumées de Paix & de Guerre : Mais il est à observer pour nôtre Histoire, que dans le Dénombrement des Terres qu'il reconnut au Roi d'Aragon, il excepte nommément le Fief qu'il tenoit de l'Evêque de Maguelonne, avec les autres Lieux acquis ou achetez depuis peu ; *Exceptando el Feudo que tenia del Obispo de Magalona, y el de algunos Lugares que de nuevio se avian adquirido y crompado.*

Zurita, liv. 4. ch. 7.

1276.

1278.

Cet Acte, passé à Perpignan entre les deux Rois en 1278. termina à l'exterieur tous leus Diferends, mais il n'éteignit point ce fonds de défiance qu'ils avoient l'un pour l'autre, & qui ne tarda guere d'éclater, d'une maniere bien funeste pour les deux Partis, à l'occasion des Affaires du tems.

Une des plus considerables d'alors, étoit la Guerre des Royaumes de Naples & de Sicile, qui furent si long-tems disputez entre les Maisons de France & d'Aragon. Charles Comte d'Anjou & de Provence, Frere du Roi St. Loüis, en ayant eû l'Investiture du Pape Clement IV. avoit défait & tué à la Bataille de Benevent, Mainfroy, dit le Bâtard, qui étoit Usurpateur de cette Couronne. Le Roi d'Aragon y prétendit du chef de sa Femme Constance, Fille du même Mainfroy, qu'il étoit venu épouser à Montpellier, comme nous avons déja vû : Mais, parcequ'il ne lui étoit pas aisé d'en chasser de force les François, il eut recours à une Conspiration, qui fut conduite par le Fameux Jean de Procide, & qui éclata par les Vêpres Siciliénes, où tous les François qui se trouvérent dans l'Isle furent égorgez, le trentiéme du mois de Mars 1282.

Liv. 5. ch. 5. n. 6.

Pierre Roi d'Aragon, qui en attendoit le succès sur les Côtes d'Afrique, où il s'étoit rendu sous un autre prétexte, vint aussitôt aborder en Sicile, où il fut reçû & proclamé Roi par les Conjurez de son Parti. A cette Nouvelle, le Pape Martin IV. indigné du Massacre qui venoit d'être fait en Sicile, & de l'Entreprise du Roi d'Aragon sur un Royaume qui relevoit du St. Siége, prononça une Sentence d'Excommunication, & fit publier une Croisade contre lui.

III. Dans ces entrefaites, Philipe le Hardi Roi de France, qui veilloit aux interêts du Comte d'Anjou son Oncle, cherchoit à gagner le Roi de Mayorque, qu'il sçavoit être mécontent du Roi d'Aragon son Frere ; il avoit eû occasion de le sonder dans une Conference qu'ils avoient eû tous trois à Toulouse en 1281. au sujet des Affaires de Castille, qui ne sont pas de mon sujet : mais, lorsque le Roi de Mayorque fut revenu à Montpellier, il s'y détermina entiérement pour les interêts de la France, après une longue Conference qu'il y eut avec le Prince de Tarente, Fils de Charles Roi de Sicile, qui lui fut envoyé exprès à Montpellier.

1281.

Zurita, liv. 4. ch. 10.

Alors il arriva dans cette Ville, un Evenément digne de remarque pour la Juridiction des trois Senéchaux qui avoient été établis dans la Province depuis sa Réunion à la Couronne. Celui de Beaucaire, dont le District s'étendoit jusqu'aux environs de Montpellier, voulut y comprendre cette Ville, quoiqu'elle appartint au Roi de Mayorque : Celui de Carcassonne prétendit la même chose, pour les Vilages du Seigneur de Montpellier qui se trouvoient enclavez dans le sien ; & l'un & l'autre vouloient connoître par Appel, de toutes les Causes qui avoient été jugées par les Officiers du Seigneur de Montpellier. Le Roi de Mayorque, attentif au bien de ses Vassaux, eut la précaution de faire expliquer le Roi Philipe, lors de la Conference qu'il eut avec lui à Toulouse ; & dès qu'il eut pris les nouveaux Engagemens dont je viens de parler, il fit publier les Lettres qu'il avoit obtenuës du Roi de France, portant » que les Appels qui pourroient être relevez » de Droit, ou selon les Coûtumes de la Ville, ne seroient point portez aux Se- » néchaux de Beaucaire ou de Carcassonne, mais pardevant le Roi de France ou » sa Cour : Que ces deux Senéchaux ne toucheroient jamais aux Sentences que » les Officiers de Montpellier auroient donné selon les dispositions du Droit

Ecrit :

» Ecrit : Que le Roi de Mayorque & ses Successeurs auroient pouvoir d'accorder
» ou défendre le Port des Armes, dans toute la Jurisdiction de Montpellier, &
» imposer aux Contrevenans telle peine qu'ils jugeroient à propos : Que ses pro-
» pres Affaires, & celles des Rois de Mayorque ses Successeurs dans la Sei-
» gneurie de Montpellier, seroient exemptes de la Jurisdiction des deux Séné-
» chaux, & portées au Roi de France ou à ses Conseils.

Quelques précis & clairs que fussent ces Priviléges, le Senéchal de Beaucaire refusa d'y acquiécer, & il demanda toûjours obstinément, d'être maintenu dans la Possession où il prétendoit être, de connoître des Appels : A cette Demande il en ajoûta plusieurs autres, dont la plus spécieuse étoit, que les Notaires de la Ville missent à la tête de tous leurs Actes ; *Regnant Philipe Roi des François*. Je ne sçai comment tout lui fut refusé pour cette fois : mais, le Senéchal ayant recours aux Voyes-de-fait, ramassa des Troupes à Nîmes & à Sommières, & vint faire le Ravage aux Environs de Montpellier. Alorsles Habitans, ne croyant point devoir repousser la force par la force, priérent leur Seigneur de vouloir terminer le tout à l'amiable : Il envoya Arnaud son Bailli au Senéchal, pour lui proposer une Entrevûë, en lui offrant pour sa sureté plusieurs Otages, qui resteroient à Nîmes tout le tems que le Senéchal séjourneroit à Montpellier. Ces Offres ayant été acceptées, on convint » Qu'il ne seroit plus parlé des Appels parde-
» vant le Senéchal : Que les Cris-publics se feroient au nom du Roi de France ;
» Et que le Roi de Mayorque, comme Seigneur de Montpellier, prêteroit Serment
» de fidelité au Roi Philipe pour la Seigneurie de cette Ville.

Tout ce que je viens de dire, prouve suffisament l'attention qu'avoient les Officiers du Roi de France, à étendre & augmenter l'Autorité du Roi leur Maître sur Montpellier, dont ils regardoient la Proprieté comme la seule Acquisition qui lui restoit à faire dans le Languedoc. Le Roi d'Aragon en prit souvent jalousie ; & il s'en plaignit, comme nous le voyons en divers endroits de Zurita : Mais il eut bien d'autres soucis, lorsqu'il eut de Nouvelles certaines, que son Frere avoit pouvoir du Roi Philipe, de lever des Soldats à Nîmes : il comprit (comme il étoit vrai) qu'il avoit pris des Liaisons contre lui dans la conjoncture la plus délicate où il pût se trouver ; car, en consequence de l'Excommunication déja prononcée contre sa Personne, le Pape Martin IV. regardant le Royaume d'Aragon comme un Fief de l'Eglise Romaine, en vertu de la Soumission (dont nous avons parlé) faite à Innocent III. en 1204. donna l'Investiture de ce Royaume à Charles de Valois, second Fils de Philipe le Hardi, qui étant, par sa Mere Elizabeth d'Aragon, Neveu du Roi excommunié, seroit, selon toutes les apparences, mieux reçu des Peuples & des Seigneurs de ce Royaume.

Mais il s'agissoit de le conquerir sur un Roi qui étoit en état de se bien défendre, & qui n'ignorant point les Préparatifs du Roi de France, songea d'abord à lui fermer tous les Passages. Il envoya sur les Frontiéres de Navarre un grand nombre de Troupes, sous la conduite des principaux Seigneurs d'Aragon, (parmi lesquels Zurita n'oublie point Dom Bernard Guillem de Entença) pour s'opposer à Philipe le Bel, Fils aîné du Roi de France, qui venoit d'épouser Jeanne de Navarre, & qu'on disoit devoir entrer dans l'Aragon, par ce nouveau Royaume qu'il avoit du chef de sa Femme. Mais, parceque le Roussillon, qui appartenoit au Roi de Mayorque son Frere, pouvoit encore donner une entrée plus facile aux François, il s'avança avec une extréme diligence & un profond secret, pour s'assurer de Perpignan, qui lui ouvrit si subitement ses Portes, que le Roi de Mayorque eut à peine le loisir d'en sortir à la dérobée, laissant sa Femme & ses Enfans à la discretion du Vainqueur.

Cette Diligence préserva l'Aragon, & fit des Etats du Roi de Mayorque le Théatre de la Guerre ; car Philipe le Hardi, qui venoit avec une florissante Armée, pour établir Charles de Valois son Fils dans le Royaume d'Aragon, ne put jamais y penetrer, & les seules Villes du Roussillon lui donnérent de l'exercice durant toute cette Campagne, qui lui coûta enfin la perte de ses Troupes & de sa propre vie.

Il surmonta d'abord tous les obstacles qu'on voulut mettre à son Entrée dans

1285.	le Rouffillon, où s'étant faifi des Places qui étoient le long de la Mer, il alla s'aboucher avec le Roi de Mayorque, qui s'étoit retiré dans la Fortereffe de Car-
Liv. 4. ch. 57.	roca. On dit que ce Prince ceda alors au Roi de France, tous fes Etats de Rouffillon, moyenant le Royaume de Valence, que Philipe lui promit : mais, ce qui eft bien certain, c'eft que l'on mit Garnifon Françoife à Perpignan, & dans les autres Places qui s'étoient renduës; & les deux Rois ayant joint leurs Troupes, allèrent faire le Siége de Gironne, dont ils fe rendirent enfin les maîtres après une longue refiftance.

Les fuites ne laiffèrent pas d'être très-malheureufes aux deux Partis ; Car le Roi d'Aragon ayant été bleffé dans une Embufcade qu'il avoit dreffé aux François, mourut peu de mois après : Et la Cavalerie Françoife ayant été attaquée par une multitude innombrable de Mouches, perit prefque toute de leurs Piqueures venimeufes ; de forte que la Contagion s'étant mife dans le Camp, le plus grand nombre des Seigneurs François en fut attaqué, avec le Roi lui-même, qui s'étant fait porter à Perpignan, y mourut le vingt-troifiéme du mois de Septembre 1285. année fort remarquable, par la mort des deux Rois dont nous venons de parler, & par celle du Pape Martin IV. & de Charles d'Anjou Roi de Naples & de Sicile, tous principaux Acteurs dans cette Guerre.

Ch. 71. & 74. Durant toutes ces Agitations, Alphonfe Fils aîné de Pierre Roi d'Aragon, avoit été s'emparer de l'Ifle de Mayorque, en faifant fort valoir auprès des Habitans, l'Infidelité (comme il difoit) de fon Oncle, qui s'étant reconnu Feudataire de la Couronne d'Aragon, avoit pris les Armes contre le Roi fon Frere, qu'il auroit du foûtenir. Cette Conquête réduifit le Roi Jacques à la feule Seigneurie de Montpellier, & à la Ville de Perpignan, qu'il conferva par le moyen des

Ch. 82. François qui s'y étoient retirez après leur Défaite : Avec ce Secours il fe foûtint dans le Rouffillon, & fut même en état de faire quelques Entreprifes fur les Frontiéres de Catalogne ; mais il ne put jamais obtenir la Reftitution des Ifles de Mayorque du vivant de fon Neveu Alphonfe, qui ne voulut jamais le com-

1289. prendre dans le Traité d'Oleron, fait avec la France par la médiation du Roi *Ch. 120.* d'Angleterre en 1289. ni dans une celébre Conference qui fut tenuë à Mont-*1290.* pellier en 1290. entre les Legats du Pape, & les Ambaffadeurs de France, d'Aragon & de Sicile, qui finit enfuite par le Traité de Tarafcon.

Ch. 3. Ce Refus du Roi Alphonfe piqua fi fort le Roi de Mayorque, qu'il crut pouvoir recourir à un Expedient qui avoit réuffi au feu Roi Pierre d'Aragon fon Frere, lorfque felon le goût de ce tems-là, il donna un Défi à Charles Comte d'Anjou, pour terminer, dans un Combat fingulier, les Diferends qu'ils avoient pour le Royaume de Sicile ; Jacques défia de même le Roi Alphonfe fon Neveu, & lui affigna la Ville de Bordeaux, pour y combatre en Champ clos ; mais, par les mêmes Raifons que Pierre allegua pour manquer à l'Affignation qu'il avoit donnée, Alphonfe fon Fils ne voulut pas accepter celle qu'on lui donnoit, & le Roi de Mayorque fon Oncle refta dépoüillé de fon Royaume tout le tems que vécut fon Neveu.

1291. Enfin, après la mort d'Alphonfe, arrivée heureufement pour lui en 1291. on reprit les Négociations qui avoient été faites pour fon Rétabliffement. Boniface VIII. qui venoit d'occuper la Place du Pape St. Celeftin, fignala le commencement de fon Pontificat par cette grande Affaire, dont nous fommes affés heureux d'avoir les Piéces originales, que Mr. Baluze nous a donné dans la Vie des Papes d'A-

Tom. 2. pag. 18. vignon : Comme elle intereffe particuliérement la Ville de Montpellier, par ra-*& feq.* port à fon Seigneur, je crois qu'on ne defaprouvera point que j'en donne ici le Précis avec la brieveté où je me fuis engagé.

V. On fit intervenir dans cette Affaire, Charles Comte de Valois, à qui Martin IV. avoit donné l'Inveftiture du Royaume d'Aragon. Le Roi Philipe le Bel y entra ; & le Roi Jacques d'Aragon, Frere & Succeffeur du Roi Alphonfe, nomma fes Commiffaires : Ceux du Roi de Mayorque furent, Bermond de *Montferrier*, & Jacques de *Muredine* Chevaliers, avec Arnaud Jurifconfulte, Bailli & Juge pour le Roi de Mayorque à Montpellier. Le Traité de Paix qui fut arrêté, portoit :

» Que le Roi d'Aragon reftituëra le Royaume de Mayorque, avec toutes fes

Ifles

LIVRE SIXIEME. 97

» Isles & Dépendances, au Roi de Mayorque son Oncle, pour en être joüi par
» lui de la maniére qu'il en joüissoit avant le commencement de cette Guerre.

» Que le Roi de Mayorque en fera Hommage au Roi Jacques d'Aragon, con-
» formément à la Reconnoissance qu'il en avoit faite ci-devant au Roi Pierre son
» Frere, sans que cela puisse donner accroissance ou diminution de Droit à l'un
» ni à l'autre.

» Les deux Rois se restituëront reciproquement toutes les Terres & Châteaux
» qu'ils se sont pris depuis le commencement de la Guerre de Sicile.

» Ils déposeront tout ressentiment du passé, & déchargeront les Sujets l'un de
» l'autre, des Sermens qu'ils se sont fait prêter dans le cours de la Guerre; ils
» entretiendront entr'eux une bonne Paix, & se remettront les Otages.

» Le Roi Jacques d'Aragon rendra au Roi de France, tout ce qu'il retient de
» lui ou de ses Sujets, & le Roi de France lui remettra tout ce qu'il a occupé
» dans l'Aragon, depuis la Donation qui en avoit été faite à Charles de Valois.

» Ils pourront faire démolir, s'ils veulent, les Fortifications qu'ils avoient fait
» faire dans les Places & dans les Terres qu'ils auront à se restituer.

» La Valée d'Aran est exceptée de cette Restitution; jusqu'à-ce qu'il en ait été
» décidé plus amplement.

» On levera l'Interdit, on absoudra de l'Excommunication, & on fera les
» Mariages convenus.

Le Pape Boniface VIII. confirma solemnellement ce Traité, par une Bulle donnée à Anagnie le vingt-deuxiéme de Juin 1295. dans laquelle il rapelle toutes
les Conditions du Traité; & il n'y ajoûte qu'une Exhortation au Roi de Mayorque, de ne pas donner Entrée dans son Royaume aux Sarrazins qui en avoient
été chassez par le Roi son Pere, & de permettre aux Chrétiens qui lui seroient
suspects de se retirer.

En consequence de tous ces Actes, Pierre de Mornay Evêque d'Orleans, nommé par le Comte de Valois, avec J. Abbé de S^t. Germain des Prez, Et Pierre de
la Chapelle Evêque de Carcassonne, nommé par le Roi de France, avec Jean
de Bourges son Chapelain, (pour faire & recevoir de leur part les Restitutions
convenuës) commirent Jean de Arreblay Senéchal de Carcassonne, pour verifier
& regler avec les Députez d'Aragon, ce qui devroit être restitué par le Roi de
France; Et cette Verification ayant été achevée, ils donnérent pouvoir, de la
part de leur Maître, au Roi de Mayorque, de faire lui-même cette Restitution.

Il semble qu'après toutes ces Démarches, l'Affaire devoit être finie: Mais, les
Aragonois firent voir, que ce qui leur avoit été facile à prendre, leur fut incomparablement plus dificile à restituer; car il n'est point de Ruse qu'ils ne missent en usage, pour diferer de se dessaisir du Royaume de Mayorque: tantôt le
Roi d'Aragon renvoyoit à son Conseil les Commissaires de France, tantôt son Conseil
les lui renvoyoit; disant qu'ils n'avoient aucun Pouvoir de faire cette Restitution.

Toutes ces longueurs donnérent occasion à un Acte remarquable que nous
avons du Roi Jacques de Mayorque, fait à Perpignan le vingt-troisiéme du mois
d'Août 1295. par lequel il proteste contre la Reconnoissance qu'il avoit été forcé
de faire de tous ses Etats, excepté de la Seigneurie de Montpellier & de Lates.
Il y rapelle tous les Commencemens de cette Affaire, & il y donne un Manifeste de toute sa Conduite; en voici le Précis:

» Il dit d'abord, que le Roi son Pere ayant fait le Partage de ses Etats entre
» son Frere & lui, ce Partage fut ratifié par son Frere en présence de leur Pere;
» & qu'ensuite, sur les Priéres qu'il en fit à son Frere en présence de leur Pere,
» son Frere lui en fit une nouvelle Ratification.

» Néanmoins, aussitôt après la mort de leur Pere, son Frere, malgré son Ser-
» ment & ses Promesses, avoit exigé de lui une Reconnoissance de ses Etats; à
» raison dequoi il auroit eû recours à la Médiation de l'Eglise Romaine, & de
» leurs Amis communs: Mais, cette voye ayant été refusée, *Quare nos videntes &*
» *cognoscentes non ita esse potentes quod ejus potentiæ resistere valeremus*, nous avons été
» contrains, par la crainte de sa Puissance, & par les Menaces qu'il nous a faites,
» de lui faire une Reconnoissance: *Accipiendo pro ipso in Feudum honoratum præ-*

1291.

Pag. 22.

Martene, Anec-
dotes, tom. 1. pag.
1272.

N

1292.
» *dictum Regnum Majoricarum & alias Terras nostras sub certis conditionibus. Exceptâ*
» *Villâ Montispessulani & Castro Latarum.*

» Et depuis ce tems-là, nôtredit Frere s'étant fait excommunier à cause de
» l'Invasion qu'il a fait du Royaume de Sicile, nous auroit fait requerir de lui
» donner Secours contre le Roi de France, qu'on disoit devoir venir l'attaquer au
» Nom & de l'Autorité de l'Eglise Romaine, nous aurions répondu que nous ne
» pouvions lui donner Secours dans une Guerre injuste, puisqu'il vouloit soûtenir
» l'Invasion qu'il avoit faite de la Sicile, qui est un Patrimoine de St. Pierre,
» dans lequel cas nous n'aiderions pas même nôtre Pere s'il étoit en vie.

» Néanmoins, malgré toutes ces raisons, dans le tems que nous étions dangereuse-
» ment malades à Perpignan, & qu'il nous faisoit visiter de sa part, & nous offrir,
» comme il se pratique entre bons Freres, tout ce qui pouvoit nous être de
» quelque soulagement dans nôtre Maladie, il est venu proditoirement à main
» armée nous surprendre à Perpignan, se saisir de la Reine nôtre Epouse, & de
» quatre de nos Enfans, qu'il a amené, & des Gens de nôtre Conseil, qu'il a ran-
» çonnez de grosses sommes.

» Quant à nous, qui échapâmes alors de ses mains comme par miracle, nous
» apprîmes qu'il avoit envoyé son Fils Alphonse s'emparer de nôtre Royaume de
» Mayorque.

» Mais, n'ayant d'autre espoir que dans les Traitez déja conclus par l'entremi-
» se du Pape, entre les Rois de France & de Sicile, d'une part, & le Roi d'Ara-
» gon nôtre Neveu, d'autre, par lesquels il veut nous astreindre à renouveller la
» susdite Reconnoissance de toutes nos Terres, nous protestons, en présence de Té-
» moins & Notaire, contre tout ce qu'il nous fera faire, ne voulant nous en tenir qu'à
» ce qui a été reglé par le Roi nôtre Pere, & ratifié ensuite par nôtre Frere, com-
» me il a été dit, déclarant nul & de nul effet tout ce qu'il nous contraindra de
» faire contre la présente Protestation. Fait à Perpignan le vingt-troisiéme du
» mois d'Août 1295.

Je ne sçai si c'est à cette Protestation qu'on doit attribuer le changement qui
arriva dans les Resolutions du Conseil d'Aragon; car, après plusieurs Conferences
tenuës à Panisars, le Roi d'Aragon se preparant à faire un Voyage en Italie,
donna des Lettres-Patentes, adressées au Roi de Mayorque son Oncle, du 30.
Juin 1298. où, après plusieurs Démonstrations d'amitié, il promet, en conformité
des Paroles solemnelles qu'il en avoit données, de le rétablir au premier du mois
d'Août suivant; & il commet Raymond Foulques Vicomte de Cardonne, son
Lieutenant-General en Catalogne, pour faire à son Oncle cette Restitution.

Nous avons la Promesse que le Vicomte en donna par écrit, où il s'engage
de restituer le Royaume de Mayorque aux Fêtes de Noël suivant, avec tous les
Fruits qui courront de ce jour-là, déduit quelques Depens modiques pour la
Garde des Places; Et afin qu'on n'ignorât point ce qui devoit aussi être restitué
à son Maître, il spécifie les Lieux de *Châteauneuf*, de *Beaupuis*, de *St. Felieu*, de
Ceret, de *Bastide*, (sauf neuf mille Sols que le Roi de Mayorque avoit sur cette
Terre) avec les Châteaux de *Raymond*, de *Palaudan*, *Fontanilles*, *Rocaberti*, *Ca-
praria*, *Capmayn*, *Massanet*, *Cantalops*, *Jonquiéres*, *Requezens* & *Avalrin* : Par où
nous pouvons apprendre quelles étoient les Conquêtes que le Roi de Mayorque
avoit faites en Catalogne. Cet Acte fut passé à Argillers, Diocése d'Elne; Signez,
le Vicomte Stipulant, & le Roi Approuvant, avec les Procureurs du Roi de
Mayorque, Bermond de *Montferrier*, Jacques de *Muredine* Chevalier, Frere
Raymond de *Gardia*, de l'Ordre des Templiers, & *Arnaud* Jurisconsulte, Juge du
Roi de Mayorque à Montpellier.

Le même jour, l'Evêque de Carcassonne & son Associé, donnérent ordre au Gouverneur de Navarre, de remettre au Roi de Mayorque le Château de *Sauveterre*, & les Lieux
d'*Ul* & de *Fleres*, situez sur les Frontiéres d'Aragon & de Navarre, pour être restituez par
ce Prince au Roi d'Aragon, à qui le Roi son Oncle fit Hommage par le même Acte.

Telle fut la fin de cette Négociation, qui avoit trainé plus de quatre ans,
quoique tous les Articles en eussent été accordez. Boniface VIII. fut si satisfait des soins de l'Evêque de Carcassonne, qu'il le transfera cette même année

au

au Siége de Toulouse; & le Roi de Mayorque, rentré dans son Royaume, en joüit encore pendant douze ou treize années: Mais, avant que de raconter toutes les Suites de son Regne, je crois devoir toucher un Evenément très-considerable pour nôtre Histoire; sçavoir, l'Acquisition qui fut faite alors par les Rois de France, de la Partie que l'Evêque de Maguelonne avoit dans Montpellier.

1292.

CHAPITRE SECOND.

I. *Acquisition de Montpellieret par le Roi Philipe le Bel.* II. *Nouvelles Juridictions qui y furent établies.* III. *Priviléges accordez.* IV. *Philipe le Bel vient à Montpellier.* V. *La Ville lui donne un Secours pour ses Guerres de Flandres.* VI. *Le Pape Clement V. vint deux fois à Montpellier avant l'Emprisonnement des Templiers.* VII. *Fin du Roi Jacques.*

JE ne rapelle point ce que j'ai dit plusieurs fois; que l'Evêque de Maguelonne, dans l'Infeodation qu'il fit au premier de nos Guillaumes, s'étoit réservé la Portion de la Ville qu'on appelloit *Montpellieret*; Elle n'étoit pas d'une si grande étenduë que l'autre, mais elle étoit, sans-contredit, beaucoup plus honorable, puisque les Seigneurs de Montpellier relevoient des Seigneurs de Montpellieret, à qui ils devoient Hommage. De là vient, que le Roi de France ayant acquis le Languedoc, & voulant s'introduire dans Montpellier, qui étoit la seule Ville de la Province qui ne fût pas à lui; il fit agir ses Ministres, pour se ménager une Entrée dans *Montpellieret*. Guy Fulcodi, depuis Pape, sous le nom de Clement IV. disposa Pierre *de Conchis* Evêque de Maguelonne, à faire à la Reine *Blanche*, alors Regente du Royaume, une Reconnoissance de sa Portion; & en mêmetems, du Fief que les Rois de Mayorque tenoient de lui à Montpellier. Les Sénéchaux de Beaucaire, qui furent chargez des Affaires de la Cour de France, agirent dans le même esprit; & par les embaras qu'ils causérent à nos Evêques, comme nous le verrons plus amplement dans leur Histoire, ils les portérent à faire un Echange de leur Portion, avec d'autres Terres que le Roi de France leur devoit donner.

I.

Berenger de Fredol, d'une des plus anciénes Familles du Diocése, occupoit alors le Siége de Maguelonne; il consomma cette Affaire aussitôt après la mort d'Alphonse Roi d'Aragon, dans le tems où son Oncle le Roi de Mayorque (pressé par de plus grands besoins) étoit disposé à suporter patiemment l'execution de ce Projet.

Ce fut dans ces conjonctures qu'on publia cet Echange; projetté depuis longtems entre les Gens du Roi Philipe le Bel & ceux de l'Evêque: *Dudum tractatum fuit inter Gentes nostras, & Gentes Episcopi Magalonensis; super permutatione Partis Episcopalis Montispessulani, quæ vulgariter dicitur Monspessulanetus*, dit le même Roi, dans les Lettres-Patentes qu'il donna sur cette Affaire au mois de Mars 1292.

Ces Lettres, qui sont conservées dans les Archives du Domaine, & dans celles de l'Evêché, nous font connoître toutes les Personnes qui concourûrent dans cette Affaire, avec les Convenances & les Conditions du Traité, d'une maniére si précise, que je ne puis donner à ma Narration plus d'autenticité, qu'en faisant le Précis de la Déclaration du Roi.

Regist. B. pag. 160. & seq.

Il dit d'abord, qu'après toutes les Conferences qu'on avoit tenu pour ce sujet; Ademar de *Cabreroles* Prevôt de Maguelonne, Martin de *Vabres* Chanoine, & Bertrand *Matthei* Official de l'Evêque, lui avoient été enfin envoyez avec tous les Pouvoirs necessaires; & qu'après un mûr Examen, ils l'avoient assuré qu'il reviendroit à l'Eglise de Maguelonne de grands avantages de cet Echange, & qu'elle éviteroit de grands inconveniens: » C'est pourquoi, ajoute le Roi, nous y avons » procédé de la maniére qui suit.

Series, pag. 302.

» I. Lesdits Procureurs, au nom de l'Evêque & du Chapitre, nous transférent
» à nous & à nos Successeurs à perpetuité, toute la Jurisdiction que l'Evêque de
» Maguelonne a & doit avoir dans la Partie Episcopale appellée Montpellieret,
» & dans son Territoire : *Ita tamen quod dictus Episcopus habeat Jurisdictionem tantum*
» *in suâ Familiâ.*

» II. Ils nous transférent, *totum Jus Feudi & Donationis cum Homagio & Sacramento*
» *fidelitatis*, que l'Evêque a sur le Seigneur de Montpellier, & toutes les choses
» que ledit Seigneur tient de l'Evêque, par raport à la Ville & au Château de
» Lates ; c'est-à-dire, le Droit Temporel sur les Personnes desdits Lieux, & sur
» les Etrangers même, à raison desdites choses : de sorte pourtant, que nous, ni les
» Rois nos Successeurs, ne puissions aliéner ni transporter, en entier ou en
» partie, lesdits Droits, ni donner à l'Evêque & à son Eglise, d'autre Supérieur
» que nous.

» III. Ils nous transférent tout le Droit que l'Evêque peut & doit avoir sur
» les Juifs de Montpellier, à raison de sa Jurisdiction Temporelle, excepté les
» Censives, les Usages & les Lods que l'Evêque retire d'eux, dont nous n'au-
» rons qu'une moitié par indivis.

» IV. Ils nous transférent aussi, la moitié par indivis, du Four que l'Evêque a
» dans la susdite Partie de Montpellier, *& obventionem ejusdem Furni*, avec le Droit
» d'en construire d'autres ; de maniére pourtant, qu'après la Délivrance des choses
» que nous devons donner pour cet Echange, nous aurons la moitié de ce Four
» qui est déja bâti, & que nous & l'Evêque pourrons dans la suite en construi-
» re d'autres à nos dépens.

» V. En outre, lesdits Procureurs nous transférent & à nos Successeurs les Rois
» de France, la moitié par indivis, des Censives, Usages & Lods des Maisons
» de la Campagne & de la Ville, que l'Evêque tient à Montpellier, Montpellie-
» ret & leur Territoire, moyenant la juste Compensation que nous lui donnerons ;
» dequoi il nous fera Reconnoissance, de la maniére qu'il nous la faisoit pour Mont-
» pellier & Montpellieret.

» *Item*. Nous voulons & accordons, que l'Evêque, le Chapitre & les Cha-
» noines, tant séparément que conjointement, joüissent dans nôtre Partie de la
» Ville, de la même Immunité du Droit de Coupe & de Leude qu'ils ont dans
» la Partie du Roi de Mayorque ; & que nos Baillifs, en prêtant Serment au com-
» mencement de leur Administration, jureront de ne donner aucune atteinte aux
» Droits de l'Evêque & du Chapitre.

» Nous mandons aux Vassaux des Terres que nous devons ceder à l'Evêque,
» de lui être fidéles comme ils l'ont été à nous & à nos Prédécesseurs.

» Surquoi, nous Martin de *Vabres* Chanoine de Maguelonne, & Bertrand
» *Matthæi* Official de l'Evêque, en vertu de nos Procurations, nous recevons l'As-
» signation de cinq cens Livres qui doit être faite ; & nous faisons présentement
» l'Echange en question, à vous Seigneur Philipe, par la grace de Dieu, Séré-
» nissime Roi des François, pour vous & vos Successeurs, de la maniére, forme &
» condition ci-dessus ; vous promettant que l'Evêque & le Chapitre ratifieront le
» tout : & nous enjoignons dès-à-présent au Seigneur de Montpellier & de Lates,
» & à tous & chacun des Feudataires de l'Evêque, de vous prêter les mêmes Ser-
» mens de Foi, Hommage, Fidelité & Service de Guerre qu'ils lui devoient,
» pour les Lieux que nous vous cedons à son nom ; sauf, pour ledit Evêque,
» l'Autorité du Pape & de l'Eglise Romaine, comme-aussi de l'Archevêque de
» Narbonne, autant qu'il peut leur appartenir.

» Et nous Roi des François, afin que toutes choses soient fermes & stables pour
» toûjours, nous avons fait apposer nôtre Sceau au présent Acte. Donné à Paris,
» l'An de Nôtre-Seigneur 1292. au mois de Mars.

Dans cette même année, le Roi voulant gratifier plus particuliérement l'Evêque & le Chapitre de Maguelonne, leur donna pouvoir d'acquérir, durant l'espace
de quinze années, jusqu'à la concurrence de deux cent Livres de Rente, dans le
Diocése de Maguelonne, excepté les Fiefs & Arriére-Fiefs de la Couronne :
Et par d'autres Lettres, adressées en même-tems au seul Evêque, il lui promet,
que

que s'il vient jamais à acquerir la Portion que le Seigneur de Montpellier a sur 1292.
la Monoye de Melgüeil, il la remettra toute entiére à l'Evêque de Maguelonne
ou à ses Successeurs, & qu'il donnera cours à cette Monoye dans les Senéchaussées
de Beaucaire & de Carcassonne.

Nous verrons l'effet qu'eurent ces Promesses : Mais, pour ne pas séparer les Articles de ce Traité, je crois ne devoir pas renvoyer ailleurs, à dire quelles furent les Terres qu'on donna à l'Evêque de Maguelonne, pour lui faire les cinq cent Livres de Rente ausquelles le Roi s'étoit engagé. Pierre de *La Chapelle*, qui étoit encore alors Evêque de Carcassonne, & toûjours employé dans les Affaires les plus considerables de son tems, fut chargé de celle-ci : Il prit les Officiers des deux Senéchaussées, pour faire l'Estimation des Terres qu'on devoit assigner dans leurs diferens Ressorts ; sçavoir, Alphonse de *Rouveirac*, Chevalier & Senéchal de Beaucaire, avec Guy de *Cabrieres*, Viguier & Châtelain dudit Beaucaire, pour les Terres de leur Senéchaussée ; Et pour celles du District de Carcassonne, il prit Renaud de *Messiac* Viguier de Beziers, Guillaume *Ban*, & M^e. Pierre de *Medant* Procureur du Roi à Carcassonne. Avec eux tous, Pierre de la Chapelle assigna pour le Roi, à l'Evêque de Maguelonne, la *Baillie de Sauve* ; avec toutes ses Dépendances, pour la Rente de trois cent soixante Livres Melgoriénes : Le Château de *Durfort*, & Sainte Croix de *Fontanez*, pour celle de quatre-vingt Livres dix Sols ; Et enfin, pour les cinquante-neuf Livres dix Sols qui restoient, afin de parfaire la somme entiére de cinq cent Livres, ils cedérent tout le Droit qui appartenoit au Roi sur la Seigneurie de Poussan.

Il vient naturellement à l'esprit, que c'étoit un Prix bien modique pour de si belles Terres ; mais on en sera moins surpris, quand on verra par bien d'autres Exemples, combien l'Argent étoit rare en ce tems-là, & par consequent le bas Prix des Denrées : Ainsi, par la même raison qu'on n'évaluoit qu'à cinq cent Livres de Rente, les Terres de *Sauve*, de *Durfort*, de *Fontanez* & de *Poussan*, on n'apprecioit pas davantage la Seigneurie de Montpellieret, qui seroit incomparablement plus estimée dans nôtre Siécle.

A peine l'Echange en eut été signé, que le Senéchal de Beaucaire reçut ordre d'en venir prendre Possession pour le Roi son Maître Philipe le Bel: Il le fit avec toute la solemnité requise ; car, ayant convoqué à son de Trompe, tous les Habitans de Montpellieret dans le Monastére des Freres Mineurs, qui se trouvoit situé dans cette Partie de la Ville, il leur fit notifier par Pierre de *Bourges* Procureur du Roi, que le Roi de France avoit acquis par Permutation & Echange, la Juridiction Temporelle de Montpellieret, & le Serment de Fidelité & Hommage que le Roi de Mayorque avoit coûtume de prêter à l'Evêque. En même tems, il leur déclara la Nomination des nouveaux Officiers : sçavoir, Guichard de *Marziac* ; pour Recteur ; Scipion d'*Antoniac* Jurisconsulte, pour Juge, & Jean *Rogier*, pour Notaire & Greffier : Ces nouveaux Officiers prêtérent aussitôt Serment, & promirent d'administrer la Justice, selon les Us & Coûtumes de Montpellier, & au défaut des Coûtumes, selon le Droit Ecrit.

Mais, il étoit bien dificile que la chose se passât sans quelque Contradiction de la part des Officiers du Roi de Mayorque : En effet, Bermond de *Montferrier*, Chevalier & son Lieutenant à Montpellier, fit ses Protestations, tant en son nom qu'à celui d'Etiéne *Sabors*, Procureur du Roi de Mayorque, & de Guillaume *Causiti*, Baile de la Cour de Montpellier, contre tout ce qui venoit d'être fait, en tant qu'il portoit préjudice au Roi leur Maître, qui avoit divers Droits dans la Partie dont on avoit fait Echange.

Le Senéchal répondit, qu'il avoit fait signifier cet Echange au Roi de Mayorque, afin qu'il prêtât le Serment de fidelité qu'il devoit au Roi de France, & qu'il lui fît Hommage de la Ville de Montpellier ; Et s'adressant à Bermond, il lui dit, que lui & les autres Curiaux du Roi de Mayorque, devoient obéir aux Officiers nouvellement créez, tout de même qu'à lui Senéchal.

A quoi Bermond de Montferrier ayant repliqué, qu'il reconnoissoit bien le Senéchal pour son Supérieur, mais non les Viguiers & Recteur pour le Roi de France, ils firent leurs Protestations reciproques, dont ils se donnérent Acte : *In Domo*

FF. Minorum, An. 1292. XII. Cal. Martii. Philippo Regnante.

II. Le Roi, de son côté, voulant donner plus de lustre à sa nouvelle Acquisition, y fit des Etablissemens très-considérables, qui mirent cette Partie de la Ville dans une espece d'égalité avec Montpellier: Car, si Montpellier l'emportoit sur Montpelliéret par le nombre de ses Maisons & de ses Habitans, Montpelliéret devint plus remarquable par les nouvelles Jurisdictions qui y furent établies.

On compte pour la premiére, le Siége de Justice, qui fut appellée *Rectorie*, & qui avoit pour ses Justiciables tous les Habitans de Montpelliéret & de son Territoire; c'est-à-dire, dans la Ville, tout ce qu'on trouve sur la main gauche, en allant par le droit chemin, depuis le Pont des Augustins, qui est hors la Porte du Pila-Saint-Gilles, jusqu'à celle de Lates; & hors la Ville, depuis la Porte de Lates, le long des Fossez, jusqu'aux Agarelles, d'où, en suivant ce Ruisseau, par un long Circuit, au-dessus du Pont-Juvenal, on venoit retomber au Pont des Augustins: C'est ce qui fut appellé la Rectorie, & qui eut son Juge particulier, sous le nom de Recteur, établi par le Roi Philipe le Bel. On donna depuis à la Rectorie, le nom de *Partantique*, parcequ'on la regardoit comme la premiére, & la plus anciéne Portion que nos Rois eussent acquis dans toute la Seigneurie de Montpellier.

Comme par cet Echange les Feudataires de l'Evêque devoient au Roi le Serment de Foi & Hommage, avec le Service de Guerre auquel ils étoient tenus envers l'Evêque, le Senéchal de Beaucaire fit assigner le Sr. de Rupé pour sa Portion de la Seigneurie de Poussan, avec le Seigneur de *Ganges*, & les Conseigneurs d'*Assas*. De là vient, que dans une Liste du Service dû par les Nobles des Diocéses de Nîmes, d'Uzés & de Maguelonne, qui se trouve (de ce tems-là) dans les Archives du Domaine, on voit sur la fin:

PRO RECTORIA MONTISPESSULANI.

Dominus de Rupé, pro Castro de Porsano . . . . . *unum Equum.*
Dominus de Agantico . . . . *duos Equos.*
Domini de Assatio . . . . *unum Roussinum.*

Les Seigneuries possedées par l'Evêque, ou par le Chapitre, n'y sont pas comprises: Mais, je ne sçai pourquoi on n'y fait aucune mention des Seigneuries de *Cornom-Terrail*, de *Murles*, de *Fabregues*, de *Teiran*, de *Brissac*, & autres qui ressortoient de l'Evêque.

Le Roi Philipe le Bel établit dans ce même-tems à Montpelliéret, une *Bourse de Marchands*, à qui il donna pour Conservateurs, le Recteur ou Juge de la Partantique.

Mais, l'Etablissement du *Petit-Sceau* donna beaucoup plus de lustre à Montpelliéret, à cause des grands Priviléges que nos Rois avoient donné à cette Cour. J'en parlerai plus amplement dans un Article separé; mais pour le présent, je me contente de faire observer, qu'elle avoit été créée en 1254. par le Roi St. Loüis, pour la commodité des Pelerins qui s'embarquoient à Aiguemortes, d'où elle fut transferée par son Petit-Fils Philipe le Bel à Montpelliéret, & placée dans la Ruë qui va maintenant des Jesuites à l'Esplanade, précisément à l'endroit où est aujourd'hui la Congregation des Messieurs: On y voyoit encore en 1682. le Siége de cette Cour, telle qu'elle avoit été bâtie du tems de Philipe le Bel, avec ses Armoiries sur la Porte, & quelques autres Marques de nos Rois.

L'*Hôtel des Monoyes* acheva de rendre Montpelliéret aussi considerable qu'il pouvoit le devenir par les diferentes Jurisdictions de ce tems-là. On marque que cet Hôtel avoit été tiré de Melgüeil, & transferé à Sommiéres, où n'ayant resté que fort peu de tems, il fut changé par Philipe le Bel à Montpelliéret, & placé dans la Partantique, au même lieu où il est encore: Son anciéne Porte d'Entrée, qui se présente de front à ceux qui viénent du côté de l'Esplanade, fait voir, par les Ornemens qui l'accompagnent, que c'étoit un Ouvrage de la fin du treiziéme Siécle, ou du commencement du quatorziéme.

Tan-

Tandis que le Roi de France combloit de ses Graces cette Partie de Montpellier qu'il venoit d'acquerir, le Roi de Mayorque n'oublioit pas celle qui lui appartenoit dans cette Ville ; car, malgré les Agitations où il se trouva après l'Invation de son Royaume, & dans le tems qu'il combatoit dans le Roussillon pour conserver cette Province, il étendoit ses soins sur Montpellier, pour le bon Ordre de la Police & du Gouvernement.

1292.

Nous trouvons en effet, qu'en 1292. on y prit de son autorité, une Précaution assés singuliére pour prévenir les Incendies, qui fut de marquer une certaine heure, où chaque Particulier seroit tenu de couvrir le Feu dans sa Maison avant que de se coucher : Et afin que Personne ne l'oubliât, on établit que tous les soirs on seroit averti de le faire par le Son d'une Cloche, qui fut appellée pour cette raison *Cuebre-Foc*. La Mode s'en répandit dans le Royaume, comme on le voit dans les Recherches de Pasquier.

Liv. 4. ch. 16. Petit Talamus, fol. 81.

L'année d'après, on fit à Montpellier la première Ceremonie de la Prise-de-Bonnet par un nouveau Gradué, suivant les Formalitez établies depuis peu dans les autres Universitez du Royaume : Je me contente pour le présent d'en marquer l'Epoque, & je reserve d'en parler plus au long dans l'Article de l'Université de cette Ville.

1293.

En ce même-tems, le Roi Philipe le Bel voulant donner un nouveau relief à la Partie de Montpellier qu'il avoit acquise, y convoqua une Assemblée des plus remarquables qu'il y eût eu encore dans la Province : Je ne puis la faire mieux connoître, qu'en traduisant mot-à-mot l'Article Latin de la Chronique de Guillaume *Bardin*, si souvent mentionnée dans les Annales de Toulouse.

„ L'An de Nôtre-Seigneur 1293. & le 14. d'Avril, il fut convoqué une As-
„ semblée du Païs du Languedoc en la Ville de Montpellier, par Mandement
„ d'Alphonse de Roveirac, Chevalier & Chambelan du Roi de France, Senéchal
„ de Beaucaire & de Nîmes, Vicegerant pour cet effet de nôtre Seigneur le
„ Roi Philipe. Tous les Senéchaux de la Province, tous les Baillifs, leurs Lieute-
„ nans, leurs Premiers Juges ou Juges-Mages, les Inquisiteurs de la Foi, tant de
„ Toulouse que de Carcassonne, les Juges Subalternes, les Sindics Generaux de
„ la Province, s'y rendirent, pour y traiter de la Reformation des Abus de la Justice,
„ dans toutes les Jurisdictions : Ils firent sur cela plusieurs beaux Réglemens, qu'ils
„ jurérent d'observer eux-mêmes, & de faire observer aux autres.

Bardin ne nous a point conservé ces Réglemens ; mais le Fait qu'il nous raporte, prouve sufisament l'attention du Roi Philipe le Bel en faveur de *Montpellieret*, où l'Assemblée fut tenuë par son ordre, comme en la seule Partie de la Ville qui lui appartint.

Le Roi de Mayorque, de son côté, donna, dans l'année suivante 1294. une Ordonnance fort remarquable dans nos Coûtumes, qui avoient déja accordé aux Femmes de grands Priviléges pour leur Dot : Celles qui vivoient alors, cherchérent à y donner une plus grande extension, en demandant la préference pour leur Dot sur les Meubles des Locataires, à l'exclusion des Proprietaires des Maisons. L'Affaire ne put être mieux solicitée qu'elle le fut ; & dans le Partage où se trouvérent les Juges, ils crurent devoir recourir au Roi lui-même, qui, appréhendant les Collusions assés ordinaires entre un Mari & une Femme, débouta sur ce point les Femmes de Montpellier.

III. 1294.

Peu de tems après, Jacques II. cherchant à se refaire des grandes sommes qu'il avoit employé pour la Restitution de son Royaume, fit la première Aliénation que nous trouvions avoir été faite à Montpellier par les Rois de Mayorque : Ce fut de vendre le Droit qu'il avoit sur les Issuës des Bêtes qu'on tuoit à la Boucherie, comme Moutons, Bœufs, Vaches & Agneaux, dont les Extrémitez appartenoient au Seigneur. Pour cet effet, il envoya de Perpignan en 1296. sa Procuration à Mathieu *Boccii* Jurisconsulte, lequel en 1299. inféoda le Droit du Roi à *Berenger Sarralleri*, pour en joüir à perpetuité lui & les Siens, avec pouvoir de l'aliener, en tout ou en partie, à qui il voudroit ; d'où est venu ce grand nombre de Proprietaires qu'il y a aujourd'hui au Droit de la Triperie.

1296.

Grand Talamus.

1298.

Le Roi Philipe, de son côté, favorisa indistinctement les Marchands de Montpellier & de Montpellieret, en leur accordant les Priviléges dont je parlerai dans l'Article du Commerce de cette Ville. Enfin, en 1300. il donna aux Notaires de Montpellier, la Permission dont ils joüissent encore, de Contracter dans tout le Royaume.

Après tant de Graces reçûës, il semble que les Habitans de Montpellier n'avoient autre chose à desirer, que le bonheur de voir chez eux, un Prince qui, depuis dix ans, n'avoit cessé de leur faire du bien : Ils l'eurent enfin ce bonheur en 1302. où les fameux Diferends entre le Pape Boniface VIII. & le Roi Philipe le Bel, engagérent le Roi à faire un Voyage à Toulouse. On dit que Bernard de Saisset, premier Evêque de Pamiers, avoit voulu persuader aux Comtes de Foix & de Comenge, de se revolter, & de soustraire la Ville de Toulouse de l'obéïssance du Roi ; Cette raison obligea Philipe le Bel d'y faire un plus long séjour, d'où étant parti pour le Bas-Languedoc, il vint à Montpellier, avec la Reine, & les Princes ses Enfans ; sçavoir, Loüis, Philipe & Charles, qui lui succedérent tous trois à la Couronne : Ils furent logez à la Salé de l'Evêque, dans Montpellieret, dont le Roi avoit fait l'Acquisition ; & tous les Habitans lui ayant donné les Démonstrations qu'ils lui devoient de soumission, de respect & de fidelité ; ils en reçurent la Confirmation de leurs Priviléges.

V. Ils eurent bientôt occasion de lui donner des marques essentielles de leur Reconnoissance : Car, les Affaires de Flandres s'étant broüillées de nouveau en 1304. comme elles le furent long-tems sous le Regne de Philipe le Bel, ce Prince, pour subvenir aux Fraix de cette Guerre, demanda un Secours à la Ville de Montpellier, qui lui fut accordé beaucoup plus considerable qu'il n'avoit été demandé. Nous l'apprenons par les Lettres même du Roi, que je raporte en leur entier, pour faire voir les Ménagemens qu'il voulut avoir pour le Roi de Mayorque, & pour les Priviléges des Habitans.

» Philipe, par la grace de Dieu, Roi des François : A tous ceux qui ces Pré-
» sentes verront, Salut. Nous faisons sçavoir que nos bien-aimez les Consuls ; Bour-
» geois & Habitans de Montpellier, nous ayant accordé volontairement pour
» toute l'année présente, certaine Subvention que nous leur avions demandé pour
» quatre mois ; à raison de l'Armée que nous sommes obligez d'avoir en Flan-
» dres, nous acceptons, de nôtre grace spéciale, l'Octroi qu'ils nous font ; & ne vou-
» lant point que cet Octroi puisse porter aucune préjudice à nôtre très-cher
» Oncle l'Illustre Roi de Mayorque, ni aux Consuls & à leurs Priviléges, nous
» déclarons qu'on ne pourra point le regarder comme une Introduction de nou-
» velle Charge ; ni comme un nouveau Droit acquis pour nous ou pour nos
» Successeurs à l'avenir. En foi dequoi nous avons fait apposer nôtre Sceau aux
» présentes Lettres ; données à Paris le Lundi avant la Nativité de St. Jean-Bap-
» tiste, l'An de Nôtre-Seigneur 1304.

Cette même année est encore remarquable, par la double Alliance que fit le Roi de Mayorque avec la Maison de France, en donnant Sancie sa fille à Robert Duc de Calabre, Fils de Charles Roi de Naples ; & en faisant épouser à Sanche son Fils & son Successeur, Marie Fille du même Roi Charles.

L'Elevation de Clement V. au Souverain Pontificat, qui arriva l'année suivante 1305. attira à Montpellier une grande Cour : car, ce Pape ayant reçû à Bordeaux (dont il étoit Archevêque) la nouvelle de son Election, partit sur la fin du mois d'Août pour s'acheminer à Lyon ; & ayant passé par Agen & Toulouse, il vint à Montpellier, où plusieurs Princes se rendirent pour se trouver à son arrivée : Le Roi Jacques d'Aragon fut de ce nombre ; car, on marque qu'il lui rendit en personne dans cette Ville, l'Hommage qu'il lui devoit pour les Royaumes de Sardaigne & de Corse, dont il avoit reçû l'Investiture par les Papes ses Prédecesseurs, dans le cours des Guerres de Sicile.

Son Oncle Jacques Roi de Mayorque, l'accompagna dans ce Voyage, puisqu'ils se trouvérent tous les deux au Couronnement du nouveau Pape, qui fut fait à Lyon le quatorziéme de Novembre, & qui devint célébre par un Evénement des plus tristes : Car, nous apprenons de tous les Historiens de ce tems-là, que le Pape revenant à son Logis après la Ceremonie faite, ayant la Tiare en Tête,

LIVRE SIXIÈME. 105

Tête, & le Roi de France tenant la Bride de son Cheval, successivement avec les Princes ses Freres, & le Duc de Bretagne, une vieille Muraille, trop chargée de Spectateurs, tomba dans le moment que le Pape passoit, le renversa de son Cheval, & blessa un fort grand nombre de Personnes, dont il y en eut jusqu'à douze qui moururent peu de jours après, du nombre desquels fut Jean Duc de Bretagne.

1307.

Ce Pape ayant resolu de ne point aller en Italie, passa tout son Pontificat en divers Voyages dans la France. Nos Annales raportent qu'il vint une seconde fois à Montpellier en 1307. & qu'il y logea dans la Maison des Templiers, précisément quelques mois auparavant qu'ils fussent tous arrêtez & mis en Prison.

VI.

1307.

Cette Epoque, si remarquable dans l'Histoire de l'Eglise, & dans celle du Royaume de France, où leur Procès commença & finit, interesse particuliérement la Ville de Montpellier, par la mention qui est faite de leur Maison de cette Ville, dans les Interrogatoires qu'ils furent obligez de subir : Il est dit, après l'Aveu qu'avoient fait un grand nombre de Chevaliers, d'avoir en usage de renoncer JESUS-CHRIST le jour de leur Profession, » que Hugues de *Peraud* déclara qu'ils adoroient une » Tête, qui étoit demeurée à Montpellier, ayant quatre Pieds, deux devant & » deux derriére ; & Raoul de *Gise* ajoûta, qu'elle étoit d'une figure terrible, » & que quand on la montroit, ils se prosternoient tous à Terre, en ôtant leur » Capuces.

Dupuy; pag. 87.

Un pareil Aveu (si nous voulions le suivre) nous engageroit dans une longue Dissertation, qui ne convient pas à une Histoire comme celle-ci : je me contente de raporter le Fait, en laissant au Lecteur à faire deux Reflexions qui viénent naturellement ; sçavoir, que leur Foiblesse fut extréme, d'avoüer pareille chose, suposé qu'elle ne fût pas veritable, comme on l'a prétendu depuis, ou bien, que leur Aveuglement est encore plus déplorable, si leur Aveu a été sincére.

Cette Affaire traina un peu au-delà du Regne de Jacques Second Roi de Mayorque, qui ayant eû le plaisir de voir en 1309. son Gendre Robert Roi de Jerusalem & de Sicile, couronné à Avignon par le Pape Clement V. eut encore celui de rassembler toute sa Famille à Montpellier, où nos Annales marquent qu'il se trouva le dernier du mois d'Août, avec la Reine Esclarmonde son épouse, Sanche leur fils, & le Roi Robert avec Sancie leur fille.

1309.

Il ne paroît pas que depuis ce tems il soit retourné à Montpellier ; car l'Histoire de Mayorque nous apprend, qu'au milieu de la joye qu'il avoit de se voir en Paix avec tous les Princes Chrétiens, & particuliérement avec le Roi d'Aragon, il se sentit accablé de son grand âge & de ses Fatigues passées, qui l'enlevérent dans la Ville de Mayorque, le 28. du mois de Mai 1311. Veille de la Pentecôte : il fut enterré dans la Chapelle Royale de la Grande-Eglise, où son Corps étoit encore entier & sans corruption en 1631. qui est l'année où le Docteur Jean Daméte imprima son Histoire des Isles Baleares.

Hist. Balearic. liv. 3. §. 5.

VII.

1311.

Cet Auteur loüe le Roi Jacques II. de sa Pièté envers Dieu, de sa Soumission au St. Siége, & de sa Bonté & Justice envers ses Sujets ; & à cette occasion, je crois ne devoir pas suprimer ici, ce qu'on voit dans nôtre petit Talamus, du jour de sa Naissance, & du Surnom de Bon Roi que nos Anciens lui donnérent : *L'An 1243. en la Vigilia de Pentecosta, nasquet à Monpelié Mossen Jayme lo Bon Rey*; à ce compte, il vêcut soixante-huit ans complets, étant né & mort la Veille de la Pentecôte, quoiqu'à diferent jour : la circonstance d'être né à Montpellier, est remarquable pour nôtre Ville, à qui il ne peut être que bien glorieux, d'avoir donné Naissance à Jacques I. dit le Conquerant, & à Jacques II. dit le Bon Roi.

Le même Auteur nous apprend, que le Roi Jacques dont nous parlons, étoit d'une grande Taille & bien proportionnée ; qu'il fit paroître beaucoup de grandeur & d'égalité d'Ame dans sa bonne & dans sa mauvaise Fortune, & il rend justice à la Protection constante qu'il reçut des Papes & des Rois de France : il nous dit qu'il laissa quatre Enfans mâles, dont l'Aîné, qui portoit le nom de Jac-

O

106   HISTOIRE DE LA VILLE DE MONTPELLIER,

1311.   ques comme lui, étant Prisonnier du Roi d'Aragon, avec Loüis Fils du Roi Charles le Boiteux, prit resolution avec cet autre jeune Prince, d'embrasser la Régle de St. François ; ce qu'ils firent tous deux, après être sortis de Prison : Loüis en 1296. d'où il fut tiré aussitôt pour être Evêque de Toulouse ; & Jacques en 1302. qui fut l'année de sa Profession.

§. 3. & 4.   Sanche, second Fils du Roi Jacques, fut par l'Abdication de son Frere, Successeur de tous ses Etats. Fernand ou Ferdinand, qui, du vivant du Roi son pere, s'étoit signalé par une Expedition à Constantinople, & ensuite en Espagne contre les Maures, fut Pere de Jacques III. qui succeda (comme nous le verrons) à tous les Etats du Roi Sanche son Oncle. Philipe, le dernier de tous, ayant pris le Parti de l'Eglise, porta long-tems le Titre de Trésorier de St. Martin de Tours, & finit ses jours dans le Tiers-Ordre de St. François, où il eut beaucoup de part aux fameuses Questions qui s'élevérent parmi eux dans ce Siécle, sur l'Observation de leur Régle : On peut voir dans Mr. Fleury la Requête qu'il présenta sur cela au Pape Jean XXII. en 1328. où il prend le Nom de Philipe de Mayorque, Oncle & Tuteur du Roi Jacques III. qui regnoit alors.

Liv. 93. n. 55.

Ses Filles furent, Isabelle, qui épousa Jean Manüel Frere du Roi de Castille; & Sancie, Femme de Robert Roi de Naples, à qui les Historiens donnent la Loüange d'avoir été une des meilleures Princesses de son tems.

CHAPITRE TROISIÉME.

I. Commencemens du Roi Sanche. II. Il rend au Roi d'Aragon la Valée d'Aran, & lui fait Hommage de ses Etats. III. Ses Diferends avec Philipe le Bel & Loüis Hutin. IV. Qui sont terminez sous Philipe le Long. V. Il exerce librement son Autorité dans Montpellier. VI. Il aide le Roi d'Aragon dans la Conquête des Isles de Sardaigne & de Corse. VII. Va voir le Roi Charles le Bel à Toulouse. VIII. Et meurt à Fromigéres.

I. L'ENTRÉE de Dom Jacques Fils aîné du Roi de Mayorque, dans l'Ordre de St. François, fit dès-lors regarder Sanche son second Frere, comme Héritier des Etats de sa Maison ; & en cette qualité, le Roi d'Aragon exigea aussitôt de lui, une Reconnoissance pour le Royaume de Mayorque, pour la Comté de Roussillon, & pour la Seigneurie de Montpellier : il la fit (selon Zurita) la même année que son Frere se fut fait Religieux, c'est-à-dire en 1302. & le Roi son Pere, songeant aussitôt à lui donner une Epouse, fit traiter de son Mariage avec Marie de Sicile, Fille de Charles II. Roi de Jerusalem & Comte de Provence.

Le Traité en fut conclu sur la fin de 1303. & la Princesse ayant été conduite à Collioure au commencement de 1304. on y fit la Celebration du Mariage, par le Ministére de Pierre IVe. du Nom, Evêque de Vence & de l'Ordre des Freres Prêcheurs, qui étoit à la Suite de la Princesse.

L'Acte qui nous en reste, m'a paru par sa singularité, pouvoir ici trouver place ; car le Notaire, qui raporte en Latin tout le Détail des Epousailles, y mêle en Langage du Païs, toutes les Paroles que les Personnes Contractantes se donnérent l'une à l'autre. » *Yeu Sanchol Fil del Clar Segnor Mossen Jaime, per la gratia de* » *Diou, Rey de Mayorgas, doni mon Cors per feal Marit à vos Maria Filla de Laut* » *Segnor Mossen Carle, per la gratia de Diou, Rey de Jerusalem & de Secilia; Et* » *dicta Donna Maria respondens, dixit ad eum, Et yeu vos en recebe: Et vice-* » *versâ Domicella spectabilis Donna Maria junctis suis manibus cum manibus dic-* » *ti incliti Sancii, dixit. Yeu Maria Filla de Laut Segnor Mossen Carle Second, per la* » *gratia de Diou, Rey de Jerusalem & de Secilia, doni mon Cors per lial Molher à vos*

San-

„ *Sanchol Fil del Clar Rey Moſſen Jaime , per la gratia de Diou , Rey de Mayorgas* ; Et 1311.
„ dictus Sancius junctis ſuis manibus inclitæ Mariæ , dixit ad cam ,
„ *Et yeu vos en recebe* : His quoque ſic habitis Reverendus in Chriſto Pater Do-
„ minus Petrus Dei gratia Venciensis Episcopus indutus Pontificalibus ... dixit
„ ſuper prænominatos Conjuges , in nomine Patris & Filii & Spiritus Sancti.
„ Amen.

Nous trouvons que le Roi Sanche confirma les Priviléges de Mayorque , le *Hiſt. Balear. liv.* quatriéme du mois de Juillet 1311. d'où l'on tire une Preuve certaine que ſon *3. §. 5.* Pere étoit déja mort ; & étant venu de Mayorque débarquer à Frontignan , il s'arrêta dans ce Lieu , où quatre Conſuls de Montpellier , avec ſix des principaux Habitans , vinrent l'aſſurer de leur Fidelité & de leur Obéiſſance : il leur accorda , de vive voix , la Confirmation de leurs Priviléges ; mais , ne voulant point pour cette fois venir dans leur Ville , il écrivit à Guillaume de *Villaragut* ſon Lieutenant à Montpellier , de recevoir pour lui le Serment des autres Conſuls & Habitans de la Ville : La Lettre eſt du treize de Janvier ſuivant , c'eſt-à-dire 1312.

On ne dit point quelles furent les Raiſons qui l'obligérent alors de partir de 1312. Frontignan , ſans être entré dans Montpellier , qui n'en eſt qu'à trois lieuës ; mais , je ne ſçai ſi les mauvaiſes Nouvelles qu'il eut de la Santé de la Reine Eſclarmonde ſa mere , ne l'obligérent point de partir en diligence pour Perpignan , où *Spicil. Tom. 3.* cette Princeſſe fit ſon Teſtament , le vingt-troiſiéme du mois de Mars ſuivant , *pag. 702.* en préſence du Roi Sanche ſon fils : Nous y apprenons le Détail de ſa Famille , tel que je l'ai marqué ci-deſſus. Elle donne mille cinq cens Livres Barcelonnoiſes à Dom Ferdinand ſon troiſiéme Fils , à la charge de donner mille Sols à ſon Frere Jacques de l'Ordre des Freres Mineurs , qu'elle recommande auſſi au Roi Sanche , le priant de viſiter & de faire viſiter ſon Frere , & de lui fournir le Neceſſaire , même au-delà des ſoixante Livres de Penſion annuelle que le Roi ſon Pere lui avoit aſſigné : Dom Ferdinand eſt encore chargé de donner cinq mille Sols Barcelonnois à ſa Sœur Sancie Reine de Sicile , & à Philipe ſon autre Frere , Tréſorier de St. Martin de Tours , mille Sols Barcelonnois ; Ce que le Roi Sanche , à la fin du Teſtament , promet de faire exécuter.

Ce Prince ne tarda point de ſe trouver en bute aux deux Puiſſans Rois dont *Zurita, Liv. 6,* il étoit Feudataire par ſes diferens Etats. Philipe le Bel ne prétendit à rien moins *ch. 25.* qu'à la Seigneurie de Montpellier , & il le cita pour ce ſujet au Parlement de Paris : D'autre côté , le Roi d'Aragon le preſſoit ſans diſcontinuation , de lui rendre l'Hommage qu'il lui devoit à ſon Avénement à la Couronne , & de lui faire raiſon ſur la Valée d'Aran , qui avoit reſté en Sequeſtre entre les mains du Roi Jacques ſon pere , dans le tems de ſon Rétabliſſement en 1298.

Sanche ſe détermina avant toutes choſes , à donner ſatisfaction au Roi d'Aragon , touchant la Valée d'Aran , pour terminer enſuite avec ſon ſecours , les Demandes que lui faiſoit le Roi de France ; il donna tous ſes ſoins à aſſembler dans le Rouſſillon , où il étoit , les Commiſſaires qui devoient décider ſur le Domaine *Zurita, liv. 5.* de la Valée d'Aran : Pierre Raymond de Rabaſtens , Senéchal de Bigorre , fut *ch. 98.* chargé des Interêts du Roi de France , & divers Seigneurs d'Aragon , pour le Roi leur Maître ; mais il arriva , (comme il étoit aiſé de le prévoir) que les Arbitres ne purent jamais s'accorder ; & dans la neceſſité de choiſir un Tiers , ils prirent le Cardinal de *Tuſculum* , qui étoit alors Berenger de Fredol , de la Maiſon des Seigneurs de la Verune près de Montpellier : Ce Cardinal , qui avoit été employé dans les plus grandes Affaires de ſon tems , décida celle-ci , tout François qu'il étoit , en faveur du Roi d'Aragon ; & le Roi de France ayant appris ſon Jugement , bien loin d'en être fâché , écrivit au Roi de Mayorque , qui avoit cette Valée en Sequeſtre , de la remettre au Roi d'Aragon , avec *Caſtel-Leon* , qui y eſt ſitué : La choſe fut auſſitôt exécutée par les Ordres que Sanche en donna à Pierre du *Chatel* , qui y gouvernoit pour lui ; & l'on convint en même-tems , que le Roi d'Aragon payeroit à celui de Mayorque , ſept mille Livres Barcelonnoiſes , pour la Garde qu'il en avoit faite : c'eſt ainſi que cette Valée , l'une des plus belles des Pirénées , revint à l'Eſpagne , à qui elle eſt encore , quoique pour le

Spirituel elle dépende d'un Evêché de France, qui est St. Bertrand de Cominges.

Dans ces entrefaites, le Roi Sanche vint à Montpellier, où il donna des Lettres-Patentes, en Confirmation des Priviléges, Coûtumes & Statuts de la Ville, approuvez par le Roi son Pere; elles sont du douziéme du mois de Décembre 1312. données à Montpellier, *in Palatio Regio, ubi Populus convenerat ad publicum Parlamentum.* Témoins, Sicard de *Beaupuis*, Prévôt de Maguelonne; Jean de *Monlaur*, Prieur de St. Firmin & Archidiacre de Maguelonne; Pierre de *Fenoüilledes* Chevalier, & quantité d'autres.

L'Affaire de la Valée d'Aran ayant été terminée de la maniére que nous avons vû, le Roi Sanche se rendit à Barcelonne pour achever de satisfaire le Roi d'Aragon sur toutes ses Demandes; & s'étant rendu dans le Palais Royal, le neuviéme du mois de Juillet 1312. il ratifia l'Accord passé entre le Roi son pere & Pierre III. Roi d'Aragon, sur la Domination du Royaume de Mayorque, sur les Comtez du Roussillon, Cerdagne, Conflans, Valespir & Collioure, & sur la Seigneurie de Montpellier, (ajoûte Zurita) avec les Châteaux & Villes de cette Baronie; *Sobre el Señorio de Monpeller con los Castillos y Villas de aquella Baronia :* C'est pour la premiére fois que je trouve ce Titre de Baronie, qui resta depuis à tout le Terroir dépendant de la Seigneurie de Montpellier. Zurita ajoûte, qu'il fit cette Reconnoissance de la même maniére que le Roi son Pere l'avoit faite aux Rois Pierre & Jacques d'Aragon, lors de leur Accord avec Charles de Valois, & que l'Hommage qu'il rendit alors, fut fait selon les Coûtumes d'Espagne. Nous verrons dans la suite, l'usage que firent les Aragonnois de toutes ces Précautions prises avec tant de soin.

Il restoit cependant au Roi de Mayorque, à terminer ses Diferends avec le Roi Philipe le Bel; mais, ce Prince étoit alors tout occupé de l'Affaire des Templiers, qui tenoit toute l'Europe en attente. On avoit assemblé cette même année, le Concile General de Vienne, où le Pape Clement V. publia, par voye de Provision, (comme il le dit lui-même dans sa Bulle) la Supression de tout l'Ordre des Templiers, en présence du Roi de France, de son Frere Charles de Valois Roi de Sicile, & de ses trois Fils, Loüis, Philipe & Charles.

L'Année suivante 1313. & une partie de 1314. furent employées à l'Execution de ces Miserables, ou à la Distribution de leurs Biens, qui furent donnez en France, partie aux Chevaliers de St. Jean de Jerusalem, & partie au Roi, pour l'indemniser de ce que les Templiers lui devoient : Les Rois de Castille, d'Aragon, de Portugal & de Mayorque, firent appliquer tout ce que les Templiers avoient dans leurs Etats, à la Défense de leur propre Païs contre les Maures, qui tenoient encore le Royaume de Grenade.

Toutes ces Affaires suspendirent les Poursuites du Roi Philipe le Bel pour la Seigneurie de Montpellier; & sa mort, arrivée, comme celle du Pape Clement V. en 1314. transmit à son Successeur ses mêmes Prétentions : Loüis Hutin, qui étoit déja Roi de Navarre du vivant de son Pere, lui ayant succedé à la Couronne de France, renouvella ses Demandes pour la Seigneurie de Montpellier, & il cita de nouveau le Roi de Mayorque au Parlement de Paris.

IV. Le Roi d'Aragon en ayant appris la Nouvelle, fit partir pour Paris ses Ambassadeurs, avec ceux du Roi de Mayorque, qui ayant sçû en chemin, la mort de Loüis Hutin, dans le dix-huitiéme mois de son Regne, & celle de Jean son Fils posthume, qui ne lui survêcut que de quelques jours, rebrousserent chemin vers les Rois leurs Maîtres.

En ce même-tems, le Pape Jean XXII. fit la Canonisation de St. Loüis Evêque de Toulouse, dont il donna avis au Roi Sanche son Beaufrere, par une Lettre, où il lui parle de ses Démêlez avec le Roi de France; c'étoit Philipe le Long, qui venoit de succeder à son Frere Loüis Hutin dans ses Royaumes de France & de Navarre : *Noveris* (lui dit-il) *quod carissimo in Christo Filio nostro Philippo Regi Francorum & Navarræ, super illatorum tibi Revocatione gravaminum efficaciter scribimus ;* Et il exhorte le Roi Sanche, de se conduire avec tant de modération envers le Roi de France, qu'il ne puisse rien arriver au préjudice de l'un

Livre Sixième.

l'un ni de l'autre: *Sic decenter, sic justè, sic moderatè facere studeas dicto Regi, quod non in scandalum utriusque redundet.*

Les deux Rois d'Aragon & de Mayorque, renvoyérent vers Philipe le Long leurs Ambaſſadeurs, qui, ayant eû Audience de ce Prince au mois de Février 1317. repréſentérent « que la Baronie de Montpellier étoit du Domaine Direct » des Rois d'Aragon, avant que les Rois de France euſſent rien acquis dans cette » Ville, puiſque le Roi Jacques, dit le Conquerant, avoit eû cette Seigneurie de » la Reine ſa Mere, dont les Auteurs l'avoient poſſedée durant pluſieurs Siécles; » ils proteſtérent contre quelques Introductions que les Rois de Mayorque avoient » laiſſé faire à Montpellier, comme étoit ce qu'on appelloit *Refort*, d'y donner » cours à la Monoye du Roi de France, & de mettre ſon Nom à la tête des » Actes publics.

1317.

Ces Repréſentations (continuë Zurita) portérent le Roi Philipe à envoyer, dans le mois d'Avril ſuivant, des Ambaſſadeurs au Roi d'Aragon, qui furent le Prieur de *Ceutnt* Ordre de St. Benoît, Pierre *Cavillon* Archidiacre d'Autun, & Jean d'*Arreblay* Chevalier, pour lui dire qu'il accordoit un Surcis du Procès commencé au Parlement de Paris, & qu'il conſentoit de terminer le tout à l'amiable, par des Perſonnes qui ſeroient nommées de part & d'autre.

1318.

A la faveur de ce Surcis, le Roi Sanche exerça ſon Autorité dans Montpellier, par ſes Officiers & par lui-même; ſans aucune contradiction: On attribuë à ſes Officiers, la Permiſſion qu'eurent les Juifs en 1319. de revenir dans cette Ville, & l'Acquiſition qu'ils y firent d'un Cimetiére pour ceux de leur Nation. La choſe eſt d'autant plus remarquable, qu'ils avoient été chaſſez depuis peu d'années, de tout le Royaume, par Philipe le Bel, à l'occaſion du Meurtre de pluſieurs Enfans dont ils furent accuſez durant ce Siécle: Il fut d'autant plus heureux pour eux d'avoir trouvé un Azile dans Montpellier, qu'ils auroient été expoſez dans l'année ſuivante, à la fureur des nouveaux Paſtoureaux qui s'élevérent en France, & qui, après avoir tué à Toulouſe tous les Juifs qu'ils purent trouver, vinrent dans le Bas-Languedoc, où ils continuérent leurs Deſordres; mais, un de leurs Chefs, que nôtre Talamus appelle Jean de *Roüergne*, ayant été pris & pendu à Montpellier, les autres ſe diſſipérent; & les Juifs qui avoient été reçûs dans la Ville, y vécurent en ſureté ſous la Protection du Roi Sanche.

V. 1319.

Ce même Roi donna une marque ſignalée de ſa Piété; en établiſſant un Hôpital pour les Pauvres-Malades qui étoient attaquez de la Maladie nommée les *Ardens*, ou le *Feu-Sacré*, & pour laquelle on reclamoit St. Antoine: Les Hoſpitaliers qui prenoient ſoin de ces Malades, avoient été érigez depuis peu en * Ordre Religieux par le Pape Boniface VIII. & n'ayant pas de Maiſon dans Montpellier, le Roi Sanche voulut les y introduire: il envoya de Perpignan des Lettres à ce ſujet, qui nous apprénent les Motifs qui le firent agir, les Perſonnes avec qui il eut à traiter, & le Lieu où il les établit; dont nous n'aurions ſans cela aucune connoiſſance, parceque cet Etabliſſement ne ſubſiſte plus depuis les premières Guerres des Huguenots. Voici une fidéle Traduction de ces Lettres.

1320.

* 1297.

» Sçachent Tous, que nous Sanche, par la grace de Dieu, Roi de Mayorque, » Comte du Rouſſillon & de la Cerdagne, & Seigneur de Montpellier: Conſi-» derant la Piété de nos Prédeceſſeurs envers le Glorieux St. Antoine, & les » grandes Oeuvres de Charité qu'on exerce dans l'Abbaye & Monaſtére de ce » nom, Diocéſe de Vienne, & dans les autres Maiſons de cet Ordre, envers les » Pauvres-Membres de Jesus-Christ, à qui l'on adminiſtre toutes les choſes ne-» ceſſaires dans leurs beſoins ; Voulant participer à ces bonnes Oeuvres, & ſça-» chant qu'il n'y a point de Maiſon de cet Ordre dans nôtre Ville de Montpel-» lier, *qui locus egregius eſt & inſignis*, & que faute de cet Etabliſſement, les Mala-» des y meurent en grand nombre, & tombent en piéce, pour ne pouvoir être » baignez dans le Vin preparé auprès de ce Glorieux Corps, qui les lave & qui » les purifie; ce qui eſt très-digne de la conſideration de tous les Gens-de-Bien. » A ces Cauſes, & pour l'Honneur de Dieu Tout-Puiſſant, & du Bien-heureux » Antoine ſon Confeſſeur, pour la Remiſſion de nos Pechez, & pour le Salut de

1320.

» nôtre Ame ; Nous fondons dans la fufdite Ville de Montpellier, une Maifon &
» Commanderie de St. Antoine, & la donnons au Vénérable Frere Pons, par la
» grace de Dieu, Abbé du Monaftére de St. Antoine de Vienne, pour la poffé-
» der à perpétuité ; & nous affignons pour cet effet à vous Frere Guillaume
» Matte, Stipulant & Recevant pour ledit Abbé, & pour fa Communauté, tout
» l'Hofpice que nous avons dans le Quartier appellé *Villefranche*, avec fa Cha-
» pelle, fes Droits & Appartenances, Pâtus, Jardins, Edifices, & Place qui est
» au-devant de la Chapelle, avec tous les Jardins qui font à l'Entrée de la gran-
» de Porte de nôtredit Logement. Donné dans la Chambre Royale du Château
» de Perpignan, le vingt-fixiéme du mois de Juillet 1320.

Par cet Acte, nous voyons clairement qu'il y avoit alors à Montpellier, un Fauxbourg appellé *Villefranche*, entre les Portes du Pila-Saint-Giles & de la Blanquerie, au-delà du Ruiffeau que l'Acte appelle Ribanfon : *A parte maritimâ feu Riparia Ribanfonis confrontatur*, &c. Nous donnerons les autres Confrons dans l'Article de l'Hôpital St. Antoine ; & il me fufira de dire pour le préfent, qu'il étoit fitué dans l'Efpace occupé aujourd'hui par l'Aire de Mr. Brun, d'où le Quartier voifin prit le nom du Tenement de St. Antoine que nos Cadaftres lui donnent encore.

Pet. Thalamus.

Cet Etabliffement de Charité fut fuivi d'une Reparation que l'on fit dans ce même-tems à l'Hôtel-de-Ville, & que nos Anciens jugérent à propos de marquer dans leurs Archives ; Ce fut d'y élever un Clocher, & d'y mettre la Cloche *Cuebre-Foc* dont nous avons parlé, pour avertir les Habitans de couvrir le Feu dans leurs Maifons avant que de fe coucher.

La diverfité des Seigneurs fous lefquels vivoient alors les Habitans de Montpellier & de Montpellieret, fit naître deux Cas particuliers, pour lefquels on eut recours au Roi Philipe le Long. Le premier, vint de la part des Habitans de Montpellieret, qui prétendirent n'être pas fujets aux Réglemens de Police faits par les Confuls de Montpellier, pour commencer ou retarder les Vendanges : Surquoi, le Roi fe contenta de commettre, par fes Lettres du 21. Avril 1320. le Senéchal de Beaucaire, pour s'informer du Droit que les Confuls de Montpellier pouvoient avoir, de faire pareilles Ordonnances pour Montpellieret.

Le fecond Cas, vint de la part des Notaires dudit Montpellieret, qui repréfentérent au même Roi, que de tems immémorial, ils étoient exempts de la Contribution aux Aides, & autres *Quêtes* impofées par les Confuls de Montpellier : Surquoi, le Roi, par fes Lettres-Patentes, données à Paris le 20. de Juin 1320. mande au Senéchal de Beaucaire, & au Recteur de Montpellieret, que s'il confte de la Verité de leur Expofé, ils les faffent maintenir dans leurs Priviléges. Nous verrons dans la fuite de cette Hiftoire, que les Profeffeurs de Médecine & de Droit, avec les Officiers de la Monoye, & autres, eurent alors de pareilles Immunitez ; mais elles ne durérent pas long-tems, car ils furent bientôt réduits pour les Tailles, à la condition des autres Habitans.

1321.

On a marqué pour l'année fuivante 1321. une Reconnoiffance faite au Roi Sanche par Pons de *Fabregues*, Fils de Jean, qui étoit Héritier univerfel de Pierre de Fabregues, pour les Fortereffes de Frontignan & tout ce qu'ils tenoient audit Lieu, ainfi que Pierre l'avoit ancienement tenu & reconnu : l'Acte eft du dix-neuviéme du mois de Mai 1321.

VI. Jufque là, le tems s'étoit écoulé tranquilement pour le Roi Sanche, depuis le Surcis qu'il avoit obtenu du Roi Philipe le Long, & encore plus, après les Satisfactions qu'il avoit données au Roi d'Aragon : mais, il lui furvint dans cette même année, un fujet de Broüillerie, qui auroit eû de grandes fuites, s'il ne les avoit arrêtées par fa modération. Zurita, qui raporte tout le Détail de cette Af-

Liv. 3. ch. 99.

faire, nous apprend que Jacques Second Roi d'Aragon, voulant chaffer les Pizans du Royaume de Sardaigne, refolut d'affembler les Etats de Catalogne, pour y faire approuver cette Guerre, & pour en obtenir du Secours : mais, comme il lui étoit avantageux d'y attirer auffi le Roi de Mayorque, il eut recours aux Artifices aufquels font expofez tous les Princes qui dépendent d'un autre plus Puiffant

fant qu'eux. Le Roi d'Aragon fupofa que le Roi de Mayorque, à l'inftigation de quelques François qu'il avoit auprès de fa Perfonne, prétendoit n'être pas tenu à la Reconnoiffance qu'il lui avoit faite de fes Etats, attendu la Violence qu'avoit employée autrefois le Roi Pierre pour l'extorquer du Roi Jacques de Mayorque, ce qui ne pouvoit impofer aucune obligation à fes Succeffeurs.

1321.

Tout cet Artifice ne tendoit qu'à engager le Roi Sanche, de fe rendre aux Etats de Catalogne, pour en tirer du Secours ; Et pour y mieux réuffir, on écrivit à Pierre Marck fon Tréforier, de repréfenter à fon Maître, que fi par le Confeil de Perfonnes mal-intentionnées pour fon Service, il vouloit donner quelque atteinte à la Reconnoiffance, qui étoit fi bien établie par les Pactes & Conventions paffées, le Roi d'Aragon le feroit dénoncer comme Traitre, & donneroit fes Etats à l'Infant Dom Alphonfe fon fils : Le Tréforier fit voir à fon Maître la Lettre qu'il venoit de recevoir ; & gagné fans-doute par le Roi d'Aragon, il ajoûta qu'il ne convenoit pas de rifquer tout ce qu'on lui faifoit craindre, & qu'il valoit beaucoup mieux ménager la Bienveillance du Roi d'Aragon.

La chofe réuffit comme on l'avoit projetté. Le Roi Sanche, à qui Zurita donne la Loüange d'avoir été un Prince pacifique, d'un naturel doux, & énemi de toute forte de Difpute, voulant faire voir combien il étoit éloigné de Confeils violens, envoya fes Ambaffadeurs à Valence, où étoit le Roi d'Aragon, pour entretenir la Paix & l'Union avec lui, & pour offrir de fe trouver aux Etats Generaux qu'on devoit tenir en Catalogne.

En confequence, les Etats furent affemblez à Gironne durant l'Eté de l'année fuivante 1322. où les Catalans fervirent leur Maître avec grande affection ; Et fur le Projet que l'on fit d'équiper une grande Flote pour l'Infant Dom Alphonfe, qui devoit faire cette Expedition, le Roi Sanche offrit de l'aider de vingt Galéres armées en Guerre pour quatre mois à fa Solde : Avec ce Secours, l'Infant vainquit les Pizans fur Terre & fur Mer en 1323. & conclut enfuite avec eux un Traité de Paix, par lequel il s'affura le Royaume de Sardaigne & de Corfe.

1322.

Tandis que le Roi Sanche donnoit au Roi d'Aragon cette marque de fon zéle, il voulut auffi le faire paroître envers le nouveau Roi de France, qui fit un Voyage à Toulouse environ ce tems-là : c'étoit Charles IV. dit le Bel, que fes Affaires de Guienne attirérent en cette Ville, où il fit un féjour confiderable, avec la Reine Marie de Luxembourg fa feconde Epoufe, en 1323. Tous les Seigneurs des Provinces voifines fe rendirent auprès de fa Perfonne ; & le Roi Sanche, comme fon Feudataire pour la Seigneurie de Montpellier, y amena l'Evêque de Maguelonne André de Fredol, & plufieurs des Principaux du Païs. Nos Annales marquent qu'ils furent retenus par le Roi Charles durant fix femaines, & qu'ils l'avoient perfuadé de prendre fa Route par Montpellier en s'en retournant à Paris, lorfqu'on apprit que la Pefte étoit fort allumée dans le Bas-Languedoc.

VII.

1323.

En effet, les mêmes Annales nous marquent, que la Séchereffe y fut alors fi grande qu'elle y caufa la Famine ; de forte que les Pauvres-Gens étoient réduits à foüiller la Terre pour en tirer quelques Racines, & cette mauvaife Nourriture, jointe aux Chaleurs du Païs, caufa une Mortalité qui fit périr beaucoup de Monde à Montpellier.

Pet. Thal.

Ces funeftes Conjonctures obligérent le Roi Sanche de fe tenir éloigné du Languedoc, & du Rouffillon : il fe retira fur les Frontiéres de Catalogne, dans un Lieu appellé Fromigéres, qu'il préferoit à tout autre durant les Chaleurs de l'Eté : il y paffa celui de 1324. mais fur la fin, il fut attaqué d'une Maladie, qui l'enleva le quatriéme de Septembre, à la treiziéme année de fon Regne, fans laiffer aucune Pofterité de la Reine Marie fon Epoufe, Sœur (comme nous l'avons dit) de Robert Roi de Sicile. Zurita, qui, parmi les Vertus Morales de ce Prince, avoit fait mention de fon Efprit de Paix & de Modération, ajoûte, en parlant de fes Vertus Chrêtiénes, qu'il fut un Prince fort Catholique, de beaucoup de Religion, & d'une Vie fort exemplaire : il laiffa par fon Teftament, qu'il avoit déja fait en 1322. fes Etats à Jacques fon Neveu,

VIII.

Liv. 6. ch. 15.

1323.

Fils aîné de son Frere Ferdinand, avec Substitution au second de ses Neveux, appellé Ferdinand comme son Pere ; & pour ne pas oublier les Rois d'Aragon, qui étoient les Aînez de sa Maison, il les appella à sa Succession au défaut d'Enfans mâles de ses deux Neveux.

FIN DU LIVRE SIXIÉME.

HISTOIRE

HISTOIRE
DE LA VILLE
DE MONTPELLIER,
SOUS JACQUES III. ROY DE MAYORQUE.

LIVRE SEPTIÉME.

CHAPITRE PREMIER.

I. Commencemens de Jacques III. Roi de Mayorque. II. Hommages qu'il rend à Jacques & Alphonse Rois d'Aragon. III. Dégoûts qu'il commence de recevoir sous le Roi Pierre IV. qui le broüille avec la France. V. Et élude toûjours de lui donner du Secours.

LE Démembrement que Jacques le Conquérant avoit fait de ses Etats, en faveur de Jacques Second Roi de Mayorque son Puîné, fâchoit depuis trop long-tems les Rois d'Aragon, pour ne pas profiter de la mort du Roi Sanche, qui venoit de mourir sans Enfans. Les Aragonois prétendirent dès-lors que toute sa Succession devoit revenir à leur Couronne, & leur Roi Jacques Second interpreta aussitôt en sa faveur, le Testament de Jacques le Conquérant son Ayeul, qui substituoit aux Aînez les Biens qu'il avoit donné aux Puînez, au cas que ceux-ci n'eussent point de Décendans. I. 1323.
1324.

Cependant, pour procéder avec quelque apparence de Droit, il voulut consulter ses Etats, & il fit assembler le dix-septiéme du mois d'Octobre, grand nombre de Prélats, de Seigneurs, & de Gens-de-Lettres à Lerida, qui rendirent leur Réponse le jour de S^t. Luc suivant, par laquelle (dit Zurita) la chose fut plus douteuse qu'auparavant. *Liv. 6. ch. 71.*

Leur Irrésolution ne parut pas au Roi d'Aragon un Motif suffisant pour abandonner ses Prétentions, il crut devoir par provision se saisir de ce qu'il demandoit, & il envoya l'Infant Dom Alphonse son fils, s'emparer de la Cerdagne & du Roussillon ; & il écrivit aux Consuls de Montpellier, de se bien garder de reconnoître pour leur Seigneur l'Illustre Jacques Fils de Ferdinand : *Mandamus vobis quatenus inclito Jacobo non faciatis Homagium, nec habeatis eum, nec recognoscatis in Dominum.*

A toutes ces Entreprises, le jeune Roi de Mayorque ne pouvoit rien opposer ; *ch. 63.*

114 HISTOIRE DE LA VILLE DE MONTPELLIER;

1324. puisqu'il n'étoit qu'en sa onziéme année, étant né à Catane en 1315. au mois d'Avril. Mais, son Oncle Philipe, celui que nous avons vû avoir embrassé l'Etat Ecclesiastique, ayant accepté les Lettres de Tutelle qu'on lui défera, (& qu'on voit encore dans nos Archives) fit pour son Neveu dans cette occasion, au-delà de ce qu'on pouvoit attendre de lui : Il accourut aussitôt à Saragosse pour soûtenir les Droits de son Pupile ; & il représenta fortement, que selon l'Interpretation qu'ils donnoient au Testament du Roi Jacques le Conquerant, le Royaume d'Aragon auroit dû revenir au Roi Sanche, qui étoit dans la Ligne Directe de la Décendance, au lieu que le Roi d'Aragon n'étoit que Collateral. La chose ayant
1325. paru juste, on transigea le vingt-quatre Septembre 1325. & on convint : » Que le » Roi d'Aragon renonçoit, pour cette fois, au Droit de Succession, en faveur du » Roi Jacques III. Que Philipe son Oncle, comme son Tuteur, cedoit au Roi » d'Aragon vingt-cinq mille Livres, que le Roi Sanche lui avoit prêté pour son » Expedition de Sardaigne : Que le Roi Jacques viendroit à la Cour du Roi » d'Aragon, pour lui faire Hommage de tous ses Etats ; Et afin de cimenter » une plus grande Paix entr'eux, que le Roi Jacques épouseroit Constance, Fille » de l'Infant Dom Alphonse & de Dona Thereza d'Entença, lorsqu'elle auroit » atteint l'âge de douze ans.

Il ne sera pas hors de mon sujet de dire ici, quelle étoit cette Thereza d'Entença, puisqu'elle étoit du Sang de nos Guillaumes. Nous avons vû que la Reine Marie de Montpellier, ayant épousé Pierre Second Roi d'Aragon, la plûpart des Freres de cette Reine, nez du Mariage prétendu entre Guillaume son Pere & Agnez sa Maîtresse, suivirent en Aragon le Roi leur Beaufrere, où Bernard Guillem, sous le Roi Jacques Premier, établit une grande Famille, qui fut appellée d'Entença, du nom de sa Bellemere : Guillem son fils, qui succeda à ses grands Biens & à sa Faveur, laissa Gombaud Guillem, qui, étant mort dans ses
Zur. l. 6. ch. 74. Expeditions en Grece, ne laissa d'Enfans Légitimes que deux Filles, nommées, l'une Dona Thereza, & l'autre Dona Urraca ; elles étoient toutes deux Niéces, du côté de leur Mere, d'Ermengaud de Cabrera Comte d'Urgel, qui, se voyant sans Enfans, donna tous ses Etats au Roi d'Aragon, à condition que l'Infant Dom Alphonse épouseroit l'Aînée de ses Niéces Dona Thereza d'Entença.

Ce Mariage fut fait le dix de Novembre 1314. d'où nâquit, entre plusieurs autres Enfans, la Princesse Constance, destinée au jeune Roi de Mayorque ; & par cette nouvelle Alliance, les Rois d'Aragon & de Mayorque, qui décendoient de la Fille que Guillaume de Montpellier avoit eû d'Eudoxie de Constantinople, se réunirent au Sang de ce même Guillaume, par les Enfans qu'il avoit eû de sa Maîtresse. Je ne parlerai plus de la Succession que les Freres Bâtards de Dona Thereza ont laissé en Espagne, les Affaires de cette Maison n'ayant plus rien de commun avec l'Histoire de Montpellier.

1326. II. En consequence de la Transaction passée entre le Roi d'Aragon & Philipe de Mayorque, le jeune Roi Jacques son neveu, fut reconnu dans tous ses Etats sans aucune contradiction, & il se disposa d'aller rendre l'Hommage qui avoit été sti-
Liv. 6. ch. 75. pulé. Zurita nous marque, qu'il le rendit durant l'Automne de 1327. & dans
1327. des Conjonctures bien tristes pour lui : car, Dona Thereza sa Bellemere, mourut à Saragosse en Travail-d'Enfant, le 28. Octobre de cette même année ; & cinq jours après, le Roi Jacques Second, Ayeul de la jeune Reine Constance son épouse, mourut à Barcelonne.

Cette mort fit passer la Couronne d'Aragon sur la Tête d'Alphonse Second, Pere de la Reine Constance, à qui le Roi de Mayorque devoit un Hommage pour son Avénement au Trône : il se disposa dès l'année suivante à le lui ren-
1328. dre ; ce qu'il fit, comme on le marque, le vingt-cinquiéme d'Octobre 1328. à Barcelonne, où il s'étoit rendu, suivi d'un grand nombre de Noblesse de ses Etats de Mayorque, de Roussillon, de la Cerdagne, & de Montpellier.

Liv. 7. ch. 6. Tout le Regne d'Alphonse Second, qui étoit d'un Caractére très-doux, fut heureux pour le Roi de Mayorque ; & l'on peut dire que les neuf ou dix années qu'Alphonse regna en Aragon, furent les plus belles années de la Vie du Roi Jacques, qui passa agréablement tout ce tems, à visiter ses diferens Etats, où il étoit par tout aimé.

Nos

Nos Annales marquent, qu'il vint à Montpellier sur la fin d'Octobre 1330. 1330.
& qu'il y fit la Ceremonie dans le mois suivant, de faire Chevaliers deux Habitans de la Ville, l'un nommé Guillaume Delpoux, & l'autre Bernard Sabors. *L'An 1330. dit nôtre petit Talamus, & lo jorn de la Festa de Simon & Juda, entret en Montpeiler, Mossen Jaume Rey de Malhorcas, & après al mes de Novembre, fag Cavaliers novels en Montpeiler, en Guillen Delpoux, & Bernard Sabors.*

Il y étoit encore six mois après, puisque nous avons des Lettres autentiques, qu'il y donna le trentiéme du mois de Mai 1331. en confirmation des Priviléges 1331. accordez à la Ville de Montpellier par les Rois ses Prédecesseurs, dont il fait une expresse mention ; car il y rapelle les Lettres du Roi Jacques le Conquerant en 1258. du Roi Jacques Second en 1276. & du Roi Sanche en 1312. Et pour marquer la solemnité avec laquelle la chose avoit été faite, il est ajoûté : *In Palatio Dñi Regis, ubi Populus aggregatus erat ad publicum Parlamentum. IIIº. Cal. Junii 1331.*

Nôtre petit Talamus nous apprend, qu'il y revint en 1333. & qu'il y arriva le premier jour du mois d'Avril, qui se rencontroit avec le Jeudi de la Semaine-Sainte. 1333.

Le même Livre marque en 1335. l'Arrivée du Roi Philipe de Valois à Montpellier, où il séjourna huit jours, avec la Reine son Epouse, leur Fils Jean, qui 1335. portoit alors le nom de Duc de Bourgogne, & un grand nombre de Seigneurs de leur Cour. *L'An 1335. lendeman de Caramentran, intrec à Montpeiler Mossen Philip Rey de Franssa & la Regina ; & son premié nat Joan Duc de Borgonha, & mots autres grans Barons, & asteron li ; 8. jorns.*

L'An mil trois cent trente-six, donna un grand sujet de joye au Roi de Ma- *Pet. Talam.* yorque, par la Naissance de son Fils Jacques IV. qui nâquit à Perpignan le jour 1336. de St. Barthelemi de la même année : il le fit aussitôt reconnoître pour l'Héritier & Successeur de tous ses Etats ; & les Peuples du Roussillon & de la Cerdagne, le reconnurent en cette qualité dès le Berceau : mais, cette joye avoit été précédée d'une perte dont il ne pouvoit connoître alors toute la grandeur ; c'étoit la mort du Roi Alphonse son Beaupere, qui mourut au commencement de cette année, à la trente-septiéme de son âge : Pierre IV. son fils, qui lui succeda, ne tarda point de faire voir qu'il ne lui succederoit pas dans l'affection qu'il avoit eû pour sa Famille & pour ses Peuples. L'Histoire d'Aragon lui donne le Titre de *Ceremonieux*, pour le distinguer de Pierre le Cruel, qui regna de son tems dans la Castille : On verra qu'il porta à juste titre le nom de Ceremonieux, & qu'il en auroit aussi merité bien d'autres, à n'en vouloir juger que par la Conduite qu'il garda avec le Roi de Mayorque son Beaufrere. J'avertis mon Lecteur, que tout ce que j'ai à raconter de lui, est tiré de l'Histoire d'Aragon, plus interessée que nous à ménager la Reputation d'un de ses Princes ; & je m'attache plus particuliérement à Zurita, qui a écrit les Annales de ce Royaume, & qui, sans contredit, est un des meilleurs Historiens que l'Espagne ait eû.

Je dirai donc, qu'un des premiers soins de Pierre le Ceremonieux, fut d'exi- III. 1337. ger les Hommages qui lui étoient dûs. Le Roi de Mayorque, qui l'avoit prêté à son Pere & à son Ayeul, le lui devoit sans contredit : mais, les Affaires do- *Zur. l. 7. ch. 47.* mestiques qu'eut le Roi Pierre au commencement de son Regne, avec la Reine Eleonor sa Marâtre ; & avec les Infans ses Freres, l'obligérent de surseoir avec le Roi de Mayorque, qu'il ne commença de presser qu'en 1338.

En même-tems, le Roi Jacques fit demander aux Habitans de Frontignan, 1338. un Secours d'Argent ; & il leur envoya Berenger de *Vernede*, son Lieutenant à Montpellier & dans toute la Baronie, pour exposer au Conseil de Frontignan, que le Roi de Mayorque étoit menacé par les Maures d'Afrique, & que pour plusieurs autres besoins il leur demandoit ce Secours : *Propter Bellum quod Jacobus Rex sperabat habere in Insulâ Majoricarum, per persidum Crucis Blasphemum Regem Garbi, nec-non de multis aliis causis.* Surquoi, Pierre *Bonace*, Raymond *Pessan*, & *Archives de* Raymond *Paschal*, Consuls de Frontignan, offrirent, par pure Liberalité, cinq cent *Frontignan.* Livres Petits-Tournois, payables à trois diferens Termes ; avec Protestation, consentie par le Lieutenant, que cette Liberalité ne pourroit tirer à consequence : L'Acte est du 3. Décembre 1338.

1338.

Peu auparavant, le Roi d'Aragon avoit fait faire une Citation en forme, sous les peines que de Droit, au Roi de Mayorque, de venir sans retardement lui prêter le Serment qu'il lui devoit; à quoi le Roi Jacques répondit, pour cette fois, qu'il prioit le Roi son Beaufrere, de lui donner une Surséance: elle lui fut refusée absolument; & ayant voulu faire de nouvelles Instances, les Refus & la Citation lui furent réiterez: Enfin, un des Infans étant venu à Perpignan,

1339.

tira parole du Roi de Mayorque, qu'il se rendroit à Barcelonne dans le mois de Juillet; & parcequ'il fit prier que son Hommage fût reçû dans la Chapelle du Palais, & non en Public, le Roi Pierre affecta d'y faire trouver une plus grande affluence de Monde, afin de lui rendre plus sensibles toutes les Mortifications qu'il lui préparoit.

Zur. l. 7. ch. 47.

On marque qu'il le laissa long-tems sur ses pieds, dans la Chambre où on le fit attendre, parcequ'on avoit pris soin d'en ôter toutes les Chaises; & ce ne fut que sur les Représentations du Conseil, que le Roi Ceremonieux consentit qu'on tirât de sa propre Chambre, une Chaise pour le Roi de Mayorque, mais beaucoup plus basse que celle qu'il devoit occuper lui-même: Tout étant disposé à son gré, il fit donner un Carreau au Roi Jacques, sur lequel il prêta à genoux son Hommage, pour tous ses Etats, » excepté (dit Zurita) des Fiefs qu'on » avoit coûtume à Montpellier, de tenir de l'Evêque ou de l'Eglise de Magne-» lonne, dont les uns étoient tenus par l'Evêque, les autres par l'Eglise, & les » autres par le Roi de France, qui les avoit achetez des Evêques de Maguelon-» ne. Ainsi se passa cette Ceremonie, en présence d'un grand nombre des Seigneurs de la Cour des deux Rois, parmi lesquels est nommé Arnaud de *Lordat*, Vice-Chancelier du Roi de Mayorque, qui demanda aussitôt de se retirer avec tous ses Gens.

Peu de mois après, le Roi d'Aragon fut dans les mêmes peines où il avoit mis le Roi son Beaufrere; car, le Pape Benoît XII. exigea de lui l'Hommage qu'il lui devoit, pour les Isles de Sardaigne & de Corse, & il lui fit faire les

Zur. l. 7. ch. 48.

mêmes Citations qu'il avoit fait lui-même pour les Etats de Mayorque: On marque qu'il partit de Barcelonne la Veille de Tous-les-Saints pour se rendre à Avignon; que le Roi de Mayorque sortit de Perpignan pour le recevoir au Boulou; qu'il lui fit de grandes Fêtes dans tous ses Etats, & qu'il l'accompagna dans tout son Voyage, avec le Seigneur d'*Acher* & autres Barons du Languedoc.

Ibidem.

Mais, comme s'il y avoit eû quelque Fatalité pour tenir ces deux Princes dans une éternelle Division, un Accident inopiné faillit à causer entr'eux des Suites bien funestes; car, on raconte que dans le tems que les deux Rois marchoient de front dans les Ruës d'Avignon pour se rendre au Palais du Pape, Gaston de *Levis* Maréchal de Mirepoix, qui étoit de la Suite du Roi de Mayorque, voyant qu'un Cheval qu'on menoit pour le Roi d'Aragon, alloit trop en avant, l'arrêta avec la Cane qu'il avoit à la main, dont il toucha celui qui le menoit. Le Roi Pierre, regardant la chose comme une Insulte faite à sa Personne, jetta tout son ressentiment sur le Roi Jacques, parcequ'il parut n'avoir fait aucun semblant de desapprouver cette Action; & dans la colère où il entra, il voulut tirer son Epée pour le fraper: ». mais heureusement (ajoûte Zurita) c'étoit la même Epée qu'il » portoit à son Couronnement, & qui resista trois fois aux efforts qu'il fit pour » la tirer: Cela donna le tems à l'Infant Dom Pedro, de représenter au Roi Pierre

Ibidem.

son Neveu, le risque où il exposoit sa Personne dans une Terre Etrangère, où le Roi de Mayorque étoit plus aimé que lui du Pape & des Cardinaux; & il l'appaisa si bien, qu'après avoir rendu son Hommage, il vint coucher à Villeneuve, d'où il partit pour Montpellier avec le Roi de Mayorque, qui, lui ayant fait une grande Fête dans cette Ville, l'accompagna encore jusqu'à Perpignan, & se sépara de lui au Boulou.

Le Passage de ces deux Rois par Montpellier, rendit cette année remarquable dans nos Regîtres, à cause de l'Exemption que nos Habitans obtinrent du Droit de Lods, pour les Echanges qu'ils faisoient entr'eux: Les Officiers du Roi de Mayorque avoient voulu l'introduire pour étendre les Droits de leur Maître; mais le Prince, plus favorable qu'eux, donna les Lettres que nous avons de l'an 1339.

1339. par lesquelles il décharge de ce Droit les Habitans de la Ville.

Nous trouvons encore, qu'en l'année 1340. on voulut établir la Gabelle dans Montpellier; mais, le même Article de nôtre Talamus, qui nous marque l'Opposition qu'y firent nos Consuls, ne nous dit point quel en fut le Succès.

Dans ce même tems, le Roi de Mayorque fit un nouveau Concordat pour l'Entretien de son Frere Ferdinand, à qui il avoit assigné auparavant trois mille Livres, payables tous les ans, comme nous l'apprenons de ses Lettres données à Nîmes le septiéme du mois de Mars 1336. mais, soit que la Somme n'eût pas été payée exactement, ou qu'elle fût dificile à amasser dans un tems où les Espéces étoient d'un Prix excessif, les deux Freres s'accordérent en 1340. à asseoir cette Pension sur diverses Seigneuries dans le Voisinage de Montpellier, par où l'on a un nouvel Exemple de la Rareté de l'Argent : Ces Seigneuries, de la manière qu'elles sont énoncées dans l'Acte, étoient *Omelas*, *le Pouget*, *Pouzols*, *St. Bauzeli*, *Vindemian*, *St. Paul*, *St. George*, *Paulian & Valmale*, avec tous les Droits que le Seigneur de Montpellier avoit à *Adissan*, *Pleissan*, *Gremian*, *Poupian*, *St. Amans*, *Izensac*, *Carabettes*, *Cornonsée*, *Montbazen*, *Montarnaud*, *Pignan & Saussan* ; toutes ces Terres furent assignées à Dom Ferdinand pour lui & pour ses Enfans : Mais, il eut sa vie durant de plus grands Avantages ; car, l'Acte porte que le Roi son Frere lui laisse la Joüissance du Château de *Frontignan*, excepté du Port, & de celui qui pourroit y être fait de nouveau, *Si in dicto Loco fieret novus*: le Revenu de quatre Fours que le Roi avoit à Montpellier ; sçavoir, le Four de *St. Jacques*, celui de *St. Guillem*, celui du *Corral*, & un autre, appellé *Migé*, c'est-à-dire, Mitoyen avec le Seigneur de Montpelliéret : plus, la Leude du *Legassieu* & des Etuves, dont l'Infant Ferdinand fera Hommage au Roi son Frere, qui, par ces mêmes Lettres, se reserve la Punition des Héretiques, & de ses Officiers, s'ils venoient à délinquer, avec le Droit de batre Monoye, & le Pouvoir de se racheter, en lui assignant ailleurs la valeur desdites trois mille Livres, ou en lui payant une fois trente mille Florins du Poids de Florence.

Ce Concordat entre Freres eut si bien son effet, que nous avons de Lettres, en date du septiéme de Septembre de cette même année 1340. où Ferrand (c'est la même chose que Ferdinand) Infant de Mayorque & Frere du Roi Jacques III. prend la qualité de *Vicomte d'Omelas*, & Seigneur de *Frontignan*. Nous verrons qu'il n'en joüit pas longues années.

En ce même tems, le Roi Philipe de Valois reçut de la part des Consuls de Montpellier, de grandes Plaintes, qui font voir à quel point les Officiers de la Rectorie, portoient leurs Entreprises contre les Sujets du Roi de Mayorque. " Il nous a été représenté (dit le Roi dans ses Lettres au Sénéchal de Beaucaire " & au Recteur de Montpelliéret, datées de Vincénes le 4. Avril 1340.) par les " Consuls de Monpellier, Sujets du Roi de Mayorque : Lesquels ayant toûjours " été exempts envers Nous du Service de Guerre, *Quitti & Immunes de veniendo* " *seu mittendo ad Guerras nostras*, de même que les autres Justiciables des Seigneurs " qui ont la Basse & Haute-Justice ; Néanmoins, ils se plaignent que vous con- " traignés plusieurs d'entr'eux, de venir ou d'envoyer servir dans nos Armées, " sans leur donner aucune Solde, mais à leur propres fraix, en les contraignant " de payer les uns cent Marcs, les autres cinquante, ou autres Sommes ; & que " vous exigés d'eux le Serment, de ne reveler jamais ce qu'ils ont donné ; su- " te dequoi, vous les menacés de Prison, & de les accuser de Rebellion & d'In- " fidelité ; à raison dequoi ils ont recours à Nous. Surquoi, Nous vous mandons, " qu'ayant appellé nôtre Procureur, & autres que de droit, vous examiniés som- " mairement les Priviléges desdits Consuls, & ceux qui ont été accordez aux " Personnes Nobles ; & s'il vous conste de leur Exposé, vous ne leur donniés " plus lieu de revenir à Nous.

Toute cette année 1340. fut pour le Roi de Mayorque comme un tems de Surcis aux Troubles qu'il avoit eû, & à ceux qu'il devoit avoir ; ils commencérent enfin en 1341. pour ne finir qu'avec sa vie. On en attribuë la première cause, à la haine implacable que le Roi Pierre eut toûjours contre lui, & à la passion démesurée qu'il avoit de le dépoüiller de tous ses Etats, & de se les approprier : Pour y mieux réüssir, on le rendit suspect au Roi Philipe de Valois; on le porta à se broüiller avec lui, sur l'espérance d'un puissant Secours ; & quand la Partie fut engagée, on l'abandonna lâchement pour achever de l'accabler, lorsqu'il ne pourroit plus recourir à la France.

IV. Pour dévelloper toute cette Intrigue, il est nécessaire de dire que le Roi Philipe de Valois étoit alors dans le plus grand feu de la Guerre qu'il eût eû contre les Anglois ; & comme dans ces occasions les moindres soupçons font beaucoup plus d'impression, on lui fit entendre que le Roi de Mayorque traitoit du Mariage de son Fils avec une des Filles du Roi d'Angleterre, d'où l'on concluoit une grande Intelligence entre ce Prince & les Enemis de la France. Je ne trouve point dans les Auteurs aucune Preuve de cette Accusation ; mais, il est certain qu'elle fit une si grande impression sur Philipe de Valois, qu'il fit signifier au Roi de Mayorque, qu'il eût à venir prêter l'Hommage qu'il lui devoit pour la Seigneurie de Montpellier, & il le fit citer pour cet effet au Parlement de Paris.

D'autre côté, on fit entendre au Roi de Mayorque, qu'il ne pouvoit devoir Hommage au Roi de France pour la Seigneurie de Montpellier, laquelle n'étoit pas mouvante immédiatement de la Couronne, depuis l'Echange qui avoit été fait entre la France & l'Evêque de Maguelonne : Or, cet Echange (lui disoit-on) est nul & invalide, parceque le Pape n'y est point intervenu, comme il le devoit de Droit, selon les Principes de ce tems-là, & par une Clause spéciale du Contrat, qui portoit ; *Sauf pour ledit Evêque, l'Autorité de l'Eglise Romaine & de l'Archevêque de Narbonne, autant qu'il peut leur appartenir* : Sur ce Raisonnement, on inspira au Roi de Mayorque, de ne point reconnoître le Parlement de Paris, mais de s'en remettre à la Décision du Pape & des Cardinaux.

Il suivit ce Conseil, & fit rendre sa Réponse à Philipe de Valois, qui, ne s'arrêtant point à ce Déclinatoire, donna ordre au Sénéchal de Beaucaire, de saisir & de mettre sous sa Main, la Seigneurie de Montpellier ; ce qui fut executé dans le mois de Décembre.

L'Affaire en étant venuë à ce point où le Roi d'Aragon la demandoit, il ne songea qu'à laisser le Roi de Mayorque dans l'embaras où il l'avoit jetté, & à éluder les Demandes qu'il avoit Droit de lui faire, & qu'il lui fit, de le secourir dans la Guerre qu'il alloit avoir avec la France : Pour cet effet, il s'envelopa dans de grandes Négociations avec Philipe de Valois, qui tantôt se passèrent entr'eux seuls, & tantôt il y fit intervenir le Roi de Mayorque.

Zurita nous en a marqué quatre ou cinq, qui se passèrent toutes dans le cours de cette année 1341. D'abord il nous apprend, que le Roi Philipe pria le Roi d'Aragon, de laisser vuider cette Affaire par voye de Jugement, & qu'il lui apprit en même-tems, que le Roi de Mayorque l'avoit solicité de lui déclarer la Guerre. A cette Nouvelle, le Roi de Mayorque courut pour se justifier auprès du Roi d'Aragon ; & dans le tems qu'ils conferoient ensemble, les Ambassadeurs de France arrivèrent à Valence, où ils n'eurent pas beaucoup de peine de gagner le Roi d'Aragon.

Alors, le Roi Jacques crut que la consideration de la Reine Constance son Epouse, seroit d'un plus grand poids auprès du Roi son Beaufrere ; & dans cette vûë, il amena cette Princesse avec lui à une autre Conference qu'il eut à *San Celoni* avec le Roi Pierre : Ce Prince, le plus caché de tous les Hommes, lui répondit par de grandes generalitez, sans lui donner jamais une Réponse précise sur le Secours qu'il lui demandoit ; & il conclut à écrire au Roi de France, pour le prier de sursseoir à la Saisie qu'il avoit fait sur Montpellier.

Il n'étoit pas bien dificile de comprendre, que ce n'étoit qu'une Défaite de sa part, puisque le moindre Secours eût été plus éficace que toutes ces Négociations, dans un tems où la France avoit sur les bras toutes les Forces d'Angleterre : Cependant, le Roi Pierre, pour suivre toûjours sa pointe, voulut que son Beaufrere envoyât des Ambassadeurs à Paris, pour y terminer ses Diferends, par un Accord, ou par un Compromis ; Les besoins du Roi Jacques l'y firent resoudre ; & ses Ambassadeurs étant arrivez à Paris, furent renvoyez au Conseil, pour

LIVRE SEPTIÉME.

y être procédé par voye de Jugement. Comme c'étoit remettre l'Affaire au premier point qu'elle avoit commencé, ſes Ambaſſadeurs ne purent s'y ſoumettre ; & le Roi de France, qui avoit déja fait ſaiſir la Baronie de Montpellier, fit avancer Jean de France ſon Fils aîné, (appellé alors le Duc de Normandie) vers le Rouſſillon, avec les Milices du Languedoc, que ſes Officiers dans cette Province, Loüis Comte de Poitiers, Jean de *Marigny* Evêque de Beauvais, & le Senéchal de Carcaſſonne, lui firent conduire juſqu'à S^t. Paul de Fenoüilledes, à deux lieuës des Etats du Rouſſillon.

Cette Approche donna tout à craindre au Roi de Mayorque, qui voyant la Partie ſi engagée, vit auſſi qu'il ne pouvoit avoir d'autre reſſource que dans le Secours du Roi d'Aragon, dont il étoit Feudataire : il renouvella auprès de lui ſes Inſtances, en lui apprenant l'Arrivée de l'Armée de France ; mais la Réponſe de ce Prince fut tout-à-fait conforme à ſon Caractére : Il blâma beaucoup l'Entrepriſe des François, il dit qu'il ſe ſentoit lui-même fort offenſé de leur Procedé; mais il fut muet ſur le Secours qu'on lui demandoit. » C'eſt ainſi (dit Zurita) » qu'il s'acheminoit à la perte de ce pauvre Prince; car, s'il s'étoit ſeulement décla- » ré pour lui, la France n'étoit pas en état de rien entreprendre : Et pour achever le Ceremonial qu'il avoit à cœur, il écrivit de nouveau au Roi de Mayorque, qu'une Déclaration de Guerre étoit d'une trop grande conſequence, pour ne pas aſſembler les Etats d'Aragon ; & tandis qu'il les aſſembla au Monaſtére de Poblet, les François mirent des Garniſons ſur toute la Frontiére.

Juſque là, le Roi de Mayorque avoit agi avec le Roi d'Aragon, comme les Princes d'une même Maiſon agiſſent à l'égard de leur Chef : mais, ſe voyant preſſé par les François, & ſentant peut-être plus que jamais le peu de naturel du Roi ſon Beaufrere, il crut devoir agir avec lui de Roi à Roi ; & pour cet effet, il lui envoya une Ambaſſade ſolemnelle, pour le ſommer, en vertu des Confederations qu'ils avoient enſemble, de lui donner le Secours qu'il lui devoit, pour garantir le Rouſſillon, & recouvrer les Baronies d'Omelas, de Carladez, & de Montpellier, qui étoient des Biens appartenant à ſon Feudataire.

Raymond *Roch*, d'une Famille de Montpellier anciénement attachée aux Rois de Mayorque, fut chargé de cette Ambaſſade : il parla vivement pour les interêts de ſon Maître ; & s'acquita ſi bien de la Commiſſion dont il étoit chargé, que le Roi d'Aragon lui promit de donner dans quelques jours le Secours qu'il demandoit : mais, ces jours étant paſſez, il répondit par un grand Maniſeſte, dans lequel il donnoit tout le blâme au Roi de Mayorque, qui refuſoit au Roi de France de reconnoître ſes juſtes Droits ſur Montpellier ; d'où il concluoit, qu'il ne pouvoit en conſcience donner du Secours pour une Guerre injuſte : Il pouſſa même ſes Artifices plus loin ; car, il prétendit qu'il pouvoit attaquer le même Prince qui lui demandoit du Secours, en formant une Querelle contre lui, de ce qu'il faiſoit batre dans le Rouſſillon une Monoye diferente de celle de Barcelonne, avec quoi il renvoya ſon Ambaſſadeur.

Le Conſeil du Roi de Mayorque, ne croyant point que le nouveau Cas de la Monoye pût devenir une Affaire ſérieuſe, fut d'avis de continüer les Inſtances & les Sommations du Secours qu'on avoit demandé. On choiſit pour cette ſeconde Ambaſſade, le Majordome du Roi, que Zurita appelle *Moſſen Ramond de Codolet* : Il ſe rendit à la Cour du Roi d'Aragon, qui lui refuſa long-tems une Audience ; & ſur les Inſtances qu'il en fit faire, le Roi n'eut pas honte (dit nôtre Hiſtorien) de le renvoyer après une Chaſſe de Sanglier, qu'il alloit faire ſur diverſes Montagnes, dont il lui fit une grande Deſcription. A ſon Retour, Codolet lui dit hardiment, que le Roi ſon Maître étoit reſolu de ſe faire raiſon par la voye des Armes, de tous les Dommages que le Roi de France lui avoit fait à Montpellier : que pour cet effet, il alloit ſe lier avec l'Angleterre ; & qu'en vertu des Alliances & des Conventions, qui engageoient autant le Seigneur envers ſon Feudataire, que le Feudataire envers le Seigneur, il le requeroit d'envoyer ſes Troupes à Perpignan le vingtiéme du mois d'Avril 1342.

Cette Sommation, dont le Roi Pierre le Ceremonieux comprit toute la juſtice & toute la force, l'obligea d'aſſembler ſon Conſeil, qui, pour lui complaire, fit

1341.

V.

Ibidem.

Liv. 7. ch. 55.

Zurita, liv 7. ch. 55.

1342.

1342.

beaucoup valoir les Inconveniens de la Guerre qu'il faudroit déclarer à la France; mais, il ne put lui diffimuler l'Infidelité qu'il y auroit pour un Seigneur, de refufer du Secours à fon Feudataire. Le Roi, plus embarafsé qu'auparavant, imagina un Expedient, que Zurita appelle une Subtilité indigne d'un Prince, *Una Sotileza muy indigna de Principe* : il refolut de convoquer des Etats à Barcelonne, dans le deffein, que fi le Roi de Mayorque s'y rendoit, comme il y étoit tenu, il lui diroit qu'il vouloit lui accorder fa Demande, après en avoir eû le Confentement du Royaume, ce qui le meneroit toûjours fort loin ; & que s'il manquoit de s'y rendre, il feroit déchargé des Obligations qu'il lui objectoit : En confequence, il fit citer aux Etats de Barcelonne le Roi de Mayorque ; & ce Prince n'ayant pû y venir, le Roi d'Aragon prétendit être quitte envers lui : mais, non-content d'avoir ce Prétexte pour lui refufer le Secours fi fouvent demandé, il en chercha un autre pour le dépoüiller de fes Etats, comme nous allons voir dans le Chapitre fuivant.

CHAPITRE SECOND.

I. Pierre pourfuit ouvertement le Roi Jacques. II. Conference de ces deux Princes à Barcelonne par la Médiation du Legat. III. Expedition du Roi Pierre à Mayorque, où le Roi Jacques eft trahi. IV. Le Pape Clement VI. s'interefse pour lui auprès du Roi Pierre. V. Qui fait une Querelle au Pape. VI. Et marche vers le Rouffillon. VII. Entrevuë des deux Rois.

I. CE Prétexte ne fut autre que celui de la Monoye dont nous avons déja parlé. Le Roi d'Aragon ne pouvoit difconvenir, que les anciens Comtes de Rouffillon n'euffent fait batre Monoye, avant que cette Comté eût été réunie à fon Royaume : mais, pour foûtenir la Querelle qu'il vouloit faire au Roi de Mayorque, il prétendit qu'il n'avoit pas fuccedé aux Droits des anciens Comtes, & particuliérement au Comte Guinard, qui, le dernier de tous, avoit poffedé cette Comté : Pour donner plus de couleur à fa Supofition, il avança que Jacques Second Roi de Mayorque, n'avoit eû le Rouffillon que par l'Infeodation que fon Frere Pierre III. lui en avoit faite ; & il fe garda bien de faire aucune mention du Teftament de Jacques le Conquerant, qui avoit donné le Rouffillon avec tous fes Droits, à Jacques Second fon Puîné, comme nous l'avons dit ci-deffus.

Zurita, liv. 7. ch. 60.

Pour proceder dans tout le Ceremonial ; Pierre le Ceremonieux fit citer le Roi de Mayorque à comparoître dans vingt-fix jours à Barcelonne, pour répondre fur la grande Faute qu'il avoit commis, en donnant cours dans le Rouffillon à toute autre Monoye que celle de Barcelonne : Le Roi de Mayorque n'ayant pas comparu, il fut auffitôt déclaré Contumace, fans autre forme de Procès ; & on déclara qu'on agiroit en Juftice contre fa Perfonne, & contre tous les Fiefs qu'il tenoit de la Couronne d'Aragon.

A peine cette Déclaration eut été donnée, qu'on vit arriver à Barcelonne les Ambaffadeurs du Roi de France, Guillaume de Villers Maître de Requêtes, & Raymond de Salgas Chanoine de Paris, qui dirent au Roi d'Aragon, qu'à fa confideration le Roi leur Maître avoit furfis fes Pourfuites contre le Roi Jacques, à raifon de la Seigneurie de Montpellier ; & ils lui firent de fa part beaucoup de Remercîmens, de ce qu'on avoit empêché ce Prince d'executer les Menaces qu'il avoit faites de fe lier avec le Roi d'Angleterre.

Ibid.

Cette Ambaffade en attira une autre du Roi d'Aragon à la Cour de France, par laquelle, afin d'ôter au Roi de Mayorque le moyen de fe défendre, il prioit Philipe de Valois d'ordonner aux Sénéchaux de Carcaffonne, Beaucaire, Touloufe & Bigorre, de faire défenfe de fa part, à tous les Seigneurs du Païs, de donner

ner aucun Secours au Roi de Mayorque, parceque'on croyoit (dit Zurita) que 1342.
les Comtes de Foix & d'Armagnac, le Seigneur de Mirepoix, le Vicomte de
Narbonne, & le Seigneur de Cappendut, aideroient ce Prince dans sa Querelle
contre le Roi d'Aragon : la chose (ajoûte-t-il) ne fut pas dificile à obtenir,
parceque chacun de ces deux Rois prétendoit à la Dépoüille de l'autre.

Les Défenses que les Senéchaux firent de la part du Roi, aux Seigneurs du II.
Païs, n'empêchérent point les Comtes de Foix & d'Armagnac, de servir le Roi
de Mayorque leur Voisin, sans contrevenir aux Ordres qui leur avoient été inti- *Zurita. liv. 7.*
mez : Ils regardérent comme très-favorable à leurs Desseins, l'Exaltation de Cle- *ch. 61.*
ment VI. qui avoit succedé à Benoît XII. le 18. d'Avril de cette même année
1342. ils priérent ce nouveau Pape, d'employer sa Médiation pour mettre la
Paix entre les deux Princes, & ils obtinrent de lui, un Nonce au Roi d'Aragon.
Armand de *Barces* Archevêque d'Aix, fut choisi pour cette Negociation : & il travailla si heureusement auprès des deux Rois d'Aragon & de Mayorque, qu'il les
fit convenir de s'aboucher ensemble ; & pour faciliter la chose, il fit donner par
le Roi d'Aragon, un Sauf-conduit au Roi de Mayorque pour venir en sureté à
Barcelonne.

En consequence, le Roi Jacques s'embarqua avec la Reine Constance son épouse, sur quatre Galéres, qui le conduisirent à Barcelonne, où il avoit fait préparer son Logement au Couvent des Freres-Mineurs, qui donnoit sur le Port, &
où, pour la commodité de la Reine, on avoit fait faire une Galerie couverte,
pour la conduire de son Bord au Monastére. Le Roi d'Aragon reçut sa Sœur &
son Beaufrere avec de grandes Démonstrations d'amitié, à la consideration du
Nonce du Pape : mais, dans les Conferences que les deux Princes eurent ensemble, ils ne purent s'accorder sur rien ; & le Roi d'Aragon, voulant les rompre
pour toûjours, eut recours à un Artifice des plus grossiers, qui fut de publier
que le Roi de Mayorque avoit voulu le faire assassiner par des Hommes cachez
dans la Galerie dont nous venons de parler : il fit bien plus, pour pousser les
choses à l'extrême ; car il ordonna à l'Infant dom Jayme, de lui amener la Reine sa sœur, de gré ou de force ; ce qui fut executé, malgré les Plaintes & les
Protestations du Roi son époux, de tout ce qu'on feroit contre la bonne-foi
des Sauf-conduits.

Par des Maniéres si outrées, le Roi Ceremonieux vouloit engager son Adversaire, à en venir à quelque Action d'éclat, pour avoir un prétexte spécieux de
le dépoüiller. Le Nonce en fut si honteux & si affligé, qu'il partit aussitôt
pour Avignon : la Reine fit mille Instances pour être renduë à son Mari, mais
inutilement ; & ce Prince, obligé de la laisser entre les mains de son Enemi
avec une seule Camerere, n'eut d'autre parti à prendre que d'aller se refugier
à Mayorque, dans toute la tristesse & l'abatement qu'on peut imaginer.

Dès qu'il y fut arrivé, on lui fit regarder les Aragonois qui y étoient établis,
comme autant d'Espions du Roi son Persecuteur : il crut devoir leur donner ordre de sortir de ses Etats avec leurs Effets ; & le Roi d'Aragon ne demandant
pas mieux, saisit cette occasion comme une Justification de tout ce qu'il alloit
faire contre lui : Aussitôt il envoya des Troupes dans la Cerdagne, qui prirent *Liv. 7. ch. 62.*
la Forteresse de *las Cuevas* ; & il dépêcha à Dom Pedro de Moncada son Amiral, qui étoit au Détroit de Gibraltar pour le Service du Roi de Castille, de
tout quiter, & de le venir joindre à Valence, parceque'il avoit besoin de lui
pour la Conquête de Mayorque.

Avant que de partir, il ne voulut rien omettre du Ceremonial : Car, Zurita III.
nous marque, qu'il assembla son Conseil à Barcelonne dans son Palais, où étant *Ch. 63.*
monté sur son Trône, comme il avoit coûtume de faire lorsqu'il rendoit Justice au Peuple, il déclara que le Roi de Mayorque étoit coupable de Contumace aux Citations qui avoient été faites, & censé convaincu de tout ce dont il
étoit accusé ; partant, déchû de tous ses Droits sur le Royaume de Mayorque,
sur les Etats de Roussillon, de Cerdagne, & tous autres, qui devenoient acquis
& confisquez au Domaine d'Aragon.

Toutes ces Ceremonies & ces Préparatifs, ne purent se faire sans que le bruit ne s'en répandit dans l'Europe. La Reine Sancie, Veuve de Robert Roi de Sicile, dont nous avons parlé comme d'une des meilleures Princesses de son tems, en donna une marque éclatante en cette occasion ; car elle envoya une Ambassade solemnelle au Roi d'Aragon, pour tâcher de le toucher sur l'état de son Neveu : mais, le Roi insensible, exagera les Fautes de son Adversaire, & donna pour Réponse, que les grandes Dépenses qu'il avoit déja faites pour les Préparatifs de la Guerre, ne lui permettoient pas d'en suspendre l'execution.

1342.
Ch. 64.

Afin de la faire plus surement, il avoit menagé dans l'Isle de Mayorque, une Intelligence secrette, dont les principaux Acteurs nous font voir clairement, que la Famille des Roch, établie depuis long-tems dans Montpellier, l'étoit aussi à Mayorque. Le Roi d'Aragon marque dans ses Mémoires, raportez par Zurita, » que Michel Roch, l'un des plus considerables de l'Isle, vint l'assurer, s'il vouloit » y venir, de l'Obéïssance des Habitans, moyenant la Conservation de tous leurs » Priviléges : Que le Roi fit un Accord avec lui, par lequel il promit tout ce » qu'on lui demandoit ; & que pour s'attacher toute cette Famille, il assura à » Bertrand Roch, & à ses Successeurs, six mile Sols de Rente ; sçavoir, trois » mile sur le Royaume de Valence, & trois autres mile sur l'Isle de Mayorque, » avec Franchise & Exemption, pour lui & ses Décendans en ligne directe, de » tous les Biens qu'ils auroient dans tous les Etats de sa Couronne : il lui permit » de plus, de se faire armer Chevalier, par tel Noble qu'il voudroit choisir dans son » Royaume, pour joüir des Immunitez & Priviléges que la Coûtume donnoit » aux anciens Chevaliers. Tout ce Détail nous fait voir, que dans les Guerres Civiles, ceux d'un même Nom & d'une même Famille, ne prenent pas toûjours le même parti ; car, si Raymond Roch, de la Branche de Montpellier, fut toûjours très-fidéle à son Prince, Michel & Bertrand Roch, de la Branche de Mayorque, ne suivirent pas son exemple.

Ch. 65.

Dans ce même-tems, le Roi de Castille se plaignit hautement de la Retraite qu'avoit fait l'Amiral d'Aragon, dans la conjoncture où il avoit le plus besoin de son secours : A quoi le Roi Pierre objecta, les Préparatifs qu'on faisoit en Provence pour le Roi de Mayorque ; & pour ne perdre pas le tems de se mettre en état de l'attaquer, il cita, selon l'usage du tems, tous ceux qui lui devoient Service de Guerre, & il laissa pour son Lieutenant-General, l'Infant Dom Juan son frere, avec des Troupes pour garder les Frontiéres de Catalogne.

Zur. l. 7. ch. 66.

Tout étant prêt pour son Embarquement, il partit de Barcelonne le dix-huitiéme de Mai 1343. & après cinq jours de Navigation, il arriva sur les Côtes de l'Isle, où il découvrit une hauteur, les Troupes du Roi de Mayorque, qui, avec treize cent Chevaux & quinze mile Hommes de pied, se tenoit prêt à lui disputer l'entrée de l'Isle : Les Aragonois resolurent alors, de séparer leurs Vaisseaux, pour tenter la Décente en même-tems par diferens endroits ; & les plus courageux ayant pris terre, malgré les Fléches & les Pierres qu'on leur jettoit, ils donnérent le moyen aux autres de débarquer, & de les venir joindre : leurs Troupes s'étant réunies, ils resolurent d'attaquer, sans retardement, le Roi de Mayorque ; & les deux Armées étant venues en présence, & prêtes de combatre, le Roi d'Aragon fit répandre dans le Camp énemi, le Traité qu'il avoit fait avec Bertrand Roch, Citoyen de Mayorque : Alors il arriva, comme nous l'avons vû de nos jours dans une autre Isle de l'Europe, que les Troupes du Roi Jacques l'abandonnérent, & prirent lâchement la fuite. Cette Trahison fit comprendre au Prince infortuné, qu'il n'y avoit aucune sureté pour lui dans un Païs où son Enemi étoit déja le Maître ; & ne pouvant douter de l'Intelligence qu'avoient avec lui les Citoyens de sa Capitale, il crut ne devoir pas s'y enfermer, mais qu'il convenoit mieux de ceder au tems, & de se rembarquer pour se mettre en état de tenter quelque nouvelle Entreprise.

1343.

Ch. 67.

Son éloignement donna au Roi d'Aragon, un champ libre pour étaler son Ceremonial : il fit plusieurs Chevaliers sur le Champ de Bataille ; il rangea son Armée en ordre, & la fit marcher, Enseignes déployées, vers la Cité de Mayorque, d'où les Habitans lui envoyérent aussitôt une nombreuse Députation, parmi lesquels Zurita marque un Jacques *Roch* : L'Audience qu'on leur don-

Ch. 67.

an

na eut un air tout miſtérieux ; car celui qui portoit la parole, témoigna au Roi la ſurpriſe où ils étoient, de le voir en Armes ravager leur Païs ; d'où il prit occaſion de leur faire un grand & long Diſcours, ſur les Déloyautez du Roi de Mayorque, & ſur les Droits inconteſtables que la Couronne d'Aragon avoit ſur leur Iſle : Les Députez ayant demandé du tems pour faire ſçavoir à leurs Concitoyens la Réponſe du Roi, revinrent bientôt après, & dirent (pour la forme) qu'ils avoient juré Fidelité au Roi Jacques, & qu'il ne leur appartenoit pas de juger, s'il avoit tout le tort qu'on lui imputoit ; Surquoi, ayant été renvoyez au Vice-Chancelier, ils conclurent, ſans autre diſcuſſion avec lui, un Traité, par lequel ils firent leurs Conditions très-avantageuſes.

1343.

Le Roi ne diferа point d'entrer dans leur Ville, où il confirmа leurs Priviléges, avec tous les autres Articles que Bertrand Roch avoit demandé pour eux ; & ayant aſſemblé le Peuple dans la Grande-Egliſe, il prêcha long-tems ſur les graves & juſtes Motifs qu'il avoit eu de procéder comme il avoit fait contre le Roi Jacques : Cette Ceremonie fut ſuivie du Serment que lui prêterent, pour tout le Royaume ; quelques Députez, parmi leſquels Zurita nomme Arnaud *Burgues*, & Raymond *de Salelles* : les Gouverneurs particuliers des Villes ſuivirent leur exemple ; & le ſeul Guillaume de Sô, qui étoit du Languedoc, refuſa de le reconnoître, & ſe mit en défenſe dans la Forterеſſe de Polença dont il étoit Alcaïde.

Chap. 68.

Tous ces heureux Succès n'auroient pas contenté le Roi d'Aragon ; s'ils n'avoient été ſçûs de toute l'Europe ; il prit ſoin lui-même d'en inſtruire le Pape Clement VI. par une fort longue Lettre, & fort étudiée, qu'il lui écrivit de Mayorque le treize du mois de Juin : on la voit dans la Collection de Baluze ; & l'on peut y remarquer la haine implacable qu'il avoit contre ſon Adverſaire, par le ſoin qu'il prend de noircir ſes Actions les plus innocentes ; & par les ſentimens d'averſion & de mépris qu'il auroit voulu inſpirer de lui à tout le Monde : il partit peu de jours après de Mayorque pour aller s'emparer du Rouſſillon, & à peine fut-il arrivé à Barcelonne, qu'il fit avancer ſes Troupes vers les Pirénées.

IV.

Pap. Avenion. Tom. 2. *pag.* 618.

Cependant, la Lettre qu'il avoit écrit à Clement VI. n'avoit pas produit l'effet dont il s'étoit flaté ; car le Pape, inſtruit du Diferend des deux Rois, & connoiſſant le Caractére de l'un & de l'autre, comprit que celui d'Aragon ne manqueroit pas de profiter de ſes Avantages, & qu'il faloit tâcher de le fléchir par ſes Repréſentations, puiſqu'il n'avoit d'autres Armes à lui oppoſer : il jetta les yeux ſur le Cardinal Bernard, du Titre de St. Ciriaque, qui étoit connu particuliérement du Roi d'Aragon, pour aller, en qualité de Nonce, près de ſa Perſonne, faire les derniéres Tentatives en faveur du Roi de Mayorque ; il le fit partir en diligence, & le chargeа d'un Bref, que nous avons, daté de Villeneuve-lez-Avignon du premier Juillet, où il lui marque ingenûment, que quoique par la Lettre fort elegante qu'il a reçû de lui, il paroiſſe juſtifier ſa Conduite envers le Roi de Mayorque, ce Prince ne laiſſe pas de donner des bonnes Excuſes contre tout ce qu'on lui objecte ; & ſans entrer dans aucune diſcuſſion des Faits : « Je vous conjure (lui dit-il) de conſiderer, qu'il eſt de vôtre Sang & de vôtre « Maiſon, uni encore plus particuliérement avec vous par ſon Mariage avec « vôtre Sœur ; dont il à eu un Fils & une Fille, que vous ne pouvés le perdre « qu'en perdant vôtre Sœur & vos Neveux, qui ſont innocens ; & puiſqu'il vous « a rendu l'Hommage que vous demandiés, la Juſtice, la Nature, & la Bien-« ſéance exigent, que vous n'uſiés pas avec lui de la derniére rigueur.

Zur. l. 7. *ch.* 62.

Baluz. pag. 625.

C'étoient les Sentimens du Public, auſſibien que du Pape ; mais, le Roi d'Aragon ne penſoit pas comme eux : il preſſa ſi fort la Marche de ſes Troupes, qu'il fut devant Gironne le quinze de Juillet, où ayant appris que Roger Comte de Cominges, devoit conduire du Secours au Roi de Mayorque par la Valée d'Aran, il donna ſes Ordres pour lui faire couper les Paſſages.

Zur. l. 7. *ch.* 69.

Le Legat, de ſon côté, continuoit ſes Inſtances auprès de lui ; & ayant diſpoſé le Roi de Mayorque de renoncer au Droit de faire batre la Monoye dans le Rouſſillon, il crut qu'une Entrevûë des deux Princes pourroit pacifier tous les

V.

Troubles : Dans cette vûë, il difpofa le Roi Jacques à demander un Sauf-conduit ; mais, tout lui fut refufé : & le Legat ayant voulu en parler lui-même, il eut pour Réponfe, » que les Rois d'Aragon, après tous les Services qu'ils » avoient rendu au S^t. Siége, n'avoient reçû, pour toute Grace, qu'une Feüille » de Parchemin pour le Royaume de Sardaigne ; & qu'il étoit furprenant que le » Pape & les Cardinaux fiffent paroître tant de zéle pour fon Adverfaire, qui » n'avoit rien fait pour eux. Avec cette défaite, il renvoya le Legat ; & s'étant rendu maître de Canet, il alla faire du ravage aux Environs de Perpignan, où le Roi de Mayorque s'étoit enfermé : mais, voyant-bien qu'il n'étoit pas en état de l'y forcer, faute de Vivres & de Machines de Guerre, il chercha à fe faire un mérite auprès du Legat, en confentant à une Tréve pour le refte de l'année.

Il vouloit employer ce tems, comme il fit, à fortifier Canet dans le Rouffillon, & à renforcer les Garnifons du Royaume de Mayorque, pour empêcher qu'il n'entrât aucun Secours dans Polença, qui fe défendoit toûjours ; mais, parcequ'il manquoit d'Argent, il ufa de toute forte d'artifices pour en obtenir de fes Sujets : A Barcelonne, il refufa les Fêtes qu'on lui préparoit, & demanda l'Argent qu'on y avoit deftiné : à Valence, il fit faifir le Temporel des Eccléfiaftiques, & les contraignit à lui donner de l'Argent : à Saragoce, il confentit à toutes les Proteftations que l'on fit de lui en donner fans confequence ; & pour mieux éluder les Solicitations du Legat, il fit une Querelle à plufieurs Cardinaux, qu'il fupofa avoir prêté de Sommes à Jacques de Mayorque, ou vouloir lui acheter des Fiefs de la Baronie de Montpellier ; il en écrivit trois Lettres au Pape, que l'on peut voir dans la Collection de Baluze, avec celle qu'il adreffa au Sacré Colége en Corps, & à divers Cardinaux en particulier.

Il eft vrai que le Cardinal Imbert Dupuy, natif de Montpellier, venoit d'acheter une Prérie à Lates, qui fervit depuis à la Fondation de fon Eglife de S^t. Sauveur ; mais, le prix de cette Vente étoit un fi petit objet, qu'il n'étoit prefque d'aucun fecours au Roi de Mayorque, réduit, comme il étoit, à la feule Ville de Perpignan, & entiérement hors d'état de refifter à toutes les Forces qui avoient été preparées contre lui durant la Tréve. Dans cette trifte conjoncture, il jugea des fentimens d'autrui par les fiens, & crut pouvoir encore toucher de pitié le Roi fon Beau-Frere : Pour cet effet, il lui envoya un Religieux de l'Ordre de S^t. Auguftin, Homme de mérite, avec une Lettre, écrite de fa main, par laquelle il le conjuroit, par tous les Motifs de la Religion & du Sang, de donner créance à tout ce que ce Religieux lui diroit de fa part. Le Religieux lui repréfenta, » que le Roi Jacques lui avoit déja fait Hommage de tous fes Etats : » qu'il avoit renoncé au Droit de faire batre la Monoye dans le Rouffillon ; & » qu'ayant ainfi fatisfait à tout ce que les Rois d'Aragon pouvoient exiger de lui, » il lui laiffoit à juger, fi en bonne Juftice, on pouvoit le dépoüiller, parcequ'il » étoit le plus foible, fur tout étant fon Beau-Frere, de la même Maifon, & du » même Sang que lui.

Ces Raifons, bien loin de toucher le Roi Ceremonieux, ne firent que l'aigrir davantage ; mais, pour fauver les apparences, il fit une longue Réponfe, que Zurita raporte en trois pages, dans laquelle il s'efforce de perfuader au Public, que les feuls Motifs de Charité & de Juftice le faifoient agir : & fur ce qu'on lui dit que fon Beau-Frere vouloit le venir trouver en Habit de Pélerin ou de Religieux pour le toucher davantage, il écrivit au Viguier de Figuiéres, au Procureur de la Vicomté de Bas, & aux Officiers fur toutes les Routes, que fi Jacques de Mayorque (car il ne lui donnoit d'autre Nom) vouloit tenter de paffer, fous quelque Habit déguifé que ce pût être, on eût à le prendre, & à l'enfermer, fous bonne Garde, dans la Tour de Gironelle ; & pour achever d'ôter à ce Prince tout efpoir de le fléchir, il publia un long Ecrit, » par lequel il dé-» clara tous les Etats de Mayorque & Yvica, les Comtez de Rouffillon, Cerda-» gne, Conflans, Valefpir & Colioüre, unis à perpetuité à la Couronne d'Ara-» gon ; fans que le Roi lui-même, ni aucun de fes Succeffeurs, puffent les démem-» brer pour aucun prétexte : voulant que dans ce cas, on lui defobeït, s'il vouloit

l'en-

» l'entreprendre ; & que ses Successeurs seroient obligez de faire pareil Serment, 1343.
» avant que les Peuples de ces Etats nouvellement unis, fussent tenus de lui ju-
» rer Fidélité.

Environ ce tems, le Roi de Mayorque perdit son Frere Ferdinand, à qui il *Archives de* avoit donné la jouïssance de Frontignan pendant sa vie : la chose resulte d'une *Frontignan.* Quitance faite en 1343. aux Consuls de Frontignan, par Jacques *Maissende*, Procureur à Montpellier des Droits Royaux, de la Somme de cinquante Livres, dûë jadis à Ferrand de bonne mémoire, Frere du Roi ; ces mots de *jadis* & de *bonne mémoire*, ne peuvent convenir qu'à un Homme mort.

Après la Déclaration fulminante que le Roi Ceremonieux venoit de donner, VI. 1344. il marcha avec toutes ses Machines de Guerre vers Gironne, où il arriva le vingt-cinquiéme d'Avril 1344. pour y commencer la Campagne : elle fut mêlée *Zur. l. 7. ch. 76.* de diferens Succès ; car, le Roi Jacques fit faire une Diversion sur les Côtes de Catalogne par les Galéres de Monaco, & il alla lui-même disputer le Passage du Lampourdan : Le Roi Pierre, de son côté, prit Colioüre par Famine, & Elne, par Composition ; mais, ayant voulu se présenter devant Perpignan, il fut maltraité dans les Sorties qu'on fit sur lui ; & ses Troupes s'étant mutinées, faute de Paye, il alla faire un Pelerinage à Nôtre-Dame de Montserrat, où il donna une Galére d'argent, en mémoire de la Victoire qu'il avoit remporté à Mayorque.

Durant cette Retraite, il pourvut au Payement de ses Troupes, en envoyant renouveller avec le Roi de Tunis, l'Alliance qu'il avoit avec les Rois de Mayorque, & recevoir de lui douze mille Livres des Arrerages du Tribut qu'il leur payoit ; il fit partir en meme-tems deux Galéres, pour ramasser de l'Argent à Barcelonne : & comme les Négociations qu'il avoit si souvent rejettées, pouvoient alors lui être utiles, il fit rechercher le Roi de Mayorque, & lui propo- *Ch. 77.* ser, que s'il vouloit s'en remettre à lui, il lui promettoit Liberté & Sureté pour sa Personne, & qu'il en agiroit à son égard avec Bonté & Clemence.

Dans ce même tems, le Fils aîné du Roi Philipe de Valois (Jean Duc de Normandie) fit partir Guillaume de Villers, Maître des Requêtes, pour appuyer auprès du Roi d'Aragon, les Instances d'un Surcis que le Pape demandoit : mais ce Roi, plus fin qu'eux-tous, rejetta leur Priére ; & ne voulant pas renoncer aux Avantages d'une Négociation déja commencée entre Pierre *d'Exerica* de sa part, & le Roi de Mayorque, il laissa interpreter au Roi Jacques les Promesses vagues de Bonté & de Clemence qu'il lui avoit fait donner ; & ayant réglé l'Entrevûë qu'il devoit avoir avec lui, elle se fit de la maniére que je vais raconter après Zurita.

Le Roi Jacques, armé de toutes Piéces, se rendit dans le Camp du Roi d'Ara- VII. gon, où en entrant dans la Tente du Roi, il se découvrit la tête : le Roi se leva dès qu'il le vit approcher, & voyant qu'il mettoit un genou à terre, il lui tendit la main comme pour le relever ; le Roi Jacques la prit & la lui baisa, & le Roi l'ayant baisé au visage, Jacques dit ces paroles, que le Roi Pierre raporte mot à mot dans son Histoire.

» Monseigneur, j'ai manqué contre vous, mais non pas contre ma Foi : car,
» tout ce que j'ai fait, n'est pas de moi-même, mais par mauvais Conseil ; je
» viens vous en faire satisfaction : Et moi, qui suis de vôtre Maison, je cher-
» che à vous servir, parceque je vous ai toûjours aimé de cœur ; & je ne dou-
» te point que vous, Monseigneur, ne m'aimiés encore : je mets en vôtre Pou-
» voir ma Personne & mes Etats.

A ces paroles, qui auroient pû (dit Zurita) toucher de pitié le Prince le plus cruel & le plus barbare, le Roi répondit : » Si vous avés erré, j'en suis fâché,
» parceque vous êtes de ma Maison ; & quoiqu'il soit naturel d'errer, ce seroit
» une bien plus grande malice de persévérer dans son erreur : mais, puisque vous
» reconnoissés la vôtre, j'userai avec vous de Miséricorde, & vous ferai grace
» de maniére que tout le Monde le connoîtra, puisque vous vous mettés vous-
» même & vôtre Terre en mon Pouvoir.

Après cette Réponse, le Roi Jacques se retira à Elne ; & on ne tarda point de venir lui demander un Ordre pour les Troupes qu'il avoit à Perpignan, de

1344.
Zurita, liv. 7.
ch. 78.

remettre cette Place au Roi d'Aragon : La chose ayant été executée de bonne-foi, le Roi Pierre y entra comme en Triomphe le 17. de Juillet ; & son plus grand empressement étant de s'assurer de toutes les autres Places du Roussillon, il envoya demander au Roi de Mayorque un nouvel Ordre : & parceque le Public étoit dans la persuasion, que tout ce qu'il en faisoit n'étoit que pour châtier ce Prince, & non pour le dépoüiller, il se hâta de faire publier, le jour de la Magdelaine, l'Incorporation du Roussillon aux Etats d'Aragon, & donna ordre à Ceux qui étoient auprès du Roi de Mayorque, de le garder de plus près.

Ces Suretez ayant été prises, il voulut encore faire sortir de ses nouveaux Etats, tous Ceux qui restoient fidéles au Roi Jacques, parmi lesquels Zurita marque Jean *Só* Vicomte d'Evol, Pierre Raymond de *Codolet*, Guillem Roch de *Villeneuve*, Arnaud de *Lordat*, Raymond *Vilarnau*, Roger de *Rovenac*, & plusieurs autres.

Ch. 79.

Dans ce tems, le Roi Jacques, qui étoit à Elne, demanda de passer à Tuïr, ce qu'il obtint ; mais, avant que de s'y rendre, le Roi Pierre consentit à le voir, parceque le Public (comme il le dit lui-même dans son Histoire) souhaitoit fort qu'il le vît : il sortit pour cet effet à demi-lieuë de Perpignan, où les deux Rois se parlérent sans décendre de Cheval. Jacques demanda au Roi Pierre :

1°. De le recevoir à ses Faits justificatifs.

2°. Que ses Neveux, Fils de son Frere Ferdinand, qui venoit de mourir, fussent maintenus dans les Seigneuries qu'ils avoient en Roussillon.

3°. Qu'il ne trouvât pas mauvais, s'il marchoit en Armes dans le Roussillon à cause des Enemis particuliers qu'il y avoit.

4°. Qu'il lui donnât Copie de son Procès.

5°. Et qu'il n'admît pas aux Conseils qu'il tiendroit sur ses Affaires, aucun de Ceux qui l'avoient trahi.

Le Roi Pierre, l'Homme du Monde le plus avantageux, répondit brusquement, » que le Roi de Mayorque avoit été cité & oüy en son tems : qu'il de-
» voit rester en repos pour ses Neveux : qu'il pouvoit être armé comme il vou-
» droit ; & quant à la Copie de son Procès qu'il demandoit, les Conventions
» passées devoient tenir lieu de tout : Puis se commandant un air plein d'émo-
» tion, il ajoûta qu'il étoit bien fâcheux d'entendre appeller Traîtres ceux qui
» avoient fait leur devoir ; qu'il eût à s'abstenir de pareils termes, & que quand
» il seroit tems, il lui feroit sçavoir les Services qu'il attendoit de lui.

Après tous ces Discours, ils se separérent ; & le Roi Jacques reçut bientôt un Ordre de se retirer dans la Catalogne, où il se tint à *Berga*, qu'il choisit pour sa demeure : Le Roi Pierre, de son côté, resta dans le Roussillon pour s'en assurer les Places ; & ayant fait publier à Puycerda, l'Union des Etats de Mayorque à sa Couronne, il s'en retourna au mois de Septembre par Manreze, d'où il partit le jour de Nôtre-Dame avec une précipitation incroyable, sur la Nouvelle qu'il eut, que Jacques de Mayorque étoit venu à Montserrat, & vouloit se trouver sur son chemin pour lui parler.

CHA-

CHAPITRE TROISIÉME.

I. Nouvelles Querelles du Roi Pierre contre le Roi Jacques. II. Qui partagent tous les Seigneurs de leur Cour. III. Jacques obtient que la Reine son Epouse viéne à Montpellier. IV. Troubles dans l'Aragon favorables au Roi Jacques. V. Tentatives qu'il fait à Mayorque & dans le Roussillon. VI. Etat particulier de ses Affaires. VII. Sa derniére Expedition à Mayorque, & sa Mort.

DU caractére dont nous connoissons le Roi Pierre le Ceremonieux, il est facile de comprendre qu'il ne se borna pas à être le Maître des Etats & de la Personne de son Enemi ; mais, que suivant sa Politique ordinaire, il devoit par toute sorte de Dégoûts & de Mortifications, le pousser à sa perte, pour être délivré une bonne fois, des suites que pouvoit avoir l'Invasion qu'il venoit de faire.

1344.
Zurita, liv. 7.
ch. 80.

Dans cette vûë, il resolut de tenir à Barcelonne (où il arriva le 10. de Septembre) le Parlement qu'il avoit convoqué à Lerida; & pour disposer les choses qu'il vouloit y faire resoudre au sujet du Roi Jacques, il lui fit une Querelle sur les Bruits qui couroient de son Rétablissement, qu'on publioit devoir être fait à la St. Michel suivant, ou à la Fête de tous les Saints. Pour cet effet, il lui envoya dire, entre les bras (pour ainsi-dire) de son Epouse, qu'il venoit de retrouver en Catalogne, » qu'il n'ignoroit pas que sur le refus qu'il avoit » fait par le passé de le servir, on avoit fait l'Incorporation de ses Etats à la Cou-» ronne d'Aragon, qui avoit été publiée plusieurs fois & jurée par les Grands » du Royaume : que pour ces Raisons, il ne pouvoit, ni en Conscience, ni en Jus-» tice, rompre une Union faite si solennellement ; ainsi, qu'il ne pouvoit pas at-» tendre d'être écouté par lui-même ou par autrui sur cette Demande ; mais » que du reste, il vouloit user de Clemence avec lui : & comme les Bruits qu'on » affectoit de répandre à Mayorque & à Perpignan, étoient pleins d'orgüeil & » de menaces, il devoit sçavoir que le Sauf-conduit qui lui avoit été accordé, » n'étoit pas pour rien attenter contre son Service, depuis qu'il s'étoit mis en » son Pouvoir ; & il finissoit, en lui marquant qu'il alloit faire proceder, sous pei-» ne de mort, contre Ceux qui feroient courir de pareils Bruits.

I.

Le Roi de Mayorque (dit Zurita) fort troublé de cette Ambassade, envoya au Roi un Homme-de-Lettre, nommé Raymond de *Bruziac*, pour lui demander d'être oïy, afin de se justifier sur ces Bruits, qu'il ignoroit, & dont il feroit punir les Auteurs, s'il les connoissoit ; Il ajoûta, que veritablement il ne desesperoit pas d'être rétabli dans ses Etats, & que c'étoit la raison pour laquelle il continuoit à lui demander d'être oüy: il continua en effet d'envoyer Message sur Message pour avoir Copie de son Procès ; mais, le Roi inflexible, éluda jusqu'au Parlement.

Zurit. Ibid.

Il fut enfin tenu à Barcelonne le septiéme d'Octobre 1344. & le Roi y parla beaucoup sur l'Explication qu'il faloit donner au Terme de *Misericorde* dont il avoit promis d'user envers le Roi de Mayorque : Zurita nous marque, qu'il prétendit qu'on devoit l'expliquer par celui d'Egard, qu'il vouloit avoir veritablement pour lui ; & n'ayant pas voulu qu'on en vint publiquement aux Opinions, il demanda les Avis par écrit, & de cette sorte il fut le maître de publier ce qu'il voulut.

Il publia donc, » qu'on donneroit dix mile Livres de Rente au Roi de Ma-» yorque, en attendant qu'on lui assignât des Terres de pareil Revenu, pour lui » & pour ses Décendans ; à la charge néanmoins de retour, s'ils mouroient sans

" Lignée. De plus, que le Roi d'Aragon lui remettroit la Confiscation des Vi-
" comtez d'Omelas, de Carladez, & de la Seigneurie de Montpellier, dont il
" lui laisseroit la Directe ; à la charge qu'il renonceroit aux Titres & Marques
" de Roi : Qu'il feroit rompre les Sceaux, changer les Marques Royales, & re-
" mettroit tous les Papiers de la Couronne qu'il avoit portée : bien entendu que
" lui ni ses Décendans, ne feroient ni Procès ni Demande de son Royaume, qui
" avoit été saisi en Justice ; autrement, que toute la Miséricorde dont on usoit
" présentement n'auroit aucun effet.

Les Envoyez du Roi d'Aragon signifiérent cet Arrêt au Roi de Mayorque, en faisant fort valoir la Clemence de leur Roi à son égard ; à quoi il ne répondit qu'en protestant contre, & en demandant du tems pour déliberer sur ce qu'il avoit à faire.

Le Roi Pierre, peu content de cette Réponse, envoya ordre de renforcer toutes les Places du Roussillon ; & le Roi Jacques, en s'éloignant de Barcelonne, lui fit sçavoir par Raymond de *Bruziac* son Vice-Chancelier, par Bernard de *Roquefeüil*, & Pons *Calça*, qui étoient de son Conseil, " qu'il le prioit de l'excuser,
" s'il n'acceptoit & ne pouvoit accepter les Offres qu'il lui faisoit, parcequ'il
" étoit obligé pour la Dignité Royale, de garder les Engagemens qu'il avoit
" contracté à son Couronnement : qu'il étoit injuste qu'il lui retint ses Etats,
" en se contentant de lui laisser les Vicomtez d'Omelas, de Carladez & de Mont-
" pellier, qu'il possedoit en paix : qu'il étoit surprenant qu'il ne voulût pas l'en-
" tendre, & qu'il retint auprès de sa Personne ses Enemis déclarez, qu'il avoit
" promis de renvoyer en présence de l'Infant Dom James & de Pierre d'Exerica :
" qu'il n'y avoit aucune bienséance qu'il renonçât à la Vocation où il avoit été
" appellé à son Sacré ; & que le Roi d'Aragon, sous le nom de Clemence &
" de Grace, voulût l'obliger de renoncer à ses Etats, avec infamie pour sa Per-
" sonne, pour la Dignité Royale, & pour ses Enfans : il disoit enfin, que Pierre
" d'Exerica lui ayant fait de grandes Promesses de la part du Roi, il ne com-
" prenoit point où elles se réduisoient, puisqu'on le dépoüilloit de tout : que le
" Roi lui avoit envoyé un Billet, écrit de sa main, par lequel il l'assuroit qu'il
" agiroit avec lui de Grace & de Clemence, sans parler d'aucune Renonciation :
" qu'il ne convenoit point qu'il la fît au préjudice de son Fils l'Infant Jacques,
" reconnu déja pour Roi par les Prélats & Seigneurs de son Royaume, qui lui
" avoient juré leur Foi ; & pour Conclusion, il demandoit la Restitution de son
" Royaume de Mayorque, & des Comtez de Roussillon & de Cerdagne.

A toutes ces Demandes, le Roi d'Aragon ne répondit que par une grande Relation, des Excès commis (comme il le prétendoit) par le Roi de Mayorque, pour raison desquels ses Etats étoient dévolus à la Couronne d'Aragon.

II. Ce Manifeste devenu public, fit naître l'envie à Pierre d'Exerica son Favori, d'en publier un sur son propre Fait, dans lequel il racontoit à sa façon, tout ce qui s'étoit passé entre lui & Raymond de Codolet, & avec le Roi de Mayorque lui-même. Ce Prince ayant vû son Ecrit, y répondit par les Preuves qu'il avoit en main : & ajoûta, qu'il offroit de le soûtenir par un Combat entre Personnes convenables, ou devant des Juges competans ; & que quiconque disoit le contraire, mentoit comme un faux Traître.

Plusieurs Seigneurs de France & de Roussillon, s'offrirent au Combat pour le Roi de Mayorque leur Maître ; à quoi l'Envoyé de Pierre d'Exerica répondit par un autre Démenti : & les choses en étant venuës à un point qu'on alloit prendre les Armes de part & d'autre, le Roi d'Aragon ne put trouver d'autre remede (dit Zurita) que de dissimuler le chagrin qu'il en avoit.

D'un autre côté, Raymond de Codolet publia de son chef un Manifeste, où il marquoit au long les propres paroles qu'Exerica lui avoit dites au sujet de son Maître, & s'offroit de les soûtenir dans un Combat contre lui : Artal de *Pallas* en fit de même ; & les Gens du Roi d'Aragon ayant répondu par des Défis semblables, tous les Esprits se trouvérent dans une si grande émotion, que le Roi de Mayorque comprit bien qu'on ne songeoit qu'à le pousser à bout ; il trouva le moyen de se dérober à Ceux qui étoient chargez de l'observer, & il

arriva

arriva enfin à Puycerda, Capitale de la Cerdagne : Ses Amis lui ramassèrent alors six cens Hommes de Cheval, & treize cent d'Infanterie, qu'il conduisit à Livia, dont il prit les Fauxbourgs, sans pouvoir se rendre maître de la Place ; il fit une autre tentative sur Villefranche, d'où voulant revenir à Puycerda, les Habitans, épouvantez par les menaces du Roi d'Aragon, fermérent sur lui les Portes, & firent sonner le Tocsin pour armer tout le Païs contre lui. » Il est incroyable » (dit Zurita) ce qu'il eut à souffrir en cette occasion ; & son état (ajoûte-t-il) » auroit été capable de toucher de pitié son plus grand Enemi, si ç'eût été à tout » autre que celui avec qui il avoit à faire : Toute sa ressource fut de traverser les Montagnes des Pirénées, dans le tems le plus rude, pour se rendre chès le Comte de Foix, d'où il vint à Montpellier.

[marginalia: 1344. Zur. l. 7. ch. 83.]

Alors le Roi d'Aragon, ayant appris sa Sortie du Roussillon, se hâta d'y venir ; & il y signala son Entrée, en faisant billoter Hugues de *Adania* & Arnaud de *Palaros*, Gentilshommes du Roi de Mayorque, avec autres quatorze : Et se trouvant à Perpignan le premier jour de l'an 1345. il voulut solenniser ce jour, par une Marche pompeuse dans cette Ville, comme s'il revenoit en Triomphe de la Défaite d'un puissant Enemi. Pour cet effet, il assembla les Seigneurs de sa Cour, les Officiers de ses Troupes, & les Magistrats de Perpignan, avec toute leur Suite ; mais, à peine la Marche eut commencé, qu'un Orage violent & imprévû dissipa tous les Préparatifs du Triomphe.

[marginalia: Zur. l. 8. ch. 1. 1345.]

Cependant, le Roi Jacques se voyant à Montpellier, plus tranquile & plus en sureté qu'il n'avoit été de long-tems, voulut attirer en cette Ville la Reine son épouse, qu'on lui détenoit en Espagne : il entreprit pour cela un Voyage à Avignon ; afin d'engager le Pape dans ses interêts ; & durant le séjour qu'il y fit, les Officiers qu'il avoit à Montpellier, voulant lui amasser de l'Argent, demandérent aux Consuls la somme de seize cent quarante-cinq livres, sous divers prétextes, & entr'autres pour un Prêt qui leur avoit été fait par le feu Roi Sanche, Oncle du Roi Jacques : surquoi, les Consuls ayant fait leur Replique, la somme fut modérée à trois cent quatre-vingt-dix-sept livres dix sols Petits-Tournois, en comptant (dit l'Acte) l'Ecu d'Or de France fin & de poids, pour quinze sols Tournois : Après cette Reduction, les Consuls allérent à Avignon pour payer au Roi cette somme, où il fut passé une Transaction entre le Roi & les Consuls, par laquelle ils se déclarérent respectivement quites de tout le passé. Fait à Avignon dans l'Hôtel à l'Enseigne du Lyon, où le Roi avoit pris son Logement. *Avinioni in Hospitio vocato Leonis ubi Dominus Rex Hospitat.*

[marginalia: III. Grand Talamus, fol. 26.]

Le Pape entra avec plaisir dans les Demandes du Roi de Mayorque, & il engagea le Roi de France à les appuyer auprès du Roi Pierre ; qui répondit à leurs Lettres par un long Recit des Griefs qu'il avoit contre le Roi Jacques ; & pour avoir un plus beau prétexte de leur refuser ce qu'ils demandoient, il fit son possible auprès de la Reine Constance, pour lui inspirer du mépris & de l'aversion pour son Mari. Cette derniere voye n'ayant pû lui réussir, il songea à tirer avantage de la Demande du Pape, pour en obtenir plusieurs graces dont il avoit besoin ; & il lui envoya des Ambassadeurs pour lui faire ses Demandes ; mais sans aucun pouvoir sur le Fait du Roi de Mayorque : Cela n'empêcha point le Pape d'en user liberalement avec lui (dit Zurita ;) & comme le Roi Pierre vit qu'il pouvoit payer des Services effectifs par une complaisance qui ne lui étoit d'aucun préjudice, il consentit au Départ de la Reine sa sœur, en prenant la précaution de lui faire faire le trajet par Mer, de peur que sa présence n'excitât quelque Mouvement parmi les Peuples de la Cerdagne & du Roussillon : il la fit embarquer à Colioure, pour être remise à *Leucate* entre les mains du Nonce du Pape, d'où elle fut conduite à Montpellier.

[marginalia: Liv. 8. ch. 1.]

Les choses commencérent dès-lors à tourner plus favorablement pour le Roi Jacques : car, le Roi de France, soit par indignation des injustices criantes qu'on lui avoit faites, soit (comme dit Zurita) à la solicitation des plus Grands-Seigneurs de son Royaume, qui étoient Parens ou Alliez du Roi de Mayorque, se seroit déclaré ouvertement pour lui, s'il n'avoit été dans le fort de ses Démêlez avec Edoüard Roi d'Angleterre ; il se contenta d'interposer son Autorité pour le ré-

130 HISTOIRE DE LA VILLE DE MONTPELLIER,

1345.
Archiv. du Domaine, Reg. 7. fol. 91.

tablissement des Affaires domestiques du Roi Jacques, qui étoient fort dérangées à Montpellier, comme on peut l'inferer des Lettres que nous avons du 25. Août 1341. où Philipe de Valois mande au Senéchal de Beaucaire, & au Juge du Petit-Scel Royal de Montpellier, que le Roi Jacques étant tenu, à raison du Doüaire de sa Femme, à la somme de cinq mille cinq cent livres envers Hugues *Allemant* Seigneur de *Valflaunez*, auquel il avoit cedé *certas Leudas, Copas, & alias Reditus*, que ce Roi avoit à Montpellier, quoique ces Leudes, Coupes, & autres Revenus valussent plus de quinze mile livres : Philipe marque, que par respect pour le Pape, qui lui en a écrit, & par amitié pour le Roi de Mayorque son Parent, il annule cette Vente, & ordonne que Hugues prene tous les ans la moitié des Revenus jusqu'à son entier payement, & que l'autre moitié serve pour la nourriture & l'entretien des Enfans du Roi Jacques ; toute autre Raison & Coûtume cessant.

Ibidem, fol. 72.

Peu de jours auparavant il avoit fait une Action de generosité, en remettant sept cent Réales d'Or, pour le dixiéme d'une Clameur du Petit-Scel de Montpellier, que Hugues *Allemant* Seigneur de Valflaunez, avoit obtenuë contre le Roi Jacques, pour Prêt de sept mille Réales d'Or : Surquoi Philipe de Valois écrit à la Chambre des Comptes de Paris, qu'il remet au Roi Jacques les sept cent Réales, nonobstant que les Emolumens du Petit-Scel soient donnez à Ferme : « auquel cas, Nous voulons, dit le Roi, que vous rabatiez à nos Fer= miers desdits Emolumens du Petit-Scel, la somme de sept cent Réales ; & en consequence, il mande au Senéchal de Beaucaire, & au Garde du Petit-Scel de Montpellier, ou à leurs Lieutenans, de tenir la main à l'Execution de ses Ordres. Donné à Paris, le 9. Août 1345.

Ermin. liv. 3. chap. 2.

En même-tems, pour faire voir au Roi d'Aragon qu'il entroit dans les interêts du Roi Jacques plus qu'il n'avoit fait, il revoqua toutes les Sauvegardes qu'il avoit données dans ses Etats aux Habitans du Roussillon & de Mayorque: dequoi le Roi Pierre prit un si grand ombrage, que pour détourner les bonnes dispositions de la France, il fit proposer par la Reine de Navarre, le Mariage d'une Infante d'Aragon, avec Charles Fils de Jean Duc de Normandie ; & de crainte que les Génois (comme on le publioit) ne donnassent du Secours à son Enemi pour faire quelque entreprise sur Mayorque, il rechercha l'Alliance des Venitiens pour les traverser.

Grand Thresor. fol. 130. verso.

Dans ce tems, le Roi Jacques donna de nouvelles Lettres, en confirmation des Coûtumes de Montpellier, que nous avons du dix-neuviéme du mois de Décembre 1345. données, dit le Roi, *in Villâ nostrâ Montispessulani*. Le Roi Pierre, de son côté, agité par la crainte que son ambition démesurée lui donnoit, fit répandre le bruit, qu'on devoit dans Perpignan, attenter à sa vie ; & sur ce prétexte, il fit prendre & executer un grand nombre de Personnes.

Zur. l. 3. ch. 2.

1346.

On peut mettre à peu de distance de ce même-tems, la mort de la Reine Constance, qui mourut à Montpellier en 1346. comme il resulte des Comptes rendus alors par Jacques de la *Manhania*, où il comprend les Fraix Funeraires de la Reine, au Couvent des Freres-Mineurs, dans une Caisse de Plomb, & dans un Tombeau fait exprés, pour lesquels il compte soixante-quatre livres quinze sols : il est à croire que les cruelles épreuves où le Roi Pierre avoit mis sa Sœur, abregérent les jours de cette infortunée Princesse.

IV. Cependant, toutes les Executions du Roi Pierre contre son Beau-Frere, & contre Ceux qui tenoient son parti, commencérent à indisposer les Princes de sa propre Maison, & les Seigneurs de sa Cour : il en soupçonna quelque chose ; mais, ne pouvant rien découvrir, il borna tous ses soins à mettre le Roussillon hors desatteintes de Jacques de Montpellier, car c'est ainsi qu'il commença de nommer le Roi de Mayorque : Toute cette année 1346. se passa sans aucun Evenement considerable ; mais l'année suivante fit éclorre la Conspiration qui avoit été soupçonnée, & dont la prémiére origine venoit, de ce fonds de haine & d'aversion qu'il eut toûjours pour les Princes de son Sang. J'aurois garde de parler de la sorte, si Zurita ne s'exprimoit dans des termes plus forts que moi : *Fue*, dit-il, *la condicion del Rey Don Pedro, y su naturaleza tan perversa y inclinada à mal, que*

1347.

Zur. 2. ch. 5.

LIVRE SEPTIÈME. 131

» en ninguna cofa fe feñalo tanto, ni pufo major fuerça, come in perfeguir fu proprio San- 1347.
» gre. » Il fut d'un naturel si pervers & si porté au mal, qu'il ne se signala ja-
» mais tant en aucune chose, qu'à persecuter de toutes ses forces son propre
» Sang. La Marque particulière qu'il en donna alors, fut d'ôter à l'Infant Dom
Jayme son frere, la Procuration generale de ses Royaumes, dévoluë par l'Usage
à l'Héritier présomptif de la Couronne : Il fit bien davantage ; car il entreprit,
n'ayant point d'Enfant mâle, de faire tout expedier au Nom de l'Infante Constance
sa fille. Cette Nouveauté souleva tous les États de Valence & d'Aragon : On Ch. 7.
fit une Union entre ces deux Royaumes ; on leva des Troupes, & il se vit sur
le point d'être abandonné de tout le Monde.

Dans ces entrefaites, le Roi de Mayorque s'embarqua sur les Galéres de V.
France, commandées par Charles Grimaldy, & fut se présenter à Mayorque pour
encourager Ceux qui y tenoient encore son Parti ; mais, voyant qu'il n'étoit pas Ch. 9.
le plus fort, il ramassa tout ce qu'il avoit de Gens de pied & de cheval, & vint
se jetter dans le Conflant, où ayant pris *Vinça & Villefranche*, il se rendit
maître de tout le Païs.

Jamais le Roi d'Aragon ne fut plus indéterminé qu'alors, sur le parti qu'il
avoit à prendre : il hesita long-tems, s'il resteroit dans ses Etats pour y mettre ordre aux Troubles intestins, ou s'il marcheroit contre Jacques de Montpellier :
La haine qu'il eut toûjours pour ce Prince, le détermina de son côté ; & il est
certain, dit Zurita, que s'il ne fût venu lui-même en personne, tout se déclaroit pour le Roi de Mayorque. Les deux Armées étant en présence, donnérent
divers petits Combats ; & la Garnison de Vinça, ayant fait une Sortie sur le Roi
d'Aragon, incommoda beaucoup ses Troupes : mais, n'ayant pas pris la précaution en sortant, de faire bien garder les Portes de leur Ville, quelques Aragonois qui fuyoient, trouvérent le moyen d'y entrer ; & voyant qu'elle n'étoit pas
gardée, ils appellérent leurs Compagnons, s'en rendirent les maîtres, & y passérent tout au fil de l'épée.

Cet Evenément décredita les Armes du Roi de Mayorque, qui, ne voulant
point tenter une Action generale au milieu d'un Païs énemi, mit toutes ses
Troupes dans les Places qui tenoient pour lui, & se retira en France par les
Montagnes.

Il est aisé de comprendre que ces deux derniéres Expeditions qu'il venoit de VI.
faire, devoient avoir épuisé, non-seulement ce qui lui restoit de ces Revenus ;
mais encore les ressources qu'il pouvoit avoir d'ailleurs. La chose paroît par plusieurs Délibérations qui se voyent encore dans nos Archives ; sur les Secours que
la Ville lui donna volontairement, ou qu'il demanda lui-même : on en a une du
sixième Décembre 1346. par laquelle il fut délibéré, de lever en sa faveur pendant quatre ans, une Obole sur tout ce qui se vendroit à Montpellier ; sauf, dit
l'Acte, le Poivre, la Cire & le Safran. Le Roi Jacques confirma cette Déliberation ; & pour se faire avancer les Deniers de cette nouvelle Imposition, il
eut recours au Roi Philipe de Valois, qui écrivit aux Consuls pour lui faire
toucher la somme de neuf mille livres Tournois, pour les deux premiéres années, des quatre que devoit durer la Levée de l'Obole : la Somme fut payée fort
exactement ; mais, au bout de six mois, les neuf mille livres se trouvérent consom-
mées, & le bon Roi n'eut pas honte de recourir encore à ses fidéles Sujets de
Montpellier. Nos Consuls, dont on peut juger de l'exactitude dans les Affaires
publiques, par l'Acte que je vais raporter, voulurent avoir l'Avis des plus habiles
Jurisconsultes de Montpellier, pour se disculper envers le Peuple, ou envers le
Roi, selon la Réponse que feroient les Docteurs ; elle est au pied de l'Exposé
qu'ils leur avoient fait, dont voici le Précis : Parmi ces Docteurs, il est à remarquer que Guillaume Grimoard, qui fut depuis Pape sous le Nom d'Urbain
V. professoit alors dans nôtre Université.

» *EXPOSÉ*. . . Un Prince Etranger ayant une Baronie en France, qui lui
» donneroit le moyen de vivre en Baron, a été chassé de sa Principauté par
» ses Enemis ; il a engagé une partie des Biens allodiaux de sa Baronie pour
» recouvrer sa Principauté, & en a même vendu une autre partie. Les Sujets

R 2

» de sa Baronie lui ont donné, de l'Ordre du Roi de France, neuf mile livres
» Tournois, pour l'entretenir, lui & ses Enfans, pendant deux ans, mais il
» a consommé le tout en moins de six mois : Maintenant il demande aux
» Sujets de sa Baronie, qu'ils lui donnent, pour lui & pour ses Enfans, les Ali-
» mens qu'il dit ne pas avoir. On demande si les Sujets de sa Baronie,
» qui ne sont ses Sujets qu'à raison de sa Jurisdiction, ne lui étant obligez, ni par
» Hommage, ni par aucune autre Charge de Service, sont tenus de lui fournir les
» Alimens qu'il demande ?

» RÉPONDU... Que selon l'Exposé, il est clair : 1°. Que les Sujets ne
» doivent rien pour les deux premiéres années, puisqu'ils ont payé les neuf mile
» livres ausquelles ils étoient taxez.

» 2°. Que pour les années suivantes, ils n'y sont pas tenus, ni par le Droit
» Naturel, ni par le Droit Civil. Par le Droit Naturel, parcequ'*illo Jure alun-*
» *tur liberi proprii non extranei* : Par le Civil non plus, parceque *Domini non*
» *possunt à Subditis pecunias, seu subsidia exigere, nisi reperiatur in Jure expressum quod*
» *ei debeatur.*

» Les Auteurs qui disent que le Vassal doit nourrir son Seigneur, parlent
» *de Subditis conditionatis ratione Feudi, seu Homagii, vel alteriùs Servitii*, Et ne
» parlent pas de ceux qui sont Sujets *ratione Jurisdictionis* : Or, ce Baron, qui a
» eu recours au Roi de France, paroît avoir reconnu que cela ne lui étoit pas
» dû... Et pour répondre à la Comparaison des Vassaux envers leurs Seigneurs,
» des Fils envers leurs Peres, & autres semblables, on dit que la Sujetion de
» Jurisdiction dépend si fort des Sujets, qu'ils peuvent s'en délivrer quand il
» leur plaît, en changeant de Lieu ; D'ailleurs, n'étant que simple Baron en
» France, il n'a sur les Sujets de sa Baronie que les simples Droits de Baron :
» *Sicut Episcopus qui frequenter est in Capitulo non tanquàm Episcopus, sed ut simplex*
» *Canonicus.*

» *Juxta Thema & Allegationes præmissas non tenentur Subditi Alimenta præstare...*
» *Dico ego Guillelmus Grimoardi, Decretorum Doctor & Decanus Cluniacensis... Dico ego*
» *Guiraudus Pargez, Legum Doctor.*

» *Et ego Guillelmus d'Espinassone, Decretorum Doctor.*

Le Roi Pierre se voyant tranquile dans le Roussillon, par la Sortie du Roi Jacques, ne songea plus qu'à rompre l'Union formée contre lui dans ses propres Etats, & à poursuivre son Frere Dom Jayme, qu'il soupçonnoit être dans les interêts du Roi de Mayorque : il appella à soi les principaux Confederez, qui refuserent de venir ; il leur fit offrir un Sauf-conduit, qu'ils ne se contenterent point de rejetter, mais ils convinrent entr'eux, qu'aucun de l'Union ne parleroit jamais seul-à-seul avec le Roi : Il permit enfin qu'ils vinssent en grand nombre ; & pour avoir quelque prise contre son Frere, dont la Déposition étoit le prétexte de leur Revolte, il le piqua publiquement par les Reproches les plus outrageans, afin qu'il lui fît quelque mauvaise Réponse, qui lui donnât occasion de le faire assassiner par deux Hommes qui se tenoient tous prêts. L'Entrevûë finit par de grands Troubles, qui néanmoins ne furent suivis d'aucune effusion de sang ; mais le Roi artificieux changea de conduite : il revoqua tout ce qu'il avoit fait en faveur de l'Infante Constance ; il jura de nouveau les Priviléges de Ceux de l'Union, pour les engager de se trouver aux Etats, qu'il convoqua à Barcelonne, où l'Infant Dom Jayme son frere étant venu sans défiance, il y mourut subitement de Poison.

Sa mort, au lieu d'appaiser les Troubles, causa une Guerre sanglante entre Ceux de l'Union & les Troupes du Roi, durant laquelle le Roi de Mayorque fit diverses Tentatives sur le Roussillon, mais sans aucun succès considerable. Enfin, pour en venir à un dernier Effort, il resolut, tandis que les Troubles continüoient toûjours en Espagne, de porter ses Armes à Mayorque ; & pour fournir aux Fraix de la Guerre, il traita avec le Roi de France de la Vente de sa Seigneurie de Montpellier : Cette Affaire ne fut consommée qu'au mois d'Avril de l'année suivante 1349. comme je le dirai plus amplement en son lieu ; & cependant, il traita avec le Pape Clement VI. pour le prix de quatre mile Florins

d'Or, de la Rente qu'il tiroit sur le Poids-du-Roi, qui est appellé dans l'Acte, le   1348.
Poids & Leude-Mage de Montpellier. Nous en avons le Contrat de Vente, faite à
Avignon, le neuviéme d'Octobre 1348. qui est la septiéme année du Pontificat
de ce Pape. Le Roi y reconnoit avoir reçû de Sa Sainteté, lesdits quatre mile
Florins d'Or; promettant de faire ratifier cette Vente par l'Infant Jacques son
Fils : & le Pape assigna deux cent cinquante Florins d'Or, que portoit le Poids-du-
Roi, pour la Fondation de huit Chapelenies dans l'Abbaye de la Chaise-Dieu,
Ordre de Saint Benoît, Diocése de Clermont, où il avoit fait Profession, & où
il vouloit être enterré.

 Avec cette Somme, & plusieurs autres, que le Roi Jacques fit en démembrant VII.
les Terres de sa Seigneurie de Montpellier, il équipa sur les Côtes de Provence,
par la faveur de la Reine Jeanne, une Armée Navale, composée de quatorze
Galéres, de huit Vaisseaux de Guerre, & de plusieurs autres Navires, qui por- *Zur. l. 8. ch. 94.*
toient quatorze cent Chevaux, & trois mile Hommes de pied : il étoit accompagné de Charles *Grimaldy*, Seigneur de Monaco, d'*Atho-Grimaldy* son Parent, &
de plusieurs autres Génois, qui voulurent le servir dans cette occasion.

 Tous ces Préparatifs ne purent se faire, sans que le Roi d'Aragon en eût le 1349.
vent : mais, dans l'incertitude si son Enemi en vouloit au Roussillon ou à
Mayorque, il envoya son Oncle l'Infant Dom Raymond Berenger en Roussillon ; &
d'autre part, il fit porter en diligence un Ordre à son Amiral Dom Pedro de Moncada, d'abandonner les vûës qu'il avoit pour le Secours de la Sardaigne, & de
s'occuper uniquement à conserver les Isles de Mayorque : Enfin, étant éclairci du
dessein de Jacques de Montpellier, il ramassa promptement tout ce qu'il put tirer
de Troupes du Royaume de Valence & de la Catalogne, & les fit partir en diligence, sous la conduite du Vice-Amiral Mathieu *Mercer*, qui arriva heureusement pour lui, presqu'en même-tems que le Roi Jacques faisoit prendre terre
à son Armée.

 Gilbert de Centellas, qui commandoit alors dans l'Isle, voyant le Secours que
Mercer lui amenoit si à propos, crut devoir prévenir le Roi de Mayorque, de
qui les Troupes étoient pour le nombre inférieures aux siénes : il marcha dans
un grand silence pour le surprendre; mais il le trouva en très-bon ordre, & les
François qui combatoient pour lui, rompirent les premiers Rangs des Enemis,
comme Zurita le dit lui-même : *El Rey de Mayorca y los Franceses se pusieron en*   Ibidem.
muy buena ordenança, y rompieron los primeros, y començo se una muy brava Batailla. Ch. 14.
Il ajoûte, que la Bataille fut long-tems disputée, comme si chacun eût fait sa
propre affaire de la Conservation ou de la Conquête de ce Royaume ; mais sur
le midi, dans la plus grande ardeur du Soleil, les Troupes du Roi Jacques se
sentirent accablées du nombre : Alors ce Prince, voyant qu'elles commençoient à
se ralentir, soûtint, avec les plus Courageux, tout le poids du Combat ; de sorte
qu'il attira sur sa Personne toute l'Armée des Enemis, qui l'envelopa pour le faire Prisonnier : mais, n'ayant jamais voulu se rendre, ils lui tüérent son Cheval ; & le
voyant renversé à terre, un d'entr'eux, qu'on dit être un *Almogavare de Buriana*,
s'avança, & lui abatit la tête.

 Ainsi finit, à la vingt-cinquiéme année de son Regne, le dernier des Princes
de la Maison d'Aragon, que Montpellier avoit eu pour ses Seigneurs durant
l'espace de cent quarante-cinq années : Il se montra (dit Zurita) digne de la
Couronne, par tout ce qu'il fit pour la conserver ; & l'année de sa mort, qu'on
met dans le mois d'Octobre 1349. est la grande époque du dernier Changement
de Domination arrivé à Montpellier.

 Nous verrons dans la suite de cette Histoire, que le Roi Jacques III. laissa
un Fils, une Fille, & une Veuve : Son Fils, appellé Jacques, fut un des quatre
Maris de la Célébre Jeanne, Reine de Naples : sa Fille, dite Elizabet ou Isabelle,
épousa Jean, Marquis de Montferrat ; & Yoland, qu'il avoit épousé après la mort
de la Reine Constance, fit des Demandes sur la Seigneurie de Montpellier, que
nous verrons sous le Regne du Roi Jean.

FIN DU LIVRE SEPTIÉME.

134

HISTOIRE
DE LA VILLE
DE MONTPELLIER,
SOUS LES ROIS PHILIPE DE VALOIS ET JEAN II.

LIVRE HUITIÉME.

CHAPITRE PREMIER.

I. Vente de la Seigneurie de Montpellier au Roi Philipe de Valois. II. Lettre du Roi de Mayorque à ce sujet. III. Composition faite avec le Roi d'Aragon. IV. Philipe de Valois termine l'Affaire de Bernard de Roquefeüil. V. Confirme les Priviléges de la Ville, & l'anciène Forme de l'Election des Consuls. VI. Il établit un Sequestre ou Gouverneur de la Justice.

1349.

A MORT de Jacques III. Roi de Mayorque, avoit été précedée d'environ six mois, par la Vente qu'il avoit faite à Philipe de Valois de la Seigneurie de Montpellier : L'Acte que nous en avons dans le grand Talamus, est du mois d'Avril 1349. & la mort de ce Prince arriva, comme nous l'avons dit, le onziéme Octobre de cette même année. Dans l'Acte de Vente, qui est au Nom des deux Rois, celui de Mayorque dit : » Qu'étant chargé de Soins
» très-pressans & innombrables, ausquels il ne peut subvenir qu'en aliénant
» son Patrimoine, il a crû que la bienséance vouloit que ce fût en faveur du
» Roi de France, de qui il tenoit ces mêmes Terres à Foi & Hommage : C'est
» pourquoi, après une mûre déliberation, il déclare qu'il a vendu & transferé à Phi-
» lipe, Roi de France, & à ses Successeurs, à Titre de pure & de veritable Vente,
» son Château ou Palais de la Ville & Baronie de Montpellier, sa Châtelenie de
» Lates, avec leur Terroir, leur District, & toutes leurs Appartenances, pour le
» prix de six-vingt mile Ecus d'Or, Monoye de France ; payables, un tiers le quinze

I.

1349.

" du mois de Juin suivant, l'autre tiers à la Fête de l'Assomption, & le dernier
" à la Fête de St. Jean-Baptiste de l'année 1350. Ne se reservant aucune chose
" des Droits & Possessions qu'il y a eu; mais s'en dépoüillant entiérement, & en
" revêtant dès cette heure le Roi Philipe, pour joüir de tous les Droits & Ac-
" tions qu'il a eu ci-devant sur ces Terres.

Et afin qu'on connoisse le Prix de ce qu'il vend, il assure & certifie, que les
Revenus de la Ville & Baronie de Montpellier, montoient, années communes,
à trois mile deux cent quatre-vingt livres Tournois; & ceux du Lieu & Baronie
de Lates, quatre cent trente-cinq livres, de la même Monoye; outre les Fiefs,
Jurîdictions, Compositions, Amendes, Lods, Edifices, Forteresses, & autres
Droits : Et pour faire voir la chose en détail, il assure que la Grosse-Leude &
Poids de la Ville de Montpellier, ont coûtume d'être affermez tous les ans
mile livres, ... 1000. liv.
    La Petite-Leude, cent cinquante livres, ... 150. l.
    La Boucherie, deux cent livres, ... 200. l.
    La Courraterie, vingt livres, ... 20. l.
    La Poissonnerie, trois cent cinquante livres, ... 350. l.
    Le Legassieu ou Tanerie, cent cinquante livres, ... 150. l.
    Le Droit de Coupe sur le Bled & les Farines, cent quatre-vingt liv. 180. l.
    Les deux Maisons des Etuves ou Bains publics, six cent cinquante liv. 650. l.
    La Rafinerie de l'Or & de l'Argent, cent cinquante livres, . 150. l.
    La Leude du Bois, vingt livres, ... 20. l.
    La Ferme du Vermillon, trente livres, ... 30. l.
    Celle de la Mangonerie, quinze livres, ... 15. l.
    Le Cri du Vin, trente livres, ... 30. l.
    Les Hôteleries, vingt-cinq livres, ... 25. l.
    Les Usages, y compris ceux qui ont été engagez à un certain
Génois, & qui seront rachetez par le Roi de Mayorque, deux
cent cinquante livres, ... 250. l.

Et pour les Revenus de *Lates*, quatre cent trente-cinq livres Tournois, &c.
Consentant que si l'Evaluation qu'il donne, se trouve au-dessous du juste prix
des Choses, ou qu'il en ait engagé quelqu'une, que le Roi de France retiéne
sur le dernier Payement, dix sols pour chaque sol de Revenu annuel qui se trouveroit manquer : Promettant en outre, de faire ratifier le tout par ses Enfans.
Donné à Monthaut, près de Villencuve, joignant le Pont d'Avignon, dans le
mois d'Avril 1349. *De Mandato Regis vobis Domino de Ravelle, & Cancellario nos-
trûm litteratorie facto.* J. CHALLON.

II. Les Officiers du Roi de France ne se contentérent pas du seul Acte de Vente,
ils voulurent encore que le Roi Jacques écrivît aux Consuls de Montpellier,
pour les décharger du Serment de fidelité qu'ils lui avoient fait, & pour leur
apprendre qu'il avoit transmis tous ses Droits au Roi de France : Il le fit par ces
Lettres, données à Avignon le dix-huitiéme du mois d'Avril 1349. qu'on ne manqua pas d'inserer dans nôtre grand Talamus, où on les voit encore.

" JACQUES, par la grace de Dieu, Roi de Mayorque, Comte du Roussil-
" lon & de la Cerdagne : A nos bien-aimez les Consuls & Prud'hommes, tous &
" chacun des Habitans de la Ville de Montpellier & de Lates, & à tous ceux
" du District des Bailliages desdits Lieux; Salut.
" Attendu que nous avons vendu au Sérénissime Prince, & Respectable Parent,
" *Reverendo nostro Consanguineo*, le Roi des François, la Ville de Montpellier, &
" le Lieu de Lates, avec tous les Droits qui nous appartenoient dans leur Bail-
" liage, & que nous lui avons transporté, avec la Justice haute, moyéne &
" basse, tout le Domaine que nous y avions ; Pour cette raison, nous avons crû
" devoir décharger par ces Présentes, vous Consuls, & en vôtre Nom, tous &
" chacun desdits Habitans, du Serment de fidelité & hommage qui vous lioit à
nous:

» nous : tranſportant au Reſpectable Seigneur nôtre Parent, toute la Soumiſſion
» que vous nous deviez : En foi dequoi nous avons accordé aux Gens de nôtre-
» dit Reſpectable Seigneur & Parent, les préſentes Lettres. Donné à Avignon,
» le dix-huitiéme jour d'Avril, l'an de N. S. 1349. Par le Roi, P. GLORIE.

On pourvut dès-lors au premier Payement qui devoit être fait au Roi Jacques, par le moyen d'un Emprunt que le Roi Philipe fit à la Communauté de Montpellier : La choſe conſte par les Lettres que nous avons de ce Prince, où il marque la ſatisfaction qu'il a de ſes amez Conſuls & Habitans de Montpellier, qui l'ont aidé du leur, pour faire le payement de l'Achat de leur Ville ; Et dans la Quitance que fournit *Pierre Scatiſſe* ſon Tréſorier, il reconnoît avoir reçu des Conſuls de Montpellier, quatre mile Ecus d'Or, pour Prêt qu'ils avoient fait au Roi, à la ſolicitation de l'Evêque de Noyon, Chancelier de France : *Recognoſcimus nos habuiſſe & recepiſſe à Conſulibus Montiſpeſſulani quatuor mille Scutados Auri quos iidem Domino Regi mutuaverant ad requiſitionem Reverendi in Chriſto Patris Epiſcopi Noviomenſis Franciæ Cancellarii. Datum in Aquis mortuis, die 13. Junii Anno 1349.*

En conſequence, les Commiſſaires de Philipe de Valois ſe rendirent à Montpellier, où, après avoir remis aux Conſuls la Lettre du Roi de Mayorque, & communiqué l'Acte de Vente, ils prirent jour au troiſiéme du mois ſuivant, pour recevoir, au Nom du Roi de France, le Serment des Conſuls. Je ne ſçai par quel Ceremonial de ce tems-là, on choiſit une Maiſon hors des Fauxbourgs de Montpellier, de même qu'on en avoit choiſi une autre dans le Fauxbourg de Montpellieret, lorſque que Philipe le Bel en avoit fait l'Acquiſition : *In domo Guiraudi Geneſii propè domum Beatæ Mariæ de Carmelo ſituatâ ;* (c'étoit alors où eſt aujourd'hui l'Hôpital General.) Les Conſuls Pierre *Vaquier*, Guillaume *Dupuy*, Jean de *Sucilles* & les autres, s'y rendirent ; & s'étant mis à genoux, ils prêtérent leur Serment entre les mains de *Firmin Coquerel*, Evêque de Noyon, Chancelier de France, & de Puiſſant-Homme Guillaume de *Flota* Seigneur de Revel, Commiſſaires du Roi : Mais, la Proteſtation des Conſuls eſt remarquable, en ce qu'ils déclarent, que la poſture qu'ils ont tenuë à genoux n'eſt point un Hommage, mais ſimplement un Serment de fidelité, qui ne peut donner aucune atteinte à leurs Priviléges, Uſages, Coûtumes & Statuts. *Nec ipſam flexionem intelligunt, vel intelligi debet per ipſam Homagium acquiri, ſed Sacramentum fidelitatis tantùm facere, nec etiam eorum Privilegiis, Uſibus, Conſtitutionibus, ac Statutis derogare.*

Cependant, le Roi d'Aragon, Pierre le Ceremonieux, voyoit avec peine la nouvelle Acquiſition que la France venoit de faire : il cacha ſon reſſentiment durant les ſix mois qui s'écoulérent entre la Vente de Montpellier & la mort du Roi Jacques ; mais, à peine fut-il paiſible Maître des Etats de cet infortuné Prince, qu'il voulut tirer parti de la Seigneurie de Montpellier : Il envoya, comme nous l'apprenons de Zurita, Pierre de *Fenoüilledes*, Seigneur de l'Iſle & de Canet, pour repréſenter au Roi Philipe de Valois, que les Vicomtez d'Omelas & de Carladez, avec la Seigneurie de Montpellier, n'avoient pû être venduës à ſon préjudice, ni à celui du Fils du Roi de Mayorque, qu'il avoit en ſon pouvoir : Il eſt vrai que ce jeune Prince, n'ayant jamais voulu quitter ſon Pere durant le Combat où il fut tué, avoit été bleſſé lui-même au viſage, fait priſonnier, & conduit au Château de Xativa, d'où il fut transferé à Barcelonne, au Petit-Palais, où le Roi Pierre le retint reſſerré fort étroitement durant pluſieurs années.

Philipe de Valois jugeant à propos d'employer la négociation plûtôt que la force, pour ſe maintenir dans la Seigneurie de Montpellier, envoya au Roi d'Aragon, Raymond de *Salſa*, Doyen de Paris, pour faire entr'eux un Traité d'Alliance, par le Mariage de Conſtance Infante d'Aragon, avec un des Petits-Fils du Roi Philipe : Pour y proceder avec toutes les formalitez requiſes, le Roi Ceremonieux voulut que la Vente de la Seigneurie de Montpellier fût auparavant diſcutée dans ſon Conſeil, où, après pluſieurs diſputes entre le Doyen de Paris, & Ceux du Conſeil d'Aragon, il fut conclu que la Vente de Montpellier auroit ſa

138   HISTOIRE DE LA VILLE DE MONTPELLIER,

1349. force, & que les Terres difputées refteroient unies au Domaine du Roi de France, moyenant qu'il payât le refte du prix; & que pour cet effet, le Roi d'Aragon auroit le confentement de l'Infant Jacques de Mayorque. On regla en même tems le Mariage de Doña Conftantia, avec Loüis Duc d'Anjou, aux Conditions que nous dirons fous le Regne du Roi Jean, Pere de ce jeune Prince.

IV.

Dans ces entrefaites, le Roi Philipe de Valois finit à Montpellier une grande Affaire, qui y avoit éclaté depuis quelques années, & qui intereffoit beaucoup la Maifon de Roquefeüil : je n'ai pû en parler dans le tems qu'elle commença, pour ne pas interrompre la fuite des Guerres que le Roi Jacques eut à foûtenir ; mais maintenant que cette Affaire fut terminée, je croi devoir la reprendre depuis fon commencement, en raportant tout ce qui refulte de Zurita, des Mémoires particuliers que nous en avons, & des Actes qui font dans la Bibliotéque du Roi, dont on conferve des Copies autentiques dans le Château du Pouget.

Il eft certain, fuivant toutes ces Autoritez, que le jeune Bernard de Roquefeüil, Parent du Roi de Mayorque, étant auprès de fa Perfonne en qualité de Page, y perdit cruellement la vie. Zurita dit, qu'il fut tué par ordre du

Liv. 7. ch. 76. Roi : *Fue muerto per fu mandado cruelmente* : Les Actes fupofent le Meurtre averé, fans dire comment ; Et nos Mémoires particuliers racontent, que le Roi Jacques étant venu à Montpellier en 1343. dans le tems qu'il étoit pourfuivi le plus vivement par le Roi d'Aragon, il voulut, pour diffiper fes ennuis, donner un Bal dans le Palais qu'il occupoit alors, & qui eft encore apellé la Maifon du Roi de Mayorque. * On raconte donc, que le Roi étant à Table dans cette Maifon, Bernard de Roquefeüil, qui lui verfoit à boire, répandit du Vin fur un Habit de Satin blanc que le Roi portoit ce jour-là ; dequoi il fut fi irrité, qu'en le repouffant brufquement, il le bleffa du Couteau qu'il avoit à la main, dont Bernard mourut peu de tems après.

Liv. 7. ch. 76. Nous apprenons de Zurita, que fon Pere Arnaud de Roquefeüil, voulant venger fa mort, fit offrir au Roi d'Aragon, dans le tems qu'il affiégeoit Elne contre le Roi Jacques, de venir le fervir avec cent Hommes de cheval, tous de fa Lignée, & d'amener le Comte d'Armagnac, avec cinq cens Hommes d'Armes, & trois mile Hommes de pied ; Il lui fit faire excufe en même-tems, de ce qu'un autre de fes Fils fervoit actuellement dans l'Armée du Roi de Mayorque : Ce qui peut nous faire entendre, que tandis que le Pere fe laiffoit entrainer à fon reffentiment, le Fils fuivoit fon inclination, ou que tous les deux de concert, vouloient tenir à chacun des deux Partis qui fe faifoient la Guerre, comme on a vû faire fouvent dans les Querelles des Princes d'une même Maifon.

Les Offres d'Arnaud de Roquefeüil n'ayant pas été acceptées, il porta fa vengeance aux environs de Montpellier, où il arma pour faire la Guerre au Roi de Mayorque : mais, le Pape Clement VI. & le Roi Philipe de Valois, s'étant entremis pour accommoder ce Diferend, ils les obligérent de paffer une Tranfaction, qui fut fignée à Villeneuve d'Avignon le vingt-troifiéme d'Avril 1348. par laquelle le Roi Jacques céde à Arnaud de Roquefeüil fon très-cher Coufin, la Baronie du *Pouget*, *Vendemian*, *St. Bauzéli*, *St. Amans & Pouzolz* dans le Diocéfe de Beziers, avec dix Hommages Nobles, dont les principaux étoient, *Clermont*, *Poupian*, *Montarnaud & Treffan*. Pour plus grande fureté de cet Accord, on le fit ratifier l'année fuivante par les Enfans du Roi de Mayorque, Jacques & Ifabelle, qui en fignérent l'Acte en préfence du Roi leur pere, le dernier Janvier 1349. Et en confequence, le Roi envoya un Ordre aux Habitans du Pouget, & des autres Terres qu'il avoit cedées, de reconnoître Arnaud de Roquefeüil fon cher Coufin pour leur Seigneur, & de lui obéïr.

Les Préparatifs qu'on faifoit alors à Montpellier pour la derniére Expedition du Roi Jacques à Mayorque, fufpendirent l'Execution de cet Ordre : & le Projet de la Vente de Montpellier, qui devint public, la fit renvoyer encore plus loin ; car Arnaud de Roquefeüil fut obligé de recourir au Roi Philipe de Valois, pour

* Cette Maifon avoit deux principales Avenues, l'une attenant l'ancien Poids-du-Roi, près le Logis de la Vieille, & l'autre à l'Argenterie, à la Maifon du Sr. Fargeon, qui, avec celles des Srs. Richard & Maryé, formoient le Palais du Roi : Les deux Portes d'Entrée, qui fubfiftent encore de part & d'autre, prouvent l'Ancienneté du Bâtiment.

être mis en possession des Terres qui lui avoient été cedées. Ce Roi lui accorda les Lettres que nous avons du 20. Mars 1349. par lesquelles il confirme la Transaction passée, & ordonne à son Sénéchal de Carcassonne, de mettre Arnaud de Roquefeüil en possession de la Terre du Pouget, & de ses Dépendances : La chose néanmoins ne put être exécutée que l'année suivante, où Arnaud fut mis en possession par Thierry *Le Comte* Seigneur de *Arreblay*, Chambelan du Roi de France, & Gouverneur de Montpellier, par Acte du 23. Avril 1350. c'est-à-dire, six mois après la mort du Roi Jacques, & un an après l'Acquisition de Montpellier par Philipe de Valois.

1349.

1350.

En ce même tems, les Priviléges de la Ville furent confirmez, & l'Election des Consuls fut reglée sur le même pié qu'elle avoit été établie sous le Roi Jacques le Conquerant, Roi d'Aragon & de Mayorque.

V.

Les Lettres qu'en donna Philipe de Valois, sont adressées au Gouverneur & au Bailli de Montpellier ; & portent que les Consuls, en prêtant leur Serment de fidelité au Nom de toute la Ville, auroient suplié d'être maintenus dans les Priviléges, Libertez, Franchises, Mœurs, Usages & Coûtumes, dont ils joüissoient sous les Rois de Mayorque : auquel effet (dit le Roi Philipe) Nous vous mandons & ordonnons à chacun de vous, selon qu'il vous appartiendra , de faire joüir les Consuls & Communauté de Montpellier, des mêmes Priviléges, Libertez, Franchises, Mœurs, Usages & Coûtumes, dont ils ont joüi jusqu'à présent, & dans lesquelles le Roi de Mayorque, jadis Seigneur de Montpellier, les a maintenus : *In quibus dictus Rex Majoricarum Dominus olim Montispessulani ipsos tenebat & conservabat* ; nonobstant tout autre Ordre de nôtre part : *Alio Mandato minimè expectato*.

En consequence, on procéda à l'Election des nouveaux Consuls, selon l'ancien Usage, auquel Philipe de Valois ne voulut point toucher : il s'est conservé depuis, à peu de chose près ; & je crois qu'on prendra plaisir de comparer ce que Jacques le Conquerant regla pour l'Election des douze Consuls qu'il y avoit de son tems, avec ce que nous faisons aujourd'hui pour l'Election des six que nous avons.

» Par ses Lettres, données à Montpellier l'an 1245. il dit, qu'à la priere des
» Consuls, tant Anciens que Modernes, il régle le jour de leur Election au
» premier de Mars... Pour y proceder, les Consuls des Métiers ; qu'il appelle
» *Ministeriorum*, s'assembleront separément dans la Maison Consulaire.
» Chacun d'eux nommera cinq Hommes de probité de son Echelle, qui fe-
» ront le nombre de trente-cinq, d'entre lesquels on en choisira sept ; qui feront
» l'Election des Consuls.
» Les Consuls des Métiers procederont à ce Choix par Scrutin secret ; qui sera
» renfermé dans des Boules de Cire, de même poids & de même couleur.
» De toutes ces Boules, il n'y en aura que sept dans lesquelles soit renfermé
» le Nom d'un Electeur... Ces Boules seront tirées & ouvertes par un En-
» fant ou Personne non-suspecte... Et le nombre des sept Electeurs ayant
» été tiré, le surplus des trente-cinq Personnes qui avoient été proposées, se
» retirera.
» Cela fait, les Consuls en Charge, avec les sept Electeurs, procederont à l'E-
» lection des Consuls Modernes, en cet ordre.
» Ils choisiront soixante Hommes de probité, tous de la Ville, & qui se se-
» ront comportez honnêtement avec leurs Voisins, pour choisir de ce nombre les
» douze Consuls nouveaux.
» Avant toutes choses, ils prêteront Serment entre les mains du Roi, s'il est
» présent, & en son absence, entre les mains de celui qu'il aura envoyé ; & ils
» jureront de proceder sans haine ni affection particuliére, mais seulement pour
» le bien & utilité de la Communauté.
» Ils procederont de la maniere qu'il a été dit pour la Nomination des Elec-
» teurs ; c'est-à-dire, que de toutes les Boules de Cire qu'on jettera, il n'y en aura
» que douze qui renferment un Nom écrit.
» Ceux qui seront nommez, entreront en Charge le jour de Nôtre-Dame de

1350.

» Mars ; & auparavant, ils prêteront leur Serment entre les mains du Roi,
» ou de son Envoyé ; & en l'absence de l'un & de l'autre, entre les mains du
» Lieutenant de Roi de Montpellier : Que si le Lieutenant de Roi, ayant été
» averti, refusoit de venir, ils prêteront Serment entre les mains des Anciens
» Consuls. . . Leur Serment sera, de travailler de bonne-foi au bien & à l'utilité
» de la Communauté : De la gouverner fidélement, en gardant les Statuts, sauf
» les Droits du Roi, & les Coûtumes de la Ville : De ne recevoir aucun
» Présent dans les Fonctions de leur Charge, ni par eux, ni même par autrui :
» D'aider de leur Conseil le Bailli, & le Lieutenant de Roi à Montpellier :
» De conserver les Droits & Domaine du Roi, sauf les Coûtumes de la Ville.
» Et Nous (ajoûte le Roi) si Nous sommes présens, ou nôtre Envoyé pour
» Nous, promettons, comme Nous le faisons dès-à-présent, de donner aide &
» secours aux Consuls & à la Communauté, & de défendre les Droits, tant
» du general que des Particuliers.
» Mais, s'il venoit à y avoir Partage dans l'Election, le Sufrage du Roi, ou
» celui de son Envoyé, aura la Prépondérance, pourveu que des dix-neuf Electeurs
» il y en ait sept qui concourent avec lui.
» Quant à l'Envoyé du Roi dont il a été parlé, le Roi entend pouvoir l'en-
» voyer de toutes ses Terres au-delà de Salces, pourveu qu'il ne soit pas son Lieu-
» tenant dans Montpellier ; & s'il manquoit de se rendre à l'Election avant le
» premier de Mars, le Roi veut que les sept Electeurs, & les douze Consuls en
» place, procédent à l'Election des Nouveaux.
Il ordonne de plus, » qu'un Homme qui sort du Consulat, ne puisse pas y ren-
» trer de trois ans ; & que si un Consul vient à mourir dans l'année de son Ad-
» ministration, les autres Consuls, avec les sept Electeurs, procédent à l'Election
» d'un autre pour remplir sa place, ou bien qu'ils en donnent avis au Roi, afin
» qu'il nomme son Envoyé : Signé par le Roi, & par les Consuls. A Montpellier,
» le XVI. des Calendes d'Avril 1245.

VI. Il est à observer, que les Lettres du Roi Philipe de Valois (qui ont donné
lieu à ce que je viens de raporter du Roi Jacques le Conquerant) sont adressées au Gouverneur de Montpellier, *Gubernatori Montispessulani* : Titre que nous
trouvons pour la premiére fois dans nos Archives, qui jusqu'alors avoient donné le nom de *Locum tenens Domini Regis*, à tous ceux qui avoient exercé la Jurisdiction du Palais.

La raison du changement qui fut fait alors, vient des diferentes Prétentions
des Senéchaux de Beaucaire & de Carcassonne, lorsque Philipe de Valois eut acquis Montpellier ; Car, comme cette Ville se trouvoit précisément aux extrémitez de leur Senéchaussée, chacun d'eux tâcha d'attirer Montpellier dans son Ressort : Mais, le Roi n'ayant pas voulu prononcer sitôt sur leurs Demandes, il établit
un *Sequestre*, dit *Gouverneur de Justice*, qui exerça par provision, & en attendant
que l'Affaire eût été mieux examinée. La mort du Roi Philipe de Valois, arrivée peu de tems après, & les Troubles qui survinrent sous les Rois ses Décendans, firent laisser les choses en cet état ; ensorte que depuis ce tems jusqu'à
Henri II. on appella *Cour du Gouvernement*, ce qu'on avoit appellé auparavant
la Cour ou Juridiction du Palais : Celui qui se trouva à la tête de cette Cour, &
qui étoit Homme de Robe-Courte, fut appellé *Gouverneur de la Justice à Montpellier,*
comme on le voit dans plusieurs Actes du Présidial : ils prirent même simplement le Nom de Gouverneur de Montpellier, dans les Sentences qu'ils donnoient ;
ce qui les a fait confondre quelquefois avec les Gouverneurs Militaires : mais,
le Roi Loüis XIII. leva toute équivoque, en érigeant cette Charge en celle de
Senéchal de Montpellier, qui subsiste encore.

Le Roi Philipe de Valois ne survécut pas de beaucoup aux Lettres de Confirmation qu'il avoit donné pour nos Priviléges, & pour nôtre Election Consulaire ;
car il mourut le vingt-deuxiéme du mois d'Août 1350. dans la vingt-deuxiéme
année de son Regne, laissant son Fils aîné Jean Duc de Normandie, Héritier
de sa Couronne & de ses Etats.

CHAPITRE SECOND.

I. *Arrivée du Roi Jean à Montpellier.* II. *Son Traité avec le Roi d'Aragon pour la Seigneurie de cette Ville.* III. *Troubles causez par le Roi de Navarre.* IV. *Pronostics à Montpellier sur les Malheurs de l'Etat.* V. *Affliction qu'on y témoigne de la Prise du Roi.* VI. *Prétentions du Duc d'Anjou sur Montpellier.*

LE Roi Jean étant parvenu à la Couronne à l'âge d'environ quarante ans, I. fut sacré à Reims le 26. Septembre 1350. & peu de mois après, il voulut venir voir la nouvelle Acquisition que le Roi son pere avoit faite de Montpellier : Nous trouvons en effet par nos Regîtres, & par les Lettres-Patentes qu'il nous donna, qu'il arriva en cette Ville le septiéme du mois de Janvier suivant, & qu'il voulut loger dans le magnifique Couvent que les Jacobins avoient hors la Porte du Peyrou.

1350.

1351.

Les Lettres-Patentes dont je parle sont remarquables, par l'Eloge qu'il fait de la Fidelité & du Zéle des Consuls & des Habitans de Montpellier : *Quam retronétis temporibus* (dit-il) *novimus ab experto*; Mais la Demande qui lui fut faite alors avec de grandes instances, a quelque chose de plus remarquable : Ce fut, de ne pas permettre que pour aucun prétexte, ils passassent jamais sous une autre Domination que celle des Rois de France : *Ipsis Consulibus ac toti Universitati Villæ hujusmodi affectantibus, & cum magnâ instantiâ petentibus, sub nostro immediate Successorumque nostrorum Regum Franciæ regimine, perpetuo gubernari.*

A quoi le Roi voulant favorablement répondre, il leur accorde, de l'Avis de son Conseil, de sa pleine Puissance & autorité Royale, par grace spéciale, d'être gouvernez à perpetuité, par les Rois de France ses Successeurs, & par leurs Officiers; sans pouvoir, pour autre Cause ou Traité que ce soit, en être jamais separez : *Nec ullis temporibus à Dominio Regum Franciæ, causis vel rationibus quibuscumque, valeant quomodolibet separari.* Donné à Montpellier, l'an 1351. au mois de Janvier. Par le Roi en son Conseil, BLANCHET.

Grand Talamus.

Je soupçonnerois fort, que le motif de cette Demande fut la crainte qu'on II. avoit alors, du Traité que le Roi Jean devoit ratifier avec le Roi d'Aragon, pour le Mariage projetté entre leurs Enfans : Ce que l'Evenement ne prouva que trop; Car, nous apprenons de Zurita, que le Roi Jean voulant accomplir au commencement de son Regne, ce qui avoit été reglé du vivant du Roi Philipe de Valois son pere, envoya une grande Ambassade, composée de Raymond de *Salga* Doyen de Nôtre-Dame de Paris, de Guillaume *Durant* Chanoine de la même Eglise, du Maréchal de *Levis* Seigneur de Mirepoix, d'Arnaud Seigneur de Roqueseüil, & de Robert *Balhadart*, pour regler avec le Roi d'Aragon les Conditions du Mariage projetté.

Livre 8. ch. 42.

Ils s'assemblérent à Perpignan, avec Bernard de Cabrera, & Dom Pedro de Fenoüilledes Vicomte de Canet & de l'Isle, nommez par le Roi d'Aragon; & ils signérent un Traité le 8. Février 1351. par lequel on convint.

Ibidem.

» Que Loüis Duc d'Anjou, second Fils du Roi Jean, épouseroit l'Infante Constance, Fille de Pierre Roi d'Aragon, ou *Donna Juanna*, sa seconde Sœur.

» Que le Roi de France donneroit à son Fils, la Ville de Montpellier, le Châ-
» teau de Latès, & tout ce qu'il avoit dans cette Seigneurie du feu Roi de
» Mayorque.

» Que le Roi d'Aragon donneroit à sa Fille, cinquante mile Florins; moyennant
» quoi, il renonceroit à toute la Seigneurie de Montpellier, Vicomté d'Omelas,
» Frontignan, & Fief de Carladez.

» Que pour plus grande marque d'amitié, le Roi de France donneroit autres
» cinquante mile Florins, en faveur des Enfans qui naîtroient de ce Mariage.

1351.

» Mais, s'il ne venoit point d'Enfans, ou que le Mariage ne s'accomplît point
» par la faute du Roi de France, il donneroit à celui d'Aragon cent cinquante
» mile Florins, en trois ans, depuis la Rupture du Mariage : Et pour la fureté
» de ce Traité, on convint que le Roi de France envoyeroit ses Otages en Rous-
» sillon.

En même-tems il fit partir pour Montpellier le Senéchal de Beaucaire, afin
d'entretenir dans cette Ville la Paix, que ce Projet d'Aliénation pouvoit y alte-
Mrs. d'Aubais. rer. L'Acte est du 25. Mai 1351. où il est dit, que Guillaume *Rotland*, Chevalier, Seigneur de Montfaucon, Senéchal de Beaucaire & de Nîmes, ayant fait
assembler, au son de la Trompette publique, les Consuls & Habitans de la Ville, reçut pour le Roi Jean, le Serment qui fut prêté entre ses mains, en la forme accoûtumée, par Bernard *Royan*, Guillaume *Quintalier*, Jacques *Bonami*,
Guillaume *Causti*, Pierre *Trossel*, & autres Consuls : Après quoi, tous les Officiers d'Epée & de Robe qui étoient présens, levèrent la main, en Signe d'approbation de ce que les Consuls venoient de faire. Les Nobles qui sont nommez
dans l'Acte, sont, Guillaume *Dupuy* pere, Guillaume *Dupuy* fils, Etiéne de *Cabanes*, & Guillaume *Auger*, Chevaliers : Les Officiers de Robe, sont, Robert l'*Enfant* Juge-Mage, Pons *Calce* Juge-Criminel, Pons *Berenger* Juge de la Rectorie, Durand *Ruffi* ou *Roux* Juge du Petit-Scel.

1352.

L'Affaire du Mariage concerté ayant été conduite jusqu'à ce point, le Roi
de France fit partir pour Barcelonne, Pierre *André* Evêque de Cambray, qui jura dans la Chapelle du Palais, que le Roi son Maître accompliroit ce Mariage
pour le Comte d'Anjou son fils, moyenant Dispense du Pape ; & Dom Galce-
ran de *Anglesola* en fit de même, pour le Roi d'Aragon son Maître : Les deux
Rois ratifièrent eux-mêmes le Traité peu de tems après ; sçavoir, celui
de France, par ses Lettres du mois de Juin, données à St. Oüen, près de St.
Denis, & celui d'Aragon à Valence.

Les Seigneurs de Mirepoix & de Roquefeüil, furent donnez pour Otages des
Sommes que le Roi de France devoit compter ; & tandis qu'ils étoient en Espagne, le Roi Jean termina une Affaire très-remarquable pour l'Histoire de Montpellier.

Nous apprenons des Lettres qu'il donna à Paris le 29. de Novembre 1353.
qu'après la mort de la Reine Constance d'Aragon, première Femme de Jacques III. Roi de Mayorque, ce Prince en avoit épousé une autre, nommée
Reg. 14. fol. 45. Yoland, laquelle, après la mort du Roi son mari, s'étoit remariée; *Cumque dicta Yolandis olim Regina Majoricarum postea contraxerit Matrimonium cum
dilecto & fideli nostro Duce de Bressorio* : Elle demanda au Roi de France, le
payement de son Doüaire sur la Seigneurie de Montpellier, quoiqu'elle fût
acquise à la France depuis plusieurs années. Il conste par ces mêmes Lettres,
qu'on lui avoit déja assigné cinq cent livres de Rente aux environs de
Montpellier : Mais, la Reine Yoland n'en étant pas contente, fit de nouvelles
Instances auprès du Roi, qui, pour un bien de paix, écrivit au Senéchal de
Beaucaire, de lui assigner encore autres cinq cent livres de Rente, avec un Château &
une Demeure convenable, aussi près de Montpellier qu'on le pourroit ; *Ubi magis
propè Montempessulanum fieri poterit* : Moyenant quoi (dit le même Acte) la Rei-
ne, autorisée du Duc son mari, promit de ne demander autre chose pour son
Doüaire ; & le Roi ordonna à la Chambre des Comptes de Paris, d'enregîtrer cette
Conccssion.

Il paroit par d'autres Lettres que nous avons du 5. Novembre 1360. que le
Château d'Omelas lui fut assigné pour sa Demeure ; car il en est parlé fort au
long dans ces mêmes Lettres, à l'occasion de la Conduite violente que le Duc
son époux avoit tenu contre les Habitans d'Omelas : ce qui attira des Ordres
fort sévéres de la part du Roi Jean. Depuis ce tems, je ne trouve plus dans nos
Archives qu'il y soit parlé de cette Princesse comme vivante, mais seulement après son
décès, dans un Acte important, que nous verrons sous le Regne de Charles VI.
Après avoir raporté tout de suite ce que j'ai trouvé d'elle dans nôtre Histoire,
je reviens aux Troubles déja annoncez pour le Regne du Roi Jean.

On

On en attribuë la premiére cause à Charles, dit le *Mauvais*, Roi de Navarre, III. 1353.
& Gendre du Roi Jean, dont nous aurons occasion de parler souvent dans le
cours de cette Histoire. Ce Prince ayant fait assassiner Alphonse de Lacerda *Froissart, Vol.*
Connétable de France, trouva grace auprès du Roi son beau-pere, par les so- *1. chap. 154.*
licitations de Jeanne son épouse, & de sa Sœur Blanche, Veuve du Roi Philipe de Valois : mais, son mauvais naturel l'emportant sur la reconnoissance, il se
retira dans ses Etats de Navarre, sans prendre congé du Roi son beau-pere ; il
sema des Discours séditieux contre lui ; & ayant appris qu'il lui avoit fait saisir
les Terres qu'il avoit en Normandie, il revint par Mer en France avec dix mile
Hommes.

Ce premier Mouvement, qui annonçoit de plus grands Troubles dans le Royaume,
porta les Habitans de Montpellier à élargir les Fossez autour de leur Ville ; ce
qui fut ordonné par un Cri public, de l'Ordre des douze Consuls, & du Gouverneur, le deuxième du mois de Décembre 1353. comme nous l'apprenons du petit Talamus, qui marque que cet Ouvrage fut commencé le lendemain, & qu'on
y travailla par Echelles, c'est-à-dire, par Quartiers de Ville.

A peine fut-il achevé, que la Tréve finit entre l'Angleterre & la France : Alors
le Languedoc se ressentit des premiers malheurs de la Guerre ; car le Prince de Galles, Fils d'Edoüard III. ayant débarqué à Bordeaux, & traversé toute la Guiéne,
qui appartenoit alors à l'Angleterre, se jetta aux environs de Toulouse, où ses
Troupes brûlérent *Castanet, Montgiscard, Bazieges & Avignonet* : puis, descendant
à Castelnaudarry & à Carcassonne, ils prirent *Fangeaux & Montreal* ; & s'étant 1355.
presentez devant Narbonne, ils en brûlérent le Bourg, & commençoient déja
l'Attaque de la Cité, lorsqu'ayant appris que les Hommes d'Armes de Montpellier, & de toute la Senéchaussée de Beaucaire, marchoient à eux, ils prirent
le parti de se retirer par les Montagnes, où ils brûlérent en chemin *Pepieu, Azillan, le Comtal*, & beaucoup d'autres Lieux.

Leur fuite n'empêcha point qu'on ne se précautionnât encore davantage à Montpellier, où l'on resolut d'établir une Garde exacte : & parceque les Ouvriers de
la Monoye, avec les Membres de l'Université, refusoient de s'y soumettre, les
Consuls présentérent Requête au Senéchal pour les y obliger ; ce qu'il fit par une
Ordonnance, dans laquelle il dit, que nonobstant tous leurs Priviléges, il les y
soumet pour cette fois, vû le péril urgent. Le Comte Jean d'Armagnac, Lieutenant de Roi en Languedoc, confirma depuis l'Ordonnance du Senéchal, &
obligea tous les Habitans, sans aucune distinction, d'obéir aux six Personnes qui
furent préposées au bon Gouvernement de la Ville ; voulant que les Refusans
fussent condamnez, pour chaque fois, à payer cinq sols Tournois, ou au-delà. Donné
à Toulouse, le vingt-cinquième d'Avril 1356.

Cependant, un Accident inopiné jetta l'épouvante dans la Ville, où il tomba IV.
une quantité prodigieuse de Grêle, & d'une grosseur effroyable, le Vendredi
douzième Septembre 1354. Nos Regîtres marquent, qu'il y eut telle Pierre qui 1354.
pesoit une livre ; que la plûpart des Couvertures en furent brisées ; que les Clochers
de St. Martin de Prunet, & de Nôtre-Dame de Chaulet, furent abatus ; &
qu'un Orage de pluye étant survenu, ravagea toute la Campagne, & entraîna
plusieurs Voitures qui revenoient de la Foire de Pezenas, depuis la Pointe de St.
Cristol jusqu'au petit Portail de St. Barthelemi, où elles se noyérent : Cet Accident parut si digne de remarque aux Etrangers, que nous trouvons encore dans
la Cronique d'Urspèrg, *In loco Montispessulani fuit Tempestas validissima grandinis, &
Lapidum grossorum ad instar unius magni Ovi, fueruntque Fructus qui existebant, con-
sumpti, Arbores Avulsæ, & Tecta domorum plurimarum totaliter destructa.*

Mais, la Consternation fut bien plus grande le Mardi suivant, où l'on eut une
Eclipse du Soleil. Le Peuple, qui est toûjours frapé de ces sortes de Phénomènes,
parcequ'ils sont moins ordinaires, publia hautement, que tous ces Signes étoient
un Présage de quelque grand Malheur ; & véritablement tout s'y préparoit du
côté de France, où Charles Roi de Navarre, ne prétendoit à rien moins qu'au
Trône, fondé sur les Droits de la Reine sa mere, qui étoit Fille de Loüis Hutin, & qu'il disoit devoir l'emporter sur ceux de Jean & d'Edoüard, qui se dis-

putoient la Couronne : il forma dans le Royaume un troisiéme Parti, qui donna tout à craindre ; de sorte que le Roi son beau-pere, fut obligé de s'assurer de sa Personne, en le faisant arrêter dans le Château de Roüen, d'où il fut conduit prisonnier à Paris.

Ce coup d'éclat irrita Philipe, Frere du Roi de Navarre, qui, s'étant saisi de plusieurs Places, appella l'Anglois à son secours. Edoüard profitant de cette occasion, fit partir le Duc de Lancastre pour la Normandie, & le Prince de Galles son fils pour la Guiéne : Ce Prince, qui s'est rendu célébre par les maux qu'il nous causa, avoit déja fait de grands progrès dans l'Auvergne, le Berry & le Poitou, lorsque le Roi Jean vint se présenter à lui avec une Armée fort supérieure à la siéne. Ils étoient campez à deux lieuës de Poitiers, près l'Abbaye de Nuaillé, où les Cardinaux de Perigord & d'Urgel, Envoyez par le Pape, vinrent pour moyener la Paix : Le Prince de Galles s'y porta volontiers ; mais le Roi, comptant sur ses Forces, voulut absolument effacer par une Bataille (comme il le dit lui-même) la honte de celle de *Crecy*, que le feu Roi son pere avoit perdu : il se disposa à forcer son Enemi dans ses Retranchemens ; mais l'Anglois, tournant sa première crainte en fureur, soûtint si bien le premier feu de l'Armée Françoise, qu'il fit périr dès la première Attaque, le Duc de Bourbon, le Duc d'Athenes Connétable, le Maréchal de Nesle, & quantité de Noblesse ; de sorte que la Déroute s'étant mise dans nos Troupes, le Roi, qui se trouva envelopé de la Gendarmerie Angloise, fut obligé de se rendre, avec Philipe son quatriéme Fils, qui ne voulut jamais le quiter, & un très-grand nombre d'autres Seigneurs, parmi lesquels nos Regîtres nomment, le Comte de *Ventadour*, le Vicomte de *Narbonne*, & le Seigneur de *Montfrin*, tous du Languedoc.

V. Je n'entreprens point de dire, quelle fut la consternation de tous les bons François, à la nouvelle de ce triste Evénement ; mais je ne puis omettre les marques de douleur qu'on en donna à Montpellier, où toute sorte de Jeu & de Divertissement cessa dans l'instant, pour donner cours aux larmes que tout le monde y répandit : mais, l'esperance, & l'amour du Prince succedant à la première douleur, on ne parla que de sa Délivrance ; & nos Dames, voyant qu'on vouloit établir une Contribution generale, offrirent de leur chef, leurs Bagues & leurs Bijoux, pour grossir la Somme qu'on devoit y employer.

Je n'aurois garde d'avancer ce Fait, quoique bien circonstancié dans nos Regîtres, si je n'avois encore une plus grande Autorité, qui est celle du Roi lui-même : Car ce Prince, ayant reçû à Londres les Députez que la Communauté lui envoya ; (sçavoir, Pons *Blegeri* Docteur ès Loix, & Étiéne *Rozier* Bourgeois de la Ville) il leur donna des Lettres-Patentes, où il rend témoignage de la bonne affection de ses nouveaux Sujets de Montpellier. *Fuerunt* (dit-il) *in Angliam visuri nos, & oblaturi nobis ex parte ipsorum ad opus liberationis nostræ, necdum bona sed & corpora, & necdum proprias Personas sed Uxorum & liberorum suorum.*

VI. Cette Députation avoit été occasionnée par le Duc d'Anjou, qui, après la Prison du Roi son pere, voulut faire executer à son profit, les Conventions passées avec le Roi d'Aragon, au sujet de son Mariage avec l'Infante Constance ; Et comme par ce Traité la Seigneurie de Montpellier lui étoit promise, il crut devoir s'en assurer, quoiqu'on ne parlât plus de son Mariage : Le tems où les Anglois, après avoir conduit le Roi son pere à Bordeaux, parloient de le transferer à Londres, parut favorable à son dessein ; il en profita pour envoyer son Procureur à Montpellier, afin d'en prendre possession en son Nom.

Ses Lettres de Procuration portent : »Que Loüis, Fils du Roi de France, Com-
»te d'Anjou & du Maine, & Seigneur de Montpellier, nomme Pierre *Scatisse*,
»son Trésorier, avec Jean de *Brayemont* Chevalier, son Maître-d'Hôtel, pour
»prendre possession réelle & personnelle, de la Ville & Châtel de Montpellier :
»C'est à sçavoir, de la Partie acquise du Jacques Roi de Mayorque, par le Roi
»Philipe, Ayeul du Comte d'Anjou ; Semblablement, de prendre possession du
»Châtel, Ville & Châtelenie de Lates, au Diocése de Maguelonne, à Nous don-
»née (dit le Duc d'Anjou) par mon Seigneur & Pere, au Traité de nôtre Ma-
»riage : Donnant pouvoir ausdits Commissaires, de changer & müer toutes Maximes

,, ximes de Gouvernement, Juges, Receveurs, Tréforiers, & generalement faire
,, tout autant que Nous ferions, & faire pourrions, fi Nous y étions. Donné à Pa-
,, ris le douziéme jour de Mars 1357.

Le Conseil de Montpellier crut pouvoir objecter aux Commissaires du Duc d'Anjou, les Lettres Patentes qu'ils avoient du Roi Jean, pour n'être jamais séparez de la Couronne de France; & cette raison parut si bonne à Pierre *Scatiffe*, qu'il fut en rendre compte au Duc son Maître, qui ne se rendant pas pour cette difficulté, envoya sur les Lieux Guillaume de *Flavacourt*, transferé depuis peu de l'Archevêché d'Auch à celui de Roüen, pour prendre possession de la Ville & Seigneurie de Montpellier : Ce Prélat y arriva le vingtiéme du mois d'Avril; & nos Consuls ayant oüy sa Proposition, voulurent aller à Conseil pour leur propre sureté, & pour celle de la Cause publique, comme nous trouvons qu'ils pratiquérent exactement durant tout ce Siécle.

Leur Exposé porte en substance, ,, que l'Archevêque de Roüen, jadis Arche-
,, vêque d'Auch, & Lieutenant du Seigneur Loüis, second Fils du Roi de France,
,, Comte d'Anjou & Seigneur de Montpellier, est venu à Montpellier pour pren-
,, dre possession de ladite Ville, & du Château de Lates, en vertu de la Dona-
,, tion à lui faite par le Roi son Pere, à raison de son Mariage arrêté avec la se-
,, conde Fille du Roi d'Aragon : à quoi les Consuls de Montpellier ayant opposé
,, le Privilége spécial qu'ils avoient du Roi, de n'être jamais séparez de la Couronne
,, de France; il leur avoit été repliqué, que l'Archevêque de Roüen avoit des
,, Lettres du Roi, & du Duc de Normandie alors Regent du Royaume, beau-
,, coup plus claires & plus positives que leurs Priviléges.

Surquoi il fut répondu aux Consuls *Pierre de Languterne*, *Giraud Broffet*, *Guillaume Caufit*, *Etiéne Rozier*, *Jean Claparede*, *Raymond de Colet*, *Pierre Lau-
tier* & *Jacques Joüin*, qui avoient demandé Conseil, ,, qu'il faloit représenter au
,, Roi, le Privilége qu'ils avoient obtenu de lui; & que si le Roi persistoit dans le
,, nouvel Ordre dont l'Archevêque de Roüen étoit Porteur, il faudroit obéïr à sa
,, volonté, en observant toutefois de faire jurer au nouveau Seigneur, la Conser-
,, vation des Priviléges de la Ville. Déliberé le 24. du mois d'Avril 1357. Et
,, en consequence, on prit le 27. une Déliberation publique, conforme à ce Con-
,, seil.

L'Archevêque de Roüen ne se rebuta point pour toutes ces Oppositions : il se fit mettre en possession du Palais le premier du mois de Mai; & il ordonna aux Receveurs des Deniers Royaux, d'en répondre au Duc d'Anjou : Surquoi les Consuls étant revenus à Conseil, il leur fut répondu, de députer au Regent du Royaume, & au Roi en Angleterre ; *Fiat Ambaxaria in Galliam, & apud Regem in Angliam.*

Avant que d'en venir là, ils crûrent en devoir écrire au Dauphin Charles Duc de Normandie, qui gouvernoit le Royaume pendant la Détention du Roi son pere. Nos Consuls lui marquoient dans leur Lettre du deuxiéme du mois de Mai, l'Arrivée de l'Archevêque de Roüen, & de Jean de Braymont Juge-Mage de la Senéchauffée de Beaucaire, pour prendre possession de leur Ville, pour le Comte d'Anjou son frere, en vertu (disent-ils) de certaines Lettres émanées du Roi vôtre Pere & de Vous : Dequoi nous ayant demandé nôtre consentement, nous leur avons dit avec respect, ,, que n'étant fait dans lesdites Lettres
,, aucune mention d'un Privilége qui interesse le Droit du Roi & les nôtres, sça-
,, voir, que nôtre Ville sera à perpetuité sous la Domination immediate des Rois
,, de France, nous ne pouvions y donner aucune atteinte, après en avoir juré
,, l'observation, à moins qu'il n'intervînt un Consentement exprès du Roi nôtre
,, Seigneur; Néanmoins, ledit Juge-Mage, disant qu'il étoit Commissaire de vô-
,, tre part, a mis ledit Archevêque en possession du Palais, & de la Maison Royale; &
,, il a ordonné au Tréforier de la Ville, de ne compter de sa Recette qu'au seul
,, Duc d'Anjou : C'est pourquoi, nous suplions vôtre Sérénité, de nous donner
,, ses Ordres, pour sçavoir comment nous devons nous conduire ; priant Dieu qu'il
,, la conserve longues années en prosperité. A Montpellier le deuxiéme de Mai
,, 1357. Vos humbles & fidéles Consuls de Montpellier.

T

1357.

Cette Lettre au Duc de Normandie n'auroit point suffi, si elle n'avoit été accompagnée d'une autre Lettre au Duc d'Anjou, qui avoit le principal interêt dans cette Affaire, & qui étoit d'un naturel bien plus vif que le Duc Charles son frere; aussi trouvera-t-on que dans la Lettre qui lui fut écrite, ils ménagent extrêmement les termes, par raport aux conjonctures du tems, & au caractére du Prince à qui ils avoient à faire : l'Inscription portoit. *A Très-Excellent & Magnifique Prince Seigneur Loüis Comte d'Anjou.*

Très-Sérénissime Prince et Seigneur, *Comme il vous convient avoir des Sujets fidéles, nous avons crû devoir vous donner des marques de nôtre fidelité, en vous representant très-humblement, que le Reverend Pere & Seigneur l'Archevêque de Roüen, & Jean de Braymont Juge-Mage de la Senéchaussée de Beaucaire, étant venus dans nôtre Ville pour en prendre Possession en vôtre Nom, en vertu de certaines Lettres émanées du Roi vôtre Pere, & du Duc de Normandie vôtre Illustre Frere, ils auroient voulu que nôtre Consentement intervînt à cette Prise-de-Possession : surquoi nous leur aurions representé, avec tout le respect & l'honneur que nous devons, que dans lesdites Lettres il n'étoit fait aucune mention de certain Privilége accordé par le Roi aux Consuls & Habitans de Montpellier, portant qu'ils resteroient à perpetuité sous le Gouvernement immédiat des Rois de France, duquel Privilége les Seigneurs Députez voulurent avoir une Copie ; & ayant été assurez par nous, que le Peuple inclinera toûjours à suivre la volonté du Roi, & la vôtre, nous nous proposons de vous donner les marques de fidelité que des Sujets doivent à leur Seigneur: nous confiant toutefois que vous voudrés bien nous conserver les Priviléges de nôtre Ville, comme tous les Seigneurs que nous avons eu ont accoûtumé d'en faire le Serment : Du reste, nous prions Dieu qu'il veüille conserver vôtre Sérénité dans une longue prosperité. Ecrit à Montpellier le 2. du mois de Mai 1357.*

Le Duc d'Anjou reçut cette Lettre en la Ville d'Eu, où elle lui fut apportée par un Exprès que nos Consuls lui avoient dépêché. Il saisit aussitôt l'ouverture qu'ils sembloient lui faire, en parlant de leur Serment ; & il leur répondit, qu'il leur promettoit de les en faire relever : N'ayant pû (ajoûte-t-il) à cause de la grande hâte de vôtre Messager, lui bailler les Lettres de décharge, que je vous ferai tenir incessamment. Donné en la Ville d'Eu le dix Mai 1357.

Après cette démarche, nos Consuls firent la Députation qui leur avoit été conseillée, & ils choisirent les Députez que j'ai déja nommez ; sçavoir, Pons *Blegeri* Docteur ès Loix, & Etiéne *Rozier*, l'un des Consuls actuellement en Place : Ils étoient chargez d'offrir au Roi pour son Rachat, les biens & la vie des Habitans de Montpellier ; & cette Députation étoit d'autant moins suspecte, que les Villes du Languedoc avoient donné en cette occasion, de plus grandes marques de zéle qu'aucune autre Province du Royaume, comme tous nos Historiens en conviénent : mais l'Instruction secrette de nos Députez étoit, de travailler de toutes leurs forces à se conserver sous la Domination immédiate des Rois de France.

1358.

Il faut que le Duc d'Anjou en eût eu quelque soupçon ; car nous avons une Lettre, qu'il écrivit de son Châtel de Chinoy à nos Consuls, le troisiéme de Juillet 1358. par laquelle il leur marque, " d'ajoûter foi à tout ce que Guillaume son " Conseiller & Secretaire, qu'il leur a dépêché, leur dira de sa part, afin qu'il " régle ses Resolutions sur les Réponses qu'ils lui feront : Mais, il faut aussi qu'il n'eût pas été content de leur Réponse, puisqu'il employa un mois après la Médiation du Duc de Berry son frere, pour porter les Consuls de Montpellier à lui donner la satisfaction qu'il demandoit.

Son Frere Jean, Comte de Poitiers & Duc de Berry, dont nous aurons occasion de parler dans les Regnes suivans, étoit alors occupé à disputer le Gouvernement du Languedoc au Comte d'Armagnac ; & il étoit actuellement à Alby, pour y former une petite Armée contre son Competiteur : Il écrivit de cette Ville à nos Consuls, une Lettre du neuviéme d'Août 1358. où l'on peut reconnoître ce caractére de politesse, que les Ecrivains de son siécle lui donnent.

Le Roi, dit-il, *en parlant à nos Consuls, pour bonnes causes & utilité de son Royaume que vous sçavés, a ja pieça donné au Comte d'Anjou, en la Ville & Terre de Montpellier & ses Appartenances, la Part qui en fut acquise du Roi de Mayorque... Si*

vous

vous prions que vouliés amiablement recevoir les Gens de nôtredit Frere, tant au fait de la Juridiction que en tous autres cas, selon le Mandement & Volonté de mon Seigneur le Roi, auquel vous ferés grand plaisir ; & foyés certains que nôtredit Frere vous fera amiablement traiter & gouverner : & si vous voulés chose que faire puissions, faites-nous le sçavoir, & nous le ferons volontiers.

Malgré toutes ces Solicitations, il paroît que nôtre Conseil voulut attendre le succès de sa Députation en Angleterre : Mais le Duc d'Anjou, qui fut un des Princes le plus entier dans ce qu'il vouloit, chercha encore à les épouvanter, par une Lettre que nous avons du vingtiéme d'Octobre 1358. où il leur fait entendre qu'il va lui-même en Angleterre pour servir d'Otage au Roi son pere ; & il ajoûte, que si ce Voyage ne se fait pas, il ira en Aragon accomplir son Mariage avec l'Infante, où il reglera (dit-il) avec le Roi d'Aragon les moyens qui seront à prendre pour les réduire à leur devoir : *Et au cas que vous ne nous voudriés obéir comme Seigneur, Nous, au bon Conseil du Roi d'Aragon, y pourvoirons comme il appartiendra.* Donné à Nevers le 20. Octobre 1358.

Cependant, nos Députez travailloient de toutes leurs forces en Angleterre, à faire regler, par l'Autorité du Roi, les Prétentions du Duc d'Anjou : ils en obtinrent enfin un Ordre pour ce Prince, de suspendre toutes ses Poursuites, jusqu'au retour du Roi son pere, qui voulut-bien que nos Députez en fussent eux-mêmes les Porteurs ; mais, en les chargeant de cet Ordre, il voulut-bien encore écrire aux Consuls, pour leur marquer la satisfaction qu'il avoit d'eux : Les termes en sont si expressifs, que je ne crois pas y devoir changer un mot.

DE PAR LE ROY.

Donné à Londres le quinziéme jour de Décembre 1358.

CONSULS ET HABITANS DE MONTPELLIER, *Nous avons bien vû ce que écrit nous avés, & avons ouy ce que* Yvon *nôtre Secretaire nous a dit de vous : Si vous sçavons très-bon-gré, & vous mercions de la bonne fiance & amour que continuellement avés eu, & du grand desir & bonne volonté que avés à nôtre Délivrance ; & aussi, des bonnes & gracieuses Réponses, avec le bon effet que nôtre Chancelier* Me. Jean de Champeaux, *nôtre Conseiller & nôtredit Secretaire, ont toûjours trouvé en vous, tant en la Finance oltroyée par-delà, pour nôtre Délivrance & pour nôtre Vivre, comme en toute autre chose que nosdits Gens ont eu à faire par-delà pour Nous ; Et se Dieu plaît encore le reconnoîtrons-nous envers vous, si que vous en apperceurés. Quant au contenu en vosdites Lettres, & par spécial de la Subjection que* Loüis *nôtre fils s'efforce d'avoir de ladite Ville, & de la Possession de la Justice & Jurisdiction, Nous écrivons à nôtredit Fils, sur lesdites choses, desquelles nous envoyons la Copie ci-dedans, que de ce se déporte présentement, jusqu'à nôtre retour en nôtre Royaume, ainsi que écrit nous avés, & que ainsi le voulons nous, & de vous l'avons oltroyé ; si pensons qu'ainsi le fera, & Nous vous envoyons nos Lettres-Ouvertes* * *sur cedit Oltroi : Si vous prions & requerons que vous continuiés toûjours en bonne volonté, amour & obéïssance envers Nous, & en desir de nôtre Délivrance avec bon effet, ainsi que fait avés jusqu'ici, & y teniés de tout vôtre pouvoir les autres bonnes Villes & nos Sujets de la Senechauffée de Beaucaire, & des autres du Languedoc ; car nous en avons en vous parfaite fiance : & nous écrivés souvent de l'Etat & des Nouvelles de par-delà. Donné à Londres le quinziéme jour de Décembre, sous nôtre Signet secret, & signé de nôtre main.* JEHAN, *signé ; & au-dessus :* A nos amez & feaux Sujets les Consuls & Habitans de Montpellier.

La Lettre du Roi au Duc d'Anjou, ne merite pas moins que la précedente, d'être raportée ici dans son entier, puisqu'elle fit la décision de cette grande Affaire.

» LOUIS, Les Consuls & Habitans de Montpellier nous ont fait sçavoir, que
» plusieurs fois vous avés voulu, & vous êtes efforcé d'avoir la Possession & Ju-
» ridiction de la Ville ; & nous ont fait montrer les Priviléges qu'ils ont de

* Nous avons ces Lettres-Patentes du Roi Jean, qu'il appelle *Lettres-Ouvertes* ; je ne les raporte point, parcequ'elles ne disent que ce qui est ici contenu.

T 2

1358.

» nous, de les non-mettre hors de nôtre main & féparer de nôtre Couronne,
» & plufieurs autres caufes & raifons nous ont fait expofer, par lefquelles fem-
» ble que à Vous & à Nous pourroit être peril & dommage, & en naîtroit efclan-
» dre, fe plus vous efforciés d'en avoir la Poffeffion, jufqu'à nôtre retour par-delà. *Si voulons auffi, & vous mandons fufpendre tous vos doutes, & que plus ne vous efforciés d'avoir ladite Poffeffion, contre le gré & volonté defdits Confuls & Habitans, jufqu'à nôtre retour par-delà, où nous entendons être bien briévement, fe Dieu plaît, &
lors Nous-même vous la ferons avoir paifiblement fans contredit ; & ainfi le leur avons-
nous oltroyé par nos Lettres ouvertes & clofes, que nous leur envoyons fur ce : & fe auffi
le faites, vous nous ferés grand plaifir, & au contraire nous courrouceriés très-grande-
ment. A Londres le quinziéme jour de Décembre.*

CHAPITRE TROISIÉME.

*I. Troubles dans le Païs après la Prife du Roi Jean. II. Paffage d'Ifabelle de
Mayorque par Montpellier. III. Suite des Troubles caufez par les Compagnies
defapointées. IV. Grande Pefte à Montpellier. V. On y fait un Chemin des
Rondes, dit les Douze-Pans.*

J'AI raconté tout de fuite dans le Chapitre précedent, le commencement & la
fin des Prétentions du Duc d'Anjou fur la Seigneurie de Montpellier ; il eft
tems de reprendre les chofes où je les avois laiffées après la Prife du Roi Jean.
I. Son Fils aîné, Charles Dauphin Duc de Normandie, prit foin des Affaires
du Royaume durant l'abfence du Roi ; & il fe conduifit avec tant de fageffe dans
ce tems orageux, qu'il merita le Surnom de *Sage* que nôtre Hiftoire lui donne :
mais fon Beau-Frere le Roi de Navarre, fit bien voir que ce fut à jufte titre
qu'on le furnomma le *Mauvais*; car ce Prince remuant, tout Prifonnier qu'il étoit,
trouva le moyen de débaucher la plus grande partie du Confeil du Regent, &
de fe faire enfuite tirer de Prifon par les Parifiens : Alors on ne vit que Séditions
dans Paris, & dans les Provinces, où le Navarrois prenoit foin de les entretenir,
tantôt par fes propres Troupes, tantôt par celles des Anglois. Le Regent fe vit
comme Prifonnier dans fon Hôtel, où les Séditieux tüérent en fa préfence, plufieurs de fes bons Serviteurs ; & les Païfans s'étant foulevez à la Campagne contre leurs Seigneurs, achevérent de mettre par tout le defordre.

Heureufement le Peuple de Montpellier ne fe reffentit de tous ces Troubles,
que par le Paffage des Gens-de-Guerre que le Comte d'Armagnac, Gouverneur
du Languedoc, fut obligé d'envoyer en Provence contre le fameux Brigand Arnaud de Servole, qui y mettoit tout à Contribution. Cet Homme, par un goût
affés bizarre, fe faifoit appeller l'Archiprêtre de Veziens : mais, ce beau Nom ne
le rendit pas plus refpectueux pour le Pape Innocent VI. puifqu'il exigea de lui
quarante mile Ecus pour fe garantir de fes infultes, & qu'il en dans la neceffité de faire bâtir les belles Murailles que l'on voit encore à Avignon.

Bouche, Hift. de Provence. Liv. 9. pag. 379.

Tandis que le Peuple de Montpellier étoit à l'abri des Troubles du Royaume, le Confeil de Ville étoit exercé tout-à-la-fois par le Duc d'Anjou, par le
Duc de Normandie Regent du Royaume, & par le Comte d'Armagnac : J'ai
déja dit quelles étoient les Demandes du Duc d'Anjou ; mais j'ai à ajoûter, que
le Duc de Normandie fon frere, demanda aux Confuls une très-grande fomme,
qui étoit dûë au Roi d'Aragon, foit que ce fût pour Reftes de la Vente de
Montpellier, ou pour le Dédit porté dans la Promeffe de Mariage entre le Duc
d'Anjou & l'Infante. Nos Titres ne s'en expliquent pas davantage : mais, ils fervent à nous faire connoître la prudence avec laquelle nos Confuls fe condui-
foient alors ; & je ne puis mieux faire que de raporter ici, l'Expofé qu'ils donnérent à Ceux dont ils prenoient Confeil, & la Réponfe, qui leur fut faite.

» Un

LIVRE HUITIÉME. 149

1358.

„ Un Chevalier (difent-ils) envoyé par le Duc de Normandie, Fils aîné du
„ Roi, demande de fa part aux Confuls de Montpellier, une certaine grande fom-
„ me d'Argent pour payer le Roi d'Aragon, à laquelle eft tenu le Roi de Fran-
„ ce, à raifon du Mariage qu'il avoit traité de fon Fils le Comte d'Anjou avec
„ la Fille du Roi d'Aragon. Les Confuls demandent, s'ils doivent emprunter la-
„ dite Somme, qu'ils n'ont pas ; d'autant plus que la Communauté eft Débitrice
„ de beaucoup de Gens, à qui elle paye cinq pour cent des Sommes qu'elle doit,
„ ce qui va à plus de quinze mile Francs : d'autre côté, fi l'on ne paye cette Som-
„ me au Roi d'Aragon, ils craignent qu'ils s'en feront un Enemi, de bon Ami
„ qu'il eft ? RÉPONSE. *On confeille aux Confuls, de repréfenter à l'Envoyé du Duc
de Normandie, en toute douceur, les bonnes raifons qu'ils ont de ne pas faire l'Emprunt
qu'il demande.* Déliberé le 17. Avril 1357.

Nous ne voyons pas quel bon effet produifit ce Confeil ; mais nous trouvons
que les Confuls ayant été mandez dans ce même-tems par le Comte d'Armagnac,
ils furent obligez de lui écrire, pour s'excufer fur l'Arrivée des Commiffaires du
Duc d'Anjou ; Et il eft à obferver que toutes les Lettres déja raportées pour le
Duc de Normandie, ou pour le Duc d'Anjou, étant toutes en Latin ou en
François, celle qu'ils écrivirent au Comte, eft dans le Patois de ce tems-là, que
je raporte, afin que les Curieux ayent le plaifir d'en faire comparaifon avec celui
d'à préfent.

AL MOT-AUT ET REDUBTAT PRINCEP LO COMTE
D'ARMANIAC, LOCTENEN DEL REY NOSTRE SENHOR.

CARS ET REDUBTAT SENHOR. *A la jornada per la voftra Magnificentia affignada à To-
lofa lo premié jorn de May non poden effer ; Car, per la vengudu de l'Arcivefque de
Roan, & de mots autres que eron venguts per penre la Poffefion de Montpelié pel nom de
Monfenhor lo Comte d'Anjo, & puep per la venguda de Moffer lo Cardenal, an lof-
qualz ens eftats occupats per la dicha caufa, perque non ens pougut anar tam preftamen
com devian ; mas an l'ajutori de noftre Senhor, alcuz de nos hi feran Dimars que
ven : perque plaffa à la voftra Senhoria de aver nos excufats. Lo Sint-Efprit vos conferve en fa gracia, & vos don bona vida & longa...Scricha Divendres à 28. Avril, per
los voftros Coffols humielz de Montpelié.*

Ce qui veut dire : „ Au Très-Haut & Redouté Prince le Comte d'Armagnac,
„ Lieutenant du Roi nôtre Seigneur.

„ Cher & redouté Seigneur, Nous ne pouvons être à Touloufe au jour affigné
„ par vôtre Excellence, le premier de Mai ; Car, par l'Arrivée de l'Archevêque de
„ Roüen, & de plufieurs autres, qui étoient venus pour prendre poffeffion de
„ Montpellier, au nom de Monfeigneur le Duc d'Anjou, & enfuite par la ve-
„ nuë de Monfieur le Cardinal, avec lefquels nous avons été occupez fur cette
„ Affaire, nous n'avons pû nous mettre en chemin auffi promtement que nous
„ le devions ; mais avec l'aide de nôtre Seigneur, quelques-uns de nous y feront
„ Mardi qui vient : c'eft pourquoi, plaife à vôtre Seigneurie de nous avoir pour
„ excufez. Le Saint-Efprit vous conferve dans fa grace, & vous donne bonne &
„ longue vie... Ecrite le Vendredi 28. Avril, par vos humbles Confuls de
„ Montpellier.

Il eft à croire que cette Affemblée convoquée à Touloufe par le Comte d'Armagnac, étoit pour la confervation du Languedoc, qui étoit menacé par les diferens Partis qui couroient tout le Royaume : On s'en reffentit plus fortement
au commencement de l'année 1358. où nos Confuls en ayant écrit au Duc d'Anjou, ils en reçurent une Lettre du dernier de Mars, où il leur marque, que fur
la Lettre qu'ils lui ont écrite à l'occafion des *Dommages & Roberies* qui ont été faites à fes Bourgeois & Sujets de Montpellier, par Antoine Boutefeu de Gènes &
fes Complices, il a donné ordre à fes Lieutenans (dir-il :) *Et Gens qui demain
doivent partir pour aller par-delà pour nos Befoignes, qu'ils y pourvoyent à nos Bourgeois & Sujets de Montpellier* ; ce qu'il repéte quatre ou cinq fois dans fa Lettre.

Nos Annales marquent, qu'au mois d'Octobre de la même année, on eut l'avan- II.

1358

tage à Montpellier, d'y recevoir l'Infante Isabelle, Fille du feu Roi Jacques, qui entra dans cette Ville le jour de St. Michel, pour aller épouser dans la Savoye le Comte de Montferrat. Elle voulut s'arrêter quelques jours à Montpellier, pour y faire faire un Service à la Reine sa mere, qui étoit enterrée aux Freres-Mineurs, & ensuite un autre pour son Oncle Ferdinand, enseveli aux Freres-Prêcheurs; & durant ce tems, nos Habitans n'oubliérent rien pour lui marquer le respect qu'ils conservoient toûjours pour la Mémoire de leurs anciens Seigneurs : Elle en parut si satisfaite, que l'année d'après ayant accouché d'un Prince, elle voulut leur faire part de sa joye, par une Lettre que j'ai en original, où elle les prie de marquer dans leurs Regîtres cet heureux Evenément.

1359.

NOBILIBUS VIRIS CONSULIBUS, CONSILIO, HOMINIBUS ET UNIVERSITATI MONTISPESSULANI CARISSIMIS.

Agnoscentes vos sincere zelare prosperitatem nostram, facimus vobis notum quod auxiliante Deo à quo bonà cuncta procedunt, hâc nocte proximâ post mediam noctem filium maximum in mundi luce produximus ; & post partum una cum prole, felici sane lacte & incolumes permansimus : vos rogantes quatenus conditionem nostram quam semper prosperam optavistis, velitis vestris Litteris interinare... Elizabeth Infantissa Majoricarum Comitissa Montisferrati.

1360.

III.

Enfin, le Roi Jean, après quatre ans de prison, revint en France, en vertu du Traité de Paix signé à *Bretigni*, près de Chartres, le huitiéme du mois de Mai 1360. Les Conditions en furent très-dures pour le Roi, comme on le voit amplement dans l'Histoire du Royaume : Mais, les suites en devinrent bien funestes pour les Provinces, où tout fut en proye aux Soldats congediez de la part des Anglois & des François, qui, n'étant reprimez par aucune Puissance, se partageoient en Bandes, & pilloient hardiment tout ce qui étoit hors d'état de leur resister. Comme le Languedoc étoit alors environné des Anglois, qui étoient maîtres de la Guiéne, du Limousin, du Quercy & du Roüergue, ils se joignirent avec les Bandes Françoises, qui ravageoient la Provence, & nous attaquérent, tantôt du côté de la Garonne & du Roüergue, & tantôt du côté du Rône.

Nos Archives, qui parlent dans un grand détail de tous ces Desordres, nous marquent qu'ils surprirent en 1360. la Ville du St. Esprit, dans laquelle étoit le Senéchal de Beaucaire ; & qu'ayant manqué une Tentative sur Nîmes, ils se répandirent jusqu'à Massillargues, où ayant appris que le Seigneur d'Andreham, Maréchal de France, avec Bertrand d'Espagne (connu depuis sous le nom du *Guesclin*) étoient *sortis de Montpellier pour leur courre sus*, ils se retirérent au plûvite.

1361.

Dans l'année suivante 1361. ils revinrent par un autre côté, sous la conduite d'un Chevalier de Gascogne, que nos Regîtres appellent *Seguin de Badafol*. Cet Homme, qui avoit avec lui bon nombre de Gens de pied & de cheval, courut dans le mois d'Avril, les Diocéses de Beziers & d'Agde, où ayant pillé *Gignac, Pommeirols, Villeveirac, Florensac & Aniane*, il vint s'arrêter à Frontignan, d'où il envoya faire des Courses jusqu'aux Murs de Montpellier, où ils prirent dans l'Eglise de St. Côme, quelques Hommes & quelques Femmes de la Ville, qui s'y étoient refugiez.

» Cependant, (continüent nos Archives) vint à Montpellier Messire Robert de
» Fiennes Connétable de France, avec l'Amiral Jean de la Heuze, dit le Beau-
» drand, & autres Grands-Seigneurs & Gendarmes à force, pour l'avenuë des-
» quels ledit Badafol desempara Frontignan, prenant son chemin devers le Vi-
» gan, où le Connétable, avec ses Gens & plusieurs autres, sous la Baniére de
» Montpellier, le suivirent, sans le combatre toutefois.

Cette Retraite forcée ne servit qu'à leur donner envie de revenir ; & l'année ne se passa point qu'ils ne causassent à Montpellier, la perte d'une grande partie des Fauxbourgs, qu'ils ruinérent eux-mêmes, ou que les Habitans achevérent de démolir, pour être mieux en état de se défendre : Voici comme nôtre Talamus s'en explique.

» Au-

„ Audit an, & au mois d'Août, Bernard d'Alebret, avec grand Force, vint à 1361.
„ Montpellier, & prit les Barris-Uberts des Freres-Mineurs, où il fut bien quatre
„ jours, durant lesquels les Gens de Montpellier, où il y avoit grands Gens-de-
„ Guerre & Artillerie, firent plusieurs Saillies & Escarmouches sur lui, meur-
„ trissant plusieurs des Enemis : Et lors, tant ceux de la Ville, d'une part, que
„ les Enemis, d'autre, brûlérent & démolirent beaucoup de Maisons à la Porte de
„ Lates, ès susdits Barris-Uberts; Et après, icelui d'Alebret, délogé de Montpellier,
„ sans autre chose faire, s'en alla au Païs de Narbonne, où se joignant à lui le
„ susdit Badafol, s'en allérent au Païs Toulousain, gâtant & pillant tout.

Le départ de cette Troupe ne mit pas pour long-tems nos Habitans hors de crainte : car ils découvrirent bientôt, que les Enemis avoient des Espions dans la Ville; & ils virent souvent passer sous leurs Murailles, des Compagnies détachées, qui venoient s'y présenter pour appuyer les intelligences qu'ils avoient au dedans : On fit une grande Recherche de ses Espions; & après avoir puni de mort tous ceux qu'on put découvrir, on prit la resolution d'abatre toutes les Maisons des Fauxbourgs qui approchoient trop des Murailles de la Ville; & parceque l'Eglise des Carmes n'en étoit séparée que par le Fossé, on la détruisit avec son Clocher, d'où les Enemis pouvoient découvrir l'interieur de la Ville.

Environ ce tems, on finit à Montpellier de payer les Sommes qui avoient été 1362. imposées pour le Rachat du Roi Jean : & nous avons une Quitance puplique, faite aux Consuls & à la Communauté, par un des principaux Habitans de la Ville, qui étoit chargé d'en faire la Levée ; il prend la qualité de Trésorier Député & Receveur du Rachat du Roi Jean dans le District de la Ville, Baronie & Rectorie de Montpellier : *Ego Joannes de Montepessulano Thezaurarius & Receptor Redemptionis Domini nostri Regis Deputatus.* Il reconnoît avoir reçu quatre mile cinq cent quatre-vingt-trois Francs, & la troisiéme partie d'un Franc d'Or de bon Poids & du Coin du Roi regnant ; qui lui restoient à recevoir des soixante-dix mile Moutons d'Or, qui faisoient la Cotité de la Ville de Montpellier ; de laquelle Somme il quite les Consuls & la Communauté, se tenant lui-même *pro contento & paccato.* Fait à Montpellier le vingt-deuxiéme du mois de Mars 1362.

Au milieu de tous les Mouvemens dont j'ai déja parlé, on ne laissa pas de vaquer à deux grandes Affaires, qui auroient demandé un plus grand calme : l'une fut, la Tenuë d'un Chapitre General des Freres-Prêcheurs, que nos Archives marquent environ ce tems; & l'autre fut, l'Achat d'une nouvelle Maison Consulaire, qui est la même que l'on voit encore derriére l'Eglise de Nôtre-Dame des Tables : Nos Consuls firent cette Acquisition d'un riche Marchand de la Ville, nommé *Pierre Bonamy*, qui la leur ceda pour quatre mile neuf cent Florins d'Or, par Acte du vingt-septiéme d'Août 1362. que l'on voit au long dans le grand Talamus.

La Peste generale, qui ravagea dans ce tems toute l'Europe, augmenta les IV. Malheurs particuliers de Montpellier, où nos Regîtres marquent qu'elle emporta jusqu'à cinq cent Personnes par jour, grands ou petits, riches ou pauvres ; Et un grand Orage étant survenu dans le mois de Novembre, abatit une partie des Murailles de Gignac & d'Aniane, & fit tomber à Montpellier la Tour de la Partantique, qui ne put être rétablie que deux ans après.

Ces Malheurs particuliers, joints aux publics que le Languedoc souffroit journellement des Compagnies-Blanches, porta les Communes des Senéchaussées de Beaucaire, de Carcassonne & de Toulouse, à soldoyer les Troupes Espagnoles qui avoient combatu en Castille pour Henry Comte de Trestamare, Frere bâtard de Pierre le Cruel: On les opposa sur les Frontiéres de l'Auvergne, à cette foule de Partisans qui en décendoient pour ravager nôtre Province; mais, la Force n'ayant pû encore les réduire, on n'eut pas de meilleur expedient que de les engager par une haute Solde, à prendre parti avec les diferens Princes qui étoient alors en guerre. Plusieurs allérent servir pour le Comte de Montferrat, contre le Duc de Milan; plusieurs autres, dans les Troupes que le Comte de Foix & le Comte d'Armagnac levoient l'un contre l'autre, & le reste fut engagé par le

152 HISTOIRE DE LA VILLE DE MONTPELLIER.

1362. Comte de Treſtamare, qui n'avoit pas encore fini les Guerres qu'il eut contre Pierre le Cruel.

Ce Comte vint à Montpellier le onziéme de Septembre 1362. avec le Maréchal d'Andreham, pour faire obſerver aux Troupes qui défiloient, le Traité qu'ils avoient fait enſemble; mais tous leurs ſoins n'empêchérent pas que la Troupe qui alloit joindre le Comte de Foix, ne s'arrêtât à la Verune, & n'allât brûler les Fauxbourgs de *Pignan*, de *Vic*, & de *Mirevaux*: Quelques-autres de ces mauvaiſes Compagnies, (car c'eſt le Nom que nôtre Talamus leur donne) n'ayant pas voulu prendre le Parti de leurs Camarades, continuërent aux environs de Montpellier, les mêmes dégâts: ils prirent à la Croix des Areniers, ſous la conduite du Capitaine Loüis Robaut de Nice, les Ambaſſadeurs que le Roi de Caſtille envoyoit à Avignon; & peu après ils enlevérent auprès des Freres-Prêcheurs, quelques Habitans, & deux Ecuyers des Conſuls de Montpellier.

V. Ces nouvelles inſultes obligérent les Habitans, de faire dans l'Enceinte de leur Ville, le Chemin des Rondes, que nous appellons aujourd'hui les *Douze-Pans*. On
1363. commença d'y travailler le vingt-ſeptiéme de Septembre 1363. du conſentement des trois Cours Temporelles, & de toute la Communauté: Les Conſuls & les Ouvriers, avec les Curiaux, ſe rendoient tous les jours ſur les Murailles, pour faire démolir les Maiſons qui en approchoient de plus de douze pans; & pour faire la choſe avec plus de ſolennité, ils étoient precedez dans leur Marche, par deux Baniéres ou Etendarts déployez, dont la premiére étoit des Conſuls, & la ſeconde des Ouvriers: *Avec eux* (dit nôtre Talamus) *ils menoient trente ou quarante Bregans, tant de Montpellier que de Marſeille; les aucuns deſquels portoient Baleſtes, les autres portoient Glaives, avec Penons aux Armes des Conſuls, & étoient ſoldoyez par la Garde de la Paliſſade.*

Cette précaution ne leur parut pas indiferente, lorſqu'ils eurent découvert (comme ils firent bientôt) qu'ils avoient des Traîtres dans la Ville; & l'indignation qu'ils en eurent, les porta, malgré le reſpect qu'ils avoient pour leur Gouverneur, à ſaiſir un de ſes Ecuyers, avec un Valet du Tréſorier du Palais, qui furent accuſez d'avoir voulu faire ſurprendre & piller la Cité de Maguelonne: Le Gouverneur les reclama, comme Gens à lui; mais le Crime ayant été averé, il laiſſa proceder le Bailli contre ſon Ecuyer, qui fut trainé & décapité le 20. de Novembre 1363.

L'Hiver de cette même année fit éprouver à nos Ancêtres, un Froid auſſi funeſte que celui que nous avons eu en 1709. Car nos Archives marquent, que le Rône, & que l'Etang de Tau, furent pris à un tel point, qu'on marchoit ferme depuis le Cap de Cette juſqu'à Meze: Toute la Vaiſſelle qui ſe trouvoit remplie d'Eau, éclatoit du Froid; & la Nége étant ſurvenuë par trois diferentes fois, depuis la Saint André juſqu'à Sainte Perpetuë, 7e. de Janvier, pluſieurs Vignes en périrent, avec la plus grande partie des Oliviers, Figuiers & autres Arbres.

1364. Cet Evenément fut bientôt ſuivi de la mort du Roi Jean, qui, après s'être croiſé à Avignon, où il fit un ſéjour conſiderable, retourna en Angleterre pour couvrir l'Action de jeuneſſe du Duc d'Anjou, qui étant en Otage pour le Roi ſon pere, s'étoit évadé de ce Royaume: il eſperoit encore diſpoſer le Roi Edoüard à l'Expedition de la Terre-Sainte; mais il fut prévenu par la mort, qui l'enleva dans l'Hôtel de Savoye, hors les Murs de Londres, le huitiéme du mois d'Avril 1364. dans la cinquante-troiſiéme année de ſa vie, & la quatorziéme de ſon Regne.

FIN DU LIVRE HUITIÉME.

HISTOIRE

HISTOIRE
DE LA VILLE
DE MONTPELLIER,
SOUS LE ROY CHARLES V.

LIVRE NEUVIÉME.

CHAPITRE PREMIER.

I. La Seigneurie de Montpellier est donnée au Roi de Navarre. II. Elle lui est ôtée pour ses Trahisons durant les Guerres de Castille. III. Passage de l'Infant de Mayorque par Montpellier, & ses Avantures. IV. Passage de Jeanne de France, qui meurt à Beziers.

CHARLES V. trouva au commencement de son Regne, les mêmes Troubles qu'il avoit eu sous le Roi son pere. Le plus obstiné de ses Enemis, & qui interesse particuliérement l'Histoire de Montpellier, fut ce même Roi de Navarre qui avoit causé de si grands Desordres sous le Roi Jean. Charles V. lui opposa Bertrand de Gueslin, & le Maréchal de *Boucicaut*, qui lui enlevérent les Villes de *Mantes* & de *Meulan*, avec la Comté de Longueville, & gagnérent sur ses Troupes, la Bataille de *Cocherel* en Normandie, entre Evreux & Vernon.

1364.

Cette Disgrace obligea le Navarrois à rechercher le Roi de France, de qui il obtint, par les Solicitations de Jeanne son épouse, Sœur de Charles V. la Seigneurie de Montpellier, en dédommagement des Terres qu'on lui avoit prises en Normandie, & qu'on vouloit garder : Il en fut dressé un Acte, qui est encore dans nos Archives, dont voici le Précis.

I.

» Sur le Discord entre les deux Rois, a été reglé par les Gens desdits Seigneurs,
» avec Madame la Reine Jeanne, & Madame la Reine Blanche, que tous Crimes &
» Malfaits commis pour occasion de ladite Guerre, seront pardonnez : Que les
» Villes de Mantes & de Meulan, avec la Comté de Longueville & leurs Appartenan-
» ces, demeureront en Héritage perpetuel au Roi de France. La Ville & Baronie de
» Montpellier, avec ses Appartenances, sera en Héritage perpetuel au Roi de Navarre :

V

154 HISTOIRE DE LA VILLE DE MONTPELLIER,

1365.
» Les autres Châteaux détenus par le Roi de France sur le Roi de Navarre, ou
» sur Ceux de son Parti, seront rendus à qui ils appartenoient : Le Captal de Busch,
» qui est en prison, sera délivré tout franc & quite envers le Roi ; Guillaume
» *Amaneu* le sera de même : Et se soumettent les Parties à la Censure de l'Eglise ;
» c'est à sçavoir, à l'*Excommuniement*. Donné à Paris, en nôtre Hôtel de Lez-St.-Paul,
» l'an de grace 1365. & le second de nôtre Regne au mois de Juin.

Peu de mois après, le Roi Charles V. donna ses Lettres aux Châtelains &
Gardes des Châteaux de la Baronie de Montpellier, où, après avoir rapellé les Articles du Traité, il ajoûte qu'il sera pourvû au dédommagement du Roi de Navarre, s'il se trouve que les Seigneuries par lui cedées à la France, soient d'un
plus grand Revenu que celle de Montpellier ; mais que cependant on lui délivre,
ou à son ordre, tous les Châteaux & Forteresses de la Baronie de Montpellier.
Donné à Paris le dernier jour de Novembre 1365. & de nôtre Regne le second.

En consequence, le Roi de Navarre donna sa Procuration à Messire Leger
d'Orgey, pour venir prendre Possession de sa nouvelle Seigneurie ; mais le Duc
d'Anjou y mit obstacle, fondé sur ses anciènes Prétentions : L'Affaire alla si loin,
qu'il falut la discuter à Avignon, en présence du Pape Urbain V. où comparurent (dit l'Acte) le Duc d'Anjou, d'une part, & Guy de Boulogne Evêque de
Porto Cardinal, avec Noble Jean de *Grely* Captal *de Busch*, d'autre.

» Il y fut convenu, que le Duc laisseroit prendre Possession de la Ville de Mont-
» pellier, au Captal de Busch pour le Roi de Navarre, & que ledit Captal, avec
» le Cardinal de Boulogne, remettroient au Duc d'Anjou, avant les Fêtes de Pâ-
» ques, une Promesse du Roi de Navarre, portant que toutes les fois qu'on lui
» bailleras une Compensation sufisante, *en si grandes & solemnelles Villes comme*
» *la Ville de Montpellier est*, il la fera bailler & délivrer sans aucune dificulté au-
» dit Duc.

» Et quant à la Rectorie de Montpellier, qu'on doutoit devoir être comprise
» dans les Lettres du Roi de France, convenu qu'on attendroit une Déclaration
» plus expresse de lui.

Ainsi arrêté à Avignon, & signé par les Parties *in Camerâ Curiæ Domini nostri
Papa* : Témoins, le Cardinal Giles de St. Martin *in Montibus*, *Anglic* Evêque
d'Avignon, *Guillaume* Abbé de St. Florent près de Saumur, *Halamard* Chevalier, Pierre *Scalisse* Trésorier de France, & Girard *Malfroment* Bailli d'Evreux, *Et ego
Petrus Boerii Clericus Mimatensis, publicus authoritate Imperiali Notarius*.

Le Captal de Busch, muni des Pouvoirs les plus amples du Roi de Navarre,
jusque pour la Nomination aux Benefices dépendant de sa nouvelle Seigneurie,
vint à Montpellier, dont il demanda l'Investiture au Duc d'Anjou, qui, selon
le Pouvoir spécial qu'il en avoit du Roi son frere, la lui donna dans le
mois de Février, par la Tradition de son Anneau : Après quoi, s'étant retiré à Beziers, le Captal fit assembler dans l'Eglise de Nôtre-Dame des Tables, le Bailli,
le Curiaux & les Consuls, qui lui prêtérent, pour le Roi de Navarre, le Serment
accoûtumé ; & il leur remit des Lettres-Patentes de leur nouveau Seigneur, données à St. Jean de Pié-de-Porc, portant Confirmation de tous les Priviléges de Montpellier ; *Excepté*, ajoûte le Roi de Navarre, *certain Privilége qu'ils disent avoir, de
non être mis hors du Domaine de la Couronne de France, lequel nôtredit Seigneur &
Frere a rapellé & mis au néant pour bonnes & justes Causes*.

C'est ainsi que l'interêt de l'Etat l'emporta dans cette occasion, sur la Promesse
solennelle que le Roi Jean avoit fait à la Ville de Montpellier, de la laisser à
perpetuité sous le Gouvernement immédiat des Rois de France ; mais, les Perfidies ordinaires du Navarrois, nous firent bientôt revenir sous nos premiers Maîtres : Et si durant le Regne de Charles V. il y eut dans Montpellier un Changement alternatif de ces deux Gouvernemens, on verra que nous ne tardâmes
pas beaucoup à retourner pour toûjours sous celui de France.

Cependant, le Roi, qui vouloit purger son Royaume de ces Compagnies desapointées qui le ravageoient depuis si long-tems, voulut que du Guesclin les conduisît en Espagne pour le Service du Comte de Trestamare, que les Castillans vouloient pour leur Roi, à la place de Pierre le Cruel, qui s'étoit attiré la haine publiblique. Du Guefclin, à qui nos Annales donnent le Titre de Capitaine-Major, vint à Montpellier le 29. de Novembre 1365. pour y ramaffer les Troupes qui couroient le Languedoc; & ayant difpofé toutes chofes pour le Paffage de celles qui reftoient à venir, il partit de cette Ville le troifiéme de Décembre; & il travailla fi heureufement en Efpagne, qu'il eut le plaifir dans le mois d'Avril fuivant, de voir couronner à Burgos, Roi de Caftille, Henri Comte de Treftamare : mais, le Roi de Navarre mit bientôt obftacle au repos de ce nouveau Roi, en donnant Entrée par fes Etats au Prince de Galles, qui étant venu au fecours de Pierre le Cruel, défit le Roi Henri, & prit Prifonniers du Guefclin, le Maréchal d'Andreham & le Comte de Denia.

1365.

1366.

1367.

L'Artifice dont le Navarrois voulut fe fervir pour couvrir le Paffage du Prince de Galles dans fes Etats, fut bientôt connu à la Cour de France, où l'on prit auffitôt la refolution de lui faire faifir la Baronie de Montpellier; & le Duc d'Anjou, chargé des Ordres du Roi, commit le Senéchal de Beaucaire Amedée de Baux, pour venir faire cette Saifie : il arriva à Montpellier le 29. du mois de Mars, précifément dans le tems que la Bataille fe donnoit en Efpagne; & ayant trouvé quelque oppofition de la part des Curiaux que le Roi de Navarre avoit à Montpellier, il prit le parti de les interdire tous : mais, voulant de fon chef en établir des nouveaux pour le Roi de France, il s'attira une nouvelle oppofition de la part des Confuls, qui proteftérent contre fon Entreprife, comme contraire au Droit qu'ils avoient eux-mêmes de les nommer.

Ce nouveau Cas donna occafion à un nouvel Ordre qui vint au Senéchal de Beaucaire, pourvû nouvellement du Gouvernement de la Ville par le Duc d'Anjou, de proceder à l'Election des Officiers en la forme accoûtumée : il fe rendit à Montpellier le vingtiéme de Juin; & en obfervant les Formalitez requifes, il fit élire pour Bailli, Jean *de la Croix*, & pour Juge, Jacques *Rebufy* Docteur ès Loix : Je ne nomme point le Notaire, le Sous-Bailli, le Sous-Juge, le Viguier ni l'Affeffeur, qui compofoient alors la Cour de Montpellier, parceque leurs Noms ne font plus connus.

Ce Changement de Domination fait à Montpellier, fut fuivi d'un autre bien plus confiderable en Efpagne, où les Partifans du Roi Henri de Caftille, faifoient de nouveaux Efforts contre Pierre le Cruel. Du Guefclin, forti de fa Prifon, vint auffitôt en Languedoc pour leur ramaffer des Troupes; de forte qu'il fut à Montpellier, (felon nos Annales) avec le Maréchal d'Andreham, dans le mois de Février 1368. Et après avoir bien fervi le Duc d'Anjou au Siége de Tarafcon contre la Reine de Sicile, il conduifit en Efpagne les Troupes qu'il reçut de lui, avec lefquelles il vainquit diverfes fois Pierre le Cruel, qui enfin ayant été pris dans le Combat donné à *Montiel* le vingt-deuxiéme Mars 1369. fut livré au Roi Henri, qui lui fit trancher la tête.

1368.

1369.

Cet heureux fuccès, qui valut à du Guefclin l'Epée de Connétable de Caftille, avec plufieurs autres graces, le mit en état d'avoir fa revenche contre les Anglois. Le Prince de Galles, affoibli par les grandes Levées de Troupes & de Deniers qu'il avoit fait fur fes Sujets de Guiéne, fe vit enlever la Ville d'Uzés par du *Guefclin*, & le Roüergue & le Quercy, (avec une partie de la Guiéne) par le Duc d'Anjou.

Mais, tandis que la France prenoit l'afcendant fur les Anglois, Montpellier foufroit plus qu'aucune Ville du Languedoc, par les Préparatifs qu'on y faifoit fans ceffe, pour porter la Guerre, tantôt en Efpagne, tantôt dans la Guiéne, dans le Roüergue, & fur les Frontiéres de Provence. Nos Annales, qui entrent fur cela dans un grand détail, nous marquent que les Troupes, quoique foldoyées, pilloient également fur l'Ami & fur l'Enemi : Que *Rabaut de Nice* ravagea *Uchaut*, & y fit prifonnier le Garde du Scel de Montpellier : Qu'une Troupe fe jetta fur *Ginbels*, *Madazon* & *Candillargues*; Et qu'une autre ayant commencé fes Pillages à *Caftelnau*, courut la Riviére jufqu'à *Perols*, où elle obligea Jacques Riviére & Jean Colombiers, Confuls de Montpellier, de marcher avec les Gens-de-Guerre de la Ville, pour les en chaffer. Une autre fois les Troupes Bretonnes, qui alloient joindre du Guefclin, fe logérent dans le Fauxbourg des Auguftins, d'où ils ne se retirérent qu'au bout de cinq jours, & après avoir gâté les Blez.

1369.

Cette Perte fit songer les Habitans à la conservation de leur Vendange ; & pour la faire avec plus de sureté, quoique plus lentement, ils la partagérent en quatre Quartiers, pour y travailler successivement l'un après l'autre : sçavoir, du Chemin-Droit de Lates, jusqu'au Chemin de Salaison ; de Salaison au Chemin-Droit des Matelles ; de là, à celui de Fabregues, & de celui de Fabregues à Lates : ils suivirent cette Métode pendant deux Autonnes consecutives ; mais toûjours soûtenus, tantôt de vingt, tantôt de trente Lances, qu'ils obtinrent des Chefs des Troupes, qui avoient eu la permission d'entrer dans la Ville : de cette sorte, leur Vendange dura depuis la Saint Giles jusqu'à Saint Denis ; c'est-à-dire, depuis le premier de Septembre jusqu'au neuviéme d'Octobre : par où l'on peut juger, qu'on la commençoit alors beaucoup plûtôt que nous ne faisons.

Tous ces Mouvemens de Gens-de-Guerre, attirérent à Montpellier plusieurs Princes, dont nos Ancêtres prirent grand soin de marquer le Passage. Le Duc d'Anjou y étoit venu quatre diferentes fois dans le cours de l'année 1365. & y séjourna près d'un mois, logé dans la Maison-de-Ville : Jacques de Bourbon, Comte de la Marche, y arriva la Veille de Noël, & s'y arrêta deux jours en allant en Espagne joindre le Capitaine-Major. Le 12. Février 1367. Marie de Bretagne, Epouse du Duc d'Anjou, fit son Entrée publique à Montpellier, où tous les Corps de la Ville lui rendirent les Honneurs usitez dans ce tems-là, tels que je les décrirai en une autre occasion. *En 1370. & le seiziéme du mois d'Avril, Jacques de Mayorque, (disent nos Annales) Fils de bonne Mémoire Jacques Roi de Mayorque, lequel venoit de la Prison de Henry Roi de Castille, où il avoit demeuré certain tems, passa par Montpellier, & y coucha une nuit, & le lendemain s'en alla coucher à Arles.*

1370.

III. Ce dernier Article semble demander de moi, que je raconte ici les Avantures de ce Prince, en qui finit la Branche des Rois de Mayorque, que nous avions eu pour Seigneurs de Montpellier, depuis la Conquête de cette Isle par Jacques le Grand. J'ai déja dit, que ce Prince ayant été pris dans la Bataille où son Pere perdit la vie, il fut envoyé au Château de Xativa, & de là transferé au Petit-Palais de Barcelonne, où Pierre le Ceremonieux Roi d'Aragon le tint resserré, avec des précautions dignes de sa grande défiance ; Car Zurita raporte, qu'on le laissoit durant le jour se promener dans le Château, toûjours gardé à vûë ; mais que pendant la nuit, on l'enfermoit dans une Cage de fer, au coin d'une grande Sale, toûjours remplie de Soldats, qu'on prenoit soin de changer toutes les semaines : Il avoit resté dans cet état environ douze ans, malgré toutes les Instances qui avoient été faites pour sa Délivrance par le Pape Innocent VI. lorsque ce Prince, bien convaincu qu'on n'obtiendroit jamais aucune grace pour lui, fit soliciter toutes les Personnes qui lui restoient fidéles, de chercher quelque expedient pour le tirer de Prison. Jacques de St. Clement, Capiscol de la Catédrale de Barcelonne, conduisit toute l'Intrigue : Comme son Etat le rendoit moins suspect, il eut souvent la permission de voir le Prince ; & durant ce tems, il trouva le moyen d'avoir de Fausses-Clefs ; Après quoi, ayant gagné la plûpart des Soldats qui devoient relever la Garde sous la conduite de *Nicolas Rovira*, il entra une nuit dans la Prison bien accompagné, fit égorger Rovira, & ayant tiré le Prince de sa Cage, il le mit en liberté.

Liv. 17. Chap. 29.

Tout le parti qu'il put prendre alors, fut de se refugier à Naples chès la Reine Jeanne, qui avoit autrefois secouru le Roi son pere dans sa derniere Expedition de Mayorque. Cette Princesse, qui s'est renduë Célébre par les Avantures de ses quatre Maris, perdit le second, peu de tems après l'Arrivée de l'Infant : Elle ne tarda pas un an, à le prendre pour son troisiéme Mari, sous le Titre de Roi de Mayorque ; & les Affaires s'étant broüillées avec elle & le Duc d'Anjou, qui dès-lors avoient des vûës sur la Comté de Provence, la Reine prit le Parti opposé à la France dans la Guerre de Castille, & consentit que son Mari allât joindre l'Armée de Pierre le Cruel, & du Prince de Galles, avec lesquels il défit & prit prisonnier du Guesclin : C'est ce que nos Annales ont marqué en ces termes. *Le 3. Avril 1367. Pierre Roi de Castille, le Prince de Galles, & Jacques*

Fils

Fils du Roi de Mayorque, défirent le Roi Henry, ou Guefclin, & le Maréchal d'Andreham, 1370.
& le Comte de Denia, furent faits Prifonniers.

Après cet heureux fuccès, qui fembloit affermir Pierre le Cruel fur fon Trône, l'Infant de Mayorque efpera, qu'avec fon fecours il pourroit faire valoir fes juftes droits fur le Rouffillon ; & dans cette vûë, il s'arrêta en Caftille, pour entretenir les anciens Amis de fa Maifon : mais, la feconde Affaire dont j'ai déja parlé, entre le Roi Henry & Pierre le Cruel, étant arrivée, l'Infant de Mayorque fut du nombre des Prifonniers : Alors le Roi d'Aragon employa tous fes Artifices ordinaires, pour le tirer des mains du Roi Henry, afin de s'affurer de fa Perfonne : mais, ce Prince ayant rejetté toutes fes Demandes, fous des prétextes honnêtes, fe rendit enfin aux Solicitations de la Reine Jeanne, qui lui fit offrir foixante mile Florins pour la Rançon de fon Mari. Ce fut alors, que l'Infant ayant recouvré fa liberté, vint par la Navarre à Ortez, chès le Comte de Foix, d'où étant parti pour la Provence, il paffa par Montpellier, comme nous l'avons dit.   *Zurita liv. 10. Chap. 10.*

J'ajoûterai, pour finir fes Avantures, que la Guerre s'étant allumée peu après, entre les Rois de Caftille & d'Aragon, l'occafion parut favorable à Jacques de Mayorque, de faire une nouvelle tentative pour rentrer dans fes Etats : Pour cet effet, il forma aux environs de Touloufe une Armée, compofée de François, d'Anglois & de Provençaux, qu'il introduifit dans le Rouffillon par la Valée d'Aran. Sa Sœur Ifabelle, Comteffe de Monferrat, ne voulut jamais le quiter durant cette Expedition ; & parmi les Officiers de diftinction qu'ils avoient avec eux, Zurita marque un Frere du Connétable du Guefclin : Leur Armée eut une liberté entière dans le Rouffillon, d'où le Roi d'Aragon, qui avoit fort peu de Troupes, fe retira, s'étant contenté d'en jetter une partie dans Perpignan, avec le refte il alla fur les Frontiéres de Catalogne pour en garder les Paffages. Alors l'Infant tourna vers l'Aragon, où il entra par la Seu d'Urgel ; Ce qui donna une fi grande allarme au Roi le Ceremonieux, qu'il fit une Convocation generale de tous Ceux qui lui devoient Service de Guerre ; & ayant ramaffé tout ce qu'il put de Troupes, il publia qu'il alloit donner une Bataille décifive, lorfqu'on apprit brufquement que Jacques de Mayorque venoit de mourir dans fon Camp : Cet Accident, qui décidoit du fuccès de la Guerre, donna lieu à de violens Soupçons, qui n'ont pas encore été éclaircis : plufieurs les faifant tomber fur le Roi d'Aragon, qu'on fçavoit avoir des Reffources extraordinaires dans les Cas les plus preffans ; & les Aragonois, de leur côté, laiffant à entendre que l'Infant avoit été empoifonné, par un Breuvage que la Reine fon époufe, dégoûtée de lui, lui avoit fait donner.   *Chap. 21.*

   Chap. 22.

Quoiqu'il-en-foit, cette mort affura aux Rois d'Aragon, les Biens de la Maifon de Mayorque, qui leur étoient fubftituez à défaut d'Enfans-mâles, par le Teftament de Jacques le Conquerant : Et la Princeffe Ifabelle n'ayant plus rien à prétendre en ce Païs-là, revint en Gafcogne avec les Troupes de fon Frere, par la faveur (dit Zurita) de Dom Juan Fils du Roi de Caftille. Cet Accident arriva en 1374.

Le Paffage par Montpellier de Jacques Infant de Mayorque ; qui a donné occafion à la Digreffion que je viens de faire, fut bientôt fuivi en cette Ville, du Paffage de Jeanne de France ; Fille poftume de Philipe de Valois, qui arriva à Montpellier le vingt-troifiéme du mois d'Août 1371. pour aller époufer à Perpignan, l'Infant Jean Duc de Gironne, Fils aîné du Roi d'Aragon. Ce Mariage (comme nous l'apprenons de Zurita) donna occafion au Roi Pierre le Ceremonieux, de demander le payement des Sommes qui reftoient à payer du Prix de la Vente de Montpellier : Les Commiffaires des deux Rois concertérent fur cette Affaire ; mais, la mort de cette Princeffe, arrivée à Beziers le feiziéme du mois de Septembre, rompit le Mariage arrêté, & fupendit le Payement.   IV.

   1371.

CHAPITRE SECOND.

I. Montpellier est rendu au Roi de Navarre. II. Traverses qu'y met le Duc d'Anjou. III. Arrivée du Roi de Navarre à Montpellier. IV. Diferens Ordres qu'il y donne pour le bon Gouvernement de la Ville.

1371.

CEPENDANT, le Roi de Navarre voyant que le Parti des Anglois s'affoiblissoit tous les jours, par les Conquêtes du Connétable du Guesclin, & du Duc d'Anjou, chercha à se reconcilier avec le Roi de France: Il vint le trouver à Vernon, où il lui jura une ferme Amitié, le vingt-neuviéme du mois de Mars; il se départit entre ses mains, des Villes de Mantes & Meulan, avec la Comté de Longueville, & lui fit Hommage de toutes les Terres qu'il tenoit dans le Royaume de France.

I. Par cet Accord, le Roi Charles V. lui rendit Montpellier, mais avec plus d'extension que la première fois; Car il est dit dans les Lettres données à Vincénes le dix-septiéme de Juin, » que le Roi donne à perpétuel Héritage au Roi de Na-
» varre, toute la Ville & Baronie de Montpellier, Baillie, Rectorie, Petit-Scel, Châ-
» teaux, Forteresses, Fiefs, Arrière-Fiefs, sous Foi & Hommage-Lige, Collations
» de Benefices, & tous les Droits que Nous aurions (dit le Roi) & que Nous
» devrions avoir ès susdites Choses: De plus, les Terres de *Cessenon*, & les autres
» que le Roi de Castille tenoit en France comme Comte de Trestamare.

Ferri de Metz, Docteur en Droit Civil & Canonique, & Maître des Requêtes du Roi, fut chargé de cette Commission: Il arriva à Montpellier la Mi-Novembre; & ayant assemblé le 20. du mois, les Consuls & autres Notables, il leur fit part de l'Accord fait entre le Roi de France & celui de Navarre: ajoûtant, que comme bons & fidéles François, ils devoient, nonobstant l'Acquisition de leur Ville par le Roi de Navarre, jurer entre ses mains, d'être toûjours fidéles au Roi de France, comme ils l'avoient été: *Maximè in causa Superioritatis & Ressorti.*

Ce Droit de Supériorité & de Ressort, (comme nous le verrons) fut porté si loin, qu'il méritoit toute l'attention de nos Prud'hommes. Ils demandérent trois jours pour délibérer sur la Proposition; & au bout de ce terme, leur Réponse fut: » Qu'ils avoient beaucoup de joye de l'Accord passé entre les deux Rois; &
» que s'il avoit dépendu d'eux, ils auroient resté sous la Domination immédiate
» du Roi de France, comme auparavant: Qu'en considération de la Paix entre les
» deux Rois, ils vouloient obéir aux Ordres du Roi, comme ses fidéles Sujets;
» mais, qu'avec tout l'honneur & le respect qui étoient dûs au Roi & à lui son
» Commissaire, ils lui représentoient les difficultez qu'ils trouvoient à la Prestation
» du Serment qu'il exigeoit d'eux.

» 1°. Parcequ'il étoit inusité, & que jamais ils n'en avoient fait de semblable.

» 2°. Que ce Droit de Supériorité, pouvant donner lieu à plusieurs Questions
» de Droit, les Consuls & Habitans, qui sont Laïques, ne sçachant point l'éten-
» duë de ce Droit, pourroient facilement manquer à quelque chose, & s'exposer
» à la disgrace de l'un des deux Rois.

» 3°. Que le Duc d'Anjou, lorsqu'il mit le Captal de Busch en Possession de
» Montpellier pour le Roi de Navarre, au mois de Février 1365. voulut exiger
» un pareil Serment; mais, ayant ouï les Raisons des Consuls, il les en exempta.

» 4°. Que par les Lettres de sa Commission, il ne constoit pas qu'il eût un
» Pouvoir légitime d'exiger d'eux pareil Serment: mais, que sans le prêter, ils
» prétendoient être toûjours bons, fidéles & loyaux au Roi de France, & de-
» meurer toûjours sous sa Supériorité & Ressort; dequoi ils ne feroient jamais un
» Serment contraire, sous quelque couleur ou prétexte que ce pût être.

Alors Ferri de Metz convint, qu'il ne paroissoit par aucuns Actes, qu'ils eussent ci-devant prêté ledit Serment; mais il demanda, que pour sa propre décharge, on couchât dans le Verbal la Réponse des Consuls.

Ce retardement de trois jours, donna lieu aux deux Officiers du Roi de Navarre, & à Leger d'Orgey son Procureur, de s'en plaindre au Commissaire, qui apporta pour raison, que les Consuls avoient demandé du tems à déliberer sur les Propositions qu'il avoit à leur faire; & les Consuls répondirent, *Per Oraculum venerabilis Viri Jacobi Meysendis, Legum Professoris* : Que veritablement ils avoient délibéré sur l'Exaction du Serment proposé; & qu'ils persistoient dans la Réponse ci-dessus, qu'ils firent repeter mot à mot : ajoûtant, qu'ils promettoient d'obéïr, tant au Roi de France qu'au Roi de Navarre, sauf leurs Priviléges & Libertez.

Le Commissaire ayant verifié, que dans la Possession précedente du Roi de Navarre, faite par le Duc d'Anjou, il n'étoit fait aucune mention du Serment de Superiorité, il se contenta des Promesses de fidelité au Roi de France, données par les Consuls, & investit le Captal de Busch de tous les Droits ci-dessus, par la Tradition des Lettres de sa Commission; sauf, ajoûta-t-il, la Supériorité & Ressort du Roi de France, & l'Hommage porté par les Lettres.

Le Captal dit, qu'il acceptoit la Possession, & qu'il conserveroit les Priviléges, Libertez, Us & Coûtumes de la Ville; ce qu'il promit pour le Roi de Navarre. Fait dans la Maison-Consulaire, l'an que dessus : Présens, Honorables-Hommes Hugues de *Aussac* Moine & Vestiaire de St. Guillem du Desert Docteur en Decret, Guiraud *Pons* & Jacques *Rebufi* Excellens Docteurs, Barthelemi *Ricard* Bailli, Armand *Pons* Sous-Bailli, Jean *Trial* Vicaire de la Cour Ordinaire.

Après toutes ces choses; & le même jour, Mr. le Commissaire Ferri de Metz, à la requisition du Seigneur Chevalier Leger d'Orgey, alla aux Lieux particuliers de la Rectorie, Baillie & Petit-Scel, où il fit asseoir ledit Leger d'Orgey, qui offrit & promit aux Habitans de leur rendre justice : Présens, Pierre Baraglie Prieur de Nôtre-Dame du Château, & grand nombre d'Habitans, qui donnérent leur Consentement, sauf toûjours (dit l'Acte) leurs Priviléges & Libertez; Guillaume de *Lodeve*, Guillaume d'*Aigrefeüille*, Jean *Claparede*, Firmin *Salomon*, Bourgeois & Notables de la présente Ville, & plusieurs autres.

Et étant venus à la Rectorie, le même Commissaire entra dans une Maison appartenante au Roi, & contiguë à ladite Cour, où le Recteur avoit coûtume de loger, dans la Partie Episcopale; & là, il mit en Possession le susdit Chevalier & Procureur du Roi de Navarre.

Toute cette Ceremonie ne pouvoit que donner du chagrin au Duc d'Anjou, II. qui perdoit toutes ses esperances sur la Seigneurie de Montpellier, qu'il avoit toûjours crû devoir lui appartenir : il fit sous-main agir le Senéchal de Beaucaire, qui dépendoit absolument de lui; & il le porta à susciter tant de Traverses aux Gens du Roi de Navarre; qu'il fallut enfin recourir à Avignon, où les Papes durant leur séjour, étoient en Possession d'être les Médiateurs de tous nos Princes. Gregoire XI. y occupoit alors la Place qu'Urbin V. avoit laissé vacante depuis deux ans : Le Roi de Navarre s'y rendit, avec le Duc d'Anjou; qui fonda ses Demandes sur des Lettres qu'il produisit du Roi de Navarre, où ce Prince disoit; que pour faire plaisir au Roi de France, & au Duc d'Anjou, *qui de ce nous a affectueusement prié & requis*, il promet, qu'après qu'il aura pris loyaument & de fait Possession de la Ville, Baronie, Rectorie & Petit-Scel de Montpellier, *il rendra le tout dans quatre mois prochains; au cas, & non autrement, que mondit Sire le Roi baille & délivre réellement & de fait, paisiblement & sans aucun empêchement, autres Terres & Châteaux, aussi profitables que celles qu'il nous a baillées, au Jugement de deux Hommes pris de chaque côté; & s'ils ne peuvent s'accorder, d'un Tiers*. Donné à Paris le 17. du mois de Juin 1371.

Surquoi, le Duc d'Anjou proposa en Echange quantité d'autres Terres sur les Frontiéres de Navarre, qui furent acceptées; & on regla pour le présent :

» 1°. Que la Ville de Montpellier, tant la Partie Antique que la Nouvelle,
» la Rectorie, Baillie & Petit-Scel; seroient délivrez au Roi de Navarre, ou
» à son Délegué, & tous Empêchemens ôtez de la part du Senéchal de Beaucaire.

» 2°. Que quatre ans après ladite Possession paisible, le Roi de Navarre se-
» ra tenu de recevoir pour Echange les Villes suivantes, qui seront unies à per-
» petuité au Royaume de Navarre, & exemtes de tout Ressort de Superiorité,

1371.
» Juridiction & Domination de tout autre; sçavoir, *Alfaro*, *Aquillar*, la Cité de
» *Calaguera*, avec toutes leurs Dépendances : toutes les Terres de *Guipuscoa* &
» de *Alava*, le Château & Ville de *Areyno*, la Terre appellée *Yuda*, le Lieu de
» *Sainte Croix*, la Terre de *Campeço*, & toute celle qui appartenoit anciennement
» le long de l'Ebre, au Royaume de Navarre; le tout avec ses Dépendances,
» Forteresses, *Mercaturis* & *Ermendatis* : moyennant quoi, le Roi de Navarre re-
» noncera à tous ses Droits sur Montpellier.

Il semble qu'après ce Reglement, tout devoit être paisible durant quatre ans,
entre le Duc d'Anjou & le Roi de Navarre, au sujet de la Seigneurie de Montpellier : mais, je ne sçai auquel des deux Partis attribuer un nouvel Incident qu'on
fit naître, à l'occasion du Droit de Supériorité & de Ressort, qu'on voulut absolument établir à Montpellier. Je trouve qu'il donna occasion à une nouvelle Pri-
1372. se-de-Possession ; & que le onziéme du mois de Mars 1372. Magnifique & Puissant Seigneur Philipe de *Savoisi* Chevalier, Chambelan du Roi, & son Commissaire spécial, pour mettre en Possession de toute la Ville de Montpellier, Rectorie & Petit-Scel, Illustre & Puissant Prince Charles Roi de Navarre, se rendit *in Banchâ seu Consistorio ordinario Curiæ ordinaria*, *Partis-Antiquæ Montispessulani*, &
y mit en Possession Leger d'Orgey, Procureur du Roi de Navarre, par la Tradition,
unius Birreti, & en le faisant seoir dans le susdit Consistoire ; mais avec Protestation expresse, qu'il entendoit la Conservation des Priviléges & Libertez de la Ville, & les Retentions par lui faites du Droit de Supériorité & Ressort pour le Roi
de France.

A quoi Leger d'Orgey répondit, qu'il recevoit ladite Possession : qu'il promettoit la Conservation des Priviléges & Libertez de la Ville, comme il avoit fait
ci-devant, lorsque Ferri de Metz le mit dans cette même Possession ; mais qu'il
ne consentoit pas à la Retention du Droit de Supériorité & Ressort, pour laquelle
lui Philipe de Savoisi exigeoit le Serment des Habitans.

Nos Consuls, Bernard *Pelicier*, Pierre *Texier* & autres, assistez de Jacques *Mey-
sende*, Jacques *Rebufi*, Docteurs ès Loix, Arnaud *Delar*, Secretaire du Roi, &
Jean *Rebufi*, *Alias de Comaco*, se contentérent d'être présens à toutes ces Protestations de part & d'autre, dont néanmoins ils demandérent Acte : Et voyant les
Ordres si précis dont Philipe de Savoisi étoit Porteur, ils convoquérent une
Assemblée extraordinaire, où les Consuls Majeurs anciens & nouveaux, les Ouvriers, les Consuls-de-Mer, les Sindics, & autres Particuliers de la Ville, au
nombre de cent soixante, prêtérent Serment entre ses mains, pour la Supériorité
& Ressort du Roi de France.

III. Cependant, on apprit que le Roi de Navarre venoit en Personne à Montpellier ;
ce qui obligea Philipe de *Savoisi* de partir aussitôt, pour aller au-devant de ce
Prince, qui fit son Entrée le vingtiéme du mois de Mars, Veille du Dimanche
des Rameaux. Nos Consuls, tant Anciens que Nouveaux, tous à cheval, avec
les Officiers du Roi & ceux de la Ville, & grand nombre des plus considerables
Habitans, s'avancérent jusqu'au-delà de Cadoule, menant avec eux les Menestriers du Consulat à cheval : Les Processions des Quatre-Mendians & des autres
Eglises, qui marchoient de toutes sortes d'occasions, s'arrêtérent au-delà de Castelnau;
Et lorsque le Roi fut arrivé à Saint Lazare, c'est-à-dire, à la Maladerie, les Consuls lui présentérent un riche Dais, qu'ils avoient fait faire pour son Entrée ; mais
qu'il ne voulut jamais accepter : Alors ils le suivirent à pied, jusqu'à Nôtre-Dame des Tables, où il fut reçu à la tête du Clergé, par Pierre d'Afiran Abbé
de Saint Ybery ; & après y avoir entendu la Messe, il alla décendre à la Sale
de l'Evêque, qu'on lui avoit preparé pour son Logement.

IV. Pendant le séjour de quatre mois que le Roi de Navarre fit à Montpellier,
il signa plusieurs Actes importans pour la Ville, qu'on n'a pas manqué d'inserer
Fol. 149. dans nôtre grand Talamus. Le premier est, la Confirmation de nos Priviléges, qu'il
jura le trentiéme de Mars, dans la Place joignant le Palais, où tout le Peuple
étoit assemblé par son ordre : Après quoi, il reçut dans ce même lieu, le Serment de fidelité que lui prêtérent les Consuls Majeurs, les Ouvriers, les Consuls-de-Mer, les Sindics, & autres bons Habitans. *Acta sunt hæc* (dit l'Acte)
in

Livre Neuviéme.

in Montepessulano in Plano Palatii Domini Regis, ubi Populus dictæ Villæ ad mandatum Domini Regis ad publicum venerat Parlamentum. TESTES ;
*Dominus Raymundus de Baucio, Princeps Arausacensis,
Guillelmus de Rocafolio, Dominus de Breizoles & de Gremiano,
Joannes de Rocafolio, Frater suus Domicellus.*

1372.

Le second Acte, qui est du dixiéme Juin 1372. nous apprend que le Roi de Navarre joüissoit deja de la Comté de Cessenon, qui lui avoit été cedée, comme nous l'avons vû ci-devant ; & que les Terres de *Cervian* & de *Thezan* étoient comprises dans la Seigneurie de Cessenon : La chose paroît par une Subdélégation de Gauserand de *Marsan* Damoiseau, Seigneur de Prat & Senéchal de la Comté de *Cessenon, Cervian* & *Thezan*, pour le Roi de Navarre, qui étant occupé pour les Affaires du Roi son Seigneur, nomme pour son Lieutenant dans lesdites Terres, André d'*Albaygas* ; Et ledit André son Lieutenant, ayant assemblé la plus grande partie des Habitans de Cervian dans la Place publique, élut avec eux pour Consuls, Raymond *Fredoli* Damoiseau, Simon *Jordan* & Guillaume *Giles*, ausquèls la Communauté donne un pouvoir très-ample pour gerer les Affaires publiques, & faire sur ce, tous Actes necessaires, qu'on spécifie dans un long détail, à commencer de la Pentecôte prochaine jusqu'à la suivante.

Le troisiéme Acte est, une Confirmation (avec extension) des anciens Droits des Ouvriers de la Ville, dont il explique les Fonctions : il y est marqué, » que les » Ouvriers de la Clôture commune, dont l'Office est un Membre du Consulat de » Montpellier, ayant eu de tout tems la Garde & la Clef des Portes princi- » pales, Tours & Forteresses de la Ville, avec leurs Murailles & Fossez, & ayant » eu aussi la Direction des Douze-Pans, tant de ceux qui sont par-dedans la Vil- » le, que de ceux qui sont contigus aux Fossez par-dehors, avec pouvoir d'ôter » de leur propre autorité, & arracher les Edifices ; Arbres, Fumiers, & autres » Empêchemens qui s'y pourroient trouver, ils auroient représenté qu'on avoit fait » une nouvelle Clôture au-delà des Fossez, sur laquelle ils auroient besoin d'a- » voir la même Jurisdiction : Surquoi le Roi de Navarre, qui prend le Titre de » Comte d'Evreux & de Seigneur de Montpellier, dit, qu'à la Suplication des Con- » suls & des Ouvriers, il donne ausdits Ouvriers, même Pouvoir que dessus, pour » la nouvelle Clôture des Fauxbourgs, & de toutes les Fortifications qu'on pourra » y faire ; avec Mandement au Gouverneur, ou son Lieutenant à Montpellier, de » faire joüir du présent Privilége les susdits Consuls & Ouvriers. *Datum in dicta » nostra Villa Montispessulani, mense Julii, anno 1372.*

Grand Talamus; fol. 153.

Il étoit bien difficile, que du caractére dont le Duc d'Anjou s'étoit fait connoître jusqu'alors, il laissât exercer en paix au Roi de Navarre son Autorité dans Montpellier : Il crut, comme Gouverneur de la Province, pouvoir mander de son chef les Consuls de Montpellier, sans la participation du Roi de Navarre, quoiqu'il fût actuellement dans la Ville ; ce qui donna lieu à des Lettres que nous avons du Prince, où il dit, » qu'ayant appris que le Duc d'Anjou avoit » écrit aux Consuls de Montpellier, d'envoyer une ou deux Personnes pour » écouter ce qu'il avoit à leur dire, avec plein Pouvoir de traiter & accorder » avec lui, comme les autres Communautez de la Province, le Roi de Na- » varre, Comte d'Evreux, & Seigneur de la Ville, Rectorie, Baronie, & Petit- » Scel de Montpellier, faisant attention que ses Vassaux ne sont nulement tenus » à cela, & que la chose pourroit être tirée à consequence pour l'avenir, il fait » expresse défense aux Consuls de Montpellier, d'envoyer qui que ce soit, » sans une Permission expresse de lui, parcequ'il ne peut blesser les interêts de sa » Seigneurie, ni s'empêcher de punir les Contrevenans à sa Défense. Signifié aux Consuls, & publié le 14. du mois de Juillet 1372.

Nous verrons bientôt, que ce fut comme le premier Acte d'hostilité entre ces deux Princes ; & que le Duc d'Anjou fit une Guerre d'autant plus opiniâtrée, qu'il n'avoit pour Soldats qu'une Troupe de Gens-d'Affaires. Le Roi de Navarre, de son côté, partit pour Pampelune huit jours après, laissant à Montpellier pour Gouverneur, le même Leger d'*Orgey* dont nous avons déja parlé, & que nos Annales marquent avoir fait la Ceremonie le jour de St. Thomas, d'être Par-

X

rein d'une nouvelle Cloche des Freres-Mineurs, appellée *Claire*.

1372.

Pour finir tous les Articles que nous avons de l'année 1372. je croi devoir ajoûter, qu'on reçut dans le mois de Décembre des Lettres-Patentes du Roi de Navarre, portant Réunion des deux principales Jurîdictions qui avoient été de tout tems à Montpellier : On fera beaucoup plus en état d'en juger par le Précis de ces mêmes Lettres, où le Roi dit, " que fa Ville de Montpellier ayant " été depuis long-tems fous diferentes Jurîdictions, Sçavoir, celle du Bailli " pour Montpellier, & celle du Recteur pour la Part-Antique, Nous faifons fça- " voir, que pour prévenir les Difputes qui font arrivées fouvent à cette occafion, & " pour condécendre à la Priére de nos fidéles Confuls, & autres Bourgeois, " Marchands & Habitans de ladite Ville, Nous uniffons ces deux Jurîdictions en " une feule ; de forte que le Bailli aura dorénavant fur la Part-Antique & fes Faux- " bourgs, la même Jurîdiction qu'il avoit fur la Part-Nouvelle : lui accordant de " connoître des Caufes Civiles & Criminelles de nos Sujets de la Part-Antique " avec fes Fauxbourgs, & de prononcer felon l'exigence des Cas, de même qu'il " faifoit pour nos Sujets de l'autre Partie de la Ville ; & voulons que tous nos Sujets " lui obéiffent comme à leur Juge Ordinaire. *Datum in Villa nostra Stellæ mense De-* " *cembri, anno 1372.*

Grand Talamus, fol. 142.

CHAPITRE TROISIÉME.

I. *Etenduë du Droit de Supériorité & de Reffort établi à Montpellier pour le Roi de France.* II. *Arrivée à Montpellier de la Reine de Navarre.* III. *Elle obtient du Roi fon Frere Charles v. un Surcis à ce Droit.* IV. *Grande Mortalité à Montpellier.* V. *Diverfes Difpofitions du Roi de Navarre pour cette Ville.* VI. *Ses nouvelles Trahifons font remettre Montpellier fous la Main du Roi de France.*

LA Guerre que j'ai déja annoncée entre le Duc d'Anjou & le Roi de Navarre, par l'entremife de Gens-d'Affaires, ne peut être mieux connuë que par l'Inftruction qui fut donnée à *Arnaud Delar*, nommé dans les Lettres, Gouverneur des Souverainetez, Exemptions & Reffort de la Ville, Rectorie & Baronie de Montpellier : Voici le Précis de cette Inftruction, telle qu'on la fit coucher dans les Regîtres de l'Hôtel de Ville, où elle eft encore.

" Le Gouverneur & Garde defdits Droits, fera Châtelain & Viguier de Som- " miéres, pour être plus à portée de l'Execution de tout ce qu'il aura à faire.

" Il tiendra fon Siége en ladite Ville, tous les quinze jours ; & pourra, s'il eft " neceffaire, le venir tenir à Montpellier dans la Maifon de l'Evêque, ou autre " Maifon-Exemte, comme celle de l'Eglife de Maguelonne, de St. Jean-de-Jeru- " falem, & autres qui font de la Fondation du Roi, ou de fes Prédéceffeurs.

" Il aura à Sommiéres, un Procureur & un Avocat, & autant à Montpellier, " où il aura auffi un Lieutenant pour y refider continuellement, & un Notaire " pour dreffer tous Actes neceffaires.

" Il aura à Sommiéres, un Scel Royal, dont il fera Garde, & en ufera de la " maniére qu'on ufe des Sceaux Royaux à Carcaffonne, Beziers, Touloufe, & au- " tres Lieux.

" Il aura pouvoir de faire autant de Sergens Royaux qu'il voudra, aufquels le " Roi donnera Lettres de Confirmation, quoique créez par le Gouverneur.

" Il prendra connoiffance de toutes Affaires Civiles & Criminelles concernant " lefdits Droits.

" Quand ledit Gouverneur prendra Poffeffion à Sommiéres & à Montpellier, " il fera fait Cri-public, que tous ayent à lui obéïr pour le fait defdits Droits, " & que tous Confuls & Jufticiers ayent à lui donner Aide.

" Sera fait Commandement aux Grefiers du Parlement, de renvoyer audit " Gouverneur toutes Affaires qui toucheront ledit Droit.

" Le

» Le Gouverneur établira des Gardes au Port de Lates & de Frontignan, pour   1372.
» empêcher qu'aucunes choses défendues ne se portent hors du Royaume, & pour
» lever les Impositions dûës pour l'Issuë du Royaume, comme se faisoit aux tems
» des Rois de Mayorque, & se fait encore à Châlon, à St. Jean-de-Leon, &
» ailleurs, ès Terres des Pairs, Barons, & autres Seigneurs.

» Il aura Commission pour connoître de la Mutation de *Bourgeoisie*, *Etude*,
» *Monoye*, & tous autres ayant Priviléges Royaux.

» Il aura pouvoir d'exploiter tout ce qui sera dû au Roi, des Arrerages du
» Petit-Scel, ou de ladite Bourgeoisie, jusqu'à la Possession baillée par Philipe de
» Savoisi; & de toutes Oppositions, le Gouverneur connoîtra & déterminera.

» Les Appellations iront au Parlement, pour tout ce qui regarde le Droit de
» Souveraineté & Droits Royaux, Conservation des Priviléges & de la Bourgeoisie;
» mais, pour les choses qui auront été ordonnées en la Viguerie de Sommieres, on
» appellera au Sénéchal de Beaucaire, comme il est accoûtumé : Les Appeaux
» des Officiers des Seigneurs Domaniaux, se feront au Gouverneur, & de lui au
» Parlement. Ainsi reglé le huitiéme jour du mois de Mai 1372. afin que M^e.
» Arnaud Delar, institué Gouverneur desdits Droits, ne soufre qu'autrement en
» soit usé par le Roi de Navarre, ni par ses Gens.

Le vingt-huitiéme du mois suivant, le Duc d'Anjou, à qui ces Lettres avoient
été apportées à Montauban, donna les siénes, pour ordonner aux Officiers de
Justice, de donner toute Aide & tout Secours audit Delar, malgré les Défenses &
Oppositions qui pourroient venir de la part du Roi de Navarre; & comme si les
Articles que je viens de raporter ne diminüoient pas assés son Autorité dans
Montpellier, on en ajoûta d'autres, par lesquels on tiroit de sa Jurisdiction, la
plus considerable partie des Habitans, & les principaux Lieux de la Ville.

» Ledit Gouverneur aura Connoissance de l'Eglise Catédrale de *Maguelonne*, de
» l'Ordre de *St. Jean-de-Jerusalem*, de l'Eglise & Monastére de *St. Germain*, &
» autres qui sont sous la Garde du Roi & de Fondation Royale, ensemble de
» leurs *Serviteurs*, *Hommes*, *Sujets* en icelles Eglises; de sorte que leurs Membres,
» Terres & Sujets, seront exemts de toute Connoissance, Jurisdiction & Pouvoir
» du Roi de Navarre.

» Il connoîtra de toutes Infractions de Sauvegarde, de la Fausse-Monoye,
» Portement-d'Armes, des Contrats faits sous le *Scel Royal*, & de tous Cas de
» Nouvelleté & Prévention; ensemble, de tous Cas des Personnes députées pour
» le Droit de *Souveraineté & Ressort*, & Officiers Royaux, ou Officiers de Monoye.

» Il fera payer les Dettes Royaux & Aides.

» Au Roi seul appartiendra de donner Sauvegarde, Lettres d'Etat, de Nobi-
» litation, Légitimation, Droit de Bourgeoisie, Foires, Marchez, Amortissement:
» de tous lesquels Droits ledit Gouverneur prendra connoissance ; ensemble, de
» tous les Membres de l'*Université*, qui a été fondée, créée & privilégiée par les
» Rois de France.

» Et comme le Roi nôtre Sire, a octroyé au Roi de Navarre, la moitié des
» Tailles qui seront & courront en ses Terres pour le fait de la Guerre jusqu'à cer-
» tain tems, lesdites Aides se recouvreront par les Gens-du-Roi, & le Roi de
» Navarre prendra sa Portion de leurs mains, & non autrement.

» Ledit Gouverneur connoîtra en seul des susdites choses, & recevra le Serment
» des Consuls & Gouverneur qui seront faits à Montpellier par le Roi de Na-
» varre, en la forme & maniére qui est contenuë dans le premier Traité fait avec
» le Roi de Navarre.

» Pour l'Execution des susdits Droits Royaux, les Officiers requerront Ceux du
» Roi de Navarre; & s'ils refusent ou délayent trop, lesdits Officiers du Roi le
» pourront faire sans les plus requerir. *Par le Roi en son Conseil*, Y v o.

Il y a grande apparence qu'on ne travailla à mettre ces Lettres en execution,   1373.
qu'au commencement de l'année 1373. quoiqu'elles eussent été données dans la
précedente. La raison en est, que nous ne trouvons aucune Opposition de la part
du Roi de Navarre, que dans le mois de Mars 1373. où il écrivit à Jean de
Ligneres Lamorax, qu'il avoit établi Gouverneur à Montpellier, qu'étant venu

1373.

» à sa connoissance, qu'Arnaud Delar, Châtelain & Viguier de Sommiéres,
« s'efforçoit tous les jours de contraindre les Consuls de Montpellier, & autres Ha-
» bitans de la Ville, de comparoir devant lui audit Sommières, pour faire aucuns
» Sermens préjudiciables à nos Droits Franchises & Libertez : *Si vous mandons*,
(dit le Roi) *qu'aussitôt les Présentes reçûës, vous fassiés Commandement aux Consuls
& Habitans, de ne comparoir pardevant ledit Delar en aucune manière, sous peine d'en-
courir nôtre indignation, quelque part qu'ils soient citez par lui ; & gardés-bien* (ajoûte-t-il)
qu'ils ne fassent le contraire.

II. Mais, ce qu'il fit de plus efficace en cette occasion, fut de faire partir pour
Montpellier, la Reine son épouse, qui par sa Présence, pouvoit encourager les
Habitans, & par son Credit, adoucir les choses auprès du Roi Charles le Sage
& le Duc d'Anjou ses freres: Elle y arriva en effet le dix-septième du mois de
Mars ; & nôtre Ceremonial porte, que trois des Consuls qui devoient sortir de
Charge, & trois de ceux qui devoient y entrer, allèrent pour la saluer jusqu'à
Beziers, où ils entrèrent avec plus de soixante Chevaux, menant avec eux les Menestriers du Consulat, vêtus de Livrées rouges. Qu'étant revenus à Montpellier avant
la Reine, ils montèrent tous à Cheval, tant Anciens que Modernes, avec grand
nombre des principaux Habitans, & furent à sa rencontre jusqu'à Pignan, faisant porter devant eux la Banière de la Ville, qui étoit suivie des Menestriers du
Consulat : Le Bailli, & les Curiaux du Palais, de la Rectorie & du Petit-Scel,
venoient après eux, faisant porter aux Gens de leur Suite, les Livrées de la Cour,
avec les Armes du Roi de Navarre : les Processions des Ordres Religieux &
des Paroisses, s'avancèrent jusqu'à Saint Jean de Vedas ; & les Métiers, rangez par
Echelles, & vêtus de diferentes Couleurs, attendirent à la Croix de Pariaut.

La Reine menoit avec elle, Agnés Comtesse de Foix sa belle-sœur, & elles étoient
accompagnées de Raymond de Baux Prince d'Orange, & d'un grand nombre de
Seigneurs & Dames qui étoient de leur Suite. Lorsqu'ils furent arrivez devant
l'Hôpital Saint Barthelemi, la Reine décendit de son Carrosse, & entra dedans, où
s'étant un peu accommodée, elle monta à Cheval : Alors les Consuls Anciens &
Nouveaux la suivirent à pied jusqu'à Nôtre-Dame des Tables, où ayant fait son
Oraison, elle entra dans l'Hôtel-de-Ville ; Après s'y être un peu reposée, elle
remonta à Cheval, se fit voir par toute la Ville, & alla décendre à la Sale de
l'Evêque, qui étoit preparée pour son Logement.

Nous ne trouvons point que durant le séjour de plus de trois mois qu'elle fit
en cette Ville, Arnaud *Delar* y eût rien entrepris pour le Droit de Souveraineté ;
III. au contraire, nous avons des Lettres du Roi Charles V. adressées au même *Delar*,
qui y est qualifié Senéchal de Beaucaire, Châtelain & Viguier de Sommiéres, &
Gouverneur de la Rectorie de Montpellier, où le Roi lui mande, à la prière de
la Reine de Navarre sa sœur, de faire surseoir jusqu'à Noël prochain, toutes Poursuites entre les Gens-du-Roi de Navarre & du Duc d'Anjou. Donné en nôtre
Châtel du Louvre-lez-Paris, le vingt-huitième d'Août 1373.

La Reine prend la qualité de Procuratrice-Generale du Roi son époux, Seigneur
de Montpellier, dans des Lettres qu'elle écrivit d'Evreux le 14. de Septembre, au
Bailli de Montpellier Bernard *Ricardi*, où elle dit, qu'à son dernier Passage par
Montpellier, elle leur avoit donné ordre de visiter les Marchandises qui entroient
dans la Ville, sur tout celles des Appoticaires ; mais, que les Consuls lui avoient
représenté, que cette Visite les regardoit. Surquoi, la Reine ordonne que les Alter-
cations qu'il y avoit eu à ce sujet entre les Consuls & les Officiers Royaux, qui
avoient causé le Dépérissement des Marchandises arrêtées, soient regardées comme
non-avenuës ; & qu'à l'avenir chacun poursuive son Droit : Et par d'autres
Lettres du sixiéme d'Octobre 1373. écrites de la même Ville, la Reine, prenant
toûjours la qualité de Procuratrice-Generale du Roi son époux, donne pouvoir
aux Consuls de Montpellier, de lever encore pendant deux ans, l'Imposition appellée le *Souquet-de-Vin*, qui avoit été établie pour les Fortifications & autres
Charges de la Ville.

Nos Annales marquent, que cette bonne Princesse mourut le quatrième du mois
de Novembre suivant ; & qu'on avoit ressenti à Montpellier dans le mois de Mai
pré-

précedent, deux Tremblemens de Terre, qui durérent chacun l'espace d'un *Ave* 1373.
Maria: mais que l'Epouvante fut bien plus grande le vingt-unième de Septembre,
où il en survint un autre, & plus grand & plus long que les deux premiers: On IV.
regarda ces Tremblemens, comme des Avant-coureurs de quelque plus grand
Malheur; & on ne tarda point d'en faire l'application à une Mortalité qui desola
Montpellier, depuis le Carnaval de 1374. jusqu'à la St. Jean de la même année.

Alors nos Habitans, abatus de leurs Maux, mirent toute leur esperance en 1374.
l'Intercession de la Sainte Vierge; & pour se dévoüer d'une manière plus singuliére à sa Protection, ils firent mesurer la Ville, avec les Fauxbourgs, qui étoient
déja clos, & firent faire une Bougie de pareille longueur, pour brûler nuit & jour
devant l'Autel de Nôtre-Dame des Tables: Cette Bougie étoit autour d'un Cilindre, que l'on prenoit soin de tourner à mesure qu'elle se consumoit; & nos
Archives marquent, qu'elle avoit dix-neuf cent Canes de long; par où l'on peut
juger de l'Enceinte qu'avoit alors la Ville avec ses Fauxbourgs.

Cette Mortalité fut suivie de la Famine, parceque les Broüillards perdirent les
Raisins, & que les Blez furent ravagez en plus grande partie, par les Troupes que
le Duc d'Anjou ramassoit dans le País pour ses Expeditions de Guiéne: On fut
obligé de recourir à la Bourgogne & à la Champagne, qui abondoient en Grains; &
on eut le plaisir d'avoir à Montpellier, le Sétier de Blé pour cinq Florins; tandis
que les Voisins en payoient jusqu'à huit. Une Inondation extraordinaire du Lez,
arrivée le troisiéme d'Octobre; qui entraina Moulins, Hommes & Bestiaux, est
encore marquée dans nos Registres, par la Perte de plusieurs grosses Piéces de Bois
de *Quillan*, qui du Port de Lates, où elles étoient, furent emportées dans la
Mer; ce qui marque le Commerce que nos Marchands entretenoient alors avec
les Pirénées.

On avoit reçû dans cette même année, des Lettres du Roi de Navarre, qui
donnent lieu de croire, que le Droit de Souveraineté n'étoit pas poursuivi à
Montpellier avec la même vigueur qu'il avoit été entrepris; car le Roi de Navarre
y prononce sur le fait des Tailles: & il mande, que toutes Personnes, de quelque V.
Etat & Condition qu'ils soient (quand même ils serviroient actuellement dans
ses Troupes) qui possédent des Héritages sujets à la Taille, doivent la payer,
comme faisoient leur Devanciers dans ces mêmes Héritages. Donné à Pampelune,
le 20. de Juillet 1374. Par où il paroît, que dès-lors les Tailles étoient réelles à
Montpellier, & qu'Arnaud Delar n'inquietoit point sur cet Article, les Officiers
du Roi de Navarre.

Au commencement de 1376. & le septiéme de Mars, on reçut à Montpel- 1376.
lier, Pierre Comte de Mortaing, second Fils du Roi de Navarre, à la rencontre duquel
nos Consuls allérent jusqu'à Poussan, avec la Suite & les Ceremonies accoûtumées. Les Processions sortirent hors la Ville, & les Métiers avec leurs Baniéres, suivirent le Prince, à travers les Ruës tapissées, jusqu'à Nôtre-Dame des Tables, où
ayant été reçû par Jacques de la Manhania, Prieur de cette Eglise, il alla décendre à la Sale de l'Evêque, & partit de Montpellier le dix-neuviéme du mois
d'Avril.

Le Roi son pere, dans l'année suivante 1377. envoya des Lettres-Patentes 1377.
pour autoriser une nouvelle Manufacture de Laines qui fut alors établie à Montpellier: Il ordonne que les Etofes seront marquées du Sceau des Consuls; *Sicut
& in alia Draperia antiqua, & aliis Officiis dictæ Villæ, videri & inspici est fieri
consuetum*: Il leur accorde, de choisir eux-mêmes une Place pour les exposer en
vente: de prendre tel jour de Marché qu'ils voudroient, des trois qui étoient
déja établis; sçavoir, le Mardi, le Jeudi & le Samedi: enfin, de nommer un
Prud'homme pour visiter & plomber lesdites Etofes. Donné *in Villa nostra Oleti*,
die 21. Maii 1377. Par autres Lettres du même jour, adressées au Gouverneur &
au Juge du Palais, il nous apprend que les Murailles de la Ville, contiguës au
Palais, avoient été affaissées par les Arc-boutans qui portoient sur la Muraille; surquoi il leur mande, de lui envoyer son Avis, afin de répondre aux Consuls, qui
demandoient qu'on y laissât un Espace de douze pans, comme dans le reste de
la Ville: *Spatium duo-decim Palmorum inter Palatium & Murum, sicut est in aliis
circonferentiis dicti Muri*.

1377.

Cependant, la France venoit d'être délivrée d'un de ses plus grands Enemis, en la Personne d'Edoüard Prince de Galles, qui l'avoit toûjours tenuë dans une agitation continuelle: son Pere Edoüard III. en fut si affligé, qu'il ne put survivre au-delà de quinze jours à la perte de son Fils; il laissa son Royaume à Richard son petit-fils, sur lequel le Duc d'Anjou prit d'abord Bergerac, & plus de soixante Châteaux en Guiéne.

Nos Annales marquent, pour cette même année, & au septiéme d'Octobre, en la Ville de Toulouse, la Naissance de Loüis Fils du Duc d'Anjou, pour lequel on fit de grandes Fêtes à Montpellier: La joye y fut d'autant plus grande, que jamais de mémoire-d'homme, on n'y avoit vû une Recolte si abondante, jusque-là que les quatre Sétiers de Blé ne valoient qu'un Florin : mais, cela même causa parmi le Peuple une si grande Molesse, qu'on ne pouvoit trouver Homme ni Femme pour le Travail des Terres, qu'avec des peines & des dépenses excessives; tant il est vrai, que l'Abondance a ses inconveniens comme la Disette, & que l'Homme veut être excité par ses propres besoins.

VI. Le Changement de Regne qui venoit d'arriver en Angleterre, reveilla l'inquiétude naturelle du Roi de Navarre; il crut devoir profiter des Intrigues qu'il avoit déja formé dans ce Royaume, & de l'affliction où il voyoit le Roi de France, depuis la mort de Jeanne de Bourbon son épouse, Princesse d'une si grande beauté, qu'il l'avoit préferée pour cette raison à l'Héritiére des Etats de Bourgogne & de Flandres : Les Troupes du Navarrois s'assembloient déja dans la Normandie, lorsque Charles son Fils aîné, vint précipitamment à Montpellier pour se rendre auprès du Roi son pere. Nos Regîtres, qui marquent son Passage en cette Ville au 18. Février 1378. semblent le faire, comme pour excuser les Consuls, du peu de Reception qu'ils lui firent, pour n'avoir pas eu le tems de s'y preparer, & ne parlent point de ses Desseins: mais, on ne tarda point d'en être informé, lorsqu'on vit arriver le 20. du mois d'Avril suivant, Jean de Buëil, Senéchal de Toulouse & d'Alby, qui remit aux Consuls Guillaume de *Manhania*, Pons *Pelicier* & autres, une Lettre du Duc d'Anjou, portant qu'il avoit reçû Ordre du Roi, de faire saisir au plûtôt la Seigneurie de Montpellier, la Comté de Cessenon, & toutes les autres Terres que le Roi de Navarre possedoit en Languedoc.

1378.

Le Senéchal dit aux Consuls, qu'il ne vouloit donner aucune atteinte à leurs Priviléges; Et eux, de leur côté, (continuë le Verbal) voulant se mettre à couvert du Serment qu'ils avoient prêté au Roi de Navarre, ils demandérent Copie de l'Ordre du Roi, en présence d'Arnaud *Delar* Gouverneur Royal à Sommiéres, *Jacques Rebufi* & autres; ce qui leur fut promis: Et le lendemain, ayant appris que le Senéchal, après avoir destitué les Curiaux du Roi de Navarre, en avoit établi d'autres par provision, & fait mettre des Panonceaux sur les Murailles de la Ville & des Fauxbourgs, ils furent le trouver, & lui représentérent l'atteinte qu'il venoit de donner à leurs Priviléges; ce qui ayant donné occasion au Senéchal de leur réïterer ses Promesses, il leur fit délivrer Copie des Lettres du Roi & du Duc d'Anjou, que les Consuls voulurent être inserées dans le Procès-Verbal.

Pag. 1551. & seq.

On trouve toutes les Piéces de cette Affaire, très-interessante pour l'Histoire de Charles V. dans les Anecdotes du Pere Marténe, où il raporte les Dépositions des Témoins, sur les Attentats du Roi de Navarre contre la vie de Charles V. Je me contente de raporter ici, la Lettre que nous trouvons encore dans nos Archives, par laquelle le Roi donnoit avis de toute cette Affaire au Duc d'Anjou, & lui marquoit ses Ordres pour Montpellier.

» Très-cher & très-amé Frere, Sçachiés que par vôtre bon avis, & par la merci
» de Nôtre-Seigneur, Nous avons atteint la grande Trahison que le Roi de Navarre
» avoit entreprise contre le Roi de Castille, Nous & Vous; & par la Prise de Jacques
» Riüa, a été sçû toute la maniere, tant par un Ecrit qui a été trouvé sur sa Femme,
» (dequoi Nous pensons que vous avés eu la Copie, qui fut baillée à un de vos
» Chambelans pour vous porter) que par ledit Jacques, qui a confessé sans gêne
» tout ceci, & a déclaré, comment Nous devions être empoisonnez, quand, &
» par qui, (comme par sadite Confession pourrés voir plus amplement, laquelle
» Nous vous envoyons:) Si est necessité, très-amé Frere, d'y mettre tôt reméde; & de

» fait,

fait, quand il sçaura qu'il est découvert, il se efforcera de tôt faire le pis qu'il
" pourra : & par-deça Nous y ordenons y remedier, par la grace de Nôtre-Seigneur,
" à tout nôtre pouvoir. Si est necessaire que ainsi le sassiés de par-delà; de
" mettre Montpellier en nôtre Main, & toutes les Forteresses qu'il tient par-delà.
Donné Copie aux Consuls: Signée, *de Buëil Senéchal.*

Ces Nouvelles donnérent une si grande indignation aux Habitans de Montpellier, qu'ils consentirent à tout ce que le Senéchal exigea d'eux; & ils arrêtérent par son ordre, *Guy de Graville & Leger d'Orgey*, Chevaliers Normands, qui commandoient dans la Ville pour le Roi de Navarre : Cette marque de zéle leur attira de la part du Duc d'Anjou, une Permission, qui fut confirmée par Lettres-Patentes du Roi du 28. d'Août 1378. par laquelle il leur étoit permis de retenir un Denier pour Livre, des douze qui se levoient sur les Aides dans Montpellier, & de les employer, pendant deux ans, à la Construction d'une Loge pour l'Exercice du Négoce; mais, cette Permission ne parut par les suites, qu'une préparation à de nouveaux Impôts, qui causérent à Montpellier le triste Evenément que je vais raconter.

CHAPITRE QUATRIE'ME.

I. Grande Sédition à Montpellier. II. Le Cardinal Anglic y accourt, & dispose les Esprits à satisfaire au Duc d'Anjou. III. Entrée de ce Duc dans Montpellier. IV. Sentence rigoureuse qu'il y fait publier. V. Observations sur cette Sentence.

L'AUTORITÉ que le Duc d'Anjou avoit reprise dans Montpellier, après la Saisie faite sur le Roi de Navarre, lui donna l'envie d'augmenter les Subsides, dont il chargeoit depuis long-tems tous les Lieux de son Gouvernement : On en donne pour raison, les vûës qu'il avoit sur le Royaume de Naples, qui lui firent employer tous les moyens possibles pour amasser dequoi se soûtenir un jour dans ce Royaume.

Il se proposa dans le tems dont nous parlons, d'établir dans le Languedoc une Imposition de douze livres par Feu, qui devoient lui produire une Somme immense pour ce tems-là; & dans cette vûë, il crut devoir commencer par la Ville de Montpellier, qui n'avoit pas été comprise dans toutes ses Levées, durant le tems qu'elle avoit été joüie par le Roi de Navarre : D'abord il n'exigea d'elle, que des Contributions passagéres; mais, dans le mois d'Octobre 1379. il envoya des Commissaires pour y établir une Taxe perpetuelle de douze livres par Feu. Les Commissaires y étant arrivez le vingtiéme du mois, assemblérent les Consuls dans le Chapitre des Freres-Mineurs hors la Ville, ausquels ils expo-sérent le sujet de leur Voyage : Les Consuls (comme nous l'apprenons des Actes-mêmes du Duc d'Anjou) demandérent quatre jours pour leur rendre Réponse; & au bout de ce terme, il arriva ce qui est exprimé dans nôtre petit Talamus, en ces termes.

" Le vingt-cinq Octobre 1379. jour de Mardi sur le soir, & toute la nuit suivante,
" fut fait un grand Insult en la Ville de Montpellier, par aucuns du Peuple,
" auquel furent tuez aucuns Grands-Officiers du Roi, & du Duc d'Anjou son
" Frere & son Lieutenant en Languedoc, parcequ'ils faisoient de grandes & in-
" suportables Demandes, particuliérement de douze livres pour Feu par an : Ce-
" pendant, le Peuple étoit tout ruïné, par les grandes Impositions qui avoient été
" longuement faites dans le Païs.

Le Duc d'Anjou raconte dans sa Sentence, que les Consuls donnérent au bout de quatre jours pour Réponse, une Défaite; & que le Peuple étant survenu, mit cruellement à mort tous les Envoyez du Roi, excepté un seul.

168   HISTOIRE DE LA VILLE DE MONTPELLIER,

1379.
Ce Malheur ne put arriver fans être fçû dans tout le Païs, & particuliérement à Avignon, qui n'eſt éloigné de Montpellier que de deux petites journées. Le Pape Clement VII. (Robert de Geneve) qui, après toutes ſes Avantures d'Anagni & de Naples, s'étoit refugié à Avignon depuis trois mois, crut devoir entrer dans cette Affaire, pour l'intêret de la Cour de France, qu'il avoit fort à ménager, & pour celui de la Ville de Montpellier, qui fut toûjours protegée des Papes durant leur ſéjour à Avignon.

II. (a) Il fit partir auſſitôt le Cardinal Anglic Grimoard Evêque d'Albane, qui avoit de grandes habitudes & un grand credit à Montpellier, depuis le feu Pape Urbain V. ſon frere, dont la Mémoire étoit fort chere à cette Ville. (b) Il eſt à croire que le Cardinal, pour éviter la rencontre des Troupes qui pourroient être aux approches d'une Ville toute en émotion, voulut prendre la Route du Rône, pour venir aborder, (comme il fit) au Port de Lates, d'où il ſe rendit le Samedi au ſoir vingt-neuviéme d'Octobre, dans le Colége de Saint Ruf, qu'il avoit fait bâtir à Montpellier: (c) il négocia dans cette Ville durant vingt-quatre jours, après leſquels (comme diſent nos Annales) il partit le vingt-deuxiéme de Novembre, pour aller rendre compte au Saint-Pere, de l'état où il avoit trouvé les choſes, & de tout ce qu'il avoit fait à Montpellier.

Son ſéjour à Avignon dura plus d'un mois, pendant lequel le Pape donna avis à la Cour de France, & au Duc d'Anjou, de la diſpoſition où le Cardinal Anglic avoit laiſſé les Habitans. (d) On peut même ajoûter, que ce ne fut qu'après avoir reçû leur Réponſe, qu'il fit repartir le Cardinal pour Montpellier, où il arriva le vingt-huitiéme de Décembre ; & propoſa à la Ville, de ſe ſoumettre entiérement à la diſcretion du Roi & du Duc d'Anjou : (e) La honte & le repentir qu'avoient les Habitans, de l'excès où ils s'étoient portez, leur fit ſigner cette Soumiſſion le

1380.
premier du mois de Janvier que nous comptons 1380. & le Cardinal Anglic s'en étant fait expedier un Acte, partit le quatriéme pour aller le communiquer à Avignon, (f) d'où étant encore revenu à Montpellier le ſeptiéme de Janvier, il travailla à diſpoſer les Eſprits des Habitans, à entendre ce qui avoit été ordonné par le Duc d'Anjou ; ce qu'il fit, comme nos Regîtres le marquent, dans une Maiſon particuliére, le ſeize de Janvier, & enſuite le lendemain en public, dans la Place qui eſt devant la Maiſon-de-Ville.

III.
Tout étant diſpoſé de la ſorte, les Habitans ſe mirent en état de donner au Duc d'Anjou, lorſqu'il arriveroit dans leur Ville, toutes les marques de repentir les plus capables de le fléchir ; & ils n'eurent pas beaucoup à attendre, car ils apprirent le Vendredi vingtiéme du mois de Janvier, que le Duc d'Anjou venoit du côté de Nîmes, avec mile Lances, & grand nombre d'Arbalêtriers à Cheval. Auſſitôt on fit ſortir de la Ville, les quatre Ordres Mendians, qui s'avancérent juſqu'à la Croix des Areniers, ſuivis des autres Ordres, & des Religieuſes Recluſes: Les Enfans venoient enſuite, l'Univerſité après ; enfin, les Conſuls terminoient la Marche, avec tout le Peuple, criant à haute-voix & avec larmes, *Miſericorde* : Les Veuves & les Femmes mariées attendoient le Duc d'Anjou à la Porte du Pila-Saint-Giles, pour tâcher de le fléchir. C'eſt ainſi que nôtre Talamus le raporte preſque mot à mot.

Le

(a) Cette Emotion venuë à la connoiſſance de nôtre Saint-Pere le Pape Clement VII. le Jeudi ſuivant matin, il envoya le même jour après-dîné, le Cardinal d'Albe, Frere du Pape Urbain V. de Sainte Mémoire, pour conſeiller & appaiſer ce Peuple, & faire ceſſer toute Rumeur, & mettre auſſi le Peuple en paix & repos. *Petit Talamus, ad an. 1379.*

(b) Le Cardinal vint par Eau à Lates, & arriva le Samedi vingt-neuviéme dudit mois au ſoir, & décendit en la Maiſon de ſon Colége de Saint Ruf ; & mena quant-&-lui, Bernard Alimany Evêque de Condom, & Guillaume Sauvaire de Montpellier, créé nouvellement par nôtre St. Pere le Pape Abbé de Saint Giles.

(c) Le Cardinal s'en retourna à Avignon, le vingt-deuxiéme Novembre, pour faire Relation à Sa Sainteté, de ce qu'il avoit trouvé, & de ce qu'il avoit fait.

(d) Le vingt-huitiéme Décembre, le Cardinal vint à Montpellier, pour traiter que toute la Ville ſe ſoumît, du Conſeil de nôtre Saint-Pere le Pape, & de lui, au Mandement du Roi, & à l'Ordonnance du Duc d'Anjou, comme Lieutenant du Roi ſur le fait de ladite Emotion.

(e) La Soumiſſion fut faite le premier du mois de Janvier, de ſorte que le Cardinal s'en retourna à Avignon, & partit le quatre Janvier.

(f) Le ſeptiéme Janvier, le Cardinal revint pour la troiſiéme fois à Montpellier, & Jean Areand Evêque de Graſſe avec lui, pour annoncer au Peuple l'Ordonnance du Duc d'Anjou, laquelle il fit ſçavoir au Peuple, dans la Sale du Logis qui fut de Guiraud Guyez, un jour de Lundi ſeiziéme Janvier ; & puis, à la Place qui eſt devant l'Hôtel-de-Ville, le dix-ſept Janvier.

Le Duc d'Anjou, qui avoit prémédité tout ce qu'il vouloit faire, ne donna aucune marque, ni de pitié, ni de colére; mais, étant entré dans la Ville avec ses Troupes, il choisit son Logement (selon la Cronique d'Anjou) dans le Monastére de St. Germain, qui valoit une Forteresse : là, il donna ordre que tous les Habitans eussent à remettre leurs Armes dans l'Hôtel-de-Ville ; & le Mardi suivant, vingt-quatriéme du mois de Janvier, il fit dresser un Echafaut sur le Pont-levis de l'Avant-Portail de la Saunerie, où on lut à haute-voix une Sentence, soigneusement dressée par quelque grand Jurisconsulte, mais épouvantable par le Châtiment qu'elle ordonnoit.

On la trouve dans les Annales de Toulouse, écrites par Mr. de la Faille : Je vais en donner ici le Précis, où j'ai tâché de n'omettre aucune Circonstance qui puisse servir à l'Histoire, & à connoître le caractére des principaux Acteurs de cette grande Tragedie.

» L O U I S Duc d'Anjou, qui y prend le Titre de Fils & Frere de Roi ; Duc
» de Touraine, Comte du Maine, & Lieutenant pour le Roi dans le Langue-
» doc, avoue d'abord, que la dure necessité de la Guerre, ayant obligé de fouler
» depuis long-tems les Peuples de cette Province, *Sane cum dura Guerrarum com-*
» *motio in exactionem juvaminis Occitanas Provincias & ejus Incolas diutius afflixisset,*
» il auroit souvent suplié le Roi de les soulager; pour quel effet il auroit ob-
» tenu du Roi, que des Commissaires allassent dans les Villes, Bourgs & Châ-
» teaux, afin d'y prendre les Expediens les plus moderez, pour tirer des Peuples
» les Secours necessaires contre les Enemis de l'Etat, pour pouvoir porter la
» Guerre hors du Languedoc, & preparer toutes choses, afin qu'à nôtre retour de
» Bretagne (dit-il, en parlant de lui-même) où Nous étions pour le Service du
» Roi, *Super Tractatu Britanniæ & Ordinatione Regis fungebamur,* Nous n'eussions
» autre chose à faire que d'executer les Projets formez.

» Lesdits Commissaires, Guillaume *Pointeau* nôtre Chancelier, Guy de l'*Esterie*
» Senéchal de Rhodez, Beraldon de *Faudoas* Chevalier, Jacques de la *Chayene*,
» Jean *Perdigner*, Conseillers du Roi & de Nous, avec Pierre de *Bagnols* Trésorier à
» Nîmes, & Arnaud Delar Gouverneur de Montpellier, & autres Secretaires du
» Roi & de Nous, crurent agir fort prudemment, de choisir un Lieu considerable
» pour commencer la Commission : *Si in loco sic insigni daretur initium tantæ rei*; &
» ils se déterminérent à la Ville de Montpellier, dans le dessein de communiquer
» leur Ordre aux Consuls, Conseillers, & autres que cette Affaire regardoit.

» Pour cet effet, ils se rendirent en cette Ville le vingtiéme d'Octobre; & le
» lendemain, dans le Couvent des Freres-Mineurs, & dans le Lieu appellé Cha-
» pitre ; *In Justatione quæ vulgariter Capitulum nuncupatur,* ils montrérent aux Consuls
» leurs Lettres de Créance, & le Chancelier leur expliqua avec douceur, l'uti-
» lité qui reviendroit au Public de l'Ordre dont ils étoient chargez.

» Les Consuls promirent de leur faire Réponse ; mais ils la remirent jusqu'au
» quatriéme jour, qui fut le Mardi vingt-cinquiéme dudit mois, à heure induë,
» propre à la Sédition & au Scandale. Eux ou leurs Assesseurs, vinrent avec une
» Troupe de Gens armez, à la Maison où ledit Chancelier & autres Conseillers &
» Secretaires logeoient ; & feignant leur rendre Réponse, ils ne donnérent qu'une
» Défaite : *Figmenter magis quam sapienter responsum fecerunt.* Surquoi, une Troupe
» séditieuse de Peuple étant survenuë, elle fut bientôt augmentée de plusieurs
» autres Habitans, qui, sans craindre Dieu, le Roi, ni Nous, se jettérent sur
» les Officiers du Roi, & les tuérent tous, excepté le Seigneur Beraldon de Fau-
» doas; & en ajoûtant l'Inhumanité à la Cruauté, ils jettérent leurs Corps dans
» des Puits, & en trainérent quelqu'autres avec des Cordes par les Ruës, comme
» s'ils avoient été condannez par Sentence du Juge : Mais, ce qui est encore
» plus abominable & inoüi, ils ouvroient leurs Corps avec le fer, & mangeoient,
» comme des Bêtes féroces, des Chairs bâtiées, ou les donnoient à manger aux
» Bêtes.

» De plus, en ajoûtant Crime sur Crime, ils pillérent l'Or & l'Argent, les
» Habits, Chevaux & Meubles de Ceux qu'ils venoient de tüer : & en persistant
» dans leur dannable Obstination, ils ont recherché au-dedans & au-dehors du

"Royaume, des Protections Etrangéres ; & à la maniére du Demon, *more Luciferi*,
"ils ont voulu faire soulever tous les Peuples du Languedoc, pour les entrainer dans
"leur Exemple dannable : ils ont reparé leurs Murailles & Tours, pour soûtenir
"leur Rebellion, rapellé dans leur Ville les Exilez, & mis en liberté les
"Prisonniers, qui devoient être en sureté dans les Prisons du Roi.

"Surquoi, voyant que tant de Crimes ne devoient, ni ne pouvoient rester
"impunis, il a été necessaire de conduire nôtre heureuse Armée en grand nom-
"bre, pour les châtier de leur Orgüeil & de leurs Crimes, qui sont de toute
"notorieté.

"Car, il n'est pas douteux qu'ils ne se soient rendus coupables du Crime de
"Leze-Majesté, & qu'ils n'ayent délinqué contre le Droit des Gens, contre la
"Loi *Cornelia de Sicariis*, contre la Loi *Julia de Vi-publica*, & qu'ils ne soient
"tombez dans le cas de la Loi de *Seditiosis*; pour la Punition desquels Crimes,
"les Loix doivent recourir au Glaive, & décerner contr'eux les derniers Supli-
"ces, du Gibet, du Feu, de la Perte de leur Tête, de l'Esclavage, de la Con-
"fiscation des Biens, de l'Inhabileté de leurs Enfans à toute Succession, avec
"Infamie perpetuelle, afin que les Crimes de leurs Peres les suivent toûjours, &
"que la Vie leur soit un Suplice, & la Mort une Grace: Quant à la Ville &
"Communauté, il est évident qu'elle mérite d'être privée du Consulat, Con-
"suls, Conseillers, Maison-Publique, Cloche, Bourse-Commune, Armes, Mu-
"railles, Tours & Garde, de telle sorte que la Charruë y soit passée, & qu'elle
"serve à perpetuité d'Exemple aux autres Villes.

"Néanmoins, ayant égard à la Clémence de Dieu, & voulant preferer la dou-
"ceur à la séverité , Par nôtre Sentence définitive, qui sera astes connuë par ces
"Présentes, Nous prononçons & nous jugeons, que six cens Hommes, des plus
"coupables qui se pourront trouver, (ce qui sans-doute ne fait pas la qua-
"triéme partie des Criminels) périront du dernier Suplice; sçavoir, deux cent
"brûlez tous vifs, deux cent pendus, & deux cent la Tête coupée, leurs Biens
"confisquez, & leurs Fils & Filles sujets à la Loi *Julia Majestatis*: les Biens des
"autres Coupables seront confisquez: Et parceque la Communauté, qui sera punie
"en son Corps, ne peut être punie en son Ame, puisqu'elle n'en a pas, Nous la
"condannons, pour le bien de la Paix, à six cent mile Francs d'Or, applicables au
"Roi & à Nous, *In sexties centum mille Francis Auri, Regi & Nobis applicandis*; Et
"nous la privons du Consulat, Consuls, Conseillers, Cofre, Sceau, Maison,
"Cloche, & de toute autre sorte de Biens communs ; & appliquons au Fisc, tout ce
"qui leur a appartenu.

"Nous destinons la Cloche dont ils se sont servis dans leur Sédition, à l'Usage
"d'une Chapelle qui sera fondée ; Et parcequ'ils ont principalement délinqué
"sur les Murailles, depuis la Porte de la Saunerie jusqu'à celle du Pila-Saint-
"Giles, Nous voulons que ces deux Portes de Ville, avec les Murailles, & les
"six Tours qui sont entre-deux, soient entiérement détruites, & les Fossez com-
"blez & rasez.

"Nous condannons la Ville, à faire bâtir dans ses Murs, une belle Basilique &
"notable Chapelle, dans laquelle il y aura six Chapellenies, avec Assignation à
"chacune de quarante livres Petits-Tournois, pour l'Entretien des Prêtres qui y
"feront l'Office à perpetuité pour le repos de Ceux qui ont péri dans cette dan-
"nable Sédition : De plus, on y écrira sur un Marbre, le Sujet qui a donné lieu
"à cette Fondation ; & le Patronage de ces Chapellenies, sera reservé au Roi &
"à Nous.

"La Ville & les Particuliers, seront condannez à restituer le Pillage qu'ils ont
"fait ; & Nous ordonnons de brûler toutes les Armes qui ont été portées de nôtre
"Ordre à la Maison-de-Ville ; voulant que les Loix qui défendent aux Particu-
"liers d'en avoir, soient observées.

"Mais, attendu que Nous avons été obligez de faire de grands Frais pour amasser
"des Troupes, Nous condannons la Ville à nous les rembourser.

V. Cette Sentence donne lieu à beaucoup de reflexions, tant sur la maniére dont en ont parlé les Historiens Etrangers, que sur ce que la Sentence dit elle-même dans l'Expositif. La Faille, qui a copié Andoque presque mot à mot, fait partir de Toulouse le Duc d'Anjou, & amasser *promtement* des Troupes en Guiéne pour châtier les Séditieux : il fait interceder pour eux le Cardinal Pierre de Lune, & ne dit point l'espace considerable de trois mois, qui s'écoulérent entre la Faute & le Châtiment : Cependant, toutes ces Circonstances sont marquées autrement que la Faille ne les raporte, dans l'Exemplaire de la Sentence qu'il nous en a donné lui-même; car le Duc d'Anjou y dit, qu'il étoit en Bretagne lorsque la Sédition arriva : il y nomme plusieurs fois le Cardinal Anglic, & jamais le Cardinal Pierre de Lune : il marque le jour du Délit, au vingt-cinquiéme du mois d'Octobre, & le jour de la Sentence, au vingt-quatre Janvier ; ce qui fait trois mois moins un jour, durant lesquels on fit toutes les Négociations que nous avons dites, & que Mr. de la Faille pouvoit bien ignorer : mais, la conformité de nos Regîtres avec la Sentence, pour les Faits que je viens de relever, ne laisse guere de doute sur la verité de ce que j'en ai tiré ; outre que la naïveté avec laquelle ils sont écrits parle pour eux, & que l'Autorité des Regîtres publics est incomparablement plus grande que celle des Ecrits particuliers.

Il ne me reste qu'à expliquer certains Faits qui sont dans l'Expositif de la Sentence, desquels il n'est fait aucune mention dans nos Regîtres. Par exemple, le Duc d'Anjou y dit, que les Habitans de Montpellier recherchérent des Princes Etrangers ; qu'ils voulurent faire soulever toute la Province de Languedoc ; qu'ils fortifiérent leurs Murailles, particuliérement celles qu'il ordonna d'abatre. A quoi l'on pourroit répondre, que si, dans le premier feu de l'Emotion, on tint de semblables discours, comme il est assés ordinaire, on n'eut pas le tems d'en suivre le Projet, puisque le Cardinal Anglic fut à Montpellier le quatriéme jour aprés la Sédition ; & qu'il n'en sortit point sans avoir de bonnes Paroles à raporter au Pape Clement VII. Il est vrai que le Roi de Navarre, qui avoit eu la Seigneurie de Montpellier, faisoit alors la Guerre à la France, & qu'il auroit pû profiter du Trouble qui étoit à Montpellier, pour sûciter dans le Languedoc bien des Affaires au Duc d'Anjou ; ce que le Prince apprehendoit peut-être : mais, l'Envie qu'auroit pû avoir le Navarrois, n'étoit pas un Crime pour les Habitans de Montpellier, qui firent bientôt paroître au Cardinal Anglic, la honte & le repentir qu'ils avoient de l'excés où l'on s'étoit porté dans leur Ville : Nos Regîtres l'attribuent à *aucuns du Peuple*; & il n'est pas croyable que les Honnêtes-Gens, qui en voyoient trop bien les suites, y eussent jamais trempé : Cependant, le Jurisconsulte qui dressa cette Sentence, ne s'y comprend indiferement ; il fait tomber la faute sur les Consuls ; & pour l'agraver, il leur attribuë les Desseins qu'on soupçonnoit peut-être de la part du Navarrois.

C'est ainsi que toutes les Plumes se prêtent pour accabler des Malheureux, & que les Historiens, sans examiner les Actes, mettent ensuite par écrit tout ce que le Bruit public a répandu, avec les Augmentations qui les suivent d'ordinaire. Par exemple; Andoque & la Faille ont dit, que nos Consuls allérent, la Corde-au-Cou, à la rencontre du Duc d'Anjou ; & l'on ne sçauroit encore ôter de l'esprit à plusieurs Personnes, qu'ils furent tous pendus dans cette occasion ; jusque-là, qu'on a dit qu'ils étoient représentez en cet état, sur les Murailles qui vont du Peirou à la Porte des Carmes : ce que j'avouë n'avoir jamais pû découvrir, quelque soin que j'aye apporté pour m'en éclaircir. A quoi l'on peut répondre, que la Sentence du Duc d'Anjou, qui ménage si peu les Habitans, n'en dit pas un seul mot ; Et que nôtre Talamus, dont je vais raporter les propres paroles, s'en explique avec tant de naïveté, qu'il n'y a pas apparence qu'il eût oublié des Circonstances si considerables.

Le Vendredi 20. Janvier, le Duc d'Anjou vint à Montpellier, & mena quant-&-lui mile Lances & beaucoup d'Arbalêtriers à cheval. Tous les Ordres Mendians de Montpellier sortirent de ladite Ville, & allérent à pied jusqu'à la Croix des Aveniers, comme firent aussi les autres Ordres, & les Religieuses Recluses & autres; Et grande quantité d'Enfans-mâles juvenets, & toute l'Université ; & puis les Consuls avec le Peuple, criant à haute-voix & avec larmes, Misericorde : Puis les Veuves & Femmes-mariées furent devant la Porte Saint-Giles.

Je ferai obſerver en paſſant, que cette Arrivée du Duc d'Anjou par la Croix des Areniers & par la Porte Saint-Giles, qui ſont toutes deux ſur le Chemin de Nîmes, n'eſt pas l'Entrée d'un Prince qui eſt parti *promtement* de Toulouſe pour venir châtier les Séditieux de Montpellier.

Mais, ce qui eſt déciſif ſur la plûpart des Circonſtances que je viens de combatre, c'eſt l'Acte qui ſe paſſa le lendemain de la Sentence, ſur le même Echafaut où elle avoit été prononcée. Le Duc d'Anjou s'y rendit en perſonne, ayant avec lui le Maréchal *de Sancerre*, Enguerrand *de Hendin* Senéchal de Beaucaire, Jean *de Bueil* Senéchal de Toulouſe, Beraldon *de Faudoas* Chevalier, Jean de St. *Sorin* Docteur ès Loix, Guillaume *Garniſſi* Licentié ès Loix du Palais de Montpellier, & Pierre *Julien* Licentié ès Loix de la Cour du Senéchal de Nîmes, tous Juges & Conſeillers du Seigneur Duc Lieutenant pour le Roi, & pluſieurs autres Chevaliers, Docteurs & Licentiez.

L'Aſſemblée étant formée, le Duc d'Anjou donna ordre à Très-Excellent & Sçavant-Homme Profeſſeur ès Loix Raymond Bernard Flameſy, Conſeiller du Roi & le ſien, de lire & publier l'Acte dont on va voir le Précis.

CHAPITRE CINQUIÉME.

I. Mitigation de la Sentence. II. Remarques ſur cette Mitigation. III. Preuves de ces Remarques. IV. Le Séjour du Duc d'Anjou fort nuiſible à la Ville. V. Il fait pluſieurs Aſſignations de Sommes. VI. Evenémens qui arrivent dans le Païs après ſon Départ de la Province.

I. " A LA priére réïterée du Pape Clement VII. à qui Nous voulons complaire en toutes choſes, qui nous a ſouvent fait rendre ſes Lettres par le Cardinal d'Albane : A la priére du Sacré Colége des Cardinaux, & particuliérement du même Cardinal d'Albane, nôtre très-cher Ami, qui n'a épargné ni ſes Travaux ni ſes Soins pour obtenir de Nous quelque Indulgence ; Nous, Loüis de France, Fils & Frere du Roi, Duc d'Anjou & de Touraine, Comte du Maine, Lieutenant du Roi en Languedoc, de l'Autorité du Roi & de la nôtre, Nous remettons à la Ville de Montpellier, les Punitions Corporelles & la Confiſcation des Biens auſquelles Nous l'avions condamnée.

" Nous rendons à ſes Habitans, le Conſulat, le Conſeil, les Conſeillers, les Archives, le Sceau, la Maiſon-publique, & tous les autres Biens qu'ils avoient en commun.

" Nous revoquons la Sentence portant la Démolition des Portes, Murailles, Tours & Foſſez de la Ville : Le tout pour la Reverence dûë à la Paſſion de JESUS-CHRIST ; Pour l'Honneur de Nôtre-Saint-Pere, qui nous en a ſi ſouvent prié, qu'il ne nous eſt pas permis de lui refuſer ; Par Conſideration pour le Reverendiſſime Pere en Chriſt Seigneur Anglic Cardinal d'Albane, qui eſt venu ſouvent en cette Ville, & devers Nous de la part de Nôtre-Saint-Pere ; Pour l'Amitié que Nous portons à Dame Iſabelle de Mayorque nôtre chere Couſine ; Pour la Dévotion que Nous avons envers les Religieuſes Moniales, ſur tout les Recluſes ; Pour l'Affection ſinguliére que Nous devons au Sereniſſime Prince Rodolphe Duc d'Autriche, qui nous a envoyé ſes Ambaſſadeurs ſur cette Affaire, Et en Contemplation des Etudes de Montpellier.

" Nous reſtituïons les Habitans dans leur bonne Renommée, dans le Conſulat, Conſuls, Conſeillers, Archives, Sceau, Maiſon, & autres Biens qu'ils avoient : Les rapellons dans les Bonnes-graces du Roi & la nôtre ; ſauf que Nous nous reſervons la Punition des principaux Auteurs de la Sédition, & de Ceux qui ont commis l'Homicide de leurs propres mains : & que les Conſuls ne pourront avoir ni Cloche ni Clocher ; au contraire, s'il en reſtoit encore, il ſera détruit en moins de dix jours, & la Cloche ſervira à l'Uſage de la Chapelle dont

LIVRE NEUVIÉME. 173

1380.

„ il a été parlé dans nôtre Sentence : voulant qu'à jamais & à perpetuité, les Con-
„ fuls & le Conseil-de-Ville, ne puissent s'assembler au Son d'une Cloche publique.
„ Nous nous retenons l'Institution du Bailli, & autres Officiers de la Ville ; &
„ par ampliation de grace, Nous reduisons les six Chapelains mentionnez dans
„ nôtre Sentence, au nombre de trois, qui auront le Revenu marqué dans
„ ladite Sentence, & la Grand'-Cloche de l'Hôtel-de-Ville pour servir à leur Cha-
„ pelle : bien entendu que Restitution sera faite des Biens enlevez, à Ceux qui en
„ ont souffert, ou à leurs Héritiers ; & qu'on payera les Fraix que Nous avons fait
„ pour les Gens-de-Guerre, depuis le six du mois de Novembre, jusqu'au vingtié-
„ me de Janvier où nous sommes entrez en cette Ville, & que les Armes que
„ Nous avons fait enlever resteront en nôtre disposition.
„ Nous revoquons pour toûjours nôtre derniére Sentence, & la restraignons à
„ ce que nous venons de dire, en consideration des Priéres du Souverain Pontife, &
„ pour les Causes ci-devant dites : Mais, Nous faisons cette Grace, à condition qu'on
„ ne commettra plus de pareille Faute ; & si l'on y revenoit, les Présentes seront
„ nules : *Acta sunt hæc in Montepessulano extrà Portale Salneriæ prædictum, in quo
Dñus Dux existebat in præsentiâ Magnificorum Virorum,* &c. *Et me Joanne Alenchâ,
Notario Regio, qui de Mandato Dñi mei Ducis hæc scripsi.*

Toute la diference que je trouve entre nos Regîtres & l'Acte dont je viens
de donner le Précis, c'est que nos Regîtres marquent cette Mitigation au vingt-
cinquiéme de Janvier, & l'Acte au vingt-sept : mais, sans entrer dans la discussion de cette Circonstance, qui n'est pas si interessante, & qui nous meneroit trop
loin, je me borne à faire ici quelques Observations importantes pour le Fonds
de l'Histoire. 1°. Quelque grande que fût la Faute de Ceux qui avoient commis
le Meurtre, il semble que le Duc d'Anjou ne pouvoit en bon Politique, agir autrement qu'il fit, dans les conjonctures où étoient alors les Affaires du Royaume &
les siénes propres. 2°. Le Roi étoit mourant, & il mourut en effet huit mois après,
du Poison lent que tous nos Historiens disent lui avoir été donné à l'instigation
du Roi de Navarre son beau-frere : Ce Prince occupoit alors les Armes de la
France dans la Normandie, & il avoit en même-tems des Intelligences dans le
Languedoc, où le Duc, qui n'y étoit pas aimé, avoit interêt de finir tous les
Commencemens de Trouble ; & il en étoit d'autant plus pressé, que la Regence
du Royaume le regardoit après la mort du Roi son frere. 3°. Il avoit besoin en
même-tems du Pape Clement VII. pour l'Investiture du Royaume de Naples,
où il étoit appellé par la Disposition de la Reine Jeanne. Toutes ces Raisons devoient lui faire regarder comme un bonheur, que le Pape voulût bien entrer dans
l'Affaire des Habitans de Montpellier : Aussi chercha-t-il à s'en faire un mérite
auprès de lui, comme nous le voyons dans ces premiéres paroles de la Mitigation. *Le Saint-Pere, à qui Nous voulons complaire en toutes choses : Le Saint-Pere, qui
nous a si souvent prié, qu'il ne nous est pas permis de lui refuser.*

II.

Dans toutes ces conjonctures, il semble qu'il n'avoit qu'à ménager sa Gloire ;
& pour cette effet, il attend trois mois pour donner lieu à toutes les Négociations
du Cardinal Anglic : Il s'assure de la disposition des Habitans : il leur fait communiquer la Sentence qu'il devoit prononcer ; car, c'est ainsi que je crois qu'on doit entendre ces paroles de nos Regîtres : *Le septiéme Janvier, ledit Cardinal fit sçavoir au Peuple l'Ordonnance du Duc d'Anjou*, &c. Il n'est pas fâché de toutes les Démonstrations
de crainte & de tristesse que le Peuple donne à son Entrée : mais, pour répandre la Terreur dans toutes les Villes du Languedoc, il rend publique une Sentence que ses Jurisconsultes avoient pris soin de revêtir de tout ce que les Loix
ont de plus imposant, afin que l'impression en étant une fois faite sur les Esprits,
il parût ne faire que se rendre aux Solicitations qu'il avoit reçûës, & qu'il fait
si bien valoir.

Pour moi, après tout ce que nous venons de voir, je ne puis m'empêcher de
croire, que tout étoit concerté entre le Duc d'Anjou & le Cardinal Anglic,
puisque ce Cardinal n'auroit jamais exigé la Soumission qu'il prit des Habitans,
encore moins se seroit-il chargé de leur annoncer la Sentence, s'il n'avoit été
assuré de sa Mitigation, & s'il ne leur en avoit donné parole. Je crois en avoir

1380. III. une espéce de Démonstration en fait d'Histoire, par les Copies qui nous restent des Lettres réponduës au Cardinal Anglic, par le Roi & par le Duc d'Anjou: Je les donne ici en Notes, pour servir de Preuve à ce que j'avance; & si l'on y voit un grand zéle de la part du Cardinal, on peut y reconnoître le caractére du Roi Charles le Sage, & celui de son Frere le Duc d'Anjou. *

Nôtre Talamus ne dit sur cet Article, que ce peu de mots : *Le Mardi vingt-quatriéme de Janvier, le Duc d'Anjou, sur un Echafaut qu'il fit faire sur le Pont-levis de l'Avant-Portail de la Saünerie, donna sa Sentence contre la Ville & Particuliers d'icelle, sur le sujet de ladite Emotion; & le Mécredi d'après, ledit Duc, sur le même Echafaut, adoucit ladite Sentence en plusieurs Chefs.*

Les Adoucissemens qu'il y apporta, firent revenir à Montpellier les Etudians & les Marchands qui s'en étoient éloignez durant le Trouble ; Mais, il en coûta la

---

* HONORABILIBUS VIRIS CONSULIBUS MONTISPESSULANI AMICIS NOSTRIS CARISSIMIS.

A. EPISCOPUS CARDINALIS ALBANENSIS.

HONORABILES ET AMICI CARISSIMI. Copias Litterarum Nobis missarum per Dños Regem ; Delphinum & Ducem vobis de verbo ad verbum mittimus præsentibus interclusas, ut de contentis in eis efficiamini certiores. Quæ quidem Litteræ non videntur nobis nimis asperæ; & stetis consolati, quia speramus quod divinâ operante Clementiâ hujusmodi negorium finem prosperum habebit, plus quàm ab initio credebatur ; super statu vestro & loci, per Socium nostrum Præpositum Mimatensem, quem breviter hic expectamus, speramus clarius ædificari. Valete. Scriptum Avinioni, die undecimâ Decembris.

LETTRE DU ROY.

A NÔTRE TRÈS-CHIER ET FEAL AMI LE CARDINAL D'ALBANE.

CARDINAL D'ALBANE ; TRÈS-CHIER ET FEAL AMY, Nous avons reçû vos Lettres faisant mention de la Commotion & Esclandre n'agueres advenus en nostre Ville de Montpellier, dont avons eu & avons très-grand merveille & desplaisir : Et par avant la Reception d'icelles Lettres, Nostre-Très-Saint-Pere nous avoit écrit, comment sitôt que ledit Fait vint à sa notice, il vous envoya par-delà, pour appaiser la Fureur & Tumulte du Peuple, & admonester & requerir, que envers Nous fussent ainsi que estre devoient vrais Obeïssans & Sujets, & que de ce vous aviés pris très-liberalement la charge ; desquelles choses sçavons très-bon gré à Nostredit-Saint-Pere & à Vous, & vous en mercions : car, parmi ce, appercevons clairement la grande affection & desir que Nostredit-Saint-Pere & Vous avez toûjours eu, & avez au Bien & à la Prosperité de Nous & de nôtre Royaume ; Et parceque au contenu desdites Lettres, nous priez devers les Habitans de nostredite Ville, voulions estre Piteux & Misericords mesmement, car dudit Fait ils sont très-dolens & corrociez, & veulent estre & demeurer jusqu'à la mort en nostre vraye Obeïssance & Subjection, comme ont accoûtumé de faire : Nous, voulans ensuivre la Clemence & la Débonnaireté de nos Prédecesseurs Rois de France, selon la Repentance que les Habitans avoient dits auront en ce Fait, & la bonne & vraye Loyauté & Obeïssance qu'ils montreront envers Nous & nos Gens & Officiers, combien que . . . . comme il est de Nature très-énorme, & de moult mauvais exemple, Nous estions envers eux nôtre Misericorde & Grace, par maniére que Nostredit-Saint-Pere & Vous en devrez estre contens ; & afin que mieux soyez acertainez de nostre volonté & intention sur ce, Nous avons écrit nôtre Nom en ces Lettres. Donné à Montargis, le vingt-troisiéme jour de Novembre.

CHARLES.

LETTRE DU DUC D'ANJOU.

AU TRÈS-REVEREND PERE EN DIEU, MON TRÈS-CHIER ET SPECIAL AMY LE CARDINAL D'ALBANE.

TRÈS-REVEREND PERE EN DIEU ET SPECIAL AMY. J'ay reçû la Lettre que par vôtre Messager porteur de cestes autres avez envoyé, contenant que le vingt-cinquiéme jour d'Octobre dernier passé, Nostre-Saint-Pere eut nouvelles de la Commotion qui estoit par deux jours durant arrivée à Montpellier, du Commun de ladite Ville, contre les Officiers de Monseigneur & miens, qui sans aucune cause raisonnable y furent morts ; & incontinent, par le Commandement de Nostre-Saint-Pere, & par l'Amour que vous avez à Monseigneur & à Moy, prîtes le chemin pour y aller, combien que vous fussiez moult feble, très-chier & très-special Amy. Du bon vouloir que Nostredit-Saint-Pere, & aussi que vous avez à Monseigneur & à Moy, rends très-humbles graces audit Saint-Pere, & vous en mercie tant que je puis ; & aussi, de ce que vous avez écrit à mes Cousins d'Armagnac & de Foix, & aux Communes du Languedoc, afin que ils fussent leur devoir de garder à Monseigneur la Loyauté & l'Obeïssance que lui sont tenus ; & de maintenant n'ay cure à sçavoir vostre bon vouloir envers Monseigneur & Moy, car de pieça l'ay éprouvé : Et quant à ce que vous m'écrivez que vous avez trouvé les Consuls, & les plus Notables de ladite Ville, courroissez de cette diverse Avanture, je tiens bien qu'il y en a plusieurs qui n'y ont esté mie consentans ; Mais, comme voyez, le Cas est advenu si cruel & énorme, que l'on ne le pourroit mie raconter, parceque oncques ne fut vûë ni oüie si grande Revolte en Peuple comme ceste-ci. Toutefois, Monseigneur & Je, n'entendons exercer aucune rigeur avecque les Justes & Ceux qui en sont innocens, ni aussi proceder trop rigoureusement contre Ceux qui en sont coupables : Toutefois, comme vous sçavez, il est très-expedient que il y soit satisfait en aucune maniere à Justice de si cruel Mesfait, pour éviter la consequence ; & on ce fait & vos autres, me gouverneray selon le Conseil de Nostredit-Saint-Pere, & le vostre, très-chier & special Amy. Des Offres que vous me faites par vos Lettres vous mercie tant que je puis ; & aussi feray-je toûjours volontiers ce que vous voudriez. Très-Reverend Pere en Dieu, & très-chier & special Amy : Le Saint-Esprit vous ayt en sa garde. Ecrit à Montargis, le vingt-troisiéme jour de Novembre. Le Duc d'Anjou & de Touraine.

LOYS.

Je ne raporte point la Réponse du Dauphin au Cardinal Anglic, parcequ'elle est toute dans l'esprit de la Lettre du Roi son Pere.

Livre Neuvième. 175

la vie à un de nos Consuls, nommé *Jean Claparede*, qui mourut le Dimanche 29ᵉ. 1380.
Janvier, des fatigues qu'il avoit prises durant tous les Mouvemens passez: Nos Archives ajoûtent, qu'il fut porté deux jours après à Maguelonne.

Cependant, le Duc d'Anjou séjournoit dans la Ville avec ses Troupes, qui y IV.
vivoient à discretion: il mit sous la Main du Roi (en conformité de la Sentence)
la Charge de Bailli, dont il disposa en faveur de Noble Guiraud *Mallepuë* Chatelain d'Aiguemortes, & il donna celle de Juge, à Pierre *Montolieu* Licentié ès
Loix: Enfin, il partit le dix-septiéme de Février pour aller à Carcassonne, avec
ses Gendarmes; « lesquels (dit nôtre Talamus) ayant été logez dans les Maisons
» du dehors & dedans de la Ville, y gâtérent & firent manger toutes les Avoines,
» brûlérent le Bois, prirent grande quantité de Blé & de Vin, & emportérent
» toutes les meilleures Armes du Commun & des Particuliers, qui étoient dans
» l'Hôtel-de-Ville, & firent d'autres Dommages inestimables.

Pendant tout le séjour qu'ils y firent, le Cardinal Anglic ne voulut point quiter Montpellier, afin de consoler par sa présence les Habitans affligez; & ce ne
fut que cinq ou six jours après le départ du Duc d'Anjou, qu'il partit lui-même
pour Avignon, comme nos Annales le marquent.

Tandis que le Duc d'Anjou resta à Carcassonne, il y regla diverses Indemni- V.
tez qui étoient düës à une partie de Ceux qui avoient soufert dans la Sédition de *Armoire F. Ca-*
Montpellier. Nous avons une Assignation, qu'il donna à Carcassonne le 4. Avril *sette 4.*
1380. à Beraldon de *Faudoas* son Chambelan, pour prendre six cent Francs d'Or
sur les Consuls & Communauté de Montpellier; Une autre du sixiéme du même
mois, donnée à son Cousin le Sire *de Lebret*, pour recevoir trois mile Francs d'Or:
mais, dans ce même-tems il fut rapellé du Languedoc, pour des Raisons qui interessent plus l'Histoire de France que la nôtre; de sorte qu'il repassa par Montpellier le quatorziéme d'Avril, *pour s'en retourner tout-à-fait en France*, comme disent
nos Annales.

Il y regla en passant, les Fraix qui lui étoient dûs pour ses Gens-de-Guerre, (selon un des Articles de sa Mitigation) à la somme de cent trente mile Francs
d'Or; & en ayant touché trois mile livres à Roquemaure sur son chemin, il en *Tiroir 13. & les*
fit sa Quitance, que nous avons encore: Dans ce même Lieu, il relâcha à nos *suivans.*
Consuls onze mile livres sur le restant de toute la Somme, qui devint dans la suite
une Source intarissable de Mandemens dont nos Regîtres sont pleins.

Les autres Indemnitez ne furent payées que dans les années suivantes, aux
Héritiers de Ceux qui avoient péri dans la Sédition; Et pour ne pas porter plus loin
un Article si desagréable, je dirai qu'on assigna six mile cinq cent Francs d'Or,
aux Enfans de Guillaume *Pointeau* Chancelier du Duc d'Anjou, dont la Quitance *Armoire F. Ca-*
est signée par Marguerite de Pierre *Saumate* sa mere, & par Jeanne de *Soucelle sette 4.*
sa veuve: elle épousa depuis Jean *Vachier*, dit *le Galois*, comme il paroît par la
Ratification qu'il en donna.

Les Héritiers de Jean de la Chayene s'accordérent à neuf cent Francs d'Or.

Ceux de Jean de *Boiranicis*, autrement *Boirargues*, (comme Louvet l'a traduit)
à quatre cent livres Tournois.

Jeanne, Fille & Héritiére universelle de Mᵉ. Arnaud Delar, qualifié Gouverneur
de Montpellier, se contente, pour toutes ses Pertes, qui sont énoncées dans l'Acte,
de la somme de neuf mile Francs d'Or.

Marguerite de Lesterie, Fille du Senéchal de Roüergue, mariée depuis à Noble Jean
Seigneur de *Noailles*, (dont on voit le Contrat de Mariage dans nos Archives) ratifia
avec son Mari, l'Accord fait par ses Oncles *Renaud de Lesterie* Chevalier, *Pierre de Lesterie* Abbé de Psalmodi, & *Arnaud de Lesterie* Docteur en Théologie, de l'Ordre des Freres Prêcheurs, à la somme de huit mile Francs d'Or, pour tous ses Dédommagemens.

Enfin, la Veuve & les Enfans de Noble *Pavine de Gontaut* de Carcassonne, tué à
Montpellier, s'accordérent avec nos Consuls, à la somme de huit cent Francs d'Or.

C'est ainsi que nos Ancêtres, pour s'exemter d'une Imposition bien modique par
raport aux grandes Sommes qu'ils furent obligez de payer, s'attirérent mile mortelles frayeurs, & des Pertes innombrables: tant il est vrai, qu'il ne faut point se roi-

1380

dir contre une Force majeure, & que c'est gagner dans ces sortes d'occasions que de s'executer soi-même.

VI. Peu après le Départ du Duc d'Anjou, on vit arriver à Montpellier la Princesse Yoland, Fille du Duc de Bar & d'une Sœur du Roi, que le Comte de Portian conduisoit à Perpignan, pour y épouser Jean Duc de Gironne, Fils aîné du Roi d'Aragon : Comme elle alloit occuper la Place de Jeanne de France, morte à Beziers en 1371. elle donna occasion au Roi son beau-pere, d'exiger les Sommes qui restoient à payer de la Vente de Montpellier.

Le même Départ du Duc d'Anjou reveilla sur les Frontiéres du Languedoc, les Mauvaises-Compagnies, si souvent mentionnées dans nos Annales : Elles prirent dans le mois d'Avril, *Chalieres* près de Saint Flour, & *Montferrant* avec *Châteauneuf de Randon* dans le Gevaudan. Le Roi fit aussitôt partir le Duc de Berry son frere, avec le Connétable du Guesclin, pour y remedier ; & leurs Expeditions ayant fini par celle de Châteauneuf de Randon, le Connétable y mourut le troisiéme du mois de Juillet, précisément dans le tems que la Place capituloit. Nos Annales n'ont pas oublié la Circonstance rapoftée ailleurs en faveur de ce Grand-Homme, qui est que les François venant de recevoir les Clefs de la Place, les mirent sur le Cercüeil du Connétable, comme un Hommage qu'ils reconnoissoient lui être dû.

Le Roi Charles le Sage ne survêcut guere plus de deux mois à la perte de ce vaillant & fidéle Serviteur, car il mourut à Vincéne le seize du mois de Septembre 1380. & laissa son Fils sous la Tutelle du Duc d'Anjou, en prenant la précaution de le faire déclarer Majeur dès qu'il auroit atteint l'âge de quatorze ans : mais, les suites firent bien voir, que quelques précautions que les Rois-mêmes puissent prendre dans leur Testament, ils portent quelquefois inutilement leurs vûës sur l'avenir, qui ne dépend que de Dieu seul.

FIN DU LIVRE NEUVIÉME.

HISTOIRE
DE LA VILLE
DE MONTPELLIER,
SOUS LE ROY CHARLES VI.

LIVRE DIXIÉME.

CHAPITRE PREMIER.

I. *Lettres d'Abolition pour les Habitans de Montpellier.* II. *Montpellier rendu au Prince de Navarre, saisi sur lui, & ensuite restitué.* III. *Séditions que cause le Duc de Berry dans le Languedoc.* IV. *Grande Mortalité à Montpellier.* V. *Mort & Testament du Duc d'Anjou.* VI. *Passage de plusieurs Princes par Montpellier.* VII. *Arrivée du Roi Charles VI. en cette Ville.*

A MORT du Roi Charles V. n'ayant été sçûe à Montpellier, d'une manière bien certaine, que le Jeudi vingt-septiéme de Septembre, on s'y disposa à lui rendre les derniers Devoirs ; ce qui fut executé le premier d'Octobre 1380. dans l'Eglise des Freres-Mineurs, *avec Chapiteaux, Luminaires & Draps d'Or*, selon l'Usage de ce tems-là. Nos Archives, qui en parlent dans un grand détail, marquent que les principaux Assistans furent, l'Evêque de Segovie Hugues de la *Manhania*, natif de Montpellier, Bernard Aleiman Evêque de Condom, Bertrand de Villemur Evêque de Frejus, Guillaume Sauvaire de Montpellier Abbé de St. Giles, Amanieu Sire d'Albret, toute l'Université, & presque tous les Métiers de la Ville.

I. 1380.

On apprit dans le mois suivant, que le nouveau Roi Charles VI. avoit été couronné à Reims le quatriéme de Novembre, & qu'étant entré dans son Conseil le quinziéme du même mois, il avoit déchargé ses Sujets de toutes les Impositions & Subsides, Foüages, Gabelles, & autres Aides qui avoient eu cours dans le Royaume depuis le tems du Roi Philipe de Valois : Cette bonne Nouvelle fut apportée à Montpellier par *Raymond Gougi*, Consul de la Ville, qui avoit été député à la Cour pour y soliciter des Graces particuliéres ; & l'on apprit bien-tôt, que le douziéme de Décembre les Lettres d'Abolition avoient été signées.

Z

1380.

Tant de bonnes Nouvelles augmentèrent la Joye publique dans Montpellier, où l'on fit une Procession generale pour la Prosperité du nouveau Roi : L'Evêque de Segovie conduisoit la Procession ; l'Abbé de Saint Giles y prêcha devant l'Hôtel-de-Ville, & la Banière de France, selon la Coûtume, resta tout le jour sur la Porte de l'Hôtel-de-Ville, avec celle de Montpellier au-dessous. Dans ces Lettres d'Abolition le Roi dit, » que sur l'humble Prière des Habitans de Montpellier, & afin que les » Marchands de cette Ville, *quibus à longis temporibus plurimùm extitit populata*,

Lafaille, Tom. 1. pag. 106. des Preuves.

» puissent y revenir plus librement à son joyeux Avénement, il remet à tous & » à chacun, (comme si leur Nom & Surnom étoient exprimez) les Peines civiles & » criminelles qu'ils auroient encouru, tant envers lui qu'envers le Roi son » Pere ; Les restituant à leur Patrie & à leur bonne Renommée, & imposant sur » ce un silence perpetuel à son Procureur General, sauf le droit d'autrui, qui » pourra être poursuivi civilement contre les Parties : Donnant Mandement » (ajoûte le Roi) à nôtre Cour du Parlement de Paris, au Senéchal de Beau» caire & de Nîmes, au Bailli & Recteur de la Ville de Montpellier, & autres » Justiciers ou leurs Lieutenans, de faire joüir pleinement tous & chacun de nô» tre présente Grace ; sans permettre qu'on les moleste à l'occasion du passé, & de » tout ce qui en pourroit dépendre : voulant qu'on les rétablisse entiérement dans » leurs Biens, Choses & Corps ; Car tel est nôtre plaisir : Et afin que ces Lettres » vaillent à perpetuité, Nous y avons fait apposer nôtre Sceau. Donné à Paris le » douze Décembre 1380. & de nôtre Regne le premier.

1381.

Malgré tous ces sujets de joye, la France, qui étoit destinée sous ce Regne aux plus grands Troubles, en ressentit les premiers Mouvemens dans le Languedoc, à l'occasion des Disputes qui survinrent pour le Gouvernement de cette Province,

II. entre le Duc de Berry Oncle du Roi, & Gaston-Phœbus Comte de Foix. Tandis que le Duc étoit en Armes dans le Roüergue & dans l'Albigeois, Charles de Navarre trouva le moyen de se faire rendre la Seigneurie de Montpellier : ce qui fut fait (disent nos Annales) le 30. de Mai 1381. Auquel propos il est à observer, que ce Roi de Navarre n'étoit point *Charles le Mauvais*, si fort décrié dans nôtre Histoire ; mais bien *Charles le Noble* son fils, au nom duquel tout se fit alors dans Montpellier, quoique son Pere vécût encore. La chose est démontrée par ces Lettres, que nous conservons dans nos Archives.

» Beroal (ou Beraldon) de Faudoas Chevalier, Sieur du Causse, & Lieutenant » de Très-Puissant Seigneur Monsieur Charles de Navarre, Garde & Gouverneur » pour le Roi de France, des Terres que souloit tenir audit Royaume le Roi » de Navarre son pere : A tous les Justiciers de la Ville de Montpellier, Salut. » Comme pour la Défense de ladite Ville, les Consuls auroient nommé quatre » Habitans pour veiller à la Garde & Défense d'icelle, avec pouvoir de con» traindre à ce les Particuliers par toutes voyes raisonnables, il est ordonné que » lesdits quatre Habitans élûs, procéderont contre les Refusans par Amendes, ap» plicables à la Fortification de ladite Ville. Donné à Montpellier le trente-uniéme » du mois de Mai 1381.

Cette Autorité fut exercée paisiblement par les Gens du Prince de Navarre, jusqu'au 16. du mois d'Août suivant, où le Duc de Berry ayant eu l'Ascendant sur le Comte de Foix dans la Province, il fit saisir la Terre de Montpellier : & peu de jours après, (c'est-à-dire le 29. Août) Jacques Rebufi, Docteur ès Loix & Député de la Ville, y apporta de Paris une Lettre du Roi, pour la Restitution de la Baillie, accordée le 19. Juillet ; & un autre Lettre du 4. Août, pour le Rétablissement de la Grosse-Cloche de Nôtre-Dame des Tables, où le Roi dit, » qu'ayant » appris qu'elle servoit à l'Office Divin, & à d'autres Solennitez de sa chere Fille » l'Université de Montpellier, comme est la Création des Docteurs, il leur redonne » ladite Cloche. Nos Annales ajoûtent, qu'on commença de la faire sonner le dernier jour du mois d'Août, pour la Fête des Miracles de Nôtre-Dame des Tables, qu'on celebroit alors ce même jour, comme nous le faisons encore.

Cependant, le Prince de Navarre vint en Languedoc, pour se faire rendre ce qui lui avoit été saisi : il arriva à Montpellier, venant de France, le 24. d'Octobre ; mais, comme il ne lui convenoit pas d'entrer dans la Ville, qui étoit sous la Main du Roi de France, il prit son Logement aux Freres-Mineurs, où il resta jusqu'au vingt-septiéme qu'il partit après-dîné, un jour de Dimanche, pour aller joindre à Capestan le Duc de Berry son Oncle, & traiter avec lui de son Rétablissement dans Montpellier : Le Traité ayant été fait à son avantage, il revint sur ses pas à Montpellier, où il arriva le jour de Tous-les-Saints ; & s'étant rendu à la Sale de l'Evêque, il communiqua aux Consuls la Main-levée qu'il apportoit ; & eux lui ayant présenté les Lettres du Roi de France, qui leur restituoit la Baillie, le Prince les confirma dans ce Droit, & fit proceder à l'Election des Curiaux, qui consistoient au Bailli, au Juge, Substitut du Bailli, Substitut du Juge, au Notaire ou Gréfier, au Viguier & à l'Assesseur.

Toutes ces Variations pour la Seigneurie de Montpellier, ne pouvoient designer qu'un Gouvernement variable & peu assûré dans la Province : En effet, le Duc de Berry, voulant pourvoir au Payement des Troupes qu'il avoit levées contre le Comte de Foix, demanda un Droit de Fouage de vingt sols par Maison : ce qui étonna d'autant plus le Peuple, qu'il jouïssoit à peine de la Supression des Impôts que le Roi venoit de faire ; on passa de l'étonnement au murmure, & du murmure au mouvement, qui produisit enfin deux Séditions remarquables à Beziers & à Carcassonne.

Celle de Beziers commença le huitiéme Décembre 1381. où le Peuple ayant pris ombrage d'une Assemblée qu'on tenoit dans leur Hôtel-de-Ville, y mit le feu, & fit perir par le Fer ou par les Flammes dix-neuf des principaux Habitans. Ce premier Attentat ayant demeuré impuni, la même Populace, au nombre de quatre cens Hommes, resolut de faire main-basse sur tous les Habitans-aisez ; & quarante de ces Conjurez, pour se préparer à l'Execution, vouloient commencer par tuer leurs propres Femmes, pour épouser ensuite les plus belles & les plus riches de ceux qu'ils auroient mis à mort : Cette Conspiration fut heureusement découverte le 22. Décembre ; & les Informations en ayant été faites par le Capitaine du Lieu, avec l'aide des principaux Habitans, on fit pendre trente de ces Conjurez, à des Potences neuves qu'on fit dresser à l'Entrée de Beziers, devers Saint Yberi ; Et le Duc de Berry y étant accouru avec ses Troupes, il fit continuer la Recherche des Coupables, & en fit pendre autres cinquante : de sorte, comme disent nos Annales, *il y en eut bien en tout quatre-vingt de pendus.*

La Sédition de Carcassonne ne réussit pas si bien au Duc de Berry, parceque les Habitans n'y étoient pas divisez comme à Beziers : on s'y borna au simple refus de consentir à la nouvelle Imposition ; & les Gendarmes du Duc de Berry n'ayant pû rien attenter contre la Ville, ils allérent prendre de force *la Redorte*, *le Comtal*, *Azillan*, & autres Lieux du Diocése qui étoient hors de défense ; & s'étant jettez dans les Diocéses d'Agde & de Beziers, ils pillérent *Bessan*, *Valmagne*, *Santon*, & plusieurs autres Lieux, où ils tuérent, rançonnérent, mirent en prison, *& firent tous les maux que font les Gens-de-Guerre, en plusieurs & diferentes maniéres*, comme nos Annales s'en expliquent.

Ces Desordres furent suivis de l'Entreprise que deux Partisans, nommez les deux Grimauds, firent en même-tems sur *Clarensac* dans le Diocése de Nîmes, & sur la Tour de *Boucairan*, où ils rançonnérent les Habitans, & mirent en prison ou tuérent ceux qui n'eurent pas dequoi se racheter : mais, pour comble de malheur pour quelques Vilages, on défendit toute sorte d'Attroupemens, ce qui donna lieu à une cruelle Execution que fit *Enguerrand de Heudin* Sénéchal de Baucaire, qui ayant rencontré, en allant de Lates à Beziers, vingt Hommes de Poussan, près de Saint Vincent d'Ortouls, il les fit saisir, quoiqu'ils fussent sans Armes, & ordonna qu'on en pendît dix-neuf à des Arbres, & qu'on passât le vingtiéme au fil de l'Epée : cet Accident est marqué au 5. Mars 1382.

Le Roi, informé de tous ces Troubles, fit partir *Miles de Dormans*, Evêque de Beauvais & Chancelier de France, pour remettre le Calme dans le Languedoc : il arriva à Montpellier le 20. de Mars, & partit le lendemain pour aller joindre à Beziers le Duc de Berry, avec qui il eut des Conferences secrétes ; Le Chancelier prit le chemin de Carcassonne, & le Duc revint à Montpellier pour se rendre à Avignon, où le Duc d'Anjou son frere, après avoir reçû l'Investiture du Royaume de Naples par le Pape Clement VII. se disposoit à l'aller conquerir sur Charles de Duras son Concurrent: Les deux Freres séjournérent jusqu'à la fin du mois d'Avril à Avignon, d'où le Duc de Berry écrivit à Montpellier, & y donna avis du Départ du Roi son frere, sur lequel on marque que Jacques Rebufi harangua le Peuple à l'Hôtel-de-Ville, & l'exhorta beaucoup à faire une bonne Garde.

Le Chancelier se hâta de se rendre à Avignon pour le Départ du Duc d'Anjou, car on marque son second Passage par Montpellier au 25. d'Avril, d'où étant arrivé à Avignon, il y disposa toutes choses pour purger le Païs des Compagnies Bleuës qui le desoloient: Cette Affaire fut enfin consommée le 18. de Juin, en date duquel nous avons un Accord passé à Saint André d'Avignon, en présence du Pape entre les Communautez du Languedoc & les Capitaines des Compagnies Bleuës, qui s'obligent, moyennant quarante mile livres, de faire sortir du Païs toutes leurs Troupes; ce qui fut autorisé par le Duc de Berry Gouverneur de la Province.

Cependant, le Roi Charles VI. étoit occupé en Flandres, où il défit à *Rozebec*, le vingt-septiéme Novembre, l'Armée des Revoltez, conduite par Philipe *d'Artevelle*: Cette Expedition glorieuse pour son Regne, attira sur son Royaume le Rétablissement de tous les Impôts qui avoient été suprimez à son joyeux Avénement, d'où le Roi de Navarre Charles le Mauvais ayant pris occasion de broüiller à son ordinaire, il fit prendre la resolution d'ôter à son Fils la Joüissance de Montpellier. Nous avons encore les Lettres données à ce sujet par le Roi Charles VI. où il dit : *Comme Nous eussions n'a guieres baillé à nôtre très-cher Cousin Charles de Navarre, le Gouvernement de la Ville & Baronie de Montpellier, & eussions voulu qu'il eût & perçût les Revenus des autres Terres que le Roi de Navarre son pere avoit tenuës en France & en Normandie, le tout par maniere de provision, & par certaines conditions & manieres qui leur furent déclarées sur ce... Nous, oüies les Relations de Gens de foi, & pour le profit de nôtre Païs de Languedoc, avons repris la Baillie & Baronie de Montpellier, en laquelle nôtre Main Nous voulons qu'elles soient tenuës & gouvernées par nôtre Sénéchal, aux Gages de six cent livres par an,* &c. *Donné à Compiegne le 28. d'Octobre 1382. & l'an 3. de nôtre Regne.*

1383. Ces Lettres n'eurent leur effet que dans l'année suivante, où Enguerrand de Heudin Sénéchal de Beaucaire, donna cette Commission à Giles Vivian son Lieutenant, qui venoit d'être nommé par le Roi pour Gouverneur à Montpellier: il en fit la Saisie le 28. de Mars 1383. comme nos Archives le marquent, & il laissa en Charge les Officiers qui avoient été élûs sous le Prince de Navarre. Depuis ce tems-là, nous ne trouvons point que la Seigneurie de Montpellier soit sortie de la Domination immédiate des Rois de France: Et nos Consuls s'étant adressez dans cette même année au Roi Charles VI. pour pouvoir reparer la Muraille proche du Palais qui menaçoit ruïne, il écrivit le 4. de Septembre au Sénéchal de Beaucaire, & à son Gouverneur de Montpellier, de faire (comme porte la Lettre) ce qui seroit à faire pour la Permission qu'on lui demandoit.

1384. IV. Tout le reste de cette année, & une bonne partie de la suivante 1384. est marquée dans nos Annales comme une des plus tristes pour la Ville de Montpellier, à cause d'une Mortalité qui y commença à la Fête de la Saint Jean, & continua sans relâche durant quatorze mois : On marque qu'elle n'attaquoit que les Personnes au-dessous de vingt ans; & qu'outre un grand nombre d'Enfans qui en moururent, il y eut plusieurs Personnes de Marque, & quantité de Dames, particuliérement les plus jeunes; l'Université fut obligée de suspendre ses Leçons : & pour implorer le Secours du Ciel, on rencherit sur ce qu'on avoit autrefois fait en pareille occasion; car, on ne se contenta point de faire mesurer les Murailles de la Ville & de la Palissade, mais on prit encore l'Enceinte de l'Eglise Nôtre-Dame, de son Autel & de ses deux Statuës, & de toutes ces Longueurs on fit une Bougie pour brûler nuit & jour devant l'Autel.

Le 30. Août 1383. Au commencement de cette Contagion, on apprit à Montpellier la mort de la Reine Jeanne, qui laissoit au Duc d'Anjou ses Royaumes de Naples & de Sicile, avec la Comté de Provence; & à peine la même Contagion eut cessé, qu'on V. porta à Montpellier la Nouvelle de la mort de ce Prince, qui, après avoir épuisé les Sommes immenses qu'il avoit emporté de France & du Languedoc, étoit mort miserablement dans la Poüille. Mais,

Mais, ce qui toucha davantage, fut une Clause remarquable du Testament de ce Prince, où il dit : *Nous donnons aux Païs des Senéchaussées de Beaucaire, de Toulouse & de Carcassonne, cinquante mile livres, en retour des Pertes & Dommages que le Peuple y a souffert, tant pour les Gens-de-Guerre que Nous y avons tenu, que pour l'Execution rigoureuse sur le fait des Aides & Subsides que Nous y avons fait, Pour le Salut des Ames qui y ont été morts, ou rendus Fugitifs de leur Païs & propres Maisons, & mis en Pauvreté par Tailles outrageuses & Executions rigoureuses faites en leurs Biens, dont Nous pourrions être cause.* Tant il est vrai qu'à la mort, on regarde les choses d'un œil bien diferent qu'on n'avoit fait pendant la vie, & que les Passions les plus violentes s'évanoüissent à ce dernier moment.

1384.

Analect. Tom. 1. pag. 1601.

On voulut attendre à Montpellier que la Santé y fût bien rassurée, avant que de s'assembler pour rendre à ce Prince les derniers Devoirs ; ce ne put être que le septiéme de Décembre 1384. que les Consuls ayant convoqué aux Freres-Mineurs, tous les Curiaux de la Spiritualité & de la Temporalité, l'Université en Corps, avec les Officiers & les Habitans les plus considerables de la Ville, on y fit les Obséques du Prince, avec la même Solennité qu'on avoit fait pour le feu Roi Charles le Sage son frere, avec Sermon (disent nos Annales) fait par le Bachelier Regent, & la Messe chantée par Hugues de *Vaillac* Prieur de Saint Firmin, en présence de Hugues de *Manhania* Evêque de Segovie, qui ne quitoit guere Montpellier.

Il est hors de mon Sujet, de dire (quoique nos Annales le marquent) que Marie de Bretagne, Veuve du Duc d'Anjou, amena à Avignon dans le mois d'Avril 1385. Loüis nouveau Roi de Naples, & Charles Duc d'Anjou, ses Enfans, pour leur ménager les bonnes graces du Pape Clement VII. & pour leur assurer, comme elle fit, la Comté de Provence; cela regarde plus l'Histoire de nos Voisins que la nôtre : mais, je ne puis omettre le Mariage du Roi Charles VI. celebré à Arras le 17. de Juillet, avec Elizabeth Fille du Duc de Baviére; Après quoi, le Duc de Berry, qui pensoit dès-lors à celui qu'il fit lui-même quelque tems après, vint à Montpellier le 19. du mois d'Août suivant, accompagné des Comtes d'Estampes & de Sancerre, des Cardinaux de Saint Martial & de Malherais son Chancelier, pour se rendre du côté de Toulouse, où il avoit à ménager auprès du Comte de Foix, la jeune Comtesse de Boulogne qu'il vouloit épouser : il resta dans ce Voyage jusqu'au commencement de 1386. qu'il revint à Montpellier, où ayant reçu un Ordre du Roi, il en partit le 26. de Janvier pour se rendre en France.

1385.

1386.

Il eut l'honneur cette même année, de tenir sur les Fonts de Batême le premier Fils du Roi Charles VI. qui nâquit à Vincénes le 25. de Septembre, & qui mourut dans la même année. Nos Consuls avoient appris la Nouvelle de sa Naissance par une *Lettre close de la Reine*, qui leur fut apportée par un Envoyé exprès, à qui il est marqué qu'ils donnérent dix Ecus d'Or; d'où l'on pourroit inferer, après d'autres Exemples que nous en avons, que l'Usage étoit alors d'écrire aux Communautez sur la Naissance de nos Princes, au nom de la Reine leur Mere.

Dans le mois de Juin de l'année suivante, on reçut à Montpellier, avec les Ceremonies accoutumées, le Duc de Bourbon, Comte de Forêt, que le Roi son Neveu envoyoit en Espagne au secours du Roi de Castille : Ce Prince y ayant séjourné près de trois mois, revint à Montpellier le cinquiéme d'Octobre, d'où il partit peu de Jours après, pour aller voir la Comté de Forêt, qu'il avoit du chef de sa Femme.

VI. 1387.

L'année 1388. fut remarquable à Montpellier, par l'Arrivée de Jeanne de Boulogne, que le Comte de Foix avoit enfin accordée aux Recherches du Duc de Berry. Ce Prince, qui avoit déja des Enfans nubiles de sa premiére Femme, voulut épouser à l'âge de soixante ans cette jeune Princesse, qui n'en avoit que douze ; ce qui lui attira, de la part du Roi, les Railleries qu'on peut voir dans Froissart; Elle arriva à Montpellier le 14. du mois de Mai, ayant été reçûë à Saint Jean de Vedas par les Officiers de la Ville, & par tout le Clergé, qui y alla en Procession : Après s'être reposée deux jours à Montpellier chez le Gouverneur, où elle eut son Logement, elle partit pour Avignon, où le Pape Clement VII. son Parent, fit de grandes Dé-

1388.

Vol. 3. ch. 141.

1388.	penſées pour elle; & après avoir pris congé du Saint-Pere, elle ſe rendit par l'Auvergne, chez le Duc ſon Epoux.

1389.	Enfin, l'année 1389. procura à la Ville de Montpellier, ſa part d'un Evenement très-remarquable pour le Languedoc, qui fut honoré de la Viſite du Roi

VII. Charles VI. Froiſſart, qui nous a donné dans un grand détail les Faits les plus remarquables de ce Regne, nous apprend que ce Voyage fut inſpiré au Roi, pour prendre connoiſſance de cette Province, que le Duc de Berry ſon oncle venoit de quiter. Il partit de Vincénes environ la Saint Michel; & ayant ſéjourné huit jours à Dijon, chez Philipe Duc de Bourgogne ſon oncle, il ſe rendit à Villeneuve-lez-Avignon, d'où en paſſant ſur le Pont du Rhône, il alla loger au Palais du Pape : Avant que de rentrer dans le Languedoc, il congedia les Ducs de Bourgogne & de Berry ſes oncles, qui en prirent grand ombrage; & étant venu

vol. 4. chap. 5. dîner à Nîmes, il fut coucher à Lunel, pour être le lendemain à Montpellier, où il commença à prendre connoiſſance des Affaires de la Province. Froiſſart s'en explique ſi naturellement, que je croi faire plus de plaiſir au Lecteur de rapporter les propres têrmes de ſa Narration, que ſi je la donnois de moi-même.

» Or, le Roi étant parti de Lunel, s'en vint dîner à Montpellier, car il n'y
» a que trois ou quatre petites lieuës: Si fut reçû des Bourgeois, des Dames &
» Damoiſelles de la Ville moult joyeuſement & grandement, car ils le déſiroient
» à voir, & lui furent faits & donnez pluſieurs beaux Préſens & riches; car,
» Montpellier eſt une puiſſante Ville & riche, & garnie de grande Marchandiſe, &
» moult la priſa le Roi quand il eut vû & conſideré leur Fait & leur Puiſſance: &
» bien fut dit au Roi, que ſans comparaiſon elle avoit été trop plus riche que
» pour le préſent on la trouvoit; car le Duc d'Anjou, le Duc de Berry, chacun
» à ſon tour, l'avoient malement pillée & robée, dont le Roi plaignoit bien les
» Bonnes-Gens qui avoient eu ſi grand Dommage, & diſoit & leur promettoit qu'il
» y pourvoyeroit, & reformeroit tout le Païs en bon état.

» Encore fut dit au Roi, lui étant & ſéjournant à Montpellier. Sire, ce n'eſt
» riens de la Povreté de cette Ville, envers ce que vous trouvérés plus irés avant;
» car, cette Ville-ci, eſt de ſoi-même de grande Recouvrance pour le fait de la
» Marchandiſe, dont Ceux de la Ville s'enſoignent par Mer & par Terre : mais,
» en la Senéchauſſée de Carcaſſonne & de Toulouſe, & Marches d'environ, où
» ces deux Ducs ont eu Puiſſance de mettre la main, ils n'y ont rien laiſſé, mais
» tout levé & emporté; & trouvérés les Gens ſi povres, que ceux qui ſouloient
» être Riches & Puiſſans, à peine ont-ils dequoi faire ouvrer ou labourer leurs Vignes ne leurs Terres : C'eſt grande pitié de voir Eux, leurs Femmes & leurs Enfans,
» car ils avoient tous les ans cinq ou ſix Tailles ſur leurs bras, & étoient-rançonnez
» au tiers, au quart & au douziéme du leur, & par-fois du tout; & ne pouvoit être
» une Taille payée, qu'une autre leur ſourdoit ſur les bras; Et ont (ſi comme on le
» peut bien ſçavoir) ces deux Seigneurs vos Oncles, depuis qu'ils ont le Gouvernement du Languedoc, levé du Païs mouvant de Villeneuve-lez-Avignon, juſqu'au
» Toulouſain, allant environ juſqu'à la Riviére de Garonne, & retournant juſqu'à la
» Riviére de Dordogne, la ſomme de trente cent mile Francs; & par ſpécial,
» depuis que le Duc d'Anjou s'en fut parti du Gouvernement, & qu'on le rendit
» au Duc de Berry, il l'a trop fort endommagé & appovri; car encore le trouva-t-il gras, dru & plein : car, le Duc d'Anjou prenoit ſur les Riches-Hommes, qui bien avoient puiſſance de payer; mais, le Duc de Berry n'a nully épargné
» ne Povre ne Riche, & a tout moiſſonné & cüeilli devant lui, par le fait d'un
» ſien Conſeiller & Tréforier, qu'on appelle *Betiznch*, qui eſt de la Nation de
» Beziers, ſi comme vous verrés & orrés les Complaintes des Bonnes-Gens, qui
» vous en crieront à avoir la Vengeance.

» A ces Paroles répondit le Roi, & dit : Si Dieu m'aiſt à l'ame, j'y entendrai
» volontiers, & y pourvoyerai avant mon Retour, & punirai les Mauvais; car
» je ferai faire Inquiſition ſur les Serviteurs & Officiers de mes Oncles, qui ont
» au tems paſſé gouverné les Parties du Languedoc, & ſeront corrigez ceux qui
» l'auront deſſervi.

Nous allons voir dans le Chapitre ſuivant, quel fut l'Effet de tous ces bons Projets.

CHA-

CHAPITRE SECOND.

I. *Entrée du Roi dans Montpellier.* II. *Séjour qu'il y fit.* III. *Il visite le Languedoc jusqu'à Toulouse.* IV. *Son Départ en Poste de Montpellier jusqu'à Paris.* V. *Generaux-Reformateurs en Languedoc.* VI. *Maladie du Roi.* VII. *Commencement de Trouble dans le Royaume.* VIII. *Mortalité & grande Intemperie à Montpellier.*

I. 1389.

CE que je viens de raporter de Froissart, touchant les Affaires generales du Languedoc, m'a empêché de dire ce que nos Archives marquent de la Reception qu'on fit à Montpellier au Roi Charles VI. A peine eut-on sçû qu'il approchoit de la Province, que nos Consuls, avec un Docteur, & grand nombre des principaux Habitans, allèrent jusqu'à *Roquemaure* offrir leur Ville à Sa Majesté, qui les reçut gracieusement; & après avoir fait leur Reverence, ils vinrent à la hâte préparer toutes choses pour son Entrée. Le grand-matin de son Arrivée, qui fut le huitiéme de Novembre, les Officiers Royaux s'avancèrent jusqu'au-delà de Cadoule: Les Consuls à cheval, avec la Baniére & les Menestriers du Consulat, jusqu'à St. Antoine dudit Cadoule; & les Métiers, en deux Corps, l'un de trois cens Hommes à cheval, & l'autre de trois cens Hommes à pied, vêtus de Draps mi-partis, allèrent jusqu'à la Croix de *Salaison*; le Clergé & les Ordres Religieux ayant resté à la Croix des *Areniers*.

Dès que le Roi fut arrivé devant le Couvent de la Trinité, qui étoit alors sur ce Chemin, les Consuls mirent pied à terre, & lui présentérent un riche Dais à huit Bâtons, semé de Fleurs-de-Lis d'Or, sous lequel il entra dans la Ville jusqu'à Nôtre-Dame des Tables, où après avoir fait sa Priére, il monta à cheval, & alla jusqu'à la Pointe de la Saunerie, d'où il tourna vers la Sale de l'Evêque. Les Seigneurs de sa Suite, tels que nos Regîtres les marquent, étoient Loüis son frere, Duc de Touraine & Comte de Valois; Pierre Duc de Bourbon, Comte de Forêt, son Oncle maternel; P. de Navarre, Henri & Charles de Bar, Charles d'Albret, ses Cousins-germains; Amanieu Sire d'Albret; le Comte d'Eu son Cousin; Olivier de Clisson, Connétable de France, & plusieurs autres Seigneurs, *tant de son Lignage qu'autres.*

II. Troisiéme vol. chap. 6.

Quant au Séjour que le Roi fit à Montpellier, je ne puis le mieux décrire qu'en raportant les propres paroles de Froissart. » Le Roi de France, dit-il, se tint » en la Ville de Montpellier plus de douze jours; car l'Ordonnance de la Ville, » des Dames & des Damoiselles, & leurs Etats & les Ebatemens qu'il trouvoit, & ses » Gens aussi lui plaisoient grandement: Bien le Roi, au-vrai-dire, étoit là à sa » Nourrisson; car pour ce tems-là, il étoit jeune & de leger esprit: si dansoit & » caroloit avec ces frisques Dames de Montpellier toute la nuit, & leur donnoit » & faisoit Banquets & Soupez grands & beaux, & bien étofez; & leur donnoit » Anneaux d'Or & Fermaillets à chacune, selon qu'il voyoit & consideroit qu'elle » valoit: Tant fit le Roi, qu'il acquit des Dames de Montpellier & des Damoi- » selles grande grace; & vousissent bien les aucunes que fût là demeuré plus » longuement qu'il ne fit, car c'étoit tous Ranceaux, Danses & Soulas tous les » jours, & toûjours à recommencer.

Le même Froissart raporte tout-au-long un Cartel de Défi, signé du consentement du Roi à Montpellier le vingtiéme de Novembre, par lequel trois jeunes Seigneurs de sa Suite; sçavoir, *Boucicaut* le jeune, Renaud de *Roye*, & le Sire de *St. Py*, défioient tous Venans à faire Armes contr'eux dans l'Eté suivant, sur les Marches de Calais: mais, comme le Fond de cette Affaire est étranger à mon Sujet, je me contente de l'avoir indiqué, comme ayant pris son origine à Montpellier.

III. Le Roi s'étant rendu par *Loupian* & par *St. Yberi* à la Ville de Beziers, y fit

1389.   faire l'Execution mémorable du Tréforier du Duc de Berry, nommé *Betizach*, qui, pendant le Gouvernement de fon Maître, ne s'étoit appliqué qu'à ruiner le Peuple. Après cette Execution, qui fut applaudie dans le Païs, le Roi prit fa Route par *Capeftan, Narbonne, Limoux, Montreal, Fangeaux & Carcaffonne*, d'où, en paffant par *Villefranche, Avignonet & Montgifcard*, il vint à *Toulouse*, où il reduifit au nombre de quatre, tous *Capitouls & Confuls* des Communautez, & suprima entiérement toutes les Aides que les Communautez s'impofoient elles-mêmes : il en fit publier l'Edit à Touloufe le dernier de Décembre 1389. & le

1390.   vingt-deuxiéme du mois de Janvier fuivant, on en fit la Proclamation à Montpellier, par ordre du Roi, qui y fit le même foir fon Entrée aux Flambeaux : Les Habitans lui repréfentérent, qu'il leur étoit impoffible de fatisfaire les Créanciers de la Ville, s'il ne leur étoit permis de faire quelque Impofition ; furquoi, le Roi leur rendit le *Souquet-de-Vin* pour payer leurs Dettes.

Chap. 9.   Il refta trois jours à Montpellier, *pour foi rafraichir*, dit Froiffart : Après quoi, il prit brufquement la Pofte pour Paris, par une Gageure qu'il fit contre le Duc de Touraine fon frere. Je raporterai encore fur cela les paroles de Froiffart, afin qu'on ait le plaifir d'admirer le tems où nos Rois ne craignoient point de traverfer tout leur Royaume avec un feul Homme à leur Suite.

IV.   „ Or, advint un jour, lui étant à Montpellier, en janglant à fon Frere de Tou-
„ raine, il lui dit : Beau-Frere, je voudroye que vous & moi fuffions à Paris, car j'ai
„ grand defir que je voye la Reine, & vous Belle-Sœur de Touraine. Monfeigneur,
„ (répondit le Duc) nous n'y ferons pas pour nous y fouhaiter, il y a un trop long
„ chemin d'ici. Vous dites verité (dit le Roi) fi m'eft-il avis que j'y ferois bientôt
„ fi je vouloye, à force & exploit de Cheval : Pareillement auffi ferois-je, répondit
„ le Duc de Touraine, & Cheval m'y porteroit. Avant (dit le Roi) lequel y fera
„ plûtôt de vous ou de moi, faifons y Gageure : Je le veux, dit le Duc, qui vo-
„ lontiers fe mettoit en peine de gagner l'Argeant du Roi.

„ Si fut l'Entreprife telle entre le Duc & le Roi, pour cinq mile Francs à gagner
„ fur celui qui dernier feroit venu à Paris ; & à partir le lendemain, & tous d'une
„ heure, & ne pouvoient mener qu'un Valet chacun avec lui, ou une Chevalier
„ pour un Valet : Nul ne brifa ne contredit à la Gageure ; ils fe mirent en che-
„ min, ainfi qu'ordonné fut. Le Sire de *Garancieres* étoit de lez le Roi, & le Sei-
„ gneur de la *Vieufville* étoit avecques le Duc de Touraine.

„ Or, chevauchérent ces quatre, qui étoient jeunes & de grande volonté, nuit
„ & jour, ou ils fe faifoient charrier s'il leur plaifoit, & devés fçavoir qu'ils remü-
„ rent plufieurs Chevaux. Or, cheminérent le Roi de France, & le Duc de Tou-
„ raine fon frere, à grand exploit, & fe mirent chacun en grand peine pour ga-
„ gner l'Argeant & les Florins l'un de l'autre : Le Roi mit quatre jours & demi
„ à venir jufqu'en la Cité de Paris, partant qu'il fe repofa environ huit heures de
„ nuit à Troyes en Champagne : & le Duc fe mit en un Batel en Seine jufqu'à
„ Melun, & là monta à Cheval, & chevaucha tant qu'il vint à Paris ; & s'en alla
„ à St. Pol devers la Reine, & devers fa Femme, & demanda nouvelles du Roi :
„ & quand il fçut qu'il n'étoit point venu, fut tout réjoüi, & dit à la Reine de
„ France ; Madame, vous en orrés tantôt nouvelles : il dit verité, car le Roi, de-
„ puis la venuë de fon Frere de Touraine, ne féjourna point longuement ; & quand
„ fon Frere vit le Roi, fi alla contre lui, & dit ; Monfeigneur, j'ai gagné la Gageu-
„ re, moi payer : C'eft raifon, dit le Roi, & vous le ferés : là recordérent-ils de-
„ vant les Dames, tout leur Chemin, & par où ils étoient venus, & comment fur
„ quatre jours & demi, ils étoient là arrivez de Montpellier, où bien a de Paris
„ cent cinquante lieues. Les Dames tournérent tout en Ris & Ébatement ; mais
„ bien jugérent, qu'ils avoient eu grand peine, fors tant que jeuneffe de corps
„ & de cœur leur avoit ce fait faire ; Et bien fachés, que le Duc de Touraine
„ fe fit payer en Deniers contens.

    Peu de tems après l'Atrivée du Roi à Paris, c'eft-à-dire le dix-neuviéme
de Février 1390. on s'affembla à Montpellier, en confequence de la Réduction
que le Roi avoit faite des douze Confuls au nombre de quatre ; & il fut reglé
V. entre les Generaux-Reformateurs que le Roi avoit laiffez dans la Province, & les
bons

bons Habitans de la Ville, qu'à l'avenir on éliroit les quatre Consuls, des Métiers suivans. Un, pour les *Changeurs* & *Marchands* : Un, pour les Bourgeois *Drapiers* : Un, pour les Marchands *de Soye*, *Peletiers*, *Canabassiers*, *Epiciers*, & *Merciers* de S^t. Nicolas, c'est-à-dire de l'Eguillerie : Un autre, pour les *Bouchers*, *Poissonniers*, *Cuiratiers*, *Maréchaux*, *Cordonniers*, *Blanchers*, *Menuisiers*, *Maçons & Laboureurs*.

1390.

C'est pour la première fois que je trouve dans nos Annales, qu'on y fasse mention des Generaux-Reformateurs, qui avoient été établis à Paris en 1382. par le Roi Charles VI. pour connoître du Fait des Aides. Ceux que le Roi avoit amené avec lui dans son Voyage du Languedoc, & avec qui nôtre Conseil-de-Ville regla l'Election des quatre Consuls nouveaux, sont nommez ainsi dans nôtre Talamus : *Ferri Cassinel* Archevêque de Reims, Pierre Seigneur de *Chaumeissa* Chevalier, & Jean d'*F.stouteville*.

Il est encore parlé d'eux, au commencement de 1391. où l'on apprit la Naissance de Charles, Fils du Roi, né à Paris le septiême du mois de Février. Les Réjouïssances qu'on fit à cette occasion, furent les plus recherchées qu'on eût encore fait à Montpellier ; car, outre la Procession-Generale, & les Particuliéres, où il est dit „ que les Enfans, après avoir répondu aux Litanies, crioient de toute leur force, *Vive* „ *le Roi & Monseigneur le Dauphin*, on prit toute la semaine pour donner diferentes „ Démonstrations de Joye : Toutes les Cours ferièrent durant ce tems ; & les Ar- „ tisans, divisez par Bandes, & parez le mieux qu'ils pouvoient, couroient *avec* „ *Menestriers*, dansans par les Ruës, & venoient se rendre devant l'Hôtel-de-Ville, „ où ils étoient accüeillis courtoisement par les Consuls, qui leur faisoient faire „ place pour y danser chacun à son plaisir. Les Nobles Bourgeois & les Marchands firent des Joûtes à Cheval dans la Ruë des *Trespassens* ; (c'est aujourd'hui la Grand'- Ruë) & les Officiers, tant de la Part-antique que de la nouvelle, après avoir fait faire un Service *Complet* dans la Chapelle du Château, vinrent se ranger dans la Place de l'Hôtel-de-Ville, autour de deux Pavillons tapissez de Drap d'Or de Luques, dans l'un desquels étoit un Roi, avec ses Ducs & Conseillers, & dans l'autre la Reine, avec ses Dames bien parées, & Monseigneur le Dauphin, avec sa Nourrice qui l'alaitoit.

1391.

„ Et là (continuë nôtre Talamus) furent les *Seigneurs-Generaux*, *Jacques Regnat*, „ *Geraut Malepuë*, & autres Officiers Royaux de Languedoc, & la Femme du Gou- „ verneur : Adonc tous les Artisans, qui avoient fait leur Fête, venoient faire leur „ Reverence au Roi, à la Reine, & au Dauphin, tenans leurs Etats fort honorable- „ ment ; & le soir grand Soupé à l'Hôtel-de-Ville, où le Roi & la Reine tenoient „ semblablement leurs Etats à Table. Après le Soupé, chacun s'en alla au Palais, avec „ Flambeaux & Menestriers : La Mere Nourrice fut accompagnée de trois Officiers „ du Roi, avec Flambeaux, jusqu'à son Logis, près la Cour du Petit-Scel : elle por- „ toit son Enfant ; & quand les Habitans le voyoient, ils se mettoient à genoux, „ & lui faisoient la Reverence, disant, Vive Monseigneur le Dauphin : Les Ecoliers „ de leur côté, alloient dansans, avec Menestriers, & avec grands Paremens, chan- „ tans Chansons & Rithmes par la Ville, & faisans Roi & Ducs à l'honneur „ du Prince nouveau-né.

Telles furent les Réjouïssances de ce tems-là, qui n'étoient point particuliéres à la Ville de Montpellier, mais dans le goût general de la Nation, comme on peut le voir dans Froissart, lorsqu'il raconte le Détail de tout ce qui avoit été fait à Paris, à l'Entrée de la Reine Elizabeth de Bavière, Mere du jeune Prince.

Cette Fête eut le sort le plus ordinaire des Joyes de ce Monde, qui finissent par la Tristesse : Car, on ne tarda pas d'apprendre que le Roi, marchant contre le Duc de Bretagne, par un jour fort chaud, étoit tombé en Frenesie ; de sorte qu'il avoit poursuivi, l'Epée à la main, son propre Frere, & tous Ceux qu'il rencontroit.

1392.

Cette première Attaque de Maladie eut des intervales, pendant lesquels le Roi fit VI. deux Dispositions remarquables pour Montpellier. La première, fut en faveur de *Guil-* *laume Saccheti*, Recteur de la Part-antique, auquel il permit de substituer à sa Place un Lieutenant, pour exercer sa Charge de Recteur, attendu que ledit Saccheti, Ecuyer & Chambelan du Duc de Berry Oncle du Roi, devoit partir pour la Bourgogne avec le Duc de Berry, qui alloit y traiter de la Paix, entre la France & l'Angle-

Archives du Domaine.

A a

1392.   terre: les Lettres que le Roi en donna, sont du 14. Janvier 1392. La seconde Disposition, fut en faveur de nos Consuls; car, sur les Représentations qui furent faites au Roi Charles VI. que les Consuls de Montpellier, reduits à quatre, ne pouvoient sufire à toutes les Affaires de la Ville, il augmenta leur nombre de
1393.   deux en 1393. & fixa le Consulat à six Consuls, qui depuis ont toûjours resté en ce nombre.

La Maladie du Roi augmenta par cet Accident si celébre dans l'Histoire de France, qui nous apprend que Charles VI. dansant dans un Balet, se trouva environné de Flammes, & en fut garanti par la Duchesse de Berry, qui l'envelopa dans ses Robes, & étoufa le Feu; mais, l'impression que cet Accident causa sur son esprit fut si grande, qu'elle dura toute sa vie. Dans cette Calamité publique, Montpellier donna de grandes marques d'affliction, & fit faire quantité de Priéres pour la Santé du Roi: Nos Archives marquent plusieurs Processions-Generales qui furent faites à cette intention, particuliérement celle du 17. Août, qui fut la plus grande (dit nôtre Talamus) qui y eût été faite de mémoire-d'homme. Nous trouvons dans le même Livre, que la plus grande partie des Enfans de Montpellier, depuis douze jusqu'à quatorze ans, partirent, comme de concert, avec plusieurs auttes du Royaume, & allérent en Pélerinage au Mont St. Michel pour la Santé du Roi; mais ils eurent dans ce Voyage, les Avantures inévitables à des Enfans, que l'Histoire-Generale n'a pas crû devoir oublier.

Cependant, les Etats du Royaume pourvurent au Gouvernement de la France pendant la Maladie du Roi, & donnérent l'Intendance du Souverain Commandement, aux Oncles du Roi, Jean Duc de Berry, & Philipe le Hardi Duc de Bourgogne, préferablement au Duc d'Orleans son frere, qu'on crut être trop

VII.   jeune pour un si pesant Fardeau: L'Evenément fit voir, qu'on avoit preparé au Royaume une source intarissable de haines, qui rendirent le Regne de Charles VI. après d'asses beaux Commencemens, l'un des plus tristes & des plus funestes que la France ait jamais eû.

Je n'en toucherai qu'autant que mon Sujet pourra le demander; & j'observerai, pour suivre l'ordre du tems, qu'on commença dès-lors à s'en ressentir à Montpellier, par l'Entreprise de Philipe de *Bruyeres* Gouverneur de la Ville, qui voulut, de sa propre autorité, établir le Bailli, qu'on élisoit tous les ans à la Fête de St. Jean-Baptiste: Les Consuls s'y opposérent, comme ayant Droit de concourir à cette Election; & sur les nouvelles Instances que fit le Gouverneur, ils protestérent de l'incapacité du Sujet, qui ayant été Clavaire de la Ville, ne pouvoit être promû à une nouvelle Charge, avant que d'avoir rendu-compte de sa premiére Adminis-
1394.   tration. Le Gouverneur, craignant que leurs Raisons ne fussent goûtées à la Cour, consentit à une nouvelle Election, qui fut faite par lui & par les Consuls, dans la Chapelle du Château, selon la Coûtume; & au lieu de *Pierre Peynier* qu'il vouloit élire, on nomma *Deodat Ambroise* pour Bailli, *Pierre Bourdon* pour son Notaire, *Gairaud du Roux* pour son Substitut, *& Jean Guillot* pour Viguier: L'Affaire paroissoit terminée, lorsque Philipe de *Bruyeres*, songeant à parvenir à ses fins par une autre voye, recourut secrétement aux Princes qui gouvernoient l'Etat; & sur un Exposé fort injurieux à la Ville, puisqu'il y rapelloit la Sédition de 1379. il obtint un Ordre, en vertu duquel Pierre de *Ogero* Licentié, vint mettre sous la Main du Roi la Baillie, & institua Regent d'icelle *Jean Lasay*, Trésorier du Palais & de la *Jugerie*, Pierre *Calvet* Avocat du Roi, & Tibaut *George* pour Notaire.

Ces Changemens particuliers pouvoient être regardez comme une suite de ceux qui se faisoient à la Cour, où le Connétable de *Clisson* fut poursuivi comme Griminel d'Etat, & déposé de sa Charge; Tous les autres qui avoient eu part dans les Bonnes-graces du Roi, furent obligez de sortir du Royaume: Le Duc de Berry, avancé en âge, & dégoûté de toutes ces Entreprises, se retira des Affaires; & alors, Philipe le Hardi son frere, disposa en seul du Royaume.

Les Agitations où ce Prince se trouva dès-lors, ne l'empêchérent point de finir la plus grande Affaire qui restât à vuider pour la Seigneurie de Montpellier; Il s'agissoit de contenter Elizabeth ou Isabelle de Mayorque, Marquise de Montferrat, qui, après la mort de Jacques IV. son frere, & d'Yoland sa marâtre, réunisnifsoit en sa Personne tous les Droits de sa Maison : Elle commença ses Demandes en 1382. tandis que le Roi Charles VI. étoit encore Mineur; mais, cette raison ne subsistant plus dans le tems dont je parle, le Duc de Bourgogne transigea avec elle au Nom du Roi, & la fit contenter d'une Somme d'Argent, & d'une Rente à prendre tous les ans sur le Château de *Gallargues*. L'Acte qui en fut passé raporte si bien toute les Circonstances de cette Affaire, que je ne croi pas pouvoir me dispenser d'en donner ici le Précis.

1394.

Charles VI. dans ses Lettres données à ce sujet le 8. de Septembre, » rapelle » la Vente qui fut faite par Jacques III. au Roi Philipe de Valois, de la Ville & » Baillie de Montpellier, sans comprendre dans cette Vente la Baronie de Mont-» pellier, qui appartenoit aussi au Roi Jacques. Il dit ensuite, que dans le tems » où ses Enfans furent détenus en prison, Philipe de Valois prit en sa main la-» dite Baronie, pour la leur restituer après leur Délivrance : mais que la Reine » Yoland leur marâtre, ayant demandé le Doüaire qui lui avoit été délaissé par » ledit feu Roi de Mayorque, ladite Baronie lui fut délivrée, pour en joüir jus-» qu'à son décès, après lequel Jacques, Frere de la Marquise de Montferrat, en » prit Possession; mais que durant l'Absence de ce Prince, qui se trouvoit fort » éloigné de Montpellier, les Officiers du Roi, mirent sous sa main ladite » Baronie, qu'ils gardérent depuis, quoique par la mort de Jacques sans Enfans, » tous ses Droits dussent revenir à la Marquise de Montferrat sa sœur, comme » son Héritiére universelle.

Archives du Domaine, Armoire S. n°. 8.

Après cet Exposé, le Roi Charles VI. ajoûte, » que pour le bien de la Paix, » il baille & transporte à sa Cousine Isabelle de Mayorque, durant sa vie seu-» lement, le Châtel & Châtelenie de *Callargues*, avec toute leur Appartenance, & » douze cent livres de Rente, à prendre sur les Revenus desdits Châtel & Châ-» telenie; ensorte que s'ils n'étoient pas sufisans, on assigneroit le surplus en la » Senéchaussée de Beaucaire, le plus près qu'il se pourroit dudit *Gallargues*.

» Et cependant, cent Francs d'Or par mois, à commencer du mois de Mai passé, par » chacun mois, jusqu'à-ce que ladite Assiette lui soit faite sur le Château de *Gallargues*.

» Plus, cinq mile Francs d'Or, à prendre sur les Deniers des Aides, pour s'ac-» quiter envers ses Créanciers : moyenant quoi, sadite Cousine cédera & trans-» portera au Roi de France, tous ses Droits & Actions, tels qu'ils puissent être, en » la Baronie de Montpellier, & dans toute la Senéchaussée de Beaucaire & Païs » de Languedoc; ensemble, tout ce qui pourroit rester du Payement de l'Achat » de Montpellier, si aucune chose en étoit dûë. Donné à Paris, le huitiéme jour de Septembre, l'an de grace 1395. & le quinziéme de nôtre Regne : Ainsi signé, Par le Roi, Monsieur le Duc Bourgogne, Vous M^r. l'Archevêque de Besançon, les Evêques de Bayeux & de Noyon, le Maître des Arbalêtriers, le Sire de Bordes, &c.

On voit au bas de ces Lettres, la Quitance d'Isabelle, prenant la qualité de Reine de Mayorque, » qui dit avoir reçu du Roi nôtre Sire, la somme de cinq » mile Francs d'Or, que payez lui ont été, en présence desdits Notaires, en qua-» tre mile quatre cent quarante-quatre Ecus d'Or à la Couronne, de vingt-deux sols » six deniers Tournois piéce, par les mains de Michel du Sablon, Receveur-Ge-» neral des Aides.

Et ensuite, elle quite le Roi & ses Successeurs, de tous les Restes dont elle pourroit lui faire Demande, Action ou Poursuite, à cause des Achats faits des Ville, Baillie, Baronie, Terre & Seigneurie dont mention a été faite ès Lettres ci-dessus.

Le Pouvoir dont le Duc de Bourgogne se servit utilement dans cette occasion, tourna bientôt au préjudice de la France, par l'Entreprise qu'il fit d'exiler de la Cour *Valentine de Milan*, Duchesse d'Orleans. Ce coup violent reveilla tous les chagrins du Duc d'Orleans son époux : il obtint du Roi son frere, dans un de ses bons intervales, qu'il auroit part au Gouvernement du Royaume; mais il donna trop d'avantage sur lui au Duc de Bourgogne, par les Impositions dont il voulut aussitôt charger le Peuple.

1396.

La France cependant étoit affligée de Maladies Contagieuses ou Epidémiques, qui causérent une si grande Mortalité à Paris, qu'on fut obligé en 1399. de dé-

1399. *Mezeray. Tom. 2. pag. 632.*

1399. VIII. fendre les Convois funeraires. Nos Annales nous apprénent l'Origine de ce Mal, qui s'étoit fait sentir à Montpellier dès l'année précedente : " Il avoit commencé " (dit nôtre Talamus) en ce Païs au mois de Mai, & venoit de la Terre des Mo- " res, passant par l'Isle de Rhodes, Chypre, Génes, Mayorque & Catalogne ; Il dura à Montpellier tout le mois de Décembre ; ce qui obligea de faire dans cet intervale plusieurs Processions solennelles, où l'Evêque de Maguelonne porta le Précieux Corps de JESUS-CHRIST pour faire cesser le Mal ; & on n'oublia point les Sermons usitez dans la Place de l'Hôtel-de-Ville, ni la Bougie qu'on avoit coûtume d'allumer à Nôtre-Dame, qui fut cette année de dix-neuf cent canes.

1400. Le Froid excessif qui survint au mois de Janvier suivant, fit cesser la Maladie à Montpellier ; mais, on y perdit la plus grande partie des Vignes, qui furent gelées aux Environs : & quelque-tems après, c'est-à-dire le 12. Novembre 1400. on y vit arriver Charles Prince de Tarente, second Fils du Duc d'Anjou, qui venoit re- cevoir à Montpellier, pour le Roi de Sicile son frere, l'Infante Yoland d'Aragon, Fille puînée du Roi Jean, premier de ce Nom. Cette Princesse arriva à Montpellier le 25. Novembre, suivie (dit nôtre Talamus) de plusieurs Dames & Demoiselles riche- ment parées, & de vingt-cinq Cavaliers ou Ecuyers, qui portoient une Livrée de Rouge, Blanc & Noir par tiers : L'Evêque de Maguelonne, le Gouverneur de Montpellier, & tous les Curiaux ; au nombre de vingt-sept ou vingt-huit à Che- val, sortirent jusqu'au-delà de l'Hôpital de Bizargues ; & les Consuls (ce que je trouve pour la première fois dans nos Annales) firent un Présent au Prince de Tarente, de Cire & d'Epices ; qui revenoit à une Somme considérable.

✝ 1403. Les années 1401. & 1402. ne sont remarquables dans nos Annales par aucun Evenement digne d'être raporté ici ; Mais, je ne puis oublier en 1403. la Perte de tous les Blez, causée par des Pluyes si extraordinaires, qu'elles grossirent la Mer à un tel point, que toute la Ville de Mayorque en fut inondée ; & qu'on y comp- ta quinze cent Maisons renversées, & quatre mile Personnes de noyées : Nos Ancétres, par l'ancienne liaison qu'ils avoient avec Mayorque, crurent sans doute devoir marquer dans leurs Archives un Evenement si touchant.

1404. La mort du Duc de Bourgogne, arrivée le 27. Avril 1404. changea la situation des Affaires ; car, le Duc d'Orleans, lié avec la Reine Isabelle, se rendit maître du Gouvernement, dont il disposa avec tant de hauteur, que tous les Princes se retirérent de la Cour : Le Roi, dans un intervale lucide, s'en étant apperçû, les rapella tous auprès de sa Personne ; mais, le nouveau Duc de Bourgogne Jean, (dit auparavant Duc de Nevers) ne voulut revenir qu'à main-armée : son appro- che fit prendre la fuite au Duc d'Orleans & à la Reine, qui devoient être sui- vis de Loüis Dauphin de France ; mais, le Bourguignon fit une telle diligence,

1405. qu'il atteignit le Dauphin, & le ramena de son consentement à Paris.

Cet Eclat, qui donna lieu à de grandes Justifications de part & d'autre, finit par une Reconciliation apparente entre le Duc d'Orleans & le Duc de Bourgogne, qui fut ménagée par Charles le Noble Roi de Navarre, & par le Duc de Bour- bon ; mais nous verrons par les suites, que presque toûjours la passion l'empor- ta sous ce Regne, sur la bonne-foi des Promesses.

Au commencement de cette même année, c'est-à-dire le 7. Janvier 1405. Jean Comte de Clairmont, Gendre du Duc de Berry, & Fils du Duc de Bourbon, étoit venu à Montpellier, au retour de ses Expeditions en Gascogne, où nos Annales disent qu'il avoit pris plusieurs Forteresses : Le Gouverneur, le Recteur, le Bailli, les Consuls & Ouvriers, sortirent à sa rencontre ; & les Consuls, selon la Coûtume qui s'en étoit introduite, lui firent un Présent de Flambeaux & de Confitures, qu'il reçut gracieusement, & partit le troisième jour après-dîné pour Lunel.

✝ Le 19. du même mois est marqué en cette Ville, par un grand Orage de Vens & d'Eclairs, suivis d'une si grande quantité de Nége, qu'il en resta plus de six piez sur les Toits : Le Tonnerre (dit nôtre Talamus) abatit au Seigneur de Murles, la plus belle Tour de sa Maison ; mais, le Ravage qu'il fit à St. Just de Narbonne, fut bien plus effroyable : car, ayant calciné les Pierres du Grand-Clocher, il en fondit les Cloches, & tout le Plomb dont le Chœur étoit couvert ; & étant entré

dans

dans l'Eglise, il y causa du dommage pour plus de soixante mile livres.

Sur la fin de cette année, le Duc de Berry accorda pour quatre ans, le *Souquet-de-Vin* à nos Consuls, par ses Lettres données à Paris le 19. Décembre 1405.

1405.

L'Année suivante fut remarquable à Montpellier, par l'Arrivée de Loüis II. Roi de Sicile qui, n'ayant pas été plus heureux que le Duc d'Anjou son pere dans ses Expeditions, se tenoit dans ses Etats de Provence, d'où il partit avec la Reine Yoland son épouse, après la mort de son Beau-Pere Jean I. Roi d'Aragon: Le motif de leur Voyage est marqué de la sorte dans nôtre Talamus. » Le quatriéme
» jour de Septembre 1406. le Roi Loüis, avec la Reine sa femme, entra à Mont-
» pellier, allant voir la Reine d'Aragon, Veuve du Roi dernier mort, qui vou-
» loit voir sa Fille : ils logérent au Palais, ayant été reçus selon l'Usage ; ils reçurent
» les Présens de Flambeaux & Confitures, entendirent la Messe dans l'Eglise du
» Château, & après la Harangue faite au nom des Consuls, par Jean *Aiguillon*
» Docteur ès Loix, le Roi monta à Cheval, & la Reine en Litiére, suivie des
» Consuls à Cheval.

1406.

CHAPITRE TROISIÉME.

I. L'Assassinat du Duc d'Orleans fait retirer tous les Princes. II. Le Roi de Navarre vient à Montpellier. III. Reconciliation apparente des Princes. IV. Troubles nouveaux qui attirent les Anglois. V. Censive Papale à Montpellier. VI. Gouvernement du Languedoc rendu au Duc de Berry. VII. Paix entre les Princes publiée à Montpellier.

L'ANNÉE 1407. est une Époque fameuse des Malheurs de la France, qui suivirent de près la mort funeste du Duc d'Orleans, assassiné à Paris le 22. Novembre, dans la Ruë Barbete. La triste circonstance de la Maladie du Roi, empêcha de poursuivre un Crime si noir : on fut même obligé de députer au Duc de Bourgogne, qui vint à Paris avec huit cent Gentilshommes armez, & qui ne craignit point de s'avoüer, en présence du Roi & de tous les Princes, pour l'Auteur de ce Meurtre.

I. 1407.

Cet Aveu fit retirer de la Cour, la plûpart des Princes ; & la Reine même, avec le Dauphin, sortirent secrétement de Paris, & allérent se fortifier à Melun. Le Roi, qui resta au pouvoir du Duc de Bourgogne, reçut son Excuse sur l'Assassinat de son Frere, & lui en donna des Lettres d'Abolition : Après quoi, le Bourguignon s'étant retiré dans ses Etats, la Reine revint à Paris, & y prit le Gouvernement du Royaume, avec le Dauphin Duc de Guiéne.

On commença dès-lors à voir des Alternatives continuelles de Gouvernement, à mesure que les Partis opposez se rendoient maîtres de l'esprit du Roi : Il fut procédé contre le Duc de Bourgogne, & conclu à des Peines afflictives contre lui, & à des grandes Reparations de sa part, pour l'honneur du Défunt ; ce qui fit revenir tous les Princes à la Cour.

1408.

Charles le Noble, Roi de Navarre, s'y rendit comme les autres ; & ce fut dans ces conjonctures qu'il passa à Montpellier, comme nos Regîtres le marquent en ces termes. » Le troisiéme Septembre 1408. le Roi de Navarre, allant en France,
» passa par Montpellier, & il s'arrêta aux Freres-Prêcheurs, ne voulant point en-
» trer dans la Ville. Le lendemain les Consuls, qui avoient été à sa rencontre,
» furent lui faire la Reverence aux Freres-Prêcheurs, où la Harangue lui fut faite
» en leur Nom, par *Jacques Arquier* Docteur ès Loix, bonne, *briève & honorable* ; &
» étant revenus à l'Hôtel-de-Ville, ils envoyérent audit Roi, un honorable Présent : &
» le Comte de la Marche étant venu souper avec lui aux Freres-Prêcheurs, ils par-
» tirent ensemble pour Lunel, le cinquiéme dudit mois ; les Consuls ayant été
» renvoyez par le Roi au Col-de-Fy (au-dessus de Substantion) jusqu'où ils
» l'avoient accompagné.

II.

1408. Toutes les Procédures qu'on avoit faites contre le Duc de Bourgogne le firent revenir à Paris, avec d'autant plus de fierté qu'il venoit de gagner une Bataille signalée contre les Liegeois: son approche obligea la Reine de s'enfuir à Tours, & d'y amener le Roi ; de sorte que le Bourguignon trouvant l'entrée libre de Paris, y entra dans un grand Appareil de Guerre, & y conserva ses Troupes, malgré les Défenses du Roi, jusqu'à la Conclusion d'un Traité qu'il fit proposer.

1409. III. Ce Traité fut enfin juré le neuviéme de Mars 1409. dans l'Eglise de Nôtre-Dame de Chartres, en présence du Roi & de tous les Princes du Sang: Les Parties s'y donnérent une Sureté reciproque, & on y arrêta le Mariage du Comte des Vertus, Frere du jeune Duc d'Orleans, avec la Fille du Duc de Bourgogne.

Ces Nouvelles apportées dans les Provinces, y causérent une grande joye, & notament à Montpellier, »où l'on fit une Procession-Generale le 8ᵉ. d'Avril, en » Action de graces de la Reconciliation des Princes : il est marqué que la Procession » sortit de Saint Barthelemi, à cause que la Procession de Saint Cleophas concouroit » le même jour; la Messe fut chantée dans le Cimetiére, l'Office fait par le Docteur » de Saint Ruf, & le Sermon par Pierre Robin Provincial des Augustins.

1410. Cependant, la Reconciliation jurée à Chartres, n'éteignit point le fonds de haine & de ressentiment qui étoit entre les Princes: Les Ducs de Berry, de Bretagne & d'Orleans, avec les Comtes d'Alençon & d'Armagnac, allérent tenir une Conference à Gien, après laquelle ils firent de grandes Levées de Troupes, sous pretexte de la Reformation de l'Etat. On crut pouvoir leur opposer les Païsans, à qui l'on permit de prendre les Armes pour leur défense, & même de tuer les Princes, s'ils attentoient à leurs Biens ou à leur Vie: mais, cet Expedient outré, n'empécha point le Duc de Berry, de faire avancer son Armée jusqu'à Chartres ; & le Duc de Bourgogne, de son côté, fit entrer huit mile Hommes dans Paris, & six autres mile dans Saint Denis ; de sorte qu'on se vit engagé aux Environs, dans les Malheurs d'une Guerre-Civile, pire que n'avoit été encore celle des Anglois.

Heureusement l'Hiver & la Famine firent plus pour la Paix que toutes les Personnes qui s'y étoient employées: On fut obligé, par l'impuissance d'entretenir les Gens-de-Guerre, de conclurre un Traité, par lequel tous les Princes devoient se retirer avec leurs Troupes ; & le Roi promettoit de former un nouveau Conseil de Personnes non-suspectes: en consequence, les deux Armées partirent avec leurs Chefs ; & ce fut dans ces conjonctures que le Roi de Navarre revint à Montpellier bien accompagné.

»Le 15. de Décembre (dit nôtre Talamus) le Roi de Navarre, qui venoit de » France, passa par Montpellier: il logea une autrefois aux Freres-Prêcheurs ; & » les Consuls, qui avoient été à sa rencontre, lui envoyérent aux Freres-Prêcheurs, » un Présent honorable ; ensuite ils s'y rendirent pour lui faire la Reverence, Bar- » thelemi *Barriere* Licentié en Décret faisant la Harangue : Le Roi de Navarre, ac- » compagné d'environ cent cinquante Hommes d'Armes, bien couverts & bien lestes, » monta à Cheval, & prit le Grand-Chemin vers la Fontaine de Saint Barthelemi.

1411. IV. Dès le commencement de 1411. le Duc d'Orleans demanda, les Armes à la main, justice de la mort de son Pere ; ce qui fit ôter au Duc de Berry, lié avec lui, son Gouvernement de Paris, & celui du Languedoc. Nous avons encore les

Archives du Domaine.

Lettres »par lesquelles le Roi Charles VI. reprend (comme il s'en explique lui-même) » & remet sous sa Main, le Gouvernement, Païs, Villes & Châteaux de Langue-

Reg. 29. fol. 150.

» doc, que auparavant avoit tenu par nostre volonté & oltroy, nostre Oncle de Berry : il nomme à sa place dans cette Province, pour ses Conseillers, Generaux & Chambelans, Guillaume de *Viene* Seigneur de Saint George-Renier, Pot Seigneur de la *Preigne* Gouverneur de Dauphiné, & Pierre de *Marigny* son Conseiller, ausquels il donne pouvoir de recevoir le Serment des Consuls & autres Habitans des Villes ; d'établir par provision des Senéchaux, Baillis, Capitaines, Trésoriers, Viguiers, Clavaires, Receveurs, Greneriers, Contrôleurs, Maîtres & Gardes des Ports, Passages, & autres quelconques, tant sur le Fait de la Justice, que du Domaine & des Aides, en déchargeant (si bon leur semble) Ceux qui exercent lesdits Offices, ou en établissant d'autres nouveaux.

»Et pour la Recette Generale des Finances du Languedoc, Charles VI. nomma

Au-

„ Aubert *Le Fevre*, jusqu'à-ce (dit-il) que par Nous il en soit autrement ordonné, 1411.
„ nonobstant la Lieutenance autrefois ordonnée à nôtredit Oncle de Berry,
„ laquelle Nous avons revoqué. Donné à Paris le 8. Novembre 1411.

Nous avons des Lettres-de-grace, que ces Generaux-Reformateurs accordoient à *Reg. 29. fol.*
Ceux qui, ayant suivi le Parti des Ducs de Berry & d'Orleans, se remettoient sous *160.*
l'Obéïssance du Roi; mais, le Duc de Berry ayant été rétabli dans son Gouvernement en 1413. il fit lui-même la Nomination des Generaux-Reformateurs, comme *Reg. 60. fol.*
il conste par les Lettres qu'il donna à Paris en son Hôtel de Nesle, le 23. Jan- *191.*
vier 1413. c'est-à-dire 1414. à nôtre manière de compter, par lesquelles il nomme
l'Evêque de Gap Nicolas *Potin*, avec Jacques *Carrau*, pour Generaux sur le Fait
de la Justice dans le Languedoc.

Nous verrons par la suite de cette Histoire qu'ils subsistoient en 1417. Et nous
trouvons dans les Archives du Domaine, des Lettres-Patentes du Roi Charles
VII. données à Vincénes le 26. Avril 1424. par lesquelles il établit en Langue- *Reg. 39. fol.*
doc, cinq Generaux-Reformateurs; sçavoir, Adam de *Cambray*, Président en la Cour *42.*
du Parlement à Poitiers, Arnaud de *Marle*, Jean *Bernard* & Jean *Baubignon*, Maîtres
des Requêtes, avec Simon . . . Chevalier, Maître des Comptes, pour reformer les
Abus de la Justice & de la Finance : avec pouvoir de connoître de tous les Cas
pour le Civil & pour le Criminel; faire rendre-compte aux Receveurs, mettre
en leur place des Personnes solvables, & débouter de leurs Offices les Officiers
indignes, &c.

Après cette petite Digression, qui m'a paru necessaire pour éclaircir la suite de
nos Generaux-Reformateurs, je reviens au Duc de Berry, lorsqu'il fut privé en
1411. de son Gouvernement de Languedoc: Alors une Trouble devint general dans le
Royaume. On établit à Paris la Compagnie des Bouchers, qui se rendit redoutable par
la Recherche & le Massacre qu'elle fit des Armagnacs : mais, dans le Languedoc, on
se contenta d'y gemir sur les Malheurs de l'Etat. Les mieux intentionnez y augurérent mal, d'un Ordre qui vint de la part du Roi, de faire publier une Bulle, jadis donnée par le Pape Urbain V. contre les Perturbateurs du Repos de la France : on
craignit, & avec raison, qu'elle servît à remuer Ceux qui n'avoient encore pris
aucun parti; aussi vit-on dès-lors beaucoup de Gens sans aveu, aller joindre le
Comte d'Armagnac : » Et l'on regarda à Montpellier comme un Présage funeste,
» plusieurs Coups de Tonnerre épouvantables qui se firent oüir en cette Ville, dont
» l'un étant tombé le 18. de Février sur le Clocher de Nôtre-Dame des Tables,
» rompit la moitié de la Galerie de Pierre qui étoit au plus haut du Clocher, &
» fendit toute la Fléche de haut en bas; Cet Accident donna lieu à plusieurs Pro» cessions-Generales qu'on y fit, pour détourner la Colére de Dieu; l'Evêque de
» Maguelonne, le Lieutenant du Gouverneur, & le Recteur de l'Université y assisté» rent, avec les Officiers des Parts deça & delà, (c'est-à-dire la Baillie & la Part» antique) avec les Consuls & les Ouvriers : en laquelle année (ajoûtent nos An» nales) Jean Roch étoit Bailli de la Ville.

Les suites firent voir qu'on n'avoit pas eu tort à Montpellier, de craindre l'augmentation des Maux dont la France étoit desolée; car les Orléanois (comme
avoit déja fait le Bourguignon) s'alliérent avec les Anglois: ce qui irrita si fort le
Roi, qu'il alla prendre l'Oriflame à Saint Denis, & marcha en Personne pour
assiéger le Duc de Berry dans sa Ville de Bourges; Ce Siége, qui fut remarquable par les Machines extraordinaires de Guerre qu'on y employa, finit par une
grande Mortalité qui se mit dans l'Armée du Roi, & qui donna lieu à un nouveau Traité entre les Princes, confirmé depuis à Auxerre.

Les Lettres que nous avons du Roi Charles VI. données à Paris le 14. Fé- V. 1412.
vrier 1412. peuvent servir à nous faire connoître l'état où étoit alors Montpellier.
Quamvis (dit le Roi) *temporibus retroactis, Populi copiositate Mercantiâ & Divitiarum affluentiâ, ac aliis Bonis abundans, famositate laudabili ubique fulgerat Villa
Montispessulani* : » Néanmoins, à l'occasion des Mortalitez, du Passage des Gens» de-Guerre, des Naufrages soufferts, & par l'Invasion des Pirates & Voleurs
» de Mer, elle auroit si fort souffert, durant long-tems, des Tailles, Aides, Foüa» ges, & autres Charges, qu'elle en est diminuée considerablement; de sorte que

192   HISTOIRE DE LA VILLE DE MONTPELLIER,

1412.
» les Habitans peuvent à peine sufire à leurs besoins & aux nôtres ; ce qui mé-
» rite qu'ils soient délivrez de toute Charge extraordinaire & Servitude Etrangere :
» Et quoique ladite Ville soit exempte de Tribut ou Redevance à la Chambre
» Apostolique, & que les Collecteurs ou Sous-Collecteurs du Pape, qui disent
» qu'ils sont en Possession d'exiger de ladite Ville soixante Marabotins, ne puissent
» proceder contre les Consuls par Monition, Censures ou Excommunication ; néan-
» moins, depuis peu ils ont osé l'entreprendre, & ont mis la Ville en Interdit,
» quoique par les Priviléges Apostoliques on ne puisse proceder de la sorte con-
» tre les Villes qui sont à Nous.

» A CES CAUSES, Nous vous mandons (il parle au Juge du Palais) d'écou-
» ter tous les Plaignans, *ante fores Domús Consulatús*, & d'arrêter ces Entreprises par
» la Saisie du Temporel des Collecteurs qui voudront proceder par Excommuni-
» cation ; & cela, d'autorité de nôtre Gouverneur de Montpellier, qui en jugera
» souverainement. Nous verrons sous le Regne suivant, la Conclusion de cette
» Affaire.

1413.
En 1413. le Roi retourna à Paris, suivi du Duc de Berry, qui ne s'éloigna plus
de sa Personne ; mais, les Troubles ne tardérent point à augmenter dans cette
grande Ville, où le Peuple, sous la conduite des Bouchers, s'étant attroupé au
nombre de dix mile Hommes, alla investir la Bastille, & força le Duc de Guiéne
dans son Hôtel, où on lui enleva ses principaux Officiers : ils pousserent leur insolence, jusqu'à entreprendre une Confederation avec plusieurs Villes du Royaume,
dont la Marque étoit un Chaperon blanc. Le Roi lui-même, allant un jour à
Nôtre-Dame, fut obligé de le prendre ; & on le contraignit ensuite d'aller au
Parlement coifé de ce même Chaperon, pour faire le Procès aux Officiers du
Duc de Guiéne qu'on détenoit en Prison, & qu'on vouloit absolument perdre :

Est. Ranchin.
» Tant il est vrai, comme a dit un de nos Auteurs à l'occasion des Troubles qui
» arrivérent à Montpellier dans le Siécle suivant, que si le Peuple dans son état
» ordinaire sert patiemment, il commande avec un empire insupportable lorsqu'il
» est le Maître.

Un Gouvernement si outré obligea les Princes à se réunir ; ils allérent concerter à Pontoise, & leur bonne Intelligence fit reprendre au Duc de Guiéne
toute son Autorité dans Paris : les Exilez y furent rapellez ; les Séditieux recherchez, supliciez & proscrits ; toutes les Créatures du Bourguignon destituées, &
plusieurs Gentilshommes & Bourgeois qui tenoient son Parti, jetez dans une
Prison.

On alla bien plus avant en faveur des Princes ; car on revoqua toutes les Déclarations qui avoient été données contr'eux, & on les rétablit dans leurs Char-
VI. ges ; Ce fut alors que le Duc de Berry rentra dans son Gouvernement du Languedoc : il envoya se faire reconnoître en cette qualité dans les principales Villes
de la Province ; & nous devons à nos Annales, le Détail de ce qui fut fait à
Montpellier dans cette occasion.

1414.
» Le Dimanche 28. de Janvier 1414. le Maréchal de Boucicaut, l'Evêque de
» Carcassonne Gerard Dupuy, Arnaud Seigneur de *Barbara*, le Seigneur de
» *Laviac* Senéchal d'Auvergne, Jean André & Guillaume *Gavi*, tous deux Offi-
» ciers du Parlement, Envoyez par le Duc Berry, prirent Possession pour lui, de la
» Lieutenance du Roi de Languedoc, & du Duché de Guiéne, que le Roi lui
» avoit rendu par ses Lettres-Patentes données à Paris le 28. Novembre, & qu'il
» lui avoit ôté en 1411. à cause de la Division qui étoit entre les Princes du Sang.

» L'Evêque de Maguelonne Pierre Ademar, accompagné des Gens de Condi-
» tion de la Ville, sortit à leur rencontre, avec le Gouverneur, le Bailli & autres
» Officiers, les Consuls, les Ouvriers & grand nombre d'Habitans.

» Sitôt qu'ils furent entrez dans la Ville, & décendus de Cheval, & logez
» chacun à part, les Consuls leur envoyérent du Vin-Clairet & Muscat, Confitu-
» res, Flambeaux & Tortillez blancs.

» Le lendemain ils envoyérent par le Gouverneur aux Consuls, qu'ils vinssent le Mar-
» di suivant, avec les meilleurs Habitans, au Palais, pour voir la Publication des Lettres.

» Les Commissaires étoient assis en haut en grande Magnificence.

L'Evêque

» L'Evêque de Maguelonne, à côté de l'Evêque de Carcaſſonne, commença à
» faire une Harangue en forme de Sermon, narrant tout le Fait. Son Texte fut :
» *Imperavit, & fuit facta magna Tranquillitas.* Math. 8°.

» Cela fait, le Vicaire de l'Evêque de Maguelonne Barthelemi Guichard, Doc-
» teur en Décret, fit ſa Harangue pour tout le Clergé, obéïſſant au Mandement
» du Roi & du Duc de Berry ſon Lieutenant.

» *Jacques Rebuſſ*, Docteur ès Loix & Juge du Palais, parla pour les Officiers
» & pour les Nobles.

» *Pierre Pataria*, Docteur ès Loix, pour l'Univerſité & pour le Recteur.

» *Jean Aguillon*, Docteur ès Loix, pour les Conſuls & pour toute la Ville.

» Ces Harangues faites, l'Evêque de Carcaſſonne parla pour ſoi & pour les autres ſes
» Compagnons, remerciant tous ceux qui leur avoient fait de ſi bonnes & ſi gracieuſes
» Réponſes.

» Ce fait, chacun s'en alla, & accompagnérent le Maréchal de Boucicaut au
» Logis du Châtelain d'Aiguemortes, d'où ils s'en retournérent, & partirent le
» Mécredi vers Beziers pour continuër leur Commiſſion.

Cependant, le Duc de Bourgogne, chagrin de ſe voir exclus du Gouvernement,
chercha de ſe racrocher par le moyen du Duc de Guiéne ſon gendre : il leva
une grande Armée; & s'étant rendu maître de Saint Denis, il ſe préſenta aux
Portes de Paris, où la Reine & le Connétable d'Albret mirent ſi bon Ordre,
que rien n'y branla en ſa faveur.

Le Roi, revenu de ſa Maladie, fit une Déclaration fulminante contre lui : il
leva l'Oriflame à Saint Denis; & marchant avec ſon Armée, il lui prit Compiegne, Soiſſons & Bapaumes : après quoi, ſa Maladie l'ayant repris au Siége
d'Arras, la Diviſion ſe mit dans ſon Armée, & donna le moyen au Bourguignon de ſe ménager un Accommodement par la faveur du Duc de Guiéne ſon
gendre : On lui donna des Lettres d'Abolition pour ſa Perſonne, avec excluſion
pour cinq cent de ſes Gens; & on ajoûta, qu'il ne pourroit approcher de la Cour
ſans Lettres expreſſes du Roi. Toutes ces Conditions, avec les autres Articles du
Traité, furent envoyées aux principales Villes du Royaume, & publiées à Montpellier dans le mois d'Avril 1415. de la maniére que nôtre Talamus le marque.

» L'an 1415. & le 19. d'Avril, le Gouverneur ayant convoqué au Palais les
» Conſuls & autres, leur communiqua les Lettres du Roi du Grand-Sceau de Cire
» verte, contenant la Paix faite entre les Princes de ſon Sang, datées du mois
» de Février dernier; leſquelles Lettres lûës, il fut pris une Déliberation entr'eux
» pour une Proceſſion-Generale.

» Le 21. dudit mois d'Avril, le Juge du Palais, le Lieutenant du Gouverneur,
» qui n'étoit pas en Ville, le Recteur de l'Univerſité, le Bailli, les Curiaux,
» le Vicaire de l'Evêque, les Conſuls, les Ouvriers, les Religieux-Mendians, &
» le Clergé des Egliſes Particuliéres, aſſiſtérent à la Meſſe du St. Eſprit, chantée
» par le Vicaire, *ſous la Voûte, proche la Porte de l'Hôtel-de-Ville*, préſent l'Evêque
» de Maguelonne, l'Abbé de St. Chinian, & autres Perſonnes de Marque : Ser-
» mon par Mᵉ. Jean Artaud Cordelier, en Action-de-graces de la Paix entre les
» Princes, & *Ceſſation de l'Epidemie*; le Sermon fini, ledit Grand-Vicaire Vin-
» cent Cabaſſe, monta en Chaire; & publia les Lettres du Roi. Après quoi, le
» Lieutenant du Gouverneur, Juge du Palais, prit le Serment de l'Evêque, de
» l'Abbé de St. Chinian, du Recteur de l'Univerſité, Conſuls, &c. afin qu'il
» ne fût contrevenu auſdites Lettres : tous jurérent, & le Peuple leva la
» main en haut; après quoi, partit la Proceſſion, & n'y eut que l'Evêque de Ma-
» guelonne, * qui, à cauſe de ſa Maladie, ne la put ſuivre.

On peut obſerver un nouveau Ceremonial dans ce que je viens de raporter.
La Publication des Lettres du Roi, faite en Chaire par le Grand-Vicaire; le
Serment exigé de tous les Aſſiſtans, & par le Peuple, en lui faiſant lever la main,
ſont marquez pour la premiére fois dans nos Annales. Je ne parle point de la
Meſſe ſous la Voûte, proche la Porte de l'Hôtel-de-Ville, & autres Circonſtances
dont on a vû des Veſtiges ci-devant; mais, je ne dois pas oublier, que l'Epide-

---

* Pierre Ademar étoit Evêque de Maguelonne en 1415.

1415.

mic dont il est fait mention, étoit la Maladie, dite *Coqueluche*, causée par un Vent de Bise, qui regna dans le mois de Février & de Mars : Elle commença, disent nos Historiens, par une Toux & ▧ gros Rûme, qui furent suivis d'un Enrouëment de Gorge & d'Estomac, d'une Douleur de Tête véhémente, d'une Débilité de Membres, qui rendoit le Corps sans Action, & d'une Alteration d'Appétit. Tous les mêmes Accidens se rencontroient indiferenment sur le Pauvre & sur le Riche, sur le Vieillard & sur le Jeune-Homme ; & elle se rendit si generale, qu'elle fit cesser la Justice, & quiter le Siége aux Juges, parcequ'elle ôta la Voix & l'Eloquence aux plus fameux Avocats.

CHAPITRE QUATRIÉME.

I. Progrès des Anglois dans le Royaume. II. Le Duc de Bourgogne augmente les Troubles. III. La Reine s'attribuë la Regence, & envoye à Montpellier. IV. Y fait tenir les Etats de la Province. V. Paix simulée avec le Duc de Bourgogne, qui finit par sa Mort. VI. Le Dauphin se retire en Languedoc, où il etablit un Parlement. VII. Il fait son Entrée à Montpellier, & purge le Païs des Bourguignons. VIII. Il est déclaré déchû de la Couronne. IX. Remporte quelque Avantage sur les Anglois. X. Grande Sédition à Beziers. XI. Mort de Charles VI.

I. LE reste de l'année 1415. fit paroître sur la Séne de nouveaux Acteurs, qui faillirent à causer un entier Renversement dans le Royaume : J'entens parler des Anglois, que les deux Partis opposez attirérent en France.

Leur Entreprise commença par le Siége de *Harfleur*, où l'on fit marcher contr'eux le Roi Charles VI. Mais, au lieu de les laisser perir dans leur Camp, comme on le pouvoit, on se hâta de leur donner Bataille, que l'on perdit à *Azincourt*, de même qu'on avoit jadis perdu celles de *Crecy* & de *Poitiers*, par la necessité où l'on mit les Anglois de vaincre ou de mourir.

1416.

Nôtre Perte ne pouvoit être guere plus grande qu'elle le fut, par le nombre de Princes, de Seigneurs & de Gentilshommes qui y périrent : mais, les deux diferens Partis de la Cour y causérent de plus grands Troubles ; car, le Duc de Bourgogne, profitant des Malheurs du Tems, vint se présenter à Paris avec dix mile Chevaux ; & le Comte d'Armagnac, qu'on fit Connétable pour le lui opposer, ayant obligé les Bourguignons à se retirer, alla se faire batre lui-même à *Harfleur* contre les Anglois, qui firent une seconde Décente, & prirent plusieurs Places dans la Normandie.

Ce mauvais Succès, qui annonçoit de plus grands Malheurs à la France, fit redoubler à Montpellier les Priéres-Publiques qu'on y faisoit depuis long-tems, & que nos Archives marquent dans un long détail : Je me contente de dire pour cette occasion, que la Foule du Monde & des Religieux qui se rendoient à la Place de l'Hôtel-de-Ville, empêchant qu'on ne pût entendre avec bien-séance, la Messe-Solennelle qu'on y chantoit sous la Voûte, porta l'Evêque de Maguelonne à ordonner qu'on ne fît plus de Procession par la Ville ; mais que chaque Couvent la fît dans son Cloître, & les Chapelains autour de leurs Eglises, afin que chacun assistât avec plus de décence aux Priéres qui s'y feroient.

Le Connétable d'Armagnac, pour se refaire de ses Pertes, profita de la Souveraine Administration des Finances, qu'il s'étoit fait donner, pour accabler d'Exactions les Parisiens, qui resolurent d'ouvrir leurs Portes au Duc de Bourgogne le propre jour de Pâques, tandis que tout le Monde seroit dans les Eglises : Cette Conspiration ayant été découverte, ne servit pour cette fois qu'à remplir la Ville de Meurtre & de Carnage.

II. La mort du Duc de Berry, qui seul pouvoit apporter quelque temperament à ces Desordres, étant arrivée dans ce même-tems, le Duc de Bourgogne alla s'aboucher avec le Roi d'Angleterre à Calais, où il renouvella avec lui les Tréves pour ses Etats seulement; ce qui fut regardé comme un Engagement qu'il prenoit, à ne point secourir le Roi de France : Cette Démarche attira contre lui des Déclarations fulminantes; & je ne sçai si ce ne fut pas à cette occasion, qu'on renouvella dans ce même-tems à Montpellier, la Publication de la Bule dont j'ai déja parlé du Pape Urbain V. contre les Perturbateurs du Repos de la France.

1416.

» Le dernier Janvier 1417. (dit nôtre Talamus) après la Messe-Parroissiale
» dite à Nôtre-Dame des Tables, M^r. *Privat* Cordelier, prêcha devant l'Hôtel-
» de-Ville, en présence de l'Evêque de Maguelonne, du Lieutenant du Gouverneur,
» du Recteur, du Bailli, & de tout le Peuple, appellé à Son de Trompe le soir
» auparavant, au sujet de la Bule du Pape Urbain V. de sainte Mémoire, con-
» tre Ceux qui détruisoient par Armes le Royaume de France ; laquelle Bule fut
» lûë en Latin & en François, de l'Ordre de l'Evêque de Maguelonne, & Mande-
» ment des Seigneurs-Generaux, qui étoient alors dans le Païs.

1417.

Le Duc de Bourgogne opposa à toutes les Déclarations qui avoient été données contre lui, un grand Manifeste, par lequel il invitoit toutes les Villes du Royaume à l'aider, pour mettre le Roi en liberté, qu'il suposoit être sous la Puissance du Connétable, de la Reine & du nouveau Dauphin unis ensemble : Ce nouveau Dauphin étoit Charles Comte de Ponthieu, qui succeda à la Couronne sous le Nom de Charles VII. Le Roi son pere lui donna cette même année, des Lettres (que nous avons) du sixiéme de Novembre, par lesquelles il le nommoit à la Lieutenance-Generale du Royaume; mais on travailla bientôt à le desunir de la Reine sa mere, en donnant au Roi de la jalousie contre un nommé *Bourcdon*, qui fut jeté à l'eau, & la Reine envoyée comme Prisonniére à Tours. Alors le Duc de Bourgogne s'approcha de Paris avec ses Troupes; & partant brusquement pour la Ville de Tours, il enleva la Reine, & l'amena à Troyes en Champagne, où elle s'attribua la Regence.

Archives du Domaine.

En cette qualité, elle envoya des Commissaires dans le Languedoc, pour tâcher de débaucher cette Province, sous l'Appas de la Supression des Impôts, qui étoit l'Artifice ordinaire du Duc de Bourgogne : Nous apprenons cette Particularité de nos Annales, qui nous marquent le Nom de Ceux qui furent envoyez, & les Prétextes dont ils se servirent.

III. 1418.

» Le 11. d'Avril 1418. entrèrent à Montpellier le Seigneur d'Orgüeil, Fils
» du Prince d'Orange, le Vicomte de Murat & Jean Tornier, Envoyez par la
» Reine, comme ayant la Lieutenance du Roi pour le Païs du Languedoc; &
» ayant fait appeller à Son de Trompe le Peuple à l'Hôtel-de-Ville, ils abolirent
» toutes Impositions, Quart-de-Vin, & tous autres Quarts qui étoient imposez par
» le Roi, excepté la Gabelle du Sel.

Cependant, le Pape Martin V. nouvellement élû par le Concile de Constance, envoya ses Légats, pour essayer de pacifier le Royaume : ils proposérent d'en donner le Gouvernement au Dauphin & au Duc de Bourgogne; à quoi le Chancelier & le Connétable ne voulurent jamais consentir : Mais, les Bourguignons, sous la Conduite de Philipe de Villers l'Isle-Adam, furent conduits dans Paris, où s'étant rendus maîtres de la Personne du Roi, ils firent voir à cette Ville, tout ce que le Sac & le Pillage d'une Place prise d'assaut, ont de plus affreux : On y laissa plus de deux mile Cadavres sans Sépulture; ce qui causa une si grande Peste, qu'elle emporta, depuis le mois de Juin jusqu'à la fin d'Octobre, plus de quarante mile Personnes. Malgré tous ces Objets funébres, le Duc de Bourgogne y amena la Reine, tandis que le Roi d'Angleterre acheva la Conquête de la Normandie, par la Prise de Roüen, où il entra au commencement de 1419.

IV. 1419.

Environ ce même-tems, Loüis de Châlon, devenu Prince d'Orange par la mort de Jean son pere, assembla à Montpellier les Etats de la Province, pour en tirer les Secours necessaires à la Reine & au Duc de Bourgogne, qui l'avoient envoyé dans le Languedoc. Nos Annales ont conservé le Ceremonial qui fut observé alors; par où l'on peut reconnoître ce qui se pratique encore dans cette Illustre Assemblée.

» Le Prince d'Orange (dit nôtre Talamus) qui étoit commis au Gouverne-
» ment de ce Païs, ayant ordonné, que pour tenir les Etats de cette Province,

1419.

» le Conseil s'assembleroit en cette Ville le 26. de Mars 1419. on commença
» le lendemain à la Sale de l'Evêque, en un Quartier noblement paré : Là, il y
» eut deux Capitouls de Toulouse, avec leurs Clercs ; Deux Consuls de Carcassonne,
» deux de Narbonne, & deux de Beziers ; Aucuns Nobles & Gens-d'Eglise des Se-
» néchaussées de Toulouse & de Carcassonne ; Et jaçoit que les Consuls de Nîmes
» & d'Uzés, & autres de cette Senéchaussée, ne fussent encore venus, se fit
» une Procession-Generale en cette Ville ; & la Messe fut chantée devant l'Hôtel-
» de-Ville par le Vicaire de l'Evêque de Maguelonne : Raymond Cabasse Domi-
» nicain, Docteur en Théologie, prêcha sur la Matiére ; présens à la Messe &
» au Sermon, le Prince d'Orange & autres Commissaires du Roi ; & les sus-
» nommez des Trois-Etats, le Gouverneur & autres Officiers de la Ville, sui-
» virent tous ladite Procession, excepté le Prince d'Orange, qui se retira avec ses
» Gens après le Sermon.

Tous ces Mouvemens qu'on se donnoit dans la Province, pour la conserver au
Parti des Bourguignons, obligérent le Dauphin à y envoyer Jean Comte de Foix,
pour l'opposer au Prince d'Orange : Ce Comte y entra le vingtiéme du mois de
Mai, selon nos Regîtres ; & il employa si heureusement les Troupes qu'il avoit
amenées avec lui, qu'il chassa entiérement les Bourguignons, depuis Toulouse
jusqu'à Nîmes ; Cela fait, il assembla les Etats à Carcassonne, de la même maniére que le Prince d'Orange les avoit assemblez à Montpellier : on lui accorda
cinquante-six mile quatre cent livres pour le Payement de ses Troupes, suivant
l'Acte que nous en avons du 2. Octobre 1419. Et par une nouvelle Déliberation,
on y ajoûta douze mile livres ; ce qui monta à la somme de 68400. livres, pour
lesquelles on fit une nouvelle Imposition sur le Sel : Mais, le Comte de Foix,
comme nous l'apprenons de Juvenal des Ursins, ayant détourné à son profit cette
grande Levée d'Argent, sans en faire part au Dauphin, qui en avoit un extrême
besoin, il fut revoqué de son Gouvernement en 1421. & le Comte de Clairmont Charles de Bourbon, mis à sa place.

Armoire H: Cassette 2.

V. Tandis qu'on travailloit de la sorte dans le Languedoc, le Dauphin & le Duc
de Bourgogne eurent une Entrevûë à Poüilly-le-Fort, où ils jurérent de s'entrai-
mer & assister comme Freres ; se soumettant, en cas de contravention, au Souverain Jugement du Saint-Siége. » Cette bonne Nouvelle fut portée à Montpellier
» le onziéme Août, par un Courier du Roi, adressé au Gouverneur, qui, ayant
» convoqué au Palais toutes les Compagnies de la Ville, leur fit part des Lettres du Roi ;
» & resolut avec eux, qu'on feroit chanter une Messe du Saint-Esprit devant l'Hôtel-
» de-Ville, avec Sermon & Procession, selon l'Usage, & qu'on publieroit lesdites Lettres
» à Son de Trompe & avec Menestriers, par tous les Coins & Carrefours de la Ville.

Mais, il en fut encore pis de ce Traité, qu'il n'en avoit été de tous les autres
que nous avons vû si mal observez sous ce Regne. Le Duc de Bourgogne, attiré
à Montereau-Faut-Yonne pour une nouvelle Conference, y fut poignardé, dans le
tems qu'il s'agenoüilloit devant le Dauphin : Ce Meurtre porta des Coups mor-
tels au Royaume & au Dauphin, dont la Vie fut depuis toute remplie d'Avantures. Philipe, Fils unique du Défunt, quoique très-bon Prince, entreprit hautement de venger la Mort de son Pere : Tous les Amis de sa Maison, & les
Mécontens de la Cour, s'unirent à lui : les Parisiens envoyérent l'assurer de leurs
Services ; & lui, pour s'assurer l'Affection du Peuple, obtint une Tréve avec l'Anglois, à l'exclusion des Gens du Dauphin.

1420. VI. Alors ce Prince, voyant les François, les Anglois & les Bourguignons réunis
ensemble contre lui, se retira vers nos Provinces, pour y recüeillir tous les Amis
qu'il y avoit ; Il vint à Toulouse au commencement de 1420. à compter du mois
de Janvier, & de là à Carcassonne, où il donna des Lettres pour l'Etablissement
du Parlement de cette Province : Je croi sur cela devoir raporter ici, les propres
paroles de nos Regîtres. ». *En cette année, & à l'Avenuë de Monseigneur le Dauphin, une Cour de Parlement fut ordonnée en ce Païs, & fut premiérement à Toulouse,
à cause des grands Périls qui étoient alors en France : Cette Cour demeura à Toulouse,
jusqu'en mil quatre cent vingt-cinq qu'elle fut changée en la Ville de Beziers.*

Pour l'intelligence de cet Article, je croi devoir ajoûter, que selon la Remarque des Historiens de France, le Dauphin avoit transferé depuis peu le Parlement & 1420. l'Université de Paris, en la Ville de Poitiers, où la plus considerable partie de ces deux Compagnies s'étoient renduës : mais, sur les Représentations qu'on lui fit en Languedoc, qu'il étoit impossible, dans les conjonctures du tems, de recourir à Poitiers, ce Prince prit la resolution d'établir un Parlement dans cette Province ; ce qu'il fit par les Lettres données à Carcassonne dont nous venons de parler, en date du 20e. jour de Mars 1419. c'est-à-dire 1420. à compter l'année, comme nous faisons, du premier de Janvier : J'aurois garde de parler si affirmativement, si je n'avois pour garant Mr. de Catel dans ses Mémoires du Languedoc, où il raporte tout-au-long les Lettres du Dauphin, pour l'Etablissement de cette Auguste Compagnie.

Liv. 2. page 247.

De Carcassonne le Dauphin vint à Montpellier, où nos Archives marquent son VII. Arrivée au 29. de Mars. » Ledit jour (dit nôtre Talamus) entra à Montpellier » Monseigneur le Dauphin de Viennois, Regent du Royaume ; appellé Charles, » Fils aîné du Roi : En sa Compagnie étoit Charles, Fils du Duc de Bourbon, & » beaucoup d'autres Grands-Seigneurs, Barons, Chevaliers, Archevêques & Evêques, » avec une grande Compagnie de Gendarmes & de Trait ; il arriva par le Chemin » de Toulouse, car c'est là où il étoit premiérement allé. Les Consuls, avec les » plus Apparens de la Ville, furent à sa rencontre ; & puis vinrent les Processions, toutes les Cloches sonantes ; Et quand les Consuls furent devant Saint » Barthelemy, ils présentérent un Pavillon de Drap d'Or à Monseigneur le Dau-» phin, où étoient les Armes du Roi & dudit Dauphin, qui se mit sous le Pavillon ou Dais : & les Consuls, en portant ledit Dais, le firent passer à Nôtre-» Dame des Tables, d'où sortant par l'Aiguillerie, il fut loger à la Sale de l'Evê-» que ; & par tout où il passa, les Ruës étoient bien parées & couvertes de Toi-» les blanches par-dessus : Les Consuls, après lui avoir fait une belle Harangue, » lui firent un grand Présent de Cire, de Vin & d'Epices.

Pendant les cinq jours qu'il séjourna dans cette Ville, il disposa toutes choses pour la Réduction d'Aiguemortes, de Nîmes & du Pont-Saint-Esprit, qui étoient occupez par les Bourguignons. A Aiguemortes, on égorgea la Garnison, & on en jeta les Corps dans une Fosse, avec quantité de Sel, pour éviter le mauvais effet de la Corruption ; ce qui donna, dit-on, occasion au Proverbe de *Bourguignon-Salé.* A Nîmes & au Saint-Esprit, on fit quelque Resistance ; mais, le Dauphin s'en rendit le maître ; & il fut bientôt en état de tirer un grand Secours d'Hommes & d'Argent du Languedoc.

Tandis qu'il y travailloit si bien à ses Affaires, on traitoit en France d'un Ma- VIII. riage bien contraire à ses interêts : c'étoit celui de Catherine sa sœur, avec Henry Roi d'Angleterre, qui fut accompli le 2e. du mois de Juin ; & par un des Articles, le Roi Charles VI. déclara Henry pour son Héritier à la Couronne de France, à l'exclusion du Dauphin. En consequence de ce Traité, les deux Rois s'empárerent de Sens & de Montereau, qui tenoient pour lui : & après avoir réduit par famine la Ville de Melun, ils firent ensemble leur Entrée dans Paris, où le Duc de Bourgogne ayant porté sa Plainte devant les deux Rois, on cita le Dauphin avec les Formalitez ordinaires ; & ensuite, *comme atteint & convaincu de Meurtre*, on le déclara *indigne de toute Succession, nommément de celle de la Couronne de France, & bani du Royaume à perpetuité.*

1421.

Dans cette situation, le Dauphin ne put recourir qu'à Dieu, à son Epée & à ses bons Serviteurs de deçà la Loire. Les Etats du Languedoc lui accordérent au commencement de 1421. soixante-huit mile livres, comme il paroît par une Procuration faite à Noble.Hugues de Lordat, Seigneur de Cazencuve, dans le Diocése de Pamiers, pour retirer cette Somme des Etats de la Province, qui l'avoient accordée.

Dans ce même-tems, les Anglois assiégerent & prirent la Ville de Meaux, IX. qui seule restoit au Dauphin sur les Rivieres de Seine & de Marne. D'un autre côté, le Duc de Clarence, Frere du Roi Henry, ayant assemblé huit à dix mile Hommes, alla assiéger Beaugé en Anjou, pour achever de dépouiller le Dauphin : mais, ce fut là précisément où les Affaires de ce Prince commencérent à se rétablir ; car, le Comte de Bouchain Ecossois, lui ayant amené fort-à-propos, trois à quatre mile Hommes de sa Nation, marcha au secours de la Place, avec le

1421.
Maréchal de la Fayette, & ils défirent ensemble le Duc de Clarence, lui tuérent deux mile Hommes, du nombre desquels il fut lui-même, firent beaucoup de Prisonniers, & mirent tout le reste en fuite.

Fol. 93.
Les Croniques de France, en parlant de cette Journée, font mention de quelques Seigneurs du Languedoc, entr'autres du *Vicomte de Narbonne*, & d'un Chevalier, dit Messire *Jehan de Lacroix*, lequel avec ses Gens, monta sur le Clocher du Petit-Beaugé, fit enfermer les Chevaux dans l'Eglise, & se retrancha si bien, que le Duc de Clarence ne pouvant le forcer, prit le parti de se retirer, & alla se faire tuer, en voulant combatre le Secours qui venoit aux Assiégez.

Cet heureux Evenément fit tant de joye à nos Ancêtres, qu'ils n'oubliérent pas de le marquer dans leurs Registres, où nous le voyons encore avec les Circonstances que je viens de dire; par où l'on peut juger de l'Attachement qu'on avoit à Montpellier pour les Interêts du Dauphin.

X. Mais, il n'en étoit pas de même à Beziers, où les Habitans s'étoient laissez gagner par Ceux qui tenoient encore pour le Parti de Bourgogne : ils les reçurent dans leur Ville, & firent avec eux plusieurs Hostilitez, qui leur attirérent enfin les Armes du Duc de Bourbon, pourvû nouvellement par le Dauphin du Gouvernement du Languedoc. Ce Siége fut remarquable, par le grand nombre de Seigneurs qui s'y trouvérent, & par la grosse Artillerie qu'on y employa; car, nous lisons dans nôtre petit Talamus : » Que le 8ᵉ. Juin 1421. le Siége fut mis » devant Beziers par Charles de Bourbon, Capitaine-Général au Païs de Langue-» doc & de Guiéne; il avoit avec lui, tous les Senéchaux de Toulouse, Carcas-» sonne, Beaucaire, Auvergne & Roüergue, avec grand nombre de Barons, Che-» valiers & Gentilshommes du Païs, beaucoup de Gendarmes & Gens de Trait, avec » grosses Bombardes & Instrumens volans, lesquels tirérent tous les jours contre » la Ville : La grosse Bombarde d'Aix en Provence, y avoit été conduite; & au » bout de quelque-tems, le Siége fut ôté par Composition, les Gens dudit Char-» les y étant entrez avec les Baniéres du Roi déployées : après quoi, ledit Charles » partit pour Carcassonne.

La Défaite des Anglois à la Journée de Beaugé, valut au Comte de Bouchain l'Epée de Connétable, que le Dauphin lui donna; & l'ayant pris avec lui, il regagna quelques Places dans le Perche & dans le Païs Chartrain : Cependant, le Roi d'Angleterre, furieux de la mort de son Frere, vint pour attaquer le Dauphin avec de nouvelles Troupes; mais, la Maladie de Saint Fiacre dont il étoit atteint, l'empêcha de rien executer de considerable : il alla se faire voir à Paris, où il fit son Entrée en grande Pompe avec la Reine son épouse; & son Mal ayant

1422.
augmenté, il se fit porter à Vincénes, où il mourut le 8ᵉ. d'Août 1422. C'est cetui-cy (disent nos Annales) qui fit de si grands Dommages dans le Royaume, lesquels il auroit continué, s'il eût vêcu, dont fut grande Fête pour sa Mort dans tout ce Païs.

Peu auparavant, les Etats de la Province avoient été assemblez à Carcassonne, par Ordre du Dauphin, à qui ils accordérent les Secours accoûtumez : Noble Jean de *Conches* Damoiseau, actuellement Consul de Montpellier, & Jean de *Patavia* Docteur ès Loix, y sont nommez comme Députez de la Ville. Dans ce même-tems, le Duc de Bourbon fit une Execution remarquable à Beziers, qui est exprimée en ces termes dans nôtre Talamus : *En ladite année 1422. Charles de Bourbon, nonobstant la Composition, entra à Beziers, & alla loger à Saint Nazaire: il avoit fait entrer secrétement nombre de Gendarmes & Gens de Trait dans la Ville; & peu de jours après, fit prendre aucuns de la Ville, & leur fit trancher la Tête: il ôta les Chaînes de la Ville, & fit abatre une partie des Murailles, depuis la Porte Saint André, devant les Carmes, allant à la Porte des Sœurs Minorettes: il leur ôta aussi le Consulat & tous leurs Honneurs.* Nous verrons que peu d'années après, le Roi Charles VII. pour aider les Habitans de Beziers à se refaire de cette Perte, fit venir dans leur Ville le Parlement qui étoit à Toulouse.

XI. La mort du Roi d'Angleterre fut suivie deux mois après, de celle du Roi Charles VI. qui finit le vingtiéme d'Octobre, le Regne le plus agité que nous ayons jamais eu en France. Nous allons voir tout ce que son Fils eut à faire, pour débroüiller le Cahos affreux où il laissa les Affaires de son Royaume.

FIN DU LIVRE DIXIÉME.

HIS-

HISTOIRE
DE LA VILLE
DE MONTPELLIER,
SOUS LES ROIS CHARLES VII. ET LOUIS XI.

LIVRE ONZIÉME.

CHAPITRE PREMIER.

I. Petits Commencemens de Charles VII. II. Parlement à Beziers. III. Comte de Foix Gouverneur du Languedoc. IV. Mort de Jacques Rebufi. V. Les Affaires du Roi sont rétablies par la Pucelle d'Orleans. VI. Il fait sa Paix avec le Duc de Bourgogne, & entre dans Paris. VII. Il vient à Montpellier, où il donne deux Edits remarquables pour le Parlement & pour la Cour des Aides. VIII. Lettres du Concile de Constance pour la Ville de Montpellier. IX. Horloge de la Ville.

1422.

CHARLES VII. étoit encore dans le Languedoc, lorsqu'il reçut la Nouvelle de la Mort du Roi son pere, dont il prit aussitôt le Deüil; mais le lendemain, s'étant habillé d'Ecarlate, & après avoir entendu la Messe dans le Château d'Espailly, près de la Ville du Puy, il fit lever une Baniere de France, à la vûe de laquelle tous les Seigneurs qui étoient là présens, criérent, *Vive le Roi*.

 Il s'agissoit cependant de conquerir presque toutes les Villes de I. son Royaume, depuis la Loire jusqu'au fond de la Normandie, & de rentrer dans Paris, dont les Anglois étoient les maîtres. Tout ce qu'il put faire de mieux dans ces conjonctures, fut d'attirer à soi tous les Princes du Sang, (excepté le Bourguignon) & de gagner les meilleurs Capitaines de son tems, en leur engageant ses Châteaux, & la meilleure partie de son Domaine. De là vient ce grand nombre de Concessions que l'on voit dans les Archives du Domaine de cette Province, faites par le Roi Charles VII.

1422. Il alla se faire couronner à Poitiers au commencement de Novembre; mais dans
1423. les premiers mois de l'année suivante, il reçut un grand Echet devant la Ville de *Crevant*, près d'Auxerre, où toutes ses Troupes furent défaites, & le Connétable de Bouchain avec le Comte de Ventadour faits Prisonniers.

1424. L'année 1424. ne lui fut pas plus heureuse; car ses Gens perdirent la Bataille de *Verneüil*, où le Duc de Betfort lui tua quatre mile Hommes, du nombre desquels furent le Connétable & le Vicomte de Narbonne.

1425. Toutes ces Disgraces l'obligérent de rechercher le Duc de Bretagne, en donnant à son Frere Artur, l'Epée de Connétable; & il s'attacha de plus-fort le Comte de Foix, en le nommant derechef son Lieutenant dans le Languedoc & dans le Duché de Guiéne : Ce Comte en fit publier les Lettres à Montpellier dans le *Petit Talamus.* mois d'Avril, d'où étant parti au mois d'Août suivant, il conduisit un grand nombre de Gendarmes & de Trait à Bourges, où étoit le Roi, qui lui donna la Comté de Bigorre.

II. Dans cette même année, la Cour du Parlement, qui étoit à *Toulouse*, fut changée à la Ville de Beziers. C'est ainsi que nos Annales s'en expliquent, sans en dire davantage; mais nous pouvons supléer au reste, par les Lettres du Roi Charles VII. qui, non-content d'avoir fait cette grace aux Habitans de Beziers, pour les aider à repeupler leur Ville, leur permit encore de rétablir leurs Murailles, que le Duc de Bourbon avoit fait abatre : La chose conste par les Lettres raportées dans Ca-
Mémoires, liv. tel, où le Roi dit. »Afin que nôtredite Ville de Beziers, en laquelle avons de
e. pag. 252. »nouveau ordonné seoir nôtre Parlement, par Nous institué & établi en nôtredit »Païs de Languedoc, se puisse repeupler, & que nos Conseillers au Parlement »puissent plus surement être & demeurer en ladite Ville... Avons donné & »donnons par ces Présentes, Congé & Licence, de faire redresser, remparer, re- »bâtir & mettre en état, la Muraille, Fossez & Fortifications de nôtredite Ville, »ainsi qu'étoit par-avant ladite Démolition. Donné à Poitiers le vingt-troisiéme »jour de Septembre, l'an de grace 1425. Et de nôtre Regne le tiers.

1426. III. Dans l'année suivante, le Comte de Foix étant parti de la Cour, pour revenir dans son Gouvernement, arriva le 24ᵉ. de Mai à Montpellier, où il séjourna jusqu'au 20ᵉ. de Juin, avec la Comtesse Jeanne d'Albret son épouse. Nos Annales ont voulu rendre ce Jour mémorable à la Postérité, en ne raportant pas simplement le Fait, mais en ajoûtant, par voye de Recommendation : »*Soit Mémoire à Tous,* »que l'an 1426. & le 20. de Juin, le Comte de Foix, partant de cette Ville, »lui remit sa Portion des soixante-huit mile livres dont la Province lui étoit obli- »gée, pour le Payement des Troupes qui y étoient dans le tems de sa premiére »Lieutenance en 1419.

† Ces mêmes Annales disent historiquement, qu'il y eut dans ce même-tems à Montpellier, divers Tremblemens de Terre, qui suivirent toute la Côte de la Mer, jusqu'à Perpignan, Gironne & Barcelonne, où ils se faisoient sentir trois & quatre fois par jour ; de sorte qu'on étoit obligé de coucher hors des Villes, de peur d'être enseveli sous la Chûte des Maisons : il y eut même, à trois lieuës de Gironne, un Vilage appellé *Mex*, composé de cinq cent Maisons, qui furent toutes renversées, avec un Monastére de Filles.

1427. Le peu d'intelligence qui étoit déja entre les Ministres, & les premiers Capitaines du Roi Charles VII. ne lui permit pas d'entretenir un Corps considerable
Mezeray, pag. de Troupes : mais, chaque Bourg & chaque Ville avoit ses Garnisons ; & par
683. tout on bâtissoit des Forts & des Châteaux, pour se garantir des diferens Partis qui couroient le Royaume : Cela donna lieu aux Habitans de Montpellier, de songer à reparer les Fortifications de leur Ville ; & pour en avoir les moyens, ils obtinrent des Lettres, que nous avons du 4ᵉ. Décembre 1427. par lesquelles le Roi leur accorde pour quatre ans, cinq Deniers à prendre sur chaque Quintal de Sel qui se vendroit dans tout le Diocése de Maguelonne, pour être employez à reparer les Murailles & les Tours de leur Ville. On prit soin de faire renouveller ces sortes de Permissions, qui se trouvant une fois établies, donnérent lieu dans la suite du tems, à des Augmentations très-considerables.

IV. Jacques Rebufi, que nous avons vû employé pour le Service de sa Patrie dans
toutes

toutes les Affaires importantes de son tems, donna ses Soins pour le bon Emploi 1428.
des Sommes qu'on venoit d'obtenir : mais, il ne put pas continüer long-tems ce
bon Office ; car, il finit ses jours à Montpellier le 21. de Mars 1428. regreté
de ses Concitoyens, & honoré de ses Princes. Nous voyons dans les Lettres de
Noblesse, que le Roi Charles VI. lui avoit déja donné dès l'année 1395. pour
lui & pour sa Posterité directe, qu'il avoit dès-lors professé le Droit à Montpellier depuis plus de vingt ans ; qu'il avoit exercé la Charge d'Avocat du Roi dans la
Senéchaussée de Beaucaire & de Nîmes, & celle de Juge du Palais de Montpellier.

 Je ne sçai si l'on ne doit pas attribüer à sa Perte, l'Interruption que nous trouvons dans nos Annales, depuis l'année de sa Mort, jusqu'en 1502. où l'on reprit
le soin de marquer les Evenémens les plus interessans pour nôtre Ville : Ainsi,
je ne pourrai plus citer nôtre petit Talamus pour le reste de ce Siécle, & je tirerai
des Actes particuliers qui nous restent, tout ce que j'en aurai à dire.

 Nous trouvons pour cette année, des Conventions passées entre le Senéchal de
Beaucaire & les Officiers du Petit-Scel, qui nous font connoître les Officiers qui composoient alors cette Cour. Antoine *Retronchin* y est nommé comme
Juge ; Jean *de Latillaye*, Garde du Sceau ; Bernard *Violette*, Docteur en Décret ;
Raymond *Buxie*, Licentié ès Loix & Avocat ; M^e. Jean *Fabry*, Notaire ; lesquels
agissent tous en leur propre Nom : *Ac cæterorum*, ajoûtent-ils, *Officiariorum Curiæ parvi Sigilli Regii Montispessulani in eâdem Curiâ practicantium. Die decimâ Martii anno 1428.*

 L'année 1429. fit changer entiérement de face aux Affaires du Roi Charles V. 1429.
VII. par cet Evenément si célébre dans nôtre Histoire, qui marque qu'une jeune
Bergére, dite la Pucelle-d'Orleans, fit lever le Siége de cette Ville aux Anglois, &
mena le Roi à Reims, où il fut sacré le septiéme jour de Juillet. Cette Nouvelle, si desirée des bons François, fut apportée à Montpellier par un Homme, qui
(ne pouvant entrer de nuit dans la Ville, à cause des grandes Précautions que
l'on y prenoit dans ces Tems de Trouble) s'arrêta dans le Fauxbourg de Saint-
Denis, aujourd'hui l'Esplanade, en attendant qu'on ouvrît les Portes de la Ville :
Le lendemain matin nos Habitans ayant vû ses Lettres, en eurent une si grande
joye, qu'ils prirent la resolution de bâtir une Chapelle, sous le Nom de *Nôtre-
Dame de Bonnes-Nouvelles*, dans le Lieu où le Courier s'étoit arrêté ; c'est-à-dire,
à-peu-près dans le même Endroit où est à présent la Croix de l'Esplanade. Les
Archives de l'Evêché marquent, que *Leger Saporis*, Evêque de Maguelonne, en
fit la Consécration ; & elle subsista jusqu'au commencement des Troubles de la
Religion, où cette Chapelle eut le même sort que l'Eglise de Saint-Denis, qui
fut renversée en 1562.

 Le Roi, après son Sacre, reçut la Soumission des Villes de *Laon*, *Soissons*, *Beauvais*, *Compiegne*, *Crespy*, & de toutes les autres Villes qui étoient sur son Chemin
jusqu'à Paris, dont il voulut tenter le Siége : mais il y fut repoussé avec perte ; &
la Pucelle-d'Orleans, qui avoit outrepassé sa Mission, y fut blessée, au pied de la
Muraille.

 Cette bonne Fille s'étant laissée gagner, à la Priére des Gens-de-Guerre, pour 1430.
aller défendre Compiegne, fut prise dans une Sortie en 1430. & venduë aux An- 1431.
glois, qui la firent brûler en 1431. Dès-lors les Affaires du Roi allérent
fort lentement ; on ne fit la Guerre durant trois ou quatre années, qu'avec diferens Succès, & fort foiblement, tant à cause du défaut d'Argent, que de la Minorité du Roi d'Angleterre, & de la facilité de Charles VII. à se laisser gouverner par ses Favoris ou par ses Maîtresses.

 Nous avons des Lettres de lui, données à Poitiers le 20e. du mois de Mai 1431.
par lesquelles il mande en la Ville de Montpellier, les Etats de la Province, qu'il
avoit déja convoqué à Viéne en Dauphiné. Surquoi je dois observer, qu'il est
particulier à ce Regne, d'avoir attiré l'Assemblée de nos Etats hors de la Province, comme en 1427. dans la Ville de *Chinon* en Touraine, où ils furent tenus dans le mois de Novembre de cette année : Dans la Ville de Tours en
1428. où ils furent convoquez au 10e. de Septembre, par les Lettres que nous

C c

1431.
avons du Roi Charles VII. en date du 22. Juillet de la même année; Enfin, à Viéne en Dauphiné, d'où ils furent contremandez à Montpellier, pour les Raisons exprimées en ces termes dans la Lettre du Roi, adressée au Senéchal de Toulouse.

» Comme par nos Lettres-Patentes, données au mois d'Avril passé, & pour les » Causes en icelles contenuës, Nous vous eussions mandé que vous fissiés assavoir & » mandassiée aux Gens des Trois-Estats de vostre Senéchaussée, que ils fussent à » *Vienne* le 20e. jour de ce présent mois, auquel lieu & jour Nous mandions estre » les Trois-Estats de nostre Païs de Languedoc, & que estions disposez d'y estre en » Personne : Et ainsi que obstant la prochaine & briéve Venuë de nostre très-chier & » amé Cousin & Allié le Duc d'Autriche, à bien grande Armée & Puissance en » nostre Royaume, & pour autres grandes Occupations que avons en nos Affaires, » lesquelles nous sont survenuës, Nous ne pouvons estre en ladite Journée de » *Vienne*, ainsi que avions disposé; Et pour ce, & afin d'eschever le Travail des » Gens desdits Trois-Estats, & la Charge de nostre Peuple de nostredit Païs, en Fraix & » Dépenses, Avons ordonné & voulons que ladite Journée de nostredit Mande-» ment audit Lieu de *Vienne*, soit prolongé, & l'Assemblée d'iceux Trois-Estats, » soit en nostre Ville de Montpellier le vingtième jour du mois prochain venant. » Si voulons & vous mandons, *&c.*

1435. VI. Enfin, par la Médiation du Concile de Constance, & du Pape Eugene IV. il se fit une Assemblée à Arras, où tous les Princes de la Chrêtienté envoyérent leurs Ambassadeurs, pour regler les Demandes que le Duc de Bourgogne faisoit au Roi Charles VII. il en fut dressé des Articles fort étendus, qui ne sont pas de mon Sujet; mais, je ne puis oublier, que pour mettre le Sceau à la Reconciliation de ces deux Princes, on convint du Mariage de Catherine, Fille du Roi, avec Charles Comte de Charolois, Fils du Duc de Bourgogne.

1436. Ce Traité, où les Anglois avoient refusé d'entrer, acheva de les perdre dans le Royaume : ils furent batus à Saint-Denis par le Connétable ; & les Parisiens, profitant de cette occasion, firent leur Traité particulier, chassèrent les Anglois de leur Ville, & ils en ouvrirent les Portes à Charles VII. qui y fit son Entrée le Vendredi d'aprés Pâques 1436.

1437. VII. Le Roi ne fut pas plûtôt Maître de sa Capitale, qu'il alla visiter ses Provinces, pour y faire de l'Argent : il passa le reste de cette année dans le Lyonnois & le Dauphiné ; & dans la suivante 1437. il vint à Montpellier, où il fit ses Pâques, comme le marque Alain Chartier ; & il y donna des Lettres fort remarquables pour le Parlement & pour la Cour des Aides de cette Province.

Dans les premiéres, le Roi dit en substance, » Qu'oüie la Requête de ses bien-» amez les Gens des Trois-Etats de son Païs de Languedoc, il y avoit mis autre-» fois un Parlement, à cause des Dangers & Périls qui étoient sur les Chemins » pour aller du Languedoc au Parlement de Paris; Et que de nouveau il accorde » & ordonne, qu'en sondit Païs de Languedoc, il y ait un Parlement, & un Scel, » dont on scellera les Lettres expediées pour ses Sujets dudit Païs, à commencer » du premier jour d'après la S^t. Martin d'Hiver de cette même année. Donné à » Montpellier le dix-huitiéme du mois d'Avril 1437. & le quinziéme de son » Regne.

Pag. 254.
Ces Lettres, qui sont raportées toutes au long dans les Mémoires de Catel, paroissent une Confirmation du Parlement de nôtre Province, & non autre chose ; Cependant, M^r. de Catel les raporte comme une Preuve, que le Parlement fut alors transferé de Beziers à Toulouse, quoique dans ces mêmes Lettres il ne soit fait aucune mention de cette Translation : Surquoi M^r. de Lafaille a

Annal. Tom. 1. pag. 128.
prétendu, que le Parlement du Languedoc avoit été réuni en 1427. à celui de Paris, & qu'il fut alors rétabli à Toulouse ; mais, il ne m'appartient pas de prendre Parti entre ces deux Illustres Toulousains.

Par les secondes Lettres, données dans la même Ville, deux jours après les précedentes, le Roi dit, » Que comme par le Consentement des Gens des Trois-

Philippy. Cour des Aides. pag. 1.
» Etats de son Païs de Languedoc, pour la Défense de sa Couronne contre les » Anglois, il auroit rétabli les Aides qui avoient eû cours dans le Royaume, pour

Livre Onziéme. 203

„ la Conduite defquelles il avoit ordonné des Elûs, Receveurs, Notaires, & autres 1437.
„ Officiers neceffaires : Toutefois, comme on pouvoit relever Appel defdits Elûs &
„ Officiers, il feroit befoin de commettre aucunes Notables-Perfonnes pour juger
„ defdites Appellations, ainfi que font les Generaux établis en la Ville de Paris,
„ qui prononcent en Souverains fur lefdites Aides.
„ A ces Causes, il fait fçavoir que pour exempter fes Sujets du Païs de Lan-
„ guedoc & Duché de Guiéne, des grands Périls où ils feroient expofez en ayant
„ recours à Paris, il inftitué & établit dans ledit Païs de Languedoc & de Guié-
„ ne, des Generaux-Confeillers & Juges Souverains fur le Fait de la Juftice defd.
„ Aides, pour juger, définir & prononcer, ainfi que font & peuvent faire les
„ Generaux qui tiénent leur Siége dans fon Palais Royal à Paris : fans que de
„ leur Appointement ou Sentence on puiffe appeller en aucune maniére ; voulant
„ qu'ils puiffent tenir leur Siége & Auditoire là où bon leur femblera audit Païs.
„ Donné à Montpellier le vingtiéme jour du mois d'Avril, l'an de grace 1437.
„ & de nôtre Regne le quinziéme.

Les Habitans de Montpellier fe reffentirent du Séjour du Roi Charles VII. par la Confirmation qu'ils obtinrent de tous leurs Priviléges : Et par d'autres Lettres, le Roi prit fous fa Protection-Royale, les Profeffeurs & Ecoliers de l'Univerfité de Montpellier ; ordonnant au Senéchal de Beaucaire, au Gouverneur de la Ville, & au Recteur de la Part-antique, de tenir la main à la Confervation de leurs Priviléges.

Je ne fçai fi les Docteurs de cette Univerfité, qui étoient alors au Concile de Bâle, VIII. 1438. ne foliciterent point les Lettres Confirmatives que nous avons, de toutes les Immunitez & Priviléges accordez ci-devant par les Pontifes Romains à la Ville de Montpellier ; Ces Lettres font données au Nom du Concile, en ces termes. *Sacrofancta generalis Sinodus Bafileenfis in Spiritu fancto legitime Congregata, Univerfam Eccleſiam repreſentans:* Elles font adreffées aux Confuls & Communauté de Montpellier, dans le Diocéſe de Maguelonne, où, après avoir dit qu'il eſt raifonnable de conduire à bon effet les Demandes qui font juftes & honnêtes ; pour cette raifon, le Concile confirme, au Nom de l'Eglife Univerfelle, toutes les Graces qui leur ont été accordées par les Souverains-Pontifes Romains, de la maniére qu'on en jouït paifiblement dans la Ville de Montpellier : *Nec-non* (ajoûte-t-il) *Libertates & Exemptiones fæcularium exactionum à Regibus & Principibus ac aliis Chriſti Fidelibus rationabiliter vobis indultas, ficut eas juſtè & pacificè poffidetis.* Donné à Bâle le 3. des Cal. de Septembre, l'an de la Nativité du Seigneur 1438.

On prit foin dans l'année fuivante 1439. de faire renouveller les Conceffions IX. 1439. déja ufitées, d'un Blanc de cinq Deniers fur chaque Quintal de Sel des Greniers de *Armoire H. Cа̀ Montpellier, Maſſillargues & Sommiéres* : Nos Confuls crurent n'en pouvoir faire *ſette 2.* un meilleur ufage, que d'en employer le Produit à la grande Horloge de la Ville, qui eſt fur la Façade de l'Eglife de Nôtre-Dame des Tables. Pour cet effet, ils firent fondre une Cloche de quatre-vingt-dix Quintaux ; mais, avant que de la monter fur le haut du Clocher, ils voulurent le fortifier par les Arcs-boutans qu'on y voit encore d'un côté & d'autre : ils partent d'un Maffif de Maçonnerie, enclavé dans les Maifons voifines ; & en traverfant la Ruë, ils vont ferrer par les flancs, la Façade de l'Eglife. Cet Ouvrage fut confervé par les Prétendus-Reformez, lorfqu'ils abatirent l'Eglife Nôtre-Dame, en confideration du befoin qu'on avoit de cette Horloge.

CHAPITRE SECOND.

I. Premiers Troubles causez par le Dauphin. II. Histoire de la Censive Papale qu'on payoit à Montpellier. III. Tréve avec l'Angleterre. IV. Le Dauphin quite la Cour. V. Arbalétriers à Montpellier. VI. Droit d'Equivalent.

1440. I. L'ANNÉE 1440. prepara de nouveaux Troubles au Royaume, par l'Evasion du Dauphin, âgé seulement de seize ans, qui, s'étant laissé débaucher par le Duc d'Alençon, se retira à Niort, avec un Parti de Mécontens, qui s'étoit formé sous le Nom de *Praguerie*. Le Roi courut promptement au Feu qui s'allumoit ; & après avoir bien garni ses Frontiéres contre les Anglois, il poursuivit les Liguez si vertement en Poitou & en Bourbonnois, qu'ils furent contrains de lui rendre son Fils, & de venir demander pardon à genoux.

1441. L'Année suivante, il vint nettoyer tout le Païs du Poitou & de l'Angoumois, des Coureurs qui le ravageoient, d'où il alla tenir sa Cour à Limoges, pendant les Fêtes de la Pentecôte ; & étant passé dans le Languedoc, il y disposa toutes choses pour le Secours de Tartas, & autres Expeditions qu'il projetoit dans la Gascogne. Pendant son Séjour à *Montauban*, vers la fin de Novembre, il donna des Lettres fort remarquables, au sujet d'un ancien Droit que la Cour de Rome prenoit sur la Ville de Montpellier.

II. Ce Droit avoit pris son Origine sous le Pape Innocent III. à qui les Habitans de Montpellier offrirent volontairement, dans le tems des Albigeois, une Rédevance annuelle de deux Marcs d'Or, pour avoir sa Protection : La chose conste par la Lettre que ce Pape leur répondit en 1216. dans la 18ᵉ. année de son Pontificat. *Duas Marchas Auri centum Mazamutinis computandis quas sedi Apostolica liberaliter obtulistis, nobis & Successoribus nostris Singulis annis in Festo Resurrectionis Dominica persolvetis.*

Gregoire IX. par les Lettres données à Peruse le 11ᵉ. des Cal. de Mars, prit (à l'Exemple d'Innocent,) sous sa Protection, les Habitans de Montpellier, & accepta les deux Marcs d'Or déja offerts : *Centum Mazamutinis Computandis pro Moneta ; Quas sedi Apostolica obtulistis.*

Cette Censive Papale, (car c'est le Nom que nos Archives lui donnent) fut exactement payée dans le premier Siécle de son Etablissement : Nous en avons encore les Quitances faites à nos Consuls, par les Collecteurs Apostoliques, pour les années 1251. & 1273.

Dans la premiére, qui est du 29ᵉ. Septembre, il est dit que Pierre *Ebrard*, Jean de *Bordeille*, Firmin *Dieulofec*, Bernard de *Pierre*, Guillaume de *Marsillan*, & Bernard de *Ribaute*, Consuls de Montpellier, payérent au Chapelain du Pape, dans la Maison de la Milice du Temple, sise tout proche de Montpellier, *Penes Domum Militia Templi juxta Montempessulanum sitam*, cent quarante Livres Melgoriénes, que ledit Chapelain remit en deux Sacs, entre les mains de Frere Pierre de *Fertalleriis*, *Commandeur de la Maison des Templiers*.

Dans la seconde, faite un jour de Jeudi 14ᵉ. de Juin, dans l'Hospice du Prévôt de Maguelonne, attenant l'Eglise Saint Thomas, il est dit que Pierre *Alco*, Raymond *Peyriere*, Mathieu *Sartre*, Jean *Fabre*, Jean *Suau*, & Raymond *Seguin*, Consuls, en présence de Notaires, payérent à Adalguier de Parme, Chanoine dudit Parme, & Envoyé pour exiger les Censives dûës au Saint-Siége, quatorze Marcs d'Or, qui furent comptez en Deniers de Melgüeil, pour sept années, à raison de deux Marcs dûs tous les ans au Souverain-Pontife : *Pro Protectione in quâ Romana Ecclesiâ dictam Universitatem recepit atque habet*.

Dans le Siécle suivant, on laissa accumuler ces Sommes, de sorte qu'en 1319. il étoit dû trois mile six cent Mazumetins d'Or, pour dix-huit années, qui furent portez

tez à Avignon le 17. de Décembre, & payez en deux cent vingt-trois Florins d'Or de Florence, entre les mains de *Gaubert du Val*, Evêque de Marseille & Camerier du Pape Jean XXII. il en fit sa Quitance à Pierre *Chauvel*, Guillaume *Catalan*, Guillaume *d'Aigrefeüille*, Consuls, accompagnez de Bertrand *Castel* Docteur ès Loix, & Jean *Garnier* Citoyen de Montpellier.

En 1340. les Consuls portérent leur Payement à Nîmes, où ils reçurent leur Quitance le dixiéme d'Avril, d'un nommé *Morery*, Collecteur du Pape, & Recteur de *Trissemil*, Diocése de Toulouse.

Sous le Pape Urbain V. tout affectionné qu'il étoit pour la Ville de Montpellier, les Collecteurs Apostoliques procedérent par Monitoire du 29°. Juin 1363. contre les Consuls de Montpellier, qui étoient alors Imbert *Roch*, Jean *de La Croix*, Bernard *Pelicier*, Pierre *Texier*, Jean *Gavanon*, Guillaume *d'Aigrefeüille*, Jean *Claparede*, Etiéne de *Montendieu*, Pierre *Serre*, Jacques *Yves*, Pierre *Bayle*, & Pierre *Deschamps* : mais, le Papė en ayant été informé, laissa toutes les Sommes dûës entre les mains des Consuls, pour être employées par eux à la Construction du Monastére de St. Germain, qu'il projetoit dès-lors, & qu'il commença de faire bâtir l'année suivante.

Son Successeur Gregoire XI. fit faire en 1376. une Liquidation des Sommes arreragées : mais, sur la Représentation que fit Simon de *Villeneuve* alors Consul, que la Ville de Montpellier étoit hors d'état de payer tous les Arrerages, à cause des Charges dont elle étoit accablée, il en fut quite pour cent dix-neuf Francs d'Or vingt-deux sols quatre deniers, à condition qu'ils payeroient exactement dans la suite les deux Marcs d'Or, à chaque Fête de Pâques.

Les Troubles qui survinrent dans l'Eglise à l'occasion du grand Schisme, furent une grande Raison aux Habitans de Montpellier, pour suspendre le Payement de cette Censive; de sorte qu'en 1412. il étoit dû, pour trente-huit années, soixante-dix mile six cent Marabotins, au sujet desquels le Roi Charles VI. donna les Lettres que j'ai raportées ci-devant.

Il est vrai que dans cet entre-deux, Pierre de Lune (dit Benoît XIII.) avoit donné une Remise du passé, en consideration de ce qu'il avoit fait ses Etudes à Montpellier, comme portent les Lettres que nous en avons, expediées par François de *Conzié*, Archevêque de Narbonne : Mais, après la mort de Pierre de Lune, les Collecteurs Apostoliques, qui le regardoient comme Antipape, ne firent aucun compte de sa Décharge, & ils formérent leur Demande en entier; ce qui fut arrêté, comme nous l'avons vû, par le Roi Charles VI.

Enfin, en 1441. ils reprirent leur Instance, avec ménaces de Censures Ecclesiastiques; ce qui obligea les Consuls de recourir au Roi Charles VII. qui depuis peu avoit fait dresser la fameuse Pragmatique-Sanction. On ne peut mieux juger de leurs Raisons, que par l'Expositif des Lettres du Roi, données le 27°. Novembre de cette même année; elles sont adressées au Senéchal de Beaucaire, & au Gouverneur de Montpellier ou à ses Lieutenans, ausquels le Roi dit, » Que sur la Re- » présentation des Consuls de Montpellier ; Disant, qu'étant Sujets du Roi, ils ne » doivent être traduits hors de la Jurisdiction ordinaire; & qu'au regard de la » Temporalité, ils ne doivent aucun Cens, Rente, Devoir ou Revenu qu'au Roi » seul : Néanmoins, M°. Robert *Rogier*, soit-disant Prévôt d'Aix en Provence, & » Clerc de la Chambre Apostolique, prétendant, contre vérité, que les Consuls de » la Ville de Montpellier devoient les Arrerages de cinquante & un an, de la » Redevance annuelle de deux Marcs d'Or dûë à la Chambre Apostolique, auroit » admonesté lesdits Consuls par Acte du 19°. Octobre dernier, sous peine d'Ex- » communication; & il les auroit assigné en la Chapelle de Saint Nicolas sur le » Pont d'Avignon, au vingtiéme de Novembre, & depuis en la Ville de Mont- » pellier, en muant le Lieu d'Assignation.

Surquoi, attendu (dit le Roi) *que Nous sommes Empereur, non-reconnoissant Souverain en nôtredit Royaume, ne en la Temporalité & Droits d'icelui, & qu'il est question de Rente sur nôtredite Ville, qui sont choses réelles, dont la Connoissance appartient à nôtre Jurisdiction Laïque, & non à autre ; Vous mandons d'assigner les Parties en nôtre Cour de Parlement, pour faire revoquer & casser lesdites Citations en Cour d'Eglise, tant*

1441. par la Prise de leurs Biens que de leur Personne : Et de ce donnons Pouvoir, &c.

Je ne trouve plus dans nos Regîtres, qu'il y soit fait mention de cette Censive Papale, soit que les Collecteurs Apostoliques ne voulussent pas recourir au Parlement, ou qu'ils appréhendassent les Exceptions qu'on auroit pû leur objecter, de la Prescription, & de la nature de la Dette, qui de son origine, n'étoit qu'une Offrande volontaire.

Mezeray ad an.
1442.
Le Roi ayant fini heureusement ses Expeditions dans la Gascogne en 1442. passa l'Hiver à Montauban, d'où le Dauphin, qui avoit été du Voyage, partit en qualité de Lieutenant-General du Roi son pere, pour aller faire lever aux Anglois le Siége de Dieppe ; ce qu'il fit avec succès.

Armoire B. Liasse 16. pag. 161.
Il faut que le Roi son pere, en retournant de Montauban à Paris, eût pris sa Route par le Bas-Languedoc, puisque nous avons des Lettres de lui, données à Montpellier le quinziéme Mai 1442. par lesquelles il maintient nos Consuls, non-seulement à faire des Reglemens de Police, comme de fixer le Prix des Grains & des Marchandises, visiter les Poids & les Mesures, mais encore il leur attribuë les Prérogatives que nous avons vû affectées aux Ouvriers de la Commune-Clôture, sous le Roi de Navarre, telles qu'étoient le Soin des Ruës, des Chemins, & des Bâtimens, auprès des Murailles de la Ville & des Douze-Pans.

1443.
Folio 100. v°.
» Peu de tems après, (dit la Cronique de France) fut faite par les François, » une Entreprise sur la Ville du Mans, par le moyen d'aucuns Habitans d'icelle ; & » à executer ladite Entreprise étoient, le Sire *d'Orval*, Frere du Sire *d'Albret* ; le Sire » *de Bueil* ; le Sire *de Tuce* ; le Sire *de Vignoles*, dit *La Hire* ; Robert *de La Croix*, & » plusieurs autres Capitaines, lesquels entrérent & prirent la Ville.

III. Enfin, les Anglois & les François étant las de cette Guerre, convinrent d'une Tréve de dix-huit mois, durant laquelle ils envoyérent les Troupes des deux Nations dans le Païs de l'Empire, sous la Conduite du Dauphin, qui, après avoir défait quatre mile Suisses à Bâle, vint joindre le Roi son pere au Siége de Metz, qu'ils obligérent de se soumettre à René de Lorraine son Souverain, & se firent payer une grosse Somme pour congedier les Troupes de France, qui furent reduites à quinze cens Hommes-d'Armes, & autant de *Coustillers*, (ou Gens-de-pied, accompagnant les Cavaliers) & trois mile Archers, qu'on appela depuis Compagnie-d'Ordonnance.

1444. IV. Ce bon Ordre procura la Paix dans la Cour de France : mais, cette même Paix y causa bientôt des Troubles domestiques ; car, le Dauphin ayant donné un Souflet à la Belle-Agnès, & porté ensuite une Accusation très-injurieuse contre Antoine de Chabanes, le Roi commanda à son Fils, de ne le voir de quatre mois, & de s'en aller en Dauphiné : Il obéit avec menaces, & ne revint qu'après la mort de son Pere ; c'est-à-dire, quinze ou seize ans après.

1446. Nos Ancêtres augurérent mal de cette Retraite ; & ils regardérent comme un Pronostic des Maux qu'elle alloit causer, certaine Comette chevelue qui se fit voir à Montpellier en 1446. & qui en se dissipant, fit naître une quantité prodigieuse de Chenilles, qui dévorérent les Fruits de la Terre : Ce Phénoméne produisit aussi un Orage de Grêle si effroyable, qu'elle tua plusieurs Personnes en Plate-Campagne, pour n'avoir pû s'en mettre à couvert. Nous apprenons toutes ces Circonstances du Livre des Miracles de Nôtre-Dame des Tables, avec l'heureux Succès des Priéres des Habitans, qui eurent recours à la Sainte Vierge, & qui obtinrent par son Intercession la fin de tous ces Insectes.

1448. En 1448. le Roi, pour avoir une bonne Infanterie & bien entretenuë, ordonna que chaque Vilage lui fourniroit un Archer à pied, qui seroit franc de toutes Tailles & Subsides ; ce qui produisit un Corps de 22. ou 23. mile Hommes, qui furent appellez les *Francs-Archers*. Je ne sçai si cette nouvelle Création n'occasionna point à Montpellier, le Renouvellement de la Compagnie des Arbalêtriers ; car,

1449. nous avons de l'année 1449. une Publication qui y fut faite, des Reglemens qu'ils devoient observer dans leurs Exercices : Et quoiqu'il y soit dit, que cet Etablissement étoit déja ancien à Montpellier, il paroît que les Arbalêtriers prirent alors une nouvelle vigueur. Je raporterai ces Reglemens, dans l'Article où je parlerai plus au long des Jeux d'Exercice qui sont particuliers à la Ville de Montpellier.

Pour

Pour l'Entretenement des nouvelles Milices que le Roi venoit d'établir, sous le nom de Compagnies-d'Ordonnance, ou de *Francs-Archers*, les Communautez, qui étoient chargées de leur Logement, consentirent alors pour s'en liberer, à un Suplément de l'Aide qu'ils payoient déja; ce qui fut dès-lors appellé *Equivalent*: La chose paroît par les Lettres que nous avons du Roi Charles VII. du 28°. Mars 1449. adressées à *Jean d'Estampes*, Evêque de Carcassonne & General des Finances, à *Etiéne de Cambray* Evêque d'Agde, & à *Jacques Coëur* son Argentier, par lesquelles il leur mande, de faire décharger de la Taille *Pierre Teinturier*, Bourgeois de Montpellier, & l'un des Conservateurs du Droit de *l'Equivalent*, attendu que les Gens du Grand-Conseil avoient ordonné, qu'on ne mettroit point à la Taille aucun Officier du Roi.

1449.
VI.

Cependant, les grands Desordres que cette longue Guerre contre les Anglois avoit causé dans tout le Royaume, portérent les Etats de la Province, assemblez cette année en la Ville de Montpellier dans le mois d'Avril, à demander au Roi Charles VII. une Amnistie & Pardon-general pour les Habitans du Languedoc, de tous les Crimes & Excès commis pendant le cours de cette Guerre.

Ces Crimes & Excès, tels qu'ils sont énoncez dans les Lettres-de-Grace, étoient le grand Abus que l'on avoit fait dans l'Exercice de la Justice, les Entreprises sur les Droits du Roi; comme d'avoir donné cours aux Monoyes prohibées; d'avoir enfreint les Ordonnances dans l'Election des Officiers-Municipaux; d'avoir levé des Tailles pour la Fortification des Villes, & Construction de Forts à la Campagne; d'avoir mis des Impôts sur le Blé, sur la Viande, sur le Vin, sur les Marchandises, & la Blanque sur chaque Quintal de Sel; d'avoir fait des Contrats usuraires, porté des Harnois indûs, chassé & pêché sans Congé, enfreint les Sauvegardes, & couru le Païs en Armes, où l'on avoit fait de Maux innombrables: les Nobles ayant refusé au Roi le Service qu'ils lui devoient, quoiqu'ils fussent mandez; & les Receveurs ayant plus pris qu'ils ne devoient, & fait si grandes Voleries, que plusieurs dudit Païs seroient partis pour aller demeurer ès Seigneuries Etrangéres, &c.

Arch. du D. maine, Reg. 48: fol. 20.

„ Surquoi, (dit le Roi) Nous, considerans la grande Loyauté, & très-grande
„ Obéïssance que avons toûjours trouvé en nôtre Païs de Languedoc, & ès Ha-
„ bitans d'icelui; les grands Secours qu'ils nous ont fait liberalement en tous nos
„ Affaires, & toutes les fois que les en avons fait requerir; & mêmement en cette
„ derniére Assemblée, par Nous mandée en la Ville de Montpellier, en laquelle
„ par-dessus l'Aide de cent cinquante mile livres qu'ils nous ont oltroyé, nonobs-
„ tant leur très-grande Pauvreté & Charges, nous ont offert liberalement la som-
„ me de vingt mile livres; Nous quittons, remettons & pardonnons ausdits
„ Habitans, pour chacun d'eux dudit Païs, tous Crimes & autres Excès, excep-
„ té les Crimes de Léze-Majesté, Hérésie, Fausse-Monoye, Meurtre, Aggresseurs
„ de Chemin-public, & Ravissement de Femmes: Voulant que le Nom des Coupa-
„ bles soit comme pour exprimé & déclaré en cette présente Grace; & impo-
„ sons sur ce, silence perpetuel à nos Procureurs-Generaux.

„ Si donnons en Mandement à nos Gens du Parlement, aux Generaux de
„ nos Aides, aux Senéchaux de Toulouse, Carcassonne, Beaucaire, Gouverneur
„ de Montpellier, & tous autres, qu'ils ne les laissent molester; & si pris ou arrê-
„ tez étoient, qu'ils les fassent mettre sans délai en pleine délivrance. Donné à
„ *Louviers* au mois d'Octobre, l'an de grace 1449. & de nôtre Regne le 28°.

CHAPITRE TROISIÉME.

I. Progrès du Roi Charles VII. contre les Anglois. II. Nouveaux Troubles causez par le Dauphin. III. Procès contre Jacques Coëur. IV. Le Roi donne aux Consuls de Mer, la Loge qu'il avoit fait bâtir à Montpellier. V. Autres Bâtimens de Jacques Coëur. VI. Le Dauphin se retire en Brabant. VII. Derniére Forme donnée au Droit de l'Equivalent. VIII. Mort du Roi.

1449. I. LES Armes de la France continüoient de prosperer contre les Anglois, qui furent enfin reduits par le Comte de Foix, vers les Pirénées, à la seule Ville de Bayonne, & par le Comte de Dunois, dans la Normandie, aux seules Villes de Caën & de Cherbourg. La joye que le Roi en devoit avoir fut troublée par la mort de la Belle-Agnès, qu'on disoit avoir été empoisonnée par les Amis du Dauphin, entre lesquels on nommoit Jacques Coëur Argentier du Roi.

1450. Malgré le grand déplaisir qu'en eut Charles VII. il partit pour la Normandie, qui étoit prête à rentrer sous la Domination de la France ; & par la Réduction de Caën & de Cherbourg, il acheva en 1450. de se rendre maître de toute la Normandie.

1451. D'un autre côté, les Generaux François firent leur Entrée triomphante dans Bordeaux le 19ᵉ. Juin 1451. & Bayonne se rendit bientôt après ; de sorte qu'il ne resta plus rien dans la France aux Anglois, que la Ville de Calais & la Comté de Guisnes.

1452. II. Au milieu de toutes ces Prosperitez, le Dauphin excita de nouveaux Troubles, en traitant de son Mariage avec Charlote, Fille du Duc de Savoye, sans le Consentement du Roi son pere. Charles, irrité contre le Dauphin & contre le Duc, s'avança en Armes jusqu'en Forez, où ayant appris que les Anglois avoient fait une Décente à Bordeaux, il se laissa fléchir aux Soumissions que le Duc de Savoye vint lui faire, & lui accorda la Paix : Mais, pour punir en quelque maniére

III. le Dauphin, on resolut de faire le Procès à *Jacques Coëur*, qui lui fournissoit de l'Argent ; & l'on prit occasion de toutes les Charges qu'il avoit exercées, pour l'accuser de diferentes Malversations : comme Trésorier de l'Epargne, on dit qu'il avoit fait plusieurs Concussions en Languedoc : comme General de la Monoye, on prétendit qu'il étoit coupable d'avoir fait batre des Piéces d'Argent, dites les *Gros de Jacques Coëur*, sur lesquelles il avoit fait des Profits exorbitans ; & parcequ'il entretenoit un grand Commerce dans le Levant, on l'accusa d'avoir fait des Transports d'Or & d'Argent hors du Royaume, & d'avoir fourni des Armes aux Turcs à Alexandrie, » où l'une de ses Galéres, dite le Saint-Denis, ayant reçû » un Enfant Sarrazin qui vouloit être Chrêtien, & le Patron Michalet Teinturier » l'ayant mené à Montpellier, Jacques Coëur, (comme dit sa Sentence,) de peur » que ses Galéres n'en souffrissent, le fit ramener en Turquie, & rendre à son » Maître, où il renia la Foi de nouveau.

1453. Sur ces Accusations, il fut arrêté à Taillebourg, transferé de là à Luzignan, & ensuite à Montils-lez-Tours, où il fut condamné à cent mile Ecus d'Amende envers les Peuples qu'il avoit foulez, & à trois cent mile envers le Roi ; la Peine de Mort lui ayant été commuée en celle d'une Amende-Honorable, & en la Prison jusqu'à l'entier Payement des susdites Sommes : après quoi, il devoit être bani du Royaume, déclaré inhabile à toute Charge publique, & tous ses Biens confisquez.

L'Histoire de Berry par *Chaumeau*, nous apprend, qu'après avoir payé tout cet Argent, il trouva le moyen de sortir de Prison ; & qu'ayant fait ferrer ses Chevaux à l'envers, il se rendit à Montpellier, d'où il passa dans le Levant.

Cependant, le Roi ne voulant point laisser Bordeaux entre les mains des Anglois,

glois, fit avancer son Armée vers ce côté-là, où le fameux Talbot ayant été 1453.
défait & tué avec son Fils, la Ville fut obligée de se rendre ; & le Roi, pour la
mieux retenir, en banit quarante Seigneurs & Bourgeois des plus suspects, & la
brida par deux Châteaux qu'il y fit bâtir.

Les années 1454. & 1455. n'ont rien d'interessant pour nôtre Ville de Montpellier ; mais, dans la suivante 1456. le Roi Charles VII. fit un Présent remarquable aux Marchands de cette Ville, en leur donnant la Loge que Jacques IV. 1456.
Cœur y avoit fait bâtir, avec les dix-huit cent soixante-neuf livres treize sols
quatre deniers qu'il avoit employé à la construire : Cet Ouvrage est encore dans
son entier, comme s'il sortoit de la main de l'Ouvrier, sans qu'aucune Pierre se
soit démentie : les Ornemens n'y sont pas épargnez ; & les Chimistes, qui ont écrit
tant de Merveilles de sa Pierre-Philosophale, ont pris occasion des Figures énigmatiques qu'on y voit, pour nous persuader que Jacques Cœur avoit eu le Secret
de faire de l'Or.

Je croi faire plaisir au Lecteur de raporter ici, ce que nous trouvons dans le
Trésor des Recherches & Antiquitez Gauloises & Françoises de P. Borel, Conseiller & Medecin Ordinaire du Roi, imprimé à Paris chez Courbé en 1655. *Pag. 272.*

,, Quant à ce qui est de la Loge de Montpellier que Jacques Cœur a bâtie,
,, on y voit trois Portaux faits en forme de Fourneaux, comme ceux de Nicolas
,, Flammel (fameux Alchimiste :) A l'un, il y a d'un côté, un Soleil tout plein de
,, Fleurs-de-Lis ; & de l'autre, une Lune pleine aussi de Fleurs-de-Lis, & entourée
,, d'une Couronne d'Epines, qui semblent dénoter la Pierre *Solaire* & *Lunaire* venuës à leur perfection.

,, A l'autre Portal, on voit d'un côté, un Arbre Fruitier, ayant au Pied des Branches
,, de Roses, & dudit Arbre pendent les Armes de Jacques Cœur dans un Ecusson ;
,, de l'autre côté, il y a le Caractére Chimique du Soleil. Au troisième Portal, qui
,, est celui du milieu, il y a d'un côté, un Cerf qui porte une Baniére, ayant un
,, Colier fleurdelisé, environné d'une Branche d'Arbre ou Matière des Philosophes,
,, qui au commencement est volatile & legére comme le Cerf ; & de l'autre, il y
,, a un Ecu de France, soûtenu par deux Grifons.

,, Vis-à-vis de la Loge, (Ruë entre-deux) on voit une Maison, qui appartenu aussi à Jacques Cœur, où il y a sur le dehors d'une Muraille, une Figure
,, aîlée, sans Tête, qui, à cause de la largeur de son Col, semble avoir eu deux Têtes, & par ainsi pourroit avoir représenté *l'Androgine* des Philosophes ; elle tient
,, des Hermines à sa gauche pour marque de sa Dignité.

Voila bien de Choses que nous avions devant les yeux, sans en sçavoir les Significations mistérieuses : mais, ce que Borel ajoûte est beaucoup plus interessant
pour nôtre Histoire.

,, J'ai oüi raconter (dit-il) à un Vieillard de Montpellier, l'Histoire de Jacques
,, Cœur, d'une autre maniére que n'ont fait quelques Historiens ; sçavoir, qu'il
,, étoit natif de Poussan, près de Montpellier, Fils d'un Orfévre si pauvre, qu'il
,, n'avoit pas dequoi lever Boutique : mais, ayant été rencontré par Raymond
,, Lulle, Majoricain, qui passa à Montpellier, & ayant fait connoissance avec lui,
,, Lulle le trouva digne de son affection, & lui communiqua son Secret de faire
,, l'Or, dont il enrichit son Fils, qui, feignant avoir beaucoup gagné dans le Com-
,, merce, couvroit par ce moyen l'origine de sa Richesse.

J'observerai en passant, qu'on met la Mort de Raymond Lulle en 1315. & qu'il
faudroit à ce compte, que Jacques Cœur & son Pere, lui eussent survécu chacun
d'environ soixante-dix ans ; ce qu'il n'est pas naturel de croire, quoiqu'absolument possible : Il vient encore une autre dificulté, de ce que Chameau, dans son
Histoire de Berry, appelle Jacques Cœur, Citoyen de Bourges ; & Lacroix du
Maine, avec d'autres après lui, le font natif de cette Ville. Je ne sçai si ce ne
seroit point à cause du Séjour qu'il y fit, depuis que Charles VII. se fut retiré à
Bourges, & à cause du grand Hôtel qu'il y fit bâtir, possédé par Mrs. de l'Aubespine dans le tems que Chameau fit son Histoire : Mais, sur le même fondement, nôtre bon Vieillard (cité par Borel) pouvoit-bien faire naître Jacques
Cœur aux Environs de Montpellier, puisqu'il y a laissé des Bâtimens à éternier

D d

fa Mémoire, & qu'il y poſſedoit un plus grand Fonds de Richeſſes qu'il n'en avoit dans le Berry.

V. Le plus conſiderable des Bâtimens qui reſtent de lui, eſt la Loge des Marchands dont je viens de décrire les Dehors. Tout le Rez de Chauſſée eſt occupé par une grande Sale, où les Marchands peuvent ſe promener bien au large: Le premier Étage eſt diviſé en deux grandes Chambres, qui ſervent aux Aſſemblées: on y monte par un grand Eſcalier en Limaçon, des plus beaux qu'on fît en ce tems-là; il eſt continué dans toute ſa largeur juſqu'au-deſſus du Bâtiment, où il finit par une grande Plateforme, d'où l'on découvre la Mer: ce qui pouvoit donner le plaiſir à Jacques Coëur, de voir de loin ſes Vaiſſeaux, lorſqu'ils revenoient du Levant au Port de Lates.

Le ſecond Bâtiment de Jacques Coëur, eſt la Façade du Bureau des Tréſoriers de France, qui, à la ſeule inſpection, eſt du même goût & de la même Pierre que la Loge: Je ſoupçonne néanmoins qu'on y conſerva dans l'interieur de la Cour, quelques vieilles Murailles dont les Portes ſont encore à la Gotique: mais, du côté qui répond aux Penitens, l'Ouvrage eſt du même goût & de la même Pierre que la Façade; & le bel Arceau qui part de là, pour aller s'appuyer ſur l'Egliſe des Penitens, eſt tout ſemblable aux Butes de la grande Horloge dont j'ai parlé ci-devant, & qui ſans contredit furent faites du tems de Jacques Coëur.

Mais, ce qui marque plus particuliérement ſon affection pour la Ville de Montpellier, eſt le ſoin qu'il prit de la fournir de bonne Eau. Pour cet effet, il fit chercher ſur les Colines voiſines, toutes les Veines d'Eau qu'il put découvrir, & il les ramaſſa dans un ſolide Reſervoir qui ſubſiſte encore, d'où les Eaux partent dans un large Canal, pour ſe rendre à la *Font-Putanelle*; On y voit encore (comme ſur la Loge) les Armoiries de Jacques Coëur, qui ſont parlantes; ſçavoir, trois Cœurs, deux & un, à la Face chargée de trois Coquilles, pour deſigner ſon Nom de Batême de Jacques: Cette Eau eſt ſi abondante & ſi ſaine, qu'elle ne tarit jamais, & qu'on y va le matin, dans les grandes Chaleurs, la prendre comme par Reméde.

Il me reſte à dire, quelles Richeſſes il avoit à Montpellier, puiſque je leur ai donné la préference ſur celles qu'il avoit à Bourges. Je ne parle point du Bienfonds qu'il avoit dans le Languedoc, & que je ne compare point aux Terres de *St. Fargeau*, de *Meneſtou*, & autres qu'il avoit dans le Berry: mais, je donne la préference au grand nombre de Vaiſſeaux Marchands qu'il entretenoit au Port de Lates, d'où il faiſoit dans le Levant; tout le Commerce de la France; car, la Provence étoit alors ſous ſes Comtes, & nos Rois n'avoient que le ſeul Languedoc ſur les Côtes de la Méditerranée. Jacques Coëur y entretint pluſieurs Galéres à ſoi, comme il paroît par la fameuſe Ambaſſade où il fut envoyé quatre ans avant ſa Diſgrace, avec Tanneguy du Chatel & autres, pour finir le Schiſme d'Amedée VIII. Duc de Savoye, dit Felix V. contre le Pape Nicolas V. Il eſt dit dans Alain Chartier, que les Députez allérent à Rome en 1446. vers le Pape Nicolas, ſur les Galéres de Jacques Coëur, & qu'en paſſant il revitailla le Château de *Final*, qui tenoit pour la France contre les Génois.

On met ſa Mort en 1456. préciſément dans la même année où le Roi Charles VII. fit le Don que nous venons de dire aux Marchands de Montpellier, afin de les mettre à couvert des Recherches que le Fiſc auroit pû faire ſur eux: Il ne tarda pas même de rétablir la Mémoire de cet ancien Serviteur, qui lui avoit été utile par ſes Services pendant ſa Proſperité, & qui le fut encore dans ſa Diſgrace, par les grandes Sommes qu'il en tira. Pierre l'Hermite nous apprend (dans ſes Eloges des Premiers-Préſidens de Paris) que le Parlement donna un Arrêt favorable à la Mémoire de Jacques Coëur, & à ſa Famille, qui fut rétablie dans ſa Succeſſion, & qui, après avoir donné un Evêque à Luçon, un Archevêque à Bourges, & un Echanſon au Roi Loüis XI. fondit enfin dans la Maiſon de Harlay.

Il eſt encore à remarquer, que le Roi Charles VII. ayant donné pouvoir aux Conſuls & Marchands de Montpellier, d'effacer les Armes de Jacques Coëur, du Lieu de la Loge & de la Font-Putanelle, (comme portent expreſſément les Lettres que

que j'ai vûës en Original) pour mettre en leur place celles du Roi & de la Ville, nos Ancêtres se contentérent d'un Ecuſſon à trois Fleurs-de-Lis, & d'un autre au Torteau de Montpellier, qui font les anciénes Armes de la Ville ; mais ils ne touchérent point à celles de Jacques Coëur, qui font toûjours dans les diferens endroits que j'ai déja dit, & au bout de chaque Pendant de la Couverture des Fenêtres. 1456.

Cependant, le Dauphin donnoit bien de l'exercice au Roi ſon pere dans le Dauphiné, où il faiſoit des Exactions inſuportables : Le Roi fut obligé de donner Charge à Antoine de Chabanes Comte de Dammartin, de l'aller arrêter ; mais le Dauphin en ayant été averti, ſe ſauva à-toute-bride dans la Principauté d'Orange, & de là en Franche-Comté, d'où il fut conduit en Brabant, où le Duc de Bourgogne l'acciieillit comme le Fils de ſon Souverain. VI.

Tout le bon Accüeil & les grands Secours qu'il reçut du Duc de Bourgogne, ne changérent point ſon Naturel : il ſema bientôt la Diviſion entre le Pere & le Fils, qui commença d'éclater en 1457. & les Intrigues ſecrétes qu'il entretint avec le Duc d'Alençon, attirérent ſur ce Prince un Arrêt, qui le condamna en 1458. à perdre la Tête : mais, le Roi lui ayant fait grace de la Vie, ſe contenta de lui ſaiſir ſes plus belles Terres, & de le retenir en Priſon. 1457. 1458.

A Montpellier, on fut dans le Trouble en 1459. à l'occaſion d'une Diſpute qui s'émut entre le Gouverneur & les Conſuls, au ſujet de la Juriſdiction : Nous en apprenons toute la ſuite, du Verbal des Conſuls, qui expoſent au Roi, que les nommés Guillaume *Maurenti* & Giraud *Fort*, ayant fait dans la Maiſon-Conſulaire, pluſieurs Injures & Affronts la veille de la St. Jean, furent mis au Carcan, de l'ordre deſdits Conſuls; Surquoi Guillaume de *Cadris*, Gouverneur de Montpellier, s'étant recrié comme d'un Attentat, les Conſuls lui repréſentérent, « que de tout » tems ils avoient eu le Privilége d'avoir des Priſons dans la Maiſon-de-Ville, & » des Fers, tant dedans que dehors, pour ſervir d'une courte & paſſagére Correction » aux Malvivans, ſans en ce, (ajoûtent-ils) exercer Juriſdiction : mais, le Gouverneur, peu content de leurs Raiſons, fit enmener Priſonniers au Palais, quatre Conſuls, où il leur donna des Gardes, & les tint dans une Chambre, leur diſant : *Intrats Layros de par lo Diable, yeu vos gardaray de volar, car l'on deu faire bon mercat de Vilans*. Après quinze jours, leſdits Conſuls voyant qu'ils ne pouvoient avoir aucune raiſon du Gouverneur, en appellérent au Roi, & lui firent ſignifier l'Appel. 1459.

Armoire G. Caſ- ſette C.

En 1460. on donna une Forme generale à la maniére de lever l'*Equivalent*, en l'établiſſant ſur le Poiſſon-frais, ſur la Viande des Boucheries, & ſur le Vin qu'on achetoit pour revendre : Ce nouveau Reglement a fixé en quelque maniére l'Epoque de l'Equivalent en 1460. comme le Préſident Philippy l'a marqué dans ſa Diſſertation Latine ſur les Impôts anciens & modernes ; mais, par les Lettres du Roi Charles VII. que j'ai ci-devant raportées en l'année 1449. il eſt aiſé de ſe convaincre, que le Droit de l'Equivalent avoit déja commencé, quoiqu'il n'eût pas pris ſa derniére Aſſiſe, comme il arrive à tous les nouveaux Etabliſſemens. VII. 1460.

Dans cette même année, le Roi ſentit plus vivement que jamais, le Refus que faiſoit ſon Fils, de revenir auprès de lui : il l'avoit mandé ſouvent, ſans qu'il ſe ſouciât d'obéir ; il interpella ſouvent le Duc de Bourgogne de le lui rendre, mais toûjours inutilement : Enfin, en 1460. preſſé par ſon Reſſentiment & par ſon Conſeil, il étoit ſur le point de l'aller chercher avec une Armée, lorſqu'il changea d'avis, & ſongea qu'il valoit mieux le punir, en avançant Charles ſon ſecond Fils dans les Droits d'Aîneſſe. Tandis qu'il diſpoſoit les François à cette Nouveauté, on lui inſpira du ſoupçon contre ſes Domeſtiques ; & ſon appréhenſion fut ſi grande, qu'il ne ſçut de quelle main prendre ſes Alimens avec ſureté : il s'abſtint de manger quelques jours, au bout deſquels il ne fut plus en ſon pouvoir de rien avaler ; ainſi, il mourut de faim le 22e. de Juillet 1461. à Meun ſur Yeurre en Berry, vers le milieu de ſa ſoixantiéme année, & ſur la fin de la 39e. de ſon Regne. VIII. 1461.

CHAPITRE QUATRIÉME.

I. Changemens faits dans le Royaume par Loüis XI. II. Ligue du Bien-public. III. Bataille de Montlhery. IV. Division dans l'Assemblée de nos Etats, au sujet du Parlement de la Province. V. On obtient qu'il soit transferé à Montpellier. VI. Lettres du Roi Loüis XI. à ce sujet. VII. Observations à ce propos.

1461. I. LOUIS XI. qui n'ignoroit point les derniers Desseins du Roi son pere, se hâta, dès qu'il eut la Nouvelle de sa Mort, de revenir en diligence; il partit accompagné du Duc de Bourgogne & du Comte de Charolois son fils, avec lesquels il alla droit à Reims, où il fut sacré le quinziéme d'Août, par Jean Juvenal des Ursains : il fit son Entrée à Paris le dernier jour du même mois, suivi de treize à quatorze mile Chevaux ; & à peine se vit-il le Maître, qu'il destitua tous les Officiers de la Maison-Royale, de la Guerre, de la Justice & des Finances, ne laissant en place aucune des Créatures du Roi son pere, & prenant plaisir de casser tout ce qu'il avoit fait.

Il abolit dès le mois de Novembre de la même année, la fameuse Pragmatique-Sanction qui avoit coûté tant de soins & de peines au Roi Charles VII. il entretint soigneusement la Division dans la Maison de Bourgogne, quoiqu'il en eût reçû des Secours si essentiels ; de sorte qu'il se forma entre lui & le Comte de Charolois, un fonds de haine & d'inimitié qui ne finit qu'avec leur vie.

1462. Nôtre Languedoc se ressentit avantageusement des Changemens de ce nouveau Regne ; car, Loüis XI. jugeant à propos de se liberer du soin de faire lever le Droit de *l'Equivalent,* » en fit un Transport, par Edit du mois d'Avril 1462. aux » Habitans de la Province, pour être par eux levé & exigé à l'instar des Deniers-» Royaux, & en faire & user comme bon leur sembleroit, à leur profit & avanta-» ge: à la charge par eux, de lui payer & à ses Successeurs à perpetuité, la » somme de soixante-dix mile livres, en consideration de ce Don & Transport.

La Ville de Montpellier prit part aussi aux nouveaux Changemens, par l'Exclusion qui fut donnée aux Avocats & aux Notaires pour la Charge du Consulat : Les Lettres du Roi, qui furent données à ce sujet dans cette même année, portent que les quatre premiers Consuls seroient dorénavant Bourgeois & Marchands, & les deux autres Gens-de-Métier. Nous verrons dans la suite les nouveaux Changemens qui y furent faits.

1463. Dans l'année suivante 1463. par ses Lettres du 12. Septembre, le Roi Loüis XI. donna pouvoir aux Consuls-de-Mer, » de connoître & de décider dans leur » Loge, de tous les Débats & Questions qui pourroient naître à l'occasion des Mar-» chandises de Montpellier, ès Ports d'Aiguemortes & Agde, en la forme & ma-» niére (dit le Roi) qu'on fait & qu'on a coûtume de faire au Consulat-de-Mer » de la Ville de Perpignan.

Il paroîtra extraordinaire, que le Roi donnât pour Modéle à la Ville de Montpellier, les Coûtumes de Perpignan, qui avoit toûjours appartenu à une Couronne Étrangére ; & qui, pour cette raison, sembloit ne pouvoir être prise pour Régle par les Marchands de Montpellier : mais, il est nécessaire pour l'intelligence de ce Fait, de marquer un Evénement interessant pour nôtre Province, qui arriva dans ce même-tems. Jean II. Roi d'Aragon, ayant épousé en premiéres Nôces, l'Unique Fille de Charles le Noble Roi de Navarre, il en eut un Fils, qui fut empoisonné par une seconde Femme qu'il avoit prise après le décès de la premiére : Cette mauvaise Action causa de grands Troubles dans ses Etats, & particuliérement dans la Catalogne, qui se revolta ouvertement. Alors le Roi d'Aragon, qui manquoit d'Argent & de Troupes, engagea les Comtez de Roussillon & de Cerdagne au Roi Loüis XI. moyenant trois cent mile Ecus, & un Secours de deux

mi-

mile cinq cent Chevaux, que Gaston de Foix ramassa en partie dans le Languedoc pour le Roi d'Aragon son beaupere. Le Succès de cette Guerre est étranger à mon sujet ; mais, je n'ai pû ometre l'Acquisition de Perpignan, que le Roi venoit de faire, & qui donna lieu à cette Uniformité qu'il établit, entre les Consuls-de-Mer de la Ville de Montpellier, & ceux de la Ville de Perpignan.

1463.

Cependant, les Affaires se broüilloient de plus fort, par les Mécontentemens que Loüis XI. ne cessoit de donner aux principaux Féudataires de France, & aux vieux Capitaines du Roi son pere. Le Bourguignon se plaignoit qu'on eût attenté à sa vie & à celle de son Fils, par l'Enlévement & par le Poison : Le Duc d'Orleans mourut de douleur, de voir que le Roi eût reconnu à son préjudice, François Sforce pour Duc de Milan ; & le Duc de Bretagne fut outré, des Hauteurs avec lesquelles le Chancelier de Morvillers vint lui parler. Ces trois Grandes-Maisons unies ensemble, entrainérent presque tous les Princes du Sang, & les vieux Capitaines du défunt Roi, dans une Ligue, à laquelle ils donnérent le spécieux Prétexte *du Bien-public* : Elle fut beaucoup fortifiée par Charles, Frere unique du Roi, (dit alors le Duc de Berry) qui s'étant laissé persuader par *Lescun*, Bâtard d'Armagnac, se retira en Bretagne, d'où il écrivit un Manifeste à tous les Princes de France, les conviant de s'unir à lui, pour le Soulagement des Peuples, & pour la Reformation de l'Etat.

II.

1464.

Loüis XI. n'oublia rien pour dissiper cet Orage ; mais, toutes ses Tentatives ayant été inutiles, il marcha lui-même vers le Berry & le Bourbonnois, tandis que d'un autre côté, le Comte de Charolois s'avança vers Paris, où il attendit assés long-tems le Duc de Bretagne & le Duc de Berry, qui devoient l'y venir joindre.

Dans ces entrefaites, on reçut à Montpellier, un Ordre d'accélerer le Payement des Sommes ausquelles la Ville étoit taxée : Cet Ordre, que nous avons en date du 28°. Juin 1465. peut servir à nous faire connoître les Officiers qu'avoit alors le Roi dans nôtre Province ; il est expedié au nom de *Pons Guillem*, Seigneur de Clermont en Lodéve, Chevalier, Chambelan du Roi, & Lieutenant-General de Mr. le Comte du Mayne, Gouverneur de Languedoc ; de *Guillaume Varie*, General des Finances ; de Remy *de Miramont*, Gouverneur de Montpellier, & de *Henry de Daunes*, Auditeur des Comptes de Paris, Commissaires du Roi, qui mandent aux Consuls, d'imposer sans retardement, la somme de sept mile trois cent livres Tournois ; qui avoit été ordonnée par les Etats pour leur Portion.

1465.

Lorsque le Roi eut appris que le Comte de Charolois étoit aux Portes de Paris, il quita tout pour sauver la Capitale de son Royaume ; il fit passer la Loire à son Armée ; & le Comte de Charolois, impatient de se joindre au Duc de Bretagne ; ayant passé la Seine dans le même-tems ; les deux Armées se rencontrérent près de Monthlery, où l'on en vint à une Bataille (le 16. de Juillet) qui fut également funeste aux deux Partis : Le Roi, après la Déroute, décendit droit à Paris, le long de la Seine ; & le Duc de Bretagne étant arrivé peu de jours après à Estampes, recüeillit le Débris de l'Armée du Charolois, & s'étant fortifié du Secours que tous les Confederez lui amenérent, il vint avec eux investir Paris, au nombre de plus de cent mile Chevaux ; mais, la multiplicité des Chefs sauva la partie à Loüis XI. qui, par ses Intrigues, les amusa pendant trois semaines, & les divisa enfin, en leur promettant à chacun tout ce qu'ils demandoient.

III.

Toutes ces Agitations, qui causérent bien du Ravage dans les Provinces voisines de Paris ; ne s'étendirent point jusqu'au Languedoc, où l'on fut à l'abri des Gens-de-Guerre : mais, on s'y ressentit beaucoup, du Mouvement que les Affaires du Temps causoient dans tous les Esprits ; car, on y fut bien divisé pendant la Tenuë des Etats, qui furent assemblez à Montpellier en 1466. Les Députez des deux Senéchaussées de Beaucaire & de Carcassonne, prirent parti contre celle de Touloufe, au sujet du Parlement de la Province ; ils prétendirent que par les Lettres de l'Etablissement de cette Cour, elle devoit tenir son Siége tour-à-tour dans chacune des trois Senéchaussées : ils disoient pour raison, qu'elles contribüoient toutes au Payement des Gages établis pour les Officiers du Parlement ; & qu'ainsi, elles devoient joüir à leur tour, des Avantages que la Séance de cette Cour portoit

IV. 1466.

1466.
avec foi, ou bien être déchargez de la Contribution qu'ils payoient pour les Gages des Officiers. Toutes ces Raisons, & la Pluralité des Voix, l'emportérent contre la Senéchaussée de Toulouse; & il fut délibéré, qu'on poursuivroit auprès du Roi Loüis XI. la Translation du Parlement, dans l'une des deux autres Senéchaussées: Tous les Députez qui avoient été de cet Avis, convinrent assés qu'il faloit la demander pour la Senéchaussée de Beaucaire, attendu que le Parlement avoit été déja à Beziers, qui est de celle de Carcassonne; & parmi les Villes du Ressort de Beaucaire, on s'arrêta à celle de Montpellier, comme la plus considerable : ainsi, toute l'Execution de ce Projet, fut commise aux soins des Consuls de Montpellier.

Pour y parvenir, ils convoquérent un Conseil General, qui nomma Michel *Razis* Premier-Consul, Pierre *Granier* Bourgeois, & Thierry *Polhant* Changeur de la même Ville, pour aller soliciter auprès du Roi, la Grace qu'ils avoient à demander au nom des Etats de la Province : On leur fit expedier des Lettres, scellées du Grand-Sceau de la Ville, en Cire rouge, sur double queuë, datées du 10e. Juillet de cette année ; par lesquelles on leur donna pouvoir d'accorder une Somme considerable, telle qu'ils aviseroient, à tel ou tels des Seigneurs à qui ils s'adresseroient, pour les recompenser des peines & des soins qu'ils auroient pris dans leur Affaire.

1467.
Ils se rendirent en 1467. en la Ville du Puy, où les Etats de la Province furent tenus pour cette année ; & ayant fait confirmer par une nouvelle Délibération, celle qui avoit été prise à Montpellier l'année d'auparavant, ils partirent avec des Lettres de Recommendation de Jean de Bourbon, Evêque du Puy, & Lieutenant-General de la Province, sous le Prince Jean Duc de Bourbon & d'Auvergne, qui en étoit Gouverneur : Ce Prélat, à qui l'Histoire donne de grands Eloges, entra d'autant plus volontiers dans cette Affaire, qu'il la trouvoit pleine de justice, & qu'il procuroit à son Diocése un Avantage considerable, en faisant que le Parlement s'en approchât : il appuya de tout son Credit, les Demandes de nos Députez, qui sont qualifiez d'Ambassadeurs ; & ils furent si bien reçûs du Duc de Bourbon, qu'ils crurent devoir user à son égard, du Pouvoir qui leur avoit été donné, en faisant à ce Seigneur un Présent de cinq cens Ecus d'Or : Mais, ce qui est remarquable dans les maniéres de ce tems-là, c'est qu'ils demandérent pour leur sureté, un Reçû de cette Somme ; & le bon Seigneur leur fit expedier des Lettres, que nous avons, où il est dit que Jean Duc de Bourbonnois & d'Auvergne, & Gouverneur du Languedoc, reconnoît avoir reçû (le 15e. de Mai 1467.)

V. cinq cens Ecus d'Or, à lui donnez liberalement par les Consuls de Montpellier, pour s'être employé à leur faire avoir la Cour du Parlement, qui auparavant étoit à Toulouse.

Il fit bien plus en faveur de nos Consuls, car il voulut que tout le Diocése entrât dans les Fraix que la Ville avoit faits pour cette Affaire ; & il obtint du Roi Loüis XI. un Ordre, que nous avons, du douziéme Septembre 1467. par lequel il mande au Gouverneur de Montpellier, & au Recteur de la Part-Antique, d'asseoir sur le Diocése jusqu'à six mile livres, pour dédommager la Ville, des Fraix que les Consuls de Montpellier avoient faits pour la Translation du Parlement de Toulouse à Montpellier.

Mais, comme en attendant la Levée de cette Somme sur le Diocése, il faloit de l'Argent à nos Députez, ils en emprunterent de l'Evêque du Puy, qui leur prêta cinq cens Ecus d'Or, dont ils consentirent (le 12. Septembre) une Obligation, en faveur (dit l'Acte) de Reverend Pere en Dieu Jean de Bourbon, Evêque du Puy, Comte du Velai & Abbé de Cluny, engageant & obligeant pour cet effet tous les Biens de la Communauté.

Enfin, les Lettres de Translation, qui avoient été promises plusieurs mois auparavant, furent expediées le 21e. Septembre, dans lesquelles on trouvera la Preuve de tout ce que je viens de raconter sur cette Affaire ; l'Original de ces Lettres est dans nos Archives de l'Hôtel-de-Ville, & les Curieux peuvent en voir une Copie toute au long dans Gariel : Je n'en donnerai ici que le Précis, où, en conservant les propres paroles, je tâcherai de n'omettre rien d'essentiel.

Serien, Præful. pag. 488.

Com-

Livre Onziéme. 215

„ Comme (dit le Roi Loüis XI.) en pluſieurs Aſſemblées des Gens des Trois- VI. 1467.
„ Etats de nôtre Païs de Languedoc, mêmement ès deux derniéres Aſſemblées fai-
„ tes dans nôtre Ville de Montpellier, au mois d'Août 1466. & l'autre en nôtre
„ Ville du Puy, au mois de Mars dernier paſſé, eût été remontré à nos Conſeil-
„ lers & Commiſſaires par Nous envoyez auſdites Aſſemblées :
„ Que du temps de feu nôtre très-cher Seigneur & Pere, une Cour de Parle-
„ ment fut inſtituée & ordonnée en nôtre Païs de Languedoc ;
„ Et fut ottroyé & accordé aux Gens des Trois-Etats dudit Païs, que ledit Par-
„ lement ſeroit *Déambulatoire*, & feroit par aucun temps, en l'une des trois Séné-
„ chauſſées dudit Païs, & par autre temps, en l'une des autres deux Sénéchauſſées,
„ afin que tout le Païs ſe puiſſe ſentir des Biens & Profits de ladite Cour :
„ Et ſous cette eſperance, conſentirent Iceux deſdits Trois-Etats dudit Païs,
„ payer les Gages des Préſidens, Conſeillers, & autres Officiers de ladite Cour de
„ Parlement, qui, pour la première Inſtitution & Aſſiette, fut miſe & ordonnée
„ aſſeoir en nôtre Ville de Touloufe.
„ Et jaçoit que ſur cette Ordonnance, les Gens des Trois-Etats de Languedoc,
„ ayent ſouventefois requis, que ledit Parlement fût müé à aucune deſdites deux
„ Sénéchauſſées, par tel & ſemblable temps qu'il auroit ſis & reſidé en nôtre Vil-
„ le de Toulouſe, qui a eu tout le profit dudit Parlement depuis ſon Inſtitution,
„ qui fut faite *vingt-quatre ans ou environ* juſqu'à préſent, ſans que ces deux autres
„ Sénéchauſſées en ayent aucunement émané, nonobſtant qu'elles ayent toûjours
„ contribué au Payement deſdits Gages, qui montent par an ſix mile livres, ou
„ toutefois que les voulluſſions relever deſdits Gages, ainſi que faire ſe devoit par
„ raiſon.
„ Et ſoit ainſi, que depuis n'a guéres, par aucunes Fautes que faites avoient été
„ par certains Particuliers d'icelle Cour, & pour autres grandes Cauſes, Nous euſſions
„ ordonné faire ceſſer & mettre en Vacation nôtredite Cour de Parlement, &
„ euſſions envoyé trois Commiſſaires, par leſquels ladite Vacation a été ſignifiée
„ à ladite Cour, juſqu'à-ce que fuſſions informez deſdites Fautes :
„ Et après que ladite Matiére a été bien au long débatuë en nôtre Grand-Con-
„ ſeil ; Avons ordonné ladite Cour de Parlement, être miſe & *reſtituée* en nôtre
„ Païs de Languedoc.
„ Et pour les autres Cauſes deſſus dites, appointons par ces Préſentes, que nôtre
„ Cour reſidera en la Sénéchauſſée de Beaucaire, & *en la Ville de Montpellier*, qui
„ eſt la plus grande & notable Ville de ladite Sénéchauſſée, pour tel & ſembla-
„ ble temps qu'il nous plaira :
„ Et en cas qu'aucun Accident d'Epidemie, ou autre Obſtacle ſurviendroit en ladite
„ Ville de Montpellier, (que Dieu ne veüille) voulons & nous plaît, qu'elle ſoit
„ miſe à une des autres bonnes Villes de ladite Sénéchauſſée de Beaucaire, ſans
„ qu'elle puiſſe être autrepart hors de ladite Sénéchauſſée, durant le temps ſuſdit,
„ ou autre tel qu'il nous plaira.
„ Si donnons en Mandement, à nôtre très-cher & très-amé Frere & Cou-
„ ſin le *Duc de Bourbon* & d'Auvergne, nôtre Lieutenant-General & Gouverneur
„ de nôtredit Païs de Languedoc : A nos amez & feaux Commiſſaires & Con-
„ ſeillers, l'Evêque du Puy, Lieutenant de nôtredit Frere & Couſin audit Païs ;
„ *Guillaume de Varie*, General de nos Finances ; *Remy de Miremont*, Chevalier &
„ Gouverneur de nôtre Ville de Montpellier ; & *Jean de Gaudette*, nôtre Maître-
„ d'Hôtel : A trois ou deux d'Iceux, dont l'Evêque du Puy ſoit l'un ; Qu'ils ſe tranſ-
„ portent incontinent en nôtre Païs de Languedoc, & y mettent en execution nôtre
„ préſente Volonté & Ordonnance : ils mettent & inſtitüent, & établiſſent icelle
„ nôtredite Cour de Parlement, en nôtredite Ville de Montpellier ; & pour icelle
„ aſſeoir, mandent & faſſent venir en icelle nôtredite Ville de Montpellier, nos
„ amez & feaux Conſeillers, Préſidens, & autres Gens ordonnez & députez à icel-
„ le venir ; Auſquels mandons & enjoignons, qu'ils tiennent nôtredite Cour en
„ icelle nôtredite Ville de Montpellier, durant le temps deſſus dit.
„ Et en cas d'Epidemie, ou autre Obſtacle ou éminent Peril, à une des autres
„ bonnes Villes de ladite Sénéchauſſée de Beaucaire, qui ſera par eux pour le
„ mieux adviſé, & non ailleurs ;

216 *HISTOIRE DE LA VILLE DE MONTPELLIER*,

1467.
» Et pour ce faire & souffrir, seront contraints tous Ceux qu'il appartiendra,
» par toutes voyes dûës & raisonnables, nonobstant Oppositions quelconques :
» Et à ce qu'aucun ne puisse prendre cause d'ignorance, voulons que ces Pré-
» sentes soient enregistrées ès Cours des Siéges Présidiaux de nôtre Païs de Languedoc.

Donné à Paris le vingt-unième jour de Septembre, l'an de grace 1467. & de nôtre Regne le septiéme.

VII. Il y auroit beaucoup de Reflexions à faire sur l'Epoque de l'Institution de nô-
tre Parlement, telle qu'elle est marquée dans ces Lettres ; car il faudroit la mettre en 1443. ou 1444. s'il devoit n'y avoir eu que vingt-quatre ans, lorsque Loüis XI. le transfera à Montpellier : Il paroît néanmoins, par tout ce que nous avons dit ci-devant, que son Etablissement est plus ancien ; & il est à croire que Loüis XI. ne comptoit que depuis les Lettres du Roi son pere, du onziéme Octobre

Memoir. Pag. 255. Liv. 2. 1444. dont il est parlé dans Catel, où le Roi Charles VII. dit, » que desirant le
» Bien & Utilité de son Païs de Languedoc & Duché d'Aquitaine, jusqu'au
» Fleuve de Dordogne, il établit sa Cour de Parlement en la Cité de Toulouse,
» comme étant la plus Noble par tout ledit Païs de Languedoc & Duché d'Aqui-
» taine, jusqu'à ladite Rivière de Dordogne. La chose convenoit d'autant plus,
qu'il n'y avoit point de Parlement à Bordeaux sous le Regne de Charles VII. &
que la Ville de Toulouse se trouvoit alors dans le centre des deux Provinces :
mais, le Roi Loüis XI. ayant créé le Parlement de Bordeaux en 1462. la plus grande partie de l'Aquitaine lui fut attribuée ; & ainsi, par la Translation du Parlement de Toulouse à Montpellier, cette Cour se trouvoit au milieu de la Pro-
vince de Languedoc.

Tom. premier, Pag. 233. Nous apprenons de la Faille, que la Suspension dont il est parlé dans les Lettres de Loüis XI. avoit été signifiée aux Officiers de cette Compagnie, dans le
mois de Mai de cette même année, & qu'ils eurent Ordre, dans le mois d'Octobre suivant, de se rendre à Montpellier. L'Ouverture du Parlement y fut faite le
12e. Novembre, dans la Sale du Palais de cette Ville, où les Commissaires du Roi, Jean de Bourbon, Evêque du Puy & Abbé de Cluny ; Remi de Miremont, Gouverneur de Montpellier ; & Jean de Gaudette, Maître-d'Hôtel de chez
le Roi, s'étoient rendus, avec les Officiers du Parlement : Les Commissaires, en
vertu des Lettres-Patentes, dont il fut fait Lecture, enjoignirent aux Officiers, qu'ils
eussent desormais à tenir leur Séance dans Montpellier ; à quoi ils offrirent de
satisfaire.

Lecta & Publicata fuit de Mandato Dominorum Commissariorum nominatorum in Auditorio Curiæ Parlamenti, apud Montempessulanum duodecimâ die Novembris anni 1467. Après quoi, ces Officiers étant montez aux hauts Siéges, & les Huis ayant été ouverts, le Président prononça, que le lendemain la Cour feroit faire la Lecture accoûtumée des Ordonnances-Royaux, & recevroit le Serment des Huissiers, des Procureurs, & des Avocats, en la maniére ordinaire.

A cette première Séance, se trouvérent Jean *du Vergier*, Président ; Jean *de Mareüil*, Evêque d'Uzès ; Maur *de Valleville*, Evêque de Maguelonne ; Me. Pierre *de la Treille*, Pierre *de Benquet*, Jean *Longroy*, Conseillers-Clercs ; & Pierre *Da-
mian*, Jean *de Hericon*, Jean *de Rossignol*, Bremond *de St. Felix*, Bernard *Olive*,
Conseillers-Laïs.

No. 33. Fol. 124. L'Evêque du Puy fut si content de l'Etablissement qu'il venoit de faire, qu'il écrivit deux jours après la Lettre suivante, que j'ai tiré des Regîtres de la Sénéchaussée de Toulouse.

A Monsieur le Juge d'Appaux à Toulouse, mon très-cher & spécial Ami.

» MONSIEUR LE JUGE, Je me recommande à vous de très-bon cœur. Graces
» à Nôtre-Seigneur, la Cour de Parlement a été établi en cette Ville, au grand
» Honneur du Roi, & Contentement des Messieurs d'icelle : Il ne faut que vous de-
» meuriés des derniers : & pour ce, je vous prie, tant que puis, que vous enve-
» niés, & ne laissiés de venir pour vôtre Office ; car, je vous fais sûr, de vous
faire

» faire obtenir une Non-Résidence envers le Roy. Pourquoy je vous prie que ve-
» niés, & le pluftoft qu'il vous fera poffible, car j'aurois bien defir de parler à
» vous, avant mon Partement du Païs ; & ne vous fouciés de loger, car je feray
» donner ordre que foyés bien & aifément logé, & à voftre gré : Et Monfieur le
» Juge, fi aucune chofe voulés que je puiffe, en me le faifant fçavoir, le fe-
» ray de bon cœur. Noftre-Seigneur vous doint ce que vous defirés. Ecrit à
» Montpellier le 14. de Novembre 1467. L'Evefque du Puy, Abbé de Cluny.
» DE BOURBON, tout voftre.

1467.

Les Officiers de ce nouveau Parlement, continüérent leurs Séances à Montpellier, jufqu'à la fin de 1469. & durant tout ce tems, ils furent appellez :
Le Parlement de Languedoc Séant à Montpellier.

Pour ne pas interrompre la fuite de cette Affaire, j'ai remis à faire mention
de la Réponfe que Loüis XI. avoit faite, quelques mois auparavant, à une
Requête qui lui fut préfentée, fur le Droit de Coupe. *Loüis*, Seigneur de
Cruffol & de Florenfac, lui expofe, qu'il a, du Chef de fa Femme, *Jeanne de
Levis*, un Droit de Coupe à Montpellier, qui confifte en la feizième partie des
Blez, Farines, Legumes, & autres Grains, qui font portez par les Etrangers à
Montpellier, & qui y font vendus ; Que ce Droit eft fi ancien, pour lui & pour
fes Prédeceffeurs, qu'il n'y a aucune mémoire du contraire : Mais, qu'étant
obligé de faire une Penfion de foixante Sétiers de Froment, aux Perfonnes qui
lévent pour lui ledit Droit, il arrive que Ceux qui portent lefdits Grains à
Montpellier, difent, pour fruftrer ledit Droit, que les Grains ont été vendus
hors la Ville, ou faifis par les Créanciers ; & d'autres difent, qu'ils ne font pas
fujets à ce Droit ; ce qui fait qu'il diminuë fi fort, qu'il n'y a pas dequoi
payer les foixante Sétiers de Penfion : Surquoi, le Roi mande à fon Gouverneur de Montpellier, par fes Lettres données à Roüen le 13. du mois de
Juin, que fi l'Expofé du St. de Cruffol eft tel, en tous Chefs, qu'il le dit,
on lui faffe rendre juftice ; & qu'en cas de Débat & d'Oppofition, les Parties
foient ajournées aux Requêtes du Palais à Paris.

*Arch. du Do-
maine, Reg. 69.
fol. 343.*

*Reg. 69. fol.
343.*

CHAPITRE CINQUIÉME.

I. *La Cour des Generaux des Aides fixée à Montpellier.* II. *Lettres du Roi
Loüis XI. à ce fujet.* III. *Le Parlement de la Province rétabli à Touloufe.*
IV. *Liberalité du Roi envers l'Eglife Nôtre-Dame des Tables.* V. *Grandes
Mortalitez à Montpellier.* VI. *Réunion de la Provence à la Couronne.*

LEs Graces du Roi Loüis XI. en faveur de la Ville de Montpellier, ne fe I.
bornérent point à la feule Tranflation du Parlement ; il voulut encore y
fixer les Generaux des Aides, que le Roi fon pere avoit établi dans le Languedoc trente ans auparavant ; c'eft-à-dire, (comme nous l'avons vû) en 1437.
Cette feconde Grace avoit été accordée quelques jours avant la première ; mais
elle n'eut fon effet qu'après l'Inftalation des Officiers du Parlement dans Montpellier ; car, les Lettres de la Fixation des Generaux des Aides en cette Ville,
font du 12e. de Septembre, & ils ne furent inftalez que le 8e. de Décembre
fuivant.

Nous apprenons, des Lettres que le Roi Loüis XI. donna à ce fujet, quelques Changemens remarquables arrivez à cette Compagnie, depuis fon Etabliffement dans la Province.

En 1444. fes Officiers eurent le Nom de Conservateurs de *l'Equivalent*, &
furent pris des trois Corps qui compofent les Etats de la Province ; fçavoir,
trois Perfonnes d'Eglife, trois du Corps de la Nobleffe, & trois du Tiers-Etat ;
de telle forte qu'en chacune des trois Senéchauffées du Languedoc, il y avoit
trois Confervateurs, pour juger en Dernier-Reffort fur le Fait de *l'Equivalent*.

E e

1467.

Leur Autorité ayant diminué par la Supression des Aides, ils furent reduits à ne juger que des Appellations sur le Fait des Tailles & des Gabelles, qui étoit bien peu de chose (dit le Roi Loüis XI.) ce qui occasionna la Commission qui fut donnée à quelques Officiers du Parlement, de connoître de l'Etat des Generaux.

Alors, on établit quinze Conservateurs de l'Equivalent, Gens de Basse-Condition, & peu versez en ces Matiéres, sur lesquels le Parlement se reserva de juger en Dernier-Ressort : ils furent établis en cinq diferentes Villes de la Province ; sçavoir, *Toulouse*, *Carcassonne*, *Beziers*, *Montpellier*, & *le Puy*.

Leurs Sentences étoient portées au Parlement, qui, jugeant des Affaires de Finances, avec les mêmes Formalitez & Longueurs que des Affaires Civiles, causoit de grands Retardemens à la Levée des Deniers du Roi : Ces Motifs portérent Loüis XI. à rétablir la Cour des Generaux dans toute sa Souveraineté, & de la fixer à Montpellier, comme on le verra plus amplement dans les Lettres-Patentes, dont je vais donner le Précis.

Philippy, Cour des Aides, pag. 2.

II. »Comme (dit le Roy) dez le temps que les Aydes furent mises sus en nostre » Païs de Languedoc, qui fut trente ans a, ou environ, feu nostre très-cher » Seigneur & Pere, eut fait & ordonné les Generaux, sur le Fait de la Justice » des Aydes audit Païs, de certains Prélats, & autres Grands & Notables Person- » nages, lesquels exercérent la Jurisdiction & Justice desdites Aydes, & autres » Deniers extraordinaires, par aucun temps ;

» Et six ou sept ans après, à la Requête des Gens des Trois-Etats dudit Païs » de Languedoc, fut mise sus, & établie audit Païs, une Cour de Parlement, » & aussi furent abbatus lesdites Aydes ; & au lieu d'icelles, furent mises sus, cer- » tain Droit appellé *Equivalent* : Et pour regir & gouverner la Justice audit Equi- » valent, furent commis & ordonnez, à la Requête desdits Trois-Etats, neuf » *Conservateurs* ; c'est à sçavoir, trois Hommes d'*Eglise*, trois *Nobles*, & trois de » *l'Etat-Commun*, lesquels furent établis ez trois Senéchaussées dudit Païs de Lan- » guedoc, auquel ils avoient Pleiniére-Puissance, en cas de Souveraineté & Der- » nier-Ressort sur le Fait dudit Equivalent ; & à cette cause, étoient appellez Ju- » ges-Souverains :

» Et pour ce, que l'Authorité desdits Generaux fut, au moyen de l'Abatement » desdites Aydes, grandement diminuée, & n'avoient Puissance ne Jurisdiction » que les Causes d'Appellations interjettées à cause des Tailles & Gabelles-à-Sel, » qui étoit bien peu de chose, la Charge & l'Etat desdits Generaux, fut com- » mise à certains Conseillers de ladite Cour de Parlement, qui depuis l'ont exer- » cée, & tenu leur Cour & Jurisdiction en nôtre Ville de Toulouse, au Pa- » lais où se tenoit ladite Cour de Parlement ;

» Et cependant, le Train desdits Conservateurs de l'Equivalent, a été grande- » ment mûé, & est venu entre Mains de Basse-Condition, & la plûpart Gens- » Laïs, non-connoissans en Fait de Justice & de Finances ; & a été multiplié le » nombre desdits Conservateurs, de neuf à quinze ; Et ce néantmoins, ladite Cour » de Parlement de Languedoc, a voulu entreprendre, & de fait a entrepris, sur » lesdits Conservateurs, la Connoissance de Souveraineté & Dernier-Ressort :

» Et tant à cette Cause, que par les grandes Occupations que lesdits Generaux » avoient en icelle Cour de Parlement, & aussi qu'ils ont voulu tenir *Termes-* » *Dilatoires*, comme l'on faisoit en ladite Cour de Parlement, les Causes & Pro- » cès dépendans desdites Aydes, Equivalent, & autres Deniers extraordinaires » d'icelui Païs de Languedoc, ont été immortelles, & s'en sont ensuivis de grands » Dommages à Nous & à nos Sujets dudit Païs de Languedoc ; Et mesmement, » le Payement de nos Deniers d'icelui Païs, en a été grandement dilayé & re- » tardé, ainsi qu'il nous a été bien amplement dit & remontré ;

» Sçavoir, faisons, que en consideration des Choses susdites, Ordonnons par » ces Présentes, que l'Auditoire & Jurisdiction desdites Aydes & Equivalent, en » cas de Ressort & Souveraineté de nostredit Païs de Languedoc, sera & reside- » ra doresnavant en nostre Ville de Montpellier, par tel & semblable temps » que nostre Cour de Parlement d'icelui Païs, qu'y avons de nouveau establie, y sera » Residence, ou par tel autre temps qu'il nous plaira, laquelle Jurisdiction sera

te-

» tenuë & exercée par les Personnes ci-après nommées : Destituons tous autres
» quelconques, qui auroient eu par ci-devant Dons desdits Offices ; & voulons
» qu'ils soient exercez, par Maistre Loüis l'*Hullier*, Conseiller en nostre Cour de
» Parlement ; du *Vergier*, Loys *Corbiere*, Pierre *Doyn*, & Pierre *Granier*, pour Ge-
» neraux sur le Fait desdites Aydes ; Jean *Sarrat*, pour Avocat ; Jean *Fournier*, pour
» Procureur ; Jean *Murichon*, pour Greffier, & Jean *Bellor*, pour Huissier.
» Voulons que lesdits Generaux, qui sont au nombre de cinq, ayent & prenent
» les Gages qu'ont accoûtumé d'avoir & prendre par ci-devant, les quinze Conserva-
» teurs qui étoient établis en cinq Lieux dudit Païs de Languedoc ; c'est à sçavoir, à
» Toulouse, Carcassonne, Beziers, Montpellier, & le Puy, en chacun desquels
» Lieux, où souloit avoir trois Conservateurs, n'en aura doresnavant que deux.
» Si donnons en Mandement, à nostre très-cher & très-amé Frere & Cousin le Duc de
» Bourbonnois & d'Auvergne, nostre Lieutenant-General & Gouverneur de nostre-
» dit Païs de Languedoc : A nos amez, feaux Cousins & Conseillers, l'Evêque du Puy,
» Lieutenant de nostredit Frere & Cousin audit Païs ; M^{es}. Pierre *Poignant*, Maîs-
» tre des Requêtes de nostre Hostel, & Guillaume *Varie*, General de nos Finances, &
» aux deux d'eux, dont ledit Evêque du Puy sera l'un ; Qu'ils se transportent incon-
» tinent en nostredit Païs de Languedoc, & mettent en execution nostre présente
» Volonté & Ordonnance. Donné à Paris le 12e. jour de Septembre, l'an de grace
» 1467. & de nôtre Regne le septiéme : Ainsi signé, Par le Roy, l'Evêque du Puy,
» Guillaume de *Varie*, & autres Présens. BOURRE.

1467.

En consequence desdites Lettres, les Commissaires du Roi ; sçavoir, l'Evêque du
Puy, Lieutenant du Duc de Bourbon Gouverneur du Languedoc, & Jean de la Gardette, Seigneur de Fontainlhes, M^e. d'Hôtel de chez le Roi, subrogé par Guillaume
de *Varie*, General des Finances, se rendirent le huitiéme Décembre 1467. dans
l'Auditoire de la Cour des Generaux sur le Fait des Aides & Equivalent du Languedoc, où ayant reçû le Serment en tel cas requis, d'Honorables Hommes, M^e.
Pierre *Doin*, Loüis *Corbiere*, & Pierre *Granier* ; Generaux-Conseillers nouvellement
établis sur le Fait des Aides & Equivalent ; M^e. Jean *Sarrat* Avocat, Jean *Fournier* Procureur, Jean *Murichon* Greffier, & Jean *Bellor* Huissier desdits Generaux,
ils mirent chacun d'eux en Possession de leur Office, selon la forme & teneur des Lettres du Roi. Ainsi signé ; HUGUET, Notaire.

Philippy, pag. 5.

Cependant, l'inimitié entre Loüis XI. & le Comte de Charolois, avoit augmenté
depuis la Succession de ce dernier, aux Etats de Philipe le Bon Duc de Bourgogne
son pere, qui étoit mort le 15. de Juin 1467. Le Roi, pour le traverser, suscita contre
lui les Liegeois, qui se revoltérent ; & dans les suites de cette Guerre, Loüis XI. se fiant
trop à ses Artifices, alla s'enfermer dans Perone, où il risqua sa liberté, & peut-être
même sa vie, si les Domestiques du Duc de Bourgogne (entr'autres Philipe de
Comines) n'eussent adouci l'esprit de leur Maître : Il en sortit aux Conditions qu'on
voulut lui prescrire ; & dans le tems qu'il étoit occupé à éluder l'Execution de ses Promesses, il écouta les Instances que les Habitans de Toulouse lui firent, pour le Rétablissement du Parlement dans leur Ville. Le Roi leur accorda ce qu'ils demandoient ;
ensorte que le Parlement, après avoir demeuré deux ans à Montpellier, (comme
M^e. de la Faille le dit lui-même) fut rétabli à Toulouse : mais, la Chose ne
peut être arrivée qu'en 1469. car, les Lettres-Patentes pour sa Translation à Montpellier, étant, comme nous l'avons vû, du 21e. Septembre 1467. son Rétablissement après
deux ans, ne pouvoit être qu'en 1469.

1468.

III.

Tom. 1. pag. 236.

1469.

Je ne m'arrête point à ce que M^e. de la Faille voudroit encore nous faire entendre, que la Cour des Generaux suivit alors le Parlement à Toulouse : car, dans ces
sortes de Faits, il ne sufit point de hazarder une Chose ; mais il en faut raporter des
Preuves ; ce que la Faille ne fait point. Nous verrons au contraire, par les Lettres que
je raporterai du Roi Charles VIII. que le Parlement ne prit plus connoissance du
Fait des Aides, depuis l'Etablissement de la Cour des Generaux à Montpellier : Mais,
la Question est décidée dès ce tems-là-même, par la Lettre du Roi Loüis XI. au Baron de *Chaudes-Aigues* & de *Malause*, Senéchal de Toulouse, que je viens de
trouver dans les Archives de sa Senéchaussée, Registre N°. 33. Fol. 124.

E e 2

1469.

A nôtre amé & feal Coufin Charles Bâtard de Bourbon, Senéchal de Touloufe, ou à fon Lieutenant.

"NÔTRE AMÉ ET FEAL, Vous êtes affés averti, que Nous avons inftitué la Cour des
"Generaux de la Juftice des Aydes, en nôtre Païs de Languedoc : Et combien que
"par plufieurs fois Nous ayons écrit à nos amez & feaux les Gens tenans nôtre Par-
"lement à Touloufe, & pareillement à tous nos Senéchaux & Juges Subalternes
"dud. Païs, faire & fouffrir ladite Cour être exercée en nôtre Ville de Montpellier,
"où l'avons établie en nos Lettres d'Inftitution & de Création d'icelle, publiées &
"enregiftrées ainfi qu'il appartient ; Toutefois derniérement, quand nos Confeillers
"de lad. Cour des Generaux, ont envoyé certaines nos Lettres déclaratives de nô-
"tre Intention, touchant la Continuation & Entretenement d'icelle Cour en vôtre
"Senéchauffée vôtre Lieutenant, au lieu de les faire publier, ainfi que par Nous lui
"étoit mandé, les a violemment retenuës, dont n'avons caufe d'être contens de lui,
"ni de Ceux qui en ce le favorifent ; & ne fommes pas déliberez de le tolerer, ne
"fouffrir nôtre Authorité être ainfi foulée. A cette Caufe, Nous vous mandons & en-
"joignons, fur tant que defirés nous fervir & complaire, que vous mandiés incon-
"tinent, de par Nous, à vôtre Juge-Mage, qu'il rende lefdites Lettres entre les mains
"de nôtre Procureur de ladite Cour des Generaux, ou autre par lui commis, bien &
"duëment expediées ; Et qu'il aye lui, & tous autres Officiers de ladite Senéchauffée
"de Touloufe, à obéïr & entendre en lad. Cour des Generaux, fans plus y différer ;
"Car tel eft nôtre vouloir. Donné à Compaigne, le douziéme jour d'Avril. CHARLES
"DUBOIS.

Par un des Articles du Traité, qui diffipa la Ligue du *Bien-public*, le Roi Loüis XI.
devoit donner la Normandie en Appanage, au Duc de Berry fon frere ; mais, il fçut fi
bien embarraffer les chofes, que cette Donation n'eut aucun effet. Par un autre Arti-

1470.
cle du Traité de Perone, il fut obligé de lui accorder les Comtez de Champagne &
de Brie : mais, venant à apprehender le Voifinage, où fon Frere feroit du Duché de
Bourgogne, il trouva moyen de le faire contenter de la Guiéne, qu'il lui donna ; &

1471.
il l'amufa de diferens Mariages, tantôt avec Jeanne de Caftille, tantôt avec Marie, Fille unique du Duc de Bourgogne : mais enfin, en 1471. il fut délivré de toutes
les craintes qu'il s'étoit faites à fon fujet ; car, ce Prince fut empoifonné par fon propre
Confeffeur, de la maniére que nos Hiftoriens de France le racontent.

Dans ce même-tems, le Roi Loüis XI. voulant donner des marques de la grande
Dévotion qu'il faifoit Profeffion d'avoir pour la Sainte Vierge, fit une Liberalité confiderable à la Ville de Montpellier, en lui accordant, par des Lettres que nous avons du 9ᵉ.
Octobre, deux Deniers Tournois par Quintal de Sel, pendant dix ans, pour reparer
le Clocher de Nôtre-Dame des Tables, qu'on difoit menacer ruïne : Et pour en faciliter
la Levée, il donna aux Confuls le Fourniffement des Greniers à Sel de Montpellier,
pendant le même efpace de tems ; Ce qui fut encore continué tout le refte de ce
Siécle.

1472.
La Mort funefte du Duc de Guiéne avoit fi fort animé le Duc de Bourgogne,
qu'il entra dans la Picardie pour y mettre tout à feu & à fang ; mais, ayant enfin reçû divers Echecs, il fit une Tréve avec Loüis XI. qui envoya fes Troupes contre Jean V.
Comte d'Armagnac, qu'il fit furprendre & tüer à Leytoure. Après quoi, Perpignan

1473.
s'étant revolté, il fit marcher vers cette Place, tout ce qu'il avoit de Gens-de-Guerre,
dans la Guiéne & dans le Languedoc ; mais, la Refiftance des Habitans fut fi grande,
qu'ils foûtinrent en même-tems les Attaques de l'Armée Françoife, & les Sorties de
la Garnifon, qui tenoit encore dans le Château. Le Roi ne put s'en rendre maître,

1475.
qu'en 1475. après un Siége foûtenu jufqu'à l'extrêmité : Ainfi, toute la Comté de
Rouffillon fut encore confervée à la France.

1476.
L'impetuofité du Duc de Bourgogne l'ayant occupé durant toute l'année 1476.
contre les Suiffes, qui le batirent à *Granfon*, & enfuite devant *Morat*, il porta fes Armes contre le bon Roi René Duc de Lorraine, qu'il voulut attaquer dans Nancy :
Mais, par la Trahifon de Ceux à qui il fe fioit le plus, & par fa propre Obftination

tion, il fut défait & tué devant cette Place, le 5e. de Janvier 1477. ne laissant qu'une Fille-Unique Héritiére de ses grands Etats.

1477.

Ce fut alors que Loüis XI. fit la Faute qui lui est si fort reprochée, de n'avoir jamais voulu entendre à marier cette Princesse avec le Dauphin son fils, quoiqu'elle le lui eût fait demander par une Ambassade solemnelle. Sa Haine pour la Maison de Bourgogne, l'emporta sur ses propres Interêts, & sur ceux de son Royaume, qui, depuis ce tems, a été toûjours en Guerre pour les Païs-Bas, qu'il pouvoit réunir alors avec les Duché & Comté de Bourgogne: Il laissa épouser cette Princesse à Maximilien d'Autriche, Fils de l'Empereur Federic; & il ne fut occupé le reste de son Regne, qu'à lui enlever quelque Portion de cette riche Héredité, qu'il n'avoit pas voulu toute entiére. On marque que les diferentes Intrigues qu'il eut à ménager alors, lui firent établir les *Postes*, qui, durant un long-tems, ne servirent que pour les seules Affaires de nos Rois.

1478.

Cependant, la Mort du bon Roi René, Comte de Provence, arrivée le 10. de Juillet 1479. donna un nouvel Exercice à Loüis XI. Il consentit que Charles d'Anjou, Comte du Mayne, prît Possession de la Provence, où il étoit appellé par le Testament de son Oncle; mais, il disposa les choses, pour ne pas laisser échaper cette Province, qui ne tarda point d'être unie à sa Couronne, comme nous le verrons bientôt.

1479.

Au défaut de nos Annales, qui sont interrompuës, comme je l'ai déja dit, depuis 1428. nous apprenons par des Lettres, que nous avons, du Roi Loüis XI. qu'il y eut cette année, une grande Mortalité à Montpellier. Elle pouvoit bien avoir été le commencement de cette Maladie-Epidemique, qui est marquée dans l'Histoire de France, » & qui, en attaquant aussibien les Grands que les Pe-» tits, leur causoit une Fiévre continuelle & violente, qui portoit le Feu à la Tête, » dont la plûpart tomboient en Frénesie, & en mouroient comme enragez. Ma Conjecture est fondée sur les propres paroles du Roi Loüis XI. qui, en accordant une Grace singuliére à la Ville de Montpellier, par ses Lettres du 9e. Mars 1481. données au Plessis-lez-Tours, dit: » Qu'à l'occasion des Pestes & Mortalitez qui » ont couru autour de Montpellier, *depuis deux ans en-çà*, & aussi des grandes » Ravines & Inondations des Eaux, qui avoient gâté plusieurs Maisons, Moulins, » Ponts, Prez & Terres, & abatu grande partie des Murailles de la Ville, & emmené » grande quantité de Sels, appartenans à plusieurs desdits Habitans, il leur remet » & rabat la somme de deux mille cinq cent livres Tournois ; Mandant aux Ge-» neraux de ses Finances, tant en Languedoil qu'en Languedoc, les asseoir & im-» poser sur les Païs & Diocéses qu'ils verront plus propres à les suporter.

V.
Mezeray, Loüis XI. pag. 750.

Le Roi lui-même, se ressentit des Calamitez qui affligeoient son Royaume; car, étant près de Chinon, durant le mois de Mars 1480. il vint tout-d'un-coup à perdre la parole & toute connoissance, dont il ne revint qu'après deux jours, mais avec une santé si foible, qu'il ne put jamais bien se remettre.

1480.

Le même Accident lui arriva encore à Tours, l'année d'après; & comme s'il eût dû guerir en se donnant beaucoup de mouvement de corps & d'esprit, il entreprit divers Pélerinages, & s'engagea dans beaucoup d'Affaires étrangéres.

1481.

La plus remarquable pour nôtre Histoire, est l'Acquisition de la Provence, qu'il avoit fait ménager par Palamedes de Fourbin, Sieur de Souliers, qui manioit l'esprit du Comte Charles. Il lui représenta, que tous les Comtes de Provence ses Prédecesseurs ayant toûjours appellé à leur Succession, les Mâles, au préjudice des Filles, il devoit assurer ses Etats au Roi Loüis XI. comme le plus proche de ses Parens mâles : En consequence, le Comte fit son Testament; & étant tombé malade à Marseille, le 10e. Décembre 1481. il y mourut le lendemain. Par cette Mort, Loüis XI. fut reconnu Comte de Provence : Palamedes en eut tout l'Usufruit sa Vie durant; & le Languedoc perdit le Commerce du Levant, qu'il avoit fait en seul pour la France, jusqu'à cette Réunion de la Provence à la Couronne.

Les frequentes Infirmitez du Roi, le rendirent plus sensible aux Malheurs dont Montpellier continüoit d'être affligé ; car, nous avons des Lettres de ce Prince, du 2e. de Mars 1482. par lesquelles il décharge cette Ville, pour les mêmes raisons que ci-dessus, de la somme de trois mile cinq cent livres.

1482.

1483. Enfin, malgré toutes ses Précautions extraordinaires, Loüis XI. paya le Tribut à la Nature le 29e. d'Août 1483. laissant Charles VIII. son Fils-Unique, dans sa quatorziéme année.

FIN DU LIVRE ONZIE'ME.

HISTOIRE
DE LA VILLE
DE MONTPELLIER,
SOUS LES ROIS CHARLES VIII. ET LOUIS XII.

LIVRE DOUZIÉME.

CHAPITRE PREMIER.

I. Dispositions du Roi Charles VIII. en faveur de Montpellier. II. On obtient de lui, par surprise, la Supression de la Cour des Generaux. III. Lettres-Patentes de ce Prince, pour le Rétablissement de cette Cour. IV. Affaires de Bretagne, dont le Roi épouse l'Héritiére.

IL FAUT que les Maladies qui avoient couru dans Montpellier ou aux Environs, y eussent fait bien du Ravage, puisqu'on n'attendit pas le Sacre du Roi Charles VIII. pour le prier d'y remedier, en accordant, comme il fit, plusieurs Priviléges en faveur des Etrangers qui voudroient y venir pour repeupler la Ville. Nous avons les Lettres de ce Prince, données à Montils-lez-Tours dès l'an 1483. par lesquelles il prend sous sa Protection Royale, tous les Marchands Etrangers qui voudront s'y aller établir : il les déclare, Eux, leurs Femmes, Enfans & Biens, francs de toutes Impositions ; les exemte de Guet, & de la Garde des Portes ; & veut qu'ils ne payent aucune Taille ni Industrie pour leurs Personnes, à moins qu'ils n'acquiérent du Bien-fonds ; auquel cas, ils payeront la Taille au *prorata* des Acquisitions qu'ils auront faites.

I. 1483.

Par autres Lettres, données à Amboise le 4e. d'Avril, & de la même année, le Roi voulant pourvoir au Conseil-de-Ville, qui avoit été abandonné durant les Mortalitez passées, ordonna qu'on choisiroit dorénavant vingt-quatre Habitans, pour aider les Consuls dans les Déliberations qu'ils auroient à prendre sur les Affaires de la Communauté : C'est ce que nous appellons encore, *le Conseil des Vingt-quatre*, composé de deux Députez de chaque Compagnie, & le reste pris du Corps des Marchands Métiers ; au lieu qu'auparavant tous les Habitans, sans distinction y étoient appellés au Son de la Cloche, dite *le Gros-Sent* ; & ils s'assem-

Grand Talam. fol. 210.

1483. bloient dans la Cour de l'Hôtel-de-Ville, où ils prenoient leurs Déliberations.

1484. Les Contestations qui survinrent à la Cour, sur le Gouvernement du Royaume, ne purent être terminées que dans les Etats Generaux ténus à Tours en 1484. Il y fut ordonné que le Roi, puisqu'il avoit atteint l'âge de quatorze ans, seroit reputé Majeur: Qu'il présideroit dans le Conseil; le Duc d'Orleans en son absence; & au défaut de celui-ci, Jean II. Duc de Bourbon & Gouverneur du Languedoc. On donna le Gouvernement du jeune Roi, à la Dame de Beaujeu sa Sœur-aînée; l'Epée de Connétable au Duc de Bourbon; & l'on mena le Roi à Réims, où il fut sacré le 5e. du mois de Juin.

II. Toutes ces sages Dispositions n'arrêtérent point la Jalousie qui étoit entre les Princes du Sang & la Dame de Beaujeu; ils prirent les uns & les autres diferens partis sur les Affaires de la Bretagne, gouvernée alors par un fameux Sélerat, nommé *Landais*, Ministre & Favori du Duc François II. Ces Divisions de la Cour se communiquérent dans les Provinces, & particuliérement dans la nôtre, où les Habitans de Toulouse, voulant rendre (disoit-on) la pareille à ceux de Montpellier, de ce qu'ils leur avoient fait quelques années auparavant, ils formérent un Parti dans les Etats de la Province, où il fut resolu de demander la Supression de la Cour des Generaux, sous prétexte de son inutilité, & de l'avantage qui en reviendroit au Roi, par l'Epargne qu'il feroit des Gages des Officiers.

1485. La Dame de Beaujeu reçut favorablement leur Demande; & par Lettres-Patentes du 8e. de Mars 1485. la Cour des Generaux, qui étoit à Montpellier, fut suprimée.

1486. Cet Evenément ne tarda point de causer du dérangement dans les Affaires du Roi, qui l'obligérent bientôt, sur les Représentations du Duc de Bourbon, Gouverneur de la Province, de revoquer tout ce qui avoit été fait, & de rétablir cette Cour en l'état qu'elle avoit été auparavant: Ces secondes Lettres sont du 5e. d'Octobre 1486. par lesquelles on peut découvrir tout le Secret de l'Intrigue; & se convaincre, que la Cour des Generaux de la Justice des Aides, n'avoit pas suivi le Parlement, lors de son Rétablissement à Toulouse, (comme Mr. de la Faille l'a avancé.)

Je vais donner un Précis de ces Lettres, qui sont dans les Archives de nôtre Cour des Aides; & que je reduis, à cause de leur longueur, à ce qui est essentiel pour nôtre Histoire.

III. » Le Roy dit, qu'ayant été à plein averti par son Oncle le Duc de Bourbonnois &
» d'Auvergne, Connétable de France, & Gouverneur de Languedoc, des Raisons qui
» avoient mû le Roy son pere, à établir dans la Ville de Montpellier, une Cour Souveraine
» de Generaux, qui ont (ajoûte le Roy) bien & dûement exercé leur Jurisdiction du
» vivant du Roy nostre Pere, & depuis nostre Avénement à la Couronne, sans que
» nostre Cour de Parlement de Toulouse, ni autres Juges & Officiers dudit Païs, se
» soient ingerez d'entreprendre sur ladite Cour.

» Toutefois, à l'instigation & pourchas d'aucuns de nostredite Cour du Parle-
» ment, & aussi de certains Particuliers, qui avoient conçû haine & malveillance
» contre les Officiers de lad. Cour, parcequ'ils reformoient & corrigeoient les Mange-
» ries du Pauvre-Peuple, & les Abus qu'on faisoit ez Consulats, où l'on mesloit les
» Deniers communs avec les nostres, pour s'en ayder dans leurs propres Affaires, au
» préjudice de nos Deniers, & de la Chose publique.

» Iceux Malveillans trouvérent moyen d'avoir Charge & Commission des Etats
» dudit Païs, de nous requerir que lad. Cour des Generaux fût suspendüe & abo-
» lie, dont se seroit ensuivi dans ledit Païs, pour le Recouvrement de nos Deniers,
» plusieurs Contradictions, Rebellions, Procez & Questions; tellement que en
» plusieurs Diocéses d'icelui Païs, comme Toulouse, Montauban, Uzés, & sem-
» blablement en aucuns de nos Greniers, nos Deniers sont employez en Procez &
» Playdoyeries, de sorte que nos Receveurs, leurs Cautions, & autres qui nous
» sont tenus, se tiennent en Franchise, & s'absentent de nostredit Royaume avec
» leurs Biens, & les Deniers par eux à Nous dûs.

» Pour laquelle Cause, ayant été avertis par nôtredit Oncle & Cousin, du grand
» Dommage que recevons au moyen de la Destitution de ladite Cour des Gene-
» raux; Avons, par l'Advis & Conseil de Lui, & de plusieurs autres Princes & Seigneurs

» gneurs de nôtre Sang, Gens de nôtre Conseil & de nos Finances, ordonné reſ-
» tablir & reſtituer icelle Cour, en tel Eſtat, Authorité, Pouvoir, Prééminence &
» Juriſdiction qu'elle étoit auparavant ladite Deſtitution : Voulons & déclarons
» que nos amez & feaux M^e. Jean *Tripet*, Pierre *Granier*, Gabriël *Vives*, qui, au
» temps de ladite Deſtitution, tenoient les Offices de Generaux en ladite Cour, &
» ſemblablement M^e. François *Boſc*, & Raoul *Boucaud*, & Jacques *Merven*, qui
» tenoient les Offices de nos Avocats, Procureur & Receveur d'icelle Cour, &
» Jean *Belor* & Jean *Gabard* pour Huiſſiers, demeurent [chacun d'eux en leur
» Eſtat & Offices.

» Et au lieu de noſtre amé & feal Notaire & Secrétaire M^e. Pierre *Taupiſié*, qui
» eſtoit lors Greffier de ladite Cour, Nous avons commis noſtre bien-amé Secré-
» taire M^e. Jean *Prunier*, parceque voulons employer ledit M^e. Pierre *Taupiſié*,
» en autres nos Affaires par-deça : Leſquels tous Offices, en tant que meſtier ſe-
» roit, Nous leur avons donné & donnons de nouvel & d'abondant par ces Pré-
» ſentes; Et auſſi donnons à noſtre amé & feal M^e. Guillaume *Bruni*, Docteur en
» chacun Droit, l'Office de noſtre Conſeiller & General en icelle Cour, au lieu
» de M^e. François *Meſnier*, qui tenoit ledit Office au temps de ladite Deſtitution,
» & qui depuis l'a reſigné audit M^e. Guillaume *Bruni* ; & ce pour faire & accom-
» plir le nombre de quatre Conſeillers, ainſi qu'ils eſtoient auparavant.

» Auſquels, en enſuivant la première Inſtitution faite d'icelle Cour, par noſtredit
» Seigneur & Pere, donnons pouvoir, Authorité & Commiſſion, de connoître, dé-
» cider & déterminer, en noſtredite Ville de Montpellier, & ailleurs où meſtier ſera,
» de toutes Matiéres, Queſtions & Procez, mûs & à mouvoir, & qui ja ſont
» commencez, ſoit en noſtre Cour de Parlement de Toulouſe, ſoit devant nos Se-
» néchaux & autres Juges, quelque-part qu'ils ſoient, concernant le Fait de la Juſ-
» tice de nos Finances dudit Païs de Languedoc, & leur dépendances ; tout ainſi
» qu'ils faiſoient auparavant ladite Deſtitution, & que ont accoûtumé de faire nos
» autres Cours des Generaux ſéantes ez Lieux de Paris & de Roüen : Interdiſant
» & défendant à noſtre Cour de Parlement de Toulouſe, aux Senéchaux, & au-
» tres Juges Ordinaires, toute Juriſdiction & Connoiſſance deſdites Matiéres de nos
» Finances : Et avec ce, leur mandons que tous les Proçez & Procedures qu'ils
» auront par-devers eux, touchant le Fait deſdites nos Finances & Aydes, ils ren-
» voyent pardevant noſdits Conſeillers-Generaux, en quelque eſtat qu'ils ſoient, pour
» illec eſtre finies en Dernier-Reſſort & Souveraineté.

» SI DONNONS EN MANDEMENT, à noſtredit Oncle & Couſin le Duc de Bour-
» bonnois & d'Auvergne, Gouverneur de noſtredit Païs de Languedoc, ou à ſon
» Lieutenant, que noſtre préſente Ordonnance ils obſervent de point en point ;
» ſans faire ni ſouffrir aucun détourbier ou empêchement : Au contraire,
» que pris & reçû deſdits *Tripet*, *Granier*, *Vives*, *Bruni*, *Boſc*, *Boucaud*, *Prunier*
» & *Merven*, *Belor* & *Gabard*, le Serment en tel cas accoûtumé, ils les mettent
» en poſſeſſion & ſaiſine deſdits Offices, & les en faſſent joüir, nonobſtant Oppo-
» ſitions quelconques, & leur faſſent payer par chacun an, par le Tréſorier-General
» de nos Finances, leurs Gages, aux termes & en la maniére accoûtumée.

» Et afin que de ce aucun ne puiſſe prendre cauſe d'ignorance, Nous voulons
» que ceſdites Préſentes ſoient publiées & enregiſtrées en noſtre Cour de Parlement
» de Toulouſe, & par tous les autres Lieux & Auditoires de noſtredit Païs de
» Languedoc où meſtier ſera : Et que au Vidimus d'icelles, fait ſous Scel Royal,
» foy ſoit ajoûtée comme à ce préſent Original. Donné à Compiegne le 5e. jour
» d'Octobre, l'an de grace 1486. & de noſtre Regne le quatriéme. Ainſi ſigné,
» Par le Roy, M^{rs}. les Ducs d'Orleans, & de Bourbon, les Comtes de
» Clairmont, de Montpenſier & de Vendoſme, de la Trimoüille, de Granville,
» de Piennes & de Grimeau, & autres Préſens. ROBINEAU.

Pour l'Execution de ces Lettres, il fut expedié le 17e. du mois d'Octobre, une
Commiſſion, au nom de Loüis de *la Voulte*, Seigneur de Mirabel, & Lieutenaut
du Duc de Bourbon en Languedoc, & au nom de Guillaume Briçonnet, General des Finances du Roi, par laquelle ils mandent à François de *Marſac*, Seigneur
de Hauterive, & Gouverneur des Villes & Baronie de Montpellier & d'Omelas, &

1486.
à Antoine *Bayart*, Trésorier-General des Finances audit Païs, de recevoir le Serment defdits Officiers, de les mettre en Possession, & de faire observer tout le contenu dans les Lettres du Roi.

IV. Cependant, la Division continüoit à la Cour, au sujet des Etats de Bretagne, dont l'Héritiére étoit recherchée par Maximilien Roi des Romains, par le Duc d'Orleans, & par le Seigneur d'Albret, qui comptoit sur une Promesse qu'il avoit par écrit du Duc de Bretagne, Pere de la Princesse. Dans cette Concurrence, le Parti du Duc d'Orleans complota d'enlever le Roi, qui n'étoit pas fâché de se tirer du Gouvernement imperieux de sa Sœur; mais, le Complot ayant été découvert, les principaux Auteurs furent arrêtez, & jetez dans une Prison, où Philipe de Comines entr'autres, qui étoit du nombre, resta plusieurs années.

1487.

Ces diférentes Brigues causèrent la Guerre dans les Païs-Bas, dans la Guiéne, & dans la Bretagne. Le Roi ayant marché dans la Guiéne, y pacifia tout par sa Présence: le Maréchal *d'Esquerdes* poussa à bout Maximilien en Flandres; & les Troupes du Roi, ayant mis le Siége devant Nantes, allarmérent tous les Bretons: Alors la Dame de Beaujeu, voulant les pousser à son tour, envoya une Armée, commandée par la Trimoüille, qui les défit, entre Rennes & St. Aubin, le 28e. de Juillet 1488. & fit Prisonniers, le Duc d'Orleans & le Prince d'Orange, qui combatoient pour eux. Le Duc de Bretagne étant mort dans ces entrefaites, on parla de conquerir tous ses Etats, & l'on s'empara d'un grand nombre de Places: mais, la surprise fut bien grande, lorsqu'on apprit que Maximilien avoit déja épousé par Procureur, l'Héritiére de cette riche Province; ce qui arriva en 1489.

1488.

1489.

Le Roi Charles fit alors marcher ses Troupes, pour assiéger cette Princesse dans Rennes, & pour lui enlever la Bretagne de vive-force; mais, ayant changé d'avis, il contremanda ses Troupes, & il la fit rechercher par les Voyes de la Douceur. Tous les Rivaux que Maximilien avoit eu, & les Seigneurs-Bretons, entrérent dans les Interêts du Roi, & n'oubliérent rien, pour persuader la Princesse en sa faveur: Après une assés longue resistance, elle se rendit enfin, aux Raisons-d'Etat qu'on lui fit valoir; & elle épousa le Roi Charles VIII. à Langeais en Touraine, le 16e. de Décembre de l'année suivante.

1490.

Armoire H.
Cassette 2.

Toutes ces grandes Affaires n'empêchérent pas le Roi, d'étendre ses Soins sur Montpellier, & sur les Ecoles de cette Ville; car, nous avons dans les Archives de la Maison-Consulaire, des Lettres du 5e. Juillet 1490. par lesquelles le Roi Charles VIII. continuë à la Ville de Montpellier, cinq Deniers sur chaque Quintal de Sel, pour les Reparations de la Ville, du Pont-Juvenal, & de Nôtre-Dame des Tables, qui menaçoient ruïne: De plus, l'Histoire de nôtre Université de Medécine, nous apprend que le Roi, à la solicitation d'Honoré *Piquet*, son Medécin, & Docteur de la Faculté de Montpellier, augmenta dans cette année, le nombre des Professeurs, leur permit de porter la Robe-Rouge,

F. Ranchin.
Sacrum Apollin.

de se faire précéder par une Masse-d'Argent; & parcequ'ils n'avoient eu jusqu'alors d'autres Emolumens que ce qu'ils prenoient des Ecoliers, il leur assigna cinq cent Francs de Gages, à se partager entr'eux.

1491.

Il ne restoit au Roi, pour pacifier les Affaires de son Royaume, que de faire consentir Maximilien, à reprendre sa Fille Marguerite, qui étoit déja venüe en France, pour être un jour son Epouse. Maximilien, doublement fâché, & du Renvoi de sa Fille, & du Mariage du Roi avec Anne de Bretagne, recourut à la Vengeance d'Henry VII. Roi d'Angleterre, qui vint faire une Décente à Calais, & mettre le Siége devant Boulogne; Mais, la Maison d'Autriche ayant mal secouru le Roi Henry, il se retira avec une grosse Somme d'Argent, qu'on lui donna pour les Fraix de son Armée: Et l'année suivante, les Princes d'Allemagne & les Suisses s'étant entremis de tous ces Diferends, on fit un Traité à *Senlis*, par lequel le Roi rendit, avec Marguerite d'Autriche, l'Artois & la Comté de Bourgogne, qui lui avoient été donnez en Dot.

⚜

CHA-

CHAPITRE SECOND.

I. *Progrès surprenans du Roi Charles VIII. en Italie.* II. *Il donne à Naples des Lettres remarquables pour Montpellier.* III. *Il reprend le Chemin de France, & défait ses Enemis à Farnoüe.* IV. *Ferdinand d'Aragon fait une Diversion en Languedoc.* V. *Assemblée à Montpellier, pour la Paix entre ces deux Princes, sans aucun effet.* VI. *Maladie & Mort du Roi.*

L'INTERIEUR du Royaume ayant été pacifié, de la manière que nous venons de voir, le Roi Charles VIII. entreprit le Voyage de Naples, qui est devenu l'Epoque la plus celebre de son Regne : Il y fut engagé par Ludovic Sforce, Usurpateur des Etats de Milan, qui trouva le moyen de gagner les deux Personnes qui gouvernoient alors l'esprit du Roi, Etiéne *de Vers* son Chambelan & Senéchal de Beaucaire, & Guillaume *Briçonnet* son Tréforier-General & Evêque de S^t. Malo.

I. 1491.

Dans le premier Projet de cette Entreprise, Ferdinand, Roi d'Aragon, Epoux d'Isabelle de Castille, obtint la Restitution des Comtez de Roussillon & de Cerdagne, sans même lui payer les trois cent mile Ecus pour lesquels elles avoient été engagées. Cette Affaire, qui porta un grand Contre-coup au Languedoc, passa pour être l'Ouvrage du Confesseur du Roi ; & de celui de la Dame de Beaujeu, (devenuë alors Duchesse de Bourbon) qui, de concert, persuadérent au Roi & à la Dame sa Sœur, qu'on ne pouvoit, en conscience, retenir ces deux Comtez. Ferdinand, qui les faisoit agir, promit à cette occasion, tout ce qu'on voulut, pour faciliter l'Expedition de Naples ; mais, tout l'effet de ses Promesses, aboutit à rendre nôtre Province, l'un des Téâtres de la Guerre qui fut depuis entre ces deux Couronnes.

1492.

Nous trouvons dans l'année 1493. une Transaction, entre nos Consuls, faisant pour la Communauté, d'une part, & Secondin de Serrat, Protonotaire & Prieur de S^t. Firmin, de l'autre ; par laquelle ils réglent la Dîme des Olives qui se recüeilliront dans l'Etenduë dudit Prieuré, à la quinziéme partie des Fruits, payable sur le Lieu : Cette Régle subsiste encore dans le Prieuré de S^t. Firmin, quoiqu'elle soit diferente dans les autres Parroisses voisines.

1493.
Grand Talamus fol. 205.

Le Voyage de Naples fut suspendu pendant toute cette année 1493. tant par le défaut d'Argent, que par la Contrarieté qui se mit dans le Conseil du Roi, où le Senéchal de Beaucaire soutenoit toujours l'Entreprise ; & Briçonnet, y ayant plus mûrement pensé, s'y opposa de toutes ses forces.

Enfin, par un de ces Coups qui sont au-dessus de toute la Prudence-humaine, le Roi partit de Paris au mois de Juillet 1494. ayant laissé la Regence du Royaume, à Pierre Duc de Bourbon son beau-frere : Il demeura quelque-tems à Lyon, puis à Vienne, & ensuite il passa dans la Ville d'Ast, où il séjourna jusqu'au 6e. d'Octobre, pour donner le tems de faire passer son Artillerie par les Montagnes.

1494.

Il arriva à Pavie le 13e. d'Octobre, dans le tems que Ludovic Sforce donna au Duc Galeas, le Morceau fatal qui lui fit perdre la Vie & le Duché de Milan : Ludovic s'en empara aussitôt, & laissa le Roi continüer sa Marche jusqu'à Florence, où il entra le 17. Novembre. Le Pape Alexandre VI. craignant d'être pris par force, & déposé de la Papauté, comme il le méritoit, se retira dans le Château S^t. Ange, & abandonna la Ville de Rome au Roi, qui y fit son Entrée en Armes, le 28e. de Décembre : il y séjourna un mois entier, durant lequel Alexandre demanda à capituler avec lui, & lui accorda sans peine tout ce qu'il desiroit.

Le Roi étant sorti de Rome le 28e. Janvier, pour continüer sa Marche vers le Royaume de Naples, fit un si grand Progrès, qu'il entra le 22. de Février,

1495.

1495.

dans la Ville de Naples, où il fut reçû comme s'il en eût été le Fondateur & le Liberateur; Ainsi, en quatre mois & demi, il traversa toute l'Italie, fut reçû par tout comme Souverain, & conquit tout le Royaume de Naples en quinze jours, à la reserve de Brindes.

II. Ce fut environ ce tems, & pendant le Séjour qu'il fit en la Ville de Naples, qu'il y donna des Lettres fort remarquables pour la Ville de Montpellier, à l'occasion que je vais dire. Le feu Roi Loüis XI. ayant accordé (comme nous l'avons vû) aux Consuls de cette Ville, cinq Deniers à prendre, durant neuf ans, sur chaque Quintal de Sel qui se vendroit dans les Greniers du Languedoc, les Habitans de la Province, obtinrent du Roi Charles VIII. des Lettres-Subreptices, en Revocation de ce Don; Mais, le Roi en ayant été informé, il leur continüa la même Grace pour trois ans, dont ils avoient joüi paisiblement pendant deux ans & demi, lorsque les Habitans de Touloufe, & les Etats du Languedoc, intentérent Procès à Ceux de Montpellier, qui, pour décliner la Jurisdiction du Parlement, où ils étoient assignez, demandérent leur Renvoi à la Cour des Generaux.

Armoire H. Cassette 2.

Le Roi Charles VIII. par ses Lettres, données à Naples le dernier du mois de Mars 1495. leur accorda le Renvoi qu'ils demandoient; & il ajoûte dans ces mêmes Lettres, quelques Faits interessans pour l'Histoire de Montpellier : car, il marque le nombre des Feux qu'il y avoit dans cette Ville, avant les Mortalitez qui l'avoient desolée, & avant les Guerres que Loüis XI. avoit eu dans le Roussillon : il y fait mention du Commerce sur Mer qu'on exerçoit à Montpellier, tandis que la France n'avoit d'autres Ports que ceux du Languedoc ; mais, on en jugera mieux par le Précis de ces mêmes Lettres, où le Roi dit :

» Que la Ville de Montpellier ayant été autrefois peuplée de trente-cinq à
» quarante mille Feux, à cause de la grande Marchandise & Port-de-Mer qui
» alors avoit cours au Pays de Languedoc ; Néantmoins, au moyen de la Mor-
» talité, & des Guerres qui avoient eu cours entre la France & le Roy de Castille,
» pour le Differend de la Comté de Roussillon & de Cerdagne, la Ville de
» Montpellier fut fort dépeuplée : A raison dequoi, le Roy son pere, auroit ac-
» cordé à la Ville de Montpellier, cinq Deniers à prendre sur chaque Quintal de Sel
» qui se vendroit ez Greniers de Languedoc, pour être employez aux Fortifications
» de la Ville, & Entretien de l'Eglise de Nostre-Dame des Tables, pour en joüir
» durant neuf ans ; de laquelle Grace, les Habitans dudit Pays obtinrent des
» Lettres-Subreptices, en Revocation dudit Don : Ce qui étant venu à sa connoissan-
» ce, il leur continüa ledit Don, sur tous les Greniers dudit Pays ; duquel ayant
» joüi pendant deux ans & demi, les Habitans de Touloufe, & les Etats de la
» Province, troublérent les Consuls de Montpellier, & les envelopérent en Procez
» pardevant le Parlement de Toulouse : Pour raison dequoi, le Roy veut, qu'au-
» cune Cour n'en connoisse, que celle des Generaux de Montpellier.

Nos Consuls trouvérent plus de Protection dans leur propre Ville qu'ils n'en auroient eu à Touloufe, & ils furent maintenus dans un Privilége qui dépendoit de la seule Liberalité du Roi. Nous verrons qu'ils en joüirent jusqu'en 1503. où les autres Villes de la Province firent un nouvel Effort auprès du Roi Loüis XII. pour en obtenir l'Abolition : Mais, nos Consuls, voulant alors employer le profit de ces Deniers, non-seulement à l'Entretien, mais encore à la Décoration de l'Eglise Nôtre-Dame des Tables, firent faire une Croix dorée, du poids de deux Quintaux, & une grosse Boule pour lui servir de Base, qu'ils posérent sur l'Eguille d'un Clocher qu'il y avoit alors sur la Porte de l'Eglise, du côté de l'Hôtel-de-Ville. Nos Annales marquent, qu'on mit dans la Boule diferentes Reliques ; & que Jean Izarn de Barriere, alors Evêque de Maguelonne, fit la Benediction de cette Croix : mais, le tout ne subsista que jusqu'aux premiers Troubles de Religion.

III. Cependant, le Roi restoit à Naples, d'où il ne partit que le vingtiéme de Mai, pour s'en revenir en France. Les Délices du Païs avoient si fort amusé les François, qu'ils n'avoient pas songé à s'assurer de leurs Conquêtes, en y établissant le bon Ordre & la Justice : Tout l'Amour qu'on avoit eu pour eux, se changea

bien-

bientôt en haine : de forte que les Napolitains songérent à rapeller leurs anciens Tirans ; & tous les Princes d'Italie se liguérent ensemble, pour exterminer les François dans leur Passage : Les Venitiens, le Pape, l'Empereur, l'Archiduc son fils, le Roi d'Aragon, & Ludovic Sforce, formérent une Ligue, qui mit sur Pié quarante mile Hommes, commandez par François Marquis de Mantoüe.

1495.

Rien ne leur auroit été plus aisé que de faire perir nôtre Armée, qui n'étoit que de neuf mile Hommes ; mais, la même Main qui avoit conduit avec tant de bonheur le Roi Charles VIII. le tira glorieusement de ce Piége : Ses Enemis n'osérent l'attaquer dans les Montagnes, où ils auroient pû le défaire ; & ils se contentérent de le venir attendre à la Décente des Montagnes, près d'un Vilage au-delà de Plaisance, appellé *Farnoüe*, qui, depuis ce tems-là, est devenu célébre.

Le Roi s'y étant logé, la petite Riviére du Tar entre les deux Armées, envoya demander Passage aux Confederez, qui ne lui firent aucune Réponse : Alors, il resolut de se l'ouvrir par force. On en vint aux mains le sixiéme de Juillet ; & en moins d'un quart-d'heure, les Confederez furent enfoncez jusque dans leur Camp, avec perte de trois mile Hommes : Le Roi demeura Maître du Champ-de-Bataille ; & cette importante Victoire, qui ne lui coûta que quatre-vingts Hommes, & une partie de son Bagage, lui assura le Chemin jusqu'à Ast, où il arriva le 15e. du même mois. C'est ainsi, comme nous le voyons dans l'Histoire-Sainte, que Dieu protége les Princes qu'il a appellé de loin, pour l'Exercice de ses Vengeances : mais, ces mêmes Princes sont punis à leur tour, après qu'ils se sont abandonnez à leurs Passions. L'Evenement justifia, dans tous ces Chefs, la Conduite ordinaire de Dieu : Le Voyage & les Succès du Roi Charles VIII. furent prédits & annoncez à l'Italie, par le fameux Savonarolle ; Dieu punit par ses Armes, les mauvais Princes qui y regnoient alors : mais, la Licence des François reçut à son tour, le Châtiment qu'elle meritoit, par cette prodigieuse quantité d'Argent, de Sang, & de Peines qu'il leur en coûta, & par la Maladie-Honteuse qu'ils apportérent de Naples.

Quelque bonne envie qu'eût le Roi Charles VIII. de retourner en Italie, il fut arrêté dès son Arrivée, par la Diversion du Roi Ferdinand, qui porta ses Armes dans le Languedoc. Ce Prince, qui étoit bien-aise de joüir de tout le Roussillon, sans garder la Neutralité qu'il avoit promise, chercha querelle au Roi de France, sur ce qu'il avoit pris pendant son Expedition en Italie, quelques Places des Florentins & du St. Siége, qui lui étoient necessaires pour la sureté de ses Armes : Il lui fit dire, lors de sa Sortie de Rome, par Antoine de Fonseca, son Ambassadeur, qu'en promettant de ne pas s'opposer à ses Progrès, il n'avoit entendu parler que du Royaume de Naples ; Surquoi, après quelques Disputes fort vives, l'Ambassadeur déchira le Traité en présence du Roi : En consequence, le Roi Ferdinand fit entrer dans le Languedoc, grand nombre de Gens-de-Cheval, qui vinrent piller & sacager tout ce qu'ils purent, aux Environs de Narbonne ; Mais, le Roi Charles lui rendit bientôt la pareille, en envoyant des Troupes pour faire le Siége de Salses.

IV.
1496.

Comines, ch. 42.

Paul Jove, qui parle de ce Siége dans un grand détail, donne la Conduite de nos Troupes, à Jean Duc de Foix, Vicomte de Narbonne ; mais, Philipe de Comines, & nos Auteurs François, la donnent à Charles d'Albon de St. André, Lieutenant de Pierre Duc de Bourbon, dans le Gouvernement du Languedoc : Quoiqu'il-en-soit, nôtre General évita toutes les Finesses des Espagnols ; & malgré la Superiorité de leur Armée, il mit le Siége devant cette Place, la batit avec une si forte Artillerie, qu'on fut bientôt en état de monter à la Bréche, & d'emporter la Place d'Assaut.

Liv. 4.

Cet Echec rendit Ferdinand plus traitable : il rechercha une Tréve, qu'on lui accorda pour six mois ; & l'on convint, que dans l'année suivante, il envoyeroit ses Députez à Montpellier, pour y traiter avec Ceux de France, d'une bonne Paix entre les deux Couronnes : Mais, le Roi Charles ne voulant point renoncer à la Conquête de Naples, ni Ferdinand s'engager à ne pas le traverser dans cette Entreprise, le Resultat de cette Assemblée fut sans effet.

V.
Deserres, Inventaire.

1497.

1497.
Dans ce même-tems, nos Consuls obtinrent du Roi Charles VIII. une Charte, en Confirmation des Pouvoirs qu'il leur avoit déja donné, d'établir une Draperie ou Manufacture de toute sorte de Laines & de Soye, qui contribüa beaucoup à occuper le Menu-Peuple, & à rapeller à Montpellier, les Ouvriers & les Marchands, que les Calamitez passées en avoient fait sortir.

Tout le reste de cette année fut employé, en diferens Projets pour le Recouvrement du Royaume de Naples : Tantôt on proposa, que le Roi voulût se contenter d'un Hommage & d'un Tribut sur ce Royaume ; Tantôt, qu'il s'accordât avec le Pape, qui en étoit le Seigneur de Fief ; ou bien, qu'on commençât par s'assurer du Milanois & de la Cité de Génes, d'où l'on pourroit plus aisément faire la Guerre dans le Royaume de Naples. Ce dernier Moyen parut le plus convenable de tous ; & l'on fit pour cela des Levées de Suisses, & on donna Ordre de faire avancer la Cavalerie jusqu'à Ast : mais, la mauvaise Santé du Roi arrêta toutes ces Resolutions ; & les Princes d'Italie, qui ne pouvoient s'accorder entr'eux, offrirent inutilement aux François un Passage par leurs Etats.

1498.
Le Roi, dont la Complexion étoit naturellement flouette, se ressentit plus que jamais, des Fatigues de sa Jeunesse : il perdit le goût de toutes ses Conquêtes, & ne songeoit qu'à reformer son Etat, & à mener une Vie Tranquile & Chrétiéne, lorsqu'il fut enlevé subitement dans le Château d'Amboise, où il résidoit depuis quelque-tems. On voulut attribuer sa Mort à un Poison-lent qu'il avoit pris en Italie ; mais, le Fait constant est, qu'un jour, *sixiéme* d'Avril, sur les deux heures après-midi, comme il étoit dans une Galerie, regardant joüer à la Paume dans les Fossez, il fut atteint d'une Apoplexie, dont il tomba à la renverse. Tous les Courtisans, & tous ses Officiers, le laissérent expirer sur une méchante Paillasse, où ils le couchérent au même endroit ; & ils furent, à-toute-bride, trouver à Blois, le Duc d'Orleans, qui devoit être son Successeur.

En lui finit la Ligne-Aînée du Roi Philipe de Valois, qui, de Pere en Fils, avoit donné sept Rois à la France. Le Duc d'Orleans, qui lui succeda, comme premier Prince du Sang, étoit d'une Ligne-Collaterale : il étoit Petit-Fils de ce Loüis Duc d'Orleans, Frere du Roi Charles VI. qui fut assassiné dans la Ruë Barbette en 1407. par les Emissaires de Jean Duc de Bourgogne.

CHAPITRE TROISIÉME.

I. Graces accordées à la Ville de Montpellier par le Roi Loüis XII. II. Il se prépare à la Guerre d'Italie, où il se rend maître du Duché de Milan. III. La Naissance de Charles-Quint change tous les Interêts des Princes. IV. Arrivée de l'Archiduc son pere à Montpellier. V. Reception qui lui fut faite.

I. LOUIS XII. surnommé le Pere du Peuple, fit paroître sa Justice & sa Bonté, dès le commencement de son Regne, par cette parole remarquable : *Que les Rois de France n'épousoient point les Querelles des Ducs d'Orleans* ; voulant dire, qu'il oublioit tous les Mauvais-Offices qu'on lui avoit rendus avant que de parvenir au Trône.

Parmi les Faveurs qu'il fit à plusieurs Villes de son Royaume, celle de Montpellier en compte trois considerables : La permiére est, la Confirmation de la Cour des Generaux, par Lettres-Patentes données à Senlis le 20e. de Juin 1498. dans lesquelles on voit que, selon l'Usage de ce tems-là, toutes les Charges de Justice devenoient vacantes du jour de la Mort du Roi, & qu'il étoit necessaire que son Successeur en confirmât tous les Officiers, & validât tout ce qu'ils auroient fait depuis la Vacance. » Avons confirmé & confirmons (dit le Roi) ladite Cour des » Generaux séante en nostre Ville de Montpellier : Et en ce faisant, avons continüé » & continüons les Officiers & Supôts d'icelle ; c'est à sçavoir, nos amez & féaux » Conseillers, M^{e}. Loüis *de la Croix*, Président ; Jean *Salmon*, Philipe de *Lauselergues*,

Doc-

„ Docteur, Jean *Teixier* Licentié ez Loix, & Jean *Prunier*, Conseillers en ladite Cour;
„ Me. François *Bosc*, Advocat; Raulin *Boucaud*, Procureur; Me. Jean *le Clerc*,
„ Greffier; Jean *Merven*, Receveur; Jean *Boucaud* & Jean *Gabard*, Huissiers en
„ ladite Cour : Et ausdits Officiers, ja déclarez vaquans par nouvel Avénement
„ à la Couronne, Nous leur donnons & ottroyons par ces Présentes, qu'ils puis-
„ sent tenir & doresnavant exercer lesdits Offices.
„ Et en tant que mestier est ou seroit, Avons, de nostre certaine Science, Plei-
« ne-Puissance & Authorité-Royale, validé & authorisé, tout ce que par lesdites Gens
„ de nostredite Cour des Generaux & Chambre, en general & en particulier,
„ a esté ou sera fait, depuis le Trespas de nostredit feu Sieur & Frere, jusqu'à
„ la Publication de cesdites Présentes.

Par autres Lettres du 2e. de Juillet, données à Paris, le Roi accorda aux
Consuls, de prendre un Denier sur chaque Livre de Viande qui se vendroit dans
Montpellier, pour subvenir aux besoins de la Ville : Et dans ces mêmes Lettres,
le Roi y fait mention de pareille Grace, qui avoit été accordée par Loüis XI. en
1475. & par Charles VIII. en 1496. d'où nous pouvons connoître, qu'il a falu
de tout tems, prendre sur le Public, dequoi fournir aux Necessitez-Publiques.

Nos Consuls-de-Mer & Marchands, se ressentirent en particulier des Bontez
du nouveau Roi, par les Lettres de Confirmation qu'ils obtinrent dans ce même
mois, de la Draperie ou Manufacture déja établie à Montpellier sous Charles VIII.
Nous y voyons les principaux Ouvrages qu'on y faisoit, par ces paroles : „ Don-
„ nons la Faculté & Privilége de pouvoir ériger & mettre sus, l'Art, Travail,
„ & Ouvrage de Draperie de Laine & de Soye, de Flassades, Eschalons, Barra-
„ gans, Chapelleries, Bonneteries, & autres Arts fins de Laine & de Soye.

II. Ces Graces furent accordées dans les premiers mois du Regne de Loüis XII.
qui ne tarda point d'être recherché par les Princes d'Italie, qui vouloient tous
à l'envi, se fortifier de ses Armes : Les principaux étoient, le Pape Alexandre VI.
les Venitiens & les Florentins; car, Ludovic Sforce, Usurpateur de Milan, &
Federic Roi de Naples, ne pouvoient compter sur la Protection de la France,
puisque c'étoit à eux que Loüis XII. en vouloit le plus.

Dans les premiéres Négociations qui furent entamées avec le Pape, le Roi
fit demander des Commissaires, pour la Dissolution de son Mariage avec Jeanne de France, Fille de Loüis XI. Alexandre lui nomma Philipe de Luxembourg Cardinal, Evêque du Mans, Loüis d'Amboise, Evêque d'Alby, & Pierre
Evêque de Ceute, son Nonce en France, qui tous, ayant reconnu que Loüis
XI. l'avoit forcé à ce Mariage, & que selon le Raport des Medécins, la Reine
étoit inhabile à avoir des Enfans, déclarérent le Mariage nul : Ainsi, le Roi
épousa Anne de Bretagne, Veuve du feu Roi, qui avoit été ses premiéres Inclinations; & la Reine Jeanne, prenant le tout avec patience, se retira dans le
Couvent des Filles de l'Annonciation à Bourges, où elle prit le Voile.

Avant que de rien remüer en Italie, Loüis XII. songea à s'assurer l'Amitié de
ses Voisins : Il traita avec l'Anglois; puis, avec Ferdinand & Isabelle; & après,
avec l'Archiduc Philipe leur Gendre, à qui il remit plusieurs Places dans l'Artois,
à la charge qu'il rendroit Hommage au Roi pour cette Comté; ce qu'il executa
dès-lors.

Les Venitiens, alliez avec la France, commencérent, de leur côté, les Hostilitez dans le Milanois, où ils prirent tout ce qui est au-delà de la Riviére d'Ad-
de; & les François, qui entrérent d'un autre côté, après avoir sacagé Novarre
& Alexandrie, se rendirent Maîtres de Mortare, de Pavie, & de la Cité de
Génes : Le Roi, qui étoit à Lyon, en partit aussitôt pour Milan, où il fit son
Entrée en Habit-Ducal, & séjourna prés de trois mois dans le Païs. Mais, par
les Vicissitudes si ordinaires en Italie, à peine le Roi eut repassé les Montagnes,
que les Peuples reçurent à bras-ouverts Ludovic Sforce, & que Trivulce, qui
commandoit dans Milan, fut obligé de lui abandonner la Ville : Le Roi envoya
Loüis de la Trimoüille avec une puissante Armée, qui rencontra Ludovic prés
de Novarre, où ce Miserable ayant été livré aux François, fut envoyé en France,
& confiné jusqu'à sa mort, dans le Château de Lôches.

1498.

1499.

1500.

232   HISTOIRE DE LA VILLE DE MONTPELLIER,

1500.   III. La Naissance d'un jeune Prince, qui arriva dans cette même année, changea entiérement tous les Projets qui avoient été faits jusqu'alors ; J'entens parler de Charles, Fils de l'Archiduc Philipe, & de Jeanne, seconde Fille de Ferdinand & d'Isabelle, qui étant né à Gand, le jour de S^t. Mathias, 25e. Février 1500. acquit d'abord le Droit de Succession à la Couronne d'Espagne, par la Mort de Michel Infant de Portugal, Fils de la Sœur aînée de sa Mere : Dès-lors, l'Empereur Maximilien son ayeul, ne songea qu'à l'Agrandissement de son Petit-Fils, par quelque Grand-Mariage, comme celui qu'il avoit fait lui-même avec Marie de Bourgogne, & Philipe son fils avec Jeanne d'Aragon & de Castille. Nous allons voir, que tous les Traitez qui furent faits depuis, sous le Roi Loüis XII. ne furent qu'en vûë de l'Agrandissement du jeune Charles, qui se rendit ensuite si connu dans le Monde, sous le Nom de Charles-Quint.

Quoique le Roi fût assés fort, après être rentré dans le Duché de Milan, pour conquerir tout seul le Royaume de Naples, il prit néanmoins le mauvais Conseil, de le partager avec Ferdinand Roi d'Aragon, à qui il ceda la Poüille & la Calabre, retenant pour lui la Terre de Labour & l'Abruzze.

Pag. 580.   Je croi ne devoir pas omettre à ce propos „ une Remarque du Celébre M^r. Dupuy, dans son Livre des Droits du Roi Très-Chrétien, sur divers Etats de l'Europe ; C'est que par un Article de ce Traité „ Loüis XII. renonça à toutes ses Prétentions sur le Roussillon & la Cerdagne, en faveur de Ferdinand, qui, de son côté, renonça aux anciens Droits qu'il prétendoit avoir sur la Comté de Montpellier : C'est ainsi que les Rois d'Aragon, ne cessérent de faire revivre, le Droit que Pierre le Ceremonieux avoit voulu s'établir sur Montpellier, quoique cette Ville eût été venduë, avec son Domaine, à Philipe de Valois, & que le Prix de la Vente eût été payé en partie à Jacques III. Roi de Mayorque, & le reste à ses Enfans, comme nous l'avons vû sous Charles VI.

1501.   Federic, Roi de Naples, Fils d'un Bâtard de la Maison d'Aragon, ne pouvant tenir tête aux deux Puissances qui venoient de se partager ses Etats, se livra à Ferdinand, qui, sous prétexte de l'assister, lui envoya Gonçale, (dit le Grand-Capitaine) qui se rendit bientôt Maître de ses meilleures Places. Alors ce Prince, voyant qu'il étoit trahi par son Parent, n'eut d'autre ressource que de se remettre à la Bonté du Roi Loüis XII. On lui donna un Sauf-conduit pour passer en France, où il fut reçû fort humainement ; & il obtint du Roi, trente mile Ecus de Pension, qui lui fut continuée, même après que les François furent chassez de Naples.

Le Roi cependant, qui desiroit l'Alliance de Maximilien, pour avoir de lui l'Investiture du Duché de Milan, lui envoya le Cardinal George d'Amboise, son Premier-Ministre, pour traiter d'une Prolongation de Tréve, & de l'Investiture : Elle lui fut promise ; mais, à la charge que le Duché de Milan seroit pour les Filles seulement, & non pour les Mâles : Car, Maximilien desiroit ardemment avoir la Fille aînée du Roi, pour Charles son petit-fils, avec ce Duché en Dot. Dans cette vûë, l'Archiduc envoya aussi ses Ambassadeurs au Roi, à Lyon, où ce Mariage fut accordé le 10. d'Août ; & lui-même le confirma dans le mois de Novembre suivant, avec l'Archiduchesse son épouse, lorsqu'ils passérent par la France, pour s'aller faire reconnoître en Espagne, comme les premiers Héritiers de cette Couronne.

1502.   Les Affaires cependant se broüilloient à Naples, à l'occasion du Partage qui devoit être fait entre les Espagnols & les François. Gonçale manqua souvent de parole au Duc de Nemours, qui y commandoit nos Troupes ; de sorte que le Roi lui écrivit de la Ville d'Ast, où il étoit alors, de faire une rude Guerre aux Espagnols : ils furent chassez presque de toutes les Places du Capitanat, de la Poüille, & de la Calabre ; & Gonçale se vit investi dans Barlette, sans Vivres & sans Poudres, où il auroit été pris infailliblement, si, contre l'Avis de d'Aubigny, le Duc de Nemours n'eût divisé ses Troupes, & si le Roi n'eût quité l'Italie pour venir à Lyon, où il devoit s'aboucher avec l'Archiduc Philipe, qui revenoit d'Espagne pour retourner dans ses Etats de Flandres.

IV. Loüis XII. qui dans le premier Passage de l'Archiduc, lui avoit fait les Honneurs

Livre Douzième. 233

neufs extraordinaires dont toutes nos Histoires parlent, n'oublia rien dans cette occasion, pour le faire bien accüeillir dans toutes les Villes de son Royaume : Il envoya jusqu'à Montpellier, le Comte de Ligny ; le Seigneur Philipe de Cleves Revestein, & le Comte de Rothelin, pour le recevoir ; & il fit donner ordre à nos Consuls, de rendre à l'Archiduc les mêmes Honneurs qu'on auroit fait à sa propre Personne.

1502.

Nos Annales, qui recommencent dans cette année le Détail de ce qui arriva dans leur Ville, nous ont conservé une Relation exacte de tout ce qu'on fit à Montpellier le 30. de Janvier 1503. qui fut le jour où l'Archiduc y fit son Entrée. Les Consuls qui étoient en Charge depuis le mois de Mars de l'année précédente, eurent l'Honneur de le recevoir au Nom de la Ville : Et je crois faire plaisir au Lecteur, de lui donner la Relation qu'ils prirent soin de faire écrire dans nôtre Talamus, où on la voit en ces termes :

1503.

" En l'an mille cinq cens & deux, furent Consuls de la présente Ville de
" Montpelier, les Nobles & Honorables-Hommes, Sire Estiéne *Magni*, Sire Hen-
" ric du *Moussel*, Sire Jehan *Griffi*, Sire Jehan *Rigaudon*, Sire Bertrand *Rostaing*,
" & Sire Jehan *Alaire* : Ausquels, pource que Monseigneur l'Archeduc de Flan-
" dres, Fils du Roy des Romains, en venant du Pays d'Espagne, devoit passer
" par la Ville de Montpelier, le Roy nostre Sire manda & commenda auxdits
" Seigneurs-Consuls, que à l'Entrée de mondit Seigneur l'Archeduc, lui fusse
" faite telle & semblable Honneur que l'on seroit à sa Personne & à son Entrée.
" A cause de quoy ; par Déliberation du Conseil-General, fut ordonné estre faits
" tous les Mistéres que l'on pourroit faire au Roy nostre Sire ; Et fut procédé
" ainsi qu'après sera dit & déclaré.

V.
Grand Talam.
fol. 438.

" Pour recüeillir ledit Seigneur Archeduc, ledit Seigneur Roy envoya en ladite
" Ville, du Pays de France, Monsr. le Comte de *Ligni*, Monsr. de *Ravastains*, & Monsr.
" le Comte de *Rotelyn* : Et entra ledit Seigneur Archeduc, le trentiéme jour de Jan-
" vier ; & vint par-devers la Croix de St. Berthomicu ; & allérent au-devant,
" jusqu'à ladite Croix ; ès Eglises en Procession, avec les Reliquaires & meilleu-
" res Chapes desdites Eglises, en ung Ordre.

" Aprez, alairent au-devant, Messrs. les Generaux de la Justice, avecque toute
" leur Court.

" Et aprez eux, alla Monsr. le Lieutenant du Gouverneur, & toute sa Court ; En-
" semble, Monsr. le Baile & tous les Officiers, abilhez des Abilhemens de leur
" année, & tous bien aornez & parez de bons & fins Abilhemens.

" Vint aprez, l'Université, tant en Droit-Civil que Canon, avecque leurs Verges
" d'Argeant. Aprez vint, l'Université de Medécine ; en leur Verge aussi d'Argeant.

" Et aprez, vinrent lesdits Seigneurs-Consuls, Ouvriers, & Consuls-de-Mer ;
" accompagnez des plus principaux & apparans Bourgeois & Marchands de la Vi-
" le ; & tous se assemblérent au-devant du Consulat, à la grosse Cloche sonnant ; Et
" d'illec s'en allérent au-devant, & le rencontrérent en ladite Croix, Et y fut tenu
" l'Ordre dessus dit, & entra par les Barris de la Sannerie ; Et dessus le Portail,
" prez St. Salvaire, y avoit Gens avecque Bombardes & Colobrines ; & dessus le
" Portail de la Sannerie, y fut faite (*a*) une Finette très-belle & très-honéte.
" On avoit un Echafaut bien paré, où estoint les Armes du Roy, de la Reyne,
" & du Seigneur Archeduc, & y fut toute la Musique & Chantrerie ; Et descen-
" dit d'une Nüe, ung Angel, bien & richement abilhé, que fut le Fils de Jehan
" *Maurin*, lequel descendit de dessus le Portail, & vint au-devant dudit Seigneur
" Archeduc ; & fut dite par ledit Angel, une très-belle Harangue ; en bonne façon,
" par ledit Maurin, à laquelle ledit Seigneur Archeduc prit grant plaisir.

" A l'Entrée de ladite Porte de la Sannerie ; estoint les quatre Vertus ; c'est à
" sçavoir, *Force*, *Prudence*, *Temperance* *&* *Justice*, que estoint abilhées bien riche-
" ment, en la façon que s'ensuit : Et faisoit (*b*) *Force*, la Fille de Dome *Damzete*,
" que portoit une (*c*) Gonelle verde de Tafetat, & les Manches à la sorte ; &

(*a*) *Finette*, veut dire, Gentillesse, ou jolie Invention.
(*b*) *Faisoit Force*, Représentoit la Force.
(*c*) *Gonelle*: Nom d'un Habillement du Tems, com- posé d'une Casaque d'Homme & d'un Cotillon de Femme ; De là viat le Surnom de Geoffroy, *Grise-Gonelle*.

Gg

1503.

» deſſus ladite Gonelle, avoit une Eſcheremiſſe (ou Couvre-Chef) d'une Tête de
» Lion, Et avoit la Poitrine bien gorgiaſſe ; & à la Teſte portoit une Garlande de
» Bagues, deſcoieffée de ſa Teſte, (d) en ſa Diadéme.

» *Prudence*, fut la Fille de Maiſtre Jean Vidal Notaire, que portoit une Go-
» nelle de Damas gris, & deſſus ladite Gonelle de (e) Tafetas pers, brodat de
» Tafetas blanc, & les Manches à la ſorte, Et bien acoutrée de Poitrine, &
» la Teſte deſcoyfée, en ſa Garlande de Bagues & Diadéme, & portoit un
» Compas en ſa Main ; Et la abilhérent, les Femmes de Nicholas & (f) Jehan
» Mazis.

» *Temperance*, fut la Niepce de Sire Guichard Baſtier, qui fut abilhée d'une
» Gonelle de Velours noir, & avoit un Bas de Tafetas blanc, brodat de Tafetas
» jaune, & eſtoit deſſus ladite Gonelle, & avoit unes Manches de la ſorte de la-
» dite Gonelle, Et avoit la Poitrine bien acoutrée ; auſſi avoit une Garlande de
» Bagues, en ſa Diadéme, & pourtoit en ſes Mains deux Pots d'Argeant : Et fut
» abilhée par (g) Margaride de *Neves*, & la Femme de (h) Aimon de Combes.

» *Juſtice*, fut la Filhe de Jehan Dumas, que pourtoit une Gonelle de Satin
» cramoiſyn deſſus ladite Gonelle, & eſtoit en Cheveux deſcoyffée, en une Gar-
» lande de Bagues, en ſa Diadéme ; & pourtoit en la Main dextre, une Epée,
» & en l'autre, unes Balances : Et fut abilhée par Madame (i) la Préſidente de
» la Croix, & par (κ) Catherine Bouques.

» Auſquelles Finettes, ledit Seigneur prit grant plaiſir ; & oüye ladite Aran-
» gue, s'en entra & paſſa par la Ruë de la Sannerie, tirant au Quartier de la
» Pierre, juſqu'à Noſtre-Dame des Tables. Depuis ledit Portail, juſqu'à l'Egliſe
» de Noſtre-Dame, les Ruës eſtoint couvertes de Toëles & (l) demi-quartier, &
» d'autres parées & tenduës de Draps de Languedoc, que le faiſoit beau voir.

» *Item*. A la Porte de Noſtre-Dame des Tables, devers le Quartier tirant à
» la Place, y avoit un grand Eſchaffaut (m) en Siéges, où eſtoint les Reliques
» de St. Germain, & auſſi y eſtoint les autres Reliques, tant de St. Firmin que
» autres Egliſes, Ordre par Ordre, deſſus Toiles bien arranchées : Et en montant
» les Degrez de ladite Egliſe, eſtoit Monsr. de Maguelonne, nommé Guil-
» laume Pelicier, abilhé en Pontifical, & lui aſſiſtoint les Chanoines de l'Egliſe
» de Maguelonne, qui accüeilha ledit Seigneur, en lui donnant baiſer un Reli-
» quaire qu'il tenoit en ſes mains ; & le prit par la main, & le mena au-devant
» (n) l'Autier de Noſtre-Dame ; Et faite ſon Oraiſon, mondit Seigneur de Mague-
» lonne s'en alla ; & ledit Seigneur s'en ſortit de ladite Egliſe, & monta à Cheval
» devant la Porte de ladite Egliſe : (o) Du Quartier de Sire Eſtienne Magni, & en
» l'Ordre deſſus dit, paſſant par-devant (p) la petite Loge, alla le long de l'Aiguil-
» lerie, juſqu'au (q) Canton de Sire Jehan Bouques ; & s'en alla loger à la (r) Mai-
» ſon de Monsr. le Recteur de la Part-Antique, laquelle lui avoit eſté apprêtée,
» & fut grandement parée de toutes parts, autant que ſi le Roy y fût logé.

Et

(d) *En ſa Diadéme* : Terme du Païs, qui veut dire, avec.

(e) *Tafetas pers* : Tafetas vert-brun, bordé de blanc.

(f) *Jehan Mazis* : Bonne Famille de ce tems-là.

(g) *Marguerite de Neves*, étoit d'une Famille conſidetable à Montpellier, comme on voit par ces mots de Philipe de Comines, dans la Vie de Charles VIII. Chap. 27. *Nous avions une petite Armée de Mer, qui venoit de Naples ; & y étoit Monſeigneur de Miolens, & un Etiéne de Neves de Montpellier, & étoient en tout environ huit Galéres.*

Il paroît par nos vieux Compoix, que la petite Maiſon du Sr. Ramond, Conſeiller en la Cour des Aides, étoit alors la Maiſon de Neves.

(h) *Aimon de Combes* : Autre bonne Maiſon, dont il ſera parlé dans le cours de cette Hiſtoire.

(i) *La Préſidente de la Croix* : Jeanne de Montfaucon, Epouſe de Loüis de la Croix, nommé dans les Lettres de Confirmation de la Cour des Generaux, données par le Roi Loüis XII.

(κ) *Catherine Bouques*. Nous parlerons plus bas de cette Famille.

(l) *Demi-Quartier*...

(m) *En Siéges* : Raugées par degrez.

(n) *L'Autier de N. Dame des Tables* ; C'eſt-à-dire, l'Autel.

(o) *Du Quartier de Sire Magni*. Cette Maiſon a une Porte des plus anciénes de Montpellier, avec une Tête d'Homme Gigantesque au-deſſus : Elle eſt forte, de nos Jours, & de la Famille de Magni, pour entrer dans celle de Sarret St. Laurens.

(p) *La petite Loge*, fait coin, à main droite, en entrant dans l'Eguillerie : Elle marquoit beaucoup dans ce tems-là, par ſes Creneaux, & autres Figures Simboliques, dont j'ai parlé ſous Charles VII. à l'occaſion de Jacques Coëur ; Maintenant, on l'a reduite ſur le pié des autres Maiſons Bourgeoiſes.

(q) *Canton*, ou Coin, *de Sire Jehan Bouques*, étoit la Maiſon de Beſves, qu'on a démoli de nos Jours, pour faire la Place-Brandille.

(r) *Maiſon de M. le Recteur de la Part-Antique* : Jean Boſſavin, Seigneur de Pignan & de Fabregues, étoit alors Recteur ; il logeoit dans la Maiſon qui eſt aujourd'hui du Préſident d'Aigrefeüille.

„ Et pourceque le Pavé, depuis la Pierre jusqu'au Consulat, est mauvais pour
„ chevaucher, y fut mis bonne quantité d'Arene, afin que personne n'y print do-
„ maige, & de faire ladite Entrée plus triomphante.
„ Toutes les Lampes de ladite Eglise estoint allumées, & les Orgues sonnoint.
„ Aussi, toutes les Torches de la Chapelle de Nostre-Dame des Tables estoint
„ allumées.
„ *Item*. Les Cloches de toutes les Eglises de Montpelier sonnérent, tant que
„ ledit Seigneur demeura à faire son Entrée ; & par exprez, la Grant-Cloche de
„ ladite Eglise de Nostre-Dame des Tables.
„ A ladite Entrée, furent portées toutes les Bandiéres des Mestiers de ladite
„ Ville, allants toutes premiéres, ainsi que font le Jour des Rougaisons.
„ Toutes les Trompetes de la Ville y furent, sonnant au-devant dudit Seigneur ;
„ abilhez de Livrée & Abilhemens neufs, que estoint en nombre huit.
„ Aprez que ledit Seigneur fut arrivé en son Logis, lesdits Seigneurs-Consuls,
„ Ouvriers, Consuls-de-Mer, & les principaux Bourgeois de la Ville, avec Mesire
„ François Bosc, Licentié, qui avoit la Charge de faire la Arengue pour la Ville ;
„ lui allérent faire la Reverence, & lui fut faite une Arengue bien petite, en
„ beaucoup de substance ; & aprez vinrent toutes les principales Dames-Bour-
„ geoises de ladite Ville.
„ Lesdits Seigneurs-Consuls, pour festoyer ledit Seigneur, de toutes sortes, fi-
„ rent Danses, & Bail de la Treille, qui fut très-bien dansé & triomphantment.
„ Aprez, lendemain de ladite Entrée, lesdits Seigneurs-Consuls firent appréter
„ une belle & grande Collacion à la Maison du Consulat, où estoit ledit Sei-
„ gneur ; & s'y trouvérent toutes les plus apparantes Dames & Bourgeoises de la-
„ dite Ville, ornées & parées des meilleurs Ornements, Robes & Joyaux que
„ eussent : Et illecques dans ledit Consulat, fut grandement festoyé, tant de
„ Confitures, Mez, que Trompetes & autres Menestriers.
„ Ce soir fut faite une très-belle Morisque par la Ville, que estoint, tant les
„ Hommes que les Filhes, en Trompetes ; & estoint tous les Danseurs bien abilhez,
„ ce que se pouvoit faire en Abits nouvelement denisez.
„ Et l'autre soir aprez, fut faict une autre belle Morisque, en forme de Pastoureaux
„ & Pastourelles, que les faisoit beau voir ; parceque ezdites deux Morisques,
„ l'on avoit choisi les plus belles Filhes, & les mieux dansants & dansantes : Es-
„ quelles Morisques, ledit Seigneur prit grant plaisir ; & dansérent avec les Tam-
„ bouris.
„ Aussi, devant lui furent jouées plusieurs Farces, tant par Medécins, que
„ autres Enfants de la Ville, & autres Joyeusetez bien plaisantes ; le tout à
„ l'Honneur du Roy nostre Sire.

CHAPITRE QUATRIÉME.

I. *L'Archiduc traite à Lyon avec le Roi.* II. *Ferdinand son beau-pere élude le Traité.* III. *Affaires particuliéres de Montpellier.* IV. *Siége de Salses.* V. *Peste à Montpellier.* VI. *Les Députez de cette Ville assistent aux Etats-Generaux tenus à Tours.*

L'ARCHIDUC Philipe, après s'être reposé trois jours à Montpellier, partit
pour Lyon, où il fit avec le Roi, un Accommodement pour les Affaires de
Naples, qui portoit : Que le jeune Charles, Fils de Philipe, âgé seulement de
deux ans, épouseroit Claude, Fille aînée du Roi ; Qu'elle auroit en Dot, le
Royaume de Naples : Que cependant, les Rois de France & d'Aragon, joüiroient
de leurs Partages ; & que les Terres qui étoient en débat, seroient sequestrées
entre les mains de l'Archiduc. Les Ambassadeurs de Ferdinand son beau-pere,
qu'il menoit avec lui, signérent ce Traité ; & ils l'envoyérent de concert à leurs

1503.
Generaux, auquel le Duc de Nemours obéit à l'instant; mais, Gonçale voulut un Ordre exprès de Ferdinand.

II. La confiance que les François avoient sur la bonne-foi de ce Traité, leur fit négliger toutes les Précautions qu'ils auroient dû prendre. Gonçale, sur le prétexte qu'il n'avoit aucun Ordre de son Maître, continua les Hostilitez; & nos Generaux, voulant trop se hâter de le combatre, se perdirent eux-mêmes: D'Aubigni fut défait à *Seminare*, le 21°. d'Avril; & le Duc de Nemours à Cerignoles, le 28°. du même mois, & il y perdit la vie. Ces deux Défaites causèrent une Revolution generale dans le Royaume: Gonçale entra dans la Ville de Naples le 13. du mois de Mai; & Ferdinand ayant appris cet heureux Succès, desavoüa hautement le Traité que Philipe son gendre avoit signé à Lyon.

Le Roi, pour se venger de Ferdinand, mit quatre Armées sur pié; trois de Terre, & une de Mer. La plus forte, commandée par la Trimoüille, entra dans l'Italie, où la Maladie de ce Chef obligea de déferer le Commandement à Charles de Gonzague, Marquis de Mantoüe; mais, les Soupçons qu'on prit de lui, lui firent feindre une Maladie pour se retirer avec ses Troupes: Après quoi, le Marquis de Saluffes ayant pris le Commandement, se laissa enfermer par Gonçale dans un mauvais Poste, où son Armée fut ruïnée par les incommoditez de la Saison, & par le défaut de Vivres où nos Commissaires le laissèrent avec ses Troupes.

Grand Talam. fol. 216.

III. Environ ce tems, la plûpart des Villes du Languedoc, fâchées que celle de Montpellier joüit en seul des Deniers sur chaque Quintal de Sel (dont nous avons parlé) demandérent au Roi, en Corps de Province, qu'il voulût bien abolir ce Privilége. La Chose leur fut accordée; mais, quelques années après, on trouva le moyen d'indemniser Montpellier, sans être à charge aux autres Villes: En attendant, on y fit une Imposition sur tous les Habitans; ce qui donna lieu aux Catalans qui étoient venus s'y établir, de reclamer les Priviléges que le Roi Charles VIII. avoit accordé en faveur des Etrangers. L'Affaire fut portée à la Cour des Generaux, qui prononcèrent que les Catalans payeroient par provision, sauf leur recours au Roi: ils prirent ce dernier Parti; & le Roi Loüis XII. donna des Lettres, en confirmation du Jugement déja prononcé.

Vol. 219.

IV. Nous trouvons que dans ce même-tems, on travailloit à Montpellier au Rafinement du Salpêtre: (peut-être vouloit-on dire les Poudres;) car, nous avons une Quitance des Salpêtres qui furent délivrez cette même année, par Ordre du Roi, sur une Lettre du Maréchal de Rieux: Ce Maréchal alloit commander l'Armée que le Roi envoyoit en Roussillon contre Ferdinand; il y entra dans les premiers mois de 1504. & s'attacha au Siége de Salses, que les Espagnols avoient rétablie, depuis que les François l'eurent rasée sous Charles VIII. Un de nos Historiens en rejette toute la faute sur la Garnison de Leucate, qui n'y mit aucun obstacle, comme elle auroit pû faire, & qui même n'en donna point Avis à la Cour de France. La Place fut attaquée fort vivement, & nôtre Artillerie renversa bientôt un Bastion, qui fut escaladé par nos Gens; mais, l'Invention des Mines, nouvellement découverte par Pierre de Navarre, qu'on employa dans cette occasion, les fit retirer en desordre: La Garnison croyant en avoir bon quartier, fit une Sortie sur les Nôtres, qui, étant revenus à eux, feignirent de fuir du plus fort, pour attirer les Enemis dans une Embuscade; mais, l'Artifice n'ayant pas réussi, nos Gens furent bornez à serrer de plus près les Assiégez, & à leur couper les Vivres. Dans ces diferentes Occasions, nous perdîmes M'. de la *Rochepot*, fort aimé du Roi; & le S'. *d'Apremont*, dit le Vicomte d'Ortez, avec la Terride, y furent dangereusement blessez: Enfin, sur les Avis, que Ferdinand s'approchoit lui-même, avec une puissante Armée, le Maréchal de Rieux prit le parti de se retirer, après quarante jours de Siége, & il dispersa ses Troupes dans les Villes de la Frontiére.

1504.

Du Haillant, Loüis XII.

✢ V. Celles qui vinrent à Montpellier, soit pour y faire leur Séjour, ou pour suivre leur Route, y apportèrent la Maladie du Camp, comme il est arrivé plusieurs fois à cette Ville. Le Mal s'y fit sentir sur la fin de 1504. & s'étant renouvellé au Printems de l'année suivante, le Conseil-de-Ville prit la Resolution de recourir à Dieu, par trois diferentes Processions, dont on voit le Détail dans nôtre petit Talamus. Je croi délasser le Lecteur, en lui donnant ici la Relation de la premiére de ces Processions.

Au-

» Audit an 1505. & au mois de Mars, à cause que en ladite Ville de Mont-
» pellier, avoit doute de Peſtilence, & y avoit eû paravant cours ; & afin que
» Dieu, noſtre Benoît-Créateur, nous voulſit préſerver & garder de ladite Peſti-
» lence, & de toute autre Maladie & Inconvenient ; Par Avis de Conſeil, tenu
» par leſdits Seigneurs-Conſuls, & les vingt-quatre Conſeillers, tenans lieu de Con-
» ſeil, & autres Gens-de-Bien de ladite Ville, furent ordonnées trois belles &
» ſolemnelles Proceſſions : Et pour icelles faire, fut Promoteur & Interceſſeur,
» Frere Criſtophle *de Filia*, Gardien des Freres de l'Obſervance de ladite Ville,
» qui avoit prêché le long du Carême à Sᵗ. Firmin, qui avoit induit le Peuple
» grandement en Dévotion ; Et furent faites & ordonnées ainſi que s'enſuit.

» La premiere Proceſſion fut commencée le Mardi 24. dudit mois de Mars, Vi-
» gile de Noſtre-Dame, qui partit de l'Egliſe de Montpelier Sᵗ. Firmin, en la-
» quelle fut tenu l'Ordre & Police cy-aprez déclarez.

» Et premiérement, au-devant de ladite Proceſſion, aloint les Petits-Enfans de
» ladite Ville, deux à deux, criants & diſants les *(a) Letnignes* ; & le Magiſter
» de l'Ecole, avoit la Charge de les arrancher & mettre en ordre, où avoit de
» trois à quatre cent Petits-Enfants.

» Aprez leſquels Petits-Enfants, venoient les Preſtres des Chapelles, comme ſont,
» *(b)* Sᵗ. *Paul*, *St. Guilhem*, *St. Mathieu*, *Ste. Croix*, *Ste. Anne*, & *St. Denis* ; auſſi
» les Prêtres de N. Dame des Tables : & y avoit trois *(c)* Pavilhons ; l'un, de
» Noſtre-Dame des Tables, des Seigneurs-Ouvriers, & des Seigneurs-Conſuls.

» Leſdits Seigneurs-Ouvriers, avecque leur Pavilhons & leur Torches, portoint
» l'Image de Noſtre-Dame des Tables ; Leſdits Seigneurs-Conſuls, en leur Pa-
» vilhon, portoint le Chef de Monsʳ. Sᵗ. Cleophas ; & fit l'Office de la Meſſe &
» Proceſſion, Meſſire Jehan *Urs*, Vicaire & Official de Monsʳ. de Maguelone : &
» aprez ledit Pavilhon, venoit Mʳ. le Lieutenant du Gouverneur, Meſſeigneurs les
» Generaux de la Juſtice, Mʳ. le Baile & ſes Officiers ; & aprez, les principaux
» Bourgeois de ladite Ville, chacun ſelon ſon Degré.

» Et aprez iceux, venoint tous les Hommes, de toutes Qualitez & Conditions,
» & de tous Meſtiers & Offices que fuſſent, leſquels alloint de deux en deux,
» bien & dévotement arranchez : Pour faire lequel Arranchement & mettre en ordre,
» tant les Hommes que les Femmes, furent commis & députez, quatre Hommes-
» de-Bien de ladite Ville.

» Aprez leſdits Hommes, venoint les Filhes de ladite Ville, de quelque Qua-
» lité & Condition que fuſſent, dont la pluſpart d'icelles aloint à nû pied & dé-
» chauſſées ; & toutes avoint les Cheveux avalez & décoiffées, & par-deſſus la
» Teſte, portoit chacune un *(d)* Couvrechief, à la maniere des Nonains ; & aloint
» de deux en deux, bien dévotement & honêtement, où il y en avoit de trois
» à quatre cent : Et pour arrancher leſd. Filhes, gouverner, & mettre en ordre,
» eſtoint commiſes les Nobles & Honorables Dames Charlote, Femme de Sire
» *Falcon des Faulcons*, Premier-Conſul de ladite Ville, nouvellement eſlû ; Agnette,
» Femme de Meſſire Pierre *de Maleripe*, l'un des Generaux de la Juſtice des
» Aydes ; Alienor, *(e)* Relaiſſée (ou Veuve) de Sire Pierre Gaudette ; Fraïdette,
» Relaiſſée de Sire Jehan *Morgue* ; Marquiſe, Femme de Sire Albert *Barriere* ;
» Françoiſe, Relaiſſée de Maître André *Baronis* : devant leſquelles Filhes, pour
» les tenir en bon ordre, avoit deux deſdites Dames-Bourgeoiſes, & au milieu
» autres deux, qui alloint & venoint, pour tenir en ordre leſdites Filhes ; Et à
» la fin deſdites Filhes, eſtoint les autres Dames-Bourgeoiſes ; au-devant deſ-
» quelles Dames-Bourgeoiſes, aloint les Filhes des plus apparents Bourgeois & Mar-
» chands de ladite Ville, de deux en deux, comme les autres premieres, avec-
» que leurs Couvrechiefs deſſus leurs Teſtes : & aprez leſdites Filhes, venoint les
» Femmes-Vefves ; & aprez leſdites Femmes-Vefves, toutes les autres Femmes, de
» deux en deux, bien dévotement.

(a) *Letaignes*, ou Litanies.
(b) St. *Paul*, St. *Guillem*, St. *Mathieu*, Annexes de St. Firmin.
(c) *Pavillons*, pareils à ceux qu'on porte à Toulouſe, à la Proceſſion du 17. de Mai.
(d) *Couvrechief*, ou Voile.
(e) *Relaiſſée*. Nos Actes en Latin, donnent aux Veu- ves le Nom de *Dereliĉta*.

238

1505.

» Et passa ladite Procession, au-devant l'Eglise S^{te}. Croix, à l'Honneur de
» M^r. S^t. Josef, duquel l'Autel est fondé dans ladite Eglise ; & d'illec, alla pas-
» ser à l'Eglise du Palais, à l'Honneur & Reverence de M^r. (*f*) St. Sebastien,
» duquel l'Autel est dans ladite Eglise ; & aprez, s'en descendit au Couvent des
» Freres Prescheurs, à l'Honneur de Monsr. (*g*) S^t. Roc, duquel & en icelui
» Lieu, est fondée la Chapelle :

» Et s'en retournant, passa par le Courrau & la Rüe S^t. Guilhem, & s'en re-
» tourna à ladite Eglise de S^t. Firmin ; esquelles Eglises & Chapelles, par lesdits
» Petits-Enfants, & à chacune d'icelles, fut crié, *Sire Dieu, Miséricorde*, bien dé-
» votement ; & furent mis & posez à chacune d'icelles, deux gros Cierges de Ci-
» re blanche, avecque les Armes de la Ville : En laquelle Procession y avoit si
» grande multitude de Peuple, que les Premiers (*h*) qui avoient fait tout le Tour
» dessus dit, étoint arrivez & retournez audit S^t. Firmin, avant que les Femmes
» d'arrière, fussent encores en l'Eglise de S^{te}. Croix, voulant faire ledit Tour.

» Dieu, nostre Benoist-Créateur, par le Mérite de sa glorieuse & amére Passion,
» nous veüille preserver & garder de Pestilence, de toute autre Maladie & Incon-
» venient, & donner Paix & Tranquilité au Royaume de France. *Amen.*

VI. La Maladie dont nous venons de parler, n'avoit point respecté la Personne du Roi Loüis XII. qui, voyant le mauvais Succès de ses Armes, en Italie, dans le Roussillon, & à Fontarabie, où ses Generaux ne firent que saluer les Murailles, prit une Fiévre-Maligne, qui le reduisit à une si grande extrémité, que la Reine le croyant mort, songea à se retirer en Bretagne. Dieu enfin, exauça les Priéres de toute la France ; & à peine le Roi fut-il gueri, qu'il changea tous ses Pro-jets, à l'occasion de la Mort de Federic, Roi de Naples, & de celle de la Reine Isabelle, Femme de Ferdinand, qui arrivérent à peu de distance l'une de l'autre.

Par cette derniére Mort, l'Archiduc devenoit Maître de la Castille ; & son Alliance avec Henry VII. Roi d'Angleterre, dont le Fils-aîné Artur, avoit épousé Catherine, Sœur de l'Archiduchesse, commença de donner de la crainte à Loüis : Il fit la Paix avec Ferdinand ; lui donna Germaine *de Foix* sa niéce, avec sa Portion du Royaume de Naples en dot : & les François, craignant que la Bretagne

1506.

ne tombât un jour à la Maison d'Autriche, par le Mariage du jeune Charles avec la Fille-aînée du Roi, lui firent de grandes Instances, pour le porter à don-ner cette Princesse à François de Valois, Premier Prince du Sang, & son Héri-tier présomptif: La Chose étoit apparemment concertée entre le Roi & ses Sujets, puisqu'il assista aux Etats de Tours, où les François publiérent, qu'ils s'étoient assemblez de leur propre mouvement. On avoit écrit à toutes les bonnes Villes du Royaume, d'y envoyer leurs Députez ; & ceux de Montpellier furent, Philipe de *Lauselergues*, General de la Justice des Aides, & Guillaume *Teinturier* Ecuyer, Seigneur de Montmel : Nous avons porté ces Instructions & les Pouvoirs qui leur furent donnez ; & l'on peut juger de l'Usage qu'ils en firent, par cette Pre-face qu'on a mis à la tête de tous les Actes concernant cette Affaire, qui sont raportez au long dans nos Regîtres.

Grand Talam.
fol. 221.

» Icy aprez s'ensuit, le Traité du Mariage fait & passé entre la Très-Excellente &
» Puissante Princesse Madame Claude de France, avec le Très-Haut & Puissant
» Prince Monseigneur le Duc de Valois, au mois de May mille cinq cens & six :
» Auquel Traité ont esté présens & appelez, les Sages & Honorables-Hommes, Maîs-
» tre Philippe de *Lauselergues*, General de la Justice des Aydes, & Guillaume *Teintu-*
» *rier* Ecuyer, Seigneur de Montmel, Embassadeurs & Députez par la Ville de Mont-
» pelier ; lesquels auroient promis & juré audit Traité, au Nom des Nobles & Hono-
» rables-Hommes M^{rs}. les Consuls de ladite Ville de Montpelier, ne venir à l'encon-
» tre horesty, ne pour le temps avenir ; & faire ratifier, émologuer & confirmer

---

(*f*) *A l'Honneur de Mr. St. Sebastien.* La Chapelle du Palais est appellée dans plusieurs Actes, Nôtre-Da-me du Palais & de St. Sebastien.

(*g*) *De Mr. St. Roch.* Il conste par là, que le Culte de St. Roch étoit déja établi à Montpellier ; & il est plus que vraisemblable, que l'Etablissement de cette Chapelle étoit au moins du Siécle précedent.

(*h*) *Les Premiers avoint fait tout le Tour, &c.* Ceux qui voudront suivre la Marche de cette Procession, telle qu'elle est ici marquée, pourront juger du grand nombre des Habitans qui y assistérent.

„ mer le Consentement par eux audit Traité fait & promis, par lesdits Sieurs
„ Consuls de ladite Ville de Montpelier.

En conséquence de cette Promesse de nos Députez, le Roi écrivit, de Montil-lez-Tours, à nos Consuls, du 25ᵉ. Mai 1506. Qu'il leur fait sçavoir les Fian-çailles par lui faites, de sa Fille Claude, avec son Cousin François de Valois, pour être consommé leur Mariage, lorsqu'ils seront venus en âge : Il leur marque la Satisfaction qu'il a de leurs Députez, qui ont promis de leur faire ratifier ce Mariage, dans la Fête de la Madelaine prochaine; Et en entrant dans les Articles signez, le Roi dit, qu'il établit à sa Fille, vingt mile livres de Rente, sur belles Terres dans son Royaume, avec Titre de Duché : Qu'il donnera cent mile Ecus d'Or, payables moitié à la Consommation des Nôces, moitié un an après ; Et que la Reine, en cas de Prédecès du Roi, pourra donner à sondit Fils (ou Gendre) le Duché de Bretagne. Surquoi les Députez, Philipe de Laufclergues, & Guillaume Teinturier, ont juré, au Nom de la Ville, en ces termes : *Si le Roi (que Dieu ne veüille) alloit de Vie à Trépas, Nous tiendrons ledit Seigneur de Valois pour nôtre Roi Souverain-Seigneur.*

Nos Consuls ne portérent point jusqu'au Terme qu'ils en avoient, la Ratification que le Roi leur avoit demandée ; car, ils la firent dès le 3ᵉ. du mois de Juin, en ces termes : „ Nous Falcon *des Falcons,* Guillaume *Morgue,* Roquet *Rudant,* „ Jean *Romieu,* Antoine *Foüillade,* & Bernard de *Mezer,* Consuls de Montpelier, „ ratifions & confirmons ce que nos Députez & Ambassadeurs ont promis. A „ Montpelier, le tiers jour du mois de Juin 1506. en présence de Noble Pierre „ *Sezelli,* Baïle ; Jean *Duclau,* Bourgeois, &c.

CHAPITRE CINQUIÉME.

I. *Démélez du Roi Loüis* XII. *avec Jules* II. II. *Mortalité des Oliviers à Montpellier.* III. *Diferentes Ligues en Italie.* IV. *Lettre du Roi aux Habitans de Montpellier, sur sa Victoire contre les Venitiens.* V. *Variations du Pape Jules.* VI. *Gaston de Foix en Italie.* VII. *Resolutions extrèmes du Pape.* VIII. *Mort du Roi.*

L'ANNÉE 1507. donna commencement aux fameux Démêlez de Loüis XII. avec Jules II. Ce Pape, qui sous le Pontificat d'Alexandre VI. son Enemi capital, avoit trouvé son Refuge en France, & durant six ans, reçû du Roi beaucoup de marques d'affection, fut à peine monté sur la premiére Place de l'Eglise, qu'il oublia tous les Sentimens qu'il avoit fait paroître jusqu'alors : il crut devoir profiter des grandes Divisions qui étoient en Italie, pour s'en rendre le Maître ; il y entretint la Guerre durant tout son Pontificat, & il ne cessa de se liguer, tantôt avec un Parti, & tantôt avec l'autre.

Le premier Eclat arriva à Génes, où les Emissaires de Jules, firent revolter le Peuple contre les François : Mais, toutes leurs Menées n'aboutirent qu'à rendre cette Ville malheureuse ; parceque le Roi, y étant venu dans le mois d'Avril avec vingt mile Hommes, il fit punir les Chefs de la Revolte, & condamna la Ville à trois cent mile Ducats, qu'on employa à bâtir des Châteaux pour la brider.

Dans cette même année, nos Ancêtres avoient éprouvé tout ce qui arriva de nos Jours en 1709. Je raporte les propres paroles de nos Annales. „ L'an 1507. au „ mois de Janvier, il tomba tant de Neige, & en si grande quantité, qu'en „ tombant elle se geloit ; & dura un mois par-dessus les Maisons, Oliviers & „ autres Arbres : tellement, que par tout le Diocése de Maguelone, tous les „ Oliviers & les Vignes se gelérent, dont il falut couper les Branches & Racines „ à la pluspart : Ce qui fut un des grands Domages qui fusse advenu audit Dioceze, „ depuis le commencement du Monde ; & à grand peine, jamais les Oliviers ne se „ verront à tel port, qu'ils estoint avant cette Tempeste & Gelée. Nous entrâmes en 1709. comme nos Ancêtres, dans les mêmes Sentimens de crainte pour l'avenir ; & ils eurent lieu d'éprouver, comme nous l'avons fait, que si Dieu

1507.
1508. III. exerce sa Justice, il n'oublie point sa Miséricorde.
La Punition de Génes épouvanta si fort le Pape Jules, qu'il se ligua avec l'Empereur Maximilien, pour chasser les François de l'Italie ; Mais, le Roi ayant congédié son Armée, le Pape se ligua avec lui, & avec les Suisses, contre Maximilien, qui vint tenter le Passage par la Valée de Trente. Les Venitiens, sous la Conduite de Barthelemi d'Alviane, fermérent le Passage à l'Empereur ; & aussitôt le Pape, prenant jalousie des Venitiens, forma une Ligue contr'eux : Elle fut concluë à Cambray, entre le Pape, l'Empereur, le Roi de France, & Ferdinand. Le Pape devoit employer les Foudres de l'Eglise contre les Venitiens, pour leur faire rendre quelques Piéces qu'il leur demandoit : L'Empereur devoit donner l'Investiture pure & simple du Duché de Milan, pour le Roi, pour François de Valois, & pour tous leurs Décendans : Ferdinand promettoit vaguement du Secours, à son ordinaire ; & le Roi devoit entrer (comme il fit) avec quarante mile Hommes, en Italie : Il poursuivit de si prés l'Armée des Venitiens, qu'il la combatit le 14ᵉ. jour de Mai, & gagna la mémorable Journée de *Giradadda*, près du Vilage d'*Agnadel*, à quatre milles de *Caravas*. Je ne puis en décrire mieux les Particularitez, qu'en raportant la Lettre que le Roi fit l'honneur d'en écrire à nos Ancêtres.

1509.

A NOS TRE'S-CHERS ET BIEN-AMEZ, LES GENS-D'EGLISE, BOURGEOIS, Manans & Habitans de nostre Ville de Montpellier.

IV. " Trés-chers et bien-amez, Nous vous signifions, qu'entre les grandes Gra-
" ces qu'il a plû à Dieu nostre Créateur, nous faire, il nous en a cejourd'hui fait
" une, que Nous tenons & reputons la plus grande : C'est qu'en deslogeant avec
" toute nostre Armée, du Camp où Nous estions prez *Veilles*, Nous avons telle-
" ment poursuivi l'Armée de la Seigneurie de Venise, laquelle estoit composée,
" tant de Gens-de-Cheval, que de Gens-de-Pied, de plus de quarante à cinquante
" mille Hommes, qu'en leur fort, Nous leur avons livré la Bataille ; & après avoir
" combatu l'espace de trois heures & plus, son plaisir a été, nous en donner
" l'Honneur & la Victoire ; tellement que toute leur Armée est rompuë & desfai-
" te : Et par le Rapport qui nous en a esté fait, il en est demeuré sur le Champ,
" plus de quatorze mille ; & toute leur Munition & Artillerie, qui étoit trente
" grosses Piéces, plus grosses & plus longues que les nostres, & un grand nom-
" bre d'autre Menuë-Artillerie, & toute leur Munition prise ; Et d'autre part,
" le Seigneur Barthelemy d'Alviano, qui estoit leur principal Chef & Conducteur
" en cette Entreprise, a esté prins Prisonier, & est en nos Mains ; qui sont Cho-
" ses procedans de la Grace & Bonté de nostre Créateur. Parquoi, Nous vous
" prions & requerons très-instamment, & néantmoins vous mandons, que en lui
" rendant la Gloire & Recognoissance, telle que en tel cas appartient, vous
" veüillez, par Priéres, Oraisons & Processions-Generales, & Feux-de-Joye, faire
" telle Démonstration de la Grace qu'il a faite ; non-seulement à Nous, mais à
" tout nostre Royaume : que son Plaisir soit de nous aider au Parachevement de
" nostredite Entreprise, & nous conserver, préserver & garder en bonne Santé ;
" en maniére que Nous puissions employer le reste de nos jours à son Service,
" ainsi que toûjours l'avons desiré & desirons, & entendre au Repos & Soulage-
" ment de nostre Royaume & de nos Sujets. Donné en nostre Camp, près *Veilles*,
" le 14ᵉ. jour de May 1509. LOUIS. ROBERTET, de par le Roy, ainsi signé.

L'Honneur que le Roi venoit de faire aux Habitans de Montpellier, fut bientôt suivi du Privilége qu'il leur accorda, de fournir, comme Marchands, le Grenier-à-Sel de leur Ville ; afin de les indemniser des Deniers sur chaque Minot, qu'il leur avoit ôté six ans auparavant, à la Solicitation des Etats de la Province. Le Roi, par ses Lettres, veut que les Profits qu'ils y feront, soient employés à l'Entretien des Fortifications de la Ville, & de l'Eglise de Nostre-Dame des Tables. Comme cette Faveur ne nuisoit point aux autres Communautez, elle fut renouvellée plusieurs fois sous le Regne suivant.

1510.

V. Quelque avantageuse qu'eût été au Pape, la Victoire que le Roi venoit de remporter sur les Venitiens, puisqu'elle lui valut les Places qu'il leur demandoit, il ne put retenir la jalousie & la haine qu'il conçut contre Loüis XII. il suscita

les

les Suisses; il anima le nouveau Roi d'Angleterre Henry VIII. qui venoit de succeder à son Pere, & il leva l'Excommunication contre les Venitiens, afin de les attirer à soi : Le Seigneur de *Chaumont*, Gouverneur du Milanés, sçut-bien les reduire, par la Prise de plusieurs Places qu'il fit sur eux ; mais, le Pape augmentant ses Esperances depuis la Mort du Cardinal *George d'Amboise*, arrivée à Lyon le 25e. de Mai, il crut que le Roi étant privé de ce Premier-Ministre, l'un des plus estimables que la France ait jamais eu, il pouvoit se déclarer ouvertement, & lever lui-même une Armée.

1510.

Le Roi, qui l'avoit toûjours menagé, voyant que malgré qu'il en eût, il seroit obligé d'avoir la Guerre contre lui, voulut, pour calmer les Scrupules de la Reine son épouse, & pour assurer sa propre Conscience, faire une Assemblée de l'Eglise-Gallicane, pour sçavoir ce qui lui étoit permis de faire dans cette rencontre. Les Actes de cette Assemblée, qui commença à Tours le 16e. de Septembre, furent envoyez à toutes les bonnes Villes de France ; & nos Ancêtres prirent grand soin de les inserer dans leurs Regîtres, où on les trouve encore dans leur entier. Il y fut décidé en substance, ,, Que les Armes du Roi étoient justes : Que celles du Pape ,, ne l'étoient pas ; Et que le Roi pouvoit aller jusqu'à l'Offensive pour se défendre.

Grand Talam. pag. 221.

Le seul Allié considerable qui restât au Roi, étoit l'Empereur Maximilien, qui s'opiniâtroit à vouloir reduire les Venitiens : mais, ses Forces ne répondoient pas à son envie ; de sorte que le Roi eut à suporter tous les Frais de cette Guerre : Il lui fut aisé, durant plus de douze ans, de pousser à bout le Pape Jules II. mais, le grand foible qu'il eut toûjours à l'épargner, lui fit donner ordre à *Chaumont*, de n'attaquer point les Terres de l'Eglise ; ce qui l'empêcha de se rendre maître de la Personne du Pape, qu'il eut occasion de prendre dans Boulogne : & au lieu de se servir des Armes qu'on avoit en main, l'Empereur & le Roi recoururent à celles de l'Eglise, contre le Pape lui-même, en faisant convoquer le Concile de Pise, qu'il falut transferer à Milan, puis à Lyon, & qui enfin fut renversé par celui de Latran, que Jules lui opposa.

1511.

Le Secours des Venitiens & des Espagnols, qui avoit retiré le Pape du danger où il s'étoit trouvé à Boulogne, lui parut favorable pour se rendre maître de la petite Ville de la Mirandole ; qu'il attaqua, par la seule raison qu'elle étoit à sa bienséance : Ce fut alors, qu'on vit un Pape, à l'âge de soixante-dix ans, hâter les Travaux du Siége, ordonner les Bateries, pousser les Soldats, tantôt par Caresses, tantôt par Ménaces ; Et la Ville ayant été prise par Composition, le 19e. de Mars, il se fit porter dedans par la Bréche.

Cet heureux Succès lui fit tout esperer, d'une Ligue qu'il tramoit déja avec Ferdinand & avec les Venitiens : Elle fut enfin concluë le 20e. d'Octobre ; & ils la nommérent, *La Sainte-Ligue*.

Dès le mois de Janvier 1512. l'Armée de cette Sainte-Ligue, commandée par Raymond de Cardonne, Viceroi de Naples, vint assiéger Boulogne ; & les Venitiens trouvérent le moyen d'introduire dans la Ville de Bresse, dix mile Hommes, pour faire le Siége du Château. Alors, on vit paroître tout-à-coup, le Jeune *Gaston de Foix*, General des Armées du Roi, qui, profitant de l'obscurité que causoit une Nége fort épaisse qui vint à tomber, entra dans Boulogne, & fit lever le Siége aux vieux Capitaines qui le faisoient : De là, marchant vers Bresse avec six mile Hommes choisis, il défit une Partie de l'Armée des Venitiens ; & entrant dans la Ville par le Château, il força les Retranchemens, laissa sur la place huit mile Hommes des Enemis, & en chassa toutes les Troupes Venitiénes.

1512.

VI.

Le Roi, ayant appris ces beaux Commencemens, écrivit à son Neveu, que pour éviter la Jonction des nouveaux Enemis que le Pape lui suscitoit, il faloit donner Bataille à l'Armée de la Ligue. Les Enemis la lui présentérent en venant à *Ravenne*, pour lui faire lever le Siége qu'il y avoit mis exprès ; Elle se donna le jour de Pâques, onziéme d'Avril ; les Forces étoient égales, & le Choc fut très-sanglant : A la fin, les Chefs de la Ligue ayant été mis en fuite, ou faits Prisonniers, la Victoire tourna du côté de *Gaston*, qui, voulant encore poursuivre un Corps d'Espagnols, qui se retiroient en bon ordre, fut tué à coups de Pique, & son Cousin Odet *de Foix Lautrec*, griévement blessé. Les Soldats, au desespoir de sa Perte,

Hh

taillérent tout en piéces, facagérent *Ravenne*, & à peine put-on fauver de leurs mains, le Marquis de *Pefcaire*, & Pierre de *Navarre*, qu'on avoit pris dans cette Bataille. L'Epouvante fut fi grande à Rome, que les Cardinaux en Corps, vinrent fupplier le Pape, de faire la Paix avec le Roi : Mais, Ferdinand & les Venitiens lui ayant un peu remis le cœur, il employa fes Artifices ordinaires, pour amufer le Roi par des Propofitions d'Accommodement ; & fit agir auprès de la Reine, qui, par fes Careffes & fes Importunitez, ralentit l'efprit du Roi. La Mefintelligence qui furvint en Italie parmi fes Troupes, & la Defertion des *Lanfquenets*, qui abandonnérent *la Palice*, obligea les François de fortir du Milanés : Maximilien Sforce y fut rétabli ; Génes fe revolta ; Le Roi d'Angleterre déclara la Guerre à la France ; & l'Empereur, qui avoit fi fouvent protefté le contraire, fit Alliance avec Jules.

VII. Le Pape ayant fi beau Jeu, mit le Royaume en Interdit, & ajourna le Roi, les Prélats, Chapitres & Parlemens, à comparoître devant lui dans foixante jours. A la faveur de ces Foudres, Ferdinand envahit le Royaume de Navarre, qui n'étoit point de la Querelle : Le Duc de Longueville, Gouverneur de Guiéne, & Charles Duc de Bourbon, y accoururent au fecours de Jean d'Albret, qui venoit d'en être dépoüillé ; mais, leur Divifion arrêta tout ; Et le Roi y ayant envoyé François Duc de Valois, fon Autorité étoufa leur Difcorde : il entra dans la Navarre, malgré le Duc d'Albe, qui étoit campé à St. Jean de Pié-de-Port, & mit le Siége devant Pampelune ; mais, le défaut de Vivres, & les incommoditez de la Saifon, le contraignirent de décamper au bout de fix femaines : Après quoi, Ferdinand ayant ce qu'il vouloit, fit Tréve avec le Roi.

Cependant, le Pape Jules ne mettant aucunes bornes à fa Colére, prepara un Décret, au Nom du Concile de Latran, pour transferer le Royaume de France, & le Nom de Roi *Très-Chrétien*, au Roi d'Angleterre : Comme il étoit fur le point de le faire publier, le Ciel, prenant pitié de lui, & de la Chrétienté, l'appella de ce Monde le 23e. de Février ; Et auffitôt les jeunes Cardinaux élurent Jean de Medicis, âgé feulement de trente-fix ans, qui prit le Nom de Leon X.

Les Affaires changérent alors de face : Le Roi fe ligua avec les Venitiens ; La Trimoüille, qu'il envoya dans le Milanés, s'en rendit le Maître ; & Génes fe remit en l'Obéïffance du Roi : Mais, la Conquête dura moins de tems qu'on n'en avoit employé à la faire ; car, les François furent batus à *Novarre* par les Suiffes : & l'Empereur Maximilien, s'étant déclaré contre nous, donna une Entrée aux Suiffes par la Franche-Comté, pour venir affiéger Dijon, tandis que le Roi d'Angleterre entreroit dans la Picardie. Maximilien & Henry, ayant joint leurs Troupes, formérent enfemble le Siége de *Teroüanne* ; & ils défirent à *Guinegafte* les François, qui, s'étant mieux fervi de leurs Eperons que de leurs Epées, firent appeller ce Combat, *la Journée des Eperons* ; quoique les plus Braves y euffent fait leur Devoir, comme le Duc de *Longueville*, & le Chevalier *Bayard*, qui y furent envelopez, & faits Prifonniers par les Anglois.

Toutes ces Adverfitez, & plus encore les Scrupules de la Reine, obligérent Loüis XII. à renoncer au Concile de Pife, pour adherer à celui de Latran ; ce qui fut fait par fes Procureurs, le 14e. Décembre 1413. Le Pape, qui en parut très-fatisfait, ne laiffa pas d'inciter fous main l'Empereur à lui faire la Guerre, afin de l'éloigner de l'Italie. Mais, dans ces conjonctures, la Reine Anne de Bretagne mourut à Blois, le 9e. Janvier 1514. ce qui jeta le Roi dans une fi grande affliction, qu'il n'y furvêcut pas une année entiére : Après en être un peu revenu, il voulut que le Mariage de fa Fille Claude, avec François de Valois, s'accomplît le 18e. Mai, à St. Germain-en-Laye, tandis que le Duc de Longueville, Prifonnier en Angleterre, traitoit de la Paix avec Henry VIII.

VIII. Elle fut concluë à Londres, le 2e. d'Août ; & par un des Articles du Traité, Loüis XII. devoit époufer la Princeffe Marie, Sœur du Roi d'Angleterre ; à quoi le bon Roi confentit, pour procurer la Paix à fes Peuples. Il celebra fes Nôces à Abbeville, le 10e. d'Octobre : Mais, fon Tombeau n'étoit pas loin de fon Lit-Nuptial ; car, le nouveau genre de vie qu'il fut obligé de prendre, affoiblit fi fort fa Santé, qu'il mourut à Paris dans fon Hôtel *des Tournelles*, le premier du mois de Janvier 1515. laiffant à la Pofterité, ce beau Témoignage que l'Hiftoire lui donne, d'avoir été le Prince qui aima le plus fes Sujets, & qui en fut le plus aimé.

FIN DU LIVRE DOUZIE'ME.

HIS-

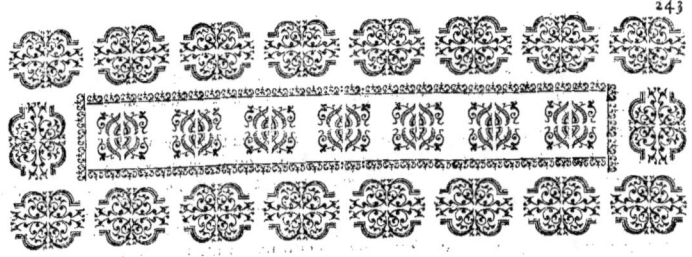

HISTOIRE
DE LA VILLE
DE MONTPELLIER,
SOUS LE ROY FRANÇOIS PREMIER.

LIVRE TREIZIÉME.

CHAPITRE PREMIER.

I. Confirmation de la Cour des Generaux par François Premier. II. Ses premiéres Expeditions en Italie. III. Le Traité de Noyon donne occasion à une Assemblée remarquable tenuë à Montpellier. IV. Division ouverte entre le Roi & l'Empereur Charles-Quint. V. Etablissement de la Chambre des Comptes de Montpellier.

FRANÇOIS Premier, de même que Loüis XII. décendoit de Loüis Duc d'Orleans, qui fut tué dans la Ruë Barbette, sous le Regne du Roi Charles VI. Mais, il y a cette diference, que Loüis XII. venoit de l'Aîné des Enfans du Duc d'Orleans, & François Premier du Second, appellé Jean Comte d'Angoulême, qui fut Pere de Charles, & ce Charles, Pere de François Premier.

I. 1515.

Il commença son Regne avec l'année 1515. puisque Loüis XII. étoit mort précisément le premier de Janvier de cette même année. Les belles Qualitez du Corps & de l'Ame qu'il porta sur le Trône, firent d'abord esperer un Regne des plus heureux & des plus brillans : mais, les Conjonctures du Tems, & peut-être la Précipitation de ses Conseils, l'entrainérent lui & son Royaume, dans des Mouvemens qui ne finirent pas même avec sa Vie.

Dès le septiéme jour qu'il fut parvenu à la Couronne, il donna, comme son Prédecesseur avoit fait, des Lettres en Confirmation de la Cour des Generaux de Montpellier. » Confirmons (dit le Roi) le Corps de ladite Cour des Generaux à » Montpellier, en ce faisant Coûtume ; Et continüons les Officiers d'icelle : C'est à » sçavoir, nos amez & feaux Conseillers, M^rs. Loüis *de la Croix*, Président ; Jean » *Salomon*, Philippe de *Lauselergue*, Pierre de *Petra*, Loüis *Gombaud*, Pierre *Barbier*, » & Fredol de *Montvaillant*, Docteurs, Conseillers en ladite Cour ; Me Jean *Boyer*, Li-

H h 2

» centié ez Loix, Avocat; Loüis *Gentil*, Procureur; Me. Jean *le Clerc*, Greffier;
» Antoine *Peyer*, Receveur; Bertrand *Mori* & Nicolas *Deschamps*, Huissiers à la-
» dite Cour. Donné à Paris le 7. Janvier 1514. & le premier de nostre Regne.
Ce qu'il faut entendre de 1515. parceque l'année ne commençoit alors qu'aux
Fêtes de Pâques.

II. A peine le Roi eut été sacré à Reims le 25. de Janvier, qu'il voulut poursuivre les Droits qu'il avoit sur le Duché de Milan, du Chef de Valentine sa Bisa-
yeule, Femme de Loüis Duc d'Orleans, & Légitime-Héritiére de cet Etat: Il
renouvella la Paix avec Henry VIII. aux mêmes Conditions qu'elle avoit été faite
sous son Prédecesseur; il fit un Traité d'Alliance avec l'Archiduc Charles, qui
fut juré sous les plus terribles Sermens; il confirma la Ligue faite par Loüis XII.
avec les Venitiens: mais, Ferdinand ne voulut point continüer la Tréve avec lui,
à moins qu'il ne renonçât au Duché de Milan; & pour se mettre en état de
l'obliger à cette Renonciation, il fit une Ligue avec l'Empereur Maximilien, avec
les Suisses, & avec Sforce Duc de Milan, ausquels le Pape Leon X. joignit ses
Troupes, conduites par Prosper Colomne.

Malgré les Oppositions de cette Ligue, les François passèrent les Alpes: Jacques de Chabanes, dit la. Palice, enleva Prosper Colomne, comme il se mettoit
à Table, & le fit Prisonnier avec tous ses Gens; Aimard de Prie, disposa la Rédition de Génes; & le Roi, sur ces bonnes Nouvelles, étant parti de Lyon le 15e.
du mois d'Août, assembla ses Troupes à Turin, & s'avança vers Milan. Alors les
Enemis, peu d'accord entr'eux, traitérent séparément avec le Roi: mais, lorsqu'ils
étoient sur le point de conclurre, le Cardinal de Sion les harangua si fortement,
qu'il leur fit prendre les Armes, pour venir attaquer les François, qui étoient à
Marignan, à une lieüe de Milan.

La Bataille commença sur les quatre heures du soir le 13. d'Octobre, & dura
quatre heures dans la nuit: de sorte qu'ils couchérent pêle-mêle; & le Roi,
tout armé, reposa sur l'Affût d'un Canon: Le jour venu, les Suisses retournérent
à la charge; mais, à la longue, ils furent taillez en piéces, au nombre de dix
mile: le Champ de Bataille resta aux François: la Ville de Milan se rendit dès
le lendemain; & peu de tems après, le malheureux Sforce remit le Château par
Composition.

Leon X. effrayé de ce Succès, se hâta de traiter avec le Roi, sans vouloir attendre la Resolution des Suisses, ni celle de l'Empereur, qui l'en conjuroit instament:
il rendit au Roi, Parme & Plaisance; & au Duc de Ferrare, Modéne & Reggio:
Mais, il fut bientôt consolé du chagrin que toutes ces Restitutions lui faisoient,
par la célèbre Conference qu'il eut à Boulogne le 19e. de Décembre, où François
Premier, par le Conseil d'Antoine Duprat son Chancelier, abolit la Pragmatique-
Sanction, & signa son fameux Concordat avec Leon X. dès la premiére année de
son Regne.

L'Alliance avec les Suisses ayant été renouvellée dans ce même-tems, le Roi
laissa la Garde du Milanés à Charles Duc de Bourbon, qu'il avoit fait Connétable de France depuis son Avénement à la Couronne; & marchant à grandes
journées, il vint trouver sa Mere & sa Femme, qui l'attendoient à Lyon.

Il ne tarda point d'apprendre, que l'Empereur, le Roi Ferdinand, & le Roi
d'Angleterre, jaloux de ses Progrès, & de ses nouvelles Alliances, avoient resolu,
d'un commun-accord, de lui faire la Guerre en Italie & en France: mais, la Mort
de Ferdinand, arrivée le 22e. de Février, arrêta l'effet de cette Ligue; & le Roi,
croyant devoir profiter du besoin de l'Archiduc Charles, qui demandoit un Passage
par la France, pour aller prendre Possession des Espagnes, resolut d'entreprendre
la Conquête du Royaume de Naples. Cette Resolution lui sûcita toutes les Puissances de l'Italie, & particuliérement Leon X. qui, sous-main, remua les *Anglois*,
les *Suisses*, & les *Medicis*, pour rompre ce Coup: L'Empereur entra dans le Milanés avec une puissante Armée, où il reduisit les François à la seule Ville de
Milan; de sorte que le Connétable n'eut d'autre ressource que de temporiser, &
d'attendre le bon effet du Mécontentement des Suisses, qui, faute de Paye, quitérent l'Empereur.

Cependant, le Conseil de l'Archiduc trouva qu'il étoit necessaire pour ses inte- III. 1516.
rêts, qu'il renouvellât l'Alliance avec le Roi François, afin d'avoir le Passage libre
en Espagne; cela fut fait par le Traité de Noyon, du 16ᵉ. d'Août, entre les Seigneurs *Artur de Gouffier Boissi*, & *Guillaume de Croüy Chievres*, qui avoient été
Gouverneurs des deux Princes, dans le tems de leur Jeunesse.

Les principaux Articles de ce Traité furent, que Charles épouseroit Loüise, Fille-
aînée du Roi, ou, à son défaut, Renée, Sœur de la Reine; qu'elles auroient pour
Dot, la Part que le Roi prétendoit au Royaume de Naples, & que Charles rendroit la Navarre dans six mois à Henry d'Albret; sinon, qu'après ce tems, il seroit
permis au Roi de l'assister.

En consequence, Charles d'Autriche passa en Espagne; & à la faveur du Traité 1517.
qui venoit d'être fait, le Roi convoqua à Paris, les Députez des bonnes Villes de
son Royaume, afin de prendre leur Avis, *pour le profit & utilité de la Chose-publique*.
Le Chancelier y fit lire plusieurs Articles sur le Commerce, sur les Monoyes,
sur la Somptuosité des Habits & des Meubles, & sur le Bon-Ordre des
Hôteleries-publiques: On fit pour cela divers Reglemens, signez par tous les Dé-
putez, le 28ᵉ. de Mars 1516. avant Pâques, c'est-à-dire 1517. à compter, comme
nous faisons, du premier de Janvier; il y eut des Députez de dix-neuf bonnes
Villes du Royaume, marquées en cet Ordre. *Paris, Roüen, Bordeaux, Toulouse,
Grenoble, Provence, Dijon, Lyon, Montpellier, Tours, la Rochelle, Limoges, Orleans,
Bourges, Troyes, Bayonne, Amiens, Boulogne* & *Bretagne*: Le nom de chacun des
Députez est marqué au bas; & ceux de la Ville de Montpellier sont, Messire
Loüis de la Croix, Baron de Castries, & Guillaume *le Tainteurier*, Seigneur de
Boutonnet. On voit ces Reglemens, à la suite du Traité de la Grand-Monarchie
de France, de Messire Claude de Seissel, Evêque de Marseille, & puis Archevê-
que de Turin.

Quelques précis que fussent les Articles du Traité de Noyon, il ne laissa pas 1518.
de naître des doutes sur son Execution, qui parurent à Gouffier & à Chievres,
capables d'alterer la Bonne-Intelligence qu'ils vouloient entretenir entre leurs Maîtres: Ces deux Ministres, à qui l'Histoire donne de grandes Loüanges, se rendirent à Montpellier, pour y terminer les Diferends déja survenus, & pour prévenir
ceux qui pourroient arriver. Tous nos Historiens ont fait mention de cette Conference, dont on ne peut mieux apprendre l'Evénement que par ces paroles de *Mémoires, Liv.*
Martin du Bellay, que je transcris mot-à-mot. *1. pag. 25.*

„ Dans cette même année 1518. Messire Artus Gouffier, Seigneur de Boissi,
„ Grand-Maître de France, & Monsieur de Chievres, s'assemblérent à Montpellier;
„ l'un, pour la Part du Roi Catolique, & l'autre, pour la Part du Roi; Pour par
„ ensemble, adviser à une Paix finale entre leur deux Majestez, & vuider tous leurs
„ Differens d'entre eux & leurs Alliez: Mais, après avoir convenu ensemble quel-
„ ques jours, & avoir si bien acheminé les Affaires que l'on en esperoit avoir
„ bonne issuë, ledit Grand-Maître de Boissi tomba en une Fiévre-continuë, de
„ laquelle il mourut, qui fut cause que les choses encommencées ne prirent point
„ de fin; & s'en retourna le Seigneur de Chievres en Espagne. Ladite Mort fût
„ cause de grandes Guerres, ainsi qu'entendrez cy-aprez; car, s'ils eussent achevé
„ leur Parlement, il est tout certain que la Chrétienté fût demourée en repos pour
„ l'heure: mais, Ceux qui par aprez maniérent les Affaires, n'aimérent pas le Re-
„ pos de la Chrétienté, comme faisoint lesdits de Chievres, & le Grand-Maître.

Le premier sujet de Discorde vint à la Mort de l'Empereur Maximilien, qui arriva IV. 1519.
le 22ᵉ. jour de Janvier 1519. On fit alors entendre au Roi de France, qu'il devoit songer à l'Empire; & il envoya pour cet effet soliciter les Princes Electeurs,
avec de grandes Sommes d'Argent: mais, celui que Charles fit distribüer plus à
propos, le fit élire à Francfort le 20ᵉ. de Juin, dans le tems qu'il étoit encore
en Espagne. Le Roi François, piqué de cette Préference, ne songea qu'à se faire
des Alliez, pour être prêt à tout Evénement; il rechercha l'Amitié du Pape, &
celle du Roi d'Angleterre: mais, Leon X. suivit la Fortune, & investit Charles,
du Royaume de Naples. Henry VIII. parut mieux répondre à ses Recherches;
car, il passa la Mer avec toute sa Cour, pour une Entrevüe qu'ils eurent au mois

1520. de Juin 1520. entre Ardres & Guines. Les deux Rois y passèrent ensemble dix ou douze jours, durant lesquels ils firent paroître leur Magnificence dans la dernière profusion ; & avant de se séparer, ils confirmérent leur Traité, par un Serment solennel sur la Sainte Communion, qu'ils reçurent ensemble.

Tandis que François Premier comptoit sur les Engagemens pris par le Roi d'Angleterre, Charles V. venant d'Espagne par Mer, s'aboucha avec Henry, qui lui promit de ne prendre aucun parti entre lui & le Roi de France ; mais, de se reserver pour être leur Médiateur : c'est ainsi que dans la plûpart de ces Guerres, on n'observa les Traitez que jusqu'à la première occasion de les violer avec avanta-
1521. ge. Charles alla se faire couronner Empereur à Aix la Chapelle le 22e. d'Octobre ; & François envoya, dès le Printems de l'année suivante, *André de Foix*, Seigneur de *l'Esparre*, Frere de Lautrec, pour reconquerir la Navarre : il n'y trouva de la resistance qu'au Château de Pampelune, où l'Histoire marque la Blessure d'un jeune Gentilhomme, qui, s'étant depuis donné à Dieu, fut l'Instituteur des Jesuites. Nous reperdîmes bientôt la Navarre, par la temerité de Lautrec ; Et la Division continuant toûjours entre l'Empereur & le Roi de France, ils firent la Guerre sur diferens Prétextes, dans la Champagne & dans la Picardie.

Leon X. attira leurs Armes en Italie, par un Traité secret qu'il fit avec le Roi, pour la Conquête du Royaume de Naples ; mais, changeant d'Avis trois mois après, il se tourna du côté de l'Empereur. Les choses y furent alors dans une grande confusion ; parceque la Disgrace du Connétable de Bourbon étant arrivée en ce tems-là,
1522. le Roi fut tant obligé de se servir de Generaux, qui y firent fort mal ses Affaires : Leon X. en eut tant de joye, qu'il en mourut le premier de Décembre ; Et Lautrec ayant perdu la Bataille de la *Bicoque*, près de Milan, son Frere Lescun fut obligé de rendre Cremone à Prosper Colomne, qui surprit la Ville de Génes, & se rendit Maître de la plûpart des Places qui nous restoient.

Il est facile à comprendre, que dans ces conjonctures, le Roi, qui faisoit d'ailleurs de très-grandes Dépenses, eut encore un plus grand besoin d'Argent pour soûtenir le poids de cette Guerre : Parmi les moyens qu'on lui fournit pour en avoir, le Chancelier *Duprat* lui proposa d'augmenter le Nombre des Officiers, dans les Cours de Justice qui étoient déja établies, & d'ériger de nouvelles Compagnies dans les diferentes Provinces du Royaume, où les Comptables étoient obligez de recourir à la Chambre des Comptes de Paris, pour les Deniers-Royaux. Ce fut à cette occasion, & dans ce tems, que la Chambre des Comptes
V. de Montpellier fut établie : Le Roi en donna ses Lettres à St. Germain-en-Laye, au mois de Mars, l'an de grace 1522. & le neuviéme de son Regne ; c'est-à-dire,
1523. 1523. par les raisons que nous avons déja dites.

François Premier, dans ses Lettres-Patentes, dit, " Que pour le Soulagement des
" Receveurs de ses Aydes & Octrois, de la Cruë, de l'Equivalent, de la Blanque,
" & autres Deniers-Extraordinaires, les Roys ses Prédecesseurs, & lui-même, depuis
" son Avénement à la Couronne, auroit accoûtumé d'envoyer, de dix en dix ans,
" ou plus souvent, au Pays du Languedoc, des Auditeurs de la Chambre des Comp-
" tes de Paris, pour oüir, examiner & clorre les Comptes des Greneriers, Re-
" ceveurs & autres Préposez ausdits Droits ; ce qui exposoit les Comptables à de
" grands Périls, & engageoit à de grands Fraix, pour le Voyage, Séjour, & Va-
" cations desdits Auditeurs : Pour à quoi remedier, le Roi ajoûte, Qu'il conviendroit
" établir dans le Pays, une Chambre de Comptes qui fût stable, pour la commodité
" des Comptables, & pour la sureté de ses Deniers. Auquel effet, il crée, érige,
" & ordonne une Chambre des Comptes au Pays de Languedoc, composée d'un
" *Président*, à huit cens livres de Gages ; de *deux Maîtres de Comptes*, à quatre cens
" livres chacun ; de *trois Auditeurs*, à deux cens livres ; d'un *Grefier*, à quatre-vingts
" livres ; d'un *Huissier*, à cinquante ; d'un *Procureur*, à cent livres Tournois, & d'un
" *Receveur & Payeur* de ladite Chambre, à sept-vingts livres par chacun an : Aus-
" quels Officiers, il donne toute l'Authorité, Prérogatives, Prééminences, Franchises
" & Libertez, qu'ont les Officiers de la Chambre des Comptes de Paris ; Voulant
" *que icelle Cour, soit dorénavant & à toûjours en nostre Ville de Montpellier*. Si donnons
" en Mandement, à nos Amez & Feaux les Gens de nos Comptes à Paris, & à
nos

„ nos Generaux sur le Fait de nos Finances, que cette présente Création ils
„ fassent lire, publier & enregistrer, & qu'ils l'observent de point en point. Donné
„ à St. Germain-en-Laye, au mois de Mars, l'an de grace 1522. & de nostre
„ Regne le neuviéme. FRANÇOIS.

En consequence des Ordres du Roi, la Chambre des Comptes de Paris enregîtra ces Lettres le 27e. de Juin, que l'on comptoit 1523. parceque les Fêtes de Pâques étoient passées; Et précisément deux mois après, elles furent mises en execution à Montpellier, où les nouveaux Officiers s'étant assemblez le 27e. d'Août, firent faire la Lecture, la Publication & l'Enregîtrement des Lettres-Patentes de leur Création : On marque pour Président, Pierre *d'Albiac*, ci-devant Auditeur en la Chambre des Comptes de Paris ; & pour Conseiller, Antoine *Bucelly*.

Lecta, Publicata & Regîstrata, in Camerâ Computorum Domini nostri Regis Patriæ Lingua Occitaniæ, in Villâ Montispessulani, Electa ordinata die vigesimâ-septimâ Augusti, anno Domini 1523. ALEXANDRE DE FAUCON, *Greffier,* signé.

Præsentibus Nobilibus Viris Consulibus, Guillelmo Teinturier Domino de Boutonnet, Honorato Pluvier, & pluribus aliis.

1523.

Premier Regître de la Chambre des Comptes, au commencement.

CHAPITRE SECOND.

I. *Défection du Connétable.* II. *Prise du Roi à Pavie.* III. *Sa Délivrance.* IV. *Paix entre les Princes, publiée à Montpellier.* V. *Le Roi vient en cette Ville.* VI. *Il établit un Corps de Légionnaires en Languedoc.*

EN l'état où nous avons vû qu'étoient les Affaires de François Premier, il eut à resister aux Anglois dans la Picardie, & aux Espagnols à Bayonne : mais, la Défection du Connétable lui preparoit de plus grandes Affaires en Italie. Ce Seigneur, poussé à l'extrême par Madame, Mere du Roi, crut avoir des Raisons, (si l'on peut en avoir contre son Prince & contre sa Patrie) de se jetter entre les Bras de l'Empereur, pour faire la Guerre à la France : Il eut le Commandement de l'Armée que Charles-Quint envoya pour résister à *Bonnivet*, qui, ayant pû se rendre maître de Milan, se laissa batre à *Biagras*, où le Chevalier Bayard, blessé-à-mort, fit au Connétable, le reproche plein de Sentimens d'Honneur, que son Histoire nous marque.

Après cet Avantage, Charles de Bourbon entra dans la Provence, où il fit le Siége de Marseille : mais, le Roi étant venu jusqu'à Avignon, l'obligea de se retirer en diligence ; ce qui fit prendre au Roi, la Resolution de le poursuivre, quoique ce fût à l'entrée de l'Hiver, & que la Mi-Octobre fût déja passée : Il fit faire à ses Troupes une si grande Diligence, qu'il fut en état de mettre le Siége devant *Pavie* le 27e. d'Octobre ; Mais, ayant détaché dix mile Hommes de son Armée, pour aller conquerir le Royaume de Naples, & autres quatre mile, pour faire la Guerre à Ceux de Génes, il se trouva si affoibli, qu'au bout de deux mois, le Siége ne fut pas plus avancé que le premier jour : Cependant, Charles de Bourbon étant revenu d'Allemagne avec de nouvelles Levées, joignit les Troupes de *Lanoy*, Viceroi du Milanés, qui resolurent ensemble, de tenter le Secours de la Place, & d'attaquer le Roi dans son Camp.

La Chose fut executée la nuit du 23. au 24. Février, avec desavantage de leur part : Ce qui ayant invité le Roi à sortir de son Camp pour les aller charger, il y eut un rude Combat, dans lequel il perdit la plûpart de ses Gens ; & ayant eu son Cheval tué sous-lui, & combatu long-tems à pied, sans être connu, il appella *Pomperan*, qu'il apperçut, & se rendit à lui.

Ce Malheur jeta la France dans une Consternation qu'il est dificile d'exprimer : On en donna des Marques à Montpellier, par un morne Silence qui y regna durant plusieurs jours, & qui ne fut interrompu que par de longs Gemissemens, qu'on alla porter au Pié des Autels ; Mais, dans une Affliction si universelle, je

I.

1524.
Pag. 471.

1525.

II.

1525. ne dois pas m'arrêter à une seule Ville. Le Roi, après avoir demeuré plus de deux mois dans le Château de Piſſigiton, ſe laiſſa perſuader de demander à s'aboucher avec l'Empereur; Et pour faciliter ſon Trajet en Eſpagne, il envoya un Ordre à ſes Galéres, qui croiſoient ſur la Mer, de ſe retirer: il partit dans le mois de Juin, & fut logé dans le Château de Madrid, où l'Empereur le laiſſa ſix mois ſans le voir.

1526. III. Cependant, les Négociations qu'on faiſoit pour ſa Délivrance, furent terminées le 13°. de Février 1526. par leſquelles (entr'autres) le Roi renonçoit au Duché de Bourgogne, & à toutes ſes Prétentions ſur l'Italie: Il devoit porter Henry d'Albret, à renoncer au Royaume de Navarre; rétablir le Duc de Bourbon dans toutes ſes Terres; & payer, ſur diferens Prétextes, des Sommes immenſes.

Peu après que ce Traité eut été ſigné, le Roi fut amené ſur les Frontiéres de France, où l'on fit, le 8°. de Mars, un Echange de ſa Perſonne avec ſes deux Fils, qui devoient ſervir d'Otage: Mais, les Conditions injuſtes du Traité, en empêchérent l'Execution; Et les Princes d'Italie, craignant de la trop grande Puiſſance de l'Empereur, engagérent le Roi François dans une nouvelle Ligue, qui fit de leurs Etats le Téatre de la Guerre.

1527. Charles de Bourbon, cherchant à faire ſubſiſter ſes Troupes, paſſa le Pô dans le commencement de l'année 1527. & après avoir ſéjourné aux environs de Plaiſance, il ſe jeta dans la Romagne, & vint ſe préſenter devant Rome le 5°. du mois de Mai. Sur le refus qu'on lui fit de lui donner Paſſage par la Ville, il donna tête-baiſſée à une Bréche qui étoit aux Murs du Bourg St. Pierre, d'où ayant été repouſſé deux fois, il reçut à la troiſiéme, un coup de Mouſquet à la Tête, qui le renverſa mort par terre. Ses Soldats furieux, forcérent la Bréche, & entrérent dans la Ville, la mirent au Pillage pendant deux mois, & tinrent le Pape Clement VII. aſſiégé dans le Château St. Ange, d'où il ne put ſortir

1528. qu'en ſe rendant Priſonnier de Guerre. Lautrec, qui avoit Ordre du Roi, d'aller au ſecours du Pape, pouſſa les Imperiaux juſqu'au Royaume de Naples, dont il conquit les principales Villes: mais, par les Viciſſitudes ſi ordinaires dans les Guerres d'Italie, il perdit ſes Troupes dans cette même année avec la Vie.

1529. IV. Tous ces diferens Troubles, portérent enfin les Princes de l'Europe, à terminer leurs Diferends par une Paix : Elle commença entre le Pape & l'Empereur, qui vouloit aller à Rome pour y prendre la Couronne Imperiale; Et peu après, Marguerite, Tante de Charles-Quint, & Loüiſe, Mere de François Premier, conclurent un Traité à Cambray, dont les Articles furent preſque les mêmes que ceux de Madrid, hormis que le Roi retenoit la Duché de Bourgogne. Alors, Henry VIII. voyant que la Paix s'étoit faite ſans ſa participation, ne laiſſa pas, à cauſe des beſoins qu'il avoit du Roi pour ſon Divorce, de lui relâcher de grandes Sommes: ce qui fait que nos Ancêtres, en marquant dans leurs Regîtres cet Evenement, y comprénent le Roi d'Angleterre dans ce Traité de Paix.

”En 1529. fut faite la Paix, entre le St. Pere le Pape Clement VII. le Roy ”noſtre Sire, & (a) Charles, Eſlu-Empereur, Roi de Germanie & de Caſtille, & ”Henry, Roi d'Angleterre; Et le 15. Septembre audit an, cette Paix fut publiée ”dans la Ville de Montpellier.

1530. L'année 1530. fut remarquable, par la Délivrance des Enfans du Roi, pour leſquels on donna douze cent mile Ecus d'Or, que le Maréchal de Montmorency porta à *Endaye*, où ſe fit l'Echange; Et en même-tems, les Eſpagnols amenérent Eleonor, Sœur de l'Empereur, qui fut la ſeconde Epouſe de François Premier.

Le Calme de la Paix lui donna cet Amour pour les Belles-Lettres, qui le porta à appeller auprès de ſa Perſonne, les plus Habiles-Gens de ſon Royaume, & qui

1531. lui attira le Surnom de *Pere & de Reſtaurateur des Lettres*: Il fit chercher dans les Païs-Etrangers, tout ce qu'on put trouver de Manuſcrits des anciens Auteurs, dont s'eſt faite la riche Bibliotéque du Louvre; Et parmi les Gens qu'il employa,

Pag. 582. *Guillaume Pelicier*, Evêque de Maguelonne, lui en fit venir de la Gréce un grand
nombre

(a) Charles-Quint eſt appellé *Eſlu-Empereur*, patceque'il n'avoit pas été encore couronné à Rome, où il ſe preparoit d'aller.

nombre, comme on peut le voir dans la Lettre raportée par Gariel, dans son *Seriez*.

Le Roi ayant perdu sa Mere environ ce tems-là, alla dissiper sa douleur dans la Bretagne, qu'il unit à la Couronne de France; & de là, il se rendit dans la Picardie, où il s'aboucha, entre Boulogne & Calais, avec le Roi d'Angleterre, tandis que Clement VII. avoit une pareille Entrevûë à Boulogne en Italie, avec Charles-Quint, qui revenoit de ses Expéditions de Hongrie. Le Pape, malgré les diferentes Propositions de l'Empereur, profita des Pouvoirs que les Cardinaux de *Tournon* & de *Gramont* avoient, de négocier auprès de lui, le Mariage de Catérine sa niéce, avec Henry, second Fils du Roi: Cette Affaire fut alors reglée entr'eux, & executée seulement dans l'année suivante, où le Pape vint à Marseille sur les Galéres de France, qui l'avoient été prendre à Pise; & le Roi, de son côté, s'y rendit, après un long Circuit, qu'il jugea à propos de faire dans son Royaume, comme nos Annales le marquent en ces termes, à l'occasion du Séjour qu'il fit à Montpellier.

1531.

1532.

1533.

" L'an 1533. a esté le bon plaisir du Roy nostre Sire François Premier du Nom,
" de mettre à Execution, l'Intention qu'il avoit depuis long-temps, de visiter son
" Pays de Languedoc : Et pour ce faire, ledit Seigneur partit de Fontainebleau au
" mois d'Avril audit an, & s'en vint passer au Puy, & de là, droit à Tholose; Et
" de Tholose, ledit Seigneur, accompagné (*a*) de la Reyne, de Messeigneurs
" (*b*) le Dauphin, (*c*) le Duc d'Orleans; (*d*) & le Duc d'Angoulesme ses
" Enfants, (*e*) & de Mesdames ses Filles, (*f*) Monsieur le Reverendissime Legat
" Chancelier, (*g*) M`r`. le Grand-Maître, & plusieurs autres Grands-Princes,
" Seigneurs, Princesses & Dames de la Cour, s'en vint par le Grand-Chemin,
" passant à Castelnaudarry, Carcassonne, Narbonne, Beziers, Pezenas, Montpellier,
" Lunel, Nismes, Avignon & Marseille, où s'assembla, avec ledit Seigneur,
" Nostre Saint-Pere le Pape; & là, fut consommé & conclu le Mariage de M`r`.
" le Duc d'Orleans, avec la Fille du (*h*) Duc d'Urbin, Niéce du Pape, en grand
" Triomphe : Et le Roi prit tant de plaisir à l'Entrée qui lui fut faite à Montpe-
" lier, qu'il y séjourna neuf jours, au lieu qu'il ne fit que passer aux autres
" Villes, sans y séjourner, excepté à Tholose, où il demeura quatre jours, & à
" Marseille, à cause du Mariage ; (*i*) M`r`. Anne de Montmorency étant pour-
" lors, Gouverneur & Lieutenant-General pour le Roy, dans cette Province de
" Languedoc.

V.

Pendant le Séjour que le Roi fit à Montpellier, il voulut aller visiter l'Isle de Maguelonne, dont la Situation lui plut beaucoup, de même que la Structure des anciens Bâtimens qui y étoient alors : Néanmoins, par le désir d'illustrer davantage la Ville de Montpellier, il écouta les Priéres que les Habitans, avec l'Evêque & les Chanoines, lui firent, de vouloir s'interesser à la Translation de cette Catédrale dans la Ville de Montpellier. On fit dès-lors, le Plan de la Sécularisation du Chapitre, qui étoit Regulier; & l'on chercha des Moyens de faciliter sa Translation, qui ne fut executée que trois ans après.

Dans ce même-tems, on marque une Déclaration, que le Roi donna à Montpellier le 21. d'Août 1533. portant Reglement pour tenir les Grands-Jours dans la Ville de Tours, afin de connoître & de reprimer les Violences ausquelles s'étoient accoûtumez les Seigneurs de la Campagne, depuis la longueur des Guerres, & durant la Prison du Roi : Cette Ordonnance est raportée par Guillaume Blanchard, dans sa Compilation Cronologique des Ordonnances.

Tom. 1.

(*a*) *Eleonor d'Autriche*, Sœur de l'Empereur Charles-Quint.
(*b*) *François*, Dauphin de France, mort à Tournon le 12. d'Août 1536.
(*c*) *Henry*, Filhol du Roi d'Angleterre, nommé alors Duc d'Orleans, & depuis Successeur à la Couronne du Roi son pere.
(*d*) *Charles*, dit alors Duc d'Angoulême, fut nommé Duc d'Orleans après la Mort de son Aîné ; il mourut lui-même en 1545.
(*e*) *Madelaine*, mariée depuis à Jacques Stüard, Roi d'Ecosse ; Et *Marguerite*, qui fut Epouse d'Emanuël Philibert, Duc de Savoye.

(*f*) *Antoine Duprat*, Chancelier de France, Cardinal, Archevêque de Sens, & Legat du Pape.
(*g*) *Anne de Montmorency*, Grand-Maître de France, & depuis Connétable.
(*h*) *Catérine de Medicis*, Fille-Unique de Laurent de Medicis, & de Madelaine de la Tour d'Auvergne : son Pere avoit été fait Duc d'Urbin, par Leon X. son oncle. Elle a été appellée Niéce du Pape Clement VII. quoiqu'elle ne fût que Fille de Laurent, Fils de Pierre, Cousin Germain de ce Pape.
(*i*) *Anne de Montmorency*, avoit le Gouvernement du Languedoc, depuis que le Connétable de Bourbon eut été chassé de la Provence.

1533. VI. La Jalousie que prit l'Empereur de l'Entrevûë de Marseille, & du Mariage qui s'y étoit fait, obligea le Roi, pour se tenir prêt à tout Evenément, de dresser des Milices, à qui l'on donna le Nom de *Légions*, dans les diferentes Provinces du Royaume où elles furent établies: Voici comme nos Annales parlent de celle qui fut dressée en Languedoc.

1534. » L'an 1534. furent dressées par le Roy, en ce Royaume, des Compagnies » de Gens-de-Guerre à pied, appellées *Légionaires*, lesquels estoint soldoyez aux » dépens du Pays, avec plusieurs Priviléges, Coûtumes & Ordonnances sur ce » faites: Ces Légionaires étant reduits sur tout le Royaume en sept Légions, » chacune desquelles estoit composée de six mille Hommes, dont il y en avoit » une en Languedoc; pour laquelle dresser, & en faire la Montre, Messire Anne de » Montmorency, Gouverneur du Pays, & Grand-Maître de France, fit Voya-» ge en Languedoc.

Nos Historiens qui ont parlé de cet Etablissement, ajoûtent qu'il ne dura pas long-tems, parcequ'il eût rendu l'Etat trop puissant, & la Domination trop foible.

❖❖❖❖❖❖❖❖❖❖❖❖❖❖❖❖❖❖❖❖❖❖❖❖❖❖❖❖❖❖

CHAPITRE TROISIÉME.

I. Nouvelles Hostilitez entre Charles-Quint & François-Premier. II. Siége de Marseille. III. Frayeur qu'on en eut à Montpellier. IV. Assemblée pour la Paix aux Cabanes de Fitou, qui attire le Roi à Montpellier. V. Entrevûë de Nice. VI. Autre à Aiguemortes, entre le Roi & l'Empereur.

1535. I. LA Défiance que Charles-Quint & François-Premier avoient l'un pour l'autre, ne leur permit pas de vivre plus long-tems en repos: François Sforce, Duc de Milan, donna la première Occasion au Roi, de porter ses Armes en Italie, en faisant mourir, contre le Droit-des-Gens, Charles de *Merveil*, qui avoit auprès de lui le Titre d'Ambassadeur de France. Le Roi, pour en tirer raison, fit marcher ses Troupes vers les Alpes, où il s'empara des Etats de Savoye, afin d'avoir un Passage libre dans le Milanés; Et l'Empereur, cherchant un Prétexte d'armer plus puissamment, publia qu'il alloit faire la Guerre au Fameux Barberousse, qui infestoit toutes les Côtes de ses Royaumes de Naples & de Sicile: Il fit, en effet, une Décente en Afrique, où il prit le Fort de *la Goulette*, batit Barberousse par Terre; & après lui avoir donné la Chasse par Mer, il fit Voile en Sicile, d'où il passa à Naples.

1536. C'est là qu'ayant appris la Mort du Duc François, qui ne laissoit aucuns Enfans de sa Femme, il voulut profiter de la passion qu'il connoissoit au Roi pour la Duché de Milan, & il fit entamer diverses Négociations, entre Granvelle son Chancelier, & Vely Ambassadeur du Roi, pour tâcher de l'amuser de cette Esperance, comme il fit toute sa vie; Cependant, il ne put retenir ses mauvaises Dispositions, dans une Harangue qu'il fit à Rome, en présence du Pape & des Cardinaux, où il se déchaîna violemment contre François: il chercha à lui susciter les Anglois; il fit faire de grandes Levées d'Hommes & d'Argent en Flandres, en Sicile & à Naples; il débaucha au Roi de France, le Marquis de Salusses; & lorsqu'il se crut en état d'entreprendre quelque chose, il se mit lui-même à la tête de ses Troupes, pour entrer en Provence, & conquerir de là tout le Royaume, comme ses Astrologues & ses Flateurs lui promettoient.

II. Pour ce Dessein, il passa le 25e. de Juillet, la Riviére du Var, qui sépare la France de la Savoye, & se logea à St. Laurens, premier Bourg de Provence. Le Roi, de son côté, ne voulant rien hazarder dans son propre Païs, fortifia les Places qui le pouvoient être, comme *Arles*, *Marseille*, *Tarascon & Beaucaire*, pour couvrir le Languedoc; Il fit sortir les Habitans de toutes les Villes qu'on ne pouvoit défendre, comme *Aix & Antibes*; il fit faire le Dégât dans tout le Païs, brûler les Moulins, abatre les Fours, & gâter les Blez, les Vins & les Fourrages

qu'on

qu'on ne pouvoit transporter : Cela fait, il divisa ses Troupes en deux Corps; il 1536.
en logea un dans une large Prérie, près de Cavaillon, entre le Rône & la Durance, dont il donna le Commandement-General au Maréchal de Montmorency;
Avec l'autre, il se logea lui-même au-dessus d'Avignon, pour soûtenir le premier
Corps, & donner une seconde Bataille, s'il en étoit besoin.

L'Empereur, d'un autre côté, ayant sacagé la Ville d'Aix, qu'il trouva sans
Défense, mit le Siége devant Marseille, qu'il commença le 25e. d'Août ; Il défit
d'abord cinq à six cens Hommes, conduits par *Montejan* & *Boissy*, qui s'étoient
trop avancez : Il apprit que le Cômte de *Nassau*, étant entré dans la Picardie
avec une Armée de trente mile Hommes, avoit pris sur le Roi, la Ville de *Guise*,
& faisoit actuellement le Siége de *Perrone*. Pour comble de malheur à la France,
on apprit dans les deux Camps, que le Dauphin, âgé de dix-neuf ans, venant
joindre le Roi son pere, étoit mort à *Tournon*, dans ce même mois d'Août.

Malgré cette grande Affliction, & tous ces Contretems, le Roi anima si-bien
les Troupes qu'il avoit dans Marseille, qu'elles firent une vigoureuse Resistance;
& l'Empereur ayant voulu tâter la Ville d'Arles, la trouva si-bien remparée, qu'il
n'osa l'attaquer dans les formes : Cependant, les Partis qui sortoient de l'Armée
du Roi, coupoient les Vivres que Charles-Quint étoit obligé de faire venir de
Toulon ; de sorte que ses Allemands se gorgeant de Fruits & de Raisins, diminuérent de plus d'un tiers, à cause des Maladies qui gagnérent leur Camp,
& qui enlevérent Antoine de Leve, l'un des meilleurs Chefs de l'Armée de l'Empereur : Il se resolut enfin, le 10e. de Septembre, à une Retraite, qui ne fut
guere diferente d'une Défaite ; car, tous les Chemins, depuis Aix jusqu'à Frejus, étoient jonchez d'Armes, de Chevaux, de Bagage, de Morts & de Mourans.
Nos Ancêtres, pour en conserver le Souvenir, n'oubliérent point dans leurs Regîtres, un Evenement si remarquable, ni la Frayeur que la Venuë de Charles-
Quint avoit causé dans Montpellier.

„ L'an 1536. l'Empereur Charles V. Roi d'Espagne, venant d'Italie avec une
„ grande Armée, vint en Provence, & s'arrêta à Aix, qui lui avoit été comme
„ abandonné, où il séjourna longuement : Et cependant, le Roy, pour lui resister,
„ dressa un grand Camp devant Avignon ; il y étoit en Personne : par quoi, ledit
„ Empereur, aprez avoir fait attaquer Marseille, s'en départit, en reprenant le même
„ Chemin par où il étoit venu, & aprez y avoir perdu beaucoup de Gens, par
„ Maladies-Contagieuses ou autrement ; Cependant aussi, Mr. François Dauphin,
„ Fils-aîné du Roi, en sa première Jeunesse, décéda à Tournon sur le Rône, em-
„ poisonné, comme se disoit publiquement.

„ Et avant que le Roy (continuent nos Regîtres) eust dressé son Armée en III.
„ Avignon, la Venuë de l'Empereur effraya tellement le Pays, que même à Mont-
„ pellier, plusieurs transportérent leurs Biens & Meubles ez Montagnes.

O y fut bientôt gueri de cette première Frayeur, par les Approches de l'Armée
du Roi, & encore plus par la Retraite de l'Empereur ; de sorte que les Espagnols ayant voulu environ ce même-tems, entrer par le Roussillon, & faire le
Ravage en Languedoc, les seules Milices du Pays les repoussérent avec Perte. Je
trouve cette Particularité dans les Mémoires de du Bellay, qui m'ont paru mériter *Livre 8.*
d'être ici transcrits.

„ Aprez la Retraite dudit Seigneur Empereur, les Espagnols descendirent en la
„ Frontiére de Languedoc, gastants & pillants tout ce qu'ils trouvoient ez Villes
„ champestres & ouvertes; Mais, le Lieutenant de Monseigneur le Grand-Maistre au Gouvernement dudit Pays, (c'étoit Antoine Desprez, Seigneur de Mont-
„ pezat) fit tel Amas des Gens du Pays, sans mettre le Roy en aucune Dépense
„ pour cette inopinée Descente, que lesdits Paysans repoussérent & rompirent
„ lesdits Espagnols, d'une telle ardeur & furie, qu'aussitost fut averti le Roy
„ de leur Retraite comme de leur Descente.

L'Histoire de Malthe, au défaut de nos Annales, nous apprend la Mort d'une
Personne Illustre, arrivée cette même année à Montpellier ; C'est la Mort de Didier de Toulon de Sainte-Jaille, nouvellement élû Grand-Maître de Malthe, qui
s'étant mis en Chemin avec un grand nombre de Chevaliers François, pour aller

252   HISTOIRE DE LA VILLE DE MONTPELLIER,

1536.   prendre Possession de sa nouvelle Dignité, tomba malade à Montpellier, où il mourut le 26e. de Septembre, & fut inhumé dans le Grand-Prieuré de St. Giles.

1537.   Toutes les derniéres Tentatives de l'Empereur excitérent le Ressentiment du Roi, jusqu'à le faire ajourner au Parlement, sous le Nom de Charles d'Autriche, comme son Vassal pour les Comtez de Flandres, d'Artois & de Charolois; il lui prit *Hesdin* & *St. Paul* : Mais, tandis que ses Enemis songeoient à se venger sur Monstreüil & sur Teroüanne, la Reine Eleonor son épouse, & Marie Reine de Hongrie, moyenérent une Surséance d'Armes de trois mois pour les Païs-Bas, afin de travailler à la Paix.

A la faveur de cette Tréve, qui donnoit du Repit à la France du côté de Flandres, le Roi voulut rétablir ses Affaires dans le Piémont, où le Marquis du Guast, General de l'Empereur, tenoit *Humieres* assiegé dans *Pignerol* ; Il se rendit lui-même à Lyon, où étant tombé malade, il donna Ordre au Dauphin son fils, & au Maréchal de Montmorency, de passer devant avec ses Troupes : D'abord ils forcérent le Pas de Suze, gardé par dix mile Hommes ; & les divers Avantages qu'ils eurent sur le Marquis du Guast, y attirérent le Roi après sa Guerison. Mais, tandis que son Armée grossissoit tous les jours, & que celle de ses Enemis s'affoiblissoit, il accorda, par l'Entremise du Pape & des Venitiens, une Tréve de trois mois pour les Païs de delà les Monts, & continüa celle des Païs-Bas pour autant de tems : Elle fut publiée à Carmagnole, lui présent, le 29e. de Novembre, tandis qu'on s'assembloit dans le Languedoc pour une Paix finale.

IV.   On choisit pour le Lieu d'Assemblée, les *Cabanes de Fitou*, qui sont à la vûë de Leucate, sur le Grand-Chemin de Narbonne à Perpignan : Les Députez de Charles-Quint s'y rendirent par le Roussillon, & ceux de France y vinrent par Montpellier. Nos Annales, qui parlent de tous ces Préparatifs dans un plus grand détail que les Mémoires-publics, méritent d'être ici raportées.

" Dans le reste de cette année 1537. il n'y eut d'autre Evenément, que le Par-
" lement entre les Ambassadeurs & Déleguez du Roi & de l'Empereur, qui s'as-
" semblérent ez Frontiéres de l'Espagne, en un Lieu dit les *Cabanes de Fitou*, pour
" le Traité d'Accord entre les deux Princes : il fut encommencé environ le mois
" de Décembre audit an ; & à ces fins, au mois de Novembre, y allants, passé-
" rent à Montpellier, de la Part du Roy, Mr. (Jean) Cardinal de Lorraine, &
" Mr. de Montmorency, Grand-Maistre de France, grandement accompagnez.

Nous apprenons des mêmes Annales, que le Roi, revenu de son Voyage d'Italie, arriva à Montpellier sur la fin de Décembre, comme pour attendre le succès des Conferences qui se faisoient près de Leucate.

1538.   " Peu-après, (dit nôtre Talamus) le Roi vint à Montpellier, où il arri-
" va le jour de St. Thomas avant Noël, & y séjourna jusqu'à la fin de Janvier
" 1538. reprenant par aprez son Chemin devers la France.

Du Bellay, liv. 8.   L'Histoire du Royaume nous apprend, que les Députez, après avoir perdu beaucoup de tems, sans pouvoir convenir d'une bonne Paix, ils arrêtérent qu'on prolongeroit la Tréve de six mois ; & que pendant ce tems, on se rassembleroit, pour chercher les Moyens d'une Paix finale : Ceux du Roi François, vinrent trouver le Roi à Moulins, où, pour recompenser le Maréchal de Montmorency, le Roi lui donna (le 10. de Février) la Charge de Connétable de France, qui vaquoit depuis la Défection de Charles II. Duc de Bourbon.

V.   Dans l'intervale de cette Tréve, le Pape Paul III. fit soliciter si instament l'Empereur & le Roi, que l'un & l'autre resolurent de se rendre à Nice, & d'y recevoir les Offices de Médiation qu'il leur offroit : Le Pape y arriva le premier, sur la fin du mois de Mai ; l'Empereur presque en même-tems, & le Roi peu-après. Les deux Princes ne se virent point ; mais, le Pape fit toutes les Négociations entr'eux : Il traita en cachettes, le Mariage de son Petit-fils Octave Farneze, avec Marguerite, Bâtarde de l'Empereur, & celui de sa Niéce *Victoria*, avec Antoine, Fils-aîné de Charles Duc de Vendôme : Du reste, il fit convenir les deux Princes, d'une Prolongation de Tréve pour dix ans ; mais, l'Empereur promit au Roi, de le voir à Aiguemortes en Languedoc, avant de repasser en Espagne.

Cette Entrevûë mémorable, qui se fit, pour ainsi-dire, à nôtre Porte, n'a pas été

été oubliée dans nos Annales ; mais, la Ville d'Aiguemortes, qui en fut plus particuliérement honorée, en a conservé une Relation fort détaillée : je la donne telle qu'elle m'a été envoyée par M^r. Raimbaud.

1538.

VI.

» L'an 1538. & le 14e. de Juillet, vint le Roy de France en la Ville d'Ai-
» guesmortes, accompagné de la Reine sa femme, appellée Madame (*a*) Anne,
» Sœur de l'Empereur Charles, Roi d'Espagne ; en Compagnie aussi, (*b*) du Roy de Na-
» varre, (*c*) de M^r. le Dauphin (*d*) & la Dauphine de France, (*e*) M^r. d'Angoulesme,
» Fils du Roy, (*f*) & Madame Marguerite, Fille du Roy ; ensemble, tous les Prin-
» ces & Princesses de France, en le plus grand Triomphe qui jamais se soit vû
» en France ni en Espagne : aussi y étoit M^r. le Connétable de Montmorency,
» (*g*) le Cardinal de Lorraine, (*h*) M^r. le Duc de Lorraine, (*i*) M^r. de Guise,
» (*k*) M^r. de Nabaud, (*l*) le Duc de Virtemberg, (*m*) le Prince Saluces ; tous
» les Princes de France, (comme dit est) les Cardinaux & Evesques de France,
» (*n*) M^r. le Chancelier, avec Présidents des Parlements & Grand-Conseil.

» Le Lundy 15e. Juillet, aprez que le Roi François-Premier fut arrivé audit
» Aiguesmortes, & avoir repû, s'en alla aux Galéres de l'Empereur Charles-Quint,
» qui estoit à la Plage d'Aiguesmortes, jusqu'au nombre de cinquante-quatre Ga-
» léres, compris vingt-quatre du Roy, qui luy avoient fait Compagnie, de Mar-
» seille jusqu'au Port d'Aiguesmortes : Et aprez qu'il fut arrivé à la Galére dudit
» Empereur, l'Empereur lui bailla la main pour monter dessus, & s'entrecolérent
» ensemble ; & ils firent beaucoup d'Entretiens entre eux : & aprez, sur le soir,
» s'en retourna en la Ville.

» Le lendemain, vint l'Empereur en la Ville d'Aiguesmortes, le matin en-
» viron neuf heures, & entra par la Porte de la Marine, aveeque les Fregates
» que le Roi avoit apprestées, dont les Mariniers estoint habilliez, de cap-à-pied,
» de Velours rouge ; Et en entrant, les Petits-Enfants crioit à haute-voix : *Vive*
» *l'Empereur & le Roy* ; car, M^r. le Connestable l'avoit ainsi commandé à Guillaume
» *Valiac*, Consul : Et aprez que l'Empereur fut descendu sur la Porte de la Ma-
» rine, & qu'il fut entré six pas dans la Ville, M^r. le Dauphin se présenta de-
» vant l'Empereur, lequel fut accüeilli dudit Empereur, en aussi grand Accüeil
» que jamais fit Empereur à Prince ; car, l'Empereur se mit les genoux jusqu'à
» terre, & s'entrebrasserent, & aussi à M^r. d'Angoulesme & Orleans, Frere dudit
» Dauphin ; Et si ne fût que le Roy tira par le bras l'Empereur, parcequ'il se fas-
» choit de la grosse Humilité dudit Empereur envers ses Enfants, ils eussent de-
» meuré par grand espace de temps davantage ; & se mirent à crier : *Vive l'Empereur*
» *& le Roy* ; Et aprez, entrérent le Roy & l'Empereur, bras-à-bras, à la Maison de M^r.
» le Consul *Noble Franc. de Conseil*, & demeurérent ensemble le Lundy ; & coucha
» ledit Empereur, à la Maison de M^r. de *Leques*, cette nuit.

» Et le lendemain Mardy 16e. aprez-soupé, l'Empereur se retira à ses Galéres,
» & le Roy l'accompagna jusques-là : Et le Mécredy, 17e. Juillet, le Roy, aprez
» avoir oüy la Messe, s'en alla avec son Train.

» De voir retentir, à l'Entrée de l'Empereur, l'Artillerie qui tira en la Tour
» de la Sous-Viguerie, & à la Tour de Patus, faisant gros bruit, qui sembloint
» des Tonnerres, & les Festins que firent l'Empereur & le Roy aux Dames, je
» vous laisse à penser : Et sur tout, fut faite Paix, entre l'Empereur & le Roy,
» perpetuelle, s'il plaît au Bon-Dieu. *Amen*.

(*a*) *Anne*. Il faut lire Eleonor (d'Autriche) que François-Premier avoit épousée en 1530. six ans après la mort de Claude de France, sa première Epouse, décédée en 1524.
(*d*) *Le Roi de Navarre*. Henry d'Albret, qui fut Pere de Jeanne d'Albret, Mere du Roi Henry IV.
(*c*) *M. le Dauphin*. Henry II. depuis Roi de France.
(*d*) *La Dauphine de France*. Caterine de Medicis.
(*e*) *M. d'Angoulesme*. (Charles) Frere puîné d'Henry II.
(*f*) *Marguerite*, Fille du Roi, qui épousa en 1559. Emanüel Philibert, Duc de Savoye.
(*g*) *Le Cardinal de Lorraine*. Jean, Cardinal, Fils de René II. Duc de Lorraine, & Frere des deux Seigneurs qui suivent.
(*h*) *Le Duc de Lorraine*. Antoine, Duc de Lorraine,

qui avoit succédé depuis 1508. dans cette Duché, au Duc René son pere.
(*i*) *M. de Guise*. Claude de Lorraine, Frere puîné d'Antoine, en faveur duquel le Roi François-Premier érigea la Comté de Guise en Duché : il fit la Tige des Ducs de Guise, si célébres en France.
(*k*) *M. de Nabaud*. Il faut lire d'*Annebaut*, qui venoit d'être fait Maréchal de France, & qui avoit beaucoup de part aux Bonnes-Graces de François-Premier.
(*l*) *Le Duc de Vittemberg*. Christofle, mort en 1568.
(*m*) *Le Prince de Saluces*. Loüis, Fils de Michel, Marquis de Saluces.
(*n*) *M. le Chancelier*. Guillaume Poyet, qui venoit de succéder à Anne de Bourg, mort cette même année, au mois de Février.

CHAPITRE QUATRIÉME.

I. *Passage de l'Empereur par la France.* II. *Disgrace du Connétable.* III. *Guerre en Languedoc.* IV. *Commencement du Bureau des Tréforiers de France à Montpellier.* V. *Peste remarquable dans cette Ville.* VI. *Nouvelles Guerres avec l'Empereur & l'Angleterre.* VII. *Paix avec Charles-Quint.* VIII. *Puis avec Henry* VIII. *fuivie de la Mort du Roi François.*

1539.

LE Calme dont le Roi joüit après les deux Entrevûës de Nice & d'Aiguemortes, l'invita de fe donner plus particuliérement au bon Ordre de fon Etat. On marque, parmi les belles Ordonnances qu'il fit alors, celle qui ordonne que les Expeditions des Arrêts, & autres Actes de Justice, ne fe feroient plus deformais en Latin, mais feulement en François.

I. Dans ce même-tems, l'Empereur defirant avec paffion d'aller châtier les Gantois, qui s'étoient revoltez ouvertement contre Marie fa fœur, Gouvernante des Païs-Bas, fit demander un Paffage par la France; & pour cet effet, il leurra le Roi de la Duché de Milan. Tout le Confeil fut d'avis, de prendre de lui un Ecrit, & de bonnes Suretez: mais, le Connétable ayant opiné de s'en tenir à la fimple Parole de Charles-Quint, le Roi, qui jugeoit de la bonne-foi des autres par la fiéne propre, fuivit le Confeil du Connétable; & pour marquer fa Generofité, il envoya fes deux Fils jufqu'à Bayonne, pour recevoir l'Empereur: il s'avança lui-même jufqu'à Châtelleraud; lui fit rendre dans toutes fes Villes, les mêmes Honneurs, & exercer pareille Autorité que lui-même; Et après lui avoir fait faire une Entrée magnifique à Paris, le premier jour de Janvier 1540. le Roi l'accompagna jufqu'à St. Quentin, & fes Fils jufqu'à Valenciénes: Mais, à peine Charles-Quint eut tiré des Gantois la cruelle Vengeance qu'il méditoit, qu'il oublia fes Engagemens envers le Roi, & refufa d'écouter aucune des Propofitions qu'on pût lui faire.

1540.

II. Cette Ingratitude, jointe à la Honte fecrette qu'avoit François-Premier, d'avoir abandonné la Ville de Gand, dont il étoit Seigneur Souverain, & qui avoit reclamé fa Protection avec fes derniéres inftances, le jetterent dans une fi grande Mélancolie, qu'il prêta l'oreille aux Défiances qu'on prit foin de lui infpirer contre Ceux qui le gouvernoient: L'Amiral de *Brion*, le Chancelier *Poyet*, & le *Connétable*, en furent la Victime; Brion en mourut de chagrin, Poyet de miféere, & le Connétable ne parut plus à la Cour durant ce Regne.

1541.

Dans ces conjonctures, les Efpagnols tuérent deux Ambaffadeurs que le Roi envoyoit, l'un à Conftantinople, & l'autre à Venife. Tous les Princes de la Chrétienté en furent informez, & approuvérent le jufte Reffentiment du Roi: Cependant, parceque l'Empereur étoit alors occupé au Siége d'Alger, où il fut miferablement défait, le Roi ne voulut prendre aucun avantage des Malheurs de fon Enemi; & il fe contenta, dès le commencement de l'année fuivante, de lui faire déclarer la Guerre.

1542.

III. Pour cet effet, il mit diverfes Armées fur Pié, dont les deux plus confiderables furent commandées, l'une par Charles Duc d'Orleans fon fecond Fils, fous la Conduite de Claude Duc de Guife, qui marcha vers le Luxembourg; l'autre, commandée par le Dauphin, vint à Perpignan, avec les Maréchaux *d'Annebaut & de Montpezat*, qui lui fervoient de Confeil: Leur Armée, compofée de quarante-cinq mile Hommes, remplit nôtre Languedoc durant toute cette année; & le Roi, qui en attendoit le principal effet de fes Armes, la fuivit de près, & vint fe rendre à Montpellier: mais, pour être plus à portée d'une Bataille, qu'il s'attendoit d'avoir avec Charles-Quint, il s'avança jufqu'à *Salleles*, Lieu de Plaifance près de Narbonne, appartenant pour-lors aux Seigneurs de *Fimarcon*; il y demeura pendant les fix femaines que dura le Siége de Perpignan, qui ne put être pris, à cau-

cause de la vigoureuse Resistance des Assiégez, & par le défaut des Intelligences que Montpezat s'étoit ménagé dans la Place : il fut néanmoins heureux pour nôtre Armée d'avoir délogé à propos ; car, dès le lendemain, le Camp fut tout inondé des Pluyes qui tombérent des Montagnes : Mais, nôtre Ville de Montpellier s'en ressentit d'une maniére bien funeste, par l'Evenément qui est marqué dans nos Annales en ces termes.

» L'an 1542. la Guerre ayant été renouvellée entre le Roy & l'Empereur, il » fut par le Roy dressée une Armée en Languedoc, sous la Charge de Monsieur » Henry Daufin de France, & le Siége en aprez mis devant la Ville de Per- » pignan en Roussillon ; & à ces fins, le Roy vint aussi, se tenant à *Salleles*, Lieu » près de Narbonne, tant que le Camp fut devant Perpignan, pendant l'espace » de six semaines ; & icelui ayant été levé sans rien faire, le Roy & toute sa Cour » revindrent à Montpelier, environ la St. Michel, où ayant séjourné quelques » jours, ledit Seigneur s'en alla devers Tholose & Guienne, laissant la Ville de » Montpelier infectée de grande Peste, que les Gens de l'Armée y avoint portée.

Pendant le tems du Siége de Perpignan, le bruit d'une Bataille se répandit si fort par toute la France, que le Duc d'Orleans, pour se trouver auprès du Roi son pere, quita le Soin de son Armée au Duc de Guise, & vint en Poste à Montpellier. » Deux jours aprez son Arrivée (dit du Bellay) vindrent Nouvelles de la » Prise de Luxembourg, dont le Roy fut mal-content, & contre Monseigneur son » Fils, & contre Ceux qui lui avoint conseillé de quitter son Armée ; mais, je » crois (ajoûte-t-il) que lui-même avoit été son Conseil.

Mémoires, liv. 9. pag. 511.

Tout le chagrin du Roi tomba sur le Maréchal de Montpezat, qui avoit conseillé le Siége de Perpignan, parcequ'il comptoit sur les Intelligences qu'il y avoit, & sur la Foiblesse de la Place, ne sçachant point que Charles-Quint y avoit envoyé tout le reste de l'Artillerie qu'il avoit ramenée d'Alger, avec laquelle on fit un Feu épouvantable sur nos Troupes. Un des Historiens de nôtre Province, dit que ce Maréchal en perdit sa Lieutenance-de-Roi du Languedoc, & qu'il se retira à *Gabian*, près de Beziers, où il acheva sa Vie en Homme-privé ; mais, nous verrons bientôt la preuve du contraire.

Andoque, liv. 14. pag. 483.

Une des Raisons qui porta le Roi François-Premier à prendre sa Route par le Haut-Languedoc, en quitant Montpellier, fut pour aller châtier les Habitans de la Rochelle, qui s'étoient revoltez, à cause de la Gabelle qu'on vouloit établir chès eux. Le Roi en cette occasion, après avoir donné des marques de Séverité, fit paroître sa Clemence, de la maniére genereuse qui est marquée dans son Histoire : mais dans ce même-tems, il donna à *Coignac*, un Edit, qui sert d'Epoque au Bureau des Tresoriers de France de Montpellier, en établissant, comme il fit, seize Recettes-Generales de Finances, avec Création d'un Commis des Tresoriers de France, dans seize Villes du Royaume, dont Montpellier fut l'une ; Ces Villes étoient, *Paris, Châlons, Amiens, Roüen, Caën, Bourges, Tours, Poitiers, Issoire, Agen, Toulouse, Montpellier, Lyon, Aix, Grenoble & Dijon* : A ces Commis, on en ajoûta bientôt plusieurs autres en Titre d'Office, qui formérent une Compagnie considerable, à mesure qu'il y fut ordonné de nouvelles Cruës, & qu'on y eut attaché plusieurs beaux Priviléges. Nous en parlerons plus amplement en son lieu ; & il sufit pour le présent, d'avoir indiqué cette Institution dans l'année qu'elle fut faite.

IV.

Cependant, la Maladie qui avoit été portée à Montpellier, par les Soldats du Siége de Perpignan, augmenta si fort, qu'elle dégenera en une Peste déclarée : mais, ce qu'on aura peine à croire, c'est qu'il y eut des Gens assés malheureux pour y entretenir le Mal, par un Moyen encore pire que celui qu'on avoit pratiqué à Naples, où l'Histoire marque, qu'on fit couler la Peste dans le Camp de Lautrec, en y apportant des Hardes infectées. Ceux qui vouloient perdre Montpellier, rafinérent sur cette Méchanceté ; car, ils prirent soin de ramasser les Emplâtres qui avoient servi aux Pestiferez, & de les semer dans la Ville pour y perpetuer le Mal. Nos Annales marquent si bien les Circonstances de cette mauvaise Action, & le Châtiment qu'on en fit, que je crois en devoir raporter les propres paroles.

V. 1543.

» L'an 1543. du commencement, la Peste qui avoit commencé de pulluler l'année » précedente, depuis le Camp de Perpignan, s'enflamma tellement, qu'il fallut s'en-

256   Histoire de la Ville de Montpellier,

1543.
» fuir, & abandonner la Ville, pour Ceux qui avoient commodité de ce faire ; &
» dura cette Mortalité fort grande, presque l'espace de deux ans, même par la Méf-
» chanceté de quelques-uns qui demeuroint en la Ville, lesquels jettoint les Am-
» plastres des Pestiferez çà & là : ce qui ayant esté verifié, les Gens-de-bien, & les
» Principaux de la Ville, & de la Justice, furent enfin contraints de se hazarder
» à revenir pour y remedier ; de sorte que quelques-uns de ces Sémeurs d'Amplaf-
» tres, furent executez à mort, & punis diversement, mêmes par Mrs. les Gene-
» raux, y procedants Souverainement par Mandement & Commission du Roy, &
» de Monseigneur de Montpezat, Maréchal de France & Lieutenant-General pour
» le Roy en Languedoc, pour éviter toutes Appellations & Circuit de Procez, &
» pour la Conservation de la Ville.

Tom. 2. pag. 126.

Pag. 134.

    Ces Ordres du Maréchal de Montpezat, marquent qu'il n'avoit pas perdu sa Lieutenance-de-Roi, comme Andoque l'a avancé ; & j'en croirois plûtôt Mr. de la Faille, qui, après nous avoir appris que le Gouvernement du Languedoc avoit été donné, au commencement de cette année, au Roi de Navarre, Henry d'Albret, Beaufrere du Roi, ajoûte que ce Prince étant mort l'année d'après, le Roi donna son Gouvernement à François Duc d'Enguien, & la Lieutenance à Charles de Crussol, Vicomte d'Uzés, parcequ'elle vint à vaquer par la Mort du Maréchal de Montpezat.

  VI.   Le reste de cette année fut employé à divers Mouvemens du côté de Flandres, où le Duc d'Orleans reprit Luxembourg, & du côté de Provence, où le Duc d'Enguien fit le Siége de Nice, avec le Secours que Barberousse lui amena de la part de Soliman, Empereur des Turcs ; car, la grande Antipatie qui fut entre Charles-Quint & François-Premier, les porta souvent, l'un & l'autre, à recourir aux Armes des Protestans, & des Infidéles : ce qui ne fit pas peu de tort à la Gloire de leur Regne.

1544.
    L'année suivante 1544. fut remplie de plus grands Exploits de Guerre ; car, l'Empereur s'étant consommé plus de deux mois devant *Landrecy*, fut obligé d'en lever le Siége aux approches de l'Armée du Roi ; & le Duc d'Enguien, envoyé en Italie, ayant devancé le Marquis du Guast, qui vouloit se saisir de *Carmagnole*, ne lui laissa d'autre moyen de sauver la Place, que le hazard d'une Bataille : Elle fut donnée près du Bourg de Cerizoles, le 14. d'Avril, qui étoit le Lundi de Pâques, où les Imperiaux laissèrent dix mille Hommes sur la place, perdirent leur Artillerie, leur Bagage, leurs Munitions, & quatre mile Prisonniers, sans qu'il en coûtât aux François que deux cens Hommes en tout. Le Marquis du Guast, blessé au genou, se sauva en diligence à Milan ; & l'on trouva dans son Equipage, des Charriots pleins de Cadénes & des Ménotes, destinées pour les François, tant il se croyoit assuré de la Victoire.

    Cet heureux Succès ouvroit au Duc d'Enguien, la Porte du Milanés ; mais, les Besoins pressans du Royaume l'obligérent d'y envoyer la plus grande partie de ses Troupes : en effet, la Ville de Paris n'avoit été depuis long-tems dans une plus grande allarme, puisque les uns y fuyoient jusqu'à Roüen, les autres jusqu'à Orleans, avec des Charrettes pleines de Meubles, de Femmes & d'Enfans. L'Empereur y causoit cette grande Epouvante ; parcequ'ayant penetré bien-avant dans la Champagne, il envoyoit ses Coureurs jusqu'à Meaux : Heureusement pour la France, Henry VIII. qui s'étoit lié avec Charles-Quint, ne voulut pas quiter le Siége de Boulogne qu'il faisoit, pour venir le joindre aux Portes de Paris. Alors l'Em-

  VII. pereur, serré dans son Camp par les Troupes du Dauphin, écouta les Propositions de Paix qui lui furent faites : On la conclut à Crespy en Laonois, le 18e. du mois de Septembre ; & le Roi d'Angleterre n'ayant pas voulu y entrer, le Roi François n'eut plus à faire qu'à lui seul.

1545.
    Pour retirer de ses mains la Ville de Boulogne, le Roi donna Ordre à toutes les Galéres qu'il avoit dans la Mediterranée, de passer le Détroit, & de se rendre à l'Embouchure de la Seine, d'où il vouloit partir avec tous ses Vaisseaux, pour aller porter la Guerre au Roi d'Angleterre dans son Isle. Les Préparatifs en furent faits avec de très-grandes Dépenses : mais, le Roi étant sur le plus beau de ses Vaisseaux, où il donnoit à dîner aux Dames, le feu y prit, par la faute de

ses

ses Cuisiniers ; ce qui causa la mort de bien de Gens, & porta un grand dommage   1545.
à sa Flote : Malgré cet Accident, l'Amiral *d'Annebaut* se mit en Mer ; & après s'être
saisi de l'Isle de Wict, il fit quelques Décentes sur les Côtes de Portmout, à la
vûë du Roi Henry, qui se contenta de laisser consumer leurs Vivres aux François, qui ne tardérent point de regagner nos Côtes.

Le Siége de Boulogne, que le Maréchal de Biez faisoit dans ce même-tems,
ne réussit pas mieux, quoique le Roi s'en fût approché avec le Duc d'Orleans son
fils, pour encourager les Troupes. Les Maladies du Camp y firent un si grand
Ravage, que le Duc d'Orleans en fut enlevé le 8ᵉ. de Septembre : Et par la mort
de ce Prince, tous les Liens qui paroissoient s'être formez entre le Roi & l'Empereur, furent rompus ; car, Charles-Quint en ayant eu la Nouvelle, dit nettement,
qu'il étoit quite de sa parole : de sorte qu'on ne put guere plus compter sur le
dernier Traité, que sur tous les autres qu'on avoit fait avec lui.

Sur la fin de cette année, le Duc d'Enguien, nouveau Gouverneur de Languedoc, vint à Montpellier, tenir les Etats de la Province ; après lesquels, étant
retourné à la Cour, il y mourut par un Desastre bien déplorable : car, on raconte   1546.
qu'en se joüant à coups de Pélote de Nége, avec d'autres Seigneurs de la Cour
auprès du Dauphin, il fut accablé d'un Cofre plein de Linge qu'on jeta par
mégarde d'une Fenêtre : Ainsi perit ce jeune Prince, déja célèbre par la Bataille
de *Cerizoles*, & digne d'une Fin plus heureuse. Son Gouvernement fut donné à
Jacques Galiot de *Genoüillac*, Comte d'Uzés, Grand-Maître de l'Artillerie de France, âgé de quatre-vingt-dix ans, qui ayant tenu les Etats à Montpellier dans
l'année 1546. mourut peu de tems après : François, Duc de Valois, & depuis
Roi de France, sous le Nom de François II. fut nommé par le Roi son grand-
pere, Gouverneur du Languedoc, quoiqu'il n'eût que quatre ans ; & de cette
sorte, nous eûmes trois diferens Gouverneurs dans l'espace d'une année.

Cependant, le Roi d'Angleterre, pressé par ses propres besoins, souhaita plus   VIII.
sincérement la Paix : Elle fut concluë le 8ᵉ. de Juin, entre *Ardres* & *Guines*, par
les Députez des deux Couronnes ; & Boulogne resta aux Anglois, *sous prétexte
de quelques Pensions à eux dûës*, comme disent nos Annales.

Cette Guerre une fois finie, le Roi François-Premier, craignant les Surprises
de l'Empereur Charles-Quint, employa le reste de cette année à visiter ses Frontiéres ; il se ligua même avec les Protestans d'Allemagne, pour tenir plus loin
son Enemi : Mais, au milieu de tous ses Préparatifs, il apprit la Mort du Roi
d'Angleterre Henry VIII. arrivée le 28ᵉ. de Février 1547. & le chagrin qu'il en   1547.
eut, redoublant un Mal inveteré qu'il avoit déja, fit changer la Fiévre-Lente qu'il
avoit, en Continuë, & l'arrêta au Château de Rambouillet, où il termina ses
Jours, le dernier de Mars, par une Fin digne d'un Prince Très-Genereux & Très-
Chrétien.

FIN DU LIVRE TREIZIEME.

HISTOIRE
DE LA VILLE
DE MONTPELLIER,
SOUS LES ROIS HENRY II. ET FRANÇOIS II.

LIVRE QUATORZIÉME.

CHAPITRE PREMIER.

I. *Commencemens de Henry II. II. Sédition de Bordeaux. III. Philipe d'Autriche à Aiguemortes. IV. Supreſſion de la Baillie & de la Rectorie de Montpellier. V. Aliénation du Domaine du Roi à Montpellier. VI. Acquiſition qu'en font les Conſuls.*

 ON REMARQUE que le Roi Henry II. parvint à la Couronne, le I. 1547. même jour qu'il étoit né ; c'eſt-à-dire, le dernier de Mars : Il rapella auſſitôt le Connétable de Montmorency, avec qui il avoit entretenu des Liaiſons ſecretes durant ſa Diſgrace ; & ſelon les Annales de Montpellier, & les Mémoires de la Province, il le rétablit en même-tems dans le Gouvernement du Languedoc, qu'il reprit ſur François Dauphin ſon fils. On ajoûte encore, que pour lui donner un Lieutenant plus à ſon gré, il ôta de place N. de la Burie, que le Roi François y avoit mis, & qu'il y nomma le Comte de Villars, dit le Bâtard de Savoye. (*a*)

Dès ſon Avénement à la Couronne, Henry II. donna aux Compagnies de Juſtice, les Lettres de Confirmation qui étoient alors en uſage ; Mais, celles que nous avons de lui, pour la Baillie de Montpellier, ſont d'autant plus remarquables, que le Roi y raporte toute l'Hiſtoire de cette Jurîdiction : Je la raporterai en ſon lieu ; & je me contente pour le préſent, d'obſerver que nous devons les Titres les plus autentiques que nous ayons ſur cette Jurîdiction, au même Roi, qui la ſuprima quelques années après.

La grande Victoire que l'Empereur Charles-Quint venoit de remporter ſur la Ligue de *Smacalde*, obligea Henry II. à prendre diferentes Méſures avec les Prin-

---

(*a*) *Honorat de Villars*, étoit Fils de René, Comte de Villars, de Tende & de Sommerive, Bâtard du Duc de Savoye Philipe-Premier.

1547. ces de l'Europe ; Mais, avant que de rien entreprendre, il voulut visiter ses Frontiéres, sous couleur de se promener dans son Royaume, où il fut reçû par tout avec des Magnificences prodigieuses : Après avoir parcouru la Champagne, la Bourgogne & le Lyonnois, il passa jusqu'en Piémont, qu'il munit soigneusement.

1548. II. C'est là, qu'il eut la Nouvelle d'une furieuse Sédition, qui s'étoit allumée dans toute la Guiéne, à cause de la Gabelle que François-Premier y avoit établie. L'Emotion commença en Saintonge, où les Séditieux, au nombre de seize mile Hommes bien armez, se firent des Chefs : il s'en forma une autre Troupe dans l'Angoumois ; & ces deux Bandes ayant été reçûës dans Bordeaux, y massacrérent Tristan de *Moneins*, Lieutenant du Gouverneur de la Province. La crainte qu'on eut à la Cour, que le Desespoir ne portât les Revoltez à se jeter entre les Bras des Anglois, fit prendre la Resolution de les amuser de belles Paroles : Mais, quand on fut en état de les reduire, le Roi fit partir le Connétable, & le Duc d'Aumale, (connu depuis sous le Nom de François, Duc de Guise) avec deux petites Armées, chacune de quatre ou cinq mile Hommes.

Le Duc passa par la Saintonge, le Poitou & l'Aunis, sans y exercer de grandes Punitions : Mais, le Connétable, enflamé de Vengeance pour la Mort de *Moneins*, qui étoit son Parent, s'achemina vers Montpellier dans le mois d'Octobre, comme disent nos Annales, d'où étant parti quelques jours après, pour aller châtier les Bordelois, il se conduisit à leur égard, à-peu-près comme le Duc d'Anjou s'étoit conduit envers les Habitans de Montpellier, lors de la Sédition dont nous avons parlé sous le Roi Charles le Sage ; mais, il y eut cette diference, que le Duc d'Anjou mitigea considerablement sa Sentence, & que le Connétable fit rigoureusement executer la siéne.

III. Sur la fin de cette année, & dans le mois de Novembre, le Comte de Villars, tenant actuellement à Montpellier, les Etats du Languedoc, apprit que Philipe d'Autriche, Fils de l'Empereur Charles-Quint, avoit été obligé de relâcher au Port d'Aiguemortes ; ce qui obligea le Comte de s'y rendre aussitôt, avec un grand nombre des Députez des Etats de la Province, qui suspendirent pour autant de tems, la Tenuë de leurs Assemblées, comme marquent nos Annales.

1549. Les Affaires d'Edoüart Roi d'Angleterre, donnant aux François une occasion favorable de recouvrer la Ville de Boulogne, Henry II. en commença le Siége
1550. en 1549. Et dans les premiers mois de l'année suivante, la Paix fut concluë entre les deux Couronnes, moyennant la Restitution de cette Place aux François, & le Payement des Sommes dûës par eux à l'Angleterre.

Cependant, la Guerre se preparoit en Italie, par les diferentes Prétentions du Pape Jules III. sur les Etats de Parme ; & en Allemagne, par l'anciéne Querelle des Protestans contre l'Empereur. Le Roi de France, pour éloigner Charles-Quint
1551. de ses Etats, prit parti en Italie, en faveur des Farnezes, contre le Pape ; & en Allemagne, en faveur des Princes liguez : il sûcita même les Armes de Soliman, qui envahit la Transilvanie ; Et pour fournir à ces Dépenses Etrangéres, & à celles de sa Cour, qui étoient immenses, il fit plusieurs Changemens dans son Royaume, dont Montpellier se ressentit beaucoup.

IV. Le premier étoit, la Supression de la *Baillie* & de la *Rectorie*, qui étoient deux Juridictions établies depuis plusieurs Siécles à Montpellier : Les Lettres qu'il en donna, sont du 16. de Septembre 1551. (raportées dans Escorbiac) par lesquelles le Roi veut, que les deux Charges de *Bailli* & de *Recteur* de la Part-Antique, demeurent suprimées pour toûjours ; & qu'en leur place, il soit érigé une *Viguerie*, ou Charge de Viguier, qui réunisse en lui-seul, toute l'Autorité des deux autres.

Par autres Lettres, du quinziéme Décembre de la même année, le Roi aliéna le Domaine qu'il avoit à Montpellier ; & il donna la Commission de proceder à cette Vente, aux deux Premiers-Présidens de la Chambre des Comptes, & de la Cour des Aides : On jugera mieux de cette Affaire, par le contenu desdites Lettres, qui ne sont pas longues.

Troisiéme Liv. des Regitres de la Chambre des Comptes.

» Henry, par la Grace de Dieu, Roy de France : A nos amez Mˢ. *Jean de*
» *Cezelli*, Premier-Président en la Chambre établie sur le Fait de nos Comptes

„ à Montpelier ; *Pierre de Paniſſe*, auſſi Préſident en la Cour des Aydes & Tailles de 1551.
„ Montpelier.

„ Comme à l'occaſion de la Guerre que l'Empereur a n'a gueres fait, ſans au-
„ cune Signification & Sommation précedente, au préjudice des Traitez, Nous
„ aurions convoqué une Aſſemblée de nôtre Conſeil, Seigneurs de nôtre Sang,
„ & Notables-Perſonnages, pour aviſer (ſans fouler nos Peuples) à recouvrer De-
„ niers, pour fournir aux grandes Dépenſes faites pour reduire les Pays uſurpez
„ ſur nôtre Couronne : Nous aurions trouvé n'y avoir meilleur moyen, que de
„ nous ayder du nôtre, par Conſtitution de Rente ſur aucunes Portions de nôtre
„ Domaine, & par Engagement d'icelles, à Condition de Rachapt ; Ce que Nous
„ aurions fait, juſqu'à la ſomme de ſix-vingts mille livres de Rente, pour le Prix
„ de douze Deniers le Denier de Rente.

„ Pour ce, Nous vous députons par ces Préſentes, pour l'Omologation qui a été
„ ou ſera faite par noſtre Cour du Parlement de Paris & de Touloufe, en nos
„ Chambres de Comptes de Paris & de Montpelier, & par les Tréſoriers-Generaux,
„ pour proceder enſemble à la Vente ou Engagement deſdites Portions, & re-
„ mettre les Sommes ez mains de noſtre Receveur-General audit Montpelier.
„ Donnons Authorité auxdits deux de Vous, de donner toute Seureté aux Acque-
„ reurs : Mandons auſdits Gens de nos Comptes, Tréſoriers & Generaux de nos
„ Finances, de faire tenir quittes les Acquereurs. Donné à Orleans, le 15. du
„ mois de Décembre, l'an de grace 1551. & de noſtre Regne le cinquiéme.

Tous ces Changemens ne pouvoient être faits auſſi vite qu'ils avoient été ordonnez : Auſſi, trouva-t-on des difficultez ſur l'Etabliſſement de la *Viguerie*, qui ne
purent être levées que dans les années ſuivantes ; Mais, l'Aliénation du Domaine
du Roi, qui pouvoit être profitable au General & aux Particuliers, trouva de
plus grandes Facilitez : ainſi, on ne tarda point de mettre à execution, tout ce V.
qui avoit été ordonné à ce ſujet ; & nos Conſuls firent leur Offre, au Nom de
la Ville, pour tous les Droits que le Roi y avoit : Dequoi on ſera mieux en
état de juger par le Procès-Verbal, que par tout ce que j'en pourrois dire de moi-
même.

„ En conſequence des ſuſdites Lettres, qui avoint été lûës & publiées en la 1552.
„ Chambre des Comptes, comparurent au mois de Janvier 1552. dans la Sale deſ-
„ dits Seigneurs-Préſidents, Mᵉ. *Euſtache Philippy*, Docteur ez Loix, n'a gueres
„ l'un des Generaux en la Cour dudit Montpellier, Premier-Conſul ; *Jean Verchant*
„ jeune, & *Antoine Serres*, auſſi Conſuls dudit Montpelier ; leſquels firent Offres
„ au Roy noſtre Sire, de la ſomme de deux mille livres Tournois, pour toute
„ la Seigneurie & Juriſdiction Haute, Moyenne & Baſſe, Mere-Mixte & Impaire,
„ Cour Ordinaire, & Exercice d'icelle, que le Roi noſtre Seigneur a en ſa Cour,
„ Maiſon où à préſent ſe tient la Cour & Audience des Cauſes Civiles & Cri-
„ minelles, Juriſdiction Ordinaire de la Ville de Montpelier, Droits de Lods, Ven-
„ te, Bans & Amendes, Décimes, Biens trouvez & à trouver, Confiſcation,
„ Sceau, Priſons, Jauliages, & tous autres Droits, Revenus & Emoluments y
„ appartenants qui en dépendent, avec telle & ſemblable Permiſſion & Puiſſance
„ que le Roy noſtre Sire y a à préſent ; à la charge de payer en chacun an, leſdits
„ Emoluments, les Gages des Officiers d'icelle Cour, & tous Fraix de Juſtice : deſ-
„ quels Droits & Emoluments en eſt faite Recepte, tant par ledit Baille dudit
„ Montpelier, que Tréſorier dudit Domaine du Roy au Gouvernement d'icelui
„ Montpelier.

„ *Itém*. La Cenſive annuelle de cent Sols Tournois, que font chacun an les
„ Conſuls dudit Montpelier au Roy, pour la Maiſon du *Lieu-Public*, ſize hors &
„ prez ladite Ville, en la Juriſdiction de la Rectorie & Part-Antique dudit Mont-
„ pelier, de laquelle le Recteur de la Rectorie en fait Recepte ; ſans préjudicier
„ aux Droits, Priviléges & Preéminences, Coûtumes & Libertez, que les Con-
„ ſuls, Manants & Habitants dudit Montpelier ont, & avoient auparavant,
„ pour raiſon de ladite Juriſdiction, Exercice, & autres Choſes contenuës au
„ préſent Offre.

Les Commiſſaires ayant reçû l'Offre des Conſuls, ordonnérent les Criées

1552.

accoûtumées, durant lesquelles on poussa le Prix de l'Aliénation du Domaine, jusqu'à *trois mile trente livres*: Après-quoi, personne n'ayant comparu, les Consuls furent reçus à cette derniére Offre; Et les Commissaires, en vertu des Pouvoirs qu'ils en avoient, transportérent aux Consuls, Manans & Habitans de Montpellier, à Faculté de Rachat perpétuel, tous les Droits-Seigneuriaux de la Ville, & Dépendances; bien entendu que la Souveraineté en seroit toûjours reservée au Roi: aux Charges, par les Consuls, de faire les Reparations necessaires, & les Payemens contenus dans leur Offre.

Et afin qu'ils n'ignorassent point les Emolumens qui leur étoient cedez, dont le Bailli faisoit auparavant la Recette, on en dressa un Etat que voici.

Pour les Biens de ladite Baillie de Montpelier, Ventes, Amendes, Biens trouvez, confisquez, déduits les Gages des Officiers, Reparations, & Fraix de Justice, ... 1920. liv.
Pour la Jurisdiction du Roy, ... 500. liv.
Pour les Décimes, ... 14. liv.
Pour les Maisons, Cour, Carcers & Prisons, . . . 456. liv.
Pour le Sceau, ... 80. liv.
Pour la Censive du Lieu-Public en la Part-Antique, . . 60. liv.

Et est en tout, universellement, la somme de trois mile trente livres.

En consequence, les Commissaires firent payer cette Somme aux Consuls, de laquelle je raporte la Quitance, parcequ'elle nous fait connoître les Espéces qui avoient cours en ce tems-là, & le Nom du Commis des Trésoriers de France qui exerçoit alors à Montpellier.

« Et incontinent, les Consuls payérent les trois mille trente livres, en treize
» cents dix-sept Ecus d'Or, en Or au Soleil, à quarante-six sols, en Piéces de dix
» sols Tournois, en Douzains, qui furent délivrez entre les mains de Me. *François*
» *de Chefdebien*, Conseiller du Roy & Receveur-General audit Montpellier, qui, dans
» la Quitance qu'il en fournit, dit avoir reçû 1317. Ecus Sol, du poids de deux
» Deniers quinze ou seize Grains, & quarante-six sols Tournois piéce, & dix-
» huit sols en Monnoye de Douzains, pour la Vente faite aux Consuls, par Mrs.
» les Commissaires *de Cezelli* & *Panissa*, de la Jurisdiction de Montpelier, avec
» les Droits que ledit Seigneur Roy y faisoit prendre. Fait le 23e. jour de Mars
» 1552. l'année commençant à Pâques.

Aussitôt nos Consuls travaillérent à se faire mettre en Possession de tout ce qu'ils venoient d'acquerir; car, dès le lendemain on y proceda de la maniére qui est énoncée dans l'Acte suivant, & qui m'a paru curieux, par le nombre des Chefs-de Famille qui y intervinrent, & par le Ceremonial qui y fut observé.

« L'an 1552. & le 24e. de Mars, en l'Auditoire de la Cour Ordinaire & Justice Or-
» dinaire de Montpelier, heure de quatre heures accoûtumée à tenir Audiance, est
» comparu Me. Jean de *Lauselergue*, Docteur ez Loix, & Assesseur des Consuls & Ha-
» bitans de Montpelier; lequel, en présence & assistance d'Egregiez & Honorables-
» Personnes, Me. Eustache *Philippy*, Docteur ez Droits; Guillaume *Dumas*, Bourgeois;
» Guillaume *Solu*, Notaire; Jean *Verchant*, François *Bonneterre*, & Antoine *Serres*,
» Consuls; pardevant moy, Pierre de *Nemause*, Clerc de Messeigneurs Jean de
» *Cezelli*, Premier-Président en la Chambre des Comptes; & Pierre de *Panisse*,
» Président en la Cour de Nosseigneurs les Generaux, Commissaires députez par
» le Roy, à vendre son Domaine, Rentes, & autres Droits à lui appartenants,
» par Edit donné à Fontainebleau au mois de Décembre 1551.

» Parlant à la Personne de Me. *Jean de la Volhe*, Bourgeois & Baille Ordinaire,
» eslu la présente année, selon les Coûtumes de ladite Ville, trouvé audit Con-
» sistoire de ladite Cour, faisant les Actes de Justice, suivant sa Charge, Et au Juge-
» Lieutenant, Capitaine, & autres Officiers eslus par ledit Baile.

» Ausquels ayant rappellé l'ancien Usage de Montpelier pour l'Election du Baile,
» & le Changement ordonné par le Roy, depuis l'Achapt de la Jurisdiction que
» la Ville en avoit faite, ils requirent ledit *la Volhe*, qu'il fût son plaisir de vou-
» loir délivrer & laisser *le Baston* & Exercice de ladite Cour.

« A quoi ledit *de la Volhe* Baile, tant pour luy que ses Officiers, déclara ne
vou-

„ vouloir contrevenir aux Ordres du Roy; & pour ce faire, a délivré la *Baguete*, 1552.
„ ou Baston de sa Justice Ordinaire, que les Bailes de Montpelier ont accoûtu-
„ mé de porter en Signe de Justice, durant leur année, entre les mains desdits
„ Consuls: Et alors, iceux Consuls, avec leurs Robes & Chaperons rouges, se sont
„ mis en Possession réelle, actuelle & personnelle, s'étant par ordre assis à la Pla-
„ ce & Siége où se tiennent les Causes Civiles ; & en aprez, où se traitent les
„ Causes Criminelles, tenant l'Audience d'icelle Cour publiquement; & adminis-
„ trérent tous Actes de Justice Ordinaire, & autres, tant en Justice que Police.
„ Fait & passé par moy Notaire, Pierre de Nemauso : Témoins, Charles *Jayot*,
„ Gaspard *Mariote*, Jean de *Combes*, Guillaume *Verchant* Marchand ; Me. Jean
„ *Boyer*, Licentié ez Droits ; Estienne *Ranchin*, Jean *Martin*, Docteurs ez Droits,
„ & Jean *Baraton*, Notaire audit Montpelier.

CHAPITRE SECOND.

I. *Guerre ouverte entre Henry II. & Charles-Quint.* II. *Bureau des Trésoriers de France établi à Montpellier.* III. *Etablissement d'un Siége Présidial.* IV. *Procès au sujet de la Supression de la Rectorie.* V. *Qui donne lieu à l'Etablissement du Viguier & du Juge-Ordinaire.*

LA Ligue que le Roi avoit faite avec les Protestans d'Allemagne, commen- I.
ça d'agir avec succès dès le Printems de l'année 1552. Le Duc Maurice,
qui combatoit contre Charles-Quint pour la Délivrance du Lantgrave de Hesse
son beau-pere, marcha avec tant de celerité, qu'il s'en falut bien-peu qu'il ne
surprît l'Empereur à Inspruk : Il falut même qu'il se sauvât la nuit fort honteu-
sement, & tout éperdu, fuyant en Carinthie, jusque sur la Frontiére des Venitiens, avec tant de frayeur, qu'il fut quelques jours sans pouvoir se reconnoître.

De son côté, le Roi Henry II. entra dans la Lorraine, où il se saisit du jeune
Duc Charles, Neveu de l'Empereur, qu'il enmena en France, où il le fit nourrir avec le Dauphin ; Et parcequ'on publioit que son Oncle devoit s'emparer de
ses Etats, pour avoir une Entrée plus libre dans le Royaume, Henry II. le pré-
vint, & s'empara des Villes de Metz, Toul & Verdun, qui depuis sont toûjours demeurées à la France.

Après ce premier Coup, le Roi alloit en porter un plus grand en Alsace, lorsque les Princes d'Allemagne prirent Jalousie de ses Armes : Les Liguez écoutérent
les Propositions de Paix que l'Empereur leur fit faire ; & Maurice ayant obtenu
la Délivrance du Lantgrave son beau-pere, & la Liberté-Evangelique qu'il demandoit pour les Protestans, signa le fameux Traité de Passau, sans la Participation du Roi son Allié.

Cette Paix mit l'Empereur en état de faire une rude Guerre à la France : Il regardoit comme un des plus grands Affronts qu'il pût recevoir, que dans le tems
qu'il paroissoit le plus Puissant, les trois Villes de Metz, Toul & Verdun, eussent
été démembrées de l'Empire : Il crut qu'il y alloit de sa Reputation, de les reconquerir dans l'année même ; & sans considerer que la Saison étoit déja fort
avancée, il vint avec une Armée de cent mile Hommes, mettre le Siége devant
Metz, le 18e. d'Octobre.

La Place, quoique foible & mal-remparée, fut défenduë par François, Duc
de Guise, qui avoit avec lui grand nombre de Princes & de Seigneurs, avec
toute la Fleur de la Noblesse ; Il soûtint durant deux mois, les Efforts de Charles-Quint, & le grand Fracas d'Artillerie qu'il y fit, sans oser néanmoins aller à
l'Assaut : Enfin, la valeur des François, jointe à la rigueur de l'Hiver, qui fut
extrême cette année-là, obligérent l'Empereur de lever ce Siége, après y avoir
perdu trente mile Hommes.

Dans cette même année, on mit en execution à Montpellier, l'Edit du Roi II. 1552.

264   HISTOIRE DE LA VILLE DE MONTPELLIER,

1552.   Henry II. donné dès l'année précedente, par lequel il érigeoit les Recettes-Generales des Finances, en Bureaux des Trésoriers de France: Il fut établi deux Officiers dans celui de Montpellier; & le Roi fit Union de leurs Charges, avec celles des Generaux de Finances, comme il resulte des Lettres raportées par Escorbiac, dans lesquelles le Roi Henry III. rapella toute cette Disposition du Roi son pere. Je ne sçai si ce nouveau Titre de Trésoriers-Generaux de France, n'occasionna pas le Changement qui fut fait à celui de la Cour des Generaux, qui fut appellée depuis, *Cour des Aides*: car, nous voyons dans l'Edit de Sedan, du mois de Juin 1552. que le Roi Henry II. en confirmant cette Compagnie, l'appelle *Cour des Aides*; ce qui a continüé depuis.

Tom. 1. pag. 994.

Philippy, pag. 23.

III.   Pendant que le Roi s'étoit approché jusqu'à Reims, pour y donner Ordre à la Défense de Metz, les Habitans de Montpellier obtinrent de lui, des Lettres-Patentes, pour l'Etablissement d'un Siége-Présidial dans leur Ville: La nouvelle Création de ces Tribunaux, leur en fit naître la pensée, afin de n'être pas obligez de recourir à Nîmes ou à Beziers; Et parcequ'en établissant un nouveau Siége à Montpellier, il faloit necessairement démembrer le Ressort des Présidiaux ordonnez dans les Villes du Voisinage, les Députez de Beziers & de Nîmes, suivirent Ceux de Montpellier, pour former leurs Oppositions devers le Roi.

La Chose resulte de l'Expositif des Lettres-Patentes d'Henry II. qui marque l'Epoque de ces nouveaux Etablissemens, les Raisons qu'employérent les Consuls de Montpellier pour appuyer leurs Demandes, & les Impugnations de leurs Parties.

Le Roi y dit, " Qu'ayant ordonné par l'Edit du mois de Janvier de la même
" année, qu'il seroit établi des Siéges-Présidiaux dans les Provinces de son
" Royaume, en tels Lieux & Endroits qu'il verroit être plus utile pour ses
" Sujets: Et par autre Edit du mois de Mars de la même année, il auroit établi un
" Présidial dans les Villes de Toulouse, Carcassonne, Nîmes & Beaucaire; ordonnant
" que le Gouvernement de Montpelier, ressortiroit au Siége-Présidial de Beziers.

" Les Consuls de Montpellier, avant l'Execution de cet Etablissement, auroient
" fait représenter au Roy, que la Ville de Montpelier estant la Seconde de la Pro-
" vince, (a) (en laquelle de tout temps y avoit Siége-Présidial, ressortissant au Parle-
" ment de Toulouse) tant les Officiers de *l'Université en Droit, qui y est Fameuse*,
" que la Cour des Generaux des Aydes; Chambre des Comptes, Siége-Episco-
" pal, Recepte-Generale des Deniers du Roy, Batterie des Monoyes, lesquels
" sont tous Personnages d'Authorité, & qui seroient tous grandement incommo-
" dez, s'ils étoint contraints aller poursuivre leurs Procez en la Ville de Beziers,
" il plût au Roy créer, ériger & establir un Siége-Présidial audit Montpelier.

" Surquoi (ajoûte le Roi) oüys le Lieutenant-Criminel, & aucuns des Con-
" seillers du Présidial de Beziers; ensemble, les Consuls & autres Députez du Siége-
" Présidial de Nismes, en tout ce qu'ils ont voulu déduire & alleguer: Nous, par
" ces Présentes, créons, érigeons & establissons, un Siége-Présidial en la Ville de
" Montpelier; & en icelle, outre le *Juge-Mage* & *Lieutenant-Principal*, Clerc &
" Particulier, avons commis *sept Conseillers* de nouveau, & un Greffier d'Appaux
" en Chef & Titre-d'Office, pour juger en Dernier-Ressort & Souveraineté, de
" toutes Matiéres, ez Cas des Edits, avec tous Priviléges, Franchises, Authoritez,
" comme les Siéges-Présidiaux du Pays de Languedoc, & tout ainsi que si par
" Edit du mois de Mars dernier, le Siége eust esté créé audit Montpelier.

" Auquel ressortiront, avec son ancien Ressort, l'Université du Lieu, les Siéges
" de la Rectorie, dite *Part-Antique*, & *Petit-Scel* de Montpelier, les Vigueries de
" *Sommieres*, *Aiguemortes* & *Lunel*, Baillage de *Sauve*, *Le Vigan*, *Aimargues*, *Mas-
" sillargues* & *Galargues*, leurs Appartenances & Dépendances, & tout ce qui étoit
" du Greffe, Tablier ou Banque de *Sommieres*, (b) excepté le Lieu & Baronie du
" Château de *Vauvert*. Donné à Reims, au mois d'Octobre 1552.

Dès

(a) Il faut entendre ces paroles, de la Cour du Gouvernement, dont on appelloit au Parlement de Toulouse, comme on le verra plus amplement sur la fin de ce Volume, dans l'Article des Jurisdictions anciénes de Montpellier.

(b) *Vauvert*, qui avoit toûjours ressorti à Nîmes, est excepté dans les Lettres du Roi Henry II. de la Jurisdiction de Montpellier.

Dès le commencement de 1553. Charles-Quint, voulant se venger de l'Affront qu'il avoit reçû à Metz, fit attaquer Teroüanne, où l'on compte qu'il fit tirer cent quarante-deux mile coups-de-canon. François de Montmorency, Fils du Connétable, qui la défendoit, voyant tous les Remparts mis en poudre, commença de capituler : mais, n'ayant pas pris la précaution de faire Tréve, les Enemis forcérent la Bréche, & passérent tout au Fil-de-l'Epée; Sa Personne néanmoins, & celle de quelques-autres Capitaines François, furent épargnées par les Espagnols, en reconnoissance du bon Traitement que le Duc de Guise leur avoit fait à la Déroute de Metz : Mais, la Ville de Teroüanne fut entiérement démolie en cette occasion; & le Titre de son Evêché ayant été depuis suprimé, on en partagea le Territoire entre ceux de Boulogne & de St. Omer.

Au partir de là, l'Empereur donna la Conduite de son Armée à Philibert, Fils de Charles, Duc de Savoye, qui prit *Hesdin* sur les François, & fatigua si-bien le Connétable durant toute cette Campagne, qu'il ne put rien entreprendre de considerable, quoiqu'avec une Armée de plus de soixante mile Hommes.

IV. Au milieu de tous ces Mouvemens, le Roi termina le Procès qu'avoit fait naître à Montpellier, la Supression de la Baillie & de la Rectorie. Pour l'intelligence de ce Fait, qui n'est pas des moins interessans pour nôtre Histoire, il est à observer, que de ces deux Charges, l'une étoit à vie, & l'autre changeoit tous les ans. De là vient, que *Jean de la Volhe*, dernier Bailli, ne fit aucune dificulté de remettre aux Consuls, *la Baguette* qu'il portoit, en Signe de Juridiction, dans l'année de son Exercice : Mais, le Recteur & ses Officiers, qui étoient à vie, firent naître de plus grandes Dificultez; car, ils demandérent une Indemnité, pour la Charge qu'ils avoient prise, sur la Bonne-Foi publique, pour toute leur vie, & à laquelle ils avoient donné tout leur tems & tous leurs soins. L'Affaire ayant été portée au Conseil-Privé, elle y traîna jusqu'au premier de Juillet 1553. où il fut donné un Arrêt-d'Expedient, portant qu'*Antoine du Robin*, Recteur de la Part-Antique, & *Jean Bernard*, Juge de ladite Rectorie, continuëroient, avec Survivance l'un à l'autre, l'Exercice de leurs Charges, qui resteroient suprimées après la mort de tous les deux, & réunies à la Charge de *Viguier* nouvellement établie.

Mais, parceque les Consuls avoient toûjours eu Droit d'intervenir à l'Election du Bailli, & qu'ils venoient d'acquerir des Droits-Seigneuriaux de la Ville, le Roi voulut attacher à leur Place, cette nouvelle Charge de Viguier, en ordonnant que le Premier-Consul, & les uns en l'absence des autres, tiendroient cet Office au Nom du Seigneur. Donné à Compiegne, au mois de Juillet 1553.

Cet Edit ne put être executé (comme nous le verrons) que sur la fin de cette année : Cependant, le Maréchal de Brissac commandoit nos Troupes dans le Piémont, où les François & les Espagnols s'exerçoient par plusieurs Combats, Entreprises & Siéges de petites Places; mais, sans aucun Succès qui décidât des Affaires. Le Portrait que l'on a fait du bon Ordre qu'il établit alors parmi ses Troupes, est si beau, qu'il m'a paru meriter de trouver ici sa place, puisqu'on ne peut assés rappeller les grands Exemples. »Le Soldat, même en Païs de Con- »quête (dit Mezeray) n'osoit rien prendre que de gré à gré : les Rançons estoient »reglées de part & d'autre, selon la Fonction & la Charge de ceux qui estoient »pris; la Guerre ne se faisoit point au Villageois ni au Marchand, mais seulement »à ceux qui portoient les Armes; le Païsan, sans crainte, labouroit entre les deux »Camps, & regardoit de sur sa Porte, les Compagnies qui se batoient dans son »Village.

Dans ce même-tems, mourut Edoüard Roi d'Angleterre, Fils de Henry VIII. & de Caterine d'Aragon, qui laissa son Royaume à Marie sa sœur : Elle fut aussi-tôt recherchée par l'Empereur, afin d'acquerir par ce Mariage, le Royaume d'Angleterre à son Fils Philipe, dont les Ayeux avoient acquis, par un semblable moyen, les plus beaux Etats de l'Europe. Le Roi de France, à qui l'Agrandissement de la Maison d'Autriche devoit faire ombrage, traversa ouvertement la Recherche de Charles-Quint; & tandis que ses Ambassadeurs agissoient dans cette vûë, il mit la derniére main à l'Affaire qui traînoit à Montpellier au sujet de la Viguerie.

V. Comme il avoit ordonné que cette Charge seroit sur la Tête d'un Homme de

266   HISTOIRE DE LA VILLE DE MONTPELLIER,

1553.   *Robe-Courte*, il établit aussi, que la Justice seroit administrée par un *Juge-Ordinaire*; ce qui a duré jusqu'à nos Jours : & parceque l'Arrêt intervenu le 1^r. de Juillet, n'avoit pas encore été exécuté, il donna des Lettres à Fontainebleau, le 27e. Décembre, portant Commission au premier Conseiller de son Grand-Conseil qui en seroit requis, ou de sa Cour du Parlement de Toulouse, ou à l'un de ses Généraux de la Justice des Aides séant à Montpellier, de mettre à Execution l'Edit perpétuel & irrévocable, par lequel, » sur l'humble Suplication des » Consuls, il ordonne que le Premier-Consul, & les autres à son absence, tiennent » l'Estat & Office de Viguier de la Ville, (par lui nouvellement créé & érigé) ensem- » ble de la Part-Antique, auparavant appellée la *Rectorie*, & Villages d'icelle, aux » Gages, Emolumens & Autorité que ont accoutumé les autres *Viguiers* du Pays » de Languedoc.

1554.   Nos Consuls ayant reçû ces Lettres du 27e. Décembre, ne purent les faire mettre en Exécution qu'en Janvier 1554. Ils allérent pour cet effet, se présenter (comme porte le Procès-Verbal) le 5e. de ce mois, dans la Maison d'habitation de Messire Guillaume de *Lausselergue*, Docteur ès Droits, Seigneur de Candillargues, Conseiller du Roi, Général en la Cour de ses Aides séant à Montpellier ; & lui ayant présenté les Lettres données à Fontainebleau le 27. Décembre 1553. le requirent, pour l'Exécution d'icelles, leur octroyer des Lettres, pour appeller le Procureur du Roi, & autres qui pourroient y avoir intérêt.

» Et Nous Commissaires, (ajoûte l'Acte) recevant avec honneur ladite Com- » mission, avons accordé Lettres, pour appeller ceux qui y prétendent intérêt, au » Lundy suivant, huitiéme de Janvier ; & ledit jour, à l'Entrée de la Cour des Gé- » neraux, & Sale d'icelle, sont comparus M^e. *François Durand*, Docteur ez Loix, » M^e. *Christophle Brogerie*, & M^e. *Antoine d'Arles*, Procureur en ladite Cour des » Généraux, Premier, Second & Tiers Consuls de ladite Ville, qui nous ont » requis vouloir nous transporter en l'Audience du Consistoire de la Cour-Ordi- » naire de Montpelier, qu'on a par-ci-devant appellée *la Cour du Baile*, pour » exécuter ledit Edit.

Me Jean *Boussuges*, Procureur du Roi au Gouvernement de la Ville, se trouvant alors absent, on avoit pris la Crécaution d'ajourner M^e. *Jean de Rate*, Avocat du Roi, qui promit de s'y rendre; & de ce pas, le Commissaire & l'Avocat du Roi, étant passez à l'Hôtel-de-Ville, trouvérent les Consuls, ayant leurs Robes & Chaperons en la forme accoûtumée, avec grand nombre de Notables, qui les accompagnérent à la Cour-Ordinaire, dite *la Cour du Baile*, où le Commissaire étant monté au Siége & Tribunal de ladite Cour, & les Consuls demeurant à la Barre dudit Consistoire, leur Assesseur *Etiéne Ranchin* (le même dont nous avons le Livre des Décisions du Droit) fit un Discours sur le Sujet qui les assembloit, dans lequel il rapella en abregé, toute l'Histoire des deux Juridictions de la Baillie & de la Rectorie, pour en venir à l'Etablissement de la Cour-Ordinaire du Viguier, ordonnée par ce nouvel Edit.

Comme ce Discours peut servir à nous donner une idée plus juste de nos Juridictions anciénes & modernes, je vais donner dans le Chapitre suivant, un Précis de ce que l'Assesseur des Consuls dit dans cette occasion.

CHA-

CHAPITRE TROISIÈME.

I. *Prise de Possession par les Consuls, de la Charge de Viguier.* II. *Divers Evénemens en Europe, qui influent dans ceux du Royaume.* III. *Prise du Connétable à la Bataille de St. Quentin.* IV. *Le Duc de Guise repare ses Pertes.* V. *Paix entre la France & l'Espagne.* VI. *Mort d'Henry-Second.*

ETIÉNE *Ranchin* dit : " Qu'il y avoit eû ci-devant deux diferentes Cours à I. 1554.
" Montpelier, dont l'une, appellée vulgairement la Cour de la Part-Antique,
" avoit Jurisdiction sur certains Villages, & estoit gouvernée par un Recteur, un Ju-
" ge, deux Lieutenans, dont l'un estoit Clerc, & l'autre Laïque, l'Appellation des-
" quels ressortoit au Senéchal de Beaucaire, ou à son Lieutenant, au Siége de
" Nismes.
" L'Autre Cour estoit en un autre Quartier de la Ville, au Gouvernement d'icelle,
" où il y avoit un *Bailly*, Homme de *Robe-courte*, & Habitant de la Ville de Mont-
" pelier, qui estoit élû tous les ans par les Consuls & par le Gouverneur : Il avoit
" Droit de nommer lui-même son Juge, & son Lieutenant de Juge, avec un
" Capitaine du Guet, pour l'Execution de ses Ordonnances ; & tous les Juge-
" mens rendus, tant par le Juge que par son Lieutenant, ressortoient au Gouver-
" neur de Montpelier.
Il ajoûta, " que cette Diversité de Jurisdictions dans une même Ville, avoit por-
" té le Roy à les supprimer par son Edit du 15e. de Septembre 1551. & ordonné
" que toute la Justice-Ordinaire de la Ville, & des Villages de la Rectorie,
" seroit exercée en un seul Lieu, par un seul Juge-Ordinaire, & sans division,
" dans le même Consistoire où le Bailly avoit accoûtumé de seoir ; & que les Appel-
" lations de ce nouveau Juge ressortiroient par-devant le Gouverneur de Mont-
" pelier, ou son Lieutenant, & d'iceux au Parlement de Toulouse.
" A quoy les Consuls s'estant opposez, avec M^e. *Jean Bernard*, Juge de la Recto-
" rie, leur Opposition fut mise à néant, par Arrêt du Privé-Conseil, du premier
" Juillet 1553. qui ordonna que l'Edit de Suppression sortiroit son entier effet ; &
" qu'à la Nomination desdits Gouverneur & Consuls, seroit par eux créé un Vi-
" guier Perpetuel, qui seroit de *Robe-courte*.
" Mais, d'autant que les Consuls avoient acheté du Seigneur Roy, toute la Sei-
" gneurie de Montpelier, dans le mois de Mars 1552. & que l'Office de Baile sou-
" loit appartenir aux susdits Consuls, ils supplièrent le Roy, qu'en recompense de
" cet Office supprimé, il luy plût ordonner, que le Premier-Consul, & les uns en
" l'absence des autres, selon leur Rang, tiendroient l'Office de Viguier au nom du
" Seigneur ; Ce qui leur ayant été accordé par Lettres-Patentes, données à Com-
" piegne au mois de Juillet 1553. ledit Ranchin Assesseur, conclut à l'Execution
" desdites Lettres.
" L'Avocat du Roy *Jean de Rate*, ayant consenti & conclu comme l'Assesseur,
" M^r. de *Lauselergue* Commissaire, ordonna que les Lettres de sa Commission se-
" roient lûës, & le *Vidimus* de Pierre de *Bourdic*, Conseiller & Valet-de-Cham-
" bre Ordinaire du Roy nôtre Sire, & pour lui Gouverneur de la Ville & Baronie
" de Montpelier, Lates & Omelas, qui certifie que lui ou son Lieutenant sous-
" signé, ont vû les Lettres-Patentes du Roy, contenant Etablissement du Don de
" Viguier, pour estre tenû perpetuellement par les Consuls de Montpelier.
" Dequoi Lecture ayant esté faite, le susdit Commissaire, du consentement de
" *Jean de Rate*, Avocat du Roy, ordonne l'Execution des Lettres-Patentes : & en
" consequence, après avoir reçû le Serment des six Consuls ; sçavoir, François
" *Durand*, Cristofle *Brogerie*, Antoine *d'Arles*, Guichart, Gibert & *Besseire*, il
" les mit en Possession & Saisine, l'un en l'absence de l'autre, & par Ordre,
" dudit Office de Viguier, en les faisant asseoir l'un aprez l'autre, au Coin où

» avoit accoûtumé tenir son Siége le Baile de ladite Ville qui souloit estre
» par-ci-devant.
» Fait & publié au Consistoire & Audience de la Viguerie-Ordinaire de Mont-
» pelier, Présens, *Jean de Jaule*, Licentié ez Loix ; Jean de *Convers*, Receveur de
» Montpelier ; Pierre *Focard*, Jean *Magni*, Pierre *Patris*, Pierre *Verchant*, Laurent
» *Coste*, & quantité d'autres.

II. Cette Affaire ayant été terminée de la sorte, on ne parla plus à Montpellier de nouvelles Créations d'Offices, comme on avoit déja fait durant ce Regne ; mais, on s'y occupa plus tranquilement, des grands Evenémens qui arrivérent dans l'Europe, & qui influérent beaucoup dans les Affaires du Royaume.

Le premier est, le Mariage de Philipe, Fils-Unique de l'Empereur Charles-Quint, avec Marie, Reine d'Angleterre, qui fut signé par Procureurs, le 9ᵉ. de Juin, & consommé le 25. de Juillet. Le Roi, qui n'avoit pû empêcher ce Mariage, rompit une espéce de Suspension d'Armes où il vivoit depuis quelque-tems avec l'Empereur ; & il mit sur Pié, une Armée de cinquante mille Hommes, avec laquelle il prit *Marienbourg*, *Bovines* & *Dinan* : Après quoi, ayant ravagé le Brabant, le Haynaut, le Cambresis, & le Païs de Namur, il vint assiéger le Château de *Renty*. C'est là où Charles-Quint fit son dernier Exploit de Guerre : car, ayant eu du pire dans un rude Combat qui s'y donna le 13ᵉ. d'Août, il prit la Resolution de quiter le Fardeau des Affaires ; ce qu'il executa l'année d'après à Bruxelles, où ayant assemblé les Etats des Païs-Bas le 25ᵉ. d'Octobre, il créa son Fils, Chef de l'Ordre de la Toison : puis, il lui resigna la Seigneurie de ses Provinces ; & un mois après, dans la même Ville, il lui ceda & remit tous ses autres Royaumes & Seigneuries, tant en Europe, que dans le Nouveau-Monde.

Cet Evenément avoit été précédé de la Mort de Jules III. & de celle de Marcel II. son Successeur, qui, n'ayant tenu le St. Siége que vingt & un jour, laissa cette Place au Cardinal Jean-Pierre Caraffa, sous le Nom de Paul IV. Ce Pape, quoiqu'âgé de quatre-vingt & un an, mit toute l'Italie en feu, par la Haine de ses Neveux contre les Colomnes : Comme il ne pouvoit rien entreprendre avec ses seules Forces, il eut recours à la Protection de la France, & la France eut la facilité de donner dans ses beaux Projets pour la Conquête du Royaume de Naples. François Duc de Guise, fut nommé pour commander l'Armée que le Roi lui envoya : Il prit Valence sur les Espagnols, qui lui avoient refusé le Passage, d'où il auroit pû s'emparer du Milanés, qui étoit épouvanté & dégarni de Troupes ; mais, les Ordres de la Cour, & les Artifices des Neveux du Pape, lui firent perdre cette belle occasion : il s'avança jusqu'à Rome, où il fut reçû avec de grands Honneurs ; mais, il ne s'y trouva rien de prêt ; Et à peine eut-il fait sa premiére Tentative sur le Royaume de Naples, que les Caraffes criérent à son Secours, parceque le Duc d'Albe étoit entré avec ses Troupes, dans les Terres de l'Eglise : Le Duc de Guise étant revenu sur ses pas pour chasser le Duc d'Albe, commençoit à travailler sans succès, lorsqu'il reçut, pour son bonheur, la Nouvelle de la malheureuse Journée de St. Quentin.

III. Cette Epoque mémorable pour le Languedoc, à cause de la Prise du Connétable de Montmorency son Gouverneur, mérite-bien d'être touchée ici en passant. Dans le tems que le Duc de Guise entroit en Italie, l'Amiral de Coligny, Neveu du Connétable, eut une petite Armée pour couvrir la Picardie, dont il étoit Gouverneur : il courut tout le Païs d'Artois, afin de tenir éloigné le Duc de Savoye, Gouverneur des Païs-Bas, qui feignant, de son côté, d'attaquer diverses Places, tantôt d'un côté, tantôt d'un autre, vint tout-à-coup, le 3ᵉ. du mois d'Août, se rabatre devant St. Quentin, qui étoit dégarni d'Hommes, & mal-fortifié. L'Amiral de Colligny n'eut que le tems de se jeter dedans, au travers du Camp des Enemis, avec sept ou huit cens Hommes ; Sa Reputation & sa Valeur servirent quelque-tems de Rempart à la Place, qui sans cela n'eût pas duré vingt-quatre heures : On tenta diverses fois de lui donner du Secours, & le Connétable son oncle s'en approcha pour y jeter des Troupes ; mais, cela se fit avec tant de précipitation, qu'à peine entra-t-il dans la Place cinq cens Hommes avec d'Andelot, Frere de l'Amiral.

Le Connétable se retirant en plein jour, à la vûe de l'Enemi, fut chargé si brusquement par le Duc de Savoye, qu'il n'eut pas le loisir de donner ses Ordres : Sa Cavalerie fut mise en déroute, & son Infanterie toute massacrée ; il fut fait Prisonnier lui-même, avec *Montberon* son jeune fils, & les Ducs de Montpensier & de Longueville : six cent Gentilshommes y périrent, avec Jean de Bourbon Duc d'Enguien ; les Prisonniers furent au nombre de quatre mile, sans que les Enemis perdissent plus de cent Hommes ; Et le Malheur de cette Journée, qui est mise au rang de celles de *Crecy* & de *Poitiers*, jeta toute la France dans un si grand Abatement, qu'on ne douta point, que si Philipe II. en eût crû le Duc de Savoye, il ne fût entré dans Paris, comme il le pouvoit, & comme Charles-Quint supposa qu'il avoit fait, lorsqu'il apprit dans sa Retraite, la Nouvelle de cette grande Déroute.

1557.

Le Bonheur que la France a éprouvé si souvent dans ses plus grands Besoins, voulut alors que ses Enemis lui donnassent le tems de se reconnoître. On ramassa tout ce qu'on put de Troupes en Suisse & en Allemagne : on manda au Maréchal de Brissac, d'envoyer une partie de ses vieilles Compagnies ; & au Duc de Guise, que toutes Affaires cessantes, il eût à s'en retourner avec son Armée. Cet Ordre le dégagea fort à propos, de l'Entreprise où il étoit engagé dans les Terres de l'Eglise ; & son arrivée en France, sembla avoir ramené le Courage au Conseil du Roi & à ses Troupes fuyardes : On lui donna le Titre de Lieutenant-General des Armées du Roi, dedans & dehors le Royaume ; & en cette Qualité, il alla à Compiegne rassembler l'Armée : ainsi, le Malheur de la France, fut son Bonheur, & l'Abaissement du Connétable son Exaltation.

Cependant, le Roi, à qui il ne manquoit que de l'Argent, assembla les Etats IV. à Paris le 6°. du mois de Janvier 1558. qui lui accordérent trois Milions. On le fit avec d'autant plus de plaisir, qu'on apprit dans ce même-tems, la Prise de Calais par le Duc de Guise ; Peu de mois après, on sçut qu'il avoit encore pris la Ville de *Guines* & celle de *Hames*, par où les Anglois étoient entierement chassez de France, sans qu'il leur restât un seul Pouce de Terre. On se hâta d'en donner la bonne Nouvelle à tous les François ; & nos Annales marquent, que le Roi en écrivit à son Lieutenant-General en Languedoc, où l'on fit de grandes Démonstrations de Joye pour le Recouvrement de Calais, qui étoit sorti de nos Mains depuis deux cent dix années.

1558.

Cet heureux Succès reveilla tous les Envieux du Duc de Guise, qui cherchérent à diminüer sa Gloire, en attribüant à d'autres, le premier Dessein de son Entreprise : Mais, ils eurent la Bouche fermée, lorsque sur la fin du Printems, il eut emporté la forte Place de *Thionville*, qui mettoit la Ville de Metz à couvert, & étendoit nos Frontieres de ce côté-là. Dès-lors, il se forma contre sa Maison, un Parti contraire, dont nous verrons les funestes Effets sous les Regnes suivans ; Et l'on se pressa d'autant plus de se liguer contre lui, qu'il venoit de porter son Autorité plus haut, par le Mariage de sa Niéce Marie Stüard Reine d'Ecosse, avec le Dauphin : Les Nôces en avoient été solennisées à Paris le 24°. d'Avril ; Et les Ambassadeurs de France haranguérent si bien les Etats d'Ecosse, qu'ils accordérent au Dauphin, la Couronne & les autres Ornemens-Royaux ; ce que les Anglois avoient refusé à Philipe ; d'où vient que nos Annales, en parlant de ce Prince, l'appellent depuis ce tems-là, le Roi Dauphin.

Peu de jours auparavant, Ferdinand, Frere de Charles-Quint, avoit été élevé à l'Empire, par la Démission de son Frere, qui finit ses jours le 21°. de Septembre de cette même année, dans le Monastére de St. Just, où il s'étoit retiré.

Philipe son fils, & Henry II. étoient alors l'un près de l'autre, avec les deux plus grandes Armées qu'on eût vû de tout ce Siécle : ils passérent trois mois en cet état, sans faire seulement une Escarmouche ; & pendant ce tems, le Connétable, qui étoit sorti de sa Prison, disposa l'Esprit de son Maître, à une Paix dont il étoit déja convenu des Articles avec les Espagnols. La Restitution de Calais y mettoit le plus grand Obstacle, parceque la Reine Marie vouloit le ravoir, & le Roi le retenir. Mais, la Mort de cette Princesse étant arrivée le 15°. de Novembre 1558. Elizabet, qui lui succeda, craignant de n'être pas comprise dans

1559. cette Paix, envoya ses Députez à Cateau-Cambresis, où elle fut concluë sur la fin de Janvier 1559.

Par ce Traité, les deux Rois confirmérent celui de Crespy, & les précedens, ils se rendirent reciproquement, tout ce qu'ils s'étoient pris depuis huit ans. Le Roi remit le Duc de Savoye dans ses Etats, en se reservant quelques Places : il lui donna sa Sœur Marguerite, avec trois cent mile Ecus d'Or : sa Fille Isabelle, au Roi Philipe, avec quatre cent mile ; & il quita au Duc de Florence, tout ce qu'il tenoit en Toscane ; & aux Genois, ce qu'il avoit dans l'Isle de Corse. Dès-lors, on changea de Maxime de Gouvernement, pour les Affaires d'Italie, & pour l'Alliance des Turcs : car, on resolut, pour le premier, de ne s'en plus mêler du tout ; & pour l'autre, d'y renoncer, comme à une Chose funeste à la Chrêtienté, honteuse à la France, & préjudiciable, en ce qu'elle lui ôtoit toute la Confiance des Princes d'Allemagne : Ainsi, dans peu de mois, les François se desabuserent entiérement, d'une Guerre qui avoit occupé sans relâche quatre de nos Rois ; je veux dire, Charles VIII. Loüis XII. François I. & Henry II. qui avoient fait passer tant de Miliers de François en Italie, où ils trouvérent leur Tombeau : tant il est vrai, que toutes les Passions ont leur Période, & que chaque Siécle se fait un Objet nouveau, dans le Mouvement continüel où il veut s'entretenir. Nous allons voir celui qui ne tarda point de s'élever dans le Cœur du Royaume, & qui fut encore beaucoup plus funeste que les Guerres d'Italie : mais, il faut auparavant raconter la Mort tragique qui en accélera les Malheurs.

Henry II. dans les premiéres Douceurs de la Paix qu'il venoit de signer, ordonna de grandes Fêtes pour les Mariages qu'il avoit à faire, de sa Fille & de sa Sœur. On dressa, pour cet effet, des Lices dans la Ruë St. Antoine, où l'on devoit faire des Tournois & des Carrousels. Le Roi s'y exerça les deux premiers jours avec beaucoup d'adresse ; Mais, le troisiéme, qui étoit le 30e. de Juin, après avoir rompu plusieurs Lances, il voülut encore joûter la Visiére ouverte, contre le Comte de Montgommery, Fils du Seigneur de Lorges, l'un de ses Capitaines des Gardes-du-Corps. Le Comte s'en étant excusé, le Roi le voulut absolument : Or, il arriva que ce Seigneur ayant rompu contre son Plastron, l'atteignit encore au-dessus du sourcil de l'œil droit, du Tronçon qui lui restoit à la main.

Le Coup fut si grand, qu'il le renversa par terre, & lui fit perdre la connoissance & la parole, qu'il ne recouvra jamais plus : Il vécut néanmoins encore plus de onze jours, & ne rendit le dernier soûpir que le 10e. de Juillet, dans la quarante-unième année de sa Vie, & la treiziéme de son Regne, laissant sa Couronne à François II. son Fils-Aîné, âgé seulement de seize ans.

CHAPITRE QUATRIÉME.

I. Calvinistes en France. II. Leurs Commencemens à Montpellier. III. Ils s'y montrent à découvert dès la Mort d'Henry II. IV. La Jalousie des Grands du Royaume fomente leurs Progrès. V. Ils publient des Libelles, qui disposent aux premiers Troubles.

I. LA Paix que Henry II. avoit concluë quelques mois avant sa Mort, laissoit un grand nombre de Troupes congediées, qui n'ayant aucun Emploi, se trouvoient toutes disposées à prendre Parti avec les premiers Chefs qui voudroient les employer. La Jalousie qui augmentoit entre les Premiers Seigneurs de la Cour, leur preparoit de l'Emploi ; mais, il faloit un Prétexte à ces mêmes Seigneurs, pour se mettre en Mouvement.

Les nouveaux Sectaires, qui s'étoient élevez dans l'Europe depuis le commencement de ce Siécle, leur en fournirent bientôt le Prétexte. Toute la Cour fut divisée à leur sujet ; & après plusieurs Intrigues, on en vint à des Guerres-Civiles,

qui

qui firent verser à la France, beaucoup plus de Sang qu'elle n'en avoit répandu
dans les Guerres d'Italie.

1559.

Il est necessaire de faire connoître ces nouveaux Sectaires, avant que de parler des Seigneurs qui prirent Parti pour ou contre, & qui, sous prétexte de Religion, entretinrent les François dans la Fureur & la Rage les uns contre les autres, & ravagérent les plus belles Villes du Royaume, parmi lesquelles Montpellier s'en ressentit plus que bien d'autres.

Tout le Monde sçait, que Martin Luther, Religieux Augustin, ayant renoncé à son Etat, & débauché une Religieuse, qu'il épousa publiquement en 1524. pervertit une grande partie de l'Allemagne, en attirant à soi plusieurs Princes-Souverains, par l'Esperance des Dépoüilles des Benefices: Il gagna les Moines & les Prêtres libertins, par ses Déclamations contre les Voeux-Monastiques & contre le Celibat des Prêtres; Et enfin, il grossit son Parti d'un grand nombre de Gens-de-Lettres, en rejettant l'Autorité des Conciles, de la Tradition & des Supérieurs-Ecclesiastiques, pour laisser à ses Diciples une Liberté entiére de raisonner & de décider en Matiére de Religion.

Ils en profitérent si-bien, qu'ils établirent, même du vivant de Luther, plusieurs diferentes Sectes, qui partagent encore de nos Jours, l'Allemagne & la Suisse: Mais, ceux de ses Diciples qui vinrent en France, donnérent occasion dans ce Royaume, à une nouvelle Secte, presque autant diferente du Lutheranisme, qu'elle l'est de l'Eglise Romaine.

Jean Calvin, natif de Noyon en Picardie, en fut l'Auteur. Après avoir pris à Paris, où il fit ses Etudes, quelque Teinture des Erreurs de Luther, il acheva de se gâter l'Esprit à Bourges, auprès de *Melchior Volmar* Allemand, Professeur de la Langue Grecque: Dès-lors, il commença de dogmatiser; ce qu'il alla continüer à Paris en 1533. Mais, le Lieutenant-Criminel (Jean Morin) ayant été pour le prendre au Colége du Cardinal le Moine, où il logeoit, Calvin fut obligé de s'enfuir à Angoulême, & de là à Poitiers, où il gagna quelques Magistrats, & un Professeur en Droit, qui quita sa Chaire pour aller prêcher la nouvelle Doctrine, & se fit appeller *Bon-Homme*: On lui donna aussi le Nom de *Ministre*, tiré de celui de la *Ministrerie*, qui est le Nom de l'Ecole de Droit à Poitiers, où il enseignoit avant sa nouvelle Profession; Et c'est de là qu'a tiré son Origine, le Nom de Ministre, qui a été depuis commun à tous les Prédicateurs de la Religion-Prétenduë-Reformée.

Cette nouvelle Religion étoit encore confonduë avec celle des Lutheriens, contre lesquels le Roi François-Premier s'étoit déclaré si hautement. L'exacte Recherche qu'il en fit faire, obligea Calvin de se retirer à Basle, où ayant pris la hardiesse de lui dédier son Institution, il fit connoître distinctement la nouvelle Secte qu'il avoit formé dans le Royaume, & qui attira sur ses Partisans des Ordonnances très-rigoureuses.

Ils n'osérent se montrer à découvert sous le Regne de ce Prince, non plus que dans les premiéres années de Henry-Second: Mais, la malheureuse Bataille de St. Quentin ayant été perduë en 1557. ils crurent devoir profiter des Malheurs de la France; & ils parurent, pour la première fois, en plein jour à Paris, dans le Pré aux Clercs, pour y chanter les Pseaumes, qu'ils avoient fait traduire en François par Clement Marot, Valet de Chambre du Roi.

Cette première Tentative, qui ne put être reprimée assés-tôt, à cause du Trouble general où se trouvoit le Royaume, leur donna le Courage & la Facilité de répandre leur Doctrine dans les Provinces, où l'on y trouvérent les Esprits d'autant mieux disposez, qu'on y étoit persuadé du Besoin d'une Reformation, qu'ils prenoient soin de faire sonner fort haut: Car, je ne puis le dissimuler, pour la Verité de l'Histoire, & comme les Suites ne le firent que trop voir, que l'Ignorance & les Mauvaises-Moeurs de beaucoup de Gens-d'Eglise, avoient affoibli dans le coeur des Peuples, l'Estime & l'Amour de leur anciéne Religion. Les nouveaux Sectaires se firent alors dans Montpellier, beaucoup de Partisans secrets; & dans l'espace de dix-huit mois, ils y grossirent considerablement leur Nombre, par les divers Motifs qui pouvoient agir sur des Personnes en qui leur anciéne Religion

1559.

étoit fort affoiblie. C'est-à-dire, que l'Abolition des Dîmes fut un puissant Motif pour la plûpart du Monde, & particuliérement pour les Seigneurs de Terre, qui pouvoient plus aisément envahir les Biens-Ecclesiastiques : La Supression du Carême, des Jours de Jeûne, & de la Confession, étoit une Amorce pour Ceux qui vouloient goûter sans contrainte les Plaisirs de la Vie : L'Amour de la Nouveauté y engagea beaucoup de Femmes ; Et Ceux qui espérent toûjours être mieux dans le Changement, crurent devoir embrasser un Parti dont on faisoit beaucoup valoir le Credit & l'Autorité.

Lorsque ce nouveau Parti se crut assés fort dans Montpellier, ils resolurent tous ensemble, d'y former une nouvelle Eglise à leur Mode : Ils députérent à Nîmes, dans le tems que Henry II. étoit occupé à conclurre la Paix de *Cateau-Cambresis*, & ils en firent venir le premier Ministre qui ait porté ce Nom dans Montpellier : il y arriva au commencement du mois de Février 1559. où il créa, le huitiéme jour, ses Ministres-Subalternes ; ce qui fit regarder ce Jour, à nos premiers Religionnaires, comme l'Epoque de leur Etablissement en cette Ville.

» *Le huit de Février 1559*. (dit un ancien Manuscrit Huguenot que j'ai) *fut*
» *plantée l'Eglise de Montpelier, par le Sieur Guillaume Mauguet, Ministre de Nîmes* :
» Il constitua pour Diacre, un *François Maupeau* son Parent, avec *Claude Formy* ; &
» pour Surveillant, *George Crouzier*, Ecolier en Medécine, auquel ils donnérent
» pour Adjoint, un nommé *Bonnail*, Bourgeois de la Ville.

Après ce premier Etablissement, le S^r. *Guillaume Mauguet*, voulut aller rejoindre son Troupeau de Nîmes ; Ce qui fit que ceux de Montpellier, desirant avoir un Ministre, firent partir pour Genéve, le Diacre *Claude Formy*, pour en demander un à Calvin lui-même. Malheureusement pour eux, il ne s'en trouva point alors à Genéve, qu'on pût leur envoyer ; mais, on leur répondit par des bonnes Esperances pour l'avenir, en les exhortant de ne pas épargner leurs Priéres auprés du S^t. Guillaume *Mauguet*, pour qu'il les vint visiter de tems en tems : Il le fit en effet, peu de tems après, pour venir instaler le nommé *Jean Chassinon*, ou de *la Chasse*, qui leur fut envoyé de Genéve, pour être Ministre à Montpellier. On l'introduisit secretement dans la Ville, & il y prêcha de même, pendant quatre mois, dans la Cave (comme on le marque) de la Maison de M^r. Desandrieux : C'est là, où durant leurs Assemblées-Nocturnes, il prodiguoit au Pape, le Nom d'Antechrist, & qu'il exhortoit les Assistans, » de secoüer le Joug rude & pesant de l'Eglise
» Romaine, & de débroüiller l'Evangile, des Epines & des Ténébres dont on l'a-
» voit envelopé, pour le faire briller dans un plus beau jour, & dans tout son éclat.

III. Le Fruit de toutes ces belles Exhortations commença de paroître, dès qu'on eut reçû la Nouvelle de la Mort de Henry-Second : Aussitôt ils crurent devoir se procurer (comme ils disoient) la Liberté des Enfans de Dieu ; & en quitant les Caves, où ils s'étoient tenus jusqu'alors, ils allérent s'assembler, en plein jour, chez un nommé *Didier Baudier*. Les Officiers de Police, qui en furent avertis, s'y transportérent pour dissiper l'Assemblée ; ce qui donna une si grande frayeur au nouveau Diacre *Favy*, qu'il gagna le Toit de la Maison, par où il se sauva : mais, le nommé *Talard*, Greffier du Consistoire, *Baudier*, chez qui l'Assemblée s'étoit faite, & un Sellier, appellé *Bergeiron*, furent arrêtez, pour avoir parlé insolemment, & conduits en Prison.

Cet Acte de Justice, de la part des Magistrats, fut regardé par les nouveaux Sectaires, comme une Action de Violence qu'il faloit reprimer ; & pour faire voir qu'on trouveroit en eux une forte Partie, ils s'attroupérent le soir-même, au nombre de douze cens, à l'Ecole-Mage, (aujourd'hui l'Hôpital S^t. Eloy) dans la Blanquerie, où ils firent publiquement leur Céne : Puis, afin qu'il ne manquât rien ce jour-là à toutes leurs Solennitez, ils coururent à l'Eglise de S^t. Mathieu, près du Colége de Medécine ; & s'en étant fait ouvrir les Portes, de gré ou de force, ils placérent dans la Chaire, un de leurs Prédicans, dont ils écoutérent le Prêche avec la tranquilité qu'on peut imaginer après une pareille Emeute.

Un jour que l'Hôte du Logis de *la Colombe*, avec quelques-autres de la nouvelle Religion, vinrent dans l'Eglise de Nôtre-Dame des Tables, dans le tems qu'on y prêchoit, ils firent tant de bruit pour interrompre le Prédicateur, que M^r.

de

de Chaume, Seigneur de Pouffan, & Premier-Conful, crut être obligé d'y accourir pour leur impofer Silence: mais, cet Hôte eut l'infolence de lui donner un Soufflet, fans aucun refpect pour fa Perfonne, ni pour la Charge dont il étoit revêtu; & cette Infulte, qui en un autre tems, eût été punie des Peines les plus févéres, refta en cet état, le Confeil-de-Ville s'étant contenté de déliberer qu'on en feroit des Informations.

IV. On ne manquera point d'être furpris d'un Renverfement fi fubit & fi outré dans Montpellier; mais, on le fera moins, quand on voudra confiderer la Situation où les Affaires étoient alors à la Cour, de qui les moindres Mouvemens donnent le branle à ceux qui arrivent dans les Provinces. La grande Faveur du Duc de Guife, & du Cardinal de Lorraine fon frere, dont le premier venoit d'avoir l'Intendance de la Guerre, & le fecond celle des Finances, excita l'Envie & le Mécontentement des Seigneurs, qui dans les Commencemens du Regne de Henry II. en avoient obtenu les premiéres Charges. Anne de Montmorency, Connêtable de France & Grand-Maître de la Maifon du Roi, avec Gafpard de Colligny fon neveu, Seigneur de Chatillon, Amiral de France, & Gouverneur des Provinces de l'Ifle-de-France & de Picardie, cherchérent à s'appuyer de plufieurs autres Seigneurs, & principalement d'Antoine de Bourbon Roi de Navarre, & de Loüis Prince de Condé fon frere: Les Guifes avoient de leur côté, les Maréchaux de St. André, de Briffac, & autres. D'abord, ce ne fut qu'une Intrigue de Cour pour le Gouvernement; mais, ceux d'entr'eux qui favorifoient la Nouvelle-Religion, encourageoient fous-main ceux qui la profeffoient, pour s'en faire un Appui dans leurs vûës particuliéres: Les principaux de ce Parti furent, les trois Freres de Colligny; fçavoir, l'Amiral, le Cardinal de Beauvais, & d'Andelot leur puîné, Colonel-General de l'Infanterie Françoife, qui ayant gagné le Prince de Condé, travaillérent enfemble à faire donner le Gouvernement de l'Etat au Roi de Navarre, pour en exclurre la Reine-Mere, comme Etrangere, & pour ôter aux Guifes le Maniment des Affaires.

V. Pour y difpofer les Efprits, ils femérent plufieurs Libelles, qui tendoient à montrer, » Que les Rois ne doivent point être cenfez Majeurs plûtôt que les autres » Hommes: Que c'eft aux Etats du Royaume à leur donner un Confeil, & que » les Princes du Sang y doivent tenir le premier Rang: Que les Loix de l'Etat » n'y peuvent admettre, ni les Femmes, ni les Etrangers: Que les Guifes n'étoient » point Naturels-François; & que l'Adminiftration des Cardinaux avoit toûjours » été préjudiciable à la France.

Tandis que les Mécontens s'efforçoient de répandre ces nouvelles Maximes, on mena le Roi à Reims, où il fut facré le vingt-uniéme de Septembre, fa Santé n'ayant pas permis qu'on le fît plûtôt: Les Guifes firent renouveller les anciens Edits contre les Novateurs, en vertu defquels on fit plufieurs Executions à Paris. Alors leurs Téologiens les affurérent, qu'ils pouvoient prendre les Armes pour leur Défenfe feulement; & nous verrons par les fuites, jufqu'où ils poufférent ce Confeil. Voilà quelle fut la Caufe des premiéres Entreprifes qu'ils firent, comme nous venons de voir, à Montpellier.

CHAPITRE CINQUIÉME.

I. *Affemblée-Extraordinaire à Montpellier, des Etats de la Province, pour les Interêts de la Reine.* II. *Confpiration d'Amboife.* III. *Conference de Fontainebleau, où l'on commence de tolerer les Nouveaux-Sectaires.* IV. *Ils prêchent ouvertement à Montpellier.* V. *Le Comte de Villars fait ceffer leurs Affemblées.* VI. *Ils reprénent Courage après la Mort de François-Second.*

I. CEPENDANT, Caterine de Medicis, Mere du Roi, voulant s'affurer du Gouvernement, trouva le moyen d'intimider le Roi de Navarre, qui feul pouvoit le lui difputer: Elle perfuada même au Roi fon fils, de congedier le Connêtable, qui

1559. animoit sous-main le Roi de Navarre ; & voyant les Choses disposées en sa faveur, elle fit ordonner une Assemblée-Extraordinaire des Etats de la Province du Languedoc, *pour avoir Avis* (disent nos Annales) *sur le Gouvernement du Royaume, & sçavoir qui l'auroit, ou la Reine-Mere, ou le Roi de Navarre, pendant la Minorité du Roi*.

1560. On ouvrit cette Assemblée à Montpellier le 20ᵉ. de Mars 1560. & la Reine se garda bien d'y faire tenir les Etats par aucun des Amis du Connétable ; mais, elle y envoya le Comte de Crussol, qui solicita (ajoûtent nos Annales) *en faveur de la Reine, & qui l'emporta* : Il demanda ensuite *Avis sur la Réunion du Domaine du Roi, & sur l'Acquittement de ses Dettes*. Surquoi, en laissant l'Article de la Réunion du Domaine, on fut d'Avis, que pour acquiter les Dettes du Roi, il faloit prendre les Biens-Ecclesiastiques, & les Reliques : d'où l'on peut inferer de quelle Religion étoit le grand nombre des Députez de cette Assemblée.

Après avoir ainsi donné des Marques de leur Zéle pour les Interêts de la Couronne, ils n'oubliérent pas les leurs, puisqu'ils déliberérent de députer en Cour, pour faire leurs Doléances : Le Sʳ. *Chabot de Nîmes* fut chargé de la Députation par toute l'Assemblée ; & Mʳ. de Crussol promit de le faire écouter, lorsqu'il seroit arrivé à la Cour.

II. Tout y étoit alors dans de grands Mouvemens au sujet de la fameuse Conspiration d'Amboise. Les *Huguenots* (qui commencérent en ce tems de prendre ce Nom, d'un mot Suisse qui signifie Ligue) crurent, sur la Décision de leurs Téologiens, pouvoir se défaire, ou s'assurer, de la Personne du Duc de Guise, & du Cardinal de Lorraine son frere : ils en donnérent la Charge à la *Renaudie*, Gentilhomme Angoumois, qui convint avec ses Complices, de choisir dans chaque Province, certain nombre d'Hommes non-mariez, qui, sous des Chefs qu'ils nommérent, devoient se rendre un Jour assigné à Amboise, où étoit le Roi avec toute sa Cour. Cette Entreprise ayant été découverte, causa la mort de plusieurs d'entr'eux, qui furent rencontrez sur les Chemins ; & un des Conjurez, nommé *la Mote*, ayant voulu, nonobstant cette Découverte, faire une Tentative pour surprendre Amboise, attira sur ses Gens toute la Maison-du-Roi, qui en fit perir plus de douze cens.

Mezeray.
Spon. Hist. de Genève.

Ce mauvais Succès rendit à Montpellier les Religionnaires moins hardis ; de sorte que leur Ministre *Chassinon*, *sçachant* (dit leur Manuscrit) *y avoir Avertissement qu'il étoit en Ville*, se retira à Genéve, où il resta jusqu'à un tems plus favorable. La Politique ordinaire de la Reine Catérine de Medicis, le lui fit bientôt trouver : Car, cette Princesse uniquement attentive à conserver son Autorité, fit en cette occasion, comme dans tout le reste de sa Vie ; c'est-à-dire, qu'elle prit soin d'entretenir deux Partis dans le Royaume, Et lorsqu'elle pouvoit en accabler le plus foible, elle lui tendoit la main pour contrebalancer le plus fort : ainsi, après la Conspiration d'Amboise, elle ne voulut jamais faire arrêter l'Amiral, ni le Prince de Condé, quoiqu'ils eussent été chargez par quelques-uns des Conjurez : Ainsi, après qu'ils se furent retirez de la Cour, voyant que leur Absence rehaussoit le Credit des Guises, elle chercha à les y attirer, en convoquant au 20ᵉ. d'Août, une Assemblée des Grands du Royaume à Fontainebleau, sous couleur de prendre leur Avis sur l'état présent des Affaires.

III. Le Connétable, l'Amiral & d'Andelot s'y rendirent, avec une Suite de huit ou neuf cent Gentilshommes : Ce fut dans une des quatre Séances qu'on y tint, que l'Amiral s'étant mis à genoux devant le Roi, lui présenta une Requête, qui n'étoit signée de personne, mais qu'il disoit avoir reçu en Normandie ; par laquelle ils suplioient le Roi, de faire cesser les Recherches contre les Reformez, de leur accorder des Temples & l'Exercice libre de leur Religion. Jean de Montluc, Evêque de Valence, prié de dire son Avis, parla plus librement que n'eussent sçû faire les Enemis de l'Eglise-Romaine ; & Charles de Marillac, Archevêque de Viéne, continüa sur le même ton, en ajoûtant des Choses fort piquantes contre les Guises.

Le Cardinal de Lorraine, que tous les Historiens reconnoissent pour avoir eu une Eloquence sublime, prit le contrepié de ces deux Evêques ; & ayant montré,

par

par vives Raisons, qu'on ne pouvoit souffrir deux Religions dans le Royaume, il se justifia lui & son Frere, des Calomnies qu'on lui avoit imposé. Pour Resultat, il fut fait un Edit le 24ᵉ. d'Août, qui convoquoit les Etats du Royaume dans la Ville d'Orleans le 10. Décembre, & qui enjoignoit aux Gouverneurs, de veiller à ce qu'il ne se fit point d'Assemblée-Factieuse, & de surseoir les Poursuites pour le Fait de la Religion, s'il n'y avoit d'autre Crime compliqué ; ce qui étoit commencer de tolerer les Nouveaux-Sectaires.

Il n'en falut pas davantage à ceux de Montpellier, pour inviter leur Ministre *Chaffinon*, de revenir de Genéve : Ils l'envoyérent querir, (comme disent leurs Mémoires ;) & l'ayant enfin recouvré dans le mois de Septembre, ils commencérent leur Prêche à l'Ecole-Mage : mais, non-contens de cette première Entreprise, ils conduisirent *Chaffinon* à Sᵗ. Mathieu, pour y prêcher ; Ce qui ayant été sçû par le Juge-Criminel (*Charles de Barges*) il s'y transporta, bien accompagné, dans le tems que le Ministre étoit en Chaire ; & lui ayant dit, & aux Assistans, que le Roi venoit de défendre toute Assemblée-Factieuse, il ajoûta que la leur devoit être regardée comme telle : à raison dequoi, il interdit, avec Menaces, la Prédication au Ministre ; ce qui lui fit si belle peur, qu'il se retira dans les Cévénes, où quelques-uns le suivirent.

Il faut néanmoins qu'on lui eût bientôt remis le cœur ; car, dès le commencement du mois d'Octobre, il revint prêcher à l'Ecole-Mage ; Ce qui y attira Mᵉ. *Pierre de la Coste* Juge-Mage, avec quelques-autres Magistrats : Les Assistans, qui les virent entrer, s'ouvrirent aussitôt pour leur donner Passage jusqu'à la Chaire, où le Juge-Mage, s'adressant au Ministre, lui demanda, si lui & les siens ne reconnoissoient pas le Roi François II. pour leur Souverain ? & pourquoi, au mépris de ses Edits, qui leur défendoient ces sortes d'Assemblées, ils s'attroupoient de la sorte ? A quoi Chaffinon répondit pour tous : *Qu'il étoit vrai que François II. étoit le plus Grand de tous les Hommes, & que tout ce qu'il y avoit là de Gens assemblez, le reconnoissoient pour leur Souverain, puisqu'il étoit sur le Trône ; Mais, qu'il n'y avoit aucun Edit qui pût leur défendre de prêcher l'Evangile, dans la pureté qui étoit du tems des Apôtres, & sans aucun mélange des Superstitions qui le rendoient méconnoissable & disforme.* C'est ainsi que dans tous les tems, les Heretiques ont voulu prétexter l'Evangile, lors même qu'ils le combatoient ouvertement.

Nos Magistrats voyant la hardiesse & le grand nombre de ceux à qui ils avoient à faire, crurent ne devoir pas aigrir les Choses ; ainsi, s'étant retirez au plus-vîte, ils allérent conferer avec *Guillaume de Pelicier*, Evêque de Montpellier, qui resolut, par leur Conseil, d'en informer la Cour : il écrivit à la Reine une Lettre, que nous avons encore dans nos Archives, à laquelle le Cardinal de Lorraine répondit, en l'exhortant de veiller de toutes ses forces au Soin de son Troupeau, & en lui marquant, de donner Avis de tout ce qui se passeroit à Montpellier contre les Ordres du Roi, à Messire Honorat de Savoye Comte de Villars, qui, en qualité de Lieutenant-General, alloit tenir les Etats de la Province à Beaucaire.

Il est vrai que les Etats y furent ouverts cette année le 10. d'Octobre ; & ce Seigneur ayant reçu des Ordres de la Cour, fit lever par le Baron de Sᵗ. André, (a) quelques Compagnies, qui marchérent droit à Montpellier : Leur présence obligea le Ministre, & tous les Membres du Consistoire, de fuir dans les Cévénes, sans attendre le Comte de Villars, qu'on sçavoit devoir s'y rendre après la Tenuë des Etats. Son arrivée avec bon nombre de Troupes, étonna tous les Habitans, qui n'étoient point accoûtumez à voir des Gens-de-Guerre dans l'Enceinte de leurs Murailles ; La chose leur parut si extraordinaire, qu'ils en marquérent leur étonnement & leurs regrets en ces termes :

» Le Comte de Villars, Lieutenant-General pour le Roi, qui tint les Etats à
» Beaucaire, ayant fait une Levée de Gens-de-Guerre, s'en vint à Montpellier, où
» il mit Garnison, la reduisant en forme de Ville-Frontiére ; & cette Ville, qui
» souloit être libre, aisée, & de tout plaisir, fut dès-lors asservie pour longues
» années.

(a) De la Maison de Mondragon-lez-Avignon.

1560.

Tel fut le premier effet dans Montpellier, des Troubles excitez pour la Nouvelle-Religion : Peu de jours après, on y vit arriver *Deiſſé*, Gouverneur d'Aiguemortes, qui avoit été mandé par le Comte de Villars, & qui fut arrêté auſſitôt, comme Fauteur des Troubles que les Religionnaires venoient d'exciter à Aiguemortes; En même-tems, on détacha quelques Compagnies pour y aller, leſquelles couvrirent ſi bien leur Marche, qu'elles ſurprirent *Helie de Laval Boiſſet*, de la Ville de Perigueux, & Miniſtre d'Aiguemortes, qui ayant été conduit dans les Priſons de Montpellier, y fut pendu & brûlé le onziéme de Novembre.

Ce Coup de ſéverité étoit une ſuite des Ordres venus recemment de la Cour, où l'on avoit découvert les diferentes Brigues d'Antoine & de Loüis de Bourbon, qui ſe tenoient retirez en Gaſcogne, où ils travailloient à ſe rendre les plus forts pour débuſquer les Guiſes. On ſurprit des Lettres en Chifre, qu'ils avoient donné à un nommé *la Sague*, qui, ayant été pris, en donna la Clef pour ſauver ſa Vie : On ne manqua point de leur attribüer les diverſes Emotions qui parurent alors dans les Provinces, & qui menaçoient d'un Soulevement-General des Religionnaires. En Normandie, où l'Amiral avoit été envoyé, ils tenoient publiquement leurs Prêches : En Dauphiné, Charles *Dupuy Montbrun*, ſe ſervoit d'eux pour diſputer le Gouvernement de cette Province à *la Mothe Gondrin* : Les deux *Mouvans* Freres, eſſayérent de ſe rendre Maîtres de Valence, de Montelimard, de Romans, & des Villes d'Aix & Arles; Enfin, *Maligny*, de la Maiſon de Ferriére, qui étoit au Roi de Navarre, fit une Tentative ſur Lyon, dont il ſeroit venu à bout, ſi François *d'Albon*, Abbé de Savigny, & Neveu par ſa Mere du Maréchal de St. André, n'eût découvert ſon Deſſein, & fait prendre les Armes aux Bourgeois.

Tous ces Troubles attirérent au Comte de Villars pour le Languedoc, les Ordres ſeveres que nous venons de voir; Et cependant, le Roi & la Reine-Mere, ſe rendirent à Orleans, pour les Etats-Generaux du Royaume, qui y étoient convoquez au 10e. Décembre. Le Roi de Navarre, & le Prince de Condé, qui ne s'étoient point trouvez à la Conference de Fontainebleau, ne manquérent point de venir à Orleans, où ne doutant point que leur Parti ne fût le plus fort, ils négligérent les Offres qu'on leur avoit fait, d'une nombreuſe Eſcorte. Le Prince à ſon arrivée, fut arrêté Priſonnier, & le Roi ſon frere, obſervé de près : On travailla auſſitôt au Procès du Prince, qui fut condamné à perdre la Tête; mais, heureuſement pour lui, la Maladie du Roi, qui parut tout-à-coup, fit ſuſpendre l'Execution de l'Arrêt déja ſigné : Le Roi mourut le 5e. de Décembre; & la Reine, pour tenir les Guiſes en crainte, donna toute liberté au Prince.

VI. A peine en fut apportée la Nouvelle à Montpellier, que tous les Religionnaires-Fugitifs y accoururent en foule : Mais, comme ils n'y trouvérent plus de Miniſtre, ils firent partir pour Genéve, Nicolas *Talard*, avec Charge d'en ramener le Miniſtre *Chaſſinon*, qui, ne s'étant pas crû en ſureté dans les Cévénes, avoit pouſſé juſqu'à Genéve : il revint ſans peine, ſur les bonnes Diſpoſitions qu'il voyoit à un plus Heureux-Tems; car, le Comte de Villars ayant donné alors ſa Démiſſion de la Lieutenance-Generale de la Province, en faveur de Guillaume *Vicomte de Joyeuſe* en Vivarés, les Religionnaires profitérent du Repit que ce Changement leur donna pour s'aſſembler en cachette, & enſuite plus ouvertement, lorſqu'ils ſe crurent les plus forts : c'eſt ce que leur Manuſcrit marque en ces termes.

» Le Sieur de la Chaſſe retourna après la Mort du Roi François II. & on com-
» mença les Aſſemblées ſecrettes, & puis après manifeſtes, pour Cauſe de la Mul-
» titude du Peuple; Surquoi, les Papiſtes eurent occaſion de faire venir les Com-
» pagnies des Gendarmes de Mr. de Terride, qui donna quelque Trouble à l'Egliſe.

Nous alons voir la Choſe dans un plus grand détail, ſous le Regne de Charles IX. & juſqu'où les Religionnaires pouſſérent à Montpellier leur déchaînement.

FIN DU LIVRE QUATORZIEME.

HISTOIRE
DE LA VILLE
DE MONTPELLIER,
SOUS LE ROY CHARLES IX.

LIVRE QUINZIÉME.

CHAPITRE PREMIER.

I. Commencemens du Roi Charles IX. II. Mouvemens des Calvinistes dans Montpellier. III. Ils s'emparent de l'Eglise de Nôtre-Dame des Tables. IV. Assiégent le Fort de St. Pierre. V. Et pillent toutes les Eglises de la Ville.

I. 1561.

CHARLES IX. second Fils de Henry II. n'avoit que onze ans quelques mois, lorsqu'il succeda au Roi son frere; ainsi, l'on vit renaître pour le Gouvernement, les mêmes Disputes qu'il y avoit eu sous François-Second. La Reine-Mere se hâta de faire tenir les Etats d'Orleans, pour se faire assurer la Regence que le Roi de Navarre avoit promis de lui ceder; Après quoi, ayant obtenu ce qu'elle vouloit, elle renvoya les Etats au mois de Mai dans la Ville de Pontoise: Cependant, pour reconnoître les Services que l'Amiral lui avoit rendu auprès du Roi de Navarre, elle donna diverses marques de Protection aux Huguenots, en permettant à Jean de *Montluc*, Evêque de Valence, & à Pierre *Duval*, Evêque de Séez, de prêcher dans la Maison du Roi, des Sentimens fort approchans des leurs. Elle écrivit au Pape une longue Lettre, qui disoit, qu'en attendant un Concile-General, on pouvoit bien les admettre à la Communion de l'Eglise-Romaine; Enfin, elle fit donner un Edit, qui ordonnoit de les laisser en paix, & de tirer de Prison & rapeller du Banissement, Ceux qui y étoient pour Cause de Religion.

Cet Edit, qui est le premier qu'ils ayent eu en leur faveur, allarma tous les Catholiques: Le Parlement donna un Arrêt contraire; & dès-lors se forma l'Union du Connétable, du Duc de Guise, & du Maréchal de St. André, qui fut appellée le *Triumvirat*.

Toutes ces Broüilleries avoient retardé jusqu'alors le Sacre du Roi: On le mena

278 Histoire de la Ville de Montpellier,

1561.
à Reims, où il fut sacré le 15.ᵉ du mois de Mai, par les mains du Cardinal de Lorraine, qui en étoit Archevêque; Après quoi, l'Assemblée des Etats, qui avoit été remise à Pontoise pour le mois de Mai, commença de travailler. La Reine, pour s'attacher davantage l'Amiral, souffrit qu'on y parlât avec beaucoup de déchainement contre le Clergé, à qui on ne proposa rien moins que de prendre tous ses Revenus : La crainte, qu'on trouva le moyen d'inspirer à tout ce Corps, le fit consentir à accorder quatre Décimes en six ans; & le Tiers-Etat permit qu'on levât un Droit, sur chaque Muid de Vin qui entreroit dans les Villes-Closes : ce qui a continüé depuis en augmentant.

Il ne restoit à la Reine qu'à bien affermir sa Regence. Pour cet effet, on lui gagna le Roi de Navarre, qui vint lui-même témoigner à l'Assemblée, qu'il lui avoit cedé son Droit : mais, de peur qu'on ne voulût reparler de cette Affaire, la Reine congedia l'Assemblée jusqu'au mois d'Août; & pour ménager les Religionnaires, elle fit resoudre, qu'au lieu d'un Concile-National dont on avoit parlé, il seroit fait un Colloque entre les Prélats du Royaume & les Ministres de la Nouvelle-Religion.

II. Toutes ces Faveurs enhardirent les Religionnaires de Montpellier : Ils s'étoient contentez, pendant les premiers mois de cette année, d'écouter en secret les Prêches de leur Ministre *Chassinon* : mais, lorsque le Carême fut venu, ils prirent jalousie du grand Concours des Catoliques dans les Eglises; car, on marque qu'il y eut alors une espéce d'Emulation entr'eux. Les Huguenots dressérent de jeunes Enfans, qui s'assembloient sous le Couvert & Parvis du Consulat, & y chantoient à haute-voix, des Pseaumes en Langue-Vulgaire, tandis qu'on faisoit le Sermon à Nôtre-Dame : A ces Enfans se joignirent grand-nombre de Personnes, de tout âge & de tout sexe; de sorte que les Magistrats, & le Gouverneur de la Ville, (*Pierre de Bourdic*, Seigneur de Villeneuve) y étant venus pour dissiper cette Assemblée, ils ne purent y mettre aucun Ordre, à cause du grand-nombre.

La Chose continüa jusqu'à la fin du mois de Mars, où le Vicomte de Joyeuse, vint à Montpellier, pour y tenir les Etats de la Province : Sa présence, & celle des Seigneurs des Etats, contint les Religionnaires; mais, à peine furent-ils séparez, que les Huguenots s'assemblérent ouvertement dans des Maisons particuliéres. On marque qu'ils firent publiquement leur Céne, dans la Maison du Sieur *Maupeau*; & ensuite, le premier Dimanche de Mai, dans celle de *Claude Formy*, qui fut reçu ce jour-là, Ministre de Montpellier. Le Zéle, qui a moins de ménagement parmi les Gens du Peuple, porta les Laboureurs & les Gens-de-Métier du Parti Catolique, de promener en Ceremonie, le Pain-benit qu'ils alloient offrir le Jour de leur Fête; Et les Huguenots, pour prendre le contrepié, ouvroient ce jour-là leurs Boutiques, & affectoient un plus grand Travail : Ils reprochoient aux Catoliques, d'aller danser dans les Places-Publiques, les Jours de Dimanche, tandis qu'eux se tenoient enfermez dans leurs Maisons, pour mieux honorer ce Jour-là; Et de ces Reproches, ils en venoient aux Coups, qui produisoient souvent des Meurtres, auxquels les Magistrats ne pouvoient remedier.

Ces Desordres particuliers, donnoient lieu d'en craindre de plus grands, parcequ'il en étoit de même, dans toutes les Villes du Royaume où la diference de Religions s'étoit introduite. La Reine crut y remedier par l'Edit de *Juillet*, dans lequel le Roi défendoit *toutes Assemblées-Publiques, avec Armes ou sans Armes; comme-aussi, les Assemblées-Privées où l'on prêcheroit ou administreroit les Sacremens, autrement qu'il n'étoit ordonné par l'Eglise-Catolique, ensuivie par les Rois de France, depuis la Foi par eux reçüe*: Cet Edit, qui fut publié à Montpellier le 30.ᵉ d'Août, n'y produisit aucun bon effet, à cause des diferentes Interpretations que les deux Partis donnérent au Nom de Catolique, chacun voulant se l'attribüer à lui-seul; Au contraire, les Religionnaires de cette Ville, prenant un nouveau courage du Colloque de Poissi, qui se tenoit actuellement entre les Prélats du Royaume & les Ministres Huguenots, firent une Tentative, qui commença de les rendre Maîtres de la Ville.

III. Le 24.ᵉ de Septembre, ils envoyérent trois de leurs Surveillans, à l'Eglise Nôtre-Dame, dans le tems que les Prêtres en ouvroient les Portes pour la premiére Mes-

Messe, qu'on disoit de grand-matin, en faveur du Peuple qui alloit au Travail. Les Surveillans, en affectant un air de confiance & de douceur, dirent aux Prêtres, que le Consistoire les avoit deputez, pour les avertir que leurs Ministres viendroient prêcher tous les jours, pendant une heure, dans cette Eglise, après leur Office. La Proposition ayant donné lieu aux Prêtres, de marquer leur Etonnement, les Surveillans ajoûtérent, d'un ton moqueur : » Qu'ils voyoient avec pitié leur Chaire » se moisir, faute d'être exercée ; qu'ils vouloient se charger de ce Soin, & leur » laisser les Autels, dont ils n'avoient que faire.

Sans attendre de Réponse, ils allérent rendre-compte de leur Commission au Consistoire, qui donna le Signal à Ceux qui se tenoient tous prêts pour l'Execution : Aussitôt, une Troupe armée courut à Nôtre-Dame, dont ils remplirent bientôt toute l'Eglise ; de sorte que les Prêtres, dans leur première Surprise, s'estimérent bien-heureux de voir arriver le Premier-Consul, (M^e. Jacques *David*, Docteur ès Loix & Seigneur de Montferrier :) ils crurent qu'il venoit à leur secours, & ils implorérent sa Protection ; mais, ils ne sçavoient pas qu'il étoit Partisan secret des Religionnaires : ce qu'il fit bientôt connoître, en ordonnant qu'on inventorieroit tous les Meubles & Reliquaires de l'Eglise, & qu'on les porteroit à l'Hôtel-de-Ville, pour les mettre en sureté ; ce qui fut fait sur le champ : En mêmetems, les Huguenots se saisirent des Clefs ; & le soir-même, leur Ministre *Formy* prêcha dans cette Eglise, qu'ils appellérent depuis, le Temple de la Loge, du Nom d'une Maison voisine, appartenante aux Marchands.

Cette Invasion donna aux Catoliques l'Allarme qu'on peut imaginer. Les Communautez Religieuses apprehendérent un semblable Pillage ; & pour le prévenir en quelque sorte, on porta tout ce qu'on avoit de plus prétieux, dans l'Eglise Catédrale de S^t. Pierre, dont les hautes & fortes Murailles faisoient de ce Lieu, un Fort, bien dificile à emporter. Les Religieux y enfermérent leur Argenterie ; & pour conserver le tout, les Chanoines demandérent à M^r. de Joyeuse, d'y pouvoir entretenir une Garnison, pour se mettre à couvert eux-mêmes, avec ceux qui voudroient s'y refugier : Mais, toutes ces Précautions ne firent qu'accélerer le Mal : car, la Populace ameutée par les Principaux, attira dans la Ville plusieurs Etrangers, sous l'espoir du Pillage ; & tous ensemble, ils commencérent à faire une Guerre ouverte aux Prêtres & aux Religieux, de la maniére que leur Manuscrit l'exprime en ces termes :

» Les Fidéles irritez, & prévoyant que du Lieu de S^t. Pierre leur pouvoit
» être fait Dommage, commencérent à s'armer de leur part, & faire nuit
» Guet en Armes : Aucuns d'eux de Basse-Condition, prirent telle Audace, qu'ils
» alloient dans la Ville avec Armes & gros Bâtons, frapant d'iceux, les Prêtres &
» les Religieux, tant qu'ils en trouvoient ; & ils nommoient ces Bâtons, *Espoussettes*,
» d'où vint en Proverbe, l'*Espoussette de Montpellier.*

On marque que tous ces Desordres firent absenter de la Ville, l'Evêque, le Gouverneur, & le Juge-Mage ; Ce qui ayant augmenté le Courage des Séditieux, ils commencérent ouvertement à attaquer ceux de S^t. Pierre, en leur tirant de grands coups d'Arquebuses, à quoi les autres répondoient. Enfin, le 19e. d'Octobre, ils environnérent cette Eglise, dans le tems qu'on y étoit assemblé pour l'Office de Vêpres : Les uns s'attachérent à nettéier les Créneaux de S^t. Pierre, par les grands coups de Fauconneau qu'ils tiroient de la Tour du Palais, de l'Eglise S^{te}. Croix, (aujourd'hui la Canourgue) & des Murailles de la Ville, du côté des Carmes ; Les autres allérent mettre le Feu à la grande Porte du Plan du Prévôt, à la Maison du Grand-Archidiacre, & aux Greniers joignant le Fort, pour faire quelque Bréche par la Sape ou autrement.

Les Assiégez voyant les Feux allumez autour de leurs Murailles, sonnérent le Tocsin de leurs grosses Cloches, *qui étoit Chose piteuse à oüir* (dit mon Manuscrit :) mais, personne n'ayant osé venir à leur secours, ils n'eurent d'autre ressource que de faire soliciter ceux de leurs Amis qui avoient le plus de Credit dans la Ville. On marque, parmi ceux qui vinrent pour les entendre, François *de Chesdebien*, General des Finances ; Jacques *Pelet*, Seigneur de la Verune, & autres des deux Religions, qui, en présence de M^e. Jean *Perdrier*, Procureur du Roi au Gouver-

IV.

1561.

nement, convinrent qu'on donneroit Sureté à deux des Principaux de S^t. Pierre, pour venir traiter d'un Accommodement. Ces deux Députez furent, M^{rs}. de *Manſo*, Archidiacre, & *Alquier*, Sacriſtain : Ils conclurent avec les Chefs des Religionnaires, Que les Soldats de la Garniſon ſortiroient avec leurs Armes, & ſeroient mis hors la Ville, pour aller où ils voudroient ; Que certaines Piéces de Fauconneau que les Chanoines avoient dans leur Fort, ſeroient portées à l'Hôtel-de-Ville : Moyenant quoi, les Chanoines & Habituez dans ladite Egliſe, ſans Armes & Munitions, pourroient y demeurer & faire leur Service accoûtumé.

On prétendit que cet Accommodement alloit donner le Calme à la Ville : mais, les Suites firent bien voir, qu'on n'avoit ſongé qu'à deſarmer l'Enemi, pour en avoir meilleur marché ; Car, il arriva que les Capitaines des Aſſiégeans, ayant fait ſemblant d'écarter leurs Troupes, pour laiſſer ſortir la Garniſon du dedans, il fut tiré un Coup-de-Piſtolet, qui bleſſa à mort un de ceux qui ſe retiroient : Alors ſes Camarades, criant hautement à *la Trahiſon*, reviènent à S^t. Pierre, y entrent avec furie, & mettent à mort tout ce qui ſe préſente à eux. Mon Manuſcrit ne fait monter le nombre des Morts, qu'environ quarante Perſonnes, tant Chanoines qu'autres, parmi leſquels je trouve nommé, le Chanoine *Vilaret*, N. *Menin*, Docteur de Sorbonne, qui avoit prêché le Carême dernier à S^t. Pierre, & F. *Berald*, Gardien des Cordeliers, à qui on en vouloit beaucoup, parcequ'il avoit prêché avec ardeur contre la Nouvelle-Religion, pendant le dernier Carême, à S^t. Firmin : Les autres ſe ſauvèrent par les Egouts-ſoûterrains, où ils ſe tinrent cachez pendant le Pillage de cette Grande-Maiſon, qui occupoit la Populace. » Il » n'y eut Chambre, Armoire-ſecret, ni Cofre, qui ne fût briſé ou rompu ; & » tout ce qui étoit dedans fut volé, comme dans un Sac-de-Ville : ce ſont les » propres paroles de mon Manuſcrit.

« Par même moyen, (continuë-t-il) tout le dedans de l'Egliſe fut diſſipé & » mis en piéces, comme Chapelles, Autels, Retables, Tableaux riches & beaux » qu'il y avoit, Images & Statuës anciénes qui étoient dans l'Egliſe ou au-devant » du Portail : bref, en ſix ou ſept heures, fut cette Egliſe toute dépoüillée, quoi- » que le jour précedent on y eût fait l'Office-Divin, & dit le Sermon ſolennellement.

Pendant que le Peuple armé faiſoit ces Executions, les Principaux de la Ville ſongeoient à s'aſſurer du Tréſor ; & ſous prétexte de mettre en ſureté la Sacriſtie, ils la firent ouvrir, & inventorier toute l'Argenterie qui s'y trouva, tant celle de l'Egliſe, que celle qui y avoit été apportée par les Religieux, comme il conſte par les Procès-Verbaux qui en furent dreſſez, & qui ſont encore dans les Archives de l'Hôtel-de-Ville, où le tout fut apporté.

V.

Serie{, Præf. *Magal.* pag. 596.

Après cette grande Expedition, la Populace-armée ſe répandit dans la Ville, où elle ne fit aucun quartier aux Prêtres & aux Religieux. Nos Auteurs qui ont écrit ſur les Mémoires des Catoliques, font monter le nombre de ceux qui périrent dans cette Occaſion, à plus de deux cent cinquante ; mais, mon Manuſcrit, compoſé par un Huguenot, ſe contente de nous dépeindre l'Animoſité qui conduiſoit cette Populace : » Elle ſe partagea (dit-il) en Troupes, pour aller dé- » poüiller les Egliſes, tant du dedans que du dehors ; Ce qui fut fait avec tant de » vîteſſe, que ce qui avoit été fait ou entretenu depuis quatre ou cinq cens ans, » fut en un demi-jour ſi offenſé, que de ſoixante Egliſes ou Chapelles qu'il y avoit » audit Montpellier, tant dedans que dehors, le lendemain ne s'en trouva aucune » ouverte, & ne fut vû ni Prêtre ni Moine, qu'en Habit diſſimulé ; & de » telle façon, pour-lors eut fin la Meſſe, Prêtriſe & Religion des Papiſtes audit » Montpellier.

CHAPITRE

CHAPITRE. SECOND.

I. *Pillage des Eglises des Fauxbourgs, & des Parroisses Voisines.* II. *Situation des Affaires de la Cour en ce tems-là.* III. *Effets singuliers du Déchainement du Peuple.* IV. *Ménagemens inutiles de la Reine Catérine de Medicis.* V. *Tentatives à Montpellier pour la Paix, sans aucun effet.* VI. *Préparatifs pour la première Guerre-Civile.*

I. 1561.

LE Dimanche suivant 26e. d'Octobre, les Huguenots, maîtres de la Ville, firent prêcher à St. Firmin, & à Nôtre-Dame, tandis que le Peuple, dont on n'étoit plus le maître, alla visiter, pour la seconde fois, les Couvens & les Eglises du dehors de la Ville, » où en bref (dit mon Manuscrit) n'y eut, ni Chapelles, » ni Autels, Bancs, Trelis-de-Fer, Vitres, Portes & Fenêtres; Et qui pis est, » s'approprioit un chacun ces Choses, jusqu'aux Arbres des Jardins, qui furent » arrachez & transportez çà & là ; de sorte qu'il ne manquoit plus qu'à y mettre » le Feu : ce qui étoit grande Desolation ; car, lesdits Couvens, sur tout les quatre » Mendians, étoient des plus beaux de France, tant en Beauté des Temples, qu'en » Grandeur des Clos.

Comme ils étoient en goût de piller, ils coururent dans les Parroisses du Diocése, » où, dans moins de huit jours, les Messes furent abolies, les Prêtres chassez, » les Images & les Croix mises en piéces, les Ornemens & les Livres-Ecclesiastiques déchirez & brûlez, sans qu'il en restât aucun Vestige : Mais, comme l'Emotion-Populaire est une espéce de Contagion qui se communique de proche-en-proche, on en fit de même à *Lunel*, *Gignac*, *Sommiéres* & *Nimes*, & autres Villes de la Province, soit que les uns fussent animez par l'Exemple des autres, ou que cela vînt par une Conspiration-Generale du Parti-Huguenot.

II. Cette dernière Raison parut la plus vraisemblable, à cause du grand Credit où étoit alors l'Amiral auprès de la Reine, qui, voulant reconnoître les Services qu'il lui avoit rendu pour obtenir la Regence, poussa les Choses jusqu'à écrire à son Ambassadeur à Rome, de demander au Pape, en faveur des Religionnaires, la Communion sous les deux Espéces, & les Priéres-Publiques en François : Cette Complaisance sûscita contr'elle le Parti-Catolique; Car, le Connétable, le Duc de Guise, & le Maréchal St. André, se retirérent de la Cour, après avoir attiré à eux le Roi de Navarre, dont l'Amiral s'étoit servi jusqu'alors pour se mettre bien dans l'Esprit de la Reine.

Cependant, les principaux Chefs des Religionnaires qui gouvernoient dans Montpellier, voyant que les Catoliques de leur Ville, épouvantez de la Prise de St. Pierre, & de tout ce qui s'en étoit suivi, vendoient leurs Effets pour se retirer ailleurs, tinrent un Conseil-General le 30e. d'Octobre, où il fut déliberé, qu'il seroit fait défense à toute Personne, de quiter la Ville : Mais, comme il étoit important de couvrir tous les Excès qui s'y étoient passez, on resolut de députer au Roi, & à Mr. de Joyeuse, (qui étoit alors à Narbonne) pour les informer du Fait arrivé à St. Pierre, qu'ils ne manquérent point de rejeter sur les Chanoines, pour avoir (disoient-ils) commencé la Noise, & rompu l'Accord. Michel *Heroüard*, l'un des plus zélez de leur Troupe, fut député à Mr. de Joyeuse; & *Jacques de Montagne*, Avocat du Roi, fut envoyé en Cour, où il avoit déja des Habitudes. Quelques-uns des mieux-intentionnez de ce Conseil, voulurent parler des Voleries immenses qui avoient été faites : mais, comme les Gens-de-Condition avoient profité du Pillage, aussibien que le Peuple, on rejeta cet Article; de sorte (dit mon Manuscrit) que *qui eut pris eut pris*.

La Précaution de députer en Cour ne leur paroissant pas sufisante, ils prirent celle de se rendre Plaignans; Et pour cet effet, ils convoquérent au 12e. de Novembre, un Colloque-General de toutes les Eglises-Particuliéres qui ressortoient

Nn

1561.

à celle de Montpellier; sçavoir, *Pezenas, Gignac, Montagnac, Clermont, Pouffan, Cornonfee, Montbazen, Cornonterrail, Mirevaux, Villemagne, Villeneuve, Fabregues, Gigean, Frontignan, Lunel, Beziers & Mauguio*, où il fut arrêté, de faire un Sindicat, pour demander des Temples, & faire leurs Doléances aux prochains Etats, qui devoient se tenir à Beziers le 20e. Novembre 1561.

Il est vrai que les Etats y furent ouverts ce même jour: mais, précisément à la Veille, Mr. de Joyeuse envoya à Montpellier, un nouvel Edit, que la Reine venoit de faire donner depuis la Retraite des Seigneurs du *Triumvirat*. Par cet Edit, le Roi ordonnoit que dans vingt-quatre heures après la Publication, Ceux qui avoient saisi les Eglises, eussent à les remettre en leur premier état; avec défenses à ses Sujets, de s'appeller reciproquement *Huguenot* ou *Papiste*.

On parut à Montpellier déferer à cet Ordre; car, dès le lendemain, l'Eglise de Nôtre-Dame fut abandonnée par les Ministres, qui se contentérent d'aller prêcher dans l'Ecole-Mage, & dans les Maisons-Particuliéres: mais, cette Déference ne dura pas long-tems; car, deux jours après, c'est-à-dire le 22e. de Novembre, le Conseil de la Religion nomma six Députez; sçavoir, Noble Michel de *St. Ravy*, Conseiller du Roi en la Cour des Aides; Guillaume *Rondelet*, Docteur-Regent en l'Université de Medécine; Bertrand *Manny*, François *Maigret*, Pierre de *Maupeau*, Bourgeois, & Nicolas *Talard*, Notaire-Royal, pour agir auprès des Chanoines de la Catédrale qui se trouveroient à Montpellier, & les sommer de leur laisser les Eglises de Nôtre-Dame, de St. Paul & de St. Mathieu, qui toutes leur étoient necessaires, vû la grande Affluence de ceux de leur Religion. Les Chanoines trouvez en Ville furent, Leonard d'*Aguillon*, Prevôt; Jacques de *Manso*, Archidiacre de Valence; Jean *Le Bas*, Aumônier; Pierre *Manny*, Vincent de *Rocheblave*, & Pierre *Solier*, tous Chanoines; » lesquels, sommez & appellez pardevant Hilaire, » Notaire, qui a dressé l'Acte, (tel que je le raporte) répondirent, que pour éviter » les Inconveniens dont ils étoient menacez, ils consentoient, en tant que de besoin, » & sous le bon vouloir du Roi, & de tous autres Interessez, qu'ils retinssent les susdites Eglises.

En vertu de ce Consentement, ils firent prêcher dans l'Eglise de Nôtre-Dame & de St. Mathieu, où les Consuls & les Officiers de Justice parurent en Robe pour la première fois: mais, les Catoliques ne profitérent point de la Grace accordée par le dernier Edit; car, il est marqué, *qu'ils se contenoient chez eux, les Dimanches & Fêtes, sans mot dire*.

III. Pour achever de leur ôter toute esperance de se voir rétablis, le Peuple, à qui on avoit lâché la Bride, imagina une nouvelle Guerre contre les Morts & contre les Vivans: Il alla fouiller dans les Tombeaux qui étoient dans les Eglises de la Ville, où ils étoient attirez par les Bagues & autres Joyaux avec lesquels on enterroit autrefois les Personnes-Riches; mais, venant à n'y trouver que l'Habit Religieux dans lequel ces Personnes se faisoient quelquefois ensevelir, ils en retiroient les Corps, & les exposoient en cet état à la Dérision-Publique.

Des Morts, on en vint aux Vivans, en contraignant les Prêtres, les Religieux & Religieuses qui avoient resté dans la Ville, à aller au Prêche. Je raporte les propres termes de mon Manuscrit.

» Encore qu'il ne se trouvât, ni Moine, ni Religieux, ni Prêtre, qu'en Habit-» Lai, néanmoins, pour être en paix, les faisoit-on aller oüir les Ministres, & » faire Confession-nouvelle de Foi en Public au Temple, & renoncer à leur Or-» dre & toute Dicipline du Pape: Les Nonains aussi toutes, laissérent leurs » Habits, & alloient oüir les Ministres; Les Laïques pareillement, qui avoient été » à la Papauté, Messes ou Processions, & fait leurs Pâques ès mains des Prêtres, » faisoient semblables Confessions & Repentance-Publique, tant Hommes que » Femmes, en suivant les Constitutions anciénes de la Primitive-Eglise.

Mais, rien ne prouve plus l'Animosité du Peuple, & l'Autorité qu'on lui avoit laissé prendre, que la Hardiesse avec laquelle il obligea les Officiers de Justice de quiter le Bonnet-Quarré, parceque les Gens-d'Eglise en avoient porté de semblables: » On eut beau leur dire (continuë mon Manuscrit) que c'étoit l'Habit » des Gens-de-Robe en France, & que la Chose étoit indiferente d'elle-même,

Manuscrit de Philippy.

ils

„ ils répondirent avec insolence, que puisque les Prêtres en avoient porté, il faloit 1561.
„ en abolir la Mémoire ; de sorte que pour complaire à cette Populace, les Offi-
„ ciers de Robe quitérent le Bonnet-Quarré, & prirent le Chapeau ou Bonnet-
„ Rond.

 Voilà comme finit l'année 1561. durant laquelle on vit à Montpellier, plus IV.
d'Evenémens remarquables que dans aucune autre depuis sa Fondation. Dès le commencement de l'année suivante 1562. l'Amiral profitant de l'absence des Trium- 1562.
virs, obtint de la Reine, l'Edit de Janvier, qui revoquoit celui de Juillet, &
qui permettoit aux Religionnaires, de prêcher dans le Royaume, hormis dans les
Villes-Closes : Il fit en même-tems envoyer dans le Languedoc, avec de grands
Pouvoirs, Antoine Comte de *Crussol*, qui manda aussitôt à Villeneuve d'Avignon,
les Principaux de la Religion, de Nîmes, d'Uzés & de Montpellier, ausquels il
signifia la Volonté du Roi, qui étoit, que son Peuple vêcut en Paix, & que dans
la Forme des Priéres & du Service, Ceux des deux Religions ne se donneroient
respectivement aucun Trouble.

 Cet Ordre, apporté par les Députez, fut publié à Montpellier ; mais, les Huguenots n'en prirent que ce qui étoit avantageux pour eux, & ils ne laissérent
aux Catoliques aucune liberté : Au contraire, le Fameux *Pierre Viret* étant venu
en cette Ville vers la Mi-Février, ils le conduisirent en Triomphe au Temple de
la Loge, où il précha le Mécredi 18ᵉ. en présence de la plûpart des Officiers
du Présidial, qui s'y rendirent en Ceremonie ; c'est-à-dire, precedez de leurs Huissiers, selon la Coûtume des Grandes-Solennitez. On ajoûte même, que le Premier-
Consul, en Chaperon, & suivi de ses Halebardiers, fut le prendre à son Logis, pour
l'Excellence de sa Personne (dit mon Manuscrit.)

 Ce Ministre ; qui avoit été l'un de ceux qui assistérent au Colloque de Poissi,
attira grand-nombre d'Etrangers à Montpellier, ausquels il interpreta le dernier
Edit ; & leur fit entendre, qu'ils avoient toute Liberté, puisque le Roi se servoit
de ce terme : *La Nouvelle-Religion permise.*

 Sur ce Principe, ils se tinrent prêts à tout Evenément ; & l'occasion leur en vint
bientôt, par la fameuse Journée de *Vassy*, qui fut comme le premier Signal des
Guerres-Civiles. L'Histoire raporte, que le Duc de Guise passant dans le mois de
Mars, par la petite Ville de Vassy en Champagne, ses Gens y prirent Querelle
avec quelques Huguenots qui tenoient leur Prêche dans une Grange ; surquoi le
Duc y ayant accouru pour les appaiser, il fut atteint à la joûë d'un Coup-de-Pierre,
qui le mit tout en Sang ; ce qui anima si fort ses Gens, qu'ils se jetérent sur
les Huguenots, en tuérent soixante, & en blessérent deux cens.

 Cet Accident, qu'ils firent sonner fort haut, leur fit prendre les Armes dans tout
le Royaume ; & ils firent à Montpellier, une Levée de Gens-de-Guerre, qu'ils employérent d'abord à les garder durant leurs Assemblées. Le Comte de Crussol leur
ayant écrit dans ce même-tems, qu'ils devoient déferer plus qu'ils n'avoient fait au
dernier Edit, ils prirent le Parti d'aller s'assembler dans le Fossé de la Porte de
Lates, vers la Saunerie, où ils firent leur Céne à la Fête de Pâques ; & pendant
ce tems, ils se faisoient garder par ces Nouvelles-Troupes, pour éviter les Inconveniens qui leur étoient arrivez en d'autres Villes.

 Les Catoliques, quoiqu'en assés grand-nombre dans Montpellier, ne leur causérent aucun Trouble dans cette occasion ; ce qui leur valut la Permission d'aller
faire leur Pâques à *Castries*, *Vendargues* & *Teiran*, appartenant alors à la Maison
de Castries, qui avoit fait rétablir la Messe dans toutes ses Terres : D'où l'on peut
tirer une Preuve, de l'Attachement que cette Illustre-Famille a eû toûjours pour la
Religion-Catolique, dont en preuve qu'elle ne se départit jamais dans tout le
cours des Guerres suivantes. La Maison de *Pelet* en fit de même, pour sa Terre
de *Laverune*, où les Catoliques des Environs trouvérent souvent leur Refuge.

 Cependant, la Reine faisoit tous ses Efforts, pour détacher le Prince de Condé V.
du Parti des Huguenots, afin d'éviter la Guerre ; Et les Seigneurs de Joycuse &
de Crussol, agissant dans son Esprit & par ses Ordres, vinrent à Montpellier le
8ᵉ. d'Avril, pour y établir une bonne Intelligence entre les deux Partis : il y fut
tenu, en leur présence, une Assemblée, où étoit, pour les Catoliques, en l'absence de

Nn 2

1562.

l'Evêque, Me. Leonard d'*Aguillon*, Prévôt de l'Eglise Catédrale, & Conseiller en la Cour des Aides; & pour les Huguenots, Me. Michel *de St. Ravy*, aussi Conseiller en la même Cour, qui convinrent, pour le bien de la Paix, que les deux Partis se pardonneroient reciproquement tout le passé. Les Seigneurs de Crussol & de Joyeuse, ravis d'une si belle Disposition, donnérent une Ordonnance, par laquelle ils mettoient les uns sous la Sauvegarde des autres; & ordonnoient aux Gens-d'Eglise, de rouvrir leurs Eglises, & d'y faire le Service accoûtumé.

Pour l'Execution de ces Articles, on établit, du consentement des Consuls, un Capitaine du Guet, (qui fut *Loüis de Bucelli*, Seigneur de Lamousson) avec des Soldats-Stipendiez, pour contenir le Peuple; mais, pour accoûtumer ce même Peuple à la Celebration de la Messe, ces Seigneurs voulurent que le Dimanche suivant, 12e. d'Avril, on la dit dans l'Eglise Catédrale: Les Mrs. de St. Pierre, ayant représenté que leur Eglise avoit été polluée par Effusion-de-Sang, que tous les Autels y étoient renversez, & qu'ils n'avoient, ni Livres, ni Chapelle, ni Chantres, ces Seigneurs choisirent l'Eglise de St. Firmin, où ils la firent dire ce même jour, 12e. d'Avril, par des Prêtres Etrangers, avec une Affluence extraordinaire de Catoliques.

Tandis que ces Seigneurs étoient dans l'Eglise pour y autoriser les Choses par leur Présence, on entendit sur le milieu de la Messe, une grande Huée de Femmes & d'Enfans à la Porte; Ce qui ayant obligé les Gentilshommes de la Religion, qui avoient resté dehors, de leur dire de se retirer, ce Peuple s'échaufa tellement, que les uns jetérent des Pierres dans l'Eglise, & les autres coururent dans les Ruës, criant aux Armes. Les Consuls & autres de la Religion, qui ne connoissoient que trop leur peu de Credit sur la Populace-mutinée, eurent recours à toutes les Voyes de douceur, pour obtenir qu'ils pussent ramener en sureté ces Seigneurs dans leur Maison; Et les Catoliques qui sortoient d'oüir la Messe, s'estimérent fort-heureux d'en être quites pour les Huées dont ils furent accompagnez.

Il n'en falut pas davantage, pour persuader à Mrs. de Crussol & de Joyeuse, qu'il étoit impossible de pacifier une Ville où la Populace se croyoit tout permis: ils se retirérent, l'un du côté du Haut-Languedoc, & l'autre vers le Rhône, où ils apprirent les nouvelles Dispositions de la Cour, qui bouleversérent toutes choses. La Reine n'ayant pû attirer le Prince de Condé, fut obligée de ramener le Roi à Paris, où étoient le Roi de Navarre & les Triumvirs. Les Huguenots en prirent occasion de dire, que le Roi étoit en Captivité; & sous ce beau Prétexte, ils firent de grandes Levées de Troupes, s'empatérent d'un grand-nombre de Villes, publiant par tout, que chaque Bon-François devoit prendre les Armes pour la Délivrance de son Roi: C'est sous ce grand Nom, que plusieurs Communautez des environs de Montpellier, s'obligérent alors, par Acte-public, de fournir au Roi un certain nombre de Gens-de-Guerre. Voici un Précis de plusieurs de ces Actes, qui sont encore dans nos Archives.

VI.

Le 4e. de Mai 1562. à la persuasion de Mr. de *Moncassin*, l'Eglise de Pignan, par Acte & Déliberation-publique, fournit au Roi Charles, dix Soldats-payez, pour sa Défense, & celle de l'Evangile.

Le 6e. dudit mois, à la persuasion de Mr. Guillaume *Montaud*, Ministre de *Montbazén*, les Habitans dudit Lieu promettent au Roi, deux Hommes-armez, pour la même Cause.

» Conste par Acte, que dans la même année, vingt-cinq Volontaires de *Mauguio*, » furent servir le Roi. Item. *Poussan*, à la persuasion de Mr. Benoît *Arnaldi*, offrit » au Roi trois Hommes-armez: A *Cornonterrail*, pour la même Cause, & à la » persuasion de leur Ministre, ils donnérent douze Hommes au Roi: *Fabregues*, pour » la même Cause, fit quatre Soldats au Roi; & dans cet Acte, ils se nomment de » la Religion-Chrétiène: *St. Ybery*, pour la même Cause, promit au Roi dix Hommes; sçavoir, cinq Piquiers avec Morion, & cinq sans Morion: A *Cornonsec*, ils » font au Roi trois Hommes, pour maintenir la Religion, comme ils s'en expriment dans l'Acte qui en fut dressé.

CHAPITRE TROISIEME.

I. *Premiers Mouvemens à Montpellier pour la Guerre-Civile.* II. *Assemblée-Extraordinaire pour une Pacification.* III. *Supression du Conseil des Vingt-quatre.* IV. *Hostilitez entre le Vicomte de Joyeuse & le Baron de Crussol.* V. *Siége de Frontignan.* VI. *Camp de Lates.* VII. *Combats qui y furent donnez.* VIII. *Etats de la Province tenus en diferens endroits par les Huguenots & par les Catoliques.*

LES choses étant en l'état que nous venons de dire, les Religionnaires de Montpellier cessèrent de s'assembler dans les Fossez de la Porte de Lates, sous prétexte de la Pluye, & ils retournérent au Temple de la Loge; ils établirent aux Portes de la Ville, une Garde très-exacte, & firent faire reguliérement le Guet toutes les nuits: en même-tems ils envoyérent des Troupes, pour se saisir du Château de Magueloone sur les Gens-d'Eglise, qui le tenoient, & ils y établirent une bonne Garnison pour la Garde du Passage de l'Etang.

I. 1562.

Ce fut alors, que de l'autorité des Surveillans & du Consistoire, on prit l'Argenterie des Eglises qui étoit en dépôt à l'Hôtel-de-Ville, dont on fit faire des Testons pour le Payement des Gens-de-Guerre: le Trésor de St. Pierre y fut employé, qui se trouva reduit à six cent Marcs d'Argent; & l'on renouvella les Peines, contre Ceux qui n'alloient point au Prêche, en les envoyant Prisonniers dans le Fort St. Pierre, où l'on commença de faire Garde, sans que les Officiers de Justice ou les Consuls, pussent en empêcher le Peuple, qui faisoit tout de son autorité.

Tout étant disposé de la sorte, il survint un Chef à cette Populace animée, qui en avoit grand-besoin; Ce fut Jacques de *Beaudiné*, second Frere d'Antoine Comte de Crussol. On marque son Arrivée à Montpellier, sur la fin de Mars 1562. & qu'il y prit le Titre de *General des Compagnies de Gens-de-Guerre levées en Languedoc, pour soûtenir la Religion, & la Délivrance du Roi, de la Reine, & Mr. d'Orleans, Captifs*: Il fut reçû comme Lieutenant-de-Roi dans le Païs; & dès-lors le Gouvernement de la Province se trouva divisé: car, de Narbonne en haut vers Touloufe, commandoit Mr. de Joyeuse; & de Beziers en-deçà, le Seigneur de Beaudiné, qui se fit appeller *Baron de Crussol*.

Le premier Acte de sa nouvelle Charge, fut une Proclamation faite à Montpellier le 28e. Mai, de par le Roi, & le Baron de Crussol, (prenant les Titres ci-dessus) qui ordonnoit de prendre les Armes contre les Enemis de la Religion, attendu les Infractions déja faites à l'Edit de Janvier: Cela fait, il ramassa toutes les Troupes que les Communautez purent lui fournir, & il alla former un Camp à Beziers, pour mettre à couvert *Agde*, *Pezenas*, *Montagnac*, & autres Lieux-voisins, occupez par les Gens de son Parti; Cependant, à Montpellier chacun y portoit les Armes, Marchands, Laboureurs & autres, sans que personne eût la liberté d'en sortir, pas même les Officiers des Cours-Supérieures.

Alors, Mrs. de la Cour des Aides, comme premiers Membres de la Ville, projetérent de faire une Assemblée-Generale, pour remedier aux Maux présens, & à ceux qu'on avoit à craindre pour l'avenir. Leur Dessein ayant été bien reçû de tous les Corps de la Ville, il fut resolu qu'on s'assembleroit dans la Chambre du Conseil de la Cour des Aides, pour être plus à l'abri du Tumulte de la Populace; Le Consistoire parut y donner les mains, quoique dans le fonds il eût d'autres vûës. L'Assemblée fut donc faite un Samedi, 30e. de Mai, composée des Personnes qui sont marquées en cet Ordre: Me. François de *Chefdebien*, General des Finances en la Generalité de Montpellier; Pierre de *Panissa*, Simon de *Beauxhostes*, Premier & Second Présidens; Etiéne de *Combes*, Antoine de *Tremolet*, Jean *Philippy*,

II.
Mémoire de Philippy.

1562.

Nicolas *Grille*, Pierre *Mathei*, Guillaume de *la Coste*, Michel de St. *Ravy*, Jean de *Lauselergnes*, Paul *le Clerc*, Leonard *Aguillon*, & Etiéne *Ranchin*, tous Conseillers en la Cour des Aides; Jacques de *Montagne*, Avocat-Général; Guillaume *Philippy*, Procureur-Général, & Guillaume *le Clerc*, Grefier en ladite Cour.

De la *Chambre des Comptes*, étoient Me. Jean-Antoine *Bandinel*, Second-Président; Jean de *Farges*, & Pierre *Raphaëlis*, Conseillers du Roi, & Maîtres des Comptes.

Du *Siége-Présidial*, Me. Jean de *Bouques*, Président; Charles de *Barges*, Lieutenant-Général; Jean *le Bas*, & Jean *Uzillis*, Conseillers audit Siége.

Des *Consuls*, Me. Jean *Martin*, Docteur; François *Maigret*, & Jean *Pons*, Marchand, avec Me. *Madronnet* leur Assesseur.

Du *Consistoire*, Michel *Heroüard*, Me. Chirurgien; *Hortolan*, Auditeur en la Chambre des Comptes; François *Rey*, & Pierre *Ramond*, Marchands, Surveillans.

De la *Noblesse*, le Seigneur de *Figaret*, & le Seigneur de *Paulian*.

De l'*Université de Médécine*, Antoine *Saporta*, & Guillaume *Rondelet*, Docteurs-Regens.

Pour la *Bourgeoisie*, Bertrand *Manny*, & Guillaume *Tuffany*.

Les Députez ayant pris leur Place, Me. de *Panissa*, Premier-Président, prit la Parole, & ayant exposé les Malheurs de la Ville, comme choses déja connuës, il dit que les Suites seroient beaucoup plus à craindre, si l'on ne cherchoit à bonne-heure le moyen de les prévenir: C'est pourquoi, il prioit l'Assemblée de délibérer, s'il ne conviendroit pas de dépêcher à Mr. de Joyeuse, pour le prier de faire cesser les Armes de part & d'autre? Ce qui seroit demandé en même-tems par toutes les Villes voisines, avec lesquelles Montpellier se joindroit, pour députer en Cour & en informer le Roi.

La Proposition ayant été examinée séparément entre les Députez de chaque Corps, ils approuvérent la Voye de Pacification qui venoit d'être proposée; mais, quand ce vint aux Consuls & Surveillans à opiner, ils dirent qu'ils ne pouvoient rien resoudre que par le Conseil des Vingt-quatre, composé des Gens de la Religion, sans lesquels rien ne pouvoit être fait.

III. L'Affaire ayant manqué de la sorte, le Baron de Crussol comprit lui-même, qu'il ne pourroit rien resoudre, tant qu'il dépendroit de vingt-quatre Têtes; il suprima de son Autorité, ce nombreux Conseil, & le reduisit à cinq Personnes du Consistoire, "à qui il donna, par Lettres-Patentes, tout Pouvoir dans le Gouvernement " des Affaires, & spécialement, de prendre les Dîmes & Revenus-Ecclesiastiques, " Cloches, Reliques, & autres Effets, pour être employez au Fait de la Guerre, " faire Levée de Troupes, & saisir les Biens & les Personnes de Ceux qui se montre-" roient contraires à la Religion: De cette sorte, les Habitans de Montpellier se donnérent des Maîtres plus imperieux que ceux qu'ils vouloient éviter, comme il arrive dans toutes les Séditions. Ce nouveau Conseil fut composé de Me. Michel de St. *Ravy*, Conseiller en la Cour des Aides; Guillaume *Convers*, Contrôleur-Général des Finances; François *Rey*, & Pierre *Raimond*, Marchands, avec Michel *Heroüard*, Me. Chirurgien.

Dès-lors, il fut mis sur Pié quatre ou cinq Compagnies, tant de Cheval que d'Infanterie; & parceque les Gentilshommes refusérent de les prendre, le nouveau Conseil contraignit des Gens-de-Robe, des Bourgeois, & même des Catoliques, de s'en charger: Mais, comme il faloit armer ces nouvelles Troupes, ils n'eurent d'autre Expedient, que de prendre indiferenment toutes les Armes qu'ils trouvérent dans les Maisons & dans les Châteaux, de même que les Chevaux de la Campagne pour monter leur Cavalerie.

IV. Toutes ces Troupes ayant été jointes par celles de *Nîmes* & d'*Alais*, se rendirent dans le mois de Juin à Beziers, où le Baron de Crussol s'attendoit d'être assiégé par le Vicomte de Joyeuse; mais, ce Seigneur aima mieux l'attirer dehors, en se saisissant de *Capestan*, de *Cazouls* de Narbonne, de *Servian*, & autres Lieux-voisins, où ils en venoient tous les jours à des Escarmouches, dans lesquelles les deux Partis ne se faisoient aucun quartier: il laissa enfin Pezenas à côté, & passant tout-à-coup la Riviére de l'Erault, il vint mettre le Siége devant *Mon-*
tagnac,

tagnac, qu'il fit batre en Bréche du côté de l'Eglise, & qu'il prit par Composition, le 17ᵉ. de Juillet.

Après cette Expedition, Mʳ. de Joyeuse repassa la Riviére, & vint assiéger Pezenas ; ce qui obligea le Baron de Crussol de sortir de Beziers, & de venir se présenter à lui. Les Catoliques avoient pris la précaution de cacher leur Artillerie derriére une Chaussée, du côté de *Lesignan*, & d'envoyer leurs Coureurs pour provoquer les Huguenots, qui les ayant suivis jusques dans l'Embuscade, furent saluëz si à propos, qu'ils y perdirent trois à quatre cens Hommes : & la Cavalerie de Joyeuse leur tombant dessus, les mit en si grand desordre, qu'ils jetérent leurs Armes pour mieux fuir ; en sorte *que les Garrigues leur furent courtes jusqu'à Montpellier* (dit mon Manuscrit.)

Cette Victoire valut aux Catoliques, outre Montagnac, les Villes de Pezenas, Gignac & Frontignan, où la Messe fut rétablie, & les Ministres chassez ; Ce qui irrita si fort le Consistoire de Montpellier, qu'il fit les derniers Efforts pour reprendre ces Places : Comme il exerçoit un Pouvoir absolu dans la Ville & sur le Diocése, il mit à Contribution tous les Habitans, de quelque Etat & Condition qu'ils fussent ; & il imposa soixante mile livres sur les plus Aisez du Diocése, sauf leur recours contre les autres. Avec ce Secours, il fit partir le Baron de Crussol pour le Siége de Frontignan, qu'il commença d'attaquer le 18ᵉ. d'Août : il y fit une Bréche considerable avec son Artillerie ; mais la Défense des Habitans, qui se montrérent en cette occasion très-Belliqueux, lui fit perdre tant de Gens, qu'il n'osa point en venir à l'Assaut, & qu'il leva le Siége le 27ᵉ. du même mois : il renvoya son Artillerie à Montpellier, tandis qu'il iroit lui-même à Poussan pour tâcher de surprendre Montagnac ou Gignac. V.

Il trouva à Poussan les Avant-coureurs de Mʳ. de Joyeuse, qui faisoit avancer sa petite Armée, sous la Conduite du Baron de Fourquevaux, Gouverneur de Narbonne ; Elle étoit de quatre à cinq mile Hommes de Pied, & de cinq cens Hommes de Cheval, tous bien montez : Leur Approche fit reculer le Seigneur de Crussol, qui ramena ses Gens à Montpellier, où l'Allarme fut extrêmement vive ; car, tout le Peuple, s'attendant à y soûtenir un Siége, prit brusquement la Resolution d'abatre tous les Fauxbourgs, tous les Jardinages, & toutes les Eglises du Dehors, qu'on s'étoit contenté de dépouiller : ainsi, en moins de dix mois, Ceux qui avoient démoli les plus beaux Bâtimens de la Ville, en détruisirent les Dehors, sur une Terreur-panique ; & ils se privérent des magnifiques Fauxbourgs & des Maisons de Campagne, qui faisoient un des plus beaux Ornemens de leur Ville.

Le Baron de Fourquevaux, au lieu d'investir Montpellier, comme on le croyoit, alla le 4ᵉ. de Septembre, attaquer le Château de Lates, à une petite lieuë de Montpellier, vers la Mer : La Resistance que la Garnison s'avisa de faire mal-à-propos, la fit toute passer au Fil-de-l'Epée, & attira la Ruïne de cet ancien Bâtiment, qui avoit fait les Délices de nos Guillaumes, après avoir servi utilement dans le Tems des Romains. La Commodité du Lieu, invita le Baron de Fourquevaux d'y poser son Camp, qui se trouvoit enfermé, du côté du Mas *d'Encivade*, par le Lit de la Riviére du Lez, & de l'autre, par un grand Canal, qui formoit une Isle de toute cette Enceinte : Il ne se contenta pas de la Fortification-naturelle qu'elle avoit ; mais, il y ajoûta une double Tranchée en-dedans, & fit faire des Ramparts & des Plates-Formes, où il plaça quatorze ou quinze Piéces d'Artillerie ; ce qui fit dire aux Soldats de Montpellier, qu'il étoit venu se retrancher, au lieu de faire le Siége de la Ville : mais, ils furent bien étonnez, quand ils apprirent qu'il s'étoit rendu Maître de Maguelonne ; & que par ce moyen, il avoit une Communication libre avec Aiguemortes, Frontignan, & autres Lieux-voisins, occupez par les Catoliques. VI.

Un si mauvais Voisinage pour les Religionnaires de Montpellier, les contraignit de sortir, au nombre de quatre ou cinq mile Hommes, pour chasser leur Enemi : ils se postérent sur une Elevation, au Lieu dit le Mas *d'Envallat*, & au Mas de *Boüissou*, d'où ils canonnérent plusieurs jours le Camp de Lates, qui fit grand Feu de son Artillerie jusqu'au 14ᵉ. de Septembre, où le Baron des Adrets, si ce-

1562.

lébre dans les Guerres de ce tems-là, amena trois ou quatre cent Chevaux au secours du Baron de Cruſſol : Ils reſolurent enſemble, de faire trois diferentes Attaques, dont l'une ſeroit au Moulin de S^r. Sauveur ſur le Lez, par le Baron des Adrets ; l'autre ſur l'Avenuë de Montpellier, devant le Mas d'*Encivade*, par le Seigneur de Cruſſol ; & la troiſiéme, du côté des Préries, par le Capitaine *Bouillargues*. Les Attaques furent très-vives, & la Réſiſtance égale ; ainſi, les Catoliques ne pouvant être forcez ni attirez hors de leur Camp, le Baron des Adrets ſe contenta de leur avoir ruïné à Coups-de-Canon, le Moulin de S^t. Sauveur, & ſe retira dans le Dauphiné, où d'autres Affaires le rapelloient.

VII. La Retraite des Huguenots fit ſortir du Camp de Lates les Catoliques, qui vinrent ſe mettre en Embuſcade au Pont-Trincat, d'où ils envoyérent leurs Coureurs juſqu'à l'Aire de St. Denis, (aujourd'hui la Citadéle) pour provoquer la Garniſon de Montpellier : Elle ſortit pour les en chaſſer ; mais, elle fut repouſſée juſqu'à la Porte du Pile-Saint-Gilles, où le Brave *Gremian*, jeune Gentilhomme du Païs, fut tué, avec une trentaine de ſes Gens, qui n'eurent pas le tems de rentrer dans la Ville.

Peu de jours après, le Vicomte de Joyeuſe voulut venir voir ſon Armée du Camp de Lates, qui envoya un Détachement pour le prendre au Terrail, (Château de l'Evêque) où il avoit dîné. On marque, que s'étant arrêté ſur la Hauteur de St. Martin de *Prunet*, & conſidéré le Dégât que les Habitans avoient fait autour de leur Ville, il parut en être touché ; mais, il eſt à croire qu'il ne renonçoit point au deſir de s'en rendre le Maître, puiſque dans ce même-tems, le Seigneur de *Sommerive* & le Comte de *Suze*, qui tenoient le Parti des Catoliques en Provence, firent paſſer le Rône à trois mile Hommes, pour venir joindre le Vicomte de Joyeuſe : A peine furent-ils à St. Giles, qu'ils furent attaquez & ſurpris, le 27e. Septembre, par un grand Détachement des Villes-voiſines, ſous la Conduite du Capitaine *Grille*. Leur Défaite fut ſi entiére, qu'ils périrent tous, par les Mains de leurs Enemis, ou dans les Eaux du Rône : Mais, la trop grande Sécurité qui les avoit perdus, cauſa la Perte de leurs Vainqueurs, qui, revenant à Montpellier, tous chargez de Butin, ils ſe laiſſèrent ſurprendre entre Caſtelnau & Salaiſon, par l'Armée du Camp de Lates, qui fit Main-baſſe ſur toute leur Infanterie, le 1^r. d'Octobre.

Cet Avantage ne mit point les Catoliques plus en état d'entreprendre le Siége de Montpellier ; au contraire, ils envoyérent dès le lendemain, un Trompette, de la part de Chriſtophle de l'*Eſtang*, Evêque d'Alet, qui s'étoit rendu au Camp, pour demander une Entrevüë avec le Capitaine *Grille* ſon Ami-particulier : Elle fut tenuë le 3e. d'Octobre, entre le Pont-Juvenal & le Pont-Trincat, chacun accompagné de trois Hommes ; mais, on ne ſçait point le Reſultat de leur Conference. On marque ſeulement, que M^r. de Joyeuſe délogea le lendemain 4e. d'Octobre, pour aller vers Pezenas ; & que peu de jours après, le Baron de Cruſſol quita Montpellier, où il laiſſa pour Gouverneur, le Capitaine *Rapin*, avec deux Compagnies de Gens-de-Pied.

Sur le Chemin de Nîmes, le Baron de Cruſſol ſe détourna vers la droite, pour aller prendre la Tour de la Carbonniére, afin de faciliter à ſon Parti les Approches d'Aiguemortes : Cependant, le Peuple de Montpellier, ſe voyant délivré de la Crainte d'un Siége, paſſa d'une extrémité à l'autre, en demandant qu'on fit le Procès à pluſieurs Perſonnes dont ils ſoupçonnoient la Religion ; & que tous, ſans exception, allaſſent au Prêche, ſous peine de Baniſſement : il obligea les Magiſtrats d'en faire la Proclamation, *quoique* (ajoûte le Manuſcrit) *fut improuvé cette Voye, de vouloir contraindre les Perſonnes à une Religion.*

Les deux Seigneurs qui ſe partageoient le Commandement du Languedoc, s'occupérent alors bien differemment ; Car, le Vicomte de Joyeuſe, au commencement de Novembre, alla faire le Siége d'Agde, qui fut vaillament défendu par le Capitaine *Sengla*, natif de Montpellier : Et dans ce même tems, le Baron

VIII. de Cruſſol alla tenir à Nîmes, les Etats de cette Partie de la Province, qui lui obéïſſoit. Les Surveillans des Egliſes-Reformées, & les Députez du Conſiſtoire, y étoient pour le Clérgé : quelques Procureurs des Gentilshommes du Païs, pour

la

la Noblesse; & les Consuls de Beziers, Agde, Montpellier, Nîmes, Matüejols & autres de ce District, pour le Tiers-Etat.

Ils y élurent à Titre de *Protecteur & Conservateur* du Païs, jusqu'à la Majorité du Roi, Antoine, Comte de Crussol, Frere-Aîné du susdit Baron de Crussol, auquel ils donnérent tout Pouvoir dans les Affaires de Guerre & de Police: ils nommérent dix Personnes, pour lui servir de Conseil; & pour l'Entretien des Troupes qu'il auroit à commander, ils imposérent sur le Païs, quatre cent mile livres, outre les Benefices & autres Biens-Ecclesiastiques, qu'ils donnérent à des Fermiers : Il est marqué, que le Comte de Crussol accepta la Charge de Protecteur & Conservateur du Païs, dans la Ville d'Uzés, dont il étoit Vicomte.

Dans le mois suivant, Mr. de Joyeuse assembla à Carcassonne, les Etats de la Partie du Languedoc qui le reconnoissoit, où assistérent le Cardinal d'Armagnac, Archevêque de Toulouse, Laurent *Strozzi*, Cardinal & Evêque d'Alby, avec ceux de Montpellier, de Carcassonne & autres, outre les Nobles, & les Députez des Communautez, depuis Toulouse jusqu'à Beziers. On y prit toutes les Délibérations que l'on crut les plus propres pour traverser celles des Etats de Nîmes, & en même-tems les plus convenables à la situation des Affaires-Generales du Royaume, qui étoient dans de nouveaux Troubles : Car, le Prince de Condé n'ayant pû être gagné par la Reine, s'étoit mis à la Tête des Huguenots, & venoit de perdre, le 20e. de Décembre, la célébre Bataille de *Dreux*, où il périt, de part & d'autre, un grand-nombre de Noblesse, & où les Chefs des deux Armées restérent Prisonniers; c'est-à-dire, le Prince de Condé lui-même, & le Connétable Anne de Montmorency. Ainsi finit l'année 1562.

CHAPITRE QUATRIÉME.

I. Proscriptions à Montpellier. II. Arrivée du Cardinal de Chatillon en cette Ville. III. Publication de l'Edit d'Amboise. IV. Subterfuges des Huguenots. V. Entrée à Montpellier du Duc de Dampville, Nouveau-Gouverneur du Languedoc. VI. Il rétablit les Catoliques.

L'Année 1563. donna en Spectacle à Montpellier, le même Baron des Adrets, qui, quatre mois auparavant, y étoit venu pour l'Attaque du Camp de Lates : Son Histoire nous apprend, qu'il s'étoit déja rendu suspect à son Parti, par les Liaisons secrettes qu'il entretenoit avec le Duc de Nemours; & qu'à la Solicitation des Huguenots, il fut arrêté par Ordre du Comte de Crussol leur Protecteur, conduit au Château de Nîmes, & depuis à Montpellier, où il resta huit jours Prisonnier dans St. Pierre, jusqu'à-ce qu'il fut transferé de là à Villeneuve.

Dans ce même-tems, on ôta au Capitaine *Rapin*, le Gouvernement de Montpellier, qui fut donné au Seigneur de *Peraud* en Vivarés : Je ne sçai quel nouveau Courage donna son Arrivée au Consistoire de cette Ville, puisque nous trouvons qu'il fit alors certain Rôle de Proscriptions, contre un grand-nombre d'Habitans, comme Papistes, tant Hommes que Femmes, Gentilshommes & Officiers, auxquels il étoit ordonné de sortir de la Ville; mais, avec tant de rigidité, qu'ils ne pouvoient emporter que dix Livres-Tournois, & qu'il étoit défendu à toute Personne, sous peine de Banissement, de prendre en garde, ou acheter d'eux, aucun Bien-Meuble ou Immeuble.

Tout ce que purent obtenir les Personnes les plus modérées, fut un Surcis à l'Execution de cette Ordonnance; Et cependant, il fut tenu dans Montpellier, sur le commencement de Mars, un Sinode-General de tous les Ministres du Languedoc, au nombre de cent-cinquante, avec autant de Surveillans : Ils apprirent, dans le tems qu'ils étoient assemblez, la Nouvelle de la Mort du Duc de Guise, assassiné par Poltrot, au Siége d'Orleans; ce qui leur donna tant de joye, qu'ils

1563. firent faire un Décharge-Generale de toute l'Artillerie, en signe de Réjouïssance.

Le Comte de Cruſſol alla ſur le commencement d'Avril, tenir les Etats à Bagnols, de la même manière que ſon Frere les avoit tenus à Nîmes l'année précedente: C'eſt-là où ils eurent la première Nouvelle de l'Edit de Pacification, donné à Amboiſe le 18ᵉ. de Mars, par lequel le Roi accordoit une Amniſtie de tout le paſſé, & remettoit les Eccleſiaſtiques dans la Poſſeſſion de leurs Biens. Cet Edit, qui donnoit de la joye aux deux Partis, ne produiſit aucun bon effet pour les Catoliques à Montpellier, parceque les Huguenots ſe hâterent de ruïner le dedans de toutes les Egliſes qui reſtoient encore dans la Ville, comme Chapelles, Bancs & autres Meubles, mais ſur tout d'y rompre toutes les Cloches, qu'on marque y avoir été en grand-nombre.

II. Le 7ᵉ. du mois de Mai, on vit arriver à Montpellier, le *Cardinal de Chatillon*, dit alors le Comte de Beauvais, avec le *Comte de Cruſſol*, & le Seigneur *de Brancas*, Chevalier de l'Ordre, qui étoit envoyé de la part du Prince de Condé: Ils furent reçûs par les Officiers de la Cour des Aides, de la Chambre des Comptes, & du Préſidial, qui n'avoient pû ſortir de la Ville durant les Troubles. Les Conſuls avoient été à la Rencontre de ces Seigneurs, juſqu'aux *Areniers*, par-delà Caſtelnau, avec les quatre Compagnies de Gens-de-Pied ordonnées pour la Garde de la Ville; & au Pont de Caſtelnau, ſe trouva une Troupe de cent ou ſix-vingts Enfans, qui, à leur Approche, entonnerent des Pſeaumes en François: Ils entrerent au bruit de tout le Canon de la Ville; & après avoir paſſé par l'Eguillerie juſqu'à la Loge, à travers une grande Foule de Peuple, ils allerent loger à la Maiſon des Generaux.

Deux jours après, c'eſt-à-dire le 9ᵉ. de Mai, ſurvint le Seigneur de *Cailus*, Gentilhomme de la Chambre du Roi, qui avoit déja été à Toulouſe, Carcaſſonne & Narbonne, pour y faire publier l'Edit d'Amboiſe, dont il étoit Porteur: L'Affaire parut ſi importante aux Seigneurs qui étoient déja à Montpellier avec lui, qu'ils jugerent devoir faire une Aſſemblée de toute la Nobleſſe, & des Députez des Villes, qui s'étoient rendus en grand-nombre auprès de leurs Perſonnes. Cette

III. Aſſemblée fut donc ouverte le 11ᵉ. Mai au matin, où le Seigneur de *Brancas*, au Nom de Mʳ. le Prince, expoſa les Cauſes & les Avantages de cette Paix: Et l'Après-midi du même jour, Mʳ. de Cailus s'y étant rendu, montra la Commiſſion dont il étoit chargé de la Part du Roi, de leur ſignifier l'Edit ; ce qui engagea Mʳ. de Cruſſol, d'offrir à l'Aſſemblée la Démiſſion du Pouvoir que les Etats du Païs lui avoient donné.

Cette Aſſemblée, à qui divers Mémoires ont donné le Titre des Etats de la Province, demanda du tems juſqu'au lendemain, pour répondre à toutes les Propoſitions qui venoient d'être faites. Le lendemain 12ᵉ. de Mai, ils allerent en Corps, au Logis des Comtes de Beauvais & de Cruſſol, où les Seigneurs de Brancas & de Cailus s'étoient rendus ; & là, ils commencerent par faire de grandes Inſtances au Comte de Cruſſol, de garder ſes Pouvoirs juſqu'à-ce que les Choſes fuſſent entiérement pacifiées : Après-quoi, ſe tournant vers Mʳ. de Cailus, ils lui dirent qu'ils accepteroient l'Edit de Pacification ; mais, qu'ils ſe reſervoient à faire leurs Remontrances au Roi, pour la Modification de quelques Articles.

La Publication de cet Edit fut faite le même jour après-midi, à l'Audience du Préſidial, & de là, dans tous les Carrefours de la Ville, au bruit du Canon des Ramparts, préſens Mʳˢ. les Conſuls, en Robe de Ceremonie, & Mʳ. le Lieutenant-Criminel : Les Gentilshommes qui s'étoient trouvez à l'Aſſemblée, voulant ſolenniſer cette Fête, coururent la Lance & la Bague, ayant à leur Tête le Baron de Cruſſol, qui s'étoit rendu à Montpellier avec le Comte ſon frere.

Le Repos que cette Paix procuroit aux Huguenots, leur donnoit autant de plaiſir qu'aux Catoliques ; mais, l'obligation de vuider les Temples qu'ils occupoient, faiſoit leur plus grand-chagrin. Pour éluder la choſe, ils ſe prémunirent d'un Conſentement par écrit, des Chanoines de Sᵗ. Pierre, & autres Prêtres trouvez dans la Ville, qui déclaroient ne vouloir les empêcher de retenir les Egliſes de *Nôtre-Dame des Tables*, de *St. Firmin*, & de *St. Paul* : Cet Acte fut lû & publié au Prêche, le 13ᵉ. du même mois, afin de faire voir qu'il n'y avoit de leur part, aucune Contravention à l'Edit, puisqu'ils avoient le Consentement des Personnes intereſſées.

Deux jours après, c'eſt-à-dire le 15e. de Mai, le Seigneur de Cailus s'étant fait expedier un Acte de l'Acceptation & Publication de l'Edit, partit de Montpellier; & le 18e. l'Aſſemblée qui avoit été formée à cette occaſion, fut congediée: Les Comtes de Beauvais & de Cruſſol, ſe rendirent alors à Beziers, pour y avoir une Conference avec Mr. de Joyeuſe. On marque que le Lieu fut choiſi à *Montels*, Château appartenant à l'Archevêque de Narbonne, entre cette Ville & Capeſtan, où l'on ſe rendit, de part & d'autre, avec une Suite chacun de vingt-cinq Hommes ſans Armes; & après quelques heures de Conference ſecrette, les Comtes de Beauvais & de Cruſſol, revinrent à Montpellier, où ils laiſſèrent les Huguenots en Poſſeſſion de toutes les Egliſes.

Cependant, la Cour, qui recevoit de toutes parts, les Plaintes des Catoliques du Royaume, ſur l'Inobſervation de l'Edit, fit partir François de *Sçepeaux*, Seigneur de la *Vieille-Ville*, & Maréchal de France, pour viſiter le Lyonnois, le Dauphiné, la Provence & le Languedoc, & y faire obſerver le dernier Edit de Pacification: Le Seigneur de *Cailus* fut renvoyé en même-tems à Montpellier, pour recevoir du Comte de *Cruſſol*, les Villes de la Religion où il avoit commandé, & pour tenir la main à l'Obſervation de l'Edit. On marque au 12e. d'Août, ſon Arrivée en cette Ville, & qu'il y fut reçû avec une Joye generale des Habitans, auſquels il expoſa ſa Commiſſion, portant qu'on laiſſeroit les Egliſes à l'Uſage des Catoliques-Romains: Les Huguenots crurent y obéir, en allant faire leur Prêche à l'Ecole-Mage; mais, quant au Rétabliſſement des Catoliques, il n'eſt point d'Artifice qu'ils n'employaſſent pour l'empêcher. D'abord, ils épouvantèrent ſi fort les Prêtres, qu'aucun n'oſa ſe preſenter pour dire la Meſſe; Enſuite, ils préſentèrent une Déclaration prétendue du Sindic du Chapitre, au nom de certains Archidiacres, Perſonats & Chanoines, qui avoient reçû la Religion-Reformée, & qui diſoient ne vouloir point de la Meſſe, ni du Service-Divin: Enfin, ils obtinrent une Lettre de l'Evêque de Montpellier, à Mr. de Cailus, où ce Prélat lui marquoit, qu'il vouloit reſter à Maguelonne & à Villeneuve, & ne pas retourner à Montpellier.

Les Huguenots ayant éludé de la ſorte le Rétabliſſement des Catoliques, accordèrent à Mr. de Cailus une choſe, qui attira l'Applaudiſſement de tous les Gens bien-intentionnez; ce fut de faire apporter à la Maiſon-de-Ville, toutes les Armes des Particuliers: de ſorte qu'on commença de vivre à Montpellier, comme dans le tems de la plus profonde Paix; & l'on y ouvrit les neuf ou dix Portes de la Ville, qui depuis un an avoient été murées, excepté celles de la Saunerie & du Pile-Saint-Gilles.

Les choſes reſtèrent en cet état, juſques dans l'Automne, où Henry de Montmorency, Seigneur d'Ampville, pourvû du Gouvernement de Languedoc, ſur la Démiſſion du Connétable ſon pere, vint pour en prendre Poſſeſſion, & pour y faire obſerver le dernier Edit: Il entra par Touloûſe dans ſon nouveau Gouvernement, avec quatre ou cinq cens Hommes-d'Armes, qui furent groſſis d'un grand-nombre de Nobleſſe, durant ſon Chemin juſqu'à Narbonne. Ce fut dans cette dernière Ville, que les Députez de Montpellier le trouvèrent; ſçavoir, Jean de *Cezelli*, Préſident en ſeul en la Chambre des Comptes; Jean *Philippy*, Conſeiller en la Cour des Aides, & les Seigneurs de *Pouſſan* & de *Figaret*: Après quelque Séjour à Narbonne, Mr. Dampville ſe rendit à Beziers, & de là à Montpellier, où il fit ſon Entrée le 9e. de Novembre, à trois heures après-midi.

Comme cette Entrée donna lieu à pluſieurs Evénémens-importans, je croi que le Lecteur verra avec plaiſir le Détail qu'on nous en a laiſſé.

» Le 9e. du mois de Novembre, toutes les Compagnies de la Ville montèrent à Cheval, pour aller au-devant du Seigneur Dampville; ſçavoir, Mrs. de la Cour des Aides, avec leurs Robes-d'Ecarlate, précedez de leurs Huiſſiers, en Robe-Violette; » Mrs. de la Chambre des Comptes; Le Siége-Préſidial, compoſé du Préſident, en Robe-d'Ecarlate, du Lieutenant, Conſeillers, & autres Officiers au Gouvernement de » Montpellier: Venoient enſuite les Conſuls, accompagnez des Bourgeois & Marchands

IV.

V.

Mémoires de Philippy.

1563.
» de la Ville. Ils s'avancérent tous, jusqu'à la Rencontre de Mr. le Gouverneur, au-
» quel ils firent la Reverence, en passant tous par ordre devant lui : Après quoi, ils
» reprirent le Chemin de la Ville, pour l'y conduire. A son Approche, il fut salüé
» de toute l'Artillerie, qu'on avoit rangé hors la Porte de la Saunerie ; & à son
» Entrée, les Consuls, décendus de Cheval, lui présenterent un Dais de Velours-
» cramoisi, doublé de Satin-blanc, avec ses Armoiries & celles de la Ville en Bro-
» derie, sous lequel il refusa de se mettre.

Idem.
» Alors parurent inopinément (dit mon Manuscrit) certains Chanoines de l'Eglise
» Catédrale, & autres Prêtres, vêtus de Surplis, & cinq ou six Religieux Corde-
» liers, qui se mirent en marche devant lui, chantant processionnellement ; Ils étoient
» suivis d'un grand-nombre de Gendarmerie à cheval, & de cinquante Arquebu-
» siers à pied, de la Garde de Mr. le Gouverneur, ayant tous leur Morion-doré
» en tête : Mr. Dampville venoit ensuite, accompagné de Mr. de Joycuse ; &
» d'un nombre infini d'autres Seigneurs & Gentilshommes du Païs, qui étoient
» suivis d'une Compagnie de Gens-à-cheval, pour former la Marche.

» Ils passèrent tous par la Grand'-Ruë, & par celle du Cigne, qui étoient or-
» nées des plus riches Tapisseries, & les Fenêtres remplies des Dames de la
» Ville : on avoit placé d'espace en espace des Trompettes, avec des Banderoles
» Incarnat & Blanc, qui étoient les Couleurs de Mr. Dampville.

» Il arriva en cet Ordre, jusqu'à *la Pierre* ; & quand il l'eut passée, au lieu de
» prendre à gauche, au Coin de *Rondelet*, pour aller droit à son Logis, chez
» *Monfereau*, (autrement la Maison des Generaux) il fut conduit par les Gens-
» d'Eglise, à Nôtre-Dame des Tables, où il alla faire sa Prière avec les Catoliques,
» qui le suivirent dedans, & où le Clergé chanta le *Te Deum*. Cette Nouvelle
» attira auprès de sa Personne, Guillaume Pelissier, Evêque de Montpellier, &
» Pierre de la Coste, Juge-Mage, avec quelques-autres, qui s'étoient absentez à
» l'occasion des Troubles.

» Avant que d'entrer dans la Ville, Mr. le Gouverneur avoit ordonné qu'on
» apportât à la Maison-Consulaire, toutes les Armes des Habitans, jusqu'aux Epées
» & Dagues ; sans exception de Personne, si ce n'est des Gentilshommes ; les
» Sergens-même furent compris dans cette Défense : C'est pourquoi, voulant pour-
» voir à la Sureté de la Ville pendant son Séjour, il nomma des Gentilshommes
» pour la Garde de l'Hôtel-de-Ville durant le jour, & il établit un Corps-de-Garde à
» Cheval pendant la nuit ; La Grosse-Artillerie avoit été amenée aux Avenües de
» son Logis, & de la Maison-de-Ville.

On nous a conservé des Epigrammes en Grec, en Latin & en François, qui
furent faites à son honneur dans cette occasion : Mais, je crois plus interessant pour
le Lecteur, de lui marquer que la Ville fit un Présent, suivant la Coûtume, d'une
grande Coupe de Vermeil-doré, relevée en bosse, avec son Couvercle, dans laquelle il y avoit six Piéces-d'Or, pesant chacune cinquante Ecus au Soleil, fabriquées exprès à l'Hôtel de la Monoye. D'un côté, on voyoit les Armes de Mr.
Dampville, avec le Colier de l'Ordre de St. Michel, & au tour, ces Mots : *Virtuti
Henrici Montmorancii Piiss. toto publico Provincialium suffragio æternæ Memoriæ causâ* :
Et de l'autre côté, l'Inscription suivante, avec les Armoiries de Montpellier au bas.

Henrico Montmorancio Dampvillæo
M. Annæ Montmorancii
Gall. Præfect. Milit. F.
Narbon. Provinc. Proregi.
P. R. P. Civit. Monspeli.
Illi adventum gratulata.
D. D.
1563.

Ce qu'on explique ainsi : *Henrico Dampvillæo Magni Annæ Montmorancii Galliarum
Præfecti Militaris Filio. Narbonensis Provinciæ Proregi. Pace Reipublicæ partâ Civitas
Monspeliensis*, & le reste.

LIVRE QUINZIÉME. 293

1563.

Ce Présent fut accompagné de deux Caisses doublées de Satin, l'une remplie de diferentes Eaux-de-Senteur, & l'autre de Sachets pleins de Poudres-Odoriferantes ; le tout de grande-valeur, (dit mon Mémoire) & dressé par Ceux de la Religion, les Catoliques n'étant encore entrez en l'Administration.

VI. Le lendemain de l'Entrée de Mr. Dampville, on chanta solennellement une Grand'-Messe à Nôtre-Dame des Tables, Et dés-lors les Prêtres & les Religieux eurent la liberté de se montrer dans la Ville ; Mais, parceque la plûpart n'avoient point de Logement, on distribüa les Eglises de la Ville, aux Religieux, dont les Couvens avoient été détruits dans les Fauxbourgs : Ainsi, les Cordeliers eurent l'Eglise de St. Paul ; les Jacobins, celle de Ste. Foi ; les Carmes, Ste. Croix, & les Augustins, St. Mathieu. Quant aux Religieuses, qui étoient en petit-nombre, on leur donna le Couvent dit de Ste. Catérine, (aujourd'hui Ste. Ursule) pour s'y retirer, & y vivre toutes ensemble. Dans toutes ces Eglises, les Prêtres & les Religieux y rétablirent la Messe & le Service, sans aucun Trouble ; Et pour marque d'un entier Changement, les Gens-de-Justice & de Pratique, reprirent leurs Bonnets-Quarrez ; qui avoient été suprimez pour les Raisons que nous avons dites.

Mr. Dampville, voulant achever de voir son Gouvernement, se mit en Chemin pour le St. Esprit, le 16e. de Novembre, laissant à Montpellier une bonne Garnison, sous les Ordres de Mr. de Castelnau de Guers, près de Pezenas. Durant son Voyage, les Principaux des deux Religions convinrent entr'eux, d'élire douze Personnes ; sçavoir, six Catoliques, & six de la Religion, pour gerer les Affaires-Publiques : La Délibération en fut prise le 5e. Décembre, & approuvée ensuite par Mr. Dampville, lorsqu'il repassa pour aller tenir les Etats de la Province à Narbonne.

Ils y furent ouverts sur la fin de ce même mois, où il est à remarquer, que le Parti des Catoliques y étant le plus-fort, il y fut resolu de vivre sous la Religion-Romaine, & de députer au Roi, pour le suplier de ne point souffrir dans le Languedoc deux diferentes Religions. Le Seigneur d'Ambres, Seigneur de Voisin, fut député pour la Noblesse, & N. Bachelery, Premier-Consul de Beziers, pour le Tiers-Etat : Mais, ils eurent pour Réponse ; que l'Edit de Pacification devoit être gardé dans le Languedoc comme ailleurs ; & ainsi, les deux Religions y furent exercées.

CHAPITRE CINQUIÉME.

I. Le Consulat rendu aux Catoliques. II. Entrée du Roi Charles IX. à Montpellier. III. Commencement de nouveaux Troubles. IV. Siége du Fort de St. Pierre. V. Sa Capitulation. VI. Réjoüissances-Publiques pour la Bataille de St. Denis.

I. 1564.

APRÈS la Tenuë des Etats de Narbonne, Mr. Dampville vint à Montpellier dans le mois de Janvier 1564. avec deux Commissaires envoyez du Roi, pour faire observer le dernier Edit : Ils jugérent à propos d'ordonner, que dans les Villes & Vilages des Environs de Montpellier, on prendroit des Catoliques pour exercer la Charge de Consul ; ce qui attira bien de Murmures de la part des Religionnaires, qui prétendirent que c'étoit une Contravention aux Déclarations du Roi : Leurs Plaintes augmentérent bien davantage, lorsqu'après le Départ de Mr. Dampville, le St. de Castelnau, qui commandoit à Montpellier, voulant se conformer à l'Ordonnance des Commissaires, ne fit choisir que des Catoliques à l'Election des Consuls, qui fut faite au commencement de Mars ; & parceque les Sujets étoient fort rares, on fut reduit à prendre un Homme-de-Robe pour la premiére Place.

Cette Innovation donna lieu à de grandes Plaintes qui furent portées au Roi : mais ; tout ce que les Religionnaires purent obtenir, fut l'Exercice-libre de leur

294   HISTOIRE DE LA VILLE DE MONTPELLIER,

1564. Religion, pour lequel on leur assigna la Cour du Baille, (enclavée aujourd'hui dans l'Intendance;) avec Promesse, que lorsqu'ils voudroient faire la Céne, le Gouverneur leur donneroit une Troupe de Soldats, pour les garder durant leur Assemblée. Je trouve dans leurs Mémoires, qu'ils alloient aussi entendre le Prêche dans la Maison de *Formy*, près la Loge, & qu'ils comptoient parmi les leurs, un Prince de Salerne, dans le Royaume de Naples, qui s'étoit marié à Montpellier avec une Fille de la Maison de Paulian, & qui honoroit souvent leurs Assemblées de sa Présence.

II. Les Choses restérent en cet état jusqu'au mois de Décembre, où le Roi Charles IX. visita son Royaume, & entra par la Provence dans le Languedoc. A son Approche, on reduisit la Garnison de Montpellier, au nombre de cinquante Hommes, qui furent mis dans St. Pierre, pour y garder l'Artillerie & les Armes qu'on y apporta; On cessa aussi de monter la Garde jour & nuit, comme l'on avoit fait auparavant, afin que tout se ressentit de la Venuë du Roi : Il fit son Entrée en cette Ville, le Dimanche 17e. de Décembre, ayant avec lui, la Reine sa mere, Mr. d'Orleans son frere, âgé de douze ans, Le Prince de Navarre (depuis Henry IV.) de même âge que le Roi, Mrs. les Cardinaux de Bourbon & de Guise, Mr. le Connétable de Montmorency, le Chancelier de l'Hôpital, Mr. Dampville, fait depuis-peu Maréchal de France, & plusieurs autres Grands-Seigneurs du Royaume.

Le Ceremonial particulier de cette Entrée fut, " Qu'on fit construire une grande
" Sale de Charpente, meublée fort richement, dans le Jardin appellé depuis le
" Clos-d'Aguillon, vis-à-vis l'ancien Couvent de St. Maur, où le Roi, après avoir
" entendu les Harangues qui lui furent faites, & reçû le Serment de toutes les
" Compagnies de la Ville, vit passer devant lui, une grande Troupe de jeunes
" Bourgeois, habillez de Velours ou Satin Incarnat & Bleu, qui étoient les Cou-
" leurs du Roi : Alors, la Marche commença vers la Ville en cet Ordre. L'Uni-
" versité, composée des deux Facultez de Medécine & des Loix, marchoit la pre-
" miére ; suivoit le Présidial ; & la Cour du Gouverneur ; puis, la Chambre des
" Comptes, & ensuite la Cour des Aides, en Robe-d'Ecarlate, précedée de ses
" Huissiers, en Robe-Violette : La Maison-du-Roi venoit immédiatement après; sça-
" voir, les Archers & les Suisses de la Garde, Tambour-batant : & Sa Majesté,
" précedée de ses Trompettes, & du Grand-Ecuyer, qui portoit l'Echarpe & l'Epée-
" Royale devant lui, étoit dessous un Dais de Velours cramoisi, brodé d'Argent,
" qui étoit porté par les six Consuls de la Ville. Les Princes, Cardinaux, & autres
" Grands-Seigneurs déja nommez, venoient à la Suite du Roi.

Lorsqu'il fut entré les deux Portes du Pile-Saint-Gilles, il y trouva quatre Colonnes, soûtenant une grande Couronne-Imperiale, & contre la Base des deux premiéres Colonnes de front, deux jeunes Filles, vétuës, l'une de Satin jaune, & l'autre de Satin blanc, pour représenter la Pieté & la Justice, que le Roi avoit pris pour sa Dévise : *Pietate & Justitiâ*. Dans le reste de la Marche, comme à la Pointe de la Ruë du Pile-Saint-Gilles, à l'Arc St. Nicolas, à la Loge, & devant la Maison-de-Ville, on avoit dressé des Arcs-de-Triomphe, de diferens Ordres d'Architecture, avec des Representations les plus convenables à l'Entrée du Roi, & des Epigrammes en Grec, en Latin & en François, selon le Goût du Tems; Mais, les plus belles Décorations furent employées au-devant du Logis du Roi, qui étoit à la Pierre, à la Maison dite *Boissonel*.

Le Présent de la Ville, (selon ce qui est écrit dans nos Archives.) fut une Image du Roi, d'Or-massif, & de la valeur de mile Ecus, placée sur le Rivage de la Méditerranée, tenant un Pied sur la Terre, & l'autre sur la Mer, comme pour représenter le Rétablissement du Commerce, que la derniére Paix procuroit à Montpellier : Le Présent qu'on fit à la Reine, marquoit plus particuliérement la Situation de la Ville; car, c'étoit une Montagne-d'Or, complantée d'Oliviers & d'Orangers, le tout du prix de cinq cens Ecus.

Le Roi parut prendre plaisir aux Divertissemens qu'on lui donna pendant son Séjour à Montpellier : On marque qu'il fit l'honneur au nommé Jacques de Farges, Parfumeur renommé, d'aller voir sa Boutique à la Place des Cévenols, & qu'il voulut-bien accepter un Régale que ce Particulier prit la liberté de lui offrir.

Le

Le 26e. de Décembre, Jour de St. Etiéne, on fit une Procession-Generale, à laquelle le Roi assista, avec la Reine, les Princes & Grands-Seigneurs de la Cour, sans qu'aucun Religionnaire de la Ville fût obligé de s'y trouver, ni de tapisser sa Maison comme les Catoliques, le Roi ayant voulu sur cela leur laisser une entière liberté.   1564.

Enfin, le 31. de Décembre, c'est-à-dire le quinziéme jour après son Arrivée, le Roi partit pour Touloufe, Bordeaux & Bayonne, où la Reine d'Espagne sa sœur devoit se trouver. Nos Habitans furent si contens du Séjour qu'il avoit fait dans leur Ville, qu'ils vécurent tous de bonne-intelligence, durant les années 1565. & 1566. Chacun exerçoit tranquilement sa Religion; & l'on entretenoit de concert, pour la Sureté-Publique, une Garnison dans la Ville, & dans St. Pierre, qu'on nommoit alors le Fort ou le Château, les Chanoines se contentant de la seule Eglise, & laissant le reste du Bâtiment pour le Logement de la Garnison.   1565. & 1566.

On continüa de vivre dans cette Bonne-Intelligence, jusques bien avant dans l'année 1567. où l'on fit courir le Bruit à Montpellier, que le Roi vouloit souscrire au Concile de Trente, & qu'il alloit défendre l'Exercice de la Nouvelle-Religion. Pour dissiper ce Faux-Bruit, on fit publier, le dernier de Septembre, une nouvelle Déclaration, portant que le Roi ne vouloit rien innover en Matiére de Religion, & que chacun, sur cette Assurance, pouvoit vivre en Paix: Mais, on avoit trop d'interet à entretenir le Peuple dans le Mouvement; & on lui persuada bientôt, qu'il n'auroit jamais de Sureté, tant que les Catoliques rempliroient seuls, les Charges du Consulat. Ce Prétexte étoit un Préparatif au Soulevement-General qu'on projetoit, & qui parut le 29e. de ce mois, par l'Entreprise du Prince de Condé sur la Personne du Roi, qu'il voulut enlever dans son Chemin de Meaux à Paris: Dès-lors, la Guerre fut déclarée, & les Religionnaires, de concert, s'y preparérent dans tout le Royaume.   1567. III.

A Nîmes, au St. Esprit, à Castres & à Lavaur, ils prirent les Armes; & ils saisirent dans nôtre Voisinage, la Tour de la Carbonniére, pour aller à Aiguemortes. Mr. de Joyeuse, qui, aux premières Nouvelles de ces Troubles, se rendit à Montpellier, crut en préserver la Ville, en ordonnant de mettre dehors, un grand-nombre d'Etrangers qu'on y avoit introduit sous le Nom d'Apprentis: mais, le Remède ne fit qu'accélerer le Mal; car, le Peuple s'émut à tel point, qu'il fut obligé lui-même de se retirer dans le Fort de St. Pierre, avec sa Femme & ses Enfans, où il fut bientôt suivi par le Juge-Mage, les Consuls, & plusieurs Ecclesiastiques, qui y apportérent ce qu'ils avoient de plus prétieux. L'Allarme fut alors si grande, que les Soldats qui étoient de Garde dans la Ville, quitérent leur Poste, & vinrent se refugier dans le Fort; Ce qui faisant comprendre à Mr. de Joyeuse que tout étoit desesperé, il sortit sur le minuit, par la Porte de derriére, qui donnoit dans le Fossé, pour aller faire avancer les Troupes qu'il avoit autour de Pezenas.

Le lendemain, les Séditieux ouvrirent trois Portes de la Ville qui avoient été fermées; sçavoir, celles de la Saunerie, de Lates, & de Montpellicret, par où ils firent entrer le Secours qu'ils attendoient du Dehors; Ainsi, s'étant bientôt rendus-maîtres de la Ville, ils parlérent d'attaquer le Fort de St. Pierre: D'abord ils s'emparérent de St. Ruf, de la Tour du * Colombier, & des Maisons les plus voisines; ce qui ayant porté les Assiégez à en brûler quelques-unes dans la Ruë des Carmes, porta aussi les Assiégeans à creuser des Tranchées, pour serrer de plus-près la Garnison.   IV.

Cependant, les principaux Chefs de l'Attaque, prévoyant-bien que Mr. de Joyeuse feroit de plus grands Efforts, tant que sa Femme & ses Enfans seroient enfermez dans St. Pierre, firent offrir à Madame de Joyeuse, toute Sureté pour sa Sortie; ce qu'elle refusa plusieurs jours: mais, ayant appris qu'une Escorte considerable, venuë de Pezenas, l'attendoit hors la Ville, elle prit le parti d'en profiter, & sortit de St. Pierre, avec ses Enfans & ses Domestiques.

La Garnison du Fort, composée de deux Compagnies de Vieux-Soldats, & d'un grand-nombre de Catoliques de tous Etats, se trouva bientôt resserrée de plus-près, à l'Arrivée du Baron de Crussol, qui prenoit alors le nom de Seigneur d'*Acier*, depuis qu'Antoine son frere venoit d'être fait Duc d'Uzés: On marque son Arri-

---
* Grosse Tour qui répond sur la Terrasse de l'Evêché.

vée à Montpellier au 7ᵉ. d'Octobre, & qu'aussitôt il ordonna de grandes Tranchées en dehors la Ville, depuis la Porte du Peirou, jusqu'à celle des Carmes, que les Catoliques tenoient ; Et parcequ'ils avoient aussi une Porte dans le Fossé, au-devant de laquelle ils avoient fait un Ravelin, il fit dresser une Baterie sur le haut du Peirou, pour batre ce Ravelin en ruïne : il plaça de plus, grand-nombre d'Infanterie, depuis le Fauxbourg Sᵗ. Guillem jusqu'au Merdanson, pour empêcher tout le Secours qui pourroit venir aux Assiégez.

Les choses étoient disposées de la sorte, lorsque le Sʳ. de Villeneuve, Lieutenant de la Compagnie des Gendarmes de Mʳ. de Joyeuse, parut avec dix-huit Enseignes de Gens-de-Pied, & trois ou quatre cent Chevaux, tous bien-montez ; Il alla se camper à Boutonnet, de manière que son Aîle-droite venoit se terminer au Pont de Sᵗ. Côme, par-delà le Merdanson : Le Seigneur d'Acier, de son côté, sortit de la Ville avec autant de Cavalerie que son Enemi, & se campa entre les Jacobins & Sᵗ. Côme. Tandis qu'ils étoient à se regarder, la Garnison du Fort Sᵗ. Pierre fit une Sortie pour combler la Tranchée du Peirou : L'Attaque fut bien soûtenuë ; & plusieurs Catoliques y ayant été tuez ou blessez, le reste se retira par le Ravelin dans le Fort. En même-tems un Détachement des Troupes de Boutonnet, passa le Merdanson, & vint de si grande roideur contre les Tranchées, que le Combat dura depuis midi jusqu'environ quatre heures, sans que les deux Camps en voulussent venir à une Action-Generale : Enfin, la nuit sépara les Combatans ; & le Feu ayant pris aux Poudres du Camp de Boutonnet, Mʳ. de Villeneuve fit défiler ses Troupes, pour gagner le Chemin de Meze & de Loupian, où ils furent harcelez par les Garnisons de Pignan, Poussan, Montbazen & Balaruc, qui tenoient pour les Religionnaires.

Philippy.

Les Mémoires sur lesquels j'écris, marquent que le Menu-Peuple, les Enfans, les Femmes & les Demoiselles de Montpellier, s'employoient volontairement à porter des Pierres sur les Murailles, pour faire des Canonnières aux Arquebusiers ; & qu'elles ne craignoient point de se mêler dans le Camp, & d'y apporter du Pain, des Fruits, & des Bouteilles de Vin, pour rafraichir les Combatans.

Malgré la Retraite des Troupes de Mʳ. de Joyeuse, les Assiégez continuèrent à se bien défendre durant un mois ; & ils le firent avec d'autant-plus d'avantage, qu'ils tiroient à couvert du haut de leurs Murailles, d'où ils pouvoient, à travers les Embrasures, choisir leurs Coups ; ce qui fit perdre pendant ce mois, plus de deux cens Hommes aux Assaillans : Ceux-ci reçurent enfin sur la Mi-Novembre, des Secours considerables du côté de la Provence, & du côté du Roüergue ; Car, René *de Cypiere*, Fils de Claude de Savoye Comte de Tende, arriva le seize de ce mois, avec cinq ou six Cornettes de Cavalerie, où étoient les Sʳˢ. de *Bor*, de *Senas*, de *Solier*, & autres Gentilshommes de Provence, avec vingt-huit Enseignes de Gens-de-Pied : mais, comme toutes ces Troupes auroient affamé Montpellier, on les fit arrêter en-deçà de Nîmes, pour s'en servir dans le besoin, & l'on ne reçut dans la Ville que deux cens Chevaux. En même-tems, le Seigneur *d'Arpajon* décendit de Roüergue, avec dix ou douze cens Chevaux, où étoient les Vicomtes de *Montela*, de *Gordon*, de *Paulin*, & de *Bournikel*, suivis d'environ six mile Hommes-de-Pied, qu'on fit arrêter à *Alais* & *Anduse*.

Gachet.

V. Un si grand-nombre de Troupes étoit plus que sufisant pour ôter toute esperance à la Garnison de Sᵗ. Pierre, qui n'avoit rien à attendre de Mʳ. de Joyeuse ; mais, la Faim extrême qui les pressoit depuis quelques jours, fut une raison plus grande : ils resolurent enfin de capituler ; & l'un des Capitaines du Fort, nommé *Luynes*, ayant eu Sureté le 17ᵉ. de Novembre, pour venir traiter avec le Seigneur d'Acier, il fut conclu entr'eux, que le 18ᵉ. du mois, toute la Garnison vuideroit le Fort Sᵗ. Pierre : Que les Capitaines sortiroient avec Armes ; Les Soldats avec la Dague & l'Epée seulement : mais, que les Gens de la Ville, comme Consuls, Chanoines, & tous autres, seroient à la discretion du Seigneur d'Acier, de même que tous les Meubles, Cofres, Artillerie, Armes, & autres choses qui se trouveroient dedans.

En consequence, le lendemain, sur l'heure de midi, les Capitaines & Soldats-Etrangers, sortirent au nombre d'environ cent quatre-vingt. Les trois Consuls qui étoient

étoient dedans; sçavoir, Antoine *du Robin*, Juge-Ordinaire & Premier-Consul; *Bonnafous*, Docteur & Second-Consul, avec le Cinquiéme, qui n'est point nommé, furent donnez aux principaux Officiers des Troupes, pour en tirer Rançon, de même que les Chanoines & autres Habitans considerables : Quant à ceux qui avoient porté les Armes, ils furent arrêtez Prisonniers; & le reste du Peuple qui s'y trouva, avec les Femmes, renvoyez dans leurs Maisons.

Les Gens-de-Guerre se saisirent aussitôt des Armes; & mirent à couvert les Coffres & autres Meubles-prétieux que les plus riches Catoliques y avoient refugié : La Vaisselle-d'Argent de M^r. de Joyeuse s'y trouva, avec celle de plusieurs Particuliers, qui fut emportée dehors pour être distribuée par M^r. d'Acier.

Cependant, le Menu-Peuple & les Soldats de la Ville, étoient dans l'impatience de prendre leur Part au Pillage : On leur ouvrit les Portes du Fort, dont on les laissa maîtres durant trois jours; & d'abord ils dépoüillérent l'Eglise & les Chambres de ce vaste & somptueux Bâtiment : mais, n'y trouvant pas assés pour satisfaire toute leur Avidité, ils se ruérent sur le Corps du Bâtiment-même; & après en avoir découvert les Tuiles, & emporté le Bois de Charpente, ils arrachérent le Fer, le Plomb & les Vitres : Non-contens encore de cette Exécution, ils entreprirent de renverser tout l'Edifice; & après avoir enfoncé le double-rang de Voûtes qui regnoit le long du Cloître, & dans les trois grands Corps-de-Logis, ils en auroient entamé les Murailles, si les Ruïnes qu'ils venoient de faire ne les en eussent empêché : ils furent plus heureux à abatre un Corps-de-Logis moins-élevé, qui partoit de la Maison (dite aujourd'hui du Campanier) & venoit joindre les Murailles du Fort.

Dans la fureur de ces Démolitions, ils coururent à celui des quatre Clochers de l'Eglise dont ils avoient été les plus incommodez dans leurs Tranchées : Ils commencérent à le saper & à l'étayer en même-tems avec de grosses Poutres; après-quoi, ils mirent le feu aux Etançons : de maniére que le Clocher en tombant, enfonça les Voûtes de l'Eglise & du Portique, & entraina une partie de la Muraille.

Pendant qu'on étoit si acharné contre cet Edifice, M^r. d'Acier alla joindre le S^r. de Cypiére; qui s'étoit avancé vers le S^t. Esprit pour en faire lever le Siége au Comte de Suze : Il partit de Montpellier le 20e. de Novembre, & y laissa pour Gouverneur, le Seigneur Daubais, qui fit élire deux jours après, douze Habitans de la Ville, pour prendre soin de la Police, jusqu'à une nouvelle Election des Consuls. La Fonction la plus brillante de leur Administration, fut un beau Feu-de-Joye qu'ils firent le 11e. de Décembre; à l'occasion de la Bataille de S^t. Denis, où le Connétable de Montmorency fut blessé à mort; & quoique le Champ-de-Bataille eût resté aux Catoliques, ils comptoient pour beaucoup la Perte du plus grand Enemi de leur Religion. Dans la Joye où la Populace entra ce jour-là, ils allérent raser à fleur-de-terre, l'Eglise de S^t. Firmin, avec le Monastére de S^{te}. Catérine, près la Porte de la Blanquerie : Et pour se venger du Capitaine *Page* de Lunel, qui avoit laissé prendre aux Catoliques la Tour de la Carbonniére, ils demandérent, avec de grandes Instances, qu'il fût décapité; ce qui fut fait à Montpellier dans les derniers jours de l'année 1567.

1567.

VI.

CHAPITRE SIXIÉME.

I. Nouveaux-Troubles aux Environs de Montpellier. II. Démolition des Eglises de la Ville. III. Publication de Paix, suivie bientôt de la Guerre. IV. Serment exigé des Huguenots & des Catoliques. V. Nouveaux-Préparatifs de Guerre. VI. Bataille de Jarnac. VII. Grande-Conspiration à Montpellier. VIII. Bataille de Moncontour.

LEs Commencemens de l'année 1568. se ressentirent du Mouvement que la Bataille de S^t. Denis avoit causé dans toute la France. On combatit avec chaleur dans le Bas-Languedoc, où les Catoliques de Montpellier surprirent *Poussan*;

I.

1568.

1568.

& prirent *Balaruc* d'Assaut. Le Baron de Ganges ayant enlevé *Sumene* aux Religionnaires, le reperdit peu de jours après avec la Vie : Mais, le grand Effort de la Guerre étoit aux Environs du Pont du S^t. Esprit, Poste également important aux deux Partis, pour la Communication des trois Provinces. On marque que M^r. de Joyeuse, voulant aller joindre les Catoliques de Provence, conduisit ses Troupes par la Plage, entre la Mer & l'Etang, & qu'il fit avec le Comte de Suze, le Siége du S^t. Esprit, qu'ils prirent, & qu'ils reperdirent, ce qui donna le tems à M^r. d'Acier de venir tenir les Etats à Montpellier, pour faire contribuer à l'Entretien de ses Troupes, les Diocéses de *Viviers*, d'*Uzés*, de *Nîmes* & de *Montpellier*, avec une Partie du *Gevaudan*, qui formoient son Gouvernement.

On marque, que sur la fin de Janvier, il fit proceder à l'Election des Consuls, sans attendre le premier de Mars, où l'on avoit accoûtumé de les faire : Aprèsquoi, ayant été rejoindre ses Troupes vers le S^t. Esprit, & combatu avec diférens Succès contre M^r. de Joyeuse, il reçut Avis d'une Paix prochaine & favorable aux Huguenots. Le Porteur de cette Nouvelle étoit un Gentilhomme de la Maison d'*Entragues*, qui étoit muni d'un Passeport du Roi, & de Lettres de Créance de M^r. le Prince. Comme il avoit des Demandes à faire, M^r. d'Acier le conduisit à Montpellier, où, en plein Conseil, il exposa les Avantages de la Paix, & le Besoin-d'Argent où étoit le Roi, pour congedier les Troupes-Etrangéres : Surquoi il demanda cinq cent mile livres aux quatre Diocéses, & au Païs de Gevaudan ; à quoi il fut répondu par nos Consuls, que le Diocése de Montpellier fourniroit avec plaisir son Contingent.

II. L'assurance de cette Paix, jeta le Peuple dans une grande Joye : mais, dans la peur de voir un jour les Catoliques rentrer dans leurs Eglises, ils prévinrent la Publication de la Paix, en détruisant toutes les Eglises qu'ils s'étoient contentez jusqu'alors de dépoüiller. Ce fut en ce tems, qu'ils démolirent à fleur-de-terre, St. Ruf, Ste. Foy, St. Jean, St. Paul, Ste. Anne, St. Sebastien du Palais, Ste. Croix, St. Nicolas, St. Mathieu, & la Maison-Episcopale, dite *la Sale de l'Evêque* : Quant à l'Eglise de Nôtre-Dame des Tables, ils se contentérent d'en enfoncer les Voûtes, & ne touchérent point aux Murailles, pour ne pas affoiblir la grande Tour de l'Horloge.

Enfin, la Paix fut publiée à Montpellier le dernier d'Avril, quoique l'Edit en eût été déja donné dans le mois de Mars : il confirmoit & remettoit en son entier, celui qui leur avoit été accordé cinq ans auparavant ; revoquant & annullant toutes les Exceptions, Déclarations & Interpretations qui avoient été faites au contraire. Les Huguenots, à leur ordinaire, acceptérent avec plaisir, tout ce qu'il y avoit d'avantageux pour eux dans cet Edit : mais, ils ne voulurent point recevoir de Garnison dans la Ville ; car, il est marqué que le S^r. de *Sarlabous*, Colonel du Regiment d'Infanterie de Languedoc, s'étant présenté le 7e. du mois de Mai, pour entrer dans Montpellier, les Portes lui en furent fermées : Surquoi, Députation ayant été faite en Cour, & le Roi s'étant expliqué pour la Garnison, Jean de *Nadal*, S^r. de la *Crouzette*, & Guidon des Gendarmes du Maréchal d'*Amville*, fut reçû dans le mois de Juin, avec deux Compagnies de Gens-de-Pied ; ce qui eut encore lieu à Nîmes, à Lunel & Sommiéres, jusqu'au S^t. Esprit.

III. Cependant, la Défiance augmentoit à la Cour, entre les Chefs des deux Partis : La Reine se plaignoit des Huguenots, & les Huguenots de la Reine ; Ils refusérent de lui remettre *Sancerre*, *Vezelay*, *Montauban*, *Castres*, *Milhau* & *la Rochelle*, qu'ils fortifiérent à la hâte. Comme on n'avoit pas pris soin à Montpellier d'y desarmer les Religionnaires, ils appellérent dans leur Ville un grand-nombre d'Etrangers, qui donnérent tout à craindre au S^r. de la *Crouzette*, parcequ'il n'étoit point en état de leur resister : Il crut devoir appeller des Troupes à son Secours ; mais, aussitôt le Peuple tendit les Chaines aux Avenuës de la Porte de la Blanquerie, & de celle des Carmes, par où le Secours devoit entrer : il fit des Retranchemens autour du Palais, où la Garnison s'étoit retirée ; & l'on vit le moment où la Ville alloit être sacagée au premier Coup-d'Arquebuse, si la Crouzette n'eût arrêté ses Soldats, & suspendu l'Entrée des Troupes du Dehors. D'autre côté, les Principaux de la Ville adoucirent l'Esprit du Peuple ; ensorte que sans-
coup-

coup-ferir, il fut convenu que les Etrangers vuideroient inceſſament la Ville, auſquels voulurent ſe joindre, ceux des Habitans qui avoient eu le plus de part au Trouble, parmi leſquels on compte, les cinq premiers Conſuls, & deux Miniſtres, qui ſe retirérent tous enſemble dans les Cévénes, en nombre de plus de douze-cent Perſonnes.

Cet Evenement, qui arriva le 27ᵉ. de Juillet, fit hâter la Marche de Mʳ. de Joyeuſe, qui partit de Narbonne, & ſe rendit à Montpellier, avec un grand-nombre de Cavalerie, le 30ᵉ. du même mois. Dès le lendemain de ſon Arrivée, il rétablit les Eccléſiaſtiques; il remit en Charge les Conſuls-Catoliques de l'année précédente, & fit créer douze Conſeillers-Catoliques, pris du Clergé, de la Nobleſſe, & du Tiers-Etat.

Toutes ces Diſpoſitions particuliéres, étoient une ſuite des Broüilleries de la Cour, où les deux Partis ne gardoient plus de Ménagement. L'Amiral, qui étoit l'Ame du ſien, mettoit tout en mouvement: Le Prince publioit des Manifeſtes; & tous-deux cherchoient déja à s'aſſurer d'une Place, où ils puſſent aſſembler des Troupes. Quelques Catoliques de Montpellier, s'abandonnant un peu trop à l'Eſprit du Tems, allérent dans la nuit du 4ᵉ. d'Août; mettre le feu à la Porte du Prêche qu'on faiſoit à la Cour du Baile; ils y renverſérent la Chaire, briſérent les Bancs, & auroient abatu les Murailles, ſi Mʳ. de Joyeuſe n'eût envoyé des Gens pour arrêter le Deſordre. Cette Entrepriſe, qui ne trouva point de terme aſſés fort pour être exprimée, porta les Huguenots (comme ils diſent eux-mêmes) à ſe roidir contre l'Eguillon: ils envoyérent les deux Miniſtres qui leur reſtoient, joindre les deux autres qui étoient déja dans les Cévénes; ils firent ceſſer leurs Prêches, & ſe preparérent à ſuivre le Sort-General de leur Parti.

Environ ce tems, Mʳ. de Joyeuſe étant parti pour le Sᵗ. Eſprit, reçut à Nîmes des Ordres de la Cour, pour faire prêter aux Huguenots un Serment oppoſé à celui que le Prince de Condé avoit exigé d'eux: Il portoit en ſubſtance, „ Qu'ils „ reconnoiſſoient le Roi Charles IX. pour leur Souverain: Qu'ils ne prendroient „ jamais les Armes contre ſon Service ni contre ſes Ordres: Qu'ils n'aideroient ja- „ mais, directement ni indirectement, ſes Enemis; Et s'il lui plaiſoit les conſerver „ ſans-trouble dans Montpellier, ils promettoient de ne pas abandonner la Ville, „ & de vivre en bonne-intelligence avec les Catoliques. Ce Serment fut prêté à Montpellier ſur la fin du mois d'Août, un Sixain après l'autre, par tous les Huguenots de la Ville; & peu de jours après, il vint une nouvelle Formule de Serment pour les Catoliques, dans lequel „ ils promettoient un Attachement in- „ violable à la Foi-Catolique & au Service du Roi: d'employer leurs Vies & leurs „ Biens à la Défenſe de l'un & de l'autre; d'entretenir la Paix dans la Ville de „ Montpellier, & de vivre fraternellement avec les Religionnaires qui auroient „ prêté Serment.

Cependant, Mʳ. de Joyeuſe faiſoit ſon poſſible au St. Eſprit, pour ôter le Paſſage aux Troupes de la Provence & du Dauphiné, qui devoient aller joindre le Prince & l'Amiral, refugiez à la Rochelle; Elles trouvérent le moyen, ſous la Conduite du Sʳ. de Mouvans, de paſſer le Rône entre Viviers & Montelimard; & ayant joint le Seigneur d'Acier dans les Cévénes, ils prirent tous leur Route par le Roüergue, pour aller renforcer l'Armée de Mʳ. le Prince: Alors, Mʳ. de Joyeuſe les ſçachant hors de la Province, ramena ſes Troupes à Montpellier, pour aller de là contenir les Huguenots de Caſtres & de Montauban, & ſe rendre enſuite auprès du Duc d'Anjou, qui avoit la Lieutenance-Generale du Royaume. Tous ces Mouvemens-de-Guerre, firent donner un nouvel Edit, du 15ᵉ. Septembre, par lequel le Roi déclaroit ne vouloir qu'une ſeule Religion dans ſes Etats; & ordonnoit, ſous peine de la Vie, à tous les Miniſtres, de ſortir du Royaume: donnant néanmoins Amniſtie de tout le paſſé, à ceux de la Religion qui quiteroient les Armes; & déclarant auſſi, ne vouloit plus ſe ſervir dans les Cours de Juſtice, des Officiers qui feroient de la Religion-Proteſtante.

Cet Edit, qui fut publié ſolennellement à Montpellier le 19ᵉ. d'Octobre, fit revenir à la Religion-Romaine, pluſieurs Officiers & autres Habitans; ce qui aida beaucoup le Baron de Caſtelnau-de-Guers, (qui en avoit été rétabli Gouverneur

1568.   par Mr. de Joyeufe) à y maintenir la Paix pendant le Tems critique où les deux Armées, du Roi & du Prince, étoient à s'obferver, & à s'enlever diverfes Places aux Environs de la Rochelle : La rigueur de l'Hiver, qui fut extrême cette année-là, les empêcha d'en venir à une Action-Generale, outre que Mr. le Prince perdit tout le grand Secours que lui amenoit le Seigneur d'Acier, qui fut taillé-en-piéces au fortir du Perigord, par le Duc de Montpenfier & le Maréchal de Briffac.

1569.   On fe reffentit à Montpellier, pendant les deux premiers mois de l'année 1569. de l'Inaction où le grand Froid avoit tenu les deux Armées : Tout y fut tranquile jufqu'au 5e. du mois de Mars, où l'on eut une Séne bien funefte, par la Fin déplorable de ce même Jacques *de Farges* qui avoit eu l'honneur de recevoir chès lui le Roi Charles IX. Ce bon Homme, trop zélé pour fa Religion, eut le malheur de fe prêter à fon Parti, pour receler des Armes & plufieurs Caques de Poudre ; ce qui le fit arrêter, lui, fa Femme & fes Enfans, & conduire à la Maifon-de-Ville. Le Peuple en ayant eu le Bruit, alla mettre le feu à fa Maifon ; & courant à l'Hôtel-de-Ville, demanda, à grands-Cris, qu'on en fit un Exemple : Le Juge-Mage & les Confuls, preffez de s'affembler fur-le-champ, le condamnérent à être pendu ; mais, le Peuple, impatient de voir fon Execution, le prit lui-même, & l'alla pendre aux plus hautes Fenêtres de fa Maifon.

VI.   Vingt jours après, on reçut de la Part du Roi, la Nouvelle de la Victoire du Duc d'Anjou fur Mr. le Prince, qui avoit été défait & tué le 13e. de ce mois, à Jarnac fur la Charante : Les Catoliques de Montpellier en rendirent de grandes Graces à Dieu ; & à cette occafion ils renouvellérent le lendemain, 24e. jour de Mars, l'Ufage des Proceffions-Generales, interrompu depuis long-tems dans leur Ville. Après cette Défaite, l'Amiral de Chatillon ralia fon Armée, qu'il conduifit à Cognac, dont le Duc d'Anjou tenta inutilement le Siége ; ce qui obligea le Maréchal Dampville, de faire venir aux Environs de Touloufe, toutes les Forces du Bas-Languedoc.

Cette Diverfion encouragea les Religionnaires des Cévénes ; Ils défcendirent dans le mois de Juillet, & prirent fur les Catoliques, *Montpezat-lez-Sommiéres* : Peu de jours après, ils s'empárérent de *Melgüeil*, qui les rendit maîtres des Vilages voifins ; de forte qu'ils ôtérent aux Habitans de Montpellier ; toute Communication avec *Sommiéres* & *Lunel*.

Un fi mauvais Voifinage, fit prendre la Refolution au Seigneur de St. André, Gouverneur d'Aiguemortes, & Commandant à Nîmes, de joindre fes Troupes à celles du Baron de Caftelnau, Gouverneur de Montpellier, pour faire le Siége de Melgüeil. Cette Place, autrefois forte d'Affiette, avoit été démantelée l'année précedente, pour éviter la peine de la garder ; de manière que tout ce que les Huguenots purent faire alors, fut d'y creufer de bons Foffez, & de former, avec la Terre qu'ils en tiroient, de bons Ramparts, qui furent en état de refifter durant trois jours à l'Artillerie des deux Gouverneurs : Au bout de ce terme, ils en levérent le Siége ; mais, les Gens de Melgüeil travaillérent bientôt à avoir leur Revenche, en engageant, comme ils firent, un Capitaine-Catolique, nommé *Barry*, du côté de France, de leur ouvrir la Porte de Lates.

VII.   Leur Complot étoit, que le Jour de St. Mathieu, 21e. de Septembre, Barry fe préfenteroit de grand-matin à cette Porte, avec des Huguenots enchainez, comme s'il les avoit pris en Guerre ; & qu'ayant fait arrêter fes Prifonniers entre les deux Portes, comme pour les compter & les vifiter, il donneroit le tems aux Gens de Melgüeil, qui feroient en Embufcade, de fe jetter dans la Ville, tandis que d'autres Conjurez qu'ils avoient dans Montpellier, mettroient le feu à quelques Maifons pour occuper le Peuple. Heureufement, un Enfeigne de ce Capitaine, nommé *Travers*, eut horreur du Maffacre qui fe preparoit : il en avertit le Gouverneur, qui lui donna ordre de fuivre toûjours fon Capitaine ; & étant venus tous les deux dans la Ville quelques jours avant l'Execution, le Gouverneur reçut à fon ordinaire le Capitaine Barry, qui ne fe défia de rien : mais, lorfqu'il voulut fortir pour executer fon Deffein, il le fit arrêter, avec Ceux qui le fuivoient, à la Porte-même qu'il devoit livrer ; & leur Procès ayant été long-tems à inftruire, Barry déclara toutes les Circonftances de fon Complot, & fut décapité

le

le 11e. de Novembre à la Place du Consulat, deux Soldats pendus, & quelques-autres envoyez aux Galéres.

Je ne fçai pourquoi on tarda jufqu'alors à Montpellier, les Réjoüiffances-Publiques pour la Bataille de *Moncontour*, gagnée le 3e. d'Octobre fur les Huguenots; car, il est marqué dans nos Mémoires, que la Proceffion-Generale & le Feu-de-Joye, n'y furent faits que le Dimanche 16e. de Novembre. On fçavoit déja à Montpellier, que l'Amiral ayant fait lever le Siége de Cognac au Duc d'Anjou, avoit été joint par les Troupes de Mansfeld, qui lui donnérent moyen de fe remettre en Campagne, & que les deux Armées s'approchoient & s'éloignoient l'une de l'autre depuis quelques mois; mais, apparemment on n'apprit qu'alors leur Rencontre à Moncontour dans le Poitou, où les Huguenots perdirent toute leur Artillerie & leur Bagage, avec dix ou douze mile Hommes: On fçut par la même Voye, que d'Acier, fi connu dans Montpellier, étoit du nombre des Prifonniers.

Après cette grande Défaite, le Débris de l'Armée fut diffipé; L'Amiral conduifit à Montauban, le Prince de Bearn, avec le Fils-Aîné du feu Prince de Condé: Une partie de leurs Troupes fe retira dans les Provinces; & celles qui revinrent dans le Bas-Languedoc, y furprirent la Ville de Nîmes, dans le tems qu'on faifoit à Montpellier des Réjoüiffances pour leur Défaite à Moncontour. Nos Mémoires marquent, que fur la Mi-Novembre ils furent introduits dans Nîmes par un Aqueduc; qu'il y eut beaucoup de Meurtres, & que les Réligieux & les Prêtres s'y défendirent vaillament: Le Château fut preferé par un Capitaine de la Garnifon, nommé *Aftoul*, qui s'y jeta dedans; & le Seigneur de St. André, Gouverneur d'Aiguemortes, qui y commandoit pour le Roi, ayant voulu fe fauver par les Murailles, fe bleffa griévement, d'où ayant été porté dans fon Lit, il y fut maffacré de fang-froid deux jours après.

1569.

VIII.

CHAPITRE SEPTIÉME.

I. *Marche-Extraordinaire de l'Amiral de Chatillon, qui produit plufieurs mauvais Effets aux Environs de Montpellier.* II. *Publication d'une nouvelle Paix.* III. *Nouveaux-Commiffaires du Roi à Montpellier.* IV. *Le Maffacre de la St. Barthelemi n'y caufe aucun mauvais Effet.*

L'AMIRAL de Chatillon, de qui le Courage & le Bon-Sens ne paroiffoient jamais tant que dans l'Adverfité, fe preffa, étant arrivé à Montauban, de ramaffer tout ce qu'il put de Troupes, tant de celles qui avoient échapé à Moncontour, que de celles qu'on lui amena des Villes de fon Parti; Il les envoya d'abord aux Environs de Touloufe, où elles firent tous les Maux qu'on peut voir dans l'Histoire de cette Ville: Mais, comme fes Vûës ne fe bornoient pas à la feule Vengeance qu'il vouloit tirer du Parlement, à caufe de fa grande Rigidité envers les Religionnaires, il entreprit une Marche des plus hardies qu'on life dans l'Histoire, qui fut de traverfer tout le Royaume, pour aller recevoir les nouveaux Secours qu'il attendoit d'Allemagne, & aller enfuite fe préfenter devant Paris; Il prit fa Route au commencement de Mars, par le Bas-Languedoc, où il donna lieu à des Evenémens remarquables pour Montpellier.

I. 1570.

La Faille, T. 2. pag. 290.

Après avoir ravagé *Montreal* & *Conques*, près de Carcaffonne, *Servian* & *Cazouls*, près de Beziers, il vint en faire autant à *Pignan* & au *Terrail*, près de Montpellier: & faifant arrêter fes Troupes fur la Hauteur de St. Martin de Prunet, il menaça la Ville d'en faire le Siége; à quoi il étoit fort folicité par les Religionnaires-Fugitifs. Les Catoliques, qui étoient alors Maîtres de Montpellier, le faluérent de toute l'Artillerie qu'ils avoient fur leurs Murailles: de forte que l'Amiral jugeant-bien que l'Entreprife feroit longue, tant par le Courage des Habitans, que par la bonne Difpofition de la Place, dont on avoit rafé tous les Dehors, il prit le parti de faire défiler fes Troupes, partie vers *Lates* & *Melgüeil*, partie vers *Montferriér*

1570.

& *le Crez*, pour les faire vivre plus commodément, & pour recüeillir Ceux de la Religion qui voudroient se venir joindre à lui.

La Garnison de Montpellier, n'osant les aller attaquer à *Melgüeil* ni à *Lates*, s'avança jusqu'au *Crez*, où étoit une partie de leur Cavalerie, qui y fut surprise: La Loüe leur Maréchal-de-Camp y fut tué, & cent soixante Chevaux enlevez. Cet Echec irrita si fort l'Amiral, qu'il fit brûler les Maisons-de-Campagne, couper les Arbres, enlever les Bestiaux, & raser les Châteaux de *Montferrier* & du *Crez*: Ensuite, ayant été se reposer à *Massillargues*, il en partit pour aller former le Siége de *Lunel*.

Dans ce même-tems, (c'est-à-dire le 3ᵉ. d'Avril) le Maréchal Dampville arriva à Montpellier, avec toutes les Forces qu'il avoit pû ramasser de son Gouvernement: Il trouva le moyen de ravitailler si bien la Garnison de Lunel, que l'Armée des Princes (car c'est ainsi qu'on appelloit l'Armée de l'Amiral) en délogea le 7ᵉ. jour; Mais, afin que le Maréchal ne pût les poursuivre, ils mirent le feu par tout leur Passage jusqu'au St. Esprit: de sorte que la Desolation devint si grande, que tous les Païsans de la Campagne furent obligez de se refugier dans les Villes, où ils causérent bientôt la Famine.

» La Sédition auroit été infailliblement à Montpellier, (disent nos Mémoires)
» si la Présence de Mr. le Maréchal n'y eût contenu le Peuple: Il s'y arrêta ex-
» près durant quinze jours, pendant lesquels il procura aux Habitans, tous les Se-
» cours qu'il put tirer de Narbonne & du Haut-Languedoc; Mais, aux Approches
» de la Moisson, ce fut une chose bien triste, de les voir courir les Armes à la main,
» pour enlever le peu de Grains qui étoient échapez du Ravage, où il arriva sou-
» vent que les Combatans se tuérent pour une Gerbe.

II. Les choses restérent dans ce triste état, jusqu'au 19ᵉ. d'Août, qu'on vit arriver à Montpellier deux Gentilshommes; l'un Catolique, dépêché par le Roi, & l'autre Protestant, envoyé par les Princes, qui, après avoir passé par *Nîmes* & *Melgüeil*, dirent à Montpellier, qu'il y avoit un Edit nouveau, beaucoup plus étendu que les précedens; & qu'ils exhortoient, de la Part de leurs Maîtres, chacun des deux Partis, de convenir d'une Suspension-d'Armes, jusqu'à-ce que le nouvel Edit eût été reçu par Mr. le Maréchal: La Proposition fut acceptée avec joye, & la Suspension publiée à Montpellier le lendemain 20ᵉ. d'Août.

Peu de jours après arriva l'Edit, donné à St. Germain-en-Laye le 15ᵉ. d'Août, par lequel le Roi rétablissoit les Religionnaires dans leurs Biens & dans leurs Charges. Il leur permettoit de recuser certain nombre de Juges dans chaque Parlement, & d'évoquer generalement de celui de Toulouse, aux Requêtes de l'Hôtel. Il leur laissoit l'Exercice-libre de leur Religion, 1°. Dans toutes les Villes tenuës par eux le premier dudit mois d'Août: 2°. Dans les Fauxbourgs de deux Villes qui leur seroient marquées dans chaque Province: 3°. Chez tous les Seigneurs Hauts-Justiciers de Haut-Haubert; c'est-à-dire, *Lige*. De plus, il leur étoit donné quatre Villes de Sureté: sçavoir, *la Rochelle*, *Montauban*, *Cognac* & *la Charité*: sous la Promesse solidaire des deux Princes, & de vingt Gentilshommes, de les remettre dans le même état au bout de deux ans.

Le Maréchal Dampville, qui étoit à Beaucaire lorsqu'il reçut cet Edit, l'envoya à Montpellier, où il fut publié le 26ᵉ. d'Août; & le 17ᵉ. du mois suivant, il se rendit en cette Ville, avec un grand-nombre de Fugitifs, qui s'en étoient retirez deux ans auparavant. On marque qu'il y avoit parmi eux, des Officiers-de-Justice, des Gentilshommes, & deux Ministres, le reste n'étant que du Menu-Peuple: mais, que de tous ceux qui en étoient sortis en 1568. la moitié avoit péri dans les deux Batailles de Jarnac & de Moncontour.

Il restoit à les faire joüir de l'Exercice-libre de leur Religion qui leur étoit accordé; Mais, aux termes de l'Edit, ils ne pouvoient pas l'avoir dans Montpellier, puisqu'ils n'en étoient point les Maîtres au commencement du mois d'Août. On trouva la même dificulté pour les Fauxbourgs, parceque la Ville de Montpellier n'étoit point marquée dans l'Edit: Ainsi, on se reduisit à chercher dans le Voisinage, une Terre de quelque Haut-Justicier; & Jacques *de Sarret*, Seigneur de St. Jean *de Vedas*, à une lieuë de Montpellier, leur ayant offert Territoire, » Tous
les

,, les Religionnaires de la Ville y allérent entendre le Prêche, où (comme difent 1570.
,, nos Mémoires) Jeunes & Vieux, Hommes & Femmes, fe rendoient aux Jours
,, ordonnez.

Pendant le Séjour que M^r. Dampville fit à Montpellier, on interrompit les Gardes accoûtumées, en figne d'une Confiance reciproque, & l'on ceffa de fonner les Cloches qu'il y avoit aux Portes de la Ville pour relever les Sentinelles: mais, à fon Départ il y laiffa deux Compagnies pour monter la Garde à la Loge; ce qui continua tout le refte de cette année dans un grand-calme de la part des Habitans: Ils folennifèrent d'un commun-accord, dans le mois de Décembre, les Nôces du Roi Charles IX. celebrées à Meziéres, dans le mois précedent, avec Elizabet Fille de l'Empereur Maximilien II. mais, la Divifion inévitable dans un Peuple de diferente Religion, ne tarda point à venir.

La Chofe commença avec l'année 1571. par la Jaloufie que prirent les Catoli- III. 1571.
ques, de la Refidence que les Miniftres revenus avec les Fugitifs, faifoient dans Montpellier: Ils obtinrent un Ordre de la Cour, qui leur défendoit de refider dans les Villes où l'Exercice de leur Religion n'étoit pas permis; ce qui fut caufe que les Miniftres *Laplace*, *Maupeau* & *Formy*, fe retirérent à S^t. Jean de Vedas. Alors, les Religionnaires de Montpellier s'unirent avec toutes les Villes de leur Parti, pour faire leurs Doléances en commun; & ils réuffirent fi bien, que le Roi envoya des Commiffaires dans les Provinces, pour l'Execution du dernier Edit. Ceux qui furent envoyez dans le Languedoc, étoient Meffieurs *Belot*, Maître des Requêtes, & *Molé*, Confeiller au Parlement de Paris, qui, ayant oüi les Plaintes, décidérent plufieurs Articles en faveur des Huguenots, que la Cour jugeoit à propos de ménager alors, plus qu'elle n'avoit jamais fait.

On marque que ces Commiffaires permirent aux Miniftres retirez à S^t. Jean de Vedas, de revenir à Montpellier; qu'ils fuprimérent une Proceffion que les Catoliques faifoient le 27e. Juillet, en Mémoire de leur Retour dans la Ville en l'année 1568. & qu'ils ne voulurent point autorifer une Confrerie de Penitens, que quelques Zélez-Catoliques avoient commencé à Montpellier. Pour l'Execution de ces Ordonnances, M^r. Molé y paffa tout l'Eté de 1571. tandis que le Roi n'omettoit rien pour ôter à l'Amiral toute forte de Défiance. Je ne raporterai point ici ce que l'Hiftoire de France nous marque bien-au-long fur cela; mais, je ne puis fuprimer, que le nouveau Credit de l'Amiral fervit aux Religionnaires de Montpellier, pour faire retirer les deux Compagnies qui y étoient en Garnifon, & qui reçurent Ordre d'en fortir le 13e. d'Octobre, peu de tems avant que M^r. de Joyeufe y vînt tenir les Etats de la Province.

La Faveur de l'Amiral, qui donnoit de la Jaloufie à ceux des Catoliques qui ne penetroient point les Intentions du Roi, augmenta le Courage des Religionnaires. Ceux de Montpellier, non-contens d'avoir été déchargez de leur Garnifon, firent agir pour avoir un Gouverneur qui leur fût agreable, & ils eurent le Credit d'obtenir le Seigneur Jean des *Urciéres*, Chevalier de l'Ordre du Roi, & na- 1572.
tif de leur Ville. Peu de tems après, le Roi leur donna pour Intendant de Juftice, Pompone *de Bellievre*, Préfident au Parlement de Grenoble: Mais, ces deux Seigneurs, voyant qu'il fe formoit une grande Animofité entre les Catoliques & les Huguenots, n'y trouvérent d'autre Reméde, que de faire abfenter de la Ville, les principaux Chefs des deux Partis; Ils en reçurent l'Ordre de la Cour, qui fut executé, malgré les Plaintes que firent les uns & les autres, de ce qu'on introduifoit dans Montpellier, l'*Oftracifme* des Athéniens.

Cependant, on continüoit à la Cour, de flater l'Amiral, du Commandement IV.
de l'Armée qu'on difoit vouloir envoyer dans les Païs-Bas; & l'on endormoit tous les Seigneurs-Proteftans, par les Préparatifs du Mariage entre le Prince de Bearn & Madame Marguerite Sœur du Roi. La Reine de Navarre, Mere du Prince, fe rendit à Paris, où elle mourut fubitement: l'Amiral de Chatillon y fut bleffé d'un Coup-d'Arquebufe, en revenant du Louvre; & deux jours après, on fit le fameux Maffacre de la Saint-Barthelemi, où l'on ne pardonna qu'au Roi de Navarre, au Prince de Condé, & à peu d'autres, comme au Seigneur *d'Acier*, (fi connu dans nôtre Hiftoire) qui échapa du Maffacre par le Credit du Duc d'Uzés fon frere,

1572.

Philippy.

Il fut refolu de continüer ces cruelles Executions dans tout le Royaume, & les Dépêches en furent expediées, de l'Ordre du Roi Charles IX. par *Simon Fizes*, Baron de Sauve, & Secrétaire-d'Etat ; mais, comme il étoit du Païs, il donna un Ordre fecret au Courier, nommé la *Bruflée*, qui devoit paffer à Montpellier, d'en avertir le Seigneur des Urciéres fon beaufrere ; qui le dit au Baron de Lamoufſon, qui fans dire les raifons qu'il en avoit, fit partir inceffamment pour Melgüeil, les Miniftres *Payen* & *Formy*, avec les Principaux du Confiftoire ; de forte que lorfque M.r de Joyeufe reçut le Paquet de la Cour, les Perfonnes par qui il étoit à craindre qu'on n'eût commencé le Maffacre ; fe trouvérent en Lieu de fureté.

Mais, les bonnes Difpofitions de M.r de Joyeufe, rendirent toutes ces Précautions inutiles : car, ce Seigneur, qui commandoit en feul dans le Languedoc, parceque le Maréchal Dampville s'étoit retiré à Chantilli avant le Maffacre de la St. Barthelemi, fit connoître ouvertement, qu'il n'executeroit jamais les Ordres-Sanguinaires qu'il venoit de recevoir ; & il s'en expliqua en des termes (raportez dans nos Mémoires) qui font une Preuve fignalée de fa Douceur & de fon Humanité.

On prit feulement la Précaution, de faire enfermer les principaux Religionnaires qui avoient refté dans Montpellier ; en quoi on leur rendit fervice ; parceque les Catoliques ayant pris les Armes pour fe tenir fur leurs gardes, ils n'eurent aucun Objet devant les yeux qui pût les mettre en mouvement. Tout refta tranquile jufqu'à Nouvel-Ordre, qui heureufement ne tarda point à venir ; car, dès le 8.e Septembre, on vit arriver un fecond Courier, avec une nouvelle Déclaration du Roi, qui avoüoit le Meurtre de l'Amiral, pour Caufe de Confpiration découverte contre fon Etat & contre fa Perſonne : Il promettoit à fes Sujets de la Religion, toute Sureté, felon le dernier Edit de Pacification ; fauf, qu'il leur défendoit toute Affemblée, jufqu'à-ce qu'il eût pourvû autrement à la Tranquilité de fon Royaume.

Gaches.

Cette Déclaration, & la bonne Conduite de M.r de Joyeufe, contint le Languedoc tout le refte du mois de Septembre : mais, le Maffacre de deux cens Huguenots, qui fut fait à Touloufe fur le commencement d'Octobre, épouvanta fi fort Ceux du Roüergue & des Cévénes, qu'ils commencérent à faire des Hoftilitez. Le Roi, pour y remedier, fit donner ordre au Maréchal Dampville, de quiter Chantilli, & d'aller pourvoir aux Affaires de fon Gouvernement : mais, ce Seigneur ne réuffit pas mieux que M.r de Joyeufe ; car, s'étant arrêté à Beaucaire, d'où il croyoit arrêter les Revoltez des Cévénes, il eut le déplaifir de voir qu'ils furprirent dans fon Voifinage, les Villes *d'Uzés* & de *Sommiéres* ; avec quelques-autres Lieux moins confiderables : Ces Pertes lui firent comprendre, qu'il avoit à fe preparer à la Guerre ; & pour avoir dequoi fournir à l'Entretien des Troupes, il fe rendit à Montpellier vers les Fêtes de Noël, pour y tenir les Etats de la Province au commencement de l'année fuivante.

CHAPITRE HUITIÉME.

I. Siége de Sommiéres. II. Petites-Guerres aux Environs de Montpellier. III. Affemblée-Generale pour une Sufpenfion-d'Armes. IV. D'Acier pour le Parti-Catolique. V. Nouvelle-Trahifon à Montpellier. VI. Le Maréchal Dampville fufpect à la Cour. VII. Détention du Duc d'Alençon, & la Mort du Roi.

1573.

I. Les Etats, affemblez à Montpellier dans le mois de Janvier 1573. accordérent au Roi, par forme de Prêt, la fomme de trois cent mile livres, avec lefquelles le Maréchal Dampville fe mit en état d'attaquer les Places du Voifinage qui étoient occupées par les Huguenots : Il prit, après quelques jours de Siége, le Lieu & Château de *Calviffon* ; mais, celui de *Montpezat* ayant voulu foûtenir un Affaut,

Assaut, fut emporté de force, & mis au Pillage. Ces deux Prises servirent de Préparatif au Siège de *Sommières*, qui fut commencé le 11ᵉ. du mois de Février, avec une Armée de quinze mile Hommes, & dix-sept Piéces d'Artillerie, grandes ou petites: Le Maréchal prit son Quartier au Château de *Ville-Vieille*, d'où il étoit plus à portée de son Canon, qui, dans six ou sept jours, fit une assés grande Bréche pour pouvoir monter à l'Assaut.

Comme on ne doutoit point de l'emporter, on voulut en donner le plaisir à Madame la Maréchale, (*Antoinette de la Mark*) qui s'y rendit le 18ᵉ. avec la Comtesse de *Tende*, & plusieurs autres Dames: mais, il arriva que la Chûte d'une grosse Tour qu'on batoit-en-ruïne, boucha une partie de la Bréche; ce qui n'ayant pas empêché les Catoliques de monter à l'Assaut, ils en furent repoussez, avec Perte de plusieurs Officiers, parmi lesquels on compte le Seigneur de *Montpeiroux*, Guidon des Gendarmes de Mʳ. de Joyeuse,& les Capitaines *Limars* & *d'Entremencourt*, du Païs de Picardie. Le 3ᵉ. de Mars suivant, on revint à l'Assaut par trois diferens endroits; & la Resistance fut si vive, de la part des Soldats & des Habitans, que les Catoliques y perdirent *Henry de Foix*, Comte de Candale, Beaufrere de Mʳ. Dampville, qui ayant été porté à Montpellier, y mourut peu de jours après de ses Blessures.

Ce Desavantage fit mieux écouter les Propositions que le General de *St. Ravy*, & le Capitaine *Manduël*, vinrent faire à Mʳ. le Maréchal, de la part des Assiégez: mais, ceux-ci ayant découvert de grands Feux allumez sur les Montagnes des Cévénes, en signe du Secours qu'on leur amenoit, voulurent l'attendre. Le Baron de *Portes*, qui étoit de l'Armée de Mʳ. Dampville, s'opposa si vaillamment au Passage du Secours, qu'il n'entra pas plus de six vingts Hommes dans la Place, avec lesquels la Garnison voulut encore tenir, & fit une si belle Resistance au troisiéme Assaut, qui fut donné sur la fin de Mars, que le Seigneur de Villeneuve, Lieutenant de Mʳ. de Joyeuse, y fut tué d'un Coup-de-Mousquet, & porté à Sᵗ. Drezery, où l'on marque qu'il fut enterré, & que les Assiégeans furent repoussez avec Perte.

Enfin, le défaut de Vivres & de Munitions, fit resoudre le Capitaine Antoine de Pleix *Gremian*, qui commandoit dans la Place, de faire parler à Mʳ. Dampville, qui lui envoya de donner ses Demandes par écrit: Il demanda la Sortie-libre pour ses Gens-de-Guerre, avec Armes & Bagages, & pour les Habitans qui voudroient le suivre, sans être nulement recherchez du passé. Cette Négociation ayant duré tout le commencement du mois d'Avril, on prit jour au neuviéme, pour la Sortie de la Garnison, qui, au nombre de mile Personnes, tant Soldats qu'Habitans, se retirérent dans les Cévénes; de sorte que Mʳ. le Maréchal y fit son Entrée le même jour, accompagné de Mʳ. de Joyeuse, de Jacques de *Castelnau*, *Evêque du Puy*, (de la Maison de Clermont de Lodéve) & d'autre grand-nombre de Gentilshommes.

La Rédition de Sommiéres fut suivie de la Prise du Pont de *Quissac*, qui servoit de Passage aux Troupes des Cévénes: Alors, on parla d'une Suspension-d'Armes, qui fut reglée au Château de Ville-Vieille, d'où le Maréchal envoya ses Troupes en Quartier-de-Rafraichissement, & s'en revint lui-même à Montpellier, où l'on marque son Arrivée sur la fin d'Avril.

Le Beau-tems, qui revint dans le mois de Mai, l'invita d'aller à Beaucaire, où ayant ramassé ses Troupes, il vint se camper entre *Boüillargues* & *Manduël*, pour faire le Dégât aux Environs de la Ville de Nîmes: Cette sorte de petite Guerre, dont il ne pouvoit tirer aucun Avantage-solide, ne servit qu'à la Desolation du Païs; Car, les Huguenots des Cévénes étant décendus dans la Plaine, vinrent surprendre le Château de *Montlaur*, entre Montpellier & Sommiéres, d'où ils mirent à Contribution tous les Vilages-voisins, avec Ménaces de mettre le feu aux Granges, & à tous les Fruits de la Campagne.

Ce Desordre dura dans le Païs, jusqu'au mois de Juillet, où ils furent détournez ailleurs, par les Intelligences qu'ils s'étoient ménagées dans Lodéve, qui fut emporté d'emblée le 4ᵉ. de ce mois, par *Claude de Narbonne*, Baron de *Fangéres*: Ils y firent un Butin extraordinaire, tant par les Dépoüilles des Habitans, qui n'avoient eu aucune part aux Troubles passez, que par le Pillage de l'Eglise de

306 HISTOIRE DE LA VILLE DE MONTPELLIER,

1573.
St. Fulcrand, qui y étoit reveré, (disent nos Mémoires) en Chair & en Os, depuis près de six cens ans.

On se ressentit de ces Troubles jusqu'à Toulouse & à Montauban, où tout étoit dans l'Agitation à cause du Siége de la Rochelle, pressée vivement depuis quelques mois par le Duc d'Anjou. La Resistance extraordinaire des Assiégez, & les Divisions secrettes de son Armée, l'auroient jeté dans un extrême Embaras, si les Nouvelles de son Election à la Couronne de Pologne, ne lui eussent ouvert une Porte pour en sortir avec honneur : On renouvella les Pourparlers d'Accommodement avec les Rochelois, à qui il falut accorder un nouvel Edit, par lequel Ceux de leur Parti avoient Liberté-de-Conscience, & l'Exercice-libre de leur Religion, dans les Villes de la *Rochelle*, *Nîmes* & *Montauban*.

Cet Edit leur rehaussa le Courage, jusqu'à demander au Maréchal Dampville, un Passeport pour aller faire leurs Représentations au Roi : Ce Seigneur, qui se faisoit déja un nouveau Plan de conduite, profita de l'occasion pour convenir d'une Suspension-d'Armes, sous prétexte de donner au Peuple le moyen de faire la Recolte ; & lui-même, ayant dispersé les Troupes qu'il avoit aux Environs de Nîmes, se retira à *Montbazen*, à trois lieues de Montpellier, pour y passer les Chaleurs de l'Eté.

III. Il y étoit encore sur la fin de Septembre, lorsqu'il y reçut une Députation de tous les Religionnaires du Païs, demandant la Prorogation de la Tréve, qui alloit expirer, & la Liberté du St. de *Calviére*, Seigneur de St. Cezaire, qui, revenant d'Allemagne pour les Affaires de son Parti, avoit été pris par les Catoliques. Le Maréchal trouva le moyen de leur faire obtenir tout ce qu'ils demandoient, en renvoyant l'Affaire à deux Hommes-de-Robe, que le Roi avoit mis auprès de sa Personne pour lui servir de Conseil-Ordinaire, & peut-être aussi pour l'observer de plus près ; Ces deux Personnes étoient, Mr. de *Tronchon*, Premier-Président au Parlement de Grenoble, & Mr. de *Colras*, Lieutenant-Principal en la Senéchaussée de Nîmes, auxquels le Maréchal écrivit, d'examiner les Dificultez qu'on pourroit faire sur l'Elargissement du Prisonnier, sans lequel les Huguenots disoient ne pouvoir rien entendre : Il écrivit en même-tems à la Cour des Aides de Montpellier, à la Chambre des Comptes, & au Présidial, de se trouver à l'Assemblée qu'on tiendroit sur cela.

Manuscrit de Philippy.
Elle commença le 26e. de Septembre, & outre les Députez de toutes les Cours de la Ville, on y appella les Personnes de Distinction qui se trouvèrent à Montpellier. Comme on a pris soin dans nos Mémoires, de nous conserver l'Ordre & les Rangs qui furent gardez dans cette nombreuse Assemblée, je croi que le Lecteur en verra ici le Précis avec quelque plaisir. On avoit formé avec des Bancs, un grand Quarré-long, à la tête duquel étoit placée la Chaise de Mr. de Tronchon, qui avoit à sa droite, *François de la Jugie*, Seigneur de Rieux, Gouverneur de Narbonne ; le Seigneur de *Villeneuve*, ci-devant Gouverneur de Montpellier, & *Alphonse d'Ornano*, Colonel des Corses qui y étoient en Garnison, tous Chevaliers de l'Ordre du Roi : Venoient ensuite, Me. *Pierre Convers*, & *Jean de Bousquet*, Maîtres des Comptes ; *Jean Torrillon*, Lieutenant-Principal au Gouvernement de Montpellier ; le Seigneur *Colras*, Lieutenant de Nîmes ; Antoine *Uzillis*, & *Jean de Clair*, Conseillers au Présidial ; & Me. *Jean Perdrier*, Procureur du Roi.

De l'autre côté, à main-gauche de Mr. de Tronchon, étoient Mrs. de la Cour des Aides : sçavoir, *François de Chefdebien*, & *Raymond Viart*, comme Generaux des Finances ; Mrs. de *Beauxhostes* & *Philippy*, Second & Quatriéme Présidens ; *Mathieu de la Coste*, & *Jean de Laussselergues*, Conseillers & Generaux en ladite Cour : Après eux, le Vicaire-General de l'Evêque de Montpellier, le Prévôt, le Sacristain & l'Aumônier de l'Eglise-Catédrale, suivis de (*a*) Mr. de Lamousson, Chevalier de l'Ordre du Roi, en qualité de Premier-Consul, & autres trois Consuls de la Ville.

Dans le Banc du fond de ce grand Quarré, & vis-à-vis du Président, étoient assis plusieurs Consuls & Sindics des Diocéses & Villes-Catoliques, qui étoient à

la

(*a*) Loüis de Bucelli.

Suite de M^r. le Maréchal pour les Affaires de leurs Communautez ; Et au milieu de cette Enceinte, auprès d'une petite Table, étoit affis, Chapeau-bas, le S^r. *Charretier*, Secrétaire de M^r. Dampville, pour écrire les Déliberations de l'Assemblée ; ayant auprès de lui, & debout, M^e. *Loüis de Son*, Avocat de Montpellier, & Subftitut des Sindics de la Province.

1573.

La Propofition ayant été faite par M^r. de Tronchon, & Lecture faite de tous les Actes concernant cette Affaire, on voulut oüir le Raport du S^r. Charretier, qui avoit été à Nîmes, de la part de M^r. le Maréchal, pour s'assûrer de l'Intention des Religionnaires ; Et le tout oüy & mûrement confideré, il fut refolu de reprefenter à M^r. le Maréchal, la neceffité où l'on étoit, fous le bon plaifir du Roi & le fien, de relâcher le Prifonnier, puifque Ceux de la Religion ne vouloient rien entendre qu'à cette Condition : En confequence, la Tréve fut accordée jufqu'à la Mi-Novembre, & publiée à Montpellier dans le mois d'Octobre.

Mais, à peine eut-elle expiré, qu'on vit dans le Païs un Changement des plus furprenans, qui fut de voir revenir pour les Catoliques, le même *Jacques de Cruffol*, qui, fous le nom *d'Acier* ou de *Beaudiné*, avoit fait à Montpellier tant de Renverfemens pour la Caufe des Huguenots : Ce Seigneur, qui venoit de fucceder à fon Frere Antoine de Cruffol, premier Duc d'Uzés, mort fans Enfans, s'étoit rangé du Côté de la Religion qu'on profeffoit à la Cour ; & les Huguenots, pour fe venger de lui, étoient venus des Cévénes dans le Diocéfe d'Agde, où ils s'emparérent de *Florenfac* & de *Pomerols*, qui lui appartenoient. Heüreufement pour le Repos du Païs, le Duc d'Uzés arriva dans ce même-tems, avec les Députez que les Religionnaires avoient envoyé en Cour ; Il étoit chargé des Pouvoirs que le Roi lui donnoit, de conclurre une Tréve, conjointement avec M^r. Dampville : Quoique cette Commiffion donnât au Maréchal bien des Soupçons, qui éclatérent dans la fuite, il ne laiffa point de confentir à une Tréve de trois mois, à commencer du 1^r. Décembre, avec Promeffe qu'on rendroit au Duc d'Uzés, *Florenfac & Pomerols*.

IV.

Pendant cette Tréve, & dans le mois de Décembre, on découvrit à Montpellier, une Trahifon qui lui donna beaucoup à penfer. Un Travailleur-de-Terre ayant été furpris avec un Maçon, parlant enfemble de quelque Complot, furent arrêtez & conduits en Prifon : Le Maçon nia tout ; mais, le Travailleur avoüa qu'ils étoient d'accord avec quelques Menuifiers & Serruriers de la Ville, d'ouvrir aux Fugitifs la Porte de Lates avec de Fauffes-Clefs qu'ils avoient déja. Sur cet Aveu, ils furent executez l'un & l'autre, avec un Garçon Serrurier qui avoit travaillé aux Clefs : Mais, la Juftice ayant voulu proceder contre quelques-autres Complices qu'ils avoient déclaré, on vit une efpéce de Sédition de la part des Religionnaires, qui fe recriérent hautement, comme d'une Infraction de la Tréve, & firent retenir ailleurs par Reprefailles plufieurs Catoliques. Le Maréchal, de fon côté, apprit par la Dépofition des Coupables, que la Confpiration ne devoit éclater que lorfqu'il feroit dans la Ville ; ce qui lui fit comprendre que les Huguenots lui en vouloient autant que les Catoliques, à qui il étoit déja fufpect : Cependant, pour s'accommoder au Tems, il fit ceffer les Procédures & relâcher les Prifonniers qu'on tenoit ; & pour raffurer les Catoliques, il approuva qu'on fît une Proceffion-Generale, à laquelle il voulut affifter, où l'on marque qu'Antoine de *Subjet*, alors Evêque de Montpellier, fit l'Office.

V.

Tous ces Troubles firent remettre à l'année fuivante, la Tenüe des Etats, qui étoit affignée à Montpellier ce mois de Décembre ; & dès le commencement de Janvier, 1574. M^r. Dampville, voulant donner quelque Satisfaction au Duc d'Uzés, fur la Reftitution de *Florenfac* & de *Pomerols*, marcha vers cette derniére Place, que les Huguenots lui remirent : Mais, quant à Florenfac, il renvoya cet Article à la première Conference qui feroit tenüe fur l'Obfervation de la Tréve. On y convint qu'elle feroit continuée jufqu'à la fin de Février ; & l'on profita de cet Intervale, pour tenir à Montpellier les Etats de la Province, qui s'y affemblérent le 15e. de Février, durant lefquels, malgré la Tréve, les Huguenots furprirent *le Château imprenable de Montferrand, appartenant à l'Evêque de Montpellier, & très-bien fitué, mais mal-gardé*, difent nos Mémoires.

1574.

1574. **VI.** Cependant, à la Cour on se défioit plus que jamais du Maréchal Dampville; ce qui l'obligeoit de se tenir renfermé dans son Gouvernement, comme il avoit fait depuis le Massacre de la S^t. Barthelemi : Mais, lorsqu'il vit qu'on tramoit de nouveaux Desseins contre lui, il redoubla ses Soins pour se conserver les Places qu'il tenoit déja; Et pour être plus maître de Montpellier, il nomma de son autorité les Consuls, au 1^r. de Mars de cette année : sçavoir, Messire Jean *des Urciéres*, Chevalier de l'Ordre du Roi; M^e. Jean *Perdrier*, Procureur du Roi au Gouvernement; Bernardin de *Venero*, Bourgeois; Jean *Vidal*, Marchand; Guillaume *Pothion*, & Jean *Gulet* : Et sur les Représentations qu'on lui fit, que Marguerite *de Fizes*, Femme du Seigneur des Urciéres, étant de la Religion-Protestante, son Mari ne pouvoit exercer la Charge de Premier-Consul, il prétexta la Disette où l'on étoit de bons Sujets, & confirma l'Election qu'il avoit faite, malgré toutes Oppositions contraires.

A peine la Tréve eut expiré, qu'on fit à Montpellier, au commencement de Mars, une Montre-Generale des Habitans sous-les-Armes, qui donna lieu à un Diferend (marqué dans nôtre Talamus) entre les Consuls & le Surintendant des Sixains : Cette Charge étoit exercée, depuis les Troubles passez, par M^r. de *la Coste*, General des Aides, qui voulut, dans la Marche, préceder les Consuls; Surquoi, M^r. le Maréchal ordonna, que les Sixains seroient conduits par le S^r. de *la Verune*, Gouverneur de la Ville, marchant avec lui le Premier-Consul : ensuite, les autres cinq Consuls; & après eux, les Capitaines des Sixains.

Ces Préparatifs ayant été faits pour l'Interieur de la Ville, on prit prétexte d'en faire pour les Dehors; ce qui fut reglé en apparence dans une Assemblée remarquable, tenuë à Montpellier sur le commencement d'Avril, où se trouvérent le Vicomte de *Joyeuse*, Lieutenant-de-Roi dans la Province; les Seigneurs de *Suze*, de *Montgiron*, de *Caylus*, & Honoré de *Grille*, Sénéchal de Beaucaire, chargez des Ordres secrets de la Reine : Le premier Effet de tous leurs Préparatifs fut, que les Catoliques reprirent par Escalade le Château de Montferrand, & que les Huguenots se saisirent de la Ville de Massillargues.

VII. Mais, tout changea bientôt de face, par la Découverte qui fut faite alors, d'une Conspiration tramée à la Cour, où plusieurs Seigneurs avoient persuadé au Duc d'Alençon, de se mettre à la Tête des Huguenots. Ce Prince, naturellement irresolu, ne sçut pas se déterminer à sortir de S^t. Germain-en-Laye, lorsqu'ils y envoyérent leur Cavalerie pour le recevoir : Il donna lieu à la Découverte de la Conspiration, qu'il avoüa lui-même, ce qui le fit arrêter avec le Roi de Navarre, & mettre à la Bastille le Maréchal de Montmorency, Frere-Aîné de M^r. Dampville : Thoré leur Cadet ne s'en preserva, qu'en prenant la Fuite avec le Prince de Condé, pour se retirer à Strasbourg.

Il n'en falut pas davantage pour rendre suspect le Gouverneur du Languedoc. On prétendit que la Reine avoit donné Ordre au Duc d'Uzés, de se défaire de lui; mais, il est certain que *Martinengues* fut envoyé de la Cour, pour faire voir à la Province les Ordres du Roi, qui démettoient M^r. Dampville de son Gouvernement, & défendoient aux Peuples de le reconnoître, & aux Soldats Corses de lui obéïr. Les Villes d'*Agde* & de *Beziers*, avec plusieurs autres, se separérent de son Obéïssance; mais, on prit soin de répandre à *Pezenas*, *Montpellier*, *Lunel* & *Beaucaire*, que ces Ordres étoient suposez. Il ne laissa point d'envoyer en Cour le Baron de Rieux, pour s'excuser auprès du Roi : mais, parceque le Bruit couroit toûjours qu'on devoit entreprendre sur sa Personne, il se fortifia dans le Palais de Montpellier, où il mit plusieurs Troupes de renfort. C'est-là, qu'il conclut une Tréve de six mois avec les Huguenots; & fit resoudre dans une Assemblée des Notables de la Ville, que tous les Forts des Environs seroient rasez ou démantelez : d'où viénent en partie les Démolitions qu'on voit encore dans presque tous nos Vilages.

Durant tous ces Mouvemens, le Roi Charles IX. mourut à Vincénes le 30e. de Mai; ce qui ne fut publié à Montpellier que le 13e. du mois de Juin, où il arriva un Courier du Duc de Savoye, député au Maréchal pour lui en donner Avis : Il convoqua aussitôt au Palais, tous les Officiers, Consuls & Magistrats,

pour

pour leur en faire part : mais, le grand-nombre fut surpris qu'il n'eût reçû cette Nouvelle que par un Prince-Etranger ; & l'on commença de se défier des Bruits qu'il avoit fait répandre, pour détruire l'Ordre que Martinengues avoit signifié à la Province : Il partit le lendemain pour Pezenas ; & le 15ᵉ. il y vit arriver le Baron de Rieux, avec des Lettres de la Reine, qui lui marquoit la Mort du Roi, & sa Regence jusqu'au Retour du Roi de Pologne.

Dans cet intervale, le Maréchal Dampville donna ordre aux Affaires de son Gouvernement, & prit ses Mésures auprès du nouveau Roi : il s'avança jusqu'à Beaucaire, dans le dessein de passer jusqu'à Turin, pour y attendre Henry III. qui devoit s'y rendre après avoir traversé l'Allemagne & les Etats de Venise : Il écrivit de Beaucaire le 10ᵉ. d'Août, aux Consuls de Montpellier, que suivant les Lettres du Roi, écrites de Ferrare, ils eussent à faire un Feu-de-Joye pour son Avénement à la Couronne, & une Procession-Generale en Actions-de-graces. Le Feu-de-Joye fut fait le soir-même de la Reception de la Lettre, & le Dimanche suivant la Procession.

Cependant, la Reine, toûjours attentive à conserver son Autorité, qu'elle avoit si fort à cœur, fit partir de Paris *Simon Fizes*, Secrétaire-d'Etat, pour détruire dans l'esprit de son Fils, toutes les Impressions que les Particuliers auroient pû lui donner. L'Affaire réussit si bien, que le Maréchal Dampville, après avoir été favorablement reçû à Turin par le nouveau Roi, apprit du Duc de Savoye, qu'on ne pensoit à rien moins qu'à l'arrêter : Il partit aussitôt en diligence pour son Gouvernement, où il donna lieu aux Troubles que nous allons voir sous le Regne suivant.

FIN DU LIVRE QUINZIE'ME.

HISTOIRE
DE LA VILLE
DE MONTPELLIER,
SOUS LE ROY HENRY III.

LIVRE SEIZIÉME.

CHAPITRE PREMIER.

I. Le Roi part de Lyon pour pacifier le Languedoc. II. Le Maréchal Dampville destitué de son Gouvernement, s'y soûtient en s'unissant avec les Huguenots. III. Petites-Guerres entre lui & le Duc d'Uzés. IV. Négociations de Paix. V. Qui est concluë à Dreux, entre la Reine & le Duc d'Alençon.

I. 1574.

LE Roy Henry III. après avoir mis plus de trois mois dans son Passage de Pologne en France, arriva à Lyon le 10°. de Septembre, où parmi le grand-nombre des Députez que toutes les Villes lui envoyérent, Ceux de Montpellier furent des premiers qui eurent l'Honneur de lui rendre leurs Soumissions : sçavoir, Mᵉ. Jean *Philippy*, Président en la Cour des Aides; Jean des *Urciéres*, Baron de Castelnau, Premier-Consul ; Pierre *Convers*, Maître en la Chambre des Comptes, & Mᵉ. Jean de Clerc, Conseiller au Siége-Présidial de cette Ville.

Dans ce même-tems, le Maréchal Dampville, qui, pour se rendre plus surement en Languedoc, avoit pris la Route de la Mer, aborda au Grau de Melgüeil, presqu'aussitôt que le Roi à Lyon : Il en partit à la hâte pour Beaucaire, où, dans la Resolution qu'il avoit déja prise de s'unir avec les Huguenots, il commença par rapeller Ceux qu'il avoit chassez de la Province pour Cause-de-Religion ; De là, il vint à Montpellier, pour y mettre la derniére-main à un troisiéme Parti qui se formoit dans le Royaume, sous le nom de *Politiques*, lesquels, sans toucher à la Religion, protestoient ne vouloir prendre les Armes que pour le Bien-Public, pour le Soulagement-du-Peuple, & pour la Reformation-de-l'Etat. Sous ce beau Prétexte, les Catoliques-mécontens se rangérent de ce Parti ; mais, comme leurs Forces n'étoient pas sufisantes, ils s'unirent aux Huguenots, par un Traité projeté

1574.

ci-devant à Milhau, & conclu pour-lors à Montpellier, au commencement de Novembre, par lequel ils promettoient de s'entr'aider de leurs Forces, & de laisser vivre chacun dans sa Religion: En consequence, le Maréchal permit à Montpellier, l'Exercice-Public de la Religion-Protestante; & il y établit un Conseil-de-Ville Mi-Parti, c'est-à-dire, composé de douze Catoliques & de douze Huguenots.

Ce commencement de Nouveaux-Troubles, obligea le Roi de séjourner plus long-tems à Lyon, d'où il fit partir une Armée, qu'il leva à la hâte, pour reduire le Languedoc: Elle décendit le long du Rône, & prit *le Poussin* dans le Vivarés, pour s'assurer un Passage sur cette Riviére. Le Roi, qui suivoit son Armée de près, arriva à Avignon sur la Mi-Novembre; & en même-tems, Dampville assembla à Montpellier, les Diocéses-voisins, comme tenant lieu des Etats de la Province. On marque que la Reine, voulant prevenir ce Coup, lui fit rendre une Lettre, du 22ᵉ. de ce mois, par laquelle elle l'invitoit d'envoyer quelque Personne-de-Confiance, pour traiter d'une Pacification; à quoi le Maréchal répondit: » Qu'étant confederé avec Ceux de la Religion, il ne pouvoit rien de lui-» seul; mais, qu'en l'Assemblée prochaine, qui devoit se tenir à Nîmes, il feroit » tout devoir de bon Sujet de la Couronne, sur l'Ouverture-de-Paix qu'il plaisoit » à Sa Majesté d'en faire.

L'Assemblée fut tenuë à Nîmes dans le mois de Décembre, où se trouvérent les Députez, tant des Politiques que de Ceux de la Religion du Royaume, avec ceux du Prince de Condé, retiré alors en Allemagne: Il y fut délibéré, par déference aux Invitations de la Reine, de deputer au Roi à Avignon; mais, tous les Voyages qui y furent faits n'ayant rien produit, le Maréchal signa de nouveau l'Alliance avec Ceux de la Religion, qui le firent leur Chef en l'absence du Prince de Condé.

Le Roi fut alors conseillé d'assembler les Etats du Languedoc; d'autant plus que depuis la Mort de Charles IX. le Parlement de Toulouse avoit défendu, par Arrêt du 19ᵉ. de Juin, à toutes les Communautez de l'Obéïssance du Roi, de se rendre aux Etats que le Maréchal avoit convoqué à Montpellier. Le Roi les assembla à Villeneuve-lez-Avignon; & il en fit l'Ouverture le 20ᵉ. Décembre, dans le Refectoir des Chartreux, sur un Trône élevé de huit Marches, ayant à ses Côtez, sur des Chaises plus basses, le Duc d'Alençon & le Roi de Navarre.

II. Le principal Resultat de cette Assemblée, quant aux Affaires-Generales, fut la Destitution du Maréchal Dampville, de son Gouvernement du Languedoc, que le Roi donna au Duc d'Uzés, à Titre de Gouverneur dans la Generalité de Montpellier, & de Lieutenant-General dans le reste de la Province: Ainsi, le Languedoc se trouva divisé entre trois Commandans; sçavoir, le Vicomte de Joyeuse dans le Haut, le Duc d'Uzés dans le Bas, & le Maréchal Dampville prétendant à l'un & à l'autre.

Cette derniére Disposition du Roi, fit retirer les Villes *de Pezenas* & *de Sommiéres*, de l'Obéïssance du Maréchal, qui s'étant rendu à Montpellier, y éprouva les Traverses inévitables dans le Parti qu'il venoit de prendre. La Reine, sous prétexte de Négociation, lui envoya *Beloy*, pour découvrir ses Desseins, & pour le rendre suspect aux Huguenots. Peu de jours après, on arrêta un Homme, qui confessa dans la Torture, avoir été suborné pour empoisonner le Maréchal: il fut aussitôt executé aux Flambeaux; & les Religionnaires, profitant de cette occasion, desarmérent les Catoliques de la Ville, & leur firent une Persecution si ouverte, que le plus grand-nombre sortit de Montpellier, & n'y revint que six années après.

1575.

Cependant, le Maréchal se preparant à la Guerre, trouva le moyen de se rendre-maître d'Aiguemortes, qui fut petardée, par trente ou quarante Gentilshommes de son Parti, le 12ᵉ. de Janvier 1575. Cette Prise incommoda extrêmement les Catoliques, pour le Passage de leurs Barques de Narbonne à Marseille; & elle enrichit beaucoup les Huguenots, parcequ'ils devinrent les Maîtres des Salins de Pecais, dont la Bourgogne, la Savoye & les Suisses se pourvoyent par les Tirages du Rône & de la Saonne. Le grand-bruit d'Artillerie qu'on fit en prenant

Aiguemortes,

Aiguemortes, se fit entendre jusqu'au-delà d'Avignon, d'où le Roi fit partir en diligence *Sarlabous*, qui en étoit Gouverneur, pour tâcher de rentrer dans la Place : mais, inutilement ; car, le Maréchal s'y étoit rendu à la première nouvelle, & y avoit mis si bon-ordre, qu'elle fut hors d'insulte. On marque, qu'il y établit, comme à Montpellier, les Consuls, & le Conseil Mi-Parti, selon la grande Régle des Politiques, qui se proposoient de maintenir une Egalité-entière entre les deux Religions.

Le Maréchal, en revenant d'Aiguemortes, prit Baillargues par Assaut, entre Lunel & Montpellier ; Et sur la fin de Janvier, il apprit que le Duc d'Uzés, avec une Armée-considerable, s'étoit rendu-maître de St. Giles, & du Château de Vauvert : il ramassa tout ce qu'il put avoir de Troupes, pour aller à lui ; & le Duc, de son côté, avec toutes les Troupes que le Roi lui avoit laissées, s'avança jusqu'aux Bords du Vidourle : Le Maréchal alla jusqu'à Lunel, & ne passa point au-delà ; Ainsi, les deux Armées se trouvèrent en vûë, la Riviére entre-deux, sans rien faire de part ni d'autre, pendant un mois.

Durant ce tems, le Roi, parti de Lyon vers la Mi-Janvier, arriva le 12e. de Février à Reims, où il fut sacré le dix-sept ; & le lendemain, il y épousa Loüise, Fille de Nicolas Comte de Vaudemont, Oncle-Paternel de Charles II. Duc de Lorraine. Après les premières Solennitez de son Entrée dans Paris avec la Reine son épouse, il reçut les Députez des Protestans & des Politiques du Languedoc ; auxquels il avoit donné des Passeports, pour aller conferer avec le Prince de Condé, qui étoit à Bâle, & se rendre ensuite auprès de sa Personne pour un Traité de Paix : Ils firent des Propositions si exorbitantes, qu'on ne put rien conclurre de plusieurs mois.

Dans cet intervale, les Confederez du Languedoc surprirent la Ville d'Alais, où le Maréchal Dampville accourut aussitôt pour reduire le Château, qui resista encore jusqu'à la fin de Mars. Nos Mémoires marquent, qu'il en faisoit le Siége, lorsqu'il envoya à Montpellier, au commencement de ce mois, la Nomination des Consuls qui devoient entrer en Charge le 25e. de Mars : Il les fit à son ordinaire mi-partis : le Premier, de la Religion ; le Second, Catolique, & ainsi des autres. Antoine de *Tremolet*, Baron de Montpezat, & Conseiller en la Cour des Aides, fut le Premier ; Pierre *Chalon*, Bourgeois, le Second ; Jean *Myot*, Marchand, le 3e. Jacques *Lauthier*, Apoticaire, 4e. *Basco*, 5e. & *Salgues*, 6e. Ils prêtérent tous Serment entre les mains de M^e. Claude *Convers*, Lieutenant-Particulier au Gouvernement ; Mais, il y eut cette diference, que les Consuls-Catoliques entrérent dans l'Eglise Nôtre-Dame pour le prêter, & que Ceux de la Religion le firent devant la Maison-de-Ville. Les Ouvriers, & le Conseil des Vingt-quatre, furent mi-partis comme les Consuls.

Le grand Trouble qui étoit dans le Païs, à cause des diferentes Prétentions du Duc d'Uzés & de M^r. Dampville, fit deserter les Vilages qui se trouvoient sur le Passage des Troupes : La plûpart se jetérent dans Montpellier, où le Prix du Blé augmenta jusqu'à huit livres le Sétier. On y fut encore plus sensible à une Capitation, imposée sur tous les Chefs-de-Famille, pour l'Entretien de deux Compagnies que les Religionnaires voulurent y avoir, & qui montoit, selon nos Regîtres, à trois mile cinq cent livres par mois. Le Retour de M^r. Dampville à Montpellier sur la fin d'Avril, ne fit encore qu'augmenter les Plaintes, parcequ'il dispersa dans les Vilages-voisins, le Regiment des Catoliques-François qu'il avoit toûjours avec lui, composé de douze à treize Compagnies de cent Hommes chacune, comme elles étoient en ce tems-là.

Quelques jours aprés, c'est-à-dire vers la Mi-Mai ; il tomba dangereusement malade, du Poison (disoit-on) qui lui avoit été donné. Le Duc d'Uzés profita de cette conjoncture pour se remettre en Campagne : Il ramassa ses Troupes des Environs d'Avignon, où il les avoit conduites après le Camp du Vidourle, & alla faire le Siége de Bais-sur-Bais en Vivarés, pour assurer aux Catoliques le Passage du Rône : La Prise de la Ville lui en fut aisée ; mais, le Château resista si bien, qu'il fut obligé d'en lever le Siége.

Cependant, à Montpellier on étoit dans de grandes Inquiétudes, au sujet de la

R r

Maladie du Maréchal. Le Conseil-de-Ville prit ombrage des douze ou treize cens Hommes qu'il avoit dispersé dans le Voisinage ; & l'on crut devoir se précautionner à tout Evenément : Pour cet effet, ils convoquérent une Assemblée-Extraordinaire des Principaux du Chapitre, de la Cour des Aides, Chambre des Comptes, Noblesse, & autres Officiers, avec les Ministres de la Religion, & un nombre-infini de Peuple, où il fut resolu, que quoiqu'il avînt de la Maladie de Mr. Dampville, on resteroit à Montpellier dans l'état où l'on étoit, parceque tout autre Changement qui arrivât, seroit toûjours pire pour la Ville ; Ainsi, on promit de ne molester aucun Catolique, & de vivre suivant les Reglemens faits dans l'Union avec le Maréchal.

VI. Le sixiéme de Juin, on vit revenir à Montpellier, les Députez qui avoient été envoyez en Cour, de la part des Protestans & des Politiques du Languedoc : Ils apportérent des Espérances-vagues d'une Paix-Finale, sans rien de positif. Cependant, le Maréchal commença de se mieux porter ; ce qui consola un peu, des Ravages que le Duc d'Uzés vint faire aux Environs de Nîmes & de Beaucaire, où il brûla les Blez, & détruisit les Maisons-de-Campagne.

On recommença le 12e. de Juillet à Montpellier, les Négociations de la Paix, à l'occasion des nouveaux Passeports que le Roi envoya aux Députez : Mais, le Maréchal, jugeant que la Guerre seroit plus propre à avancer ses Affaires, surprit par intelligence, les Villes de *Lunel* & d'*Aimargues*, qui se rendirent au commencement de Septembre ; & le 25e. du même mois, il intercepta un Paquet du Roi au Duc d'Uzés, qui lui marquoit l'Evasion de son Frere le Duc d'Alençon.

Ce Prince, entraîné par les Mécontens de la Cour, s'étoit retiré à Dreux, où il fut suivi d'un grand-nombre de Noblesse, entr'autres, du Vicomte de Turéne, Neveu du Maréchal Dampville, du Duc de Ventadour son beaufrere, & du Sage *la Noüe*, si renommé dans les Guerres de ce tems-là : Le Prince publia un grand Manifeste, où il protestoit (comme les Politiques) contre les Abus de l'Etat, & assuroit que son unique intention étoit de les reformer. La Reine-Mere, allarmée de ce nouvel Orage, courut à Dreux pour tâcher de ramener son Fils ; & parmi les diferens Moyens qu'elle employa, elle crut devoir faire suivre par un de ses Gentilshommes, celui que le Duc d'Alençon envoyoit au Maréchal Dampville avec son Manifeste. Ils arrivérent à Montpellier le onziéme d'Octobre ; & le Maréchal ayant reçû leurs Dépêches, parut vouloir s'en remettre à ce qui seroit reglé entre la Mere & le Fils : Cependant, il fit une bonne Composition à la Garnison de *Sommiéres*, qui n'étant pas secouruë par le Duc d'Uzés, se rendit à lui vers la Mi-Octobre.

Tandis que la Reine négocioit à Dreux, Dampville, informé de tout ce qui s'y passoit, entreprit une Course vers la Riviére de l'Eraut, qui pût accrediter ses Armes : Il prit un grand-nombre de Vilages-murez, dont quelques-uns attendirent l'Assaut, comme *Loupian*, *Valros* & *Pernisson*. Les Villes d'Agde, de Pezenas & de Beziers, ne voulurent jamais le recevoir ; ce qui l'obligea de s'arrêter aux Environs tout le reste de cette année : Il y étoit encore aux Fêtes de Noël, lorsqu'il lui vint des Envoyez du Roi & du Duc d'Alençon, pour faire hâter les Députez de la Paix. On lui remit en même-tems le Projet d'une Tréve de six mois, avec des Conditions pour le Prince de Condé & pour lui-même, qu'il refusa d'accepter ; Mais, il ne laissa point de faire partir en diligence, les Députez de la Paix, dont on marque le Départ de Montpellier le dixiéme Janvier 1576.

Le Maréchal ne revint de son Voyage des Environs de Beziers, qu'à la Fête de la Chandeleur, aprés avoir reduit à son obéïssance, *Gignac* & *Clermont*, avec plus de soixante autres bons Lieux, qui lui coûtérent la Perte d'un grand-nombre de bons Soldats, & particuliérement du St. de *Montataire*, Colonel des Compagnies-Françoises, qui fut tué au Siége de *Pouzoles*. Le premier de Mars, il nomma les Consuls Mi-Partis à Montpellier, en commençant cette année par les Catoliques : Ainsi, le Premier fut, Arnaud de *Rignac*, Maître des Comptes, qui étoit Catolique ; le Second, Pierre *Moisset*, Huguenot ; Romain *Noüet*, Catolique, & ainsi des autres.

Quinze jours aprés, il partit de Montpellier pour aller bloquer la Ville de Beziers,

ziers, en établissant ses Troupes dans tous les Vilages-voisins, jusqu'à celui de Coursan sur la Riviére d'Aude, d'où il faisoit faire des Courses jusqu'aux Portes de Narbonne. Ce fut dans ce Lieu qu'il reçut les Articles de la nouvelle Paix, (dite alors la Paix de Monsieur) qui lui furent apportez par deux Gentilshommes; l'un de la Part du Roi, l'autre du Duc d'Alençon, qui l'avoit arrachée du Roi son frere: Comme elle étoit des plus avantageuses pour le Maréchal Dampville, & pour les Religionnaires ausquels il étoit uni, il partit en diligence, & arriva le sixiéme de Juin à Montpellier, où il la fit publier le septiéme. On marque, qu'il alla avec les Consuls & Officiers-Catoliques, faire chanter le *Te Deum* à Nôtre-Dame: Que les Huguenots, de leur côté, allérent au Temple; mais, que le soir ils se réunirent tous pour le Feu-de-Joye.

V.

Par ce nouvel Edit, qui est du quinziéme de Mai, le Roi accordoit dans tout le Royaume, sans exception de Lieux & de Tems, l'Exercice-Libre de la Religion, qui, de là en avant, seroit nommée *La Religion-Prétenduë-Reformée*: Il établissoit une Chambre Mi-Partie dans tous les Parlemens, hors celui de Toulouse, à la place duquel il devoit y avoir en la Ville de Montpellier, une Chambre de vingt Conseillers, avec Chancellerie, pour rendre Justice-Souveraine aux Habitans dudit Ressort, tant aux Catoliques-Unis, qu'à ceux de la Religion, &c.

Le 19e. Juin, Jour de la Pentecôte, on fit pour cette Paix une Procession-Generale, où le Maréchal assista; & peu de jours aprés, on vit arriver à Montpellier le Vicomte de Joyeuse, Lieutenant-General pour le Roi en Languedoc, le Baron de Ricux, Gouverneur de Narbonne, & plusieurs Prélats & autres Seigneurs, qui vinrent alors reconnoître le Maréchal comme Gouverneur de la Province, & restérent auprés de lui jusque vers la Mi-Juillet, durant lequel on fit des Joûtes & des Tournois, en Réjoüissance de la Paix.

Aprés leur Départ de Montpellier, le Maréchal Dampville alla visiter son Gouvernement du côté du St. Esprit, pour établir des Garnisons & un Gouverneur, à *Beaucaire* & à *Aiguemortes*, qui étoient les deux Places-de-Sureté accordées par le dernier Edit dans le Languedoc, à Ceux de l'Union.

CHAPITRE SECOND.

I. Mauvais-Effet de la Paix de Dreux. II. Le Roi la revoque aux Etats de Blois. III. Grande-Emotion à Montpellier contre la Maréchale de Montmorency. IV. Le Maréchal se prépare au Blocus de cette Ville. V. Thoré & Chatillon la secourent. VI. Paix de Bergerac.

LEs Conditions avantageuses que le Roi venoit de faire aux Huguenots, parurent si énormes aux Catoliques, qu'ils formérent dès-lors le grand Projet de la Ligue; de sorte que la Reine-Mere, voulant répondre à leurs Plaintes, n'eut d'autre Excuse que la nécessité où l'avoit mise le Duc d'Alençon, en attirant, comme il avoit fait, les Etrangers dans le Royaume, & formé une Armée de plus de trente-mile Hommes. Cependant, pour tâcher, à son ordinaire, de la diviser, ou du moins d'amuser les principaux Chefs des Religionnaires, elle fit partir dans le mois d'Août, *Roger de St. Lary*, dit le Maréchal de Bellegarde, pour venir proposer à Mr. Dampville, qui étoit alors à Pezenas, l'Echange de son Gouvernement de Languedoc, avec le Marquisat de Saluces que le Roi lui offroit; ce qu'il ne voulut pas accepter, (dit le Président Philippy, alors Intendant auprés de sa Personne.)

I.

Manuscrit de Philippy.

Les Huguenots, à qui cette Députation donna de l'ombrage, publiérent depuis, que le Maréchal Dampville avoit déja pris des Engagemens-secrets avec le Roi, à la Solicitation de la Maréchale son épouse, & de Maturin *Chartier* son Secrétaire; & que Bellegarde, pour le presser de se déclarer contre les Prétendus-

1576.
Reformez, lui donna à entendre, que s'il ne le faisoit, le Roi montreroit l'Ecrit qu'il avoit de lui : Ils ajoûtent, qu'il fit partir pour la Cour, la Maréchale son épouse, (ce qui est vrai;) Et que cependant, pour rendre quelque Service considerable au Roi, avant que de faire paroître sa Reconciliation avec lui, il chargea *la Crouzette*, de se rendre maître de *Castres*, *Puylaurens*, *Revel*, *Soreze*, & autres Villes du Haut-Languedoc, tandis qu'il s'assureroit lui-même, de *Montpellier*, *Beziers*, *Aiguemortes & Sommieres*.

Quoiqu'il-en-soit, il garda si bien les Apparences, que dans les Etats de la Province, tenus à Beziers au mois de Novembre, lui présent & le Vicomte de Joyeuse, on y jura l'Observation de la Paix, & l'on suplia le Roi de l'observer : Il arriva même quelque chose de plus singulier au St. Esprit, où le Maréchal avoit établi pour Gouverneur Honoré d'*Albert*, dit le Capitaine *Luines*; Car, celui-ci feignant être bien-assuré que Mr. Dampville tenoit pour les Huguenots, se déclara hautement pour le Parti du Roi, & fit arrêter Thoré, Frere du Maréchal. Cette Affaire, dont les Huguenots firent grand-Bruit dans le Païs, & qu'ils regarderent comme une Infraction de la Paix, servit au Maréchal pour avancer ses Affaires : car, après avoir reclamé son Frere, qu'on lui relâcha aussitôt, il fit convenir d'une Tréve, durant laquelle il mit Beziers sous son obéïssance; Et étant revenu à Montpellier, pour aller attaquer le Capitaine *Luines* au St. Esprit, il ne continüa point ses Attaques; mais, il se rabatit sur le Vivarés, où il s'assura de *Viviers*, du *Bourg St. Andiol*, & de quelqu'autres Villes voisines : après-quoi, il se rendit à Montpellier sur le commencement de l'année 1577.

1577. II. On tenoit alors les Etats-Generaux du Royaume à Blois, où les Huguenots, qui les avoient demandez, ne se trouverent pas les plus forts. Les Catoliques y firent si grand-Bruit sur les dernieres Conditions de la Paix, que le Roi fut obligé de les revoquer, & de signer lui-même la Ligue, déja toute formée contre eux : Cependant, pour ménager leurs Chefs, il voulut que les Etats députassent au Roi de Navarre & au Prince de Condé, pour les inviter de venir à l'Assemblée; Et parceque Dampville ne s'étoit pas encore déclaré, il fut compris dans la Députation : de sorte qu'on vit alors arriver à Montpellier, les Députez de tous les Ordres du Royaume, adressez par le Souverain à un Particulier. Ces Députez étoient, le Seigneur d'*Oignon*, & Chevalier de l'Ordre, de la Part du Roi : L'Evêque *du Puy*, de la Maison de *Seneterre*, pour le Clergé : Le Seigneur de *Rochefort*, Gouverneur de Blois, pour la Noblesse; & le Sr. du *Rogier*, pour le Tiers-Etat.

Ils exposerent, le second de Février, leur Commission au Maréchal, qui demanda quelques jours, pour en communiquer avec Ceux des deux Religions qu'il vouloit consulter : Au bout de ce Terme, il donna une Réponse vague; contenant, une très-humble Suplication à Sa Majesté, de donner la Paix à ses Sujets, & d'en prendre les Moyens avec le Roi de Navarre & le Prince de Condé.

A peine les Députez furent partis avec cette Réponse, que le Maréchal se rendit en diligence à Beziers, où les Catoliques & les Huguenots se disputoient la Garde de la Citadéle de cette Ville : Il décida en faveur des Catoliques, qui y étoient en plus grand-nombre; ce qui irrita si fort les Huguenots, qu'ils le mirent dans la nécessité de se déclarer. Tous nos Ecrivains de ce tems-là, racontent que St. *Romain*, Gouverneur de Beziers, & le Capitaine *Sengla*, natif de Montpellier, grands Religionnaires, & fort attachez au Maréchal, s'étant plains à lui fort vivement, du tort qu'il venoit de faire à leur Parti, il leur répondit brusquement, que s'ils n'étoient pas contens de ce qu'il avoit fait à Beziers, ils étoient les maîtres d'en sortir : Surquoi, tous les deux étant partis aussitôt, St. *Romain* alla se saisir d'Aiguemortes, & *Sengla* se retira à Montpellier, qu'il mit tout en feu.

Giry,
Gaches,
Philippy,
Andoque.

III. Dès le lendemain de son Arrivée, qui est marquée au 19e. de Février, les Huguenots delibererent tumultuairement, de se soustraire à l'Obéïssance de Mr. Dampville; Ils donnerent des Armes au Petit-Peuple de leur Parti, qui courut emprisonner les Catoliques, & exercer sur les Gens-d'Eglise, les mêmes Excès que dans les Premiers-Troubles. Non-contens de cela, ils vont de nuit prendre les Consuls; & les faisant marcher aux Flambeaux à leur Tête, ils s'avancent vers

le

le Palais, où logeoit Madame la Maréchale ; & ayant donné plusieurs coups à la première Porte, ils ménacent d'y mettre le feu, si on ne leur ouvre : A ce Bruit, la Maréchale donna ordre d'ouvrir ; & s'étant avancée vers les premiers, elle leur demanda, qu'est-ce qui pouvoit les faire venir de la sorte à une heure si indûë ? A quoi ils répondirent, sans autre ménagement, qu'elle eût à leur rendre les Clefs de la Ville, & en sortir le lendemain de grand-matin.

Le Maréchal se trouva précisément à Pezenas, lorsque son Epouse y arriva de Montpellier, avec ses Meubles & ses Domestiques, qu'on lui avoit laissé emporter : il entra dans une Colére qu'il n'est pas mal-aisé de comprendre ; mais, elle augmenta bien davantage, lorsqu'il eut vû les Manifestes que les Huguenots se hâtérent de publier, dans lesquels ils lui faisoient les Reproches les plus sanglans : Ils détruisirent alors le Palais de Montpellier, où il avoit pris son Logement depuis son Entrée dans la Province ; & ils abatirent la Chapelle-Royale qu'il y avoit tout-joignant, & qui avoit été conservée jusqu'alors, malgré les plus grandes fureurs des Troubles.

Dans le mois d'Avril, les plus sages des Huguenots qui tenoient leur Sinode-Provincial à *Lunel*, comprirent mieux que jamais, de quelle importance leur étoit l'Union avec le Maréchal, puisqu'il avoit plus aidé à leurs Progrès dans le Languedoc, que toutes leurs Armées. Pour tâcher de le regagner, ils lui envoyérent à Pezenas, une grande Députation, à laquelle fut présent, *Segur de Pardaillan*, Envoyé du Roi de Navarre : Le Maréchal ayant oüy toutes leurs Remontrances, y répondit dans des termes si moderez, qu'ils crurent l'avoir gagné, quoique dans le fond-du-cœur il ne respirât que la Vengeance.

La chose parut dans le mois suivant, par un Manifeste qu'il publia pour répondre à celui des Huguenots, dans lequel il exposa ses Griefs, en se retranchant néanmoins à dire, qu'il n'en vouloit qu'à Ceux de Montpellier, à cause de l'Insulte qu'ils avoient fait à sa Femme. Dès-lors il se prepara à la Guerre, & s'assura de toutes les petites Places qui sont sur le Chemin de Beziers à Montpellier, particuliérement de *Frontignan* & de *Villeneuve-lez-Maguelonne*, à cause de leur voisinage de la Mer : Mais, avant que de marcher de ce côté-là, il voulut assurer Beziers, en allant chasser de *Thezan* le Capitaine *Bacon*, qui s'en étoit rendu-maître pour les Huguenots.

Après cette Expédition, il renforça ses Troupes de celles de Mr. de Joyeuse, qui arrivérent devant Montpellier le 9e. de Juin. *François* de Coligny, Fils du Célébre Amiral de Chatillon, s'y étoit jeté dedans, & avoit le Gouvernement de la Place : il s'attendoit à en soûtenir le Siége contre le Maréchal ; mais, celui-ci se contenta d'en faire le Blocus, & de couper les Vivres à Ceux de dedans, en faisant enlever tous les Blez des Environs, & en empêchant qu'il n'en entrât point dans la Ville. La crainte d'une Famine, obligea Mr. de Chatillon, de faire sortir des Soldats pour soûtenir les Moissonneurs, qu'il envoya vers la Métairie de Cocon : Les Capitaines *Sengla*, *La Madelaine* & *Cornusson*, qui les commandoient, furent se placer dans cette Métairie pour favoriser la Coupe des Blez, qu'on commençoit de grande force, lorsque le Maréchal, qui avoit pris son Quartier à Villeneuve, vint en Personne les chasser de ce Poste ; La Resistance qu'il y trouva, l'obligea de faire avancer du Canon, qui reduisit les Assiégez à se rendre la Vie sauve : mais, dans la Colére où étoit Mr. Dampville, il fit passer les Soldats par le Fil-de-l'Epée, & pendre les Chefs à des Arbres. On en fut d'autant plus touché, que *Sengla* avoit été si fort dans ses Bonnes-graces, qu'il lui avoit confié le Gouvernement de Sommiéres, & que dans la grande Maladie qu'il eut à Montpellier, *Sengla* ne le quita ni jour ni nuit ; *La Madelaine* avoit toûjours conduit son Artillerie sous lui, & n'agissoit alors que par le seul zéle de sa Religion ; *Cornusson* étoit dans une Confiance-intime avec Mr. de Chatillon : mais, toutes ces Considerations furent trop foibles pour arrêter la Colére où étoit alors le Maréchal.

Il continüa de serrer la Ville de si près, qu'il la reduisit, au bout de deux mois, dans une grande Disette, tandis que son Camp regorgeoit de Vivres : Alors, *Chatillon*, voulant pourvoir aux pressans Besoins de sa Place, prit le parti d'en sortir

1632.

laissoit au Roi la Disposition de Ceux qui avoient suivi son Parti ; & il promettoit de se retirer à Tours avec Ceux de sa Maison ausquels le Roi feroit Grace. Le Roi signa ces Articles à Montpellier le 1ᵉʳ. d'Octobre : & l'on convint, que son Altesse partiroit de Beziers, le même jour que le Roi partiroit de Montpellier ; mais, par diferens Chemins.

VI. Le Marquis de Fossez, à son retour de Beziers, fut gratifié de la Charge de Senéchal de Montpellier, déclarée vacante par la Défection de Jacques de Restincliéres, qui avoit eu le malheur d'embrasser le Parti des Mécontens, avec Claude de Toiras son frere, Evêque de Nîmes. Presqu'en même-tems, le Roi ordonna

Mercure François.

la Démolition d'un grand-nombre de Places dans le Bas-Languedoc : De ce nombre furent, le Château de Beaucaire, celui de Pezenas, les Fortifications de Brescou, la Citadelle de Beziers, le Fort de Montmorenciette sur la Montagne de Sᵗ. Clair au Cap de Cette, les Murailles de Lunel, & quantité d'autres dans les Cevénes, dans le Vivarés, dans le Gevaudan & dans le Velay, où le Sʳ. de Machaut, Maître-des-Requêtes, assisté du Marquis de Tavanes, Maréchal-de-Camp, firent de grandes-Executions. Les Terres de Ceux qui en souffrirent le plus, furent celles du Comte de *Bieules* ; du Comte de *Rieux*, tué à la Journée de Castelnaudarry ; du Vicomte de *l'Estrange*, déja décapité ; de *St. Amant*, Gendre du Marquis de Malauze ; *Duluc*, autrement *St. Genié*, ci-devant Gouverneur de Narbonne ; de *Marsillac*, Lieutenant des Gendarmes du Duc de Ventadour ; d'*Alzau*, retiré en Espagne ; du Baron de *Leran* en Foix, *Du Cros*, de *Chantereuges*, de *St. Laurens*, de *Condres*, du Vicomte de *Chailard*, de *St. Aubans*, de *la Roque de Gasques*, & *St. Taon*. On mit Garnison dans le Château de *Peire*, en attendant des Ordres plus précis du Roi : Ceux qui n'avoient point de Maison furent supliciez en Efigie, & leurs Biens confisquez. L'Entrée des Etats fut interdite à ceux des Barons qui en avoient abusé, & leur Baronie donnée à d'autres : Les Officiers-de-Judicature perdirent leur Charge ; & Mʳ. de Machaut se rendit si Célébre dans la Province, qu'il y conserva le Surnom de *Coupetête.*

Manuscrit de Delort.

Au milieu de tous ces Ordres-rigoureux, le Roi & la Reine furent si touchez de la Beauté & de la Vertu de Mademoiselle Catérine de Gaut, qui leur fut presentée par Mʳ. de Sᵗ. Simon, que le Roi lui accorda la Grace de son Frere, qui avoit suivi le Parti du Duc de Montmorency, dont il avoit été Page ; & Leurs Majestez ayant appris que cette Demoiselle étoit recherchée par le Baron de *Moussolens*, Capitaine dans Normandie, Elles lui firent donner six mile Ecus en faveur de leur Mariage. Nous verrons en son tems, les autres Marques-de-Bonté que Loüis XIII. donna à leur Famille.

Mercure François, Tom. 18.

Le 4. d'Octobre, le Roi alla coucher à *Meze*, & la Reine à *Frontignan* ; mais, le Tems fut si mauvais, que nonobstant la Chaleur qui dure encore dans ce Climat, seize Soldats du Regiment des Gardes, huit Suisses, & plus de trente Goujats, moururent-de-Froid cette Journée-là : Le Duc d'Orleans partit le même jour de Beziers, par la Route de *Gignac* ; & ayant couché le lendemain à Montpellier, il alla à Avignon, d'où il prit la Route de Lyon pour se rendre à Tours. Le Roi étant arrivé à Beziers le 6ᵉ. d'Octobre, y fit tenir les Etats de la Province, dont Sa Majesté fit l'Ouverture dans la Sale des Augustins de cette Ville ; Ce fut là que les Elûs furent suprimez, après que la Province se fut chargée de rembourser les Traitans, des Avances qu'ils avoient faites pour la Vente de ces nouveaux Offices.

Voyage de Bachaumont.

Le 14. de ce mois, le Roi partit de Beziers pour aller à Narbonne ; mais, il souffrit en Chemin ce furieux Orage dont il est parlé dans plusieurs Relations de ce Tems-là : L'Inondation de la Riviére d'Aude, qui survint en même-tems, fit perir grand-nombre d'Equipages, & encore plus de Gens ; de sorte que Loüis XIII. n'y fit pas grand-séjour : mais, en partant il laissa un Ordre pour plusieurs Personnes de la Ville, (dont je ne raporterai-pas les Noms) d'en sortir incessament, & de tout le Diocése. Sa Majesté, en passant par Carcassonne, vint à Castelnaudarry le 20. de ce mois, & le 22. à Touloufe, où il donna le Gouvernement du Languedoc au Maréchal de Schomberg, avec la Survivance pour le Duc d'Aluin son fils : Le Marquis de Fossez, Gouverneur de Montpellier, eut en même-tems le

Gouvernement

qu'il avoit refusée : ils sortirent dès le lendemain, sur les dix heures du matin ; & ils étoient déja en Marche, lorsqu'ils virent avancer un Trompette du Roi, avec deux Députez de Sa Majesté, l'un desquels étoit le Sage *la Noüe*, qui leur signifia les Articles de la Paix concluë à *Bergerac*, entre le Duc de Montpensier, pour les Catoliques, & le Roi de Navarre, pour Eux.

1577.

Le Dénoüement de toute cette Affaire, qui pourroit être regardée comme une Avanture de Roman, est raportée de la même maniere par les Ecrivains de ce tems-là : Ils ajoûtent, que les Troupes sorties de Montpellier, y rentrérent avec les Députez de la Paix ; & qu'en moins de deux jours, on y apporta plus de douze mile Sétiers de Blé, outre celui que les Soldats allérent chercher dans les Granges abandonnées par les Troupes du Maréchal.

Giry, Gaches, Mezeray.

La Paix dont je viens de parler étoit d'autant plus avantageuse aux Huguenots de Montpellier, que le Roi, en la signant à Poitiers dans le mois de Septembre, avoit marqué leur Ville pour Place-de-Sureté, au lieu de celle de Beaucaire qui leur avoit été donnée dans la précedente Paix : Le Maréchal y déféra, comme tous les autres Grands du Royaume, qui dans ce Tems-de-Trouble, ne songeoient qu'à leurs Interêts-particuliers ; & il en prit occasion de ramener ses Troupes à Beziers, où il tint, sur la fin de l'année, les Etats de la Province, ausquels assistérent les Députez des Villes de la Religion, & Ceux des Catoliques.

CHAPITRE TROISIÉME.

I. Nouveaux-Troubles, qui donnent lieu à la Paix de Nerac. II. La Reine, en traversant le Languedoc, s'arrête à la Veruñe pour pacifier Montpellier. III. Le Duc de Montmorency va conferer à Mazéres avec le Roi de Navarre. IV. La Guerre se ralume, & Montpellier s'en ressent beaucoup. V. La Paix de Fleix y est reçuë après plusieurs Dificultez. VI. Mesintelligence entre Montmorency & Joyeuse.

QUELQUE Joye que les deux Partis fissent paroître de la Paix de Bergerac, il manquoit aux uns & aux autres la volonté de la garder. On s'en défia si bien à la Cour, qu'on y prit la Précaution d'envoyer dans le Languedoc, le Célébre Jean *de Montluc*, Evêque de Valence, pour tâcher d'y maintenir la Concorde : Ce Prélat, employé depuis long-tems dans les plus grandes Négociations de l'Etat, quoique sur la fin de sa Course, se rendit à Montpellier au commencement de 1578. & après y avoir conferé avec Mr. de Chatillon, il alla aux Etats de Beziers, où il harangua si bien, qu'il persuada d'y prendre la Déliberation de vivre en paix, sans distinction de Religion.

I. 1578.

En consequence de cette Déliberation, les Consuls de Montpellier, revenus des Etats, firent resoudre dans le Conseil-de-Ville, qu'on rapelleroit tous les Officiers qui s'étoient absentez par la crainte des Troubles, & qu'on leur donneroit une entiere Liberté pour l'Exercice de leurs Charges : La chose est d'autant plus remarquable, que tous les Consuls étoient alors Huguenots, comme ils continüerent de l'être jusqu'en 1622.

On ne vécut dans ces bonnes Dispositions que bien peu de tems ; car, les Semences-de-Division, qui étoient dans tous les Esprits, firent bientôt recourir aux Armes. Ceux de la Religion se saisirent de *Montagnac*, presque sous les yeux du Maréchal Dampville, qui étoit à Pezenas avec Mr. de Joyeuse, après leur Retour des Etats : Le Capitaine *Parabere*, qui jadis avoit été son Page, s'empara du Château de Beaucaire, où il trancha du Souverain, jusqu'à ce qu'il fut tué dans une Emeute, & sa Tête mise sur la Porte avec une Couronne de Paille ; Son Lieutenant *Bandonnat*, appella les Huguenots à son aide ; & il donna la peine au Maréchal, de venir le bloquer dans sa Place, qu'il prit quelques mois après, par

Composition : En même-tems, les Catoliques surprirent le Baron de *Faugéres* dans son Château ; & après lui avoir coupé la Tête, ils la portérent à Lodéve, où ils s'en jöüérent dans les Ruës, comme il avoit fait de celle de S^t. Fulcrand.

Tous ces Troubles, qui n'étoient pas particuliers au Languedoc, avoient fait resoudre la Reine-Mere, d'aller trouver le Roi de Navarre à *Nerac*, sous prétexte de lui amener sa Femme : mais, sa principale vûë étoit, d'entamer avec lui quelque Négociation qui pût servir à amuser les diferens Partis. Le Prince, accoûtumé aux Artifices de sa Bellemere, ne voulut rien conclurre, sans avoir fait assembler Ceux de sa Religion à Montauban, où l'on convint de nouveaux Articles : Après-quoi, la Reine étant venuë à Toulouse, le Maréchal Dampville s'y rendit le 2e. Février 1579. pour recevoir cette Princesse, & l'accompagner dans toute l'Etenduë de son Gouvernement, par où elle devoit passer. Elle commença par l'Isle-Jordain en Albigeois, pour y regler la Chambre Mi-Partie, qui y avoit été établie par les Edits précedens : De là, elle vint à Castelnaudarry, où elle fit tenir les Etats de la Province ; & s'étant renduë à Narbonne, le Maréchal Dampville y reçut la Nouvelle de la Mort de François, Maréchal de Montmorency son frere-aîné, qui le laissoit Héritier du Nom & de la Duché de sa Maison.

II. La Reine ayant passé par Beziers & Pezenas, s'arrêta au Château de *la Verune*, à une lieuë de la Ville de Montpellier, où elle n'osa entrer, parceque la Peste (Fruit inévitable de la Famine & de la Guerre) y faisoit beaucoup de Ravage : Elle ne laissa point de faire appeller à *la Verune*, les Principaux des deux Religions, ausquels elle fit promettre l'Observation de la Paix, sous mutuelle Sauvegarde, par Acte du 28e. Mai, reçû par M^r. Pinard, Secrétaire-d'Etat ; Après-quoi, elle alla à Marseille, d'où elle prit sa Route par le Dauphiné, accompagnée du Duc de Savoye, & du Duc de Montmorency, qui ne revint dans son Gouvernement qu'au mois d'Octobre.

Il trouva que les Huguenots du Païs s'étoient saisis de S^t. Ybery, & que Ceux de Gignac avoient donné l'Escalade à Aniane, pour piller les Officiers de la Cour des Aides de Montpellier, qui s'y étoient refugiez à cause de la Peste. Le Maréchal, pour y mettre ordre, transfera cette Cour à Pezenas ; & afin de la mettre plus à couvert du Voisinage de Montagnac, il y envoya des Troupes, qui en chassérent les Huguenots, & mirent la Ville au Pillage.

III. Dans ces Entrefaites, le Duc de Montmorency reçut Ordre de la Cour, de se tenir prêt pour une Conference qu'on vouloit qu'il eût avec le Roi de Navarre : il se hâta de mettre ordre aux Affaires de son Gouvernement, en assemblant les Etats de la Province en la Ville de Carcassonne, où, après avoir fait les premiéres Propositions, il en partit le 1^r. de Décembre pour la Conference. On marque, que le Roi de Navarre prit son Logement dans le Château de *Mazéres*, Comté de Foix, & le Duc, à *Belpech* de *Garnaguez*, qui étoit de son Gouvernement. Les Commissaires tinrent leurs Séances, depuis le 9e. de ce mois jusqu'au 20e. sçavoir, Jean d'*Angennes*, Seigneur de *Poigny* & de Rambouïllet, pour le Roi : l'Abbé de *Gadagne*, pour la Reine : Deux Conseillers de la Chambre-de-l'Edit, pour les Religionnaires ; & deux autres, pour les Catoliques : Mais, toutes leurs Concertations ne produisirent aucun bon effet pour la Cause-publique, tant il y avoit de l'éloignement pour la Paix dans tous les Esprits. On remarque seulement, qu'il se forma dès-lors une Liaison-secrette, entre le Roi de Navarre & le Duc de Montmorency, qu'ils entretinrent long-tems, par des Avis-mutuels, & qu'ils firent paroître ensuite, par une Ligue Offensive & Défensive ; ce qui valut enfin au Duc de Montmorency, l'Epée de Connétable, que le Roi de Navarre lui donna lorsqu'il fut parvenu à la Couronne de France.

Cependant, le Duc s'étant rendu à Carcassonne, après la Conference de *Mazéres*, y fit terminer les Etats de la Province, & vint à Pezenas, où il falut se preparer à la Guerre, qui se raluma par tout en 1580. Le Prince de Condé, voulant rentrer dans son Gouvernement de Picardie, y mit tout en feu, par la Surprise de *la Fere*, & par les Tentatives qu'il fit sur plusieurs autres Villes : La Guiéne & le Dauphiné eurent leurs Mouvemens-particuliers ; & le Languedoc fut en allarme de la Prise de *Mende* dans le Gevaudan, qui fut surpris & sacagé

par

par le Capitaine Mathieu *Merle*, Soldat-de-Fortune, qui combatoit pour les Hu- 1580.
guenots.

Peu de tems après, le Duc de Montmorency, cherchant à les éloigner de Pezenas, où il faisoit sa Résidence, voulut s'assurer de Villemagne, qu'il alla investir; Mais, M^r. de Chatillon, qui commandoit aux Environs de Montpellier, y étant accouru, l'obligea d'en lever le Siège, & de se refugier à Agde, parceque la Peste, qui continüoit à Montpellier, s'étoit communiquée à Beziers & à Pezenas.

Cette Peste n'empêcha point qu'on ne fît à Montpellier, une Entreprise capa- IV.
ble d'y causer un Renversement-general; car, le S^r. de la *Bernardiere*, qui y commandoit pour M^r. de Chatillon, voulant ôter au Peuple le Gouvernement qu'il y exerçoit depuis quelque-tems, trouva le moyen d'introduire dans la Ville des Troupes-Etrangéres, qui mirent dehors une grande-partie des meilleurs Habitans. Cette Violence, dont on trouve beaucoup d'Exemples dans les Guerres de ce tems-là, produisit un Effet pareil de la part du Peuple, qui ayant gagné quelques Soldats de la *Bernardiere*, le chassa lui-même de la Ville, huit jours après son Usurpation; De cette manière, le Pouvoir revint entre les mains du Peuple: Mais, la grande Emotion que ces deux Affaires avoient causé dans tous les Esprits, fit rengreger la Peste dans Montpellier, où elle emporta, en moins de deux ans, huit mile Personnes.

Un semblable Mal qui courut alors tout le Royaume, sous le nom de *Coqueluche*, n'empêcha pas les Négociations que la Reine-Mere employoit si volontiers: Elle fit agir auprès du Roi de Navarre, que les Huguenots avoient choisi pour leur General, & qui, dans l'état présent de ses Affaires, avoit plusieurs raisons de désirer la Paix. Le Duc d'Alençon, d'un autre côté, la recherchoit de toutes ses forces, pour pouvoir amener les Troupes des deux Partis dans les Païs-Bas, dont on lui avoit offert la Souveraineté: Ces deux Princes s'accordérent donc à procurer la Paix; & pour cet effet, le Duc d'Alençon alla trouver le Roi de Navarre V. au Château de *Fleix* dans la Guiéne, où ils convinrent sur la fin de Novembre, de certains Articles pour l'Eclaircissement de la Paix de *Nerac*, qui furent confirmez par le Roi à Blois, & envoyez en Languedoc au Duc de Montmorency pour les faire publier.

Il étoit à S^t. Pons de Tomiéres au commencement de Janvier 1581. lorsqu'il 1581.
y reçut les Ordres de la Cour, qu'il fit aussitôt publier à S^t. Pons même, le 21. Janvier; Mais, il restoit à les faire recevoir dans les Villes de la Religion, & particuliérement à Montpellier, où l'on voyoit-bien avec plaisir la Paix de Nerac confirmée, mais on étoit fâché de ne pas trouver dans le Traité de Fleix, l'Abolition de tout le passé, dont ils sentoient qu'ils avoient besoin. Pour lever cette Dificulté, le Duc de Montmorency écrivit en Cour, d'où l'on vit arriver dans le mois de Mai, le Vicomte de Turéne, envoyé à Montpellier par Monsieur, Frere du Roi, & par le Roi de Navarre, qui porta l'Abolition qu'ils avoient demandé; Ainsi, la Paix de Fleix fut publiée à Montpellier le quatorziéme de Mai.

Il arriva à cette occasion, ce qu'on avoit déja vû dans quelques-autres Paix; C'est que les Huguenots, craignant que les Catoliques ne s'en prevalüssent, ils ne se contentérent pas d'avoir mis l'Eglise de Nôtre-Dame hors de Service, mais ils voulurent encore la dépoüiller d'un Clocher en pointe qui y restoit encore sur la Porte qui donne dans la Place du Consulat. Guillaume *du Pleix*, Sieur de la Tour, Premier-Consul de cette année, avec deux Zélez-Religionnaires, nommez *Laplace* & *Laroche*, entreprirent cette Démolition: & ils travaillérent si bien à la faire saper, qu'elle tomba la nuit du premier au second de Février; non sans causer du dommage à plusieurs Petits-Marchands qui logeoient dans les Boutiques-voisines: Cet Evenement exerça les Poëtes d'alors, qui firent un Jeu-de-Mots du Nom des principaux Acteurs, *Latour*, *Laplace* & *Laroche*, comme on Gariël.
peut voir dans Gariël.

Après la Publication de la Paix de *Fleix*, il fut tenu à Pezenas une Assemblée-remarquable, où se trouvérent, auprès du Duc de Montmorency, M^r. de Chatillon, avec les Députez des Villes du Bas-Languedoc, & M^r. de Clermont d'Entragues, de la part du Roi de Navarre, où il fut resolu, qu'en execution

S s

1581. des Articles de cette Paix, on rendroit tous les Lieux auprès de Pezenas, qui se trouveroient occupez par les Religionnaires : *Villeneuve-la-Cremade*, & le Fort de *Cabriéres*, étoient les plus considérables. *Villeneuve* fut renduë sur-le-champ, avec Abolition pour celui qui l'avoit occupée : mais, pour le Château de Cabriéres, il fut réglé qu'on l'abatroit de fond-en-comble ; & ainsi fut détruite cette Place, qui étoit fort célébre depuis le Tems des Albigeois : Par les mêmes Régles, *la Bastide de Lodéve* fut renduë aux Catoliques.

Peu de tems après, le Duc de Montmorency fut honoré à Pezenas, de la Visite de Mr. le Prince de Condé, qui, après avoir été chassé de la Fere en Picardie, par l'Armée du Roi, s'étoit refugié en Allemagne, d'où, à la faveur de la derniére Paix, il vint s'aboucher avec le Roi de Navarre, & puis à Pezenas, avec le Duc de Montmorency, pour se rendre à Montpellier, qu'il choisit alors pour le Lieu de sa Résidence.

1582. VI. La Bonne-Intelligence qui avoit paru jusqu'alors entre le Duc de Montmorency & le Vicomte de Joyeuse, fut altérée au commencement de 1582. Je ne sçai si cela vint par la Jalousie de la grande Faveur du Baron d'Arques, Fils-Aîné du Vicomte, que le Roi Henry III. avoit fait Duc & Pair, & à qui deux mois après, il avoit fait épouser Marguerite de Vaudemont, Sœur de la Reine Loüise son épouse : Quoiqu'il-en-soit, le Vicomte se trouvant à Pezenas, dans l'absence du Maréchal, y donna quelques Ordres, ausquels la Ville refusa d'obéir, ce qui l'obligea de se retirer à Narbonne ; & les suites firent-bien voir que le Duc n'avoit pas desapprouvé la chose.

Au commencement de Février, le même Baccon qui avoit été chassé de *Thezan*, vint s'emparer du Château de *Minerve*, Lieu ancien & très-fort, d'où il mettoit à Contribution deux ou trois Diocéses-voisins. Le Duc de Montmorency, sur les Plaintes qu'ils lui en firent, les assembla tous dans le mois de Mai, à *Azille-le-Comtal* en Minervois, où les Prélats, les Gentilshommes, & les Députez qui s'y trouvérent, prirent la Résolution de faire une Levée de Troupes, pour assiéger le Château de Minerve : Le Baron de Rieux, Gouverneur de Narbonne, en eut la Charge ; mais, ses Attaques, commencées au mois de Juillet, n'ayant encore rien produit dans le mois de Septembre, le Duc de Montmorency, qui revenoit du Lauraguais, fit rendre à l'amiable le Château, par le Capitaine Baccon, à qui on donna des Lettres d'Abolition du Roi, qu'on avoit toutes prêtes, le 17e. de Septembre.

Le premier jour du mois suivant, le Duc fit l'Ouverture des Etats de la Province à Beziers, d'où il se rendit le lendemain à *Nissan*, qui est presqu'à Mi-Chemin de Beziers à Narbonne, pour y conferer avec le Duc de Joyeuse, fait depuis peu Amiral de France, qui étoit venu à Narbonne pour y voir le Vicomte son Pere : Leur Conference dura plus de deux heures, accompagnez tous deux de *Mémoires de* leurs Troupes-à-pied. Les Mémoires qui nous ont marqué ces Particularitez, ne *Philippy.* nous disent rien du sujet de la Conference ; mais, il est à croire que le Fils parla pour les Interêts du Pere, si l'on veut en juger par tous les Mouvemens qu'il falut encore se donner pour les mettre-bien ensemble.

Au commencement de Décembre, le Duc de Montmorency alla rendre-Visite au Prince de Condé, qui se tenoit à Montpellier, comme je l'ai déja dit. Les Habitans de cette Ville en voulurent prendre occasion de se réconcilier avec lui : car, depuis l'Insulte faite à Madame la Maréchale, il n'avoit point mis le pied dans Montpellier ; c'est-à-dire, depuis près de six ans : Pour cet effet, toutes les Cours sortirent à sa rencontre, & les Consuls allérent lui presenter les Clefs de la Ville ; On lui donna d'ailleurs tant de marques de Respect & de Soumission, qu'il parut leur avoir rendu sa Bienveillance : Après-quoi, il se mit en chemin pour Alais, où il vouloit tirer des Cévénes les Troupes dont il prévoyoit qu'il auroit besoin.

CHA-

CHAPITRE QUATRIÉME.

I. *Hoſtilitez entre le Duc de Montmorency & le Vicomte de Joyeuſe.* II. *Le Roi envoye pour les accorder.* III. *Le Grand-Projet de la Ligue commence à éclater.* IV. *Montmorency s'unit avec le Roi de Navarre.* V. *Faux-Monoyeurs à Montpellier.*

TOUTE l'année 1583. ſe paſſa dans l'Entrepriſe ruïneuſe du Duc d'Alençon ſur les Païs-Bas, & dans les diferentes Intrigues des Mignons du Roi : Celle qui intereſſe le plus nôtre Hiſtoire, eſt le Voyage de l'Amiral de Joyeuſe à Rome, pour y obtenir du Pape Gregoire XIII. le Chapeau de Cardinal, & les Bules de l'Archevêché de Narbonne, pour François de Joyeuſe ſon frere, quoiqu'il n'eût alors que vingt & un an. On ajoûte, qu'il fit de grandes Inſtances pour faire excommunier le Duc de Montmorency, comme Fauteur des Heretiques ; mais, que le Pape ne le voulut jamais, en reconnoiſſance des Soins qu'il avoit pris, de lui conſerver Avignon durant les derniers Troubles.

1583.

Tandis qu'on agiſſoit à Rome contre lui, il fit partir pour Paris le Baron *de Rieux*, en qui il avoit le plus de confiance, pour prévenir le Roi ſur ſes Démêlez avec le Vicomte de Joyeuſe. Durant ce Voyage, la Guerre ſe raluma dans le Bas-Languedoc, où les Huguenots ſe ſaiſirent de *Montreal* près de Carcaſſonne, *d'Olargues* dans le Dioceſe de St. Pons, & de *Las-Ribes* & *Sorgues* dans celui de Lodéve, d'où ils couroient tout le Païs, & y faiſoient mile Degâts. Les Catoliques, de leur côté, allérent mettre le Siége devant *Montreal*, qu'ils furent obligez de lever : mais, en ſe rabatant ſur la Ville d'Alet, ils trouvérent le moyen de la ſurprendre ; & après y avoir fait un grand Carnage, ils aſſurérent ſi bien leur Priſe, qu'ils ne purent plus en être chaſſez.

Dans ce tems, le Baron de Rieux revint de la Cour avec une Inſtruction du 20e. Mai, par laquelle le Roi le chargeoit de dire au Duc de Montmorency, les Plaintes que le Vicomte de Joyeuſe faiſoit de lui ; à raiſon dequoi Sa Majeſté vouloit, que le Vicomte ſe tînt à Narbonne, & que le Duc s'abſtînt d'y aller : Le Baron avoit auſſi Ordre de lui dire, que s'il maintenoit les Peuples de la Province dans l'Obéïſſance du Roi, il ſeroit conſervé dans ſon Gouvernement de Languedoc. Je ne ſçai ſi c'étoit pour le raſſurer contre les Bruits qui paſſoient alors pour conſtans, que l'Amiral de Joyeuſe, Grand-Favori du Roi, vouloit ce Gouvernement pour le Vicomte ſon pere, ſe contentant pour lui-même, de celui de Normandie, que le Roi avoit ajoûté à toutes les autres Faveurs qu'il lui avoit faites.

Il eſt encore conſtant, qu'il n'y eut point cette année des Etats tenus en Languedoc, ſoit qu'on en voulût donner la mortification à Mr. de Montmorency, ſoit qu'on voulût éviter la Rencontre des deux Seigneurs : Le Commandement exprès qui en vint de la Part du Roi, étoit du troiſiéme de Décembre ; & les Tréſoriers de France eurent Ordre cette année, de faire le Département des Deniers mandez ſur chaque Dioceſe.

Au commencement de 1584. le Vicomte de Joyeuſe fut fait Maréchal de France, & Antoine-Sipion ſon quatriéme Fils, Grand-Prieur de Malthe : Ce nouvel Eclat augmenta ſon Crédit dans le Haut-Languedoc, où il commandoit depuis long-tems, & où l'Autorité de l'Archevêque de Narbonne ſon ſecond Fils, ne lui étoit pas inutile. Tant de Puiſſance dans un Rival, fut plus que ſufiſante pour reveiller la Jalouſie du Duc de Montmorency, qui ne pouvoit ſouffrir de Concurrent ; Il profita des Troubles où les derniers Mouvemens du Duc d'Alençon entretinrent la Cour, pour faire une Guerre ouverte au Vicomte de Joyeuſe : d'abord il prit ſur lui *Clermont* de Lodéve, par l'Intelligence qu'il avoit avec Chriſtofle de *l'Eſtang* Evêque Dioceſain ; puis, s'approchant de Narbonne, il lui enleva le Château de *Ceſſeron* à quelques lieuës de cette Ville.

1584.

1584.

La Mort du Duc d'Alençon, arrivée à Château-Tierry le 10º. de Juin, changea la face des Affaires, & donna le loisir au Roi de songer à pacifier le Languedoc; Il envoya Pompone de Belliévre, alors Président au Parlement de Paris, pour accorder les deux Seigneurs qui y causoient tout le Trouble: Ce Digne-Magistrat, déja célébre par plusieurs Grandes-Négociations, arriva à Beziers dans le mois d'Août, où après avoir conferé avec le Duc de Montmorency, il se rendit à Narbonne auprès du Maréchal de Joyeuse, & fit plusieurs Voyages de l'un à l'autre; mais, voyant qu'il n'étoit pas possible de les faire convenir d'un Accommodement, il prit les Mémoires de l'un & de l'autre pour les apporter au Roi.

Dans le mois d'Octobre, on vit arriver le Sr. de *Poncarré*, Maître des Requêtes, portant la Réponse du Roi aux Mémoires donnez à Mr. de Belliévre; Il trouva ces deux Seigneurs dans l'Effort de la Guerre, à l'occasion de Clermont-de-Lodéve, que le Maréchal de Joyeuse avoit trouvé le moyen de reprendre: Comme il étoit impossible de se faire entendre au milieu de ces grandes Agitations, Poncarré prit le parti de s'en retourner sans avoir rien fait; & le Duc de Montmorency ayant reçû la Ville de Clermont à Composition, & emporté l'Eglise d'Assaut, partit pour aller faire la Guerre aux Environs de Narbonne.

Il apprit sur son Passage à Beziers, que le Maréchal de Joyeuse tenoit une Compagnie de Gendarmes dans le Lieu de Coursan, pour Garder le Passage de la Riviére d'Aude: Comme ce Poste lui étoit avantageux, il prit la resolution de s'en saisir; & par les Intelligences qu'il avoit dans le Païs, il enleva les Gendarmes, & se mit en état de faire passer toutes les Troupes qui lui viendroient pour le Siége de Narbonne.

Les Affaires en étoient à ce point, lorsqu'on vit revenir dans le mois de Décembre, Messire Jean d'Angénes, Sr. de Poigny & de Rambouillet, avec le même Sr. de Poncarré, qui s'en étoit retourné cinq ou six semaines auparavant: Ils portoient au Duc de Montmorency dequoi le guerir de toutes ses Craintes; car, ils étoient chargez de Lettres-Patentes, qui le confirmoient dans son Gouvernement, & lui donnoient Abolition de tout le passé: il n'en falut pas davantage pour le gagner; & Mr. de Joyeuse s'étant rendu aux Représentations des Envoyez du Roi, les Armes furent mises-bas de part & d'autre, *Olargues* rendu, *Cesseron* rasé, les Troupes congediées, & la Tranquilité renduë pour quelque-tems à tout le Païs des Environs.

1585. III. La Cause d'un Changement si promt, fut le Grand-Projet de la Ligue, qui étoit tout prêt à éclorre, par l'occasion que je vais dire. Le Roi n'esperant plus avoir des Enfans, voyoit le Roi de Navarre devenu le plus proche Héritier de la Couronne, depuis la Mort du Duc d'Alençon; mais, la Religion de ce Prince y mettoit un Obstacle-insurmontable de la part des Catoliques: Pour y remedier, le Roi lui envoya le Duc d'Epernon le soliciter de sa Part, de rentrer dans le Sein de l'Eglise. Les Ministres en furent si allarmez, qu'ils firent tous leurs Efforts pour l'en détourner, en lui faisant craindre que le Roi ne procedât-pas de bonne-foi; & afin de le piquer davantage, ils rendirent publique cette dernière Tentative que le Roi venoit de faire auprès de lui.

Ces deux Considerations firent resoudre le Roi de Navarre, de ne point aller à la Cour, & de ne pas se separer de ses Anciens-Amis: Les Catoliques, de leur côté, se réunirent ensemble, sous la Conduite d'Henry Duc de Guise, pour exclurre le Roi de Navarre de la Succession à la Couronne de France. Comme l'Orage commençoit à se former, le Roi de Navarre chercha à mettre dans sa Cause le Duc de Montmorency, avec qui il avoit depuis long-tems des Liaisons secrettes, & qui, de son côté, craignoit toûjours les Mignons du Roi: ils se rendirent l'un & l'autre à Castres sur la Mi-Mars, pour y conferer ensemble; & avec Chatillon & Dandelot Freres, que Montmorency amenoit avec lui, il fut fait un premier Projet-d'Union, dont nous verrons les Effets dans la suite.

Philippy.

Gachet.

Le Roi, instruit & allarmé de tous ces Préparatifs, se jeta du côté des Catoliques, qui, resolus de soûtenir de toutes leurs forces la Religion-Anciéne, demandérent au Roi la Supression de la Nouvelle: il en donna un Edit au mois de Juillet, par lequel il interdit dans tous ses Etats, l'Exercice de la Religion-Prétenduë-Reformée.

mée; il abolit les Edits de Pacification déja donnez, chaſſa les Miniſtres, & accorda pluſieurs Graces aux principaux Chefs de la Ligue.

IV. Alors le Duc de Montmorency, qui tenoit actuellement les Etats de la Province à Beziers, ſe hâta de les terminer, pour s'en retourner, comme il fit dans le mois d'Août, à la Ville de Caſtres, où il ſigna une Ligue Offenſive & Défenſive avec le Roi de Navarre : Tous les Religionnaires du Languedoc, & particuliérement ceux de Montpellier, envoyérent à Pezenas pour ſigner le Projet-d'Union ; ce qui fut confirmé dans le mois de Septembre, par une Députation expreſſe du Sinode qu'ils tinrent à Montpellier dans ce même mois. Cette grande Confederation augmenta le courage au Duc de Montmorency, qui ne ſe contenta point de rejeter toutes les Propoſitions qui lui furent faites par le Sr. de Poncarré, venu exprès de la Part du Roi; mais encore il publia un Manifeſte, pour faire connoître le Parti qu'il prenoit, & les Raiſons qu'il avoit eu de s'unir avec les Religionnaires, & de prendre les Armes : Cette derniére Démarche attira des Lettres-Patentes, qui furent verifiées au Parlement de Touloufe, par lesquelles le Roi défendoit à tous ſes Sujets du Languedoc, de reconnoître pour leur Gouverneur le Duc de Montmorency, & leur enjoignoit de s'adreſſer au Maréchal de Joyeuſe ; mais, dans ce Tems-de-Trouble & de Deſordre, on ne conſultoit que la Raiſon du Plus-fort.

Dans le mois d'Octobre, les Religionnaires de Montpellier eurent la joye d'y voir revenir pluſieurs de leurs Freres, qui, ayant été pris par Mr. de Joyeuſe dans les Guerres de Religion, avoient été envoyez à Marſeille, où l'Amiral ſon fils les avoit fait mettre aux Galéres. Nos Mémoires racontent, qu'on en avoit équipé une de vingt-ſix Bancs, où il y avoit deux cent quarante Forçats, preſque tous du Languedoc, qui devoient ſervir pour conduire à Malthe le Grand-Prieur, Frere de l'Amiral : Or, un jour que le Capitaine étoit allé querir au St. Eſprit quelque Argent qu'il avoit à prendre pour ſon Equipage, le Comite s'aviſa imprudemment d'aller ſe promener à Châteaudy : Alors les Forçats, qui n'attendoient que ce moment, briſent leur Chaînes, s'arment de tout ce qui leur tombe ſous la main, & ſe défont d'une trentaine d'Hommes qui reſtoient, en les jetant morts ou vifs dans la Mer ; enſuite, faiſant-force de Rames, ils vinrent ſurgir au Port de Melgüeil, où Ceux de Montpellier les allérent accüeillir, & les amenérent comme en Triomphe dans leur Ville, où chacun ſe diſputoit le plaiſir d'en loger quelcun dans ſa Maiſon.

Cependant, le Maréchal de Joyeuſe ſe mit en Armes, & donna pour Bornes au Duc de Montmorency, les Villes de Beziers & de Capeſtang, avec les Lieux de *Puiſſerguier*, *Cuxac* & *Oveillan* ; mais, les Affaires changérent-bien de face ſur la fin de cette année, où le Duc ayant fait à Beziers une Montre-Generale de ſes Troupes, les fit avancer ſous la Conduite de Mr. de Chatillon, qui alla ſe camper à *Bize des Alliéres* : il ſe rendit-maître d'un grand-nombre de petites Places-fortifiées, comme *Quarante*, *Cruzi*, *St. Nazaire*, *St. Marcel*, *Villeſpaſſans*, *Monjori*, *Agel*, *Maillac*, *Aiguevives*, *Mirepeiſſet*, & quelques autres ; de façon que le Maréchal de Joyeuſe ſe trouva bloqué dans Narbonne, par une Armée qu'on faiſoit monter à huit mile Fantaſſins, cinq cent Gendarmes, & ſept Piéces de Canon : Ce progrès invita le Duc de Montmorency de ſe rendre à ſon Armée, & de faire attaquer *Pepieux* & *Azille* qu'il emporta ; puis, faiſant courir le bruit qu'il alloit couper la Digue qui fait paſſer dans Narbonne une partie de la Riviére d'Aude, il effraya ſi fort les Habitans, qu'ils ſe mutinérent contre le Maréchal de Joyeuſe, qui, pour s'accommoder au Tems, ſe retira à Carcaſſonne.

V. La grande Licence que les Guerres avoient introduit dans la plûpart des Villes, donna occaſion cette année à une Recherche remarquable de Faux-Monoyeurs qui fut faite à Montpellier, & qui intrigua beaucoup de Familles conſiderables. On raconte que la Femme d'un Maître-Fondeur, nommé *Jean de Laiſtre*, voulant ſe venger de ſon Mari, alla le dénoncer de Fauſſe-Monoye, & porta les Coins dont il ſe ſervoit ; ce qui ayant été verifié, fit pendre ce pauvre Miſerable, qui, dans ſon Teſtament de mort, en accuſa quelques-autres, & ſur tout un nommé *Etiéne Fuſtier*, qui fut condamné comme lui à la même Peine : Celui-ci, avant que d'ex-

1585.

piret, chargea le Bailli du Lieu de *Seiras*, chès qui on trouva tous les Outils, & quantité de Fausse-Monoye déja marquée & à marquer : heureusement pour lui, il eut le tems de prendre la fuite ; mais, bon-nombre d'Officiers qui se trouvérent impliquez dans cette Affaire, furent obligez de se remettre en Prison pour se justifier. Je ne sçai si cette Recherche n'a point donné lieu à une Avanture-particuliére, arrivée de nos Jours dans une Maison des plus considerables de la Ville, où le Maître, faisant faire quelques Reparations, se trouva présent lorsque le Maçon, en sondant une Muraille, la fit retentir à cause d'un Vuide qu'il y avoit dedans ; Le Maître ordonna d'y faire une Ouverture, dans laquelle il enfonça le bras, & toucha un grand Vase fort-pesant. Toutes les pensées qui lui vinrent alors dans l'esprit, le portérent à congedier le Maçon, en lui donnant dequoi aller boire ; & se trouvant seul, il appella son Fils pour proceder à la Verification de la Découverte qu'il venoit de faire : Le Pere & le Fils s'étant bien fermez dans la Chambre, achevérent la Démolition qui restoit à faire pour retirer le Vase ; & l'ayant mis avec peine sur une grande Table, ils s'attendoient à lui voir dégorger une grande-quantité de Piéces d'Or & d'Argent, lorsqu'ils n'y trouvérent que des Outils à faire la Fausse-Monoye, & des Coins précisément du Tems dont nous parlons.

CHAPITRE CINQUIÉME.

I. L'Amiral de Joyeuse dans le Languedoc. II. Le Duc de Montmorency y a plusieurs Affaires-particuliéres. III. Bataille de Coutras. IV. Troubles de Paris. V. Etats de Blois où le Duc de Guise est tué. VI. Mort du Roi Henry III.

1586.

LE Duc de Montmorency ayant obligé le Maréchal de Joyeuse de desemparer de Narbonne, se rendit incessament à Beziers pour aller tenir les Etats de la Province, qui étoient convoquez à Pezenas dans le mois de Janvier 1586. Il y fit faire les Fonds necessaires pour la Guerre qu'il avoit à soûtenir ; Ce qui donna la pensée à la Reine-Mere (qui négocioit sans-cesse) de tâcher de le faire revenir au Service du Roi : Elle lui envoya pour cet effet dans le mois de Mars, l'Abbé de *Juilly*, & le Sr. de *Veirac* ; mais, toutes leurs Tentatives furent renversées par *Arnaud Dufaur*, Seigneur de Pujols, & Frere du Fameux *Guy de Pibrac*, que le Roi de Navarre envoya pour resider auprès de lui. Le Duc prit si grande Confiance au Seigneur de Pujols, qu'il lui fit donner le Commandement de Montpellier, en l'absence de Mr. de Chatillon.

I. La Saison de la Guerre étant venuë, le Roi mit deux Armées sur Pié, l'une commandée par le Duc de Mayéne pour agir en Guiéne, & l'autre par l'Amiral de Joyeuse pour venir en Languedoc : il y entra dans le mois d'Août par le Gevaudan, & y fit le Siége de *Maruejols* qu'il sacagea ; après-quoi, prenant le Chemin de Toulouse pour voir son Pere, il fit Montre de ses Troupes, & retourna en Poste à la Cour.

Dans ces entrefaites, le Duc de Montmorency avoit fait deux Entreprises, l'une sur Villeneuve-d'Avignon, & l'autre sur le St. Esprit, qui ne lui réussirent pas ; mais, dans son Chemin il pacifia la Ville de Nîmes, où tout étoit dans le Trouble entre les Catoliques & les Huguenots : ceux-ci prétendoient que les Catoliques du Dehors avoient voulu surprendre leur Ville, & que ceux du Dedans devoient leur prêter la main ; ceux-là au contraire, protestoient n'avoir eu aucune part à ce Dessein, & que c'étoit un prétexte de Ceux de la Religion pour les chasser dehors : Le Duc rétablit entr'eux une Bonne-intelligence ; Et sur une autre Demande qu'on lui fit en cette Ville contre Ceux de Montpellier, pour deux Canons prêtez à Mr. de Chatillon lors du Siége de Clermont, il en remit la Décision au Seigneur de Pujols.

II. Lorsqu'il fut revenu à Montpellier, il y trouva une Affaire qu'il prit fort à
cœur,

cœur, à l'occasion des Deniers-Publics. Mr. de Chatillon, qui y commandoit, ayant à reprendre cinquante mile livres sur les Biens confisquez du feu Cardinal son Oncle, avoit obtenu du Roi, avant l'Edit de Juillet, un Don de trente mile livres, à prendre sur la Recette-Generale du Païs; il crut en pouvoir recevoir le Payement des Receveurs de Montpellier, qui le lui offrirent, avec d'autant plus de raison, que ses propres-Biens venoient d'être saisis dans le Royaume, en vertu de l'Edit de Juillet. Le Duc de Montmorency, qui comptoit apparemment sur cette Somme, fut si fâché d'apprendre qu'elle étoit hors des mains des Receveurs, qu'il alla à Villeneuve sans vouloir rester à Montpellier: de sorte que les plus Zélez-Religionnaires, craignant de le perdre, prirent le parti de lui faire toucher la Somme dont il étoit si jaloux; & ils s'engagérent de fournir à Mr. de Chatillon, tout ce qui seroit necessaire pour son Entretien, tant il avoit pris soin de gagner le Cœur des Habitans de Montpellier.

1586.

Ces mêmes Desordres se répandirent dans la plûpart des Villes qui reconnoissoient Mr. de Montmorency; car, nous apprenons de l'Histoire de Castres, écrite par Jacques Gaches, Avocat de cette Ville, que tout y étant dans le Trouble entre les Habitans & *Montgomeri* leur Gouverneur, le Duc fut obligé d'y envoyer Pierre de *Beauxhostes* son Maître de Requêtes, & depuis Premier Président en la Chambre des Comptes de Montpellier, pour s'informer du tout, & lui en faire le Raport.

Il eut beaucoup plus à faire à Beziers, où tous les Corps de la Ville, soulevez contre *Espondeillan* Gouverneur de la Citadelle, avoient resolû d'introduire dans leur Ville, le Maréchal de Joyeuse, dont les Troupes s'étoient déja avancées jusqu'à Coursan: On étoit à la veille d'executer la chose, lorsqu'un des Conjurez, manquant de courage, alla reveler le tout au Duc de Montmorency; qui étoit déja parti de Pezenas pour aller au St. Esprit. A cette Nouvelle, il rebroussa-chemin, & vint à la hâte à Beziers, où il redoubla aussitôt la Garde des Portes, & plaça des Troupes dans tous les Carrefours pour arrêter les Conjurez: Cette Sureté prise, il donna la Chambre pour Prison à Thomas *de Bonzy* Evêque de cette Ville, fit enfermer *Maureillan* & *Palliez* dans la Tour de St. Nazaire; & ayant envoyé prendre Jean *Douzon* St. de Villespassans, Président & Juge-Mage, il jeta toute sa colére sur lui: car, deux jours après qu'il eut été enfermé, le Prévôt lui amena de nuit un Confesseur pour l'aider à se preparer à la Mort; après-quoi, le Bourreau l'ayant étranglé dans sa Prison, porta son Corps à la Place des Executions-Publiques, où il le laissa pendu en chemise avec cet Ecriteau: *Traitre au Roi & à la Patrie*, quoique ce fût de l'Aveu & par Ordre exprès du Roi, qu'il eût conduit & formé cette Entreprise.

1587.

Tous ces diferens Troubles arrivez dans les principales Villes du Gouvernement de Mr. de Montmorency, l'empêchérent de rien entreprendre de quelquetems; il se contenta de renforcer ses Garnisons, & envoya le reste de ses Troupes au Roi de Navarre, qui avoit en Guiéne le Duc de Joyeuse sur les bras. Les deux Armées s'étant rencontrées dans la Plaine de *Coutras*, entre les petites Riviéres de Drougne & de l'Isle, en vinrent aux mains le vingtiéme d'Octobre, où la promtitude du Roi de Navarre & du Prince de Condé à charger le Duc de Joyeuse, rendit inutiles les Lances de ses Gros-Escadrons; de sorte que sa Cavalerie ayant été mise en déroute, son Infanterie lâcha-du-pied, & fut presque toute passée au Fil-de-l'Epée: Quant à lui, il prit la resolution d'aller mourir à son Canon, où il tomba entre les mains de deux Capitaines, qui le tuérent de sang-froid; Son Frere St. *Sauveur*, le dernier des Enfans du Maréchal de Joyeuse, périt aussi dans cette Bataille, avec plus de trois cent Gentilshommes, du nombre desquels fut Jacques d'Amboise Comte *d'Aubijoux*.

Andoque, Hist. du Languedoc, Liv. xvi.

III.

Le Duc de Montmorency, qui s'étoit rendu à Castres, y apprit cette Nouvelle, par un Courier qui lui vint de la part du Roi de Navarre: Il fit celebrer cette Victoire, par la Décharge de toute son Artillerie; Mais, sa principale attention fut, d'observer les Effets que cet Evénement produiroit dans la Province. Il ne tarda point d'apprendre, que le Maréchal de Joyeuse, arrêté par son âge & par son affliction, avoit donné la Conduite des Troupes au Grand-Prieur, le quatriéme de ses Enfans. Alors le Duc de Montmorency, reglant ses Projets sur cette

Gaches.

nouvelle Disposition, pria le Vicomte de Turéne, qui vint alors aux Bains de Balaruc, de vouloir-bien prendre sa Lieutenance-Generale dans le Haut-Languedoc, tandis qu'il agiroit lui-même contre Narbonne, dont la Prise lui paroissoit facile dans les Conjonctures présentes.

Il fit avancer ses Troupes vers cette Place: mais, à peine furent-elles arrivées, que le Grand-Prieur fit sortir les siénes, & presenta le Combat. On en vint aux-mains de part & d'autre; & l'Avantage étoit encore égal, lorsque *Pujols* & *Colombiéres*, qui commandoient la Cavalerie du Duc, ayant fait sonner la Retraite, chacun se retira dans l'opinion d'avoir remporté l'Avantage: Tous conviénent pourtant, que ce Combat fit honneur au Grand-Prieur de Joyeuse, pour être revenu à la charge, après avoir eu un Cheval tué sous lui.

Je ne trouve point que les Habitans de Montpellier eussent donné aucun signe-de-vie en cette occasion; peut-être à cause de la Peste, qui affligea leur Ville sur la fin de cette année, & au commencement de l'autre: ce qui fut cause que toutes les Cours de Justice en sortirent, & que les Particuliers qui en avoient les moyens se retirérent à la Campagne.

Dans ce même-tems, c'est-à-dire au mois de Novembre, le Duc de Guise défit à *Auneau* en Beauce, les Reîtres qui venoient pour se joindre au Roi de Navarre. Cette Victoire, qui consola les Ligueurs, de la Bataille de Coutras, fut suivie d'un si grand-nombre d'Evenémens, qu'ils causérent; en moins de deux ans, la Perte du Duc de Guise & du Roi lui-même: On en donne pour cause, la grande Défiance qu'on avoit pris soin d'inspirer à Henry III. contre le Duc de Guise. Jean-Loüis de la Valette, Duc d'Epernon, y contribüa plus que tous; Ce Seigneur, monté au comble de la Faveur depuis la Mort du Duc de Joyeuse, venoit d'en obtenir toutes les Dépoüilles, comme la Charge d'Amiral, le Gouvernement de Normandie, & son Mariage avec Marguerite de Foix-Candale, Fille-Unique de celui que nous avons vû tué au Siége de Sommiéres en 1573.

1588. IV. Ces deux Seigneurs étant donc Rivaux, l'un par sa Faveur auprès du Roi, & l'autre par le Soûtien de la Ligue, se traversérent en toutes rencontres; & l'on ne tarda point de porter les choses à l'extrémité, à l'occasion d'un Voyage que le Parti de la Ligue voulut que le Duc de Guise fit à Paris: il y arriva le 9e. de Mai, chés la Reine-Mere, qui le conduisit au Louvre, où il répondit aux Reproches du Roi, par de très-grandes Soumissions; Mais, le Trouble qu'on reconnut dans Paris, ayant obligé le Roi d'y appeller cinq à six mile Hommes-de-Guerre, les plus Zélez-Ligueurs se barricadérent dans les Rués; & poussant leur Travail jusqu'au Louvre, tinrent le Roi comme assiegé dans son Palais, dont il sortit la nuit-suivante par le Jardin des Tuileries, & prit le Chemin de Chartres.

Les Ligueurs, surpris de cette Fuite, tâchérent, par toute sorte de Soumission, de fléchir le Roi, qui, de son côté, envoya dire au Parlement, qu'il avoit resolu d'assembler les Etats Generaux avant la fin de l'année, pour assurer à son Royaume un Successeur-Catolique: Sur cette Parole; le Duc de Guise fait presenter une Requête, tendante aux mêmes Fins, & demandant l'Eloignement du Duc d'Epernon & de son Frere Lavalette, comme Fauteurs des Héretiques. Pour les satisfaire, le Roi reprit le Gouvernement de Normandie du Duc d'Epernon, & l'envoya dans celui d'Angoumois qu'il avoit déja; Il donna de plus un Edit dans le mois de Juillet, par lequel il ordonnoit à tous ses Sujets, de jurer, que sa Mort avenant, ils ne reconnoîtroient pour Roi, aucun Prince qui fut Heretique ou Fauteur d'Héresie.

Cet Edit, qui fut appellé l'Edit *de Réunion*, fut apporté au Duc de Montmorency, dans le tems qu'il faisoit le Siége du Pont St. Esprit avec Lesdiguiéres, qu'il avoit appellé à son secours: On marque, qu'il leva aussîtôt le Piquet, pour attendre tranquilement les suites d'un Evenément si nouveau; & il apprit bien-tôt, que le Duc de Guise ayant été presenté au Roi, dans la Ville de Chartres, par la Reine sa mere, ils se donnérent de part & d'autre, de si grandes Marques de Confiance, que les Plus-Fins croyoient que leur Reconciliation pouvoit être veritable.

V. Peu de tems après, le Duc de Montmorency reçut Ordre de faire partir pour les Etats-

Etats-Generaux convoquez à Blois, les Députez des Villes de son Gouvernement 1588. qui avoient Droit d'y envoyer. Je trouve dans le Grand-Ceremonial de France, que les Députez de Montpellier furent appellez à leur tour ; mais, je n'ai pû encore recouvrer leurs Noms : L'Ouverture en fut faite le 16e. du mois d'Octobre ; & dans la seconde Séance, tenuë le 18. tous les Députez jurèrent, en présence du Roi, l'Observation de l'Edit de Réunion. On fit ensuite, de la Part des Catoliques & des Religionnaires, plusieurs Demandes, qui tendoient à restraindre l'Autorité du Roi ; ce qui le jeta dans une si grande Mélancolie, qu'il prêta l'oreille à la Proposition qu'on lui fit de se défaire du Duc de Guise. Après avoir cherché plusieurs Moyens pour en venir à l'Execution, on n'en trouva d'autre que de se servir des *Quarante-cinq*, qui étoit un nombre de Gens-déterminez, que le Duc d'Epernon avoit mis auprès de la Personne du Roi, dans le tems de sa plus grande Faveur : Le Jour ayant été pris au 23e. Décembre, *Lognac*, à la tête de sa Troupe, tua le Duc de Guise dans l'Antichambre du Roi ; & le lendemain, on ôta-la-vie au Cardinal son frere, qui avoit été enfermé dans un Galetas.

Cet Evenement fit prendre la fuite à la plûpart des Députez, & causa un si grand-Trouble dans tous les Esprits, que la Reine-Mere ne put y survivre ; Car, on marque sa Mort au cinquième de Janvier 1589. âgée de plus de soixante-dix 1589. ans. Les principales Villes du Royaume suivirent l'Exemple de Paris, & se déclarèrent avec chaleur pour la Ligue, qui choisit alors le Duc de Mayéne pour son General. Chaque Ville eut ses Avantures-particuliéres dans ce Tems-de-Troubles & de Désordre ; Mais, je ne puis oublier celle de Toulouse, où le Premier-Président *Etiéne Duranti*, & *Jacques Dafis* Avocat-General, furent les Victimes de la fureur de la Ligue : *Guittard de Ratte*, Conseiller-Clerc dans cette même Cour, & depuis Evêque de Montpellier, en fut quite pour le Pillage de ses Livres & de sa Maison, ayant eu le bonheur de ne pas se trouver à Toulouse dans le tems de cette Sédition. Alors, le Parlement fut divisé en autant de Factions qu'il y en avoit dans la Province : Les Religionnaires avoient leur Chambre de l'Edit à l'Isle-Jordain, comme je l'ai déja dit ; Les Ligueurs restèrent à Toulouse ; & les Politiques, ayant *Labourgade* à leur Tête, se retirèrent en la Ville-Basse de Carcassonne, où ils furent confirmez par le Roi Henry III. quelques mois avant sa Mort. *Lafaille, Tom 2e pag. 430. & 443.*

Cependant, les Troupes du Roi, & celles de la Ligue, commandées par le Duc de Mayéne, avoient combatu presqu'à Avantage-égal, lorsque le Conseil du Roi le porta à avoir recours au Roi de Navarre, qui, suivant le sentiment de son cœur plutôt que celui de ses Vieux-Capitaines, alla trouver le Roi à Tours, où il étoit depuis les Etats de Blois. Ils firent ensemble un Traité, par lequel le Roi VI. de Navarre promettoit de l'assister de toutes ses Forces, & de lui rendre les Places qu'il prendroit sur l'Enemi-commun. Dès-lors, ils assemblèrent leurs Troupes pour attaquer Paris de vive-force ; Le Roi prit son Poste à S^t. Cloud, & le Roi de Navarre à Charanton : Leur Présence intimida cette grande-Ville, & y causa de si grandes-Rumeurs, que le Duc de Mayéne étoit résolu de sortir avec quatre mile Hommes, dévoüez à la Mort comme lui, lorsque le Roi fut tué à S^t. Cloud de la maniére-funeste que toutes nos Histoires le racontent.

Avec lui finit la Branche des Valois, qui avoit donné treize Rois à la France, & dont le Premier avoit fait l'Acquisition de Montpellier, comme nous l'avons dit dans l'Histoire de cette Ville, sous le Regne de Philipe de Valois.

FIN DU LIVRE SEIZIÉME.

330.

HIS-

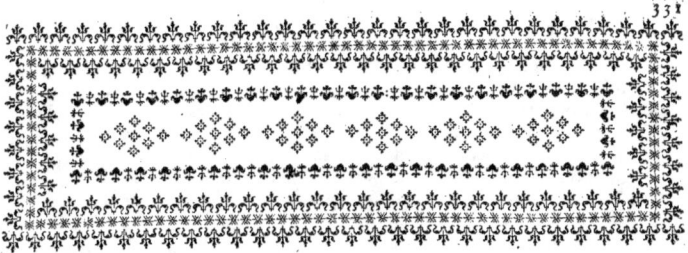

HISTOIRE
DE LA VILLE
DE MONTPELLIER,
SOUS LE ROY HENRY IV.

LIVRE DIX-SEPTIÉME.

CHAPITRE PREMIER.

I. Commencemens du Roi Henry IV. II. Troubles dans le Languedoc pour ses Interêts. III. Blocus de Paris. IV. Continüation de Troubles dans nôtre Province. V. Sort-funeste du Gouverneur de Leucate. VI. Autres Expeditions entre les Ligueurs & les Royalistes.

À Nouvelle de la Mort du Roi Henry III. fut reçûë à Montpellier avec plus de Tristesse que dans plusieurs autres Villes du Royaume, parceque les Religionnaires y avoient conçû de grandes-Esperances de son dernier Traité avec le Roi de Navarre. L'Evêque Antoine *de Subjet*, profitant de la Liberté qu'on laissa aux Catoliques dans cette occasion, lui fit faire un Service-solemnel : mais, tous les Esprits se tournèrent bientôt vers le Roi de Navarre, qui avoit à poursuivre ses Droits sur la Couronne de France.

I. 1589.

Sa Religion y mettoit un Obstacle-insurmontable de la Part des Catoliques : Les Huguenots eux-mêmes étoient rafroidis, dans la crainte qu'il ne les abandonnât ; & les Seigneurs qui avoient été en Faveur sous le Regne précedent, formoient un Parti-secret contre-lui : Plusieurs ne laissèrent pas de lui jurer Fidelité ; sur tout, lorsqu'il eut promis de maintenir la Religion-Catolique, & de s'y faire instruire : mais, le Duc d'Epernon refusa d'être de ce Nombre ; & il lui accorda seulement quelques jours, pour lever le Siége de Paris avec honneur.

Le Nouveau-Roi, reduit à un petit-nombre de Troupes, les fit marcher vers la Normandie, pour y amasser de l'Argent, & pour y recevoir le Secours qu'il attendoit d'Angleterre : Il dépêcha en même-tems dans les Provinces, aux principaux Seigneurs qui y gouvernoient, comme *Lesdiguiéres* dans le Dauphiné, & *Montmorency* dans le Languedoc, pour les exhorter à être fermes dans son Service. Le Duc de Montmorency étoit allé voir son Armée devant Narbonne, lorsqu'il reçut le Gentilhomme que Henry IV. lui envoya, & qui avoit Ordre de lui parler de l'Epée de Connétable : Le Duc répondit par de grandes-Assurances de Fidelité ; & envoya au Roi, pour lui marquer sa Joye de son Avénement à la Couronne.

1589.

Gaches.

II. Il tenoit alors Narbonne bloqué, n'étant pas assés fort pour en entreprendre le Siége : mais, le Grand-Prieur de Joyeuse ayant ravitaillé la Place, ils convinrent d'une Tréve de quatre mois, qu'ils signérent le dernier d'Août ; & durant ce tems, chacun d'eux alla pourvoir aux Affaires de la Partie du Languedoc qui le regardoit.

Le Maréchal de Joyeuse alla à Toulouse, pour en chasser l'Evêque de Couserans * & le Provincial des Minimes, deux Fameux-Ligueurs, qui gouvernoient absolument dans la Ville : ils eurent le Credit d'en faire mettre dehors le Maréchal ; & ce ne fut qu'après-bien des Mouvemens & d'Executions-violentes, qu'on mit quelqu'ordre aux Affaires de cette Ville.

Le Duc de Montmorency, d'autre-part, travailloit à assurer nos Côtes, en faisant bâtir le Fort de *Brescou* ; ce qu'il entreprit par une Avanture-singuliére. On raconte que sur l'Avis d'un Patron Provençal, nommé *Barberousset*, le Maréchal de Joyeuse s'étoit saisi du Rocher appellé *Brescou*, à la vûë d'Agde, où il fit faire un petit Fort, pour mettre à couvert les Barques qu'il envoyoit en Course jusqu'à Maguelonne & Aiguemortes : Dans le tems que le Duc de Montmorency cherchoit à y remedier, le bonheur voulut que ses Coureurs du Camp de Narbonne, lui amenérent à Beziers Barberousset avec sept ou huit autres ; Il profita de cette occasion pour leur faire si belle-peur, qu'ils lui moyenérent la Prise du Fort, où il fit aussitôt travailler au Bâtiment qu'on y voit aujourd'hui : C'est ainsi que *Gaches* le raporte.

Hist. de Castres, troisiéme Partie.

Les Affaires du Languedoc étant dans cette situation, le Duc de Mayéne General de la Ligue, marcha vers la Normandie pour y poursuivre Henry IV. Il l'accula jusque sous les Murailles de Dieppe ; de sorte qu'on ne croyoit point qu'il pût avoir d'autre ressource que de passer la Mer : il se retrancha néanmoins dans le Bourg d'*Arques*, à une lieuë & demi de Dieppe, où le mauvais succès des Attaques du Duc de Mayéne rehaussa le Courage des Royalistes, & abatit celui des Ligueurs : Ils se retirérent le dixiéme jour vers la Picardie ; & le Roi ayant reçû d'Angleterre un Secours de quatre mile Hommes, marcha vers Paris, où il força, le 1er. de Novembre, les Retranchemens des Fauxbourgs St. Jacques & St. Germain, puis les Fauxbourgs-mêmes. On dit qu'il seroit entré dans la Ville, si son Canon fût arrivé assés à tems pour rompre les Portes : mais, les Ducs de Mayéne & de Nemours y étant accourus avec toutes leurs Troupes, le Roi retira les siénes, & alla s'assurer de l'Anjou, du Maine & de la Touraine.

Sur la fin de Novembre, le Duc de Mayéne, solicité par les Parisiens, se mit en Campagne, & prit quelques Châteaux aux Environs de Paris ; puis, décendant la Riviére, il alla dans le mois de Janvier, attaquer le Pont-de-l'Arche, où le Roi accourut aussitôt : il sauva la Place, & alla mettre le Siége devant Dreux. Alors le Duc de Mayéne, ayant reçû des Païs-Bas un puissant-Secours, marcha à la Tête de quatorze mile Hommes, pour faire lever ce Siége : Le Roi le prevint, quoiqu'il eût un tiers moins de Forces, & s'étant rencontrez tous-deux le 14e. de Mars dans la Plaine d'Ivry, on en vint à une Bataille, où l'Armée de la Ligue fut défaite.

1590.

Durant tous ces Mouvemens, le Duc de Montmorency, qui n'étoit plus en Tréve avec le Maréchal de Joyeuse, se rendit à la Ville-Basse de Carcassonne, pour la délivrer des Garnisons-voisines des Ligueurs, qui la resserroient de trop-près : Il fit venir du Secours & des Vivres du côté de Castres ; avec-quoi il prit dans le mois de Mars, *Villepinte*, *Pesens*, *Lauraguel*, *Moussolens*, & autres Lieux qui incommodoient Carcassonne ; Puis, ayant eu des Avis-pressans du côté de Beaucaire, il y alla pour ses Vûës-particuliéres, autant que pour les Affaires de son Gouvernement.

* François Bonard, qui avoit été Cordelier.

Ce-

Cependant, le Roi ayant formé une Armée de quinze mile Hommes-de-pied, **III.** 1590.
& d'environ quatre mile Chevaux, vint se saisir le 15e. jour d'Avril, de S^t. Maur-
des-Fossez, par où la Ville de Paris se trouva bloquée, & dans une grande-Disette
de Vivres; Le Duc de Mayéne en laissa la Garde au Duc de Nemours son Frere-
Uterin, pour aller demander dans les Païs-Bas du Secours au Duc de Parme,
qui, au bout de cinq semaines, lui accorda quatre mile Hommes & deux cent
Lances; avec-quoi, ayant joint deux mile François que *Balagni* lui fournit, il vint
se mettre à couvert sous les Murailles de Laon: Le Roi y accourut pour le forcer; mais, tandis qu'il le harceloit avec vigueur, le Duc trouva le moyen de faire couler huit cent Chevaux & quelqu'Infanterie, le long des Rives de la Marne,
qui se jetérent dans Paris avec un assés grand Convoi-de-Vivres.

Enfin, le vingt-deuxiéme du mois d'Août, le Duc de Parme, pressé par les Ordres réiterez du Roi d'Espagne, s'approcha de Paris, dont le Roi leva le Siége le
29. avec intention d'aller le défier à une Bataille: mais, il le trouva si bien retranché auprès de Chelles, qu'il consuma inutilement ses Troupes; & le Mécontentement s'étant glissé parmi ses Gens, il ne put rien entreprendre de tout le
reste de l'année.

Tandis qu'on en étoit au plus-fort du Siége de Paris, les Affaires n'en étoient **IV.**
pas plus tranquiles dans le Languedoc, où le Duc de Montmorency, ayant découvert quelques Menées dans la Ville-Basse de Carcassonne, fut obligé de s'y
rendre au commencement de Juin, & d'y faire bâtir une Citadelle, pour l'opposer à la Garnison de la Ville-Haute, qui tenoit pour le Maréchal de Joyeuse:
Il en donna le Gouvernement au Vicomte de Mirepoix; & ayant eu Avis de la
Maladie de son Epouse Antoinette de la Mark, il partit en diligence pour Pezenas, où il la perdit le quatriéme jour de son Arrivée, ayant eu d'elle, Hercule
Comte d'Offemort; Charlote, mariée à Charles de Valois Duc d'Angoulême,
& Marguerite, Epouse d'Anne de Levi Duc de Ventadour.

En ce même-tems, les Ligueurs du Languedoc eurent recours au Roi d'Espagne, comme avoit fait le Duc de Mayéne, pour en avoir du Secours; ils en
obtinrent six mile Tudesques, conduits par le Comte de *Ladron*, qui vint aborder au Port de la *Nouvelle* le premier d'Août, & fit camper ses Troupes sous des
Tentes le long de la Robine: Le Duc de Montmorency en ayant été informé,
fit attaquer un de leurs Quartiers, qu'il défit entiérement; Ce qui donna tant de
chagrin aux Ligueurs de Narbonne, qu'ils jetérent leur colére sur les Prisonniers
qu'ils tenoient dans la Tour de l'Archevêché, ausquels ils ne firent aucun quartier,
parcequ'ils avoient témoigné de la joye dans le tems du Combat, qu'ils regardoient
du haut de leur Tour.

Cet Acte de crüauté fut comme le Préparatif d'un plus grand qui arriva dans **V.**
ce même-tems, & qui interesse plus particuliérement Montpellier, puisque les
principaux Acteurs étoient Natifs ou Habitans de cette Ville. N. Bourfier, S^r. de
Barri & de S^t. Aunez au Voisinage de Montpellier, avoit le Gouvernement de
Leucate, sur le Chemin de Salses à Narbonne le long de la Côte: Ce Poste étoit
d'autant-plus important, qu'il fermoit le Passage aux Espagnols pour venir par Terre
du Roussillon en Languedoc. Comme on eut Avis en ce tems-là, du Secours que
les Ligueurs avoient demandé au Roi d'Espagne, le Seigneur de Barri, fort-zélé
pour Henry IV. se mit en Chemin pour aller conferer avec le Duc de Montmorency; mais, il eut le malheur de tomber dans une Embuscade qui le retint
Prisonnier: Dans ce Contretems, son premier soin fut de pourvoir à la conservation de sa Place: il trouva le moyen d'informer sa Femme de son état; & lui
manda de se jeter dans Leucate, & de n'entendre à aucune des Propositions que
les Espagnols ou les Ligueurs pourroient lui faire. Le Nom de sa Femme étoit,
Constance de Cezelli, Fille de Jean de Cezelli, Président en seul de la Chambre-
des-Comptes de Montpellier: Elle s'embarqua aussitôt à Maguelonne, & aborda
heureusement à Leucate, où elle anima tout par son Courage. Les Espagnols &
les Ligueurs tentérent de lui enlever la Place de vive-force; mais, leurs Attaques
furent inutiles contre la forte-situation du Lieu, & le bon-ordre qu'elle avoit
mis à sa Défense. Alors, les Enemis ayant recours à un autre Moyen, firent condui-

1590.

re à Narbonne le Gouverneur de Leucate, & lui proposérent de grandes Recompenses s'il leur faisoit rendre la Place, ou bien une Mort-certaine s'il refusoit de le faire; ils le trouvérent dans une si ferme resolution, qu'ils crurent devoir se tourner du côté de sa Femme: pour cet effet, ils lui firent demander un Pourparler, dans lequel ils lui représentérent, qu'ils étoient les Maîtres de la Personne & de la Vie de son Mari; mais, qu'il n'y avoit d'autre Expedient pour le sauver, que de rendre Leucate: Elle offrit toutes ses Pierreries, & la Somme qu'ils voudroient pour sa Rançon; mais, elle ajoûta, qu'elle se resoudroit à tout, plûtôt que de manquer à la Foi que son Mari avoit jurée au Roi. Sur ce Refus, ils vont à Narbonne, où, de sang-froid, ils font étrangler le Seigneur de Barri, dont ils envoyérent le Corps à Leucate: Cette Vûë causa une si grande fureur à la Garnison, qu'ils coururent demander à leur Gouvernante, le Seigneur de *Loupian*, Prisonnier de Guerre, que le Duc de Montmorency lui avoit envoyé pour répondre de la Vie de son Mari. On marque qu'elle eut la generosité de le leur refuser; & qu'elle se contenta de faire un si grand-Feu sur les Enemis, qu'ils n'osérent plus tenter le Siége de Leucate: Le Gouvernement lui en fut laissé jusqu'à-ce qu'elle pût le transmettre à son Fils Hercule; Et quelques Courtisans ayant voulu représenter à Henry IV. qu'un Gouvernement de cette importance n'étoit pas assuré entre les mains d'une Femme, il répondit qu'il ne connoissoit point d'Homme qui voulût faire pour son Service, les Avances que cette Femme avoit fait.

Le Moine, Femmes-Fortes, pag. 220.

VI. On peut juger par ce dernier Trait, à quel point la Guerre étoit échaufée dans le Bas-Languedoc. Le Grand-Prieur de Joyeuse, voulant profiter du Secours qui lui étoit venu d'Espagne, se mit aux Champs dans le mois de Septembre, & étant renforcé des Troupes que le Baron d'Ambres lui amena du Haut-Languedoc, il prit *Rieux*, *Periac*, *Caunes*, *Ciran* & *Olonzac*: après-quoi, il ramena son Armée à Narbonne pour lui faire faire Montre. Le Duc de Montmorency, de son côté, ayant reçû de Mr. de Lesdiguiéres un Secours de trois cent Maîtres, alla reprendre toutes ces Places, à la reserve d'*Azillanet*, qui eut le courage de soûtenir un Siége: Tous les Ligueurs y accoururent pour le défendre, & les deux Armées se trouvérent en présence; mais, tout se passa en Escarmouches, dans l'une desquelles le Parti de la Ligue perdit *Laroque-Fontiez*, Capitaine des Gardes de Mr. de Joyeuse, qui, s'étant retiré, abandonna la Place aux Royalistes.

Le quinziéme de Novembre, le Baron de Magalas, accompagné des Sieurs de la *Canourgue*, *Cazillac* & *Marénes* de Montpellier, tous Ligueurs, avec sept ou huit cens Hommes, surprirent la Ville du Vigan; mais, ils furent bloquez le lendemain par les Voisins, au nombre de trois mile Hommes. Le St. de *Lecques* y amena les Gendarmes du Duc de Montmorency, & le Vicomte de *Panat* un Regiment de huit cens Hommes, avec lesquels on commença l'Attaque par la Sape & la Mine, qui fit bientôt une grande-Ouverture à la Tour: On en vint à l'Assaut, qui fut bien-soûtenu; mais, au treiziéme jour les Assiégez capitulérent, & sortirent de la Place la Vie-sauve.

Gaches.

Tous les Desordres que la chaleur de cette Guerre avoit causez, lassérent enfin les Combatans; & portérent les deux Chefs de Parti, Mrs. de Montmorency & de Joyeuse, de faire sur la fin de Novembre, une Tréve, qui fut publiée dans toutes les Villes de la Province: Ainsi finit dans le Languedoc l'année 1590.

CHAPITRE SECOND.

I. *Affaires de France.* II. *Affaires du Languedoc.* III. *Carcassonne surprise par les Ligueurs.* IV. *Projets-de-Paix.* V. *Siége de Villemur.* VI. *Le nouveau Duc de Joyeuse fait une Tréve avec le Duc de Montmorency, qui perd son Fils-Unique.* VII. *Mauvais-Etat des Affaires du Roi.* VIII. *Sa Conversion.*

1591.

I. Les Expeditions-Militaires recommencérent en France avec l'année 1591. Dès le mois de Janvier, le Chevalier d'Aumale, l'un des Chefs de la Ligue, fit une Tentative sur la Ville de St. Denis, où il perdit la Vie; & le Roi, de son cô-

côté, en fit une autre ſur Paris, à la Porte St. Honoré, qui lui manqua : Alors, il porta ſes Armes plus loin ; & malgré l'incommodité de la Saiſon, il entreprit, dans le mois de Février, le Siége de Chartres.

Ce Siége, qui ne finit qu'au 18e. d'Avril, donna lieu à pluſieurs Intrigues, dont la plus éclatante eſt la Bule que les Eſpagnols & les Ligueurs obtinrent du Pape Gregoire XIV. en date du 1r. de Mars, par laquelle il déclaroit Henry de Bourbon, Excommunié, Relaps, & comme tel, déchû de tous ſes Royaumes & Seigneuries : Elle fut accüeillie dans les Parlemens du Royaume, ſelon les diferens Partis qu'ils tenoient ; Le Parlement de Touloufe la reçut, & celui de Tours la foudroya : mais, elle porta un Contrecoup-favorable aux Huguenots ; car, le Roi voulant ſe les attacher davantage, donna une Déclaration, qui revoquoit par proviſion, les Edits déja donnez contr'eux, & les Jugemens qui s'en étoient enſuivis : En conſequence, il fit expedier pour le Duc de Montmorency, des Lettres d'Aveu de tout ce qu'il avoit fait ſous le Regne du feu Roi, qui furent publiées au Parlement de Carcaſſonne ; à la Cour-des-Aides & Chambre-des-Comptes de Montpellier.

Les Agitations qui arrivérent à ce ſujet dans la Province, y cauſerent la Mort II. de *Fulcrand de Vignoles*, Conſeiller en la Chambre de l'Edit, qui, revenant de la Cour avec pluſieurs autres Députez des Royaliſtes, fut aſſaſſiné entre *Mende* & *St. Auban*, par Ordre du Comte *d'Apcher* : Ce Voyage lui avoit valu des Proviſions pour l'Office de Préſident, poſſedé par *Philipe de Canaye*, Sieur du Freſne ; mais, elles ne purent ſervir qu'à ſon Fils *Jacques de Vignoles*, Conſeiller en la même Chambre, à qui le Roi conſerva cet Office.

Garches, troiſiéme Partie.

Les Eſprits étant ainſi diſpoſez à la Guerre, le Baron d'Ambres, du Parti des Ligueurs, ſurprit par Intelligence, le Lieu de *Fiac* ; & de là, il fut aſſieger *Lauraguel*, où le Vicomte de Mirepoix avoit jeté Baillat, Sergent-Major des Troupes du Duc de Montmorency, lequel ſe laiſſa gagner pour de l'Argent, & eut encore l'imprudence d'aller à Carcaſſonne : Le Vicomte le fit prendre & amener à Pezenas à ſon Maître, lequel le fit paſſer par le Conſeil-de-Guerre, qui le condamna à perdre la Tête, qu'on fit enſuite porter à *Gigean*, d'où il étoit.

Idem.

Le Maréchal de Joyeuſe, & le Grand-Prieur ſon fils, voulant tirer raiſon de III. ces Petits-Avantages, firent marcher leurs Tudeſques vers Carcaſſonne, où ils s'attachérent aux Places des Environs de la Ville-Baſſe : Leur plus grand-effort fut contre *Argens*, où le Vicomte de Mirepoix avoit fait entrer quatre Compagnies d'Infanterie, qui repouſſérent ſi-bien les Tudeſques, qu'il falut que *Mouſſolens*, Lieutenant de Mr. de Joyeuſe, les ramenât par l'eſpoir du Pillage ; Ils firent ſi-bien leur devoir, qu'ils entrérent par la Bréche, paſſérent la Garniſon au Fil-de-l'Epée, tuérent tout, ſans diſtinction d'âge ni de ſexe, & n'épargnérent pas même les Prêtres, qu'ils tiroient de l'Autel pour les égorger, tant étoit grande l'Animoſité de la Sainte-Ligue.

Après cet Exploit, le Grand-Prieur de Joyeuſe s'attacha à la Ville-Baſſe de Carcaſſonne, où il avoit des Intelligences : On prit le tems que les Royaliſtes avoient fait une Sortie ſur lui, pour leur fermer les Portes de la Ville, afin qu'ils n'y puſſent plus rentrer ; Et d'autre part, on en ouvrit une aux Ligueurs, qui ſe rendirent bientôt-maîtres de la Citadelle que le Duc de Montmorency y avoit fait bâtir ; & dans leur premier feu, ils auroient conduit au Suplice le Préſident *La Bourgade*, ſi toute la Ville n'eût demandé ſa Grace à Mr. de Joyeuſe : mais, on ne put ſauver *Gibron*, Avocat du Roi, qui fut pendu, pour avoir (diſoit-on) parlé inſolemment du Grand-Prieur, en plaidant au Parlement. Après cette Execution, le Préſident & les Conſeillers ſortirent de Carcaſſonne, & ſe retirérent à Beziers, où le Parlement fut rétabli.

Quelques mois avant la Priſe de Carcaſſonne par les Ligueurs, le Roi avoit fait le Siége de Noyon, qui s'étoit rendu le 18e. d'Août : mais, dans ce même-tems, on laiſſa échaper le Jeune-Duc de Guiſe du Château de Tours, où il étoit gardé depuis la Mort de ſon Pere aux Etats de Blois ; Cette Evaſion prepara au Roi un Enemi redoutable : Cependant, comme la Saiſon de la Guerre continüoit, le Duc de Mayéne s'avança dans le mois de Septembre juſqu'à Verdun, pour recevoir

1591.

huit mile Hommes que le Pape Gregoire XIV. lui envoyoit, sous la Conduite d'Hercules Sfrondate son neveu. Le Roi, de son côté, reçut dix à douze mile Hommes, qui lui vinrent d'Allemagne par la Négociation du Vicomte de Turéne, avec lesquels il alla donner de ses nouvelles au Neveu du Pape, & au Duc de Mayéne, qui n'oférent sortir de Verdun.

Ce fut alors, que pour recompenser le Vicomte de Turéne, & pour s'assurer de Sedan, il lui fit épouser l'Héritiére de cette Principauté, préferablement à ses autres Rivaux, & le fit Maréchal de France; Et ce nouveau Maréchal, la nuit d'auparavant celle de ses Nôces, surprit par Escalade la Ville de Stenay, d'où ensuite il fit fortement la Guerre au Duc de Lorraine.

1592.

L'année finit par le Siége de Roüen, que le Maréchal de Biron commença dans le mois de Novembre, & qui fut poussé jusque bien-avant dans l'année suivante. La vigoureuse-Resistance du Marquis de Villars, donna le tems au Duc de Parme, d'amener le Grand-Secours qu'il preparoit dans les Païs-Bas: Il vint avec une puissante-Armée, qui fut renduë inutile par les Lenteurs du Duc de Mayéne; mais, elles servirent à faire paroître l'Habileté du Duc de Parme, qui, après avoir ravitaillé Roüen & Paris, fit une des plus belles-Retraites qu'on lise dans l'Histoire.

IV. Les Affaires du Roi commencérent alors à déchoir. Il perdit le Maréchal de Biron, qui eut la Tête emportée d'un Coup-de-Canon au Siége d'Epernay: Les Grandes-Villes songérent à se procurer la Liberté: les Seigneurs & les Gouverneurs, à se faire une Souveraineté de leurs Places ou de leurs Gouvernemens; & les simples Gentilshommes, à prolonger la Guerre, pour continüer le Pillage & les Voleries qu'ils faisoient impunément: le Roi, d'ailleurs, se trouvoit sans Argent, les Tailles & les Deniers-Publics étant en proye aux Plus-forts.

Dans cet état, il chercha des Voyes d'Accommodement avec le Duc de Mayéne; & il fut convenu entre Villeroy & Duplessis-Mornay, faisant pour les deux Partis, » Que le Roi prendroit le Terme de six mois pour se faire instruire; Que la No- » blesse députeroit au Pape, pour le suplier d'y apporter son Autorité; Que cepen- » dant on travailleroit à la Paix, & qu'il seroit reconnu par les Princes-Unis; Que » l'Exercice de la Religion-Catolique seroit rétablie par tout, & que les Huguenots » joüiroient des Edits qui leur avoient été accordez avant 1585. Qu'on modereroit » les Tailles & les Impôts, & que les Priviléges des Officiers & des Villes seroient » conservez.

Ce Traité, pour être connu de trop de Personnes, fut traversé par le Roi d'Espagne, & causa de nouveaux Troubles dans les Provinces. En Languedoc, la Guerre s'échaufa à l'occasion de Ceux de Toulouse, qui voulant arrêter les Courses de Ceux de Montauban, attirérent à leur secours le Grand-Prieur de Joyeuse: Il fit lever le Siége de Revel, & entreprit vers la fin de Juin, celui de Villemur sur la Rivière du Tarn; Les Commencemens en furent heureux; car, il défit les Troupes de Themines, Sénéchal de Quercy, qu'il poussa jusqu'à Montauban: & il alloit continüer le Siége de Villemur, lorsque ses Adversaires eurent recours au Duc d'Epernon, qui conduisoit une Armée en Provence.

Gaches, troisiéme Partie.

V. L'Historien de Castres raporte, que ce Duc écrivit secretement un Billet au Grand-Prieur, dans lequel il lui disoit: » Que son Honneur & son Devoir l'obli- » geant d'aller délivrer *Villemur*, il avoit voulu l'en avertir, pour lui donner le » tems de se retirer, ou pour s'excuser envers lui. Le Grand-Prieur n'en ayant pas moins continüé ses Attaques, le Duc d'Epernon & les Troupes du Quercy donnérent sur son Camp, & l'obligérent de se retirer à la hâte, ayant laissé une fort-belle Couleuvrine, que le Duc enmena au Bas-Languedoc, où il la donna au Maréchal de Montmorency, qui la fit conduire au Fort de Brescou.

Environ ce tems, le Maréchal de Joyeuse mourut au Château de *Cauvissan*, l'une de ses Terres dans le Diocése d'Alet; Et le Duc d'Epernon, après avoir eu à Pezenas une longue Conference avec Mr. de Montmorency, vint à Montpellier, d'où il passa dans la Provence, pour s'assurer de ce Gouvernement, qui vaquoit par la Mort de Bernard de la Valette son frere.

Tandis qu'il s'y engagea dans une longue-suite d'Avantures, qui ne sont pas de mon Sujet, le Grand-Prieur de Joyeuse reprit son premier Dessein sur *Villemur*,

qu'il

qu'il attaqua de nouveau le 10e. de Septembre. Tous les Religionnaires & les Royalistes se réunirent pour l'en chasser: Le Duc de Montmorency fit un Corps de ses meilleures Troupes, dont il donna le Commandement à *Lecques*, *Chambaud*, & *Montoison*: *Marsillac*, ci-devant *Rastignac*, Gouverneur d'Auvergne, les joignit avec sa Cavalerie; & le Vicomte de *Gourdon* avec *Guiscard*, y en amenérent du Quercy. Pons de *Lauziéres*, depuis Maréchal de Themines, se jeta dans la Place, avec bon-nombre de Braves-Gens, qui firent une vigoureuse Sortie sur le Grand-Prieur, dans le tems que les Alliez donnoient sur ses Retranchemens: Le Desordre se mit alors dans son Armée: tous prirent la fuite; & lui-même, entraîné par le grand-nombre vers la Riviére du Tarn, s'y noya le 19e. d'Octobre.

Cet Accident jeta Toulouse dans la derniére Consternation. Comme c'étoit-là le fort des Ligueurs du Languedoc, ils songérent à se donner un autre Chef; & ils voulurent le prendre dans la Maison de Joyeuse, qui, depuis plus de trente ans, commandoit dans le Haut-Languedoc. De sept Enfans-mâles qu'avoit eu le Maréchal de Joyeuse, il ne restoit plus que le Cardinal, & le Pere Ange, connu auparavant sous le nom du Marquis de Boschage, qui, après la Mort de son Epouse (Caterine de la Valette) s'étoit fait Capucin. Le Cardinal, Homme fort-habile dans la Conduite des Affaires, voulut-bien s'en charger, mais, il s'excusa du Commandement des Armées, qui fut deferé à son Frere, comme en ayant fait autrefois le Métier: On lui persuada, sur la Décision des Docteurs, de quiter son Habit, en attendant la Dispense du Pape; Et ce nouveau-General fit aussitôt une Tréve pour un an avec le Duc de Montmorency, à commencer du 1er. Janvier 1593. On marque qu'elle fut signée au Mas de *Rarbieu*, entre *Olonzac* & *Mille* en Minervois, le 4e. Décembre, & qu'elle fut publiée le huit.

Cette Tréve donna plus de Tranquilité au Languedoc durant toute l'année 1593. mais, le Duc de Montmorency reçut une grande Affliction-domestique, par la Mort de son Fils-Unique le Comte d'Offemont, qui mourut à Pezenas le 15. du mois de Février de cette même année; Il étoit né à Montpellier quinze ou seize ans auparavant, depuis que son Pere se tenoit renfermé dans son Gouvernement: On lui fit, par son Ordre, à Pezenas, dans le mois suivant, des Obseques les plus magnifiques; car, on y compta les Evêques d'*Agde*, de *Montpellier*, de *Beziers*, de *Nimes* & de *St. Pons*; le plus grand-nombre de toute la Noblesse de la Province; une partie des Officiers de la Cour-des-Aides de Montpellier en Robe-Rouge, & leurs Huissiers en Robe-Violette; Les Présidens & Officiers des Présidiaux de *Beziers*, *Nimes* & *Montpellier*, qui furent suivis dans le Convoi-Funébre, de la Compagnie des Gendarmes du Duc, Enseignes traînantes, Et d'un nombre-infini de Peuple: On fit l'Oraison-Funébre du Défunt; & puis, un Dîné splendide, preparé pour tous au Château.

Dans le mois suivant, le Duc de Montmorency tint à Pezenas, les Etats de la Province, composez des Députez des Villes qui le reconnoissoient, où il fit décrier ces Piéces de Monoye qu'on appelloit des *Pignatelles*, & que les Troubles précedens avoient introduit dans le Languedoc.

Cependant, les Affaires du Roi deperissoient tous les jours: les Gens de son Conseil & de sa Maison étoient broüillez, ses meilleurs-Serviteurs rafroidis; & les Ligueurs, profitant de la triste situation où ils le voyoient, lui enlevérent *Noyon*, & assemblérent les Etats-Generaux du Royaume, pour élire un Roi de France à sa Place. L'Ouverture en fut faite dans la Haute-Sale du Louvre le 26e. Janvier; mais, les diferentes-Brigues des Prétendans, firent traîner l'Assemblée jusqu'au mois d'Avril, où l'on convint d'une Conference entre Députez des deux Partis, qui se rendirent à *Suréne* le 29e. d'Avril: Les Catoliques Liguez soûtinrent avec obstination, qu'on ne pouvoit reconnoître un Roi-Heretique; & les autres les sommoient de se joindre à eux, pour instruire & pour convertir le Roi.

Dans cette Altercation, Henry IV. déja ébranlé, donna Parole-positive de se convertir, & demanda une Conference pour son Instruction, à laquelle il convia les plus Doctes de son Parti & de celui de la Ligue, pour le 15e. Juillet; Enfin, le 23. il se rendit dans l'Eglise St. Denis, où il abjura l'Héresie entre les mains de l'Archevêque de Bourges, & alla le soir visiter l'Eglise de Montmartre. Dès-

1592.

VI. 1593.

Manuscrit de Philippy.

VII.

VIII.

V u

1593.

lors, les Parifiens donnèrent de fi grandes Marques de Joye, qu'ils firent bien-voir qu'ils n'avoient jamais eu d'Eloignement pour fa Personne. Le Roi, de son côté, fit expedier des Lettres aux Religionnaires des principales Villes : & dans celles qui furent adreffées à Montpellier, il leur fit fçavoir qu'il s'étoit fait Catolique ; leur recommandant de lui être Fidéles, & leur promettant de les entretenir & conferver felon les Edits de Pacification : Les Catoliques de cette Ville, quoiqu'en plus petit-nombre, témoignérent leur Joye par une Proceffion-Generale, à laquelle il ne fut mis aucun Empêchement.

CHAPITRE TROISIÉME.

I. Le Maréchal de Montmorency eft fait Connétable-de-France. II. Il eft appellé à la Cour par le Roi Henry IV. III. Reduction de tout le Languedoc à l'Obéiffance du Roi. IV. Réunion du Parlement de Touloufe. V. Chambre-de-l'Edit de Caftres refoluë & formée à Montpellier. VI. Fâcheux-Hiver en cette Ville.

I.

LA Converfion du Roi Henry IV. fut le grand-Dénouëment des Affaires de la Ligue : Le Duc de Mayene, qui en étoit le Chef, fit auffitôt une Tréve de trois mois avec lui, pour lui donner le tems d'envoyer à Rome foliciter fon Abfolution. Le Roi, de fon côté, fe fouvenant des Efperances qu'il avoit données au Duc de Montmorency, de l'Epée de Connétable, le nomma à cette grande-Charge ; & parceque l'on regardoit celle de Lieutenant-General du Languedoc, comme vacante depuis la Mort du Maréchal de Joyeufe, le Roi y nomma le Duc de Ventadour, Gendre & Neveu du Nouveau-Connétable.

1594.

La plûpart des Villes qui étoient au pouvoir des Catoliques, fongérent dès-lors à reconnoître Henry IV. Lyon fe foumit au commencement de Janvier 1594. Orleans dans le mois fuivant, & Bourges peu de jours après, précifément dans le tems que le Roi alloit fe faire facrer à Nôtre-Dame de Chartres, n'ayant pû le faire à Reims, parcequ'il n'en étoit pas encore le Maître ; Enfin, Paris lui ouvrit fes Portes le 22ᵉ. de Mars, & l'Exemple de Paris fut bientôt fuivi par la Ville de Roüen. Ces Profperitez excitérent l'Envie des Efpagnols & du refte des Ligueurs, qui mirent tout en œuvre, pour traverfer à Rome fon Abfolution : On leur attribüa même deux celébres Attentats qui furent faits fur la Vie de ce Prince depuis fa Converfion ; Et les Efpagnols, pour traverfer les Négociations qu'on faifoit en fa faveur dans les Provinces, mirent le Siége devant la Capelle : mais, leur Entreprife n'empêcha point que plufieurs Villes de Bretagne & de Bourgogne, ne reconnuffent Henry IV. Ce fut alors, que le Roi manda au Connétable de Montmorency, de venir le joindre avec toutes les Troupes qu'il pourroit tirer du Languedoc : Il lui amena (felon nos Mémoires) une belle-Armée de fix à fept mile Hommes ; & (felon *Mezeray*) de quatre mile Fantaffins, & de mile Hommes-de-cheval ; laiffant fon Gouvernement tranquile, fous la Charge de Mʳ. de Ventadour fon Lieutenant.

II.

Gaches, troifiéme Partie.

Après quelques Retardemens, il fe mit en Marche le 23ᵉ. de Juillet, contre l'Opinion du Public, qui ne croyoit pas, qu'après avoir vêcu en Souverain durant plus de vingt ans dans le Languedoc, il pût fe refoudre à en fortir. On raconte même à ce fujet, qu'il échapa à un Habitant de Montpellier, de dire en Bonne-Compagnie, que lorfque Mʳ. de Montmorency pafferoit pour aller à la Cour, il s'engageoit à l'y porter fur les Epaules : Ce qui ayant été raporté au Connétable, lorfqu'il fut arrivé à Montpellier, il fit femblant d'être en colére, & de faire chercher l'Homme, pour l'obliger de tenir fa Promeffe ; mais, ce Bon-Homme prit tant de foin de fe cacher, que le Connétable fut le premier à rire de la peur qu'il lui avoit faite.

La

La Ville de Poitiers traita avec le Roi dans le mois d'Août; & celles de Laon, d'Amiens & de Beauvais, presqu'en même-tems: Le Siége fut mis devant Noyon, que le Roi emporta le 18ᵉ. d'Octobre; Ainsi, étant Maitre de presque toute la Picardie, il alla visiter la Frontiére de Champagne, où il accorda la Paix au Duc de Lorraine; & dans le mois de Novembre suivant, il conclut un Traité avec le Duc de Guise, dans lequel il lui fit* des Avantages, que sa Generosité naturelle & l'état de ses Affaires demandoient. Alors, le Roi voyant qu'il avoit deux Enemis de moins, déclara ouvertement la Guerre aux Espagnols, & conduisit lui-même ses Troupes dans l'Artois: mais, les Rigueurs de l'Hiver l'obligérent de revenir à Paris, tandis que le Connétable de Montmorency eut Ordre de demeurer aux Environs de Lyon, pour s'opposer au Duc de Nemours, qui vouloit affamer cette grande Ville; mais, il le resserra dans Viéne si à l'étroit, que toutes ses Troupes l'abandonnérent.

1594.

L'Année 1595. commença par les Expeditions du Maréchal de Biron dans la Bourgogne, où les Villes d'Autun, Auxonne, Beaune & Dijon, se declarérent pour le Roi. Les Espagnols allarmez, vinrent par la Franche-Comté, sous la Conduite de Fernand de Velasque, Connétable de Castille, pour s'opposer à ses Progrès: mais, le Roi, qui y accourut, rendit leurs Desseins inutiles, par cette grande Valeur qu'il fit paroître au Combat de Fontaine-Françoise, près de Dijon; de sorte que le Duc de Mayéne, rebuté des Lenteurs & de la Fierté des Espagnols, fit un Traité-secret avec le Roi, qui fut rendu-public au commencement de l'année suivante.

1595.

Cependant, on traitoit en Languedoc pour achever de reduire cette Province à l'Obéissance d'Henry IV. à quoi on parvint enfin, lorsqu'il y avoit le moins lieu de l'esperer. Le plus grand-nombre des Officiers du Parlement de Toulouse, ayant déclaré au Duc de Joyeuse, qu'ils étoient obligez de reconnoître le Roi, puisqu'il étoit Catolique, le Duc, cherchant à rendre sa Condition meilleure, suscita les plus échaufez de sa Faction, qui causérent de si grands-Troubles dans Toulouse, que le Parlement se retira à Castelsarrasin, ne laissant dans la Ville que dix ou douze Officiers, qui ne voulurent pas les suivre; De cette sorte il y eut en même-tems, trois Parlemens dans la Province: Celui de la Ligue, composé des Officiers qui avoient resté à Toulouse; Celui de Castelsarrasin, qui tenoit pour le Roi; & celui de Beziers, qui avoit été formé (comme nous l'avons vû) dans le Tems des Politiques. Ces trois Compagnies, qui se faisoient la Guerre, en donnant des Arrêts les uns contre les autres, cherchérent à s'appuyer du Secours des Armes: Le Duc de Ventadour, Lieutenant-General de la Province, marcha contre Toulouse, & fut renforcé par le Maréchal de Matignon, Gouverneur de Guiéne; Ils firent quelques petits Siéges aux Environs de cette Ville: mais, les Maladies-Contagieuses les ayant obligez de retirer leurs Troupes, ils laissérent le Champ-libre au Duc de Joyeuse, qui conduisit les siénes contre Castelsarrasin, où il fit un grand-Ravage.

III.

On en étoit dans cette triste-situation, sans aucune esperance de pouvoir ramener les Esprits, lorsque la Nouvelle de la Reconciliation du Roi avec le Pape, ôta tout pretexte au Parti des Ligueurs. Le Pape Clement VIII. bien-loin d'y mettre des obstacles (comme avoient fait ses Prédecesseurs) parut la rechercher: il donna publiquement l'Absolution aux Procureurs du Roi le 16ᵉ. Septembre; & la chose ayant été scûë dans le Languedoc, on convint d'une Conference à Verfeil près de Toulouse, où présida, comme Commissaire du Roi, François de Rochemore, qualifié alors Maître des Requêtes de Mʳ. le Connétable, & depuis Premier-Président en la Cour-des-Aides de Montpellier: Le Duc de Joyeuse y fit des Demandes, qu'on connoîtra mieux par les suites. Les Députez du Parlement, demandérent la Réunion des diferentes Chambres qui le divisoient: Ceux des Etats de la Province, insistérent que la Chambre-de-l'Edit déja établie à l'Isle, fût mise dans une Ville Catolique; Et les Députez du Duc de Mayéne, avec ceux de la Ville de Toulouse, firent leurs Demandes-particuliéres.

Il parut par les suites, que le Roi ne cherchoit qu'à ramener ses Sujets; car, il accorda presque toutes les Demandes qui lui furent faites: il en fit expedier des Lettres-Patentes en forme d'Edit, donné à *Folembray* le premier de Janvier

1596. dans lequel il fit au Duc de Mayéne les Conditions avantageuses qu'on peut voir dans l'Histoire-Generale du Royaume : » Il créa le Duc de Joyeuse » Pair & Maréchal de France, & l'un de ses Lieutenans-Generaux dans la Province » du Languedoc, ès Villes de Toulouse, Narbonne, Carcassonne, & autres par » lui ramenées au Service du Roi, sous le Gouvernement toutefois de M^r. de » Montmorency ; le Duc de Ventadour demeurant Lieutenant-General en l'autre » Partie du Languedoc, *Beziers* compris, *Capestang*, le Diocése de *S^t. Pons*, & » le Château de *Leucate* sur la Frontière. Par le meme Edit, il ordonna le Rétablissement du Parlement de *Castelsarrasin à Toulouse*, & l'Incorporation de celui de Beziers.

IV. Ce dernier Article fut executé par deux diferens Commissaires : M^r. Menardeau, M^e. des Requêtes, après plusieurs Allées & Venuës, conduisit le Parlement de Beziers à Castelsarrasin, où fut faite en sa présence l'Incorporation ordonnée, comme il resulte de son Procès-Verbal, raporté par *Lafaille* dans ses Preuves. Quant au Rétablissement de cette Cour dans Toulouse, & sa Réunion avec les dix ou douze Officiers qui y avoient resté, la Commission en fut donnée au Marquis de Mirepoix, & à M^r. de *Rochemore*, qui, ayant remis aux uns & aux autres des Lettres-de-Cachet du Roi, se rendirent à Castelsarrasin le dernier du mois de Mars, & en partirent le premier d'Avril avec le Parlement, qui fit à Toulouse sa Réunion en leur présence.

V. L'Etablissement de la Chambre-de-l'Edit dans une Ville Catolique (comme il avoit eté demandé) soufrit plus de dificultez : car, nous apprenons des Mémoires de *Gaches*, que le Roi avoit envoyé M^r. de Bellièvre à Montpellier, auprès du Duc de Ventadour, afin qu'il établit cette Chambre où il trouveroit à propos ; & que le Président du Fresne s'étant rendu à Montpellier, pour y conférer avec M^r. de Bellièvre sur les Interêts de sa Compagnie, il trouva que le Duc de Ventadour avoit dessein de l'établir à *Bagnols*, quoique d'autres Personnes solicitassent pour Nîmes ; mais, l'Evêque de Castres Jean *de Fossé*, arrêta tout, en demandant qu'elle fût établie à Castres : » Surquoi, le Duc de Ventadour (ajoûte » *Gaches*) qui aimoit beaucoup cet Evêque, lui demanda, s'il auroit bien le cou- » rage de se commettre lui & son Clergé, dans une Ville où il y auroit si peu » de Catoliques ? A quoi il répondit, que c'étoit le moyen d'y en avoir davantage. Alors, le Duc en ayant conferé avec M^{rs}. de Bellièvre & du Fresne, ils écrivirent au Président la Bourgade, qui étoit encore à la Tête du Parlement de Beziers, & lui proposérent d'être mis en cette même qualité à la Chambre-de-l'Edit, parcequ'on prévoyoit-bien qu'il seroit avec beaucoup de desagrément à Toulouse, où il étoit fort haï. La Bourgade ayant fait Réponse, qu'il s'en remettroit entièrement à eux, on suivit le Projet d'établir cette Chambre dans la Ville de Castres : A quoi les Ministres & le Consistoire ayant formé Opposition, l'Affaire passa néanmoins au Conseil-de-Ville, qui délibera d'en remercier l'Evêque, & de faire leurs Instances auprès de M^r. de Ventadour, pour l'Execution de ce Projet ; Ainsi, les Religionnaires furent conservez dans la Possession d'une Chambre Mi-Partie ; & les Catoliques, qui la vouloient dans une Ville de leur Religion, se consolérent de la voir à Castres, puisque l'Evêque lui-même l'avoit demandé : En consequence, on forma cette Chambre d'Officiers Catoliques & Religionnaires, presque tous du Bas-Languedoc, & le plus grand-nombre de Montpellier.

CATOLIQUES.

PRÉSIDENT.

Jean Sabatier, Seigneur de la Bourgade, originaire de Narbonne.

CONSEILLERS.

De Saux.
De Bonnet.

RELIGIONNAIRES.

PRÉSIDENT.

Philipe de Canaye, S^r. du Fresne.

CONSEILLERS.

Antoine de Berenger, Baron d'Arvieu.
Richard d'Escorbiac.
Jean de la Mer.

FRANÇOIS DE ROUX.
PIERRE BARDICHON.
PIERRE D'UZILLIS.
FRANÇOIS DE CALVIERE.

PROCUREUR-GENERAL.

ÉTIÉNE DE RATTE.

GREFIERS.

JEAN CAZALEDES, ET NICOLAS MICHEL.

JACQUES DE VIGNOLES.
RAULIN D'AIREBAUDOUZE, Baron d'Anduse. *
FRANÇOIS DE ROZEL.
PAUL DE JUGES.
PAUL CORRECH.

AVOCAT-GENERAL.

PIERRE DE BOUCAUD.

POUR LA CHANCELERIE.

NICOLAS FOSANDIER, ET GEORGE CAZALS.
FRANÇOIS DE FONTANIER, Conseiller & Secrétaire du Roi.

La Joye qu'on eut à Montpellier de la Reduction du Languedoc, consola les Habitans de cette Ville d'un fâcheux-Hiver qu'ils eurent en 1597. & qui leur causa de très-grands Dommages : il commença dans le mois de Mars, par une grande-abondance de Nége, qui étant suivie d'une rude-Gelée, fit mourir le Menu-Bétail, & perir les Arbres-Fruitiers. Nonobstant ce Malheur, le Commerce & la Confiance furent rétablis dans la Province à la faveur de cette nouvelle Paix; & l'on marque que M^{rs}. de Joyeuse & de Ventadour se visitoient reciproquement, le Duc de Joyeuse allant à Beziers, & le Duc de Ventadour à Narbonne : ils tinrent néanmoins cette année les Etats separément, où chacun d'eux demanda aux Villes de son Ressort, des Secours-Extraordinaires pour le Roi, qui venoit de perdre *Calais* & *Amiens.* 1597. VI.

Ces deux Pertes, qui ouvroient aux Espagnols un Chemin-libre pour aller à Paris, obligérent le Roi à faire les derniers efforts contre Amiens, dont il vint enfin heureusement à bout, malgré toutes les Tentatives de l'Archiduc Albert : La Place se rendit le 25. de Septembre; & le Connétable de Montmorency, qui ne quita point le Roi durant ce Siége, la reçut à son Nom. Alors les Espagnols furent plus disposez que jamais à renoüer les Pourparlers de Paix qu'on avoit commencez auparavant : Philipe II. Roi d'Espagne, se voyant sur la fin de ses Jours, ne voulut point laisser à son Fils une aussi grande-Guerre sur les bras; & Henry IV. ayant éprouvé cette année, les Troubles intestins que le mauvais-succès de ses Armes lui avoit sucité, accepta la Médiation du Cardinal de Florence, Legat du S^t. Siége. Les deux Rois convinrent qu'on s'assembleroit à *Vervins*, petite Ville du Tierache en Picardie, où ils envoyérent leurs Plenipotentiaires sur la fin de cette année.

CHAPITRE QUATRIÉME.

I. Le Roi s'assure de la Bretagne. II. Y donne l'Edit de Nantes. III. Survivance du Gouvernement du Languedoc accordée au Fils du Connétable. IV. Paix de Vervins. V. Mariage du Roi. VI. Demandes des Catoliques de Montpellier. VII. Sédition à ce sujet. VIII. Reglemens faits pour y remedier.

TANDIS qu'on étoit assemblé à *Vervins* pour la Paix des deux Couronnes, le Roi fut conseillé de s'approcher de la Bretagne, pour prévenir les Dificultez qu'on prévoyoit dans le Traité de la Paix-Générale, au sujet du Duc de Mercœur : A son Entrée dans cette Province, toutes les Places de la Frontiére lui portérent les Clefs; de sorte que le Duc de Mercœur n'eut rien de mieux à faire que de recourir à la Clemence du Roi, qui lui accorda des Conditions très-avan- I. 1598.

* Avoit été Lieutenant-Particulier au Siége-Présidial de Montpellier.

1598.
tageuses: mais, le Prix de son Traité fut le Mariage de sa Fille-Unique avec César Duc de Vendôme, Fils-Naturel d'Henry IV.

II. Pendant le Séjour de deux mois que le Roi fit en Bretagne, il donna le fameux Edit de Nantes, en faveur des Religionnaires de son Royaume, de qui il avoit tout à craindre, depuis que sa Conversion leur avoit paru sincere: Ils étoient entrez dans une si grande-Défiance de lui, qu'ils formérent dès-lors un troisiéme Parti, sous le nom de *Bons-François*; & lorsqu'il s'agit de sauver la France par la Reprise d'Amiens, ils lui en laissérent faire le Siege avec presque les seules Forces des Catoliques. L'Assemblée de *Vervins* augmenta leurs Allarmes; car, ils ne doutérent plus que la Paix avec les Espagnols ne dût servir à les accabler.

Dans cette frayeur, ils s'assemblérent en plusieurs Villes du Royaume, tantôt à Saumur, tantôt à Châtelleraud: Ceux de nos Provinces choisirent la Ville de Montpellier, où nos Mémoires marquent qu'il se trouva cent cinquante Ministres, munis des Procurations de leurs Eglises. Quant aux Députez qu'ils avoient à la Suite de la Cour, le Roi qui les avoit souvent delayez, craignant de leur-part quelque Coup de desespoir qui eût renouvellé tous les Troubles passez, leur accorda cet Edit, qui renferme, en *92.* Articles, toutes les Graces qui leur avoient été accordées par les Edits precedens: Il leur fut permis d'exercer les Charges de Judicature & de Finance; Et par d'autres Articles, qu'on appella *Secrets*, il leur laissa plusieurs Places-de-Sureté, du nombre desquelles étoit Montpellier: il ne voulut pas néanmoins, pour plusieurs Considerations, envoyer alors cet Edit au Parlement pour le verifier, & ce ne fut que dans l'année suivante qu'on l'y apporta.

III. Dans ce même-tems, le Roi accorda au Connétable de Montmorency, la Survivance du Gouvernement de Languedoc, pour son Fils Henry de Montmorency, âgé seulement de trois ans; il lui étoit né à Chantilly, le 30e. jour du mois d'Avril 1595. de Louïse de *Budos* de la Maison de *Portes*, qu'il avoit épousée à Pezenas peu après la Mort du Comte d'Offemont. Le Connétable, qui étoit revenu dans son Gouvernement après la Rédition d'Amiens, voulut être lui-même le Porteur de ces Lettres, & les faire verifier en la Cour-des-Aides de Montpellier. La Ceremonie en fut faite le 8e. Juin en Robes-Rouges, présens le Duc de *Ventadour*, les Evêques d'Agde & de Nîmes, avec un très-grand-nombre de Noblesse: Guillaume de *Ranchin*, Avocat-General, y fit un très beau Discours; & par l'Arrêt que la Cour prononça, le Regître des Provisions fut ordonné.

IV. Quelques semaines-après, on fit à Montpellier la Publication de la Paix concluë à *Vervins* dans le mois de Mai, par laquelle les deux Rois se rendirent mutuellement, ce qu'ils avoient pris l'un sur l'autre depuis 1559. Ainsi, les Espagnols recouvrérent la Comté de Charolois; & le Roi de France, les Villes de Calais, de Blavet en Bretagne, & autres moins Considerables. Cette Publication fut faite à Montpellier le 27e. de Juin avec beaucoup de Solennité, comme dans tout le reste du Royaume: Pierre *Dampmartin* Gouverneur de la Ville, avec Samuël de *Trinquére* Juge-Mage, marchoient à la Tête, ayant au milieu d'eux Daniel *Pascal* General des Aides, Premier-Consul; Suivoient en Robe-Rouge, les autres Consuls à Cheval avec leur Suite-Consulaire, précedez par les quatre Trompettes de la Ville.

1599.
Le reste de cette année ayant été employé à l'Execution de quelques Articles de la Paix de *Vervins*, le Roi fit porter au Parlement de Paris, dans le mois de Février 1599. l'Edit de Nantes qu'il avoit accordé aux Religionnaires de son Royaume; il y fut enregîtré avec cette Clause: *Tant qu'il plaira au Roi.* Peu de tems-après, on apprit avec admiration, le Changement du Maréchal de Joyeuse, qui, après avoir fait le Mariage d'Henriette sa Fille-Unique avec Henry Duc de Montpensier, rentra dans les Capucins d'ont il étoit sorti (comme nous l'avons vû) en 1592. Par ce Changement, sa Lieutenance de Languedoc devenuë vacante, fut donnée au Duc de Ventadour, qui ayant réuni en sa Personne les deux Lieutenances, réunit aussi les Etats de la Province, qui auparavant s'étoient assemblez séparément durant quelques années: On marque qu'il les tint alors en seul, & que tout s'y passa de bon-accord, les Troupes du Languedoc ayant été distribuées, partie dans la Senéchaussée de Carcassonne, partie dans celle de Beaucaire.

V. La Paix dont la France commençoit à joüir, ne laissoit à souhaiter pour le Royau-

Royaume que des Enfans au Roi : son Mariage avec la Reine Marguerite ne 1599.
pouvoit lui en donner ; & les Prétentions de la Duchesse de Beaufort étoient un
Obstacle-insurmontable, au Consentement de la Reine Marguerite pour faire rompre son Mariage avec le Roi. Dans ces Conjonctures, la Mort enleva subitement la Duchesse de Beaufort, & presqu'en même-tems Loüise *de Budos*, seconde Femme du Connétable de Montmorency.

Alors, la Reine Marguerite fut la première à demander la Dissolution de son Mariage ; & la Sentence en ayant été donnée, le Roi fit rechercher Marie de Medicis, Fille de François, en son vivant Duc de Florence. Tandis que les Agens du Roi suivoient cette Affaire, il se formoit à la Cour un Parti de Mécontens, qui produisit dans la suite plusieurs Effets : Les principaux Chefs étoient, le Maréchal de Boüillon, le Duc de la Trimoüille, le Connétable de Montmorency, & le Duc de Montpensier ; mais, les plus-ardens étoient, le Duc d'Epernon, & le Maréchal de Biron. Ce dernier rechercha le Duc de Savoye, Prince des plus-fins de son Tems, qui vint alors à la Cour pour y soliciter la Conservation du Marquisat de Saluces, qu'il détenoit à la France : Biron lui découvrit la Conspiration qu'il avoit tramée ; ce qui porta le Duc à éluder l'Execution de ses Promesses, & attira dans ses Etats les Armes du Roi.

Cependant, les Religionnaires du Languedoc faisoient leurs Instances, pour VI. 1600.
l'Enregîtrement de l'Edit de Nantes dans les Cours-Supérieures de la Province :
Ils l'obtinrent enfin au commencement de l'année 1600. car cet Edit fut verifié à Toulouse le 19. de Janvier, & à Montpellier le 12. du mois suivant. Les Catoliques, de leur côté, demandérent à joüir des Graces que le Roi leur accordoit par ce même Edit : Et comme il y étoit ordonné qu'ils rentreroient dans la Possession des Eglises qu'on leur avoit usurpées, ils resolurent, pour prevenir l'Opposition des Huguenots, de députer au Roi, & de lui demander le Rétablissement de l'Eglise Nôtre-Dame des Tables ; Ils choisirent pour cela trois Personnes des plus considerables d'entr'eux : sçavoir, M^e. Homer *de Gerard*, Conseiller en la Cour-des-Aides ; Jean *Testoris*, Procureur-General en la Chambre-des-Comptes, & Claude *Talamandier*, Lieutenant de Robe-Courte au Présidial, qui ayant été reçûs favorablement, eurent pour Réponse, que le Roi envoyeroit des Commissaires sur les Lieux pour l'Execution de son Edit.

Les Préparatifs qu'on faisoit alors contre le Duc de Savoye, retardérent de quelques mois l'Envoi des Commissaires ; mais, après que le Roi eut avancé son Expedition, (dans laquelle il prit *Bourg-en-Bresse*, *Chambery*, *Montmelian*, & le Fort *Ste. Catérine*) il fit partir pour Montpellier le S^r. de *Chamblay*, Maître des Requêtes, & le S^r. *Dubourg*, Gouverneur de l'Isle-Jordain : Ces deux Commissaires se rendirent auprès du Duc de Ventadour, avec lequel ils entrèrent à Montpelier au commencement de Décembre ; & les Catoliques ayant débatu en leur présence, les Raisons qu'ils avoient de demander la Restitution de l'Eglise Nôtre-Dame, elle leur fut adjugée par ces trois Seigneurs, quoique M^r. Dubourg fût de la Religion-Protestante.

Sur cette Décision-favorable, Guitard *de Ratte* Evêque de Montpellier, prit jour VII.
au 28. Décembre, pour prendre Possession de cette Eglise ; M^r. de Ventadour voulut s'y trouver pour autoriser toutes choses : mais, à peine eut-on dressé une Echelle pour démolir une espéce de Ravelin qu'on avoit fait à l'Entrée de la Grand'-Porte, qu'on vit voler une grêle de Pierres sur le Maçon qui osa y mettre la main : Le Duc de Ventadour eut beau-dire qu'il y alloit des Ordres du Roi, les Séditieux coururent à la Cloche de la Ville, sonnèrent le Tocsin ; & dans peu de tems, on vit accourir par toutes les Avenuës, un si grand-nombre d'Habitans tous en Armes, qu'on en fait monter le Nombre jusqu'à quinze cens.

Le Duc voyant ce Tumulte, prit le parti de se retirer chez M^r. de Mariotte ; & une partie des Chanoines qui avoient suivi leur Evêque, quitérent la Place, le laissant seul avec quelques Gentilshommes, qui ne voulurent point l'abandonner. Le Prélat resta encore quelques heures au pied du Ravelin ; & l'on raporte, qu'en se tournant vers le Baron de Castries, (l'un des Principaux qui l'accompagnoient) il leur dit, d'un ton de fermeté qui lui étoit ordinaire : » Messieurs,

1600.
» S'il faut mourir, nous n'en trouverons jamais de plus-belle occasion, puisqu'il
» s'agit de la Gloire de Dieu, & du Rétablissement de son Culte : ne nous ren-
» dons point méprisables à Ceux qui ne cherchent qu'à profiter de nôtre Lâcheté.
Comme le Baron lui répondoit, au nom de Tous, qu'il pouvoit compter sur eux,
un des Séditieux s'avança, & levant le Bras, il alloit décharger un grand-Coup
sur la Tête de l'Evêque, lorsqu'il fut heureusement arrêté : Alors, les Consuls
prévoyant les suites de ce grand-Tumulte, redoublèrent leurs Efforts pour calmer
la Furie du Peuple, tandis que les Chanoines agissoient auprès de M^r. de Ventadour & des Commissaires, pour faire représenter à l'Evêque, qu'il convenoit mieux
de ceder au Tems, & d'attendre que le Roi eût donné ses Ordres sur cette Affaire.

Ils en écrivirent en effet, & leurs Lettres trouvèrent le Roi à Lyon, où il
s'étoit rendu de Savoye pour y consommer son Mariage avec Marie de Medicis :
Les suites de cette grande-Fête, suspendirent la Réponse qu'on attendoit à Montpellier ; & le Traité-de-Paix avec la Savoye, (par lequel on fit un Echange de la
Comté de Bresse avec le Marquisat de Saluces) y mit du retardement jusqu'au
1601. mois de Mars 1601. Alors, Henry IV. étant bien persuadé qu'il y avoit Collusion
entre les Consuls & les Religionnaires de la Ville, fit expedier un Ordre aux Consuls, de mettre les Catoliques en Possession de l'Eglise de Nôtre-Dame, sous peine
d'en répondre en leur privé-nom : Comme l'Ordre étoit si précis, ils firent abatre eux-mêmes le Ravelin pour lequel ils avoient fait tant de bruit, & ils aban-
donnèrent l'Eglise aux Catoliques pour la reparer comme ils jugeroient à propos.

VIII. Ce dernier Désordre servit à faire mieux connoître l'Importance & la Justice
qu'il y avoit, d'assurer aux Catoliques du Languedoc, l'Exercice-libre de leur Religion, puisqu'on l'avoit accordé aux Religionnaires : Dans cette vûë, le Connétable de Montmorency convoqua à Pezenas, une Assemblée des principales Villes de
la Province, où assistèrent, pour celle de *Toulouse*, le Président de Paule, & M^r.
de Maussac ; Pour *Montpellier*, Pierre Convers, Doyen de la Chambre-des-Comptes,
& Loüis de Rochemore, Conseiller en la Cour-des-Aides ; Pour *Beziers*, M^r.
d'Arnoye Juge-Mage, & M^r. Marion, Trésorier-de-France en la Generalité de
Montpellier, résident alors à Beziers ; Pour *Nimes*, M^rs. de Pujol & d'Anduse.

Tous ces Députez ayant examiné les Articles présentez par les Catoliques de
Montpellier, reglérent (conformément à l'Edit de Nantes :) » Que l'Exercice de
» la Religion-Romaine, seroit rétabli dans les Lieux où il avoit été interrompu :
» Que les Biens enlevez aux Catoliques leur seroient restituez : Que tous indis-
» tinctement tiendroient leurs Boutiques fermées pendant les Jours-de-Fête ; &
» qu'ils seroient tenus de tapisser le Devant de leur Maison, lorsqu'on porteroit
» le S^t. Sacrement en Procession. Il fut fait défense, de faire du Bruit aux Portes
» des Eglises durant le Service, (ce qui n'étoit que trop ordinaire :) On convint
» que Ceux des deux Religions seroient reçûs indistinctement dans les Hôpitaux ;
» & l'on attribüa ausdits Hôpitaux, tous les Legs que les Religionnaires se trou-
» veroient avoir enlevé aux Catoliques.

Ces deux derniers Articles furent faits en faveur de l'Hôpital de Montpellier,
qui avoit été transferé l'année précedente à *l'Ecole-Mage*, & ôté de l'Eguillerie,
où il étoit depuis la première Démolition des Fauxbourgs. Les Catoliques de-
mandèrent encore, » Que leurs Ecoles fussent séparées de celles des Religionnai-
» res ; & qu'on les appellât aux Conseils-de-Ville, pour les Impositions où ils de-
» vroient être compris : C'est ainsi qu'après avoir été les Maîtres depuis la Fondation de leur Ville, ils étoient reduits, par le Malheur des Guerres-Civiles, à l'Etat
de Suplians. On leur accorda toutes leurs Demandes ; & l'Acte en ayant été signé
le 2e. de Septembre, il fut confirmé depuis par des Lettres-Patentes, qui furent
publiées à Montpellier, en présence du Connétable de Montmorency.

Un mois après l'Assemblée de Pezenas, on apprit à Montpellier la Naissance
du Dauphin, (qui fut depuis le Roi Loüis XIII.) né à Fontainebleau le 27e.
Septembre : Les Catoliques en témoignèrent leur Joye, par le *Te Deum* qu'on chanta,
le plus solennellement que l'on put, dans l'Eglise de la Canourgue, où l'Evêque
& les Chanoines étoient reduits, parceque Nôtre-Dame n'étoit pas encore reparée.

1602. L'année 1602. n'eut autre chose de remarquable pour Montpellier, que les
suites

suites de la Conspiration du Maréchal Duc de Biron, qui ayant refusé la Grace que le Roi lui offroit, pourveu qu'il avoüât sa Faute, fut envoyé au Parlement de Paris, & condamné dans le mois de Juillet à perdre la Tête. Henry de la Tour Duc de Boüillon & Maréchal de France, soupçonné d'avoir eu part à cette Conspiration, refusa aussi de se rendre auprès de la Personne du Roi, & se contenta d'aller se presenter à la Chambre-de-l'Edit de Castres, qu'il prétendit être son Juge-naturel : L'Avocat-General Pierre de Bocaud, dépêcha aussitôt un Courier à Henry IV. pour lui en donner Avis ; & sur le Bruit que Mr. de Caumartin, Président au Grand-Conseil, venoit avec un Ordre du Roi pour le faire arrêter, le Duc de Boüillon partit de Castres, & se rendit à Montpellier.

1601.

CHAPITRE CINQUIÉME.

I. *Le Duc de Boüillon à Montpellier.* II. *Trahisons dans le Languedoc.* III. *Nouveau-Temple des Religionnaires.* IV. *Arrivée du Duc de Montmorency à Montpellier.* V. *Faveurs que le Roi accorde à l'Université de cette Ville.* VI. *Année du Grand-Hiver.* VII. *Passage des Morisques.* VIII. *Mort de Henry IV.*

LE Duc de Boüillon étant arrivé à Montpellier sur le commencement de 1603. y fit une Assemblée de Ceux de sa Religion, ausquels il parla fort de son Innocence, & demanda instamment l'Intercession de leur Eglise auprès du Roi, afin d'obtenir que sa Cause fût portée devant les Juges accordez par l'Edit de Nantes : Les plus Sages mirent une très-grande diference, entre un Crime-d'Etat au Premier-Chef, & les Cas-particuliers pour lesquels le Roi avoit accordé la Chambre-de-l'Edit : ils demandérent du tems pour deliberer sur sa Demande ; & en secret, ils lui firent pressentir l'inutilité de la Tentative qu'il exigeoit d'eux. Le Duc partit alors pour Orange, d'où il se retira à Genève, & chés les Princes-Protestans d'Allemagne, jusqu'à-ce que ses Amis eussent obtenu (comme ils firent quatre ans après) sa Grace du Roi.

I. 1603.

Andoque, p. 612.

On remarque, que cette Conspiration du Duc de Biron, occasionna la Nomination d'un Evêque, & d'un Premier-Président de la Cour-des-Aides de Montpellier : car, Guitard *de Ratte*, Evêque de cette Ville, étant mort en 1602. le Roi nomma à sa Place Jean *Garnier*, Docteur de Sorbonne, qui avoit assisté à la Mort le Maréchal de Biron ; & Pierre *de Rozel*, Premier-Président, n'ayant survécu à l'Evêque guere plus d'une année, le Roi se souvint du Service que Pierre de Bocaud lui avoit rendu à Castres, lorsque le Duc de Boüillon étoit venu s'y presenter ; il le tira de sa Charge d'Avocat-General en la Chambre-de-l'Edit, & le transfera à celle de Premier-Président de la Cour-des-Aides, dont il prit Possession en 1604.

Gaches, troisiéme Partie.

Au commencement de cette année, on avoit eu en Languedoc une si grande Disette, qu'elle y auroit causé une horrible-Famine, si le Duc de Ventadour n'eût fait venir des Blez de la Champagne & de la Bourgogne, par les Riviéres de Sône & du Rône. La Tranquilité ayant été ainsi renduë à la Province, le Duc de Ventadour assembla les Etats à Alby, où, pour entrer dans les Vûës du Roi Henry IV. qui dissipoit ses Chagrins-domestiques en s'appliquant aux Moyens de fertiliser son Etat, il fit resoudre qu'on planteroit dans le Languedoc, ce grand nombre de Mûriers qui commencérent à produire à la Province le Commerce des Soyes qu'elle n'avoit pas eu auparavant : Dans ce même-tems, on proposa de joindre la Garonne avec la Riviére d'Aude, pour faire la Jonction des deux Mers ; mais, ce grand Dessein, quoique formé dès-lors, ne put avoir son effet que long-tems après, sous le Regne de Loüis XIV.

1604.

Les Querelles particuliéres des Dames de la Cour, ayant donné entrée aux Ministres d'Espagne dans les Affaires les plus secretes, ils pratiquérent des Intelligences dans plusieurs Places-Frontiéres, comme à *Toulon*, à *Marseille*, à *Bayonne*,

II. 1605.

1605. & *Blaye :* Nôtre Languedoc ne fut pas oublié dans leur Projet ; car, ils trouvé-
Andoque , page rent le moyen de gagner deux Freres, nommez *les Luquiffes*, qui promirent de
613. leur faire livrer *Leucate*, *Narbonne* & *Beziers.* On raconte qu'ils étoient Fils d'un
Albanois, fort-aimé du Connétable, qui continua aux Enfans une Pension qu'il
faisoit au Pere : Mais, ces Jeunes-Gens, avides d'une Fortune plus brillante, prêtérent l'oreille aux Efpagnols ; & l'Aîné des deux ayant été faire fon Traité à Perpignan, il en revint avec une groffe Somme d'Argent, pour diftribuer à Ceux
qui faciliteroient la Décente des Efpagnols, projetée à la *Franqui* & à *Serignan*.
Tandis qu'ils difpofoient leurs Gens, un de Ceux à qui ils s'adrefférent, alla découvrir le tout au Chevalier de Montmorency, (Fils naturel du Connétable) qui
fe tenoit à Pezenas : il en donna auffitôt Avis au Roi ; & l'Ordre étant venu de
s'affurer des *Luquiffes*, & de les conduire à Toulouse, le Premier-Préfident de
Verdun, fort Célébre de fon Tems, par fa promte & févére Juftice, fit trancher la
Tête au Plus-Jeune, écarteler l'Aîné, & punir de Mort quelques-autres Complices
qu'il prit foin de découvrir.

III. Ces Defordres avoient leur Source dans les Intrigues-fecrettes de la Cour, qui
rehaufférent le Courage des Religionnaires de Montpellier ; car, les plus entrepre-
nans de leurs Miniftres projetérent, lors du Paffage du Duc de Boüillon, de bâtir un fecond Temple dans la Place que nous appellons encore aujourd'hui le *Petit-
Temple* : L'Ouvrage ayant été achevé cette année, ils commencérent à l'ouvrir de
leur propre-autorité. De là vient, que dans la Recherche qui fut faite de leurs
Etabliffemens en 1670. ils furent condamnez à le démolir, n'ayant eu aucun Ti-
tre-légitime pour conftruire celui-ci.

1606. Heureufement pour la France & pour le Duc de Boüillon, les grands-Mouvemens qu'il s'étoit donné au-dedans & au-dehors du Royaume, finirent en 1606.
par fon Retour dans les Bonnes-Graces du Roi : Tout devint paifible dans les Provinces & à la Cour, où l'on ne fut occupé que de Fêtes, dont la principale
fut la Ceremonie du Batême du Dauphin & des deux Filles de France, qui fut
celebrée à Fontainebleau dans le mois de Septembre avec des Apprêts extraordinaires.

IV. La Ville de Montpellier fe reffentit de ces Fêtes, par l'Arrivée du Connétable
de Montmorency, qui profita de ce tems pour amener fon Fils dans le Gouvernement du Languedoc, dont il avoit déja la Survivance. Dès qu'on apprit à Montpellier que ce Jeune-Seigneur devoit y venir, tout ce qu'il y avoit de Gens capables de porter les Armes, montérent à Cheval pour aller à fa Rencontre. On
lui dreffa dans la Ville, des Portiques, des Arcs-de-Triomphe, des Infcriptions &
des Statuës : On y celebra fon Arrivée, par des Danfes, des Courfes-de-Bague,
& des Feftins, qui durérent pendant fix jours ; Et il eft marqué, qu'il y vint durant
ce tems, plus de deux mile Etrangers, pour prendre part à cette Fête.

1607. V. L'année fuivante ne fut pas moins heureufe pour Montpellier ; car , les Religionnaires, d'une part, apprirent avec joye, la Tréve arrêtée entre les Efpagnols &
les Etats des Provinces-Unies, (leurs Bons-Alliez) après une Guerre de quarante
ans ; D'autre côté, l'Univerfité de Montpellier reçut des Faveurs-fignalées du Roi
Henry IV. par l'Etabliffement qu'il y fit d'un nouveau Profeffeur pour la *Botani-
que*, qui fut le Fameux *André du Laurens*, & d'un autre pour l'*Anatomie*, qui
fut *Bartélemi Cabrol* : Ce Prince voulut-encore faire dreffer en cette Ville, un
Jardin des Plantes, qui, après avoir fubfifté jufqu'au Tems du Siége de Montpellier, fut rétabli après ce même Siége en l'état où nous le voyons encore.

Le 15e. Juin de cette année, le Premier-Préfident de la Cour-des-Aides, prêta
Serment dans le Confeil du Roi, pour la Charge de Confeiller-d'Etat-Ordinaire,
où il avoit été nommé fur la fin de l'année precedente.

Une autre Faveur du Roi Henry IV. fut la Permiffion qu'il donna par Lettres-
Patentes, à fon Colége-Royal de Montpellier, de paffer Maître-ès-Arts les Ecoliers de ce Colége ; ce qui avoit été oublié par inadvertance dans les Lettres-d'E-
tabliffement fait en 1596. Je raporterai dans l'Article de la Faculté des Arts,
ces derniéres Lettres-Patentes, qui font datées de Fontainebleau du mois de Novembre 1607.

Peu

VI. 1608.
Peu de tems après, on commença de sentir à Montpellier, comme dans le reste du Royaume, ce grand-Froid, qui fit appeller l'année 1608. l'Année du *Grand-Hiver* ; il dura tout le mois de Janvier & le suivant, sans presque aucun relâche : nos Oliviers & nos Vignes en moururent ; on trouvoit le Gibier mort-de-froid à la Campagne, & grand-nombre de Voyageurs périrent par les Chemins : on eut toutes les peines de sauver le Bétail, tant par la rigueur du Tems, que par le défaut des Fourrages ; Mais, on remarque que les Chaleurs de l'Eté ayant égalé en quelque sorte les Rigueurs de l'Hiver, la Recolte fut une des plus abondantes : Heureusement, nous ne souffrîmes pas des grandes Inondations que le Dégel causa dans les Païs du Royaume qui avoient de grandes-Riviéres ; car, nous en fûmes quites pour celles que la Fonte des Néges de la Montagne nous donna par intervales.

VII. 1609.
Un Evénement celebre de l'Histoire d'Espagne, arrivé en 1609. produisit à Montpellier, comme en plusieurs autres Villes du Languedoc, une Colonie de Nouveaux-Habitans, qui venoient d'être chassez de l'Espagne par le Roi Philipe III. Ce Prince, ne pouvant souffrir dans ses Etats le grand-nombre de Mahometans & de Juifs qui, après l'Eversion du Royaume de Grenade, s'étoient provignez dans les Païs de Valence, de Castille & d'Andalousie, prit le parti de les banir tous de ses Terres, quoiqu'ils fissent Profession au-dehors du Christianisme, & que leur Nombre allât à plus de douze cent mile Têtes de l'un & de l'autre Sexe. Ces Miserables se refugièrent en partie dans le Royaume de Fez & de Maroc, où étant regardez comme Chrétiens par ces Infidéles, ils y furent dépoüillez de leurs Biens, plusieurs massacrez, & plusieurs repoussez par les Peuples de ce Royaume. Ceux qui avoient habité les Provinces d'Espagne les plus voisines de la France, y vinrent chercher un Refuge : L'Or & l'Argent qu'ils avoient soigneusement caché, malgré les Défenses du Roi d'Espagne, leur ouvrit un Passage dans nos Provinces ; & la Pitié naturelle qu'on y a pour les Etrangers, jointe à leur Bonne-Mine, & à la Qualité de plusieurs, en fit recevoir un bon-nombre dans nos Villes, où ils exercèrent, les uns le Négoce, les autres la Medécine, & plusieurs s'adonnèrent à la Culture des Terres, à quoi ils étoient très-habiles. On les appella d'abord *Morisques* ou *Grenadins* ; & depuis, le Nom de *Marran* a resté aux Familles qui en sont venuës.

1610.
Ce Passage des Morisques par le Languedoc, donna lieu à une Execution mémorable qui fut faite à Montpellier au commencement de 1610. Parmi le grand-nombre de Refugiez qui entrèrent dans nôtre Province, Ceux qui ne purent ou qui ne voulurent pas s'y arrêter, prirent le parti de s'embarquer sur nos Côtes pour passer à Alger, où l'on faisoit aux Leurs un Acciüeil plus favorable qu'à Fez & à Maroc : Toutes les Barques qui se trouvérent dans nos Ports, furent employées par Ordre du Roi à ce Trajet. Deux Patrons d'Agde (appellez les *Antorons*, Pere & Fils) avoient déja fait deux Voyages pour le Transport des Morisques, lorsqu'au troisiéme, où la Voiture étoit plus considerable par la Richesse des Passagers, ils projetérent de les dépoüiller dans leur Traversée : Pour cet effet, ils abordèrent une Isle deserte, où ils persuadérent aux Voyageurs de décendre pour y prendre quelque repos ; mais, à peine commençoient-ils à le goûter, que les Mariniers rentrent dans leur Barque, & prenant le Large, ils emportent tout le Bien de ces Pauvres-Infortunez, & vont se promener en diferens Ports écartez, afin de ne revenir à Agde qu'après le tems qu'on employe ordinairement à ce Trajet. Lorsqu'ils y furent arrivez, ils publièrent que Ceux d'Alger ayant voulu les assasiner, ils avoient été contrains de revenir sans prendre aucun Certificat de leur Débarquement.

Andoque, pag. 617.

Cependant, la Justice-Divine, qui préside à la Punition des Crimes, permit que des Vaisseaux de Constantinople passèrent auprès de l'Isle-Deserte, & qu'attirez par les Feux que les Morisques avoient allumé pour les appeller à leur secours, ils détachérent la Chaloupe pour sçavoir ce qu'en étoit : Après avoir appris leur malheureux sort, ils les reçurent tous dans leur Bord, & les menérent à Alger, d'où quelques-uns d'entr'eux étant partis pour Agde, ils portérent leur Plainte contre les *Antorons*, qui furent conduits à Montpellier, où leur Procès ayant été

1610. instruit, ils furent condamnez à perir sur une Rouë, comme Voleurs de Grand-Chemin.

Cet Accident-particulier fut bientôt suivi du plus funeste qui pût arriver à la France, par la Mort du Roi Henry IV. qui fut tué à Paris le 14e. de Mai, dans le tems que ce Prince étoit sur le point d'aller joindre son Armée, qui marchoit déja vers la Flandre. La Succession des Etats de Cleves & de Juillers en étoient la Cause apparente; mais, il avoit un plus grand Dessein, dans lequel il avoit engagé la plûpart des Puissances de l'Europe: Il s'étoit arrêté à Paris pour assister au Couronnement de la Reine son Epouse, qui avoit demandé avec instance que cette Ceremonie fût faite avant le Départ du Roi; mais, au milieu des grandes Solennitez de cette Fête, il reçut le Coup-mortel qui priva la France d'un des plus Vaillans, & des Meilleurs-Princes qu'elle eût jamais eu. Il mourut dans la 58e. année de sa Vie, & dans la 22e. de son Regne, également regreté des Catoliques & des Huguenots.

FIN DU LIVRE DIX-SEPTIEME.

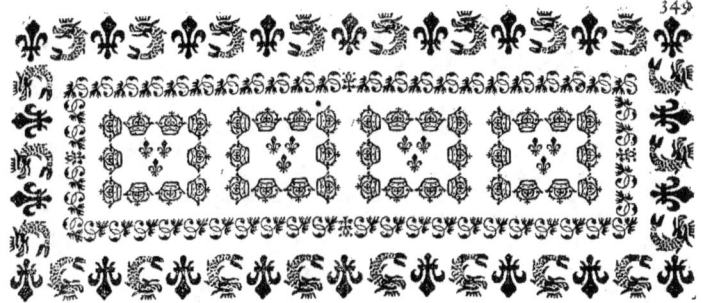

HISTOIRE
DE LA VILLE
DE MONTPELLIER,
SOUS LE ROY LOUIS XIII.

LIVRE DIX-HUITIÉME.

CHAPITRE PREMIER.

I. *Premiers Troubles sous la Minorité de Loüis* XIII. II. *Sédition à Nîmes.* III. *Guerre des Princes.* IV. *Mort du Connétable.* V. *Suite de la Guerre des Princes.* VI. *Etats-Generaux.* VII. *Histoire-particuliére d'un Grenadin condanné à Montpellier.*

A TRISTE Nouvelle de la Mort du Roi Henry IV. fut reçûë à Montpellier avec les mêmes Sentimens qu'elle avoit causé dans tout le Royaume. La Diference des Religions n'en produisit aucune dans le Cœur des Habitans : Les Religionnaires ordonnérent un Jeûne-general en signe de Tristesse ; & les Catoliques y firent un Service des plus solennels qu'ils purent dans les bornes étroites où ils étoient resserrez : Leur Evêque *Pierre de Fenoüillet*, l'un des plus Grands-Prédicateurs de son Tems, fit l'Oraison-Funébre de ce Prince, où, après avoir touché ses plus beaux Exploits-de-Guerre, & le grand-nombre de Graces qu'il avoit accordé dans le cours de sa Vie, il laissa à décider laquelle des deux Vertus avoit été plus Eminente en lui, de la Valeur ou de la Clemence.

I. 1610.

On y apprit bientôt, que la Reine avoit été déclarée Regente du Royaume pendant la Minorité du Roi son Fils ; Et les Religionnaires eurent la joye d'apprendre, que l'Edit de Nantes avoit été confirmé en leur faveur, par une Déclaration expresse du 22ᵉ. Mai ; verifiée au Parlement de Paris le 3ᵉ. de Juin : Néanmoins, pour les contenir dans ce commencement de Regne, le Connétable de

1610. Montmorency se hatâ de venir à Montpellier, soit qu'il le fît par Ordre de la Reine, soit que prévoyant les Troubles qui devoient agiter la Cour, il voulût se tenir à couvert dans sa petite Souveraineté de Languedoc.

De là vient, qu'après avoir assisté au premier Lit-de-Justice que tint Loüis XIII. il n'attendit pas les Ceremonies de son Sacre, où le Maréchal de la Châtre fit pour lui les Fonctions de Connétable. Nos Archives marquent, qu'étant à Montpellier, M^r. de *Fenoüillet* alla le saluer à la Tête de son Clergé, & qu'il prêta entre ses mains le Serment-de-fidelité qu'il devoit au nouveau Roi: il fit chanter le *Te Deum*; & le soir, tant les Catoliques que les Religionnaires, firent de grands Feux-de-Joye dans toute la Ville.

Mercure François, Tom. 1.

Nos Consuls, de leur côté, n'oublièrent point de demander au nouveau Roi, la Confirmation de leurs Statuts, & des Priviléges, Libertez & Immunitez qui leur avoient été accordez par les Rois ses Prédecesseurs. Surquoi, Loüis XIII. leur fit expedier des Lettres-Patentes, où il dit : « Qu'après avoir vû un Extrait desdits » Priviléges & Statuts, tiré des Regîtres de la Maison-Consulaire de la Ville de » Montpellier, il les confirme & ratifie de sa Grace-spéciale, pleine-Puissance & » Autorité-Royale, pour en joüir par eux, tout ainsi qu'ils en ont bien & dûëment » joüi; voulant qu'ils en joüissent & usent encore à présent : Ordonnant à tous » les Officiers qu'il appartiendra, qu'ils ayent à verifier & enregîtrer les Présentes, » & du Contenu en icelles faire joüir pleinement & paisiblement les Suplians. » Donné à S^t. Germain-en-Laye, au mois d'Août, l'an de grace 1611. & de » nôtre Regne le second. LOÜIS : Et plus bas, au Repli ; Par le Roi, la Reine » sa Mere présente, DELOMENIE. Scellé du Grand-Scel de Cire verte.

1611. Par un effet des Changemens que le Connétable avoit prévû, on ôta au Duc de Sully le Gouvernement de la Bastille, & la Surintendance des Finances : on changea les Maximes du Gouvernement ; & on délaissa les anciènes Alliances du Roi Henry IV. pour recevoir les Impressions de la Cour d'Espagne.

Il y avoit été résolu de faire une Double-Alliance, par le Mariage du Roi Loüis XIII. avec l'Infante d'Espagne, & celui de l'Infant avec Elizabet de France. La Reine y donna volontiers les mains ; mais, elle diféra de déclarer son Dessein

1612. jusqu'en 1612. Ce qui donna occasion au Prince de Condé & au Comte de Soissons de se plaindre, » Que dans les Grandes-Affaires on ne se mettoit point » en peine de l'Avis des Princes : Que les Trésors du feu Roi se consumoient inu- » tilement : Qu'on ôtoit les Charges aux Anciens & Bons-Officiers, pour les don- » ner à des Etrangers ; par où ils designoient *Conchini*, si connu sous le nom du Marquis & du Maréchal d'Ancre : mais, la Reine s'employa si éficacement à gagner leur Esprit, que le Prince revint de Valery, & le Comte de son Gouvernement de Normandie, où ils s'étoient retirez, & ils signérent enfin le Contrat-de-Mariage du Roi.

Ces premiers Troubles recommencérent par l'Affaire de S^t. Jean d'Angeli, qui parut d'abord bien-legère, puisqu'il s'agissoit de l'Election du Maire de cette Ville, dont le Duc de Rohan étoit Gouverneur : Il y eut à ce sujet plusieurs Ordres réiterez de la Cour, ausquels le Duc n'ayant pas deferé, la Reine le fit déclarer Rebelle, & ordonna une Armée contre-lui. Alors, le Duc tâcha d'engager dans cette Affaire, tous les Prétendus-Reformez du Royaume : ils tinrent sur cela plusieurs Assemblées ; & les Seigneurs de ce Parti entrérent dans de grandes Négociations à Saumur, à Privas & ailleurs : mais, dans le tems qu'ils ne demandoient-pas-mieux que d'avoir un prétexte de se revolter, le Roi donna une Déclaration le 15e. Décembre, par laquelle il confirmoit en leur faveur les Edits de Pacification, & promettoit d'oublier tout ce qui s'étoit fait de contraire à ses Ordres.

1613. II. Le Mouvement que cette Affaire causa dans les Esprits, se fit sentir au Voisinage de Montpellier, par une Sédition qu'il y eut à Nîmes dans les premiers mois de 1613. à l'occasion du Ministre *Duferrier*; il avoit été privé de son Ministére par le Sinode de Privas tenu en 1612. parceque dans l'Assemblée de Saumur il avoit suivi l'Avis de Ceux qui se conformérent aux Volontez de la Cour : Dieu se servit de cette Disgrace pour le faire rentrer dans le Sein de l'Eglise Catolique ; & le Roi, en considération de sa Conversion, le gratifia d'une Charge de Con-

Conseiller au Présidial de Nîmes. Cette Grace du Prince lui attira la Persécution des Ministres, qui fulminérent contre lui une prétenduë Sentence d'Excommunication, & excitérent la Populace à le maltraiter dans le tems qu'il iroit au Présidial : Duferrier en ayant eu avis, pria le Prévôt *Guitaud* de l'accompagner le 14ᵉ. Juillet ; mais, à la Sortie du Présidial, il fut chargé d'Injures, & poursuivi à Coups-de-pierre, jusqu'au Logis de Mʳ. de Rozel Juge-Mage, où il se refugia, & d'où il se sauva à Beaucaire.

1613.

Les Séditieux, fâchez qu'il eût échapé de leurs mains, allérent sacager sa Maison de la Ville ; & courant de là à celle qu'il avoit à la Campagne, ils en arrachérent les Vignes & les Oliviers, qu'ils portérent en Triomphe à Nîmes.

Quoique le Premier-Consul & le Consistoire fussent contre lui, ils ne laissérent pas, pour sauver les Apparences, de faire arrêter trois des Principaux de la Sédition ; mais, la Populace courut aux Armes : Plusieurs se postérent aux Environs de la Prison ; quelques-uns se mirent en Garnison dans les *Arénes* & dans la Maison-de-Ville : ensorte qu'ils ne voulurent jamais se retirer qu'on n'eût relâché les Prisonniers. Cet Attentat, qui ôtoit toute Sureté aux Officiers de Justice, porta le Roi à transferer le Siége-Présidial de cette Ville dans celle de Beaucaire, par un Edit du 3ᵉ. du mois d'Août, qui fut verifié au Parlement de Toulouse le 9ᵉ. de Septembre suivant.

Cependant, les Murmures continüoient à la Cour, où l'on ne pouvoit supporter III. l'Elevation du Marquis d'Ancre, qui, après avoir obtenu le Gouvernement de plusieurs Places, & la Charge de Premier-Gentilhomme de la Chambre du Roi, venoit d'être élevé à celle de Maréchal de France. Le Prince de *Condé*, les Ducs de *Vendôme*, de *Nevers*, de *Mayéne*, de *Longueville*, de *Luxembourg* & de *Boüillon*, s'unirent ensemble, & firent éclater leur Mécontentement, en se retirant tous de la Cour l'un après l'autre.

1614.

La Reine, craignant alors les Malheurs d'une Guerre-Civile, écrivit à toutes les Villes du Royaume, qu'elle étoit resoluë d'assembler les Etats-Generaux, pour remedier aux Abus dont on se plaignoit ; & d'autre part, elle dépêcha au Prince de Condé à *Châteauroux*, pour tâcher de le ramener : mais, le Prince s'étoit retiré à *Sedan*, chès le Duc de Boüillon, où il vit son Parti grossi par les Ducs de *Fronsac* & de *Retz*, par les Comtes de *Choisi*, de *la Suse*, le Vidame de *Chartres*, le Marquis de *Bonivet*, & d'un grand-nombre de Seigneurs & Gentilshommes, suivis de leurs Vassaux.

Ces Nouvelles ayant augmenté les Inquiétudes de la Reine, elle n'eut d'autre Parti à prendre, de l'Avis de son Conseil, que de chercher des Voyes d'Accommodement, & d'envoyer à *Sedan* pour exhorter Mʳ. le Prince à la Paix : Cette Députation eut tout le Succès qu'elle pouvoit esperer ; car, les Princes consentirent à une Conference avec les Commissaires que le Roi envoyeroit à Soissons, où le Prince se rendit le 15ᵉ. du mois d'Avril.

Dans ce même-tems, le Connétable de Montmorency son beaupere, qui vivoit IV. depuis près de quatre ans dans une Glorieuse-Vieillesse, fut enfin accablé sous le poids de ses années ; Il finit ses Jours à la Grange de Pezenas le 1ʳ. d'Avril, & fut inhumé à Nôtre-Dame du Grau, où il avoit choisi sa Sépulture : Peu de jours après, on lui fit à Montpellier un Service solennel dans l'Eglise Nôtre-Dame des Tables, où les Chanoines de la Catédrale, la Noblesse du Païs, & les Cours de Justice, donnérent à l'envi, des Marques de l'Estime & de la Veneration qu'ils devoient à sa Mémoire.

Vie de Montmorency.

Le Calme qu'il avoit entretenu dans le Languedoc depuis la Mort du Roi Henry IV. y continüa encore, malgré les Troubles qui agitoient la Cour ; car, les V. Princes continüoient à demander la Convocation des Etats-Generaux, la Surséance du Mariage du Roi, & le Desarmement de part & d'autre. Alors, la Crainte qu'on eut que le Duc de Rohan avec les Religionnaires de France se joignissent aux Princes, leur fit accorder toutes leurs Demandes, par le Traité de *Ste. Menehould*, qui fut signé le 15ᵉ. de Mai : Mais, le Duc de Vendôme n'ayant pas voulu y être compris, la Reine prit la Resolution de faire avec le Roi son Fils, un Voyage en Bretagne, où tout étoit dans le Trouble. Au premier Bruit de leur

1614. Marche, la plûpart des Places ouvrirent leurs Portes : le Duc de Vendôme remit le Fort de Blavet ; les Ducs de Sully & de Rohan vinrent faire leurs Soumissions ; & tout y étant pacifié, le Roi revint à Paris sur la Mi-Septembre, où il devoit entrer dans sa Majorité.

Le premier Acte qu'il en fit, fut une Déclaration du premier Octobre, par laquelle Sa Majesté confirmoit l'Edit de Nantes, & renouvelloit tous les Edits du Roi son Pere, contre les Duels, & toutes les Ordonnances de ses Prédecesseurs, contre les Juremens & les Blasphêmes. Cette Déclaration fut enregîtrée le lendemain au Parlement, où il fut déclaré Majeur avec les Ceremonies accoûtumées : Mais, pour accomplir le seul Article qui restoit du Traité de S^{te}. Menehould, le Roi convoqua les Etats-Generaux en la Ville de Paris, où tous les Députez eurent Ordre de se rendre.

VI. Ceux du Gouvernement de Montpellier sont marquez en ces Termes dans la Liste qui en fut imprimée. *Pour le Clergé*, Messire Pierre de Fenoüillet, Evêque de cette Ville : *Pour la Noblesse*, Messire François de *Montlaur*, Chevalier, Seigneur de *Murles* & de *Précor*, Conseiller du Roi en ses Conseils d'Etat & Privé, Capitaine de cinquante Hommes-d'Armes, Gouverneur & Senéchal de la Ville de Montpellier ; *Jean de Gardie*, Seigneur d'*Estandre*, Gentilhomme-Ordinaire de la Chambre du Roi, Capitaine de cent Chevaux-Legers, Gouverneur pour le Roi en la Ville de Montpellier, Député pour le Bailliage dudit Montpellier ; Et pour le *Tiers-Etat*, Daniel de *Galiére*, Conseiller du Roi, Trésorier-General de France, Premier-Consul & Viguier de ladite Ville.

Les Etats commencérent sur la fin d'Octobre, & durérent jusqu'au mois de Février de l'année suivante ; mais, ils n'eurent aucun des bons Effets qu'on en attendoit, à cause de la Division qu'on prit soin de faire naître entre les Chambres, & par le Délai que l'on fit, de répondre à tous les Articles des Cayers. Je trouve dans le Procès-Verbal de cette Assemblée, que le Clergé n'étant point satisfait du Tiers-Etat, envoya l'Evêque de Montpellier prier derechef le Tiers-Etat, de leur communiquer l'Article qu'ils avoient dressé sur l'Autorité & l'Indépendance du Roi, qui faisoit tout le sujet du Diférend entre ces deux Chambres.

VII. Nôtre Talamus raporte fort au long pour cette année 1614. l'Avanture d'un Grenadin, qui donna bien de l'Exercice au Présidial de Montpellier. Cet Homme, refugié à Lunel, y cultivoit un Jardin, attenant une petite Maison, dans laquelle un autre Grenadin, qui passoit son chemin, vint lui demander Retraite pour lui, sa Femme & un Enfant. Le Jardinier les reçut avec joye, & les retint chès lui, parcequ'il conçut dès-lors une violente-passion pour la Femme de son Hôte : Il ne tarda point à la lui déclarer ; mais, elle le rebuta si constamment, que le Jardinier se mit dans l'esprit que la vie du Mari étoit le seul obstacle à ses desirs : Dans cette pensée, il l'invite à sortir avec lui à la Campagne, où il tuë ce pauvre-Homme à coups-de-couteau, & le cache le mieux qu'il peut dans une Fosse.

A son retour, l'Enfant du Défunt le voyant blessé à la main, lui demanda comment il avoit fait cela ? à quoi il répondit, que c'étoit en coupant des Tamarins pour faire des Paniers : mais, l'Enfant lui ayant fait remarquer que sa Chemise étoit toute couverte de Sang, le Trouble qui le saisit alors, lui fit avoüer à cet Enfant, la mauvaise-Action qu'il venoit de faire ; en ajoûtant, que s'il en disoit le moindre mot à qui que ce fût, il lui en feroit autant.

Peu de tems-après, la Femme ne voyant point revenir son Mari, en demanda des nouvelles au Jardinier, qui lui répondit, qu'il étoit allé à Montpellier voir quelques-uns de sa Nation ; & prenant de là occasion de la soliciter de plus-fort, il lui dit que son Mari pourroit-bien ne revenir jamais plus : mais, la trouvant toûjours constante dans ses Refus, il lui avoüa que son Mari étoit mort, lui offrit de l'épouser, & de gré ou de force il la fit consentir à sa passion.

Cela fait, il presenta Requête au Juge de Lunel, dans laquelle il exposa que cette Femme n'étoit point mariée, & que celui qui se disoit son Mari s'en étant allé pour ne revenir jamais plus, il demanda qu'il lui fût permis de l'épouser ; le

Juge

Juge le lui accorda : mais, dans le tems qu'ils alloient à l'Eglife, il furvint un Homme qui portoit l'Habit du Mort ; ce qui cauſa de la Rumeur, & fit demander à cet Homme, d'où eſt-ce qu'il avoit eu cet Habit ? il répondit l'avoir acheté de quelques Bergers qui avoient trouvé un Corps-mort dans les Tamarins de la Campagne : Les Aſſiſtans ſe ſouvinrent alors, de l'avoir vû porter au Premier-Mari de cette Femme ; & le Trouble ayant beaucoup paru ſur le Viſage de celui qui alloit être le Second, le Murmure augmenta parmi les Aſſiſtans, & vint juſqu'aux oreilles du Juge, qui fit ſuſpendre les Epouſailles, & manda le tout au Juge-Criminel de Montpellier.

La Cour du Préſidial fit arrêter le Prévenu, qui ayant été traduit dans ſes Priſons, ſe défendit avec une Fermeté extraordinaire : Quoique la Femme, ſon Fils & quelques Voiſins dépoſaſſent contre lui, & diſſent l'avoir vû ſortir avec le Mort, & qu'ils ajoûtaſſent toutes les autres Circonſtances que nous avons déja dites, il perſiſta à nier tout, en alleguant le peu de vrai-ſemblance qu'il y avoit, qu'un Homme de quarante-cinq ans comme lui, qui avoit vû (diſoit-il) tant de choſes, & éprouvé l'une & l'autre Fortune, eût commis un pareil Meurtre envers ſon Hôte & ſon Compatriote ; Il ajoûtoit, qu'il y avoit encore moins-d'apparence, que ſupoſé qu'il eût commis ce Crime, il l'eût découvert au Fils & à la Femme du Mort : mais, les Douleurs de la Queſtion, où il fut appliqué, l'obligérent enfin d'avoüer la Verité ; & il fut condanné à mourir ſur une Roüe, dans la Place de l'Hôtel-de-Ville : ce qui fut executé au mois d'Avril 1614.

CHAPITRE SECOND.

I. Entrée de la Ducheſſe de Montmorency à Montpellier. II. Nouveaux-Troubles dans le Royaume. III. Mariage du Roi. IV. Sédition à Montpellier. V. Troubles finis par la Mort du Maréchal d'Ancre. VI. Aſſemblée des Notables à Roüen. VII. Affaires-particuliéres à Montpellier.

LA Mort du Connétable ayant attiré en Languedoc, le Duc de Montmorency ſon Fils & ſon Succeſſeur dans ce Gouvernement, il y fit un Séjour conſiderable, pour y regler les Affaires de ſa Maiſon, & pour contenir cette Province dans l'Obéïſſance du Roi : Tandis qu'il y travailloit avec ſuccès, Marie-Felice des Urſins ſon épouſe, voulut profiter du Calme que la Guerre des Princes laiſſa à la France durant les premiers mois de l'année 1615. Elle ſe mit en Marche dans le mois de Mai, & arriva dans la Province au commencement de Juin.

A peine en eut-on appris la Nouvelle à Montpellier, qu'on s'y prepara à lui faire une Entrée qui répondît à la Haute-Eſtime qu'on avoit pour cette Dame, & à l'Affection-generale des Habitans de Montpellier pour le Duc ſon Epoux : Il en reſte une Relation, imprimée cette même année chès *Gillet*, Imprimeur du Roi & de la Ville, par laquelle nous apprenons qu'elle ſe rendit le 18. Juin, avec le Prince Dom Côme des Urſins ſon frere, au Château de Botonnet, où, après avoir dîné, elle en partit en Litiére à les quatre-heures, pour faire ſon Entrée dans la Ville. Elle étoit précedée de quinze Jeunes-Hommes, habillez en Amazones, que nos Conſuls lui avoient donné pour lui ſervir de Gardes ; Son Approche fut annoncée par la Fanfare des Trompettes, qu'on avoit placé aux Creneaux de la Porte du Pile-Saint-Gilles, où les Conſuls lui ayant préſenté le Dais, elle le refuſa : Les Canons & les Mortiers qu'on avoit diſpoſé ſur toutes les Murailles, celebrérent ſon Entrée ; & dans ſa Marche, depuis la Porte du Pile-Saint-Gilles juſqu'à celle de ſon Hôtel, elle trouva ſix Arcs-de-Triomphe érigez à ſon Honneur.

Quelques jours après, (continuë la Relation) les Ecoliers de Medécine recitérent en ſa préſence, une Paſtorale en Langage du Païs (qu'on peut voir dans le Livre intitulé *les Folies du Sage* ;) ils danſérent enſuite le Balet des Aveugles, dans lequel on fit paroître, ſelon le Goût du Tems, des Cupidons, des Apollons, des Sirénes, & des Monstres-Marins, fort-bien représentez (dit la Relation.)

1615.

II. Dans ce même-tems, les Affaires du Royaume se brouillérent plus que jamais. Le Roi ayant fixé au 25. de Juin son Voyage de Guiéne, pour l'Execution du Double-Mariage resolu avec l'Espagne, les Prétendus-Reformez s'en allarmérent, & publiérent que cette Alliance n'étoit faite que pour détruire leur Religion dans le Royaume : Ils se servirent de la Permission qu'ils avoient obtenuë de s'assembler à Grenoble, non-pas pour nommer des Agens qui dussent resider en Cour, comme il en étoit convenu, mais pour dresser des Articles sur la Reformation de l'Etat : ils firent une Ligue Offensive & Défensive avec le Prince de Condé, le Maréchal de Bouillon & autres ; ils levérent des Troupes, se saisirent des Deniers-Royaux, & se mirent en état de s'opposer à la Marche du Roi.

Toutes leurs Tentatives n'empêchérent point que la Cour n'arrivât heureusement à Poitiers le 4e. de Septembre, & ensuite à Bordeaux le 7e. d'Octobre : Ce fut en cette derniére Ville que les Députez de la Religion P. R. vinrent demander au Roi, qu'il approuvât la Translation qu'ils avoient faite de leur Assemblée de Grenoble en la Ville de Nîmes ; Le Roi, qui les reçut favorablement, leur permit de continuër leur Assemblée, mais il voulut qu'elle se tînt à Montpellier.

Liv. 2. pag. 88.

Nous apprenons de la Nouvelle-Histoire du Regne du Roi Loüis XIII. les Raisons qui empêchérent cette derniére Disposition du Roi. « Les Prétendus-Reformez (dit-elle) qui craignoient le Credit de Chatillon, Petit-Fils de l'Amiral de » Coligny, Gouverneur de Montpellier, ne purent se resoudre de tenir leurs As- » semblées en cette Ville ; & ils supliérent le Roi de les dispenser de s'assembler » à Montpellier, & de trouver-bon qu'ils restassent à Nîmes ; C'est-à-dire, que les Membres qui composoient l'Assemblée de Nîmes, jaloux de l'Autorité qu'ils y exerçoient, ne vouloient la partager avec aucun Seigneur, comme ils le firent paroître en bien d'autres occasions : Nous verrons-même que par le moyen des Ministres, l'Assemblée de Nîmes fut aussi-absoluë à Montpellier que si elle y avoit fait sa Residence, & qu'elle en donna des Marques bien-sensibles envers M^r. de Chatillon-même.

III. Cependant, on continüoit à Bordeaux de travailler à la Double-Alliance avec l'Espagne : La Ceremonie du Mariage d'Elizabet de France avec Philipe IV. y fut faite le 17e. Octobre ; & cette Reine fut échangée à Bidassoa le 9e. Novembre, avec Marie d'Autriche, qui, étant arrivée à Bordeaux le 21. de ce mois, y épousa le Roi Loüis XIII. Les Troubles que les Mécontens causoient dans toutes les Provinces voisines de Paris & du Passage du Roi, obligérent la Cour de séjourner à Bordeaux jusque bien-avant le mois de Décembre, tandis que les Ducs de Lesdiguiére & de Montmorency, avec le Marquis d'Alincourt, s'assembloient en la Ville du S^t. Esprit, pour prendre les Moyens de pacifier le Languedoc, le Lyonnois & le Dauphiné, dont ils avoient le Gouvernement : Le grand-secret qu'ils gardérent sur le Resultat de leur Conference, servit à contenir ces trois Provinces, qui furent tranquiles, tandis que tout étoit en feu sur la Route de Bordeaux. Le Roi en partit le 17e. Décembre ; mais, il fut obligé de lever une Armée, dont il donna la Lieutenance-Generale au Duc de Guise.

1616.

Ce General conduisit heureusement la Cour jusqu'à Poitiers, où il la quita le 4e. de Janvier 1616. pour aller combatre à Luzignan l'Armée des Princes : il en défit une bonne partie trois jours-après ; & cet Echec ayant disposé les Mécontens à des Pourparlers de Paix, on convint d'une Suspension-d'Armes, & d'une Conference à *Loudun*, pour laquelle le Roi Loüis XIII. voulut-bien faire expedier des Passeports aux Députez de l'Assemblée de Nîmes : Cette Conference, qui traina assés long-tems à cause des diferens Interêts des Princes, qui songeoient plus à eux-mêmes qu'à la Cause-commune, produisit le Changement de l'Assemblée de Nîmes en la Ville de la Rochelle, & causa des Alternatives surprenantes à la Cour.

A peine le Roi fut de retour à Paris, après avoir signé l'Edit de Loudun, qu'il mit en liberté le Duc d'Angoulême, Fils-naturel du Roi Charles IX. qui étoit en Prison depuis quatorze ans : il fut rétabli dans ses Charges ; & le Prince de Condé fut fait Chef du Conseil des Finances. Par une suite inévitable, le Maréchal

chal d'Ancre se retira de la Cour; mais, par un Revers surprenant, ce même Prince qui l'avoit éloigné, fut arrêté Prisonnier dans le Louvre le premier Septembre, & depuis transferé à la Bastille: Sa Détention ne fit qu'augmenter les Troubles; car elle donna lieu, au Pillage que fit le Peuple de Paris de l'Hôtel d'Ancre, à la Retraite du Duc de Guise, & au Changement de tous les Ministres; ce qui valut à l'Evêque de Luçon une Charge de Secrétaire-d'Etat.

1616.

IV.

L'Assemblée de Nîmes, en se changeant à la Rochelle, ne quita point le Languedoc sans y laisser de grandes Semences de Troubles: ils parurent à Montpellier dès le commencement de 1617. où l'on vit paroître les premières Etincelles d'un Embrasement qui devint general. La Chose commença par une Mutinerie de quelques Gens du Peuple, qui allèrent enlever de force un nommé *Malhordy*, des Prisons du Senéchal, où il étoit pour Crimes-Capitaux: Ils le mirent à leur Tête; & cherchant à se donner de l'Exercice, ils entreprirent d'enlever une grande Croix de Bois peinte en rouge, qui étoit joignant la Porte du Petit-Hospice des Capucins.

1617.

Le Premier-Consul, quoique de la Religion, (c'étoit M^r. de Combas) prévoyant les suites d'une pareille Entreprise, y accourut en diligence avec toute sa Suite-Consulaire, & leur représenta qu'ils alloient ouvertement contre les Edits de Pacification dont ils jouissoient eux-mêmes; mais, sa Représentation fut reçuë avec de grandes Huées, & suivie des Cris redoublez d'*Escarlambat*, qui étoit un Terme-de-mépris qu'ils donnoient à Ceux qu'ils soupçonnoient de tenir aux deux Partis. Alors, le Premier-Consul, croyant devoir user de son Autorité, en faisant arrêter quelques-uns des plus Mutins, tous les autres se jetérent sur lui, & dans cette occasion il fut batu & blessé. Tout ce que put faire le Conseil-de-Ville dans ces fâcheuses Conjonctures, fut de ceder au Tems pour le moment; mais en secret, ils firent dresser des Informations, qui ayant été envoyées en la Chambre-de-l'Edit de Castres, produisirent un Décret de Prise-de-corps, en vertu duquel on fit saisir adroitement le nommé *Nogaillan*, Concierge des Prisons du Présidial, & un autre des Factieux, qui ayant été conduits à Castres, y furent condamnez à Mort, & leurs Têtes envoyées à Montpellier, & mises sur la Porte de Lates, pour intimider leurs semblables.

Cette Exécution néanmoins, ne put point arrêter l'Esprit-d'Indépendance qui s'étoit emparé du Peuple: Le Parti des Séditieux qui avoit mis le nommé *Malhordy* à sa Tête, continüa de s'assembler toutes les fois qu'il le jugea à propos; & à son Exemple, il se forma un second Parti, qui alla tenir ses Assemblées dans les Masures du vieux Monastère S^{te}. Catérine, (aujourd'hui S^{te}. Ursule) d'où ils furent appellez *Catérinots*. Ces deux Factions, quoique divisées ensemble, convenoient néanmoins sur deux Articles; l'un, de ne reconnoître l'Autorité des Magistrats que lorsqu'elle leur seroit utile; l'autre, de ne rien souffrir qui pût contribüer au Progrès des Catoliques: De là vient, que l'Evêque *Fenoüillet* ayant voulu établir des Jacobins-Reformez dans leur ancien Couvent de la Portalière, conformément aux Edits de Pacification, ils lui sûcitérent tant de Trouble, qu'il n'en put jamais venir à bout; Et le même Prélat ayant fait nommer un Jésuite pour prêcher l'Avent & le Carême, ils ne voulurent jamais le laisser entrer dans la Ville.

V.

C'étoient des Infractions manifestes aux Reglemens portez par les Edits de Pacification; mais, il n'étoit pas possible de faire entendre ses Plaintes, dans l'état de Trouble où les Affaires étoient alors à la Cour: Car, en moins de six mois, on vit le Prince de Condé, transferé de la Bastille au Château de Vincénes; les Seigneurs déclarez pour lui, tenir ferme contre les Armées du Roi; le Maréchal d'Ancre, tué à Paris le 24. d'Avril; sa Femme, peu-de-jours-après, exécutée en la Place de Grève; les Seigneurs qui étoient armez, (contens de ce Sacrifice) mettre-bas les Armes, & la Reine-Mere, outrée de ces deux Executions, prendre le Parti de quiter la Cour & de se retirer à Blois. Tout le Ministére fut alors changé; & dans ce grand-Trouble, on ne trouva d'autre Expedient que de ménager le Retour des Ducs de *Vendôme*, de *Longueville*, de *Mayéne*, de *Nevers*, & du Maréchal de *Boüillon*, en faveur desquels le Roi donna le 24. Juillet, une Abolition-generale de tous les Troubles passez.

1617. **VI.** Alors, les Choses paroissant plus tranquiles, le Roi voulut remedier aux Abus de son Royaume, & répondre aux Cayers des Etats-Generaux qui s'étoient tenus à Paris en 1614. Pour cet effet, il indiqua une Assemblée des Personnes les plus Notables de son Royaume, qui devoient s'assembler à Roüen le 24. du mois de Novembre. Je ne trouve point qu'il y eût aucun Député de Montpellier, à moins qu'on ne veüille dire, que Charles de Coligny, Sieur d'Andelot, qui y assista, étoit chargé des Interêts de Gaspard de Coligny, Sieur de Chatillon son frere, & Gouverneur de Montpellier : Les autres Députez du Languedoc furent, Loüis de *Vervins*, Archevêque de Narbonne ; Henry *Desprez*, Marquis de Montpezat ; Loüis de Voisin, Sieur *d'Ambres*; Gilles *Le Mazuyer*, Premier-Président au Parlement de Toulouse, & François de *St. Felix*, Procureur-General.

Quoique cette Assemblée n'eût ni le Titre ni la Forme requise pour être considerée comme une Assemblée des Etats-Generaux, néanmoins, la Probité, le Desinteressement, la Capacité & la Sagesse de la plûpart de Ceux qui la composoient, donnoient lieu de croire qu'elle procureroit un grand-bien à l'Etat ; mais, le Succès ne répondit pas aux Esperances qu'on en avoit conçuës. Quelques jours avant l'Ouverture de cette Assemblée, M. de Fenoüillet, Evêque de Montpellier, avoit obtenu un Arrêt du Conseil-d'Etat du 10. Novembre, confirmé par Lettres-Patentes, qui enjoignoient au Gouverneur & Consuls de la Ville de Montpellier, de donner une Entrée-libre aux Jesuites & autres Prédicateurs que l'Evêque envoyeroit pour l'Instruction de ses Diocésains : mais, les Affaires qui survinrent en 1618. arrêtérent l'Effet de cet Ordre du Roi.

1618. **VII.** La plus considerable Affaire de cette année, fut le Rétablissement de la Religion-Catolique dans le Bearn, que Loüis XIII. avoit ordonné mais que, les Religionnaires de France tâchoient d'éluder par toute sorte de Voyes : Ils formérent de leur propre-autorité, une Assemblée de trois Provinces à Ortez, que le Roi trouva le moyen de dissiper, en leur permettant de l'assembler à *Loudun* dans le mois de Septembre. Il paroît que Ceux de Montpellier y prirent beaucoup de part, puisque de quatre principaux Officiers de cette Assemblée de Loudun, on en prit deux du Voisinage de Montpellier : sçavoir, *Chauve*, Ministre de Sommiéres, pour Adjoint du Vidame de Chartres, Président ; & *Chalas*, Avocat de Nîmes, pour l'un des deux Secrétaires de l'Assemblée.

Malgré toutes ces Agitations, on ne laissa point à Montpellier d'y donner des marques du Bon-Accüeil qu'on est en possession d'y faire aux Etrangers ; car, je trouve dans un Mémoire-particulier de ce tems-là, Que le Duc d'Ossonne passant en cette Ville, au Retour de sa Vice-Royauté de Naples, on lui donna le Bal, durant lequel il s'attacha plus particuliérement à la Conversation d'une Dame de la Ville, à qui il demanda un Epi d'Or qu'elle portoit à sa Coifure : On marque, qu'il le reçut comme une grande-Faveur, & qu'il le porta à son Chapeau tout le reste du Bal ; mais, que le lendemain il en envoya un autre de Diamans à cette même Dame, la priant de le porter pour l'amour de lui : à quoi (dit mon Manuscrit) elle ne perdit rien au Change.

CHAPITRE TROISIÉME.

I. Troubles à l'occasion de la Reine-Mere. II. Diferentes-Assemblées des Huguenots. III. Nouveaux-Mécontentemens de la Reine. IV. Guerre dans le Languedoc. V. Expeditions du Roi dans la Guiéne. VI. Petits-Siéges autour de Montpellier. VII. Etat de cette Ville. VIII. Etablissement du Cercle. IX. Tentatives-inutiles pour ramener les Factieux.

1619. **I.** DÈs le commencement de l'année 1619. on vit éclorre un grand-Dessein, ménagé depuis plusieurs mois pour la Sortie de la Reine-Mere, qui étoit depuis deux ans au Château de Blois. Le Duc d'Epernon, qui conduisoit toute l'In-

trigue, reçut cette Princesse à sa Sortie de Blois, & la mena au Château de Loches. 1619.
Cet Evenement, qui menaçoit de plus grands-Troubles, occupa la Cour jusqu'au
4ᵉ. Septembre, où la Reconciliation fut faite à *Couffiéres* près de Tours, entre le
Roi & la Reine sa Mere : L'Evêque de Luçon, qui fut rapellé d'Avignon pour
y travailler, s'y employa plus efficacement que tout autre ; par où il continüa de
se rendre necessaire, & se prepara un Chemin aux plus grandes Charges de l'Etat.

Cependant, *Luynes*, Favori du Roi, cherchant à s'apuyer d'une grande-Protection contre le Credit de la Reine-Mere, employa tout celui qu'il avoit auprès de
son Maître, pour obtenir l'Elargissement du Prince de Condé, qui sortit enfin du
Château de Vincénes dans le mois d'Octobre, d'où il se rendit auprès du Roi
à Chantilly, qui appartenoit alors au Duc de Montmorency son beaufrere.

Les Religionnaires, attentifs à toutes ces Broüilleries, se preparoient à en pro- II.
fiter, en tenant des Assemblées-Particuliéres pour en autoriser une Generale qu'ils
projetoient. Dès le mois de Mai 1619. ils tinrent à Melgüeil près de Montpellier,
un Sinode, composé de soixante Ministres & d'autant de Surveillans, qui, sous   *Manuscrit de*
pretexte de remedier aux Besoins-particuliers de leurs Eglises, travaillérent à la   *Melgüeil.*
Cause-commune. Nous avons deux Reglemens-particuliers de ce Sinode de Melgüeil ; l'un, pour déposer le Sʳ. *Coutelier*, Ministre de Nîmes, pour Crime de
Malversation (dit mon Manuscrit ;) l'autre, pour dresser une Nouvelle-Eglise à Castelnau près de Montpellier, de laquelle devoit dépendre *le Crez*, Montferrier &
autres Lieux-voisins : Il est marqué qu'ils nommérent pour Ministre à cette Nouvelle-Eglise, le Sʳ. *Second* ; Mais, les Resolutions secretes du Sinode regardoient
la Cause-commune, pour laquelle ils obtinrent, moitié de gré, moitié de force,
la Permission de tenir dans le mois de Septembre, une Assemblée-generale à *Loudun*, qu'ils trouvérent le moyen de faire durer six mois, malgré toutes les Défenses du Roi.

Les Conjonctures du Tems ne pouvoient leur être plus favorables, à cause de III. 1620.
la grande-Inimitié qu'on avoit pris soin d'inspirer à la Reine-Mere contre le Duc
de *Luynes* : Cette Princesse attira dans ses Sentimens un grand-nombre des Seigneurs de la Cour, qui firent un puissant Armement ; & elle ne craignit point de
faire lever des Troupes à son Nom contre le Roi son Fils. Loüis XIII. fut obligé de marcher vers la Normandie, où il dissipa les Intrigues du Duc de Longueville : puis, tournant ses Armes du côté de l'Anjou, il fit attaquer les Retranchemens du Pont de Cé, défendu par les Troupes de la Reine.

Cette Victoire abatit le Parti des Mécontens, & fit accepter à Marie de Medicis, la Paix qu'elle avoit refusée : Elle la signa le 11. d'Août ; & le Roi voyant
les Troubles appaisez dans le Cœur de son Royaume, marcha en Guiéne, d'où
il passa dans le Bearn, pour y faire executer les Déclarations qu'il avoit données
en faveur de la Religion-Catolique. Les grandes-Dificultez qu'on avoit mises pendant deux ans à l'Execution de ses Ordres, finirent par sa Présence : La Couronne de Navarre, & la Souveraineté de Bearn, furent réunies à la Couronne
de France ; la Chancelerie de Pau, érigée en Parlement ; la Grande-Eglise, renduë aux Catoliques ; les Abbez & Ecclesiastiques du Païs, rétablis dans le Conseil de Bearn, avec la Main-levée de tous les Biens-d'Eglise qui leur avoient
appartenu.

Tant d'heureux Succès firent de cette année, l'une des plus-belles du Regne IV.
de Loüis XIII. qui revint à Paris le 7ᵉ. de Novembre, tandis que les Huguenots
du Languedoc travailloient à donner de l'Exercice à ses Armes dans leur Province : L'Affaire commença par une Querelle-particuliére, qui devint generale en-deçà
de la Loire. La Dame de Privas dans le Vivarés, Veuve de *Chambaut*, ayant
épousé en Secondes Nôces le Vicomte de l'*Estrange*, qui étoit Catolique, tous les
Huguenots du Païs se firent une Affaire-Capitale, d'empêcher au Vicomte l'Entrée du Château de Privas, & d'y introduire le Sʳ. de *Brizon*, Gendre de ladite
Dame, qui étoit de leur Parti : Il y eut à cette occasion divers Combats, qui
obligérent le Duc de Montmorency de lever des Troupes, & de s'assurer de cette
Place, où il mit un Gouverneur-Catolique, qui fut le Baron de Castries.

Ce Gouverneur ayant suivi en Cour le Duc de Montmorency, laissa le Gou-

1621.

Manuscrit de Melgüeil.

vernement de sa Place au Sr. de *St. Palais* son Lieutenant, qui fut obligé, après quatorze jours de Siége, de la rendre à *Brizon* le 11e. de Février 1621. Cet Evénement fut le Signal de la Guerre: on arma à Nîmes & à Montpellier; & Chatillon, qui commandoit dans ces deux Villes, leva une Armée de cinq à six mile Hommes, tandis que le Duc de Montmorency, menant avec soi le Duc de Ventadour, alla conferer à Valence avec le Maréchal de Lesdiguiére, pour prendre les Moyens de dissiper ces premiers-Troubles.

Vie de Montmorency, pag. 29.

Le Resultat de leur Assemblée fut, que le Mal ne pouvoit être gueri par les Voyes de Douceur: Ainsi, le Duc de Montmorency ayant rassemblé avec le Regiment de Languedoc, ceux de *Peraud*, d'*Hannibal*, d'*Ornano*, & de *Montreal*, avec sa Compagnie de Gendarmes, celle de Ventadour, & du Marquis de *Portes*, il marcha pour reprendre *Privas*; mais, son Conseil lui représenta, que le plus court moyen d'avoir cette Place, étoit de se rendre-maître de *Villeneuve de Berg*, parcequ'il ôtoit la Communication du Bas-Languedoc & des Cevénes, qui étoient les seuls Endroits par où il pouvoit venir du Secours à Privas.

Villeneuve se rendit par Composition dans le mois d'Avril, & quelques jours après, le Lieu de *Vals*, après avoir soûtenu deux Assauts: Cette Perte fit beaucoup murmurer les Huguenots contre Chatillon, qui s'étoit avancé jusqu'à *Barjac* sans aucun effet; Mais, piqué enfin par les Reproches de Ceux de son Parti, il voulut attaquer le Château de *Margueries* près de Nîmes, & *Maisonforte* auprès de St. Gilles, qu'il reprit sur le Duc de Montmorency, qui les leur avoit enlevé; & chemin-faisant, il força l'Eglise de *Mandüeil*, qui avoit été fortifiée.

V. Ces Expeditions dans le Bas-Languedoc, occupérent les deux Partis jusqu'à la Coupe des Blez, tandis que le Roi en Personne, remportoit de plus grands Avantages dans l'Anjou, dans la Guiéne & dans le Poitou. Les Religionnaires de ces Provinces, fâchez du Rétablissement des Catoliques dans le Bearn, avoient formé une Assemblée à la Rochelle, qui donnoit le Branle à tous Ceux de leur Parti: Elle ordonnoit des Impositions de Deniers, faisoit des Levées de Gens-de-Guerre, déposoit les Chefs qu'elle leur avoit donné, & formoit au milieu du Royaume, un Etat indépendant & absolu. Le Roi, après avoir proscrit cette Assemblée, sans aucune Deference de leur part, se mit en état de les reduire par la Force: Il prit *Saumur* au commencement de Juin, soumit le Poitou, & vint attaquer *St. Jean d'Angely*, défendu par Soubise; il le prit après trente-cinq jours de Siége, & le fit raser: *Bergerac* eut le même sort; & *Nerac* ayant été emporté après vingt jours de Siége, le Roi fit bloquer la Rochelle par le Duc d'Epernon. Ces heureux Succès engagérent Loüis XIII. au Siége de Montauban, qui dura plus de trois mois, tandis que les Hostilitez redoubloient aux Environs de Montpellier.

VI. Une Sédition arrivée à Nîmes ayant obligé Mr. de Chatillon d'en sortir, il conduisit son Armée à Montpellier, où, pour donner quelque Reputation à ses Armes, il s'attacha au Siége de *Clapiers*, (à une lieüe de cette Ville) qui capitula le 4e. du mois d'Août; mais, on garda si-mal la Foi promise, que le Lieu fut mis au Pillage, plusieurs Habitans tuez, le Curé précipité du haut du Clocher, & son Corps trainé dans le Camp avec toute sorte d'Ignominie.

Ce Mauvais-Traitement fit que les Habitans de *Grabels*, menacez de Siége, enfermérent tout ce qu'ils avoient de meilleur dans leur Eglise, & firent venir une Garnison, sous la Conduite du Capitaine *Valentin*, pour se bien défendre: ils écartérent si-bien, à Coups-de-Grenades, les premiers qui voulurent en approcher, que Mr. de Chatillon fut obligé de faire venir du Canon; mais, les Assiégez, qui avoient une Piéce-d'Artillerie, emportérent la Tête à son Canonier, & lui tuérent plus de quarante Soldats, & quelques Officiers, qui étoient de Montpellier-même: Cette courageuse-Resistance servit à leur faire obtenir une meilleure Composition, lorsque la Disette des Vivres les obligea de capitulier: ils sortirent Vies & Bagues sauves; & ce ne fut que contre l'Eglise & le Curé du Lieu, que les Assiégeans exercérent leur Rage.

Manuscrit de Melgüeil.

D'autre-part, le Duc de Montmorency alla se saisir de *Cornonterrail*, qui tenoit pour Ceux de la Religion, & qui se rendit le 10. d'Août, par le moyen du Sr. du Pujol, Seigneur dudit Lieu; ce qui obligea Mr. de Chatillon d'envoyer en dililigence, une forte Garnison à *Cornonsec*, pour brider celle de *Cornonterrail*.

VII. Il étoit dificile que tous ces Mouvemens se fissent aux Environs de Montpellier, sans que l'Interieur de la Ville s'en ressentît: On peut même dire, que les Agitations du dehors n'étoient qu'une suite de celles du dedans; car, il n'est guere d'Exemple d'un plus grand Renversement que celui qui arriva pour-lors à Montpellier: Le Gouvernement y changea plusieurs-fois dans moins d'une année, & ces Changemens y produisirent des Effets terribles. D'abord on y établit, à l'Instigation & sur l'Exemple de la Rochelle, une Assemblée, composée de sept Ministres, de quatre Gentilshommes, de trois Bourgeois, & de quelques-uns du Peuple, ausquels on donna une Inspection-generale sur les cinq Provinces du Generalat de M^r. de Chatillon: sçavoir, le Haut & le Bas-Languedoc, les Cevénes, le Vivarés & le Dauphiné; Mais, comme ces Païs étoient écartez, on regla que cette Assemblée tiendroit successivement ses Séances à Anduse, à Nîmes & à Montpellier, pour être plus à portée des Provinces de sa Juridiction: De là vient, qu'on l'appella le *Cercle*, parcequ'elle rouloit dans ces diferens Lieux l'un après l'autre.

VIII. La premiére Ordonnance qu'il porta, fut de tenir les Portes de Montpellier fermées, comme dans un Tems de Siége; d'en interdire la Sortie aux Catoliques, & de leur défendre toute Assemblée entr'eux, sous peine de la Vie: Quelques-uns ne laissérent pas de tromper la Vigilance des Gardes; mais, on envoyoit aussi-tôt une Garnison dans leurs Maisons, que l'on donnoit au Pillage, selon le plus ou le moins des égards qu'il plaisoit au Cercle d'avoir pour les Particuliers. J'ai en Original une Lettre écrite à un Trésorier-de-France de Montpellier, retiré alors à Beziers, où son Homme-d'Affaires s'explique en ces termes.

„ MONSIEUR, J'estime que vous avés sçû tout ce qui s'est passé chès vous depuis
„ le Départ de Madame, & pendant le tems que j'ai demeuré à Montpellier. J'ai
„ apporté toute sorte de Soin, pour empêcher l'Insolence de plusieurs, qui se por-
„ toient aux Extrémitez: mais, en ces Extrémitez, je n'ai sçû trouver autre mi-
„ lieu, que de faire changer la Déliberation du Cercle, qui étoit de mettre vingt
„ Soldats & quatre Carabiniers chès vous, & à vos dépens. Après leur avoir repré-
„ senté, qu'il étoit necessaire de vous envoyer un Exprès, pour vous faire entendre
„ l'état de l'Affaire, je demandai qu'il fût permis au Capitaine *Ducros*, de loger
„ & demeurer dans vôtre Maison, pour donner Ordre à tout: mais, il fut impos-
„ sible d'obtenir cela; & fut resolu, après beaucoup de Contestations, qu'on dépu-
„ teroit un Commissaire pour faire Inventaire de vos Meubles; & que ledit Com-
„ missaire se rendroit investi de vôtre Maison, sans aucuns Frais pour vous: &
„ cependant, on fit *Burgues* vôtre Voisin, Sequestre de la Petite-Maison, en at-
„ tendant de vos Nouvelles.

„ Pendant que j'étois à Montpellier, je me presentai deux ou trois fois le jour
„ à vôtre Maison, pour empêcher qu'on ne décendît à la Cave, pour en faire In-
„ ventaire; mais, après que j'eus menacé Ceux qui y travailloient, ils portérent
„ leur Plainte au Cercle, qui envoya deux Carabins pour m'arrêter, si je me
„ fusse presenté chès vous: J'en eus avis par l'un du Cercle, & je me comporta
„ le plus prudemment qu'il me fut possible pour éviter Inconvenient; mais, le len-
„ demain à midi, je me trouvai au nombre des Proscrits, de façon qu'il me falut
„ prendre le Chemin d'Aiguemortes. Je vous assure que mon Exil ne m'a pas tant
„ fâché comme ils croyoient; car, je n'avois d'autre regret en mon Départ, que
„ de laisser vôtre Maison sans Tuteur. J'estime que vous y aurés donné ordre,
„ par le moyen de l'Exprès qui vous fut envoyé par mon Conseil, avec de mes
„ Lettres, qui lui furent prises à la Porte: Cependant, vous jugerés si d'Aiguemor-
„ tes en-hors, mon Service vous est utile; & me ferés la Faveur de me tenir pour

Vôtre très-humble & obéïssant Serviteur &
Domestique, LA BRELHY.

Le Goût du Pillage que ces sortes d'Executions donna au Petit-Peuple de Montpellier, en fit attrouper plus de deux cent, pour aller fourrager les Maisons-de-Campagne, sous prétexte qu'elles appartenoient à des Catoliques: Ceux de la

Ville qui en avoient à *Celleneuve*, craignant pour leurs Effets, les firent enfermer dans l'Eglise du Lieu, qui étoit alors une espéce de Forteresse, & ils les laissérent en garde aux Habitans qui étoient residens audit Celleneuve ; mais, la Troupe des Coureurs en ayant été informée, vint forcer l'Eglise & enfoncer les Portes : ils enlevérent indifferemment les Effets des Huguenots & des Catoliques qui y étoient enfermez, & firent contre Ceux qui les gardoient, & sur les Ornemens de l'Eglise, les Violences & les Profanations inévitables dans ces sortes de Tumultes.

IX. Le Roi, informé de tous ces Desordres, envoya des Commissaires dans le Bas-Languedoc, pour tâcher d'y pacifier les Choses : Celui qui vint à Montpellier, est nommé dans mon Manuscrit *Raulin de la Tour*, qui alla décendre chès Mr. de Sallagoce, Conseiller en la Chambre-des-Comptes : mais, à peine le Cercle en fut averti, qu'une Troupe de Séditieux environna sa Maison dans le dessein de le tuer ; & il n'en falut pas moins que toute l'Autorité de Mr. de Chatillon, pour le garantir de leurs mains & le faire sortir en sureté.

Cette Action, toute juste qu'elle étoit, fut si mal interpretée dans le Cercle, qu'on proposa dès-lors de le démettre du Generalat : Le Ministre *Olivier*, Homme très-violent, fut le principal Auteur de ce Projet, dont il dressa un Mémoire, en forme de Libelle-difamatoire, contre ce Seigneur ; & ayant eu l'adresse d'extorquer un Consentement du Cercle, qui étoit alors à Anduse, il l'adressa, à son nom, à tous les Consistoires des Villes de la Religion. Les Déclamations excessives qu'il fit dans ce Libelle, déplurent beaucoup à Ceux de ses Confreres qui étoient les plus moderez ; ils desaprouvérent hautement la Conduite d'Olivier ; & ils l'auroient démis du Ministére, si Mr. de Chatillon lui-même, n'eût intercedé pour lui : tant-il-est-vrai, qu'on est obligé d'avoir bien des égards, quand on a le malheur d'être à la Tête d'un Peuple-revolté.

Cette Complaisance ne gagna point le Ministre ; au contraire, il profita de l'occasion que je vais dire, pour se déchainer davantage. Le Roi, croyant qu'un Homme du Païs seroit plus propre pour ramener les Esprits-aliénez des Habitans de Montpellier, donna Commission au Président *de Gevaudan*, de conferer avec Mr. de Chatillon, pour moyener un Accommodement : Ce Magistrat employa si utilement les Personnes de connoissance qu'il avoit à Montpellier, pendant que le Cercle étoit à Anduse, qu'il y avoit lieu de bien-esperer de sa Négociation, lorsqu'Olivier en ayant eu le vent, assembla le Peuple, & l'anima si fort par ses Prédications séditieuses, qu'ils coururent en foule chès le Président, & le menacérent de le tuer s'il ne sortoit incessamment de la Ville. Après cette belle Expedition, Olivier partit pour Nîmes, où le Cercle devoit se transporter, pour y dresser une nouvelle Baterie contre Mr. de Chatillon.

CHAPITRE QUATRIÉME.

I. Chatillon est démis du Generalat. II. Continuation de Troubles à Montpellier. III. Prise d'un Vaisseau qui apportoit des Armes aux Revoltez. IV. Ordonnance du Cercle contre les Catoliques. V. Pillage des Eglises. VI. Mr. de Rohan élû Chef des Rebelles. VII. Ordonnance pour la Démolition des Eglises. VIII. Nouvelles-Fortifications à Montpellier.

I. LA premiére marque que le Cercle transferé à Nîmes, donna de son Autorité-Despotique, fut (par les Solicitations d'Olivier) d'ôter à Mr. de Chatillon le Generalat qu'il avoit eu jusqu'alors, & de faire arrêter à Montpellier la Dame de Polignac St. Germain son épouse, & Maurice son fils : il en fut dressé une Ordonnance peu ménagée contre ce Seigneur, à laquelle il se contenta de répondre par une Apologie pleine de Moderation ; & rebuté enfin de la Bizarrerie de

Mercure François, Tom. 8. pag. 87.

de Ceux qu'il avoit eu à conduire, il prit le parti de se retirer dans son Gouvernement d'Aiguemortes, & s'empara de la Tour de *Carbonniére* pour rendre les Approches de cette Place plus dificiles. Par les mêmes Raisons que l'Assemblée du Cercle s'étoit faites contre lui, elle proceda contre le S^r. *Alard de Carescausses*, Premier-Consul de Montpellier, qui fut démis de sa Charge, & le S^r. Aimeric, Conseiller au Présidial de cette Ville, mis à sa Place.

II. Cet Homme, le plus ardent des Catérinots, signala son Consulat par une Guerre-ouverte qu'il fit au Roi, aux Eglises, & aux Catoliques. Ses premiers Soins furent, de se saisir des Deniers-Royaux & des Revenus du Chapitre, qu'il afferma à sa fantaisie : il en fit une Levée de Soldats, avec lesquels il alla surprendre *Sommiéres*, où il retint Prisonnier le S^r. *Saurin*, qui y commandoit pour le Roi. Après cet Exploit-de-Guerre, il revint à Montpellier, où il prit toutes les Cloches (hors celle de l'Horloge) pour servir à une Fonte de Canons : il exigea pour cet effet de tous les Catoliques, le Cuivre, le Leton & le Métail qui se trouva dans leurs Maisons ; & un habile Fondeur Catolique ayant refusé de lui prêter sa main, il n'est point d'Avanie qu'il ne lui fît.

III. La grande Raison qu'ils avoient de songer à cette Fonte, étoit la Perte que son Parti venoit de faire, d'un Vaisseau Hollandois qui leur apportoit des Armes & des Munitions-de-Guerre : Voici comme le racontent les Historiens de ce tems-là. Le 3e. du mois d'Août, un gros Vaisseau, qui étoit parti d'Amsterdam, vint aborder au Cap de Sette, à une portée de Mousquet de Terre, où le Capitaine Hollandois décendit avec un Pilote & un Truchement pour prendre langue : Ils trouvérent sur le bord de la Mer, un Pêcheur nommé *Guillaume Grassy*, qui, avant que de leur répondre, s'informa de leur Religion ; & ayant appris qu'ils faisoient Profession de la Religion-Prétenduë-Reformée, il feignit d'en être aussi : ce qui engagea le Capitaine à lui découvrir le veritable sujet de son Voyage. *Grassy* les assura que le Gouverneur de Montmorenciétée, (c'est le nom du Fort qui commandoit au Cap de Sette) étoit Parent du Gouverneur d'Aiguemortes, où ils vouloient aller ; & il leur promit de leur indiquer un habile Pilote pour les y conduire.

Histoire de Hollande, Liv. 4. Chap. 7.

Mercure François.

Dans ce même-tems, *Despinaut*, Commandant du Fort, ayant apperçu le Vaisseau, décendit avec une vingtaine de Soldats, pour voir ce que ce pouvoit être : Les Hollandois, à qui *Grassy* dit que c'étoit le Gouverneur, s'approchérent pour le saliier, & *Grassy* s'étant avancé, le mit en peu de mots au fait de l'Affaire. Sur cet Avis, Despinaut parla aux Hollandois en conformité de ce que Grassy leur avoit dit, & les assura que M^r. de Chatillon, Gouverneur d'Aiguemortes, qu'ils ne sçavoient pas avoir été déposé de son Generalat, l'avoit chargé de les bien-recevoir, s'ils abordoient à Sette : Il les conduisit chès lui, & leur fit donner abondamment à boire & à manger : d'autre part, les Matelots, qui manquoient d'Eau, décendirent pour se rafraîchir dans quelque Hôtelerie ; & tandis que les uns & les autres ne songeoient qu'à se divertir, Despinaut envoya un Pilote, sous prétexte de reconnoître le Vaisseau pour se disposer à le conduire à Aiguemortes : sur le Raport qu'il fit qu'il n'y avoit que quelques Matelots sans Chef, on leur envoya des Soldats avec beaucoup de Vin, qui ayant enivré tous ces Matelots, ils se saisirent du Vaisseau, & le firent approcher de Terre pour le décharger.

Ce fut alors qu'on connut toute l'importance de la Prise qu'on venoit de faire ; car, ce Vaisseau se trouva monté de huit Piéces de Canon, de six Doubles-Canons, huit Piéces de Campagne, quatre mile Mousquets, un pareil-nombre de Carabines, deux mile cinq cent Pistolets, deux mile cinq cent Piques, cinq cent Cuirasses, cinq cent Casaques, deux cent Quintaux de Poudre, un grand nombre de Boulets, de Bales, & des Aïs pour faire des Mantelets ou des Ponts-volans. Despinaut fit tirer le Canon de la Forteresse & du Vaisseau, pour marquer la Joye qu'il avoit de cette Prise ; & le Duc de Montmorency, qui étoit à Pezenas, ayant entendu le Bruit du Canon, accourut aussitôt à Sette, où il voulut visiter le Vaisseau & les Hollandois qui l'avoient amené : il en écrivit la Nouvelle au Roi Loüis XIII. qui donna le Vaisseau au S^r. Despinaut, fit payer deux mile livres à *Grassy*, & commanda que l'on apportât les Armes & les Munitions-de-Guerre à Agde & à Pezenas : On trouva dans ce même Vaisseau, trois Paquets de Lettres,

Z z

1621.

qui furent envoyez au Roi tous cachetez ; Mais, l'on ne sçauroit dire combien les Huguenots de France furent mortifiez de cette Perte, qu'on faisoit monter à plus de deux cent mile Ecus.

Dans le chagrin que le Premier-Consul de Montpellier eut de cette Affaire, il dit hautement qu'il vouloit *ensevelir la Messe sous les Ruines de Babilone*, par où il designoit l'Eglise-Romaine : Il fit établir des Chefs-de-Bande, appellez *Chassemesses*, pour veiller sur Ceux qui entreroient dans les Eglises ; mais, fatigué bientôt de ce Soin, il fit donner au Cercle une Ordonnance, qui suprimoit absolument tout Acte de Catolicité : Je vai la raporter, telle qu'elle est dans nos Archives ; par où l'on pourra voir, que si le Cercle agissoit en Souverain, en parlant des Lieux & Villes de son Obéïssance, plusieurs Personnes du même Parti n'étoient pas persuadées qu'un veritable Esprit de Religion les fît agir.

ORDONNANCE.

IV. « Les Députez de l'Assemblée du Cercle ayant reconnu, qu'au lieu que le Bon-Traitement que les Papistes reçoivent dans nos Villes, auroit dû retenir Ceux qui commandent dans les Villes où ils font les Maîtres, & les empêcher de molester nos Freres dans l'Exercice de leur Religion, ni leur faire aucun mal ni injure ; au contraire, cela les a rendus plus insolens & témeraires : ensorte qu'en plusieurs Lieux & Villes de nôtre Obéïssance, l'Exercice de nôtre Religion y est défendu, comme à *Montagnac*, *Florensac*, *Vindemian*, & autres Lieux ; Et qu'en outre, nos Temples ont été brûlez & démolis : par où plusieurs de nôtre Parti doivent être desabusez de la croyance qu'ils ont pris, que cette Guerre n'est pas une Persécution-ouverte contre nôtre Religion ; ce qui les a porté & les porte encore tous les jours, à prendre les Armes contre Nous.

» Pour ces Causes, Nous avons ordonné & ordonnons, que l'Exercice de la Messe sera interdit & défendu en toutes les Villes de nôtre Département, & notament à Montpellier : Et qu'à ces Fins, au premier Commandement qui sera fait aux Ecclesiastiques, tous Actes Papistiques cesseront ; Et néanmoins, que les Papistes de Montpellier seront retenus Prisonniers dans la Ville, avec tous leurs Biens, pour y recevoir pareil Traitement que ceux de nôtre Religion recevront ès Villes Papistiques. Mandons & commandons à tous Gouverneurs, Magistrats, & autres qu'il appartiendra, de prêter Assistance & Mainforte à l'Execution de nôtre présente Ordonnance, à peine d'en répondre en leur propre & privé-nom. Donné à Montpellier le vingtiéme Novembre 1621. *Meirieux*, Président : *Daniel* ; signez à l'Original.

Je ne sçai pourquoi on ne commença de signifier cette Ordonnance que le troisiéme Décembre ; car, c'est de ce jour qu'est datée la Signification qui en fut faite par un Huissier aux Prêtres de Nôtre-Dame : Mais, le Premier-Consul ne tarda pas si long-tems à témoigner la Joye qu'il avoit de l'avoir obtenuë ; car, on raporte, que le jour-même qu'elle fut signée, ayant rencontré la Dame de *Convers*, & la Damoiselle *Tondut*, qui venoient d'entendre la Messe, il leur demanda, d'un ton-railleur, si elles en avoient fait bonne-provision : puis, se laissant aller à son Animosité, il leur dit qu'il venoit de faire interdire la Messe, & que dans peu de tems les Eglises seroient démolies.

V. La Signification qu'on en fit aux Prêtres de Nôtre-Dame, fut presque aussitôt suivie du Pillage de cette Eglise. Une Troupe de Soldats & de Peuple se jeta dedans ; & pour s'animer à ne rien épargner, on marque qu'ils crioient, *Harlan*, *Harlan*, qui, en Langage Suisse ou Allemand, signifie *Pille*, *Pille* : Ce Mot, que je trouve pour la premiére fois dans nos Mémoires, fit fortune parmi nôtre Populace, qui l'employa souvent dans la suite des Troubles, & qui s'en sert encore dans les mêmes occasions, & dans le même sens qu'elle fit alors. Le goût du Pillage les porta dans toutes les Eglises, qu'ils firent ouvrir de gré ou de force : mais, dans celle de la Canourgue (aujourd'hui la Maison de Belleval) la surprise fut si grande, que les Chanoines furent obligez de se sauver par-dessus les Toits : La seule Chapelle des Capucins fut oubliée dans cette occasion, peut-être par le peu d'espoir qu'ils avoient d'y faire *Harlan* ; Cela valut aux Catoliques, le moyen de pouvoir en-

entendre la Messe encore huit ou dix jours, parceque ces Bons-Peres la dirent à huis-clos pendant ce tems, malgré l'Ordonnance du Cercle.

Ces premiers Troubles ne furent qu'un Preparatif à de plus grands, parceque les zélez *Catérinots* de Montpellier, voyant avec admiration la Resistance que Ceux de Montauban faisoient depuis trois mois à toute l'Armée du Roi, ils se proposèrent de suivre leur Exemple; & pour être en état de se signaler comme eux, ils voulurent un Chef, qui pût faire à Montpellier, ce que M^r. de la Force faisoit à Montauban. Tous s'accordèrent à deferer le Generalat au Duc de Rohan, qu'ils avoient vû quelques mois auparavant à Montpellier, allant assembler dans les Cevénes le Secours qu'il amena au Marquis de la Force: Ils déliberérent le 10. Décembre, de lui envoyer des Députez, pour le prier d'accepter leur Generalat; & soit que la chose fût concertée ou non, entre ce Seigneur & eux, ils firent partir le quatorziéme de ce mois, les Députez qu'ils lui envoyérent.

Dès le lendemain, on ne douta plus à Montpellier de leur derniére Détermination à la Guerre, par la Publication qu'on y fit de l'Ordonnance sanglante que voici.

ORDONNANCE.

„ Les Députez des Cinq-Provinces-Unies tenant à Montpellier: A tous Ceux qui „ ces Présentes verront. Considerant que la Persecution-ouverte depuis quelque-„ tems contre les Eglises-Reformées de ce Royaume augmente tous les jours, & „ que nos Enemis se montrent plus envenimez que jamais à nôtre Ruïne, il est „ besoin, pour repousser leurs Efforts, & pour montrer nôtre juste & légitime Dé-„ fense, de fortifier les Villes & Places que Nous tenons, & qui servent d'Azile „ & de Retraite à Ceux de nôtre Religion, pour la Conservation de leurs Biens, & „ ôter tout ce qui peut en quelque-façon préjudicier à la Sureté desdites Places, „ & servir de Forteresse à nos Enemis.

„ L'Assemblée, desirant pourvoir par toute sorte de Moyens possibles, à la Sureté „ desdites Places, & empêcher l'Effet des mauvais-desseins des Enemis, a ordon-„ né & ordonne qu'il sera promtement procédé à la Démolition de toutes les „ Eglises, Couvens, Clochers, & autres Bâtimens, tant Ecclesiastiques qu'autres, „ soit dans la Ville ou à la Campagne, qui peuvent servir de Retraite, Forteresse „ ou Logement à nos Enemis, & préjudicier à la Sureté des Places & Villes ser-„ vant à la Défense de Ceux de la Religion: Mandons à tous Gouverneurs & Con-„ suls des Villes & Communautez, d'y faire proceder promtement par Bon-Ordre. „ Donné à Montpellier, le quinziéme Décembre 1621. *Le Pont*, Président: *P. Paulet*, „ Adjoint: *Delapierre*, Secrétaire; & *Richard*, aussi Secrétaire, signez à l'Original.

On se prepara à l'Execution de cette Ordonnance par un Jeune-Solennel, qui fut observé le seize; & après avoir chanté le Pseaume 79. *Deus venerunt gentes*, que Marot a traduit parces premiers Mots, *les Gens entrez sont en ton Héritage, &c.* ils commencérent dès la nuit du 16. au 17. à se saisir des Eglises, & à y porter les Leviers & les Echelles qui devoient servir à la Démolition: Dès la pointe-du-jour, ils s'y prirent avec tant de force, qu'aucune Eglise ni Chapelle ne resta sur pied dans vingt-quatre-heures. On observe seulement, qu'ils épargnérent à Nôtre-Dame, tout le Côté qui regarde la Loge, afin de conserver la grande Horloge, (comme ils avoient fait à la Démolition de 1562.) *St. Mathieu*, où étoient alors les Jacobins, fut détruit pour la seconde-fois, de même que *Ste. Foy*, qui servoit aux Trinitaires: La *Canourgue*, où les Chanoines faisoient l'Office, fut renversée, & ses Archives pillées; *Ste. Croix*, tout-joignant, subit le même sort: mais, on remarque que le nommé *Romain*, en s'efforçant d'ébranler une Croix qui étoit au Faîte du Clocher, se laissa tomber, & fut brisé de sa chûte.

Les Capucins risquérent plus que tous les autres, parcequ'on leur en vouloit, à cause du mépris qu'ils avoient fait de l'Ordonnance du Cercle sur la Celebration de la Messe. Le S^t. *Fonhon*, Secrétaire du Roi en la Chambre-des-Comptes, tout Huguenot qu'il étoit, se hâta de les en avertir; & tandis que ces Bons-Religieux se resolvoient à attendre la mort au Pied-de-l'Autel, deux autres Huguenots de leur Voisinage, vinrent les prendre pour les retirer chès eux: l'un fut,

1621.	Autoine *Andrieu*, Lieutenant du Petit-Sceau; l'autre, *Pierre Serres*, Correcteur en la Chambre-des-Comptes: Ils les tinrent cachez dans des Voûtes-souterraines de leur Maison; & l'on remarque, qu'une Troupe de Séditieux ayant été les demander à M*r*. Serres, il répondit courageusement, qu'il ne violeroit jamais la Foi donnée à des Gens refugiez chès lui: en effet, ils les garda jusqu'à-ce qu'on en pût faire Echange avec d'autres Prisonniers que le Duc de Ventadour avoit faits sur les Revoltez de Montpellier.

VIII. Ces trois Personnes peuvent servir de Preuve, que tous les Religionnaires de la Ville n'approuvoient pas les Violences qu'on y faisoit; & l'on raporte à ce sujet une Parole remarquable d'un autre de leur Parti, nommé *Vernet*, qui, voyant toutes ces grandes Démolitions, ne put s'empêcher de dire, par une espéce de Prophetie: *Voici une Mauvaise-Journée pour Nous, & Dieu veüille que nos Enfans ne la payent pas un jour bien cherement!* mais, l'Esprit de fureur qui agitoit les autres, ne leur permettoit pas de faire toutes ces Reflexions: Les uns se hâtoient de porter des Matériaux sur les Murailles de la Ville pour les rehausser; les autres, en assembloient autour des Fossez, où l'on se proposoit de construire des Bastions: Les Ruïnes du Couvent des Cordeliers furent apportées à la Porte de Lates; & pour avoir de plus belles Pierres, ou par avarice, ils foüilloient dans les Tombeaux. Gariel raporte, que le Corps de sa Sœur fut exhumé, parcequ'elle avoit été enterrée avec une Bague d'Or au doigt.

Ces petites Trouvailles animoient la Populace, qui déterra les Corps du Président d'Agel, des S*ts*. Ranchin Pere & Fils, & de plusieurs autres, auxquels on faisoit de si grandes Indignitez, qu'Aimeric lui-même en fut fatigué; car, on raporte que leur voyant trainer un grand Crucifix, avec les Cadavres d'un Jacobin & d'une Religieuse de S*te*. Claire: *C'est assés badiné* (leur dit-il) *avec les Poupées & les Chansons; Travaillons à nous mettre en Défense contre les Philistins*. Les Chansons dont il vouloit parler nous ont été conservées dans divers Manuscrits de ce tems-là; ils les chantoient pour s'animer à faire plus gayement leurs diferentes Expeditions: l'une de ces Chansons est à la loüange d'Aimeric, & les deux autres contre le Pape, les *Capelans* & les *Papistes*. Je n'ai pas crû qu'elles dussent trouver place dans un Ouvrage-serieux, outre qu'elles ne contiénent qu'une Redite-continuelle, & qu'elles manquent du Sel, si necessaire dans cette sorte d'Ouvrages.

CHAPITRE CINQUIÉME.

I. *Supression du Cercle à l'Arrivée du Duc de Rohan.* II. *Desordres à Montpellier.* III. *Meurtre du Président Ducros.* IV. *Diferens-Siéges aux Environs de cette Ville.* V. *Combat de Laverune.* VI. *Degâts aux Environs de Montpellier.* VII. *Journée des Moissonneurs.*

1622. I. LEs Choses changérent de face à l'Arrivée du Duc de Rohan, qui fut reçû à Montpellier le premier du mois de Janvier 1622. aux Acclamations de tout le Peuple, qui cria à son Entrée; *Vive le Roi & Mr. de Rohan*: Mais, ce Seigneur ne tarda point de s'appercevoir des Divisions qui étoient dans la Ville, comme dans le reste de la Province, au sujet de l'Assemblée du Cercle: Les uns se plaignoient, qu'elle avoit dissipé toutes les Finances, dont ils vouloient qu'elle rendît-compte; & ils ajoûtoient, que puisqu'il y avoit un General nommé, elle ne devoit plus subsister.

Les autres maintenoient, que le Cercle ne devoit rendre-compte qu'à l'Assemblée-Generale qui l'avoit établi, & de qui il avoit reçû toute son Autorité; Il se fit sur cela diverses Négociations, tant dedans que dehors la Province, comme on peut voir dans les Mémoires de Rohan: Mais, ce Duc, craignant les Suites de cette Division, fit resoudre dans une Assemblée de la Province des Cevénes &

Liv. 2. Pag. 110.

du

du Bas-Languedoc, tenuë à Sommiéres : " Qu'on approuveroit la Gestion du Cercle : " qu'on prenoit tous les Députez d'icelui en Protection : qu'il ne se feroit aucune " Paix qu'on ne les eût mis à couvert : qu'ils cesseroient d'agir en Corps-d'Assem-" blée jusqu'à-ce que l'Assemblée-Generale en eût ordonné, vers laquelle cha-" cune des Parties envoyeroit ses Raisons ; & que cependant, deux Députez du " Cercle entreroient au Conseil du Duc de Rohan : Ce Seigneur eut à travailler tout le mois de Janvier pour ménager cet Accommodement, durant lequel le Cercle disposa des Finances, & de toutes les Affaires, comme de donner des Ordonnances, des Passeports & des Sauvegardes.

II. Aimeric profita de ce tems pour exercer les Catoliques de Montpellier, & particuliérement les Chanoines de la Catédrale, qu'il faisoit guéter dans les Maisons-particuliéres où ils s'assembloient en cachette pour y celebrer la Messe ; Il les fit prendre un jour avec leurs Surplis, & conduire à la Maison-de-Ville, où il les exposa à la Risée du Peuple : Un autre jour, ayant surpris M^r. Honoré Hugues, l'un desdits Chanoines, revêtu des Habits-Sacerdotaux pour dire la Messe, il le fit promener en cet état par la Ville, avec mile Huées ; & ce Chanoine n'en auroit pas été quite à si bon-marché, si des Amis-particuliers qu'il avoit parmi les Huguenots ne l'eussent tiré de ce mauvais-pas.

Cependant, le Duc de Montmorency, revenu des Etats de Carcassonne, où il avoit fait déliberer que la Province partageroit avec le Roi les Frais de la Guerre, assembla des Troupes à Lodéve, & fit assiéger *Lunas* le 6e. de Février, pour couper la Communication des Rebelles du Roüergue avec ceux du Bas-Languedoc : *De Rignac*, qu'il avoit chargé de cette Entreprise, la mena si-bien qu'il entra dans la Place au troisiéme jour du Siége, d'où il fut attaquer le Fort de *Greissac* qu'il emporta, tandis que le Duc de Rohan étoit malade à Montpellier, dans la Maison du S^r. de *Massane*, Conseiller en la Cour-des-Aides, où il est marqué qu'il logeoit.

Manuscrit de Melgüeil.

III. Ce fut alors qu'arriva le Meurtre du Président *Ducros*, dont il est parlé dans toutes les Histoires de ce tems-là : Il étoit venu de Grenoble, chargé des Instructions-secrettes du Maréchal de Lesdiguiéres, auprès du Duc de Rohan, duquel il reçut un si bon Acciieil, que les plus Factieux de Montpellier en prirent ombrage, quoique le Président fût de leur Religion ; Ils se défiérent de lui, parce-qu'il venoit de la part de M^r. de Lesdiguiéres, nouvellement converti à la Religion-Romaine : On disoit ouvertement, qu'il étoit venu pour traiter de la Rédition *du Poussin*, dont la Garnison empêchoit le Commerce du Rône ; mais, d'autres publioient qu'il étoit chargé de traiter de la Paix avec M^r. de Rohan. Il n'en falut pas davantage à des Esprits portez aux derniéres-Violences : Ils prénent aussitôt le dessein d'aller tuer le Président Ducros ; & sans porter la chose plus loin, ils en donnent la Commission à une Troupe de Gens-Déterminez qui se rendent chès le Président *Tuffany* où Ducros étoit logé.

Histoire de Lesdiguiéres, Liv. 11. Chap. 2.

Le Chef de la Troupe entra seul dans la Chambre du Président, pour lui dire que quelques-uns des plus Considerables de la Ville, souhaitant de lui faire la Reverence, envoyoient sçavoir s'ils ne l'incommoderoient point ? A quoi ayant été répondu, qu'ils seroient les bien-venus : Alors les autres, qui avoient resté à la Porte, entrent en foule ; l'un desquels s'avançant avec un Visage-farouche : Eh bien, Monsieur le Traître (lui dit-il) vous êtes donc venu pour débaucher Mr. le Duc, de la part de ce beau Lesdiguiéres, à qui il ne tient pas que nous soyons tous perdus ? Et sans attendre Réponse, il se jettent sur lui, le percent de Coups, & le laissent mort sur le Carreau. Le seul Homme qui étoit dans la Chambre avec lui, se trouvant sans Epée, se jeta par la Fenêtre dans la Cour, & se cassa une Jambe : Le Fils du Président & ses Domestiques, qui étoient en d'autres endroits du Logis, furent enfermez par les Assassins, afin d'avoir le loisir de se retirer.

Quoiqu'ils se fussent flatez d'une Impunité-entiére, il arriva (comme dans toutes les Mauvaises-Actions) que Ceux qui les avoient animez se tinrent cachez, & les laissérent à la discretion de M^r. de Rohan, qui demanda hautement qu'il en fût fait une Justice-Exemplaire. Tous les Honnêtes-Gens s'employérent à découvrir les Coupables ; & de dix ou douze qui furent saisis, on en pendit un le 24.

1622. Février, (deux jours après le Meurtre) au Coin de la Maison où il avoit été fait : deux autres furent rompus le lendemain, devant l'Hôtel-de-Ville ; & le Reste fut condamné aux Galéres ou au Banissement, du nombre desquels fut le Ministre *Suffren*, pour avoir été le Principal-Instigateur de cette Mauvaise-Action.

IV. Le Duc de Rohan étant relevé de sa Maladie sur le commencement de Mars, prit la Résolution d'assiéger la Tour Carbonniére, pour se rendre-maître des Salins d'Aiguemortes : La Place fut si bien défendue, & ses Gens firent (selon lui)

Mémoire de Rohan, Tom. 2. pag. 13.

de si grandes-Fautes, qu'il fut obligé d'en lever le Siége. Mais, voulant avoir sa Revenche, il fit investir le 24. de ce mois, le Château de *Montlaur*, qui coupoit la Communication de Montpellier à Sommiéres : Après l'avoir batu du Canon jusqu'au 26. il fit donner un Assaut, où il eut trente Hommes de tuez, & plus de cent de blessez ; Mais, le 28. étant revenu à la charge, il emporta la Place, tua plus de quatre-vingt des Assiégez, & força le S*r.* de Montlaur, qui étoit retranché dans la plus haute Tour, de se rendre à Discretion. On marque que les Priso-

Manuscrit de Melgueil.

niers furent conduits à *St. Drezery*, après qu'on en eut pendu cinq à la Tête du Camp : Le S*r.* de Montlaur, envoyé à Sommiéres, fut mis à Rançon : mais, avant que l'Armée décampât, M*r.* de Rohan voulut que ce Château, l'un des plus anciens du Païs, fût entiérement rasé ; ce qui fut fait le 29*e.* de Mars.

M*r.* de Montmorency n'ayant pû venir à tems au secours de Montlaur, parcequ'il étoit occupé au Siége de *Fougéres* qu'il prit, ramena ses Troupes à Frontignan & à Villeneuve, où il fit un Corps-d'Armée avec M*r.* de Chatillon, qui venoit de prendre le Parti du Roi : ils allérent ensemble assiéger *Cornonsec*, qui se rendit à Composition le 7*e.* jour d'Avril. Alors, le Duc de Rohan, étant de retour d'une Conference qu'il avoit eu avec le Maréchal de Lesdiguiéres, entre le Pont du *St. Esprit* & *Barjac*, fut instamment prié par les Habitans de Montpellier, de les délivrer de la Garnison de Villeneuve, & de ne pas laisser oisifs six ou sept mile Hommes qu'ils avoient autour de leur Ville : Le Bruit s'en étant

V. répandu jusqu'à Villeneuve, les Troupes qui y étoient s'avancérent vers *Laverune*, ayant à leur droite la petite Riviére de *Lamousson* ; & les Enemis qui venoient du côté de Montpellier, s'arrêtérent à *St. Jean de Vedas*, la Riviére entre-deux.

Un Moulin assés-fort, appellé *Tourtourel*, qui est sur cette Riviére, faillit à engager le Combat : car, le Duc de Rohan, voulant chasser de ce Poste une Compagnie du Regiment de Languedoc qui le gardoit, mit ses Troupes en Bataille ;

Vie de Montmorency pag. 52.

& il se tenoit tout-prêt sur une Eminence avec le Gros de sa Cavalerie, lorsqu'un Boulet-de-Canon emporta la Tête du Cheval de *Monturnaud*, qui étoit près de lui, & couvrit de sang le Ministre, qui faisoit la Priére : Ce Coup sembla rafroidir l'Ardeur des Combatans ; car, la Priére cessa, les Bataillons eurent Ordre de s'arrêter, & durant trois jours, on ne fit que se canonner, sans aucune Perte considerable de part ni d'autre.

Les deux Chefs se retirérent comme de concert, l'un à Villeneuve, l'autre à Montpellier, où les Habitans firent de nouvelles Instances pour être délivrez de la Garnison de *St. George* : C'étoit un petit Lieu sans aucune Fortification, d'où ils recevoient néanmoins beaucoup d'incommodité, parceque *Valcourtois*, qui y étoit logé avec une Compagnie de Gens-de-pied, alloit souvent faire des Prisonniers jusqu'aux Portes de Montpellier. Le Duc de Rohan n'eut pas beaucoup de peine à s'en rendre-maître : mais, M*r.* de Montmorency, craignant quelqu'autre Entreprise, s'avança jusqu'à *St. Jean de Vedas*, & prit le Poste que ses Enemis tenoient quelques jours auparavant ; il s'empara du Moulin de *Tourtourel*, & fit avancer des Troupes au-delà de la Riviére.

Pag. 54.

Le Regiment du Marquis de *Portes* y fut envoyé, avec les Compagnies de *Naves* & de *Fajac*, pour faire Tête aux Enemis qui venoient du côté de *Laverune*. Les Mousquetades qu'on se tira long-tems de part & d'autre, engagérent enfin le Combat ; car, *La Bertichere*, Lieutenant-General du Duc de Rohan, croyant pouvoir enlever facilement toutes ces Troupes avancées, les fit attaquer par deux cens Hommes, soûtenus de cinq cent Volontaires, & ceux-ci par toute l'Armée, qui déja marchoit en Bataille avec la Cavalerie sur les Aîles : Ses premiers Ordres furent executez avec tant de succès, que M*r.* de Chatillon, considerant le tout

du

Livre Dix-huitiéme. 367

1622.

du haut d'un Côteau, ne put s'empêcher de dire au Marquis de Portes, que son Regiment étoit perdu. Le Marquis, sans se troubler, lui répondit qu'il alloit y donner bon-ordre; & aussitôt, décendant avec Ceux qui se trouvérent auprès de lui, il redonne courage aux Siens, repousse ceux des Enemis qui avoient passé l'Eau, & se jetant sur le Regiment *de la Blaquiére*, il en tuë le Colonel, & quelques-autres Officiers: Cette Perte fit retirer les autres en desordre; & le Duc de Rohan voyant la Déroute des Siens, & que le Duc de Montmorency, à la Tête de sa Cavalerie, étoit prêt à passer la Riviére, fit arrêter ses Bataillons, sans donner secours à Ceux qui avoient été commandez pour l'Attaque.

Je ne sçai si ce fut par une Politique assés-ordinaire dans le Bas-Languedoc, où les Chefs qui y commandérent pendant les Troubles, prirent toûjours soin d'éviter les Affaires-Décisives: Le Duc de Rohan fit dire, que celle-ci avoit été commencée sans son Ordre, & il en rejeta la faute sur *la Bertichere*, comme on le voit encore dans ses Mémoires. Le Marquis de Malauze, qui étoit venu à son secours, n'en parut pas content; car, il se retira avec plusieurs Volontaires qui l'avoient suivi, sur le Bruit d'une Bataille: disant ouvertement, qu'il ne faloit plus attendre de Combat-signalé, puisque ce jour-là on n'avoit osé l'entreprendre.

Liv. 2. pag. 18.

Le Roi apprit cette Nouvelle, dans le tems qu'il venoit de défaire *Soubise*, Frere du Duc de Rohan, aux Isles de Ré, le 17ᵉ. d'Avril. Ces deux Conjonctures furent malheureuses pour les Députez des Eglises Prétenduës-Reformées du Bas-Languedoc, qui venoient presenter au Roi des Articles de Paix, arrêtez entre Mʳˢ. de Lesdiguiéres & de Rohan, dans la Conference qu'ils avoient eu entre le Pont St. Esprit & Barjac: ils furent renvoyez, avec Ordre de dire à Ceux de leur Parti, qu'ils n'étoient plus en état de demander autre chose que Pardon & Grace.

Cependant, le Duc de Rohan ayant rassemblé ses Troupes à *Celleneuve*, pour attendre des Nouvelles de ses Enemis, apprit le 24ᵉ. d'Avril, que Mʳ. de Chatillon avoit ramené ses Troupes à Aiguemortes, & Mʳ. de Montmorency les siénes à Villeneuve. Aussitôt il prit le Chemin de Gignac, où, après quatre Volées-de-Canon, il se saisit de l'Eglise de Nôtre-Dame, qu'il fit raser: Puis, gagnant la Valée de Monferrand, il voulut tenter l'Attaque du Château; mais, l'Evêque de Montpellier (Fenoüillet) qui s'y étoit enfermé avec bon-nombre de ses Amis, le fit saluër si à propos de quelques Volées-de-Canon, qu'il prit le parti de se retirer du côté d'Uzés, après avoir démantelé *les Matelies*, & quelques Eglises fortifiées.

Les Affaires qu'il trouva en ce Païs-là, l'obligérent d'y passer tout le mois de Mai, & d'y faire tenir deux Assemblées-Generales, l'une à Nîmes, & l'autre dans les Cevénes, parcequ'on avoit des Nouvelles certaines, que le Roi faisoit approcher son Armée vers le Bas-Languedoc: La Haine que les Anciens-Membres du Cercle avoient conservé contre le Duc de Rohan, & les Menées du Sr. de Brison, (dont il se plaint beaucoup dans ses Mémoires) lui donnérent tant d'Exercice, dans le Vivarés, qu'il ne put empêcher un Degât-general que le Duc de Montmorency entreprit par Ordre du Roi aux Environs de Montpellier.

Pag. 120. 121.

Ce Degât fut commencé le sixiéme de Juin, par six cens Hommes, qui avoient Ordre de faucher tous les Blez, depuis les Métairies *d'Encivade* & de *Cocon*, jusqu'à Perols, Melgüeil & Castelnau. La Garnison de Montpellier sortit aussitôt pour s'y opposer, & rencontra les premiers Fourrageurs à la Métairie de *Rondelet*, avec lesquels elle en vint aux mains: *Montreal*, Maréchal-de-Champ du Duc de Montmorency, y fut blessé à la tête; & il auroit été entiérement défait (dit Mʳ. de Rohan) si St. *André*, Lieutenant-de-Roi à Montpellier, qui commandoit toutes les Troupes de la Garnison, eût chargé à propos.

VI.

Pag. 123.

Les deux Partis se retirérent pour cette fois avec une Perte assés égale ; & ils continuérent de s'attaquer les jours suivans, sans aucun Evenement remarquable: mais, la Veille de St. Jean, 23ᵉ. Juin, le Sʳ. de *la Bertichere*, Lieutenant-General de Mʳ. de Rohan à Montpellier, ayant eu Avis qu'il étoit arrivé à Perols quelques Bateaux chargez de Munitions pour Mʳ. de Montmorency, fit aussitôt partir cinq cens Hommes pour les aller saisir, sans sçavoir que le Duc fût parti de Villeneuve avec deux mile Hommes-de-pied, & trois cent de Cavalerie, que *Zamet*,

Vie de Montmorency, pag. 58.

1622.

Maréchal-de-Camp de l'Armée du Roi, lui avoit amené. Les premiers partis se rencontrérent à la Métairie de *Ranchin*, où les Mousquetades tirées de part & d'autre attirérent le reste de l'Armée : Ceux de Montpellier, se voyant surpris, se jetérent dans un petit Bois, où ils se défendirent avec beaucoup de résolution contre *Naves*, qui y étoit déja; Leur Résistance fut si vigoureuse, qu'on ne put les y forcer qu'en faisant mettre pied-à-terre à la Cavalerie : Enfin, accablez par le Nombre, ils laissérent quatre cens Hommes sur la Place ; & cette Défaite, qui depuis a retenu le Nom *du Bosquet* où elle arriva, facilita la Prise du Mas *d'Encivade*, & étonna tellement les Habitans de Montpellier, qu'ils furent plusieurs jours sans oser sortir pour défendre leurs Blez.

VII. On trouva le moyen de les attirer dehors par un Stratagéme assés singulier. La nuit du 2ᵉ. de Juillet, Mʳ. Zamet fit habiller trois cent Soldats en Vilageois, & leur fit prendre des Chariots, comme pour servir à voiturer la Recolte qu'ils vouloient faire : Il avoit rempli ces Chariots de Gros-Mousquets, emboitez six-à-six dans des Piéces-de-Bois, qui devoient prendre-feu tout-à-la-fois, par la disposition des Méches. Les Moissonneurs-Déguisez commencérent leur Travail à la pointe-du-jour, & assés-proche de la Ville pour être apperçus des Habitans : Ceux-ci, ne voyant que trois cens Hommes, sortirent par la Porte du Peirou, au nombre de cinq cent, & chargérent les Moissonneurs, qui, les voyant venir, se retirérent au petit-pas. Les Habitans, arrivez autour des Chariots, qu'on avoit couverts de quelques Gerbes pour les mieux tromper, furent accüeillis de la Décharge des Mousquets, qui, étant chargez de Mitraille, firent un furieux Carnage. A ce Bruit, la Cavalerie, qui étoit en Embuscade, vint couper aux Fuyards le Chemin de la Retraite; & l'Infanterie, les venant prendre par les côtez, en jeta cent-cinquante sur le Carreau; Le reste fut blessé ou pris-prisonnier, fort-peu en ayant échapé pour pouvoir en donner des Nouvelles à la Ville : L'Allarme y fut si grande, qu'on ne parla depuis de cette Avanture, que sous le Nom de la *Malheureuse-Journée*; Et le Peuple, pour se venger en quelque manière de Mʳ. Zamet, qui en étoit l'Auteur, l'appella toûjours *le Grand-Mahomet*.

Mercure François, Tom. 8. pag. 21.

CHAPITRE SIXIÉME.

I. Marche de l'Armée du Roi pour venir à Montpellier. II. Divers-Siéges autour de cette Ville. III. Le Roi vient à Lunel & à Sommiéres. IV. Folies faites à Montpellier. V. Conseil-de-Guerre tenu à Laverune, où le Siége est résolu.

I. LE Roi, qui depuis la Défaite de Mʳ. de Soubise aux Isles de Ré, avoit résolu de venir en Personne dans le Bas-Languedoc, fit avancer dans le mois de Mai son Armée vers la Guiéne, où il prit *Royan* sur l'Embouchure de la Garonne, *le Mont. de Marsan* & *Ste. Foy :* Dans le mois suivant, il donna le Soin au Prince de Condé, de faire le Siége de *Negrepelisse*, qui fut forcé le 10ᵉ. de Juin; & le 23. il eut le plaisir d'apprendre la Rédition de *St. Antonin*, Place très-forte, que le Duc de Vendôme avoit pris à Discretion après douze jours de Siége, malgré toutes les Tentatives du Duc de Rohan, venu exprès du Bas-Languedoc pour le secourir.

Cette Expédition faite, le Roi s'avança vers Toulouse, où il fit son Entrée le 27ᵉ. & ne retenant que deux Compagnies de ses Gardes, il donna le reste de ses Troupes au Maréchal de Praslin, & à Bassompierre qu'il chargea de prendre en chemin, *Carmain*, *Cucy*, & *le Mas Stes. Puelles* : Ses Ordres ayant été executez, il vint joindre son Armée à Castelnaudarry le 14. de Juillet, & y séjourna quelques jours, à cause qu'il y arriva malade; ensorte qu'il ne se rendit que le 12. à Alzone, où le Duc de Montmorency, avec la Noblesse du Bas-Languedoc,

vinrent

vinrent le falüer. Le 14. Loüis XIII. fit fon Entrée en la Cité de Carcaſſonne; & ayant reçû en cette Ville, la Nouvelle de la Converſion du Maréchal de Leſdiguiéres, il le nomma Connétable de France & Chevalier du St. Eſprit. De Carcaſſonne, Sa Majeſté, paſſant par *Leſignan*, arriva à Beziers le 17. & y féjourna long-tems, pour laiſſer diminüer les Chaleurs qui étoient exceſſives.

1622.

Ce fut à Beziers qu'on prit les derniéres Réſolutions ſur le Siége de Montpellier. Le Maréchal de Praſlin, en faiſant remonter à ſes Troupes la Riviére d'Orb, qui paſſe au pié de cette Ville, alla s'aſſurer de *Becderieux*, pour couper le Secours des Huguenots de Caſtres & du Roüergue: Le Prince de Condé partit de Beziers le 27. ayant avec lui Mrs. de *Schomberg* & de *Baſſompierre*, qui, après avoir couché à Pezenas, ſe rendirent le 29. à *Frontignan*, d'où Mr. le Prince paſſa l'Etang en Bateau, pour aller à Melgüeil, que le Maréchal de Praſlin & Mr. de Montmorency avoient aſſiégé.

 „Pour moi, (dit Baſſompierre) je partis de Frontignan avec les Troupes,
„pour venir loger à Villeneuve de Maguelonne, dont je partis le lendemain 1r.
„d'Août en Ordre-de-Bataille, parcequé nous paſſions devant Montpellier: Je fis
„faire deux Ponts ſur deux Canaux qui ſont deçà & delà la Tour de Latés; puis,
„je vins joindre l'Armée à Mauguio, qui s'étoit ce jour-même rendu à Mr. le Prince.

Après la Rédition de Melgüeil, l'Armée partit le 2e. d'Août pour ſon Rendés-vous, qui étoit proche d'une Egliſe ruïnée, entre *Lunel* & *Maſſillargues*: là, ſur l'Avis de Toiras, Capitaine au Regiment des Gardes; le Conſeil-de-Guerre réſolut de faire les deux Siéges tout-à-la-fois. Mr. le Prince ſe chargea de celui de *Lunel*, & laiſſa au Duc de Montmorency ſon beaufrere, celui de *Maſſillargues*: On lui donna le Regiment de *Portes*, qu'il faiſoit nommer le Regiment de Languedoc, avec ceux de *Fabregues*, de *la Roquette* & de *St. Brés*, tous du Païs, auſquels on joignit le Regiment de *Normandie* & celui de *Maſſargues*, avec leſquels il prit en trois jours Maſſillargues, ſans d'autre Perte conſiderable que celle du Baron de *Montpezat* qui y fut tué.

Mémoires de Baſſompierre.

Le Siége de Lunel fut plus long, & donna plus de peine, parceque la Place ne pouvant être inveſtie de tous-côtez, il fut impoſſible d'empêcher qu'il n'y entrât un Secours de huit cens Hommes, qui leur vint du côté de Cauviſſon. *Gamoriny*, Ingenieur du Roi, fit dreſſer une Baterie ſi à propos, qu'elle ruïna le derriére des Retranchemens des Aſſiégez: ce qui termina l'Affaire; car, ils parlérent de capituler le 7e. d'Août, & le lendemain ils vuidérent la Place. Je ne puis omettre deux Evenémens qui arrivérent à leur Sortie, & qui firent grand-Bruit parmi les Huguenots; c'eſt que nos Troupes débandées, ſe jetérent ſur le Bagage de la Garniſon après ſa Sortie, & en tuérent près de quatre cent, avec tant de hardieſſe, que huit Soldats oſérent ſe preſenter à la Porte de Lunel, avec plus de vingt Priſonniers qu'ils menoient, & leurs Epées ſanglantes des Meurtres qu'ils avoient fait.

 „Sur le Recit qui m'en fut fait, (dit Baſſompierre) & que je trouvai veritable,
„je fis lier mes huit Galants, des mêmes Cordes dont ils avoient lié leurs Priſon-
„niers, & les fis pendre, ſans autre forme de Procès, à un Arbre, tout-proche de
„Lunel, en préſence des Priſonniers qu'ils avoient amené, auſquels je fis donner
„le Butin des huit Soldats, & les fis conduire par mes Carabins juſque ſur le
„Chemin de Cauviſſon, dont Mr. le Prince me ſçut bon-gré, & m'en remercia
„le lendemain.

Pag. 368. Tom. 2.

Le ſecond Evenément fut cauſé par le Feu, qui prit aux Poudres de l'Armée du Roi deux diferentes-fois: l'une, dans le Camp, où il emporta une Compagnie entiére du Regiment de Piémont; & l'autre, dans la Ville, où, tandis qu'on tranſportoit les Poudres dans les Voûtes des Cordeliers, il arriva que trois Charrettes qui en étoient chargées prirent-feu, & renverſérent ſix Maiſons-voiſines, dont les Débris bouchérent l'unique Porte qui avoit reſté ouverte. Le grand-Monde qui étoit alors dans Lunel ne faiſant qu'augmenter la Confuſion, Mr. de Baſſompierre qui s'y trouvoit, voyant qu'il ne pouvoit ſe faire entendre dans ce grand-Tumulte, prit le parti de faire rompre une des Portes condannées, par laquelle chacun eut la liberté de ſortir; & ayant ainſi les *Coudées-franches*, comme il s'en expli-

Pag. 364.

A a a

que lui-même, il fit éteindre le Feu, & mit le reste de ses Poudres en sûreté.

Cependant, M⁺. le Prince avoit fait marcher son Armée vers Sommiéres, où, aux premiéres Approches, on fit déloger la Garnison que les Enemis tenoient au Château de Villevieille; Ses Troupes s'en étant emparées, firent l'Attaque du Bourguet, qui étoit un Fauxbourg retranché pour favoriser les Travaux de la Ville: Le Duc de Montmorency, avec le Regiment de *Picardie* & de *Fabregues*, l'emporta l'Epée à la main, & travailla à se loger au bord du Fossé; tandis que Bassompierre partit de Lunel avec cinq cent Chevaux, pour aller au-devant de Loüis XIII. qui s'étoit rendu à Villeneuve-lez-Maguelonne; Il mena ses Troupes coucher le 13. à Melgüeil, dont il partit le Dimanche quatorziéme, ayant fait mettre devant Montpellier toute sa Cavalerie en Bataille. Le Roi, auprès de qui il s'étoit rendu de grand-matin, marcha au milieu de son Infanterie; & passant par Lates, il vint à Melgüeil, ayant voulu auparavant se faire tirer des Coups-de-Canon de Montpellier, qu'il alla reconnoître: Il avoit à sa Suite le Duc d'Epernon, & peu d'autres; mais, on avoit pris soin de faire avancer, & mettre sur les Aîles, de la Cavalerie, pour favoriser son Passage.

III. Loüis XIII. après son Départ de Melgüeil, arriva le 15. à Lunel, où le lendemain, M⁺. le Prince & M⁺. de Schomberg, lui apportérent la Capitulation de Sommiéres. Sa Majesté voulut s'y trouver en Personne, afin que tout s'y passât dans l'Ordre, tant dehors que dedans; & s'y étant renduë le 17. Elle eut le plaisir d'en voir sortir douze cens Hommes, qu'Elle prit soin Elle-même de faire conduire en toute-sûreté: Après-quoi, ayant dîné à Sommiéres, il s'en retourna le même-jour à Lunel.

Cette prompte Expédition du Roi, donna lieu, après le Siége de Montpellier, à une Raillerie qui s'est perpetuée entre le Peuple de cette Ville & celui de Sommiéres; car, le Peuple de Montpellier, voulant faire valoir la longue-Résistance qu'il fit à Loüis XIII. & reprocher indirectement le contraire à celui de Sommiéres, dit encore, par une espéce de Proverbe: *Tout en passant, le Roi a pris Sommiéres.*

» A *Lunel* il y eut une grande-Dispute, au sujet du Gouvernement de cette Ville, » que M⁺. de Montmorency avoit fait donner par M⁺. le Prince au Baron de Cas-» tries, & que le Roi donna le lendemain à *Massargues*, second Fils d'Alphonse, » Maréchal *d'Ornano*, qui en avoit déja le Domaine: Comme ce Choix ne plai-» soit point au Duc de Montmorency, je fis ensorte (dit Bassompierre) pour le » contenter, que le Roi y mît l'Aîné de Toiras, nommé *Restinclières*.

Une plus grande Affaire retint encore Loüis XIII. à Lunel; c'étoit la Réduction d'*Aiguemortes*, qui étoit toûjours entre les mains de M⁺. de Chatillon, quoiqu'il se fût déja déclaré pour le Roi. La Manière de rendre cette Place fut mise en Délibération; & tout ayant été reglé de part & d'autre, Loüis XIII. alla lui-même à Aiguemortes, qui lui fut remis: Il en donna le Gouvernement à *Varénes*; & étant revenu à Lunel, il y fit le 22. d'Août, M⁺. de Chatillon Maréchal-de-France.

IV. Quelque Resolution qu'eût pris le Roi, de reduire par les Armes la Ville de Montpellier, il ne laissoit point d'entretenir les Bonnes-Dispositions où plusieurs Religionnaires y étoient pour son Service. De ce nombre étoit, le S⁺. *Fonbon*, Greffier de la Chambre-des-Comptes, dont j'ai déja parlé: Il étoit parti quelque-tems auparavant avec de bons Passeports, pour assurer le Roi de la Bonne-Intention d'un grand-nombre d'Habitans; & il fit à ce sujet divers Voyages jusqu'au commencement d'Août: mais, à son Retour il fut jeté dans une Prison par Ordre du Premier-Consul Aimeric. Cet Homme forcené (de qui M⁺. de Rohan se plaint lui-même dans ses Mémoires) fit dresser deux Potences; l'une, devant l'Hôtel-de-Ville, & l'autre au Palais, avec cet Ecriteau: *Ici seront pendus les Porteurs de Mauvaises-Nouvelles, & les Escarlambats*; par où il vouloit designer Fonbon. Il fit mettre une nouvelle Imposition sur tous Ceux qu'il soupçonnoit être disposez à la Paix; & quelques-uns ayant voulu s'en plaindre: *Philistins* (leur dit-il) vous voulés vôtre Roi? il faut auparavant payer sa Bienvenuë, & la Poudre des Canons pour lui faire Entrée. Il avoit l'Insolence de ne parler du Roi que sous le Nom de *Loüiset. le Chasseur*; Et s'abandonnant un jour à sa Furie, il laissa traîner à la Populace-Mutinée, le Portrait du Roi; criant lui-même avec mépris: *Voici Louis le Begue.*

Le Roi, informé de tous ces Excès, se contenta de dire un jour, qu'ils avoient raison de l'appeller Chasseur; *Car, j'ai bien-resolu* (ajoûta-t-il) *de ne pas quiter la Chasse que j'ai commencé contre des Bêtes si sauvages.* Cependant, pour ne pas negliger les Voyes-de-Paix qu'il employa si heureusement dans tout le cours de cette Guerre, il fit écrire au Connétable de Lesdiguiéres, de renoüer avec M^r. de Rohan, les Pourparlers de Paix qu'ils avoient eu ensemble: Ces deux Seigneurs se virent à *St. Privat* sur le *Vidourle*; & le 26e. d'Août, le Connétable vint à *Melgüeil* pour en rendre-compte au Roi, qui alloit à *Laverune*. Le lendemain 27e. du mois, on sçût que les Articles de Paix avoient été reglez, & qu'il ne restoit qu'à gagner ceux des Habitans de Montpellier qui craignoient le Ressentiment du Roi, s'il entroit le plus-fort dans leur Ville: Pour cet effet, M^{rs}. de Crequi & de Bullion y firent plusieurs Voyages les deux jours suivans; & pendant ce tems, le Roi donna à Laverune, l'Épée de Connétable à M^r. de Lesdiguiéres, & destina le Bâton de Maréchal de France, qui vaquoit par sa Promotion, à M^r. de Bassompierre.

Le 29. M^r. de Bullion vint raporter la derniére Réponse des Habitans de Montpellier, aux Propositions qu'il leur avoit faites. Malheureusement (comme nous l'apprenons des Mémoires de Bassompierre) M^r. le Prince, qui n'approuvoit pas cette Paix, avoit dit en plusieurs occasions, que si le Roi entroit dans Montpellier il le feroit piller, quelque soin qu'on pût prendre du contraire: Cette Ménace allarma si fort les Habitans, qu'ils refusérent absolument de recevoir le Roi dans leur Ville; & ils demandérent, qu'il s'en éloignat à dix lieuës avec ses Troupes: moyenant-quoi, ils promettoient d'y laisser entrer le Connétable de Lesdiguiéres avec les Troupes qu'il ameneroit. Cette Réponse ayant été portée à Laverune, le Roi y assembla son Conseil, qui se trouva composé du Prince de Condé, du Connétable, des Maréchaux de *Praslin*, de *St. Geran* & de *Crequi*, d'*Epernon*, de *Montmorency*, de *Bassompierre*, de *Schomberg*, de *Marillac*, de *Zamet*, de *Valencé*, de *Deportes*, de *Montreal*, du Président *Faure*, & de *Bullion*, pour prendre Avis sur le Procedé qu'ils devoient tenir par raport aux Habitans de Montpellier: Bullion ayant fait son Raport, le Roi lui demanda son Avis.

» Sire, (répondit Bullion) J'ai toûjours oüy-dire, Celui qui retiroit quelque Avantage de la Guerre, en remportoit l'Honneur: C'est pourquoi, je con-
» seillerai toûjours à Vôtre Majesté d'aller au solide, sans s'arrêter à de petites For-
» malitez qui ne sont point essentielles Si la Ville de Montpellier vous refusoit
» l'Obéissance qui vous est dûë, & que les Habitans sont obligez de Vous rendre,
» je dirois qu'il faudroit la perdre & l'exterminer: mais, c'est un Peuple allarmé
» & épouvanté des Ménaces qu'on leur a faites, de les piller & détruire, de vio-
» ler leurs Femmes & Filles, & de brûler leurs Maisons; qui vous suplie au Nom
» de Dieu, que Vous sassiés recevoir leur Obéïssance par M^r. le Connétable, le-
» quel y entrera (lorsque vous en serés éloigné) avec autant de Troupes qu'il lui
» plaira, pour y faire valoir & reconnoître l'Autorité de Vôtre Majesté; ce qui est
» la même chose que si V. M. y entroit Elle-même.

» Pourquoi voulés-vous (ajoûta Bullion) pour une Pointille de rien, ne pas re-
» cevoir une Paix si utile & si honorable à Vôtre Majesté, & plûtôt entrepren-
» dre une Longue-Guerre, dont l'Evenement est douteux & la Dépense excessive
» dans un Païs où les Chaleurs sont immoderées, & exposer Vôtre Personne aux
» Outrages de la Guerre & de la Saison, ne pouvant vous en exemter autrement
» sans dommage ni blâme; car, dès à présent Vôtre Majesté peut recevoir la Paix,
» ou, pour-mieux-dire, la donner à ses Sujets-Rebelles?

» Ceux de Montpellier offriront, & même suplieront très-humblement Vôtre
» Majesté, de venir honorer leur Ville de Vôtre Présence, & d'y faire son Entrée,
» pour laquelle ils feront le plus de Préparatifs qu'ils pourront: ils vous deman-
» deront six jours pour licencier les Troupes des Cevénes qu'ils ont dans leur Vil-
» le, & pour se preparer à y recevoir dignement Vôtre Majesté; ce que vous leur
» accorderés: Mais, vous témoignerés ensuite de l'Impatience d'aller voir la Rei-

» ne vôtre Epouſe, que vous ferés décendre à Alais, de Lyon où elle eſt, &
» laiſſerés à Mr. le Connétable la Charge de recevoir Montpellier, où il demeu-
» rera avec une partie de vôtre Armée: Vous irés avec l'autre, faire vôtre Entrée
» à Nîmes & à Uzés; & ainſi, Vous ne perdrés aucun tems pour vos Affaires, ni
» pour vôtre Retour, & elles ſeront parfaitement-bien accomplies à mon Avis.
» Voilà ce que je puis dire à Vôtre Majeſté ſur ce ſujet.

Le Prince de Condé, qui ne penchoit point pour la Paix, écouta cet Avis avec beaucoup d'impatience, & commença à ſe déchaîner contre Bullion, & contre Ceux de ſon Parti, à qui il donnoit le nom de Cabale. Le Roi, pour faire ceſſer ſes Vivacitez, fut obligé de lui dire, qu'il faloit laiſſer à chacun la liberté d'opiner; & que quand ſon tour viendroit, il auroit tout le loiſir de parler, & de relever ce qu'il ne trouveroit pas juſte: Quoique le Prince témoignât par ſes Geſtes la repugnance qu'il avoit pour cet Avis, le Préſident *Faure*, *Montreal*, *Deportes*, *Valencé*, *Zamet* & *Marillac*, ne laiſſérent point de le ſuivre, & de s'y conformer. Puis, quand on en vint à moi, (dit Baſſompierre) Mr. le Prince, qui avoit muré tout-bas, commença à élever la Voix, & à dire, d'un ton-fâché, je ſçai déja ſon Sentiment, & nous pouvons par avance dire *Idem*. Il ſe trompa néanmoins; car, Baſſompierre fut oppoſé à ce que l'on venoit de conſeiller à Loüis XIII. à qui il dit:

» SIRE, Je ſuis d'Avis que Vôtre Majeſté ſe léve de ſon Conſeil; & que par
» un noble & genereux Dédain, Elle montre combien Elle ſe ſent offenſée des Propoſitions de Ceux de Montpellier, & combien les Avis qu'on lui donne en conformité lui ſont deſagréables. Si Vôtre Majeſté étoit devant *Strasbourg*, *Anvers*
» ou *Milan*, & qu'Elle conclût une Paix avec les Princes à qui ces Villes appartiénent, les Conditions de n'y pas entrer ſeroient tolerables: mais, qu'un Roi
» de France, Victorieux, avec une Forte-Armée, au lieu de donner la Paix à une
» partie de ſes Sujets-Rebelles, la reçoive d'eux à des Conditions-honteuſes qu'ils
» lui viénent propoſer & impoſer! ce ſont Injures qui ne ſe peuvent ſouffrir,
» pas même écouter.

» La Ville de Montpellier refuſera l'Entrée à ſon Roi, lui fermera les Portes;
» & avant que de lui faire Serment-de-Fidelité, elle exigera qu'il s'éloigne de dix
» lieuës de leur Ville ſelon leur deſir: Le Roi qui ſe ſoumettroit à ces Conditions,
» doit ſe preparer à recevoir de terribles Outrages dans les autres Villes, qui deviendront plus audacieuſes par cet Exemple, & par l'Impunité d'un pareil Attentat: Mais, dira-t-on, il paroîtra par le Traité, que le Roi a pû y entrer; & cette Exception ſe fera par un Article ſecret, qui ne ſera ſçû que par Ceux de
» Montpellier, & par Ceux qui ont l'honneur d'aſſiſter à ce Conſeil! comme ſi
» un Peuple entier pouvoit cacher & celer une Choſe qui lui eſt ſi avantageuſe; &
» comme ſi on ne pouvoit pas lire ſur nôtre Viſage, ce que nôtre Langue auroit
» honte de déclarer!

» Sire, Au Nom de Dieu, (continüa Baſſompierre) prenés une ferme Reſolution, & y perſeverés: Opiniâtrés-vous même, à ruïner ce Peuple, parcequ'il
» eſt Rebelle & Inſolent, ou à le reduire à une Soumiſſion parfaite & reſpectueuſe. Mes Interêts-particuliers repugnent à ma Propoſition; & le ſeul Service
» & Souvenir de Vôtre Majeſté, me portent à vous la faire: car, ſi la Paix
» ſe conclut aujourd'hui, elle me trouvera avec une plus grande-Recompenſe
» que mes Services ne m'en devoient promettre, par l'Honneur que j'ai reçu du
» Bâton de Maréchal de France, dont Vôtre Majeſté m'a aſſuré. Je ne puis gagner au Siége de Montpellier que de la peine, de dangereux-coups, & peutêtre la mort; Il peut auſſi arriver de fâcheux-Accidens, qui retarderoient Vôtre Majeſté de me faire prêter le Serment de la Charge qu'Elle m'a promiſe, ou même de me la refuſer: Je veux-bien néanmoins courir ces Riſques; & ſuplie humblement Vôtre Majeſté, de diferer ma Reception juſqu'à-ce que la Ville
» de Montpellier ſoit reduite à ſon Obéïſſance, & Vôtre Majeſté vengée de l'Affront que ces Rebelles vous ont voulu faire.

Ce Diſcours, prononcé avec feu, plut extrèmement au Prince de Condé, qui ſe leva, & dit au Roi: Sire, *Voilà un Homme-de-Bien, Grand-Serviteur de Vôtre Ma-*

PLAN DU SIEGE DE MONTPELLIER en 1622. Gravé par le S.r Villaret

jesté, & *Jaloux de Vôtre Honneur*. Loüis XIII. frapé des Sentimens nobles & genereux de *Baſſompierre*, ſe leva auſſi ; & s'adreſſant à Bullion, il lui dit, d'un Ton-Ferme & Majeſtueux : *Retournés à Montpellier ; & dites à Ceux de la Ville, que je donne-bien des Capitulations à mes Sujets , mais que je n'en reçois-point d'eux : Qu'ils acceptent celles que je leur ai offertes, ou qu'ils ſe préparent à y être forcez.*

CHAPITRE SEPTIÉME.

I. *Diſpoſition de l'Armée du Roi devant Montpellier*. II. *Fortifications de la Place*. III. *Attaque du Fort St. Denis*. IV. *Mort du Sr. Zamet*. V. *Nouvelle Attaque à St. Denis*. VI. *Maladies dans nôtre Armée*.

DÈs le lendemain 3ᵉ. d'Août, l'Armée du Roi eut Ordre d'aller camper à la Vûë de Montpellier, en-deçà de Caſtelnau , ſur un Tertre couvert d'Oliviers , qui furent bientôt mis à bas : On y marqua le Logis du Roi , préciſément à la Métairie de ce même *Aimeric* dont nous avons ſouvent parlé. La Riviére du Lez , qui borde cette Maiſon , lui ſervoit de Retranchement du côté de l'Avenuë de Nimes : & cette Riviére dans ſon Contour , enfermoit toute l'Armée du Roi ; car , on mit d'abord un bon Corps-de-Garde au Pont de Caſtelnau , & un autre au Pont-Juvenal , commandé par le Marquis de Sᵗ. Chaumont.

Pour mieux s'aſſurer des autres Paſſages du Lez , on plaça les Regimens des Gardes, de Navarre , Piémont , Normandie , & autres , le long de cette Riviére , à droite & à gauche du Logis du Roi : La Cavalerie étoit avancée vers la Ville ; & les Suiſſes , avec les *Lanſquenets* , occupoient la petite Plaine qui eſt au bas de la Citadelle, le long du *Merdanſon*. Mʳ. le Prince prit ſon Logement au-deſſus des Recolets ; & Baſſompierre , comme premier Maréchal-de-Camp , eut ſa Tente au Voiſinage de celle de Mʳ. le Prince. Le Duc de Montmorency avec ſes Troupes , eut ſon Quartier aux Tuileries , vers *Boutonnet* : Le Regiment de Vendôme , & quelques-autres, ſur le Chemin de Celleneuve ; & les Troupes de Mʳ. le Connétable , ſur le Tertre qui eſt au-deſſus de la Porte de la Saunerie.

D'autre côté, les Aſſiégez oppoſoient à l'Armée du Roi ; de bons Baſtions qu'ils avoient fait autour de leur Ville , chacun avec ſon Foſſé-particulier & ſon Glacis : On y avoit mis la main dès le commencement de ces Derniers-Troubles ; Les Pierres de la Démolition des Egliſes, & de tous les Fauxbourgs , y avoient été employées : & quant au Terraſſement , on marque que les Femmes & Filles les plus qualifiées de la Ville , y portoient la Hote. D'Argencour , natif de la Ville , conduiſit tout l'Ouvrage : il conſerva toutes les Anciénes-Murailles & leurs Foſſez ; & ce ne fut qu'au-delà de ces mêmes Foſſez , qu'il traça ſes Nouvelles-Fortifications.

Il fit ſur le *Peirou* un grand-Ouvrage à Tenaille , dans lequel il éleva un Cavalier, (que nous avons vû encore de nos Jours , pour dominer juſque vers la Porte des Carmes , & vers la Porte de Sᵗ. Guillem : en déſcendant vers le Jardin du Roi, il fit un Baſtion , qui prit le Nom de Sᵗ. Jaumes ; & devant la Tour des Carmes, il éleva un grand-Boulevard , qui fut appellé dans l'Armée du Roi , *le Baſtion-Blanc*, pour le diſtinguer de celui qui étoit au-deſſous de la Porte de la Blanquerie, auquel on donna le Nom de *Baſtion-Noir*. Nous verrons dans la ſuite , qu'on fit entre-deux un Ravelin ou Demi-Lune , appellé *du Riberan* , autrement d'Argencour.

Sur l'Elevation du Préſident Bocaud , on fit un grand-Ouvrage à Corne , d'où l'on tiroit fortement ſur la Porte du Pile-Saint-Gilles : mais , pour communiquer plus-aiſément avec le Fort-Saint-Denis , (aujourd'hui la Citadelle) on y ajoûta une autre Corne , qui ſervoit auſſi à nétoyer les Approches de cette Hauteur. Depuis cet Eſpace juſqu'à la Porte de Lates , les Murailles de la Ville , qui étoient alors ſur pié , avoient une autre Porte , appellée de *Montpellieret* , préciſément à l'endroit où eſt l'Egout-Public appellé le *Gazillan de Niſſole* : Là , on éleva un Cavalier,

1622.

dont nous avons vû les Décombres avant qu'on travaillât à l'Efplanade. On fit un Baftion à la Porte de Lates, qui a fubfifté de nos Jours; Un autre devant la Tour de *la Babote*, regardant les Jardins: Celui de la Porte de *la Saunerie*, fubfifte encore en partie; & celui de S^t. Guillem fut démoli auffitôt après le Siége.

Le Plan que j'en donne, mettra le Lecteur mieux au Fait de ces Fortifications, & des Attaques qui y furent faites: J'ai feulement à obferver, que ce Plan eft copié fur celui qui fut dreffé peu-après le Siége, tel qu'on le voit encore dans le Mercure-François, & dans le Grand-Livre de Planches, qui a pour Titre, *Les Triomphes de Loüis le Jufte*.

III. Le 31e. du mois d'Août fut employé à bien-établir les Quartiers, & à gagner quelques Mafures qui étoient fur le Chemin des Attaques. On refolut le 1^r. Septembre, dans le Confeil-de-Guerre, de commencer par fe rendre-maîtres de l'Éminence de S^t. Denis (aujourd'hui la Citadelle:) M^r. de Praflin en eut la Charge avec Baffompierre, Premier Maréchal-de-Camp, aufquels M^r. de Chevreufe voulut fe joindre; Ils prirent des Détachemens de Normandie, de Piémont, de Navarre, & d'*Eftiffac*, avec les deux Regimens entiers de *Fabregues* & de *St. Brés*, qui donnérent, environ deux heures après-minuit, fur un Corps-de-Garde, qu'ils chafférent bientôt.

La facilité que nos Gens avoient eu à s'emparer de ce Pofte, leur fit negliger les moyens de s'y maintenir: car, ils ne fongérent point à y faire aucun Retranchement; au contraire, ils fe crurent dans une fi grande-fureté, que le même jour un Trompette de la Ville étant venu pour reclamer les Morts, ils lui firent débander les yeux, par une efpéce de Défi qu'ils donnoient aux Affiégez. Le Trompette ayant remarqué qu'il n'y avoit point de Cavalerie à leur Garde, & que la plûpart des Soldats étoient épars çà & là pour fe rafraîchir, en avertit Ceux de la Ville, qui firent fortir par la droite, deux cens Hommes, foûtenus de quarante Maîtres; & par la gauche, autres deux cens: Ils furent fi-bien reçûs par les Troupes du Roi, qu'ils furent obligez durant quelque-tems, de fe tenir à couvert derriére un Rideau-de-Terre; Mais, un Capitaine de la Ville, monté fur un Bidet, ayant remarqué quelque Defordre parmi les Nôtres, cria aux Siens: *Donnons Camarades, l'Énemi branle*. Alors, ils fortirent de leur Rideau, chargérent rudement les Nôtres, & reprirent fur eux le Pofte qu'ils occupoient, après avoir tué *St. Brés*, le Chevalier *de Fabregues*, & deux autres Gentilshommes de fa Famille.

Le Roi, qui, du haut de fon Logis, regardoit avec une Lunette-d'Approche, tout ce grand-Mouvement, apprit bientôt que les Affiégez avoient l'Avantage fur fes Troupes. Auffitôt, tout ce qu'il y avoit de Seigneurs auprès de fa Perfonne, prirent les premiers Chevaux qu'ils trouvérent, & coururent à-toute-bride vers S^t. Denis. Le Duc de Fronfac (Jeune-Prince de la Maifon de Longueville) & le Duc de Montmorency, y arrivérent, n'ayant d'autres Armes que leurs Epées: La Mêlée fut bientôt fi grande, que le Duc de Montmorency ayant fait Prifonnier *Carlencas*, Cavalier des Enemis, le bailla en garde à leur Infanterie, fans les reconnoître; *Dargencour*, qui étoit du nombre, n'ayant pas voulu tuer le Duc de Montmorency, comme il le pouvoit aifement, fe contenta de lui dire: *Monfieur, il ne fait pas bon ici pour vous, retirés-vous par là*; mais, en fe retirant, il reçut deux Coups-de-Pique, dont il fut plus de quinze jours à guerir. Le Duc de Fronfac fut tué prefqu'en arrivant: le Marquis de *Beuvron*, le S^r. *Octot*, Lieutenant des Gardes de M^r. le Prince, le Baron de *Canillac*, les S^{rs}. de *Montbrun*, de *l'Etrange*, de *Luffan* l'Aîné, y périrent tous; & le S^r. de *Combalet*, Neveu du feu Connétable de Luïnes, ayant été pris & conduit dans la Ville, y fut tué de fang-froid.

Baffompierre, voyant ce Defordre, courut au Quartier des Suiffes, dont il étoit Colonel, & les fit marcher aux Enemis, qui pourfuivoient les Nôtres jufqu'au Merdanfon: ils avancérent en Bon-Ordre, & montérent refolument jufqu'au haut de S^t. Denis, où Ceux de la Ville ne les attendirent pas jufqu'aux Piques; mais, en efcarmouchant de leur Moufqueterie; ils fe retirérent dans la Ville, & leur quitérent le Champ-de-Bataille.

Vie de Toiras.
Mercure François.

Loüis XIII. touché de la Mort du Duc de Fronfac, Fils-Unique du Comte de
S^t.

St. Paul, & âgé seulement de vingt-ans, écrivit au Comte & à la Comtesse sa mere, des Lettres de Condoleance, qui ont été conservées dans l'Histoire de ce Tems. Il donna Ordre le soir-même, de faire retirer les Suisses du Poste de St. Denis, parceque Sa Majesté étoit resoluë d'y faire un bon Fort le lendemain, qui étoit le troisiéme de Septembre : L'Execution en fut diferée, sous prétexte que ce Lieu, faute de Terre, ne pouvoit être fortifié, & par consequent être gardé ; mais, les Enemis y trouvérent bien-plus de facilité de s'y retrancher comme ils firent : de sorte qu'on perdit le moyen d'attaquer la Ville de ce côté-là, qui sans-contredit étoit le plus favorable pour l'Armée du Roi.

Dans ce même-tems, les Assiégez firent une Sortie au bas du *Peirou*, vers le Quartier de M^r. de Montmorency, qui étoit arrêté par ses Blessures du jour precedent. Le S^r. *Zamet*, Maréchal-de-Camp, y accourut aussitôt : & voyant les Soldats reculer, il leur dit en colére ; *Soldats, vous fuyés* ? A quoi ils répondirent, qu'ils n'avoient plus de Poudre ni de Plomb ; *Eh quoi !* (repartit-il) *n'avés-vous point l'Epée & les Ongles* ? Ce peu de paroles les firent retourner à la Tranchée, où M^r. Zamet trouva leurs Capitaines presque seuls, qui lui dirent ; *Monsieur, vous nous serés Témoin, que vous nous avés trouvé en nôtre Devoir* : Sa Présence fortifia ce Quartier, dont les Enemis furent entiérement repoussez ; Mais, comme il s'en retournoit pour donner-ordre à un autre Poste, & qu'il se fut arrêté avec le S^r. de *Coudron*, Aide-de-Camp, qu'il trouva sur son Chemin, un Coup-de-Canon, parti du *Peirou*, tua son Laquais, emporta la Fesse de Coudron & le Ventre de son Cheval, tua celui du S^r. Zamet, & lui coupa la Cuisse à lui-même, dont il mourut six jours-après, regreté du Roi & de tous les Gens-d'Honneur, comme un Homme dont la Valeur & la Vertu étoient éprouvées. On peut voir dans les Mémoires de Pontis, avec quels Sentimens de Religion il reçut la Mort.

Les Assiégez, qui, depuis la Journée des Moissonneurs, l'appelloient *le Grand-Mahomet*, pour faire allusion à son nom de Zamet, reconnurent, du haut de leurs Bastions, avec des Lunettes de Hollande, qu'il avoit été renversé de cette Canonnade : La Joye qu'ils en eurent, leur fit pousser un grand-Cri, & repeter souvent ; *Voyés, voyés le Grand-Mahomet par-terre.*

La Faute qu'on avoit faite, de negliger le Poste de S^t. Denis, obligea de faire de nouveaux Efforts pour se rendre-maîtres de l'Ouvrage-à-Cornes que les Enemis y avoient construit. Dès la Nuit du 4. au 5. M^r. de Bassompierre fit une Barricade, pour traverser un Chemin qui étoit en vûë desdites Cornes : puis, coulant le long du Merdanson, vers le Pont du Pile-Saint-Gilles, il s'y fortifia ; *de maniére* (dit-il) *que nous nous donnions la main avec Ceux qui étoient sur le Havre de S^t. Denis*. Le lendemain, le S^r. *Gamoriny* fit ouvrir les Tranchées en Ligne-Oblique, pour s'en approcher ; mais, comme il montroit son Travail au Sieur de Toiras, une Mousquetade, partie des Fortifications de la Ville, emporta le Chapeau de Toiras, & tua Gamoriny. Cette Perte fit aller nos Travaux plus lentement jusqu'au 10. que le Prince de Condé resolut absolument d'emporter les Cornes : Il disposa son Attaque en un très-bel Ordre : car, au milieu, devoit donner le Regiment *des Gardes* ; à droite, *Piémont*, soûtenu par *Navarre* ; à gauche, *Normandie*, soûtenu par *Estissac*, Et trois Troupes de Gendarmes, divisées une en chaque Attaque.

Comme le Combat devoit se faire à deux heures après-minuit, nos Soldats mirent des Chemises sur leurs Armes : & les Enemis les ayant apperçûs, sans sçavoir à quel dessein le faisoient, ils envoyérent un Sergent, avec quelques Mousquetaires, faire une Salve sur eux pour les reconnoître ; & dans cette occasion, le S^r. de *Terrault* & le Chevalier de *Manican* y furent tuez. Alors, M^r. le Prince, voyant qu'il étoit découvert, fit donner le Signal par quelques Coups-de-Canon ; & aussitôt nos Gens partirent avec tant de promptitude, qu'ils ôtérent aux Enemis le loisir de se mettre en Armes : la plûpart de leurs Soldats se laissérent surprendre sur leurs Paillasses ; plus de deux cent-cinquante y furent tuez ; les Cornes prises, & tout ce qu'ils étoient de Gens pour les défendre prirent la fuite vers la Ville, où l'Epouvante fut si grande, qu'ils abandonnérent pour quelque-tems leurs Bastions. Nous y perdîmes de *Lago*, Aide-de-Camp, & trois ou quatre Chevaux-Legers; *Leobal* y fut blessé, & *Restinciéres*, Frere de Toiras, y reçut une Mousquetade au bras.

VI. Cette Victoire ne nous produisit pas pourtant tout l'Avantage qu'on avoit lieu d'attendre, parceque l'Armée vint à dépérir à vûë-d'œil, les Vivres rencherissant extraordinairement dans le Camp, où l'on manquoit aussi de Fourrage pour les Chevaux: Les Maladies y augmentérent considerablement; de sorte que les Fruits de l'Automne, les Raisins, & le Vin-Nouveau, firent mourir plus de Soldats que les Coups-d'Epée ou les Arquebusades des Enemis. Le Roi, pour renouveller ses Troupes, envoya *Laforest*, Frere de Toiras, dire au Duc de Vendôme, qu'il eût à quiter le Siége de *Brieste*, & qu'il le vînt joindre avec son Armée: Il ordonna au Prince de Condé, de faire hâter son Regiment de Berry; aux S.rs de *Bressieux* & de *Montespan*, d'amener les leurs: il écrivit aux S.rs de *Ragny* & de *Tremont*, de quiter la Bourgogne, & de se rendre au Camp de Montpellier; il fit partir un Courier, avec Ordre au Duc d'*Angoulême* d'amener les six mile Hommes-de-Guerre qu'il avoit en Champagne pour s'opposer à Mansfeld, parcequ'on avoit des Nouvelles-certaines qu'il étoit repassé en Hollande: Ces Troupes arrivérent successivement les unes après les autres, tandis qu'on faisoit décendre par le Rône, les Vivres & les Munitions dont on avoit besoin; de sorte qu'au-bout de huit jours, on eût reçû un assés grand-Renfort d'Hommes & de Vivres, pour pouvoir faire quelque Nouvelle-Entreprise.

CHAPITRE HUITIÉME.

I. Mr. de Caumartin fait Garde-des-Sceaux au Camp de Montpellier. II. Le Prince de Condé change ses Attaques. III. Vigoureuse-Resistance des Assiégez à la Demi-Lune d'Argencour. IV. On marche au-devant du Secours qui venoit à Montpellier. V. Le Connétable arrive au Camp. VI. Il négocie la Paix avec Mr. de Rohan. VII. Qui vient demander-Pardon au Roi.

I. DAns l'espace de tems qui s'écoula depuis la Prise des Cornes de S.t Denis jusqu'à une nouvelle Attaque, il y eut de grandes Brigues pour la Nomination d'un Garde-des-Sceaux, à la Place de M.r Mery de Vic, Seigneur d'Ermenonville, qui étoit mort depuis le 2.e de Septembre, à *Melgüeil* près de Montpellier, où se tenoit le Conseil: Le Parti du Prince de Condé solicitoit fortement pour M.r Daligre; mais, Bassompierre (comme nous l'apprenons de ses Mémoires) détermina le Roi en faveur de Loüis *Le Fevre de Caumartin*, Président au Grand-Conseil, qui reçut les Sceaux au Camp de Montpellier, dans ce même mois de Septembre.

Mémoires de Bassompierre.

II. M.r le Prince ayant reçû les premiéres Troupes de celles que le Roi avoit envoyé querir, entreprit l'Attaque du Bastion de la *Blanquerie*, tandis que par le Quartier de Montmorency, on attaqueroit le Bastion des *Carmes*: il fit pour cela tirer une Ligne de Communication de l'un à l'autre, & dresser une Baterie de douze Canons, à la faveur de laquelle il poussa ses Travaux jusqu'à la Contrescarpe; mais, par un effet de la trop-grande Confiance qu'il avoit pour un jeune Ingenieur, nommé *Le Mayne Chabaud*, il changea sa principale Attaque, & la dressa contre la Demi-Lune qui étoit entre les deux Bastions: D'abord, on prepara un Front-de-Baterie de seize Piéces-de-Canon, qui, avec ceux du Quartier de Montmorency, tirérent en un jour, mile ou douze cent Coups, à tort & à travers, mais principalement sur la Demi-Lune.

Les Assiégez furent si étonnez de ce Grand-Feu, qu'ils quitérent quelques Postes & Lignes avancées. On dit même, que si eût donné l'Après-dînée, on eût pû les forcer: mais, eux ayant reconnu qu'on ne vouloit que les épouvanter, ils se rassurérent, & prirent le Pic & la Pêle pour se mieux-retrancher. D'Argencour,

qui conduisoit leurs Travaux, y employa tout ce qu'on peut imaginer, comme 1622.
des Contremines, des Palissades; des Poutres planchées à l'épreuve, & des Pier-
riers, pour donner le moyen à ses Gens de tirer sans péril : il en fit autant aux
deux Bastions qui faisoient Tête aux Assiégeans; & ses Travaux parurent si sur- *Mémoires de*
prenans, que le St. de Pontis fut traité de Visionnaire, lorsqu'il en eut fait son *Pontis, Liv. 5.*
Raport au Roi.

Quoique dans le Conseil-de-Guerre, plusieurs n'approuvassent-pas qu'on se fût III.
attaché à ce Poste, parcequ'il étoit en vûë du Flanc & de la Face des deux Bastions, on ne songea qu'à trouver le moyen d'en approcher sans être enfilé : car,
en tirant à droit, le Bastion-Blanc voyoit à plomb; à gauche, le Bastion-Noir,
& en droite-ligne, la Demi-Lune : On prit donc le parti de baisser la Visière,
& d'aller-droit à la Pointe de la Demi-Lune, en mettant des Traverses au-dessus
des Tranchées, faites avec des Barriques remplies de Terre. Les Assiégez mirent
aussitôt une Piéce en Baterie pour les renverser, dont ils tuérent *Castelnau*, Capitaine aux Gardes; Mais, nos Gens voyant leurs Barriques culbutées, en firent un
Triple-Rang, & placérent parmi, quelques Piéces-d'Artillerie pour démonter la
leur : Alors, les Enemis eurent recours aux Feux-d'Artifice, & les jetérent en si
grande-quantité, qu'ils brûlérent douze à quinze pas de Tranchée.

Les Assiégeans, de leur côté, résolus de ne pas en démordre, prirent le parti
d'avancer à la Sape vers la Pointe de la Demi-Lune, & d'y faire joüer la Mine
pour pouvoir s'y loger : Les Regimens de *Navarre* & d'*Estissac*, furent commandez
pour cet effet; & quoique la Mine n'eût pas réussi, ils s'opiniâtrérent à y poser
quelques Barriques : ce qui engagea l'Action la plus chaude qui se fût passée dans
tout ce Siége. Les Assiégez, qui s'étoient preparez à les recevoir, les accueillirent
avec une quantité-prodigieuse de Grenades, & un si grand-Feu de Mousqueterie, qu'il tua ou blessa la plûpart de Ceux qui en approchérent : Du Regiment de
Navarre, *Ceran* & *Fernelles* y périrent; De celui d'*Estissac*, le St. *de Frette* : Roquelaure, Maréchal-de-Camp, ayant voulu y mettre quelque ordre, y fut tué; &
Duplessis, Sergent-de-Bataille, venant pour le remplacer, y reçut un Coup-de-Mousquet à l'œil. Nos Soldats rebutez, commencérent à lâcher du pié; & les Assiégez,
profitant de leur Avantage, sortirent sur eux, & les menérent batans. Dans ce desordre, Bassompierre prend les Mousquetaires du Regiment de Piémont, conduits
par le jeune *Guiteau*, qui dès l'abord est tué; *Guyermont* lui succéde, & il a le même sort : On fait venir le Chevalier *Dugua*, Lieutenant d'*Attigny*, qui reçoit une
Mousquetade à travers-du-Corps. Enfin, dans cette horrible Confusion, le Duc
d'Epernon ayant mis l'Epée à la main, & commandé au St. de *Nantas* de donner avec cent Piquiers & quelques Volontaires, l'Allûre-fiére de cette Troupe fit
retirer les Enemis.

Ce fut en cette occasion (si nous en croyons le Continuateur de Turselin) *Jean Tournet,*
que les Femmes de Montpellier, habillées en Homme, combatirent très-vaillam- *pag. 751.*
ment; mais, le fait est d'autant plus douteux, qu'on ne le trouve que dans ce seul
Ecrivain : la Raison même qu'il en apporte, de la Disette-d'Hommes pour défendre la Place, se trouve démentie par le grand-nombre de Soldats qui en sortirent après le Siége. Je craindrois-fort que cet Auteur n'ait confondu avec Montpellier, ce qu'on lit du Siége de St. Antonin, où, parmi les Morts, on trouva quinze Femmes habillées en Homme.

Cependant, le Duc de Rohan s'étoit rendu à Nîmes, pour aller assembler les IV.
Troupes qu'il avoit dans les Cevénes & dans le Vivarés, & marcher ensuite au
Secours de Montpellier. Cette Nouvelle causa-bien du Mouvement dans nôtre
Camp, d'où il falut tirer quelques Regimens de Cavalerie & d'Infanterie pour
lui aller disputer le Passage : On en donna le Commandement au Maréchal de
St. *Geran*, auquel se joignirent plusieurs Gentilshommes du Païs, ayant à leur
Tête Mr. de la *Curée*. Le Roi lui-même voulut être de la Partie; car, il monta
plusieurs-fois à Cheval : & il fut si bien servi par Toiras, & par ses cinq Freres,
qui, étant du Païs, en sçavoient toutes les Avenuës, que le Secours n'osa tenter
le Passage.

Ces Troupes détachées, campérent plus de quinze jours sur le Chemin des Cé-

Bbb

vênes pour y attendre les Enemis, pendant que nôtre Camp devant-Montpellier fut inondé d'un Orage de Pluye, si promt & si furieux, que les Tranchées en furent toutes remplies : La Terre, qui étoit séche & pressée depuis long-tems, ne pouvant boire la grande-quantité d'Eau qui tomboit, elle s'écoula dans les Fonds-Bas, où le Merdanson en grossit si fort, qu'il emparta plus de cent *Lansquenets*, qui, pour éviter les Grandes-Chaleurs, avoient fait des Creux contre sa Rive, & s'y étoient hutez.

Cet Orage passé, le Prince de Condé tint le 3°. Octobre un Grand-Conseil-de-Guerre, pour une nouvelle Attaque de la Demi-Lune, que son Ingenieur continüoit de lui conseiller. Les premiers Opinans furent d'Avis de faire de nouvelles-Mines, & qu'aussitôt qu'elles auroient joüé, on y allât par Assaut, & non par Logement : Bassompierre dit, que la Demi-Lune étant comme enfoncée dans la Terre, on feroit mieux d'élever un Cavalier pour la batre de haut-en-bas ; Son Avis fut approuvé du Duc d'Epernon, & Mr. le Prince s'y arrêta.

Tandis qu'on y alloit mettre la main, les Assiégez firent sur les dix-heures du soir du 4°. Octobre, une vigoureuse Sortie sur le Regiment de Picardie, au Quartier du Duc de Montmorency, qui étoit revenu de Pezenas après la Guerison de ses Blessures ; ils portérent le Feu à nos Gabions, tuérent les premiers qu'ils rencontrérent, & ils travailloient déja à s'établir dans les Postes qu'ils venoient de gagner, lorsque le Duc y accourut l'Epée à la main : il ramena les Fuyards, les fit soûtenir par ses Gardes, & ne quita point la Partie qu'il n'eût repoussé les Enemis jusqu'au pié de leurs Murailles.

V. Dans ces Entrefaites arriva le Maréchal de Crequy, avec des Bonnes-Nouvelles du Connétable son beaupere, qui envoyoit à nôtre Armée un Renfort de quatre mile Hommes-de-pied, & de trois cent Chevaux : Ces Troupes arrivérent le 7. au matin ; & l'on apprit que le Connétable lui-même venoit en Personne : ce qui fit que tous les Seigneurs qui n'étoient pas commandez ce jour-là, allérent à sa rencontre : Il arriva le soir-même, & l'on lui fit dresser plusieurs Tentes auprès du Logis-du-Roi. Dans ce même-tems, arriva la Petite-Armée que Mr. de Vendôme avoit dans le Haut-Languedoc, qui pouvoit faire trois mile Hommes-de-pied, & cinq cent Chevaux : On leur fit prendre le Poste de quelques Vieilles-Bandes qui étoient au Camp ; & avec celles-ci, & un Gros-Détachement de Cavalerie, on marcha vers *Fontanés* & *Corconne*, où l'on apprit que le Duc de Rohan étoit venu se loger.

Le Conseil-Secret étoit alors le seul qui sçût la Disposition des Affaires, dont le Connétable de Lesdiguiéres étoit venu rendre-compte à Loüis XIII. Il lui apprit que dans ses Conferences avec Mr. de Rohan, ils étoient convenus d'un Accommodement-honorable pour Sa Majesté : De là vient, que le Duc de Rohan n'attendit pas nos Troupes à *Corconne*, soit, comme il le dit lui-même, que ses Gens ne voulussent-point se jeter dans Montpellier, soit qu'il fût bien-aise de faire voir aux Assiégez qu'il n'avoit pas tenu à lui de leur amener du Secours. Quoiqu'il-en-soit, le Prince de Condé voyant que la Présence du Connétable lui ôtoit le Commandement de l'Armée, & qu'on tramoit une Paix à laquelle il n'avoit pas la part qu'il désiroit, il demanda Congé au Roi, sous prétexte d'aller s'acquiter d'un Vœu qu'il avoit fait autrefois à Nôtre-Dame de Lorette ; & il partit le neuviéme au matin, avec peu de Suite, pour son Voyage d'Italie.

Dès le lendemain 10°. Octobre, on vit passer par le Camp le Duc de Rohan, conduit par le Maréchal de Crequy, avec un Passeport de Sa Majesté pour entrer dans Montpellier ; ce qui fit croire que la Paix étoit assurée : mais, Mr. le Connétable ayant été visiter les Tranchées, affecta de dire qu'elle étoit rompuë, afin de contenir le Soldat dans le Devoir. Cependant, on ne tarda point de publier une Tréve de part & d'autre, durant laquelle les Assiégeans & les Assiégez se visitoient, & les Dames de Montpellier venoient à la Demi-Lune se promener & voir la plûpart de la Cour.

Ce fut dans cet intervale que Loüis XIII. donna à Mr. de Bassompierre, le Bâton de Maréchal-de-France qu'il lui avoit promis à *Laverune* : Il assembla pour cet effet un Conseil le 12°. d'Octobre, auquel il appella le Cardinal de *la Va-*
let-

lette & le Duc de *Vendôme*, qui venoient d'arriver au Camp, Mr. le Connétable, les Ducs de *Chevreuse* & d'*Elbeuf*, Mrs. d'*Epernon*, de *Praslin*, de *Crequy* & de *Montmorency*, les Maréchaux-de-Camp, le Garde-des-Sceaux, & *Puisieux* Secrétaire-d'Etat, Ausquels le Roi ayant déclaré son Dessein, qui fut approuvé de tous, il prit Bassompierre par la main, lui fit prêter le Serment à genoux, & lui mit en main le Bâton de Maréchal-de-France : Le soir toute l'Armée fit une Décharge-generale d'Artillerie ; ce qui n'intrigua pas peu les Habitans de Montpellier, qui ignoroient la Cause de ce grand-Bruit : mais, Calonges leur Gouverneur, l'ayant fait demander à la Tranchée, il envoya dire au Nouveau-Maréchal, que Ceux de la Ville n'en vouloient pas moins-faire ; & bientôt-après, on entendit une Salve-generale qu'ils firent de tous leurs Bastions.

Le Duc de Rohan, qui travailloit dans la Ville à ramener les Habitans, en partit le 13. pour faire sçavoir aux Députez des Cevènes, de Nîmes & d'Uzés, qui se tenoient à *Ganges*, la Resolution où l'on étoit à Montpellier, d'obéïr, & d'observer le Traité qu'il avoit arrêté avec Mr. de Lesdiguières, pour le general des Eglises de France & de Bearn : Ils firent plusieurs Dificultez, qui portèrent Mr. de Rohan à les engager de venir eux-mêmes à Montpellier, sur les Passeports du Roi dont il étoit muni ; Ils y arrivèrent le 17e. & ils eurent le même jour & le lendemain, plusieurs Conferences, au-bas du Fort de St. Denis, avec Mr. le Connétable & Mr. de Rohan. Les Députez-particuliers de Montpellier qui y vinrent, firent de grandes Instances contre la Garnison que le Roi vouloit établir dans leur Ville ; Ils dirent hardiment, que tout ce qu'ils pouvoient proposer au Peuple, c'étoit l'Entrée du Roi avec sa Garde-Ordinaire ; On leur passa cet Article ; mais, Mr. de Rohan fit entendre, & il le dit ensuite à Loüis XIII. que quand il n'observeroit pas cet Article, les Huguenots pour cela n'en prendroient pas les Armes.

Bassompierre, Tom. 2. pag. 410.

La Paix ayant donc été resoluë, & la Ratification de Ceux de Montpellier ayant été portée au Roi, le Duc de Rohan se rendit le soir-même au Quartier-du-Roi, d'où il fut introduit dans la Chambre de Sa Majesté, devant Laquelle il se mit à deux-genoux, lui *demandant-Pardon*, *des Armes qu'il avoit porté contre son Service*; A quoi le Roi répondit, *Qu'il fût plus sage à l'avenir*, *& qu'il vouloit bien oublier les Choses passées* : Sa Majesté l'ayant fait lever, ils changèrent de Discours ; & une demi-heure après, le Duc de Rohan se retira au Quartier de Mr. le Connétable, où il coucha.

CHAPITRE NEUVIÉME.

I. *Harangue des Habitans de Montpellier au Roi.* II. *Le Connétable vient prendre-Possession de la Ville.* III. *Le Roi y fait son Entrée.* IV. *Il prend des Otages pour la Démolition des Fortifications.* V. *Articles de la Paix de Montpellier.*

LE lendemain 19e. Octobre, le Duc de Rohan rentra dans Montpellier, pour amener au Roi le Gouverneur de la Ville, les Députez des Cevènes, avec Ceux des Villes de Montpellier, Nîmes & Uzés, qui devoient venir demander-Pardon, & suplier Sa Majesté de leur accorder la Paix : Avant qu'Elle en signât les Articles, ils furent presentez par le Duc de Rohan ; & s'étant Tous mis à genoux, le Sr. de *Calonges*, Gouverneur de Montpellier, parla pour Tous, en ces termes.

I.

»SIRE, Nous sommes envoyez de toutes les Eglises de France & Souveraineté
» de Bearn, pour, en leur Nom, demander très-humblement *la Paix* à Vôtre Ma-
» jesté : Nos Cœurs, plus humiliez que nos Corps, se jettent à vos Pieds (Sire)
» pour la lui demander, & la suplier très-humblement de croire, que les Faux-
» Bruits qu'on a semé parmi-nous, des Desseins de Vôtre-Majesté contre nôtre Re-

1622.

» ligion, nous ont jeté dans les Malheurs où nous sommes.

» Ce n'est-pas que nous voulions changer de Nom au Mal : Nous nous confes-
» sons Coupables ; C'est pourquoi, nous nous présentons à Vôtre-Majesté, pour lui
» demander-*Pardon*, & la suplier très-humblement de nous recevoir en Grace ; & à
» l'Exemple de Dieu, dont Elle est l'Image, avoir égard à nos Infirmitez, & don-
» ner quelque chose à la Crainte que nous avons eu, de voir la Liberté de nos Con-
» sciences opprimée : Plus Vôtre-Majesté nous trouvera Coupables, plus aussi trou-
» vera-t-Elle en nous dequoi employer sa Clemence.

» Henry-le-Grand, Pere de Vôtre-Majesté, s'est servi de nous, s'est fié en nous,
» & nous a aimez : Nous la suplions très-humblement, que comme Héritiere de
» ses Royales-Vertus, Elle le soit aussi de la Bonne-Volonté qu'il a eu pour nous,
» Et ne nous distinguer de ses autres Sujets, que par le Service que nous lui ren-
» drons ; Car, c'est là (Sire) où nous prétendons faire voir à Vôtre-Majesté, que
» nuls ne peuvent être plus que nous, ses très-humbles, très-obéïssans, très-
» fidéles Sujets & Serviteurs.

Loüis XIII. leur répondit : *Que volontiers il leur pardonnoit*, *à condition qu'ils fussent plus sages qu'ils n'avoient été*; *Qu'ils lui fussent Bons-Sujets*, *& qu'il leur seroit
très-bon Roi*. Après-quoi, ayant reçu les Soumissions d'un chacun, les uns après les
autres, il les fit lever, & ordonna qu'on expediât la Déclaration de la Paix, pour être envoyée à tous les Parlemens du Royaume. Les Consuls vinrent presqu'en même-
tems, lui presenter les Clefs de la Ville dans un Sac de Velours bleu ; mais, ce
qu'il y eut de particulier en cette Rencontre, c'est que le même qui s'étoit signalé contre le Service & la Personne du Roi, fut obligé, en qualité de Premier-
Consul, de parler en cette Occasion : On marque qu'il le fit avec beaucoup d'embaras & de trouble ; mais, la Grace que Sa Majesté accordoit à Tous, se répandit sur lui comme sur les autres.

II. Le même jour après-dîné, Mr. le Connétable entra dans Montpellier, avec les
Maréchaux de Crequy & de Bassompierre, pour y établir les Gardes-Françoises
& Suisses : Ils se saisirent des Portes, des Magasins, du Canon, & de deux Bastions, laissant les autres aux Troupes-Etrangéres qui avoient servi durant le Siége,
& qui devoient le lendemain vuider la Ville. Le Grand-Prévôt de l'Armée, après
avoir publié la Paix au Quartier-du-Roi & aux Tranchées, se rendit à Montpellier pour y faire la même Publication ; Et les Maréchaux-de-Logis étant venus
presqu'en même-tems, y marquérent le Logis du Roi, chès le Président *d'Agel*;
celui de Mr. le Connétable, chès *Massane*, Conseiller en la Cour-des-Aides ; du
Duc de Montmorency, chès *Laroche*, Maître-des-Comptes ; du Maréchal de Bassompierre, chès *Greffeüille*, Trésorier-de-France ; de Mr. de Valencé, chès *Dampmartin*, aujourd'hui le Bureau des Finances, &c.

Tout fut tranquile dans la Ville, malgré le grand-nombre de Gens-de-Guerre qu'il y avoit ; de sorte que les Habitans ne furent occupez qu'à accüeillir les
Seigneurs qui s'y étoient rendus. Parmi les Harangues qui furent faites à Mr. le
Connétable, je trouve qu'il est fait une Mention-particuliére d'Isâc *Joubert*, Conseiller au Présidial, & seul Catolique de tout son Corps : il en fut estimé davantage de Mr. de Lesdiguiéres, qui ne put s'empêcher de loüer la Fidelité qu'il avoit eu
pour sa Religion, malgré l'Exemple-contraire de tant d'autres, & les Persecutions

Bonnefoy, His-
toria Hæresis in
Occitaniá oppug-
natæ.

où il fut exposé pendant les Troubles : Aussi marque-t-on, que Dieu lui prolongea
la Vie jusqu'à près de cent ans, & qu'il continüa jusqu'à cet âge, la Vie-Peni-
tente & Exemplaire qu'il avoit toûjours mené.

Le lendemain matin, 20e. Octobre, les Troupes-Etrangéres qui avoient servi
pendant le Siége, sortirent de la Ville, au nombre de douze-cens Hommes-de-
Guerre, en fort-bon Equipage ; ils furent reçus par le Sr. de la *Curée*, qui les es-
corta avec un Détachement de Cavalerie, jusqu'à *Montferrier*, où ils prirent le Chemin des Cevénes.

III. L'Après-midi, le Roi, accompagné des Ducs de *Chevreuse*, de *Vendôme*, d'*Elbeuf*, & de plusieurs-autres Seigneurs, alla visiter le Fort de St. Denis, précedé
de ses Carabiniers & de ses Chevaux-Legers : Sur les quatre-heures, il entra dans
Montpellier par la Porte de Lates, au Bruit d'une Double-Salve de quarante-trois
Pié-

Piéces-de-Canon qui étoient dans le Parc. Les Consuls, qui se trouvérent à la Porte, le reçurent avec le plus d'Appareil qu'il leur fut possible dans les Conjonctures du Tems ; mais , l'Accüeil le plus touchant qu'on put lui faire, vint d'un nombre-infini de Voix, qui crioient de toutes leurs forces : *Vive le Roi , & Miséricorde.* Un moment-aprés que le Roi fut entré dans son Logis, qui étoit tout-proche de la Porte de Lates, les Choses furent aussi paisibles dans la Ville que si la Guerre n'y eût jamais été.

Cependant, Loüis XIII. demanda en quelle Eglise il pourroit aller Rendre-Graces à Dieu, de la Victoire qu'il lui avoit accordée ? ce qui donna lieu à la Réponse qui lui fut faite, qu'elles avoient été absolument toutes détruites. Alors, les Catoliques-Zélez proposérent de convertir en Eglise , le Grand-Temple des Huguenots ; & ils ne manquérent point de citer les Préjugez qu'on avoit, de plusieurs autres Villes où pareille-chose avoit été faite, & même d'ajoûter toutes les Raisons-particuliéres qu'on avoit, d'ôter ce Temple aux Religionnaires de Montpellier : mais, le Roi, ne voulant pas effaroucher un Peuple qui venoit de se soumettre, en conféra auparavant avec M^r. le Connétable, qui fut d'Avis qu'en attendant on se servît de la Loge des Marchands, qui fut preparée en diligence pour le Dimanche 23e. de ce mois, où le Roi vouloit entendre la Messe , & faire une Procession-Generale en Actions-de-Graces de la Réduction de Montpellier.

L'Office fut fait ce jour-là par Messire Claude de Toiras, Prévôt de la Catédrale, nommé à la Coadjutorerie de Nîmes, & déja sacré Evêque de Cezarée : Il porta le S^t. Sacrement à la Procession, où les Catoliques & les Huguenots indistinctement tapissérent le Devant de leurs Maisons. Le Dais étoit porté par M^r. le *Connétable*, par les Ducs de *Montmorency* & d'*Epernon*, & par le Maréchal *de Praslin* : Le Roi suivoit avec un Cierge à la main, qu'il donna sur la fin de la Procession à Madame *Le Clair*, Femme d'un Conseiller en la Cour-des-Aides, qui avoit fait paroître beaucoup de Fermeté pendant le Siége, où elle eut beaucoup à souffrir pour la Religion-Catolique. Le Tour que cette Procession fit alors, est encore appellé le *Tour-Royal*, qui est suivi fort-exactement toutes les années, le Jour de la *Délivrance* de la Ville, que l'on met au vingtiéme d'Octobre, parceque le Roi entra ce jour-là dans Montpellier ; La seule Diference qu'il peut y avoir maintenant, c'est que la Procession part de S^t. Pierre, depuis que le Service y a été rétabli, & qu'elle partit alors de la Loge : Le Roi y assista à l'Office de Vêpres aprés-midi, & il entendit la Prédication de M^r. de Fenoüillet Evêque de cette Ville, qui, sans entrer dans aucun détail des Conditions de la Paix, fit beaucoup valoir qu'elle avoit été donnée par *Loüis le Juste*.

Manuscrit de Delort.

Les trois jours suivans furent employez à reformer & à licencier les Troupes du Roi qui avoient servi pendant le Siége ; Les Compagnies des Chevaux-Legers de la Reine-Mere, de la Reine, & de M^r. le Prince, furent reduites à cinquante Hommes chacune : Mais, la Grande-Affaire étoit, la Démolition des Fortifications de la Ville, que le Roi avoit été visiter dès le lendemain de son Entrée ; Il trouva si-bien, qu'il voulut connoître celui qui en avoit conduit l'Ouvrage : D'Argencour lui ayant été presenté, non-seulement Loüis XIII. le loüa de son Travail, mais encore il voulut l'avoir à son Service ; de sorte que ce qu'il avoit fait contre le Roi, servit à lui en attirer l'Estime, & le mit en occasion de servir (comme il fit) son Prince, tout le reste de son Regne, en France, en Italie, & dans la Catalogne, en qualité de Maréchal-de-Camp de ses Armées, & mourut Gouverneur de Narbonne.

IV.

Comme les Habitans de Montpellier ne pouvoient éviter la Démolition de leurs Fortifications, puisqu'elle étoit portée par le Traité-de-Paix, ils offrirent d'euxmêmes de les abatre, & donnérent pour Otage un grand-nombre des Principaux de la Ville qui s'étoient signalez pendant le Siége : Ceux-ci, pour se procurer plûtôt la Liberté, avancérent considérablement les Affaires du Roi, en demandant qu'on fît entrer des Troupes dans Montpellier pour y contenir le Peuple, tandis qu'on travailleroit à cette Démolition aprés le Départ de Sa Majesté. Loüis XIII. qui ne demandoit-pas-mieux, fit entrer dans la Ville les Regimens de Picardie & de Normandie, qu'il laissa sous les Ordres de M^r. de Valencé, Maréchal-de-

Camp; après-quoi, il partit de Montpellier le 23°. d'Octobre, pour aller coucher à Aimargues, d'où, en passant par Arles, il alla visiter toute la Provence.

Loüis XIII. après avoir séjourné trois jours à Marseille, se rendit à Tarascon le 13°. de Novembre, dans le dessein d'assister aux Etats de Languedoc, qui avoient été convoquez à Beaucaire, & qui y furent tenus par le Duc de Ventadour. Quoique cette Assemblée eût commencé dès le 8. le Roi ne laissa point de l'honorer de sa Présence; & s'étant rendu le 16. à Avignon, il y trouva Armand de Richelieu, Evêque de Luçon, qui venoit le remercier de sa Promotion au Cardinalat, faite le 5°. Septembre, précisément dans le tems que Sa Majesté étoit au plus-fort du Siége de Montpellier.

V. Il est tems de raporter les Articles-de-Paix que le Roi avoit accordé par la Déclaration du 19°. Octobre, donnée au Camp devant-Montpellier : Cette Paix est d'autant-plus remarquable, qu'elle ne regardoit-pas seulement les Habitans de cette Ville, mais qu'elle comprenoit encore tous les Sujets de Sa Majesté qui professoient la Religion-Pretenduë-Reformée; Elle portoit en substance :

» Que l'Edit de Nantes seroit observé dans toute sa teneur.
» Que l'Exercice de la Religion-Catolique seroit rétabli dans les Lieux du
» Royaume où il avoit été interrompu.
» Que les Siéges de Justice, Bureaux de Recette & Officiers de Finances, se-
» roient rétablis ès Lieux où ils étoient avant ces Derniers-Mouvemens.
» Que toutes les Fortifications des Villes tenuës par Ceux de la Religion, se-
» roient démolies, & qu'on n'y laisseroit que les Anciénes-Murailles, Tours,
» Fossez & Contrescarpes, telles qu'elles étoient avant les Derniers-Troubles.
» Toutes Assemblées-Politiques, sous le Nom de Cercle, & autres semblables,
» étoient prohibées aux Prétendus-Reformez, quoiqu'on leur permît la Tenuë des
» Sinodes, pour Reglement de Dicipline entr'eux.
» Abolition-entiere du passé, spécialement pour ce qui étoit arrivé à Privas, &
» nommément pour le St. de Brison.
» Tous Prisonniers de part & d'autre, renvoyez sans Rançon; & toutes Per-
» sonnes, rétablies dans les Biens, Charges & Honneurs dont elles avoient été
» privés à l'occasion des Présens-Troubles.

Outre ces Articles-publics, il y en eut quelques-autres particuliers, dont le premier étoit : » Qu'il seroit accordé six cent mile livres au Duc de Ro-
» han, pour le dédommager des Gouvernemens de Poitou, de St. Jean d'Angely, St.
» Maixant, Maillezais, Meslé, & pour l'Abbaye de l'Or de Poitiers, à la place
» desquels le Gouvernement de Nîmes & d'Uzés lui seroit donné sans Gar-
» nison.

» On lui promit encore, de rétablir & de faire payer exactement, les
» Pensions dont lui & Soubise son frere avoient joüi avant les Troubles, & d'en
» accorder une de six mile livres par an, à Calonges Gouverneur de Montpellier.
» A l'égard de la Ville de Montpellier, on stipula d'abord, que les Fortifica-
» tions seroient démolies & rasées; & qu'à l'avenir, selon la Volonté du Roi, le
» Duc de Montmorency en nommeroit les Consuls, dont la moitié seroient Ca-
» toliques, & l'autre moitié de la Religion.

Le Roi abolissoit pour la suite, les Villes appellées Villes-de-Sureté, d'Otage
» & de Mariage, dont Sa Majesté se reservoit la Nomination des Gouverneurs,
» & dans lesquelles Elle pourroit mettre telles Garnisons qu'Elle jugeroit-à-propos.
» Nous verrons dans la suite les diferentes Interpretations qui furent données à
» quelques-uns de ces Articles.

CHA-

CHAPITRE DIXIÉME.

I. *Démolition des Fortifications.* II. *Tentative du Duc de Rohan pour éluder la Nomination des Consuls Mi-Partis.* III. *Les Habitans demandent une Citadelle pour éviter le Logement des Gens-de-Guerre.* IV. *Création d'un Nouveau-Senéchal à Montpellier.* V. *Renouvellement des Troubles dans les Cevénes.* VI. *Ordonnance du Duc de Rohan, pour la Levée de Troupes & des Deniers.*

TANDIS que Loüis XIII. après son Départ d'Avignon, visitoit le Dauphiné, I. & les autres Provinces du Royaume qui sont sur le Chemin de Paris, M^r. de Valencé faisoit executer à Montpellier ce qui avoit été reglé pour les Fortifications de la Ville; il les fit détruire (comme on en étoit convenu) par les Habitans-mêmes, qui y travaillérent par Corvées: On rasa si-bien les principaux-Ouvrages qui avoient le plus-resisté pendant le Siége, qu'il n'en resta-plus de Vestige. Je ne sçai pourquoi on laissa sur pié les Bastions *de Lates* & de la *Saunerie*, que nous avons vû subsister de nos Jours; mais, on combla entiérement les Fossez-particuliers & les Glacis de tous ces Ouvrages-Exterieurs: de sorte qu'en moins de deux mois, la Ville fut à-peu-près reduite aux simples Murailles, Tours & Fossez qu'elle avoit avant le Siége.

Comme la Paix de Montpellier étoit generale pour toutes les Villes de la Religion, elle fut publiée le 14. de Novembre à la Rochelle, où le Duc de Guise commandoit l'Armée-Navale du Roi, & le Comte de Soissons l'Armée-de-Terre. Les Fortifications de cette Ville furent conservées par un Brevet-particulier; ce qui donna lieu à Ceux de *Castres*, de *Nîmes*, d'*Uzés* & de *Milhau*, de prétendre à la même Grace, quoique le Roi ne se fût engagé qu'à leur laisser la moitié de leurs Fortifications: Il arriva-même, comme on avoit vû dans tout le cours de ces Guerres-de-Religion, que les Particuliers se contentérent de profiter des Avantages qui leur revenoient de la Paix, sans se mettre en peine de faire observer ce qu'ils avoient promis au Roi. Quelques-uns d'entr'eux ne laissérent-pas de continuër les Fortifications de leurs Places, de lever des Impôts, de s'approprier les Deniers du Domaine du Roi, de démolir des Eglises pour servir à leurs Fortifications, & de commettre plusieurs autres Infractions au Traité-de-Paix; Ce qui obligea le Parlement de Toulouse à rendre un Arrêt le 14. Décembre, par lequel il défendoit de continuër ces Hostilitez, à peine d'être regardez comme Perturbateurs du Repos-Public, & déchûs du Bienfait de la Déclaration du Roi.

A Montpellier, on prit une autre Route, qui fut d'éluder la Nomination des II. Consuls Mi-Partis qui avoit été ordonnée dans le Traité-de-Paix: Pour cet effet, les Religionnaires de la Ville engagérent le Duc de Rohan, de venir présider à l'Election-Consulaire qu'ils devoient faire le premier du mois de Mars. Valencé, qui commandoit dans la Ville, craignant qu'on ne s'y prévalût de la Présence de ce Seigneur, envoya devers-lui, pour le prier de ne pas entrer dans Montpellier; mais, il fut bien-surpris d'apprendre qu'il y étoit déja depuis le troisième de Février. Aussitôt il assemble ses Troupes, & fait investir toute l'Isle de *Massane*, Gramond, Hist. aujourd'hui d'*Audessens*, chès qui le Duc avoit son Logement: puis, montant chès Galliæ, Lib. 13. lui, il lui dit qu'il venoit se rendre Prisonnier dans sa Maison, jusqu'à-ce qu'il eût plû au Roi (à qui ils en écriroient l'un & l'autre) d'en ordonner. Soubise, qui se trouvoit alors à la Cour avec la Duchesse de Rohan, y firent de si grandes Plaintes, que le Roi commanda à Valencé de retirer ses Gardes d'auprès du Duc de Rohan; mais, il envoya Ordre à ce Seigneur, de sortir de Montpellier, & de n'y point revenir qu'il n'en eût une Permission-expresse: En consequence, le Duc sortit de la Ville, & Valencé l'alla accompagner, pour lui faire honneur, jusqu'à une lieüe.

Les Religionnaires de Montpellier ne perdirent-point-courage de sa Retraite, non-plus que de l'Arrivée d'un Commissaire du Parlement de Toulouse, qui vint pour l'Execution d'un Arrêt, donné en conformité du Traité-de-Paix, sur l'Election des Consuls Mi-Partis; Ils s'assemblérent en cachette le premier de Mars, & nommérent précipitamment six Consuls Huguenots. Mr. de Valencé, qui en eut Avis, accourut à l'Hôtel-de-Ville, & ordonna, de la Part du Roi, de proceder à une Nouvelle-Election: Il lui fut répondu, qu'elle étoit faite; Surquoi, on en vint à des Contestations: mais enfin, l'Autorité du Roi l'emporta; & il fut reglé, que le Premier, le Troisiéme, & le Cinquiéme-Consul, seroient choisis d'entre les Catholiques, & les trois autres d'entre les Huguenots: En consequence, on eut pour Premier-Consul, Mr. le Baron de Castries, sous le Consulat duquel on ouvrit la Chapelle de l'Hôtel-de-Ville, qui avoit été fermée pendant 60. ans.

Le reste de cette année fut assés tranquile à Montpellier, où les Officiers de la Garnison, la plûpart Riches & de Qualité, faisoient beaucoup de Dépense auprès des Dames. On marque, que suivant les Saisons, ils passoient leur tems en Courses-de-Bague, ou en Parties-de-Masque, de Jeu & de Comedie: Ce Loisir fit naître la Pensée de rétablir le Jardin-du-Roi, qui avoit été détruit lorsqu'on voulut se preparer au Siége. François Ranchin, Chancelier de l'Université, y apporta tous ses Soins; & par les Secours qu'il reçut de la Cour, il le mit dans peu, dans l'état où nous le voyons encore.

III. Les grandes-Liaisons que les Officiers de la Garnison avoient dans toutes les Familles de Montpellier, donnérent lieu à divers Discours-vagues, sur l'Avantage qu'il y auroit d'avoir une Citadelle, pour y enfermer les Soldats répandus dans la Ville, & soulager ainsi les Habitans, de l'Incommodité qu'ils avoient de les loger chés eux. La Proposition ayant été bien-accüeillie de quelques-uns, fit insensiblement un plus-grand-Progrès: de sorte que Mr. de Valencé jugea-à-propos d'en suivre la Pensée; & après s'être assuré de plusieurs Voix, il sollicita ouvertement un Conseil-de-Ville, pour y mettre la Chose en Déliberation: Le plus-grand-nombre y opina par complaisance, les autres par crainte. On raconte néanmoins, que le Sr. *Fournier*, Bon-Bourgeois, ayant été prié par Mr. de Valencé d'être de son Avis: mais, si je n'en suis-pas, que me ferés-vous? lui dit-il; Rien, répondit le Gouverneur: Et bien, Monsieur, puisque vous me laissés dans ma liberté, je vous déclare ne pouvoir être pour Vous. On ajoute, que le Sr. *Lafarelle*, Seigneur d'Aumés, cita en Plein-Conseil, la Fable du Cheval, qui, pour se venger du Cerf, se laissa mettre une Selle, une Bride & un Mords; Ainsi, Messieurs, (dit l'Opinant) Mr. de Valencé se servira contre nous, de la Citadelle que nous aurons bâti: mais, malgré sa Représentation, l'Affaire passa, & l'Assemblée députa au Roi pour lui demander une Citadelle. Le Sr. de Meux, Capitaine au Regiment des Gardes, & Habile-Ingenieur, fut envoyé pour conduire l'Ouvrage, auquel on commença de mettre la premiére-main environ le 10e. de Juillet.

Loüis XIII. fut si satisfait du Moyen que les Habitans de Montpellier lui avoient donné, de s'assurer de leur Ville, qu'il leur accorda, par Arrêt du Conseil-d'Etat du 26e. d'Octobre, Dix-Sols à prendre sur chaque Minot de Sel à *Peçais*, moitié-applicable au Payement des Dettes de la Ville, & l'autre moitié à la Construction de la Catédrale, & autres Eglises du Diocése.

IV. Peu-après qu'on eut mis la premiére-Pierre à la Citadelle de Montpellier, il arriva un Changement remarquable, par l'Etablissement qui y fut fait du premier Senéchal qu'il y ait eu en cette Ville. Pour l'Intelligence de ce Fait, je prie le Lecteur de se rapeller ce qui a déja été dit sous le Regne de Philipe de Valois, lors de l'Acquisition qu'il fit de Montpellier, sous Jacques III. Roi de Mayorque. Alors, les Senéchaux de Beaucaire & de Carcassonne s'étant disputé la Juridiction de cette Ville, parcequ'elle étoit précisément sur les Limites de leur Ressort, le Roi Philipe de Valois, ne voulant prononcer ni pour l'un ni pour l'autre, se contenta de créer un Sequestre-de-Justice, auquel on donna depuis, le Nom de Gouverneur; d'où est venuë l'Erreur de quelques-uns, qui ont confondu & nommé ces Sequestres, Gouverneurs de la Ville, quoiqu'ils ne fussent que Chefs de la Justice. Le Roi Loüis le Juste, en cette année 1624. par ses Lettres du 7e. Août, érigea cette Charge de Sequestre-de-Justice, en celle de Senéchal, en faveur de

Jacques

Livre Dix-Huitiéme.

Jacques de Reſtincliéres, Gouverneur de Lunel, & Frere-aîné du Seigneur de Toiras, qui fut depuis Maréchal-de-France. Cette Charge a conſervé à ſes Succeſſeurs, le Titre de Gouverneur, qu'on leur donne encore dans l'Adreſſe des Requêtes, au nom de Mr. le Senéchal & Gouverneur de la Ville de Montpellier.

1625.

La Diſette où l'on étoit des Sujets-Catoliques pour exercer la Charge de Premier-Conſul, fit qu'on eut recours, dans ces premiéres-années, aux Compagnies-de-Juſtice pour remplir cette Place: On choiſit pour cette année, Mr. de *Graſſet*, Procureur-General en la Cour-des-Aides; & ſon Parti fut fortifié bien-avantageuſement dans l'année de ſon Conſulat, par la Converſion du Premier-Préſident *Bocaud*, qui, par un Exemple aſſés-rare, avoit été mis & conſervé pendant vingt-ans dans cette Premiére-Place, quoiqu'il fût de la Religion-Proteſtante.

Depuis la Démarche qu'avoit fait le Duc de Rohan, de venir dans Montpellier pour y traverſer l'Election des Conſuls, il ne pouvoit douter de la Défiance que l'on avoit de lui à la Cour; Mais, le Danger qu'il avoit couru pendant qu'il reſta au pouvoir de Mr. de Valencé, le piquoit à un point, qu'il ne put reſiſter aux Solicitations des Mécontens du Languedoc, qui crurent devoir profiter des Affaires que le Roi avoit alors en Italie au ſujet de la Valteline: Ils s'unirent avec Ceux de la Rochelle, où l'on équipa une Flote, ſous la Conduite de Soubiſe, pour s'aſſurer du Fort de Blavet, des Iſles d'Oleron & de Ré. Le Duc de Rohan ſon frere, arma de même dans le Haut-Languedoc; mais, ayant été défait par le Maréchal de Themines, il ſe retira dans les Cevénes, où il fit reſoudre la Guerre dans une Aſſemblée qu'il tint à Anduſe. La Ville de *Nîmes* refuſa de prendre ſon Parti: mais, Ceux *d'Alais* & *d'Uzés*, ſe déclarérent pour lui; & comme le Voiſinage de *Sommiéres* les incommodoit beaucoup, ils commencérent par attaquer cette Place.

V. 1625.

Grammont, liv. 14.

Marcillac, qui y commandoit, en donna auſſitôt Avis à Mr. de Valencé, qui, connoiſſant toute l'importance de ce Poſte pour la Conſervation de Montpellier, ne délibera point s'il envoyeroit du Secours; mais, ſa grande-peine fut de s'aſſurer des Religionnaires de la Ville, dont le plus grand-nombre tenoit pour Mr. de Rohan, & pouvoit profiter de l'Abſence de ſes Troupes: Il prit le parti de les faire tous deſarmer, de changer tous Ceux qui avoient la Garde-des-Portes, de mettre dehors tous les Gens-ſans-aveu, & de faire braquer contre la Ville tout le Canon de la Citadelle. Ces Suretez priſes, il fit marcher mile Hommes-de-Secours, ſous la Conduite du Sr. de *la Vergne*, Aide-de-Camp, auquel ſe joignirent les Gentilshommes des Environs, qui avoient à leur Tête Mr. de *Süeilles*, Premier-Conſul de Montpellier: Le Secours arriva dans le tems que les Enemis avoient déja petardé une Muraille; mais, Mr. de Rohan, ne jugeant-pas à-propos de ſe commettre avec eux, déloga la nuit-même, & ramena ſes Troupes à Anduſe, où il ne fut pas bien-accüeilli, parcequ'il avoit perdu en cette Expedition, une trentaine de Jeunes-Gens de la Ville qui avoient voulu le ſuivre.

Après cet Echec, il gagna le Haut-Languedoc, où, malgré la défaite de *Soubiſe* ſon frere, qui venoit d'être batu aux Iſles-de-Ré par le Duc de Montmorency, Amiral de France, il convoqua une Aſſemblée à Milhau pour rétablir ſes Affaires: Tout ce qu'il y obtint de plus conſiderable, fut une Déclaration des Députez de Nîmes en ſa faveur, qui promirent de faire travailler inceſſament à leurs Fortifications; mais, pour en avoir les moyens, ils lui demandérent ſon Ordonnance, pour faire ſaiſir les Deniers-Publics, & particuliérement ceux des Catoliques. Si l'on étoit curieux de voir la Forme de cette Ordonnance, on en pourra juger par celle qu'il fit expedier à Anduſe quelques-mois auparavant, dont voici les propres-paroles.

VI.

Pag. 110. Roſriſm, Occitan.

„ Henry, Duc de Rohan, Pair-de-France, Prince de Leon, Seigneur du Blain,
„ Conſeiller du Roi en ſes Conſeils, Capitaine de cent Hommes-d'Armes de ſes
„ Ordonnances, & Chef-General des Egliſes-Reformées du Rovaume, & des Pro-
„ vinces du Languedoc, Guiéne, Cevénes & Gevaudan: Maître Jean *Souſtelle*,
„ Notaire-Royal d'Anduſe. Etant neceſſaire, pour ſubvenir aux grandes-Neceſſitez,
„ Fraix & Dépenſes des Juſtes-Armes que Nous avons été contrains de prendre

Ccc

1625.

» pour la Défense & Conservation desdites Eglises, & Entretenement des Gens-de-
» Guerre, de nous aider & servir des Deniers-Publics, de quelque nature & con-
» dition qu'ils soient, dans cette Province ; & à ces Fins, pour faire saisir & arrêter
» iceux dans l'Etenduë de la Ville & Viguerie d'Anduse, commettre quelque Per-
» sonne Suffisante & Capable.
» A ces Causes, à plein informé de vous Suffisant & Capable, de même
» de vôtre entiére & singuliére Affection à l'Avancement de la Gloire de Dieu
» & Service desdites Eglises, Vous avons commis, ordonné & député, com-
» mettons, ordonnons & députons, pour vous transporter incontinent & sans dé-
» lai, en toutes les Villes & Lieux de la Viguerie d'Anduse, & illec faire saisir &
» arrêter toutes les Sommes des Deniers-Publiques, & autres de Contraire-Parti,
» de quelque nature & condition qu'ils soient, sans aucun excepter : Faisant inhi-
» bitions à tous Consuls, Receveurs, Contrôleurs, Collecteurs, Commissaires,
» Rentiers, & tous autres Débiteurs desdits Deniers, de ne s'en dessaisir que par
» nôtre Ordonnance, De rendre ès mains des Receveurs qui seront par Nous éta-
» blis, à peine d'en répondre en leur propre & privé-nom, de payer deux-fois ;
» desquels Receveurs par Nous commis il les recevra, & en demeureront valable-
» ment déchargez envers tous qu'il appartiendra : De ce faire vous avons donné
» & ordonné tout Pouvoir, Commission, Aveu & Mandement-Spécial. Man-
» dons à tous Officiers, Magistrats, Capitaines, Gens-de-Guerre, & tous autres
» qu'il appartiendra, de prêter Main-forte à l'Execution de ce que dessus : En té-
» moin dequoi avons signé ces Présentes de nôtre main, fait mettre en icelles le
» Cachet de nos Armes, & contresigner au Secrétaire de nos Commandemens.
» DONNÉ à Anduse le 9. Juillet 1625. HENRY, Duc de Rohan.
Par mondit Seigneur, FAGET.

CHAPITRE ONZIÉME.

I. Nouvelle-Paix accordée aux Prétendus-Reformez. II. Réjoüissance à Montpellier. III. Guerre-ouverte avec les Anglois. IV. Nouveau-Gouverneur à Montpellier. V. Le Duc de Rohan y raméne la Guerre. VI. Anciénes-Armoiries de la Ville rétablies. VII. Entreprise-memorable sur la Citadelle.

1626.

I. LE peu de Succès que M^r. de Rohan avoit eu dans le Languedoc, & la Fuite en Angleterre de M^r. de Soubise son frere, porta ceux des Religionnaires qui étoient les plus disposez à la Paix, de la faire demander au Roi Loüis XIII. qui la leur accorda par Edit du mois de Mars 1626. presqu'aux mêmes Condi- tions qu'il la leur avoit donnée au Camp-de-Montpellier : Ils avoient demandé la Restitution de leurs Temples & de leurs Cimetiéres, en l'état qu'ils étoient en l'année 1620. avec leur Rétablissement dans les Villes où ils avoient été les Maî- tres; mais, les Parlemens où ces Articles avoient été portez pour les verifier, y mirent de si justes-Modifications, que cette Nouvelle-Paix ne produisit aucun mauvais-effet à Montpellier.

Au contraire, on y procéda fort-tranquilement à l'Election des Consuls, qui fut faite, selon l'Usage, le premier de Mars, où l'on choisit, pour la Premiére-Pla- ce, Gilbert Griffy, S^r. de S^t. George, Maître en la Chambre-des-Comptes : Il n'y eut de l'Altercation que sur le Choix de l'Assesseur & du Greffier, que chacun des deux Partis vouloient choisir de sa Religion ; mais, l'Affaire ayant été portée au Roi, on reçut le 3e. de ce mois, une Décision en faveur des Catoliques.

II. A la faveur de cette Paix, dont on joüit le reste de l'année, on profita à Mont- pellier de toutes les Occasions-de-Fête qui se presentérent. Les deux plus remar- quables furent, selon l'Ordre-du-Tems, 1°. L'Arrivée de Dame Marie Liesse de Luxembourg, Epouse de Henry de Levy Duc de Ventadour, qui avoit succédé à Gilbert son pere dans la Lieutenance-Generale du Languedoc. Elle fit son En-

trée

tré à Montpellier le 8ᵉ. du mois de Juillet, au Bruit de toute l'Artillerie : On 1626. lui dreſſa des Arcs-de-Triomphe, où (ſelon nos Mémoires) étoient les Portraits & les Déviſes des Empereurs & Princes de l'Auguſte-Maiſon de Luxembourg, dont elle étoit iſſuë ; Son Logement fut à l'Eguillerie, chès Mʳ. d'Hauteville, Maître en la Chambre-des-Comptes.

Le ſecond Sujet-de-Fête fut le Mariage de Mʳ. Gaſton, Frere du Roi, avec Marie de Bourbon Ducheſſe de Montpenſier, celebré à Nantes le 6ᵉ. d'Août. La Nouvelle n'en fut reçuë à Montpellier que ſur la fin du mois, où l'on fit les Réjoüiſſances-accoûtumées : mais, ce qu'il y eut de particulier, fut un Balet-magnifique, danſé par vingt-deux Capitaines de la Garniſon, tous habillez richement, mais d'une manière ſi diferente les uns des autres, qu'ils ne repréſentoient pas-mal la *Conſtruction de la Tour de Babel*, qu'ils avoient pris pour le Sujet de leur Balet. On marque qu'ils le danſèrent chès Mʳ. de Valencé, dans la Maiſon où ſont aujourd'hui Mʳˢ. les Tréſoriers-de-France : puis, chès Mʳ. de Bocaud, Premier-Préſident en la Cour-des-Aides ; & enfin, chès Mʳ. le Duc de Montmorency, après qu'il fut revenu à Montpellier, dans la Maiſon de Mʳ. de la Roche, Maître-des-Comptes, où il étoit logé.

L'année 1627. ramena la Guerre, par les Voyes-de-Fait où les Anglois ſe III. 1627. portérent contre nous, ſans en avoir fait aucune Déclaration : On en donne pour Raiſons, les mauvaiſes-Diſpoſitions contre la France du Duc de Buckingan, Favori de Charles-Premier Roi d'Angleterre, & les Inſtances des Rochelois, appuyez des Solicitations de Soubiſe, refugié en Angleterre. Sur les premiéres-Nouvelles de l'Armement qu'on y faiſoit, le Cardinal de Richelieu, qui étoit déja à la Tête des Affaires, fit couler des Troupes dans le Bas-Languedoc ; & lorſqu'elles furent arrivées à Montpellier, elles y cauſèrent un grand-Deſordre, par le Logement qu'elles prirent indiferenment dans toutes les Maiſons des Officiers-de-Juſtice : de ſorte que les Préſidens & les Tréſoriers-de-France avoient chacun ſeize Soldats, les Conſeillers douze, & ainſi à proportion des autres Perſonnes-Aiſées ; car, ils ne logeoient, ni chès les Laboureurs, ni chès les Artiſans. Comme il fut aiſé de comprendre qu'on en vouloit aux Meilleures-Bourſes, on tint un Conſeil-Politique, où il fut délibéré de faire un Emprunt, pour lequel on fit une Députation en Cour, afin d'en obtenir la Permiſſion ; moyenant-quoi, les Troupes ſe retirérent à la Citadelle.

Un mois après, Jacques d'Eſtampes, Marquis de Valencé, qui commandoit à IV. Montpellier depuis le Siège, eut Ordre de venir à la Cour ; Il ſe mit en Chemin le deuxième de Mars, après avoir aſſiſté le jour-d'auparavant à l'Election des Conſuls, où Mʳ. de la Clote fut nommé à la Premiére-Place : On ne tarda point d'aprendre, que le Roi avoit nommé Gouverneur de la Ville, Meſſire *Gabriel de la Vallée*, Marquis de Foſſez, qui prit jour 9ᵉ. de Mai, pour y faire ſon Entrée. Trois jours-après, on vit arriver vingt Compagnies du Regiment de Normandie, commandées par Audard de *Fromentiéres*, Baron de *Mélay*, qui venoit pour renforcer la Garniſon de la Citadelle : Il prit jour avec le Regiment de Picardie, qui y étoit auſſi en Garniſon, pour faire benir une quarantaine de leurs Drapeaux, dont la Ceremonie fut faite le 19. & le 20. de Mai, dans la Loge, qui ſervoit de Parroiſſe, par Pierre *Rebuffy*, Vicaire-General de Mʳ. de Fenoüillet.

Quoique la Guerre fût déja bien échafée du côté de la Rochelle, où Mʳ. de V. Toiras avoit reſiſté avec Gloire au Duc de Buckingan dans l'Iſle-de-Ré, on n'avoit fait encore dans le Bas-Languedoc aucun Acte d'Hoſtilité ; Ils commencérent le 7ᵉ. de Septembre, par la Surpriſe du Château de *Corconne*, où Mʳ. de Foſſez tenoit un Sergent avec trente Soldats : Ce Sergent, nommé *la Riviére*, s'étant confié mal-à-propos à un Nouveau-Catolique de Sauve, dit *Depiſé*, autrement *Panurge*, ſe laiſſa arrêter Priſonnier ; de ſorte que ſon Caporal, nommé *Dupont*, qui commandoit en ſon abſence, n'ayant pas le courage de ſe défendre, ſe rendit à *Depiſé*.

Dès-lors, la Guerre fut déclarée dans le Païs ; & Mʳ. de Rohan, qui avoit mené l'Intrigue de *Corconne*, publia, pour animer ſon Parti, un Manifeſte, dans lequel il faiſoit fort-valoir les Liaiſons qu'il avoit priſes avec l'Angleterre : Il n'oſa néanmoins rien entreprendre de tout le reſte de cette année ; & il ſe contenta de

1627. pratiquer dans le Païs, des Intelligences-secrettes dont nous verrons bientôt les Effets. Mais, Mr. de Fossez le paya de la même Monoye; car, il fit agir si utilement le Chevalier de Cambous auprès de *Depise*, que celui-ci, qui avoit surpris pour les Huguenots le Château *de Corconne*, le remit aux Catoliques le premier de Décembre : Le lendemain, Mr. de Fossez alla s'en assurer par une bonne Garnison qu'il y établit; & le huitième du même mois, étant de retour à Montpellier, il fit rétablir dans un Conseil-General, les Ancienes-Armoiries de la Ville.

VI. Pour l'intelligence de ce Fait, il est à observer que de Tems-immémorial, les Armes de Montpellier étoient la Vierge, assise sur une Chaise-Antique d'Or, tenant le Petit-Jesus entre ses Bras, ayant sous ses Pieds un Ecusson, chargé d'un Torteau de Gueules, que nos Anciens-Guillaumes avoient pris pour Armes dans leurs Expeditions à la Terre-Sainte. La Chose paroît sur la Grosse-Cloche de l'Horloge, à laquelle les Huguenots ne touchérent jamais, où l'on voit encore l'Empreinte de la Ste. Vierge, de la manière que je viens de la décrire : elle l'est de même, dans le Sceau-d'Argent qui sert à sceller les Attestations, les Certificats, & autres Actes de l'Hôtel-de-Ville; & quoiqu'il eût été suprimé par les Huguenots dans le tems qu'ils furent les Maîtres, il est démontré qu'on s'en servoit auparavant, par le grand-nombre de Scellez qu'on voit encore dans les Vieux-Actes de l'Hôtel-de-Ville, & dans ceux du Consulat de Mer, où la Vierge est représentée de la manière que j'ai dit.

Les Catoliques demandérent alors à Mr. de Fossez leur Gouverneur, qu'on rétablît les Choses comme elles avoient été avant les Troubles-de-Religion; & dans un Conseil-General qu'il fit assembler, il fut déliberé qu'on reprendroit les Ancienes-Armes de la Ville : mais, afin d'en conserver la Mémoire à la Postérité, on chargea Noble Jean Romieu, Sr. *Dusclas*, Docteur & Fameux-Avocat de cette Ville, de dresser une Inscription, pour être gravée sur le Marbre en Lettre-d'Or. On la voit encore au-dessus de la Seconde-Porte de l'Hôtel-de-Ville, en entrant dans la Cour, où on lit ces Paroles :

Antiqua Urbis Monspeliensis Insignia discerpta malignitate seculi, è quibus solo Orbe retento, sacra Christi & ejus Matris Imago sublata fuerat; Tandem curante Potente Viro Domino Marchione de Fossez, Urbis & Arcis Gubernatore, communi Civitatis Ordinum consensu. Octavâ die mensis Decembris anno 1627. dicatâ in honorem Conceptionis Beatæ Mariæ Virginis, in integrum restituta sunt.

1628. VII. Cependant, le Duc de Rohan, qui restoit dans l'Inaction, ne songeoit à rienmoins que de se rendre-maître de la Ville & de la Citadelle de Montpellier : Il se servit pour ce Dessein, du Seigneur de *Bretigny*, du Païs d'Anjou, & Proche-Parent du Baron de Mélay, qui commandoit (comme nous l'avons déja dit) un Bataillon de Normandie dans la Citadelle. On marque, que Bretigny ayant

Mémoires du Tems.
Pontis,
Et nos Annales.
Manuscrits de Delort.

été voir son Parent dans la Maison de *Cristin*, proche de Sommiéres, appartenante à la Femme du Baron de *Mélay*, il lui proposa, de la part du Duc de Rohan, deux cent mile Ecus, & sa Lieutenance-Generale, s'il vouloit lui donner le moyen d'entrer dans la Citadelle. A quoi le Baron répondit, qu'il demandoit du tems pour y penser; mais, à peine se furent-ils quitez, qu'il vint en diligence à Montpellier, où il dit à Mr. de Fossez la Proposition qui lui avoit été faite : Ils projetérent ensemble, de se servir de cette Ouverture pour faire tomber Mr. de Rohan dans le Piége; & ils formérent un Plan de tout ce qu'ils avoient à faire, qu'ils envoyérent au Roi Loüis XIII. qui, connoissant leur Fidelité, y donna son Consentement.

Toutes leurs Mesures étant prises, le Baron ayant rencontré *Bretigny* dans Montpellier, où il étoit venu sous-prétexte d'y poursuivre un Procès à la Cour-des-Aides, il lui dit qu'il étoit en état de faire ce qu'il lui avoit proposé; & ils demeurérent-d'accord, que les Troupes de Mr. de Rohan entreroient dans l'Esplanade, par trois Ouvertures qu'on avoit fait aux Murailles, pour faire monter les Femmes qui charioient la Terre des Fossez pour le Terrassement des Bastions.

Ce Projet ayant été raporté à Mr. de Rohan, il jugea plus à propos qu'on lui ouvrît la Porte-de-Secours de la Citadelle, d'où étant une fois le Maître, il seroit bientôt de la Ville, par les Intelligences qu'il y avoit. *Bretigny* le fit sçavoir au

Ba-

Baron de Mélay, par le moyen d'un Ingenieur travesti, qui avoit ordre en mêmetems, de bien examiner la Place: Le Gouverneur, qui vouloit le tromper, affecta durant ce tems, de negliger la Garde des Postes; & l'Ingenieur ayant trouvé la plûpart des Soldats ivres, se hâta d'aller faire son Raport au Duc de Rohan, & amena avec lui le Bâtard de Mélay, dit le *Cadet*, qui lui fut donné pour Adjoint, & pour faire sçavoir au Seigneur de Bretigny, l'heure & le jour qu'ils pouvoient s'approcher.

Le Duc de Rohan, sur cet Avis, fit avancer ses Troupes vers le Château de *Corconne*, sous-prétexte d'en vouloir faire le Siége; & le 9ᵉ. de Janvier, sur le minuit, qui étoit l'heure marquée, il détacha Bretigny, avec cinquante Officiers, des plus-Braves de son Armée, pour aller se saisir de la Porte du Cheval-de-Frise qu'on lui devoit ouvrir, & il les suivit lui-même de près, avec deux ou trois mile Hommes, pour les jeter dedans.

Depuis le Départ de l'Ingenieur & du Cadet, on se prepara dans la Citadelle, à la Reception qu'on vouloit leur faire. Mʳ. de Fossez se surpassa dans cette occasion; Il fit prendre les Armes à tous les Soldats des deux Regimens de Picardie & de Normandie, qui pouvoient faire en tout deux mile huit cens Hommes: Il en disposa huit cent dans la Ville, aux principales Avenuës des Ruës; avec Ordre de tuer tous les Bourgeois qui sortiroient de leurs Maisons, ou qui voudroient se jeter par-dessus les Murailles: Il mit douze-cens Hommes aux trois Ouvertures de l'Esplanade, où il fit faire en diligence, à force-d'Ouvriers, de grands-Retranchemens; Il prit avec lui, dans la Citadelle, les autres huit cens, qu'il disposa, partie vers la Porte du Cheval-de-Frise, partie vers l'Esplanade, Et pointa vers ces deux côtez, tout son Canon, chargé à Cartouche.

A peine avoit-il fait ses Arrangemens, que *Bretigny* se presenta sur les cinq heures du matin à la Porte-de-Secours, dont il trouva la première ouverte; & ayant passé le Pont-levis, il heurta doucement à la seconde qui étoit fermée, croyant que le Baron de Mélay étoit derrière pour lui ouvrir: il lui fut répondu par un Sergent qui avoit le Mot, que le Baron étoit allé faire un tour au Corps-de-Garde, mais qu'il alloit revenir dans le moment pour le recevoir; cependant, (ajoûta-t-il) serrés-vous & mettés-vous en Bataille.

Ce Retardement, & le grand-silence que Bretigny entendoit par tout, le jeta dans quelque défiance; ce qui lui fit demander un Pieu-fourchu pour retenir la Herce: par où il fit craindre à *Beine*, Ingenieur de la Place, qu'il ne seroit plus-maître d'arrêter un plus grand-nombre, s'il en venoit; de sorte que sans attendre l'Ordre, il coupa avec sa Hache la Corde du Cheval-de-Frise, qui décendit à terre, & fit faire la Culbute au Pont-levis: Ceux qui se trouvérent dessus, tombérent dans la Chausse-trape, & les autres restérent entre le Pont-levis & la Herce. Alors, Mʳ. de Fossez donna le Signal par un Coup-de-Pistolet, qui fut suivi d'un grand-nombre de Feux-d'Artifice, que la Garnison jeta dans le Fossé & aux Environs pour y voir plus clair: ils écartérent à Coups-de-Mousquet & de Canon, le Gros des Conjurez, dont le plus avancé étoit le Baron d'*Aubaïs*, à la Tête de trois cent Cuirassiers.

Le Duc de Rohan, voyant la Partie manquée, & qu'on lui tuoit tous ses Gens à Coups-de-Canon, les fit retirer par le Pont-Juvenal, où il jeta dans la Rivière, le Pain-de-Munition qu'il faisoit porter sur des Charrettes, pour y mettre ses Morts & ses Blessez: Cependant, le Seigneur de *Bretigny* & *Coursilles* son frere, avec plusieurs-autres, étoient enfermez entre les deux Portes du Cheval-de-Frise. On raporte, que Mʳ. de Fossez l'ayant apperçû, lui dit: Vous croyiez donc, Monsieur, nous prendre pour Dupes? A quoi il répondit, que c'étoit-bien lui qui les avoit dupez; mais, patience (ajoûta-t-il) c'est le Sort de la Guerre: A peine eut-il fini, qu'il reçut un Coup-de-Pistolet dans la Tête; On en fit autant à son Frere & aux autres, dont on ne retint que douze, qui furent faits Prisonniers, du nombre desquels étoit *Verchand*, Enfant de la Ville, Homme de Grand-Cœur & de Bonne-Famille.

Quant à Ceux qui étoient tombez dans la Chausse-trape, on leur jeta des Pierres pour les assommer; ce qui fit que *Cadet*, Bâtard de Mélay, qui étoit du nombre, cria de toutes ses forces pour se faire connoître, & demanda qu'on lui jetât une Corde pour le retirer : Mais, ses Compagnons criérent de leur côté, qu'ils le poignarderoient si on ne leur promettoit la Vie; & voyant qu'on ne leur donnoit aucune Parole, ils lui donnérent plusieurs Coups-de-Dague, dans le tems qu'on le tiroit avec une Corde, dont il ne mourut-pas pourtant : ensuite on assomma tous les autres; & ainsi finit cette Funeste-Tragedie.

CHAPITRE DOUZIÉME.

I. *Suites de l'Entreprise sur la Citadelle.* II. *Le Prince de Condé arrive à Montpellier avec le Commandement-General dans la Province.* III. *Il agit dans le Haut-Languedoc, & Mr. de Montmorency dans le Bas.* IV. *Aimargues est pris par le Duc de Rohan, & Galargues par le Duc de Montmorency.* V. *Suites-funestes de ces deux Prises.*

LE Duc de Rohan, après avoir manqué son Coup, alla rafraîchir ses Troupes à *Aimargues*, d'où il se rendit à Nîmes le même soir. Le lendemain on vit arriver un Trompette de sa part, pour demander ses Morts, & pour dire à Mr. de Fossez, que s'il faisoit du mal à ses Prisonniers, il feroit pendre une cinquantaine de Personnes qu'il tenoit, parmi lesquelles il y avoit douze Prêtres : A quoi il fut répondu, qu'on feroit enterrer les Morts dans le Cimetière de leur Religion; mais, quant aux Prisonniers, ils étoient remis à la Clemence du Roi.

Sur cette Réponse, les Religionnaires de la Ville furent occupez toute cette Journée à des Convois-Funèbres : Ils enterrérent le matin, le Sr. de *Bretigny*, & *Coursilles* son frere; l'après-midi, le Sr. de *la Rivoire* d'Aiguemortes, *la Croisette*, Fils du Baron de Ferriéres, *St. Chapte*, *Lacassagne*, *Bocan*, qui étoit mort le soir du Combat, *Ginestous*, & un Ministre d'Uzés, appellé *Privat*, avec plusieurs autres. Il arriva en cette occasion, que le Sr. *Patris*, Second-Consul, & par conséquent de la Religion, ayant voulu faire honneur à la Ceremonie, y assista en Chaperon sans la participation de ses Collégues; à raison dequoi il fut interdit de sa Charge, & donna lieu, sans le vouloir, au Changement qui arriva depuis au Consulat.

Sept à huit jours après, on fit courir le Bruit d'une Nouvelle-Entreprise sur Montpellier, dont le Signal devoit être, *Vive Rohan & l'Evangile*. Les plus Factieux des Huguenots se donnérent à ce sujet bien du Mouvement; mais, Mr. de Fossez en ayant été averti, les obligea de tenir toute la nuit des Lumiéres à leurs Fenêtres, pour éclairer les Troupes qu'il disposa dans les Ruës : & voyant que l'Impunité du passé pouvoit les rendre plus hardis, il commença une Recherche des Habitans qui avoient donné des Avis à Mr. de Rohan, ou qui avoient fait cuire dans leurs Métairies des Pains de Munition pour son Armée; ce qui coûta la Vie à plusieurs dont je tais le nom.

Le 8e. de Février, on reçut un Courier de la Cour, qui assura que le Roi avoit été surpris, d'apprendre qu'on n'eût pas tiré meilleur-parti de l'Entreprise sur la Citadelle, dont on lui avoit donné de si bonnes-Esperances; mais que du reste, Sa Majesté vouloit que les Prisonniers qu'on avoit fait en cette occasion, fussent traitez en Prisonniers-de-Guerre : En consequence, on les laissa dans des Maisons-particuliéres; parmi lesquels on nomme, les deux *Ginestous*, Freres du *Mort*, *Turc* de Nîmes, *Lafarelle*, & autres.

II. Les Affaires-Generales du Royaume, & celles de la Province, firent naître quelques-autres Incidens qui arrivérent à Montpellier dans le reste de cette année, & qui sont dignes de remarque. Comme le Roi Loüis XIII. vouloit absolument venir à bout de la Rochelle, où il devoit se rendre en Personne, il donna le Commandement de la Guiéne & du Languedoc à Mr. le Prince, qui vint à Montpellier sur la fin du mois de Février : On y étoit alors occupé de l'Election des Consuls pour le

pre-

premier de Mars; & Mr. de Foffez, en qualité de Gouverneur de la Ville, prétendoit en faire la Nomination, quoique Mr. de Montmorency se fût déclaré en faveur d'un Sujet qu'il portoit pour la Première-Place. Le Prince de Condé ayant appellé à foi cette Affaire, dit à Mr. de Foffez, de presenter deux Sujets, qui furent François de *Ranchin*, Chancelier de l'Université, & le Baron de *Murles*: il dit en même-tems à Mr. de Montmorency son beaufrere, d'en presenter un, qui fut Antoine Dupont, Sr. *de Gaut*; il étoit bien croyable qu'avec une telle Protection, celui-ci l'emporteroit, aussi le fit-il: Mais, quand ce fut à l'Election des autres Consuls, Mr. de Montmorency (peut-être de concert avec Mr. de Foffez) voulut, sous le bon-plaisir du Roi, qu'ils fussent tous Catoliques pour cette année, à cause de l'Entreprise de la Citadelle, dont on n'avoit pas encore découvert tous les Complices: il ajoûta, qu'il n'étoit pas expedient pour le Service du Roi, qu'en l'absence du Premier-Consul, le Second, qui se trouveroit Huguenot, portât la Baguette; ainsi, on le prit d'entre les Catoliques, & la Chose fut continuée depuis.

Cependant, le Parlement de Toulouse, qui avoit donné dans le mois de Janvier, un Arrêt-Foudroyant contre le Duc de Rohan & contre ses Complices dans l'Entreprise sur la Citadelle, envoya un Commissaire pour faire traduire à Toulouse tous les Prisonniers, afin qu'on leur fît leur Procès. Le Premier-Président Bocaud, déja Intendant de la Province, para le Coup, en faisant venir un nouvel-Ordre à Mr. de Foffez, de garder les Prisonniers, & de ne point les livrer : De là vient, que Mr. de Rohan ayant fait une nouvelle-Tentative pour leur Rançon depuis l'Arrivée du Commissaire, Mr. de Foffez lui fit sçavoir les Ordres qu'il avoit reçus; ce qui calma les Prisonniers sur la Crainte qu'ils avoient eu du Parlement.

III. Tandis que le Roi Loüis XIII. pressoit vivement la Rochelle, & qu'il faisoit construire la Fameuse-Digue qui ôta toute Communication à cette Ville avec la Flote des Anglois, Mr. le Prince agissoit dans le Haut-Languedoc, aux Environs de Castres, & Mr. le Duc de Montmorency dans le Vivarés, où il prit *le Poussin* le 3e. du mois de Juin, & *Mirabel* le 15e. Peu de jours après, c'est-à-dire le 27. il arriva un Changement au Consulat de Montpellier, par la Mort inopinée de Mr. de *Gaut*, Premier-Consul, qui, montant un jeune-Cheval dans la Cour de sa Maison pour aller à sa Métairie, fit une Chûte si malheureuse, qu'il resta mort sur la place : Son Corps fut accompagné par les Sixains, jusqu'à Villeneuve-lez-Maguelonne, où étoit le Tombeau de ses Ancêtres; & quelques jours-après, le Conseil-de-Ville proceda à l'Election d'un Premier-Consul, qui fut Pierre de Grefeüille, Tréforier-de-France, dont on voit encore le Tableau dans la Chapelle de l'Hôtel-de-Ville.

Cependant, le Duc de Montmorency ayant ramené ses Troupes du Vivarés, alla du côté de Beaucaire, où il reçut Ordre de la Cour, de faire le Degât aux Environs de Nîmes. Le Duc de Rohan, de son côté, en fit autant autour des Places tenües par les Catoliques : & ayant gagné les Cevénes pour aller secourir le Haut-Languedoc contre Mr. le Prince, il y fut bientôt suivi par Mr. de Montmorency ; de sorte qu'ils y passerent l'un & l'autre le reste de l'Eté : Tandis qu'on le croyoit le plus engagé en ce Païs-là, il quita brusquement son Infanterie, & partit avec une diligence incroyable pour Nîmes, où ayant pris du Canon & des Troupes qu'on lui tenoit prêtes, il vint assiéger *Aimargues*, Place assés forte pour tenir long-tems.

IV. Malheureusement, un Jeune-Seigneur qui y commandoit, la rendit le deuxième Septembre, avant que Mr. de Montmorency fût arrivé à Montpellier pour la secourir ; ce qui le piqua si-fort, qu'ayant appris qu'il y avoit à Galargues sept à huit cens Hommes des Cevénes, il resolut de les enlever. Pour cet effet, il prend le peu de Canon qu'il y avoit à Lunel; il fait venir quatre cens Hommes de la Garnison de Montpellier, que *Tilladet*, Capitaine de Picardie, lui amena; & ayant écrit à tous ses Amis, de lui amener du Secours, il en composa un Corps de quinze-cens Hommes, avec lesquels il entreprend de forcer la Place. A ce bruit, Mr. de Rohan assemble son Armée dans la Plaine de Cauvisson, & se presenta

Mémoires de Rohan.

devant Galargues du côté d'Aiguevives: On ne douta point que si la Garnison eût fait une Sortie, ou que le Secours eût donné, M`r`. de Montmorency n'eût été dans un extrême-péril ; mais, contre l'Attente des deux Armées, la Garnison ne fit aucune Démarche, & le Duc de Rohan se retira, prenant pour prétexte la Lâcheté des Assiégez.

Après sa Retraite, Ceux de Galargues se rendirent à Discretion, avec la Clause, qu'ils pourroient racheter leur Vie & leur Liberté, par la Rédition d'*Aimargues*, qu'ils ne doutoient point d'obtenir de M`r`. de Rohan ; mais, ce Duc en fit un Refus-absolu, lorsque *Valescure*, l'un de leurs Chefs, lui porta la Capitulation qu'ils avoient signée le 11`e`. du mois d'Octobre. Ce fut alors une Chose digne de Pitié, de voir sortir cinq à six cens Hommes, liez deux-à-deux, & soixante-trois Officiers sans Epée, conduits en cet état jusqu'à Montpellier, où ils furent gardez, partie dans le Grand-Arrêt de la Maison-de-Ville, partie dans les Masures de l'Eglise Nôtre-Dame, qui n'étoit pas encore rebâtie.

Cependant, M`r`. de Rohan, pour faire des Prisonniers qui pussent répondre de la Vie de ceux-là, mit le Siége devant *Monts*, près d'Alais, où il ne voulut entendre à aucune Composition avec les Assiégez : mais, les ayant emportez d'Assaut, il les fit conduire à Anduse ; & écrivit à l'Intendant, qui étoit auprès de M`r`. le Prince, qu'il feroit à ses Prisonniers, le même Traitement qui seroit fait V. à Ceux de *Galargues* : Cette Ménace lui attira de la part de M`r`. le Prince, la Réponse que voici, telle qu'elle est dans nos Mémoires.

» Monsieur, les précises-Volontez du Roi, d'entretenir Ceux de la Religion-
» Prétenduë-Reformée, en entière Liberté-de-Conscience, m'ont fait jusqu'ici con-
» server tous Ceux qui sont demeurez dans l'Obéïssance duë à Sa Majesté, tant dans
» les Places, Païs, que Villes-Catoliques, en une entière Liberté. La Justice a eu
» son Cours-libre ; Le Prêche se continuë par tout, hormis en deux ou trois Lieux,
» où il servoit, non d'Exercice-de-Religion, mais de Moyen pour s'acheminer à
» la Rebellion : Les Officiers des Villes-Rebelles ont continüé leurs Charges ; En un
» mot, on a traité les Prétendus-Reformez-Obéïssans, également aux Catoliques-Fi-
» déles au Roi : Aussi, les plus-Avisez de vôtre Religion ont maudit vôtre Rebellion,
» & connu que le Roi ne vous a fait & à eux du mal, que celui que vous
» vous êtes procuré vous-même.

» J'ai vû par la Vôtre, que vous écriviés au S`t`. *Machaut*, la Resolution de l'As-
» semblée d'Anduse. A quel terme portés-vous le Desespoir de vos Finesses-dé-
» couvertes, & la fole-Resolution que vous prenés contre les Catoliques ? Ceux
» qui ont été pris à *Galargues*, seront pendus par vôtre Ordonnance, puisque vous
» preferés Aimargues à leur Vie ; ils periront justement par toute Regle-de-Guer-
» re, quand ce seroit entre deux Souverains : Mais, en ce Fait-ci, qui est du Va-
» let au Maître, & du Sujet, tel que vous êtes, à son Roi & Souverain, oüir vos
» Ménaces, tant contre les Prisonniers que tenés, tous d'autre nature que les nôtres,
» & contre les Catoliques restez dans les Villes-Rebelles, cela retombera sur vous ;
» Vous crachés contre le Ciel, vous & vos Suivans en recevrés tôt ou tard une
» Punition-Exemplaire.

» Pour moi, je vous avertis que je ne lairrai de disposer des Prisonniers pris à
» Galargues, comme j'entendrai avec raison ; & outre *Savignac* que je tiens, &
» trente autres avec lui, ès Prisons de Toulouse, les Prisonniers du Trapet de Mont-
» pellier, & tous autres pris & à prendre, souffriront le même Traitement que
» vous ferés souffrir à Ceux que vous tenés : Tous les Huguenots des Villes
» du Roi, les Ministres non-exceptez ni les Officiers, recevront le même que
» ferés recevoir aux Catoliques qui sont en vôtre Puissance dans les Villes que
» vous occupés ; tenés-le pour assuré.

» Et sur la fin des Abois de la Rochelle, à cette-heure que les Anglois connois-
» sant vos Tromperies vous ont abandonné, contentés-vous d'avoir ajoûté à toutes ces
» Rebellions-passées, trois Crimes-notables : Le premier, d'avoir vous-seul appel-
» lé l'Etranger dans le Royaume, & de vous en être vanté par écrit ; Le second,
» d'avoir creé des Officiers-de-Justice ; Le troisième, d'avoir fait Batre-Monoye aux
» Armes-Royales, & duës au Roi-seul. Dieu vous recompense selon vos Bienfaits,

» &

„ & vous donne un Bon-Amandement: Pour moi, je voudrois de bon-cœur, que
„ le Service du Roi me permît d'être, „Vôtre affectionné Serviteur,
HENRY DE BOURBON.

„ *Et au-dessous* : M^r. de Montmorency a vû la Présente.
De Beziers, le premier Novembre 1628.

Il y a grande-apparence que M^r. le Prince, en écrivant cette Lettre, avoit reçu Ordre du Roi, de faire juger les Prisonniers de Galargues ; car, le S^r. de *Machaut*, Intendant-de-Justice auprès de son Altesse, partit en diligence pour Montpellier, où ayant assemblé les Officiers-Catoliques du Présidial, ils condannérent les Officiers-de-Guerre pris à Galargues, à être pendus, & les Soldats aux Galéres.

Malheureusement (comme le remarque M^r. de Rohan dans ses Mémoires) ceux des Prisonniers qui étoient les mieux-vêtus, se débitérent pour Officiers, quoiqu'ils ne le fussent pas, esperant d'en être mieux-traitez ; mais, leur Vanité leur coûta-cher, car ils furent soixante-trois condannez à être pendus. On prit-jour au 3e. de Novembre après-midi, pour cette Execution ; & l'on choisit l'Isle, dite de *Barriére*, hors la Porte de la Saunerie, dans le même Lieu où l'on a bâti depuis, la Nouvelle-Eglise de S^t. Denis : Là, sur trois Rangs de gros-Soliveaux, soûtenus par des Piez-droits qui tenoient toute la Largeur de l'Aire, on expedia ces Miserables, qui donnoient un Spectacle bien-touchant ; mais, particuliérement le Fils de M^r. de *Laroque*, Gentilhomme des Cevénes, âgé de quatorze ou quinze ans, qui fut obligé d'assister au Suplice de son Pere, l'un des deux Chefs de la Bande ; *Valescure* son Collégue ayant pris la fuite, après que M^r. de Rohan eut refusé de signer sa Capitulation.

Liv. 4. pag. 304

On raporte que le nommé Jean Bordes, Sergent dans la Compagnie de Tournac, qui s'étoit fait Catolique dans sa Prison, alloit constamment à la Mort, invoquant souvent la S^{te}. Vierge, qui lui fut en effet bien-favorable ; car, le Bourreau ne l'eut pas plûtôt jeté de l'Echelle, que la Corde rompit : & le Peuple prenant de là occasion de crier *Grace*, il fut assés-heureux pour l'obtenir.

Manuscrits de Delort.

M^r. de Rohan ayant appris cette Execution, en fit faire autant à soixante-quatre des principaux-Prisonniers qu'il avoit fait à Monts, qui furent tous pendus à Anduse, le huit, le neuf & le dix de Novembre : Après-quoi, il écrivit à M^r. le Prince, cette Lettre pleine de Recrimination qu'on voit encore dans ses Mémoires, & qui fut renduë-publique à tous Ceux de son Parti. M^r. de Montmorency, qui s'étoit fort interessé pour sauver les uns & les autres, dit à ses plus Particuliers, qu'il mettoit au Rang de ses Victoires-Malheureuses, l'Expedition de Galargues ; Et par surcroît de déplaisir, il ne put empêcher que Ceux qui avoient été condannez aux Galéres, n'y fussent conduits quelques jours-après, au nombre de trois cent quatorze, qui furent menez au Grau de *Palavas*, près de Mirevaux, pour être de-là transportez à Marseille : il n'arriva néanmoins aucun mal aux Prisonniers de la Citadelle, que M^r. le Prince avoit menacé de faire mourir.

CHAPITRE TREIZIÉME.

I. *La Prise de la Rochelle fait armer les Prétendus-Reformez dans le Languedoc.* II. *Hostilitez entre les Ducs de Rohan & de Montmorency.* III. *Le Roi vient d'Italie, faire le Siége de Privas, & reduire plusieurs autres Villes.* IV. *Affaires-particuliéres de Montpellier.* V. *Le Cardinal de Richelieu y fait un Séjour-considerable.* VI. *Grande-Peste en cette Ville.*

LA Rédition de la Rochelle, où Loüis XIII. avoit fait son Entrée le premier de Novembre 1628. eut dans l'année suivante de grandes-suites pour tout le Royaume, & en particulier pour la Ville de Montpellier. Le Roi ayant resolu

I.

1628. d'aller lui-même en Italie, soûtenir les Interêts du Duc de Nevers, Nouveau-Duc de Mantoüe, que les Espagnols étoient sur le point d'accabler, déclara la Reine sa mere, Regente du Royaume pendant son Voyage: & en même-tems,
1629. pour calmer les Religionnaires, il donna une Déclaration, du 15. Janvier 1629. par laquelle il revoquoit toutes les Peines portées contre Ceux qui s'étoient liez avec les Rochelois ; à condition qu'ils quitteroient les Armes, & qu'ils en feroient leur Déclaration pardevant les Parlemens ou Présidiaux les plus-prochains.

Et quant aux Communautez des Villes, le Roi vouloit qu'elles lui envoyassent des Députez ; moyennant-quoi, Sa Majesté promettoit de les recevoir-en-Grace, de les maintenir dans leurs Biens, dans l'Exercice de leur Religion, & dans tous les Priviléges dont joüissoient ses autres Sujets : Au contraire, Elle déclaroit Criminels de Léze-Majesté au Premier-Chef, Ceux qui resteroient dans leur Rebellion ; voulant qu'il fût procedé contr'eux dans toute la Rigueur des Ordonnances precedentes.

Cette Déclaration ne servit dans le Bas-Languedoc & les Cévènes, qu'à unir davantage Ceux qui étoient animez de l'Esprit du Duc de Rohan : Ils s'assemblèrent à Nîmes le 9ᵉ. de Février, où ils signérent une Nouvelle-Union, dont ils envoyérent des Copies à tous Ceux de leur Parti, pour les inviter à profiter de l'Absence du Roi : Ce Prince, qui s'étoit mis en Marche sur la fin de Février, força, le 6ᵉ. de Mars, le fameux Pas de Suse ; ce qui lui valut la Levée du Siège de Casal par les Espagnols, la Paix avec l'Angleterre, & un Traité-particulier avec la Savoye : après-quoi, il fut en état de venir dans le mois de Mai, faire le Siége de *Privas* dans le Vivarés.

II. Sur ces Entrefaites, Mᵣˢ. de Montmorency & de Rohan, armérent, chacun de leur côté, dans le Bas-Languedoc. Montmorency ; dans le mois de Mars, alla brûler les Moulins qui étoient aux Environs de Nîmes ; & dans le mois d'Avril, il emporta *Soyon* sur le Rône : Après-quoi, s'étant rendu à Pezenas pour y tenir les Etats de la Province, Mʳ. de Rohan profita de ce tems, & vint assiéger le Château de *Corconne* le 6ᵉ. de Mai. A cette Nouvelle, Mʳ. de Montmorency quita les Etats pour aller joindre son Armée aux Environs de *Privas* : il s'aboucha en passant, avec le Maréchal d'Estrées, qui commandoit quatre mile Hommes à St. Gilles, & qui marcha aussitôt au secours de *Corconne*. Le Duc de Rohan ne jugea point à propos de l'attendre ; & il délogea avec tant de celerité, que le Maréchal ne put l'atteindre qu'aux Portes de Cauvisson, où une partie de son Armée étoit déja entrée : il donna sur l'Arriére-Garde qu'il tailla-en-piéces ; mais, ayant voulu forcer Ceux qui étoient dedans, ils firent une si belle-Resistance, qu'il falut leur accorder une Composition-honorable.

III. Le Duc de Montmorency tenoit cependant la Ville de *Privas* bloquée, en attendant que le Roi en vint faire le Siége : Sa Majesté y arriva d'Italie le 20. de Mai, & dans huit jours il emporta la Place. Cette Victoire ne laissa pas de nous coûter la Perte de plusieurs Braves-Gens ; parmi lesquels on compte, le Marquis d'*Uxelles*, & le Marquis de *Portes*, qui, le jour-même qu'il fut tué, devoit être fait Maréchal-de-France.

Loüis XIII. après la Rédition de Privas, fit publier dans son Armée, la Paix qu'il avoit concluë à Suse avec le Roi d'Angleterre ; ce qui desabusa les Religionnaires du Païs, des Esperances-de-Secours qu'on leur avoit donné. Dans ce même-tems, le Maréchal d'Estrées alla faire le Degât aux Environs de Nîmes ; & le Roi menaça de Siége, *Barjac* & *St. Ambroix*, qui obeïrent : *Alais* composa, & reçut le Roi, qui envoya aussitôt investir *Sauve* & *Anduse*. Alors, les Députez de ces deux Villes coururent à Nîmes, à Uzés & dans les Cévennes, publiant que le Roi vouloit leur donner la Paix : Surquoi, les Villes assemblées par Députez, traitérent avec Ceux du Roi, & conclurent, le 27. du mois de Juin, la *Paix-d'Alais*, par laquelle toutes les Fortifications des Villes tenuës par Ceux de la Religion, devoient être démolies. Le Duc de Rohan, qui s'étoit opposé de toutes ses forces à cette Resolution, fit de necessité-vertu ; & ayant obtenu de grosses Sommes pour s'indemniser de ses Pertes, il profita de la Liberté qu'on lui laissa de sortir du Royaume : mais, sans voir le Roi.

Aprés

Après quelque Séjour qu'eut fait Loüis XIII. dans la Ville d'Alais, où il laiſ- 1629.
ſa Garniſon, il ſe rendit à Beaucaire, & de là à Uzés, où il entra le 10. de
Juillet: Les Députez de Nîmes vinrent le prier en cette Ville, de les honorer
de ſa Préſence, ce qu'il leur accorda; & étant venu dans leur Ville le 14. il y
fut reçû avec de grandes Démonſtrations-de-Joye: après-quoi, en étant parti le 15.
pour retourner à Paris, il laiſſa à Nîmes le Cardinal de Richelieu, avec cinq
ou ſix Regimens de Gens-de-Pied, & quatre Cornettes de Cavalerie.

J'ai crû devoir raconter tout-de-ſuite ces Evenémens-Publics, pour diſpoſer IV.
au Recit de ceux qui arrivérent à Montpellier depuis le commencement de cette année 1629. Dés le mois de Février, on y fut dans quelque-mouvement pour
l'Election des Conſuls, dont les deux Partis faiſoient alors une Affaire-eſſentielle.
Mr. de Foſſez offrit aux Religionnaires, de les comprendre dans le Rôle; mais, *Manuſcrits de*
ils refuſérent, dit l'un d'entr'eux, *ſur le Prétexte ridicule*, qu'on avoit mis aux Armes *Carlencas.*
de la Ville l'Image de la Vierge: Ce Refus, dont peut-être on ne fut pas fâché, fut
cauſe qu'au premier de Mars, on fit tous les Conſuls Catoliques, dont le Premier
fut François de Ranchin, Chancelier de l'Univerſité.

Au mois de Juin, on tint un Conſeil-General ſur le Colége de la Ville, qui
avoit été conduit juſqu'alors par un Principal, & par des Regens-Séculiers. Mr. de
Fenoüillet, Evêque de Montpellier, ayant preparé les Eſprits ſous le Conſulat précedent, fit alors propoſer au Conſeil-de-Ville, d'en donner la Conduite aux Peres-
Jeſuites, qu'il étoit bien-aiſe d'introduire dans Montpellier: L'Affaire ayant paſſé
au Conſeil comme on le ſouhaitoit, on en remit l'Execution à l'Arrivée du Cardinal de Richelieu, qui étoit attendu à Montpellier de jour-en-jour.

Il partit de Nîmes le 17. du mois de Juin, & ayant été coucher à Maſſillar- V.
gues, il entra dans Montpellier le Mécredi 18e. avec les Maréchaux de Schomberg, de Baſſompierre, de Marillac, & Mrs. de Montmorency & Deffiat Surintendant des Finances: Leur Séjour en cette Ville, fut marqué chaque jour par quelque Evenément-conſiderable.

Le Jeudi 19e. Mr. le Cardinal mena toute ſa Cour au Jardin-du-Roi, où il *Mémoires de*
mit la derniére-main au Rétabliſſement qui en avoit été commencé après le Siége. *Baſſompierre.*

Le Vendredi 20e. il fit établir les Jeſuites dans l'Ancien-Colége, qui étoit en
l'état que nous l'avons vû avant que la Ville leur eût bâti le nouveau qu'ils ont
à préſent.

Le Samedi 21e. on procéda à l'Union de la Cour-des-Aides & de la Chambre-des-Comptes, ordonnée par Lettres-Patentes du Roi Loüis XIII. pendant le
peu de Séjour qu'il fit à Nîmes: Cette Union, qui avoit été projetée depuis pluſieurs années, & toûjours traverſée par les Etats de la Province, par le Parlement
de Touloûſe, les Tréſoriers-de-France, & les Préſidiaux du Languedoc, fut enfin
approuvée alors; & l'Edit en fut verifié, les deux Cours aſſemblées, en l'Audience,
tenuë par le Préſident *Philippy*, en préſence de Mr. de Machaut, Intendant de la
Province.

Le Dimanche 22e. Mr. le Cardinal fit reſoudre par les Maréchaux-de-France,
les Travaux qu'il convenoit de faire à l'Eſplanade, qui conſiſtoient aux Ouvrages-
Exterieurs qu'on devoit faire à la Citadelle, du côté de la Ville, & à l'entiére-
Démolition des Murailles de Montpellier, de ce côté-là. Le ſoir du même jour, il
les conduiſit tous à la Canourgue, où, après avoir vû les Fondemens de la Nou-
velle-Egliſe, auſquels Mr. de Fenoüillet faiſoit travailler, il ordonna, pour épargner de plus grands-Fraix, qu'on s'attachât à la Reparation de l'Anciéne-Egliſe
de St. Pierre, dont il fit paſſer le Prix-fait à *Froment*, Architecte de la Ville, pour
la Somme de vingt-ſept mile livres; & il en donna la Direction au Préſident
Beaudan, chés qui ſon Eminence logeoit.

Le Lundi 23e. on fit verifier au Palais, l'Edit des Elûs, qu'on vouloit introduire
dans le Languedoc, pour faire l'Impoſition des Tailles à l'Excluſion des Etats
de la Province. Cet Edit porté à Pezenas, où les Etats étoient aſſemblez, y trouva de grandes-Oppoſitions: le Parlement ne voulut pas le recevoir; & pluſieurs
Dioceſes ayant refuſé d'impoſer la Taille ſur le Mandement des Elûs, on prévit
que cette Affaire auroit de grandes-ſuites, comme nous le verrons en ſon tems.

396   HISTOIRE DE LA VILLE DE MONTPELLIER,

1629.   Le Mardi 24°. M'. le Cardinal voulut aller voir l'Ancièrne-Eglife de S'. Pierre, qu'il avoit ordonné de rétablir; Il trouva qu'il manquoit à la Voute, les deux premiers-Arceaux qui font du côté de l'Entrée : Il ordonna qu'on ôtât les Décombres dont l'Eglife étoit pleine, & qu'on reparât le Coin qui portoit un des Grands-Clochers, détruit en 1567. par les Huguenots. Le Maréchal de Baffompierre, qui accompagnoit alors le Cardinal de Richelieu, dit dans fes Mémoires, qu'il prit une Chapelle dans cette Eglife.

Ibidem.   Le Mécredi 25°. on apporta le Refus que les Etats de la Province avoient fait, de recevoir l'Edit des Elûs; Ce qui fâcha fi fort M'. le Cardinal, qu'il envoya Ordre de rompre les Etats, avec Défenfe de s'affembler-plus à l'avenir : mais, nous ne trouvons point que cet Ordre eût été exécuté; au contraire, il confte que les Etats, commencez cette année le 13. de Mars, ne finirent que le dixième d'Août, quoique fon Eminence eût fait arrêter les Emolumens des Députez : Il fit bien plus; car, voyant qu'aucun Particulier ne s'offroit pour acheter de ces nouvelles Charges d'Elûs, il les fit exercer par Commiffion; & l'on marque, que les S'. *Maduron* & *Mandronet*, nommez pour Montpellier, allèrent prêter Serment en la Cour-des-Comptes & Finances.

Le Jeudi 26°. de Juin (dit toûjours M'. de Baffompierre) *la Place devant l'Hôtel-de-Ville fut refoluë* : Ce qu'il faut entendre de la Refolution qui fut autorifée par fon Eminence, de rebâtir l'Eglife de Nôtre-Dame des Tables, qui donne fur cette Place; Ce Projet néanmoins ne fut exécuté que plufieurs années après : Et le même jour, M'. le Cardinal étant parti l'après-midi de Montpellier, alla coucher à Frontignan, d'où il prit la Grand'-Route du Languedoc, pour fe rendre à Montauban, qui confentit enfin à la Démolition de fes Murailles.

✝   VI. A peine le Cardinal de Richelieu fut parti de Montpellier, que la Pefte s'y déclara violemment : On en avoit eu quelque Preffentiment avant fon Arrivée; mais, le Paffage des Troupes qui le fuivoient augmenta le Mal, dont quelques Perfonnes commencèrent à être attaquées fur la fin de Juillet. L'Allarme s'etant répanduë dans la Ville, on dépêcha en diligence au Premier-Conful, qui étoit encore *Opufcules de F.* aux Etats de Pezenas, & dont il ne partit que le dix d'Août, pour attendre la fin *Ranchin.* de cette Affemblée : Il nous marque lui-même dans l'Hiftoire qu'il a compofé de cette Pefte, qu'il trouva fur fon Chemin, grand-nombre de Fugitifs, que la Frayeur chaffoit de Montpellier, avec leurs Familles & leurs Meubles. La Cour-des-Aides s'etoit retirée à Montagnac; & tous les Habitans qui en avoient les moyens, travailloient à fe changer à la Campagne.

Dans ce Defordre, le Premier-Conful (qui heureufement pour la Ville, fe trouvoit Chancelier de l'Univerfité de Médecine,) affembla tous les Collégues, dont les Noms méritent d'être confervez à la Pofterité, pour le Service-important qu'ils rendirent à leur Patrie : M". *Delort*, *Cortaud*, *Rivière*, *Duranc* & *Chaffignon*, fe dévoüèrent au Service des Peftiferez; & ayant pris pour Chirurgiens de la Pefte, les S'. *Fourmy*, *Eftanove*, *Pomaret*, & quelques-autres, ils travaillèrent tous de concert avec le Premier-Conful *François de Ranchin* leur Chancelier.

Je n'entrerai-point dans le détail des Reglemens qui furent faits pour ce Temsmalheureux, ni de l'Ordre que le Premier-Conful établit pour le Soin des Mala*Hiftoire de la* des, puifqu'il en a donné lui-même une Hiftoire fort-détaillée : Je me conten*Pefte de Montpellier.* terai de dire, que le Mal alla toûjours en augmentant jufqu'au mois de Novembre, où il mourut deux mile Perfonnes; qu'il commença à diminüer en Décembre, où il n'en périt que cinq à fix cens; & que le nombre des Morts n'etant allé qu'à cent-cinquante dans le mois de Janvier 1630. & à beaucoup-moins dans celui de Février, on refolut de commencer dans le mois de Mars, la Definfection de la Ville.

Je raporterai à ce propos, une Chofe remarquable pour l'Ancièrne-Hiftoire de Montpellier, que Ranchin nous apprend à l'occafion de cette Pefte : Il dit, qu'en cherchant un Lieu propre à purifier Ceux qui devoient rentrer dans la Ville, il fe tranfporta dans les Vieilles-Etuves, qu'il trouva encore fort-belles (quoique ruïnées en partie :) qu'il y reftoit un grand Puits-à-Roüe, avec des Canaux pour porter l'Eau dans les Cuves; des Fourneaux pour échaufer les Bains, des Bancs pour

s'afs'asseoir à l'entour, & de belles Chambres, où se retiroient anciénement Ceux qui sortoient de l'Etuve. Le Premier-Consul fit un très-bon Usage de ce qu'il y trouva pour le Dessein qui l'y amenoit: mais, il nous apprend que ces Etuves furent bâties par les Rois d'Aragon, lorsqu'ils étoient Maîtres de Montpellier; qu'elles étoient de leur Domaine, & leur raportoient plus de deux cens Ecus de Rente: Ce qu'on a pû remarquer dans le Contrat de Vente, qui fut faite au Roi Philipe de Valois. Il ajoûte, que les Femmes qui sortoient de Couche, & Ceux qui avoient des Douleurs s'y faisoient porter, à cause des Bains qu'il y avoit pour les uns & pour les autres: Enfin, que ces Etuves ayant été fort frequentées jusqu'au Tems de *Rondelet*, qui mit en Vogue les Bains de Balaruc, on en perdit insensiblement l'Usage. L'on en voit encore des Restes dans le Jardin du S^t. *Tandon*, attenant le Grand-Jeu de Paume.

1629.

CHAPITRE QUATORZIÉME.

I. *Divers Evenémens particuliers à Montpellier.* II. *Troubles dans la Province.* III. *Combat à Villeneuve-lez-Maguelonne.* IV. *Autre à Castelnaudarry.* V. *Arrivée du Roi à Montpellier.* VI. *Démolitions ordonnées dans le Languedoc.* VII. *Départ du Roi pour Toulouse, où le Duc de Montmorency est condamné à Mort.*

TANDIS que la Peste duroit encore à Montpellier, & dans plusieurs autres Villes du Languedoc, le Cardinal de Richelieu marcha vers l'Italie, pour y faire observer les Articles du Traité de *Suze*, que le Duc de Savoye n'executoit-pas. Son Eminence se rendit-maître de *Pignerol* dans le mois de Mars, & le Roi Loüis XIII. de toute la Savoye, dans les mois de Mai & de Juin: Ces Expeditions donnérent lieu au Combat de *Veillane*, où le Duc de Montmorency, dans le mois de Juillet, défit le Prince *Doria*, & le prit Prisonnier; Elles servirent aussi à l'Elevation de M^r. de Toiras, qui fut honoré du Bâton de Maréchal-de-France, (le même-jour que le Duc de Montmorency) en recompense de la Belle-Resistance qu'il avoit fait à la Citadelle de Casal.

I. 1630.

19. *Désembre.*

Ces deux Promotions, qui interessoient particuliérement la Ville de Montpellier, ne purent y être celebrées comme on auroit voulu, parcequ'on y travailla durant six mois à la Desinfection de la Ville, qui ne put être finie que sous le Consulat du S^r. de *Girard*, Contrôleur & Commissaire de l'Extraordinaire des Guerres: Cela fut cause que Montpellier ne fut entiérement repeuplé qu'en 1631. dans le tems qu'il se formoit à la Cour une terrible-Conspiration contre le Cardinal de Richelieu, peu-après une grande-Maladie que le Roi avoit eu à Lyon, au Retour de son Expedition-d'Italie.

1631.

Monsieur Gaston, Frere-Unique du Roi, & la Reine sa Mere, engagérent plusieurs Grands-Seigneurs du Royaume dans cette Conspiration: mais, la Force-d'esprit ou le Bonheur du Premier-Ministre, ne parurent jamais mieux qu'en cette occasion; car, ayant découvert & dissipé le Dessein de ses Enemis, il reduisit Monsieur à se retirer en Lorraine, & la Reine-Mere à Bruxelles, tandis qu'au milieu de tous ces Troubles, il conclut le Fameux-Traité de *Berneuval*, avec Gustave-Adolphe Roi de Suéde, & celui de *Querasque* pour la Paix-d'Italie.

A Montpellier, on élut au mois de Mars, le Cadet *Boussuges* pour Premier-Consul; & le 4e. de Juin, on fit la Nomination d'un Capitaine du *Noble Jeu de l'Arc*, qui est un Exercice-particulier à cette Ville: J'en donnerai un Article separé à la fin de cet Ouvrage; Mais, j'observerai cependant, que cette Charge étant vacante par la Mort de Noble *Pierre de Combas de Montagut*, la Compagnie des Archers élut à sa Place, Noble *Raulin de Girard*.

L'année 1632. fit changer de face à tout le Languedoc, par le Trouble & les Grands-Evenémens qui y arrivérent. Monsieur, Frere du Roi, ayant quité la Lor-

II. 1632.

1632.

raine pour aller à Bruxelles, entra dans le Royaume avec une Armée d'Espagnols, de Lorrains & de François, qu'il mena dans la Bourgogne, d'où il décendit, par le Bourbonnois & par le Rouergue, dans le Languedoc, où il se joignit, entre Carcassonne & Beziers, avec le Duc de Montmorency, Gouverneur de la Province, qui s'étoit déclaré pour lui. Le Grand-Credit que ce Seigneur avoit dans son Gouvernement, & le Mécontentement des Peuples de cette Province, depuis l'Edit de Création des Elûs, porta les Députez des Etats, assemblez alors à Pezenas, à signer une Déliberation du 22ᵉ. Juillet, » dans laquelle ils appelloient Mʳ. » le Duc d'Orleans à leur Protection, & promettoient de lui fournir de l'Argent » pour l'Entretenement de ses Troupes, & de ne se séparer jamais de ses Interêts. Avec cette Assurance, le Duc d'Orleans partit de Beziers le 28ᵉ. pour se rendre à Beaucaire, où ses Gens étant Maîtres du Château, il lui paroissoit aisé de reduire les Habitans de la Ville, qui tenoient pour le Roi.

Manuscrits de Carloncas.

Nos Mémoires-particuliers marquent, que son Altesse vint dîner le 29. au Pont de *Lantissargues*, qui n'est qu'à deux Portées-de-Canon de Montpellier, où il fit une Alte de quatre heures avec le Duc *d'Elbeuf*, le Comte de *Moret* son Frere-Naturel, & huit cent Chevaux qui l'escortoient. Pendant ce tems, il envoya un Trompette au Marquis *de Fossez*, Gouverneur de la Ville & de la Citadelle, pour lui demander du Sirop de Citron & de Capilaire, avec quelques Confitures, qui lui furent envoyez : Mais, l'Allarme s'étant mise dans la Ville, tous les Habitans prirent les Armes ; & quelques-uns de ses Cavaliers s'étant trop approchez des Murailles, il fut tiré un Coup-d'Arquebuse qui blessa un Cheval.

Ibid.

Le Marquis de Fossez l'avoit manquée-belle quelques-jours auparavant ; car, le Duc de Montmorency se trouvant à Montpellier avant de s'être déclaré, il projeta de se rendre-maître de la Citadelle, dans le tems que le Gouverneur & les deux *Danval* Freres, qui y commandoient, seroient à une Tragedie aux Jesuites, à laquelle il avoit pris soin de les faire prier : Heureusement, les deux *Danval* ne voulurent point quiter la Place dans l'absence du Gouverneur ; de sorte que le Duc de Montmorency jugeant inutile de faire arrêter le Marquis de Fossez sans les deux autres, garda un profond-secret sur son Dessein, qui fut néanmoins rendu-public quelque-tems-après, par Ceux-mêmes qui avoient été du Complot.

Après que le Duc d'Orleans eut fait entrer sa Cavalerie dans le Château de Beaucaire, le Maréchal de Vitry, qui commandoit une partie de l'Armée du Roi, vint investir la Place ; & le Maréchal de la Force, avec le Reste des Troupes, alla enlever les Munitions que le Duc d'Elbeuf avoit fait à *Monfrein* : de sorte que Ceux du Château se trouvant dépourvûs de Secours & de Vivres, furent obligez à la longue de capituler.

III. Cependant, le Maréchal de la Force se mit aux Trousses du Duc d'Orleans, & vint établir un Quartier à Villeneuve-lez-Maguelonne, où il mit cinq Compagnies de Gens-de-Pied, & deux de Cavalerie. Le Duc de Montmorency, qui étoit à la Grange-des-Prez, en ayant eu Avis, envoya cinq cent Chevaux, sous la Conduite de Mʳ. *d'Elbene*, pour les enlever : mais, le Maréchal leur étant allé au-devant jusqu'à la petite Riviére de *Colason*, il prit son tems pour les charger, lorsqu'une Partie des Enemis se trouva divisée de l'autre en passant la Riviére ; & il le fit si heureusement, qu'il défit ou prit prisonnier, tout ce qui se rencontra entre Villeneuve & Colason.

Dix jours-après, le Vicomte de *l'Estrange*, qui avoit ramassé des Troupes aux Environs de Privas, fut batu & pris Prisonnier avec plusieurs autres, qu'on fit conduire au Pont du Sᵗ. Esprit, où ils subirent le même Sort que la plûpart de Ceux qui eurent le malheur d'être pris les Armes à la main contre leur Roi.

Ces petits Desavantages portérent son Altesse & le Duc de Montmorency, à s'avancer vers le Haut-Languedoc, pour combatre le Maréchal de Schomberg, qui y étoit déja entré. Les Armées se rencontrérent le premier Septembre, à un quart-de-lieuë de Castelnaudarry, sur le Grand-Chemin, où il fut donné un sanglant-Combat, dans lequel Monsieur, qui y étoit présent, perdit quantité de Braves-Gens ; mais, sur tout le Duc de Montmorency, qui ayant été blessé de huit ou dix Coups, fut abatu de son Cheval, pris Prisonnier, & conduit à Castelnaudarry.

Cet Evenément décida de toute cette Guerre; car, les Troupes de Monsieur s'affoiblirent & diminüérent de jour en jour, & les Villes qui avoient suivi son Parti, travaillérent comme de concert à se remettre dans l'Obéïssance du Roi. Les Habitans d'Alby, mirent leur Evêque hors de leur Ville, avec cinq cens Hommes qu'il y avoit fait entrer: Ceux d'Agde, se rendirent-maîtres de leur Citadelle, qu'ils démolirent eux-mêmes, après en avoir obtenu la Permission du Roi; Ceux d'Alais, reçurent dans leur Ville le Marquis de la Force; que le Maréchal son pere leur envoya: Les Habitans de Lunel, envoyérent aux Maréchaux de la Force & de Vitry, des Otages, pour répondre de leur Obéïssance & de leur Fidelité; Villeneuve, Maguelonne & Frontignan, en firent de même: d'Espinaut, Gouverneur du Cap de Cette, envoya aux Maréchaux pour leur remettre sa Place; & Celui qui commandoit dans Brescou pour le Duc de Montmorency, suivit son Exemple.

Le Roi apprit toutes ces Bonnes-Nouvelles à Lyon, où il s'étoit rendu, après avoir châtié le Duc de Lorraine du Secours qu'il avoit donné à Monsieur son frere. Sa Majesté entra dans le Languedoc le 14ᵉ. de Septembre, où il donna, dans la Ville du Sᵗ. Esprit, la Charge de Sénéchal de Beaucaire & de Nîmes, à *Pierre de Joannis* Sʳ. de la Roche Sᵗ. Angel; qui, se trouvant Premier-Consul de Beaucaire, avoit conservé cette Ville dans l'Obéïssance du Roi; & ainsi, le Seigneur de *Peraut*, qui étoit entré dans la Revolte avec l'Evêque d'Uzés son frere, perdit cette Charge, dont il avoit été gratifié deux ans auparavant.

Du Saint-Esprit, le Roi se rendit à Nîmes le 17. où les Habitans de Pezenas vinrent demander-Pardon à Sa Majesté; qui le leur accorda, en se reservant néanmoins la Punition des plus-coupables: Le 21. Elle arriva à Montpellier, & entra par la Porte du Pile-Saint-Gilles; d'où ayant passé par l'Eguillerie, & à la Loge des Marchands, qui servoit d'Eglise; Elle alla décendre à la Maison de *Dampmartin*, (aujourd'hui les Trésoriers-de-France) habitée alors par le Marquis de Fossez. On marque, que Loüis XIII. voulut aussitôt aller voir la Citadelle; & qu'une heure-après, la Reine arriva par le même Chemin que le Roi avoit tenu dans la Ville: Le Cardinal de Richelieu vint beaucoup plûtard; puisqu'il entra aux Flambeaux; Son Logement fut chès le Président Bocaud.

Pendant les douze jours que le Roi séjourna à Montpellier, il s'y passa beaucoup de Choses dignes de remarque. Dès le lendemain de son Arrivée, les Députez de Beziers vinrent lui demander-Pardon, & lui rendre-compte de l'état de leur Ville: On apprit sur leur Raport, que Monsieur, après la Journée de Castelnaudarry, ayant séjourné long-tems à *Alzonne*, s'étoit retiré à Beziers, où il vouloit faire entrer une partie de ses Troupes; mais, le Gouverneur & les Habitans ayant refusé de les recevoir, il vit bien qu'il n'y seroit pas en sûreté, d'autant plus que l'Armée du Roi s'en approchoit en diligence: Alors le Duc d'Orleans prit le parti de se retirer à *Olonzac* dans le Diocése de Sᵗ. Pons, avec la Duchesse de Montmorency, qu'il y conduisit aux Flambeaux le 20. de ce mois; ce qui facilita aux Habitans de Beziers, le moyen de recourir à la Clémence du Roi: Ils envoyérent faire leurs Soumissions aux Maréchaux de Vitry & de la Force; & ils ouvrirent leurs Portes au Comte de Noailles, Maréchal-de-Camp, qui fut envoyé pour prendre-Possession de leur Ville. Les Députez qu'ils avoient à Montpellier, demandérent au Roi ses Ordres sur la nouvelle Proposition que Monsieur venoit de leur faire, de le recevoir dans leur Ville: Surquoi, Sa Majesté manda au Gouverneur de Beziers, de recevoir Mʳ. son Frere avec son Train seulement, & de lui rendre le Respect & les Honneurs qui lui étoient dûs; mais, parceque son Altesse avoit demandé pour sa Sureté, de faire garder par ses Gens, le Pont qui étoit hors la Ville, le Roi, qui vouloit ramener son Frere, lui permit de faire garder ce Poste par trois cens Hommes des Siens, ainsi qu'il l'avoit désiré.

C'étoit un effet des Négociations qu'on faisoit déja pour la Reconciliation des deux Freres. Le Sʳ. de Bullion, Surintendant des Finances, & le Marquis de Fossez, Gouverneur de Montpellier, allérent à Beziers le 26. de Septembre, & y travaillérent si puissamment auprès de Monsieur, qu'il signa les Articles qu'ils lui apportoient, par lesquels il renonçoit à toute Intelligence hors du Royaume: Il

1577.

avec cinquante Chevaux, sous la Conduite de *Gremian*, qui le mena chez lui à *Massillargues*, & de là à *Sommiéres*, d'où il passa dans les Cévénes & dans le Roüergue : Il en amena, au bout de dix-neuf jours, quatre mile Hommes, & un grand Convoi-de-Vivres ; mais, la plus grande dificulté étoit, de les faire entrer dans Montpellier : Pour cet effet, Mr. de Chatillon alla s'aboucher à Nîmes avec Thoré, que les Huguenots avoient mis à leur Tête, à la place du Maréchal son frere ; Ils convinrent entr'eux, de commencer par faire donner Avis à la Place, du Secours qu'on lui amenoit ; & le Capitaine *Caissade*, natif de la Ville, s'étant offert, ils le firent partir avec six autres Cavaliers bien-montez, & armez de bonnes Cuirasses : Leur Voyage réussit si heureusement, qu'ils entrérent de nuit dans la Ville, où aussitôt ils firent des Feux sur la Grande-Tour de l'Horloge, pour avertir le Secours de leur Arrivée, comme ils en étoient convenus.

V. Sur cette bonne Nouvelle, Thoré & Chatillon commandérent toutes leurs Troupes, & leur donnérent pour Rendés-vous general, la Ville de Melgüeil, qui, aprés s'être renduë au Maréchal au commencement du Blocus de Montpellier, venoit de se soustraire à son Obéïssance. Les Vicomtes de *Lavedan* & de *Paulin*, le Baron de *Faugéres*, & autres Personnes de Marque qui étoient du Secours, y conduisirent chacun leurs Troupes ; & l'Armée se trouvant toute formée, ils envoyérent donner une espéce de Défi au Maréchal Dampville, en lui faisant offrir la Bataille : mais, il se contenta de répondre, que toute son intention étoit d'entrer dans Montpellier, ce qui étoit cause qu'il le tenoit assiégé.

Cette Réponse les fit resoudre à se faire un Passage les Armes à la main ; & ils choisirent pour Conducteurs, les Capitaines *Gremian* & *Boüillargues*, qui étant du Païs, en devoient sçavoir mieux les Routes. Ceux-ci prirent d'abord le droit-Chemin qui les menoit par *Montauberon* à Montpellier : mais, les Arquebusiers que le Maréchal avoit placé dans le Bois de *Grammont*, firent plusieurs Décharges, & si à propos, que toute l'Armée s'arrêta ; Elle fit semblant d'abandonner la Partie ; mais, en tournant du côté du *Crez*, elle se rendit à *Clapiers*, où l'on trouva un Gué commode pour passer la Riviére du Lez : Ils marchérent comme en Païs Enemi ; huit cens Arquebusiers à la Tête, pour resister aux Lanciers du Maréchal, qu'on craignoit beaucoup : ensuite suivoit la Cavalerie, & puis le Convoi des Vivres, porté par un grand-nombre de Mulets, chargez de Blé, de Farine, de Lard, & des Châteignes ; enfin, venoit toute l'Infanterie pour fermer la Marche.

Leur Passage se fit heureusement, sans être découverts que par la seule Garde de Castelnau, qui fut si effrayée de ce grand-nombre, qu'elle abandonna son Poste, & vint joindre un Regiment qui étoit retranché à St. Maur pour serrer la Ville de plus prés : il faloit néanmoins que l'Armée passât par là, pour gagner la Porte de Lates, qui seule étoit ouverte en ce Tems-de-Guerre. Alors, la Garnison voyant le Secours si proche, resolut de lui aller au-devant : mais, la crainte des Catoliques qui étoient dans la Ville, leur fit prendre la resolution de les enfermer tous. On en conduisit donc (suivant un Rôle qui en avoit été fait) jusqu'au nombre de cinq cent trente-deux, à la Maison-de-Ville, où ils restérent pêle-mêle, sous la Garde de cent Hommes, qui avoient ordre de les égorger au premier mouvement.

Cette Précaution une fois prise, la Garnison sortit, au nombre de cinq cens Arquebusiers, qui trouvérent sur leur chemin, le Regiment retranché à St. Maur. Le Combat fut rude, & il y en eut beaucoup de tuez de part & d'autre ; Mais, les Troupes du Secours étant accouruës au Bruit, le Regiment qui étoit à St. Maur, n'eut d'autre parti à prendre que de se retirer sur la Hauteur, dans les Vieilles-Masures de St. Denis, (aujourd'hui la Citadelle :) Il y fut renforcé par les Corps détachez que le Maréchal tenoit dans les Granges-voisines ; mais, le nombre se trouvant encore inégal, il falut qu'ils cedassent à toute l'Armée, qui les ayant chassez de ce dernier Poste, entra, comme en Triomphe, par la Porte de Lates, le 1r. d'Octobre.

Le Maréchal ayant appris cette Nouvelle, rassembla toutes ses Troupes vers le Lieu de Lates, pour se ménager une Retraite en cas de besoin ; & Ceux de Montpellier, aprés s'être bien rafraîchis, au moyen des Vivres qu'on venoit de leur apporter, prirent la resolution de l'aller forcer dans son Camp, & de lui donner la Bataille

qu'il

Gouvernement de Verdun; mais, il donna sa Démission de celui de Montpellier, dont le Gouvernement fut encore donné au Maréchal de Schomberg. Le Marquis de Brezé, qui avoit servi comme Maréchal-de-Camp au Combat de Castelnaudarry, fut fait Maréchal-de-France; & il eut Ordre aussitôt, d'aller prendre à Leitoure le Duc de Montmorency, qui y avoit été conduit: Cet infortuné Seigneur fut amené à Toulouse le 27. où son Procès lui ayant été fait par le Garde-des-Sceaux à la Tête du Parlement, il fut décolé le 30. d'Octobre dans la Cour de l'Hôtel-de-Ville.

1632.

Après cette triste Execution, le Roi partit de Toulouse le 31. de ce même mois, d'où il n'arriva que le 20. de Novembre à Versailles, à cause des Nouvelles qu'il reçut en Chemin, de la Sortie hors du Royaume de Monsieur son Frere, qui écrivit lui-même à Sa Majesté, pour lui marquer le Mécontentement qu'il avoit, de n'avoir pû obtenir la Grace du Duc de Montmorency. Nous verrons dans les années suivantes, les Effets que produisit dans le Royaume cette nouvelle Sortie.

CHAPITRE QUINZIÉME.

I. Démolition de Maguelonne. II. Entrée du Duc d'Aluin à Montpellier. III. Etats de la Province qui y furent tenus. IV. Divertissemens qu'on y fit pour l'Arrivée du Duc d'Aluin. V. Batême d'Apparat fait au Nom du Roi. VI. Défaite des Espagnols à Leucate.

LE Commencement de l'année 1633. fut remarquable à Montpellier, par la Démolition du Fort & Château de Maguelonne, dont la Commission fut adressée par Lettres-Patentes du Roi, à Jean-Jacques *de Plantade*, Conseiller en la Cour des Comptes, Aides & Finances de Montpellier. Je pourrai raporter plus au long dans mon second Volume, les Circonstances de cet Evenement, qui est digne de remarque pour nôtre Histoire, & je me borne pour le présent d'en avoir fixé l'Epoque.

I. 1633.

On avoit déja appris à Montpellier, la Mort du Maréchal de Schomberg, arrivée à Bordeaux sur la fin de l'année précédente, & la Confirmation du Roi en faveur du Duc d'Aluin son fils, du Gouvernement du Languedoc; mais, on ne tarda point d'apprendre les bons Offices que le Nouveau-Gouverneur venoit de rendre à toute la Province, en solicitant des Lettres-d'Abolition en faveur de Ceux qui avoient été engagez dans la derniere Revolte. Le Roi en donna ses Lettres dans le mois de Mars, où il dit: « Que ne voulant pas confondre avec les Cou-
» pables, Ceux qui avoient été engagez par malheur plûtôt que par mauvaise-vo-
» lonté, il accorde à tous une Amnistie-generale, à la Prière du Duc d'Aluin;
» exceptez néanmoins les Evêques, (*a*) d'Alby, (*b*) Uzés, (*c*) Lodéve, (*d*) Alet
» (*e*) & St. Pons, l'Abbé d'Elbéne, les nommez de *Naves, Peraut* & ses Enfans,
» *Vallon, Odemart, Penautier* Trésorier de la Bourse, *Marcillac, St. Amant,* d'*Al-
» zau* pere, & le Baron de *Leran* fils. Nous verrons néanmoins que plusieurs obtinrent bientôt la Grace qui leur avoit été refusée alors.

Mercure François, Tom. 19.

Cependant, Mr. le Duc d'Orleans s'étant retiré à Nancy, y épousa, sans le Consentement du Roi, Marguerite de Lorraine; ce qui donna lieu à divers Arrêts du Parlement contre le Duc de Lorraine, & attira dans ses Etats les Armes du Roi, qui, s'étant rendu-maître de Nancy, en donna le Gouvernement au même *Marquis de Fossez,* que nous avons vû ci-devant Gouverneur de Montpellier.

(*a*) *Alphonse d'Elbéne,* qui avoit succedé en cet Evêché à un autre Alphonse son oncle.
(*b*) *Paul-Antoine de Fay de Peraut,* Fils de Marie de Montmorency, Fille-Naturelle du dernier Connétable de ce Nom; il étoit par consequent Neveu du Duc de Montmorency, dont il prit les Interêts.

(*c*) *Jean Plantavit de la Pause,* de qui nous avons le *Chronologia Præsulum Lodovensium.*
(*d*) *Etiene de Polverel.*
(*e*) *Pierre de Flevres,* qui mourut l'année suivante: son Neveu Jean-Jacques lui succeda.

1633. **II.** Sur la fin de cette Campagne, le Duc d'Aluin vint dans son Gouvernement, & fit son Entrée-publique dans Montpellier le premier d'Octobre. Les Relations qu'on nous en a conservées marquent, Qu'ayant dîné ce jour-là au Jardin de Greseüille, qui étoit immédiatement au-delà de S^t. Martin de Prunet, les Sixains de la Ville allérent s'y rendre, conduits par le S^t. *Destros*, Major de la Ville: peu-après arriva le Senéchal, à la Tête de la Noblesse; ensuite les Consuls-de-Mer, portant leurs Chaperons de Velours rouge & noir, suivis de la Bourgeoisie à Cheval, qui étoit précedée de deux Trompettes: venoit ensuite le Guidon de la Jeunesse, portant une Baniére aux Armes du Roi & de la Ville, suivi de toute sa Troupe, & devancé d'un Trompette & de deux Timbaliers. On marque que les Officiers des Sixains, & la Troupe des Gens à Cheval étoient en Noir, parceque le Duc d'Aluin portoit le Deüil de M^r. son Pere: Il montoit un Cheval noir, enharnaché d'un Satin-Fleuri de la même couleur, & relevé d'une Broderie d'Argent; son Habit étoit garni de Jayet en Broderie, & semé de Paillotes: l'Echarpe où il tenoit son Bras, à cause d'une Blessure qu'il venoit de recevoir en Allemagne, étoit toute enrichie de Broderie; mais, sa Bonne-Mine & sa Taille-avantageuse, le distinguoient bien-mieux de toute sa Suite.

Après que toutes les Troupes, tant de Pied qu'à Cheval, l'eurent salüé d'une Décharge Generale, le Canon de la Citadelle annonça son Approche aux Dames, qui l'attendoient dans la Ville. Les Troupes défilérent vers la Porte de la Saunerie; & ayant passé dans la Grand'-Ruë, à la Pierre, devant l'Hôtel-de-Ville, & par l'Eguillerie, elles s'arrêtérent à l'entrée de la Ruë du Pile-Saint-Gilles, vis-à-vis la Maison du Président Bocaud, où le Nouveau-Gouverneur avoit son Logement: Il trouva sur son Chemin grand-nombre d'Arcs-de-Triomphe, ornez d'Inscriptions & de Dévises à son honneur; particuliérement, à l'Entrée de la Ville, à la Pointe de la Saunerie, devant l'Hôtel-de-Ville, entre la grande & la Petite-Loge, à la Tour d'Encanet, & à la Pointe du Pile-Saint-Gilles.

III. Les Fêtes-Publiques qu'on lui destinoit, furent suspendües par les Préparatifs de l'Assemblée des Etats de la Province, qui devoient se tenir à Montpellier dans le mois de Novembre, & où l'on avoit à faire de grands Changemens, tant pour le general que pour le particulier de la Province: En effet, la Lieutenance-Generale du Languedoc, qui, depuis long-tems, étoit possedée en seul par le Duc de Ventadour, fut alors divisée en trois. *Just-Henry Comte de Tournon* & de Roussillon, Chevalier des Ordres du Roi, & Maréchal-de-Camp, eut le Vivarés & le Velay: *Hector de Gelas* & de Voisins, Marquis de *Leberon* & d'*Ambres*, Chevalier des Ordres, eut le Haut-Languedoc; & *Loüis Duc d'Arpajou*, Chevalier des Ordres, eut pour son Partage le Bas-Languedoc. On disposa aussi de la Lieutenance-de-Roi de Montpellier, qui fut donnée à Jean de Halot, Seigneur de *Goussonville*; & celle de la Citadelle, à Jacques d'*Avoine*, Seigneur de *La Jaille-Gatine*, qui étoit attaché depuis long-tems à la Maison de Schomberg.

Robert *Miron*, Président aux Requêtes du Palais, & Ambassadeur en Suisse, étoit alors Intendant de Police & de Finance en Languedoc: La Cour lui donna pour Ajoint en cette occasion, Nicolas *Lecamus*, Intendant de l'Armée; & tous les deux ensemble, avec le Duc d'Aluin, travaillérent à remplacer les Barons qui avoient été exclus de l'Assemblée, & prirent des Mésures avec les deux Commissaires du Roi, Etiéne de *Puget*, & Jacques de *Manse*, Trésoriers des Generalitez de Toulouse & de Montpellier.

La plus importante Affaire qui leur restât, étoit le Remboursement des Traitans, qui avoit été resolu dans les Etats de Beziers de l'année précedente. Comme tous les Membres de l'Assemblée avoient un égal Interet à conserver leur Priviléges, & à finir l'Affaire des Elûs, ils consentirent avec moins de peine, à donner les quatre Milions cinq cent mile livres qui leur furent demandez; & le plus grand-nombre voyant l'Affaire terminée, s'en retourna chés-soi, avec la satisfaction d'avoir rétabli, à quelque prix que ce fût, les choses dans leur premier etat.

1634. **IV.** La Noblesse des Etats s'arrêta à Montpellier pour y passer le Carnaval de 1634. On marque qu'elle entreprit une Course-de-Bague, dont le Duc d'Aluin voulut être: Il engagea la Duchesse son Epouse, de proposer une Bague toute garnie de

Diamans pour le Prix de la Courſe. Le Champ étoit à la Grand'-Ruë, en com- 1634. mençant depuis celle qui va au Petit-Saint-Jean, juſqu'à la Pointe vers l'Argenterie: Le Vicomte de Rhode (autrement de *Roüet*) emporta le Prix; Et quelques *Manuſcrits de*
jours après, la Marquiſe de S^r. Germain ayant propoſé une Emeraude garnie de *Doloct.*
ſix Diamans, le Sr. de *Bellefonds*, Proche-Parent du Vicomte de *Pujol*, l'emporta:
Le reſte du Carnaval ſe paſſa en Maſcarades. On raconte que ces Seigneurs, divi-
ſez en deux Troupes, repréſentant chacun une Nation diferente, ſe promenoient
dans les Ruës, ſuivis d'un Char-de-Triomphe, rempli de Muſiciens, & précedé des
Trompettes; Ils diſtribüoient aux Dames des Boëtes de Confitures, Et la nuit, ils
marchoient à Cheval, un Flambeau à la main, ayant toûjours avec eux leur Char
rempli de Violons & de Hautbois.

Au milieu de ces Réjoüiſſances, M^r. de *La Jaille-Gatine*, Lieutenant-de-Roi de
la Citadelle, fut inſtalé dans la Charge de Senéchal de Montpellier, à laquelle il
avoit été nommé par le Credit du Duc d'Aluin: On marque ſon Inſtalation au
21. Février, ſur la fin du Conſulat du S^r. Roques.

Dans le Conſulat ſuivant, où *Jean de Graſſet*, Juge de l'Ordinaire, occupoit la
premiére Place, le Corps de Bourgeoiſie voulut donner au Duc d'Aluin, le Diver- *Ibidem.*
tiſſement du Perroquet, qui eſt en Uſage dans les Grandes-Occaſions. On prit
(ſelon la Coûtume) le mois de Mai, où les Bourgeois les plus choiſis ſe promenérent pluſieurs jours, armez d'un Arc & de Fléches pour aller abatre l'Oiſeau
qu'ils perchent ſur un Mât des plus élevez: Leur Enſeigne, en Habit magnifique,
portoit ſon Drapeau, au milieu de douze Jeunes-Hommes des mieux-faits, & habillez cette année de Tafetas Gris-de-Lin, avec des Bouquets de Plume ſur leur
Chapeau, de la même Couleur. Après avoir perché le Perroquet au Bruit des Fanfares des Trompettes, mêlé de Hautbois & de Violons, ils vinrent prier M^r. le
Duc d'Aluin, de leur faire l'honneur de tirer la premiére-Fléche: ce qu'il fit volontiers; & s'étant fait apporter le Livre où tous les Noms des Archers ſont écrits,
il y écrivit le ſien, comme prenant Parti parmi-eux: Cependant, les Dames prenoient le Divertiſſement de la Danſe ſous de Tentes qu'on avoit dreſſé-exprès,
tandis qu'on tiroit au Perroquet; lequel ayant été abatu après quelques-jours, on
promena le Vainqueur par toute la Ville, avec les mêmes Cerémonies qu'on avoit
gardé aux Préparatifs de la Fête.

Dans le mois d'Août, le Tiers-Etat voulut donner ſa Fête à M^r. le Duc d'Aluin.
On choiſit pour cet effet le Lit de la Riviére qui eſt entre le Moulin de *Sept-Camps*
& *Pont-Trincat*, où deux Troupes de Combatans, l'une pour les Mariez, & l'autre
pour la Jeuneſſe, devoient donner le Divertiſſement de la Joûte: Ils étoient tous
en Blanc, avec cette diference que l'Habit des Mariez étoit garni de Rubans
Rouge & Bleu, & celui de la Jeuneſſe de Gris-de-Lin & Verd; leurs Pavois &
leurs Lances étoient, de même-couleur. Ils ſe promenérent en cet état le 18e.
d'Août par les Ruës de Montpellier, les Mariez ayant à leur Tête, le nommé Capitaine *Boyer*, qui avoit ſervi dans les Troupes du Roi; Et la Jeuneſſe, le S^r. *Rieu-*
tord, qui eut depuis des Emplois-honorables dans le Service: Le lendemain, M^r.
& Madame la Ducheſſe étant montez ſur la Barque-Couverte qui leur avoit été
preparée, attirérent ſur les deux Bords de la Riviére, une infinité de Monde, de
tout Age, de tout Séxe, & de toute Condition, qui formoient un Amphiteatre des
plus beaux & des plus diverſifiez. Les deux Chefs, montez ſur le Haut de
leur Barque, dont les Rames étoient peintes de leurs Couleurs, ſaliérent de leurs
Lances à la premiére Paſſade, le Duc & la Ducheſſe d'Aluin; puis, venant à la
Seconde, qui fut le commencement du Combat, le Capitaine Boyer donna un ſi
rude Choq à Rieutord, qu'il le renverſa dans l'Eau, & deux autres après-lui: Les
Fanfares des Trompettes celebrérent ſa Victoire à chaque Coup; mais enfin, il
fut vaincu lui-même au quatriéme Choq: ce qui n'empêcha pas que la Victoire
ne fût adjugée aux Mariez; Et la nuit étant venüe, les deux Troupes ſe joignirent
pour ſe promener aux Flambeaux dans toute la Ville, où le Duc d'Aluin leur
donna des Marques de la Satisfaction qu'il avoit, par les Liberalitez qu'il leur fit.

Sur la fin d'Octobre, on reçut à Montpellier la Déclaration du Roi, en faveur
de M^r. ſon Frere, qui avoit quité Bruxelles pour ſe rendre auprès de Sa Majeſté:

1634.   Et dans le mois suivant, on apprit le Mariage de *Puylaurens* avec la Niéce du Cardinal de Richelieu, en faveur desquels on érigea la Terre d'Aiguillon en Duché & Pairie.

V. Le 16. de Décembre, on fit à Montpellier, au Nom du Roi, une Cerémonie toute nouvelle, qui fut le Batême du Premier-Né de la Dame de Moussolens, dont nous avons parlé deux années ci-devant. Comme elle avoit obligation de son Mariage à Loüis XIII. elle crut pouvoir lui donner son Premier-Enfant, qui ayant été accepté par Sa Majesté, Elle envoya Ordre au S^r. de La Jaille, Senéchal de Montpellier, & Lieutenant-de-Roi de la Citadelle, de tenir pour lui cet Enfant avec la Duchesse d'Aluin: La Cerémonie en fut faite en cet Ordre. Les Dames de la Ville s'étant renduës chès la Marreine, pour l'accompagner lorsqu'elle iroit prendre l'Enfant, les Sixains de la Ville commencérent la Marche, & allérent se ranger autour de l'Eglise: Suivoit la Livrée-Consulaire, & le Capitaine du Guet, avec les Hautbois & les Joüeurs-de-Flute; Venoient ensuite les Gardes du Duc d'Aluin, précedez de leurs Trompettes. Nos six Consuls, ayant devant eux leur grande Bande de Violons, marchérent en cet Ordre: Le Sixiéme, qui commençoit le Rang, portoit une Saliére d'Argent; Le Cinquiéme, une Eguiére; Le Quatriéme, une autre Saliére, Et le Troisiéme, une autre Eguiére: Le Second avoit le Bassin, Et le Premier portoit l'Enfant, suivi de M^r. le Duc d'Aluin, revêtu du Colier de l'Ordre; après lequel, venoit le S^r. de la Jaille, donnant la main à la Marreine, de même que tout le reste de la Noblesse, aux Dames qui étoient de la Fête.

L'Enfant ayant reçu le Batême, les Sixains firent leur Décharge, qui fut suivie de celle de tout le Canon de la Citadelle: Après-quoi, l'on alla remettre l'Enfant entre les bras de sa Mere, à qui on livra la Vaisselle d'Argent qui avoit servi à la Cerémonie; Ensuite, la Duchesse d'Aluin ayant été accompagnée chès-soi par toutes les Personnes qui avoient été de la Fête, elle les regala d'une Colation magnifique, & de la Comedie de *Melite.*

VI. Je ne dois pas oublier ici, une Chose raportée par le Fameux Gassendi, dans la
Lib. 5. ad ann. Vie de M^r. *Peiresch.* Il nous apprend, qu'un nommé *Vermeil*, de la Ville de Montpellier, ayant pris le Parti des Armes, où il dissipa tout son Bien, s'avisa de ramasser plusieurs Curiositez de l'Europe, qu'il porta dans l'Ethiopie, où il trouva de l'Accès auprès de la Reine, qui le fit goûter au Roi son Epoux: Or, un jour que le Roi eut appris qu'un Enemi de son Etat, preparoit une Armée de cinquante mile Hommes contre lui, *Vermeil* prit la liberté de lui dire, que s'il vouloit lui permettre de dresser aux Armes huit mile Hommes de ses Sujets, il s'engageoit de repousser son Enemi. Sa Proposition ayant été acceptée, il choisit ses Soldats, qu'il dressa à la Maniére de Hollande, où il avoit fait la Guerre; & il s'en servit si heureusement, qu'il défit les Enemis de son Maître. A son Retour, le Roi lui donna le Commandement-general de ses Troupes; Et alors, Vermeil, cherchant à se rendre plus Capable dans sa nouvelle-Charge, écrivit à ses Amis de Marseille, de lui envoyer des Livres qui traitassent de la Guerre, avec des Plans des Villes, des Tableaux, & autres pareilles Choses. M^r. Peiresch voulut-bien se charger lui-même de la Commission, en choisissant pour la Reine, les Essences les plus prétieuses, & pour *Vermeil*, des Livres de l'Architecture-Militaire, de la Perspective, & autres semblables, avec les Portraits des Rois, des Reines, des Hommes & des Femmes-Illustres, qu'il put recouvrer; ne croyant pas (dit Gassendi) qu'on dût abandonner un Homme qui faisoit Honneur à sa Nation dans un Païs si éloigné.

1635.   Dans les premiers mois de l'année 1635. on apprit à Montpellier, par une Lettre du Roi du 14. Février, adressée au Duc d'Aluin, la Détention de ce même Duc de
Mercure-Fran- *Puylaurens* qui avoit épousé la Niéce du Cardinal de Richelieu: Il fut conduit au Châ-
çois, Tom. 20. teau de Vincénes, où il mourut dans le mois de Juin. Le 17e. de Juillet, on publia dans Montpellier, sous le Consulat du S^t. de *Sueilles*, la Déclaration de la Guerre contre l'Espagne, qui produisit en Languedoc les Mouvemens que nous verrons dans les années suivantes.

1636.   En 1636. on commença, par Ordre du Roi, de batre la Monoye à Montpellier,
sous

sous le Consulat du Sr. de *Rignac*, Lieutenant de Robe-Courte. On marque que la Fabrique en avoit été discontinuée depuis le Siége; durant lequel, le Duc de Rohan, qui étoit à la Tête des Revoltez, fit batre les Sols qui furent appellez de son Nom, *des Rohans*.

Dans ce même tems, mourut en Italie le Maréchal de Toiras, Célébre par la belle Défense qu'il avoit fait en l'Isle de Ré contre les Anglois, & à Casal contre les Forces de l'Empire & d'Espagne. Après avoir éprouvé sur la fin de sa Vie, les Vicissitudes où les Grands furent exposez sous le Ministére du Cardinal de Richelieu, il fut tué le 14. de Juin à Fontanette en Italie, où il commandoit les Troupes du Duc de Savoye jointes à celles de la France, sous le Maréchal de Crequy: Sa Mort fut reçûë à Montpellier avec les Sentimens qui étoient dûs au Seigneur de tout le Païs qui avoit porté plus haut l'Honneur & la Gloire des Armes.

L'Année 1637. est devenuë Célébre pour nôtre Province, par la Défaite du Comte de *Serbellon*, Commandant les Troupes d'Espagne, qui étoit venu attaquer Leucate. Le Duc d'Aluin, qui n'avoit alors que deux ou trois Regimens de Troupes-Reglées, convoca l'Arriére-Ban & les Milices de la Province, qui accoururent avec tant de diligence, qu'il fit en peu de tems dix à douze mile Hommes: *Hercules de Barry*, Gouverneur de la Place, lui donna le tems de les assembler, en arrêtant durant vingt-deux jours les Enemis, aux seules Attaques du Dehors. *Serbellon* ayant eu Avis de leur Marche, se fortifia sur une Hauteur qui dominoit la Place; & il le fit si avantageusement, que nos plus habiles Ingenieurs ne croyoient pas possible de le forcer: Néanmoins, le Conseil-de-Guerre, voyant qu'il étoit absolument nécessaire de l'entreprendre, resolut qu'on feroit durant la nuit trois diferentes Attaques; l'une, du côté de la Mer, qui étoit le plus foible; l'autre, du côté du Fort, qui ne feroit que feinte; & la troisiéme, par le milieu du Retranchement des Enemis, qui étoit sur une Hauteur fort escarpée. Nos Troupes se preparérent à faire l'Attaque le 28. de Septembre, Veille de St. Michel; trois ou quatre heures avant le jour: Le Signal en fut donné par trois Volées-de-Canon, qui firent partir nos Gens avec tant de Courage, qu'après un Combat de six heures, *Serbellon* fut forcé dans ses Retranchemens, & obligé de prendre la fuite vers Perpignan, où il mourut de déplaisir.

VII. 1637.

Il perit en cette Occasion quatre mile Hommes des Enemis, & douze cent des Nôtres, avec plus grand-nombre de Blessez. De vingt-deux Diocéses qui composent la Province, & dont la Noblesse & les Milices étoient venuës au secours, chacun fit ses Pertes-particuliéres: Montpellier y perdit le Sr. de *Maureillan*, Lieutenant-Colonel de St. Aunais; *Sueilles*, Capitaine dans le Regiment de Languedoc, qui fut brûlé en forçant le Parc des Chariots; & *Lavalette-Planque*, qui reçut trois Coups-mortels. Parmi les Blessez, on compte le Seigneur de *Restineliéres*, Frere du feu Maréchal de Toiras; *Argencour*, Maréchal-de-Camp; *St. Aunais*, Colonel du Regiment qui portoit son Nom; *Rozel* son Major; *Saussan*, Commandant les Chevaux-Legers que Montpellier avoit mis sur-Pié; *Vallauquez de Murles*, *Gabriac* & *Montarnaud*, Volontaires.

Les Relations de ce Combat, qui coururent tout le Royaume, marquent que l'Evêque de Montpellier fit lui seul quatre cens Hommes, & que le Baron de Ganges en conduisit huit cens à l'Armée: *Laclote* eut la Conduite des Milices de Montpellier, à qui on donna le nom de Regiment; & les Srs. de *La Faverie* & de *Ruperé*, établis depuis long-tems en cette Ville, servirent d'Aide-de-Camp à M. le Duc d'Aluin.

On fit dans toute la France des Réjoüissances-publiques de cette Victoire, qui donna tant de Joye à Loüis XIII. qu'il écrivit au Duc d'Aluin une Lettre, commençant par ces Mots: *Mon Cousin, vous avés sçû vous servir si à propos de vôtre Epée, que je vous envoye un Bâton, afin qu'une autrefois vous n'yés à choisir des Armes dont vous voudrés vous servir contre mes Enemis*. Dans cette même Lettre, le Roi lui marquoit, qu'il vouloit perpetuer en sa Personne, le Nom de *Maréchal de Schomberg*; ce qui lui fit prendre ce Nom, qu'il porta depuis le reste de sa Vie.

CHAPITRE SEIZIÉME.

I. Naiſſance de Loüis XIV. II. Guerre dans le Rouſſillon. III. Petite-Peſte à Montpellier. IV. Recherche des Rogneurs de Monoye. V. Arrivée du Roi à Montpellier. VI. M. de Cinqmarcs à la Citadelle. VII. Siège de Perpignan, & ſes Suites. VIII. Mort du Cardinal, ſuivie de celle du Roi Louis XIII.

1638. I. VERS la fin du mois de Février 1638. on reçut à Montpellier la Déclaration du Roi Loüis-le-Juſte, donnée à Sᵗ. Germain-en-Laye le 10. de ce mois, par laquelle Sa Majeſté mettoit ſa Perſonne & ſes Etats ſous la Protection de la Sᵗᵉ. Vierge, & ordonnoit à perpétuité, une Proceſſion-generale dans toutes les Villes de ſon Royaume, le Jour & Fête de l'Aſſomption : On la commença cette année à Montpellier, avec toute la Splendeur qu'on a coûtume de la faire; & l'on ne tarda point de reſſentir les Effets de la Protection-Divine, par l'heureuſe-Naiſſance du Dauphin, dont la Reine accoucha le cinquième de Septembre. Comme toute la France ſoupiroit après ce Bonheur, elle donna au Jeune-Prince le Surnom de *Dieudonné*; & il n'eſt pas de Démonſtration-de-Joye qu'on ne donnât dans toutes es Villes du Royaume:

Celle de Montpellier, après les Actions-de-Graces publiques, voulut marquer la Confiance où elle étoit, de voir finir les Troubles qui l'avoient affligée ſi long-tems, en faiſant brûler dans un Feu-de-Joye, l'Image d'une Femme qui repréſentoit la Diſcorde; & pour donner de l'Exercice à la Jeuneſſe de la Ville, on dreſſa un Château rempli de Fuſées & autres Feux-d'Artifice, qui fut attaqué, défendu, & emporté par une Troupe de Jeunes-Bourgeois, choiſis auparavant par le Sʳ. de *Combas*, Premier-Conſul.

Mercure-François, Tom. 22.

Quelques mois auparavant, les Religionnaires de Montpellier avoient appris la Mort du Célébre Duc de Rohan; qui avoit été l'Ame de tous les Mouvemens qui ſe firent à Montpellier, & dans le reſte de la Province, durant neuf ou dix ans : Ce Seigneur, après s'être retiré à Veniſe en 1629. fut employé par la France dans la Valteline, & auprès des Griſons; & ayant été bleſſé à la première Bataille de Rhinfeld le 13. d'Avril 1638. il mourut de ſes Bleſſures, & fut enterré le mois ſuivant, dans l'Egliſe de Sᵗ. Pierre de Genève; où l'on voit encore le Magnifique-Tombeau de Marbre qui lui fut dreſſé.

1639. II. La France, qui ménageoit alors pluſieurs Intrigues contre l'Eſpagne, avec qui elle étoit en Guerre, mit ſur-Pié quatre ou cinq Armées en 1639. dont l'une, commandée par Henry de Bourbon Prince de Condé, entra dans le Rouſſillon, où il prit les Châteaux de *Hautpoul*, de *Stagel*, de *Canet* & de *Teutavelle*, pour faciliter la Priſe de *Salces* qu'il aſſiégea avec toute ſon Armée : Il s'en rendit-maître le 19. Juillet; & pour laiſſer paſſer les Chaleurs, qui ſont extrêmes dans ce Climat, il vint à Narbonne, & mit ſes Troupes en Quartier-de-Rafraîchiſſement. Cependant, les Eſpagnols, voulant ravoir cette Place, à quelque prix que ce fût, ramaſſérent toutes leurs Troupes, & vinrent la ſerrer-de-près : Alors, Mʳ. le Prince, ayant convoqué la Nobleſſe du Languedoc, & fait de nouvelles Levées, marcha avec quatre mile Hommes-de-Pied, quatre mile Chevaux; & deux mile Volontaires. A leur Approche, les Enemis ſongeoient déja ſe retirer, lorſque dans la nuit il ſurvint un Orage, pareil à celui que nous avons vû ci-devant être arrivé dans le même lieu à Henry II. encore Dauphin : Nos Troupes en furent diſperſées; & ce ne fut qu'avec des peines extrêmes que le Maréchal de Schomberg en ramaſſa le Débris, avec lequel il voulut encore aller aux Enemis : mais, nos Regimens, après avoir bien-commencé, ſe confondirent ſi fort les uns les autres, que les Soldats ne ſçurent plus à qui obeïr; enſorte que l'épouvante les ayant pris, ils entraînérent dans leur Fuite le reſte de l'Armée. Nous eûmes en cette Occaſion plus de trois cens Officiers de bleſſez, & trente de morts, parmi leſquels

Mercure-François, Tom. 23.

Liv. 13.

Mont-

Montpellier regreta beaucoup le S^r. de La Jaille son Senéchal, & Lieutenant-de-Roi de la Citadelle, dont le Corps fut porté en cette Ville, & enterré à l'Entrée du Chœur de S^t. Pierre: Un autre Mort de Diſtinction fut François de Janvier, S^r. de La Faverie, Fils d'un Conſeiller au Grand-Conſeil, qui s'étant marié à Montpellier après le Siége, avec Jeanne de Varanda; y laiſſa Poſterité, & merita par ſes Services, le Gouvernement de la Petite-Tour d'Avignon, & la Conceſſion du Roi Loüis XIII. de porter à ſes Armes une Fleur-de-Lis en Franc-quartier.

III. 1640.
Le Paſſage des Troupes qui revenoient du Rouſſillon, porta à Montpellier la Maladie du Camp, qui dégenera en une Peſte déclarée ſur la fin du mois d'Avril 1640. Toutes les Compagnies ſe hâterent de ſortir de la Ville; ſur un Principe qui paſſoit alors en Proverbe: qu'*en Tems de Peſte il faloit partir en diligence, aller loin, & revenir tard*. La Cour-des-Aides ſe changea à Frontignan, les Treſoriers-de-France à Gignac, & le Chapitre à Aniane: Tous les Habitans qui en eurent les moyens ſuivirent leur Exemple; & ainſi, le Mal trouvant moins de Matiére, finit dans quatre mois: ce qui fit appeller cette Contagion *la Petite-Peſte*, pour la diſtinguer de celle de 1629. qui avoit duré dix-neuf mois: Elle empêcha la Ville de Montpellier de donner du Secours au Maréchal de Schomberg, qui étoit alors dans le Rouſſillon pour appuyer la Revolte de la Catalogne contre le Roi d'Eſpagne; & elle enleva *François de Ranchin*, qui avoit ſi bien ſervi ſes Concitoyens durant la Grande-Peſte. On marque que ſa Charge de Chancelier de l'Univerſité, fut donnée à *Richer de Belleval*, & celle de Profeſſeur à *Pierre Sanche*.

La Cour-des-Aides étant revenuë de Frontignan à Montpellier, y fit l'Ouverture du Palais le premier Octobre, où les Conſuls en Robe-Rouge, ayant à leur Tête le S^r. *de Beaulac*, Receveur-General, & Premier-Conſul, allérent haranguer le Préſident *Lagreſſe*, qui ſe trouvoit le plus Ancien en l'abſence de M^r. de *Rochemore*, Premier-Préſident. Le 7e. de ce mois, toutes les Compagnies ſe rendirent à S^t. Pierre, pour aſſiſter au *Te Deum* qui y fut chanté pour l'heureuſe Naiſſance du Duc d'Anjou, dont la Reine s'étoit accouchée le 21. du mois précedent.

Dans ce même mois d'Octobre, le Roi ayant nommé M^r. le Prince pour venir tenir les Etats à Pezenas avec le Maréchal de Schomberg, nos Conſuls envoyérent à ſa rencontre juſqu'à S^t. Privat, près du Pont du Gard, où les Députez de la Ville ſaluërent Son Alteſſe, qui étant arrivée à Montpellier le 25. ne voulut point prendre la Maiſon du Préſident Baudan qu'on lui avoit preparé: mais, elle s'arrêta au Logis du Cheval-Blanc, où elle reçut les Honneurs & les Préſens de la Ville; & ayant oüy la Meſſe le lendemain matin dans l'Egliſe de S^t. Paul, elle partit pour Pezenas.

IV.
Ce fut alors qu'on fit à Montpellier, comme dans le reſte de la Province, une grande Recherche des Rogneurs de Monoye. Pour l'intelligence de ce Fait, il eſt à obſerver, que dès l'année précedente le Roi avoit ordonné, qu'on recevroit indifferemment toutes les Eſpeces ſur le Pié-courant, ſoit qu'elles fuſſent fortes ou legéres; ce qui donna lieu aux plus Avides d'en faire de grands-Amas. Alors le Roi fit ce beau Reglement pour les Monoyes qu'on peut voir dans *Le Blanc*; par lequel Sa Majeſté ordonne une nouvelle Fabrication des Eſpeces, & veut qu'on apporte à l'Hôtel-des-Monoyes toutes les Anciennes. Le Déchet énorme qui s'y trouva, cauſa la Ruïne de Ceux qui en avoient le plus amaſſé; & la Précaution qu'on prit par le moyen des Grenetis, de rendre ſenſibles les moindres Rognures qu'on feroit à l'avenir, arrêta le Mal: Ainſi, le Roi cut les Rogneurs & les Rognures, comme avoit dit le Cardinal de Richelieu, lorſqu'on voulut lui faire des Repréſentations ſur l'Ordre qui avoit été donné, de recevoir indifferemment toutes les Eſpeces.

1641.
Dans les premiers mois de l'année 1641. on vit paſſer à Montpellier D. Ignatio *Maſcarognas*, Ambaſſadeur-Extraordinaire de Jean de Bragance nouveau Roi de Portugal, qui paſſoit par la France pour ſe rendre à Barcelonne, où il étoit envoyé: Nos Conſuls en Chaperon, allérent le complimenter en François, au Logis du Cheval-Verd, où il s'étoit arrêté; & le même Truchement qui lui fit entendre le Compliment des Conſuls, leur rendit en François le Remerciment de l'Ambaſſadeur.

1641.

Peü de jours après, le Maréchal de Brezé, qui alloit prendre Possession de sa Viceroyauté de Catalogne, vint à Montpellier, d'où il partit avec les Troupes du Languedoc, qu'il laissa dans le Roussillon, sous les Ordres de M^r. de la Melleraye, pour preparer au Roi Loüis XIII. la Prise de Perpignan: Tout le reste de cette année se passa dans la Catalogne en divers Combats, qui conservérent cette Comté sous la Domination de la France; Et il n'y eut rien de remarquable à Montpellier, que les Obséques de Dame Anne d'Aluin, Maréchale de Schomberg, qu'on fit à S^t. Pierre le 18e. Novembre, en présence de toutes les Cours, qui y assistérent par Députez en Robe-Noire. Peu de jours après, les Etats de la Province députérent M^r. de Fenoüillet, Evêque de Montpellier, pour aller porter au Roi le Cayer des Etats; mais, il trouva Sa Majesté à Lyon, d'où Elle avoit fait dessein de s'avancer vers la Catalogne.

1642. V. Nos Consuls reçurent de sa Part, une Lettre écrite à Montelimar le 25. Février, par laquelle Sa Majesté leur donnoit Avis, qu'Elle venoit à Montpellier; mais, qu'Elle leur défendoit par exprès, de la recevoir sous les Armes, ni de tirer le Canon qu'après qu'Elle seroit entrée: En consequence, trois de nos Consuls, & cinq Députez, allérent jusqu'à Nîmes, pour assurer le Roi du Respect & de l'Obéissance de toute leur Ville; & étant revenus à la hâte, ils se rendirent en Robes-Rouges, le 6e. de Mars, au-delà du Clos d'Aiguillon, où voyant approcher le Carrosse du Roi, ils se mirent à genoux, lui prêtérent Serment-de-Fidelité, & lui firent faire une petite Harangue, dont il parut si content, qu'il leur dit: *Je vous en remercie*, en mettant le Chapeau à la main; C'est ainsi que nos Mémoires le raportent: Et ils ajoûtent, que Sa Majesté étoit au fond du Carrosse, ayant M. de Cinqmarcs son Grand-Ecuyer, & un autre Seigneur, chacun à une Portiére. On ne lui presenta point les Clefs de la Ville, non-plus que le Dais, parcequ'Elle l'avoit défendu; & Elle alla loger chès le Président Baudan, (aujourd'hui la Maison de Mouton.)

Le même-jour, M. de Noyers, Secrétaire-d'Etat, arriva à Montpellier, & logea chès le S^r. de *Fourques*, où les Consuls allérent le visiter en Robes-Rouges, & avec toute la Suite-Consulaire, sans Halebardes, à cause de la Présence du Roi dans la Ville.

Le 7e. du mois, le Roi étant parti pour Pezenas, nos Consuls, qui sçavoient que le Cardinal de Richelieu devoit arriver incessanment, firent partir trois des Leurs, avec cinq Députez, pour aller au-devant de Son Eminence jusqu'à Lunel; d'où étant revenus le lendemain matin, ils se trouvérent tous, sur les deux heures après-midi, au-delà du Pont-des-Augustins, où ils firent haranguer le Cardinal, qui alla loger chès le Président Bocaud: M^r. de la Vrilliére, Secrétaire-d'Etat, logea chès le S^r. *Daudessens*, M^e. des Comptes; Et le Cardinal Mazarin, qui venoit tout recemment de recevoir le Chapeau des mains du Roi, étant arrivé à Montpellier le 9e. fut logé chès le Président Baudan, dans le même Appartement que le Roi avoit occupé deux jours auparavant.

VI. Le 10. de Mars, sur les onze heures du matin, tous ces Seigneurs partirent de Montpellier, où, quelques jours-après, la Surprise fut extrême, lorsqu'on vit arriver, comme Prisonnier-d'Etat, ce même M^r. de *Cinqmarcs* qu'on avoit vû tout recemment entrer avec le Roi dans le même Carrosse. On apprit bientôt, que ce jeune Seigneur, Favori de Loüis XIII. tramoit alors un Traité avec l'Espagne, dont l'Execution alloit à bouleverser la France, & à perdre entiérement le Cardinal de Richelieu; Ce Ministre, qui fut assés heureux pour avoir une Copie du Traité, le fit arrêter à Narbonne par Ordre du Roi, & conduire de là, dans la Citadelle

Manuscrits de Delort.

de Montpellier, où il arriva le 15. Dès-lors, on mit tout en œuvre pour le faire évader, par le Moyen d'un Enseigne de la Garnison, nommé *La Bonaudiere*, qui avoit gagné la Sentinelle, & qui attacha une Echelle-de-corde au Parapet d'un Bastion, par où le Prisonnier pouvoit decendre: Il ne restoit qu'à le tirer de sa Prison, qui donnoit sur un Couvert terminé par une Cheminée, d'où, en sautant de la hauteur d'un Homme, il pouvoit gagner son Echelle-de-corde; mais, malheureusement le Courage manqua à M^r. de Cinqmarcs: car, après être sorti de sa Prison par une Fenêtre bâtie à Pierre-sèche qui donnoit sur le Couvert, il fut si fort effrayé du Bruit que faisoit l'Officier qui l'avoit en Garde, qu'au-lieu de continuer

tinuer sa Marche pour gagner le Bastion, il se contenta de se cacher derriére le
Tuyau de la Cheminée, où ayant été découvert, il fut renfermé plus étroitement, & conduit à Pierre-Encise. On sçait qu'après y avoir été confronté à
Mʳ. de Thou, Conseiller-d'Etat, ils furent condannez à perdre la Tête le 12.
de Septembre ; l'un, pour avoir signé le Traité, & l'autre, pour n'avoir pas revelé
le Secret de son Ami, quoiqu'il eût fait son possible pour l'en dissuader.

Cependant, Loüis XIII. ayant quité Narbonne, se présenta devant Perpignan, VII.
presqu'en même-tems que Philipe de *La Mothe-Houdancour* défit dans la Catalogne,
l'Armée des Espagnols, & fit Prisonnier leur General : Cette Victoire lui valut le
Bâton de Maréchal-de-France ; Et ses Prisonniers ayant été envoyez en France;
on vit arriver à Montpellier, Dom Pedro d'Aragón, Marquis *del Povar*, General de l'Armée d'Espagne, & Dom Vincenso de *La Mare*, Lieutenant-General de
la Cavalerie : La Ville leur fut donnée pour Prison, où ils restérent jusqu'en 1644.
Ce fut pendant ce long-Séjour, qu'on apprit à Montpellier une Réponse-fiére du
Marquis del Povar, après la Déroute de son Armée ; Car, on raconte que le
Maréchal de Brezé, chès qui il fut logé, lui ayant presenté Mʳ. de La Mothe-
Houdancour, auquel il venoit de donner, de la Part du Roi, le Bâton de Maréchal de France ; le Marquis, à qui cette Vûë rapelloit le Souvenir de sa Défaite, lui dit fiérement : *No es el Rey que lo a hecho Marescal de Francia, es yo* ; Ce
n'est pas le Roi qui l'a fait Maréchal-de-France, c'est moi. Les Soldats de son
Armée qui avoient été faits Prisonniers, furent conduits à Montpellier, où on
les tint jusqu'au nombre de deux mile, sous des Tentes qu'on fit dresser dans
les Fossez, en attendant qu'on les distribiüât en d'autres Villes.

Dans ce même-tems, Janetin Doria, General des Galéres d'Espagne, allant de
Colioure à Taragone, fut obligé de relâcher à Palamos, d'où il fut conduit à la
Citadelle de Montpellier ; qu'il eut pour Prison : Il étoit de l'Illustre-Famille des *Manuscrits de*
Doria de Génes, attachée depuis Charles-Quint, à la Maison d'Autriche. On mar- *Delort.*
que, que Janetin étoit de fort-petite Taille, & malfait de sa Personne ; mais,
qu'il avoit beaucoup d'esprit.

Les Fatigues du Siége de Perpignan, jointes aux Chaleurs du Climat, alte- VIII.
rerent si fort la Santé du Roi, qu'il fut obligé, par l'Avis de ses Medecins, de
partir pour aller prendre les Eaux de Maine : Celle de son Premier-Ministre n'en
soufrit pas moins, puisqu'il fut reduit à se faire porter en Brancard ; Mais, ils
ne tardérent point l'un & l'autre, d'apprendre que Perpignan s'étoit rendu le 8. Septembre, aux Maréchaux de Schomberg & de La Melleraye, qui en avoient conduit les Attaques. Dans ce même-mois, *Salces* suivit l'Exemple de Perpignan ;
Et ainsi, tout le Roussillon fut reüni à la France ; à qui il a resté toûjours depuis.

Cette année 1642. qui avoit terminé les Jours de la Reine Mere du Roi, dans
la Ville de Cologne, le 3ᵉ. de Juillet, termina aussi ceux du Cardinal de Richelieu, qui, après un Ministére des plus traversez & des plus glorieux, mourut
à Paris le 4ᵉ. Décembre, dans la 58ᵉ. année de sa Vie : Le Roi son Maître, ne
lui survécut que de cinq mois, étant mort à Sᵗ. Germain-en-Laye le 14ᵉ. de
Mai 1643.

FIN DU LIVRE DIX-HUITIE'ME.

410

HIS-

HISTOIRE
DE LA VILLE
DE MONTPELLIER,
SOUS LE ROY LOUIS XIV.

LIVRE DIX-NEUVIÉME.

CHAPITRE PREMIER.

I. *Nouveau Premier-Président à Montpellier.* II. *Le Duc d'Orléans Gouverneur de la Province, Et le Vicomte d'Aubijoux Gouverneur de la Ville & de la Citadelle.* III. *Troubles pour l'Election des Consuls.* IV. *Nouveau Juge-Mage, & nouveau Sénéchal.* V. *Sédition des Partisans.*

DES la Mort de Loüis XIII. la Reine Anne d'Autriche prit Pos- I. session de la Régence, & Monsieur Gaston de la Lieutenance-Ge- 1643. nérale du Royaume, qui leur étoient données par une Déclaration du feu Roi. Dès-lors, le Cardinal Mazarin alla à grands-pas au Ministére, où il fut élevé par la Reine sur la fin de cette même année : Mais, on ne tarda pas si long-tems de s'en appercevoir à Montpellier, par la Nomination qu'il fit faire, à la Charge de Premier-Président en la Cour-des-Comptes, Aides & Finances, qui vaquoit par la Mort de *François de Rochemore*; Il y fit nommer *François Bon*, Conseiller en cette

1643. Cour, qui en eut les Provisions du 20. Août, & fut reçû en cette Charge le 15ᵉ. de Septembre : Peu-après, il fut député par sa Compagnie, avec le Sʳ. *de Rignac*, & deux autres Officiers qui étoient déja à Paris, pour aller rendre au Roi Loüis XIV. les Devoirs-accoûtumez par les Cours-Supérieures du Royaume, à chaque Mutation-de-Regne.

Dans cette même année, les Etats de la Province, assemblez à Montpellier, y firent un Service-solennel pour le Roi Loüis XIII. dans l'Eglise de Sᵗ. Pierre. Claude de Rebé, Archevêque de Narbonne, y celebra la Grand'-Messe : Le Pere Cazelez, Religieux Dominicain, fit l'Oraison-Funébre ; Et les Absoutes furent faites par le même Archevêque, assisté des Seigneurs, *Loüis-François de La Baume de Suze*, Evêque de Viviers ; *Gaspard d'Aillon de Lude*, Evêque d'Alby ; *Jean de Fossez*, Evêque de Castres, & *Climent de Bonzy*, Evêque de Beziers. On marque que Mʳ. de Schomberg tint les Etats, assisté de Mʳˢ. *François Bosquet*, Intendant de Justice, Police & Finances en Languedoc, & de *Jean Balthazar*, Maître-des-Requêtes de l'Hôtel, avec les Sʳˢ. Pierre de Grefeüille, & N. de Caulet, l'un Tréforier-de-France en la Generalité de Montpellier, & l'autre en celle de Toulouse.

1644. II. L'année 1644. produisit un Changement-remarquable dans la Province, dont Mʳ. le Duc d'Orléans demanda le Gouvernement, & voulut en même-tems celui de la Ville & Citadelle de Montpellier. Le Maréchal de Schomberg, qui étoit revêtu de toutes ces Charges, voyant qu'il ne pouvoit resister à une si grande Autorité, prit le parti de demander la Lieutenance-Generale du Languedoc sous Son Altesse ; ce qui lui fut accordé : Mais, le Commandement de la Ville & Citadelle de Montpellier, fut donné par le Duc d'Orléans, à *François d'Amboise*, Vicomte d'Aubijoux, comme on peut le voir par cette Lettre qu'il écrivit à nos Consuls.

» MESSIEURS, Il a plû au Roi, mon Seigneur & Neveu, outre le Gouverne-
» ment de la Province, me confier encore celui de vôtre Ville & de la Citadelle.
» Comme son Service m'appelle ailleurs, j'envoye le Sʳ. Vicomte d'*Aubijoux*, pour
» y commander en mon absence, & avoir le Soin nécessaire pour la Conservation
» de cette Ville : Je l'ai aussi chargé particuliérement, de vous maintenir en Union
» & Concorde les uns avec les autres, & de contribüer de tout son pouvoir à
» vôtre Soulagement ; Je veux-croire que de vôtre part, vous entretiendrés avec
» lui une bonne-Correspondance, & lui ajoûterés une même foi qu'à moi-même,
» qui suis, Messieurs, Vôtre Bon-Ami. *Signé*, GASTON. *A Paris le 16. Mai 1644.*
Et au-dessus : A Messieurs les Consuls de la Ville de Montpellier.

Les Ordres du Prince furent fidélement executez, Mʳ. d'Aubijoux ayant été reçû le 20. Juin avec tous les Honneurs-accoûtumez, sous le Consulat du Sʳ. de *Girard*, Contrôleur. Les mois suivans furent marquez par les Réjoüissances qu'on fit à Montpellier, pour l'heureux-Succès des Armes du Roi, commandées dans les Païs-Bas par Mʳ. le Duc d'Orléans, qui y prit *Gravelines*, & en Allemagne, par le Jeune Duc d'Anguien, qui se rendit-maître de *Philisbourg*. A la fin de cette Campagne, où le Maréchal de Schomberg avoit servi, il revint à Montpellier, où il se fit recevoir le 17. d'Octobre, en la Charge de Senéchal & Gouverneur de la Justice de Montpellier, à laquelle il avoit été nommé depuis la Défection de Mʳ. de Restincliéres : On marque aussi, qu'il alla à la Citadelle, quoiqu'il n'en eût plus le Gouvernement, pour y visiter le Marquis *del Povar*, Janetin *Doria*, & les autres Prisonniers qui y étoient encore ; & qu'avant la fin de cette même année, il reçut à Montpellier, pour Lieutenant-General dans le Département du Bas-Languedoc, Loüis *de Cardaillac* Comte de *Bioule*, qui avoit acheté cette Charge du Duc d'Arpajou.

1645. III. Toute l'année 1645. fut pleine de Changemens & de Troubles à Montpellier, qui commencérent le 1ᵉʳ. de Mars, à l'occasion de l'Election des Consuls ; Car, tandis que le Conseil étoit assemblé dans l'Hôtel-de-Ville pour y proceder, on marque que le Sʳ. *Genton*, Gentilhomme à M. d'Aubijoux, porta un Ordre du Roi & de Mʳ. le Duc d'Orléans, de nommer à la premiére Place, *Richer de Belleval*, Chancelier en l'Université de Medécine, préferablement à tout autre.

Le

Le Conseil, surpris d'un Ordre qui renversoit les Usages & les Priviléges de la Ville, s'y opposa de son mieux: mais, voyant qu'il n'étoit pas possible de resister à l'Autorité-Souveraine, ils nommérent celui qu'on leur ordonnoit; & profitant de la Liberté qu'on leur laissa d'élire les autres Consuls, ils choisirent les S^{rs}. *Pinel*, *Salgues*, *Bagnols*, *Maumiger* & *Peiret*.

Cependant, les Anciens-Consuls ayant quelque remords à ce qu'ils venoient de faire, & craignant d'être blâmez un jour, d'avoir laissé perdre les Libertez & Priviléges de la Ville, députérent à Toulouse le Second & le Quatriéme d'entr'eux, pour impetrer des Lettres-d'Appel de cette Election; Ils envoyérent même un Courier en Cour, pour faire leurs très-humbles Représentations: mais, le Gentilhomme de M^r. d'Aubijoux ayant fait plus de diligence que leur Envoyé, il y eut Arrêt du Conseil, en confirmation de tout ce qui avoit été fait; de sorte que les Anciens-Consuls firent inutilement exploiter leurs Lettres-d'Appel, & l'Ordonnance du Parlement qui fortifioit les Inhibitions. Mais, ce qu'ils firent de mieux, fut de faire prendre une Déliberation aux Etats de la Province, qui se tenoient à Narbonne, par laquelle le Roi & Son Altesse seroient supliez, de laisser à la Ville de Montpellier, & aux autres du Languedoc; leurs Libertez & leurs Priviléges: Cet Expedient réussit pour l'avenir; mais, quant à cette année, l'Election subsista, non sans causer du Murmure & de l'Aliénation dans les Esprits.

Durant l'intervale des vingt-cinq jours qui s'écoulérent entre l'Election des IV. Nouveaux-Consuls & leur Prestation de Serment, il y eut à Montpellier un nouveau Juge-Mage & un nouveau Senéchal. *Antoine de Crouzet*, Conseiller en la Cour-des-Aides, ayant acquis du S^r. *Saporta* la Charge de Président au Présidial, & celle de Juge-Mage du S^r. de *Trinquére*, voulut réunir en sa Personne les deux Charges, pour lesquelles il se fit recevoir au Parlement de Toulouse, d'où étant venu à Montpellier le 8. de Mars, il y fit son Entrée avec les Cerémonies-accoûtumées; c'est-à-dire, que les Consuls-Majeurs & les Consuls-de-Mer, avec la Bourgeoisie à Cheval, allérent à sa Rencontre hors la Ville, & l'accompagnérent à sa Maison. Deux jours après, il fut instalé dans sa Charge par les Officiers du Présidial; & le lendemain, jour de sa Premiére-Audience, les Consuls s'y rendirent en Robes-Rouges, & le firent haranguer par leur Orateur, avant qu'on appellât aucun Cartel: Il est à observer, qu'ils le firent requerir de jurer la Conservation des Statuts & Priviléges-Municipaux de la Ville de Montpellier; ce qu'il fit. On observe encore, que les Consuls restérent debout & couverts, tout le tems que leur Orateur parla; & s'étant assis pendant que la Cour fut aux Opinions, ils se relevérent, & se tinrent découverts, lorsque le Juge-Mage prononça.

La Charge de Senéchal en laquelle le Maréchal de Schomberg s'étoit fait recevoir quelques-mois auparavant, fut résignée presqu'aussitôt par ce même Seigneur, à Messire Loüis de *Saint-Bonnet-Toiras*, Fils de Jacques, Seigneur de Restincliéres, en faveur de qui le Roi Loüis XIII. avoit créé cette Charge. Il est à croire que le Maréchal de Schomberg, qui avoit negligé long-tems de s'y faire recevoir, le fit alors pour faire revenir au Fils la Charge du Pere, & donner ce plaisir au Comte d'Aubijoux, Beaufrere de Toiras: il fut instalé au Palais le 24. & le lendemain, il reçut avec le Nouveau-Juge-Mage, le Serment des Nouveaux-Consuls dans l'Eglise de la Loge.

Sur ces entrefaites, Henry de Lorraine, Comte d'Harcourt, ayant été nommé Viceroi de Catalogne, où la Guerre duroit toûjours, vint à Montpellier dans le mois de Mars; Le Maréchal de Schomberg fut à sa Rencontre, le reçut chès lui, & l'accompagna dans son Voyage. Quelques-mois après, on vit arriver en cette Ville, *Isabeau d'Aubijoux*, Epouse de M^r. de Toiras, Senéchal de Montpellier, & Sœur du Comte d'Aubijoux, Commandant de la Ville & de la Citadelle: Cette Dame fut reçuë à la Porte de la Saunerie avec les Honneurs-accoûtumez; & étant suivie d'un grand-nombre de Carrosses qui avoient été à sa Rencontre, elle vint décendre à la Maison de son Epoux, (aujourd'hui la Maison de Barbeirac.)

Jusqu'ici les Mouvemens arrivez à Montpellier avoient eu quelque mélange de V.

1645.

plaisir; mais, sur la fin de Juin il y eut de si grands Troubles, qu'ils faillirent à causer un Renversement-total. La Chose vint à l'occasion des Droits du Joyeux-Avénement à la Couronne du Roi Loüis XIV. que quelques Particuliers de Montpellier avoient affermé, & qu'ils étendoient si-fort, qu'ils l'exigeoient des Consuls, non-seulement pour le général de la Ville, & pour chaque Corps-de-Métier, mais encore de chaque Particulier, qu'ils prétendoient rendre Solidaires les uns pour les autres: Les Huissiers de la Ville ayant refusé de leur prêter leur Ministére, ils firent venir un Huissier étranger, qui exploita avec si-peu de Ménagement, qu'il se fit chasser à Coups-de-Pierre par une Troupe de Femmes jusqu'à Castelnau. L'Affaire n'eut point alors d'autres suites; & le Peuple se contenta de murmurer, & d'attacher une grande Idée-de-Mépris au Nom de *Partisan* : Mais, la Veille de S^t. Pierre, la Chose fut portée à la derniére-extrémité; Car, le S^t. François *Maduron*, qui tenoit chès lui au Pile-Saint-Gilles, le Bureau de Recette, ayant voulu la Veille de S^t. Pierre, aller voir le Feu-de-Joye qu'on fait tous les ans devant la Catédrale, il y trouva une Troupe d'Enfans, qui, l'ayant apperçû, l'appellérent *Partisan* : cette Injure le fâcha si-fort, qu'il châtia rudement le Premier qui lui tomba sous la main; mais, tous les autres ayant accouru, lui firent lâcher-prise à Coups-de-Pierre.

Manuscrits de Delort.

La Querelle de ces Enfans fut bientôt suivie de celle de leurs Meres; car, la nommée *Monteille*, Femme d'un Tuilier, touchée des Pleurs de son Fils, qui avoit été batu, alla prendre une Caisse pour assembler ses Compagnes, qu'elle harangua de toutes ses forces. Le Resultat de leur Assemblée fut, de mettre à leur Tête la nommée *Branlaire*, Femme d'une grande-Taille, d'une Mine-résoluë, & toute propre à augmenter la Sédition : elle dit résolument, qu'il faloit exterminer Ceux qui leur ôtoit, & à leurs Enfans, le Pain de la Bouche; & aussitôt, elles coururent dans tous les Lieux où elles croyoient trouver des Partisans. La Maison de Maduron fut la première visitée, & mise au Pillage; ensuite, deux autres à la Canourgue : puis, courant de toutes leurs forces au Logis du Cigne, où les Commis des Partisans étoient logez, elles obligérent l'Hôte à leur ouvrir la Chambre de *Chantereau*, dont elles brûlérent tous les Papiers. Le Voisinage du Cigne les ayant attirées au Plan de Tournemire, elles s'attachérent à la Maison de la Dame de *Falguerole*, Belle-Mere de *Dupuy*, l'un des Principaux-Partisans : Cette Dame avoit pris la Précaution de faire venir des Gens-armez pour la défendre; mais, sa Précaution augmenta le Mal : car, la Troupe des Femmes voulant à toute force qu'on la leur ouvrît, la Dame de *Falguerole* fit tirer sur elles, dont il y en eut quelques-unes de blessées.

Alors, leurs Maris, qui jusque-là avoient été paisibles, commencérent d'entrer dans la Querelle : Ils coururent aux Armes; & la première Personne qui y périt, fut la Dame de *Falguerole*, qui, ayant voulu se montrer à la Fenêtre, reçut un Coup-de-Fusil dans la Tête : ses Meubles furent brûlez au-devant de sa Maison, en si grande quantité, qu'il y auroit eu lieu de craindre un Incendie de tout le Quartier, si on n'eût eu la Précaution d'en porter une partie à l'Esplanade. De la Maison de Falguerole, la Troupe des Mutins courut à la Maison du S^t. *Boudon*, Payeur du Présidial; & ensuite, à celle de *Massia*, Trésorier de la Bourse de la Province : ils y brûlérent Meubles, Carrosse & Papiers : Mais, ce qu'il y eut de plus triste, est qu'un des Fils du S^t. *Massia*, Chanoine de Narbonne, en fuyant de la Maison de son Pere pour éviter les Séditieux, fut arrêté au Coin de la Maison de Gresüille, (aujourd'hui Girard) & tué misérablement.

Le Maréchal de Schomberg, revenu d'une Partie-de-Chasse, où il se trouvoit dans le tems de ce Desordre, monta aussitôt à Cheval, à la Tête de ses Gardes, suivi de beaucoup de Noblesse, & entr'autres du S^t. de *Goussonville*, Lieutenant-de-Roi, qui, s'étant séparé de lui avec des Troupes, vint à la Place des Cévénols, où il trouva des Gens-armez qui gardoient ce Poste; Il leur commanda, de la Part du Roi, de se retirer : mais, cette Canaille lui ayant répondu insolemment, il fit tirer quelques Coups, dont il y eut un Habitant de tué ; Alors les Revoltez firent une Décharge sur lui, & blessérent plusieurs des Siens : ce qui obligea le Lieutenant, qui étoit le moins-fort, de se retirer; & se voyant encore

pour-

poursuivi, il poussa son Cheval à toute-Bride vers la Citadelle, où il se réfugia, ayant laissé son Chapeau dans ce Desordre.

Cependant, M'. de Schomberg n'étoit pas moins-exposé à la fureur de Ceux qui lui faisoient tête : un Malheureux le coucha-en-joüe ; & il l'auroit tué infailliblement, si le Coup n'avoit été détourné par le Capitaine *Carrié* : Cet Homme, qui avoit autrefois bien servi dans les Troupes du Roi, se trouvoit alors Capitaine de Sixain dans Montpellier ; & voyant la Sédition du Peuple, il alla, de l'Ordre de M'. le Maréchal, se mettre à la Tête des Revoltez, pour tâcher de les ramener. Le Maréchal, de son côté, employa toutes les Voyes-de-Douceur pour appaiser les Esprits : il défendoit aux Siens de tirer, & parloit aux Revoltez en Languedocien ; ce qui lui gagna la Bienveillance des Femmes. On raconte, que la *Branlaire* ayant été prendre la Bride de son Cheval ; & le Maréchal lui ayant demandé, d'un air assez enjoüé, qu'est-ce qu'elle vouloit faire de lui ? elle lui répondit, que c'étoit pour le faire retirer ; parcequ'on n'en vouloit qu'aux Sangsuës-publiques, & nulement à un Bon-Seigneur comme lui. Une Chose qui le toucha beaucoup au commencement du Tumulte, c'est, qu'ayant trouvé une Bonne-Femme avec son Enfant, qu'elle pressoit de marcher pour aller joindre le Gros des Combatans, il lui demanda, où est-ce qu'elle alloit ? à la Mort, Monseigneur, répondit-elle : mais, qu'est-ce qui vous presse de mourir ? c'est, ajoûta-t-elle, pour mourir une bonne-fois, afin qu'on ne nous donne pas la Mort chaque jour, comme l'on fait, en nous ôtant le Pain à mon Fils & à moi : Le Maréchal, ému de cette Réponse, lui donna un Ecu-d'Or, & la fit conduire par un de ses Gardes, dans la Maison de quelque Bon-Bourgeois, jusqu'à-ce que le Desordre eût fini.

Manuscrits de Serres.

Il continüa tout le reste de ce jour à parcourir la Ville, jusque-bien-avant dans la nuit, où le Capitaine *Carrié* fit remettre aux Consuls, les Clefs de l'Horloge, dont les Revoltez s'étoient saisis pour sonner le Tocsin : On négocia toute cette nuit avec eux, en leur promettant l'Expulsion des Partisans, & la Décharge des Taxes. En effet, M'. de Schomberg donna une Ordonnance, portant cette Décharge, avec Main-levée des Saisies, & Ordre aux Etrangers de vuider la Ville : Il dissimula-même un Attentat arrivé le soir-précedent, où les Femmes en furie avoient été rompre les Prisons du Présidial, & enlever deux Jeunes-Hommes qui avoient été surpris en pillant quelques Maisons de Partisans.

Ces Marques-de-Bonté de la part de M'. de Schomberg, calmerent les Esprits ; & les disposerent à laisser assembler les Sixains, qu'on distribüa avec quelques Soldats de la Citadelle, à la Maison-de-Ville, aux principaux Carrefours, & à deux Portes de la Ville, qui s'ouvroient alternativement. La Nouvelle qui survint, que le Regiment de Normandie étoit déja à Lunel pour entrer dans Montpellier, y causa quelque Alarme, & porta les principaux Habitans à faire de grandes Instances à M'. le Maréchal, pour qu'il revoquât son Ordre, & renvoyât ce Regiment ailleurs ; Il le fit gracieusement, pour achever de les gagner : mais, il exigea que toutes les Compagnies-de-Justice envoyassent tour-à-tour, quelques-uns de leur Corps pour la Garde des Portes ; Ainsi, la Cour-des-Aides commença : puis, les Trésoriers-de-France ; ensuite le Présidial ; & enfin, les Bourgeois & les Marchands.

Le Calme ayant été affermi par ce Bon-Ordre, nos Consuls donnèrent un Avis-sommaire, de tout ce qui s'étoit passé dans cette Emotion, au Premier-Président du Parlement de Toulouse ; & ils écrivirent aux Villes-circonvoisines, qu'elles pouvoient venir librement commercer avec eux, comme on avoit fait auparavant. Le Roi, informé que la Tranquilité y avoit été rétablie, écrivit au Maréchal de Schomberg, pour lui marquer la Satisfaction qu'il avoit de sa Bonne-Conduite : Mais, ce Seigneur avoüoit à ses Amis, que dans les plus-grands Combats où il s'étoit trouvé, il avoit moins appréhendé qu'en cette Occasion ; Et il ajoûtoit, en riant, que lorsqu'il diroit les Litanies, il n'oublieroit jamais d'y mettre : *A Furore Populi, libera nos Domine.*

Dans cette même année, le Roi fit expedier un Brevet de Conseiller-d'Etat-Ordinaire, en faveur d'Antoine Crouset, Président-Juge-Mage, & Lieutenant-General au Gouvernement & Présidial de Montpellier, où il est dit, que c'est en recompense de ses Bons-Services dans la Charge de Président-Juge-Mage, & particuliérement en l'Emotion arrivée depuis-peu en cette Ville.

CHAPITRE SECOND.

I. *Desunion de la Cour-des-Aides & de la Chambre-des-Comptes.* II. *Tentatives des Officiers pour l'éluder.* III. *Abolition accordée pour la Sédition des Partisans.*

1646. I. IL fut proposé dans le Conseil du Roi, de punir la Ville de Montpellier par la Démolition de ses Murailles; Mais, l'Inquiétude & la Jalousie de quelques Particuliers, que je ne nommerai point, servirent à déterminer, & peut-être à accélerer le Châtiment: Ils firent entendre au Premier-Ministre, que la Cour-des-Aides de cette Ville avoit fomenté la Sédition des Partisans; & que si on la desunissoit de la Chambre-des-Comptes, elle seroit bien punie: outre que la Justice en seroit mieux administrée, (disoient-ils) & qu'il en reviendroit aux Cofres du Roi, une grosse Somme, par des Offices de Crüe qu'on pourroit établir, pour lesquels on promettoit un grand-nombre d'Acheteurs.

Les diferentes Guerres que la France soûtenoit alors en Flandre, en Allemagne, & dans la Catalogne, firent goûter cet Expedient; d'autant-plus qu'il donnoit le moyen de punir toute la Ville de Montpellier: Ainsi, par Edit du mois d'Octobre 1646. la Desunion fut ordonnée; la Cour-des-Aides destinée à Carcassonne, le Présidial à Lunel; & l'on fit une Création de vingt-cinq Offices, pour composer une nouvelle Chambre-des-Comptes, qui devoit rester à Montpellier.

Cependant, les Officiers de la Cour-des-Aides, ne pouvant se resoudre sitôt à quiter leur Maison & leur Ville, députérent en Cour, dans l'esperance de pouvoir fléchir le Roi: Ils continüérent, à leur ordinaire, l'Administration de la Justice, sous prétexte de ne pas laisser souffrir les Parties; Mais, le Roi en ayant été averti, fit partir deux Huissiers de la Chaîne, avec cette Lettre pour les Consuls de Montpellier.

„Très-Chers et Bien-Amez, Par Arrêt de nôtre Conseil-d'Etat du 14. du „présent mois, & Lettres-Patentes expediées sur icelui, Nous avons, pour plu- „sieurs Considerations importantes à nôtre Service, & Contentement de nos Su- „jets de nôtre Province de Languedoc, ordonné, conformément à nôtre Edit du „mois d'Octobre dernier, la Desunion de nôtre Cour-des-Aides de Montpellier „d'avec la Chambre-des-Comptes dudit Lieu, ainsi que vous verrés, & qu'il est „plus particuliérement porté par ledit Edit & Lettres; lesquelles envoyons presen- „ter par-delà, par *Quinebeuf* & *Herbin*, Huissiers de nôtre Conseil, pour la met- „tre en execution. Nous vous avons voulu faire certains de l'Ordre de la Reine- „Régente nôtre très-honorée Dame & Mere, pour vous dire, que vous ayés à „y tenir la main, & d'y porter à cet effet ausdits Huissiers, toute l'Application „dont vous serés par eux requis, ensorte que ledit Arrêt & Lettres soient promp- „tement executées: A quoi Nous assurant que vous ne serés faute d'y satisfaire, „Nous ne vous la ferons plus expresse. Donné à Paris le 19e. jour de Novem- „bre 1646. *Signé*, Louis: *Et plus bas*, Phelypeaux.

Et au-dessus: A nos Chers & Bien-Amez les Consuls de la Ville de Montpellier.

Pierre de Ratte, qui étoit alors Premier-Consul, en recevant cette Lettre de la main des Huissiers, leur répondit, au Nom de tous ses Collègues, qu'ils offroient tout ce qui pouvoit dépendre-d'eux pour le Service du Roi; & ayant reglé ensemble ce qu'ils avoient à faire, ils allérent avec les Huissiers, chès Mr. *Balthazar*, Intendant: de là, chès chaque Président de la Cour-de-Aides; & ensuite, chès les Gens-du-Roi, pour leur intimer les Ordres dont ils étoient chargez. On marque que les Consuls étoient en Chaperon, & les Huissiers en Toque de Velours, avec

la

la Chaîne-d'Or au Cou. Les Gens-du-Roi s'étant rendus au Palais, avec les Huissiers, *Herbin* y fit Lecture de l'Arrêt de Desunion, & *Quinebeuf* enjoignit à la Cour-des-Aides, en la Personne des Gens-du-Roi, de satisfaire à l'Arrêt qu'ils leur remirent en Original ; A quoi ces Officiers répondirent, qu'en leur particulier, ils étoient prêts d'obéïr à la Volonté du Roi, à qui la Cour avoit envoyé le Président de *La Verune*, & le Sr. *de Russas* Conseiller, au sujet de cet Arrêt, comme injurieux à la Compagnie & au général de la Province.

1646.

Le 22e. Mr. *Baltazard* fit publier, à Son-de-Trompe, cette Desunion, à la Porte du Palais, & dans tous les Carrefours de la Ville, avec Invitation à tous les Habitans, de se rendre à l'Hôtel-de-Ville, pour y mieux entendre les Volontez du Roi : On s'assembla sur les neuf heures du matin, dans la Grand'-Sale, où M. l'Intendant, accompagné du Juge-Mage, de quelques Officiers du Présidial, du Procureur-du-Roi, du Juge de l'Ordinaire, & d'une grande-Affluence de Peuple, fit faire une nouvelle-Lecture des Ordres du Roi. On marque, que les Trésoriers-de-France arrivérent dans ce moment, & qu'on les fit asseoir aux Chaises-hautes, du côté des Fenêtres : Alors, Mr. Baltazard prit la Parole, & fit (selon nos Mémoires) un Discours fort-injurieux à la Cour-des-Aides ; Après-quoi, les Huissiers ayant demandé Acte de tout ce qu'ils avoient déja fait pour l'Execution des Ordres du Roi, ils partirent le vingt-sixiéme Décembre, pour aller faire à Carcassonne l'Etablissement porté par l'Edit.

Tout ce que nous venons de dire, se passa dans l'année 1646 ; Mais, dans la suivante, l'Affaire eut de plus-grandes Suites : Car, la Cour-des-Aides ayant continüé de s'assembler au Palais, les Consuls, par Ordre de Mr. Baltazard, allérent dans le mois de Janvier, chès le Président *Grasset*, pour lui signifier, que les Consuls & Habitans de Carcassonne, étoient prêts de recevoir la Cour-des-Aides, conformément à l'Edit de Desunion ; & que le Lieu de la Séance de cette Cour, avoit été designé dans le Couvent des Augustins de la même Ville. Le Président ne s'étant pas trouvé chès lui, la Signification fut faite à un de ses Gens : Mais, la Cour-des-Aides ne laissa-point de continüer ses Audiences ; Et l'on marque, que le Président *Grasset*, la tint le dix-huitiéme Janvier.

II. 1647.

Je ne sçai pourquoi Mr. de Baltazard fut revoqué dans ce même-tems ; Ainsi, les Ordres de la Cour furent adressés au Vicomte d'Aubijoux, qui, outre le Commandement de la Ville & de la Citadelle, avoit été fait depuis-peu Lieutenant-Général de la Province, dans le Département du Haut-Languedoc : Ce Seigneur, ayant reçû les Ordres de la Cour, envoya le Major de la Citadelle au Président *Grasset*, pour lui dire qu'il avoit Ordre de les empêcher de s'assembler dans Montpellier ; Et en même-tems, il donna aux Consuls quarante Soldats de la Citadelle, pour aller se saisir du Palais, autour duquel on mit encore un Détachement de chaque Sixain : Mais, pour éviter que ce Mouvement ne causât quelque Rumeur parmi le Peuple, il ordonna que les Sergens se promeneroient, chacun dans son Quartier, avec l'Epée seulement, pour faire sçavoir ce qui en étoit.

Toute cette Escorte ayant trouvé les Portes du Palais fermées, Mr. d'Aubijoux fut obligé d'y venir lui-même, & d'en faire ouvrir une par-force : Il y établit des Soldats en Garnison, sous les Ordres du Premier-Consul, & des Srs. *Dangot* & *Romede*, qui lui firent sçavoir, après qu'il se fut retiré, que les Officiers de la Cour s'y rendoient par Pelotons, pour y continüer l'Exercice de leurs Charges. Mr. d'Aubijoux, à cette Nouvelle, revint au Palais, & dit aux Officiers, que tant qu'il seroit dans la Ville, il ne souffriroit pas qu'ils contrevinssent aux Ordres du Roi ; & qu'il les prioit de faire ce qui étoit ordonné par l'Edit de Desunion : A quoi les Officiers ayant opposé la Necessité de Rendre-Justice, & le Retardement que les Parties en souffriroient, il leur repliqua, que ce n'étoit pas là le Lieu, mais-bien à Carcassonne, suivant l'Edit ; Et sur les Protestations que firent encore les Officiers, de dresser un Verbal pour envoyer au Roi, il leur dit qu'il ne l'empêchoit point : au contraire, que lorsque Sa Majesté lui manderoit de les laisser dans l'Exercice de leurs Charges à Montpellier, il le feroit de tout son cœur ; mais, que jusqu'alors il ne pouvoit faire autrement.

Ce qui engageoit les Officiers de la Cour-des-Aides à agir de la sorte, étoit la

Ggg

bonne-Esperance qu'ils avoient de leur Députation à Paris ; De-là vient, qu'ils firent encore quelques Tentatives auprès de l'Enseigne qui commandoit la Garnison du Palais, pour les y laisser assembler : Mais, cette Voye n'ayant pû réussir, ils prirent le parti de se rendre tous en Corps, chès le Président *Grasset*, où ils ordonnérent, que puisque le Palais étoit occupé par les Soldats, la Justice seroit administrée, sous le Bon-Plaisir du Roi, dans cette même Maison ; Et en consequence, le Vendredi, premier jour du mois de Février, la Cour y tint son Audience-publique, les Officiers étant assis sur des Chaises-à-dos, les Avocats sur d'autres Siéges, & les Procureurs debout.

Le lendemain, Fête de la Chandeleur, ils assistérent à la Procession avec des Cierges-allumez ; & le 4. il fut tenu une Audience-publique, de même que le Vendredi suivant, huitième du mois : mais, le dixiéme, qui fut le jour de l'Arrivée de M. de Breteüil, (nouvel Intendant, qui venoit remplacer le S^r. de Baltazard) la Cour prit de nouvelles Mesures, & cessa entiérement de rendre la Justice dans Montpellier. Les Avis qu'ils avoient reçu de leurs Députez, ne contribüérent pas peu à cette Résolution ; & la Venuë de M^r. d'Argenson, Conseiller-d'Etat, qui arriva le 13. Février, (pour faire le Procès à Ceux qui étoient arrêtez pour le Fait de la Sédition) fit entendre aux Officiers de la Cour-des-Aides, que le passé n'étoit pas oublié, & qu'il devoit avoir des Suites : Enfin, le S^r. de *Russas*, l'un de leurs Députez à Paris, étant arrivé le 20. & leur ayant raporté que le Roi vouloit absolument être obéi, ils ne se rassemblérent que pour déterminer leur Départ au Lundi suivant, vingt-cinquième Février.

III. A peine la Cour-des-Aides eut été établie à Carcassonne, que M^rs. d'Argenson & de Breteüil s'assemblérent, pour juger les Prisonniers qui étoient enfermez depuis long-tems à la Citadelle pour le fait de la Sédition des Partisans : Le Sort tomba sur deux malheureuses-Femmes, coupables de quantité d'autres Crimes, aussibien que de celui-ci ; elles furent condannées à être penduës, après avoir fait Amende-Honorable, & leurs Têtes exposées sur deux Portes de la Ville : plusieurs autres Fugitifs, (du nombre desquels étoit *la Branlaire*) furent condannez par Contumace, les uns à faire Amende-d'Honneur, les autres à la Potence ou à la Roüe. Tout s'étant passé dans un grand-calme pendant ces Executions, le Maréchal *du Plessy-Praslin*, qui avoit été envoyé dans la Province à la place de M^r. de *Schomberg*, manda chès lui les Consuls de la Ville ; & là, en présence de M^rs. d'*Argenson*, de *Breteüil*, & du Comte d'*Aubijoux*, il leur dit : « Qu'il » avoit eu Ordre du Roi, de leur délivrer les Lettres d'Abolition & Pardon du » Crime de Rebellion & Sédition arrivée à Montpellier ès mois de Juin & de » Juillet de l'année 1645. demandées par les Officiers, Consuls, Manans de cette » Ville, & obtenuës par la Bonté du Roi & de la Reine-Régente sa Mere, » à l'instante-Priére de M^r. le Duc d'Orléans, Gouverneur de cette Province, & » en particulier de cette Ville.

En même-tems, il remit entre les mains du S^t. *Duché*, Premier-Consul, qui se mit à genoux avec tous Ceux qui le suivoient, les Lettres d'Abolition, scellées du Grand-Sceau en Cire-verte, sur Lacs de Soye-rouge, signées LOUIS, & sur le Repli, par le Roi & la Reine-Régente sa Mere, PHELYPEAUX, datées de Paris au mois de Mars. Les Consuls, après les avoir reçuës, firent leurs très-humbles Remercimens par la bouche de leur Orateur ; Et ayant été exhortez à vivre mieux à l'avenir, on leur dit « de témoigner à Sa Majesté, par une Députation-solemnelle, la » Satisfaction des Habitans pour une telle Grace, qui étoit sans Exemple, eu » égard à leur Crime : On ajoûta, qu'ils devoient marquer aussi, une Reconnois- » sance-particuliére à Monsieur le Duc d'Orléans, comme le seul qui avoit ob- » tenu leur Grace ; A quoi il fut répondu, par un Cri de Vive-le-Roi & Son Altesse-Royale.

Les Consuls étant sortis avec une grande-Foule d'Habitans qui les avoient suivi, marchérent vers l'Hôtel-de-Ville, précedez de leurs Trompettes & Violons. Le Premier portoit à la main les Lettres-d'Abolition, afin que chacun pût les voir ; aussi, furent-ils arrêtez dans la plûpart des Carrefours, par les Cris-redoublez de Vive-le-Roi & Son Altesse-Royale. Arrivez enfin à l'Hôtel-de-Ville, la Publication des Let-

Lettres y fut faite fur la Galerie-baſſe qui eſt à côté de la Porte, avec mile Cris-
d'Acclamation; Et peu-après, les Conſuls étant allez chès le Comte d'Aubijoux,
pour le prier de vouloir-bien que les Priſonniers qui reſtoient encore à la Citadelle à cauſe de la Sédition, fuſſent mis dehors, puiſqu'ils étoient compris dans
les Lettres-de-Pardon, la Choſe leur fut accordée ſur-le-champ: Ainſi, tout le
Monde ayant lieu d'être content, on alla le ſoir-même faire chanter le *Te Deum*
dans l'Egliſe de S^t. Pierre; & l'on finit la Journée, par un grand Feu-de-Joye, au
Bruit du Canon de la Citadelle, & aux Cris toûjours redoublez de Vive-le-Roi &
Son Alteſſe-Royale.

CHAPITRE TROISIÉME.

*I. Le Préſidial envoyé à Lunel. II. Nouvelle Chambre-des-Comptes. III. Embe-
liſſement à l'Hôtel-de-Ville. IV. Retour de la Cour-des-Aides & du Préſidial à Montpellier. V. Réunion de la Cour-des-Aides & de la Chambre-des-
Comptes. VI. Lieutenance-Genérale du Languedoc donnée au Comte de Roure.*

L'ABOLITION que Sa Majeſté avoit accordé à la Ville de Montpellier, n'em- I.
pêcha point l'Execution de l'Ordre qui étoit déja venu aux Officiers du Préſidial, de ſe rendre à la Ville de Lunel pour y exercer les Fonctions de leurs Charges: Ils fixérent leur Départ au 25e. jour de Mars; ce qui donna lieu à une Innovation marquée bien-au-long dans les Archives de l'Hôtel-de-Ville: car, ce
jour ſe trouvant concourir avec la Preſtation-de-Serment des Nouveaux-Conſuls,
le Juge-Mage ne put ſe trouver à la Cerémonie, encore-moins le Senéchal, qui
étoit chargé d'aller faire l'Etabliſſement du Préſidial à Lunel. Dans ce Contretems,
les Conſuls eurent recours à M^r. de *Breteüil*, Intendant, qui, pour ne pàs retarder le Service-du-Roi, ſe rendit à l'Egliſe de la Loge, & y reçut le Serment des
Nouveaux-Conſuls; en déclarant tout-haut, qu'il ne le faiſoit qu'à leur Prière,
& dans l'Abſence de M^r. de Toiras, Senéchal, au Droit duquel il ne prétendoit
point préjudicier, non-plus qu'à celui du Juge-Mage, ou d'autre Officier de la
Cour-Préſidiale, ſelon ſon Rang & Qualité. Les Nouveaux-Conſuls, dont le
Premier étoit le S^r. *Duché*, ayant prêté-Serment, allérent faire leurs Viſites accoûtumées, & nommément à M^r. *d'Argenſon*, Conſeiller-d'Etat, l'un des Commiſſaires du Roi aux Etats-Generaux de la Province.

Nous apprenons des Mémoires du Maréchal du Pleſſy-Praſlin, à qui on avoit *Page 290.*
délaiſſé le Choix de tel Lieu qu'il voudroit pour les tenir cette année, qu'il ſe détermina en faveur de la Ville de Montpellier, bien que Criminelle, afin de ſe
ſervir utilement des Liaiſons qui étoient entre les Habitans de cette Ville & la
plûpart des Députez des Etats, auſquels il avoit à demander une Somme fort-ex-
traordinaire pour ce tems-là: Il avoit ordre de faire entrer des Troupes dans le
Languedoc pour appuyer ſa Demande; ,, Mais, ce Seigneur, qui ſe conduiſit toû-
,, jours avec beaucoup de Bonté & de Sageſſe, ne voulut pas employer ce der-
,, nier Expedient: car, il fit ſi-bien valoir les Fraix qu'il épargneroit à la Provin-
,, ce, en n'y faiſant point entrer des Troupes, qu'elle lui envoya par l'Evêque
,, de Montpellier, un Préſent de trois Millions pour Sa Majeſté, & quarante mile
,, livres pour lui; ce que les Peuples, ajoûte-t-il, n'avoient jamais pû conſentir
,, de donner, même dans le tems du Duc de Montmorency, qui fut ſans-con-
,, tredit le Seigneur qu'on avoit le plus-aimé dans la Province.

Pendant la Tenuë des Etats, & le 5e. Avril, on vit arriver à Montpellier le
nouveau Prince Loüis de Condé, qui, ſous le nom de Duc d'Anguien, avoit
gagné les Célébres-Batailles de *Rocroy*, de *Nortlingue*, & de *Fribourg*: il alloit en
Catalogne, à la place du Prince d'Harcour, commander l'Armée de France, & il
couroit à dix Chevaux. Le Vicomte d'Aubijoux eut l'honneur de le recevoir chès
lui, dans la Maiſon du Préſident d'Agel, où il logeoit; & toutes les Compagnies

Ggg 2

420   HISTOIRE DE LA VILLE DE MONTPELLIER,

1647. de la Ville ayant été lui rendre leurs Devoirs, les Etats de la Province lui députérent cinq Evêques, cinq Barons & dix Consuls.

II. Le douze du mois d'Avril, M^{rs}. d'Argenson & de Breteüil montérent au Palais, pour instaler les Nouveaux-Officiers qui devoient composer la Chambre-des-Comptes, créée par Edit du mois d'Octobre dernier : Ils étoient au nombre de vingt-cinq, dont je croi faire plaisir de donner ici le Catalogue. Jacques-Philipe de *Mauſſac*, Premier-Président : Pierre *Crouzet*, Marc-Antoine *Dupuy*, Charles *Boutard*, Présidens-Ordinaires : Jean-Bâtiste de *Girard*, François de *Beaulac*, Loüis de *Grefeüille*, Pierre *Seguin*, Etiéne *Peliſſier de Boirargues*, André de *Ruffiers*, N. *Tabours*, N. *Bertuel*, N. *Courtils*, N. *Gineſte*, N. *Borel*, Henry de *Lacroix*, Maîtres-des-Comptes : François de *Mirmand*, Procureur-Général : Jean *Blay*, Avocat-Général : Jean *Rey*, & N. de *Fremont*, Correcteurs : Philipe *Juin*, & André *Rouviére*, Auditeurs : N. *Martin*, Greffier : David *Fizes*, Receveur & Payeur : N. *Bizard*, Garde-des-Archives.

Tous ces Officiers s'étant rendus au Palais, entrérent dans le Bureau-des-Comptes, où M^r. d'Argenson prit la Place du Doyen, & M^r. de Breteüil celle du Soûdoyen : Ils firent lire les Lettres-Patentes du Roi, portant la Création des Nouveaux-Officiers, avec l'Arrêt du Conseil qui regloit leurs Rangs & Séance ; Et nonobstant les Protestations qui furent faites au nom des Officiers de Carcassonne, par le Président Bocaud, ils furent instalez ce même-jour.

III. Le Calme que l'Abolition avoit produit à Montpellier, fit naître la Pensée de rendre l'Hôtel-de-Ville plus propre à recevoir l'Assemblée-Générale des Etats de la Province, lorsqu'ils reviendroient à Montpellier. Pour cet effet, M^r. de *La Foreſt*, Homme fort-agissant, & grand-Zélateur du Bien-public, proposa de changer la Façade de l'Hôtel-de-Ville, d'y faire un Escalier-nouveau, & de disposer les Chambres autrement qu'elles n'étoient : L'Affaire passa au Conseil-de-Ville, par le Credit de M^r. d'Aubijoux, Beaufrere de La Foreſt, & de M^r. de Toiras son neveu, Senéchal de Montpellier. Ce fut donc alors qu'on abatit les grandes Fenêtres à la Gotique qui y étoient encore, & qu'on y substitua celles qu'on y voit maintenant à double-Croisée : On y fit un Escalier-à-repos, au lieu de celui qu'il y avoit en Limaçon ; & l'on mit les Chambres en l'état où nous les voyons à présent. On peut juger de la Forme qu'avoient les anciénes-Fenêtres, par celle qui reste encore à la Chambre-des-Archives, en allant de l'Hôtel-de-Ville à la Porte de Lates.

Dans cette nouvelle-Reparation, on fit un nouvel-Auditoire pour le Juge de l'Ordinaire, qui, depuis long-tems, rendoit la Justice dans l'Hôtel-de-Ville ; Nous l'y avons vû encore de nos jours, avant que cette Juridiction fût unie au Présidial : Mais, on marque que la première Audience qui fut tenuë dans ce nouvel-Auditoire, ne le fut que l'année d'après 1648. par le S^r. Thomas *Roſſet*, à laquelle les Consuls assistérent en Robes-Rouges, assis sur le Tribunal, en qualité de Viguiers.

1648.

Dans le mois de Mars de cette même année, nos Consuls ayant eu Avis que le Maréchal de Shomberg venoit en Catalogne, pour y commander les Troupes de France, après la Levée du Siége de *Lerida*, ils nommérent trois des leurs pour lui aller au-devant, avec six Bourgeois, qui l'ayant rencontré sur le Chemin de Nîmes, l'accompagnérent jusqu'à Montpellier, où il fut reçu avec les Honneurs-accoûtumez : Ce Seigneur, après avoir séjourné quelques-jours en cette Ville, marcha vers la Catalogne, où il fit lever aux Espagnols, le Siége de *Flix*, & prit d'assaut la Ville de *Tortoſe* ; Mais, ces Avantages, qui reparoient en ce Païs-là l'Honneur de nos Armes, n'eurent pas de plus grand-Progrès, à cause des Troubles de Paris, qui changérent entiérement la Situation des Affaires.

Memoires de la Rochefoucaut.

Ils commencérent dans cette grande Ville, à-peu-près comme la Sédition des Partisans étoit arrivée à Montpellier : Ce Nom de Partisan devint en execration à Paris, aussibien qu'ailleurs, par les Subsides-extraordinaires qu'*Emery*, Surintendant des Finances, ne cessoit d'imposer sur le Pauvre & sur le Riche. Le Peuple de Paris se sentant appuyé de quelques-uns du Parlement, fit entendre ses Cris jusque dans le Conseil du Roi, où le Cardinal Mazarin, jugeant à propos de donner quelque Satisfaction au Public, sacrifia le Surintendant des Finances, qui fut démis de sa Charge.   Nos

Nos Mémoires marquent cet Evénement, comme l'Epoque du Rétablissement IV. 1648. de la Cour-des-Aides de Montpellier: Car, cette Compagnie, aussibien que la Ville, n'ayant plus à dos ce Puissant-Enemi, le Roi se laissa toucher aux très-humbles Prières qui lui furent faites, & donna ses Lettres-Patentes, en forme de Déclaration, du 24. Juillet, par lesquelles il rappelloit la Cour-des-Aides à Montpellier. Le Vicomte d'Aubijoux, qui avoit tenu les Etats à Carcassonne, dans le tems que cette Affaire se tramoit, en ayant appris le Succès, donna Ordre à la Bourgeoisie de Montpellier, de monter à Cheval, & de se tenir prête pour aller au-devant de la Cour: Ils marchérent sous l'Etendart des Consuls-de-Mer, au nombre de deux cent cinquante, jusque bien-près de Pignan, où le Peuple encore voulut les suivre, portant avec soi du Vin & des Fruits, pour marquer sa Joye. Les Consuls-Majeurs, en Robes-Rouges, se trouvérent à la Porte de la Ville, pour féliciter la Cour de son Heureux-Retour ; ce qui obligea Mr. Bon, Premier-Président, & les autres Officiers, de décendre de Carrosse, pour recevoir la Harangue des Consuls, & pour les en remercier: Après être remontez, ils passérent la Grand'-Ruë, à travers plus de quatre mile Personnes, avec un Cortége d'environ trente Carrosses ; & le Peuple fit durer la Fête jusqu'à minuit, par des Feux-de-Joye & des Illuminations aux Fenètres.

Le lendemain 7e. Août, la Cour vint rendre-Graces à Dieu, dans l'Eglise de la Loge, qui servoit encore de Parroisse, où ils firent chanter une Grand'-Messe en Musique ; & s'étant rendus au Palais, au nombre de quatre Présidens & dix-huit Conseillers, ils tinrent leur premiére Audience, où fut fait Lecture, Publication & Enregîtrement des Lettres-Patentes, à la Requisition du Sr. de Rignac, Procureur-Général : C'est l'Origine de la Grand'-Messe qu'on dit tous les ans au Palais le Jour de la Transfiguration, où toute la Cour assiste en Robes-Noires, en Mémoire de ce qu'à pareil jour elle revint à Montpellier.

La Grace que le Roi venoit de faire à la Cour-des-Aides, s'étendit aux Officiers du Présidial, qui étoient à Lunel depuis plus de quinze mois : Ils reçurent le dixiéme d'Août, une Lettre-de-Cachet du Roi, avec une autre Lettre de Son Altesse-Royale, pour leur Retour à Montpellier, qu'ils ne remirent pas plus-loin ; car il est marqué, qu'ils recommencérent d'y tenir leur Audience le 13e. du même mois.

Toutes ces Faveurs arrivérent si à propos, qu'il y auroit eu beaucoup à craindre, si elles eussent été retardées seulement de quinze jours : car, ce fut dans ce même mois qu'arrivérent les fameuses-Barricades de Paris, qui tinrent la Cour & la Ville dans de si grandes-Agitations. Le Roi, par les Motifs qui sont assés marquez dans l'Histoire de ce Tems, sortit de Paris le sixiéme de Janvier 1649. pour aller à St. Germain-en-Laye, d'où Sa Majesté fit écrire dans les Provinces, tout ce qui pouvoit servir à contenir les Peuples dans son Obéïssance : M. de Breteüil, ayant reçu des Lettres du Roi & de Son Altesse-Royale, convoqua chès lui le Présidial & les Consuls, pour leur en faire part ; & toute l'Assemblée ayant appris avec joye, la Bonne-Intelligence qui regnoit entre le Duc d'Orléans & M. le Prince pour le Service du Roi, protesta de sa Fidelité-inviolable, & de son Zéle pour le Bien-de-l'Etat.

1649.

Nous verrons par les Suites, que leur Protestation ne fut pas vaine, & que V. Montpellier se contint exactement dans son Devoir, pendant le Trouble des Guerres-Civiles : Il est vrai que la nouvelle-Grace que le Roi fit dans ce même-tems à la Cour-des-Aides, ne servit pas peu à exciter la Reconnoissance des Bonnes-Familles de la Ville qui tenoient à cette Compagnie. On marque, qu'il fut donné alors une Déclaration en forme d'Edit, portant la Réunion de la Cour-des-Aides & de la Chambre-des-Comptes, qui fut executé à Montpellier le quinziéme de Janvier 1649. Les Officiers des deux Compagnies s'étant rendus au Palais en Robes-Rouges, Robons, & Toques de Velours-Noir ; le Sr. Joly, Avocat-Général, parla dignement sur cette Réunion, & le Président *Grassset* prononça l'Arrêt de Regître : mais, l'un & l'autre n'oubliérent point de refuter dans leurs Discours, tout ce que le Sr. de Baltazard avoit dit au desavantage de leur Compagnie, lors de sa Desunion en 1646. La plûpart des Officiers de la nouvelle

1649.
Chambre-des-Comptes, créée deux ans auparavant, furent remboursez avec des Quitances-de-Finance; & les Anciens qui restèrent en Place, reprirent le Nom & Titre de Cour-des-Comptes, Aides & Finances de Montpellier.

VI. Une des premiéres Actions-d'Apparat qui se passa dans cette Cour depuis sa Réunion, fut l'Enregîtrement des Provisions de la Lieutenance-Générale dans le Département du Vivarés & du Velay, vacante par la Mort du Comte de *Tournon*. Le Roi, par ses Lettres du 3ᵉ. Janvier, avoit donné cette Charge à Sipion Grimoard de Beauvoir Comte de *Roure*, qui les fit enregistrer à la Chambre-des-Comptes le 23ᵉ. du même mois: Il fut reçû quelque-tems-après à Montpellier, avec les Honneurs-accoûtumez, sous le Consulat du Sʳ. de *Rozel-Laclote*; & il alla décendre chès son Beaufrere *Jacques de Beaudan*, Trésorier de France.

Le mois de Février de cette année, fut un des plus rudes qu'on eût éprouvé depuis long-tems: Car on marque, qu'il tomba de la Nége jusqu'à la hauteur de six Piez, & qu'elle séjourna plus de trois semaines; ce qui rompit le Commerce de la Montagne, d'où Montpellier tire ses plus grandes-Provisions: mais enfin, après des Coups-de-Tonnerre épouvantables, le Mauvais-tems finit, & l'on commença de se preparer à la Reception des Etats de la Province, qui étoient mandez en cette Ville au vingt-six du mois de Mai.

Ils ne commencérent néanmoins que le premier de Juin, & continuérent bien-avant dans le mois de Novembre. Le grand-besoin d'Argent où se trouvoit le Roi, donna lieu à cette Prolongation, par le grand-nombre d'Assemblées-extraordinaires qu'il falut tenir; mais, comme elles regardent plus l'Histoire-Générale de la Province que celle de Montpellier, je me contenterai d'observer ici, que pendant cette Tenuë-des-Etats, Mʳ. de la Forest commença le grand-Dessein qu'il avoit, de rebâtir l'Eglise de Nôtre-Dame des Tables: Il leva les plus grands-Obstacles qu'il y avoit eu jusqu'alors; & ayant reglé avec tous les Contribüables, les Sommes qu'ils devoient fournir, il en passa le Bail à trois Entrepreneurs de la Ville, nommez *Cazenove*, *Gendron* & *Roux*, pour le Prix de quarante-cinq mile livres. Mais, parceque les grands-Travaux qu'il y avoit à faire, tant pour l'Enlevement-des-Terres que pour la Construction-de-l'Edifice, ne pouvoit que nuire beaucoup & troubler le Service qu'on faisoit encore à la Loge, il fut resolu de le changer à la Chapelle des Penitens: Ainsi, la Grand'-Loge, qui servoit de Paroisse depuis l'année 1622. fut renduë aux Marchands de la Bourse vingt-six ans après; & la nouvelle-Eglise de Nôtre-Dame, ne tarda pas beaucoup à être mise en l'état où nous la voyons à présent.

✤✤✤✤✤✤✤✤✤✤✤✤✤✤✤✤✤✤✤✤✤✤✤

CHAPITRE QUATRIÉME.

I. *Emprisonnement des Princes.* II. *Broüillerie entre le Parlement de Toulouse & la Cour-des-Aides de Montpellier.* III. *Autre Démélé entre le Senéchal & le Juge-Mage de cette Ville.* IV. *Le Vicomte d'Aubijoux se déclare pour les Princes.* V. *Troubles à Montpellier à cette Occasion, fomentez par les Huguenots.* VI. *Etats à Montpellier.* VII. *Suite-funeste du Démélé entre le Senéchal & le Juge-Mage.*

1650.
I. LA Mesintelligence qui survint entre le Prince de Condé & le Cardinal Mazarin, causa la Détention de ce Prince, qui fut arrêté dans le Palais-Royal le 19. Janvier 1650. avec son Frere le Prince de Conty & le Duc de Longueville leur Beaufrere, d'où ils furent conduits au Château de Vincénes: Cet Evenément plongea le Royaume dans de nouveaux-Troubles; car, les Amis des Princes excitérent tant de Mouvemens dans la Normandie, la Bourgogne & la Guiéne, qu'on n'y trouva d'autre Reméde, que de mener le Jeune Roi Loüis XIV. dans toutes ces Provinces, pour les calmer par sa Présence. Tandis que Sa Majesté y travailloit avec succès,

le

le même Feu qui agitoit ailleurs les Esprits pour la Querelle des Princes, se communiqua aux deux premiéres Villes du Languedoc, où les Compagnies-même les plus respectables, se portérent aux Voyes-de-Fait, selon l'Esprit qui regnoit malheureusement alors dans le Royaume.

Pour l'intelligence de la Chose, il est à observer que le S^r. *du Robin* ayant été à Beziers pour executer un Arrêt de la Cour-des-Aides, M^{rs}. du Parlement eurent le Credit de l'en faire sortir, & qu'ils envoyérent ensuite à Montpellier un de leurs Commissaires, avec un nouvel-Arrêt pour le mettre à execution. M^{rs}. des Aides ayant appris son Arrivée, envoyérent les S^{rs}. de *Senac* & de *Fontfroide* au Logis du Cheval-Blanc, où il étoit logé, & l'obligérent de sortir de la Ville. Le Parlement en ayant été informé, crut que M^r. de *Ranchin*, l'un d'entr'eux qui étoit originaire de Montpellier par son Pere & sa Mere, seroit plus propre à faire executer son Arrêt; mais, ce Voyage ne fut pas plus heureux que le premier: Enfin, M^r. D. Conseiller au Parlement, s'offrit de lui-même, avec d'autant plus de confiance que Pardaillan son Bon-Ami, & Colonel de Chevaux-Legers, qui devoit passer par Montpellier avec son Regiment, promit de lui donner Main-forte; Sa Proposition ayant été acceptée, il partit avec le Regiment de Pardaillan: Ce qui étant venu à la connoissance de la Cour-des-Aides, elle fit garder le Palais & la plus grande-partie des Maisons de ses Officiers; Et le même S^r. *du Robin*, dont nous avons parlé, ayant sçû que le Commissaire étoit au Petit-Logis de la Couple, déguisé en Cavalier, (d'où il devoit se transporter au Palais avec son Escorte) il resolut de le prévenir; & ayant ramassé des Gens-Armez, il ne se proposa rien moins que de l'enlever. Dans tous ces Mouvemens, le Colonel *Massanes*, qui se trouvoit dans la Ville, s'aboucha avec *Pardaillan*, à qui il dit, que s'il croyoit pouvoir prendre Parti pour un Ami, il auroit lui-même plus de raison d'agir pour son propre-Frere, qui étoit Conseiller en la Cour-des-Aides; mais, qu'il croyoit que ni l'un ni l'autre ne devoit entrer dans cette Affaire, sans un Ordre-exprès du Roi. Pardaillan en ayant vû les Consequences, s'excusa auprès du Commissaire son Ami: & lui ayant fait valoir ses Raisons, il lui conseilla de sortir *incognitò* avec son Regiment; ce que le Commissaire fit, quoiqu'avec regret: Ainsi, le Trouble qu'on avoit grand-lieu de craindre, fut appaisé par Ceux-même qu'on avoit voulu employer pour l'entretenir.

Cette Affaire, qui arriva dans le mois de Novembre, occupa encore quelque-tems tous les Esprits, jusqu'à-ce qu'on en fut détourné par la bonne-Nouvelle de la Bataille de *Rhetel*, où le Maréchal du Plessy-Praslin avoit défait l'Archiduc Leopol, & le Vicomte de Turéne, qui suivoit le Parti des Princes: On en chanta le *Te Deum* à Montpellier, le jour des Rois 1651. & l'on y donna de grandes Marques de Réjouïssance. Mais, de crainte que dans ce Tems de Trouble, la Jeunesse ne continuât à s'attrouper, comme elle faisoit, sous un Chef qu'elle se donnoit tous les ans, M^r. de la Forest (Nouveau-Senéchal par la Resignation de son Neveu) fit publier une Ordonnance, portant Défense à toutes Personnes, de proceder dorénavant à l'Election d'un *Chef-de-Jeunesse*, & de ne plus faire aucune des Exactions qui se faisoient abusivement à son Nom.

Cette Ordonnance servit à diminuer les Suites d'un grand-Trouble qui survint à Montpellier le 25e. de Mars, à la Prestation du Serment des Nouveaux-Consuls. On marque que la Ceremonie en fut faite cette même année dans la Chapelle de l'Hôtel-de-Ville, parceque le Service ne se faisoit plus à la Loge; & que dans le tems que M^r. le Senéchal, assis dans sa Chaise sur le Marchepié de l'Autel, recevoit la Baguette des mains du S^r. de *Murles*, qui sortoit de Place, l'Arrivée de M. le Juge-Mage avec des Huissiers, surprit toute l'Assemblée: il dit, qu'il venoit pour assister à la Ceremonie, selon les Droits de sa Charge; Surquoi, il y eut de si grandes Discussions entre le Senéchal & lui, qu'il falut verbaliser de part & d'autre: Leurs Protestations-reciproques finirent par la Tradition de la Baguette, qui fut donnée au S^r. de *Sengla*, Premier-Consul. Mais, quoique l'Affaire eût été consommée par cette derniére Action, les Contestations déja survenuës à ce sujet eurent d'étranges-Suites; car, M^r. de Toiras, fâché de l'Incident qu'on avoit fait à son Oncle, attendit le dernier d'Avril, M^r. le Juge-Mage, lorsqu'il re-

1650.

II.

1651.

III.

1651.

venoit de la Messe des Penitens, & le fit traiter cruellement: Tout le Présidial prit son Fait & Cause, & cessa de rendre la Justice, jusqu'à-ce que le Roi y eût pourvû.

D'autre côté, le Baron de Brissac, Beaufrere du Juge-Mage, envoya demander Raison à M^r. de Toiras, qui offrit de la lui faire; & chacun avec son Second, s'étant rendus au Jardin de Grefeüille, M^r. de Toiras, qui étoit un des Hommes les-plus-Forts du Royaume, mit bientôt son Homme dessous: de sorte qu'étant demeurez-d'accord, ils allérent separer leurs Amis.

L'Affaire, qui paroissoit terminée par ce Combat, prit un nouveau-feu à l'Arrivée du Vicomte d'Aubijoux, Commandant dans Montpellier, & Beaufrere de M^r. de la Forest: Il envoya ses Gardes chès le S^t. de Brissac pour l'amener Prisonnier; Mais, celui-ci, averti par ses Amis, & conseillé de ne pas se roidir contre un Homme qui étoit revêtu de l'Autorité du Roi, il prit le parti de se retirer, ayant fait porter auparavant un Duel au Vicomte d'Aubijoux, qui eut trois ans après le funeste-Succès que nous verrons.

Cependant, le Parlement, informé de la Resolution que le Présidial avoit pris, de faire cesser l'Exercice de la Justice, donna un Arrêt, par lequel il lui enjoignoit de le reprendre; ce qui fut executé le 26e. de Juin, après avoir été interrompu depuis le premier de ce mois.

Les grands-Troubles qui regnoient alors à la Cour, sembloient autoriser ceux qu'on ne cessoit d'exciter dans les Villes de Province, où l'on n'ignoroit pas que le Cardinal, cherchant à se faire un Mérite auprès des Princes, avoit été lui-même les tirer de Prison; mais, le Ressentiment qu'avoit le Prince de Condé d'y avoir été mis, venoit d'obliger cette Eminence à sortir du Royaume. On voulut de même à Montpellier, recourir au Voyes-de-Fait, pour des Querelles-particuliéres, & sous-prétexte de l'Execution d'un Arrêt du Parlement, obtenu par défaut entre le Juge-Mage & le Senéchal: les Amis de l'un & de l'autre armérent de leur côté, & firent venir des Etrangers en Armes pour les tenir en Garnison chès eux. La Chose devint si sérieuse, qu'il falut que M^r. d'Aubijoux quitât les Etats de Carcassonne pour y venir donner ordre: Il fit fermer les Portes de la Ville; & ordonna aux Consuls & au Major de la Citadelle, d'aller faire une Visite-generale des Maisons, pour découvrir les Etrangers qui y pourroient être: ce qui étant venu à leur connoissance, ils prirent d'eux-mêmes le parti de sortir de la Ville; ensorte que le Trouble paroissant être appaisé, M^r. d'Aubijoux repartit pour Carcassonne.

IV. Il preparoit cependant lui-même un plus grand-sujet de Trouble à Montpellier & à la Province, en se déclarant, comme il fit, pour M. le Prince, qui venoit de prendre les Armes: On dit que la Consideration de M. le Duc d'Orleans, dont il étoit Créature, l'y engagea; ce qui lui fit entretenir des Correspondances-secrettes avec le Comte de *Marcin*, qui commandoit en Catalogne, & qui en débaucha les Troupes en faveur de M. le Prince. Mais, lorsqu'on eut appris que le Cardinal Mazarin, revenu en France dans le mois de Février 1652. avoit repris sa Place dans le Conseil, alors le Vicomte d'Aubijoux ne garda plus de Ménagemens, & travailla ouvertement à assurer au Prince, la Ville & la Citadelle de Montpellier: Il fit faire des Dehors à la Citadelle, accompagnez de quelques Demi-Lunes; & pour être Maître de la Ville, il en fit sortir plusieurs Gentilshommes qui lui étoient opposez, parmi lesquels on marque le Marquis de la Roquette, Frere-aîné de Brissac, dont il a été parlé, & *Destros*, Major de la Ville, qui lui dit avec fermeté, qu'il n'embrasseroit-jamais d'autre Parti que celui du Roi. L'Impunité où l'on vivoit alors, lui fit porter les Choses bien-plus loin; car, le Roi ayant chargé le S^r. de *Froulé*, de venir à Montpellier pour lui porter ses Ordres, & pour commander aux Receveurs de se retirer à Frontignan, afin d'y tenir plus en sûreté les Deniers-Royaux, M^r. d'Aubijoux, instruit de sa Marche, le fit enlever en Chemin & conduire à la Citadelle, d'où six jours-après il fut changé à *Aiguemortes*, qui s'étoit déclaré de son Parti, de même que *Sommiéres* & que le Château de *Corcone*.

1652.

Cette Avanture arriva sur la fin de Juin, & peu de tems avant la fameuse-Journée

née du Fauxbourg St. Antoine, qui fut suivie, un mois après, de la seconde-Retraite du Cardinal Mazarin. Les Choses parurent alors changer de face; car, le Roi, revenu à Paris dans le mois d'Octobre, fit publier une Amnistie-Générale, & rétablit le Parlement à Paris: Mais, Monsieur eut ordre de se retirer à Limoges; Mademoiselle, à Bois-le-Vicomte; & M. le Prince se retira de lui-même aux Païs-Bas, avec les Espagnols, où il fut declaré Generalissime de leurs Troupes.

V. Sa Retraite laissa dans le Royaume un grand-Levain de Division, qui éclata dès le mois de Fevrier 1653. où le Cardinal Mazarin revint, pour la seconde-fois, se mettre à la Tête des Affaires: Il y eut à son sujet, des Expeditions-de-Guerre dans la Bourgogne, dans la Picardie & dans la Guiéne, tandis que Montpellier & ses Environs avoient une Guerre-Intestine; Elle vint de la part des Religionnaires, qui, profitant des Troubles de la Guerre-Civile, surprirent un Arrêt du Conseil, pour le Rétablissement de quelques Temples, & du Consulat-Mi-Parti. Le Vicomte d'Aubijoux en éluda l'Execution, quant au Consulat, en laissant en Exercice les Consuls de l'année-précedente; Ensorte que le Sr. de *Sengla*, Premier-Consul, ayant été tué cette année, dans un Combat-singulier qu'il eut contre *Du Tremblai*, Capitaine dans Harcourt Cavalerie, on laissa sa Place vacante; & l'on donna la Baguette au Sr. *Rouvière*, Second-Consul, qui exerça en Chef jusqu'à-ce qu'il plut au Roi d'en ordonner.

Quant au Rétablissement des Temples, le grand-Objet fut celui de *Valz* dans le Vivarés, appartenant à la Maréchale d'*Ornano*, où cette Dame n'en vouloit point souffrir, fondée sur le propre Edit de Nantes. Les Huguenots, d'autre part, vouloient s'y établir à Main-armée; & pour ce sujet, ils remplirent durant six mois, le Vivarés, les Cévénes & la Vaunage, de Gens-de-Guerre: mais, lassez enfin des grandes-Dépenses que cette Levée leur avoit coûté, ils accepterent les Propositions qui leur furent faites, de mettre les Armes-bas, sur l'Assurance qu'on leur donna d'une Amnistie.

Les Troubles de la Guiéne eurent le même Dénouëment que ceux du Vivarés. Bordeaux, entretenu dans sa Revolte par le Prince de Conty, par Madᵉ. la Princesse, & le Comte de Marcin, se rendit sur la fin de Juillet au Duc de *Vendôme*; & son Exemple fut suivi de plusieurs autres Villes de Guiéne. Alors, le Prince de Conty se retira dans sa Maison de Pezenas, où il fit un Séjour-considerable; Et ayant disposé toutes choses durant ce tems pour son Retour à Paris, il en partit le dixiéme Novembre pour Montpellier, où il arriva le même-soir. On marque, qu'il menoit dans son Carrosse le Vicomte d'Aubijoux, qui eut l'Honneur de le loger chès lui durant six jours; Et ce Prince, ayant visité la Citadelle, & reçû les Honneurs qui lui furent rendus par toutes les Compagnies, partit le dix-sept pour Paris.

Son Départ fut suivi des Préparatifs pour la Tenuë des Etats de la Province, qui devoient s'assembler à Montpellier, & qui furent precedez d'un Evenement qu'on n'avoit encore jamais vû dans cette Ville; sçavoir, l'Emprisonnement de tous les Consuls, en vertu d'un Arrêt de la Cour-des-Aides. On en donne pour Raison, la Mesintelligence qui étoit entre cette Cour & Mr. d'Aubijoux: Mais, le Prétexte qu'on en prit, eut quelque chose de plus surprenant; car il est marqué, que ce fut sur la Plainte d'un nommé *Aphrodise Viguier*, Adjudicataire de la Levée de la Taille, à qui les Consuls avoient diferé d'en passer le Bail: ils furent tous saisis & conduits en Prison, où ils resterent le onze, le douze & le treiziéme de Décembre. Ce seul Exemple peut sufire à connoître l'Esprit qui regna pendant cette Guerre-Civile.

VI. On marque, que les Etats furent ouverts le 16. par Henry de *Mabre*, Seigneur de *Bercy*, Maître des Requêtes, faisant pour Mr. de *Bieules*, à cause de sa Maladie, Il étoit assisté de Mrᵉ. Claude de Bazin, Seigneur de Bezons, Intendant, & des Srs. de Lafont & de Boirargues, Trésoriers-de-France ès Generalitez de Toulouse & de Montpellier, qui obtinrent de la Province, quinze cent mile livres de Don-gratuit. On observe encore, que le Sr. de Vires, Premier-Consul de Narbonne, étant mort en cette Ville sur la fin de cette année, on regla, pour éviter les Di-

Hhh

1653.

putes qui pourroient naître sur le Rang, dans les Honneurs-Funébres que les Etats lui firent-rendre, que le Capitoul de Toulouse, & les Premiers-Consuls de Carcassonne, Nîmes & Beziers, porteroient le Drap-Mortuaire, & que les Consuls de Montpellier meneroient le Deüil.

1654.

L'Année 1654. commença à Montpellier par un *Te Deum* que les Etats firent chanter dans l'Eglise de St. Pierre, pour la Prise de *Ste. Menehoud*, où le Roi avoit été présent. On vit arriver en cette Ville le 26. Janvier, le Maréchal d'Hocquincourt, qui venoit de Catalogne relever l'Honneur de nos Armes, fort décreditées en ce Païs, depuis les Malheurs de la Guerre-Civile : Il fut bientôt suivi de Dom Joseph Marguerit, Comte d'Aguilar, Recommandable par son Attachement pour la France dans toute cette Guerre.

VII. Environ ce tems, on apprit à Montpellier, les funestes-Suites du Démêlé du Baron de Brissac avec le Vicomte d'Aubijoux, qui s'étant rendus à Paris, chacun avec son Second, se rencontrèrent le Jour-des-Rois dans la Place-Royale, où ayant mis l'Epée à la main, Brissac se froissa le Pied, qu'il engagea dans une Ornière, & fut obligé de rendre les Armes ; Mais, son Second, nommé *Serquemavens*, qu'il avoit amené de Montpellier, porta un Coup-d'Epée à *Trebon*, qui servoit de Second à Mr. d'Aubijoux, & lui perça la Veine-Cave, dont il resta mort sur la place : Cette Affaire fit d'autant-plus de Bruit à la Cour, que le Roi venoit de donner tout recemment une Déclaration-fulminante contre les Duels. Les Interessez furent obligez de se tenir cachez durant long-tems, avec beaucoup de Soins & de Peines : Mais, la Perte de Trebon valut à N. de *La Baume*, la Lieutenance de Montpellier, qui vaquoit par sa Mort, & qui fut donnée à ce Dernier, par Brevet du 28e. de Mars 1654.

On fit dans le mois suivant, un nouveau Capitaine du Noble-Jeu-de-l'Arc, dont la Charge vaquoit par la Mort de Raulin de *Girard*, Contrôleur des Guerres : Le Nouvel-Elû fut Antoine *Sarret* de Caladon, Baron de Fabregues, Maréchal-de-Camp des Armées du Roi, & Colonel d'un Regiment d'Infanterie. La Compagnie des Archers, qui s'étoit assemblée à son occasion, fit l'Exercice du Perroquet dans le mois de Mai, & dans le suivant ; Elle se trouva prête pour la Reception de Mr. le Prince de Conty, qui, après avoir épousé Anne-Marie *Martinozzi*, Niéce du Cardinal Mazarin, fut nommé Generalissime des Armées du Roi, dans la Catalogne & dans le Languedoc : il fut reçu à Montpellier le 10. de Juin, avec tous les Honneurs qui lui étoient dûs ; & l'on marque, qu'il logea pour cette fois, à la Maison de Falguerolles, au Plan de Tournemire.

CHAPITRE CINQUIÉME.

I. Grand-Démêlé entre la Cour-des-Aides & les Tréforiers-de-France. II. Arrivée de Madame la Princesse de Conty à Montpellier. III. Retour des Tréforiers-de-France en cette Ville. IV. Le Comte de Roure Gouverneur de la Ville & Citadelle de Montpellier. V. Trouble au sujet de l'Election des Consuls. VI. Plus-grand-Trouble à l'occasion d'un Amortissement des Tailles.

I. Tandis que le Prince de Conty faisoit le Siége de Villefranche dans le Roussillon, pour entrer de là dans la Catalogne, il s'éleva une petite-Guerre à Montpellier, qui mit toute la Ville en Armes : Le Sujet vint, de la Nomination que les Tréforiers-de-France avoient fait de quelques Commis aux Greniers-à-Sel, en attendant que le nouveau-Bail de la Ferme fût expedié. La Cour-des-Aides, présupposant que les Tréforiers-de-France avoient excedé leur Pouvoir, decreta de Prise-de-corps, les Srs. de Beaulac & de Jougla, Tréforiers-de-France ; ce qui donna lieu à une Ordonnance du Bureau-des-Finances, en Cassation de l'Arrêt & du Decret de Prise-de-corps.

Jus-

Jusque-là, on s'en tint aux Procédures ; mais, on en vint bientôt aux Voyes-de-Fait : car, M^{rs}. de la Cour-des-Aides, voulant faire executer leur Arrêt, s'assurérent d'un grand-nombre d'Habitans, & firent entrer dans la Ville des Etrangers, qu'ils armérent pour leur prêter Main-forte. Les Tréforiers, de leur côté, en firent de même ; enforte que le Jour de S^t. Laurent, il y eut au Palais cinq ou six cens Hommes-armez, & presque autant dans le Bureau-de-Finances.

1654.

Alors, toutes les Personnes-Confiderables de la Ville, qui pouvoient être neutres dans cette Querelle, s'assemblérent pour tâcher d'en prevenir les Suites : Le S^r. de *La Baume*, Lieutenant-de-Roi de la Ville, en fit fermer les Portes, & affembla les Sixains, qu'il distribüa en divers Corps-de-Garde, tandis que M^{rs}. de *La Foreft* Senéchal, *Vilefpaffiers* Lieutenant de la Citadelle, & *Deftros* Major de la Ville, s'employoient auprès des deux Partis, pour les porter à quelque Accommodement. Le Confiftoire, qui avoit en vûë le Confulat-Mi-Parti, députa les S^{rs}. de *Fourques* & d'*Orthoman*, pour offrir son Affiftance à M^r. de *La Baume* ; mais, ils en furent remerciez : Et le S^r. *de Crouzet* Juge-Mage, ayant enfin perfuadé aux Tréforiers-de-France, de donner quelque Satisfaction à la Cour-des-Aides sur la Caffation de fon Arrêt, il fut reglé qu'on mettroit Armes-bas, & que le Decret feroit fignifié paifiblement dans le Domicile des Parties, fans autre Suite.

Deux jours-après, c'eft-à-dire le 12. d'Août, fur les fept à huit-heures du matin, il y eut à Montpellier une fi grande-Eclipfe, qu'elle ne finit qu'à dix-heures ; Les Habitans confternez, la regardérent comme la Fin-du-Monde : quelques-uns prétendirent que fes Approches avoient influé dans le grand-Mouvement qui venoit d'agiter tous les Efprits ; & on lui attribüa dans l'année-fuivante, une Sécherefle-extraordinaire qui affligea tout le Païs.

Sur la fin de l'année, M. le Prince de Conty, ayant fini fa Campagne par la II. Prife de *Puicerda*, & de quelques-autres Places, vint à Montpellier pour y tenir les Etats de la Province ; Il en partit le 2. de Décembre, pour aller recevoir Madame la Princeffe fon Epoufe, qu'il rencontra à *Remolin*, & qui arriva le 4. à Montpellier : » Elle étoit (dit nôtre Talamus) Belle au poffible, & âgée d'environ » dix-huit à vingt-ans. Le Logement de leurs Alteffes fut chès M^r. Girard de la » Treille à l'Efplanade.

Dans les premiers-mois de l'année 1655. M. le Prince de Conty reçut une Députation du Parlement de Toulouse, composée du Préfident *Marmieffe*, & des S^{rs}. *Guillermin* Doyen de la Grand'-Chambre, de *Marraft* & *Beauregard* Confeillers, qui arrivérent à Montpellier le 15. de Janvier. Peu de jours-après, on y vit arriver un Préfident de la Chambre-de-l'Edit, avec trois Confeillers ; & le neuviéme de Février, M^r. le Duc d'Harcourt, Gouverneur de la Provence, vint rendre-Vifite à fon Alteffe, qui paffa tout le Carême à Montpellier, & affifta le Lundi de Pâques, à la première Prédication qui fut faite à la nouvelle-Eglife de Nôtre-Dame des Tables.

1655.

Les Chaleurs-extrêmes, qui commencérent dans le Bas-Languedoc dès le mois de Mai, n'empêchérent-point nos Troupes d'agir dans le Rouffillon, fous la Conduite de M. le Prince de Conty, qui, s'étant emparé du *Cap-de-Quiers*, affiégea *Caftillon*, & le prit le premier de Juillet, après vingt-deux jours de Siége : Le Marquis de Merinville fon Lieutenant-Général, fit lever le Siége de *Solfonne* aux Efpagnols dans le mois-fuivant ; & le Duc de *Vendôme* batit en Septembre, la Flote d'Efpagne, à la Hauteur-de-Barcelone.

Ces heureux-Succès donnérent lieu à de grandes-Réjoüiffances qui furent faites à Montpellier, tant pour ces Avantages remportez à nôtre Voifinage, que pour la Prife de *Lendrecy* en Hainaut, faite par les Maréchaux de Turéne & de la Ferté-Seneterre : Mais, on y donna de plus-grandes Démonftrations-de-Joye au commencement de 1656. lorfqu'on eut appris le Retour à la Cour, de M^r. le Duc d'Orléans, qui depuis trois-ans étoit retiré à Blois. La Protection que ce Prince avoit toûjours donné à la Ville, depuis qu'il étoit Gouverneur de la Province & de Montpellier en particulier, porta tous les Habitans à faire des Réjoüiffances-publiques, durant lefquelles on fit une Décharge-générale de tout le Canon de la Citadelle : La Compagnie du Noble-Jeu-de-l'Arc, qui ne s'affemble que dans

1656.

Hhh 2

1656.

les plus grandes-Occasions, se mit en Armes; Et il est marqué, que la Lieutenance se trouvant vacante par la Mort du S'. Dominique *Cambacerez*, on élut alors Daniel *Verchant* à sa Place, & N. *Dupont* pour Guidon de la Compagnie, qui, après s'être promenée dans la Ville, selon l'Usage, avec le S'. de *Fabregues* à leur Tête, alla faire ses Exercices-ordinaires dans le Fossé de la Porte de Lates.

III. On reprit dans le mois de Mai, ces mêmes Réjoüissances, à l'occasion du Retour des Trésoriers-de-France à Montpellier, qui avoient été envoyez à Pezenas, à cause d'une Division survenuë entr'eux : Le Roi, à la Prière de M'. le Duc d'Orleans, les rétablit à Montpellier, par Arrêt de son Conseil du 29°. d'Avril; & le jour pris pour leur Retour au dix-huitiéme de Mai, toute la Ville fit pour eux, ce qu'elle avoit fait lorsque la Cour-des-Aides revint de Carcassonne. La Bourgeoisie monta à Cheval, sous l'Etendart des Consuls-de-Mer, porté par *Dupont* leur Guidon : Les Sixains, rangez en Armes à l'Aire de la Saunerie, firent une Décharge à leur Passage; Et les Consuls, en Robe-Rouge, sortirent de la Ville pour les recevoir, & les haranguer par la Bouche de leur Orateur. Il est marqué, que tous les Officiers du Bureau sortirent de Carrosse, selon l'Usage, pour recevoir le Compliment des Consuls, auquel le Vicomte d'Aumelas, Doyen de la Compagnie, répondit pour tous : Ils arrivérent à travers une Foule-extraordinaire de Peuple dont les Ruës étoient pleines, & au Bruit du Canon de la Citadelle, que M'. d'Aubijoux voulut faire tirer en leur faveur.

Le lendemain, dix-neuviéme Mai, ils partirent de leur Bureau en Manteau de Parade, avec leurs Toques & Robons de Satin, comme ils portoient alors; & s'étant rendus à la nouvelle-Eglise de Nôtre-Dame de Tables, ils y assistèrent à une Grand'-Messe, qu'ils firent chanter en Musique, pour rendre-Graces à Dieu de leur heureux-Retour : Après-quoi, ils retournérent dans le même Ordre à leur Bureau, où ils reprirent leurs Séances comme auparavant.

IV. Six mois après, on apprit la Mort de François-Jacques d'Amboise, Vicomte d'Aubijoux, decedé le dixiéme Novembre, dans son Château de *Graulhet* en Albigeois. Comme il étoit Lieutenant-Général de la Province, outre le Commandement qu'il avoit dans la Ville & Citadelle de Montpellier, toutes les Cours assistérent, en Robes-Noires, au Service que la Ville lui fit faire le vingt-neuviéme de ce même mois, dans l'Eglise S'. Pierre : Charles de Brignon, Prévôt de la Catédrale, & Parent du Défunt, fit l'Office; & le Pére Alexis, de l'Ordre de la Trinité, l'Oraison-Funébre, dans laquelle il n'oublia point l'Anciene-Maison d'Amboise, qui finissoit par la Mort de ce même François-Jacques d'Amboise Comte d'Aubijoux.

Le Commandement de la Ville & Citadelle de Montpellier, qu'il laissoit vacant, fut donné aussitôt par le Duc d'Orléans, à *Sipion de Grimoard*, Comte de Roure, qui avoit déja une des trois Charges de Lieutenant-Général dans la Province : Il alla remercier le Roi & son Altesse, avant que de venir prendre Possession de sa nouvelle-Charge; & étant de retour dans le mois de Février 1657.

1657.

il prit jour au vingt-quatre pour son Entrée dans Montpellier. Deux Consuls allérent à sa Rencontre jusqu'à Sommiéres : la Bourgeoisie à Cheval, conduite par le S'. *Mazade*, Second-Consul-de-Mer, s'avança jusqu'aux Areniers; & les Sixains en Armes, l'attendirent à l'Avenuë de la Porte S'. Gilles, où les Consuls, en Robes-Rouges, lui présentérent les Clefs de la Ville, qu'il prit, & qu'il rendit en même-tems : Il eut son Logement à l'Eguillerie, chès le S'. de Vauvert son Parent, où il declara d'abord, qu'il avoit Ordre du Roi de faire tous les Consuls Catoliques.

V. Pour mettre le Lecteur au fait de cette Affaire, il est nécessaire de rapeller, comme il a été dit dans le Chapitre précédent, que dans le plus grand-Feu de la Guerre-Civile, les Religionnaires de Montpellier avoient surpris un Arrêt du Conseil, pour le Rétablissement du Consulat-Mi-Parti; ce qui fit résoudre M'. d'Aubijoux à laisser en Place, Ceux qui avoient été élûs en 1651. La continuation des Troubles fit continuer les mêmes Consuls durant six ans; de sorte que le S'. de *Sengla*, Premier-Consul, ayant été tué en 1653. la Baguette resta entre les mains du S'. Rouviére, Second-Consul, qui la garda jusqu'au-tems dont nous parlons. Alors, on obtint un Arrêt du Conseil, donné à Compiegne le 28. Août précédent, portant que les Elections seroient faites suivant l'Anciene-Coutûme, & que les Elûs seroient

tous

tous Catoliques : Mais, par un autre Arrêt donné à Paris le sixiéme Février, dont 1657.
le Comte de Roure fut Porteur, le Roi, pour cette fois, nommoit Mr. de *Baudan*
Trésorier de France, & les Srs. *Valat*, *Sigalon*, *Blanc*, *Prévôt* & *Cauquat*, tous Catoliques.

Il ne restoit qu'à executer cet Arrêt, d'une maniére qui évitât le Trouble qu'on
avoit lieu de craindre de la part des Religionnaires : Pour cet effet, on mit des
Soldats dans toutes les Ruës, avec Ordre d'empêcher que Personne ne sortît de
sa Maison, avant que l'Election fût faite. Alors le Comte de Roure se rendit à
l'Hôtel-de-Ville, avec le Sr. de *La Baume* son Lieutenant-de-Roi, & quantité de
Noblesse, où il fit lire, en présence du Juge-Mage, la Nomination que Sa Majesté
avoit faite, à laquelle on répondit par Acclamation : Ainsi, le Consulat-Mi-Parti,
pour lequel on avoit fait depuis si long-tems mile Tentatives, fut aboli de nouveau ; Et les Consuls qu'on venoit d'élire, s'étant faits peindre par le Fameux-
Bourdon, qui étoit venu revoir sa Patrie, ils placérent leur Tableau sur la Porte
de la Grand'-Sale, d'où il n'a jamais été déplacé depuis, pour conserver l'Ouvrage de cet Excellent-Peintre.

Les grands-Avantages que la France avoit remporté cette année, par la Prise de VI.
Dunkerque, de *Bergue-Saint-Vinox*, de *Furnes*, d'*Oudenarde*, de *Menin* & de *Gravelines*,
engagérent le Roi à de si grandes-Dépenses, qu'il falut chercher de nouveaux-
Fonds pour l'Entretien de ses Armées : Parmi les diferens-Moyens que l'on prit dans
le Languedoc, où les Tailles sont Réelles, on proposa d'en amortir pour la Somme de cent soixante-dix mile livres de Rente, dont l'Edit fut donné à Calais le
3. Juillet 1658. & adressé à M. de Bezons, Intendant de la Province, avec des 1658.
Lettres-de-Cachet à la Cour-des-Aides, pour enregîtrer cet Edit. Mr. de Bezons,
voulant faciliter la Chose, crut devoir s'appuyer de M. le Prince de Conty, auquel il vint une Commission du Roi, pour se transporter à la Cour-des-Aides, &
y faire procéder à l'Enregîtrement : Son-Altesse, qui étoit venuë à Pezenas pour y
passer les Chaleurs de l'Eté, profita d'une Députation que la Cour-des-Aides lui fit
sur son Arrivée, où étoient le *Président Sartre*, & les Srs. *Sartre*, *Gayon*, & *Du
Robin-Terrade*, Conseillers, ausquels il dit l'Ordre qu'il avoit reçû de Sa Majesté,
les chargeant d'en avertir leur Compagnie, afin qu'elle fût assemblée le 23e. Juillet,
auquel jour il seroit à Montpellier. Les Députez promirent, & firent partir *Du
Robin*, l'un d'eux, pour prévenir leur Compagnie ; Ce qui donna-lieu à des Assemblées-
particuliéres, où la Chose ayant été discutée, il fut dit que cette Somme de cent
soixante-dix mile livres de Rente, étant ôtée des Terres-Rurales, qui devenoient
Exemtes-de-Taille par cet Amortissement, il faudroit la regaler sur les autres
Terres, afin de faire trouver au Roi, le Don-gratuit qu'il demandoit tous les ans ;
& qu'ainsi, ce seroit une Charge énorme pour Ceux qui n'auroient pas amorti :
Cette Consideration porta quelques Officiers à dire, qu'ils ne pouvoient, pour le bien
de la Province, consentir à l'Enregîtrement de l'Edit ; & leur Sentiment ayant
entraîné celui des autres, il fut resolu de s'y opposer.

Cependant, le Prince de Conty arriva le vingt-deuxiéme Juillet, pour monter
au Palais le 23. comme il avoit reglé : Aussitôt, la Cour-des-Aides envoya des
Députez, pour lui faire Compliment sur son Arrivée ; Mais, le lendemain, lorsque Son Altesse, accompagnée de Mr. de Bezons, & d'un grand-nombre de Gentilshommes, se fut renduë à la Sale du Palais, il ne s'y trouva absolument personne : On ne laissa point d'y faire faire Lecture de l'Edit, par un Homme qui
fut pris d'office à la place du Greffier ; & le Verbal ayant été dressé de tout ce
qui venoit de se passer, il fut envoyé au Roi, qui, par Arrêt du 23e. Septembre,
interdit tous les Officiers de la Cour-des-Aides, & leur enjoignit de se séparer in-
continent-après la Signification de l'Arrêt, qui leur fut faite le 10e. d'Octobre.
Les premiers Opinans, qui avoient entraîné les autres dans leur Avis, furent de-
cretez de Prise-de-corps, & leurs Gages suprimez.

Mais, comme la Justice, en Fait de Tailles, ne pouvoit chomer, Mr. de Bezons reçut Commission, de former une Chambre d'Officiers, pris dans les Senè-
chaussées de Carcassonne & de Beziers, pour administrer avec eux, dans la Ville
de Narbonne, la Justice en Fait de Tailles & Aides : Il fit lui-même l'Ouverture

1658.

de cette Chambre le 24. du mois d'Octobre, dans l'Auditoire de Narbonne, où il fut ordonné, que le Greffier de la Cour, & les Procureurs, seroient tenus de s'y rendre, les Regîtres & autres Actes apportez, & les Prisonniers remüez. Nous verrons dans l'année-suivante, comment prit-fin cette Affaire.

CHAPITRE SIXIÉME

I. *Rétablissement de la Cour-des-Aides.* II. *Nouveaux-Embelissemens à Montpellier.* III. *Arrivée du Roi Loüis XIV. en cette Ville.* IV. *Le Prince de Conty Gouverneur du Languedoc.* V. *Fole-Entreprise de St-Jean-de-Vedas.* VI. *Arrivée de M. le Prince de Conty.*

1659.

LA Paix, si desirée entre la France & l'Espagne, commença à se traiter fort-sérieusement en 1659. & l'on convint dès le mois de Mars, d'une Suspension-d'Armes : Le Cardinal Mazarin, & Dom Loüis de Haro, Ministre d'Espagne, s'étant rendus sur les Frontiéres, commencérent les Conferences ; & après la septiéme, le Maréchal Duc de Grammont fut envoyé à Madrid, pour traiter du Mariage du Roi avec l'Infante d'Espagne.

I. Dans le cours de ces grandes-Négociations, le Conseil des Finances chercha de nouveaux-Fonds, & crut en devoir prendre sur la même Cour-des-Aides qui s'étoit opposée l'année-precedente à ceux qu'on avoit voulu établir en Languedoc : Pour cela, il fut parlé d'une nouvelle-Crüë d'Officiers, & d'une Augmentation-de-Gages sur les Anciens ; moyenant-quoi, on leur promettoit leur Rétablissement. Comme chacun souhaitoit d'être rétabli dans sa Charge, chacun fut d'avis de subir la Loi ; Et en consequence, il fut créé un nouveau-Président, cinq Conseillers, un Correcteur, & un Auditeur. L'Augmentation-de-Gages pour les dix Présidens qui étoient déja en Place, fut de douze cent quarante-cinq livres un sol ; Pour les Conseillers, de huit cent trente livres huit deniers ; Pour les Correcteurs, de six cent vingt-deux livres dix sols six deniers ; & pour les Auditeurs, de quatre cent quinze livres quatre deniers : Ainsi, la Finance de toutes ces Augmentations, jointe au Prix des Offices de Crüë, firent, comme on peut le voir, un Fonds très-considerable pour le Trésor du Roi.

On marque, que la Compagnie se trouva composée par ce moyen, de onze Présidens, de cinquante-trois Conseillers, de quinze Correcteurs, & de vingt-quatre Auditeurs, dont la premiére-Audience fut tenuë le 22e. d'Août, où l'on verifia l'Edit de Création des Nouveaux-Officiers, & celui de la Supression de la Chambre de Narbonne. On ajoûte, que lorsque les Causes des Particuliers furent appellées, il y eut seize cent Requêtes de présentées, & qu'on employa quatre jours à les appointer, tant les Affaires avoient été retardées à Narbonne.

II. Dans cette même année, on fit à Montpellier deux Reparations-remarquables, tant pour le Plaisir que pour la Commodité des Habitans : L'une fut, la Promenade du Cours, qui servoit auparavant de Jeu-de-Mail, & que le Comte de Roure fit applanir pour y planter quatre Rangées-d'Ormeaux, où dans peu de tems, on eut le plaisir de pouvoir se promener sous les Arbres, tant ils avoient-bien réussi ; mais, je ne sçai par quelle Pique, Ceux qui avoient interêt à les conserver, les laissérent dépérir vingt ou trente années après. Peu auparavant, Mr. de la Forest, toûjours attentif aux Embelissemens de la Ville, avoit proposé au Conseil des Vingt-quatre, de faire venir à la Porte de la Saunerie, une Fontaine qu'il avoit découvert à la Métairie de *Fargues*, & qu'on disoit être la même qui passoit anciènement au Couvent des Freres-Mineurs ; sa Proposition ayant été bien-accüeillie, on y mit la main, & l'Ouvrage fut achevé sur la fin du Consulat du Sr. de *Tremolet*, Seigneur de Salagosse & de Lunel-Viel.

Enfin, la Paix étant concluë par le Cardinal Mazarin & Dom *Loüis de Haro*,

le

le 7e. de Novembre, le Roi, sur la première-Nouvelle, se mit en Chemin, & 1659.
vint à Toulouse, d'où Sa Majesté partit pour Marseille, tandis que ses Ministres
achevoient de regler les Articles de la Nouvelle-Alliance: Il traversa tout le Languedoc, & arriva sur les quatre heures du soir à Montpellier, le Lundi cinquié- III. 1660.
me-jour de Janvier 1660. accompagné de la Reine-Mere, de Mr. le Duc d'Anjou son frere, de Mlle. de Montpensier, Fille de Mr. le Duc d'Orléans, & enfin du Cardinal Mazarin. Sa Majesté logea, chès le Sr. *Du Robin*, Conseiller; La
Reine, chès le Marquis de *Castries*; Le Duc d'Anjou, à la Maison de *Ranchin-Fontmagne*; Mademoiselle, à celle d'*Audessens*; & le Cardinal Mazarin, chès le Président *Solas*. Le Mardi matin, le Roi entendit la Messe à St. Pierre, où il fut reçû par le Corps du Chapitre, qui avoit à sa Tête Charles de *Brignon*, Prévôt de
l'Eglise; Il donna la Croix à baiser, & de l'Eau-benite à Sa Majesté, qu'il harangua ensuite avec beaucoup de Dignité. Le Mécredi, le Roi fut entendre la
Messe à St. Paul, chès les Péres de la Trinité; & le Jeudi à l'Observance: » au-
» quel-jour (disent nos Annales) l'un de ses Aumôniers fut visiter le Curé de Nô-
» tre-Dame, pour lui donner cinq livres cinq sols, à raison de trente-cinq sols
» par Couchée; ce qui est un Droit de Curé par tout le Royaume où le Roi
» couche.

Sa Majesté ayant visité le reste du Languedoc, entra dans la Provence, &
vint dans la Ville d'Aix, où le Prince de Condé, dont le Roi d'Espagne avoit
menagé les Interêts dans le Traité-de-Paix, & obtenu la Grace du Roi, eut
l'Honneur de saluer Sa Majesté, qui le reçut avec Bonté. Les Marseillois, dans ce
Voyage, furent punis de quelque Rebellion arrivée en leur Ville, par une Citadelle que le Roi ordonna d'y bâtir; Et dans ce même-tems, la Nouvelle étant
venuë au Roi, de la Mort de Mr. le Duc d'Orléans, arrivée à Blois le deuxiéme
de Février, Sa Majesté disposa du Gouvernement de la Ville & Citadelle de
Montpellier, en faveur de René-Gaspard de la Croix, Marquis de Castries, qui
en reçut le Brevet le 18. de Mars.

Peu de jours-après, le Roi ayant fait son Entrée à Avignon, & passé par Orange, revint à Montpellier, où toute la Cour eut le même Logement qu'au premier-
Passage. Il est marqué, que Sa Majesté, le lendemain de son Arrivée, entendit la
Messe à Nôtre-Dame des Tables, & le jour-suivant aux Jesuites: Après-quoi,
pour donner le tems aux Préparatifs qui se faisoient sur les Frontiéres-d'Espagne, il
marcha à petites-Journées vers Perpignan, d'où, reprenant le Chemin de Toulouse,
il se rendit dans le mois de Mai à *St-Jean-de-Luz*, tandis que Philipe IV. Roi
d'Espagne, s'avançoit vers Fontarabie. L'Entrevûë des deux Rois se fit le 6e. de
Juin, dans l'Isle de la Conference, où la Paix fut jurée de part & d'autre; & le
lendemain, le Roi d'Espagne ayant remis l'Infante Marie-Térèse d'Autriche entre
les mains du Roi de France, la Ceremonie du Mariage fut faite le 9. à St. Jean-
de-Luz, par l'Evêque de Bayonne.

La Paix que cet Heureux-Mariage donnoit à la France, après une Guerre de 25.
ans, fut solennisée dans tout le Royaume, avec des Réjouïssances-extraordinaires;
Et tandis qu'on preparoit à Paris la Superbe-Entrée qui fut faite à Leurs Majestez
le 26e. d'Août, on fit à Montpellier, sous le Consulat du Sr. de Gault, la Publication de la Paix, & un grand Feu-de-Joye à l'Esplanade, qui fut sans-contredit
le plus beau qu'on eût encore vû dans cette Ville: Ce fut en cette Occasion que
le Marquis & la Marquise de Castries, distribuérent des Médailles-d'Or & d'Argent,
dont les Desseins coururent toute l'Europe. Dans l'une, on voyoit l'Effigie du Roi,
avec cette Inscription autour: *Quem Mars non potuit vincere vincit Amor*; Et au revers un Olivier, avec ces Mots: *Primus connubii Fœtus*. Dans l'autre, les Armoiries
du Cardinal Mazarin, avec sa Legende-ordinaire, au revers étoit une Palme, d'où sortoit un Olivier; *Potuit sic solus Olivam inserere*.

Le Gouvernement du Languedoc, qui vaquoit depuis le 2. de Février par la IV. 1661.
Mort de Mr. le Duc d'Orleans, ne fut donné qu'après une année revoluë, puisque les Provisions du Prince de Conty, qui lui succeda, ne sont que du 26. Février 1661. encore n'en vint-il prendre Possession que deux ans après; Mais, sa
Nomination fut bientôt suivie de la Mort du Cardinal Mazarin, qui finit ses Jours

432 HISTOIRE DE LA VILLE DE MONTPELLIER,

1661. à Vincénes le 9ᵉ. du mois de Mars. Alors, Loüis XIV. prit seul les Rênes de son Etat, & la France commença de joüir des Grandes-Prospéritez qui accompagnérent son Regne tout le reste de ce Siécle : Le Ciel benit son Mariage, par la Naissance de Monseigneur le Dauphin, qui nâquit à Fontainebleau le premier Novembre ; Et Sa Majesté ayant fait le premier de Janvier 1662. une Promotion

1662. de huit Commandeurs, & de soixante Chevaliers de ses Ordres, le Marquis de Castries eut l'Honneur d'y être compris, & reçut le premier de Mars le Colier de l'Ordre. La Cerémonie en fut faite à Pezenas par le Duc d'Arpajon, nommé Commissaire, dans le même Ordre qu'elle se fait le Roi présent : M. le Prince de Conty, Gouverneur de la Province, Mʳ. le Vicomte de Polignac, Mʳ. le Comte de Merinville, y reçurent aussi le Colier.

Le Sʳ. de Candillargues, Premier-Consul, ceda sa Place au Sʳ. de Combas, sous le Consulat duquel Montpellier joüit des Avantages que le Roi procura à ses Sujets, par le Renouvellement des Traitez-d'Alliance avec la Hollande, par le Rachat de la Ville de Dunkerque qu'il fit sur les Anglois, & par l'Application à faire venir des Blez-Etrangers pour le Soulagement de ses Sujets, qui cette année auroient beaucoup souffert de la Disette sans cette Prévoyance.

1663. L'Année 1663. fut ouverte à Montpellier, par l'Instalation de Pierre de Crouzet à la Charge de Juge-Mage, qui lui avoit été remise par son Frere, pourvû depuis-peu de la Charge de Président en la Cour-des-Aides, vacante par la Mort du Président Grille : Son Instalation fut accompagnée des Cerémonies qu'on a coûtume de faire à la Reception de ce Premier-Magistrat, qui est à la Tête de la Police & de la Cour du Senéchal.

V. Au commencement de l'Eté, on eut à Montpellier un Spectacle plus triste, par la fole-Entreprise que firent quelques Jeunes-Débauchez, pour avoir la Pistole-Volante, qu'ils supposoient devoir toûjours revenir dans leur Poche, après l'avoir échangée avec de la Monoye. Ils firent venir à ce dessein un Magicien de la Campagne, qui leur dit qu'il ne pouvoit faire ses Conjurations sans avoir un Prêtre avec lui : Cette Nécessité leur fit jeter les yeux sur un Hebdomadier de la Catédrale, qu'ils sçavoient être Grand-Joüeur, & qui, se laissant attirer par l'espérance de participer à leur Gain, promit d'employer son Ministére. Tous les Acteurs étant prêts, on choisit pour le Lieu de la Scéne, une Métairie près de Sᵗ.-Jean-de-Vedas, où il ne se trouvoit alors qu'une seule Métayére, qu'ils envoyérent à Montpellier sous divers prétextes. La Troupe se voyant en liberté, commença de proceder à son Maléfice ; & d'abord, le Magicien fit trois grands-Cercles l'un dans l'autre, au milieu desquels il plaça le Prêtre, revêtu d'un Surplis & Etole, pour faire les Priéres portées dans son Rituel-Magique ; Il plaça les autres dans le Second-Cercle, & se tint lui-même dans le Troisiéme, avertissant plusieurs-fois toute la Troupe, de ne rien craindre, quoiqu'ils pussent voir ou entendre. Alors, il fit ses Evocations, en marmotant quelques Paroles, & faisant plusieurs Signes de sa Baguette ; Mais, cela n'eut pas été fait, que le Tems s'obscurcit-étrangement, le Tonnerre tomba tout-à-coup, & il se mit à pleuvoir & grêler d'une maniére-épouvantable : Tout-ce-la, joint aux Hurlemens-soûterrains qu'ils avoient déja entendus, & à l'Apparition d'un Spectre, qu'on dit être venu demander au Prêtre qu'est-ce qu'il vouloit ? firent tomber ce Misérable à demi-mort ; & les autres, n'osant tenir-bon, sortirent avec des Visages si-défigurez, que Ceux qui les rencontrérent, n'eurent pas peine à connoître qu'ils étoient hors-d'eux-mêmes.

Ce Fait, qui est constaté par les Procédures, où tous les Complices se trouvent nommez, causa l'Emprisonnement du Prêtre, qui fut enfermé dans la Tour de Sᵗ. Pierre : mais, Mʳ. de *Bosquet*, alors Evêque de Montpellier, touché des Larmes de ce Misérable, & voulant épargner au Public le Spectacle de son Suplice, se contenta qu'il allât à pied jusqu'à Rome, demander Pardon au Pape Alexandre VII. pour lequel il lui donna une Lettre ; Il parut quelques années-après dans le Païs, où il trouva tous ses Complices morts-misérablement : Quant à lui, on ajoûte, qu'ayant toûjours son Crime devant soi, il ne cessoit de le pleurer.

VI. La fin de cette année fut plus joyeuse à Montpellier, par l'Arrivée d'Armand de
Bourbon

Bourbon, Prince de Conty, & Gouverneur de la Province, qui fit son Entrée en cette Ville le 10°. de Novembre. Il avoit défendu aux Habitans, de faire aucune Dépense à son occasion ; Ce qui fut cause qu'on ne dressa point les Arcs-de-Triomphe qui sont en Usage dans ces grandes-Cerémonies : Mais, toute la Noblesse ne laissa-point de lui aller au-devant jusqu'à une lieuë de la Ville ; La Bourgeoisie monta à Cheval ; & les Sixains en Armes, sortirent pour le saluër à son Passage : les Consuls, en Robes-Rouges, ayant à leur Tête le Sr. de Rochemore, eurent l'Honneur de le recevoir à la Porte de la Ville, où il entra au Bruit de tout le Canon de la Citadelle. 1663.

Environ ce tems, le Duc d'Arpajou, à qui le Roi avoit donné, pour la seconde-fois, après la Mort du Marquis d'Ambres, la Lieutenance-Genérale dans le Département du Bas-Languedoc, s'en démit en faveur du Comte de Grignan.

Pendant l'année 1664. on fut occupé à Montpellier, des Préparatifs qui se firent sur nos Côtes pour l'Expedition de *Gigeri* : On y apprit en même-tems, les grandes-Satisfactions que les Romains venoient de donner au Roi, pour l'Insulte faite à son Ambassadeur par les Corses de la Garde du Pape ; Et peu-après, on reçut la Nouvelle du grand-Avantage remporté par nos François sur les Turcs, à la Bataille de St. Godard, dite de Raab. 1664.

Pierre de *Crouzet*, dont nous avons vû ci-devant l'Instalation en la Charge de Juge-Mage, ayant traité de celle de Procureur-Général en la Cour-des-Aides, se défit de la première en faveur de François de *Mirmand*, qui, en ayant reçû les Provisions, & s'être-fait recevoir au Parlement de Toulouse, fit son Entrée à Montpellier au commencement de 1665. & fut instalé peu de jours-après.

Dans ce même-tems, on apprit avec étonnement, les Ordres-sevéres du Roi envers un Seigneur de la Cour, dont la Mémoire est prétieuse à Montpellier depuis le long-Séjour qu'il y fit : j'entens parler de François-René du Bec-Crespin, Marquis de Wardes, Chevalier des Ordres-du-Roi, Chef & Capitaine-Colonel des Cent-Suisses du Corps, & Gouverneur d'Aiguemortes. Ce Seigneur ayant eu le malheur de déplaire à Sa Majesté, pour des Raisons qui sont plus de l'Histoire-Secrette de ce Regne, que de celle de Montpellier, eut Ordre de se retirer dans son Gouvernement d'Aiguemortes, où il ne fut pas plûtôt arrivé, qu'un Exemt porta l'Ordre au Sr. de Guitaud, Lieutenant-de-Roi de la Place, de l'arrêter-Prisonnier ; & au Marquis de Castries, de l'envoyer-prendre, & de le faire conduire incessamment dans la Prison de la Citadelle de Montpellier ; avec Défense de le laisser-parler à personne, & de ne lui donner qu'un de ses Valets pour le servir : ce qui fut observé jusqu'à un an après, où nous verrons les nouveaux-Ordres qui vinrent à son sujet. 1665.

Cette Année vit en mouvement toute la Faculté-de-Medécine, à l'occasion de la Charge de Chancelier, vacante par la Mort de Martin Richer de Belleval, qui fut conferée, selon les Anciens-Statuts, par l'Evêque & par les Professèurs, à Loüis de *Solinhac*, l'un d'entr'eux, qui servoit le Public avec Distinction depuis plus de quarante années : Deux mois après, Michel *Chicoyneau*, Neveu du Chancelier défunt, vint avec un Brevet du Roi pour cette Charge ; ce qui donna lieu à une Requête très-bien écrite, présentée au Roi par tous les Membres de la Faculté, pour obtenir la Conservation de leurs Priviléges : mais, nonobstant cette Requête, le Roi maintint le Sr. de *Chicoyneau*, qui dans les suites justifia-bien le Choix de Sa Majesté, par la Distinction avec laquelle lui & ses Enfans ont rempli successivement cette Place.

CHAPITRE SEPTIÉME.

I. *Honneurs-Funébres du Prince de Conty.* II. *Batême fait au Nom de la Province.* III. *Le Port de Cette commencé.* IV. *Arrivée du Duc de Verneüil, Gouverneur de Languedoc.* V. *Querelle entre les deux Maisons de Castries & de Toiras.* VI. *Recherche des Nobles.* VII. *Mort du Sieur de la Forest-Toiras.*

1666. I. LA Province de Languedoc, qui joüissoit depuis plus de deux ans de la Présence de M. le Prince de Conty son Gouverneur, eut le Malheur de le perdre à la Grange des Prez le 20. Février 1666. dans le tems que les Etats étoient assemblez à Beziers : Ils lui firent faire un Service-solennel. Mais, comme le Prince avoit choisi sa Sépulture dans le Cœur de la Chartreuse de Villeneuve-lez-Avignon, il falut y transporter son Corps, qui arriva à Montpellier le vingt-quatre de Mars : On lui rendit presque les mêmes Honneurs que s'il avoit été en vie ; Car, Mr. le Marquis de Castries, accompagné de quelque Noblesse, alla le recevoir à St.-Jean-de-Vedas : Les Sixains en Armes, l'attendirent au-dessus des Carmes-Déchaussez ; & les Consuls, en Robes-Rouges, sortirent hors des Fauxbourgs pour se trouver à son Arrivée : ils l'accompagnérent jusqu'à Nôtre-Dame des Tables, où il resta toute la nuit, sous une Chapelle-Ardente, gardée par les Marguilliers de l'Eglise, qui se relevoient d'heure-en-heure, & par les Gardes du Prince.

Le lendemain, toutes les Communautez-Religieuses y allérent tour-à-tour, faire leur Absoute ; Et sur les dix-heures du matin, le Chapitre de la Catédrale y fit faire un Service-solennel, celebré Pontificalement par M. *de Bosquet*, Evêque de Montpellier : Le Respect & la Vénération qu'on avoit pour ce Prince, y attira plus de Monde que l'Eglise n'en pouvoit contenir ; Et l'on marque, que les Cerémonies furent souvent mélées, des Pleurs que les Assistans donnoient à sa Mémoire.

II. Dans l'Intervale de la Mort & du Passage du Corps de M. le Prince de Conty, on avoit fait à Montpellier une Cerémonie bien-diferente, à l'occasion d'un troisiéme-Fils du Marquis de Castries, qui étoit né pendant la Tenuë des Etats : Ce Seigneur ayant donné son Fils à la Province pour le tenir-en-Batême, Loüis-François de La Suze, Evêque de Viviers, qui présidoit cette année aux Etats, vint à Montpellier après la fin de cette Assemblée ; & tout étant disposé pour la Cerémonie, on la fit à-peu-près dans l'Ordre qui avoit été observé en 1634. dans le Batême fait au Nom du Roi Loüis XIII. sous le Duc d'Alüin. Les Srs. de Bezons & de Tubeuf, Intendans de la Province, avec quelques Barons des Etats, & toute la Noblesse de la Ville, ouvrirent la Marche : suivoient les douze Gardes du Gouverneur de la Ville, précedez de leur Trompette ; & après toute la Suite & la Livrée-Consulaire, venoient les Consuls, en Robes-Rouges, marchant deux-à-deux, le Sixiéme & Cinquiéme au premier-Rang, le Quatriéme & le Troisiéme au second, & le Second & Premier (qui étoit le St. de Bonail) au troisiéme : le Président des Etats, avec le St. Joubert, l'un des Sindics de la Province, & le Marquis de Castries, Pere de l'Enfant, le suivoient ; & lorsqu'ils furent arrivez à l'Eglise, le St. Joubert, qui, en Qualité de Sindic, représentoit la Province, présenta l'Enfant, auquel M. le Président, qui avoit la droite sur lui, donna le Nom de *Loüis*, en y ajoûtant celui de *Languedoc*, au nom de la Province. Après que le Batême eut été fait au Chant de toute la Musique des Etats, on revint dans le même Ordre, remettre l'Enfant entre les mains de Dame Elizabet de Bonzy sa Mere : Ce Jeune-Seigneur fut reçû Chevalier de Malte peu de tems-après ; & étant mort en Bas-âge, il fut enterré aux Carmes-Déchaussez.

Sur

Sur la fin de Mars, le Sr. de Bezons ayant reçû Ordre du Roi, d'interroger le Marquis de Wardes sur quelques Articles qui lui furent envoyez, cet Intendant alla s'enfermer avec ce Seigneur, le Jeudi-Saint, 2e. d'Avril; pendant que tout le Monde visitoit les Eglises. L'Interrogatoire subi, lû & signé, fût envoyé en Cour; Et quelques mois-après, cet Illustre-Prisonnier étant tombé dangereusement-malade, ses Amis obtinrent du Roi, qu'il eût la Citadelle pour Prison : Il lui fut permis, peu de tems-après, d'aller à son Gouvernement d'Aiguemortes; & enfin, dans toute la Province. Pendant le Séjour de seize à dix-sept ans qu'il y fit, il en passa la plus-grande partie à Montpellier; où il attira beaucoup de Gens-d'Esprit & de Sçavoir, comme *Corbinelli*, *Nuré* & *Regis*, qui ranimèrent dans cette Ville, le Goût des Belles-Lettres; & nos Dames furent redevables à ce Seigneur, du Bon-Usage de la Politesse qu'elles apprirent auprès de lui.

Cette Année est mémorable dans la Province, par la première-Pierre qui fut mise au Port de *Cette*; pour la Communication des deux Mers : Ce grand-Dessein, approuvé déja par le Roi, sur la Proposition de Mr. Colbert; Ministre-d'Etat & Contrôleur-Général des Finances, ne put être exécuté qu'alors par le St. de *Riquet*, qui en avoit donné le Projet. On choisit le 29. de Juillet pour cette Cerémonie; Et Mr. de Bezons étant parti de Montpellier, avec la plus Belle-Noblesse de l'un & de l'autre Sexe de cette Ville, on mit sous la première-Pierre une grande-Médaille d'Or, avec cette Inscription autour du Buste du Roi : *Pacem Terris indixit & Undis*; & à l'Exergue de la Médaille : *Ludovicus XIV. Franc. & Navar. Rex.* Le Revers représentoit la Mer, le Port de Cette, & le Païs-d'alentour, avec ces Mots : *Tutum in importuoso Littore Portum struxit anno 1666.*

Au commencement de Novembre, M. le Duc de Verneüil; Fils-avoüé du Roi Henry IV. vint prendre-Possession du Gouvernement du Languedoc, que le Roi lui avoit donné depuis la Mort du Prince de Conty : Il fit son Entrée à Montpellier le 7e. du même-mois; Et parcequ'il avoit défendu, comme son Prédécesseur, qu'on ne fît aucune Dépense pour le recevoir, on suprima les Arcs-de-Triomphe & autres Cerémonies-Publiques; mais, la Noblesse monta à Cheval pour accompagner le Marquis de Castries, qui alla à sa Rencontre jusqu'à une lieuë : Ils furent suivis de la Bourgeoisie à Cheval; précedée des Trompettes; & les Sixains en Armes, sous les Ordres du St. *Destros*, Major de la Ville, s'arrêtérent à quatre cent pas du Fauxbourg, pour faire une Salve à son Passage, à laquelle il fut répondu par tout le Canon de la Citadelle. On marque, que le Lieutenant-de-Roi, & le Major de la Ville, lui en ayant présenté les Clefs dans un Sac de Velours-Cramoisi, garni d'un Passement-d'Or, il les prit, & les leur remit aussitôt. On ajoûte, qu'il refusa le Dais que les Consuls lui presentérent à l'Entrée du Fauxbourg du Pile-Saint-Gilles; & qu'étant monté en Carrosse avec le Marquis de Castries, pour aller à la Catédrale rendre-Graces à Dieu, il y fut reçû & harangué par l'Evêque, à la Tête de son Chapitre : On chanta ensuite le *Te Deum* en Musique; après lequel, M. le Duc de Verneüil, voulant aller chés le Président *Solas*, où il avoit son Logement, il fit une partie du Chemin à pied, à cause des dificultez de la Montée.

On vit un nouveau-Sénéchal à Montpellier, au commencement de 1667. par la Démission que Mr. de la Forest donna de cette Charge, en faveur de son Neveu *Loüis-Bernard du Cailar de Toiras*, Marquis de *St. Michel*, Comte *d'Aubijoux*, Baron de *Belesta*, Seigneur, de *Sauveterre*, *Castelnau*, le *Crez* & *Salaison*, qui fut instalé, pour la seconde-fois, Sénéchal & Gouverneur en la Justice de Montpellier, le 26. Janvier de cette année : Il avoit autrefois occupé cette Place; qu'il ceda à son Oncle; mais alors il la reprit, à l'occasion d'une grande-Querelle qui s'émeut entre les deux Maisons les plus Illustres de Montpellier. Quelques Coups entre les Domestiques des deux Maisons; & encore-plus, beaucoup de Mauvais-Raports, indisposérent l'Esprit de deux Dames; qui, depuis long-tems, avoient vécu en Bonnes-Amies : leurs Maris entrérent dans leurs Sentimens; & Mr. de Toiras, comme Sénéchal, ayant voulu assister avec le Juge-Mage, à l'Election de Ceux qui devoient nommer les Consuls; Mr. le Marquis de *Castries* envoya querir à la Citadelle cinquante Mousquetaires; qui, avec autant d'Habitans sous-les-Armes, investirent la Maison-de-Ville pour soûtenir la Liberté des Electeurs : L'Election faite, & confirmée par un Arrêt du Conseil, acheva d'aigrir les Esprits, & les porta à se choquer les uns les autres. On voulut inspirer à nôtre Gouverneur, pour faire plus de dépit au Sénéchal, de faire ôter les Armes qu'il avoit au-dessus de la Porte de sa Maison, avec les Festons de Laurier qu'on a coûtume d'y mettre ; ce qu'il refusa long-tems : mais, poussé enfin par l'endroit le plus-touchant, il se laissa vaincre, & donna ordre aux S^{rs}. *Desandrieux*, Premier-Consul, & *Destros*, Major de la Ville, d'aller enlever ces Armes ; ce qui fut executé avec la Rumeur & le Trouble qu'il est aisé d'imaginer. Toutes les Familles de la Ville prirent-Parti pour l'une de ces deux Maisons ; & l'Inimitié auroit passé des Peres aux Enfans, si le Roi n'eût interposé son Autorité dix ou douze ans après, pour la Reconciliation de ces deux Illustres-Familles, comme nous le dirons en son tems.

Au milieu de tous ces Troubles-intestins, on ne laissa-point de proceder à la Cour-des-Aides, à la Vérification & Enregîtrement du Code, ou Nouvelle-Ordonnance, dressée de l'Ordre du Roi, par M^r. *Pussort*, au mois d'Avril de cette même année : La Commission en fut adressée au Gouverneur de la Province ; & les Chambres s'étant assemblées le 17e. d'Octobre, la Vérification en fut faite, en présence de M^r. de *Bezons*, Intendant, & d'une grande Affluence de Peuple.

Comme dans l'année précedente on avoit mis la première Pierre au Port de Cette, qui devoit terminer, du côté de la Méditerrancé, le Canal de la Communication des deux Mers, on voulut ouvrir ce Canal du côté de la Mer-Océane, dans le Lieu où il devoit se joindre à la Garonne, un peu-au-dessus de Toulouse. Pour cet effet, on prit jour au dix-septiéme Novembre de cette année 1667. où M^r. de *Bourlemont*, Archevêque, benit la première-Pierre ; & M^r. de *Fieubet*, Premier-Président, avec les Capitouls, y firent jetter une Médaille-d'Or, où l'on voyoit cette Inscription-magnifique autour de la Face du Roi : *Undarum Terræque Potens atque Arbiter Orbis*, & au-Revers de la Médaille, qui représentoit la Ville de Toulouse, avec le Courant du Canal & de la Garonne : *Expectata diù Populis Commercia pandet*.

Cette Année ne finit-point à Montpellier, sans qu'on eût le plaisir d'y voir l'Assemblée des Etats de la Province, qui furent ouverts par le Duc de Verneüil, assisté de M^{rs}. de *Bezons* & de *Tubeuf*, Intendans de la Province, & des S^{rs}. Bonnaventure *Lafont*, & Pierre de *Fleury*, Trésoriers-Généraux de France : Le Comte de Roure, Lieutenant-Général de la Province, fut de Tour cette année, & l'Archevêque de Toulouse tint la Place de celui de Narbonne, qui étoit absent depuis la Disgrace de M^r. Fouquet son frere. L'Assemblée, qui n'avoit commencé que dans le mois de Décembre, continüa ses Séances durant les premiers-mois de 1668. après lesquels on entreprit deux Affaires-mémorables pour les Familles, & pour les Communautez des Villes du Languedoc : l'une fut, la Recherche des Nobles ; & l'autre, la Subvention ou Dégagement des Dettes des Communautez.

VI. Quant à la Recherche, elle fut mise en Parti, & le Traitant choisit Montpellier pour sa Résidence, où M^r. de Bezons, avec quelques Commissaires pris-d'office, jugeoit & prononçoit sur les Titres que Chacun y apportoit pour justifier la Qualité de Noble, de Chevalier ou d'Ecuyer qu'il avoit pris. Ce fut alors, qu'on vit venir à Montpellier bien de Bonnes-Gens, habillez de Bure, & labourant eux-mêmes leurs Terres, qui s'en retournoient avec des Jugemens très-avantageux ; tandis que d'autres, couverts de Plumes & de Dorures, étoient obligez de payer l'Amende de cent-treize livres quinze sols, & donner leur Déclaration au Greffe, comme ils se départoient des Qualitez qu'ils avoient prises : On peut néanmoins dire en général, que malgré cette Bonne-Justice, plusieurs trouvérent le moyen d'adoucir les Recherches du Traitant.

Quant à l'Acquitement des Dettes des Communautez, il est à observer, que les Desordres des Guerres-passées, avoient mis les Communautez dans l'Usage de faire des Emprunts comme elles le jugeoient à propos, sans autre Permission : De là vient, que les Taillables ne pouvoient satisfaire aux Charges de la Communauté, & à celles qui regardoient le Roi, comme Tailles & autres Droits, qui commençoient déja à augmenter considérablement. Pour y remedier, on établit que chaque

que Lieu, Ville ou Vilage de la Province, payeroit ses Créanciers, en leur alié- 1668.
nant les Fonds de la Communauté, ou en les colloquant au lieu & place de Ceux
qui avoient déguerpi leurs Terres. A Montpellier, on prit un autre Moyen, qui
fut d'engager les Revenus, sans aliéner les Fonds : Pour cet effet, on accepta la
Proposition de quelques Particuliers, qui offrirent d'acquiter dans huit ans, toutes
les Dettes de la Ville, qui alloient au-delà de deux cent mile livres ; moyenant
qu'on leur laissât les Revenus de la Communauté durant quatorze ans, afin
de s'indemniser des Fraix & Emprunts qu'ils auroient fait pour cet Acquit ; En consequence, on leur accorda : 1°. La Claverie ou Levée de Tailles, que le Second-
Consul avoit accoûtumé de lever. 2°. Trois Deniers sur chaque livre de Viande
qui se vendoit à la Boucherie. 3°. Les Deniers provenant de la Vente du Bois
de Valéne appartenant à la Ville. 4°. Le Droit de *Corretage*, qui consiste aux
Droits du Poids du Foin, Bois & Charbon qui entre journellement ; le Mesurage
de l'Huile, Noix & Châteignes ; cinq sols par Quintal des Cochons, avec le
Poids de la Farine qui entre tous les jours dans la Ville. 5°. Le Loyer des Boutiques de l'Orgerie, & de la Grand'-Loge, à commencer du premier Octobre 1668.
Toutes ces Sommes servirent alors, à payer les Dettes de la Ville, jusqu'à-ce que
l'occurrence des Affaires l'obligea de s'endetter incomparablement-davantage.

Sur la fin de cette année, René-Gaspard de Lacroix, Marquis de Castries, Chevalier des Ordres du Roi, & Gouverneur de la Ville & Citadelle de Montpellier,
prêta-Serment entre les Mains du Roi, de la Charge de Lieutenant-General au
Département du Bas-Languedoc, vacante par la Mort du Comte de *Bioule*, Chevalier des Ordres du Roi : Ses Lettres, données à St. Germain-en Laye le 26e.
Octobre, ne furent enregîtrées au Parlement & à la Cour-des-Aides, que dans le
mois de Mars de l'année suivante.

Dans ce même mois, mourut au Château de Restinclières, *Simon de St. Bonnet-* VII. 1661.
Toiras, Seigneur de la Forest, Maréchal-de-Camp des Armées du Roi, ci-devant
Gouverneur pour Sa Majesté de la Ville de Foix, & Senéchal de Montpellier.
Cet Homme-Illustre, dont la Mémoire est en très-grande-Vénération en cette Ville,
finit ses jours à l'âge de quatre-vingt-onze-ans : Il avoit preparé sa Sepulture dans
la Chapelle dite de *Bon-Secours*, à Nôtre-Dame des Tables, où il ordonna par son
Testament d'être porté sans aucune Pompe ; On executa sa Volonté sur cet Article,
les seuls Prêtres de Nôtre-Dame ayant été le recevoir à la Porte du Pile-Saint-
Gilles : Mais, le Concours-Universel lui fit un Convoi mile-fois plus-honorable ;
car, on marque que son Corps n'ayant pû arriver qu'après onze heures de nuit,
toutes les Ruës furent pleines de Monde, qui, lui donnant mile-Benedictions,
l'accompagna à sa Sepulture les larmes aux yeux. Les Officiers du Senéchal lui
firent le lendemain un Service-solennel, dans l'Eglise Nôtre-Dame, tenduë de Deüil,
avec un Lé de Velours, chargé d'Ecussons aux Armes du Défunt ; & l'Affluence
y fut si grande, qu'une bonne-partie ne put pas y trouver entrée.

CHAPITRE HUITIÉME.

I. *Nouveaux-Lieutenans-Genéraux de la Province.* II. *Revolte dans le Vivarés.*
III. *Démolition du Petit-Temple à Montpellier.* IV. *Divers-Evenémens arrivez*
en cette Ville. V. *Milices envoyées en Catalogne.* VI. *Première-Pierre mise au*
Canal du Lez.

Nous avons vû ci-devant, que le Comte de Grignan avoit succedé en 1663. I.
au Duc d'Arpajou, dans la Charge de Lieutenant-General de la Province
au Département du Haut-Languedoc : mais, dans cette année 1669. il fut fait
Lieutenant-Général en seul au Gouvernement de Provence ; ce qui occasionna sa
Démission de la Lieutenance-Générale du Languedoc, que le Roi donna à Loüis

1670. *Nogaret de Loüet*, Marquis de *Calvisson*, pourvû par Lettres-Patentes du sixiéme Décembre, enregîtrées au Greffe des Etats le 9. Janvier 1670. au Parlement le 5. Février, & à la Cour-des-Aides le 21. Cette Promotion en occasionna une autre, qui fut celle de *Sipion Grimoard de Beauvoir*, Comte *de Roure*, Fils, pourvû par le Roi de la Lieutenance-Generale au Département des Païs du Vivarés, Velay, & Diocése d'Uzés, par Lettres du vingt-uniéme Janvier, enregîtrées en la Cour-des-Aides de Montpellier le septiéme de Juillet suivant, avec celles du Gouvernement de la Ville & Citadelle du St. Esprit.

II. La Revolte du Vivarés, déja survenuë depuis le mois d'Avril, avoit obligé le Marquis de Castries d'y accourir, avec un grand-Nombre de Gentilshommes, & quelques Milices qu'il fit lever à Nimes; Il negôcia si-heureusement avec les Revoltez, qu'il les fit convenir d'une Suspension-d'Armes, durant laquelle le Roi, informé du Desordre, envoya un partie de sa Maison, & d'autres Troupes, commandées par le Sr. Lebret, Maréchal-de-Camp, sous les Ordres du Marquis de Castries & du Comte de Roure, Lieutenans-Generaux de la Province, qui eurent chacun leur jour pour commander cette Armée: Ils réduisirent les Rebelles après quelques legers-Combats, & obligérent les autres à prendre la fuite. De ce nombre fut *Jacques Roure* leur Chef, qui prenoit la Qualité de *Generalissime des Peuples-Oppressez :* Cet Homme, qui pouvoit avoir quelque bonne-Intention, mais d'un fort-petit-Genie, partit pour Paris, dans le dessein de s'aller jeter aux Pieds du Roi, pour lui représenter, que la Crainte-des-Impôts dont ils étoient menacez, leur avoit fait prendre les Armes. Ce Dessein n'ayant pû lui réussir, il vint à Toulouse, dans la confiance qu'il pourroit-bien engager le Parlement à entrer dans ses Vûës; Mais, le Procureur auquel il s'adressa, lui ayant conseillé de s'enfuir au plus vîte, par-ceque son Portrait avoit été envoyé pour le faire arrêter, il prit en diligence le Chemin de la Navarre : Cependant, le Procureur qui l'avoit conseillé, craignant pour soi-même, si l'on venoit à sçavoir qu'il lui eût parlé, alla rendre-compte de tout à Mr. de Fieubet, Premier-Président, qui le blâma de n'avoir pas arrêté Roure; Mais, ayant sçû le Chemin qu'il avoit pris, il fit courir après-lui; ensorte qu'on l'atteignit à un quart-de-lieuë des Terres d'Espagne, où il avoit eu l'imprudence de s'arrêter pour dîner. Heureusement, la Perruque qu'il avoit pris le fit encore méconnoître; mais, ses Pistolets le trahirent, sur lesquels il avoit fait graver son Nom, & qu'il avoit laissé sur une Armoire tandis qu'il étoit à Table : ce seul Indice fit qu'on le questionna; & sur ses Réponses, il fut saisi, conduit à Toulouse, & de là à Montpellier, par les Gardes du Marquis de Castries, où son Procès ayant été instruit par Mr. de Bezons, avec les Officiers du Presidial, il fut condanné à être rompu à la Place de l'Hôtel-de-Ville; ce qui fut execuré le vingt-neuviéme d'Octobre.

Tout paroissoit terminé par cette Execution, lorsqu'un Evenément-extraordinaire mit en Mouvement tout le Peuple de Montpellier à son sujet. Le Corps de ce pauvre-Malheureux (comme les Gens-vivans en font encore-foi) resta vingt-jours sur la Roüe, sans se gâter ni se corrompre, soit que cela vînt de la Force de son Temperament, ou des premiers-Froids du mois de Novembre. Quoiqu'il-en-soit, la Populace le regarda avec Vénération, d'autant-plus qu'il avoit été toûjours Bon-Catolique : Elle courut en-foule à Castelnau, où il avoit été exposé; & la Superstition fut si-grande, que plusieurs coupoient des Morceaux de sa Chemise pour les garder-soigneusement; de sorte qu'il ne falut pas-moins qu'une Ordonnance de l'Evêque & de l'Intendant pour les arrêter. Je croi devoir ajoûter-ici, qu'il nous reste des Copies du Manifeste que ce *Jacques Roure* fit répandre dans le tems de sa Revolte; mais, on peut juger par le Mêlange qu'on y trouve de Raison & de Folie, qu'on abusa de sa Simplicité pour l'exposer dans le Danger où il perit.

III. Sur la fin du mois de Novembre, dans le tems qu'on se preparoit à Montpellier à la Tenuë-des-Etats, on fit abatre le Petit-Temple des Huguenots, bâti soixante-cinq ans auparavant, contre les Dispositions de l'Edit-de-Nantes : Ce fut aussi par ce Motif, que le Roi en accorda la Démolition à l'Evêque de Montpellier, qui, se trouvant alors à l'Assemblée-Genérale du Clergé-de-France, soli-

cita

cita un Arrêt du Conſeil, en vertu duquel on procéda le dix-huitiéme Novembre à cette Démolition. Il est à remarquer à ce ſujet, que le Conſiſtoire s'étant ſervi en 1605. du nommé *Raynard* Architecte, pour bâtir ce Temple, le S^r. *Charles de Varanda*, Premier-Conſul, employa cette année le Fils du même Raynard, pour le démolir.

1670.

Dans l'année 1671. il n'y eut d'intereſſant pour la Ville de Montpellier, que la Défenſe faite par les Hollandois, de venir charger nos Vins; ce qui en attira une autre, de la part du Roi à tous ſes Sujets, de charger des Eaux-de-Vie ſur les Vaiſſeaux de Hollande : On comprit aiſément, que nous aurions bientôt la Guerre avec cette République; Et l'on apprit cependant, que le Roi preparoit aux Officiers & Soldats-Invalides de ſes Armées, ce Magnifique-Hôtel, qui eſt le plus-beau Monument qu'on voye en ce Genre dans toute l'Europe.

1671.

La Déclaration de la Guerre par Mer & par Terre contre les Hollandois, fut publiée à Montpellier le 27. Avril 1672. dans le tems que le Duc de Cardonne revenoit de ſa Viceroyauté de Naples, avec la Ducheſſe ſon Epouſe & toute ſa Famille. Comme ce Seigneur, ſous le Nom du Marquis *del Povar*, avoit fait trente-ans auparavant, un Séjour-conſiderable à Montpellier, il voulut alors s'y arrêter quelques-jours, durant leſquels il reçut la Viſite de nos Conſuls, & de toutes les Perſonnes de Qualité de l'un & de l'autre Sexe, auſquels il témoigna gracieuſement, qu'il ſe reſſouvenoit du Bon-Accüeil qu'il avoit reçu dans leur Ville, dans le tems qu'il y reſta Priſonnier-de-Guerre, depuis 1643. juſqu'à la fin de 1645. Ce Seigneur avoit ſuccedé depuis à ſon Frere-Aîné, au Nom, & aux Terres de la Maiſon de Cardonne.

IV. 1672.

Preſqu'en même-tems, on apprit à Montpellier, la Promotion de l'Archevêque de Toulouſe, (Pierre de Bonzy) au Chapeau de Cardinal, qui lui avoit été donné par le Pape Clement X. le 22. Février: Cette Nouvelle, qui intereſſoit-extraordinairement la Marquiſe de Caſtries ſa ſœur, cauſa une Joye-publique à Montpellier, où l'on eut avec-le-tems de plus grandes-Raiſons de s'intereſſer pour cette Eminence, qui, ſans-contredit, fut le Seigneur le plus Gracieux & le plus bienfaiſant qu'on eût eu dans cette Province depuis le Duc de Montmorency.

La Mort du Chancelier Seguier, arrivée dans le cours de cette année, porta les Etats de Languedoc, aſſemblez à Montpellier, à lui faire un Service-ſolennel dans l'Egliſe de Nôtre-Dame des Tables, avec tous les Honneurs uſitez dans ces grandes-Occaſions : M^r. le Duc de Verneüil ſon Gendre, & Madame la Ducheſſe ſa Fille, étoient à la Tête du Deüil; l'Evêque de Montpellier y chanta la Meſſe, & Meſſire Armand de Bethune, Evêque du Puy, fit l'Oraiſon-Funèbre, que les Etats firent imprimer.

Le grand-nombre de Conquêtes que le Roi venoit de faire en Hollande, alarma les Puiſſances, qui juſqu'alors avoient favoriſé ſes Armes : Il ſe forma contre-lui une Ligue entre l'Electeur de Brandebourg, l'Empereur & le Roi d'Eſpagne, qui n'empêcha point Loüis XIV. d'aller en Perſonne faire le Siége de Maſtrik, qu'il emporta dans le mois de Juin, après quatorze jours de Tranchée. Cette Priſe, très-conſiderable par toutes ſes Circonſtances, fut celebrée à Montpellier le ſeiziéme du mois de Juillet: mais, les Suites de la Fête qu'on y avoit préparée, ſervirent encore-plus à faire ſouvenir de Maſtrik; car, l'Ingenieur qui avoit dreſſé ſon Feu-d'Artifice ſur un Echafaut flanqué de quatre Tours, ſe laiſſa tomber du plus-haut, & ſe caſſa la Tête. D'autre-part, la Foule du Monde, qui étoit monté ſur l'Egliſe Nôtre-Dame, s'appuyant-trop ſur la Baluſtrade, qui étoit de Pierre, la fit tomber du plus-haut de l'Egliſe, ſur Ceux qui étoient en-bas, dont il y eut grand-nombre de Bleſſez-à-mort : Cet Accident porta l'Alarme dans toutes les Familles, & cauſa des Suites bien-funeſtes à quelques-unes.

1673.

Deux mois-après, Claude de Bazin de Bezons, Intendant de la Province, fut rapellé à la Cour, & Meſſire Henry d'Agueſſeau, Maître des Requêtes-Ordinaire de l'Hôtel, ſubſtitüé à ſa Place : Il arriva à Montpellier le 22e. Septembre, d'où il repartit quatre jours-après, pour aller recevoir au S^t. Eſprit, Madame ſon Epouſe, & toute ſa Jeune-Famille. Le long-Séjour que M^{rs}. ſes Enfans firent à Montpellier, donna lieu d'y connoître à bonne-heure, les grandes-Qualitez qui devoient

440   HISTOIRE DE LA VILLE DE MONTPELLIER,

1673. élever son Aîné à la Charge de Procureur-Général, & enfin à celle de Chancelier-de-France.

Le Marquis de Castries, Lieutenant-Général de la Province, tint cette année les Etats à Pezenas, comme Commissaire-Principal, durant lesquels il conclut le Mariage de sa Fille Elizabet, avec Loüis-Joseph de Panat *de Castelpers*, Marquis de Villeneuve, dite *la Cremade*, près de Beziers, Baron des Etats, & Colonel de Cavalerie: Comme la Cerémonie en devoit être faite à Montpellier, les Parties

1674. s'y rendirent au commencement de 1674. où le Cardinal de Bonzy, accompagné de cinq ou six Evêques, les épousa dans l'Eglise des Religieuses de Ste. Caterine-de-Siéne, le 28. Janvier. Cette Fête en attira plusieurs autres, qui durérent trois semaines: Mais, la plus-remarquable est une Course-de-Bague, qui fut faite le 3e. Février dans la Ruë de St. Guillen, qu'on avoit pris soin de dépaver & de couvrir de Sable. Les Chevaliers du Carrousel étoient, le Marquis de *Villeneuve*, Nouveau-Marié; le Marquis de *Cailus*, Beaufrere du Marquis de Castries; *Penautier*, Trésorier-Général de la Bourse du Languedoc; le Vicomte de *Treboin*, Parent du Nouveau-Marié; *Dauviller*, Ecuyer du Cardinal de Bonzy; *Castelet* Cambous, *Vitrac* & *Montcausson*, Freres; Et pour Juges de la Course, on nomma le Vicomte *du Bosc*, le Baron de *Brissac*, & le Sr. de *Morangers*.

Les Chevaliers du Carrousel parurent tous en Masque à la Barriére, dans l'Equipage-convenable à ces sortes-d'Exercices; Leurs Chevaux richement enharnachez; le Crin & la Queuë natée, & garnie des Rubans de diferente-Couleur, que chacun d'eux avoient choisi; leur Habillement entiérement-diferent les uns des autres, formoit une Varieté qui produisoit un aussi bel-Effet que l'Or & l'Argent dont ils étoient couverts: Ils attendirent tous, que les Dames eussent pris Place dans une Galerie qu'on avoit dressé le-long de la Maison du Marquis de Castries; Et les Trompettes ayant sonné la Chamade, chaque Chevalier partit à son Rang, & fit la première-Course pour les Dames, où *Montcausson* remporta l'Avantage. Dans les trois autres, qui devoient être pour la Bague, *Castelet* l'emporta le premier, puis le Vicomte de *Treboin*, & ensuite *Penautier*; Mais, *Castelet* y étant revenu pour la seconde-fois, il gagna le Prix, qui fut une Emeraude de vingt à trente-Loüis, qu'il alla recevoir de la main de la Nouvelle-Mariée.

V. Les Hostilitez des Espagnols contre la France, avoient porté le Roi à leur déclarer la Guerre dès le mois d'Octobre de l'année précedente; Et sur le commencement de celle-ci, Sa Majesté nomma pour commander dans le Roussillon, le Maréchal *Federic de Schomberg*, qui arriva à Montpellier le quinziéme d'Avril: Il ne tarda point d'apprendre, que le Marquis de St. Germain, Général de l'Armée d'Espagne, devoit entrer dans le Païs avec un bon-nombre de Troupes ; ce qui obligea de recourir aux Milices du Languedoc, comme on avoit fait dans plusieurs autres occasions. Montpellier fit alors dix Compagnies, à la Tête desquelles le Marquis de Castries ne voulut que des Officiers qui eussent eu déja du Commandement dans les Armées: il en forma un Corps, qui se trouva de cinq cent-soixante-quatre Hommes lorsqu'il les passa en Revûë; & il se fit partir le treiziéme du mois de Mai, sous les Ordres du Sr. de *Seguin*, qui avoit autrefois commandé le Regiment d'Orléans: Ce Bataillon fut en si-bonne-Estime, qu'il fit toûjours Corps avec le Regiment de Picardie: ils entrérent dans le Roussillon le 18e. de Mai; & après avoir campé devant *Salces* & devant *Perpignan*, ils marchérent en Corps-d'Armée à *Saint-Jean-de-Pagez*, qui se rendit après trois jours de Siége. Les Prisonniers qu'on fit en cette occasion furent envoyez à Montpellier, au nombre de cent-quarante Soldats, & de sept Officiers: Les Soldats furent gardez par les Habitans, dans le Vieux-Bâtiment des Augustins, hors la Porte du Pile-Saint-Gilles, & les Officiers dans l'Hôtel-de-Ville. Comme le Maréchal de Schomberg n'avoit d'autre Ordre que d'empêcher l'Enemi d'avancer dans la Plaine, il laissa ses Troupes dans leurs Retranchemens le reste de cette Campagne, durant laquelle il n'y eut que trois petits-Combats, où nous eûmes toûjours l'Avantage.

Les Soins que le Marquis de Castries s'étoit donné en cette Occasion pour le Service du Roi, furent presque les derniers de sa Vie; car, ce Seigneur mourut le vingt-deuxiéme d'Août, à son Château de Castries, qui est à deux lieuës de Montpellier

pellier. Le 16. de Septembre, nos Consuls, qui avoient à leur Tête le S^r. de Teyran, lui firent faire, au nom de la Ville, les Honneurs-Funébres dans l'Eglise de Nôtre-Dame des Tables, où le Pere *Lagreffe*, Provincial des Religieux de l'Observance, fit son Oraison-Funébre le 24. du même mois. Messire Joseph-François de Lacroix son Fils-Aîné, Colonel du Regiment d'Infanterie de son Nom, âgé seulement de onze ans, vint prêter Serment entre les mains de M^r. d'*Aguesseau*, pour le Gouvernement de la Ville & Citadelle de Montpellier, que le Roi voulut-bien conserver au Fils en Mémoire des Services du Pere. Le 28. la Cour-des-Comptes, Aides & Finances de cette Ville, s'étant Assemblée en Semestre, le Jeune-Marquis de Castries monta au Palais, suivi de quantité de Noblesse, où ses Provisions, en date du 30. Août, furent enregîtrées.

1674.

Cette année fut terminée à Montpellier par la Tenuë-des-Etats, qui furent ouverts par le Duc de Verneüil. Au commencement de cette Assemblée, il survint une Dispute entre quelques Prélats & le Cardinal de Bonzy, Nouvel-Archevêque de Narbonne, au sujet d'un Tapis de Velours-Cramoisi, que cette Eminence avoit fait-mettre à sa Place dans l'Eglise Nôtre-Dame: La Dispute fut decidée par le Roi en faveur du Cardinal; mais, elle donna lieu à une Piéce-de-Poësie, qui eut grand-cours en ce tems-là, sous le Titre du *Combat de la Rose & de la Violette*.

En consequence d'une Déliberation des Etats, on fit, au nom de la Province, les Honneurs-Funébres du feu Marquis de Castries, en qualité de Baron-des-Etats, & de Lieutenant-General de la Province: La Chose fut executée quelques-jours-après la Fête-des-Rois de l'année 1675. dans l'Eglise de Nôtre-Dame des Tables, où le Mausolée fut magnifique, & le Service celebré par Messire *Poncet de la Riviére*, Evêque d'Uzés.

1675.

Peu de mois-après, Jean-François de Tremolet de Bucelli, Marquis de Montpezat, Lieutenant-General des Armées du Roi, & Gouverneur de la Ville & Château de Sommiéres, vint faire enregîtrer en la Cour-des-Aides, les Lettres qu'il avoit obtenuës du Roi, pour la Charge de Lieutenant-General de la Province, vacante par la Mort du feu Marquis de Castries; ce qui fut fait le troisiéme d'Avril. Dans ce même-tems, la Cour-des-Comptes, Aides & Finances de Montpellier, fit un Effort-extraordinaire pour satisfaire aux Volontez du Roi, qui demandoit quatorze Milions aux Compagnies-Supérieures de son Royaume, pour la Conservation du Droit-Annuel pendant neuf années; Celle de Montpellier, dont la Portion montoit à quatre cent-cinquante mile livres, en fit le Payement en huit jours, quoique cette Somme ne fût pas payée en Corps, mais départie sur les Particuliers: Tant-il-est-vrai, que les Sujets bien-intentionnez trouvent des Facilitez qui auroient paru impossibles à d'autres.

Messire Loüis de Bermond du Cailar-Toiras, Comte d'Aubijoux, Senéchal en la Senéchaussée de Montpellier, mourut le treize d'Octobre de cette année, dans l'Abbaye du *Vignogoul*, à une lieuë de Montpellier: Son Corps fut porté en cette Ville, & inhumé sans Pompe ni Cerémonie, dans la Chapelle de feu M. de la Forest son Oncle.

Dans ce même mois, les Etats furent ouverts à Montpellier par le Duc de Verneüil, assisté du Marquis de Calvisson, Lieutenant-de-Roi dans la Province, & de M^r. d'Aguesseau, Intendant. On approuva dans cette Assemblée, un nouveau-Canal sur la Riviére du Lez, projeté par les Consuls-de-Mer, & cedé au profit du Président Solas, qui ayant obtenu du Roi la Permission d'y faire travailler, & l'Erection en Marquisat des Terres qu'il avoit aux Environs, pria le Cardinal de Bonzy & la Duchesse de Verneüil, de mettre les deux premiéres-Pierres à l'Ecluse du Pont-Juvenal, où ce Canal venoit aboutir. On observe, qu'il y fut mis deux Inscriptions diferentes; l'une au Nom du Cardinal, & l'autre à celui de la Duchesse: Dans la premiére, on lisoit sur une Plaque-de-Cuivre; *Die XIV. mensis Decembris 1675. posuit hunc Lapidem Eminentissimus Cardinalis Petrus Bonzy, in gratiam Marchionis Francisci Solas*; & sur l'autre Pierre, on attacha une seconde-Plaque, où l'on voyoit ces Mots: *Die XIV. mensis Decembris 1675. posuit hunc Lapidem D. Anna Seguier, Duxia de Verneüil, in favorem Francisci Solas, Marchionis*.

VI.

Kkk

CHAPITRE NEUVIÉME.

I. *Mort du Sr. d'Almeras, Lieutenant-Général des Armées du Roi.* II. *Renouvellement du Jeu-de-l'Arquebuse.* III. *Funestes-Effets d'un Grand-Hiver.* IV. *Cerémonies du Jeu-de-l'Arc.* V. *Paix de Nimégue.*

1676. I. QUOIQUE les Puissances de l'Europe eussent déja convenu de la Ville de Nimégue pour y tenir les Conferences de la Paix-Générale, dont le Roi d'Angleterre offroit d'être le Médiateur, on ne laissa point en 1676. de continüer les Expeditions-Militaires, durant lesquelles le Roi Loüis XIV. se rendit en Personne devant Condé, qu'il prit le 26. d'Avril, après six jours-d'Attaque : On en fit à Montpellier des Réjoüissances-publiques, en présence de M^{rs}. de Montpezat & d'Aguesseau. Peu de jours-après, on eut Nouvelle en cette Ville d'une Victoire-Navale, remportée par nôtre Flote sur celle d'Espagne & de Hollande le 21. Avril, auprès de Catane en Sicile ; avec cette Circonstance, que Ruiter, Amiral des Hollandois, y avoit été blessé-à-mort : La Joye de cette Nouvelle auroit été entière à Montpellier, si on n'eût appris en même-tems, qu'il en avoit coûté la vie à Guillaume d'*Almeras*, Lieutenant-Général des Armées du Roi, qui commandoit nôtre Avant-Garde dans cette Bataille, & qui avoit soûtenu le Choc de Ruiter avec toute la Fermeté-possible. La Perte de cet Officier-Général, qui, de tous Ceux de Montpellier, s'étoit le plus avancé dans le Service-de-Mer, fut un grand-sujet-d'Affliction pour sa Famille, & pour tous Ceux qui s'interessoient à l'Honneur de leur Patrie.

II. Les frequentes-Levées de Milices qu'on faisoit alors dans le Languedoc pour les envoyer en Roussillon, donnérent-lieu au Renouvellement qui se fit à Montpellier, de l'Exercice de l'Arquebuse, en faveur des Gens-de-Métier, qui sont employez dans le besoin à la Garde de nos Portes : Ils reprirent cette année l'Ancien-Usage où ils étoient, d'aller par Sixain s'exercer à tirer de l'Arquebuse, dans le Fossé du Pile-Saint-Gilles qui leur est destiné ; Là ils tirent à Bale-seule, dans un Rond-de-Bois de deux Piez de Diamétre, dans le Centre duquel ils ont mis un gros-Clou-doré, au milieu d'un petit-Cercle peint en Blanc, pour leur servir de Mire : tous Ceux qui donnent dans le Blanc, gagnent un des Prix proposez, qui sont quelques Cuilliers ou Tasse d'Argent, un Fusil, une Epée, ou semblable chose ; mais ; Celui qui touche au Clou-doré, remporte le Prix, qui consiste dans la *Mise*, ou Somme consignée par chacun des Joüeurs, qui vont ensuite l'accompagner par toute la Ville, avec une Couronne de Laurier sur la Tête, & le Prix porté en Triomphe devant lui. Ce Divertissement fut interrompu sur la fin de Juin, à l'occasion de la Mort de Messire Francois de Bosquet, Evêque de Montpellier, arrivée le 24. de ce mois : mais, les Obséques ayant été faites deux jours-après dans l'Eglise de S^t. Pierre, les Sixains reprirent leurs Exercices, & chacun tour-à-tour eut sa Semaine pour tirer au Prix.

III. L'Hiver de cette année devint-mémorable à Montpellier, par la quantité-prodigieuse de Nége qui y tomba dans le mois de Décembre, & qui y causa de funestes-Effets ; car, le Couvert des Maisons n'ayant en ce Païs-ci, qu'autant de penchant qu'il en faut pour l'Ecoulement-des-Eaux, la Nége, qui y séjourna longtems, chargea si-fort les Toits, que ceux qui se trouvérent les plus foibles, fondirent sous le poids de la Nége, & écrasérent les Gens qui se trouvérent dessous : Ce Malheur arriva à la Maison du Président *Portalés* à S^t. Firmin, au Logis du Cigne, où l'Hôte & l'Hôtesse furent étoufez, à l'Eguillerie, & dans quelques Maisons des Fauxbourgs, où tout périt sous les Ruïnes des Toits & des Murailles. Dans ce Danger-pressant, on n'eut pas de Remède plus-convenable, que de faire monter des Gens sur les Toits avec de Péles, pour jeter la Nége dans les Ruës.

Cette année finit par l'Assemblée des Etats, tenüe à Montpellier sous M^r. le Com-

Comte de *Roure*, Lieutenant-de-Roi de la Province, assisté de M'. d'Aguesseau, Intendant de la Police & Justice en Languedoc, & des S''. Guillaume de *Caulet*, & Jacques *Baudan*, Trésoriers-de-France des Généralitez de Toulouse & de Montpellier.

1676.

Le Marquis de *Montpezat*, Lieutenant-Général dans le Département du Bas-Languedoc, étant mort au commencement de 1677. le Roi donna sa Charge au Comte Federic de Schomberg, que nous avons vû commander dans le Roussillon, & qui avoit été fait Maréchal-de-France dans l'année précedente : Mais, comme ce Seigneur professoit la Religion-Lutériéne, il traita de sa Lieutenance avec Jean-Batiste de Lurre de Paris, Marquis de *Montanegre*, qui obtint ses Lettres de Provision le 1'. Octobre, enregîtrées depuis au Parlement & à la Cour-des-Aides.

1677.

Dans cet intervale, nos Milices suivirent le Regiment de Castries en Roussillon, pour servir dans l'Armée du Maréchal de Navailles, qui s'en servit avantageusement, tandis que le Roi prit *Valenciénes*, *Cambray*, *Saint-Omer*, & que Monsieur, Frere du Roi, gagna sur le Prince-d'Orange la Bataille de *Cassel*. Ces heureux-Succès animérent nôtre Bourgeoisie à reprendre son Exercice du Jeu-de-l'Arc (dit du Perroquet) qui avoit été discontinué depuis quelque-tems : Mais, parceque le Fossé où les Archers ont coûtume de faire cet Exercice étoit en mauvais-état, ils priérent les Consuls de le faire reparer ; Ce qui fut fait cette année par Henry de Grefeüille, Premier-Consul, & les S''. *Barbe*, *Dubois*, *Gregoire*, *Madiéres* & *Bringaud*, comme il paroît par l'Inscription qui reste encore dans le Fossé.

Mém. de Navailles, Liv. 5.

IV.

Les Archers se preparérent dès le commencement de 1678. pour le 1'. de Mai, qui de Tems-immémorial est destiné à leurs Exercices : Dès le matin ils firent batre-la-Caisse par quatre Tambours vêtus de Verd, pour avertir qu'on devoit tirer le Perroquet le huitiéme suivant ; Et ce jour étant venu, ils se rendirent tous chès le S'. de *Combas* leur Capitaine, d'où ils partirent en Corps pour se promener dans la Ville. Nous avons une Rélation si nette & si précise de tout ce qui fut fait alors, que je croi faire plaisir au Lecteur de la lui donner dans son naturel, pour être mieux au-fait de tout ce qu'on pratique en cette Occasion.

1678.

» Premiérement (dit la Rélation) marchoient huit Tambours, vêtus de leurs
» Casaques-Vertes ; & après eux venoient autant de Hautbois, suivis d'un Hom-
» me couvert d'une Robe-Verte, où il y avoit sur le derriére un Cupidon en Bro-
» derie : il portoit au bout d'une Perche peinte en Verd, le Perroquet de Bois-doré
» qu'on devoit tirer ; & il avoit à ses côtez, deux Jeunes-Garçons, habillez de
» Toile-d'Argent, représentant deux Amours, qui portoient sur l'Epaule un Carquois
» rempli de Fléches-dorées, & à leur Main un Arc, avec lequel ils jetoient aux
» Dames & aux Filles, de la Poudre de Chipre, qui sortoit d'une espéce de Poudroir
» attaché au bout de la Fléche, attachée par l'autre bout à la Corde de l'Arc.

» Après eux venoient trois Trompettes, précedées de huit Violons, suivis du
» S'. *Freboul* Orfévre, qui avoit abatu le Perroquet la derniére-fois qu'il avoit
» été tiré ; il marchoit au milieu du Capitaine & du Lieutenant de la Compa-
» gnie, en Habit de Brocard, portant une Toque de Velours-Noir, ornée de quan-
» tité de Plumes-Blanches, & d'une Aigrette-Noire par-dessus. Les Conseillers de
» la Compagnie venoient ensuite deux-à-deux, suivis des Mariez & de la Jeunesse,
» tous l'Epée au côté, & une Fléche à la main, se faisant suivre par des Jeunes-
» Garçons, qui portoient leur Carquois & leur Arc, & un Trousseau de Fléches-com-
» munes, qu'ils décochoient en passant, sous les Toits des Maisons des Dames qu'ils
» voyoient à la Fenêtre : Le Major & l'Aide-Major serroient la File, & terminoient
» la Marche.

» Dans cet Ordre, toute la Troupe se rendit au Fossé, où le Perroquet fut at-
» taché au haut de deux Mâts-de-Navire joints-ensemble ; Chaque Archer déco-
» cha une Fléche pour le saluër ; & puis, ayant tiré-au-Sort le Rang auquel cha-
» cun devoit tirer, ils se tinrent avertis pour se rendre au Fossé, à mesure que
» leur heure approcheroit. Pendant tout ce tems, il y eut des Tentes dressées pour
» garantir de l'Ardeur-du-Soleil, sous lesquelles on avoit rangé plusieurs-Tables,
» garnies de Limonade, de Sorbet, & autres Liqueurs, pour regaler Ceux qui
» vouloient s'y arrêter.

1678.

» On abatit dans les premiers-jours, les Aîles & les Extrémitez du Perroquet, qui
» donnoient le plus de prife; mais, il resta le Tronçon, qui donna beaucoup-plus
» de peine. Après qu'il eut été ébranlé par plufieurs Coups-de-Fléche, le S'. Fayet
» Orfévre, fut affés-heureux pour l'abatre; ce qui lui attira les Acclamations de plus
» de fix mile Perfonnes qui rempliffoient le Foffé, l'Efplanade, & le Fauxbourg de
» Lates. Il fut falüé comme Roi de la Fête: Et pour faire en cette Qualité fes Li-
» beralitez, il fit Préfent à chaque Officier de la Compagnie, d'une Echarpe de
» Tafetas, garnie d'une Dentelle-Or & Argent; Et il en donna deux autres-fem-
» blables, pour être tirées au Blanc par les Archers.

» Cela fait, il fut accompagné chès-lui par toute la Compagnie; & l'on remit
» au Dimanche-fuivant, tous les Honneurs de fon Triomphe: Pour cet effet, on
» dreffa devant la Porte de fa Maifon, dans la Ruë de l'Argenterie, un grand Pavillon-
» Quarré, garni de Laurier, & des Feftons de Fruits & de Fleurs, autour d'une Emblê-
» me qu'on avoit mis à chaque Face, pour repréfenter les divers-Effets de l'Amour.
» Dans la première, étoit un Amour, frapant fur deux Cœurs, qu'il tâchoit d'u-
» nir-ensemble, avec ces Mots-Italiens; *Col Tempo:* Dans la feconde, on voyoit
» ce même Amour, fraper fur un Fer tout-rouge de feu, fortant de la Forge, avec
» ces autres Paroles-Italiénes; *Se no arde no fe piega.* La troifiéme, repréfentoit un
» Soleil, donnant fur un Miroir-Ardent, qui refléchiffoit fes Rayons fur un Tourne-
» fol qu'il faifoit fécher, avec ces Paroles-Efpagnoles: *Muero porque me miras*; Et
» dans la quatriéme, un Cupidon décochoit une Fléche contre un Cœur élevé
» fur une haute-Perche, avec ces Paroles-Françoifes: *Je l'aurai tôt-ou-tard*; Le Haut
» du Pavillon étoit femé de Fleurs-de-Lys dorées, & terminé par les Armoiries-
» de-France, à double Face. Tout étant prêt pour le Triomphe du Nouveau-Roi,
» les Archers fe rendirent au Foffé, où ils furent regalez d'une magnifique-Co-
» lation, après laquelle on alla fe promener dans la Ville, au Bruit & Fanfare
» des Inftrumens ci-deffus marquez, & dans l'Ordre que je vais décrire.

» Le Roi étoit au milieu du Capitaine & du Lieutenant, & il avoit auprès de
» lui le Roi de l'année-précedente; Il portoit une Toque de Velours-Noir, brodée
» de petites-Perles, dont il avoit deux Tours des plus-groffes pour Cordon, fer-
» rées d'efpace-en-efpace par de très-belles Emeraudes: Le Revers de fa Toque étoit
» enrichi d'une grande-Rofe de Diamans, de laquelle pendoit une groffe-Perle en
» Poire, ombragée d'une grande-quantité de Plumes-Blanches, & une Aigrette-
» Noire par-deffus: il portoit en Echarpe une Chaîne-d'Or; & il s'appuyoit fur une
» Cane-d'Inde, garnie d'une groffe-Pomme-d'Argent.

» Comme le Perroquet étoit le principal-Sujet du Triomphe, il étoit porté de-
» vant lui, au bout d'une Perche peinte en Verd, à laquelle on avoit attaché
» l'Arc & la Fléche du Roi qui l'avoit abatu: Les Archers fuivoient dans le
» même Ordre qu'ils avoient gardé auparavant; & quantité de Monde de l'un &
» de l'autre Sexe, qui rempliffoient les Fenêtres des Maifons pour voir la Fête, ne
» contribüoient-pas-peu à la rendre plus brillante. Après s'être promenez de la
» forte, ils fe rendirent dans la Sale de l'Hôtel-de-Ville, où les Etats ont coû-
» tume de s'affembler; Ils y furent regalez d'un Superbe-Feftin par les Ordres du Nou-
» veau-Roi, qui leur donna enfuite un Grand-Bal. Ces Divertiffemens ayant fini,
» tous les Archers allérent accompagner le Roi dans fa Maifon; & les plus-Jeu-
» nes fe féparérent bientôt, pour aller donner des Sérénades toute la nuit.

Cette Fête fut fuivie dans le mois de Juin, d'une autre Réjoüiffance que l'on
fit à Montpellier, à l'occafion du Nouveau-Juge-Mage qui fuccedoit à *François
de Mirmand*, pourvû depuis-peu d'un Office de Préfident en la Cour-des-Aides.
Pierre *Euftache*, qui avoit traité avec lui de la Charge qu'il quitoit, choifit le dix-
neuf de Juin pour faire fon Entrée à Montpellier avec toute la Cerémonie-ufi-
tée en ces Occafions: Les Sixains fe mirent fous-les-Armes; la Bourgeoifie monta
à Cheval pour aller à fa Rencontre, & tous l'accompagnérent jufqu'à fon Logis,
où l'on avoit fait de Grands-Préparatifs pour le recevoir avec Ceux de fa Suite.

V. Dans ce même-mois on vit arriver à Montpellier, les Prifonniers-de-Guerre que
le Maréchal de Navailles avoit fait à *Puicerda*; mais, la Paix de Nimégue leur
rendit bientôt la Liberté; car, elle fut conclué avec la Hollande le dixiéme
d'Août,

d'Août, avec l'Espagne le dix-sept de Septembre, & avec l'Empereur quelque-tems-après, chacune de ces Puissances s'étant soumise aux Conditions que Loüis XIV. avoit reglées. On fit à ce sujet des Réjoüissances-extraordinaires à Montpellier, dont je suprime le Détail, à cause de la ressemblance qu'on y trouveroit avec tout ce que j'ai déja dit en ce Genre.

Cette Année est remarquable pour le Palais de la Cour-des-Comptes, Aides & Finances de Montpellier, parceque la Nouvelle-Chambre des Audiences fut entiérement achevée, & tous les Bureaux placez dans le Nouveau-Bâtiment qu'on venoit de faire le-long des Murailles de la Ville; ce qui occasionna un Logement dans le Palais à M'. le Premier-Président, qui jusqu'alors, comme tous ses Predecesseurs, avoit logé dans des Maisons-particulieres : Ce Digne-Magistrat, respectable par son Age, & par ses Longs-Services, obtint de sa Compagnie le Bâtiment qu'on venoit de quiter sur le Devant du Palais, où il se logea dès le mois de Septembre, & dont M'. son Fils a fait depuis, un Logement des plus-convenables à cette Premiére-Place, qui a l'Avantage, comme quelques-autres Premiers-Présidens du Royaume, d'être logé dans l'Enceinte du Palais.

Les Etats de la Province s'assemblérent en cette Ville dans le mois-suivant, & l'Ouverture en fut faite par le Marquis de Calvisson, assisté de M'. d'Aguesseau, & des S''. Philipe *Boudon* & François *d'Aldiguier*, Trésoriers-de-France des Généralitez de Montpellier & de Toulouse. On marque que durant cette Assemblée M. le Cardinal de Bonzy, pour celebrer la Paix de Nimégue, donna chès-lui le premier-Opera qu'on eût vû dans Montpellier, dont il fit faire les Paroles par le S'. *Brueys*, Natif de cette Ville, & connu déja par plusieurs autres Ouvrages : il donna charge au S'. *Sabliéres*, Maître de la Musique des Etats, d'en faire le Chant; Ce qui plut extraordinairement à tout le Monde, tant par la Grace de la Nouveauté que par l'Execution.

CHAPITRE DIXIÉME

I. Hôpital-Genéral. II. Célébre-Reconciliation de deux Grandes-Familles. III. Mort du Premier-Président. IV. Assemblée-extraordinaire à Montpellier de cinq Intendans. V. Evenémens-particuliers.

LA Paix que Loüis XIV. venoit de donner à l'Europe, ne laissa dans son Royaume pour l'année 1679. que des Fonctions de Police & de Charité : De ce Genre est, l'Etablissement des Hôpitaux-Genéraux, qui avoient été ordonnez par le Roi plusieurs-années auparavant; mais, dont les Guerres avoient fait sursoir l'Execution. Dans celle-ci, *Charles de Pradel*, Evêque de Montpellier, y mit la premiére-Main, en faisant enfermer les Pauvres-Invalides de son Diocése, dans le Logis du Cheval-Verd, en attendant qu'il pût les mieux placer; & dans l'année-suivante, il posa la premiére-Pierre de ce Bâtiment-spatieux que nous avons aujourd'hui à la Porte des Carmes, où l'on entretient plus de six-cent Personnes, & où l'on donne une Assistance à presqu'autant de Pauvres-Familles de la Ville.

Dans cette même année 1680. on eut le plaisir à Montpellier, de voir la Reconciliation des deux plus Illustres-Familles, qui étoient en Division depuis 1667. à l'occasion des Armoiries enlevées de-dessus la Porte du feu Marquis de Toiras. Les Enfans de ce Seigneur, Jeunes & Courageux, donnoient-lieu de craindre qu'ils ne fissent revivre la Querelle de leur Pere, lorsque le Roi en ayant été informé, voulut absolument qu'ils vécussent Bons-Amis, & nomma les Maréchaux de Crequy & de Schomberg pour terminer leurs Diferends : Ces Seigneurs s'étant éclaircis à plein, du Commencement & des Suites de cette Division, agirent si-éficacement auprès des deux Dames, qui étoient alors à Paris, qu'ils les portérent à s'envoyer de part & d'autre, les premiers Complimens qui devoient préceder leur Entrevûë; Le S'. *Bornier*, Lieutenant-Particulier du Présidial de Montpellier, fut

1680.

envoyé par M.me de Castries à M.me de Toiras, qui chargea *Corbinelli* de lui porter ses Complimens. Le Cardinal de Bonzy, avec cette Grace qui accompagnoit toutes ses Actions, acheva le reste, en priant M.me de Toiras, dans une Visite qu'il lui fit, de vouloir renouveller la Grande-Union qui étoit autrefois entr'elle & sa Sœur: La Réponse de cette Dame fut conforme à ce qui avoit été reglé par les Maréchaux-de-France; & tout étant disposé à la première-Entrevûë, les Maréchales de Crequy & de Schomberg menérent la Marquise de Castries chès M.me de Toiras, où les Larmes & les Embrassemens suprimérent une partie de ce qu'elles avoient à se dire: Les Enfans de M.me de Castries, qui survinrent dans ce moment, servirent à rendre l'Entrevûë plus-touchante; & les mêmes Maréchales ayant conduit la Marquise de Toiras chès M.me de Castries, elles se donnérent de nouvelles-Marques de la Joye qu'elles avoient de leur Reconciliation.

L'Affaire étant ainsi terminée à Paris, il ne restoit qu'à la finir à Montpellier, où étoient les Jeunes-Messieurs de Toiras. Les mêmes Maréchaux avoient reglé qu'ils iroient visiter le Cardinal de Bonzy à son Arrivée; ce qu'ils firent avec le Marquis de Wardes, qui avoit été prié par les Maréchaux-de-France de se trouver à leur Entrevûë: L'Aîné, qui prit toûjours la Parole, remercia son Eminence de la Generosité qu'elle avoit eu avant partir de Paris, d'avoir visité M.me leur Mere; à quoi le Cardinal répondit par toutes les Démonstrations-possibles d'Amitié, & les alla voir dès l'après-midi chès le Vicomte d'Aumelas, où ils s'étoient rendus: puis, montant en Carrosse, il pria le Marquis de Wardes de venir avec lui à l'Abbaye du *Vignogoul*, pour rendre Visite à Mademoiselle de Toiras, & à M.me l'Abbesse sa Tante, qui le reçurent de la meilleure-grace du monde.

Le Marquis de Castries étant revenu de Paris, où il avoit resté pendant le cours de cette Affaire, alla rendre la première-Visite à M.rs de Toiras, comme il avoit été reglé par les Maréchaux-de-France, où il fut accompagné par M.r le Marquis de Wardes, qui les fit embrasser; & M.rs de Toiras l'ayant été voir à la Citadelle, ils allérent ensuite à l'Abbaye de S.t Geniés, voir les Dames de Castries ses sœurs, tandis qu'il alla lui-même à l'Abbaye du *Vignogoul*: Ainsi finit cette Anciéne-Division, qui partageoit depuis long-tems toutes les Familles de la Ville.

III. Dans ce même-tems, Messire François Bon, Premier-Président en la Cour-des-Comptes, Aides & Finances de Montpellier, mourut âgé de quatre-vingt-deux ans, après avoir exercé cette Premiére-Charge l'espace de trente-huit années. Son Corps, après avoir été exposé pendant trois jours dans la Sale de sa Maison, fut porté le troisiéme Novembre, avec les Cerémonies-accoûtumées, dans l'Eglise de Nôtre-Dame des Tables, où l'Evêque de Montpellier fit le Service, & le P. Benoît, Prieur des Jacobins, l'Oraison-Funébre.

Douze jours-après, *Philibert Bon* son Fils-Aîné, qui, depuis quelques-années, avoit été reçû en Survivance de la Charge de feu son Pere, fit sa Premiére-Fonction-Publique à l'Ouverture-des-Audiences de la S.t Martin, le Vendredi quinziéme Novembre, où se trouva le Marquis de *Montanegre*, Lieutenant-Général dans ce Département du Bas-Languedoc, & tenant actuellement les Etats de la Province: il prit son Rang à la Place du Doyen des Conseillers; & M.r le Cardinal de Bonzy, qui s'y rendit *incognitò* avec cinq ou six Evêques, & autant de Barons-des-Etats, se plaça dans une des Lanternes qui sont à l'extrémité du Tribunal: Après cette Cerémonie, les Etats députérent au Premier-Président, un Evêque, un Baron & deux Consuls, pour lui faire Compliment & Felicitation de la part de leur Assemblée.

1681. IV. A peine les Etats eurent fini dans le mois de Janvier 1681. qu'on vit à Montpellier une Assemblée-extraordinaire de cinq Intendans; ce qui donna sujet de penser, jusqu'à-ce qu'on eut sçû le veritable-Motif de leur Assemblée. On apprit bientôt, que c'étoit pour convenir d'une Jurisprudence-Uniforme sur le Fait de la Taille, dans les Provinces où elle est réelle: Comme le Public ne vit paroître aucun Fruit de tout leur Travail, il en parla depuis fort-diversement; mais, les Mémoires qu'en a laissé un des Officiers qui y travaillérent le plus, nous apprénent d'une maniére si-précise, le Commencement, le Progrès & la Fin de ce Projet, que je croi faire plaisir au Lecteur de lui donner ici un Abregé de ces Mémoires.

Cet Officier nous apprend, que M'. Colbert ayant formé le dessein de faire un Code sur les Matières de la Taille, pareil à celui qu'on avoit fait depuis dix-à-douze ans sur les Matières-Civiles & Criminelles, il en écrivit en 1679. à M'. d'Aguesseau ; le priant de choisir dans la Cour-des-Aides de Montpellier, quelques Officiers-Experimentez, avec lesquels il pût travailler à dresser une Ordonnance, qui facilitât la Levée des Deniers du Roi, & qui, en retranchant les Abus que leur Experience leur feroit connoître, procurât du soulagement aux Sujets de Sa Majesté.

En consequence, M'. d'Aguesseau choisit les Présidens *Bocaud* & *Moulceau*, avec M^{rs}. de *Lauriol-Vissec* & *Plantade*, Conseillers en la même Cour, qui prièrent tous le S'. de Lauriol leur Ancien, de former le Dessein de l'Ouvrage, de regler l'Ordre-des-Titres, & de ranger les Articles par Ordre des Matières. L'Ouvrage fini, après une longue-Visite des Regîtres & des Arrêts de la Cour-des-Aides de Montpellier, il fut revû par chacun des Députez ; & enfin, par M'. d'Aguesseau, qui l'envoya à M'. Colbert environ le mois de Mai 1680.

Ce Ministre, qui approuva ce Travail, conduit, selon ses Ordres, dans un grand-Secret, engagea M'. d'Aguesseau à une Conference-secrette avec les deux Intendans de Guiène, en prenant occasion d'un Voyage qu'il avoit à faire à Toulouse pour les Affaires du Roi : Il lui écrivit de pousser jusqu'à Montauban, où étoit M'. de *Foucaut* ; & où M'. *de Ris*, Intendant de la Haute-Guiène, devoit se rendre. M'. d'Aguesseau invita les Officiers de Montpellier, de venir le joindre à Montauban, où s'étant rendus, ils s'assemblèrent avec quelques-autres Officiers de la Cour-des-Aides de Montauban, qui ayant examiné le Travail fait à Montpellier, ils l'approuvèrent, & en donnèrent avis à M'. Colbert.

Dès-lors, on résolut l'Execution du Projet ; Et comme la Taille est réelle dans la Provence & dans le Dauphiné, de même que dans le Languedoc & dans la Guiène, le Ministre voulut que les cinq Intendans de ces quatre Provinces tinssent une Assemblée, pour convenir d'une Ordonnance-Uniforme : Ils se rendirent à Montpellier sur la fin de Janvier 1681. menant chacun avec-soi quelques Officiers de sa Generalité. M'. *de Ris*, Intendant de la Haute-Guiène, amena le S'. *Baritau*, Avocat-General en la Cour-des-Aides de Bordeaux : M'. *Foucaut*, Intendant de la Basse-Guiène, le S'. *Redon*, Conseiller à la Cour-des-Aides de Montauban : M'. *Moran*, Intendant de Provence, les S^{rs}. *Meironet* & *de Rians*, Conseillers en la Cour-des-Comptes d'Aix ; Et M'. d'*Herbiny*, Intendant de Dauphiné, le S'. d'*Alois*, Trésorier-de-France en la Generalité de Grenoble.

Leurs Assemblées commencèrent le 17e. Février, qu'ils tinrent regulièrement, deux-fois par jour, chès M'. d'Aguesseau leur Président, assisté de M^{rs}. de *Bocaud*, *Lauriol* & *Plantade*, le S'. de *Moulceau* étant alors à Paris : Dès les premières-Séances, il y eut de grandes-Contestations, à cause des diferens-Usages de ces cinq Provinces. Le Dauphiné vouloit se tenir à un Reglement-particulier fait pour lui en 1639. La Provence à ses Statuts ; Et M'. de Ris ne vouloit pas introduire dans les trois Generalitez de la Haute-Guiène, quelques Articles du Projet qui n'y étoient pas en usage : La seule Generalité de Montauban ne fit aucune Opposition, parcequ'ayant été autrefois du Ressort de la Cour-des-Aides de Montpellier, elle en avoit conservé les Coûtumes.

On convint de laisser à la Provence ses Statuts, au Dauphiné son Reglement, & de ne rien innover dans les trois Generalitez de la Haute-Guiène touchant les Articles-contestez : Mais, on en fit de nouveaux, sur la *Contribution des Forains aux Impositions* ; *sur la Durée de l'Action* du Collecteur, & son *Etenduë sur tous les Biens* des Taillables ; sur la *Vérification du Rôle* de l'Imposition : Et tous ces Articles ayant été approuvez par l'Assemblée, elle finit ses Séances le 16. du mois de Mars ; & pria M'. de *Ris*, qui devoit partir pour Paris, de se charger du Nouveau-Projet, & de le presenter de leur part à M'. Colbert.

Quoique j'en sois venu touchant cette Affaire, au Tems où j'en étois sur l'Histoire-Generale de Montpellier, je croi pouvoir anticiper sur les deux années-suivantes, pour raconter tout-de-suite, le Progrès & la Fin que prit cette Affaire.

Le Président *Moulceau*, l'un des quatre Premiers-Commissaires qui se trouvoit

1681.

1681.

alors à Paris, fut prié de la part de l'Assemblée, de se joindre à Mr. de Ris, pour présenter-ensemble ce Projet à Mr. Colbert, qui voulut l'examiner de-nouveau, & revenir sur toutes les Questions-agitées: Ce Ministre, qui ne négligeoit aucun Secours dans les Affaires, ayant appris que Mr. d'Arénes, Président à la Cour-des-Aides de Montpellier ; étoit à Paris ; le fit appeller à Versailles, pour assister à la Continuation de cet Examen. On y traita des *Saisies-réelles* & du *Privilége des Collecteurs*, dont on convint des Articles ; mais, quant à ceux de la *Forme des Cadastres*, du *Rabatement-de-Decret*, & *la Juridiction du Fait de la Taille* exercée en Languedoc par les *Officiers des Justiciers*, Mr. Colbert en écrivit à Mr. d'Aguesseau, qu'il chargea en même-tems de faire travailler à un Titre des *Biens-Alienez des Communautez.*

Les quatre Commissaires y ayant travaillé, donnérent leur Réponse aux Dificultez proposées ; Et le Sr. de *Lauriol*, l'un d'eux, étant obligé de partir pour Paris sur la fin d'Avril 1682. il fut chargé par Mr. d'Aguesseau, de presenter au Ministre ce dernier-Ouvrage. Ce fut une Occasion à de nouvelles-Conferences : Car, Mr. Colbert agita d'abord la Question, si la Condition du *Collecteur-Volontaire* étoit moins à charge aux Peuples que celle du *Collecteur-Forcé* ? Pourquoi on admettoit l'Appel de la *Clôture-des-Comptes* des Communautez directement à la Cour-des-Aides, sans commencer l'Instance pardevant le Premier-Juge du Fait de la Taille ? Pourquoi cette même Cour conservoit au Collecteur *son Action* durant trente années ?

On satisfit à ses Demandes, par des Raisons qui son déduites fort-au-long dans les Mémoires sur lesquels j'écris, mais qu'on me dispensera-bien de raporter dans un Ouvrage comme celui-ci. Je me contenterai de dire, pour finir ce Narré, que le Sr. de Lauriol ayant achevé un Traité sur le *Rabatement-du-Decret* qu'il avoit composé par Ordre de Mr. Colbert, il eut sur cette Matiére plusieurs-Conferences en 1682. & 1683. avec le Célébre Mr. Pussort ; & lorsque leur Ouvrage étoit prêt à recevoir la derniére-main, la Mort de Mr. Colbert l'arrêta-entiérement.

Mr. de Pontchartrain, depuis Contrôleur-Général, parut vouloir le reprendre, en priant Mr. de *Basville*, de demander des Mémoires sur ce Projet, aux Commissaires de la Cour-des-Aides de Montpellier, qui y avoient travaillé. Le Sr. de Lauriol fut chargé de les dresser ; & c'est de ses propres-Mémoires, qui m'ont été communiquez en Original par Mr. son Fils, que j'ai tiré tout ce que je viens de raporter sur cette Affaire. Il est à croire (ajoûte l'Auteur) que les Grandes-Guerres où la France se trouva engagée depuis ce tems-là, firent oublier ce Projet.

V. Pour revenir au Courant de l'Histoire de Montpellier, je remarquerai deux Choses qui arrivérent dans cette année 1681. L'une est, la Reception de Joseph-François de la Croix, Marquis de Castries, en la Charge de Conseiller-Honoraire en la Cour-des-Comptes, Aides & Finances de Montpellier, en vertu d'un Brevet que le Roi lui envoya, comme Gouverneur de la Ville : Il se rendit au Palais le treize de Novembre, accompagné de beaucoup de Noblesse, où il assista à l'Ouverture qui en fut faite ce jour-là, en prenant sa Place avant tous les Conseillers.

La seconde-Chose que j'ai à observer, est une Dispute qui survint entre Mr. de *Montanegre* & Mr. de *Calvisson*, tous deux Lieutenans-Généraux de la Province, au sujet des Gardes, que le Premier vouloit avoir en seul à Montpellier, parceque cette Ville est de son Département : Le Marquis de Calvisson disoit, de son côté, qu'il étoit de Tour pour tenir les Etats assemblez en cette Ville, & qu'en cette Qualité, il avoit Droit d'y paroître avec des Gardes. L'Affaire ayant été portée au Roi, Sa Majesté décida que chaque Lieutenant-Général avoit Droit dans son Département, de se faire accompagner par des Gardes : mais, pour le Cas-présent, Elle ordonna que lorsque Mr. de Calvisson, en Qualité de Commissaire, iroit à l'Assemblée des Etats pour y parler de ses Affaires, Mr. de Montanegre s'absenteroit, pour laisser paroître son Commissaire avec des Gardes ; Ce qui a servi depuis de Reglement.

CHAPITRE

CHAPITRE ONZIÉME.

I. M. le Duc du Maine Gouverneur de la Province. II. Naiſſance de Monſeigneur le Duc de Bourgogne. III. Entrée du Duc de Noailles à Montpellier. IV. Sa Reception à la Cour-des-Aides. V. Démolition du Grand-Temple des Huguenots.

L'Année 1682. donna un Nouveau-Gouverneur à la Province de Languedoc, I. & elle vit naître des Mouvemens-extraordinaires dans Montpellier au ſujet des Religionnaires. Le Duc de Verneüil étant mort le 28. de Mai, dans ſon Châ- 1682. teau de Verneüil, âgé de quatre-vingt-un an , le Roi donna ſon Gouvernement de Languedoc, à Loüis-Auguſte Duc du Maine ; mais, comme ce Prince étoit encore fort-jeune , Sa Majeſté nomma pour tenir ſa Place, Anne-Jules Duc de Noailles , Capitaine de la Premiére-Compagnie des Gardes-du-Corps , en qualité de ſon Lieutenant-Général & Commandant-en-Chef dans le Languedoc.

Ce Seigneur ne vint prendre Poſſeſſion de ſa nouvelle-Charge que dans le mois II. d'Octobre ; & dans cet intervale , nos Conſuls apprirent, par une Lettre du Roi , l'Heureuſe-Naiſſance de Monſeigneur le Duc de Bourgogne , arrivée à Verſailles le ſixiéme du mois d'Août : Le Sʳ. de *Lagreffe*, Premier-Conſul, en fit annoncer la Nouvelle par la Cloche de l'Hôtel-de-Ville ; & dès-lors, tout le Monde ſe prepara à donner des Marques-publiques de ſa Joye. Quoique toute la France fît en cette Occaſion des Réjoüiſſances-extraordinaires , on peut dire que Montpellier ne ceda à aucune des Villes du Royaume dans les Démonſtrations de ſa Joye ; car , après que tous les Corps de la Ville eurent publiquement rendu-Graces à Dieu dans l'Egliſe-Catédrale , chaque Compagnie en particulier donna de ſi grandes-Fêtes , que chacune ſurpaſſa tout ce qu'on avoit fait juſqu'alors dans les plus grandes-Proſperitez de la France. Les Relations qui en furent imprimées , marquent que le Marquis de Caſtries , Mʳ. d'Agueſſeau , & le Premier-Préſident, donnérent chacun la leur avec la derniére-Magnificence : Que les Tréſoriers-de-France , le Préſidial , & la Bourgeoiſie, firent à l'envi les uns des autres : que des Particuliers rencherirent encore ſur eux , par la Beauté de leurs Feux-d'Artifice ; & que toutes les Communautez-Religieuſes de l'un & de l'autre Sexe, firent de ſi grandes-Illuminations , que de bien-loin dans la Mer, Montpellier parut tout-en-feu durant pluſieurs nuits.

Le Duc de Noailles ayant été arrêté à la Cour, par les Suites de cet heureux- III. Evenement , juſque ſur la fin de Septembre , ſe mit en Marche pour le Languedoc , au commencement du mois d'Octobre. Nos Conſuls , avertis que le Roi vouloit qu'ils lui rendiſſent les mêmes Honneurs qu'on a coûtume de rendre aux Gouverneurs de la Province , rencherirent ſur tout ce qui avoit été fait en pareille-Occaſion : Ils envoyérent quatre des Leurs, & quatre Députez du Conſeil des Vingt-quatre, pour le trouver au Pont du Saint-Eſprit à l'Arrivée de ce Seigneur, qui y fut complimenté le 13. d'Octobre , au Nom de la Ville de Montpellier, par ſon Premier-Conſul. Le Vendredi-d'après , 16ᵉ. de ce mois , qu'on avoit choiſi pour le Jour de ſon Entrée , le Marquis de Caſtries , Gouverneur de Montpellier, alla à ſa Rencontre juſqu'au Pont de Lunel ; & revenant quelque-tems-après ſur-ſes-pas, il joignit un Corps de cent Gentilshommes , qui l'attendoient au Pont de Salaiſon , à la Tête deſquels il ſe mit comme Sénéchal : Ce fut-là que Mʳ. de Noailles décendit de ſon Carroſſe pour recevoir les Gentilshommes , qui avoient mis pied-à-terre pour le ſalüer ; Il ſe fit amener un de ſes Chevaux , & marcha à leur Tête juſqu'aux Areniers, où toute la Bourgeoiſie de Montpellier s'étoit renduë à Cheval : Les Trompettes qu'ils avoient amené , annoncérent l'Approche du Nouveau-Commandant ; ce qui fit que les Conſuls-de-Mer , avec douze des plus-Apparens de leur Troupe , mirent pied-à-terre , & vinrent complimenter le Duc de Noailles , qui leur répondit avec beaucoup-d'honnêteté.

1682. Lorsque toutes ces Troupes furent arrivées à Castelnau, les Maîtres des Moulins-à-Poudre firent joüer une grande-quantité de Boëtes, qui furent suivies d'une Salve de Mousqueterie ; & aux Approches des Fauxbourgs de Montpellier, les Sixains de la Ville, dont on avoit formé un Bataillon, presentérent les Armes, & firent une Décharge, après que toute la Cavalerie fut passée. A peine M. de Noailles eut apperçû le S^r. de la Baume, Lieutenant-de-Roi de la Ville, & les Consuls en Robe-Rouge, qui l'attendoient au Pont des Augustins, qu'il mit pied-à-terre : il reçut de leurs mains les Clefs de la Ville dans un Sac de Velours-Bleu, qu'il leur remit ; il écouta gracieusement la Harangue qu'ils lui firent faire par l'Orateur de la Ville, & il refusa le Daïs qu'on lui presenta : A la Porte du Pile-Saint-Gilles il fut salüé de tout le Canon de la Citadelle, qui tira le premier-Coup à Bale pour lui faire plus-d'Honneur.

Comme il vouloit aller décendre à l'Eglise-Catédrale pour y rendre-Graces à Dieu, toutes les Troupes marchérent de ce côté-là, en cet Ordre. Les Trompettes de la Ville ouvroient la Marche, suivis des Pertuisanniers, des Ecuyers, & des Valets-des-Consuls, avec le Capitaine-du-Guet : Les S^{rs}. de *Malesaigne*, Grand-Prévôt de la Province, & *Durand* son Lieutenant, marchoient à la Tête de la Maréchaussée, suivis d'une partie des Gardes de M^r. de Noailles, qui portoient les Couleurs du Duc du-Maine, Gouverneur de la Province ; Quatre Pages suivoient, devancez de leur Ecuyer, & suivis de deux Gentilshommes du Duc de Noailles, qui marchoient immédiatement devant le Daïs porté par nos Consuls, après lequel venoit M^r. le Duc de Noailles, vêtu & monté superbement : il avoit à sa gauche le Marquis de Castries ; & après eux, le Capitaine & le Lieutenant des Gardes, suivis de la Noblesse, & de l'autre partie des Gardes, qui faisoient en tout le nombre de trente-deux.

Tout le Reste de sa Maison venoit ensuite ; Sçavoir, quatre Carrosses, dont le premier étoit à huit Chevaux, & les autres à six : puis, une Caléche & une Chaise-roulante à deux Places ; enfin, la Bourgeoisie, divisée en deux Corps, terminoit la Marche : le premier ayant à sa Tête les Consuls-de-Mer, en Chaperon de Velours-Noir, doublé & bordé de Rouge, precedez de quatre Trompettes ; & le second, composé de Jeunes-Bourgeois à marier, marchoit sous l'Etendart du S^r. *Riviére* leur Guidon, qui étoit precedé d'un Trompette & de deux Timbaliers : ils avoient tous des Echarpes-Blanches ou Bleuës, & des Plumets à leur Chapeau de ces mêmes-Couleurs, marchant tous l'Epée-à-la-main.

Lorsque le Duc de Noailles eut mis pied-à-terre sous le Portique de l'Eglise de S^t. Pierre, il y trouva le S^r. de Solas, Grand-Archidiacre, à la Tête du Chapitre, qui lui presenta de l'Eau-benite, & la Croix à baiser ; & après lui avoir fait sa Harangue, il lui donna la main pour le conduire dans le Chœur, où l'on avoit preparé un grand Prie-Dieu, couvert d'un Tapis de Velours-Cramoisi, bordé & frangé-d'Or, sur lequel il entendit le *Te Deum* chanté par la Musique : après-quoi, le Celebrant lui ayant donné la main jusqu'à la Porte-de-l'Eglise, il monta à Cheval, & l'on regla une nouvelle-Marche pour le conduire à son Hôtel.

Comme il étoit déja nuit lorsqu'on eut chanté le *Te Deum*, on fut obligé d'alumer une grande-quantité de Flambeaux, qui ne contribuérent pas-peu à diversifier la Fête, & à la rendre plus-brillante. La Maréchaussée prit le Devant, avec les Subalternes de la Maison-de-Ville, chacun un grand-Flambeau à la main, pour éclairer Ceux qui approchoient de la Personne de M^r. le Commandant : La Marche pour le Reste fut assés dans le même-Ordre qu'on étoit venu à S^t. Pierre ; mais, dans tout ce Chemin, on vit aussi-clair qu'en plein-jour, par le grand-nombre de Lumiéres que chaque Particulier fit mettre à ses Fenêtres. Le Duc de Noailles, arrivé à la Maison du Président Desplan, où il devoit loger, s'arrêta sur la Porte pour voir défiler la Bourgeoisie, qui, en passant, le salüa de l'Epée ; & les Sixains venant à leur-tour, firent une Décharge de leurs Fusils : Ce soir, il alla souper chès le Marquis de Castries ; & le lendemain, dîner chès le Premier-Président.

IV. Cette Ceremonie fut suivie quatre jours-après, d'un autre qui fut faite au Palais, au sujet de sa Reception en la Charge de Premier-Président-Né de la Cour-des-Comptes, Aides & Finances de Montpellier, qui est attachée à celle de Gou-

ver-

verneur de la Province. Sa Majesté ayant donné des Lettres-Patentes à M. le Duc
de Noailles pour joüir du même Droit, on prit-jour au vingtiéme d'Octobre,
qui est celui de la Délivrance de la Ville: La Cour lui députa deux Conseillers,
qui furent M^{rs}. de Ranchin & de Grefeüille, pour aller le prendre chès lui, &
l'accompagner au Palais, où il fut reçu au Bas-de-l'Escalier, par M^{rs}. de *Boulhaco*
& *Farlet*, précedez de deux Huissiers, qui l'accompagnérent jusqu'à la Sale-d'Audience.

Le Ceremonial observé en cette Occasion, porte que la Cour étoit Séante en
Robes-Noires sur les Bancs-bas de la Sale, où les Parties-Plaidantes se mettent ordinairement, & qu'en y entrant le Duc de Noailles salüa toute la Compagnie.
M^r. Bon, Premier-Président, qui se tenoit debout, avança deux-pas, & lui presenta
la premiére-Place, où l'on avoit mis un Carreau, sur lequel M. de Noailles s'assit
un moment; après-quoi, ayant tiré son Chapeau, & salüé l'Assemblée par une Inclination-de-corps, il lui fit un beau-Discours, auquel M^r. Bon répondit au Nom
de toute la Cour: Cela fait, une partie des Officiers, après avoir salüé ce Seigneur
& l'Assemblée, entrérent dans la Chambre du Conseil, d'où ils revinrent un moment-après en Robes-Rouges, & Ceux qui avoient resté alérent en faire de même, & ayant tous pris leurs Places; ils se levérent quelque-tems-après pour aller
entendre la Messe dans leur Chapelle; après-quoi, ils partirent en Corps pour se
rendre à S^t. Pierre, & assister à la Procession-Générale qui se fait tous les ans à
pareil-jour. On marque, qu'à l'occasion d'un Cas qui survint pour le Rang, il fut
arrêté qu'ils marcheroient quatre de front au premier-Rang; sçavoir, M. de
Noailles, M^r. Bon Premier-Président, M^r. de Castries, & le Président Desplan:
En cet Ordre, ils se rendirent à S^t. Pierre, & assistérent de même à la Procession,
où ils marchérent chacun un Cierge à la main.

V.
Toutes ces Fêtes furent suivies d'un Evenement des plus interessans pour les
Religionnaires, puisqu'il produisit la Démolition du seul-Temple qui leur restât à
Montpellier. Une Affaire-particuliére y donna occasion, par une suite de la Déclaration du sixiéme Juillet 1680. qui défendoit, sous peine d'Amende-Honorable, à tout Catolique, de quiter sa Religion pour professer le Calvinisme; avec
Défenses aux Ministres de les recevoir, sous peine d'être interdits de leurs Fonctions, & d'être privez de tout Exercice dans le Temple où un Catolique auroit
été reçû: Or, il arriva que la Demoiselle *Isabeau Paulet*, Fille d'un Ancien-Ministre d'Uzés, & alors Conseiller au Présidial de Montpellier, ayant fait son Abjuration dans le Monastére des Filles de la Visitation, au Château de *Teirargues*, appartenant à Mademoiselle *des Portes*, elle revint deux ans après en la Ville de Montpellier, où, à la persuasion de sa Mere, elle alla au Prêche, & y fut reçüe à la
Céne par le S^r. Bordieu Pere, Ministre de cette Ville. La Chose ayant été sçûë,
& portée au Parlement de Toulouse, cette Cour, par Arrêt du 16. Novembre, condanna par défaut la Demoiselle Paulet, à faire Amende-Honorable, le Ministre
Bordieu à ne faire-plus aucune Fonction, & leur Temple de Montpellier à être
démoli. Le Consistoire, pour éluder l'Execution de l'Arrêt, se pourvût en Cassation
au Conseil, & députa à M^r. de Noailles quatre Ministres, & plusieurs autres du
Consistoire, pour le prier de leur permettre qu'ils continüassent d'aller au Prêche,
jusqu'à-ce qu'ils eussent reçû des Nouvelles du Conseil, où ils s'étoient retirez: Le
Refus qui leur en fut fait, porta imprudemment deux Gentilshommes qui étoient
de la Députation, de demander à M^r. de Noailles, s'il ne sçavoit-point qu'il y
eût en France dix-huit cent mile Familles-Huguenotes? A quoi M^r. le Commandant se contenta de répondre, en regardant l'Officier de ses Gardes, « Qu'en atten-
» dant de voir que deviendroient ces dix-huit cent mile Familles-Huguenotes, il
» conduisît ces Messieurs à la Citadelle. Le S^r. de *Saussan*, Homme-Respectable, qui
se trouva présent à cet Ordre, intercéda pour les deux Gentilshommes, qui le touchoient de fort-près, & il obtint qu'ils eussent leur Maison pour Prison: mais, les
quatre Ministres furent conduits à la Citadelle; & les autres de la Députation,
voyant que les Affaires tournoient si-mal pour eux, prirent le parti de déloger
à la sourdine.

Ce soir-là-même, M^r. de Noailles & M^r. d'Aguesseau, écrivirent de concert

452   *Histoire de la Ville de Montpellier,*

1682. au Roi, pour l'informer de tout ce qui venoit de se passer; & le Consistoire, de son côté, fit partir dix jours-après un Courier-exprès : mais, celui de Mr. de Noailles étant arrivé incomparablement-plûtôt, revint avec un Ordre-exprès, de faire démolir le Temple dans vingt-quatre-heures : *Et vous me ferés plaisir* (ajoûtoit le Roi dans sa Lettre au Duc de Noailles) *de faire ensorte que ce soit dans douze, s'il est possible.*

Cet Ordre reçû, Mr. de Noailles envoya querir Ceux du Consistoire, ausquels il demanda, si leur Courier étoit de retour? & quel Ordre il avoit apporté? A quoi ils répondirent, qu'ils n'en avoient point-reçû : ce qui lui donna lieu de leur montrer le sien; leur demandant, s'ils vouloient eux-mêmes faire la Démolition pour en avoir les Matériaux? mais, leur Consternation étoit si grande, qu'à peine purent-ils ouvrir la Bouche pour le prier de les en dispenser. Alors il leur dit, *je le veux-bien*; & sur-l'heure, ayant mandé les Consuls, il leur ordonna d'aller prendre cinquante ou soixante Maçons, & de marcher-droit au Temple : ce qui ayant été fait avec une extrême-Diligence, il partit lui-même, sur le premier-Avis qu'il en eut, suivi de ses Gardes & de toute sa Maison, pour se rendre au Temple, où étant arrivé, il entra dedans, & cria hautement aux Maçons, » Courage mes Amis, » *Vive-le-Roi* ; n'apprehendés-rien, travaillés-fortement, & commençons de mettre » la main à l'Ocuvre : Ils commencérent par abatre la Chaire, selon le Signal qui leur en fut donné; puis, montant sur le Toit, ils l'eurent bientôt découvert, parce-qu'il n'avoit que de simples-Planchers.

Cependant, le Duc de Noailles étant monté à Cheval, fit placer des Sentinelles à toutes les Avenuës, pour empêcher que Personne ne passât & ne fût endommagé des Ruïnes, quoiqu'on prît grand-soin de les faire tomber en-dedans. Le lendemain, deuxiéme Décembre, il fut visiter à l'Esplanade, le Regiment *de Saut*, qui étoit arrivé en cette Ville; & l'ayant fait défiler vers le Temple, il se mit à la Tête des Officiers, devancé par les Marquis de Castries & de Villeneuve son Beaufrere, Colonel de Cavalerie : il avoit à sa gauche le Comte de *Roure*, l'un des Lieutenans-Généraux de la Province; & tous les Barons-des-Etats venoient ensuite, avec le Regiment de Saut, qui fut placé par Détachemens, à la Canourgue, à St. Firmin, à la Place des Cévénols, & devant les Capucins, où ils restérent jusqu'au matin du quatriéme Décembre, que la Démolition fut entiérement achevée.

Ce Temple avoit été bâti l'an 1585. dans le mois de Janvier, ainsi qu'on le verifia par le Milésime qui étoit à un grand-Arceau qui traversoit le Temple : On y voyoit cette Inscription, *Ex Cinere Vires Colligo*, au-dessus d'un Phénix qui servoit de Devise à l'Amiral de Chatillon, avec ses Armes de l'autre-côté, où étoit une Aigle-déployée & couronnée; C'est lui, qui, dans le tems qu'il étoit le Maître à Montpellier, fit faire les Belles-Tribunes qui étoient à ce Temple : Mais, ce qu'on observa le plus, c'est que le Vendredi, troisiéme Décembre, & Jour de Ste. Barbe, lorsque les Huguenots de Montpellier se preparérent en 1621. à soûtenir le Siége de leur Ville contre le Roi Loüis XIII. ils commencérent d'abatre toutes les Eglises de la Ville, & le lendemain, quatriéme du même mois, ils achevérent de les détruire; ensorte que soixante-un an après, le Culte-Exterieur des Calvinistes fut aboli, le même jour qu'ils abolirent eux-mêmes dans Montpellier celui des Catoliques : & pour surcroît-de-chagrin, ils apprirent que le Courier qu'ils avoient envoyé à Paris, avoit été arrêté & conduit à la Bastille, où il demeura dix ou douze jours.

CHA-

CHAPITRE DOUZIÉME.

I. Rapel du Marquis de Wardes à la Cour. II. Affaire de la Paulet. III. Chagrin qu'en eurent les Huguenots. IV. Ils s'assemblent à Montpellier. V. Dans le Dauphiné. VI. En Vivarés. VII. Et dans les Cévénes. VIII. Honneurs-Funèbres faits par les Etats de la Province à Marie-Térése d'Autriche.

Les Etats de la Province, que M^r. le Duc de Noailles tenoit à Montpellier, ne se separérent-point sans avoir fait les Honneurs-Funèbres de M^r. le Duc de Verneüil, qui furent faits dans l'Eglise de Nôtre-Dame des Tables avec toute la Magnificence-accoûtumée; après-quoi, M. de Noailles partit pour aller servir son Quartier de Premier-Capitaine des Gardes-du-Corps, qui commençoit avec l'année 1683.

Peu de tems-après, le Marquis de Wardes, qui étoit à Montpellier depuis dix-huit ans, reçut une Lettre de M^r. de Châteauneuf, Secrétaire-d'Etat, qui l'invitoit de se rendre à Lyon, où il trouva un Courier du Duc de Rohan son Gendre, avec un Paquet, dans lequel étoit une Lettre écrite de la propre-Main du Roi, où Sa Majesté lui marquoit de venir en diligence à Versailles, parcequ'il vouloit surprendre toute la Cour par son Rapel. Cette Heureuse-Nouvelle le fit voler où les Ordres de son Maître l'appelloient; ensorte qu'il arriva à Versailles le Samedi 22e. de Mai; ne trouvant dans la Chambre du Roi que le seul M^r. de Châteauneuf : Il se jeta d'abord aux Pieds de Sa Majesté, qui lui dit de se relever; mais, ce Seigneur la suplia de permettre qu'il ne se relevât-point qu'Elle ne lui eût pardonné. » Eh bien, lui dit le Roi, relevés-vous, je vous » pardonne, & de bon-cœur : Vous ne devés avoir obligation à Personne qu'à » Moi; car je vous ai rapellé de moi-même, & quand je l'ai jugé à propos. Ensuite il lui parla assés long-tems en particulier; Puis, il le fit voir à Monseigneur le Dauphin & à Mme. la Dauphine, qui lui dit qu'on étoit bien-aise de le voir à la Cour; & quoiqu'elle ne le connût-pas, elle avoit fort-entendu parler de lui : Il reçut les mêmes Honneurs & les mêmes Entrées qu'il avoit lorsqu'il étoit en Charge; & le Roi lui fit l'Honneur de le nommer pour le premier-Voyage que Sa Majesté devoit faire à Marly. Toutes ces Circonstances, que je trouve dans les Mémoires de divers-Particuliers de cette Ville, prouvent combien ce Seigneur étoit aimé, & à quel point on s'interessoit aux Bonheurs de sa Vie.

I. 1683.

La Démolition du Temple tenoit trop à cœur aux Religionnaires, pour ne pas donner des Marques-Publiques de leur Chagrin : Ils persuadérent à *Isabeau Paulet*, dont nous avons déja parlé, de se remettre aux Prisons du Parlement de Toulouse, & de soûtenir fort & ferme, qu'elle n'avoit jamais professé la Religion-Catolique; par où ils auroient prouvé, qu'on s'étoit servi d'un Faux-Prétexte pour les dépoüiller de leur Temple. Cette Affaire, qui devint une Affaire de Parti, fit grand-Bruit dans le Royaume, & dans une bonne partie de l'Europe; ensorte que les Catoliques de Montpellier furent dans la nécessité d'envoyer à Toulouse vingt Témoins-irreprochables, qui déposérent l'avoir vû abjurer l'Hérésie à *Teirargues*, & professer en diverses-Occasions la Religion-Romaine. Sur ces Témoignages, le Parlement jugea conformément aux Déclarations du Roi; mais, la Peine de l'Amende-Honorable fut commuée en une Prison-perpetuelle, ou à passer ses Jours dans un Monastére. Heureusement, elle vint à ouvrir les yeux, & fit de nouveau son Abjuration entre les Mains de M^r. de *Montpezat de Carbon*, Archevêque de Toulouse; avoüant publiquement tout ce qu'elle avoit fait nier à son Avocat : Elle écrivit ensuite à son Pere, qu'elle étoit Catolique; & que tout ce qu'elle avoit fait, n'avoit été qu'à la Solicitation des Huguenots, qui lui fournissoient de l'Argent pour plaider. La Sincerité de sa Conversion lui attira de la part

II.

du Roi, une Penfion de mile livres, & mile Écus d'Argent-comptant, pour fe marier avec un Avocat de Touloufe, qui l'année fuivante fut fait Capitoul.

Par le même Arrêt du Parlement de Touloufe, confirmé depuis par des Lettres-Patentes, il fut ordonné, qu'après que la Place du Temple auroit été rafée, on y éleveroit une Grande-Croix ; ce qui fut executé le 10ᵉ. de Juin par Mʳᵉ. *Charles de Pradel*, Evêque de Montpellier, avec le plus de Solennité qui fut poffible : D'où les Miniftres prirent occafion de tourner en ridicule, les Cerémonies de l'Eglife ; en attachant durant la nuit à cette même-Croix, douze Strophes de Vers-François (que jai) en Stile-Marotique, mais fort-mal imité, où ils ne manquérent-pas d'accufer les Catoliques d'Idolâtrie, & d'adorer la Pierre dont cette Croix étoit faite.

La Verité eft, que ce qui les fâcha le plus, fut de voir trente-deux Perfonnes de leur Religion, parmi lefquelles il y en avoit plufieurs de Diftinction, venir au milieu de cette Ceremonie, fe jeter aux Pieds de l'Evêque, & faire entre fes Mains Abjuration de leur Hérefie : Ils refolurent dès-lors, de faire un Coup-de-defefpoir ; & concertérent avec les autres Miniftres de France & de Hollande, que lorfque le Duc de Monmouth partiroit pour l'Angleterre contre le Roi fon Pere Charles II. qu'il vouloit détrôner, tous les Huguenots du Royaume s'attrouperoient, & prêcheroient-publiquement dans les Lieux où leur Religion avoit été interdite.

IV. Ils commencérent à Montpellier de s'affembler en diverfes-Maifons, où il fe trouva des Miniftres preparez pour l'Execution de leur Deffein. Le Cardinal de Bonzy en ayant été averti, envoya aux Lieutenant-de-Roi & Major de la Ville, de faire prendre-les-Armes aux Sixains, & de charger leurs Fufils à Bale : En même-tems, il manda les Principaux des Huguenots, aufquels il dit, que s'il arrivoit quelque Contravention aux Ordres du Roi, & du Defordre dans la Ville, ils en feroient les premiers-punis. Ces Meffieurs, voyant-bien qu'ils avoient plus à perdre que la Populace, fe transportérent à une Affemblée déja toute formée, où un Jeune-Propofant fe difpofoit à prêcher ; Ils repréfentérent à l'Affemblée, qu'en faifant ce qu'on avoit refolu, on iroit ouvertement contre les Ordres d'un Roi Puiffant & Redoutable, dont ils ne pourroient avoir que du repentir s'ils ne changeoient de Sentiment : Le Jeune-Propofant répondit avec hardieffe, que le Sort en étoit jeté, & qu'il ne faloit pas quiter la Partie en fi beau-Jeu. À ces mots, Mʳ. Bofc, Confeiller au Parlement, l'un de ces Mʳˢ. prit le Jeune-Propofant par la Cravate ; & dit à Ceux avec qui il étoit venu, qu'il faloit amener en Prifon ce Jeune-Etourdi, & tous Ceux qui voudroient le proteger : Quelques-uns ne laifférent pas d'interceder pour lui ; enforte que Mʳ. Bofc leur lâcha le Propofant, fur la Promeffe qu'on lui fit de le faire retirer : ce qu'ils firent exactement ; & ainfi, tout fut appaifé pour cette-heure à Montpellier.

V. Il n'en fut pas de même en Dauphiné, où les Religionnaires s'attroupérent en Armes jufqu'au nombre de quatre mile Hommes. Le Roi y envoya le Sʳ. de Sᵗ. Rut, Maréchal-de-Camp, & Lieutenant des Gardes-du-Corps, qui s'étant mis à la Tête des Dragons, ne marchanda-point les Rebelles : il alla droit à eux par tout où il les fçavoit, leur tua deux cens Hommes, fit plufieurs Prifonniers, qui furent pendus auffitôt ; & s'étant faifi d'un de leurs Chefs, nommé *Chamié*, Jeune-Homme de vingt-deux ans, il le fit roüer tout-vif à Montelimard, devant la Maifon de fon Pere.

Cette Severité, faite à propos, calma le Dauphiné, d'où le Sʳ. de Sᵗ. Rut paffa dans le Vivarés, & vint camper le vingtiéme Septembre, entre *Charme* & *Beauchatel*, fur le Bord du Rône : Ce fut dans ce Pofte qu'il reçut une Amniftie, que le Roi venoit d'accorder, à la Solicitation de Mʳ. d'Agueffeau, en faveur des Rebelles qui poferoient-les-Armes dans huit jours, à compter du 23ᵉ. Septembre qu'elle fut publiée. Plufieurs Communautez acceptérent la Grace qui leur étoit offerte : mais, les plus-Séditieux s'attroupérent fur les Montagnes-voifines, & vinrent tirer fur les Sentinelles du Camp ; attribüant à Lâcheté, l'Obfervation de l'Ordre que Mʳ. de Sᵗ. Rut avoit donné à fes Troupes, de ne rien entreprendre durant les huit jours de Terme.

Dans

Dans cet intervale, le Duc de Noailles, qui revenoit de la Cour, arriva à Tour- VI. 1683. non, où il apprit que les Séditieux avoient blessé la nuit précedente un Dragon, tué des Soldats qui s'étoient écartez, pillé un Troupeau de Moutons à la vûë-du-Camp, & brûlé les Pailles des Environs. Ce Mépris de la Grace du Roi, surprit d'autant-plus ce Seigneur, qu'il venoit dans un Esprit-de-Paix : mais, il le fut bien-davantage, lorsqu'étant monté à Cheval pour reconnoître le Païs, les Séditieux tirérent sur lui & sur sa Troupe; ce qui le convainquit, qu'il n'avoit-plus à les ménager, & qu'il faloit marcher à eux : Il ne tarda-point d'en avoir de nouvelles-Preuves; car, ayant ordonné à ses Troupes de décamper à deux heures devant-le-jour, sept ou huit cens Hommes, décendus d'une haute-Montagne, tombérent sur son Avant-Garde, & firent une furieuse-Décharge. Cette Attaque obligea nos Dragons à mettre pied-à-terre, & à les pousser à leur tour; ils leur tuérent cent Hommes, en prirent dix ou douze, qui furent pendus, & chassérent le Reste dans leurs Rochers & leurs Précipices : Nos Soldats trouvérent dans la suite de leur Marche, une autre Troupe de quatre cent, qui ne les attendirent-point, mais qui prirent-la-fuite dans des Bois inaccessibles à Ceux qui n'en sçavoient pas les Routes.

Le Château de *Chambaud*, dont la Situation étoit fort-avantageuse, auroit pû leur servir d'Azile, s'ils avoient eu le cœur de le défendre; mais, la peur le leur fit abandonner à la premiére-vûë de nôtre Armée, qui fit mine de le vouloir investir. Le Duc de Noailles partit de là pour *Chalancon*, qui étoit le Siége de la Rebellion, & que les Gens du Païs regardoient comme une Place-imprenable; mais, elle eut le Sort de *Chambaud*, car les Revoltez n'osérent y attendre nos Troupes : Elles arrivérent le 28. à S^t. *Fortunat*, qui ne se défendit pas mieux, quoiqu'il eût été fortifié; De sorte que le Duc de Noailles & le S^r. de S^t. Rut, ayant été trouver à *la Voute* M^r. d'Aguesseau, ils prirent ensemble les Mésures-necessaires pour l'Etablissement des Quartiers. Nous ne perdîmes dans cette Expedition du Vivarés, qu'environ quarante-cinq à cinquante Soldats; Le Marquis de Castries eut un Cheval tué sous-lui à côté de M^r. de Noailles, & le Comte de Talard son Chapeau percé d'une Bale : Mais, les Séditieux firent incomparablement de plus grandes-Pertes, parceque les Dragons qui s'écartoient pour piller, ne faisoient aucun quartier à Ceux qui leur tomboient sous-la-main.

Cependant, M^r. d'Aguesseau ayant prévû que les Ministres-Séditieux prendroient-la-fuite, écrivit à divers Seigneurs de la Province, par les Terres desquels ils pourroient passer, de les faire observer, & de les arrêter : Il apprit bientôt, que le nommé *Audoyer*, Ministre de Chalancon, avoit été pris par les Ordres du Comte d'Harcour, & conduit à Tournon, où il indiqua le Ministre *Aurnel*, Chef des Revoltez, qui fut pris, & condamné à expirer sur la Roüe, sa Tête portée à Chalancon, & son Corps à *Beauchatel* sur le Rône. Les Prisons de Tournon & de Montpellier, furent alors remplies des Prisonniers que l'on fit sur l'Indication d'*Audoyer*; ce qui lui valut sa Grace : Mais, parmi Ceux qui vinrent à Montpellier, on marque le nommé *Alquier*, du Lieu de Clarensac, qui, le Jour de Tous-les Saints, se coupa la Gorge dans les Prisons de la Citadelle, avec un Canif qu'il avoit caché sur lui.

Pour contenir les Cévénes, on envoya des Troupes au *Vigan*, à *La Sale*, à *Saint-* VII. *André-de-Buèges*, & sur-tout à *Saint-Hipolite*, où ils avoient prêché-publiquement, & pris les Armes à l'Arrivée des Troupes du Roi. Les premiers-Prisonniers qui y furent faits, & qu'on pendit sur-le-champ, servirent à intimider les autres, qui reçurent Garnison chès-eux, avec le déplaisir de voir que les Catoliques étoient exemts de Logement des Gens-de-Guerre : Mais, le grand-sujet de leur Affliction, fut la Nouvelle de la Levée du Siége de *Viéne*, qu'ils apprirent à Montpellier dans le mois d'Octobre. La Haine que les Calvinistes portoient à l'Empereur, pour avoir détruit leurs Temples dans la Hongrie, leur rendit cette Mortification plus-sensible, jointe à l'esperance qu'ils perdoient de les voir rétablis par *Tekeli*, comme ils s'en étoient toûjours-flatez. Tous ces mauvais-Succès les rendirent plus-sages dans nos Quartiers, où le Duc de Noailles s'étoit déja rendu pour la Tenuë des Etats de Languedoc.

1683. VIII. ils furent ouverts à Montpellier le dixiéme d'Octobre; & dès les premiers-jours, le Cardinal de Bonzy proposa à l'Assemblée, de faire un Service-Solemnel pour la Reine Marie-Térése d'Autriche, décedée à Versailles le 30. du mois de Juillet. Quoiqu'il en eût été déja fait un dans la Catédrale, en présence de tous les Corps de la Ville, où M. l'Evêque avoit fait l'Office, & le P. *Viguier* Jesuite le Sermon, la Province néanmoins voulut donner dans la même Ville, des Marques-signalées de son Respect pour la Mémoire de cette Vertueuse-Princesse; De sorte que les Préparatifs ayant été achevez le vingt-quatre Octobre, on prit-jour au lendemain pour cette Grande-Cerémonie. Je n'entreprendrai-point d'en donner ici le Détail, qui fut imprimé par Ordre des Etats, avec des Représentations en Taille-Douce; je me contenterai de dire, que tout fut executé dans l'Eglise de Nôtre-Dame des Tables, avec tant d'Ordre & de Magnificence, qu'on n'y avoit encore rien vû dans ce Genre qui en approchât. Le Duc de Noailles portoit le Grand-Deüil, suivi des Lieutenans-Generaux de la Province, & des Barons-des-Etats: Les Prélats marchoient en Rochet & Camail-Noir: Les Grands-Vicaires des Evêques-absens, en Bonnet & Manteau-long: soixante-trois Députez des Principales-Villes du Languedoc, avoient des Manteaux-trainans; & les Officiers-des-Etats, mêlez dans toute cette Marche, étoient en Grand-Deüil. Le Cardinal de Bonzy, Grand-Aumônier de cette Reine, celebra la Messe, assisté des Dignitez du Chapitre; & Messire L. de Gramont, Evêque de S^t. Papoul, prononça l'Oraison-Funébre.

Après que les Etats eurent fini leur Assemblée au commencement de Décembre, Charles de Pradel, Evêque de Montpellier, entreprit de faire une Mission qui pût être également-utile aux Anciens-Catoliques & aux Nouveaux-Convertis: **1684.** Il se servit de plusieurs Capucins, qui avoient à leur Tête le P. *Honoré de Caynes*, Célébre-Missionnaire de son Tems. Les Exercices de la Mission furent portez bien-avant dans le mois de Février 1684; Et les grandes-Restitutions, les Aumônes, & les Reconciliations qui furent faites durant ce tems, rendirent cette Année mémorable dans Montpellier.

Le reste de 1684. fut diversifié dans la Ville, par les Réjoüissances que l'on y fit pour la Prise de Luxembourg, investi depuis le mois d'Avril, & rendu seulement le 7e. de Juin. Dans le mois d'Octobre, on se prepara à Montpellier à la Tenuë des Etats, qui y furent ouverts le 25. par le Marquis de Calvisson, en l'absence du Duc de Noailles. Les Commissaires-du-Roi demandérent deux Milions deux cent mile livres de Don-Gratuit, qui furent accordez sur la Proposition qu'en fit le Cardinal de Bonzy, comme Archevêque de Narbonne: mais, par le Retour du S^r. de Rozel, Capitaine des Gardes du Marquis de Calvisson, on apprit que Sa Majesté se contentoit de deux Milions cent mile livres, & qu'Elle relâchoit le reste à la Province.

CHAPITRE TREIZIÉME.

I. Conversion des Huguenots à Montpellier. II. Revocation de l'Edit-de-Nantes. III. Soins que l'on prit pour l'Instruction des Nouveaux-Catoliques. IV. Commencement de Grands-Troubles dans les Cévénes. V. Réjoüissances faites pour la Convalécence du Roi. VI. Précautions prises pour contenir les Cévénes.

1685. I. LE Grand-Evenément de l'année 1685. est le Changement-de-Religion que firent les Huguenots, & la Revocation de l'Edit-de-Nantes, qui furent précedez à Montpellier par l'Arrivée de M^{re}. Nicolas de Lamoignon, Seigneur de Basville, que le Roi tira de son Intendance de Poitou, pour lui donner celle de Languedoc: Il arriva à Montpellier le vingt-sixième de Septembre, où il se mit bientôt au Fait des Affaires de la Province auprès de M^r. d'Aguesseau, qui s'y arrêta encore quinze jours, après lesquels cet Illustre-Magistrat partit pour Paris le onziéme d'Octobre, portant avec-foi l'Amour & la Vénération de tous les Peuples du Languedoc.

Plusieurs jours avant son Départ, le Cardinal de Bonzy & le Duc de Noailles, étoient arrivez de la Cour pour la Tenuë des Etats de la Province; ensorte que ces trois Seigneurs, bien-instruits des Intentions du Roi, concertérent ensemble des Moyens de réunir tous les Habitans de Montpellier dans une même Religion: Il fut proposé de faire assembler les Principaux-Religionnaires de la Ville, afin qu'ils déliberassent ensemble d'embrasser la Religion-Catolique; de même que leurs Peres avoient embrassé le Calvinisme par une Déliberation-Publique. La Proposition leur en ayant été faite par Mr. le Duc de Noailles, ils tinrent leur première-Assemblée chès le Sr. de *Clauzel-Fontfroide*, après laquelle ils vinrent dire, qu'ils étoient plus de quatre mile Personnes qui se feroient Catoliques; & quelques jours-après, s'étant assemblez de nouveau chès le Sr. *Bornier*, jadis Lieutenant-Principal au Siége du Présidial de cette Ville, ils en sortirent tous en Corps pour aller chès M. le Cardinal de Bonzy, à qui ils dirent qu'ils étoient resolus d'embrasser la Religion-Romaine, & qu'ils le prioient de vouloir les recevoir: Son Eminence ayant pris le Nom de tous Ceux qui se présentérent à lui, les renvoya à M. l'Evêque, qui les reçut; après-quoi, ils vinrent avec une longue-Liste à l'Hôtel-de-Ville, faire enregîtrer leur Abjuration, qui est datée du Samedi vingt-neuviéme Septembre Fête de St. Michel.

Ce même jour il arriva huit Compagnies du Regiment de *La Fere*, & autant de celui de *Dampierre*, qui furent logez indiferemment chès les Catoliques & chès les Religionnaires: L'Empressement de Ceux-ci redoubla aux Approches des Troupes; de telle sorte qu'ils coururent en foule pour faire leur Abjuration, & que faute de tems pour pouvoir leur en expedier des Certificats en forme, on fut obligé d'écrire leur Nom sur des Cartes marquées du Cachet de l'Evêque; Quoique les Troupes ne séjournassent-point dans la Ville, on compte que dans trois jours, il y eut six mile Personnes, de toute sorte de Condition, qui abjurérent leur Hérésie: mais, parceque dans ce Nombre il étoit bien à présumer que toutes ces Conversions ne seroient pas durables, M. l'Evêque redoubla ses Soins pour leur Instruction, en établissant des Conferences-Publiques, & des Explications sur la Foi-Catolique, qui se faisoient tous les jours dans l'Eglise de Nôtre-Dame, & le Dimanche dans celle des Jacobins.

Mr. de Basville, de son côté, agissoit contre les Malintentionnez, qui reprochoient aux Nouveaux-Convertis leur Abjuration, & qui persuadoient à plusieurs de sortir du Royaume: Il fit publier le 4e. d'Octobre, une Déclaration du Roi, contre ces Fugitifs, sous peine de Confiscation de Biens; mais, elle assuroit en même-tems le Pardon à Ceux qui voudroient revenir: ce qui ne contribüa pas peu au Retour d'un grand-nombre.

Tout ce qui venoit de se passer à Montpellier, disposa les Esprits au Grand-Coup II. que le Roi frapa sur tous les Religionnaires de son Royaume, par la Revocation de l'Edit de Nantes, & de tous autres Edits & Déclarations donnez en leur faveur: » Il leur défendoit par ce dernier Edit, donné à Fontainebleau le 22. d'Oc-
» tobre, tout Exercice de leur Religion dans les Terres de son Obéïssance: il or-
» donnoit, que tous les Temples qui leur restoient, seroient démolis incessamment;
» & il leur défendoit, de s'assembler dans aucun Lieu ou Maison-particuliére pour
» faire Exercice de leur Religion, & à tous Seigneurs, de permettre qu'on le fît dans
» leurs Maisons ou dans leurs Fiefs:
» Sa Majesté enjoignoit à tous les Ministres, de sortir du Royaume dans quinze
» jours; avec Défense de faire aucun Prêche ou Exhortation, ni aucune Fonction
» de leur Ministére, sous peine de Galere: Il leur accordoit néanmoins, s'ils venoient
» à se convertir, les Exemptions de Tailles & du Logement des Gens-de-Guerre
» qu'ils avoient auparavant: leur promettant de plus, une Pension d'un tiers plus-
» forte que leurs Appointemens, & voulant qu'après leur Mort, leurs Veuves jouïs-
» sent de la moitié de ladite Pension: Sa Majesté leur faisoit plusieurs autres Gra-
» ces, capables de déterminer Ceux d'entr'eux qui ne tenoient à leur Religion que
» par le besoin de Subsistance.

458   HISTOIRE DE LA VILLE DE MONTPELLIER,

1685.
Cet Edit fut porté à Montpellier par un Courier-exprès, qui fit une Diligence-extraordinaire; enforte que le Duc de Noailles fut en état le 27e. d'Octobre, de monter à l'Audience de la Cour-des-Aides, où cet Edit fut enregîtré en sa présence, & du Comte de Roure, Lieutenant de Tour aux Etats, qui l'avoit accompagné, avec un grand-nombre de Noblesse; Nos Consuls, qui avoient à leur Tete le Sr. *Crouzet de Villa*, y furent appellez: Mais, ce Grand-Coup ne produisit heureusement aucun Mauvais-Effet dans la Ville, où tout demeura tranquile, comme si l'on s'y fût attendu depuis long-tems.

III. Les Etats de la Province ayant fini dans le mois de Décembre, & le Duc de Noailles étant parti pour aller servir son Quartier auprès de la Personne du Roi, Sa Majesté nomma pour tenir sa Place en Languedoc, Mr. le Marquis de la Trousse, Lieutenant-Général de ses Armées, qui arriva le 23. Décembre à Montpellier, où il fut reçû avec les mêmes-Honneurs qu'on rend aux Gouverneurs de la Province: Après y avoir resté quelques-semaines, il fit un Voyage dans les Cévénes avec Mr. de Basville, pour y faire sçavoir les Volontez du Roi; &

1686.
à son Retour, sur la fin de Janvier 1686. il envoya des Billets aux Principaux des Nouveaux-Catoliques de cette Ville, pour s'assembler chès lui le Mardi 29e. du mois. » Mr. l'Intendant, qui s'y étoit rendu, leur témoigna la Satisfaction que Sa » Majesté avoit eu de leur Bonne-Conduite dans leur Conversion, qui avoit servi » d'Exemple à tout le Royaume: mais, (ajoûta-t-il) cela ne sufit-pas, puisqu'il » reste à faire les Fonctions de Bon-Catolique, que le Roi attend que vous fassiés » sincérement & de bonne-foi; & pour cet effet, Sa Majesté ne veut rien oublier » de tout ce qui sera nécessaire pour vôtre Instruction.

C'étoit en effet ce dont ils avoient le plus de besoin, pour revenir des Préjugez de leur Naissance contre les Dogmes & les Pratiques de l'Eglise-Romaine, à qui leurs Ministres ne cessoient de donner le Nom de Babilone. Le Roi, convaincu de leurs Besoins, ordonna un grand-nombre de Missionnaires dans tous les Lieux où il y avoit de Nouveaux-Catoliques; & par une Grace-spéciale pour la Ville de Montpellier, il lui destina le P. *Bourdaloüe* son Prédicateur-Ordinaire, qui arriva en cette Ville le seize de Février: Ce Fameux-Prédicateur y prêcha tout le Carême de 1686. & il fut si fort goûté des Nouveaux-Catoliques, qu'ils se rendoient à St. Pierre dès huit heures du matin, quoique le Sermon ne dût commencer qu'à dix & demi; L'Eglise ne pouvant encore les contenir tous, on fut obligé d'y faire des Amphitéatres, où après l'avoir oüy quatre jours de la semaine, ils pouvoient les Après-midi, l'aller entendre dans l'Eglise des Jesuites, où il faisoit des Leçons de Controverse, & répondoit aux Dificultez que chacun avoit la liberté de lui faire. Les Prêtres des Parroisses, de leur côté, faisoient des Instructions-Publiques trois-fois la semaine, pour les preparer à la Confession & à la Communion-Pascale; Et afin qu'ils ne manquassent-pas de Bons-Livres pour se confirmer dans le Parti qu'ils avoient pris, le Roi leur en envoya vingt Balots, dans lesquels il y avoit huit mile Exemplaires du *Nouveau-Testament du Pere Amelote*, autant du Petit-Livre des *Courtes-Prieres* pour dire pendant la Messe, l'*Imitation de Jesus-Christ*, & les *Pseaumes de David* en Latin & en François, qui leur furent distribüez *gratis*.

IV. Sa Majesté leur donna une nouvelle-Marque de son Affection, en faisant partir trois Demoiselles de Paris, qu'Elle entretint à ses Dépens, pour apprendre à lire, & pour élever à la Vertu les Filles des Nouveaux-Catoliques: Mais, tous ces diferens-Moyens ne réussirent qu'à l'égard du plus petit-nombre, les autres étant retenus par le Respect-humain, par les longues-Habitudes qu'ils avoient contractées, & par la Sévérité des Pratiques de la Religion-Romaine, comme la Confession & le Jeune, qui n'avoient jamais été du goût de la Prétendue-Reforme. De là vient, que les plus-opiniâtres évitoient, sous diferens-Prétextes, les Assemblées des Catoliques, & prenoient grand-soin de ne se laisser voir à aucun Prêtre dans leur Maladie: Quelques-uns même poussérent les Choses jusqu'à faire des Déclarations-Publiques, qu'ils vouloient mourir dans leur Anciène-Religion: ce qui fit que pour l'Exemple, on en traita deux ou trois dans toute la Rigueur des Edits contre les Relaps; mais, on dissimula sur bien-d'autres.

Les Attroupemens, qui étoient d'une plus grande-consequence pour l'Etat, donné nérent beaucoup-plus d'Exercice à M'. de la Trousse, & à M'. de Basville : Ils apprirent qu'on avoit fait une Assemblée à *Vauvert*, dans une Cave-soûterraine du Vieux-Château ; & que dans les Cévénes, on avoit fait venir des Ministres & des Proposans, qui prêchérent à *Sauve* & à *La Sale* : puis , étant décendus dans Lavaunage, ils avoient tenu des Assemblées à *Aiguevives*, *Codognan*, *Muz*, *Saturargues*, & autres Lieux. Alors, les Dragons leur donnérent la Chasse : on en prit un très-grand-nombre, qui remplirent les Prisons de Brescou, de Montpellier & d'Aiguemortes ; mais, leur Nombre venant si-fort à augmenter, qu'ils ne pouvoient-plus y trouver-place, on les envoya à *Marseille*, d'où ils partirent pour aller former des Colonies dans la Nouvelle-France.

Les Personnes du Sexe, qui en Fait-de-Religion ne sont pas moins vives que les Hommes, se signalérent à Montpellier dans cette Occasion : Quelques-unes, à la Tête desquelles on met une nommée *Feüillade*, alloient par les Maisons soliciter leurs semblables, de chercher dans les Païs-Etrangers, la Liberté des Enfans-de-Dieu, qu'on leur ôtoit en France ; & pour leur en faciliter les Moyens, elles prirent soin de gagner un Genois, qui depuis long-tems étoit Homme-d'Affaires dans une Maison Considerable de la Ville. Cet Homme, sous le Prétexte de faire venir des Confitures, des Citrons, & autres Fruits de son Païs, avoit eu le Credit d'avoir une Barque à Perols, où il recevoit de nuit les Femmes & les Filles de Montpellier, qui s'étoient rendues pendant le jour à la Métairie de *Vauguiéres* par forme de Promenade : Or, un jour qu'on en vit disparoître un grand-nombre, le Maître-d'Hôtel de M'. de la Trousse eut Ordre de faire venir le Genois dans son Office, comme pour concerter ensemble des Provisions qu'il lui faloit ; & là, le Capitaine-des-Gardes l'ayant fait foüiller, lui trouva un Catalogue des Femmes & Filles qui étoient déja parties, & un autre de celles qui restoient à partir, sous les deux diferentes Classes de Jeunes, de Vieilles, & de celles qui avoient déja payé pour leur Passage, ou qui restoient à le payer. Comme il se trouva que beaucoup de Familles étoient interessées dans cette Affaire, on jugea à propos de ne pas la suivre : mais, on se saisit de *Vincent Vianes*, (c'étoit le Nom du Genois) qui ayant été envoyé à Nîmes, y fut condamné aux Galéres ; & le Métayer de Vauguiéres, qui lui tenoit la main, renvoyé à un Plus-amplement-informé.

Ce Jugement parut trop moderé à Ceux qui vouloient s'en tenir à la Séverité des Edits contre les Fugitifs, & contre Ceux qui leur prêtoient-la-main ; mais, quoique l'on pût faire dans la suite, on n'empêcha-point qu'un très-grand-nombre ne trouvât le moyen de se retirer à Genéve, en Brandedourg, ou en Angleterre.

Nos Archives marquent pour cette année, la Belle-Reparation qui fut faite devant la Porte de l'Eglise-Catédrale, où l'on ôta les Décombres des Vieilles-Ruïnes qui y restoient depuis les premiers-Troubles de la Religion ; c'est-à-dire, depuis plus de cent ans. On dit que le grand-Abord du Monde, dont les Voitures avoient eu peine à se ranger dans le tems des Prédications du Pere Bourdaloüe, détermina le Conseil-de-Ville à y faire mettre la main ; mais, quoique la Déliberation en eût été prise dès-lors, la Chose ne fut commencée que l'année d'après, par le S'. *Fontanon*, Premier-Consul, qui fit enlever les Terres : ensuite, le S'. Duvidal, Seigneur de Montferrier, qui lui succeda dans cette Place pour l'année 1687. fit faire la Muraille-de-Soûtenement du côté de St. Ruf, & l'Escalier à deux Rampes par où l'on décend à la Place St. Pierre.

Au commencement de cette année 1687. on avoit été fort-occupé à Montpellier, des Actions-de-Grace qu'on devoit à Dieu pour la Convalécence du Roi Loüis XIV. Le *Te Deum* en fut chanté solennellement dans la Catédrale, le Vendredi 7°. Février, où il est à observer, que M. le Cardinal de Bonzy, qui y assista en Camail & Rochet, se plaça dans la Chaise du Prévôt du Chapitre : M'. de la Trousse, Commandant pour le Roi dans cette Province, au milieu du Chœur, sur un Prie-Dieu : M'. de Lamoignon, Intendant, à la Chaise du Sacristain ; & M'. le Marquis de Wardes, qui étoit venu révoir Montpellier, se mit au côté de M'. l'Intendant.

Toutes les Cours de Justice qui y avoient assisté, voulurent faire leur Fête-particuliére. M'. de la Cour-des-Aides ne la portérent pas plus-loin qu'au lende-

1686.

V. 1687.

1687.

main, en faisant chanter dans leur Chapelle une Grand'-Messe & un *Te Deum*: Mais, ce qu'il y eut de particulier à leur Fête, c'est qu'outre les Décorations ordonnées dans leur Chapelle, & dans la Grande-Cour du Palais, ils firent distribüer aux Pauvres quarante Douzaines de Pains, & leur livrèrent divers Tonneaux de Vin-Blanc & de Vin-Rouge, qu'on avoit mis aux Coins de cette grande-Cour; Mais, lorsque le Peuple, mêlé avec les Pauvres, donnoit les plus grandes-Marques de sa Joye, ils furent tous agréablement surpris, d'une Pluye de petites Piéces-d'Argent qu'on leur jeta des Fenêtres à poignées, jusqu'au nombre de douze cent: M^{rs}. les Trésoriers-de-France imitérent leurs Largesses, dans la Fête qu'ils donnérent le neuviéme de ce mois; & le jour-suivant, M^{rs}. du Présidial, suivis des Avocats, Procureurs, & Maréchaussée, s'étant rendus chès le Juge-Mage, partirent de sa Maison, précedez de Trompettes, Violons & Hautbois, & allèrent rendre-Graces à Dieu dans leur Chapelle, où ils firent chanter une Grand'-Messe, terminée par le *Te Deum*.

VI. Cependant, les Nouveaux-Convertis des Cévénes, qui avoient pris-courage à la Nouvelle de la Maladie du Roi, continüérent de plus-fort leurs Assemblées; Ce qui obligea M^r. de la Trousse & M^r. de Basville, de faire plusieurs Voyages en leur Païs, où ils se proposérent de faire bâtir des Forts pour les contenir: Ils en écrivirent au Roi, qui, ayant approuvé leur Dessein, ordonna qu'on en fît construire à *Nîmes*, à *St. Alais*, & à *St.-Hipolite*; ce qui fut bientôt executé, car toutes les Villes & Communautez, à dix lieuës-à-la-ronde, fournirent des Maçons, des Charrettes & du Monde, pour avancer l'Ouvrage: Montpellier y fut pour six Charrettes, & pour les Maçons de la Ville, qui y furent envoyez.

L'Evêque de Montpellier, voyant qu'il n'avançoit pas beaucoup auprès des Nouveaux-Catoliques de son Diocèse, quelque-soin qu'il prît de leur envoyer des Prêtres pour les disposer à faire leurs Pâques, redoubla ses Soins envers leurs Enfans, de qui il y avoit plus à esperer: Après avoir fait disposer les plus-âgez à la Premiére-Communion, il leur donna le Sacrement de la Confirmation dans l'Eglise Nôtre-Dame, & en communia cinq cent de sa Main, le premier jour d'Avril, 3e. Fête de Pâque; Mais, ce qui toucha le plus les Bons-Catoliques, fut une Procession que ces Enfans firent l'Après-midi en cet Ordre. La Suite-Consulaire marchoit à la Tête, suivie de la Baniére de la Ville, portée par un Pauvre de l'Hôpital-Général; après laquelle venoient trois cent Filles, deux-à-deux, ayant à la main un Cierge de Cire-Blanche, & chantant les Litanies de la Vierge: Après un peu d'intervale, venoient deux cent Garçons dans le même Ordre, précedez de trois Enfans de Chœur, qui chantoient la Prose du Jour de Pâque, *O Filii & Filiæ*; à quoi tous les Garçons répondoient-en-Corps, *Alleluya*, &c. Le Clergé en Surplis, mené par le S^r. *Pignon*, Curé de Nôtre-Dame, marchoit sous la Croix de la Paroisse; & toute la Marche étoit fermée par les Consuls en Chaperon, suivis de quelques Personnes de Qualité, & de beaucoup de Peuple.

Manuscrits de Delort.

Nos Mémoires-particuliers marquent au 4. de Juillet, l'Arrivée en cette Ville du S^r. de *Moran*, Intendant de Provence, qui alloit prendre la Place de Premier-Président au Parlement de Toulouse, vacante par la Mort de M^r. de Fieubet: Il fut logé chès M^r. de Basville, regalé le lendemain chès le Premier-Président de la Cour-des-Aides, & visité-en-Corps par le Présidial, par le Chapitre en Grande-Députation, & par les Facultez de Droit & de Medécine. On marque qu'ils ne se virent point avec M^r. de la Trousse, chacun-d'eux prétendant à la Premiére-Visite: A son Départ, qui fut le 6. de Juillet, tous les Procureurs montèrent à Cheval, pour l'accompagner jusqu'à Loupian, qui est à cinq grandes-lieuës de Montpellier.

Ces mêmes Mémoires marquent, que le sixiéme Décembre on donna la Premiére-Eau à l'Ecluse du Pont-Trincat sur le Canal de la Riviére du Lez, commencé, comme nous l'avons dit, par le Président Solas, & continüé par la Marquise de Graves sa Fille.

CHA-

CHAPITRE QUATORZIÉME.

I. *Froid & Chaleur-excessive.* II. *Evenémens-particuliers.* III. *Ligue-d'Ausbourg.* IV. *Le Comte de Broglio à Montpellier.* V. *Levée des Milices.* VI. *Promenade du Peirou.* VII. *Retraite-de-Nuys honorable au Marquis de Castries.*

LE Cardinal de Boüillon, qui avoit déja fait quelque Séjour à Montpellier, I. 1688. voulut y venir passer l'Hiver de 1688. mais, ce même Hiver fut un des plus-rudes qu'on eût ressenti depuis long-tems en cette Ville ; il y tomba de la Nége jusque dans le mois de Mars, & le Vent du mois d'Avril fut aussi-froid qu'il avoit été en Décembre & en Janvier : Par contrecoup, les Chaleurs y furent extrêmes l'Eté-suivant ; ensorte que le Termométre monta le Jour de la Magdelaine, jusqu'au 84°. Degré : on y respiroit durant la nuit un Air-enflamé, comme s'il sortoit d'une Fournaise ; & il est mémorable, que le Peuple ne pouvant subsister dans ses Maisons, fut reduit à porter ses Matelas en Pleine-Ruë, pour pouvoir y respirer, & prendre quelque-sommeil.

Sur la fin d'Août, le Comte d'Armagnac, passant en cette Ville pour aller aux II. Bains de Barege, fut reçu à la Porte du Pile-Saint-Gilles par nos Consuls en Robe-Rouge, & saluë de quatorze Coups-de-Canon de la Citadelle : Il logea chès le S^r. de *Sarret*, à la Canourgue, & partit le 28°. de ce mois.

Peu-après son Départ, il y eut à Montpellier un grand-Passage de Troupes, qui avoient leur Rendés-vous autour du Comtat-Venaissin ; & le 10. de Septembre, M^r. de la Trousse reçut un Courier du Roi, pour aller se saisir d'Avignon, qui en est la Capitale : Il partit aussitôt, & se presenta avec quelques Troupes devant la Ville, où il fut reçu sans coup-ferir, les Consuls lui en ayant porté les Clefs, & le Vice-Légat s'en étant retiré à son Approche. La Cause de cette nouvelle-Démarche, venoit des Broüilleries entre Rome & la France, au sujet des Franchises du Quartier des Ambassadeurs à Rome, que le Pape Innocent XI. (Odescalki) vouloit suprimer : Il interdit à cette occasion l'Eglise de S^t. Loüis de la Nation-Françoise ; & ce Mécontentement, joint au Refus qu'il avoit fait au Cardinal de Fustemberg, des Bules pour l'Archevêché de Cologne, irrita le Roi, qui protegeoit ce Cardinal, & fut cause de la Saisie du Comtat.

Alors, on vit éclater la Ligue-d'Ausbourg, qui étoit déja formée contre la Fran- III. ce, par le Prince d'Orange, & par le Duc de Neubourg. Le Roi, pour prévenir ses Enemis, fit marcher des Troupes dans le Palatinat ; & par les Prises de *Hailbron* & d'*Heidelberg*, il disposa l'Execution du principal-Dessein, qu'il avoit sur *Philisbourg* : Monseigneur fut chargé de cette Expedition, dont il vint heureusement à-bout en dix neuf jours de Tranchée-ouverte, quoique la Place fût une des plus-fortes de l'Europe, & la Saison déja fort-avancée. On en fit à Montpellier des Réjoüissances-publiques, & le *Te Deum* y fut chanté le 14. de Novembre : mais, cette Prise, qui fut encore suivie de celles de *Manhein* & de *Frankendal*, ne firent pas une Diversion assés-forte pour arrêter le Prince d'Orange, qui, sur la fin de cette année, se mit en Mer pour l'Angleterre, où les Sujets du Roi Jacques l'ayant abandonné, il fut obligé de faire passer en France, le Prince de Galles, & la Reine son Epouse, qu'il vint joindre lui-même à S^t. Germain-en-Laye, le 7°. Janvier 1689. Alors l'Empire, l'Espagne & la Savoye, se liguérent avec le Prince d'O- 1689. range contre la France, qui seule eut à soûtenir la Guerre en faveur du Roi-détrôné.

Après la Saisie d'Avignon & du Comtat-Venaissin, le Roi avoit rapellé le Marquis de la Trousse, qu'il comprit dans une Création de soixante-cinq Chevaliers de ses Ordres, faite quelque-tems-après. Le Marquis de Rozel vint commander à sa place avant la Tenuë-des-Etats ; mais, au commencement de 1689. il fut relevé par le Comte de Broglio, qui fit son Entrée à Montpellier le 11. de IV.

1686.

Janvier, au Bruit de vingt-cinq Coups-de-Canon: Il occupa le Peuple dès ce même-mois, à l'Applaniſſement des Terres hors la Porte du Peirou, où l'on avoit projeté de faire une grande & belle Promenade. Il eſt marqué, que le Travail fut interrompu le 21. & le 22. de Février, par un Vent ſi-fort & ſi-genéral, qu'il abatit pluſieurs Cheminées, & arracha des Oliviers & autres Arbres; mais, ce qui parut plus-étrange, fut que nos Champs & nos Chemins étoient couverts de Feüilles de Châteigners, que le Vent avoit apporté des Baſſes-Cévénes, & du côté de Lodéve.

Le Comte de Broglio, & Mr. de Baſville ſon Beaufrere, étoient alors dans le Vivarés, où, ſur la Nouvelle qu'ils reçurent le 16. Février, ils s'étoient rendus en diligence, pour diſſiper deux mille Hommes attroupez auprès d'Annonay, qui avoient déja batu nos Troupes: Ils en aſſemblérent d'autres, avec leſquelles ils châtiérent les Rebelles, & ameénerent à Montpellier leur Prédicant lié & garroté, qui ayant été transferé à Nîmes le 8. de Mars, y fut pendu quelques-jours-après.

V. Comme la Saiſon de la Guerre approchoit, on travailla dès-lors à la Levée des Milices, & à la Convocation de l'Arriére-Ban, ordonnées par le Roi. Le Duc de Noailles, qui alloit commander nôtre Armée en Rouſſillon, paſſa dans ce mêmetems à Montpellier; & ayant conferé pendant deux jours avec Mr. de Baſville, chés qui il étoit logé, il partit le 28. de cette Ville pour ſe rendre à celle de Perpignan.

La Levée des Milices donna plus de Tracas qu'on n'avoit crû avant que de la mettre en Régle. On renonça d'abord à la première Vûë qu'on avoit eu, d'y comprendre les Gens-mariez, ou Veufs qui auroient des Enfans, & l'on prit le Parti de choiſir des Garçons-de-Métier, auſquels on promit la Maîtriſe; Pour cet effet, le Sr. Henry Caſſeirol, Juge de l'Ordinaire, fut chargé d'aſſembler chés lui les Conſuls des Arts & Métiers, qui tous ne ſongeoient qu'à ſe faire exempter: Les *Apoticaires*, les *Orſévres* & les *Serruriers*, débatirent leurs Droits en préſence de

Manuſcrits de Serres.

Mr. de Broglio & de Mr. l'Intendant, qui parurent approuver leurs Raiſons; mais, par l'évenément les *Orfévres* & les *Serruriers* perdirent leur Cauſe. Les Procureurs défendirent beaucoup-mieux la leur; car, ayant été avertis qu'ils étoient taxez avec les Notaires pour faire huit Hommes, ils s'aſſemblérent à l'iſſuë de l'Audience, pour déliberer ce qu'ils avoient à faire; & en ayant informé la Cour, elle commit les Srs. de *Lauriol* & de *Grefeüille* pour entendre leurs Raiſons: Ils dirent, » qu'ayant l'Honneur d'être Officiers-du-Roi, au moyen des Proviſions qu'ils » ſont obligez de prendre pour pouvoir exercer leurs Charges, & en conſequence » ayant payé des Taxes pour la Confirmation de leur Hérédité, ils devoient être » déchargez, conformément aux Ordonnances déja données en leur faveur par » Mr. d'Agueſſeau, és années 1674. & 1676. Ces deux Commiſſaires ayant goûté leurs Raiſons, & fait leur Raport à la Cour, elle pria Mr. Vignes, Procureur-Général, de parler à Mr. de Broglio & à Mr. l'Intendant en faveur des Procureurs, qui gagnérent leur Cauſe. Le Choix qu'on reſolut de faire entre les Anciens-Catoliques, préferablement aux Nouveaux-Convertis, fit naître un autre Cas, parceque chaque Soldat voulant ſe faire valoir, demanda du-moins trente Ecus avant que de partir: Il fut reglé, que Ceux qui marcheroient pour gagner leur Maîtriſe, ne prendroient rien; & que Ceux qui s'engageroient pour de l'Argent, ſe contenteroient de quatre Ecus: Ainſi, tous les Préliminaires ayant été reglez, on ſigna la Cotiſation des Contribüables, que je raporte, parceque'elle a ſervi de Régle depuis ce tems-là.

Les Cordonniers, feront	8. *Hom.*	Serruriers, Arquebuſiers, Romaniers, 5.
Les Tailleurs-d'Habits & Fripiers,	8.	Maréchaux, ... 3.
Ménuiſiers, Barraliers & Tourneurs,	7.	Paſſementiers, Ceinturiers & Boutonniers, ... 3.
Les Maçons, ...	6.	
Les Plâtriers, ...	5.	Pâticiers, Cabaretiers & Rotiſſeurs, 10.
Tiſſerands de Toile, ...	3.	Couteliers, & Faiſeurs-de-Peignes, 3.
Tiſſerands en Laine, & Pareurs,	5.	Potiers-d'Etain, Lanterniers & Fondeurs, ... 1.
Selliers & Bahutiers, ...	2.	

Po-

Potiers-de-Terre,	1. Hom.	Tapissiers & Brodeurs,	3.
Charrons, & Faiseurs-de-Mails,	2.	Maquignons, & Loüeurs-de-Litiére ou de Chaise,	3.
Jardiniers,	1.		
Orfévres, Graveurs & Lapidaires,	3.	Meûniers,	1.
Faiseurs-de-Futaines,	3.	Chapeliers, Cartiers & Paumiers,	2.
Tondeurs,	2.	Portefaix, & Porteurs-de-Chaise,	3.
Chaudronniers,	1.	Peintres, Doreurs & Sculpteurs,	2.
Teinturiers,	2.	Perruquiers,	2.
Fourbisseurs,	1.	Cordiers,	1.
Tuiliers,	1.	Libraires & Imprimeurs,	1.
Vitriers & Verriers,	1.	Bourgeois & Marchands,	46.

1689.

De tous ces Hommes on en fit cent effectifs, qui faisoient la Cotité de la Ville de Montpellier, dont on forma deux Compagnies de cinquante Hommes chacune, qui eurent pour Capitaines les Sʳˢ. de *Combas* & de *Rozel* : Mʳ. de Villevieille en fut fait Colonel ; *Juvignac*, Lieutenant-Colonel, & *Pastourel*, Aide-Major. Ils assemblérent leurs Troupes le Jour des Rameaux, chès Mʳ. de Broglio, qui fit donner un Fusil à chaque Soldat ; & le lendemain ils partirent de cette Ville, pour aller à Sᵗ. Hipolite relever les Vieux-Soldats qui y étoient en Garnison.

Dans ce même-tems, on publia une Ordonnance au nom du Marquis de Castries, Senéchal de Montpellier, qui assignoit tous les Possesseurs-de-Fief & Terres-Nobles, à venir faire leur Déclaration, afin qu'à proportion de la Valeur du Bien ou des Fiefs, on pût regler la Contribution d'un-chacun pour le Ban & Arriére-Ban : Ceux qui portoient l'Epée, ou qui vivoient-Noblement, furent taxez par le Juge-Mage ; Et après que les Gentilshommes de la Senéchaussée de Nîmes & de Montpellier, qui vouloient rendre le Service-Personnel, se furent mis en état, ils se rendirent en cette Ville le dix-huitiéme de Mai, où ils passérent en Revûë le lendemain à la Place de la Canourgue, tous vêtus de Rouge & galonnez-d'Or : Ils partirent le 20. pour Castelnaudarry, qui étoit le Quartier-d'Assemblée, où l'Arriére-Ban du Haut-Languedoc les attendoit, pour se rendre tous-ensemble dans la Guiéne, ayant à leur Tête François de *Montenard*, Marquis de *Montfrin*, Senéchal de Nîmes.

Le vingt-un, on vit arriver à Montpellier l'Arriére-Ban de la Senéchaussée du Puy, qui y fut passé en Revûë, & partit ensuite pour aller joindre les autres. Le 24. arrivérent les Milices de Provence, au nombre de cinq cens Hommes, pour aller renforcer l'Armée du Duc de Noailles, qui, dans ce même-mois, se rendit-maître de Campredon.

Tous ces Préparatifs-de-Guerre, n'empêchérent-point qu'on ne reprît alors le VI. Dessein de la Promenade du Peirou, qui avoit été interrompuë depuis le mois de Février. Je trouve dans des Mémoires-particuliers de ce Tems-là, que le premier Projet en est dû à Mʳ. de la Trousse, & l'Execution à Mʳ. de Broglio, qui fit conclurre l'Applanissement du Terrein dès son Arrivée à Montpellier ; Mais on ajoûte que lui & Mʳ. de Basville son Beaufrere, n'étant pas d'accord pour la Disposition qu'on devoit donner à cette Promenade, ils envoyérent leur Dessein à Paris, où l'on se détermina pour celui de Mʳ. de Broglio, qui vouloit toute la Promenade en Terrasse ; au lieu que Mʳ. de Basville en vouloit deux, l'une Basse, & l'autre Haute. La Chose une-fois resoluë, on passa le Bail à quarante-cinq mile livres, pour tous les Ouvrages qu'il y avoit à faire, dont on donna la Conduite au Sᵗ. d'*Aviler*, Fameux-Architecte : il fit abatre les deux Portes du Peirou, qui étoient dans le Goût de celle de Saint-Guillem ; & à leur place, il en bâtit une seule, en forme d'Arc-de-Triomphe, dont je ne donne-point la Description, par-cequ'elle est connuë de tous Ceux qui ont été à Montpellier. On se servit de la Terre qui formoit le Cavalier qu'on y avoit fait du Tems du Siége, & qui servoit alors d'une Aire à batre le Blé, pour combler les Chemins qui coupoient tout ce Terrein : On y forma une Promenade de cent trente Toises de Longueur sur quarante-deux de Largeur, revêtuë aux endroits nécessaires d'une forte-Muraille, pour soûtenir les Terres, & pour servir de Siége à Ceux qui vont s'y promener.

Manuscrits de Delort & de Serres.

464 HISTOIRE DE LA VILLE DE MONTPELLIER,

1689.
Comme le Lieu est le plus-élevé de tout Montpellier, on y respire pendant l'Eté le Bon-Air de la Montagne, dont on voit une longue-Chaîne à quatre lieuës de distance, & dans l'entredeux une Forêt-d'Oliviers, diversifiée par un grand-nombre de Maisons-de-Campagne: De l'autre côté, la Vûë est terminée par une grande-Etenduë de Mer, où l'on découvre l'Ancienne-Isle de Maguelonne; Et à l'extrémité de la Promenade, on voit des Colines toutes couvertes de Vignes. Ce Lieu a paru le plus-propre pour y placer la Statuë-Equestre que la Province a fait dresser à la Gloire du Roi Loüis-le-Grand: Elle a projeté d'y faire dans cette année 1729. de grands-Embellissemens, dont je laisse la Description à Ceux qui viendront après-moi.

VII. Cependant, la Ligue-d'Ausbourg faisoit ses Efforts contre la France. L'Electeur de Brandebourg entra dans le Palatinat au mois de Juillet, avec une Armée de cent mile Hommes, d'où il projeta le Siége de Strasbourg; mais, ayant changé d'avis, il se rabatit sur *Bonne*, défenduë par le Baron d'Asfeld, & ensuite sur *Mayence*, où commandoit le Marquis d'Uxelles : Ces deux Siéges occupérent les Enemis durant toute cette Campagne, & donnérent une Joye-particuliére à Montpellier, par une Action-glorieuse du Marquis de Castries son Gouverneur. On raconte, que M^r. de Sourdis étant sorti de *Nuys* avec douze cent Chevaux, & le Regiment de Provence Infanterie, suivi d'un Détachement de celui de Castries de vingt-cinq Hommes par Compagnie, il donna dans un Gros de quarante Escadrons Alemands, qui mirent sa Cavalerie en desordre, & vinrent charger nôtre Infanterie, qui avoit à sa Tête le Marquis de Castries: Ce Seigneur ralia son Monde pour gagner un Bois, où il tint si-ferme, que quoique la Compagnie des Grenadiers eût été taillée-en-piéces, les Enemis ne purent jamais le rompre; & la nuit étant venuë, il se retira en très-bon Ordre dans *Nuys*, & de là à *Bonne*. Cette Action (à qui on a donné le Nom de la *Retraite-de-Nuys*) ayant été sçûë du Roi, par les Lettres de M^r. de Sourdis, & de *Bertillac*, Maréchal-de-Camp, porta Sa Majesté à faire une Promotion-unique en faveur du Marquis de Castries, qu'il honora d'un Brevet de Brigadier de ses Armées, dans lequel toute l'Action est détaillée.

Durant ce tems, on ne se ressentoit pas à Montpellier des Troubles de la Guerre : Car, on raporte que *l'Opera* y vint pour la première-fois, & qu'il fit sa Premiére-Représentation le 7e. de Juillet, dans le Jeu-de-Paume du *Pas-Etroit*, où il commença par l'Opera d'*Amadis*, & donna successivement, le Dimanche, Mardi & Jeudi, ceux de *Bellorophon*, *Phaeton*, *Alceste* & autres.

Le premier Septembre, la Duchesse de Noailles & la Comtesse de Guiche sa Fille, arrivérent en cette Ville, pour aller en Roussillon, où le Duc de Noailles commandoit nôtre Armée: Le Canon ne tira qu'après qu'elles furent arrivées chès M^r. l'Intendant, où elles logeoient; Et le lendemain, elles partirent Après-dîné, sans avoir voulu aucune Harangue de la part de Consuls.

Peu de jours-après, M^r. de Broglio & M^r. de Basville, furent obligez d'aller dans les Cévénes, où le Ministre *Vivens*, du Lieu de Valerangue, faisoit des Assemblées-en-Armes, pour exciter, s'il le pouvoit, une Guerre-Intestine dans le Royaume, tandis que nos Armées étoient occupées sur les Frontiéres. Les plus-Coupables furent punis de Mort : la Tête *de Vivens* fut mise à cinq cent Loüis-d'Or; & l'on rasa les Maisons de Ceux qui avoient donné Retraite aux Rebelles, après en avoir donné le Pillage aux Soldats.

Cette année finit par un Dénombrement que nos Consuls firent dans chaque Sixain de la Ville, pour en sçavoir au-juste le Nombre des Habitans. Il se trouva dans celui de *St.-Firmin*, dix-huit cent vingt-trois Personnes : A *Ste.-Foy*, trois mile cinq cent quatre-vingt-quatorze : A *St.-Mathieu*, trois mile cent soixante-dix-sept : A *Ste.-Anne*, trois mile cinq cent cinquante-sept : A *Ste.-Croix*, trois mile sept cent soixante-seize ; Et à *St.-Paul*, cinq mile quatre cent trente-cinq ; Le tout, sans y comprendre les Fauxbourgs, faisant vingt-un mile trois cent quatre-vingt-dix-sept Personnes : Par où l'on reconnut la Diminution-d'Habitans qu'avoit causé la Fuite des Religionnaires, & le grand-nombre de Ceux qui avoient pris Parti dans les Troupes du Roi.

CHAPITRE

CHAPITRE QUINZIÉME.

I. *Evenémens-particuliers.* II. *Heureux-Succès des Armes de la France.* III. *Nouvelle-Crüe à la Cour-des-Aides.* IV. *Inscription de la Promenade du Peirou.* V. *Etablissement de la Bourse des Marchands.* VI. *Arrivée du Prince de Danemark.* VII. *Création des Mairies.*

I. 1690.
Les Troubles des Cévénes donnérent-lieu à la Prise qu'on fit à *St.-Jean-de-Gardonenque*, du nommé Olivier, Jeune-Prédicant, âgé de 18. ans, qui avoit prêché en diverses-Assemblées, bâtisé des Enfans, administré la Céne, & imposé-les-mains pour faire des Ministres : Il fut conduit à Montpellier le 12. Janvier, & condamné le 15. à être pendu.

Le vingt-uniéme du même mois, le Cardinal de Bonzy arriva en cette Ville, à son Retour-de-Rome, où il avoit assisté à l'Election du Cardinal *Ottoboni*, qui prit le Nom d'Alexandre VIII. Cette Eminence séjourna jusqu'au mois de Mars à Montpellier, d'où elle partit le 2. pour se rendre à Narbonne.

Nos Consuls, qui ont coûtume de prendre-Possession de leur Charge le 25. de Mars, qui se rencontroit cette année avec le Samedi-Saint, remirent la Cerémonie au Lundi-d'après-la-*Quasimodo* ; Ensorte (disent nos Annales) que les Consuls de l'année précedente virent deux Semaines-Saintes, & leurs Successeurs n'en virent-point.

Pendant le reste de ce mois, & dans le suivant, il y eut à Montpellier un grand-Passage de Troupes, qui donna-lieu à la Capture d'un Fameux-Chef des Rebelles du Vivarés, qu'on cherchoit depuis long-tems : Cet Homme, nommé *Astier*, vint se brûler (comme l'on dit) à la Chandelle ; car, il eut la hardiesse de venir à Montpellier, & d'aller voir la Revûë du Regiment de *Sault*, que Mr. de Broglio faisoit au Peirou. Un Soldat ayant crû reconnoître à sa Mine, les Traits de son Portrait qu'il avoit vû, le dit à ses Camarades, qui l'arrétérent de concert ; & l'ayant conduit à la Citadelle, où il nia d'abord qui il étoit, il l'avoüa enfin : De sorte que Mr. de Broglio ayant ordonné qu'on le menât à Baix-sur-Baix, où il avoit commencé de soulever le Peuple, il y fut jugé par Mr. de Basville, qui s'y rendit-exprès, & le fit punir le 2. d'Avril, du Suplice qu'il avoit merité.

Toutes ces Entreprises des Nouveaux-Convertis, firent prendre à Montpellier de nouveaux-Soins pour la Sûreté de la Ville : On publia le 5. d'Avril, sous-peine-de Prison & d'Amende, que Personne n'eût à sortir après dix-heures du soir, sans Lumiére ; & l'on fit faire toutes les nuits une Patroüille-exacte par la Garde-Bourgeoise, soûtenuë de quinze Dragons, qu'on prenoit de ceux qui avoient resté dans la Ville. Le même jour, on publia la Convocation de l'Arriére-Ban des Senéchaussées de Nîmes, Montpellier & le Puy, qui ne se rendirent en cette Ville qu'au commencement de Juin, d'où ils partirent, au nombre de soixante Gentilshommes, commandez par le Marquis de *Tourneil*, pour aller joindre à *Castelnaudarry* ceux du Haut-Languedoc, & de là se rendre tous-ensemble à Angoulême, pour y attendre les Ordres de la Cour.

Dans ce même-tems, le Duc de Noailles, qui commandoit nôtre Armée du Roussillon, envoya à Montpellier cent quatre-vingt Espagnols, qu'il avoit pris à St.-Jean-de-Pagez : Les Officiers furent mis dans la Citadelle, & les Soldats dans un Jeu de Paume, où après avoir resté un jour-entier, ils furent conduits à Aiguemortes, & enfermez dans la Tour-de-Constance.

II. Tout le mois de Juillet se passa en Réjoüissance, des Bonnes-Nouvelles qu'on reçut de nos diferentes-Armées de Terre & de Mer. Le 7e. Mr. de Basville apprit, par un Courier dépêché de la Cour, la Victoire-Complette que le Duc de Luxembourg avoit remportée à *Fleurus* sur le Prince de Valdec : Le 16. un autre Courier apporta à Mr. de Broglio, que le Chevalier de Tourville, Vice-Amiral-de

1690.

France, avoit défait dans la Manche, l'Armée-Navale des Anglois & des Hollandois; Le 23. il lui vint un autre Courier, avec la Nouvelle d'un second-Combat, où M^r. de Tourville ayant poursuivi dix-sept Vaisseaux Enemis, les avoit démâtez, & obligé d'échoüer sur la Côte, où ils se brûlérent.

Pour comble de Grands-Evénémens, M^r. de Basville reçut le 2. d'Août, une Lettre de M^r. de Louvois, par laquelle il lui marquoit, que le même-jour que la Bataille-Navale s'étoit donnée, le Prince d'Orange en avoit donné une autre en Irlande, où il avoit été tué avec le Maréchal de Schomberg. Comme le Peuple de Montpellier souffroit beaucoup, des Troubles que les Religionnaires avoient excité depuis l'Invasion du Prince-d'Orange, il ne falut pas le pousser à donner des Marques de sa Joye; il n'est point de Plaisanterie qu'il ne fît sur cette Mort: mais, deux jours-après, on apprit que veritablement le Maréchal de Schomberg avoit été tué, mais que les Blessures du Prince-d'Orange n'étoient pas dangereuses, & qu'il avoit-même défait nos Troupes, qui lui avoient abandonné Dublin.

Cette mauvaise-Nouvelle fut reparée en quelque-sorte, par celle qu'on reçut bien-tôt-après, de la Victoire remportée à Stafarde le 18e. Août, par M^r. de *Catinat*, qui fut suivie de la Prise de *Saluces*, & de plusieurs-autres Villes de Piémont, tandis que M^r. de S^t. Rut, Commandant dans la Savoye, la soûmit toute-entiére au Roi, excepté *Montmelian*.

Le Duc de Noailles, étant sur la fin de sa Campagne, vint à Montpellier le 23e. Octobre, pour y tenir les Etats de la Province, qui y étoient mandez: il y arriva avec onze Compagnies de Dragons du Regiment de *Bruëil*; & ayant reçû les Clez de la Ville, des mains du S^r. *de Maine*, Nouveau-Lieutenant-de-Roi de la Ville, il entra à Cheval par la Porte de la Saunerie, sans vouloir aucune Harangue des Consuls: Il fit l'Ouverture-des-Etats deux jours-après, vingt-cinquiéme Octobre; & le 13e. Novembre, Jour de l'Ouverture-du-Palais, il y assista dans la Premiére-Place, comme Premier-Président-Né, en vertu des Lettres-Patentes qu'il en avoit: L'Intendant de la Province se mit à la Tête du Doyen de la Cour, en Robe-Rouge & Chaperon-Fourré-d'Hermines, comme ceux & autres Officiers; Ce qui ne s'étoit jamais vû, (disent nos Mémoires) parceque Ceux qui l'avoient précédé en cette Charge, n'y avoient assisté qu'en Robe-Noire.

III. Quinze jours-après, la Cour-des-Aides fut obligée d'enregîtrer un Edit, portant Création d'un nouveau-Crésident, de cinq Conseillers, d'un Correcteur, & de deux Auditeurs, pour joüir des mêmes Gages & Honneurs que les Anciens: C'étoit un Effet des divers-Expediens que l'on prit dans le cours de cette Guerre, pour tirer de l'Argent du Général & des Particuliers; mais, on donna une Douceur à la Cour-des-Aides, qui fut d'unir à sa Jurisdiction la Connoissance du Domaine, que l'Intendant exerçoit auparavant avec des Commissaires. A cette Occasion, il fut créé par le même Edit, une Charge de Garde-des-Archives du Domaine, dont le S^r. Carouge prit des Provisions.

1691.

L'Année 1691. fut remarquable par la Prise de trois des plus fortes-Places de l'Europe, comme la précedente l'avoit été par le Gain de trois Sanglantes-Batailles. *Nice* fut la premiére, selon l'Ordre-du-Tems, à laquelle M^r. de *Catinat* s'étoit disposé dès le mois de Mars, par la Prise de Villefranche & autres Lieux-voisins: mais, deux Bombes lui avancérent considerablement la Prise de *Nice*; car, l'une étant tombée sur le Magasin des Poudres, & l'autre sur celui des Bombes & Grenades, elles firent un si grand-Fracas, & causérent tant de Desordre dans la Place, qu'elle ne fut plus en état de faire la longue-Resistance qu'on avoit attendu: Le Roi, de son côté, assiégea en Personne, la Forte-Place de *Mons*, qui se rendit dans le mois d'Avril, après seize jours de Tranchée. Cependant, le Duc de Noailles arriva à Montpellier, pour aller commander dans le Roussillon; & son Passage donna-lieu à bien de Choses qui furent faites en cette Ville pour la Sûreté-Publique; Car, on y desarma tous Ceux qui s'étoient-faits-Catoliques depuis cinq ans: On y publia une nouvelle-Convocation de l'Arriére-Ban: on mit en meilleur-Ordre les Sixains de la Ville, à qui l'on choisit de Bons-Officiers; on en nomma pour *Boutonnet* & *Celleneuve*, qui sont du Consulat de Montpellier, & l'on établit un nouvel-Ordre pour la Garde de la Ville.

Les

Les Consuls qui sortoient de Place, & qui avoient fait achever la Promenade **IV.** du Peirou, en voulurent laisser un Monument à la Postérité, par cette Inscription qu'ils firent graver en Lettre-d'Or, sur un Marbre qu'on voit encore à l'un des Coins de la Promenade du côté de S^t.-Guillem.

ANNO M. DC. LXXXX.

AD CIVIUM DELICIAS, URBISQUE ORNAMENTUM, HOC PUBLICUM OPUS FOELICITER CONFECTUM EST.

REGNANTE LUDOVICO MAGNO.

CONSULIBUS NOBILI VIRO DE CAPON DU BOSC, MAZADE, GERMAIN, CASTEL, DUMAS & TOURLET.

Les Nouveaux-Consuls, de leur côté, firent le Dénombrement accoûtumé des Habitans de la Ville, qui se trouvérent monter pour cette année, à vingt-trois mille quatre cent quatre-vingt-dix-huit Personnes, le Nombre en ayant augmenté de plus de deux mile depuis deux ans, sans qu'on en marque la Raison.

Les Secours-considerables que le Roi avoit tiré des Marchands de Montpellier **V.** dans le cours de cette Guerre, servirent à leur faire obtenir un Edit du mois de Mai, portant Etablissement d'une Bourse-Commune de Marchands, à *l'instar* de celle de Toulouse, avec les mêmes Juridition, Prééminences, Autorité & Priviléges, pour connoître en Premiére-Instance, de tous les Procès mûs & à mouvoir entre les Marchands & Négocians de la Généralité de Montpellier, & dans les Diocéses de *Montpellier*, *Nîmes*, *Uzés*, *Viviers*, *Le Puy*, *Mende*, *Lodéve*, *Agde*, *Beziers*, *Narbonne & St.-Pons* : Cet Edit fut verifié le 16. de Juin à l'Audience du Senéchal de Montpellier, en présence des Consuls-Majeurs de la Ville ; Et en conséquence de cet Edit, on suprima les Consuls-de-Mer, qui avoient regi le Commerce de Montpellier depuis l'Origine de cette Ville, comme je le dirai dans l'Article du Consulat-de-Mer, qui ne sera pas des moins-curieux ni des moins-interessans de cette Histoire.

M^r. le Duc de Noailles ayant fait quinze cent Prisonniers à *la Seu-d'Urgel*, on en conduisit les Officiers dans la Citadelle de Montpellier, qui y entrérent le 25. de Juin ; & dans le mois-suivant, soixante-six Miquelets-Espagnols y ayant été conduits, on les en tira peu de jours-après pour les Galéres de Marseille.

Le Roi fit l'Honneur cette année au S^t. de *Montaigne*, Lieutenant-Principal au Senéchal & Siége-Présidial de cette Ville, de le nommer Professeur en Droit-François, & Conseiller au Conseil-Souverain de Perpignan ; ce qui valut à son Fils la Charge de Lieutenant-Principal, que son Pere lui résigna, en laquelle il fut reçu dans le mois d'Août avec les Honneurs accoûtumez.

Les Taxes que la Nécessité de la Guerre obligea de mettre sur tous les Corps du Royaume, fit aussi qu'on accorda à quelques-uns divers-Priviléges, & des Marques-Honorifiques : Ainsi, les Conseillers au Présidial prirent la Robe-de-Satin ; les Auditeurs & Correcteurs celles de Damas ; & les Conseillers à la Cour-des-Aides, qui, faute d'avoir pris des Grades dans une Université, portoient des Robes-Noires, eurent Permission d'y ajoûter la Fourrure-d'Hermines.

Le Duc de Noailles arriva du Roussillon le 22. Octobre, pour la Tenuë-des-Etats de la Province, dont il fit l'Ouverture le 29. Et sur la fin de cette Assemblée, on apprit qu'après 33. jours de Tranchée-ouverte, M^r. de Catinat s'étoit rendu-maître de la Forte-Place de *Montmelian* ; ce qui ne pouvoit terminer plus-heureusement l'Année.

Dans la suivante 1692. où l'Hiver fut très-rude à Montpellier, on apprit que 1692. le Roi s'étoit mis en Marche dès l'Entrée du Printems vers la Flandre, où il fit le Siége de *Namur*, qui se rendit après huit jours de Tranchée : mais le Tems fut si extraordinaire pour la Saison, que le Roi fut arrêté encore vingt-deux jours devant le Château, dont il vint néanmoins à-bout, malgré l'Armée de cent mile Hommes que le Prince-d'Orange & le Duc de Baviére avoient amené à son secours.

VI. Le 10. du mois de Juillet, à neuf heures du soir, arriva *incognitò* à Montpellier, le Prince-Royal Federic, Fils-Aîné de Christian IV. Roi de Danemark, âgé de vingt & un an : Il alla loger chès la Marquise de Graves, où son Logement étoit preparé ; & le lendemain, il fut visité par M^r. de Broglio, par M^r. l'Intendant, & par toutes les Cours-de-Justice, sans Harangue : Il fut regalé tour-à-tour par M^r. de Broglio & par M^r. de Basville ; Et le 14. de ce mois, il fit l'Honneur au Comte de Courson, d'assister à ses Théses pour la Licence, qu'il prit en l'Université de cette Ville. On marque que le Prince étoit hors-de-Rang, dans un Fauteüil au haut du Parquet, & M^r. de Broglio debout derriére sa Chaise, quoique Son Altesse-Royale lui eût dit deux ou trois-fois, qu'il lui feroit plaisir de s'asseoir ; ce qu'il fit à la fin.

Pendant le Séjour que le Prince fit à Montpellier, il fut Témoin des Réjoüissances que nous fîmes pour la Prise de Namur, & pour le Combat de *Steinkerque*, gagné le 4. d'Août par M^r. de Luxembourg. Son Altesse néanmoins n'eut pas lieu de se loüer du Climat de Montpellier le 30. d'Août ; car, ayant fait preparer sur une Plate-forme couverte de Tentes, un Grand-Soupé pour quelques Dames, il survint un si grand-Orage de Grêle au commencement du Festin, que les Dames effrayées se refugiérent dans une Sale, où on leur apporta tout ce qu'on put ramasser ; mais, elles furent dédommagées par un grand & magnifique-Dessert qui n'avoit-pas encore été servi.

Comme cet Orage dura toute la nuit, & une partie du lendemain, il enfla si-fort nôtre Riviére, qu'elle entraîna les Gerbiers qui étoient dans les Aires, les Chaudrons & les Paniers du Pré de la Laine, & porta au milieu-des-Champs une Barque pleine de Blé, qu'elle y laissa, sans que le Grain eût soufert aucun dommage.

Son Altesse-Royale de Danemark, avant que de quiter Montpellier, voulut diverses-fois se faire-voir au Peirou avec M^r. de Broglio, de qui il avoit eu quelque Mécontentement au Jeu : Elle en partit le 8e. de Septembre, au Bruit de seize Piéces-de-Canon, pour se rendre à Paris par la Route de Toulouse & de Bordeaux. Son Départ fut bientôt suivi de l'Arrivée de Catérine de Portugal, Reine-Doüairiére d'Angleterre, qui avoit à sa Suite plus de cent-cinquante Personnes : Cette Princesse fut logée chès le Président Desplans ; & elle ne tarda-point de se mettre-en-Marche pour le Portugal, où elle se retiroit.

VII. La Ville de Montpellier, sur la Demande de M^r. de Pontchartrain, Contrôleur-Général des Finances, fit cette année un Don au Roi, de soixante mile livres, pour lesquelles elle engagea ses Boucheries pendant dix ans : Mais, comme ce Secours étoit bien-modique pour les Grands-Besoins de l'Etat, on projeta de créer un Maire-Perpetuel, à la Place du Premier-Consul, qui n'étoit en Charge que pendant un an. L'Espérance que cette nouvelle-Charge donnoit à l'Acquereur, de pouvoir gouverner pendant toute sa Vie, fit augmenter considerablement le Prix de la Finance ; Et le Roi ayant ôté toute sorte d'Incompatibilité des autres Charges avec celle-là, pour en faciliter la Vente, *George de Belleval*, Président en la Cour-des-Aides, poussa ses Offres jusqu'à la Somme de quarante mile Ecus, avec les deux sols pour livre ; & la Nouvelle lui étant venüe le 3e. Décembre, qu'il avoit obtenu l'Agrément du Roi pour cette Mairie, il en reçut les Felicitations de tous ses Amis.

CHA-

CHAPITRE SEIZIÈME.

I. *Troubles à l'Établissement de la Mairie.* II. *Union de la Cour de l'Ordinaire au Siége-Présidial.* III. *Campement autour de Montpellier.* IV. *Impôt sur l'Entrée-du-Vin.* V. *Froid-extrême en 1694.* VI. *Nouvel-Hôpital établi pour la Retraite des Pauvres.* VII. *Campagne glorieuse au Maréchal de Noailles.*

1693.

LEs deux premiers-mois de l'année 1693. se passèrent à disposer l'Établissement de la Mairie-Perpetuelle : On fit venir les Provisions du Nouveau-Maire, qui prêta-Serment le 16. du mois de Mars, entre les mains de Mr. de Basville, Intendant de la Province. Mais, comme il est impossible de prévoir tous les Cas qui peuvent arriver dans des Changemens aussi-considerables que celui qu'on venoit de faire, il survint des Incidens qui partagérent toute la Ville.

Par un des Articles de la Création des Mairies, on établit deux Rangs d'Assesseurs, qui devoient aider le Maire dans les Fonctions de sa Charge, & être du Nombre des Conseillers-Politiques : On reçut la Soûmission de six Personnes pour le Premier-Rang, sur la Finance de six mille livres chacun ; & celle de six autres Personnes pour le Second-Rang, à raison de quatre mile liv. chacun, avec les deux sols pour livre : ensorte que par ce moyen il entroit soixante mile Fcus dans les Cofres-du-Roi, tant pour la Création du Maire que pour celle des Assesseurs.

Ceux qui firent leur Offre pour le Premier-Rang, furent Henry de *Ranchin* & Claude *Campan*, Conseillers en la Cour-des-Comptes, Aides & Finances ; Gilbert *Plomet*, Auditeur en la Chambre-des-Comptes ; Hierôme *Loys*, Conseiller au Présidial ; Pierre *Verduron*, Avocat-du-Roi au même Siége, & Charles de *Combas*, Ancien-Capitaine : Les Srs. *Melon*, *Myot*, *Silvecane*, *Fabre*, *Bonnier* & *Hebrard*, Marchands-de-Laine, firent leur Soûmission pour le Second-Rang ; Mais, les uns & les autres furent long-tems à recevoir leurs Provisions.

Dans cet intervale, il falut proceder à l'Election des Consuls ; & pour cet effet, le 26. du mois de Mars, le Nouveau-Maire assembla les Electeurs dans la Grand'-Sale de l'Hôtel-de-Ville, où Henry de *Ranchin* (dit Lizée) fut nommé Premier-Consul, au gré de tout le Monde : Mais, la Scéne changea-étrangement le lendemain ; car, le Premier-Consul ayant reçû la Baguette des mains du Maire à sa Prestation de Serment, & ayant été faire ses Visites-accoûtumées avec la Baguette à la main, on envoya le soir-même la lui demander : ce qui donna-lieu à plusieurs Allées & Venuës à l'Intendance, tant de la part du Maire, que du Premier-Consul, qui crut être obligé de faire signifier ses Protestations par écrit.

Les divers-Expediens que l'on prit pour pacifier les Choses n'ayant pû réussir, Mr. de Basville donna une Ordonnance, qui cassoit l'Election du Premier-Consul & de ses Assesseurs, comme ayant été faite avant qu'ils eussent reçû les Provisions de leurs Charges ; & à leur Place, il nomma les trois premiers Consuls de l'année précedente, afin que la Ville ne demeurât-pas dépourvûë de Magistrats-Politiques pour la Regie des Affaires de la Communauté.

Cette Ordonnance donna-lieu au Premier-Consul-dépossedé, d'aller à Paris, pour se pourvoir au Conseil : mais, à peine y fut-il arrivé, qu'il apprit que le Conseil avoit donné un Arrêt en Confirmation de l'Ordonnance de l'Intendant ; qu'il étoit interdit des Fonctions de sa Charge de Conseiller en la Cour-des-Comptes, Aides & Finances, & qu'il lui étoit ordonné de se rendre incessamment à la Suite du Conseil pour se faire-oüir : Il n'eut-pas le tems d'être entendu ; car, un mois-après, il fut relegué au Château de Saumur, jusqu'à Nouvel-Ordre.

Cet Evenément causa dans Montpellier (où tout le Monde prenoit-Parti dans cette Affaire) la Rumeur qu'il est aisé d'imaginer : Mais, on ne tarda-point de passer du Murmure à la Pitié, par la Mort-inopinée du Nouveau-Maire, qui fut enlevé par un *Miserere*, le troisiéme du mois de Juin, à la quarante-sixiéme année de son âge.

470   HISTOIRE DE LA VILLE DE MONTPELLIER,

1693.
Dans ces entrefaites, on souffrit beaucoup à Montpellier par la Cherté-des-Vivres, à cause d'une grande-Levée de Mariniers, qui fut faite sur nos Côtes pour renforcer nos Armées-Navales: Le Poisson en devint beaucoup-plus-cher; & par une espéce de Contagion, le Prix du Blé, du Vin & de la Viande, augmenta-extraordinairement.

Tous ces Contretems n'empêchérent-point les Habitans de donner de grandes Démonstrations-de-Joye, à l'Occasion du Mariage du Marquis de Castries avec Mademoiselle de Mortemar, Fille au feu Maréchal de Vivonne, qui fut celebré à Paris dans la Maison de S^t. Joseph, par le Cardinal de Bonzy, le 20. du mois de Mai: La Ville & la Citadelle de Montpellier (dont ce Seigneur avoit le Gouvernement) firent à l'envi de Grandes-Réjoüissances; & le Peuple fit sa Fête-particuliére, où il n'oublia-point les Danses-accoûtumées du Chevalet. Ces Fêtes furent suivies quelques-jours-aprés, du *Te Deum* chanté à S^t. Pierre le 24. Juin, pour la Prise d'*Heidelberg* dans le Palatinat, par le Comte de Lorge; & le 12. Juillet, pour celle de *Roze* dans la Catalogne, par le Maréchal de Noailles: Les Feux-de-Joye en furent-faits à la Canourgue, selon l'Usage qui s'en introduisit-alors.

II. Enfin, l'Union de la Cour-Ordinaire de Montpellier avec le Siége-Présidial de cette Ville, fut faite en cette année 1693. Le S^r. Pierre Eustache, Juge-Mage, ayant resté deux ans à Paris pour soliciter cette Affaire, revint avec un Arrêt du Conseil, qui ordonnoit cette Union; Mais, la Difficulté d'indemniser les Officiers de la Cour-Ordinaire qui devoient être suprimez, fit sursoir assés-long-tems à l'Execution de l'Arrêt. Aprés plusieurs Projets-inutiles, on prit le Parti d'indemniser en Argent, le Lieutenant-du-Juge, & le Procureur-du-Roi de l'Ordinaire, selon la Liquidation qui en seroit faite par M^r. de Basville; Et quant à *Henry Casseirol*, qui en étoit Juge, on trouva le moyen de le recompenser en la Personne de son Fils, à qui le Présidial donna la Charge de Juge-Criminel, que cette Compagnie acheta-exprés de *Charles de Perdrix*, qui la quitoit pour passer à celle de Président en la Cour-des-Comptes, Aides & Finances: Par ce moyen, la Juridiction de l'Ordinaire, aprés avoir duré cent quarante ans, depuis son Etablissement par Henry II. demeura suprimée, & unie à celle du Présidial, où Jean-Henry Casseirol fut installé Juge-Criminel le 8. d'Août, aprés avoir fait son Entrée-publique de la maniére que je l'ai décrite en pareille occasion.

III. Dans ce même-mois, on eut à Montpellier un Spectacle qu'on marque n'y avoir point été vû depuis le Siége de 1622. Les Enemis de la France ayant attaqué Pignerol en Italie, le Roi donna-Ordre à son Armée de Catalogne, d'envoyer un Détachement au secours de cette Place: L'Infanterie fut embarquée, pour faire plus de Diligence; & la Cavalerie s'avança par-Terre à grandes-Journées, au nombre de deux mile cinq cens Hommes, qui arrivérent à Montpellier le 20. d'Août. Comme il étoit à craindre que le Peuple ne fût extraordinairement-foulé de leur Logement, & même qu'ils ne portassent quelque Maladie dans la Ville, ce qui n'étoit que trop-souvent arrivé, on prit le Parti de les faire camper auprés de la Riviére, entre le Moulin de l'*Evêque* & celui de *Semalens:* Chaque Habitant eut Ordre, par un Cri-public, de fournir un Fagot-de-Bois du poids d'un Quintal, tant pour faire boüillir la Marmite du Soldat, que pour faire des Piquets pour former le Camp, pour dresser les Tentes & attacher les Chevaux. Le Camp fut formé sur deux Lignes, dont les Regimens de Cavalerie occupoient celle qui touchoit au Moulin de l'Evêque, & les Dragons celle du Moulin de Semalens, un Grand-Chemin entredeux: Les Etapiers leur ayant fourni tout le Bois, Foin, Paille, Avoine, Pain, Vin & Viande qu'il leur faloit, ce fut un Objet-nouveau & bien-agréable, de voir toutes ces Tentes dressées au Cordeau, & les Chevaux rangez de même, avec les Feux-allumez d'espace-en-espace; ce que bien-peu d'Hommes-vivans pouvoient se souvenir d'avoir vû autour de Montpellier. Le lendemain ils partirent pour aller coucher à Nîmes, où ils devoient séjourner sans s'arrêter à Lunel.

Le Maréchal de Catinat, qui commandoit en Italie, profita si-bien de ce Renfort, qu'il obligea le Duc de Savoye de lever précipitamment le Siége de Pignerol, & que l'ayant attaqué à la *Marsaille* le 3e. d'Octobre, il remporta une Victoitoire-signalée, qui fut celebrée à Montpellier dans le même-mois, avec les mêmes Solennitez qu'on avoit fait sur la fin d'Août pour la Bataille de *Nervinde*, gagnée dans le Brabant par le Maréchal de Luxembourg.

Sur la fin d'Octobre, le Maréchal de Noailles, qui commandoit en Catalogne, vint à Montpellier, d'où il partit au Bruit des Canons de la Citadelle, pour se rendre en diligence à la Cour. Dans ce même-tems, on instala dans la Charge de Maire, *Gaspard de Belleval*, à qui le Roi venoit d'accorder Dispense-d'âge pour pouvoir occuper la Place de son Pere, avec tous les Droits-Honorifiques qui y étoient attachez, comme d'assister aux *Te Deum*, Feux-de-Joye, Processions & Assemblées-des-Etats de la Province; mais, Sa Majesté vouloit qu'il attendit l'âge de vingt-cinq ans accomplis, pour pouvoir présider aux Assemblées-de-Ville, sans autoriser aucunes Déliberations, ni signer aucun Mandement.

IV. Les grands-Efforts que la France étoit alors obligée de faire, donnérent-lieu à un Impôt sur le Vin, qui a duré depuis, quoiqu'il n'eût été établi que pour un tems: Voici le Fait. Le Roi ayant donné un Edit, par lequel tous les Proprietaires des Maisons relevant de sa Directe, payeroient un Droit-de-Lods-anticipé, sur le pié de dix un, Mr. de Basville, à la Priére des Proprietaires, écrivit à Mr. le Contrôleur-Général, qui se laissa toucher à la Misére du Peuple, & fit abonner ce Droit-de-Lods à la somme de deux cent vingt-six mile livres; moyennant-quoi, les Acheteurs desdites Maisons seroient affranchis du Droit-de-Lods. Lorsqu'il fut question de payer cette Somme, on ne trouva d'autre Expedient que de la faire emprunter à la Ville, à laquelle il fut permis d'imposer pendant vingt ans; quatre livres sur chaque Muid de Vin-Etranger qui entreroit dans Montpellier, vingt sols sur chaque Muid du Terroir, & quarante sur celui qui n'en seroit-pas: Outre cette Faculté, le Roi transmit son Droit-de-Lods à la Ville, à laquelle chaque Acheteur de Maison relevant de la Directe du Roi, payeroit à l'avenir comme il auroit dû payer au Fermier du Domaine. De cette maniére, les Acheteurs ne furent-point déchargez du Droit-de-Lods; ils payérent même leur Portion des Sommes-empruntées, avec le Droit-d'Entrée de leur Vin, qui subsista toûjours, par la facilité qu'il y a de continuer une Chose déja établie.

Ce Traité, qui étoit avantageux à quelques-Particuliers, aiguisa la Cupidité de plusieurs-autres, qui firent de grands-Amas de Blé pour en augmenter le Prix; Ils firent si-bien que nous fûmes menacez d'une Disette-prochaine; Pour à quoi remedier, on obtint un Arrêt du Conseil, qui défendoit le Transport des Grains, & ordonnoit une Vérification de ceux qu'on trouveroit chès les Particuliers, afin que tout ce qui seroit au-delà de leur Besoin fût employé à celui du Public, en bien-payant: Sur cet Ordre, il fut fait une Vérification dans toute la Province; Mais, les Précautions que l'on prit, n'empéchérent-point la Disette qui survint dans l'année-suivante.

Cependant, on fut réjoüi à Montpellier, par l'heureuse-Arrivée du Marquis de Castries, qui revint de l'Armée le 1r. Novembre, & qui fut accüeilli à la Porte de la Ville par les Consuls, & par tout le Peuple, qui se mit en Fête à son occasion. Quelques-jours-après, on fit des Réjoüissances-publiques pour la Prise de Charleroy, par l'Armée du Maréchal de Luxembourg: mais, on étoit à la Veille d'une Saison des plus-rigoureuses qu'on eût eu de Mémoire-d'Homme; car, dès V. la fin de Novembre, il y eut des Gelées-frequentes, & un Vent-de-Bise insuportable, qui continüa jusqu'au 22. de Janvier 1694.

Alors, il tomba une quantité-prodigieuse de Nége, qui se conserva sans se fondre, tant à la Ville qu'à la Campagne, jusqu'au 15. de Février: La Misére devint si-grande, qu'elle fit périr un grand-nombre de Pauvres dans toute la Province; ensorte que le Parlement de Toulouse, à la Requisition du Procureur-Général, donna un Arrêt, contenant plusieurs Articles pour leur Subsistance. Mr. l'Intendant ayant reçu cet Arrêt, manda tous les Sindics des Corps & Métiers, & tous les Particuliers qui ne tenoient à aucun Corps, dont on avoit fait un Regitre Île-par-Île, afin que chacun offrît-volontairement ce qu'il voudroit donner, pour faire subsister les Pauvres de la Ville pendant quatre mois, & pour établir en faveur des Etrangers un second Hôpital-Général, où ils seroient reçûs & nour-

1693.

1694.

ris pendant ce tems : Chacun offrit selon ses Pouvoirs ; Et les Cours-de-Justice se taxérent elles-mêmes : la Cour-des-Aides à mile Ecus, & les autres à proportion.

VI. Avec ce Secours, on établit un Hôpital dans le Cimetiére dit des Huguenots, où tous les Pauvres-Etrangers, qui décendoient en-foule de la Montagne, avoient le Couvert & la Nourriture. Douze Dames de la Miséricorde, assistées de douze Jeunes-Demoiselles, leur administroient les Vivres, & quelques-autres-Femmes les soulageoient dans les plus-basses-Fonctions ; Trois Prêtres s'offrirent pour leur Instruction-Spirituelle, & pour leur faire le Catéchisme : Mais, avec tout ce Bon-Ordre, on éprouva que l'Habitude & le Libertinage faisoient gueuser la plûpart des Pauvres : car, un grand-nombre de Ceux qui y étoient, demandérent d'en sortir ; & ils aimerent-mieux mendier-leur-Vie, que de la trouver toute-prête dans un Lieu renfermé : Les plus-Robustes furent envoyez à la Citadelle, où ils s'enrolérent ; & quelques-autres congediez, avec Défense, sous-peine du Carcan, de mettre le pied dans la Ville. Ceux qui restérent se laissérent enfin gagner à la Malpropreté ; ensorte, que la Maladie se mit parmi-eux, dont quelques-unes des Dames qui les servoient furent les Victimes : On fut enfin obligé de leur donner la Clé-des-Champs, qu'ils demandoient avec instance ; Mais, comme ils n'osoient entrer dans la Ville, dont les Portes étoient gardées par des Habitans & par des Soldats tour-à-tour, ils s'attroupoient à la Promenade du Peirou, où des Personnes-Charitables alloient encore les faire ranger-en-haye & leur distribuer des Vivres.

Ce Mauvais-Tems dura jusqu'au mois de Mai, où le Bon-Dieu, touché de nos Malheurs, envoya une Pluye si abondante, & des Rosées si frequentes, que la Terre reprit une nouvelle-Face : les Blez reverdirent, au lieu qu'auparavant ils étoient Jaunes ; les Oliviers se dépoüillérent de leurs Feüilles toutes-seches, & en jetérent de nouvelles ; & les Vignes qui avoient pû échaper au Froid, poussérent des Pampres & des Raisins, qui promettoient une Heureuse-Recolte : Sur cette Esperance, quasi certaine, les Usuriers ouvrirent leurs Greniers ; & les Pauvres, qui esperoient trouver quelque chose à la Campagne, se dispersérent : ensorte qu'au commencement de Juin, les Choses revinrent dans leur premier-état.

Au milieu de tous ces Malheurs, M. le Cardinal de Bonzy, qui étoit à Montpellier, fit de grandes-Largesses au Peuple, particuliérement dans le mois de Février, où l'on apprit la Naissance de son Petit-Neveu, dont la Marquise de Castries s'étoit accouchée à Paris. Dans les mois-suivans, on fut distrait à Montpellier par un grand-Passage de Troupes, dont les unes prenoient le Chemin de Provence, où l'on équipoit une Armée-Navale, les autres marchoient vers la Catalogne, où le Bruit couroit qu'on assembloit quarante mile Hommes : Peu de jours-après, on vit passer les Generaux qui devoient commander ces deux Armées ; sçavoir, le Maréchal de Tourville, qui arriva le 25. Avril à Montpellier pour se rendre à Toulon, & le Maréchal de Noailles, qui alloit en Catalogne.

VII. Il partit de Montpellier le deuxiéme de Mai ; Et l'on apprit bientôt, qu'il avoit passé le Ter à la vûë des Espagnols, retranchez sur les Bords, & qu'il avoit défait leur Armée le 27e. de Mai. On vit ensuite arriver cent-cinquante Officiers, de ceux qu'il avoit-faits-Prisonniers en cette Occasion, parmi lesquels étoit le General de la Cavalerie-Espagnole, qui eut la Ville pour Prison, & tous les autres la Citadelle : Ils en furent bientôt retirez, par l'Arrivée d'environ cinq cent Soldats Prisonniers-de-Guerre, qu'on y conduisit encore ; & le 25. de Juin, Jour de St.-Jean-Bâtiste, on chanta le *Te Deum* à Montpellier pour cette Victoire, & pour la Prise de la Ville & Château de *Palamos*, qui en fut le premier-Fruit. *Gironne* & *Ostalric* se rendirent dans le mois-suivant ; ce qui donna-lieu à des nouvelles-Réjoüissances à Montpellier, où l'on ne fut occupé depuis le Passage du Maréchal de Noailles, que des Avantages qu'il avoit remporté sur nos Enemis.

CHAPITRE

CHAPITRE DIX-SEPTIÉME.

I. *Evenémens-particuliers.* II. *Foire du Pont-Juvenal.* III. *Mort du Comte du Bourg.* IV. *Inondation-extraordinaire.* V. *Etablissement des Casernes.* VI. *Capitation.* VII. *Passage du Duc de Vendôme, & du Surintendant de la Marine.* VIII. *Etats à Montpellier.* IX. *Entrée du Marquis de Castries en cette Ville.* X. *Naissance du Prince de Dombes.*

L'ABONDANCE que la Recolte de 1694. avoit produit, fit passer le reste I. de cette année dans des Occupations plus-gracieuses que n'en avoient été les Commencemens. On fit à Montpellier le 29. Août, le Sacre du Premier-Evêque d'Alais (François Chevalier de Saux) dans l'Eglise de la Visitation, où le Cardinal de Bonzy fit la Cerémonie, assisté des Evêques d'Uzés (*a*) & de Lodéve; (*b*) Tout ce qu'il y avoit de plus-Remarquable dans la Ville, de l'un & de l'autre Sexe, y assista : Et le cinquiéme de Septembre, Charles de Pradel, Evêque de Montpellier, assisté des Evêques de Lodéve & d'Alais, en Camail & Rochet, fit la Benediction de Dame Marie-Térése-Elizabet d'*Amboise de Toiras*, nommée par le Roi à l'Abbaye de *Nonenque* dans le Roüergue. Cette Dame, qui étoit Religieuse de l'Abbaye du Vignogoul-lez-Montpellier, eut pour Assistantes, Tifaine-Françoise de *Nogaret de Calvisson* son Abbesse, & Loüise-Térése de *Lacroix de Castries*, Abbesse de St. Geniés : La Cerémonie en fut faite dans l'Eglise des Augustins, en présence de Mr. & Madame de Broglio, de Mr. & Madame de Basville, & de tout ce qu'il y avoit de plus-Apparent dans Montpellier.

Le second de Novembre, on tint la première-Foire du Pont-Juvenal, qui avoit II. été accordée ci-devant par Lettres-Patentes au Président Solas, en faveur du Canal qu'il avoit entrepris sur la Riviére du Lez. La Marquise de Graves sa Fille & son Héritiére, voyant ce Travail-achevé, voulut profiter de la Grace qui lui avoit été accordée; & ayant disposé toutes-choses pour le 2. Novembre, Jour marqué pour tenir la Foire, elle la fit publier le matin avec les Formalitez-accoûtumées, & en fit faire l'Ouvertúre par une Procession, durant les trois-jours de la Foire : Elle donna des Prix pour être gagnez à la Course; ce qui attira un Concours-incroyable de Peuple de l'un & de l'autre Sexe, tant de la Ville que de la Campagne; Et dans le reste du tems que la Foire dura, elle fut honorée de la Présence de M. le Cardinal de Bonzy, & de quantité de Personnes-de-Qualité.

Les Disputes qu'il y avoit eu au sujet de la Baguette-Consulaire, furent terminées peu de tems-aprés par un Arrêt du Conseil, portant Union de la Charge de Viguier à celle de Maire, avec Faculté audit Maire, en Qualité de Viguier, d'avoir Rang & Séance devant le Doyen du Présidial, & de se faire accompagner par la Suite-Consulaire, toutes les fois qu'il iroit au Palais, où le Sr. Gaspard de Belleval fit enregîtrer cét Arrêt.

Sur la fin de cette année, il arriva à Montpellier un Evenément bien-funeste III. au Comte du Bourg, qui y commandoit dans l'absence de Mr. de Broglio. Ce Seigneur ayant appris que le Comte du Roure, l'un des Lieutenans-Genéraux pour le Roi en cette Province, & qui étoit de Tour cette année pour tenir les Etats à Narbonne, devoit passer par Montpellier, défendit au Lieutenant-de-Roi de la Citadelle, de faire tirer le Canon à son Arrivée; Ce qui n'empêcha point Mr. du Roure d'entrer dans la Ville, avec douze de ses Gardes le Sabre-à-la-main, & précedez de deux Trompettes-Sonnantes : Il alla loger chés le Président d'Arénes, où l'on mit ses Armoiries sur la Porte, avec des Festons-de-Laurier, selon l'Usage. La Chose ayant été raportée à Mr. du Bourg, il envoya prier le Comte du Roure,

(*a*) Michel Poncet de la Riviére.
(*b*) Jacques-Antoine Phelypeaux.

474   *Histoire de la Ville de Montpellier,*

1694.

de faire sortir ses Gardes de la Ville, & de faire ôter les Armoiries du dessus de sa Porte. Le Comte du Roure mit si bon-Ordre à la Sûreté de ses Gardes, qu'ils ne purent être rencontrez par deux Compagnies de la Citadelle qui furent envoyées pour les chercher; Mais, quant aux Armoiries, il répondit qu'il alloit partir, & qu'après son Départ on les ôteroit : Ce Départ ayant été retardé de quelques-heures, le Comte du Bourg voulut aller voir lui-même, si les Armoiries étoient encore en place ; & les y ayant apperçûës, il manda une Compagnie de Soldats de la Citadelle, qui les arrachérent, & les percérent de plusieurs-coups.

La Chose ne put être faite sans une grande-Emotion de part & d'autre. M^r. du Roure partit sur-le-champ dans une étrange-Colére, après avoir dépêché un Homme en Cour pour en informer le Roi. M^r. du Bourg, de son côté, prit la même-Précaution : mais, les Mouvemens qu'il s'étoit donnez, firent rouvrir une Blessure qu'il avoit reçû au Passage du Ter ; ce qui lui causa la mort le 29e. Novembre, dans la Maison du Président Mariotte, où il logeoit, & d'où il fut porté aux Capucins, selon sa derniére-Disposition. On marque, qu'avant mourir il chargea le S^r. *Pignon*, Curé de Nôtre-Dame des Tables, de dire au Comte du Roure, qu'il mouroit son Serviteur ; & que tout ce qu'il avoit fait, n'étoit par aucune Animosité contre-lui, mais seulement pour soûtenir les Droits de sa Charge, afin de ne pas porter préjudice à Ceux qui lui succéderoient.

Ce Malheur-particulier fut suivi d'une Disette-Générale de Bois & de Charbon, qui provenoit de l'Avarice des Propriétaires des Bois, qui vouloient en augmenter-extraordinairement le Prix : Nos Consuls firent de beaux-Reglemens sur cela ; Mais, rien ne fut plus-efficace qu'une Ordonnance de M^r. de Basville, qui enjoignoit aux Païsans, sous-peine de Garnison à pure-perte, d'apporter à leur-ordinaire le Bois & le Charbon. Dans ce même-tems, & sur la fin de l'année, il y eut de si grands-Orages de Pluye, que nôtre Riviére du Lez déborda-extraordinairement comme quantité-d'autres ; ce qui fit grossir la Mer à tel-point, qu'elle couvroit toute la Plage qui sépare la Mer & l'Etang, depuis Agde jusqu'à Aiguemortes : Les Champs & les Vignes des Environs en furent inondez, quelques-Maisons renversées, les Arbres déracinez, & le Bétail noyé avec Ceux qui le gardoient.

IV.

1695.

Ainsi finit l'année 1694. qui n'annonçoit-pas un Commencement plus-heureux pour la suivante ; Car, dès le 3. de Janvier, on eut dans Montpellier plus d'un Pié de Nége, qui y séjourna très-long-tems : & quoique durant le jour il y fît de Beaux-Soleils, selon l'Ordinaire du Pais, le Froid étoit si cuisant pendant la nuit, que la Nége duroit encore le 25. du même-mois, où il en survint une plus-grande quantité du double : On l'amoncela dans les Coins-des-Ruës, pour y tracer quelques-Voyes ; Mais, les Vents-furieux & glaçans qui s'élevérent dans le mois de Février, la durcirent davantage ; & ce ne fut qu'au commencement de Mars, qu'on put marcher en sûreté dans les Ruës, après que les Chefs-de-Police eurent pris soin de la faire-rompre, & la faire transporter hors la Ville avec des Tombereaux.

V.

Pendant cette Rude-Saison, les Etats de la Province, assemblez à Narbonne, prirent une Resolution qui fut parfaitement-bien accüeillie à Montpellier ; Ce fut de bâtir des Casernes dans tous les Lieux de la Province où l'Etape étoit établie. La Nouvelle s'en étant répandüe dans Montpellier, tous les Consuls des Arts & Métiers, avec les Bourgeois & Marchands, allérent prier leur Evêque, d'en faire la Proposition à l'Assiette du Diocése, & de vouloir-bien les aider de son Credit & de sa Protection : Il leur promit ses Services ; & même, qu'il feroit ensorte que le Diocése y contribüât ; Mais, il ajoûta qu'il faloit que chacun s'executât lui-même, & qu'il en confereroit avec M^r. de Basville. A peine furent-ils de retour chès-eux, que leurs Femmes, au nombre de deux ou trois cent, vinrent lui faire les mêmes Instances : Ce qui fut renouvellé à M^r. l'Intendant, qui, après plusieurs-Dificultez formées-à-dessein, promit de donner-les-mains, pourveu qu'on lui assûrât les Fonds-nécessaires ; A quoi les Marchands ayant répondu, qu'il ne devoit-pas en être en peine, il fut arrêté qu'on agiteroit la Question dans un Conseil-Général, où tous les Consuls des Arts & Métiers, les Bourgeois & les Marchands feroient leurs Offres dans le mois de Mars : Ils y trouvérent une étrange-Opposition de la part de quatre ou cinq Personnes, qui, étant exemtes par leurs Charges du Logement des Gens-de-Guerre, firent leur possible pour faire échoüer l'Affaire, sur le Prétexte que les Offres étoient insufisantes.

Les plus-Sages de l'Assemblée conclurrent, qu'avant toutes-choses, il faloit faire un Plan, un Dévis, recevoir les Moindites, & bailler le Prix-fait à Celui qui en feroit la Condition-meilleure ; Ce qui ayant été suivi du plus-grand-nombre, on nomma des Commissaires pour examiner-mieux la Chose, pour recevoir les Offres des Corps qui n'en avoient pas fait encore, & pour augmenter celles qu'on avoit déja reçûës : Cette derniére Resolution fit retarder jusqu'à la fin de Novembre, l'Execution du Projet.

VI. Cependant, le Roi, pour subvenir aux grands-Fraix de la Guerre qu'il avoit sur-les-bras, avoit déja établi par Edit du 18. Janvier, une Capitation-Générale, dont les Princes-même ne furent point exemts. La Taxe en fut faite à Montpellier dans le mois de Mars, par l'Etat & Vacation d'un-chacun, sans entrer dans ses Facultez : Ce qui fit que le plus-Pauvre d'une même Profession, fut taxé comme le plus-Riche ; & que Ceux qui tenoient à deux Etats-diferens, furent taxez sur le Pié du Moindre, selon le Credit qu'ils se trouvérent avoir.

Les Néges qu'on avoit eu dans les premiers-mois de cette année, revinrent dans le mois d'Avril ; ce qu'on n'avoit jamais vû à Montpellier : & les Vents de la Montagne, qui souflérent avec-force depuis le 8. jusqu'au 12. y causérent un Froid-extrême, qui ne put être adouci que par une grosse-Pluye, qui fondit la Nége, & rendit le Beau-tems pour tout le mois de Mai.

VII. Sur la Mi-Juin, le Duc de Vendôme vint à Montpellier, pour aller commander nôtre Armée en Catalogne. On marque qu'il ne voulut-point entrer dans la Ville ; mais, qu'il s'arrêta au Jardin de Sartre à la Porte de Lates, où il fut regalé d'une superbe-Colation, & accüeilli par Mrs. de Broglio, de Basville, de Bon Premier-Président, & autres Personnes-de-Qualité : On ajoute que le Cardinal de Bonzy alla aux Carmes-Déchaussez pour se trouver à son Passage.

Le Dimanche dix Juillet, Mr. de Pontchartrain, Surintendant de la Marine, & Fils du Contrôleur-Général, arriva en cette Ville, où il séjourna quelques-jours : Il alla decendre chès le Cardinal de Bonzy, & logea à l'Intendance ; Il fut regalé tour-à-tour par son Eminence, par Mrs. de Broglio & de Basville, par M. l'Evêque à la Verune, & par le Premier-Président : Avant partir de Montpellier, il voulut-voir la Citadelle, où il fut reçû au Bruit de toute l'Artillerie ; & le cinquiéme-jour, il alla visiter, avec le Commandant & l'Intendant de la Province, le Port de Cette, & celui d'Agde.

On eut dans le mois d'Août, un Débordement du Merdanson, pareil à celui qui est décrit dans les Mémoires de Bassompierre : Il fut causé par une Pluye-extraordinaire, qui dura le 27. le 28. & le 29. Les Eaux de cette petite-Riviére grossirent si-fort, qu'elles abatirent les Parapets du Pont de la Porte de la Blanquerie, & renversérent toutes les Murailles des Jardins qui sont depuis l'Hôpital-Général jusqu'au Clos-des-Augustins, où elles emportérent les Meubles & les Provisions de leur Jardinier.

VIII. Dans le mois d'Octobre, le Comte de Peyre se fit recevoir à la Cour-des-Aides, en la Charge de Lieutenant-Général de la Province qu'avoit eu le Marquis de Montanegre, dont il avoit été pourvû par le Roi depuis quelques-années : Il parut en cette Qualité aux Etats de la Province, tenus cette année à Montpellier, où l'on fut occupé quelques-jours de la Mort du Chevalier de Beauvoir, Parent du Comte du Roure, & Député par lui pour la Baronie de Barjac ; Il Mourut le 12. de Novembre, & le même-jour que le Sr. Danty, Maire & Juge-Mage de Carcassonne, qui entroit aussi aux Etats : Leurs Corps furent portez dans l'Eglise Nôtre-Dame, & Déposez, l'un dans la Chapelle de St. Roch, & l'autre dans celle de la Miséricorde. On commença le lendemain par le Convoi du Chevalier de Beauvoir, (où les Evêques & les Barons ne se trouvérent-pas :) on fit le tour de l'Eglise en-dedans & en-dehors, le Drap-Mortuaire porté par quatre Députez de la Noblesse, suivis des Grands-Vicaires des Evêques, des Officiers de la Province, & des autres Députez ; il fut enseveli au bout du Banc du Présidial : & cette Cérémonie

1695. étant achevée, on fit le Convoi de Mr. Danty, où l'on ne mit d'autre diference que de faire porter le Drap par quatre Maires. Le 17. de ce mois, toute l'Assemblée-des-Etats assista au Service qui fut fait dans la même Eglise pour le Chevalier de Beauvoir ; & le lendemain, à celui qu'on fit pour le Maire de Carcassonne ; le tout aux dépens de la Province.

IX. Peu de jours-après, on eut le plaisir à Montpellier, d'y voir arriver Mr. & Madame la Marquise de Castries, qui y firent leur Entrée le 25. de Novembre. Comme ce Seigneur étoit Senéchal & Gouverneur de la Ville & Citadelle, tout concourut à rendre l'Entrée plus-brillante : Les Procureurs montérent-à-cheval, pour aller les complimenter à l'Abbaye de St. Geniés : la Noblesse & les Bourgeois furent les attendre aux *Arenasses*, où ils mirent pied-à-terre pour les saluer ; & étant remontez-à-cheval, ils marchérent vers la Ville en cet Ordre. Les Jeunes-Bourgeois, précedez de leur Guidon, d'un Timbalier & d'un Trompette, ouvroient la Marche ; Suivoit quantité de Noblesse, immédiatement avant le Carrosse du Cardinal de Bonzy, qui étoit dedans avec la Marquise de Castries Doüairière sa sœur, & quelques Evêques & autres Personnes-de-Qualité : Venoit ensuite le Carrosse du Marquis & de la Marquise de Castries son Epouse, qui avoient aussi des Evêques & des Gentilshommes avec eux : Ils étoient suivis d'une cinquantaine de Carrosses ou Calèches, remplis de Personnes-de-Qualité & d'Officiers-de-Justice, qui étoient venus à leur Rencontre ; Et le tout étoit terminé par les Bourgeois & Marchands Mariez à Cheval, précedez de leur Trompette.

Tout ce Cortége passa le-long des Recolets, & devant l'Hôpital-Général, pour se rendre au Peirou, où son Eminence, voulant faire-voir la Beauté de la Promenade aux Jeunes-Mariez, fit passer tous les Carrosses d'un bout-à-l'autre, pour décendre vers la Portalière, & gagner ensuite le Cours, où la Jeunesse, qui s'y étoit-renduë par un autre Chemin, les attendoit, rangée-en-haye sur une même-Ligne : Elle défila vers la Porte de la Saunerie, d'où l'on entendit, pour la seconde-fois, une Décharge-générale des Canons de la Citadelle. Alors deux Filles, qui étoient en Chaise-à-Porteurs, l'une en Amazone, & l'autre en Boemiène, sortirent de leur Chaise à l'Approche du second-Carrosse, & presentérent un Bouquet des plus-belles-Fleurs de la Saison, à la Jeune-Marquise de Castries & à son Epoux : Ils trouvérent sur la Porte de la Ville, les Consuls en Robe-Rouge pour les haranguer ; Après-quoi, le Lieutenant-de-Roi, suivi de l'Etat-Major de la Ville, & des Commandans & autres Officiers-des-Quartiers, leur présenta les Clez de la Ville dans un Sac de Velours-Bleu.

Toute la Cavalcade passa au-travers des Sixains, rangez-en-haye de chaque-côté des Ruës de la Saunerie, du Cigne, & de la Friperic-vieille, où logeoit le Cardinal de Bonzy : On y mit pied-à-terre ; & toute la nuit s'y passa en Grande-Réjoüissance. Le Peuple, durant-trois-jours, continüa ses Fêtes ; pendant lesquelles le Nouveau-Maire usa, pour la première-fois, des Droits qui lui étoient accordez depuis l'année-précedente, en se faisant instaler au Senéchal en la Charge de Conseiller-Honoraire, le 16e. de Novembre : il assista ce jour-là à l'Audience, en Manteau-Noir doublé de Velours-Bleu, & la Baguette de Viguier à la main.

Le Reste de cette année fut si pluvieux à Montpellier, qu'il n'y eut pas dix jours où l'on vît paroître le Soleil ; ce qu'aucun Homme-vivant (ajoûtent mes Mémoires) n'avoit vû arriver : Mais, ce qu'il y eut de plus-singulier, c'est qu'à dix ou douze lieuës de cette Ville, on faisoit des Processions pour la Pluye, tandis qu'on prioit à Montpellier pour le Beau-tems.

X. Ces Contretems n'empêchérent-point qu'on n'y fit des Réjoüissances-publiques pour la Naissance du Prince de Dombes, Fils-Aîné de Mr. le Duc du Maine, Gouverneur de la Province, dont on apprit la Nouvelle sur la fin du mois de Novembre. La Ville fit sa Fête-particulière le 4. Décembre, & les Etats le 17. où l'on marque qu'il survint une Dispute entre les Commissaires-du-Roi & les Seigneurs-des-Etats, pour sçavoir qui allumeroit le Feu-de-Joye : Les premiers disoient, qu'ils représentoient la Personne-du-Roi en celle de Mr. le Comte de Peyre ; & les autres au-contraire, que ce Feu ne se faisant-point par Ordre-du-Roi, mais par un pur Zéle de la Province, c'étoit à eux à l'allumer. Pour éluder la Dificulté, il fut resolu qu'il n'y auroit-point de Bucher, mais seulement un Dragon-Volant qui mettroit-feu à l'Artifice; Ce qui fut executé.

1695.

CHAPITRE DIX-HUITIÉME.

I. Projet pour la Statuë-Equestre du Roi. II. Evenémens-particuliers. III. Les Consuls rétablis dans la Seigneurie de Combes, qui leur étoit disputée. IV. Mort de l'Evéque Pradel. V. Paix avec la Savoye. VI. Prince de Danemarx à Montpellier. VII. Arrivée d'une Pélerine fort-Remarquable. VIII. Diferens-Evenémens. IX. Paix-de-Risvix.

L'ANNÉE 1696. est mémorable à Montpellier, par les Mouvemens qu'on se donna pour placer la Statuë du Roi Loüis XIV. que la Province avoit délibéré de faire ériger à son Honneur: La Resolution en avoit été prise en 1686; & sur les Contestations qu'il y eut alors dans l'Assemblée, pour déterminer en quelle des deux Villes de Toulouse ou de Montpellier elle seroit placée, le Roi eut la Bonté de décider en faveur de Montpellier. Après cette Décision, l'Assemblée délibera que la Province payeroit la Statuë, & que la Ville de Montpellier feroit faire la Place où on devroit la mettre: L'Execution en fut sursise jusqu'en 1696. où l'on fit à Montpellier de nouveaux-Projets sur le Lieu où l'on devoit la placer, chacun faisant de son-mieux pour être honoré d'un si Auguste-Voisinage; Enfin, après-bien de Discussions, on convint que l'Endroit le plus-convenable étoit la Place de la Canourgue, & qu'on y feroit abatre quatre ou cinq Maisons-détachées qui retrecissoient beaucoup la Longueur de cette Place. Sur cette Resolution, M^r. l'Intendant donna son Ordonnance du mois de Janvier, portant que ces Maisons seroient estimées par deux Experts pris-d'office, l'un par la Ville, & l'autre par les Proprietaires: L'Evaluation en ayant été faite à la somme de vingt-neuf mile livres, il fut ordonné que les Proprietaires vuideroient dans deux mois; & que les Matériaux seroient pris par les Entrepreneurs des Casernes, pour la somme de huit mile cinq cent livres, en tant-moins de leur Prix-fait; & qu'ils en feroient la Démolition & le Transport à-leurs-dépens. Ces Conditions, très-avantageuses pour la Ville, alloient être executées, lorsqu'au moment que les Entrepreneurs découvroient ces Maisons, leur intima un Ordre venu de la Cour, de surseoir à la Démolition: Ce qui fit remettre à plus de vingt ans au-delà, l'Erection de la Statuë, comme nous le verrons dans la suite.

I. 1696.

A ce Mouvement en succeda un autre, qui vint de la Création d'un Office de Payeur & Mesureur de Charbon & Bois-à-brûler, dont l'Edit fut publié à Son-de-Trompe le 29. Avril: Il donna-lieu d'établir à chaque Porte de la Ville, des Receveurs & Contrôleurs, pour enregîtrer tout le Bois & le Charbon qui y entroit, & pour recevoir les diferentes-Taxes qu'on avoit mis sur chaque Charge de Mulet, de Mule, ou de Cheval. Comme ce Subside étoit sujet à de grands Inconveniens pour la Ville, elle prit le Parti d'offrir une grande-Somme pour se liberer.

II.

Le Malheur-du-Tems obligea aussi, de faire venir une Compagnie de Soldats du Château de Sommiéres, pour les mettre en Garnison chès toutes les Personnes qui n'avoient-pas payé leur Capitation: Mais, le Public soufrit incomparablement-plus, des Chaleurs-excessives qu'on eut depuis la fin de Juillet jusqu'au commencement de Septembre, qui desséchérent les Raisins & les Olives, & reduisirent le Peuple à courir dans les Eglises, pour demander à Dieu quelque-Soulagement.

Dans ce même-tems, on jugea un Procès-singulier, que le Fermier du Domaine avoit intenté à la Ville, au sujet de la Seigneurie du Tenement de *Combes* & *Pechconil*, dont nos Consuls prénent le Titre de Seigneurs. La Raison du Fermier étoit, que la Ville n'y avoit jamais établi d'Officiers pour en exercer la Justice, ni fait-faire des Joyes ou Courses, comme on fait aux Fêtes des autres Seigneuries;

III.

Surquoi il forma une Instance pardevant M^r. de *Lauriol*, Doyen de la Cours-des-Aides, & Commissaire-Député pour la Confection du Papier-du-Roi. Ce Magistrat jugea au profit de la Ville ; & son Jugement ayant été confirmé par Arrêt de la même-Cour, en la Chambre-du-Domaine, M^{rs}. les Maire & Consuls firent proclamer, que le Jour de Nôtre-Dame de Septembre on feroit les Joyes & Courses en tel-cas-accoûtumées, en la Terre de Combes, au-devant de la Maison du S^t. *Domaison*: Le Jour en étant venu, ils s'y rendirent-tous à Cheval, & y établirent un Juge, un Procureur-Juridictionnel, & un Greffier. Après un Grand-Festin, qui fut donné sous deux Pavillons en plate-Campagne, on fit faire diferentes-Courses au Bruit des Trompettes & des Hautbois ; sçavoir, par les Filles à-pied, & par les Garçons à-cheval : Les Prix pour la Course-à-pied, étoient une Paire-de-Bas, une Bourse au Petit-Métier, des Rubans à tresser les Cheveux, & des Jarretières ; Ceux de la Course-à-cheval, furent deux Chapeaux, une Epée, & une Echarpe de Tafetas, bordée aux deux-bouts d'une Dentelle-d'Or.

IV. Le onziéme jour-après, qui tomboit au 19e. de Septembre, la Ville & le Diocése de Montpellier perdirent leur Evêque Messire Charles de Pradel, après une Maladie de deux mois qu'il avoit contracté en faisant la Visite de son Diocése. Je me borne à marquer-ici cette Epoque ; me réservant pour le second-Volume, à parler plus-au-long de ce Digne-Prélat, dont la Mémoire ne peut qu'être en Vénération aux Personnes qui l'ont connu.

V. Cependant, le Maréchal de Catinat, aussi-bon-Négociateur que Genéral-d'Armée, traitoit avec le Duc de Savoye, pour le détacher de la Ligue formée contre la France depuis neuf-ans, entre lui & l'Empire, l'Espagne, l'Angleterre & la Hollande : Il l'engagea à une Tréve d'un mois, durant laquelle le Duc de Savoye traita avec ses Alliez, pour les faire consentir à une Neutralité pour l'Italie. L'Affaire fut traitée à Lorette, où le Duc se rendit sous-prétexte d'un Voyage de Dévotion : mais, ses Alliez ayant retardé de donner ce Consentement, le Duc joignit ses Troupes à celles de la France, qui firent ensemble le Siége de Velence dans le Milanez. Alors, les Alliez consentirent à cette Neutralité ; & le Duc de Savoye ne fit plus de Mistére de la Paix qu'il avoit concluë avec la France, dont un des Articles fut le Mariage de Marie-Adelaïde sa Fille-Aînée avec Monseigneur le Duc de Bourgogne.

On en apprit la Nouvelle à Montpellier sur la fin de Septembre, par une Lettre du Roi, qui ordonnoit de chanter le *Te Deum*, & de faire des Feux-de-Joye : Ses Ordres furent executez un Dimanche, dernier du mois, où toute la Bourgeoisie à Cheval s'étant-rendüe devant la Maison de M^r. le Maire, elle alla prendre à l'Hôtel-de-Ville le Guidon, qui fut remis entre les mains du Chef de la Jeunesse ; Ils reprirent le Chemin de la Canourgue, au Bruit des Trompettes, Timbales, Hautbois & Violons, pour y accüeillir les Maire & Consuls, qui se mirent à leur Tête avec toute la Maison-Consulaire. Cette Cavalcade ayant commencé sa Marche pardevant les Maisons de M^{rs}. de Broglio & de Basville, pour se rendre à l'Hôtel-de-Ville, elle y fut jointe par le Juge-Mage, le Juge-Criminel, les deux Lieutenans Principal & Particulier, deux Conseillers du Présidial, les Gens-du-Roi, le Greffier-Domanial, & deux Commis, tous en Robe & à Cheval.

Ils partirent de l'Hôtel-de-Ville en cet Ordre. La Marche étoit ouverte par un Trompette, suivi de quatre Hautbois ; après lesquels venoient les Gardes de la Maréchaussée, & les Archers de la Prévôté, ayant tous leurs Officiers en Tête : Les Huissiers du Présidial à-cheval, avec des Violons, précedoient immédiatement les Officiers de ce Siége ; Et le Greffier-Domanial, en Robe & Bonnet, fit la Publication de la Paix, que tout le Monde écouta Chapeau-bas, & accompagna de grands-Cris de *Vive-le-Roi*.

Le Corps-de-Ville fit faire la même Proclamation par son Greffier-Consulaire, qui étoit précedé des Capitaines du Guet & de la Santé, suivis des Violons & des Hautbois : Les Valets des Consuls étoient à-pied, & les Escudiers à-cheval. Le Greffier, avec ses deux Commis, précedoient immédiatement le Maire de la Ville, qui étoit en Robe, superbement-monté, & jettoit de petits-Cornets de Confitures : Les Consuls & Assesseurs répandoient des Dragées au Peuple ; Et toute la Marche étoit terminée par les Bourgeois & Marchands à-cheval, divisez en deux Troupes, l'une de Mariez, & l'autre de la Jeunesse : Les Mariez marchoient les premiers, ayant à leur Tête un Chef qu'ils s'étoient-choisis, & précedez de quatre Trompettes & d'un Timbalier ; Venoit ensuite le Guidon de la Jeunesse, à la Tête de sa Troupe, fort-Leste & fort-Propre, précedée de deux Trompettes.

1696.

Après que la Publication de la Paix eut été faite dans les Carrefours-accoûtumez, les Maire & Consuls, avec les Officiers du Présidial, se détachérent de la Bourgeoisie, pour pouvoir assister au *Te Deum*, qui fut chanté à la Catédrale, où se trouvérent toutes les Cours-de-Justice en Habit-de-Ceremonie, & M^{rs}. de Broglio & de Basville, accompagnez d'un grand-nombre de Noblesse : Sur les sept-heures du soir, on fit un grand-Feu-de-Joye à la Canourgue.

Le 12. d'Octobre, arriva *incognitò* à Montpellier, un Fils du Roi de Danemark, VI. âgé de treize à quatorze-ans, & très-bien-fait, qui fit un Séjour-considerable en cette Ville. Le 20. du même-mois, les Officiers du Présidial commencérent de porter des Robes-de-Satin à la Procession-Générale qu'on fait tous les ans à pareil-Jour pour la Délivrance de la Ville. Peu de jours-après, on vit un Ceremonial bien-singulier, dans la Visite que le Cardinal de Bonzy & le Prince de Danemark se rendirent : Le Prince, voulant faire cette Visite, pria M^r. de Plantade, chès qui il logeoit, de prendre la peine d'en avertir son Eminence ; il s'acquita de sa Commission, en parlant aux Aumôniers du Cardinal, qui sortit de sa Maison avant que le Prince fût pour l'y voir ; Mais, le Prince étant revenu chès-lui, le Cardinal y fut aussitôt, & lui demanda-excuse, de ce qu'il ne s'étoit-pas trouvé chès-lui lorsqu'il lui avoit fait l'Honneur de le venir-voir : On ne douta-point, vû la Politesse & l'Experience du Cardinal, qu'il n'eût eu de Grandes-Raisons pour en user de la sorte.

Tout le reste de l'année se passa en diferentes-Fêtes qu'on donna au Prince de Danemark, pendant la Tenuë-des-Etats, & jusqu'à la fin du Carnaval de 1697. Il voulut à-son-tour, donner un Régale aux Dames ; ce qu'il fit avec tant de Magnificence, qu'on en fit monter la Dépense à plus de mile Pistoles : Il rendit-Visite avant son Départ, à toutes les Dames qui l'avoient été-voir ; & il partit de Montpellier le 23e. Avril, après y avoir séjourné plus de six mois.

1697.

Cinq ou six semaines avant son Départ, & le 17. Mars, arriva en cette Ville, Marie-VII. Anne-Térése de *Viano*, Petite-Fille du Comte de Staremberg, si Célébre par le Siége de Viéne en Autriche qu'il soûtint contre les Turcs en 1783. Cette Jeune-Dame alla décendre & loger à l'Hôpital-General, où Mesdames de Broglio & de Basville allérent la voir, & firent leur-possible pour l'amener dans leur Maison : Elles furent d'autant-plus touchées de sa Vûë, qu'elle n'avoit guere-plus de 22. ans, qu'elle étoit fort-Belle, & d'une Rare-Modestie. Elle alloit en Pélerinage à Saint-Jacques-de-Galice ; & son Equipage n'étoit-autre que celui des Pélerins : car, elle portoit un grand-Chapeau, une Tunique de Coton-Noir, un Rochet de Cuir, un Crucifix sur le Cœur, & de l'autre-côté une Image de la Magdelaine : A sa Ceinture, qui étoit de Corde, pendoit, d'un côté, ses Chapelets, & de l'autre, une Boëte de Fer-blanc, où étoient les Passeports qu'elle avoit pris ; Elle marchoit nû-pieds, & ne prenoit-point l'Argent qu'on lui offroit.

Tout ce que les Dames de Broglio & de Basville purent obtenir d'elle, fut une Visite de sa part, où elles apprirent, que dans une grande-Maladie elle avoit-fait-Vœu d'aller en Pélerinage, pendant sept ans, dans tous les Lieux-Saints ; à quoi elle en avoit déja employé cinq. Elle leur dit, qu'étant sur le Chemin de Jerusalem, elle fut arrêtée avec ses Compagnes,. par les Turcs, qui les prirent pour des Espionnes, & voulurent les faire renoncer à Jesus-Christ : Ils leur firent souffrir la Bastonnade ; & ce Tourment n'ayant pû les faire changer, ils les condannérent à perdre-la-Tête : Trois de ses Compagnes subirent la Sentence ; & quand ce fut à son-tour, elle se mit à genoux, & fit sa Priére à haute-voix en Alemand. Un Renegat de cette Nation, qui étoit présent à ce Spectacle, fit sursoir l'Execution ; & l'ayant interrogée, & sçû son Païs, son Nom & sa Famille, ils se trouvérent un peu Alliez ; ce qui lui fit demander Grace pour elle & pour l'unique-Compagne qui lui restoit : il fut même assés-genereux pour lui faire trouver de l'Argent pour passer en Italie : Elle ajoûta, qu'après avoir fini ses Pélerinages, elle devoit aller à Rome pour se faire Carmelite, & donner tout son Bien à cet Ordre, pour la Fondation d'un autre Couvent. C'est ainsi que de tems-en-tems, Dieu fait voir au Monde, des Exemples-singuliers de Vertu, & du Mépris des Choses que le Monde estime le plus.

Le 21. Mai, sur les sept-heures du soir, Messire Charles-Joachim de Colbert, nommé par Sa Majesté à l'Evêché de Montpellier, arriva en cette Ville, où il fut accüeilli par tout ce qu'il y avoit de plus-Considerable; & le lendemain, il fut installé dans sa Place, avec les Cerémonies-accoûtumées.

Dès le mois de Juin, on fut fort-occupé à Montpellier, au sujet des Lanternes que le Roi avoit ordonné par Edit du mois de Mars, dans les Principales-Villes de son Royaume, à l'Exemple de celle de Paris. Comme on inferoit des Termes de l'Edit, que chaque Particulier seroit obligé de payer en Argent, & en un seul-Payement, la Finance de l'Entretien-des-Lanternes, chacun s'en effraya davantage; Ce qui donna-lieu à de grandes-Représentations de la part des Consuls à Mr. l'Intendant. L'Affaire traîna jusqu'au mois d'Octobre, où la Communauté obtint une Diminution-considerable du Nombre des Lanternes qu'on lui avoit demandées : Elles commencérent le 20. de Novembre, & furent suprimées deux ans après, par une Somme de plus de quatre-vingt mile livres.

VIII. Dans cet intervale, les Esprits furent détournez-ailleurs, par les divers-Evenemens que les Affaires-Generales produisirent dans Montpellier. On y fit, sur la fin de Juin, des Réjoüissances-Publiques pour la Prise de la Ville d'*Ath*, par le Maréchal de Catinat, qui, n'étant-plus nécessaire dans la Savoye, étoit allé commander nôtre Armée en Flandre. Dans ce même-tems, le Roi, qui vouloit obliger le Roi d'Espagne à accepter la Paix qui se traitoit à Risvik, chargea le Duc de Vendôme de faire le Siége de Barcelonne : Le Voisinage du Languedoc engagea ce General, de demander les Milices de la Province, pour les mettre dans les Garnisons-voisines de cette Place, afin d'en tirer les Vieilles-Troupes, qui pouvoient servir plus-utilement au Siége. Cet Ordre attira à Montpellier, les Milices de *Beaucaire*, *Nîmes*, *Uzés*, *Ganges* & autres Lieux, qui partirent sous la Conduite du Sr. *de Maine*, Lieutenant-de-Roi de cette Ville, pour aller joindre les Milices du Haut-Languedoc : Elles se rendirent toutes à Perpignan, dans le tems que le Duc de Vendôme reçut le Grand-Renfort que le Roi lui envoya par Mer. Ce Secours, venu si-à-propos, fit contremander nos Milices, qui revinrent à Montpellier le dix & le douziéme d'Août : mais, en même-tems, on vit passer le Comte de *Chamereau*, qui portoit au Roi la Nouvelle de la Rédition de Barcelonne, après cinquante-deux jours de Tranchée. On n'attendit pas les Ordres de la Cour, pour celebrer cette Victoire par la Décharge du Canon de la Citadelle : mais, dans le reste du mois d'Août, l'Ordre étant venu de faire des Réjoüissances-Publiques, le Te Deum fut chanté à St. Pierre le premier Septembre, & le soir on fit les Feux-de-Joye accoûtumez.

La Prise de cette importante-Place, accelera la Conclusion de la Paix, qui fut signée à Risvik le 20. & le 21. de Septembre, par la Médiation du Roi de Suéde, entre la France, l'Espagne, l'Angleterre & la Hollande : L'Empereur & l'Empire n'y furent-point compris, mais on convint que eux d'une Suspension-d'Armes. Dans le tems qu'on en apprit la Nouvelle à Montpellier, on y vit arriver, pour la premiére-fois, Mr. le Duc de Bervik, qui devoit un jour y commander en Chef & à toute la Province : Il arriva en cette Ville le 10. d'Octobre avec Madame son Epouse, pour aller à Pezenas, où ils devoient rester jusqu'à la fin des Etats. Le 12. de ce même-mois, mourut à Montpellier, Jean-Bâtiste de Grignan, Archevêque d'Arles, qui étoit venu en cette Ville pour le Recouvrement de sa Santé, déja fort-affoiblie : Son Corps fut mis en Dépôt dans la Chapelle-soûterraine de la Magdelaine dans l'Eglise Nôtre-Dame, où le Nouvel-Evêque de Montpellier alla le lendemain avec son Chapitre, lui faire un Service-Solennel.

IX. La Publication de la Paix-de-Risvik fut faite à Montpellier le onze Décembre, avec les mêmes Ceremonies qu'on avoit faites pour la Paix-de-Savoye : Le Te Deum fut chanté dans l'Eglise de St. Pierre, où le Cardinal de Bonzy se trouva à la Tête de vingt Evêques, qui s'étoient-rendus à Montpellier pour la Tenuë-des-Etats. Toute la

Noblesse

Nobleſſe de cette Auguſte-Aſſemblée, ayant à ſa Tête le Comte de Roure, y aſſiſta, avec l'Intendant de la Province & toutes les Cours-de-Juſtice. Le ſoir on ſe rendit à la Canourgue, où l'on avoit repréſenté le Temple de Janus à quatre Faces égales: Chacune avoit ſes Portes de Fer, qui étoient fermées, l'une par la Religion, l'autre par la Sageſſe, la troiſiéme par la Victoire, & la quatriéme par la Juſtice. Le reſte de la nuit ſe paſſa en Feſtins & en Danſes, où l'on marque que le Guidon de la Jeune-Bourgeoiſie ſe diſtingüa.

Les Etats de la Province furent ouverts le vingt-cinquiéme de Novembre; & le 29. le Cardinal *Cornaro*, qui retournoit de ſa Nonciature de Portugal pour aller à Rome, aſſiſta à la Meſſe des Etats, dans la Tribune des Conſuls, où l'on avoit étendu ſur la Baluſtrade un Tapis de Velours-rouge & un Carreau de même: Il fut regalé par le Cardinal de Bonzy, qui pria tous les Evêques & quelques Barons des Etats.

CHAPITRE DIX-NEUVIEME.

I. *Grands-Mouvemens à Montpellier après la Paix de Riſvik.* II. *Emeute des Vignerons au Petit-Temple.* III. *Jugement contre les Priſonniers d'Orange.* IV. *Execution de Claude Brouſſon.* V. *Réponſe de la Cour ſur l'Emeute du Petit-Temple.*

LE Commencement de 1698. fit augurer une heureuſe Année, par la Nouvelle qu'on reçut de la Paix concluë avec l'Empereur & l'Empire, qui fut celebrée à Montpellier le 25e. de Janvier: Mais, les Suites ne répondirent point à cette Attente; car, dès le mois de Février, on mit la main à l'Execution de l'Edit des Armoiries, qui obligeoit tous Ceux qui payoient vingt livres de Capitation, d'en payer vingt-ſept pour ce Droit d'Armoiries, qu'on étoit obligé de prendre par Commandement & Saiſie.

La Reſtitution de la Ville d'Orange; qui avoit été faite au Roi Guillaume par le Traité de Riſvik, mit en mouvement tous les Religionnaires des Cévènes & de Lavaunage, pour aller aſſiſter aux Exercices de leur Religion qui ſe faiſoit publiquement à Orange. Comme on avoit prévû que la Choſe pourroit-bien arriver, on avoit publié dès le mois de Janvier, une Défenſe à tous les Sujets du Roi, ſous peine de Galére, d'aller à Orange ſans Paſſeport: Les Contraventions qu'on fit journellement à cet Ordre, obligérent enfin de mettre des Gardes ſur les Avenuës; ce qui remplit dans le cours de cette année, les Priſons de Montpellier.

On y amena auſſi pluſieurs Perſonnes coupables de Meurtre & d'Aſſaſſinat; dont le Nombre parut ſi extraordinaire, qu'on ne put reſiſter à la Penſée, de comparer la Fin de ce Siécle aux Approches de la Fin-du-Monde. Mais, de tous ces Accidens-funeſtes, le plus ſingulier eſt, un Combat qui ſe fit aux Environs de Montpellier, entre la Fille d'un Gentilhomme & la Fille d'un Bourgeois, qui avoient pris-Querelle dans le Jeu, où la Bourgeoiſe avoit donné un Soufflet à la Noble: Celle-ci, ne pouvant digerer l'Affront, alla trouver ſon Enemie dans une Egliſe où elle entendoit la Meſſe; Et lui dit, que pour Reparation de l'Inſulte, elle l'attendroit le lendemain avec une Epée, dans le Lieu qu'elle lui marqua; & que ſi elle manquoit de s'y rendre, elle pouvoit compter d'être poignardée à la premiére rencontre: La Bourgeoiſe, auſſi courageuſe que la Noble, accepta le Défi; Elle ſe rendit le lendemain à l'Aſſignation, où ſa Partie l'attendoit; & d'abord, s'étant miſes en jeu, elles ſe portérent un Coup-fourré dont elles tombérent toutes-deux à terre.

Dans ces Entrefaites, deux Princes Freres, Lantgraves de Heſſe en Alemagne, vinrent *incognito* à Montpellier, pour y ſéjourner durant quelques mois: Ils prirent

1698.

un Logement dans la Maison de *Lauziére* à la Grand'-Ruë, attenant le Logis du Cheval-Blanc, où l'on fit une Porte-de-Communication pour les servir plus commodément à Table. Peu de tems-après, *Chrétien-François* de Lamoignon, Président-à-Mortier au Parlement de Paris, accompagné de Dame Jeanne de Voisin son épouse, & de Mademoiselle leur Fille, vint rendre-Visite à M^r. de Basville son frere: Le Président Riquet, qui avoit épousé Mademoiselle de Broglio leur Niéce, se rendit de Toulouse avec son Epouse pour se trouver à leur Arrivée.

Elle fut suivie, quelques semaines après, de celle du Marquis de *Leganez*, Viceroi de Milan, qui alloit en Espagne pour être Chef du Conseil: Il logea chès M. l'Evêque de Montpellier, qui l'avoit vû à Milan dans son Voyage d'Italie. On marque qu'il portoit un Habit de Drap-uni, avec des Boutons de Gros-Diamans, & que la Pomme de sa Canne étoit d'un autre Diamant d'une Grosseur-prodigieuse: Mais, nos Consuls furent bien surpris, lorsqu'ayant été en Robes-Rouges pour le haranguer, il ne daigna point se lever de son Fauteüil, ni à leur Arrivée, ni pendant leur Harangue, encore moins les accompagna-t-il jusqu'à la Porte de sa Chambre, comme font les plus Grands-Seigneurs ; Il partit de cette Ville au Bruit du Canon de la Citadelle, & passa par *Laverune*, où M. de Montpellier le regala encore.

Le Mouvement que la Paix de Risvik causa parmi nos Troupes, en attira un très-grand nombre dans le Languedoc, qui eurent leur Passage par Montpellier : Les Habitans s'en trouvérent extrêmement foulez, parcequ'il falut mettre plusieurs Soldats ensemble chès le même Hôte ; Cet Inconvenient fit demander avec plus d'instance, qu'on mît les Casernes en état de les recevoir, puisque le Logement étoit déja fini, & qu'il ne manquoit que de le meubler. Le Prix-fait en fut donné à des Entrepreneurs, qui travaillérent avec tant de diligence, qu'on fut en état dans le mois de Juillet, d'y faire entrer cinq-à-six cens Hommes du Regiment d'Auvergne. Le soir-même qu'ils y entrérent, quelques Soldats qui avoient bû, rencontrérent un Pauvre-Homme, qui, revenant de la Coupe-du-Blé, passoit devant les Casernes ; ils l'agacérent de Paroles, qui finirent enfin par un Coup-d'Epée que ce Miserable reçut, dont il tomba mort sur la place : Dès le lendemain, le Meurtrier fut saisi & pendu devant les Casernes ; ensorte que leur Entrée dans cette Maison fut scellée du Sang d'un Habitant & d'un Soldat.

II. Dans le mois d'Octobre, les Officiers de ces mêmes Casernes, causérent, sans y penser, un Trouble d'une bien plus-grande consequence. On raconte, en conformité des Verbaux qui en furent envoyez à la Cour, que sur les trois heures d'après-midi, quelques Officiers sortant du Cabaret, prirent leur Chemin par la Place du Petit-Temple, où les Vignerons ont coûtume de s'assembler pour la Vendange. Comme ils y étoient alors en grand-nombre, les Officiers se mirent à crier, *Place, place, & qu'on nous laisse passer* ; Un Vigneron leur répondit, comme par chagrin, *Passés, Messieurs, & ne faites pas tant de bruit*. A ces mots, les Officiers mirent l'Epée à la main, & maltraitérent les premiers qu'ils purent atteindre ; ce qui alarma si fort les autres, qu'ils s'écartérent pour amasser des Pierres, dont ils chargérent les Officiers : Un d'eux courut aussitôt chès le Commandant, pour appeller l'Escoüade qui y étoit de Garde ; Elle marcha, commandée par un Sergent, auquel les Officiers se joignirent, ne doutant-point qu'avec ce Secours ils ne missent le Hola.

Mais, cet Expedient ne fit qu'augmenter le Mal : car, les Vignerons voyant approcher la Garde, crurent qu'elle venoit pour les conduire en Prison ; & sans déliberer davantage, ils attaquérent la Garde à grands-Coups-de-Pierre. Les Officiers, qui esperoient de pacifier tout, tâchérent inutilement de se faire entendre, la Grêle des Pierres continüa si fort, qu'ils donnérent-ordre à la Garde de tirer ; & l'on marque, qu'un des Officiers prit lui-même un Fusil qu'il lâcha : Deux Habitans en furent tuez, & quelques-autres blessez ; Ce qui redoubla la fureur des Vignerons, qui attaquérent de plûfort les Officiers & la Garde à Coups-de-Leviers : ils les obligérent de lâcher-du-pied, & les poursuivirent dans la Ville, où la plûpart s'étant retirez dans des Maisons particuliéres, les Vignerons en

sur-

surprirent deux, qu'ils traînérent en Prison, croyant faire des merveilles.

On marque, que dans l'excès de leur fureur, ils prenoient pour Officiers tous Ceux qui portoient l'Epée ; & qu'un Neveu du Sieur de Ginestous du Vigan, s'étant approché pour les appaiser, ils l'accablérent de Coups-de-Pierre, & le laissérent mort sur la place. Le Sieur Plauchut, Auditeur en la Chambre-des-Comptes, qui passoit en Chaise, en étant sorti dans le même dessein, faillit à avoir le même sort, quoiqu'il leur dît qui il étoit, & qu'il ne songeoit qu'à ménager la Paix, s'il étoit possible.

Le Bruit de tout ce Desordre étant venu jusqu'à M. de Basville, il se fit porter en Chaise à la Place du Petit-Temple, où il fût bientôt environné d'Hommes & de Femmes, pour lui demander Justice de la Mort des deux Hommes qu'on venoit de tuer, & l'un desquels laissoit sept Enfans ; Il n'eut pas moins à faire en cette Occasion, que le Maréchal de Schomberg dans la Sédition des Partisans en 1645. Après les avoir écoutez avec beaucoup de patience, il leur promit de leur rendre-Justice, pourvû qu'ils se retirassent chés eux : Cet Air de Grandeur que nous lui avons connu, & qu'il sçavoit accompagner si bien, quand il le vouloit, de Maniéres gracieuses, persuada ces Gens mutinez, qui parurent encore plus contens, lorsqu'ils virent qu'il manda le Juge-Criminel, pour informer de tout ce qui venoit d'être fait.

Il parut par les Informations, que les Officiers avoient le premier tort ; ce qui détermina M. de Basville à en faire conduire deux à la Citadelle : Et cependant, pour assurer le Repos de la Ville, il fit batre la Generale aux Casernes, & mettre des Détachemens de Soldats au Palais, au Petit-Temple, & autres Lieux. On ferma les Portes de la Ville, où les Soldats firent Sentinelle toute la nuit.

Le lendemain, M. de Basville, qui n'avoit pû se dispenser d'en informer la Cour, envoya chercher les Officiers des Quartiers de la Ville, que nous appellons Iliers, ausquels il dit, « Que n'étant pas possible d'assembler tous les Ha-
» bitans ; il les avoit mandez, pour leur dire que l'Action qu'on venoit de com-
» mettre étoit fort-mauvaise ; qu'il n'avoit pû éviter d'en écrire à la Cour,
» & qu'il ne sçavoit point ce qui en arriveroit : que véritablement les Officiers
» avoient tort ; mais aussi, qu'il ne faloit point s'en être pris à la Garde, qui étoit
» composée des Troupes du Roi. Il leur enjoignit, d'aller chacun dans les Maisons de son Ile, & d'avertir les Habitans, de n'user jamais de Voyes-de-Fait contre les Soldats ; mais, de venir se plaindre, si on leur faisoit quelque tort, dont il leur seroit rendu Bonne-Justice : en consequence, il fit publier & afficher deux jours après, une Ordonnance conforme à ce qu'il avoit dit aux Iliers.

Pendant qu'on attendoit à Montpellier la Réponse de la Cour, à la Lettre de III. M. de Basville, il y arriva deux Evénemens fort-remarquables pour les Religionnaires. Le premier, fut le Jugement porté contre soixante-dix-huit Hommes de Basse-Condition, & deux Riches-Marchands de Nîmes & d'Alais, avec douze ou quinze Femmes, qui avoient été surpris allant à Orange sans Passeport : Les Prisons de la Citadelle en étoient remplies depuis quelque-tems ; Mais alors, M. de Basville reçut un Ordre-exprès, de proceder à leur Audition, & de les juger selon la teneur de l'Edit : Soixante-quinze de ces Malheureux, y compris les deux Marchands, furent condannez aux Galéres, les Femmes à une Prison de cinq ans, dans le Château de *Sommiéres*, & cinq autres renvoyez, parcequ'ils n'avoient point l'âge de vingt ans. Parmi ceux-là, il y en eut un qui évita plaisanment la Galére : il avoit dit qu'il n'avoit pas vingt ans, quoiqu'il en eût passé trente ; ce qui le fit comprendre dans le Rôle des cinq qui devoient être élargis : Mais, lorsqu'après le Jugement rendu, M. de Basville avec le Raporteur, les eurent fait venir pour les exhorter à être plus-sages à l'avenir, alors ils reconnurent qu'ils avoient été surpris ; & demandérent à l'Homme dont je parle, s'il étoit possible qu'il n'eût pas vingt ans ? je l'ai toûjours crû, répondit-il, parceque je n'ai jamais vû mon Bâtistére. Comme il ne se trouva pas un nombre sufisant de Juges pour retoucher à son Procès, & que le Jugement étoit déja signé, on le laissa partir avec ceux qui devoient être élargis.

1698. IV. Le second Evenément qui fit beaucoup de Bruit parmi les Religionnaires de l'Europe, fut la Mort de Claude *Brousson*, natif de Nîmes, qui, après avoir exercé la Charge d'Avocat pour Ceux de sa Religion, en la Chambre-de-l'Edit de Castres, se livra entièrement aux foles Idées de Jurieu ; Il courut pendant quinze ans de Genève en Holande, & de Holande dans les Cévénes, où s'étant associé avec François *Vivens*, il y entretint les Troubles que nous avons vû en

Brueys, Tom. 2. page 62. 1688. Son Camarade ayant été tué, de la manière que l'on peut voir dans l'Histoire des Fanatiques, il reprit le Chemin de Holande, d'où il fit plusieurs Excursions en France, pour y exciter une Revolte-générale de Ceux de son Parti : Mais enfin, ayant été reconnu à Oleron, sur le Portrait qu'on en avoit envoyé, il y fut arrêté, & conduit à Montpellier, où il arriva sur la fin d'Octobre.

M. de Basville ne tarda point de se rendre à la Citadelle, avec les Officiers du Présidial, pour oüir *Brousson*, qui ne sçavoit pas toutes les Preuves qu'on avoit contre lui : Il parut avec beaucoup de confiance ; mais, comme on avoit dequoi le confondre, & qu'on vouloit détromper les Religionnaires de la Bonne-Opinion qu'ils avoient de lui, on permit à Ceux qui auroient la curiosité de venir à la Citadelle, d'y entrer, & d'écouter ce qui se diroit dans la Chambre du Conseil. Le Prévenu parla avec beaucoup de fermeté durant un quart-d'heure, & prétendit justifier toute sa Conduite par l'Exemple des Apôtres : Mais, après qu'il eut fini, M. l'Intendant lui demanda, si les Apôtres prêchoient la Revolte contre les Puissances établies de Dieu ? & s'ils faisoient des Projets contr'Elles ? Il répondit que non, & qu'aussi il n'avoit jamais rien fait de semblable. Sur cette Réponse, M. de Basville tira de sa Poche, l'Original d'un Projet que Brousson avoit envoyé en Savoye ; & lui demanda, s'il reconnoissoit cette Ecriture, & si les Apôtres faisoient de pareilles choses ? A cette vûë, le Prévenu fut déconcerté ; & après quelques momens de surprise, il prit le parti de nier son Ecriture, & de dire, en tremblant, qu'il n'avoit pas fait ce Projet : M. de Basville se contenta de lui dire, qu'au-moins en cela il n'imitoit-point les Apôtres, qui ne mentoient-pas ; & qu'on avoit en main dequoi le convaincre qu'il ne disoit point la verité, quoiqu'il eût juré de la dire.

Tom. 2. pag. 80. On lui fit aussitôt reconnoître les Ecrits qui avoient été trouvez sur lui, pour servir de Piéces-de-comparaison, & l'on nomma des Experts : mais, comme la chose étoit visible, il reconnut son Ecriture, & avoüa tout. Dès le même jour, ce qui s'étoit passé à la Citadelle, fut rendu-public dans la Ville, où les Religionnaires virent avec étonnement, que leur prétendu Martir avoit tâché de garantir sa Vie par un Parjure : Il fut condamné le 4e. Novembre à perdre la Vie sur une Roüe, qui est la Peine ordinaire des Chefs des Rebelles ; mais, comme son Projet contre l'Etat n'avoit pas été mis à execution, on lui accorda, par un principe-d'Humanité, l'Adouciffement qu'on donne quelquefois à Ceux à qui l'on veut épargner les plus-cruelles-douleurs du Suplice.

V. Enfin, le 10. Novembre on reçut la Réponse de la Cour, sur les Informations & Procedures qui avoient été envoyées au sujet de l'Emeute du Petit-Temple. M. de Basville, à qui cette Réponse fut adressée, étoit trop-Habile pour ne pas profiter de cette occasion, de faire aux Habitans une Instruction très-utile : Il manda chès lui, le Maire, Consuls & Iliers de la Ville, ausquels il dit, qu'il vouloit leur faire part de la favorable-Réponse qu'il avoit eu à la Lettre qu'il avoit écrit sur cette Affaire ; Elle portoit, que le Roi avoit condanné quatre Officiers-Lieutenans, comme les plus-Coupables, à quatre mois de Prison, & à être cassez : que celui qui ne se trouva point (heureusement pour lui) à la Place du Petit-Temple, lors de l'Excès commis, seroit puni de quatre mois de Prison ; & que la Procedure seroit continüée, afin de rendre-Justice aux Veuves & aux Enfans de Ceux qui avoient été tuez.

Après s'être arrêté un moment, il ajoûta, d'un Air grave & imposant, « Que si » jamais pareille chose arrivoit à Montpellier, la Ville seroit punie par six ou sept » Bataillons que le Roi y envoyeroit à discretion pendant six mois ou un an, à » l'Exemple d'une autre Ville qu'il leur nomma, à laquelle il en avoit coûté » plus de cent mile Ecus, pour une Faute moindre que la leur ; Que par un effet

„ de l'Amitié qu'il avoit pour Montpellier, il avoit tâché d'adoucir cette Affaire,
„ quoiqu'il en apprehendât quelque Evénement finiſtre : mais, que la choſe ayant
„ tourné autrement, ils ne devoient pas être moins perſuadez qu'ils ſe met-
„ troient à deux doigts de leur Perte, ſi pareille Affaire arrivoit jamais ; auquel
„ cas, il n'auroit, ni le Pouvoir, ni le Credit, peut-être pas même la Volonté,
„ de s'intereſſer pour eux, parceque les Soldats du Roi, lorſqu'ils ſont en Fac-
„ tion, doivent être regardez comme une Choſe ſacrée. Je parle, Meſſieurs,
„ dit-il, en ſe radouciſſant, à des Perſonnes ſages & moderées, qui n'auroient
„ jamais trempé dans une pareille Action : ainſi, je vous conſeille d'aller dans
„ chaque Maiſon de vos Îles, exhorter tout le Monde d'être ſage à l'avenir, &
„ de n'entreprendre jamais de ſe faire Juſtice ſoi-même ; parcequ'on ſeroit toûjours
„ diſpoſé à la leur rendre. Vous auriés plus à perdre que ces Brutaux de Vigne-
„ rons qui ont cauſé le Trouble ; mais, dans une Punition inévitable, il ſeroit
„ bien dificile de ne pas comprendre l'Innocent avec le Coupable. Ces Meſſieurs,
après l'avoir remercié des Bontez qu'il avoit pour la Ville, l'aſſurérent que pareil
Cas n'arriveroit plus, & qu'ils alloient y employer tous leurs Soins.

Cette Affaire avec celle des Priſonniers d'Orange, donna lieu à renouveller les
Anciénes-Ordonnances qui obligeoient tous les Hôtes, Cabaretiers, Aubergiſtes,
& autres Perſonnes qui tenoient des Penſionnaires ou Chambres-garnies, de dénoncer le Nom, le Païs & la Qualité de Ceux qui logeroient chès eux, ſous
peine de diferentes-Punitions pour la premiére, ſeconde & troiſiéme fois. Mais,
pour donner quelque douceur aux Troupes du Roi logées dans les Caſernes,
on reſolut de reparer la Promenade du Cours où elles ſont conſtruites ; Et parceque les Eaux de la Pluye & le Paſſage des Voitures, rendoient le Chemin impra-
ticable durant l'Hiver, on y fit travailler les Soldats à tant par Toiſe, & faire
des Aqueducs pour conduire les Eaux juſqu'au Ruiſſeau des *Agarelles* : Cet
Ouvrage étant fini, on engrava tout le Cours, & on ferma les Avenuës avec de
gros Piliers de Pierre, pour empêcher le Paſſage des Charrettes, qui auroient pû
le gâter ; Ainſi finit l'année 1698.

CHAPITRE VINGTIÉME.

I. *Evenémens-particuliers.* II. *Jeu de l'Arquebuſe.* III. *Aſſemblée des Etats.*
IV. *Lieutenance-de-Police établie & ſuprimée.* V. *Nouveau Juge-Mage.* VI.
Arrivée de Mgrs. les Princes.

ON apprit à Montpellier, dans les premiers mois de l'année 1699. la Mort
du jeune Prince Electoral de Baviére, qui, ſelon le Projet de Partage de la
Monarchie d'Eſpagne, ſigné à la Haye par les Potentats de l'Europe, étoit de-
ſigné Roi d'Eſpagne. Monſeigneur le Dauphin devoit avoir les Royaumes de
Naples & de Sicile, avec les Places dépendantes de la Monarchie ſur les Côtes
d'Italie, ainſi que les Villes de Fontarabie, St. Sebaſtien, & le Port du Paſſage
ſur la Frontiére d'Eſpagne : On y donnoit à l'Archiduc Charles d'Autriche, le
Duché de Milan. Ce Projet devint inutile par la Mort du Prince de Baviére, âgé
ſeulement de ſix à ſept ans, qui mourut le ſixiéme Février 1699 ; ce qui fit
travailler le reſte de l'année à convenir d'un autre Partage, qui ne fut rendu-public
que dans l'année ſuivante.

Cependant, on paſſa plus tranquilement cette année à Montpellier, où il I.
y eut beaucoup-moins d'Evénémens extraordinaires qu'il n'y en avoit eu dans
la précedente. On marque au 13. d'Avril, la Mort du Chevalier de Genlis, de
l'Ordre de St. Jean de Jeruſalem, Directeur & Inſpecteur des Troupes du Languedoc, qui fut porté, avec tous les Honneurs-Militaires, dans l'Egliſe du Petit-
Saint-Jean, où il fut inhumé proche l'Autel du côté de l'Epitre.

Pendant la Semaine-Sainte, on tint une grande-Aſſemblée, pour garantir

1699.

Montpellier d'une Maladie contagieuse qui regnoit à Nîmes ; & l'on fit publier une Ordonnance fort sévére pour la Garde des Portes, de peur que les Gueux, Mendians & Familles-Etrangéres, n'y portassent quelque Mal : on fut d'autant plus excité à cette Précaution, qu'on eut Nouvelle que les Vaisseaux d'Italie faisoient Quarantaine à Marseille, sur le Bruit qui couroit que la Peste étoit à Génes & à Venise.

Les Marchands de Blé, les Boulangers & les Meûniers, se prévalurent extrêmement d'une grande Sécheresse qu'il y eut à Montpellier pendant l'Eté de cette année. Les premiers, n'étant pas contens d'avoir fermé les Greniers qu'ils avoient dans la Ville, en allérent établir sur les Avenuës, où ils enfermoient le Blé qu'ils achetoient des Païsans qui en apportoient pour le vendre à l'Orgerie : Les Boulangers, sous prétexte de la Disette du Blé, cuisoient fort peu de Pain, & le vendoient excessivement : Les Meûniers, voulant se prévaloir de la Disette de l'Eau, augmentérent de leur autorité le Prix de la Mouture ; & parcequ'ils étoient bien payez des Etrangers, ils les faisoient passer avant Ceux de la Ville, contre les Conventions passées. Ces Desordres, faisant craindre une prochaine Famine, donnérent lieu à des Défenses très-sevéres, contre Ceux qui troubleroient la Liberté du Passage des Grains, & contre l'Augmentation du Prix du Pain & des Moutures, qui fut reglé par le Bureau de Police, & appuyé de l'Ordonnance de l'Intendant.

II. Pour faire oublier au Peuple, la Disette qu'il avoit soufert dans les mois de Juin & de Juillet, on jugea à propos de lui faire reprendre l'Exercice de l'Arquebuse dont il a été déja parlé. Nos Consuls, selon l'Anciéne-Coûtume, donnérent à chaque Sixain dix Ecus, pour le Prix qu'ils devoient tirer tour-à-tour : Mais, il arriva dans le cours de cet Exercice, un Cas assés singulier ; c'est qu'un de nos Consuls, qui sont en Possession de tirer le premier-Coup, donna si près du Centre, qu'aucun autre Tireur ne put couvrir son Coup. Le Public déféra l'Honneur de la Victoire à ce Consul : mais, celui des Tireurs qui, après-lui, avoit approché le plus-près du Centre, la lui disputa ; & dit pour ses Raisons, que le Consul n'ayant point consigné de Somme comme les autres Tireurs, il ne devoit pas profiter de la Mise des autres, non-plus que de l'Epée & du Fusil qui étoient proposez pour Prix de la Victoire. Ceux qui parlérent pour le Consul, voulurent faire entendre que les dix Ecus donnez par la Ville, tenoient lieu de Mise pour le Consul : mais, l'Affaire ayant été portée à ses Collégues & à Mr. le Maire, ils décidérent que le Consul devoit se contenter de l'Honneur de la Victoire ; & que celui qui la lui disputoit, en auroit tout l'Utile ; c'est-à-dire, l'Epée, le Fusil, avec la Mise de tous les Tireurs ; moyennant-quoi, il payeroit les Frais du Jeu : mais, que le Prix ou Rondeau de Bois peinturé, qui étoit chargé de tous les Coups tirez, seroit porté en Triomphe chès le Consul par tout le Sixain en Armes.

Le 30. d'Août, on mit la Premiére-Pierre à la nouvelle Eglise de St. Denis, qui devoit servir de Parroisse au Fauxbourg de la Sauncrie. Je raporterai dans mon second Volume, les Raisons qu'eut la Ville de demander cette nouvelle Parroisse, les Cerémonies qui furent faites en y mettant la Premiére-Pierre, & l'Inscription que le Maire & Consuls y firent graver.

Quelques jours après, on eut des Vents & une Pluye extraordinaire, qui causa un Débordement du Lez, accompagné d'Eclairs & de Tonnerres effroyables, dont un pauvre Soldat de la Citadelle, qui montoit la Garde, fut touché : mais, par un effet de la Bizarrerie de la Foudre, il ne perdit que son Fusil & la moitié de ses Habits d'un même côté ; c'est-à-dire, qu'une partie de son Juste-au-corps & de sa Culote, un Bas & un Soulier, lui furent enlevez, sans recevoir d'autre mal qu'un grand Etourdissement.

Environ ce tems, on apprit à Montpellier la Mort de M. de Boucherat, Chancelier de France, qui avoit fait autrefois un Séjour considerable en cette Ville : On sçut bientôt, que sa Charge avoit été donnée à M. de Pontchartrain, Contrôleur des Finances, & que M. de Chamillard avoit été nommé à cette derniére Place.

Les

Les Etats de la Province furent ouverts à Montpellier sur la fin de cette année, III. 1699.
pour continüer durant les premiers mois de la suivante, où la Maladie du Marquis de Calvisson, (qui reçut les derniers Sacremens le 9. Janvier 1700.) fit 1700.
naître un nouveau Cas. Ce Seigneur, qui étoit de Tour, comme Lieutenant-
Général de la Province, présidoit aux Assemblées qui se tenoient actuellement
pour les Enchéres de l'Equivalent : mais, sa Maladie l'empêchant d'y assister, M.
l'Intendant, comme Premier-Commissaire du Roi, se chargea de ce Soin, &
demanda d'être reçû à l'Assemblée, avec les mêmes Honneurs que les Etats rendoient au Marquis de Calvisson. Après diverses-Contestations, il fut reglé par M.
le Cardinal de Bonzy, (pour éviter d'en écrire au Roi) que lorsque M. l'Intendant viendroit à l'Assemblée, le Premier-Banc du Tiers-Etat iroit le recevoir
au haut de l'Escalier, & deux Barons sur le Seüil de la Porte de la Sale en-dedans ; & que lorsqu'il s'en retourneroit, il seroit accompagné par les mêmes, &
par deux Evêques, jusqu'à la Porte de la Sale ; mais qu'il ne pourroit point se
mettre dans la Chaise que le Marquis de Calvisson occupoit comme Lieutenant-
Général : ce Parti ayant été accepté de part & d'autre, M. l'Intendant fit pousser
les Enchéres de l'Equivalent jusqu'à trois cent trente mile livres.

Cette Affaire fut suivie d'une autre, à laquelle toutes les Compagnies de la IV.
Ville prirent beaucoup de part. Le Roi, par Edit du mois d'Août de l'année précedente, ayant permis aux Communautez de rembourser les Proprietaires des
Offices de Maire, créa, par autre Edit du mois d'Octobre, une Charge de Lieutenant-de-Police, de divers Commissaires-de-Quartier, d'un Procureur-du-Roi,
d'un Greffier, & de quatre Huissiers. Cette nouvelle Création, qui ôtoit au
Juge-Mage, au Juge-Criminel, & au Présidial, la Connoissance de plusieurs Causes qui leur étoient attribuées, les porta à faire en Corps, une Offre de plus de
cent mile livres, pour la Charge de Lieutenant-de-Police : D'un autre côté, les
Consuls, qui y perdoient les plus-beaux de leurs Priviléges, representérent au
Conseil-de-Ville, qu'il étoit important à la Communauté, d'acquerir cette
Charge, & de couvrir l'Offre du Présidial. Ceux qui avoient interêt de les traverser, demandérent un Conseil plus-nombreux ; ce qui fit naître l'Envie à
toutes les Compagnies de la Ville, d'y avoir des Députez : On fit si bien, qu'il
se passa un tems-considerable avant qu'on eût pû rien resoudre. Enfin, après
plusieurs Assemblées chès M. de Basville, on convint de huit Personnes, qui
en choisiroient cent d'entre-tous les Corps de la Ville, pour resoudre les Questions qu'il y auroit à proposer.

Ce nombreux Conseil, où entrérent quatre Officiers de la Cour-des-Aides,
autant des Trésoriers-de-France, du Corps du Chapitre, de la Noblesse, du Présidial, des Marchands de la Bourse, des Avocats, des Procureurs, des Notaires,
des Receveurs, & le reste de Bons-Bourgeois, pour achever le nombre de Cent,
prirent leur Séance sans distinction, & furent assés d'accord, qu'on acquerroit,
au nom de la Ville, la Charge de Lieutenant-de-Police, pour la somme de cent
dix mile livres : Mais, pour ne pas ébrecher la Jurîdiction du Présidial, il fut resolu qu'on lui laisseroit la Connoissance des Arts & Métiers, les Délits de nuit,
& le Port-des-Armes ; d'autant-plus que la Ville n'a point de Justice-Distribu-
tive : mais, que les Manufactures & le Lanifice resteroient à la Connoissance
des Consuls, qui en connoissoient déja privativement à tous Juges.

L'Offre que fit le Maire, d'être remboursé du Prix de sa Finance en Contrats sur l'Hôtel-de-Ville, facilita l'Execution de ce qui venoit d'être resolu ; &
il ne resta qu'à convenir de l'Election-Consulaire, dont la Première-Place étoit
briguée par toutes les Cours-de-Justice : Après-bien de Protestations de chaque Corps, M. de Basville jugea qu'il faloit en écrire à la Cour ; & le Roi
ayant prononcé en faveur de la Noblesse, on élut Pierre de Maine, Lieutenant-
de-Roi de la Ville, qui ne put entrer en Charge que le vingt-cinq du mois
d'Avril, à cause du Retardement que toutes les Contestations passées avoient
causé.

Dans ces Entrefaites, on apprit à Montpellier la Naissance du Comte d'Eu,
second Fils de M. le Duc du Maine, Gouverneur de la Province, qui y fut ce-

lebrée avec de grandes-Réjoüiffances, le 18e. du mois de Mars; & le lendemain, on fit les Honneurs-Funébres du Sieur de Sailly, Brigadier des Armées du Roi, & Infpecteur des Troupes, avec les mêmes Ceremonies qu'on avoit fait pour le Chevalier de Genlis.

Les Nouveaux-Confuls fignalérent leur Entrée par la Conftruction de la Boucherie, dont ils donnérent le Prix-fait à Auguftin-Charles d'Aviler, Architecte renommé ; Il fit une Enceinte de gros-Quartiers de Pierre à hauteur-d'homme, d'où fortent de grands-Piliers qui portent un Couvert en forme de Pavillon : L'Ouvrage eft orné des Simboles d'une Boucherie, comme des Têtes de Bœuf, & autres pareilles. On prit foin de rendre la Porte bien-fermante, pour garantir cette Hale des Ordures qu'on y apportoit pendant la nuit, & plus encore des mauvaifes-Actions qui s'y paffoient.

V. Une des Suites-funeftes des Conteftations qu'il y avoit eu au fujet de la Lieutenance-de-Police, fut la Mort de *Pierre Euftache*, Juge-Mage, qui ayant été à Paris pour cette Affaire, en revint avec le Succès qu'il fouhaitoit : mais, à fon retour, il mourut le troifiéme jour de fon Arrivée ; & fa Charge fut acquife par *Jacob Bornier*, Lieutenant-Particulier, qui alla fe faire recevoir à Touloufe, & fit à Montpellier fon Entrée-publique avec les Formalitez accoûtumées. Son Inftalation, qui devoit être faite le lendemain, caufa quelque Trouble, parceque Mr. de B… Confeiller au Parlement, étant venu exprès pour la faire, les Officiers du Préfidial lui firent connoître qu'il ne pouvoit préfider à leur Tête, cette Prérogative étant refervée aux feuls Maîtres-des-Requêtes, & au Chancelier-de-France ; Ils lui propoférent néanmoins le temperament d'inftaler (s'il le vouloit) le nouveau Juge-Mage à l'Audience du Senéchal ; où ils n'affifteroient point : mais, afin de prévenir toutes les Suites-fâcheufes que leur Refus pouvoit leur attirer, ils allérent en informer Mr. de Bafville ; & ils écrivirent au Chancelier-de-France, au Doyen des Maîtres-des-Requêtes, & au Premier-Préfident du Parlement de Touloufe.

Le Commiffaire s'étant fervi de l'Expedient qu'on lui avoit fuggeré, d'inftaler le Juge-Mage à l'Audience du Senéchal, il ne laiffa-point de dreffer fon Verbal, dans lequel il fe plaignit, qu'au lieu de fix Officiers & un des Chefs à leur Tête, qui devoient être venus le vifiter, il n'y en avoit eu que quatre fans aucun Chef : Surquoi, le Parlement decreta d'Ajournement-Perfonnel, le Juge-Criminel & le Lieutenant-Principal.

Comme le moindre Dérangement dans un Corps compofé de diferens-Membres, en entraîne toûjours quelqu'autre, il furvint une plus-grande Difpute entre le Juge-Mage & le Doyen du Préfidial, pour fçavoir qui des deux tiendroit l'Audience-Criminelle pendant l'Interdit du Juge-Criminel : Le Juge-Mage difoit, que la Charge de Lieutenant-Particulier qu'il venoit de vendre étoit encore fur fa Tête, & qu'en cette Qualité il devoit préceder le Doyen ; A quoi celui-ci repliquoit, que le Juge-Mage ne tenoit jamais d'Audience-Criminelle ; & quoique fon Refignataire n'eût pas encore été reçu en la Charge de Lieutenant-Particulier, lui, qui l'avoit refignée, ne pouvoit pas faire deux Fonctions à la fois. La Queftion n'ayant pû être terminée à Montpellier, les Parties convinrent d'en écrire au Préfidial de Nîmes, qui donna fon Avis en faveur de Me. *Jean Patris* Doyen, auquel fa Compagnie donna pour Ajoint *Hierôme Loys*, un d'entr'eux, afin de le foulager dans les Fonctions-pénibles de la Procedure-Criminelle.

Ce que le Préfidial fit cette année dans fa Compagnie, le Doyen de la Cour des Aides le fit dans la fiéne : Car, on marque que fur la fin de Novembre, aucun Préfident ne s'étant trouvé pour tenir l'Audience, *François-Vincent de Sarret*, qui fe trouva le plus-Ancien, la tint, & prononça les Arrêts qui y furent rendus avec autant de Grace & de Dignité que s'il l'avoit fait toute fa vie.

Ce même mois de Novembre, affligea Montpellier, par la Maladie-dangereufe de M. le Cardinal de Bonzy, à qui l'on porta le St. Sacrement le 18. de ce mois : mais, fe trouvant beaucoup-mieux dans le mois fuivant, il fit à Montpellier une grande-Fête, pour l'Exaltation du Cardinal Albani au Souverain-Pontificat, fous le Nom de Clement XI.

L'Année

LIVRE DIX-NEUVIÉME. 489

L'Année finit à Montpellier, par les Honneurs-Funébres que les Etats assemblez en cette Ville, firent faire pour le Marquis de Calvisson, Lieutenant-Général de la Province, qui étoit mort dans son Château de Massillargues, au commencement de l'Eté passé : Sa Charge fut donnée par le Roi, au Comte de Calvisson son Frere.

1700.

On commença dans toute l'Europe avec l'année 1701. à se ressentir des Grandes-Suites que devoit avoir la Mort de Charles II. Roi d'Espagne, décédé le premier de Novembre de l'année précedente: Dès-lors, les Projets du Roi Guillaume pour le Partage de sa Succession, devinrent inutiles, tant par le Refus que fit l'Empereur de le signer, que par le Testament du Roi d'Espagne, qui déclara le Duc d'Anjou Héritier de tous ses Etats. Ce Prince, accompagné du Duc de Bourgogne & du Duc de Berry ses Freres, partit pour l'Espagne ; & après s'être arrêté quelque-tems dans les Villes de son Passage, il fit son Entrée à Madrid le 4. d'Avril, avec de grands-Témoignages-de-Joye de la part des Grands du Royaume & des Peuples.

1701.

VI.

Cependant, les Princes ses Freres, s'étant separez de lui à l'Ile de la Conference, revinrent à Bordeaux, pour prendre de là leur Marche par le Languedoc. Le Commandant & l'Intendant de la Province, partirent aussitôt de Montpellier, pour se rendre à Toulouse, afin de se trouver à leur Entrée dans la Province ; & ayant sçû à-peu-près le tems où ils devoient arriver à Montpellier, ils en donnérent Avis, afin qu'on se mît en état de les recevoir : Ils couchérent à Valmagne le 25. Février, & arrivérent à Montpellier le 26. à travers une Foule infinie de Monde, qui bordoit le Grand-Chemin jusqu'à St. Jean-de-Vedas. Leur Carrosse, précédé d'un Détachement de la Maison-du-Roi, étoit suivi de trois autres, où étoient les Seigneurs de leur Cour : ils s'arrêtérent à la Croix de la Saunerie, où nos Consuls en Robe-Rouge eurent l'Honneur de les haranguer ; mais, ils ne purent pas leur présenter les Clefs de la Ville, ni un Dais magnifique qu'ils avoient fait faire, parceque le Maître-des-Cerémonies en ordonna autrement.

Les Consuls s'étant retirez après avoir fait leur Harangue, Nosseigneurs les Princes entrérent par la Grand'-Ruë, qu'on avoit tapissée jusqu'aux Penitens. Les Sixains en Armes, formoient une Haye de part & d'autre ; les uns avec des Bonnets à la Dragonne, dont le Retrouffis étoit en Broderie, avec une Fleur-de-Lis sur le milieu : les autres avoient un Plumet-Blanc au Chapeau, bordé d'un Galon-d'Or, avec une Cocarde de Ruban, & un Neud à la Cravate & à l'Epée ; toutes les Fenêtres & les Balcons étant remplis du plus Beau-Monde de l'un & de l'autre Sexe.

A peine les Princes furent arrivez à leur Logement, qui étoit marqué chès le Président Desplans, que les Consuls y firent apporter dans de grandes-Corbeilles, les Présens de la Ville, consistant en quatre Douzaines de gros-Flambeaux de Cire-blanche, cinquante livres de Bougie, vingt Douzaines de Pots-de-Vin-rouge, huit Douzaines de Pots-de-Muscat : „ Ce qui étoit (disent mes Mémoires) un „ chétif Présent pour de si Grands-Princes ; mais, nos Consuls n'en furent pas les „ Maîtres, M. l'Intendant l'ayant réglé ainsi avant son Départ pour Toulouse. Après leur Soupé, il y eut à l'Esplanade, vis-à-vis les Fenêtres de leur Hôtel, un Feu-d'Artifice, qui réussit parfaitement-bien : & pendant le reste de la nuit, Montpellier fut éclairé comme en plein-jour, par les Feux que chacun fit allumer devant sa Porte ; & par les grandes-Illuminations qui furent faites à l'Hôtel-de-Ville, chès le Cardinal de Bonzy, chès le Gouverneur, à l'Intendance, à l'Evêché, au Palais, aux Jesuites, aux Peres de l'Oratoire, & autres Lieux : ce qui continüa toutes les nuits durant leur Séjour en cette Ville.

Qqq

CHAPITRE VINGT-UNIÉME.

I. *Séjour des Princes à Montpellier.* II. *Grands-Préparatifs de Guerre.* III. *Remboursement des Assesseurs du Maire.* IV. *Nouveaux-Troubles des Fanatiques.* V. *Arrivée de la Reine d'Espagne.* VI. *Investiture de la Principauté d'Orange pour le Prince de Conty.*

I. LE lendemain, vingt-septiéme de Février, Nosseigneurs les Princes, voulant rendre-à-Dieu leurs Devoirs, montérent en Carrosse pour aller à la Catédrale, selon l'Ancéne-Pratique des Rois leurs Ancêtres : Ils sortirent par la Porte de la Saunerie, passérent par le Cours, le Peiron & la Contrescarpe qui va à la Porte des Carmes, par où ils entrérent pour décendre à Saint-Pierre, où cinquante Suisses de leur Garde s'étoient déja rendus, avec un Détachement des Sixains de la Ville ; Ils trouvérent, à l'Entrée de l'Eglise, Charles-Joachim Colbert, Evêque de Montpellier, qui les attendoit auprès du Benitier, en Habits-Pontificaux, avec tout son Clergé en Chape : après leur avoir présenté de l'Eau-Benite, il les harangua ; & sa Harangue finie, il les conduisit dans le Chœur de l'Eglise, où les Princes s'étant mis à genoux sur le Priédieu qui leur étoit preparé, ils entendirent une Messe-Basse, dite par un de leurs Aumôniers, pendant laquelle la Musique chanta : L'Evêque de Montpellier ayant été se déshabiller à la Sacristie, revint en Camail & Rochet, se tenir auprès des Princes ; & la Messe finie, il les accompagna jusqu'à la Porte de l'Eglise, où ils remontérent en Carrosse, & retournérent chès eux par le même Chemin qu'ils étoient venus.

A leur Retour, les Députez de la Cour-des-Aides, au nombre de six Présidens & de trente-six Conseillers, deux Correcteurs, deux Auditeurs, & un des M^{rs}. des Gens-du-Roi, en Robe-Noire & Chapeau, haranguérent par la Bouche du Premier-Président. *Loüis de Pezenes*, Trésorier-de-France, parla à la Tête de sa Compagnie : *Jacob Bornier*, Juge-Mage, pour le Présidial : N... *Brousse*, Avocat, pour les Marchands de la Bourse : P... *Tondut*, Professeur, pour la Faculté du Droit ; & *François Chicoyneau*, Chancelier en Medécine, harangua en Latin, selon l'Usage de sa Faculté.

Les Officiers du Noble-Jeu-de-l'Arc, qui avoient été presentez le matin à M. le Duc de Bourgogne, & à M. le Duc de Berry, priérent le Maréchal de Noailles, de leur procurer l'Honneur de passer en Revûë avec toute leur Troupe, devant Mrs. les Princes ; L'heure leur ayant été donnée après le Dîné, ils entrérent par la grande-Porte de la Maison *de Desplans*, & traversérent le grand-Vestibule pour sortir par le Jardin : Nosseigneurs les Princes étant décendus dans ce Vestibule, ils virent défiler la Troupe, qui étoit de plus de deux cent, tous en Uniforme, avec leur Suite-accoûtumée de Maures, de Sauvages, de Turcs, & de Cupidons, mêlez d'un grand nombre d'Instrumens de Musique. Je ne rapelle point ici tout ce que j'ai dit ailleurs du Détail de cette Marche ; mais, je ne puis oublier une Particularité dont Mrs. les Princes parurent contens.

Les Premiers Officiers du Perroquet ayant paru en leur Présence, & salüé de la Fléche qu'ils tenoient à la main, & ensuite du Chapeau, ils se mirent à côté, pour faire place à deux Petits-Amours, qui presentérent deux Caisses en forme de Croissant, peintes d'Azur & semées de Fleurs-de-Lis-d'Or, l'une à M. le Duc de Bourgogne, & l'autre à M. le Duc de Berry. Dans chacune de ces Caisses, qui étoient doublées de Satin-bleu, étoit un Arc de Bresil, qui avoit les Extrémitez garnies de Lames-d'Argent, & la Corde de Soye-bleüe ; il étoit accompagné de Brassarts & de Carquois, remplis de Fléches-dorées avec le Bout d'Argent : Les Armes des Princes étoient peintes sur les deux Caisses ; & au bas, on lisoit en Lettres-d'Or, les Vers suivans.

Grands-

Livre Dix-neuviéme.

GRANDS-PRINCES, *pour vous rendre-Hommage,*
Le Dieu-d'Amour vient recevoir vos Loix,
Et mettre entre vos Mains son Arc & son Carquois;
Trop heureux ! s'il a l'avantage
De pouvoir vous redire encor cent & cent fois,
Grands-Princes, pour vous rendre-Hommage,
Le Dieu-d'Amour vient recevoir vos Loix.

A peine eut-on fait la Lecture de ces Vers, que l'un des Petits-Amours, après avoir salüé les Princes, leur recita, d'un petit-air-mutin, ces autres Vers.

PRINCES, *c'est par dépit que je vous abandonne,*
Mon Arc, mon Carquois, & mes Traits ;
Je ne puis plus blesser-personne,
On ne se rend qu'à vos Attraits :
Mais, si je sens que par vos Charmes,
Vous l'emportés sur Cupidon,
Je sçai que bientôt par vos Armes,
Mars recevra le même Affront.

Nosseigneurs firent paroître au Petit-Amour, qu'ils étoient contens de lui; & après avoir reçû son Présent avec beaucoup de Bonté, ils ordonnérent au Sieur Desgranges, Maître-des-Ceremonies, de faire porter les deux Caisses à Versailles : Ils témoignérent ensuite aux Officiers du Noble-Jeu-de-l'Arc, qu'ils étoient satisfaits d'eux; & le Capitaine les ayant remercié, au nom de toute la Compagnie, il acheva de la faire défiler devant Mrs. les Princes, qui eurent la Bonté de rester dans le Vestibule jusqu'à-ce qu'elle fût entierement passée.

Toute la Cour suivit alors M. le Duc de Bourgogne, qui monta dans son Cabinet, dont la Fenêtre donnoit dans le Fossé : Il fit dire, qu'on commençât de tirer le Perroquet ; & cet Ordre ayant été reçû avec joye, il fut executé un moment-après. Les Consuls tirérent les premiers, selon l'Usage; ensuite le Capitaine, puis les Officiers-Subalternes ; & enfin, les Chevaliers, selon le Rang que le Sort leur avoit donné : En peu-de-tems, un des Chevaliers mit une Fléche dans le Corps du Perroquet, où elle resta ; & un autre lui abatit une Aîle, que les Princes voulurent voir, & se la firent apporter.

L'Heure de Vêpres étant venuë, ils montérent en Carrosse pour les aller entendre aux Cordeliers, où la Musique chanta ; & étant revenus chès eux, ils montérent à Cheval pour aller voir la Citadelle, d'où ils revinrent aussi à Cheval.

Le lendemain-matin 28e. Février, les Principaux-Officiers du Perroquet ayant été faire leur Cour aux Princes, ils leur presentérent un Ancien-Régistre de leur Compagnie, écrit sur du Velin, où l'on voit le Seing & les Armes de feu M. le Prince de Conty, Gouverneur de la Province : Ils supliérent les Princes, de vouloir-bien les honorer de leur Seing ; ce qu'ils leur accordérent volontiers : ensorte que l'on voit encore dans ce Livre, les Armoiries de M. le Duc de Bourgogne & de M. le Duc de Berry, avec leur Seing au-bas ; Leur Exemple fut suivi par le Maréchal de Noailles & par le Comte de Maure, qui se trouvent signez dans ce même Regître.

L'Heure de la Messe étant venuë, ils allérent l'entendre à Nôtre-Dame-des-Tables, d'où en sortant ils furent amusez agréablement par la Danse du Chevalet, qu'on avoit amené dans la Place de l'Hôtel-de-Ville : La Propreté des Danseurs & la Nouveauté de leur Danse, fit arrêter leur Carrosse pendant un tems-considerable ; & les Chansons-Patoises qu'on venoit chanter à la Portiére, leur plurent si-fort, qu'ils voulurent en emporter des Exemplaires, qu'on avoit pris soin de faire imprimer.

Après le Dîné, qui fut servi ce jour-là à onze heures, les Princes montérent en Carrosse pour aller à *Laverune*, où ils se divertirent à jouer au Mail dans le Parc de l'Evêque de Montpellier, qui leur donna une magnifique-Colation: Après-quoi, étant de retour à la Ville, ils regardérent de leurs Fenêtres, tirer au Perroquet ; & sur le soir, ils allérent à l'Opera, où les Dames étoient invitées,

Qqq 2

& où les Princes firent donner six-vingt Loüis aux Acteurs.

Le lendemain 29. après avoir entendu la Messe à l'Oratoire, ils montérent en Carrosse pour aller coucher à Nimes : mais, il y eut bien de Gens qui furent trompez sur leur Marche ; car, le Bruit s'étant répandu la Veille, qu'ils sortiroient par la Porte de la Saunerie, les Soldats étoient déja rangez en Haye dans la Grand'-Ruë, & les Officiers du Perroquet dans le Cours, lorsqu'ils apprirent que toute la Maison des Princes avoit gagné vers l'Hôtel-de-Ville, & qu'elle sortoit le-long de l'Eguillerie, par la Porte du Pile-St.-Gilles. Alors, les Troupes, qui étoient déja vers la Saunerie, se mirent en mouvement pour arriver à Castelnau avant les Princes : mais, elles n'en eurent pas le tems ; & le seul Chevalet fut assés-diligent pour y être avant eux : Ceux qui le conduisoient voulurent recommencer leur Danse à Castelnau ; mais, des Jeunes-Païsannes, qui vinrent autour du Carrosse, firent négliger le Chevalet ; & elles dansérent & chantérent avec tant de grace, que les Princes, en les quitant, leur jetérent quelques Loüis.

Pendant leur Séjour à Montpellier, Pierre Veissiére, Conseiller en la Cour-des-Aides, & Grand-Médailliste, choisit dans son Cabinet deux Onix Orientaux, qui avoient des Gravures-Gréques & Antiques, qu'il presenta dans une Boëte-d'Or à Mrs. les Princes, avec une Dissertation imprimée, dans laquelle il expliquoit, en faveur des Anciens-Gaulois, la Figure d'un Coq, portant une Couronne-de-Laurier, qui étoit gravée sur un de ces Onix ; & dans l'autre, le Dieu-d'Amour sur un Char, traîné par un autre Coq : par où il vouloit justifier ; ce qu'on a écrit des *Celtes*, qui habitoient autrefois la Gaule-Narbonnoise, & qui firent une Expedition-celébre dans cette Partie de l'Asie qui fut appellée de leur nom *Gallo-Grece*.

II. Toutes les Rejoüissances que l'on fit à Montpellier, à l'occasion du Passage de nos Princes, n'empêchérent point qu'on ne se ressentît dans cette Ville, des Préparatifs-de-Guerre qui se faisoient déja dans toute l'Europe. Dès le mois de Janvier, on vit passer un grand-nombre d'Infanterie & de Cavalerie, qui alloit s'embarquer sur les Côtes de Provence pour passer en Italie, où l'Empereur vouloit se saisir du Milanez : Nos Troupes, dans cette Marche, profitérent des belles-Reparations qu'on avoit fait aux Grands-Chemins, à l'occasion du Voyage des Princes.

Dans ce même-tems, le Roi demanda au Languedoc trois mile cinq cens Hommes de Milice, dont Montpellier en eut trente pour sa Portion, qui furent faits par les Corps-des-Métiers : On les mit en état de marcher au commencement de l'Eté, où l'on vit arriver à Montpellier le 6. Juillet, le Marquis de *Castelrodrigo*, Ambassadeur d'Espagne ; qui alloit demander pour le Roi son Maître, Marie-Loüise-Gabrielle, Seconde-Fille du Duc de Savoye ; Cette Princesse fut épousée à Turin le onziéme Septembre, par le Prince de Carignan, au Nom du Roi d'Espagne, & vint à Montpellier dans le mois suivant, en passant par la France.

III. Cependant, le Conseil-de-Ville travailloit au Remboursement des Assesseurs de la Mairie, qui étoit une Suite-nécessaire de la Supression déja faite de la Charge de Maire : La Permission en ayant été obtenuë de la Cour, on s'assembla le 23°. Août en Conseil-Général, composé de plus de cent Personnes, où il fut déliberé de rembourser la Finance des Assesseurs, en un seul & actuel-Payement ; ce qui fut fait, par le moyen des Emprunts qu'on eut Permission de faire ; & ainsi, le Consulat fut entiérement rétabli sur l'Ancien-Pié : mais, nous verrons bientôt, que les Affaires-genérales du Royaume ne permirent-point de laisser les Choses en cet état.

IV. Le grand-nombre des Troupes que la France fut obligée alors d'envoyer sur les Frontiéres, fit naître l'envie aux Religionnaires des Cévénes, d'exciter dans le Cœur du Royaume le plus de Mouvemens qu'ils pourroient : Ils n'en vinrent pas d'abord aux Violences-outrées qu'on éprouva depuis ; mais, dans cette année, ils y preparérent les Esprits, par la Mission d'un grand-nombre de Prophétes & Prophetesses, qui alloient dans les Vilages y tenir des Assemblées, où ils annonçoient des Succès-favorables à leur Parti, & tâchoient d'autoriser leurs Prédictions par des Prestiges les plus-bizarres ; De ce nombre, fut une Fille qui versoit des Larmes-de-sang ; quatre Païsans du côté d'Uzés, dont l'un disoit être le

Pro-

Prophète Daniel ; la nommée *Beiſſe* , qui aſſuroit que le Saint - Eſprit étoit déscendu sur elle dès l'âge de cinq ans ; & quantité d'autres , qui furent amenez à la Citadelle de Montpellier , d'où ils furent tranſferez à Carcaſſonne, au nombre de trente-neuf, parceque les Etats de la Province y étoient alors aſſemblez, & que M. de Baſville, ne pouvant quiter les Etats ; étoit bien-aiſe de juger par lui-même, le Procès de tous ces Fanatiques. Quelques Femmes furent renvoyées, quelques-autres retenuës en Priſon ; & les Hommes condannez aux Galéres ou au Gibet : Le Lieu d'*Uchau* , entre Montpellier & Nîmes , où l'on avoit tenu des Aſſemblées-Séditieuſes , fut puni par une Garniſon qu'on y envoya à diſcretion jusqu'à Nouvel-Ordre.

Environ ce tems-là, la Reine d'Eſpagne , après avoir quité la Mer à Marſeille, prit ſa Route par-Terre , & arriva à Montpellier le 26ᵉ. d'Octobre, accompagnée de la Princeſſe des Urſins, de Madame des Noyers ſa Gouvernante, & du Marquis de *Caſtelrodrigo* : Elle fut logée chés le Premier-Préſident au Palais, où il y eut nuit & jour pour ſa Garde , une Compagnie des Soldats de la Citadelle. On obſerve, qu'elle fut ſaliée de trois Décharges-de-Canon ; mais ; que les Conſuls ne ſe trouvérent-point à ſon Entrée , qu'elle fit par la Porte du Peirou : ils vinrent ſeulement le lendemain, ſans Robe & ſans Chaperon ; lui apporter le Préſent de la Ville , qui conſiſtoit en cinq Corbeilles remplies de Sultans parfumez , tous en Broderie-d'Or & d'Argent , des Sachets-de-Senteur brodez de même ; des Etofes, des Rubans, & quantité de Fioles de diferentes-Eſſences ; dont la Reine parut ſi ſatisfaite ; qu'elle dit aux Conſuls , que l'Eſpagne étoit fort obligée à la Ville de Montpellier de ſon Honnêteté , & qu'elle s'en ſouviendroit. On ajoûte, qu'ayant deſtiné une de ces Corbeilles pour Turin , l'Ambaſſadeur lui dit , qu'elle feroit bien-mieux de porter le tout en Eſpagne ; à quoi la Reine répondit ſur-le-champ : *Je ne croyois-pas que vôtre Ambaſſade s'étendît juſqu'à mes Affaires-particuliéres*. Tout le reſte du jour, elle reſta dans ſon Appartement , d'où elle ne ſortit que pour entendre la Meſſe dans la Chapelle du Palais , où toute la Cour aſſiſta en Grand-Semeſtre : l'Après-midi, elle ſe renferma , pour dépêcher un Courier qui lui étoit venu de Savoye , & pour faire quelques Emplettes ; Ce qui donna le loiſir au Marquis de Caſtelrodrigo , d'aller ſe promener à la Maiſon-de-Campagne du Premier-Préſident ; qui l'y conduiſit lui-même : & le lendemain 28ᵉ. la Reine partit en Litiére, ſur les huit-heures du matin, après avoir entendu la Meſſe dans la Chapelle du Palais.

On apprit dans ce même-tems à Montpellier ; la Ligue déja formée entre l'Empereur , le Roi Guillaume & la Holande , contre la France & l'Eſpagne ; & l'on ne tarda-point de ſe reſſentir dans cette Ville ; des Efforts qu'il falut faire pour leur réſiſter : Car , le Roi ordonna , dès le commencement de 1702. des Compagnies-Franches, pour les envoyer dans les Cévénes ; Il demanda un plus-grand-nombre de Milices ; dont Montpellier fournit ſix-vingts Hommes pour ſa Part ; & l'on rétablit la Capitation, payable tout-à-la-fois pour les années 1701. & 1702.

Les Eſprits furent divertis de ces Penſées triſtes , par la Nouvelle de la Fameuſe-Journée de Cremone dans le mois de Février , & par la Mort du Roi Guillaume, arrivée le 19. Mars ; Elle donna lieu à l'Inveſtiture de la Principauté d'Orange, que le Roi Loüis XIV. donna au Prince de Conty ; comme Fief mouvant de ſa Couronne ; & vaquant par le défaut d'Enfans du dernier Poſſeſſeur : On vit paſſer en Poſte, dans le mois d'Avril ; le Sieur *Rouſſeau-Lavalette* , Maire de Pezenas, & Agent-Général du Prince de Conty, qui alloit prendre-Poſſeſſion d'Orange au nom de ſon Maître. Ce changement de Domination ôta toute eſperance à nos Religionnaires, de pouvoir continüer dans cette Ville , l'Exercice de leur Religion, comme ils faiſoient le-plus-ſouvent à la derobée : mais, ils cherchérent à s'en dédommager en quelque ſorte , par les Meurtres & les Incendies qu'ils commencérent dans les Cévénes , & qui ſe répandirent avec-le-tems juſqu'aux Portes de Montpellier. Après avoir amaſſé des Armes, qu'ils donnérent aux plus-Déterminez d'entr'eux , ils les envoyérent , dans le mois de Juillet, au Pont de Montvert ; où ils maſſacrérent l'Abbé de *Chayla* : puis , ſe répandant dans le Voiſinage , ils ſignalérent leur Marche , par le Meurtre de tous les Curez qu'ils purent rencontrer ;

1701.

V.

1702.

VI.

par celui du Sieur de *Ladeveze*, Gentilhomme du Païs, & du Sieur de *St. Cosme*, Parent au Marquis de Calvisson, & Colonel des Milices de tout le Canton.

Le tems leur parut d'autant-plus favorable, que toutes nos Armées étoient fort éloignées d'eux ; car, le Roi d'Espagne, avec le Duc de Vendôme sous-lui, combatoit dans le Royaume de Naples, Monseigneur le Duc de Bourgogne dans les Païs-Bas, & le Marquis de Villars en Alemagne, où il avoit en Tête le Prince Loüis de Bade. Comme dans ces Conjonctures, on ne pouvoit opposer aux Fanatiques que les seules Milices, ils continuérent impunément leurs Desordres ; mais, après la Bataille de *Luzara*, gagnée dans le Milanez au mois d'Août par le Roi d'Espagne, on fit venir d'Italie quelques Troupes-Reglées pour les reprimer. Leur Manière de combatre par Pelotons au milieu de leurs Montagnes, & les Intelligences qu'ils y avoient par-tout, leur servit beaucoup pour donner souvent l'Echange à nos Troupes : mais enfin, ils furent surpris à leur-tour ; & l'on en prit un si grand-nombre, qu'ils remplirent les Prisons de Montpellier, de Nîmes & de Sommiéres, d'où ils ne sortirent que pour subir la Peine du Fer ou du Feu, selon qu'ils l'avoient employé eux-mêmes.

Les Etats de la Province, assemblez à Montpellier, voulant y apporter quelque Remède, prirent Délibération, de lever vingt-cinq Compagnies de Fusiliers, & quatre de Dragons, pour les opposer aux Fanatiques : mais, comme le Roi leur avoit demandé trois Milions de Don-Gratuit & deux de Capitation, ils dépêchérent un Courier, pour représenter que les Diocéses de *Mende*, d'*Uzés*, de *Nîmes* & d'*Alais*, étoient hors d'état, à cause des Troubles, de contribüer à cette Somme ; & qu'il n'étoit pas possible de faire suporter aux autres, la Portion de ceux-là. Tandis que leur Courier étoit en Marche, on eut Nouvelle qu'il venoit un Détachement de l'Armée d'Alemagne, depuis la Bataille de Fredelingen, qui avoit valu au Marquis de Villars le Bâton de Maréchal-de-France ; & l'on apprit aussi, que le Roi d'Espagne s'étant embarqué à Génes, avoit débarqué à Marseille, & devoit arriver incessamment à Montpellier.

CHAPITRE VINGT-DEUXIÉME.

I. Arrivée du Roi d'Espagne. II. Préparatifs contre les Fanatiques. III. Le Maréchal de Montrevel en Languedoc. IV. Mort du Cardinal de Bonzy. V. Suite de l'Affaire des Fanatiques.

I. UNE longue-Suite de Charrettes, de Chariots, de Fourgons & de Mulets, chargez des Equipages du Roi d'Espagne, annoncérent à Montpellier son Approche dès l'Après-midi du cinquième Décembre. Venoit ensuite le Trésor, appellé la Cassette du Roi, dans laquelle on disoit y avoir cinq ou six Milions, escortée par des Gens-à-Cheval, & suivie de plusieurs Caléches & Carrosses des Officiers de sa Maison, pour lesquels on avoit marqué soixante des meilleures-Maisons de la Ville. Le grand-nombre de Peuple qui alla à sa Rencontre jusqu'au-delà de Castelnau, eut le plaisir d'y voir arriver ce Prince, dans une petite-Caléche, précédée des Gardes du Duc du Maine, Gouverneur de la Province, & suivie de cent Gardes-du-Corps de Sa Majesté-Catolique, vêtus de Bleu, avec la Bandouliére de Velours-rouge.

Plusieurs Chevaliers de la Toison-d'Or & quelques Grands-d'Espagne, suivoient le Roi, qui, étant decendu de sa Caléche, monta à Cheval, dont le Comte de Marcin prit le Mords & l'Etrier-doré, en faisant une espéce de Genuflexion. A peine le Roi eut paru sur son Cheval, que le Peuple poussa un grand-Cri, de *Vive-le-Roi-d'Espagne* : Il passa sur le Pont de Castelnau ; & gagnant vers les Recolets & l'Hôpital-Général, il monta le-long de la Contrescarpe, où ses Trompettes commencérent de joüer : Il entra par la Porte du Peirou, pour aller loger dans la Maison du Premier-Président, les Ruës, depuis cette Porte jusqu'au Palais,

étant bordées des Sixains sous-les-Armes. » C'étoit un Beau Roi (dit mon Ma-
» nuscrit ;) il étoit habillé à la Françoise, d'un Drap Gris-de-fer, brodé sur les Cou-
» tures, avec son Cordon-Bleu & celui de la Toison-d'Or ; il portoit un Plumet-
» Blanc à son Chapeau , dont il saluoit gracieusement le Monde : On ne tira
» point le Canon à son Entrée, parcequ'il vouloit être *incognitò* à Montpellier.

Lorsqu'il fut dans son Appartement , il y reçut les Respects d'un grand-nombre de Personnes-de-Condition, de l'un & de l'autre Sexe , avec quelques-unes
desquelles il joüa jusqu'au Soupé ; Alors , on étendit sur une Table-quarrée, un
Tapis de Velours-Rouge frangé-d'Or , où le Maître-d'Hôtel mit la Nape par-
dessus , & fit couvrir la Table : il donna la Serviette-moüillée au Roi ; & M. l'E-
vêque de Montpellier fit la Prière & la Bénédiction-du-Repas , durant lequel le
Roi d'Espagne lui fit l'honneur de s'entretenir avec lui.

Le Cardinal d'Estrées , Ambassadeur-Ordinaire de France auprès de Sa Majesté-
Catolique, arriva quelque-tems après ce Prince, & fut loger à l'Evêché, où M.
l'Abbé d'Estrées son neveu étoit arrivé quelques-jours auparavant, en qualité
d'Ambassadeur-Extraordinaire. Le lendemain , sixième Décembre , le Roi , voulant
aller entendre la Messe dans l'Eglise-Catédrale , partit à-pied sur les dix-heures
du matin , précédé de ses Gardes , & suivi des Seigneurs de sa Cour & autres Personnes-de-Qualité de cette Ville ; Il fut reçu au-dedans de l'Eglise, par l'Evêque
de Montpellier , en Camail & Rochet , à la Tête de son Chapitre , qui lui présenta de l'Eau-Benite & la Croix à baiser : La Messe fut dite par le Grand-Aumônier du Roi , pendant laquelle on fit chanter la Musique des Etats ; Le Patriarche des Indes se tint à la Droite du Roi , M. de Montpellier à sa Gauche , &
tous les Evêques des Etats , alors assemblez en cette Ville , se rangèrent de chaque
côté : La Messe étant finie , le Roi fut accompagné jusqu'à la Porte de l'Eglise par
l'Evêque & par son Chapitre , & il s'en retourna à-pied , dans le même-Ordre qu'il
étoit venu ; habillé (dit mon Manuscrit) d'un Drap-Bleu , brodé en plein , une
Perruque extrèmement-blonde , un Ruban-d'Or sur l'Epaule , avec un Plumet-
Blanc au Chapeau.

L'Après-midi , sur les deux-heures , il sortit à Cheval hors la Porte du Peirou ,
avec un grand-Cortége , pour aller à la Chasse au Bois de Grammont ; & décendant vers la Portaliére , il passa devant les Casernes , au Fauxbourg de la Saunerie
& au Pont-Juvenal , d'où s'étant rendu au Bois de Grammont , il y tüa quelques
Lapins & quelques Pigeons , qu'on lâcha exprès pour lui donner le plaisir de tirer
en volant. Après son Retour de la Chasse , il se reposa un-peu chès lui , & alla voir
représenter la Tragedie de *Polieucte* , & les Vendanges-de-Surène , où il parut prendre beaucoup de plaisir.

Le lendemain 7ᵉ. Décembre , sur les neuf-heures du matin , le Roi entra en
Chaise (à cause de la Pluye) pour aller faire ses Dévotions à l'Eglise Saint-Pierre ,
où il communia de la main de M. l'Evêque , qui dit la Messe en Crosse & en Mitre ;
& après celle-là , Sa Majesté en entendit une autre de l'un de ses Aumôniers , durant laquelle il fit son Action-de-Graces.

L'Après-dînée , le Roi , suivi de ses Gardes & de quelques Carrosses , alla à Cheval
jusqu'au Lieu de *Laverune* , appartenant à l'Evêque de Montpellier , qui lui donna
une Colation en Viande ; Le Roi y joüa quelque-peu-de-tems au Mail dans le Parc,
& tira ensuite aux Pigeons , comme il avoit fait au Bois de Grammont : Sur le soir,
M. l'Evêque eut l'Honneur de lui donner-à-Souper , & de lui presenter la Serviette.
On fut surpris Après-Soupé , lorsque le Roi demanda des Cartes , qu'il ne s'en trouvât point dans le Château ; ce qui obligea d'envoyer un Garde à toute-bride , pour
en venir chercher en Ville : mais , comme il étoit déja dix-heures de nuit , le Roi
entra dans son Carrosse , suivi de dix ou douze de ses Gardes , & revint à Montpellier , d'où il partit le lendemain pour Pezenas , après avoir fait-dire la Messe
dans sa Chambre.

Dès le 15. de Janvier 1703. on vit arriver à Montpellier le Sieur de *Julien* , II.
Maréchal-de-Camp , pour commander dans les Cévénes sous M. de Broglio. Les
Fusiliers & les Dragons que la Province avoit eu Permission de lever , se rendi-
rent en cette Ville , où ils furent logez dans les Casernes , pour être distribuëz

1702.

1703.

dans les diferens-Postes qu'on avoit à garder : Ils n'empêchérent pas cependant que les Revoltez, ne décendissent dans la Plaine, & ne vinssent jusqu'à *Candiac*, où, sur le Raport de quelques Prisonniers qu'on fit sur eux, on prit le Parti d'établir à Montpellier, une Garde-Bourgeoise de quatre Hommes à chaque Porte, pour veiller aux Etrangers qui s'y présenteroient ; De ce Nombre furent les Curez de la Campagne, que les Incendiaires avoient obligé de quiter leurs Parroisses, & de chercher un Azile dans quelque Ville-de-sûreté : il en vint à Montpellier un si-grand-nombre, que la Ville en fourmilla durant plusieurs mois.

Cependant, nos Nouvelles-Levées ne faisoient pas grand-chose contre des Enemis, qui, connoissant tous les Sentiers de leurs Montagnes, se deroboient à leur vûë aussitôt qu'ils avoient fait leur Décharge. On crut que les Miquelets des Pirénées, Gens accoûtumez à grimper sur les Rochers, seroient plus-propres à les dénicher ; & dans cette vûë, on en fit venir du Roussillon, qui arrivérent à Montpellier, pour la premiére-fois, au nombre de quatre cent ; Ils avoient pour Colonel le Sieur de *Pomerol*, qui avoit perdu un Bras : Leur Marche & leur Equipage parut tout-nouveau, parcequ'on n'en avoit jamais vû en cette Ville ; car, ils marchoient sans Tambour & sans Epée, n'ayant qu'un seul Homme à leur Tête, qui cornoit avec une Coquille-de-Mer en Limaçon, semblable à celle des Tritons qu'on représente dans les Tableaux de Marine : Leur Equipage consistoit en une Camisole-rouge, renfermée dans des Hauts-de-Chausse, larges en-bas comme celles des Matelots : ils avoient un Surtout-gris ou Casaque fort-ample ; des Souliers-de-Corde, appellez communément *Espardilles* ; un Bonnet-rouge pointu, terminé par un Neud de Ruban-blanc ; un Chapeau à la Ceinture ; & pour Armes, deux Pistolets d'un côté, avec une longue Dague, & de l'autre, une *Gispe* ou Carabine-Espagnole sur l'Epaule.

Dans le tems que ces Nouvelles-Troupes marchoient vers la Montagne, Cavalier, l'un des Chefs des Revoltez, décendoit dans la Plaine, où il brûla l'Abbaye de *Cendras*, tout-auprès de Nîmes ; & un autre de leurs Troupes s'étant avancée vers la Riviére de *l'Ardesche*, pour se jeter dans le Vivarés, le Sieur de Julien tomba si-à-propos sur eux, qu'il les défit entiérement. On apprit, dans ces Conjonctures, la Nomination qu'avoit fait le Roi du Nouveau-Maréchal de Montrevel, pour venir commander dans le Languedoc : il arriva au Saint-Esprit le six de Février, à Nîmes le 14. & à Montpellier le seiziéme de Mars, d'où M. de Broglio partit le vingt-trois pour s'en retourner à Paris.

Pendant le Séjour que M. le Maréchal fit à Nîmes, quinze cent Fanatiques, sous la Conduite de *Rolland*, entrérent Tambour-batant, le cinquiéme de Mars, dans la Ville de Ganges, où leur Chef fut reçû dans le Château, & ses Troupes chès le Bourgeois ; de là ils allérent à Pompignan, où ils firent bien du Desordre : mais, M. de *Parat*, Brigadier-Général, ayant assemblé les Dragons de Fimarcon avec ceux de la Province, un Bataillon de Haynaut & deux cent Miquelets, il disposa si-bien toutes ces Troupes, qu'il environna les Enemis dans Pompignan, où il les força, & fit perir la plûpart des Fuyards, qui tombérent dans l'Embuscade qu'il leur avoit dressée. Cette Déroute porta l'Epouvante dans tout le Païs ; & l'on ne vit à Montpellier dans le mois de Mars, que des Gens de la Campagne tous éplorez, qui venoient s'y refugier avec leur Famille & leurs meilleurs-Effets : Ce Spectacle, qui certainement étoit des plus touchans, attendrit la plûpart des Habitans ; Mais, les Consuls, croyant à cette occasion devoir augmenter leur Vigilance pour la Sûreté de la Ville, mirent deux Bourgeois de plus à chaque Porte, qu'on n'ouvroit qu'à sept heures du matin, pour les fermer à pareille heure du soir.

Les Réjouïssances pour la Prise du Fort de Kiel par le Maréchal de Villars, vinrent fort à propos pour détourner un peu les Esprits de tous ces Objets affligeans : On en chanta le *Te Deum* à Montpellier le premier d'Avril, & le soir on fit un Feu-de-Joye à la Canourgue, à la Maniére accoûtumée.

Dans ce même-tems, le Maréchal de Montrevel étant à Nîmes, les Religionnaires de la Ville, eurent la hardiesse de s'assembler le Jour des Rameaux, au nombre de cent Personnes, de tout Âge & de tout Sexe, dans un Moulin à Blé, tout auprès

auprès des Casernes, pour faire prêcher & chanter des Pseaumes : Le Maréchal, qui étoit à Table, y accourut ; & fit si bien investir le Moulin, qu'il y perit plus de soixante Personnes. Ce fut par une espéce de Conspiration-Generale qu'ils firent cette Entreprise ; car, on sçut que dans les Hautes-Cévénes, ils prêchérent & chantérent publiquement des Pseaumes le Jour de Pâques ; & que dans les Lieux de *St. Cosme*, de *Clarensac*, & autres de Lavaunage, ils firent monter un Prédicant sur un Téatre au milieu de la Place, & forcérent les Anciens-Catoliques de l'aller entendre. Il ne fut pas dificile à comprendre, que les Nouveaux-Convertis de tous ces Lieux, tenoient-la-main aux Revoltez ; mais, pour s'en défaire une bonnefois, on prit le parti de les transporter ailleurs : Dans cette vûë, M. le Maréchal s'en fit donner un Rôle par les Consuls de tous ces Vilages ; & les ayant rassemblez, il les fit conduire à Montpellier, où ils furent embarquez jusqu'au nombre de douze-cent sur le Canal du Lez, pour être transportez à Perpignan, d'où ils allérent servir sur les Galéres-d'Espagne, ou furent envoyez en Terre-Neuve.

Mr. Planque, Brigadier & Inspecteur d'Infanterie, l'un des meilleurs-Officiers que la Ville de Montpellier eût donné aux Armées du Roi, défit dans le mois de Mai, deux ou trois Partis de ces Malheureux ; mais, ils étoient comme une Hidre qui repoussoit, dans la Montagne des nouvelles-Têtes, lorsqu'on la leur avoit abatuë dans la Plaine.

IV. Le onze Juillet fut mémorable à Montpellier, par la Mort de M. le Cardinal de Bonzy, l'un des Seigneurs des plus-Bienfaisans & des plus-Gracieux que la Province eût eu depuis plusieurs Siécles. Dans le tems que son Convoi sortoit par la Porte de la Saunerie, pour prendre le Chemin de Narbonne, le Maréchal de Montrevel arriva par la Porte du Pile-Saint-Gilles, avec une Grande-Escorte : Il alla le 14e. visiter le Port de Cette, & fit enregistrer le 16. ses Lettres de Premier-Président-Né de la Cour-des-Aides : il partit ensuite le 19. pour la Foire de Beaucaire.

Pendant son Absence, on chanta le *Te Deum* à Montpellier, pour le Combat *d'Ekeren*, gagné par le Maréchal de Boufflers, joint au Marquis de Bedmar, contre le General *Opdam*. On fit aussi des Réjoüissances pour la Retraite des Anglois devant Bellisle ; & l'on apprit le vingt-uniéme d'Août par un Courier-Extraordinaire, que le Roi avoit nommé à l'Archevêché de Narbonne, à la Place du feu Cardinal de Bonzy, Charles le Goux de la Berchere, Archevêque d'Alby.

V. Les Enlévemens que le Maréchal de Montrevel avoit fait faire dans les Vilages des Fanatiques, les irrita si fort qu'ils tentérent diverses-fois de l'enlever lui-même : ils dirent hautement qu'ils vouloient se défaire de lui ; & ils affectoient de ne lui donner d'autre Nom que celui de Maréchal de *Courtevie*. Ce Seigneur, les regardant comme des Forcenez, voulut tenter les Voyes de Douceur, en leur faisant offrir une Amnistie : mais, cette Voye n'ayant servi qu'à augmenter leur Insolence, on en vint à une Resolution-extrême, qui fut de faire retirer tous les Habitans de la Campagne dans des Villes qu'on leur nomma, & de brûler tout le Païs, afin que les Revoltez n'y trouvassent ni Vivres ni Retraites. Cette Ordonnance, qui fut executée, attira à Montpellier un nombre-infini de Pauvres-Familles-Catoliques, qui excitérent la Pitié de tous les Habitans : On reçut les Jeunes-Enfans dans l'Hôpital-General ; On fit de Grandes-Quêtes ; & l'on entretint long-tems les Personnes-âgées, dans le Logis du Cheval-Verd, jusqu'à-ce que les choses changeassent de face.

Cette derniére Execution anima d'autant-plus les Fanatiques, qu'ils vinrent à apprendre que le Duc de Savoye avoit renoncé à l'Aliance des deux Couronnes, & avoit pris le Parti de l'Empereur : Ils se flatérent d'un Grand-Secours de la part de ce Prince, qui le leur fit promettre ; & ils se crurent à la veille de le recevoir, lorsqu'ils virent paroître le 28. Septembre, deux Vaisseaux-de-Guerre au-dessus de Maguelonne. Ceux de leur Parti, aussibien que les Catoliques, crurent que ces deux Vaisseaux servoient d'Avant-Garde à une Armée-Navale qui venoit débarquer sur nos Côtes ; ainsi, les uns témoignérent une Grande-Joye, & les autres se donnérent mile-Mouvemens pour empêcher le Débarquement : ils firent approcher de la Mer, les Troupes qu'ils avoient dans le Continent ; & ils envoyérent à la Découverte-des-Enemis, deux Galéres du Chevalier de *Roannez*,

R r r

1703.

qui étoient à Cette: Heureusement, les deux Vaisseaux prirent le Large; & ils se contentérent d'avoir fait luire aux Fanatiques ce foible-Rayon d'Esperance.

Dans le mois d'Octobre, on reçut à Montpellier la Nouvelle de la Prise de *Brisac* par M. le Duc de Bourgogne, & la Défaite du Comte de Stirum à *Hochtet*, par le Duc de Baviére & le Maréchal de Villars. Le S*r*. de Fimarcon batit environ ce tems, un Gros-Parti de Fanatiques, qui s'étoient assemblez dans le Lieu de Nages pour y faire la S*te* Martin : Après-quoi, le Maréchal de Montrevel prit toutes ses Troupes, pour se faire accompagner dans l'Entrée-publique qu'il fit à Montpellier le dix-huitiéme Novembre, avec toute la Solennité qu'on a coûtume d'observer à l'Entrée des Gouverneurs de la Province.

Le 28. il fit l'Ouverture des Etats, durant lesquels il établit une Garde de cinquante Hommes au Pont-Juvenal, & autant à celui de Castelnau; Mais, ces Précautions pour la Sûreté de la Ville, n'empêchérent point les Desordres de la Campagne, où les Fanatiques couroient impunément, & où ils égorgérent une Jeune-Dame de Montpellier, qui venoit avec ses Domestiques d'Uzés à S*t*. Ambrois. Sa Mort, très-lamentable dans toutes ses Circonstances, causa une Affliction-generale, qu'on tâcha de dissiper par les grandes-Rejouissances qui furent ordonnées pour la Bataille de *Spire*, gagnée par le Maréchal de Talard sur les Imperiaux, & suivie de la Rédition de *Landau* : Cette Victoire auroit causé plus de Joye à Montpellier, si on n'eût appris qu'elle avoit coûté la Vie au Chevalier de Toiras, le dernier des Seigneurs de cette Illustre-Maison.

La Grande-Affaire de l'Assemblée des Etats, fut l'Imposition de six Milions, & la Levée de deux mile Hommes de Milice que le Roi demandoit. Quoique la Province fût desolée depuis long-tems par la Guerre-intestine des Fanatiques, elle ne laissa-point en cette Occasion de faire des Efforts-extraordinaires : Mais, on ne put resister à la Surprise où tout le Monde fut, d'apprendre que *Rolland*, l'un des Chefs des Rebelles, avoit celebré son Mariage presque sous les yeux des Seigneurs de la Province assemblez à Montpellier; & que non-content d'avoir pris la Qualité de Prince des Hautes & Basses-Cévénes, il avoit donné celle de Princesse à une Miserable-Servante qu'il venoit d'épouser.

Les Catoliques commencérent à murmurer de l'Inaction ou de la Tolérance de Ceux qui avoient le Commandement; & il se forma dès-lors un troisiéme Parti, qui fit fort parler de soi. Un Reclus de l'Hermitage de *Primecombe*, près de Sommiéres, y donna occasion : Cet Homme, qui, sous le nom du S*r*. *de la Sajole*, avoit autrefois servi dans le Regiment de la Marine, sentit reveiller son Humeur-Guerriére par le Desordre des Fanatiques; Il demanda Permission à son Diocésain l'Evêque d'Uzés, de prendre un Habit-Séculier, & de leur courre-sus : on lui donna Commission pour commander quatre cent Braves-Hommes, qu'il choisit, avec deux Capitaines sous-lui, ausquels on accorda la Solde des Troupes-Reglées, avec un Ordre à toutes les Communautez, de leur fournir les Vivres dont ils auroient besoin. Nous verrons dans la suite de quelle utilité fut cette Troupe.

CHAPITRE VINGT-TROISIÉME.

I. Conseil tenu à Montpellier contre les Fanatiques. II. Le Maréchal de Villars en Languedoc. III. Evenémens-particuliers pour Montpellier. IV. Le Duc de Barwix en Languedoc. V. Conspiration des Fanatiques à Montpellier. VI. Evenémens-particuliers.

1704.

I. LE S*r*. de Julien, Maréchal-de-Camp, ayant brûlé trente-cinq Vilages dans les Hautes-Cévénes, vint à Montpellier, pour se trouver à un Grand-Conseil que M. de Montrevel tint chès lui le quatriéme de Janvier 1704. où assistérent M*rs*. de *Fimarcon*, de *la Lande*, de *la Parra*, *Planque*, de *Basville*, & plusieurs autres,

qui

qui resolurent de former quatre Camps-Volans, pour enveloper les Fanatiques & les exterminer, avant que la Saison fût venuë de faire partir nos Troupes pour le Portugal, qui venoit de se déclarer contre la France: En consequence de cette Resolution, on fit marcher tout ce qu'on avoit de Troupes-Reglées, jusqu'à la Garnison des Soldats qui étoient à la Citadelle, dont on confia la Garde pour cette fois aux Habitans de la Ville.

Cependant, le Maréchal de Montrevel, détenu à Montpellier par l'Assemblée des Etats, profita de ce tems pour se faire installer le 23. Janvier, en la Charge de Premier-Président-Né de la Cour-des-Aides: Dans cet intervale, il assista aux *Te Deum* chantez pour la Défaite dans le Tirol du General Staremberg par le Duc de Vendôme, & pour la Prise d'Ausbourg par le Duc de Baviére nôtre Allié.

L'Assemblée des Etats ayant fini dans le mois de Février, le Maréchal partit pour Sommiéres, d'où il envoyoit ses Ordres dans tout le Païs Fanatique: mais, le grand-nombre de Troupes qu'il y retint pour sa Garde, l'empêchant d'envoyer ailleurs la Quantité qu'il eût falu, les Rebelles en prirent-Courage, & nos Soldats manquant-de-Cœur, n'écoutérent-point souvent la Voix de leurs Officiers. Dès-lors, les Incendies continuérent à la Campagne, & les Meurtres sur les Grands-Chemins: Ce qui piqua si fort les Catoliques des Environs de Beaucaire, qu'ils s'attroupérent au nombre de plus de deux mile; & prenant le Nom des *Cadets de la Croix*, ils coururent se venger des Fanatiques par tout où ils purent les trouver: à quoi ils ne furent pas peu aidez par l'Hermite de Sommiéres.

Les Choses continuoient sur ce pié, lorsque le Roi, voulant absolument faire cesser nos Troubles, nomma le Maréchal de *Villars* pour venir commander dans la Province, & destina pour la Guiéne le Maréchal de Montrevel, qui, avant son Départ, batit les Révoltez à *Caveirac* sur la fin du mois d'Avril. L'Arrivée de M. de Villars parut faire prendre toute-une autre face aux Affaires; car, ayant enlevé entre Anduse & St.-Jean-de-Gardonenque, l'Hôpital des Fanatiques, où l'on trouva une très-grande quantité de Remédes & de Vivres, il les rendit souples à écouter la Proposition d'une Amnistie qu'il leur fit offrir: Dès-lors, les Négociations commencérent. *Catinat*, l'un de leurs Chefs, vint trouver Mr. de la Lande à Alais; & lui demanda, de la part de Cavalier, une Conference avec M. le Maréchal: Ce Seigneur, voulant applanir toutes les Dificultez pour terminer une si malheureuse-Guerre, assigna à *Cavalier* le Jardin des Recolets de la Ville de Nîmes pour conferer avec lui; Il demanda de sortir du Royaume avec quatre mile Hommes: mais, on jugea plus à propos de faire de toute sa Troupe, un Regiment, qui porteroit le Nom de Villars; & dont Cavalier seroit Colonel, sur le Pié des Troupes-Etrangéres; En consequence, on fit travailler à des Habits-Rouges pour le Nouveau-Regiment; & M. de Villars se chargea lui-même, d'équiper magnifiquement son Colonel: Mais, tandis que toute la Troupe attendoit à Calvisson qu'on l'eût mise en état, un Lieutenans de *Cavalier*, & Grand-Predicant, nommé *Ravanel*, declama si fort contre lui, qu'il lui débaucha la plûpart de ses Gens, & le laissa presque seul. *Cavalier*, voulant se piquer de bonne foi, courut-après ses Deserteurs, dont il en ramena quatre cent; & persistant toûjours dans sa Parole, malgré la Desertion de plusieurs autres, il fut recompensé par le Roi d'un Brevet de Lieutenant-Colonel, avec lequel il partit pour le Vieux Brisac dans le mois de Juin, amenant avec lui une centaine des Siens qui lui avoient resté-fidéles.

Les Fortes-Solicitations des Religionnaires de France & de Holande, avec l'Argent de l'Angleterre, & la Promesse d'une Puissante-Diversion du côté de la Savoye, empêchérent les autres Chefs des Fanatiques de suivre l'Exemple de *Cavalier*; ils osérent même entreprendre une nouvelle-Irruption dans *Lavaunage*: mais, M. de Villars ayant fait dépeupler le Païs, les reduisit à se retirer dans les Hautes-Cévénes. En ce même-tems, *Rolland*, un de leurs Principaux-Chefs, fut surpris & tué dans un Château près d'Uzés, où il étoit avec sa Maîtresse; Quatre Galéres du Duc de Savoye, qui leur apportoient des Armes & des Hommes, furent dissipées par le Chevalier de *Roannez*, qui en fit échoüer trois, & prit la quatriéme, avec les Religionnaires-François qui s'y trouvérent dessus: ils furent exe-

1704.

cutez à Nîmes ; & cet Echec ayant abatu le Cœur aux Fanatiques, ils se laissèrent batre en diverses-Rencontres : ensorte que *Castanet*, *Catinat*, *Joannin* & *la Rose*, leurs Principaux-Chefs, vinrent se rendre au Maréchal de Villars, précisément dans le tems de la funeste-Bataille d'*Hochstet*.

Ce Seigneur, voyant qu'il ne lui restoit que *Ravanel* à réduire, se contenta de mettre sa Tête à Prix ; & prenant le Chemin de Montpellier, il y fit son Entrée avec la Maréchale son Epouse, le vingtième Novembre : Au commencement du mois suivant, il fit l'Ouverture-des-Etats ; & après qu'il eut obtenu de la Province les cinq Milions que le Roi demandoit, il prit jour au dix-neuviéme de ce mois, pour se faire installer en la Charge de Premier-Président-Né de la Cour-des-Aides.

III. Dans le cours de cette année, il y eut quelques Evenémens singuliers pour la Ville de Montpellier, dont je n'ai pû faire mention en leur tems, pour ne pas interrompre ce que j'avois à dire des Fanatiques. Dès le 15. de Janvier, on mit à Execution les deux Edits du Roi, qui établissoient une Chambre-de-Commerce en cette Ville, à l'*instar* de celle de Toulouse : J'en parlerai plus au-long sur la fin de cet Ouvrage, dans l'Article du Consulat-de-Mer ; & je me borne pour le présent, à marquer l'Epoque de son Etablissement.

Par autre Edit du même-mois, le Roi rendit Héréditaires trois de nos Charges de Consuls ; c'est-à-dire, que la Premiére, la Troisième & la Cinquième, furent financées par les Acquereurs, & les trois autres restérent Electives, comme elles l'étoient auparavant : Cette Affaire, après avoir été agitée dans plusieurs Conseils-de-Ville, ne put être terminée que dans le mois de Septembre, où les Nouveaux-Consuls-Perpetuels reçurent leurs Provisions : le Premier sur la Finance de trente-mile livres ; le Troisième de dix-huit, & le Cinquième de six mile, avec les deux sols pour livre.

Les Besoins de la Guerre, qui faisoient recourir à ces Expediens, obligerent aussi de créer de Nouveaux-Offices dans toutes nos Cours-de-Justice : La Cour-des-Comptes, Aides & Finances eut une Crûë d'un Président, de six Conseillers, de deux Correcteurs, & de quatre Auditeurs ; Le Bureau-des-Finances, d'un Trésorier-de-France ; Le Presidial, de deux Conseillers, d'un Chevalier-d'Honneur, & d'un Lieutenant-Général-d'Epée. Par les mêmes Raisons, on érigea en Titre-d'Office, la Commission de Subdélegué de l'Intendant, que *Hierôme Loys*, Conseiller au Présidial, exerçoit depuis long-tems en cette Ville : il finança pour la Nouvelle-Charge ; & ayant reçû ses Provisions, il se fit installer le 10. Novembre.

Dans cette même année, on agita long-tems au Conseil-de-Ville, la Proposition du Sieur Matte, Artiste-Royal en Chimie, qui vouloit établir une Verrerie dans le Fauxbourg St.-Guillem, où il faisoit ses Démonstrations-ordinaires : L'Affaire ayant souffert de grandes-Dificultez, tant à cause de la grande-Consommation de Bois qui s'y feroit au prejudice des Habitans, que par le Danger-du-Feu que courroit tout le Fauxbourg, on ne laissa-point de lui permettre de commencer sa Verrerie, en prenant avec lui des Ajustemens ; mais, l'Entreprise cessa enfin, par les mêmes Raisons qui l'avoient combatuë, & par le peu de Profit qui en revint à l'Entrepreneur.

1705. IV. L'année 1705. causa un Changement remarquable dans nôtre Gouvernement, par l'Arrivée d'un Courier, qui porta, le cinquième de Janvier, au Maréchal de Villars, le Cordon-Bleu, avec le Commandement des Armées du Roi sur la Mozelle contre l'Empereur : il partit quatre jours-après, pour aller remercier Sa Majesté ; & la Maréchale son Epouse l'ayant suivi au commencement de Février, on ne tarda-point d'apprendre, que pour comble de Faveur, le Roi l'avoit fait Duc & Pair : Sa Place dans le Languedoc, fut remplie par le Duc de Barwik, qui arriva le 19e. Mars à Montpellier, où il connut bientôt le peu de fonds qu'il y avoit à faire sur la Parole des Fanatiques.

Castanet, l'un de leurs Chefs, qui s'étoit rendu à M. de Villars, n'ayant pû rester à Genéve (où il s'étoit retiré) sans y exercer son Fanatisme, se fit chasser par les Bourguemestres de cette Ville ; & ne pouvant resister à l'Envie de revoir son Païs, il se mit en chemin pour y revenir, malgré les Ordres du Résident-de-France, & les Défenses-expresses de M. de Basville, à qui il en avoit fait écrire : Son Malheur leur voulut qu'il fût reconnu & livré par des Païsans du Vivarés, à qui il demandoit la Retraite ; & ayant été conduit à Montpellier, avec deux de ses Camarades, ils y perirent sur la Roüe dans le mois d'Avril.

Cet Evenement, qui fit grand-Bruit, fut moins considerable en lui-même, que par les Suites-terribles qu'il eut ; car, on apprit en même-tems, qu'il y avoit à Montpellier des Etrangers qui machinoient contre la Religion & contre l'Etat. Sur cet Avis, M^{rs}. de Barwik & de Basville ordonnérent une Recherche, qui réüssit au S^r. *Henry Jausserand*, Prévôt-Diocésain, beaucoup-mieux qu'aux autres qui couroient comme lui avec des Escoüades : Il alla, sur les onze-heures de nuit, chés une Nouvelle-Convertie, dont la Maison dans la Vieille-Triperie, répondoit par le derriére aux Murailles de la Ville ; Cette Femme, interrogée si elle avoit des Etrangers, répondit qu'elle n'avoit que trois Amis de son Fils, couchez dans la plus-haute Chambre de la Maison : Le Prévôt y monta, suivi de deux Hommes ; & sur les Réponses que ces Etrangers lui firent, il leur dit qu'il les arrêtoit de la Part du Roi : l'un d'eux, nommé *Isac Fleissières*, feignant de chercher ses Habits pour s'habiller, foüilla dans un Cofre, où il prit un Pistolet qu'il lâcha par-dessus l'Epaule contre le Prévôt, à qui il brûla la Perruque & les Sourcils ; à ce Coup, le Prévôt lui appuya le sien sur les Reins & l'abatit à terre.

Le Trouble que cet Accident causa dans la Chambre, fit tomber la Lanterne des mains du Valet qui la portoit ; & dans cette obscurité, les deux Compagnons de *Fleissières* prirent la fuite. Comme après leur Evasion on n'étoit pas plus avancé qu'auparavant ; on prit le parti de courir après les Fuyards : Le nommé *Gaillard*, dit l'*Alemand*, l'un des Compagnons de Fleissières, fut arrêté ; & le troisiéme, dit le *Genevois*, après avoir couru de Ruë en Ruë, alla se refugier à la Poissonnerie, qui est la Retraite ordinaire des Gueux : il y changea d'Habit avec quelque Miserable, qui n'en avoit pas de meilleur que le sien ; & dans le tems qu'il se croyoit en sûreté à la faveur de son Déguisement, il fut reconnu par le Valet du Prévôt qui passoit avec sa Lanterne : le Valet le coleta, & cria au Secours. Genevois fut pris & conduit à M. de Barwik, à qui il dit, que s'il vouloit lui promettre la Vie, il lui découvriroit les Desseins des Principaux-Chefs des Revoltez, qui étoient rentrez dans la Province pour y exciter de plus-grands Soulévemens : La Promesse de la Vie lui ayant été faite, il dit tout ce qu'il sçavoit, & marqua le Lieu où l'on pourroit se saisir des Chefs. Aussitôt, M. de Barwik ordonna qu'on transferât le Genevois à Nîmes, où étant arrivé le 16. d'Avril, sur les six-heures du soir, M. de *Sandricourt*, Gouverneur de Nîmes, en fit fermer les Portes, & environner les Maisons qui lui avoient été indiquées : ses Gens se saisirent de *Ravanel*, dont la Tête avoit été mise à Prix depuis long-tems ; & sur les autres Indications qu'il avoit, il fit arrêter plus de quarante Personnes.

A cette Nouvelle, M^{rs}. de Barwik & de Basville se rendirent en diligence à Nîmes, où on leur dit, que *Catinat* étoit en cette Ville, quoiqu'on n'eût pû encore le découvrir : L'Avis étoit veritable ; car, ce Malheureux n'ayant pû se soûtenir à Genève, comme la plûpart de ses Semblables, étoit revenu pour exciter de Nouveaux-Troubles dans le Païs. Ceux de sa Religion lui donnoient Azile : mais, lorsque le Duc de Barwik eut fait publier Peine-de-Mort contre les Receleurs, & une grande-Recompense pour Ceux qui le découvriroient, ce Miserable n'eut d'autre ressource que de tenter de sortir de la Ville ; Pour cet effet, il prit les Airs-d'Officier ; & tenant son Chapeau enfoncé sous les yeux, le Bout de sa Cravate entre les Dens, & une Lettre à la main, qu'il lisoit nonchalamment, il se presenta à la Porte pour sortir. On le laissoit passer, lorsqu'un Officier-Subalterne dit (comme par hazard) que l'Air de cet Homme ne lui plaisoit-point : à quoi l'Officier-Commandant lui ayant répondu, qu'il étoit maître de le faire arrêter s'il vouloit, sauf à le relâcher dans la suite, il prit ce Parti ; & à peine l'eut-il fait entrer dans le Corps-de-Garde, que les Enfans s'écriérent, *Catinat est pris* : A ce mot, il fut foüillé, & reconnu pour tel, par les Lettres qu'on trouva sur lui. On le mena garroté à M. de Basville, qui travailloit actuellement au Procès de *Ravanel* ; & de là, ayant été conduit à M. de Barwik, il eut l'extravagance de lui proposer son Echange avec le Maréchal de Talard, Prisonnier en Angleterre : sa Sentence lui fut bientôt prononcée; mais, comme il devoit être préalablement appliqué à la Question, son Suplice fut remis au lendemain vingtiéme d'Avril, qu'il fut attaché avec *Ravanel* à un même Poteau, & brûlez tous-deux, comme Incendiaires-publics: Deux autres de leurs Complices, nommez *Jonquet* & *Villas*, eurent les Os caffez avant que d'être jetez dans leur Brafier.

Telle fut la Fin de ces Miférables, qui produifit après leur Mort, un très-grand nombre d'Executions à Nîmes & à Montpellier; car, fur les Eclairciffemens qu'ils donnérent à la Queftion, on faifit un grand-nombre de Perfonnes, qui fervirent à en découvrir plufieurs autres: enforte que dans le refte d'Avril & dans tout le mois de Mai, on ne vit à Montpellier que des Emprifonnemens & des Executions, dont la moindre Peine étoit la Galére pour les Hommes, & la Prifon-perpetuelle pour les Femmes, qui furent enfermées dans la Tour-de-Conftance à Aiguemortes, ou dans le Château de la Cité de Carcaffonne.

L'Arrivée de la Ducheffe de Barwik parut adoucir l'Horreur que caufoient ces Objets-lugubres: Cette Dame arriva le même-jour qu'on devoit chanter le *Te Deum* pour la Prife de *Verüe* par le Duc de Vendôme, & pour celles de *Villefranche* & du Fort de *Montalba* dans le Piémont par le Duc de la Feüillade; Plufieurs Perfonnes de fon Sexe fe reffentirent de fa Puiffante-Protection, par l'Adouciffement qu'elle leur obtint des Peines qu'elles avoient encouruës.

VI. Dans ce même mois, M. Legendre, Intendant de Guiéne, vint par Ordre du Roi, conferer avec M^{rs}. de Barwik & de Bafville, fur les Religionnaires de fes Cantons: Ils prirent enfemble des Mefures fi juftes, qu'au-lieu du Soulévement qu'on vouloit faire craindre dans les deux Provinces, les Mal-intentionnez y diminüérent tous les jours, par les Captures qu'on en fit, & par l'Efperance qu'ils perdirent du Secours de la Savoye; car, ils fçurent par un Courier dépêché au Roi d'Efpagne par le Duc de Vendôme, & qui paffa à Montpellier dans le mois de Juin, que tout étoit prêt pour le Siége de Turin; que la Mirandole s'étoit renduë à difcretion; & que le Prince Eugene, après avoir perdu huit cens Hommes à un Paffage, étoit parti pour Viéne à l'occafion de la Mort de l'Empereur Leopold.

Les Chofes commençant à être paifibles dans Montpellier, le Duc de Barwik voulut fuivre l'Exemple de tous les Commandans de Languedoc, depuis le Maréchal de Noailles, qui s'étoient faits inftaler Premiers-Préfidens-Nez de la Cour-des-Aides: Quoique fes Lettres euffent été enregiftrées en cette Cour depuis fon Arrivée dans la Province, il prit jour pour fon Inftalation au 22. de Juin, qu'il fe rendit au Palais avec un grand-Cortége, où la Cerémonie en fut faite avec toutes les Solennitez-accoûtumées.

Dans le mois de Juillet, on reçut de la Cour, les Lettres-de-Grace de ce Genévois (dont j'ai parlé) qui découvrit la Confpiration tramée par *Catinat*, *Ravanel* & leurs Complices: Il fut mis hors de Prifon; mais, une heure-après, il lui arriva un Accident des plus finguliers, & qui fait bien voir la Dicipline & les Priviléges des Troupes-Suiffes qui fervent dans le Royaume. Ce pauvre-Miférable goûtoit à peine la première-joye de fon Elargiffement, qu'il fut arrêté par Ordre de M. Courten (Colonel-Suiffe) comme Deferteur de fon Regiment; En même-tems, cet Officier fit affembler le Confeil-de-Guerre, qui condanna Genevois à avoir la Tête caffée avec un autre Deferteur: on lui prononça fa Sentence, au grand-étonnement de tout le Monde, & on lui donna un Confeffeur pour l'accompagner au Lieu du Suplice. Alors, M. Courten ayant impofé-Silence aux Soldats & aux Spectateurs, dit « que le » Roi avoit le Pouvoir de faire Grace à un Criminel; mais, que Sa Majefté ne » lui avoit pas ôté l'Autorité de punir un Deferteur: que néanmoins il revoquoit la » Sentence-de-Mort qui venoit d'être renduë contre *Genevois*, & qu'il lui accordoit » la Vie, la Liberté & fon Congé, puifqu'il avoit fervi l'Etat par fes Dépofitions-» fincéres: Il eft marqué, qu'on lui ouvrit la Veine, pour empêcher le mauvais-effet du Trouble qu'il avoit eu.

Le refte de cette année donna à Montpellier, des Objets beaucoup-plus gracieux qu'on n'en avoit eu depuis fix mois. On marque au vingt-fixiéme de Juillet, les Cerémonies du Batême de Mademoifelle d'Aubijoux, Fille de François-Jacques Marquis de Toiras, tué à la Bataille de Leufe, & de Dame Françoife de Berard de Bernis: Les

Af-

Affaires de fa Maifon ayant fait retarder jufqu'alors les Ceremonies de fon Batême, ses Parens priérent M. de Basville, de lui fervir de Parrein, avec Demoifelle Marie de Toiras, Tante de la Jeune-Néophite, à qui on donna les Noms d'*Elizabet*, *Marie*, *Louïse*, *Nicole*, de *Bernis*, du *Cailar*, de *Toiras*, d'*Amboife*.

1705.

Sur la fin d'Août, on apprit à Montpellier le Gain de la Bataille de *Caffano* par le Duc de Vendôme fur le Prince Eugene, qui perdit douze mile Hommes en cette Occafion, & y fut lui-même dangereufement bleffé: On reçut Ordre d'en faire à Montpellier des Réjoüiffances-publiques, qui furent faites le huitiéme de Septembre. Quelques-jours après, Madame la Ducheffe de Barwik ayant accouché d'une Fille, elle fut portée le 16. de ce mois à l'Eglife Nôtre-Dame, où elle fut bâtifée & nommée *Jeanne-Henriette*; le Parrein M. de Basville, & la Marreine une Sœur de la Ducheffe de Barwik: Pendant toute la Cerémonie les Orgues joüerent; & après que tout fut achevé, la Fille fut ramenée chès M. fon Pere, dans une Chaife, précédée de quatre Tambours, & fuivie d'un Carroffe, où étoit la Nourriffe avec fes Amies, & d'un autre de M. de Barwik, dans lequel étoit M. de Basville & quelques Perfonnes-de-Qualité: le Duc voulut s'en retourner à-pied avec la Nobleffe qui l'accompagnoit.

Dans le mois d'Octobre, on apprit la mauvaife-Nouvelle, que le Parti de l'Archiduc avoit été le plus-fort dans Barcelonne; ce qui preparoit-bien de l'Exercice aux deux Couronnes, & particuliérement à nôtre Province, à caufe du Voifinage de Mer & de Terre: Peu-de-tems-après, le Duc de Barwik fut envoyé dans le Piémont, pour y faire le Siége de Nice; & fur la fin de l'année, on vit arriver à Montpellier le Comte d'Ayen, Fils du Maréchal de Noailles, qui alloit commander nôtre Armée en Rouffillon, dans le tems que le Chevalier de la Fare, qui commandoit le Blocus de Montmelian, reçut la Capitulation de cette importante-Place.

CHAPITRE VINGT-QUATRIÉME.

I. Le Duc de Roquelaure en Languedoc. II. Cavalerie-Bourgeoife. III. Grande Eclipfe du Soleil. IV. Mauvais-Succès de nos Armes. V. Société-Royale des Sciences. VI. Prifonniers-d'Efpagne. VII. Mortalité du Bétail. VIII. Inftalation du Premier-Préfident. IX. Evenémens-particuliers.

L'ANNÉE 1706. commença à Montpellier, par des Réjoüiffances-Publiques pour la Prife du Château de Nice, qui s'étoit rendu au Duc de Barwik le 4ᵉ. Janvier, après cinquante-cinq jours de Tranchée-ouverte. Les Etats de la Province, alors affemblez en cette Ville, affiftérent en Corps au *Te Deum*, qui fut chanté le 1ᵉʳ. de Février dans l'Eglife de Saint-Pierre, où M. l'Archevêque de Narbonne officia, en l'abfence de l'Evêque de Montpellier; & fur le foir, le Comte de Calviffon, qui étoit de Tour cette année, mit le feu au Bucher, au Bruit de tous les Canons de la Citadelle.

1706.

Les Etats ayant fini le huitiéme Février, le Duc de Barwik, qui s'étoit arrêté à *Caveirac* en revenant du Siége de Nice, entra dans Montpellier le même jour que les Etats finirent; Il y fut reçû avec de grandes-Démonftrations-de-joye, qui augmentérent encore-plus le 18. par l'Arrivée du Courier qui lui porta la Nouvelle qu'il avoit été fait Maréchal-de-France, Viceroi de Caftille, & Généraliffime des Armées du Roi d'Efpagne en Portugal: Dès-lors, il difpofa fon Départ pour l'Efpagne, & s'étant mis en Chemin le 26. du même mois, on apprit que le Duc de Roquelaure venoit lui fucceder dans le Commandement de la Province.

Avant l'Arrivée de ce Seigneur, M. de Basville fit juger à Montpellier un Célébre Prédicant, qui, depuis le Commencement du Fanatifme, avoit échapé à toutes les Recherches qu'on avoit faites: Son Obftination le porta à revenir de Genéve avec deux autres de fes Camarades, pour renouveller dans les Cévénes les Troubles paffez; mais, heureufement ils furent découverts au Paffage du

1706.

Rône, & conduits à Montpellier, où le Prédicant, nommé *Salomon Coudere*, fut condamné le 3e. Mars, à perir par le Feu, comme Incendiaire-public ; & ſes deux Aſſociez, *Vignes* & *Veirac*, à être pendus : leur Sentence fut imprimée, afin de la rendre plus connuë.

Le Duc de Roquelaure, Nouveau-Commandant de Languedoc, arriva en cette Ville le dix-neuviéme Mars, Jour de Saint-Joſeph : Il y fut reçû avec tous les Honneurs uſitez à l'Entrée des Gouverneurs de la Province ; Les Conſuls en Robe-Rouge, le haranguérent à la Porte du Peirou, & lui préſentérent le Dais, qu'il ne voulut pas : il alla décendre à l'Intendance, où il logea juſqu'au Départ de la Ducheſſe de Barwik, qui occupoit l'Hôtel deſtiné aux Commandans de la Province.

II. Une des premiéres-Affaires qu'il eut à regler, fut la Levée d'une Compagnie de Cavalerie-Bourgeoiſe, ordonnée par le Roi dans les Villes qui ſont les plus-proches de la Mer, pour s'oppoſer aux Décentes que les Enemis voudroient entreprendre ſur nos Côtes. Les Prieur & Conſuls de la Bourſe, choiſirent ſoixante-ſix Marchands, qui leur parurent les plus en état de monter à Cheval, & de marcher au premier-Ordre : On convint que leur Uniforme ſeroit d'un Camelot Gris-blanc, bordé d'Argent, le Chapeau bordé de-même, avec la Coquarde-blanche ; & que les Officiers auroient leurs Habits galonnez-d'Argent. On nomma pour Capitaine, *Simon Gily* ; pour Lieutenant, *Joſeph Aribert* ; pour Cornette, *Laurent Rozier* ; & pour Maréchaux-de-Logis, *Pierre Beirez* & *Izâc Teiſſier* : On y ajoûta ſix Brigadiers, qui furent *Jacques Mouton*, *Delfaut*, *Philippe Aribert*, *Pomier*, *Mialhe* & *Sablier* ; ce qui faiſoit en tout près de quatre-vingts Hommes, avec le Sr. *Roux*, Ancien-Capitaine de Carabiniers, qui fut donné pour Commandant à toute la Troupe : Ils firent faire un Etendart en Broderie d'Or & d'Argent, où, d'un côté, on voyoit un Soleil-d'Or, ſur un Fond-Bleu, ſemé de Fleurs-de-Lis-d'Or, avec la Déviſe du Roi, *Nec pluribus impar* ; & de l'autre, un Bouclier-d'Argent, chargé d'une Tête de Meduſe, avec une Crépine d'Or & d'Argent.

Il ſurvint un Incident, lorſqu'il fallut remettre cet Etendart entre les mains du Cornette ; car, les Conſuls de la Ville prétendirent qu'il devoit venir le recevoir de leurs mains, comme il ſe pratique dans les Réjoüiſſances-publiques : A quoi les Officiers de la Bourſe répondoient, que dans les Occaſions-publiques ils agiſſoient comme Membres de la Ville ; mais, qu'en celle-ci, ils repréſentoient le ſeul Corps des Bourgeois & Marchands. Sur cette Conteſtation, l'Affaire ayant été portée à M. de Baſville, il décida en faveur du Prieur & Conſuls de la Bourſe, qui remirent cet Etendart, avec beaucoup de Cerémonie, au Sr. *Laurent Rozier*, ſur la Porte de la Loge.

Au partir de là, toute la Troupe alla faire l'Exercice & eſcadronner vers la Fontaine St. Barthelemi, d'où ils ſe rendirent à la Place du Peirou, pour paſſer en Revuë devant le Commandant de la Province, qui y vint ſur le ſoir, précedé de tous ſes Gardes, & M. de Baſville à Cheval avec lui ; Ils firent quelques Tours dans les Rangs, & au tour de l'Eſcadron, qui fut trouvé ſi beau, que M. de Roquelaure leur dit, qu'il en avoit bien du plaiſir, & que c'étoit une marque qu'ils vouloient bien ſervir le Roi.

III. Le 12. de ce mois, la Ducheſſe de Barwik partit de cette Ville, au Bruit du Canon de la Citadelle, qu'on rechargea le même jour pour M. de Roquelaure, qui alloit dans les Cévénes avec M. l'Intendant. Préciſément un mois-après ; c'eſt-à-dire, le 12. de Mai, parut la Fameuſe-Eclipſe du Soleil, qui étonna toute l'Europe. Nos Mrs. de la Societé-Royale des Sciences, que le Roi avoit fondé depuis-peu à Montpellier, firent publiquement leurs Obſervations ſur cette Eclipſe, en préſence de Mrs. de Roquelaure & de Baſville : Les Imprimez qu'ils en donnérent au Public, marquent le Commencement de l'Eclipſe ,, vûë de Montpellier, à huit heures du matin vingt-trois
,, Minutes & trente-deux Secondes : le Commencement de l'entier-Obſcurciſſement,
,, à neuf-heures trente & une Minute & trois Secondes : la Fin de l'Eclipſe, à dix-
,, heures quarante-ſix Minutes treize Secondes ; enſorte que la Durée de toute
,, l'Eclipſe, fut de deux heures vingt-deux Minutes & quarante & une Seconde.
,, Ils ajoûtent, que pendant l'Obſcurité, les Chauves-Souris voltigeoient comme à
,, l'Entrée

l'Entrée de la nuit ; les Poules, les Pigeons, & les autres Animaux-Domestiques, couroient précipitamment se renfermer ; les Petits-Oiseaux qui chantoient dans les Cages, se türent, ou mirent la Tête sous-l'Aîle; & enfin, les Bêtes qui étoient au Labour s'arrêterent, par la grande Obscurité, & la plûpart de leurs Conducteurs s'enfuirent, tous effrayez d'un tel Prodige, qui allarma bien d'autre Monde, & donna lieu à des Contes fort-plaisans & à des Avantures très-singuliéres.

Celui de nos Astronomes, qui, à l'occasion de cette Eclipse, prit la peine de consulter nôtre Anciéne-Histoire, marque que dans le Talamus de la Ville, il est fait mention de trois grandes-Eclipses, l'une au 14. Mai 1133. entre l'heure de None & de Vêpres ; l'Autre au premier Janvier 1386. entre la seconde & la troisième heure du jour ; enfin, la derniére le 7. Juin 1415. à une heure & demi de jour : A quoi des Personnes-Vivantes ajoûtérent alors, que l'Eclipse vûë à Montpellier le 12. Août 1654. ne ceda point à celle dont nous parlons ; mais, il n'en reste qu'une Connoissance purement Historique, Et nos Successeurs connoîtront avec plus d'exactitude celle de 1706. par les sçavantes-Observations de nôtre Societé-Royale des Sciences.

Quelques-jours-après, on chanta le *Te Deum* à Montpellier, pour la Bataille de *Calcinato*, gagnée par le Duc de Vendôme en Italie, contre le Général *Raventlhau*, qui commandoit en l'absence du Prince-Eugéne : Mais, nos Réjoüissances en cette Occasion furent bien-tristes, par la mauvaise-Nouvelle qu'on apprit, de la Levée du Siége de Barcelonne, & de l'Arrivée du Roi d'Espagne à Narbonne, où M. de la Berchére eut le bonheur de se trouver pour accüeillir Sa Majesté-Catolique, qui, après s'être délassée quelques-jours chès cet Archevêque, continüa sa Route par le Haut-Languedoc, & gagna Bayonne pour rentrer dans ses Etats par la Navarre.

Le Passage du Maréchal de Tessé par Montpellier dans le mois de Juin, donna lieu d'y parler de nouveau de la Déroute de Barcelonne : Mais, pour nous précautionner contre la Flote des Enemis, qui paroissoit toûjours sur nos Côtes, on assembla la Cavalerie-Bourgeoise de nos Villes-Maritimes, comme *Lunel*, *Aimargues*, *Massillargues* & *St.-Laurent-d'Aigouse*, qui passérent en Revüë à Montpellier le premier de Juillet ; Elle fut trouvée aussi Leste que celle de Montpellier : mais, pour distinguer les deux Troupes, celle-ci mit à son Etendart, au Revers de la Dévise du Roi (qui leur étoit commune) deux Ancres en Sautoir, & une Epée-nüe dans le milieu, avec ces Paroles autour ; *& Bello & Commercio*.

La nouvelle Societé-Royale des Sciences commença cette année de celebrer la Fête de S^t. Loüis, comme elle a fait depuis tous les ans, dans la Chapelle des Penitens : M^r. l'Intendant, à la Tête de tous les Académiciens, y reçut l'Evêque d'Alais, qui y celebra Pontificalement la Messe.

Les Chaleurs excessives qu'on avoit eu pendant l'Eté, finirent par une petite-Pluye qui commença le premier de Septembre : mais, elle vint à augmenter si fort, que nôtre Riviére grossit jusqu'à la Hauteur du Pont-Juvenal, & qu'elle emporta celui de Prades ; rompit l'Ecluse du Moulin de *Semalens* ; & se répandant avec impetuosité dans la Campagne, elle entraina le Bétail, les Hommes & les Bateaux qu'elle trouva sur son chemin.

Cet Orage-particulier fut regardé quelques-jours-après, comme un Avant-coureur de la Déroute des François devant Turin, qui arriva dans ce même-tems : Elle causa au Roi la Perte de toute l'Italie ; & l'on remarque à ce sujet, que les trois grands Échecs de Barcelonne, de Ramilly & de Turin, que nous reçûmes cette année, furent suivis de la Perte des plus-fortes Places que nous eussions dans le Païs où nous fûmes batus : Le seul Maréchal de Villars soûtint l'Honneur de nos Armes en Alemagne ; & le Duc de Barwik, après que le Roi d'Espagne fut rentré dans sa Capitale, commença de rétablir les Affaires de cette Monarchie, par les Prises de *Cuença* & de *Cartagéne*.

Dans ces Entrefaites, le Duc de Roquelaure fut instalé à Montpellier, dans la Charge de Premier-Président-Né de la Cour-des-Aides : La Cerémonie en fut faite le sixiéme Septembre ; & l'on profita de cette Occasion-remarquable, pour faire publier les Lettres-Patentes du Roi, pour l'Etablissement de la Societé-Royale des

1706. Sciences, qui n'avoient été jusqu'alors qu'enregîtrées en cette Cour. Le 12. du même mois, on celebra le Mariage de Mademoiselle de Basville avec Mr. Desforts, Maître des Requêtes, Fils à Mr. Peletier de Souzy, Directeur & Intendant-Général des Fortifications : L'Estime & l'Affection de toute la Ville pour cette Jeune-Dame, jointe à la grande-Vénération qu'on avoit pour Mr. son Pere, porta toutes les Compagnies, & plusieurs Particuliers, à celebrer-extraordinairement cette Fête.

La Vendange de cette année servit à entretenir la Joye dans Montpellier ; car, on marque que l'Abondance du Vin y fut si grande, que le Mui ne s'y vendit que douze livres : On en attribüa la cause aux Nouveaux-Plants de Vigne qu'on avoit fait en très-grand-nombre depuis le commencement de ce Siécle, & aux Dificultez qu'on avoit à pouvoir embarquer le Vin pendant le fort de cette Guerre.

La Joye-publique augmenta par l'Arrivée de Madame la Duchesse de Roquelaure, qui fut reçüe à Montpellier le 15e. d'Octobre, avec tous les Honneurs qu'on put trouver pour rendre son Entrée plus Solennelle. Le Duc son Epoux fit l'Ouverture des Etats de la Province le 25. de Novembre ; & le dixiéme du mois suivant, les Mrs. de la Société-Royale des Sciences, firent après-midi, l'Ouverture publique de leur Académie, dans la Sale-même des Etats, en présence de tous les Seigneurs de cette Auguste-Assemblée : Le Directeur commença par un Discours à la Loüange du Roi ; Le Secrétaire-Perpetuel fit la Lecture des Lettres-Patentes ; Le Phisicien lut un Discours sur le Raport du Corps-Humain avec celui des Animaux & des Végétaux ; L'Astronome discourut sur l'Eclipse précedente, & en prédit trois autres pour les années 1708. 1709. & 1710 : Aprèsquoi, le Directeur fit une Recapitulation de tout ce qui avoit été dit. Nous n'eûmes d'autre Evenément dans le cours de cette année, que celui que les Fanatiques nous firent naître par leurs divers Attroupemens, & qui occasionnérent la Prise de leur Prophéte *Daniel*, & du nommé *Lafleur*, un de leurs Petits-Chefs, qui furent executez à Montpellier sur la fin de cette année.

1707. Au commencement de 1707. le Corps-de-Ville & les Etats de la Province, firent de Grandes-Réjoüissances pour la Naissance du Second-Prince dont Madame la Duchesse de Bourgogne accoucha le huitiéme de Janvier. Il parut une Description imprimée, du Feu-d'Artifice qui fut fait à la Canourgue au sujet de cette Fête, avec des Explications en Vers de toutes les Dévises : On mit ce Petit-Ouvrage au nombre des meilleurs qu'on eût vû dans ce Genre.

VI. Le Changement arrivé en Espagne depuis que Philipe V. fut rentré dans Madrid, attira à Montpellier l'Evêque de Segovie, le Grand-Prieur de Castille, & le Procureur-Général de l'Inquisition, qui y furent conduits le 26. de Mars, par quatre Gardes du Maréchal Duc de Grammont : Comme on les avoit fait décendre au Logis du Cigne, où ils trouvérent qu'il y avoit un trop grand Abord de Monde, ils firent suplier Mr. de Roquelaure, de les loger hors de la Ville, dans quelque Lieu où il y eût du Jardinage. Ce Seigneur, qui ne fut jamais éloigné de faire tout le plaisir qu'il pouvoit, fit prier de sa part le Prieur des Carmes-Déchaussez, de leur donner un Logement chès-eux ; ce qui fut accordé gracieusement : ils y furent visitez par quelques Particuliers de la Ville ; mais, ils ne virent, ni Mr. de Basville, ni Mr. de Roquelaure, à qui ils firent demander encore la Permission, de voir en passant à Avignon, l'Evêque de Barcelonne, qui y étoit Prisonnier : Il leur fut répondu, que cela dépendoit uniquement du Maréchal de Grammont, auquel ils prirent le parti de dépêcher un Courier à Bayonne, qui leur apporta la Permission qu'ils demandoient ; Ainsi, après avoir fait un assés-long-Séjour à Montpellier, ils prirent la Route d'Avignon, d'où ils furent conduits à Pierre-Encise. On publia, qu'ils étoient les Principaux-Chefs d'un Complot fait pour enlever la Reine d'Espagne, & pour faire ensuite épouser à l'Archiduc cette Princesse, Veuve du feu Roi Charles II. mais, la Revolution arrivée à Madrid rompit toutes leurs Mesures.

On apprit dans le mois suivant, que le Duc de Barwik avoit commencé de rétablir les Affaires de cette Couronne, par le Gain de la Bataille d'*Almança* dans le Royaume de Valence : On chanta le *Te Deum* à Montpellier pour cet heureux-Eve-

Evenément; & l'on y donna de grandes Marques de Joye, tant par raport au Roi d'Espagne, que pour le Duc de Barwik.

Dans le mois de Mai, nous fûmes affligez d'une Maladie qui enlevoit le Bétail de toute espéce, & qui se communiquoit encore aux Personnes qui vouloient les pancer: Elle commençoit sous la Langue, par une Vessie-noire d'où il sortoit du Poil; ensorte que la Langue se fendoit, & tomboit de la Gueule de l'Animal. Les Médecins & les Maréchaux consultez, firent un Reméde, dont on envoya des Imprimez dans tout le Païs, qui, joints aux Bénédictions & aux Priéres qu'on fit dans toutes les Parroisses, firent cesser le Mal, & mirent fin aux Soins & aux Peines que les Officiers-de-Police étoient obligez de se donner pour visiter la Viande qui se vendoit à la Boucherie.

La Nouvelle de la Prise des Lignes de *Stolophen*, vint fort à propos pour faire oublier l'Inquiétude qu'on avoit eu au sujet de cette Maladie. On apprit sur la fin de Mai, que le Maréchal de Villars s'étoit rendu-maître de ces Lignes, que nos Enemis regardoient comme le Rampart de l'Alemagne; Nous y prîmes sur eux, cent soixante-dix Piéces-de-Canon, & nos Soldats y firent un Butin-prodigieux: On en fit des Réjouïssances-Publiques à Montpellier le 7e. de Juin; & le lendemain, la Duchesse de Roquelaure, voulant partir pour Paris, prit sa Route par Toulouse, pour visiter les Terres du Duc son Epoux, qui alla l'Accompagner avec Mr. de Basville, jusqu'à une Journée d'ici.

Le 28. on fit au Palais la Cerémonie de la Reception de Mre. François-Xavier Bon, en la Charge de Premier-Président en la Cour-des-Comptes, Aides & Finances, dont le Roi l'avoit gratifié en Survivance de Mr. son Pere. La Cour (selon la Coûtume) s'étant assemblée en Semestre aux Bas-Siéges de la Sale d'Audience, jugea le Soit-montré de la Reception en la Charge, & ordonna le Regître des Provisions: Après-quoi, les Huissiers & le Grefier lui ayant été-dire que la Cour l'attendoit, il vint, suivi du Corps des Procureurs; & lorsqu'il fut à l'Entrée du Parquet, le Président *Moulceau*, qui tenoit l'Audience, lui prononça l'Arrêt de sa Reception & Instalation: il s'avança pour prêter le Serment à genoux entre ses mains; Après-quoi, il prit la Place de Premier-Président, d'où il fit son Remercîment à la Cour, auquel le Président *Moulceau* répondit avec la Politesse & la Dignité qui lui étoit ordinaire. Cette Action fut suivie des Députations que toutes les Compagnies firent au Premier-Président, & de plusieurs Fêtes que ses Parens & Amis-particuliers firent à cette occasion.

Dans le mois de Juillet, on vit arriver à la Citadelle, quatre-vingt Prisonniers Espagnols, dont la plus grande partie étoient des Prêtres-Séculiers ou des Moines, qui tous s'étoient declarez avec chaleur contre les Interêts de Philipe V. Presqu'en même-tems, on découvrit à Montpellier un Manifeste, au Nom des Religionnaires, contenant un Projet de Revolte: Dans ce Tems-favorable (disoient-ils) où la France étoit attaquée de tous-côtez. La Personne qui avoit laissé-tomber de sa Poche une Copie de ce Manifeste, fut conduite à la Citadelle; & l'on ne tarda-point de connoître d'où le Projet pouvoit en être venu, en apprenant que le Duc de Savoye formoit actuellement le Siége de Toulon. Ce Siége allarma beaucoup en cette Ville tous les Bons-François, à cause de nôtre Voisinage avec la Provence, qui auroit beaucoup risqué par la Prise de cette Place: mais, on apprit avec le tems, que le Maréchal de *Tessé* & Mr. de *Medavy*, avoient repris les Déhors de Toulon, dont le Prince Eugéne & le Duc de Savoye s'étoient d'abord emparez; & qu'enfin, ce Siége leur avoit réussi, comme celui de Marseille réussit à l'Empereur Charlequint, sous le Roi François-Premier.

Nous eûmes Ordre dans le mois de Septembre, de faire des Réjouïssances-publiques pour la Naissance du Prince des Asturies, né à Madrid le propre Jour de St. Loüis: L'Ordre fut executé avec toutes les Solennitez accoûtumées; Mais, dans le mois suivant, on fut occupé avec moins de plaisir à l'Hôtel-de-Ville, au sujet d'une Nouvelle-Création d'un Lieutenant-de-Maire, & de Maires-Alternatifs Mi-Triennaux, ausquels on donnoit la Faculté de pouvoir entrer aux Etats: Par ce moyen, la Charge de Maire déja suprimée, revivoit sous un autre Nom, & les Consuls-Perpetuels établis depuis quelques-mois, se trouvoient privez de l'Entrée des Etats. Dans les diferens-Partis qui compofoient le Confeil-de-Ville, & dont quelques-uns avoient en vûë les Interêts de quelques Perfonnes-Confiderables, on prit la Refolution de faire acheter à la Communauté toutes ces Nouvelles-Charges, pour le Prix de cinquante-cinq mile livres, quoique la Ville fe trouvât endettée de plus de quinze cent mile.

Sur la fin de Novembre, le Duc de Roquelaure fit l'Ouverture des Etats de la Province, durant lefquels on vit arriver le Duc & la Duchefe de S^t. Pierre, qui étoit Sœur à M. l'Evêque de Montpellier, lequel avoit été les prendre au Pont du S^t. Efprit ; Ils firent quelque féjour en cette Ville, avant que de prendre le Chemin d'Efpagne où ils alloient : Le 8. de Décembre arriva le Duc de Noailles, qui venoit de commander l'Armée de Catalogne ; & le foir du même-jour, on chanta le *Te Deum* pour la Prife de la Ville & Château de *Lerida*, par M. le Duc d'Orleans, qui, depuis la Bataille d'Almança, étoit Generaliffime des Armées d'Efpagne.

CHAPITRE VINGT-CINQUIÉME.

I. *Evenémens-particuliers.* II. *Arrivée de la Duchefe de Roquelaure.* III. *Mort de la Marquife de Caftries.* IV. *Commencement du Grand-Hiver.* V. *Etat violent où réduifit la Difette-des-Grains.* VI. *Troubles dans le Vivarés.* VII. *Suites de la Difette.* VIII. *Naiffance du Roi Louis* XV. IX. *Retraite des Anglois au Port de Cette.*

1708. I. LES Suites inévitables de la Guerre, nous attirérent au commencement de l'année 1708. trois ou quatre Compagnies de Dragons, commandez par le Sieur de *Grandval*, qui les mit en Garnifon chès les Perfonnes même les plus qualifiées, pour leur faire payer la Capitation : L'Allarme qu'ils causérent dans la Ville & à la Campagne, dura jufqu'au mois de Mars, où l'on fit à Montpellier les Obféques du Comte de *Mailly de la Houffaye*, Brigadier-d'Armée, & Parent de M. l'Archevêque d'Arles & de l'Evêque de Lavaur ; Il mourut en cette Ville, d'une Pleurefie & Pleuropneumonie, le 1^r. de Mars, & fut inhumé le lendemain aux Capucins, avec tous les Honneurs-Militaires. L'Eclipfe du Soleil, qui avoit été prédite pour cette année, à l'Ouverture de la Societé-Royale des Sciences (dont j'ai parlé,) arriva le 22. de ce mois, à fept heures dix minutes du matin.

Nous apprîmes dans le mois de Juillet, la Prife de la Ville & Château de *Tortofa* par M. le Duc d'Orleans, pour laquelle on chanta le *Te Deum* au commencement d'Août, avec toutes les Solennitez accoûtumées : mais, les Nouvelles qui nous vinrent du mauvais-Succès de nos Armes en Flandre, & du Siége de l'importante-Ville de Lille, attaquée par nos Enemis, nous obligérent de recourir aux Priéres-Publiques ; & l'on fixa au fecond Dimanche de Septembre, la Proceffion-Genérale ordonnée par le Roi dans toutes les Villes confiderables de fon Royaume, pour attirer la Bénédiction de Dieu fur fes Armées : Tout le Clergé, les Corps-Religieux, & les Compagnies-de-Juftice y affiftérent ; Mais, Ceux qui nous gouvernoient ayant crû devoir diffiper la Triftefle du Peuple par quelque Exercice-public, ils lui permirent de renouveller fur la Riviére du Lez, les Joûtes qu'on avoit difcontinüé depuis un grand-nombre d'années : on choifit le Lit de la Riviére entre *Septcans* & *Pontrincat*, où la Réjoüiffance fut commencée avec tout le Cerémonial que j'ai décrit ailleurs, en préfence de M. de Roquelaure, de Mrs. les Evêques de Montpellier & de Frejus, de Medames de Bafville, & de Boufchu Intendante, de Dauphiné, & quantité d'autres Perfonnes-de-Diftinction ; mais, les Accidens-funeftes qui arrivérent fur la Riviére, firent difcontinüer la Fête.

Le Malheur parut nous fuivre tout le refte de ce mois, par la grande-quantité de Pluye & de Grêle, mêlée d'Eclairs & de Tonnerres, qui tomba depuis Narbonbonne jufqu'au-delà de Nîmes : Les Inondations emportérent le Pont de Courfan 1707. près de Narbonne, qui eft un des plus-beaux de la Province ; & le Château de *Caveirac*, fur le Chemin de Nîmes, fut fi fort inondé, qu'on fut long-tems à pouvoir reparer ce Lieu, qui, depuis plufieurs années, faifoit les Délices des Commandans de la Province.

Nos Vendanges foufrirent extrêmement de cet Orage ; & la Gelée, qui furvint au mois d'Octobre, retarda beaucoup les Voyageurs : de ce nombre fut le Duc de Noailles, qui, revenant de Catalogne, paffa à Montpellier le 18. d'Octobre; Mais, le Tems s'étant radouci à la St. Martin, la Ducheffe de Roquelaure, qui II. avoit été arrêtée en Chemin, revint en cette Ville avec Mademoifelle fa Fille : Toute la Bourgeoifie à Cheval alla à leur Rencontre jufqu'au Pont de Salaifon ; le Canon de la Citadelle les falüa à leur Approche ; les Confuls, en Robe-Rouge, allérent les attendre & les haranguer à la Porte de la Saunerie, où fe trouvérent auffi le Lieutenant-de-Roi & le Major de la Ville, pour leur en prefenter les Clez.

La Harangue finie, leur Carroffe entra dans la Ville, precedé du Prévôt avec fes Archers à Cheval, des Gardes de M. le Duc, d'un Détachement de Dragons, & des deux Compagnies de la Bourgeoifie, tous l'Epée à la main : Cette Cavalcade paffa à travers les Sixains fous les Armes, rangez en Haye des deux côtez de la Grand'-Ruë, jufqu'à l'Hôtel de M. de Roquelaure, où toutes les Dames & les Perfonnes-de-Diftinction, s'empreffèrent de leur rendre-Vifite. Le lendemain, les Compagnies-de-Juftice, le Prieur de la Bourfe à la Tête des Marchands, & les deux Facultez de Droit & de Médecine, y allérent par Députez ; mais, la Fatigue du Voyage obligea Madame la Ducheffe, de recevoir leurs Harangues couchée dans fon Lit.

Le treize de ce mois, fur l'heure de midi, mourut en cette Ville, Dame Eliza- III. bet de Bonzy, Sœur du Cardinal de ce Nom, & Mere de M. le Marquis de Caftries, Gouverneur de cette Ville : Elle étoit âgée de quatre-vingt-deux ans, qu'elle avoit paffé dans l'Eftime-generale de tout le Monde, pour fa grande-Capacité dans les Affaires, & pour fes grandes-Qualitez qui étoient en elle ; Elle étoit Fille de François Comte de Bonzy & de Chriftine Riaci, d'une des plus-Ancienes & des plus-Illuftres Maifons de Florence : Son Corps, après avoir repofé durant quelques-jours dans la Chapelle de St. Roch en l'Eglife-Nôtre-Dame, fut porté en celle du Château de Caftries, à deux lieües de Montpellier.

L'Ouverture des Etats fut faite le 22e. Novembre, où fe trouva *incognitò* le Comte de Grignan, Commandant en Chef dans la Provence, qui étoit venu voir le Duc de Roquelaure. Dès-lors, le Froid & les Gelées commencérent en cette IV. Ville fans difcontinüation, jufques bien-avant dans le mois de Décembre ; mais, on le vit recommencer de plus-fort le fixiéme Janvier 1709. où nous reffentîmes 1709. dès-lors, ce Grand-Hiver qui devint Célebre dans toute l'Europe. Quelque extrême que fût la Froidure, par la Glace, le Verglas, la Nége, & les Vents extraordinairement-froids qui fe fuccedoient l'un à l'autre, les Mal-intentionnez ne laifférent point d'en profiter, pour faire des Affemblées, fous pretexte de Veillées ; ce qui donna lieu à une Ordonnance du onziéme Janvier, publiée & affichée en cette Ville, par laquelle il étoit défendu, dans tous les Lieux où il y avoit de Nouveaux-Convertis, de s'affembler, fous pretexte de Veillées, en plus grand-nombre que de quatre Perfonnes, fans y comprendre le Maître de la Maifon & fa Famille.

Le quinze de Janvier, le Froid augmenta fi-fort, que les Charrettes chargées paffoient fur toutes nos Riviéres, où la Glace étoit épaiffe de douze à quinze piez : Elle ne commença de fondre que le 23. de Janvier, par une Pluye abondante qui dura quelques-jours ; & le Soleil ayant commencé de fe faire voir le vingt-huit de ce mois, le Dégel fut bientôt achevé. Ce fut alors que plufieurs Perfonnes furent Témoins au Pont-Juvenal, de l'infigne-Folie d'un Affortiffeur-de-Laine, nommé *Lafortune*, qui paria un Ecu, qu'il fauteroit du haut du Pont en bas : La Gageure acceptée, il fe deshabilla auffi tranquilement que s'il avoit été au fort de la Canicule ; & s'étant précipité dans la Riviére, il y fit quelques Nagées, & gagna le Bord, où il fit encore des Gambades : Tout le Reméde qu'il employa contre le Mal qui pouvoit lui en arriver, fut de fe fourrer dans un Sac rempli de Laine, où il refta jufqu'à-ce que la Chaleur lui fut bien-revenuë ; Aprés-quoi, s'étant habillé à son ordinaire, il reprit son Travail, sans qu'il eût ressenti depuis aucune Incommodité de ce Coup-de-Folie.

Le Degel fit connoître une partie du Mal que ce Grand-Hiver avoit causé à la Campagne ; car, les Blez y parurent brûlez & d'une Couleur-grisâtre, toutes les Plantes des Jardins mortes jusqu'à la Racine ; & un Vent-Glacial étant survenu depuis le Degel, il fit mourir nos Oliviers, nos Lauriers, nos Figuiers & nos Grenadiers. On ne sentit point d'abord toute la Consequence de cette Perte, parcequ'on n'étoit attentif qu'à la Disette du Bois & du Blé, dont les Voitures n'avoient pû aborder depuis deux mois : mais, l'Esperance étant perduë de voir repousser nos Semences, les Usuriers fermérent leurs Greniers ; & chaque Ville, craignant de manquer du Pain, défendit d'en donner aux Gens de la Campagne, & ne voulut-point en laisser sortir hors de son Enceinte : Cela donna lieu à une Ordonnance fort-sévere de l'Intendant, du 22. Mai, qui défendoit la Sortie des Blez hors de la Province ; ordonnoit à tous les Particuliers de chaque Ville, de donner un Etat des Grains qu'ils auroient chès eux, & vouloit que les Habitans de la Campagne eussent la liberté de venir se pourvoir aux Marchez des Villes.

Nous fûmes obligez à Montpellier, d'emprunter cinquante mile livres de divers Particuliers, qui les prétérent pour trois mois sans Interêt, pour aller acheter du Blé dans les Lieux où l'on en pourroit trouver. Les Sieurs *Manny* Consul-Perpetuel, & *Joubert* Sindic de la Province, allérent à Narbonne, où il y en avoit : mais, les Communautez qui se trouvoient sur leur Passage, enlevérent une partie de leur Convoi, sur le prétexte qu'ils en manquoient eux-mêmes ; Il n'y eut d'autre Remede que de leur envoyer un Regiment de Dragons, pour les contraindre à le relâcher : Mais, tout ce Secours n'empêcha-point que les Particuliers ne fussent réduits à aller prendre avec des Billets, du Blé à l'Hôtel-de-Ville, où la Confusion fut si grande, que tel qui en avoit grand-besoin, ne pouvoit en avoir pour son Argent, & tel autre qui n'en manquoit pas, avoit le Credit d'en prendre largement pour le revendre. Malheureusement, la Ville de Toulon & le Prince de Monaco, se trouvérent dans le même embaras que nous, & demandérent du Blé à Ceux qui nous gouvernoient : Comme ils n'étoient pas en état de pouvoir leur en refuser, ils donnérent des Passeports pour en transporter chès eux ; Mais, ce Secours ayant été donné à nos dépens, il nous falut recourir à d'autres Expediens pour en avoir. Alors, la Cour-des-Aides ayant prêté à la Ville pour quatre mois, trente mile livres sans Interêt, & la Disette ayant paru diminüer par ce moyen, on s'avisa, pour faire durer la Provision, de la distribüer en Pain, qui n'étoit ni blanc ni bis, dont tout le Monde mangea indifferemment, voyant que M. de Roquelaure en avoit fait servir à sa Table.

Nous restâmes dans cet état jusqu'à la fin du mois d'Avril, où la Terre ayant un extrême-besoin de Pluye, on fit des Priéres-Publiques, qui en obtinrent une très-abondante ; Mais, pour subvenir au Mal-présent, on fit une Societé de Marchands pour aller querir du Blé en Barbarie, sous la Garantie de nos Consuls pour dix Barques, dont tout le Grain devoit être uniquement pour la Ville de Montpellier : Tandis qu'ils étoient en Route, & qu'on faisoit mile Vœux pour leur heureux-Retour, on en vint jusqu'à taxer chaque Particulier à une livre & demi de Pain, qu'il alloit prendre chès le Boulanger sur un Billet des Iliers ; Ceux-ci avoient leur Ordre par écrit pour cette Distribution, dont on voit encore des Imprimez, qui servent à faire connoître l'Etat-violent où l'on étoit alors à Montpellier, comme dans la plûpart des autres Villes du Royaume.

Dans ces Conjonctures, on enregîtra à la Cour-des-Aides le 17. Mai, un Edit, portant Création des Charges de Premier, Troisiéme & Cinquiéme Consul-Perpetuel & Alternatif ; Cependant, les Enemis de la France, voulant faire paroître la Superiorité qu'ils croyoient avoir sur nous, firent les Propositions-exorbitantes que toute l'Europe a sçû : Leur Fierté encouragea nos Religionnaires, qui reprirent hardiment leurs Assemblées ; & les Femmes, recommençant à fanatiser, cherchérent à disposer les Peuples à quelque Soulévement. On tâcha d'y remedier, en obligeant les Consuls des Lieux à nourrir dans la Tour-d'Aiguemortes, toutes les Prophetesses

qui

qui feroient prifes & qu'ils n'auroient pas déclarées : mais , le Mal qu'on avoit VI. 1709. craint aux Environs de Montpellier, fe tourna beaucoup-plus-loin ; car , on ne tarda point d'apprendre, que les Religionnaires du Vivarés avoient pris les Armes dans les Boutiéres , & que pour groffir leur Parti , ils gardoient une Conduite toute oppofée à celle des Fanatiques des Cévénes : car , au lieu des Meurtres & Incendies de Ceux-ci , ils affectoient de ne faire du Mal qu'à Ceux qu'ils trouvoient les Armes à la main ; & pour interefler les Catoliques-méme dans leur Parti , ils publiérent une Abolition-totale des Impôts : Ce Prétexte, qui leur avoit été infpiré par le Penfionnaire de Holande , fut alors d'autant-plus dangereux , que la Province fe trouvoit dégarnie de Troupes ; Pour y remedier, le Duc de Roquelaure en demanda au Maréchal de Barvik , qui commandoit en Dauphiné ; & étant affuré du Secours , il partit pour le Vivarés avec M. de Bafville, le 17. de Juin. Toute leur Expedition fut terminée dans deux Combats que les Revoltez oférent foûtenir ; mais, ayant été défaits , ces Meffieurs revinrent tous-deux à Montpellier, où ils arrivérent le vingt-huitiéme Juillet.

Ils y trouvérent la Difette augmentée , par la grande-quantité de Grains qu'ils VII. avoient été obligez de faire tranfporter dans le Vivarés pour l'Entretien des Troupes , & par les grandes-Banqueroutes qu'il y eut cette année à la Foire de Beaucaire : ils eurent encore le chagrin d'apprendre, que prefque fous leurs yeux , les Religionnaires du Païs avoient tenu une Affemblée dans un Bois du Lieu de *Boif-feron* ; & quoique foixante Perfonnes de cette Affemblée euffent été arrêtées, ils avoient lieu de croire que le Feu de la Revolte n'étoit pas bien éteint : De ces foixante Miférables, les Hommes furent condannez aux Galéres , les Femmes à une Prifon-perpetuelle dans la Tour-d'Aiguemortes , & les Filles dans le Château de la Cité de Carcaffonne.

Mais, il reftoit à pourvoir à la Difette, qui devint fi grande, quoique dans le mois d'Août , qu'on fut réduit à chercher quelque nouvelle Nourriture au défaut du Blé. Nos Meffieurs de la Societé des Sciences effayérent de faire du Pain de la Racine du *Gramen* qui vient par les Campagnes ; enforte qu'en ayant fait fecher une certaine-Quantité qu'ils firent moudre, ils en tirérent une Farine-blanche qu'ils mêlérent avec de la Farine de Blé, dont ils firent du Pain qui fut trouvé bon & fans aucun mauvais-goût : quelques-autres mêlérent la Farine du Petit-Millet avec celle de Ségle , qui fit un Pain-jaunâtre , mais d'une Pâte bien-liée , parceque le Ségle , qui eft onctueux , corrigeoit la Sécherefle de la Farine du Millet.

Enfin, le Blé de Barbarie fi attendu, arriva au commencement de Septembre au Port de Cette , d'où il fut conduit au Pont-Juvenal , par le Canal qui traverfe l'Etang de Maguelonne : Nos Confuls, qui fe chargérent d'en faire la Diftribution , firent imprimer la Maniére de l'employer, parcequ'elle eft diferente de la nôtre. Ils marquent, » que le Reprin contribuë à faire le Pain plus-blanc , & qu'il produit » plus de Pain que la Farine : que le Levain doit être frais & peu levé ; que la Pâte » doit être dure comme fi c'étoit pour faire des Galettes : qu'il faut enfuite y met-» tre de l'Eau peu-à-peu , & le travailler beaucoup & long-tems pour bien fondre le » Reprin ; enfin , qu'on doit obferver que le Four foit bien chaud , & qu'en faifant » cuire le Pain on laiffe la Porte du Four à demi-ouverte.

Nos Vendanges fe reffentirent de la Rigueur de l'Hiver précedent, qui avoit fait perir ou endommagé la plûpart des Souches : Nous n'eûmes qu'une grande-Abondance de Sarmens ; & le Vin fut vendu cette année à proportion du Blé ; c'eft-à-dire , à deux Tiers de plus.

M. de Bafville eut le plaifir dans le mois d'Octobre , de voir paffer le Comte de Courfon fon Fils-unique , qui alloit exercer l'Intendance de Bordeaux , où il venoit d'être nommé ; Et M. de Roquelaure fit l'Ouverture des Etats le 22e. Novembre.

On ne tarda point en cette Ville, de fe reffentir de la Mauvaife-Nourriture qu'on 1710. avoit pris dans le Tems de la Difette ; car , dès le commencement de Janvier 1710. il y eut une fi grande-quantité de Fiévres-Malignes , que chacun commença de craindre pour foi : L'Affluence des Gueux & des Mendians qui vinrent fe jetep à Montpellier dans le tems des Etats, augmenta le Mal; On fut obligé d'en mettre dehors plus de quatre cent, & de faire une Garde-exacte aux Portes de la Ville, pour qu'ils n'y rentrassent-plus.

VIII. Sur la fin de Février, nous apprîmes l'Heureuse-Naissance du Troisiéme-Prince dont Madame la Duchesse de Bourgogne s'étoit accouchée le quinziéme de ce mois, & à qui le Roi donna le Nom de Duc d'Anjou: C'est celui que le Ciel destinoit à être le Pacificateur de l'Europe, sous le Nom du Roi LOUIS XV. Le *Te Deum* en fut chanté à Montpellier avec toutes les Solennitez accoûtumées; Et par un heureux-Présage, on ne tarda pas de voir nos Oliviers repousser par la Racine, & produire des Rejetons, qui font maintenant une de nos plus grandes-Ressources.

Cependant, les Malheurs-du-Tems voulurent que le Roi fût obligé de donner une Déclaration, par laquelle tous Ceux qui payoient au-dessus de dix livres de Capitation, seroient tenus de la payer pour six années en un seul Payement. La Rigueur de cette Ordonnance tomba plus particuliérement sur les Marchands, qui ne payoient point en Corps-de-Compagnie, comme les Gens-d'Eglise & de Robe: Les autres Particuliers qui se trouvérent dans le même-cas, furent contrains comme les Marchands, à payer les six années qu'on leur demandoit.

En ce même-tems, nos Religionnaires, flatez des grandes-Espérances que leur donnoient les Enemis de la France, entreprirent de faire de Nouvelles-Assemblées, dont la principale fut sur la Montagne de *Lirou*, proche d'Alais: Ils avoient pris la précaution de tenir des Gens-armez sur les Avenuës; mais, nos Troupes y ayant accouru, chasférent leur Garde, tuérent le Prédicant, & firent plusieurs Prisonniers, qui furent conduits à Montpellier, parmi lesquels étoient deux Célébres-Fanatiques, chargez de beaucoup de Crimes. M^r. de Basville étoit actuellement occupé le 24. Juillet, à Instruire leur Procès, avec les Officiers du Présidial, lorsqu'on vint lui dire, qu'il paroissoit dans la Mer, au-dessus de Maguelonne, une Armée-Navale, qui ne pouvoit être que celle des Enemis: Quoiqu'il vît parfaitement toute la Consequence d'un si Grand-Evenement, il crut (pour témoigner de la Fermeté) devoir faire executer ce jour-là-même, ces deux Malheureux, au plus-haut de l'Esplanade, d'où ils pouvoient découvrir la Flote, & être apperçûs eux-mêmes des Vaisseaux Enemis.

IX. Il fut aisé d'en sçavoir le Nombre, par le Moyen des Lunettes qu'on mit sur le Peirou, & sur les Tours les plus élevées de la Ville, d'où l'on découvrit vingt-cinq Vaisseaux de Ligne, & plus-grand-nombre d'autres Bâtimens qui étoient chargez de leurs Munitions. Après avoir bien donné le loisir aux Gens de Montpellier de compter toutes leurs Forces, ils suivirent la Côte vers le Port de Cette, où ils débarquérent des Troupes sur la Plage qui regne depuis ce Port jusqu'à la Ville d'Agde; Ils se rendirent bientôt les Maîtres de l'un & de l'autre, parcequ'il n'y avoit aucunes Bonnes-Troupes, & que l'Allarme se répandit aussitôt dans tous les Environs: Le grand-nombre de Fugitifs qui vinrent se refugier à Montpellier, y annoncérent que les Vaisseaux étoient Anglois, & que leurs Troupes débarquées avoient déja fait tant de Progrès, qu'on devoit compter de les avoir incessamment sur les Bras. Alors, M. de Roquelaure, ne voulant point dégarnir les Cévénes dans des Conjonctures si délicates, prit le parti d'envoyer demander du Secours au Duc de Noailles, qui commandoit nôtre Armée de Roussillon; & en attendant ce Secours, il se rendit avec M^r. de Basville, & toute la Noblesse qui voulut les suivre, aux Environs de l'Etang de *Thau*, pour observer la Démarche des Enemis, qui étoient déja Maîtres du Port & de la Montagne de Cette. Trois-jours-après, ils eurent le plaisir de voir arriver le Duc de Noailles, qui leur apprit qu'ils alloient recevoir mile Soldats-choisis de son Armée, & neuf cent Chevaux, avec du Canon & des Munitions-de-Guerre.

Ces Troupes étant arrivées à Beziers, on fit embarquer l'Infanterie sur le Canal qui va de cette Ville à celle d'Agde, d'où les Enemis se retirérent au Bruit de leur Approche. Il restoit à les chasser du Port de Cette, où l'on ne pouvoit aller que par le Chemin de la Plage, qui se trouvoit exposé à tout le Feu des Vaisseaux: Pour mettre nos Troupes un peu-plus à couvert, on les fit marcher le long de l'Etang l'Etang, afin de venir gagner la Montagne de Cette par le derriére, & combatre ensuite les Enemis de haut-en-bas. La chose réussit comme on l'avoit projeté: Nos Gens, Maîtres du Haut de la Montagne, chassérent les Anglois de l'Église de Cette, où ils étoient retranchez; ils culbuterent les autres dans leurs Chaloupes, qu'ils eurent beaucoup de peine à regagner; Ensorte qu'il ne resta qu'à chasser du Fort (qui est au bout du Môle) Ceux qui le gardoient: Si leurs Vaisseaux avoient voulu les soûtenir, nos Gens auroient eu beaucoup plus de peine à reprendre ce Poste; mais, l'Officier qui y commandoit, ayant inutilement fait batre la Caisse pour appeller du Secours, il fut obligé avec toute sa Troupe de se rendre-à-discretion: ainsi, dans moins de six jours toute cette grande-Entreprise s'évanoüit.

CHAPITRE VINGT-SIXIÉME.

I. *Changemens en Espagne.* II. *Grand-Passage de Troupes à Montpellier.* III. *Dîme-Royale.* IV. *Petite-Emeute pour les Toiles-Peintes.* V. *Prise d'un Celébre-Fanatique.* VI. *Arrivée du Chevalier de St. George.* VII. *Recherche des Faux-Monoyeurs.* VIII. *Projet d'une Nouvelle-Fontaine.* IX. *Honneurs-Funebres pour nos Princes.* X. *Paix-Generale.*

LA Marche qu'avoit fait le Duc de Noailles pour sauver le Languedoc, donna I. plus de facilité au Comte de Staremberg de s'approcher de Saragoce, où il défit l'Armée du Roi d'Espagne le 20e. du mois d'Août; ce qui donna lieu de publier, que la Décente des Anglois sur nos Côtes n'étoit que pour faire faire une Diversion à nôtre Armée de Roussillon, qui étoit prête d'entrer dans le Lampourdan. Quoiqu'il-en-soit, les Enemis profitérent si bien de leur Avantage, qu'ils approchérent de Madrid, d'où la Cour d'Espagne se retira le 16e. de Septembre pour aller à Valladolid: ensorte qu'après cette Retraite, l'Archiduc fit son Entrée le 28. du même mois dans la Capitale du Royaume; Cet Evenement attira en Espagne le Duc de Vendôme, qui rétablit les Affaires de cette Couronne de la maniére que nous le verrons: Mais cependant, on ne laissa pas dans nos Cantons, de veiller sur les Fanatiques, qui ne demandoient qu'une Occasion-favorable pour remüer. Le Bonheur voulut, que le Sieur de *la Lande*, qui commandoit à Uzés, fût informé, qu'un de leurs Chefs, nommé *Claris*, couroit le Païs, avec le Prophéte *Abraham* & le nommé *Coste* Marchand d'Uzés: il les fit investir dans une Métairie, où le Prophéte & le Marchand furent tuez les Armes-à-la-main; & *Claris* ayant été blessé, sans pouvoir-plus se défendre, fut pris & conduit à Montpellier, où il expira sur la Roüe en véritable Scelerat: Peu de jours après, on amena leur Trésorier, Homme fort-riche, qui, ayant découvert beaucoup de Choses à M. de Basville, ne fut pas puni si rigoureusement.

Les grands-Secours qu'il faloit envoyer au Roi d'Espagne, attirérent à Mont- II. pellier un si grand-Passage de Troupes sur la fin de Novembre, qu'on fut obligé d'en loger une partie chès l'Habitant, les Casernes n'étant pas assés-grandes pour les contenir: Alors, les Fonds ayant manqué pour fournir aux Fraix de leur Marche, on eut recours à une Taxe de Bien-aisez; Et l'on ne tarda point d'apprendre, que le Roi d'Espagne avec le Duc de Vendôme, étoit rentré dans Madrid le troisiéme Décembre; qu'il s'étoit rendu-maître le neuf de *Brihuega*, & que le dix il avoit gagné contre *Staremberg*, la Bataille de *Villaviciosa*, qui fut suivie de la Soûmission de plusieurs Places de son Royaume, & particuliérement de *Saragoce*, où Sa Majesté-Catolique fit son Entrée.

Toutes ces heureuses-Nouvelles nous occupérent jusqu'aux premiers-jours de Janvier 1711. où l'on chanta le *Te Deum* à Montpellier: mais, les Malheurs-du-Tems ne nous permirent pas d'en goûter toute la Joye, parcequ'on reçut en III. même-tems l'Edit de la Dîme-Royale, qui fut verifié à la Cour-des-Aides. Les

1714.

États de la Province crurent y apporter quelque Adoucissement, en demandant au Roi l'Abonnement de ce nouveau Droit, pour lequel ils offrirent cinq cent mile livres sur les Biens en Fonds-de-Terre, indépendamment de ce qu'on auroit à payer pour les Rentes à Prix d'Argent & à l'Interêt ; mais, le Courier qu'ils avoient dépêché à ce sujet leur ayant porté la Nouvelle, que leur Offre n'avoit pas été reçûë, tous les Particuliers furent contrains d'aller donner une Déclaration de leurs Biens.

La Mort du Premier-Président *Philibert Bon*, arrivée le 27. Janvier, donna lieu à son Fils, déja reçû en Survivance, de demander la Dispense-d'âge dont il avoit besoin pour cette Charge ; il la reçut dans le mois suivant, & il tint sa première Audience le 17. du même mois.

Dans cet intervale, nous vîmes passer le Sieur Planque, Brigadier des Armées du Roi, qui alloit porter à Sa Majesté la Nouvelle de la Prise de Gironne par M. le Duc de Noailles, malgré les Inondations qui assiégèrent son Armée pendant le mois de Janvier. On commença dans ce même-tems à Montpellier, de lever la Portion qui competoit à cette Ville, pour les deux mile Hommes de Milice que le Roi demandoit à la Province. On enregîtra à la Cour-des-Aides un nouveau-Subside pour les Huiles ; Et l'on vit naître une petite-Guerre, dont les

IV. Femmes furent les principales-Actrices : La Chose vint à l'occasion de l'Arrêt du Conseil, qui défendoit les Toiles-Peintes ou Indiénes ; avec Injonction de les ôter à toutes les Personnes qui s'en trouveroient vétuës. Malheureusement, cette Commission fut donnée aux Miquelets, qui s'en acquitérent brutalement à l'égard de quelques Femmes qu'ils trouvérent dans la Contravention ; Il n'en falut pas davantage pour exciter le Murmure des autres : Celles du plus-Petit-Peuple dirent hautement, qu'on auroit bien mieux fait de défendre les Etofes d'Or & d'Argent, que ces sortes de Toiles dont elles pouvoient se parer à bon-compte ; encore moins devoit-on les leur ôter sur le Corps, tandis qu'elles n'avoient pas dequoi acheter d'autres Etofes : Ces Plaintes touchérent moins que l'Inhumanité des Miquelets ; Il fut défendu de les dépouiller : mais, pour obéïr à l'Arrêt, on se contenta de faire observer toutes Celles qui se trouveroient en faute ; & sur les Verbaux qu'on en dressa, on les condamna à l'Amende.

Le Malheur de la France voulut, qu'elle perdît alors Monseigneur Loüis Dauphin de France, Fils-Unique du Roi, qui mourut à Meudon de la Petite-Verole, le 15e. d'Avril, dans sa cinquantiéme année. Sa grande-Bonté pour les Peuples qui devoient être ses Sujets, augmenta l'Affliction de tous les Bons-François sur cette Perte. Quelques-jours-aprés qu'on eut reçû à Montpellier cette triste-Nouvelle, on apprit la Mort de l'Empereur Joseph, decedé deux jours-aprés Monseigneur le Dauphin, & du même Mal que lui : Cet Evenement, qui appelloit à l'Empire l'Archiduc Charles, attira plus particuliérement l'Attention des Peuples du Languedoc, par la nécessité où seroit ce Prince de quiter Barcelonne ; En effet, il se déroba quelque-tems-aprés de cette Ville, pour retourner en Alemagne, où il avoit été élû Empereur par le plus grand-nombre des Electeurs.

V. Cependant, M. de Basville continüoit à Montpellier ses Soins, pour prévenir jusqu'aux moindres-Mouvemens des Fanatiques : ensorte qu'ayant découvert qu'un Homme du Vivarés, nommé *Julien*, se tenoit à Genéve pour y recevoir l'Argent qui lui venoit des Cours-Etrangéres, afin de le faire tenir ensuite aux Religionnaires du Païs, cet Intendant, toûjours en action, entreprit de faire enlever le Receveur-Général du Parti ; & pour cet effet, ayant donné ses Ordres à des Gensaffidez, ils engagérent Julien à aller se promener sur le Lac-de-Genéve, d'où ils prirent-terre à un petit Vilage de la Domination de France : Julien y fut arrété & conduit à Montpellier. Tout son Parti fit agir les Suisses auprès du Roi pour reclamer ce Prisonnier ; mais, les Suisses ayant entendu-raison sur les Circonstances de cette Prise, le Procès, qui avoit été discontinüé à cette occasion, fut repris sur la fin du mois de Juin, où Julien fut condamné à être pendu : mais, Dieu lui fit la grace de se rendre à tout ce qu'on lui dit sur la Verité de la Religion-Catolique ; ensorte qu'il fit une Mort aussi édifiante que celle de plusieurs de ses Semblables avoit été obstinée.

Le

LIVRE DIX-NEUVIÈME.

VI. 1711. Le 6. du mois d'Octobre, Jacques Prince de Galles, Fils du feu Roi d'Angleterre, arriva en cette Ville, sous le Nom de Chevalier de St. George: Mrs. de Roquelaure & de Basville lui allérent au-devant jusqu'au Pont de Salaison; mais, comme ce Prince voyageoit *incognitò*, le Canon ne tira point, & les Consuls ne se trouvérent point en Robe à la Porte de la Ville : ils allérent seulement en Chaperon le saluër chés le Duc de Roquelaure, où ce Prince étoit logé, & où toutes les Cours de Justice se rendirent par Députez. Le lendemain il alla entendre la Messe, chantée par la Musique de la Catédrale, dans l'Eglise des Augustins, où il ne voulut ni Carreau ni Tapis de distinction, s'étant contenté du Balustre du Presbitére pour Appui : ce jour-là il dîna à l'Intendance, & soupa le soir dans sa Chambre chés le Duc de Roquelaure. Le 8. il fut regalé à Laverune chés M. l'Evêque; & le neuf, après avoir entendu la Messe à la Visitation, il partit de cette Ville pour aller à Agde.

1712. L'Année 1712. commença à Montpellier par les Honneurs-Funébres que les Etats de la Province firent à Monseigneur le Dauphin le 8e. de Janvier, dans l'Eglise de Nôtre-Dame-des-Tables: mais, nos Pertes ne se terminérent pas à celle-là, quelque-grande qu'elle fût, puisque dans le mois suivant la Mort nous enleva Marie-Adelaïde de Savoye Duchesse de Bourgogne, & six jours-après Loüis Dauphin de France son Epoux, avec le Duc de Bretagne leur Fils; ensorte que de trois Princes que la France avoit eu de leur Mariage, il ne resta que le Duc d'Anjou, aujourd'hui LOUIS XV. âgé pour lors de deux ans.

VII. Une Affaire extraordinaire survint, pour détourner les Esprits de tant de Pensées-affligeantes; ce fut la Recherche qu'on fit dans le mois de Mars, de plusieurs Faux-Monoyeurs répandus dans la Province, & dont la Commission fut donnée au Sieur de St. Maurice, Président en la Cour-des-Monoyes de Lyon : il fit arrêter au Puy, un des Premiers-Officiers de la Cour-Présidiale de cette Ville, qui trouva le moyen de s'évader de Prison ; Mais, un Doreur de Vaisselle-d'Argent de la Ville de Toulouse, ayant été arrêté & conduit à la Citadelle de Montpellier, il y fut condamné à perdre la vie : malheureusement, il dénonça un Officier d'une Cour-Supérieure, qui fut conduit par le Prévôt dans cette même Citadelle, où sa Compagnie le reclama pour lui faire elle-même son Procès.

A ces Objets desagréables succedérent plusieurs Propositions de Mariage, qui furent faites dans le mois d'Avril, pour des Personnes de la première-Considération; Quelques-unes manquérent, comme il est assés ordinaire dans le grand-nombre : mais, les plus remarquables de ceux qui réussirent, furent celui de Mademoiselle de Courson, Petite-Fille de M. de Basville, avec M. de Meaupou, Neveu de l'Archevêque d'Auch; & celui de M. Bon, Premier-Président, avec Mademoiselle Pujol, distinguée par ses Biens & par sa Vertu. Dans le mois de Mai, on enregistra à la Cour-des-Aides, les Lettres-Patentes du Roi, en faveur de M. le Prince de Dombes, pour la Survivance du Gouvernement du Languedoc, qu'avoit depuis long-tems M. le Duc du Maine son Pere : On n'oublia rien dans la Ville, pour rendre la Fête plus brillante, par les grandes-Illuminations publiques & particuliéres qui y furent faites.

VIII. En ce même-tems, on renouvella un Projet que nos Anciens avoient eu trois ou quatre cens ans auparavant, sous le Roi Jacques le Conquerant, (comme nous l'avons vû ci-devant) qui permit à nos Consuls de faire une Imposition sur les Habitans, pour conduire à Montpellier l'Eau de la Fontaine de *Lironde*, près du Lieu de St. Clement, à cinq ou six quarts de lieuë de cette Ville. Ce même Dessein fut repris en 1712. & approuvé par Ceux qui nous gouvernoient; mais, lorsqu'il eut été porté au Conseil des Vingt-quatre, il trouva des Oppositions, qui obligérent de convoquer un nouveau-Conseil beaucoup plus nombreux que le premier : Alors, la Chose ayant été discutée à fond, il fut dit par quelques-uns, que les grandes Dettes que la Ville avoit contracté dans le cours de cette Guerre, ne permettoient point d'entreprendre un si grand-Ouvrage ; & quelques-autres, pour combatre le Projet en lui-même, dirent, que si l'on réussissoit à faire venir cette Eau jusqu'à la Porte du Peirou, comme on le projetoit, pour être distribuée de là dans les Maisons de la Ville, il arriveroit que nos Moulins souffriroient beaucoup de

1712.   cette Diverſion, parceque la Lironde, qui va ſe jeter dans le Lez, fournit à cette Riviére le Secours d'Eau dont elle a beſoin en Eté pour entretenir ſes Moulins, & pour arroſer les Préries de Lates : Cette derniére Conſidération fit avorter le Deſſein, & l'on remercia l'Entrepreneur de ce beau Projet.

Nous eûmes le plaiſir dans le mois de Juillet, d'apprendre la Victoire ſignalée que le Maréchal de Villars avoit remporté à *Denain* contre les Troupes du Prince Eugéne : On en chanta le *Te Deum* à Montpellier ; Et pour comble de Joye, on reçut Ordre de publier une Tréve de quatre mois, entre l'Angleterre, la France & l'Eſpagne ; ce qui fut exécuté le huitiéme d'Août.

La Recherche des Faux-Monoyeurs que le Sieur de St. Maurice continüoit toûjours, attira dans le mois de Septembre à la Citadelle de Montpellier, de nouveaux-Priſonniers, qui, pour la plûpart, furent condannez à des Peines-Pécuniaires. Dans ce même-tems, on vit avec frayeur le Tonnerre tomber en divers Quartiers de la Ville ; mais, ce qui étonna davantage, fut de le voir promener dans la Salpêtriére, au milieu de Caques pleins de Salpêtre ou de Poudre, & aller enſuite ſe précipiter dans le Puits de la Maiſon : ce Dénoüement-heureux, fit faire reflexion au Danger qu'avoient couru toutes les Maiſons du Voiſinage ; & fit dire auſſi, que pour la Sûreté-Publique, ces ſortes de Fabriques devroient être hors des Villes, ou dans quelque Lieu-iſolé.

On chanta le *Te Deum* pour la Priſe de *Doüay* dans le mois d'Octobre, preſqu'en même-tems que le premier Evêque d'Alais (*François Chevalier de Saux*) revenant de Paris, mourut dans cette Ville, où il avoit été ſacré le 29. Novembre 1694. Le Maréchal de Villars nous fit chanter le ſix Novembre, un nouveau *Te Deum* pour la Priſe de *Bouchain* ; Et les Etats de la Province ayant été ouverts le 24. de ce mois par le Duc de Roquelaure, il eut le plaiſir de voir arriver, le cinquiéme Décembre, le Maréchal de *Barwik*, qui alloit au Secours de Gironne, inveſtie alors par les Miquelets-Catalans : Ce Général fit prendre les devans aux Troupes qu'il put tirer du Païs ; & ayant donné ſes Ordres pour la Marche de Celles qu'il attendoit d'ailleurs, il partit le neuviéme pour le Rouſſillon.

Pendant la Tenuë des Etats, mourut en cette Ville, ſur la fin de Décembre, Victor-Auguſtin de *Mailly*, Evêque de Lavaur, auſſi reſpectable par ſa Piété que par ſa Naiſſance : Son Corps, après avoir reſté durant quelques-jours dans la Chapelle de St. Roch, fut accompagné par le Corps-des-Etats juſqu'à la Porte de la Saunerie, pour être tranſporté dans ſa Catédrale, comme il l'avoit ordonné par ſon Teſtament.

1713. IX.   L'Année 1713. commença à Montpellier, par les Honneurs-Funébres que les Etats de la Province rendirent à Monſeigneur le Duc de Bourgogne, avec toute la Magnificence qui étoit düe à la Mémoire d'un ſi Grand-Prince. Peu de jours après, on vit arriver le Maréchal de *Barwik*, qui venoit de chaſſer les Imperiaux & les Catalans de devant Gironne, qu'il pourvut de toutes les Munitions de Guerre & de Bouche, dont elle avoit un extrême beſoin ; Il ſéjourna deux jours entiers à Montpellier, durant leſquels tout le Corps de la Province, & Ceux de la Ville, lui marquérent la Vénération qu'ils conſervoient pour leur Ancien-Commandant.

La Ville de Montpellier perdit dans le mois ſuivant, le St. Planque, Brigadier-d'Armée & Inſpecteur d'Infanterie, qui s'étoit acquis la Reputation d'Officier-très-Capable, & d'Homme d'une Probité reconnuë. Il étoit revenu dans ſa Patrie pour y paſſer l'Hiver avec ſa Famille, lorſqu'après avoir ſoupé à ſon ordinaire, il mourut ſubitement ſans avoir ſenti aucune Incommodité précedente : Ce genre de Mort augmenta beaucoup le Regret de ſa Perte ; & le lendemain, il fut porté aux Carmes-Déchauſſez, avec tous les Honneurs-Militaires.

Dans ce mois de Mars, la Cour-des-Aides enregiſtra les Lettres-Patentes du Roi, pour la Survivance-mutuelle de M. le Duc du Maine & du Prince de Dombes ſon Fils, dans le Gouvernement du Languedoc : Et dans le mois ſuivant, le Duc de Roquelaure en Habit-Ducal, accompagné d'un grand-nombre de Nobleſſe, porta au Palais les Renonciations que les Puiſſances de l'Europe avoient exigé des Rois de France & d'Eſpagne, pour empêcher l'Union de leurs Cou-

ron-

ronnes; Ces Renonciations furent enregîtrées le 28. Avril à la Cour-des-Aides, où l'Assemblée fut aussi belle & aussi nombreuse qu'à l'Ouverture des Audiences qui se fait après la St. Martin.

Moyenant ces Renonciations, la Tréve de quatre mois déja concluë entre l'Angleterre, la France & l'Espagne, fut convertie en une Paix, dans laquelle le Portugal, le Brandebourg, la Holande & la Savoye, voulurent être compris, & que leurs Plenipotentiaires signérent à *Utrek* dans ce même mois: On en fit la Publication à Montpellier le 25e. Juin, avec toutes les Ceremonies que j'ai raporté ailleurs; & pour donner cours à la Joye-publique, on permit les Joûtes à *Villeneuve-lez-Maguelonne*, à *Cette*, & au *Pont-Trincat*.

X.

Comme il restoit à faire entrer l'Empereur dans cette Paix, ce qu'on ne pouvoit guere que par la voye des Armes, le Maréchal de Villars eut Ordre d'assiéger *Landau*, dont il se rendit-maître après cinquante-six jours de Tranchée-ouverte. Les Réjouïssances en furent faites à Montpellier le 17e. Septembre: & alors, nos Religionnaires s'étant imaginez d'être compris dans cette Paix, comme on le leur avoit fait esperer, ils crurent pouvoir faire ouvertement l'Exercice de leur Religion; ce qu'ils firent dans ce même mois auprès d'*Uchau*, dans une Grange appartenant à une Dame de Nîmes. M. de Basville en ayant été averti par les Consuls du Lieu, trouva le moyen de faire saisir quelques-uns de Ceux qui avoient assisté à l'Assemblée: ceux-ci en découvrirent d'autres; & tous avouérent, qu'on leur avoit fait entendre qu'ils avoient l'Exercice-libre de leur Religion. Toute leur Punition pour cette-fois, fut de rester à la Citadelle: mais, afin de détromper leurs Semblables, la Grange où ils s'étoient assemblez fut rasée, quelques Solicitations qu'eût employé la Proprietaire pour la conserver.

Les Etats de la Province, assemblez à Montpellier le neuviéme de Novembre, assistérent quelque-tems-après, au *Te Deum* qui fut chanté pour la Prise de *Fribourg en Brisgau* par le Maréchal de Villars. La Perte que faisoit l'Empereur de cette importante-Place, le disposa à entrer dans les Propositions de Paix: il chargea de ses Pouvoirs le Prince Eugéne, qui se rendit à *Rastat*, où le Maréchal de Villars étant venu avec les Pouvoirs du Roi de France, ces deux Grands-Hommes de Guerre, qui avoient été Rivaux si long-tems, eurent l'Honneur eux seuls de conclurre la Paix-Genérale.

CHAPITRE VINGT-SEPTIÉME.

I. Publication de la Paix avec l'Empereur. II. Siége & Prise de Barcelonne par le Maréchal de Barwik. III. Supression de plusieurs Charges-Municipales. IV. Passage de la Nouvelle-Reine-d'Espagne. V. M. de Maillebois Lieutenant-Général de la Province. VI. Evenémens-particuliers. VII. Maladie & Mort du Roi Loüis XIV.

LE Duc de Roquelaure ayant eu Permission du Roi, de faire un Voyage à Paris, pour la Celébration du Mariage de Mademoiselle sa Fille avec le Prince de Leon, il partit le vingt-deux de Janvier; & deux jours-après, on vit arriver Mr. de *Courten*, Colonel Suisse, pour commander pendant son Absence: Il fut salüé à son Arrivée, de sept Coups-de-Canon de la Citadelle; Et les Etats de la Province ayant fini au commencement de Février, les Officiers du Présidial vinrent siéger dans la Sale des Etats, parcequ'ils faisoient travailler au nouveau-Bâtiment & à l'Escalier de leur Palais.

I. 1714.

Le Retour du Duc de Roquelaure dans le mois d'Avril, fut suivi de la triste-Nouvelle de la Mort de M. le Duc de Berry, qui, étant à la Chasse, & son Cheval s'étant cabré, reçut dans l'Estomac un Coup du Pommeau de la Selle, dont il mourut le 4. de Mai. Peu de jours-après, on reçut Ordre de faire publier

1714.

la Paix signée à *Rastat*, entre l'Empereur & la France ; ce qui fut fait à Montpellier le 25°. de ce mois, avec les Solennitez accoûtumées.

II. Après cet heureux-Evenément, il ne restoit, pour mettre le dernier-Sceau à la Paix-Genérale, qu'à reduire les Barcelonnois, qui, depuis le Départ de l'Archiduc & de l'Archiduchesse, avoient persisté dans leur Revolte, & donné de plus grandes-Marques de leur Obstination, en courant, comme ils firent dans le cours de cette année, toute la Catalogne, pour surprendre ou fatiguer nos Troupes : mais, ayant été chassez de la Campagne, & reduits à se tenir dans leur Ville, le Roi d'Espagne resolut d'en faire le Siége, dont il donna le soin au Maréchal de *Barwik*, qu'il fit son Generalissime. Nous vîmes arriver ce Seigneur à Montpellier le vingt-huitiéme de Juin, avec un de ses Fils, qui s'étoit venu attendre en cette Ville, & qui le même-jour avoit été à sa Rencontre, avec M^{rs}. de Roquelaure & de Basville : Il fut reçû à la Porte de la Saunerie, avec les Honneurs-accoûtumez ; & après s'être arrêté à Montpellier tout le reste de cette Journée, il en partit le lendemain pour Barcelonne.

Le 3. de Juillet on enregîtra à la Cour-des-Aides, l'Edit du Roi, qui appelloit à la Succession de la Couronne, M^{rs}. les Duc du Maine nôtre Gouverneur, & le Comte de Toulouse son frere, au cas que tous les Princes-Légitimes de France vinssent à manquer : l'Arrêt d'Enregîtrement fut prononcé à l'Audience, en présence du Duc de Roquelaure, & des Consuls en Robe-Rouge. Le 27. d'Août, ces mêmes Consuls mirent la première-Pierre à un nouveau-Bâtiment que le Conseil-de-Ville jugea à propos de faire en faveur des Pauvres-Insensez : On acheta le Jardin dit *de Lagresse*, où l'on bâtit douze Loges, dont on donna la Direction au Bureau de l'Hôpital S^t. Eloi.

Dans le mois de Septembre, nous vîmes passer successivement deux Couriers dépêchez au Roi, pour lui rendre-compte du Siége de Barcelonne : Le 16. le Comte de Mortemar apporta la Nouvelle, que nôtre Armée s'étoit logée sur les Ramparts de la Ville, après avoir donné un Assaut-general ; Et le 17. le Marquis de Broglio vint avec la Nouvelle, que les Enemis s'étoient rendus à discretion, sur la Promesse du Maréchal de *Barwik*, qu'ils auroient la Vie-sauve, & qu'ils ne seroient point pillez. La Rédition de cette grande-Ville, entraîna bientôt celle de toute la Catalogne ; & nous fûmes délivrez dans le Languedoc, du Passage des Troupes qu'on étoit obligé d'y envoyer continuellement, & du risque que nos Bâtimens couroient sur Mer à leur occasion.

Quelque avantageuse que fût à nôtre Province la fin de cette Guerre, on voulut attendre les Ordres du Roi pour en faire des Réjoüissances-Publiques ; & l'Ordre en étant venu, on choisit le 14. d'Octobre pour chanter le *Te Deum*, qui fut entonné par M. l'Evêque dans sa Catédrale, où assistérent M^{rs}. les Commandant & Intendant de la Province, avec toutes les Cours-de-Justice, & les Consuls en Robe de Cerémonie : Le soir, on fit joüer un Feu-d'Artifice à la Place de l'Hôtel-de-Ville, où le Peuple donna un libre cours à sa Joye.

III. La Guerre se trouvant finie par la Soûmission de la Catalogne, le Roi voulut soulager les Villes de son Royaume, de la Création de tant d'Offices-Municipaux que les Conjonctures du Tems l'avoient obligé d'établir sous diferens-Noms : Pour cet effet, il donna un Arrêt, portant Supression des Charges de Maire, Lieutenant-de-Maire, Assesseurs, Consuls-Perpetuels, & autres qui avoient été créez pendant la derniere Guerre ; Cet Arrêt fut adressé à la Cour-des-Aides de Montpellier, qui le verifia le 27. de ce mois, avec un autre, portant Revocation & Supression des Commissaires établis pour la Confection des Inventaires.

IV. Peu de jours après, Montpellier fut honoré de la Présence de la Reine Elizabet Farnese, que Philipe V. Roi d'Espagne avoit épousé par Procureur, depuis la Mort de Marie-Loüise-Gabrielle de Savoye, décedée le 14. du mois de Février précedent. Cette Princesse ayant pris-Terre à *Monaco*, continüa son Voyage par la Provence & le Languedoc ; & sur l'Avis qu'elle devoit arriver à Montpellier le septiéme de Novembre, le Duc de Roquelaure quita les Etats de la Province, assemblez alors à la Ville de Nîmes, & vint à Montpellier pour y recevoir la Reine : Elle arriva sur les six heures du soir, accompagnée de la Princesse de *Piombino*, de

la

LIVRE DIX-NEUVIÈME.

la Princesse *Pio*, du Marquis de *los Balbazes*, & de quantité de Gentilshommes, Dames, & autres de sa Suite. A peine tout ce Cortége eut paru vers les Recolets, qu'on fit la premiére-Décharge des Canons de la Citadelle, qui fut de quinze Coups ; la Seconde fut faite, lorsque la Reine arriva à la Porte de la Saunerie, où elle entra, après être passée par le Peirou & devant les Casernes ; la Troisiéme tira après son Arrivée dans l'Hôtel de M. de Roquelaure, où son Logement étoit preparé : Elle décendit de sa Caléche au bas du Perron, où se trouvérent avec le Duc de Roquelaure, Mr. Desgranges, Grand-Maître des Ceremonies, que le Roi avoit envoyé pour l'accompagner dans tous ses Etats, & M. Bon, Premier-Président, qui avoit eu l'Honneur de loger le Roi d'Espagne son Epoux. Après avoir été conduite dans son Appartement, où elle voulut souper toute seule, elle y passa encore le lendemain, pour se reposer des Fatigues de son Voyage ; Elle ne se fit voir ce jour-là, qu'à la Première-Présidente, qui vint lui baiser-la-main avec quelques autres Dames, & à quelques Gentilshommes, qui lui furent presentez par le Duc de Roquelaure.

Le lendemain, neuviéme du mois, elle reçut les Présens de la Ville, consistant en une Corbeille, garnie dedans & dehors d'un Tafetas, orné de Dentelle-d'Or, qui renfermoit des Aromates, comme Gans-parfumez, Sachets-de-Senteur en Broderie-d'Or, deux Sultans, & deux petits Cofrets de Bois de Noyer, couverts comme la Corbeille, & remplis d'Essences & de Liqueurs de toute sorte : Ces Présens furent rangez dans la Chambre de la Reine par Ordre de Mr. Desgranges, qui lui présenta nos Consuls, à qui cette Princesse fit l'Honneur de faire un Signe-de-tête, comme pour les remercier.

Après cette Audience, la Reine voulant aller à la Messe, donna sa Main-droite au Duc de Roquelaure, ne laissant que la Gauche au Marquis de *los Balbazes* : Elle ne goûta point le Divertissement du Chevalet, qu'elle ne voulut pas seulement voir ; ce qui donna une grande-Mortification à ces Pauvres-Gens, qui s'étoient mis en grands-Fraix pour divertir Sa Majesté. L'Après-midi, les Bataillons de Medoc s'étant rangez en Bataille au Peirou, & une Foule inconcevable de Peuple s'y étant aussi rendu, sur le Bruit que la Reine devoit venir s'y promener, cette Princesse se mit en Chaise pour y aller ; mais a, ayant trouvé qu'il étoit trop-tard, & que le Tems étoit un peu froid, elle remonta dans son Appartement, & frustra ce Pauvre-Peuple, de l'Attente où il étoit d'avoir l'Honneur de la voir.

Enfin, le lendemain, dixiéme Novembre, elle partit sur les quatre heures du soir, pour aller coucher à *Gigean*, ayant été saluëe à son Départ comme à son Arrivée, de trois Décharges du Canon de la Citadelle.

V. M. de *Maillebois*, Fils à M. Desmarets Ministre-d'Etat, & Gendre du Marquis d'*Alégre*, ayant été pourvû par le Roi de la Charge de Lieutenant-Général en Languedoc, vacante par la Mort du Marquis de Calvisson, il prit soin de faire enregîtrer ses Lettres à la Cour-des-Aides de Montpellier, avant que de se rendre aux Etats de Nîmes, où il entroit cette année comme Lieutenant-Général de Tour : Mais alors, étant allé aux Bains-de-Balaruc, il en revint en cette Ville le 21. Novembre, & logea chès M. de Montpellier son Cousin-germain ; il y reçut les Honneurs-accoûtumez de nos Consuls, ausquels il répondit avec beaucoup de Politesse : mais, nôtre Ceremonial remarque, que les Consuls étant sortis de sa Chambre, ils y rentrérent quelque-tems-après pour haranguer Madame son Epouse, qui étoit dans le Lit, & qu'il les remercia fort-gracieusement.

VI. Sur la fin de cette année, on établit à Montpellier, dans le Fauxbourg de Lates, des Coches comme ceux de Paris, qui partoient certains jours de la semaine pour Lyon & pour Toulouse : Les Personnes & les Hardes y étoient reçûës, moyenant les Droits, dont on dressa des Tarifs ; & l'on avoit le plaisir, comme à la Diligence, de n'être pas chargé du Détail de sa Nourriture. Cette Voiture, quelque commode qu'elle fût à beaucoup de Monde, ne laissa pas d'être préjudiciable aux Loüeurs-de-Chaise, qui sont en grand-nombre dans cette Ville ; & je ne sçai pourquoi les Entrepreneurs de ces Coches, après les avoir entretenus huit ou neuf ans, les ont abandonnez entiérement, & ont laissé revenir l'Usage des Chaises-roulantes comme il étoit auparavant.

1715.

L'Année 1715. nous donna la premiére-Huile qu'on eût eu depuis la Mortalité des Oliviers ; & quoique la Quantité des Olives ne fût pas grande, on compta pour beaucoup l'Esperance-certaine de voir revenir nos Arbres dans le même état qu'ils étoient avant les grandes-Gelées de 1709.

La Paix-Générale fit naître la Pensée à M. de Basville, de mettre sur la Porte du Peirou, qui est en forme d'Arc-de-Triomphe, une Inscription qui répondît à la Beauté de cette Piéce-d'Architecture, qui est estimée de tous les Connoisseurs ; Il crut avoir trouvé l'Inscription qu'il cherchoit, dans celle-ci, qu'il fit graver des deux côtez de la Porte, en très-gros Caractéres, & peints en noir, afin qu'on pût les lire de plus-loin.

LUDOVICO MAGNO LXXII. ANNOS REGNANTE DISSOCIATIS, REPRESSIS, CONSILIATIS GENTIBUS QUATUOR-DECENNALI BELLO CONJURATIS PAX TERRA MARIQUE PARTA. 1715.

Cette Inscription fut achevée de graver au mois de Février, precisément dans le tems que le Roi donna à l'Ambassadeur de Perse, cette Audience-Magnifique où toutes les Pierreries de la Couronne furent employées.

Nous eûmes, le troisiéme de Mai, à huit heures trois-quarts du matin, une Eclipse du Soleil, qui dura jusqu'à dix heures & demi. On observe, que le Soleil ne fut couvert par l'Interposition de la Lune, que de quatre Parts les trois, & que les Objets parurent jaunes jusqu'à-ce qu'il eut repris sa Forme & sa Couleur-ordinaire. Depuis ce tems, il y eut à Montpellier une grande Alteration du Tems : On vit naître dans le Terroir, une Quantité-prodigieuse de Vers & d'Escargots, qui s'attachoient aux Bourgeons des Vignes, & menaçoient la Vendange d'une Perte-totale. On employa tous les Remédes que les Vignerons purent imaginer, pour faire mourir ces Insectes ; mais, tout ayant été inutile, on eut recours aux Conjurations de l'Eglise, qui furent faites à la Croix du Peirou, dans le Cours d'une Procession-Generale ordonnée à cet effet : Dieu nous fit la Grace de faire cesser ce Fleau, dont on lui rendit publiquement des Actions-de-Grace dans l'Eglise de Saint-Pierre.

[Quelque-tems-après, il y eut un Orage-de-Pluye si violent, que la Riviére en grossit tout-à-coup, & courut avec tant de rapidité, que les Blanchisseuses n'eurent pas le loisir d'amasser leur Linge : il en coûta la vie à une pauvre-Mere, qui fut entrainée avec sa Fille ; & la Foudre s'étant mêlée à cet Orage, tua beaucoup de Bétail au Voisinage de la Ville.]

VII. Il sembloit que par ces Malheurs-particuliers, le Ciel vouloit nous disposer à celui qui menaçoit toute la France, par la Maladie du Roi, qui, depuis quelque-tems, avoit une Goute-Crampe, & la Gangréne à une Cuisse, dont il fut obligé de s'aliter dans le mois d'Août. On fit aussitôt à Montpellier, des Priéres-Publiques pour la Santé de ce Grand-Prince ; Et le nommé *Icard*, natif de cette Ville, ne consultant que son Affection, partit de Marseille (où il étoit) pour porter au Roi un Reméde-souverain qu'il avoit contre la Gangréne : Il fut rebuté, comme il devoit s'y attendre, faute d'avoir un Protecteur à la Cour ; mais enfin, les Douleurs & l'Insomnie du Roi venant à augmenter, on consentit à faire Usage de son Reméde : ensorte qu'ayant donné au Roi quelques Goutes d'une Essence qu'il avoit, le Roi dormit pendant cinq heures, & dit à son Reveil, qu'il étoit soulagé, & qu'on lui donnât à manger. Après cette premiére-Operation, *Icard* appliqua un Emplâtre sur la Cuisse-gangrenée, dont le Roi se trouva mieux ; de maniére qu'on commença d'avoir esperance de sa Guerison, & que le Bruit s'en répandit dans le Royaume : mais, soit que le Reméde eût été appliqué trop-tard, & que l'Heure-fatale fût déja venuë, ce Grand-Monarque mourut le premier de Septembre, avec toute la Fermeté-Chrêtiéne qu'il avoit fait paroître dans les plus-fâcheux-Evenémens de son Regne. Comme la plûpart des Hommes-vivans n'avoient vû en France d'autre Regne que le sien, puisqu'il fut de soixante-treize ans, sa Perte reveilla les Sentimens-d'Estime & de Vénération qu'on avoit eu le loisir de former

pendant

pendant le Cours de ce Regne, si célébre par ses Grandes-Conquêtes, par le Bon-Ordre qu'il avoit établi dans le Barreau, dans la Marine, dans les Armées, dans la Finance, & par l'Extinction du Duel & de l'Hérésie.

Nous apprîmes en même-tems, que par sa Derniére-Disposition il avoit declaré pour son Successeur, LOUIS Duc d'Anjou, Dauphin de France, Fils de feu Monseigneur le Duc de Bourgogne, âgé alors de cinq à six ans, auquel il nommoit pour Tuteur, Loüis-Auguste Duc du Maine, & Gouverneur de nôtre Province; pour Gouverneur de sa Personne, le Maréchal Duc de Villeroi, & pour Précepteur, André-Hercule de Fleury, Evêque de Fréjus, dont le Choix interessoit d'autant-plus la Ville de Montpellier, que ce Prélat avoit occupé durant plus de vingt ans, une Place dans sa Catédrale, & que sa Famille donnoit depuis très-long-tems, des Officiers au Bureau des Finances & à la Cour-des-Aides. On apprit enfin, que le Roi LOUIS-LE-GRAND avoit établi un Conseil-de-Regence pendant la Minorité du Roi son Petit-Fils, & qu'il avoit nommé Philipe-de-France Duc d'Orleans, pour Chef de ce Conseil.

On n'attendit pas à Montpellier les derniers Ordres de la Cour, pour donner des Marques-Publiques du Zéle & de la Vénération qu'on avoit pour la Mémoire de ce Grand-Prince. Dès le huit de Septembre qu'on reçut la Nouvelle de sa Mort, toutes les Cloches de la Ville annoncérent au Peuple, qu'on se disposoit à faire des Priéres-Publiques pour le Repos de son Ame. Le lendemain, la Confrérie des Penitens, qui n'est jamais tardive dans ce qui regarde ses Princes, fit faire un Service-Solennel dans sa Chapelle : Nos Consuls en firent de même dans la leur; puis, la Cour-des-Aides, le Présidial, & enfin, les Jesuites.

FIN DU LIVRE DIX-NEUVIE'ME.

HISTOIRE
DE LA VILLE
DE MONTPELLIER,
SOUS LE ROY LOUIS XV.
DEPUIS M. DCC. XV. JUSQU'EN M. DCC. XXIX.

LIVRE VINGTIÉME.

CHAPITRE PREMIER.

I. *Divers Evenémens à Montpellier après la Mort de* Louis-le-Grand. *II. Honneurs-Funébres qu'on lui rendit en cette Ville. III. Projets pour la Statuë-Equeftre. IV. Recherche des Gens-d'Affaires. V. Diferends entre la Cour-des-Aides & M. l'Intendant. VI. Mort du Jeune-Comte de Caftries. VII. Place-Brandille.*

ON étoit encore à Montpellier dans l'incertitude des Suites que **I.** devoit avoir la Maladie du Roi, lorfque le Duc d'Orleans, quel- **1715.** ques heures après fa Mort, fe rendit au Parlement de Paris, où ayant pris Séance, il fut declaré feul Regent du Royaume, & Tuteur de la Perfonne du Roi Louis XV. Le même-jour il fit partir, au Nom du Roi, des Lettres pour toutes les Cours-Supérieures du Royaume, qu'on peut regarder comme tenant lieu de ces Anciénes-Lettres de Confirmation, que nos Rois donnoient aux Officiers-de-Juftice lors de leur Avénement à la Couronne. Dans celles qui furent adreſſées à la Cour-des-Comptes, Aides & Finances, le Roi leur dit, (après avoir marqué fa Douleur fur la Perte qu'il venoit de faire du Roi fon Bifayeul) » Nous vous ordonnons & exhortons, en » tant qu'il nous eft poffible, à ce que vous ayés, nonobftant cette Mutation, » à continüer la Séance de nôtre Cour-des-Comptes, & à la Fonction de nos Charges. En conféquence de cet Ordre, la Cour s'étant affemblée le 13ᵉ. elle enjoignit aux Confuls, de continüer à faire l'Impofition de la Taille en la maniére accoûtumée.

Vvv 2

1715.

Le 18. Septembre arriva *incognitò* à Montpellier, Frederic-Auguste Prince-Royal de Pologne, & Electoral de Saxe, qui fut visité aussitôt par Mrs. de Roquelaure & de Basville, dans le Logis où il avoit été descendre: Le lendemain, il alla dîner chès le Duc de Roquelaure, & le 20. chès Madame l'Intendante; Sur le soir du même jour, il fut se promener à la Belle-Maison-de-Campagne du Premier-Président, & le 21. il partit de cette Ville pour aller à Avignon.

Dans les premiers-jours du mois d'Octobre, la Cour-des-Aides nomma des Députez pour aller rendre ses Devoirs au Nouveau-Roi, selon l'Usage des Compagnies-Supérieures du Royaume. Le 10. elle ordonna l'Enregîtrement de l'Arrêt de la Regence en faveur de M. le Duc d'Orleans: il fut ordonné que cet Arrêt seroit publié au premier Jour-d'Audience, qui fut tenuë le 18. du même mois, & à laquelle assista le Duc de Roquelaure, Commandant pour le Roi dans la Province.

Les Députez de cette Compagnie; sçavoir, le Président Fonbon, l'Abbé de Curducheîne, & M*r*. de Chicoyneau, Conseillers, s'étoient déja rendus à Paris avant M*r*. Bon, Premier-Président, qui étoit à la Tête de cette Députation: Ce Premier-Magistrat partit de cette Ville le 20. de Novembre; & le 23. du mois suivant, il fut admis à l'Audience du Roi dans le Château de Vincénes: le lendemain, il eut Audience de M. le Duc d'Orleans; & dans ces deux Occasions, il reçut des Marques singuliéres d'Estime.

Dans ce même-tems, il s'éleva une grande Dispute entre sa Compagnie & M. de Basville, Intendant du Languedoc, au sujet de l'Hommage & Dénombrement des Vassaux du Roi dans cette Province: L'Arrêt-d'Attribution qu'en avoit eu M. l'Intendant, interessoit trop la Cour-des-Aides, pour qu'elle ne fît pas tous ses efforts pour faire revoquer cet Arrêt; Elle députa dans cette vûë *Loüis Saunier*, Procureur-Général, qui agit si bien dans cette Affaire, qu'il eut dans l'année suivante le Succès que nous verrons.

II. Le 12. Décembre, les Etats de la Province ayant été ouverts par M. le Duc de Roquelaure, l'Assemblée accorda au Roi trois Milions de Don-gratuit, & un Quatriéme de Capitation, comme l'année précedente. A peine cette Affaire eut été reglée, que l'Assemblée tourna tous ses Soins à faire éclater ce qu'elle devoit à la Mémoire de Louis-le-Grand. Les Préparatifs de la Cerémonie-Funébre qu'elle ordonna, ne purent être achevez que le 22ᵉ. de Janvier, où l'on vit dans l'Eglise de Nôtre-Dame des Tables, un Magnifique-Mausolée, dont le haut portoit jusqu'à la Voûte; les Murailles étoient ornées d'un Beau-Dessein d'Architecture, diversifié par des Dévises & des Simboles convenables au Sujet: on n'avoit d'autre jour dans l'Eglise, que celui qu'elle recevoit d'un nombre-infini de Cierges & de Flambeaux allumez. La Messe fut celebrée par M. de la Berchere, Archevêque de Narbonne, assisté des Chanoines de la Catédrale: Le Duc de Roquelaure, en Grand-Deüil, à la Tête des Seigneurs des Etats, vint à l'Offrande; & après que le P. *Senaut* Jesuite, eut fait l'Oraison-Funébre, les Absoutes furent faites autour du Mausolée, par l'Archevêque Celebrant, assisté des Evêques (*a*) d'Agde, (*b*) de Beziers, (*c*) de Montauban, & (*d*) d'Alais.

1716.

Comme il avoit falu attendre que la Province eût rendu ses Devoirs au feu Roi, la Catédrale de Montpellier ne put s'acquiter des siens, que dans le mois suivant. Alors le Chapitre ayant fait dresser dans le Chœur de son Eglise, un Lit-d'Honneur, accompagné de tous les Ornemens qui convenoient à cette Cerémonie, M. le Duc de Roquelaure, avec un grand-nombre de Noblesse, se rendit dans l'Eglise de Saint-Pierre, où se trouvérent toutes les Cours-de-Justice, & nos Consuls en Robe-Rouge: Messire *Jean de la Parisiére*, Evêque de Nîmes, fut prié de faire l'Office, en l'absence de l'Evêque de Montpellier; & lorsque le tems fut venu de l'Oraison-Funébre, M. de Roquelaure se plaça sur une Estrade au milieu de l'Eglise, d'où il entendit le Sieur de *Trimond*, Chanoine de la Catédrale, qui la prononça: la Messe dite, les Absoutes furent faites par l'Evêque-Celebrant, & par quatre Dignitez ou Personats du Chapitre.

(*a*) Philibert-Charles de *Pas-Feuquieres*.
(*b*) Loüis-Charles *des Alris du Roussel*.
(*c*) François de *Vaubecourt*.
(*d*) Jean-François-Gabriël de *Henin-Lietard*.

Quoi-

Livre Vingtième.

Quoique la Confrérie des Penitens eût déja donné des Marques de son Zéle, elle ne laissa point de se preparer à un Service plus Solennel, après que le Corps de la Province & la Catédrale eurent fait le leur; Ils s'en acquitérent le 16. de Mars, dans leur Chapelle, qu'ils avoient ornée avec tout le bon-Goût qui leur est particulier dans ces sortes de Ceremonies : Les Cours-de-Justice y assistérent avec les Consuls; & l'Oraison-Funébre ayant été faite par un autre Chanoine de la Catédrale, la Confrérie jugea à propos de faire imprimer à ses dépens cette Oraison-Funébre.

III. Pendant tous ces Exercices de Piété, les Etats assemblez, déliberérent de faire venir la Statuë-Equestre du feu Roi, qui avoit été fonduë à Paris depuis long-tems, par Ordre & aux Dépens de la Province : Comme il n'étoit pas possible de transporter une si lourde-Masse par d'autre Route que celle de la Mer, il falut tout le reste de l'année avant qu'elle eût pû faire ce long Trajet; ce qui fut cause qu'elle ne fut dressée à Montpellier que dans l'année suivante.

Cependant, le Procureur-Général de la Cour-des-Aides, député à Paris au sujet de la Prestation des Foi & Hommage, obtint la Revocation de l'Arrêt qui en attribüoit la Connoissance à M. de Basville : Sa Compagnie se voyant rétablie dans ses Droits, donna un Arrêt le 28. du mois de Février, qui donnoit pleine-Main-levée aux Vassaux de Sa Majesté, des Saisies-Feodales qui leur avoient été faites; à la charge de rendre, après l'Expiration d'un an de délai, la Foi & Hommage qu'ils devoient au Roi.

IV. Sur la fin de Mars, on reçut à Montpellier l'Edit de Sa Majesté du 8. de ce mois, portant Création d'une Chambre-de-Justice, composée de Présidens-à-Mortier, Maîtres des Requêtes, Conseillers au Parlement, & Maîtres des Comptes, pour faire une Recherche générale de Ceux qui avoient administré les Affaires du Roi; avec Ordre à eux, de remettre leurs Comptes, & donner un Etat fidéle de tous leurs Biens : En consequence, M. de Basville fit publier à Son-de-Trompe, que tous Ceux qui avoient manié les Finances du Roi, n'eussent point à s'absenter de Montpellier, sous Peine de la Vie. Les Gens-d'Affaires, qui sont en grand nombre dans cette Ville, entrérent, comme ceux de Paris, dans de mortelles inquiétudes, lorsqu'après avoir exigé des Etats de leurs Biens & de leur Administration, on éplucha leurs Comptes avec une exacte Séverité ; Presque tous subirent une Taxe, plus ou moins-forte : mais, la plûpart du Monde qui avoit applaudi à cette Recherche, se lassa enfin de voir des Malheureux; & l'on passa bientôt de la Haine à l'Excès de la Compassion, comme le dit Mr. le Chancelier d'*Aguesseau*, lorsqu'il alla, au commencement de l'année suivante, remercier, de la Part du Roi, Mrs. de la Chambre-de-Justice.

V. Le Premier-Président de la Cour-des-Aides de Montpellier, revint dans le mois de Mars, de la Députation que sa Compagnie avoit fait au Roi pour son Heureux-Avénement à la Couronne; Il fut reçû avec les Ceremonies usitées en cette Occasion, par les Procureurs, qui lui allérent au-devant jusqu'au Pont de Lunel : Mais, il ne fut pas long-tems à Montpellier, sans s'appercevoir des Mouvemens que la Recherche des Partisans y causoit. M. de Basville, qui en étoit chargé, l'étendit sur la Clôture des Comptes des Communautez, dont il donna une Commission au St. *Barbara* son Subdélegué de Castres. La Cour-des-Aides, à qui la Connoissance en appartient par ses Lettres-d'Etablissement, donna, dans le mois de Juin, un Arrêt, qui faisoit Défense au Subdélegué, de connoître de ces sortes d'Affaires : mais, M. de Basville eut le Credit d'obtenir un Arrêt du Conseil, en Cassation de celui de la Cour-des-Aides; ce qui disposa les choses à une plus grande Mesintelligence entre ces deux Puissances.

Elle éclata plus particulièrement dans le mois de Juillet suivant, à l'occasion d'un Vol de Sel qui avoit été fait aux Salines de *Peccais*, & dont Mr. de Basville donna Commission de connoître au Juge de Lunel. La Cour-des-Aides, à qui cette Connoissance est dévoluë, nomma, par Arrêt du 24. Juillet, deux Officiers de son Corps, pour se transporter sur les Lieux; avec Ordre, que toutes les Procédures déja faites, seroient remises au Greffe de ses Commissaires : Sur le Refus qu'en fit le Greffier du Juge de Lunel, il fut saisi & transferé dans les Prisons de la

1716.

1716.

Cour. Alors M. de Basville obtint un Arrêt du Conseil, du premier Août, qui cassa celui de la Cour-des-Aides; » & en évoquant au Conseil le Procès-Criminel » pour le Fait de ce Vol de Sel, le renvoya au Sieur Intendant, pour être par lui » instruit & jugé en Dernier-Ressort, avec tels autres Juges qu'il voudroit choisir.

A cet Arrêt en succeda un autre du 8. Août, qui fit Iteratives-Défenses à la Cour-des-Aides, de casser les Ordonnances des Intendans, & qui interdit le Procureur-Général, & Celui qui avoit présidé à l'Arrêt du 24. Juillet : En vertu de cet Arrêt, l'Intendant envoya son Hoqueton, pour tirer de Prison le Greffier du Juge de Lunel ; mais, comme la Chose ne put être faite sans employer la Force, la Cour-des-Aides, assemblée en Semestre, fit faire une Procédure, & députa en Cour un de ses Officiers pour y porter ses Plaintes.

Malheureusement, il se trouva que Mr. le Premier-Président avoit présidé à l'Arrêt du 24. Juillet, & qu'un des Avocats-Generaux avoit fait ses Requisitions, en l'absence du Procureur-Général ; ce qui fit tomber sur leurs Personnes l'Interdit porté par l'Arrêt, & donna sujet à bien de diferentes Interpretations : ils partirent l'un & l'autre pour Paris, où l'Affaire ayant traîné jusqu'au mois de Décembre, elle finit par une Lettre que Mr. le Regent écrivit à la Cour-des-Aides, du 14. de ce mois, dans laquelle ce Prince exhortoit la Cour-des-Aides, » de » vivre avec M. de Basville, en si bonne intelligence, qu'il ne pût rester à Paris » ni à Montpellier, aucun Souvenir de ce qui s'étoit passé : Le lendemain, 15e. du même mois, il fut donné un Arrêt du Conseil, » portant Permission au Sieur » Premier-Président & au Sieur Duché, de rentrer dans l'Exercice de leur Charge.

Le Mouvement que cette Affaire avoit causé à Montpellier, n'empêcha point d'y penser à un Embellissement pour l'Esplanade, qui en a attiré avec le tems un autre bien-plus considerable : Ce Lieu, qui est fort vaste entre la Ville & la Citadelle, se trouvant alors fort embarassé par de grands Monceaux de Terre que les Gens de la Salpêtriere y avoient accumulé depuis plus de trente ans, on se proposa de la transporter ailleurs ; & l'on choisit le long des Murailles de l'Esplanade, qui vont depuis la Maison de *Desplans* jusqu'à la Citadelle : on y fit une grande-Allée, que M. de Roquelaure découvroit de ses Fenêtres dans toute sa longueur ; & pour reconnoître les Soins que ce Seigneur avoit pris pour faire avancer l'Ouvrage ; on donna son Nom à cette Promenade, qui depuis a été appellée la *Roquelaure*.

VI. Tandis qu'on étoit occupé de ce Travail, on apprit avec douleur, la Mort de *Pierre-Joseph-François de la Croix*, Comte de Castries, âgé de 23. ans, & reçu en Survivance du Gouvernement de la Ville & Citadelle de Montpellier, qu'avoit le Marquis de Castries son Pere : Cette Mort parut d'autant-plus touchante, qu'il étoit le seul Héritier de sa Maison, & qu'elle fut suivie de la Mort de Dame des Noeillan son Epouse, & de l'Unique-Fils qu'ils avoient de leur Mariage. Leurs Obséques furent celebrées à Montpellier, dans la Chapelle des Penitens, & dans celle du Consulat, avec les Solennitez accoûtumées.

Dans le mois de Décembre, les Etats de la Province, convoquez à Montpellier, furent ouverts le dixiéme de ce mois par le Duc de Roquelaure : Le Sermon qu'on a coûtume de prêcher le Dimanche suivant, fut fait par Messire Jean-Loüis des Bretons de *Crillon*, alors Evêque de St. Pons ; & la Messe, celebrée par Jean-François-Gabriël de *Henin-Lietard*, Evêque d'Alais.

VII. Environ ce Tems, on publia le Projet d'une nouvelle Place dans la Ville, qui a été depuis appellée *Place-Brandille* : Il s'agissoit de donner plus de clarté à la Ruë de l'Eguillerie, & d'élargir un petit Chemin qui conduisoit de cette Ruë aux Trésoriers-de-France. Pour cet effet, on proposa d'abatre une Traînée de Maisons, dont la plus considerable étoit celle de *Beuves* (autrefois de Bouques :) mais, pour en épargner les Fraix à la Ville, les Voisins projeterent d'en faire l'Achat à leurs dépens, pourveu que la Ville les déchargeât de la Taille. La Proposition ayant été acceptée au Conseil des Vingt-quatre, les Voisins firent leur Soûmission ; & ayant calculé la Somme qui leur reviendroit de la Vente des Matériaux, ils regalerent entr'eux le reste du Prix, à proportion de l'Avantage qui en revenoit à un chacun : La Chose ainsi reglée, & le Contrat passé avec les Proprietaires, on proceda à la Démolition, dont les Matériaux furent vendus aux Jesuites pour servir à la Bâtisse de leur Eglise.

En-

Enfin, la Place se trouvant nette, le Sieur *Chirac*, Premier Médecin de M. le Regent, envoya de Paris le Dessein de la Façade de sa Maison, qui occupe une des Longueurs de cette Place : le Sieur de Veissière, Conseiller en la Cour-des-Aides, bâtit de l'autre côté ; & le Sieur de Grefeüille, Lieutenant-Colonel du Regiment d'Agenois, fit le grand-Bâtiment qui remplit le Fonds de la Place *Brandille*. Nos Successeurs seront peut-être en peine, de sçavoir l'Origine de cette Dénomination, qui paroît singulière ? A quoi l'on peut répondre, que ce fut par un effet de la Bizarrerie ordinaire à la plûpart des Etimologies ; car, on voulut attacher à cette Place, le Sobriquet qu'on avoit donné jadis à l'un de Ceux qui avoit été des plus zelez à faire réüssir le Projet : il fut le premier à en rire ; & le Public lui a rendu la Justice de dire, qu'il avoit été le Principal-Auteur d'une des plus belles Reparations qui ait été faite dans l'Enceinte de la Ville.

1716.

CHAPITRE SECOND.

I. Nouvelle-Assemblée des Fanatiques. II. Conduite de la Statuë-Equestre depuis Paris jusqu'au Pont-Juvenal. III. Supression des Consuls-Perpetuels. IV. Erection de la Statuë-Equestre. V. Départ de M. de Basville. VI. Nouvelle-Maison achetée pour M. de Bernage. VII. Commencement de Troubles avec l'Espagne.

LES Religionnaires des Cévénes, regardant la Minorité du Roi comme un Tems favorable pour l'Exercice de leur Religion, entreprirent au commencement de 1717. de reprendre leurs Assemblées. La plus nombreuse qu'ils tinrent fut à *Moliéres* près d'Anduse, où nos Dragons ayant accouru pour leur donner la chasse, ils prirent soixante-quatorze Personnes, tant Hommes que Femmes, qui furent conduites à Montpellier sur la fin de la Tenüe des Etats, assemblez en cette Ville. M. le Duc de Roquelaure les jugea Militairement ; & condanna vingt-deux Hommes aux Galéres-perpetuelles, à la reserve de trois, contre lesquels on ordonna une Continüation-d'Information : Les Femmes & Filles furent envoyées, partie à la Tour de Constance, partie aux Prisons de Carcassonne ; & l'on fit partir le Bourreau, pour aller planter, au milieu de la Place d'Anduse, une Potence, d'où pendroit le Nom de tous les Condannez. Peu de jours après, on envoya un grand-nombre de Troupes, afin de contenir tout le Païs.

I. 1717.

Dans ce même-tems, Nosseigneurs des Etats se firent rendre-compte de tout ce qui avoit été fait pour le Transport de la Statuë-Equestre du Roi Louis XIV. qu'ils avoient ordonné par Déliberation de l'année précedente : Ils apprirent qu'on l'avoit tirée du Lieu où elle avoit été fondüe à Paris dans le Fauxbourg St. Germain ; & qu'après qu'on l'eut conduite sur des Rouleaux jusqu'à la Riviére de Seine, on l'avoit faite descendre jusqu'à Roüen, où elle avoit été embarquée pour faire le Trajet de la Mer, & monter ensuite par la Garonne. A peine fut-elle près de Bordeaux, qu'elle fit Naufrage dans cette Riviére, d'où ayant été tirée avec beaucoup de Travail, on se proposoit de lui faire prendre à Toulouse le Canal du Languedoc, & de la conduire, par l'Etang de Maguelonne, & par la Riviére du Lez, jusqu'au Pont-Juvenal ; Ce dernier Dessein ayant été approuvé de l'Assemblée, M. de Basville en attendit l'Execution avec impatience.

II.

La Déclaration du feu Roi, qui, depuis la Paix de *Rastat*, avoit ordonné la Supression des Consuls-Perpetuels, ayant été sans effet à Montpellier, parceque la Ville n'avoit point de Fonds pour les rembourser, il fut enfin resolu, sur les nouveaux Ordres qu'on reçut du Roi LOUIS XV. de faire ce Remboursement. La Chose parut d'autant-plus aisée, qu'on reçut de Paris un très-grand nombre de Billets de la Banque nouvellement établie, qui furent consignez aux Premier, Troisiéme & Cinquiéme Consuls-Perpetuels, qui devoient être suprimez ; & sans attendre le Tems ordinaire, on procéda le 30. Septembre, à l'Election de trois

III.

528 HISTOIRE DE LA VILLE DE MONTPELLIER,

1717. autres, qui devoient les remplacer ; ſçavoir, Noble Marc-Antoine de Beaulac, Baron de *Pezenes*, à la place de Jean *Munny* : *Cambon* Procureur, à la place de *Bousquet* aussi Procureur ; & *Cauvin* Marchand Epicier, à la place de *Roques* : Ils prêterent Serment le 3. Octobre ; & ce même jour, ils firent leurs Visites en la manière accoûtumée : ce qu'on n'avoit pas encore vû dans une Saiſon si avancée. Ces Nouveaux-Consuls signalérent leur Consulat, par la Reparation qu'ils firent faire à la Croix de la Place des Cévenols, dont le Piédestal menaçoit ruine ; & au lieu de trois Rangs de Marches qu'il y avoit au bas, & qui retreciſſoient la Place, ils se contenterent d'y faire faire une Baſe quarrée toute ſimple, & cantonnée de quatre Pouſſe-Roües.

IV. Enfin, la Statuë-Equestre arriva au Pont-Juvenal ; ce qui fit preſſer les Travaux qui avoient été ordonnez à la Place du Peirou, pour y bâtir le Maſſif du Piédestal ſur lequel on devoit la placer. M. de Baſville, qui avoit des Raisons-particuliéres de ſouhaiter qu'elle fût bientôt en Place, voulut qu'on l'amenât à Pié-d'œuvre : Pour cet effet, on la mit sur de gros Madriers liez-enſemble, & portez ſur des Rouleaux qu'on faiſoit mouvoir par le moyen d'un Cabestan. A peine fut-elle arrivée à la Fontaine du Fauxbourg de Lates, qu'elle fut ſaluée de treize Coups-de-Canon de la Citadelle : On la fit entrer dans l'Enclos des Cordeliers, par une Bréche qu'on fit à la Muraille ; & pour lui faire franchir le Ruiſſeau des *Aiguarelles*, on y jeta un Pont de groſſes Poutres, ſur lequel elle paſſa, pour entrer dans l'Enclos du Grand-Saint-Jean ; De là, elle fut conduite devant les Caſernes : puis, à la Portalière ; & enfin, dans le Jardin de la Mercy, où on la mit en Dépôt, en attendant qu'on pût l'élever ſur le Piédestal.

Cependant, les Etats de la Province furent convoquez à Montpellier, où l'on en fit l'Ouverture le neuviéme Décembre : Ce fut alors que M. de Baſville declara publiquement, qu'il avoit demandé à la Cour d'être rapellé de ſon Intendance du Languedoc ; Il le fit, en terminant le Diſcours que les Intendans ont coûtume de faire à l'Ouverture de cette Auguſte-Aſſemblée, dont il prit-Congé en des Termes ſi obligeans pour la Province, qu'il fit augmenter l'Eſtime & la Vénération qu'il s'étoit juſtement acquiſe pendant les trente-trois ans qu'avoit duré ſon Intendance.

L'Aſſemblée apprit quelques jours après, que le Pape Clement XI. leur avoit accordé la Beatification du Pere *Jean-François Regis*, qu'elle avoit fait ſoliciter à Rome, (comme d'un Saint-Homme, natif de la Province) par Déliberation des Etats de 1704. Les Jeſuites de Montpellier ne purent en celebrer la Fête que le

1718. 26. de Janvier 1718. Toutes les Compagnies ſe rendirent chès eux, pendant les quatre ou cinq jours que dura cette Fête ; & pour entrer en Part de la Dépenſe qu'ils firent à cette Occaſion, les Etats de la Province leur accordérent une Gratification de quinze cent livres.

M. de Baſville avoit trop à cœur de voir en Place la Statuë du feu Roi ſon Bon-Maître, pour ne pas profiter du peu de tems qui lui reſtoit : Il preſſa ſi fort l'Ouvrage, qu'on acheva le mois de Janvier, de conſtruire autour du Piédestal, un grand Château de Charpente qui devoit porter les Cables & les Poulies, pour enlever cette lourde-Maſſe de quatre cent cinquante Quintaux, & ils la placérent ſur le Piédestal, qui a d'Elevation dix-huit Piez-de-Roi.

La Choſe fut executée le 10. Février, quoiqu'il fît ce jour-là un Froid extrême : On ſe contenta, pour cette fois, de pouſſer pluſieurs Cris de *Vive-le-Roi*, en attendant de donner au Public une Fête ſolennelle. Les Préparatifs n'en purent être achevez que le Dimanche 27ᵉ. du même mois, où l'on vit aux quatre Coins de la Statuë-Equeſtre, quatre Tours, liées par une Galerie ornée de Pilaſtres, de Feſtons, de Trophées-d'Armes, & d'Inſcriptions ſur les plus beaux Ouvrages qui avoient été faits dans la Province ſous le Regne du feu Roi : La Face qui regardoit la Ville, ne contenoit qu'une Inſcription-genérale à ſon Honneur ; Celle du côté de la Mercy, repréſentoit le Port de Cette : dans la ſuivante, on voyoit le Canal-Royal qui joint les deux Mers ; & du côté de la Montagne, les Beaux-Chemins qui ont été faits dans les Cévènes ; le tout accompagné d'Emblêmes & de Déviſes à l'Honneur du Roi. M. de Baſville commença la Fête par un grand

Dîné

Dîné qu'il donna à soixante Personnes de Qualité. Sur les deux heures, nos Consuls en Robes-Rouges, allèrent saluër & haranguer le Roi, par la Bouche du Sr. *Silvecane*, Second-Consul. A quatre heures, toutes les Troupes des Caſernes, avec une partie de celles de la Citadelle, & nos Sixains, ſe rendirent au Peirou, pour y attendre le Duc de Roquelaure, le Marquis de Cailus, & le Sr. Demaine Lieutenant-de-Roi, qui y vinrent à Cheval aux Flambeaux ; & après avoir fait trois fois le tour de la Statuë, qu'ils saluërent succeſſivement du Chapeau & de l'Epée, ils allumèrent le Bucher, qui fut suivi d'un Feu-d'Artifice magnifique, qu'on vit partir des Tours ou Pavillons dreſſez ſur les Angles : On fit enſuite pluſieurs Décharges de Mouſqueterie, & du Canon qu'on avoit amené de la Citadelle au Peirou. Après cette Fête, on alla voir celle que nos Conſuls avoient preparé à l'Hôtel-de-Ville : Toutes les Ruës étoient éclairées comme en plein-jour : les Réjouïſſances continuèrent bien-avant dans la nuit ; & M. le Duc de Roquelauré termina la Fête par un magnifique-Soupé, & par le Bal qu'il tint avec la Princeſſe-d'Auvergne.

Les Conſuls en Charge, qui avoient pris ſoin de faire reparer la Croix de la Place des Cévénols, crurent devoir changer celle de la Canourgue, qui étoit au-devant de la Maiſon de Mr. de Sarret, Tréſorier-de-France: Comme la Croix ſe trouvoit à l'Avenuë de quatre ou cinq Ruës, ils prirent la Reſolution de la changer ; & ayant obtenu le Conſentement de M. l'Evêque, ils la firent tranſporter au Coin de la Canourgue, en décendant vers l'Egliſe de Saint-Pierre, où l'on trouva, en foüillant la Terre, quelques Tombeaux de l'Anciéne-Egliſe de Ste. Croix, qui me donneront lieu d'en parler, ſur l'Article de cette Egliſe, dans mon ſecond Volume.

Enfin, on apprit que M. de Bernage, Intendant de Picardie, devoit venir ſuc-V. ceder à M. de Baſville dans l'Intendance du Languedoc ; Et ſur l'Avis qu'il arriveroit en cette Ville le 28. d'Avril, M. de Baſville alla à ſa Rencontre avec toute la Maréchauſſée. Les deux Intendans arrivèrent ſur le ſoir dans le même Carroſſe, & furent décendre chès M. de Roquelaure, qui alla ſouper avec eux chès M. de Baſville : Après-quoi, on conduiſit le Nouvel-Intendant à la Maiſon de *Gily*, qui lui étoit preparée, où il reçut le lendemain la Viſite des Conſuls en Robe, celle de pluſieurs Cours-de-Juſtice, du Corps des Marchands, & des Ordres-Religieux. La plûpart des Evêques & Archevêques de la Province, avec pluſieurs autres Perſonnes de Diſtinction, vinrent en cette Ville pour le voir, & pour prendre-Congé de M. de Baſville, qui partit à cinq heures du matin le dixiéme de Mars.

Un mois après, arriva en cette Ville, Dame N. Roüillé, Epouſe de M. de Bernage, Intendant, qui étoit parti le 9. de Juin pour aller à ſa Rencontre : Ils arrivèrent enſemble le onze ſur le ſoir, pour éviter les Chaleurs, qui furent extrêmes cette année-là : elles durèrent tout le mois de Juillet & d'Août ; & ce ne fut qu'au ſixiéme de Septembre, qu'on commença d'avoir de la Pluye ; qui rafraîchit toute la Campagne : mais, malheureuſement le Tems s'étant épaiſſi le 13. il ſurvint un Orage, qui cauſa pluſieurs funeſtes-Effets. Le Merdanſon, dont les Débordemens ſont très-violens, groſſit juſqu'à trois ou quatre Piez ſur les Ponts de St.-Côme & de la Blanquerie, dont il emporta les Parapets ; il y abatit la Maiſon d'un Taneur, & ravagea le Jardin de *Jauſſerand*, dont il emporta bien loin les Orangers, avec quantité d'autres Arbres qu'il trouva ſur ſon chemin : D'autre côté, un pauvre Carroſſin, qui venoit de Pezenas, ſe trouva ſurpris, vers la Fontaine St.-Barthelemi, par les Torrens qui décendoient des Hauteurs : il fut entraîné dans un méchant Ruiſſeau, qui eſt à ſec la plûpart de l'année, où trois Hommes, qui étoient dedans avec une Femme, furent noyez ; la ſeule Femme s'en étant garantie, en ſe prenant à une Branche de Saule, qu'elle eut la force de tenir juſqu'à-ce que le Torrent fût paſſé. Je marque cet Evenément, parce qu'il en arriva un tout-ſemblable dans le même Lieu, & preſque avec les mêmes Circonſtances, dans le mois de Septembre 1354. comme il eſt raporté dans nôtre Talamus.

Les Habitans de Nîmes, dans l'Eſperance de pouvoir attirer dans leur Ville le VI. Nouvel-Intendant, lui firent offrir un Logement à Nîmes, dont ils ſe chargeroient du Payement & de l'Entretien. On se servit de cette Raison à Montpellier, pour proposer au Conseil des Vingt-quatre, d'en faire de même; Mais, la Belle-Maison de la Comtesse de Ganges, se trouvant alors vacante par la Mort de cette Dame, on fit proposer au même Conseil, d'acheter cette Maison au nom de la Ville, pour l'affecter au Logement des Intendans: La Proposition ayant été accüeillie dans le Conseil, on passa un Contrat-d'Achat avec les Heritiers, pour le Prix de cinquante mile livres ; & afin de faire les Choses plus gracieusement, la Ville employa encore vingt mile livres en Reparations, pour rendre cette Maison plus logeable. Il est nécessaire, pour l'Histoire de Montpellier, d'observer ici, que tout le grand-Espace contenu dans cette Maison, renferme une partie de la Ruë du *Capuchin-pintrat*, qui traversoit la Ruë des Orangers, & alloit aboutir à la Maison de Montlaur: ce même Espace renferme l'anciéne *Cour du Baile*, dont le Puits sert aujourd'hui dans les Cuisines de M. de Bernage; enfin, une partie du Grand-Temple des Huguenots, du côté de l'Entrée de cette Belle-Maison: L'Affaire ne put être consommée que le quatriéme du mois de Novembre, qui fut le jour où le Nouvel-Intendant prit Possession de ce Logement.

VII. Les Etats de la Province, assemblez à Montpellier le quinziéme Décembre, accordérent au Roi la Somme de trois Milions de Don-gratuit, & celle d'un Milion huit cent mile livres pour la Capitation: Cette Augmentation fut occasionnée par la Découverte qu'on fit alors, d'une Conspiration du Ministre d'Espagne, pour ôter la Regence à M. le Duc d'Orleans: La Chose fut éclaircie par les Lettres qu'on surprit à Poitiers sur l'Abbé *Portocarrero*, envoyé au Cardinal *Alberoni* par le Prince de *Cellamare*, Ambassadeur d'Espagne à la Cour de France; Plusieurs Personnes du Premier-Rang, furent compliquées dans ce Projet, & envoyées à la Bastille. On fit marcher des Troupes vers la Bretagne, pour arrêter les Complices qu'il y avoit dans cette Province ; où l'on établit à Nantes une Chambre-de-Justice pour leur faire le Procès: Dès-lors, on vit courir dans tout le Royaume des Manifestes, qui annoncérent une Rupture inévitable entre la France & l'Espagne.

CHAPITRE TROISIÉME.

I. Rupture avec l'Espagne. II. Passage du Cardinal Alberoni par Montpellier. III. Troubles au sujet des Billets-de-Banque, & de la Contagion. IV. Arrivée de l'Ambassadeur de la Porte. V. Contagion dans le Gevaudan. VI. Evenémens-particuliers. VII. Retour de l'Ambassadeur de la Porte. VIII. Suite des Affaires de la Contagion.

1719. I. Le neuf de Janvier 1719. on publia à Paris la Déclaration de la Guerre contre l'Espagne, dont on envoya des Copies à M. de Roquelaure, pour être publiées à Montpellier, & dans les autres Villes de la Province: Il reçut Ordre en même-tems, de pourvoir au Contingent du Languedoc, pour vingt-cinq mile Hommes de Milice que le Roi avoit ordonné dans son Royaume; & il eut Avis, qu'on envoyeroit des Troupes dans le Roussillon, & que trente-six mile Hommes d'Infanterie, avoient Ordre de marcher vers Bayonne au commencement du Printems. Dès-lors, M. de Bernage fit faire plusieurs Magasins-de-Vivres pour ces deux Armées, & l'on pressa la Levée des Milices qui étoient ordonnées.

On sçut, peu de tems-après, que M. le Prince de Conty étoit nommé pour commander en Espagne: Et sur le Bruit, qu'il passeroit par le Languedoc, on fit de grands-Préparatifs à Pezenas (qui appartient à ce Prince) pour l'y recevoir. Toutes les Compagnies de la Province se tinrent prêtes pour le haranguer sur son Passage; & les Peuples se réjoüissoient, de voir bientôt le Petit-Fils de leur Ancien-Gouverneur Armand de Bourbon Prince de Conty, dont la Mémoire est si précieuse en Languedoc: mais, on apprit sur la fin de Mai, que son Altesse étant par-

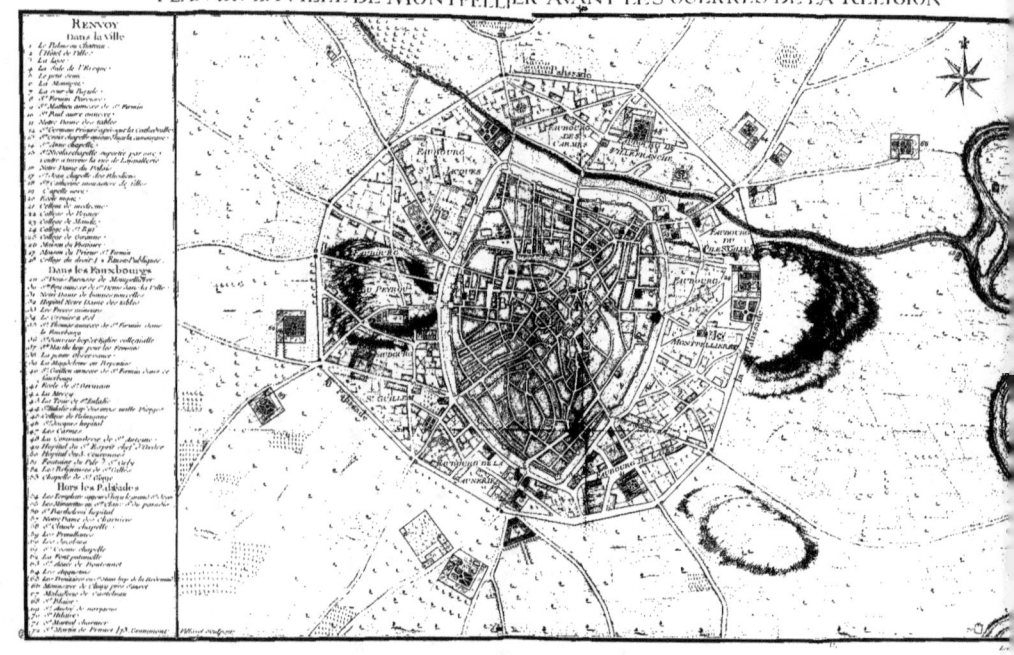

PLAN DE LA VILLE DE MONTPELLIER AVANT LES GUERRES DE LA RELIGION

partie de Paris le 9. de ce mois, avoit pris en droiture la Route de Bayonne, s'étant contenté de faire passer une partie de ses Equipages par le Languedoc. Le Passage des Officiers de son Armée attira successivement à Montpellier, M. de Montmorency, le Prince de l'Epinoy, le Marquis de Bellefontaine, & le Duc de Valentinois, qui furent retenus quelque-tems par le Duc de Roquelaure.

1719.

Peu après l'Arrivée du Prince de Conty sur les Frontières-d'Espagne, nos Troupes se saisirent du *Port du Passage*, & formérent le Siége de *Fontarabie*, qui fut enlevé dans le mois de Juin, & suivi, vingt-cinq jours après, de la Prise de *St. Sebastien*, dont on fit par Ordre de la Cour, des Feux-de-Joye à Montpellier. Ces deux Conquêtes ouvrirent un chemin pour aller à Pampelune, qu'on avoit resolu d'assiéger; mais, il survint un nouvel Ordre, de porter l'Effort de la Guerre dans la Catalogne, où le Duc de Barwik se rendit pour faire le Siége de *Roses*. Alors tout le Languedoc se mit en mouvement pour lui fournir des Vivres & des Troupes: Nos Milices marchérent du côté du Roussillon: les Barques & les Tartanes de toute la Côte, furent employées au Transport des Vivres & des Munitions: la Province arma à ses dépens une Pinque, dont on donna le Commandement au Chevalier de Bernage; & l'on fit de nouveaux-Magasins sur toutes nos Côtes.

Ces Préparatifs ne purent être achevez que sur la fin de Novembre, qui fut le tems où tous ces Bâtimens chargez de Vivres, arrivérent à portée de *Roses*; mais, à peine commençoient-ils à faire leur Débarquement, qu'ils furent surpris d'une Tempête si violente, qu'elle renversa tout ce grand-Projet le cinquiéme de Décembre. Vingt-huit Tartanes échoüérent avec la Pinque de la Province; vingt-quatre Matelots y furent noyez; & l'on s'estima heureux, de pouvoir sauver le reste des Equipages, avec une partie des Effets: Ainsi, le Maréchal de Barwik vint rejoindre l'Armée du Roussillon, d'où il partit pour la Cour.

Environ ce tems, on enregîtra à Montpellier les Provisions du Gouvernement de la Ville & Fort de *Cette*, en faveur du Marquis de Castries, qui étoit déja Gouverneur de la Ville & Citadelle de Montpellier. Le Roi jugea à propos d'établir un Etat-Major dans ce Poste, qui est l'un des plus importans du Languedoc; où il étoit d'autant-plus nécessaire d'établir un Bon-Ordre, que cette Ville étoit remplie de Gens-de-Mer, & de plusieurs Refugiez, qui y vivoient dans une liberté entière: La Lieutenance-de-Roi en fut donnée, à François de *Rives*, Ancien-Officier de Navarre; & la Majorité, à Paul de *Guilleminet*, Capitaine dans le Regiment d'Orleans.

Sur la fin de Novembre, le Marquis de Cailus, Lieutenant-General des Armées du Roi, & Baron des Etats du Languedoc, revint d'Espagne à Montpellier, pour se trouver à l'Ouverture des Etats, qui y fut faite le 14. de Décembre par M. le Duc de Roquelaure, le Comte de Peyre, Lieutenant-General de la Province, étant de Tour. On ne tarda point d'apprendre le Changement arrivé en Espagne, par la Resolution que prit Sa Majesté-Catolique, de finir entièrement la Guerre avec la France: Elle écrivit de sa propre-main, au commencement de Janvier 1720. un Billet à son Premier-Ministre, par lequel il lui étoit ordonné, pour le Bien de la Paix, de sortir de Madrid dans huit jours, & de son Royaume dans trois semaines; avec Défenses de parler à la Reine, ni à aucun des Princes ni des Ministres. Cet Ordre nous donna lieu à Montpellier, d'y voir arriver, sur la fin du mois, le nombreux Equipage du Cardinal *Alberoni*, qui arriva lui-même au commencement de Février, accompagné du Chevalier de *Marsieu*, qui lui avoit été donné sur la Frontière de Roussillon, pour lui faire Escorte jusqu'à Antibes, avec un Passeport de l'Abbé Dubois, Ministre des Affaires-Etrangeres. Cette Eminence s'arrêta au Fauxbourg de la *Saunerie* dans le Logis du Cheval-Verd, où l'on avoit pris soin de lui faire meubler un Appartement: Elle y reçut les Complimens qui lui furent envoyez par le Duc de Roquelaure; mais, aucun des Seigneurs des Etats ne fut le visiter.

1720.

Une des Ceremonies remarquables durant la Tenuë des Etats, fut le Service que la Province fit faire dans l'Eglise Nôtre-Dame, le Mardi 13. Janvier, à Messire Charles *le Goux de la Berchere*, Archevêque de Narbonne, & Président-Né des Etats du Languedoc, décédé à Narbonne le deuxiéme de Juin de l'année préce-

1720.   dente : Messire Jacques de *Maboul*, Evêque d'Alet, fit son Oraison-Funébre, durant laquelle les Regrets de l'Assemblée parurent d'autant-plus sincéres, que le Clergé perdoit un Prélat d'une Vie fort-Exemplaire ; la Province, un Président plein de Droiture & de Désinteressement ; tous les Gens-de-Lettres, un Sçavant-Homme, qui se faisoit admirer dans les Occasions, par la Justesse & la Vivacité de ses Reparties.

III. Les Troubles qui survinrent à Paris au commencement de cette année, faillirent à coûter la Vie au S^t. *Law*, qui trouva bien à propos le Palais-Royal ouvert pour se dérober à la Furie du Peuple. Heureusement, les Esprits vinrent à se calmer, par l'Espérance d'une Paix prochaine avec l'Espagne, pour laquelle on assigna un Congrès à la Ville de *Cambray*, dont l'Abbé Dubois venoit d'être nommé Archevêque : Mais, ces mêmes Troubles se renouvellérent bien davantage à Paris & à Montpellier, dans le mois de Mai, qui est la Fameuse-Epoque de la Reduction des Billets de la Banque à la moitié de leur Valeur. Alors, la Fureur s'emparant de tous les Esprits, fit pousser mile Cris de Desespoir, par le Regret-général où l'on étoit, d'avoir changé son Argent avec du Papier. Le Conseil des Finances jugea à propos de rendre aux Billets leur premiére-Valeur ; mais, cet Expedient augmenta le Trouble : car, la Confiance étant perduë, chacun, pour se défaire du Papier, courut le consigner à ses Créanciers ; & l'on vit alors avec étonnement, que le Débiteur faisoit plus de Diligence contre son Créancier, que le Créancier n'en faisoit autrefois contre son Débiteur.

A ce Trouble-général, succeda la Crainte de la Contagion, qui commença par la Ville de Marseille, d'où elle se répandit dans toute la Provence. Le Mal n'étant plus douteux, le Duc de Roquelaure mit tous ses Soins à en préserver le Languedoc ; Il donna des Ordres sévéres, pour la Garde des Passages du Rône ; & afin de garantir Montpellier, où les Marchands ont de grandes-Relations avec ceux de Marseille, il convoqua chès lui une Assemblée des Consuls & des plus Notables de la Ville, pour conferer avec eux des Moyens les plus efficaces pour rompre toute Communication avec la Provence : Il fut resolu, le premier d'Août, de ne laisser que deux Portes de la Ville ouvertes, sous la Garde des principaux Notables ; & de construire des Barriéres aux Avenuës des Fauxbourgs, qui seroient gardées nuit & jour par un Détachement des Sixains.

En conséquence, toutes les Compagnies de la Ville s'offrirent pour monter-la-Garde tour-à-tour. Le Chapitre de la Catédrale eut l'Honneur de commencer : tous les Chanoines y passérent l'un après l'autre ; & la même Régle fut observée par Mrs. de la Cour-des-Aides, par les Tréforiers-de-France, par les Officiers du Présidial & par la Noblesse, ausquels on donna deux Ajoints, pris du Corps de la Bourse. On fit imprimer des Réglemens, sur tout ce qu'il y avoit à observer pour l'Entrée des Personnes & des Marchandises venant des Lieux suspects ; & l'on établit, à l'Hôtel-de-Ville, un Bureau-de-Santé, pour juger de tous les Cas que les Préposez à la Garde des Portes leur renvoyeroient.

IV. A peine ce Bon-Ordre eut été établi, qu'il survint un Cas des plus imprévûs. Le Grand-Seigneur, voulant renouveller les Anciénes-Alliances de la Porte avec la Cour de France, envoya une Ambassade-Solennelle au Roi LOUIS XV. *Mehemet Effendi*, Grand-Trésorier de l'Empire, en fut chargé, & vint pour prendre-Terre au Port de Marseille, où la Peste se trouvant déclarée, il fut obligé de relâcher au Port de Cette. L'Avis en étant venu à Montpellier, on y résolut qu'il feroit sa Quarantaine ; & pour lui rendre plus douce, on choisit l'île de Maguelonne, où M. l'Intendant fit preparer des Logemens très-commodes. On lui fournit largement toute sorte de Provisions, qui lui étoient apportées du Continent, & laissées au Bord de l'île, où ses Gens venoient les prendre : Comme ils avoient un grand Espace pour se promener, & pour faire divers Exercices, nos Gens de la Terre-Ferme avoient souvent le plaisir de les voir tirer de l'Arc, & faire des Courses sur les Chevaux-Arabes qu'ils avoient amené avec eux.

Le Terme de leur Quarantaine étant venu, on envoya des Barques pour prendre l'Ambassadeur & le conduire à la Ville de *Cette*, où il trouva M. de *la Beaune*, Gentilhomme-Ordinaire de la Chambre, envoyé par Sa Majesté pour l'accüeillir à

son

son Arrivée, & pour l'accompagner dans son Voyage jusqu'à Paris. *Mehemet Effendi* fut reçû à *Cette* par l'Etat-Major, toutes les Troupes sous les Armes : il logea à la *Rafinerie*, qui est le plus grand Logement de la Ville ; & tandis qu'on preparoit d'autres Barques, pour le conduire par le Canal-Royal jusqu'à Toulouse & à Bordeaux, toute sa Suite fut souvent regalée par le Lieutenant-de-Roi.

Cependant, on apprit avec douleur à Montpellier, que la Garde du Rône s'étant laissée surprendre par des Marchands qui venoient de Marseille, la Peste avoit été portée à *Maruejols* dans le Gevaudan, & y faisoit de grands-Ravages. Pour en prévenir les Suites, M. le Duc de Roquelaure fit faire des Lignes le long de la Riviére du Tarn ; & parcequ'il décend de ce Païs-là un grand-nombre de Brassiers, qui, après avoir fait la Vandange dans leur Païs, viénent à Montpellier pour y être Porteurs-de-Chaise durant l'Hiver, il fit publier une Défense, sous Peine de la Vie, à ces sortes de Gens, de sortir de leur Païs, & de venir à Montpellier : La Connoissance qu'ils avoient des Routes les plus détournées, en porta plusieurs à franchir les Lignes, & à venir en cette Ville, pour y continüer leur Travail ordinaire ; mais, malheureusement, deux de ces Hommes ayant été convaincus d'avoir contrevenu aux Défenses, ils furent condannez à perdre la Vie, & conduits hors des Fauxbourgs, auprès d'une Fosse qu'on avoit déja creusée, où, après qu'un bon Capucin les eut disposez à la Mort, ils furent fusillez & enterrez aussitôt.

On apprit en ce tems-là, que le Sieur *Law*, Contrôleur-Général des Finances, avoit donné la Démission de sa Charge, & se retiroit hors du Royaume, laissant les Finances dans la Confusion où il les avoit mises ; Ce qui fut cause que les Etats du Languedoc, tenus à Narbonne, avant accordé le Don-gratuit ordinaire, le Roi consentit qu'ils en fissent le Payement, moitié en Argent, moitié en Billets-de-Banque.

Les six premiers mois de l'année 1721. se passèrent dans le Trouble que causoient ces Billets, & dans l'Alarme qu'on avoit de la Contagion ; Mais, cette Crainte-Publique augmenta bien davantage, par la mauvaise-Nouvelle, que le Roi, étant à la Messe, le dernier du mois de Juillet, avoit été attaqué d'une grande Douleur-de-tête, suivie de la Fiévre, & autres Simptomes fâcheux : Ses Médecins l'en tirérent, par des Saignées réïterées, & par l'Emetique ; Ce qui donna tant de joye à Montpellier, qu'on en chanta le *Te Deum* le 17ᵉ. d'Août dans l'Eglise de St. Pierre, où assistérent le Commandant, l'Intendant, & toutes les Cours-de-Justice : Le soir on fit un grand-Feu-de-Joye, qui fit oublier pour un tems les autres Chagrins qu'on avoit d'ailleurs.

Peu après, on apprit la Promotion de l'Archevêque de Cambray au Cardinalat ; & le Bruit se répandit presqu'aussitôt, du Mariage du Roi avec l'Infante-d'Espagne, & celui du Prince des Asturies avec Mademoiselle de Montpensier, Fille à M. le Duc d'Orleans. Le Duc de St. Simon fut choisi pour aller à Madrid faire la Demande de l'Infante : le Duc d'Ossone vint à Paris pour complimenter le Roi Très-Chrêtien ; & le Marquis de la Fare, Capitaine des Gardes du Duc Regent, alla complimenter le Roi d'Espagne au nom de son A. R. à l'occasion dequoi il fut honoré du Colier de la Toison-d'Or.

Dans le mois de Septembre, nous vîmes arriver à Montpellier, *Mehemet Effendi*, Ambassadeur de la Porte, qui, après avoir eu son Audience-Solennelle du Roi, le seize du mois de Mars, étoit revenu par la Route de Lyon, pour s'embarquer au Port de *Cette*, sur les Vaisseaux que Sa Majesté lui donnoit pour le conduire à Constantinople : Il fit quelque Séjour à Montpellier, dans la Maison de l'*Auziére* à la Grand' Ruë, où, selon ce qui est raporté dans le Ceremonial de l'Hôtel-de-Ville, nos Consuls en Robe-Rouge, furent le visiter, & lui offrirent pour Présent, quatre Paires de Pigeons, une Corbeille de Confitures, & une autre de Fruits, garnie de toute sorte de Fleurs de la Saison.

Sur la fin de cette année, nos Alarmes augmentérent, par la mauvaise-Nouvelle, que la Contagion avoit gagné la Ville d'Alais : On interdit aussitôt à Montpellier, toute Communication avec cette Ville ; & l'on prit la Resolution d'établir des Lignes sur la Riviére d'*Orbe*, auprès de Beziers, qui devoient se terminer au Port

1721. de *Cette*. L'Ambaſſadeur de la Porte y fit un Séjour conſidérable, en attendant que les Vaiſſeaux de M. de *Camilly* & du Chevalier de *Nangis*, qui devoient le conduire à Conſtantinople, puſſent mettre à la Voile : Cependant, Mrs. de Roquelaure & de Bernage, ſortirent avant qu'on eût fermé les Lignes, pour ſe rendre à Narbonne, où les Etats étoient convoquez cette année.

1722. Le commencement de 1722. nous donna plus de joye, par le Retour de M. de Roquelaure & de M. de Bernage, qui, après la fin des Etats de Narbonne, eurent le Courage de venir s'enfermer dans les Lignes, & faire leur Séjour-ordinaire à Montpellier. On ſe ſentit ſi obligé de leur Reſolution, qu'il n'eſt pas de Marque de Réjoüiſſance qu'on ne donnâr à leur Arrivée : La plûpart des Habitans furent à leur Rencontre ; ils firent joüer un Beau-Feu-d'Artifice : toutes les Ruës furent éclairées pendant la nuit ; & on livra pluſieurs Tonneaux-de-Vin au Peuple, dans la Place de l'Hôtel-de-Ville.

On fit alors, pour la Commodité des Fauxbourgs, un Changement à l'Ordre qu'on avoit tenu pour l'Ouverture des Portes de la Ville. Celle de Lates, qui, dans le commencement de la Contagion, devoit reſter ouverte avec celle du Pila-St.-Giles, fut bientôt fermée, pour la Commodité de Ceux qui venoient du Haut-Languedoc par la *Saunerie* : Depuis, pour faciliter l'Entrée de la Ville aux Habitans du Fauxbourg St. Guillem, on reſolut d'ouvrir leur Porte de quinze en quinze jours, alternativement avec celle de la *Saunerie* ; Ainſi, les Députez des Compagnies prépoſées à la Garde des Portes, changeoient de Place ſelon le Tems reglé.

Sur la fin d'Août, on apprit la Retraite de la Cour, du Maréchal de *Villeroy*, & la Promotion du Cardinal *Dubois* à la Charge de Premier-Miniſtre, qui fut déclarée le 22. de ce même mois : Chacun en parla ſelon ſes Diſpoſitions-particuliéres ; Mais, tout le Monde réunit ſes Sentimens-de-joye, à la Nouvelle, que le Roi avoit été ſacré à Rheims le 25. de ce mois : il en fut fait des Réjoüiſſances extraordinaires à Montpellier, où l'on n'attendoit, pour comble-de-joye, que d'être délivré des Incommoditez qu'on recevoit de la Continüation des Lignes.

Enfin, elles furent ôtées par Ordonnance du Roi du dix-neuf de Novembre. On abatit auſſitôt les Barriéres des Fauxbourgs : on ouvrit toutes les Portes de la Ville ; & nos Habitans revirent avec plaiſir la Promenade du Peirou, quoique l'Herbe l'eût déja toute gagnée. Nos Conſuls s'acquitérent dans l'Egliſe Nôtre-Dame, du Vœu qu'ils avoient fait à St. Roch, & le *Te Deum* fut chanté ſolennellement dans l'Egliſe de St. Pierre.

Au milieu de ces Réjoüiſſances, M. de Roquelaure reçut un Placet des plus ſinguliers qu'on eût encore vû : il étoit conçu en des Termes fort miſtérieux ; & il finiſſoit, par demander la Permiſſion de faire le Jour de Noël, une Proceſſion dans la Ville, pour la Proſperité du Roi & de l'Etat. Cette Nouveauté piqua la Curioſité de M. de Roquelaure, qui, voulant connoître à fond les Gens qui s'adreſſoient à lui, fit paroître de la diſpoſition à leur accorder leur Demande ; mais, ayant pris les Meſures néceſſaires pour s'en bien éclaircir, il renvoya leur Affaire à M. l'Evêque, à qui ces Gens n'eurent garde de recourir : cependant, ſur les Soupçons qu'ils avoient déja donné, on fit des Perquiſitions ſi exactes, que l'Affaire éclata trois mois après, de la maniére que nous verrons dans le Chapitre ſuivant.

CHAPITRE QUATRIÉME.

I. *Réjoüiſſances pour la Majorité du Roi.* II. *Découverte d'une Nouvelle-Secte, ditte des Multiplians.* III. *Empriſonnement de ces Nouveaux-Sectaires.* IV. *Figures miſtérieuſes trouvées chès eux.* V. *Explication deſdites Figures.*

1723. I. NOS Conſuls, ſe voyant délivrez des pénibles-Soins que la Crainte de la Contagion leur avoit donné depuis plus de deux années, ſe preparérent au commencement de 1723. à rendre leur Hommage pour les Seigneuries de *Cara-*
vet.

vettes, de *Pechconil*, *Combes* & *Valeine*, qui appartiénent à la Ville : On leur donna Jour pour se rendre à la Cour-des-Comptes, Aides & Finances, où Lecture faite de leur Requête, & le Procureur-Général oüi, ils furent admis à prêter Hommage ; ce qu'ils firent, selon l'Usage, à genoux, & en Robes-Rouges, les Mains-jointes entre celles du Président, qui leur fit l'Accolade.

Dans le mois suivant, ils ordonnérent des Réjoüissances-Publiques pour la Majorité du Roi, qui avoit été declarée en la Grand'-Chambre du Parlement de Paris le seize de Février ; & par un heureux Présage, on eut en même-tems des Nouvelles certaines, que tous les Reliquas de Peste avoient entiérement cessé dans le *Gevaudan* & à *Alais*. On crut à Montpellier en devoir rendre à Dieu des Actions-de-grace ; ce qui fut fait au commencement de Mars, par un Te Deum chanté dans l'Eglise-Catédrale, où M. de Roquelaure, M. de Bernage, & toutes les Cours-de-Justice s'étoient renduës : Le soir on fit à l'Hôtel-de-Ville, un grand-Feu-de-Joye, qui fut continué dans toutes les Ruës par chaque Particulier.

Environ ce tems, on vit revenir de Marseille, François *Chicoyneau*, Chancelier de la Faculté de Médecine, & Conseiller en la Cour-des-Comptes, Aides & Finances de Montpellier ; Jean *Verny*, Correcteur en la Chambre-des-Comptes, & Célébre Médecin ; Antoine *Deidier*, Professeur dans la même Faculté, & Jean *Solier*, Habile-Chirurgien, que son Altesse-Royale avoit tous fait partir pour Marseille au commencement de la Contagion : Ils se livrérent dans cette grande-Ville, aux Soins des Pestiferez, qu'ils ne craignoient point de toucher, & dont ils se préservérent heureusement, par un grand Régime, & beaucoup de Sobrieté. Le Roi les gratifia d'une Pension considerable ; il anoblit le Chirurgien, & honora les Médecins du Colier de l'Ordre de Saint-Michel. A leur Retour, ils furent reçûs dans Montpellier avec tant d'Applaudissement, que le Peuple dressa des Arcs-de-Triomphe à la Porte de leurs Maisons, & que tous les Supôts de la Faculté allérent à leur Rencontre.

Le sixiéme de Mars fut le Jour celébre, où l'on vit paroître en Public, pour II. la premiére-fois, les Gens dont j'ai déja parlé, qui avoient demandé à faire une Procession le Jour de Noël. Mr. de Roquelaure, après s'être fait informer de leurs Pratiques & de leur Demeure, sçut certainement qu'ils tenoient des Assemblées dans une Maison, dite de la Verchand, dans la Ruë qui va de la Triperie droit au Puits du Temple : Il crut devoir les prendre sur le Fait ; & sçachant qu'ils faisoient ce jour-là une de leurs grandes-Cerémonies, il fit investir leur Maison par la Maréchaussée, & par un Détachement du Regiment d'Auvergne, qui avoient Ordre d'entrer brusquement, & de saisir tous Ceux qui s'y trouveroient. Malheureusement pour ces Misérables, ils étoient actuellement en Exercice : Leur Surprise fut extrême, de voir paroître le Lieutenant du Prévôt ; mais, la sienne ne le fut guere-moins, lorsqu'il eut vû l'Etalage-bizarre qui étoit dans les Chambres de cette Maison, & sur les Habits des Premiers qui se presentérent à lui : Quelques-uns avoient gagné le haut, pour s'enfuir par-dessus les Toits ; mais, Ceux qui paroissoient les Chefs de la Troupe, n'ayant pas eu le tems de quiter leurs Habits de Ceremonie, furent saisis & conduits à la Citadelle, dans l'Equipage où on les avoit trouvez.

On vit alors dans les Ruës, une vingtaine de Personnes environnées de Soldats, III. dont les unes avoient de longues Robes-Blanches, avec de grands-Rubans en Baudrier, & des Palmes à la Main. L'un portoit un Etendart, au milieu duquel étoit un Rond échiqueté en Lozange, & entouré de Rayons : L'autre avoit à la Main un *Tirse* ou Baguette entortillée de Feüilles ; Quelques-autres portoient des Bonnets de diferentes-Couleurs, avec des Aigrettes de même : Leur Marche étoit terminée par celle de leur Hôtesse, suivie de sa Fille, qui attiroit la Compassion de tout le Monde. Ils furent menez à la Citadelle ; & aussitôt, le Sr. *Hierôme Loys*, Subdélegué de l'Intendance, se transporta dans la Maison où ils avoient été pris, pour en inventorier tous les Meubles.

Il trouva au Premier-Etage, deux grandes-Chambres, dont le Mur-de-Refend IV. avoit une grande-Ouverture, afin qu'on pût voir d'une Chambre dans l'autre : La premiére étoit remplie de 24. Bancs, à deux Places chacun, avec Dossier & Marchepié ; Dans la seconde, on voyoit dans l'Angle du Fond, à main-droite, la Chaîre du Prédicant, de Bois de Noyer, garnie d'un Tapis-Verd, avec trois tours de Frange de Soye verte, parsemé d'Etoiles de Papier-doré : Autour de la Chaire, il y avoit trente-cinq Chaises Bois-de-Saule, marquées du Nom de Ceux qui devoient les occuper.

Du côté opposé, étoient *des Fons-Bâtismaux*, dans une Armoire-Fermante, & terminée en Dôme.

Un *Arbre* (dit l'*Arbre-de-Vie*) planté dans un Grand-Vase, d'où pendoit diferens-Fruits, & diferentes-Bouteilles de Liqueurs.

Une *Lampe* de Fer-blanc, à sept diferentes-Méches.

Un *Tambour*, avec ses deux *Baguettes*.

Une *Lance*, terminée en haut par un Fer de Lance, & en bas par une Pointe de Dard.

Un *Cabinet* pour serrer les Habits.

Un *Bonnet-Rond*, entouré de douze Aigrettes, qui sortoient du Retroussis du Bonnet.

Une *Flute*, une *Trompette*, un *Bâton* teint en Noir, qu'ils appelloient la *Verge-Noire*.

Un *Prix* comme celui que tirent nos Arquebusiers, dans le Centre duquel il y avoit des Paroles Hebraïques mal-figurées.

Trois *Tentes* ou *Pavillons*, de forme Piramidale, terminez par des Banderoles. Le plus grand avoit pour Ecriteau, *Pavillon du Roi des Rois*, avec une Balance au-dessus de l'Entrée: Le second avoit pour Titre, *Arche-Mistique de Sion* ; & sur le troisiéme, dans lequel il y avoit une Chaise sans Dos, étoit écrit, *Pavillon du Grand-Patriarche*.

Un *Bonnet-Quarré*, terminé en Rond, dit *Bonnet de Levite*.

Un *Baudrier*, une *Echarpe*, liée d'un Ruban par le Bout, d'où pendoient trois petits Quarrez, marquez de Figures-Bizarres.

Divers *Etendarts* de diferentes-Couleurs.

Enfin, ce qu'ils appelloient *le Tronc-du-Trésor*, qui étoit un petit Cofre-fort.

Après que le Subdelegué eut dressé son Verbal, on jugea à propos de donner au Public la liberté de visiter cette Maison, afin que tout le Monde se convainquit par ses propres yeux, de l'Extravagance de cette Secte. Plus de dix mile Personnes eurent la Curiosité d'y aller ; mais, après avoir tout vû, on ne sçut encore que ce que les Voisins en publioient : sçavoir ; que depuis plus de deux ans, on voyoit entrer sur le soir dans cette Maison, grand-nombre de Femmes-Etrangeres, qui, à leurs Habits, & à leur Langage, paroissoient être des Cévénes ou de *Lavaunage* : que le Concours en étoit plus-grand tous les Samedis ; & qu'après y avoir resté le Dimanche entier, ils en sortoient le Lundi de grand-matin à petites-Troupes : Les plus proches-Voisins disoient avoir entendu prêcher leur Prédicant : quelques-autres ajoûtoient, qu'ayant fait des Trous à la Muraille, ils avoient découvert une partie de leurs Ceremonies, qu'ils faisoient durer bien avant dans la nuit ; après-quoi, ils éteignoient les Lampes, & chacun dormoit où il se trouvoit. La mauvaise-Idée que cette derniére Circonstance faisoit naître, leur fit donner le Nom de *Multiplians*, qui leur a resté, quoique par tous les Papiers que j'en ai vû, je n'aye trouvé contr'eux rien de convaincant sur cet Article.

Les Procédures qui furent faites à la Citadelle, donnérent des Connoissances bien-plus certaines. On sçut que leur Hôtesse ayant donné depuis long-tems dans le Fanatisme le plus-outré, avoit fait divers Voyages dans les Cévénes & dans le Dauphiné, où s'étant jointe à d'autres Prophetesses, elles renchererent ensemble sur les foles-Idées de leur Secte, & firent un Mélange de Ceremonies Judaïques & Chrétiénes: Elles allérent les exercer à Lunel ; mais, en ayant été chassées, avec les Prédicans qu'elles avoient pris soin de s'associer, leur Troupe crut ne pouvoir être plus en sûreté qu'au milieu de Montpellier, où tout le Monde étoit occupé de la Crainte de la Contagion. La Facilité qu'ils y eurent de s'assembler dans la Maison de la Verchand, augmenta leur Courage : ils invitérent plusieurs de leurs Fréres & Sœurs, de venir à Montpellier, où ils trouvérent le moyen d'entrer, d'entter, sous prétexte d'y apporter des Vivres des Vilages-voisins : ils continuérent tranquilement leurs Exercices pendant plus de deux années ; & leur Confiance devint si grande, qu'ils crurent pouvoir se produire, en faisant la Demande (que nous avons dit) à M. de Roquelaure.

Dans le premier Interrogatoire, l'un des Prisonniers avoüa, qu'il étoit de la Ville de *Mende* en Gevaudan, appellé du Nom de sa Famille, *Jacques Bonicel*, Clerc-Tonsuré ; qu'il avoit été envoyé à Montpellier pour y faire ses Etudes, & qu'il y avoit porté le Petit-Colet : mais, qu'ayant connu la Religion des Enfans-de-Dieu, il l'avoit embrassée, & la prêchoit sous le Nom de *Jacob*. Un autre, dit avoir pour Nom de Famille, *Antoine Comte*, Fils d'un Cordonnier de la Ville de Lunel, & qu'il étoit appellé *Moïse* par Ceux de sa Secte. Le troisiéme, declara être du nombre des Levites, sous le Nom de *Paul*, quoique dans sa Famille, qui résidoit à Sommiéres, il fût appellé *Jacques Bourrely* : On tira de la *Verchand*, après beaucoup de Subterfuges de sa part, des Preuves susisantes de tout ce que j'ai dit ci-dessus ; & le nommé *Jean Vesson*, qui leur servoit de Ministre, declara qu'il étoit Tonnelier du Lieu de *Cros*, près de S^t. Hipolite, âgé d'environ quarante-cinq ans.

Après qu'on eut tiré ces premiéres-Connoissances de l'Interrogatoire des Prisonniers, on voulut s'instruire de leur Religion ; & l'on crut que *Jacob*, qui avoit étudié, seroit plus capable d'en donner des Eclaircissemens. On le questionna sur la Procession qu'ils avoient demandé de faire, & sur la Signification des Figures qu'on avoit trouvé chès eux : Ce pauvre Fanatique crut, qu'il étoit de l'Honneur de sa Secte, de la faire bien connoître ; il demanda du Papier & de l'Ancre, & donna les Explications que voici, écrites de sa propre-main.

J'observerai en passant, pour l'intelligence du Jargon dont ils se servoient, que le mot de *Résidu*, signifie la Chambre où étoit la Chaire & les trois Pavillons : *La Maison-d'Oraison*, étoit la Maison de la Verchand : *La Nouvelle-Sion*, leur Petit-nombre d'Elûs : *La Nouvelle-Chanaam*, signifioit leur Nouvelle-Secte ; & sous le Nom de *Sortie*, ils entendoient la Procession qu'ils avoient demandé de faire. Voici donc comme parla cet Illuminé.

V.

» Dieu le Pere, le Fils & le St. Esprit, par sa propre-Puissance, ayant insti-
» tué trois *Innocens* pour représenter son Adorable-Personne, leur enseigna comme
» il faloit faire les Ornemens de son Eglise-Triomphante.

» Premiérement, il ordonna de faire une Couronne, & ensuite deux autres à
» la fois, toutes les trois n'en faisant qu'une, comme les trois Personnes ne font
» qu'un seul Dieu, & une seule Divine-Essence.

» Elles sont entourées de douze Aigrettes chacune, signifiant le Renouvellement
» des douze Apôtres ; Elle est garnie de Tafetas-Blanc, qui par sa Blancheur mar-
» que l'Innocence de leurs Enfans : La Dentelle d'alentour, marque le Casque
» d'Amour & de Salut ; Et les Ganses de Ruban de quatre Couleurs, attachées à
» l'entour, signifient les Livres des Nôces du S^t. Esprit.

» La *Lampe des sept Lumiéres*, nous représente le Chandelier de Salomon, qui
» étoit allumé dans la Maison-d'Oraison : Nous l'allumions jusqu'à minuit, pour
» représenter les Nôces de Jesus-Christ, & la Nouvelle-Chanaam où il a mis ses
» Enfans.

» Le *Petit-Cofre* qui étoit sous le Pavillon-Royal, où il y avoit les Billets, &
» l'Eau-de-Vie qui se donnoit à Ceux qui se présentoient au Batême de Repen-
» tance (lequel ne leur coûtoit rien) représentoit la Fontaine des Eaux-Saillantes
» & Eternelles, pour abreuver les Ames qui avoient soif, & les rassasioit du Pain
» des Anges par sa Sainte & Divine-Parole.

» La *Verge-de-Fer*, représente la Verge-de-Dieu, laquelle s'appesantiroit sur
» nous, si nous ne faisions point ce qu'il nous commande, & si nous n'évitions
» ce qu'il nous défend.

» La *Lance-de-Fer*, qui a été donnée à *Paul*, & qui lui sera ôtée s'il vient à
» deserter, représente la Parole que Dieu lui donnoit, pour percer les Cœurs de
» Rocher, & leur annoncer la Pure-Verité.

Pour l'intelligence de cet Article, il est à observer, que *Paul* fut ébranlé dans sa Prison, & qu'il voulut se convertir & abjurer ses Erreurs ; mais, *Jacob* sa-

Yyy

natifa fi-bien, qu'il lui perfuada de foufrir la Mort plûtôt que de changer.

» Le *Sceptre-de-Fer* qui nous a été donné à tous les trois, *Jacob*, *Moïfe* & *Paul*,
» repréfente le Regne du St. Efprit, auquel Regne il n'y aura aucun Pardon pour
» Ceux qui auront deferté de la Vigne du Seigneur, & des Sentiers que *Jacob* &
» *Jean* ont preparé, en adminiftrant le Batême de Repentance de la Part de fon
» Maître, qui l'a loüé pour travailler à fon Oeuvre-Manifefte, difant au Peuple de
» fe repentir, ou bien entiérement perir ; c'eft-à-dire, à Celui ou Celle qui venoit
» fe préfenter au Lavoir-Miftique pour fe faire laver.

» La *Chaire*, dans le Lieu élevé où elle eft plantée, repréfente la Montagne-
» d'Oliviers, & la Montagne de l'Eternel.

» La *Tente*, où il y avoit un Ecrit à l'entour, repréfente la Tente fous laquelle
» Dieu va mettre tous fes Enfans qui voudront être des Nôces de Chanaam, &
» qui voudront fe renouveller de nouveau, comme les Enfans du Berceau.

» La *Couronne de Fleurs-de-Lis* du milieu, repréfente les trois Couronnes de fes
» Enfans jointe à une feule ; il y a trente-fix Fleurs-de-Lis, ainfi qu'il y a trente-
» fix Aigrettes à celle dont il a été parlé ci-devant.

» Le *Bonnet des Enfans* garni de Tafetas-blanc avec un Plumet, eft pour repré-
» fenter le Befoin de devenir en Enfance, pour poffeder la Couronne qui nous
» étoit préfentée.

A cette occafion, *Jacob* parle de la Proceffion qu'ils avoient projetée le Jour de
Noël, & des Préparatifs qu'ils avoient déja faits : Voici dans quels Termes il s'en
explique.

» Ces Couronnes étoient ordonnées & preparées pour fortir à la Fête de Noël
» dernier, croyant que nous aurions ce jour-là Liberté, quoique le Seigneur
» avoit dit, par la Bouche de *Solpha*, que nous ne fortirions pas ce jour-là, nous
» ayant ordonné d'autres Chofes que nous n'avions pas executées, qui ne furent
» pas preparées, & d'autres, par le nombre des Enfans qu'il nous faloit, & qui
» nous manquérent.

» Les *Etoiles* qui étoient attachées à la Tente, marquoient que c'étoient les
» Nouveaux-Cieux.

» Le *Prix*, étoit en figne de la Repréfentation de la *Viction* ou Victoire de nos
» Pechez, ayant renoncé à Satan, au Monde, & à tout ce qui regarde le Monde,
» pour prier, & enfuite faire la *Sortie*, où auroit marché premiére, la Fille de la
» Maifon, à la Tête des Petites-Filles : la Mere, à la Tête des Veuves : *Paul*, à la
» Tête des Enfans, avec fon Drapeau-Blanc : *Jacob* avec le Rouge, à la Tête des
» Pafteurs ; & Moïfe avec le Verd, où il y a les Commandemens écrits par-deffous
» le Tafetas.

» A la Tête de tous, devoient marcher les Tambours ; l'un à la Tête de la
» *Sortie*, (c'eft-à-dire de la Proceffion ;) un autre au Milieu, & le troifiéme à la
» Queüe : ce qui auroit fait l'Armée-Célefte des Petits-Enfans, qui n'auroient fait
» que prier-Dieu, chantans Pfeaumes & Cantiques.

Après cette belle Defcription de la Proceffion qu'ils avoient projetée, il continüa l'Explication du refte de leurs Cerémonies.

» Le *Lavoir*, étoit pour ôter la Soüillure du Vifage, des Mains & des Pieds, &
» pour Marque ou Signe, que le Seigneur leur laveroit le Dedans par fa Sainte-
» Grace, pourveu qu'ils priffent bien les Chofes en Foi ; autrement, les Incredu-
» les étoient rejetez, & ne pouvoient paffer foi le Lavoir, ni au Batême, fans
» qu'ils n'euffent jeûné : Après qu'ils avoient fait cela, on les écrivoit au Livre-
» de-Vie, où ils donnoient leurs Cœurs & leurs Ames à Dieu.

Cet Article fera mieux éclairci par la Formule qu'on leur faifoit figner, & dont
je donnerai plus-bas la Copie.

» Le *Drapeau-Blanc* repréfente le Pere, le *Rouge* repréfente le Fils, & le *Verd*
» repréfente le Saint-Efprit : les autres quatre, qui avec ceux-là font le nom-
» bre de fept, repréfentent les fept Efprits ; & les quatre Guidons du Pavillon-
» Royal, repréfentent les Quatre-Coins du Monde.

» Le *Laurier*, étoit pour Signe de la Délivrance que nous aurions & attendions
» de nos Mœurs, ayant obfervé celles de nos Ames, par le Changement-de-Vie

(mieux

„ (mieux que nous n'avons fait) en abandonnant le Monde, Parens & Amis,
„ encore que priassions pour eux, & que prions encore, & prierons tant que
„ vivrons en ce Monde. Il ajoûte ensuite ces Paroles remarquables, pour montrer
qu'ils honoroient les Puissances établies de Dieu, & qu'ils n'étoient pas Enemis
de l'Etat. „ Priant aussi pour nôtre Bon-Roi, que Dieu lui donne un bon Consei,
„ & qu'il lui accomplisse ses Desirs, de même que de Mr. le Duc d'Orleans,
„ & à toute la Famille-Royale, & ensuite pour tous les Bons-Supérieurs qui nous
„ gouvernent.
„ Les *Baudriers*, nous représentent la Bandoulière du Roi des Rois, au bout des-
„ quels il y a pour Chef les Commandemens qu'il donna à Moïse sur la Mon-
„ tagne de Sinaï, pour montrer qu'ils sont envoyez de Jesus-Christ : Les *Quatre-
„ Couleurs* des Rubans qui y sont, représentent les Quatre-Tems & les Quatre-
„ Saisons qu'il a imposées au commencement du Monde sur la Terre, quand il
„ créa les Arbres & Plantes qui sont sur icelle, pour porter la Nourriture de la
„ Chair : Les *quatre Fleurs-de-Lis* attachées par-dessus, signifient les quatre Esprits
„ instituezlde lui, pour travailler à son Oeuvre-Magnifique, laquelle paroît Folie
„ à l'Homme : La *Fleur-de-Lis* attachée à la Couronne de *Jean Galentiny* Hôte,
„ signifie la Fleur-de-Lis que Jesus-Christ s'est reservée de toutes les Fleurs qu'il
„ a créées : Le *Nom* de *Misterium*, qui est sur le Devant, ou sur le Front de sa
„ Couronne, c'est le Mistére de la Loi que Jesus-Christ grave dans le Cœur de
„ ses Vrais-Fidéles.
„ Les *trois Palmes* que je portois sur mon Baudrier, ce sont les Palmes que je
„ dois recevoir dans les Cieux ; sçavoir, une du Pere, une du Fils, une du St.
„ Esprit : & les *Chapelets* qui sont attachez au-long, représentent les Vierges
„ qui doivent être au *Residu* de Sion ; & les *Canes*, la *Nouvelle-Chanaam*.

J'ai honte de raporter au-long, une Piéce si ennuyeuse par ses Extravagances ;
mais, j'ai crû ne devoir pas suprimer à la Posterité cette Piéce-Originale, qui
fait si-bien connoître le Caractére de cette Nouvelle-Secte, & en même-tems la
Folie de l'Esprit-humain, lorsqu'il s'abandonne à lui-même en fait de Religion.

Les *Canes*, qui, selon ce Nouveau-Prophéte, signifioient la *Nouvelle-Chanaam*,
sont suivies de deux Articles avec lesquels il finit ses Explications.

„ La *Robe-Blanche*, dit-il, signifie la Robe de l'Epoux, qui est Jesus-Christ, le-
„ quel envoye son Esprit sur toute Chair, pour rendre son Eglise d'Humiliante
„ Triomphante, & pour épouser ses Enfans Bien-aimez, qui quitent les Plaisirs
„ du Monde pour suivre la Verité.

„ Les autres *Palmes*, sont les Armes qu'il donne à ses Enfans, pour combatre
„ contre ses Enemis dans la Terre de Chanaam ; Leur étant défendu, de la Part de
„ Dieu, d'avoir d'autres Armes que celles-là, pour emporter la *Viction* ou Victoire
„ du Combat qui se doit dresser contr'eux pour les détourner de la Loi du Sei-
„ gneur : Défenses leur étant faites, de la Part de Dieu leur Maître, que s'ils font
„ autrement, ils seront banis de la Nôce de Chanaam, & excommuniez de ne
„ plus entrer dans la Maison où se doit prêcher la Verité.

Après cette belle Déclaration, qu'ils ne vouloient employer aucun des Moyens-
violens qu'on avoit reproché aux Fanatiques qui les avoient précedé, il tâche de
gagner ses Juges par cet Entousiasme.

„ C'est le Tems où vous devés penser, de ne pas empêcher de prier-Dieu les
„ trois Enfans-Hebreux que vous avés mis en Esclavage, & déchiré leurs Pavil-
„ lons, en tirant de sa Maison la Veuve qui faisoit du Bien aux Pauvres & aux
„ Domestiques de la Foi de Jesus-Christ : Vous l'avés mise en Prison pour être
„ l'Opprobre de ses Enemis ; Mais, nous esperons que vous serés Charitables ; que
„ vous aurés pitié d'elle & de nous, en nous faisant rentrer dans la Maison-d'O-
„ raison que le Seigneur nous a donné pour le prier en Esprit & en Verité : Vos
„ Charges prospereront, & vos Biens au double produiront Or & Argent, qui
„ roulera au-dedans de la France, si on y laisse prier les Enfans-de-Dieu ; autre-
„ ment, il n'y aura plus dans la France que Peines & Tourmens, Guerre & Fa-
„ mine, Peste-cruelle, si par la Priére des Enfans-de-Dieu n'arrêtent sa Colére :
„ autrement, les Pavillons se redresseront pour appeller toute Nation, soit Turcs,

» Juifs, Payens & autres, qui viendront reconnoître la Fille de Sion, & recevoir
» le Batême-d'Oraison, qui est le Batême de Repentance ; & étant fait Chrétiens,
» ils raporteront en France une partie de leurs Biens: & alors, les Cofres du Roi se
» rempliront d'Or & d'Argent, si on remet l'Arche avec ses Trésors qu'on a en-
» levé de la Maison-d'Oraison.

Il conclut enfin, en ordonnant à tous les Fréres & Sœurs, de jeûner le Jeudi & le Dimanche, en Priéres & Oraisons, pour obtenir bientôt la Délivrance de Sion ; & ensuite il dit brusquement : *Je finis en ce moment, au Nom du Pere, du Fils & du St. Esprit. Amen.*

CHAPITRE CINQUIÉME.

I. Suite de l'Affaire des Multiplians. II. Jugement rendu contr'eux. III. Trouble à l'Occasion des Billets-de-Banque. IV. Orage-épouvantable à Montpellier. V. Le Duc de Roquelaure fait Maréchal de France. VI. Travaux de l'Esplanade.

I. L'ÉCRIT que je viens de raporter, donna aux Commissaires les Idées qui viénent naturellement à l'esprit : Ils furent convaincus qu'il se formoit, au milieu de Montpellier, une Religion des plus dangereuses ; & pour la mieux connoître, ils procedérent à l'Examen des Papiers qu'ils avoient trouvé en grand-nombre chés la Verchand. Ils parcoururent le Regître de leurs Batêmes, qui avoit ce beau Titre : *Regître des Batêmes de la Nouvelle-Création-du-Monde, du second Avénement de J. C. par son Saint-Esprit* ; Ce Livre contient le Nom de deux cent vingt-sept Personnes, qui avoient été bâtisées à leur manière, & qui avoient reçu sur les Fons un Nom extraordinaire & bizarre : ainsi, *Jacob* prit le Nom de *Galentini*, la Verchand fut appellée la *Glanitino*, *Antoine Comte* eut le Nom de *Solfa*, Jean *Vesson* celui de *Solmifa*, & ainsi des autres.

Ils n'administroient ce Sacrement qu'aux seuls Adultes ; c'est pourquoi, ils l'appelloient le Batême de *Repentance* : Leur Usage étoit, de les faire laver par un des Sacrificateurs, au Visage, aux Mains & aux Pieds ; après-quoi, ils entroient dans l'un des trois Pavillons, où ils faisoient le Serment que voici. *En présence de l'Assemblée* (Tel ou Telle) *promet ici, par Jurement sur l'Evangile, de desormais oublier tout le passé, & d'être Attemperé & Vigilant, Moderé & Docile, me soûmettant toujours à la Charité avec le Secours du Ciel.* N. signé. Cela fait, un des Sacrificateurs les écrivoit dans le Livre-de-Vie, & leur en donnoit un Billet conçu en ces Termes : *Louïs Berquiére est écrit par Jean Sacrificateur, au Livre-de-Vie de St. Pierre, qui est le Vieux & le Nouveau-Testament, aux Chapitres X. XI. & XII. de Sapience de Salomon.* Signez, JACOB & JEAN.

Le Livre de leurs Mariages avoit pour Titre : *Regître des Mariages de la Nouvelle-Création du Regne de J. C. de son second Avénement par son St. Esprit.* On trouve dans ce Livre, le Mariage de la Veuve Verchand avec Jacob *Galentini*, Jeune-homme de vingt-quatre ans: On y trouve celui de Marie-Magdelaine sa Servante, avec *Antoine Comte*, dit *Moïse* & *Solfa*. Leur Manière étoit, de publier les Bans ou Annonces (comme ils s'en expliquent) à trois Dimanches consecutifs ; Ensuite ils étoient mariez par Jacob, l'un de leurs Sacrificateurs, qui leur donnoit l'*Huile-de-Liesse*. On remarque que la Formule de leurs Contrats-de-Mariage étoit diferente, selon l'Inspiration de Celui qui l'écrivoit.

Le Catalogue de Ceux de leur Secte, est daté du 6. Juin 1722. il a pour Titre : *Original des Noms & Surnoms des Enfans de Sion.* Leur Nombre montoit alors à deux cent trente-deux Personnes, de diferens Lieux des Cévénes, & des Environs de Lunel.

On eut des Preuves convaincantes par leurs propres-Ecrits, qu'ils faisoient la Céne ; & que *Jean Vesson*, en qualité de Ministre, l'avoit souvent administrée : On trouva l'Acte par lequel il avoit été élevé à cette Charge, (de simple Tonnelier

Livre Dix-neuviéme. 541

lier qu'il étoit auparavant) par l'Imposition-des-Mains de toute l'Assemblée.

Le grand-nombre de Visions, de Propheties & de Sermons qui se trouva parmi leurs Papiers, donna bien de l'Exercice aux Commissaires, tant par la longueur des Lectures, que par les Folies qu'ils y trouvérent : En voici quelques Echantillons. *Dieu m'a fait voir*, dit Anne Robert (c'est la même que la Verchand) *la Parole-Magnifique, en presence de quatre Témoins : j'ai vû une Clarté, & une Etoile, & le Fil-d'Or ; & dans une autre plus grande-Clarté, j'ai vû une Corde-d'Or, & une Colombe, & le Fruit-de-Vie :* Pierre Felis, Pierre Portalez, Suson Guerine, *sont Témoins que j'ai vû le Palais-de-Gloire, le 8. Septembre 1722.* Signé, Anne Robert.

Une de leurs Prêcheuses, parlant sur l'Arbre-de-Vie dont ils avoient la Représentation dans leur *Residu*, s'explique en ces Termes : *Je vous parlerai du Premier-Homme, nommé Adam, & d'Eve, sortie de son Côté, dont mon premier Point sera sur l'Arbre ; le second, sur le Diable en forme de Serpent, & le troisiéme, sur l'Homme & la Femme.*

Jacob, dans un Sermon-Prophetique du 10. Décembre 1722. dit ces Paroles-honorables pour l'Eglise-Romaine. *Dieu a beni & sacré du plus-haut de son Ciel, les trois Sacrificateurs, par le Sel & l'Huile de sa Grace :* » Il a choisi la Veuve (c'est la » Verchand) pour représenter son Eglise, qu'il veut faire fleurir & triompher sur la » Terre, ladite Eglise ayant demeuré Veuve jusqu'à présent, & asservie au Ber- » gant de l'Eglise-Romaine ; mais, il faut qu'elle soit abatuë avec ses Bergans, » & que la Honte se montre à la Face de tout le Monde, après avoir été ca- » chée aux Rois & aux Princes par Science-humaine.

Le reste de leurs Ecrits contenoit mile Extravagances, dont ils faisoient Auteur le St. Esprit. On trouve presque par tout : *Voici ce que dit l'Esprit-Saint ; Voici ce que le St. Esprit m'ordonne de vous dire :* Ils l'employoient jusques dans la Marque des Chaises qui étoient dans le *Residu*, & qui avoient toutes une Inscription pareille à celle-ci : *Chaise marquée par la Voix du St. Esprit, pour Jeanne Mazaurigue, le 2. Janvier 1723.* J'ai vû dans les Piéces du Procès, un Réglement fait pour garder le Silence pendant leurs Exercices, qui a pour Titre, *Ordonnance du St. Esprit.* Dans les Lettres de Recommendation & de Sauvegarde qu'ils donnoient à leurs Fréres dans leurs Voyages, ils faisoient parler le St. Esprit en ces Termes : *J'envoye la Compagnie de mes Fidéles, Petite-Troupe de mes Elûs, je les envoye d'un côté & d'autre : Bienheureux qui les recevra, Plus-heureux qui les connoîtra ;* Et le reste aussi fou que ce premier Début. Pour comble de Folie, ils donnoient à leurs Fréres des Exemptions de Taille & de Capitation, soit qu'ils crussent en avoir l'Autorité, soit, comme ils le dirent dans leur Interrogatoire, qu'ils eussent intention de faire payer par le Corps des Fidéles, la Taille & la Capitation des Pauvres : Voici la Formule de ces Exemptions. *Marie Blaine, avoir reçû la Fleur-de-Lis par le St. Esprit, en representation des Elûs de J. C. elle sera exemte de Tailles & Capitation, & aucun Chagrin ne lui sera fait, si elle persevere jusqu'à la fin.*

Je raporte leurs Ecrits suivant l'Ortographe ordinaire, car aucun d'eux ne sçavoit ortographier ; & le Lecteur seroit trop souvent arrêté, si, en raportant (comme je fais) leurs propres Termes, je marquois encore leur mauvaise-manière d'écrire.

Enfin, leur Procès se trouva pleinement instruit vers la fin du mois d'Avril, par les Soins & la Diligence du Sr. Hierôme Loys, Subdélegué de M. de Bernage Intendant, qui avoit eu, depuis le commencement de cette Affaire, un Arrêt-d'Attribution pour les juger avec les Officiers du Présidial de Montpellier. Le grand-nombre des Coupables sauva la Vie à plusieurs : Pierre Cros, Jeune-Garçon, & Marguerite Verchand, furent mis hors de Cour & de Procès : Victoire Bourlette, Françoise Delort & Suzanne Delort, Loüis & Philipe Comte, renvoyez à un Plus-amplement-enquis : Trois Femmes ; sçavoir, Anne Robert (dite la Verchand,) Jeanne Mazaurigue & Suzanne Loubiére, furent condamnées à être rasées & enfermées pour le reste de leur vie dans une Prison : Cinq Hommes ; sçavoir, Jacques Bourrely, dit Paul, Sacrificateur, âgé seulement de seize ans, Pierre Figaret, André Comte, François Comte & François Baumés, furent envoyez aux Galéres : Jean Vesson, comme Ministre, Jacques Bonicel, dit Galentini, le premier des Sacrificateurs, & Antoine Comte, dit Moïse, son Colégue, furent condannez, comme atteints & con-

II.

1723

1723.

vaincus d'avoir tenu des Assemblées illicites, & contrevenu aux Ordres de Sa Majesté sur la Religion, à faire Amende-Honorable devant la Porte de la Chapelle de la Citadelle, & ensuite à être pendus à l'Esplanade, avec *Marie Blaine*, dite *Marie-Magdelaine*, convaincuë d'avoir fanatisé, & d'être la principale Motrice des Assemblées. Leur Sentence, qui est datée du vingt-deuxiéme Avril, fut executée le même jour; & peu de tems après, on rasa jusqu'aux Fondemens, la Maison où ils avoient tenu leurs Assemblées, selon un des Articles de la Sentence, qui porte qu'elle ne pourra plus être réédifiée.

III. Tandis qu'on instruisoit cette Affaire à la Citadelle, on étoit extrêmement agité dans la Ville par les Consignations des Billets-de-Banque; car, comme à Montpellier le plus grand nombre des Familles ont leurs Biens en Contrats ou en Quitances de Finance, il n'y en eut presqu'aucune qui fût exemte de Trouble, tant à cause de la Réduction des Contrats, que de la Consignation des Billets qu'on recevoit, ou qu'on étoit obligé de faire : Cette Agitation, qui commença dans le mois d'Avril, continüa jusques bien avant dans le mois d'Août, qu'on apprit à Montpellier la Mort du Cardinal *Dubois*, arrivée le dixiéme. On sçut presqu'en même-tems, que son Altesse-Royale M. le Duc d'Orleans, avoit pris sa Place dans cette Premiére-Charge; & tandis que chacun raisonnoit, comme il est ordinaire, sur ces deux grands-Evenémens, il se preparoit un Orage du Ciel, qui nous exerça pendant les mois de Septembre & d'Octobre.

IV. Sur la fin de Septembre, nous eûmes de si grands Tourbillons-de-Pluye, qu'elle entroit dans toutes les Maisons par les Fenêtres & par les Cheminées, comme si des Nuages-d'Eau eussent crevé tout-à-la-fois. Les Bâtimens-commencés en souffrirent beaucoup; & dans la Maison de *Rosselly*, à la Canourgue, qu'on avoit découvert pour y creuser une Cave, la Pluye ayant foüillé sous la Fondation des Murailles, les fit crouler, avec un Bruit-effroyable dans tout le Voisinage. Nôtre Riviére, qui, dans ce même-tems, vint à grossir prodigieusement, emporta ou endommagea si fort toutes les Digues des Moulins, qu'aucun ne fut en état de pouvoir moudre du Blé : ensorte qu'avec une assés-bonne Provision dans tous les Greniers, on craignit de mourir-de-faim faute de Farine; d'autant-plus que les Chemins étant impraticables, on ne pouvoit avoir recours aux Moulins des Riviéres-voisines.

La Mort-subite de M. le Duc d'Orleans, arrivée à Versailles le deuxiéme de Décembre, donna matiére à de plus grandes-Reflexions. On apprit que M. le Duc, Loüis-Henry de Bourbon Prince de Condé, lui avoit succedé dans le Ministére; & quelques-jours-après, on se prepara à la Tenuë des Etats, qui furent ouverts à Montpellier le 16. de Décembre : M. le Duc de Roquelaure en fit l'Ouverture pour la derniére-fois. On accorda au Roi le Don-gratuit accoûtumé; & l'on obtint de Sa Majesté, que le Payement en seroit fait, moitié en Argent-comptant, moitié en Billets-de-Banque, dont il restoit encore une Quantité-prodigieuse dans la Province.

Cette Convocation des Etats en la Ville de Montpellier, y attira Messire Armand-Pierre de la Croix, Archevêque d'Alby, Frére du Gouverneur de la Ville & de la Citadelle. Comme ce Seigneur avoit resté long-tems à la Cour, où, après la Charge de Premier-Aumônier de Madame la Duchesse de Bourgogne, il avoit été fait Conseiller du Conseil de Conscience, la Ville de Montpellier, qui l'avoit vû naître, avoit été privée depuis long-tems de sa Présence : Alors, toutes les Compagnies s'empressérent de lui donner des Marques de l'Affection & de l'Estime-générale qu'il s'étoit acquise par sa Politesse & la Douceur de ses Mœurs.

1724. V. Pendant la Tenuë de ces Etats, on vit arriver un Courier le sixiéme Janvier 1724. qui portoit la Nouvelle au Duc de Roquelaure, de sa Promotion à la Charge de Maréchal-de-France. Jamais l'Affection du Peuple ne parut mieux qu'en cette Occasion : Chacun, de son propre-mouvement, alluma des Feux-de-Joye, & éclaira tout le devant de sa Maison : Les Harangéres firent une Fête-particuliére; & les Travailleurs quitérent leurs Ouvrages-commencez, pour faire danser le Chevalet durant plusieurs jours : Le Vin fut répandu dans tous les Quartiers de la Ville, où l'on donna de si grandes Marques-de-Joye, que ce fut, sans-contredit,

dit, l'un des plus beaux Eloges qu'on pût faire, d'un Seigneur qui avoit pris soin de se faire aimer.

La Joye-Publique augmenta, par la Nouvelle, que le Roi venoit de comprendre dans la Promotion des Chevaliers de ses Ordres, trois Seigneurs des Etats actuellement assemblez ; sçavoir, M. l'Archevêque de Narbonne, M. le Duc d'Uzés, & M. le Marquis de Castries, Gouverneur de la Ville & Citadelle de Montpellier : Comme cette Promotion interessoit également la Ville & la Province, les Députez des Etats donnérent plusieurs-jours aux Complimens-indispensables dans ces sortes d'Occasions.

Les Etats ayant fini le dix-neuviéme de Février, par la Bénédiction que l'Archevêque-Président a coûtume de donner à l'Assemblée, le Maréchal de Roquelaure se disposa de partir pour aller remercier le Roi ; ce qu'il ne put faire néanmoins que le 20. de Mars, à trois heures après-minuit, pour éviter la Foule dont il auroit été accablé s'il n'eût caché son Départ.

VI. Ce Seigneur, depuis neuf ou dix mois, avoit fait resoudre au Conseil-de-Ville, qu'on applaniroit le Grand-Espace qui est entre la Ville & la Citadelle, où l'on trouvoit des Inégalitez affreuses, qui empêchoient de s'y promener commodément. Les Débris du Siége de Montpellier, & les Travaux-Exterieurs de la Citadelle, avoient causé toutes ces Hauteurs & ces Profondeurs ; Il faloit enlever les Terres-superfluës, & les transporter aux Lieux où il en manquoit : Ce Travail fut donné aux Soldats des Casernes, qui, la plûpart, prirent leurs Tâches à Prix-fait ; Ils firent voir leur Habileté à remüer la Terre, & le Bon-Ordre dans la Distribution du Travail, en coupant le Terrein d'espace en espace, & en laissant une grande-Ouverture d'un bout à l'autre, afin qu'on pût juger à bonne-heure de l'Effet que tout l'Ouvrage devoit produire. Le Travail étoit déja fini avant le Départ du Maréchal de Roquelaure, lorsqu'on s'apperçut qu'il faudroit renforcer & hausser les Murailles du côté du Pile-Saint-Gilles, afin de soûtenir les Terres qu'on avoit à y jeter, pour combler un Abîme qui s'y trouvoit, appellé la *Grande-Baume* (ou la Grande-Caverne.) Nos Consuls, qui devoient être remplacez le premier d'Avril, se hâtérent de mettre la Première-Pierre à cet Ouvrage ; & afin d'en conserver la Mémoire, ils firent graver leurs Noms sur le Piédestal d'une Croix en Piramide qu'ils projetérent de dresser tout-auprès : c'est où l'on voit le Nom de Jean-Joseph de *Valat*, Sieur de *St. Romans*, Premier-Consul, avec celui de ses Colégues.

CHAPITRE SIXIÉME.

I. Mr. le Marquis de la Fare Commandant en Chef dans la Province. II. Mr. de St. Maurice Intendant. III. Mendians enfermez, suivant la Déclaration du Roi. IV. Suite des Travaux de l'Esplanade. V. Mariage du Roi. VI. Naissance d'Armand-François de la Croix, Gouverneur de Montpellier. VII. Passage du Prince Emanüel de Portugal. VIII. Evenémens-particuliers. IX. Mr. de Fréjus à la Tête des Affaires du Royaume. X. Sa Promotion au Cardinalat.

I. PEU de jours après le Départ du Maréchal de Roquelaure, on apprit à Montpellier, que le Marquis de la Fare, Maréchal-de-Camp des Armées du Roi, & Chevalier de l'Ordre de la Toison-d'Or, avoit été nommé Commandant en Chef dans toute la Province. Cette Nouvelle fit d'autant-plus de plaisir, que ce Seigneur avoit ses principales Terres à une Journée de Montpellier, & que plusieurs Familles de la Ville étoient dans son Alliance : Il arriva le septiéme d'Avril, & fit son Entrée par la Porte du Peirou, où Daniel de Grefeüille, Lieutenant-Colonel du Regiment d'Agenois, Premier-Consul, s'étoit rendu avec ses Colégues en Robe-Rouge, pour le recevoir & pour le haranguer selon l'Usage.

L'Arrivée de ce Seigneur fut suivie de celle de plusieurs Personnes de la Premiére-Considération, qui vinrent à Montpellier dans le reste de cette année. Mr. le Duc de la Rocheguyon y vint le neuviéme Mai, pour rendre-Visite à Madame la Marquise de *Toiras* sa Bellemere : Sur la fin de Septembre, Mr. de Saint-Maurice, nommé Intendant du Languedoc à la Place de Mr. de Bernage son pere, vint en cette Ville, où il fut bientôt suivi de Madame de Saint-Maurice son Epouse, qui arriva le troisiéme d'Octobre. Dans le mois suivant, Madame de la Fare, Sœur du Commandant de la Province, vint faire sa Résidence à Montpellier ; & par toutes ces Occasions, nos Consuls eurent à faire bien des Harangues & des Visites-de-Cerémonie.

Dans ces Entrefaites, le Sieur Pierre de Maine, Lieutenant-de-Roi de la Ville, étant mort sur la fin de Juin, sa Charge, après avoir été fort briguée, fut enfin donnée à Joseph de la Croix de Candillargues, Lieutenant-Colonel du Regiment de Bacqueville, Sa Majesté n'ayant fait aucune dificulté de laisser le Gouvernement & la Lieutenance de la Ville, dans une même Maison, dont la Fidelité lui étoit si connuë.

III. Nous reçûmes environ ce tems, la Déclaration du Roi, concernant les Mendians & Vagabonds, donnée à Chantilly le 18ᵉ. Juillet 1724. Les beaux Réglemens qu'elle contient, & qui passent tout ce qui a été fait en ce genre depuis l'Etablissement de la Monarchie, animérent tous les Corps de la Ville pour l'Execution des Ordres du Roi. On chargea, selon son Intention, les Directeurs de l'Hôpital-General, du Détail de cette Grande-Oeuvre ; & pour les soulager en quelque façon de leur Peine & de leurs Soins, on leur choisit, pour enfermer les Mendians, les Maisons & les Jardins qui sont vis-à-vis l'Hôpital-General : Ce Logement ayant été mis en état par les Ordres de Mr. de Bernage, les Archers des Pauvres coururent la Ville, & la Maréchaussée batit la Campagne, pour amener tous les Mendians & Vagabonds qu'on trouveroit sur les Chemins & dans les Vilages ; Ils remplirent bientôt la Maison qui leur avoit été preparée, où ils recevoient tous les jours de l'Hôpital-General, les Secours & la Nourriture qui leur est marquée dans la Déclaration du Roi : Mais, le Génie de ces sortes de Gens se fit bientôt connoître, par la Fainéantise où ils vouloient toûjours continuer de vivre, & par les Entreprises qu'ils faisoient journellement de percer les Murailles de leur Prison. On fut obligé d'établir tout-auprès un Corps-de-Garde à la Porte des Carmes, d'où les Soldats se relevoient jour & nuit, pour monter la Garde devant leur Maison. Les Directeurs, de leur côté, tinrent (selon l'Intention du Roi) leurs Regîtres en bon état, pour envoyer reguliérement des Copies à Mr. le Procureur-General du Parlement de Paris, avec le Signalement des Prisonniers qu'on leur avoit amené : Mr. de Bernage, de son côté, pourvut au Payement de leur Nourriture ; ensorte que si toutes les Personnes qui doivent concourir à cette Bonne-Oeuvre ne se rebutent pas, il est à esperer pour la Religion & pour l'Etat, qu'on verra l'Effet des Avantages que le Roi s'est proposé dans un Etablissement si utile.

Les Etats du Languedoc ayant été convoquez à Narbonne sur la fin de cette année, M. de Bernage Pere voulut y aller avec son Fils, qui devoit y paroître pour la premiére-fois. Après que les Affaires de cette Grande-Assemblée eurent fini, il revint à Montpellier, d'où il partit pour Paris le 22. Février 1725. laissant à son Fils le Soin de la Décoration de l'Esplanade, dont il avoit fait achever l'Applanissement.

IV. Le Nouvel-Intendant y mit la derniere-main, en faisant tracer une longue-Allée de dix Toises de Largeur, sur deux cent soixante-dix de Longueur : il forma à côté deux Contre-Allées larges de cinq Toises chacune, qu'il sépara par quatre Rangées d'Ormeaux d'un bout de Promenade à l'autre ; & pour rendre plus beau l'Aspect des Maisons de la Ville qui se présentent de ce côté-là, il fit ordonner, que tous les Proprietaires des Jardins qui répondent à l'Esplanade, bâtiroient dans toute sa Longueur, des Maisons-uniformes, surmontées d'un Entablement, & terminées par une Balustrade, d'où les Proprietaires, sans sortir de leur Maison, peuvent joüir de la Vûë de cette grande & belle Promenade.

En ce même-tems, les Consuls qui devoient sortir de Charge, firent élever au milieu

milieu de l'Esplanade, la Croix que leurs Prédecesseurs avoient fait faire une année auparavant ; & pour en rendre la Solennité plus marquée, ils priérent le Chapitre de la Catédrale d'en venir faire la Bénédiction : ce qui fut executé le quinziéme de Mars, avec une si grande-Affluence de Peuple, qu'on fit état de plus de vingt-mile Personnes, qui y trouvérent Place sans être pressées.

Mr. de Saint-Maurice, après avoir donné pendant cette année plusieurs heures de son loisir à perfectionner cet Ouvrage, fut affligé dans le mois de Septembre, par la Mort de Dame Marie *Moreau* son Epouse, qui mourut le onziéme de ce mois, généralement regretée de tout le Monde. Le Clergé Séculier & Régulier assista à ses Obséques : le Présidial menoit le Deüil ; quatre Dames de la Ville portoient le Drap-Mortuaire : les Consuls en Robe-Rouge fermoient la Marche que les Penitens avoient ouverte ; & le Chapitre fit l'Office dans l'Eglise de Nôtre-Dame-des-Tables, où la Défunte fut inhumée près la Chapelle de la Miséricorde.

V. A cette triste Cerémonie succedérent les Réjoüissances extraordinaires qu'on fit à Montpellier, pour le Mariage du Roi LOUIS XV. avec la Princesse MARIE, Fille du Roi STANISLAS. Le Desir-ardent qu'avoit toute la France, de voir à son Roi un Héritier-Présomptif, lui suportat avec moins de peine le Départ de l'Infante-d'Espagne, qui faisoit déja les Délices de toute la Cour : mais, la grande-Jeunesse de cette Princesse ne permettant pas de pouvoir esperer de long-tems un Dauphin, le Conseil du Roi, à la Tête duquel se trouvoit Mr. le Duc, fit de grandes Instances auprès de Sa Majesté, de choisir dans l'Europe une Princesse qui pût combler les Desirs de la France. Le Roi s'étant déterminé en faveur de la Princesse MARIE, qui faisoit son Séjour dans l'Alsace avec le Roi son Pere, elle fut conduite à Strasbourg, où le Duc d'Orleans, chargé de la Procuration du Roi, l'épousa le quinziéme d'Août, entre les Mains du Cardinal de Rohan, Evêque de cette Ville & Grand-Aumônier de France. La Consommation de cet Heureux-Mariage ayant été faite à Fontainebleau le cinquième du mois de Septembre, on reçut Ordre à Montpellier d'en faire des Réjoüissances-Publiques ; ce qui fut executé le 30. du même mois, avec toutes les Démonstrations-de-Joye que pouvoit donner un Peuple qui ne céde à aucun autre du Royaume dans l'Affection & la Fidelité qu'il doit à son Prince.

Dans le mois de Novembre, nous eûmes à Montpellier, durant plusieurs jours, Mr. *Pajot*, Nouvel-Intendant de Montauban, qui avoit succedé dans cette Intendance à Mr. de Saint-Maurice son Proche-Parent : il logea chès lui, & y reçut les Visites-accoûtumées de nos Consuls. Peu de jours après, on apprit en cette VI. Ville, la Bénédiction que Dieu avoit répanduë sur le Second-Mariage du Marquis de Castries, qui, après la Perte de sa Premiére-Epouse & de son Fils-Unique, avoit été pressé par sa Famille, de lui donner des Successeurs : Il eut alors, de Dame *de Levis*, qu'il avoit épousé en Secondes-Nôces, *Armand-François de la Croix* son Fils-Aîné, pour lequel on fit, le dix-huit Novembre, une Grande-Illumination à l'Hôtel-de-Ville, qui fut suivie des Réjoüissances du Peuple durant toute la nuit.

Les Etats de la Province ayant été convoquez cette année beaucoup plûtard que les précedentes, Mr. le Marquis de la Fare en fit l'Ouverture à Narbonne le dixiéme Janvier 1726. d'où il eut le tems de venir à Montpellier, pour se trouver à l'Arrivée de Dom Emanüel, Infant & Frere du Roi de Portugal, qui, venant des Païs-Bas, où il avoit fait un Séjour considerable, prenoit sa Route par le Languedoc, pour se rendre auprès du Roi son Frére : Il entra en cette Ville le second d'Avril, au Bruit du Canon de la Citadelle, & à travers le Regiment de Touraine, rangé en Haye depuis la Porte de la Saunerie jusqu'au Logis du Cheval-Blanc, où ce Prince voulut décendre. Le soir-même, Mr. de la Fare lui donna un grand-Soupé de plus de cent Couverts ; Le lendemain, Mr. l'Intendant eut l'Honneur de le recevoir chès lui, & de lui donner un Concert-de-Musique : Enfin, le Prince ayant marqué son Départ au troisiéme jour, Mr. de la Fare lui demanda s'il ne voudroit pas manger avant partir ; & sur sa Réponse, il fit porter de chès lui au Cheval-Blanc, & servir par ses Gens, un Repas-magnifique, avec

Zzz

1725.

1726.

VII.

1726.

toute la Délicatesse & l'Abondance qui lui est ordinaire : Le Prince parut si content de sa Politesse & de sa Generosité, qu'il lui en donna des Marques devant tout le Monde, en lui disant Adieu.

VIII. Le Passage de Dom Emanüel fut suivi de l'Arrivée de plusieurs Seigneurs, qui firent quelque Séjour à Montpellier. Le dix-huit de ce même mois, *Armand-Jules de Rohan-Guemené*, Archevêque de Rheims, vint en cette Ville pour aller prendre les Bains de Balaruc, & pour consulter nos Médecins sur un Rumatisme presque universel dont il étoit attaqué : Il reçut les Honneurs de tous les Corps de la Ville, chès Mr. de Saint-Maurice, où il fut logé ; & nos Médecins s'employérent avec zéle à la Conservation d'un Seigneur qui prévenoit par sa Bonne-Mine, & gagnoit les Cœurs par sa Politesse & par sa Bonté.

Mr. de Montmorency, Colonel de Touraine, vint quelque-tems après, pour voir son Regiment, qui étoit de Séjour en cette Ville : il y entretint la Joye pendant un tems-considerable qu'il y resta ; Et Mr. le Prince de Pons, Gendre du Maréchal de Roquelaure, y étant venu au commencement de Juillet, il attira auprès de sa Personne presque toute la Ville, à qui la Mémoire du Maréchal son Beau-pere est toûjours présente.

IX. Sur la fin de ce mois, on apprit que le Roi, voulant gouverner ses Etats par lui-même, avoit suprimé la Charge de Premier-Ministre ; que Mr. le Duc s'étoit retiré à Chantilly, & que l'Ancien-Evêque de Fréjus avoit été mis à la Tête des Affaires. Quelques Raisons qu'eût la Ville de Montpellier de s'interesser particuliérement à ce qui regardoit ce Prélat, on ne jugea point, dans les Conjonctures du Tems, devoir donner des Marques-Publiques de Joye ; On se contenta de permettre les Joûtes ordinaires, qui furent faites le 18°. Août au *Pont-Trincat*, où Mr. de la Fare voulut que deux Consuls en Chaperon se trouvassent pour contenir le Peuple : Les Joûteurs eurent-Ordre de venir prendre ces deux Magistrats à l'Hôtel-de-Ville, & de les reconduire ensuite au même-Lieu ; ce qu'ils firent au Son des Hautbois, des Violons & des Tambours.

Dans ce même-tems, la Santé du Roi ayant soufert une Atteinte considerable, on chanta le *Te Deum* à Montpellier pour sa Convalécence le 25. d'Août ;

X. Et dans le mois suivant, on eut Nouvelle de la Promotion de l'Ancien-Evêque de Fréjus au Cardinalat, faite par le Pape Benoît XIII. le onziéme de Septembre 1726. La Modestie que cette Eminence a toûjours fait paroître dans ses plus-grandes Prosperitez, fit suprimer alors les Réjoüissances-Publiques qu'on eût voulu faire à Montpellier, où tous les Habitans, pour se conformer à ses Intentions, se contentérent de donner entr'eux un libre-cours à leur Joye, & de se feliciter reciproquement de l'Honneur qui revenoit à leur Ville de cette Promotion.

Les Etats de la Province ayant été convoquez à Nîmes sur la fin de cette année, Mr. de Saint-Maurice revint de Paris pour s'y trouver, avec le Cordon-Rouge dont le Roi l'avoit gratifié ; ce nouvel-Honneur lui attira les Felicitations de toute la Ville, & une Harangue-particuliére de nos Consuls en Robe-Rouge : Ils rendirent les mêmes Honneurs à Mr. de la Fare, qui revint des Etats sur la fin de Janvier 1727. Et comme ce Seigneur avoit obtenu Permission d'aller à la Cour, Mr. *d'Iverny*, Maréchal-de-Camp des Armées du Roi, fut nommé pour commander à son Absence, & vint dans le mois de Mars, prendre son Logement dans la Maison de Mr. Desplans, qui est destinée aux Commandans de la Province.

CHA-

CHAPITRE SEPTIÉME.

I. Reparations faites à la Porte de la Saunerie. II. Naissance de Mesdames de France. III. Evenémens-particuliers. IV. Mort du Marquis de Castries. V. Froid-extréme durant les Etats de Narbonne. VI. Ouvrages-Publics. VII. Nouveaux-Projets pour la Décoration de la Ville. VIII. Naissance de Monseigneur LE DAUPHIN.

LA Paix dont la France joüissoit depuis le Siége de Fontarabie, fit executer une partie des Projets qu'on avoit déja faits pour l'Embellissement & la Commodité de la Ville. On resolut alors de remettre la Porte de la Saunerie en l'état qu'elle étoit avant le Siége de Montpellier en 1622 ; c'est-à-dire, d'ouvrir une Grande-Porte, qui communiquât en droite-ligne de la Grand'-Ruë de la Ville à la Principale-Ruë du Fauxbourg : Pour cet effet, il faloit percer une Demi-Lune bien terrassée, que nos Anciens avoient fait faire lorsqu'ils voulurent se préparer au Siége : il faloit abatre une autre Porte construite dans l'Enceinte de la Demi-Lune, par où l'on étoit obligé de passer (en faisant un long circuit) lorsqu'on vouloit entrer ou sortir de la Ville. Ce Projet donnoit une Commodité inestimable aux Voitures du Haut-Languedoc ; Ainsi, la Proposition en ayant été faite dans le Conseil-de-Ville, elle passa d'une Commune-Voix ; & le Dévis en ayant été communiqué aux Entrepreneurs, la Délivrance leur en fut faite le 4. d'Août, pour le Prix de deux mile cinq cent livres seulement, avec toutes les Démolitions : mais, comme dans les Travaux-Publics on trouve toûjours beaucoup-plus d'Ouvrage qu'on n'avoit crû, il falut augmenter considerablement cette Somme, pour l'Enlévement des Terres, pour les Ornemens de la Nouvelle-Porte, & pour ouvrir deux Chemins de Communication avec le plus-beau Quartier du Fauxbourg.

I. 1727.

Dans ce même-tems, on apprit que Dieu avoit commencé de benir le Mariage du Roi, par l'Heureuse-Naissance de deux Princesses, dont la Reine étoit accouchée à Versailles le quatriéme d'Août. Cette Nouvelle fut reçuë à Montpellier (comme dans toutes les autres Villes du Royaume) avec une extrême-Joye : On en avertit le Public par trois Décharges du Canon de la Citadelle ; Et toutes Choses étant prêtes pour la Fête-Solennelle, qu'on avoit marqué au septiéme de Septembre, on vit paroître, à la Place-Royale du Peirou, un Palais de Figure-Octogone, représentant le Temple de Lucine, d'où plus de vingt mile Personnes qui y étoient assemblées, virent partir une infinité de Fusées, entremêlées de tous les autres Feux-d'Artifice qu'on a inventé en ce genre. Toutes les Maisons de la Ville restérent éclairées pendant la nuit, & chacun fit à l'envi une Fête-particuliére selon ses Moyens.

II.

Peu de jours après, on vit avec plaisir, l'Honneur que le Roi venoit de faire au plus-Ancien de nos Magistrats, en le nommant Conseiller-d'Etat : C'étoit Hercule de *Bocaud*, Ancien-Président à la Cour-des-Comptes, Aides & Finances ; Vénérable par le nombre de ses années, & plus encore par ses longs-Travaux, à terminer, par Voye-d'Arbitrage, les Diferends de la plûpart des Familles de la Ville, & de la Province. Comme il y en avoit fort-peu dans Montpellier pour qui il n'eût travaillé utilement dans le cours de sa Vie, il n'y en eut point qui n'applaudit au juste Discernement du Prince : Tous accoururent chès lui pour l'en feliciter ; & nos Consuls y allérent le dix-septiéme Septembre, au Nom de toute la Communauté.

III.

Après la Conclusion des Etats de la Province, tenus à Nîmes, & qui ne finirent que bien-avant dans le mois de Février 1728. Mr. de la Fare, revenu à Montpellier, y reçut la Visite de Mr. le Duc de Duras, Commandant en Guiéne. L'étroite-Liaison qui est entre ces deux Seigneurs, fit séjourner le Duc de Duras plus

1728.

Zzz 2

1728. long-tems à Montpellier, & attira quelque-tems après à Montauban, le Marquis de la Fare, qui de là prit sa Route pour Paris.

Sur la fin de Juillet, nous apprîmes que Dieu continüoit de benir le Mariage du Roi, par la Naissance d'une Troisiéme-Princesse, qui vint-au-monde le 23. de ce mois : On se conforma aux Intentions de la Cour, pour les Réjoüissances qu'il y avoit à faire ; & tout le Monde regarda cette Heureuse-Naissance, comme un Gage assuré pour la France, de l'Heureuse-Fecondité de sa Pieuse-Reine.

IV. Environ ce tems, mourut à Paris Joseph-François de la Croix, Marquis de Castries, Chevalier des Ordres du Roi, Maréchal-de-Camp de ses Armées, Senéchal de Montpellier, & Gouverneur de la Ville & de la Citadelle. Nos Consuls firent preparer l'Eglise de Nôtre-Dame pour le Service que la Ville lui fit faire le 16. d'Août, où se trouvérent tous les Officiers du Senéchal & Présidial, plusieurs Officiers de la Cour-des-Aides, l'Etat-Major de la Ville & Citadelle, les Officiers des Quartiers, & les Sixains sous les Armes autour de l'Eglise : M. l'Evêque, assisté de son Chapitre, y chanta la Messe, pendant laquelle le Sr. *Demonte*, Curé de Nôtre-Dame, fit l'Oraison-Funébre.

Le Retour de Paris de Mr. de la Fare, préceda de quelques-jours les Réjoüissances qu'on fit à Montpellier sur la fin de Novembre, pour la Convalécence du Roi, qui avoit été attaqué de la Petite-Verole : Nous apprîmes par les Lettres de Mr. de St. Florentin, que les Suites en avoient été si heureuses, que Sa Majesté s'en étoit tirée sans aucun fâcheux-Accident qui pût causer la moindre-inquiétude.

V. [Peu de tems-après, les Etats s'étant assemblez à Narbonne, ils y furent assiégez par une si grande-quantité de Nége, qu'elle ferma toutes les Avenuës des Grands-Chemins à quatre lieuës à-la-ronde : il y en eut dans la Ville jusqu'à six Piez-de-haut ; ce qui ôtoit toute Communication d'une Maison à l'autre : il fallut, avec des Peines-extrêmes, la faire amonceler, pour frayer un Passage dans les Ruës ; mais, on en eut incomparablement davantage, à déboucher les Chemins de la Campagne, d'où l'on attendoit les Besoins de la Vie. Mr. de la Fare ordonna un grand-nombre de Troupes, pour ouvrir un Chemin depuis Beziers jusqu'à Narbonne, où l'on manquoit de Farines. La Misére fut extrème dans les Vilages enfermez par la Nége : il y périt de Faim ou de Maladie, un grand-nombre de Personnes ; & Ceux qui purent en sortir, vinrent affamer Narbonne, où la Charité des Seigneurs des Etats trouva-bien de l'Exercice : Plusieurs firent distribüer de grandes Chaudiéres pleines de Legumes ; & l'on n'a pas oublié, que Loüis-Joseph de *Rochebonne*, Evêque de Carcassonne, fit de sa Maison un Hôpital-Genéral, où les Pauvres trouvoient la Nourriture & le Couvert.]

1729. Ce Mauvais-Tems ayant cessé sur la fin de Janvier 1729. les Etats ne tardérent pas à se séparer : Nous vîmes revenir M. l'Intendant le 7. de Février, & Mr. de la Fare le 9. Ce Seigneur étant parti pour Paris dans le mois d'Avril, laissa le Commandement à M. d'*Iverny*, qui fut visité le 7. Mai par nos Consuls en Chaperon.

VI. [Dans ce même-tems, on reprit les Travaux déja commencez à la Porte de la Blanquerie, sur la petite Riviére du Merdanson, qui avoit fait ses Ravages ordinaires, contre le Pont & sur les Rives-voisines. On resolut alors d'agrandir considerablement l'Arche du Pont ; mais, lorsqu'on étoit prêt d'y mettre la Clef, le Cintre vint à manquer, & écrasa l'Entrepreneur, qui se trouva dessous : Ce Malheur, arrivé le 26. Juin, a fait prendre de plus-grandes Précautions pour assurer l'Ouvrage, qui est déja dans sa Perfection.]

Environ ce tems, on vit avec plaisir les Travaux finis autour de la Statuë-Equestre, qui avoit occupé durant plusieurs années un très-grand-nombre d'Ouvriers. Le Massif du Piédestal se trouvant enfin incrusté du Beau-Marbre de Génes que la Province avoit fait venir à grands-Fraix, & que le Sieur *Joly*, Habile-Sculpteur, avoit mis en œuvre, on enferma tout l'Ouvrage, à six ou sept Pas de Distance, dans une Grille-de-Fer, où l'on n'oublia rien pour les Ornemens & pour la Solidité. On fit graver sur la Face du Piédestal qui regarde la Ville,

cet-

cette Inscription, faite par Mr. de Mandajors, Gentilhomme d'Alais, qui avoit remporté le Prix, au Jugement de l'Academie-Royale des Inscriptions ; Elle indique le Tems où l'on forma le Dessein de l'Ouvrage, & celui où il fut executé.

LUDOVICO MAGNO
COMITIA OCCITANIÆ
INCOLUMI VOVÉRE
EX OCULIS SUBLATO
POSUÉRE.
ANNO CIƆIC CC XVIII.

Les Lettres en sont gravées sur le Marbre, & remplies ensuite par d'autres Lettres de Bronze-doré. Tout l'Ouvrage a déja reçu la derniére-main ; Et si jamais on execute le Projet qu'a fait la Province, d'entourer la Place-Royale du Peirou de deux larges-Fossez, dont l'un serviroit de Promenade pendant l'Hiver, & l'autre, qui viendroit se joindre aux Fossez de la Ville, serviroit d'Enceinte à tout ce grand-Espace, Alors la Statuë-Equestre se trouveroit renfermée dans la Ville, & pourroit, par sa Situation-avantageuse, être découverte, autant que la Vûë pourroit y fournir, des Pirénées, des Alpes, des Montagnes des Cévénes, & de bien-avant dans la Mer.

La Perte du feu Marquis de Castries fut reparée (en quelque maniére) pour sa Famille, par la Conservation de toutes ses Charges en faveur de l'Aîné des trois Enfans qu'il laissoit de son Second-Mariage : Les Lettres que Sa Majesté en accorda, furent enregîtrées dans le Grand-Talamus de l'Hôtel-de-Ville, pour le Gouvernement de la Ville & Citadelle de Montpellier ; & dans le mois de Juillet suivant, le Présidial enregîtra ces mêmes Lettres, avec celles de Dispense-d'âge pour posseder la Charge de Senéchal.

VII. Après qu'on eut achevé l'Ouvrage de la Porte de la Saunerie, on prit le Dessein de travailler à celle de Lates, qui est le Grand-Abord des Marchandises du Pont-Juvenal, qu'on regarde aujourd'hui comme le Port de Montpellier : Il y avoit plus à faire à ce Dessein qu'à celui de la Saunerie ; car, outre la Démolition des deux Portes qui y formoient un Corps-de-Garde, à la maniére des Villes-de-Guerre, il faloit abatre deux grosses-Tours massives qui flanquoient l'Entrée de la Ville. On se proposa d'élever au milieu de l'Espace qu'on gagnoit par ces Démolitions, une grande Porte-Isolée, qui auroit en-dedans & en-dehors, une Place commode pour les Voitures ; & par ce moyen, on ménagea une grande-Avenuë pour l'Esplanade, & pour la Ruë des Etuves, qui est la plus-droite & la plus-longue de Montpellier : On commença le 23e. d'Août d'y mettre la premiére-main ; & dans le moment que j'écris, l'Ouvrage est si fort avancé, qu'on peut juger de l'Agrément que cette Reparation va donner à tout ce Quartier. On se propose d'en faire autant à la Porte du Pile-Saint-Gilles, & à celle de Saint-Guillem ; Ainsi, nos Neveux ne verront presque plus de Vestige de tous les Ouvrages que firent nos Ayeux, pour se preparer au Siége qu'ils eurent le malheur de soûtenir contre le Roi Loüis XIII.

VIII. Enfin, l'on apprit à Montpellier le onziéme Septembre, l'Heureuse-Naissance de Monseigneur LE DAUPHIN, arrivée à Versailles le 7. de ce mois. On n'attendit point les Ordres de la Cour, pour faire éclater la Joye-Publique ; car, dès ce même-jour, on en répandit la Nouvelle par une Triple-Décharge du Canon de la Citadelle, & par un grand-nombre de Boites de la Salpêtriére : Le 14. on reçut les Lettres du Roi, & celles de M. le Duc du Maine, Gouverneur de la Province. Tous les Corps de la Ville se preparérent à solenniser cette Grande-Fête le 25. du même mois ; & après une Procession-Genérale que Sa Majesté avoit ordonnée, on chanta le *Te Deum* dans la Catédrale : Le même jour, on fit un

550 HISTOIRE DE LA VILLE DE MONTPELLIER,

1729. Magnifique-Feu-de-Joye autour de la Statuë-Equeſtre, après lequel on alla voir la Fête que Mr. de Saint-Maurice avoit preparé chès lui. Comme il a paru des Relations imprimées de tout ce qui fut fait à Montpellier dans cette Occaſion, je ſuprime le Détail de tout ce que la Cour-des-Aides, les Tréſoriers-de-France, & les autres Corps de la Ville, firent à l'envi, pour donner desMarques-ſignalées de leur Zéle; & je m'eſtime très-heureux, de pouvoir finir l'Hiſtoire de ma Patrie par un Evenément auſſi Grand & autant deſiré que celui de la Naiſſance de MONSEIGNEUR LE DAUPHIN, qui lui eſt un Préſage aſſuré de ſon Bonheur, & de celui de toute la France.

FIN DU LIVRE VINGTIEME.

PROFIL DE MONTPELLIER EN L'ESTAT QU'IL ESTOIT EN 1540. AVANT LES GUERRES DE LA RELIGION.

A N.D. des Tables.	E le Palais.	I les Generaux.	N la Magdeleine.	S St. Sauvaire.	X la Gd. Observance.
B l'Orloge.	F Ste. Eulalie.	K la Cité.	O la Pte. Observance.	T Chemin de Beziers.	Y Grenier a Sel.
C St. Firmin.	G les Freres Prescheurs.	L Rue St. Guilhem.	P la Saunerie.		Z Pour aller a Lattes.
D St. Germain aujourdhuy St. Pierre.	H St. Denis.	M Religieuses St. Guilhem.	Q St. Thomas.	V le Grand St. Jean.	& Pour aller au Pont Juvenau.
			R la Palissade.		

OBSERVATIONS
HISTORIQUES
SUR L'ANCIEN PLAN
DE MONTPELLIER.

I. *Observations sur les Murailles de la Ville. II. Sur ses Portes. III. Sur ses Fauxbourgs. IV. Sur ses Ruës. V. Divers Noms qu'elles ont porté. VI. Quartier des Juifs. VII. Epoques des Maisons les plus-Anciénes. VIII. Puits & Fontaines.*

ES Recherches que j'ai été obligé de faire pour la Composition de cette Histoire, m'ont donné plusieurs Eclaircissemens sur les Murailles, les Portes, les Fauxbourgs, les Ruës, & les divers Quartiers de Montpellier, qui peuvent servir à son Histoire, & à l'Intelligence du Plan de cette Ville avant les Troubles du Calvinisme.

Je ne trouve pas précisément en quel Tems on commença de clorre Montpellier de Murailles ; mais, il est constant qu'il l'étoit déja dans le XIe. Siécle, où nous avons vû que Guillaume, Fils d'Ermengarde, renonça entre les mains de Godefroy, Evêque de Maguelonne, à un certain Fief qui est designé au-delà des Fossez & des Murailles de la Ville : *Quod est infrà Vallatos, & foris Muros de Muntpeslier.*

Livre 1. de cette Histoire.

Il est encore constant, qu'il y eut de tout tems des Officiers Préposez à l'Entretien des Murailles de la Ville, sous le nom d'*Ouvriers de la Commune-Clôture* : *Operarii Communis-Clausuræ*, comme il est dit dans plusieurs Actes, & particulièrement dans les Lettres du Roi de Navarre, que j'ai raportées dans mon *Livre 9. Chapitre 2*. Ces Ouvriers avoient l'Intendance des Portes & des Murailles de la Ville ; Ils étoient Membres du Consulat. De là vient, qu'il est toûjours fait mention des Consuls & des Ouvriers dans les Cerémonies-Publiques : Et lorsqu'il falut en 1363. faire le Chemin des Rondes, que nous appellons les *Douze-Pans*, il est dit que les Ouvriers faisoient porter leur Baniére après celle des Consuls.

Liv. 8. Chap. 3.

Il paroît qu'ils avoient Droit de prendre des Pierres, sans rien payer, dans toutes les Carriéres qui sont aux environs de Montpellier, pour être employées à la Commune-Clôture. La Chose conste par un Acte que j'ai vû de la Terre de *Caunelles*, où il est dit, que les Particuliers qui voudront y prendre des Pierres, payeront un certain Droit : *Exceptis illis qui scindunt Lapides ad Opus Communis-Clausuræ Monspelii pro quibus nihil datur.*

Je n'ai trouvé aucun Acte d'où l'on puisse inferer, que l'Enceinte de la Ville ait été changée ou augmentée depuis le 12ᵉ. Siécle, quoique les Fauxbourgs l'ayent été souvent. Je trouve au contraire, que dans le onziéme Siécle, la Ruë de la *Blanquerie*, qui est à l'extrémité de la Ville, payoit, comme le *Campnau*, une Censive au Seigneur de Montpellier ; D'où l'on doit inferer, que ce Quartier étoit déja bâti, & peut-être même long-tems auparavant : *Vendimus tibi Guillelmo Filio Ermengardis*, disent deux Freres, appellez Guillaume & Pierre de Puechabon, *quod habemus & quod habere debemus in toto Quarto de Censo Campi-Novi, & Blancariæ*.

Mémorial des Nobles, fol. 67.

II. Les Portes de la Ville ont été jusqu'au nombre de onze ; sçavoir, celles du *Pile-St.-Gilles*, de *la Blanquerie*, des *Carmes*, de *St. Germain*, de *St. Jacques*, du *Peirou*, de *St. Guillem*, de *la Saunerie*, de *Lates*, de *Montpellieret*, & de *l'Evêque*.

Celle du Pile-St.-Gilles peut avoir pris son Nom, des grandes Piles ou Vases-de-Pierre que nous avons vû encore de nos jours auprès de la Fontaine, où l'on alloit abreuver les Chevaux : La Ville de St. Gilles, dont les Habitans viénent aboutir à cette Porte quand ils arrivent à Montpellier, peut aussi lui avoir donné son second Nom.

La *Blanquerie* a été ainsi appellée, à cause des *Blanchers* ou *Corroyeurs* qui y faisoient leur Demeure. La Porte des *Carmes* prit ce Nom, depuis l'Etablissement des Religieux-Carmes dans le Lieu où est aujourd'hui l'Hôpital-Général : Nous trouvons dans plusieurs Actes anterieurs à l'Etablissement des Carmes, que cette Porte étoit appellée en Latin, *Porta Legatorii* ; & en Langage du Païs, *du Legassieu*, qui veut dire de la *Tanerie*.

Liv. 15. Ch. 5. §. 4.

J'ai assés fait connoître la Fausse-Porte du Monastére *St. Germain*, en parlant de la Sortie que fit la Garnison de St. Pierre sur les Troupes du Seigneur d'Acier en 1567. Cette Porte paroît encore bien distinctement sur les Murailles de la Ville ; Elle est murée aujourd'hui, de même que celle de *St. Jacques*, qui répond au même Fossé, en montant vers le Peirou. Jacques le Conquerant, lorsqu'il logeoit au Palais, comme nous l'avons vû en 1231. sortoit par cette Porte pour aller à l'Eglise St. Jacques, qu'il protegeoit beaucoup, & à laquelle il accorda plusieurs Immunitez.

Nos Actes anciens, qui ont voulu latiniser le Nom de la Porte du *Peirou*, l'appellent *de Petreno*, peut-être à cause du Rocher qu'on y trouvoit ; mais, dans l'Acte du Mariage de Guillaume, Fils de Sibille, avec Mathilde de Bourgogne, passé en 1156. on lui conserve son Nom-naturel : *Dono tibi futuræ Uxori meæ* (dit le Seigneur de Montpellier) *Forum seu Mercatum Montispessulani, Portæ del Peirou* ; d'où nous apprenons, qu'on y tenoit une Foire dans le Tems de nos Premiers-Seigneurs.

La Porte de *St. Guillem* prit son Nom, de l'Hôpital bâti par nos Guillaumes dans le Lieu où est aujourd'hui le Monastére des Filles de Sainte-Caterine de Siéne,

Celle

Celle de *la Saunerie* est appellée dans plusieurs Actes, *Portale Salnaria*; sans-doute à cause des Greniers à Sel qui étoient dans ce Quartier, où les Voitures venoient se décharger du Sel qu'elles avoient pris aux Salines de Perols & de Maguelonne.

La Porte de *Lates*, qui faisoit la Division des deux Seigneuries de Montpellier & de Montpellieret, est appellée dans tous les Vieux-Actes, *Porte d'Obilion*: Je ne doute point qu'elle n'eût pris son Nom de la Famille des *Obilions*, qui étoit fort-Considerable dans Montpellier, & que j'ai mentionnée en divers endroits.

Depuis cette Porte jusqu'à celle du Pile-St.-Gilles, les Murailles de la Ville étoient bâties sur la Ligne où sont encore les Maisons de *Desplan*, *Mouton*, *Malefaigne*, le *Seminaire*, les *Penitens*, *Sueilles*, le *Vignogoul*, les *Augustins*, *Nissole*, *Girard*, les *Jesuites*, *Moulceau*, *Pelissier*, *Bossuge*, *Beauvezet* & *Bocaud*. Dans tout cet Espace, les Murailles étoient fortifiées de grosses Tours, comme il resulte de la Fameuse-Sentence du Duc d'Anjou, qui ordonnoit de les détruire; & comme nous l'avons vû tout recemment, dans les derniers Travaux faits à l'Esplanade, où les Entrepreneurs ayant découvert, entre la Maison des Jesuites & celle de Moulceau, les Fondemens d'une grande Tour-quarrée, ils prirent le Parti de fouiller dans la Terre, d'où ils tirèrent une grande-quantité de Pierre excellente pour leurs Ouvrages.

Entre la Maison de *Nissole* & celle de *Girard*, il y avoit une Porte de Ville, dite de *Montpellieret*, précisément à l'Egout-Public, appellé le *Gazillan de Nissole*: Elle servoit pour aller, ou pour venir de l'Eglise St. Denis, qui étoit la Paroisse de Montpellieret; mais, rien n'y paroît maintenant, à cause de la Démolition des Murailles de la Ville, qui fut faite de ce côté-là, lorsqu'on bâtit la Citadelle.

Quelques cent Pas plus-haut, & précisément à la Porte de la Maison du Président Bocaud, étoit la Porte dite de l'*Evêque*, dont il est parlé dans l'Accord fait entre le Roi Jacques d'Aragon & Jean de Montlaur. On trouve aussi dans nôtre *Petit-Talamus*, que Pierre Ademar, Evêque de Maguelonne, assistant à une Procession-Generale qu'on faisoit hors des Murailles de la Ville, se trouva fatigué en arrivant à la Porte de Montpellieret; & que pour ne pas déranger la Procession, il se retira sans-bruit, & alla entrer dans la Ville, par la Porte de l'Evêque, d'où il se rendit à la Maison qu'il avoit tout-auprès, connuë sous le Nom de la Sale de l'Evêque.

L'Enceinte des Murailles de la Ville, avoit dix-neuf cent Toises, à en juger par cette longue Bougie (dont j'ai parlé) qui fut mise autour d'un Cilindre dans l'Eglise Nôtre-Dame-des-Tables, pour y brûler nuit & jour. Il faut aussi que toutes ces Murailles ne fussent pas garnies de Creneaux; car, il est dit dans le Petit-Talamus, que les Ouvriers de la Commune-Clôture les ayant fait compter en 1411. il n'en fut trouvé que huit cent-cinquante, sans y comprendre ceux des Murailles de la Palissade.

Cette *Palissade*, comme je l'ai dit ailleurs, fut faite après la Prise du Roi Jean, pour garantir Montpellier des Soldats-congediez, qui courbient par Troupes dans le Languedoc. On élargit alors les Fossés de la Ville, en les mettant dans l'état où ils sont encore. On fit un Chemin au-delà du Fossé, que nous appellons la *Douque*; & l'on ceignit les Fauxbourgs d'une bonne Muraille, dite la Palissade, dont on peut juger de l'Enceinte par les *Portaliéres* qui nous restent encore: Elles étoient sur les Grands-Chemins, aux principales Avenuës de la Ville; Ainsi, l'on en voit une en son entier, sur le Chemin de Celleneuve: une autre, près du Jardin de *Mazade*, pour aller à *Murviel*; & plus bas, en allant vers St. Côme, on voit les deux Piliers d'une autre Portaliére, qui sortent hors de Terre, à la hauteur de neuf ou dix Piez, par où l'on pouvoit entrer & sortir du Fauxbourg St. Jacques. En-deça de la Portaliére du Chemin de Celleneuve, vers la Saunerie, il y en avoit une qui répondoit au milieu du Courreau, comme on le voit dans les Anciens-Plans de Montpellier, par Belleforêt, dans sa Cosmographie, & dans le Téatre des Citez du Monde, par George Brüin.

Le *Fauxbourg de la Saunerie* avoit sa Portaliére au Coin de l'Hôtelerie du Cheval-Verd, allant vers les Carmes-Déchaussez, comme il paroît par la Relation de l'Entrée de l'Archiduc à Montpellier en 1502. Celui de Lates, autrement dit, *les Barris des Fraires-Menors*, si souvent mentionnez dans nos Annales, avoit une Portaliére sur le Grand-Chemin de Lates, attenant le Couvent des Fréres-Mineurs ; comme il se voit dans l'Ancien-Plan de Montpellier, que Belleforêt nous a donné dans le 1er. Tome de sa Cosmographie. Quant au Fauxbourg St. *Denis*, il est dificile d'en pouvoir rien dire, parceque tout y fut bouleversé lors de la Construction de la Citadelle : Mais, je trouve une autre Portaliére sur le Chemin de Castelnau, où répondoit l'Ancien-Hôpital de St. Antoine ; & une autre près du Cimetiére des Juifs, aujourd'hui le Jardin de Vernioles, en allant des Recolets à *Boutonnet*.

De cette sorte, la Ville de Montpellier, avant les Guerres de la Religion, étoit environnée de grands Fauxbourgs, & ces Fauxbourgs, d'un gros Mur de Clôture, dite la Palissade. Dans ce cas, il n'est pas surprenant que tous Ceux qui nous ont laissé des Mémoires de ce Tems-là, nous assurent qu'il y avoit dans les seuls Fauxbourgs, beaucoup plus d'Habitans que dans toute la Ville. Pour cet effet, il ne sera pas inutile de faire connoître plus particuliérement ces Fauxbourgs, qui ont changé de Nom, ou qui n'existent plus, depuis qu'on les rasa entiérement, lorsqu'on voulut se preparer au Siége contre le Roi Loüis XIII.

III. Le Fauxbourg du *Peirou*, qui s'étendoit jusqu'à la Portaliére du Chemin de Celleneuve, étoit terminé de ce côté-là, par le Grand-Couvent des Jacobins : il renfermoit le Couvent de *la Mercy*, la Tour de *Ste. Eulalie*, & les Ecoles du Colége de *St. Germain* ; tout le reste étoit rempli de Maisons des Particuliers, comme on le justifie par le grand-nombre de Puits-Domestiques qu'on y a trouvé en foüillant la Terre.

En décendant vers la Porte des Carmes, étoit le Fauxbourg *St. Jacques*, qui prenoit son Nom de l'Hôpital St. Jacques, fondé dans le XIIIe. Siécle, sous le Roi Jacques le Conquerant. Le Jardin-du-Roi occupe aujourd'hui la plus-grande partie de ce Fauxbourg, qui faisoit le principal-Abord des Provisions qu'on aportoit du côté des Cévénes : De là vient, que nos Anciens prirent grand-soin de ce Chemin, comme il paroît par le Beau-Pavé dont on voit encore les Restes en allant à St. Côme ; L'Eglise de ce Nom, étoit hors du Fauxbourg St. Jacques, précisément à cette Pointe de Terre qu'on laisse à main-gauche en entrant à *Lavanet*.

Je ne trouve dans le *Fauxbourg des Carmes*, que l'Eglise & le Grand-Monastére de ces Religieux, dont je donnerai la Description ailleurs. Les Faiseurs de Chandéles-de-Suif, & les Taneurs, qui preparoient les Cuirs tout-le-long de la petite Riviére de Merdanson, donnérent à ce Quartier, le Nom de *Legassieu*, avant que les Carmes fussent venus s'y établir : Le Chemin qui conduisoit de leur Monastére à celui des Recolets d'aujourd'hui, faisoit la separation de ce Fauxbourg d'avec celui de *Villefranche*, comme il resulte de l'Acte de Donation du Jardin de *Sartre*, faite aux Recolets, où il est dit qu'une partie du Fonds étoit au Lieu dit Villefranche ; Ce Fauxbourg est souvent mentionné dans nos Anciens-Titres : le Roi Sanche y avoit ses Jardins, comme il conste par la Fondation qu'il y fit de l'Hôpital St. Antoine, situé dans le Lieu où est aujourd'hui l'Aire de Mr. Brun, Conseiller ; on y voit dans les Champs, un grand-nombre de Puits-Domestiques, qui dénotent visiblement que ce Fonds étoit aciénement habité.

Les *Augustins*, qui avoient leur Couvent sur le Chemin de Castelnau, donnérent leur Nom au Fauxbourg, qui venoit depuis la Porte du Pile-St.-Gilles jusqu'à eux : De là vient, qu'il est dit dans nôtre Petit-Talamus, sous le Roi Charles VI. que les Mauvaises-Compagnies, ayant sejourné quelques-jours dans le *Fauxbourg des Augustins*, y firent de grands Ravages ; & dans une Ligne de Division que nous avons de la Seigneurie de Montpellier, d'avec celle de Montpeliret, on la fait commencer & finir, après un grand Circuit, au Pont des Augustins, qui est sur le Merdanson, en venant de Castelnau. Tout joignant ce Pont, étoit l'Enclos du Grand-Hôpital du St. Esprit ; & vis-à-vis, un autre Hôpital, appellé des Trois-Couronnes, qui fut depuis *la Charité*, & maintenant les Boucheries.

sur l'Ancien Plan de Montpellier.

En montant du Fauxbourg des Augustins, par une rude Côte qui aboutissoit à l'Esplanade d'aujourd'hui, on arrivoit au *Fauxbourg St. Denis*, ou de Montpellieret, qui remplissoit tout l'Espace qu'on voit encore entre la Ville & le Bastion de la Citadelle (qui regarde le Pile-St.-Gilles) où étoit l'Eglise de St. Denis. Dans cet Entredeux, étoit la Chapelle de Nôtre-Dame de Bonnes-Nouvelles, que nos Anciens bâtirent, par l'Occasion que j'ai racontée, sous Charles VII. précisément à l'Endroit où est aujourd'hui la Croix de l'Esplanade. Tout ce Terrein, jusques vers la Porte de Lates, étoit rempli de plusieurs Maisons, qui relevoient du Seigneur de Montpellieret, comme il paroît encore par les Anciénes-Reconnoissances de l'Evêque : Les Regîtres de l'Hôtel-de-Ville marquent aussi, que nos Consuls y achetèrent certain Lieu de Débauche, qui étoit alors toléré à Montpellier, comme dans les autres Villes du Royaume.

Les *Barris des Fraires-Menors*, aujourd'hui *Fauxbourg de Lates*, renfermoient dans le xive. Siécle, un grand-nombre de Maisons, dont les Habitans de Montpellier abatirent la plus-grande partie, pour se défendre contre les Mauvaises-Compagnies, qui étoient venuës attaquer ce Fauxbourg. Les Bâtimens les plus remarquables qu'on y voyoit, étoient le Grand-Couvent des Fréres-Mineurs, dont ce Fauxbourg porta le Nom pendant quelques Siécles : il y avoit aussi, l'Hôpital de la Porte *d'Obilion*, autrement dit, de *Nôtre-Dame-des-Tables*, & ensuite de St. Eloi, qui étoit situé dans ces Jardins d'aujourd'hui, qu'on trouve sur la main-droite, en allant de la Porte de Lates aux Cordeliers.

Le Fauxbourg de *la Saunerie*, est appelé dans nos Vieux-Actes, le Fauxbourg de *Villeneuve* ; sans-doute parcequ'on commença d'y bâtir, lorsque l'Enceinte de la Ville se trouva trop étroite pour les Nouveaux-Habitans qui venoient s'y établir. Ce Fauxbourg, dans toute son Etenduë, alloit jusqu'au Cimetiére St. Barthelemi, (aujourd'hui les Carmes-Déchaussez) vis-à-vis duquel étoient les Minorettes, dont le Couvent répondoit d'un autre côté au Grand-St. Jean, originairement les Templiers. Dans le Corps de ce Fauxbourg, en dedans de la Palissade, étoit l'Hôpital des *Teutons*, qui fut depuis l'Hôpital de *St. Sauveur*, desservi par douze Chapelains ; au-devant, étoit l'Hôpital *Ste. Marthe*, attenant le Lieu où est aujourd'hui le Logis du Tapis-Verd : plus bas, vers la Ville, & du même côté, étoit la Petite-Observance ; Enfin, de l'autre côté de la même Ruë, étoit l'Eglise de *St. Thomas*, qui servoit d'Annexe à St. Firmin, & de Parroisse à tout le Quartier : Toutes ces Eglises, qui avoient leurs Clochers & leurs Cloches, ont donné lieu à Gariel, de dire que la Grande-Sonnerie qu'on y entendoit, avoit donné le Nom à ce Fauxbourg ; mais, l'ancien mot Latin de *Salnaria*, est entiérement opposé à son Sentiment.

Dans le Fauxbourg *St. Guillem*, qui étoit anciénement aussi peuplé qu'il l'est maintenant, on voyoit l'Hôpital *St. Guillem* fondé par nos Guillaumes, & un Hospice pour les Jeunes-Religieux de Valmagne, qui venoient étudier à Montpellier. Je parlerai de tous ces Etablissemens dans mon Second-Tome, où je donnerai un plus grand Détail des Coléges, des Monastéres & des Hôpitaux de cette Ville ; Cependant, je croi devoir marquer ici, qu'on montoit du Fauxbourg St. Guillem à celui du Pelrou, non-seulement par cette Contrescarpe que nous appellons la *Dougue*, mais encore par la Ruë *Dieu-vous-doin-bonne-nioch*, où il se passa une Avanture-Celébre que je raconterai dans l'Article de l'Université.

Tels étoient les Dehors de Montpellier, avant qu'on les eût détruit durant le Cours des Guerres de la Religion ; Mais, il est tems de venir à l'Interieur de la Ville ; où j'observerai d'abord, que les Ruës y sont étroites & les Maisons fort hautes, pour garantir des Ardeurs du Soleil, comme l'a remarqué un Auteur du Siécle passé : Je ne sçai si c'est pour la même raison, qu'on fit les Ruës courtes & entrelassées, à-peu-près comme elles le sont à Paris aux environs de l'Eglise Nôtre-Dame. Nos Anciens suivirent plus particuliérement cette Maniére, dans le Quartier du *Poids-du-Roi*, & dans celui du *Puits-de-Fer* ; mais, dans les Extremitez de la Ville, ils firent leurs Ruës plus-droites & plus-longues, comme aux *Etuves*, à la *Grand'-Ruë*, à la *Blanquerie*, à *St. Guillem*, & au *Pile-St.-Gilles*. Je ne sçai encore, si ce fut par cette même consideration, que du Tems de nos Guil-

IV.

Favin, en son Téatre d'Honn. Liv. 2. ch. 5.

laurnes, on faisoit des Galeries ou Avancemens dans les Ruës, qui commen-çoient au Premier-Etage des Maisons ; ensorte qu'on pouvoit marcher dessous à l'abri de la Pluye & du Soleil : à quoi ne servoit pas peu le Couvert des Mai-sons, qui avoient alors beaucoup-plus de Saillie qu'à-présent.

Premiére Ar-moire des Petits-Tiroirs, dix-sep-tiéme-Tiroir.

Le Roi Jacques le Conquerant, défendit ces Galeries par un Reglement de Po-lice de l'année 1259. De-là vient, que sur le devant de nos Maisons les plus-an-ciénes, on voit encore des Trous en quarré, d'où sortoient les Solives qui por-toient ces Galeries. Il ordonna, pour la facilité du Passage des Ruës, que les Tables ou Bancs qui sont au-devant des Boutiques, n'auroient pas plus d'un Palme & demi de Saillie ; & il ne voulut plus permettre qu'on jetât des Ar-ceaux ou Ponts-de-Bois, d'une Ruë à l'autre, comme on faisoit auparavant : Il se contenta de laisser ceux qui étoient en Pierre, comme celui de *St. Nicolas*, à l'Eguillerie, & celui de *Brun*, dans l'anciéne-Ruë *Bouques-d'Or*. Les Rois ses Dé-cendans firent depuis, pour leur propre Usage, les deux Ponts qui sont attenant la Maison dite des Rois de Mayorque, aujourd'hui le *Poids-du-Roi*. Nos Rois de France permirent ensuite à Jacques Cœur, d'en bâtir un, qui part des Trésoriers-de-France, & va s'appuyer sur l'Eglise des Penitens ; Ils permirent aussi, pres-qu'en même-tems, de bâtir l'Arc de *Mandronnet* & celui d'*Arénes* : Enfin, les Trésoriers-de-France (comme Grands-Voyers) ont permis dans les derniers Siè-cles, de bâtir l'Arc de Gresseüille, aujourd'hui de Girard ; celui des Filles de la Visitation, & un autre à l'Hôpital-St.-Eloi.

La Mode, qui vint il y a plus de deux cens ans, de terminer le haut des Maisons-considerables par des Creneaux, servit à éclaircir nos Ruës, de même que les Entablemens dont tout le Monde se sert à présent : Il est vrai que nos Ruës en sont plus-exposées au Soleil ; mais, en revenche, l'Interieur des Maisons en est plus éclairé & purifié de l'Air, sur tout depuis qu'on a fait les Fenêtres à l'Italiéne, & qu'on s'est desabusé des Croisées, qui avoient regné si long-tems sous diferentes Formes.

Les plus-anciénes-Fenêtres que nous ayons, sont celles de l'Hôpital-St.-Eloi, de l'Hôtel-de-Ville, du côté de la Vieille-Friperie, & celles de la Maison des Rois de Mayorque, qui sont à la Gotique, & dans le Goût des anciénes-Fe-nêtres d'Eglise : On en voit quelques-autres sur les Côtez des anciénes-Maisons, qui n'ont été refaites qu'à moitié ; car, il arrive souvent que les Particuliers se contentent de reparer la Façade de leurs Maisons, sans toucher aux Côtez, par-ceque les Murailles, quoique fort anciénes, ne laissent pas d'être très-bonnes, à cause de la Pierre qu'on y employe.

Nos Carriéres nous en fournissent d'excellente pour toute sorte d'Ouvrage d'Architecture : *St. Geniés* donne la Pierre-blanche, qui sert aux Ouvrages de Sculpture ; *Vendargues* en fournit de grise, qui est dure comme le Fer, & qu'on employe aux Travaux les plus-exposez, comme le Bas-des-Maisons, le Pavé des Cours & des Plateformes-découvertes. On tire dans les autres Carriéres des En-virons, comme *Boutonnet*, *St. Jean de Vedas*, *Caunelles*, *Pignan*, & autres Lieux, la Pierre-de-Taille, avec laquelle on a fait des Ouvrages fort hardis, tels que sont, la *Trompe de Montpellier*, (au Coin de la Maison du Sieur Plantier) qui est mentionnée dans plusieurs Livres * d'Architecture : *la Coquille de Sarret*, que les Etrangers viénent voir par curiosité ; quantité de Grands & Beaux-Escaliers, qui sont estimez des Connoisseurs, & les Balcons qu'on fait maintenant pour l'Orne-ment & la Gayeté des Maisons. Le grand-nombre de ces Beaux-Bâtimens a fait souhaiter depuis long-tems, que les Ruës & les Places de Montpellier fussent plus-larges, pour faire mieux paroître ses Maisons ; Ce qui fit dire un jour à un Architecte de Paris, venu en cette Ville, que Montpellier étoit un Magasin de Belles-Maisons.

---

* François *Derand*, dans son Livre qui a pour Titre, *l'Art des Traits & Coupe des Voûtes*, fait son Chapi-tre huitième de la Trompe de Montpellier, Partie 3. page 256.

Mathurin *Jousse* avoit donné avant lui, la Coupe de cette Trompe, dans son *Secret d'Architecture*, page 108.

Augustin-Charles *Daviler*, Tom. 1. pag. 898. parle en ces Termes : Trompe de Montpellier ; Espece de Trompe dans l'Angle, qui est en Tour-ronde, & diferente des autres, en ce qu'elle a de Montée, deux fois la Longueur de son Cintre. Il y a aussi dans la même Ville de Montpellier, à l'Encoignure de la Maison de Mr. de Sarret, au Quartier du Palais, une Barlongue, qui est plus estimée, & qui a environ sept Piez de large sur onze de long.

sur l'Ancien Plan de Montpellier.

Nos Ruës, quoique la plûpart fort étroites, ont néanmoins cet avantage, qu'elles sont beaucoup plûtôt nettes qu'en bien d'autres Villes, à cause de leur Pente, qui facilite l'Ecoulement des Eaux ; A quoi servent aussi les Cloaques-souterrains, que nos Anciens prirent soin de bâtir dans toute la Ville, pour recevoir les Immondices de chaque Maison : Cette sorte d'Ouvrage a toûjours paru si important, qu'un Historien-Celebre le compte parmi les plus-remarquables que Tarquin-le-Vieux fit faire autrefois pour l'Embelissement de Rome. *Deni. d'Halicarnasse.*

Il est à observer, pour l'Intelligence de nos Vieux-Actes, que les Ruës de Montpellier ont changé quelquefois de Nom, & qu'on en a fermé quelques-autres, qui finissent aujourd'hui par de Cus-de-Sac. La Ruë de *Trepassen*, qui portoit le Nom d'une Famille-Considerable de la Ville, est aujourd'hui la *Grand'-Ruë* : La *Ferraterie* alloit tout-le-long de St. Firmin, du côté qui regarde Ste. Anne ; la *Charbonnerie* étoit sur le derriére de la Maison de *Guilleminet*, terminée aujourd'hui par deux Cus-de-Sac, qui finissent, d'un côté, à la Maison de Cambous, & de l'autre, à celle de Montferrier : la *Barlerie* d'à-présent, est appellée dans un Acte de 1497. la *Savaterie-Neuve* ; celle qui va de l'Entrée de la Place-Brandille jusqu'au-delà des Tresoriers-de-France, s'appelloit *Bouques-d'Or* : Près la Saunerie, étoit la *Savaterie*, où les Juifs ont habité ; La Ruë des *Orangers* commençoit à côté de l'Eglise des Capucins, traversoit leur Jardin ; & venoit aboutir au Cu-de-Sac qui est devant la Maison de *Montlaur*.

La Ruë de *Montpellieret* commençoit à la Porte du Président Bocaud, & venoit finir au Coin de la Maison de *Girard de la Treille*, avant que Louis XIV. eût donné cette Ruë aux Jesuites pour bâtir leur Nouveau-Colége.

Ces Concessions particuliéres, & les Inféodations qui ont été faites en diferens-tems, ont produit ce grand-nombre de Cus-de-Sac qu'on voit à Montpellier, sur tout aux Environs de la Loge, & vers le Quartier de St. Pierre. Les Communautez-Religieuses qui ont été établies dans la Ville, ont causé ce Changement depuis le Siége ; car, anciénement elles étoient hors des Murailles de la Ville, excepté les seules Filles de Ste. Caterine, qui logeoient où est aujourd'hui Ste. Ursule ; & il n'est presqu'aucune Communauté qui n'ait obtenu quelque Inféodation de Ruë. Le reste de la Ville étoit rempli de Maisons des Particuliers ; D'où l'on peut inferer, que Montpellier étoit alors plus-peuplé qu'à présent, si l'on veut faire reflexion qu'on ne donnoit pas autrefois l'Etenduë que nous donnons aujourd'hui à nos Appartemens : Par la raison que je viens de dire, on trouve quelque diminution dans le Nombre des Isles qui composoient autrefois chaque Sixain.

VI. Le Quartier des Juifs, qui sont très-anciens dans Montpellier, étoit separé du reste des Habitans ; mais, on trouve qu'ils logérent successivement en divers Endroits de la Ville : Nos Guillaumes les soufrirent dans le Fauxbourg de Villeneuve, quoiqu'ils prissent grand-soin de les exclurre des Charges-Publiques, & qu'ils leur ôtassent la Liberté de posseder aucun Bien-Fonds. Les Rois d'Aragon les protegérent ensuite, comme il paroît par la Permission que Jacques le Conquerant leur donna, d'avoir un Cimetiére & une Boucherie particuliere : Philipe-le-Bel les ayant chassé de son Royaume en 1303. ils ne laissérent pas d'être maintenus à Montpellier par les Rois de Mayorque ; & ce ne fut qu'après l'Acquisition de Montpellier par nos Rois de France, que tous Ceux de cette Nation furent obligez d'en sortir. Nous trouvons dans nos Archives, que la Peste étant dans le Fauxbourg de Villeneuve, ils furent transferez dans la Ruë de la Savaterie, près de la Saunerie : ils eurent ensuite le Credit de se faire changer à la Place des Cévenols, dans ce Cu-de-Sac qui aboutit à la Maison de Ranchin, & qui retient encore le Nom de *Juiverie*.

Le plus-ancien Monument qu'ils nous ayent laissé, se voit dans la Maison de *Montaüe*, qui se présente en face, lorsqu'on vient par la Ruë du *Puits des Esquilles*. On y trouve des Voûtes-soûterraines, qui répondent à un grand-Puits, d'où l'on tiroit de l'Eau pour servir à la Purification des Femmes-Juives : tout-à-l'entour, elles avoient des Cabinets pour se deshabiller ; & dans les Murailles de ces Cabinets, il y a des Niches, où l'on mettoit du Feu pour les chaufer, & des

Lampes pour les éclairer : A côté, on trouve une plus-grande Voûte, où il y a quatre Ouvertures au haut, par où les Femmes-Juives entendoient la Prédication du *Rabin*, de la même manière qu'elles font encore dans la Juiverie d'Avignon.

Il est à croire, que lorsqu'ils étoient au Fauxbourg de Villeneuve, & depuis à la *Savaterie*, ils avoient leur Cimétiére entre la Porte de la Saunerie & de St. Guillem, comme on le trouve designé dans nos Vieux-Compoix : mais, lorsqu'ils eurent été changez sur la Hauteur de la Ville, on leur en accorda un autre hors la Porte du *Legaffieu*, entre les Recolets & Boutonnet, où le Sr. *Vernioles*, faisant remüer la Terre pour les Travaux de son Jardin, il trouva grand-nombre de Tombeaux & de Corps-morts, qui avoient tous une Bague au doigt, & des Bandelettes autour du Corps ; ce qui lui ayant donné la curiosité d'aller consulter les Regîtres de l'Hôtel-de-Ville, il trouva que ç'avoit été un Cimétiére des Juifs.

VII. Avant de finir ces Observations, je crois devoir marquer le Moyen qui m'a réussi, pour connoître avec quelque certitude, le Tems où nos plus-anciénes Maisons ont été bâties ; car, nous en avons de cinq & de six cens ans. La Forme qu'on donnoit alors aux Portes & aux Fenêtres, a beaucoup déterminé mes Conjectures : car, ayant une-fois découvert par nos Regîtres, le Tems où quelcune de ces Maisons avoit été bâtie, j'ai donné à celles qui sont dans le même Goût, environ la même Epoque ; Ainsi, la Maison des Rois de Mayorque étant constamment du xiiie. Siécle, & peut-être même d'auparavant, j'ai regardé l'Hôtel-de-Ville comme bâti dans ce même Tems, à cause de la Conformité de leurs Vieilles-Fenêtres & de leurs Portes-d'Entrée : On peut s'en appercevoir, en faisant comparaison de la Porte du Sr. Fargeon, avec les deux que l'on trouve en entrant dans l'Hôtel-de-Ville, & ainsi des autres qui finissent en Tiers-Point comme celles-là. Cette Maniére-Gotique est ce qu'il y a de plus Ancien à Montpellier en fait de Portes ; Après-quoi, on s'avisa de couper le Tiers-Point par une Traverse de Pierre, portée sur deux Consoles qui sortent de la Muraille : Telles sont les deux Portes de la Maison de *Marene*, & quantité d'autres que nous voyons encore dans ce même Goût. Urbain V. dans le xive. Siécle, fit bâtir le Colége de Mende, & Jacques Cœur, dans le suivant, bâtit la *Loge*, & les Tresoriers-de-France, dont les Portes sont à Anse de Panier, avec une Moulure en Saillie ; ce qui m'a déterminé à donner environ la même Epoque, à toutes les Portes de cette espèce. Vinrent ensuite les Portes-Rondes, chargées d'un Couronnement, & de Pilastres d'Ordre-Rustique : Quelque-tems-après, on couvrit ces Pilastres de Pierres taillées en Pointe de Diamant ; Enfin, dans le Siécle passé, on fit des Portes-Quarrées, avec un Entablement, à quoi a été suivi, des autres Maniéres que tout le Monde voit, & que je ne décris point.

VIII. Quelques Personnes-Judicieuses m'ont fait remarquer, que je ne devois pas oublier dans cet Article, la Manière dont on est pourvû d'Eau à Montpellier, puisque c'est une Chose des plus importantes à chaque Ville. J'observerai à ce sujet, que la Situation de Montpellier en Forme de Cône, ne permettant point de faire monter les Fontaines sur sa Hauteur, on s'est contenté de les conduire jusqu'aux Portes de la Ville, où les Gens les plus-Commodes envoyent la prendre ; Mais, sur le Haut de la Ville, on creusa, dès la première-Origine de Montpellier, des Puits larges & profonds pour le Service du Public, qui a la liberté d'y puiser de l'Eau, en payant un petit Droit pour l'Entretien des Cordes & des Poulies : Tels sont le Puits de *las Esquilles*, celui du *Palais*, & quantité d'autres dans chaque Quartier, qui doivent de l'Eau à chaque Particulier, moyenant ce Droit ; Il ne laisse pas d'y avoir des Puits dans presque toutes les Maisons, qui ne sont pas sujets au Service-Public : L'Eau, generalement-parlant, y est bonne pour boire, hormis dans ceux qui se trouvent trop près des Egouts-souterrains dont la Ville est traversée.

Nos Anciens avoient établi un Droit sur les Puits-Publics, comme il paroît par de Vieux-Actes du Tems de nos Guillaumes, qui tiroient une Rente considerable du *Puits du Palais* : Le *Vestiaire* de Maguelonne en avoit un autre sur

sur l'Ancien Plan de Montpellier.

celui de *las Efquilles*, qui appartient aujourd'hui aux PP. Auguſtins. Le Soin de nos Ancêtres s'étendit encore, juſqu'à pourvoir de Bonne-Eau, les Grands-Chemins qui aboutiſſoient à Montpellier: ainſi, la Fontaine de St. Barthelemi, étoit pour la commodité du Chemin de Beziers ; celle du Fauxbourg de Lates, pour Ceux qui venoient du Port de Lates, où ſe faiſoit le Grand-Commerce de Montpellier: Les Voitures du côté de Caſtelnau, trouvoient des Abreuvoirs & de l'Eau excellente à la Fontaine du Pile-St.-Gilles ; Et tout ce qui nous venoit des Cévenes, avoit *Font-Couverte*; autrement, *St. Côme*. Je donnerai à ce propos, le Précis d'un Acte du 3. Mai 1603. (qui m'a été communiqué par Sabatier, Procureur à la Cour des Aides) « où les Ouvriers de la Commune-Clôture baillent » à Raymond & Jean *Audifret* Pere & Fils, pour leur Vie, la Fontaine appellée » *Font-Couverte* ; avec Faculté d'en prendre de l'Eau pour les Prez de leur Métai-» rie (dite le *Mas de las Boſſes*) ſous l'Uſage-annuel de cinq Sols: à la charge » de tenir ladite Fontaine bien nette ; de la faire voûter, en y mettant au-deſſus » les Armoiries de l'Oeuvre ; d'entretenir les deux Piles pour abreuver le Bétail » paſſant ; avec Faculté de prendre une Bûche de chaque Bête chargée de Bois, » & un Denier de celles qui ne ſeront pas chargées : Ce qui avoit été fait précé-» demment (ajoûte l'Acte) par leſdits Ouvriers, en faveur de Nicolas d'*Orthoman* » Profeſſeur-Stipendié en la Faculté de Médecine, le 10. Juillet 1583. & enſuite » à Laurent d'Orthoman ſon fils, en 1590.

OBSERVATIONS
SUR LES
ANCIÉNES-JURÎDICTIONS
DE MONTPELLIER.

LA COUR DU BAYLE.

I. *Anciéneté de cette Jurîdiction.* II. *Fonctions du Bailli.* III. *Forme de son Election.* IV. *Les Habitans maintenus dans le Droit de l'élire.* V. *Henry-Second, dans ses Lettres de Confirmation, nous apprend l'Histoire de la Baillie de Montpellier.* VI. *Le même Roi la suprime cinq ans après.* VII. *Observations sur cette Ancéne-Charge.* VIII. *Noms de quelques Anciens-Baillis.*

I.   MONTPELLIER & Montpellieret ayant été durant plusieurs Siécles sous deux diferens Seigneurs, il étoit comme inévitable qu'il n'y eût deux diferentes-Jurîdictions ; De là vient, que d'aussi-haut que nos Archives remontent, on trouve des Officiers de l'Evêque dans Montpellicret, & ceux de nos Guillaumes dans Montpellier : Il est à croire, que ces Jurîdictions commencérent toutes-deux en même-tems ; c'est-à-dire, lorsqu'on fit la Division des deux Seigneuries dans le Xe. Siécle. Il est à observer, qu'elles finirent aussi en même-tems, ayant été suprimées par un même Edit du Roi Henry II. après avoir duré l'une & l'autre près de six cens ans.

L'Anciéneté de la Cour du Bailli, paroît par le Premier-Statut de la Ville, qui porte que le Seigneur de Montpellier doit gouverner son Peuple par le Ministére du Bailli, qu'il choisira parmi les Habitans de la Ville, & par le Conseil des Prud'-Hommes de Montpellier : *Faciat Bajulum Montispessulani de Hominibus tantùm ejusdem Villæ, communicato Consilio Proborum Hominum ipsius Villæ.* La Chose paroît encore, par un Article du Testament des Quatre de nos derniers Guillaumes, qui recommendent à leurs Successeurs, d'avoir une attention particuliére, qu'aucun Juif ne soit fait Bailli de Montpellier : *Ne ullus Judæus fiat Bajulus Montispessulani.*

II.   Le Bailli connoissoit du Civil & du Criminel dans toutes les Terres de la Seigneurie : *Civilium & Criminalium habet Jurîdictionem*, dit un Acte-Fameux dans nos Archives, appellé *Liber estima Villæ.* Tous les autres Baillis-Particuliers ressortoient de lui, & nommément Ceux de *Castelnau* & de *Lates* : *Cui etiam Bajuli alii & etiam ille de Latis & de Castronovo obedire, & sub ejus Examine de jure respondere debent.* Il choisissoit lui-même un *Juge*, pour l'aider à rendre la Justice ; un *Substitut du Bailli*, & un *Substitut de Juge* ; un *Vicaire* avec son *Assesseur*, qui faisoient tous une même Cour, distinguée néanmoins par trois Siéges ou Banques, dont la Première étoit appellée la Cour du Bailli & de son Juge ; La Seconde, du Sous-Bailli & du Substitut du Juge ; La Troisiéme, du Vicaire & de son Assesseur: *Qui faciunt omnes unam Curiam, cujus prima Sedes seu Banqua dicitur esse Bajuli ;*

Secunda

Ibidem.

Ibidem.

secunda Sub-Bajuli & sui Sub-Judicis ; tertia Vicarii & sui Assessoris. Chacun des Chefs de ces trois Banques, avoit le Pouvoir de choisir un Greffier ou Notaire, *Et quilibet assumit unum Notarium de Villâ.*

Ibidem.

Ce Pouvoir, de choisir des Ajoints pour l'Administration de la Justice, auroit pû être d'une dangereuse conséquence, si on n'avoit pris le Temperament de rendre le Bailli-annuel avec tous les Officiers de sa Cour : On procedoit à son Election quatre jours avant la Fête de la Nativité de St. Jean ; mais, lorsque les Rois d'Aragon ou de Mayorque se trouvoient à Montpellier, ils nommoient de plein-Droit à la Charge de Bailli, selon la reserve qu'en avoit fait Jacques le Conquerant par ses Lettres du 10. Décembre 1258. & lorsqu'ils en étoient absens, le Lieutenant-de-Roi avec les Consuls enfermez ensemble, y pourvoyoient.

Les Procés-Verbaux que nous avons de ces Elections nous en apprennent la Forme : On s'assembloit dans la Chapelle du Château ; *in Ecclesiâ Sanctæ Mariæ de Castro, juxta Palatium Regium Montispessulani* ; & après avoir fait la Lecture des Lettres de Commission du Lieutenant-de-Roi, ils juroient, tant lui que les Consuls, de proceder en Justice & sans Interêt à cette Election : le Lieutenant proposoit un Homme de la Ville pour cette Charge, & les Consuls en proposoient un autre ; ils étoient balotez tous les deux, & celui qui avoit la moitié des Sufrages, l'emportoit sur son Concurent ; mais, si les Consuls ne pouvoient convenir, le Lieutenant ou le Gouverneur proposoit quatre nouveaux Sujets, sur lesquels les Consuls avoient à choisir, & s'ils ne convenoient point le Lieutenant ou Gouverneur nommoit de son Autorité un des quatre Sujets.

III.

L'Election faite, le nouvel-Elû étoit mandé, & sur le Lieu-même il prétoit-Serment, après quoi il nommoit lui-même ses Officiers, qui tous ensemble alloient à Nôtre-Dame-des-Tables, où ils faisoient publiquement le Serment acoûtumé, pour entrer en Exercice le Jour de la Nativité de St. Jean. Il paroît que nos Anciens furent fort jaloux de conserver cette Forme d'Election ; car il est marqué que le Duc d'Anjou se trouvant à Montpellier le 20. Juin 1378. il manda les Consuls à la Sale de l'Evêque (où il logeoit) pour venir proceder à l'Election des Curiaux ; & les Consuls ayant offert de s'y rendre, *par la Reverence* (comme dit le Procés-Verbal) *qui étoit dûe à ce Prince*, ils le firent néanmoins prier, pour la Conservation de leurs Priviléges & Coûtumes, qu'il voulût bien leur permettre de faire leur Protestation, afin que ce qu'ils faisoient en cette Occasion, par Respect pour lui, ne pût pas tirer à conséquence à l'égard d'un autre ; ce que le Duc ne se contenta pas d'approuver de parole, mais il voulut encore qu'on leur en donnât Acte : après quoi, les Consuls ayant été admis en sa Présence, on fit sortir tous les Etrangers, *& soli Consules remanentes juxta Chiminariam Aulæ superioris, dictæ Domus Episcopalis*, on élut les Curiaux que le Duc publia lui-même, après avoir fait ouvrir les Portes de la Sale.

IV.

Deux ans après, c'est-à-dire, en 1380. la Charge de Bailli fut mise sous la Main du Roi, comme nous l'avons dit en parlant de la Sédition de Montpellier, & le Duc d'Anjou nomma de son Autorité à cette Place *Guiraud Malepüe*, Châtelain d'Aiguemortes ; mais, les Habitans de Montpellier ayant été bientôt rétablis dans leurs Droits par Charles VI. à son Joyeux-Avénement, ils obtinrent des Lettres-Speciales pour la Restitution de la Baillie, qui sont dattées de Cerkant proche de Paris, le 19. Juillet 1381. cela donna Occasion à une Assemblée-extraordinaire que firent nos Consuls le 1er. de Novembre de la même année dans la Maison-Episcopale, chés le Prince *Charles de Navarre*, qui avoit alors le Titre de Gardien de la Ville & Baronnie de Montpellier pour le Roi de France, *Custos Villæ & Baroniæ Montispessulani pró Rege Franciæ*. Les Consuls qui étoient alors Jacques de *Manhania* Damoiseau ; Pons de *Conches* Damoiseau, Pierre *Colombier*, Guillaume de *Tournefort* & autres, presentérent au Prince les Lettres du Roi de France, portant Rétablissement de la Baillie, mise ci-devant sous la Main du Roi par le Duc d'Anjou : Sur quoi (dit le Procés-Verbal) le Prince ayant reçû avec respect lesdites Lettres, il fit sortir pour un tems les Consuls, afin de déliberer avec son Conseil, & les ayant rapellé peu de tems après, il leur donna une Réponse-favorable, après laquelle ils procedérent à une nouvelle Election, sauf la Protestation qu'ils firent sur la Forme inusitée en cette Occasion pour le Tems & pour le Lieu. Ils nommérent pour Bailli Bernard *Texier le Vieux*, qui ayant été appellé, prêta Serment entre les Mains du Prince Charles de Navarre ; mais, ce Seigneur, ne voulant pas assister à tout ce qui restoit à faire pour cette Ceremonie, nomma pour tenir sa Place, Nobles Hommes Jacques *Meissende* Docteur, & Pierre de *Montlaur* Damoiseau, Seigneur de *Murles*, entre les mains desquels les Curiaux nouvellement élûs, firent le Serment en Langue-Vulgaire dans l'Eglise de N. Dame-des-Tables : Témoins Jean Evêque d'Aqs dans la Bigorre, Jacques *Meissende* & Pierre de *Montlaur*.

Le Duc de Berry ayant succedé à son Frere le Duc d'Anjou dans le Gouvernement du Languedoc, un nommé Jean *Masculy*, Secretaire du Duc, se fit donner l'Office de Notaire de la Baillie en 1383. mais, nos Consuls ayant representé que la Provision de cet Office leur appartenoit, ils obtinrent des Lettres du mois de Mai 1384. qui revoquoient le Don fait à Masculy.

Ils joüirent paisiblement de ce Droit jusqu'en 1393. où à la Solicitation *d'aucuns Enemis*, (disent nos Mémoires) on renouvella la Playe de la Rebellion de Montpellier, & l'on remit sous la main du Roi l'Institution du Bailli. L'Affaire ayant été portée au Parlement de Paris, les Consuls & les Habitans eurent la Main levée, par Arrêt du 11. Décembre 1395. dont ils eurent Confirmation par Lettres du Roi Charles VI. de 1396. ils en obtinrent de pareilles du Roi Charles VII. en 1428. & du Roi Loüis XI. en 1466. qui ; outre la Confirmation de leurs Priviléges, revoqua le Retranchement d'Officiers faits par certains Commissaires, en vertu d'un Pouvoir general qu'ils disoient en avoir par tout le Royaume.

Les Rois Charles VIII, Loüis XII, & nommément le Roi François Ier. par ses Lettres du mois de Mars 1514. confirmérent aux Consuls le Droit de l'Election du Bailli, dont ils joüirent paisiblement jusqu'en 1543. où un nommé Jean Baraton trouva le moyen de se faire pourvoir des Offices de Notaire ou Greffier du Bailli, de Substitut de Bailli & du Vicaire.

V. L'Affaire ayant été portée au Roi Henry II. dans la premiére année de son Regne, il y eut Arrêt du Conseil dans lequel on trouve un Abregé de l'Histoire de la Baillie de Montpellier, telle que je viens de la donner. Sur quoi (dit
» l'Arrêt) après avoir fait voir en nôtre Privé-Conseil lesdites Chartes, Titres &
» Priviléges, Oüi le Raport contenu aux Informations, Nous avons, tous lesdits
» Priviléges, Libertez, Coûtumes, Franchises, approuvé & confirmé, pour en
» être joüi par lesdits Consuls & Habitans comme par ci-devant.

» Sauf neantmoins que led. Bailly ne pourra par chacun an nommer ni insti-
» tuer que un *Juge*, aux Gages de soixante livres Tournois.

» Un *Lieutenant de Juge* sans Gages ... aux Droits & Emolumens accoûtumez.

» Deux *Notaires* ou *Greffiers*, l'un *Civil* & l'autre *Criminel* sans Gages.

» Un *Capitaine-du-Guet*, à quarante livres Tournois de Gages.

» Un *Sergent*, à cent sols de Gages, pour servir aux Guets, & faire tous Ex-
» ploits & Executions.

» Un *Executeur* de Haute-Justice, aux Gages de vingt-cinq livres Tournois,
» à prendre sur ladite Recette de la Baillie.

» Et qu'aucun ne pourra être nommé Juge de la maniére susdite, qu'il ne soit
» Docteur ou Licencié ès Loix, & qu'il n'aye pratiqué en Siége & Jurisdiction-
» Présidiale.

» Revoquons & Suprimons l'Erection des Notariats en forme de Greffier,
» faite en faveur dudit Jean *Baraton*, qui sera remboursé par les Demandeurs
» de la Somme qu'il fera apparoir Nous en avoir payée, & des Frais de l'Ex-
» pedition de ses Lettres d'Office, que Nous avons taxé à la somme de douze
» Ecus-sol ; à la charge par lesdits Habitans de faire exercer, selon leur Offre,
» lesdits Offices de Notaire ou Greffier-Civil ou Criminel sans Gages ; & que les
» Emolumens desdits Greffes, dont les Pourvûs faisoient leurs Profits avant l'E-
» rection & Institution dudit Baraton, soient employez aux Reparations & Af-
» faires

sur les Anciénes-Juridictions de Montpellier.

"faires de ladite Ville ; sauf ce que Nous avions accoûtumé de prendre sur
" lesdits Greffes avant ladite Erection.
" Et partant mettons lesdites Parties, les Consuls, Habitans & Baraton, hors
" de Cour & de Procès. Si Mandons à nos Gens tenants nos Cours de Parle-
" ment de Paris & de Toulouse, Gens de nos Comptes, & Gouverneur de
" Montpellier, qu'ils ayent à tenir la main à l'Execution des Présentes. Donné
" à Fontainebleau au mois d'Octobre, l'an 1547. & de nôtre Regne le premier.

VI. Les Choses restérent en cet état jusqu'à la fin de l'année 1551. où le même
Roi Henry II. ayant aliené une grande Partie de son Domaine pour les Causes
raportées ci-devant ; les Consuls de Montpellier acquirent la Seigneurie de la
Ville avec la Justice Haute, Moyène & Basse, Mere, Mixte, Impere. En vertu
de cette Acquisition ils se firent mettre en Possession de la Baillie le 24. du mois
de Mars suivant, que nous comptons 1552. comme je l'ai raporté au long dans
le premier Chapitre du quatorziéme Livre de cette Histoire.

Un si grand Changement ne pouvoit se faire, sans laisser après soi beaucoup de
suites : elles donnérent lieu à l'Erection d'un Viguier qui réünit l'Ancienne-Juridiction du Bailli, & du Recteur de la Part-Antique. Henry II. en donna des
Lettres-Patentes que je raporterai sous l'Article du Consulat, auquel la Charge
de Viguier est attachée : mais, avant de finir celui-ci je crois devoir ajoûter
quelques Observations sur cette Anciéne-Charge de Bailli.

VII. 1°. Elle avoit subsisté près de six cens ans, puisqu'elle commença dans le xe.
Siécle avec nos premiers Seigneurs de Montpellier, & qu'elle ne fut suprimée
que dans le seiziéme Siécle.

2°. Elle étoit sur la tête d'un Officier de *Robe-courte*, comme il est dit expressément dans le Discours * d'Etiéne Ranchin, lors de l'Instalation des Con- *Liv. 14 chap.
suls en la Charge de Viguier, l'an 1554. de-là vient qu'on ne trouve que des
Gens-d'Epée dans l'Exercice de la Charge de Bailli, ou bien de Riches Négocians, qui vraisemblablement n'étoient point Graducz.

3°. Le Siége de cette Cour occupoit un Espace qui est enclavé aujourd'hui
dans l'Intendance du côté des Cuisines. Comme nous avons vû sur pié cette
anciéne Maison, nous pouvons en parler plus affirmativement : Guillaume Tuf-
fany l'acheta des Consuls, peu-après la Supression de la Baillie ; François II. lui *Aux Regîtres de*
confirma par Lettres-Patentes de 1560. la Vente que les Consuls lui en avoient *la Cour des Aides.*
faite : ses Filles, qui furent mariées dans deux bonnes Maisons de Montpellier,
la vendirent au Sieur Cauffe ; & celui-ci, sur la fin du Siécle passé, la vendit
à la Comtesse de Ganges, qui l'enferma dans ce Grand & Beau-Bâtiment qu'elle
fit faire à la Place-du-Temple, & qui sert aujourd'hui de Logement aux Intendans de la Province.

4°. Le District de la Juridiction du Bailli hors de la Ville, commençoit au
Pont du St. Esprit ou des Augustins, décendant par le Merdanson jusqu'à *Sau-*
zet ; & de-là montant le long du Lés vers Montferrier, les Matelles, Celle-
neuve, le Terrail, cotoyant ensuite les Terroirs de Mirevaux, Villeneuve, Lates, *Liv. Estinne Ville.*
& la Part-Antique : c'est ainsi que l'Acte souvent mentionné s'en explique.

5°. Nous apprenons du même Acte, qu'on appelloit des Jugemens de cette
Cour à celle du Gouverneur, & de celle-ci au Parlement, *A Bajulo appellatur ad*
Gubernatorem & ab ipsâ Curiâ ad Parlamentum.

6°. Je ne dois pas oublier un Statut fait en 1223. raporté dans un Vieux Regître de l'Hôtel-de-Ville, * par lequel il est prohibé de faire Election d'un *No. 5. du pre-*
Consul qui sort de Charge pour être Bailli, ni du Bailli qui sort de Charge pour *mier Rang de l'In-*
être Consul. Cette Précaution étoit sans-doute pour faire rouler les Charges de *ventaire du Greffe.*
la Ville dans chaque Famille, & empêcher qu'aucune ne s'y rendît trop-
Puissante. Voici le Nom de Ceux que j'ai pû découvrir dans les Actes qui m'ont
passé entre les mains.

VIII. En 1207. *Cap-de-biau*, *Caput bovis*, est donna une Sentence, portant que les
mentionné dans le Contrat de Vente Biens des Condannez corporellement
d'une Maison à l'Herberie.. Le mê- ne seroient pas adjugez au Fisc. *Ibidem.*
me ayant été nommé Bailli en 1226. En 1234. *Raymond de Conchis* est nommé

Baylé de la Cour dans un Accord fait à St. Denis cette même année, entre *Geraud de la Barce* & *Pierre Boniface*.

En 1258. *Hugues Faber* est mentionné, comme Bayle dans l'Election des Consuls de cette année.

En 1282. *Arnaud* prend le nom de Bayle & de Procureur du Roi de Mayorque, dans un Acte du 17. Juillet de cette année.

En 1285. *Pierre Seguin* est nommé Bayle de Montpellier dans un Acte de l'Abbaye d'Aniane, qui m'a été communiqué par le Sr. Daché.

En 1291. *Arnaud* Bailli de Montpellier sous Jacques II. Roi de Mayorque, lors du Traité de ce Prince avec autre Jacques Roi d'Aragon.

En 1292. *Guillaume Causiti*, lors de l'Acquisition de Montpellicret par Philipe-le-Bel.

Armoire G. Cassete 7. En 1325. *Pons Bonami*.

En 1360. Noble *Pierre Sabors* ou *Saporis*, l'avoit été en 1355.

En 1361. *Aiscelin de Mathiis*, Bayle & Secretaire du Duc de Berry.

En 1366. *Guillaume Causiti*, dans le Verbal de l'Election des Curiaux de cette année.

En 1367. *Jean, de la Croix* fut élû Bailli par ordre du Duc d'Anjou, & eut pour Juge Jacques Rebuffi.

En 1371. *Barthelemy Ricard* est nommé Bailli de Montpellier dans la Mise de Possession du Captal de Busch pour le Roi de Navarre.

En 1373. *Bernard Ricardi* reçut les Lettres de la Reine de Navarre, adressées à lui comme Bailli de Montpellier.

Armoire H. Cassete 6. En 1374. *François Dupuy*, sous le Roi de Navarre.

En 1377. *Jacques de Manhania*, Conseigneur de Montferrier sous le Roi de Navarre.

En 1378. *Pierre de l'Hostau*, & dans un Acte Latin *de Hospitio*, fut fait Bailli en présence du Duc d'Anjou, qui publia lui-même son Election.

En 1380. *Guiraud Malepuë*, Châtelain d'Aiguemortes, nommé par le Duc d'Anjou après la Sédition.

En 1381. *Bernard Texier* le Vieux.

En 1393. *Deodat Ambroise*, élû Bailli contre les Prétentions du Gouverneur Philipe de Bruyeres.

En 1398. *Leonard Jannes.*

En 1411. *Jean Roch*, Bayle, comme il a été dit dans le corps de cette Histoire; Liv. x. Chap. 3.

En 1418. *Leonard Auriol* Damoiseau, Bayle de la Cour Royale.

En 1441. *Jean Roch*, le même que dessus.

En 1449. *Jehan Nicolas* signa comme Bailli les Statuts du Jeu de l'Arbalête.

En 1456. *Milon Alquerii*, Bourgeois & Bayle.

En 1478. *Etiéne Cavillar*......*Petit-Talamus pag. 433.*

En 1506. *Pierre Cezelli*, mentionné comme Bailli dans une Ratification que donnérent nos Consuls aux Promesses qu'avoient fait leurs Députez.

En 1552. *Jean de la Volhe* étoit Bailli lors de la Supression de cette Charge.

LA RECTORIE.

I. *Appartint à l'Evêque de Maguelonne jusqu'à l'Acquisition qu'en fit Philipe-le-Bel.* II. *Son Ancien-District, tant dedans que dehors la Ville.* III. *Elle fut suprimée par le Roi Henry II.* IV. *Noms de quelques Anciens-Recteurs.*

I. ON appelloit *Rectorie* la Juridiction de Montpellieret, qui appartenoit à l'Evêque avant qu'il en eût fait Echange avec le Roi Philipe-le-Bel; la Chose est prouvée par un Acte célebre passé en 1260. entre le Roi d'Aragon Jacques le Conquerant, & Guillaume Christofle, Evêque de Maguelonne.

Le Roi reconnoît dans le premier Article de cet Accord, « que l'Evêque » a pleine Juridiction dans sa Partie Episcopale (même pour le Criminel) où il » peut faire saisir les Coupables & leur faire le Procès: si toutefois (ajoûte l'Acte) le *sur les Anciénes-Jurisdictions de Montpellier.* 565

« le Crime est d'une nature à meriter la mort ou la mutilation des Membres, le
« Bailli de Montpellier sera appellé à l'Instruction du Procès, & la Punition du
« Criminel lui sera renvoyée. Ce Renvoy donne lieu de croire que le Juge de
l'Evêque dans Montpellieret, étoit pris du Corps du Clergé, puisqu'on prévient les
Occasions qu'il auroit pû avoir de répandre du Sang.

Philipe-le-Bel changea cette Disposition lorsqu'il eut acquis Montpellieret ; car, *Liber Essinaveilla.*
il est dit qu'Alfonse de Rouveirac, Sénéchal de Beaucaire, venant prendre Posession pour le Roi en 1292. établit à Montpellieret un Recteur, un Juge & un
Notaire ou Greffier tous Laïques, qui formérent une Cour-Ordinaire pour le
District de Montpellieret, tant dedans que dehors la Ville.

On a déja vû que son District dans la Ville comprenoit tout ce que l'on trouve II.
à main-gauche, en allant depuis le Pont des Augustins ou du St. Esprit par la
Ruë du Pile-St.-Gilles, devant les Jesuites, & continüant sous l'Arc de *Mandronnet* & devant les Penitens jusqu'à la Porte de Lates.

Le District de dehors étoit beaucoup-plus étendu ; car , il commençoit à la
Porte de Lates, le long de la Contrescarpe appellée *Dougue* vers le Ruisseau des
Aiguarelles, qu'on suivoit jusqu'à la Fontaine de Lates & au Pont-Juvenal ; delà on gagnoit par le Chemin de St. Marcel & par la Croix de Pomessargues, les
Fourches de *Soriech*, les Garennes de Grammont & la Métairie des Sœurs de St.
Gilles, d'où en cotoyant le Moulin de *Sauzet* ; on revenoit joindre le Pont du
St. Esprit ou des Augustins, en suivant le Merdansoni.

Tout ce qui se trouve enfermé dans ce Circuit, étoit de la Juridiction de la
Rectorie, & fut cedé par l'Evêque au Roi Philipe-le-Bel ; mais, ce Prince voulant donner plus de Lustre à sa nouvelle-Acquisition, demanda que tous les
Lieux, où l'Evêque avoit la Haute-Justice, fussent Ressortables de la Rectorie,
comme ils l'étoient auparavant ; ce que l'Evêque n'ayant pû refuser au Roi, le
Recteur étendit sa Juridiction sur un grand-Nombre de Vilages, pour lesquels
l'Evêque se reserva de tenir à Montpellieret un Juge d'Appeaux, *Et ultra hac dic-* *Ibidem.*
tus Episcopus habet Judicem Appellationum. Ces Vilages sont ainsi marquez dans le
même Acte, d'où j'ai tiré tout ce que je viens de dire : *Villeneuve, Maureillan, Ibidem.*
*Vic, Cornonterrail, Balaruc, Poussan, Fabregues, Mujoulan, Laverune, le
Terrail ; Murviel, Murles ; Vallauquez, Grabels, Assas, Teiran, Guzargues,
Laval de Montferrand, Ganges, St. Bauzile, Brissac, Cazillac, Soubeirac, les Matelles, le Triadou, St. Gilles, St. Jean des Cucules, Treviez, Valflaunez ; St. Vincent, St. Clement, Viol en Laval, Agonez.*

Les Choses restérent dans cet état, après-même que Philipe-de-Valois eût acquis la Portion des Rois de Mayorque en 1349. mais le Roi de Navarre s'étant
fait donner toute la Seigneurie de Montpellier, en Echange des Comtez de Longueville ; Mante & Meulan ; il parut donner quelque atteinte à la Juridiction
du Recteur de la Part-Antique ; en permettant aux Habitans de Montpellieret de
recourir ; s'ils vouloient, à la Cour du Bailli : on observe néanmoins qu'il ne suprima point la Charge du Recteur.

Nos Rois de France ayant repris bientôt Montpellier & Montpellieret sur le
Roi de Navarre, laissérent le Recteur de la Part-Antique en Possession de ses
anciens Droits jusqu'en 1552. où le Roi Henry II. résolut de suprimer la Baillie III.
de Montpellier & la Rectorie de Montpellieret ; mais, parceque cette dernière
Charge étoit à vie ; on y trouva plus de dificultez qu'à la Supression de celle de
Bailli qui n'étoit que pour un an. On prit le Parti de laisser en Place pour le reste
de sa vie *Antoine du Robin*, qui se trouvoit alors Recteur de la Part-Antique, & *Liv. 14. ch. 3.*
Jean Bernard, Jugé de ladite Rectorie : il fut reglé qu'après leur mort les deux
Charges seroient suprimées ; & leurs Fonctions exercées par les Officiers du
Viguier.

Je trouve pour le tems que nos Evêques furent Maîtres de Montpellieret, que
le Siége du Recteur se tenoit à la Sale dite l'Evêque ; mais, depuis que nos Rois
en eurent fait l'Acquisition, je n'ai pû trouver en quel Lieu le Recteur tenoit
ses Audiances ; je sçai seulement que cette Charge devint beaucoup-plus considerable depuis Philipe-le-Bel, parceque nos Rois ayant illustré Montpellieret par

l'Etablissement d'une Bourse-de-Marchands, par celui de la Cour du Petit-Sceau, & de la Cour des Monoyes ; ils nommérent pour Conservateur de leurs Priviléges, le Recteur de la Part-Antique : de-là vient que nous voyons ces Recteurs employez souvent par nos Rois dans des Affaires-Importantes, & pris pour Arbitres des Diferends qui survenoient à la Communauté ; quelquefois-même à l'Eglise de Maguelonne, & aux Facultez de Médecine & de Droit.

IV. Voici le Nom de Ceux que j'ai pû découvrir dans nos Anciens-Titres.

En 1292. *Guichard de Marzinc*, établi Recteur lors de l'Acquisition de *Montpellier* par Philipe-le-Bel.

En 1333. *Hugues de Carsan* étoit Recteur de la Part-Antique : on le trouve encore en 1336.

En 1340. & 1342. *Armoire H. Cassete 4.* où il est dit que *Bernard Cabrespine* étoit son Lieutenant.

En 1351. *Pons Berenger*, mentionné comme Juge de la Rectorie dans le Procès-Verbal du Sénéchal de Beaucaire, pour signifier aux Consuls de Montpellier les Conditions du Mariage projetté entre le Duc d'Anjou & Constance, Fille du Roi d'Aragon.

En 1366. *Philipe de Laurilla*, Recteur, mentionné dans le Verbal de l'Election des Curiaux de cette année.

En 1385. Noble Aubert *de Puech-Calmo*, dans un Acte de cette année, prend le Titre de Gentilhomme du Duc de Berry, & de Recteur de la Part-Antique : il l'étoit encore en 1387. & *Jean Forez*, Licencié ès Loix, étoit son Lieutenant.

En 1398. Noble *Guillaume Sacheti* Damoiseau, Recteur pour le Roi en la Part-Antique, est ainsi nommé dans un Acte concernant les Minorettes......Regître de la Bourse pag. 400. il l'étoit en 1392.

En 1424. Noble Hector Sr. *de Montlaur*, Recteur-Royal de la Part-Antique. ibidem. Il l'étoit encore en 1435. qu'il reçut Commission du Comte de Foix, Lieutenant-Général en Languedoc, de visiter l'Abbaye de Psalmody, suivant la Demande qu'en avoit fait l'Abbé.

Arch. du Dom. Reg. 39. fol. 160.

En 1500. *Jean Bossavin* » en son Vivant, Ecuyer, Seigneur de Pignan & Fabregues, Conseiller & Panetier du Roi nôtre Sire, & son Recteur de la Rectorie » & Part-Antique de Montpellier ... ainsi nommé dans un Acte de la Seigneurie de Caunelles du 10. Déc. 1510.

En 1510. N. *Boussuges* succeda à Jean Bossavin dans la Charge de Recteur de la Part-Antique, selon le même Acte que je viens de citer.

En 1552. *Antoine du Robin* étoit Recteur de la Part-Antique lors de la Supression de cette Charge ; il avoit pour son Juge *Jean Bernard*, comme il a été dit ci-devant.

LA COUR DU PETIT-SCEAU.

I. *Motifs du Roi St. Loüis en établissant le Petit-Sceau.* II. *Loix-Particuliéres de cette Cour.* III. *Diferens Lieux où elle a résidé.* IV. *Priviléges qui lui ont été accordez.* V. *Lieutenans du Garde du Petit-Sceau de Montpellier, établis en plusieurs Villes du Royaume.* VI. *Cause du Déchet de cette Juridiction.* VIII. *Noms de ses Anciens-Officiers.*

L'INSTITUTION de cette Cour est du Roi St. Loüis, & son Etablissement à Montpellier est du Roi Philipe-le-Bel son Petit-Fils, lorsqu'ayant acquis Montpellieret de Berenger de Fredol, Evêque de Maguelonne, il y transfera le Petit-Sceau pour donner du Lustre à sa nouvelle-Acquisition.

I. Le principal-Motif qu'avoit eu le Roi St. Loüis en créant cette Juridiction, fut pour abreger les Chicanes que les Voyageurs-François faisoient aux Marchands-Etrangers, pour le Payement des Dettes qu'ils avoient contractées dans leurs

sur les Anciénes-Jurídictions de Montpellier.

leurs Expeditions à la Terre-Sainte : car, il arrivoit souvent que leur Voyage étant plus long qu'ils n'avoient crû, ils empruntoient pour leurs Besoins (& quelquefois pour leur Rançon) de grosses Sommes des Marchands qui étoient à la Suite de l'Armée ; mais, à leur Retour ils éludoient le Payement, en déclinant la Jurîdiction des Juges du Lieu où ils débarquoient, & en demandant d'être renvoyez aux Juges de leur Domicile, qui étoient souvent à plus de cent lieuës de-là ; ce qui étoit cause que les Créanciers, dans l'impuissance de poursuivre, ou pour ne pas s'exposer à des Fraix plus-grands que la Somme, étoient obligez de l'abandonner.

Pour obvier à ce Desordre, le Roi St. Loüis établit le Petit-Sceau sous ces II. Loix-Particuliéres. 1°. Que le Débiteur s'étant une fois soûmis à cette Jurîdiction, ne pouvoit être reçû à proposer aucun Declinatoire.

2°. Qu'il ne pouvoit être oüi en défense qu'il n'eût payé ; donné Caution, ou qu'il ne se fût remis en Prison.

3°. Qu'il ne pouvoit alleguer que trois Exceptions ; sçavoir ; le Payement de la Somme, une Convention entre Parties de ne rien demander, ou bien la Fausseté de l'Acte en vertu duquel on demandoit ; ce qui étoit exprimé par ces mots Latins, *Solutum, Falsum, Pactum de non petendo*.

4°. Que le Créancier pour une même Dette pourroit saisir la Personne & les Biens de son Débiteur, en vertu d'une même Clameur.

5°. Que le Juge ne seroit tenu à aucun-Ordre-Judiciairé qu'au sien-propre.

6°. Que le Débiteur, qui ne payeroit pas au Terme de son Obligation, seroit condamné à payer un Dixiéme de sa Dette en faveur des Pauvres.

Le Premier-Siége de cette Jurîdiction fut établi par St. Loüis au Château de III. Montredon en deçà du Vidourle, avant qu'il eût acquis le Château de Sommiéres de *Pons de Bremont*, à qui il donna le *Cailar* en Echange : il transfera aussi-tôt la Cour du Petit-Sceau sur le Pont de Sommiéres, où le Juge de cette Cour avoit son Tribunal, comme il conste par divers Actes. Enfin, le Roi St. Loüis ayant acquis en 1248. de Raymond Abbé de *Psalmody*, le Territoire d'Aiguemortes par Echange des Condamines de Sommiéres ; il y forma un Port-de-Mer & une Ville qu'il enferma de Murailles ; & peu de tems-après il y transfera le Petit-Sceau qui étoit à Sommiéres, parcequ'Aiguemortes devint le Lieu des Embarquemens & des Débarquemens pour la Terre-Sainte.

Dupuy. Droits du Roy. pag. 407

La Cour du Petit-Sceau resta à Aiguemortes jusqu'en 1292. où Philipe-le-Bel ayant acquis Montpellier, il y transfera ce Siége dans la Ruë qui va maintenant des Jesuites à l'Esplanade, précisément dans le Lieu où est aujourd'hui la Congregation dite des Messieurs : il y a resté jusqu'en 1682. qu'il fut transferé dans l'Ancien-Colége du Droit, près de Ste. Anne, lorsqu'on voulut faire le Nouveau-Bâtiment des Jesuites, en faveur duquel le Roi Loüis XIV. donna l'Ancien-Auditoire de la Cour du Petit-Sceau, pour être enclavé dans leur Nouveau-Bâtiment.

Les Priviléges que nos Rois accordérent à cette Cour, la rendirent (comme IV. dit Escorbiac) la plus-*Belle entre les Subalternes, pour être la plus-rigoureuse & la plus-briéve*.

Dès son Institution elle fut Attributive de Jurîdiction ; c'est-à-dire, qu'il étoit permis à toute Personne du Royaume, & même aux Etrangers de s'y soûmetre en contractant ; ce qui fait dire aux Auteurs qui en ont parlé, que c'est une Cour-Volontaire : mais-aussi, la Soûmission une-fois faite il n'est plus permis de la décliner.

Rebuffi remarque dans son Traité *des Lettres-Obligatoires*, qu'il n'y a que deux *Glosse VI. No. 10.* autres Cours en France, qui soient Attributives de Jurîdiction comme le Petit- *& 11.* Sceau de Montpellier ; sçavoir, celle du Châtelet de Paris, & celle de Brie en Champagne pour les Foires de cette Province.

Le Garde du Petit-Sceau de Montpellier, au nom duquel toutes les Expeditions se font, eut dès le premier-Tems de son Etablissement seize Lieutenans V. dispersez en diferentes Villes du Royaume, qui tous dépendoient de lui ; ils étoient obligez, par Ordonnance du Roi Charles VIII. donnée à Moulins le 28.

Décembre 1490. de venir à Montpellier en Personne le Jour de St. Loüis, & d'y prêter Serment entre les mains du Juge, *comme est de Coûtume* (ajoûte le Roi) il leur enjoint d'y porter un Rôle exact des Décimes de leurs Clameurs, pour le faire signer & sceller audit Montpellier; chacun an à la Fête de St. Loüis; & s'ils y manquent le Roi veut, que le Garde du Petit-Sceau de Montpellier, ou son Lieutenant, si bon lui semble, puisse aller sur les Lieux, & Siége, pour ce faire.

Les Villes, où résidoient les seize Lieutenans dont nous venons de parler, sont nommées en cet Ordre dans l'Ordonnance du Roi Charles VIII. *Pezenas*, *Carcassonne*, *Clermont* en Auvergne, *Toulouse*, *Alby*, *Villefranche* de Roüergue, *Mende*, *Villeneuve* Lès-Avignon, *le Pont St. Esprit*, *le Puy*, *Lyon*, *St. Flour*, *Paris*, *Uzés*, *Gignac* & *Tulles*. On avoit établi de pareils Lieutenans dans plusieurs autres Villes du Royaume avant le Regne de Charles VIII. ce qui l'obligea de les suprimer & de les réduire au Nombre-Ancien, *seulement* (dit l'Ordonnance) *& selon l'Institution & Fondation du Petit-Sceau*: d'où l'on doit conclurre que dès son Origine il avoit eu les seize Lieutenans que je viens de nommer, sans parler d'*Aiguemortes* & de *Sommières*, où le Garde du Petit-Sceau de Montpellier en conserva toûjours un.

Tous ces Lieutenans avoient Droit de nommer & instituer des Huissiers pour l'Execution de leurs Ordonnances, & deux Notaires, chacun pour servir sous eux. Ces Notaires faisoient les Fonctions de Greffier & se disoient *Notaires du Petit-Scel de Montpellier*, comme ceux de Paris se disent Notaires du Châtelet de Paris. Ils avoient Pouvoir d'exercer par tout où la Juridiction du Petit-Sceau pouvoit s'étendre, notamment ceux qui écrivoient sous le Juge de Montpellier: d'où vient que les Notaires de cette Ville ont contracté depuis par toute la France, s'étant conservé ce Droit qui leur est commun à cette Occasion avec ceux de Paris & d'Orleans, comme remarque *Guenois* dans ses Observations sur Imbert.

Liv. premier, ch. 4. Lettre S.

Le Garde du Petit-Sceau ayant son Siége dans la Part-Antique, comme nous avons dit, il arriva souvent qu'il fut choisi pour Juge de cette Partie de la Ville; d'où vient qu'avant la Supression de la Rectorie sous Henry II. on trouve plusieurs Actes, où le Garde du Petit-Sceau prend la Qualité de Juge de la Part-Antique. On en trouve encore où il agit comme Conservateur de l'Université de Médecine & des Loix: mais, ce pourroit bien être par Commission pour des Cas particuliers; car, cette Qualité de Conservateur de l'Université, lui a été toûjours disputée par le Juge-Mage, & plus encore par l'Evêque.

Le Merite-Personnel des Gardes du Petit-Sceau, pouvoit bien leur attirer ces Commissions-Extraordinaires; ainsi, l'on voit dans les Archives de l'Hôtel-de-Ville une Commission du Roi Charles VI. du 4. Avril 1397. adressée à Urbain *Grimoard*, Juge de la Cour du Petit-Sceau de Montpellier, pour connoître du Diferend entre les Consuls & le Prieur de St. Firmin, au Sujet des Droits de Sepulture. Ainsi, Guillaume de *Senravy*, Mc. des Requêtes & Juge de la Cour du Petit-Sceau de Montpellier, *Tanquam Commissarius Authoritate Regiâ, & in ea Parte specialiter Deputatus*, prononça le 17. Octobre 1516. sur la Proprieté de certaines Piéces énoncées dans l'Acte-Original que j'en ai vû dans les Archives de cette Cour.

Armoire G. Cassette 6.

La Charge de Juge du Petit-Sceau étoit séparée de celle de Garde du Sceau; mais enfin, elles furent réünies dans le seiziéme Siécle en la Personne du Sieur *Planque* Pere, qui les conserva dans sa Famille jusqu'en 1683. où elles passérent au Sieur *Desandrieux*, qui étoit déja depuis trente-deux ans Lieutenant du Juge de cette Cour: maintenant elles sont sur la tête du Sieur *Granier*, qui a *Jourdan* pour son Lieutenant, & *Bezac* pour Procureur du Roi.

VI. On remarque que cette Juridiction a soufert beaucoup de Diminution. 1°. Par l'Erection des Présidiaux, qui de tout Tems lui ont suscité du Trouble, ce qui donna lieu à la Déclaration du Roi Henry II. en forme de Charte en 1553. dans laquelle on trouvera la Confirmation de tout ce que j'ai raporté sur l'Etablissement du Petit-Sceau de Montpellier. 2°. Par la Supression du Droit de *Décime*, qui fut faite en 1634. à la Solicitation des Etats du Languedoc, parceque les Parties, à qui l'on accordoit une Portion de ce Droit de Décimes, ne recourent

Escorbiac Tom. premier, page 384.

sur les Anciénes Juridictions de Montpellier.

rent plus à la Cour du Petit-Sceau avec le même empressement qu'elles faisoient auparavant.

Je ne dois pas oublier qu'on se sert de Cire-verte au Petit-Sceau de Montpellier, pour le distinguer du Sceau des Présidiaux, qui est de Cire-rouge ; de celui des Chancéleries, du Parlement qui est en jaune, & du Grand-Sceau qui est indiferenment en Cire-rouge, jaune ou verte, mais distinguée par l'Effigie du Roi dans son Lit-de-Justice ; au lieu que tous les autres Sceaux n'ont que les Armes de France.

Les Noms des Gardes du Petit-Sceau de Montpellier, que j'ai pû découvrir par nos Vieux-Actes, sont :

En 1333. *Capon Bordelli*, Garde du Petit-Sceau, eut Commission avec Hugues de Carsan, Recteur de la Part-Antique, de connoître d'un grand Diferend qu'il y eut à Montpellier entre les Consuls & les Populaires, au sujet des Tailles & Impositions.....Armoire G. Cassette 7.

En 1336. *Pons de Boriac*, Garde du Petit-Sceau de Montpellier....Regîtres de la Bourse.

En 1342. *Hugues de Carsan*, le même qui étoit Recteur de la Part-Antique en 1333.

En 1351. *Durand Ruffi* ou *Roux*, nommé Juge du Petit-Sceau dans le Verbal du Sénéchal de Beaucaire, pour signifier aux Consuls de Montpellier les Conditions du Mariage projetté entre le Duc d'Anjou & Constance d'Aragon.

En 1368. *Hugues de Porta*, Garde du Petit-Sceau ; nous avons de lui un *Vidimus* des Lettres du Roi Jean, données en 1360.

En 1370. *Aiscelin de Mathiis*, Sécretaire du Duc de Berry, & Garde du Petit-Sceau-Royal de Montpellier, comme porte le *Vidimus* que nous avons de lui des Lettres de Charles V. sur le Payement de la Rançon du Roi Jean.

En 1397. *Urbain Grimoard*, dont j'ai fait mention dans le corps de cet Article, est nommé Juge du Petit-Sceau ; il étoit sans-doute de la Famille du Pape Urbain V. mort depuis 27. ans, dont il portoit le Nom & le Surnom.

En 1412. *Jean de Meirac* prend le Titre de Garde du Petit-Sceau-Royal de Montpellier dans un *Vidimus* qu'il donna des Lettres du Roi Charles VI. pour soûtenir les Frais de la Guerre-Civile qui s'émut durant ce Regne entre les Princes de la Maison-Royale.

En 1516. *Guillaume de St. Ravy* exerça en qualité d'Officier du Petit-Sceau, la Commission dont j'ai parlé ci-devant dans le corps de cet Article ; il obtint en 1534. un Arrêt raporté par Escorbiac pour la Conservation des Priviléges de sa Charge, Page 383.

En 1557. *Antoine Gavaudan*, Juge du Petit-Sceau.....ainsi nommé dans un Echange par lui fait d'une Maison assise à la Ruë du Campnau.

En 1606. *Jacques de Montchal*, Conseiller du Roi, Garde du Petit-Scel-Royal de Montpellier, ainsi nommé dans un Clameur par lui donné en 1606. il avoit pour Juge en 1604. Barthelemi Planque, mentionné en cette qualité dans un Arrêt raporté par Escorbiac, Page 387.

En 1645. *Barthelemi de Planque*, Seigneur de la Valette, Conseiller du Roi en la Cour du Petit-Sceau-Royal de Montpellier, Garde-Sceau de ladite Cour & Conservateur des Rigueurs & Priviléges d'icelle.....tiré des Regîtres du Petit-Sceau.

En 1660. *Barthelemi de Planque* (Fils du precedent) prenoit le Titre de Conseiller du Roi, Juge du Petit-Scel-Royal de Montpellier, Garde-Sceau de ladite Cour & Conservateur des Rigueurs & Priviléges d'icelle & Membres en dépendans....tiré des mêmes Regîtres.

En 1683. *Jacques Desandrieux*, Pere.
En 1695. *Antoine Desandrieux*, Fils.
En 1728. *N. Granier*.
En 1736. *Jacques Barre*.

L'HÔTEL DES MONOYES.

I. L'Hôtel-des-Monoyes d'aujourd'hui fut établi dans Montpellier par Philipe-le-Bel. II. Il y avoit eu auparavant une Fabrication de Monoyes à Melgüeil. III. Les Evêques de Maguelonne, en qualité de Comtes de Melgüeil, furent Maîtres de cette Monoye. IV. Le Roi Jacques le Conquerant en établit une autre à Montpellier. V. Elle fut Célebre dans le Royaume. VI. L'Hôtel-des-Monoyes établi par Philipe-le-Bel subsiste toûjours dans le même Lieu. VII. Jurisdiction des Officiers de cet Hôtel.

Lib. Estimæ Villæ.

I. L'ACTE, dont j'ai souvent parlé, qui fait une Evaluation des Revenus de la Seigneurie de Montpellier, nous apprend qu'après l'Acquisition de la Part-Antique par le Roi Philipe-le-Bel, la Cour-des-Monoyes, qui étoit auparavant à *Sommieres*, fut transportée à Montpellieret; & que le Recteur de la Part-Antique lui fut donné pour Conservateur de ses Priviléges : *Moneta quæ prius erat Sumedrii, fuit etiam ibi transportata, cujus Privilegiorum Conservator fuit Rector.* Cette Epoque est d'autant plus remarquable, que les Regîtres de la Cour-des-Monoyes à Paris, ne commencent que sous le Regne de Philipe-le-Bel, selon la Remarque de *le Blanc* dans la Préface de son Traité des Monoyes. Nous verrons dans la suite que l'Hôtel-des-Monoyes, qui fut alors établi à Montpellier, a toûjours resté dans le même Lieu où on le mit alors : mais auparavant, il paroît necessaire, pour ne rien omettre sur cette Matiére, de faire connoître les *Sols-Melgoriens* qui se fabriquoient dans le Pays, long-tems avant l'Etablissement du Roi Philipe-le-Bel.

II. Il est certain par tout ce que nous avons raporté du Testament de nos Guillaumes, que les Sols-Melgoriens étoient la Monoye-courante du Pays, dans le onziéme & douziéme Siécle; il est encore certain que cette Monoye étoit fabriquée à *Melgüeil*, comme il paroît par les Accords passez à ce sujet entre les Guillaumes, Seigneurs de Montpellier, & les Comtes de Melgüeil : la Chose est si fort reconnuë, que le Célebre *Mr. Dupuy*, dans son Livre des Droits du Roi sur plusieurs Villes de France, dit ces Paroles remarquables, en parlant de *Mauguio* ou *Melgüeil : Dans ce Terroir on a tiré autrefois quantité d'Argent, c'est pourquoi il y avoit anciénement une Monoye appellée* Solidi Melgorienses, *de laquelle plusieurs Anciens Titres & Contrats font mention.*

Page 572.

Je serois porté à croire que les Anciens Comtes de Substantion voulant profiter des Mines qu'ils avoient dans leur Terre de Melgüeil, firent fabriquer cette Monoye, qui porta quelque-tems le nom de Substantion, comme nous l'apprenons de le Blanc, qui dit avoir vû des Deniers-anciens avec cette Inscription, *Heustancien :* mais, ces mêmes Comtes, ayant changé leur Demeure à Melgüeil, donnérent le Nom de ce Lieu aux Especes qu'ils y faisoient fabriquer, & qui eurent cours dans toute la Province. La Chose paroît par un Acte de 1160. raporté dans les Mémoires de Catel, où il est dit que Guillaume, Evêque de Beziers, remet aux Juifs de son Diocése, pour la somme de deux cent Sols-Melgoriens, le Droit que les Chrêtiens avoient de les insulter, & de leur jeter des Pierres depuis la Veille des Rameaux jusqu'au Mardi de Pâques, *Et propter hanc Remissionem dedistis mihi Guillelmo Episcopo ducentos Melgorienses, ad Commodum Ecclesiæ Sti Nazarii, quos omnes Denarios à vobis Judæis accepi.*

Pag. 134.

Pag. 523.

Le Blanc Pag. 41.

Ibidem.

Dans un Acte de 1209. qui est dans le Cartulaire de Carcassonne, on cede une Terre, à la charge de trois mile Sols-Melgoriens de Cens-Annuel. Et par un autre de 1212. qui est dans le Cartulaire de Toulouse, il est dit qu'on fera au Comte un Payement de cent mile Sols, indistinctement de la Monoye de Toulouse, ou de celle de Melgüeil.

sur les Anciénes-Juridictions de Montpellier.

Les Evêques de Maguelonne ayant acquis la Comté de Melgüeil de la maniére que nous l'avons dit en 1225. ils firent batre des Sols-Melgoriens ; & l'un d'eux ayant voulu y fabriquer des *Marabotins* qui avoient un plus-grand Cours, à cause du Trafic des Maures d'Espagne, il s'attira de la part du Pape Clement IV. une Lettre Célébre, dans laquelle il lui demande, s'il est permis à un Catolique de faire batre-la-Monoye avec l'Empreinte de Mahomet ? *Quis enim Catholicus Monetam debet cudere cum Titulo Mahumetis ?* ensuite il lui représente qu'il avoit toûjours besoin de la Permission du Roi.

Cependant, soit que cette Permission eût été donnée, ou que le Droit de l'Evêque, en qualité de Comte de Melgüeil, eût été reconnu, il est constant que *Berenger de Fredol*, Successeur-immédiat de *Guillaume Christofle* à qui le Pape avoit écrit, usa de son Droit, puisqu'il fit des Reglemens pour la Fabrication de sa Monoye de Melgüeil, confirmez & approuvez par Jacques, Roi d'Aragon & de Mayorque, alors Seigneur de Montpellier. L'Acte que j'en ai, seroit trop-long à être raporté dans son entier, mais le Précis exact que j'en vai donner, mettra sufisament le Lecteur au Fait de cette Affaire.

Berenger dit expressément „qu'il parle comme Comte de Melgüeil, *tanquam*
„*Comes Melgorii* ; & en faisant mention d'un Accord déja fait entre le Roi Jacques
„& lui, au sujet de sa Monoye de Melgüeil, *Monetam nostram Melgoriensem*, il
„s'engage de la faire fraper sous la Loi de quatre Deniers moins une Pite, Ar-
„gent-fin de Montpellier, *Ad Legem quatuor Denariorum minus Pittâ Argenti fini*
„*Montispessulani*, & du Poids de dix-huit sols & neuf deniers le Marc de Mont-
„pellier ; de sorte qu'il n'y aye point d'Obole que de la Loy & Poids susdit de
„dix Deniers.

„Et quoique (ajoûte-t-il) les Anciens Comtes de Melgüeil eussent Coûtume
„de prendre six Deniers sur chaque Marc, il dit qu'il se contentera dorénavant
„de n'en prendre que deux, pour le Droit de Seigneuriage & pour les Fraix de
„la Fabrication, bien entendu que ces deux Deniers seront quittes de toutes
„Charges. Mais, parceque la Monoye doit être stable & toûjours la même,
„Nousdit Evêque, en qualité de Comte de Melgüeil, promettons tant à Vous
„Seigneur-Roi, & Seigneur de Montpellier, qu'à vous Consuls de ladite Ville,
„que nous ne diminüerons point nôtre Monoye du Poids & Loi déja marquez,
„& que nous la ferons fabriquer, examiner & délivrer, comme on a accoû-
„tumé de toute Ancieneté, en observant que le Maître de la Monoye garde
„tous les Essais des Monoyes, & que les Monoyeurs, Gardes & Examinateurs,
„jurent entre nos mains de s'acquiter fidélement de leurs Charges.

„Et parcequ'il pourroit arriver qu'à cause de la Cherté de l'Argent, du Billon
„& du Bas-Aloi, on ne pourroit pas faire une Monoye sur le Poids qui a été
„dit, alors nous ne ferons rien que du Conseil du Seigneur de Montpellier ou
„de son Lieutenant, & de celui des Consuls de ladite Ville : que si l'on nous
„refusoit ledit Conseil, après l'avoir demandé pendant deux mois, nous nous
„reservons de pouvoir diminüer alors le Poids desdites Monoyes qui auront
„Cours à Montpellier, comme si elles étoient du Poids des Anciénes.

„Et Nous Jacques, par la grace de Dieu, Roi d'Aragon, de Mayorque &
„de Valence, Comte de Barcelonne, en Qualité de Seigneur de Montpellier,
„sçachant que vousdit Evêque devez faire fraper la Monoye susdite de Melgüeil,
„de nôtre Volonté & Consentement-exprès, *de Voluntate nostrâ expressâ & Con-*
„*sensu*. Nous voulons, pour l'Utilité de nôtre Terre de Montpellier & la vôtre,
„que de quatre Deniers que nous avions sur chaque Marc de ladite Monoye,
„nous n'en ayons que deux. Et parceque, selon les Anciénes-Conventions entre
„les Anciens Comtes de Melgüeil & les Seigneurs de Montpellier, la Monoye
„de Melgüeil doit avoir Cours à Montpellier, nous vous promettons à vous-
„Evêque, comme Seigneur de Melgüeil, que nous ferons recevoir vôtre Mo-
„noye dans Montpellier & dans toute sa Dépendance, tant que vous garderez
„le Poids & la Loi susdite, & qu'on n'y en recevra point d'autre, que la vôtre
„& la nôtre appellée grosse-Monoye d'Argent & d'Or, *præter Monetam nostram*
„*grossam Argenti & Auri cussam & cudendam*; promettant de punir ceux qui vou-

III.

CONFIRMATION
DU
ROI JACQUES.

» droient y en recevoir d'autre que celle de Melgüeil, & nôtredite Monoye-
» groſſe.
» Ce que nous promettons de faire jurer par nôtre Lieutenant à Montpellier,
» par le Bailli & par les autres Officiers de nôtre Cour de Montpellier, lorſ-
» qu'ils ſeront reçus en leurs Charges : Voulant que les Conſuls tiénent la main
» à ce qu'aucune autre Monoye que la nôtre & celle de Melgüeil n'aye Cours
» dans Montpellier ; ce que nous ferons ajoûter dans la Formule du Serment
» qu'ils prêtent à leur Création, & publier tous les ans à Son-de-Trompe. Mais,
» afin d'éviter toute Surpriſe pour les Habitans de Montpellier, nous voulons
» que ſi on leur fait des Payemens en Monoye-Etrangere, ils puiſſent la rece-
» voir au Change, & non comme Monoye-de-Cours ; de quoi nos Officiers &
» Conſuls jureront entre les mains de nôtre Lieutenant à Montpellier, & nôtre
» Lieutenant jurera ſur les Saintes Evangiles. Fait & paſſé dans le Palais du Sei-
» gneur-Roi à Montpellier ; ſçavoir, dans la Chambre appellée de *Loreboſc*, l'An
» de l'Incarnation 1272. & le 4. Février, en préſence de Raymond de *Bochages*,
» Prévôt de Maguelonne ; Pierre *Almeras*, Archidiacre & Prieur de St. Firmin ;
» Me. Pierre *Julien*, Archidiacre & Prieur de *Montauberon* ; Fredol de *St. Bonnet*,
» Prieur de Nôtre-Dame de *Lunel*, tous Chanoines de Maguelonne ; Albert de
» *Lavagnac* ; Raymond de *Ribaute* ; Pierre de *Tournemire*, Juriſconſultes ; & plu-
» ſieurs autres Marchands, Changeurs & autres Habitans de Montpellier.
Nous voyons par cet Acte la Poſſeſſion où étoit l'Evêque de Maguelonne (en
Qualité de Comte de Melgüeil) de faire batre la Monoye ; nous voyons que ſa
Monoye avoit Cours à Montpellier, que la Fabrication des Eſpeces étoit fort-
Anciéne à Melgüeil, & qu'il y avoit tous les Officiers néceſſaires, comme un
Directeur de la Monoye qu'ils appelloient Maître, des *Eſſayeurs*, des *Monoyeurs*,
des *Gardes* & des *Examinateurs*. Nous allons voir par un autre Acte qui n'eſt pas
moins curieux que le précedent, que dans le tems que le Roi Jacques conſentoit à la Fabrication des Eſpeces qui ſe faiſoient à Melgüeil, il voulut qu'il y
en eût une ſemblable à Montpellier : l'Acte en fut ſigné trois jours après celui
dont nous venons de parler, ayant été fait le 7ᵉ. Février de la même année
1272.

IV. » Le Roi dit d'abord, que la Monoye de Melgüeil ne pouvant ſufire pour le
» Grand-Négoce qui ſe fait à Montpellier, d'où il prend Occaſion de faire l'E-
» loge de cette Ville en ces Termes : *Quæ Villa ſub umbrâ Dominationis noſtræ Di-
» vinâ Potentiâ condonante, crevit in immenſum, & una de melioribus Villis totius
» Mundi hodie reputatur.* Il ordonne à la Requiſition de ſes Fidéles Conſuls de
» Montpellier, qu'on y frape une Groſſe-Monoye d'Argent ; ſçavoir, des Deniers
» & Oboles, dont chaque Denier vaille douze Deniers de Melgüeil, & chaque
» Obole ſix Deniers-Melgoriens, pour l'Uſage de la Ville de Montpellier &
» de toute ſa Seigneurie : auquel effet, il veut que cette Groſſe-Monoye ſoit
» toûjours de l'Argent fin de Montpellier, marqué du Poinçon de ladite Ville,
» & dont le plus-Gros Argent ne tiéne plus d'un Ternal & un Denier d'Alliage.
» Que les ſoixante Deniers de ladite Groſſe-Monoye, ou les ſix-vingts Oboles,
» peſent un Marc de Montpellier, ſans plus ; ſauf, que ſi les ſoixante Deniers ou
» ſix-vingts Oboles, qui doivent ſe trouver au Marc, ne ſont foibles que de
» trois ou de ſix Grains, les Deniers & Oboles ſuſdits ne laiſſent pas d'avoir
» Cours ; & que le Maître de la Monoye ſe contente de reparer ce Défaut dans
» la première Fonte ou Réfonte, ce qu'il fera de même s'ils ſe trouvent trop-forts.
» Nous voulons (ajoûte le Roi) que leſdits Deniers ſoient d'un Poids égal,
» de ſorte que le plus-fort ne peſe pas plus d'un Grain & demi que les autres
» Deniers, & que le plus-foible ne peſe pas au-deſſous d'un Grain & demi, &
» ainſi des Oboles à proportion ; en ſorte que ſi quelque Denier ou Obole ne ſe
» trouve pas de cette Loi, que le plus-fort ſoit affoibli, & le plus-foible réfondu.
» Les Deniers & Oboles ayant reçû leur Empreinte, les Monoyeurs, en préſence
» des Gardes, les remettront au Maître de la Monoye pour les repeſer, & les
» ayant trouvé Bons & de Poids, il les livrera aux Gardes de la Monoye, qui,
» en préſence du Maître de ladite Monoye, s'il veut s'y trouver, les enferme-
ront

» ront dans un bon-Cofre fermé à deux Clefs, l'une pour le Maître de la Mo-
» noye, & l'autre pour les Gardes.
» Ces derniers ainſi renfermez ne ſeront délivrez qu'après l'Epreuve qu'en aura
» fait l'Eſſayeur, qui obſervera la même Regle donnée ci-devant au Maître de
» la Monoye : mais, il faut que l'Eſſayeur & les Gardes s'accordent dans le Juge-
» ment qu'ils en porteront; & s'ils étoient d'Avis diferent, nous en reſervons la
» Déciſion à Nous ou à nôtre Lieutenant, qui ſe fera aider, en nôtre abſence,
» par quelques Prud'hommes qu'il appellera.
» Les Conſuls nous préſenteront deux Hommes de Montpellier pour être Gar-
» des de la Monoye, & ſi Nous ou nôtre Lieutenant ne les croyons pas ſufiſans,
» leſdits Conſuls y en ajoûteront deux autres, afin que des quatre nous en choi-
» ſiſſions deux. Ces Gardes jureront de ne recevoir aucun Salaire du Maître de la
» Monoye, & de n'entrer jamais en Part de ladite Monoye, pendant le Tems
» qu'ils ſeront en Place.
» Nous voulons que cette Groſſe-Monoye aye Cours dans tous les Royaumes,
» Comtez, Vicomtez & Terres de nôtre Domination ; & qu'on la reçoive en
» Payement de toute ſorte de Somme, ſur le pié déja marqué ; à quoi ſeront
» contrains les Créanciers ſur la ſeule Plainte des Débiteurs, par nôtre Cour de
» Montpellier ou telle-autre des Terres de nôtre Domination. Nous Déclarons
» ne vouloir porter aucun Préjudice à la Monoye de Melgüeil, au contraire,
» nous voulons qu'elle aye Cours, tant qu'elle reſtera au Poids & Titre conve-
» nus entre Nous & l'Evêque de Maguelonne, comme Comte de Melgüeil. Et
» ſi pour l'Utilité-Publique & avec nôtre Participation, l'Evêque de Maguelonne
» venoit à diminüer le Poids & Titre de ſa Monoye ; nous diminüerons à pro-
» portion la nôtre, afin que nos Sujets ne ſouffrent point de la diſproportion qui
» y ſeroit. Ainſi, promis & juré de l'Ordre du Roi, & de Jâques Fils du Roi,
» Heritier des Etats de Mayorque, de Montpellier, de Rouſſillon, Cerdagne &
» Conflant. Donné à Montpellier le 7. Février 1272. Témoins, Ermengaud,
» d'Urgel, &c.

Il paroît clairement par ce dernier Acte, qu'il y avoit une Fabrication de **V.**
Monoye à Montpellier, plus de ſix-vingts ans avant que le Roi Philipe-le-Bel y
tranſportât l'Hôtel-des-Monoyes qu'il avoit à Sommiéres. Le bon-Ordre y fut toûjours ſi-bien obſervé, que dans un Avis donné au Roi Philipe-le-Hardy, pour
la Reformation de la Monoye de Paris, on lui propoſa pour Modéle la Monoye
de Montpellier. Je raporte les propres Termes de ce tems-là, que *le Blanc* nous
a conſervé dans ſon Traité des Monoyes...*Il nous ſemble qu'il nous ſeroit bon à faire,* *Page 201.*
& grand Auſmone, & pour éviter moult de malice qui en ſont faites à Paris, & pour
grand Profit à nôtre cher Seigneur le Roy, qu'il fit faire & affiner tout l'Argeant onc-
*ques qui eſt à Paris par bonnes-Gens, ainſi comme l'on fait & uſe à Montpellier, & *
en d'autres bons Lieux.

Philipe-le-Bel profita de l'Avis qui avoit été donné au Roi ſon pere, & pour
animer les Monoyeurs de Montpellier, il leur accorda de ſi beaux Priviléges qu'ils
dégenerérent enfin en Abus ; car, outre l'Exemtion des Tailles & de toutes
Charges-Municipales qu'ils prétendirent, & où même ils furent maintenus par
un Arrêt du Parlement du 5. Mars 1389. ils s'aviſérent de communiquer leurs
Priviléges à pluſieurs Habitans Riches' & Puiſſans, qui ſe faiſoient recevoir Monoyeurs pour être Exempts des Charges-Publiques : la Plainte en fut portée par
nos Conſuls aux diferens Gouverneurs que nous eûmes dans la Province pendant
le XIV.e Siécle ; ce qui donna lieu au Duc de Berry d'envoyer un Ordre au Bailli
de Montpellier & au Juge du Petit-Sceau, de taxer ces prétendus Monoyeurs
ſelon la Valeur de leurs Biens.

Je dirai ailleurs quand eſt-ce que toutes ces Exemtions furent abolies ; mais, **VI.**
il eſt tems de parler un peu plus en détail des Hôtels-de-Monoye qui furent à
Montpellier. J'avoüe que je n'ai point trouvé en quel Lieu de la Ville les Rois
d'Aragon & de Mayorque firent batre leur Monoye ; car, il eſt hors de doute que
ce ne fut point dans Montpelliéret qui ne leur appartenoit pas, au lieu que Philipe-le-Bel y établit l'Hôtel qu'il fit venir de Sommiéres, comme dans la Partie

la plus-Anciéne pour nos Rois de France (selon l'Ordre des Tems) ; de-là vient que les Rois, Successeurs de Philipe-le-Bel, ayant acquis la Portion des Rois de Mayorque, donnérent à Montpellieret le Nom de *Part-Antique*, *seu Pars antiquitùs acquisita*, pour distinguer la Jurîdiction de Montpellieret de celle de Montpellier.

Ce fut donc dans la Part-Antique que Philipe-le-Bel établit son Nouvel-Hôtel-des-Monoyes, dont on voit l'Anciéne-Porte en venant de l'Esplanade, par la Ruë qui va droit à cet Hôtel. Les Ornemens, qui y restent & qui sont dans le Goût de ceux de la Loge, donnent lieu de croire qu'ils furent faits de l'Ordre & du Tems de *Jacques-Cœur*, Me. de la Cour-des-Monoyes sous le Roi Charles VII. ce que l'on dit de la Naissance de Jacques-Cœur & de l'Affection qu'il conserva toûjours pour Montpellier, fortifie beaucoup cette Pensée. On a fermé de nos jours cette Porte en lui laissant ses Anciens-Ornemens, & l'on en a ouvert une autre vis-à-vis les Augustins, par où l'on traverse l'Hôtel-des-Monoyes pour sortir par une autre Porte, qui est devenuë la Principale, parcequ'elle est plus à portée du grand-Abord de la Ville.

L'Enceinte de cet Hôtel est rempli de plusieurs Logemens construits en diferens-Tems & disposez de diferente manière. Les Fondeurs, les Tireurs, les Graveurs, les Essayeurs & autres ont leurs Places separées, avec toutes les Machines qui leur sont nécessaires. Les Officiers, qui ne doivent jamais quiter l'Hôtel, y ont un Logement-d'Habitation ; & les Ouvriers ont des Chambres separées pour y vaquer à leur Travail. Ces Officiers sont maintenant réduis à sept, deux Juges-Gardes, *Campan* & *Nissole*; un Directeur-Trésorier-Particulier, auquel a été reüni l'Office de Receveur du Change...*Guillot* ; un Contrôleur-Contregarde...*Montreal* ; un Essayeur...*Freboul* ; un Tailleur ou Graveur...*Thubert* ; un Procureur-du-Roi, *Fabre*.

De tous ces Officiers les deux Juges-Gardes avec le Contrôleur-Contregarde & le Procureur-du-Roi jugent en Premiére-Instance de toutes les Fautes & Malversations des Officiers, & autres Cas, dont la Connoissance est attribuée à la Cour-des-Monoyes privativement à tous autres Juges.

VII. L'Hôtel de Montpellier ressortit à celui de Paris jusqu'en 1704. mais, le Roi, ayant créé par Edit du mois de Juin une Cour-de-Monoye à Lyon, y attacha l'Hôtel de Montpellier, qui a sous sa Dépendance-particuliére les Diocéses de *Montpellier, Nîmes, Mende, Uzés, Alais* & *le Puy*. Tous les Ouvriers en Or, Argent, & autres Métaux de ces six Diocéses, ressortent à Montpellier, les Officiers duquel reçoivent le Serment desdits Ouvriers, & ont Droit de Visite chès eux. Ces Ouvriers sont nommez de la sorte dans l'Edit donné à St. Germain-en-Laye, au mois de Décembre 1638. *Monoyeurs, Changeurs, Affineurs, Départeurs, Bateurs d'Or & d'Argent, Cueilleurs d'Or de Pailloles, Alchimistes, Orfévres, Lapidaires, Joüailliers, Balanciers, Fondeurs, Graveurs, & Mouleurs en Sable*.

Nos Rois, dans les diferentes Supressions qu'ils ont fait de plusieurs Hôtels-de-Monoye, ont conservé toûjours celui de Montpellier. Henry II. par son Edit du 3. Mars 1554. les réduisit aux seules Villes où il y avoit des Trésoriers-de-France, Genéraux de ses Finances ; & dans le Dénombrement qu'il fait des Genéralitez du Royaume, celle de Montpellier n'est pas oubliée.

François Ier. son Pere, ayant ordonné que chaque Hôtel-de-Monoye marqueroit d'une Lettre distinctive, toutes les Espeçes qui y seroient fabriquées, assigna à celui de Montpellier la Lettre *N* qu'il a conservé toûjours depuis. On a pû observer par la Lettre-Missive que j'ai raportée du Prince de Condé au Duc de Rohan, en 1628. que ce Duc fit-batre-Monoye à Montpellier pendant les derniéres Guerres des Huguenots ; & l'on a vû ailleurs qu'il y fit fabriquer des Espeçes appellées *des Rohans* : cet Attentat contre l'Autorité-Royale fit suspendre à Montpellier la Fabrication des Espeçes, tout le reste du Regne de Loüis XIII. mais, dès l'année de sa Mort en 1643. les Sieurs *Breys* & *Gauteron*, Habitans de la Ville, furent chargez de la continüer, ce qui a duré depuis.

sur les Anciénes-Juridictions de Montpellier.

LA COUR
DITE DU GOUVERNEUR OU DU PALAIS.

I. Elle commença sous les Rois d'Aragon, Seigneurs de Montpellier. II. Le Gouverneur ou Lieutenant-de-Roi faisoit exercer la Justice par des Officiers-de-Robe. III. Cette Juridiction fut suprimée à l'Erection des Présidiaux.

JE n'ai trouvé aucun Vestige de cette Cour dans le Tems de nos Guillaumes; mais, depuis le Roi Jacques Ier. il en est parlé dans tous nos Titres, & nous avons une Suite bien marquée des Gouverneurs ou Licutenans-de-Roi, qui faisoient alors exercer la Justice au Nom du Prince, par des Officiers, dont le Principal étoit appellé *Judex-Major* ou *Juge-Mage*. I.

L'Acte souvent cité, qui a pour Titre *Liber Estimæ Villæ*, nous apprend qu'on appelloit de la Cour du Bailli à celle du Gouverneur, *à Curiâ Bajuli appellatur ad Gubernatorem, qui est ibi pro Domino*. Le Prince n'étoit pas astraint de nommer un Homme du Pays pour son Lieutenant, mais il l'envoyoit à Montpellier de tel Lieu de ses Etats qu'il jugeoit à propos, *& per Dominum instituitur undequaque*: de-là vient que dans la Liste que je donnerai de ces Gouverneurs, on trouve des Languedociens, des Catalans, des Mayorquins sous les Rois d'Aragon & de Mayorque, des Gascons & des Basques sous le Roi de Navarre; & des François de toutes les Provinces du Royaume sous nos Rois de France.

Les Officiers du Gouverneur outre le Juge-Mage, étoit l'Avocat, le Procureur, & le Greffier ou Notaire; *Habet Judicem, Advocatum, & Procuratorem, & etiam Notarium*. On pouvoit appeller à leur Cour, pendant six mois, des Jugemens du Bailli, *Ista Curia Superior cognoscit de Appellationibus per sex menses*: mais, on appella d'eux au Parlement, depuis que nos Rois eurent fait l'Etablissement de celui de Toulouse, *& ab istâ Curiâ solet appellari ad Parlamentum*. II.

Telle fut à Montpellier la Cour de Justice exercée au Nom du Prince jusqu'en 1552. que le Roi Henry II. ayant établi à Montpellier un Siége-Présidial, il l'unit avec l'Ancienne-Cour du Gouverneur, que nous appellons *Sénéchal*, depuis que Loüis XIII. eut créé cette Charge en faveur de Jacques de St. Bonnet de Toiras, Seigneur de Restinclieres, de la manière qu'il a été dit dans le Chapitre x. du Livre 18e. de cette Histoire. III.

Je vais donner le Nom de ces Gouverneurs, que j'ai tiré des Archives de la Maison-de-Ville, des Registres de la Bourse, & de plusieurs autres Actes qui me sont tombez entre les mains : Je les distingue par Siécles, afin que le Lecteur voye dans un plus grand Ordre le Tems de leur Administration.

En 1225. *Berenger de Cerveria* prend la Qualité de *tenens Locum Domini Regis Aragonum*, dans le Traité de Commerce entre les Habitans de Pise & ceux de Montpellier...Il étoit encore en Place en 1234. lors d'un Accord fait à St. Denis, Paroisse de Montpellieret. *Dans le XIII. Siécle.*

En 1243. *Bernard de Castro*, mentionné comme tel dans la Vente de la Terre de la Fosse, faite à Raymond Elie.

En 1247. *Guillaume de Pavo* est appellé, *Locum tenens Domini Regis Aragonum in Montepessulano & in ejus Dominatione*, dans le Verbal de l'Election des Consuls en 1247. où fut élû un *Etiéne Roch*.

En 1250. *Guillaume de Roquefeüil*, Lieutenant du Roi Jacques le Conquerant, intervint pour son Maître dans le Mariage d'Izabelle-d'Aragon, avec Philipe-le-Hardy. Il étoit encore en 1253. Lieutenant du Roi Jacques qu'il appaisa contre les Consuls de Montpellier, qui ayant été citez à Barcelonne, en avoient appellez à l'Evêque de Maguelonne, comme à leur Seigneur-Dominant.

En 1272. *Bertrand de Beaupuy*, Lieutenant à Montpellier pour le même Roi

Jacques; il est mentionné dans l'Acte passé au sujet de la Monoye, entre le Roi Jacques Ier. & Berenger, Evêque de Maguelonne l'an 1272.

En 1281. *Guillaume de Pavo*, ci-dessus nommé, se trouve encore Lieutenant à Montpellier pour le Roi de Mayorque Jacques II. lorsque Guillaume de Pontchevron, Sénéchal de Beaucaire, fit Commandement aux Notaires de Montpellier de mettre dans les Actes-Publics, *Regnant le Roi de France*.

En 1292. *Bermond* de *Montferrier*, Chevalier, Lieutenant pour le Roi Jacques, II. lors de l'Acquisition de Montpellieret par le Roi Philipe-le-Bel.

En 1292. *Raymond Roch* est nommé Gouverneur de Montpellier, dans les Statuts faits par les Barbiers cette même année.

Dans le XIV. Siécle.

En 1312. *Guillaume de Villaragut*, Lieutenant du Roi Sanche, reçut pour ce Roi le Serment des Consuls de Montpellier.

En 1323. *Berenger de Pierre Pertuze*, Lieutenant de Sanche, Roi de Mayorque, s'entremit dans le grand-Procès qui s'étoit élevé entre les Consuls & le Peuple de Montpellier. *Armoire G. Cassette 7*.

En 1331. *Roger de Rovenac*, Chevalier, Lieutenant de Jacques III. Roi de Mayorque, est mentionné dans le Compromis entre les Consuls & le Peuple sur le Diferend émû entr'eux pour la Rédition des Comptes de la Ville.

En 1334. *Berenger de Vernede*, Chevalier, Lieutenant de Jacques III. Roy de Mayorque. *Regîtres de la Bourse, page 200*. il l'étoit encore en 1338. qu'il demanda pour son Maître un Secours d'Argent aux Habitans de Frontignan.

En 1349. *Bermond de Montferrier*, Lieutenant de Jacques III. Roi de Mayorque, lors de la Vente de Montpellier, faite par ce Prince au Roi Philipe-de-Valois. Dans la même année, *Thierry le Comte* Seigneur d'*Arreblay*, Chambellan du Roi de France, est nommé Gouverneur de Montpellier dans ses Lettres du Roi Philipe-de-Valois, du 20. Mars 1349. pour mettre en Possession Arnaud de Roquefeüil, des Terres cedées par le Roi Jacques de Mayorque.

En 1365. *Guy*, Seigneur de *Phinis* ou *Pheines*, Gouverneur pour le Roi Charles V. de la Ville de Montpellier....*Verbal de l'Election des Curiaux*.

En 1366. *Leger d'Orgey*, Gouverneur pour le Roi de Navarre.

En 1367. *Amedée de Baux*, Sénéchal de Beaucaire, nommé par le Duc d'Anjou, la Ville étant alors sous la Main du Roi de France.

En 1371. *Leger d'Orgey*, rétabli par le Roi de Navarre, après que la Seigneurie de Montpellier lui eût été renduë.

En 1373. *Jean de Leuziere*, mentionné comme Gouverneur de Montpellier dans le Diferend survenu entre Jean *Meissende* son Juge, & les Consuls de Montpellier, à l'occasion des Etrangers qui venoient dans la Ville.

En 1374. *Gomez Laurentii*, Gouverneur pour le Roi de Navarre, il l'étoit encore en 1375.

En 1376. *Berenger de Paulo*, Chevalier, Gouverneur de Montpellier pour le Roi de Navarre; il l'étoit en 1377.

En 1378. *Arnaud Delar*, Sécrétaire du Roi, Gouverneur de la Ville & Baronie de Montpellier; il l'étoit encore en 1379. lorsqu'il fut tué dans la Grande-Sédition qui arriva en cette Ville.

En 1381. *Beroald de Faudoas*, Chevalier, Seigneur de Causse, prend la Qualité de Lieutenant de Charles le Noble, Roi de Navarre & Gouverneur des Terres que souloit tenir en France le Roi son pere.

En 1383. *Gilles Vivian*, Lieutenant d'Enguerrand de Heudin, Sénéchal de Beaucaire, saisit pour le Roi Charles VI. la Ville de Montpellier, dont il venoit d'être nommé Gouverneur.

En 1385. *Aimeric de Vassellis*, Pannetier du Duc de Berry, Gouverneur de Montpellier....*Armoire H. Cassette 6*.

En 1395. *Philipe de Bruyeres* est nommé Lieutenant pour le Roi Charles VI. & Gouverneur de Montpellier dans un Acte du quinziéme Tiroir de la 2e. Armoire; il avoit entrepris en 1393. de nommer de son Autorité à la Charge de Bailli, comme il a été dit sous cette année.

Dans le XV. Siécle.

En 1411. *Guillaume Saccheti*, Echanson du Roi & Gouverneur de Montpellier,

sous

sur les Anciénes-Juridictions de Montpellier.

sous lequel on imposa la Taille cette année par Feux & non par Diocéses. Il paroît l'avoir été encore en 1413. par les Regîtres de la Bourse, *pag.* 127.

En 1416. *Imbert de Grolée*, on a dans les Regîtres de la Bourse, *pag.* 41. un *Vidimus* de lui, comme Gouverneur de Montpellier, des Lettres du Roi Charles VI. accordant pour quatre ans, six Deniers par Quintal de Sel à nos Consuls.

En 1428. *Thierry le Comte* Seigneur d'*Arreblay*, Gouverneur de la Ville & Baronie de Montpellier ; il l'étoit encore en 1435. qu'il reçut Commission de faire executer certaines Lettres du Roi Charles VII. en faveur du Bailli de Montpellier contre le Sénéchal de Beaucaire. *Arch. du Damatus Reg. No. 39. fol. 211.*

En 1457. *Guillaume de Cadris*, ainsi nommé dans un Acte-Latin ; & dans un autre écrit en François. *De Caires*, Seigneur d'*Entraigues*, étoit Gouverneur de Montpellier cette année ; il l'étoit aussi en 1459. lorsqu'il fit aux Consuls le mauvais-Traitement qui est raporté dans le Chapitre 3. du Livre XI. de cette Histoire.

En 1465. *Remy de Marimont* est mentionné dans plusieurs Actes de cette année & des suivantes...particuliérement dans l'Acte de la Translation du Parlement à Montpellier en 1467.

En 1486. *François de Marsac*, Seigneur de Hauterive, reçut la Commission de mettre en Possession les Généraux rétablis par le Roi Charles VIII. en 1467. la Commission lui en fut adressée comme Gouverneur des Villes & Baronies de Montpellier & d'Omelas.

En 1490. *Guillaume Cosmor*, nous avons de lui comme Gouverneur de Montpellier un *Vidimus* des Lettres de Loüis XII. accordant cinq Deniers sur chaque Quintal de Sel pour les Reparations des Murailles de la Ville, du Pont-Juvenal, & de Nôtre-Dame-des-Tables.

En 1491. *François de Marsac*, Seigneur de Hauterive, M^e.-d'Hôtel-du-Roi & son Gouverneur de Montpellier ; assigna à Guillaume de la Croix, Trésorier-des-Guerres, cinquante-cinq livres Tournois, à prendre tous les ans sur le Péage de Montmel-lès-Montpellier.

En 1493. *Guillaume de la Croix* composa avec Marsac de son Gouvernement de Montpellier, pour la somme de quatre mile livres Tournois, desquelles Marsac confesse en avoir reçû cinq cens pour sa Procuration *ad resignandum*.

En 1528. *Jean de Gaudete*, Seigneur de Castelnau & de la Vaulsiére, Gouverneur de Montpellier, acquit du Roi cette même année la Seigneurie de Frontignan. *Dans le XVIe. Siécle.*

En 1533. *Pierre de Gaudete*, Seigneur de Castelnau, Écuyer, Gouverneur de Montpellier, obtint la Préséance sur le Président & Généraux, lorsqu'ils ne seroient point en Corps. Chenu, *pag.* 519. Tome 2.

En 1543. *Pierre de Bourdic*, Conseiller, Valet-de-Chambre du Roi, & pour lui Gouverneur de la Ville de Montpellier, Lates & Omelas ; ainsi mentionné dans les Lettres de Création de la Charge de Viguier.

En 1560. *Simon Fizes*, Sécretaire-d'Etat & Baron de Sauve, Gouverneur de la Justice de Montpellier.

En 1585. *Pierre Dampmartin*, Procureur-Général du feu Duc d'Anjou, (depuis Henry III.) pourvû de l'Office de Gouverneur de Montpellier, que souloit tenir & exercer M^e. Simon Fizes ; ainsi raporté dans les Regîtres du Palais.

En 1595. *Guillaume Hebrard*, Gouverneur de la Justice de Montpellier. *Dans le XVIIe. Siécle.*

En 1605. *Jean de St. Ravy*, Sieur de Meirargues, Maître-d'Hôtel-Ordinaire du Roi, eut cet Office, vacant par mort, aux Gages de 750. liv. ainsi porté dans ses Lettres données à Paris le 22. Mars 1605.

En 1623. *François de Montlaur*, Sieur de Murles, continüa jusqu'au 7e. d'Août 1624. que le Roi Loüis XIII. donna des Lettres-Patentes à Jacques de St. Bonnet de Toiras, Sieur de Restincliéres, par lesquelles il le créa *Sénéchal*, Gouverneur en la Justice, Ville & Gouvernement de Montpellier.

Voici la Suite des Sénéchaux.

1624. *Jacques de St. Bonnet de Toiras*, Seigneur de Restincliéres, pourvû le 17. Février, & installé le 28. Août de cette même année 1624.

1632. *Gabriel de la Vallée*, Marquis des Fossez, pourvû par le Roi Loüis XIII.

Dddd

en Septembre 1632. & inſtalé le 13. Novembre ſuivant.

1634. *Jacques d'Avoine*, Seigneur de la Jaille Gatine, Lieutenant-de-Roi de la Citadelle, fut inſtalé en la Charge de Sénéchal de Montpellier le 21. Février.

1639. *Charles de Schomberg*, Duc d'Alüin, Maréchal de France, pourvû en 1639. ne ſe fit inſtaler en la Charge de Sénéchal que le 17. Octobre 1644.

1645. *Loüis de St. Bonnet Toiras* (Fils de Jacques 1er. Sénéchal) fut pourvû ſur la Démiſſion du Maréchal de Schomberg; & inſtalé le 24. Mars 1645.

1650. *Simon de St. Bonnet Toiras*, Seigneur de la Foreſt, Oncle de Loüis, fut inſtalé le 5. Octobre 1650. ſur la Démiſſion de ſon Neveu.

1667. *Loüis de St. Bonnet Toiras*, reprend la Charge de ſon Oncle, & fut inſtalé de nouveau le 26. Janvier 1667.

1678. *François-Joseph de la Croix*, Marquis de Caſtries; Gouverneur de la Ville & Citadelle de Montpellier, fut inſtalé en la Charge de Sénéchal le 28. Février 1678.

1729. *Armand-François de la Croix*, Marquis de Caſtries, Gouverneur de la Ville & Citadelle de Montpellier, Fils du précedent, fit enregîtrer ſes Lettres avec Diſpenſe-d'âge pour la Charge de Sénéchal, le 30. Juillet 1729.

LE CONSULAT DE VILLE.

I. Ancien-Nom de nos Conſuls. II. Changemens faits pour leur Nombre & pour leur Religion. III. Conſeils établis pour les aider dans leurs diferentes Fonctions. IV. Le Juge-Ordinaire rendoit Juſtice pour eux en Qualité de Viguiers de la Ville. V. Suite de ces Juges-Ordinaires. VI. Juſtice-Sommaire, renduë par les Conſuls. VII. Hôtel-de-Ville Ancien & Moderne. VIII. Suite des Premiers-Conſuls depuis 1500.

I. NOS plus-Anciens Titres donnent le Nom de *Prud'hommes* aux Conſuls de Montpellier, qui, de Tems-Immémorial, ont pris-Soin des Affaires-Publiques de la Communauté; les Statuts de la Ville leur donnent ce Nom en divers Endroits, & Guillaume, Fils d'Ermengarde, eut tant de Foi en leur Prud'homie, qu'il défendit à ſes Filles par ſon Teſtament de 1121. de ſe marier ſans leur Conſentement; *abſque Conſilio Nobilium Proborum Hominum Montiſpeſſulani*. La ſage-Conduite qu'ils gardérent à la Naiſſance & pendant la Minorité de Jacques le Conquerant, leur attira des Eſpagnols le plus-grand Eloge qu'on puiſſe donner à un Conſeil-de-Ville; car, Montaner dit à cette Occaſion, que *per tot lo mon ſe dia, quel plus ſavi Conſel del mon, era aquel de Monpelier*.

II. Ces Nobles Prud'hommes furent au Nombre de douze juſqu'en 1389. que le Roi Charles VI. (ayant fait à Montpellier le Voyage que j'ai raconté ailleurs) prit la Réſolution de diminüer le Nombre des Magiſtrats-Municipaux des Villes du Languedoc; & par ſes Lettres données à Toulouſe le dernier Décembre de cette même année, il ordonna que dorénavant il n'y auroit que quatre Conſuls à Montpellier.

Quatre ans après, nos Conſuls repréſentérent à Sa Majeſté qu'ils ne pouvoient ſufire aux Affaires de la Ville, ce qui fit augmenter leur Nombre de deux autres; ainſi, dès le commencement de 1394. ils furent ſix Conſuls, ce qui a continüé toûjours depuis.

On a Coûtume de les élire le premier du mois de Mars, quoiqu'ils ne doivent entrer en Exercice que le 25. qui eſt le Tems où l'Année commençoit en France, avant que le Roi Charles IX. par ſon Ordonnance expreſſe de 1564. eût fixé la Nouvelle-Année au 1er. de Janvier. Je ne raporte point ici la Forme de leur Election, dont j'ai aſſés parlé ſous le Regne de Philipe de Valois, lorſque ce Prince ayant acquis Montpellier, confirma les Priviléges de la Ville, & ſpecialement

lement l'Election des Consuls dans la Forme-usitée : on les prenoit de diferentes *Echelles*, c'est-à-dire, des Rangs diferens qu'on met entre les Citoyens. Ces Echelles, dans les premiers-Tems, étoient composées des Principaux-Négocians, des Marchands & des Artisans ; mais, depuis quelques Siécles on nomme à la Premiére-Place un Gentilhomme, à la Seconde un Bourgeois des plus-Notables, & ainsi des autres à proportion en décendant.

Le Calvinisme, qui s'introduisit dans Montpellier en 1559. troubla ces Elections, tant pour la Qualité des Consuls, que pour la Religion qu'ils devoient professer : on commença deslors à choisir pour la Premiére-Place des Magistrats-de-Robe, & on les prit de celle des deux Religions opposées, qui prévaloit dans le Conseil-de-Ville. Jusqu'en 1603. on trouve le Consulat rempli, tantôt par des Huguenots, tantôt par des Catoliques ; mais, depuis cette année jusqu'en 1623. (c'est-à-dire pendant vingt ans) ils furent tous Huguenots, & ils eurent encore le Crédit, après le Siége de Montpellier, de se conserver le Consulat mi-parti jusqu'en 1628. qu'il leur fut ôté par le Duc de Montmorency, de la maniére que j'ai dit ailleurs. La Mode de choisir des Magistrats-de-Robe, ne laissa point de continüer, & l'on prit pour la Premiére-Place des Officiers-Catoliques, de la Chambre-des-Comptes, de la Cour-des-Aides, des Trésoriers-de-France, ou du Présidial ; mais, depuis *Jacques de Baudan*, Trésorier-de-France, qui fut Premier-Consul en 1657. on rendit pour toûjours la Premiére-Place aux Gens-d'Epée.

La Création des Mairies, qui survint en 1692. parut renverser l'Ancien-Ordre du Consulat ; mais enfin, les Choses furent rétablies de la maniére qu'il a été dit ès années 1701. & 1717. & les Consuls sont maintenant choisis selon la Forme la plus-Ancienne.

Leur Principale-Fonction est de se présenter dans les Affaires qui interessent la Communauté, & de veiller à la Police ; ils poursuivent en leur Nom les Procès qui regardent la Ville ; ils en font les Honneurs au Passage des Personnes de la premiére-Distinction, & dans les grandes-Occasions de Joye ou de Tristesse, qui interessent l'Etat, ils sont chargez des Devoirs-Publics. Les Affaires de Police vont à eux en premiére-Instance, & de-là au Sénéchal ; mais, pour les soulager dans ce grand-Nombre de Fonctions, on a établi diferens Conseils selon la Nature des Affaires qui doivent être mises en Délibération.

Avant le Roi Charles VIII. les Habitans, sans Distinction, étoient appellez dans la Cour de l'Hôtel-de-Ville, au Son d'une Cloche dite le *Gros-Sent*, qui pesoit soixante-dix Quintaux : Chacun avoit Droit d'y assister, mais souvent Personne n'y venoit, parcequ'un chacun s'en remettoit sur son Voisin ; pour remedier à cet Inconvenient & aux Troubles que le trop grand-Nombre causoit dans ces sortes d'Assemblée, le Roi Charles VIII. par ses Lettres données à Amboise le 4. d'Avril 1483. établit un Conseil de Vingt-quatre Habitans, tirez des Corps les plus-Considerables de la Ville, pour déliberer sur les Propositions qui seroient portées dans le Cours de l'année par les Consuls en Charge. Cet Ordre a continüé depuis, & les Opinions y sont ouvertes par les trois Premiers-Consuls de l'année précedente ; puis viénent deux Députez de la Cour-des-Aides, deux des Trésoriers-de-France, deux du Présidial, deux de la Noblesse, onze tirez d'entre les Avocats, Notaires, Procureurs, Marchands & Bons-Ménagers : Après quoi, les deux Députez du Chapitre de la Catédrale donnent leur Opinion ; le Juge-Mage recüeillit les Voix, & autorise le tout par sa Présence : mais, lorsque les Affaires paroissent d'une si grande-Consequence que le Conseil des Vingt-quatre ne veut point s'en charger en seul, il délibere de doubler le Conseil, & alors on assemble un autre Nombre de Vingt-quatre Habitans pris des mêmes Corps que les 24. d'Office, pour résoudre sur eux les Questions proposées.

Dans ce Conseil on délibere sur toutes les Affaires-Generales de la Communauté, comme de l'Afferme de ses Revenus, de ses Procès, des Demandes que la Ville fait ou qui lui sont faites, des Logemens, des Reparations & autres Choses semblables : mais, pour le détail de la Police, on établit au commencement de chaque Consulat, un Bureau exprès, qui regle avec les Consuls en

Charge le Prix de la Viande, du Pain, du Gibier, de la Volaille & du Poisson; ils veillent au Néteyement des Ruës, à l'Observation des Jours de Fête; & à la Vérification des Mesures, Poids, Balances & Romaines; pour quel effet ils ont Pouvoir de condanner à l'Amende tous les Contrevenans : un de leurs principaux Soins est encore de veiller sur les Gens-sans-Aveu ; & sur les Etrangers qui viénent s'établir à Montpellier. Ce Droit leur fut disputé en 1373. par Jean *Meissendis*, Juge du Gouverneur, qui ordonna de son Chef aux Hôtes de la Ville, de lui apporter tous les soirs le Nom des Etrangers qui viendroient loger chès eux ; mais, les Consuls en ayant appellé au Parlement, il fut reglé par l'Entremise des Amis-communs, que les Consuls renonceroient à leur Appel, & que le Juge tiendroit pour non-arrivé ce qu'il avoit fait : c'est ainsi que l'Acte de leur Accord s'en explique.

Environ ce Tems & beaucoup auparavant, les Consuls étoient déchargez du Soin des Portes, Murailles, Fossez & Fortifications de la Ville, dont la Direction étoit donnée aux Ouvriers de la Commune-Clôture, *Operariis Communis-Clausura*, qu'on élisoit tous les deux ans au nombre de quatre ; maintenant ils sont réduits à l'Inspection de la Fabrique de Nôtre-Dame-des-Tables, conjointement avec les Marguilliers de la Parroisse ; & les Consuls ont la Direction des Embélissemens ou Reparations qu'il convient de faire, tant au dedans qu'au dehors de la Ville.

Pour fournir à toutes ces Dépenses ils n'avoient originairement que les Biens-Patrimoniaux de la Ville dont on leur laissoit l'Administration ; mais, les Cas-Extraordinaires, qui furent toûjours frequens, obligérent de recourir à des Impositions passageres sur les Habitans & sur les Denrées. C'est ainsi qu'en 1267. Jacques, Roi d'Aragon, permit aux Consuls d'imposer quelques Deniers sur les Habitans, pour conduire à Montpellier l'Eau de la *Lironde*, qu'on parloit d'y faire venir ; son Fils Jacques II. en 1294. leur accorda un Denier sur chaque Sétier de Farine pendant trois ans ; Jacques III. étendit ce Denier sur livre sur tout ce qui seroit mis en Vente, jusqu'à ce qu'ils eussent amassé Dix mile livres-Tournois dont ils avoient besoin. En 1358. le Duc de Berry accorda aux Consuls le Droit de *Barrage* pour trois ans ; & ensuite le *Souquet de Vin* (mentionné si souvent dans nos Annales) fut rétabli par intervalles : ces Moyens & autres, comme les cinq Sols par Minot-de-Sel, que nos Rois accordérent souvent à la Ville, servirent de Suplément à la Taille, qui commença d'être fixe sous le Roi Jean ; alors, on donna aux Consuls, dans la Cotisation de la Taille, huit Prud'hommes pour Adjoins ; qui, avec les six Consuls, firent ce que nous appellons encore le Conseil *des Quatorze*.

Leur Fonction est de se partager les Sixains de la Ville, & de les visiter une fois l'année avec un Consul en Chaperon ; ils écrivent le Nombre des Personnes de chaque Maison, Isle par Isle ; & l'Ouvrage fini, ils s'assemblent dans l'Hôtel-de-Ville pour y faire le Département sur tous les Contribuables ; mais, avant que d'y proceder ils prêtent Serment entre les mains des Consuls, suivant l'Ancièné-Forme que voici.

Jeou home elegit per Deliberation & Pouissanço dels Seignours Consouls de la present Villa de Montpellier, per vous Seignours Consouls de la ditta Villa, à estre un dels quatorze de la Capella per far l'Assieta, Cotization, & Despartoment, soubre tous Habitans & Taillables de la ditta Villa ; de la Cotta-Part & Pourtion de la Tailla & Aida derriciramenṭ entrajada al Rey notre Souberian Seignour. Jure à vous dits Seignors Cossouls que en tous autres susdits de la Capella elegits segon Dieu & bona consciença à la ditta Cotization provederay, cessant tota amor, tota Parentat, tota Affinitat, tot odi, tota malvolença. Gardant lo dreoh & la justitia tant per lou paure, com per lo ric. En tala maniera que cascun pague segun las facultats de sos Bes, Mobles & Immobles, & segun son Cabal & son Industria, sans cargar ni descargar alcun, oltre lo dever, & sans espargnar ou avantajar alcun. Et aisso sot la pena de ma damnation, & tout autramen se Dious me garde & ajude, & aquets sants Evangelis de Diou, de me corporalament toccats.

Le Rôle de la Taille étant dressé, il est mis entre les mains du *Clavaire*, qui est

est ce qu'on appelle Collecteur dans les autres Communautez : sa Fonction fut exercée long-tems par le Second-Consul ; mais, les diferens Troubles, que la Diversité des Religions causa dans Montpellier, firent changer cet Usage, & l'on nomma des Commis pour faire la Levée des Deniers imposez ; depuis ce Tems-là on les donne à Ferme avec les Droits-Patrimoniaux de la Ville.

Pour faire les Exploits nécessaires dans tous ces Recouvremens de Deniers, nos Consuls demandérent en 1365. au Roi Charles V. la Permission d'avoir deux Sergens qui leur furent accordez ; ils sont maintenant en plus-grand nombre & servent, sous le Nom d'*Escudier*, à grossir la Suite des Consuls, lorsqu'ils marchent en Cérémonie : alors les *Escudiers* prénent leur Robe mi-partie de Bleu & de Rouge, qui sont les Couleurs du Roi & de la Ville, avec une Masse-d'Argent qu'ils portent sur l'Epaule ; le reste de la Livrée-Consulaire a l'Epée & la Halebarde, on s'en sert pour citer les Habitans au Bureau de Police ; & pour prêter-main-forte à l'Execution de ses Jugemens.

La Garde & Défense de la Ville, qui est aussi de l'Inspection des Consuls, demande sans-doute une plus-grande-main-forte ; pour cet effet, on a partagé la Ville en six Parties appellées *Sixains*, qui donnent chacun une nombreuse-Compagnie de Milice, composée des Gens du Tiers-Etat. Elles ont leur Capitaine, Lieutenant & Enseigne ; quatre Sergens & quatre Caporaux par Compagnie : Elles marchent selon l'Ordre de Reception des Capitaines ; & portent le Nom de leur Sixain, qui sont St. *Firmin*, St. *Paul*, St. *Mathieu*, Ste. *Foy*, Ste. *Croix* & Ste. *Anne*. On a formé depuis quelques années une septiéme Compagnie des Habitans des Fauxbourgs, qui doivent comme les autres prendre les Armes au premier-Ordre, soit dans les Réjoüissances-Publiques ; soit pour monter la Garde à l'Hôtel-de-Ville, d'où ils partent pour faire la Patroüille, lorsque les Troupes reglées, qui sont aux Cazernes, ne peuvent les soulager dans ces deux derniéres Fonctions.

Il reste à parler des Droits-Honorifiques de nos Consuls qui ont Entrée aux Etats de la Province, comme ceux des autres Villes-Principales ; mais, il y a cette diference pour Montpellier que le Premier-Consul en Exercice, y entre toûjours avec celui de l'année précedente, au lieu qu'il n'y en a qu'un seul des autres Villes ; excepté Toulouse & Montpellier. Le Roi fait l'Honneur aux Magistrats de ces deux Villes, de leur adresser immediatement ses Ordres à la Naissance des Fils de France ; & dans les grandes-Occasions qui interessent l'Etat, au lieu que dans les autres Villes les Consuls reçoivent l'Ordre du Commandant de la Province.

Un autre Droit considerable de nos Consuls, est la Charge de Viguier qui leur est attachée depuis long-tems ; j'ai dit ailleurs comment cette Charge fut établie par le Roi Henry II. aprés la Supression de la *Baillie* & de la *Rectorie* faite en 1553. Toute la Jurisdiction de la Part-Antique & de la Part-Nouvelle, fut alors reünie & attribuée aux Consuls qui pouvoient l'exercer par eux-mêmes en Qualité de Viguiers, lorsque le Premier-Consul se trouvoit Gradué ; mais, reguliérement elle l'a été par un Juge appellé *Ordinaire*, qui avoit un Lieutenant & un Procureur-du-Roi. Cette Charge par son Edit de Création, fut donnée à *Antoine du Robin*, Ancien-Recteur de la Part-Antique ; & de lui elle passa dans plusieurs autres Familles de Montpellier, qui s'en servirent comme de Degré pour monter à la Cour-des-Aides. Leur Jurisdiction s'étendoit dans tout Montpellier, & dans les Lieux du Diocése ; qui étoient de l'Anciéne-Rectorie ; Sçavoir,

IV.

Balaruc.	Murviel.	Brissac & son Mandement.	Le Triadou.
Poussan.	Valhauquez.		Cazevielle.
Cournonterrail.	Murles.	Soubeiran.	St. Gely du Fesq.
Fabregues.	Guzargues.	Gigean.	St. Vincent.
Mujolan.	Teiran.	Les Matelles.	Agonez.
Laverune.	Assas.	St. Jean de Cucullés.	St. Clement.
Vic & Maureillan.	Ganges & Cazillac.	Treviez.	Combaliaux.
Villeneuve.	St. Banzeli de Putois.	Valflaunez.	Val en Laval.
Grabels.			

Regîtres du Présidial.

Le Juge-Ordinaire prenoit le Titre de *Juge-Ordinaire, Civil & Criminel, &* Commissaire-Examinateur en la Ville & Viguerie de Montpellier, Rectorie & Part-Antique d'icelle. Les Prérogatives de sa Charge étoient considerables, selon les Arrêts raportez par * Escorbiac ; car, il connoissoit en Premiére-Instance de tous les Cas-Royaux, mûs entre les Habitans de son Ressort : Il prenoit Connoissance du Fait de Police privativement aux Magistrats-Présidiaux ; il recevoit le Serment des Métiers-Jurez de Montpellier : les Affaires-Criminelles des Roturiers lui étoient dévoluës ; on étoit obligé de l'appeller aux Assemblées-Publiques & Particuliéres de la Maison de Ville ; & il avoit Voix, Opinion & Séance au

* Page 270.

V. Siége-Présidial après les deux plus-Anciens dudit Siége. Voici le Nom de tous ceux qui ont exercé cette Charge environ cent & quarante années qu'elle a resté sur la Tête d'une seule Personne.

1553. Antoine du Robin...puis Avocat-Général en la Chambre-des-Comptes, en 1575.
1575. Jean de Solas...puis Conseiller en la Cour-des-Aides.
1599. Jean-Jacques de Plantade...puis Conseiller en la Cour-des-Aides.
1616. Gabriel Grasset...puis Procureur-Général en la Cour-des-Aides.
1624. Jean de Grasset...puis Conseiller en la Cour-des-Comptes, Aides & Finances.
1639. Thomas de Rousset.
1672. Henry Casseirol...jusqu'en 1693.

J'ai raconté ailleurs comment cette Juridiction fut incorporée au Siége-Présidial de cette Ville, qui, pour dédommager Henry Casseirol, donna à son fils la Charge de Juge-Criminel au Siége du Gouvernement, Sénéchaussée & Présidial de Montpellier. Les Consuls, qui étoient les Parties les plus-Interessées dans cette Union, y donnérent leur Consentement ; mais, ils se reservérent les Honneurs de la Charge de Viguier, qui donne Séance au Premier-Consul immédiatement après le Juge-Mage ; ils vont en Corps y prendre leur Place en diferens jours de l'année, & ils en font de même à l'Hôpital-Général & à l'Hôpital St. Eloy, lorsqu'il s'agit de nommer les Intendans ; qui doivent prendre Soin de ces deux Grandes-Maisons.

VI. Le reste du tems est employé journellement par les Consuls à juger sommairement dans l'Hôtel-de-Ville des petits-Diferends qui naissent entre les Habitans, sur lesquels ils prononcent souverainement sans aucuns Fraix ni Epices. Mais, la Saison des Vendanges leur fournit trop de matiére pour pouvoir terminer par eux-mêmes les Querelles du menu-Peuple ; ils s'aident en cette Occasion d'un Bon & Vieux Ménager, appellé dans les Regîtres de l'Hôtel-de-Ville, le *Juge de la Banque*, & par le Peuple le *Juge des Vendanges* : cet Homme, assis sur un Banc de pierre qui est à côté de la Grande-Porte, est souvent entouré de cent Personnes, qui lui font leurs Plaintes, & de cent autres qui disent leurs Raisons ; les Passans que ce Bruit arrête n'y peuvent souvent rien comprendre : mais, le Juge accoûtumé à leurs Criailleries, démêle les bonnes & les mauvaises Raisons avec une Dexterité merveilleuse, & prononce d'un Ton & d'une Voix animée par le Dieu de la Vendange, sans qu'aucun ose en reclamer.

Son Auditoire (lorsqu'il est le plus-nombreux) remplit cette Galerie couverte dont nous avons parlé ailleurs, qui est à côté de l'Entrée de l'Hôtel-de-Ville, d'où autrefois on parloit au Peuple, après que les Consuls eurent acquis cette grande-

VII. Maison d'un nommé *Pierre Bonamic*, Riche Marchand qui la leur vendit en 1358. pour le Prix de quatre mile deux cens Florins d'Or. Je trouve que l'Hôtel-de-Ville étoit auparavant à l'*Herberie*, & l'on m'a assuré que c'étoit dans cette Maison qui fait Coin sur la Place des Cévénols attenant la Poissonnerie ; les Armoiries & autres Figures qui sont en nombre sur l'Angle de cette Maison, & les marques d'Ancieneté qu'on y voit par tout, me persuadent aisément la chose ; mais, on n'y étoit pas alors si au large qu'on l'est à-présent dans l'Hôtel-de-Ville d'aujourd'hui, où nos Consuls trouvérent des Appartemens voûtez pour leur Chapelle, pour leurs Archives, pour leurs Bureaux & pour leurs Prisons ; ils eurent encore de quoi loger plusieurs Grands Princes, qui y furent reçus à leur Passage par Montpellier, comme la Comtesse de Montferrat, Fille de Jacques III. Roi de Majorque en 1359. le Duc d'Anjou en 1365. & le Pape Urbain V. en 1367.

sur les Anciénes-Juridictions de Montpellier.

Durant plus de trois cens ans on laissa ce Grand Bâtiment avec ses Fenêtres à la Gothique, son Escalier à viz, & ses petites Portes, selon le Goût de ce Tems-là; mais, Mr. de la Forest si zelé pour les Embélissemens-Publics, y fit faire les Réparations dont j'ai parlé en 1647. Voici les Noms des Premiers-Consuls depuis l'année 1500.

1500. N. Jacques Merven.
1501. N. Perrin de Vaux.
1502. N. Etiéne Manny.
1503. N. Jacques Buccelly.
1504. N. Jean Trincaire.
1505. N. Jean Tinturier.
1506. N. François de Faucon.
1507. N. Jean Morgues.
1508. N. Pierre de Leuze.
1509. N. Fredigue de Craxone.
1510. N. Jean Buccelly.
1511. N. Etiéne Manny.
1512. N. François de Faucon.
1513. N. Guichard Bastier.
1514. N. Jacques Morgues.
1515. N. Fredigue de Craxone.
1516. N. Jean Gaudete, Seigneur de Castelnau.
1517.
1518.
1519. N. Jean Tinturier.
1520. N. Guillaume de St. Ravy.
1521. N. Piere Bennier.
1522. N. Jacques Bocaud, Licencié en Droit.
1523. N. Guillaume Quarante, Licencié.
1524. N. Antoine de Sala, Licencié ès Loix.
1525. N. Jean Casset.
1526. N. Jean de Bouques.
1527. N. François Bastier.
1528. N. Adam Mallyel.
1529. N. Honorat Loubert.
1530. N. Barthelemy Monfaucon.
1531. N. Jacques Bocaud, Licencié.
1532. N. Pierre Dumas.
1533. N. Guillaume de St. Ravy, Licencié.
1534. N. Claude de Cezelli.
1535. N. Guillaume de Combes.
1536. N. Jean Cognomb, Docteur.
1537. N. Guichard de Sandre.
1538. N. Jean de Combes.
1539. N. Jean de Bouques, Seigneur du Pous.
1540. N. Pierre Cristophori, Licencié en Droit.
1541. N. Pierre Focard.
1542. N. Pierre Dumas.
1543. N. François Rozier.
1544. N. Hugues Beguin.
1545. N. Jean de Vivrac.

1546. N. Jean-François de Andrea.
1547. N. Guillaume de Boirargues, Maître-des-Comptes.
1548. N. Nicolas de Bouques, Sieur du Bueil.
1549. N. Pierre Focard.
1550. N. Pierre Cristophori ou Cristol, Licencié en Droit.
1551. N. Eustache Philippy, Docteur ès Loix, ci-devant Conseiller en la Cour des Generaux.
1552. N. Jean de Sarrat.
1553. N. François Durant, Docteur ès Loix.
1554. N. Jean de la Volhe.
1555. N. Bertrand Manny.
1556. N. Etiéne Ranchin, Docteur ès Loix.
1557. N. Jean de Sarret, Seigneur de St. Jean de Vedas.
1558. N. Jean de Combes.
1559. N. Simon de Sandre, Seigneur de St. George.
1560. N. Guillaume de la Chaume, Seigneur de Poussan.
1561. N. Jacques David, Conseigneur de Montferrier, Docteur ès Loix.
1562. N. Jean Martini, Docteur ès Loix.
1563. N. Pierre Combes, Seigneur de Combas.
1564. N. Pierre Convers, Maître-des-Comptes.
1565. N. Jean de Lauselergues, Seigneur de Candillargues.
1566. N. Michel de Pluviers, Seigneur de Paulian.
1567. N. Antoine du Robin, Docteur ès Loix, Juge de l'Ordinaire.
1568. N. Jean de Lasset, Conseiller au Présidial.
1569. N. Pierre Convers, Maître-des-Comptes.
1570. N. Jacques de Monfaucon, Président en la Chambre-des-Comptes.
1571. N. Jacques des Guillens, Seigneur de Figaret.
1572. N. Jean de Clair, Conseiller.
1573. N. Loüis de Bucelly, Seigneur de la Mousson.
1574. N. Jean des Ursieres, Seigneur de Castelnau.
1575. N. Pierre Chalon.

VIII.

1576. N. Arnaud de Rignac, Maître-des-Comptes.
1577. N. Raulin Dumois, Sieur de Ferrieres.
1578. N. Simon de Sandre, Seigneur de St. George.
1579. N. Jean Ortholan, Auditeur-des-Comptes.
1580. N. Guillaume Duplex, Sieur de la Tour.
1581. N. Jacques David, Sieur de Montferrier.
1582. N. Raulin Dumois, Sieur de Ferrieres.
1583. N. Jean des Ursieres, Seigneur de Castelnau, Chevalier de l'Ordre du Roi.
1584. N. Simon de Sandre, Sieur de St. Just.
1585. N. Guillaume Duplex, Sieur de la Tour.
1586. N. Guillaume de Bouques, Sieur du Poux.
1587. N. Jean Rudavel, Docteur & Avocat.
1588. N. Philipe de Sarret, Avocat-Général en la Cour-des-Aides.
1589. N. Guillaume Duplex, Sieur de la Tour.
1590. N. Pierre Cabassut, Docteur & Avocat.
1591. N. Paul-Antoine Massillan, Conseiller du Roi au Siége-Présidial.
1592. N. Philipe de Boussuges, Maître-des-Comptes.
1593. N. Jean de Fontanon, Maître-des-Comptes.
1594. N. François de Sandre, Sieur de St. Just.
1595. N. Guillaume de Ranchin, Avocat-Général en la Chambre-des-Comptes.
1596. N. Pierre Cabassut, Docteur en Droit.
1597. N. Antoine Massane, Docteur.
1598. N. Daniel Pascal, Conseiller en la Cour-des-Aides.
1599. N. Guillaume d'Hebrard, Sieur de la Lauze.
1600. N. Mathurin de Tremolet de Bucelli, Sieur de la Valette.
1601. N. Pierre de Clauzel, Maître-des-Comptes.
1602. N. Pierre de Serres, Général-des-Aides.
1603. N. François de Sandre, Sieur de S. Just.
1604. N. Pierre de Combes de Montagut, Sieur de Combas.
1605. N. Guillaume de Bouques, Sieur du Poux & de Londres.
1606. N. Jean d'Etiéne, Sr. de Carlincas.
1607. N. Pierre de Massane, Général-des-Aides.
1608. N. François de Sandre, Seigneur de St. Just.
1609. N. Philipe de Bossuge, Sr. du Triadou, Maître-des-Comptes.
1610. N. Joachim de Mazerand, Gentilhomme-Ordinaire de la Chambre-du-Roi.
1611. N. Jean d'Etiéne, Sr. de Carlincas.
1612. N. Jean de Focard, Maître-des-Comptes.
1613. N. François de Clauzel, Maître-des-Comptes.
1614. N. Daniel de Galiere, Trésorier-de-France.
1615. N. Simon Plantavit, Sieur de la Bastide.
1616. N. Jean d'Hevrard, Sr. de la Lauze.
1617. N. Pierre de Combes de Montagut, Sieur de Combas.
1618. N. Claude de St. Ravy.
1619. N. Pierre de Fonts, Sr. de Sabatier.
1620. N. Pierre de Massane, Général-des-Aides.
1621. N. Jean d'Alard, Sr. de Carescause.
1622. N. Pierre Americ, Conseiller au Siége Présidial.
1623. N. Jean de la Croix, Seigneur & Baron de Castries.
1624. N. Gabriel de Grasset, Procureur-Général en la Chambre-des-Comptes.
1625. N. Henry de la Croix, Sieur de Sueilles & de Figaret.
1626. N. Gilbert de Griffy, Seigneur de St. George, Maître-des-Comptes.
1627. N. François de Rozel, Sieur de la Clote.
1628. N. Antoine Dupont, Sr. du Gout, étant mort peu de tems après être entré en Charge, on élut N. Pierre de Grefeüille, Chevalier, Conseiller du Roi, Trésorier-Général de France.
1629. N. François de Ranchin, Chancelier en l'Université de Médecine.
1630. N. Raulin de Girard, Contrôleur de l'Extraordinaire des Guerres.
1631. N. Jacques de Bossuges, Sieur d'Agnac & Mujolan.
1632. N. Jean-Baptiste de Girard, Chevalier, Conseiller du Roi, Trésorier-Général de France.

1633.

sur les Anciénes-Jurisdictions de Montpellier.

1633. N. Raulin de Gueiraud, Sieur de Roque.
1634. N. Jean de Graffet, Juge de l'Ordinaire.
1635. N. Henry de la Croix, Sieur de Sueilles & de Figaret.
1636. N. Pierre de Rignac, Général des Aides.
1637. N. François de Rozel, Sieur de la Clotte.
1638. N. Charles de Combes de Montagut, Sieur de Combas.
1639. N. Pierre de Guilleminet, Greffier des Etats.
1640. N. François de Beaulac, Maître-des-Comptes.
1641. N. Henry de Ranchin, Receveur-Général des Finances.
1642. Les mêmes Consuls.
1643. N. Henry de Clair, Conseiller au Présidial.
1644. N. Raulin de Girard, Contrôleur de l'Extraordinaire-des-Guerres.
1645. N. Richer de Belleval, Chancelier en Médecine.
1646. N. Pierre de Ratte, Sieur de Leirargues.
1647. N. Pierre Ducher. S. de Caunelles.
1648. N. Raulin de Rozel.
1649. N. François de Montlaur, Seigneur de Murles.
1650. Les mêmes Consuls.
1651. N. Pierre de Sengla, Sieur de Sécelly, tué en Duel dans son année; ses Collegues continiérent pendant cinq ans, André Rouviére, Second-Consul portant la Baguette.
1657. N. Jacques de Baudan, Chevalier, Trésorier-Général-de-France.
1658. N. François-Antoine de Griffy, Seigneur de S. George & Juviniac.
1659. N. Jean-Loüis de Tremolet, Lieutenant-de-Roi de la Citadelle.
1660. N. Jerôme Dupont, Sr. du Gout.
1661. N. Jean de la Croix, Seigneur de Candillargues.
1662. N. Charles de Combes de Montagut, Sieur de Combas.
1663. N. Charles de Rochemore, Sieur de la Deveze.
1664. N. Charles Pelissier, Sieur de Boirargues.
1665. N. Polidore-Jean de la Vergne, Sieur de Marcoüines.
1666. N. François de Bonnal, Sieur de la Baume.
1667. N. George Desandrieux.
1668. N. Pierre Vallat, Sr. de St. Romans.
1669. N. Henry de la Croix.
1670. N. Charles de Varanda.
1671. N. Jean-Loüis de Tremolet, Seigneur de Luniel-Viel.
1672. N. François de Rozel, Sieur de la Clotte.
1673. N. Jean de la Croix, Seigneur de Candillargues.
1674. N. Gabriël de Bocaud, Seigneur de Teyran.
1675. N. Charles Bon, Seigneur de Villevert.
1676. N. Etiéne de Pelissier, Sieur de Boirargues.
1677. N. Henry de Grefeüille, Sieur de Sardan.
1678. N. George Desandrieux.
1679. N. Abdias Pavée, Sr. de Montredon.
1680. N. René-Gaspard de Tremolet, Seigneur de Luniel-Viel.
1681. N. Jacques-François du Clerac.
1682. N. Etiéne de Trinquere, Sieur de Lagreffe.
1683. N. Gilbert de Griffy, Seigneur de Juviniac.
1684. N. Alexandre le Robert, Sieur de Villars, Major de la Citadelle.
1685. N. Pierre de Crouset, Sr. du Villa.
1686. N. Philipe Fontanon, Ancien-Capitaine de Cavalerie.
1687. N. Jean-Antoine Duvidal, Seigneur de Montferrier.
1688. N. René du Gain, Sieur d'Availles.
1689. N. Pierre de Brignac, Seigneur de Montarnaud.
1690. N. Charles Capon, Seigneur du Bosc.
1691. N. Etiéne de Pelissier, Sieur de Boirargues.
1692. N. Jean de Manny.

En 1693. Les Mairies-Perpetuelles ayant été établies dans toutes les Villes du Languedoc, N. George de Belleval, Président en la Cour-des-Comptes, Aides & Finances, acquit la Mairie de Montpellier, dont il prit Possession le 17. Mars 1693. on ne laissa pas d'élire un Premier-Consul qui fut N. Henry de Ranchin, Conseiller en la Cour des Comptes, Aides & Finances; mais, par l'Evénement la Baguette fut adjugée au Maire, qui occupa la Place de Premier-Consul.

En 1694. N. Gaspard de Belleval succéda à son Pere dans la Charge de Maire, qu'il exerça jusqu'en 1699. inclusivement.

Eeee

En 1700. le Prix de la Mairie ayant été remboursé par la Ville, on élut pour Premier-Consul,

1700. N. Pierre de Maine, Lieutenant-de-Roi au Gouvernement de Montpellier.

1701. N. Etiéne Seguin, Colonel de Bourgeoisie.

1702. N. Gilbert de Griffy, Seigneur de St. George & de Juviniac.

En 1703. Les quatre Premiéres-Places de Consul ayant été renduës Perpetuelles, par Edit du

N. Jean de Manny, Colonel de Bourgeoisie...exerça la Charge de Premier-Consul pendant seize années. Et l'Edit de Revocation des Consuls-Perpetuels ayant été publié à Montpellier dans le mois d'Octobre 1717. on élut pour Premier-Consul-Annuel,

1717. N. Marc-Antoine de Beaulac, Baron de Pezenes.

1718. N. Joseph-Dominique Pelissier de Boirargues, Sieur de St. Marcel.

1719. N. Joseph de la Croix de Candillargues, depuis Lieutenant-de-Roi de la Ville.

1720. N. Pierre de Ranchin.....depuis Lieutenant-de-Roi d'Aiguemortes.

1721. N. Jean-Polidore Desandrieux, Colonel de Bourgeoisie.

1722. N. Loüis-François de Beaulac, Seigneur & Baron de Pezenes.

1723. N. Daniel de Grefeüille, Lieutenant-Colonel du Regiment d'Agenois.

1724. N. Jean-Joseph de Vallat-St. Romans, Seigneur de Montalet.

1725. N. François de Focard, Sieur de Sapte.

1726. N. Joseph-Henry de Combettes... Major de la Citadelle.

1727. N. Claude-François Jougla, Baron de l'Oziére.

1728. N. Antoine Desandrieux, Ancien-Juge du Petit-Sceau.

1729. N. Pierre-Durand Peytieux, Ancien-Capitaine de Cavalerie.

1730. N. Henry-Pascal de St. Felix.

1731. N. Jacques-Gabriël Eustache.

1732. N. Henry-Joseph de Nigry.

1733. N. Joseph-Dominique Pelissier de Boirargues, Seigneur de St. Marcel.

En 1734. les Mairies ayant été rétablies, Messire Loüis de Manse, Trésorier-de-France, entra le 4. Octobre en Fonction de cette Charge.

En 1737. Messire Jacques Vichet, Trésorier-de-France, a été nommé à cette Charge par la mort de son Prédecesseur.

LE CONSULAT DE MER.

I. Commerce-Maritime continüé à Montpellier par les Habitans de Maguelonne. II. Ils établissent des Consuls de Mer pour en prendre-Soin. III. Diferens Traitez de Commerce faits par ces Consuls. IV. Leur Attention pour la Conservation du Port de Lates. V. Histoire de celui d'Aiguemortes. VI. L'Acquisition de la Provence par le Roi Loüis XI. change le Commerce de Montpellier. VII. Nos Consuls de Mer projettent un Canal sur le Lez. VIII. Leur Charge est changée en Bourse-Commune des Marchands. IX. A laquelle on a ajoûté une Chambre-de-Commerce.

I. LES Habitans de Maguelonne, qui vinrent se refugier à Montpellier sur la fin du VIIIe. Siécle, y conservérent l'esprit du Commerce qui avoit rendu leur Isle si florissante; ils cherchérent à le continüer dans leur nouvelle Habitation, & afin d'approcher de Montpellier les Marchandises qu'ils feroient venir de la Mer, ils choisirent le Port de Lates, d'où ils pouvoient aisément les faire transporter à Montpellier par un grand-Chemin-pavé qui reste encore : de-là vient que de tout-tems, la Seigneurie de Lates fut inseparable de la Seigneurie de Montpellier, & l'on a pû observer dans les Testamens que j'ai raportez de nos Guillaumes, qu'ils donnérent toûjours à leurs Aînez le Château de Lates avec la Seigneurie de Montpellier; les Rois d'Aragon & de Mayorque ne les separérent jamais, & nos Rois de France en achetant Montpellier, achetérent aussi le Château de Lates.

sur les Anciénes Juridictions de Montpellier.

La Commodité de ce Port fut la premiére cause du grand-Progrez que fit Montpellier en moins de deux Siécles ; car, Aiguemortes n'étant pas alors, & la Provence appartenant à des Seigneurs-Etrangers, tout le Bas-Languedoc avec le Roüergue, le Vivarés, le Gevaudan & l'Auvergne étoient obligez de prendre des Marchands de Montpellier le Sel, les Epiceries & autres Marchandises que ceux-ci faisoient venir par la Méditerranée, & qu'ils conduisoient à Lates par les *Graux* qui communiquent de la Mer à l'Etang.

Ce Commerce mit les Marchands de Montpellier en état d'équiper & d'entretenir des Bâtimens-considerables, comme nous l'apprenons du *Rabbi Benjamin*, qui vivoit dans le douziéme Siécle : j'ai déja raporté ailleurs les Vers citez par Sandoval dans son Histoire de Navarre, en parlant de la Galere qui conduisit en Espagne Guillaume, Fils de Sibille, Seigneur de Montpellier.

Voyez le Ch. 3. du Liv. 2. de cette Histoire.

    Dux Pessulanus Guillelmus, in Ordine Magnus
    Hos sequitur juxta, celsâ sortique Carinâ.

L'Histoire de la Conquête de Mayorque dans le XIIIe. Siécle, nous dit positivement que la Galere, sur laquelle Jacques le Conquerant fit le Trajet de Mer, étoit de Montpellier, *La Galera en que iva el Rey era de Montpeller.*

Hist. Baleur. Liv. 2. §. 3. pag. 209.

Pour entretenir ce Commerce si important à la Communauté, nos Anciens crûrent n'en devoir pas charger les Consuls-Majeurs, qui étoient assés occupez du Soin de la Police & des Affaires-Generales de la Ville ; ils en élurent pour le Commerce, qu'ils appellérent Consuls de Mer, & qu'ils renouvelloient tous les ans au nombre de quatre, le premier Jour de chaque mois de Janvier. La Formule du Serment qu'ils prêtoient nous fait connoître leurs principales Fonctions, « ils » promettoient sur les Saints Evangiles entre les mains des douze Consuls-Majeurs, » de lever fidélement les Deniers ou Mailles établies sur les Voitures du Chemin » de Lates à Montpellier, d'en employer l'Argent à entretenir le Chemin & le » Canal jusqu'à la Golette de Lates ; de veiller à la Conservation des Graux qui » communiquent de la Mer à l'Etang, & de donner Conseil & Secours aux Na- » vigans. On leur donnoit souvent la Commission de regler les Traitez de Commerce qu'il y avoit à faire avec les Villes-Maritimes ; ainsi, nous voyons qu'ils allérent aux Isles d'Hiéres en 1224. & qu'ils y firent un Traité de Paix avec Guy & Bertrand *Foa* Freres, qualifiez Marquis d'Hiéres ; ainsi, en 1237. ils firent un pareil Traité avec le Podestat de la Ville d'Arles ; peu de tems après avec Toulon ; Nice, Antibes & Pise. Noble Etiéne de Candillargues, Consul de Mer, se trouve nommé entre les Envoyez de la Ville de Montpellier à Marseille, l'an 1249. pour se donner avec les Marseillois une Sûreté reciproque dans leurs Villes.

II.
Registre de la Bourse, page 61.

III.
Fol. 22. du Livre No. 3. du premier Reg.e de l'Inventaire du Griffe.

Ibidem & seq.

Nous avons déja vû qu'ils avoient un Consul à Mayorque pour eux ; mais, ils en tenoient encore un autre à Barcelonne pour toute la Nation de France ; & il nous reste des Lettres de Jacques, Roi d'Aragon, en faveur d'Etiéne *Lobes*, Envoyé de la Ville de Montpellier, par lesquelles il lui donne tous les Droits & Juridiction appartenans à cette Charge, donné à Perpignan le 17. Juin 1246. Nos Consuls de Mer en 1254. passérent un Traité avec Amalric, par la grace de Dieu Vicomte & Seigneur de Narbonne, pour s'engager à un Secours-mutuel. En 1259. ils renouvellérent leurs anciens-Accords avec les Genois, & en 1262. ils obtinrent du Roi St. Loüis la Confirmation des Lettres du Roi son Pere, qui leur avoit permis de négocier dans tout son Royaume ; le 30. d'Octobre de cette mê-me année les Marseillois étant venus avec leurs Marchandises à la Riviére de Lates, il fut passé à Maguelonne un Accord-Célébre entre Charles, Comte de Provence, & les Habitans de Marseille, d'une part ; & l'Infant de Mayorque avec les Consuls de Montpellier, d'autre.

Le Commerce étant ainsi établi avec les Villes-voisines ; on l'étendit sur toutes les Côtes de la Méditerranée ; dès l'an 1243. Boëmond, Prince d'Antioche & Comte de Tripoli, avoit donné aux Marchands de Montpellier le Privilége de décharger & charger à Tripoli, en ne payant que le tiers de la *Droiture*. Hugues, Roi de Jerusalem & de Chypre, par sa Lettre du 30. Mars 1254. marque comme il a reçû pour toute l'Etenduë de ses Terres *Bernard Mores*, Consul des Marchands

Eeee 2

de Montpellier : *Reynerius Geno*, par la grace de Dieu Duc de Venise, Dalmatie, Croatie, Seigneur de la troisiéme Partie de l'Empire-Romain, par sa Lettre aux Consuls de Montpellier, leur promet toute sûreté dans ses Terres & Jurisdiction, en payant les Droits accoûtumez ; & le Marquis Hubert Palavicin, Vicaire de l'Empire dans la Lombardie & Podestat des Villes de Cremone, Plaisance & Pavie, invite les Marchands de Montpellier de trafiquer en Italie, en payant les Droits de Péage dont il leur envoye le Tarif.

Tous ces Titres & quelques autres qui sont dans les Archives de l'Hôtel-de-Ville, & dans celles de la Bourse, prouvent sufisamment que le Commerce-Maritime devoit être fort considerable à Montpellier ; mais, le Bon-Ordre que nos Anciens y avoient établi, ne paroît pas moins digne de Remarque. Je trouve que chaque Corps-Particulier de Marchands avoit ses Consuls-Particuliers, qui ressortoient tous aux Consuls de Mer ; ainsi, l'on voit dans nos Actes, *Consul de l'Office des Canabassiers*, Consul de celui des *Poivriers*, Consul de celui des *Orgiers*, & ainsi de même des *Changeurs*, des *Courtiers* ou *Agens de Change*, des *Merciers*, jusqu'aux Marchands des petits *Balais*.

On choisissoit les Consuls de Mer d'entre tous ces Corps ; mais, ce qui est bien singulier, c'est que plusieurs de ces Consuls de Mer étoient pris des Familles notoirement Nobles de ce tems-là, & ils en conservoient le Titre dans les Actes-Publics. Pierre de *Murles* en 1253. Guillaume de *Conchis* en 1301. François Pelissier en 1343. Noble Anglic de l'*Hauziére* en 1378. Pierre de *Bouques* en 1344. Noble Pierre de *Capvillar*, Consul de l'Office des Canabassiers en 1456. avec Noble Pierre *Auriol* Damoiseau, son Colégue. Tous ces diferens Corps prenoient le Nom de Confrérie ou de *Charité* (comme on disoit en ce tems-là) d'où vient que dans les Actes concernans les Chapéles qui étoient de leur Patronage, on trouve *Charité des Poivriers*, *Charité des Canabassiers*, & leurs Consuls, qui y nommoient, sont appellez *Caritadiers*.

IV. La Conservation du Port de Latés & du Canal de la Riviére du Lez, faisoit la principale Attention des Consuls de Mer ; sur-quoi je crois ne devoir pas omettre les Criées qu'ils y alloient faire en grande Cérémonie : car, il est marqué pour l'année 1337. que le neuviéme Décembre ils se rendirent à la *Goulete* de Latés (selon la Coûtume) avec Hautbois, Trompetes & Cornemuses, dans un Navire au haut duquel étoit le Guidon des Consuls de Mer ; & qu'ayant visité le Lieu appellé *Cinquantan*, le Grau de la *Posquiére*, & la Passe de Cornon ; leur Trompete, qui avoit les Armes du Consulat, fit dans tous ces Lieux cette Proclamation en Langage du Pays : *Baros manda los Signors Cossols de Mar de Montpeller, que n'aguna Persona de qual Conditio ella sia, no sa tan auzada, qu'auze empechiar en ren, el Viage de la Canal dels Signors Cossols de Mar de Montpeller, despei la Mourre del Jonc, jusquà la Goleta ; & qui encontra aiso fara, los Signors Cossols de Mar de Montpeller y faran so que far y devran, ses tota mercé.*

Regitres de la Bourse, pag. 177.

Cette Goulette, dont il est parlé dans la Criée, n'est autre chose que l'Embouchure de la Riviére du Lez par laquelle on abordoit de Montpellier à Latés ; elle est appellée *Robine* dans des Lettres du Roi Charles VII. données à Beziers le 1er. de Juin 1428. qui nous font connoître l'Utilité dont elle étoit pour le Commerce, à la Ville de Montpellier, & au Roi pour les Droits qu'il en retiroit ; j'en raporte les propres paroles : *Par laquelle Robine* (dit le Roi) *les Navires vont du Port d'Aiguemortes au Port de Latés, & du Port de Latés à Aiguemortes, avec les Marchandises qui se chargent ausdits Ports, & desdits Navires sont portées ailleurs ; laquelle Robine est si nécessaire à la Communauté de Montpellier, que les Marchands ne sçauroient faire leur Trafic avec tant de facilité & utilité, & de laquelle il nous en vient jusqu'à six ou sept mile livres-Tournois annuellement.*

Page 341.

V. Le Port d'Aiguemortes dont il y est fait mention, avoit été formé par le Roi St. Loüis, près de deux cens ans avant Charles VII. & les Premiers-Rois qui lui avoient succedé, furent jaloux de la Conservation de ce Port, d'autant plus que la Provence ne leur appartenoit point alors, & que celui de Latés étoit aux Rois de Mayorque ; ils accordérent des Franchises aux Etrangers pour les attirer à Aiguemortes, & ils firent de grands-Travaux pour entretenir le Canal par où les

Armoire H Cassete 5.

Barques

sur les Anciénes-Juridictions de Montpellier. 539

Barques venoient de la Mer à la Ville d'Aiguemortes ; mais, la Dépense l'emporta sur le Profit, & les Sables de l'Embouchure du Rhône gâterent si souvent leur Travail qu'on fut obligé d'assembler toutes les Villes & Communautez de la Sénéchaussée de Beaucaire pour y rémedier : il fut réglé dans une Assemblée du 12. Avril 1337. entre Philipe de Prie, Sénéchal de Beaucaire & Bernard de *Montagnac*, Consul de Montpellier, *Que les Habitans dudit Montpellier feroient Election* Ibidem. *d'un Homme de leur Ville pour prendre Soin du Port d'Aiguemortes* : Et il est ajouté dans l'Acte suivant, que *Pierre Fabre* nommé par eux, étant mort à ce Travail, ils présenterent au Sénéchal, *Bernard des Troisloups*, qui prêta Serment entre les mains du Sénéchal.

Les Travaux n'ayant pas réüssi, & le Port d'Aiguemortes se trouvant tout gâté en 1339. on permit à nos Marchands, en attendant que les Reparations fussent faites, d'entrer par le Grau d'Agde, & de-là par *Roubines* à Montpellier ; ce qui donna lieu à plusieurs Incidens qui interessent particulierement l'Histoire de nôtre Commerce : Nos Marchands, fâchez de passer par Agde, demanderent la Reparation des Graux entre la Mer & l'Etang par lesquels ils pouvoient venir en droiture à Lates, avant qu'ils fussent obligez d'aller raisonner à Aiguemortes : on marque que cette Obligation d'aller raisonner ailleurs, leur avoit fait negliger l'Entretien des Graux, & ce fut à l'occasion dont je parle qu'ils s'attacherent à en demander le Rétablissement.

Je trouve pour cela une Représentation qu'ils firent au Roi, dans laquelle ils disent : *Que quoique par la Fortune de Dieu & de la Mer, il se soit fait un Grau en* Ibidem. *la Plage de Melgüeil, le long de la Mer qui va d'Aiguemortes à Montpellier, par lequel il arriveroit un grand Profit au Pays, & grande Abondance de Poisson & du Sel, s'il étoit tenu net & curé, neantmoins le Sénéchal de Beaucaire s'y oppose ; &c.* Surquoi le Roi Philipe-de-Valois, par ses Lettres du 7. Juillet 1346. mande au Sénéchal, que si la chose est ainsi, on ne trouble point les Consuls de Montpellier qui voudront néteyer ledit Grau.

En consequence, il fut tenu une Grande-Assemblée à Nîmes le 19. Octobre Ibidem. 1346. où il fut dit par les Consuls de Montpellier, » que depuis l'Isle de Mague-
» lonne jusqu'à *la Mote* il y avoit eu de tout tems un Grau, par lequel l'Eau de
» la Mer alloit dans l'Etang, & celle de l'Etang dans la Mer, & cela *des-avant*
» *que la Ville d'Aiguemortes fut bâtie*. Que le Grau de la Posquiere, qui avoit resté
» ouvert par plus de quarante ans, venoit d'être fermé depuis quatre ans en ça :
» sur-quoi ils représenterent que cette Communication d'Eau de la Mer & de l'E-
» tang, empêchoit la Corruption des Eaux de l'Etang & l'Infection de l'Air : qu'elle
» donnoit une grande Abondance de Poissons, dont *l'Auvergne*, *le Perigord* & *le*
» *Quercy* profitoient considerablement, à cause des Anguilles-salées qu'on leur
» porte tous les ans dudit Etang.

Il paroît qu'ils obtinrent l'effet de leur Demande ; car, nous avons des Lettres du 3. Août 1350. qui leur permettent de venir en droiture à Lates, en payant les Droits établis pour Aiguemortes. Robert de *Fiennes*, Connétable de France & Gouverneur de Languedoc, par ses Lettres données à Beaucaire le 27. Février 1360. leur permet de faire entrer vingt mile Setiers de Blé par le Grau de la *Coquillose* sans aller à Aiguemortes. Le Comte de Poitiers (Jean, Duc de Berry, troisiéme Fils du Roi Jean) écrivit, le dix de Mai de la même année, au Sénéchal de Beaucaire & au Châtelain d'Aiguemortes, de laisser passer par les Graux de l'Etang les Barques qui portoient du Blé à Montpellier, en payant toutefois les Redevances accoûtumées : Arnaud *Dandrehan*, Maréchal de France & Lieutenant-de-Roi de la Province, leur donna pareille Permission & aux mêmes Charges en 1364. On fit bien plus cette même année ; car, on parla de l'Ou- Ibidem. verture d'un nouveau Grau, & nous avons des Lettres de *Pierre Raimond de Rabastein*, Sénéchal de Beaucaire, au Viguier d'Aiguemortes, & à Ascelin *de Mathiis*, Garde du Petit-Scel de Montpellier, sur l'Ouverture du *Grau de la Cabre*, qui étoit proposée par nos Marchands.

Enfin, le Roi Charles VII. par ses Lettres du 23. Septembre 1425. adressées à M^rs. du Parlement nouvellement établi à Beziers, permet aux Marchands de

Montpellier d'entrer avec leurs Marchandises dans l'Etang, avant que d'aller raisonner à Aiguemortes.

Tout ce que je viens de dire, peut servir également à l'Histoire du Port d'Aiguemortes & à celle du Commerce de Montpellier ; j'ajoûterai encore pour l'un & pour l'autre, que les Réparations qu'il fallut faire à ce Port, ayant obligé d'imposer douze Deniers pour livre des Marchandises qui y venoient, nos Consuls firent une Représentation (digne de Remarque) au Duc de Berry & à son Conseil. » Ils disent que lorsqu'on ne prenoit qu'un Denier pour livre au Port d'Ai- » guemortes, on recevoit plus d'Argent par l'Abord des *Catalans*, *Espagnols*, *Portugais*, *Genois*, *Italiens*, *Cypriots*, *Napolitains*, *Siciliens*, *Provençaux* & autres, » qu'on n'en a reçû depuis l'Imposition des douze Deniers ; ce qui fait que les » Négocians portent leurs Marchandises à *Genes*, *Marseille*, *Barcelonne*, & ail- » leurs, pour lesquelles Raisons, ils prient le Duc de Berry de remettre les Cho- » ses en leur premier Etat.

Je ne trouve point quel Effet eut alors cette Représentation ; mais, je vois que les Dificultez qu'on trouva au Port d'Aiguemortes, firent prendre le Dessein de le changer ailleurs ; car, nous avons dans nos Archives plusieurs Mémoires & Instructions qui furent faites en ce tems-là, contre le Projet de changer le Port d'Aiguemortes à *Leucate*.

VI. L'Acquisition de la Provence faite par nos Rois en 1481. arrêta tous ces Projets ; on ne songea deslors qu'au seul Port de Marseille, & à peine Loüis XI. en fut le Maître qu'il écrivit à Montpellier qu'on envoyât au Sieur Michel *Galliard* (son Mᵉ.-d'Hôtel & chargé de ses Ordres à Marseille) deux Hommes-Experts au Fait de la Marine : nos Consuls nommérent pour cela *Guiraud Boisson*, & *Etiéne Cezelly*, comme il conste par la Réponse qu'ils firent le 20. Novembre 1487. à *Pierre d'Urfé*, Grand-Ecuyer de France & Sénéchal de Beaucaire, qui étoit venu à Montpellier pour la Confection des Galeres que le Roi vouloit faire à Marseille.

Ce Port est devenu l'Entrepôt de toutes les Marchandises qui viénent en France par la Méditerranée, & il a fait tomber tous les autres Ports que nous avions dans le Languedoc ; on continüa pour la Forme, les Réparations de celui d'Aiguemortes, & les Suites firent bien voir que c'avoit été fort inutilement. Le dernier Acte que j'aye trouvé sur cela, est une Lettre de *Jacques de Crussol*, Vicomte d'Uzés, Chambelan, Capitaine de la Garde du Roi, & Sénéchal de Beaucaire, où il dit » que comme à la Présentation des Consuls de Montpellier, » ausquels appartient la Nomination du Clavaire ou Receveur des Emolumens » du Port d'Aiguemortes, ils auroient nommé pour Clavaire de l'an 1504. Ho- » norable-Homme Foulques *des Faulcons*, de qui ils ont reçû le Serment, il or- » donne aux Commissaires Députez de le faire joüir de ladite Charge. Donné à Nîmes le vingtiéme Janvier 1504.

Le Port de Lates eut le Sort des autres ; on négligea le Curement des Graux qui donnoient Passage aux Bâtimens, & l'on se contenta d'y laisser entrer l'Eau de la Mer pour rafraîchir l'Etang. Les Troubles, que les Huguenots causérent dans le Languedoc en ce même Siécle, y suspendirent le Commerce-Maritime ; les Barques ne partirent plus de *Frontignan*, d'*Agde*, de *Narbonne* & de *Leucate*, que pour le Transport de nos Vins, & ce ne fut que sous le Ministere de M. Colbert qu'on entreprit le Port de *Cette*, qui l'emporte maintenant sur tous les autres de la Province.

VII. Dans ce même-tems le Corps des Bourgeois & Marchands de Montpellier, projetta de faire un Canal sur la Riviére du Lez, depuis l'Etang jusqu'au Pont-Juvenal qui n'est qu'à une Portée de Canon de la Ville. La Proposition en fut faite dans la Sale de la Grande-Loge, par les Consuls de Mer, Pierre *Casson*, Guillaume *Bruguieres* & Henry *Caisergues*, qui étant appuyez de M. de la Forest-Toiras, Sénéchal & Gouverneur de la Justice, firent prendre une Déliberation le 15. Février 1666. pour traiter avec Jacques *Icher*, Receveur-Général des Gabelles, & Pierre *Pasturel*, Receveur des Tailles au Diocése de Beziers, qui offroient de conduire ce Canal jusqu'au Pont-Juvenal, ou jusqu'à la Fontaine de Lates proche le Couvent de l'Observance, moyennant plusieurs Conditions contenuës en dix-huit Articles qu'on fit imprimer : l'un des plus-remarquables, est que les Consuls de Mer se reservent une Redevance-Annuelle de Vingt-cinq livres, (comme Seigneurs de la Roubine) payables à chaque Jour & Fête St. Pierre d'Août.

Dans le premier Article.

Leur Déliberation fut autorisée par Lettres-Patentes du 14. Octobre 1666. dans lesquelles on peut observer que le Roi permet aux Entrepreneurs de *prendre les vieux Murs & Ruines de Lates, & d'employer la Pierre qui en pourra être tirée à la Construction des Ecluses & autres Ouvrages necessaires audit Canal.* Cette Permission produisit avec le tems la Démolition entière de l'Ancien-Château de Lates, renommé dans l'Histoire de nos Rois d'Aragon ; & connu même du tems des Romains, comme nous l'avons vû par ces Paroles de Pomponius Mela, *Ultra Rhodanum, Stagna Volscarum, Ledum Flumen, Castellum Latara.*

De Situ Orbis.

Il est encore à observer que dans ces mêmes Lettres, le Roi permet aux Entrepreneurs, *d'associer audit Traité, vendre ou ceder partie dudit Canal à toutes Personnes, Officiers de Compagnie-Souveraine, & Gentilshommes, sans pour ce déroger à Noblesse* : ce qui sert de Dénoüement au Transport que les Entrepreneurs firent de tous leurs Droits au Président Solas ; qui, en l'année 1675. pria (comme nous l'avons vû) le Cardinal de Bonzi, & la Duchesse de Verneüil, de mettre les deux premiéres-Pierres à ce Canal. Les Travaux qu'on y fit ayant heureusement réüssi, on commença dès l'année 1694. de débarquer au Pont-Juvenal les Marchandises qu'on y avoit conduit par le Nouveau-Canal ; ce qui continué encore de nos jours ; & donne une grande Commodité au Public.

Liv. 19. ch.

L'année 1691. causa un entier Changement au Consulat de Mer, à la Place duquel le Roi LOUIS XIV. créa une Bourse-Commune des Marchands, à l'*instar* & avec tous les Priviléges de celle de Toulouse, pour juger en premiére-Instance des Diferends, qui pourroient naître entre les Marchands de la Generalité de Montpellier ; *Ce qui leur étoit d'autant plus-convenable* (dit le Roi dans ses Lettres-Patentes) *que Montpellier se trouve situé près de la Mer ; où se fait le plus-grand Commerce, & comme au Centre des Manufactures du Vivarés, des Cévenes, des Pays de Gevaudan & du Velay, de Clermont de Lodéve, & autres du Bas-Languedoc.*

VIII.

Par cet Edit le Roi suprima les Consuls de Mer, dont l'Ancienne-Juridiction fut attachée à la Bourse, composée d'un Prieur, de deux-Juges-Consuls, d'un Sindic, & d'un Nombre de Bourgeois & Marchands ; nommez par le Prieur & Juges, pour assister avec eux au Jugement des Procez. Le Roi fixa leur Juridiction aux Diocéses de *Montpellier, Nimes, Uzés, Viviers, le Puy, Mende, Lodéve, Agde, Beziers, Narbonne & St. Pons*, leur donnant Pouvoir de connoître & décider de tous Billets-de-Change, & autres Cas sur le fait du Commerce.

En consequence, l'Etablissement fut fait cette même année, avec Subordination au Parlement de Toulouse, auquel les Appellations de la Bourse ressortent nüement ; mais, il est à observer que nonobstant Appel, les Jugemens de la Bourse sont executez par Ordonnance sur-pié-de-Requête, moyennant Caution fournie par le Requerant ; ainsi, les Procez sont bien tôt terminez dans cette Juridiction, qui est l'une des plus-expeditives & des plus-brieves : le Sindic est pris du Corps des Avocats-Postulans en la Cour-des-Comptes, Aides & Finances de Montpellier ; qui a l'Avantage de pouvoir être continué dans sa Charge, par les Prieur, Juges & Consuls.

Leur Siége est au haut de la Grande-Logé, dans l'une des deux Sales qui partagent ce Bâtiment ; la premiére est à l'Audiance de la Bourse, & la seconde pour la *Chambre du Commerce*, qui fut établie par Edit du mois de Janvier 1704. le Roi LOUIS XIV. voulut bien comprendre Montpellier dans les dix Villes de son Royaume, où il établit alors des Chambres-Particuliéres de Commerce, pour recevoir les Mémoires que tous les Marchands & Négocians de leur District, pourroient leur adresser au Profit & Utilité du Commerce, afin que lesdites Chambres, après les avoir examiné, les envoyassent à M. le Controleur-Général.

IX.

Cette Chambre est composée du Prieur & des deux Consuls de la Bourse, qui se trouvent en Charge, avec quatre Députez faisant actuellement le Commerce: ils sont élûs par Scrutin, & doivent s'assembler un jour de chaque Semaine; l'Intendant du Languedoc préside à cette Assemblée, quand il veut y venir, & le Sindic de la Province peut s'y trouver, quand bon lui semble. *Les Négocians* *Art. V. de l'Edit.* *Nobles par leur Naissance, par leurs Charges, ou autrement*, faisant le Commerce en gros, y ont Séance & peuvent être élûs pour Députez de la Chambre. Ils tiénent un Député-Résidant à Paris, qui est (maintenant le Sieur *Gilly*) chargé des Affaires du Languedoc, tant pour la Chambre de Montpellier que pour celle de Toulouse, lequel a Voix-Déliberative dans le Bureau-Géneral du Commerce.

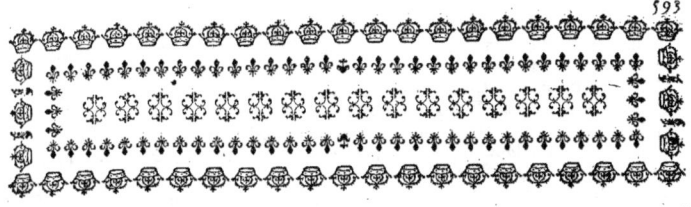

OBSERVATIONS
SUR LES
JURÎDICTIONS - MODERNES
DE MONTPELLIER.

LA COUR DES AYDES.

I. *Ce qu'on entend sous le Nom des Aydes.* II. *Le Roi Charles VII. en établit une Cour dans le Languedoc.* III. *Loüis XI. la fixe à Montpellier.* IV. *Priviléges que nos Rois lui ont accordé.* V. *Crües-d'Offices qui y ont été faites.* VI. *Noms de tous les Officiers de la Cour des Aydes, jusqu'à son Union avec la Chambre des Comptes.*

POUR remonter à l'Origine de cette Cour, il ne sera pas inutile d'observer que sous le Nom des *Aydes*, on entend toute sorte de Deniers que nos Rois levent dans leur Royaume pour subvenir aux Nécessitez de l'Etat, ausquelles le Revenu de leur Domaine ne pourroit sufire.   I.

Ces sortes d'Aydes commencérent à être levées sous la Troisiéme-Race des Rois de France, & sur tout depuis Philipe-le-Bel; qui vivoit sur la fin du XIII. Siécle, & au commencement du XIV.

Elles furent établies, sur le Sel, sur les Personnes, ou sur le Fonds de Terre qu'ils possedoient, & sur les Marchandises.

Les Deniers qu'on établit sur le Sel, furent appellez *Gabelles*.

Ceux que l'on prend sur les Personnes ou sur les Fonds-de-Terre, eurent le Nom de *Taille*, qui, selon les diferens Usages des Provinces du Royaume, est réelle ou Personnelle.

Le Nom d'Ayde a resté plus particuliérement aux Marchandises transportées ou vendües en gros & en détail, principalement sur le Vin & autres Liqueurs. *Traité des Aydes par des Maisons.* Ce que nous appellons en Languedoc *Equivalent*, tient lieu de ce Secours.

Il y eut toûjours en France des Officiers-Préposez pour connoître de ces sortes d'Impositions; mais, ils ne furent faits Ordinaires qu'en 1382. où le Roi Charles VI. créa à Paris des Generaux-des-Aydes pour exercer cette Jurisdiction. On recouroit à eux de toutes les Provinces du Royaume, ce qui donnoit lieu à bien de Voyages, & à des Frais considerables: pour y remédier le Roi Charles VII. créa une Cour-des-Aydes en Languedoc, *ad instar* (dit-il) *de celle de Paris, pour prononcer comme Souverains, sans qu'on puisse appeller d'eux en aucune maniére.*

Par cet Edit de Création, qui fut donné à Montpellier-même, durant le Sé- II.
jour que le Roi Charles VII. y fit l'an 1437. (comme il a été raporté dans le *Livre II. Chap.I.* Corps de cet Ouvrage) le Roi ne leur fixa pas de Lieu; mais il voulut qu'ils pussent tenir leur Siége & Auditoire là où bon leur sembleroit audit Pays.

Ffff

Les premiers Officiers de cette Cour, furent au nombre de six; sçavoir,

Messire Denis du Moulin (*de Molendino*) Archevêque de Toulouse, transferé deux ans après à Paris.

Messire Guillaume de Champeaux, Evêque & Duc de Laon.

Messire Guillaume de Montaise (*de Monte Gaudii*) Evêque de Beziers.

Messire Arnaud de Maretz, M^e. des Requêtes-de-l'Hôtel de Sa Majesté.

Messire Pierre du Moulin, Frere de Denis, & son Successeur en l'Archevêché de Toulouse.

Messire Jean de Arcy, Licencié en Droit-Canon & Civil, Juge de Beziers.

Comme le Roi n'avoit pas fixé le Lieu de leur Séjour, ils tinrent leur Séance dans la Ville de Toulouse, pour la plus grande Commodité des deux Archevêques, qui furent successivement les Premiers Officiers de cette Cour; mais, après la mort de Pierre du Moulin, arrivée en 1455. ces Officiers changérent leur Siége, comme il paroît par les Arrêts que l'on trouve encore rendus à Lavaur, le 9. Septembre 1455. & à Beziers le 23. Décembre 1463.

A mesure que ces Premiers Officiers laissérent leur Place vacante par leur Promotion à de plus grandes Charges, ou par leur mort, on en nomma de Nouveaux pour les remplacer; & l'on trouve dans les Regîtres de la Cour-des-Aydes, avant qu'elle fût Sédentaire à Montpellier, que tous Ceux, dont je vais raporter les Noms, furent Généraux-des-Aydes dans le Languedoc, quoique plusieurs d'entr'eux fussent en même-tems Officiers au Parlement.

En 1442. *Gilles le Lasseur*.

En 1442. *Jean Gentien*, depuis Evêque de Lavaur.

En 1444. *Jean d'Estampes*, M^e.-des-Requêtes, depuis Evêque de Carcassonne.

En 1444. *Pierre Baurillet*, dit Panconis.

En 1450. *Pierre de Crosses*.

En 1461. *Adam Cousinot*, fut Président à la place de Jean de Arcy, & l'étoit encore au Parlement de Toulouse.

En 1461. *Loüis l'Huiller*, fut ensuite confirmé par Loüis XI. dans le second Edit de Création que ce Prince donna pour la Cour-des-Aides.

En 1462. *Pierre Sarrat*.

En 1465. *Philippe de Fontenay* fut ensuite Conseiller au Parlement de Paris.

En 1466. *Guillaume Burnel* (*alias*) Duvergier.

En 1466. *Pierre des Bruyeres*.

On observe que durant ce Tems *Jean de Arcy* tint les Audiences, & *Adam Cousinot* après lui; ce qui est cause qu'on les a compris dans le Catalogue des Premiers-Présidens de cette Cour.

III. Enfin, le Roi Loüis XI. la fixa à Montpellier, trente ans après que le Roi Charles VII. son Pere en eût fait le premier Etablissement dans le Languedoc. Ses Lettres du 22. Septembre 1467. portent que *l'Auditoire & Jurisdiction desdites Aydes, sera & résidera dorsenavant en la Ville de Montpelier, pour tel & semblable temps que nostre Cour du Parlement d'icelui Païs, qu'y avons de nouveau establie, y fera Résidence, ou par tel autre temps qu'il Nous plairra.*

Philippy, Cour des Aydes.

Le Nombre de ces Nouveaux Officiers ne fut pas d'abord bien Considérable; car, le Roi dans cet Edit ne nomme que cinq Généraux, un Avocat, un Procureur, un Greffier & un Huissier. Les cinq Généraux qui y sont nommez, furent *Loüis l'Huiller*, Conseiller au Parlement; *Loüis Corbiere*; *Guillaume du Vergier*; *Pierre Doyn*, Docteur, & *Pierre Granier*: l'Avocat, *Jean Sarrat*; le Procureur *Jean Fournier*; le Greffier, *Jean Murichon*; & l'Huissier, *Jean Belor*.

L'Execution de ce Nouvel Etablissement, fut commise au Duc de Bourbonnois & d'Auvergne (Jean II. du Nom) Connétable de France & Gouverneur du Languedoc; à *Jean de Bourbon*, Evêque du Puy & Abbé de Cluni son Lieutenant dans ledit Gouvernement; à *Pierre Poignant*, Maître-des-Requêtes; & à *Guillaume Varie*, Général des Finances.

Mais, en faveur des Personnes de cette Distinction, Preposées pour l'Execution de ses Ordres, le Roi ordonna, en ces termes: *Qu'en icelui Auditoire présideront le Gouverneur dans nostredit Pays de Languedoc, ou son Lieutenant, & le Général sur le fait de nos Finances en icelui Pays, toutes les fois qu'ils seront en ladite Ville de Montpelier, & estre & assister y voudront, ou l'un d'eux.*

En consequence de cet Edit, l'Evêque du Puy pour le Duc de Bourbonnois,

&

sur les Juridictions-Modernes de Montpellier.

Noble Jean de la *Gardette*, Seigneur de Fontanilles, Me.-d'Hôtel de chés le Roi, pour *Guillaume Varie*, Général-des-Finances, instalérent les Nouveaux-Officiers le 8. Décembre de la même année 1467. après leur avoir fait prêter les Sermens requis.

Depuis ce tems-là, la Cour-des-Aydes a été toûjours Sédentaire à Montpellier, sauf les Cas de Peste, de Guerre-Civile, ou par Ordre-Spécial du Roi, comme on a pû l'observer dans le Cours de cet Ouvrage.

Nos Rois Charles VIII. Loüis XII. François 1er. Henry II. & leurs Successeurs, ont confirmé & étendu les Priviléges de cette Cour, & reglé sa Jurîdiction contre les diférentes Prétentions du Parlement & des Siéges-Présidiaux de la Province, qui leur ont souvent fait naître des Cas; on en peut voir les Edits & Déclarations que le Président *Philippy* a pris Soin de recüeillir & d'éclaircir par de sçavantes Notes, dans son Livre qui a pour Titre, Edits & Ordonnances de nos Rois, concernant l'Autorité & Jurîdiction des Cours-des-Aydes de France sous le Nom de celle de Montpellier.

Je me contente de raporter un Article de la Déclaration du Roi Loüis XII. du 1er. Juillet 1500. qui régle les Matiéres de leur Ressort, & qui nous apprend en même-tems le Nom des Impositions qui avoient déja Cours dans le Royaume.

Veut le Roy qu'il leur soit attribüé en seul & en dernier Ressort la Connoissance des Tailles, Gabelles, Quatriéme, Huitiéme, Imposition-Foraine, Ottrois, Compositions au lieu de Tailles, Dons, Recompenses, Assignations, Crües, Traite, Quart de Sel, Fournissement des Greniers à Sel, & de toutes autres Aydes, Dons, Ottrois, & Impôts mis sus, & à mettre à l'avenir pour le Fait & Conduite de la Guerre, Entretenement de l'Estat, de la Maison de France, des Princes & Seigneurs & autres Graves-Personnages, du Conseil du Roi, Tuition & Deffence de ses Terres, Seigneuries & Sujets, Villes & Places du Royaume comment qu'ils soient appellez, censez & reputez, leurs Circonstances & Dépendances en tous Cas Civils & Criminels de quelque Qualité qu'ils soient, & jusqu'à Condamnation & Execution-Corporelle, mesmement de mort.

Ils ont joüi de tous ces Priviléges avec leurs Circonstances & Dépendances (qui vont fort loin) dans toute l'Etendüe du Languedoc, du Quercy, du Roüergue, & de cette Partie du Ressort du Parlement de Toulouse, jusqu'en 1642. où le Roi Loüis XIII. ayant établi une Cour-des-Aydes à Montauban, lui attribüa la Jurîdiction de Roüergue & du Quercy, avec cette Partie de la Guiéne que je viens de dire, & ne laissa que la seule Province ou Gouvernement de Languedoc, à la Cour-des-Aydes de Montpellier : il est vrai qu'en dédommagement le Roi donna à chacun des Officiers une Augmentation de Revenu, dont ils joüissent encore sous le Nom d'*Indemnité de Cahors*, parceque la Cour-des-Aides de Montauban tint ses Premiéres-Séances à Cahors.

Les Officiers de celle de Montpellier, qui, dans leur commencement, n'étoient qu'en fort petit-Nombre, ont augmenté depuis considérablement par les Criies-d'Offices que nos Rois ont fait dans leur Compagnie, comme dans les autres du Royaume.

Les Principales que j'aye trouvé depuis leur Etablissement à Montpellier, jusqu'à leur Union avec la Chambre-des-Comptes, sont au Nombre de huit ou neuf.

En 1473. (ou auparavant) il fut créé une Charge Surnumeraire de Président, en faveur de *Guillaume de la Croix*, qui fut depuis Gouverneur de Montpellier ; car, il paroît qu'il exerçoit la Charge de Président en 1473. par un Arrêt de la Chancélerie de cette Cour, verifié par *Jean de Rignac* : La Chose paroît encore plus par les Lettres du Roi Charles VIII. données à Laval le 3. Juin 1487. qui portent Confirmation dudit Office de Président & Premier-Conseiller de ladite Cour, en faveur de *Guillaume de la Croix*, & font mention qu'il avoit été pourvû de cet Office par le Roi Loüis XI. & qu'il en avoit joüi jusqu'au Decés du Roi : on le prouve encore par l'Enregistrement des Lettres de Provision de Me. *Jean Bosc*, Prieur de St. Just en 1491. où il est dit qu'elles furent presentées pardevant Mrs. *Guillaume de la Croix*, Président en ladite Cour, *Gabriel Vives*, *Jean Salomon*, Conseillers en icelle, &c.

V. *Manuscrits d'Aubais.*

Ffff 2

Observations

En 1491. il fut créé deux Offices de Conseiller ; l'un pour *Jean Bose*, Prieur de St. Just, Diocése de Maguelonne ; & l'autre pour *Guillaume Bruni*.

En 1503. par Edit du 25. Avril, donné à Lyon, deux autres Offices de Conseiller créez pour un an seulement ; mais, la Restriction n'eut pas son effet : *Pierre de Malaripa* en occupa un à la Place de *Gabriel de Laye*, qui, en ayant été pourvû, ne se fit pas recevoir ; & l'autre fut rempli par *Pierre de Petra*, à la Place de *Jean Gineste*, qui avoit passé l'année sans exercer son Office.

En 1537. sous François Ier. *André Ricardi*, & *Antoine Tremolet*, eurent chacun un Office de Crüe.

En 1543. par Edit du mois de Mars, du Roi François Ier. & qui fut verifié en la Cour-des-Aides, le 5. Avril de l'année suivante, il fut créé un Office de Second Président, dont fut pourvû *François de Lasset*, pour succeder au Premier-Président, en cas de Vacance.

En 1552. deux Offices de Crüe, qui furent remplis par *Pierre Mathei* & *Jean Bouques*.

En 1555. *François Dairebaudouse* fut Troisiéme Président de la Crüe qui fut faite cette année, par le moyen de laquelle il y eut douze Généraux & trois Présidens. L'année d'après 1556. par Edit du mois d'Avril, Création d'un Quatriéme Office de Président, dont le Sieur de Montfaucon fut pourvû, & reçû à la Cour-des-Aydes, l'année suivante.

En 1569. Création d'un Second Office d'Avocat-Général, en faveur d'Alexandre *Barenton* ; l'Occasion vint de ce que la Cour-des-Aydes l'ayant nommé à la Place du Sieur de Montagne, qui alors ne pouvoit exercer ; & le Sieur de Montagne ayant été rétabli après l'Edit de Pacification, le Roi donna ses Lettres de Jussion à la Cour, de continüer ledit *Barenton* en sondit Office.

En 1621. par Edit du mois de Novembre, ce même Office d'Avocat fut confirmé en faveur d'*Etiéne Joly*, avec la Clause que la Vacance du Premier avenant, le Second deviendroit le Premier. Le Roi créa cette même année cinq Offices de Conseiller, dont deux furent suprimez ; les trois autres furent remplis par *Jean-Jacques de Plantade*, *Jacques d'Almeras*, & *Pierre Sartre*.

Il est à observer, que dans ces Edits de Crüe, dont quelques-uns paroissent avoir été donnez en faveur des Particuliers qui les demandoient, il est dit que leur mort avenant l'Office seroit suprimé ; mais, néanmoins on trouve qu'ils subsistérent presque toûjours.

De-là vient qu'en 1629. que cette Cour fut unie avec la Chambre-des-Comptes, le Nombre de ses Officiers, qui, dans son premier Etablissement à Montpellier, ne passoit pas six ou sept, alla jusqu'à quatre Présidens & trente Genéraux : toute cette Augmentation s'étant faite dans l'espace de cent soixante-deux ans.

VI. J'ai crû qu'on seroit bien-aise de voir le Nom de tous ces Officiers avec l'année de leur Reception, telle que je l'ai trouvée dans les Manuscrits du Sr. de Rignac, & qu'il assure avoir verifié lui-même dans les Regîtres de la Cour. Je range tous ces Officiers sous la Suite de nos Rois, durant la Vie desquels ils commencérent de servir, & je n'y comprens que Ceux qui furent instalez dans leur Office, sans faire mention des Pourvûs & non reçûs.

SOUS LE ROY LOUIS XI.

1467. Messire Jean II. du Nom, Duc de Bourbonnois & d'Auvergne, Grand-Chambrier & Connétable de France, Président-Né de la Cour des Aydes, comme Gouverneur de Languedoc.

1467. M^{re}. Loüis l'Huillier....Conseiller au Parlement de Toulouse.

1467. M^{re}. Jean Duvergier.

1467. M^{re}. Loüis Corbiere.

1467. M^{re}. Pierre Doyn.

1467. M^{re}. Pierre Granier.

1473. M^{re}. Guillaume de la Croix, Président.

1477. M^{re}. Jean Tripet.

1477. M^{re}. Gabriël Vives.

1477. M^{re}. Pierre Macé.

SOUS LE ROY CHARLES VIII.

1486. Mre. François Mesnier.
1486. Mre. Guillaume Bruni.
1489. Mre. Bremond de St. Felix.
1491. Mre. Jean Bosc...Prieur de St. Just, Diocése de Maguelonne.
1492. Mre. Anne de l'Aubespine.
1493. Mre. Loüis de la Croix..Président, Fils de Guillaume.
1493. Mre. Philipe de Lauselergues.
1493. Mre. Jean Testoris ou Texier.
1496. Mre. Jean Salomon.
1497. Mre. Jean Prunier.

SOUS LE ROY LOUIS XII.

1494. Mre. Pierre II. du Nom, Duc de Bourbonnois & d'Auvergne, Pair & Grand-Chambrier de France, Président-Né de la Cour-des-Aides, comme Gouverneur de Languedoc.
1503. Mre. Pierre de Malaripa.
1503. Mre. Jean de Boscha.
1504. Mre. Pierre de Petra.
1507. Mre. Loüis Gombaud.
1508. Mre. Pierre Barberii ou Barbier, Président en 1524.
1514. Mre. Fredol de Montvaillant.

SOUS LE ROY FRANÇOIS PREMIER.

1524. François de France, Dauphin de Viennois, Gouverneur de Languedoc, Président-né.
1525. Anne de Montmorency, Connétable de France son Successeur dans le même Gouvernement.
1516. Mre. N. Boisleau.
1518. Mre. Loüis de Grille.
1521. Mre. Guillaume de Lauselergues, Fils & Successeur de Philipe.
1524. Mre. Eustache Philippy.
1524. Mre. Jean Isnardi.
1528. Etiéne de Combes.... Homme-d'Eglise.
1530. Mre. Antoine de Sala.
1537. Mre. Antoine Tremolet... Baron de Montpezat.
1540. Mre. Pierre de Panissa... Premier-Président.
1541. Mre. Guillaume de Saint Ravy.
1544. Mre. François de Lasset... Second-Président, fut depuis Juge-Mage de Carcassonne.
1544. Mre. François de Chefdebien... Conseiller-Clerc.
1547. Mre. Pierre de St. Ravy... Fils de Guillaume.

SOUS LE ROY HENRY II.

1544. François de Bourbon, Comte d'Enguien, Gouverneur de Languedoc, Président-né.
Anne de Montmorency, Connétable de France, rétabli dans son Gouvernement.
1548. Mre. Jean Philippy... Fils & Successeur d'Eustache... depuis Président en 1572.
1552. Mre. Nicolas de Grille....Neveu de Loüis.
1552. Mre. Simon de Beauxhostes.... Second-Président à la place de *Lasset.*
1553. Mre. Pierre Matthæi.
1553. Mre. Jean de Bouques.
1553. Mre. Guillaume de la Coste, ou de Costa... avoit été Avocat-Général.
1553. Mre. Michel de St. Ravy... Frere de Pierre.
1553. Mre. Jean de Lauselergues... Fils de Guillaume.
1554. Mre. Paul de Clerc... avoit été Greffier de ladite Cour.
1556. Mre. François d'Airebaudouse... Baron d'Anduse... Troisiéme-Président, avoit été Conseiller au Présidial de Nîmes.
1557. Mre. Jacques de Montfaucon... Quatriéme-Président, avoit été Conseiller au Présidial de Montpellier.
1558. Mre. Jean de Ranchin... Grand-Vicaire & Official d'Uzés.
1558. Mre. Leonard Aiguillon... Chanoine & Prévôt en l'Eglise St. Pierre.

SOUS LE ROY FRANÇOIS. II.

Il n'y eut point de Changement, le Regne de ce Prince ayant été très-court.

SOUS LE ROY CHARLES IX.

1567. Henry de Montmorency, qui fut depuis Connétable de France, & Succeſſeur d'Anne ſon Pere au Gouvernement de Languedoc... Préſident-né.

1561. M^{re}. Etiéne de Ranchin... Frere & Succeſſeur de Jean.

1570. M^{re}. Pierre Rome, S^r. de Fonds.

1572. M^{re}. Jacques Blanchon.. S^r. de S^t. Coſme, avoit été Avocat du Roi en la Senéchauſſée de Beaucaire.

1573. M^{re}. Arnaud Paſcal.

1573. M^{re}. Etiéne de Rate... avoit été Avocat du Roi au Préſidial.

SOUS LE ROY HENRY III.

1597. Henry Duc de Montmorency, Amiral de France, Reçu en Survivance du Connétable Henry ſon Pere, dans ſon Gouvernement de Languedoc... Préſident-né.

1576. M^{re}. Jacques de Montagne, Préſident... avoit été Avocat-Général, & fut Garde-du-Sceau.

1576. M^{re}. Jean de Ranchin... Fils & Succeſſeur d'Etiéne.

1577. M^{re}. Pierre du Robin... Préſident en 1607.. fut auſſi Garde-du-Sceau.

1578. M^{re}. Mathurin de Chefdebien, Premier-Préſident.. avoit été Conſeiller au Grand-Conſeil.

1578. M^{re}. Homer de Gerard.

1583. M^{re}. Loüis de Rochemore.

1586. M^{re}. Raulin de Rignac.

SOUS LE ROY HENRY IV.

1591. M^{re}. Antoine de Grille.... Fils & Succeſſeur de Nicolas.

1591. M^{re}. Jacques de Vignoles.

1591. M^{re}. François de Chefdebien.

1591. M^{re}. Daniël Paſcal. ... Fils & Succeſſeur d'Arnaud.

1591. M^{re}. Pierre de Maſſane.

1592. M^{re}. Pierre de Rozel, Premier-Préſident... avoit été Lieutenant-Principal en la Senéchauſſée de Beaucaire & Nîmes.

1592. M^{re}. Loüis Philippy, Préſident.. Fils & Succeſſeur de Jean.

1594. M^{re}. Philipe de Sarret... avoit été Avocat-Général.

1595. M^{re}. Pierre de Rate... Fils & Succeſſeur d'Etiéne.

1596. M^{re}. Pierre de Sarret... avoit été Conſeiller au Gouvernement & Siége Préſidial de Montpellier.

1601. M^{re}. Jean de Graſſet... avoit été Procureur-Général.

1605. M^{re}. Pierre de Bocaud, Premier-Préſident... avoit été Procureur-Général en cette Cour, & puis Avocat-Général en la Chambre de l'Edit : Il acquit de *Falgueroles* la Charge de Garde-des-Sceaux de la Compagnie.

1606. M^{re}. Jacques Valette, S^r. Deſplans.

1607. M^{re}. Raulin d'Airebaudouſe... Baron d'Anduſe, Préſident, avoit été Lieutenant-Particulier au Préſidial de Montpellier.

1607. M^{re}. Jean de Solas... depuis Préſident en 1622.

1608. M^{re}. Charles de Graſſet... Frere de Jean, avoit été Procureur-Général, & fut reçu Préſident le jour même qu'on enregiſtra l'Edit d'Union en 1629.

1608. M^{re}. Jean de Sarret... Fils de Philipe.

SOUS LE ROY LOUIS XIII.

1632. Charles de Scomberg Duc d'Aluin, Pair & Maréchal de France, Gouverneur du Languedoc, après la mort de M^r. de Montmorency.. Pré-

sur les Juridictions-Modernes de Montpellier. 599

fident-né.
1610. M^{re}. Etiéne de Ranchin... Fils & Succeffeur de Jean.
1610. M^{re}. Denis d'Affier.
1610. M^{re}. Emanüel de Gerard... Fils & Succeffeur d'Homer.
1612. M^{re}. David de Falguerolles... Garde-du-Sceau.
1613. M^{re}. Gabriel de Bachelier... Préfident.
1615. M^{re}. André de Trinquere.
1619. M^{re}. Jean de Rignac.
1622. M^{re}. Joseph Deydé... avoit été Procureur-Général.
1622. M^{re}. Jean-Jacques de Plantade... avoit été Juge-Ordinaire.
1622. Jacques d'Almeras... avoit été Vifiteur Général-des-Gabelles.
1622. M^{re}. Pierre Sartre..... avoit été Juge en la Ville, & Viguerie de Beziers.
1625. M^{re}. Jean-Jacques de Cazaledes.
1625. M^{re}. Antoine Ranchin... avoit été Avocat-Général.
1626. M^{re}. Balthafar Pichot.
1626. M^{re}. Antoine du Robin.
1628. M^{re}. Paul de Colonges.

GENS DU ROY,

AVOCATS-GENÉRAUX.

1447. M^{re}. Jean Dupont.
1461. M^{re}. Robert Defloges.
1467. M^{re}. Jean Sarrat... fut auffi Avocat-Général au Parlement.
1477. M^{re}. François Bofc.
1514. M^{re}. Jean Boyer.
1537. M^{re}. Guillaume Boffavin.
1547. M^{re}. Guillaume de Lacofte, ou de Cofta... fut enfuite Conseiller.
1555. M^{re}. Jacques de Montagne... fut enfuite Préfident.
1570. M^{re}. Alexandre Barenton... fut depuis Juge-Criminel au Siége Préfidial de Montpellier.
1574. M^{re}. Jean de Trinquere....fut enfuite Juge-Mage.
1582. M^{re}. Philipe de Sarret... fut enfuite Conseiller.
1595. M^{re}. Guillaume de Ranchin... étoit Profeffeur en Droit, & fut depuis Conseiller en la Chambre de l'Edit.
1604. M^{re}. Antoine de Ranchin... fut enfuite Conseiller.
1622. M^{re}. Etiéne Joly... fait second Avocat-Général, par l'Edit de 1622.
1625. M^{re}. Pierre de Solas... Fils de Jean, avoit été Profeffeur en l'Univerfité des Loix à Montpellier.

PROCUREURS-GENERAUX.

1447. M^{re}. Jacques Bedos.
1465. M^{re}. Bernard Marfol.
1467. M^{re}. Jean Fournier.
1477. M^{re}. Raoul Bocaud.
1514. M^{re}. Loüis Gentil.
1533. M^{re}. Loüis Barbier.
1537. M^{re}. Jean de Jaule.
1544. M^{re}. Bernard de Chaudes-Maifons.
1560. M^{re}. Guillaume Philippy... Frere de Jean, étoit Chanoine de l'Eglife-
Catédrale de Montpellier.
1587. M^{re}. Pierre Bocaud... depuis Premier-Préfident.
1601. M^{re}. Jean de Graffet... fut Conseiller un-an-après.
1605. M^{re}. Charles de Graffet... puis Conseiller & ensuite Préfident.
1614. M^{re}. Joseph Deydé... ensuite Conseiller.
1622. M^{re}. François de Rignac.

GREFFIERS EN CHEF.

1447. M^{re}. François Montbel.
1465. M^{re}. Martin d'Argonne.
1467. M^{re}. Morichon.
1477. M^{re}. Pierre Taupizier.
1486. M^{re}. Jean Prunier.
1496. M^{re}. Jean le Clerc ou Clary.
1537. M^{re}. François de Clerc.
1544. M^{re}. Paul de Clerc.. Fils de Franç.
1554. M^{re}. Guillaume de Clerc... Frere de Paul.
1572. M^{re}. Mermet Mutin.
1596. M^{re}. Jean Janvier.

Le Greffe *ayant été remboursé audit Janvier fut exercé* depuis par des Commis.

Il est à observer, que quoique les Charges de la Robe n'ayent été Héréditaires que depuis l'Etablissement de la Paulette, dont l'Edit fut enregîtré en 1605. nos Rois ne laissèrent pas de continüer souvent les Enfans des Officiers de la Cour-des-Aides, dans la Charge de leurs Peres ; comme Nous le voyons dans les Familles de *Laussselergues*, *de Grille*, *de Philippy*, & autres qui se succedérent de Pere en Fils, jusqu'à la Troisiéme-Generation.

Cela arrivoit quelque-fois sur la Resignation des Peres, comme il resulte des Provisions que nous avons des Premiers-Officiers de la Cour-des-Aides ; quelque-fois nos Rois disposoient de ces Charges en forme de Don, dans le cas de Vacance.

Elles étoient toutes censées vaquer à chaque Mutation de Regne ; de-là vient que nos Rois, dès leur Avenément à la Couronne, donnoient des Lettres-Patentes en Confirmation desdites Compagnies, & des Officiers qui les composoient, comme on a pû voir dans les Lettres que j'ai raportées du Roi Loüis XII. (Livre 12. Chap. 3.) Et du Roi François Premier (Livre 13. Chap. 1ᵉʳ.)

LA CHAMBRE DES COMPTES.

I. François I. en établissant une Chambre-des-Comptes dans le Languedoc, la fixé à Montpellier. II. Nombre des Premiers-Officiers. III. Augmentation d'Offices & de Gages faite dans cette Cour jusqu'à son Union avec la Cour-des-Aydes. IV. Noms de tous les Officiers qui en remplirent les Charges jusqu'à l'Union.

I. LA Chambre-des-Comptes, établie pour examiner & juger Souverainement les Comptes de ceux qui manient les Deniers-Royaux, fut fixée à Paris par Philipe-le-Bel au commencement du xiv. Siécle ; toutes les Provinces du Royaume étoient obligées d'y recourir par Appel, lorsqu'on n'étoit pas content des Jugemens rendus par les Auditeurs-des-Comptes, qui étoient envoyez de Paris dans les Provinces pour oüir les Comptables.

Les grands Fraix & les Perils où étoient exposez à cette Occasion les Habitans du Languedoc, portérent le Roi François Premier d'y établir une Chambre-des-Comptes ; il en donna ses Lettres-Patentes à Saint Germain-en-Laye, dans la neuviéme année de son Regne, que Nous comptons 1523. Le Roi par ces Lettres, Ordonne que « *cette Cour sera dorsenavant & se tiendra toûjours dans sa Vil-le de Montpellier* ; Que les Comptables de son Païs de Languedoc, rendront leur » Comptes devers cette Chambre à commencer dans un an, sauf le Receveur » General du Languedoc, & les trois Receveurs des trois Senéchaussées de Tou-» louse, Carcassonne, Beaucaire & Nîmes, qui continüeront de compter en la » Chambre-des-Comptes de Paris, comme ils avoient accoûtumé.

II. François Premier composa d'abord cette Chambre de dix Officiers ; sçavoir, d'un Président, de deux Maîtres des Comptes, de trois Auditeurs, d'un Greffier, d'un Huissier, & d'un Receveur & Payeur de ladite Chambre, à laquelle il donne tous les Priviléges qu'avoit la Chambre-des-Comptes de Paris.

Il assigna au Président, huit cent livres Tournois de Gages.

Aux deux Maîtres des Comptes, quatre cent livres chacun.

Aux trois Auditeurs, trois cent livres chacun.

Au Greffier, quatre-vingt livres Tournois.

A l'Huissier cinquante, au Procureur cent, & au Receveur & Payeur de ladite Chambre, sept-vingt livres Tournois par chacun an.

III. Le Nombre & le Revenu de ces Officiers augmenta, à mesure que nos Rois créérent de Nouveaux-Officiers, ce qui donna lieu le plus souvent à une Augmentation de Gages... Je trouve qu'il en fut créé dix à douze-fois, depuis l'Etablissement de cette Chambre, jusqu'à son Union avec la Cour-des-Aides.

En

sur les Juridictions-Modernes de Montpellier.

En 1543. Le Roi François Premier créa deux Nouveaux-Offices de Maître-des-Comptes, qui furent remplis par *Guillaume de Boirargues*, ci-devant Auditeur, & par *Loüis de Lauſſelergues*, Sieur de St. Hilaire.

En 1551. Henry II. créa un Second Office de Préſident en faveur de *Jacques de Fortia*, ci-devant Auditeur en ladite Chambre....Deux ans après, c'eſt-à-dire, en 1553. le même Roi augmenta cette Cour de deux Maîtres-des-Comptes & de deux Auditeurs: les deux Maîtres-des-Comptes furent *Jean Libel*, Sieur de Careſcauſſes, & *Pierre Rafaëlis* de Carpentras ; les deux Auditeurs, *Gabriël de Fortville* & *Honoré Focard*. Par ce même Edit le Roi Henry II. créa pour la premiére-fois un Correcteur-des-Comptes, qui fut *Guillaume de la Gorce*, Sieur de St. Julien ; mais, ſon Office fut auſſi-tôt commué en un Office de Maître-des-Comptes ; ainſi, on ne trouvera dans cette Chambre des Conſeillers-Correcteurs que ſous les Regnes ſuivans.

En 1572. le Roi Charles IX. créa un huitiéme Office de Maître-des-Comptes en faveur de *Charles Figeon*, Sécretaire de la Reine de Navarre ſa Sœur ; & par le même Edit, une Charge d'Avocat-Général, qui fut remplie par *Antoine du Robin*, ci-devant Juge de l'Ordinaire à Montpellier.

En 1576. Henry III. créa un neuviéme Office de Maître-des-Comptes, en faveur de *Pierre de Griffy*, Sieur de St. Martin, avec la Clauſe que le Premier-Office-Vacant ſeroit ſuprimé ; ce qui arriva à la mort de *Pierre Convers*......En 1587. le même Roi créa une ſixiéme Charge d'Auditeur en faveur de *Thomas Juin* ; mais, ayant voulu deux ans après faire une Augmentation conſiderable d'Offices, pour ſubvenir aux Beſoins preſſans de ſes Affaires, la Choſe ſouffrit de ſi grandes Oppoſitions qu'elle ne put réüſſir que ſous le Regne d'Henry IV. qui, par ſes Lettres-Patentes dattées de Chaliot le 28. Août 1590. confirma l'Edit de ſon Prédeceſſeur, donné à Tours en Avril 1589. portant Création d'un Troiſiéme-Préſident, de quatre Maîtres-des-Comptes, de deux Correcteurs & de deux Auditeurs.

En conſéquence, la Charge de Troiſiéme-Préſident fut donnée à *Pierre de Tuffany* ; celles de Maître-des-Comptes à *Simon de Farges*, *Adrien Payen*, *Paul Parent*, & *Jean le Bon* ; celles de Correcteur à *Jean de Vignes*, & à *Jean Izarn*, Sr. de Salagoſſe ; & celles d'Auditeur à *Jean Martiny*, & *Denis Payen*.

Les Affaires du Roi Henry IV. dans les premiéres années de ſon Regne, l'ayant obligé de recourir aux Gens-de-Robe pour avoir de l'Argent, il augmenta la Juriſdiction de la Chambre-des-Comptes de Montpellier, du Compte-des-Recettes-Générales, de celui des Payeurs des Compagnies & autres Droits, permettant en même-tems aux Officiers de faire par Sémeſtre les Fonctions de leurs Charges. Mais, par ce même Edit donné à Lyon en Septembre 1595. il ordonna une Nouvelle Crüe, qui fut d'un Quatriéme-Préſident, de quatre Maîtres-des-Comptes, de deux Correcteurs & de quatre Auditeurs : le Préſident fut *Blaiſe d'Aiguillon*, ci-devant Conſeiller & Maître dans la même Chambre ; les quatre Maîtres, *Laurent Fizes*, *Gabriël de Cuſſonel*, *Jean Solier* & *Jean Focard* ; les Correcteurs, *Mathieu Baillé* & *Salomon Rey* ; les Auditeurs, *Guillaume de l'Abayé*, *Jacques Cazes*, *Pierre Blay* & *Pierre Bannieres* : ainſi, cette Compagnie ſe trouva alors compoſée de quatre Préſidens, de ſeize Conſeillers Maîtres-des-Comptes, de quatre Conſeillers-Correcteurs, de douze Conſeillers-Auditeurs, d'un Avocat & d'un Procureur-Général, (ſans parler d'autres Officiers-Subalternes), Alternatifs & Triennaux. Duquel Nombre d'Officiers (ajoûte le Roi Henry IV.) *ladite Chambre ſera compoſée & réduite, ſans qu'à l'avenir pour quelque Cauſe que ce ſoit, elle puiſſe être augmentée ou par ſurpriſe ou par importunité, & ſi autrement en étoient expediées quelques Proviſions, Nous les déclarons de nulle Valeur, avec Défenſe à iceux Juges d'y avoir aucun égard, ni à la Dérogatoire*.

Néanmoins en 1608. le même Roi Henry IV. voulant que le Nombre de Conſeillers-Correcteurs, allât juſqu'à ſix, créa, par Edit du 28. Janvier, deux Nouveaux Offices de Correcteur, qui furent remplis par *Jean Hilaire* & *Barthelemi de Bornier* ; ce qui fit en tout quarante Officiers.

Les Choſes reſtérent en cet Etat juſqu'en 1621. où le Roi Loüis XIII. étant

Ggg g

venu à Toulouse pour pacifier les Troubles que les Religionnaires causoient dans la Guiéne & dans le Languedoc, donna des Lettres-Patentes en forme d'Edit, du mois de Novembre 1621. portant Création de quatre Offices de Conseiller & Maîtres en la Chambre-des-Comptes de Montpellier, & de deux Correcteurs. Ce nouvel Edit trouva beaucoup de dificultez dans ce Tems de Trouble ; & engagea le Duc de Lesdiguiéres à faire diferentes Propositions à la Chambre-des-Comptes, pour tirer d'elle une partie des Sommes nécessaires aux Fraix de la Guerre ; mais, tous les Expédiens proposez ayant manqué, la Cour prit le Parti d'adresser au Grand-Conseil les Sujets qui se présentoient pour remplir les Nouveaux-Offices ; lesquels y ayant été reçus en 1622. vinrent, après le Siége de Montpellier, faire enregîtrer leurs Provisions en la Chambre-des-Comptes, & y prêter-Serment ; ce qui fut fait dans les mois de Juin & de Juillet 1623. Ces Nouveaux Officiers étoient *Philipe Izarn*, Sieur de Salagosse, ci-devant Correcteur, *René de Haudessans, Jean de la Roche & François Turle*, tous Conseillers & Maîtres-des-Comptes ; les deux Correcteurs furent *Henry de Mariotte & Pierre de Greseuille*.

Enfin, la derniére Crûe fut faite en 1629. lors de l'Union de la Chambre-des-Comptes avec la Cour-des-Aides, dont je nommerai les Officiers dans l'Article de l'Union ; cependant, je crois que le Lecteur verra avec quelque plaisir le Catalogue des Officiers qui exercérent leurs Charges avant l'Incorporation de

IV. leur Chambre avec la Cour-des-Aides : Je crois aussi devoir observer au sujet des Conseillers-Correcteurs, que si on n'en trouve point sous les Rois François Ier. Henry II. Charles IX. & Henry III. c'est parcequ'il ne commença d'y en avoir que sous Henry IV. en 1592.

SOUS FRANÇOIS PREMIER.

1523. Charles d'Albiac, Président en seul, avoit été Auditeur-des-Comptes à Paris.
1523. Ant. Bucelli, Conseiller, étoit Viguier à Gignac.
1527. Jacques Spitame, Conseiller.
1528. Bernard Pavée, Sieur de Villevielle, Conseiller.
1533. Jean de Cezelli, Seigneur de St. Aunez, Président en seul.
1536. Pierre de la Croix, Conseiller.
1543. Loüis de Lausselergues, Conseiller.
1543. Guill. de Boirargues, Conseiller, ci-devant Auditeur.
1544. Claude de Mariotte, Conseiller.

1544. Loüis de Bucelli, Fils d'Antoine, Baron de la Mousson, Conseiller.
1546. Jean de Farges, Conseiller, Seigneur de Coucon.

AUDITEURS.

1529. Albert Ricard.
1529. Jacques Guillen.
1533. Guillaume de Fortia.
1537. Jacques de Fortia, depuis Président en 1551.
1537. Jacques de Safret.
1538. Guill. de Boirargues, depuis Maître-des-Comptes.
Dominique la Bayé.

SOUS HENRY II.

1551. Jacques de Fortia, Président, avoit été Auditeur.
1552. Jean-Antoine Bandinel, reçû Président.
1553. Pierre Rafaëlis, Conseiller.
1553. Guillaume de la Gorce, sieur de St. Julien, Conseiller.
1554. Jean Libel, Sieur de Carescausses,

Conseiller.
1556. Pierre Convers, Conseiller.

AUDITEURS.

1552. Nicolas Ricard.
1553. Honoré Focard.
1554. Gabriël de Fortville.
1556. Jean Ortholan, Sieur de Pouzols.

SOUS CHARLES IX.

1569. Albert Nicola, Conseiller.
1570. Loüis Prévost.

1570. Nicolas Dubois, Conseiller.
1570. René Maron, reçû Président.
1572.

sur les Juridictions-Modernes de Montpellier.

1572. Arnaud de Rignac, Conseiller.
1572. Pierre de la Volhe, Seigneur de la Lauze, Président en seul.
1572. Jean de Bousquet, Sieur de Montlaur, Conseiller, puis Président en 1581.

1573. Charles de Figeon, Conseiller.
AUDITEURS.
1572. François du Choul.
1573. Sauvaire Delon.
Raymond Rouvier.

SOUS HENRY III.

1575. Blaise d'Aiguillon, Conseiller, puis Président en 1596.
1579. Pierre de Griffy, Conseiller, Sr. de St. Martin, avoit été Lieutenant de Robe-courte.
1581. Philipe de Boussuge, Sr. du Triadou, Conseiller.
1582. Loüis Prevost, Seigneur de Fabrezan, Président.
1582. Maurice Dalmas.
1582. André de Trinquere, Sieur de la Greffe, Conseiller.
1582. Jean de Fontanon, Conseiller.
1584. Jean de Seigneuret, Seigneur de la Borde, Président.
1589. Pierre de Tufani, Conseiller, puis Président en 1592.
1589. Pierre Pinel, Conseiller, puis Président en 1599.
AUDITEURS.
1580. Jean de Vignes.
1588. Thomas Juin.

SOUS HENRY IV.

1591. Jean de Beauxhostes, Seigneur d'Agel, Premier-Président.
1591. Jean de Mariotte, Conseiller.
1592. Theophile Sourrassin, Seigneur de Celleneuve.
1592. Adrien Payen, Conseiller.
1592. Simon de Farges, Conseiller.
1592. Paul Parent, Conseiller.
1592. Jean le Bon.
1597. Gabriël Cussonel.
1597. Laurent Fizes, Conseiller.
1597. Etiéne Bergier, Conseiller.
1597. Pierre Clauzel, Conseiller, puis Président en 1602.
1597. Jean Solier, Conseiller.
1597. Jean Focard, Conseiller, puis Doyen.
1598. Maurice Dalmas, Conseiller, Fils d'autre.
1600. Philipe Bornier, Conseiller, puis Président en 1617.
1601. Jacques d'Hauteville, Sieur de Vauvert, Conseiller, ci-devant Auditeur.
1604. François Clauzel, Conseiller.
1605. Etiéne de Ratte, Président.

1606. Pierre Baüdan, Conseiller.
1608. Jean Janvier, Conseiller.
1608. François Fontanon, Fils de Jean.
CORRECTEURS.
1592. Jean de Vignes.
1592. Jean Izarn, Sieur de Salagosse.
1597. Mathieu Baillé.
1598. Salomon Rey.
1609. Jean Hilaire.
1609. Barthelemi Bornier.
AUDITEURS.
1592. Jean Martiny.
1592. Denis Payen.
1593. Jacques d'Hauteville, puis Conseiller.
1595. Pierre de Grefeüille, depuis Trésorier-de-France.
1595. Martin Riviere.
1597. Guillaume de la Bayé.
1597. Jacques Cazés.
1597. Pierre Blay.
1597. Pierre Bannieres.
1600. Pierre de Solas.
1601. Pierre de la Font.
1601. Etiéne Boulhaco.
1609. Jean Ranchin.

SOUS LOUIS XIII.

1612. Pierre de Boussuges, Conseiller, Fils de Philipe.
1612. Jacques de Farges, Conseiller, Fils de Simon.
1613. François de Bachelier, reçû Président, il avoit été Conseiller au Parlement.
1613. François de Chefdebien, Président.
1615. Hercule Dampmartin, Conseiller.
1616. Pierre de Grefeüille, Président, ci-devant Auditeur.

1617. Gilbert de Griffy, Sieur de Saint George, Fils de Pierre.
1617. Henry Solier .. Fils de Jean.
1617. Jean Ricard, ci-devant Correcteur.
1617. Samuël de Trinquere, Sieur de la Greffe, Président.
1618. Honoré Gevaudan, reçû Président
1618. Pierre de Massane.
1619. Etiéne Bergier, Conseiller, fils d'autre Etiéne.
1622. Philipe Izarn de Salagosse, ci-devant Correcteur.
1622. René de Haudessan, Sr. *de Guillory.*
1623. François Turle.
1623. Guillaume de Calvet.
1623. Pierre de Beauxhostes, fils de Jean, reçû Premier-Président.
1623. Jean de Massane, frere de Pierre.
1623. Jean de la Roche.
1623. Guillaume Sartre.
1624. Pierre de Serres, sieur de Saussan.
1624. Daniël Galieres, sieur de la Verune, ci-devant Trésorier-de-France, reçû Président.
1627. Antoine de Thomas.
1628. Simon-Jean de Bornier.
1628. Jacques-Philipe de Maussac, reçû Président, il avoit été Conseiller au Parlement de Toulouse.
1629. Henry de Mariotte, fils de Jean ci-devant Correcteur.

CORRECTEURS.

1612. Philipe Izarn, sieur de Salagosse, depuis Maître-des-Comptes, fils de Jean.
1612. Jean de Ricard.
1617. Etiéne Ravin.
1618. Pierre de Serres.
1623. Jean Rey.
1623. Guillaume Causse.
1624. Henry de Mariotte.
1627. Pierre de Grefeüille, frere du Président.

AUDITEURS.

1610. Jacques de la Bayé, fils de Guillaume.
1610. Pierre de Grefeüille, fils d'autre Pierre.
1611. Alexandre Riviere, fils de Martin.
1615. Jean Desperie.
1618. Etiéne David.
1621. Philipe Payen, fils de Denis.
1623. Guillaume Clauzel, puis Maître-des-Comptes & Conseiller-d'Etat, par Brevet du 13. Septembre 1661.
1623. Etiéne Ranchin, Professeur.
1624. Jean Raoulx.
1628. Jean du Ponat.
1629. Antoine Cazes, fils de Jacques.

AVOCATS-GENERAUX.

1575. Antoine du Robin, ci-devant Juge de l'Ordinaire.
1591. Guillaume du Robin son fils, Sr. de Beaulieu.
1594. Guillaume Ranchin, ci-devant Conseiller au Présidial.
1595. Charles Leonard de Miremont.
1618. Guillaume de Clauzel, sieur de Fontfroide.
Son Office fut commué lors de l'Union, en un Office de Conseiller en la Cour-des-Comptes, Aides & Finances.

PROCUREURS-GENERAUX.

1538. Jean de Penderia.
Antoine Gavauldan.
1572. Etiéne Testoris ou Texier.
1580. Jean de Grasset.
1623. Gabriël de Grasset, fils de Jean.
Son Office fut commué lors de l'Union, en un Office de Conseiller en la Cour-des-Comptes, Aides & Finances.

GREFFIERS DE LA CHAMBRE DES COMPTES.

1523. Alexandre Faucon, créé avec la Chambre.
1534. Jean Leynadier.
1537. Jean Lablatiere.
1543. Pierre de Convers, puis Président-Présidial.
1556. Claude de Convers, fils de Pierre, Président-Présidial.
1583. François de Rozel.
1584. Claude Tardivier.
1624. Pierre Pujol, & Michel Fonbon, furent reçûs en même-tems pour exercer cette Charge par moitié; mais, elle a été suprimée depuis & réünie au Domaine du Roi.

UNION

sur les Juridictions-Modernes de Montpellier.

UNION DE LA COUR DES AYDES ET DE LA CHAMBRE DES COMPTES.

I. Cette Union fut souvent traversée. II. Elle ne put réüssir que sous le Cardinal de Richelieu. III. Précis de l'Edit de Loüis XIII. pour cette Union. IV. Premiéres Crües faites en cette Cour. V. Démembrement de son Ressort pour former la Cour-des-Aydes de Montauban. VI. Désunion de ces deux Cours en 1646. VII. Leur Réünion en 1649. VIII. Nouvelles Crües. IX. Attribution du Domaine pour cette Cour. X. Observation sur les diferens Lieux où elle a siegé. XI. Noms de tous les Officiers jusqu'à-present.

I. IL paroît par plusieurs Déliberations prises en divers-tems dans l'Assemblée-Generale des Etats de Languedoc, que les Officiers de la Cour-des-Aides & de la Chambre-des-Comptes de Montpellier, avoient projetté, depuis le commencement du dernier Siécle, l'Union de leurs Compagnies : L'Opposition constante que la Province & le Parlement de Toulouse firent à leur Projet, attira un Arrêt du Conseil en 1617. confirmatif d'autres Arrêts du 10. Février 1610. & du 12. d'Octobre 1613. par lesquels il étoit enjoint aux Officiers desdites Cours de faire leurs Charges separément ; nonobstant ces Arrêts, les Officiers de la Cour-des-Aides reprirent en 1614. leur ancien Projet, & firent une Députation en Cour pour obtenir cette Union ; mais, les Etats de la Province ayant engagé quelques Officiers de la Chambre-des-Comptes de députer en Cour pour s'y opposer, ils travaillérent si heureusement qu'ils revinrent avec un Arrêt du Conseil du 7. Décembre 1624. portant Prohibition de faire ladite Union. La Chose conste par une Déliberation de l'Assemblée-Generale des Etats de la Province, tenuë en la Ville de Beziers l'an 1625. par laquelle il est accordé à Mr. d'Agel, Premier-Président, la somme de deux mile cinq cens livres ; & à Mrs. de St. George, de Salagosse, & de Clauzel, douze cens livres chacun, « pour les dédommager en quelque ma-
» niére (dit la Déliberation) des Fraix du Voyage par eux fait en Cour, pour
» empêcher l'Union de la Cour-des-Aides avec leur Compagnie.

II. Les Choses en restérent-là, jusqu'en 1629. que le Cardinal de Richelieu, ayant voulu établir des Elus en Languedoc, il crût que l'Incorporation de la Cour-des-Aides, & de la Chambre-des-Comptes, serviroit d'appui à son nouvel Etablissement : Pour cet effet, il vint à Montpellier après le Siége de Privas, tandis que le Roi Loüis XIII. partit pour Paris, & signa en passant à Nîmes, l'Edit-d'Union de ces deux Compagnies. Le Cardinal ayant reçû cet Edit à Montpellier, le fit executer le Samedi 21. Juillet, (comme on a pû l'observer dans le Journal que j'ai donné de son séjour en cette Ville) & le Lundi d'après 23. du même mois, il fit verifier l'Edit des Elus, dans la Nouvelle Cour-des-Comptes, Aides, & Finances de Montpellier. Ce n'est pas ici le lieu de dire comment échoüa le Projet du Cardinal pour l'Etablissement des Elus ; mais, je ne puis omettre les Articles reglez pour l'Union des deux Cours qui subsista depuis, quoiqu'on ne tardât pas long-tems à suprimer les Elus qui avoient occasionné l'Union de la Cour-des-Aides, & de la Chambre-des-Comptes.

III. Dans l'Edit qui fut donné à ce sujet à Nîmes au mois de Juillet 1629. le Roi Loüis XIII. dit, que s'étant fait représenter l'Utilité ou l'Incommodité qu'il y auroit de réduire en un seul Corps la Chambre-des-Comptes, & la Cour-des-Aides de Montpellier ; ensemble les Oppositions qui y avoient été faites par-cidevant : « Il fait sçavoir qu'ayant mis cette Affaire en Déliberation en son Con-
» seil, où étoient les Princes & Officiers de sa Couronne & autres Graves & No-
» tables Personnages ; de l'Avis d'iceux & de sa certaine Science, Pleine-Puissance,
» & Autorité-Royale, il Incorpore, Unit, & conjoint la Chambre-des-Comptes

Observations

» de Montpellier & la Cour-des-Aides dudit Lieu, en telle sorte que ce ne sera
» plus qu'une même Compagnie, qui sera qualifiée Cour-des-Comptes, Aides
» & Finances de Montpellier, pour connoître & juger Souverainement de toutes
» les Matiéres-Civiles & Criminelles, qui sont attribuées aux Chambres-des-
» Comptes, & aux Cours-des-Aides.

» Veut le Roi pour regler la Séance des Officiers de cettedite Cour, que dor-
» senavant les deux Premiers-Présidens qui s'y trouvent, présideront chacun dans
» l'un des deux Sémestres selon l'Ordre de leur Reception; & que la mort ave-
» nant de l'un deux, le Survivant demeurera seul Premier-Président, à condition
» qu'il recompensera la Veuve ou les Héritiers du Défunt: Voulant en outre Sa
» Majesté, que celui, qui sera pourvû de la Charge dudit, ne puisse prétendre autre
» Rang, Qualité & Séance que comme les autres Présidens.

Quant aux Officiers, Présidens, Maîtres-des-Comptes, Conseillers & Generaux-
des-Aides, le Roi veut qu'ils ayent Rang & Séance selon l'Ordre de leur Reception; mais, parceque leur Pouvoir sera grandement augmenté par le moyen
» de cette Union, Sa Majesté juge nécessaire d'en augmenter le nombre afin qu'ils
» puissent vaquer plus commodement aux Fonctions de leurs Charges: Et pour
cette fin, elle crée deux Offices de Président, huit de Conseiller, quatre de Correcteur, huit d'Auditeur; & commué en deux Offices de Conseiller en la Cour-
des-Comptes, Aides & Finances de Montpellier, les deux Offices d'Avocat &
de Procureur-Genéral de la Chambre-des-Comptes. Elle ordonne de plus que les
Officiers s'assembleront en deux Bureaux diferens qui seront établis en telles Chambres du Lieu qu'ils aviseront, & qu'ils continuëront de servir par Sémestre à l'Option des plus Anciens, leur permettant d'augmenter les Epices *en leur Loyauté &
Conscience*, à proportion du nombre des Officiers, ausquels Sa Majesté donne une
Augmentation de Gages suivant la Finance qu'ils ont tous payé, voulant de plus que
les Greffiers, qui étoient en Charge devant l'Union, restent égaux en Exercice,
& en Droits.

La présence du Cardinal de Richelieu, leva toutes les Dificultez qu'il y auroit
pû avoir à l'Enregîtrement de cet Edit, qui fut fait à l'Audience tenuë par le
Président Loüis *Philippy*; les deux Premiers-Présidens des deux Compagnies n'ayant
pû s'y trouver, parceque François de *Rochemore*, Resignataire de Pierre de Boucaud,
Premier-Président en la Cour-des-Aides, n'avoit pû encore être reçu dans sa
Charge; & que Pierre de *Beauxhostes*, Sr. d'Agel Premier-Président en la Chambre-
des-Comptes, continuoit dans l'Opposition qu'il avoit ci-devant faite à cette
Union. Il obtint la Permission de suivre le Roi jusqu'au St. Esprit, esperant de la
faire rompre; mais, n'ayant pû y réüssir, il revint à Montpellier où il s'accorda avec
François de Rochemore, conformément aux dispositions de l'Edit, & par sa mort
arrivée en Février 1636. il laissa son Concurrent seul Premier-Président de la
Cour-des-Comptes, Aides & Finances de Montpellier.

Dans cet intervale, on commüa les Offices d'Avocat & de Procureur-Gené-
ral de la Chambre-des-Comptes, qu'avoient Guillaume de *Clauzel*, Sr. de Font-
froide, & Charles de Grasset, en deux Offices de Conseiller: Et parceque le Roi
en avoit créé huit autres, ils furent donnez en cet Ordre. Edoüard de *Chesnon*,
Sr. de Poussemote, Parisien; Guillaume *Clauzel*, ci-devant Correcteur; Geoffroy de
Becherand, ci-devant Visiteur-Genéral des Gabelles; Gedeon *Tallemant*, Parisien;
Jacques de *Paget*, Parisien; Pierre de *Gayon*, Sr. du Bousquet; Philipe *Desmarets*,
& Claude de la *Roche*, ci-devant Receveur des Tailles à Viviers.

Les deux Nouveaux Offices de Président ordonnez par l'Edit-d'Union, furent
acquis par Pierre de *Baudan*, & Gilbert de *Griffy*, Sr. de St. George... les quatre de Correcteur par Antoine *Portail*, Philipe de *Berger*, Etiéne Pelissier de *Boirargues*, & Blaise *Nicolas*... les huit d'Auditeur par Jacques *Ducros*, Loüis *Saporta*,
David *Rouveirolis*, Guillaume *Hondrat*, Pierre *Maduron*, Pierre *Colomby*, Pierre
Eustache, & Guillaume *Massia*.

Tous ces Officiers n'eurent pas le tems de faire un long-séjour à Montpellier,
parceque la Peste qui survint en cette Ville peu-après le Départ du Cardinal de
Richelieu, les obligea de se refugier à Frontignan, où ils restérent plus d'une

sur les Juridictions-Modernes de Montpellier.

année. A peine furent ils revenus, que le Roi Loüis XIII. pour subvenir aux Fraix de la Guerre, qu'il continüoit de faire à ceux de la Religion Prétenduë-Reformée, créa par un Edit donné à Monceaux, dans le mois d'Août 1631. deux Nouveaux-Offices de Conseiller, deux de Correcteur, deux d'Auditeur, & trois de Substitut des Gens-du-Roi ; Pierre de *Rignac*, ci-devant Lieutenant de Robe-Courte au Sénéchal de Montpellier ; acheta l'un des deux Offices de Conseiller, & Jean de *Lespine* l'autre ; Guillaume *Seguin*, & Gabriël *Sartre*, eurent les deux Offices de Correcteur, & Charles *Coulon*, avec Jean *Bravard*, les deux d'Auditeur ; quant aux trois Charges de Substitut, elles ne furent point remplies, & restérent entre les mains des Gens-du-Roi.

IV.

Par toutes ces Augmentations, la Nouvelle Cour-des-Comptes, Aides & Finances de Montpellier, se trouva dans cette année 1631. composée de dix Présidens ; de quarante-huit Conseillers ; de quatorze Correcteurs, de vingt-deux Auditeurs, & de trois Charges des Gens-du-Roi : peut-être sera-t-on curieux de voir le Nom de ces Premiers-Officiers, tels que je les ai trouvez dans les Registres de ladite Cour.

Les X. Présidens ; Pierre de *Beauxhostes*, Seigneur d'Agel & de Cuxac, Premier-Président ; François de *Rochemore*, Premier-Président ; Loüis *Philippy* ; Samuël de Trinquere, Sr. de la *Greffe* ; Jean de *Solas* ; Daniël de *Galieres*, Sr. de la Verune, Jacques Philipe de *Mauffac* ; Pierre de *Baudan* ; Gilbert de *Griffy*, Sr. de St. George ; Tous Présidens.

Les XLVIII. Conseillers ; Jean de *Focard*, Jacques *d'Hauteville*, Sr. de Vauvert ; François *Clauzel*, Jean *Janvier*, François *Fontanon*, Jean de *Sarret*, Emanuël de Gerard, Pierre de *Bossuges* ; Jean de *Ricard*, Jean de *Rignac*, Etiéne de *Berger*, Joseph *Deydé*, Jean-Jacques de *Plantade*, Jacques *d'Almeras*, René de *Haudessan*, Jean de *Massanc*, Jean de la *Roche*, Guillaume de *Sartre*, Jean-Jacques de *Cazaledes* ; Antoine de *Ranchin*, Balthasar *Pichot*, Jean-Antoine du *Robin* ; Antoine de *Thomas*, Paul de *Colonges* Sr. de Senac, Simon *Bornier*, Pierre de *Serres*, Sr. de Saussan, Henry de *Mariotte*, Guillaume *Clauzel*, Sr. de Fontfroide ; Gabriël de *Grassel* ; Pierre de *Portalez*, Edoüard *Chesnon*, Sr. de Poussemothe ; Salomon de *Roussel*, Sr. de Rossan, François de *Bousquet*, Sr. & Baron de Montlaur ; Jean *Sartre* ; Guillaume *Clauzel-Rouqueirol*, Jean *Hilaire* ; Philipe de *Boucaud*, Geoffroy de *Becherand*, Gedeon *Talemant*, Jacques *Paget*, Antoine de *Lauriol*, Elzias de *Ferrat*, Pierre de *Gayon* Sr. du Bousquet, Philipe *Desmarets*, Claude de la *Roche* ; Pierre de *Rignac*, Jean de *Lespine* ; l'Office de Jacques de *Valette*, Sr. Desplans, Vacant par mort.

Les XIV. Correcteurs ; Barthelemi *Bornier*, Jean *Hilaire*, Pierre de *Serre*, Guillaume *Clauzel*, Jean *Rey*, Pierre de *Grefeüille*, Henry de *Mariotte*, dont l'Office étoit Vacant, Antoine *Portail*, Philipe de *Berger*, Etiéne *Pelissier* de Boirargues, Blaise *Nicolas*, Guillaume *Seguin*, Gabriël de *Sartre*.

Les XXII. Auditeurs ; Jean *Martiny*, Jean *Rey*, Pierre *Blay*, Pierre *Solas*, Etiéne de *Boulhaque*, Jean *Capon*, Alexandre *Riviere*, Philipe *Payen*, Jean *Raoulx*, Jacques de la *Bayé*, Antoine *Cazes*, Jean du . . . . . Jacques *Ducros*, Loüis *Saporta*, David *Rouveirolis* ; Guillaume *Hondrat*, Pierre *Madinon*, Pierre *Colomby*, Pierre *Eustache*, Guillaume *Massia*, Charles *Coulon*, & Jean *Bravard*.

Les Gens-du-Roi, Etiéne de *Joly*, Avocat-Général ; François de *Rignac*, Procureur-Général ; & Pierre de *Solas*, second Avocat-Général.

Cette Nombreuse & Illustre Compagnie joüit paisiblement dans toute l'Etenduë de son Ressort, des grands-Avantages que nos Rois avoient attaché à leurs Charges, lorsque onze ans après le Roi Loüis XIII. ayant voulu ériger une Cour-des-Aides dans le Quercy ; démembra de celle de Montpellier en 1642. les Elections de Villefranche-de-Roüergüe ; les Villes, Bourgs & Citez de Rhodés, de Cahors, de Montauban, Figeac, Comenge, Riviere, Verdun, Armagnac, Lomagne & Astarac, qui furent attribuées à la Nouvelle-Cour-des-Aides de Cahors, établie à *l'instar* de celle de Montpellier ; mais, l'Equité du Roi Loüis-le-Juste, ne lui permit pas de laisser, sans quelque Indemnité, une Compagnie qu'il privoit d'une Partie de sa Juridiction ; pour cet effet il accorda aux Officiers de Montpellier une Rente-considerable à partager entre eux sous le Nom d'*Indemnité de Cahors*, qui leur est

V.

encore payée avec la Diminution que le Tems amene à toutes choses.

Louis XIV. âgé seulement de quatre ans, ayant succedé au Roi son Pere, dans l'année suivante, il arriva au commencement de sa Minorité la Sédition appellée des *Partisans*, dont j'ai parlé dans le dix-neuviéme Livre de cette Histoire :

VI. Les Enémis de la Cour-des-Comptes, Aides & Finances de Montpellier, en prirent Occasion de la rendre suspecte, & quelques Particuliers s'étant joints aux Corps les plus-considerables de la Province, ils agirent si efficacement qu'ils obtinrent un Edit du mois d'Octobre 1646. qui désunissoit les deux Compagnies, envoyoit la Cour-des-Aides à Carcassonne, & créoit une Nouvelle-Chambre-des-Comptes pour rester à Montpellier.

Cette Affaire eut les Suites que j'ai déja marquées dans le Corps de cet Ouvrage, & elle donna lieu à de grands-Imprimez qui subsistent encore, d'où j'ai tiré tout ce que j'ai dit de l'Opposition que les Etats de la Province & les principales Cours de Justice firent de tout tems à l'Union de la Cour-des-Aides & de la Chambre-des-Comptes. Enfin, après bien des Mouvemens, les Officiers, qui étoient à Carcassonne, obtinrent des Lettres-Patentes du 24. Juillet 1648. qui les rapelloient à Montpellier, & qui suprimoient la Nouvelle-Chambre-des-Comptes, créée lors de la Désunion ; ils attendirent néanmoins jusqu'à la fin de l'année, leur entier Rétablissement qui fut ordonné par un Edit en forme de

VII. Déclaration du mois de Décembre, qui ordonnoit la Réünion des deux Compagnies, & qui ne put être publiée à Montpellier que le quinziéme de Janvier 1649.

Depuis ce tems jusqu'en 1658. il n'arriva aucun Changement remarquable à la Cour-des-Comptes, Aides & Finances de Montpellier ; mais, les premiéres Campagnes du Roi Louis XIV. ayant porté ses Ministres, pour subvenir aux Frais de la Guerre, à faire un Affranchissement de Tailles pour cent soixante-dix mile livres de Rente, qui devoient être suportées par les autres Terres-Rurales du Languedoc ; le Refus que la Compagnie fit d'enregîtrer cet Edit, lui at-

VIII. tira une Interdiction qui ne fut levée qu'une année après, à la charge de l'Augmentation d'un Office de Président, de cinq Conseillers, d'un Correcteur & de deux Auditeurs : *Loüis Vivet*, Baron de Montclus, acquit l'Office de Président ; le célébre *Paul Pelisson-Fontanier* fut reçû dans l'un des Offices de Conseiller ; & dans les autres, *Antoine Azemar*; *François Rossignol*, Sieur de Lanel ; *Pierre Caunes*, ci-devant Correcteur ; & *Philipe Moulceau* : L'Office de Correcteur fut acquis par *Antoine d'Autrivay* ; & les deux d'Auditeur par *Etiéne d'Autrivay*, & *Jacques Poitevin*, Sieur de Maureillan ; ainsi, cette Compagnie se trouva en 1659. composée de onze Présidens, cinquante-trois Conseillers, quinze Correcteurs & vingt-quatre Auditeurs.

Dans tout le reste de ce Siécle il n'y eut de Nouvelle Crüe qu'en 1690. mais,

IX. elle fut avantageuse à la Cour-des-Comptes, Aides & Finances de Montpellier par la Connoissance & Juridiction du Domaine qui lui fut attribuée, préferablement au Sr. Intendant de la Province, qui jusqu'alors en avoit connu avec quelques Commissaires. Le Roi accorda cette grace par le même Edit qui portoit Création d'un Nouveau Président, de cinq Conseillers, d'un Correcteur, & de deux Auditeurs : L'Office de Président fut acquis par *François Daudessens*, Baron de Beaulieu ; les cinq Offices de Conseiller par *Jean Deydé*, *Claude-Joseph Laurez*, *Deville*, N. *Fabre*, & *Jean Fages* ; celui de Correcteur, par *François Serres* ; & les deux d'Auditeur par *Laurent Plauchut* & *Antoine Banal*.

Les grandes Guerres que la France eut à soûtenir dans le commencement de ce Siécle, pour la Succession à la Couronne d'Espagne, donnérent lieu à la derniére Création d'Offices qui ait été faite de nos jours ; le Roi Louis XIV. par Edit de 1704. créa un Nouveau Président, six Conseillers, deux Correcteurs & quatre Auditeurs : *Jean-Pierre d'Aigrefeüille*, Seigneur de Caunelles, fut reçû en l'Office de Président ; *Jean-Baptiste de Lespine*, *Jean de Clari Florian*, *Henry Bose*, *Jean de Bocaud*, *Jean Rouzier*, & *Claude Maury*, acquirent les six Offices de Conseiller ; *Guillaume Dabbes* & *Edmond Laurez*, les deux Offices de Correcteur ; mais, le Corps des Auditeurs paya la Finance des quatre Nouveaux-Offices qui ont resté

unis

sur les Juridictions-Modernes de Montpellier.

unis à leurs Corps : ainsi la Cour-des-Comptes, Aides & Finances de Montpellier, se trouva composée dès-lors, comme elle l'est encore, de treize Présidens, le Premier compris, de soixante-quatre Conseillers, de dix-huit Correcteurs & de vingt-six Auditeurs, qui, avec les Gens-du-Roi, font le Nombre de cent vingt-quatre Officiers.

Cette Auguste & Nombreuse Compagnie administre la Justice dans le Palais X. des Anciens-Seigneurs de Montpellier, qui se trouve situé à l'Endroit le plus-élevé de la Ville. On a pû observer, par tout ce que j'ai raporté dans le cours de cette Histoire, que la Cour-des-Aides, avant son Union, siégeoit dans la Maison de *Moncereau*, comme il est dit dans le Petit Talamus, à l'Occasion de l'Arrivée du Cardinal de Chatillon à Montpellier ; on croit que cette Maison est celle du Président Laroche (aujourd'hui Desfours) où l'on voit encore une très-grande Sale, & des Vitres peintes aux Armes de Briçonnet, Général des Finances en Languedoc, de Mrs. de Montmorency, Gouverneurs de la Province, & autres Premiers Seigneurs de ce tems-là.

Par Lettres-Patentes du 13. Janvier 1631. le Roi Loüis XIII. déclare & ordonne „ que Mr. le Duc de Montmorency, Pair & Maréchal de France, comme Gou-„ verneur & Lieutenant-Général en Languedoc, Premier-Président en la Cour-„ des-Aides, joüisse de ladite Qualité de Premier-Président, Préséance, Auto-„ rité & Honneurs à ladite Charge appartenans, tout ainsi qu'il faisoit en ladite „ Cour-des-Aides auparavant l'Union & Incorporation d'icelle avec la Chambre-„ des-Comptes ; l'ayant à cet effet (en tant que de besoin seroit) honoré & gra-„ tifié de ladite Qualité de Premier-Président-Né.

Enregistrées aux Registres de ladite Cour, le 17. Octobre 1631.

La Chambre-des-Comptes étoit anciennement dans la Maison dite aujourd'hui de Montferrier, comme il conste par le Contrat de Vente qui en fut faite au Nom de la Chambre-des-Comptes à N. Capon, Ayeul-Maternel du Sieur de Montferrier ; & par le Compoix de la Ville, où toute l'Isle, dans laquelle cette Maison est située, est appellée l'Isle de la Chambre-des-Comptes.

Lors de l'Union, le Roi Loüis XIII. donna à sa Nouvelle-Cour-des-Comptes, Aides & Finances de Montpellier l'Emplacement de l'Ancien-Palais, où il ne restoit que la Petite-Tour qui sert aujourd'hui d'Horloge avec quelques vieilles-Mazures attenant à la Tour ; on les fit reparer, & la Cour s'y logea en attendant que les Grands-Bâtimens qu'elle projeta dès-lors, du côté des Murailles de la Ville, fussent achevez : la chose n'ayant pû être faite qu'en 1678. où la Grand-Sale-d'Audience fut dans sa Perfection ; la Cour y alla siéger, & tous les Bureaux s'étant changez de ce côté-là, *François Bon*, Premier-Président, obtint pour son Logement celui que la Cour venoit de quiter, qui depuis a été rendu incomparablement plus-Beau & plus-Commode par son Fils & son Successeur, *Philibert Bon*.

Voyez l'Arrêt raporté par Escorbiac, page 760.

Tous les Officiers servent par Sémestre dans l'une des Trois-Chambres qui composent cette Cour ; sçavoir, la Chambre-des-Aides, la Chambre-des-Comptes & la Chambre-du-Domaine ; les Correcteurs & les Auditeurs servent dans la seule Chambre-des-Comptes ; mais, tous les autres Officiers choisissent par Ancienté XI. au commencement de l'année, la Chambre où ils veulent servir. Voicy le Nom de tous ceux qui, depuis l'Union, ont été reçus dans cette Cour, avec l'année de leur Reception.

SOUS LE ROY LOUIS XIII.

CONSEILLERS.

1632. Jean Sartre, fils de Guillaume, Avocat-Général en 1638. puis Président en 1651.
1633. Philipe de Bocaud, fils de Pierre, puis Président en 1646.
1633. Elzias Ferrar.
1633. Gedeon Talemant.
1633. Antoine Lauriol.
1634. Pierre de Gayon, Sgr. de Bousquet.
1634. Leonard Valete, Sieur d'Esplans, puis Président en 1651.
1634. Pierre d'Hauteville, Seigneur de Montferrier, fils de Jacques.
1635. Philipe Desmaret, ci-devant Sindic du Diocése d'Uzés.

1636. Jean de Lespine.
1636. Pierre de Gresetiille, ci-devant Correcteur.
1636. Pierre de Rignac.
1636. Pierre de Curduchesne.
1636. François Bon, puis Premier Président en 1643.
1637. Theophile-Antoine Ranchin.
1637. Jean Deydé, fils de Joseph.
1638. Jean de Roussel, Seigneur de Vic, frere de Salomon.
1638. Jean de Beauxhostes, fils de Pierre, reçû Président.
1638. Antoine de Crouzet, puis Juge-Mage, puis Président en 1662.
1639. François de Guibal, Sieur de la Caussade.
1639. Jean de Grasset, avoit été Juge-Ordinaire.
1640. Jean de Brun, Seigneur de Russas.
1640. Jacques de Paget, reçû Président, il étoit Conseiller dans le tems de l'Union.

CORRECTEURS.
1631. Guillaume Seguin.
1631. Philipe Brun.
1632. Antoine Peyrat.

1632. Philipe de Berger.
1632. Jean Gaillard.
1632. Etiéne Pelissier de Boirargues.
1633. Jean Brouzet.
1636. Blaise Nicolas.
1637. Jean Gaillard, fils d'autre.
1640. Jacques Lambert.

AUDITEURS.
1630. Jean Martiny, fils d'autre.
1631. Pierre de Solas, neveu d'autre Pierre.
1633. Jacques Ducros.
1633. Loüis Saporta.
1633. Loüis Rouveirolis.
1633. Guillaume Hondrat.
1634. Charles de Bouliaco, fils d'Etiéne.
1634. Jacques d'Hauteville, fils d'autre Jacques.
1634. Pierre Maduron.
1637. Pierre Cazaux.
1638. Pierre Colomby.
1640. Pierre Eustache.
1640. Charles Coulon.
1640. Guillaume Massia.
1641. Jean Brevard.
1643. Joseph Astier.

SOUS LE ROY LOUIS XIV. jusqu'en 1660.

CONSEILLERS.
1643. François de Bousquet, Baron de Montlaur, reçû Président, il étoit Conseiller lors de l'Union.
1643. Jacques de Baudan, Seigneur de St. Aunez, frere de Pierre, reçû Président, il avoit été Trésorier de France.
1644. Pierre Masclary.
1644. François de Beaulac, ci-devant Receveur-Général des Finances.
1644. Raulin de Goyrand, Sr. de Roques.
1644. Claude Portalez, frere de Pierre, puis Président en 1655.
1645. François de Rochemore.
1645. Ant. de Grille, puis Président en 1652.
1645. Henry d'Enguerran.
1645. Henry de Ranchin, ci-devant Receveur-Général des Finances.
1646. Antoine d'Almeras, fils de Jacques.
1646. J. Franç. du Fesc, Baron de Sumene.
1646. François du Robin, fils d'Antoine.
1646. Charles de Bouliaco, ci-devant Auditeur.
1646. Etiéne de Guilleminet.
1648. Jacques de Martinet.
1648. Pierre de Becherand, fils de Geoffroy.

1649. Henry de Mariote, reçû Président, il étoit Conseiller lors de l'Union.
1649. Claude de Laroche, reçû Président. Item.
1649. Pierre de Solas, fils de Jean & frere d'autre Pierre, Procureur-Général.
1650. François de Solas, puis Président en 1669. fils de l'Avocat-Général.
1651. Henry de Lauriol, fils d'Antoine.
1652. Pierre de Sarret, Sr. de St. Laurent, fils de Jean.
1652. Gabriël Sartre, fils de Jean.
1652. J.-André de Trinquere, Sieur de Lagreffe.
1652. François de Gerard, fils d'Emanüel.
1652. Pierre de Grefeüille, fils d'autre.
1652. Jean Dampmartin.
1652. François Ricard, Seigneur de Saussan, fils de Jean.
1652. P. Hipolite du Robin, Seigneur de Terrade, avoit été Correcteur.
1652. J.-Etiéne de Grasset, fils de Charles, reçû Président.
1652. Martin Richer de Belleval, Chancélier de Médecine.
1653. Etiéne de Rignac, fils de Pierre.
1653. Franç. de Becherand, frere de P.

1653.

1653. André de Ruffiez.
1653. Pierre de Galières, Seigneur de Laverune.
1654. Jacques de Freſſieux.
1654. Pierre Colomby, ci-devant Auditeur.
1654. Jean-Antoine de Thomas.
1656. Gabriel de Graſſet, Seigneur de Farlet.
1656. Jean Fontbon.
1657. Philibert Bon, fils de François, puis Premier-Préſident en 1680.
1657. Fulcrand Darenes, ci-devant Correcteur, puis Préſident en 1694.
1659. Paul Peliſſon Fontanier.
1659. Etiéne-Joſeph de Plantade.
1659. Claude Vanel.
1659. Antoine Azemar.

CORRECTEURS.
1644. Pierre Hipolite du Robin, depuis Conſeiller.
1650. Jean Gervais.
1652. Fulcrand Darenes, puis Conſeiller en 1657. puis Préſident en 1678.
1652. Raymond Langlois.
1652. Jacques Reynes.
1653. Noël Fages.
1653. Antoine Portail, puis Conſeiller en 1677.
1653. Pierre Seguin, frere de Guillaume.
1654. Jacques Vallat.
1654. Jean Bibal.
1659. Pierre Caunes.

AUDITEURS.
1644. Loüis Vignes.
1644. François Caunes.
1645. Joseph Girard.
1645. Jean Caffarel.
1645. Charles Vaiſſerié.
1646. Charles Blay, fils de Pierre.
1649. Jean de Vaux, Sieur de Gineſtet.
1651. Marc de Rives.
1652. Nicolas Ricard.
1654. Jean Martineau.
1654. André Michel.
1654. Jacques Combes.
1655. Etiéne Loys.
1657. Charles Capon, Seigneur du Boſc.
1658. Guillaume Hondrat, neveu d'autre Guillaume.
1658. Fulcrand Paliez, Sieur de Viraneil.
1659. Jean Courdurier, depuis Avocat-Général.

SUITE des Officiers de la Cour-des-Comptes, Aides & Finances, SOUS LE ROY LOUIS XIV. juſqu'en 1690.

CONSEILLERS.
1660. Michel-Amé Pichot.
1660. François Roſſignol, Sr. de Laneil.
1661. Loüis Vivet, Baron de Montclus, reçû Préſident, il avoit été Juge-Mage à Nîmes.
1661. Pierre Caunes, ci-dev. Correcteur.
1661. Philipe Moulceau, puis Préſident en 1683.
1662. Hercule de Bocaud, fils de Philipe, puis Préſident en 1667.
1662. Ant. de Crozet, reçû Préſident, il avoit été Juge-Mage.
1663. Charles de Graſſet, reçû Préſident.
1663. Antoine Ferrar, fils d'Elzias.
1664. Jacques de Griffy, Sieur de St. George & de Juviniac.
1665. Jean-François de la Roche.
1665. François-Vincent Sarret.
1666. Henry-François de Beaulac, fils de François, puis Préſident en 1679.
1667. Jean Clauzel, Sr. de Fontfroide, fils de Guillaume.
1670. Pierre Vaiſſiere.
1671. François d'Audeſſens, fils de René, puis Préſident en 1691.
1671. Loüis de Maſſanes, fils de Jean.
1672. J.-François de Gayon, fils de Pierre, ci-devant Auditeur.
1673. Jean de Solas, fils de Pierre.
1673. Jean de Mariote, fils d'Henry, reçû Préſident.
1673. Jacques Vallat, ci-devant Correcteur.
1674. Auguſtin Solas, frere de François, ci-devant Conſeiller au Préſidial.
1675. Henry Ranchin, fils d'autre Henry.
1675. Jacques Tournezy, Seigneur de Pouſſan.
1675. Etiéne Loys, ci-devant Auditeur.
1675. Ant. Duvidal, Seigneur de Montferrier.
1676. Pierre de Guilleminet, fils d'Etiéne.
1676. George de Belleval, fils de Martin Richer, puis Préſident en 1686.
1677. Loüis Vignes, Profeſſeur ès Loix, puis Procureur-Général.
1677. Antoine Portail, ci-devant Correcteur.
1678. Michel Chicoyneau, Chancelier en Médecine.
1678. François de Mirmand, reçû Pré-

sident, il avoit été Juge-Mage.
1678. Gabriël de Fleury, Baron de Perignan.
1678. Gaspard de Ranchin-Fontmagne, fils d'Antoine.
1679. François de Portalez, fils de Claude, reçû Président en 1680.
1679. Pierre Brun, Seigneur de Salinelles, fils de Jean.
1679. Jacques Durand, Sgr. de Poupian.
1679. Jean Berard de Vestrict.
1680. Jean-André de Curduchesne, fils de Pierre.
1680. Jean-Antoine Buisson, Sieur de Resfouche.
1680. Henry Ducher, Sr. de Caunelles.
1681. Charles Bon-Villevert, frere de Philibert, Premier-Président.
1681. Pierre Masclary, fils d'autre.
1681. Pierre de Becherand, Baron de Lamousson, fils de François.
1682. Guillaume de Ratte, fils d'Etiéne, Avocat-Général.
1682. Jean de Lespine.
1683. Jacques Derieu, Baron du Lac.
1683. Jean Philip.
1683. Jean-Paul Girard, Sr. de Canet.
1683. Guillaume Portail, fils d'Antoine.
1683. Jean Cambacerés, ci-devant Correcteur.
1684. Etiéne Sarret, Seigneur de Saint Laurent, fils de Pierre.
1684. François de Roquefeüil, Seigneur de Vic.
1684. Etiéne Trinquere, Sr. de Lagreffe, fils de Jean-Antoine.
1685. J.-François de Guibal, Seigneur de la Caussade.
1685. Jean Plos, Sieur du Bousquet.
1686. Marc-Antoine de Curduchesne, frere de J.-André.
1687. J. Etiéne de Grasset, fils de Charles, Président.
1687. Daniël Fizes.
1687. Pierre Crouzet, fils d'Antoine, Sr. du Villa, puis Président en 1693.
1688. Denis Broussoré.
1688. Loüis Paul.
1688. J.-Pierre de Gresetille, fils de Pierre, puis Président en 1704. & Conseiller-d'Etat, par Brevet du 22. Mai 1736.
1688. Jean-Jacques Fontbon, fils de Jean, puis Président en 1792.
1688. Afrodise de Ratte, frere de Guillaume & fils d'Etiéne, Avocat-Général.
1688. Jean Bagniol, puis Avocat-Général.

1688. François Conte, Sieur de la Colombiere.
1689. Charles de la Farge, Seigneur du Poussin.

CORRECTEURS.
1660. Loüis d'Assié.
1667. Hierosme Loys.
1667. Pierre Clapiez.
1672. Guillaume Reynes.
1676. Jean Plos.
1678. Guillaume Portail.
1679. Jacques Cassan.
1680. Jacques Cambacerés.
1681. Jean Nicot.
1681. Jean Astruc.
1681. Hugues d'Audifret.
1681. Claude Campan, puis Conseiller.
1681. Jean Valibouse.
1683. Pierre Dardé.
1684. Antoine Poujol.
1684. Pierre-François Bonnafous.
1685. Gaspard Fesquet.
1686. Pierre Guibert.
1688. Pierre Brun.

AUDITEURS.
1660. Jean-François Gayon.
1660. Pierre Gautier.
1660. Jean-Baptiste Vanel, Sieur de Tricourt.
1661. Etiéne Dautrivay.
1662. Jacques Poitevin, Sr. de Maureillan.
1672. Jean Martiny, fils d'autre Jean.
1673. Jacques Roux.
1675. Loüis Astier, fils de Joseph.
1675. Henry Maduron, fils de Pierre.
1675. Attus-Gilibert Plomet.
1677. Etiéne Querelle.
1680. Henry Serres, puis Conseiller.
1680. Pierre Sabran.
1680. Jean Blanc.
1680. Antoine Griffy.
1680. Jean-François Ducros, fils de Jacques.
1681. Jacques Gaillac, Clamouse.
1681. Hercule Percin.
1682. Philipe-Joseph Hondrat, fils du dernier Guillaume.
1682. Bernard d'Almeras.
1683. François Vignes.
1683. Jean Pitot.
1684. Pierre Paulet.
1685. Henry Vidalon, puis Conseiller.
1685. Antoine Azemar.
1686. Jean Bagniol, puis Avocat-Général.
1688. François Campan.
1689. Jean Vezian.
1689. Jacques Planque.

SUITE

SUITE des mêmes Officiers SOUS LE ROY LOUIS XIV, depuis 1690. jusqu'à 1715.

CONSEILLERS.

1690. Antoine Claris.
1690. Jean Bosquat, fils d'autre.
1691. Franç. de Portalez, Seigneur de la Cheze, reçû Président.
1691. J.-François Lauriol Vissec, fils de Henry.
1691. Jean-Antoine Duvidal, Seigneur de Montferrier.
1691. Claude Campan, ci-devant Correcteur.
1691. Jean Deydé, fils de Joseph.
1691. Charles Perdrix, Sieur de Pueichvilla, reçû Président, il avoit été Juge-Criminel.
1691. Claude-Joseph Laurez.
1691. Loüis Deville.
1691. Jean-Baptiste Fabre.
1691. Jean-Laurent Chapelon.
1691. Jean Fargeon.
1692. Jean Fages, *Garde-Sceau.*
1692. Laurent Bosc, Sgr. de St. Clement.
1692. Etiéne Combet, Baron de Bouzigues.
1693. François-Gaspard Darenes, reçû Président, fils de Fulcrand, il avoit été Conseiller au Siége-Présidial.
1694. Gabriël Clauzel.
1694. Henry Serres, Seigneur de Savignac, ci-devant Auditeur.
1694. Jacques Valete, Sr. Desplans, puis Président en 1697. fils d'autre Jacques.
1695. Etiéne Dampmartin, Seigneur de la Vaulsiere, fils de Jean.
1695. Pierre-Michel Vaissiere, fils de Pierre.
1695. Henry Vidalon, ci-devant Auditeur.
1696. Dominique Cambacerés, Seigneur de Restincliéres, fils de Jean.
1696. Guillaume Pujol, Sr. de Beaufort.
1697. Gaspard de Beaulac, frere de Henry-François, reçû Président, il avoit été Trésorier-de-France.
1697. Pierre Durand, fils de Jacques, puis Président en 1710.
1697. Antoine Azemar, neveu d'autre.
1697. Loüis Paul, fils d'autre.
1698. Antoine-Afrodise Sartre, Seigneur de Nesiez.
1698. Pierre Fizes, Seigneur de Lavanet, fils de Daniël.
1699. François-Xavier Bon, depuis Ier. Président en 1714. fils de Philibert.
1700. François Plantade, fils d'Etiéne-Joseph, puis Avocat-Général en 1701.
1700. Etiéne de Massanes, fils de Loüis.
1700. Laurent Plauchut, ci-devant Audit.
1700. Etiéne de Guilleminet, fils de Pierre.
1700. Gaspard de Belleval, fils de George, puis Président en 1715.
1701. Franç. Chicoineau, fils de Michel.
1701. Philipe Perdrix, ci-devant Professeur ès Loix.
1702. Guillaume-André Bon Villevert, fils de Jean.
1703. Pierre Vareille Reclot.
1703. Pierre Brun, ci-devant Correcteur.
1704. Ant. Courtillis, ci-devant Auditeur.
1705. Etiéne Sarret, fils de Franç. Vincent.
1705. Jean-Loüis Audifret.
1705. Jean Rousier, Seigneur de Souvignargues.
1705. Pierre-Fulcrand Duffours.
1705. Pierre-Adam, Seigneur de Montclar.
1705. Claude Maury.
1705. Henry Bosc.
1706. Pierre Bonnafous.
1706. Timothée Combet, Baron de Bouzigues, fils d'Etiéne.
1706. François Dauzieres.
1707. Pierre Ferrar, Seigneur de Pontmartin, fils d'Antoine.
1708. Guillaume Ranchin-Fontmagne, frere de Gaspard.
1708. Jean-Baptiste de Lespine, fils de Jean, Seigneur de St. Martin.
1708. Jean de Clary, Seigneur de Florian.
1708. François Loys.
1708. Paul de Curduchesne, Abbé de la Cazedieu, frere de M. Antoine.
1708. Loüis Paul, fils d'autre.
1709. Loüis Buisson, Sieur de Ressouche, fils de Jean-Antoine.
1710. Loüis-Bonaventure Deville, Sieur de St. Quentin.
1711. Gaspard Fesquet, ci-devant Correcteur.
1711. Jean Pas, Baron de Beaulieu.
1712. Jean de Bocaud, fils d'Hercule, reçû Président.
1712. Pierre Ramond.
1713. François Deydé.
1713. Loüis Sabran, ci-devant Auditeur, fils de Pierre.
1713. Jean Saintaurant, Sgr. de Marcoüine.

CORRECTEURS.

1691. Raulin Courtillis.
1691. François Serres.
1695. Barthelemy Germain.
1695. Honoré d'Arnaud.
1696. Pierre Sabatier.
1696. Laurent Bellaud.
1697. François Germain.
1698. Jacques Duffau.
1700. Jean Dejean.
1700. Jean Daſſié, fils de Loüis.
1702. Jean d'Audifret, fils de Hugues.
1703. Joſeph Iſſert.
1704. Eſprit Mallaſagne.
1705. Guillaume d'Abbes, Sieur de Courbeſſon.
1706. Edmond Laurez.
1708. J.-Pierre-Armand Mallaſagne.
1708. Etiéne Poujol.
1714. Pierre Galibert.

AUDITEURS.

1690. Jean Fargeon.
1691. Laurent Plauchut.
1692. Jean Banal.
1694. Moyſe Salze.
1694. Jean Serres.
1696. Pierre Blay.
1697. Antoine Courtillis.
1698. Antoine Poitevin.
1699. Jean Galibert.
1699. François Amier.
1700. Pierre Villar.
1701. David-André Baſſet.
1701. Guillaume d'Eſcalle.
1703. Jacques Benoît.
1703. François Baſtide.
1707. Antoine Tremouilhe.
1708. Loüis Sabran.
1708. Daniël Solier.
1708. Jacques Roux.
1714. Antoine Griffy.
1714. Etiéne Querelle.

SOUS LE ROY LOUIS. XV.

CONSEILLERS.

1715. Gaſpard-René Plantade, fils d'Etiéne
1715. Jean Maurin.
1716. Jean-Pierre de Ratte, fils d'Afrodiſe, neveu de Guillaume.
1716. Noël Fages d'Auziéres, Seigneur de St. Martial, reçû Préſident, ci-devant Conſeiller au Préſidial, fils de François.
1716. Jacques Campan, fils de Claude.
1718. George Tremolet, Seigneur de Lunel-Viel, reçû Préſident.
1718. Henry-Etiéne de Graſſet, fils de Jean-Etiéne.
1718. Loüis Caſtaing, Sieur d'Aleirac.
1718. Lambert Fargeon, Seigneur de la Lauze, fils de Jean.
1719. Jean-Guillaume d'Almeras.
1719. Marc-Ant. Gayon, Sr. de Liboirac.
1719. Pierre Chapelon, fils de J. Laurent.
1719. Joſeph Ferrar, fils de Pierre.
1719. Loüis-Antoine Viel, Seigneur de Lunas & Sourlan.
1719. Jacques Cambacerés.
1719. Jacques-Philipe de Mariotte, puis Préſident en 1723. fils de Jean.
1719 Pierre de Crouzet, fils d'autre, puis Préſident en 1723.
1719. Fulcrand-J.-Joſeph-Hiacinte d'Aigrefeüille, fils de J.-Pierre, Préſident en 1723.
1720. Jean Saintaurant, fils d'autre.

1721. Jean Loys, frere de François, & neveu d'Etiéne.
1722. Claude Feſquet, fils de Gaſpard.
1723. Etiéne-Gabriël Perdrix, fils de Philipe.
1723. Jacques Valette, Sieur Deſplans, fils de Jacques.
1723. Samuël Comte, fils de François.
1723. Euſtache Durand Poitevin.
1723. André Mouſtelon.
1726. Joſeph Flaugergues.
1727. J.-François Bon Villevert, fils de Guillaume-André.
1727. Gaſpard Hoſtalier.
1727. Antoine-Hilaire Lauſſel.
1727. J.-François Boſquat, fils de Jean.
1727. Daniël Plantier,
1727. J.-François Deydé, fils de Jean.
1728. François Deſvignoles, Seigneur de la Sale.
1730. Pierre Fulcrand Roſſet, Sieur de Tournel.
1730. Pierre Vaquier, Sr. de Colondres.
1731. Pierre de Guilleminet, fils d'Etiéne.
1731. Antoine-François de Claris, fils d'Antoine.
1731. Antoine Bonnier Préſident, fils d'Antoine.
1731. Jean-André Serres, reçû Préſident.
1732. Loüis Paul, fils de Loüis.
1733. Antoine Viel, Seigneur de Lunas,

sur les Juridictions-Modernes de Montpellier.

reçû Président.
1732. Jean Vassal.
1733. Laurent-Ignace de Joubert, reçû Président.
1733. Pierre-Antoine Rolland.
1733. Maurice de Claris, fils d'Antoine.
1733. J. François-Henry de Gayon, reçû en Survivance de Marc-Ant. son pere.
1733. Dominique de Senez.
1734. Loüis-Guillaume de Bon, reçû Ier. Président en Survivance de François-Xavier son pere.
1736. Jean Salzes.
1736. Jean-Laurent Rouzier, Sieur de Sauvignargues.
1737. Philipe-Maurice Raissouche, fils de Loüis.
1737. Jean-Antoine de Cambacerés, reçû en Survivance de Jacques son pere.
1737. Fulcrand Boussairolles.
1737. Loüis-Claude Mauri.
1737. Guillaume-Barthelemi de Fondousse.

CORRECTEURS.

1717. Cyprien Mengaud, Seigneur de Celeiran.
1718. Edmond Laurez, fils d'autre.
1719. Pierre Leynadier Astruc, fils de J.
1719. Joseph Causse.
1722. Jean Verny, Chevalier de l'Ordre de S^t. Michel.
1722. François Arnaud, fils d'Honoré.
1727. François Combelle.
1728. Jacques Dejean, Chanoine de la Catédrale, fils de Jean.
1729. Jean-Etiéne de Gaujal du Claux.
1730. Michel Mazars.
1733. Joseph Mazars, Sieur de Veine, frere de Michel.
1733. Jean Chaunel.
1736. Pierre Bonnafous, fils de Pierre-François.

AUDITEURS.

1717. Antoine Banal, fils de Jean.
1719. Loüis-Antoine Azemar, fils d'Ant.
1720. Jean Vezian, fils d'autre.
1721. Pierre Villar, Seigneur de Coullarou.
1722. Jacques Gaillac, Sr. de Mousseigne.
1722. Charles Blay, fils de Pierre.
1723. Loüis Arnail, Sr. de Serres.
1723. Jean-Baptiste Gaudoy de Reverdy, Sieur de S^t. Theodorit.

1724. Antoine Galibert, fils de Jean.
1724. Jean Ménard.
1725. Pierre Poitevin, fils d'Antoine.
1727. Raymond Amier, fils de François.
1727. Antoine Gailhac, Sieur de Clamouse, fils de Jean.
1728. Maximin de Grasset.
1731. Isaac Sauzet, Seigneur de Fabrias.
1731. Hiacinte Astier, fils de Loüis.
1733. Loüis Benoît, fils de Pierre-Loüis.
1734. Pierre-Jean Paulet, fils de Pierre.
1735. Pierre Auguste Galibert, frere d'Antoine.
1736. Jean-Jacques Gaillac, Sieur de Mousseigne, fils de Jacques.

GENS DU ROY.

PREMIER-AVOCAT-GENERAL.

1629. Etiéne Joly.
1641. Jean Joly, fils d'Etiéne.
1659. Leon Trimond.
1686. Honoré Trimond, fils de Leon.
1689. Leon Trimond, pere.
1696. Jean Bagniol.
1711. François de Plantade, fils d'Etiéne-Joseph, Conseiller.

PROCUREUR-GENERAL.

1665. Pierre de Crouzet, ci-devant Juge-Mage.
1682. Jacques-Hercule de Bousquet, Seigneur de Montlaur.
1687. Loüis Vignes.
1704. Jean Ahzon.
1710. Loüis Vignes, pour la seconde fois.
1713. Loüis Saunier.
1727. Loüis-Pierre Saunier, fils de Loüis, Maître-des-Requêtes.

SECOND-AVOCAT-GENERAL.

1629. Pierre de Solas, ci-devant Professeur ès Loix, fils de Jean, Président.
1638. Jean Sartre, puis Président, fait Conseiller-d'Etat, par Brevet du 13. Janvier 1629. fils de Guillaume.
1651. Etiéne de Ratte, son Beaufrere, fils d'autre Etiéne.
1667. Jean Courdurier, ci-devant Auditeur.
1714. Jean Duché, fils de Henry, Conseiller.
1730. Etiéne-Laurent Mazade, Marquis d'Avezes.

CHANCELERIE
AUPRÈS DE LA COUR-DES-AYDES ET CHAMBRE-DES-COMPTES de Montpellier.

LES Officiers de la Chancelerie nous sont connus sous le Nom de Conseillers-Secrétaires du Roi, Maison & Couronne de France.

Leurs principales Fonctions (selon l'Edit du Roi Loüis XI. du mois de Novembre 1482.) » sont d'écrire & attester en dûë forme tous les Arrêts, Edits & Déclarations de nos Rois, Dons, Concessions, Priviléges, Mandemens, Commandemens, Provisions de Justice ou de Grace ; ensemble, d'enregîtrer les Arrêts, & Jugemens des Cours-Superieures auprès desquelles ils sont etablis.

Nos Rois leur ont accordé plusieurs Prérogatives Honorables, comme celles de faire Souche de Noblesse, d'être exempts de Lods & de Ventes, & autres Priviléges considérables, qu'on peut voir dans *Tessereau*, qui a fait une Histoire Chronologique des Chanceleries du Royaume.

Cet Auteur met l'Etablissement de la Chancelerie de Montpellier en 1574. par Arrêt du Conseil du 4. Février de la même année, d'où je prens occasion d'observer qu'avant ce tems-là, l'Usage de la Cour-des-Aides & de la Chambre-des-Comptes, étoit de faire sceler leurs Arrêts par trois des premiers-Juges qui y avoient assisté : la Chose conste par un Original de 1536. qui ma été remis par Mr. le Président d'Aigrefeüille, Conseiller-d'Etat ; où l'on voit au bas, sur une même ligne le Cachet de trois Officiers de la Chambre-des-Comptes, parmi lesquels on découvre aisément les Armoiries de *Pierre de la Croix*, qui étoit déja dans l'Exercice de sa Charge.

Les Secrétaires du Roi de Montpellier ont à leur Tête un Officier-Garde-Sceau à Titre d'Office, qui a été rempli dès leur Etablissement par des Officiers de la Cour-des-Aides ou de la Chambre-des-Comptes.

Le Premier que nous trouvons dès l'Origine de la Chancelerie, est *Jacques de Montagne*, Président en la Cour-des-Aides en 1576.

Pierre du Robin, Président en la même Cour en 1607. fut aussi Garde-du-Sceau.

David de Falgueroles, Conseiller en la Cour-des-Aides, auquel *Pierre de Boucaud* succeda dans cette Charge ; elle a passé depuis dans diferentes Familles de Montpellier, & est exercée maintenant par *Jean Fages*, Conseiller en la Cour-des-Comptes, Aides & Finances.

Quant aux Conseillers-Secrétaires du Roi, qui n'étoient que quatre dans leur commencement, ils ont augmenté par divers Edits de Création jusqu'au Nombre de six, dix, douze & quinze, jusqu'à ce qu'enfin ils ont été fixez au Nombre de vingt.

J'en donne la Liste depuis 1615. n'ayant pû recouvrer les Noms de Ceux qui exercèrent avant ce tems-là.

1615. Jacques de Lingonier.
1624. N. Cazaledes.
1626. Antoine de Lingonier.
1632. Abel de Lingonier.
1634. Blaise Durand.
1634. Benjamin de Carbon.
1644. Jacques Durand.
1644. Pierre Durand.
1650. Gabriël de Lingonier.
1653. Jacques de Lingonier.
1655. Pierre Pessemesse.
1668. Guillaume Pujol.
1671. André Pouget.
1674. Laurent Bosc.
1674. André Boussonel.
1676. Honoré Pouget.
1677. Etiéne-Julien de Pegueiroles.
1684. Samuël Verchant.
1685. Antoine-Barthelemi de Loscazes.
1692. Jean Fages.
1694. Pierre Bourges.
1694. François Villaret.
1695. André Plantin.
1697. Jean Fargeon.
1697. Etiéne Montanier.
1701. Jean Viel.
1702. Antoine Lausel.
1702. Antoine Claris
1703.

sur les Juridictions-Modernes de Montpellier.

1703. Fulcrand Deffours.
1704. Alexis Prat.
1704. Jean Pas.
1704. Jean Genouilhac.
1704. Claude Lombard.
1704. Pierre Rouffy.
1705. Jean Michel.
1705. Antoine-François Caftanier.
1705. Richard de Vendargues.
1705. Camille Richard.
1706. Fulcrand Limozin.
1707. Jean Chapelier.
1708. Loüis Pujol de Beauregard.
1710. Guillaume Caftanier.
1712. Jean Auveillier de Chanclos.
1718. Jacques Carquet.
1718. Pierre Pourcet.
1718. Pierre Genolhac.
1719. Etiéne Mazade.
1719. Pierre Fraiffe.
1720. Joseph-Etiéne Montanier.

1723. Pierre Fermaud.
1723. Bernard Dufaut.
1724. Guillaume Melon.
1725. Jean Mouton.
1725. Gervot Brunet de Larey.
1726. Jean Rouffy.
1726. Michel Grozellier.
1726. Jean Mandellot.
1726. Jean Maynon de Brifefranc.
1729. Pierre Aftruc.
1729. Joseph Drome.
1730. Charles-Gabriël le Blanc.
1731. Henry Aiguin.
1731. Simon Arnail Gily.
1731. Joseph-François Rafin.
1733. Antoine Teiffier.
1733. Pierre Malbois Cauffonel.
1734. Antoine Demoreft.
1735. Lamoux.
1737. Mathieu Thibouft.

LE BUREAU DES FINANCES
DE MONTPELLIER.

I. Anciéneté des Tréforiers-de-France. II. Etabliffement du Bureau de Montpellier. III. Anciens-Genéraux des Finances. IV. Changemens faits à leur Charge. V. Création de celles des Gens-du-Roi au Bureau des Finances. VI. Reffort des Tréforiers-de-France de Montpellier. VII. Leur Séjour en diferentes Villes de la Province. VIII. Acquifition qu'ils firent de la Maifon qui leur fert aujourd'hui de Bureau. IX. Noms de tous les Officiers depuis leur Etabliffement.

LES Auteurs qui ont écrit fur les Bureaux des Finances, comme Etiéne *Pafquier* dans fes Recherches, *Fournival* fur les Tréforiers de France, & *Bacquet* dans fon Traité de la Chambre du Tréfor, font remonter les Charges de Tréforier-de-France auffi haut que nôtre Monarchie, parceque ceux d'aujourd'hui retiénent le Nom, & une Partie des Fonctions de ces Anciens-Tréforiers-de-France, dont il eft fait mention dans *Miraumont* fous le Regne de Clovis, dans *Gregoire de Tours* fous Chilperic, & dans *Rigord* fous Philipe-Augufte.

Quoiqu'il en foit, il eft facile de voir que les Finances étant le Nerf-principal de l'Etat, il a fallu de tout tems des Officiers pour les adminiftrer ; mais, ces mêmes Finances, ayant été fujetes à de grands Changemens, fur tout depuis Philipe-le-Bel, qui le premier donna lieu aux grandes Augmentations qu'elles ont eu : il a fallu auffi que nos Rois changeaffent fouvent la maniére de les faire gouverner ; ce qui a produit de grands Changemens dans les Charges de ceux qui en avoient la Direction.

De là vient que les Finances ayant été gouvernées dans le Languedoc durant près de deux Siécles par un feul Officier qui avoit le Titre de *Général-des-Finances*, nos Rois firent enfuite exercer leur Charge par des Compagnies entiéres. De ce Nombre eft le Bureau des Finances de Montpellier, qui fut créé par Edit de Décembre 1542. donné à Coignac par le Roi François Ier. mais, avant que de parler de cette Compagnie telle qu'elle eft à-prefent, je crois devoir faire conoître les Anciens-Genéraux de Finances du Languedoc, dont les Noms fe font conservez dans les Regîtres de la Province, ou dans les Archives particuliéres de nos Villes.

Le 21. Juin 1414. Loüis de Luxembourg, Evêque de Therotianne, étoit Tréforier-de-France & Général des Finances, tant en *Languedouil* qu'en *Languedoc*.

III. Dans des Lettres-Patentes du 16. Juin 1431. données par le Roi Charles VIII. aux Habitans de Beaucaire, portant Confirmation en leur faveur du *Droit de Blanque*, l'Evêque de Laon est nommé Général des Finances en Languedoc, c'étoit *Guillaume de Champeaux*. *Jacques Cœur* avoit la même Dignité en 1450.

Le Sçavant Mr. Ducange dans ses Notes sur la Vie de St. Loüis, marque sur l'Autorité des Regîtres de la Chambre-des-Comptes de Paris un *Mathieu de Beauvarlet*, Receveur-Général des Finances de Languedoc, du 1er. Octobre 1452.

Après lui *Jean d'Estampes*, Evêque de Carcassonne, occupa sa Place jusqu'en 1467. & le 7. de Février de la même année où nous trouvons Guillaume de Varie, Général des Finances, nommé par le Roi Loüis XI. comme l'un de ses Commissaires pour l'Etablissement de la Cour-des-Aides de Montpellier ; ce qui fut fait par Jean de la Gaudette, Seigneur de *Fontanilles*, commis à ce par Guillaume de *Varie*.

Le 6. Février 1472. & le 13. Juillet 1473. *Jean Hebert* étoit Général des Finances en Languedoc, & après lui Pierre de *Refuge*, nommé dans l'Arrêt, que j'ai à raporter de la Cour-des-Aides de Paris. *Michel Gaillard* étoit pourvû du même Office en 1474. En Janvier 1475. *François d'Agenois* & l'Archevêque de Rheims, *Guillaume Briçonnet*, lui succedérent selon le même Arrêt.

En 1493. Guillaume de Briçonnet étoit encore Général des Finances en Languedoc, suivant une Ordonnance du Roi Charles VIII. du 14e. Octobre de cette même année.

Jacques de la Baulne (connu dans l'Histoire sous le Nom de *Samblançay* pendant le Regne de François 1er.) étoit Général des Finances en Languedoc, en Avril 1499. & en Janvier 1500. sous le Roi Loüis XII. la Chose est justifiée par les Regîtres de la Province, & par l'Arrêt de la Cour-des-Aides de Paris, portant Reglement entre les deux Charges de Général des Finances, & celle de Visiteur-Général des Gabelles du Languedoc, du onziéme Octobre 1503. dans lequel on lit ces Paroles.

4. *Tom. des Reg. du Bureau des Finances de Montpellier.*

» Et touchant ce qu'icelui nôtre Visiteur avoit voulu dire qu'à lui seul, & à
» sesdits Lieutenans appartenoit la Juridiction-Ordinaire, & que nôtredit Géné-
» ral n'avoit aucune Juridiction sur le Fait desdites Gabelles, disoit nôtre Procu-
» reur-Général (en la Cour-des-Aides de Paris) que les Généraux de nosdites Fi-
» nances qui avoient été par ci-devant en nôtre Province de Languedoc ; c'est
» à sçavoir nos amez & feaux *Jacques Cœur*, le *Seigneur* de Laon, l'Evêque de *Carcassonne*, *Guillaume de Varie*, Me. *Jean Hebert*, *Pierre de Reffuge*, *Michel Gaillard*,
» *François d'Agenois*, ledit Archevêque de Rheims, & ledit *Jacques de la Beaulne*,
» à présent nôtredit *Général*, avoient fait plusieurs Actes & Exploits, corrigé plu-
» sieurs Abus, par Condannations d'Amendes, Privations d'Offices, & autres Pro-
» cedures, donnant ordre au sujet de nosdites Gabelles.

Après Jacques de la Beaulne on trouve dans les Regîtres du Bureau des Finances de Montpellier, plusieurs Commissions données pour l'Entrée des Etats de la Province, aux Trésoriers-de-France & Genéraux des Finances. En 1508. *Jean Coterenu*, nommé Trésorier-de-France pour le Pays du Languedoc, se trouve avoir présidé pour le Roi aux Etats de 1515. En 1518. Commission à *Henry Boyer*, Seigneur de la Chapelle, Général des Finances, pour, en cette Qualité, assister aux Etats de la Province, comme l'un des Commissaires-Présidens pour le Roi ; ce qu'il se trouve avoir fait jusqu'en 1522.

En 1523. pareille Commission à Jean de *Ponchier*, Sr. de Limoux, Général & Chevalier, qui assista aux Etats en la même Qualité jusqu'en 1532.

En 1533. *Charles de Pierrevive*, Chevalier, Seigneur de Lezigny, Trésorier de France, présida pour le Roi aux Etats tenus cette année & les deux suivantes.

En 1536. Charles du Plessis, Chevalier, Seigneur des *Savoniéres*, Général des Finances, fut l'un des Commissaires-Présidens pour le Roi aux Etats de la Province

sur les Juridictions-Modernes de Montpellier.

vince, depuis 1536. jusqu'en 1542. qui fut l'année où le Roi François Ier. créa par l'Edit de Coignac, seize Recettes Générales des Finances, dont il y en eut deux pour le Languedoc ; l'une à Toulouse & l'autre à Montpellier. On trouve quelque-tems après par un Acte du mois de Septembre 1549. qu'Antoine *Bohier*, Seigneur de la Chenaye, étoit Général des Finances en Languedoc ; mais, il paroît que Charles du Plessis, Seigneur des Savonières, reprit la Place jusqu'en 1552. puisqu'il est dit dans les Provisions de François *de Chefdebien* ; qu'il succeda immédiatement au Seigneur des Savonières ; ce qui fait presqu'une Suite des Anciens-Généraux des Finances de Languedoc.

Le Roi Henry II. par Edit de Janvier 1551. (c'est-à-dire 1552. parceque l'année ne commençoit alors qu'au mois de Mars) voulant faire exercer à Titre d'Office ce qui n'étoit auparavant qu'une Commission, créa dans les deux Recettes-Générales ou Généralitez du Languedoc, un Office de Trésorier-Général de France, *avec le même Pouvoir, Autorité, Privilèges, & Séances qu'avoient les anciens Trésoriers-de-France, & Généraux-des-Finances*, duquel Office fut pourvû François de *Chefdebien*, au lieu & place de Charles du Plessis, Seigneur des Savonières ; ce Nouvel-Officier trouva de si grandes Oppositions à la Chambre-des-Comptes & à la Cour-des-Aides, où il devoit être reçû, qu'il fallut deux Lettres de Jussion, l'une du 23. Janvier & l'autre du 6. d'Avril 1553. Enfin, ces deux Cours ayant obeï aux Ordres du Roi, François de *Chefdebien* fut reçû ; & présida aux Etats tenus à Beziers cette même année, avec Bringuier Portal, Seigneur de *Pradelle*, Trésorier-Général de France en la Généralité de Toulouse.

Je ne sçai si ce fut par jalousie des Compagnies déja établies, ou par quelque raison Bursale, que le Roi Henry II. deux ans avant sa mort, désunit les Fonctions de Trésorier-de-France, d'avec celles de Général-des-Finances, & créa par Edit du mois d'Août 1557. un Nouvel-Office en chaque Généralité, donnant l'Option à celui qui étoit déja pourvû ; de prendre le Titre de Trésorier-de-France, ou celui de Général-des-Finances, François de Chefdebien ; qui se trouvoit en place, opta l'Office de Général-des-Finances ; & laissa l'Office de Trésorier-de-France à François Robert, Seigneur du Bousquet qui se trouve avoir été pourvû avant 1560.

Trois ans après le Roi Charles IX. par Edit du mois de Novembre 1570. rendit Alternatif l'Office de Général-des-Finances qu'exerçoit en seul *François de Chefdebien*, & créa pour cet effet un second-Office qui fut donné à Raymond *Viard*, pour vaquer alternativement avec lui, aux Fonctions de Général-de-Finances, l'un dans la Ville où résidoit le Bureau de la Recette-Générale, & l'autre hors la Ville, pour faire les Chevauchées & autres Fonctions de leurs Charges. Onze mois après le même Roi Charles IX. fit pour l'Office de Trésorier-de-France ce qu'il avoit fait pour celui de Général-des-Finances ; c'est-à-dire ; qu'il créa par Edit du mois d'Octobre 1571. un Trésorier-Alternatif qui fut Michel de *Maupeou* ; de manière que le Bureau se trouva dès-lors composé de quatre Officiers ; sçavoir, *François de Chefdebien, François Robert, Raymond Viard* & *Michel de Maupeou*.

Les Choses restèrent en cet état encore six ans ; les derniers prenant la Qualité de Trésorier-de-France, & les deux premiers de Général-de-Finances, comme je l'ai verifié par plusieurs Ordonnances qui nous restent de ce tems-là ; & particulièrement dans une que j'ai eu en Original, du 13. Mars 1572. par laquelle François de Chefdebien, en qualité de Général-des-Finances, ordonne le Payement des Gages de *Jean Hucher*, Docteur-Regent en la Faculté de Médecine de Montpellier, contre les Oppositions de Laurent Joubert, Docteur-Regent en la même Faculté.

En 1577. le Roy Henry III. par Edit du mois de Juillet, réunit les Charges de Trésorier-de-France avec celles de Général-des-Finances, voulant que les Anciens Pourvûs prissent de nouvelles Provisions ; il créa en même-tems un cinquième Office de *Trésorier-Général-de-France* en chaque Généralité, pour vuider le Partage qui pourroit être entre les autres quatre : il établit que les Bureaux seroient appellez *Bureaux des Finances* ; fixa les Jours d'Assemblées au Lundi, Mécredi & Vendredi, & créa un Greffier & deux Huissiers en chacun desdits Bureaux : *René Marron*, Sr. de l'Estang, Second-Président en la Chambre-des-Comptes de Montpellier, quita sa Charge pour prendre ce cinquième Office de Trésorier-de-France dont il fut pourvû le 31. Décembre de la même année, reçû ensuite en la Chambre des-Comptes, & installé au Bureau des Finances.

Par Edit du mois de Janvier 1581. le même Roi Henry III. augmenta le Bureau d'un sixième Office de Trésorier-de-France, & d'un autre de Président ; *Alexandre de Castellan* fut pourvû de l'Office de Trésorier, & René Marron, comme le plus-ancien Officier, exerça la Charge de Président jusqu'à l'Instalation de *Milhes de Marion*, qui fut faite en Février 1583. cette année est remarquable pour les Trésoriers-de France, qui eurent Ordre de faire le Département des Deniers mandez sur chaque Diocése, parcequ'il n'y eut point des Etats tenus en Languedoc cette année, pour les Raisons que j'en ai touché dans le corps de cette Histoire.

L'année 1586. produisit une Augmentation de trois nouveaux Offices dans le Bureau des Finances, Henry III. ayant créé deux Offices de Trésorier, par Edit du mois de Janvier ; & un autre de Président par Edit du mois de Juin de la même année : *Guillaume de Bonnet*, Seigneur d'Aumelas (dans la Famille duquel cet Office subsiste encore) acquit le premier ; & *Thomas de Lorme*, ayant été pourvû du second Office, le ceda sans se faire recevoir à *Jean Delon*, qui le transmit à ses Décendans jusqu'à la troisième Génération. L'Office de Président fut acquis par *Jean de Seigneuret*, Seigneur de la Borde, pour l'exercer alternativement avec le Premier, ainsi le Bureau des Finances se trouva composé de dix Officiers ; sçavoir, huit Trésoriers-de-France, & de deux Présidens.

Mais, il y eut bientôt un onzième Office, par une Occasion toute singulière que voici ; les Malheurs du Tems ayant divisé toute la Province en Ligueurs & en Royalistes, *René Marron*, Seigneur de l'Estang, fut accusé à Montpellier de suivre le Parti de la Ligue, & comme tout étoit Royaliste dans cette Ville, son Office de Trésorier-de-France fut confisqué & donné à François Bon, qui ceda son Droit à *Bernardin Pradel* ; celui-ci, s'étant fait recevoir & installer, fut mis en Cause par *Guillaume Marron*, fils de René, qui, long-tems auparavant la Déposition de son Pere, avoit obtenu du Roi des Lettres de Survivance : cette Affaire ayant traîné au Conseil durant quelques années, il intervint Arrêt du dixième Octobre 1592. par lequel ils furent maintenus l'un & l'autre dans l'Office de Trésorier-de-France ; ainsi, le Bureau des Finances se trouva composé d'onze Officiers, sans qu'il eût été fait une nouvelle Création.

Le Roi Henry IV. sous qui cet Arrêt avoit été rendu, ne fit durant tout son Regne aucune Augmentation des Officiers ; ils restérent en ce Nombre de onze jusqu'en 1621. où le Roi Loüis XIII. étant venu en Languedoc pour les Affaires de la Religion, il créa par Edit du mois d'Août un douziéme Office en faveur de *Jean de Mirmand*.

Quelques années après le Duc de Rohan ayant renouvellé la Guerre dans le Languedoc, Sa Majesté créa par Edit de Février 1626. deux Offices de Trésorier-de-France, qui furent remplis par Pierre-*Loüis de Reich*, & par Pierre *de Crouzet* ; mais, dans l'année suivante il y eut une Augmentation bien plus-considerable, puisque par un seul Arrêt du mois d'Avril 1627. Loüis XIII. créa quatre nouveaux Offices de Trésorier-de-France, pour faire avec les quatorze qui y étoient déja, le Nombre de dix-huit Officiers, qui devoient servir alternativement, neuf chaque année, avec Attribution de la Juridiction-Contentieuse du Domaine, de la Voirie, & la Reception des Foy & Hommage : les Acquereurs des quatre nouveaux Offices, furent *Marc-Antoine Dupuy*, *Jacques Massauve*, *François de Beaulac* & *Antoine Jougla*.

En 1633. il fut créé un dix-neuvième Office de Trésorier-Garde-Scel, pour sceler les Attaches, Ordonnances & autres Expéditions émanées du Bureau ; mais, toute la Compagnie, après avoir installé *Jean Bardin* qui avoit été pourvû de cet Office, le fit consentir à lui vendre tous les Droits du Garde-Scel pour la somme de douze mile livres, à la charge que le Droit seroit partagé en dix-neuf Portions, ausquelles le Vendeur auroit sa part comme les autres.

On eut recours au même Expedient en 1635. lorsque Loüis XIII. par Edit du mois de Mai, eut créé quatre nouveaux Offices avec la Qualité de Chevaliers-Présidens-Trésoriers-Généraux; tout le Corps du Bureau des Finances, jugea devoir faire l'Acquisition de ces nouveaux Droits, afin que chacun y participât de même que les Acquereurs; qui furent *Jean de Graffet*, *Antoine Ratabon*, *Charles Boutard* & *Jean de la Briffe*, qui ceda son Droit à *Guillaume Maffia*.

Par cette dernière Crûë le Bureau se trouva composé de vingt-trois Offices de Trésorier-de-France; dont les douze derniers avoient été créez par le Roi Loüis XIII.

Ces Augmentations devinrent beaucoup plus-rares sous Louis XIV. quoique son Regne eût été incomparablement plus-long que celui du Roi son père; car, on peut observer que dans l'espace de soixante-treize ans qu'il dura; il ne fut créé que trois nouveaux Offices de Trésorier; les deux Premiers par Edit de Juillet 1646. & le dernier par Edit du mois d'Août 1701. *Philipe Boudon* & *Jean Castel* acquirent les deux Premiers; & *Philipe de Rochemore* le Troisième; ainsi, le Bureau de Finances de Montpellier est composé maintenant de vingt-six Trésoriers-de-France, qui, avec un Chevalier d'Honneur, deux Avocats & deux Procureurs-du-Roi, font en tout le Nombre de trente-un Officiers.

Le Chevalier-d'Honneur fut créé dans tous les Bureaux des Finances du Royaume, par Edit de Juillet 1702. *Loüis de Solas*, fils de feu Jean Solas, Conseiller en la Cour-des-Comptes; Aides & Finances de Montpellier, fut pourvû, quatre années après, de la Charge qui regardoit le Bureau des Finances de Montpellier, où il fut instalé le 6. Avril 1707.

Quant aux Charges des Gens-du-Roi; elles sont posterieures de beaucoup à V. l'Etablissement du Bureau des Finances; car, ce ne fut qu'en 1627. que le Roi Loüis XIII. par Edit du mois d'Avril, créa une Charge de son Avocat & une autre de son Procureur; pour connoître des Causes du Domaine & Voirie: *Loüis Souffoy* acquit celle d'Avocat, & *Jean Saporta* celle de Procureur; mais, par autre Edit du mois de Mai 1635. Loüis XIII. fit une autre Création d'un Avocat & d'un Procureur du Roi pour les Finances; dont les Charges furent acquises par *Charles de Graffet* & *Rolin de Rozel*; néanmoins; toutes leurs Fonctions leur ont été renduës Communes par Déclaration du onzième Janvier 1639. & ils connoissent également les uns & les autres des Affaires du Domaine & des Finances; ils joüissent de plus de tous les Priviléges des Trésoriers-de-France; à l'exception de l'Entrée aux Etats de la Province, qui leur est ôtée par un Arrêt du Conseil.

L'Attention que le Bureau des Finances de Montpellier a toûjours eu de faire réünir au Corps les Charges de Président & autres; à mesure qu'on en a établi, a beaucoup servi pour conserver une grande égalité entre tous les Membres du Corps, qui ne sont diferens entr'eux que par l'Ancienté de leur Reception; ainsi, le plus-Ancien a le Titre de Doyen; & quoiqu'on ait attaché à sa Place diverses Prérogatives; comme d'être Exempts des Chevauchées, de convoquer les Assemblées; de distribuër les Procez; de signer en seul le Plumitif des Ordonnances; &c. néanmoins; en son Absence le plus-Ancien des Trésoriers exerce toutes ces Fonctions, & chacun a droit de requerir les Assemblées; quoiqu'elles soient convoquées au Nom du plus-Ancien.

Leur Jurisdiction s'étend dans tout ce qu'on appelle la Généralité de Mont- VI. pellier, qui comprend les douze Diocéses du Bas-Languedoc; sçavoir, *Montpellier*, *Nimes*, *Alais*, *Uzés*, *Viviers*; *le Puy*; *Mende*, *Lodéve*, *Agde*, *Beziers*, *St. Pons* & *Narbonne*; ils furent fixez à Montpellier dès la Création de la Recette-Générale établie en cette Ville par François I.er & le Premier-Trésorier-de-France créé par Henry II. fut tenu d'y résider; selon l'Ordonnance de ce Prince; comme dans la Ville où étoit la Recette-Generale: mais; le malheur des Guerres, qui agitérent le Languedoc durant plus de soixante ans; les Maladies Contagieuses qui affligérent souvent Montpellier, & diverses Causes particulières, donnérent lieu à diferentes Translations du Bureau des Finances.

En 1578. les quatre Officiers qui composoient ce Bureau, se retirérent à Beziers à cause de la Peste qui étoit alors à Montpellier; ils s'établirent en la Maison-Abbatiale de S.t Afrodise, où ils tinrent leur premiére-Assemblée le 25. Mai VII.

1579. mais, sur la fin de l'année suivante ils furent obligez de se refugier à Narbonne à cause de la même Contagion qui survint à Beziers ; ils commencérent le 30. Janvier 1581. à y tenir, sous le bon plaisir du Roi, leurs Assemblées dans le Couvent des Cordeliers de Narbonne, ce qu'ils continüerent de faire jusqu'au 12. Avril 1589. alors la Ville de Narbonne s'étant déclarée pour la Ligue, les Trésoriers-de-France revinrent à Beziers, où ils furent confirmez par Lettres-Patentes du 5. Juin 1589.

Dans ce tems de Trouble la Cour étant mécontente des Trésoriers de la Generalité de Toulouse, qui la plûpart étoient Ligueurs, unit cette Generalité à celle de Montpellier par Lettres-Patentes du 15. Juin 1589. En consequence les Officiers, qui, sur des Certificats d'Obéïssance & de Fidelité au Service du Roi, obtenoient des Provisions pour les Charges de Trésorier-de-France de Toulouse, venoient se faire instaler au Bureau des Finances de Montpellier, où ils faisoient toutes les Fonctions, signoient les Expeditions & participoient à tous les Droits, comme il paroît par les Regîtres du Bureau, & par une Indemnité de deux cens Ecus, que le Roi accorda pour ce sujet à chaque Trésorier-de-France de Montpellier.

Parmi ces Officiers de Toulouse, on trouve *Jean Dujars* pourvû le 14. Juillet 1588. reçû à la Chambre-des-Comptes de Tours le 9. Janvier 1589. & instalé au Bureau des Finances de la Generalité de Montpellier le 5. Novembre 1592. suivant les Lettres-Patentes du 14. Mars de la même année.

Raoül *le Comte* pourvû le 8. Février 1595. à l'Office de Trésorier-de-France de Toulouse, vacant par la Resignation de *Michel Maupeou*, reçû en la Cour-des-Comptes le 2. Septembre de la même année, fut instalé au Bureau des Finances, séant à Beziers le 23. Décembre 1595. & il servit avec les autres Officiers du Bureau, qui pour lors se qualifioit Bureau des Finances de Languedoc. On ne sçait pas bien précisément la Datte de la Séparation de ces deux Generalitez ; mais, il paroît que l'Union subsistoit encore au mois de Juin 1596.

Pendant tout ce tems, le Bureau des Finances revenu de Narbonne à Beziers, où il tenoit ses Assemblées au Couvent des Dames Religieuses de S^{te}. Claire, fut obligé d'en sortir à cause de la Peste, & de rester Errant tantôt à Maguelonne, tantôt à Pezenas, tantôt à Beziers, où il revint le 21. Février 1593. ce fut alors qu'il fit à Beziers le plus-long Séjour qu'il y eût encore fait ; car, il n'en sortit qu'en 1610. pour revenir à Montpellier, où il fut rapellé par Arrêt du Conseil du deuxiéme Septembre.

Les Dissentions, qui survinrent en cette Ville entre la Chambre-des-Comptes & le Bureau des Finances, le firent encore transferer à Beziers en 1618. où il resta jusqu'en 1620. qu'il fut de nouveau rapellé à Montpellier : mais, tous les Ordres de la Province s'étant opposez à ce Rapel sans qu'on en marque la Cause, la Cour remit le Bureau des Finances à Beziers, d'où il ne fut rapellé qu'en 1629. lorsque Loüis XIII. eût fait l'Union de la Cour-des-Aides & de la Chambre-des-Comptes ; alors, les Trésoriers-de-France de Montpellier, qui souhaitoient ardamment de revenir dans leurs Maisons, s'étant hâtez d'y aller, apprirent en chemin que la Peste y étoit fort-échaufée ; ce Contretems les obligea de s'arrêter à Pezenas, puis à Gignac, & enfin de revenir à Pezenas, jusqu'à ce qu'on eût appris qu'il n'y avoit plus à craindre à Montpellier : pour lors ils obtinrent des Lettres-Patentes du mois de Décembre 1631. pour y rouvrir leurs Séances ; ce qu'ils firent pour la premiére fois le 26. Janvier 1632.

VIII. Dans le cours de cette année ils firent Acquisition de la grande-Maison qui leur sert aujourd'hui de Bureau ; elle avoit appartenu à *Jean des Urcieres*, Seigneur de Castelnau & Gouverneur de la Justice à Montpellier, qui n'ayant laissé que trois filles, mariées dans les Maisons de Dampmartin, de Vignoles & de Mazerand, intervinrent toutes dans le Contrat de Vente qui en fut fait le 21. Août 1632. pour le Prix de vingt-une mille livres : les Trésoriers-Acheteurs sont Jean-Bâtiste de *Girard* ; Paul Arnaud, Sr. de la *Cassagne*, Baron du Pouget ; Pierre de *Grefeüille* ; Jean de *Mirmand*, Sr. de Lavagnac ; Jacques de *Manse*, Sr. de Coucon ; Jean *Delon* ; Charles *Bonnet*, Sr, & Baron d'Aumelas ; Jacques *Baudan* ;

Pierre *Crouzet* ; Jacques *Massauve* & François de *Beaulac*, faisans pour sept autres Absens, & tous ensemble dix-huit ; ladite Maison sise en la Ruë Bouque-d'Or, & par derriére en la Ruë S^{te}. Foy ; confrontant, d'un côté celle de M^e. François de Clauzel, Conseiller en la Cour-des-Comptes, Aides & Finances de Montpellier, & d'autre côté celle de Jean Gaillard qui avoit été du Sr. de Faulcon.

La Tradition constante est que cette Maison avoit été bâtie par *Jacques Cœur*, General-des-Finances du Languedoc en 1450. acquise ensuite par les Auteurs de Jean de Gaudette, Seigneur des Urciéres & de Castelnau ; elle échut en Partage à Yoland sa Fille, mariée à Pierre Dampmartin, Chevalier, Conseiller du Roi & Gouverneur en la Justice de la Ville & Gouvernement de Montpellier ; d'où vient que le Roi Loüis XIII. ayant logé dans cette Maison au mois de Septembre 1632. il est dit qu'il logea dans la Maison de Dampmartin, quoique les Tresoriers-de-France l'eussent achetée quelques Semaines auparavant : ce qui sert à concilier l'Exposé de ces Mrs. dans un Placet presenté au feu Roi au sujet de cette Maison, où ils disent qu'ils avoient eu l'Honneur d'y recevoir le Roi son pere.

On a fait depuis à cette Maison un Escalier des plus magnifiques, surmonté d'un grand Dôme qui est terminé par une grande Fleur-de-Lis dorée, qui se fait remarquer d'aussi-loin qu'on découvre la Ville ; il y a deux Bureaux d'Assemblée pour les principales Saisons de l'année, où dans celui d'Hiver on voit les anciens Portraits de tous nos Rois de France, copiez, dit-on, sur ceux de la Chambre-des-Comptes de Paris avant qu'elle fût brûlée dans le Siécle passé.

Depuis ce tems-là le Bureau des Finances de Montpellier n'est sorti de cette Maison que dans deux Occasions particuliéres ; l'une au sujet de la Peste de 1640. qui l'obligea de se tenir à Gignac pendant quatre mois, & l'autre pour le sujet que j'ai raconté dans le Corps de cet Ouvrage, qui lui attira une Lettre-de-Cachet du 19e. Mai 1655. pour se rendre à Pezenas : le Bureau y resta jusqu'à pareil jour de l'année suivante, qu'il revint à Montpellier d'où il n'est plus sorti. Voici le Nom de tous les Officiers qu'il y a eu depuis son Etablissement, ils sont VIII. marquez par ordre de leur Reception à la Chambre-des-Comptes.

SOUS LE ROY HENRY II.

1553. François de Chefdebien.   1559. François Robert, S^{gr}. du Bousquet.

SOUS LE ROY CHARLES IX.

1571. Raymond Viard.   1573. Michel de Maupeou.

SOUS LE ROY HENRY III.

1578. René Marron, Sieur de l'Estang, avoit été Président en la Chambre-des-Comptes.
1578. Guillaume de Contour.
1580. François Niquet, nommé Gouverneur de Montpellier, puis Conseiller-d'Etat par Brevet du 16. Avr. 1607.
1580. Pierre de Beynaguet, Seigneur de Montgaillard.
1582. Michel Hebert.
1583. Milhes Marion, puis Conseiller-d'Etat, & Intendant en Languedoc.
1583. Alexandre de Castellan.
1584. Thomas de Lorme, non reçû.
1585. Timothée de Montchal, Seigneur d'Assas.
1586. Jean-Baptiste de Crozilles.
1587. Guillaume de Bonnet, Seigneur d'Aumelas.
1587. Jean de Seigneuret, Seigneur de la Borde.

SOUS LE ROY HENRY IV.

1592. Loüis Hebert, fils de Michel.
1592. Bernardin Pradel.
1595. Jean Delon.
1597. Guillaume Marron, fils de René.
1608. Daniël Galliere.
1609. Pierre de Grefeüille, ci-devant Auditeur, puis Président en la Chambre-des-Comptes.

SOUS LE ROY LOUIS XIII.

1615. Jean-Baptiste Girard, Sieur de Colondres.
1616. Paul Arnaud, Sr. de la Cassagne.
1616. Jean de Seigneuret, Sieur de Laborde, fils d'autre Jean.
1617. Hercule Marion, frere de Milhes.
1617. Pierre de Grefeüille, fils d'autre Pierre.
1617. Pierre de Montchal, fils de Timothée.
1621. Jean de Mirmand, Sr. de Lavagnac.
1622. Jacques de Manse.
1623. Jean Delon, fils d'autre Jean.
1625. Bernard Dalsol.
1626. Jean de Ratte.
1628. Charles de Bonnet, Seigneur d'Aumelas, fils de Guillaume.
1629. Jacques Baudan.
1631. Pierre de Crouzet.
1631. Marc-Antoine Dupuy.
1631. Jacques Massauve.
1631. François de Beaulac.
1632. Antoine Jougla.
1634. Pierre-Loüis de Reich.
1635. Pierre de Fleury, puis Conseiller d'Etat par Brevet de 1650.
1638. Jean de Grasset.
1641. Antoine Ratabon.
1642. Jacques de Manse, fils d'autre.
1642. Jean Blandin.
1643. Charles Boutard.

SOUS LE ROY LOUIS XIV. jusqu'en 1680.

1643. Guillaume Massia.
1644. Jacques Baudan.
1644. Loüis de la Croix, fils d'un Henry pourvû & non reçû.
1645. Loüis Vivet.
1647. Pierre de Crouzet, fils d'autre, puis Proc. G. en la Chambre des Comp.
1650. Etiéne Pelissier, Sr. de Boirargues.
1650. Jean Castel.
1651. Jean-François de Mirmand, fils de Jean.
1651. Loüis de Grefeüille, fils du dernier Pierre.
1651. Marc-Antoine Dupuy, fils d'autre.
1651. Charles de Grasset.
1651. Philipe Boudon.
1653. Joseph Girard, Sieur de Colondres, fils de Jean-Baptiste, fut fait Conseiller-d'Etat par Brevet du 6. Avril 1661.
1653. Jean Delon, fils & petit-fils des deux autres.
1656. François Jougla, petit-fils d'Antoine.
1658. Charles de Bonnet, Seigneur d'Aumelas, fils d'autre.
1660. François de Beaulac, fils d'autre.
1660. J. Paul Girard, Sieur de Colondres, frere de Joseph.
1660. Jacques-Hercule du Bousquet.
1663. Charles de Mirmand, frere de François.
1663. Henry du Robin.
1663. Charles Riviére.
1663. Melchior de Reversac, Sieur de Celets.
1672. Charles Pelissier de Boirargues, fils d'Etiéne.
1673. Guillaume Massia, fils d'autre.
1675. Gaspard de Beaulac, puis Président à la Cour-des-Aides en 1697.
1676. Jacques Bellet.
1676. Jean-Joseph de Prisis la Forquetie.
1679. Bernard d'Autrivay.
1679. Pierre-Anne de Rouch.

SUITE des Trésoriers-de-France sous LE ROY LOUIS XIV. jusqu'en 1715.

1680. Antoine Roux.
1681. Henry de Fleury, neveu de Pierre.
1681. Jean-Melchior de Reversac.
1681. Loüis de Beaulac, Baron de Pezenes, fils de François.
1681. Jean-Paul Masclary, Sr. de Beauvezet.
1682. François Jougla, fils d'autre.
1685. Jacques de Massauve, fils de François.
1685. Jacques de Grefeüille, frere de Loüis.
1686. Maurice Baudan, frere de Jacques.
1687. Charles-Clement Boutard, fils de Charles.
1687. Etiéne Guerin, Sr. de Flaux.

1688.

sur les Juridictions-Modernes de Montpellier.

1688. Pierre-Hipolite du Robin, Baron de Magalas.
1691. Etiéne Massilian.
1692. Philipe de Rochemore.
1692. François Bosc.
1693. Jean de Bonnet, Seigneur d'Aumelas, fils du dernier Charles.
1693. Henry de Grefeüille, fils de Loüis.
1693. Etiéne Pelissier de Boirargues, fils de Charles.
1693. François de Solas.
1696. Pierre-Guil. Girard, S'. de Colondres, fils de Jean-Paul.
1697. Jean Faure.
1698. Jean Cabot.
1700. Loüis de Manse, neveu de Jacques.
1700. Antoine Bonnier, puis Président en la Cour-des-Comptes.
1700. François Roux.
1700. Jean Valibouse.
1701. Claude-Cezar Colin de Beauregard.
1702. Pierre Bardy.
1702. Henry Barbeyrac.
1704. François Roudil.
1704. Jacques Fontanez, Sieur de Malherbe.
1708. Jacques Arnail.
1709. Antoine d'Autrivay, fils de Bernard.
1709. Joseph d'Urbec.
1712. Philipe-Maurice de Sarret, Seigneur de S'. Laurent.
1713. Jacques Vichet.
1713. Firmin Benezet.
1713. François Reboul.
1713. Loüis Despioch.
1714. Amans de Bossuges.
1718. Antoine Reboul, frere de François.

SOUS LE ROY LOUIS. XV.

1718. Loüis de Solas, fils de François.
1718. Henry de Rouch, neveu de Pierre.
1719. Jean-Paul Pelissier de Boirargues, fils d'Etiéne.
1719. Hyacinthe Fontanez, S'. de Malherbe, fils de Jacques.
1724. Antoine Barbeyrac, Seigneur de S'. Maurice, fils d'Henry.
1724. Claude Guerin, Seigneur de Flaux, fils d'Etiéne.
1724. Charles de Reversac, Sieur Daussillac, fils de Melchior.
1724. Raymond Roudil, fils de François.
1724. Jean Barancy.
1728. André-Simon Maupel.
1730. Jean Massilian de Massureau, fils d'Etiéne.
1731. Pierre Garnier Deschenes.
1732. Jean Benezet, fils de Firmin.
1733. Antoine Despioch, fils de Loüis.
1733. Auguftin-Henry-Melchior de Reversac, petit-fils de Jean-Melchior.
1733. Jean-Roch Cabot de Colorgues, fils de Henry.
1734. Daniël-Loüis Vieussens.
1734. Guillaume Riviére.
1737. Marie-Loüis-François Demanse, fils de Loüis.

GENS DU ROY AU BUREAU DES FINANCES.

PROCUREURS DU ROY de la Premiére Création.

1637. Jean Saporta.
1669. Pierre Saporta, fils de Jean.
1718. Pierre Veissiére, petit-fils de P. Saporta.

AVOCATS DU ROY de la Premiére Création.

1636. Loüis Soussoy.
Jean-Paul Girard.
1651. Nicolas Troussel.
1681. Jacques Troussel.
1700. Gaspard Beaumevielle.

PROCUREURS DU ROY de la Seconde Création.

1639. Rolin de Rozel.
1658. François de Rozel.
1690. André Serres, puis Président en la Cour-des-Comptes, &c.
1725. François-Benoît Campan.

AVOCATS DU ROY de la Seconde Création.

Charles de Grasset.
Jean de Reillan.
1701. Jean-Paul de Reillan.

LE SIÉGE-PRÉSIDIAL DE MONTPELLIER.

I. Création dudit Siége. II. Son Erection en Senéchauſſée. III. Suite des Senéchaux. IV. Offices-Nouveaux créez en 1636. V. Union de la Cour-Ordinaire au Siége-Préſidial. VI. Diſtrict de ſa Juridiction. VII. Obſervations Particuliéres ſur cette Cour. VIII. Suite de tous les Officiers qu'il y a eu depuis ſa Création.

J'AI dit dans le deuxiéme Chapitre du quatorziéme Livre de cette Hiſtoire, que le Roi Henri II. ayant créé par Edit du mois de Mars 1552. un Siége-Préſidial à Beziers, auquel reſſortiroit le Gouvernement de Montpellier ; nos Conſuls & Habitans firent repreſenter à Sa Majeſté, " Que la Ville de Mont-
" pellier étant la ſeconde de la Province, où il y avoit une Univerſité fameuſe,
" une Cour-des-Aides, Chambre-des-Comptes, Siége-Epiſcopal, Recette-Géné-
" rale des Finances & Hôtel-des-Monoyes, dont les Officiers ſeroient grandement
" incommodez, s'ils étoient contrains d'aller pourſuivre leurs Procès à Beziers,
" il lui plût créer, ériger & établir un Siége-Préſidial audit Montpellier.

I. Leur Requête ayant été examinée à Rheims, où Henry II. s'étoit rendu pour être plus à portée de ſecourir la Ville de Metz, attaquée alors par l'Empereur Charlequint : ouïs auſſi les Députez des Préſidiaux de Beziers & de Nîmes, qui étoient venus faire leurs Oppoſitions à la Demande de ceux de Montpellier ; le Roi par autre Edit du mois d'Octobre 1552. établit un Préſidial en la Ville de Montpellier, " & en icelle (ce ſont les termes de l'Edit) outre le *Juge-Mage*, le
" *Lieutenant-Principal* Clerc, & *Lieutenant-Particulier*, avons commis *ſept Conſeillers*
" de nouveau, & un Greffier-d'Appaux en Chef & Titre d'Office, pour juger en
" dernier Reſſort & Souveraineté de toutes Matiéres ès Cas des Edits, avec tous
" Priviléges, Franchiſes, Autoritez, comme les autres Siéges-Préſidiaux du Païs
" de Languedoc ; & tout ainſi que ſi par Edit du mois de Mars dernier le Siége
" eût été créé audit Montpellier.

Voila l'Epoque du Préſidial de cette Ville, qui réellement eſt poſterieur de ſept mois, aux Préſidiaux de Beziers & de Nîmes, quoique par la Diſpoſition du Roi Henri II. ils doivent tous être reputez du mois de Mars 1552.

Pour former ce Nouveau Tribunal, on prit tous les Officiers qui compoſoient déja la Cour du Gouvernement ; ſçavoir, *Pierre de la Coſte*, Juge-Mage ; *Jean Torillon*, Lieutenant-Principal ; *Jean Fabry*, Lieutenant-Particulier, & *Jean de Ratte* avec *Jean de Boſſuges* pour Avocats & Procureurs du Roi. Les ſept Conſeillers ordonnez dans l'Edit de Création, furent *Jacques de Montfaucon*, *François Dupuy*, *Aimé de Ratte*, frere de l'Avocat du Roi, *Jean le Bas*, *Antoine Uzillis*, *Jean de Laſſet*, *Jean d'Albenas* ; & le Greffier d'Appaux *Jean Borrit*. Ce nombre augmenta bientôt par la Création qui fut faite de pluſieurs autres Offices.

Il paroît que dès l'année 1554. il y avoit un Lieutenant-Criminel (quoiqu'il n'en fût pas fait mention dans l'Edit de l'Erection du Siége) puiſque le Roi Henry II. dans ſon Edit du mois de Novembre de la même année, concernant la Juridiction des Lieutenans-Criminels, dit ces propres Paroles, Art. 39. *Au Siége-Préſidial de Montpelier, outre le Lieutenant & Magiſtrat-Criminel qui y eſt ja inſtitué, il y aura un Lieutenant & ſix Archers, Sergents, &c.* Le nom de ce premier-Juge-Criminel, dont il a été fait ci-devant mention en la Page 275. étoit *Charles de Borges*, & l'on trouve pour ſon Succeſſeur-immédiat en l'année 1573. *Alexandre Parenton*.

Eſterbine pag. 495.

En 1557. le même Roi par Edit du mois de Juin, créa une Charge de Préſident-Préſidial dans tous les Siéges du Royaume ; celle du Préſidial de Montpellier fut acquiſe par *Pierre Convers*, qui étoit alors Greffier en la Chambre-des-Comptes ; mais, il ne put éviter d'avoir avec le Juge-Mage de grandes Diſcuſſions qui ne purent être terminées ſous Henry II. à cauſe de la triſte mort de ce Prince arrivée en 1559. Les Troubles, qui ſurvinrent ſous François II. ſuſpendirent les Reglemens néceſſaires entre ces deux Officiers ; mais, Charles IX. les regla par ſes

Lettres

sur les Juridictions-Modernes de Montpellier.

Lettres du 13. Septembre 1572. raportées par Escorbiac.

Le Roi Henry III. par Edit de 1580. fit une Augmentation de Conseillers jusqu'au nombre de quinze dans les Villes où il n'y avoit pas de Parlement ; il leur accorda plusieurs beaux Priviléges qu'on peut voir dans cet Edit raporté par Neron ; mais, la plûpart des Priviléges accordez souffrirent de si grandes Contradictions, qu'ils furent sans effet, & qu'il n'en resta que le nombre des Officiers qui avoient été créez ; parmi ceux-là, on met *Pierre Blancard*, *Jean d'Albenas*, *Nicolas Calvet*.

En 1596. par Edit du mois de Juin, Henry III. érigea en Office la Commission de *Garde-Seel*, qui avoit été exercée jusqu'alors par *Jean Torrillon* ; Henry de Vignoles en fit l'Acquisition, & transmit cet Office à quelques-autres qui l'ont exercé sous le Titre de *Garde-Seel* jusqu'en 1708. qu'il fut suprimé sur la tête de *François Marie*.

Henry IV. par Edit du mois de Février 1610. suprima un Office de Conservateur de l'Equivalent qu'il y avoit dans le Siége-Présidial de Montpellier, duquel je n'ai point trouvé la Création, & à sa place le Roi créa un nouvel Office de Conseiller, qui fut acquis par *Paul de Bornier*.

Les Troubles qui survinrent à Montpellier en 1622. obligèrent le Présidial de se retirer à Frontignan, où il tint ses Séances durant tout le Siége de cette Ville. Peu de tems après le Roi Loüis XIII. voulant recompenser Jacques de Toiras, Seigneur de Restinclieres, des Services que lui & ses freres lui avoient rendus pendant le Siége de Montpellier ; il érigea en sa faveur la Charge de Gouverneur de Justice (qui étoit à Montpellier depuis plusieurs Siécles) en celle de Sénéchal, & depuis ce tems-là tous les Successeurs qu'il a eu dans cette Charge, ont porté le nom de Sénéchal, & les Officiers du Présidial ont pris le Titre d'Officiers de la Sénéchaussée, Gouvernement & Siége-Présidial de Montpellier.

Les Regîtres du Présidial marquent en ces termes la Cérémonie qui fut faite en la Reception de M^r. de Restinclieres.

» Le 28e. d'Août 1624. Messire Jacques de St. Bonnet de Toiras, Seigneur de
» Restinclieres, ayant été reçû en la Cour du Parlement de Toulouse en la
» Charge de Sénéchal & Gouverneur de cette Cour, il fut instalé de la façon
» que s'ensuit ledit jour 28e. d'Août. Premièrement, étant arrivé de Toulouse en
» cette Ville le jour d'auparavant, il visita, incontinent être arrivé, tous les
» Messieurs avec la Botte, accompagné de beaucoup de Noblesse ; le lendemain
» matin la Cour étant au Palais lui députa deux des Messieurs pour l'aller pren-
» dre chès-lui, & l'accompagner jusqu'à la Chambre du Conseil ; où étant entré,
» M^e. *Ducros* Avocat le presenta, & harangua sur ses Merites particuliers, & sur
» la Dignité de sa Charge : cela fait, il prêta le Serment (toute la Cour étant
» séante) en mettant la main sur le *Te igitur*, qui lui fut presenté par le Pré-
» sident-Présidial ; ensuite la Cour ayant été tenir l'Audience, il y assista portant
» son Epée & sa Tocque ; & quelques-jours après il traita magnifiquement toute
» la Cour.

Je ne sçai si cette Nouvelle-Erection n'occasionna point à Montpellier la Création d'un Office de Lieutenant Général, & de Lieutenant-Criminel, qui sont des Titres affectez aux premiers Juges des autres Sénéchaussées du Royaume ; au lieu que dans le Ressort du Parlement de Toulouse ils sont appellez Juge-Mage & Juge-Criminel. Par ce même Edit du mois de Mars 1635. le Roi Loüis XIII. créa un second Président, deux Conseillers-Clercs, & deux Conseillers-Lais ; mais, ces Créations eurent le Sort que nous allons dire.

Le second Office de Président trouva si peu d'Acquereurs qu'il fallut que le Roi Loüis XIII. par Edit du mois de Décembre 1638. attachât la Qualité & les Fonctions de premier-Président, à celui des deux qui se trouveroit le plus-Ancien de Reception, afin que l'esperance de survivre au premier, fît trouver un Acquereur pour le second Office ; mais, la chose ne put pas réüssir alors, & ce ne fut qu'en 1645. qu'*Antoine de Crouzet* ayant acquis d'*André de Trinquere*, l'Office de Juge-Mage, il traita du premier Office de Président avec *Saporta*, &

K k k k 2

leva le second Office qui n'étoit pas rempli ; par ce moyen il réünit en sa Personne les Charges de Juge-Mage, de Premier & de Second-Président, qui ont resté à tous ses Successeurs jusqu'après la mort de Pierre Eustache : alors le second Office de Président étant tombé aux Parties-Casuelles, il fut levé par *Pierre Alizon*, qui, après en avoir joüi quelques années, le remit enfin à *Jacob Bornier*, Juge-Mage. Ce second Office de Président est actuellement sur la tête de *Gilbert Massilian*, Survivancier de *Bornier* ; mais, les trois Charges lui reviendront, lorsque le terme convenu entr'eux sera expiré.

Les Offices de Lieutenant-Général-Civil, & de Lieutenant-Criminel de nouvelle-Création, furent acquis par le Juge-Mage & par le Juge-Criminel ; ainsi, le Juge-Mage joignit à cette premiére Qualité celle de Lieutenant-Général, & le Juge-Criminel celle de Lieutenant-Général pour le Criminel, qui lui est donnée dans ses Lettres de Provisions.

Quant aux Offices de Conseiller de nouvelle-Création, les deux de Conseiller-Laï furent acquis par *Henry Declair*, & par *Charles Rodil* ; mais, je ne trouve point que ceux de Conseiller-Clerc eussent été remplis alors : ce qui occasionna peut-être l'Etablissement d'une Charge de Conseiller-Honoraire, qui fut créée l'année suivante par Edit du mois de Mai 1639. avec la Prérogative de pouvoir être remplie par un Homme-d'Eglise aussi-bien que par un Laïque ; cette sorte de Charge donne Seance après les quatre Conseillers plus-Anciens, avec Voix-Déliberative dans toutes les Assemblées, sans aucune part aux Epices ; mais, en revanche elle n'assujettit point aux charges de la Compagnie : celle qui fut créée alors fut remplie par *Benjamin Durand* qui l'a exercée plus de quarante ans, & depuis (comme nous le verrons) on en a créé deux autres ; desorte que dans le Présidial de Montpellier, il y a actuellement trois Charges de Conseiller-Honoraire.

L'année 1647. fut funeste à cette Compagnie, de même qu'à la Cour-des-Aides & à la Chambre-des-Comptes, parceque toutes ces Cours ayant été renduës suspectes au Roi, à l'occasion de la Sédition des Partisans, le Présidial fut envoyé à Lunel, d'où il ne revint que lorsque la Cour-des-Aides fut rapellée de Carcassonne où elle avoit été envoyée.

Le Roi LOUIS XIV. par Edit du mois de Février 1680. créa deux nouveaux Offices de Conseiller-Honoraire, dont l'un fut rempli par *Jacques Jausserand* ; & dans les années suivantes *Gaspard d'Arenes* acquit l'autre, d'où il passa bientôt à la Charge de Président en la Cour-des-Comptes, Aides & Finances.

V. Quelques années auparavant, la Cour du Présidial avoit trouvé le moyen de faire unir à sa Jurisdiction celle de Juge-Ordinaire de Montpellier, par l'occasion que je vais dire. *Charles de Perdrix*, Juge-Criminel ayant traité d'un Office de Président en la Cour-des-Comptes, Aides & Finances, traita aussi avec le Présidial de son Office de Juge-Criminel, que cette Compagnie acheta en Corps pour l'offrir à *Henry Casseirol*, Juge de l'Ordinaire : celui-ci ne le voulant pas pour lui, la fit mettre sur la tête de son fils ; Et tous les Consentemens des Parties nécessaires ayant été donnez, le Présidial obtint des Lettres-Patentes du mois de Janvier 1694. pour confirmer cette Union ; par ce moyen les Causes qui alloient au Juge de l'Ordinaire en premiére-Instance, furent portées au Présidial, & les grands Procès qu'il y avoit eu entre ces deux Jurisdictions, prirent fin entiérement.

Les Guerres que la France eut à soûtenir pour la Couronne d'Espagne au commencement de ce Siécle, donnérent lieu à la Création de deux Offices de Conseiller, qui furent ordonnez par Edit de 1703. & d'une Charge de Chevalier-d'Honneur qui ne fut point remplie : peu-après le Roi LOUIS-LE-GRAND créa une autre Charge de Lieutenant-Général d'Epée, qui fut unie à celle de Lieutenant de Robe-courte, exercée alors par *François Ducros* ; il laissa en mourant ces deux Charges aux Parties-Casuelles : mais, son fils *Jean Ducros* retira celle de Lieutenant-Général d'Epée comme beaucoup plus honorable, parcequ'elle lui donne Séance immédiatement après le Juge-Mage, & qu'en l'absence du Senéchal, il a droit de commander l'Arriére-Ban.

Je

sur les Juridictions-Modernes de Montpellier.

Je ne touche qu'en passant aux Prérogatives des diférentes Charges qui composent la Cour de la Sénéchaussée, Gouvernement & Siége-Présidial de Montpellier, parcequ'elles sont assès marquées dans les Arrêts & Déclarations raportées par *Blanchard*, *Neron* & *Escorbiac* ; je me contente de dire que le Juge-Mage en cette Qualité préside aux Affaires de Police, qu'il reçoit le Serment des Consuls, qu'il est appellé aux Conseils de Ville pour les autoriser par sa Présence, & que tous les Corps de Métier ressortent à lui ; il préside comme Président-Présidial à toutes les Assemblées de sa Compagnie, & prononce sur les Affaires Civiles qui y sont portées de tous les Lieux de son Ressort.

Ces Lieux sont ainsi marquez dans l'Edit de Création du Roi Henry II. **VI.**
» L'Université dudit Lieu, les Siéges de la *Rectorie* dite *Part-Antique*, & *Petit-*
» *Scel* de Montpellier ; les Viguéries de *Sommiéres*, *Aiguemortes* & *Lunel* ; les Bail-
» lages de *Sauve*, le *Vigan*, *Aimargues*, *Massillargues* & *Galargues*, avec leurs Ap-
» partenances & Dépendances ; & tout ce qui étoit du Greffe, Tablier ou Ban-
» que de Sommiéres, excepté le Lieu & Baronnie du Château de *Vauvert* : j'ai dit ailleurs que Vauvert en fut excepté, parcequ'il étoit depuis un tems immemorial de la Sénéchaussée de Beaucaire. A tous ces Lieux on peut ajoûter ceux qui dépendoient du Juge-Ordinaire, & qui depuis l'Union ressortent en premiére Instance du Siége-Présidial.

Le Juge-Criminel connoît de toutes les Affaires Criminelles qui sont portées à cette Cour, le *Lieutenant-Principal* siége pour le Juge-Mage & pour le Juge- **VII.**
Criminel, lorsqu'ils sont absens ou qu'ils ne peuvent assister aux Jugemens pour cause de recusation, ou autre sujet légitime : le Lieutenant-Particulier fait à son égard ce qu'il fait pour le Juge-Mage & pour le Juge-Criminel ; c'est-à-dire, qu'il suplée pour le Lieutenant-Principal, lorsqu'il ne peut agir dans le Civil ou dans le Criminel.

Les Gens du Roi ont au Présidial les mêmes Fonctions que dans les autres Cours de Justice ; mais, l'Avocat du Roi, par l'Edit de Création, a Droit de pouvoir tenir un Office de Conseiller avec Voix-Déliberative dans toutes les Affaires où le Roi n'est point Partie : de-là vient qu'*Etiene de Ratte* se trouve Conseiller & Avocat du Roi en même tems ; & qu'on voit *Gaspard* & *Charles Perdrix* exercer successivement l'un après l'autre les Charges d'Avocat du Roi & de Juge-Criminel. *Jean de Trinquere*, après la mort d'Alexandre *Baranton*, prit la Qualité de Juge-Criminel & en fit les Fonctions ; ce qui donna lieu à un grand Procès qui lui fut intenté par le Lieutenant-Principal *Jean de Rochemore*, qui dit dans sa Plainte, que les Fonctions de Juge-Criminel dans les cas de mort ou d'absence, lui sont dévolués ; ce Procès, après avoir traîné long-tems au Parlement de Toulouse & au Conseil, finit enfin par la Resignation que Jean de Trinquére fit de l'Office de Juge-Criminel en faveur de *Pierre David* son neveu.

Le Siége de cette Juridiction est depuis très-long-tems dans le Palais des Anciens Seigneurs de Montpellier, où les Officiers du Gouvernement s'assembloient avant la Création du Présidial ; on y a fait des Embélissemens considerables depuis 1700. par les Secours que M. de Basville, Intendant de la Province, fit trouver à ces M^{rs}. ce qui les porta à faire mettre ses Armoiries sur la Muraille du grand-Escaller. On voit dans la Salle du Conseil une anciéne Tapisserie bleuë, semée de Fleurs-de-Lis jaunes, avec des Lettres initiales au-dessous des Armoiries de la Famille *des Convers*, F. D. C. H. C. P. H. M. I. T. D. 1619. qui veulent dire, *Franciscus de Convers, hujus Curiæ Præses, hoc Monumentum, Justitia Templo dedic.*

Quoique les Offices de Conseiller au Présidial ayent été pris par plusieurs Officiers pour acquerir le tems de Service requis aux Charges de Président en la Cour-des-Comptes où ils vouloient passer ; on trouve néanmoins un grand-nombre d'Officiers qui ont vieilli dans le Présidial : les Familles de *Montaigne*, de *Rudavel* & de *Valobscure*, ont donné chacune quatre & cinq Officiers à cette Compagnie, & les deux *Isaac Joubert*, pere & fils ont exercé eux-seuls le même Office pendant cent & huit ans. Les deux *Remisse*, pere & fils ont été Procureurs du Roi quatre-vingts dix-huit années, & toûjours quelcun des plus-anciens est appellé dans les Affaires extraordinaires qui se reglent à l'Intendance, où se trouve aussi le Subdélégué de l'Intendant qui est pris de ce Corps.

Le nombre des Conseillers devroit aller jusqu'à vingt-quatre ou vingt-cinq, selon les diferentes Créations d'Offices qui ont été faites depuis l'Etablissement du Siége ; mais, il n'y a guere maintenant que dix-sept ou dix-huit Conseillers effectifs, à cause de la Supression de quelques Offices, & parcequ'on en a laissé quelques-autres aux Parties-casuelles. Voici le Nom de tous les Officiers reçûs depuis l'Etablissement de cette Cour.

JUGES-MAGES.

1552. Pierre de la Coste, Seigneur de Gransélve & d'Aresquiers, étoit Juge-Mage du Gouverneur & continüa de l'être après l'Erection du Siége-Présidial.

1581. Jean de Trinquere, Seigneur de Baux, avoit été Avocat-Général en la Cour-des-Aides.

1611. Samüel de Trinquere, Seigneur de Lagreffe, neveu de Jean, puis Président en la Chambre-des-Comptes.

1617. André de Trinquere, frere de Samüel.

1645. Antoine de Crouzet, puis Président en la Cour-des-Comptes, Aides & Finances.

1663. Pierre de Crouzet, frere d'Antoine, puis Procureur-Général en la Cour-des-Comptes, &c.

1664. François de Mirmand, puis Président en la Cour-des-Comptes, &c.

1678. Pierre Eustache.

1700. Jacob Bornier, ci-devant Lieutenant-Particulier.

1730. Gilbert Massilian.

JUGES-CRIMINELS.

1554. Charles de Barges.

1573. Alexandre Barenton, avoit été Avocat-Général en la Cour-des-Aides.

1581. Jean de Trinquere, fut en même-tems Juge-Mage.

1599. Pierre David, Seigneur de Montferrier, étoit neveu de Trinquere.

1609. Jean de Galian, Professeur en Droit.

1630. Gaspard de Perdrix, étoit aussi Avocat du Roi.

1671. Charles de Perdrix, fils de Gaspard, puis Président en la Cour-des-Comptes.

1694. Jean-Henry Casseirol.

LIEUTENANT-PRINCIPAL.

1553. Jean Torillon.

1581. Jean de Rochemore, Seigneur de Bernis.

1617. Jean de Rochemore, fils du Ier.

1624. Jean-André de Lacroix, Professeur ès Loix, Seigneur de S^t. Brez & Candillargues.

1654. François de Mirmand, puis Juge-Mage.

1673. Jean de Montaigne, ci-devant Conseiller au Présidial, puis Conseiller au Conseil-Souverain de Perpignan.

1691. Jean de Montaigne, fils du Ier.

1737. Jean-Jacques Fermaud.

LIEUTENANT-PARTICULIER.

1553. Jean de Lacoste.

1569. Jean Fabry.

1576. Claude Convers, puis Président-Présidial.

1577. Raulin d'Airebaudouse, Sieur de Fressac, fut Conseiller en la Chambre de l'Edit, puis Président en la Cour des Aides.

1597. David Falguerolles, puis Conseiller en la Cour-des-Aides.

1610. Jacques de Manse, puis Trésorier de France.

1624. Philipe Bornier.

1660. Philipe Bornier, fils du Ier.

1685. Jacob Bornier, fils de Philipe second, fut depuis Juge-Mage.

1702. Jean-François Moustelon.

LIEUTENANT de Robe-Courte.

1553. François de Belliran.

1570. Pierre de Griffy, Seigneur de S^t. Martin, puis Conseiller en la Cour-des-Aides en 1579.

1599. Claude Talamandier.

1626. Pierre de Rignac.

1654. Jean de Rignac, fils de Pierre.

1703. François Ducros.

179 Jean Ducros, fils de François.

Président-Ancien créé par Edit de 1557.

1557. Pierre de Convers, avoit été Greffier en la Chambre-des-Comptes.

1575. Jean d'Albenas.
1578. Claude Convers, fils de Pierre, avoit été Greffier en la Chambre-des-Comptes & puis Lieut.-Particulier.
1618. François de Convers.
1632. Etiéne Saporta.
1645. Antoine de Crouzet, en même tems Juge-Mage.
1663. Pierre de Crouzet, frere d'Antoine, puis Procureur-Général.
1664. François de Mirmand, puis Président en la Cour-des-Comptes.
1700. Jacob Bornier, ci-devant Lieutenant-Particulier.

Second-Président créé par Edit de 1635.

1645. Antoine de Crouzet.
1663. Pierre de Crouzet.
1664. François de Mirmand.
1681. Pierre Eustache.
1706. Pierre Alizon.
17 Jacob Bornier, ci-devant Lieutenant-Particulier.
1723. Gilbert Massilian.

GENS DU ROY.

AVOCATS DU ROY.

1553. Jean de Ratte, l'étoit au Siége du Gouvernement, & le fut à l'Erection du Présidial.
1565. Etiéne de Ratte, fils de Jean, puis Conseiller en la Cour-des-Aides, & ensuite Procureur-Général pour les Catoliques en la Chambre de l'Edit lors de sa Création.
1574. Etiéne Feynes.
1618. Gaspard Perdrix, Profess. ès Loix.
1665. Charles Perdrix, fils de Gaspard, puis Juge-Criminel, & ensuite Président en la Cour-des-Comptes, &c.
1671. Pierre Verduron.
1724. René-Gaspard Joubert, puis Sindic-Général de la Province.
1737. Daniël Solier.

PROCUREURS DU ROY.

1553. Jean de Bossuges, étoit Procureur du Roi au Gouvernement, il continüa de l'être au Siége-Présidial.
1565. Jean Perdrier.
1581. Barthelemi Perdrier, fils de Jean, étoit Seigneur de Maureillan.
1613. Jean Perdrier.

1627. Pierre Remisse.
1686. Jean Remisse, fils de Pierre.
1725. P. Antoine Roland, puis Conseiller en la Cour-des-Aides.
1734. Nicolas Crassous.

CONSEILLERS au Siége-Présidial.

SOUS LE ROY HENRY II.

1553. François Dupuy.
1553. Jacques de Montfaucon, puis Président en la Cour-des-Aides.
1553. Amé de Ratte, frere de Jean, Avocat du Roi.
1553. Jean le Bas.
1553. Antoine Uzillis.
1553. Jean de Lasset.
1553. Jean d'Albenas, puis Président Présidial.
15 7. Jean Torillon.

SOUS LE ROY CHARLES IX.

1560. Bandinelli.
1561. Henry de Vignoles.
1563. Jean de Clair.
1569. Etiéne de Ratte, fils de Jean, Avocat du Roi, à qui il succeda dans cette Charge, puis Procureur-Général en la Chambre de l'Edit.

SOUS LE ROY HENRY III.

1576. Jean de Solas, Professeur en Droit.
1577. François Valobscure.
1578. Paul-Antoine Massilian.
1578. David Varanda.
1579. Pierre de Sarret, puis Conseiller en la Cour-des-Aides en 1596.
1580. Guillaume Ranchin, puis Avocat-Général en la Chambre-des-Comptes.
1581. Pierre Blancard, étoit Doyen en 1600.
1582. Nicolas Calvet.
1585. d'Albenas.

SOUS LE ROY HENRY IV.

1592. Isaac Joubert.
1596. Etiéne Americ.
1596. Alain de Sulas.
1597. Pierre Rudavel.
1598. Jacques de Clair.
1599. Etiéne Dumois.
1599. Guill. Gaudemar, Conseiller-Clerc.
1604. Henry de Montaigne.

SOUS LE ROY LOUIS XIII.

1611. Michel Calvet, fils de Nicolas.
1611. Samüel Blancard, fils de Pierre.
1613. Philipe Bornier, puis Lieutenant-Particulier.
1615. Henry Valobscure, fils de François.
1615. Pierre Madronet.
1618. Antoine Atgier.
1621. Adrien Rudavel.
1623. Jean de Valobscure.
1623. Jean Derieu.
1624. David Roveirolis.
1625. Jean Blancard.
1625. René Gerard, Conseiller-Clerc.
1626. N. Marcha.
1628. Etiéne de Montaigne, fils d'Henry.
1630. N. Madronet.
1633. Guillaume Patris.
1635. Henry de Clair.
1641. Benjamin Durand, Conseiller-Honoraire.
1642. Adrien Rudavel, Mathæi.
1643. Pierre de Planque, Sieur de la Valette.
1643. Pierre de Guilleminet, puis Greffier de la Province.

SOUS LE ROY LOUIS XIV.

1644. Jean Vignes.
1649. N. Solas.
1649. Isaac Joubert, fils d'autre.
1650. Jean de Trinquere, fils d'André, Juge-Mage.
1651. Pierre Vedrines, Docteur en Médecine.
1652. Jean Patris, fils de Guillaume.
1656. Pierre Valobscure.
1656. François de Beaulac.
1657. Vincent de Sarret, puis Conseiller en la Cour-des-Comptes.
1658. Claude Rudavel.
1659. Jean de Montaigne, fils d'Etiéne, puis Lieutenant-Principal.
1661. Etiéne Madronet.
1661. Augustin Solas.
1668. Pierre Rosselly.
1668. Pierre Rudavel.
1673. Henry de Lescure.
1673. Hierôme Loys.
1673. Jean Mejean, Garde-Scel.
1675. Guillaume Paulet, Sr. de la Baume.
1679. Jean Rousset, fils du Juge de l'Ordinaire.
1680. Guillaume Azemar, puis Maire de Gignac.
1681. Claude Trinquere, fils de Jean.
1687. Pierre Estival, Homme-d'Eglise.
1689. Theodore-Antoine Despez, Conseiller-Clerc.
1690. Jean Durand, Sr. de St. Paul.
1691. François Duvidal-Baillarguet.
1691. Fulcrand Darenes, Conseiller-Honoraire, puis Président en la Cour-des-Comptes.
1993. Jacques Jausserand.
1994. Loüis Chauvet.
1695. Jacques Valette Desplans, C. H. puis Présid. en la Cour-des-Comptes.
1697. Loüis Coudognan.
1697. Antoine Peyron, C. H.
1698. Jean-François Jausserand, fils de Jacques.
1699. Pierre Valobscure.
1699. Jacques du Carbon.
1700. Isaac Carquet.
1700. Pierre Barbe.
1700. Philipe Massanes.
1700. Theodore Rat.
1700. Loüis Vergnes.
1700. François Marie, Garde-Scel.
1701. Jean de Clary, Sr. de Florian, Conseiller-Honoraire.
1701. Loüis Caucat. Office suprimé.
1701. Jean-Loüis Paradis, C. H.
1703. Jean Laval, C. H.
1703. Jacques Rosset, Subdélégué de l'Intendant.
1706. Jean Loys, fils de Hierôme, puis Conseiller en la Cour-des-Comptes.
1709. Pierre Rey, C. H.
1712. Jean Dalmas, C. H.
1713. Noël Fages d'Auziéres, puis Président en la Cour-des-Comptes.
1715. Jacques-Philipe de Mariotte, puis Président en la Cour-des-Comptes.

SOUS LE ROY LOUIS XV.

1720. Pierre Lagarde.
1721. Jean Milhau.
1724. Antoine Bonnier, puis Président en la Cour-des-Comptes.
1725. Antoine Magnol, C. H. Professeur en Médecine.
1727. François Duvidal-Ballarguet, neveu d'autre François.
1737. Jean Chauvet, fils de Loüis.

LA MAÎTRISE DES EAUX ET FORÊTS
DE LA VILLE DE MONTPELLIER.

I. *Son Anciéne-Etenduë fut réduite en 1677.* II. *Nouveaux-Officiers qui furent établis alors.* III. *Leur Siége qui étoit ci-devant à la Cour-Ordinaire, est aujourd'hui à la Cour du Petit-Sceau.*

CETTE Jurisdiction a eu le Sort de la plûpart de celles que nous avons compté parmi les Juridictions-Anciennes de Montpellier ; c'est-à-dire, qu'elle a diminué, & que son District est beaucoup moins étendu qu'il n'étoit autrefois : la chose conste par les Lettres-Patentes qui l'ont réduite à des Bornes plus-étroites, & qui marquent que la Maîtrise des Eaux & Forêts de Montpellier comprenoit les Sénéchaussées de Beaucaire & Nîmes avec celle de Montpellier, & qu'elle s'étendoit jusqu'à l'extrémité du Vivarez ; ces Lettres sont du 7. Mars 1671. données à St. Germain en Laïe par le Roi LOUIS XIV. I.

„ Elles portent que la Maîtrise des Eaux & Forêts de la Ville de Montpellier,
„ se trouvant trop étenduë pour être sujete à la Direction des Officiers d'une seule
„ Maîtrise, joint que la Juridiction la plus-considerable de la Maîtrise de Mont-
„ pellier, s'etend sur les Etangs & Bords-Maritimes qui sont dans le Voisinage
„ de ladite Ville, ce qui est cause que les Officiers ne peuvent y donner toute
„ l'Application nécessaire ; & en même-tems veiller à la Conservation des Bois
„ qui sont dans une Distance si éloignée de leur Siége. Pour cet effet, Sa Ma-
„ jesté réduit ladite Maîtrise aux Diocéses de *Montpellier*, *Nîmes*, *Agde*, *Lodéve*
„ & *Mende* ; donnant Commission au Sr. de Bezons, Intendant en Languedoc
„ & Commissaire des Eaux & Forêts, d'y établir des nouveaux-Officiers.

En consequence, M. de Bezons nomma le Sr. *Daniel Ranchin* pour Maître-Particulier de la Maîtrise de Montpellier ; Me. *Henry Casseirol* pour son Lieutenant ; Me. *Philipe Juin*, Procureur du Roi ; & *Mathieu Portes* pour Greffier. Nous apprenons du Procès-Verbal de M. de Bezons, qu'il installa ces nouveaux-Officiers le 4. Novembre 1671. en la Sale de l'Audience de la Viguerie & Cour-Royale de Montpellier, pour y tenir leur Audience tous les Mécredis de chaque Semaine à dix heures du matin. II.

Ces premiers Officiers exercérent leurs Charges par Commission, jusqu'à ce qu'elles furent érigées en Titre-d'Office ; *Noel Loys*, Professeur en la Faculté des Loix de cette Ville, finança pour la Maîtrise, & pour un second-Office de Maître-Alternatif qui fut créé quelque-tems après ; *François Teyssedre* lui a succedé dans cette Place où il est actuellement.

La Charge de Lieutenant fut acquise par *Jacques Laussel*, Avocat de cette Ville ; mais, personne ne s'étant presenté pour l'acquerir après sa mort, le Grand-Maître des Eaux & Forêts qui se tient à Toulouse, donna en Commission cette Lieutenance à *François Fabre*, Avocat, qui en fait les Fonctions.

Jean Verduron de Rabius prit à Titre-d'Office la Charge de Procureur du Roi, qu'il vendit à *Pierre Touzard* Avocat, & celui-ci ayant été fait Greffier des Etats de la Province, vendit sa Charge de Procureur du Roi à N   Villeneuve, qui ayant eu ses Provisions negligea de s'y faire recevoir, ce qui porta le Grand-Maître de Toulouse de nommer *Louïs Fargeon* Avocat, pour l'exercer par Commission.

Antoine Bellonnet, oncle & neveu, ont succedé aux Fonctions de Greffier que Mathieu Portes exerçoit auparavant.

La Charge de *Gardemarteau*, qui est considerable dans la Maîtrise des Eaux & Forêts, prend son nom d'un Marteau-Fleurdelisé par le bout, dont on se sert pour marquer les Arbres destinez pour le Service du Roi, ou autres Usages ; *Jean-Baptiste Brey* Professeur, en fait les Fonctions, qui lui donnent Voix-Dé-

Llll

III. liberative dans toutes les Assemblées de la Maîtrise, & le Droit d'y présider dans l'absence du Maître, & de son Lieutenant. Tous ces Officiers s'assemblent dans la Cour du Petit-Sceau-Royal de Montpellier, depuis que la Cour-Ordinaire a été unië au Siége-Présidial de cette Ville.

Leurs Regîtres (qu'ils ont eu la bonté de me communiquer) m'ont appris que, suivant la Relation des Commissaires, l'ancien mot de *Pulmentum* employé souvent dans nos Vieux Actes entre les Evêques de Maguelonne & les Guillaumes de Montpellier, est un Usage que les Seigneurs des Etangs se reservoient sur les Particuliers, à qui ils inféodoient une partie desdits Etangs, tantôt d'un cinquiéme, tantôt de onze deux, & quelquefois de onze un.

SIÉGE DE L'AMIRAUTÉ
DE MONTPELLIER ET DE SETTE.

I. *Le Cardinal de Richelieu fait établir dans le Languedoc plusieurs Siéges d'Amirauté.* II. *Qui sont réduits du Consentement de la Cour par le Parlement de Touloufe.* III. *Le Port de Sette occasionne l'Etablissement d'un Siége à Montpellier.* IV. *Premiers Officiers qui y furent nommez.* V. *Raisons pour lesquelles ils se tiennent à Sette.*

AYANT déja parlé (dans l'Article des Consuls de Mer) du Commerce-Maritime de Montpellier sous les premiers Seigneurs de cette Ville, j'ai crû ne devoir pas omettre le dernier Etablissement d'une Amirauté, qui doit son Origine au Cardinal de Richelieu.

I. Ce Fameux Ministre ayant été nommé Chef & Surintendant-Général de la Navigation & Commerce de France, obtint du Roi Loüis XIII. un Edit donné à Lyon au mois d'Août 1630. portant Création de sept Siéges d'Amirauté dans le Languedoc; sçavoir, quatre Principaux & trois Particuliers.

Les *Principaux* (selon la Disposition de cet Edit) devoient être à *Narbonne, Agde, Frontignan & Serignan*, composez chacun d'un Conseiller du Roi, Lieutenant-Général, d'un Lieutenant-Particulier, d'un Procureur du Roi, d'un Receveur des Amendes, d'un Greffier-Garde-Scel, d'un Capitaine-Garde-Côte & de trois Huissiers; sçavoir, deux Audienciers, & un Visiteur.

Les trois Siéges *Particuliers* devoient être établis à *Aiguemortes, Leucate & Vendres*, composez d'un pareil nombre d'Officiers, avec cette seule diference que dans ces derniers il n'y auroit que deux Huissiers; l'un Audiencier, & l'autre Visiteur, au lieu des trois qui étoient marquez pour les Siéges-Principaux.

Toute la Côte du Languedoc, depuis l'Embouchure du Rône jusqu'aux Frontiéres d'Espagne, fut partagée entre ces sept Siéges, ausquels on attribüa Jurisdiction sur la Mer & ses Dépendances; c'est-à-dire, les Graux, Plages, Côtes & Rivages, Isles-Adjacentes, Havres, Ports, Rades, Etangs salez, Embouchures de Riviéres, avec tout ce qui concerne la Navigation & le Commerce; la Construction, Armement, Radoubage, Vente & Adjudication des Vaisseaux; & toutes Actions procedant de Charte partie, Affretement ou Noliment, Assurances, Obligations à grosse Aventure, Entreprises, & Société entre Négocians sur Mer & généralement toutes Obligations & Contrats qui ont raport aux Affaires Maritimes.

II. Cet Edit de Création, quoique donné en 1630. ne fut envoyé au Parlement de Toulouse pour y être enregîtré, qu'en 1632. & dans cet intervale on trouva apparamment qu'il y avoit trop de Siéges d'Amirauté, & que le Parlement reçut ordre d'en diminüer le nombre; ce qu'il fit par son Arrêt d'Enregîtrement du 2. Octobre 1632. qui les réduisit à cinq; sçavoir, trois Généraux & Principaux, & deux Particuliers.

Les *Généraux à Narbonne, Agde & Frontignan;* les *Particuliers à Serignan & Aiguemortes;*

mortes : On fit en même-tems un nouveau Partage des Côtes du Languedoc en cinq Parties seulement ; celle d'*Aiguemortes* fut fixée depuis l'Embouchure du Rône jusqu'à *Melgüeil* ou *Mauguio* inclusivement ; celle de *Melgüeil*, depuis Perols qui le confronte , jusqu'à la Montagne de *Virgile*, qui est à l'Orient du Cap de Sette ; celle d'*Agde*, depuis le Cap de Sette jusqu'à *Vias* ; celle de *Serignan*, depuis Vias jusqu'au Port de *Vendrés* inclusivement ; & celle de *Narbonne*, depuis ce même Grau jusqu'à *Leucate.*

Cette derniére Disposition eut lieu par raport aux Siéges d'Amirauté, mais on conserva les sept Capitaineries Gardes-Côtes, qui avoient été créées par l'Edit de 1630.

Dans la suite le Projet du Canal-Royal du Languedoc, qui fait la Communication des deux Mers, ayant été mis en Execution, on construisit en même-tems un Port au Cap de Sette pour servir d'entrée au Canal du côté de la Mediterranée : ce nouveau Port, qui alloit rendre les Côtes du Languedoc beaucoup plus pratiquables,& la Navigation plus sûre & plus-aisée par l'asile qu'il presente à toute sorte de Bâtimens, précisément au milieu du Golphe de Lyon (autrefois si redouté) attira bientôt l'attention de la Cour : on convint que le Commerce-Maritime du Languedoc pouvoit devenir un Objet interessant, & que le Port de Sette en seroit le Centre, d'autant plus qu'il n'est qu'à quatre lieües de Montpellier, Ville riche, où il ne manqueroit point de Négocians en état de faire des Entreprises considerables, & qu'ainsi Montpellier feroit valoir le Port de Sette, avec lequel il communique par Terre & par Eau, & que le Port de Sette procureroit à Montpellier tous les Avantages des Villes-Maritimes. III.

Dans cette idée (qu'un heureux Succès a justifiée) on songea, dès-que le Port se trouva un peu en état, d'y établir des Officiers d'Amirauté, pour que les choses y fussent en Regle, comme dans les autres Ports du Royaume : ce qui fut executé par un Edit du mois d'Avril 1691. mais, afin de conserver cette Union entre Montpellier & Sette, on créa un nouveau Siége à Montpellier pour avoir sa Juridiction au Port de Sette, & autres Lieux qui seroient reglez & limitez par l'Intendant de la Province.

Il est à observer, que par ce même Edit de 1691. on créa un Siége-Général d'Amirauté à la Table-de-Marbre au Palais de Toulouse, comme il y en a à Paris & en d'autres Parlemens du Royaume ; ausquels Siéges-Généraux de la Table-de-Marbre les Appellations des Siéges-Particuliers du Ressort sont portées, ainsi qu'on le pratique dans les Juridictions des Eaux & Forêts : mais, comme ce second Degré de Juridiction ne pouvoit que retarder la Décision des Affaires ; & que celles de la Marine ont besoin d'être promptement expediées, la Disposition de cet Edit, par raport à ce dernier Chef, fut bientôt revoquée ; car, on ne tarda point de s'appercevoir que la Création d'un Siége d'Amirauté à Montpellier rendoit inutile celle de Frontignan, qui, se trouvant placée entre Montpellier & Sette, devoit nécessairement être renfermée dans le Ressort de ce nouveau Siége.

Ainsi, par Edit du mois de Février 1692. c'est-à-dire, dix mois après la Création du Siége de Montpellier, celui de Frontignan fut suprimé, comme inutile, de même que le Siége-Général de la Table-de-Marbre à Toulouse ; & les autres quatre anciens Siéges du Languedoc, sçavoir, *Narbonne, Agde, Serignan* & *Aiguemortes*, avec celui de Montpellier & Sette, furent maintenus & confirmez dans le Droit de ressortir nüément au Parlement.

Peu de mois après on pourvut aux Charges qui devoient composer l'Amirauté de Montpellier ; *François Pouget* eut celle de Juge avec le Titre (que ses Provisions lui donnent) « de Conseiller du Roi, Lieutenant-Général au Siége de l'A- « mirauté de Montpellier pour avoir Juridiction dans le Port de Sette, & autres « Lieux qui seront reglez & limitez par le S^r. Intendant du Languedoc, pour pou- « voir exercer indiferament ses Fonctions dans la Ville de Montpellier ou dans « le Lieu de Sette, suivant l'exigence des cas, & comme il jugera à propos. Il fut reçû au Parlement en 1691. & après avoir exercé cette Charge environ trente-quatre années, il s'en est démis en faveur d'*André-François Pouget* son fils, dont les Provisions sont du 28. Mai 1727. & sa Reception au Parlement du 12. Août de la même année. IV.

Lll 2

L'Office de Procureur du Roi fut d'abord acquis par *Guillaume Privat*, dont les Provisions font du 19. Août 1693. & il a passé par sa mort sur la tête de *Paul Teissier* pourvû le 8. Mars 1715.

Celui de Greffier, dont *François Daché* avoit été pourvû le 11. Décembre 1693. fut suprimé comme dans tous les autres Siéges d'Amirauté du Royaume, par un Edit du mois de Mai 1711. qui porte aussi Création de nouveaux Offices de même espece ; & l'Acquisition en ayant été faite par une même Personne dans tout le Royaume, il ne fut plus exercé que par Commission.

Nous avons remarqué que suivant l'Edit de Création de ce nouveau Siége, ses Limites devoient être reglées par l'Intendant de la Province, en consequence duquel les Officiers du nouveau Siége se pourvûrent devant Mr. de Basville alors Intendant du Languedoc, & firent assigner devant lui ceux du Siége d'Agde, qui étoient les seuls Interessez (parceque le Cap de Sette avoit été auparavant de leur Ressort.) Sur les Demandes & Défenses respectives avec les Plans des Vûës & Lieux, Mr. de Basville rendit son Ordonnance le 7. Mars 1695. en execution de l'Edit ci-dessus, par laquelle il attribüa au Siége de Montpellier & Sette, outre les Lieux de l'anciéne-Jurisdiction de Frontignan, qui formérent ses Limites du côté de l'Orient, ceux de Balaruc & de Bouzigues jusqu'au Territoire de Meze, & une lieuë de Plage au-delà de la Montagne de Sette. C'est l'état present de ce Siége qui comprend par consequent (outre Montpellier & Sette) les Lieux de *Bouzigues, Balaruc, les Bains, Frontignan, Vic, Mireval, Maguelonne, Villeneuve* & *Perols*, avec les Etangs & Plages qui y répondent en commençant à une lieuë au Couchant de la Montagne de Sette.

V. Quoique les Officiers qui les composent puissent exercer leur Jurisdiction dans tous ces Endroits, & notament dans Montpellier où le Siége a été créé ; ils font cependant leur Residence ordinaire à Sette, le Dépôt du Greffe y est fixé & ils y tiénent leurs Audiences ordinaires trois jours de la Semaine, qui sont le Lundi, Mardi & Jeudi, comme à la Grand'-Chambre du Parlement, où les Appellations de leurs Sentences doivent être portées : c'est en effet à Sette où sont leurs principales Affaires, tant à cause de la Police-Maritime qu'ils doivent y faire observer, que du Commerce qui s'y fait immediatement ; comme-aussi, par raport aux Declarations que les Capitaines & Maîtres des Navires, ou autres Bâtimens de Mer, sont tenus de leur faire toutes-les-fois qu'ils entrent dans le Port, & des Expeditions qu'ils doivent prendre à l'Amirauté lorsqu'ils vont en Mer.

ETAT-MAJOR

DE LA VILLE ET CITADELLE DE MONTPELLIER.

ON ne trouve aucun Vestige d'Etat-Major dans Montpellier avant les Troubles de la Religion, qui commencérent en 1559. & ne finirent qu'en 1622. Durant cet espace de soixante-trois ans, on trouve seulement un grand nombre de Gouverneurs qui furent établis & destituez par les diferens Partis qui dominérent tour-à-tour dans cette Ville.

Ainsi, l'on a pû voir dans le cours de cette Histoire *le Capitaine Rapin*, nommé Gouverneur de Montpellier par le Baron de Crussol, remplacé par le Seigneur *de Perraud* (du Païs du Vivarez,) & celui-ci par le Baron de *Castelnau de Guers* près de Pezénas, établi par Mr. Dampville qui commençoit de reprendre son Autorité dans Montpellier.

Le Baron de Crussol (dit alors Dacier) s'étant rendu Maître dans la Ville, y fit recevoir en 1567. le Seigneur d'*Aubaix* pour Gouverneur ; & le Vicomte de Joyeuse devenu plus puissant en 1568. y rétablit le Baron de *Castelnau de Guers*. Enfin, les Religionnaires eurent le credit sur la fin de 1566. d'avoir pour Gouverneur, le Seigneur Jean *des Urciéres*, Chevalier des Ordres du Roi, & natif de leur Ville.

On trouve dans la même année le Sr. *de Pelet*, Seigneur de Laverune, Gouverneur

sur les Juridictions-Modernes de Montpellier.

verneur de Montpellier ; & en 1574. *Arnaud de Faur*, Seigneur de Pujol, frere du célebre Guy de Pibrac, Envoyé au Maréchal Dampville par le Roi de Navarre.

Le Gouvernement de François de Coligni, fils de l'Amiral de Chatillon, fut beaucoup plus-long qu'aucun de ses Predecesseurs ; puisqu'ayant commencé en 1577. il ne finit qu'en 1621. par les Cabales du Cercle : alors les Habitans de Montpellier, qui se preparoient à une Revolte ouverte, appellérent dans leur Ville le Duc de Rohan, qui, ayant suprimé l'Assemblée du Cercle, nomma de son Autorité le Sieur de *Calonges* ; c'est lui qui soûtint le Siége en 1622. & rendit au Roi Loüis XIII. les Clefs de la Ville de la maniére que nous l'avons raporté dans le 18ᵉ. Livre de cette Histoire.

C'est proprement alors que commença l'Etablissement de l'Etat-Major ; car, le Roi Loüis XIII. ayant nommé après le Siége *Jacques d'Etampes*, *Marquis de Valencé*, Gouverneur de la Ville de Montpellier, on lui donna un Lieutenant de Roi avec un Major ; & ce Seigneur, peu de tems après, ayant persuadé aux Habitans de demander une Citadelle pour se délivrer de la Garnison qu'ils avoient dans leur Ville, il en obtint le Gouvernement, & un Etat-Major dans la Citadelle, comme il y en avoit déja un dans la Ville.

La chose a continüé depuis, & c'est pour faire connoître tous ces diferens Officiers, qu'après avoir donné la Liste des Gouverneurs, je donne celle des Lieutenans de Roi & des Majors, tant de la Ville que de la Citadelle, tels que j'ai pû les recouvrer.

GOUVERNEURS DE LA VILLE ET DE LA CITADELLE.

- 1623. Jacques d'Etampes, Marquis de Valencé.
- 1627. Gabriël de la Vallée-Fossez, Marquis de Verly, Maréchal-de-Camp des Armées du Roi.
- 1632. Charles de Schomberg, Duc d'Alüin, Maréchal de France.
- 1644. Gaston d'Orleans, Frere-Unique du Roi Loüis XIII.
- 1647. François d'Amboise, Comte d'Aubijoux, Gouverneur de la Ville & de la Citadelle sous son Altesse-Royale.
- 1657. Scipion Grimoard, Comte du Roure, *idem*.
- 1660. René-Gaspard de la Croix, Marquis de Castries.
- 1674. François-Joseph de la Croix, Marquis de Castries.
- 1729. Armand-François de la Croix, Marquis de Castries.

LIEUTENANS DE ROY DE LA VILLE.

- 1641. Mʳ. de Goussonville, qui en 1651. traita de sa Lieutenance de Roi avec
- 1651. Mʳ. de Trebon, lequel fut tué à la Place-Royale à Paris en 1654.
- 1654. Olivier de la Baume fut pourvû par Brevet du Roi à la place de Mʳ. de Trebon.
- 1690. Pierre de Maine avoit servi dans la Maison du Roi.
- 1725. Joseph de la Croix de Candillargues avoit été Capitaine de Grenadiers, & Lieutenant-Colonel dans Bacqueville.

MAJORS DE LA VILLE.

- 1660. Arnaud d'Estros, Ancien-Major du Regiment de Pile.
- 1681. Mʳ. Arnal natif de Montpellier, avoit servi dans la Maison du Roi.
- 1685. Le Sieur de la Plagne, *idem*.
- 1715. Le Sieur Terrier, *idem*.
- 1716. Joseph-Henry de Combettes, Ancien-Major de Nice.

LIEUTENANS DE ROY DE LA CITADELLE.

- 1632. Jacques d'Avoine, Seigneur de la Jaille-Gatine, fut depuis Sénéchal de Montpellier en 1634.

1641. M^r. de Ruperé, Lieutenant de Roi de la Citadelle, sous M^r. de Schomberg.
1657. M^r. de Villespassiez, duquel il a été fait mention au Livre de cette Histoire.
1674. Jean-Loüis de Tremolet, pere.
1688. René-Gaspard de Tremolet, fils.
1716. M^r. de Sailly de la Grange, (ci-devant Major) fit Echange de la Lieutenance de la Citadelle de Montpellier contre celle de Landrecy, avec
1717. Guillaume de Vernon, qui avoit commandé à Hombourg, & eu la Lieutenance de Roi de Landrecy.
1732. Jean-Baptiste Renaud de la Rochette, avoit été Lieutenant-Colonel du Regiment d'Anjou.

MAJORS DE LA CITADELLE.

1660. Jean de Jayot avoit été Capitaine de Chevaux-Legers, puis Capitaine des Gardes de M^r. le Maréchal de la Mothe, il fut tué à Aubenas dans le tems de la Revolte de Roure.
1670. Alexandre Robert de Villars est celui de tous les Officiers de l'Etat-Major, qui ait joüi plus long-tems de son Poste.
1710. M^r. de Nodan avoit servi dans la Maison du Roi.
1716. Joseph-Henry de Combettes, Ancien-Major de Nice.

REUNION DES DEUX ETATS-MAJORS.

Cette Union projetée au commencement de 1729. ne put être mise en execution que sur la fin de 1730. à l'occasion de la mort du S^r. Joseph de la Croix de Candillargues, qui, laissant vacante la Lieutenance de Roi de la Ville, donna lieu d'unir cette Charge avec celle de la Lieutenance de Roi de la Citadelle.

L'Affaire fut reglée par la Lettre de M^r. d'Angervilliers, Ministre de la Guerre, à M^r. le Marquis de la Fare, Commandant en Chef dans la Province, dont voici Copie.

» Sur le Compte que j'ai rendu au Roi, Monsieur, de la Lettre que vous m'a-
» vés fait l'honneur de m'écrire sur la mort de M^r. de Candillargues, Sa Majesté
» a jugé à propos, conformément à ce qu'Elle avoit projeté au mois de Janvier de
» l'année derniere, de réünir les Etats-Majors de la Ville & de la Citadelle de Mont-
» pellier, & Elle a reglé que le Sieur de Vernon, qui demeurera seul Lieutenant
» de Roi, aura en cette Qualité trois mile livres d'Appointement au
» lieu de deux mile qu'il avoit ; plus quatre cens livres pour son Logement, &
» la moitié des Emolumens attribüez aux Officiers des deux Etats-Majors, dont
» il sera fait une Masse, à la reserve du Capitaine des Portes qui continüera d'en
» joüir. Que le Sr. de *Combettes* Major aura à l'avenir douze cens livres d'Appoin-
» tement au lieu de mile livres, outre son Logement de trois cens livres, & huit
» cens dont il joüit par Gratification, ou pour le Soin des Prisonniers, & de
» plus les deux tiers à prendre sur l'autre moitié des Emolumens. Que le Sieur
» de *Veissiére* Aide-Major, aura mile livres d'Appointement au lieu de huit cens
» livres qui lui avoient été reglez, son Logement de deux cens cinquante livres ;
» & que le Sr. de *Monteillet*, Capitaine des Portes, aura six cens quatre-vingts
» livres d'Appointement, au lieu de quatre cens quatre-vingts livres qu'il avoit,
» cent livres pour son Logement, & de plus les mêmes Emolumens dont il
» joüissoit. Je vous prie de les en avertir & de tenir la main à l'Execution de
» cet Arrangement. Quant à ce qui concerne la Residence de ces Officiers, ce
» sera à vous à la regler, en destinant à la Ville ou à la Citadelle ceux que vous
» jugerez être nécessaires, suivant ce qui vous paroîtra convenable pour le Ser-
» vice du Roi dans les diferentes circonstances qui peuvent survenir ; l'Intention
» de Sa Majesté étant, que dans tous les tems cela soit reglé par celui qu'Elle aura
» choisi pour commander dans la Province de Languedoc. J'écris en conformité à
» Mr. de Bernage. J'ai l'honneur d'être très-parfaitement, Monsieur, vôtre très-
» humble & très-obeïssant Serviteur, *Signé*, d'ANGERVILLIERS. LA FARE DE LAUGERRE.

A Versailles, le 10. Septembre 1730.

sur les Juridictions-Modernes de Montpellier.

J'ai l'Original de la Lettre, dont Copie ci-devant, en mon pouvoir.

En consequence de ce dernier Ordre Mr. de *Vernon* réünit en sa Personne les deux Lieutenances de Roi, & après sa mort arrivée en 1732. le Roi y nomma Jean-Baptiste Renaud de la Rochette, Lieutenant-Colonel du Regiment d'Anjou. Il fait sa Résidence à la Citadelle, où il a fait des Embelissemens considerables sur les Ramparts, & au Logement des Lieutenans de Roi.

Le Sieur de *Combettes*, qui a réüni les deux Majoritez, demeure dans la Ville, où il a sous ses Ordres le Capitaine des Portes Jean d'Auteville Sr. de *Monteillet*, Ancien-Garde du Corps.

L'Aide-Major Barthelemi de *Veissiére*, Capitaine dans le Regiment de l'Isle de France, fait sa Résidence dans la Citadelle auprès du Lieutenant de Roi.

DE QUELQUES JEUX D'EXERCICE
PARTICULIERS A LA VILLE DE MONTPELLIER.

I. La Danse du Chevalet. II. Le Noble-Jeu de l'Arc, dit le Perroquet. III. Le Jeu de l'Arbaléte. IV. Celui de l'Arquebuse. V. Celui du Mail & du Balon.

LES Jeux d'Exercice ayant été regardez dans tous les Gouvernemens des Villes, comme autant nécessaires à la Santé qu'au Divertissement des Habitans, les Sages Magistrats ont favorisé plus particuliérement les Exercices qui pouvoient tourner à l'Utilité-publique : ainsi, dans le tems que les Armes-à-feu n'étoient pas connuës, nos Anciens s'attachérent à exercer leurs Citoyens à tirer de l'Arc, de l'Arbaléte, ou de la Fronde, qui étoient alors les Armes les plus ordinaires. On a laissé la Fronde aux Enfans, qui, malgré les Soins des Magistrats, s'y exercent encore dans les Fossez de la Ville, où ceux d'un Quartier vont provoquer leurs Voisins à la *Bataille*, d'où ils raportent souvent à leurs maisons des funestes marques de leur Courage.

L'Exercice de l'Arc & de l'Arbaléte, fut cultivé avec plus de soin à cause de l'Utilité que la Ville pouvoit en retirer dans les Occasions de Défense ou d'Attaque ; delà vient que l'on fit les Réglemens que nous verrons, pour les deux Compagnies de l'Arc & de l'Arbaléte, & que les Seigneurs de Montpellier les protegérent toûjours en vûë du Bien général & particulier des Habitans.

Il n'en fut pas de même de ce que nous appellons *le Chevalet*, qui, n'ayant été imaginé que par une Occasion singuliére dans le XIIIe. Siécle, a été continué depuis pour le seul Divertissement du Peuple.

J'ai raconté dans la Vie de Pierre Roi d'Arragon, que ce Prince revenant à Cheval de *Mirevaux* avec la Reine Marie de Montpellier en Croupe, le Peuple de la Ville ravi de leur bonne union, vint à leur rencontre, & donna mile marques de Joye autour du Palefroi qui les portoit l'un & l'autre : ce que le Peuple fit alors sans autre dessein, il le continüa sous le Roi Jacques leur fils ; car, tout le monde étant persuadé qu'il devoit sa Naissance à la Nuit qui avoit precedé l'Entrée du Roi son pere dans Montpellier, les Habitans pour lui marquer combien ce Souvenir leur étoit cher, farcirent de paille la Peau d'un Cheval qu'ils menérent à Lates où étoit le Roi, & firent en sa présence autour de ce Cheval les mêmes Réjoüissances qu'ils avoient fait autrefois sur le chemin de Mirevaux. Soit que la Fête eût plû au Roi (comme Zurita nous le donne à entendre) ou que le Peuple y eût pris goût, il en a continüé l'Usage depuis ce tems-là, & il ne manque point dans toutes les Réjoüissances-Publiques de faire sortir *le Chevalet* ; c'est-à-dire, qu'un jeune-Homme monté sur un petit-Cheval de Carton proprement équipé, lui fait faire le Manége aux Sons des Tambourins & des Haut-Bois, tandis qu'une Grande-Troupe de Danseurs avec des Grelots aux Jambes & des Tambours de Basque à la main, font semblant de lui présenter de l'Avoine pour le détourner de son Exercice, ce qu'il évite avec beaucoup d'agilité & toûjours en Cadence.

II. Le Jeu de l'Arc est peut-être encore plus ancien, si l'on en juge par la Preface des Statuts de cette Compagnie, renouvellez en 1411. où il est dit qu'on les a dressez *pour soûtenir & maintenir les bonnes Coûtumes faites & ordonnées par nos Anciens-Peres, Predecesseurs & saints Prud'hommes.*

Avant les Troubles de la Religion on faisoit l'Exercice de ce Jeu dans le Fossé de la Ville, qui alloit de la Porte de Montpelieret à celle de St. Denis ou de l'Evêque; c'est-à-dire, depuis le coin du Jardin de *Nissole* à celui du Président *Bocaud*: mais, depuis la Démolition des Murailles de la Ville, qui a été faite de ce côté-là, les Archers ont acquis le Fossé de la Porte de *Lates*, allant vers la Citadelle; ce qui leur fut confirmé par les Ouvriers de la Ville, sous l'Albergue de deux Perdrix, comme il est marqué dans leurs Regîtres.

Ce Fossé, qui a cent trente Toises de long & sept de large, a été entretenu depuis ce tems-là par la Compagnie qui s'y assemble pour faire l'Exercice du Jeu de l'Arc. Il consiste ou à tirer au Blanc d'une Bute à l'autre, ou à tirer le *Papagay* qu'on appelle vulgairement le *Perroquet*; c'est une Figure d'Oiseau faite de Bois & peinte en Verd, qu'on attache au haut d'un Mast de Navire, élevé de dix-huit Toises, & qu'il faut abatre à coups de Fléches. On en a pû voir la Cérémonie dans ce que j'en ai dit pour l'année 1678. mais, je ne dois pas oublier ici que cette Compagnie est composée des principaux Bourgeois de la Ville, soit mariez, soit jeunes-Gens, & que les Artisans n'y sont pas compris, comme ayant pour eux d'autres Exercices dont je parlerai dans la suite.

Ceux qui composent cette Compagnie, sont appellez indiferament du nom d'*Archers*, à la maniére du vieux-Tems, à cause de l'Arc dont ils se servent, ou de celui de *Chevalier*, qui dans la suite a paru plus-honorable. Le nombre n'en est pas fixé, mais il est fort grand, & il passe deux cent cinquante: ils élisent leur Chef à la pluralité des Voix, qui est toûjours un Gentilhomme, sous le nom de *Capitaine, Roi & Gouverneur du Noble Jeu de l'Arc*: le Lieutenant est choisi parmi les plus-considerables Bourgeois de la Ville, & doit être l'un des plus-Anciens de la Compagnie: l'*Enseigne* est qualifié *Capitaine-Enseigne*, pris d'entre les plus-riches Bourgeois, afin qu'il soit en état de se distinguer par quelque Dépense, soit en Habits, soit en Régales, ou en Fanfares de Trompettes, de Haut-Bois & de Violons; on le prend parmi la Jeunesse, à la tête de laquelle il marche portant le Drapeau de la Compagnie.

Outre ces trois Officiers, il y a six *Conseillers* pour gerer les Affaires du Corps, & trois *Majors*; sçavoir, un pour les Mariez, & deux pour la Jeunesse, qui sont choisis parmi les meilleurs Bourgeois de la Ville & des plus experimentez au Jeu de l'Arc.

Lorsque le Capitaine, qui est à vie, laisse la Place vacante par sa mort, toute la Compagnie s'assemble dans le Fossé pour en élire un autre; aussitôt le nouvel-Elû marche à la tête de sa Compagnie vers l'Hôtel-de-Ville, où les Consuls se trouvent revêtus de leurs Robes & Chaperon-Rouge pour le recevoir; ils mettent le Capitaine entre le Premier & Second Consul, & ils se rendent tous ensemble au Bruit des Trompettes, des Tambours, des Haut-Bois & des Violons dans le Fossé, où le Capitaine prête entre les mains du Premier-Consul le Serment-accoûtumé, qui porte qu'il observera lui-même & qu'il fera observer aux autres les Statuts de la Compagnie du Noble-Jeu de l'Arc.

Ces Statuts, qui sont écrits sur du Velin dans leur grand Regître, marquent l'Ancieneté de cet Exercice; les Motifs qu'on eut pour l'établir & le Serment reciproque que les Particuliers de la Compagnie font à leur Capitaine, & le Capitaine à eux: ils commencent par ces Paroles, *Ce sont les Ordonnances, Statuts & Droits du Noble Jeu de l'Arc de la Ville de Montpellier que Dieu garde de Mal, & tout le Bon Royaume de France.*

» Au Nom de la Ste. Trinité, du Pere, du Fils & du St. Esprit, Amen. L'An
» de l'Incarnation de N. Seigneur que l'on compte mil quatre cents & unze, &
» le Jour de St. Philippe, pour l'Honneur, Etat & Conservation du Noble
Royaume

Particuliéres.

» Royaume de France & de la Ville de Montpellier, que Dieu maintiéne en
» bonne Paix & Tranquilité, & tous les Bienveillans dudit Royaume; font faites
» certaines Ordonnances, Statuts & Droits qui appartiénent au Noble Jeu de l'Arc,
» pour éviter tous Perils, Rancunes, Haines, Fraudes, Fauffetez & Barats, &
» pour nourrir Paix, Amour, Charité & Dilection, & *pour foûtenir & maintenir*
» *les bonnes Coûtumes faites & ordonnées par tout le bon Royaume de France par nos Anciens-*
» *Peres, Prédeceffeurs & Saints-Prud'hommes.*
» Nous Habitans de la Ville fufdite de Montpellier, Chaftel du Roy de
» France noftre Souverain Seigneur, frequentans & exerçans ledit Noble Jeu-
» Royal & Franc dudit Jeu de l'Arc, avons fait ftatuer & ordonner certains Droits,
» Coûtumes & Ordonnances, pour les Caufes deffus dites éviter, & auffi pour
» nourrir le Bien-commun; & pour icelles foûtenir, défendre & maintenir,
» avons élû, fait & ordonné Vénérable & Difcrette-Perfonne, Maiftre *Petitquin*
» *Defchamps*, Habitant en la Ville de Montpellier, Expert en l'Art & Science du
» Noble Jeu de l'Arc, pour noftre Roy & Gouverneur, comme il appartient audit
» Noble Jeu de l'Arc. Auquel Maiftre *Petitquin Defchamps* avons ordonné, promis
» & juré Foy, Loyauté, Puiffance & Authorité d'abfoudre & condamner en
» tous Débats, Rancunes & Queftions mûës & qui peuvent mouvoir & iffir du-
» dit Noble Jeu de l'Arc : Et auffi, d'autre part, ledit Maiftre *Petitquin* a juré &
» promis de tenir & maintenir Foy, Loyauté & Juftice, & d'adminiftrer à tous
» lefdits Joüans, Exerçans & Fréquentans ledit Noble Jeu de l'Arc, qui auront
» fait le Serment, à ung chacun, fans Faveur quelconque, tant au Grand com-
» me au Petit, & au Petit comme au Grand, Raifon & Juftice; & de corriger
» tous Défaillans, violans, enfreignans & caffans nofdites Ordonnances, Statuts
» & Coûtumes qui s'enfuivent, lefquelles nous avons confermées, jurées &
» ratifiées par noftre Sacrement, chacun par foy, & fur Saintes-Evangiles de Dieu,
» manüellement touchées, maintenir, obferver & garder les Ordonnances efcrites
» en cetuy prefent Rolle, faites & ordonnées par *le Roy dudit Noble Jeu de l'Arc, &*
» *fon bon Confeil.*

J'ai héfité quelque-tems, par la crainte de fatiguer le Lecteur, fi je donnerois
au long tous ces Statuts : mais, des Perfonnes très-confidérables, au Jugement
defquelles je dois me faire honneur de déferer, m'ont affuré qu'on auroit plus
de plaifir de voir ces Statuts dans leur naturel, que fi je me contentois d'en
donner le Précis; outre que ces Piéces Originales meritent (à leur Avis) d'être
conservées à la Pofterité. Chacun pourra y faire fes Obfervations particuliéres;
mais, on y trouvera par tout le bon-fens de nos Ayeux, pour maintenir l'Ordre
dans ces fortes d'Exercices, & pour prévenir les Diferends qui pouvoient y furvenir.

PREMIÈREMENT, fauf l'Honneur, la Reverence, Correction & Détermination *Les Confuls &*
du Roy de France noftre Souverain Seigneur & fon bon Confeil; fauf l'Honneur *Ouvriers ont donné*
& Correction de tous les Officiers du Roy noftredit Seigneur, qui fur ce nous *le Foffé.*
voudront reprendre & corriger; fauf l'Honneur & Reverence des Seigneurs-
Confuls & Ouvriers de la Ville de Montpelier, lefquels nous ont donné Lieu &
affigné Place pour le Bien & l'Honneur des Chofes deffus dites.

I I.

Au Nom que deffus eft dit, ordonnons & ftatuons, que le Nom de Noftre- *Juremens.*
Seigneur JESUS-CHRIST foit gardé & obfervé de toutes Injures & Vilainies, pour
quelconque Cas que advienne ou Appartenance audit Jeu, mais foit ung chacun
receu en fa Confcience & Sacrement qu'il a au Jeu de l'Arc.

I I I.

Item, Que ung chacun (de quelque Condition qu'il foit) du Sacrement dud. *Union.*
Noble Jeu de l'Arc, ait à porter l'un à l'autre Foy, Amour & Dilection enfemble, fans nulles Injures quelconques, & de ayder l'un à l'autre en tout & par
tout où meftier fera, fous Amande ordonnée par le Roy des Archers, & fon
Confeil appellé.

I V.

Item, Ordonnons, commandons & défendons expreffément à tous les Jurez *Larcins.*
dudit Noble Jeu de l'Arc, qu'ils n'ofent, ne préfument de prendre ne effayer, alie-

M m m m

ner ou occulter le ..... ou Artillement de son Compagnon, sans sa licence, sous peine que dessus.

V.

Soin des Arbres. Item, Ordonnons, commandons & défendons, que chacun sauve & garde la Place & le Lieu, ensemble les Appartenances du Noble Jeu de l'Arc, sans damner Arbres, Herbes ne autres Appartenances dudit Jeu, sur peine que dessus.

VI.

Arc & Fléches. Item, Ensuivant, que chacun dudit Sacrement ait à porter & tenir son Arc droit & honnestement, & son Artillement ...... sans nuls d'Enfrons ne Vituperes dudit Noble Jeu de l'Arc, ne .... de sa Compagnie, sur peine comme dessus.

VII.

Ordures hors du Fossé. Item, Ordonnons, que quand la Partie sera faite, devant ou après, que nul ne présume de dire ou faire Ordures quelconques entre les deux Butes, ne faire Signal ne Destourbe, par quoy le Tirant se tienne pour injurié, sur peine de deux deniers pour la Reparation du Fossé.

VIII.

Fléches perduës. Item, Ensuivant, que si aucun perd sa Fléche par espal durant & faite la Partie, que chacun la luy ayde à querir, fealement sans malice, & à mesurer des Coups....

IX.

Officiers au défans du Roy. Item, Que en l'absence du Roy, Gouverneur dudit Noble Jeu de l'Arc, ayent Puissance les Officiers, comme Lieutenans & Commis, comme se il estoit present, de tous Débats & Questions qui pourront advenir.

X.

Table, point s'y asseoir. Item, Que sur la Table de nostredit Roy dud. Noble Jeu de l'Arc, & de la Compagnie aussi, nul n'ose seoir sur ladite Table, ne faire chose deshonnête...la peine imposée pour la Reparation du Fossé.

XI.

Porte du Fossé. Item, Que le dernier-venu soit tenu d'aller ouvrir la Porte du *Vallat*, à celuy qui viendra après luy....

XII.

Verres & Cruches. Item, Quiconque rompra *Pinte*, *Anjole* ou *Cruche*, qu'il soit tenu de la payer; & qui brisera un *Voirre*, qu'il en paye deux.

XIII.

Arcs & Fléches. Item, Pour tous Débats de Rompure d'Arcs, de Fléches, prendre, perdre, Fers de Fléche & Cordes, seront tenus Celuy ou Ceux, de payer l'Arc, Fléche, Fer & Cordes, à Celui de qui ils seront.

XIV.

Injures & Querelles. Item, De toutes Injures faites manifestement ou obscurement en Faits & Dits, ou en quelque maniére que ce soit, dedans ledit *Vallat* ou dehors, en Questions, Querelles, Contrats, Vendition, Emption, Location, Compaigne ou Dépost, soit mû & accordé par nostredit Roy dudit Noble Jeu de l'Arc, en son bon Conseil *Le Roy & Officiers Juges.* des Archiers; & de tous les Contenus ësdits Statuts confermez & ratifiez, soit pris connoissance par eux, pour doulcement mulcter quelconque Personne que ce soit.

XV.

Ne tirer qu'entre les deux Butes. Et de surabondant est ordonné, que tout bon Archier qui perceroit le Blanc pour la premiere fois, payera une Cuisse de Mouton. Item, ensuivant, que nul Archier de toute la Compagnie, ose tirer de long ou de travers dudit *Vallat*, sinon entre les deux Butes, sans la licence du Roy ou de son Lieutenant; & autrement, payera un sol trois deniers pour la Reparation du Fossé.

XVI.

Le Jeu finit quand le Roy le dit. Item, Que nul desd. Archiers ne ose traire après que la Jougade sera faite, pour aller boire, & que le Roy ou son Lieutenant aura crié, *Laissez le Jeu*, & adonc chacun sera tenu laisser le Jeu; & qui alors contre ira, payera un sol trois deniers pour la Reparation du Fossé.

XVII.

Boire. Item plus, Que quand le Roy ou son Lieutenant commandera aux Archiers qu'ils viénent boire, adonc soit tenu chacun de venir, si bon lui semble, ou le laisser, puisqu'il aura payé.

XVIII.

Particuliéres.

XVIII.

Item, Que quand la Partie fera faite & ordonnée, chacun foit tenu de la tenir pour faite ; & qui à l'encontre viendra, payera un fol trois deniers pour la Reparation du Foffé. — *Parties.*

XIX.

Item, Qu'il n'y ait aucun qui ofe joüer de *Corde-Nozade* ; & qui contreviendra, payera deux deniers, comme deffus. — *Cordes.*

XX.

Lefdits Confeillers & Archiers, du confentement de leurdit Roy & Gouverneur, ordonnent que dorfénavant l'Enfeigne defdits Archiers demourera au Pouvoir & Garde du Roy & Gouverneur, fauf que ne luy fera loifible de la prefter à *Nully*, fans la volonté des quatre Confeillers. — *Le Roi eft gardé de l'Enfeigne.*

XXI.

Item, Eft ftatué & ordonné, que le premier Confeiller aura la *Boëte & Argeant* d'icelle, laquelle fera tenu faire porter chacun jour que l'on joüera au Foffé ; & le fecond Confeiller en gardera la Clef : & auffi demourera le prefent Livre entre les mains du fecond Confeiller. — *Boëte & Argent.*

XXII.

Item, A efté ordonné, que de tous les Differends & Queftions qui feront entre les Archiers, & en toutes chofes concernant ledit Jeu, ledit Roy & Gouverneur en décidera, appellez lefdits Archiers ou aucuns d'eux ; & en défaut dudit Roy & Gouverneur, lefdits Confeillers, fauf que le premier ou fecond y foit, en pourra juger & décider totalement : Et feront tenus lefdits Archiers acquiefcer à leur Appointement, à peine de deux fols fix deniers, applicables comme cy-deffus. — *Juges des Differends.*

XXIII.

Item, A efté ftatué & ordonné, que Celuy qui fauldra à obferver lefdits Ordres, après eftre tanfé, payera à la Boëte un fol trois deniers, & fera tenu amender à difcretion du Capitaine & Confeillers. — *Amandes.*

XXIV.

Item, A efté ordonné & ftatué, que quand aucun nouveau Archier paffera Chevalier, le Droit qu'il a coûtume payer, fera appliqué à la difcretion dudit Roy & defdits Confeillers ; toutefois que foit au profit des ..... & Reparation du Foffé. — *Droit d'Entrée.*

XXV.

Item, A efté ordonné & ftatué, que avant que aucun foit receu Nouveau-Archier, après le Serment, payera pour fon Entrée & pour la Reparation du Foffé, ce qui fera ordonné par le Roy-Gouverneur, Lieutenant & Confeillers ; & auffi par tous les Archiers qui font dans le Livre fignez, & qui font achargez pour les Affaires du Noble Jeu de l'Arc.

Et qui trouvera aucunes Fléches & Fers de Fléche dans ledit Foffé, qui ne trouvera Maiftre, feront vendués, *& l'Argeant mis dans la Boëte.*

Après que le Capitaine a prêté Serment entre les mains du Premier-Conful, de la manière que nous l'avons vû, il eft inftalé & mis en Poffeffion de fa Charge ; ce qui étant fait, il va reconduire les Confuls à la Maifon-de-Ville, dans le même Ordre & avec les mêmes Ceremonies qu'ils étoient venus : Après-quoi, il revient au Foffé, où il fait proceder à l'Election du Lieutenant, de l'Enfeigne & des autres Officiers, qu'il regale le même jour avec les principaux Chevaliers : il leur fait préfent de belles Echarpes de fa Couleur, bordées de Galon ou de Frange d'Or ou Argent ; & les deux jours fuivans, le Lieutenant & l'Enfeigne donnent de pareils Regales, & font préfent de femblables Echarpes, mais d'une Couleur diferente.

Le Livre où toutes ces Ceremonies font marquées, contient les Elections d'Officiers qui ont été faites depuis trois cens ans : on y voit auffi le Nom & le Seing de tous Ceux qui ont été reçus dans cette Compagnie, parmi lefquels font ceux des Perfonnes les plus qualifiées du Païs, & de plufieurs Seigneurs, Illuftres par leur Naiffance & par leurs grandes Charges, tels que celui du Maréchal de Chatillon, qui figna & tira au Perroquet en l'année 1614. du Maréchal de Schomberg, Gouverneur du Languedoc, qui figna en 1636. de Monfeigneur le Prince de

Conty, Gouverneur de la Province, qui honora cette Compagnie du Seing qu'il mit au-dessous de l'Ecusson de ses Armes, qu'on voit peintes en couleur dans ce Regître.

Après ces Noms Illustres on trouve ceux du Comte d'Aubijoux, du Comte de Roure, & du Marquis de Castries, tous trois Lieutenans-Généraux de la P.ovince, & Gouverneurs de la Ville & Citadelle de Montpellier. Enfin, pour comble de Gloire, Monseigneur le Duc de Bourgogne & Monseigneur le Duc de Berry, voulurent à leur Passage par Montpellier en 1700. honorer de leur Auguste Nom, la Compagnie du Noble Jeu de l'Arc ; en quoi ils furent suivis par le Maréchal de Noailles, par le Comte de Maure, & par les autres Seigneurs de leur Cour.

Quoique selon les Statuts, on dût tirer le Perroquet tous les premiers Jours de Mai de chaque année, on en a souvent interrompu l'Usage, tant à cause des Troubles particuliers, que des Guerres generales du Royaume ; mais, dans les Occasions extraordinaires de Réjoüissance, le Capitaine & les Chevaliers concertent ensemble, & ayant obtenu l'Agrément de celui qui commande pour le Roi dans la Ville, ils font faire les Proclamations que j'ai dit ailleurs, afin que les Chevaliers ayent le tems de preparer leur Arc, leur Carquois & leurs Flèches : C'est ce qu'on fait actuellement, pour célebrer l'Heureuse Naissance de Monseigneur le Dauphin, que le Ciel vient d'accorder à la France pour combler ses Vœux & ceux du Roi LOUIS XV. heureusement Regnant.

Voici les Noms des Capitaines du Noble Jeu de l'Arc que j'ai pû déchifrer dans leurs Regîtres.

Petitquin Deschamps, élû Roi, Capitaine-Gouverneur, le 1er. de Mai . . 1411.
Ceux qui le suivirent ne sont pas marquez, jusqu'à
Noble Guillaume *Sartre*, élû le dernier Avril . . . . . . 1548.
Noble Simon de *Sandre*, Baron & Seigneur de St. George, élû le 28. Avril 1554.
Pierre *Pons*, Marchand de Montpellier, élû Roi-Capitaine en Janvier . 1556.
Noble Raulin *Dumois*, Ecuyer, Seigneur de Ferriéres, élû en Avril . . 1566.
Noble Pierre de Combes de Montagut, Seigneur de Combas, élû le 1er. Mai 1594.
Noble Raulin de *Girard*, Contrôleur de l'Extraordinaire des Guerres, élû le 4. Juin . . . . 1631.
Noble François-Antoine *de Sarret* de Calladon, Baron de Fabregues, Maréchal-de-Camp des Armées du Roi, Capitaine de cinquante Hommes-d'Armes de ses Ordonnances, élû Roi le vingt-troisiéme Février . . 1654.
Noble Charles de Combes de Montagut, Seigneur de Combas, élû le 28. Octobre . . . . 1676.
Noble Jean *de Manny*, Ecuyer, élû le 15. Février . . 1701.
Noble

III. Le Jeu *de l'Arbalête* est pour le moins aussi ancien que celui de l'Arc, puisque nous en avons des Statuts écrits en Catalan ; c'est-à-dire, faits pour le plûtard, sous les Rois d'Aragon, lorsqu'ils étoient Seigneurs de Montpellier. Ce Jeu étoit affecté aux Artisans & aux Gens de Profession-Mécanique : ils élisoient leur Capitaine & leurs Officiers, de même que les Chevaliers du Noble Jeu de l'Arc ; ils n'avoient d'autres Armes que l'Epée & l'Arbalête, qui est un Arc d'Acier qu'on bande avec effort par le secours d'un Fer propre à cet usage ; ils s'en servoient pour tirer des Traits appellez *Matras*, qui sont plus courts, mais plus gros que les Flèches des Archers. Le Lieu destiné à leurs Exercices, est dans le Fossé qui va de la Porte de Lates à celle de la Saunerie, où nous les avons vû de nos jours s'exercer à tirer au Blanc & au Perroquet.

Comme leurs Traits sont plus forts & plus dangereux que les Flèches ordinaires, on prend de plus grandes Précautions lorsqu'ils tirent au Blanc ; car, au lieu des Paillasses piquées qui servent de Bute aux Archers, les Arbalêtriers on ont d'un Massif de bonne Terre garnie de Gason, où leurs Matras peuvent s'enfoncer jusqu'à demi Trait. On verra par ce que j'ai encore à raporter, les autres Précautions que l'on a pris de tout tems, pour empêcher que personne n'approche des Butes dans le tems qu'on tire au Blanc.

Après

Particuliéres. 645

Après cet Exercice nous les avons vû tirer à un Perroquet, qui est fait d'un Bois beaucoup plus dur que celui des Archers, & elevé comme le leur, sur un grand Mât de Navire : comme le Trait de l'Arbalête est d'une grande vitesse, il ebranle plus fortement le Perroquet lorsqu'il le touche, mais en retombant il n'est point si dangereux que la Fléche, qui a trois Ailerons, au lieu que le Matras n'en a que deux, ce qui retarde la précipitation de sa chûte.

Les Préparatifs de ce Jeu, & les autres Cerémonies qu'on observe en allant chercher les Consuls, & en promenant le Vainqueur dans toute la Ville, sont assés semblables à celles du Noble Jeu de l'Arc, & il n'y a guere d'autre diference que celle de la Dépense, qui est beaucoup plus grande pour les Archers que pour les Arbalêtriers. On va voir la Proclamation qui étoit faite dans leur Fossé, lorsqu'ils devoient s'y assembler pour leurs Exercices-Publics ; je l'ai traduite du Catalan, telle qu'elle fut faite le premier du mois de Mai 1449.

MANDE LA COUR DU ROY NOSTRE SEIGNEUR, ET PAR Mandement de Monseigneur le Bailli de la Ville de Montpellier, à la Requisition des Seigneurs-Consuls de la presente Ville.

„ ON fait à sçavoir à tout Joüeur d'Arbalête, tant Etranger que Privé, que
„ cejourd'hui premier de Mai (comme il est de Coûtume) en ce present Fossé,
„ seront donnez six Cuiliers d'Argent-fin, pour être tirez au Jeu de l'Arbalête ; &
„ qui plûtôt aura huit Coups bien & loyalement gagnez, une desdites Cuiliers lui
„ sera livrée par lesdits Seigneurs-Consuls ; & celui qui l'aura gagné, ne pourra
„ plus en tirer d'autres, mais il sera tenu de défendre le Jeu jusqu'à-ce que
„ tous soient tirez.

„ *Item*, On fait inhibition & défense à toute Personne, de quelque Etàt & Con-
„ dition qu'il soit, de ne point passer les Bornes reglées dans ledit Fossé par les
„ Seigneurs-Consuls pour servir de Butes, sous peine de mettre son Soulier à *la*
„ *Monerada* ; c'est-à-dire, pour être à la merci des Fléches de tous les Joüeurs :
„ & au cas qu'il y eût quelcun, qui ayant passé lesdites Bornes, vint à être
„ frapé d'une Fléche, nul ne sera tenu envers lui.

„ *Item*, Qu'aucun Joüeur n'ose foüiller dans la Bute pour chercher le Fer des
„ Fléches qui y auroit resté, sinon avec le *Carrel* (ou *Carré*) d'une autre Fléche ;
„ & cela, sous peine d'être privé pour tout ce jour, du Jeu de l'Arbalête.

„ *Item*, Qu'aucun Joüeur d'Arbalête, ni aucune autre Personne, ne soit assés osé
„ que de monter sur lesdites Butes, pour regarder de qui sera le Coup qui aura
„ gagné, sous peine de mettre son Soulier à la merci des Fléches, soit dans le
„ premier jour du Jeu, ou dans le dernier.

„ *Item*, de plus, Que ledit Jeu se fera, se mesurera & se tiendra de point en
„ point, en la forme & manière qui est marquée dans les Statuts anciens du pre-
„ sent Livre. Fait à Montpellier le premier jour de Mai 1449.
JEHAN NICOLAS, Baile.

Depuis que les Armes-à-feu sont en Usage, on a permis aux Artisans de Mont- IV. pellier, de s'exercer à tirer de l'*Arquebuse*, parcequ'on est obligé de les employer avec le reste du Peuple, à monter la Garde de la Ville, lorsqu'il n'y a point de Troupes reglées ; ils sont partagez en diferentes Compagnies, qui portent le Nom de leur Sixain, & qui ont chacune leur Capitaine & leurs autres Officiers. Le Tems ordinaire de leur Exercice est dans le mois de Mai, où ils commencent de s'assembler, & d'aller dans le Fauxbourg du Pile-St. Gilles pour y tirer au Blanc à bale-seule, de la manière que je l'ai décrit dans le XIe. Livre de cette Histoire, Chap. 2.

Cet Exercice a fait tomber depuis plusieurs années, celui de l'Arbalête, qui n'est pas pour le tems present d'un si grand Usage que celui de l'Arquebuse : mais, les Personnes âgées qui vivent encore, peuvent se souvenir d'avoir vû en vigueur l'un & l'autre de ces deux Exercices ; de sorte qu'après avoir vû tirer le Perroquet des Arbalêtriers à la Porte de Lates, nous allions voir tirer le Prix dans le Fossé du Pile-S^t.-Gilles.

V. A tous ces Jeux a succedé celui *du Balon*, qui est maintenant beaucoup plus en Usage à Montpellier qu'il n'étoit il n'y a soixante ans: Les Particuliers vont s'y exercer dans le grand Fossé du Noble Jeu de l'Arc; & souvent les Joüeurs des Diocéses voisins, viénent donner, ou accepter le Défi que ceux de Montpellier leur ont donné; ce qui attire sur les Parapets du Fossé une Foule extraordinaire de Spectateurs.

Le *Jeu du Mail* est plus ancien & plus particulier à la Ville de Montpellier que le Jeu du Balon, puisqu'on dit en Proverbe, que les Enfans y naissent un Mail à la main: il est vrai qu'ils s'y exercent dès qu'ils sont en état de marcher; ce qui leur donne une Adresse toute singuliére, & qui les fait passer pour les plus habiles Joüeurs de l'Europe: J'en ai vû qui, dans trois Coups, s'engageoient à mettre la Boule dans la Coupe d'un Chapeau à cent pas de distance; & ils ont plusieurs autres Coups d'adresse, qui les font rechercher (de quelque Etat qu'ils soient) par tous les Grands-Seigneurs qui s'arrêtent à Montpellier. Nous nous souvenons avoir vû M. le Duc de *Verneüil*, Gouverneur du Languedoc, faire sa Partie le long de la Citadelle, dans le Jeu qui a retenu son Nom, & prendre pour Second un Artisan, Celébre Joüeur, qui, étant consulté sur les Parties qu'on proposoit à son Altesse, lui disoit souvent en son Patois, *Jougas, Monsenionr, jeu & vous lous gagnaren.*

Le Marquis de *la Trousse*, Lieutenant-Général des Armées du Roi & Commandant dans la Province, fit faire un autre Jeu de Mail, qui a retenu son Nom, le long des Murs de l'Hôpital-Général; mais, comme on ne sçauroit en avoir assés pour toutes les Parties qui se font à Montpellier, le plus grand nombre va dans les Chemins-coupez qui sont autour de la Ville, où l'Adresse des Joüeurs paroît encore davantage, parcequ'il faut mesurer ses Coups, & joüer à propos de la Léve ou de la Masse.

Ces habiles Joüeurs ont formé les meilleurs Ouvriers en fait de Mail, qui soient peut-être dans toute l'Europe; car, il n'est pas de Souverain qui ne s'en fasse pourvoir à Montpellier, d'où il est ordinaire de voir partir pour toutes les Cours, des Mails à Virole d'Argent, avec le Manche garni de Velours & d'un petit Trainon & Frange-d'Or. Nosseigneurs les Princes voulurent en emporter lors de leur Passage par Montpellier en 1700. & parmi les Présens que la Ville a coûtume de faire aux Seigneurs de la plus haute Qualité qui viénent à Montpellier, on n'oublie guere les Mails & les Boules, lorsqu'on sçait qu'ils pourront y prendre plaisir.

FIN DES OBSERVATIONS.

STATUTS
DE LA VILLE
DE MONTPELLIER.

PREFACE.

ES Personnes les plus Eclairées qui m'ont aidé de leurs Conseils dans la Composition de cette Histoire, m'ont exhorté souvent de ne pas omettre les Statuts ou Coûtumes de Montpellier, pour faire mieux connoître l'ancien Gouvernement de cette Ville, & pour éclaircir plusieurs Faits, auxquels ces Statuts servent de Preuve.

Dans cette vûë, je ramassai avec soin toutes les Copies que je pûs tirer de divers Particuliers; mais, le nombre de Fautes qui avoient échapé à leurs Copistes, m'obligérent de recourir aux plus anciens Exemplaires & à l'Original-même.

J'eus le bonheur de trouver un Exemplaire Catalan & fort ancien, chès M. de Joubert, Sindic de la Province.

Un autre en Latin, écrit sur du Velin en Beaux-Caractéres Gothiques, appartenant à M. l'Abbé de Roquefeüil de la Roquette.

Enfin, on me remit le Grand-Rouleau de Parchemin où ces Statuts sont signez par Pierre Roi d'Aragon, & scellez de son Grand-Sceau en Plomb, du 15. Août 1204.

Je comparai tous ces Exemplaires ensemble, & ensuite avec un autre

Exemplaire en Vieux-Gaulois que je recouvrai depuis : La Conformité presqu'entiére que j'y ai trouvé, m'a donné lieu d'esperer qu'on trouvera ici, le Texte de nos Statuts & Coûtumes, le plus correct qui ait paru encore.

Pour en donner l'Intelligence à Ceux qui n'entendent pas le Latin, on a jugé que je devois mettre à côté, une Traduction Françoise : Et pour expliquer les Mots de la Basse-Latinité, qui sont en grand-nombre dans nos Statuts, on a voulu que j'ajoûtasse au bas de chaque Article, des Notes de Literature, & quelquefois des Notes-Historiques, pour en faire mieux connoître le sens, & l'occasion qui les fit établir.

J'ai eu le plaisir, en consultant le Glossaire de Ducange, de voir que nos Statuts avoient été connus de ce Sçavant-Antiquaire, puisqu'il en cite souvent des Articles entiers ; mais, je dois avertir le Lecteur, que le Numero des Articles qu'il cite, est quelquefois diferent des Exemplaires que j'ai suivi.

Nos Anciens-Jurisconsultes m'ont donné plusieurs Lumiéres dont j'avois besoin ; car, il y a fort peu d'Articles de nos Statuts qui n'ayent été commentez dans les Livres de *Rebuffi*, de *Boeri*, de *Philippy*, de *Pacius*, d'Etiéne *Ranchin*, & d'*Escorbiac* dans la Bibliotéque-Touloufaine. La plûpart de nos Avocats, Anciens & Modernes, ont laissé quelques Notes-Manuscrites sur nos Statuts ; mais, celui qui a traité la Matiére plus à fonds, est *Lazare Gauteron*, Homme-Laborieux, qui a laissé des Commentaires fort amples sur nos Coûtumes, qui m'ont été communiquez par M. le Premier-Président : Ainsi, je ne ferai pas façon de dire, que je dois aux Notes de Gauteron, ce qu'on trouvera de meilleur dans les miénes.

Nos Statuts, à qui l'on donne tantôt le Nom de *Loix-Municipales*, tantôt celui de *Coûtumes*, de *Libertez*, & de *Priviléges* de la Ville de Montpellier, furent redigez en la Forme que je les donne, lors du premier Changement de Domination qui arriva en cette Ville ; c'est-à-dire, en 1204. que la Seigneurie de Montpellier passa aux Rois d'Aragon, par le Mariage de Pierre II. avec Marie de Montpellier, Héritiére de nos Guillaumes. Alors les Habitans, voulant en quelque maniére fixer pour toûjours la Forme de leur Gouvernement, ramassérent leurs Anciénes-Loix, & y en ajoûtérent de nouvelles, pour les presenter au Roi, & en obtenir la Confirmation : Le Roi en jura l'Observation dans l'Eglise de Nôtre-Dame des Tables, le 15. du mois d'Août 1204. & la Reine ensuite les confirma dans le Château de Montpellier, le cinq des Calendes de Septembre de la même année.

Art. c. xxi.

Ces Statuts regardent le Gouvernement-Général de la Ville, les Droits du Seigneur, les Priviléges des Habitans, l'Ordre-Judiciaire, & plusieurs autres Points concernant le Bien-Public : Tout le reste qui se voit dans le Petit-Talamus, écrit en Langage Catalan, est regardé comme des Reglemens de Police, pour les diferens Métiers de la Ville, & contient la Forme du Serment que chaque Artisan devoit prêter.

Le Tems, qui altére toutes choses, affoiblit insensiblement dans Montpellier, l'Observation de ces Anciens-Statuts. Nos Consuls, usant du Pouvoir que le Roi & la Reine leur avoit donné, de faire tous les Statuts qu'ils jugeroient nécessaires pour le Bien-Public, firent plusieurs-fois des Reglemens pour renouveller les Anciens-Statuts, ou pour les expliquer :

Mais,

de la Ville de Montpellier.

Mais, la Chose ne put être faite sans y causer quelque Changement ; je me contente de les marquer dans les Notes que je donne, n'ayant pas crû devoir grossir cet Ouvrage, du Texte des Loix-Particuliéres qui furent faites dans le Conseil-de-Ville, sous les Rois d'Aragon & de Mayorque.

Depuis l'Acquisition que Philipe-de-Valois fit de la Ville de Montpellier en 1349. les Habitans s'accoûtumérent insensiblement au Droit-Romain, qui étoit en Usage dans le Languedoc. Le Duc d'Anjou, dans le tems de son Gouvernement, donna de grandes Atteintes à leurs Exemptions. Charles, Roi de Navarre, dans le tems qu'il eut la Seigneurie de Montpellier, ordonna l'Union de la Baillie & de la Rectorie : Henry II. suprima l'une & l'autre pour établir un Présidial & une Charge de Viguier. Ces Changemens entraînérent l'Inobservation de plusieurs Anciénes-Loix, & l'Etablissement des Nouvelles-Cours introduisit de nouvelles Regles dans l'Ordre-Judiciaire ; ensorte qu'on n'y suivit nos Anciens-Statuts, qu'autant qu'ils étoient conformes aux Ordonnances de nos Rois.

On n'a pas laissé d'en conserver un grand-nombre, que la Ville de Montpellier met au Rang de ses Priviléges, tels que celui d'être Ville-d'Arrêt ; de donner Pouvoir aux Peres de réduire la Légitime de leurs Enfans ; de prescrire une Forme-particuliére dans les Testamens ; d'autoriser les Dons ou Dispositions qu'une Femme sans-Enfans veut faire en faveur de son Mari ; d'accorder au Mari durant sa Vie, l'Usufruit des Immeubles-Dotaux de sa Femme prédecedée.

Je ne sçai si je ne pourrois pas y ajoûter la Proprieté du *Verdet*, ou *Verd-de-Gris*, que le Président Philipy attribuë aux Femmes de Montpellier, qui s'y attachent avec une Affection toute singuliére. *Nostræ Mulieres Monspelienses asservant velut Castrense Peculium, & proprium Patrimonium, Viridem illum Pulverem quem vocant* (le Verdet, ou Verd-de-Gris) *ex Laminis Æneis vel Æreis, prius Vino, &c.* Joan. Philip.
Resp. Jurisc.
XLVIII.

Ces Priviléges rendirent nos Ayeux fort attentifs à en faire renouveller la Confirmation à chaque Changement de Regne ; quelquefois ils l'obtinrent de nos Rois à leur Avénement à la Couronne, quelquefois à leur Passage par Montpellier, & en Reconnoissance des Secours que la Ville leur avoit offert dans leurs plus-grands Besoins : C'est ce qui resulte de toutes les Lettres-Patentes qu'on voit dans le Grand-Talamus de la Ville, depuis Pierre II. Roi d'Aragon, jusqu'au Roi Louis-le-Grand.

IN NOMINE DOMINI NOSTRI JESU-CHRISTI.

Tales sunt Consuetudines et Libertates Villæ Montispessulani,

ARTICLE PREMIER.

Du Seigneur & du Bailli de Montpellier.

(a) UNUS *solus est Dominus Villæ Montispessulani, qui sic suum Deo favente regit Populum &* (b) *Honorem. Summo studio dat operam ut de Sapientioribus & Legalibus Hominibus suis faciat* (c)

IL n'y a qu'un seul Seigneur de Montpellier, qui, par la grace de Dieu, regit son Peuple & sa Seigneurie, de la maniére que nous allons dire : Il s'applique avec très-grand Soin à créer le Bailli de Mont-

Bajulum Montispessulani, de (d) *Hominibus tantùm ejusdem Villæ* (e) *communicato Consilio Proborum Hominum ipsius Villæ. Qui Bajulus nulli alio Bajulo subjiciatur, vel respondere, vel ejus Consilium in aliquo requirere teneatur, sed* (f) *computum debeat reddere illi quem Dominus statuit.*

Cui etiam Bajulo omnes alii Bajuli; & etiam ille de Latis & de Castro-novo, (g) *obedire, & sub ejus examine de jure respondere debent; &* (h) *cum Bajulo in suâ Curiâ statuit Curiales Probos Viros & Sapientes de Hominibus Villæ ejusdem, cui Bajulo & Curialibus* (i) *donat tantum de suo, quod ipsi postpositis aliis Negotiis universis,* (k) *adhæreant Curiæ, & sint quotidiè in Curiâ & Justitiâ. Et Promissiones faciunt Domino coram Populo per Sacramentum Sanctorum-Evangeliorum quod Dona vel Munia non accipiant ipsi, nec homo nec fæmina per eos, nec in anteà spondeatur ipsis, nec ipsi spondeant se accepturos ab aliquâ personâ quæ placitum in Curiâ habeat aliquo tempore quamdiu in Curiâ steterint. Et quod legaliter & fideliter per bonam fidem secundum* (l) *Usum Curiæ tractent & judicent & examinent & definiant Lites & Placita, & unicuique velint jus suum tam Pauperi quam Diviti.*

pellier, du nombre des Habitans, & d'entre les plus-Sages & les plus Honnêtes-Gens de la Ville, en prenant le Conseil des Consuls dudit Montpellier. Le Bailli n'est soûmis à aucun autre Bailli, ni tenu de lui rendre-raison, ni de le consulter pour quelque Affaire que ce soit, étant obligé seulement de rendre ses Comptes à celui que le Seigneur établit pour les recevoir.

Tous les autres Baillis, même celui de Lates & de Castelnau, doivent obéïr à celui de Montpellier, & répondre sous son Examen; & après que le Seigneur avec le Bailli, ont élû pour Officiers de la Cour, ceux d'entre les Habitans de Montpellier qu'ils jugent les plus-Capables, le Seigneur recompense de ses propres Deniers le Travail du Bailli & de ses Officiers, en consideration de ce qu'ils quitent toutes leurs Affaires pour s'attacher à la Cour où ils assistent tous les jours: Ils promettent au Seigneur, en présence du Peuple, avec Serment sur les Saints-Evangiles, de ne prendre jamais, ni Personne pour eux, des Dons ou des Présens de qui que ce soit; jurant qu'ils n'en recevront jamais d'aucune des Parties qui aura Procès à la Cour, tandis qu'ils seront chargez d'administrer la Justice; Et qu'ils examineront & jugeront tous les Procès selon les Loix, & de bonne-foi, suivant l'Usage de la Cour, n'ayant d'autre vûë que de rendre à un chacun ce qui lui appartient, tant au Pauvre qu'au Riche.

NOTE.

(a) UNUS SOLUS EST DOMINUS. Il n'y avoit plus de Conseigneur à Montpellier, lorsqu'on redigea par écrit les présents Statuts; Guillaume, Fils de Mathilde, ayant acquis depuis 1199. toute la Portion des Vicaires de Montpellier, comme il a été dit au troisième Livre de cette Histoire, Chap. 3.

(b) HONOREM, Dans le Stile de ce tems-là, signifie toute Possession en Fonds-de-Terre.

Gauteron. (c) BAJULUM MONTISPESSULANI DE SAPIENTIORIBUS. Un de nos Interprètes a crû que ce Bailli étoit de Robe-Courte, comme nos Sénéchaux, parcequ'il n'est pas parlé d'Examen sur sa Science, mais seulement de sa Probité.

(d) DE HOMINIBUS TANTUM EJUSDEM VILLÆ. Guillaume, Fils de Mathilde, l'avoit déja ordonné par son Testament de 1202. mais, par un Reglement du Conseil-de-Ville, du 30. Juillet 1223. il fut réglé qu'il suffisoit que le Bailli eût fait sa Résidence à Montpellier depuis dix ans. On suivit cette même Régle pour les autres Officiers de sa Cour, & pour les Notaires de la Ville.

(e) COMMUNICATO CONSILIO. Nous avons raporté la Forme de son Election sur la fin de cette Histoire, en parlant des Juridictions-Anciénes.

(f) COMPUTUM DEBET REDDERE. Comme par l'Art. CVIII. le Bailli étoit chargé de la Recette des Amendes de la Cour, & des Lods dûs au Seigneur, il en rendoit-compte à Celui qui étoit nommé pour l'oüir; ce qu'il fit entre les mains du Lieutenant-de-Roi, depuis que Pierre, Roi d'Aragon, en eut établi un à Montpellier.

Grand-Talamus. (g) OBEDIRE. Sous nos Guillaumes, & encore long-tems après, les Baillis de Lates & de Castelnau, ressortirent à celui de Montpellier; mais, par les Lettres que nous avons de Jacques II. Roi de Mayorque, du 19. Juin 1287. il fut réglé: *Quod dicti Consules Latarum & Castri-novi non intelliguntur esse subjecti Bajulo Montispessulani, in iis que agentur coram eis inter homines seu Habitatores de Latis vel de Castro-novo*. Depuis cette Ordonnance, les Appellations des Baillis de Lates & de Castelnau, furent devoluës à la Cour du Lieutenant-de-Roi,

Voyez l'Art. des Juridictions. dite autrement la Cour du Palais.

(h) CUM BAJULO STATUIT CURIALES. Il est marqué ici, que le Seigneur avec son Bailli, élisoit les Curiaux: mais, dans la suite, les Consuls intervinrent dans cette Election, comme il est marqué dans l'Art. II. des Reglemens faits à l'Hôtel-de-Ville le 11. Janvier 1223. où il est dit que le Bailli, élû par le Lieutenant-de-Roi & par les Consuls, ne pourra choisir ses Officiers que de l'Avis & Consentement des Consuls, *Absque consilio & voluntate Consulum*. Ces Curiaux consistoient, au Sous-Bailli, au Juge, au Viguier, au Notaire ou Greffier, & à l'As-

sesseur,

sesseur, nommé *Assidu*. Outre lesquels, le Bailli pouvoit prendre d'autres Assesseurs, quand il le jugeoit à propos; mais, quand il avoit une fois élû ses Officiers, il ne pouvoit plus varier, comme il est porté dans une Ordonnance du Roi Jacques I. du mois de Décembre 1258. *Quibus Officialibus nominatis non liceat divino Bajulo variare.*

(i) *DONAT DE SUO.* Le Seigneur de Montpellier recompensoit ses Officiers, comme on faisoit en Dauphiné, (suivant la Taxe contenuë dans les Coûtumes dudit Païs) afin qu'ils administrassent la Justice avec plus de desinteressement. Nous verrons dans l'Art. V. le Serment qu'on exigeoit d'eux sur cela.

(k) *ADHÆREANT CURIÆ.* Pour marquer la Résidence à laquelle ils étoient tenus.

(l) *SECUNDUM USUM CURIÆ.* Le Stile Judiciaire de la Cour du Bailli, est contenu dans la plûpart de nos Statuts.

ARTICLE II.

De l'Autorité du Bailli.

Hoc totum verò quod Bajulus facit Dominus pro (a) *firmo habet in perpetuum.*

Le Seigneur tient toûjours pour fait tout ce qui a été fait par son Bailli.

NOTE.

(a) *PRO FIRMO HABET.* Il semble qu'il faut entendre ces Paroles, de l'Autorité que le Seigneur de Montpellier donnoit au Bailli dans ses propres Affaires, comme dans la Levée de son Droit des Lods & des Amendes de la Cour dont le Bailli étoit chargé, & non-point des Jugemens qu'il portoit sur les Contestations des Particuliers ; puisque par l'Art. XLIII. on pouvoit appeller au Seigneur, du Jugement de son Bailli ; & que dans l'Art. XLIV. il est dit, que si pendant le Procès quelcune des Parties accuse le Bailli de Dol personnel, le Seigneur renvoyera la Cause du Diferend à d'autres Juges.

ARTICLE III.

Du Serment de Calomnie.

Cum conveniunt ad placita, factis (a) *Sacramentis de Calumniâ, Curia interrogat utramque partem per Sacramentum, si Bajulo vel Judici, vel alicui Curialium propter illud placitum, suam dedit vel* (b) *promisit Pecuniam.*

In Consiliis & in Judiciis in Curiâ suâ Dominus habet Viros laude & honestate præclaros, qui justitiam amant & misericordiam, qui prece vel pretio, Donis vel Muneribus, amicitiâ vel inimicitiâ non deviant à semitâ justitiæ & misericordiæ: & curas & negotia Montispessulani Dominus facit præcipuè cum suis hominibus Montispessulani.

Lorsqu'on se presente pour plaider, après le Serment de Calomnie, la Cour interroge par Serment l'une & l'autre des Parties, si elles ont promis ou donné quelque Somme de Deniers au Bailli, au Juge, ou à quelqu'autre des Officiers ?

Le Seigneur, dans ses Conseils & Jugemens, n'employe que des Gens d'honneur & approuvez, qui aiment la Justice & la Misericorde, & qui ne s'en éloignent jamais, ni par Priéres, ni par Argent, ni par Dons ou Présens, ni par Amitié ou par Inimitié : & le Seigneur prend Soin des Affaires de Montpellier, & les administre avec ses Prud'hommes de la Ville.

NOTE.

(a) *FACTIS SACRAMENTIS DE CALUMNIA.* Le Serment de Calomnie étoit prêté au commencement du Procès, par le Demandeur, par le Défendeur, & même par l'Avocat: il portoit, que celui qui intentoit ou défendoit le Procès, ne le faisoit point en vûë de calomnier son Adversaire, mais seulement, parcequ'il croyoit sa Cause bonne. Ce Serment a été abrogé depuis, pour éviter le Parjure des Parties, comme l'a remarqué Rebuffi.

(b) *PROMISIT PECUNIAM.* On pourra voir dans la suite, que le principal Objet de Ceux qui dressèrent ces Statuts, fut d'entretenir & de conserver dans les Ministres de la Justice, un grand esprit de desinteressement.

ARTICLE IV.

Affection des Seigneurs de Montpellier envers les Habitans de la Ville.

Dominus Montispessulani & Antecessores ejus amaverunt homines suos, & custodierunt & salvaverunt in quantum potuerunt,

Le Seigneur de Montpellier & ses Prédecesseurs ont aimé, gardé & protegé leurs Vassaux, tout autant qu'il leur a été possi-

& non quæſierunt occaſiones, nec aliquo mo-
do fecerunt ut ſuas perderent Poſſeſſiones, vel
res aliquas mobiles vel immobiles, (a) niſi
propriâ culpâ. Etſi creverunt & multiplica-
verunt homines Montiſpeſſulani (b) in
avero vel honore, vel in aliis rebus, lætа-
tus eſt Dominus & adjuvit eos creſcere &
multiplicare. Et ideò cum gaudio homines
ſuas pandunt divitias & palàm oſtendunt
ſine timore. Et ita Divitiæ & Poſſeſſiones
eorum revertuntur illis quibus relinquuntur
in Teſtamentis vel Donationibus, vel per
Succeſſionem eveniunt, ſine omni retentione
& impedimento Domini. Ita quod Dominus
inde non accipit, neque aufert, neque con-
tradicit.

ble, & ils n'ont jamais recherché les occaſions, ou fait aucune choſe pour les priver
de leurs Biens Meubles ou Immeubles, à
moins que leſdits Hommes n'ayent été
eux-mêmes la cauſe de leur perte par leur
mauvaiſe-conduite ; Et lorſqu'un Homme
de Montpellier a augmenté ſon Bien, ſoit
en Argent-comptant, ſoit en Fonds-de-
Terre, ou autres Effets, le Seigneur s'en
eſt réjoüi, & l'a aidé à s'accroître & à devenir plus-riche : De là vient, que les Habitans de Montpellier font paroître leurs
Biens ſans aucune crainte, & que leur
Succeſſion parvient à Ceux auſquels ils les
laiſſent par Teſtament ou par Donation,
ſans nul obſtacle ou empêchement du Seigneur, qui, bien-loin d'en prendre ou de
s'en approprier quelque Portion, ne s'op-
poſe jamais à leur Avancement.

NOTE.

Cet Article eſt moins une Loi qu'un Témoignage-Public du bon Gouvernement des Anciens-Guillaumes de
Montpellier ; il pourroit-bien auſſi avoir été mis à deſſein, pour ſervir d'exemple à Pierre II. Roi d'Aragon,
qui venoit d'acquerir cette Seigneurie, & qui devoit donner ſon Approbation aux préſens Statuts.
(a) *NISI EX PROPRIA CULPA.* Par la faute des Coupables, punis en leurs Biens, ou en leur Perſonne.
(b) *IN AVERO VEL HONORE.* Terme ſouvent Sinonime pour exprimer les Facultez d'un Homme. On diſoit
en Vieux-Gaulois, *il eſt ſans-avoir*, en parlant d'un Homme pauvre ; *il eſt de grand-avoir*, pour exprimer un
Homme riche. Nous verrons dans la ſuite de ces Statuts, que par le mot *AVERUM*, nos Anciens vouloient déſi-
gner les Biens d'un Homme en Argent-comptant, & ſous celui de *HONORE*, ſes Poſſeſſions en Fonds-de-
Terre. Voyez l'Article XII. ci-après.

ARTICLE V.

Du Serment du Bailli de Montpellier, & des Officiers de ſa Cour.

Bajulus & Curiales tale faciunt Sacra-
mentum.

Ego homo juro tibi Domino Montiſpeſſu-
lani, (a) quamdiu Bajuliam & adminis-
trationem Villæ vel Curiæ Montiſpeſſulani
tenuero quod rationem & juſtitiam tenebo,
& ſervabo omnibus & ſingulis Perſonis quæ-
cumque & undecumque ſint vel fuerint, quæ
cauſam habent, vel habebunt coram me, vel
in Curiâ, (b) ſecundum Conſuetudines & mo-
res Curiæ qui modo certi ſunt & erunt.

Et ubi mores vel Conſuetudines Curiæ de-
ficient, (c) ſecundum juris ordinem. Omni
odio gratiâ & dilectione, & parentelâ, &
affinitate & vicinitate penitus excluſis. Se-
cundum quod melius mihi viſum fuerit &
conſcientia mea mihi melius dictaverit. Et
quod neque per me neque per alium ullo modo
vel ullâ occaſione pecuniam vel aliam rem
ſeu promiſſionem, vel aliquod ſervitium ac-
cipiam ab his qui cauſam habent vel habi-
turi ſunt coram me, vel in Curiâ occaſione
hujus

C'eſt ainſi que le Baile & ſes Officiers
doivent prêter Serment.

Moi Homme, je jure entre les mains
de vous Seigneur de Montpellier, que
pendant le tems que je poſſederai la Baillie, & que j'aurai la Regie de la Ville
ou de la Cour de Montpellier, je ferai
Raiſon & rendrai-Juſtice à toutes les Perſonnes, de quelques Lieux qu'elles ſoient,
qui ont, ou qui auront Procès devant
moi, ou en ladite Cour, ſelon les Coûtumes de ladite Cour, qui ſont, ou qui
ſeront certaines & conſtantes.

Et au défaut des Coûtumes de la Cour,
je jugerai ſelon la Diſpoſition du Droit-
Romain, En baniſſant entièrement de
mon Cœur, toute faveur, affection, &
toute conſideration des Parens, Alliez &
Voiſins ; mais, ſuivant ce qui me ſem-
blera plus juſte en ma Conſcience : Et
qu'en nulé manière, ou occaſion que ce
ſoit, je ne prendrai, ni par moi, ni par l'en-
tremiſe d'autrui, aucune Somme de Deniers, ni autre choſe, ni Promeſſe, ni le
moin-

de la Ville de Montpellier. 653

hujus placiti, vel ab aliis nomine eorum.

(d) *Et quod justitiam vel aliquid nomine justitiæ non accipiam per me vel per alium ante finem causæ, vel antequam solutum sit vel satisfactum creditori vel actori.*

Et quod habebo & accipiam, mecum bonos & legales Assessores, secundum quod melius mihi visum fuerit, & (e) recta judicia pronuntiabo in omnibus causis in quibus interfuero.

Et celabo ea omnia quæ in secreto & in Consiliis & in dictandâ Sententiâ seorsum mihi revelabuntur.

Hæc omnia & singula sine dolo & arte & malo ingenio bonâ fide custodiam & servabo, (f) ad fidelitatem Domini Montispessulani, & ad custodiam & observantiam Consuetudinis & Juris omnium Litigantium. Ita quod (g) ab isto Sacramento nullatenus possim absolvi. Sic me Deus adjuvet, & hæc sancta Dei Evangelia.

moindre Service de Ceux qui plaident ou qui plaideront devant moi, ou en la Cour, ni de quelqu'autre Personne en leur Nom, à l'occasion de leur Procès.

Et que je ne recevrai aucune Amende sous le Nom de Justice, par moi, ou par autrui, avant que la Cause soit terminée, ni avant que le Créancier ou Demandeur soit payé & satisfait.

Je prendrai avec moi, selon qu'il me paroîtra plus-convenable, des Bons & Fidèles-Assesseurs : je prononcerai des Jugemens selon les Loix & l'Equité, dans toutes les Causes où j'assisterai ; & je tiendrai secret tout ce qui sera dit dans les Opinions.

J'observerai toutes ces Choses de bonne-foi, & sans dol ni fraude, de même que la Fidélité que je dois au Seigneur de Montpellier : Je veillerai à ce que la Coûtume soit gardée, & qu'on fasse Droit à toutes les Parties-plaidantes ; ensorte que rien ne pourra me dispenser de ce Serment, avec le Secours de Dieu & des Saints-Evangiles que je touche.

NOTE.

(a) *QUAMDIU BAJULIAM TENUERO.* C'est-à-dire, pendant une année que devoit durer son Administration, comme il est marqué plus-expressément dans l'Art. CXIX.

(b) *SECUNDUM CONSUETUDINES.* Cette partie du Serment fut autorisée dans la suite par Lettres du Roi Charles VI. de l'an 1389. desquelles il résulte que les Gouverneur, Juge & Assesseur du Palais de Montpellier, étoient tenus en entrant en Charge, de jurer qu'ils administreroient la Justice, suivant les Coûtumes de ladite Ville. *Grand-Talamus fol. 35. verso.*

(c) *SECUNDUM JURIS ORDINEM.* Par cette Disposition, on revenoit à l'Usage-général du Languedoc ; qui fut réuni à la Coûtume sous cette Condition qu'il useroit du Droit-Romain dans la Discussion des Procès.

(d) *JUSTITIAM NON ACCIPIAM.* C'étoit une Amende, tenant lieu de Peine, contre les Téméraires-Plaideurs dont il sera encore parlé ci-après dans l'Article XVI.

(e) *RECTA JUDICIA.* De ne juger jamais sur le seul Dire d'une des Parties ; à l'occasion dequoi nos Anciens firent mettre sur la seconde Porte de l'Hôtel-de-Ville, un Tableau qu'on y voit encore, où sont gravées en Lettre-Gothique, ces Paroles-Latines, *Audi aliam Partem.*

Nota. Que dans tous les Exemplaires de nos Statuts, écrits depuis Jacques I. après ces Paroles, *Mihi revelabuntur,* il y a celles-ci, qui ne sont pas dans l'Original : *Item juro quod Sententias latas & ferendas contra Homicidas & alios vulnera facientes observabo, & executioni debitæ mandabo, nec contra illas veniam, nec venire permittam.* Ce fut en exécution d'une Ordonnance du Roi Jacques le Conquérant, qui voulut que le Bailli ajoûtât ces Paroles au Serment qu'il prêtoit en entrant en Charge.

(f) *AD FIDELITATEM DOMINI MONTISPESSULANI.* On observe que ce Serment de Fidelité, exigé par les Seigneurs de Montpellier, tant des Habitans de ladite Ville que de ceux de Montpelliéret, n'étoit pas un Hommage, comme il résulte des Lettres du Roi Jacques I. du 15. des Kalendes de Janvier 1258. où il dit : *Nou intelleximus Consules Montispessulani nobis fecisse Homagium, à quo illos penitùs absolvimus & quitamus, nec nobis esse aliter obligatos, nisi solùm sub formâ Sacramenti.* Ce Serment est réduit (par nos Interprètes) a ces six Devoirs, *Incolume, Tutum, Honestum, Utile, Facile & Possibile.*

(g) *AB ISTO SACRAMENTO NULLATENUS POSSIM ABSOLVI.* Ces Paroles sont regardées comme une des Imprécations qui accompagnent ordinairement les Sermens.

ARTICLE VI.

Juifs exclus de la Charge de Bailli.

(a) *Bajulum Judæum non habet Dominus Montispessulani in aliquibus Redditibus suis.*

Le Seigneur de Montpellier ne souffre jamais qu'un Juif soit Bailli dans toute sa Domination.

NOTE.

(a) *BAJULUM JUDÆUM*. On a pû observer dans le cours de cette Histoire, que les Juifs étoient en grand nombre dans Montpellier, qu'ils eurent le Credit d'y avoir une Boucherie particulière, un Cimetière & un Quartier de la Ville ; Néanmoins, quelques Riches qu'ils fussent, nos Guillaumes ne permirent jamais qu'ils fussent élevez à aucune Charge. La chose paroit clairement par la Disposition-Testamentaire des quatre derniers Guillaumes, qui défendent par exprés, de faire jamais un Juif, Bailli de Montpellier : Ce mot peut être pris aussi, pour celui de *Receveur*, comme il paroit par l'Article CVIII.

On cite à ce propos, le Dialogue intitulé, *De Altercatione Ecclesiæ & Synagogæ*, qui se trouve dans les Oeuvres de St. Augustin, où le Chrétien parle en ces Termes au Juif : *Tributum mihi solvis, ad Imperium non accedis, habere non potes Præfecturam, Judæum esse Comitem non licet, Senatum tibi introire prohibetur.*

Quoique le Roi Jacques leur eût accordé quelques Faveurs dans Montpellier, il dit dans son Ordonnance du 4. des Ides de Décembre 1258. *Judæi sere in Terris omnibus, Christianorum Principum subjacent Servituti, cui eo nostri & sui contumelia Creatoris addixit.*

ARTICLE VII.

Le Ministére des Graduez n'étoit pas reguliérement nécessaire en la Cour du Bailli.

In Curiâ suâ (a) *Legista non manutenent causas nisi suas proprias* ; *etsi causas proprias habuerint, contra eos poterit esse Legista. Neque sunt Advocati, nisi Partes consentiant. Et* (b) *in Consiliis Dominus habet quando voluerit Jurisperitos, sed in causis semper debet habere Judicem.*

Les Legistes en sa Cour, ne postulent que pour eux-mêmes, ou en leur Fait propre ; Auquel cas, un Legiste pourra occuper au-contraire : Et il n'y a d'Avocats en cette Cour, que du consentement des Parties. Et dans les Conseils pour le Bien-Public, il dépend du Seigneur d'appeller des Jurisconsultes ; mais, dans les Contestations des Particuliers, il doit toûjours avoir un Juge.

NOTE.

(a) *LEGISTÆ*. Ce mot est entendu dans ces Coûtumes, pour les simples Graduez en Droit-Civil, ou en Droit-Canon : Et la raison pourquoi ils ne postuloient pas pour Fait-d'autrui en la Cour du Bailli, non-plus que les Avocats, c'est parceque la Justice du Bailli étoit Sommaire, & que les Parties elles-mêmes y exposoient leurs Causes, à moins que de part & d'autre elles ne consentissent de se servir du Ministére des Avocats.

(b) *IN CONSILIIS*, &c. Lorsque le Seigneur de Montpellier avoit à déliberer sur des Affaires-publiques, il appelloit à son Conseil les Jurisconsultes qu'il jugeoit à propos : mais, dans les Contestations des Particuliers, il en laissoit la Décision au Juge du Bailli ; & lorsqu'on appelloit au Seigneur, des Sentences du Bailli, alors l'Affaire étoit portée à la Cour du Palais, où le Juge, dit *Judex-Major*, décidoit avec les Graduez qui l'assistoient.

ARTICLE VIII.

Des Faussaires.

(a) *FALSIFITATES omninò respuit &* (b) *punit.*

En sa Cour, les Faussetez sont totalement rejetées & punies.

NOTE.

(a) *FALSIFITATES OMNINO*. Sous ce Nom, on entend tout Crime de Faux, Faux-Actes, Faux-Témoins, Faux Poids, Fausse-Mesure, Fausse-Monoye.

(b) *PUNIT*. La Coûtume ne prescrivant aucun genre de Punition, on croit que le Bailli suivoit l'Ordre-Judiciaire prescrit par le Droit-Romain, conformément à un autre Usage de la Coûtume.

ARTICLE IX.

Des Usuriers.

(a) *Renovarii seu Usurarii qui Denarios pro Denariis accommodant, non recipiantur in Testimonio.*

Les Usuriers qui prêtent de l'Argent pour en retirer du Profit en Argent, ne sont pas reçus en Témoignage.

de la Ville de Montpellier.

NOTE.

(a) *RENOVARII.* Terme Sinonime avec *USURARII.* Il vient d'un Mot Espagnol, qui signifie Usure; & l'on ne peut guere douter que la Langue Catalane qu'on parloit alors à Montpellier, n'y eût introduit l'Usage de ce Mot pour exprimer les Usuriers.

ARTICLE X.

De la Proclamation ou Plainte.

De aliquibus Discordiis si (a) Proclamationes inde non fuerint Domino vel Curiæ, non debet Dominus, aut ejus Curia interponere Partes suas.

Le Seigneur ou sa Cour ne doit prendre connoissance des Querelles-particuliéres, que préalablement on ne lui en ait porté Plainte.

NOTE.

(a) PROCLAMATIONES. C'étoit proprement les Plaintes que les Offensez étoient tenus de porter en Justice, sans lesquelles les Juges ne prenoient jamais connoissance des différens Crimes des Parties : ces Proclamations sont appellées *Querimoniæ* en l'Article XXIX. & ailleurs *Clamores.*

ARTICLE XI.

De l'Investiture & du Droit de Prélation.

Homines Montispessulani quotiescumque voluerint, universa Bona sua vendere, & pretium secum deferre possunt, & abire ubicumque voluerint sine impedimento. Dominus verò debet eis & rebus suis, & familiæ suæ (a) Ducatum præstare per totam terram suam, & per totum posse suum. Et omnia quæ vendere illi voluerint in quibus Dominus habebit Laudimium, debet ipse Dominus aut ejus Bajulus sine contrarietate (b) laudare (c) salvo sibi suo Consilio.

Les Habitans de Montpellier peuvent, quand ils veulent vendre tous leurs Biens, emporter le Prix avec eux, & s'en aller où il leur plaît, sans empêchement; Et le Seigneur doit donner Saufconduit, à Eux, à leurs Biens & à leur Famille, par toute sa Terre & Domination : Même ledit Seigneur ou son Bailli, sont obligez d'accorder sans-contradiction Investiture, pour raison de toutes les Ventes que lesdits Habitans voudront faire des Biens sur lesquels le Seigneur a Droit de Lods, à moins qu'il ne veüille user de son Droit de Prélation.

NOTE.

(a) *DUCATUM, COMITATUM, GUIDATICUM.* Sont employez comme Termes Sinonimes, & signifient Saufconduit ou Sauvegarde.

(b) *LAUDARE.* C'est l'Investiture que le Seigneur accorde, des Biens qu'il a baillez à Fief ou en Emphiteose, lorsqu'on les aliéne, en donnant son Approbation & Consentement à l'Aliénation, & se contentant de ses Droits Seigneuriaux.

(c) *SALVO SUO CONSILIO.* Sauf son Consentement, qu'il peut refuser lorsqu'il veut user de son Droit de Prélation; mais, ayant une fois reçû le Lods, il ne peut se servir de ce Droit : ainsi, le Seigneur *Féodal* n'est plus recevable à user du Droit de Prelation lorsqu'il a reçû l'Hommage, non-plus que le Seigneur *Censier* après avoir reçû le Lods.

ARTICLE XII.

Des Successions, des Droits de Retour & de Représentation.

Pater qui maritat filiam aut filias suas, cum hæreditate (a) averi aut honoris, vel hæreditat eas cum avero vel honore; posteà non possunt illæ filiæ aliquid petere in bo-

Quand le Pere en mariant sa Fille, ou ses Filles, leur a constitué Dot en Deniers ou en Fonds, ou leur a baillé en Apanage quelque Somme ou quelque Imnis paternis, nisi Pater eis dimiserit. Et si Pater habet magis unum filium & unam filiam quæ non sit hæredata vel maritata, & Pater moritur intestatus, Bona Patris intestati revertuntur filio & filiæ non maritatis vel hæredatis, æquis partibus. Et si moritur aliqua de maritatis filiabus & hæredatis à patre sine (b) gadio & hæredibus, Bona ejus revertuntur communiter omnibus fratribus superstitibus patre jam mortuo. Et si filius vel filia quæ non fuerit maritata vel hæredata moriebantur sine gadio & sine liberis, Bona illius revertuntur alteri vel ejus Liberis. Et si ambo moriebantur sine gadio & sine liberis, Bona eorum revertuntur filiabus maritatis vel hæredibus eorum. Sed tamen unaquæque Persona potest facere gadium de suo jure. Et eodem modo dicimus de Bonis matris.

meuble, après cela ses Filles ne peuvent rien plus prétendre sur les Biens Paternels, hormis que leur Pere ne leur ait legué quelque autre chose par son Testament. Et quand le Pere, qui a plus d'un Fils & d'une Fille, non-pourvûs ni mariez, meurt *Intestat*, ses Biens parviénent ausdits Enfans non-mariez ni pourvûs, par égales Portions : Et si quelcune des Filles mariées ou pourvûës par son Pere, meurt sans Testament & sans-Enfans, les Biens du Prémourant parviénent à égales-parts, à tous ses Freres qui ont survécu à leur Pere ; Et si tous deux décédent sans Testament & sans-Enfans, leurs Biens parviénent aux Filles mariées & aux Héritiers d'icelles : chacun pourtant peut disposer librement de ses Droits; Et le même Reglement a lieu pour les Biens de la Mere.

NOTE.

(a) *AVERI ET HONORIS*. Nous avons donné l'Explication de ces Mots, dans les Notes sur l'Art. IV.
(b) *SINE GADIO*. Sans Testament. Ducange l'explique ainsi, en la Page 1241. de son Glossaire, Impression de Paris ; Et il cite à ce propos, le Testament de Guillaume de Tortose, Fils de Guillaume, Seigneur de Montpellier en 1157. qui commence par ces Mots : Sic ultimum Elogium meum compono, & Gadium sive Testamentum meum nuncupativè facio.
La Jurisprudence Romaine & celle des Arrêts, est contraire en bien de Points, à ce qui est porté dans cet Article.

ARTICLE XIII.

Des Héritiers des Cautions.

Hæredes seu filii fidejussorum non tenentur de fidejussione ab eis factâ post mortem eorum, (a) nisi lis cum eo qui fidejussit fuerit contestata, vel de eo querimonia Curiæ exposita.

Les Héritiers ou Enfans des Cautions, ne sont pas tenus après leur Decès, du Cautionnement par eux prêté, hormis que la Cause n'eût été contestée avec le Défunt, ou qu'il n'eût été exposé Clameur à la Cour, pour raison dudit Cautionnement.

NOTE.

Cet Article est formellement contraire à la Disposition du Droit-Civil, par lequel la Caution laisse son Héritier obligé pour le fait dudit Cautionnement, puisque l'Héritier représente toûjours le Défunt, & qu'il est naturel que celui qui joüit des Avantages de l'Hérédité, en suporte les Charges : Néanmoins, nos Anciens établirent une Régle contraire, par commisération pour un pauvre Caution qui se seroit engagé pour faire Office-d'Ami.
(a) *NISI LIS CUM EO FUERIT CONTESTATA*. Ils ne mirent d'autre Exception à leur Loi, que la seule Action qui auroit été intentée pendant la Vie de la Caution : *In judicio quasi contrahitur.*

ARTICLE XIV.

Qualité du Lods sur le Sol sans Edifice.

Quicumque comparat domum, vel solum forte inædificatum in Montepessulo dat inde (a) pro Consilio quintam Domino. (b) etsi venditor habuerit de pretio centum solidos dat

Celui qui achete à Montpellier une Maison, ou Sol sans Edifice, doit donner au Seigneur pour son Consentement, la cinquiéme partie du Prix de l'Acquisition;

dat emptor Domino viginti quinque solidos.
Sed (c) *maxima inde fit remissio.*

tion: c'est-à-dire, que si le Vendeur a reçû cent sols du Prix de cette Vente, l'Acheteur doit payer au Seigneur vingt-cinq sols; mais, il en est fait une Remise considérable.

NOTE.

(a) *PRO CONSILIO.* Pour le Consentement du Seigneur à cette Aliénation; d'où vient qu'en Feodale *Consilium* est Sinonime avec *Laudimium*. Ducange dans son Glossaire, cite cet Article de nos Statuts, & donne au mot de *CONSILIUM* la Signification que je viens de dire.

(b) *SI VENDITOR HABUERIT DE PRETIO CENTUM SOLIDOS, DAT EMPTOR VIGINTI QUINQUE.* Selon l'Exemple, c'est la quatriéme, puisque vingt-cinq est la quatriéme partie de Cent : mais, selon nos *Interpretes, il faut entendre que les vingt-cinq sols pour le Seigneur étoient payez par-dessus les Cent que recevoit le Vendeur; ainsi, l'Acheteur payoit quatre Portions au Vendeur & une cinquiéme au Seigneur.

* GAUTERON.

(c) *MAXIMA FIT REMISSIO.* Le Bailli, chargé de lever les Droits du Seigneur, taxoit le Droit des Lods, sur le pié qui est marqué dans cet Article; mais, le Seigneur en remettoit ensuite une Partie considérable : ce qui a passé en Forme de Loi, comme il a été jugé depuis par des Arrêts.

ARTICLE XV.

Des Engagemens des Héritages.

DE *Pignoribus honorum habet Dominus de centum solidis sex solidos pro Consilio, sed* (a) *fit inde Remissio; sed in Pignoribus ille* (b) *qui Rem immobilem Pignori supponit, dat Consilium.*

LE Seigneur prend pour son Droit de Lods, des Engagemens des Lods & Héritages, six Sols de Cent, qu'il relâche ensuite; mais, c'est à Celui qui baille son Bien en Engagement à payer les Lods.

NOTE.

On remarque que cet Ancien-Usage de Montpellier, est contraire à la Jurisprudence des Arrêts, qui tient pour Principe, que les Lods ne sont dûs que lorsque la Propriété est transferée; Néanmoins, nos Anciens se soûmirent à le payer, pour faire Honneur à leurs Seigneurs, à qui ce Droit étoit plus Honoraire que Lucratif, par la raison qui suit.

(a) *FIT REMISSIO.* Le Seigneur ne l'exigeoit que comme une Marque de Superiorité, sans en profiter, puisqu'il en étoit fait une Remise considérable.

(b) *QUI REM IMMOBILEM PIGNORI SUPPONIT, DAT CONSILIUM.* Dans la Vente, c'étoit à l'Acheteur à payer les Droits, comme nous l'avons vû dans l'Article précedent; mais, dans les Engagemens, l'Engagiste ne payoit point, parceque la Propriété du Fonds restoit toujours à Celui qui avoit engagé.

ARTICLE XVI.

Du Clameur, & de la Peine appellée Justice.

SI *de Pecuniâ seu Re mobili* (a) *Clamor fuerit in Curiâ, eo quod Debitor nolit solvere debitum, Debitor convictus vel condemnatus solvit Creditori totum debitum, & insuper pro* (b) *Justitiâ dat Curiæ pro qualitate debiti quasi* (c) *quartam; hoc est si Creditor consequatur LX. Solidos, Debitor qui ante Clamorem noluit solvere, dat pro Justitiâ, & cogitur dare viginti Solidos, sed inde fit* (d) *Remissio: sed ille cui persolvitur Pecunia non dat aliquid Curiæ, & hoc est statutum ideò ut aliquis non retineat jus alterius; sed si quis querimoniam fecerit Curiæ de Debitore suo, non commonito priùs Debitore ut solvat, & per Debitorem non steterit quominùs satisfaciat*

S'IL a été exposé Clameur en la Cour, pour raison de quelque Somme, ou de quelque Chose-Meuble, & Refusait été fait par le Débiteur de vouloir payer, le Débiteur convaincu & condamné, doit payer au Créancier l'entiére Dette; & outre ce Payement, il doit donner pour Justice à la Cour, la troisiéme partie de la Dette : c'est-à-dire, que si le Créancier obtient soixante Sols, le Débiteur qui n'a pas voulu payer avant la Clameur, est contraint de donner vingt Sols pour la Justice, dont néanmoins il est fait Remission; mais, le Créancier à qui la Somme est payée, ne donne rien à la Cour; ce qui est ainsi établi afin qu'aucun ne re-

ejus querelæ , Justitiam dare Debitor non cogitur. Similiter si quis Pecuniam debitam suo Creditori ostenderit ab eo accipiendam , si per Creditorem steterit quominus eam accipiat , & postea pro eâ Pecuniâ Clamor fuerit in Curiâ , nulla inde debet dari Justitia.

tiéne le Bien d'autrui : Mais , si quelcun a exposé Clameur à la Cour , avant que d'avoir averti son Débiteur de payer , & qu'il n'ait pas tenu au Débiteur qu'il n'ait satisfait , en ce cas le Débiteur n'est pas tenu de payer Justice pour ce Clameur ; De même , si quelcun offre la Somme en Deniers à découvert à son Créancier , afin qu'il la reçoive , s'il tient au Créancier qu'il ne la retire , & qu'il expose ensuite Clameur à la Cour pour cette Somme , nule Justice n'en sera donnée.

NOTE.

(a) *CLAMOR*, Se prend ici pour la Commission-Verbale que le Créancier obtenoit de la Cour du Bailli , pour faire-condamner son Débiteur ; la chose resulte de l'Article LXX. ci-après : Ce Clameur est appellé en plusieurs endroits de ces Statuts, *Querimonia* ou *Querela* ; mais , maintenant on ne l'employe qu'aux Lettres que le Créancier expose devant le Juge du Petit-Scel-Royal de Montpellier.

(b) *PRO JUSTITIA* , Est pris ici pro *mulctâ-Judiciariâ* ; c'est-à-dire , pour l'*Amende* : On voit plusieurs Exemples de cette Signification dans Ducange ; Ainsi , dans le reste de cet Article , il faut entendre le Mot de *Justitia*, pour l'Amende-Pecuniaire , qui tenoit lieu de Peine contre les Témeraires-Plaideurs.

(c) *QUASI QUARTAM*. L'Exemple donné , fait connoître que le Mot *Quasi quartam* , signifie la Troisiéme Partie , à cause du peu de distance qu'il y a de l'un à l'autre ; ainsi , ayant exprimé dans cet Article , le Nombre de Soixante , dont le Quart est Quinze , le Tiers , qui n'est que Vingt , est presque le Tiers , suivant l'Expression de ce Statut *Quasi*.

(d) *REMISSIO* , Se doit entendre d'une Remise considerable , comme il a été dit ci-dessus.

ARTICLE XVII.

Fraix de Justice, par qui payez.

PLACITA quæ fiunt in Curiâ de honoribus Curia audit , & deffinit (a) suis Sumptibus , & aliquid inde à Reo vel ab Actore non percipit , vel exigit : nec aliquis qui litiget de aliquâ re in Curiâ , dat (b) pignora , nisi (c) fuerit Miles qui dare debet.

La Cour prend-Connoissance , & juge à ses propres Dépens , les Procès intentez devant Elle , pour raison des Biens-Fonds, sans rien prendre du Défendeur ni du Demandeur , jusque-là qu'aucun des Plaideurs ne donne Gages en la Cour , hormis qu'il ne soit Chevalier , auquel cas il est tenu de donner Gages.

NOTE.

(a) *SUIS SUMPTIBUS*. La Justice étoit exercée gratuitement dans l'Ancienne-Cour de Montpellier , comme il a été observé ci-devant en l'Article XII. parceque ladite Cour étoit Salariée des Revenus du Seigneur , comme porte l'Article XLIII. ci-après.

(b) *NON DAT PIGNORA*. C'est-à-dire , qu'on n'y consigne pas.

(c) *NISI FUERIT MILES QUI DARE DEBET*. La Raison la plus apparente-qu'on apporte de ce Statut, qui oblige les seuls Chevaliers de consigner au commencement de l'Instance , c'est , dit-on , à cause que ces Personnes-Puissantes sont d'ordinaire de dificile Convention.

ARTICLE XVIII.

Des Exilez, & de la Liberté d'un-chacun en l'Exercice de son Art.

(a) *INIQUI interdicti panis , & vini & fœni , & omnium rerum , à Montepessulano (b) omninò excluduntur ; & omnibus passim ibi proficere licet , & (c) Officium suum exercere legaliter quodcumquesit , sine interdictione.*

Les Criminels , qui ont été interdits de Pain , Vin , Foin , & de toutes autres Choses , ne doivent jamais être reçûs dans Montpellier ; au contraire , il est permis à toute autre Personne , de faire du Gain , & d'exercer sans Empêchement son Métier, quel qu'il soit, pourveu qu'il le fasse loyalement. NOTE.

de la Ville de Montpellier.

NOTE.

(a) *INIQUI INTERDICTI*, Se prend pour Ceux qui sont condamnez à la Peine du Bannissement.

(b) *OMNINO EXCLUDUNTUR*. Pierre, Roi d'Aragon, ayant épousé Marie de Montpellier, fit aussi-tôt sortir de la Ville, les Freres-Bâtards de la Reine son Epouse, avec Agnés leur Mere ; & pour leur ôter tout espoir de Retour, il fit inserer dans nos Statuts, ces Mots, *OMNINO EXCLUDUNTUR*, pour servir de Loi-générale, comme on a pû voir dans le Quatriéme Livre de cette Histoire, Ch. 1.

En conséquence de cette Loi, il fut passé une Transaction entre le Seigneur de Montpellier & l'Evêque de Maguelonne, Seigneur de Montpellieret : *Quod Episcopus non sustinebit in parte suâ Faiditos & Bannitos per Curiam Regalem; imò si eos capere potest, capiet & restituet Curiæ Regali, & è converso.*

(c) *OFFICIUM SUUM EXERCERE*. Après avoir parlé de la Peine encouruë par les Gens de Mauvaise-Vie, cet Article expose les Avantages qu'ont les Bons-Habitans, d'y pouvoir exercer en Paix leurs Talens & leur Profession.

ARTICLE XIX.

Des Larcins faits dedans ou dehors la Ville.

SI Res alibi furata apud Montepessulanum inventa est, & à Curiâ capta ; si de hominibus Montispessulani non fuerit, (a) tertia pars est Domini, & duas partes recuperat extraneus homo Dominus Rei qui probat Rem esse suam ; sed si ipse Dominus Rei, aut ejus nuntius hoc ostendit Curiæ antequam sciat Curia, recuperat totum in integrum, sed in furtis quæ fiunt in Montepessulano, & hominibus Montispessulani aliquid Dominus vel ejus Curiales donec satisfactum sit furtum injuriam passo, non accipiunt, sed (b) personas furum puniunt.

LORSQU'IL s'agit d'une Chose qui a été volée ailleurs qu'à Montpellier, & qui, ayant été trouvée dans la Ville, a été arrêtée par la Cour, si elle n'appartient pas aux Habitans de Montpellier, la troisiéme partie en est adjugée au profit du Seigneur de Montpellier ; & l'Homme-étranger, qui prouve qu'il est le Maître de ladite Chose, ou quelqu'autre faisant pour lui, justifie de sa Propriété, avant que la Cour ait connoissance du Cas, alors il recouvre entiérement ladite Chose : mais, à l'égard du Larcin commis dans Montpellier, & fait aux Habitans de lad. Ville, le Seigneur ni les Officiers de sa Cour, ne peuvent rien prétendre, jusqu'à-ce qu'il ait été satisfait à Celui qui a soufert du Larcin ; mais, on se contente alors de punir les Larrons.

NOTE.

(a) *TERTIA PARS ERIT DOMINI*. Cette Portion de la Chose derobée que le Seigneur de Montpellier exigeoit de l'Etranger, en Recompense du Soin que sa Cour avoit pris de la lui assurer par l'Arrestation qu'elle en avoit fait, a été depuis justement suprimée, comme contraire au Commerce & à la Liberté-Publique.

(b) *PERSONAS FURUM PUNIUNT*. Il n'est pas dit, si c'étoit par une Peine-Pecuniaire ou Corporelle ; ainsi, par les Régles déja établies, il faloit recourir au Droit-Romain.

ARTICLE XX.

De l'Achat de la Chose derobée, & des Courtiers.

SI quis fortè à fure vel à non Domino, Rem aliquam furatam aut raptam, vel alienam (a) publicè venalem, bonâ fide putans esse illius, emerit ; si posteà verus Dominus veniens Rem esse suam probaverit facto Sacramento ab Emptore quod nesciset esse furatam aut alienam, & non possit exhibere Venditorem, Dominus Rei restituit Emptori solum hoc quod in eâ

LORSQU'UN Homme achete du Larron, ou de Celui qui n'est pas le Proprietaire, une Chose derobée, ravie, ou appartenante à Autrui, exposée publiquement en Vente, & croyant de bonne-foi qu'elle appartenoit au Vendeur ; Si ensuite le veritable Maître de la Chose se presente,& prouve qu'elle est à lui, le Vendeur doit jurer qu'il ne sçavoit pas que ce fût une

Emptor dedit , & Rem suam recuperat. Chose derobée ; & moyenant ce Serment, le Maître en la reprenant, doit rendre aud. Acheteur le Prix de son Achat tant-seulement.

NOTE.

(a) *PUBLICE VENALEM.* En Foire-Publique, ou par l'Entremise d'une Personne-Publique, comme Courtiers & Courtiéres. Dans ce dernier Cas, on prit la Précaution de faire regler par une Sentence-Arbitrale du onze des Cal. de Janvier 1278. que le Seigneur de Montpellier recevroit le Serment de tous les Courtiers & Courtiéres de Montpellier, tant de ceux de son Quartier que de ceux du Quartier de l'Evêque de Maguelonne.

ARTICLE XXI.

De l'Adultere & de sa Peine.

Si *Mulier Virum habens vel Vir Uxo-*
rem cum aliquo aut aliquâ (a) *capti in*
Adulterio fuerint ; vel (b) *posteaquam eis*
interdictum à Curiâ ne in simul soli in
domo maneant propter malam famam, si
ausu temerario contravenerint, Mulier
præcedens ambo (c) *nudi currunt per Vil-*
lam & fustigantur, & in alio non con-
demnantur.

Si un Homme ou une Femme mariée, ont été surpris en Adultére, ou si nonobstant les Prohibitions que la Cour leur a faites, de demeurer seuls ensemble dans une même Maison, à cause du Scandale, ils ont eu la Temerité de contrevenir à de si justes Défenses, ils sont condamnez tous deux à courir nuds par la Ville, la Femme allant devant, & à être foüetez ; nule autre Peine ne leur étant infligée.

NOTE.

(a) *CAPTI.* Nos Anciens ne se contentoient pas du simple Soupçon-d'Adultére, ils vouloient que pour punir les Coupables, ils eussent été surpris dans le Crime.
(b) *POSTEAQUAM EIS INTERDICTUM, &c.* Pour prévenir les Mauvais-Bruits, la Cour faisoit Défense aux Personnes soupçonnées d'Adultére, de loger dans une même Maison.
(c) *NUDI CURRUNT.* La Pudeur a fait suprimer cet Usage.

ARTICLE XXII.

Injures-Verbales, comment punies.

Non *omnia Convitia & Contumeliæ*
quæ verbis solummodo fiunt (a) *audiuntur*
in Curiâ, nisi (b) *Persona moverit Judi-*
cem ; præter cum quis ad Contumeliam vo-
cat aliquem malum Servum, vel Prodito-
rem, vel Traditorem, vel Furem probatum,
vel Perjurum ; vel si Uxoratam aut Viduam
vocaverit Meretricem, nisi ea probare po-
tuerit ; aut si (c) *fustigatum vel fustiga-*
tam pro Justitiâ factâ appellaverit ; vel si
quis Christianum vel Christianam de Pro-
genie Sarracenorum aut Judæorum, (d)
Sarracenum vel (e) *Judæum appellaverit ;*
hæc utique Convitia quæ percutionibus &
concutionibus ferè æquiparantur, arbitra-
tur Curia pro Qualitate & Dignitate Per-
sonarum. Etsi quis ea vel aliquid eorum
dixerit, (f) *Injuriarum teneatur ; & quan-*
tum per Sententiam vel compositionem persti-
terit Injuriam passo, tantum & non plus
præstare teneatur (g) *pro Justitiâ Curiæ ;*
sed inde (h) *possit fieri Remissio voluntate*
Cu-

La Cour ne prend pas Connoissance de toute sorte d'Injures-Verbales, à moins que le Juge ne soit touché de l'Etat de la Personne-injuriée ; outre lorsque quelcun appelle un autre *Mechant-Serviteur,* ou *Traitre,* ou *Larron-averé,* ou *Parjure,* & qu'il appelle *Putain* celle qui est Femme ou Veuve, à moins qu'il ne puisse le prouver ; ou s'il appelle quelcun *Fustigé* ou *Fustigée* par les mains de la Justice ; ou s'il nomme *Sarrasin* ou *Juif* quelque Chrétien ou Chrétiéne qui seroit de la Race des Sarrasins ou des Juifs : Car, à l'égard de ces Injures-Verbales qui équipolent aux Injures-Réelles, elles sont punies à l'Arbitre de la Cour, selon la Qualité & la Dignité des Personnes : si donc quelcun les a proférées, il est Coupable-d'Injures, & il doit payer pour Amende envers la Cour, autant qu'il a été condamné par Sentence ou par Transaction de donner à Celui qu'il a injurié ; mais, il dépend de la

de la Ville de Montpellier.

Curiæ : sed si vilis Persona ea dixerit Probo Homini, dat Justitiam (i) in verberando corpore suo, si æverum non habet.	la Volonté de la Cour de remettre cette Peine : Que si c'est une Personne de la Lie-du-Peuple qui ait proferé ces Injures contre un Homme-d'Honneur, & qu'il n'ait pas des Biens pour payer ladite Amende, on la lui fera payer en son Corps.

NOTE.

(a) *NON AUDIUNTUR IN CURIA.* La Suite fait voir de quelle sorte d'Injures la Cour prenoit Connoissance.

(b) *PERSONÆ MOVERINT JUDICEM.* La Dignité des Personnes aggravoit l'Injure. Le Nom de *Méchant-Serviteur*, portoit une Tache-d'Infidélité ; celui de *Traître*, rappelloit parmi les Chrétiens le Souvenir de Judas : *Voleur-reconnu*, supposoit une Conviction de Larcin ; & celui de *Parjure*, portoit avec soi l'Idée d'un Homme-Infame, & Indigne de toute Fonction-Publique.

(c) *FUSTIGATUM.* Il étoit prohibé de reprocher à un Homme, qu'il eût été repris en Justice, par la Régle que, *Afflictis non debet addi Afflictio.* Toutes ces Injures étoient censées graves & dignes de Censure : mais, les mauvais Termes dont on se servoit envers une Femme, Veuve ou Mariée, étoient sujets à la Preuve ; ce qui a été suprimé depuis.

(d) *SARRACENUM.* Il est hors de doute qu'après la Prise de Maguelonne par les Sarrasins, dans le huitiéme Siécle, plusieurs Familles de cette Nation s'arrêtérent dans le Languedoc, où nous avons vû qu'ils attirérent les Armes de Charles Martel, de l'Empereur Charlemagne & de Loüis-le-Debonnaire : Plusieurs de ces Familles y embrassérent le Christianisme ; mais, il n'étoit pas permis de leur reprocher leur Origine.

(e) *JUDÆUM.* Il en étoit de même de Ceux qui tiroient leur Origine des Juifs, à qui ce seroit encore une grosse Injure de les appeller *Marrans*.

(f) *INJURIARUM TENEATUR.* L'Offenseur étoit tenu envers l'Offensé, à la Peine ordonnée par la Cour, ou reglée par Transaction entre Parties ; & comme cette Peine étoit ordinairement Pécuniaire, l'Offenseur étoit tenu envers la Cour à la même Somme, & non au-delà de celle qu'il devoit payer à l'Offensé.

(g) *PRO JUSTITIA,* Se prend ici pour Amende-Pécuniaire, comme en l'Art. XVI.

(h) *POSSIT FIERI REMISSIO PRO VOLUNTATE CURIÆ.* La Cour pouvoit remettre de cette Amende ce qu'elle jugeoit à propos.

(i) *IN VERBERANDO CORPORE.* Par la Régle, *Qui non solvit in Ære solvat in Cute.*

ARTICLE XXIII.

De l'Homicide & de sa Peine.

Homicidia & cætera Crimina quæ Pœnam sanguinis irrogant, (a) pro Arbitrio & Judicio Domini & Sapientum Virorum puniuntur.	Les Homicides, & les autres Crimes qui meritent Peines de sang, sont punis à l'Arbitre & selon la Prudence du Seigneur & des Gens les plus-Sages.

NOTE.

(a) *PRO ARBITRIO.* Après ces mots, *Quæ Pœnam sanguinis irrogant*, devoient s'entendre naturellement du genre du Suplice, qu'on laissoit au Jugement du Seigneur, & des Sages-Jurisconsultes qu'il appelloit en ces Occasions ; cependant, il paroit par une Ordonnance de Jacques I. du 4. des Ides de Décembre 1258. qu'il étoit permis aux Héritiers de Celui qui avoit été tué, de remettre au Condamné pour Homicide, la Peine de Mort.

Ensuite, sous le Roi Jacques II. par Sentence-Arbitrale du onziéme des Calendes de Janvier 1278. il fut reglé que le Juge pourroit de Droit, avec Connoissance-de-Cause, commuer la Peine-Corporelle qui devoit être infligée au Coupable, en Peine-Pécuniaire.

Cette Commutation fut permise aussi (par la même Sentence-Arbitrale) au Juge de la Cour-Episcopale, lequel, après avoir exigé la Peine-Pécuniaire, tenant lieu de Punition Corporelle, devoit en payer de bonne-foi la troisiéme partie au Bailli du Seigneur de Montpellier, en faisant-Serment qu'il la lui payoit sans Fraude.

ARTICLE XXIV.

Leude du Bois non-vendu, est prohibée à Montpellier.

Frocelli neque Fardelli qui in Montepessulano non venduntur, non donant neque faciunt aliquod Usaticum, neque Teoloneum.	Les Trousseaux-de-Bois, ou Fagots, qui sont portez à Montpellier sans y être vendus, ne doivent aucun Usage ni Péage.

NOTE.

Ce Texte fait entendre, que le Bois-à-brûler, comme Fagots & Sarmens, qui étoient portez à Montpellier par Eau ou par Terre, ne payoit aucun Droit, lorsqu'il n'y étoit pas exposé en Vente ; mais, par cette Exception expresse, on doit conclurre que le Bois qu'on y apportoit pour être vendu, payoit un Droit appellé *Usage* ou *Leude*, lorsqu'il venoit par Terre ; & *Teolonenm*, quand il venoit par Eau.

Les Fermiers du Domaine prétendirent en 1685. que ce Droit sur le Bois-à-brûler, leur appartenoit ; mais, les Commissaires du Roi ayant vû le Dénombrement donné par les Consuls en 1448. & 1472. déboutèrent les Fermiers du Domaine de leur Demande sur le Bois-à-brûler, & ils ne furent maintenus que dans la Leude du Bois *de Vermilhon* & *Magenl*, conformément à certains Contrats de Vente de 1349.

ARTICLE XXV.

Des Témoins Uniques & Singuliers.

Unus legalis & idoneus & notus Testis creditur in Rebus mobilibus, usque ad centum Solidos.

En Choses-Meubles, on ajoûte-foi à la Déposition d'un seul Témoin legal, idoine & connu, jusqu'à la Valeur de cent Sols.

NOTE.

La modicité de la Somme, & la Probité du Témoin, rendoit son Témoignage Valable, quoique dans la Régle-Générale, *Unus Testis nullus Testis*.

ARTICLE XXVI.

De la Preuve par deux Témoins.

Duo legales & idonei Testes creduntur de omni Facto.

Tout Fait est prouvé valablement par le Témoignage de deux Témoins irreprochables.

NOTE.

Cet Article ne regarde point les Testamens, pour lesquels la Coûtume de Montpellier demande un plus-grand nombre de Témoins, Art. LV.

ARTICLE XXVII.

Des Orfévres & de leurs Ouvrages.

In Montepessulano non fiunt Vasa Argentea vel Aurea, nisi Fina.

On ne fabrique à Montpellier que de la Vaisselle d'Or & d'Argent-Fin.

NOTE.

Grand-Talamus, fol. 253. verso.

Cette Régle, devenuë Générale dans le Royaume depuis les Lettres-Patentes du Roi Henry IV. du mois de Mai 1599. étoit déja observée à Montpellier depuis plusieurs Siécles, comme il paroît par cet Article, & par un Reglement de l'an 1335. entre les Consuls & les Orfévres de la Ville, pour raison de la Façon de leurs Ouvrages, & de la Qualité de la Matiére qu'ils devoient y employer, suivant deux Patrons marquez au Coin ou Poinçon de Montpellier, dont l'un devoit être tenu par les Consuls, & l'autre par le Garde de l'Argenterie ; mais, depuis l'Ordonnance de François I. en 1543. les Gardes-des-Monoyes doivent être les Dépositaires de ces Poinçons.

ARTICLE XXVIII.

Lieux affectez pour les diferens Métiers, & pour la Poissonnerie.

Omnia Officia & Officinæ quæ per diversa Loca hactenùs usitata & frequentata sunt in Montepessulano, in suis Locis semper permaneant : & nullâ occasione in aliis Locis debent mutari, nisi solummodò (a) Poissonaria quæ semel & non sæpius (b) de-

Tous les Métiers & Boutiques d'Artisans, qui jusqu'ici ont été dans diverses Ruës de Montpellier, doivent toûjours rester, sans pouvoir être changez ailleurs pour quelque Occasion que ce soit ; excepté la Poissonnerie, laquelle doit

debet mutari, sine damno illorum quorum nunc sunt Domus & Tabulæ Peissonaria: sed in Locis vicinis, omnia Officia & Officinæ (c) *augmentari & ampliari possint.*

doit être changée une seule-fois & non davantage, sans nul Dommage de Ceux à qui appartiénent maintenant les Maisons & les Etaux de ladite Poissonnerie : le Nombre pourtant de tous les Métiers & Boutiques, peut être augmenté & étendu dans les Ruës voisines.

NOTE.

La Commodité des Acheteurs fit introduire l'Usage d'assembler les Ouvriers d'un même Métier, dans une même Ruë ; mais, depuis long-tems, on s'est départi de cet Usage en faveur des Ouvriers, qui souvent étoient obligez de se loger cherement dans la Ruë qui leur étoit assignée. Ils ont maintenant la liberté de se placer où ils veulent ; mais, l'Ancien Nom qu'ils avoient donné aux Ruës, a subsisté : Ainsi, l'on dit encore, *l'Argenterie* pour les Orfévres, la *Friperis-Vieille & Nouvelle* pour les Fripiers, la *Savaterie - Neuve & Ancienne* pour les Cordoniers & Savetiers, la *Verrerie*, la *Teinturerie*, la *Charbonnerie*, la *Blanquerie*, la *Barlerie*, l'*Eguillerie*, &c.

(a) *PEISSONARIA*. La Hale au Poisson a appartenu toûjours aux Consuls & Habitans de Montpellier, préferablement au Seigneur, suivant un Acte de 1212. à raison duquel ils furent maintenus en ladite Proprieté, contre les Prétentions du Fermier du Domaine, par Jugement des Commissaires, du 17. Septembre 1685.

On trouve dans cet Acte de 1212. que nos Consuls concedérent, & firent Don à quelques Particuliers, du Sol où est encore à présent la Poissonnerie, sous l'Usage de trente-cinq Francs tous les ans, & d'un Droit d'Entrée de cinquante-deux Livres Melgoriénes, à la charge par les Preneurs d'y construire une Hale pour la Débite Publique du Poisson ; qui est si abondant, & si bon à Montpellier, qu'on a voulu tirer de là, l'Etimologie de *Montpessulanus quasi Monspisciculanus*.

La Leude du Poisson qui est apporté à Montpellier, appartient aux Consuls, qui sont les Maîtres de vendre à qui ils veulent les *Tabliers* ou *Etaux* sur lesquels on expose le Poisson en Vente.

Tout ce qui regarde la Poissonnerie leur appartient si-fort, que l'Evêque de Maguelonne ayant prétendu avoir Droit d'en établir une à Montpellier, il fut reglé par Sentence Arbitrale des Ides de Septembre 1260. qu'il ne le pouvoit sans le Consentement du Seigneur de Montpellier.

(b) *PEISSONARIA SEMEL DEBET MUTARI.* Pour l'Intelligence de ces Mots, il est nécessaire d'observer, que ces Statuts furent faits en 1204. & que la Vente du Sol de la Poissonnerie ne fut consommée qu'en 1212. c'est-à-dire, huit ans après. Pour-lors, dans la vûë qu'avoient nos Consuls de changer la Hale, ils voulurent en faire mention dans ces Statuts, afin de ne faire ce Changement qu'avec le Consentement de Pierre Roi d'Aragon, & de Marie de Montpellier son Epouse ; ils en parlent ici comme d'une Chose projetée pour une seule-fois, sans avoir d'autre suite.

Il est à croire que Ceux qui dressérent à Rome la Complainte de la Reine Marie au Pape Innocent III. dont il a été parlé dans le Quatriéme Livre de cette Histoire, ne connoissoient pas nos Statuts, déja confirmez par cette Princesse, puisqu'on la fait plaindre du Changement de la Poissonnerie, comme d'un Attentat contre son Autorité ; mais, la Chose fut enfin éclaircie, comme il a été dit dans le même Livre.

Par Lettres-Patentes du Roi Charles VII. de l'an 1449. il étoit permis à tous Pêcheurs qui portoient du Poisson à Montpellier, de le décharger en tel Lieu de la Ville qu'ils voudroient ; mais depuis, par diverses Ordonnances de Police, confirmées par Arrêt, il a été défendu d'exposer le Poisson en Vente hors l'Enclos de la Poissonnerie pour éviter la Puanteur.

(c) *AMPLIARI POSSINT.* Nul Métier n'étoit alors réduit à un certain nombre d'Artisans, mais chaque Ouvrier, sans craindre d'être interdit comme surnuméraire, pouvoit librement exercer son Métier, pourveu qu'il se logeât au Voisinage des autres du même Art : Nos Rois ont restraint depuis, le Nombre des Maîtrises de chaque Métier.

Ch. 3.

Grand-Talamus Fol. 40. vers.

ARTICLE XXIX.

De la Sauvegarde, & à quelles Personnes elle est refusée.

DOMINUS Montispessulani nec aliquis voluntate ejus in Villâ Montispessulani nullum debet præstare (a) *Ducatum vel aliquam securitatem alicui Homini* (b) *Militi vel Clerico, aut cuilibet alteri aut Rebus ejus qui aliquam vel aliquam partem de Villâ Montispessulani vel Res ejus violenter invaserit vel vulneraverit aut occiderit vel ceperit, vel corporalem contumeliam intulerit per se aut per alium, sine assensu & voluntate, damnum vel injuriam passi vel hæredis ejus. Et si alio modo aliquis offensor* (c) *intraverit Villam Montispessulani, injuriam vel damnum*

Le Seigneur de Montpellier, ni quelqu'autre par son Ordre, ne doit donner de Saufconduit ou de Sauvegarde à aucun Homme, fût-il Chevalier ou Clerc, qui auroit blessé, tué, ou ravi les Biens de quelque Habitant de Montpellier, sans le Consentement de la Personne lézée, ou celui de ses Héritiers : Et si l'Offenseur entre dans Montpellier sans ce Consentement, l'Offensé a plein pouvoir de se venger de sa propre Autorité sans être tenu à aucune Satisfaction, ni envers lui, ni envers le Seigneur, ni envers la Cour ; il peut même s'en prendre

passi, *plenam habent & habere debent potestatem & licentiam* (d) *ulciscendi suâ propriâ Autoritate, & de aliquo Damno vel Injuria quæ illata fuerit illi offensori vel coadjutoribus ejus, nullatenus teneantur. Domino vel ejus Curiæ, & in iis teneantur offensorum Hæredes, in iis dumtaxat in quibus eorum Successores jure possunt esse obligati, sed ante præfatam ultionem vel vindictam debent exponere Offensi vel eorum Curiæ* (e) *quærimoniam Domino aut Curiæ, qualitatem Maleficii & Malefactores declarare sub præsentia & testificatione Testium; vel cum cartâ publicâ Notarii, ne res in dubium possit revocari, sed si causâ Orationis tantum Peregrinus venerit* (f) *ad limina Beatæ Mariæ, securè moretur in Villâ per duos dies, & duas noctes, & tertiâ die securè recedat, nisi fuerit talis qui aliquem aut aliquam de Montepessulano cæperit vel vulneraverit aut corporalem Contumeliam intulerit, vel exul de Montepessulano est vel fuerit, quibus nulla datur securitas.*

aux Héritiers de l'Offenseur, pour les Choses auxquelles les Successeurs sont tenus de Droit ; mais, avant que de tirer cette Satisfaction, l'Offensé ou ses Héritiers, doivent faire leur plainte au Seigneur, ou pardevant sa Cour, & marquer le Nom de l'Offenseur, & la Qualité de l'Offense, en présence de Témoins, ou par Acte-Public devant Notaire, afin que la Chose ne puisse être revoquée en doute. Quant à Ceux qui par Devotion viennent en Pélerinage à Nôtre-Dame-des-Tables, ils peuvent avec sûreté séjourner dans la Ville, pendant deux jours & deux nuits, & s'en retourner de même, à moins qu'ils n'eussent pris, blessé ou tué quelque Personne de Montpellier, ou qu'ils n'eussent été banis de la Ville ; auxquels cas, il n'y a aucune sûreté pour eux.

NOTE.

(a) *DUCATUM vel SECURITATEM.* Termes Sinonimes pour exprimer le *Saufconduit* & *Sauvegarde*.
(b) *MILITI vel CLERICO.* Pour rendre la Loi plus générale, par la mention expresse des Chevaliers & des Clercs, qui avoient plus de Priviléges que le Commun des Habitans.
(c) *ET SI ALIO MODO INTRAVERIT*, Doit s'entendre, sans le Consentement de l'Offensé.
(d) *ULCISCENDI SUA PROPRIA AUTHORITATE.* Ces Voyes-de-Fait n'ont plus lieu à Montpellier, non-plus que dans les autres Villes du Royaume.
(e) *QUÆRIMONIAM*, Plainte, dite ailleurs *Clamor*.
(f) *AD LIMINA BEATÆ MARIÆ.* Nôtre-Dame-des-Tables, où le Concours des Pélerins étoit fort grand, à cause des Guerisons-Miraculeuses qui s'y faisoient ; Ce qui donna lieu anciennement d'établir une Fête, dite des Miracles de Nôtre-Dame-des-Tables, qu'on célèbre encore tous les ans le dernier d'Août. Gariel nous a donné dans son *Idée de la Ville de Montpellier*, un Abregé des Miracles faits dans cette Eglise, qu'il a tiré des Anciens-Regîtres.

ARTICLE XXX.

De la Liberté du Commerce accordée aux Etrangers.

Si quis Extraneus apud quemquam deposuerit vel cuipiam crediderit Aurum, Argentum, Nummos aut alias quaslibet Res, vel Averum suum miserit (a) *in Societatem alicui : vel ipsemet Tabulam, vel Operatorium, vel quodlibet* (b) *Officium exercebit, omnia debent esse salva & secura in Pace & Guerrâ. Et si quis miserit filium suum vel nepotem vel quemlibet alium ad Officium cum Rebus eorum, salvi sint & securi in Pace & Guerrâ.*

Si un Etranger a déposé quelque Somme entre les mains d'un Homme de Montpellier, ou s'il lui a prêté son Or, son Argent, ou autre Chose, ou s'il est entré avec lui en Société de Biens, ou s'il exerce lui-même quelque Art ou Métier, il doit avoir Sûreté pour tous ses Effets en Tems de Paix & de Guerre ; De même, s'il a mis en Apprentissage son Fils, Petit-Fils, ou autres Personnes, eux-tous avec leurs Effets, doivent être en Sûreté dans la Ville en Tems de Paix & de Guerre.

NOTE.

(a) *IN SOCIETATEM.* Le Commerce étant aussi considérable à Montpellier que nous l'avons fait voir dans

dans l'Article du Consulat-de-Mer, nos Ancêtres ne pouvoient assés favoriser les Etrangers qui trafiquoient avec eux; ainsi, l'on voit dans cet Article, l'entière Sûreté qui leur étoit donnée pour leurs Personnes & pour leurs Biens.
(b) *OFFICIUM.* Puisque les Etrangers y amenoient leurs Enfans pour les y mettre en Apprentissage, on peut conclurre que les Artisans de cette Ville, devoient avoir la Réputation d'exceller dans leur Art, comme sont encore les Orfévres, les Architectes, les Serruriers, les Menuisiers & quelques autres.

ARTICLE XXXI.

Sûreté pour les Etrangers.

OMNES & singuli, quicumque, undecumque sint & fuerint, per Pacem & per Guerram (a) salvi & securi cum Rebus suis possunt ad Villam Montispessulani accedere; & ibi morari, & inde exire sine contrarietate; & Res ejus in Pace & Guerrá etiam (b) sine eo, salvæ & securæ debent esse, nisi (c) ex propriâ culpâ ille reus inveniatur. Verumtamen si in Villâ vel in Castro unde ille sit, Homines Montispessulani damnum vel injuriam passi, non (d) invenerint ibi exhibitionem justitiæ & rationis, Curia debet indicere illis hominibus illius loci, ut cum suis Rebus de Villâ recedant salvi & securi; & post discessum eorum liceat injuriam vel damnum passi, (e) pignorare & vindicare de Hominibus illius loci & de Rebus eorum, in quo loco defectus justitiæ invenietur, vel in quo loco Malefactor malefactum reduxerit.

TOUTE Personne, d'où qu'elle soit, peut, en Tems de Paix & de Guerre, entrer en sûreté avec ses Biens dans Montpellier, y séjourner & en sortir sans Opposition; Alors tous ses Effets doivent être en sûreté dans la Ville, même en son absence, à moins qu'il ne soit trouvé Coupable par sa propre faute : Mais, si les Habitans de Montpellier, après avoir été maltraitez dans la Ville d'où est cet Etranger, n'y ont pû trouver Satisfaction des Outrages qui leur ont été faits, la Cour doit enjoindre aux Hommes dudit Lieu, de se retirer & sortir de Montpellier avec leurs Biens; mais, après leur départ, il est permis aux Habitans de Montpellier offensez, d'user contre eux de Pignoration, & de se venger sur les Biens de ces Etrangers, en haine du Déni-de-Justice qu'ils ont trouvé chés eux, & dans le Lieu où le Malfaiteur a commis le Forfait.

NOTE.

(a) *SALVI ET SECURI CUM REBUS SUIS.* On attribuë à cette Sûreté accordée aux Etrangers qui venoient à Montpellier, le grand Progrès que fit cette Ville en fort-peu de tems depuis sa Fondation.
(b) *ETIAM SINE EO.* En son absence.
(c) *NISI EX PROPRIA CULPA.* Le Dol ou le Mauvais-Traitement que le Nouveau-Venu faisoit à quelcun de la Ville, lui faisoit perdre son Privilége.
(d) *NON INVENERIT EXHIBITIONEM JUSTITIÆ.* C'étoit un Déni-de-Justice.
(e) *PIGNORARE ET VINDICARE*, Est ici une espece de Droit de Represaille que les Habitans offensez exerçoient contre l'Etranger qui les avoit insulté, & contre les autres de son Païs, par la *Gagerie* ou Saisie de leurs Effets, comme on voit dans l'espèce d'un Arrêt du Parlement de Paris, de l'an 1389. rendu en la Cause des Marchands de Montpellier contre les Genois, raporté par Papon en ses Arrêts, Liv. 5. Titre 3. Art. 2.
Maintenant il n'appartient qu'au Roi de permettre qu'on use de Represaille.

ARTICLE XXXII.

Montpellier Ville-d'Arrêt contre les Débiteurs-Forains.

SI aliquis homo Miles aut Clericus vel quilibet alius Extraneus, deinde fuerit Debitor alicujus hominis Montispessulani, & Clamore exposito Curiæ de solutione, nisi satisfecerit, liceat Creditori (a) suâ propriâ authoritate, illum in personâ & Rebus suis, de solutione sui debiti cogere & (b) pignorare; cujus coactionis vel pignorationis nomine, ille Creditor vel Coadjutores sui, Domino vel Curiæ, vel etiam illi coacto,

SI un Chevalier ou Clerc, ou tout autre Etranger, se trouve Débiteur d'un Habitant de Montpellier, & si après avoir exposé Clameur à la Cour pour être payé, le Débiteur ne satisfait pas, il est permis au Créancier de contraindre de son autorité-privée son Débiteur en sa Personne & en ses Biens, & de le gager ou saisir; pour raison de laquelle Saisie ou *Gagerie*, le Créancier ni ses Ajoints ne sont en

vel pignorato nullatenus teneantur obnoxii; sed Clerici in personis non cogantur, sed in rebus (c) salvo Jure & Jurisdictione Magalonensis Episcopi in Clericis sui Episcopatûs, & Rebus eorum.

rien tenus envers le Seigneur ni envers la Cour, moins encore envers le Débiteur: mais, les Clercs ne doivent pas être contrains en leur Personne, mais seulement en leurs Biens, sauf le Droit & Juridiction de l'Evêque de Maguelonne sur les Clercs de son Diocèse & sur leurs Biens.

NOTE.

(a) *SUA PROPRIA AUTHORITATE.* On observe que ce Privilége attaché aux Villes-d'Arrêt, est conforme à la Loi des XII. Tables, Liv. 2. Tit. 20. & à l'Ordonnance d'Henry IV. faite à Paris au mois de Mai 1609.

Bornier, sur l'Art. xI. de l'Ordonnance de 1667. sur ces mots, *des Priviléges des Villes*, reconnoît que les Habitans de Montpellier ont le Privilége par leurs Statuts Municipaux, d'arrêter de leur propre autorité, les Personnes & Biens des Etrangers, soit Homme, Chevalier ou Clerc.

Selon l'Usage d'aujourd'hui, l'Execution ne se fait pas tellement de l'Autorité du Créancier, que celle du Juge ne doive intervenir, sans quoi nul Huissier n'oseroit executer.

(b) *PIGNORARE.* C'est proprement la *Gagerie* ou Saisie des Meubles.

(c) *SALVO JURE ET JURISDICTIONE EPISCOPI MAGALONENSIS.* L'Autorité de l'Evêque de Maguelonne sur les Clercs de son Diocèse, est reconnuë en son entier dans cet Article de nos Statuts; mais sa Jurisdiction-Temporelle dans Montpellieret, fut souvent traversée par les Officiers du Roi Jacques le Conquerant.

Il fut reglé par Sentence-Arbitrale, des Ides de Septembre 1260. que l'Evêque auroit Droit de connoître dans sa Portion-Episcopale & de ses Fauxbourgs lui appartenans, generalement de toutes Causes Criminelles, quant à la Capture, Détention & Examen des Criminels, & presque jusqu'au Jugement ; à la charge seulement par la Cour-Episcopale, ès Crimes meritans Peine-de-mort ou Mutilation-de-membres, d'appeller le Bailli de la Cour-Royale de Montpellier, pour assister audit Examen & Jugement du Procès; & à faute par ledit Bailli, ou un de ses Officiers pour lui, la Cour-Episcopale pouvoit proceder audit Examen & Jugement, en laissant à la Cour-Royale, l'Execution de la Condamnation, lorsqu'elle seroit à mort, ou abscision des membres, sans que le Juge-Royal pût la reformer.

Par Transaction du quatre des Ides de Mai 1261. l'Evêque de Maguelonne se départit de toute Justice du Sang, sur Ceux de son Quartier qui y seroient condamnez; & ce, au Profit du Seigneur de Montpellier, dont la Cour seroit tenuë d'appeller le Bailli de l'Evêque.

Après l'Acquisition de Montpellier par nos Rois de France, ils y introduisirent les Cas-Royaux ou Privilegiez : d'où vient que Charles V. par son Ordonnance du 8. Mai 1372. déclara que lorsqu'il avoit permuté Montpellier avec le Roi de Navarre, il avoit entendu; en faisant cet Echange ,, se reserver lesdits Cas-Royaux ; ,, à cause de quoi, ajoûte-t-il, il établit à Montpellier un Gouverneur, qui auroit Intendance sur tous les Droits du Roi & la Garde d'iceux. Voyés le Livre IX. de cette Histoire, Ch. 2.

ARTICLE XXXIII.

Reglement de Juridiction entre les Habitans de Montpellier & ceux de Melgüeil.

SI Homines (a) *de Potestativo & Justitiâ* (b) *Comitatûs Melgorii contraxerint, vel aliquid commiserint in Villâ Montispessulani,* (c) *ibi debent respondere, si ibi inveniantur; & eodem modo Homines Montispessulani sub Jurisdictione Comitatûs Melgorii; & si extra Villam contractum vel commissum fuerit, ultrò citròque Actor sequitur forum rei ; sed si defectus justitiæ intervenerit, tunc injuriam vel damnum passus poterit* (d) *pignorare, factâ* (e) *Proclamatione (ut suprà dictum est) vel Curia potest cum cogere.*

SI les Habitans du Ressort & Justice du Comté de Melgüeil, ont contracté quelque Dette, ou commis quelque Délit dans la Ville de Montpellier, ils doivent y répondre, s'ils y sont trouvez; & respectivement, les Habitans de Montpellier doivent reconnoître audit cas, la Juridiction du Comté de Melgüeil: mais, si le Contrat a été passé, ou le Délit commis hors la Ville, alors de part & d'autre, le Demandeur doit suivre la Juridiction du Défendeur : néanmoins, s'il intervient Déni de Justice, Celui qui a soufert l'Injure ou le Dommage, peut prendre la Voye de la Pignoration dont il a été fait mention ci-dessus, ou bien la Cour peut user de Contrainte contre l'Offenseur.

NOTE.

(a) *DE POTESTATIVO*, Est expliqué dans Ducange, par le Mot de *Dominio.*
(b) *JUSTITIA COMITATUS MELGORIENSIS.* Il résulte de cet Article, & de plusieurs Actes par-

culiers, que dans le Tems des Anciens Comtes de Melgüeil, ils avoient un Châtelain qui exerçoit la Justice dans toute l'Etenduë de leur Comté ; mais, depuis l'Acquisition que les Evêques de Maguelonne firent de cette Comté, ils y établirent des Juges-Ordinaires, dont les Appellations étoient dévoluës au Senéchal de Beaucaire.

(c) *IBI DEBENT RESPONDERE SI IBI INVENIANTUR.* Cette Disposition est conforme à la Transaction passée le 9. Mai 1125. entre Guillaume Fils d'Ermensende, Seigneur de Montpellier, & Bernard III. Comte de Melgüeil, dont il a été parlé dans le Second Livre de cette Histoire. Ch. premier, §. 2.

(d) *PIGNORARE.* C'étoit un Privilége des Habitans de Melgüeil, de ne pouvoir être exécuté qu'en leurs Biens par ceux de Montpellier, & non corporellement, selon l'Exception contenuë en l'Article LXIX. ci-après, quoique les Habitans de Montpellier eussent Droit de capturer les Habitans-Forains, comme nous l'avons vû dans l'Article précédent.

(e) *PROCLAMATIONES (UT SUPRA DICTUM EST;)* C'est à-dire, dans les Articles X. & XXIX.

ARTICLE XXXIV.

De la Contrainte-par-Corps contre le Créancier-Fugitif, & de la Distribution de ses Biens.

Si quis Privatus aut Extraneus (a) Captalarius aut Debitor arripiat fugam à Villâ Montispessulani, Creditor aut quislibet ejus nomine potest eum (b) capere & retinere, & (c) vinculis ferreis custodire quousque satisfaciat ; & si fugerit quis sine voluntate Creditoris, Dominus non debet facere aut pati ut redeat sine voluntate Creditorum, nec (d) cum avero, nec sine avero debet (e) assecurare, donec satisfecerit suis Creditoribus, & omnes Res & Facultates ejus pro ratione libræ debent distribui suis Creditoribus, (f) salvis Privilegiis Actionum à Lege indultis ; & nulla Carta, nullum Privilegium, nullave facta Securitas impetrata aut impetranda iis debet aliquatenus præjudicare.

Si quelque Particulier ou Étranger, Exacteur ou Débiteur, s'enfuit de la Ville de Montpellier, son Créancier, ou quelqu'autre en son nom, le peut capturer, & le garder sous les Fers jusqu'à-ce qu'il ait payé la Dette ; Et si quelcun s'en est enfui, sans la Volonté de ses Créanciers, le Seigneur ne doit permettre ni souffrir qu'il reviène, si ces Créanciers n'y consentent : & soit qu'il offre de l'Argent ou qu'il n'en offre pas, le Seigneur ne doit pas lui donner de Sauvegarde, jusqu'à-ce qu'il ait satisfait à ses Créanciers ; & tous ses Biens doivent être distribuez aux Créanciers au Sol la Livre, sauf les Priviléges des Actions accordez par la Loi : & nules Lettres, nul Privilége, ni quelque Sauvegarde qu'il puisse obtenir, ne doit en aucune manière préjudicier à ce qui est ici ordonné.

NOTE.

(a) *CAPTALARIUS* seu *CAPITULARIUS*, Signifie, selon Ducange, un Exacteur.
(b) *CAPERE.* L'arrêter par Précaution, & sans Commandement préalable, en vertu du Privilége des Villes d'Arrêt, *Ut fit in Montepessulano*, dit Rebuffy, Gloss. 5. Numero 77. *in fine.*
(c) *FERREIS VINCULIS*, De peur qu'il ne s'enfuye. Cette Disposition est conforme à la Loi des Douze-Tables, Liv. 2. Tit. *de Hæredibus ab intestato :* mais, l'Usage d'aujourd'hui est de n'employer les Fers qu'en Matiére-Criminelle.
(d) *CUM AVERO, NEC SINE AVERO.* Soit qu'il offre de l'Argent, ou qu'il n'en offre pas.
(e) *DEBET ASSECURARE.* Lui donner Sauvegarde.
(f) *SALVIS PRIVILEGIIS ACTIONUM.* Sauf l'Anteriorité ou Privilége des Hipotéques.

ARTICLE XXXV.

Des Débiteurs-insolvables, & de la Nourriture que les Créanciers leur doivent fournir en Prison.

Debitores qui fuerint non solvendo Creditoribus (a) Christianis tradi debent, eo tenore quod de Villâ istâ non trahantur ; qui Creditores non cogantur in aliquo illis victum procurare, nisi eis qui non habent unde vivant, quibus (b) dabitur refectio

Les Débiteurs-insolvables doivent être mis au Pouvoir de leurs Créanciers-Chrétiens, à la charge de ne les transporter point hors de cette Ville ; & les Créanciers ne sont point tenus de les nourrir, lorsqu'ils n'ont pas dequoi vivre, mais il y

arbitrio Curiæ : Si tamen aliquo (c) fortuito casu, sine eorum culpâ facti sunt non solvendo, decernere debet Curia (d) utrum sint tradendi Creditoribus.

sera pourvû au Jugement de la Cour : Si toutefois les Débiteurs sont devenus Insolvables par Accident & sans Fraude de leur part, la Cour doit déliberer, s'il y a lieu de les mettre au Pouvoir de leurs Créanciers.

NOTE.

(a) *CHRISTIANIS*. Le grand nombre de Juifs qui habitoient à Montpellier, fut cause de cette Restriction en faveur des Chrétiens.

(b) *DABITUR RESTRICTIO ARBITRIO CURIÆ*. Elle consistoit à leur donner du Pain & de l'Eau pendant deux mois, qui étoit le Terme de leur Détention jusqu'à la Vente de leurs Biens, comme il resulte d'un Reglement qui est dans le Grand-Talamus, fol. 283. v r/o : Mais, par Ordonnance de Jacques II. Seigneur de Montpellier, du x. des Calendes de Mai 1279. donnée à Perpignan, il fut reglé que le Débiteur vivroit d'Aumônes, s'il n'avoit pas dequoi vivre d'ailleurs, sans que ses Créanciers, ni la Cour, fussent tenus de lui rien fournir.

L'Ordonnance de 1670. a remis les Choses au premier état ; & c'est maintenant au Créancier à consigner l'Argent de la Nourriture, sauf à en être payé sur les Biens du Prisonnier preferablement à tous autres.

(c) *FORTUITO CASU*. En ce cas, les Débiteurs étoient reçûs à la Cession des Biens.

(d) *UTRUM TRADENDI*. Pendant ce tems, lesdits Débiteurs étoient gardez par la Cour, comme porte le susdit Article.

ARTICLE XXXVI.

Du Délai de deux mois, Et Execution contre les Debiteurs-condannez & Solvables.

Si verò Debitores Bona habuerint & non solverint post Rem judicatam (a) intra duos menses, bonâ fide & sine omni malo ingenio ; Authoritate Curiæ eorum Bona debent distrahi ab ipsis coactis, sin autem à Curiâ ; & totum eorum pretium pro ratâ debiti in solutum cedat omnibus Creditoribus, salvis Privilegiis Actionum à Lege indultis : Et nemo de (b) Evictione Rerum distractarum tenebitur, nisi Debitor & Heres ejus.

Et si les Débiteurs sont Solvables, & qu'ils ne payent pas de bonne-foi & sans Fraude, dans deux mois après la Chose jugée, leurs Biens doivent être saisis d'Autorité de la Cour, pour être délivrez à tous les Créanciers, en Payement & à proportion de leurs Dettes, sauf le Privilége des Actions accordées par la Loi ; Et nul n'est tenu d'Eviction des Effets saisis, si ce n'est le Débiteur & ses Héritiers.

NOTE.

(a) *INTRA DUOS MENSES*. Ce Terme de deux mois pouvoit être prorogé à la volonté de la Cour, jusqu'au quatriéme mois, & au-delà, comme il sera dit en l'Article LXXI. de ces Coûtumes.

(b) *EVICTIONE*. Par le Droit, le Créancier qui a vendu le Gage, *Jure Creditoris*, n'est tenu d'aucune Garantie, quand le Gage vient à être évincé, à moins qu'il n'y ait de son Dol. Il sera parlé de cette Eviction sur l'Article XL.

ARTICLE XXXVII.

Des Edifices, & Fenêtres du Mur-Commun.

Si quis habet onus in pariete ex inferiori parte (a) liberè potest ædificare in superiorem partem (b) & obscurare lumina ejus (c) dum tamen pro ratâ reddat expensas superioris partis parietis, & nemo in pariete possit facere (d) Fenestram subtus tegulas, & si facta fuerit (e) obscuretur, nisi vigor pacti ad hoc reclamaverit.

Celui qui a Charge au Mur de la Partie-Inferieure, peut bâtir librement en la Partie-Superieure, & en obscurcir les Vûës, pourveu toutefois qu'il indemnise à proportion ladite Partie-Superieure du Mur : Mais, Personne ne peut faire une Fenêtre audit Mur sous le Toit ; & si elle a été faite, elle doit être fermée, hormis qu'il n'ait été autrement convenu.

NO-

de la Ville de Montpellier.

NOTE.

Cet Article, l'un des plus obscurs de nos Coûtumes, est interpreté diversement: Les uns l'entendent de la Servitude *Oneris ferendi*, comme lorsque celui à qui appartient un Mur depuis le Fondement jusqu'au Plancher du premier Etage d'une Maison appartenante au Voisin, est obligé de suporter le Mur qui est bâti dessus, Laquelle Servitude est fort fréquente à Paris.

Les autres prétendent que l'Espece qui est proposée dans le présent Article, est de deux Personnes qui possedent en commun une Muraille, l'un étant Propriétaire de la Partie-Inférieure, l'autre de la Partie-Superieure de ladite Muraille.

(a) *LIBERE POTEST ÆDIFICARE.* Dans ce dernier Cas, chacun des deux Consors peut reparer ladite Muraille, & la mettre au même état qu'elle avoit été auparavant; mais, s'il veut lui donner une autre Forme qu'elle n'avoit, il ne le peut sans le Consentement de son Consort.

(b) *OBSCURARE LUMINA EJUS.* On dit que ces Termes n'expriment autre chose, si ce n'est que les deux Proprietaires n'ont pas Droit de Servitude l'un sur l'autre.

(c) *DUM TAMEN PRO RATA REDDAT EXPENSAS.* Si néanmoins l'un des deux Proprietaires cause Préjudice à son Consort, il doit l'indemniser.

(d) *FENESTRAM SUBTUS TEGULAS.* Crainte (disent quelques Interprétes) d'affoiblir les Murailles: mais, cette Crainte ne devoit pas avoir lieu à Montpellier, où les Bâtimens sont très-solides; & l'on peut remarquer, que la Défense n'y fut pas long-tems observée, puisqu'on y voit des Maisons de trois ou quatre cens ans, avec des Fenêtres immédiatement sous les Tuiles.

(e) *OBSCURETUR NISI VIGOR PACTI, &c.* Le Consentement de l'Interessé leveroit toute sorte de dificulté; mais, dans le cas d'une Discussion, on suivroit les Régles Générales, qui permettent de prendre du jour par des Fenêtres hors d'aspect, fermées avec Grille, Vitre-Dormant & Fil-d'Archal.

ARTICLE XXXVIII.

Du Velléien, & des Cas où il n'a pas lieu.

Si *Mulier fidejusserit pro aliquo vel pro aliquâ, tenetur* (a) *in illis casibus in quibus Leges permittunt; nam secundum Leges viget intercessio fœminæ* (b) *creditoribus ignorantia & obligantis se scientia* (c) *largitione* (d) *rei propriæ ratione,* (e) *renuntiatione,* (f) *pignoris & hipotecæ remissione;* (g) *secundò post biennium cautione* (h) *coram tribus testibus, in instrumento præmissa confessione,* (i) *libertate,* (k) *dote, & si* (l) *exerceat officium, & gratiâ illius intercedat, vel voluntate Mariti, efficaciter obligatur.*

Si la Femme cautionne pour Autrui, elle est valablement obligée dans les Cas où les Loix lui permettent de cautionner: or, selon les Loix, l'Intercession de la Femme est valable; quand elle s'oblige sciemment envers un Créancier qui est dans l'ignorance; quand elle donne, quand elle ne cautionne pas sous le Benefice du Sénatus-Consulte-Velléïen; quand elle se départ de son Gage ou de son Hipotéque; quand elle cautionne une seconde-fois après deux années; quand par Contrat-Public; fait en présence de trois Témoins; elle a confessé en cautionnant; avoir reçû quelque Somme, ou les Deniers pour lesquels elle a cautionné; quand il est question de la Liberté; quand il s'agit d'une Dot; enfin, elle s'oblige valablement lors qu'exerçant quelque Métier ou Négoce, elle intercéde en consideration d'icelui, ou du Consentement de son Mari.

NOTE.

(a) *IN ILLIS CASIBUS IN QUIBUS LEX OBLIGAT.* Le Senatus-Consulte-Velleïen, introduit en faveur des Femmes qui cautionnent ou interviénent pour Autrui, est encore en Usage à Montpellier, de même qu'il l'étoit dans le tems qu'on dressa cet Article de nos Statuts: On s'y conforme aussi aux Exceptions suivantes.

(b) *CREDITORIS IGNORANTIA ET OBLIGANTIS SE SCIENTIA.* La Science-Frauduleuse de la Femme, jointe à l'Ignorance du Créancier, la faisoit déchoir du Benefice du *Senatus-Consulte.*

(c) *LARGITIONE.* On réduisoit cette Donation à une Somme-Modique.

(d) *REI PROPRIÆ RATIONE.* Quand elle s'étoit obligée pour un Fait qui la regardoit en son particulier, comme pour ses propres Alimens, ou pour ceux de ses Enfans, pour l'Education de ces mêmes Enfans, & lorsque les Deniers empruntez étoient convertis à son profit; lorsqu'elle s'étoit obligée en qualité d'Héritiére de son Mari.

(e) *RENUNCIATIONE.* On observe, que cette Renonciation à son Privilege, devoit être faite dans un Acte séparé, & dans un autre jour du Contrat-d'Obligation.

(f) *PIGNORIS ET HIPOTHECÆ REMISSIONE.* A l'égard du Gage, on dit, que quoique donner des Gages soit interceder, néanmoins quand la Femme Créanciére rend les Gages qu'elle a reçûs, elle n'intercéde pas; & par conséquent, elle ne peut pas être relevée de ladite Restitution des Gages. Quant à l'Hipotéque, la Renonciation étoit valable, 1°. Lorsqu'elle s'obligeoit avec son Mari envers un Créancier : 2°. Lorsqu'elle consentoit à la Vente d'une Partie des Biens de son Mari pour Cause-légitime, comme pour le tirer de la Prison où il étoit pour Dette Civile, se contentant du reste des Biens de sondit Mari; *Quia tunc non intercedit sed minuit.*

(g) *SECUNDO POST BIENNIUM CAUTIONE.* A cause du loisir qu'elle a eu pendant deux ans, de se faire relever.

(h) *CORAM TRIBUS TESTIBUS PRÆMISSA CONFESSIONE.* L'Aveu fait n présence de trois Témoins, d'avoir reçû elle-même les Deniers.

(i) *LIBERTATE.* Pour la Liberté de son Mari, détenu en Prison pour Affaire - Criminelle; Pour celle de son Fils, Prisonnier-de-Guerre, ou tombé en Esclavage; de-même que les Enfans-Mineurs, pouvoient s'obliger valablement pour la délivrer elle-même.

(k) *DOTE.* Lorsqu'elle s'est obligée à la Dot & Convention-Matrimoniale de sa Fille.

(l) *SI EXERCEAT OFFICIUM.* Si elle étoit Marchande-Publique, elle pouvoit s'obliger pour le Fait & Dépendances de son Négoce.

Ces Exceptions se trouvent conformes aux Coûtumes de plusieurs autres Villes & Païs du Royaume.

ARTICLE XXXIX.

De la Récision pour Lézion d'outre-moitié du juste-Prix.

(a) *In rebus immobilibus licèt deceptio excedat dimidiam justi pretii, venditio non rescinditur,* (b) *sed in rebus mobilibus si ultra dimidiam erit deceptio, penitùs* (c) *rescindeatur, vel* (d) *pretium supleatur.*

La Vente des Choses-Immeubles n'est point rescindée, quoiqu'il y ait Lézion à la moitié du juste-Prix; Mais, si cette Lézion d'outre-moitié intervient ès Ventes des Choses-Mobiliaires, elle en opère la Récision, ou le Suplément du Prix.

NOTE.

(a) *IN REBUS IMMOBILIBUS.* Cette Disposition, qui est contraire à la Decision du Droit-Romain & à la Jurisprudence du Royaume, est abrogée à Montpellier, où la Déception énormissime est recevable contre la Vente des Immeubles.

(b) *IN REBUS MOBILIBUS.* On donne pour raison de cette Loi la Sûreté du Commerce qui fleurissoit considérablement à Montpellier, dans le Tems que ces Coûtumes furent établies.

(c) *RESCINDATUR.* On sousentend d'Autorité du Juge.

(d) *VEL PRETIUM SUPPLEATUR.* Par Compassion pour le Vendeur, à qui l'Acheteur étoit obligé de rendre la Chose vendüe, ou d'en supléer le juste Prix.

ARTICLE XL.

Du Gage-Immeuble, & du Gage-Meuble.

(a) *Si pignus fuerit obligatum non compellatur redimere nisi fuerit conventum, licèt pignus minus debito valeat, nec pro alio debito illud potest retineri, sed* (b) *triennio elapso potest creditor mandato curia rem immobilem distrahere, & sibi satisfacere; nisi debitor comminatus voluerit solvere, vel nisi pactum resistat* (c) *& pro evictione rei distracta debitor & ejus hæres teneantur, & non alius, sed anno elapso potest creditor* (d) *pignus mobile distrahere, nisi debitor comminatus solverit.*

Le Débiteur, qui a obligé le Gage-Immeuble, ne doit pas être contraint à le restituer, hormis qu'il n'ait été autrement convenu, bien que ce Gage soit de moindre-Valeur que ladite Dette, & le Créancier ne peut pas le retenir par une autre Dette; mais, après trois ans le Créancier peut vendre ledit Gage d'Autorité de Justice & se payer, hormis que le Débiteur comminé veüille payer, ou qu'il y ait Pacte du contraire; & pour raison de l'Eviction dudit Gage vendu, le seul Débiteur ou son Héritier en sont tenus, & nul autre; mais, après l'an le Créancier peut vendre le Gage-Meuble, hormis que le Débiteur comminé ne paye la Dette.

NOTE.

(a) *SI PIGNUS FUERIT OBLIGATUM.* Celui qui bailloit en Gage à son Créancier un Héritage ou Fonds pour l'Assurance de sa Dette, avoit par cet Article de nos Statuts, un double avantage: 1°. De ne pouvoir être contraint de se redimer, s'il n'étoit convenu du contraire. 2°. Lorsqu'il vouloit se redimer, son Créancier ne pouvoit retenir le Bien engagé, quand même il auroit fait un autre Prêt pour lequel il n'eût pas reçu de Gage.

(b) *TRIENNIO ELAPSO.* En revenche, on donnoit au Créancier le Privilége du Droit-Romain, suivant lequel, après avoir gardé le Gage pendant trois ans, il en acqueroit la Propriété, comme s'il l'avoit acheté: A quoi nos Coûtumes ajoûtent, qu'après ce Terme, le Gage seroit vendu d'Autorité de la Cour, si le Débiteur ne vouloit payer, ou s'il n'avoit été convenu autrement entre Parties.

(c) *ET PRO EVICTIONE.* Après la Vente faite, suivant toutes ces Régles, le Créancier n'étoit tenu d'aucune Garantie, à-moins qu'il n'y eût eu de son Dol, conformément à la Disposition du Droit-Romain.

(d) *PIGNUS MOBILE.* C'est un second Chef du présent Article concernant le Gage-Meuble, qui, selon l'Ancien-Droit-Romain, pouvoit être vendu après un an écoulé; mais, nos Coûtumes y ont ajoûté les Sommations qui préalablement doivent être faites au Débiteur, comme on le doit entendre par ces Mots, *Debiter Comminatus.*

ARTICLE XLI.

De la Préference de deux Acheteurs de la même Chose.

(a) *Qui prior est in emptione* (b) *vel pignore* (c) *vel retorno,* (d) *cum Laudimio Domini ad quem pertinet, potior est, salvis Privilegiis Actorum à Lege indultis.*

Celui qui est premier en Achat, ou en Hipotéque, ou en Retour, suivi du Payement du Lods fait au Seigneur-Legitime, doit etre preferé, sauf le Privilége des Actions accordées par la Loi.

NOTE.

(a) *PRIOR IN EMPTIONE.* Selon cet Article de nos Statuts, la Priorité du Tems décidoit entre deux Ventes faites dans la même Forme, maintenant celui de deux Acheteurs qui a pris Possession le premier, est preferé à l'autre, quoiqu'il ne soit que le second Acheteur; ainsi, l'Acheteur par Contrat-Public, est preferé à Celui qui n'a qu'une Promesse-privée, quoiqu'anterieure: Ainsi, le Locataire qui a pris Possession d'une Chose loüée, est preferé; de même que le Donataire à qui la Chose a été delivrée, ou qui en a fait le premier la Demande en Justice.

(b) *VEL PIGNORE.* Il en étoit à-peu-près de même des Hipotéques; mais, le Roi a dérogé à toutes Coûtumes contraires, par l'Etablissement des Greffes d'Enregitrement des Oppositions, du mois de Mars 1673, & par l'Edit du Contrôle des Actes, du même mois 1693.

(c) *VEL RETORNO.* Dans le tems que les Fiefs n'étoient pas encore Patrimoniaux ou Héreditaires, lesdits Fiefs revenoient au Seigneur par *Droit de Retour* après la mort de l'Emphiteote, alors l'Investiture du Seigneur-Direct, étoit absolument necessaire pour la Perfection de la Vente.

(d) *CUM LAUDIMIO.* L'Investiture du Seigneur étant considerée comme la veritable Tradition, elle étoit d'une plus grande Autorité que la Possession réelle; Ainsi, celui des deux Acheteurs qui avoit eu la Précaution de se faire investir, l'emportoit sur l'autre.

ARTICLE XLII.

Des Confessions.

Si quis fuerit (a) *confessus se debere* (b) *præsente Creditore* (c) *vel ejus Procuratore,* (d) *causam exprimat vel non, etiam extra judicium valet; & de Procuratione si dubium sit, credatur Sacramento præcisè Actoris & Procuratoris tantùm sine Testibus; & idem per omnia observetur in omnibus Confessionibus extra judicium factis* (e) *exceptis in Criminibus.*

Si quelcun confesse devoir, en présence de son Créancier ou de son Procureur, une telle Confession est valable, quoique faite sans Cause & hors Jugement; & si la Procuration paroit suspecte, on doit s'en tenir précisement au Serment du Demandeur & du Procureur seulement, sans prendre la Voye de la Preuve par Témoins: Le même doit être entierement observé, en toutes Confessions faites extrajudiciairement, excepté ès Matiéres-Criminelles.

NOTE.

(a) *CONFESSUS SE DEBERE*. La Confession de Dette ne faisoit Preuve, que lorsqu'elle étoit accompagnée des Circonstances suivantes.

(b) *PRÆSENTE CREDITORE*. Conformément à la Coûtume de Toulouse, portant que la Confession de Dette, quoique faite hors de Jugement, est valable, pourvu qu'elle soit faite en presence du Créancier.

(c) *VEL EJUS PROCURATORE*. Parceq'en effet, ce qui est fait avec le Procureur, est censé fait avec celui qui l'a constitué.

(d) *CAUSAM EXPRIMAT*. Autre Conformité avec la Coûtume de Toulouse, qui porte que la seule Confession de Dette sufit sans autre Cause. Le Roi Jacques Premier, Seigneur de Montpellier, paroît avoir confirmé cet Usage par une Ordonnance donnée à Perpignan le 10. des Calendes de Mai 1272. portant que la seule Exhibition de l'Instrument-Public, qui contient la Somme dont il est fait Demande, est reputée valable, *Etiam nullâ Causâ adjectâ* : Aujourd'hui la Confession n'est ferme & irrevocable, que lorsqu'elle est faite en Jugement.

(e) *EXCEPTIS IN CRIMINIBUS*. En Matière-Criminelle la Confession du Prévenu n'étoit pas sufisante pour le faire condamner, suivant les Coûtumes de Montpellier & de Toulouse ; mais, elle sufisoit pour le faire arrêter, suivant l'Ordonnance du Roi St. Loüis, de l'an 1254.

ARTICLE XLIII.

Des Appellations.

A Sententiâ latâ (a) infra legitimum tempus (b) appellari potest ad Dominum, vel ad eum quem Dominus ad hoc constituerit ; & ipse Dominus vel ille qui ad hoc erit constitutus, diligenter debet inquirere si in posse suo sit aliquis Jurisconsultus qui nulli Partium (c) dederit consilium, aut interfuerit judicio ; & (d) cum illo Jurisperito debet audire (e) & determinare causam ; si tamen nullum invenerit potest (f) vocare extraneos Judices, & (g) suis propriis expensis minoribus quibus poterit, debet determinare causam : & si Appellator obtinuerit, nullas expensas præstabit ; sed (h) victus, præstet eas minores quas Curia poterit : nec Curia possit eas exigere donec Causa Appellationis (i) sit terminata.

Après la Sentence, on peut appeller, dans le tems-légitime, au Seigneur ou à son Lieutenant ; & le Seigneur ou son Lieutenant, doit s'informer diligemment, si dans tout son Territoire il y a quelque Jurisconsulte qui n'ait pas donné Conseil aux Parties, ou qui n'ait pas interêt au Procès ; & il doit connoître de la Cause, & la terminer avec ce Jurisconsulte : Et quand il ne se trouve pas de Jurisconsultes, il doit appeller de Juges étrangers ; & avec eux, il doit juger l'Affaire à ses propres Dépens, moindres qu'il se pourra : Et l'Appellant qui obtient Gain-de-Cause, ne contribuë pas à ces Dépens, mais celui qui perd son Procès les paye seul, autant moderément qu'il se peut ; mais, la Cour ne peut pas les exiger jusqu'à-ce que l'Instance d'Appel soit terminée.

NOTE.

(a) *INFRA LEGITIMUM TEMPUS*. Les Statuts ne marquent point quel est ce tems-légitime pour pouvoir appeller : on peut suposer, par tout ce qui a été dit ci-devant, qu'on s'en tenoit sur cela au Droit-Romain, qui donne dix jours.

(b) *APPELLARI POTEST AD DOMINUM*; C'est-à-dire, du Bailli au Seigneur de Montpellier, nonobstant les Prétentions contraires de l'Evêque de Maguelonne, qui s'en départit enfin par Transaction du onzième de Mai 1261. dans laquelle il est dit, qu'il ne seroit jamais appellé du Seigneur de Montpellier à l'Evêque de Maguelonne ; mais, que les Juges dudit Seigneur termineroient les Appellations, excepté aux Causes-Sommaires qui n'excederoient pas la Somme de cinquante Sols, desquelles il n'étoit pas permis de se rendre Appellant.

(c) *DEDERIT CONSILIUM VEL INTERFUERIT*. Tous ces Motifs de Recusation sont encore en Usage.

(d) *CUM ILLO*. Le Seigneur ou son Lieutenant, avec le Jurisconsulte choisi, décidoient en seuls des Appellations.

(e) *DETERMINARE CAUSAM*. Le Tems dans lequel se devoit terminer l'Appel, n'est pas ici exprimé ; mais, on trouve ailleurs, que la première Appellation devoit se terminer dans six mois, & la deuxième dans trois mois.

(f) *VOCARE EXTRANEOS JUDICES*, Comme François-Premier l'ordonna depuis en 1535.

(g) *SUIS EXPENSIS*. Parceque tous Procès se poursuivoient & terminoient aux Dépens du Seigneur de Montpellier, ou de sa Cour, comme porte l'Article XVII. ci-devant.

(h) *VICTUS PRÆSTET EAS*. Le Vaincu étoit condamné à quelques petits Dépens envers le Vainqueur, parcequ'il avoit poursuivi l'Instance temerairement ; & envers le Seigneur ou son Lieutenant, pour le dédommager des Frais par lui faits pour appeller l'Assesseur Etranger.

de la Ville de Montpellier.

(i) *DONEC CAUSA SIT TERMINATA.* Parceque les Officiers de la Cour étoient engagez par leur Serment-Solemnel contenu en l'Art. V. de ne rien prendre des Parties qu'après Fin-de-Cause.

ARTICLE XLIV.

Des Plaintes contre les Juges, & des Prises-à-Partie.

Si pendente Lite quis Litigatorum dixerit se esse gravatum vel læsum, vel in jure suo diminutum, possit (a) conqueri Domino de omnibus Curialibus & de singulis; & ipse Dominus (b) coram alio Judice sine morâ & sine Expensis Litigatorum debet (c) cum facere audire, (d) & Rem determinare.

Il est permis à la Partie qui prétend avoir reçû Affront ou Injustice du Juge pendant le cours de l'Instance, de porter Plainte au Seigneur contre tous & chacuns les Officiers de la Cour; & il est du devoir du Seigneur de commettre un autre Juge pour regler ce Diferend, promptement & sans Fraix.

NOTE.

(a) *CONQUERI.* Du Dol, Fraude, ou Concussion du Juge, ce qui est compris sous le Terme-général de *Malversation*, lorsqu'il a procedé, comme disent les Loix, *Per gratiam, inimicitiam, vel sordes.*
(b) *CORAM ALIO JUDICE.* Le Seigneur de Montpellier donnoit un autre Juge à la Partie-Plaignante, puisqu'alors son Premier-Juge devenoit sa Partie.
(c) *EUM FACERE AUDIRE.* EUM s'entend du Juge qui devoit répondre sur les Griefs qu'on avoit porté contre lui.
(d) *ET REM DETERMINARE.* Pour décider sur le Fonds du Procés & sur les Plaintes contre le Juge-Intimé.

ARTICLE XLV.

Du Méchant Conseil.

Si quis de toto posse & Districtu Montispessulani (a) manifestum dolosum Consilium Domino Montispessulani dederit, & ex eo Consilio, aut occasione illius, damnum aut contumelia alii evenerit; ille malignus Consiliarius (b) tenetur damnum aut injuriam passo omnia restaurare, & præterea esse (c) in mercede Domini; & Dominus (d) non debet celare, sed tenetur damnum aut injuriam passo sine morâ malum Consilium & Consiliatorem manifestare.

Quand quelcun du District & Juridiction de Montpellier a donné frauduleusement Conseil au Seigneur, & qu'à cause de ce Conseil, ou à l'occasion d'icelui, quelque Domage ou Injure a été faite, ce malheureux Conseiller est tenu d'indemniser entiérement Celui qui a souffert le Domage ou l'Injure; & outre cela il est à la merci du Seigneur, & le Seigneur ne doit pas le cacher; mais, il est obligé de découvrir le Conseil & le mauvais Conseiller à Celui qui a souffert le Dommage ou Injure.

NOTE.

(a) *MANIFESTUM CONSILIUM DOLOSUM,* s'entend du Conseil Frauduleux.
(b) *TENETUR OMNIA RESTAURARE.* Premiére Punition de ce Méchant Conseiller.
(c) *ET IN MERCEDE DOMINI.* La seconde Punition, d'être à la Mercy de son Seigneur qui pourvoit le punir à sa volonté.
(d) *NON DEBET CELARE.* Afin que celui qui avoit souffert le Dommage ou Injure pût agir contre lui pour son Indemnité.

ARTICLE XLVI.

Des Priviléges Nuls.

Omnia Privilegia & scripta (a) data & datura (b) Judais seu (c) Christianis contra rationem, sunt & semper esse debent cassa & nullius momenti.

Tous Privileges & Concessions par écrit qui ont été accordez, ou qui pourroient l'être contre la raison aux Juifs ou aux Chrétiens, sont & doivent être nuls, & de nule Considération.

Qqqq

NOTE.

Liv. cette Hist. Ch.

Grand-Talamus, fol. 100.

(a) *DATA ET DATURA.* C'étoient les Consuls de Montpellier qui accordoient alors les Priviléges dont parle cet Article. Il borne leur Pouvoir à la seule raison, c'est-à-dire à l'Utilité publique.

(b) *JUDÆIS.* Les Juifs, au tems de ces Coûtumes, vivoient avec les autres Habitans Chrétiens sous une même Police, il ne leur étoit point permis d'avoir plusieurs Femmes, quoique, selon leur Loy, ils pussent en avoir ; il leur étoit défendu d'épouser une Chrétienne ; on leur permettoit d'entretenir & de réparer les Sinagogues qu'ils avoient déja, comme nous avons vû qu'ils en avoient une à Lunel, mais on ne souffroit pas qu'ils fissent de nouvelles ; on défendoit même aux Chrétiens de rien leguer à leur Sinagogue, & à eux & le recevoir : on leur laissoit la Liberté de leguer leurs Biens à leurs Heritiers comme les autres Habitans, mais on les separoit d'eux pour le Logement, pour la Boucherie & pour le Cimetiére : Nous trouvons même dans le *Petit-Talamus*, fol 317. verso, une Ordonnance des douze Consuls, portant que les Juifs de Montpellier ne pourroient boire d'autre Eau que celle d'un certain Puids qui leur fut assigné. Enfin, le Roi Jean, par Lettres Patentes données à Rheims le 10. Octobre 1363. les obligea de porter à découvert sur leurs Habits & sur leur Manteau une Marque, partie de Rouge & de Blanc, de la grandeur du Grand-Sceau du Roi, pour les distinguer des Chrétiens : *Ordonnons que tous Juifs, de quelque Etat qu'ils soient, porteront une grande Roëlle bien notable de la grandeur de nôtre Grand-Seel, partie de Rouge & de Blanc, & telle que l'on puisse bien appercevoir au Vêtement dessus, soit Manteau ou autre Habit, en tel lieu qu'ils ne le puissent cacher, nonobstant quelconque Privilége que eux ou aucun d'iceux dient avoir ou ayent de non porter icelle Roëlle, lesquels nous cassons, irritons, & mettons du tout au Néant.*

(c) *CHRISTIANIS.* On prohiboit aux Consuls d'accorder aux Chrétiens aucune Exemption des Charges qui sont Réelles ou Patrimoniales, comme quand il s'agit de la Reparation des Murs de la Ville, des Chemins, & autres Besoins-Publics.

ARTICLE XLVII.

Des Leudes & Coupes.

QUILIBET Habitator Montispessulani pro Domo & pro Locali suo, cujuscumque sit pratii parvi aut magni, debet salvare (a) Ledas & (b) Cuppas ; & Bajulus Montispessulani debet ei (c) laudare illam Domum vel illud Locale salvo suo Consilio, si Dominus ibi habebit Laudimium ; sed quisque (d) Canonicus Magalonensis Ecclesiæ, habens Domum in Montepessulano valentem decem Solidos, salvat Cuppas & Leudas ; & omnes (e) Monachi Cisterciensis Ordinis aut eorum Homines habentes vel non habentes Domum, salvant Cuppas & Leudas in totâ Dominatione Montispessulani.

Tous les Habitans de Montpellier sont exemts de payer les Leudes & les Coupes pour leur Maison ou Masure, de quelque Prix & de quelque Etenduë qu'elle soit ; & le Bailli de Montpellier doit leur donner Investiture de ladite Maison ou Masure, sauf son Conseil, si le Seigneur y a Droit de Lods : mais, chaque Chanoine de l'Eglise de Maguelonne, qui a une Maison dans Montpellier, valant au-moins dix Sols, est exemt de Coupe & de Leude ; de même que tous les Moines de Cîteaux ou leurs Hommes, soit qu'ils ayent ou n'ayent pas Maison, sont exemts de payer les Coupes & les Leudes dans toute la Seigneurie de Montpellier.

NOTE.

Il est à observer, comme un Préliminaire des Explications de cet Article, que les grands Procès que la Ville de Montpellier a eu à soûtenir au sujet du Droit-de-Coupe, ont fait alterer le Texte de cet Article dans quelques Exemplaires-Modernes, où on lit *Solvere* pour le Mot de *Salvare*, qui se trouve dans l'Original de nos Statuts, dans l'Exemplaire de Roquefeüil & dans les Manuscrits de feu Mr. Loys, Avocat de la Partie-Adverse de la Ville.

(a) *LEDAS* ou *LESDAS.* Les Leudes sont appellées dans nos Coûtumes tantôt *Usaticum* & *Teoloneum*, Art. XXIV. tantôt *Péage*, Art. LXXXIX. & *Reve*, Art. III. ci-dessous ; tantôt *Tolre*, *Quête*, *Exaction* ou *Prétous Subsides extraordinaires* établis autrefois à Montpellier & dans toute le Languedoc, pour subvenir aux Nécessitez des Affaires-Communes.

Elles se levoient sur les Denrées apportées du dehors & venduës dans la Ville.

Elles étoient divisées en *Leudes-grosses* & en *Leudes-menuës*, ainsi nommées pour les distinguer de la *Leude-Mage*, qui consiste dans les Droits exigez pour le Poids-du-Roi.

Cette *Leude-Mage* appartient à Sa Majesté, dont le Fermier du Domaine obtint la Maintenuë par Jugement de Mrs. les Commissaires du Domaine, du 17. Septembre 1685. & parceque ledit Fermier contestoit aux Consuls de Montpellier les *Leudes-menuës*, soûtenant qu'elles appartenoient au Roi ; les Consuls de Montpellier par ledit Jugement furent maintenus en la Proprieté d'icelles, parcequ'ils justifiérent par un Acte de l'an 1553. que la Communauté les avoit acquises à Titre-onereux.

Ainsi, ces mêmes Leudes appartenans à la Communauté, les Habitans de Montpellier ne les payent point, suivant un Ancien Acte couché dans le Grand-Talamus, fol. 174. verso, duquel il resulte que Philipe-de-Valois par ses Lettres-Patentes de 1350. confirme celles de Jacques I. Roi d'Aragon, Seigneur de Montpellier,

du

de la Ville de Montpellier.

du 4. des Ides de Décembre 1258. où il dit qu'étant venu à sa connoissance, que Ceux qui exigent ses Droits, donnoient un mauvais-sens aux Termes du present Article, & n'exceptoient desdites Leudes que ceux des Habitans de Montpellier qui avoient des Maisons & Sols. dans l'Enclos de ladite Ville, ou à ses Fauxbourgs, relevans d'autres Seigneurs ; il déclare, pour corriger cet Abus, qu'il extend aux tous les Habitans de Montpellier , sans exception , joüissent du Privilége de ne pas payer lesdites Leudes : *Quidam verò* , dit-il , *qui nostri Redditibus percipiendis præsunt illos solummodò ad dictâ Libertatis Beneficium admittebant , qui vel infra Murorum ambitum , Locæ vel Domos habebant sub nostro Dominio , & si tenebant ab aliis Dominis eos à dictâ Immunitate penitùs excludebant : Nos ergò hunc reprobantes Abusum , omnes Habitatores Montispessulani qui intra Muros vel in Suburbiis sub nostro vel aliorum Dominio Domos suas vel Locaia habent vel habebunt imposterum, ad dictam recipimus Libertatem ; & hoc dicimus quantum ad jus quod in Lesdis & Cuppis recipimus.*

Cette Exemption étoit conforme à deux autres Actes encore plus anciens, l'un de 1204. & l'autre de 1226. dont il sera parlé dans l'Art. LXXXIX.

(b) *CUPPAS* & *LESDAS* en général , sont deux Termes Sinonimes , comme il paroit par l'Article LXXXIII. ci-après ; à cause dequoi le Droit d'exiger les Leudes, aussi-bien que les Coupes , est appellé *Coppensium*, par Ducange , en son Glossaire sur le Mot *Cuppa* , où il raporte pour Exemple , une partie du present Article : Mais , en particulier , *La Coupe* est un Droit de prendre une petite Quantité de tous les Grains ou Farines qui se vendent ou débitent à Montpellier ; sçavoir , de trente Mesures une.

On trouve dans les Archives de la Ville, que ce Droit fut établi par Guillaume , Fils de Sibille , en l'an 1168. & ensuite concedé par le Roi de Mayorque au Sieur de *Valbonay* , lequel le vendit aux Auteurs du Sieur de *Sassenage* ; d'où il parvint à Antoinette de Sassenage sa fille , laquelle en fit Don au Sieur de *Montagut* son fils , qui, après l'avoir dénombré & hommagé au Roi ès années 1448. & 1472. la vendit en 1526. à Louis de Bucelli , Seigneur de la Mousson ; & ce fut ledit Sieur de Bucelli , qui , par Contrat de l'an 1553. vendit à la Communauté de Montpellier, la moitié dudit Droit de Coupe , avec les entières *Leudes Grosses* & *Menuës*, pour le Prix de trois cens Ecus-d'Or.

Sur le Fondement de cette Acquisition , les Consuls de Montpellier furent maintenus en 1685. contre le Fermier du Domaine , en la Proprieté de la moitié du Droit de Coupe , pour en joüir de même que des Leudes par *Extinction* , à la charge d'en rendre Hommage au Roi , & d'obtenir des Lettres de Sa Majesté pour en joüir par *Extinction* , sans s'arrêter à l'Offre que faisoit le Fermier du Domaine, de rembourser les trois cens Ecus-d'Or du Prix de l'Acquisition.

Jugement du 17. Septembre.

A l'égard de l'autre moitié dudit Droit de Coupe , elle appartenoit autrefois à Pons de Montlaur , dont les Predecesseurs en avoient joüi depuis 1260. elle fut ensuite adjugée à Mr. le Duc d'Uzés , par Arrêt de la Chambre de l'Edit de Guiéne du 15. Septembre 1578.

François de Solas ; Président en la Cour-des-Aides de Montpellier , ayant acquis cette Moitié du Droit de Coupe , prétendit l'exiger des Habitans de Montpellier , de même qu'il l'exigeoit des Forains & Etrangers qui apportoient & débitoient leurs Grains dans la Ville : il surprit en sa faveur une Sentence du Senéchal de Montpellier , dont il fut relevé Appel au Parlement de Toulouse par le Sindic des Habitans ; & l'Instance ayant été évoquée à Grenoble , il intervint Arrêt du 6. Février 1663. par lequel les Habitans de Montpellier, domiciliez & actuellement Residens en ladite Ville , soit qu'ils fussent Proprietaires des Maisons , où qu'ils les tinssent à Loyer , furent déclarez Francs & Exempts du Droit de Coupe pour les Grains provenans de leur Héritage , sauf à les payer pour raison des Grains autres que ceux de leur Crû , dont ils font Commerce , ou qui proviennent des Fermes qu'ils tiénent des Etrangers , & non de celles qu'ils tiénent des autres Habitans de Montpellier, autrement qu'à Prix-d'Argent.

Et par le même Arrêt , les Boulangers de la Ville furent pareillement déclarez Exémts du Droit de Coupé , pour les Grains par eux employez à la Fourniture des Pains qu'ils font & débitent dans la Ville.

Quoiqu'aux Termes de cet Arrêt la Moitié du Droit de Coupe ne doive être levé que des Grains & Farines , & tout-au-plus des Legumes , néanmoins par une Tolerance sujette à Correction , le Droit se prend aussi sur les Noix- & Châteignes qu'on apporte à Montpellier pour y être vendues.

Ceux qui l'exigent se fondent sur une Concession qu'on voit dans le *Mémorial des Nobles* , fol. 55. verso , & fol. 58. faite par Guillaume , Fils de Sibille , en l'année 1104. & sur une autre faite à Guillaume Aimond & à Pelagos en 1139. Freres de *Gaucelin de Claret* , portant ces Mots : *Seixtairalitium dono vobis de omni Blado , & de omni Leguminê , & de Farinâ , & de Linosâ , & de Cannabosâ , & de Castaneis Longobardorum , si mensurentur cum Seixteiralê vel Eminalê.* Le Mot *Seixtairalitium* signifie en effet une *Leude* ou *Coupe* , suivant l'Observation de Ducange sur le Mot de *Seixtairalitium* , où il raporte mot-à-mot ladite Concession de Guillaume , Fils de Sibille , qu'il date de l'an 1103.

Mais , ceux qui se plaignent de ladite Exaction , disent que quand on voudroit entendre le Mot *Seixtairalitium* pour les *Leudes* & *Coupes* ; ce Droit ne devroit être pris que des seules Châteignes du Païs de Lombardie , ou Gaule-Cisalpine , à cause du grand Commerce que les Gens de ce Païs-là faisoient avec ceux de Montpellier , & non sur celles des Cérénes , paceque les Statuts sont de Droit-Etroit , & ne sont pas susceptibles d'Extension.

(c) *LAUDARE.* L'Investiture , pour raison des *Leudes* & *Coupes* , compétoit uniquement au Bailli de Montpellier, en qualité d'Officier du Seigneur & de la Ville ; il fut relaxé de la Demande que l'Evêque de Maguelonne lui faisoit , par Sentence-Arbitrale des Ides de Septembre 1260.

(d) *CANONICUS.* Il paroit par les Observations déja faites , que le Chapitre de la Catédrale n'est pas moins exemt du Droit de Coupe que les autres Habitans de Montpellier.

(e) *MONACHI CISTERCIENSIS ORDINIS.* Par le Testament de *Guy* ou *Guido* , fait en 1166. & par celui de *Bernard-Guillaume* , de l'an 1172. il étoit prohibé d'exiger jamais des Leudes ou Usages, des Religieux de Citeaux.

ARTICLE XLVIII.

Des Censives.

Si quis cessaverit persolvere (a) Canonem pro domo aut pro quolibet honore suo, qui à Domino Montispessulani teneatur vel ab ejus Feudalibus , etiam longissimo tempore ; non habet locum periculum (b) in-

Quoique durant un très-long-tems on n'ait pas payé la Censive des Biens qui relévent du Seigneur de Montpellier ou de ses Fermiers , le Peril d'Incursion n'a pas lieu à défaut dudit Payement ; mais,

cursionis, *sed* (c) *Censum debitum solum-* | on doit seulement payer la Censive qui
modò persolvatur. | est dûë.

NOTE.

(a) *CANONEM.* Il est ici parlé des veritables Censives & Directes qui appartenoient anciènement aux Guillaumes, Seigneurs de Montpellier, & maintenant au Roi, dont le Fermier obtint la Maintenuë, par Jugement de Mrs. les Commissaires du Domaine, du 17. Septembre 1685. sans aucun Pouvoir néanmoins de donner nouvel Achat à défaut de Titres.

(b) *NON HABET LOCUM PERICULUM INCURSIONIS.* C'est-à-dire, par Droit de Retour au Seigneur, ou par Confiscation. Rebuffe, natif de Montpellier, & qui par cette raison devoit être plus au Fait de nos Usages, déclare dans son Traité des Constitutions-de-Rente, Gloss. 17. N°. 7. avoir vû que dans Montpellier le Commis n'étoit pas en Usage, par la Disposition, dit-il, du Statut de la Ville, qui n'est autre que celui-ci.

(c) *CENSUM DEBITUM SOLUMMODO PERSOLVATUR.* Sans payer l'Amende, ni les Arrerages, disent nos Interpretes ; mais, il paye en entier la Censive du Fonds qui lui a été baillé, quand même une partie de ce Fonds auroit été submergée.

ARTICLE XLIX.

En quels Cas, l'Habitant de Montpellier n'étoit pas tenu de reconnoître la Jurisdiction de Lates & de Castelnau.

ALIQUIS Habitator Montispessulani (a) *non tenetur placitare in Curiâ de Latis vel in Curiâ Castri-novi, de Rebus mobilibus, vel de Personalibus Actionibus, & è converso.* | L'HABITANT de Montpellier n'est pas tenu de plaider en la Cour de Lates ni en celle de Castelnau ; ni pareillement l'Habitant desdits Lieux en celle de Montpellier, pour Choses-Meubles ou en Action Personnelle.

NOTE.

La Division de la Seigneurie de Montpellier en Baillie, Rectorie & Baronie, introduisit la diversité de Jurisdictions : les Habitans de Lates & de Castelnau se regléroient avec ceux de Montpellier, comme avoient fait ceux de Melgüeil, selon ce qui a été dit dans l'Art. XXIII. ils avoient leur Bailli séparé, dont les Appellations ressortoient (comme dans les autres Lieux de la Baronie) aux Sénéchaux de Beaucaire ou de Carcassonne, selon que les Lieux de ladite Baronie étoient situez.

(a) *NON TENETUR PLACITARE.* Cela suppose un Reglement fait entr'eux : mais, les uns & les autres, quand ils étoient Demandeurs, pouvoient actionner le Défendeur en sa Juridiction, suivant la Maxime reçuë, *Actor sequitur Forum Rei* ; mais, ils ne pouvoient y être contrains, à cause du Privilège qu'ils s'étoient accordé reciproquement.

Cet Usage a cessé depuis les Changemens qui sont arrivez à tous ces Lieux.

ARTICLE L.

Liberté de prendre du Sablon à la Riviére & d'y laver du Linge.

IN Riperiis aut Patuis omnes ad opus suum aut publicum, possunt colligere Arenam, & Pannos exsicare & lavare ; nec potest hoc aliquis prohibere propter aliquam Acquisitionem inde factam, aut propter longævum Usum. | CHAQUE Particulier pour son usage, ou pour celui du Public, peut prendre du Sable des Riviéres, ou des Terres-Vacantes, & y laver, ou faire secher leurs Draps ; & nul n'a Droit de s'y opposer, sous prétexte qu'il a acquis lui-même cette Faculté par un long Usage.

NOTE.

Nous trouvons une partie de ce Statut, confirmé dans une Transaction, passée les Nones de Janvier 1272. entre Jacques, Seigneur de Montpellier, & Berenger, Evêque de Maguelonne, portant : *Quod Dominus Rex Dopedire quominus Panni lanei, vel linii & alia libera sint omni servitio, possint & debeant ablui & exsicari à quibuslibet Personis in Fluvium Lezi & Riperiis ejus, absque tamen præjudicio & damno alieno.*

de la Ville de Montpellier.

ARTICLE LI.

Liberté de pêcher dans la Riviére.

PISCATIO *est publica.*   La Pêche est publique.

NOTE.

Cette Disposition du Statut est confirmée par une Concession en Emphiteose faite par Jacques-Premier, Seigneur de Montpellier, aux Habitans de ladite Ville, du 6. des Calendes de Septembre 1231. portant Bail, en leur faveur, des Etangs, Mers & Correges, depuis Lates & Aiguemortes jusqu'à Cette: *Ad Usum piscandi & navigandi*; & sans percevoir d'autre Droit de Leude des Poissons, que de ceux qui étoient vendus au Port de Lates & de Melgüeil, suivant une Clause apposée dans la Transaction raportée en l'Article précedent, entre le Roi Jacques & l'Evêque de Maguelonne.

En vertu de cet Acte, & de plusieurs autres Titres Autentiques, les Consuls de Montpellier furent maintenus dans leur Privilége, contre le Fermier du Domaine, par Jugement de Mrs. les Commissaires du 17. Septembre 1685. Ainsi, ils joüissent du Droit de Pêche, comme appartenant aux Habitans.

ARTICLE LII.

Des Solennitez des Testamens & de leurs Preuves.

OMNE *Testamentum & omnis quælibet altima voluntas inter Liberos & Parentes, vel inter Extraneos, in scriptis aut sine scriptis, factum* (a) *coram tribus Testibus rogatis vel non rogatis, idoneis,* (b) *solemnitate adhibitâ vel omisîâ, valet. Et probatur sufficienter per istos tres Testes; & si* (c) *ante publicationem unus decesserit, vel absens fuerit, duo dicentes tertium adfuisse, probare possunt sufficienter.*

LES Testamens, & toutes les autres Dernieres-Volontez, entre Enfans ou entre Parens, de même qu'entre Etrangers, par écrit ou nuncupativement, devant trois Témoins idoines, soit qu'ils ayent été, ou n'ayent pas été priez, & soit qu'on ait gardé toutes les autres Solennitez, ou qu'elles n'ayent pas été gardées, sont valables; Et ces trois Témoins sufisent pour en faire la Preuve: Que si avant la Publication un de ces Témoins décede ou s'absente, les deux autres qui assurent que le troisiéme étoit présent, font une Preuve sufisante.

NOTE.

(a) CORAM TRIBUS TESTIBUS. Cette Disposition de l'Article, est encore d'un Usage inviolable dans la Ville de Montpellier, où tous les Testamens sont valables, sans un plus grand nombre de Témoins, de même que les Codicilles & autres Dernieres-Dispositions.

(b) SOLEMNITATE ADHIBITA. Philippy, en ses Réponses 13. n°. 38. & 39. dit que le Motif de nos Anciens, en suprimant les Formalitez prescrites par le Droit-Romain, fut de faciliter le grand Commerce qu'on faisoit alors à Montpellier; ce qui n'empêche pas néanmoins qu'on ne soit tenu maintenant, aux Formalitez prescrites par les Ordonnances de nos Rois, qui sont des Loix-Générales pour tout le Royaume.

(c) ANTE PUBLICATIONEM. C'est-à-dire, avant l'Ouverture & Lecture du Testament.

ARTICLE LIII.

Le Mariage est une Emancipation tacite.

FILIUS *conjugatus aut Filia maritata voluntate Patris* (a) *intelligitur emancipatus.*

LE Fils ou Fille mariez par la volonté de leur Pere, sont censez emancipez.

NOTE.

(a) INTELLIGITUR EMANCIPATUS. Cette ancienne Coûtume de Montpellier est observée encore aujourd'hui dans toute la France-Coûtumiére; mais, par le tacite Consentement des Habitans de Montpellier, & par la Disposition de divers Arrêts qui sont intervenus sur cette Matiére, le présent Article n'y est plus observé. En quoi

Mr. *Escorbiae*, en sa Bibliotéque Tolosane, Tom. 2. Liv. 15. Ch. 34. s'est trompé en mettant le présent Article au nombre de ceux qui sont observez dans Montpellier.

ARTICLE LIV.

Du Testament des Femmes sans Enfans en faveur de leurs Maris.

Filia maritata (a) non potest condere Testamentum vel ultimam Voluntatem sine consilio patris sui, aut matris suæ, aut eis deficientibus, propinquorum suorum; Et si donum fecerit (b) marito, aut alicui occasione mariti, vel Testamentum sine consilio patris sui, aut matris suæ vel propinquorum suorum, (c) nullius debet esse momenti, sive sit ipsa major natu, vel minor; sed hoc (d) de filia intelligitur quæ sine libero est: attamen (e) si liberum habuerit, queat testari, & donare pro libitu suo, sine consilio parentum, aut propinquorum suorum. Mater tamen sit vel non, (f) quartam partem bonorum suorum potest marito relinquere, sine consilio parentum vel propinquorum; præsentibus autem parentibus, vel propinquis, vel absentibus, (g) si per eos steterit quominus interesse velint, potest sine distinctione marito largiri, & relinquere quidquid voluerit.

La Fille mariée ne peut point faire Testament ou autre derniére Volonté, sans le conseil de son Pere ou de sa Mere, ou à leur défaut de ses plus proches Parens; & si elle fait Donation ou Testament en faveur de son Mari ou de quelqu'autre Personne par lui interposée, sans le Conseil de son Pere, ou de sa Mere, ou de ses plus proches Parens, une telle Disposition est nule & de nul effet, soit qu'elle soit majeure ou mineure; mais, cela s'entend si elle n'a pas d'Enfant de son Mariage, car si elle en a, elle peut librement tester ou donner sans ledit Conseil: néanmoins, soit qu'elle ait des Enfans, ou qu'elle n'en ait pas, elle peut laisser à son Mari la quatriéme Partie de ses Biens sans ledit Conseil; elle peut même indistinctement faire à son Mari toutes les Liberalitez qu'elle voudra en l'absence de sesdits Pere, Mere, ou Parens, quand il se justifiera qu'il n'a tenu qu'à eux de comparoir & d'être presens.

NOTE.

(a) *NON POTEST CONDERE TESTAMENTUM*. Ce premier Chef de l'Article, est une restriction du precedent, qui, ayant ordonné que toute Fille mariée du consentement de son Pere, étoit censée émancipée, sembloit lui permettre de tester du vivant de son Pere, au cas elle n'eût point d'Enfans.

(b) *MARITO*. Cet Article n'est en Usage à Montpellier que lorsqu'il est question d'une Femme sans Enfans, & sans Pere, ni Mere, & dont le Pere l'a émancipée par une Emancipation expresse.

(c) *NULLIUS ESSE DEBET MOMENTI*. Parcequ'il est censé captatoire.

(d) *DE FILIA INTELLIGITUR*. Non du Mari, lequel n'est pas soûmis aux Formalitez dont il s'agit, & qui, selon les Usages, peut disposer en faveur de sa Femme *Ad libitum*, & sans nule Précaution.

(e) *SI LIBERUM HABUERIT*. Parceque dans les Testamens en faveur des Enfans, on a seulement égard aux Droits des Gens, non à la Forme.

(f) *QUARTAM*. La Coûtume de Montpellier permet à la Femme de laisser le Quart à son Mari, soit qu'elle ait des Enfans ou qu'elle n'en ait pas.

(g) *SI PER EOS STETERIT*. Parcequ'ils sont reputez presens, n'ayant pas daigné comparoir après avoir été duëment appellez; néanmoins, il demeure établi qu'à défaut de proches Parens, le Testament ou Donation doit être faite en présence d'un Magistrat requis.

ARTICLE LV.

De l'Institution d'Héritier, & des Légitimes.

(a) *Omne Testamentum per tres Testes factum (b) sine hæredis institutione valet, & parens potest quidquid voluerit relinquere liberis, & si (c) modicum sit relictum non possunt liberi conqueri; sed in omnibus & per omnia sine quæstione (d) debiti bonorum subsidii vel ejus supplementi, liberi debent*

Les Testamens faits avec trois Témoins sans Institution d'Héritier, sont valables, & le Pere ou la Mere peut laisser à ses Enfans ce qu'il lui plaît, sans que lesdits Enfans soient recevables à se plaindre de la Modicité des Legs qui leur sont faits; leur Devoir étant d'obéir à la Volonté

(e) *parere voluntati parentum, & suis legatis esse contenti.*	lonté de leur Pere & Mere, & de se contenter de leurs Legs, sans pouvoir demander un Suplément de Légitime.

NOTE.

(a) *OMNE TESTAMENTUM.* Ce n'est qu'une Repetition des premiers mots de l'Article LII. ci-dessus, & c'est à cause de la conformité de ces premiers mots, que les Notaires de Montpellier, par un Stile qui leur est ordinaire, ont accoûtumé dans les Testamens qu'ils reçoivent, de faire mention desdits deux Articles conjointement, en disant, *Omne Testamentum & omne Testamentum*, après avoir exprimé que le Testateur a fait son Testament suivant la Coûtume & Statut de Montpellier...Sur quoi Philippy, en sa Réponse 13. n°. 19. 44. & 45. dit que l'Omission de cette Formalité n'empêcheroit point la Validité de l'Acte.

(b) *SINE HÆREDIS INSTITUTIONE.* Nôtre Coûtume étoit en cela conforme à celle de Paris & à plusieurs autres du Royaume; mais, par l'Usage d'àpresent on ne fait aucun Testament à Montpellier sans Institution d'Héritier.

(c) *MODICUM.* Par ce mot nos anciens Docteurs ont entendu une Chose, ou Somme certaine, comme celle de cinq Sols, un Chapeau de Fleurs, ou un Bouquet de Roses; mais, aujourd'hui ce Terme de *Modicum* est entendu de la moitié de la Légitime avec quelque chose au-delà; suivant plusieurs Arrêts du Parlement de Toulouse: mais, cette Regle ne regarde que les Biens situez dans le Terroir & Banlieue de Montpellier.

(d) *LEBITI BONORUM SUBSIDII.* Ces Termes ne signifient autre chose que la Légitime qui est un Droit naturel, & un Secours pour le Soûtien de la Vie.

(e) *PARERE VOLUNTATI PARENTUM.* On voit par ces Paroles le Motif qu'eurent nos Ancêtres en établissant cette Loi, qui ne fut autre que de tenir leurs Enfans dans un plus grand respect.

ARTICLE LVI.

Des Substitutions, des Quartes & de l'âge pour tester.

IN Substitutionibus Voluntas defuncti servari debet de cætero, omni loco & tempore (a) sine beneficio Legis Falcidiæ, (b) in puberibus vel factis majoribus.	LA Volonté du Défunt qui étoit Pubere ou Majeur, doit toûjours etre gardée ès Substitutions qu'il a fait, sans le Benefice de la Loi Falcidie.

NOTE.

(a) *SINE BENEFICIO.* Dans le tems que ce Statut fut fait, l'Héritier n'avoit point à Montpellier la Faculté de distraire ni la Quarte-*Falcidie* és Legs ou Fideicommis particuliers, ni la Quarte-*Trebellianique* és Fideicommis universels.

(b) *IN PUBERIBUS.* Ces Termes ne se raportent point à l'âge des Héritiers, mais à celui du Testateur; comme si l'Article disoit que le Testateur n'est capable de faire des Substitutions que lorsqu'il est ou Majeur, ou du moins Pubere; c'est-à-dire, s'il n'a quatorze ans accomplis pour les Mâles, & douze pour les Filles.

ARTICLE LVII.

Des Testamens faits hors de Montpellier.

SI alibi Testamentum vel ultima Voluntas à Patre vel extero fiat, legitime (a) probari debet per septem aut quinque Testes, (b) non requisitis Signaculis vel suprascriptionibus.	SI un Habitant de Montpellier, soit qu'il soit Pere ou Etranger, fait son Testament ou autre Disposition par mort, ailleurs que dans la Ville, alors sa Volonté ne sçauroit être valablement proüvée que par le Témoignage de sept ou de cinq Témoins, sans pourtant qu'il soit nécessaire de s'enquerir si lesdits Témoins ont apposé leur Cachet, ou leur Souscription audit Testament, ou autre derniére Volonté.

NOTE.

(a) *PROBARI DEBET PER SEPTEM AUT QUINQUE TESTES.* C'est une Limitation de l'Article LII. ci-devant, portant que par la force du Statut de Montpellier, tout Testament est valable dans ladite Ville, signé par trois Témoins; c'est-à-dire, tout Testament-Solennel, reçû par un Notaire, & non un Testament-Olografe.

On obſerve, que ſi le Teſtament en queſtion étoit fait en Pays régi par le Droit-Romain, il faloit ſept Témoins pour les Teſtamens, & cinq pour les Codiciles ; mais, s'il étoit fait en Pays-Coûtumier, il ſuffiſoit qu'on eût conſervé les Formes preſcrites par cette Coûtume, pour avoir ſon Effet par raport aux Biens ſitûez dans le Terroir où l'on ſuit la Coûtume de Montpellier.

On ajoûte, que ſi le Teſtateur a declaré dans ſon Teſtament vouloir teſter ſelon l'Uſage de Montpellier, ſon Privilège lui eſt conſervé en entier, lorſqu'il eſt prouvé qu'il y a ſon Domicile permanent ; par la raiſon du contraire, celui qui a choiſi ſon Domicile hors de Montpellier, doit teſter avec toutes les Solemnitez du Droit, ce qui ne s'entend pas lorſque le nouveau Domicile eſt dans les Fauxbourgs ou dans les Métairies des environs, non plus quand il a été obligé d'en ſortir à cauſe de Peſte ou de Guerre.

(b) *NON REQUISITIS SIGNACULIS.* Anciénement les Témoins cachetoient les Teſtamens avec un Anneau, où quelque Figure étoit gravée, ce qu'on appelloit *Annulus ſignatorius* ; l'Empreinte de ce Cachet étoit appellée *Signum* ou *Signaculum*, & les Paroles qu'on y ajoûtoit, *Ego talis ſubſcripſi*, étoient appellées Souſcription. L'Uſage du Cachet eſt ſuprimé à Montpellier comme dans le reſte du Royaume ; il n'eſt employé que dans les Teſtamens-clos.

ARTICLE LVIII.

De la Succeſſion ab Inteſtat.

Si quis inteſtatus deceſſit, Bona ejus ad Liberos aut ad Propinquos ſuos, deficientibus Liberis debent pervenire ; Et ſi Filium conjugatum & hæredatum, aut Filiam ab ipſo Patre maritatam habuerit, omnia ejus Bona (a) ad alios Liberos (b) in ſolidum pervenire debent : (c) ſi alios non habuerit, Conjugati ſuccedunt ; ſed (d) Bona paterna debent eſſe proximiorum generis paterni, ſimiliter materna proximiorum generis materni, (e) Legibus in hac parte nullatenùs ſervandis.

Si quelcun eſt decedé *ab Inteſtat*, ſes Biens doivent appartenir à ſes Enfans, & à défaut d'iceux à ſes autres Parens ; & ſi le Pere a une Fille mariée & appanée, ou un Fils qu'il a lui-même marié, tous ſes Biens doivent appartenir entiérement & également à ſes autres Enfans : Que s'il n'a d'autres Enfans que ceux qui ſont mariez, iceux ſuccedent ; mais, les Biens-paternels doivent appartenir aux plus proches de la Ligne-Paternelle, & ſemblablement les Biens-Maternels aux plus proches de la Ligne-Maternelle ; les Loix en cela n'étant en nule maniére obſervées.

NOTE.

(a) *AD ALIOS LIBEROS.* Conformément au XII. Article ci-deſſus.
(b) *IN SOLIDUM.* C'eſt-à-dire, par égales Portions.
(c) *SI ALIOS NON HABUERINT, CONJUGATI SUCCEDUNT.* Par les Raiſons miſes en avant ſur l'Article XII.
(d) *BONA PATERNA, &c.* Suivant cette Regle établie par la Loi *Generaliter*, le Roi Charles IX. fit ſon Ordonnance du mois de Mai 1567. appellée *Edit des Méres*, confirmée par Loüis XIII. & verifiée au Parlement de Paris, & autres qui ſont régis par les Coûtumes.
(e) *LEGIBUS IN HAC PARTE NULLO MODO SERVANDIS.* Nonobſtant cette Diſpoſition ſi expreſſe, l'Uſage a changé parmi nous ; car, aujourd'hui les Enfans, quoique potûrvûs, ſuccedent également avec ceux qui ne l'ont pas été, toutefois en raportant à la Maſſe de la Succeſſion, ce qui leur a été donné.

ARTICLE LIX.

De la Preſerence des Parens aux Etrangers en la Vente des Fonds délaiſſez pour Obit.

Si quis Teſtator reliquerit (a) honorem ſuum pro remedio animæ ſuæ, ille (b) vendatur conſilio Curiæ, ſi honor ille (c) à Domino Montiſpeſſulani teneatur ; & (d) pretium illius detur eo modo quo Teſtator diſpoſuerit ; ſed proximiores Teſtatoris de eâ re debent certiorari, & ſi velint tale pretium bonâ fide dare, & ſine malo ingenio, & ſine contrarietate quale externus, eante omnes alios proximiores ipſum habeant.

Le Fonds que le Teſtateur a laiſſé pour le Salut de ſon ame, doit être vendu par le Conſeil de la Cour, s'il relève du Seigneur de Montpellier ; & le Prix d'icelui doit être diſtribué conformément à la Diſpoſition du Teſtateur ; mais, ſes plus proches Parens doivent être avertis de cette Vente : Et s'ils offrent de bonne-foi & ſans Fraude ni Contrariété, une Somme ou Prix égal à celui que l'Etranger en veut donner, ils doivent être preferez à tous autres, & les Fonds doivent leur être délivrez.

NOTE.

de la Ville de Montpellier.

NOTE.

(a) *HONOREM SUUM*, Ne peut se prendre ici que pour du Bien-Fonds, ou Piéce de Terre delaissée volontairement par le Testateur, pour faire prier Dieu à Perpetuité pour le repos de son ame.

(b) *VENDATUR*. Lorsque la Fondation regardoit les Religieux-Mendians qui ne peuvent tenir & posseder de Biens-Fonds.

(c) *SI HONOR ISTE TENEATUR A DOMINO MONTISPESSULANI*. Pour éviter que le Seigneur de Montpellier ne fût fraudé de ses Droits de Lods & Ventes, par la Détention dudit Fonds en Main-morte.

(d) *PRETIUM ILLIUS*, &c. Soit qu'on l'entende d'une Pension-Obituaire, établie en Espece ou en Argent, la Volonté du Testateur devoit être toûjours executée.

(e) *ANTE OMNES ALIOS*. Cette Preseance observée dans toutes les Coûtumes de France où le Retrait Lignager a lieu, se trouve maintenant abrogée à Montpellier.

ARTICLE LX.

De la Tolte, Quête, ou Prêt-forcé.

(a) *TOLTAM vel (b) QUESTAM vel (c) mutuum Coactum, vel aliquam Exactionem coactam, non habet neque unquam habuit Dominus Montispessulani in Habitatoribus Montispessulani, præsentibus vel futuris.*

Le Seigneur de Montpellier n'exige point, ni n'a jamais exigé des Habitans de la Ville presens & à venir, nule *Tolte* ou *Quête* ou *Prêt-forcé*, ni autre Exaction forcée.

NOTE.

(a) *TOLTAM à TOLLENDO*. Pour signifier toute Levée extraordinaire, d'où l'on fait venir le nom de *Maltote*.

(b) *QUESTAM* du mot *QUÆRERE*, pour signifier aussi un semblable Subside.

(c) *MUTUUM COACTUM*, Est appellé *Firmancia* dans le premier Article de la 2. Partie ci-après. C'étoit un Cautionnement des Vassaux pour leur Seigneur, avec Promesse du Seigneur de les en garantir.

Les Habitans de Montpellier étoient exemts de ce Cautionnement, comme il resulte entr'autres Actes de celui du quatrième des Calendes d'Octobre 1218. par lequel Jacques-Premier, Seigneur de Montpellier, reconnoît qu'il n'a point de *Firmanciam* sur les Habitans de Montpellier, lesquels ne sont pas tenus de s'obliger ni eux ni leurs Biens pour leur Seigneur, si ce n'est que par pure amitié ils voulussent cautionner pour lui.

En 1231. la Communauté de Montpellier ayant fait Don à Jacques-Premier, Roi d'Arragon & Seigneur de Montpellier, de cent mile Sols-Melgoriens, le Roi, en consideration de cette Liberalité, accorda aux Habitans d'être exemts de Tolte, Quête & Prêt-forcé, en ces Termes.

Dictum Munus quod fuit Donum sponte vestrâ nobis oblatum, nos habentes valdè gratum; expressim concedimus & volumus quod ipsum Munus nunquam possit respici, intelligi, vel obligari ad Questam, vel Toltam, vel Exactionem coactam, seu mutuum Coactum, nec alio modo ad Ipsorum alicujus Libertatis seu Consuetudinis Montispessulani. Imò non obstante ipso Dono vel Munere, prædicta Libertas & Consuetudo de Questâ & Toltâ & Exactione non habendâ, & alia Consuetudines & Libertates datæ & concessæ hominibus Montispessulani in suâ firmitate & integritate remaneant & in perpetuum durent.

Les Seigneurs de Montpellier se reservoient seulement d'imposer, quand ils vouloient, à la Taille les Juifs qui residoient à Montpellier, comme il resulte de la Sentence-Arbitrale, renduë le jour des Ides de Septembre 1260. entre le Roi Jacques & Guillaume Evêque de Maguelonne, dans laquelle il est convenu que l'Evêque auroit la moitié de la Somme qui reviendroit de la Taille comptante les Juifs residans dans sa Partie Episcopale; ce qui fut confirmé par Transaction de l'année suivante 1261. où il est dit: *Competebat ad invicem quod de Talliis & Censibus Judæorum in Parte Episcopi habitantium, habent Dominus Rex & Sui in perpetuum medietatem & aliam medietatem Episcopus.*

En 1350. Le Roi Philipe-de-Valois confirma, en faveur des Habitans de Montpellier, cette exemption, accordée par Jacques-Premier, tant par le susdit Acte de 1231. que par un autre de 1258. dont il a été parlé ci-devant en l'Article XLVII.

Nous avons vû dans le sixième Livre de cette Histoire, Ch. x. les Lettres que Philipe-le-Bel avoit donné en 1304. dans lesquelles il déclare que les Sommes qu'il avoit reçu des Habitans de Montpellier pour ses Guerres de Flandres, ne pouvoient être regardées comme un nouveau Droit acquis pour lui, ni pour ses Successeurs.

ARTICLE LXI.

Le Seigneur ne peut disposer des Lods avant l'Accomplissement de la Vente.

DOMINUS Montispessulani vel ejus Bajulus nullatenùs donare, aut vendere, aut concedere potest Consilium seu Laudimium alicujus Rei quæ ab ipso teneatur, (a) donec ipsius Venditio vel Alienatio sit contracta; & (b) idem servare debent omnes qui à Domino Montispessulani Res aliquas tenent vel tenebunt: & si contra hoc aliquid fiet

Le Seigneur de Montpellier ni son Bailli ne peuvent en nule maniere donner ou ceder le Droit de Lods des Fonds qui relevent dudit Seigneur jusqu'à-ce que la Vente ou Alienation soit contractée; & la même Regle doit être gardée par tous ceux qui sont, ou qui seront sous la Directe dudit Seigneur: & si l'on

Rrrr

rescindi debet, nec vires aliquas poterit obtinere.

contrevient à ce Statut, ce qui aura été fait sera rescindé, & n'aura aucune force ni vertu.

NOTE.

(a) *DONEC IPSIUS REI VENDITIO VEL ALIENATIO SIT CONTRACTA.* Parceque reguliérement le Droit de Lods n'est acquis au Seigneur que par la Vente consommée.
(b) *IDEM SERVARE QUI RES A DOMINO TENENT.* La même Regle obligeoit également les Feudataires.

ARTICLE LXII.

De la Preuve par Düel, ou Combat singulier.

DUELLUM *vel judicium candentis ferri, vel aquæ ferventis, vel alia Canonibus & Legibus improbata, nullatenùs in Curiâ Montispessulani rata sunt, nisi utraque pars convenerit.*

Le Düel ou Combat singulier, ni le jugement par le fer ardent, ou par eau boüillante, ni les autres Preuves reprouvées par le Droit-Canon & Civil, n'ont lieu à la Cour de Montpellier, que du Consentement des Parties.

NOTE.

Cet Article nous fait voir que l'anciéne maniére de chercher la verité d'un Fait par la voye du Combat-singulier, & par les Epreuves du Fer ardent, ou de l'eau boüillante, n'étoit pas hors d'usage à Montpellier dans le tems que ces Statuts furent dressez, puisqu'on semble la permettre par ces paroles, *Nisi utraque pars convenerit*; c'est-à-dire, qu'on la toleroit; lorsque les Parties vouloient y avoir recours, quoiqu'on la tint pour illicite.

ARTICLE LXIII.

Des Acquisitions des Juges dans l'Etenduë de leur Jurisdiction.

(a) VIR *Bajulus aut aliquis Curialium Montispessulani,* (b) *honorem non debet aliquem emere,* (c) *per se aut per alium, qui à Domino Montispessulani teneatur, quamdiu stabit in Bajuliâ, nec in fraudem istorum aliquid debent facere.*

Le Bailli de Montpellier ni ses Officiers ne doivent acheter aucun Héritage ou Immeuble relevant du Seigneur de Montpellier, soit à son nom, soit sous le nom d'autrui pendant tout le tems qu'ils exercent leur Charge; & ils ne doivent rien faire en fraude de ce Statut.

NOTE.

(a) *BAJULUS VEL ALIQUIS CURIALIUM.* Les Consuls n'étoient pas compris dans cette Défense, comme il resulte des Lettres-Patentes de Jacques Premier, Seigneur de Montpellier, du 6. des Calendes de Septembre 1231. qui sont couchées dans le Grand-Talamus, fol. 277. par lesquelles il permet aux Consuls de faire toute sorte d'Acquisition.
(b) *HONOREM NON DEBET EMERE.* Conformément à l'anciéne Jurisprudence du Droit, & des Ordonnances de nos Rois, qui ne sont plus en Usage.
(c) *PER SE VEL PER ALIUM.* Pour empêcher les Acquisitions & Adjudications faites par les Juges, indirectement prohibées par les Loix.

ARTICLE LXIV.

De la qualité des Témoins sur des Faits arrivez dans la Ville, ou hors la Ville.

(a) IGNOTI *Testes audiri aut recipi non debent de factis quæ fiunt aut fient in Montepessulano,* (b) *nisi à producente vita eorum probetur* (c) *inculpabilis & moderata; sed* (d) *de factis extra actis recipi debent, licet quod dictum est non probetur. Similiter recipi debens usque ad summam centum solis.*

Les Témoins inconnus ne doivent pas être oüis ou reçûs sur les Faits arrivez dans la Ville de Montpellier, hormis que celui qui les produit ne prouve leur bonne vie & mœurs; mais, ils doivent être reçûs quand il s'agit de Faits arrivez hors de la Ville, sans la Preuve dont il vient d'être

solidorum tantummodo, licet eorum vita non probetur inculpabilis & moderata. d'être parlé; de même les Témoins doivent être reçûs sans nulle Preuve de leur bonne vie & mœurs, jusqu'à la Somme de cent sols tant seulement.

NOTE.

(a) *IGNOTI TESTES*. Les Gens sans aveu & Vagabons n'étoient pas reçûs pour Témoins d'un Fait arrivé dans Montpellier, parcequ'il étoit censé que dans une grande Ville il ne manqueroit pas de Personnes sans reproche, qu'on pût recevoir toutes les fois que l'occasion s'en présenteroit.
(b) *NISI A PRODUCENTE PROBETUR*. Cette Procedure particuliére, d'obliger celui qui produisoit les Témoins en Matiére-Civile, de prouver qu'ils étoient de bonne vie & mœurs, n'est plus en Usage; c'est à celui contre qui les Témoins sont produits à prouver les défauts qui sont en leur Personne.
(c) *VITA ILLORUM INCULPABILIS ET MODERATA*. Ceux qui dressérent ce Statut, ont pris les propres Termes de l'Empereur Justinien. *Novelle 90*.
(d) *DE FACTIS EXTRA ACTIS RECIPI DEBENT*. A cause de la Penurie des Témoins pour les Faits qui arrivent à la Campagne & sur les grands Chemins.

ARTICLE LXV.

Du Châtiment-Domestique permis aux Maîtres & Peres-de-Famille

(a) *DOMESTICA furta, seu rapinæ vel injuriæ domesticæ, corrigantur à Dominis seu Magistris: ita quod* (b) *non teneantur reddere Curiæ,* (c) *nec castigati de castigatione non audiantur in Curiâ: domesticos autem intelligimus,* (d) *uxorem,* (e) *servos,* (f) *liberos, mercenarios, filios, aut nepotes,* (g) *discipulos, scolares, auditores, &* (h) *omnes mares, & fœminas, qui sunt de familiâ.*

Il est permis aux Maîtres de punir par voye de Correction les Larcins & autres Injures domestiques, sans être obligez de prendre la voye de la justice : à l'égard des Domestiques coupables qui ont été châtiez, la Cour ne reçoit jamais leurs Plaintes ; or, sous le nom de Domestiques on entend la Femme, les Serviteurs, les Enfans, les Mercenaires, les Fils ou petits-Fils, les Disciples, Ecoliers, Auditeurs & les Personnes de l'un & de l'autre Sexe qui composent la Famille.

NOTE.

(a) *DOMESTICA FURTA VEL INJURIÆ DOMESTICÆ*. Les Larcins & le manquement de respect & d'obeïssance dûë au Maître de la Maison, qui avoit droit de Punition-corrective.
(b) *NON TENEANTUR REDDERE CURIÆ*. Il resulte que par la Coûtume de Montpellier, le Maître avoit le choix de châtier en particulier le Larcin, ou de le faire punir d'Autorité de Justice.
(c) *NEC CASTIGATI AUDIANTUR*, Et que les Domestiques n'avoient aucune Action contre leur Maître, soit que le Châtiment fût grand ou leger.
(d) *UXOREM*. Selon la Disposition de ce Statut, la Femme ne pouvoit pas se plaindre en Justice des mauvais Traitemens de son Mari. Maintenant les Choses ont fort changé sur ce Point.
(e) *SERVOS*, Ne peut être entendu des Esclaves qu'on n'avoit point à Montpellier, non plus que dans le reste du Royaume ; mais, on l'entend des Serviteurs ou *Laquais* qui étoient sans Gages, pour les distinguer des Mercenaires qui donnoient leur Travail pour la Recompense qu'ils en recevoient.
(f) *LIBEROS*. Les Enfans non plus n'avoient nulle Action pour se plaindre en Justice d'avoir été maltraitez par leur Pere.
(g) *DISCIPULOS, SCOLARES*. Les Apprentifs, les Ecoliers, sur qui les Loix accordoient aux Maîtres le Droit d'une Punition legere.
(h) *OMNES MARES ET FOEMINAS QUI SUNT DE FAMILIA*. Les Neveux, ou Niéces, les Gendres & les Belles-filles, sur lesquels nos Loix conservoient aux Peres une Autorité corrective.

ARTICLE LXVI.

Des Lods.

(a) *In donationibus, in* (b) *legatis, in venditis,* (c) *in cambiis aut permutationibus, in* (d) *dotibus, vel Donationibus propter nuptias, aut pignoribus dotis nomine, mulieri aut ejus viro obligatis; earum re-*

Le Droit des Lods ne doit pas être pris par le Seigneur de Montpellier, ou par les Fermiers, pour raison des Biens donnez, Leguez, Delaissez, Echangez, constituez en Dot, ou donnez en faveur de

rum quæ (e) *à Domino Montispessulani ab ejus fevalibus in pertinentiis Montispessulani tenentur vel tenebuntur, nullum habere vel percipere debent Dominus aut ejus fevales Laudimium, vel Consilium. Et si ille qui transferret,* (f) *onerabit accipientem in certâ pecuniâ dandâ, si talis sit accipiens cui translator necesse haberet bona sua relinquere, scilicet si fuerit de numero Liberorum, parentum, vel fratrum, vel nepotum, vel etiam extraneus qui hæres instituatur, aut si* (g) *pro salute animæ suæ injungat accipienti certam pecuniam dare; ille qui dare debebit pecuniam, nullum Consilium aut Laudimium in jam dictis casibus dabit.* (h) *In aliis autem casibus Laudimium dabit* (i) *in quantum pecuniæ quantitas extendetur.*

Mariage, ou Hipotéque pour Dot à la Femme, ou à son Mari, quand leurs Biens sont situez dans le District de Montpellier, & quand ils relévent dudit Seigneur, ou de ses Fermiers; & quand celui qui transporte lesdits Biens par quelcun des susdits Titres, charge celui qui les accepte de bailler une certaine Somme de deniers; l'Acceptant, nonobstant cette Charge, ne doit payer nul Lods, s'il est Héritier-presomptif ou Successeur de celui qui en étoit le Propriétaire, comme s'il est du nombre de ses Enfans, Parens, Freres ou Neveux. Non pas même quoiqu'il soit Etranger, s'il est institué Héritier; ni lorsqu'il donne Charge à l'Acceptant, de payer certaine Somme pour le Repos de son Ame: Mais, dans les autres cas, il doit payer les Lods à proportion de la Somme qu'il est obligé de bailler.

NOTE.

(a) *IN DONATIONIBUS.* Quoique réguliérement le Droit des Lods soit dû par simple Donation, néanmoins par la force du présent Article, il n'est pas dû à Montpellier, où on ne le paye pas, de même que dans le reste du Languedoc, à moins que le Seigneur-Direct n'aye un Titre-Special du contraire.

(b) *LEGATIS.* La même Regle est observée pour les Legs, qui sont de véritables Donations.

(c) *IN SCAMBIIS.* Cette Coûtume subsiste encore à Montpellier, tant par la force de l'Article que par les Prohibitions faites par Lettres-Pascales du Roi de Mayorque, de l'an 1339. d'exiger Lods de l'Eschange des Fonds de Montpellier.

(d) *IN DOTIBUS.* Tout ce qui regardoit la Dot d'une Femme, étoit Exemt du Droit des Lods; mais, on a fait naître tant de cas sur cet Article, que la Jurisprudence a varié.

(e) *QUÆ A DOMINO MONTISPESSULANI TENENTUR.* Le Droit de Lods, en tous les cas, qui appartenoit anciennement au Seigneur de Montpellier, appartient aujourd'hui au Roi, dont le Fermier obtint la Maintenuë par Jugement de Mrs. les Commissaires du Domaine du 17. Septembre 1685. sans néanmoins pouvoir joüir du Droit d'Enchere qu'il avoit demandé.

(f) *ONERABIT ACCIPIENTEM IN CERTA PECUNIA DANDA.* Comme si le Donateur chargeoit l'Acceptant de payer ses Dettes, soit qu'il fût son Héritier-Naturel, ce qui est exprimé par ces mots, *Cui translator necesse habet sua relinquere.* Soit qu'il lui fût Etranger, *vel etiam extraneus instituatur.* Parcequ'il est toûjours vrai de dire que les Biens recüeillis par l'Etranger Héritier, n'ont pas changé de main.

(g) *PRO SALUTE ANIMÆ SUÆ.* La Charge établie sur un Fonds de Terre pour la Fondation d'un Obit, n'étoit point sujette au Droit de Lods, à moins que la Terre ne vint à être vendue.

(h) *IN ALIIS LAUDIMIUM DABIT.* Le Roi Jacques-Premier dérogea par Acte de 1231. à la Disposition du présent Statut, en permettant aux Habitans de Montpellier, d'acquerir par toute sorte de Titre, sans être tenus de payer aucun Lods. *Grand Talamus fol. 124. verso.*

(i) *IN QUANTUM PECUNIÆ QUANTITAS EXTENDETUR.* Cet Article est encore observé à Montpellier; c'est-à-dire, que lorsqu'en un Echange il y a retour d'Argent, le Lods est toûjours dû des Deniers qui sont baillez, de Retour, pour si petite que soit la Somme.

ARTICLE LXVII.

Du Prêt fait pour Joüer.

Si pecunia detur (a) *ludentibus mutuò,* (b) *creditor contra recipientem aut* (c) *contra Fidejussorem nullam habeat actionem, nec inde audiatur. Sed si pignus inde habeat, inde habet retentionem.*

Si des Joüeurs se prétent mutuellement de l'Argent, le Prêteur n'a aucune Action contre le Créancier, ni contre son Répondant: Mais, s'il a des Gages il peut les rétenir pour son Payement.

NOTE.

(a) *LUDENTIBUS.* On entend sous cet Article, les Jeux illicites tels que sont les Jeux de hazard.

(b) *CREDITOR.* Ce Terme en général comprend ici tant celui qui est du nombre des Joüeurs, quand il

prête aux autres Joüeurs, que celui qui ne joüe pas quand il fait le Prêt.
(c) *CONTRA FIDEJUSSOREM NULLAM HABET ACTIONEM.* Cette Disposition est conforme aux Ordonnances de nos Rois, & particuliérement à celles de *Moulins* & de *Blois*, Portant que toutes Promesses ou Obligations faites au Jeu, ou pour le Jeu, sont nulles & de nul Effet.
Néanmoins la Jurisprudence-Moderne de Mrs. les Maréchaux de France, est diférente en ce point de nos anciénes Coûtumes.

ARTICLE LXVIII.

De l'Usure promise par Serment.

PETITIO usuræ (a) *de Denariis pro Denariis nulla est, nec audiri debet, nisi cum Sacramento aut fide plenitâ sit promissa. Et hoc est jus commune ut in Christianis & judais Sacramentum & fides plenita in dandâ usurâ servetur.*

La Demande de l'Usure de Deniers pour Deniers, est nulle & doit être rejettée, si elle n'a été promise par Serment : Et c'est un Droit commun tant aux Chrétiens qu'aux Juifs, que le Serment & la Pleine-foi soit gardée dans le Prêt à Usure.

NOTE.

(a) *DE DENARIIS PRO DENARIIS.* La Demande des Interêts pour Prêt, étoit prohibée à Montpellier, à moins qu'ils n'eussent été promis par Serment, qui fait quelquefois violence à la Loi. Aujourd'hui ce Serment est inutile ; car, on s'en tient aux Ordonnances de nos Rois, qui adjugent les Interêts depuis l'Interpellation en cause, laquelle est regardée comme le Germe du Prêt.

ARTICLE LXIX.

De la Peine Conventionelle.

(a) *PERICULUM incursionis, vel* (b) *pœnam promissam Curia non judicet, nisi Sacramento & fide plenitâ sit firmata.*

Que la Cour ne connoisse du Peril d'incursion, ou de la Peine promise, que lorsqu'elle est appuyée du Serment, ou de quelqu'autre Preuve parfaite.

NOTE.

(a) *PERICULUM INCURSIONIS.* Ce Peril d'incursion a été expliqué ci-devant en l'Article XLVIII.
(b) *POENAM PROMISSAM*, Est entendu d'une peine Conventionelle à défaut de satisfaire à quelque Promesse faite avec Serment.
Nos Notaires inserent dans leurs Actes que les Parties ont juré d'observer le contenu au Contrat ; mais, ces Paroles ne sont que de pur Stile, qui n'opérent nulle Action pour demander en Justice la Peine promise par Serment.
Maintenant on peut toûjours reclamer du Compromis, quoiqu'il contiéne Promesse Conventionelle avec Serment de n'en reclamer jamais.

ARTICLE LXX.

De l'Introduction d'Instance, & des Délais.

(a) *LIBELLUS Conventionalis,* (b) *nec spatium viginti dierum detur. Sed* (c) *crastinâ die post motam quærimoniam, vel* (d) *post notionem judicis responderi debet.*

On ne donnera ni Libelle-Conventionel, ni Délai de vingt-jours : Mais les Défendeurs seront tenus répondre le lendemain de l'Exposition du Clameur, ou selon qu'il sera reglé par le Juge avec connoissance de Cause.

NOTE.

(a) *LIBELLUS CONVENTIONALIS NON DETUR.* Parceque dans l'Usage de l'ancienne Cour de Montpellier, l'Instance s'introduisoit verbalement, & sans nulle Assignation par écrit, comme porte l'Article LXXVII. ci-après.

(b) *NEC SPATIUM VIGINTI DIERUM.* On ne donnoit point les Délais de vingt ni de trente-jours, accordez par le Droit Romain.
(c) *CRASTINA DIE.* Mais le lendemain la Cour pouvoit prononcer, comme on fait encore dans les Justices des Hôtels & Maisons de Ville, à l'égard des Causes-Sommaires.
(d) *POST NOTIONEM JUDICIS.* Ce qui montre que les Délais par la Coûtume de Montpellier, étoient Arbitraires, comme il résulte encore plus précisément de l'Article LXXVIII. ci-après.

ARTICLE LXXI.

Des Délais pour Payement.

(a) *Reis condemnatis* (b) *quadrimestres inducia non conceduntur, Sed* (c) *judicis arbitrio dantur.*

On n'accorde pas aux Débiteurs condamnez le Délai de quatre mois, mais le Juge leur accorde le Délai qu'il juge à propos.

NOTE.

(a) *REIS CONDEMNATIS.* Cela s'entend en Matiére-Civile ; c'est-à-dire, envers les Débiteurs condamnez à payer leurs Dettes.
(b) *QUADRIMESTRES INDUCIÆ.* Le Délai de quatre mois qui leur étoit accordé par la Loi de douze Tables, leur étoit refusé par la Coûtume de Montpellier.
(c) *JUDICIS ARBITRIO.* Mais le Juge avoit la liberté de leur accorder tel Délai qu'il jugeoit convenable, eu égard aux facultez & à la qualité du Débiteur.

ARTICLE LXXII.

Du Benefice d'Ordre, & de Discussion.

Debitores vel fidejussores pro Arbitrio petentis (a) *prius aut posterius conveniuntur.*

Le Demandeur a le choix d'attaquer les Cautions avant ou après les Debiteurs-Principaux.

NOTE.

(a) *PRIUS VEL POSTERIUS CONVENIUNTUR.* Par la Coûtume de Montpellier, les Cautions peuvent être convenuës les premiéres ou les derniéres, à l'Option du Créancier.

ARTICLE LXXIII.

Du Bénefice de Division à l'égard des Cautions.

Fidejussores (a) *sine remedio Epistolæ divi Adriani, solvere coguntur.*

Les Cautions sont obligez de payer sans joüir du Benefice de l'Epitre de l'Empereur Adrien.

NOTE.

(a) *SINE REMEDIO EPISTOLÆ D. ADRIANI.* Par la Constitution de l'Empereur Adrien, la Caution attaquée ou convenuë seule, pouvoit demander, que l'Action fût divisée avec les autres Cautions, afin que chacun d'eux payât sa Part & Portion de la Dette ; Mais, par la Coûtume de Montpellier, le Créancier peut s'en prendre à celle des Cautions que bon lui semble pour le contraindre au Payement de toute la Dette.

ARTICLE LXXIV.

Des Donations.

Donatio (a) *inter vivos* (b) *carens legitimis documentis* (c) *in infinitum valet.*

La Donation entre vifs est valable, quoiqu'elle soit destituée de Titres legitimes, & bien qu'elle soit Universelle.

de la Ville de Montpellier. 587

NOTE.

Il eût été à souhaiter qu'un Article aussi important que celui des Donations, eût été dressé avec moins de précision que celui-ci : Car, on fait sur chaque Terme de l'Article plusieurs dificultez, qu'il est dificile de résoudre.

(a) *INTER VIVOS.* Nôtre Coûtume semble oublier que la Donation entre vifs est souvent une Donation à cause de Mort, & *Viceversa.* Elle ne parle point du Terme-Irrevocable qui est apposé à toutes les Donations : Elle ne fait aucune diference des Biens, *Meubles* & des *Immeubles*, parceque la Donation des Meubles pourroit être regardée comme une simple *Tradition*, elle exclut la necessité des Ecritures par les Mots suivans.

(b) *CARENS LEGITIMIS DOCUMENTIS.* En quoi nôtre ancienne Coutume étoit contraire au Droit-Romain, suivant lequel, toute Donation entre vifs doit être accompagnée *idoneis Instrumentis*.

(c) *IN INFINITUM.* Ces Termes expriment les Donations-Universelles qui étoient prohibées par la Loi *Cincia*, mais dans le Païs-Coûtumier, il est permis à tout Homme qui a la libre Disposition de ses Biens de les donner tous ou en Partie : Maintenant on observe à Montpellier les Solemnitez prescrites par les Déclarations de nos Rois, sur les Donations entre vifs.

ARTICLE LXXV.

De diverses natures de Contrats.

(a) PER *nuncupationem*, *omnes Contractus vigent, in quibus Leges inquirunt literarum Consignationes.*

Tous Contrats, qui par les Loix doivent être redigez par écrit, sont valables par la seule Parole.

NOTE.

(a) PER *NUNCUPATIONEM.* Par la seule Parole, ou par l'Aveu des Parties, dont le consentement donne toute la force aux Contrats : En quoi l'on ne peut assez admirer la bonne-foi de nos Ancêtres, qui sembloient négliger la précaution de faire écrire les Obligations contractées, à quoi l'on ne manque pas maintenant.

ARTICLE LXXVI.

Des Sentences-Verbales, & de leur Prononciation.

SENTENTIA *definitiva lege municipali valet, & si* (a) *sine Scriptis fuerit* (b) *recitata.*

PAR la Coûtume, une Sentence définitive est valable, quoiqu'elle ait été prononcée sans Ecriture.

NOTE.

(a) *SINE SCRIPTIS.* Cet Article, qui est conforme à la Coûtume de Toulouse, fut ensuite corrigé à Montpellier, par l'Article VII. de la Partie septiéme ci-après : Qui ordonne que toutes les Sentences fussent redigées par écrit dans les Regitres du Greffe.

(b) *RECITATA.* Selon nôtre Ancien-Usage la Sentence définitive prenoit toute son autorité de la Recitation ou Prononciation-Verbale, qu'en faisoit le Juge : Surquoi on remarque que par l'Ancien-Usage du Parlement de Paris, on destinoit le Samedi pour prononcer tous les Arrêts rendus dans le cours de la semaine, comme il est raporté dans le 2. Tome du Journal du Palais. Pag. 138.

Par l'Ordonnance de 1667. cette Formalité fut abrogée dans toutes les Cours de Justice.

ARTICLE LXXVII.

De l'Assignation ou Ajournement.

PARTIUM *fiat citatio* (a) *Judicis arbitrio,* (b) *sine solemni dierum numero &* (c) *sine scriptis.*

L'ASSIGNATION doit être donnée aux Parties à la volonté du Juge, sans les Délais-Solemnels du Droit & sans Ecritures.

NOTE.

Cet Usage ne subsiste à Montpellier que devant les Consuls-Majeurs de la Ville, lesquels, à la seule Requisition d'une Partie, & pour Causes-Sommaires, envoyent un des Valets ou Ecuyers de leur Suite, enjoindre au Défendeur de Comptoir devant-eux, à l'heure qui leur est prescrite.

(a) *ARBITRIO JUDICIS.* Par la Disposition de cet Article, il faloit s'adresser au Juge pour obtenir la Permission ou Commission de faire assigner les Parties.

(b) *SINE SOLEMNI DIERUM NUMERO.* Sans la solemnité des Délais établis par le Droit-Romain, dont il a été parlé ci-devant en l'Article LXX.

(c) *ET SINE SCRIPTIS.* Cela s'entend des deux premières Assignations qui étoient Verbales; mais, non de la troisiéme qui devoit être par écrit suivant l'Article XV. de la Partie 7. ci-aprés.

ARTICLE LXXVIII.

Des Délais Arbitraires.

DILATIONES *temporum non serventur sed ex* (a) *bono & æquo Arbitrio judicis* (b) *abbrevientur.*

LES Délais du Droit ne sont pas observez; mais, ils doivent être laissez à la Prudence & à l'Arbitre du Juge qui les doit modérer.

NOTE.

Cet Article sert à éclaircir le précedent, & fait voir que les Délais étoient Arbitraires.

(a) *BONO ET ÆQUO ARBITRIO JUDICIS.* Ils étoient laissez à la prudence du Juge; mais, ils n'étoient pas si Arbitraires qu'il ne dût faire son possible pour les Abreger.

(b) *ABBREVIENTUR.* Pour ne pas éterniser les Procès contre l'intention de tous les Legislateurs.

ARTICLE LXXIX.

De l'Audition des Témoins.

JUDEX *debet* (a) *inquirere testes* (b) *Non autem eis aliquid suggerere.*

LE Juge doit examiner les Témoins sans leur rien suggerer.

NOTE.

(a) *INQUIRERE.* Interroger les Témoins sur tout ce qui peut servir à découvrir la verité.

(b) *NON AUTEM SUGGERERE.* Parcequ'il se montreroit visiblement suspect & recusable, en témoignant du penchant pour l'une des Parties, au préjudice de l'autre.

ARTICLE LXXX.

De l'Absence de l'Avocat ou Procureur de la Cause.

ADVOCATI *absentiâ non differuntur jurgia.*

LA Contestation de la Cause ne doit pas être diferée par l'Absence de l'Avocat.

NOTE.

Nous avons vû dans l'Article VII. de ces Coûtumes que pour abreger les Procès, les Avocats n'étoient pas toûjours employez en l'ancienne Cour de Montpellier: Par le même motif on vouloit qu'ils fussent assidus, lorsque leur Ministère étoit nécessaire; C'est ce qui donna lieu à la Disposition du présent Article, & fit ensuite établir par un nouvel Statut, que les Avocats de même que tous les Jurisconsultes de cette Ville promettroient tous les ans par Serment, non-seulement d'assister avec assiduité aux Audiences; mais, aussi de ne requerir jamais des Délais pour fuïr ou pour chicaner.

ARTICLE LXXXI.

Des Habitans-Forains, & des Impositions qui les concernoient.

DE *domibus hominum* (a) *non hic Habitantium, nemo debet accipere nisi* (b) *partem dimidiam obventionum eorum, & hoc solummodò.*

POUR raison des Maisons des Habitans-Forains de Montpellier, on ne doit prendre que la moitié des Revenus d'icelles,

de la Ville de Montpellier.

solummodo accipiatur (c) *ad opus Communitatis Montispessulani.*

les, pour être employée seulement aux Ouvrages, ou Affaires de la Communauté de Montpellier.

NOTE.

(a) *NON HIC HABITANTIUM.* C'est-à-dire, ceux qui possedent des Terres, Métairies & autres Possession dans le Terroir & Taillable de la Ville, même des Maisons ou *Cazals* dans son Enclos, & qui pourtant n'y ont pas leur Domicile, ou n'y font pas leur habitation.

(b) *PARTEM DIMIDIAM OBVENTIONUM.* Leur Conttibution étoit fixée à la moitié des Loyers de la Maison ou *Cazal* qu'ils avoient dans Montpellier.

(c) *AD OPUS COMMUNITATIS.* Puisqu'ils joüissoient des Droits & Facultez des Habitans de la Ville, il étoit bien juste qu'ils contribuassent aux Impositions & Fraix Municipaux.

Il est à observer que ces Impositions se faisoient autrefois par Feux, & non par Diocéses, sans exception de personne, comme on le voit dans un grand nombre d'Actes conservez dans nôtre Grand-Talamus, pour les Reparations & Fortifications des Murailles, pour Dettes de la Communauté, pour Mariages des Filles de nos Rois, pour la Défense de l'Eglise, Fraix de Guerre contre l'Angleterre, & principalement pour la Rançon du Roi Jean.

Il suffisoit autrefois que la Communauté eût deliberé ces sortes d'Impositions, mais à présent elles ne peuvent être faites que d'Autorité du Prince.

ARTICLE LXXXII.

Du Loüage des Maisons, & de leur Privilége.

DOMINUS *vel Locator* (a) *domûs, vel ejus nuntius pro eo,* (b) *inquilinum potest expellere de domo,* (c) *pro propriâ Domini aut Locatoris stagâ,* (d) *nisi conventio ad hoc reclamet; & si* (e) *non solverit pensionem, potest eum de domo* (f) *authoritate suâ ejicere, & domum claudere, & omnia inquilini quæ intùs invenerit* (g) *pro suâ pensione retinere.*

LE Maître ou le Locateur d'une Maison, ou celui qui a son ordre, peut faire vuider le Locataire quand il veut y habiter lui-même, hormis qu'il n'ait été autrement convenu; & si le Locataire n'a pas payé les Loyers, le Locateur a droit de l'expeller de sa propre autorité, de fermer sa Maison, & de retenir pour son Payement tout ce qu'il y trouvera appartenant au Locataire.

NOTE.

Cet Article a été longtems observé à Montpellier dans toute sa teneur; mais, la Jurisprudence moderne y a mis quelques Modifications que je dirai dans la suite.

(a) *DOMUS.* Ce mot s'entend ici des Maisons situées dans la Ville, ou dans les Fauxbourgs.

(b) *PRO PROPRIA LOCATORIS STAGA*, Pour la Demeure du Proprietaire de la Maison. Il faut maintenant qu'il soit survenu quelque cas qui mette le Proprietaire dans la necessité de demander sa propre Maison pour s'y loger; il faut encore que ce Cas n'eût pû être prévû.

(c) *INQUILINUM POTEST EXPELLERE.* On accorde quelque dédommagement au Locataire expulsé qui se reduisent ordinairement au Transport des Meubles que le Locataire fait faire à ses fraix & dépens.

(d) *NISI CONVENTIO AD HOC RECLAMET:* Parcequ'il est permis à un chacun de renoncer à son Privilege.

(e) *SI NON SOLVERIT PENSIONEM.* L'Usage immemorial à Montpellier est de payer le Loyer de six en six mois par avance; mais, par le même Usage le Locateur ne peut expeller le Locataire que lorsqu'il est en demeure de payer depuis deux ans.

(f) *AUTHORITATE SUA.* Maintenant il est obligé de recourir à l'Autorité de la Justice.

(g) *PRO SUA PENSIONE RETINERE.* Les Meubles du Locataire sont encore affectez au Payement du Loyer, preferablement à tous autres; mais, par l'Usage d'aujourd'hui le Locateur doit prendre la Voye de la Saisie.

ARTICLE LXXXIII.

De la Portion que devoit payer le Collecteur du Droit de Leude & de Coupe.

(a) CAPTALARIUS *non debet præstare Lesdam vel Cuppas, nisi pro eâ parte pro quâ pertinet ad eum lucrum jam tunc acquisitum.*

LE Captalier ne doit payer les Leudes ou Coupes, que pour la Portion pour laquelle le Gain qu'il a déja fait lui appartient.

NOTE.

(a) *CAPTALARIUS.* Les Disputes qu'il y a depuis longtems à Montpellier sur le Droit de *Coupe*, ont été cause qu'on a jetté de l'obscurité sur la Signification du mot *Captalarius.*

Ducange dans son Glossaire sur le mot *Cuppa*, raporte tout au long le present Article de nos Statuts, & veut qu'on lise *Capsudarius*, & qu'on explique ce mot par celui de *Lesdarius*, ce qui revient à celui d'Exacteur du Droit de Leude ou de Coupe.

Jean Solas, Conseiller au Présidial de Montpellier, & Professeur en la Faculté de Droit de cette Ville, dans les Commentaires qu'il a fait sur quelques-uns de nos Statuts, lit comme Ducange *Capitularius* pour *Captularius*, mais il explique ce mot par celui de Chef-de-Famille, *tanquam Caput Laris*.

Lazare Gauteron dit tout simplement, que ce mot vient de celui de *captare*, & qu'il signifie ici le Receveur ou Exacteur du Droit de Leude, qui étoit tout semblable à un autre Droit appellé *Caprage* ou *Capenage*.

(b) *PRÆSTARE LESDAM VEL CUPPAS*. Le sens de cet Article (selon Mr. de Solas) est, que lorsqu'un Chef-de-Famille achete quelque Denrée sujette au Droit de Leude, il ne paye rien pareceque les Habitans de Montpellier sont exemts du Droit de Leude; mais, s'il revend la même Denrée, il en doit payer les Droits, conformément à un Jugement du Présidial de Montpellier qu'il cite, par lequel certains Marchands de Montpellier furent condamnez à lui payer (comme Propriétaire de la moitié du Droit de Coupe) une Portion du Blé qu'ils avoient acheté pour revendre.

La Pensée de *L. Gauteron*, est qu'on obligeoit l'Exacteur ou Capsalier de contribuer aux *Leudes* ou *Coupes* à proportion du Profit qu'il faisoit en ladite Exaction, parcequ'on jugeoit raisonnable que puisqu'il avoit quelque avantage dans cet Emploi il en suportât aussi les Charges. Son sentiment est conforme à un Arrêt du 17. Janvier 1519. cité par *Philippy* dans ses Arrêts de consequence de la Cour des Aides de Montpellier, Art. IV. page 3. par lequel un Habitant de la Ville, qui avoit obtenu la Concession de ce Droit de Coupe, fut declaré Contribuable aux Tailles, pour ce même Droit.

ARTICLE LXXXIV.

De la Liberté des Mariages.

ULLUS Dominus Montispessulani, vel aliquis pro eô, nullatenus debet compellere Viduam, aut aliquam mulierem ad nuptias contrahendas: nec aliquo modo sine voluntate mulieris, & ejus amicorum, se inde debet intromittere.

NUL Seigneur de Montpellier, ou autre pour lui ne doit contraindre les Veuves ou autres Femmes à se marier; ni se mêler en aucune manière de leur Mariage sans leur volonté, & sans celle de leurs Amis.

NOTE.

Cet Article n'a pas besoin d'Explication, pour faire voir que selon nos Anciénes Loix Personne ne pouvoit donner aucune Atteinte à la Liberté des Mariages.

ARTICLE LXXXV.

Peine des Ravisseurs.

SED (a) puella qua nunquam habuit virum non possit nubere (b) sine consilio Parentum suorum, vel (c) cognatorum, vel (d) gadiatorum : & ille qui eam duxerit sine consilio jam dictorum. (e) incidat in miseratione Domini, persona ejus, & tota sua substantia.

MAIS, la Fille qui n'a jamais été mariée, ne peut point se colloquer en Mariage sans le Conseil de ses Pere & Mere, Parens ou Tuteurs; Et celui qui entreprendra de l'épouser sans le Conseil desdites Personnes, sera exposé à la merci du Seigneur, lui & tous ses Biens.

NOTE.

(a) *PUELLA*. La Prohibition faite par cet Article aux Filles, fut étenduë aux Mâles par l'Art. II. de la neuviéme Partie de ces Statuts.

(b) *SINE CONSILIO PARENTUM*. On entend par ces Paroles le Pere & la Mere.

(c) *VEL COGNATORUM*, Pris subsidiairement, lorsque les Enfans n'avoient ni Pere ni Mere.

(d) *VEL GADIATORUM*. Ce Terme dans nos Coûtumes, se prend toûjours pour les Tuteurs des Pupilles.

(e) *INCIDAT IN MISERATIONE DOMINI*. On explique ces mots par ceux-ci, *sub pœnâ indignationis Domini*, pour dire que la Peine du Ravisseur étoit soûmise à l'Arbitre du Seigneur. D'où vient qu'à present on se conduit à Montpellier par les Ordonnances de nos Rois sur ce Fait.

ARTICLE LXXXVI.

Des Poids & Mesures, & de la Police.

ÆQUALITAS servari debet (a) in Sestariis.

ON doit garder égalité aux Sétiers, Emi-

riis & Eminalibus ; & majus vel minus Sestariis & Eminalibus ; & majus vel minus Sestarium aut Eminale non debet esse salis & krenni quàm tritici ; & (b) in marcis & in unciis, & in libris, & in aliis ponderibus, & (c) in cannis & in alnis, & (d) in ferro, quintalli, (e) æqualitas servetur, secundum quod antiquitus servatum est; & in (f) esmero auri & argenti similiter; & ad custodiam istorum, (g) duo probi homines constituantur, qui bis singulis annis omnia recognoscant.

Emines & autres Mesures ; & le Sétier ou Emine du Sel ou du Son, ne doit être ni plus grand ni moindre que le Sétier ou Emine du Blé : Egalité doit être aussi gardée aux Marcs, Onces, Livres, & autres Poids ; de même qu'aux Cannes & Aunes, & au Poids du Fer & Quintal, comme elle a été gardée de toute Ancièneté ; & il doit être de même de l'Email, de l'Or & de l'Argent : Et pour tenir la main à ce que cette Egalité soit gardée, deux Prud'hommes doivent être établis pour reconnoître le tout deux fois l'année.

NOTE.

(a) *IN SESTARIIS ET EMINALIBUS.* La Mesure ordinaire du Grain est appellée Sétier à Montpellier ; & la demi Mesure *Emine*. On s'en servoit également (comme on fait encore) pour mesurer le Sel & le Son, à qui l'on conserve en Patois le nom de *Bren*.

(b) *IN MARCIS, ET UNCIIS, ET LIBRIS.* Le Poids du Marc, de l'Once & de la Livre, étoit le même qu'à présent.

(c) *IN CANNIS ET ALNIS.* On mettoit une diférence entre l'Aune & la Canne ; comme on fait encore ; la Canne, qui est plus longue que l'Aune, est plus en usage parmi nos Artisans.

(d) *IN FERRO QUINTALLI.* Il y a encore à Montpellier un Carrefour appellé le Poids du Fer, le Droit en est réüni au Poids du Roi depuis la Sentence-Arbitrale, dont j'ai souvent parlé, entre l'Evêque de Maguelonne & le Roi Jacques-Premier en 1260. par laquelle le Seigneur de Montpellier fut relaxé de la Demande de *Ferro* que faisoit l'Evêque ; lequel fut restraint à connoître des faux Poids, & des fausses Mesures qui se trouveroient dans sa Partie Episcopale, sauf lorsqu'il y auroit lieu par la griéveté des circonstances d'infliger la Peine de mort ; ou de Mutilation des Membres.

(e) *ÆQUALITAS SERVETUR SECUNDUM QUOD ANTIQUITUS SERVATUM EST.* Cela fait voir que les Poids & les Mesures, dont nous nous servons, étoient en usage à Montpellier longtems avant que les presens Statuts eussent été redigez par écrit.

(f) *IN ESMERO AURI ET ARGENTI.* L'Email en Orfévrerie étoit vendu au Prix de l'Or même, c'est pourquoi il en est fait mention dans cet Article, séparément des autres Poids & Mesures : il fut fort en vogue sous François-Premier, mais sous Charles IX. il fut prohibé en Orfévrerie par l'Abus qu'on en faisoit.

(g) *DUO PROBI HOMINES CONSTITUANTUR.* La connoissance de cette Police a varié ; tout ce qui regarde l'Orfévrerie, est du Ressort des Juges de la Monnoye, nos Consuls connoissent des Poids & Mesures des menuës Denrées, ils mettent à l'Amende les Vendeurs qu'ils trouvent en faute; ils enlevent leurs faux Poids ou Mesures, & les font clouer à la Porte de l'Hôtel-de-Ville : mais ; quant aux grosses Marchandises, le Crime de faux Poids & de fausse Mesure est dévolu aux Juges Présidiaux, privativement à tous autres.

ARTICLE LXXXVII.

De la Peine de celui qui aura fraudé la Leude.

In retentis & retinendis Lesdis ab extraneo, nulla pœna (a) nullum periculum incursionis imponatur ; sed (b) forte tenus restituantur : sed si habitatore hujus Villæ requisito, retentæ fuerint, satisfiat inde (c) in duplum.

L'ETRANGER ne doit pas être soûmis à la Peine ou Peril d'Incursion pour fraude par lui commise au Payement des Leudes ; lesquelles seulement on doit le contraindre de payer : mais l'Habitant de Montpellier, qui, après avoir été requis de les payer ; ne l'a pas fait, doit être condamné à la Peine du Double.

NOTE.

(a) *NULLUM PERICULUM INCURSIONIS.* Sans Confiscation.
(b) *SORTE TENUS RESTITUANTUR.* On se contentoit seulement de faire payer à l'Etranger les Droits qui étoient dûs.
(c) *IN DUPLUM.* Mais, on l'exigeoit au double de l'Habitant, parcequ'il étoit censé sçavoir mieux les Loix & les Coûtumes de la Ville.
Aujourd'hui la Peine du Double n'est plus en usage.

ARTICLE LXXXVIII.

Du Ban & Arriére-Ban.

(a) Host & Cavalcadam habet Dominus Montispessulani (b) in hominibus ejusdem Villæ præsentibus & futuris, dumtaxat pro maleficiis & (c) injuriis illatis hominibus vel Dominationi, vel Terræ Montispessulani de quibus (d) malefactor nollet facere rationem, quam Cavalcadam tunc homines faciant (e) secundùm antiquum & consuetum modum Montispessulani,

Le Seigneur de Montpellier n'a Droit de Host & Chevauchée fur les Habitans de ladite Ville prefens & à venir, que pour raifon des Malefices & Injures commifes contre les Habitans, ou contre la Seigneurie & Terre de Montpellier : Et quand il ne veut pas tirer raifon des Malfaiteurs, alors les Habitans doivent faire la Chevauchée felon l'Ufage ancien & ordinaire à Montpellier.

NOTE.

(a) *HOST ET CAVALCADAM.* Termes finonimes qui fignifient le Service de Guerre auquel les Vaffaux étoient tenus envers leur Seigneur *Féodal.*

(b) *IN HOMINIBUS EJUSDEM VILLÆ.* Les Habitans de la Pattie Epifcopale y étoient compris, comme il eft porté dans la Tranfaction de 1161. entre l'Evêque & le Roi Jacques-Premier, Seigneur de Montpellier, à l'exception des Ecclefiaftiques, des Enfans, des Sexagenaires, des Notaires, Jurifconfultes, Philofophes, &c.

(c) *INJURIIS ILLATIS HOMINIBUS, DOMINATIONI, TERRÆ MONTISPESSULANI.* Le Bien-Public des Habitans, ou du Seigneur devoit être le motif de ces Chevauchées.

(d) *SI NOLLET FACERE RATIONEM.* Mais, fi le Seigneur negligeoit de tirer raifon des Dommages caufez à la Ville, les Habitans, felon la Difpofition de cet Article, avoient Droit de lever des Troupes pour fe défendre.

(e) *SECUNDUM ANTIQUUM ET CONSUETUM MODUM.* Cette ancienne maniére n'eft pas fuffifament expliquée, à moins qu'on n'entendit par ces Paroles le Tems que devoit durer ce Service, & la Somme que chacun devoit contribuer.

ARTICLE LXXXIX.

Le Péage prohibé à Montpellier.

(a) Dominus Montispessulani non accipit (b) Pedaticum in totâ Terrâ Montispessulani.

Le Seigneur de Montpellier n'exige point le Peage dans toute fa Terre.

NOTE.

(a) *DOMINUS MONTISPESSULANI NON ACCIPIT.* Pour l'intelligence de ces Paroles il eft bon de rapeller ce qui a été dit dans le fecond Livre de cette Hiftoire pour l'année 1194. que Guillaume, fils de Mathilde, après avoir reçu de Raymond, fils de Faidite Comte de Touloufe & de Melgüeil, les Terres de Frontignan, d'Omelas & du Pouget, promit à Raymond de ne prendre jamais aucun Droit de Peage ou de Guidage dans toute la Comté de Subftantion, c'eft-à-dire de Melgüeil.

Pour rendre cette Exemption plus autentique, les Habitans de Montpellier n'oubliérent pas de l'inferer dans leurs Coûtumes, lorfqu'ils voulurent les faire approuver par Pierre, Roi d'Aragon, & par Marie de Montpellier, fon Epoufe.

Ils obtinrent enfuite en 1226. du Roi St. Loüis une Sauvegarde, portant Affranchiffement en leur faveur de tous Péages.

(b) *PEDATICUM.* Une Verfion anciène de nos Statuts porte *Pedagium*, mais l'un & l'autre de ces mots fignifie le Droit de Péage, qui fe prend fur le Paffage du Bétail ou des Marchandifes, introduit autrefois pour l'Entretien des Ponts & Paffages.

ARTICLE XC.

Des Renonciations des Filles aux Succeffions futures, & de la Reftitution en entier des Mineurs.

Pactiones, Conventiones & absolutiones quas Puella faciunt patri & matri,

Les Pactes, Conventions & Quittances que les Filles font à leur pere & mere,

aut patri tantùm, vel matri poſt mortem patris, de (a) bonis ſuis, aut parentum, (b) tempore quo maritant eas, etiamſi minores viginti quinque annis fuerint perpetuùm valeant, dum tamen ſacramento firmata fuerit; ſed in (c) omnibus aliis caſibus circa mares & fœminas, ætas viginti quinque annorum ſpectetur, ſicut Jus ſcriptum eſt,

ou à leur pere ſeul, ou à leur mere après le decès de leur pere, de leurs Biens ou de ceux de leurs autres Parens, dans le tems qu'ils colloquent leur Fille en mariage, quoiqu'elles ſoient mineures de vingt-cinq ans, ſont toûjours valables, pourveu qu'elles ſoient confirmées par Serment; mais, en tout autre cas, on doit faire moment à l'âge de vingt-cinq ans, tant à l'égard des mâles que des filles, conformément au Droit-écrit.

NOTE.

La diſpoſition de cet Article peut être regardée comme une ſuite de tout ce qui fut fait à Montpellier en 1197. lors du Mariage de Marie de Montpellier, avec Bernard Comte de Comenge, ſur lequel je renvoy le Lecteur au Livre III. du Chapitre III. de cette Hiſtoire. On y verra les Renonciations de cette Princeſſe âgée de quinze à ſeize ans, les Sermens de toutes les Parties qui intervinrent à cette Renonciation pour la rendre plus Solemnelle, & la Réſervation qui y fut faite.

Ces ſortes de Renonciation ſont encore valables à Montpellier, dans pluſieurs Circonſtances pour la conſervation des Familles.

(a) *DE BONIS SUIS.* C'eſt-à-dire; de la Succeſſion future de celui en faveur de qui la Renonciation eſt faite.

(b) *TEMPORE QUO MARITANT EAS.* Condition eſſentielle pour rendre leſdites Renonciations Légitimes, ſoit dans le tems que les Filles ſe marient Corporellement, aux Termes de l'Article; ſoit Spirituellement par le Contrat de Profeſſion Religieuſe. Il faut encore.

1°. Que le Mariage ſoit enſuite accompli.
2°. Qu'il le ſoit du vivant de celui aux Biens duquel la Renonciation eſt faite.
3°. Que la Fille qui renonce en ſe mariant, ſoit Pubere.
4°. Qu'elle reçoive une Dot dans ſon Contrat de Mariage.
5°. Et que cette Dot ſoit proportionnée aux Biens du Pere qui la conſtitue.

(c) *IN ALIIS CASIBUS ÆTAS XXV ANNORUM SERVETUR.* Dans tous les autres cas on conſerve aux Mineurs-leſez le Benefice de la Reſtitution.

ARTICLE XCI.

Voye de Fait prohibée au Seigneur de Montpellier.

Dominus Montiſpeſſulani ullâ occaſione capere vel facere capi nullatenus debet aliquem habitatorum Montiſpeſſulani præſentium aut futurorum; (a) nec ei denegare comitatum, nec (b) res ejus aliquatenus occupare, vel impedire; qui ei juſtitiam & rationem facere velit; Sed in his omnibus; (c) ordo judicialis ſervari bebet: Sed ad hoc (d) exules excipiuntur.

Le Seigneur de Montpellier, ne doit en nule rencontre ni maniére prendre ou faire prendre aucun des Habitans de Montpellier préſens ou à venir; ni leur dénier ſon Saufconduit, moins encore s'emparer de leurs Biens, ou les troubler en la Joüiſſance d'iceux; s'il veut leur faire raiſon & Juſtice; car, en ces Occaſions l'Ordre judiciaire doit être gardé; à l'Exception de ceux qui ont été bannis de Montpellier.

NOTE.

(a) *NEC EIS DENEGARE COMITATUM.* Ce mot eſt expliqué en François par celui de Saufconduit ou Sauve-Garde; De même qu'aux Articles précedens, XI. & XXIX. *Ducatum præſtare & ſecuritatem præſtare*, eſt la même choſe.

(b) *RES EORUM OCCUPARE.* On peut voir à ce ſujet, tout ce qui eſt contenu dans l'Article IV. ci-devant.

(c) *ORDO JUDICIALIS SERVARI DEBET.* Le Seigneur de Montpellier n'uſoit point de Voye de Fait; Mais, ayant établi un Ordre-judiciaire, il s'y ſoûmettoit lui-même.

(d) *EXULES EXCIPIUNTUR.* On peut voir ce qui a été dejà dit dans le XVIII. Article, au ſujet de ces Exilez.

ARTICLE XCII.

De la Cause qui survient après la Perfection de l'Acte.

TESTIS qui tempore Testamenti facti vel negotii Contracti, erat bonæ opinionis; (a) licet postea factus sit infamis : Nihilominus de eo Testamento, vel Negotio, sicut bonus & legalis testis credatur.

QUOIQUE le Témoin, qui au tems de la Faction du Testament ou du Contrat, étoit de bonne Reputation, devienne ensuite infame, il ne reste pas d'être autant digne de foi pour raison dudit Testament, ou Contrat, que tout autre Témoin sans réproche.

NOTE.

(a) *LICET POSTEA FACTUS SIT INFAMIS.* La Regle établie dans cet Article est conforme à la manière Commune du Droit, par laquelle il demeure établi que la Cause qui survient après l'Acte, n'est jamais capable de donner atteinte audit Acte, une fois parfait.

ARTICLE XCIII.

Du Privilége de l'Etranger, nouvellement marié à Montpellier.

EXTRANEUS homo qui in Villâ Montispessulani duxerit uxorem, (a) & ibi remanebit, (b) Liber sit per annum & diem de Cavalcadâ, & Host, & (c) Gachâ.

L'ETRANGER qui se marie à Montpellier & habite dans ladite Ville, est exemt durant l'an & jour de Chevauchée, Host, & Ronde pendant la nuit.

NOTE.

(a) *ET IBI REMANSERIT.* Il paroît que le Privilege, dont l'Article fait mention, n'étoit pas accordé à l'Habitant originaire de Montpellier; mais, seulement à celui qui étant né ailleurs, étoit venu établir son Domicile, & se marier dans cette Ville.
(b) *LIBER SIT PER ANNUM.* Conformément à la Loi du Deuteronome, Chapitre 24. verset 5.
(c) *GACHA.* J'explique ce mot par celui de *Ronde* qu'on faisoit faire aux Habitans pendant la nuit. Ce mot est souvent mentionné dans les Anciens-Statuts de Maguelonne, qui ordonnent aux Soldats de la Ronde, de faire des Contremarches, *& dicta Gacha tenetur facere falsas.*

ARTICLE XCIV.

Des Officiers de la Commune-Clôture.

STATUTUM est ut (a) probi & legales viri de Montepessulano cum jurejurando eligantur qui debent arbitrari (b) cum jurejurando bona & facultates singulorum, & indicere & manifestare quantam unusquisque quantitatem debeat dare & expendere in iis quæ opus erunt (c) ad constructionem murorum : Et isti possunt minuere vel augere in singulis hominibus, secundùm quod eis bonâ fide visum fuerit pro exiguitate, pro tenuitate, pro opulentiâ Patrimonii cujusque : Et isti eligantur cum jurejurando (d) quatuordecim, scilicet à duobus de unâquaque scalarum, qui quatuordecim jurent eligere bonâ fide : Et omnia ista sint annualia, ita quod nemo ibi morari debet nisi (e) per annum, & postea alii eodem mo-

IL est ordonné que des Prud'hommes Gens-de-bien de Montpellier, seront élûs avec Serment pour examiner les Biens & les Facultez d'un chacun, & declarer quelle est la Portion en laquelle chacun doit contribuer pour subvenir à ce qui sera nécessaire à l'Entretien des Murailles de la Ville, avec Pouvoir ausdits Prud'hommes d'augmenter ou diminuer de bonne-foi, quand ils le jugeront à propos, lesdites Portions, eu égard aux grandes ou mediocres Facultez des Héritages d'un chacun : Et l'Election desdits Prud'hommes sera faite avec Serment par les Quatorze; sçavoir, par deux de chacune des Echelles, qui jureront de proce-

modo substituantur ; & illi supradicti quatuordecim colligere debent pecuniam pertinentem ad constructionem Murorum, accipere & expendere in constructionem, sicut eis melius visum fuerit.

ceder de bonne-foi à ladite Election, laquelle sera annuelle ; c'est-à-dire, que nul ne pourra rester qu'un an en cette Charge de Prud'homme, après laquelle année il en sera élû d'autres de la même manière : Et le devoir desdits Prud'hommes élûs par lesdits Quatorze, est de recevoir les Deniers destinez à l'Entretien des Murailles, & de les employer à cet usage, comme ils verront bon être.

NOTE.

(a) *PROBI HOMINES.* Ce Nom de Prud'hommes donné souvent à nos Consuls, est donné ici aux Officiers de la Commune-Clôture ; qui devoient regler l'imposition dont il est parlé dans cet Article.
(b) *CUM JUREJURANDO.* Avec Serment de la part des Electeurs, & de ceux qui auroient été élûs.
(c) *AD CONSTRUCTIONEM MURORUM.* Pour l'Entretien & Reparation des Murailles ; ils furent appellez *Operarii Communis Clausura.* J'en ai parlé au long dans le IX. Livre de cette Histoire, Ch. II. pag. 161.
(d) *A QUATUORDECIM.* Ces Quatorze, après avoir élû les Consuls, élisoient les Ouvriers de la Commune-Clôture.
(e) *PER ANNUM.* Ils n'étoient en Exercice que pendant un an, de même que les Consuls.

ARTICLE XCV.

Presens faits en faveur des Nôces.

Dotes, aut hæreditates, aut propter nuptias Donationes, vel Sponsalitia largitates, (a) æquis passibus non ambulent ; sed (b) pro libitu conferentium, ex utraque parte, aut ex una sola valeant.

Les Constitutions de Dot, les Héritages, les Donations en faveur des Nôces, ou les Liberalitez faites aux Epousailles, ne marchent point à ce Pas égal ; mais, elles prénent toute leur force de la Volonté de ceux qui donnent, ou de ceux qui reçoivent.

NOTE.

(a) *ÆQUIS PASSIBUS NON AMBULENT.* Par la raison générale, que si tous les Contrats se ressemblent en quelque chose, ils sont néanmoins diferens par les Circonstances qui déterminent souvent les Loix à faire des Regles particuliéres pour chaque Espece de Contrat.
(b) *PRO LIBITU CONFERENTIUM.* Cette Disposition peut être regardée comme une suite de l'Art. LV. de ces Coûtumes, qui permet au Pere & à la Mere de laisser à ses Enfans ce qui lui plaît.

ARTICLE XCVI.

Divers Subsides.

Monopolium vel (a) Ratsa, vel Tratza nullatenus fiat.

Qu'il ne soit fait en aucune maniére des *Monopoles,* des *Ratses,* ou *Tratzes.*

NOTE.

(a) *RATZA, TRATZA.* Nom odieux qu'on donnoit généralement à tous les Subsides ; ainsi, on disoit *Ratza* du mot Latin *radere* qui signifie racler : *Tratza* de celui de *trahere,* qui veut dire *tirer*; comme nous avons vû que celui de *Tolte* venoit de *tollere,* qui signifie ôter & enlever.

ARTICLE XCVII.

Des Fours & des Moulins.

In Furnis & Molendinis mensura ser-

Que la Mesure soit gardée aux Fours

vetur arbitrio bonorum Virorum. & aux Moulins, de la manière qu'il aura été reglé au Jugement des Gens-de-bien.

NOTE.

Nos Ancêtres, dans le tems qu'ils dressérent ces Statuts, ne jugérent pas à propos de marquer en détail quelle étoit cette Mesure pour les Fours & pour les Moulins ; mais, dans un Reglement fait huit ans après par nos Consuls, c'est-à-dire en 1212. il est défendu à toute Personne de Montpellier de donner au Fermier du Four Bannal, des Tourteaux ou Gâteaux, ni de la farine à celui qui porte le Pain sur des Planches de bois, à celle qui le garde ou à la Fourniére, ni à aucune des autres Personnes qui demeurent dans le Four. On regla que pour la Cuite du Pain, pour le porter ou le raporter, & généralement pour tout ce qui doit être payé à cette occasion, on donneroit tout au plus pour chaque Sétier de Farine deux Deniers & une Obole de Melguëil : *Nullus in Montepessulano det Tortellos neque Farinam Furnariis, neque posteriis, nec Roigarda, neque Furnaria, neque aliis personis in Furno co amorantibus : sed pro Furnagio, & custodiâ, & coquendo, & portando & reportando panem, & pro aliis omnibus quæ pro occasione panis peri possunt, non detur ad plus pro quolibet Sestario Farinæ, nisi duos Denarios & Obolum Melgoriensem.*

Le Prix a augmenté à proportion de l'Augmentation de l'Argent, mais on observe encore de ne faire qu'un seul Payement pour chaque Sétier de Farine, & l'on ne connoît plus ce grand nombre d'Exacteurs dont il est parlé dans ce Reglement.

Il auroit été à souhaiter qu'on nous eût conservé les autres Reglemens qui furent faits pour les Moulins, mais les Procès que la Ville a été obligée d'avoir à ce sujet, ont fait éclipser ses meilleurs Titres.

ARTICLE XCVIII.

Des Lettres marquées au Sceau de la Ville.

De Bulla ita decretum est, ut nemo invitus cogatur bullare ; & si quis bullaverit propriâ voluntate non det pro Bullâ nisi sex denarios, & pro sigillo cereo quatuor denarios & non amplius ; & quod quidam probus & legalis homo hujus Villæ & non alius teneat Bullam & sigillum ; & ille teneatur sacramento astrictus Universitati hujus Villæ.

Il est ordonné que Personne ne soit contraint de prendre contre son gré des Lettres-Patentes, marquées au Sceau de la Ville ; mais, si quelcun en prend volontairement, il ne donnera que six Deniers pour les Lettres, & quatre pour le Sceau de Cire : Il est aussi ordonné qu'un Homme de Probité de la Ville & non d'ailleurs, tiendra l'Exemplaire des Lettres-Patentes, & le Sceau, après avoir fait Serment de servir fidélement la Communauté.

NOTE.

Le grand Commerce des Habitans de Montpellier les obligeant de faire de longs Voyages, ils prenoient des Certificats ou Lettres de Recommandation marquées au Sceau de la Ville ; on déclare pour maintenir la Liberté-Publique, que Personne ne sera contraint de prendre ces sortes de Lettres, *non cogatur bullare.* Mais, pour en faciliter l'Expédition à ceux qui en voudroient, on regle les Droits de ces Lettres, & l'on veut que l'Exemplaire & le Sceau soient entre les mains d'un Homme de Probité de la Ville, & non d'ailleurs.

ARTICLE XCIX.

Actions contre le Débiteur Etranger.

A Creditore seu damnum aut injuriam passo, Debitor vel Malefactor extraneus (a) potest retineri, (b) quando suspicatur ut fugiat, cum ad Curiam venire renuerit ; & (c) si ad Curiam eo deducto (d) nihil detentor possit consequi, detentus à detentore vel conjutoribus suis non possit conqueri, sì (e) sacramento calumniâ ille detentor se purgaverit ; & ab (f) hoc excipiuntur secundum quod dictum est, homines Comitatûs Melgorii, (g) & Clerici.

Le Débiteur ou le Malfaiteur Etranger peut être détenu par son Créancier, & par celui qui a souffert quelque Dommage ou Injure de lui, lorsqu'il est soupçonné de méditer sa fuite, & qu'il ne veut pas se présenter à la Cour ; que si après y avoir été conduit son Détenteur ne peut rien obtenir de lui, le Détenu ne peut se plaindre du Détenteur ni de ses Adjoints, s'ils viénent à se purger par le Serment de Calomnie : mais, dans cette Regle ne sont pas compris les Habitans du Comté de Melgüeil, & les Gens d'Eglise, comme il a été dit.

NOTE.

de la Ville de Montpellier. 697

NOTE.

(a) *POTEST RETINERI*. Cette Disposition est relative à l'Article XXXII. de ces Statuts, par lequel Montpellier est établi Ville d'Arrêt contre les Débiteurs Forains.
(b) *QUANDO SUSPICATUR UT FUGIAT*. Première raison pour arrêter le Débiteur.
(c) *AD CURIAM VENIRE RENUERIT*. Autre raison pour douter de sa bonne-foi.
(d) *NIHIL DETENTOR POSSIT CONSEQUI*. Il semble par ce qui suit que ces Paroles devroient s'expliquer par celles-ci ; si le Detenteur succombe pour ne pouvoir pas prouver sa Créance.
(e) *SACRAMENTO CALUMNIÆ SE PURGAVERIT*. Alors le Détenteur & ses Adjoints doivent jurer qu'ils n'ont pas intenté le Procès en vûe de calomnier leur Adversaire, mais seulement parcequ'ils croyoient leur Cause bonne.
(f) *EXCIPIUNTUR HOMINES MELGORII*. Cela est relatif à l'Article XXXIII. qui regle l'Exercice de la Jurisdiction entre les Habitans de Melgueil & de Montpellier.
(g) *ET CLERICI*. Autre Exception en faveur des Gens d'Eglise, qui par l'Article XXXII. ne pouvoient être contraints en leur Personne ; mais seulement en leurs Biens.

ARTICLE C.

Achat & Vente.

EMPTIO aut Venditio non valet sine (a) palmatâ, aut sine solutione pretii particularis vel universalis ; aut sine rei traditione.

L'ACHAT ou la Vente ne vaut sans attouchement de main d'une partie du prix, ou du tout en entier ; comme aussi, par la délivrance de la Chose venduë.

NOTE.

(a) *PALMATA*. Par l'Explication que Ducange donne à ce mot, on ne peut guere l'entendre que d'un Payement fait de la main à la main.

ARTICLE CI.

Erres données.

(a) *Arris datis pœnitens amittit, (b) accipiens pœnitens in duplum restituit.*

Si celui qui a donné des Erres vient à s'en repentir, il les perd ; mais, si celui qui les a reçûës, s'en repent, il les rend au double.

NOTE.

(a) *ARRIS DATIS POENITENS AMITTIT*. C'est une Convention tacite, que qui donne des Erres, les perdra s'il vient à se retracter.
(b) *ACCIPIENS POENITENS*. Mais, celui qui les reçoit, s'étant engagé avec plus de connoissance, est censé avoir plus de tort ; ainsi, nos Anciens l'obligeoient de rendre les Erres au double.

ARTICLE CII.

NOTARII præsentes & futuri nullo loco vel tempore, nullâ causâ vel occasione, ea qua notant aut scribunt vel coram eis in secreto dicuntur, cogantur Domino vel Curiæ vel alicui manifestare, nisi causâ perhibendi testimonium.

QU'AUCUN Notaire present ou à venir ne soit contraint en aucun Lieu ni en aucun tems, par aucun sujet, ni en aucune occasion, de manifester au Seigneur ni à sa Cour les Notes ou Ecritures qui lui ont été dictées en secret, à moins qu'elles ne doivent servir pour rendre Témoignage.

NOTE.

Cet Article est autant pour la Sûreté-Publique que pour celle des Notaires qui ne pouvoient être contrains d'exhiber leurs Registres qu'en Justice.

Tttt

ARTICLE CIII.

De la Boucherie.

(a) In nullo loco macelli vendatur caro (b) Hircorum vel de Cabrit, nec caro de (c) Moriâ, vel infirmâ, vel leprosâ pro sanâ, vel de pecore quod vivens noluit manducare ; (d) nec quis vendat carnes de Fedâ aut Arietis pro Mutone castrato, nec carnem de Truciâ pro carne Porci : si tamen hoc fecerit aliquis, (e) pretium carnis in duplum restituat ; sed tamen carnes de Moriâ, vel infirmas, vel non natas, nullus vendat infra Villam, nec (f) in Macello de Bocariâ vendantur carnes Ovis, aut Mutonis, vel Agnorum, vel Bovis, vel de Truciâ, vel de Vaccâ.

Que dans aucun Estal de la Boucherie on ne vende pour bonne & pour saine, la Chair de Bouc, de Chevreau, ou de Bête-morte, malade ou ladre, non plus que celle des Bêtes qui étant en vie n'auroient pas voulu manger : il est aussi défendu à toute Personne de vendre de la Chair de Brebis ou de Belier pour du Mouton, ni de la Chair de Truye pour du Cochon : Que si néanmoins on y contrevient, le Prix de cette Viande sera rendu au double, & nule Personne ne pourra vendre dans Montpellier de la Chair morte, infirme ou non née. Il est à observer que dans le Lieu où l'on tuë les Bêtes de la Boucherie, on ne doit pas faire la Vente des Chairs de Brebis, de Mouton, d'Agneau, de Porc, de Bœuf, de Truye, ni de Cochon.

NOTE.

(a) *IN NULLO LOCO MACELLI*, Ne peut s'entendre que des Etaux où l'on expose en Vente la Viande taillée en pièces.

(b) *HIRCORUM VEL DE CABRIT*. La Viande de Bouc est encore prohibée à Montpellier, mais celle de Chevreau y est permise ; on observe néanmoins de la vendre hors de la Boucherie.

(c) *DE MORIA*. Quelques-uns lisent *de mortuâ* pour *de moriâ*, & lui donnent le même sens.

(d) *NEC QUIS VENDAT DE FEDA PRO MUTONE*. Il étoit défendu à toute Personne de vendre de la Chair de Brebis pour du Mouton, ou celle de Truye pour du Cochon.

(e) *PRETIUM CARNIS IN DUPLUM RESTITUAT*. Quiconque y avoit contrevenu, devoit rendre le double du Prix qu'il en avoit reçû.

(f) *IN MACELLO DE BOCARIA*, Ne peut s'entendre que du Lieu où l'on tuë les Bêtes de la Boucherie ; c'est là où l'on prepare les Viandes permises, mais il est défendu d'y en faire aucune Vente.

ARTICLE CIV.

Des Portes de Ville.

(a) In Parietibus novis aut veteribus si quo tempore (b) Portalia etiam multa fient. (c) nihil inde Domino dari debet.

Si dans quelque tems que ce soit, on fait des Portes de Ville dans les vieilles ou nouvelles Murailles de Montpellier, on n'en devra rien donner au Seigneur.

NOTE.

(a) *IN PARIETIBUS NOVIS AUT VETERIBUS*. Tant aux Murailles de Ville déja construites que dans celles qu'on pourroit reparer, ou faire de nouveau.

(b) *PORTALIA ETIAM MULTA FIENT*. Il paroît par ces mots que dans le tems qu'on fit la Compilation de nos Coûtumes, il étoit permis aux Habitans de Montpellier de faire de nouvelles Portes de Ville ; mais, les Choses changérent beaucoup environ cinquante ans aprés, car le Roi Jacques le Conquerant disputa à l'Evêque même de Maguelonne, le Pouvoir de faire ouvrir une nouvelle Porte dans sa Partie-Episcopale.

Nous avons sû les Articles reglez entre ces deux Seigneurs par Sentence-Arbitrale du 13. Septembre 1260. par laquelle il est permis à l'Evêque de faire ouvrir la Muraille de la Ville vis-à-vis de sa Maison, & d'y faire un Portail pour la commodité de l'Evêque & des Habitans de sa Partie-Episcopale. *Liceat Episcopo in Parte suâ juxta domum suam, murum Villæ aperire, & ibi Portale facere pro commoditate Episcopi, & hominum dictæ Partis.*

Ce nouveau Portal fut bâti dans la Maison du President Bocaud vis-à-vis de la Sale dite de l'Evêque, & on laissa subsister l'ancienne Porte de Montpelliéret, attenant le Lieu dit aujourd'hui *le Gazillan de Nissole*, par laquelle du tems même de nos Guillaumes, les Habitans de Montpelliéret alloient à leur Paroisse de St. Denis, bâtie alors

sur

sur un des Bastions de la Citadelle d'aujourd'hui.
(b) *NIHIL INDE DOMINO DARI DEBET*. On semble avoir voulu dire par là , que le Seigneur de Montpellier ne pouvoit rien exiger pour ces Ouvertures de nouvelles Portes de Ville ; mais , les suites firent bien voir que s'il n'avoit pas Droit de rien demander pour cela , il avoit Droit de l'empêcher.

ARTICLE CV.

Hommage-Etranger venu à Montpellier.

Si quis Extraneus pro quolibet honore homo alterius fuerit, & in Montepessulo venerit pro statgâ, deinde liber est ab eo hominio, dum tamen honorem pro quo fuerit homo, Domino desemparet:

Si un Etranger ; qui fait Hommage à autrui pour quelque Fonds de Terre, vient à Montpellier pour y habiter , il devient libre de son Hommage, pourveu qu'il desempare au Seigneur le Fonds qui relevoit de lui.

NOTE.

Cet Article fait voir que quelque Engagement qu'un Vassal eût pris avec son Seigneur , il en étoit libre en venant résider à Montpellier, & en delemparant audit Seigneur la Terre qu'il tenoit de lui.

ARTICLE CVI.

Desinteressement des Juges.

Dominus Montispessulani aut ejus Bajulus nullatenus debet vendere Justitias suæ Curiæ.

Le Seigneur de Montpellier ou son Bailli , ne doivent en aucune manière vendre la Justice de sa Cour.

NOTE.

Ce Statut fut renouvellé en 1225. & amplifié en ces termes : *Quia Dominus de suo remunerat Curiales ; statuendo inhibemus quod Bajulus & Subbajulus, Judex & Vicarius , & Notarius Curiæ , Judex vel Cognitor Appellationum , vel Delegatus quilibet , vel Assessor in Auro vel Argento vel aliquâ re per aliquam promissionem aut pactionem exigat vel recipiat per se vel per aliam personam in aliquâ causâ principali vel Appellationis , neque pro dictandis Sententiis ; vel scribendis compositionibus , Decretis vel Tutelis , cognitionibus vel præceptis ; vel quibuslibet aliis quæ ad causas vel officia eorum pertineant ; sed Judex cujuslibet chufæ ; prædicta dictare fideliter teneantur ad utilitatem illorum ad quos spectabunt.*

On voulut étendre cet esprit de desinteressement aux Avocats, aux Greffiers de la Cour & aux Notaires.

Les Avocats juroient au commencement de chaque année qu'ils n'avoient rien promis , donné ou prêté pour se procurer des Causes à plaider ; ils promettoient de n'en soûtenir aucune qui leur parût contre la raison ou contre la conscience, & que si dans le cours d'un Procez ils venoient à connoître qu'il fût injuste & déraisonnable , l'abandonneroient après s'être fait taxer par la Cour à proportion de leur Travail : *Imò si in Processu negotii causam injustam & irrationabilem esse cognoverit , eam manu tenere & tueri relinquet , & tunc de salario habeat pro arbitrio Curiæ , considerato ejus labore.*

Le Greffier de la Cour ne pouvoit recevoir au delà de deux Deniers pour chaque Expedition , *Curiæ Notarius vel Notarii non accipiant ultra duos Denarios pro singulis Sententiis seu Decretis in Curia vel per Curiales latis* ; il s'obligeoit avec Serment de déliver aux Parties sans aucun retardement l'Expedition des Sentences , *Teneantur sub sacramento Partibus Transcripta reddere quàm citò poterunt.*

Les Tabellions ou Notaires juroient en presence de la Cour qu'ils n'avoient rien promis ou donné pour acquerir leur Office, & qu'ils ne prendroient rien au delà des legeres Taxations qu'on leur avoit assignées.

ARTICLE CVII.

Production des Témoins.

Si aliquis (a) gratiâ Testium producendorum causam differat novem mensibus (b) juxta quod Lex jubet , debet secretò Curialibus nomina Testium (c) manifestare , & in actis Curiæ nomina Testium debent redigi ; & si neminem illorum ad diem infixam produxerit ; ei (d) omnis productio Testium de-

Si quelcun à la faveur du délai de neuf mois que la Loi lui donne, diferé de produire ses Témoins , il doit declarer en secret le nom de ceux qu'il veut produire , en les faisant écrire dans les Regîtres de la Cour ; & si au jour marqué il n'en produit aucun , toute Production de Té-

Tttt 2

Statuts

moins lui est refusée.

NOTE.

(a) *GRATIA TESTIUM PRODUCENDORUM.* Les Témoins se trouvant absens, & quelquefois fort éloignez à cause des longs Voyages que les Marchands de Montpellier étoient obligez de faire pour leur Commerce, la Loi donnoit aux Parties le terme de neuf mois pour rassembler leurs Témoins.

(b) *JUXTA QUOD LEX JUBET.* Ce qui pouvoit être par une Loi générale, car je n'en trouve point de particulière dans nos Coûtumes.

(c) *MANIFESTARE NOMINA TESTIUM.* Les Parties devoient declarer dans ce Terme le nom des Témoins qu'elles vouloient produire ; & afin d'éviter les variations qui pourroient survenir, on exigeoit que leurs Noms fussent écrits dans les Regîtres de la Cour.

(d) *OMNIS PRODUCTIO TESTIUM DENEGATUR.* Si dans le Terme de neuf mois les Témoins ne paroissoient pas, la Partie qui s'étoit engagée à les produire, n'étoit plus écoutée.

ARTICLE CVIII.

Receveurs des Droits appartenant au Seigneur.

Bajulus Montispessulani accipit (a) *Justitias Curiæ, & Laudimia tantummodo ; & nullum Bajulum Dominus habere debet in aliquibus suis Redditibus Montispessuli,* (b) *nisi de hominibus ejusdem Villæ.*

Le Bailli de Montpellier reçoit les Amendes de la Cour, & les Lods du Seigneur tant seulement ; & le Seigneur de Montpellier ne doit avoir pour Receveur de ses autres Revenus dans la Ville qu'un Habitant de Montpellier.

NOTE.

(a) *JUSTITIAS CURIÆ, ET LAUDIMIA TANTUM.* Nous connoissons par cet Article les deux Recettes qui étoient attachées à la Charge de Bailli ; celle des Amendes de la Cour, & celle des Lods dûs au Seigneur ; il a été fait mention de cette dernière dans l'Article XIV.

(b) *NISI DE HOMINIBUS MONTISPESSULANI.* Mais, pour les autres Revenus du Seigneur de Montpellier on exigeoit qu'il choisît son Receveur d'entre les Habitans de la Ville, tant pour avoir cette marque de la confiance de leur Seigneur, que pour le soulagement des Habitans qui n'auroient point à compter avec des Etrangers.

ARTICLE CIX.

Teinture de Draps.

(a) *Nullus extraneus homo aliquos pannos lanaos in Montepessulo tingere potest.* (b) *in grana aut in aliquo colore ; nec quis extraneus pannos aliquos in hac Villâ* (c) *vendere debet ad Tallium, nisi eos* (d) *quos ad collum portaverit per Villam.*

Nul Etranger ne peut teindre dans Montpellier aucun Drap de Laine en Ecarlate ou en autre couleur ; & il ne peut vendre aucun Drap en détail que ceux qu'il portera au col par la Ville.

NOTE.

(a) *NULLUS EXTRANEUS TINGERE POTEST.* On ne permettoit pas aux Etrangers d'entreprendre aucune Teinture dans Montpellier ; mais, s'ils avoient besoin de faire teindre quelque Drap en Ecarlate, ou en autre Couleur, on vouloit qu'ils s'adressassent aux Ouvriers de cette Ville, qui avoient la Réputation d'y exceller.

(b) *IN GRANA.* Tout le Monde sçait que l'Ecarlate se fait avec la Graine d'un Arbrisseau qui est une espece de petit Houx, fort commun aux Environs de Montpellier.

(c) *VENDERE AD TALLIAM.* Les seuls Marchands de Montpellier avoient Droit d'y vendre en gros & en détail ; on permettoit seulement aux Etrangers de vendre les Etoffes qu'ils porteroient par la Ville, penduës à leur col.

(d) *QUOS AD COLLUM PORTAVERIT.* Comme font encore les petits Merciers & les Revendeuses.

ARTICLE CX.

Teinture en Ecarlate.

Nullus Pannus laneus albus tingatur

Qu'aucun Drap blanc ne soit teint

in rogiâ (a) *ita quod remaneat rubeus, nisi* en rouge, enforte qu'il garde sa première
(b) *solummodo in granâ.* Couleur rouge ; mais, que tout soit teint en Ecarlate.

NOTE.

(a) *ITA QUOD REMANEAT RUBEUS.* On ne souffroit pas que le Drap gardât la première Couleur qu'il avoit reçû en Rouge.
(b) *NISI SOLUMMODO IN GRANA.* Mais, on vouloit qu'il fût teint en Ecarlate ; dont les Marchands de Montpellier faisoient un grand Trafic.

ARTICLE CXI.

Du Subside appellé Reve.

NEMO pro re propriâ exigat aut accipiat aut ab uxore seu familiâ suâ exigatur, aut accipiatur aliquid (a) nomine Revæ ; nec Revam dare aliquo modo teneantur habitatores Montispessulani præsentes aut futuri.

NUL ne doit exiger ni recevoir par lui-même, ou faire prendre par sa Femme ou par sa famille quelque Chose que ce soit sous le nom de *Reve* ; & tous les Habitans de Montpellier, tant presens que futurs, ne doivent rien payer pour ce Droit de Reve.

NOTE.

(a) *NOMINE REVÆ.* Selon Ducange qui raporte en entier cet Article de nos Statuts, la *Reve* étoit un Subside établi sur les Marchandises étrangeres, dont les Habitans de Montpellier étoient Exems.

ARTICLE CXII.

Validité des Arbitrages.

CONFESSIONES, Testificationes, Transactiones, & omnia (a) coram Arbitris actitata, proinde valeant ac si in Curiâ essent acta.

LES Aveus, les Témoignages, les Transactions, & tous autres Actes passez entre mains des Arbitres, vaudront autant que si elles étoient faites par-devant la Cour.

NOTE.

(a) *CORAM ARBITRIS ACTITATA.* Pour inviter les Plaideurs à terminer leur Procez par Arbitrages, nos Ancêtres voulurent attacher aux Jugemens des Arbitres, la même force qu'avoient les Sentences de la Cour.

ARTICLE CXIII.

Exemption de Logement forcé.

NEMO cogatur invitus hospites recipere aut albergare.

QUE Personne ne soit contraint de recevoir, & d'heberger des Hôtes contre son gré.

NOTE.

(a) *COGATUR INVITUS.* On ne parloit pas alors du Logement des Gens de Guerre mais, lorsqu'un Prince Étranger ou autre Grand-Seigneur venoit à Montpellier, nos Consuls les logeoient à l'Hôtel-de-Ville, comme nous voyons qu'ils firent à l'égard d'Izabeau, Marquise de Montferrat ; du Pape Urbain V. & du Duc d'Anjou : Quelquefois les Riches-Particuliers recherchoient cet Honneur, comme fit en 1503. Jean *Bessavin*, Juge de la Part-Antique, qui logea chés lui l'Archiduc Philipe, pere de l'Empereur Charlequint.
Nos Rois de France, dans le tems qu'ils n'avoient d'autre Portion que celle de Montpellieret, logeoient à la Sale de l'Evêque, qui s'y trouve située ; mais, depuis deux ou trois Siécles on choisit pour leur Logement la plus grande & la plus belle Maison des Particuliers de la Ville.

ARTICLE CXIV.

Biens à un Homme mort sans Héritiers.

Si quis habitator Montispessulani, vel extraneus ibi intestatus decesserit, & ibi nullus apparebit proximus ad quem ejus bona de jure pertinent, illa bona penes bonos & securos viros debent deponi, & ab eis per annum & diem reservari, ut si infra illud tempus venerit quis ad quem ea pertineant, ei reddantur, sin autem Fisco, qui etiam postea teneatur ea reddere cui jus voluerit.

Lorsqu'un Habitant ou un Etranger meurt à Montpellier sans avoir fait son Testament, & qu'il ne se présente aucun Parent à qui son Bien appartiène de droit, alors on doit déposer ses Effets entre les mains de bons & assurez Citoyens qui les garderont pendant un an, afin que si quelcun qui y ait droit, vient à les reclamer, on les lui rende; que si Personne ne se présente pendant ce tems, les Effets sont remis au Fisc, qui est tenu ensuite de les rendre à celui à qui ils se trouveront appartenir.

NOTE.

Cet Article, qui n'a guere besoin d'Explication, fait voir l'attention de nos Ancêtres pour conserver à chacun son Droit & son Bien.

ARTICLE CXV.

Amende envers la Cour.

Si quis condemnatus fuerit injuriâ, tantum det Curiæ (a) pro Justitiâ; & non (b) plus, quantum emendare condemnatus fuerit per Sententiam aut compositionem, injuriam passo (c) sed inde fiat remissio voluntate Curiæ.

Si un Homme a été condamné pour quelque injure, qu'il donne pour Amende envers la Cour, autant & non davantage qu'il aura été condamné par Sentence, ou par composition, de payer à celui qui a souffert l'injure; mais, la Cour relâchera de l'Amende qui la compete, ce qu'Elle jugera à propos.

NOTE.

(d) PRO JUSTITIA. Nous avons vû ci-devant dans les Articles V. & XVI. que ce mot étoit pris pour *multâ judiciariâ* ; c'est-à-dire, pour Peine Pécuniaire ou Amende.

(b) TANTUM DET CURIÆ ET NON PLUS. Ainsi, la Taxe de l'Amende que le Coupable devoit payer à la Cour, étoit précisément la même Somme qu'il étoit condamné de payer à celui qu'il avoit offensé.

(c) SED INDE FIAT REMISSIO PRO VOLUNTATE CURIÆ. Mais, la Cour relâchoit ordinairement quelque chose de cette Amende, qui ne laissoit pas d'être une Fletrissure pour le Condamné.

ARTICLE CXVI.

Interêt des Sommes prêtées.

Postquam Usura æquiparata fuerit sorti, deinde Usura nullatenus accrescat (a) ulla temporis diuturnitate; & si etiam sacramento aut fide plenitâ promissa fuerit; non judicetur in plus (b) Judæis aut Christianis, quia (c) istâ constitutione ita taxantur.

Après que les Interets d'une Somme auront atteint le Sort principal, l'Interet ne peut accroître en aucune maniére par quelque longueur de tems que ce soit, quand même il auroit été promis par serment ou par Foi pleniére; & dans les Jugemens il n'en doit être accordé davantage ni aux Juifs ni aux Chrétiens, parceque la Taxe de ces Interêts est ainsi reglée par le présent Statut.

de la Ville de Montpellier.

NOTE.

(a) *ULLA TEMPORIS DIUTURNITATE.* Par cette Loi il y avoit Prescription pour l'Accumulation des Intérêts qui devoient finir lorsqu'ils avoient atteint le Sort principal, quelque parole qu'on se fût donnée du contraire.

(b) *JUDÆIS AUT CHRISTIANIS.* Le grand nombre de Juifs qu'il y avoit alors dans Montpellier, les fit comprendre nommément dans cette Loi.

(c) *ISTA CONSTITUTIONE ITA TAXANTUR.* Il est visible que c'étoit par un nouveau Reglement, & que suivant les anciennes Coûtumes, il avoit été permis auparavant d'exiger au-delà.

ARTICLE CXVII.

Receveurs des Droits-Seigneuriaux.

OMNES & singuli qui statuti sunt vel fuerint ad Redditus Domini exigendos aut recipiendos, jurare debent se illos fideliter exigere & accipere, & quod (a) plusquam debitum sit inde non accipiant, nec servitia occasione illius officii percipiant.

TOUS les Particuliers qui seront chargez d'exiger & de recevoir les Revenus du Seigneur de Montpellier, doivent jurer de s'en acquitter fidèlement, & de ne rien prendre au-delà de ce qui leur sera dû, & qu'à cette occasion ils ne retireront aucun autre Avantage.

NOTE.

(a) *PLUSQUAM DEBITUM NON ACCIPIANT NEC SERVITIA.* C'est toûjours pour entretenir dans toute sorte de Fonctions la Justice & le Desinteressement.

ARTICLE CXVIII.

Privilége des Maris sur les Immeubles de leur Femme.

RES immobiles quæ in dotem viro traduntur, si præmoriatur uxor, vir (a) debet uti & retinere in totâ vitâ suâ (b) nisi pactum in contrarium reclamaverit.

LORSQU'UNE Femme meurt avant son Epoux, le Mari doit se servir & retenir pendant toute sa vie les Immeubles qu'il a reçû pour la Dot de sadite Femme, à moins qu'il n'y ait une Convention expresse du contraire.

NOTE.

(a) *VIR DEBET UTI ET RETINERE IN TOTA VITA SUA.* Cet Usage est encore en vigueur à Montpellier, & il est mis au nombre des Priviléges de cette Ville.

(b) *NISI PACTUM IN CONTRARIUM.* Chacun est Maître de renoncer à ses Droits; mais, on ne s'avise guere maintenant de mettre dans les Contrats de Mariage une Clause derogatoire à cet Usage.

ARTICLE CXIX.

Les Officiers de la Cour étoient Annuels.

BAJULUS, Subbajulus, Judex aut Vicarius, non debent in Curiâ stare (a) nisi per annum, & (b) post infra biennium nemo illorum in Curiâ debet restitui.

LE Bailli, le Sous-Bailli, le Juge, ni le Vicaire, ne doivent exercer leur Charge en la Cour que pendant un an, & nul d'eux ne peut être remis dans la même Charge qu'après deux ans.

NOTE.

(a) *STARE NISI PER ANNUM.* Ce Statut est souvent rapellé dans nos Coûtumes, & l'on verra dans l'A ticle CXXII. qu'on en faisoit promettre l'Observation aux Jurisconsultes qui devoient remplir les Charges de Sous-Bailli, de Juge & de Vicaire ; il est hors de doute qu'on vouloit par là faire rouler ces Charges dans toutes les Familles, & empêcher en quelque manière qu'aucune ne s'élevât au-dessus des autres.

(b) *POST BIENNIUM RESTITUI.* Le besoin de bons Sujets permettoit de les remettre en Place au bout de deux ans, mais toujours après avoir gardé cet intervale ; ainsi, nos Consuls, ne voulant point exclure du Consulat les bons Sujets qui avoient exercé la Charge de Bailli, ni de celle de Bailli ceux qui avoient été Consuls, firent le Reglement suivant, en datte du 3. Août 1223. *Utilitati Reipublicæ providentes sanximus quod aliquis qui fuerit Consul non possit infra annum à finito sui Consulatus officii computandum, Bajulus esse & Subbejulus Curiæ ; & Bajulus Curiæ nullatenus eligatur infra annum proximum finiti sui Officii, in Consulem.*

ARTICLE CXX.

Des Consuls Majeurs.

STATUTUM est ut (a) *duodecim probi & legales Viri Montispessulani, jam electi* (b) *ad consulendam Communitatem Montispessulani, jurare debent quod de bonâ fide consulant* (c) *eum quem Dominus loco suo statuerit in hac Terrâ ;* (d) *& ille teneatur requirere consilium dictorum duodecim, & eorum stare consiliis de omnibus quæ ad Communitatem Montispessulani, & Terram Montispessulani spectabunt : in quibus duodecim prædictis* (e) *non ponatur nisi unus de uno Albergo : qui duodecim non stent in eâ administratione* (f) *nisi per annum, in fine cujus anni ipsimet duodecim debent ad hoc idem* (g) *alios duodecim eligere, præstito sacramento quod de bonâ fide eligant ; qui de novo electi per omnia idem jurare debent, & istorum duodecim consilio, ille qui vices Domini in hac Terrâ geret* (h) *debet eligere Bajulum Curiæ, quando Dominus præsens non fuerit in hac Terrâ.*

Il est statué que les douze Prudes & loyaux Hommes de Montpellier, qui doivent servir de Conseil à la Communauté, jureront de conseiller aussi de bonne-foi, celui que le Seigneur de Montpellier aura établi à sa place dans sa Seigneurie ; lequel de son côté doit prendre & suivre le Conseil desdits Prud'hommes dans tout ce qui regarde la Communauté & la Seigneurie de Montpellier ; Quant à l'Election de ces douze Prud'hommes, on doit observer de ne prendre qu'un seul de la même Maison, & ils ne doivent rester dans leur Administration que pendant un an, à la fin duquel ces Douze doivent en élire douze autres, avec Serment qu'ils le font de bonne-foi. Les nouveaux Elûs seront tenus aussi au même Serment, & ce sera par leur Conseil que le Lieutenant du Seigneur élira le Bailli de la Cour, lorsque le Seigneur de Montpellier se trouvera absent de sa Seigneurie.

NOTE.

(a) *DUODECIM PROBI.* Les Consuls furent au nombre de Douze jusqu'au Regne de Charles VI. comme nous l'avons vû dans le cours de cette Histoire.

(b) *AD CONSULENDAM COMMUNITATEM.* Ils servoient de Conseil à la Communauté.

(c) *ET EUM QUEM DOMINUS LOCO SUO STATUERIT.* Et à celui que les Seigneurs de Montpellier nommoient à leur place pendant leur absence.

(d) *ET ILLE TENETUR REQUIRERE CONSILIUM.* Ce Lieutenant étoit tenu de prendre & de suivre leur Conseil dans les choses qui regardoient l'Utilité-Publique : mais, ce Statut eut besoin dans les suites d'être renouvellé, comme nous le trouvons dans un Reglement en 1225. qui commence en ces termes. *Ille qui vices Domini in hac Terrâ tenebit, teneatur jurare Consulibus in introitu sui Regiminis se dicturum eis veritatem sine fraude quoties Consules requirent.*

Les principaux Articles sur lesquels on exigeoit de lui la verité, étoient de sçavoir s'il se seroit engagé à quelque ou à plusieurs de la Ville, de suivre leur Conseil dans l'Election du Bailli, ou dans le Gouvernement des Affaires Publiques. Ils exigeoient qu'il promît avec serment de ne pas le faire, *Et teneatur se astringere Consulibus quod aliquid istorum non faciet.* Et si le Lieutenant du Roi leur avoüoit franchement avoir pris des Engagements avec quelques Personnes de la Ville, alors les Consuls & la Cour devoient contraindre ces Particuliers en leur corps & en leurs Biens, de remettre au Lieutenant sa Promesse. *Per districtam coactionem in personis & rebus exercendam, Consules & Curia compellant eos ad remittendum omnes promissiones illas.*

Mais, afin d'ôter à tous les Habitans l'envie d'engager le Lieutenant à leur faire jamais de pareilles Promesses, on declare inhabiles à toutes Charges-Publiques ceux qui se trouveront en être coupables. *Abjicientur ab omni publico Officio Curiæ & Consulatûs, si constiterit eos dictam promissionem recepisse.*

C'est ainsi que nos Ancêtres cherchoient à se réunir tous pour le Bien de la Cause Publique, & afin de ménager le Lieutenant du Roi dans un Reglement qui l'interessoit si fort ; ils finissent par ces Paroles remarquables. *Hoc Statutum utile consilium est quod omnes nos Consules illi qui tenebit locum Domini Regis ut faciat & juret prædicta.*

(e) *NON PONATUR NISI UNUS SOLUS DE UNO ALBERGO.* Cela peut s'entendre d'une même Famille aussi-bien que d'un même Logement, parcequ'il convenoit que les Consuls fussent distribuez dans les diferens Quartiers de la Ville.

(f) *NISI PER ANNUM.* Leur Administration ne duroit qu'une année, & si dans les derniers Siécles on a dérogé quelquefois à cet Usage, on a pû voir les raisons dans l'Article que j'ai donné sur le Consulat de Ville.

(g)

(g) *ALIOS DUODECIM ELIGERE.* J'ai assez parlé de cette Election sous le Regne de Philipe-de-Valois.
(h) *DEBET ELIGERE BAJULUM CURIÆ.* Dans le premier Article de ces Statuts il est dit que le Seigneur lui-même élit son Bailli, après avoir pris Conseil des douze Consuls de Montpellier : mais, comme il étoit facile à prévoir que les Rois d'Arragon ne resideroient point en cette Ville, on ajoûte dans ce Statut que le Lieutenant du Seigneur en son absence, fera cette Election avec les Consuls.

ARTICLE CXXI.

Ces Statuts n'ont point d'Effet retroactif.

Hæ autem Consuetudines (a) in futuris dumtaxat negotiis locum obtineant, (b) in præteritis autem negotiis nullam vim habeant, nisi illæ tantummodo quæ sunt antiquæ, quæ in præteritis suam obtineant firmitatem.

LES presentes Coûtumes n'obligent que pour l'avenir, & n'ont aucune force pour le passé, à moins de celles qui sont déja établies anciennement, lesquelles conserveront toute leur Autorité pour le passé.

NOTE.

Cet Article est une Preuve que la plûpart de nos Coûtumes étoient déja en Usage longtemps avant cette Compilation faite en 1204. La Distinction de Coûtumes Anciénes & Modernes, en est une espece de Demonstration.
(a) *IN FUTURIS DUMTAXAT VIM HABEANT.* On ôte tout Effet retroactif aux Loix modernes qui n'auront de force que pour l'avenir.
(b) *IN PRÆTERITIS ILLÆ QUÆ SUNT ANTIQUÆ.* Mais, on déclare que les anciénes Coûtumes conserveront sur le passé toute leur force.

ARTICLE CXXII.

Serment du Seigneur de Montpellier.

INSUPER Dominus Montispessulani (a) cum juramento promittere debet quod justitiam & rationem tenebit, & faciet tenere omnibus & singulis qui litigabunt vel litigare debebunt in Curia sua, (b) tam pauperi quam diviti, (c) secundum mores & consuetudines hic insertas; vel (d) eis deficientibus secundum juris disciplinam. Et Bajulus & Subbajulus, & Judex & Vicarius, Notarius & omnes (e) Curiales Curiæ præsentes & futuri, per omnia idem jurare debent, & plus sicut in suprapradicto Sacramentali continetur. Et omnes Advocati presentes & futuri (f) exceptis Legistis, debent jurare (g) quod bona fide secundum quod sibi melius visum fuerit pantes pro quibus fungentur officio Advocationis, (h) consulant & manuteneant: (i) pecuniam aut aliam rem seu promissionem nisi à parte pro quâ erunt in lite, non accipiant. Et omnes Consiliarii quos sibi Curia voluerit assumi, (k) exceptis qui jam juraverint, debent jurare, idem quod dictus Judex & Bajulus, vel Subbajulus, vel Judex, vel Vicarius aliquis in Curia (l) nullatenus stare debeant nisi per annum, ut dictum est.

LE Seigneur de Montpellier doit promettre avec serment, qu'il rendra Justice & fera faire Raison à tous & chacun de ceux qui plaideront ou devront plaider en sa Cour, tant au Pauvre qu'au Riche, suivant la Forme, Us & Coûtumes ci-écrites, & à leur défaut, suivant la disposition du Droit-Romain. Le Bailli, le Sous-Bailli, le Juge, son Vicaire & le Greffier avec tous les Curiaux de la Cour, doivent prêter le même Serment, en y ajoûtant ce qui est contenu dans la Formule mentionnée ailleurs. Tous les Avocats presens & à venir, excepté les Legistes, jureront de conseiller de bonnefoi, & défendre les Parties pour lesquelles ils feront Office d'Avocat, & que dans les Procez ils ne recevront de l'Argent, ou Promesse, que de la seule Partie pour laquelle ils plaideront. Tous les Conseillers, qui seront appellez par la Cour, feront le même Serment, à moins qu'ils ne l'ayent déja prêté, & nul Bailli, Sous-Bailli, Juge, & Vicaire, ne doivent rester en Charge que pendant un an, comme il a été dit.

NOTE.

Nos Ancêtres, après avoir parlé au commencement de ces Coûtumes, de la grande Affection que les Guillaumes leurs premiers Seigneurs avoient eu pour les Habitans de Montpellier, finissent la Compilation de ces mêmes Coûtumes, par l'Engagement que le Roi d'Arragon leur nouveau Seigneur alloit contracter avec eux.

(a) *CUM JURAMENTO PROMITTERE.* Le Seigneur Roi devoit promettre avec Serment.

(b) *JUSTITIAM TAM PAUPERI QUAM DIVITI.* Qu'il rendra & fera rendre Justice au Pauvre comme au Riche.

(c) *SECUNDUM CONSUETUDINES HIC INSERTAS.* Suivant les Coûtumes particulières à la Ville de Montpellier.

(d) *ET EIS DEFICIENTIBUS.* Et dans les cas que ces Coûtumes n'auroient pas prévû, suivant le Droit-Romain, pour les Raisons qui ont été dites ci-devant dans l'Article V.

(e) *CURIALES JURARE DEBENT.* Le Seigneur-Roi devoit faire jurer tous les Officiers de Justice.

(f) *QUOD BONA FIDE CONSULANT ET MANUTENEANT.* De donner Conseil de bonne-foi & en conscience, suivant la forme du Serment raportée ailleurs.

(g) *PECUNIAM NON ACCIPIANT.* On recommande aux Avocats le Desinteressement.

(h) *EXCEPTIS LEGISTIS.* On fait ici une Exception pour les simples Graduez, parcequ'il ne leur étoit pas permis de postuler pour Fait d'autrui, comme on a pû voir dans l'Article VII.

(i) *EXCEPTIS QUI JAM JURAVERINT.* Les Avocats & Curiaux, qui avoient déja prêté Serment, n'étoient pas obligez de le renouveller.

(k) *NULLATENUS STARE NISI PER ANNUM.* Comme on prenoit des Jurisconsultes pour remplir les Charges de Justice, on leur faisoit jurer que ceux d'entre eux qui seroient choisis pour les differentes Charges de la Cour de Montpellier, ne les exerceroient pas au-delà d'une année, comme il est porté par l'Article CXIX.

❦❦❦❦❦❦❦❦❦❦❦❦❦❦❦❦❦❦❦❦❦❦❦❦❦❦❦❦❦❦

CONFIRMATION DE CES STATUTS PAR LE ROY D'ARRAGON.

ET *ego Petrus Dei gratiâ Rex Aragonis, Comes Barcinonis, & Dominus Montispessuli: Visis, auditis, & diligenter examinatis, omnibus supradictis & singulis, habita supra iis plenissimâ Deliberatione, & multorum proborum Virorum habito consilio, scientes & cognoscentes omnia prædicta & singula pertinere ad Utilitatem meam, & totius Universitatis Montispessuli; spontaneâ voluntate, & proprio meæ voluntatis motu, omnia supradicta & singula in perpetuum valitura laudo, statuo & confirmo.*

Et decerno omnibus hominibus Montispessuli præsentibus & futuris, per me & per meos Successores omnes Dominos Montispessuli, quod promitto & convenio toti Universitati Montispessuli quod omnia prædicta & singula tenebo, & observabo, & nullo tempore violabo, & ea omnia in perpetuum faciam teneri, nec patiar ab aliquo violari.

Volo & statuo quod Curia Montispessuli judicet secundum prædictas Consuetudines, & eis in perpetuum inviolabiliter utatur, & eis deficientibus secundum Jus scriptum.

Sed de omnibus prædictis & singulis excipio omnes illos quos feci exules de Montepessulano, & de totâ Terrâ quæ fuit Guillelmi Domini Montispessulani quondam filii Mathildis Ducissæ, eo quia cognoscens eorum culpas tempore quo Terra Montispessulani ad me pervenit ad petitionem Populi Montispessulani, juravi quod ipsi nunquam in Montepessulano & prædictâ Terrâ redirent.

Præterea volo & injungo quod Regina uxor mea, omnia prædicta & singula eodem modo laudet & confirmet mecum, aut sine

ET moi Pierre par la grace de Dieu, Roi d'Arragon, Comte de Barcelonne & Seigneur de Montpellier; Vûës, oüies & diligemment examinées toutes les choses que dessus, après une mûre Déliberation, & pris le Conseil de plusieurs Prud'hommes, sçachant & connoissant que tout ce que dessus regarde mon Utilité propre, & celle de la Communauté de Montpellier, je l'approuve & confirme à perpetuité, tant pour moi que pour tous mes Successeurs dans la Seigneurie de Montpellier.

Je déclare & promets à tous les Habitans de Montpellier presens & à venir, de tenir, observer & ne violer jamais aucune des Choses susdites; que je les ferai observer inviolablement, & ne souffrirai jamais qu'elles soient violées.

Je veux & j'ordonne que la Cour de Montpellier juge selon ces Coûtumes, & à leur défaut suivant le Droit-écrit.

Mais, j'excepte dans tout ce que dessus, les Personnes que j'ai fait bannir de Montpellier, & de toute la Seigneurie de feu Guillaume, fils de la Duchesse Mathilde, jadis Seigneur de Montpellier, parceque dans le tems que sa Seigneurie m'est venuë, ayant une entière connoissance des fautes qu'ils avoient faites, j'ai juré à la Requête de tout le Peuple de Montpellier, que ces Exilez ne pourroient plus revenir dans cette Ville, ni dans toute la Seigneurie.

Je veux en outre & enjoins, que la Reine mon Epouse approuve & confirme

me, ad commonitionem Populi, & omnes homines Montispessulani similiter hæc omnia se observaturos jurejurando confirment.

Singula supradicta per me & per Successores meos, in bonâ fide meâ & sub conscientiâ meâ, & sub eo sacramento quod tactis sacrosanctis Evangeliis feci in domo militiæ, de laudandis & tenendis moribus & Consuetudinibus Montispessulani, tempore quo Terra Montispessulani ad me pervenit me observaturum & nullâ occasione aut ratione violaturum, ex certâ scientiâ promitto & corroboro.

Ad majorem firmitatem horum omnium hanc Cartam & omnia quæ inde fuerint translata, Bulla mea plumbea patrocinio corroborari præcipio.

Acta sunt hæc omnia & laudata in Ecclesiâ Beatæ Mariæ de Tabulis, ubi hac specialiter de causâ, ferè totus Populus Montispessulani, ad commune colloquium convenerat, anno ab Incarnatione Domini millesimo ducentesimo quarto; mense Augusti in die Assumptionis Beatæ Mariæ, in præsentiâ & testimonio Guidonis Præpositi Magalonensis.

toutes & chacunes les susdites Choses avéc moi, ou sans moi, à la Requête du Peuple de Montpellier ; & que semblablement tous les Habitans de ladite Ville, promettent avec Serment d'observer les mêmes Choses.

Je ratifie de Science certaine, pour moi & pour mes Successeurs, le Serment que j'ai ci-devant fait sur les Saints Evangiles, dans la Maison de la Milice du Temple, dans le tems que la Seigneurie de Montpellier me parvint, par lequel je m'obligeai d'approuver & d'observer les Mœurs & Coûtumes de ladite Ville.

Et pour plus grande Sûreté, j'ordonne que le présent Ecrit, & les Extraits qui en seront faits, ayent la même force que les Patentes scelées en plomb, que nous en ferons expedier.

FAIT & approuvé dans l'Eglise de N. Dame des Tables, où presque tout le Peuple de Montpellier s'étoit assemblé à cette occasion, l'An de l'Incarnation 1204. au mois d'Août, le jour de l'Assomption de la Sainte Vierge, présens & servans de Témoins, GUY, Prevôt de Maguelonne, GAUSSELIN, Chanoîne, ASSALIT DE GORSA, &c.

FIN DES STATUTS DE LA VILLE DE MONTPELLIER.

TABLE

TABLE
DES MATIERES
Contenuës en ce Premier Volume.

A

Abolition, Lettres (d') pour les Habitans de Montpellier, par le Roi Charles VI. Page 177.
Autre par le Roi Loüis XIV. 418.
Acier (le Seigneur) qui avoit tenu si longtems le Parti des Huguenots, revient dans le Pays pour celui des Catholiques. 307.
Admiral de Châtillon, après la Bataille de Montcontour, passe par Montpellier & y cause bien du Ravage. 301.
Agnez, seconde Femme de Guillaume de Montpellier, du vivant de la premiere travaille heureusement pour ses Affaires, ne peut faire confirmer son Mariage par le Pape Celestin, ni par Innocent II. 54.
Aimargues pris par le Duc de Rohan. 391.
Albigeois, commencemens de ces Heretiques. 65.
Croisade en Languedoc contre eux. 67.
Ils donnent la Bataille de Muret où ils sont défaits. 71.
Alberoni, (Cardinal) son Passage par Montpellier. 531.
Alexandre III. Pape, son Arrivée à Montpellier. 35.
Alienation du Domaine du Roi à Montpellier. 260.
Acquisition qu'en font les Consuls. 263.
Almeras, Lieutenant-Général des Armées du Roi. Sa mort. 441.
Aluin (le Duc d') Schomberg, Gouverneur du Languedoc, son Entrée à Montpellier. 400. Est fait Maréchal de France. 405.
Ambaffadeur de la Porte au Roi Loüis XV. 533.
Amirauté de Montpellier & de Sette, voyez l'Article de ce Siége. 654.
Ampville (le Maréchal) destitué de son Gouvernement, s'y soûtient en s'uniffant aux Huguenots. 311.
Amelie (le Cardinal) s'employe utilement pour les Habitans de Montpellier après leur Sédition. 168. & suivantes.
Anglois au Port de Sette.
Anjou (Loüis Duc d') frere du Roi Charles V. est promis avec l'Infante d'Aragon par le Roi Jean son pere, qui lui assigne la Seigneurie de Montpellier. 142. Il veut faire prendre possession de cette Ville pendant la Détention du Roi son pere à Londres. 144. Les Habitans députent au Roi en Angleterre, qui écrit à son fils de suspendre ses Poursuites jusqu'à son retour en France. 147. Il s'oppose de toutes ses forces à la Prise de Possession du Roi de Navarre. 160. Il fait publier une Sentence terrible contre les Habitans de Montpellier. 168. Qu'il mitige le lendemain. 172. Fin déplorable de ce Prince. 180. Son Testament. 181.
Aran, Vallée dans les Pyrenées, renduë au Roi d'Aragon par le Roi Sanche, Seigneur de Montpellier. 107.
Archiduc d'Autriche à Montpellier. 235.
Armagnac, (Comte d') Gouverneur de Languedoc. 194.
Armoiries anciénes de la Ville, rétablies par le Marquis des Fossés. 388.
Arnaud de Lordat, Chancelier du Roi de Mayorque Jacques III. 116.
Arquebuse (Exercice de) rétabli à Montpellier. 486.
Arrivée du Roi Charles IX. à Montpellier. 294.
Arrivée à Montpellier du Roi d'Espagne Philipe V. 494.
Arrivée de Madame la Duchesse de Roquelaure à Montpellier. 509.
Arrivée de Nosseigneurs les Princes à Montpellier. 490.
Arrivée du Duc de Montmorency, fils du Connétable, à Montpellier. 346.
Assemblée des Huguenots après l'Affaire de la Paulet à Montpellier & en diferentes Provinces. 454.
Assemblée extraordinaire de 5. Intendans à Montp. 44.
Assignation des sommes payables par la Ville après la Sédition sous le Duc d'Anjou. 175.
Articles de la Paix de Montpellier après le Siége. 382.
Aubijoux (le Vicomte) Gouverneur de la Ville & Citadelle sous Mr. le Duc d'Orleans. 412. Se déclare pour les Princes. 414.
Audience (premiere) de la Cour ordinaire. 410.
Aydes (Cour des) envoyée à Carcassonne. 417.
Voyez son Article. 593.

B

Baillie de Montpellier, suprimée par le Roi Henry II. 259. Voyez son Article. 560.
Barvix (le Duc de) en Languedoc. 500.
Bassompierre fait Maréchal de France à Montpellier. 378.
Batards de Guillaume fils de Mathilde. 87.
Batême d'Apparat fait au nom du Roi. 404.
Banjamin de Tudelle Rabin, son Témoignage sur Montpellier. 38.
Bernage (Mr. de) Intendant en Languedoc. 529.
Bernage St. Maurice son fils lui succede. 543.
Billets de Banque, Troubles qu'ils causent. 533.
Bougie de la longueur de la Ville autour d'un Cilindre, qu'on faisoit brûler dans l'Eglise N. Dame. 188.
Bouillon (le Duc) à Montpellier & de-là à Orange & à Geneve. 345.
Bourg (Comte du) sa mort funeste à Montpellier. 473.
Bonzi (le Cardinal) sa mort. 497.
Bourse Commune des Marchands, établie à Montp. 44.
Brandille, Place-Brandille. 526.
Brefcou fortifié par le Maréchal de Joyeuse, surpris par le Duc de Montmorency. 332. Il y envoya une Coleuvrine dont lui avoit fait présent le Duc d'Epernon. 336.
Broglio (le Comte) à Montpellier. 461.
Brouillerie entre le Parlement de Toulouse & la Cour des Aides de Montpellier. 428.
Brousson (Claude) Ministre, son Execution à Montpellier. 484.
Bureau des Trésoriers de France établis à Montpellier. 255. 264. Voyez l'Article du Bureau des Finances.

C

Calvinistes, leurs commencemens à Montpellier. 170. Se saisissent de Nôtre-Dame des Tables. 281. Pillent les Eglises Assiégent le Fort St. Pierre. 281. du dehors de la Ville. 382. Se préparent à la Guerre Civile. 285.
Campement à Montpellier sur la Riviere du Lez. 470.
Canal du Lez, premiere pierre qui y fut mise par M. le Cardinal de Bonzi & Madame la Duchesse de Verneüil. 441.
Capitation. 475.
Cardinal (de Châtillon) à Montpellier. 189.
Carroufel à Montpellier. 440.
Castries (le Marquis de) succede à Mr. de Bioule dans la Lieutenance-Générale au Département du Bas-Languedoc. 437.
Catherine de Medicis venant de Nerac y traiter de la

TABLE

Paix, s'arrête à la Verune où elle fait venir les Principaux des deux Religions. 320.
Cavalerie Bourgeoise. 504.
Casamartin (Mr. de) fait Garde-de-Sceaux au Camp de Montpellier. 376.
Cenvissan (Château) dans le Diocése d'Aleth, où meurt le Maréchal de Joyeuse nombre de ses Enfans. 337.
Cazernes établies à Montpellier. 474.
Censive-Papale établie anciennement à Montpellier, suspenduë sous le Roi Charles VI. 192. Suprimée sous Charles VII. 206.
Cévennes, commencemens des Troubles qui y paroissent. 458
Chambre des Comptes de Montpellier, établie par François I. 249. Voyez son Article. 600.
Chambre de l'Edit du Languedoc, resoluë & formée à Montpellier. 540.
Chancelerie auprès de la Cour des Aides & Chambre des Comptes. Voyez son Article. 616.
Charles V. Roi de France regle plusieurs affaires à Montpellier pendant l'éloignement du Roi son pere. 174. Et depuis qu'il fut parvenu au Trône. ibidem.
Charles VI. Roi de France, arrive à Montpellier. 183. Y séjourne plusieurs jours. 184. Il visite le Languedoc jusqu'à Toulouse. ibidem. Il revient à Montpellier & part brusquement de là pour Paris avec le Duc de Touraine son frere. 184. Maladie du Roi qui fut le commencement de tous les Troubles de son Regne. 192. Les Anglois font attirez dans son Royaume, qui y mettent la désolation. 196. Le Dauphin se retire dans le Languedoc, il est desherité par le Roi son pere & declaré déchû de la Couronne. 197.
Charles VII. Roi de France, ses Amis lui conservent le Languedoc. 200. La Pucelle d'Orleans rétablit ses affaires du côté de France. 201. Le Roi vient à Montpellier où il fit ses Pâques en 1437. & donne deux Edits remarquables pour le Parlement & pour la Cour des Aides. 202. Le Dauphin son fils lui donne bien de l'Exercice & fort du Royaume, les Soupçons qu'en prit le Roi causerent sa mort. 211.
Charles VIII. Roi de France, accorde par surprise la Supression de la Cour des Aides de Montpellier. 230. Il la revoque & donne des Lettres-Patentes pour son Rétablissement. 214. Progrez surprenans du Roi Charles en Italie. 227. Il donne à Naples des Lettres remarquables pour Montpellier. 228. Il défait ses Enemis à Fournoüe, & ses Lieutenans chassent Ferdinand d'Aragon des Frontiéres du Languedoc. 229. Mort du Roi. 230.
Charles IX. Roi de France, les Religionnaires sous son Regne commencent à troubler dans Montpellier, ils s'emparent des Eglises & les pillent. 277. & les suiv. Ils se préparent à la Guerre-Civile. 295. Le Roi vient à Montpellier. 294. Il n'empêche pas que les Troubles n'augmentent après son départ. Petites Guerres aux Environs de Montpellier. 304. Alternative de faveur & de rigueur envers les Huguenots, augmente les Desordres. Mort du Roi. 308.
Charles le Mauvais Roi de Navarre, trouble le Regne du Roi Jean & celui de Charles V. qui lui enleve la Comté de Longueville & les Villes de Mantes & de Meulan. 153. Il obtient en dédommagement la Seigneurie de Montpellier. 156. Elle lui est ôtée pour ses Trahisons durant les Guerres de Castille. ibidem. Il se reconcilie avec le Roi Charles V. qui lui fait rendre la Seigneurie de Montpellier. 158. Il vient en cette Ville où il donne diferens Ordres pour le bon Gouvernement. 160. La Reine son Epouse vient à Montpellier pour adoucir le Duc d'Anjou son frere. 164. Des nouveaux Attentats du Roi de Navarre contre Charles V. lui font ôter Montpellier. 166.
Charles le Noble, Roi de Navarre, fils de Charles le mauvais, est rétabli dans la Seigneurie de Montpellier. 178. Le Duc de Berry son oncle la lui fait saisir & puis le rétablit. 179. Charles le mauvais ayant broüillé de nouveau sous le Roi Charles VI. il fit prendre la resolution d'ôter à son fils la joüissance de Montpellier qui toûjours depuis est resté à la France. 180.
Cinqmars (Mr. de) dans la Citadelle de Montpellier. 408.
Citadelle à Carcassonne bâtie par le Duc de Montmorency. 333. Est prise & reprise par les Ligueurs & les Royalistes. 335.
Citadelle à Montpellier demandée par les Habitans pour se décharger du Logement des Gens de Guerre. 384.
Cleophas (Saint) l'un des Patrons de Montpellier. 14.
Coligny (Mr. de) fils du célebre Admiral de Châtillon, se jette dans Montpellier pour en soûtenir le Siège contre le Maréchal de Montmorency. Belle Marche qu'il fait pour revitailler la Ville. 318. Est demis du Generalat. 360. Est fait Maréchal de France. 170.
Combat à Villeneuve-lez-Maguelonne. 398. Autre à la Verune, autre à Castelnaudari. ibidem.
Commencement des grands Troubles dans les Cévenes. 459.
Compagnies desapointées dites les mauvaises Compagnies. 151. Dites aussi Compagnies bleues. 180.
Concile de Montpellier en 1214. Députation des Peres au Pape Innocent III. pour lui demander la Confirmation du choix qu'ils avoient fait de Simon de Montfort pour leur Seigneur. 74.
Concile de Montpellier en 1224. 77.
Concile Provincial tenu à Montpellier en 1258. pour les Mœurs des Ecclesiastiques, & pour la conservation des Biens de l'Eglise. 86.
Concile de Bâle confirme toutes les graces accordées par les Souverains Pontifes à la Communauté de Montpellier. 103.
Condé (le Prince) change les attaques de Montpellier. 376.
Conference à Montpellier entre Gouffier & Chievres pour les interêts de Charles-Quint & François I. 245.
Connêtable (Bâton des) donné par Henry IV. au Duc de Montmorency. 338. Qui le rapelle à la Cour. ibidem. Sa mort. 352.
Corcone (Château de) pris par le Duc de Rohan, repris par le Marquis de Fossez. 388.
Constance d'Aragon, Reine de Mayorque, Epouse de Jacques III, 114. & suiv.
Constance de Cezelly, Epouse de Mr. St. Aunez, Gouverneur de Leucate. 333.
Consuls tous Catholiques. 408.
Consuls mi-partis. Tentatives de Mr. de Rohan pour en eluder la Nomination. 383.
Consuls, ancienne forme de leur Election. 139.
Consulat de Ville, voyez son Article particulier. 578.
Consulat de Mer, voyez son Article. 586.
Contagion à Marseille. 532. & dans le Languedoc. 533.
A Alais. ibidem.
Convalescence du Roi Loüis XIV. Réjoüissances qu'elle produit à Montpellier. 459.
Convalescence du Roi Loüis XV. 545.
Conversion du Roi Henry IV. 338.
Conversion des Huguenots, à Montpellier. 456.
Cour (du Baile) voyez son Article. 560.
Cour du Petit-Sceau-Royal de Montpellier. 566.
Cour du Gouverneur du Palais. 573.

D

Damville (le Duc) Gouverneur du Languedoc, arrive à Montpellier. 291. & y rétablit les Catholiques. 293.
Démolition totale des Eglises. 298.
Démolition des Fortifications de Montpellier après le Siége. 385.
Démolition de Maguelonne. 402.
Démolition du Petit-Temple. 438. du Grand. 451.
Démêlez entre la Cour des Aides & les Trésoriers de France. 426. Entre la Cour des Aides & l'Intendant. 525. Entre Mrs. d'Aubijoux & Brissac. 416. Entre le Senéchal & le Juge-Mage. 423.
Denis (Saint) l'Eglise on y met la premiére Pierre. 486.
Denis (fort) attaqué par les Troupes du Roi. 374. & 375.
Desunion de la Cour des Aides d'avec la Chambre des Comptes. 533.
Disposition de l'Armée du Roi Loüis XIII. devant Montpellier. 373.
Dubois (l'Abbé) fait Archevêque de Cambray & Cardinal. 533.
Duel entre Mrs. d'Aubijoux & Brissac. 416.

DES MATIERES.

E

Emeute des Vignerons au Petit-Temple. 482.
Emeute (petite) pour les Toiles peintes. 514.
Embellissemens faits à Montpellier. 547.
Entrées du Roi Loüis XIII. dans Montpellier après le Siége. 379.
Entrée du Roi Charles IX. à Montpellier. 294.
Entrée du Marquis & de la Marquise de Castries. 476.
Entreprise memorable du Duc de Rohan sur la Citadelle de Montpellier. 389.
Equivalent dans le Languedoc reçoit une nouvelle forme. 215.
Ermensinde de Melgüeil, Veuve du Seigneur de Montpellier, travaille utilement pour ses Enfans. 19.
Eloge de Travaux qu'on y fait pour son Embélissement. 543
Etats de la Province tenus à Montpellier sous le Roi Charles VI. par ordre de la Reine Isabelle & du Duc de Bourgogne. Forme de la Tenüe de ces Etats. 196.
Etats de Tours sous Loüis XII. où assistérent les Députez de Montpellier. 238.
Etats assemblez extraordinairement à Montpellier par ordre de la Reine Catherine de Medicis. 274.
Etats de la Province tenus en diférens endroits par les Huguenots & par les Catholiques. 320.
Etats tenus à Blois où le Duc de Guise est tué. 329.
Etats tenus à Paris où assistent les Députez de Montpellier. 354.
Etat-Major de la Ville & de la Citadelle ; voyez en l'Article. 636.
Etuves à Montpellier sous le Roi d'Aragon, abandonnées depuis la découverte des Bains de Balaruc. 397.
Eudoxie de Constantinople, Epouse du dernier Guillaume de Montpellier. 41. Elle en est repudiée. 43. Et se retire aux Religieuses d'Aniane. ibidem.
Exemption du Droit de Lods pour les Echanges en faveur des Habitans de Montpellier. 117.
Exemption pour les mêmes de tout Service de Guerre donnée par le Roi Philippe de Valois. 117.

F

Fanatiques ; leurs Commencemens ; leurs Mouvemens. 497. 510. 514. 515. 517.
Fare (Marquis de la) Commandant en Languedoc. 541.
Faucon (maison) qui a exercé longtems diverses Charges à Montpellier ; dont il est fait mention en divers endroits de cette Histoire. 239. & 237.
Faux-Monoyeurs à Montpellier. 327.
Ferdinand Frere de Jacques III. reçoit plusieurs Terres en sûreté de ses Pensions. 117.
Fonbon maltraité par les Revoltez de Montpellier. 370.
Fontaine de St. Clement, Projet de la conduite à Montpellier. 515.
François I. Roi de France ; confisme à son Avénement la Cour des Aides de Montpellier. 143. Conference en cette Ville entre *Chievres* & *Gouffier* pour la bonne intelligence de l'Empereur & du Roi. 145. Arrivée de François I. à Montpellier ; qui va voir l'Isle de Maguelonne & approuve le Projet d'en transferer la Catédrale à Montpellier. 149. Assemblée pour la Paix aux Cabanes de Fitou, qui attire le Roi à Montpellier. 152. Son entrevüe de Nice avec le Pape. ibidem. Autre à Aiguesmortes avec l'Empereur. 153.
Frejus (l'Evêque) est mis à la tête des Affaires. 546. Est fait Cardinal par le Pape Benoît XIII. ibidem.
Frontignan (Ville de) accorde un secours d'argent au Roi Jacques III. 115.

G

GAllargues (Château) est assigné à Isabelle de Mayorque avec ses Revenus en dédommagement du reste de ses prétentions sur Montpellier. 187.
Gallargues pris par le Duc de Montmorency. Suites de cette Prise. 393.
Genlis (le Chevalier de) sa mort à Montpellier. 485.
Grenadin condamné à Montpellier. 353.
Ginefelin (Connêtable) vient à Montpellier, meurt à Châteauneuf de Randon. 176.
Guillaume-Bernard, fils d'*Adelaïs*, assiste avec son pere à la Fondation de l'Abbaye de St. Genicz. 5.
Guillaume fils de *Beliarde* ibidem.
Guillaume fils d'*Ermengarde*. Ses Démêlez avec l'Evèque Godefroy. 6. Part pour la Terre-Sainte. 9. A son retour il fait fleurir le Commerce à Montpellier. 13. Il part pour une Expedition à Mayorque. 16.
Guillaume fils d'*Ermensinde*. Ses Démêlez avec le Comte de Melgüeil. 19. Il fait un Voyage à la Terre-Ste. 21. Se marie avec *Sibille* de Mataplane. 22. Fait divers Traitez pour la Comté de Melgüeil. 23. Il va au secours du Roi de Castille. 24. Et acquiert la Ville de Tortose ; il est chassé de Montpellier & rétabli par le Comte de Barcelonne. 26. Il se retire dans l'Ordre de Citeaux. 28.
Guillaume fils de *Sibille* ; va au secours du Roi de Castille. 19. Il prend le parti du Roi d'Angleterre contre le Comte de Toulouse. 32.
Guillaume fils de *Matilde* ; persuade à Eudoxie de Coutantinople de l'épouser. 43. Il la repudie. 45 & prend Agnez qui gouverne avec succez toutes ses Affaires. Ils ne peuvent obtenir du St. Siége la Confirmation de leur mariage. 54. Guillaume tombe malade de déplaisir, & fait son dernier Testament. 55.
Guy le Guerroyeur. 41.
Guy fait la Souche des Seigneurs de Montpellier. 3.
Guy Fondateur de l'Ordre Hospitalier du St. Esprit. 39.

H

HOnneurs Funébres de la Reine Marie Therese d'Autriche. 456.
Honneurs funébres de Mgr. le Duc de Bourgogne. 516.
Hôpital-Général établi à Montpellier. 445.
Hôpital nouveau établi pour la Retraite des Pauvres. 469.
Hostilitez entre le Duc de Montmorency & le Vicomte de Joyeuse que le Roi tente inutilement d'accorder. 323. & suivantes.
Hostilitez entre Mr. de Rohan & le Duc de Montmorency. 394. & 395.
Hôtel des Monnoyes de Montpellier. 570. voyez son Article. 570.
Hugues de Lordat reçoit Procuration du Roi Charles VII. de retirer la somme de soixante mile livres que les Etats de la Province lui avoient accordées. 193.

I

JAcques I. Roi d'Aragon, Seigneur de Montpellier. Particularitez de sa Naissance. 62. Il confirme les Priviléges de la Ville. 73. Il épouse Eleonor de Castille. 79. Part pour la Conquête de Mayorque, il revient à Montpellier en 1234. & 1238. marie sa fille avec Philipe le Hardi Roi de France. Ses Exploits à Grenade & à Murcie. 87. Son départ pour la Terre-Sainte. 88 Assiste au second Concile Général de Lyon. 89. Son Testament & sa mort. 90.
Jacques II. Roy de Mayorque accorde plusieurs Priviléges aux Habitans de Montpellier. 93. Il est forcé de reconnoitre ses Etats au Roi d'Aragon son frere. 94. Il se ligue contre lui avec le Roi de France. 96. Traite pour la Restitution de son Royaume de Mayorque. 68. Il vient à Montpellier en 1309. avec sa Famille. 105. Retourne à Mayorque & y meurt. ibidem.
Jacques III. Roi de Mayorque rend Hommage de ses Etats au Roi d'Aragon. 114. Dégouts qu'il commence de recevoir du Roi Pierre d'Aragon qui se broüille avec la France. 115. & étude de lui donner secours. 116. Conference de ces deux Princes par la médiation du Legat. 121. Expedition du Roi d'Aragon à Mayorque où le Roi Jacques est trahi. ibidem. Il est dépoüillé de ses Etats de Roussillon. 123. Nouvelle Conference de deux Rois. 125. Toute la Cour d'Aragon se partage pour l'interêt des deux Rois. 127. Le Roi Jacques fait des nouvelles Tentatives en Rous-

TABLE

Fillon & à Mayorque. 130. Etat particulier de ses Affaires. 132. Il traite de la Vente de Montpellier avec Philpe de Valois. 132. Il conduit une Armée à Mayorque, y donne une Bataille où il est tué. 133.

Jacques IV. Infant de Mayorque fils du Roi Jacques III. est pris dans la Bataille où son pere fut tué, enfermé par le Roi Pierre le Cérémonieux dans une prison d'où il ne sortit qu'au bout de douze ans. 156. Il se refugie à Naples auprès de la Reine Jeanne qui le prit pour son troisième mari ; il va combattre dans la Castille pour Pierre le Cruel avec lequel il défait & prend Duguesclin, ramasse des Troupes contre Pierre le Cérémonieux, marche vers l'Aragon, & dans le tems qu'on se preparoit à une Bataille, on le trouve mort dans son Camp. 157.

Jacques-Cœur, son Histoire. 204.

Jacques-Rebuffy, grand Citoyen de Montpellier, tres-utile à la Patrie. 180. Meurt en 1428. 201.

Jean Roi de France vient à Montpellier au commencement de son Regne. 141. Il traite avec le Roi d'Aragon pour la Seigneurie de cette Ville. 142. Il regle les demandes de la Reine Yoland, Veuve de Jacques III. Roi de Mayorque. *ibidem*. Charles le mauvais Roi de Navarre, attire les Anglois dans la Guyenne, qui défont le Roi Jean à Poitiers & le font Prisonnier. 144. On se donne bien des mouvemens à Montpellier pour sa délivrance. *ibidem*. Les Députez de la Ville qui vont à Londres où le Roi étoit Prisonnier, lui apprennent les Prétentions du Duc d'Anjou sur la Seigneurie de Montpellier. 146. Le Roi donne ses ordres aux Consuls & écrit au Duc d'Anjou. 147.

Jeux d'Exercice particuliers à la Ville de Montpellier, voyez en l'Article 639. De l'Arc, dit le Perroquet. De l'Arbalète & celui de l'Arquebuse. *ibidem*.

Journée des Moissonneurs. 368.

Jugemens contre les Prisonniers d'Orange. 483.

Juifs le Roi Jacques I. leur permet d'avoir une Boucherie particulière à Montpellier. 88.

Izabelle de Mayorque, fille du Roi Jacques III. séjourne à Montpellier en allant épouser Jean Comte de Montferrat en Italie. 150. Lettre qu'elle écrit aux Consuls sur la Naissance de son fils aîné. 550. Elle accompagne son frere Jacques IV. dans sa derniere Expedition en Aragon. 157. Et après la mort funeste de ce Prince elle revint en France. *ibidem*.

L

Lates (Camp de) pendant les Guerres-Civiles & Combats qui y furent donnez. 187.

Laverune, Combat qui y fut donné. 366.

Lediguieres (le Duc de) est fait Connétable à Laverune. 371. Négocie la Paix avec le Duc de Rohan. 379.

Lettre écrite de Naples par le Roi Charles VIII. en faveur des Habitans de Montpellier. 128.

Lettre du Roi Loüis XII. aux Habitans de Montpellier sur sa Victoire remportée contre les Venitiens. 240.

Ligue (le Projet de) donne occasion au Duc de Montmorency de s'unir au Roi de Navarre & aux Religionnaires. 324.

Loge des Marchands de Montpellier, fut bâtie par Jacques-Cœur, leur fut donnée par le Roi Charles VII. 208.

Loüis VII. dit le jeune, Roi de France, secourt le Comte de Toulouse & fait lever le Siége de cette Ville à Henry II. Roi d'Angleterre, qui l'attaquoit avec les Rois d'Aragon & d'Ecosse, Guillaume de Montpellier & Trincavel de Beziers. 32.

Loüis VIII. Roi de France, fait deux Expeditions en Languedoc, dans la premiere il visite toutes les Villes depuis Avignon jusqu'à Toulouse. 75. Dans la seconde il donne des Sauvegardes à la Ville de Montpellier. *ibidem*. Il parcourt la Province, passe dans l'Auvergne & meurt à Montpensier. 79.

Loüis IX. dit St. Loüis Roi de France, acquiert le Languedoc sous la Regence de la Reine Blanche sa mere. 78. Fait le Traité de Corbeil avec Jacques I. Roi d'Aragon. 85. Il fait les Epousailles de son fils aîné avec la fille du Roi Jacques qui lui est remise à Montpellier. 86.

Loüis X. dit Hutin, Roi de France, eut des Démêlez avec Sanche Roi de Mayorque, Seigneur de Montpellier, qui furent terminez sous le Roi Philipe le Long.

Loüis XI. Roi de France, transfere le Parlement de Toulouse à Montpellier. 215. Il fixé la Cour des Aides à Montpellier & rétablit le Parlement à Toulouse. 218. Il fait une grande Liberalité à l'Eglise de Nôtre-Dame des Tables. 210.

Loüis XII. Roi de France, se loüe des Députez de Montpellier aux Etats de Tours. 239. Lettre qu'il écrit aux Habitans de cette Ville sur la Victoire remportée à Agnadel. 240.

Loüis XIII. vient en personne faire le Siége de Montpellier. 366. Il y revient après la Revolte du Languedoc. 395. Puis pour aller faire le Siége de Perpignan. 408. Et pour la quatrième fois à son retour pour aller prendre les Eaux de Maine. 409.

Loüis XIV. Réjoüissances faites à Montpellier pour sa Naissance. 406. Il passe par Montpellier lors de son mariage. 431.

Lunel, Siége de Lunel. 369.

M

Maine (le Duc du) Gouverneur du Languedoc. 449.

Mairie, premiers Troubles que causa son Etablissement. 469. Elles sont remboursées. 487.

Maison achetée pour l'Intendant de la Province. 530.

Maitrise des Eaux & Forêts, voyez son Article. 633.

Manufacture de Laines établie sous le Roi de Navarre à Montpellier.

Mariage du Roi Loüis XV. 165.

Marie de Montpellier est mariée avec Barral Vicomte de Marseille. 47. Puis avec le Comte de Comenge. 49. Enfin avec Pierre Roi d'Aragon qui veut inutilement faire rompre son mariage.

Mendians enfermez suivant la Declaration du Roi. 70.

Milices levées à Montpellier. 461.

Miquelets des Pirenées appellez combattre les Fanatiques. 496.

Monoye, on recommence à la fraper à Montpellier sous Loüis XIII. 404.

Monoyeurs (faux) recherchez à Montpellier. 405.

Monmorency (la Maréchale) violemment insultée à Montpellier. 317. Son mari vient bloquer la Ville. 317.

Montpellieret, Acquisition qu'en fait le Roi Philipe-le-Bel. 99.

Montrevel (le Maréchal de) envoyé contre les Fanatiques. 496.

Morisques chassez d'Espagne, passent par Montpellier. 348.

Mortalité des Oliviers à Montpellier. 239.

Mortalité du Bétail. 507.

Mort du Cardinal de Bonzy. 497.

Mort de la Marquise de Castries la Doüairière. 509.

Mort du Br. Pianque, Brigadier d'Armée & Inspecteur d'Infanterie. 516.

Mort du Roi Loüis XIV. 520. Honneurs-Funebres qu'on lui rend en cette Ville.

Mort du Comte de Castries. 524.

Multiplians, nouveaux Sectaires. 535. *& suivantes*. Jugement porté contre eux. 541.

Muriers ordonnez par Henry IV. dans le Languedoc. 345.

N

Naissance d'Armand-François de la Croix de Castries. 545.

Naissance de Mesdames de France. 547.

Naissance de Monseigneur le Dauphin. 550.

Nantes (Edit de) 342.

Noüilles (le Duc de) commande en Languedoc pour Mr. le Duc du Maine, fait son Entrée à Montpellier. Est reçû à la Cour des Aides. 443. *& 450*. Il fait une Campagne glorieuse en 1694. 471.

Notre-Dame des Bonnes-Nouvelles (Chapelle de) bâtie par les Consuls de Montpellier en Reconnoissance de celles qu'ils avoient reçuës des Progrez de Charles VII. 201.

DES MATIERES.

O

Obseques magnifiques du Comte d'Offemont, fils unique du Duc de Montmorency, faites à Pezenas. 337.
Obseques de Mr. de la Forest-Toiras, 437.
Ordinaire (Cour de l') unie au Presidial. 470.
Ordonnance du Duc de Rohan pour la Levée des Troupes & de Deniers. 385.
Ordonnance du Cercle pour le Pillage des Eglises. 363.
Origine du Chevalet. 83.
Offone (le Duc d') à Montpellier. 356.
Ouvriers de la Commune-Clôture, confirmez par le Roi de Navarre, Seigneur de Montpellier. 161.

P

Paix concluë à Rastat entre le Prince Eugene & le Maréchal de Villars. 517.
Paix de Bergerac mal gardée par les deux Partis. 319.
Parlement de Toulouse sous Charles VII. Dauphin, 196. Transferé par le même à Beziers en 1425. 200. A Montpellier en 1467. 214. Rétabli deux ans après à Toulouse. 219.
Partisans (Sédition des) 414.
Passage du Prince Emmanuël de Portugal. 545.
Passage de Nosseigneurs les Princes par Montpellier. 489.
Passage de Marie-Louïse-Gabriele de Savoye, Reine d'Espagne, par Montpellier. 493.
Peirou (Promenade du) 467.
Pelerine remarquable. 479.
Polet Comte de Melgüeil, ses Différends avec Guillaume de Montpellier. 32.
Peste à Montpellier en 1640. 396.
Peste (petite) en 1638. 407.
Philippe d'Autriche, fils de l'Empereur Charles-Quint, relâche au Port d'Aiguemortes pendant la Tenuë des Eats à Montpellier. 260.
Philippe-le-Bel Roi de France, acquiert dans Montpellier la Portion Episcopale dite Montpelieret. 34. Il donne en Echange à Berenger de Fredol, Evêque de Maguelonne la Baillis de Sauve, le Château de Durfort, Ste. Croix de Fontaine, & tout le Droit qui appartenoit au Roi sur la Seigneurie de Poussan. 100. & 101. Pour illustrer sa nouvelle Acquisition, il établit dans Montpellier une Bourse des Marchands, la Juridiction du Petit-Sceau, l'Hôtel des Monoyes. 102. Il vint à Montpellier. 104.
Philippe de Valois, Roi de France, acquiert pour le Prix de six vingt-mile Ecus d'Or la Portion des Rois de Mayorque dans Montpellier. 136. Il fait lever les Oppositions que le Roi d'Aragon vouloit y mettre. 132. Il termine l'Affaire de Bernard de Roquefeüil. ibidem. Il confirme les Privilèges de la Ville, & l'ancienne forme de l'Election des Consuls. 139. Et établit à Montpellier un Sequestre de Justice. 140.
Pierre II. Roi d'Aragon, épouse l'Heritiere de Montpellier. 37. Il confirme les Statuts & Privileges de la Ville. Il fait la Guerre en Provence & engage la Ville de Montpellier. Il ne peut faire rompre son Mariage avec la Reine Marie. 70. Il se déclare pour les Albigeois. 71. Donne la Bataille de Muret & y est tué. ibidem.
Pierre le Cérémonieux, Roi d'Aragon, injustice & dureté outrée de sa conduite envers son Beaufrere Jacques III. Roi de Mayorque. 120. & suivantes.
Pierre de Castelnau, Inquisiteur de la Foi, tué à St. Gilles sur le Rône. 66.
Police (Charge de Lieutenant de) remboursée par la Ville. 487.
Presidial établi à Montpellier par Henry II. envoyé à Lunel lors de la Sédition des Partisans. 419. Voyez son Article. 616.
Privas assiegé par le Roi Loüis XIII. 338.
Punition des Revoltez du Languedoc sous Loüis XIII. 400. & 401.

Q

Querelle entre les deux Maisons de Castries & de Toiras. 436. Leur Reconciliation. 449.

R

Recherche des Nobles. 436.
Rectorie de Montpellier suprimée par le Roi Henry II. 259. Voyez l'Article de cette Anciéne Juridiction. 564.
Reduction de tout le Languedoc sous l'Obéïssance du Roi Henry IV. 339.
Rejouïssances pour la Majorité du Roi. 544. Autres pour sa Convalécence. 546.
Renouvellement du Jeu de l'Arbalête & du Jeu de l'Arc. 443.
Reparations faites à la Porte de la Saunerie. 547. Puis à la Porte de Lates. 549.
Resistance vigoureuse à la demi-Lune d'Argencour. 377.
Retour des Tresoriers de France à Montpellier. 417.
Reünion de tout le Parlement de Toulouse. 340.
Reünion de la Cour des Chambres des Comptes & de la Cour des Aides. 421.
Revolte dans le Vivarés. 438.
Richelieu (le Cardinal de) fait un Séjour considerable à Montpellier. 395.
Rohan (le Duc de) élû pour Chef par les Rebelles de Montpellier. 365.
Rondes (Chemin des) dit les douze Pans, fait à Montpellier. 152.
Roquefeüil, Maison fort anciéne dont il est souvent fait mention en cette Histoire. 72. 87. 138. & 161.
Roquelaure (le Duc de) Commandant en Languedoc. 503. Est fait Maréchal de France. 542.
Roure (le Comte de) Lieutenant-Général à la place de Mr. d'Aubijoux. 428.
Roy (le) Loüis XIII. marche contre le Secours qui venoit aux Assiegez. 377.
Rupture avec l'Espagne. 530.

S

Sanche Roi de Mayorque rend au Roi d'Aragon la Valée d'Aran & lui fait Hommage de ses Etats. 107. Ses Diferends avec les Rois Philipe-le-Bel & Loüis Hutin, sont terminez sous Philipe-le-Long. 108. Il exerce librement son Autorité dans Montpellier. 109. Il aide le Roi d'Aragon à la Conquête de l'Isle de Sardaigne & de Corse. 131. Meurt à Fromigéres. 112.
Sédition à Montpellier sous le Duc d'Anjou. 167.
Sédition à Montpellier. 355.
Sédition à Nimes. 350.
Sengla, Cornusson & la Madelaine, Victimes de la colere du Maréchal de Montmorency. 317.
Sentence rigoureuse du Duc d'Anjou contre la Ville de Montpellier. 169.
Sénéchal (nouvelle Charge de) créé à Montpellier en faveur de Mr. de Toiras. 384.
Sequestre Gouverneur de Justice, établi après l'Acquisition de Montpellier par Philipe-de-Valois. 140.
Serbellon défait à Leucate par le Duc d'Aluin. 405.
Serment exigé des Huguenots & des Catoliques. 299.
Siège du Fort St. Pierre, aujourd'hui la Catédrale. 296.
Siége de Sommiéres par le Maréchal d'Ampville. 304.
Siéges (petits) autour de Montpellier. 358.
Société Royale des Sciences. 505.
Sommiéres tenté inutilement par le Duc de Rohan. 385.
Sort funeste de Jacques de Farges. 300.
Substitution; Voyez le Discours Préliminaire. xvi.
Statuë Equestre de Loüis XIV. projettée aux Etats de la Province. 477. Transportée de Paris à Montpellier. 527. Erigée à la Place du Peirou. 528.

TABLE DES MATIERES.

T

Temple (Petit) des Huguenots, bâti sans Autorité. 346.
Templiers, leur Etablissement à Montpellier. 34. On leur fait leur Procez où ceux de Montpellier subirent un Interrogatoire. 105.
Theresa a'Entença, Héritière des Guillaumes établis en Aragon, épouse l'Infant Alphonse. 114.
Toiras (le Maréchal de) sa mort. 405.
Tortose acquise par le Seigneur de Montpellier. 24.
Trahison à Montpellier. 307. Autre. 321.
Trésoriers de France, voyez l'Article du Bureau des Finances. 617.
Turquesques battus auprès de la *Nouvelle*, par le Duc de Montmorency. 333.

V

Vaisseau, qui portoit des Armes aux Revoltez à Montpellier, est pris au Port de Sette. 361.
Vardes (Marquis de) à la Citadelle de Montpellier. 433.
Est rapellé à la Cour. 435.
Ventadour (le Duc de) succede dans la Lieutenance de Roi du Languedoc, au Maréchal de Joyeuse.
Vedas (St. Jean de) folle Entreprise qui y fut faite. 340.
Vente de Montpellier faite au Roi Philipe de Valois. 432.
Vermeil, ses Avantures en Ethiopie. 135.
Vermeüil (le Duc de) Gouverneur du Languedoc. 404.
Vicaires de Montpellier. 435.
Vigan (le) surpris par les Ligueurs, est repris par les Royalistes. 4. & 15.
Viguerie ou Charge de Viguier établie à Montpellier par le Roi Henry II. 334.
Vignoles (Fulcrand de) assassiné auprès de Mende par ordre du Comte d'Acher. 265.
Villars (le Maréchal de) en Languedoc. 335.
Vin, Impôt à Montpellier pour son Entrée. 499.
Union de la Cour des Aides & de la Chambre des Comptes. Voyez cet Article. 605.

Z

Zamet (le Sieur) Auteur de la Journée des Moissonneurs. 368. Est tué au Siége de Montpellier. 375.

www.ingramcontent.com/pod-product-compliance
Lightning Source LLC
Chambersburg PA
CBHW061734300426
44115CB00009B/1220